Rainer Nickel
Lexikon der antiken Literatur

Rainer Nickel

Lexikon
der antiken
Literatur

Patmos

Bibliographische Information der Deutschen Bibliothek
Die Deutsche Bibliothek verzeichnet diese Publikation
in der Deutschen Nationalbibliographie;
detaillierte bibliographische Daten sind im Internet
über http://dnb.ddb.de abrufbar.

© 1999 Patmos Verlag GmbH & Co. KG
Artemis & Winkler Verlag, Düsseldorf und Zürich
© ppb-Ausgabe 2006 Patmos Verlag GmbH & Co. KG, Düsseldorf
Alle Rechte vorbehalten.
Umschlaggestaltung: butenschoendesign.de
Umschlagmotiv: Raffael, Die Schule von Athen, Wandfresko, Stanza della Segnatura

Printed in Germany
ISBN 3-491-69138-9
www.patmos.de

Inhalt

Vorwort 7

Lexikonteil 9

Deutsche Werktitel (Verzeichnis I) 870
Autoren mit griechischen und lateinischen Werktiteln (Verzeichnis II) 876
Autoren mit deutschen Werktiteln (Verzeichnis III) 891
Literarische Gattungen (Verzeichnis IV) 893
Abkürzungen und Verzeichnis der benutzten Literatur 898

Vorwort

Der Literaturführer ist nicht nach Autoren, sondern nach Werken angeordnet. Er beschreibt mehr als 2300 griechische und lateinische Schriften von den Anfängen bis zum 6. Jh. n. Chr. in der alphabetischen Folge ihrer Titel. Berücksichtigt sind nicht nur literarische Texte, sondern auch philosophische, historische und fachwissenschaftliche Schriften.

Die Titel werden nach Möglichkeit in ihrer traditionellen griechischen oder lateinischen Form aufgeführt. Allen griechischen und lateinischen Titeln ist eine deutsche Übersetzung beigegeben. Bei mehreren Titelversionen werden auch diese genannt.

Das Originaltitel-Prinzip konnte jedoch nicht durchgehend verfolgt werden, da viele Werke ohne Titel überliefert sind oder nur unter einem Sammeltitel zitiert werden. In diesen Fällen wurden die gebräuchlichen deutschen Titel (z. B. Chorlyrik, Hippokratischer Eid, Kommentare zu ..., Zeushymnus) oder lateinische bzw. griechische Sammeltitel verwendet (z. B. Carmina, Epigrammata, Epistulae, Logoi, Peri physeos).

Der leichten, schnellen Auffindbarkeit aller Werktitel dienen außerdem mehrere Verzeichnisse, die sich gegenseitig ergänzen:
- Das **Verzeichnis I** macht die beschriebenen Werke auch über eine deutsche Titel-Fassung zugänglich.
- Das **Verzeichnis II** enthält alle Autoren in alphabetischer Reihenfolge. Anonym überlieferte Texte sind in diesem Autorenverzeichnis unter „Anonymi", falsche oder umstrittene Zuschreibungen zu bestimmten Autoren unter „Ps.-" aufgelistet.
- Das **Verzeichnis III** listet Autoren mit deutschen Werktiteln auf.
- Das **Verzeichnis IV** ermöglicht die Auffindung der Werke über eine alphabetische Zusammenstellung von lateinischen und deutschen Gattungsbezeichnungen (z. B. Annales, Bioi/Vitae, Historiae/Historiai, Lehrbücher, -gedichte).

Die einzelnen Werkbeschreibungen enthalten außer dem Titel und den wichtigsten Daten (Autor, Gattung, Datierung, Erhaltungszustand u. a.) eine je nach den Umständen mehr oder minder ausführliche Inhaltsangabe (I), Hinweise auf die Quellen, aus denen der Autor schöpfte (Q), eine Beschreibung der historischen Situation, in der das Werk entstand (H), eine Darstellung der „Wirkungsabsicht" (W) des Autors und Hinweise auf die „Nachwirkung" (N) des Werkes. In den größeren Artikeln sind diese Rubriken gefüllt. Bei vielen kleineren Artikeln beschränken sich die Angaben auf die Inhaltsangabe.

Jeder Artikel wird mit Literaturhinweisen abgeschlossen. Diese beziehen sich auf gedruckte Ausgaben (A) des Textes, Übersetzungen (Ü) und weiterführende Literatur (L); diese Angaben sollen demjenigen weiterhelfen, der die Texte selbst lesen und erschließen will.

Wenn auch versucht wurde, die bedeutendsten Werke der antiken Literatur zu erfassen und auch viele nur fragmentarisch überlieferte Texte einzubeziehen, war es im Rahmen eines einbändigen Lexikons selbstverständlich nicht möglich, ein lückenloses Verzeichnis aller überlieferten Werke zu erstellen. Es blieben auch Autoren unberücksichtigt, deren Schriften zwar bezeugt sind, aber keine nennenswerte Wirkung hatten. Die Fragmente oder Testimonien dieser Schriften sind in einschlägigen Fragmentsammlungen (vgl. das Verzeichnis der Abkürzungen) aufbewahrt. Das gilt ebenso für Historiker (z. B. in den Sammlungen der EGF, FGrHist, FHG, MGH, HRR), Dichter (z. B. in der Anthologia Palatina und in den Sammlungen der ALG, CAF, CGF, EGF, FAttCom, FPL, PLM, PPF), Mediziner (CMG, CML), Mythographen (MythGr), Astrologen (CCAG), Epistolographen (EpistGr), Lexikographen (CGL) wie für Philosophen (CAG, FPG, SVF, VS), Rhetoren (RhGr, RhLatmin, ORF), Geographen (GGM), Grammatiker (GrGr, GrLat, GrRF), Musiktheoretiker (MusGR), Doxographen (Doxographi Graeci), Kriegsschriftsteller (GrKr), Biographen und Hagiographen, Paradoxographen (Paradoxographoi), Erotiker (Erotici), Romanautoren, Parömiographen (Paroemiographi) usw.

Der vorliegende Literaturführer ist weder ein Autorenlexikon, das über Autoren informiert und sie mit Hinweisen auf ihre Werke porträtiert, noch eine Literaturgeschichte, die bestimmte literarhistorische Prozesse nachvollzieht und interpretiert oder gattungs- und rezeptionsgeschichtliche Perspektiven eröffnet. Dennoch werden immer wieder intertextuelle Bezüge und Abhängigkeiten sichtbar gemacht. Der alphabetische Aufbau des Werklexikons demonstriert jedoch den bewußten Verzicht auf eine Bewertung mit Hilfe formalästhetischer oder inhaltlicher Kriterien. Der hohe literarische Rang bestimmter Werke und ihre über ihre Entstehungszeit hinausweisende Bedeutung ist allenfalls am äußeren Umfang der ihnen gewidmeten Artikel ablesbar. Zweifellos bilden die Werke, die in mehrspaltigen Artikeln beschrieben werden, insgesamt einen Kanon kultureller Dokumente von außerordentlicher Wirkung und Bedeutung.

Das Lexikon erfüllt seinen Zweck, wenn es nicht nur einen ersten Überblick verschafft, sondern auch zur Lektüre der in ihm beschriebenen Werke anregt.

A

Ab urbe condita libri CXLII
„Von der Gründung der Stadt an, 142 B."

Titus Livius, 59 v. Chr. – 17 n. Chr.

Nicht vollständig erhaltene Darstellung der römischen Geschichte in ursprünglich 142 B. (lat.).
Das Werk wurde nach dem Ende der Bürgerkriege und dem Beginn des augusteischen Friedens verfaßt. Das 1. B. erschien vielleicht im Jahre 27 v. Chr., nachdem Octavian den Titel „Augustus" angenommen hatte. Wahrscheinlich schrieb Livius fortlaufend drei bis vier B. pro Jahr.

I Erhalten sind noch 35 B.: B. 1–10 (von der Gründung der Stadt Rom bis zum Jahr 293 v. Chr.), B. 21–45 (von 219 bis 167 v. Chr.) und ein Fragment aus B. 91 (Feldzug des Sertorius in Spanien, um 77/76 v. Chr.). Der Inhalt der fehlenden B. kann u. a. aus den für jedes B. (außer für die B. 136–137) erhaltenen kurzen Inhaltsangaben (*Periochae*) und Auszügen (*Epitomae*) erschlossen werden. Weitere Angaben über den Inhalt des livianischen Geschichtswerkes können den Werken des Eutropius (→*Breviarium ab urbe condita*), des Orosius (→*Historiae adversus paganos*) und des Iulius Obsequens (→*Liber prodigiorum*) entnommen werden. – Das Werk reichte bis zum Tode des Drusus im Jahre 9 v. Chr. – B. 1–15: Römische Frühgeschichte bis zur Zeit vor dem Beginn des 1. Punischen Krieges (265 v. Chr.). B. 16–30: Die Zeit des 1. und 2. Punischen Krieges und die Auseinandersetzungen mit Hannibal (264–201 v. Chr.). B. 31–45: Die Kriege im Osten (201–167 v. Chr.). – Die verlorenen B. könnten Gruppen von jeweils 15 B. gebildet haben, die sich auf die historisch dominierenden Persönlichkeiten konzentrierten: Der jüngere Scipio (B. 46–60), Marius (B. 61–75), Sulla (B. 76–90), Pompeius (B. 91–105), Caesar (B. 106–120), Octavian (B. 121–135). Die letzte B.gruppe (B. 136–142) blieb anscheinend unvollendet. – Die B. 109–116 werden auch als *Belli civilis libri I-VIII* zitiert.

Q Livius benutzte vor allem sekundäre Quellen, d. h. die Werke anderer Autoren: z. B. Polybios, →*Historiai*, Fabius Pictor, →*Annales*, Coelius Antipater, →*Historiae*, Claudius Quadrigarius, →*Annales*, Valerius Antias, →*Annales*, Licinius Macer, →*Annales*. – Die Erzählweise des Livius ist bestimmt von den Prinzipien der Rhetorik des Isokrates und der peripatetischen Schule. Hier berührt er sich mit den Erzählungen in Ciceros Gerichtsreden. – Als Erzähler gilt Livius als der „römische Herodot".

H Livius stammte aus Patavium (heute: Padua). Dennoch fühlte er sich durch und durch als Römer. Er identifizierte sich mit der augusteischen Erneuerungsbewegung. Seine Darstellung der röm. Geschichte bot ihm die Möglichkeit, seinen Beitrag dazu zu leisten. Allerdings bekleidete er kein öffentliches Amt, so daß er keine politische Erfahrung hatte. – Den Caesar-Mördern brachte er Achtung entgegen und fühlte sich Pompeius verbunden und bewunderte Cicero vor allem als Redner. – Livius' Verehrung für die großen Persönlichkeiten der alten röm. Republik stand nicht im Widerspruch zu seiner Achtung vor Augustus, dem Begründer des Prinzipats und der Epoche des inneren Friedens.

W Livius will die historische Wahrheit darstellen. Allerdings ist unbekannt, wie er die Zeitgeschichte behandelt hat. In der Regel folgt er einer Hauptquelle und zieht andere Werke zur Kontrolle heran. Er berücksichtigt das annalistische Prinzip und führt somit die (annalistische) Tradition der röm. Geschichtsschreibung zu einem Höhepunkt. – Das Hauptziel des Livius ist der Entwurf eines würdigen und zugleich großartigen Bildes des Römertums. Er versucht, die Kräfte herauszuarbeiten, die zu Roms Größe und Niedergang beigetragen haben. Mit der Darstellung von *exempla* will er den Leser zur Nachahmung anregen bzw. von der Nachahmung abschrecken. Auf diese Weise gibt er zentrale röm. Wertvorstellungen weiter. – Livius will anschaulich und klar sein. Der Leser soll das Geschehen bildlich vor Augen haben und nachvollziehen können. Der Autor bemüht sich aber auch um die Klärung der psychologischen Bedingungen der geschichtlichen Vorgänge. Er charakterisiert Personen direkt oder indirekt durch Reden und Dialoge. Das entspricht seiner Auffassung, daß Geschichtsschreibung eine Aufgabe für Rhetoren sei (vgl. auch Cicero, →*De legibus* 1, 5). „Livius will das Geschehen in seinen inneren Voraussetzungen nachvollziehbar machen; er hat die römische Geschichte nicht nur nacherzählt, sondern durchempfunden. Seine erzählerische Meisterschaft zeigt sich in der wechselnden Ausführlichkeit, der Unterscheidung von Vorder- und Hintergrund, dem perspektivischen Verhältnis dieser Bestandteile, den großen Bildern und Szenen. Seine Erzählkunst ist auch dem Epos verpflichtet" (M. v. Albrecht, 669 f.).

N Schon in der Antike wird Livius als Historiker gerühmt. Quintilian (→*Institutio oratoria* 10,1,101 f.) stellt ihn neben Herodot. Auch Tacitus (→*Annales* 4,34,3; →*De vita et moribus Iulii Agricolae* 10,3) lobt seine Glaubwürdigkeit und Beredsamkeit. Von anderen Historikern wird er als Quelle benutzt. Die Anfertigung von *Epitomae* beginnt schon im 1./2. Jh. n. Chr. Die Inhaltsangaben (*Periochae*) werden wohl im 4. Jh. angefertigt. Im Mittelalter wird Livius zwar kommentiert – aber nur wenig benutzt. Dante spricht wiederum von einem „nie irrenden" Livius (*Inferno* 28,7–12). Petrarca schreibt die B. 1–10 und 21–39 ab. Boccaccio versucht, die 3. Und 4. Dekade des Werkes ins Italienische zu übersetzen. In der Hochrenaissance gilt Livius als der größte röm. Geschichtsschreiber. Machiavelli verfaßt *Discorsi sopra la prima deca di Tito Livio* (erschienen 1531). Shakespeare benutzt Livius für sein Stück *The Rape of Lucrece* (1594). Corneille verfaßt nach Livius die Tragödie *Horace* (1640). Auch die bildende Kunst verdankt dem livianischen Geschichtswerk viele Motive. Die Redner der Französischen Revolution nehmen sich die livianischen Reden zum Vorbild (vor allem in der Auswahl und Übersetzung von J. J. Rousseau). – „Erst durch das Ethos, die reife Erzählkunst und subtile Sprachbehandlung des Livius ist die römische Geschichte für Europa zu einem Schatz typischer Gestalten und Schicksale geworden, der sich an Ausstrahlung mit der griechischen Mythologie vergleichen läßt" (M. v. Albrecht, 684).

A J. Bayet u. a. 34 Bde., Paris 1940–1991 (lat.-frz.) T. A. Dorey / P. G. Walsh / W. Weissenbron / M. Müller / J. Briscoe. 7 Bde. (Bücher 21–45), Stuttgart/Leipzig 1971–1991. R. M. Olgivie. 5 Bde. (B. 1–35), Oxford 1974. O. Rossbach. Periochae. Fragmenta (B. 41–45). Iulii Obsequentis prodigiorum liber, Leipzig 1910, Nachdr. hg. von W. Weissenborn / M. Müller, Stuttgart 1959/1981.
Ü R. Feger u. a., Stuttgart 1981 ff. (lat.-dt.). J. Feix / H. J. Hillen. 11 Bde., München/Zürich 1974–2000 (lat.-dt.).
L M. v. Albrecht, RL, 659–686. E. Burck: Die Erzählungskunst des T. Livius, Berlin [(2)]1964. E. Burck (Hg.): Wege zu Livius, Darmstadt [(3)]1987. E. Burck: Das Geschichtswerk des T. Livius, Heidelberg 1992. J. Deininger: Livius und der Prinzipat, in: Klio 67, 1985, 265–272. T. A. Dorey (Hg.): Livy, London 1971. H. Haffter: Rom und die römische Ideologie bei Livius, in: Gy 71, 1964, 236–250. A. Klotz: Livius, in: RE 13, 1, 1926, 816–852. A. Klotz: Livius und seine Vorgänger. 3 Bde., Leipzig 1940–1941, Nachdr. Amsterdam 1964. E. Lefèvre / E. Olshausen (Hg.): Livius. Werk und Rezeption. FS E. Burck, München 1983. T. J. Luce: Livy. The Composition of His History, Princeton 1977. E. Mensching: Zur Entstehung und Beurteilung von *Ab urbe condita*, in: Latomus 45, 1986, 572–589. T. J. Moore: Artistry and Ideology. Livy's Vocabulary of Virtue, Frankfurt 1989. R. Rieks: Livius und Machiavelli. Prinzipien historischen Denkens und politischen Handelns, in: Gy 102, 1995, 305–333. H. Tränkle: Livius und Polybios, Basel 1977. P. G. Walsh: Livy. His Historical Aims and Methods, Cambridge 1961. G. Wille: Der Aufbau des livianischen Geschichtswerks, Amsterdam 1973.

Academica
„Über die akademische Erkenntnistheorie"

Marcus Tullius Cicero aus Arpinum, 106–43 v. Chr.

Philosophischer Dialog (lat.) in ursprünglich zwei B., von denen das erste unter dem Titel *Catulus* verloren und nur das zweite unter dem Titel *Lucullus* erhalten ist. In einer späteren Fassung wurde das Werk auf vier B. erweitert, aus denen nur Teile vor allem aus dem ersten B. erhalten sind.
Der Unterschied zwischen den beiden Fassungen besteht im wesentlichen darin, daß in der ersten Fassung Q. Lutatius Catulus (Consul des Jahres 78 v. Chr.), L. Licinius Crassus, der Sieger über Mithridates, der berühmte Redner Hortensius und Cicero selbst die Gesprächspartner waren und die fiktive

Gesprächssituation in die Zeit zwischen 63 und 60 verlegt worden war, während in der späteren Fassung Atticus und Varro die Rollen von Catulus und Lucullus übernehmen und der Dialog gegen Ende des Jahres 46 v. Chr. spielt. Die erste Fassung – auch bezeichnet als *Academica priora* – entstand im Frühjahr 45 v. Chr., die zweite Fassung – auch bezeichnet als *Academica posteriora* – wurde einige Wochen später vollendet.

I Im Mittelpunkt des *Lucullus*, d. h. des zweiten B.es der *Academica priora*, steht die Frage nach der Gewißheit der Erkenntnis. Lucullus verteidigt, wohl im Anschluß an den →*Sôsos* des Akademikers Antiochos aus Askalon, der die Konzeption einer „erfassenden Vorstellung" des Stoikers Zenon aus Kition vertrat, die Möglichkeit der Erkenntnis. Cicero hatte diese wie z. B. Karneades oder dessen Schüler Kleitomachos unter Berufung auf Sokrates („Ich weiß, daß ich nicht weiß") bestritten und damit die Position des akademischen Skeptizismus eines Philon aus Larisa vertreten. – Der wichtigste Einwand des Lucullus gegen den Skeptizismus ist die Behauptung, daß dieser die Philosophie zum Stillstand bringe. Die Vernunft müsse sich bis zu einem gewissen Grad auf die Sinne verlassen können. Andererseits begehe die skeptische Akademie auch den Fehler, daß sie aus der Ähnlichkeit wahrer und falscher Sinneswahrnehmungen auf eine Nicht-Unterscheidbarkeit zwischen wahr und falsch schließe. Als Exzeß erscheint dabei die Philosophie des Arkesilaos. – Cicero widerspricht dieser Betrachtung und differenziert die zuvor kritisierten Richtungen der Philosophie dahingehend, daß bereits bedeutende Vorsokratiker die Erkenntnis aus der Sinneswahrnehmung leugneten. Außerdem führe auch die Dialektik (Wahrheitsfindung durch Frage und Antwort) nicht zu einer sicheren Erkenntnis. Beispielhaft für eine gemäßigte skeptische Philosophie sei Karneades, der den operativen Begriff der Wahrscheinlichkeit zuließ. Dies sei eine hinreichende Voraussetzung für die weitere Entwicklung der Philosophie. – Es geht in der Schrift also um die Differenz zwischen der dogmatischen und der skeptischen Akademie auf dem Gebiet der Erkenntnistheorie. – Die *Academica posteriora*, die Cicero seinem Freund Varro widmete (→*Epistulae ad familiares* 9,8), geben einen Überblick über die gr. Philosophenschulen bis auf Karneades (etwa 214–129 v. Chr.), den Begründer der Neuen Akademie. – Cicero erklärt hier übrigens ausdrücklich (1,3), er biete keine Übersetzung der gr. Philosophie, d. h. nur lat. Referate gr. Lehrmeinungen, sondern er urteile in eigener Verantwortung, ordne den Stoff nach eigenen Vorstellungen und bemühe sich um eine „glanzvolle" Diktion. – B. 1 enthielt den historischen Überblick und eine Darstellung der dogmatischen Philosophie des Antiochos aus Askalon, der Cicero die Wahrscheinlichkeitshypothese des Philon aus Larisa gegenüberstellte. B. 2 enthielt eine Beschreibung des skeptischen Systems des Karneades durch Cicero. In B. 3 wandte sich Varro – wie

Lucullus im *Lucullus* – gegen den Skeptizismus, der wiederum von Cicero in B. 4 gerechtfertigt wurde. (Die B. 3 und 4 der letzten Fassung ensprachen dem B. 2, dem *Lucullus*, der ersten Fassung.)

Q Das Werk stellt eine zusammenhängende Entwicklungsgeschichte der Akademie bis etwa 130 v. Chr. dar. „Gedankliches Prinzip ist die Rivalität zwischen dem erkenntnistheoretischen Skeptizismus der Mittleren Akademie, verkörpert in Karneades (213–128 v. Chr.), modifiziert von Philon aus Larisa (um 160–80 v. Chr.), und dem auf die Alte Akademie sich berufenden Dogmatismus des Philon-Schülers Antiochos aus Askalon (gest. um 68 v. Chr.)" (KNLL 3, 1002).

W Die *Academica* sind als konsequente Fortsetzung des →*Hortensius* zu verstehen, dessen Kernaussage, daß das Glück des Weisen darin bestehe, nicht die Wahrheit zu finden, sondern zu suchen, jetzt veranschaulicht wird.

A O. Plasberg, Leipzig 1922, Nachdr. 1961. H. Rackham, London/Cambridge (Mass.) 1956 (lat.-engl.). J. S. Reid, London 1885, Nachdr. 1966 (mit Kommentar).
Ü L. Straume-Zimmermann / O. Gigon / F. Broemser, Düsseldorf/Zürich [2]1997 (lat.-dt.).
L M. v. Albrecht, RL, 414–449. P. Barié: *Talpam num lumen desiderare putas?* Leseprobe aus dem (fast) unbekannten Cicero: *Lucullus* 7–9, in: AU 37, 6, 1994, 6–14. K. Büchner, Bestand und Wandel, 379–381. R. Philippson: Tullius (Nr. 29), in: RE 7 A 1, 1939, 1128–1134. M. Plezia: *De Ciceronis Academicis dissertationes tres*, in: Eos 1936, 425–449; 1937, 10–30; 1937, 169–186. M. Ruch: A propos de la chronologie et de la genèse des *Academica* et du *De finibus*, in: AC 1950, 13–26. W. Süss: Die dramatische Kunst in den philosophischen Dialogen Ciceros, in: Hermes 80, 1952, 419–436.

Achaiká →Messeniaká

Acharnês

„Die Acharner, d. h. die Angehörigen des attischen Bezirks *Acharnai*"

Aristophanes aus Athen, um 445–386 v. Chr.

Komödie (gr.), die zur Zeit des Peloponnesischen Krieges (431–404 v. Chr.) spielt.
An den Lenäen im Frühjahr 425 v. Chr. mit großem Erfolg uraufgeführt.

I Der attische Bauer Dikaiopolis, „der gerechte Bürger", eine fiktive Figur des Dramas, wartet auf den Beginn der Volksversammlung (1–42). Er ist kriegsmüde und sehnt sich nach Frieden. Anscheinend steht er jedoch mit seinem Wunsch allein. Niemand will auf ihn hören (43–125). Daher will er einen Privatfrieden mit Sparta schließen und schickt einen Boten aus, der ihm einen dreißigjährigen Frieden in Form eines ebenso alten Weines verschafft (125–203). Mit Hilfe dieses Zaubermittels kann sich Dikaiopolis einen privaten Markt einrichten, der ihm alles seit langer Zeit Entbehrte aus dem Aus-

land verschafft. Doch der Chor kriegsbesessener Acharner wirft Dikaiopolis Verrat des Vaterlandes vor. Er soll daher gesteinigt werden (204–236). Während einer rituellen Handlung im Kreise seiner Familie wird er von den Acharnern beschimpft. Er kann sich mit Hilfe einer List retten, wird aber gezwungen, mit dem Kopf auf dem Hackblock seine Handlungsweise zu rechtfertigen (237–392). Zuvor aber darf er noch zu Euripides gehen, um sich von dem tragischen Dichter Lumpengewänder auszuleihen, mit denen er wie die euripideischen Helden Mitleid erwecken will (393–489). Es gelingt Dikaiopolis tatsächlich, den Chor allmählich zu überzeugen, obwohl eine Teil des Chores den berühmten Feldherrn Lamachos, im Gegensatz zu Dikaiopolis eine historische Figur, um Unterstützung bittet (490–625). In der sich anschließenden Parabase des Chores (626–718) spricht der Dichter von sich selbst, seinem Werk und seinen politischen Absichten. Darauf kann Dikaiopolis seinen Markt abhalten. Das vielfältige Treiben auf diesem Markt stellt sich als eine lose Folge burlesker Szenen dar, die in scharfem Gegensatz zu der historischen Wirklichkeit des Krieges stehen (719–1234).

Q Bevor Dikaiopolis die Gelegenheit erhält, sich zu verteidigen, packt er sich einen Kohlenkorb als „Geisel" und droht, diesen zu zerhacken, wenn man ihn nicht anhöre. Damit parodiert Aristophanes den →*Télephos* des Euripides. In dieser Tragödie hatte der Held den kleinen Orestes mit dem Schwert bedroht, um sich Gehör bei den Griechen zu verschaffen. Die Anspielungen gehen aber noch weiter: Dikaiopolis darf sich bei Euripides die Lumpen holen, in denen der Dichter „mit neuem und erschreckendem Realismus seinen Telephos auftreten ließ. Die Szene mag als Beispiel für die freie und phantastische Weise dienen, in der die Komödien des Aristophanes mit Bezügen auf die Tragödie ... durchflochten sind" (Lesky, 484).

H Der Entstehungszeit des Stückes waren furchtbare Epidemien und die Verwüstung des Ackerlandes durch feindliche Einfälle vorausgegangen. Die Landbevölkerung mußte sich in den Schutz der „Langen Mauern" begeben und fristete dort ein elendes Dasein. So lag es nahe, daß Aristophanes in seinen *Acharnês* die Friedenssehnsucht thematisierte und den Wahnsinn des Krieges brandmarkte.

W Aristophanes wollte den Gegensatz zwischen dem Friedensbedürfnis der geplagten attischen Landbevölkerung, die im Peloponnesischen Krieg schwere Lasten zu tragen hatte, und der Kriegstreiberei eines Kleon und Lamachos herausstellen. Dieser Gegensatz wird an Dikaiopolis und Lamachos demonstriert. Der Bauer darf die Freuden des Friedens genießen, die in grellem Kontrast zu den Leiden des Kriegshelden Lamachos stehen. – Auf der Diskrepanz zwischen der historischen Realität des Krieges und der Fiktionalität des dramatischen Geschehens und der Tatsache, daß die Handlung sowohl von fiktiven als auch von real existierenden Personen getragen wurde, dürfte die besondere Wirkung des Stückes beruhen; denn der

Zuschauer war durchaus in der Lage, die in der Ko- mödie agierenden realen Figuren von den fiktiven zu unterscheiden.

A R. Cantarella, Mailand 1953. V. Coulon. 5 Bde., Pa- ris 1923–1930. F. W. Hall / W. M. Geldart. 2 Bde., Oxford [(2)]1906. C. F. Russo, Bari 1953.
Ü J. G. Droysen, Berlin [(3)]1881. L. Seeger / H. – J. Ne- wiger / P. Rau, München 1968. L. Seeger / O. Weinreich. 2 Bde., Zürich [(2)]1968.
L K. J. Dover: Aristophanic Comedy, London 1972. V. Ehrenberg: Aristophanes und das Volk von Athen. Eine Soziologie der altattischen Komödie, Zürich 1968. Th. Gelzer: Aristophanes, in: RE Suppl. 12, 1970, 1392–1569. P. Händel: Formen und Darstellungsweisen in der aristo- phanischen Komödie, Heidelberg 1963. H. J. Newiger (Hg.): Aristophanes und die alte Komödie, Darmstadt 1975. A. Lesky, GL, 482 486. C. F. Russo: Aristofane auto- re di teatro, Florenz 1962. O. Seel: Aristophanes oder Ver- such über Komödie, Stuttgart 1960.

Achilleís
„Die Sage von Achilles"

Publius Papinius Statius, etwa 45–96 n. Chr.

Unvollendetes Epos in 1127 Hexametern vom Le- ben des Achilles in zwei B. (lat.).
Das in den späteren B. der →Silvae (4,4,93; 5,5,36; 7,23) erwähnte Werk begann der Dichter in seinen letzten Lebensjahren.

I Die überlieferten Verse behandeln nur die Ju- gend des Helden und seinen Aufenthalt in Scyrus. – Im 1. B. sieht Thetis das Schiff mit der geraubten Helena auf dem Weg nach Troja. Angesichts des drohenden Krieges bringt sie den Sohn, der sich bei seinem Erzieher Chiro aufhält, zu König Lycome- des in Scyrus. Hier versteckt sie ihn, als Mädchen verkleidet, unter den Töchtern des Königs. Achilles aber verliebt sich in Deidamia, eine der Töchter des Königs. Ulixes entdeckt Achilles unter den Mäd- chen und nimmt ihn mit in den Krieg. – Im 2. B. wird die Abfahrt von Scyrus geschildert. In diesem Zusammenhang berichtet Ulixes über die Ursache des Krieges. Achilles erzählt von seiner Erziehung durch Chiro.
Q Neben der mythographischen Tradition und den →Skyrioi des Euripides, die u. a. von dem Ver- hältnis zwischen Achilles und Deidamia handeln, aus dem Neoptolemus hervorging, ist Ovid ein wichtiges Vorbild des Dichters.
W In der Nachfolge Homers (→Iliás) wollte Statius das ganze Leben des Achilles beschreiben.

A O. A. W. Dilke, Cambridge 1954 (mit Kommentar). H. W. Garrod, Oxford 1906. A. Klotz, Leipzig 1902. A. Marastoni, Leipzig 1974. A. Traglia / G. Aricò, Turin 1980.
Ü H. Rupprecht, Mitterfels 1984 (lat.-dt.).
L M. v. Albrecht, RL, 747–759. G. Aricò: L' Achilleide di Stazio. Tradizione letteraria e invenzione narrativa, in: ANRW 2, 32, 5, 1986, 2925–2964. H. Juhnke: Homerisches in römischer Epik flavischer Zeit. Untersuchungen zu Sze- nennachbildungen und Strukturentsprechungen in Statius'

Thebais und Achilleis und in Silius' Punica, München 1972. Z. Pavlovskis: The Education of Achilles as Treated in the Literature of the Late Antiquity, in: PP 20, 1965, 281–297.

Acta Alexandrinorum
„Berichte über die Alexandriner"

An.

Berichte über die Leiden griechisch-alexandrini- scher Patrioten unter der röm. Herrschaft, durch Papyri erhalten (lat.).

I Die Berichte waren überwiegend in Form fik- tiver Gerichtsprotokolle abgefaßt und sind somit den christlichen Märtyrerakten vergleichbar (→Pas- sio Sanctorum Scilitanorum, →Passio Perpetuae et Felicitatis).

A H. Musurillo: The Acts of the Pagan Martyrs, 1954 (mit Kommentar). H. Musurillo, Leipzig/Stuttgart 1961.
L M. v. Albrecht, RL, 1210.

Acta diurna urbis oder populi
„Berichte über tägliche Neuigkeiten in Rom oder im römischen Volk"

An.

Tageschronik (lat.) über Vorgänge, die von allgemei- nem Interesse waren und zur Information von Ab- wesenden dienten, nicht erhalten, aber vielfach be- zeugt.

I Von Caesar wurde im Jahre 59 v. Chr. ange- ordnet, daß diese Art von Tageszeitung regelmäßig erschien (Sueton, Divus Iulius 20,1). Es handelte sich um eine Berichterstattung über amtliche und nichtamtliche Ereignisse. Nach der redaktionellen Bearbeitung der Nachrichten wurde eine Original- fassung hergestellt. Diese wurde vervielfältigt und verbreitet. Das Original bewahrte man im Staatsar- chiv auf. In der Kaiserzeit wurden die Acta von ei- nem Presseamt redigiert.

L M. Fuhrmann: Acta, in: DKP 1, 55.

Acta fratrum Arvalium
„Berichte der Arvalbrüder"

An.

Inschriften der Arvalbrüder (lat.), in Steintafeln ein- gemeißelte Akten.

I Die Acta umfassen 1. einen Festkalender, 2. die vom Jahre 2 v. Chr. bis 37 n. Chr. reichenden Magistratstafeln, 3. die Protokolle über die Amts- handlungen der Arvalbrüder, einer uralten Priester- schaft (→Carmen Arvale). – Die Fragmente der Ta- feln reichen bis in das Jahr 241 n. Chr.

A CIL 6, Nr. 2023–2119. G. Henzen, Berlin 1874 (mit Kommentar).

L M. v. Albrecht, RL, 36. A. Pasoli: *Acta fratrum Arvalium*, Bologna 1950.

Acta martyrum
„Märtyrerakten"

An.

Berichte (gr. und lat.) über die Leidensgeschichte von Märtyrern von ihrer Festnahme bis zu ihrer Hinrichtung, in der Regel als Protokolle (*acta*) verfaßt, mitunter aber auch als *passiones* („Leidensgeschichten") oder *martyria* („Märtyrerlegenden") erzählerisch ausgestaltet und in Briefform gebracht. Die frühesten Leidensgeschichten wurden in gr. Sprache geschrieben.

Der Bericht über das „Martyrium Polykarps aus Smyrna" erschien in gr. Sprache in der Mitte des 2. Jh.s n.Chr. – Die →*Passio Sanctorum Scilitanorum* war das erste christliche Dokument in lat. Sprache und entstand um 180 n.Chr. – Die →*Passio Perpetuae et Felicitatis* wurde 202/203 n.Chr. verfaßt. – Weitere Beispiele für „Märtyrerakten": Die *Acta proconsularia* (Protokolle der Verurteilung und Martyriumsbericht) des Cyprian, der am 14. September 258 n.Chr. in Karthago enthauptet wurde, die *Acta* des Philosophen und Märtyrers Justinos, der um 165 n.Chr. mit sechs Gefährten in Rom enthauptet wurde, die *Passio* des Apollonius, der in Rom um 185 n.Chr. enthauptet wurde, die Briefe der Gemeinden von Lyon und Vienne anläßlich der Christenverfolgung im Jahre 177 n.Chr., als 48 Märtyrer den Tod fanden, die *Acta Sancti Maximiliani*, dessen Prozeß am 12. März 295 n.Chr. stattfand, weil er den Militärdienst verweigert hatte.

I Die „Märtyrerakten" wollen die faktische Nachfolge Christi im Martyrium belegen. Sie sind Dokumente der *Imitatio Christi* („Nachahmung Christi") und „in dieser Beziehung ein auf konkrete Erfahrung bezogenes Weiterschreiben der Schrift" (M. v. Albrecht, 1211).

H Die historische Situation ist die Zeit der Christenverfolgungen im röm. Reich. Seit Kaiser Nero (reg. 54–68 n.Chr.) kam das Bekenntnis *Christianus sum* („Ich bin Christ") einem Todesurteil gleich. Systematische Verfolgungen gab es aber erst seit der Mitte des 3. Jh.s Unter Kaiser Decius (249/250) fand die erste, unter Valerianus (257/258) die zweite und unter Diokletian (303) die dritte Verfolgung statt. Erst unter Konstantin waren die Verfolgungen beendet (durch das sogenannte Mailänder Edikt des Jahres 313).

A R. Knopf / G. Krüger, in: Sammlung ausgewählter kirchen- und dogmengeschichtlicher Quellenschriften, Tübingen [3]1929. [4]1965.

Ü O. Braun, BKV 22, 1922. A. Hamman: Das Heldentum der frühen Märtyrer, Aschaffenburg 1958. H. Rahner: Die Märtyrerakten des 2. Jh.s, Freiburg [2]1954. G. Rauschen, BKV 14, 1913.

L M. v. Albrecht, RL, 2110f. B. Altaner, Patrologie, 192–204. H. A. Gärtner, RLTD 5, 34–43. A. Hamman: Martyrerakten, in: LThK 7, 133f. F. Vittinghoff: „Christianus sum". Das „Verbrechen" von Außenseitern der römischen Gesellschaft, in: Historia 33, 1984, 331–357. J. Vogt / H. Last: Christenverfolgung, in: RAC 2, 1954, 1159–1228. A. Wlosok: Die Rechtsgrundlagen der Christenverfolgungen der ersten zwei Jahrhunderte, in: Gy 66, 1959, 14–32 (auch in: R. Klein (Hg.): Das frühe Christentum im römischen Staat, Darmstadt [2]1982, 275–301). A. Wlosok: Rom und die Christen. Zur Auseinandersetzung zwischen Christentum und römischem Staat, Stuttgart 1970.

Acta martyrum Scilitanorum →Passio Sanctorum Scilitanorum

Acta principis
„Akten des Kaisers"

An.

Sammlung aller vom röm. Kaiser verfügten Entscheidungen, Erlasse oder auf seinen Wunsch gefaßten Senatsbeschlüsse (lat.), nicht erhalten, aber vielfach bezeugt.

I Die *Acta principis* setzten die →*Acta senatus* fort. Sie umfaßten alle Willensäußerungen des Kaisers und hatten Gesetzeskraft, konnten jedoch vom Senat außer Kraft gesetzt werden, z.B. nach dem Tod des jeweiligen Kaisers. So wurden etwa die *Acta* Neros (reg. 54–68) für ungültig erklärt.

L M. Fuhrmann: *Acta*, in: DKP 1, 55f. J. W. Kubitschek: *Acta* (Nr. 6), in: RE 1, 1, 1893, 295–298.

Acta Sanctorum Scilitanorum →Passio Sanctorum Scilitanorum

Acta senatus oder patrum
„Berichte aus dem Senat"

An.

Amtliche Verhandlungsprotokolle des röm. Senats (lat.), nicht erhalten, aber vielfach bezeugt.

Ab 449 v.Chr. wurden die Senatsbeschlüsse schriftlich niedergelegt. Sie sind bis in das Jahr 438 n.Chr. bezeugt.

I Anfänglich enthielten die Protokolle nur die gefaßten Beschlüsse (*senatus consulta*), später wurden Verlaufsprotokolle über die Verhandlungen angefertigt. Caesar ordnete nach seinem Amtsantritt als Konsul des Jahres 59 v.Chr. an, daß die Protokolle regelmäßig zu führen und zu veröffentlichen seien (Sueton, *Divus Iulius* 20, 1). So wurden sie zum amtlichen Teil der →*Acta diurna*. Die Aufsicht über Redaktion und Verwahrung der *Acta* hatte ein *curator actorum senatus*.

L M. Fuhrmann: *Acta*, in: DKP 1, 55. E. Hübner: *De senatus populique Romani actis*, in: Fleckeisens Jbb. f. class. Philologie. Suppl. 3, Leipzig 1859.

Acta seu disputatio contra Fortunatum Manichaeum
„Verhandlungsbericht bzw. Abhandlung gegen den Manichäer Fortunatus"

Augustinus aus Thagaste, 354–430 n. Chr.

Dogmatisch-polemische Schrift gegen den Manichäismus (lat.).

I Die Schrift ist das Protokoll über den Streit zwischen Augustinus und Fortunatus am 28. und 29. August des Jahres 392 n. Chr. zu Hippo.

A I. Zycha, CSEL 25, 1891.
L M. v. Albrecht, RL, 1318–1353.

Actionis in Gaium Verrem secundae libri V →Actio secunda in Verrem (Cicero)

Actio prima in C. Verrem
„Erste Verhandlung gegen Gaius Verres"

Marcus Tullius Cicero aus Arpinum, 106–43 v. Chr.

Gerichtsrede (lat.) im Prozeß gegen den röm. Statthalter von Sizilien.
Die erste Rede gegen Verres hielt Cicero am 5. August des Jahres 70 v. Chr. in Rom.

I Cicero leitet seine 1. Rede mit dem Hinweis ein, daß der Prozeß gegen Verres den senatorischen Gerichten Gelegenheit gebe, sich von ihrem schlechten Ruf zu befreien (1–3). Im Hauptteil (3–56) werden zunächst Verres und seine Anhängerschaft mit ihren Machenschaften und Vorhaben vorgeführt (3–32). Dann beschreibt Cicero seine Gegenmaßnahmen (32–56). – Er verzichtet auf ein umfassendes Plädoyer und tritt für die sofortige Beweisaufnahme ein. – Die Rede ist also nur eine Einführung in die eigentliche Verhandlungsphase. Erst in der →*Actio secunda in C. Verrem* wird der Anklagestoff vorgetragen.
H Cicero hatte im Jahr 75 v. Chr. als Quaestor den westlichen Teil Siziliens verwaltet. Aus diesem Grund baten ihn seine ehemaligen Klienten um Unterstützung gegen den Propraetor Verres, der das Land auszupressen begann, um sich zu bereichern. Cicero übernahm die Anklage im Prozeß gegen Verres, der den berühmten Hortensius und andere bedeutende Persönlichkeiten als Verteidiger zur Verfügung hatte. Cicero mußte sich außerdem noch gegen Q. Caecilius durchsetzen, den Verres als Scheinankläger vorgeschoben hatte (→*In Quintum Caecilium oratio, quae divinatio dicitur*). Bei der Vorbereitung des Prozesses wurde Cicero erheblich

behindert. Doch mit dessen Beginn legte er ein so überzeugendes Beweismaterial vor, daß Verres noch während der Verhandlung floh. Die Verteidigung verzichtete auf ihr Plädoyer. Das Urteil bestätigte die freiwillige Verbannung des Verres. Der Prozeß wurde vorzeitig beendet. Cicero faßte das ihm vorliegende Material in den fünf Büchern der fiktiven 2. Rede (→*Actio secunda in C. Verrem*) zusammen.

A W. Peterson, Oxford 1907.
Ü M. Fuhrmann: M. Tullius Cicero. Sämtliche Reden. Bd. 3–4, Zürich/Stuttgart 1971. M. Fuhrmann: Die Reden gegen Verres. 2 Bde., Zürich 1995 (lat.-dt.). G. Krüger. 6 Bde., Stuttgart 1983–1988 (lat.-dt.).
L K. Büchner, Bestand und Wandel, 111–148. M. Gelzer: M. Tullius Cicero, in: RE 7 A, 1939, 842–852. C. Habermehl: Verres, in: RE 8 A, 1958, 1561–1633. R. Heinze: Ciceros politische Anfänge, in: Vom Geist des Römertums, Darmstadt [3]1960, 87–140. N. Marinone: *Quaestiones Verrinae – cronologia del processo di Verre*, Turin 1950. O. Seel: Cicero. Wort, Staat, Welt, Stuttgart 1953, 23–64.

Actio secunda in C. Verrem
„Zweite Verhandlung gegen Gaius Verres"

Marcus Tullius Cicero aus Arpinum, 106–43 v. Chr.

Gerichtsrede in fünf B. (lat.).
Die zweite Rede gegen Verres (→*Actio prima in C. Verrem*) brauchte Cicero nicht mehr zu halten, nachdem der Angeklagte vor dem Ende des Prozesses im Jahre 70 v. Chr. freiwillig in die Verbannung gegangen war.

I Die zweite Rede ist eine weit ausgreifende und umfassende Dokumentation des Anklagestoffes. Cicero fingiert eine zweite Verhandlung, in der er sein in Wirklichkeit nicht gehaltenes Plädoyer literarisch nachholt. Er hält die Fiktion einer realen Prozeß-Situation in den fünf B. der zweiten Rede bzw. der zweiten Verhandlung bis zum Schluß durch. – 1. B.: Die Anwesenheit des Angeklagten wird vorausgesetzt. Cicero fordert die Verurteilung des Verres und beschreibt seine Prozeßtaktik (1 bis 32). Darauf schildert der Autor den bisherigen Lebenslauf des Angeklagten und seine Tätigkeit in seinen verschiedenen Staatsämtern. Ausführlich werden seine kriminellen Handlungen an seinen unterschiedlichen Wirkungsstätten dargestellt (32 bis 158): Unterschlagungen, Brutalitäten, Verrat, Kunstdiebstahl, Grausamkeit, Erpressung, Rechtsbeugung, Korruption. – 2.-5. B.: Hier befaßt sich Cicero mit der Statthalterschaft des Verres in Sizilien. Er berichtet über zahlreiche Fälle von Rechtsbeugung im Bereich der Zivilrechtspflege und der Kriminaljustiz, über Ämterschacher und Erpressungen (2. B.), über die Untaten des Verres im Bereich der sizilischen Landwirtschaft und deren Folgen (3. B.), über den grandiosen Kunstraub in Sizilien (4. B.), über die angeblichen militärischen Verdienste des Verres und die Mißhandlungen und Hinrichtungen röm. Bürger (5. B.).
W Es war wohl Ciceros Absicht, den Ange-

klagten, dessen Delikt in der Sprache des röm. Rechts als „Beschuldigung wegen zurückzuerstattender Gelder" (*crimen pecuniarum repetundarum*) bezeichnet wurde, als abnormen Kriminellen darzustellen, wie es ihn in Rom noch nie gegeben hatte. Dabei gehörte der Tatbestand des „Repetundenlikts" zu den schwersten Mißständen der spätrepublikanischen Staatsverwaltung und insbesondere der statthalterlichen Machtvollkommenheit. Der Senat, der den Tatbestand zu formulieren hatte, schritt nur in besonders schwerwiegenden Fällen dieser Form der „Erpressung" ein.

A K. Halm / G. Laubmann: Ciceros Rede gegen Q. Caecilius und der Anklagerede gegen C. Verres 4. und 5. B. (Ciceros ausgewählte Reden. Bd. 2), Berlin (10)1900 (mit Kommentar). R. G. C. Levens: Cicero. The Fifth Verrine Oration, London 1946 (mit Kommentar). T. N. Mitchell: Cicero, Verrines 2, 1, Warminster 1986. W. Peterson: M. Tulli Ciceronis Orationes. Bd. 3, Oxford 1907.
Ü M. Fuhrmann: M. Tullius Cicero. Sämtliche Reden. Bd. 3–4, Zürich/Stuttgart 1971. M. Fuhrmann: Die Reden gegen Verres. 2 Bde., Zürich 1995 (lat.-dt.). G. Krüger. 6 Bde., Stuttgart 1983–1988 (lat.-dt.).
L K. Büchner, Bestand und Wandel, 111–148. M. Fuhrmann: Narrative Techniken in Ciceros zweiter Rede gegen Verres, in: AU 23, 3, 1980, 5–17. M. Gelzer: M. Tullius Cicero, in: RE 7 A, 1939, 842–852. C. Habermehl: Verres, in: RE 8 A, 1958, 1561–1633. R. Heinze: Ciceros politische Anfänge, in: Vom Geist des Römertums, Darmstadt (3)1960, 87–140. N. Marinone: *Quaestiones Verrinae* – cronologia del processo di Verre, Turin 1950. O. Seel: Cicero. Wort, Staat, Welt, Stuttgart 1953, 23–64.

Ad Candidum Arianum
„An den Arianer Candidus"

Auch zitiert als *De generatione Verbi* („Über die Schöpferkraft des Wortes").

Gaius Marius Victorinus, etwa 280–363 n. Chr.

Theologische Abhandlung aus der Kontroverse mit Candidus, dem Arianer, über die Schöpferkraft des göttlichen Wortes (lat.).
Nach 355 n. Chr. verfaßt, als der Autor den Weg zum Christentum gefunden hatte.

I Die Abhandlung gehört zu einer aus 12 Nummern bestehenden Sammlung theologischer Traktate *Adversus Arium* („Gegen Arius"): (1) *Candidi epistula [De generatione divini verbi]* („Die erste Epistel des Candidus [Über die Schöpfung durch das göttliche Wort])", verfaßt von dem Arianer Candidus, (2) *Ad Candidum Arianum* („An den Arianer Candidus"), (3) *Candidi epistula II* („Die zweite Epistel des Candidus"), von dem Arianer Candidus verfaßt, (4) →*Adversus Arium* I 1–47 („Gegen Arius"), (5) *Adversus Arium* I 48–64, (6–8) *Adversus Arium* II-IV, (9) *De homousio recipiendo* („Über die Lehre von der Wesensgleichheit zwischen Gottvater und Sohn"), (10–12) *Liber de trinitate: Hymnus* I-III („B. über die Dreieinigkeit: Hymnus I-III").

A PL 8, 993–1310 (mit allen theologischen Abhandlungen des Autors).
Ü P. Hadot / U. Brenke, Zürich 1967.
L M. v. Albrecht, RL, 1281–1289. P. Hadot: Marius Victorinus. Recherches sur sa vie et ses oevres, Paris 1971. P. Wessner: Marius Victorinus, in: RE 14, 2, 1930, 1840–1848.

Ad Demetrianum
„An Demetrianus"

Caecilius Cyprianus, 1. Hälfte des 3. Jh.s n. Chr.

Im Jahre 252 n. Chr. verfaßte apologetische Schrift (lat.).

I Die Abhandlung richtet sich gegen den Vorwurf, daß die Vernachlässigung der heidnischen Götter durch die Christen die Ursache für Krieg, Pest und Hungersnot im röm. Reich sei. Die Christen seien nicht für das gegenwärtige Unglück verantwortlich. Der Autor erklärt den Niedergang u. a. mit dem Argument, daß die Welt ihrem Ende entgegengehe, weil sie in jeder Hinsicht erschöpft und vergreist sei.

A W. v. Hartel, CSEL 3, 1–3, 1868–1871.
Ü J. Baer, BKV 34, 1918 und 60, 1928.
L M. v. Albrecht, RL, 1242–1252. E. W. Benson: Cyprian. His Life, his Time, his work, London 1897. M. Fuhrmann, Spätantike, 175–177. H. Roozenbeek: *Pluvia defit, causa Christiani sunt*, in: Lampas 22, 1, 1989, 36–48.

Ad Donatistas post conlationem
„An die Donatisten nach dem Religionsgespräch (411 n. Chr. in Karthago)"

Auch zitiert als *Contra partem Donati post gesta* („Gegen die Partei des Donatus nach dem Streitgespräch").

Aurelius Augustinus aus Thagaste, 354–430 n. Chr.

Dogmatisch-polemische Schrift gegen die Donatisten (lat.).
Verfaßt im Jahre 412 n. Chr.

I Augustinus trägt die Argumente des Religiosgesprächs von 411 n. Chr. allgemeinverständlich vor. Er betont die innere Widersprüchlichkeit der Donatisten hinsichtlich des Schismas und geht u. a. auch auf die Vermischung von Guten und Bösen in der Kirche ein.
H Augustinus bekämpfte die Donatisten, d. h. die Anhänger des Gegenbischofs Donatus von Karthago (gest. um 355 n. Chr.) und der aus ihnen hervorgegangenen Sonderkirche, die sich von der römisch orientierten katholischen Kirche abspaltete, die konstantinische Staatskirche ablehnte und in Nordafrika vom 4.-7. Jh. bestand, über 20 Jahre lang (von 394–420 n. Chr.) in zahlreichen Schriften. Die Donatisten machten die Wirksamkeit der Sakra-

mente von der Reinheit des spendenden Amtsträgers abhängig. Augustinus vertrat dagegen die Auffassung, daß die Heiligkeit der Sakramente und der diese spendenden Kirche auf Erden nicht von der Heiligkeit ihrer Mitglieder abhänge. Die Sakramente wirkten unabhängig von der Reinheit des Spenders. – Neben anderen von der katholischen Kirchenmeinung abweichenden Lehren (z.B. der Übung der Wiedertaufe) verstand sich der Donatismus als eine Märtyrerbewegung, die die Idee des Martyriums durch Auslösung einer Selbstmordwelle pervertierte. Die Donatisten lehrten, die wahre Kirche sei jene, die Verfolgung leide, nicht die verfolge (vgl. *Ad Donatistas post conlationem* 31,53: PL 43,684). – Die historische Bedeutung des Donatismus besteht u. a. darin, daß er der Lehre vom Sakrament, vom kirchlichen Amt und von der Heiligkeit der Kirche entscheidende Anstöße gab. – Das Motiv im Kampf gegen die Donatisten war für Augustinus das Gebot der kirchlichen Einheit, seit er i. J. 396 sein Bischofsamt in Hippo angetreten hatte. – Weitere erhaltene Schriften des Augustinus gegen die Donatisten sind →*Psalmus contra partem Donati* („Psalmus gegen die Partei des Donatus", entstanden 394/395 n.Chr.), →*Contra epistulam Parmeniani* („Gegen den Brief des Parmenianus", um 405 n.Chr.), *De baptismo contra Donatistas* („Über die Taufe, gegen die Donatisten", um 405 n.Chr.), →*Contra litteras Petiliani Donatistae* („Gegen den Brief des Donatisten Petilianus", 400–405 n.Chr.), *Contra Cresconium grammaticum et Donatistam* („Gegen den Grammatiker und Donatisten Cresconius", zwischen 405 und 408 n.Chr.), *De unico baptismo contra Petilianum ad Constantinum* („Über die eine und einzige Taufe, gegen Petianus, an Constantinus", 410/411 n.Chr.), →*Breviculus collationis cum Donatistis* („Kurzbericht über das Religionsgespräch mit den Donatisten", Ende 411 n.Chr.), *Sermo ad Caesariensis ecclesiae plebem* („Predigt an das Volk der Kirche von Caesarea", 418 n.Chr.), *Gesta cum Emerito Donatistarum episcopo* („Streitgespräch mit Emeritus, dem Bischof der Donatisten", 418 n.Chr.), *Contra Gaudentium Donatistarum episcopum* („Gegen Gaudentius, den Bischof der Donatisten", 419/420 n.Chr.).

A PL 43. M. Petschenig, CSEL 51–53, 1908–1910 (Augustins Schriften gegen die Donatisten). CSEL 53, 97–162 (*Ad Donatistas*)
L M. v. Albrecht, RL, 1318–1353. H. v. Campenhausen, LKV, 185–194. A. Dihle, GLL, 552f. M. Fuhrmann, Spätantike, 202–205. P. Monceaux: Histoire Littéraire de l' Afrique Chrétienne. 4–7, Paris 1912–1923.

Ad Donatum
„An Donatus"

Caecilius Cyprianus, 1. Hälfte des 3. Jh.s n.Chr.

Abhandlung über den Übertritt des Autors zum Christentum (lat.).
Im Jahre 246 n.Chr. verfaßt.

I Cyprianus berichtet in dieser Schrift, einer Vorläuferin der →*Confessiones* des Augustinus, seinem Freund Donatus ausführlich über seine Bekehrung. Er befreite sich vom heidnischen Lotterleben und erfuhr in der Taufe seine Wiedergeburt. Der Autor vermittelt „ein Kontrastbild vom Treiben des *saeculum* und von christlichem Frieden" (Fuhrmann, 13). Mit großem rhetorischem Aufwand brandmarkt er die Gladiatorenspiele, die unsittlichen Schauspiele, die Rechtsbrüche auf dem Forum und die irdischen Scheingüter wie Macht und Reichtum.

A W. v. Hartel, CSEL 3, 1–3, 1868–1871. J. Molager, SC 291, Paris 1982.
Ü J. Baer, BKV 34, 1918. W. Schulz, Berlin 1961.
L M. v. Albrecht, RL, 1242–1252. V. Buchheit: *Non agnitione sed gratia* (Cypr. Don. 2), in: Hermes 115, 1987, 318–334. M. Fuhrmann: Christliches Leben in der Kirchenväterzeit – Ein Lektürevorschlag, in: P. Neukam (Hg.): Vorschläge und Anregungen, München 1980, 5–23. U. Wickert: Cyprian, in: M. Greschat (Hg.): Gestalten der Kirchengeschichte. 1. 1, Stuttgart 1984, 158–175.

Ad ecclesiam
„An die Gemeinde"

Auch zitiert als *Adversus avaritiam* („Gegen den Geiz").

Salvianus aus Massilia, um 400–480 n.Chr.

Unter dem Pseudonym „Timotheus" (*Timothei ad ecclesiam:* „Des Timotheus Schrift an die Gemeinde") veröffentlichte Schrift in vier B. (lat.). Entstanden 435–439 n.Chr.

I Salvianus fordert die Gläubigen auf, spätestens mit ihrem Tode ihren Besitz der Kirche und damit den Armen zu vermachen.

A PL 53. F. Pauly, CSEL 8, 1883.
Ü A. Mayer, BKV[(2)] 11, 1935.
L H. Fischer: Die Schrift des Salvianus von Marseille „An die Kirche", Bern 1976.

Ad edictum
„Zum Edikt"

Iulius Paulus, geb. um 160 n.Chr.

Juristische Schrift (lat.) in 78 B., nur in Exzerpten und Zitaten erhalten.

L M. v. Albrecht, RL,1195. A. Berger: Iulius (Nr. 382), in: RE 10, 1, 1918, 690–752. H. Hübner: Paulus (Nr. 1), in: dtv-L 3, 290f. C. A. Maschi: La conclusione della giurisprudenza classica all' età dei Severi. Iulius Paulus, in: ANRW 2,15,1976, 667–707. P. E. Pieler, NHbL. Spätantike, 565–599.

Adelphoe
„Die Brüder"

Publius Terentius Afer, um 195/190–159 v. Chr.

Römische Komödie (lat.) nach einem gleichnamigen Stück des Menandros.
Entstanden zwischen 166–160 v. Chr. Das Stück wurde 160 v. Chr. bei den Leichenspielen zu Ehren des Lucius Aemilius Paullus aufgeführt.

I Das Stück spielt in Athen. Die Hauptpersonen sind zwei Brüderpaare: Die beiden älteren Athener Micio, ein liberal denkender Stadtmensch, und Demea, ein strenger, auf dem Lande lebender Mann, bilden das eine Brüderpaar. Das andere Brüderpaar sind die beiden Söhne des Demea, Ctesipho und Aeschinus. – Ctesipho wurde von seinem Vater Demea streng erzogen. Aeschinus genoß als Adoptivsohn seines Onkels Micio eine freiheitliche Erziehung. – Ctesipho liebt die Hetäre Bacchis, eine Harfenspielerin, die Aeschinus für seinen Bruder aus dem Haus des Kupplers Sannio entführt. Aeschinus selbst liebt Pamphila, die Tochter der Witwe Sostrata. Er möchte Pamphila heiraten, die von ihm bereits ein Kind erwartet. Die Entführung der Hetäre durch Aeschinus hat arge Mißverständnisse zur Folge: Demea wirft seinem Bruder Micio vor, er habe Aeschinus durch seine Großzügigkeit verdorben. Auch Sostrata und Pamphila, die durch ihren Sklaven Geta von der Entführung hören, fühlen sich betrogen. Inzwischen kommt auch das folgenreiche Verhältnis des Aeschinus mit Pamphila an das Tageslicht. Demea erfährt jedoch auch, daß sein Mustersohn Ctesipho der Liebhaber der Hetäre ist. Jetzt ändert Demea seine Einstellung und wird zu einem Vorbild an Liberalität: Aeschinus darf Pamphila heiraten und Ctesipho die Hetäre behalten. Micio aber muß die Witwe Sostrata zur Frau nehmen; er hat sich aus einem anfangs überlegenen und verständnisvollen Menschen zu einem willfährigen Schwächling gewandelt. Der anfangs so strenge Demea wird am Ende aufgrund seiner Großzügigkeit von seinen Söhnen akzeptiert.
Q Menanders gleichnamiges Stück war die Vorlage der *Adelphoe*. Im Prolog erwähnt Terenz aber noch eine zweite Quelle: die *Synapothnéskontes* („Die Mitsterbenden") des Diphilos. Terenz hat also zwei gr. Stücke ineinandergearbeitet bzw. „kontaminiert".
H Terenz stand in enger Beziehung zum Scipionenkreis, einem Freundeskreis um Publius Cornelius Scipio Aemilianus Africanus Numantinus (185/184–129 v. Chr.), dem Eroberer von Karthago (146 v. Chr.), der als ausgezeichneter Kenner der gr. Sprache und Kultur galt und den Einfluß der Griechen in Rom zu verstärken suchte. Neben Terenz gehörten dem Scipionenkreis u. a. der gr. Philosoph Panaitios (→*Perì tû kathékontos*) und der Historiker Polybios (→*Historíai*) an. Ganz im Sinne des Selbstverständnisses der Mitglieder des Scipionenkreises versuchte auch Terenz, die röm. Lebensart durch

die Übernahme gr. Kultur zu veredeln (vgl. auch Cicero, →*De re publica*, →*Laelius*, →*Brutus*).
W Dem Dichter geht es in den *Adelphoe* vor allem um die Frage nach der richtigen Erziehung. Daher sind auch die beiden Alten, Micio und Demea, in ihrer Eigenart sorgfältig charakterisiert, und ihre gegensätzlichen Erziehungsmethoden werden im Verlauf der Handlung immer wieder kommentiert. Es ist bemerkenswert, daß Terenz das Problem einer strengen Erziehung, die die Römer an sich für selbstverständlich hielten, vor einem röm. Publikum diskutiert und den strengen Vater Demea am Ende in eine akzeptable Persönlichkeit verwandelt, deren Strenge sich schließlich als gut begründet erweist – im Gegensatz zu Micios Milde und Nachsicht, die als Schwäche entlarvt wird.
N Eine wertvolle Interpretation der *Adelphoe* ist der *Hamburgischen Dramaturgie* (70.-73. und 96.-100. Stück) von Gotthold Ephraim Lessing (gest. 1781) zu verdanken. – Goethe ließ die *Adelphoe* 1802 in Weimar auf Deutsch aufführen. Aber schon Molière (gest. 1673) wurde für *L' école des maris* (1661) von dem Stück des Terenz angeregt.
A O. Bianco, Rom 1966. K. Dziatzko, Leipzig 1884. K. Dziatzko / R. Kauer, Leipzig [2]1921, Nachdr. 1964. A. Fleckeisen, Leipzig [2]1898. R. Kauer / W. M. Lindsay, Oxford 1926. J. Marouzeau. 3 Bde., Paris 1942–1949 (lat.-frz.). R. H. Martin, Cambridge 1976. S. Prete, Heidelberg 1954.
Ü J. J. C. Donner / W. Ludwig, Darmstadt 1969. V. v. Marnitz, Stuttgart 1960. H. Rädle, Stuttgart 1977 (lat.-dt.).
L M. v. Albrecht, RL, 173–194. H. Drexler: Die Komposition von Terenz' *Adelphen* und Plautus' *Rudens*, in: Ph, Suppl. 26, 2, 1934. E. Fantham: Terence, Diphilus, and Menander. A Reexamination of Terence, *Adelphoe*, Act II, in: Ph 112, 1968, 196–216. E. Fantham: *Heautontimorumenos* and *Adelphoe*. A Study of Fatherhood in Terence and Menander, in: Latomus 30, 1971, 970–998. W. E. Forehand: Terence, Boston (Mass.) 1985. J. N. Grant: The Ending of Terence's *Adelphoe* and the Menandrian Original, in: AJPh 96, 1975, 42–60. A. S. Gratwick, Warminster 1987 (engl. Übersetzung und Kommentar). G. Jachmann: P. Terentius Afer, in: RE 5 A 1, 1934, 598–650. E. Lefevre (Hg.): Die römische Komödie. Plautus und Terenz, Darmstadt 1973. G. Lieberg: *De Terenti Adelphis capitula tria*, in: Latinitas 35, 1987, 22–28. V. Pöschl: Das Problem der *Adelphen* des Terenz, in: SB der Heidelberger Akademie der Wissenschaften. Philhist. Klasse. 1975. 4. H. Tränkle: Micio und Demea in den terenzischen *Adelphen*, in: MH 29, 1972, 241–255.

Ad Fortunatum de exhortatione martyrii
„An Fortunatus über die Aufforderung zum Martyrium"

Caecilius Cyprianus, 1. Hälfte des 3. Jh.s n. Chr.

Schriftstellensammlung zum Thema „Martyrium" (lat.), im Jahre 253 n. Chr. angefertigt. Der Autor ermahnt den Adressaten zur Standhaftigkeit in der Verfolgung.

A W. v. Hartel, CSEL 3, 1–3, 1886–1871.
L M. v. Albrecht, RL, 1242–1252.

Ad Gaium Trebatium Topica
„Topik (Kunst der Erschließung von Argumentationsgesichtspunkten) für Gaius Trebatius"

Marcus Tullius Cicero aus Arpinum, 106–43 v. Chr.

Abhandlung über die Auffindung von Argumentationsgesichtspunkten im Rahmen der *Heuresis* (*inventio*) des Redners (lat.).
Cicero hat die Schrift angeblich im Jahre 44 v. Chr. auf einer Seereise von Velia nach Rhegium für den Juristen C. Trebatius verfaßt.

I In den *Topica* (11) stellt Cicero eine Liste von Bezugspunkten oder Ausgangspunkten für das Argumentieren zusammen; zuvor erklärt er zunächst einmal, daß man, wenn man ein Argument aufspüren wolle, die Bezugspunkte (*loci*) kennen müsse. (Den Begriff *loci* = *topoi* übernimmt Cicero von Aristoteles, wie er *Topica* 7 sagt.) Anschließend werden Beispiele zur Veranschaulichung angeführt.
H Thema der Schrift sind die *loci communes*, die *topoi*, die Fundstellen und Bezugspunkte (*sedes ac loci*) der Argumentation bzw. Beweisführung vor Gericht. Die *topoi* bilden eine Art von Gedankenreservoir, aus dem die Argumentation schöpfen kann. Vgl. schon Cicero, →*De oratore* 2,166: Dem Redner stehen folgende Bezugspunkte zur Verfügung: Zusammenhänge (*coniuncta*), Gattungen (*genera*), Untergliederungen (*partes generibus subiectae*), Ähnlichkeiten (*similitudines*), Unterschiede (*dissimilitudines*), Gegensätze (*contraria*), Folgerungen (*consequentia*), Übereinstimmungen (*consentanea*), Widersprüche (*repugnantia*), Ursachen (*causae*), Ergebnisse (*ea, quae ex causis orta sint*), Größeres (*maiora*), Gleiches (*paria*) und Kleineres (*minora*). – Alle diese Bezugspunkte kann der Redner im Rahmen der *inventio* auf ihre Brauchbarkeit hin prüfen und gegebenenfalls argumentativ verwenden. – Im folgenden (*De oratore* 2,167–173) gibt Cicero Beispiele für Möglichkeiten, aus diesen Bezugspunkten Argumente herzuleiten, wie z. B. für den Bezugspunkt „Unterschiede" (169): „Wenn die Barbaren in den Tag hinein zu leben pflegen, dann müssen Wir langfristig planen."
Q Die *Topica* mit ihren überwiegend juristischen Normen und Definitionen gelten als „ein Widerschein akademischer Schulrhetorik" (Eisenhut, 65). Möglicherweise geht die Schrift auf Antiochos aus Askalon zurück, wenn auch Cicero selbst meint, er gebe die aristotelischen →*Topiká* wieder, die er aber wohl nie im Original gesehen hat (Kroll, RE 7 A, 1103).

A A. S. Wilkins: *M. Tulli Ciceronis Rhetorica.* Bd. 2, Oxford 1903.
Ü K. Bayer, München/Zürich 1994 (lat.-dt.).
L W. Eisenhut: Einführung in die antike Rhetorik und ihre Geschichte, Darmstadt [(5)]1994, 65 f. B. Riposati: Studi sui *Topica* di Cicerone, Mailand 1947. B. Riposati: *Quomodo Partitiones oratoriae cum Topicis cohaereant.* Atti del I congresso internazionale di studi Ciceroniani, Rom 1961.

Ad Helviam matrem de consolatione
„Trostschrift an die Mutter Helvia"

Lucius Annaeus Seneca aus Corduba, etwa 4–65 n. Chr.

Trostschrift anläßlich der Verbannung des Autors im Jahre 41 n. Chr. (lat.), aus der Sammlung der →*Dialogi* (11 bzw. 12).
Verfaßt im Sommer des Jahres 42 n. Chr.

I Seneca fordert seine Mutter auf, nicht um seinetwillen zu trauern. Es gehe ihm an seinem Verbannungsort nicht schlecht. Armut und Schande seien keine wirklichen Übel (4–13). Die Mutter solle aber auch nicht um ihretwillen trauern (14–19). Sie habe doch schon viele Kümmernisse ertragen, denen sie die jetzige Trauer zuordnen solle, um den Schmerz über Senecas Verbannung zu relativieren. Die Mutter solle sich von der Sehnsucht nach dem Sohn nicht überwältigen lassen, sondern sich der Philosophie, ihren anderen Kindern, ihren Enkeln und vor allem ihrer Schwester zuwenden. Am Ende erklärt er der Mutter, daß er, Seneca, sich wohl fühle; lebe er doch frei von allem Lästigen und nur der Forschung nach der Wahrheit in Form der Betrachtung des Kosmos hingegeben (20).
H Anlaß der Trostschrift ist Senecas Verbannung im Jahre 41 n. Chr. durch Kaiser Claudius (reg. vom 24. Januar 41 bis zum 13. Oktober 54 n. Chr.). Auf Betreiben Messalinas, der Frau des Kaisers, wurde Seneca wegen Ehebruchs vom Senat zum Tode verurteilt. Der neue Kaiser begnadigte ihn zur Verbannung auf unbestimmte Zeit.
W Die Schrift sollte nicht nur die Mutter über den Verlust des Sohnes trösten und ihr helfen, über das (vermeintliche) Unglück seiner Verbannung hinweg zu kommen, sondern auch anderen Menschen Möglichkeiten der Tröstung zeigen. Seneca appelliert vor allem an die Fähigkeit zur Einsicht, d. h. zur vernünftigen Verarbeitung des Unglücks, aber auch an den Willen, mit eigener Kraft das Leid zu überwinden und als Chance zu sehen, über sich selbst hinauszuwachsen. Hier verwendet Seneca das Motiv eines „Lernens durch Leiden" im Sinne des gr. Tragödiendichters Aischylos (*Agamémnon* 177, →*Orésteia*).

A Ch. Favez, Lausanne/Paris 1918.
Ü G. Fink, Düsseldorf 1992 (lat.-dt.). M. Rosenbach, Darmstadt [(4)]1993 (lat.-dt.).
L K. Abel: Bauformen in Senecas Dialogen. Fünf Strukturanalysen: *dial.* 6, 11, 12, 1 und 2, Heidelberg 1967, 47–69. M. v. Albrecht, RL, 918–954. P. Meinel: Seneca über seine Verbannung, Bonn 1972. G. Maurach: Seneca. Leben und Werk, Darmstadt [(4)]2005, 70–75.

Ad Herennium →Rhetorica ad Herennium

Ad inquisitiones Ianuarii
„Zu den Untersuchungen des Ianuarius"

Aurelius Augustinus aus Thagaste, 354–430 n. Chr.

Pastoraltheologische Schrift in zwei B. (lat.), unter den →*Epistulae* des Autors überliefert.
Nach 404 n. Chr. verfaßt.

I Die Schrift befaßt sich mit Fragen der kirchlichen Praxis: Fastengebräuche, Fußwaschung, Kirchengesang, Berechnung der Osterfeier u. a.

Ad Liviam de consolatione
„Trostschrift an die Kaiserin Livia"

Areios Didymos, 1. Jh. v. Chr. – Anfang des 1. Jh.s n. Chr.

Nur in einem Fragment (lat.) bei Seneca, →*Ad Marciam de consolatione* (4–5), erhaltenes Beispiel röm. Konsolationsliteratur.
Verfaßt nach dem Tod des Drusus im Jahre 9 n. Chr.
Vgl. auch Ps.-Ovidius, →*Consolatio ad Liviam*. Es lag nahe, daß Areios Didymos diese Trostschrift verfaßte, weil er der philosophische Lehrer des Augustus und ein Freund des Maecenas war.

I Der Autor rät der Kaiserin, sich nicht in ihren Schmerz zu vergraben, sondern sich an Gesprächen über den verstorbenen Sohn zu beteiligen. Sie soll sich nicht der Trauer unterwerfen, sondern Gelassenheit (*aequus animus*) zeigen.

A →*Ad Marciam consolationem.*
L E. Zeller, Philosophie 3. 1, 635–639.

Ad Marcellam →Pros Markéllan (Porphyrios)

Ad Marciam de consolatione
„Trostschrift für Marcia"

Lucius Annaeus Seneca aus Corduba, etwa 4–65 n. Chr.

Trostschrift an Marcia, die seit drei Jahren um ihren Sohn Metilius trauert (lat.), aus der Sammlung der →*Dialogi* [6].
Das früheste erhaltene Werk des Philosophen Seneca entstand zur Zeit des Kaisers Caligula (37–41 n. Chr.).

I Die Tochter hatte sich nach dem Tode des Vaters um die Erhaltung seines Geschichtswerkes verdient gemacht, das nun wieder gelesen werden konnte (1,1–4). Sie hatte also ihre Trauer um den Vater bewältigt. Seneca kann hoffen, daß ihr dies auch bei der Überwindung ihres neuen Kummers hilft (1,5–8). In diesem Sinne weist er anhand einiger

Beispiele darauf hin, daß endlose Trauer unnatürlich sei (3–8). Die Trauerarbeit fängt damit an, daß man mit allem erdenklichen Unglück von vornherein rechnet [9] und alles, was man besitzt, nur als geliehen betrachtet (10). Darüber hinaus muß man sich seiner Sterblichkeit bewußt sein (11). Man soll dankbar sein für das Glück, das einem der Verstorbene gab. An mehreren Beispielen wird veranschaulicht, wie man den Verlust lieber Menschen ertragen kann (12–16). Der Tod ist natürlich. Geburt bedeutet zugleich Tod (17–18). Trauer ist nur durch vernünftige Überlegung zu heilen (19). Der Tod ist die beste Erfindung der Natur (*optimum inventum naturae*, 20,1). Er ist der Weg zum Glück und zur Freiheit. Dabei ist die Länge des Lebens unwichtig. Ein längeres Leben hätte dem Verstorbenen auch Unglück bringen können (20–22). Der Verstorbene war reif genug zum Sterben (23–24). Er ist zu den Seligen gegangen und befindet sich im Kreis der Weisen und Freien; unter denen ist auch sein Großvater Cremutius Cordus, der ihn an seine Seite nimmt. Das Schlußwort der Trostschrift hat Marcias Vater (25).

Q Seneca erwähnt u. a. Papirius Fabianus (23, 5), den Redner und Philosophen augusteischer Zeit (etwa 35 v. – 35 n. Chr.). Er machte Seneca mit dem röm. Philosophen Quintus Sextius (etwa 70–5 v. Chr.) und dessen gleichnamigen Sohn bekannt. Die Sextii haben Seneca über Fabianus auf dem Gebiet der Konsolationsliteratur angeregt. – Areios Didymos (1. Jh. v. Chr.), der nach dem Tode des Drusus (9 v. Chr.) an die Kaiserin Livia eine „Trostschrift" gerichtet hatte, wird in *Ad Marciam* (4–5) ausführlich zitiert. – Ansonsten bedient sich der Autor der Topik der Trostliteratur.

H Marcias Vater, der Historiker Cremutius Cordus, hatte sich das Leben genommen (vgl. 1–3), nachdem er im Jahre 25 n. Chr. auf Veranlassung des Seianus angeklagt worden war, weil er in seinem Geschichtswerk Longinus Cassius, den Organisator der Ermordung Caesars, als den „letzten Römer" bezeichnet hatte.

A Ch. Favez, Paris 1928.
Ü G. Fink, Düsseldorf 1992 (lat.-dt.). M. Rosenbach, Darmstadt [5]1995 (lat.-dt.).
L K. Abel: Poseidonios und Senecas Trostschrift an Marcia, in: RhM 17, 1964, 221–260. K. Abel: Bauformen in Senecas Dialogen. Fünf Strukturanalysen: *dial.* 6, 11, 12, 1 und 2, Heidelberg 1967, 15–47. I. Bellemore: The Dating of Seneca's *Ad Marciam de consolatione*, in: CQ 42, 1992, 219–234. J. Fillion-Lahille: La production littéraire de Sénèque sous les règnes de Caligula et de Claude, sens philosophique et portée politique: Les *Consolationes* et le *De ira*, in: ANRW 2, 36, 3, 1989, 1606–1638. C. Ch. Grollios: Seneca's *Ad Marciam*. Tradition and Originality, Athen 1956. C. E. Manning: On Seneca's *Ad Marciam*, Leiden 1981. G. Maurach: Seneca. Leben und Werk, Darmstadt [4]2005, 62–70.

Ad Marcum Caesarem →Epistulae (Fronto)

Ad Marcum filium
„An den Sohn Marcus"

Marcus Porcius Cato aus Tusculum, 234–149 v. Chr.

In nur wenigen Fragmenten erhaltene Prosaschrift (lat.), ein „väterliches Vademecum" (F. Leo) in drei B..
Wohl in den siebziger Jahren des 2. Jh.s v. Chr. verfaßt. (Catos Sohn war 192 v. Chr. geboren.)

I Ein Fragment (Frg. 1 Jordan) veranschaulicht, daß Cato gegen gr. Ärzte polemisiert, die sich in Rom niedergelassen hatten. Er warnt den Sohn vor der Nichtsnutzigkeit und Unbelehrbarkeit dieser Leute. – Die Schrift enthielt auch Empfehlungen für die Landwirtschaft (vgl. Columella, →De re rustica 11,1,26). – Neben der Heilkunst wurde auch die Redekunst thematisiert.
H In der Zeit, als Cato seine Warnung vor den Griechen aussprach, wirkten in vielen Familien der röm. Oberschicht bereits gr. Lehrer. Bestimmte Kreise in Rom pflegten enge Kontakte zu gr. Intellektuellen. So war z.B. Publius Cornelius Scipio Aemilianus (185/184–129 v.Chr.), der Zerstörer von Karthago (146 v.Chr.), mit dem Philosophen Panaitios (→Perì tû kathékontos) und dem Historiker Polybios (→Historíai) eng befreundet. Im Jahre 155 v.Chr. besuchte eine gr. Philosophengesandtschaft Rom und hatte eine große Wirkung auf die röm. Jugend. Der akademische Skeptiker Karneades (→De iusto) hielt Vorträge für und gegen die Gerechtigkeit als Grundlage des Staates.
W Cato empfiehlt dem Sohn, die Schriften der Griechen nicht zu ignorieren, aber sich auf keinen Fall von gr. Denken infiltrieren zu lassen (illorum litteras inspicere, non perdiscere). Er bekennt sich zu seiner Absicht, eine eigenständige röm. Kultur unabhängig von den Griechen zu entwickeln. „Um ihre B. unnötig zu machen, schrieb er seine eigenen. So kam er dazu, den Schatz seiner Erfahrung, seines Wissens und seiner Klugheit aus sich herauszuholen und überlieferbar niederzulegen. Darauf beruht hier und anderwärts sein fruchtbares Verhältnis zu den Griechen" (Klingner, 51f.).
N Das biographische Material, das Plutarch verarbeitete (→Bíoi parálleloi), stammt wahrscheinlich zu einem großen Teil aus den B. Ad Marcum filium. Auch Plinius hat diese Schrift benutzt (→Naturalis historiae libri XXXVII).

A H. Jordan, Leipzig 1860.
Ü O. Schönberger, München 1980, 274–281 (lat.-dt.).
L M. Gelzer / R. Helm: Porcius (Nr. 9), in: RE 22, 1, 1953, 108–165. D. Kienast: Cato der Zensor. Seine Persönlichkeit und seine Zeit, Darmstadt 1979. F. Klingner: Cato Censorius und die Krisis Roms (1934), in: F. K.: Römische Geisteswelt, München [(5)]1965, 34–65, bes. 50ff. F. Leo, GdrL, 276–280.

Ad Marcum Vinicium consulem libri duo
→Historiae Romanae libri II (Velleius Paterculus)

Ad martyras
„An die Märtyrer"

Quintus Septimius Florens Tertullianus aus Karthago, etwa 150–230 n. Chr.

Praktisch-asketische Schrift (lat.), eine Anweisung an verfolgte Christen für ihr Verhalten im Gefängnis. Vgl. →Passio Perpetuae et Felicitatis.
Wohl 197 n. Chr. verfaßt.

A A. Quacquarelli, Rom 1963 (lat.-it. mit Kommentar).
L M. v. Albrecht, RL, 1211–1231. H. v. Campenhausen, LKV, 12–36. H. Koch: Tertullianus, in: RE 2, 9, 1934, 822–844.

Ad nationes
„An die Heiden"

Quintus Septimius Florens Tertullianus aus Karthago, etwa 150–230 n. Chr.

Apologetische Schrift in zwei B. zur Verteidigung des Christentums gegen die Heiden (lat.).
Im Jahre 197 n. Chr. verfaßt.

I Das Werk enthält wertvolles Quellenmaterial zur altröm. Religion. Ansonsten ist es eher eine Stoffsammlung als eine ausgearbeitete Abhandlung. Offensichtlich handelt es sich um eine Vorarbeit zum →Apologeticum. – B. 1: Tertullian will zunächst klären, wer eigentlich die Christen sind, denen die Heiden die Verantwortung für alle möglichen Mißstände zuschieben. Die Heiden sollen die Christen kennenlernen, um ihren Haß gegen sie zu überwinden. Die Ursache dieses Hasses sei der Selbsthaß der Heiden, die sich der Dekadenz ihrer Welt ausgesetzt sähen. Die christlichen Märtyrer seien hingegen die modernen Vertreter altröm. virtus (1, 18). Die heutigen Römer verfolgten in ihnen die Tugenden, die ihnen selbst abhanden gekommen seien. Die Verbrechen und Grausamkeiten, die man den Christen unterstelle, seien einer perversen Phantasie entsprungen. Die Verfolgung von Christen sei nichts als Unrecht, und ihre Verurteilung stütze sich nur auf den Namen „Christen". – B. 2: Tertullian polemisiert gegen die röm. Gottesvorstellungen und gegen den Kaiserkult. Er verwirft u.a. auch die bei den Stoikern beliebte Allegorese des Mythos (vgl. z.B. 2,12, 30).
Q Die Nachrichten über die altröm. Religion in B. 2 verdankt Tertullian vor allem Varro (→Antiquitates rerum humanarum et divinarum).

A M. Haidenthaller, Paderborn 1942 (B. 2: lat.-dt. mit Kommentar). A. Schneider, Rom 1968 (B. 1: lat.-dt. mit Kommentar).

L   M. v. Albrecht, RL, 1211–1231. H. v. Campenhausen, LKV, 12–36. G. Calloni Cerretti: Tertulliano. Vita, opere, pensiero, Modena 1957. E. Evans: Tertullian. *Ad nationes*, in: VChr 9, 1955, 37–44.

Adnotationum in Iob liber
„B. der Anmerkungen zu Hiob"

Aurelius Augustinus aus Thagaste, 335–430 n. Chr.

Exegetische Schrift zum B. Hiob des Alten Testaments (lat.).
Nach 404 n. Chr. verfaßt.

A   I. Zycha, CSEL 28, 1895.
L   M. v. Albrecht, RL, 1318–1353.

Ádonis →Epitáphios Adónidos (Bion aus Smyrna)

Ad Orosium contra Priscillianistas et Origenistas
„An Orosius gegen die Priscillianisten und Origenisten"

Aurelius Augustinus aus Thagaste, 354–430 n. Chr.

Dogmatisch-polemische Schrift (lat.) gegen Häretiker.
Entstanden 415 n. Chr.

I   Orosius hatte Augustinus im Jahre 414 n. Chr. sein →*Commonitorium de errore Priscillianistarum et Origenistarum* („Mahnschreiben über den Irrweg der Priscillianisten und der Origenisten") überreicht (CSEL 18, 148–157). Er forderte Augustinus zu einer Entscheidung auf. Daraufhin verfaßte dieser mehrere antipriscillianistische Schriften, darunter auch *Ad Orosium*. – Vgl. Priscillianus, →*De fide et de apocryphis*.

A   PL 32–47 (Gesamtausgabe, darin auch *Ad Orosium*).
L   E. C. Babut: Priscillien et priscillianisme, Paris 1909. J. A. Davids: *De Orosio et S. Augustino Priscillianorum adversariis commentatio*, Den Haag 1930.

Ad Pammachium de optimo genere interpretandi
„An Pammachius über die beste Art des Übersetzens"

Eusebius Sofronius Hieronymus aus Stridon, um 345–420 n. Chr.

Ein Brief des Autors (→*Epistulae*, Nr. 57) an seinen Jugend- und Studienfreund, der auch in späterer Zeit mit ihm in Verbindung blieb (lat.).
Geschrieben im Jahre 395 oder 396 n. Chr.

I   Der Brief über die beste Übersetzungsmethode legt die Grundsätze dar, die der Autor beim Übersetzen berücksichtigte, und rechtfertigt sie gegen Angriffe. Er bezieht sich auf Cicero, →*De optimo genere oratorum*, und auf Horaz, →*Ars poetica* (133 f.), um sein „freies" Übersetzen zu legitimieren (57,5).

W   Hieronymus verteidigt in diesem Brief nicht etwa seine Bibelübersetzung (→*Vulgata*), sondern seine Übersetzung eines gr. Briefes des Bischofs Epiphanius von Salamis an den Bischof Johannes von Jerusalem. Es war Hieronymus vorgeworfen worden, daß diese Übersetzung (→*Epistulae* 51) tendenziös und fehlerhaft sei. Hieronymus argumentiert mit dem Hinweis auf die lange Tradition eines „freien" Übersetzens (Cicero, Horaz), obwohl die Prinzipien von Cicero und Horaz eigentlich nur für die Übersetzung von Reden und für die Nachahmung gr. Vorbilder galten, nicht aber für Briefe oder Dokumente.

A   J. Lambourt: Saint Jérôme. Lettres. Bd. 3, Paris 1953, 55–73.
Ü   W. Hasenclever, in: H. J. Störig (Hg.): Das Problem des Übersetzens, Darmstadt 1963, 1–13.
L   G. J. M. Bartelink: Hieronymus: *Liber de optimo genere interpretandi: Epistula 57. Ein Kommentar*, Leiden 1980. A. Seele: Römische Übersetzer. Nöte, Freiheiten, Absichten. Verfahren des literarischen Übersetzens in der griechisch-römischen Antike, Darmstadt 1995.

Ad Polybium de consolatione
„Trostschrift für Polybius"

Lucius Annaeus Seneca aus Corduba, etwa 4–65 n. Chr.

Trostschrift aus der Sammlung der →*Dialogi* (12 bzw. 11) an Polybius, einen Freigelassenen des Kaisers Claudius (reg. 41–54 n. Chr.), der großen Einfluß bei Hofe hatte.
Ende 43 n. Chr. verfaßt.

I   Seneca tröstet in der Zeit seines eigenen Exils (zwischen Ende 41 und Anfang 49 n. Chr.) den mächtigsten Mann unter den Freigelassenen des Kaisers, obwohl er kein persönliches Verhältnis zu Polybius hatte. – Am (nicht vollständig erhaltenen) Anfang der Schrift spricht Seneca über die Vergänglichkeit. Es gibt keine Ausnahme. Das ist tröstlich. Schmerz hilft nicht weiter. Polybius erhielt von Fortuna alles Glück der Welt; nur durch den Tod des Bruders konnte sie ihn hart treffen. Übermäßiges Trauern ist aber nicht im Sinnes des Toten und kein gutes Vorbild für die Lebenden. Polybius darf dem Kummer nicht unterliegen. Auch der Dienst für den Kaiser läßt solche Trauer nicht zu (7,1–4). Nicht die Trauer, sondern der Kaiser hat ein Besitzrecht auf Polybius. Er soll sich durch schriftstellerische Arbeit ablenken (8,2–4). Der Verstorbene ist doch im Himmel; er ist befreit von aller Not und genießt das himmlische Licht. Polybius soll seiner dankbar gedenken; alles andere ist Verkennung der menschlichen Situation (10,4–6), die man tapfer ertragen muß. Der Trauernde soll sich den vielen großen Dingen zuwenden, die Trost spenden; dazu gehört auch der Kaiser (12,3): „Solange er über die Welt herrscht und zeigt, um wieviel besser das Imperium mit Wohltaten als mit Waffen geschützt wird, solange er die Geschicke der Menschen lenkt, besteht keine Gefahr, daß du irgendeinen Verlust bemerkst. Bei ihm allein hast du genug Schutz und genug Trost (*in hoc uno tibi satis praesidii, satis solacii est*, 12,3).“ Dann appelliert Seneca in eigener Sache an das Mitleid und die Milde des Kaisers (13,2–3). Etwas später läßt er den Kaiser selbst eine Ansprache an den Trauernden halten (14,2–1,3). Schließlich fordert Seneca Polybius auf, die Biographie des Verstorbenen zu schreiben und sich dabei in Freude an den Bruder zu erinnern.

W Seneca wollte, daß der Kaiser von dieser Trostschrift erfuhr, um ihn zu bewegen, ihn zu begnadigen. Offensichtlich war die Absicht, Polybius zu trösten, nur vorgeschoben. Daraus läßt sich auch die sehr weitgehende Anbiederung und Schmeichelei gegenüber Kaiser Claudius (→*Apocolocyntosis*) erklären.

A R. Waltz, Paris [4]1961.
Ü M. Rosenbach, Darmstadt [4]1993 (lat.-dt.).
L K. Abel: Bauformen in Senecas Dialogen. Fünf Strukturanalysen: *dial.* 6, 11, 12, 1 und 2, Heidelberg 1967, 70–96. M. v. Albrecht, RL, 918–954. J. E. Atkinson: Seneca's *Consolatio ad Polybium*, in: ANRW 2, 32, 2, 1985, 860–884. H. Dahlmann: Studien zu Senecas *Consolatio ad Polybium*, in: Hermes 72, 1937, 301–316. M. T. Griffin: Seneca. A Philosopher in Politics, Oxford 1976. G. Maurach: Seneca. Leben und Werk, Darmstadt 1991, 75–91.

Ad Scapulam
„An Scapula"

Quintus Septimius Florens Tertullianus aus Karthago, etwa 150 bis 230 n. Chr.

Mahnschrift an den röm. Proconsul von Africa (lat.) in Form eines offenen Briefes.

I Anlaß ist die Verfolgung der Christen durch Scapula. Diese wurden den wilden Tieren vorgeworfen. Tertullian vertritt in dieser Schrift den Grundsatz der Freiwilligkeit in religiösen Dingen: *nec religionis est cogere religionem* (2,2) und betont die politische Loyalität gegenüber dem röm. Staat. Wie später Laktanz in →*De mortibus persecutorum* behandelt Tertullian das Thema vom Untergang des Gottesverächter: Er versucht, den Proconsul von seiner Absicht abzubringen, indem er ihn vor dem göttlichen Zorn warnt, der frühere Verfolger ereilt habe.

A A. Quacquarelli, Rom 1957 (mit Kommentar).
Ü P. A. Gramaglia: Tertulliano. *A Scapula*. Introd., trad. e note, Rom 1980 (it.).
L M. v. Albrecht, RL, 1211–1231. T. D. Barnes: Tertullian. A Historical and Literary Study, Oxford 1971. H. v.

Campenhausen, LKV, 12–36. P. Monceaux: Histoire littéraire de l' Afrique chrétienne. Bd. 1, Paris 1901.

Ad uxorem
„An die Ehefrau"

Quintus Septimius Florens Tertullianus aus Karthago, etwa 150–230 n. Chr.

Praktisch-asketische Schrift in zwei B. (lat.). Wahrscheinlich verfaßt in der Zeit zwischen 195 und 205 n. Chr., d. h. bevor sich der Autor der Bewegung des Montanismus, einer besonders sittenstrengen Form des Christentums mit rigoroser Ablehnung der Zweitehe, anschloß.

I Es handelt sich um eine Bitte des Autors an seine Frau, nach seinem Tode Witwe zu bleiben oder ansonsten nur einen Christen zu heiraten. Die Ehe einer Christin mit einem Heiden wird als besonders verwerflich geschildert. Es komme zu einer Pflichtenkollision gegenüber Gott und dem Ehemann; eine mit einem Heiden verheiratete Christin sei „Dienerin zweier Herren". Der heidnische Ehemann könne ihr die Teilnahme am christlichen Kult und die Ausübung der Nächstenliebe verbieten. Er könne sie außerdem zwingen, sich am heidnischen Kult zu beteiligen. Damit sei die Christin nicht nur in ihrer Glaubensausübung behindert, sondern auch in ihrem Seelenheil gefährdet. – Tertullian lehnt auch die Ehe mit einem in religiösen Dingen toleranten Mann ab.

W „Für die heidnischen Religionen war aber gegenseitige Duldung eine Selbstverständlichkeit. Der Ausschließlichkeitsanspruch des Christentums bedeutete daher für die Anhänger der heidnischen Religionen durchaus etwas Neues. Es mußte ihnen unverständlich bleiben, wie eine Religion, die selbst Duldung beanspruchte, ihrerseits dieses Grundrecht antiker Religionsausübung nicht zu gewähren vermochte. So wird auch im vorliegenden Text gar nicht erst der Versuch gemacht, einen Modus vivendi für das Zusammenleben verschiedengläubiger Menschen zu finden, sondern allein von den christlichen Glaubensverpflichtungen der Frau werden die Probleme der ‚Mischehe‘ gesehen … So kann dieser Text … die Kampfsituation verdeutlichen, in der sich das junge Christentum befand. In einem kaum mehr zu überbietenden Rigorismus wird jede Gemeinsamkeit mit der heidnischen Umwelt abgelehnt" (Gruber 1987, 41–43).

A A. Kroymann, CSEL 70, 96–124. A. Stephan, Amsterdam 1954.
Ü G. Esser, BKV[2] 7, 60–84.
L M. v. Albrecht, RL, 1211–1231. M. Fuhrmann: Christliches Leben in der Kirchenväterzeit – Ein Lektürevorschlag, in: P. Neukam (Hg.): Vorschläge und Anregungen, München 1980, 5–23. J. Gruber: Europäische Literatur, 40–43.

Adversus Arium
„Gegen Arius (Areios)"

Gaius Marius Victorinus, etwa 280–363 n. Chr.

Theolog. Abhandlung gegen den Arianismus (lat.).
Nach 355 n. Chr. verfaßt.

I Das Werk enthält die erste systematische Darlegung der Lehre von der Trinität. – Areios war der Begründer einer häretischen Bewegung im 4. Jh. n. Chr., die u. a. nicht anerkannte, daß der Sohn (Christus) dem Vater wesensgleich (*homoúsios*) ist: Der Sohn – so die Arianer – sei dem Vater „unähnlich– (*anhómoios*). Vater, Sohn und Heiliger Geist seien drei verschiedene und einander unähnliche Hypostasen. Marius Victorinus vertritt dagegen die offizielle Lehre von der Dreieinigkeit (vgl. auch →*Ad Candidum Arianum*): Vater, Sohn und Heiliger Geist sind drei wesensgleiche Gestalten des absoluten Geistes. In dieser Einheit sind die drei Grundtätigkeiten des Geistseins (*esse* = sein, *vivere* = leben, *intellegere* = denken) identisch. Sie entsprechen den drei Personen der Trinität, die als Entfaltungen der einen absoluten Substanz zu gelten haben: Die erste Entfaltung ist der Vater als das Sein (*essendo existentia*), der Sohn als das Sein in Bewegung und Leben (*vivendo vita*) und der Heilige Geist als das sich erkennende Sein (*intellegendo intellegentia*).
N Augustinus ließ sich von dem metaphysischen Verständnis der Trinität anregen, vertrat aber nur eine „psychologische" Trinität, d. h. die Einheit von Schöpfung, Erlösung und Beseligung.

A PL 8.
Ü P. Hadot / U. Brenke, Zürich 1967. P. Henry / P. Hadot, SC 68–69, Paris 1960 (frz.). A. Locher, Leipzig 1976.
L M. v. Albrecht, RL, 1281–1289. D. N. Bell: *Esse, vivere, intellegere*, in: Recherches de Théologie ancienne et médiévale 52, 1985, 1–43. P. Hadot: Marius Victorinus. Recherches sur sa vie et ses oevres, Paris 1971. P. Henry: The *Adversus Arium* of Marius Victorinus, the first systematic exposition of the doctrine of the trinity, in: Journal of theological Studies. N.S. 1, 1950, 42–55. P. Wessner: Marius Victorinus, in: RE 14, 2, 1930, 1840–1848.

Adversus dogmaticos →Skeptiká (Sextus Empiricus)

Adversus gentes
„Gegen die Heiden"

Auch zitiert als *Adversus nationes* („Gegen die Heiden").

Arnobius aus Sicca, um 300 n. Chr.

Streitschrift in sieben B. zur Verteidigung des Christentums (lat.).
Verfaßt zwischen 300 und 311 n. Chr.

I Das Werk ist nicht nur eine Verteidigung des Christentums (B. 1–2), sondern auch eine Polemik gegen das Heidentum (B. 3–4 befaßt sich mit dem Anthropomorphismus und dem Mythos des Heidentums, B. 5–7 mit den Mysterien und dem Kult). – B. 1: Die heidnischen Götter haben die Welt seit dem Erstarken des Christentums nicht mit Strafen überzogen. Denn Böses gab es schon immer, und die christliche Zeit brachte viel Gutes. Die Christen dienen dem höchsten Gott und erzürnen ihn nicht. Es ist kein Skandalon, einen gekreuzigten Menschen anzubeten.– B. 2: Christus offenbarte die wahre Religion. Die von ihm begründete Hoffnung auf eine Verwirklichung seiner Verheißungen ist wertvoller als die Hoffnungslosigkeit. Auch manche philosophischen Lehren setzen einen Glauben voraus, und ihre Lehren berühren sich mit dem Christentum. Allerdings ist ihre Seelenlehre abwegig. Denn die Seele ist weder weise noch unsterblich. Sie kann nur durch die Gnade Gottes fortdauern. – B. 3: Christen nehmen am heidnischen Kult nicht teil. Der christliche Gott schließt alle anderen göttlichen Wesen ein. Die Heiden kennen ihre Götter nicht; sie geben ihnen menschliche Eigenschaften. – B. 4: Die Personifikation abstrakter Eigenschaften und ihre Vergöttlichung ist absurd. Die vielfältigen Erscheinungsformen derselben Gottheit und die Mythen sind anstößig. – B. 5: Der Glaube an die Mythen manifestiert sich in den Mysterienkulten. Mit Entschiedenheit wird die allegorische Auslegung des Mythos verworfen. – B. 6: Götter können nicht in Tempel eingeschlossen oder in Statuen festgehalten werden. – B. 7: Heidnische Opfer und Spiele sind sinnlos. Der christliche Gott ist der heidnischen Gottesvorstellung überlegen.

Q Arnobius beweist keine tiefergehende Kenntnis des Christentums. Er steht dem Alten Testament ablehnend gegenüber, auf das Neue Testament nimmt er kaum bezug. Platon wird benutzt, ebenso der →*Protreptikòs pròs tùs Héllenas* des Flavius Clemens Alexandrinus. In B. 2 unterliegt Arnobius dem Einfluß eines Markioniten (vgl. Tertullian, →*Adversus Marcionem*). Cicero wird als Vorbote des Christentums verstanden (→*De natura deorum* für B. 3,6–7). Die röm. Religion kennt Arnobius aus Varros Werken (→*Antiquitates rerum humanarum et divinarum*). Er ist von Lukrez (→*De rerum natura*) und dessen Epikureismus stark beeinflußt und spielt mehrfach auf Vergil (→*Aeneis*) an.

W Das Leitthema des Werkes ist die epikureische Lehre von der Affektfreiheit des Göttlichen (Lukrez 2, 646–651). „Weitere Themen sind: die natürliche Sterblichkeit der Seele, ... die Armseligkeit des Menschen, der nur ein Naturwesen unter vielen ist ..., die Nichtigkeit der Höllenstrafen ..., die Sinnlosigkeit religiöser Riten ..., der Kampf gegen die Volksreligion ..., die Forderung einer reinen Gesinnung ..., die Betonung des freien Willens ..., das Lob des Erlösers als eines Lehrers wissenschaftlicher Naturanschauung (ganz epikureisch 1,38; Lucr. 5,1–54) ... In einer Zeit, in der die dogmatischen

Philosophenschulen im Dienst heidnischer Religionen standen, lag es vielleicht nahe, den Epikureismus, der die Volksreligion am schärfsten angriff, als Mittel geistiger Befreiung wiederzuentdecken" (M. v. Albrecht, 1259 f.).

A H. Le Bonniec, Paris 1982 (lat.-frz. nur B. 1 mit Kommentar). C. Marchesi, Turin [(2)]1953. J. M. P. B. van der Putten, Diss. Leiden 1970 (nur B. 3, 1–19 mit Kommentar). A. Reifferscheid, Wien 1875 (Reprint 1890 = CSEL 4).
Ü F. A. v. Besnard, Landshut 1842. G. E. McCracken. 2 Bde., Westminster (Mass.) 1949 (engl.).
L M. v. Albrecht, RL, 1255–1262. O. Gigon: Arnobio. Cristianesimo e mondo romano. Mondo classico e cristianesimo, in: Bibl. internaz. di cultura 7, 1982, 87–100. H. Hagendahl: Von Tertullian zu Cassiodor. Die profane literarische Tradition in dem lateinischen christlichen Schrifttum, Göteborg 1983. P. Krafft: Beiträge zur Wirkungsgeschichte des älteren Arnobius, Wiesbaden 1966. R. Laurenti: Il platonismo di Arnobio, in: Studi Filos. 4, 1981, 3–54. P. Monceaux: Histoire littéraire de l' Afrique chrétienne. Bd. 2, Paris 1902, 135–197. E. Rapisarda: Arnobio, Catania 1946. F. Scheidweiler: Arnobius und der Marcionitismus, in: ZNTW 45, 1954, 42–67. A. Wlosok: Zur lateinischen Apologetik der constantinischen Zeit (Arnobius, Lactantius, Firmicus Maternus), in: Gy 45, 1954, 42–67.

Adversus haereses
„Gegen die Ketzereien"

Aurelius Augustinus aus Thagaste, 353–430 n. Chr.

Dogmatisch-polemische Schrift gegen die Arianer (lat.).
Um 429 n. Chr. verfaßt.

I Es handelt sich um einen Ketzerkatalog, d. h. um eine Aufzählung (und Widerlegung) aller seit dem Bestehen des Christentums aufgetretenen Häresien. Die Schrift wurde nicht vollendet. Augustinus ist nicht mehr dazu gekommen, die Widerlegung aufzuzeichnen.

A PL 32–47 (Gesamtausgabe, darin auch *Adversus haereses*).
Ü L. G. Mueller, Washington 1956 (engl. mit Kommentar).
L M. v. Albrecht, RL, 1318–1353.

Adversus haereses
„Gegen die Ketzereien"

Irenaeus (Eirenaios), Bischof von Lyon seit 178, etwa 130–200 n. Chr.

Nur in Fragmenten erhaltene Schrift (gr.) mit dem Titel „Prüfung und Widerlegung der falschen Gnosis" (*Élenchos kaì anatropè tês pseudonýmu gnóseos*). Größere zusammenhängende Teile sind in Form einer lat. Übersetzung unter dem Titel *Adversus haereses* in fünf B. erhalten.
Die lat. Übersetzung entstand wohl um 200, das gr. Original zwischen 180 und 190 n. Chr.

I Der Autor will zeigen, daß sich die wahre Lehre der Kirche seit der Zeit der Apostel rein erhalten hat, von den Gnostikern aber verfälscht wurde. – In B. 1 werden die verschiedenen gnostischen Systeme umfassend und detailliert dargelegt und in den folgenden B. als nicht akzeptabel zurückgewiesen: unter Berufung auf Vernunftbeweise (B. 2), auf die Tradition und die Schriften der Apostel (B. 3) und auf die Worte des Herrn (B. 4). B. 5 behandelt die „letzten Dinge" (z. B. Tod, Gericht, Ewigkeit, Hölle, Himmel).

W Das Werk gehört zur Gattung der antihäretischen Schriften, mit denen man sich an heterodoxe, nicht orthodoxe („rechtgläubige") Christen wandte. Die antihäretischen Traktate boten aber auch Gelegenheit, „nicht nur die Anhänger heterodoxer Lehren zu überzeugen, sondern auch die rechtgläubigen Christen zu instruieren und vor Abwegen zu bewahren" (Fuhrmann, 165). Irenaeus war der wichtigste Repräsentant der antihäretischen Gattung. Er wandte sich gegen die Gnosis, eine im 2. und 3. Jh. n. Chr. weit verbreitete und in vielerlei Formen auftretende religiöse Bewegung: „Die gnostischen Spekulationen suchten mit Hilfe von – meist ziemlich komplizierten – kosmologischen Theorien zu erklären, wie es zur Verstrickung des seinem Wesen nach jenseitigen Menschen in die Materie, in die Welt gekommen sei; der Kontrapost hierzu bestand in einem Erlösungsmythos, dessen Varianten darin übereinstimmten, daß die Erlösung stets als Botschaft wirkte, die von außen in die Welt gelangte und bestimmt war, dortselbst ‚Erkenntnis' zu wecken. Der Erlöser Christus durfte hiernach nicht selber wirklich Mensch werden (dann hätte sich an ihm die Verstrickung in die Welt wiederholt); er konnte allenfalls für einige Zeit eine quasimenschliche Hülle, einen Scheinleib, annehmen, um seine Botschaft zu übermitteln" (Fuhrmann, 166). Irenaeus wendet sich vor allem gegen das gnostische System des Valentin von Alexandrien. Er weist den dort vertretenen „Doketismus" d. h. die Lehre, daß Christus nur scheinbar Mensch geworden sei, zurück. – Der Autor stellt die Autorität der apostolischen Tradition den Gnostikern entgegen. Die Lehre der Apostel ist der „Kanon der Wahrheit", der in den Kirchen erhalten ist und von den Bischöfen als den Nachfolgern der Apostel bewahrt wird. Der Kirche von Rom, die von Petrus und Paulus gegründet worden war, kommt ein besonderer Rang zu (*potior principalitas*: *Adversus haereses* 3,3,3). – Im Gegensatz zum gnostischen Dualismus lehrt Irenaeus, daß es nur einen Gott, einen Heilsplan und eine Offenbarung gibt. Mit Christus wird die Schöpfung neu geschaffen (3,18,1).

N Die Bedeutung des Irenaeus als eines Theologen und Zeugen der apostolischen und kirchlichen Tradition ist ausgesprochen groß. Im Rahmen seiner Widerlegungen entwickelt der Autor eigene Lehren, die in der späteren christlichen Dogmatik grundlegende Bedeutung gewinnen. Dazu gehört u. a. die Lehre von der apostolischen Sukzession: Alle rechtmäßigen Bischöfe haben ihre Weihe direkt aus der Hand der Apostel; auf dieser Kontinuität beruht die Autorität des Bischofsamtes in den Fragen der Lehre, der Gemeindeordnung und der Lebensführung. „Irenaeus' Denken und Argumentieren war stark von den Ordnungsvorstellungen des röm. Staates bestimmt, die nicht zuletzt durch ihn Eingang in die sich immer fester formierende Kirche fanden" (Dihle, 314f.).

A W. Harvey, Cambridge 1857. F. M. M. Sagnard, SC 23, 1952 (B. 3).
Ü H. U. v. Balthasar, 1944 (Auswahl). BKV⁽²⁾ 3–4. W. Foerster u. a.: Die Gnosis. Zeugnisse der Kirchenväter, Zürich 1995, 170–193 (Auswahl). H. Haid, 1872/1873.
L A. Benoit: St. Irénée – introduction à l' étude de sa théologie, Paris 1960. P. Th. Camelot: Eirenaios, in: LThK 3. A. Dihle, GLL, 314f. M. Fuhrmann, Spätantike, 163–166. F. R. M. Hitchcock: Irenaeus of Lugdunum. 2 Bde., Cambridge 1914. J. Lawson: The Biblical Theology of St. Irenaeus, London 1948. Patrologie, 118–125. F. M. M. Sagnard: La gnose valentinienne et le témoignage de S. Irénée, Paris 1947.

Adversus Helvidium de Mariae virginitate perpetua
„Gegen Helvidius über die dauernde Jungfräulichkeit Marias"

Eusebius Sofronius Hieronymus aus Stridon, um 345–420 n. Chr.

Streitschrift für eine asketische Lebensform (lat.). Im Jahre 383 n. Chr. verfaßt.

I   In dieser Schrift geht es um die Frage, ob Maria auch nach der Geburt Jesu Jungfrau geblieben sei. Von der Klärung dieser Frage hing ab, ob Keuschheit den Vorrang vor der Ehe verdiene. – Helvidius, ein gebildeter Laie in Rom, hatte Hieronymus zu dieser Schrift herausgefordert; denn er hatte um 380 eine (verlorene) Abhandlung gegen die Lehre von Marias Jungfräulichkeit auch nach der Geburt Jesu geschrieben, um die Höherstellung der Ehe gegenüber der asketischen Jungfräulichkeit zu verfechten bzw. um gegen die einseitige Bewertung der Ehelosigkeit auf Kosten der Ehe zu polemisieren. „Hier war Hieronymus in seinem Element. Seine ganze biblische Gelehrsamkeit gerät in Bewegung, um Mariens Ehre gegen die angeblichen Verdrehungen und Textfälschungen des Verleumders zu schützen. Die exegetischen Gründe, die er dabei ins Feld führt, sind im wesentlichen dieselben, wie sie die katholische Kirche heute noch vertritt. Durch eine drastische Karikatur des gegnerischen Standpunkts werden sie noch wirksam verstärkt. Dahinter steht als eigentliches, persönliches Anliegen die Überzeugung von der eindeutigen religiös-moralischen Überlegenheit der Jungfräulichkeit. Sie wird durch die ganze Tradition und Praxis der Kirche gerechtfertigt, so wie Hieronymus sie sieht" (H. v. Campenhausen, 125).

A PL 23, 183–206.
L H. v. Campenhausen, LKV, 109–150. M. Fuhrmann, Spätantike, 187–195. G. Grützmacher: Hieronymus. Bd. 1, Leipzig 1901, 269–274. J. Niessen: Die Mariologie des hl. Hieronymus, Münster 1913, 166–177.

Adversus Hermogenem
„Gegen Hermogenes"

Quintus Septimius Florens Tertullianus aus Karthago, etwa 150 bis 230 n. Chr.

Streitschrift gegen den Maler Hermogenes, der sich zum Christentum bekannt hatte, dann aber zum Anhänger der Stoa wurde (lat.).
Zwischen 202 und 205 n. Chr. verfaßt.

I   Hermogenes (um 180–205 n. Chr.) lehrte den philosophischen Dualismus: Die Materie ist ewig und nicht von Gott geschaffen, aber unvollkommen; aus ihr stammt das Böse. Auch die Seele kommt aus der Materie; sie ist sterblich. Gott hingegen ist gut, er hat den Willen, alles gut werden zu lassen. Aber weil alles von Gott aus der Materie geschaffen ist, ist zwangsläufig auch das Böse von Gott gemacht – wenn auch gegen seinen Willen. – Tertullian hält Hermogenes entgegen, daß er zwei Götter annehme, wenn er Gott und eine präexistente Materie unterscheide. Hermogenes unterwerfe Gott der Materie, indem er ihn alles aus der vorhandenen Materie erschaffen lasse. Wenn sich Gott der Materie bediene, so sei sie ihm überlegen, da sie ihm die Möglichkeit biete, sein Schöpfungswerk zu vollziehen. Gott habe also die Materie gebraucht, die Materie hingegen habe Gott nicht gebraucht. In Wirklichkeit aber habe Gott alles aus dem Nichts geschaffen (ohne die Voraussetzung der Materie). – Daß Gott gegen seinen Willen das Böse schaffe, kann Tertullian ebenso wenig akzeptieren. Gott kann zu nichts gezwungen werden. Wenn Gott schon für das Böse verantwortlich sei, dann sei es vorzuziehen, daß er es erzeugen wolle, statt es erzeugen zu müssen.

A J. H. Waszink, Utrecht 1956.
Ü J. H. Waszink, London 1956 (engl.).
L M. v. Albrecht, RL, 1211–1231. H. v. Campenhausen, LKV, 12–36. E. Heintzel: Hermogenes der Hauptvertreter des philosophischen Dualismus in der alten Kirche, Berlin 1902. J. H. Waszink: Observations on T.s Treatise against Hermogenes, in: VChr 9, 1955, 129–147.

Adversus Iovinianum →Contra Iovinianum (Hieronymus)

Adversus Iudaeos
„Gegen die Juden"

Quintus Septimius Florens Tertullianus aus Karthago, etwa 150 bis 230 n. Chr.

Antijüdische Schrift (lat.).
Wohl 197 n. Chr. verfaßt.

I Ebenso wie mit dem Heidentum und der Ketzerei setzt sich Tertullian mit dem Judentum auseinander. Gegen die Juden bringt Tertullian vor, daß das (jüdische) Gesetz der Vergeltung durch das der (christlichen) Liebe abgelöst sei. In Christus seien die Verheißungen des Alten Testaments erfüllt, das demnach geistlich zu interpretieren sei. – Die Kapitel 9–14 sind anscheinend Auszüge aus dem 3. B. →*Adversus Marcionem*.
Q Tertullian schöpft für diese Schrift aus dem →*„Diálogos* mit dem Juden Tryphon" von Iustinus Martyr.

A H. Tränkle, Wiesbaden 1964 (mit Kommentar).
L M. v. Albrecht, RL, 1211–1231.

Adversus Marcionem
„Gegen Markion"

Quintus Septimius Florens Tertullianus aus Karthago, etwa 150 bis 230 n. Chr.

Streitschrift in fünf B. gegen Markion, den Begründer einer Gegenkirche (lat.).
Zwischen 207 und 211 n. Chr. verfaßt.

I Tertullian polemisiert gegen die (verlorenen) „Antithesen" (→*Antithéseis*) des Markion. Dieser hatte u.a. ausgeführt, daß der Gesetzgeber-Gott des Alten Testaments nicht identisch sei mit dem Vater Jesu Christi. Zwischen dem Schöpfergott und Weltbeherrscher und dem gütigen Gott der Liebe bestehe ein scharfer Gegensatz. Christus sei als die Personifikation der geistigen Kraft des gütigen Gottes geschickt worden, um die Macht des Weltbeherrschers zu brechen und die Erlösung zu verwirklichen. – Markion akzeptierte nur das Lukas-Evangelium (→*Novum Testamentum*); die anderen Evangelien verwarf er als Fälschungen der jüdisch gesinnten Apostel. Die Paulus-Briefe akzeptierte er nur in einer gereinigten Fassung. – Tertullian stellt vor allem heraus, daß es nur einen Gott geben könne, den Schöpfergott, in dem Gerechtigkeit und Güte beisammen seien. Daher kann es auch keinen Gegensatz zwischen dem Alten Testament und dem Evangelium der Liebe geben. – Auch Christus ist nur als Gesandter des Schöpfergottes zu verstehen, der wahrhaft Mensch geworden ist, um für die Menschheit zu sterben.– Tertullian verteidigt die Autorität aller Evangelien und verwirft die Redaktion der Paulus-Briefe durch Markion.
H In Markion hatte Tertullian einen gefährlichen Gegner. Er ist für ihn der Erzketzer. „In der Tat hatte dieser schon in der Mitte des zweiten Jahrhunderts eine eigene Kirche gegründet, die jetzt überall verbreitet war. Markion war Tertullian darin seiner Art nach verwandt, daß er gleichfalls immer die radikalsten Lösungen und die strengsten Positionen für die besten und die eigentlich christlichen hielt ... Aber Markion und die Markioniten leugneten jeden Zusammenhang der christlichen Botschaft mit der früheren jüdischen Offenbarung des Alten Testaments, hinter der ein anderer, enger und feindseliger Gott stehen sollte, eben der moralische, 'gerechte' Gott dieser Welt, mit dem das echte Evangelium darum seinem Wesen nach gar nichts zu haben kann" (H. v. Campenhausen, 28).
W Tertullian weist die Bibelredaktion Markions entschieden zurück und bekennt sich zur Einheit Gottes, indem er nachweist, „daß Gerechtigkeit und Güte, daß die souveräne Überweltlichkeit des Schöpfers und seine barmherzige Hinwendung zur Welt innerhalb des christlichen Gottesgedankens ihrem Wesen nach nicht zu scheiden seien" (H. v. Campenhausen, 28).

A R. Braun. 2 Bde., Paris 1990–1991 (nur B. 1–2 lat.-frz.). CCL 1, 437–726. E. Evans. 2 Bde., Oxford 1972 (lat.-engl.). E. C. Moreschini, Mailand 1971.
L M. v. Albrecht, RL, 1211 bis 1231. H. v. Campenhausen, LKV, 12–36. H. Koch: Tertullianus, in: RE 2, 9, 1934, 822–844. E. P. Meijering: Tertullian contra Marcion. Gotteslehre in der Polemik. *Adversus Marcionem* 1–2, Leiden 1970.

Adversus mathematicos →Skeptiká (Sextus Empiricus)

Adversus nationes →Adversus gentes (Arnobius)

Adversus nationes →Ad nationes (Tertullianus)

Adversus Praxean
„Gegen Praxeas"

Quintus Septimius Florens Tertullianus aus Karthago, etwa 150 bis 230 n. Chr.

Streitschrift gegen die Monarchianer (lat.).
Im Jahre 213 n. Chr. verfaßt.

I Die Schrift ist die bedeutendste Darstellung der Lehre von der Trinität vor dem Konzil von Nikaia (325 n. Chr.). Die Monarchianer (die Vertreter der „Monarchia", d.h. der einen Herrschaft eines einzigen Gottes, die einen entschiedenen Monotheismus verfochten) hatten die Trinität („Drei-Persönlichkeit") Gottes zugunsten seiner Einheit aufzuheben versucht, indem sie die drei Personen

(Vater, Sohn und Heiliger Geist) zu heilsgeschichtlichen Erscheinungsformen einer einzigen Person machten: Der Vater wurde durch Inkarnation sein eigener Sohn. – Tertullian hält dagegen, daß die Dreifaltigkeit nicht im Gegensatz stehe zur Einheit Gottes. Vater, Sohn und Geist hätten die gleichen Substanz. Sie seien drei unterschiedliche, aber nicht voneinander getrennte Größen wie die Sonne, der Sonnenstrahl und der Lichtpunkt, zwischen denen ebenfalls keine substantielle Trennung bestehe. Die Trinität beruhe nicht auf unterschiedlicher Qualität, Substanz und Macht, sondern auf unterschiedlicher Abfolge, Form und Manifestation der Macht.

A   E. Evans, London 1948 (lat.-engl. mit Kommentar).
L   M. v. Albrecht, RL, 1211–1231. H. v. Campenhausen, LKV, 12–36. LThK 8, s.v. Praxeas.

Adversus Rufinum
„Gegen Rufinus"

Eusebius Sofronius Hieronymus aus Stridon, um 345–420 n. Chr.

Theologische Streitschrift in drei B. (lat.).
Verfaßt 401 (B. 1–2) und 402 n. Chr. (B. 3).

I   Hieronymus und seine Freunde hatten Rufinus vorgeworfen, er vertrete einen ketzerischen Origenismus. Auf diesen Vorwurf reagierte Rufinus mit einer Rechtfertigungsschrift (→*Apologia adversus Hieronymum*). Mit dieser Schrift befaßt sich Hieronymus in *Adversus Rufinum*. „Die Art, wie er seinem Gegner den Vorwurf des bösen Willens, der bewußten Lüge und jede Art von Niederträchtigkeit an den Kopf wirft und sich dabei selbst in Widersprüchen und halben Wahrheiten fortwährend verrennt und verwickelt, ist denkbar unerfreulich ... Alles, was ihm Rufin vorgerechnet hatte, sollte schlechterdings unwahr, dessen eigenes Verhalten aber durchweg nur von den schmutzigsten Motiven bestimmt sein... Rufin ist jetzt ein Ignorant, der nichts vom Übersetzen versteht, ja sich nicht einmal wie ein gebildeter Mensch ausdrücken kann. Auch an seinem persönlichen Leben bleibt kein gutes Haar ... Vor allem ist und bleibt er ein Origenist, der zum Schutz seines Irrglaubens Fälschungen begangen hat und die zweifelhaftesten Ketzer als Bundesgenossen heranzieht" (H. v. Campenhausen, 145). Vgl. auch →*Ad Donatistas post conlationem*.
H   Rufinus Tyrannius aus Aquileia (345–410 n. Chr.) war ursprünglich mit Hieronymus befreundet. Als er 394 von einem Gegner des Origenes (etwa 185–254), des größten und gelehrtesten gr. Kirchenvaters (→*Perì archôn*), angegriffen wurde, weigerte er sich, die Werke des Origenes zu verwerfen; er stellte sich vielmehr auf dessen Seite. Dadurch geriet er in einen Gegensatz zu Hieronymus, der Origenes ablehnte. – Rufinus hatte u. a. die →*Apologia pro Origene* des Pamphilos aus Kaisareia und *Perì archôn* des Origenes ins Lateinische übersetzt. Dadurch war er in einen noch größeren Gegensatz zu Hieronymus geraten; denn es wurde ihm vorgeworfen, er habe im Vorwort der Übersetzung des Origenes den Namen des Hieronymus zur Verbreitung des Origenismus mißbraucht.

A   P. Lardet, SC 303, Paris 1983.
Ü   P. Leipelt, BKV 45–46, Kempten 1872–1874.
L   M. v. Albrecht, RL, 1305–1317. H. v. Campenhausen, LKV, 109–150. G. Grützmeier: Hieronymus. 3 Bde., Leipzig/Berlin 1901–1908, Nachdr. 1969. P. Lardet: L'Apologie de Jérôme contre Rufin. Un commentaire, Leiden / New York / Köln 1993. H. Lietzmann: Hieronymus, in: RE 8, 2, 1913, 1556–1581. Altaner, Patrologie, 354–365.

Adversus Valentinianos
„Gegen die Anhänger des Valentinos"

Quintus Septimius Florens Tertullianus aus Karthago, etwa 150 bis 230 n. Chr.

Dogmatisch-polemische Schrift gegen die gnostische Schule des Valentinos (lat.).
Verfaßt in den Jahren 206–207 n. Chr.

I   Tertullian bezieht sich vor allem auf →*Adversus haereses* des Irenaeus, der ebenfalls gegen Valentinos und dessen Doketismus polemisiert hatte. – Der Gnostiker Valentinos kam 135–140 n. Chr. nach Rom. Er verfaßte verschiedene nur noch fragmentarisch erhaltene Schriften. Grundlegend für seine Lehre ist der griechisch-orientalisch-christliche Synkretismus, dessen Zweck die Befreiung des Menschen von der Angst ist. – Tertullian wendet sich gegen eine „Gnosis", die sich für ihn darstellt als „der auflösende Synkretismus, wie ihn die natürliche Geistigkeit des Menschen liebt, die spiritualistisch-idealistische Selbstüberschätzung, die die feste Grenze verwischt, welche die Kreatur von der Gottheit scheidet" (H. v. Campenhausen, 24). Tertullian nimmt Anstoß an der starken Betonung der kirchlichen und dogmatischen Unbeständigkeit, dem Schwanken und Fließen gnostischer Gemeinschaften und ihrer Spekulation.

A   A. Marastoni, Rom 1971 (mit Kommentar). W. Völker: Quellen zur Geschichte der christlichen Gnosis, Tübingen 1932, 57–141 (Fragmente des Valentinos bei Irenaeus, Tertullian, Hippolytos und Epiphanes).
L   H. v. Campenhausen, LKV, 12–36. W. Foerster: Die Gnosis. Zeugnisse der Kirchenväter, Zürich 1995, 162–314 (über den Valentinianismus).

Adversus Vigilantium
„Gegen Vigilantius"

Eusebius Sofronius Hieronymus aus Stridon, um
345–420 n. Chr.

Streitschrift gegen den Priester Vigilantius (lat.).
406 n. Chr. verfaßt.

I Nachdem Iovinianus (→*Contra Iovinianum*)
zwischen „Fasanen und Schweinebraten seinen
Geist ausgerülpst" (*Adv. Vig.* 1) habe, erweise sich
Vigilantius nicht nur als ebenso unsittlich, sondern
speie seinen Geifer sogar gegen die heiligen Märtyrer aus. – In der Tat hatte Vigilantius die neuen Formen des Heiligenkultes kritisiert. Hieronymus tritt
dagegen in seiner Streitschrift mit Entschiedenheit
für die Heiligenverehrung, das Mönchsleben und
den Zölibat ein. Er weist zugleich den Vorwurf zurück, ein Anhänger des Origenes (→*Perì archôn*) zu
sein (vgl. auch →*Adversus Rufinum*). Hieronymus
greift Vigilantius auch in seinen →*Epistulae* massiv
an (61 und 109 an Ripiarius).

A PL 22–30 (Gesamtausgabe, in der auch *Adversus
Vigilantium* enthalten ist).
Ü P. Leipelt, BKV 45–46, 1872–1874.
L M. v. Albrecht, RL, 1305–1317. Bardenhewer 3,
634 f. G. Grützmacher: Hieronymus. Bd. 3, Leipzig 1908,
154–163. J. N. D. Kelly: Jerome. His Life, his Writings, and
Controversies, London 1975.

Aegisthus
(Gestalt des gr. Mythos)

Livius Andronicus, etwa 285–204 v. Chr.

Tragödie mit einem Thema aus dem troischen Sagenkreis, in nur wenigen Fragmenten überliefert
(lat.).

I Die Fragmente geben über den Inhalt der
Handlung Auskunft. Der Vergleich mit Senecas
→*Agamemno* läßt erkennen, daß Livius nicht den
Agamemnon des Aischylos (→*Orésteia*) bearbeite-
te, sondern ein jüngeres Stück, das sich an die Ai-
schylos-Tragödie „anschloß, sie stofflich erweiterte und in der Aufführung verdünnte" (Leo, 70 f.). Die
Übereinstimmungen mit Senecas *Agamemno* sind
(1) die stärkere Beteiligung des Aegisthus an der
Handlung, (2) die Sturmbeschreibung im Botenbericht des Eurybates (408–588, (3) der Bericht von
der Mordtat in Cassandras Vision (867–1012) und
(4) Electras Handeln am Schluß der Tragödie.

A O. Ribbeck, TRF, 1–7.
L F. Leo, GdrL, 70 f.

Aegritudo Perdicae
„Die Krankheit des Perdicas"

An., 5./6. Jh. n. Chr.

Epyllion (lat.) über die Leidenschaft des Perdicas zu
seiner Mutter.

A PLM 5, 238–250.
L E. Bährens: Unedierte lateinische Gedichte, 1877, 5–
26. W. Schetter: Vier Adnoten zur *Aegritudo Perdicae*, in:
Hermes 119, 1991, 94–113.

Ägyptische Geschichte →Aigyptiaká
(Chairemon)

Aeneis
„Die Sage von Aeneas"

Publius Vergilius Maro aus Andes bei Mantua, 70
bis 19 v. Chr.

Unvollendetes Epos in 12 B. (lat.).
Vergil hatte etwa 12 Jahre bis zu seinem Tod an diesem „Grundtext nicht nur der römischen, sondern
der europäischen Kultur" (M. v. Albrecht, 533) gearbeitet.

I B. 1: Aeneas wird auf seiner Flucht aus dem
zerstörten Troja mit einer kleinen Schar von Gefährten aus einem von der Göttin Juno entfesselten
Seesturm an die libysche Küste verschlagen. Dido,
die Königin von Karthago, nimmt die Schiffbrüchigen freundlich auf. Während eines Gastmahls gewinnt Amor in Gestalt des Aeneas-Sohnes Ascanius
Didos Herz für Aeneas. B. 2: Auf Didos Wunsch
erzählt Aeneas vom Untergang Trojas. B. 3: Aeneas
berichtet von seinen Irrfahrten und Abenteuern vor
seiner Ankunft in Karthago. B. 4: Dido und Aeneas
werden während eines Gewitters von der Göttin
Venus zusammengeführt. Angestoßen durch das
Gebet des eifersüchtigen Jarbas befiehlt Juppiter
Aeneas, Dido zu verlassen. Diese erfährt von den
heimlichen Reisevorbereitungen und macht Aeneas
schwere Vorwürfe. Weil sie ihn nicht zu halten vermag, verflucht sie ihn und tötet sich selbst. B. 5: Aeneas erreicht auf dem Weg nach Italien zunächst Sizilien. Die troischen Flüchtlinge veranstalten zu
Ehren des Anchises, Aeneas' Vater, der ein Jahr zuvor gestorben war, festliche Spiele. Die troischen
Frauen zünden, angestiftet von Juno, die Schiffe
an, um die Fortsetzung der Fahrt zu verhindern.
Juppiter löscht den Brand. B. 6: Aeneas befragt in
der Grotte der Sibylle von Cumae das Orakel. Sie
führt Aeneas in die Unterwelt; er möchte dort etwas
über seine Zukunft erfahren. Er trifft unter anderen
Verstorbenen auch seinen Vater Anchises, der ihm
die künftigen Helden von Rom vorstellt – bis hin
zu Augustus und Marcellus (6, 756 ff.). – B. 7: Aeneas, durch die Verheißungen in der Unterwelt gestärkt, fährt in die Tibermündung hinein und landet

am *Laurens ager*. Eine Gesandtschaft bittet König Latinus um Land zum Siedeln. Dieser will, durch Sehersprüche bewogen, seine Tochter Lavinia Aeneas zur Frau geben. Doch diese ist mit Turnus, dem Rutulerfürsten, verlobt. Es bahnen sich schwere Auseinandersetzungen und Kämpfe an. – B. 8: Wie Turnus so versucht auch Aeneas, Verbündete zu gewinnen. Er bittet z.B. König Euander, der auf dem Palatin regiert, um Hilfe. Pallas, Euanders Sohn, soll die Verbündeten der Troer anführen. Auf Vermittlung von Venus schmiedet Vulcanus Waffen für Aeneas. Auf dem Schild ist die ruhmvolle Zukunft Roms dargestellt (8,626 ff.). – B. 9: Turnus greift die Troer in Aeneas' Abwesenheit an. Die beiden Freunde Nisus und Euryalus fallen, nachdem sie im feindlichen Lager ein Blutbad angerichtet haben. Turnus greift das troische Lager an, muß sich aber wieder zurückziehen. – B. 10: Aeneas kommt in Begleitung des Pallas und der Verbündeten zurück; die Rutuler geben die Belagerung des troischen Lagers auf. In der sich anschließenden Schlacht wird Pallas von Turnus erschlagen. Aeneas tötet zu Ehren der Gefallenen viele Feinde. Turnus wird von Juno gerettet. Aber Mezentius und dessen Sohn Laurus fallen durch Aeneas. – B. 11: Ein Waffenstillstand ermöglicht die Bestattung der Toten. Dann bricht der Kampf erneut aus. Auf der Seite des Gegners fällt Camilla, die zusammen mit Messapus die Reiter des Turnus befehligt hatte. Turnus greift auf die Nachricht von Camillas Tod in den Kampf ein. – B. 12: Turnus und Aeneas beschließen, die Entscheidung durch einen Zweikampf herbeizuführen. Es wird ein Vertrag geschlossen. Die Rutuler brechen den Vertrag. Es kommt zu einem verlustreichen Scharmützel. Dabei wird Aeneas, der schlichtend einzugreifen versucht, verwundet. Turnus stellt sich dem Gegner und wird ebenfalls verwundet. Aeneas will ihm das Leben schenken. Doch da entdeckt er an ihm das Wehrgehenk des Pallas und erschlägt ihn, von Rachedurst überwältigt.

Q Das alles überragende Vorbild sind die homerischen Epen →*Iliás* und →*Odýsseia*. Vergil vertauschte die Reihenfolge, indem er den B. 1–6 die 24 B. der „Odyssee" und den B. 6–12 die 24 B. der *Iliás* zugrunde legte. – Anregungen bezog der Dichter auch aus den →*Argonautiká* des Apollonios Rhodios (vor allem aus dessen Darstellung der Medea). – Vergil kannte auch Catulls Darstellung der verlassenen Ariadne (→*Carmina* 64). – Naevius (→*Bellum Poenicum*) und vor allem Ennius (→*Annales*) sind bedeutende Vorläufer Vergils. „Die *Annalen* sind durch die *Aeneis* im vollen Sinne ersetzt worden" (M. v. Albrecht, 538). – Die „prophetische" Konzeption der *Aeneis* kann von der →*Alexándra* (Kassandra) des hellenistischen Dichters Lykophron angeregt worden sein.

H Das in der *Aeneis* erzählte Geschehen spielt sich auf zwei Ebenen ab. Die irdisch-menschlichen Vorgänge und Auseinandersetzungen wiederholen sich im Götterhimmel. Die Troer werden von Venus beschützt und von Juno bekämpft. Juno ist die unversöhnliche Feindin Roms, weil sie Karthago, der Rivalin Roms, zur Weltherrschaft verhelfen will. Außerdem ist Juno nach wie vor durch das Urteil des Paris gekränkt, der als Troer ihren Zorn auf Aeneas ebenso erregt wie Ganymed, der ebenfalls Troer und Geliebter des Juppiter war. „Dieser anhaltende Zorn macht Juno zum entscheidenden Faktor der Handlung und ermöglicht Vergil, das innere Anliegen seines Epos zu entfalten, d.h. zu zeigen, wie das *Imperium Romanum* bis zur *pax Augusta* entsteht" (Vielberg 1994, 423). Die Aeneis feiert das Ende der röm. Bürgerkriege; mit seinem Sieg bei Actium im Jahre 31 v. Chr. hatte Octavian (= Augustus seit 27 v. Chr.) die Voraussetzungen für die Durchsetzung seiner Friedenspolitik geschaffen.

W (1) Mit der *Aeneis* begründet Vergil einen römischen Mythos: Das Epos erzählt (im Gegensatz zur homerischen *Iliás*) nicht den Untergang, sondern die Entstehung künftigen Lebens. Rom wird sozusagen im Moment seiner Entstehung dargestellt. „Die 'Prophetie' ist dabei nicht nur ein technisches Mittel. Vielmehr ist der Zukunftsaspekt für die Erfindung der *Aeneis* entscheidend, ist doch damit die römische Geschichte an der Wurzel erfaßt" (M. v. Albrecht, 553). Vergil erfindet eine Vergangenheit, aus der die Gegenwart und Zukunft ihre Orientierung beziehen. – (2) Aeneas ist einerseits der mythische Held, andererseits der augusteische Repräsentant der *humanitas* und *clementia*. Sein Charakter ist vielschichtig. Er paßt in kein Schema. Er besitzt *pietas*, die rechte Einstellung gegenüber den Menschen und Göttern. Er verkörpert die moralische Idee der *pietas*, die die Struktur des Epos bestimmt. Aber er zeigt auch Härte (gegenüber Dido und Turnus). „Die absolute Neuartigkeit seines Helden hat Vergil hier ein sehr schwieriges und erstaunlich modernes Bild zeichnen lassen. Ohne daß man von einem Entwicklungsroman reden dürfte, ist Aeneas der Mensch, der stets unfertig ist und hinzulernt – ein Typus, den man bei einem antiken Autor nicht zu finden erwartet. Menschsein erscheint hier nicht als Gabe, sondern als Aufgabe. Der beste Zug an Aeneas ist seine ständige Offenheit" (M. v. Albrecht, 542). – (3) Das Geschichtsbild der *Aeneis* ist von einem Glauben an die Macht des Schicksals, der *fata*, bestimmt, die die geschichtliche Entwicklung in die „ewige" Herrschaft der Römer einmünden lassen. – (4) Die *Aeneis* wird traditionell als römisches Nationalepos verstanden. Aeneas selbst gilt als Präfiguration des Augustus. „Vergils Epos wird ... fast zu einer *Augusteis*, zu einer durchgängigen Verherrlichung des Augustus und seiner Leistung und in diesem Sinne zu einem Propagandawerk" (Binder 1971, 141). Die Herrschaft des Augustus ist das Telos der röm. Geschichte. – Nach Parry (1963) verkündet Vergil jedoch nicht nur das Lob der römischen Zivilisation und Friedensordnung; er beklagt zugleich den Verlust an Menschlichkeit und das Leiden des einzelnen bei der Durchsetzung der römischen Sendung. Vor allem von der Schluß-Szene der *Aeneis*, der Tötung des wehrlosen Turnus durch Aeneas (12, 930–952), her gesehen erweist sich der römische Held als moralischer Verlierer. „Es handelt sich in der *Aeneis* also keineswegs um eine positive Darstellung der Größe Roms und ihres Imperialismus, die Tragödie des Turnus ist vielmehr der Schlußstein des vergilischen Pessimismus" (Vielberg 1994, 410, in Anlehnung an Putnam 1965). Der Dichter redet demnach mit „zwei Stimmen" (two voices), einer „öffentlichen" und einer „privaten" Stimme, um Augustus nicht nur zu rühmen, sondern auch mehr oder weniger verdeckt zu tadeln. Man meinte sogar, die *Aeneis* enthalte gar keine teleologisch-theologische Geschichtsdeutung; sie sei vielmehr so etwas wie ein pazifistisches Manifest, das nicht nur die Vorbildhaftigkeit des Aeneas als eines heroischen Kriegers, sondern den Krieg als solchen in Frage stelle (vgl. Quinn 1968).

N Die von der *Aeneis* ausgehende prägende Wirkung setzt schon bei den Zeitgenossen des Dichters ein (z.B. bei Ovid, →*Heroides*, →*Metamorphoseon libri*). Lucan (→*Bellum civile*) hat in der *Aeneis* eine Vorlage. Entsprechendes gilt für Valerius Flaccus (→*Argonautica*), Statius (→*Thebais*), Silius Italicus (→*Punica*). In der Spätantike sieht Fulgentius (→*Expositio Vergilianae continentiae secundum philosophos morales*) in der *Aeneis* ein Abbild des menschlichen Lebens. – Die Epoche Karls des Großen war eine *Aetas Vergiliana*. Für Dante (*Divina Comedia*) ist Vergil der Dichter schlechthin; er ist sein Führer durch das Inferno. – In der frühen Neuzeit entfaltet die *Aeneis* eine gewaltige und nicht mehr zu überschauende Wirkung auf die Nationalliteraturen in Europa.

A R. A. B. Mynors, Oxford 1969. E. Norden, Leipzig [3]1927, Nachdr. Darmstadt 1984; Stuttgart/Leipzig 1995 (nur B. 6 lat.-dt. mit Komm.). R. Sabbadini / L. Castiglioni / M. Geymonat, Turin [3]1973.
Ü E. u. G. Binder. 6 Bde., Stuttgart 1994–2005 (lat.-dt.). G. Fink, Düsseldorf/Zürich 2005 (lat.-dt.). J. und M. Götte. 2 Bde., Zürich [8]1994. (lat.-dt.).
L M. v. Albrecht, RL, 531–564. G. Binder: Aeneas und Augustus. Interpretationen zum 8. B. der *Aeneis*, Meisenheim am Glan 1971. V. Buchheit: Vergil über die Sendung Roms. Untersuchungen zum *Bellum Poenicum* und zur *Aeneis*, Heidelberg 1963. K. Büchner: P. Vergilius Maro, in: RE 8 A 2, 1958, 1266–1486. E. Burck: Vergils *Aeneis*, in: E. Burck (Hg.) Das römische Epos, Darmstadt 1979, 51–119. J. Dingel: Kommentar zum 9. B. der *Aeneis* Vergils, Heidelberg 1997. G. K. Galinsky: Aeneas, Sicily, and Rome, Princeton 1969. R. F. Glei: Der Vater der Dinge. Interpretationen zur politischen, literarischen und kulturellen Dimension des Krieges bei Vergil, Trier 1991. K. W. Grandsen: Virgil: The *Aeneid*, Cambridge 1990. S. Grebe: Die vergilische Heldenschau. Tradition und Fortwirken, Frankfurt 1989. H.-G. Günther: Überlegungen zur Entstehung von Vergils Aeneis, Göttingen 1996. R. Heinze: Vergils epische Technik, Leipzig [3]1914, Nachdr. Darmstadt 1957). G. N. Knauer: Die *Aeneis* und Homer. Studien zur poetischen Technik Vergils, Göttingen 1964. F. Mehmel: Vergil und Apollonius Rhodius. Untersuchungen über die Zeitvorstellungen in der antiken epischen Erzählung, Hamburg 1940. A. Parry: The Two Voices of Virgil's *Aeneid*, in: Arion 2, 1963, 66–80. M. C. J. Putnam: The Poetry of the *Aeneid*. Four Studies in Imaginative Unity and Design, Cambridge (Mass.) 1965. K. Quinn: Virgil's *Aeneid*.

A Critical Description, London 1968. C. Renger: Aeneas und Turnus. Analyse einer Feindschaft, Frankfurt 1985. H.-P. Stahl: Aeneas – An „Unheroic" Hero?, in: Arethusa 14, 1981, 157–177. W. Suerbaum: Vergils *Aeneis*. Beiträge zu ihrer Rezeption in Gegenwart und Geschichte, Bamberg 1981. A. Thornton: The Living Universe: Gods and Men in Virgil's *Aeneid*, Leiden 1976. M. Vielberg: Zur Schuldfrage in Vergils Aeneis, in: Gy 101, 1994, 408–428. A. Wlosok: Vergil in der neueren Forschung, in: Gy 80, 1973, 129–151.

Äsop-Roman

An.

Biographischer Roman (gr.) über das Leben des legendären Fabeldichters Aisopos (Aesopus).

Die Entstehung des gr. „Äsop-Romans" geht bis in das 6. Jh. v.Chr. zurück. Die überlieferten Fassungen sind allerdings erheblich später entstanden – wahrscheinlich erst in der röm. Kaiserzeit (2.-3. Jh. n.Chr.).

I „Was an Aisop sein mag, ist völlig überdeckt von phantasievoller Erzählfreude, die den phrygischen Sklaven durch die verschiedensten Länder und Schicksale führt, um ihn schließlich in Delphi durch Mißgunst und Hinterlist umkommen zu lassen. Aber Apollon selbst rächt seinen Tod und erhöht seinen Ruhm" (Lesky, 185). – Der „Äsoproman" besteht aus drei Teilen: Äsop in Samos (1–100), in Babylon (101–123) und in Delphi (124 bis 142). Die Geschichten wurden ursprünglich mündlich überliefert. Der Sklave Äsop zeigt in vielen Anekdoten, daß er seinem Herrn überlegen ist. – Zusammenhängende Stücke sind 81–100 (Äsop rettet die Freiheit der Samnier vor Kroisos) und 124–142 (Äsops Tod in Delphi).

A B. E. Perry: Aesopica 1, 1952, 1–208.
Ü A. Hausrath: Aesopische Fabeln, München 1940.
L N. Holzberg: Ein vergessener griechischer Schelmenroman: Die fiktionale Äsop-Vita des 2./3. Jahrhunderts, in: Anregung 38, 1992, 390–403. N. Holzberg u.a.: Der Aesop-Roman: Motivgeschichte und Erzählstruktur, Tübingen 1992. A. Lesky, GL, 185f. R. Merkelbach: Äsop-Roman, in: dtv-L 1.1, 75. B. E. Perry: Studies on the Text – History of the Life and Fables of Aesop, Haverford 1936. A. Wiechers: Aesop in Delphi, Diss. Köln 1959. H. Zeitz: Der Aesop-Roman und seine Geschichte, in: Aegyptus 16, 1936, 225–256.

Aesopus Latinus →Fabulae Aesopiae (Phaedrus)

Aetna →Appendix Vergiliana

Afra →Vulgata

Agamemno
(Gestalt des gr. Mythos)

Lucius Annaeus Seneca aus Corduba, etwa 4–65 n. Chr.

Tragödie (lat.) über die mythische Erzählung von Agamemnon (lat. Agamemno), den Heerführer der Griechen vor Troja, der nach dem Sieg über Troja nach Hause zurückkommt und von seiner Frau Klytaimnestra (lat. Clytaemnestra) und deren Geliebten Aigisthos (lat. Aegisthus) erschlagen wird. Nach 41 n. Chr. entstanden.

I Im Prolog (1–56) verkündet der Schatten des Thyestes das kommende Unglück. Darauf trägt der Chor der Frauen von Argos eine Grundaussage aller Tragödien Senecas vor: Was das Schicksal in die Höhe steigen läßt, hebt es, um es zu stürzen (57–107). Clytaemnestra reflektiert über das Problem ihres Verhältnisses mit Aegisthus. Sie wird von ihrer Amme, die sie auf Agamemnos Schandtaten (die Opferung der Tochter Iphigenie, den Ehebruch mit Chryseis, Briseis und Cassandra) hinweist, zur Tat angestachelt. Sie ist bereit, Agamemno zu töten (108–309). Nach dem Götteranruf des Chores (310–407) tritt Eurybates auf, der in einem Botenbericht Agamemnos Heimkehr ankündigt (408–588). Ein Chor gefangener Troerinnen (589–658) singt über den Tod und erinnert an den Kampf um Troja. Der Chor stimmt ein großes Klagelied an, wobei er Beispiele aus dem Mythos verwendet. Cassandra, die dem Chor der Troerinnen angehört, sieht Agamemnos und ihren eigenen Tod voraus (659–807). Darauf erzählt der Chor (808–867) von der Geburt und dem Tod des Hercules. Schließlich beschreibt Cassandra in einer zweiten Vision die Ermordung Agamemnos. Electra übergibt den kleinen Orestes einem Phoker zur Rettung, damit er später als Rächer seines Vaters auftreten kann. Electra wird den Henkersknechten zur Einmauerung übergeben, Cassandra wird getötet (868–1012).
Q Seneca orientierte sich am *Agamémnon* des Aischylos, dem ersten Stück der →*Orésteia*. Wahrscheinlich ließ er sich aber auch vom →*Aegisthus* des Livius Andronicus und von den (nicht mehr erhaltenen) Tragödien *Aegisthus* und *Clutemestra* des Accius beeinflussen.

A G. Giomini, Rom 1956 (mit Kommentar). R. J. Tarrant, Cambridge 1976 (mit Kommentar).
Ü Th. Thomann: Seneca. Sämtliche Tragödien. Bd. 2, Zürich 1969 (lat.-dt.).
L M. v. Albrecht, RL, 918–954. J. Brandt: Argumentative Struktur in Senecas Tragödien. Eine Untersuchung anhand der *Phädra* und des *Agamemnon*, Hildesheim 1986. K. Heldmann: Untersuchungen zu den Tragödien Senecas, Wiesbaden 1974. E. Lefèvre: Die Schuld des Agamemnon. Das Schicksal des Troja-Siegers in stoischer Sicht, in: Hermes 101, 1973, 64–91. E. Lefèvre (Hg.): Senecas Tragödien, Darmstadt 1974. A. L. Motto / J. R. Clark: Senecan Tragedy, Amsterdam 1988. R. G. Tanner: Stoic Philosophy and Roman Tradition in Senecan Tragedy, in: ANRW 2, 32, 2, 1985, 1100–1133.

Agamémnon →Orésteia (Aischylos)

Agesílaos
(Spartanischer König)

Xenophon aus Athen, etwa 430–355 v. Chr.

Enkomion („Lobrede") über die Tugend und den Ruhm des Spartanerkönigs Agesilaos (gr.).
Bald nach dem Tod des Königs im Jahr 360 v. Chr. verfaßt.

I Im ersten Teil der Schrift (1–2) werden auf der Grundlage entsprechender Ausführungen in den →*Helleniká* (besonders in den B. 3 und 4) die Taten und Leistungen des Agesilaos geschildert. Darauf folgt (3–10) eine Darstellung seiner Verdienste und Tugenden, und der Schluß (11) bietet eine zusammenfassende Charakteristik. – Durch seine persönliche Wärme, seine rückhaltlose Mitteilsamkeit, seine Anschaulichkeit und Lebensnähe ist der *Agesílaos* eine wertvolle Informationsquelle über die im 4. Jh. v. Chr. geltenden Kriterien, denen eine vorbildliche Persönlichkeit zu entsprechen hatte.
Q Xenophon hat sich bei der Abfassung seines Enkomions vor allem an dem →*Euagóras* des Isokrates orientiert; das gilt zumindest für die literarische Form des Enkomions, weniger für den Inhalt und die Tendenz. Darüber hinaus war Xenophon mit dem Spartanerkönig befreundet, so daß er auch auf eigene Beobachtungen und Erfahrungen im Umgang mit Agesilaos zurückgreifen konnte.
W Der Autor wollte Agesilaos als vorbildlichen König und Feldherrn, als zuverlässigen, unbestechlichen, moralisch unanfechtbaren und liebenswürdigen Menschen in die Geschichte eingehen lassen. Der König sollte ein „Vorbild für alle sein, die ihre Mannestugend (*andragathía*) üben wollen" (10,2).
N Zweifellos wurden der *Agesilaus* des Cornelius Nepos (→*Vitae*) und der *Agesílaos* des Plutarch (→*Bíoi parálleloi*) von Xenophon beeinflußt.

A E. C. Marchant. Bd. 5, Oxford 1920.
Ü C. H. Dörner. Werke. Bd. 10, Stuttgart 1889.
L K. Bringmann: Xenophons *Hellenika* und *Agesilaos*. Zu ihrer Entstehungsweise und Datierung, in: Gy 78, 1971, 224–241. I. Bruns: Das literarische Porträt der Griechen im fünften und vierten Jahrhundert vor Christi Geburt, Berlin 1896, Nachdr. 1961. A. Dihle: Studien zur griechischen Biographie, in: Abh. Akad. Göttingen. Phil.-hist. Kl. 37, 1956, 3. G. Fraustadt: Encomiorum in litteris Graecis usque ad Romanam aetatem historia, Diss. Leipzig 1909. T. Gallina: Studio sull' *Agesilao* e le *Elleniche* di Senofonte, Rom 1919. KNLL 17, s. v. *Agesilaos*. D. Krömer: Xenophon *Agesilaos*. Untersuchungen zur Komposition, Diss. Berlin 1971. Einführung, 112–119.

Agon Homers und Hesiods →Certamen Homeri et Hesiodi (An.)

Agricola →De vita et moribus Iulii Agricolae (Tacitus)

Aías
(Gestalt des gr. Mythos)

Sophokles aus Athen, 496–406 v. Chr.

Tragödie (gr.).
Das älteste der erhaltenen Dramen des Sophokles entstand in den fünfziger Jahren des 5. Jh.s v. Chr.

I Aias ist nach Achilleus der größte der gr. Helden vor Troja. Nach Achilleus' Tod gerät er in Streit mit Odysseus. Beide erheben Anspruch auf die Waffen des Achilleus. Durch ein Schiedsgericht erhält Odysseus die Waffen zugesprochen. Aias ist empört und will in seinem Zorn alle gr. Heerführer ermorden. Athene läßt ihn jedoch in Wahnsinn fallen, so daß er das Herdenvieh für seine Gegner hält und niedermetzelt. – Das Drama besteht aus zwei etwa gleich langen Teilen (1–814 und 815–1420), zwischen denen ein Szenenwechsel stattfindet. Im 1. Teil wird der Held als Wahnsinniger vorgeführt. Anschließend wird gezeigt, wie ihm bewußt wird, was er in seinem Wahnsinn getan hat (vor Beginn der Tragödie und während des Prologs). Im 2. Teil wird der Streit um das Begräbnis des Aias dargestellt. „Eine Art des Katastrophendramas liegt hier vor, die gleich von Anfang an dem Menschen zeigt, wie er mit seinem Schicksal, das entschieden ist, sich abzufinden hat" (Reinhardt, 18). – Eine „dramatische Handlung findet kaum statt: Reden und Argumentieren stehen im Mittelpunkt" (Rauthe, 163). Sophokles geht es um die Darstellung von Menschen in extremen Situationen. – Viele Themen kommen zur Sprache: Rechtfertigung des Selbstmordes, Stellung des Menschen vor den Göttern, Schuld und Sühne, Recht auf Bestattung, Beziehung zwischen Mann und Frau, Verhalten der Mächtigen, Beziehung zwischen Sparta und Athen usw. – Das Problem des Helden ist seine Hybris, seine Überheblichkeit gegenüber Göttern und Menschen. Aias beleidigt Athene durch seine Hybris, die sich in der stolzen Ablehnung ihrer Hilfe ausdrückt. Er ist ganz auf sich selbst und seine Größe gestellt. In seiner Selbstbezogenheit (Egozentrik) ist er unfähig, auf Götter und Menschen Rücksicht zu nehmen. Es ist auch ausgeschlossen für ihn, den angerichteten Schaden wieder gutzumachen oder gar um Verzeihung zu bitten. Er bekennt sich zu seiner Tat und ist bereit, die Konsequenzen zu ziehen. Weil er seinem Selbstbild nicht mehr entspricht, ist der Selbstmord die einzige Lösung für ihn. Diese für ihn konsequente Tat löst den Konflikt zwischen seinem selbstherrlichen Anspruch auf Autonomie und der Forderung der Götter nach Unterordnung. Der Tod ist für Aias die einzige Möglichkeit, seine verlorene Ehre wiederzugewinnen. – Odysseus, der große Gegenspieler des Aias, trägt entscheidend dazu bei, die Würde des Helden

zu bewahren und zumindest für ein ehrenvolles Begräbnis einzutreten. Er ist überwältigt vom Unglück des Aias und empfindet tiefes Mitleid. Er sieht die Grenzen menschlicher Existenz und zeigt Einsicht und Besonnenheit angesichts einer für ihn exemplarischen Katastrophe.

W Schon am Anfang des Dramas bekennt sich Odysseus im Gespräch mit Athene zu seinem Mitleid mit Aias, wobei er auch sein eigenes Schicksal im Auge behält (125 f.): „Ich sehe nämlich, daß wir nichts anderes sind als Bilder oder nichtige Schatten, die wir auf der Erde leben." Odysseus hat von vornherein die Einsicht in die Grenzen des Menschlichen. Er ist offensichtlich der einzige, der auf seine – menschliche – Weise dem großen Rivalen ebenbürtig oder gar überlegen ist, weil er sich überwindet und dem Gegner die ihm zukommende Ehre erweist. Odysseus, der Vernunftbestimmte, Einsichtsvolle, zeigt sich zum zweiten Mal als Sieger. Das veranschaulicht Sophokles auf eindrucksvolle Weise in der Schlußszene, der *Exodos* (1223–1420): Odysseus tritt unerwartet auf. Er wird vom Chor begrüßt (1316 f.): „Du bist zur rechten Zeit gekommen, wenn du da bist, um den Streit (*dike*) zu schlichten, nicht anzuheizen." Odysseus erklärt Agamemnon gegenüber (1332–1345), daß er das Recht mit Füßen trete, wenn er Aias die Totenehre verweigere. Denn Agamemnon würde das Gesetz der Götter vernichten, wenn er seinem Haß nachgebe. Der Tod – so Odysseus – hebe den Haß auf. – Das sich anschließende Streitgespräch zwischen Odysseus und Agamemnon führt dazu, daß Odysseus mit seinen „humanen" Beweggründen Agamemnon zum Nachgeben bringt: „Dir ist zu tun erlaubt, was notwendig (sittlich geboten) ist" (1373). Odysseus hat mit seiner Vernunft die Dinge wieder ins Lot gebracht. – Es spricht alles dafür, daß Sophokles die von Odysseus praktizierte Problembewältigung als maßgebend darstellen wollte, läßt er doch den Chor kommentieren (1374 f.): „Jeder, der sagt, daß du, Odysseus, nicht mit Einsicht und Weisheit begabt bist, da du dich als ein solcher Mann erweist, ist ein Dummkopf."

A H. Lloyd-Jones/N. G. Wilson, Oxford 1990. A. C. Pearson, Oxford [(2)]1928. R. D. Dawe, Leipzig/Stuttgart [(3)]1996. A. Lobeck, Berlin [(3)]1866, Nachdr. Hildesheim 1976.
Ü R. Rauthe, Stuttgart 1990 (gr.-dt.). W. Willige / K. Bayer / B. Zimmermann, Düsseldorf/Zürich [(4)]2003.
L H. Diller (Hg.): Sophokles, Darmstadt 1967. F. Dirlmeier: Der Aias des Sophokles, in: NJb 1, 1938, 297–319. K. v. Fritz: Antike und moderne Tragödie, Berlin 1962, 241–255. B. W. M. Knox: The Ajax of Sophocles, in: HSPh 65, 1961, 1–37. A. Lesky: Die tragische Dichtung der Hellenen, Göttingen [(3)]1972, 180–191. K. Reinhardt: Sophokles, Frankfurt [(3)]1947, 18–42. W. Schadewaldt: Sophokles, Aias und Antigone, in: Neue Wege zur Antike 8, 1929, 61–109. M. Simpson: Sophocles' *Aiax*: His Madness and Transformation, in: Arethusa 2, 1969, 88–103.

Aías è Aíantos lógos
„Aias oder die Rede des Aias"

Antisthenes aus Athen, um 455–360 v. Chr.

Rhetorische Deklamation (gr.) in wenigen Frg.

I Es handelt sich um eine fingierte Rede des gr. Helden Aias, der in der ersten Person spricht. Die Rede diente als Unterrichtsmittel für die Ausbildung künftiger Rhetoren. Zum Thema vgl. den →*Aías* des Sophokles.

H Antisthenes wirkte vor seiner Verbindung mit Sokrates in Athen als Sophist und Rhetor. Er war von dem sophistischen Rhetor Gorgias (→*Heléne* und →*Palamédes*) beeinflußt und stand mit den berühmten Sophisten Protagoras, Prodikos und Hippias in Verbindung. „Doch wurde er von der moralischen Lehre und der eigenartigen Lebensführung des Sokrates ergriffen und zählte fortan zu seinen treuesten Anhängern" (Natorp, 2539).

A F. Blass, Leipzig 1892. F. D. Caizzi: Antisthenis fragmenta, Mailand 1960. Fragment 14. L. Radermacher: Artium scriptores (Reste der voraristotelischen Rhetorik), Wien 1951, 122–124. SSR 2, 135–225.
L W. Altwegg: Der *Aias* und *Odysseus* des Antisthenes, in: Iuvenes dum sumus, Basel 1907, 52–61. P. Natorp: Antisthenes, in: RE 1, 1894, 2538–2545. L. Radermacher: Der *Aias* und *Odysseus* des Antisthenes, in: RhM 74, 1892, 569–576.

Aiginetikós
„Rede in Aigina"

Isokrates aus Athen, 436–338 v. Chr.

Gerichtsrede in einem Zivilprozeß (gr.). Geschrieben gegen Ende der ersten Periode der literarischen Tätigkeit des Autors (403–393 v. Chr.), als er sich als Redenschreiber für verschiedene Auftraggeber betätigte, die einen Rechtsstreit zu bestehen hatten.

I Thrasylochos, Bewohner von Siphnos, einer kleinen Insel in der Ägäis, hatte seinem Adoptivsohn, dem Sprecher der Rede vor Gericht, seinen Besitz vermacht. Der Erbe war außerdem mit der Schwester des Erblassers verheiratet. Eine Halbschwester des Trasylochos bestreitet dem Adoptivneffen das Recht auf die Erbschaft und erhebt selbst Anspruch darauf. Die von Isokrates verfaßte Rede dient dem Zweck, das Recht des Erben durchzusetzen. – Der Erbe und Trasylochos hatten sich in Aigina niedergelassen, nachdem sie aus politischen Gründen von Siphnos vertrieben worden waren. Thrasylochos stirbt in Aigina. Dort findet daher auch der Prozeß statt. – Die sorgfältig komponierte Rede bietet eine lebendige Beschreibung der familiären Beziehungen zwischen dem Erben und dem Erblasser. Das gute Verhältnis zwischen beiden wird überzeugend bewiesen. Zwingende Argumente veranlassen das Gericht, den letzten Willen des Thrasylochos und die Ansprüche des Adoptivsohnes voll zu ihrem Recht kommen zu lassen.

A F. Brindesi, Florenz 1963 (mit Kommentar). L. van Hook: Isocrates. Bd. 3, London/Cambridge (Mass.) 1945 (gr.-engl.).
Ü C. Ley-Hutton, 2 Bde., Stuttgart 1993–1997.
L Lesky, GL, 654–663. E. Mikkola: Isokrates, Helsinki 1954.

Aigyptiaká
„Ägyptische Geschichte"

Alexandros Polyhistor aus Milet, 1. Jh. v. Chr.

Verlorene Darstellung der ägyptischen Geschichte (gr.).

I Das Werk beruhte vermutlich mehr auf Kompilation als auf kritischer Forschung. In der →*Suda*, dem größten enzyklopädischen Lexikon des 10. Jh.s n. Chr., wird der Autor als Verfasser „unzähliger Werke" erwähnt. Die meisten seiner Werke gehörten wie die *Aigyptiaká* der Gattung der geographischhistorischen Periegese („Beschreibung von Ländern und Orten") an: *Libyká, Indiká, Kretiká, Perì Karías, Perì Lykías, Perì Phrygías, Perì Syrías, Perì Rhómes* (das Werk wurde von Tibull und Vergil benutzt) u. a.

A FHG 3, 206–244. FGrHist 273.
L O. Lendle, Einführung, 270. E. Schwartz, RE 1, 1894, 1449–1452. F. Susemihl, Alexandrinerzeit. Bd. 2, Leipzig 1892, 356–364.

Aigyptiaká
„Ägyptische Geschichte"

Apion aus Oasis, 1. Jh. n. Chr.

Historisches Werk über Ägypten in fünf B. (gr.), nur in Frg. erhalten.

I Einige Informationen über das Werk sind aus der Schrift →*Contra Apionem* des Iosephos zu entnehmen. – Insgesamt handelt es sich anscheinend um eine weitgehend kritiklose Kompilation historischen Materials. Außerdem enthielt das Werk zahlreiche Wundergeschichten. Gellius, →*Noctes Atticae* (5,14), entnahm den *Aigyptiaká* die Erzählung von Androkles und dem Löwen (Frg. 5). Ferner stammen aus den *Aigyptiaká* die Geschichte von der Liebe eines Delphins zu einem schönen Knaben (Frg. 6) und die Sage von der Unsterblichkeit des Vogels Ibis (Frg. 12).

A FGrHist 616. FHG 3, 506–516.
L H. Gärtner: Apion, in: DKP 1, 432. O. Lendle, Einführung, 270.

Aigyptiaká
„Ägyptische Geschichte"

Chairemon aus Alexandria, 1. Jh. n. Chr.

In wenigen Frg. überliefertes Geschichtswerk (gr.).

I Das Werk wurde wegen seiner von der stoischen Philosophie beeinflußten Beschreibung und Deutung ägyptischer Verhältnisse noch in der Spätantike benutzt (Porphyrios in mehreren Schriften). Chairemon stellte in diesem Werk dar, daß und wie sich das Ideal das stoischen Weisen in der altägyptischen Priesterschaft verwirklicht habe.

A FGrHist 618. H. R. Schwyzer, Bonn 1932.
L A. Lesky, GL, 978. H. R. Schwyzer: Chairemon, Diss. Bonn 1932.

Aigyptiaká
„Ägyptische Geschichte"

Hekataios aus Abdera, etwa 350–290 v. Chr.

Wohl weniger eine ethnographische Monographie als eine Darstellung eines Idealstaates am Vorbild des ptolemäischen Regimes (gr.), in wenigen Frg. erhalten.

I Das Werk gehört seiner Zielsetzung nach (Propaganda für den Herrscher Ptolemaios I. Lagu, geb. 367/366 v. Chr, der nach Annahme des Königstitels im Jahre 305/304 v. Chr. und der Rettung der Rhodier aus der Belagerung durch Demetrios den Titel „Soter" [Retter] erhielt) eher zur Gattung des utopischen Romans und des philosophischen →*Protreptikós*. Die Schrift war anscheinend auch als Protreptikos an Ptolemaios gerichtet, um ihn aufzufordern, im Sinne des ägyptischen Idealstaates zu handeln. – Diodor (→*Bibliothéke historiké*) benutzte das Werk für seine Ausführungen über den ägyptischen Götterglauben (1,11–13). Auch der Exkurs über die Juden bei Diodor (40,3) könnte auf Hekataios zurückgehen.

A FGrHist 264.
L O. Lendle, Einführung, 269. W. Spoerri: Hekataios aus Abdera, in: DKP 2, 980–982.

Aigyptiaká
„Ägyptische Geschichte"

Manethon aus Sebennytos, 3. Jh. v. Chr.

Eine dem König Ptolemaios II. (285–247 v. Chr.) gewidmete Geschichte Ägyptens in drei B. (gr.), nur fragmentarisch erhalten.

I Das Werk reichte von den mythisch-prädynastischen Zeiten bis zum Ende der dreißig ägyptischen Dynastien, d.h. bis zu Nektanebos II., der im Jahre 343 v. Chr. die Herrschaft an den persi-

schen Großkönig Artaxerxes III. Ochos verlor. – Das in nur wenigen Fragmenten überlieferte Werk wurde von Iosephos (→*Iudaikè archaiología*) und christlichen Schriftstellern zur Festlegung der biblischen Chronologie benutzt. – Größere Fragmente finden sich auch in der Schrift →*Contra Apionem* des Iosephos, in den →*Chronographíai* des Iulius Africanus und in den →*Chronikoì kanónes* des Eusebios. – Immer wieder greift Manethon Herodot (→*Historíes apódexis*) wegen angeblich fehlerhafter Informationen an. – Manethon war überzeugt von der Überlegenheit der Ägypter über die Griechen, denen er die religiösen und moralischen Vorstellungen seines Volkes – Manethon war ägyptischer Priester – zeigen wollte.

A FGrHist 609. W. G. Waddell, London 1940 (gr.-engl.).
Ü B. Effe: Hellenismus, in: GLTD 4, 252–257 (gr.-dt. in Auswahl).
L Laqueur / Kind / Kroll, RE 14,1,1928, 1060 bis 1106. O. Lendle, Einführung, 269. A. Lesky, GL, 863. W. Spoerri: Manethon, in: dtv-L 1. 3.

Aigyptiaká →**Nómima barbariká (Hellanikos)**

Aigýptioi →**Hikétides (Aischylos, Euripides)**

Aigýptioi lógoi è perì pronoías
„Ägyptische Reden oder über die Vorsehung"

Synesios aus Kyrene, etwa 370–412 n. Chr.

Philosophisch-theologische Traktate über die Vorsehung (gr.).

I Die neuplatonische Lehre von Freiheit und Vorbestimmung wird mit ausführlichen allegorischen Interpretationen des ägyptischen, aber längst in die gr. Tradition übernommenen Mythos von Isis und Osiris verbunden (vgl. Plutarch, →*Perì Ísidos kaì Osíridos*).

A PL 66, 1021–1616.
L S. Niocolosi: Il „*De providentia*" di Sinesio di Cirene, Padua 1959.

Aithiopiká
„Äthiopische Geschichten"

Auch zitiert als *Sýntagma tôn perì Theagénen kaì Chārikleían aithiopikôn* („Darstellung der äthiopischen Geschichten von Theagenes und Charikleia").

Heliodoros aus Emesa, 3./4. Jh. n. Chr.

Liebesroman (gr.) in zehn B..
Vielleicht zwischen 232 und 250 n. Chr. entstanden.

I Dem Roman liegt ein traditionelles Schema zugrunde: Zwei Liebende werden voneinander getrennt und kommen nach vielen Leiden und phantastischen Abenteuern wieder zusammen. – Bei Sonnenaufgang sehen Räuber ein Schiff in der Nilmündung, dessen Besatzung ermordet am Strand liegt. Nur ein junges Mädchen (Charikleia) und ein junger Mann (Theagenes) haben überlebt. Der Räuberhauptmann übergibt das Mädchen und den schwer verletzten jungen Mann einem griechischen Sklaven mit Namen Knemon. Dieser erzählt den beiden seine Lebensgeschichte. Dann trifft er den Ägypter Kalasiris, der im Auftrag der äthiopischen Königin deren verschollene Tochter Charikleia gesucht, schließlich gefunden und dann wieder verloren hatte, nachdem sie von Räubern überfallen worden waren. Kalasiris findet nun Charikleia bei Knemon wieder. Unterdessen aber ist Theagenes erneut verschleppt worden. Alle machen sich auf die Suche nach ihm. Nach vielen Verwicklungen – so müssen z. B. Theagenes und Charikleia in ihrer Heimatstadt davor bewahrt werden, einen grausamen Opfertod zu sterben – kommt die Geschichte zu einem guten Ende. Mit der Aussicht auf die Hochzeit der beiden Haupthelden schließt der Roman.

Q Literarische Vorläufer sind Chariton (→*Chairéas kaì Kallirrhóe*), Xenophon aus Ephesos (→*Tà kat' Antheían kaì Habrokómen Ephesiaká*), Iamblichos (→*Babyloniaká*), Longos (→*Poimenikà tà katà Dáphnin kaì Chlóēn*) und Achilleus Tatios (→*Tà katà Leukíppen kaì Kleitophônta*).

W „Das Besondere an diesem Roman liegt einmal in der kunstvoll komponierten, sehr bunten Handlung, den Ansätzen einer psychologischen Vertiefung in der Wiedergabe der handelnden Personen und vor allem in einem sonst nirgends so in der Romanliteratur begegnenden religiösen Interesse des Autors. Die Abenteuer erscheinen hier als Prüfungen, in denen sich die Frömmigkeit der Beteiligten bewährt, und dieselbe Eigenschaft ist es vor allem, welche die positiven Gestalten des Romans auszeichnet. Die religiöse Verehrung richtet sich besonders an den Sonnengott" (Dihle, 374).

N Der byzantinische Schriftsteller Theodoros Prodromos (um 1100) ließ sich durch die *Aithiopiká* zu seinem gr. Versroman „Rodanthe und Dosikles" in neun B. anregen (ed. M. Marcovich, Stuttgart/Leipzig 1992).

A R. M. Rattenbury / T. W. Lumb / J. Maillon: Héliodore: Les Éthiopiques. Bd. 1, Paris [(2)]1960 (gr.-frz.).

Ü H. Gasse, Stuttgart 1972. F. Jacobs / F. Ast / B. Kytzler. 2 Bde., München 1983.

L A. Dihle, GLL, 373 f. R. Helm: Der antike Roman, Göttingen [(2)]1956, 37–43. N. Holzberg: Der antike Roman. Eine Einführung, München/Zürich 1986. A. Lesky, GL, 967–969. R. Merkelbach: Roman und Mysterium in der Antike, München/Berlin 1962, 234–298. K. Münscher: Heliodoros (Nr. 15), in: RE 8, 1, 1912, 20–28. B. E. Perry: The Ancient Romances, Berkeley / Los Angeles 1967. E. Rohde: Der griechische Roman und seine Vorläufer, Leipzig [(3)]1914. E. Schwartz: Fünf Vorträge über den griechischen Roman, Berlin [(2)]1943, 127–156.

Aithiopís →Epikòs Kýklos

Aítia
„Ursachen"

Kallimachos aus Kyrene, etwa 300–240 v. Chr.

Darstellung und Beschreibung von „Ursachen" kultisch-religiöser, aber auch anderer Merkwürdigkeiten (gr.). Sammelgedicht in elegischen Distichen. Vier B., nur fragmentarisch erhalten.
Alterswerk des Dichters: In Frg. 1,5 weist er darauf hin, daß die Zahl seiner Jahrzehnte nicht mehr klein sei. In Frg. 1,35 wünscht er sich, das bedrückende Alter einfach „ausziehen" zu können. – Die Spätdatierung ist allerdings nicht unumstritten. Die Hinweise auf die Zeit nach 246 v. Chr. werden auch damit erklärt, daß der Prolog (Frg. 1) und die „Locke der Berenike" (das letzte *Aítion* des 4. B.) in einer zweiten Auflage des früher geschaffenen Werkes hinzugefügt wurden.

I Kallimachos spricht selbst als Forscher und Erzähler. Die von ihm erzählten Mythen hat er im Traum erfahren: Wie Hesiod (→*Theogonía*) die Musen sah, so träumt Kallimachos von ihnen, und sie geben ihm Auskunft. – Der Prolog ist eine Auseinandersetzung mit den literarischen Gegnern des Dichters, die er mit dem Namen der Telchinen, koboldartigen Gesellen des Gottes Hephaistos, bezeichnet, um ihren Neid hervorzuheben. Kallimachos bekennt sich zu der „kleinen Form" und lehnt das „mächtig lärmende Lied" (Frg. 1,19–20) ab. Mimnermos (um 600 v. Chr.) (→*Élegoi*) und Philetas von Kos (um 300 v. Chr.) (→*Élegoi*) sind in dieser Hinsicht die Vorbilder des Kallimachos. – Auf Weisung des Gottes Apoll bemüht sich der Dichter um zärtere Töne und um Themen, die abseits vom Üblichen liegen. Nicht das Geschrei des Esels, sondern das Zirpen der Zikade ist sein Vorbild. – Unter den in sich abgeschlossenen Einzelerzählungen gehört die Liebesgeschichte von Akontios und Kydippe (Frg. 67–75) aus dem 3. B. zu den am besten erhaltenen Teilen des Werkes.

Q Eine größere Zahl wörtlicher Übereinstimmungen zwischen den *Aítia* und den →*Argonautiká* des Apollonios von Rhodos läßt sich damit erklären, daß Kallimachos auf das Werk des Jüngeren anspielt. Vor allem in den Teilen der *Aítia*, die inhaltlich mit den *Argonautiká* übereinstimmen (z. B. Frg. 12 und 18) häufen sich die Anspielungen. Allerdings wurde in der Forschung auch die Möglichkeit einer Abhängigkeit des Apollonios von Kallimachos diskutiert, womit übrigens auch Argumente für die Frühdatierung der *Aítia* (in einer ersten Auflage) gegeben wären. Kallimachos folgt nicht nur Mimnermos und Philetas hinsichtlich der „kleinen Formen", sondern auch Hesiod, dem archaischen Antipoden des homerischen Großepos (→*Iliás* und →*Odýsseia*).

W Die Beschreibung von „Ursachen" für

Merkwürdigkeiten in verschiedenen Lebensbereichen der Menschen entsprach dem Interesse des Forschers und Künstlers Kallimachos. Eine systematische Gliederung oder Kategorisierung der „Ursachen" ist jedoch nicht erkennbar. Alles befindet sich „in reizvollem Durcheinander, manchmal mit gespielter Pedanterie, oft heiter ideenflüchtig aneinandergereiht ... Man darf sagen, daß die Idee der Úrsachen' bloß den ganz dünnen Faden bildet, auf dem die mythologischen Perlen befestigt sind, ähnlich der Idee der Verwandlung in den Metamorphosen (→Metamorphoseon libri) des Ovid" (Howald-Staiger, 214 f.). – Wenn es zutrifft, daß die Aítia weitgehend unverbunden nebeneinander stehen, dann kommt es dem Dichter offensichtlich nicht auf das Werk als ganzes, sondern auf jedes einzelne Aítion als selbständige, in sich geschlossene Schöpfung an. – Im Prolog (Frg. 1) rechtfertigt Kallimachos seine poetische Konzeption. – Die „Locke der Berenike" (→Berenikes plókamos) ist eine Huldigung an die junge Königin Berenike, die wie der Dichter aus Kyrene stammte.

N Das Aítion, das die Geschichte von Akontios und Kydippe zum Thema hat, war das berühmteste des ganzen Werkes. Die Geschichte wurde nacherzählt und nachgeahmt, so z.B. von Ovid in den „Metamorphosen" (8,626–724: Philemon und Baucis) oder von Aristainetos in seinen „Erotischen Briefen" (→Epistulae 1,10). – Die Geschichte von König Phrygios von Milet, der sich in Pieria aus Myus verliebt (Frg. 80–83), wurde ebenfalls von Aristainetos aufgegriffen (1,15). – Die „Locke der Berenike" (→Berenikes plókamos), das letzte Aítion des 4. B., wurde von Catull, →Carmina 66, übersetzt. – Die →Fasti des Ovid folgen dem Vorbild der Aítia (vgl. H. Fränkel: Ovid. Ein Dichter zwischen zwei Welten, Darmstadt 1970, 160 f.).

A G. Massimilla, Pisa 1996 (B. 1–2 gr.-it. mit Kommentar). R. Pfeiffer: Callimachus. Bd. 1 (Fragmente), Oxford 1949.
Ü M. Asper, Darmstadt 2004 (gr.-dt.). E. Howald / E. Staiger, Zürich 1955, 211–307 (gr.-dt.).
L B. Effe: Hellenismus, in: GLTD 4, 82–95. H. Herter, Kallimachos, in: RE Suppl. 5, 1931, 386–452 und Suppl. 13, 1973, 184 ff. E. Howald: Der Dichter Kallimachos von Kyrene, Erlenbach 1943. A. Körte / P. Händel, HD, 13–124. A. Lesky, GL, 798–803. G. Lohse: Der Aitienprolog des Kallimachos als Reproduktion von Wirklichkeit, in: A & A 19, 1973, 20 ff. A. D. Skiadas (Hg.): Kallimachos, Darmstadt 1975.

Aítia Helleniká
„Griechische Fragen und Antworten"

Auch zitiert als Quaestiones Graecae („Griechische Fragen").

Plutarchos aus Chaironeia, etwa 46 – etwa 120 n. Chr.

Werk der „Buntschriftstellerei" (gr.), das sich mit dem Sinn und dem Ursprung unterschiedlicher Gebräuche bei den Griechen beschäftigt.

I Plutarch gibt in dieser Schrift Begründungen oder Erklärungen für 59 Themen des gr. Lebens. Die überwiegende Mehrheit betrifft Gebräuche oder Namen. Da die Erläuterungen gewöhnlich unter historischem Aspekt erfolgen, greifen sie oft bis in die frühesten Zeiten zurück. Die Behandlung der einzelnen Themen beginnt mit einer Frage des Typs „Wer war die Frau, die in Cumae auf einem Esel ritt (Nr. 2)? ... Wer waren die 'Guten' bei den Arkadern und Spartanern (Nr. 5)? ... Was ist 'der hölzerne Hund' bei den Lokrern (Nr. 15)? ... Warum geht ein Herold bei den Rhodiern nicht zum Altar des Heros Okridion (Nr. 27)? ... Warum fordern die Frauen der Eleer, wenn sie Hymnen auf Dionysos singen, den Gott auf, 'mit einem Bullenfuß' zu ihnen zu kommen?" usw.

A F. C. Babbit: Plutarch's Moralia. Bd. 4, London/Cambridge (Mass.) 1936 (gr.-engl.). E. Nachstädt / W. Sieveking / J. B. Titchener: Plutarchi moralia. Bd. 2, Leipzig 1935, Nachdr. 1972.
L W. R. Halliday: The Greek Questions of Plutarch, Oxford 1928 (Kommentar). A. Lesky, GL, 918–921. W. Spoerri: Buntschriftstellerei, in: dtv-L 1, 1, 274–275.

Aitíai physikaí
„Naturwissenschaftliche Fragen und Antworten"

Plutarchos aus Chaironeia, etwa 46 – etwa 120 n. Chr.

Beschreibung und Erklärung natürlicher Phänomene im Wechsel von Frage und Antwort (gr.).

I Dasselbe Verfahren wandte Plutarch in den →Aítia Rhomaiká und in den →Aítia Helleniká an. Meist werden auf eine Frage mehrere Antworten in Frageform gegeben. Beispiel: „Warum läßt Meerwasser keine Bäume wachsen? Aus demselben Grund, aus dem es auch für die Lebewesen auf dem Land nicht trinkbar ist? ... Oder liegt der Grund darin, daß die Bäume durch Trockenheit geschädigt werden, das Meerwasser aber eine austrocknende Wirkung hat? ... Oder weil das Öl für Pflanzen schädlich ist und alles vernichtet, was mit ihm bestrichen wird, das Meerwasser aber einen hohen Anteil an Fett hat ... ? Oder weil das Meerwasser, wie Aristoteles sagt, durch Beimischung von verbrannter Erde untrinkbar und bitter geworden ist ... ?" (911 C-E). – Plutarch behandelt in den Aítia physiká in 39 Abschnitten biologisch-medizinische und meteorologische Fragen. Die letzten Abschnitte (32–39) sind allerdings nur in einer lat. Fassung erhalten. – Alle von Plutarch behandelten Fragen beziehen sich auf ernsthafte, naturwissenschaftlich interessante Probleme. Eine Ausnahme bildet nur die Frage des Abschnitts 36: „Warum stechen die Bienen besonders gern den Ehebrecher? Ist es so, weil die Biene besonders großen Wert legt auf Sauberkeit und Reinheit und außerdem einen sehr guten Geruchssinn hat? Weil die ehebrecherischen

Verbindungen aufgrund der Schamlosigkeit und der ungezügelten Begierde gewöhnlich unsauberer sind, werden sie von den Bienen schneller entdeckt, und die Bienen empfinden heftigeren Haß gegen die Ehebrecher. Daher wird auch bei Theokrit (→*Eidyllia*) Aphrodite auf scherzhafte Weise von dem Hirten zu Anchises gerufen, damit er (oder sie?) wegen des Ehebruchs von den Bienen gestochen wird ...“

Q In Form und Stil schließt sich die Schrift eng an die →*Problémata physiká* an, die unter Aristoteles’ Namen überliefert sind, aber aus nach-theophrastischer Zeit stammen. Es ist sehr wahrscheinlich, daß Plutarch zur Anlage seiner Sammlung durch die peripatetische Problemata-Literatur angeregt wurde. Ein Rückgriff auf die *Problémata physiká* läßt sich an einigen Stellen deutlich feststellen (z. B. 1, 2, 5, 8, 9, 12, 21, und 34). Die Abschnitte über das Meer- bzw. Süßwasser im ersten Teil der Schrift sind mit B. 23 der *Problémata* eng verbunden.

A L. Pearson / F. H. Sandbach: Plutarch’s Moralia. Bd. 11, London/Cambridge (Mass.) 1965 (gr.-engl.).
L A. Lesky, GL, 918–921.

Aítia Rhomaiká
„Römische Fragen und Antworten“

Auch zitiert als *Quaestiones Romanae* („Römische Fragen“).

Plutarchos aus Chaironeia, etwa 46 – etwa 120 n. Chr.

Werk der „Buntschriftstellerei“ (gr.), das sich mit dem Sinn und dem Ursprung unterschiedlicher Gebräuche bei den Römern befaßt.
Vermutlich im Jahre 96 n. Chr. nach dem Tod des Kaisers Domitian veröffentlicht.

I Die *Aítia Rhomaiká* versuchen 113 röm. Sitten und Gebräuche zu erklären. Bei den meisten handelt es sich um religiöse Themen. Plutarch hatte offensichtlich ein großes Interesse an derartigen Formen der „Ursachenforschung“. So hat er außer den (verlorenen) *Aítia barbariká* und den →*Aítia Helleniká* noch →*Aítiai physikaí* verfaßt.– Jedes einzelne Thema wird mit einer Frage eröffnet. Dann gibt Plutarch fast immer wenigstens zwei und oft mehr als zwei Antworten, von denen vermutlich nur eine einzige richtig sein kann. Dennoch veranschaulichen die anderen Antworten die Ergebnisse der Forschungsarbeit des Autors oder haben den Charakter von Vermutungen. – Das Werk ist eine wichtige Informationsquelle für unsere Kenntnis religiöser Gebräuche der Römer vor allem in früher Zeit.
Q Plutarch konnte seine Informationen nicht ohne profunde Kenntnis der lat. Sprache gewinnen. Er war also in der Lage, die einschlägige lat. Literatur zu lesen. Einige seiner Quellenautoren nennt er mit Namen: Varro, Verrius Flaccus, Livius, Cato,

Nigidius Figulus, Antistius Labeo, Ateius Capito und Fenestella. Andere Quellen werden nur durch formelhafte Wendungen wie „man sagt“, „einige behaupten“, „es heißt“ kenntlich gemacht. – Sehr wahrscheinlich benutzte Plutarch auch die →*Rhomaikè archaiología* des Dionysios aus Halikarnassos und wohl auch die „Römische Geschichte“ (→*Rhomaikè archaiología*) des Juba von Mauretanien (FGrHist 275).

A F. C. Babbit: Plutarch’s Moralia. Bd. 4, London/Cambridge (Mass.) 1936 (gr.-engl.). E. Nachstädt / W. Sieveking / J. B. Titchener: Plutarchi moralia. Bd. 2, Leipzig 1935, Nachdr. 1972.
L A. Lesky, GL, 918–921. H. J. Rose: The Roman Questions of Plutarch, Oxford 1924 (Kommentar). W. Spoerri: Buntschriftstellerei, in: dtv-L 1, 1, 274–275.

Aitoliká
„Beschreibung Ätoliens“

Nikandros aus Kolophon, 3. Jh. v. Chr.

Ethnographisch-chorographisches Epos (gr.), in nur wenigen Fragmenten überliefert.

I Der Ependichter Nikandros, der wohl nicht identisch ist mit dem Verfasser der Lehrgedichte →*Alexiphármaka*, →*Georgiká* und →*Theriaká* und der →*Heteroiúmena*, schuf außer dem Werk über Ätolien, die Gebirgslandschaft in Nordwestgriechenland, noch weitere chorographische („landschaftsbeschreibende“) Werke: *Thebaiká* (über die Landschaft um Theben in Böotien), *Oitaiká* (über die Landschaft Oitaia im Norden Griechenlands), *Kolophoniaká* (über die Landschaft um Kolophon in Kleinasien). Wahrscheinlich waren diese Werke nicht in epischer Sprache, sondern in Prosa verfaßt.

A FGrHist 271.
L O. Lendle, Einführung, 275. Lesky, GL, 843 f.

Akathistos-Hymnos
„Nicht im Sitzen vorzutragender Hymnus“

Romanos Melodos aus Berytos, etwa 490–560 n. Chr.

Christlicher Hymnus in der Form eines *Kontakion*, d. h. einer aus 18–24 Strophen bestehenden versifizierten Predigt (gr.).

I Die Strophen sind nach strengen Regeln gebaut: So können z. B. ihre Anfangsbuchstaben (von oben nach unten gelesen) ein Wort oder eine Wortgruppe, d. h. ein *Akrostichon*, ergeben. – Der *Akathistos* ist ein Lobpreis der Gottesmutter und der Geburt Christi in 24 Strophen, die der Reihe nach mit den 24 Buchstaben des Alphabets beginnen. – Die nach Silbenzahl und Wortakzenten rhythmisierte Dichtung wurde im Gottesdienst gesungen. – Die Verfasser- und Datierungsfrage ist noch nicht sicher entschieden. Die Tradition brachte den Hymnus mit der Errettung von Konstantinopel vor der Belagerung durch die Araber in Verbindung und schrieb ihn dem Patriarchen Sergios (626 n. Chr.) zu. Die neuere Forschung neigt dazu, das Gedicht als ein Werk des Romanos anzusehen.

A R. Cantarella: Poeti Bizantini 1, 1948, 86–93. P. Maas / C. A. Trypanis: Sancti Romani Melodi Cantica, Oxford 1970. C. A. Trypanis: Fourteen early byzantine cantica, in: Wiener byz. Studien 5, 1968, 17–39.
Ü D. Helmecke: Marienpreis der Ostkirche, in: Benediktinische Monatsschrift 21, 1939, 262–265. K. Kirchhoff, in: Die Ostkirche betet. 2, [(2)]1963, 217–233.
L A. Dihle, GLL, 585–590. J. Grosdidier de Matons: Romanos le mélode et les origines de la poésie religieuse à Byzance, Paris 1977.

Akten der Scilitanischen Märtyrer
→Passio Sanctorum Scilitanorum

Alakáta
„Spindel"

Auch zitiert als *Elakáte.*

Erinna aus Telos, 4. Jh. v. Chr.

Hexametrisches Gedicht, in dorischem Dialekt verfaßt (gr.), dem Andenken der toten Freundin der Dichterin gewidmet, nur fragmentarisch durch Papyri überliefert.

I Die Dichterin hat in dem aus 300 Hexametern bestehenden Kleinepos Kindheitserinnerungen an die Freundin Baukis festgehalten. – Die Nähe zur hellenistischen Idyllendichtung (→*Eidýllia*) wird durch die Betonung des Privaten und Intim-Stimmungshaften verdeutlicht. Die erhaltenen Reste des Textes genügen, um „die Zartheit und Lebendigkeit der Kunst erkennen zu lassen, mit der Erinna im Gedenken an die tote Freundin die Bilder gemeinsamer Spiele, gemeinsamer Arbeit und kleiner kindlicher Leiden aus der Erinnerung aufsteigen läßt" (Lesky, 715).
N Meleagros aus Gadara hat um 100 v. Chr. drei Epigramme der Erinna in seinen →*Meleágru stéphanos* aufgenommen (→*Anthologia Palatina* 6,353; 7,710; 7,712). Zwei dieser Epigramme sind Grabepigramme auf Baukis (7,710 und 712).

A H. Beckby: Anthologia Graeca. Bd. 1 und 2, München 1957 (Epigramme). E. Diehl, ALG 1. 4, Leipzig [(2)]1935, 207–213 (*Alakata*).
Ü H. Görgemanns, GLTD 1, 42f. (Epigramme gr.-dt.). H. Homeyer: Dichterinnen des Altertums und des frühen Mittelalters, Paderborn 1979, 73–75 (gr./lat.-dt.).
L K. Latte: Erinna, in: Nachrichten von der Akademie der Wissenschaften in Göttingen. Philologischhistorische Klasse, 1953. 3. A. Lesky, GL, 715f. F. Scheidweiler: Erinnas Klage um Baukis, in: Ph 100, 1956, 40–51.

Alaniká
„Die Verhältnisse bei den Alanen"

Flavius Arrianus aus Nikomedeia, etwa 95–175 n. Chr.

Verlorene ethnographische Schrift (gr.), bei Photios, →*Bibliothéke*, Cod. 58, erwähnt, in einigen Fragmenten erhalten.

I Erhalten ist eine präzise Beschreibung des Aufmarsches der röm. Truppen unter Arrians Befehl gegen die Alanen (eine *éktasis kat' Alanôn*) anläßlich der Auseinandersetzungen mit diesen im Jahre 134/135 n. Chr. (Die Alanen waren ein Nomadenvolk iranischer Herkunft, das bis zum Ende des 2. Jh.s n. Chr. in Südostrußland lebte und immer wieder versuchte, den Kaukasus zu überqueren. Als Statthalter von Kappadokien schlug Arrian einen ihrer Angriffe zurück.)

A FGrHist 156.
L O. Lendle, Einführung, 250 f.

Alcestis Barcinonensis
„Alcestis aus Barcino (Barcelona)"

An.

Gedicht in 124 Hexametern, auf einem 1982 veröffentlichten Papyrus aus Barcelona aus der 2. Hälfte des 4. Jh.s n. Chr. (lat.).

I Der Text handelt vom stellvertretenden Tod der Alcestis (vgl. Euripides, →*Álkestis*). In den Versen 1–20 erfährt Admet, der Gatte der Alcestis, in einem Gespräch mit dem Gott Apoll, daß er bald sterben muß. Er kann jedoch dem Tod entgehen, wenn ein anderer für ihn stürbe. Admet wendet sich daher an seinen Vater (21–42) und an seine Mutter (42–70), wird aber von beiden abgewiesen. Alcestis ist bereit, für ihn zu sterben, bittet ihren Gatten jedoch, nach ihrem Tod keine andere Frau zu heiraten (71–103). Am Schluß wird das Sterben der Alcestis geschildert (104–124).

A M. Marcovich, Leiden 1988 (mit Kommentar).
Ü W. D. Lebek: Das neue Alcestis-Gedicht der Papyri Barcinonenses, in: Zeitschrift für Papyrologie und Epigraphik 52, 1983, 1–29 (lat.-dt. mit Kommentar). L. Nosarti, Bologna 1992 (lat.-it. mit Kommentar).
L H. A. Gärtner, RLTD 5, 170–178. W. D. Lebek: Die *Alcestis Barcinonensis.* Neue Konjekturen und Interpretationen, in: Zeitschrift für Papyrologie und Epigraphik 70, 1987, 39–48. K. Smolak, HLL 5, 1989, § 549.

Alethé diegémata
„Wahre Geschichten"

Auch zitiert als *Alethôn diegemáton lógoi* („Erzählungen wahrer Geschichten").

Lukianos aus Samosata, etwa 120–180 n. Chr.

Reisebericht über erfundene Abenteuer und Begebenheiten in zwei B. (gr.).
Wahrscheinlich nach 160–165 n. Chr. geschrieben.

I Der Erzähler beginnt mit seiner Abreise zu Schiff bei den „Säulen des Herakles". Er will etwas Neues erleben und erfahren, wo der Ozean aufhört und welche Art von Menschen auf der anderen Seite wohnen. Mit dieser Absicht besteigt er zusammen mit fünfzig Begleitern ein gut ausgerüstetes Schiff. Nach achtzig Tagen stürmischer Reise erreichen die Abenteurer eine Insel, auf der sie u. a. einen riesigen Fußabdruck des Herakles finden. Dann stoßen sie auf einen Fluß, der statt Wasser Wein führt. Das deuten sie als Beweis dafür, daß auch schon Dionysos auf der Insel war. Dort treffen sie auch auf Frauen, deren Oberkörper menschlich sind, während der untere Teil ihrer Körper aus dem Holz des Weinstockes besteht usw. Die Reise wird fortgesetzt und das Schiff von einem Wirbelsturm erfaßt, der es bis über die Wolken trägt. So gelangen die Reisenden auf den Mond und zu den Sternen (1,9–29), geraten später in den Bauch eines Wales (1,30–42 und 2,1–2), finden zur Käseinsel und zu den Inseln der Seligen und der Verdammten, wo sich z. B. alle „Geschichtsschreiber" befinden, die sich an der Wahrheit versündigt haben wie Ktesias und Herodot (2,31). Weiter geht die Reise zur Insel der Träume und nach Ogygia, der Insel der Kalypso. – Nachdem die Reisenden viele Gefahren und Schwierigkeiten mit allen möglichen Fabelwesen bestanden haben, kommen sie auf dem Gegenkontinent an, der jenseits des Ozeans der bewohnten Welt gegenüberliegt. Die dort erlebten Abenteuer sollen aber erst später erzählt werden – im Sinne eines „Fortsetzung folgt".

Q Vor allem seit den Alexanderzügen (Ende des 4. Jh.s v. Chr.) war in Griechenland eine umfangreiche pseudohistorische, pseudo-ethnographische und pseudogeographische Science-Fiction-Literatur entstanden, die ein großes Publikum mit Berichten über ferne Länder, phantastische Fabelwesen, seltsame Menschen und unglaubliche Sitten und Gebräuche unterhielten. Eine der frühesten Formen dieser Literatur ist die →*Odysseia*; hinzu kommen Teile des herodoteischen Geschichtswerkes (→*Historíes apódexis*), dann die →*Indiká* des Ktesias und der bei Diodor (→*Bibliothéke historiké* 2,55–60) überlieferte phantastische Reisebericht des Iambulos (→„Iambulos-Exzerpte"). Vgl. auch die →*Babyloniaká* des Iamblichos aus Syrien und →*Tà hypèr Thúlen ápista* des Antonius Diogenes. – Die meisten der von Lukian parodierten Texte sind leider verloren. Dennoch sind die von ihm erzählten Episoden auch ohne Bezug zu den parodierten Originalen in sich verständlich.

W „Vermutlich war Lucians Absicht eben so wohl, sich über die Neigung der meisten Menschen, Wundergeschichten zu glauben, als über die Schelmenkappe der Reisebeschreiber, so gern Wundergeschichten zu erzählen, lustig zu machen. So viel ist gewiß, daß er in dem Talent, abenteuerliche und lächerlich ungereimte Dinge zu erfinden, auch der furchtbarsten und ausschweifendsten Imagination keine Hoffnung übrig gelassen hat, ihn nur zu erreichen, geschweige in dem Sublimen dieser Gattung, d. i. in der witzigen Ungereimtheit der Combinationen, übertreffen zu können" (Wieland, 146). – Seine parodistische Absicht erklärt Lukian gleich zu Beginn des Werkes: Die Lektüre solle der Erholung nach anstrengender Arbeit dienen, aber diesen Zweck erfülle sie nicht nur mit der Abenteuerlichkeit des Inhalts und mit der Glaubwürdigkeit, mit der die Lügengeschichten vorgetragen würden, sondern auch „weil alles in meiner Erzählung eine mehr oder weniger komische Anspielung auf diesen oder jenen unserer alten Dichter, Geschichtenerzähler und Philosophen enthält, die zahlreiche Märchen und Wundergeschichten erzählt haben" (1,2). – Lukian habe der Nachwelt sein Werk hinterlassen, um nicht als einziger von den Privilegien der poetischen Freiheit ausgeschlossen zu sein. Denn er habe nichts Wahres zu erzählen, da er nichts mehr Besonderes erlebt habe. Darum habe er sich der „Lüge" zugewandt, die aber weit ehrenvoller sei als die Lüge der anderen: „Denn ich werde wenigstens darin die Wahrheit sagen, daß ich lüge ... Ich schreibe also über Dinge, die ich weder sah noch erlebte noch von anderen hörte, über Dinge, die weder existieren noch jemals existieren können. Deshalb dürfen ihnen meine Leser auf keinen Fall Glauben schenken" (1,4).

A A. M. Harmon: Lucian. Bd. 1, London/Cambridge (Mass.) 1913 (gr.-engl.). C. Jacobitz, Leipzig [2]1907. F. Ollier: Lucien. Histoire vrai, Paris 1962.
Ü K. Mras: Die Hauptwerke des Lukian, München [2]1980, 328–419 (gr.-dt.). Chr. M. Wieland: Lucian von Samosata. Sämtliche Werke. 2. 4, Leipzig 1788/89, 145–227.
L R. Helm: Lukianos, in: RE 13, 2, 1927, 1763f. L. Horn: Due scritti di critica letteraria. La *Vera historia* e *De conscribenda historia* di Luciano, Rom 1934. A. Lesky, GL, 937–941. P. v. Möllendorf: Auf der Suche nach der verlogenen Wahrheit. Lukians „Wahre Geschichten", Tübingen 2000. R. Nickel: Lucian's True Story: Impressions of a fancy voyage, in: Euphrosyne N.S. 27, 1999, 249–257. E. Rohde: Der griechische Roman, Leipzig [3]1914, Nachdr. Darmstadt 1960, 204–209.

Alétheia
„Wahrheit"

Antiphon aus Athen, 5. Jh. v. Chr.

Philosophische Abhandlung in zwei B. (gr.), teilweise erhalten auf einem Papyrus aus Oxyrhynchos (Nr. 1364) und in anderen Fragmenten.

I Das Werk behandelt, von Protagoras angeregt (→*Alétheia è katabállontes*), Fragen der Erkenntnistheorie und des Rechts. Für Antiphon steht das Naturrecht (*phýsis*) im Gegensatz zum menschlichen Gesetz (*nómos*). Natur und Wahrheit sind identisch. Antiphon vertrat u.a. die These, daß Griechen und Barbaren von Natur aus gleich seien. – „Antiphon hat im ersten B. der 'Wahrheit' Fragen der Naturwissenschaft im Sinne der ionischen Denker behandelt, im zweiten findet sich die Antithese *Nomos-Physis* scharf herausgestellt, und das Gesetz der Konvention wird als widersinnige Fessel der Natur angeklagt" (Lesky, 404).

A   M. Untersteiner: Sofisti. Testimonianze e frammenti. Fasc. 4, Florenz 1962 (gr.-it. mit Kommentar). VS 87, B 1–44 (gr.-dt.).
Ü   W. Capelle: Die Vorsokratiker, Stuttgart 1968, 376f. VS 87, B 1–44 (gr.-dt.).
L   F. Heinimann: Nomos und Physis. Herkunft und Bedeutung einer Antithese im griechischen Denken des 5. Jahrhunderts, Basel 1945, Nachdr. Darmstadt 1965. A. Lesky, GL, 403–405. J. Morrison: The „Truth" of Antiphon, in: Phronesis 8, 1963, 35ff. F. Pfister: Zu den neuen Bruchstücken des Sophisten Antiphon (Ox. Pap. 1364 und 1797), in: Philologische Wochenschrift 45, 1925, 201–205. K. F. W. Schmidt: Die neuen Funde aus des Sophisten Antiphon Schrift *Peri aletheias*, in: Humanist. Gymnasium 35, 1924, 11–14. J. Stenzel: Antiphon, in: RE Suppl. 4, 1924, 33–43. S. Zeppi: Antifonte critico di Protagora, Triest 1961.

Alétheia è katabállontes
„Wahrheit oder niederwerfende (Reden)"

Protagoras aus Abdera, 5. Jh. v. Chr.

Haupt- und Programmschrift des Sophisten Protagoras (gr.), von der nur Testimonien („Zeugnisse") und wenige Fragmente erhalten sind.

I   Die Schrift hatte einen polemischen Zweck; sie sollte bestimmte Gegner „niederwerfen". Wahrscheinlich waren Parmenides (→*Perì phýseos*) und die Philosophen der eleatischen Schule gemeint. Denn Parmenides hatte die sinnlich wahrnehmbare Welt, wie sie den „Meinungen der Menschen" erscheint, als Trugbild bezeichnet und nur dem durch Denken erfaßbaren ewigen und unveränderlichen Sein Wirklichkeit zuerkannt. „Es ist auch nur zu begreiflich, daß das starrdoktrinäre und weltfremde eleatische System dem weltoffenen, auf die praktischen Bedürfnisse gerichteten Sinn des Sophisten schnurstracks zuwiderlief. Er kehrte daher den Spieß um und erklärte in dem berühmten Anfangssatze seiner Hauptschrift: *Pánton chremáton métron estìn ánthropos, tôn mè ónton hos éstin, tôn dè mè ónton hos uk éstin.* Diese Worte übersetzt man gewöhnlich: Áller Dinge Maß ist der Mensch, der seienden, daß sie sind, der nicht seienden, daß sie nicht sind'" (Nestle, 269). – In Platons →*Theaítetos* (165e-167d) interpretiert Sokrates den Satz des Protagoras, indem er u.a. Beispiele für „Dinge" gibt. Es sind sinnliche Empfindungen und sittliche Werte, d.h. Qualitäten. Protagoras meint keine konkreten (materiallen) Dinge, sondern Prädikate, die man den Dingen aufgrund von Vorstellungen und Empfindungen zuschreibt. Der Mensch ist kein „Maß"

oder „Maßstab" für die Dinge, die existieren, sondern für das Messen und Werten. Der Satz des Protagoras „enthält also kein Existentialurteil, sondern ein Urteil über das Vorhandensein von Eigenschaften und Werten der als existierend und in Erscheinung tretend vorausgesetzten Dinge, d.h. der sinnlichen und ethischen Qualitäten" (Nestle, 271). – Wenn Protagoras den „Menschen" zum „Maßstab" erklärt, dann meint er nicht den Menschen als Gattungswesen in einem kollektiven Sinne, aber auch nicht den bindungslosen Einzelmenschen, sondern den Menschen als Glied einer durch einen spezifischen *Nomos* („Gesetz, Sitte, Brauch") geprägten Gesellschaft. Vgl. die →*Dialéxeis* (2,9ff.), wo auf die unterschiedlichen *Nómoi* der verschiedenen Völker hingewiesen wird. – Es spricht manches dafür, daß auch Äußerungen des Protagoras im platonischen Dialog →*Protagóras* der Schrift *Alétheia* entnommen wurden: z. B. der Hinweis auf die unterschiedliche Wirkung derselben Sache auf verschiedene Lebewesen (*Protagóras* 334a-c) oder die Erörterung über das Angenehme und das Widerwärtige (351b-d).

A   A. Capizzi: Protagora. Le testimonianze e i frammenti, Florenz 1955. M. Untersteiner: Sofisti. Testimonianze e frammenti. Bd. 1, Florenz [(2)]1961. VS 80 B 1 (gr.-dt.).
Ü   VS 80 B 1 (gr.-dt.).
L   K. v. Fritz: Protagoras, in: RE 23, 1, 1957, 908- 921. B. Huss: Der Homo-Mensura-Satz des Protagoras, in: Gy 103, 1996, 229–257 (Forschungsbericht). A. Lesky, GL, 389–394. A. Levi: The Man-Measure-Principle. Its meaning and Applications, in: Philosophy 15, 1940, 147–167. W. Nestle, VMzL 268–277. A. Neumann: Die Problematik des Homo-Mensura-Satzes, in: ClPh 33, 1938, 368–379.

Alethès lógos
„Wort der Wahrheit"

Kelsos, 2. Jh. n. Chr.

Kampfschrift (gr.) gegen die jüdisch-christliche Religion auf der Grundlage einer neuplatonisch geprägten Theologie.
Im Jahre 178 n. Chr. verfaßt.

I   Das Werk läßt sich aus den Zitaten der von Origenes verfaßten Gegenschrift (→*Katà Kélsu*) rekonstruieren. – Der wichtigste Vorwurf gegen die Christen ist die Behauptung, daß deren Religion die politischen und moralischen Grundlagen des röm. Reiches untergrabe. „Kelsos' Angriff hatte sich vor allem auf zwei Punkte konzentriert: Das Christentum ist eine Religion für Dumme und Ungebildete, die sich von den Ammenmärchen Jesu und seiner Anhänger einschüchtern und verführen lassen. Sodann schließen sich die Christen mit der Ablehnung dieser Götterkulte aus der Gemeinschaft zivilisierter Menschen aus und sind gerade darum eine Gefahr für den Staat. Das Göttliche läßt sich nämlich von keinem Menschen umfassend erkennen, und erst die Vielzahl einzelner Religionen und Kulte garantiert die rechte Beziehung der Menschen auch zu dem einen höchsten Gott" (Dihle, 348). – Kelsos findet zwar die Stifter der jüdisch-christlichen Religion verächtlich, will ihre Nachfolger jedoch tolerieren, wenn sie sich als loyale Bürger erweisen.

W „Kelsos nimmt einen unwandelbaren, gestaltlosen und in radikaler Transzendenz ... selbst über den *nûs* erhabenen Gott an. Wie dem Herrscher seine Satrapen und Präfekten, so sind diesem 'obersten' oder 'ersten' Gott zahlreiche Untergötter und Dämonen unterstellt, für deren Kultus die verschiedenen nationalen und lokalen Religionen sorgen. Diese Sonderreligionen gelten damit als gerechtfertigt, vorausgesetzt, daß sie sich mit der ihnen in dem platon. Pantheon zugewiesenen Nische zufriedengeben. Das Christentum wird zum Gegenstand feindseliger Kritik vor allem deswegen, weil es ihm in seiner Exklusivität und Absolutheit an einer solchen Selbstbescheidung fehlt. Obwohl einigerma-ßen vertraut mit dem AT und NT und dem sonstigen christl. Schrifttum, will K. keinen wesentlichen Unterschied zwischen Judentum und Christentum anerkennen ... Gestützt auf den platonischen →*Tímaios* verwirft er die Lehre von Gott als dem Weltschöpfer, und der Gedanke eines Herabsteigens Gottes zu den Menschen scheint ihm ebenso absurd wie der der Sündenvergebung und Erlösung... Nicht philos. Anliegen oder Glaubenseifer liefern das Hauptmotiv dieser Kritik, sondern Besorgnis um die Zivilisation. Das Christentum, so meint K., untergräbt das Imperium und bereitet den Einbruch der Barbarei vor" (Kuhn, 109).

A R. Bader, Stuttgart 1940. O. Glöckner, Bonn 1924. P. Koetschau, Leipzig 1899 (Origenes).
Ü Th. Keim: Celsus' wahres Wort, älteste Streitschrift antiker Weltanschauung gegen das Christentum, Zürich 1873. P. Koetschau, 1926.
L C. Andresen: Logos und Nomos. Die Polemik des Kelsos wider das Christentum, Berlin 1955. Q. Cataudella: Celso e gli apologeti cristiani, in: Nuovo Didaskaleion 1, 1947, 28–34. A. Dihle, GLL, 348. O. Glöckner: Die Gottes- und Weltanschauung des Celsus, in: Ph 82, 1927, 329–352. H. Kuhn: Kelsos, in: LThK 6, 108f. A. Miura-Stange: Celsus und Origenes. Das Gemeinsame ihrer Weltanschauung nach den 8 B. des Origenes gegen Celsus, Gießen 1926. W. Nestle: Die Haupteinwände des antiken Denkens gegen das Christentum (1941), in: Griechische Studien, Stuttgart 1948, 597–660. H. O. Schröder: Celsus und Porphyrius als Christengegner, in: Die Welt als Geschichte 17, 1957, 190–202.

Alethia
„Wahrheit"

Claudius Marius Victor aus Massilia, um 400 n. Chr.

Gedicht in daktylischen Hexametern (lat.). Zwischen 420 und 430 n. Chr. verfaßt.

I In drei B. werden die biblischen Ereignisse bis zur Zerstörung von Sodom (*Genesis* 19) nacher-

zählt. Am Anfang steht ein Gedicht in 126 Versen, das über die Theologie des Autors Auskunft gibt: Gott ist jenseits von Raum und Zeit zu denken; er entzieht sich jeder Wahrnehmung, ist aber allgegenwärtig. Er ist der Ursprung aller Tugend, Geist (*mens*), Substanz des Heiligen Geistes (*substantia sacrae mentis*), Vernunft (*ratio*) und der Ursprung der *ratio*; er ist das Leben und das Licht, Erzeuger und Grund der Welt. Er ist Schöpfer aus dem Nichts; seine Güte gab den Anlaß zur Schöpfung. Seine Geschöpfe haben den freien Willen, der die Möglichkeit zur Sünde umfaßt.

N Gennadius, →*De viris illustribus*, hält Victor vor, er sei zwar ein frommer Christ, aber von der heidnischen Literatur zu stark beeinflußt. Es finden sich in der Tat Anklänge an Ovid, Vergil, Lukrez und Lukan, aber auch an die christlichen Autoren Prudentius und Ambrosius (→*Hexaemeron*).

A P. F. Hovingh, Groningen/Djakarta 1955 (lat.-frz.). P. F. Hovingh, CCL 128, 1960, 123–193. C. Schenkl, CSEL 16, 1888, 335–498.
L O. Bardenhewer 4, 637–640. R. Herzog: Die Bibelepik der lateinischen Spätantike, München 1975. KNLL 11, 175. Schanz-Hosius 4, 2, 363–365.

Alethôn diegemáton lógoi →Alethê diegêmata (Lukianos)

Alexandergeschichte

Anaximenes aus Lampsakos, 2. Hälfte des 4. Jh.s v. Chr.

Anscheinend sehr umfangreiches Werk (gr.) über Alexander den Großen (356–323 v. Chr.), den der Autor zeitweilig in der Redekunst unterrichtet hatte. Das Werk ist fast vollständig verloren.

A FGrHist 72.
L O. Lendle, Einführung, 143–145. A. Lesky, 702.

Alexandergeschichte

Aristobulos aus Kassandreia, 4./3. Jh. v. Chr.

Bericht (gr.) über die Feldzüge Alexanders d. Gr., an denen der Autor selbst teilgenommen hatte, nur fragmentarisch erhalten.
Der Autor begann das Werk im Alter von 84 Jahren. Da er die Schlacht von Ipsos (301 v. Chr.) erwähnt, verfaßte er das B. nach diesem Ereignis.

I Aristobulos war Techniker oder Ingenieur. Daher galt sein Hauptinteresse technischen und naturkundlichen Fragen. Allerdings sind auch viele Anekdoten eingestreut. – Der Autor versucht ähnlich wie Ptolemaios (→„Alexandergeschichte"), unter Verwendung bereits vorhandener Literatur (Nearchos, FGrHist 133, und Onesikritos, FGrHist 134) einen kritisch-objektiven Erlebnisbericht zu

geben und der Gestalt Alexanders weitgehend gerecht zu werden.

N Arrian (→*Alexándru anábasis*) benutzte das
Werk. Auch Strabon (→*Geographía*) griff für seine
Beschreibung von Indien auf Aristobulos zurück.

A FGrHist 139.
L P. A. Brunt: Notes on Aristobulus of Cassandria, in:
CQ 24, 1974, 65–69. O. Lendle, Einführung, 176–178. E.
Schwartz, RE 2, 1896, 911–918. W. W. Tarn: Alexander the
Great, Cambridge 1948. F. Wenger: Die Alexander-
geschichte des Aristobul von Kassandrea, Diss. Würzburg
1914. G. Wirth: Anmerkungen zur Arrianbiographie (Ap-
pian, Arrian, Lukian), in: Historia 13, 1964, 213–220.

Alexandergeschichte

Chares aus Mytilene, 2. Hälfte des 4. Jh.s v. Chr.

Geschichtswerk in ursprünglich mindestens zehn B.
(gr.), nur fragmentarisch erhalten.

I Das Werk befaßte sich anscheinend weniger
mit den militärischen und politischen Taten des Königs. Im Mittelpunkt standen die Person Alexanders
d. Gr. (356–323 v. Chr.) und besondere Ereignisse
bei Hofe. Der Autor war offensichtlich eine Art
von „Hofberichterstatter" und hatte das Amt des
Hofmarschalls inne. Er berichtete gern ausführlich
über sensationelle Ereignisse, wie z.B. über die
Massenhochzeit in Susa im Jahre 324 v. Chr. (Frg.
4, von Athenaios, →*Deipnosophistaí*, überliefert).

A FGrHist 125.
L H. Berve: Das Alexanderreich auf prosopographischer Grundlage. Bd. 2, München 1926, Nr. 820. O.
Lendle, Einführung, 160–162. E. Schwartz, RE 3, 1899,
2129.

Alexandergeschichte

Kallisthenes aus Olynth, 2. Hälfte des 4. Jh.s
v. Chr.

Darstellung (gr.) der Taten Alexanders des Großen
(356–323 v. Chr.), nur fragmentarisch erhalten.

I Der Autor berichtet nicht nur über Alexanders Feldzüge und Eroberungen. In vielen Exkursen werden auch ethnographische, geographische,
botanische und zoologische Beobachtungen mitgeteilt. – Die Darstellung der Schlacht bei Issos (Frg.
35) referiert Polybios (→*Historíai* 12,17–22). Strabon übernimmt den Bericht über den Zug Alexanders zum Ammon-Orakel im Jahre 332/331 (Frg.
14a) in seine →*Geographía* (17,1,43).
W Das Strabon-Referat veranschaulicht die
Tendenz der „Alexandergeschichte": Kallisthenes
wollte die Vergöttlichung des Königs (Alexander
wird als Sohn des Zeus dargestellt) vorantreiben,
„um ihn ... durch die Erhebung ins Übermenschliche als den von Gott gesandten Schutzherrn Griechenlands der Kritik, die ihm im Mutterland von
vielen Seiten noch entgegenschlug, zu entrücken"
(Lendle, 158). Die enkomiastische Zielsetzung des
Werkes wurde von den Kritikern des Kallisthenes
entschieden abgelehnt (z. B. auch von Strabon).

N Kallisthenes' propagandistische Zielsetzung
prägte die weitere Geschichtsschreibung über Alexander, die auch vor Manipulation der Fakten und
bewußter Geschichtsfälschung nicht zurückschreckte.

A FGrHist 124.
L H. Berve: Das Alexanderreich auf prosopographischer Grundlage. Bd. 1, München 1926, Nr. 408. A. Gitti:
L' unitarietà della tradizione su Alessandro Magno nella
ricerca moderna, in: Athenaeum 34, 1956, 39–57. F. Jacoby,
RE 10, 1919, 1674–1707. O. Lendle, Einführung, 151–160.
A. Lesky, GL, 701. F. Pfister: Das Alexanderarchiv und die
hellenistisch-römische Wissenschaft, in: Historia 10, 1961,
49–52.

Alexandergeschichte

Kleitarchos aus Alexandreia, um 300 v. Chr.

Romanhafte Darstellung (gr.) der Geschichte Alexanders des Großen in mindestens 12 B., die in nur
wenigen Fragmenten erhalten.
Das Werk wurde schon gegen Ende des 4. Jh.s
v. Chr. verfaßt und wahrscheinlich vor den Alexan-
dergeschichten des Ptolemaios und des Aristobulos
veröffentlicht.

I Die letzten sechs B. des Curtius (→*Historiae
Alexandri Magni regis Macedonum*) sind von Kleitarchos stark beeinflußt. Ferner ist Diodor (→*Bibliothéke* B. 17) ein direktes, aber erheblich ver-
kürztes Exzerpt aus dem Werk des Kleitarchos.
N Der Autor hat die Vulgata der Alexandergeschichte stark beeinflußt. Das Werk bildet die
Grundlage der späteren Legendenbildung um Alexander.

A FGrHist 137.
L DKP 3, s.v. Kleitarchos (Nr. 2). J. R. Hamilton: Cli-
tarchus and Aristobulus, in: Historia 10, 1961, 212–242. F.
Jacoby, RE 11, 1, 1921, 623–654. O. Lendle, Einführung,
168–171. W. W. Tarn: Alexander the Great. Bd. 2, Cambridge 1948. R. Wolf: Die Soldatenerzählungen des Klei-
tarch bei Q. Curtius, Diss. Wien 1964.

Alexandergeschichte

Ptolemaios Lagu, der als Nachfolger Alexanders d.
Gr. von 323–285 v. Chr. als erster gr. König Ägypten regierte.

Darstellung der Geschichte Alexanders (gr.), nur
fragmentarisch erhalten, aber aus Arrians →*Alexándru anábasis* annähernd rekonstruierbar.
Wahrscheinlich verfaßte der Autor seine Geschichte
Alexanders, dem er als Reiteroffizier und persönlicher Adjutant gedient hatte, erst in höherem Alter.

I Offensichtlich hatte das trotz starker autobiographischer Elemente ansonsten tendenzfreie Werk einen deutlichen Schwerpunkt im Militärisch-Politischen. Das Geographisch-Ethnographische trat in den Hintergrund. – Ptolemaios schrieb als Augenzeuge, benutzte aber auch die in Alexanders Hauptquartier entstandenen königlichen →*Ephemerídes* (Tagebücher), die er wahrscheinlich 321 v. Chr. an seinen Hof in Alexandreia kommen ließ.

N Für Arrians Alexandergeschichte war das Werk eine wichtige Quelle.

A FGrHist 138.
L H. Endres: Die offiziellen Grundlagen der Alexanderüberlieferung und das Werk des Ptolemaios, Diss. Würzburg 1913. J. Kaerst: Ptolemaios und die Ephemeriden Alexanders d. Gr., in: Ph 56, 1897, 334–359. E. Kornemann: Die Alexandergeschichte des Königs Ptolremaios I. von Ägypten, Leipzig/Berlin 1935. O. Lendle, Einführung, 172–175. A. Lesky, GL, 858. L. Pearson: The lost histories of Alexander the Great, New York 1960. J. Roisman: Ptolemy and his rivals in his history of Alexander, in: CQ 34, 1984, 373–385. H. Strasburger: Ptolemaios und Alexander, Leipzig 1934.

Alexanderroman →Historia Alexandri Magni (Ps.-Kallisthenes)

Alexándra

Lykophron aus Chalkis, 3. Jh. v. Chr.

Aus 1474 iambischen Trimetern bestehende prophetische Rede (gr.).
Der Verfasser ist umstritten. Das Werk könnte auch von einem etwa hundert Jahre jüngeren Autor stammen.

I In Form von Weissagungen der eingekerkerten Priamostochter Kassandra (= Alexandra) werden der Untergang von Troja (Verse 31–386), das Schicksal der troischen und gr. Helden (387–1089), die Leiden der Heimgekehrten (1090–1282) und das Ringen zwischen Asien und Europa (1283–1450) erzählt. Am Schluß der Dichtung werden der Kampf Roms mit Griechenland und die röm. Weltherrschaft prophezeit.
W „Hier, in der überlangen Weissagung, hat ein Dichter ein Äußerstes an Gelehrsamkeit, zugleich aber auch an Rätselhaftem vollbringen wollen – in der Absicht, gelehrten Genossen gleichsam schwierigste Aufgaben zur Prüfung ihres Wissens zu stellen. Ein Gedicht für ein kleines Publikum, so scheint es, behaftet mit allen Mängeln der Übertreibung" (HD, 285). Es handelt sich um ein typisches Produkt alexandrinischer Gelehrsamkeit. – Der Dichter stellt zwar die Rivalität zwischen Okzident (Griechenland) und Orient (Troja) dar; er preist jedoch in Kassandras Prophezeiungen den Ausgleich zwischen Ost und West durch die röm. Weltherrschaft.
N Das ausgesprochen gelehrte Werk ist eine Fundgrube für Informationen über die gr. Mythologie. Literarisch hat es vor allem auf Vergils →*Aeneis* gewirkt: Der augusteische Dichter wurde durch die prophetische Tendenz der *Alexándra* zu seiner epischen Vision angeregt. Die Figur der Kassandra wird von Christa Wolf (Voraussetzungen einer Erzählung: Kassandra. Frankfurter Poetik-Vorlesungen; Kassandra. Erzählung, 1983) erneut thematisiert.

A A. W. Mair, London/Cambridge (Mass.) 1955 (gr.-engl.). L. Mascialino, Leipzig 1964. E. Scheer. 2 Bde., Leipzig 1891–1901
Ü B. Effe, GLTD 4, 74–81 (gr.-dt. in Auswahl). C. von Holzinger: Alexandra, Leipzig 1895 (gr.-dt. mit Kommentar).
L A. Körte / P. Händel, HD, 280–286. S. Josifovic: Lykophronstudien, in: Annuaire de la Fac. de Philos. de Novi Sad 2, 1957, 199–230. U. von Wilamowitz-Moellendorff: Hellenistische Dichtung. Bd. 2, Berlin 1924, 143 bis 164. P. Wülfing: Der Kassandra-Mythos und Christa Wolfs Erzählung, in: Anregung 39, 1993, 4–17. K. Ziegler: Lykophron, in: RE 13, 2, 1927.

Aléxandros

Euripides, etwa 480–406 v. Chr.

In Frg. (durch Stobaios, →*Eklogaí*, und durch Papyrusfunde) erhaltene Tragödie (gr.) mit dem troischen Königssohn Paris (= Alexandros) als Hauptfigur.
Im Jahre 415 v. Chr. als erstes Stück einer Trilogie uraufgeführt.

I Der Hirtensklave Alexandros hat einen königlichen Prinzen in den gymnischen Spielen zu Ehren des vermeintlich toten Paris besiegt. Es kommt zu einem Streit über die Frage, ob der Sieg eines Sklaven anerkannt werden könne. In Wirklichkeit aber ist der Sklave der Königssohn Paris, der von seinen Eltern aufgrund übler Prophezeiungen im Ida-Gebirge ausgesetzt und von Hirten aufgezogen worden war. Nach seiner Wiedererkennung wird er in die Stadt aufgenommen, für deren spätere Vernichtung er verantwortlich sein wird.

A TGF, 373–379.
Ü G. A. Seeck: Euripides. Bd. 6, München 1972 (gr.-dt.).
L D. Kovacs: On the Alexandros of Euripides, in: HSPh 88, 1984, 47–70. H. van Lovy: Les fragments d' Euripide, in: AC 32, 1963, 162 ff. B. Snell: Euripides, Alexandros. Hermes-Einzelschriften 5, 1937.

Aléxandros è perì tû lógon échein tà áloga zôa
„Alexander oder über die These, daß die unvernünftigen Tiere Vernunft besitzen"

Auch lat. zitiert als *Alexander sive de eo quod rationem habeant bruta animalia.*

Philon aus Alexandreia, 1. Hälfte des 1. Jh.s n. Chr.

Nur in armenischer Sprache erhaltener philosophischer Dialog (ursprünglich gr.) J Das Gespräch befaßt sich mit einer Abhandlung Alexanders, eines Neffen des Philon, der mit vielen Beispielen zu beweisen versuchte, daß die Tiere Vernunft besitzen. Philon widerlegt diese Behauptung mit stoischen Argumenten. – Der gr. Titel ist bei Eusebios, →*Historía ekklesiastiké* (2,18), überliefert.

Aléxandros è pseudómantis
„Alexandros oder der falsche Prophet"

Lukianos aus Samosata, etwa 120–180 n. Chr.

In Form eines Briefes an den Freund Kelsos verfaßte Lebensbeschreibung des scheinheiligen Alexandros aus Abonuteichos (gr.)
Nach dem Tod des röm. Kaisers Marc Aurel (180 n. Chr.) als das wohl letzte Werk des Autors entstanden.

I Nach einem Proömium (1–2) beschreibt Lukian die Persönlichkeit des Scheinheiligen: Sein Äußeres, seinen Charakter, seinen Bildungsgang, der ihn zu einem Betrüger werden ließ (3–10). Ausführlich berichtet der Autor über das Wirken des Alexandros (11–52): Er verschaffte sich den Ruf eines Asklepios-Propheten und baute sich in seiner Heimatstadt ein Orakel-Geschäft auf. Lukian gibt zahlreiche Beispiele für die Weissagungen des falschen Propheten, der viele Menschen nach Abonoteichos lockte. – Lukian schildert auch, wie er selbst mit Alexandros zusammentraf (53–57) und dessen Lügengeschichten aufdeckte. Alexandros – so Lukian – starb nicht, vom Blitz getroffen, mit 150 Jahren, wie er selbst geweissagt hatte, sondern noch vor seinem siebzigsten Lebensjahr auf höchst erbärmliche Weise an einem Krebsleiden: Das eine Bein faulte ihm nach und nach bis zur Hüfte ab, und er konnte sich der Würmer, die daraus hervorwimmelten, kaum erwehren (58–60). Am Schluß spricht Lukian seinen Freund Kelsos – vielleicht ist es der Kelsos, der in seinem 178 n. Chr. verfaßten Werk →*Alethès lógos* („Wort der Wahrheit") gegen die jüdisch-christliche Religion polemisierte – nochmals direkt an (61), um ihm seine Absichten zu erläutern, die er mit dem Werk verfolgte.

W Einerseits wollte Lukian Kelsos, den er wegen seiner Liebe zur Wahrheit rühmt, eine Freude machen; andererseits aber beabsichtigte er, „den Epikur zu rächen, diesen im eigentlichsten Verstande heiligen und göttlichen Mann, der einzigen, der (nach meiner Überzeugung) das Wahre und Gute wirklich erkannt hat, und durch die Mitteilung desselben ein Befreier und Wohltäter seiner Schüler geworden ist ..." (Übersetzung von Chr. M. Wieland). Lukian wollte also einen Beitrag zur Aufklärung leisten, indem er an Alexandros Rache nahm für sein Verdammungsurteil über Epikur (→„*Epistula*

an Herodot", →„*Epistula* an Menoikeus", →„*Epistula* an Pythokles"), den größten Aufklärer der Antike (vgl. Lukrez, →*De rerum natura*).

A A. M. Harmon: Lucian. Bd. 4, London/Cambridge (Mass.) 1925 (gr.-engl.) C. Jacobitz, Luciani opera. Bd. 2, Leipzig [(2)]1907.
Ü Chr. M. Wieland: Lucian von Samosata. Sämtliche Werke 2. 3, Leipzig 1788/1789, Nachdr. Darmstadt 1971, 165–228.
L M. Caster: Études sur *Alexandre ou Le faux prophète* de Lucien, Paris 1938 (Kommentar). F. Cumont: Alexandre d' Abonotichos, Brüssel 1888. O. Weinreich: Alexander der Lügenprophet und seine Stellung in der Religiosität des 2. Jahrhunderts n. Chr., in: NJbb 47, 1921, 129–151.

Alexándru anábasis
„Alexanders Zug nach Asien"

Flavius Arrianus aus Nikomedeia, etwa 95–175 n. Chr.

Geschichte der Feldzüge Alexanders d. Gr. in sieben B. (gr.).
Wahrscheinlich nach 137 n. Chr., vielleicht sogar erst nach 165 verfaßt.

I B. 1: Nach einem Vorwort u. a. mit Hinweisen auf die Quellen des Werkes (→„Alexandergeschichte" des Aristobulos und des Ptolemaios) beginnt der Autor mit dem Regierungsantritt Alexanders im Jahre 336 v. Chr. und den ersten Kriegen und Schlachten (u. a. Balkankrieg, Illyrerkrieg). Anschließend wird der Aufbruch zum Perserkrieg geschildert (Übergang nach Asien, Indien, Schlacht am Granikos, Eroberung Kleinasiens in den Jahren 334–333). – B. 2: Nach einer Darstellung der Maßnahmen auf der persischen Seite schildert Arrian u. a. die berühmte Geschichte vom Gordischen Knoten (332), die Schlacht von Issos (333), faßt die Ergebnisse der bisherigen Kriegspolitik zusammen und berichtet über ein Friedensangebot des Perserkönigs Dareios. – B. 3: Der Einmarsch in Ägypten (Ende 332) und die Gründung von Alexandreia stehen am Anfang. Dann geht Arrian auf den Zug zum Ammon-Orakel ein. Die Schlacht und der Sieg von Gaugamela (Herbst 331) werden ausführlich beschrieben, ebenso die Eroberung der Hauptstädte des Achämenidenreiches. Der letzte Achämenide erhält eine ehrenvolle Bestattung, nachdem er einem Attentat zum Opfer gefallen war. Im Herbst 330 wird die Verschwörung des Philotas aufgedeckt und die Opposition gegen Alexander vernichtet. – B. 4: Im Anschluß an den Bericht über Kämpfe mit den Skythen werden Alexanders Entwicklung zum orientalischen Despoten und die Tötung des Kleitos (Sommer 328) geschildert, der diese Entwicklung nicht hinnehmen wollte. Auch der Philosoph Kallisthenes übt Kritik an Alexanders asiatischem Despotismus und lehnt vor allem die beabsichtigte Einführung der Proskynese ab. Nach weiteren Kämpfen und Eroberungen heiratet Alexander Roxane. Es folgt der Aufbruch nach Indien im Frühsommer 327 und der schwierige Marsch zum Indus. – B. 5: Der Indus wird überschritten. Die letzte große Schlacht findet im Sommer 326 statt und endet mit einem Sieg über die Inder. Am Hyphasis bricht im Spätsommer 326 eine Meuterei im Heer Alexanders aus, das sich weigert weiterzuziehen. Alexander versucht, seine Leute wieder zu ermutigen, erhält aber Widerspruch. Daraufhin entschließt er sich zur Umkehr. – B. 6: Das Heer fährt zu Schiff den Indus stromabwärts. Vom Fluß aus werden verschiedene Operationen unternommen. Alexander wird schwer verwundet. Nach weiteren Kämpfen gelangt man in das Indus-Delta, und der Rückmarsch nach Westen beginnt (Herbst 325). Unterwegs gelangt Alexander an das Grab des großen Kyros (→*Kýru paideía*), das allerdings geplündert worden war. Alexander gibt den Befehl, das Grab wiederherzustellen. – B. 7: Zu Beginn spekuliert der Autor über Alexanders Zukunftspläne, erwähnt dessen Zusammentreffen mit den indischen Gymnosophisten und mit dem Kyniker Diogenes, schildert die Massenhochzeit zu Susa (Frühsommer 324), die Meuterei der Makedonen in Opis (Sommer 324), auf die Alexander mit einer eindringlichen Rede reagiert, und die Versöhnung mit den Makedonen. Anfang 323 marschiert Alexander in Babylon ein, obwohl er von den chaldäischen Weissagern gewarnt wird. Unter Berufung auf die offiziellen Tagebücher des königlichen Hofes (→*Ephemerídes*) schildert Arrian das physische Ende des Königs und äußert verschiedene Vermutungen über die Todesursache. Das Werk endet mit einem Nachruf und einer Würdigung der Persönlichkeit des Königs.

Q Stilmuster waren Herodot (→*Historíes apódexis*) und Thukydides (→*Ho pólemos tôn Peloponnesíon kaì Athenaíon*). Arrian wollte jedoch auch ein neuer Xenophon sein, so daß er sich in sprachlich-formaler Hinsicht eng an diesen Autor anlehnte. Die *Alexándru anábasis* besteht wie Xenophons →*Kýru anábasis* aus sieben B.. – Mit gutem historischem Urteil legte er seiner Darstellung den Alexanderhistoriker Ptolemaios zugrunde, der nach Alexanders Tod der erste gr. König von Ägypten (323–285 v.Chr.) und Begründer der Ptolemäer-Dynastie war (→„Alexandergeschichte"). Ferner diente ihm die →„Alexandergeschichte" des Aristobulos von Kassandreia als Quelle.

H Arrian war in Nikopolis ein Schüler des stoischen Philosophen Epiktet, dessen Lehren dank der Aufzeichnungen bzw. Nachschriften Arrians bekannt geblieben sind (→*Diatribaí* und →*Encheirídion*). Als Epiktet-Schüler stand er der stoischen Schule zwar nahe. Sein Alexanderbild weist jedoch keine Züge auf, die einer bestimmten Philosophenschule zuzuweisen wären. Auch diese Zurückhaltung beweist die Absicht des Autors, eine möglichst sachliche Darstellung zu geben.

W Arrian schreibt das Werk, um Alexander möglichst treffend und sachgerecht darzustellen und dem romanhaft verzerrten Alexanderbild (→*Historia Alexandri Magni*) entgegenzutreten. Er will ein ganz neues, von nun an authentisches Gesamtbild schaffen, das auf Dauer Bestand haben soll. Am Schluß des Werkes sagt der Autor selbst, er habe an Alexanders Taten zwar einiges zu tadeln gehabt, scheue sich aber nicht, seine Bewunderung für den König zu bekennen. Wenn er einzelnes kritisiert habe, so habe er dies nur getan, um sein Bemühen um Wahrhaftigkeit zu beweisen.

A A. G. Roos / G. Wirth, Leipzig [(2)]1967. A. Silbermann, Paris 1995 (gr.-frz.).
Ü W. Capelle, Zürich 1950. G. Wirth / O. v. Hinüber, München/Zürich 1985 (gr.-dt.).
L A. B. Bosworth: From Arrian to Alexander. Studies in historical interpretation, Oxford 1988. A. B. Breebaart: Enige historiografische Aspecten van Arrianus' *Anabasis Alexandri*, Diss. Leiden 1960. W. Hoffmann: Das literarische Porträt Alexanders d. Gr., Leipzig 1907. A. Lesky, GL, 946–948. H. Montgomery: Gedanke und Tat. Zur Erzähltechnik bei Herodot, Thukydides, Xenophon und Arrian, Lund 1965. L. Pearson: The lost histories of Alexander the great, New York 1960. E. Schwartz, RE 2, 1896, 1230–1247. P. A. Stadter: Arrian of Nicomedia, Chapel Hill (N.C.) 1980. R. B. Steele: Curtius and Arrian, in: AJPh 40, 1919, 37–63. W. W. Tarn: Alexander the Great. 2 Bde., Cambridge 1948. H. Trümpner: Alexander der Große und Arrian der Stoiker, in: AU 7, 5, 1964, 26–38. G. Wirth: Arrianos, in: DKP 1, 605–606.

Alexiphármaka
„Mittel gegen Vergiftung"

Nikandros aus Kolophon, 2. Jh. v. Chr.

Fiktives Lehrgedicht in 630 daktylischen Hexametern über die Behandlung von Vergiftungen durch Speisen (gr.).

I Nikandros handelt über pflanzliche, mineralische und tierische Gifte und deren Gegengifte.
Q Wie bei den →*Theriaká* benutzte Nikandros auch für die *Alexiphármaka* eine Prosaschrift des Arztes und Toxikologen Apollodoros Iologos aus Alexandreia (3. Jh. v. Chr.) über giftige Tiere. – In formaler Hinsicht (Lehrgedicht) geht Nikandros auf Hesiod (→*Érga kaì hemérai*, →*Theogonía*) zurück.

A A. S. F. Gow / A. F. Schofield: Nicander. The Poems and Poetical Fragments, Cambridge 1953 (gr.-engl. mit Kommentar).
L B. Effe: Der Aufbau von Nikanders *Theriaka* und *Alexipharmaka*, in: RhM 117, 1974, 53ff. A. Körte / P. Händel, HD, 278–279. A. Lesky, GL, 843–845. H. Schneider: Vergleichende Untersuchungen zur sprachlichen Struktur der beiden erhaltenen Lehrgedichte des Nikander von Kolophon, Wiesbaden 1962.

Álkestis
(Hauptfigur der Tragödie)

Euripides, etwa 480–406 v. Chr.

Tragödie mit glücklichem Ausgang (gr.).
Im Jahre 438 v. Chr. uraufgeführt, als viertes Stück einer Tetralogie nach den *Kréssai* („Die Kreterinnen"), dem *Alkmaíon ho diá Psophídos* („Alkmaion in Psophis") und dem →*Télephos*.

I Die Handlung basiert auf zwei alten Märchenmotiven: (1) Aufschub des Todes durch den stellvertretenden Tod eines anderen. (2) Rückführung eines Toten aus der Unterwelt nach einem Kampf mit dem Gott des Todes. – Das Drama spielt am Todestag der Alkestis, die für ihren Gatten Admetos sterben will, nachdem sich dessen Eltern geweigert hatten, für ihren Sohn zu sterben. In den von dem Gott Apollon gesprochenen Versen wird die Vorgeschichte erzählt: Der Gott Apollon war einst von Zeus gezwungen worden, einem Sterblichen zu dienen. Weil er in Admetos einen gütigen Herrn fand, belohnte er ihn damit, daß er ihm die Möglichkeit gab, den Tod aufzuschieben, falls er einen Stellvertreter fand, der für ihn zu sterben bereit war. Schon tritt Thanatos, der Tod, persönlich auf, um Alkestis, sein Opfer, zu holen. Apollon kündigt dem Tod jedoch an, daß er Alkestis nicht lange behalten könne, weil Herakles sie wieder befreien werde (1–76). Nach dem Chor der trauernden Greise (77–131) berichtet die Dienerin vom Abschied der Alkestis (132–212). Darauf folgt der Abschied der Ehegatten voneinander (in einem Klagelied, 244–279, und einem Dialog, 280–392). Mit der Totenklage des Admetos und des kleinen Sohnes Eumelos (393–434) und dem Abschiedslied des Chores (435–475) endet der erste Teil des Dramas. – Im zweiten Teil tritt Herakles auf. Er wird von Admetos zum Bleiben aufgefordert und weiß nichts von dem Unglück (476–567). Herakles genießt die Freuden der Gastfreundschaft. Es kommt zum Streit zwischen Admetos und seinem Vater Pheres. Admetos macht dem Vater schwere Vorwürfe, weil er nicht für ihn zu sterben bereit war und Alkestis sterben ließ. Admetos muß sich dagegen anhören, daß er Alkestis' Mörder sei, weil er sie für sich sterben ließ (606–740): „Du selbst wirst sie bestatten, der du ihr Mörder bist" (730). – Später erfährt Herakles alles und ist bereit, Alkestis dem Tod wieder wegzunehmen (747 bis 860). – Admetos kehrt nach Alkestis' Bestattung in den Palast zurück. Herakles ist bereits auf dem Weg zu Alkestis' Grab. Jetzt beginnt Admetos zu begreifen, was er getan bzw. zugelassen hat. Das Leben scheint ihm jetzt ohne die Gattin wertlos zu sein (861–961). Er erkennt, daß er falsch gehandelt hat. Dann kommt Herakles mit der verschleierten Alkestis zurück. Er bittet Admetos darum, die verschleierte Frau aufzunehmen. Admetos weigert sich, obwohl er sich von der Unbekannten angezogen fühlt (1008–1069). Im Dialog mit Herakles beschwört Admetos die Treue zu seiner toten Frau. Schließlich gibt er Herakles' Drängen nach und nimmt die Unbekannte in sein Haus auf (1070 bis 1116). Herakles fordert ihn auf, ihre Hand zu fassen und zieht den Schleier fort (1117–1163).

W Euripides' Umgang mit dem Sagenstoff läßt auf den ersten Blick eine entscheidende Frage offen. Worin liegt der Sinn des Opfers, das Alkestis auf sich nimmt? Denn alles spricht dafür, daß Admetos dieses Opfers nicht würdig ist. Er ist nicht der große König, für den es sich zu sterben lohnte, weil er unersetzlich für sein Volk wäre. Ein schuldbewußter und reumütiger, von Selbstmitleid überwältigter Admetos trägt nicht dazu bei, das Opfer als notwendig zu begreifen. Offensichtlich kam es Euripides darauf an, die starke Frau darzustellen, die ihrem Mann in jeder Hinsicht weit überlegen ist. Darüber hinaus gibt Euripides aber keine eingehende Charakterisierung der Hauptpersonen. Anscheinend kam es ihm weniger auf die Darstellung von Personen als von Situationen an, in denen Durchschnittsmenschen – mit Ausnahme der Titelfigur – ganz unheroisch, inkonsequent, emotional, unkontrolliert reagieren.

N Aus der Fülle der Rezeptionsdokumente seien hier die folgenden dramatischen Bearbeitungen genannt: Hans Sachs: Die getreue Fraw Alcest mit ihrem getrewen Mann Admeto (1551), Chr. M. Wieland: Alceste (1773), mit Goethes satirischer Reaktion „Götter, Helden und Wieland", Hugo von Hofmannsthals freie Nachdichtung (1911), A. Lernet-Holenia: Alkestis (1946), T. S. Eliot: Cocktail Party (1947), Th. Wilder: Alcestiad (1955). – Zu erwähnen ist auch R. M. Rilkes Gedicht „Alkestis" (1907).

A J. Diggle. Bd. 1, Oxford 1984. A. Garzya, Stuttgart/Leipzig [(2)]1983. D. Kovacs, London/Cambridge (Mass.) 1996 (gr.-engl.). G. Murray: Euripidis fabulae. Bd. 1, Oxford 1902. G. Muscolino, Mailand [(2)]1960. L. Weber, Leipzig 1930.
Ü H. v. Arnim / F. Stoessl: Sämtliche Tragödien und Fragmente. Bd. 1, Zürich 1958. E. Buschor, München 1963. J. J. Donner / R. Kannicht / J. Hagen: Sämtliche Tragödien. Bd. 1, Stuttgart 1958. D. Ebener, Berlin [(2)]1975 (gr.-dt.). L. Wolde, München 1959.
L C. R. Beye: *Alcestis* and her Critics, in: Greek, Roman and Byzantine Studies 2, 1959, 109 bis 127. K. v. Fritz: Euripides' *Alkestis* und ihre modernen Nachahmer und Kritiker, in: A & A 5, 1956, 27 ff. K. Hamburger: Von Sophokles zu Sartre, Stuttgart [(3)]1965. W. Kullmann: Zum Sinngehalt der euripideischen *Alkestis*, in: A & A 13, 1967, 127 ff. J. Latacz, GT, 304–310. A. Lesky: *Alkestis*, der Mythos und das Drama, Wien 1925. A. Lesky: Die tragische Dichtung der Hellenen, Göttingen [(3)]1972, 157 bis 161. A. Lesky, GL, 413–417. G. Megas: Die Sage von Alkestis, in: Archiv für Religionswissenschaft 30, 1933, 1–33. P. Riemer: Die *Alkestis* des Euripides. Untersuchungen zur tragischen Form, Frankfurt 1989. E. R. Schwinge (Hg.): Euripides, Darmstadt 1968. G. A. Seeck: Unaristotelische Untersuchungen zu Euripides. Ein motivanalytischer Kommentar zur *Alkestis*, Heidelberg 1985. O. Vicenzi: Alkestis und Admetos, in: Gy 67, 1960, 517 ff. L. Weber: Euripides' *Alkestis*, Leipzig 1930.

Alkibiádes
(Dialogfigur)

Aischines aus Sphettos, 1. Hälfte des 4. Jh.s v. Chr.

Dialog (gr.) zwischen Sokrates und Alkibiades, im wesentlichen rekonstruierbar aus dem Euthydemos-Gespräch bei Xenophon (→*Apomnemoneúmata Sokrátus* 4,2) und anderen Stellen dieser Schrift (3,8–9 und 4,6) und aus dem platonischen Dialog →*Alkibiádes prôtos*.
Vermutlich zwischen 399 v. Chr. (Tod des Sokrates) und 380 (Tod des Lysias) verfaßt.

I Ein wesentlicher Inhalt des Dialogs ist die These, daß die *Areté* das Wissen vom richtigen Gebrauch der Dinge ist. Nur bei richtigem Gebrauch erweisen sich die Dinge als „gut" oder „nützlich". Demnach kann nur ein Sachverständiger durch richtigen Gebrauch die Nützlichkeit der Dinge aktualisieren. – Ausgangspunkt des Dialogs war offensichtlich die Frage des Sokrates nach dem Wesen des Gerechten. Alkibiades mußte feststellen, daß das Gerechte zugleich ungerecht sein kann und umgekehrt. Sokrates bringt darauf die Relativität der Werte ins Gespräch (s. o.), um die Notwendigkeit eines Wissens vom richtigen Gebrauch zu erweisen. Da Alkibiades nicht weiß, was gerecht oder gut ist, bedarf er also einer besonderen *Paideia* (Bildung), die für einen Politiker unerläßlich ist. Aber dazu ist ein geeigneter Erzieher erforderlich, der das Wissen vermitteln kann, das Alkibiades vor allem braucht: die Selbsterkenntnis, die die eigenen Möglichkeiten richtig einzuschätzen hilft.
W Der Zweck des Dialogs ist die Aufforderung zu philosophieren; in diesem Sinn ist er ein protreptisches Gespräch (→*Protreptikós*), d.h. eine Werbung für die Philosophie im Sinne des Sokrates.

A H. Krauß, Leipzig 1911. H. Dittmar (s. u.).
Ü W. Nestle: Die Sokratiker, Jena 1922.
L R. A. Applegate: The *Alcibiades* of Aechines of Sphettus, Princeton 1949. E. G. Berry: The Oxyrhynchus fragments of Aeschines of Sphettus, in: TAPhA 81, 1950, 1–8. H. Dittmar: Aischines von Sphettos. Philologische Untersuchungen 21, 1912, 97–152. K. Gaiser: Protreptik und Paränese bei Platon. Untersuchungen zur Form des platonischen Dialogs, Stuttgart 1959, 71–95. A. Lesky, GL, 566f.

Alkibiádes
(Dialogfigur)

Antisthenes aus Athen, um 455–360 v. Chr.

Ein in wenigen Fragmenten erhaltener Dialog (gr.) mit einer Polemik gegen die egoistische Lust, ein Gegenstück zum →*Kŷros è perì basileías* und zum →*Kŷros* des Sokratikers Antisthenes.

A F. D. Caizzi: Antisthenis fragmenta, Mailand 1966 (Fragmente 29 A – 33). SSR 2, 135–225.

L P. Natorp: Antisthenes (Nr. 10), in: RE 1, 1894, 2538–2545.

Alkibiádes deúteros
„Der zweite Alkibiades"

Ps.-Platon (nach Athenaios, →*Deipnosophistaí* 11,506 c, hat man Xenophon für den Autor des Werkes gehalten).

Dialog (gr.) zwischen Sokrates und Alkibiades.

I Der Dialog ist dadurch bemerkenswert, daß er in Übereinstimmung mit Xenophons →*Apomnemoneúmata Sokrátus* (1,3,2) den Brauch der Lakedämonier empfiehlt, Gott einfach um das Gute zu bitten. – Der *Alkibiádes deúteros* setzt wohl den echtplatonischen →*Alkibiádes prôtos* voraus.

A J. Burnet: Platonis opera. Bd. 2, Oxford 1901.
Ü E. Loewenthal, Bd. 2, Darmstadt 2003.
L H. Brünnecke: De Alcibiade II qui fertur Platonis, Diss. Göttingen 1912.

Alkibiádes prôtos
„Der erste Alkibiades"

Auch zitiert als *Alkibiádes meízon* („Der größere Alkibiades").

Platon aus Athen, 427–327 v. Chr.

Dialog zwischen Sokrates und dem zur Politik strebenden Alkibiades „über die menschliche Natur" (gr.).
Wahrscheinlich kurz vor dem Zusammenbruch Spartas bei Leuktra, d. h. vor 371 v. Chr., verfaßt.

I Im Dialog wird die erste Begegnung zwischen Sokrates und dem jungen Alkibiades thematisiert. Er spielt demnach etwa im Jahre 433 v. Chr., kurz bevor Sokrates und Alkibiades vor Potideia Kriegsdienst leisteten. – Sokrates, der – wie er sagt – Alkibiades schon lange liebt und nie aus den Augen verliert, spricht den jungen Mann zum ersten Mal an. Alkibiades fühlt sich belästigt (104d), ist aber neugierig auf das, was Sokrates zu sagen hat. Sokrates analysiert zunächst die ehrgeizigen Pläne des Alkibiades und erklärt ihm, daß er ohne ihn nichts erreiche. Alkibiades ist verwundert über diese seltsame Behauptung: „Wenn ich nun wirklich alles so im Sinne habe, wie wird es mir durch dich zuteil und wäre ohne dich gar nicht möglich?" (106b). Darauf beginnt das prüfende Gespräch zwischen Sokrates und Alkibiades. (1) Zunächst beabsichtigt Sokrates, den jungen Mann davon zu überzeugen, daß er nichts wisse, und zugleich zu klären, worauf wahrhaft politisches Handeln ziele (106c-118b): Alkibiades besteht darauf, daß er besser als die anderen Athener wisse, was ihnen nützlich sei. Allerdings kann er das „Bessere" nicht bestimmen. Er ver-

sucht, das „Bessere" als das „Rechte oder Gerechte"
zu definieren. Aber er kann auch über das „Gerechte" und das „Ungerechte" keine überzeugende Aussage machen. Dann setzt er an die Stelle des „Gerechten" das „Nützliche", fügt aber hinzu, daß das
„Gerechte" und das „Nützliche" nicht immer dasselbe sei. Sokrates hält dagegen, daß das „Schöne,
Gute, Nützliche und Gerechte" immer identisch
seien. Alkibiades ist völlig verwirrt. Seine Verwirrung aber beruht darauf, daß er etwas zu wissen
glaubt, in Wirklichkeit aber nichts weiß (bes. 117a-
118b). Alkibiades bestätigt Sokrates, daß er das
Wichtigste nicht weiß, es aber zu wissen glaubt. –
(2) In der folgenden Gesprächsphase (118b-124b)
stellt Sokrates zunächst fest, Alkibiades wolle in
die Politik gehen, ohne überhaupt die erforderliche
Bildung und Erziehung zu haben. Aber das gehe bis
auf Perikles den meisten Politikern so. Im Mittelpunkt dieser Gesprächsphase geht es folgerichtig
um die Notwendigkeit einer „Pflege seiner selbst",
d.h. der unerläßlichen Erziehung und Bildung.
Aber in dieser Frage ist die Orientierung an den
Spartanern und Persern erforderlich, den historischen Gegners Athens. In seiner großen „Königsrede" (121a-124b) stellt Sokrates die Ursachen für die
Überlegenheit der persischen Könige dar: Sie verfügten über eine vorzügliche Erziehung (vgl. Xenophon, →Kýru paideía). Am Schluß seiner Rede fordert Sokrates Alkibiades auf, ihm selbst und dem
Spruch in Delphi zu gehorchen. – (3) Im letzten Teil
des Gesprächs (124b-135e) wird die „Pflege seiner
selbst" als „Selbsterkenntnis" thematisiert. Zunächst geht es um die Aufgabe des politischen Handelns (124b-127d); in diesem Teil des Gesprächs
wird der Gegensatz zwischen „Gemeinsinn" (homónoia) und der Tatsache, „daß jeder das Seine
tut", bewußt gemacht. Doch diesen Gegensatz aufzuheben, erscheint als die zentrale Aufgabe des
Staatsmannes. Darauf (127d-135e) wird die „Pflege
seiner selbst" als „Selbsterkenntnis" definiert, wobei das „Selbst" die Seele ist. Selbsterkenntnis aber
ist letztlich die Entdeckung des Göttlichen in einem
selbst (132b bis 133c): „Wenn wir also auf Gott
schauen und im Bereich des Menschlichen auf die
Tugend der Seele, dann gebrauchen wir jenen ausgezeichneten Spiegel, in dem wir uns selbst erkennen"
(133c). Folgerichtig wird am Ende die Selbsterkenntnis als Voraussetzung für richtiges Handeln
und d.h. als spezifische Aufgabe des Menschen bestimmt.

W   „Im Alkibiádes bleibt der Konflikt zwischen
den zwei im Staat wirkenden Bestrebungen, der
zentripetalen des Gemeinsinnes (philía, homónoia)
und der zentrifugalen, daß ,jeder das Seinige tue',
ungeschlichtet in der Aporie stehen, während in
der →Politeía auf der Versöhnung dieser beiden gegensätzlichen Strebungen das Gefüge des Staates
ruht. Der erste Teil des Alkibiádes rückt in die Mitte
sehr bald den Begriff der Gerechtigkeit. Unwissenheit über Gerecht und Ungerecht in dem doppelten
Sinne gedanklicher und praktischer Unsicherheit,
das ist es, was Sokrates an seinem Schüler entdeckt

und zu überwinden sucht ... Im Schlußteil des Alkibiades führt die ,Sorge für sich selber' erst zu jener
ungelösten Aporie über die Struktur der Polis, auf
der zweiten Stufe zum Einzelmenschen, dessen
Struktur ... im Akt der Selbsterkenntnis deutlich
wird. Das Wesen des Staates bleibt in der Aporie
stehen, die Aufklärung über den Menschen bleibt
im Vorläufigen, die Sphäre des Ansich (autò tò autó
129b. 130d) wird von fern in den Blick gestellt. Alles dies kehrt in der Politeia wieder, nur freilich in
größeren Maßen, in unvergleichlicher Vertiefung, in
festester Verbindung. Die Gerechtigkeit wird der
Unterbau der Polis. Die Aporie der Staatsstruktur
wird gelöst, indem gerade das scheinbar Widerstrebende zusammengebogen und auf den Ausgleich
zentrifugaler und zentripetaler Strebungen der Zusammenhalt gegründet wird. Zum Anblick der Idee
steigt der Mensch aus der Höhle empor ... So ist der
Alkibiádes als Vorform des platonischen Hauptwerkes deutlich" (Friedländer (3)1964, 224 f.).

N   Der „Erste" bzw. der „Größere" Alkibiádes
wurde in der Antike sehr geschätzt und in der platonischen Akademie 900 Jahre lang als Einführung
in die platonische Philosophie benutzt. Er wurde in
der Spätantike mehrfach kommentiert (z.B. von
Proklos und Olympiodoros, →„Kommentare zu
platonischen Dialogen") und in der Renaissance bewundert. Man pries ihn wegen seiner umfassenden
Thematik und seiner konsequenten Gedankenführung. Seit Schleiermacher (Platons Werke. 2. 3, Berlin (2)1826) zweifelt man an der Verfasserschaft Platons. – Plutarch benutzte den Dialog für die Beschreibung der Jugend seines Helden in der
Alkibiades-Biographie (→Bíoi parálleloi). Auch Polybios ist dem Alkibiádes verpflichtet (→Historía):
Ohne die Vertrautheit mit dem Dialog hätte Polybios sein erstes Gespräch mit dem jungen Scipio
nicht gestalten können. Mehrere Szenen in Xenophons →Apomnemoneúmata Sokrátus (3,6; 3,7, 4;
4,2) und der →Alkibiádes des Aischines lassen sich
auf den platonischen Alkibiádes prôtos zurückführen.

A   J. Burnet: Platonis opera. Bd. 2, Oxford 1901. M.
Croiset: ton. Oevres complètes. Bd. 1, Paris (9)1966.
   Ü   F. Schleiermacher: Platons Werke. 2. 3, Berlin
(2)1826.
   L   P. Friedländer: Der Große Alkibiades, Bonn 1921
und 1923. P. Friedländer: Platon. Bd. 2, Berlin (3)1964,
214–226. A. Lesky, GL, 575f. C. Vink: Plato's eerste Alcibiades, Amsterdam 1939.

Alkmeonís
„Die Abenteuer des Alkmeon"

An., um 600 v. Chr.

In einzelnen Fragmenten überliefertes Epos aus
dem troischen Sagenkreis (gr.).

I   Es handelt sich um die Darstellung der Taten
des Alkmeon, der am erneuten Zug der Epigonen

(der Söhne der Sieben, die beim ersten Zug gegen Theben zehn Jahre zuvor getötet worden waren) gegen Theben teilnahm (vgl. →*Epikòs kýklos*), seiner Abenteuer in Akarnien und Ätolien, vielleicht auch der Rache an seiner Mutter Eriphyle für die Ermordung seines Vaters Amphiaraos.

N   Auf die *Alkmeonís* geht wahrscheinlich die Erzählung des Stoffes in →*Apollodori bibliotheca* (3,80–85) und in Diodors →*Bibliothéke historiké* (4,66) zurück. – Zum Motiv des Muttermordes vgl. Aischylos, →*Orésteia.* – Sophokles schrieb eine (verlorene) Tragödie *Eriphýle* (Frg. 104–106 N.). – Euripides verfaßte zwei Alkmeon-Tragödien, aus denen Fragmente erhalten sind (Frg. 65–87 N.).

A   G. Kinkel, EGF, 76–77 und 313.
L   E. Bethe: Thebanische Heldenlieder, 1891, 109–141. M. Delcourt: Oreste et Alcméon. Étude sur la projection légendale du matricide en Grèce, Paris 1959. W. Kullmann: Die Quellen der *Ilias,* 1960, 380–382.

Alkyón
„Eisvogel"

Auch zitiert als *Halkyòn è perì metamorphóseon* („Eisvogel oder über die Verwandlungen").

Ps.-Platon oder Ps.-Lukianos

Einer der sieben kleineren Dialoge (gr.), die schon in der Antike als unechte platonische Schriften galten: →*Perì dikaíu,* →*Perì aretês,* →*Demódokos,* →*Sísyphos, Alkyón,* →*Eryxías,* →*Axíochos.* Wahrscheinlich entstand der *Alkyón* im 2. Jh. v. Chr. unter stoischem Einfluß. – Der Dialog ist auch unter Lukians Namen überliefert. Nach Athenaios, →*Deipnosophistaí* (9,506c) ist „ein gewisser Leon" der Verfasser; darauf verweist auch Diogenes Laertius, →*Philosóphon bíon kaì dogmáton synagogé* (3,62), indem er sich auf das 5. B. der →*Apomnemoneúmata* des Favorinus beruft. – Sollte der Akademiker Leon der Verfasser sein, dann könnte der Dialog auch schon in der 2. Hälfte des 4. Jh.s v. Chr. verfaßt worden sein.

I   Das Gespräch zwischen Sokrates und Chairephon befaßt sich mit dem Mythos von Alkyone und Keyx (Ovid, →*Metamorphoseon libri* 11,416–746, mit der Verwandlung Alkyones in einen Eisvogel, 730–735): Alkyone und Keyx waren glücklich verheiratet. Weil sie sich leichtsinnigerweise „Hera und Zeus" nannten, ließen die Götter das Schiff, auf dem Keyx zu einer Orakelstätte fuhr, untergehen. Keyx ertrank. Sein Geist erschien Alkyone, die sich in ihrer Trauer ins Meer stürzte. Beide wurden daraufhin in Eisvögel verwandelt. Angeblich bauen die Eisvögel ein festes Nest auf den Wellen des Meeres und brüten darin ihre Eier aus. In der Brutzeit, den „halkyonischen Tagen", den sieben Tagen vor der Wintersonnenwende und den sieben Tagen danach verbietet Aiolos, der Vater der Alkyone, den Winden über das Meer zu stürmen. – Im Gespräch mit So-krates zweifelt Chairephon an der Möglichkeit der Metamorphose. Sokrates erklärt den Zweifel mit der Beschränktheit des menschlichen Geistes. Der Mensch sei zu einem begründeten Urteil über Mögliches und Unmögliches nicht fähig. Die Gottheit hingegen sei allmächtig. Ihre Allmacht übersteige das menschliche Vorstellungsvermögen. Die Verwandlung von Frauen in Vögel sei nur ein Bild, das die weise Allmacht der Natur veranschaulichen solle. In diesem Sinne, d. h. verbunden mit dieser allegorischen Auslegung, tradiere man die mythischen Erzählungen, und Sokrates selbst erzähle den Mythos von der Gattenliebe auch immer wieder gern seinen beiden (!) Frauen Xanthippe und Myrto.

A   M. D. Macleod: Lucian. Bd. 8, London/Cambridge (Mass.) 1967 (gr.-engl.).
Ü   Chr. M. Wieland: Lucian von Samosata. Sämtliche Werke. 3. 5, Leipzig 1788/1789, Nachdr. Darmstadt 1971, 264–272.
L   A. Brinkmann: De dialogis Platoni falso addictis, Diss. Bonn 1891.

Almagest →Megále oder Megíste sýntaxis (Ptolemaios)

Ambrosiaster
„Pseudo-Ambrosius"

Ps.-Ambrosius, 4. Jh. n. Chr.

Kommentar (lat.) zu 13 Paulusbriefen (ohne den Brief an die Hebräer, →*Novum Testamentum*).
Zur Zeit des Papstes Damasus (366–384 n. Chr.) in Rom verfaßt.

I   Der Kommentar, der seit dem frühen Mittelalter dem Ambrosius zugeschrieben wurde, bis Erasmus von Rotterdam (1466–1536) die Unechtheit nachwies, enthält eine scharfsinnige Schriftauslegung, die sich am Literalsinn (dem „Buchstäblichen Sinn") orientiert und jede allegorische Spielerei vermeidet. Der Verfasser berücksichtigt die religiösen Verhältnisse seiner Zeit und liefert auf diese Weise wertvolle Informationen über heidnische Mysterienkulte (bes. Mithras, Anubis, Kybele). – Der Kommentar ist eine wichtige Quelle für den Vetus-Latina-Text der Paulusbriefe (→*Vulgata*).

A   PL 17, 45–508. H. J. Vogels, CSEL 81, 1–3, 1966–1969.
L   J. Huhn: Ambrosiaster: in: LThK. 1, 425 f. A. Souter: The Earliest Latin Commentary on the Ep. of St. Paul, Oxford 1927. A. Stuiber, in: RAC. Suppl. 1, 1985, 301–310.

Ammonioslexikon →Perì homoíon kaì diaphóron léxeon (Ammonios)

Amores
„Liebesgedichte"

Publius Ovidius Naso aus Sulmo, 43 v. – 17 n. Chr.

Fünfzig Liebeselegien (lat.) in ursprünglich fünf, später drei B.
Die ursprüngliche Fassung in fünf B. entstand um 25 v. Chr., die spätere, auf drei B. verkürzte und wohl auch teilweise veränderte Fassung um 1 n. Chr. Nur die zweite Fassung ist erhalten.

I „Die *Amores* spiegeln alle erdenklichen Situationen des Liebeslebens in subjektiver Sicht" (M. v. Albrecht, 641). Die drei B. enthalten insgesamt 50 Gedichte (B. 1: 15, B. 2: 20 und B. 3: 15 Gedichte). Ihr Umfang reicht von 9 (2,3) bis zu 57 (1,8) Distichen. Kürzere Gedichte (bis 15 Distichen) sind in den ersten beiden Büchern häufiger, im dritten B. gar nicht vorhanden. Das hat inhaltliche Gründe: Ein Liebesschwur z. B. (1,8) ist nicht so lang wie der Ärger über einen erfolgreichen Nebenbuhler (3,8), und der Bericht über den eigenen Liebesgenuß (1,5) fällt kürzer aus als das Prahlen des Mädchens mit seinen Liebesabenteuern (3,14). – Das längste Gedicht (1,8) enthält die Lehren der Kupplerin, ist also eine Art Lehrgedicht, das auf die →*Ars amatoria* vorausweist, und 3,6 (53 Distichen) ist ein Katalog verliebter Flüsse, der auf die „Metamorphosen" (→*Metamorphoseon libri*) vorausblicken läßt. – Innerhalb der drei B. ist eine gleiche Entwicklung zu beobachten: Sie fangen an mit beginnender Liebe und führen dann zu Zwist, Ernüchterung und Desillusion, die aber die Verbindung nicht zerstören. – Jedem der drei B. liegt ein eigenes Aufbauprinzip zugrunde: In B. 1 sind die Gedichte in parallelen Linien angeordnet: Die Gedichte 1,8 und 15 haben programmatische Bedeutung. Unter inhaltlichen Gesichtspunkten entsprechen den Gedichten 2–7 die Gedichte 9–14, d. h. Gedicht 2 entspricht Gedicht 9, Gedicht 3 entspricht 10 usw.: Gedicht 2: Amors „militärischer Triumph" – Gedicht 9: „Kriegsdienst des Liebenden"; Gedicht 3: Werben um Liebe und Verheißung der Unsterblichkeit – Gedicht 10: Bitte des Mädchens um Geschenke; Gedicht 4: Belehrung der Geliebten – Gedicht 11: Belehrung der Dienerin; Gedicht 5: Liebeserfüllung – Gedicht 12: Absage; Gedicht 6: Klage vor verschlossener Tür – Gedicht 13: Tagelied vor dem Abschied am Morgen; Gedicht 7: Zerstörung der Frisur der Geliebten – Gedicht 14: Vernichtung des Haares durch Färbemittel. – In B. 2 sind die Gedichte axialsymmetrisch zueinander gestellt, d. h. um die Mitte (2,10), die Symmetrieachse, gruppieren sich zweimal zwei Elegienpaare: 7 und 8 (7: Zurückweisung des Vorwurfs, der Dichter betrüge Corinna mit einer Sklavin – 8: Bitte an die Sklavin um Belohnung für den Meineid), 9a und 9b (9a: Liebesmüdigkeit – 9b: Bereitschaft zur Liebe), 11 und 12 (11: Abschiedsgedicht – 12: Freude über Liebeserfüllung), 13 und 14 (beide zum Thema Abtreibung). Diese zweimal zwei Elegienpaare sind von

Anredegedichten (6 und 15) umgeben. – In B. 3 findet sich eine spiegelbildlich-gegenläufige Anordnung: In der Mitte stehen die Elegien 8 und 9, die vom Leben und vom Tod des Dichters handeln; 7 und 10 befassen sich mit dem Ausbleiben des Liebesglücks; in 6 und 11 geht es um erfolglose Versuche, zur Geliebten zu gelangen bzw. von ihr loszukommen; 4 und 12 sind an Personen gerichtet, mit denen der Dichter seine Geliebte teilen muß; in 2 und 13 befindet sich der Dichter in Begleitung einer Dame auf einem Fest; in 1 und 14 geht es um Untreue und Indiskretion.

Q Ovid steht in der Tradition der elegischen Dichtung der Römer: Gallus, Tibull und Properz. Das Gedicht 3,9 enthält nicht nur eine Huldigung an Homer (25 f.), sondern vorrangig an Tibull, mit dem Ovid befreundet war. Bei Ovids Vorgängern erwuchs die elegische Dichtung aus dem persönlichen Erleben, auf das sie produktiv reagierte. Die traditionelle Form mit ihren überlieferten Motiven als äußere Rahmen des Dichtens. Im Gegensatz dazu spielt Ovid mit den überkommenen Motiven; seine „Erfahrungen" sind fiktiv. Seine „Geliebte" Corinna ist ein Gebilde der Phantasie.

H Im Gegensatz zu den Autoren, die auf das politische und staatsethische Programm der augusteischen Ära ausdrücklich Bezug nahmen und es im großen und ganzen begrüßten, wie Vergil (→*Aeneis*), Horaz (→*Carmina*) oder Properz (→*Elegiarum libri IV*, bes. B. 4), gehört Ovid zu den Autoren, die sich primär mit privaten Problemen befaßten und „ihre Leser, die aus politisch Mitverantwortlichen zu kaiserlichen Untertanen geworden waren, vom Mißbehagen über die neue Lage wenigstens vorübergehend abzulenken" (Holzberg 1992, 71) versuchten. Zu dieser Kategorie „augusteischer" Literatur gehören die *Amores*, in denen der Autor gleich zu Beginn erzählt, wie der Gott Amor ihn durch den Diebstahl eines Versfußes dazu gezwungen habe, statt eines Hexameter-Epos mit historisch-politischer Thematik erotische Elegien in Distichen zu dichten (*Amores* 1,1).

W Die drei wichtigsten Motive der *Amores* sind: (1) Der Autor ersetzt das elegische Pathos seiner Vorgänger in der Gattung durch ein heiteres Spielen mit der Form. Er ist nicht als Mensch, sondern nur als Dichter betroffen und steht emotional über seinem Thema (vgl. dagegen Tibull und Properz). So spielt Ovid bewußt mit den elegischen Metaphern, indem er sie parodiert (z. B. das Motiv der „ewigen Treue" oder der „Liebe bis zum Tod", das bei ihm zu einem Zusammenfallen von Koitus und Exitus wird). – (2) Ovid betont im Gegensatz zur Gattungstradition die angenehmen Seiten der Liebe. (3) Der Dichter „humanisiert" den Eros. „Die Auffassung von der Liebe, die aus Ovids *Amores* spricht, trägt, da sie so unprätentiös ist, da sie die Dinge so heiter und unbefangen beim Namen nennt und auf einen moralphilosophischen Überbau ebenso verzichtet wie auf die Lust am Leid, eindeutige Züge des Menschlich-Allzumenschlichen" (Holzberg 1992, 77).

N In den „Tristien" (→*Tristium libri* 3,3,73–74) wünscht sich der Dichter ein Grabepigramm, in welchem er als „der scherzende Autor leichtsinniger Liebesgedichte" (*tenerorum lusor amorum*) erwähnt werde, der dadurch zum Opfer des eigenen Genies geworden sei. Ovid bringt hiermit zum Ausdruck, daß der Erfolg seiner *Amores* (und wahrscheinlich auch seiner →*Ars amatoria*) zu seiner Verbannung aus Rom im Jahre 8 n. Chr. geführt habe. Der Dichter macht Augustus den Vorwurf, daß er den spielerischen Charakter der Liebeselegien verkannt und als frivole Produkte mißverstanden habe. „Der tiefere Grund für die Härte des Augustus mag die subversive Breitenwirkung dieser B. über die Liebe gewesen sein ... Literatur ist also nicht nur Instrument der Staatsmacht, sondern erweist sich auch als autonome Macht gegenüber der Staatsmacht. Dies zu tolerieren war der Prinzeps offensichtlich nicht bereit" (Schmidt-Berger, 99).

A P. Brandt, Leipzig 1911 (mit Kommentar). E. J. Kenney, Oxford [2]1965.
Ü N. Holzberg, Düsseldorf/Zürich 1999. F. Lenz, Berlin 1965 (lat.-dt.). W. Marg / R. Harder, München [7]1992 (lat.-dt.). V. v. Marnitz, Stuttgart 1958.
L M. v. Albrecht, RL, 623–650. G. Bretzigheimer: Ovids Amores. Poetik in der Erotik. Tübingen 2001. E. Burck: Ovid, *Amores* I 3 im Rahmen der römischen Liebesdichtung, in: AU 20, 4, 1977, 63–76. B. M. Gauly: Liebeserfahrungen. Zur Rolle des empfindenden Ich in Ovids *Amores*, Frankfurt / Bern / New York / Paris 1990. N. Holzberg: Die römische Liebeselegie, Darmstadt 1990. N. Holzberg: Ovids *Amores* und das Ethos der elegischen Liebe bei Tibull und Properz, in: AU 35, 2, 1992, 69–79. M. Keul: Liebe im Widerstreit. Interpretationen zu Ovids *Amores* und ihrem literarischen Hintergrund, Frankfurt 1989. G. Lörcher: Der Aufbau der drei B. von Ovids *Amores*, Amsterdam 1975. G. Luck: Die römische Liebeselegie, Heidelberg 1961, 166–200. K. Morgan: Ovid's Art of Imitation. Propertius in the *Amores*, Leiden 1977. U. Schmidt-Berger: *Tenerorum lusor amorum*. Zur Lektüre von Ovids *Amores*, in: AU 35, 2, 1992, 81–100. N. Scivoletto: *Musa iocosa*. Studio sulla poesia giovanile di Ovidio, Rom 1976.

Amor und Psyche →Metamorphoses (Apuleius)

Amymóne →Hikétides (Aischylos, Euripides)

Amphitruo

Titus Maccius Plautus, etwa 250–184 v. Chr.

Tragikomödie (lat.) und mythologische Travestie.

Aufgrund historischer Anspielungen möglicherweise nach 201 v. Chr. zu datieren.

I Thema ist die Sage von der Zeugung und Geburt des Herakles (lat. Hercules). Zeus (lat. Iuppiter) besucht als Amphitruo verkleidet dessen Gattin Alkmene (lat. Alcumena) und zeugt mit ihr Herakles. Amphitruo selbst kehrt nach einem Feldzug kurz darauf zu Alkmene zurück. Nach neun Monaten werden Zwillinge geboren: Iphikles von Amphitruo und Herakles von Zeus. – In der Komödie entsteht nach Amphitruos Rückkehr eine Kette von Verwechslungen, da nicht nur Iuppiter in der Gestalt des Amphitruo, sondern auch Hermes (Mercurius) in der Gestalt des Sosia, eines Dieners des Amphitruo, auftritt. Während Iuppiter bei Alcumena weilt, hält Mercurius in der Gestalt des Sosia vor dem Haus des Amphitruo Wache und verscheucht den echten Sosia, der die Rückkehr seines Herrn melden will. Als der echte Amphitruo seine Gattin freudig begrüßt, hält diese die Begrüßung nach der Liebesnacht mit dem vermeintlichen Amphitruo für einen Hohn. Daraufhin ist der echte Amphitruo beleidigt und wirft ihr eheliche Untreue vor. Durch das Eingreifen Iuppiters werden nach vielfältigen Verirrungen und Verwirrungen schließlich die Tatsachen aufgedeckt und alles zu einem glücklichen Ende geführt.

Q Die Vorlage des *Amphitruo* (gr. *Amphitryon*) ist nicht bekannt. Die Transposition eines aus der Tragödie stammenden mythologischen Stoffes in die Komödie war im 4. Jh. v. Chr. in Athen nicht selten. Der Stoff selbst geht auf Hesiod (→*Theogonía*) zurück. Auch Sophokles schrieb einen (nicht erhaltenen) *Amphitrýon*. Aischylos und Euripides verfaßten eine (nicht erhaltene) *Alkméne*.

W Im Prolog (50–63) läßt der Dichter durch den Mund des Gottes Mercurius verkünden, er mache aus einer Tragödie bzw. einem Tragödienstoff eine Komödie: „Ich mache sie gemischt; es sei eine Tragikomödie" (*tragicomoedia*, 59).

N Alle späteren Bearbeitungen des Amphitruo-Stoffes gehen auf Plautus zurück: Molière übernimmt (1668) den szenischen Aufbau von Plautus, stellt aber das galante Abenteuer des göttlichen Liebhabers in den Mittelpunkt. – Bei Heinrich von Kleist (1807) will Iuppiter um seiner selbst willen geliebt werden, muß aber vor Alkmenes Tugendhaftigkeit kapitulieren. – Eine ähnliche Rolle spielt Iuppiter auch bei Giraudoux (1929), der sich mit seinem „Amphitryon 38" (dem 38. Amphitryon) bewußt in die Tradition des Stoffes stellt. – Weitere Fassungen des Stoffes: Georg Kaiser mit „Zweimal Amphitryon" (1948) und Peter Hacks (1968), bei dem Iuppiter als der vollkommene Mensch erscheint, der die Welt stört und zugleich fördert.

A W. M. Lindsay. 2 Bde., Oxford 1904. W. B. Sedgwick, Manchester [2]1967.
Ü W. Binder / W. Ludwig: Antike Komödien. Plautus/Terenz. 2 Bde., Darmstadt 1976. J. Blänsdorf, Stuttgart 1986 (lat.-dt.).
L M. v. Albrecht, RL, 133–167. E. Frenzel: Stoffe der Weltliteratur. Ein Lexikon dichtungs-geschichtlicher Längsschnitte, Stuttgart [3]1970, s. v. Amphitryon. P. Harvey: Historical Allusions and the Date of Amphitruo, in: Athenaeum 59, 1981, 480–489 (plädiert für 201 v. Chr.). H. Jacobi: Amphitryon in Frankreich und Deutschland, Diss.

Zürich 1952. E. Lefèvre: *Maccus vortit barbare*. Vom tragischen Amphitryon zum tragikomischen Amphitruo. Abhandlungen der Akademie der Wissenschaften in Mainz. Geistes- und sozialwissenschaftliche Klasse. 1982. 5. G. Rambelli: Studi Plautini. *L'Amphitruo*, in: Rendiconti dell' Istituto Lombardo. Classe di Lettere. Scienze morali e storiche 100, 1966, 101–134. E. Segal: Roman Laughter. The Comedy of Plautus, Cambridge (Mass.) 1970. W. Steidle: Plautus' Amphitruo und sein griechisches Original, in: RhM 122, 1979, 34–48. H. Tränkle: Amphitruo und kein Ende, in MH 40, 1983, 217–238.

Anábasis →Alexándru anábasis (Arrianos)

Anábasis →Kýru anábasis (Xenophon)

Anabiûntes è halieús →Halieùs è anabiûntes (Lukianos)

Anácharsis è perì gymnasíon
„Anacharsis oder über die gymnastischen Übungen"

Lukianos aus Samosata, etwa 120–180 n. Chr.

Dialog (gr.) zwischen dem Skythen Anacharsis (→*Skýthes è próxenos*) und dem Athener Solon über den Wert der Leibesübungen.

I Da Lukian das Thema „von beiden Seiten betrachten wollte und voraus beschlossen hatte, daß die Griechen Recht behalten sollten, so hätte er weder eine zweckmäßigere Methode als die dialogistische, noch schicklichere Intercolutoren wählen können als Anacharsis und Solon. Von einem Scythen waren keine Argumente von einer gewissen Subtilität zu erwarten; er betrachtete die gymnastischen Übungen im Lyceon zu Athen mit dem kunstlosen Menschenverstand eines rohen Sohnes der Natur, und mit den Vorurteilen eines Scythen: Solon hingegen verteidigt sie mit allen Vorteilen eines Griechen, eines Atheniensers und eines Staatsmannes, der dieses Institut nicht nur als eine uralte Sitte seines Volkes so, wie er sie gefunden, beibehalten, sondern noch durch eigene Gesetze bestätigt und reguliert hatte, und also bei ihrer Rechtfertigung doppelt interessiert war: und wiewohl der Sieg insofern unentschieden scheint, als jeder Teil auf seiner Meinung bleibt, so war doch bei Lucians Lesern oder Zuhörern, im Durchschnitt genommen, ausgemacht, daß Solon gewonnen hatte ..." (Chr. M. Wieland, 324 f.).

Q Das Verhältnis zwischen Leibesübungen und Politik wurde von Platon (→*Gorgías*, →*Politeía*, B. 3) ausgiebig diskutiert. Auch Aristoteles äußerte sich über den Wert der Gymnastik (→*Ethikà Nikomácheia*, B. 5). Schroffe Ablehnung erfuhr die Gymnastik durch Galenos, den berühmten Arzt und Zeitgenossen des Lukian (→*Protreptikòs ep' iatrikén*); möglicherweise wurde Lukian durch die Haltung Galens zur Abfassung des *Anácharsis* veranlaßt, obwohl auch schon andere Philosophen und Dichter Gymnastik und Athletik verworfen hatten (z. B. Euripides).

W Lukian will für eine richtige Einstellung gegenüber dem umstrittenen Gegenstand werben. Daher wählt er auch die Dialogform und die so verschiedenartigen Gesprächspartner. Er stellt Solon gegen den Skythen, weil er den Argumenten des Atheners für die Leibesübungen von vornherein zum Sieg verhelfen will.

A A. M. Harmon: Lucian. Bd. 4, London/Cambridge (Mass.) 1925, 1–69 (gr.-engl.) M. D. McLeod: Luciani opera. 4 Bde., Oxford 1972–1987. E. Steindl, Stuttgart 1970.
Ü Chr. M. Wieland: Lucian von Samosata 2. 4, Leipzig 1788/1789, Nachdr. Darmstadt 1971, 323–372.
L Ch. Robinsohn: Lucian and his Influence, London 1979. J. Schwartz: Biographie de Lucien de Samosate, Brüssel 1965. E. Steindl: Die Zweite Sophistik und die Skythendialoge des Lukian, in: AU 7, 5, 1964, 39–46.

Anagraphé
„Beschreibung"

Timachidas aus Lindos, 2./1. Jh. v. Chr.

Eine im Jahre 1904 in Lindos auf Rhodos entdeckte Tempelchronik in Form einer fragmentarischen Inschrift (gr.).

I Die aufgrund eines Volksbeschlusses im Jahre 99 v. Chr. angefertigte Inschrift war im Heiligtum der Athena Lindia aufgestellt und hatte folgenden Inhalt: den Wortlaut des Volksbeschlusses von 99 v. Chr., ein Inventar von 45 Weihgeschenken, die sich im Tempel befanden oder befunden haben sollen, die Beschreibung von vier „Epiphanien" der Göttin, die Amtspersonen oder Priestern im Traum erschienen war und Weisungen erteilt hatte. Der Autor zitiert außerdem noch 22 Schriftsteller, die über Rhodos geschrieben hatten. – Für die Aufzählung und Beschreibung der Weihgeschenke, unter denen sich auch solche von mythischen Personen befanden, benutzte der Autor die Briefe zweier Priester.

A Chr. Blinkenberg: Die lindische Tempelchronik, [(3)]1941. FGrHist 532.
L O. Lendle, Einführung, 276 f. K. Ziegler, RE 6 A, 1937, 1052–1060.

Anagraphè tês Helládos
„Beschreibung von Griechenland"

Dionysios, der Sohn des Kalliphon, 1. Jh. n. Chr.

Geographisches Gedicht (gr.) in iambischen Trimetern, von denen 150 erhalten sind.

I Die Beschreibung nach Art eines Periplus beginnt mit Ambrakien und geht dann auf die angrenzenden Gebiete bis Megara ein. Die Darstellung der Peloponnes ist nicht erhalten.

A   GGM 1, 238 ff. A. Meineke, Berlin 1846.
L   H. Gärtner: Dionysios (Nr. 32), in: DKP 2, 74. Schmid-Stählin 2, 1, 424.

Anakreonteen
„Gedichte im Stil des Anakreon"

An.

Sammlung von etwa 60 aus verschiedenen Zeiten stammenden Gedichten (gr.).

I   Die Gedichte besingen vor allem den Wein und die Liebe. Die Sammlung, die als Anhang zur →*Anthologia Palatina* überliefert ist, hat im 16. Jh. in Frankreich und im 18. Jh. in Deutschland stark gewirkt und eine eigene literarische Gattung hervorgebracht. – Anakreon selbst lebte um die Mitte des 6. Jh. v. Chr. Er war ein Dichter des kultivierten Lebensgenusses (→*Carmina*).

A   K. Preisendanz: Carmina Anacreontea, Leipzig 1912.
Ü   E. Mörike, Stuttgart 1864 (in: Griechische Lyrik. Hg. von U. Hölscher, Frankfurt 1960, 56–84).
L   F. Ausfeld: Die deutsche anakreontische Dichtung des 18. Jahrhunderts, Diss. Straßburg 1907. C. M. Bowra: Greek lyric Poetry, Oxford [2]1961. A. Lesky, GL, 201.

Analytica posteriora →Analytiká (Aristoteles)

Analytica priora →Analytiká (Aristoteles)

Analytiká
„Gedanken über die wissenschaftlichen Schlüsse und Beweise"

Aristoteles aus Stageira, 384–322 v. Chr.

Philosophisch-systematische Abhandlung zur Logik in vier B.(gr.).
Frühe Schrift des Aristoteles (wie auch die anderen Schriften des →*Órganon*).

I   Das Werk besteht aus zwei Teilen: (1) *Analytikà prótera* (lat. *Analytica priora*) in zwei B. und (2) *Analytikà hystera* (lat. *Analytica posteriora*) in zwei B. Die *Erste Analytik* (1) enthält die Lehre vom wissenschaftlichen Beweis (*apódeixis è epistéme apodeiktiké*) mit Hilfe von Satz, Definition und Schluß (*prótasis, hóros, syllogismós*). Das wissenschaftliche Schlußverfahren (der Beweis) geht von Vorannahmen (Prämissen) aus, die einen evident gegebenen Seinsinhalt haben und daher sichere Schlußfolgerungen ermöglichen. – Die Disposition des 1. B. skizziert Aristoteles *Analytica priora* 2,1,52b38–53a

3): „Zuerst in wie vielen Figuren und Prämissen ein Schluß zustande kommt (4–26), dann worauf man bei der Widerlegung und der Erhärtung zu sehen hat (27–31), schließlich wie wir den angemessenen Ausgangspunkt erfassen (32–46)." Der Lernende soll befähigt werden, zu dem einmal aufgestellten Satz leicht die Prämissen zu finden (*Analytica priora* 1,27,43a20). – Das 2. B. besteht aus drei Teilen: Einige besondere Eigenschaften der Schlüsse (1–15), gewisse Formen von Fehlschlüssen und Mittel dagegen (16–21), fünf verschiedene Beweisformen, die auf die drei Figuren zurückgeführt werden. – Die *Zweite Analytik* (2) handelt vom Erkennen und Wissen im allgemeinen (*máthesis dianoetiké*), vom Wesen des Wissens, das in der Erkenntnis des Grundes wurzelt, von der Möglichkeit des Wissens unter der Voraussetzung unmittelbarer Wahrheiten, von den Wegen des wissenschaftlichen Erkennens durch den syllogistischen Beweis, Induktion (*epagogé*), Definition (*horismós*), Zergliederung (*dihaíresis*). Das 1. B. ist eine einheitlich konzipierte Studie über die Beweismethode der axiomatischen, d. h. auf Axiomen (Grundannahmen) beruhenden Wissenschaften. Aristoteles benutzt fast ausschließlich mathematisch-geometrische Beispiele. Das 2. B. ist eine Abhandlung über die Grundfragen der wissenschaftlichen Arbeit: „Was suchen wir, wenn wir Wissenschaft betreiben?" Das 1. B. bietet also eine Theorie der axiomatischen Wissenschaften; das 2. B. ist der Entwurf einer Wissenschaftstheorie. „Eine Hauptfrage im zweiten B. ist die erkenntnistheoretische Erklärung des Verhältnisses zwischen dem Allgemeinen (dem Universalen) und dem Einzelnen und des psychologischen Prozesses, wie man zur Erkenntnis des Allgemeinen gelangt" (Düring, 59).

A   W. D. Ross / L. Minio-Paluello, Oxford 1964. G. Zekl. 3 Bde., Hamburg/Darmstadt 1997–1998 (*Organon* gr.-dt.).
Ü   W. Detel, Berlin 1993 (*Analytica posteriora* mit Kommentar). E. Rolfes, Hamburg 1995.
L   I. Düring, Aristoteles, 57–59. W. u. M. Kneale: The development of logic, Oxford 1962. G. Patzig: Die aristotelische Syllogistik. Logischphilologische Untersuchungen über das B. A der Ersten Analytiken, Göttingen [3]1969.

Anaphorikós
„Abhandlung über den Aufgang der Sterne"

Hypsikles, 2. Jh. v. Chr.

Mathematisch-astronomische Schrift (gr.).

I   Hypsikles verwendet Polygonalzahlen und arithmetische Reihen zur Berechnung der Aufgangszeiten der Sternbilder der Ekliptik, d. h. der scheinbar von der Sonne in einem Jahr durchlaufenen Erdbahn. In dieser Schrift findet man zum ersten Mal die Einteilung der Ekliptik in 360 Grad.

A   K. Manitius, Dresden 1888.
Ü   V. de Falco / M. Krause: Die Aufgangszeiten der

Gestirne. Mit einer Einführung von O. Neugebauer, Göttingen 1966 (gr.-dt.).
    L   A. Björnbo: Hypsikles, in: RE 9, 1, 1914, 427–433. A. Lesky, GL, 887.

Anáplus Bospóru
„Fahrt um den thrakischen Bosporus"

Dionysios aus Byzanz, 1./2. Jh. n. Chr.

Beschreibung des Bosporus (gr.) unter Berücksichtigung von Mythologie und Geschichte der Landschaft.

    A   R. Güngerich: Dionysius Byzantius, Anaplus Bospori, Berlin (2)1958.
    L   H. Gärtner: Dionysios (Nr. 31), in: DKP 2, 74.

Anathematismoí
„Bannflüche"

Kyrillos, Patriarch von Alexandreia, 412–444 n. Chr.

Christologische Streitschrift gegen Nestorios, den Patriarchen von Konstantinopel (gr.).
Die Schrift schließt einen Banndrohungsbrief ab, den Kyrillos im Herbst 430 n. Chr. auf einer ägyptischen Synode verfaßte, um die Lehre zu fixieren, die Nestorios innerhalb von 10 Tagen unterschreiben sollte, wenn er nicht dem Bann verfallen wollte.

    I   Der Patriarch Nestorios hatte die Auffassung vertreten, daß Maria weder eine „Gottesgebärerin" (theotókos) noch eine „Menschengebärerin" (anthropotókos), sondern eine „Christusgebärerin" (christotókos) gewesen sei. Denn als Maria den Sohn Gottes zur Welt brachte, gebar sie einen Menschen, der wegen seiner Einheit mit Gott „Sohn Gottes" genannt werden kann. Gegen diese Trennung der beiden „Naturen" Christi polemisierte Kyrillos. Die Polemik führte dazu, daß Papst Coelestin I. in Rom um 430 n. Chr. die Lehre des Nestorios verwarf und Kyrillos ermächtigte, diesen zu exkommunizieren.

    A   PG 68–77.
    L   A. Deneffe: Der dogmatische Wert der Anathematismen Cyrills, in: Scholastik 8, 1933, 64–88 und 203 bis 216. A. Eberle: Die Mariologie des hl. Cyrill von Alexandria, Freiburg 1922. G. Jouassard: Anathemismen des Kyrillos, in: LThK 1, 495–496. A. Spindeler: Kyrillos, in: LThK 6, 706–709.

Anatomiká
„Anatomische Fragen"

Herophilos aus Chalkedon, 3. Jh. v. Chr.

Fast vollständig verlorene, aber sehr bedeutsame anatomische Studie (gr.), mit der Herophilos die empirisch-wissenschaftliche Anatomie begründete.

    I   Die Forschungsergebnisse konnten sich auf die in Alexandreia gegebenen Möglichkeiten zur Sektion, mitunter sogar zur Vivisektion an Verbrechern, stützen. Das Werk brachte neue Erkenntnisse u. a. über die Nerven als eine anatomisch greifbare Realität. Herophilos unterschied zwischen sensiblen und motorischen Nerven und gewann neue Erkenntnisse über das Gehirn. – Als erster beschrieb und benannte er den Zwölffingerdarm.

    A   K. F. H. Marx: De Herophili celeberrimi medici vita, scriptis atque in medicina meritis, Göttingen 1840.
    L   F. Kudlien: Herophilos und der Beginn der medizinischen Skepsis, in: Gesnerus 21, 1964, 1–13. F. Kudlien: Herophilos (Nr. 1), in: DKP 2, 1109–1110. A. Lesky, GL, 1889. F. Solmsen: Greek Philosophy and the Discovery of the Nerves, in: MH 18, 1961, 150 ff.

Anatomikaì encheiréseis
„Anatomische Praktiken"

Galenos aus Pergamon, um 130–199 n. Chr.

Anatomisch-physiologisches Werk (gr.) in fünfzehn B., von denen nur die B. 1–9 erhalten sind.

    I   Das Werk enthält vor allem eine Beschreibung anatomischer Befunde, während →Perì chreías moríon (17 B.) eine funktionelle Anatomie mit stark physiologischem Einschlag bietet. Vgl. auch →Perì tôn idíon biblíon.

    A   C. G. Kühn. 20 Bde., Leipzig 1821–1833 (darin auch die Anatomikaì encheiréseis), Nachdr. Hildesheim 1998 (gr.-lat.).
    L   ANRW 2, 37, 2, 1351–2017. F. Kudlien: Galenos, in: DKP 2, 674–675.

An den Rat und das Volk von Athen

Flavius Claudius Iulianus, röm. Kaiser von 361–363 n. Chr.

Sendschreiben (gr.) mit einem autobiographischen Rechenschaftsbericht (→Epistulae des Iulianus).
Im Jahre 361 n. Chr. verfaßt.

    I   In diesem Manifest an die Athener suchte Iulianus seine Auflehnung gegen den Kaiser Constantius II. zu rechtfertigen, dem er als alleiniger Herrscher am 3. November 361 n. Chr. nachfolgte, nachdem er schon im Februar 360 in Paris zum Augustus erhoben worden war und zunächst als Gegenkaiser regierte.

    A   J. Bidez / F. Cumont: Iuliani imperatoris epistulae, leges, poematia, fragmenta varia, Paris 1922. J. Bidez / G. Rochefort / Ch. Lacombrade, Paris 1932–1964 (gr.-frz.). F. C. Hertlein, Leipzig 1875/1876.
    L   J. Bidez: La vie de l' empereur Julien, Paris 1930 (dt. München 1930). G. W. Bowersock: Julian the Apostate, London 1978. K. Bringmann: Kaiser Julian, Darmstadt 2004. A. Lesky, GL, 974 f.

Andria
„Das Mädchen aus Andros"

Publius Terentius Afer, um 195/190–159 v. Chr.

Wiedererkennungskomödie (lat.).
An den *Ludi Megalenses*, den Spielen zu Ehren der *Magna Mater* (Kybele), im Jahre 166 v. Chr. uraufgeführt.

I Das Mädchen aus Andros, mit dem Namen Glycerium, ist in Wirklichkeit ein Mädchen aus Athen. Die Entdeckung dieser Tatsache ist das Ziel der Handlung. – Der junge Athener Pamphilus liebt Glycerium. Der Vater des jungen Mannes, Simo, will Pamphilus jedoch mit Philumena, der Tochter des reichen Chremes, verheiraten. Dieser ist jedoch wegen Pamphilus' Beziehung zu Glycerium mit dem Heiratsplan nicht einverstanden. Simo täuscht seinem Sohn jedoch vor, daß die Hochzeit mit der Tochter des Chremes bevorstehe. Der Sklave Davus rät Pamphilus, auf den Wunsch des Vaters einzugehen; er rechnet sowieso nicht damit, daß Chremes in die Hochzeit einwilligt. Aber der Sklave hat die Lage falsch eingeschätzt. Chremes gibt nun doch seine Einwilligung, nachdem Pamphilus seine Bereitschaft erklärt hatte, die Ehe mit dessen Tochter einzugehen. Aber Pamphilus gerät dadurch in eine schwierige Situation; denn inzwischen bekommt Glycerium ein Kind von ihm. Doch da taucht Crito auf, ein Mann aus Andros, und enthüllt, daß Glycerium aus Athen stammt und eine verschollene Tochter des Chremes ist. Damit steht einer Heirat zwischen Pamphilus und Glycerium nichts mehr im Wege, heiratet er doch mit Glycerium dem Wunsch seines Vaters entsprechend eine Tochter des reichen Chremes. Die andere Tochter bekommt ein zweiter junger Mann aus Athen namens Charinus. Mit der Aussicht auf eine Doppelhochzeit schließt das Stück.
Q Vorlage des Stückes war die *Andria* des Menander. Die Einführung der zweiten Liebesbeziehung kann Terenz selbst erfunden oder auch aus der *Perínthia* des Menander übernommen haben (vgl. den Prolog zur *Andria* des Terenz). In diesem Falle hätte Terenz seine Komödie aus zwei menandrischen Stücken kontaminiert.
W Terenz erklärt im Prolog, daß er sich als „moderner" Autor versteht, der sich gegen eine „ältere" Dichtergeneration behaupten will. Er bekennt sich zu dem Verfahren der „Kontamination", d. h. zur gewollten Verknüpfung zweier Vorlagen, und distanziert sich von der pedantischen Forderung, gr. Stücke nicht anzutasten bzw. miteinander zu vermischen, statt sie Wort für Wort zu übersetzen. Terenz will kein Übersetzer, sondern ein Fortsetzer Menanders sein.
N Machiavelli (gest. 1527) übersetzt die *Andria*. Goethe läßt die →*Adelphoe* und die *Andria* in Weimar auf Deutsch aufführen. Thornton Wilder greift in seinem Roman *The Woman of Andros* (1930) auf die *Andria* zurück. Die bei Terenz nur am Rande erwähnte Hetäre Chrysis wird bei Wilder zur Hauptfigur. Sie ist hier die Schwester von Glycerium, der sie nach ihrem Tod Schulden hinterläßt, für die Glycerium in die Sklaverei zu geraten droht.

A R. Kauer, Bielefeld 1930 (mit Kommentar). G. P. Shipp, London [2]1960. A. Spengel, Berlin [2]1888. A. Thierfelder, Heidelberg [2]1960.
Ü J. J. C. Donner, Leipzig/Heidelberg 1864. V. v. Marnitz, Stuttgart 1960. T. L. Wullen, Stuttgart 1972 (lat.-dt.).
L M. v. Albrecht, RL, 173–194. A. Körte: Zur *Perinthia* des Menander, in: Hermes 44, 1909, 309–331. E. Lefèvre: Das Wissen der Bühnenpersonen bei Menander und Terenz am Beispiel der *Andria*, in: MH 28, 1971, 21–48. V. Martin: Die Dramaturgie des Terenz in der *Andria*, in: Altertum 10, 1964, 234–249. A. Mazzarino: Da Menandro a Terenzio. Sulla compositione dell' *Andria*, Messina 1966. H. Oppermann: Zur *Andria* des Terenz, in: Hermes 69, 1934, 262–285. G. Ulysse: Machiavel, traducteur et imitateur de *Andrienne* de Térence, in: Annales de la Faculté des Lettres et Sciences humaines d' Aix, Sér. class. 45, 1968, 411–420.

Andromáche
„Andromache (Hektors Frau)"

Euripides, etwa 480–406 v. Chr.

Tragödie mit einem Stoff aus dem troischen Sagenkreis (gr.).
Verfaßt in den ersten Jahren des Peloponnesischen Krieges (431–404 v. Chr.), wohl zwischen 430 und 424 v. Chr.

I Andromache, die Witwe des troischen Helden Hektor und die Mutter des Astyanax, der nach dem Fall von Troja von Neoptolemos und Odysseus getötet wurde (vgl. Euripides, →*Troíades*; Seneca, →*Troades*), sucht Zuflucht am Altar der Göttin Thetis, der Mutter des Achilleus, weil sie von Hermione, der eifersüchtigen Ehefrau des Neoptolemos und Tochter des Menelaos von Sparta, verfolgt wird. Trotz ihrer Bedrängnis ergreift Andromache die Gelegenheit, die Vorgeschichte der Handlung ausführlich darzulegen und zu erzählen, wie sie von Neoptolemos in dessen Heimat mitgenommen wurde und diesem einen Sohn gebar. Zur Frau nahm Neoptolemos jedoch Hermione, die kinderlos blieb. – In Abwesenheit des Neoptolemos versuchen nun Hermione und Menelaos, der zu diesem Zweck aus Sparta angereist ist, Andromache und das Kind zu beseitigen. Das Vorhaben mißlingt, weil Peleus, der Großvater des Neoptolemos, einschreitet und verhindert, daß Andromache und ihr Kind getötet werden. Denn Andromache hatte ihre Zufluchtsstätte verlassen müssen, nachdem sich Menelaos ihres Kindes bemächtigt und ihr angedroht hatte, entweder das Kind oder sie selbst zu töten. Menelaos wird von Peleus aber so sehr in die Enge getrieben, daß er seine Tochter im Stich läßt und verschwindet. – Im zweiten Teil des Stückes (Vers 802 ff.) ist Hermione außer sich vor Angst, weil sie nach der Rückkehr des Neoptolemos mit

dem Schlimmsten rechnen muß. Da erscheint Orestes, dem Hermione einst als Braut versprochen
worden war, um sie zu holen. Inzwischen wurde
Neoptolemos in Delphi ermordet. Diese Tat hatte
Orestes vorbereitet, um auf diesem Weg Hermione
endlich in seinen Besitz zu bringen. Durch das Ende
des Neoptolemos ist das Geschlecht der Peliden unter Mitwirkung des Atriden Orestes ausgelöscht.
Dieser verläßt mit Hermione die Szene. Am Schluß
verkündet Thetis, daß Peleus mit ihr in die ewige
Seligkeit eingehen und Andromache mit ihrem
Kind in einem anderen Land ein neues Glück finden
werde.

W Aus der negativen Darstellung des Menelaos
spricht eine entschieden antispartanische Tendenz,
die zur Abfassungszeit des Stückes paßt. „Menelaos
ist ein Theaterbösewicht, mit dessen kläglichen Eigenschaften der Dichter sehr unverhohlen antispartanische Propaganda treibt" (Lesky, 425).

A J. Diggle. Bd. 1, Oxford 1984. G. Murray: Euripidis
fabulae. Bd. 1, Oxford 1902. P. T. Stevens, Oxford 1971
(mit Kommentar).
Ü E. Buschor / G. A. Seeck: Euripides. Sämtliche Tragödien und Fragmente. Bd. 2, München 1972 (gr.-dt.) D.
Ebener, Berlin [2]1975. F. Stoessl, Zürich 1958.
L E. Delebecque: Euripide et la guerre du Péloponn-
èse, Paris 1951. J. Latacz, GT, 372–383. A. Lesky, GL,
424–426. M. van der Valk: Studies in Euripides. *Phoenissae*
and *Andromache*, Amsterdam 1985. E. R. Schwinge (Hg.):
Euripides, Darmstadt 1968.

Androméda
„Andromeda (Gemahlin des Perseus)"

Euripides, etwa 480–406 v. Chr.

Weitgehend verlorene Tragödie über einen Stoff aus
der Perseus-Sage (gr.)
Aufgeführt im Jahre 412 v. Chr. zusammen mit der
→*Heléne.*

I Thema der Tragödie war die Befreiung der
Königstochter Andromeda, die einem von Poseidon gesandten Meeresungeheuer geopfert werden
sollte. Perseus tötet das Ungetüm und befreit die
an einen Felsen gefesselte Andromeda. Als er sie
verabredungsgemäß zur Frau nehmen will, tritt
ihm Phineus, der Bruder des Königs Kepheus und
Onkel der Andromeda entgegen und beruft sich auf
ältere Rechte. Perseus läßt Phineus mit Hilfe des
Gorgonenhauptes zu Stein werden und heiratet Andromeda.

A TGF, 392–404.
L F. Bubel: Euripides, *Andromeda*, Stuttgart 1991. U.
Hetzner: Andromeda und Tarpeia, Meisenheim am Glan
1963. R. Klimek-Winter: Andromedatragödien. Sophokles, Euripides, Livius Andronicus, Ennius, Accius, Stutt-
gart/Leipzig 1993 (Texte mit Kommentar).

Anékdota
„Geheimgeschichte"

Auch lat. zitiert als *Historia arcana* („Geheime Geschichte").

Prokopios aus Kaisareia, um 500 bis um 560 n. Chr.
Eine nicht zur Veröffentlichung bestimmte Geheimgeschichte des oströmischen Reiches (gr.)
Mit Sicherheit erst nach dem Tode Justinians (565
n. Chr.) veröffentlicht.

I Es handelt sich um eine Darstellung der Regierungszeit des Kaisers Justinian (reg. 527–565
n. Chr.). Der Text ist „ein Pamphlet gegen Justinians
sozialrevolutionären Cäsaropapismus" (Spoerri,
32). Er prangert das sittenlose Leben der Kaiserin
Theodora an und kritisiert Belisar, den berühmten
Feldherrn des Kaisers. – Die Schrift ist auch eine
chronique scandaleuse mit pikant erotischem Inhalt.

A J. Haury: Procopii Caesariensis opera omnia. Bd. 3,
Leipzig 1906 (verbessert von G. Wirth,1963).
Ü O. Veh, Düsseldorf/Zürich 2005 (gr.-dt.).
L A. Cameron: Procopius and the Sixth Century, Ber-
keley 1985. A. Dihle, GLL, 492f. B. Rubin, RE 23, 1,
1954, 273–599. W. Spoerri: Prokop von Caesarea, in: dtv-
L 1. 4, 32f.

Animula
„Kleine Seele"

Hadrianus, röm. Kaiser, reg. 117–138 n. Chr.

Kurzes Gedicht in Form einer Selbstanrede (lat.).
Der Kaiser verfaßte das Gedicht kurz vor seinem
Tode (10. Juli 138 n. Chr.).

I Der sterbende Kaiser spricht in nur fünf Zeilen mit seiner Seele (*animula*), um, von schwerer
Krankheit gequält, vom irdischen Leben Abschied
zu nehmen.

N Das kurze Gedicht hat stark gewirkt. Es erweckte Petrarcas Begeisterung, veranlaßte den
Franzosen Casaubonus, es ins Griechische zu übersetzen, und Lord Byron, eine engl. Übersetzung an-
zufertigen.

A J. Fink: Ave Mors / Gedicht eines sterbenden Kaisers, in: J. F.: Die Tauben von Daphni, Essen 1963 (lat.-dt.).
L W. Eisenhut (Hg.): Antike Lyrik, Darmstadt 1970,
480–484 (mit Text, Übersetzung und dem Aufsatz von J.
Fink).

Ankyrotós →Ho ankyrotós (Epiphanios)

Annales
„Jahrbücher"

Quintus Claudius Quadrigarius, 1. Jh. v. Chr.

Geschichtswerk in mindestens 23 B. (lat.), aus denen Fragmente erhalten sind.

I Wahrscheinlich begann die Darstellung der röm. Geschichte erst mit dem Sturm der Gallier auf Rom (390 v. Chr.). Es könnte aber auch ein Überblick über die röm. Frühzeit vorausgegangen sein. Das Werk reichte bis in die Zeit Sullas (gest. 78 v. Chr.). „C. schrieb ,Weltgeschichte' vom optimatischen Standpunkt (gegen Marius: Frg. 73, 83, 85; Verherrlichung Sullas: Frg. 84), war aber bemüht, äußerlich objektiv zu berichten (Frg. 25, 89). Gegenüber der starren annalistischen Ordnung des Stoffes bei Valerius Antias sorgte C. durch Einlage von Reden, Briefen, Anekdoten für abwechslungsreiche Unterhaltung" (Till, 318). – Von 187 v. Chr. ist Claudius die Hauptquelle des Livius (→*Ab urbe condita libri CXLII*).

A H. Peter, HRR 1, 205–237.
Ü FRH 2, 109–167
L M. v. Albrecht: Meister römischer Prosa von Cato bis Apuleius. Interpretationen, Heidelberg 1971, 110–126. M. v. Albrecht, RL, 310. A. Klotz: Der Annalist Quintus Claudius Quadrigarius, in: RhM 91, 1942, 268–285. W. Schibel: Sprachbehandlung und Darstellungsweise in römischer Prosa. Claudius Quadrigarius, Livius, Aulus Gellius, Amsterdam 1971. P. G. Walsh: Livy. His Historical Aims and Methods, Cambridge 1961, 110–137. R. Till: C. Quadrigarius, in: dtv-L 1. 1, 318. M. Zimmerer: Der Annalist Quintus Claudius Quadrigarius, Diss. München 1937.

Annales
„Jahrbücher"

Cremutius Cordus, gest. 25 n. Chr.

Weitgehend verlorene Darstellung der röm. Geschichte (lat.).

I Das Werk setzte mit der Beschreibung der röm. Bürgerkriege ein. Zwei Zitate aus dem Nachruf auf Cicero werden von dem älteren Seneca (→*Suasoriae* 6, 19; 23) überliefert. In seinen „Annalen" hatte Cremutius Cordus den Caesar-Mörder Cassius Longinus als den letzten Römer bezeichnet (Tacitus, →*Annales* 4,34 f.) und wurde deshalb auf Betreiben des Seianus im Jahre 25 n. Chr. angeklagt. Sein Werk wurde auf Beschluß des Senats verbrannt. Einige Exemplare wurden von seiner Tochter Marcia (Seneca, →*Ad Marciam de consolatione*) gerettet, und unter Kaiser Caligula (reg. 37–41 n. Chr.) wurde eine neue Textausgabe hergestellt (Quintilian, →*Institutio oratoria* 10,1, 104; Sueton, →*De vita XII Caesarum libri VIII*: Caligula 16,1).

A H. Peter, HRR 2, 87–90.
L H. Cancik-Lindemaier / H. Cancik: Zensur und

Gedächtnis. Zu Tacitus, *Annales* IV 32–38, in: AU 29, 4, 1986, 16–35. W. Richter: Römische Zeitgeschichte und innere Emigration, in: Gy 68, 1961, 298–310. W. Suerbaum: Der Historiker und die Freiheit des Wortes. Die Rede des Cremutius Cordus bei Tacitus *Ann.* 34/35, in: G. Radke (Hg.): Politik und literarische Kunst im Werk des Tacitus, Stuttgart 1971, 61–99.

Annales
„Jahrbücher"

Quintus Ennius aus Rudiae, 239–169 v. Chr.

Epos in daktylischen Hexametern (lat.) über die röm. Geschichte von den Anfängen bis in die Zeit des Autors. Von den 18 B. sind nur Fragmente erhalten.
Ennius verfaßte das Werk erst in den letzten Jahren seines Lebens.

I In den B. 1–5 werden die röm. Urzeit und die Epoche der Königsherrschaft beschrieben. Die B. 4–6 behandeln die frühe Republik, d. h. die Eroberung Italiens bis zum Konflikt mit Karthago. Die B. 7–9 haben den Kampf mit Karthago zum Thema. Die B. 10–12 handeln vom Makedonischen Krieg gegen Philipp V. In den B. 13–15 geht es um den Krieg gegen Antiochos und den Kampf des Fulvius gegen die Ätoler. Die letzte Triade (16.-18. B.) ist nur in Umrissen rekonstruierbar: Sie enthielt die Darstellung historischer Ereignisse bis zum Anfang der 60er Jahre des 2. Jh.s v. Chr.

Q Ennius steht in der Tradition einer hellenistischen Homer-Nachfolge. Er empfindet sich selbst als einen neuen Homer, der ihm im Traum erscheint und ihm offenbart, daß seine Seele in ihn übergegangen sei (Anfang der *Annales*).

W Der Autor will für Rom ein Werk schaffen, das Homers Werk entspricht. Dabei geht es ihm nicht um eine Verherrlichung oder Romantisierung des Krieges und seiner Helden. Für ihn hat vielmehr die *sapientia* (Vernunft, Klugheit) den Vorrang vor der rohen Gewalt (vgl. *Annales,* Frg. 105 Vahlen[2] = 96 Skutsch). Rationale Werte stehen bei Ennius im Vordergrund.

N Ennius hat Vergil (→*Aeneis*) stark beeinflußt. Horaz rühmt ihn als bedeutenden Dichter (→*Epistulae* 2,3,57). In spätrepublikanischer Zeit sind die *Annales* Schulbuch, das als solches erst von Vergils *Aeneis* verdrängt wird. Auf Lukrez (→*De rerum natura*) hat Ennius stark gewirkt. Von Cicero und später von Kaiser Hadrian wird er bewundert.

A E. Diehl: Poetarum Romanorum veterum reliquiae, Berlin [4]1957, 17–31. O. Skutsch, Oxford 1985. J. Vahlen: Ennianae Poesis Reliquiae, Leipzig [2]1903. E. H. Warmington, London/Cambridge (Mass.) 1961 (lat.-engl.).
Ü A. und A. Petersmann, RLTD 1, 57–73 (lat.-dt. in Auswahl).
L M. v. Albrecht: Ennius' *Annales*, in: E. Burck (Hg.): Das römische Epos, Darmstadt 1979, 33–44. C. J. Classen: Ennius, ein Fremder in Rom, in: Gy 99, 1992, 121–145. R. Häusler: Das historische Epos der Griechen und Römer

bis Vergil. Studien zum historischen Epos der Antike. 1. Teil: Von Homer zu Vergil, Heidelberg 1976. F. Leo, GdrL, 150–211. F. Skutsch: Ennius, in: RE 5, 1905, 2589–2628. O. Skutsch: Studia Enniana, London 1968. E. M. Stewart: The Annals of Quintus Ennius, Cambridge 1925. W. Suerbaum: Untersuchungen zur Selbstdarstellung älterer römischer Dichter. Livius Andronicus, Naevius, Ennius, Hildesheim 1968.

Annales
„Jahrbücher"

Quintus Fabius Pictor, 2. Hälfte des 3. Jh.s v. Chr.

Nicht im Wortlaut erhaltene Darstellung der röm. Geschichte von der Gründung der Stadt bis zum 2. Punischen Krieg (gr.).
Vermutlich wurde das Werk in der Zeit vor dem 2. Punischen Krieg (218–201 v. Chr.) begonnen, d. h. in einer Zeit höchster Bedrohung Roms, und sukzessive veröffentlicht.

I Die Berichte über das in griechischer Sprache abgefaßte Werk (es sind keine Fragmente im ursprünglichen Wortlaut erhalten), legen die Annahme nahe, daß Fabius nicht nur die selbsterlebten Ereignisse (Krieg gegen die Gallier, 225 v. Chr.), 2. Punischer Krieg bis mindestens 217 v. Chr.) besonders ausführlich geschildert hatte, sondern auch Autobiographisches und Anekdotisches einfließen ließ. Anscheinend hatte er auch eine Vorliebe für die Schilderung religiöser und profaner Gebräuche.
Q Der Autor benutzte abgesehen von heimischem Erzählgut über die röm. Frühgeschichte auch gr. Quellen (u. a. Hellanikos, →*Atthís*, und Hieronymos aus Kardia, →*Tà met' Aléxandron*). In der Anlage seines Werkes waren ihm die gr. Historiker (Herodot, →*Histories apódexis*, und Thukydides, →*Ho pólemos tôn Peloponnesíon kaì Athenaíon*) Vorbilder.
W Als röm. Senator und Teilnehmer am Krieg gegen Hannibal bediente Fabius sich der gr. Sprache, um die Griechisch sprechende Welt über Rom und röm. Selbstverständnis in der Krise der Auseinandersetzungen mit Karthago aufzuklären. – Er wollte seinen Lesern die politischen Ziele der röm. Nobilität nahebringen und einer karthagofreundlichen Geschichtsdarstellung entgegenwirken. „Wohl gegen die Verunglimpfung Roms durch Philinos von Akragas (2. Hälfte des 3. Jh.s v. Chr.) formulierte er die Grundgedanken der röm. Selbstdarstellung: Moralische Überlegenheit, Defensivpolitik, gerechte Kriege zum Schutze der Bundesgenossen" (RL 301; vgl. Philinos, →*Ho perì Sikelías pólemos*).
N „Fabius ist weder ein Polybios *avant la lettre* noch ein naiver altröm. Chronist, sondern ein Bahnbrecher, dessen Werk, gerade weil es zunächst stark nachwirkt, in die Tradition eingeht und dadurch im Laufe der Zeit unentbehrlich wird (M. v. Albrecht, 301). – Dionysios aus Halikarnassos (→*Rhomaikè archaiología*) referiert den Bericht des Fabius über die Gründung Roms. Polybios (→*Hi-*

storíai) benutzt das Werk für seine Darstellung der Punischen Kriege. Livius (→*Ab urbe condita libri CXLII*) bezieht sich auf Fabius.

A FGrHist 809. H. Peter, HRR 1, 5–39.
Ü FRH 1, 55–136.
L M. v. Albrecht, RL, 299–301. P. Bung: Q. Fabius Pictor, der erste römische Annalist. Untersuchungen über Aufbau, Stil und Inhalt seines Geschichtswerks an Hand von Polybios I-II, Diss. Köln 1950. F. Leo, GdrL, 85–87. F. Münzer: Q. Fabius Pictor, in: RE 6, 2, 1909, 1836–1841. D. Timpe: Fabius Pictor und die Anfänge der römischen Historiographie, in: ANRW 1, 2, 1972, 928–969.

Annales
„Jahrbücher"

Gaius Licinius Macer, 1. Jh. v. Chr.

Geschichtswerk in vermutlich 16 B. (lat.), nur Frg.

I Das Werk beginnt mit einer ausführlichen Darstellung der Gründung Roms und endet mit der röm. Zeitgeschichte. Die Weitschweifigkeit der Ausführungen wird von Cicero (→*De legibus* 1,7) getadelt. – Die *Gens Licinia* erscheint in einem besonders guten Licht.
Q Licinius benutzte altes Urkundenmaterial.
N Livius (→*Ab urbe condita libri CXLII*, 1. Dekade), und Dionysios aus Halikarnassos (→*Rhomaikè historía*) stützten sich auf Licinius.

A H. Peter, HRR 1, 298–307.
Ü FRH 2, 134–345.
L M. v. Albrecht, RL, 312. A. Klotz: Livius und seine Vorgänger, Leipzig 1940/1941, 208 bis 210; 222–272. F. Münzer, RE 13, 1, 1926, 419–435. R. M. Ogilvie: Commentary on Livy 1–5, Oxford 1965, 7–12. P. G. Walsh: Livy. His Historical Aims and Methods, Cambridge 1961, 110–137. S. Walt: Der Historiker C. Licinius Macer, Stuttgart/Leipzig 1997.

Annales
„Jahrbücher"

Cornelius Tacitus, etwa 55–116/120 n. Chr.

Geschichtswerk in wahrscheinlich 16 (vielleicht auch 18) B. (lat.), von denen die B. 1–4, der Anfang des B. 5, B. 6 ohne Anfang und die B. 11 bis 16 (mit Lücken am Anfang und am Ende) erhalten sind.
Die Datierung ist nicht sicher: Vermutlich zwischen 109 oder erst 115 und 120 n. Chr. verfaßt und sukzessive in mehreren Buchgruppen publiziert (1–3; 4–6; 11–12; 13–16).

I Das nach den →*Historiae* entstandene Werk schildert die Zeit vom Tod des Augustus (*Ab excessu Divi Augusti*) im Jahr 14 n. Chr. bis zum Jahr 66 n. Chr. Die Darstellung sollte aber wohl bis zum Ende des Jahres 68 n. Chr. reichen, da die „Historien" mit dem Jahr 69 einsetzen. – Die B. 1–6 reichen bis zum Ende des Tiberius (37 n. Chr.). Für die Jahre 29–31 ist der Text verloren. Die B. 7–12 berichten bis zum Ende des Claudius (54 n. Chr.). Für die Jahre 37–47 ist der Text verloren. Die B. 13–16 (oder 13–18 ?) befassen sich mit Neros Regierungsjahren (54–68), wobei die Darstellung der Jahre 66 (nach Thraseas Tod) bis 68 weitgehend verloren ist. – Das Thema des Werkes ist die Darstellung der historischen Entwicklung Roms unter den Kaisern in ihren inneren Ursachen. Allerdings betrachtet Tacitus die Vorgänge unter der für die röm. Geschichtsschreibung typischen stadtrömischen Perspektive. Die Ereignisse in den Provinzen sind für Tacitus nur erwähnenswert, wenn sie für die Hauptstadt von unmittelbarer Bedeutung sind. Kaiserliche Maßnahmen, die die Verwaltung des Weltreiches erfordert, stoßen vielfach auf Mißtrauen oder Ablehnung durch den Autor. Kulturelle und wirtschaftliche Fragen bleiben bei einer einseitig politischen Ausrichtung der Darstellung unberücksichtigt.

Q   Tacitus hat sorgfältige Quellenstudien betrieben. Allerdings nennt er nur selten Namen. Er erwähnt mehrfach den älteren Plinius, den Verfasser der →*Naturalis historiae libri XXXVII*. Daß er sich auch um Augenzeugenberichte bemühte, zeigt sein Briefwechsel mit dem jüngeren Plinius (→*Epistulae*) über den Vesuvausbruch des Jahres 79 n. Chr. – Tacitus verwertete sicherlich auch die →*Acta diurna urbis* oder *populi* und die verlorenen Werke der Historiker der frühen Kaiserzeit, ferner Memoiren von Mitgliedern der kaiserlichen Familie (z. B. der jüngeren Agrippina). – Grundsätzlich sieht sich Tacitus in der Nachfolge des Thukydides (→*Ho pólemos tôn Peloponnesíon kaì Athenaíon*) und des Polybios (→*Historíai*). In Übereinstimmung mit diesen Vorbildern gilt sein besonderes Interesse der Klärung der inneren Ursachen des geschichtlichen Geschehens. Starker Einfluß ging in vielerlei Hinsicht auch von Sallust aus (→*Bellum Iurgurthinum*, →*Catilinae coniuratio*, →*Historiarum libri V*).

H   Das Geschichtsverständnis des Tacitus und seine Sicht der Geschichte ist entscheidend geprägt durch das Erlebnis der Diktatur Domitians (81–96 n. Chr.). Die Herrschaft dieses Kaisers lieferte Tacitus die Maßstäbe für die Bewertung des Prinzipats im ganzen, den er als Prozeß des unaufhaltsamen Niedergangs interpretiert. Mit jedem Kaiser verschlimmert sich dieser Vorgang: „Anfangs leidet das Reich unter dem Mißtrauen und der Verschlagenheit des Tiberius, dann unter Caligulas offenem und unberechenbarem Wüten; unter Claudius wird die Tyrannis von einem tumben und trägen Herrscher ausgeübt, bis sie schließlich unter Nero zu einer geisterhaften Hanswurstiade denaturiert" (Kießel, 100 f.) Der zunehmende Verlust der Freiheit (*libertas*) und Tatkraft (*virtus*) wird für Tacitus Leitmotiv seiner Geschichtsdarstellung. Die Auffassung, daß unter der Herrschaftsform des Prinzipats alle sittlichen Werte vernichtet werden und daß es keine Alternative gibt, bestimmt das von Resignation beherrschte Geschichtsbild des Tacitus.

W   Tacitus „führt die Geschichtsschreibung des Sallust weiter, nicht nur in manchen Eigenheiten des Stils und in der psychologischen Charakterisierung, sondern auch in der aus sittlichem Ernst erwachsenen Ironie. Schon im Proömium des →*Agricola* klingen sallustische Töne und Motive an, und wenn als Wurzel von Augustus' Handeln (*ann.* 1,10) die *cupido dominandi* genannt wird, so greift diese Prägung auf eine Formel Sallusts zurück. Aber der Gegenstand des Tacitus ist größer: es geht ihm um die Beurteilung des Prinzipats als Staatsform – nicht vom Standpunkt politischer Theorie, sondern als geschichtliche Erscheinung. Es ist ein grundsätzliches Nein, das die Erkenntnis des Unvermeidlichen nur noch bitterer macht. Aber dieses Nein wird nicht ausgesprochen, der Leser soll es der Darstellung entnehmen. Tacitus drängt ihn dazu mit allen Mitteln indirekter Beeinflussung: Auswahl des Tatsachenmaterials, Gruppierung und Kontrastierung, vor allem aber durch jene Kunst der Andeutung *in malam partem*, deren unerreichbarer Meister er ist. Von *ira* und *studium*, persönlicher Schmeichelei und Gehässigkeit, ist Tacitus gewiß frei; dazu hatte er, so sagt er selbst, keinen Grund. Unvoreingenommen im Sinn historischer Objektivität konnte und wollte er nicht sein, und man darf ihm daraus keinen Vorwurf machen. Er schreibt als Stadtrömer und Senator; selbst wenn sein Blick über diese Grenzen hinausgegangen wäre, für die Reichspolitik eines Tiberius (oder eines Domitian) fehlen der antiken Geschichtsschreibung die Kategorien" (Bieler, 100). An Anlehnung an Thukydides und Polybios geht es Tacitus um die Erklärung der inneren Ursachen der Vorgänge. „Daß er dabei ... weniger Wert auf die Aufdeckung faktischer Kausalketten als auf die psychologische Begründung und Motivierung des Geschehens legt, ist mittelbar natürlich durch den Umstand bedingt, daß politische Beschlüsse von größter Tragweite angesichts der gewandelten Verhältnisse nur noch in kleinstem Kreis am kaiserlichen Hof getroffen werden, mithin Ereignisse und Entscheidungsprozesse, die den Gegenstand der Historiographie bilden, anders als zu Zeiten der Republik, für den Außenstehenden nicht mehr als solche einsehbar, sondern im besten Fall psychologisch nachvollziehbar sind ... Verschiedentlich ist zu beobachten, daß psychologische Überlegungen bei ihm (sc. Tacitus) geradezu das Übergewicht über die Erzählung der Ereignisse selbst gewinnen und das historische Geschehen nur noch Hilfsfunktion bei der Interpretation der Charaktere besitzt ... Weiter ist auch das unmittelbare Ziel, das Tacitus als Geschichtsschreiber verfolgt, geeignet, die Geschehnisse tendenziell zu tönen: Will er doch die *virtus* großer Männer der Vergessenheit entreißen und umgekehrt das Laster anprangern. Historiographie gewinnt so unter seiner Feder eine konkrete, psychagogisch-moralisierende Stoßrichtung" (Kießel, 99 f.).

N   In der Antike ist die Wirkung des Tacitus auffallend gering. Nur Ammianus Marcellinus (→*Rerum gestarum libri XXXI*) knüpft an Tacitus an, indem er die „Historien" fortzusetzen sucht. Auch Sulpicius Severus (→*Chronica*) und Orosius

(→*Historiae adversus paganos*) fußen auf Tacitus. Erst in der Neuzeit gelangt Tacitus zu stärkerer Wirkung. Als „Moralist" wird er von Montaigne bis Lichtenberg und Nietzsche geschätzt. Voltaire sieht in ihm den „Satiriker". Sein Einfluß auf die Geschichtsschreibung des 16.-17. Jh.s ist außerordentlich groß. Er wird aber auch zum Vorbild für düstere psychologische Gemälde u. a. in Form dramatischer Deutung: z. B. Corneille, *Othon* (1665); Racine, *Britannicus* (1670); Alfieri, *Ottavia* (1783); Chénier, *Tibère* (1807); Arnault, *Germanicus* (1817).

A   C. D. Fisher, Oxford 1906. H. Furneaux. 2 Bde., Oxford [2]1896 und [2]1916 (mit Kommentar). H. Heubner, Stuttgart 1983. K. Nipperdey / G. Andresen. 2 Bde., Berlin [11]1915 und [6]1908.
Ü   E. Heller / M. Fuhrmann, Düsseldorf/Zürich [5]2005 (lat.-dt.). A. Horneffer, Stuttgart 1957.
L   M. v. Albrecht, RL, 869–908. L. Bieler: Geschichte der römischen Literatur. Bd. 2, Berlin / New York [3]1972, 95–101. K. Büchner: Tacitus und Ausklang. Studien zur römischen Literatur. Bd. 4, Wiesbaden 1964. T. A. Dorey (Hg.): Tacitus, London 1969. G. Downey: Tiberiana, in: ANRW 2, 2, 1975, 95–130. D. Flach: Tacitus und die Tradition der antiken Geschichtsschreibung, Göttingen 1973. F. R. D. Goodyear: Tacitus, Oxford 1970. R. Häusler: Tacitus und das historische Bewußtsein, Heidelberg 1965. W. Kißel, RLTD 4, 94–133. A. Kneppe: Metus temporum. Zur Bedeutung von Angst in Politik und Gesellschaft der römischen Kaiserzeit des 1. und 2. Jhdts. nach Chr., Stuttgart 1994. U. Knoche: Zur Beurteilung des Kaisers Tiberius durch Tacitus, in: Gy 70, 1963, 211–226. E. Koestermann. 4 Bde., Heidelberg 1963–1968 (Kommentar). A. D. Leeman: Die römische Geschichtsschreibung, in: M. Fuhrmann (Hg.): Römische Literatur, Frankfurt 1974, 115–146. R. Martin: Tacitus, Berkeley 1981. E. Röver / R. Till: Lehrerkommentar zu Tacitus, Annalen 1–6, Stuttgart 1962. E. Röver / R. Till: Lehrerkommentar II zu Tacitus, Annalen 11–16 und Historien 1–5, Stuttgart 1969. B. Walker: The annals of Tacitus. A study in the writing of history, Manchester [2]1960.

Annales
„Jahrbücher"

Valerius Antias, 1. Jh. v. Chr.

Geschichtswerk in ursprünglich 75 B. (lat.), aus denen nur Fragmente erhalten sind.

I   Die Darstellung reichte von den Anfängen Roms (vgl. Livius, →*Ab urbe condita libri CXLII*) bis mindestens zum Jahr 91 v. Chr. Jedes Jahr wurde nach einem festen Schema abgehandelt, wobei mitunter auch mehrere Jahre zusammengefaßt wurden. Valerius will eindrucksvoll erzählen und hebt vor allem die Verdienste seiner eigenen Familie hervor.
N   Das Werk war eine wichtige Quelle für Livius, 1. Dekade, aber vor allem für die Zeit von der Schlacht bei Cannae (216 v. Chr.) bis zum 38. B. Auch Silius Italicus (→*Punica*) und Plutarchos in den Lebensbeschreibungen des Marcellus und Flamininus (→*Bíoi parálleloi*) griffen auf Valerius zurück.

A   H. Peter, HRR 1, 238–275.
Ü   FRH 2, 168–240.
L   M. v. Albrecht, RL, 310. A. Klotz: Livius und seine Vorgänger, Leipzig 1940/1941. D. Timpe: Erwägungen zur jüngeren Annalistik, in: A & A 25, 1979, 97–119. H. Volkmann, RE 7 A 2, 1948, 2313–2340. P. G. Walsh: Livy. His Historical Aims and Methods, Cambridge 1961, 110–137.

Annales
„Jahrbücher"

Virius Nicomachus Flavianus, etwa 334–394 n. Chr.

Ein dem Kaiser Theodosius (reg. 379–395 n. Chr.) gewidmetes, aber verlorenes Geschichtswerk (lat.), das z. B. von Ammianus Marcellinus (→*Rerum gestarum libri XXXI*) benutzt wurde.

L   M. v. Albrecht, RL, 1095 f. H. Bardon: La littérature latine inconnue. 2 Bde., Paris 1952 und 1956, 291–293. J. Schlumberger: Die verlorenen Annalen des Nicomachus Flavianus. Ein Werk über Geschichte der römischen Republik oder Kaiserzeit, in: J. Straub (Hg.): Bonner Historia-Augusta-Colloquium 1982–1983, Bonn 1985, 305–329. O. Seek, RE 6, 1909, 2506–2511.

Annales maximi
„Priesterchroniken"

An.

Verlorene Jahres-Chroniken der Oberpriester (lat.), auch bezeichnet als *Tabulae pontificum maximorum* („Tafeln der Oberpriester") oder *Tabulae annales* („Jahrestafeln").
Die frühesten Tafeln verbrannten bei der Eroberung Roms durch die Gallier im 4. Jh. v. Chr. Zwischen 130 und 115 v. Chr. veröffentlichte der Oberpriester P. Mucius Scaevola sämtliche Tafeln in Buchform (angeblich 80 B.). Seitdem wird der Begriff *Annales maximi* verwendet.

I   Die Oberpriester nahmen jährlich auf geweißten Tafeln Eintragungen vor, die mit den Namen der Consuln begannen und denkwürdige Ereignisse betrafen. Unter diesen waren vor allem Naturereignisse und andere bedeutende Vorfälle verzeichnet, die sakrale Handlungen erforderlich machten. – Die *Annales* waren eine wichtige Quelle der röm. Historiker.

L   M. v. Albrecht, RL, 298 f. C. Cichorius, RE 1, 2, 1894, 2248–2255. D. Flach: Einführung in die römische Geschichtsschreibung, Darmstad [2]1992, 56–61. R. Drews: Pontiffs, Prodigies, and the Disappearance of the *Annales Maximi,* in: CPh 83, 1988, 289–299. B. W. Frier: *Libri annales pontificum maximorum.*The Origins of the Annalistic Tradition, Rom 1979. E. Rawson: Prodigy Lists and the Use of the *Annales Maximi,* in: CQ 65 N.S. 21, 1971, 158–169. U. W. Scholz: Die Anfänge der römischen Geschichtsschreibung, in: P. Neukam (Hg.): Vorschläge und Anregungen, München 1980, 75–92.

An Nikokles →Pròs Nikokléa (Isokrates)

Anonymus Iamblichi
„Der unbekannte Autor des Iamblich"

An., ein Sophist aus der Umgebung des Hippias.

Exzerpte aus einer ethisch-politischen Lehrschrift (gr.), die im →Protreptikós (20) des Iamblichos (etwa 250–330 n. Chr.) teilweise erhalten ist.
In der Zeit von 420–360 v. Chr. entstanden, vielleicht kurz nach dem Peloponnesischen Krieg, d. h. um 400 v. Chr.

I Es handelt sich um Anweisungen für die Verwirklichung eines zufriedenen Lebens und um Mahnungen zur Gesetzlichkeit (eunomía). Der selbstbewußte Autor zeigt ein besonderes Interesse für die Bedingungen eines erfolgreichen Lebens: Voraussetzungen des Erfolgs sind außer einer entsprechenden Bildung und Erziehung natürliche Anlage und eigene Leistung. Wer Ruhm erringen will, muß schon früh durch entsprechende Taten darauf hinarbeiten. Alle herausragenden Fähigkeiten müssen zum Guten gebraucht werden. Der Beste ist derjenige, der den größten Nutzen für seine Mitwelt erzeugt. Die wichtigste Tugend ist die Selbstbeherrschung. Todesfurcht ist unvernünftig. Der Mensch soll nicht überheblich sein, sondern sich der gesetzlichen Ordnung unterwerfen. Eunomía und Anomía (gesetzliche Ordnung und Unordnung) sind Gegensätze. Eunomía ist die Quelle allen Glückes.
Q Der Autor greift u. a. Gedanken des Sophisten Protagoras auf (vgl. Protagoras, Fragmente bei Diels-Kranz B 3, B 10, B 11). Einiges stammt wohl auch von Gorgias (Übereinstimmungen bestehen z. B. zwischen Gorgias, Frg. B 6 und Anonymus, Frg. B 5). Anderes verweist auf Demokrit (Frg. B 146 und B 189 sind mit Anonymus, Frg. B 4 zu vergleichen). Übereinstimmungen auch mit Euripides sind nicht zu übersehen (Anonymus, Frg. B 3, 6 und Euripides, →Hikétides 312 ff.; Anonymus, Frg. B 7, 3 und Euripides, →Médeia 396; Anonymus, Frg. B 7, 5 und Euripides, Íon).
W Der Autor will mit formalrhetorischen Mitteln Wirkung erzielen. Inhaltlich geht er über allgemein verbreitete ethische Prinzipien nicht hinaus; er will sie allenfalls rhetorisch ansprechend zum Ausdruck bringen. Spezifisch sophistische „Ideale" (wie z. B. Skeptizismus, Relativismus, Individualismus) werden nicht vertreten. Der Anonymus entwickelt keine neue Gesellschaftstheorie. Er will den Leser lediglich dazu veranlassen, die bestehende Ordnung zu akzeptieren. Er lehnt die Lehre vom Recht des Stärkeren ab und warnt vor der Auflösung des Staates und vor der Anarchie. – Gedankliche Nähe zu der Schrift des Antiphon →Perì homonoías ist deutlich, so z. B. in der Hochschätzung der Erziehung (Frg. B 60) und in der Ablehnung der Anarchie (Frg. B 61). Daher wurde Antiphon zeitweilig auch als Autor der Schrift angesehen.

N „Das Hauptverdienst des Anonymus liegt jedenfalls darin, daß er den Schäden der entarteten Demokratie auf andere Weise abzuhelfen suchte als mit der Radikalkur der Theorie vom Herrenmenschen, die, ins Praktische übersetzt, für den Griechen die Tyrannis bedeutete. Mit der Bekämpfung dieser Lehre leitete er, noch mitten in der Zeit der Sophistik, die Erörterung darüber ein, was an ihr wahr und berechtigt und was falsch und verwerflich daran war" (Nestle, 432). Die Geschichtsschreibung (Thukydides, →Ho pólemos tôn Peloponnesíon kaì Athenaíon) und die Philosophie (Platon, →Gorgías und →Politikós; Antisthenes bei Aristoteles, →Politiká 3,13) mußten sich mit diesem Problem auseinandersetzen und gaben es an die Folgezeit weiter.

A VS 89. M. Untersteiner: Sofisti. Bd. 3, Florenz 1954 (gr.-it.).
Ü W. Capelle: Die Vorsokratiker, Stuttgart 1968, 380–388. R. Roller (s. u.).
L F. Blaß: De Antiphonte sophista Iamblichi auctore. Un.-Progr. Kiel 1889. H. Gomperz. Sophistik und Rhetorik. Das Bildungsideal des eû légein in seinem Verhältnis zur Philosophie des V. Jahrhunderts, Leipzig/Berlin 1912, Nachdr. Darmstadt 1965, 79–90. W. Nestle, VMzL, 424–433. R. Roller: Untersuchungen zum Anonymus Iamblichi, Diss. Tübingen 1931.

Anterastaí
„Rivalen"

Auch zitiert als Erastaí („Liebhaber").

Ps.-Platon

Polemische Schrift in Dialogform gegen Vielwisserei und reines Theoretisieren (gr.).
Ende des 4. Jh. verfaßt.

I Sokrates trifft auf zwei streitende Jünglinge. Sie scheinen sich über Anaxagoras oder den Mathematiker Oinopides in die Haare geraten zu sein und sich mit irgendwelchen geometrischen Figuren zu beschäftigen. Sokrates will den Grund der Auseinandersetzungen erfahren: „Ist es etwas Bedeutendes, worüber ihr so furchtbar streitet?" Der eine der beiden Jünglinge antwortet, die Personen, um die es gehe, redeten nur dummes Zeug über „die Dinge am Himmel", indem sie Philosophie betrieben. Sokrates stellt die Gegenfrage: „Hältst du etwa die Philosophie für etwas Wertloses?" Diese Frage wird verneint. Die Philosophie als etwas Wertloses oder als etwas Wertvolles zu bestimmen, setzt selbstverständlich ein Wissen über das Wesen der Philosophie voraus. Darauf folgen Definitionsversuche: Ist Philosophie Wissen oder gar Vielwissen (polymathía)? Ausführlich wird die Philosophie mit der Gymnastik verglichen, und man kommt zu dem Ergebnis, daß der optimale körperliche Zustand nicht das Ergebnis von zu großer oder zu geringer, sondern von „mittlerer" Anstrengung ist (vgl. Aristoteles, →Ethikà Nikomácheia 1104a15–16). Der Wert des „Mittleren" wird an weiteren Beispielen demonstriert, bis die Frage nach dem „Mittleren" auch an das Wissen der Philosophie gestellt wird: Der Philosophie kann es nicht um „Vielwisserei" gehen, sondern nur um Kenntnisse, die für das praktische Leben von Nutzen sind. Dann können Philosophen auch „nützliche Leute" sein – allerdings nicht auf Gebieten, für die Spezialisten erforderlich sind (z. B. Medizin): Der Philosoph hat sein besonderes Wirkungsfeld aufgrund seiner Gerechtigkeit und Selbsterkenntnis auf dem Gebiet der „Politik", deren Ziel der Nutzen der Polis, d. h. aller Menschen in der Polis, ist.

A J. Burnet: Platonis opera. Bd. 2, Oxford 1901. A. Carlini: Alcibiade secondo, Ipparco, Rivali, Turin 1964 (gr.-it.).
Ü E. Loewenthal. Bd. 2, Darmstadt 2003.
L M. Isnardi: Note al dialogo pseudoplatonico *Anterastai*, in: PP 9, 1954, 137–143. A. Lesky, GL, 574–576. W. Werner: *De Anterastis dialogo pseudoplatonico*, Darmstadt 1912.

Anthologia Graeca →Anthologia Palatina / Planudea

Anthologíai
„Blütenlese"

Vettius Valens aus Antiocheia, 2. Jh. n. Chr.

Eine aus älteren Quellen zusammengestellte Abhandlung (gr.) über Astrologie in neun B.. Verfaßt zwischen 152–162 n. Chr.

I Die Schrift gibt einen Einblick in die Praxis des Astrologen. Sie ist eine „Anleitung zum Sterndeuten" (Lesky, 931). Sie beschreibt Grundbegriffe der Astrologie und enthält zahlreiche Horoskope als Beispiele. Vettius Valens zitiert viele Quellen, die einen Einblick in die Geschichte der Astrologie bieten. – Von besonderem Interesse sind die Teile der Schrift, die über die Motive berichten, aus denen sich so viele Menschen der Astrologie zuwandten. „Vettius verspricht seinen Adepten, ,Soldaten des Schicksals' zu werden. Das Wissen von dem großen Kausalzusammenhang, der das Leben jedes einzelnen mit dem kosmischen Geschehen verbindet, soll den Menschen Mut und Zutrauen geben. Da der astrologisch Gebildete der Zukunft weder mit Angst noch mit Hoffnung entgegenblickt, weil der Ablauf der Ereignisse unabänderlich ist, vermag er mit um so größerer Tatkraft sich den Aufgaben der Gegenwart zu widmen" (Dihle, 299).
N Die Schrift, die auch in der →*Máthesis* des Firmicus Maternus benutzt wird, haben die Byzantiner und Araber viel gelesen.

A W. Kroll, Berlin 1908. D. Pringree, Stuttgart/Leipzig 1986.
L A. Dihle, GLL, 299. A. Lesky, GL, 931. O. Neugebauer / H. G. van Hoesen: Greek Horoscopes, in: Mem. of the Am. Philos. Soc. 48, 1959, 81–138.

Anthologia Latina
„Lateinische Blütenlese"

An.

Sammlung lat. Gedichte des 1.-6. Jh.s n. Chr. Im 6. Jh. in Nordafrika zusammengestellt und durch den *Codex Salmasianus* aus dem 8. Jh. (Paris, Bibl. Nat. 10318) weitgehend erhalten.

I Die Gedichte waren offensichtlich zyklisch geordnet (z. B. Vergilcentonen, Monodisticha, Rosengedichte). – Die ursprüngliche Auswahl wurde später erweitert um Gedichte aus Handschriften des 9.-12. Jh.s, unter denen sich die *Carmina latina epigraphica* mit den Scipionenelogien, das Arvallied (→*Carmen Arvale*) und die Epigramme (→*Epigrammata Damasiana*) des Papstes Damasus I. (366–384 n. Chr.) befinden.

A F. Bücheler, Leipzig 1895–1897, Nachdr. 1982. A. Lommatzsch: Supplementum, Leipzig 1926, Nachdr. 1982. A. Riese, Leipzig [(2)]1894–1906. D. R. Shackleton Bailey, Leipzig 1982.
L W. Schetter: Anthologia, in: dtv-L 1. 1, 125 f. S. Timpanaro: Alcune note all' *Anthologia Latina*, in: S. T.: Nuovi contributi di filologia e storia della lingua latina, Bologna 1994, 459–475.

Anthologia Palatina
„Blütenlese aus der Pfalz (Heidelberg)"

An., ein Bearbeiter und Herausgeber älterer Anthologien.

Sammlung gr. Epigramme aus dem 5. Jh. v. Chr. bis zum Mittelalter in elegischen Distichen, aber auch in anderen Formen (z. B. Hexametern, Iamben). Die Sammlung entstand um 980 n. Chr. in Konstantinopel. Sie ist eine erweiterte und verbesserte Neuauflage der um 900 entstandenen Sammlung des Kephalos, die wiederum auf älteren Anthologien aufbaute wie z. B. auf dem →*Meleágru stéphanos* (um 70 v. Chr.) und dem →*Kyklos tôn néon epigrammáton* des Agathias (6. Jh. n. Chr.). Die Handschrift der Sammlung befindet sich seit 1600 in Heidelberg, ein Teil der Handschrift auch in Paris. – Eine Abschrift der *Anthologia Palatina* ist die →*Anthologia Planudea* mit zum größten Teil denselben Epigrammen, aber auch mit Erweiterungen und Streichungen.

I Insgesamt enthält die Sammlung etwa 3700 Epigramme mit rund 23000 Versen. - B. 1: Christliche Inschriften des 4.-10. Jh.s n. Chr. - B. 2: Verse des Christodoros von Koptos (5./6. Jh. n. Chr.). – B. 3: Zeitlich nicht bestimmbare Inschriften an einem Tempel in Kyzikos. - B. 4: Prooimien, die Meleagros und andere ihren Sammlungen vorangestellt haben. - B. 5: Liebesepigramme verschiedener Dichter. - B. 6: Weihepigramme und Vermischtes. - B. 7: Grabepigramme. - B. 8: →*Epigrámmata* des Gregor aus Nazianz (2. Hälfte des 4. Jh.s n. Chr.). –

B. 9: Epideiktische Epigramme, d.h. Gedichte, die für eine „Zur-Schau-Stellung" (*Epídeixis*) verfaßt wurden, also überwiegend Buchepigramme vermischten Inhalts. – B. 10: *Protreptiká* („Ermunterungen"), Gnomen („Lebensweisheiten") und Sprichwörter. – B. 11: Trink- und Spottepigramme. – B. 12: Gedichte auf Knaben (*Paidiká*). – B. 13: Ehrungen verdienter Menschen in unterschiedlichen Metren. – B. 14: Arithmetische Aufgaben, Rätsel, Orakelsprüche. – B. 15: Figurengedichte (→*Technopaígnia*) und anderes (→*Sŷrinx*). – B. 16: Gedichte auf Kunstwerke. – B. 16 fehlt in der Handschrift der *Anthologia Palatina*, ist aber in der *Anthologia Planudea* enthalten. Man bezeichnet daher dieses B. auch als *Appendix Planudea* („Anhängsel des Planudes").

Q Vgl. →*Meleágru stéphanos* und die Hinweise zu seiner Rezeptionsgeschichte bis zur *Anthologia Palatina*.

A H. Beckby: Anthologia Graeca. 4 Bde., München [2]1965–1967.
L H. Beckby. Bd. 1: Einführung (s.o.). H. Görgemanns, GLTD 5, 16–28. A. Lesky, GL, 827–833. A. Wifstrand: Studien zur Griechischen Anthologie, Lund/Leipzig 1926.

Anthologia Planudea
„Blütenlese des Planudes"

Maximos Planudes, um 1255–1305 n.Chr., als Bearbeiter und Herausgeber älterer Anthologien.

Sammlung gr. →*Epigrámmata* verschiedener Autoren, im Jahre 1299 von dem Mönch Maximos Planudes vollendete Abschrift der →*Anthologia Palatina*.

I Die als Autograph des Planudes erhaltene Handschrift (Codex Marcianus 481 in Venedig) enthält 388 Gedichte mehr als die *Anthologia Palatina*, hat aber auch vieles, was diese bietet, ausgeschieden. Insgesamt enthält die *Anthologia Planudea* etwa 2400 Epigramme mit rund 15000 Versen. – Weiteres zum Inhalt →*Anthologia Palatina*.
Q →*Meleágru stéphanos* und die Hinweise zu seiner Rezeptionsgeschichte bis zur *Anthologia Palatina*.
N Hugo Grotius übersetzte 1630/31 die *Anthologia Planudea* ins Lateinische (enthalten in der Ausgabe von H. de Bosch, Utrecht 1795–1822).

A H. Beckby: Anthologia Graeca. 4 Bde., München [2]1965–1967 (gr.-dt.). H. de Bosch. 5 Bde., Utrecht 1795–1822 (gr.-lat.).
L H. Beckby: Anthologia Graeca. Bd. 1, 77–82 (über die Entstehung der *Anthologia Planudea*).

Anthologie des Stobaios →Eklogaí

Anthológion gnomôn
„Blütenlese der Meinungen"

Orion aus Theben (Ägypten), 5. Jh. n.Chr.

Sentenzensammlung (gr.), für die Kaiserin Eudokia in Konstantinopel zusammengestellt, weitgehend verloren.

A Stobaios, →*Eklogaí* 4, 249–266. M. Haffner, Stuttgart 2001 (gr.-dt. mit Komm.).
L C. Wendel, RE 18, 1, 1939, 1083–1087.

Anthómeros
„Gegen-Homer"

Ptolemaios Chennos aus Alexandreia, um 100 n.Chr.

Fragmentarisch überliefertes Epos in 24 Gesängen (gr.).

I Der Autor beabsichtigte offensichtlich, die homerische Mythologie zu korrigieren bzw. zu säkularisieren.

A A. Chatzis, 1914.
L A. Dihle, RE 23, 2, 1959, 1862. A. Lesky, GL, 960.

Antiatticista
„Gegen-Attizist"

An.

Alphabetisch geordnetes, nur in einem Auszug erhaltenes Wörterbuch (gr.).
Verfaßt im 2. Jh. n.Chr.

I Das in Opposition zu einem strengen Attizismus, dem rhetorischen Stilideal, das sich an den attischen Autoren der klassischen Zeit (5. und 4. Jh. v.Chr.) orientierte, konzipierte Werk basiert auf einem größeren Kreis von musterhaften Autoren, als ihn die Attizisten anerkannten. Der anonyme Autor erweitert in bewußter Opposition gegen den Attizismus den Umfang der sprachlichen Erscheinungen, an denen sich der Benutzer orientieren konnte, um ein korrektes Attisch zu sprechen und zu schreiben. – Den übertriebenen, hyperpuristischen Attizismus verspottet auch Lukianos in →*Rhetóron didáskalos* (bes. 16f.).

A I. Bekker: Anecdota Graeca. 1, Berlin 1814, 75–116.
L K. Latte: Zur Zeitbestimmung des Antiatticista, in: Hermes 50, 1915, 373–394. A. Lesky, GL, 931.

Anticato
„Gegen-Cato"

Gaius Iulius Caesar, 100–44 v. Chr.

Fast vollständig verlorene Schrift (lat.) in mindestens zwei B., die man auch *Anticatones* nannte (vgl. Cicero, *Epistulae ad Atticum* 13,50,1).
Im Jahre 45 v. Chr. Im Feldlager vor Munda verfaßt.

I Es handelte sich um eine Entgegnung auf Ciceros Lob des Cato. „Selbst wenn Caesar nur ‚feine Ironie' angewandt haben sollte (was sich nicht sicher beweisen läßt), hat er sich hier dennoch in seinem Haß auf die Verkörperung altrömischer Sitte und republikanischer Gesinnung demaskiert. Der Untergang der Schrift ist ein Glücksfall für das Andenken – nicht Catos, sondern Caesars" (M. v. Albrecht, RL, 329).

A A. Klotz, Leipzig 1927.
L H. J. Tschiedel: Caesar und der berauschte Cato, in: WJA NF 3, 1977, 105–113. H. J. Tschiedel: Caesars *Anticato*. Eine Untersuchung der Testimonien und Fragmente, Darmstadt 1981.

Antídosis →Perì antidóseos (Isokrates)

Antigóne
(Frauengestalt aus den thebanischen Sagen)

Sophokles aus Athen, 496–406 v. Chr.

Tragödie über einen Stoff aus dem thebanischen Sagenkreis in 1352 Versen (gr.).
Im Jahre 441 v. Chr. in Athen uraufgeführt.

I Das Gespräch (1–99) zwischen Antigone und Ismene, den Töchtern des Ödipus (→*Oidipus*), klärt die Voraussetzungen des weiteren Geschehens: Kreon, der Tyrann von Theben, hatte verboten, den Leichnam des Polyneikes, des Bruders von Antigone und Ismene, zu bestatten, weil dieser sich als Feind der Stadt erwiesen hatte. Antigone ist entschlossen, dieses Verbot nicht zu respektieren und die Konsequenzen zu tragen. Ismene versucht vergeblich, die Schwester von ihrem Vorhaben abzubringen, obwohl auch sie erkennt, daß die Nichtbestattung des Bruders ein Frevel an den „Unterirdischen" ist. Sie will diese um Verzeihung bitten, weil sie sich dazu gezwungen sieht, sich der Herrschermacht Kreons zu fügen (65–68). Sie hat kein Verständnis für Antigones „fromme Freveltat" (74). – Der Chor (100–161) reflektiert rückblickend die Ereignisse, die zum Tod des Angreifers Polyneikes geführt haben. – Sein erster Auftritt (162–331) gibt Kreon Gelegenheit, sein unbedingtes Festhalten an seinem Verbot und seine Entschlossenheit, es mit allen Mitteln durchzusetzen, zu verkünden. Da tritt einer der Wächter auf, die den Leichnam des Polyneikes bewachen sollten, um zu berichten, daß der

Tote rituell bestattet worden sei: Jemand habe Erde auf ihn gestreut und anderes getan, „was sich gehört" (247). Trotz vorsichtig-unterwürfiger Einwände des Chores bzw. des Chorführers ist Kreon nicht von seiner Absicht abzubringen, den Täter oder die Täterin streng zu bestrafen. – Das erste Standlied (Stasimon: 332–383) des Chores beginnt mit dem berühmten Vers „Vielfältig (ist) das Ungeheure, und nichts ist ungeheurer als der Mensch" (332/333). Der Chor reflektiert die Ambivalenz menschlicher Möglichkeiten. – Inzwischen wird Antigone festgenommen und vor Kreon geführt (384–581). Sie verleugnet nicht, das Gesetz des Königs übertreten zu haben. „Ich hielt deine Erlasse nicht für so bedeutend", sagt Antigone zu Kreon, „daß sie einen Menschen dazu veranlassen könnten, die ungeschriebenen und unumstößlichen Gesetze der Götter zu übertreten" (453 bis 455). Antigone bekennt sich nicht nur zu ihrer Tat; sie entlarvt zugleich die Bedingungen der in Kreon personifizierten Tyrannis, die nur deshalb so gut funktioniert, weil sie die Münder der Menschen verschließt (504–509). Ismene verrät die Schwester zwar nicht, bekennt sich aber auch nicht zu der Tat, meint jedoch, ihre „Schuld" zugeben zu müssen. Anders als Antigone hat und hatte sie von vornherein ein ausgesprochen starkes Schuldbewußtsein. – Das zweite Standlied (Stasimon: 583 bis 630) des angepaßten Chores erinnert an das Unheil, von dem das Labdakidengeschlecht betroffen war. (Labdakos war der Ahnherr der Ödipus-Familie, der Großvater des Ödipus.) Antigone ist das Opfer des Fluches, der auf dem Geschlecht lastet. In den Augen des Chores erfüllt Kreon mit der geplanten Bestrafung der Antigone den Erbfluch; er trägt also nicht eigentlich Verantwortung. Aber indem der Chor feststellt, daß menschliche Torheit und Selbsttäuschung von den Göttern geahndet wird, meint er damit anscheinend nicht nur Antigones Schicksal. Er deutet bereits auf das Unglück voraus, in das Kreon am Ende geraten wird. Der Chor beschränkt sich auf das Allgemeine, er wagt es nicht, konkret zu werden. – Der dritte Auftritt bietet im Streitgespräch zwischen Kreon und seinem Sohn Haimon über Recht und Unrecht des Urteils, über Schuld und Nicht-Schuld der Antigone (631–780). Dieses Epeisodion bildet nicht nur formal die Mitte des Dramas. Kreon erklärt noch einmal seinen Standpunkt: Wer über Gesetze hinweggeht und sie vergewaltigt oder den Herrschenden Vorschriften zu machen gedenkt, kann Kreons Billigung nicht erwarten. Einem Herrscher ist bedingungslos zu gehorchen. Es gibt kein größeres Übel als die Anarchie (672). Der Chor bezeichnet Kreons Erklärung als vernünftig. Haimon greift dies auf und sagt seinerseits, die Vernunft sei das größte Gut, das die Götter den Menschen verliehen hätten. Man hört bereits die Kritik an dem Anspruch des Vaters auf unbedingten Gehorsam; dann wird Haimon deutlicher. Kreon solle nicht nur eine einzige Überzeugung in sich tragen und keine andere Meinung außer seiner eigenen für richtig halten (705–706): Er solle deshalb nachgeben und seine Einstellung ändern (718). Der Chor kommentiert dies mit der vorsichtigen Bemerkung, daß beide Seiten gute Argumente hätten. Kreon ist jedoch noch nicht fähig, den Rat des Sohnes anzunehmen. Er unterstellt ihm vielmehr, daß es ihm doch nur darum gehe, Antigone zu retten. Haimon aber entgegnet, es gehe ihm um seinen Vater, um sich selbst und um die Götter der Unterwelt (755). Es kommt jetzt zum endgültigen Zerwürfnis zwischen Kreon und Haimon. – Das dritte Stasimon (781–805) veranschaulicht, daß der Chor Haimon völlig mißverstanden hat: Er habe Antigones Verhalten zu rechtfertigen versucht, weil er der Macht der Liebe unterlegen sei. – Der vierte Auftritt, ein Kommos (Klagegesang), ist ein Wechselgespräch zwischen Antigone und dem Chor. Antigone nimmt Abschied, indem sie ihr Leid analysiert. Sie ist allein und „autonom" (821), d.h. sich selbst Gesetz. Sie stellt sich die Frage nach ihrer Schuld: „Welches göttliche Recht habe ich gebrochen (921)?" Ihre Antwort lautet: „Ich habe mich durch frommes Tun der Gottlosigkeit schuldig gemacht" (925). Damit ist die Ausweglosigkeit ihrer Situation verdeutlicht. Was sie auch getan hätte; sie hätte auf jeden Fall Unrecht getan. Antigone respektiert also offensichtlich den Standpunkt und das Recht des Kreon auf Gehorsam. – Das vierte Stasimon (944–987) ist Antigones Grabgesang; der Chor verweist auf vergleichbare Fälle aus der Mythologie. – Der fünfte Auftritt läßt den blinden Seher Teiresias zu Wort kommen (988 bis 1114), der Kreon ein schlimmes Schicksal prophezeit. Er appelliert noch einmal (1050) an Kreons Vernunft (ähnlich wie Haimon in dem Streitgespräch mit seinem Vater, 683–684). Kreon beginnt, seine Selbstsicherheit zu verlieren (z.B. 1095–1097). Er ist bereit nachzugeben (1102 bis 1106) – aber nicht aufgrund besserer Einsicht, sondern unter dem Eindruck der Andeutungen des Teiresias. Im fünften Standlied (1115–1152) bittet der Chor den Gott Dionysos um Hilfe aus der Not. In der Schluß-Szene, der Exodos (1155–1256), berichtet ein Bote, daß Haimon sich selbst getötet hat, nachdem Antigone ihrem Leben ein Ende bereitet hatte. Stumm verläßt Eurydike, Haimons Mutter, die Szene, um sich umzubringen. Ein Klagelied des Chores im Wechselgesang mit Kreon und dem Boten bildet den Abschluß. Zu spät hat Kreon, der weiterleben und leiden muß, eingesehen, daß Vernunft und besonnenes Handeln die wichtigste Voraussetzung für ein glückliches Leben ist. Dazu – so der Chor – ist es nötig, die Götter zu ehren.

W   Das Werk wurde ganz verschiedenartig gedeutet, d.h. über die Absicht des Autors wurden unterschiedliche Vermutungen angestellt. Nach Hegel ist das Thema der *Antigóne* die Antinomie zweier gleichberechtigter Prinzipien: Antigone vertritt das Recht des Bruders auf eine ehrenvolle Bestattung und damit zugleich das Recht der Götter der Unterwelt. Kreon verkörpert demgegenüber das Recht des Staates auf die Einhaltung der staatlichen Gesetze. Im Verlauf des Geschehens behält Antigone Recht, verliert aber ihr Leben, während Kreon

ein Opfer seines eigenen Rechtsanspruchs wird und sein Leben in tiefstem Leid fortsetzt. Daß immer wieder Vernunft und Wohlberatenheit im Lauf des Stückes beschworen werden – vor allem von Haimon und Teiresias –, deutet anscheinend an, daß es in den Augen des Sophokles eine „vernünftige" Lösung des Konflikts hätte geben können. Unter diesem Gesichtspunkt könnte das Streitgespräch zwischen Haimon und Kreon im Zentrum des Stückes für die Frage nach Sophokles' Mitteilungsabsicht eine große Bedeutung haben. Hier wird auch deutlich Kritik geübt an der Tyrannis und den Bedingungen, unter denen sie möglich ist: Niemand wagt dem König zu sagen, was er wirklich denkt (außer Haimon und Teiresias). Daher bleibt Antigone isoliert und dem Herrscher ausgeliefert. Es ist demnach anzunehmen, daß Sophokles nicht die Antinomie, die Unvereinbarkeit zweier Rechte, darstellt, sondern das Recht, für das Antigone stirbt, als das überlegene charakterisiert, das als das Recht des Hades unbedingten Gehorsam verlangt, während das Recht des Tyrannen einen minderen Rang hat, weil seiner Auslegung und Anwendung ein Spielraum zur Verfügung steht, der mit Hilfe der Vernunft abzugrenzen und zu nutzen ist. Weil Kreon aus Unvernunft, Starrsinn und Verblendung diesen Spielraum nicht nutzt, macht er sich schuldig an seinen Mitmenschen und gerät selbst in größtes Unglück.

N   Die Wirkung der *Antigóne* in der Geschichte der europäischen Literatur ist außerordentlich groß. Euripides schrieb eine (verlorene) *Antigóne*. Seine →*Phoínissai* bieten eine Erweiterung des Stoffes. – Racine greift 1664 den Antigone-Stoff auf (*La Thébaide ou Les Frères ennemies*) und gestaltet daraus ein Intrigenspiel. – Opitz (1636) übersetzt die sophokleische *Antigóne*. Hölderlin verfaßt 1804 seine „Antigonä", indem er eine den Wortlaut des Originals nachbildende Übersetzung herstellt. – Im 20. Jh. bleibt Hasenclevers Stück *Antigone* (1917) zwar dem antiken Vorbild verpflichtet, aber mit deutlichem Zeitbezug: „Kreon spricht wie Wilhelm II. Antigone fungiert als Priesterin der Liebe und der Menschlichkeit. Sie gewinnt das Volk für sich, das zunächst ihren Tod gefordert hat. Sie klärt auf über Krieg und Tyrannei in einem pathetisch gefärbten Pazifismus. Eine Erlösung in christlichem Sinn bildet die höchste Form umfassender Menschenliebe" (Zink, 140).– Bei Anouilh (1942) will Antigone ein Leben ohne Rücksicht auf Konventionen, ein Leben, das der jeweiligen Augenblickssituation entspricht. Ihre schon bei Sophokles angedeutete „Autonomie" wird auf die Spitze getrieben. Kreon verkörpert dagegen die Vernunft und den Sinn für die Realität. – Brechts *Antigone des Sophokles* (1948) thematisiert den Konflikt zwischen Menschlichkeit und Staatsraison. – Einen engen Zeitbezug zu den gerichtlichen Verfahrensweisen im Dritten Reich stellt Rolf Hochhuth mit seiner *Berliner Antigone* (1964) her. – Hinweis auf weitere Rezeptionsdokumente. Vertonungen: *Antigone des Sophokles* von Mendelssohn (1841); *Antigone des Sophokles* von C. Saint-Saëns (1893). Opern: *Creonte* von A. Scarlatti (1699); *Antigone* von A. Honegger (1930); *Antigone* von C. Orff (1949).

A R. D. Dawe, Leipzig/Stuttgart [3]1996. R. C. Jebb, Cambridge 1888. H. Lloyd-Jones / N. G. Wilson, Oxford 1990. A. C. Pearson, Oxford [2]1928. F. W. Schneidewien / A. Nauck / E. Bruhn, Berlin (10)1904.
Ü E. Pilch, Berlin [2]1949 (gr.-dt.). K. Reinhardt, Göttingen [3]1961 (gr.-dt.). H. Weinstock, Stuttgart [3]1957. W. Willige / K. Bayer / B. Zimmermann, Düsseldorf/Zürich [4]2003 (gr.-dt.). N. Zink, Stuttgart 1991 (gr.-dt.).
L H. Diller (Hg.): Sophokles, Darmstadt 1967. E. Eberlein: Über die verschiedenen Deutungen des tragischen Konflikts in der Tragödie *Antigone* des Sophokles, in: Gy 68, 1961, 16ff. P. Friedländer: *Polla ta deina*, in: Hermes 69, 1934, 56–63. M. Giebel: Sophokles. *Antigone*, Stuttgart 1992. J. Goth: Sophokles. *Antigone*, Diss. Tübingen 1966. K. Hamburger: Von Sophokles zu Sartre, Stuttgart 1962. W. Jens: *Antigone*-Interpretationen, in: FS O. Weinreich, Baden-Baden 1952, 43 bis 58; auch in: H. Diller (Hg.): Sophokles, Darmstadt 1967, 295–310. J. C. Kamerbeek: The Plays of Sophokles. Bd. 3: The *Antigone*, Leiden 1978 (Kommentar). A. Lesky, GL, 311 bis 334. Chr. Meier: Die politische Kunst der griechischen Tragödie, München 1988. H. – J. Mette: Die *Antigone* des Sophokles, in: Hermes 84, 1956, 129–134. H. Meusel: Tragödienbehandlung in der Schule – ein Interpretationsbeispiel (Sophokles *Antigone* 332–375), in: E. Römisch (Hg.): Griechisch in der Schule. Didaktik, Plan und Deutung, Frankfurt 1972, 176 bis 189. G. Müller: Sophokles. *Antigone*, Heidelberg 1967 (Kommentar). H. Patzer: Hauptperson und tragischer Held in Sophokles' *Antigone*, Wiesbaden 1978. K. Reinhardt: Sophokles, Frankfurt [4]1976. Ch. Segal: Tragedy and Civilization. An Interpretation of Sophokles, London / Cambridge (Mass.) 1981. H. Weinstock: Sophokles, Wuppertal [3]1948. C. Zimmermann: Der Antigone-Mythos in der antiken Literatur und Kunst, Tübingen 1992.

Antiochikós
„Antiocheia-Rede"

Libanios aus Antiocheia, 314 – etwa 393 n. Chr.

Lobrede (Nr. 11 bei Förster) auf Antiocheia, die Heimatstadt des Autors (gr.), die dieser selbst bei den Olympien vorgetragen hatte.

I Die Rede ist eine wertvolle Quelle für die Geschichte und die Topographie der Stadt in der Antike (→*Lógoi*).

A R. Förster. Gesamtausgabe. 12 Bde., Leipzig 1903–1927, Nachdr. Hildesheim 1963.
L G. Downey, in: Proceedings of the American Philosophical Society 103, 1959, 652ff. (Kommentar). A. J. Festugière: Antioche paienne et le chrétienne. Lib., Chrysostome et les moines de Syrie, Paris 1959 (mit frz. Übersetzung des *Antiochikós*). H. Gärtner: Libanios, in: DKP 3, 612–615. A. Lesky, GL, 972f. W. Spoerri: Libanios, in: dtv-L 1. 3, 59–61.

Antiochikòs è misopógon
„Antiocheia-Rede oder der Barthasser"

Flavius Claudius Iulianus, röm. Kaiser 361–363 n. Chr.

Satire (gr.), in der sich der Kaiser selbst anklagt, um in Wirklichkeit aber die Antiocheer zu treffen.

I Der Kaiser war in Antiocheia, wo er im Mai 362 eingetroffen war, in schwere „innenpolitische" Konflikte geraten. So brannte z. B. in der christlichen Stadt der Apollontempel ab. Der Kaiser ließ daraufhin die christliche Hauptkirche schließen, weil er vermutete, daß die Christen für die Zerstörung des Tempels verantwortlich waren. Darüber hinaus war es zu einem Streit mit dem Rat von Antiocheia gekommen, der sich weigerte, dem Befehl des Kaisers, die Preise für Handelswaren zu senken, zu befolgen. Die äußerst gespannte Atmosphäre und die Widerspenstigkeit des Rates veranlaßte den Kaiser zu seinem Pamphlet, in dem er berechtigte und unberechtigte Vorwürfe gegen die Stadt erhob. – Der zweite Titel nimmt darauf Bezug, daß der Kaiser einen Philosophenbart trug, der ihm den Spott der Antiocheer eintrug. Vgl. Ammianus Marcellinus, →*Rerum gestarum libri XXXI* 22,13–14. – Die Satire bietet auch wertvolle Hinweise über den Autor selbst und enthält u. a. auch eine anschauliche Schilderung der gallischen Hauptstadt, in der sich der Kaiser oft aufzuhalten pflegte.

A Ch. Lacombrade: Discours de Julien Empereur, Paris 1964, 141–199 (gr.-frz.). M. Giebel, Stuttgart 1999.
L R. Asmus: in Ph 76, 1920, 266–292; 77, 1921, 109–141. K. Bringmann: Kaiser Julian, Darmstadt 2004. A. Lesky, GL, 974f. C. F. Russo: Saggio sul *Misopogon*, in: SIFC 27/28, 1956, 460–488.

Antiopa

Pacuvius aus Brundisium, 220 – etwa 130 v. Chr.

Tragödie (lat.), von Cicero hochgelobt (→*De finibus bonorum et malorum* 1,4), in nur wenigen Fragmenten erhalten.

I Antiopa (gr. Antiópe) ist eine Gestalt der gr. Mythologie. Als Geliebte des Zeus wird sie schwanger und flieht aus Furcht vor ihrem Vater Nykteus, dem König von Theben, zum König Epopeus von Sikyon, der sie zur Frau nimmt. Vor seinem Tod beauftragt Nykteus seinen Bruder und Nachfolger Lykos, Antiope zurückzuholen. Lykos zieht gegen Sikyon, tötet Epopeus und nimmt Antiope als Gefangene mit. Unterwegs werden die Zwillinge Amphion und Zethus geboren. Auf Befehl des Lykos werden sie ausgesetzt, aber – wie Romulus und Remus – von Hirten gefunden und aufgezogen. Antiope dient als Sklavin im Haus des Lykos und wird von dessen Gattin Dirke unterdrückt und gequält. Schließlich flieht sie aus Theben und begegnet unterwegs ihren Söhnen, die inzwischen erwachsen sind. Amphion will in der Tragödie des Pacuvius der um Hilfe bittenden Antiopa entgegenkommen. Zethus aber verweigert ihr die Zuflucht, weil sie eine entlaufene Sklavin sei. So liefern die Söhne, ohne es zu wissen, die eigene Mutter an die grausame Dirke (lat. Dirce) aus. Erst im letzten Augenblick erfahren sie die Wahrheit, retten die Mutter und bestrafen Dirce.

W „In der *Antiopa* vertreten die Zwillinge Amphion und Zethus entgegengesetzte Lebensauffassungen: Amphion, der Leierspieler, huldigt dem beschaulichen Leben, Zethus als Jäger dem praktischen. Amphion macht aus seinem Plädoyer für die Musik ein solches für die Weisheit; er setzt sich zwar nicht durch ..., aber die Szene bleibt ein Markstein in der römischen Auseinandersetzung mit dem Problem einer dem Geistigen zugewandten Existenzform ... Neben der Beschäftigung mit geistigen Dingen kommt in diesem Stück auch die philosophische Erkenntnis zur Geltung, daß der entlaufene Sklave in Wahrheit ein uns sehr nahestehender Mensch sein kann, dem wir Achtung und Hilfe schuldig sind ... Die aufklärerische Gedankenwelt dieses euripideischen Stückes (→*Antióp e*) steht seiner großen Beliebtheit in Rom nicht im Wege – eine Tatsache, die für das römische Publikum spricht" (M. v. Albrecht, 123).

A G. D' Anna, Rom 1967 (lat.-it. mit Kommentar). TRF 86 bis 157.
Ü E. H. Warmington: Remains of Old Latin. Bd. 1, London/Cambridge (Mass.) 1936 (lat.-engl.).
L M. v. Albrecht, RL, 120–126. F. Leo, GdrL, 226 bis 232. O. Ribbeck: Die römische Tragödie im Zeitalter der Republik, Leipzig 1875, Nachdr. Hildesheim 1968, 216–229.

Antiópe

Euripides, etwa 480–406 v. Chr.

Tragödie (gr.), in nur wenigen Fragmenten erhalten. Nach 412 v. Chr. aufgeführt.

I Soweit die Fragmente erkennen lassen, kam Antiope auf der Flucht vor der bösen Königin Dirke von Theben unerkannt zu ihren Söhnen Amphion und Zethos. Die Wiedererkennung brachte Antiope die Rettung und Dirke die Strafe für ihre Bosheit. „Bedeutsam war dieses Stück dadurch, daß es eine durch die Sophistik aufgerissene Kluft an den beiden thebanischen Dioskuren sichtbar machte: Amphion und Zethos standen sich als Vertreter des beschaulichen und des werktätigen Lebens, des *theoretikós* und des *praktikòs bíos* gegenüber, wie Epimetheus und Prometheus in der *Pandora* Goethes" (Lesky, 442).
N Pacuvius schafft eine röm. Fassung der euripideischen *Antíope* (→*Antiopa*).

A TGF 410–426. B. Snell: Supplementum zu TGF, 5 f.
L A. Lesky, GL, 441 f.

Antiquae lectiones
„Sammlung alter Ausdrücke"

Lucius Caesellius Vindex, 2. Jh. n. Chr.

Nur durch zwei Exzerpte bei Cassiodor, →*De orthographia*, überliefertes lexikalisches Werk (lat.).

I Das Werk behandelte wohl altlateinische Sprachformen in alphabetischer Reihenfolge. Cassiodor markiert das erste Exzerpt mit den Worten: „Folgendes ist aus Caesellius, dem Fachmann für Sprachrichtigkeit, ausgewählt...", das zweite: „Aus L. Caecilius (!) Vindex ist folgendes ausgewählt ..."

A GrLat 7, 202, 18–206, 15 und 206, 16–207, 12.
L Schanz-Hosius 3, 154–156. W. Strzelecki: Caesellius Vindex, in: DKP 1, 1007.

Antiquitates →Iudaikè archaiología (Flavius Iosephus)

Antiquitates rerum humanarum et divinarum
„Ereignisse, Sitten und Gebräuche der alten Zeiten im Bereich der menschlichen und göttlichen Dinge"

Marcus Terentius Varro, 116–27 v. Chr.

Nach Stichworten geordnetes Handbuch (lat.) der röm. Altertumskunde in 25 B. (über die menschlichen Dinge) und 16 B. (über die göttlichen Dinge), aus denen nur Fragmente erhalten sind. Vermutlich zwischen 55 und 47 v. Chr. verfaßt. Der Autor widmete die B. 26–41, d. h. die *Antiquitates rerum divinarum*, dem damaligen Pontifex maximus Gaius Iulius Caesar.

I Die ersten 25 B. befassen sich mit den „menschlichen Dingen" (*res humanae*), die folgenden 16 B. mit den „göttlichen Dingen" (*res divinae*) des röm. Kulturlebens. – B. 1: Einleitung in die Darstellung der „menschlichen Dinge". – B. 2 bis 7: Über die Menschen (*de hominibus*). – B. 8 bis 13: Über Orte (*de locis*). – B. 14–19: Über Zeiten (*de temporibus*). – B. 20–25: Über Taten (*de rebus*). – B. 26: Einleitung in die Darstellung der „göttlichen Dinge". – B. 27–29: Über Priester. – B. 30–32: Über Kultstätten. – B. 33–35: Über Festzeiten. – B. 36–38: Über Riten. – B. 39–41: Über Götter.
N Cicero hat die Bedeutung des Werkes, das in seinen Augen die gesamte röm. Welt enzyklopädisch darstellte, erkannt. In den →*Academica* feiert er Varro als den Gelehrten, der mit den *Antiquitates* die Römer in ihrer Stadt erst heimisch gemacht habe, nachdem sie bisher wie Fremdlinge in ihr gewohnt hätten. – Die *Antiquitates* wurden das grundlegende antiquarische und theologische Werk für die folgende Zeit, von den Augusteern bis zu Augustinus. – Das Werk läßt sich vor allem aus Au-

gustinus, →*De civitate Dei*, rekonstruieren. Denn Augustinus bewahrt wertvolle Teile des Textes, aus denen er den Stoff für seine Argumentation gegen die röm. Staatsreligion bezieht (vor allem im ersten, „destruktiven" Teil von *De civitate Dei*).

    A B. Cardauns. 2 Bde., Mainz 1976 (*Ant. rer. div.*). A. G. Condemi, Bologna 1965 (B. 1–2). R. Merkel, 1841 (*Ant. rer. div.*). P. Mirsch, 1882 (*Ant. rer. hum.*).
    L M. v. Albrecht, RL, 472–490. H. Dahlmann, RE Suppl. 6, 1935, 1172–1277. H. Dahlmann: Zu Varros antiquarischhistorischen Werken, besonders den *Antiquitates rerum humanarum et divinarum*, in: Dialogos. FS H. Patzer, Wiesbaden 1975, 129–138. L. Deschamps: *Maia Volcani* éclairée par un passage des *Antiquitates rerum humanarum* de M. Terentius Varro Reatinus, in: Laurea corona. Studies in Honour of E. Coleiro, Amsterdam 1987, 30–36. H. Dörrie: Zu Varros Konzeption der *theologia tripertita* in den *Antiquitates rerum divinarum*, in: Beiträge zur altitalischen Geistesgeschichte. FS G. Radke, Münster 1986, 76–82. K. Latte: *Augur* und *templum* in der Varronischen Auguralformel, in: Ph 97, 1948, 143–159. E. Misdariis: Sulla datazione e alcuni nuovi frammenti delle *Antiquitates rerum divinarum*, in: Annali della facoltà di Lettere e Filosofia (Triest) 1, 1964/65, 255–269.

Antiquitates Romanae →Rhomaikè archaiología (Dionysios aus Halikarnassos)

Antirrhetikós
„Gegenrede"

Euagrios Pontikos, 346–399 n. Chr.

Spruchbuch (gr.).

    I Der *Antirrhetikós* bietet eine Zusammenstellung von Bibelworten zu Sprüchen, die dazu dienen sollen, die acht Hauptsünden zu bekämpfen.
    N Das B. wird von Ioannes Cassianus in seinem Werk →*De institutis monachorum et de octo principalium vitiorum remediis* benutzt.

    A PG 40.
    Ü O. Zöckler, 1893.
    L K. Baus: Euagrios Pontikos, in: LThK 3, 1140–1141. A. Dihle, GLL, 427–429. A. und C. Guillaumont, in: RAC 6, 1088–1107.

Antirrhetikòs pròs tà Hierokléus
„Gegenrede gegen die Ausführungen des Hierokles"

Auch zitiert als *Pròs tùs hypèr Apolloníu tû Tyanéos Hierokléus* („Gegen die [Worte] des Hierokles über Apollonios aus Tyana").

Eusebios aus Kaisareia, um 260–339 n. Chr.

Antwort auf den →*Lógos philaléthes* des Hierokles (gr.).

    I Die apologetische Schrift in nur einem B. wendet sich gegen die Ausführungen des Hierokles (2. Jh. n. Chr.) über den Wanderprediger und Philosophen Apollonios aus Tyana (um 3 – um 97 n. Chr.).

    A Th. Gaisford, 1852. PG 22, 795–868.
    L J. Moreau, in: RAC 6, 1052–1088. H. Rahner, in: LThK 3, 1195–1197. E. Schwartz, in: RE 6, 1, 1907, 1370–1439.

Antithéseis
„Gegenüberstellungen"

Markion aus Sinope, 2. Jh. n. Chr.

Ein aus der Schrift →*Adversus Marcionem* des Tertullian rekonstruierbares Werk der gnostisch-christlichen Theologie (gr.).

    I Mit Hinweisen auf Gegensätze und Widersprüche zwischen dem Alten und dem Neuen Testament begründete Markion seine Ablehnung des Alten Testaments. Vom Neuen Testament ließ er nur das Lukas-Evangelium und die Briefe des Paulus als heilige Schriften gelten. Zu einem überspitzten Paulinismus und der radikalen Ablehnung des Alten Testaments kamen ein Antijudaismus und ein entschiedener Dualismus hinzu: Dem grausamen und gerechten Gott des Alten Testaments stellte Markion den bisher fremden Gott, der sich in Christus offenbart und die Menschen erlöst, gegenüber.

    A A. Harnack: Marcion, Leipzig [(2)]1925, 256–313 (Rekonstruktion des Werkes).
    L O. Bardenhewer 1, 371–376. H. Rahner: Markion, in: LThK 7, 92f. K. Wegenast: Markion, in: DKP 3, 1039.

Antoniusvita →Vita Sancti Antonii (Athanasios)

Apicius: De re coquinaria
„Apicius: Über die Kochkunst"

Caelius, 3./4. Jh. n. Chr. Möglicherweise war Caelius Herausgeber des aus verschiedenen Quellen kompilierten Werkes. Marcus Gavius Apicius war ein berühmter Genießer zur Zeit des Kaisers Tiberius (reg. 14–37 n. Chr.); daher wurde der Name „Apicius" in den Titel des Werkes einbezogen.

Römisches Kochbuch (lat.) in zehn B..

    I Die Rezepte, die nach Nahrungsmittelarten und Gerichten geordnet wurden, sind sowohl für den einfachen als auch für den raffinierten Geschmack bestimmt. „Insgesamt geben sie einen wertvollen Einblick in die griech.-röm. Kochkunst, deren Bedeutung sich bis in die spätere mittelmeerländische Kochkunst, einschließlich der französischen, verspüren läßt" (Bendz, 137 f.).

A   J. André, Paris 1965 (lat.-frz. mit Kommentar). B. Flower / E. Rosenbaum, London 1958 (lat.-engl.). M. E. Milham, Leipzig 1969.
Ü   E. Alföldi-Rosenbaum, Zürich (5)1978. R. Maier, Stuttgart 1991 (lat.-dt. mit Kommentar).
L   M. v. Albrecht, RL, 456. J. André: L' alimentation et la cuisine à Rome, Paris 1961. G. Bendz: Apicius Caelius, in: dtv-L 1. 1, 137f. Schanz-Hosius 2, 791–793. M. Wellmann, RE 3, 1, 1897, 1254 f.

Ápista
„Unglaubliches"

Antiphanes aus Berge, 4. Jh. v. Chr.

Verlorene Sammlung von Lügengeschichten (gr.).

L   A. Lesky, GL, 703 f. E. S. McCartney: Antiphanes' cold weather story and its elaboration, in: CPh 48, 1953, 169–172. E. Pasquali, Enciclopedia Italiana di Scienze, Lettere ed Arti 3, 1929, 479. O. Weinreich: Antiphanes und Münchhausen, in: SB Wien 220, 4, 1942.

Apocolocyntosis
„Verkürbissung"

Lucius Annaeus Seneca aus Corduba, etwa 4–65 n. Chr.

Satire auf den röm. Kaiser Claudius (reg. 41–54 n. Chr.) bzw. Parodie auf dessen Apotheose (Vergöttlichung) (lat.).
Im November/Dezember 54 n. Chr. verfaßt.

I   Die Satire auf Tod, Himmel- und Höllenfahrt des Kaisers Claudius erzählt, wie dieser stirbt und sich zum Olymp begibt, nachdem er von seiner Frau, die ihn umgebracht hatte, „vergöttlicht" worden war. Herakles empfängt ihn und verwendet sich für ihn im Götterrat. Doch dieser kann dem Antrag des Herakles nicht ohne weiteres zustimmen. Schließlich hält Kaiser Augustus eine vernichtende Rede, und der neue Gott wird in die Unterwelt geschickt. Merkur führt ihn an seinem eigenen Leichenzug vorbei in die Unterwelt. Dort macht ihn der Totenrichter den Prozeß und verurteilt ihn dazu, mit einem durchlöcherten Würfelbecher zu spielen. Da erscheint Kaiser Caligula und will ihn als Sklaven haben. Caligula bekommt ihn und schenkt ihn dem gerechten Aeacus; der gibt ihn an seinen Freigelassenen Menander weiter, damit er beim kaiserlichen Sondergericht angestellt werde.

H   Claudius war unter Mitwirkung seiner zweiten Frau Agrippina an einem Pilzgericht gestorben. Von seiner ersten Frau Messalina hatte Claudius die Tochter Octavia, die später von Nero geheiratet und wieder verstoßen wurde (vgl. die unter Senecas Werken überlieferte →Octavia), und den Sohn Germanicus Britannicus. Aus der ersten Ehe der Agrippina stammte Nero, den Claudius adoptiert hatte. So gab es zwei mögliche Thronerben: Germanicus Britannicus und Nero. Agrippina erreichte, daß Nero die Thronfolge antrat. Um den Sohn des Claudius und dessen Anhänger zu versöhnen, erhob die Agrippina-Partei den verstorbenen Kaiser Claudius zum Gott. Nero jedoch versuchte, die Konsekration zu unterlaufen, und ließ den Tempel, der zu Ehren des Claudius errichtet worden war, wieder abreißen. Er distanzierte sich von Claudius, seinem Adoptivvater, und gründete seinen Herrschaftsanspruch auf seine direkte Verwandtschaft mit Augustus. In dieser Situation ergreift Seneca mit der Apocolocyntosis für Nero Partei und unterstützt dessen Anspruch.

Q   Als eine Mischung aus Versen und Prosa gehört die Apocolocyntosis zur Gattung der „Menippeischen Satire" (→Saturae Menippeae), in die auch dramatische Elemente einbezogen sind.

W   Die „Verkürbissung" oder „Veräppelung" gilt einem Kaiser, der Seneca in die Verbannung geschickt hatte (41–49 n. Chr.). Der Autor wollte den verhaßten Herrscher, dem er auch die offizielle Leichenrede hatte schreiben müssen, lächerlich machen und nach seinem leiblichen Tod literarisch und – mit Hilfe des literarischen Textes – politisch vernichten. Neben dieser postumen Abrechnung ging es Seneca darum, Nero, den Nachfolger des Claudius, in seinen Thronfolge-Ansprüchen zu unterstützen. Darum unterbricht Seneca die Satire mit einem Preis des „Goldenen Zeitalters", das mit Neros Regime gekommen sei.

A   G. Binder. 2 Bde., Frankfurt 1987. P. T. Eden, Cambridge 1984. R. Roncali, Leipzig 1990. C. F. Russo, Florenz (6)1985 (lat.-it. mit Kommentar).
Ü   A. Bauer, Stuttgart 1991 (lat.-dt.). G. Binder, Düsseldorf/Zürich 1999 (lat.-dt.). A. A. Lund, Heidelberg 1994 (lat.-dt. mit Kommentar). O. Weinreich, Berlin 1923.
L   G. Binder: Hercules und Claudius. Eine Szene in Senecas Apocolocyntosis auf dem Hintergrund der Aeneis, in: RhM 117, 1974, 288–317. G. Binder. Der Sklave Claudius. Senecas Apocolocyntosis und ihr Komödien-Finale, in: AU 34, 4, 1991, 54–67. J. Blänsdorf: Senecas Apocolocyntosis und die Intertextualitätstheorie, in: Poetica 18, 1986, 1–26. K. Bringmann: Senecas Apocolocyntosis und die politische Satire in Rom, in: A & A 17, 1970, 56–69. M. Griffin: Seneca. A Philosopher in Politics, Oxford 1967. R. Heinze: Zu Senecas Apocolocyntosis, in: Hermes 61, 1926, 49–78. D. Korzeniewski: Senecas Kunst der dramatischen Komposition in seiner Apocolocyntosis, in: Mnemosyne 35, 1982, 103–114. K. Kraft: Der politische Hintergrund von Senecas Apocolocyntosis, in: Historia 15, 1966, 96–122. R. R. Nauta: Seneca's Apocolocyntosis as Saturnalian Literature, in: Mnemosyne 40, 1987, 69–96. O. Weinreich: Senecas Apocolocyntosis. Die Satire auf Tod, Himmel- und Höllenfahrt des Kaisers Claudius, Berlin 1923. S. Wolf: Die Augustusrede in Senecas Apocolocyntosis, Meisenheim am Glan 1986.

Apokeryttómenos
„Der enterbte Sohn"

Lukianos aus Samosata, etwa 120–180 n. Chr.

Fiktive Gerichtsrede (Übungsrede) über einen erfundenen Fall (gr.).

I Die Rede bezieht sich auf folgende Situation:
Ein aus seiner Familie grundlos verstoßener Sohn
studiert Medizin. Als sein Vater dem Wahnsinn verfällt und von den Ärzten aufgegeben wird, heilt ihn
der Sohn, indem er ihm ein wirksames Medikament
verabreicht. Darauf wird er als Retter seines Vaters
wieder in die Familie aufgenommen. Später wird er
aufgefordert auch seine Stiefmutter zu heilen, die
ebenfalls geisteskrank ist. Als er sich weigert, dies
zu tun, weil er diese Krankheit für unheilbar hält,
wird er erneut aus seiner Familie verstoßen. – Der
zum zweiten Mal Verstoßene, der diese Vorgänge
vor Gericht ausführlich darstellt, will nun klären
lassen, ob es rechtens ist, daß ein Vater seinen Sohn
ein zweites Mal verstößt. Der Sohn vertritt den
Standpunkt, er sei durch die Wiederaufnahme in
die Familie nach der ersten Verstoßung so umfassend rehabilitiert, daß es keinen Grund mehr geben
könne, ihn erneut zu verstoßen. Die Wiederaufnahme müsse rechtsbeständig sein und könne nicht
rückgängig gemacht werden, da doch nicht einmal
die Freilassung eines Sklaven rückgängig gemacht
werden könne. Dann rechtfertigt und begründet
der Sohn seine Weigerung, die Stiefmutter medizinisch zu behandeln: Ein entscheidendes Argument
ist die Tatsache, daß die Krankheit der Stiefmutter
nicht dieselbe ist wie die des Vaters. Der Redner beruft sich auf die medizinische Erfahrung, daß verschiedene Menschen nicht völlig gleiche Krankheiten haben und stets unterschiedlich zu behandeln
sind, d. h. unter Berücksichtigung der individuellen
Persönlichkeit des Patienten. – Die Rede ist ein typisches Produkt der Rhetorenschule, in der zur
Übung fiktive Fälle erörtert wurden. – Dasselbe
Thema wird auch in den →*Controversiae* des älteren Seneca (4,5) diskutiert.

A A. M. Harmon: Lucian. Bd. 5, London/Cambridge
(Mass.) 1936.
Ü M. Wieland: Lucian von Samosata. Sämtliche Wer-
ke 3. 6, Leipzig 1788/89, 267–302.
L A. Lesky, GL, 937–941.

Apókryphoi bíbloi
„Verborgene (nicht zum Kanon gehörende)
Schriften (des Neuen Testaments)"

An.

Im Zusammenhang mit dem Neuen Testament stehende Schriften, die sich vor allem mit dem Leben
Jesu, seiner Eltern und Jünger und mit Endzeitof-
fenbarungen befassen (gr./lat./andere Sprachen).
Entstanden im 1. und 2. Jh. n. Chr.

I Die Apokryphen des →*Novum Testamentum*
lassen sich in drei Gruppen einteilen: (1) Historische und erzählende B.: Evangelien und Apostelgeschichten. (2) Lehr- und Erbauungsbücher: Briefe.
(3) Prophetische B.: Apokalypsen. – Zu 1: Unter
den Evangelien dieser Gruppe befinden sich (a) „au-
ßerkanonische" Evangelien, die sich kaum von den
„kanonischen" unterscheiden und z. T. diese als
Quellen oder deren Quellen benutzt haben; (b)
Evangelien mit stark legendären, volkstümlichen
Zügen, die sich vor allem auf Jesu Kindheit und Jugend und seine Lehrtätigkeit zwischen Auferstehung und Himmelfahrt beziehen oder Legenden
von Personen erzählen, die Jesus nahestanden; (c)
Evangelien mit stark lehrhafter Tendenz, die z. T.
gnostische Offenbarungsweisheit vermitteln und
häretische Auffassungen durch die Autorität Jesu
decken. – U. a. gehören in diese Gruppe das volks-
tümlich und phantasievoll erzählende „Protoevangelium des Jacobus" (gr., 2. Jh.) über das Leben Marias bis zum Kindermord in Bethlehem, das „Evangelium des Pseudo-Thomas" (gr., 2. Jh.) mit
Legenden über die Jugend Jesu, die „Geschichte
von Joseph, dem Zimmermann" (u. a. lat., 3./4. Jh.),
in der Jesus die Geschichte seines Vaters Joseph erzählt, das „Petrus-Evangelium" (gr., 2. Jh.) mit der
Passions- und Auferstehungsgeschichte, die „Pilatus-Akten" (gr./lat., 5. Jh.) mit einer Schilderung
des Prozesses und der Kreuzigung Jesu und das
„Bartholomäus-Evangelium" (gr./lat./andere Sprachen, 4. Jh.) mit umfangreichen Offenbarungsreden
Jesu. – Die apokryphen Apostelgeschichten dieser
Gruppe entstanden zumeist in gnostischen Kreisen
und sind der vulgärchristlichen Literatur der Spätantike zuzurechnen. So gab es „Paulus-Akten" in
koptischer Sprache, die aus mehreren getrennt überlieferten Teilen bestehen: einen Teil bilden die aus
dem 2. Jh. stammenden, aber nur fragmentarisch erhaltenen gr./lat. „Thekla-Akten" (*Práxeis Paúlu kaì
Théklēs* oder *Martýrion tês hagías protomártyros
Théklēs*), die von Hieronymus in →*De viris illustribus* als *Períodoi Pauli et Theclae* erwähnt werden,
einen anderen der gefälschte Briefwechsel des Paulus mit den Korinthern und das *Martýrion tû hagíu
apostólu Paúlu* („Das Martyrium des heiligen Apostels Paulus"); ferner gab es „Petrus-Akten" (*Práxeis Pétru*), „Andreas-Akten" mit der „Geschichte
des Andreas und des Matthias in der Stadt der Menschenfresser" (*Práxeis Andréu kaì Mattheía eis tèn
pólin tôn anthropophágon*), „Johannes-Akten" (5.
Jh.), „Thomas-Akten" (3. Jh.), die u. a. in gr. und
lat. Fassung überliefert sind und aus gnostischer
Sicht über wundersame Begebenheiten berichten.
Die „Thomas-Akten" (Anfang des 3. Jh.) mit dem
„Perlenlied" sind u. a. von den →*Aithiopiká* des Heliodoros beeinflußt. – In der →*Historía Ekklesiastiké* des Eusebios (1,13) ist eine gr. Fassung der
„Thaddäus-Legende" überliefert, die zur Gattung
der romanhaften Briefliteratur zu rechnen ist. – Zu
2: Es handelt sich um Briefe, die den Aposteln, aber
auch Jesus selbst zugeschrieben werden. Dazu gehört auch der fiktive Briefwechsel zwischen Seneca

und Paulus (→„Briefwechsel mit Paulus") aus dem 4. Jh. in lat. Sprache. – Zu 3: Die christlichen Apokalypsen wurden zumeist neutestamentlichen Personen zugeschrieben. Gemeinsamer Tenor ist die Schilderung einer seligen Endzeit, die für alle Leiden auf Erden entschädigt wird. Ursprünglich gr. verfaßt war z. B. die nur in äthiopischer Sprache und in gr. und lat. Fragmenten erhaltene „Himmelfahrt des Isaias": An eine jüdische Legende des 1. Jh. v. Chr. vom Martyrium des Isaias wurde eine Weissagung über Christus und die Kirche angefügt. Den Abschluß der Schrift bildete eine Vision des Isaias (2. Jh. n. Chr.). In eine „Petrus-Apokalypse" sind jüdische, orientalisch-heidnische und pythagoreische Höllenvorstellungen eingegangen (2. Jh. n. Chr.), die zur Schilderung von Straforten für Sünder dienen (vgl. Dante, *Divina comedia*). Eine „Paulus-Apokalypse" ist in ihrer gr. Urfasung aus dem 4./5. Jh. nur teilweise erhalten. Überliefert ist aber eine vollständige lat. und eine koptische Fassung: Paulus ist in den dritten Himmel entrückt und verkündet, daß das Strafgericht aufgrund der Geduld Gottes noch auf sich warten lasse.

N   Die Apokryphen hatten z. T. eine große Wirkung auf die christliche Legende und wurden z. B. aus dem Griechischen in andere Sprachen (ins Syrische, Armenische, Koptische, Altslavische) übersetzt, wie z. B. das „Protoevangelium des Jacobus" aus dem 2. Jh. n. Chr., das zur Hauptquelle für alle späteren Marienlegenden wurde. – Im frühen Mittelalter (8./9. Jh.) entstand z. B. eine Kompilation aus dem „Protoevangelium des Jacobus", dem „Pseudo-Thomas" und anderen apokryphen und kanonischen B. in lat. Sprache: *Liber de ortu beatae Mariae et infantia salvatoris* („B. über die Herkunft der Heiligen Maria und die Kindheit des Heilands"). Dieses Werk beeinflußte die Kunst und Literatur erheblich. Eine Kurzfassung dieser Schrift ist der *Liber de nativitate Mariae*, eine Lebensgeschichte Marias, die in die mittelalterliche *Legenda aurea* („Die goldene Legende") des Jacobus de Voragine aufgenommen wurde und bis in die heutige Zeit wirkt. Eine andere Bearbeitung ist der *Liber de infantia salvatoris*, das „B. über die Kindheit des Heilands", das u. a. über den Besuch der „Heiligen drei Könige" erzählt. Eine große Wirkung hatte auch das in gr. Sprache verfaßte und in andere Sprachen übersetzte „Evangelium des Pseudo-Thomas" mit seinen Legenden über die Jugend Jesu. Die „Pilatus-Akten" lösten im Mittelalter die Entstehung weiterer Apopkryphen aus.

A   C. W. Barlow: Epistolae Senecae ad Paulum et Pauli ad Senecam, Rom 1938. J. Flammion: Les Acts apocryphes de l' apôtre André. Les Actes d' André e de Matthias, de Pierre et d' André et les textes apparentés, Löwen 1911. O. v. Gebhardt: Passio S. Theclae virginis, Leipzig 1902 (lat. Version). A. Hilgenfeld: Novum Testamentum extra Canonem receptum, Leipzig (2)1884. M. R. James: Apocrypha anecdota. 2 Bde., Cambridge 1893–1897. E. Klostermann / A. Harnack: Apocrypha 1–4, Bonn 1903 ff. R. A. Lipsius / M. Bonnet: Acta apostolorum apocrypha. 2 Bde. in 3 Teilen, Leipzig 1891–1903, Nachr. Darmstadt 1959. W. Schub-

art / C. Schmidt: Praxeis Paulu – Acta Pauli, Hamburg 1936 (gr. Fragmente). J. C. Thilo: Acta S. Thomae, Leipzig 1823. T. Zahn: Acta Iohannis, Erlangen 1880.
Ü   W. Foerster / E. Haenchen / M. Krause: Die Gnosis. Zeugnisse der Kirchenväter, Zürich 1995, 430–467 (Thomas-Akten in Auswahl). W. Michaelis: Die apokryphen Schriften zum NT, Bremen (2)1958. W. Schneemelcher / E. Hennecke: Neutestamentliche Apokryphen in deutscher Übersetzung. 2 Bde., Tübingen (3)1959–1964.
L   B. Altaner, Patrologie, 51–73. A. Aschenbrenner: Apokryphen, in: KLL, 1094–1103. O. Bardenhewer 1, 498–547. P. Barié: Die griechische Version des „Perlenliedes", in: Mitteilungsblatt des Deutschen Altphilologenverbandes. Landesverband Nordrhein-Westfalen 42, 1, 1994, 5–9 (Thomas-Akten). H. Bietenhard: Die himmlische Welt im Urchristentum und Spätjudentum, Tübingen 1951. F. Blatt: Die lateinischen Bearbeitungen der Acta Andreae et Matthiae apud anthropophagos, Gießen 1930. R. A. Lipsius: Die apokryphen Apostelgeschichten und Apostellegenden. 2 Bde., Braunschweig 1883–1890. J. Michl: Evangelien. 2. Apokryphe Evangelien, in: LThK 3, 1217–1233. P.-H. Poirier: L' hymne de la Perle des Actes de Thomas, Louvain-La-Neuve 1981. R. Söder: Die apokryphen Apostelgeschichten und die Literatur der Antike, Stuttgart 1932. F. Volz: Die Eschatologie der jüdischen Gemeinde im neutestamentlichen Zeitalter, Tübingen (2)1934.

Apollodori Bibliotheca
„Apollodors Bibliothek"

An., wahrscheinlich 1. Jh. n. Chr. (Der Grammatiker Apollodoros aus Athen, 2. Jh. v. Chr., ist wohl nicht der Verfasser des Werkes.)

Mythologisches Handbuch (gr.)

I   Es handelt sich um eine genealogisch gegliederte Darstellung der gr. Götter- und Heldensage von Uranos und Gaia bis zur Heimkehr des Odysseus in Ithaka.
Q   Das Handbuch ist im wesentlichen eine Zusammenfassung (Kompilation) früherer Werke. So hatte z. B. Asklepiades aus Tragilos im 4. Jh. v. Chr. ein mythographisches Werk (→*Tragodúmena*) mit einer systematischen Darstellung der von den Tragikern behandelten Mythen herausgegeben. Außerdem konnte *Apollodori bibliotheca* auf Prosa-Auszüge des →*Epikòs kýklos* zurückgreifen (vgl. Proklos, →*Chrestomátheiai*). Auch Pherekydes mit den 10 B. seiner →*Genealogíai* (FGrHist 3), Akusilaos mit den drei B. seiner →*Genealogíai* (FGrHist 2) und Hesiodos mit seiner →*Theogonía* wurden benutzt.

A   J. Frazer, London/Cambridge (Mass.) 1921 (gr.-engl.). Chr. G. Heyne, Göttingen 1903, Nachdr. Hildesheim 1972. R. Wagner: Mythographi Graeci. Bd. 1, Leipzig (2)1926, Nachdr. 1996.
Ü   K. Brodersen, Darmstadt 2004 (gr.-dt.). P. Dräger, Düsseldorf/Zürich 2005 (gr.-dt. mit Komm.).
L   A. Lesky, GL, 956 f. E. Schwartz: Apollodoros, in: RE 1, 1893, 2875–2886. M. v. d. Valk: On Apoll. Bibliotheca, in: REG 71, 1958, 100–158. M. v. d. Valk, in: dtv-L 1. 1, 143.

Apollonios-Roman →Historia Apollonii regis Tyrii (An.)

Apologeticum
„Verteidigungsschrift"

Quintus Septimius Florens Tertullianus aus Karthago, etwa 150 – etwa 230 n. Chr.

Apologetische Schrift zur Verteidigung und Rechtfertigung des Christentums gegenüber den Heiden (lat.).
Verfaßt im Jahre 197 n. Chr. (oder später).

I Die an den Statthalter der röm. Provinz Africa gerichtete Schrift (vgl. auch →Ad nationes, →Ad Scapulam) ist gleichsam der Prototyp einer neuen Literaturgattung, die eine Verknüpfung von Verteidigungsschrift und Werberede darstellt. Tertullian rückt zum ersten Mal die juristische Seite der Christenverfolgung ins rechte Licht. „Der juristischen Beweisführung sind die übrigen apologetischen Motive eingeordnet: Die Haltlosigkeit aller moralischen Vorwürfe gegen die Christen, deren Lebenswandel dem der Heiden und ihrer Philosophen geradezu als Vorbild dienen kann, die Loyalität der Christen gegenüber Kaiser und Reich, die Absurdität und Unmoral der heidnischen Vorstellungen von den Göttern, die Wahrheit über Lehre und Leben der Christen" (Dihle, 364). Tertullian zeigt, daß es Wahnsinn sei, die Christen im Namen einer Religion zu verfolgen, die nicht nur auf Lug und Trug gegründet sei, sondern auch nicht mehr wirklich ernst genommen werde. Darüber hinaus seien die Verbrechen, die man den Christen in die Schuhe schiebe, bei den Heiden stets geduldet worden. Tertullian veranschaulicht, wie fragwürdig die Rechtsgrundlage für die Verfolgung der Christen durch den röm. Staat ist (vgl. dazu auch die im Briefwechsel des Plinius, →Epistulae, mit Kaiser Trajan sich spiegelnde Rechtspraxis). Tertullian geht im Apologeticum auf dieses Problem ein, indem er fragt, wie man die Zugehörigkeit zum Christentum (das nomen Christianum) zum Straftatbestand erklären und zugleich den röm. Beamten verbieten könne, gegen die Christen vorzugehen. – Tertullian hebt dann aber auch eine grundlegende Übereinstimmung zwischen dem Christentum und der antiken Philosophie hervor: die Ablehnung des traditionellen Götterglaubens, der Unwahrhaftigkeit und der Heuchelei. Hier weist er u. a. darauf hin, daß der Staat die Philosophen aus diesem Grunde nicht zu verfolgen pflege. – Am Schluß der Schrift appelliert der Autor an die röm. Provinzstatthalter, die Sinnlosigkeit ihrer Verfolgungen einzusehen, da die Ausbreitung des neuen Glaubens aufgrund der erwiesenen Standhaftigkeit seiner Anhänger einfach nicht aufzuhalten sei.

Q Die gedankliche Nähe des Apologeticum zum →Octavius des Minucius Felix ist trotz großer Unterschiede in Stil und Tenor nicht zu übersehen.

Die wissenschaftliche Diskussion über die Frage der Priorität hat allerdings zu dem Ergebnis geführt, daß das Apologeticum dem Octavius vorausgeht. – Tertullian ist stark von der gr. Philosophie beeinflußt. Seine Auffassung von einer natürlich-christlichen Gotteserkenntnis, von einer anima naturaliter christiana (Apologeticum 17,6; →De testimonio animae), geht auf die stoische Philosophie zurück (Steiner 1989).

W Der Autor gestaltet die Schrift als „eine öffentliche Rede vor dem Statthalter; er will doch die Gouverneure über den wahren Sachverhalt aufklären, der in einem Prozeß nicht zur Sprache kommen würde. Gewiß möchte er beim Kaiser Verständnis für die Christen, seine loyalsten Bürger, wecken, vor allem aber das Verhalten der Heiden in seinem ganzen Widersinn entlarven: Er rügt die ungleiche Behandlung der Christen, die um ihres Namens willen verfolgt werden (Apol. 2,18), und das in sich widersprüchliche Reskript Trajans, man solle Christen nicht aufspüren, aber bestrafen (Apol. 2,8). Es genügt somit nicht zu sagen, die Verteidigungsrede sei im Vergleich etwa mit Justin (→Apologia, →„Diálogos" mit dem Juden Tryphon") aus dem Deliberativen ins Epideiktische umgesetzt. Vielmehr finden sich im Apologeticum durchgehend forensische Techniken: Taktisch geht es darum, die Anklage auf den Ankläger „zurückzuschleudern" (retorsio criminis). Dafür ist der ununterbrochene Vergleich das geeignete Mittel. In großen Zügen lösen Apologie (7–16), Epideixis (17–27), Synkrisis (28–45) einander ab. Eine Umkehrung des Üblichen bedeutet es, daß es sich um eine Gerichtsrede mit negativem Vorzeichen handelt: Man denkt an Platons Apologie des Sokrates (→Apología Sokrátus). Nicht Freispruch, sondern Verurteilung soll erreicht werden: „Das Blut der Christen ist ein Same" (Apol. 50,13) (M. v. Albrecht, 1217).

N Die Verwendung von Exempla und Zeugnissen aus der antik-heidnischen Literatur beweist, daß Tertullian die heidnischen Autoren als Wegbereiter des Christentums rezipierte und als solche auch verstanden wissen wollte. „So legt der erste christliche Autor in lateinischer Sprache auch schon den Grund für eine erste Renaissance des Römertums und seiner Kultur unter christlichem Vorzeichen" (M. v. Albrecht, 1223). – Die Bedeutung des Werkes beruht nicht zuletzt darauf, daß der Autor dem religionspolitischen System der bisherigen Staatsreligion die Basis nimmt, indem er die Nichtigkeit der traditionell praktizierten Vielgötterei überzeugend darstellt, die die Christen als fundamentalen Irrtum verstehen.

A A. R. Barrile, Bologna 1980 (lat.-it.). J. P. Waltzing, Lüttich 1919. J. P. Waltzing / A. Severyns, Paris 1929 (lat.-frz.).
Ü C. Becker, München [(2)]1961 (lat.-dt.).
L M. v. Albrecht, RL, 1211–1231. B. Axelson: Das Prioritätsproblem Tertullian – Minicius Felix, Lund 1941. T. D. Barnes: Tertullian. A Historical and Literary Study, Oxford 1971. C. Becker: Tertullians Apologeticum. Werden und Leistung, München 1954. H. v. Campenhausen,

LKV, 12–36. H. v. Campenhausen: Tertullian, in: M. Greschat (Hg.): Gestalten der Kirchengeschichte. Bd. 1, Stuttgart 1984, 97–120. C. J. Classen: Der Stil Tertullians. Beobachtungen zum *Apologeticum*, in: Voces 3, 1992, 93–107. A. Dihle, GLL, 359–368. G. Eckert: *Orator Christianus*. Untersuchungen zur Argumentationskunst in Tertullians *Apologeticum*, Stuttgart 1993. H. Koch: Tertullianus, in: RE 2, 9, 1934, 822–844. O. Schönberger: Über die symmetrische Komposition in Tertullians *Apologeticum*, in: Gy 64, 1957, 335–340. H. Steiner: Das Verhältnis Tertullians zur antiken Paideia, St. Ottilien 1989. C. Tibiletti: Tertulliano e la dottrina dell' *anima naturaliter christiana*, in: Atti della Accademia delle Scienze di Torino, Classe die Scienze morali, storiche e filologiche 88, 1953–1954, 84–117.

Apologia
„Verteidigungsrede"

Auch zitiert als *De magia* („Über die Magie").

Apuleius aus Madauros, 2. Jh. n. Chr.

Verteidigungsrede gegen den Vorwurf, Magie zu betreiben (lat.).
Um 158 n. Chr. verfaßt.

I Anlaß der Abfassung der Rede war ein Prozeß, in dem Apuleius sich gegen den Vorwurf verteidigen mußte, er habe die reiche Witwe, die er in Oea geheiratet hatte, durch Magie zur Eheschließung genötigt. Die Verteidigungsrede führte zum Freispruch. – Im Anschluß an die Einleitung (1–28) weist der Autor nach (29–65), daß er sich keiner magischen Mittel bedient hatte. Dann erklärt er (66–Ende), es habe auch kein Grund zur Zauberei bestanden.

A H. E. Butler / A.S. Owen, Oxford 1914, Nachdr. Hildesheim 1983. R. Helm, Leipzig [(4)]1963, Nachdr. 1994). P. Vallette, Paris [(3)]1960 (lat.-frz.).
Ü R. Helm / G. C. Hansen, Berlin 1977 (lat.-dt.). J. Hammerstaedt u. a., Darmstadt 2002 (lat.-dt.).
L A. Abt: Die *Apologie* des Apuleius von Madaura und die antike Zauberei, Gießen 1908, 75–345. M. v. Albrecht, RL, 1150–1164. R. Mortley: Apuleius und die platonische Theologie, in: C. Zintzen (Hg.): Der Mittelplatonismus, Darmstadt 1981, 275–282. F. Regen: Apuleius philosophus Platonicus. Untersuchungen zur *Apologia* (*De magia*) und zu *De mundo*, Berlin 1971. P. Vallette: L' *Apologie* d' Apulée, Paris 1908. T. N. Winter: The Publication of Apuleius' *Apology*, in: Transactions of the American Philosophical Society 100, 1969, 607–612.

Apología
„Verteidigung"

Flavius Iustinus Martyr, 2. Jh. n. Chr.

Es handelt sich um zwei verschieden lange Schriften zur Verteidigung des Christentums, von denen möglicherweise die zweite ursprünglich den Schluß der ersten bildete (gr.).
Verfaßt 150–155 n. Chr. in Rom und an Kaiser Antoninus Pius gerichtet.

I Die Schrift widerlegt zum kleineren Teil Beschuldigungen gegen die Christen; zum größeren Teil ist sie eine Darstellung der christlichen Lehre und damit eine wichtige Quelle für altchristliche Gottesdienstordnungen (u. a. für Taufe und Eucharistie). Justin entwickelt außerdem seine Lehre vom *Lógos spermatikós*, der „zeugenden Vernunft", mit der er erklären will, daß auch schon vorchristlichen Philosophen eine Teilerkenntnis der christlichen Wahrheit möglich war. So waren z. B. Sokrates und Herakleitos Christen vor Christus, weil sie in besonderem Maße Keime des *Lógos spermatikós* besäßen (1. *Apol.* 46,3; 2. *Apol.* 10, 2). Die „Christen vor Christus" entlehnten ihre Weisheit dem Alten Testament, bes. Moses, dem ältesten Schriftsteller (1. *Apol.* 44,8 f.).

W Justin wollte die christliche Lehre philosophisch begründen, um Christen und Philosophen miteinander zu versöhnen. Das schien ihm auch deshalb möglich zu sein, weil er die eigentliche Aufgabe der Philosophie in der Erforschung des Göttlichen sah.

N Möglicherweise hat die Geschichtsauffassung des Justin die Schrift des Kelsos →*Alethès lógos* veranlaßt (Andresen 1955).

A E. J. Goodspeed: Die ältesten Apologien, Göttingen 1914. A. Hamman, Paris 1958. G. Krüger, Tübingen [(4)]1915. J. M. Pfättisch, Münster [(2)]1933. G. Rauschen, Bonn [(2)]1911.
Ü G. Rauschen, BKV[(2)] 13, 1913.
L K. Andresen: Logos und Nomos, Berlin 1955, 308–372. H. v. Campenhausen, GKV, 14–23. H. Dörrie: Justin: in: dtv-L 1, 2, 302. K. Gross: Justinos, in: LThK 5, 1225 f. W. Schmid: Frühe Apologetik und Platonismus, in: FS O. Regenbogen, 1952, 163–182. J. H. Waszink: Bemerkungen zu Justins Lehre vom *Logos Spermatikos*, in: FS Th. Klauser, 1964, 380–390. T. M. Wehhofer: Die „*Apologie*" Justins, des Philosophen und Märtyrers, in literarhistorischer Beziehung zum erstenmal untersucht, in: Röm. Quartalsschrift für christliche Altertumskunde. Suppl. 6, 1897.

Apología
„Verteidigung"

Lukianos aus Samosata, etwa 120–180 n. Chr.

Rechtfertigungsschrift, mit der sich Lukian gegen den Vorwurf der Inkonsequenz verteidigt (gr.).
Nach →*Perì tôn epì misthô synónton* verfaßt.

I In der polemischen Schrift *Perì tôn epì misthô synónton* hatte Lukian Gelehrte und Philosophen angegriffen, die sich für ihre Tätigkeit in den Häusern der Reichen bezahlen ließen. Inzwischen hatte der Autor selbst eine besoldete Funktion in der röm. Zivilverwaltung in Ägypten übernommen. So lag es nahe, daß die in der früheren Schrift angegriffenen Philosophen und Gelehrten ein gewaltiges Geschrei gegen Lukian erhoben, als sie von seiner gut bezahlten Stellung erfuhren. Er hielt es also für notwendig, sich gegen den Vorwurf der Inkonsequenz zu verteidigen und den Unterschied zwischen seiner Funktion und der Rolle der anderen herauszustellen: Diese seien lediglich gelehrte Gesellschafter vornehmer Römerinnen und Römer, er selbst hingegen bekleide ein ehrenvolles öffentliches Amt beim Statthalter von Ägypten. Lukian legt außerdem Wert auf die Feststellung, daß er kein Philosoph und daher auch mit den von ihm angegriffenen Personen nicht vergleichbar sei.

A K. Kilburn: Lucian. Bd. 6, London/Cambridge (Mass.) 1959 (gr.-engl.).
Ü Chr. M. Wieland: Lucian von Samosata. Sämtliche Werke 3. 5, Leipzig 1788/1789, 167–188.
L A. Lesky, GL, 937–941.

Apologia adversus Hieronymum
„Verteidigung gegen Hieronymus"

Rufinus Tyrannius aus Aquileia, 345–410 n. Chr.

Rechtfertigungsschrift (lat.) in zwei B.
Verfaßt 401 n. Chr.

I Rufinus verteidigt sich gegen Vorwürfe, die von Freunden des Hieronymus gegen seine lat. Übersetzung des Werkes →Perì archôn des Origenes (etwa 185–254 n. Chr.) erhoben wurden. So war ihm u. a. vorgeworfen worden, er habe in der Vorrede zu dieser Übersetzung den Namen des Hieronymus mißbraucht, um die angeblichen Irrlehren des Origenes, den sogenannten Origenismus, zu verbreiten. Hieronymus selbst verfaßte übrigens eine Gegenübersetzung, um Origenes als notorischen Ketzer zu entlarven und die Übersetzung des Rufinus als unzuverlässig und proorigenistisch zu erweisen. – Rufinus verteidigt mit guten Gründen seine Übersetzung, sein persönliches Verhalten und seine Rechtgläubigkeit. Darüber hinaus greift er Hieronymus scharf an, hebt dessen negative Charaktereigenschaften hervor und belegt die Widersprüche zwischen seinen Aussagen durch wörtliche Zitate. Rufinus hat durchweg Recht und provoziert eine heftige Reaktion des Hieronymus, die in der Streitschrift →Ad Rufinum zum Ausdruck kommt.

A M. Simonett, CCL 20.
L M. v. Albrecht, RL, 1317. F. X. Murphy: Rufinus of Aquileia, Washington 1945. M. Villain: Rufin d' Aquillé: La querelle d' autour d' Origène, in: Recherches de Science religieuse 27, 1937, 5–37; 165–195.

Apologia adversus libros Rufini
→Adversus Rufinum (Hieronymus)

Apología dorodokías aparásemos
„Verteidigungsrede für einen Unbekannten, der wegen Vorteilsnahme angeklagt worden war"

Lysias aus Athen, 445 bis nach 380 v. Chr.

Von Lysias für einen Angeklagten verfaßte Rede (gr.).
Die Rede wurde kurz nach 402 v. Chr. vom Angeklagten vor einem athenischen Gerichtshof gehalten.

I Die Rede beginnt mit einem Bericht über die Lebensführung des Angeklagten. Darauf folgt eine detaillierte Aufzählung der Leistungen, die dieser schon für die Stadt Athen erbracht hat (1–11). Demnach sollen die Richter ihn freisprechen: Das sei gerecht und nützlich und entspreche seinen Verdiensten (11–17). Auch seine sonstige Lebensführung sei vorbildlich (18–19). Die Ankläger hingegen seien nicht qualifiziert, ihn anzuklagen (20–21). Am Schluß bittet der Angeklagte um einen Freispruch (21–25). – Die sehr vagen Anklagepunkte waren: (a) Vorteilsnahme bei der Verwaltung öffentlicher Ämter, (b) Verwicklung in ehrenrührige Prozesse, (c) unehrenhaftes Verhalten und (d) Freude über das Unglück der Stadt. – Den undifferenzierten Vorwürfen entspricht eine ebenso unspezifische Verteidigung.

H Die Hinweise auf die freiwillig erbrachten Leistungen für den Staat (Liturgien) bezogen sich auf das in Athen allgemein akzeptierte Prinzip, daß Leistungen mit Gegenleistungen (auch bei gerichtlichen Entscheidungen) zu vergelten waren: Als Gegenleistung für besondere Verdienste wurde selbstverständlich ein Freispruch erwartet. – Entsprechendes galt für die Verquickung von Staatsräson und Rechtsprechung: Falls eine Verurteilung für den Staat schädlich war, durfte sie nicht erfolgen. – Der unbekannte Angeklagte war ein sehr begüterter Mann, der möglicherweise zu denjenigen gehörte, die am Peloponnesischen Krieg verdient bzw. in der Zeit des Krieges ihr Vermögen vergrößert hatten. Vermutlich hatte er mit den Oligarchen sympathisiert, wurde aber wie andere Sympathisanten des oligarchisches Regimes nach der Wiederherstellung der Demokratie und der politisch notwendigen Versöhnung für die Beseitigung der Kriegsschäden unbedingt gebraucht.

W „Nach dem politischen Verständnis seiner Zeit konnte der Sprecher für seine hohen Leistungen für die Stadt die Dankbarkeit der Richter einfordern und einen Freispruch als ‚gerecht' ansehen. Hinter dem Appell an die Richter aber, ein Freispruch sei auch vorteilhaft für den Staat, steckt die Drohung, eine Verurteilung könne eine ganze Klasse von Bürgern gegen die Demokratie aufbringen, was dieser gerade jetzt in ihrer jetzigen finanziellen Notlage gefährlich sein mußte" (Schmitz, 91). – Lysias mußte die Argumentation zugunsten des Angeklagten auf den Appell an die Dankbarkeit und den Nutzen des Staates beschränken, weil eine vollständige Aufdeckung der Voraussetzungen des Prozesses wahrscheinlich weder möglich noch wünschenswert war.

A L. Gernet / M. Bizos, Paris 1926. C. Hude, Oxford 1912.
Ü K. Brodersen / I. Huber. 2 Bde., Darmstadt 2004–2005 (gr.-dt.). Th. Schmitz, in: AU 38, 3, 1995, 74–83.
L F. Blass, Beredsamkeit 1. K. J. Dover: Lysias and the Corpus Lysiacum, Berkeley 1968. Th. Schmitz: Die 21. Rede des Lysias u. ihre Aktualität, in: AU 38, 3, 1995, 72–96.

Apología hypèr Iudaíon
„Verteidigungsrede für die Juden"

Auch zitiert als *Perì Iudaíon* („Über die Juden").

Philon aus Alexandreia, 1. Hälfte des 1. Jh.s n. Chr.

Historisch-apologetische Schrift (gr.), aus der nur ein Fragment bei Eusebios, →*Euangelikè proparaskeué* 8,11, erhalten ist.

I In dem Fragment wird das fromme Leben der Essener geschildert. Philon hebt die *koinonía*, den Gemeinschaftsgeist, und die *philanthropía*, die Menschenliebe, der Essener hervor, um den gegen die Juden häufig wiederholten Vorwurf der *amixía*, der Abgrenzung gegenüber anderen, und der *misanthropía*, der Menschenverachtung, zu widerlegen. – Möglicherweise gehörten die in zwei Fragmenten von Eusebios (→*Euangelikè proparaskeué* 8,6–7) erwähnten *Hypothetiká* („Annahmen, Voraussetzungen") ebenfalls zu der *Apología*.

A →*Euangelikè proparaskeué*.
L H. Leisegang: Philon (Nr. 41), in: RE 20, 1, 1941, 1–50. A. Lesky, GL, 898–902. Schmid-Stählin 2. 1.

Apologia pro Origene
„Verteidigung für Origenes"

Pamphilos aus Kaisareia, gest. 309/310 n. Chr.

Unter Mitwirkung des Eusebios, eines Schülers des Pamphilos, im Kerker verfaßte Schrift (gr.) in fünf B., von denen nur das 1. B. in einer lat. Übersetzung des Rufinus erhalten ist.

I Zweck der Schrift ist die Zurückweisung der Angriffe gegen die Lehre des Origines über die Dreifaltigkeit, gegen seine Deutung der Auferstehung, gegen seine Schriftexegese, gegen seine Christologie u. a. Wie der Übersetzer Rufinus war Pamphilos stets ein treuer Anhänger des Origenes.
N Eusebios verfaßte noch ein 6. B., so daß Hieronymus, der entschiedene Gegner des Origenes (→*Adversus Rufinum*) behaupten konnte, die ganze Schrift stamme von Eusebios. – Die Schrift ist übrigens durch eine Notiz des Photios, →*Bibliothéke* 118, bekannt.

A C. H. E. Lommatzsch: Origenis Opera. 24, Berlin 1846, 293–412. PG 17, 521–616.
L O. Bardenhewer 2, 287–292. H. Crouzel: Pamphilos, in: LThK 8, 17.

Apología pròs Hadrianón
„Verteidigung gegen Hadrianus"

Markianos Aristeides aus Athen, 2. Jh. n. Chr.

Apologetische Schrift (gr.), die in verschiedenen Übersetzungen vorliegt, aus denen sie rekonstruierbar erscheint. – Adressat ist der röm. Kaiser Hadrianus (reg. 117–138 n. Chr.)
Wahrscheinlich vor 138 n. Chr. verfaßt.

I Neben einer syrischen und einer armenischen Übersetzung existiert eine gr. Bearbeitung des Originaltextes in Form des Romans *Ho bíos Barlaàm kaì Ioasáph* von Ioannes Damaskenos (gest. 749). In diesem Roman hält der zum Christentum bekehrte Einsiedler Nachor eine Apologie seines neuen Glaubens. Am Anfang der Verteidigungsrede steht ein Lobpreis des unsterblichen, vollkommenen, unfaßbaren Gottes, des Bewegers der Welt und ihres Schöpfers. Er ist gestalt- und namenlos, ohne Gegner und ohne Affekte. An diesem Gottesbegriff werden die Religionen gemessen. – Aristeides widerlegt die Religionen der „drei Menschengeschlechter" (Barbaren, Hellenen, Juden). Die Wahrheit liegt nur bei dem „vierten Geschlecht", den Christen.

A E. Goodspeed: Die ältesten Apologeten, Göttingen 1914, 2–23. J. R. Harris / J. A. Robinson: The Apology of Aristides on Behalf of the Christians from a Syriac Ms. Preserved on Mount Sinai, Cambridge [2]1893 (mit Einl., Übers. und dem größten Teil des gr. Originals). R. Seeberg: Die Apologie des Aristides untersucht und wiederhergestellt, Erlangen 1893.
Ü BKV[2] 12, 1913, 25–54.
L B. Altaner: Aristides, in: Rivista di Archeologia Cristiana 1943, 652–654. O. Bardenhewer 1, 187–198. H. Rahner: Aristides, in: LThK 1, 852–853.

Apología Sokrátus
„Verteidigung des Sokrates"

Libanios aus Antiocheia, 4. Jh. n. Chr.

Eine für den Rhetorikunterricht bestimmte Musterrede (Deklamation) (gr.).

I Die Deklamation stützt sich auf die →*Kategoría Sokrátus* des Rhetors Polykrates (4. Jh. v. Chr.) und dient somit zur Rekonstruktion dieser Anklageschrift, auf die sich auch Xenophon in seinen →*Apomnemoneúmata Sokrátus* (1,1–2) bezieht.

A R. Foerster / E. Richtsteig, Leipzig 1903–1927, Nachdr. Hildesheim 1985 (Gesamtausgabe).
Ü O. Apelt, Leipzig 1922.
L H. Breitenbach: Xenophon von Athen, in: RE 9 A 2,

1966, 1785–1790. A. Dihle, GLL, 456–458. G. Fatouros / T. Krischer (Hg.): Libanios, Darmstadt 1983. F. Foerster / K. Münscher: Libanios, in: RE 12, 2, 1925, 2485–2551.

Apología Sokrátus
„Verteidigung des Sokrates"

Platon aus Athen, 437–347 v. Chr.

Fiktive Verteidigungsrede des Sokrates (469–399 v. Chr.) vor einem athenischen Gericht (gr.). Nach der Verurteilung und dem Tod des Sokrates (399 v. Chr.) wahrscheinlich zwischen 395 und 390 v. Chr. verfaßt.

I Die Schrift enthält drei Reden des Sokrates: (1) Eine Verteidigungsrede gegen die Vorwürfe der Anklage (17a-35e), (2) eine Rede nach dem Schuldspruch durch die Mehrheit der Richter (35e-38b) und (3) eine Rede nach der Verhängung der Todesstrafe (38c-42a). – Die Anklage gegen Sokrates lautete: Sokrates tut Unrecht, indem er die Jugend verdirbt und die Götter der Stadt nicht verehrt, sondern neue göttliche Wesen (*daimónia*) einführt, d. h. Sokrates steht wegen Aufhetzung der Jugend gegen die verfassungsmäßige Ordnung der Polis und wegen Religionsfrevels vor Gericht. – In seiner Verteidigungsrede, die er im übrigen unter Verzicht auf rhetorische Raffinesse halten will, versucht Sokrates zu zeigen, daß die Anklagepunkte auf alten Vorurteilen beruhen: Ein Orakel des delphischen Apollon hatte Sokrates veranlaßt, seine Mitbürger auf ihr Wissen hin zu prüfen, hatte es doch behauptet, niemand sei weiser als Sokrates (21a). Da sich Sokrates nicht bewußt ist, weise zu sein, fragt er sich, was das Orakel meint. Also prüft er, um die Frage zu klären, seine Mitmenschen, die sowohl sich selbst als auch vielen anderen weise zu sein scheinen. Aber die Prüfung ergibt, daß sie das, was sie zu sein scheinen, in Wirklichkeit gar nicht sind. Am Ende muß Sokrates einsehen, daß keiner wirklich etwas weiß. Der Unterschied ist nur, daß Sokrates weiß, daß er nichts weiß, während die anderen sich einbilden, etwas zu wissen. Das Wissen vom Nichtwissen läßt Sokrates weiser als die anderen sein (21d). Gemeint ist hier natürlich nicht das Wissen der Fachleute auf ihren Fachgebieten, sondern das Wissen um das Gute und die Wahrheit, das im übrigen die Sophisten, von denen sich Sokrates entschieden distanziert, zu besitzen behaupten. Die Suche nach der Wahrheit versteht Sokrates als einen Gottesdienst, handelt er doch im Auftrag des Orakels. – Den Vorwurf, daß er die Jugend verderbe, führt Sokrates auf das Imitationsverhalten der jungen Leute zurück (23c ff.), die nun ebenfalls das Scheinwissen der Älteren bewußt zu machen versuchen. Sokrates rechtfertigt sich damit, daß er die Jugend jedenfalls nicht absichtlich verderbe. Auch den Asebie-Vorwurf weist er entschieden zurück (26b ff.). – Da sich Sokrates dessen bewußt ist, da er mit der Zurückweisung der Vorwürfe den Haß der Menge nicht beseitigen kann, stellt er sich selbst

die Frage, warum er sich überhaupt in eine so gefährliche Situation begeben habe. Er beantwortet diese Frage mit der Feststellung, daß ein Handeln allein danach zu beurteilen ist, ob es recht oder nicht recht getan ist (28b). – Sokrates behauptet nicht, daß sich sein Nicht-Wissen auf das bezieht, was seine Pflicht ist. Er weiß genau wie auch jeder andere, daß er den Gesetzen der Polis gehorchen muß. Wenn man gegen diese Pflicht handle, dann z. B. aus Angst vor dem Tod. Wer pflichtwidrig handelt, indem er z. B. seine Pflicht als Soldat nicht erfüllt, handelt so, weil er glaubt, etwas zu wissen, was er nicht weiß, nämlich daß der Tod ein Übel sei. Den Tod zu fürchten, so Sokrates 29a4 ff., sei nichts anderes, als etwas zu wissen meinen, was man nicht wisse. „Und je weniger sich einer durch die Meinung, er wisse etwas, was er nicht weiß, verwirren läßt, um so reiner und wirklicher wird ihm dies Wissen, dessen er wirklich fähig ist. Gerade weil Sokrates sich in keiner Weise einbildete, etwas zu wissen, was er nicht weiß, weiß er am besten, was seine politische Pflicht ist; er weiß es am besten, das heißt aber zugleich: er läßt sich unbeirrbar dadurch bestimmen. Dies Wissen ist zugleich seine Tugend" (Bröcker, 21 f.). Sokrates ist davon überzeugt, daß er mit der Erfüllung seiner politischen Pflicht, der Entlarvung scheinbaren Wissens, der Polis überaus nützlich ist. Er würde also das, was man ihm vorwerfe, immer wieder tun. Aber auch wenn man ihn hinrichte, geschehe ihm kein Schaden, da doch der Schlechtere dem Besseren niemals schaden könne. Allerdings geschehe der Polis ein Schaden, weil Sokrates dann die für sie nützliche Tätigkeit nicht mehr ausüben könne (vgl. 30e). Sokrates übt seine nützliche Tätigkeit aber nicht als Politiker, sondern als Gesprächspartner einzelner Menschen und als Privatmann aus. Das *Daimónion*, Sokrates ständiger Ratgeber, hat ihm abgeraten, sich politisch zu betätigen. Wenn er dem Rat des *Daimónion* folgt, bringt er auch zum Ausdruck, daß er aus eigener Kraft nicht weiß, was gut für ihn ist. Das göttliche *Daimónion* entspricht dem sokratischen Wissen des Nichtwissens. – Sokrates wird von einer knappen Mehrheit der Richter schuldig gesprochen. – Die zweite Rede nach dem Schuldspruch befaßt sich vor allem mit dem Strafmaß. Auch hier betont Sokrates nochmals, daß er nicht auf das größte Gut für den Menschen verzichten könne: Wenn er jeden Tag über die Tugend und andere Dinge Gespräche führe, über die man ihn Gespräche führen und ihn dabei sich selbst und andere prüfen höre, weil eben ein Leben ohne Selbstprüfung nicht lebenswert sei, dann werde man ihm dies nicht weniger abnehmen als alles andere (38a). – Die Richter verurteilen Sokrates daraufhin zum Tode. – In seiner dritten Rede, dem Schlußwort an die Richter, spricht Sokrates über den Tod, der kein Übel sein kann, weil das *Daimónion* während des Prozesses geschwiegen (40a) und ihn nicht daran gehindert hat, das Todesurteil zu provozieren. Dann reflektiert Sokrates darüber, inwiefern der Tod etwas Gutes für ihn sein könne (40c ff.). Wenn Sokrates am Schluß sagt (42a), es sei jetzt Zeit zu gehen, für ihn, um zu sterben, für die Richter, um zu leben, und es sei allen außer Gott verborgen, wer zu dem besseren Geschäft gehe, dann zieht er noch einmal „die genaue Grenze zwischen dem, was der Mensch weiß und wissen kann, und dem, was ihm zu wissen versagt ist, und wo er nur noch die Möglichkeit aber auch die Aufgabe hat, diese Grenze zu wissen" (Bröcker, 30).

H Gegen den historischen Sokrates wurde tatsächlich Anklage erhoben. Die Ankläger Meletos, Anytos und Lykon warfen ihm vor, er verderbe die Jugend und führe neue Götter ein. Die Richter des athenischen Staatsgerichtshofes verurteilten ihn mit knapper Mehrheit zum Tode.

W Platon hatte nicht die Absicht, ein historisches Porträt seines Lehrers zu zeichnen. Es ging ihm vielmehr um das Bild einer für ihn maßgebenden philosophischen Persönlichkeit. Es kam ihm nicht auf die Widerlegung der Anklagepunkte gegen Sokrates an, sondern auf die Darstellung eines gültigen philosophischen Paradeigmas, das Platon in Sokrates, dem unermüdlichen Sucher nach der Wahrheit, verkörpert sah. – Platon will darüber hinaus verdeutlichen, daß nicht Sokrates der Verderber der athenischen Jugend ist, sondern daß der Staat verdorben ist und der Heilung bedarf, die beim einzelnen beginnen muß. – Obwohl Platon in der „Apologie" demonstriert, daß Sokrates das Wissen des Guten für unerreichbar hält, schließt er für sich selbst die Möglichkeit doch nicht aus, den Weg zu diesem Wissen zu finden, wie seine späteren Dialoge veranschaulichen (z. B. die →*Politeía*).

A J. Burnet: Platonis Opera. Bd. 1, Oxford 1900. J. Burnet, Oxford 1924 (mit Kommentar). N. Casini, Florenz 1957 (mit Kommentar). M. Croiset, Paris (9)1966. F. J. Weber, Paderborn 1978 (mit Kommentar). **Ü** O. Apelt, Leipzig 1919. M. Claudius / B. Snell, in: Platon. Sokrates im Gespräch, Frankfurt 1953. M. Fuhrmann, Stuttgart 1986 (gr.-dt.). E. Heitsch, Göttingen 2004 (mit Kommentar). K. Hildebrandt, Stuttgart 1970. F. Schleiermacher, Berlin (2)1818, Nachdr. Darmstadt 1973, gr.-dt. **L** W. Bröcker: Platos Gespräche, Frankfurt 1964, 11–30. P. Friedländer: Platon. Bd. 2, Berlin (3)1964, 143–158. R. Guardini: Der Tod des Sokrates, Bern 1945. R. Hackforth: The Composition of Plato's *Apology*, Cambridge 1933. W. Jäkel / S. Erasmus: Lehrerkommentar zu Platons *Apologie*, Stuttgart o. J. E. Martens: Die Sache mit Sokrates, Stuttgart 1992. Th. Meyer: Platons *Apologie*, Stuttgart 1962. E. de Strycker / S. R. Slings: Plato's Apology of Socrates. A Literary & Philosophical Study. With a Running Commentary, Leiden 1994. L. Strauss: On Plato's „Apology of Socrates" and „Crito", in: FS J. Klein, Annapolis 1976, 115–170. H. – D. Voigtländer: Heraklitische Prägung der Sokratesgestalt in Platons *Apologie*, in: A & A 30, 1984, 16–37. F. Walsdorff: Sokrates in Platons *Apologie*, in: AU 5, 4, 1962, 5–48. E. Wolf: Griechisches Rechtsdenken. Bd. 3. 1, Frankfurt 1954, 38–69. E. Wolff: Platos *Apologie*, Berlin 1929.

Apología Sokrátus
„Verteidigung des Sokrates"

Xenophon aus Athen, etwa 430–355 v. Chr.

Fiktiver Bericht über die Verteidigung des Sokrates vor einem athenischen Gerichtshof im Jahre 399 v. Chr. und über das Ende des Sokrates (gr.). Verfaßt in den sechziger Jahren des 4. Jh.s v. Chr.

I Am Anfang der Schrift spricht der Autor über den Zweck seiner Ausführungen. Er will die Erinnerung daran festhalten, wie Sokrates über seine Verteidigung und seinen Tod gedacht hat und daß sein Verhalten angemessen war. Das eigentliche Thema der Schrift ist die Frage, wie Sokrates zu seiner „Großsprecherei" (*megalegoría*) kam, die darin bestand, daß er es ablehnte, sich vor seinen Richtern zu demütigen und um Gnade zu bitten. – Dem Bericht des Hermogenes, den Xenophon als Gewährsmann und Zeugen zitiert (vgl. auch →*Apomnemoneúmata Sokrátus* 4,8, wo dieser Hermogenes ebenfalls als Berichterstatter über die mit dem Prozeß des Sokrates verbundenen Ereignisse fungierte) entnimmt Xenophon, daß sich Sokrates nicht um seine Verteidigung kümmerte, weil sein ganzes Leben, das er verbracht habe, ohne Unrecht zu tun, die beste Verteidigung sei. Im Anschluß an den Bericht über Sokrates' Verhalten vor der Verhandlung wird die Verteidigung vor Gericht beschrieben. Darauf folgt der Hinweis auf den Gegenantrag des Sokrates, nachdem die Richter ihn schuldig gesprochen hatten. Schließlich wird über sein Verhalten nach der Verurteilung berichtet. – Sokrates setzt sich eingehend mit der Anklageschrift auseinander. Er geht auf den Asebie-Vorwurf ein und spricht über sein Verhalten gegenüber den staatlichen Göttern, über das *Daimónion* und über die Befragung des delphischen Orakels durch seinen Freund Chairephon. Anders als in Platons →*Apología Sokrátus*, wo Sokrates das Orakel als Auftrag zur Menschenprüfung interpretiert, fordert er die Richter auf zu prüfen, ob er den Anforderungen des Orakels entspreche (15). – Sokrates geht dann auf den Vorwurf ein, er verderbe die Jugend (19–21). Schließlich hebt er nochmals hervor, daß die beiden Anklagepunkte nicht auf ihn zutreffen (24–26). Er tröstet am Ende seine Freunde, als sie seinen baldigen Tod betrauern. – Im Schlußabschnitt (32–34) erklärt der Autor selbst, Sokrates habe sich durch seine „Großsprecherei" den Haß der Richter zugezogen, so daß sie ihn verurteilten. Ihm aber scheine er doch ein glücklicheres Los gezogen zu haben, nachdem er eingesehen habe, es sei besser für ihn jetzt zu sterben als zu leben.

Q Xenophon sieht seinen Bericht in einem ausdrücklichen Gegensatz zu den Ausführungen anderer Autoren über die Verteidigung und den Tod des Sokrates. Vor allem sei man der „Großsprecherei" des Sokrates nicht gerecht geworden. – Xenophon zitiert zwar Hermogenes als Gewährsmann für seinen Bericht; über diesen Hermogenes ist aber nichts weiter bekannt. – Der Autor ist anscheinend durch

Platons *Apología Sokrátus* zur Abfassung seiner Schrift angeregt worden. – Aus anderen Werken über Sokrates übernahm Xenophon einzelne „Gedankenblöcke", die er mit Teilen aus seinen eigenen Schriften und anderen Informationen zusammenfügte. Das entsprach Xenophons Arbeitsweise. – Auf die Anklageschrift des Polykrates, der als Freund des Sokrates-Anklägers im Jahre 392 v. Chr. eine als Anklagerede fingierte Polemik gegen Sokrates verfaßt hatte (→*Kategoría Sokrátus*) geht Xenophon in seiner *Apología* nicht ein.

A E. C. Marchant, Oxford [(2)]1921. F. Ollier, Paris 1961 (gr.-frz.).
Ü E. Bux, Stuttgart 1956.
L H. v. Arnim: Xenophons *Memorabilien* und *Apologie des Sokrates*, Kopenhagen 1923. H. Breitenbach: Xenophon von Athen, in: RE 9 A 2, 1966, 1888–1895. A. Busse: Xenophons Schutzschrift und *Apologie*, in: RhM 79, 1930, 215–229. E. Edelstein: Xenophontisches und Platonisches Bild des Sokrates, Diss. Heidelberg 1935. K. v. Fritz: Zur Frage der Echtheit der xenophontischen *Apologie des Sokrates*, in: RhM 80, 1931, 36 bis 68. O. Gigon: Xenophons *Apologie des Sokrates*, in: MH 3, 1946, 210–245. V. Longo: *Aner ophelimos*. Il problema della composizione dei *Memorabili di Socrate* attraverso lo *Scritto di difesa*, Genua 1959. U. v. Wilamowitz-Moellendorff: Die xenophontische *Apologie*, in: Hermes 32, 1897, 99–106.

Apologie →Apología Sokrátus (Platon)

Apologie des Christentums

Aristeides aus Athen, 2. Jh. n. Chr.

Verteidigung (gr.) des Christentums, verbunden mit einer Polemik gegen den philosophischen Gottesbegriff der nicht-christlichen Religionen.

A E. Goodspeed: Älteste Apologeten, 1914, 2–23.
L J. Geffken: Zwei griechische Apologeten, Leipzig/Berlin 1907. Patrologie, 94 f.

Apomnemoneúmata
„Erinnerungen"

Favorinus aus Arelate, etwa 80–150 n. Chr.

Nur fragmentarisch bei Diogenes Laertius (→*Philosóphon bíon kaì dogmáton synagogé*) erhaltene Sammlung von „Lesefrüchten" (gr.) aus philosophischen und anderen Werken in ursprünglich mindestens fünf B..

A E. Mensching: Favorin von Arelate. Der erste Teil der Fragmente: Memorabilien und *omnigena historia*, Berlin 1963 (mit Kommentar).
L A. Lesky, GL, 933. E. G. Schmidt: Favorinus, in: DKP 2, 526.

Apomnemoneúmata Sokrátus
„Erinnerungen an Sokrates"

Auch zitiert als „Memorabilien" oder *Memorabilia* („Erinnerungen").

Xenophon aus Athen, etwa 430–355 v. Chr.

Rechtfertigungsschrift in vier B. (gr.) mit dem Ziel, die Vorwürfe gegen Sokrates als unbegründet zurückzuweisen und seinen Nutzen für die Mitmenschen zu veranschaulichen.
Das Werk enstand wahrscheinlich nicht in einem Zuge, sondern im Lauf mehrerer Jahrzehnte. Der Autor hat möglicherweise noch nach der Schlacht bei Leuktra (371 v. Chr.) an den „Memorabilien" gearbeitet.

I Das Werk besteht aus zwei Teilen: (1) B. 1,1–2 (ein Achtel der ganzen Schrift) mit einer Untersuchung der Frage, ob die offizielle Anklage im Jahre 399 v. Chr. und die sonstigen Vorwürfe gegen Sokrates berechtigt gewesen seien. Der Teil schließt mit der rhetorischen Frage, ob Sokrates nicht eher Ehrungen statt Strafe verdient hätte. – (2) B. 1,3–4,8 mit einer Sammlung von größeren und kleineren Dialogen, in denen das positive Wirken, der „Nutzen" (ophéleia), des Sokrates unter verschiedenen Aspekten dargestellt wird. – Zu Beginn von 1,3 wird mit dem Stichwort „Nutzen" der apomnemoneutische („erinnernde") Teil der Schrift eingeleitet. Es geht u. a. um Sokrates' Verhältnis zu den Göttern und um seine vielgerühmte Selbstbeherrschung. – Das methodisch wichtige Kapitel 1,4 setzt mit dem Vorwurf ungenannter Kritiker ein, Sokrates habe seine Gesprächspartner zwar zur Tugend angehalten, aber nicht zu diesem Ziel hinführen können. Die Auseinandersetzung mit diesem Vorwurf ist das Thema der Kapitel 1,4–2,1. – B. 2,2–10 befaßt sich mit dem Thema „Freundschaft". – B. 3,1–7 handelt von den militärisch-politischen Pflichten. – B. 3,8–14 enthält Gedanken über die Relativität bestimmter Begriffe und über ihren richtigen Gebrauch, über die Übung und ihr Verhältnis zur natürlichen Anlage usw. – B. 4,1 berichtet über Sokrates' Methode und die Wichtigkeit der Erziehung. – B. 4,2–3 und 5–6 handelt von der Gewinnung des Euthydemos für die Philosophie mit Hilfe von Elenktik und Belehrung. – B. 4,4 unterbricht diesen Hauptkomplex durch ein Gespräch mit Hippias über die Gerechtigkeit. – In B. 4,7 legt Sokrates die Begrenztheit von Fachwissen dar, und in B. 4,8 wendet sich Xenophon wieder dem Prozeß und der Verurteilung des Sokrates zu, zeigt noch einmal die Seelengröße des Meisters und schließt mit einem kleinen Enkomion.
Q Xenophon bezieht sich im ersten Teil (1,1–2), der sogenannten „Schutzschrift", auf die „Anklage gegen Sokrates", die →*Kategoría Sokrátus*, die der Rhetor Polykrates im Jahre 392 v. Chr. gegen die Anhänger des Sokrates verfaßt hatte und die sich aus der →*Apología Sokrátus* des Rhetors Libanios

rekonstruieren läßt. Xenophon reagiert also mit 1,1–2 auf die Angriffe des Polykrates, indem er von der offiziellen Anklageschrift, die dem Prozeß zugrunde lag, ausging. (Den Text der Anklageschrift überliefert Diogenes Laertius, →*Philosóphon bíon kaì dogmáton synagogé* 2,40.) Xenophon orientierte sich an den Schriften, die andere Sokratesschüler über den Meister verfaßten, so z. B. an Antisthenes, von dem er sich aber deutlich zu distanzieren scheint, obwohl er antisthenischkynische Lehrinhalte in sein Sokratesbild einbezieht (z. B. in 1,3 über Sokrates' Selbstbeherrschung oder in 1,6,1–10 über dessen Bedürfnislosigkeit). – Außer Antisthenes (→*Heraklês*) kommen auch Aristippos (→*Apophthégmata*) und Aischines als Quellenautoren in Frage. So ließe sich z. B. der →*Alkibiádes* des Aischines aus B. 3,8–9 und 4,6 rekonstruieren. – Auch die Abhängigkeit Xenophons von Platon wurde diskutiert. – Die Sophisten hingegen lehnte Xenophon entschieden ab, vor allem Antiphon (vgl. 1,6). Allerdings läßt er Hippias in 4, 4 mit Sokrates über Naturrecht und positives Recht diskutieren, ohne den Sophisten negativ zu beurteilen. Dem Sophisten Prodikos (→*Hôrai*) erzählt Sokrates in 2,1 den Mythos von Herakles am Scheideweg nach. Hier erscheint der weise Prodikos geradezu als ein Lehrer des Sokrates. – In seiner positiven Einstellung zur Rhetorik, seiner Überzeugung von der Macht und Bedeutung der Rede besonders im Zusammenhang mit Erziehung und Führung dürfte Xenophon vor allem durch den Sophisten Gorgias (→*Heléne*, →*Palamédes*) bestärkt worden sein.

W Unabhängig von der Frage, ob – wie früher angenommen wurde – der erste Teil der *Apomnemoneúmata* (1,1–2) als selbständige Flugschrift gegen Polykrates' „Anklage gegen Sokrates" verfaßt wurde oder von vornherein den Anfang der „Memorabilien" bildete, sollte dieser Teil der Schrift nicht nur zur Rechtfertigung und Verteidigung des Sokrates dienen, sondern auch die politische Loyalität des Autors gegenüber der athenischen Demokratie demonstrieren. – Der Hauptteil des Werkes sollte mit der Beschreibung der Tätigkeit des Sokrates dessen Nutzen für die Polis veranschaulichen (zum Motiv des „Nutzens" eines Angeklagten als eines wichtigen Arguments der Verteidigung vor Gericht vgl. auch Lysias, →*Apología dorodokías aparásemos*). Das apologetische Moment durchzieht das ganze Werk, auch wenn es in den B. 2 und 3 etwas zurücktritt. Xenophons Absicht war keine historische Biographie. Er wollte ein Sokratesbild zeichnen, wie es ihm selbst erschienen war und wie er es verstanden hatte.

A C. Hude, Stuttgart/Leipzig 1934, Nachdr. 1985. E. C. Marchant: Xenophontis opera omnia. Bd. 2, Oxford [(2)]1921.
Ü E. Bux, Stuttgart 1956. P. Jaerisch, München/Zürich [(4)]1987 (gr.-dt.). R. Preiswerk, Stuttgart 1980.
L H. v. Arnim: Xenophons *Memorabilien* und die *Apologie des Sokrates*, Kopenhagen 1923. H. Breitenbach: Xenophon von Athen, in: RE 9 A 2, 1966, 1776–1837. E. Edelstein: Xenophontisches und Platonisches Bild des So-

krates, Diss. Heidelberg 1935. H. Erbse: Die Architektonik im Aufbau von Xenophons *Memorabilien*, in: Hermes 89, 1961, 257–287. K. v. Fritz: Das 1. Kap. des 2. B.es von Xenophons *Memorabilien* und die Philosophie des Aristipp von Kyrene, in: Hermes 93, 1965, 257–279. E. Gebhardt: Polykrates' Anklage gegen Sokrates und Xenophons Erwiderung (eine Quellenanalyse von *Mem.* 1, 2), Diss. Frankfurt 1957 (dazu H. Kühn, in: Gnomon 32, 1960, 97–107). O. Gigon: Kommentar zum ersten B. von Xenophons *Memorabilien*, in: Schweizer Beiträge zur Altertumswissenschaft 5, Basel 1953. O. Gigon: Kommentar zum zweiten B. von Xenophons *Memorabilien*, in: Schweizer Beiträge zur Altertumswissenschaft 7, Basel 1956. A. Leitz: Gerechtigkeit und Gesetz bei Plato und Xenophon, in: AU 12, 2, 1969, 104–121. V. Longo: *Aner ophelimos*, il problema della composizione dei *Memorabili di Socrate* attraverso lo *Scritto di difesa*, Genua 1959. H. Maier: Sokrates. Sein Werk und seine geschichtliche Stellung, Tübingen 1913. R. Nickel: Xenophon, Darmstadt 1979. L. Robin: Les *Mémorables* de Xenophon et notre connaissance de la philosophie de Socrate, in: L' Année Philos. 21, 1910, 1–47.

Apophoreta →Epigrammata (Martialis)

Apophthégmata
„Aussprüche"

Aristippos aus Kyrene, um 435–350 v. Chr.

Lebensweisheiten in Kurzdialogen dargeboten (gr.), von Diogenes Laertius (→*Philosóphon bíon kaì dogmáton synagogé* 2,65–86) überliefert. Von Aristippos ist neben der großen Sammlung von Anekdoten und Aussprüchen bei Diogenes Laertius fast nichts erhalten. Möglicherweise ist die Sammlung im 4. Jh. v. Chr. entstanden und später immer wieder erweitert worden.

I Die überlieferten Aussprüche illustrieren die Lehre des Aristippos, der einen gemäßigten Hedonismus vertrat (vgl. Xenophon, →*Apomnemoneúmata Sokrátus* 2,1,1–14). Er legte Wert darauf zu erklären, daß sein Ziel zwar der höchste Genuß bei möglichst geringer Anstrengung sei, daß er aber nicht von der Lust abhängig sei.

W Obwohl Aristippos ein Schüler des Sokrates war, wird er von Aristoteles zu den Sophisten gezählt (→*Tà metà tà physiká*, Beta 2, 996 a 32 = Frg. 151), mit denen er die Auffassung teilte, daß moralische Werte ein Ergebnis menschlicher Übereinkunft seien (Frg. 228). Aufgrund der erkenntnistheoretischen Annahme, daß unsere Aussagen über die Welt der Erfahrungen nicht objektivierbar seien und nur die individuellen Empfindungen des einzelnen als Maßstab für Urteile dienen könnten (Frg. 217), sind auch die Interessen anderer Individuen einschließlich ihrer Glückserwartungen ethisch irrelevant.

A E. Mannebach: Aristippi et Cyrenaicorum fragmenta, Leiden 1961. G. Giannantoni: I Cirenaici. Raccolta delle fonti antiche, Florenz 1958.
Ü O. Apelt (hg. von K. Reich und G. Zekl): Diogenes

Laertius, Hamburg [(2)]1967. W. Nestle: Die Sokratiker, Jena 1922.

L   C. J. Classen: Aristippos, in: Hermes 86, 1958, 182–191. K. v. Fritz: Das erste Kapitel des zweiten B.es von Xenophons Memorabilien und die Philosophie des Aristipp von Kyrene, in: Hermes 93, 1965, 257–279. W. Gemoll: Das Apophthegma. Literarhistorische Studien, Wien 1924. O. Gigon: Sokrates, sein Bild in Dichtung und Geschichte, Bern 1947. A. Graeser: Die Philosophie der Antike. Bd. 2: Sophistik und Sokratik, Platon und Aristoteles, München 1983, 118–123.

Apophthégmata Lakoniká →Moralia (Plutarchos)

Apophthégmata basiléon kaì strategôn
(*Regum et imperatorum apophthegmata*)
→Moralia (Plutarchos)

Aporémata Homeriká
„Homerprobleme"

Aristoteles aus Stageira, 384–322 v. Chr.

Sammlung von „Schwierigkeiten" der Homerinterpretation, die später in sechs B. unter dem Titel *Aporémata Homeriká* oder *Tà Homéru problémata* veröffentlicht wurden (gr.)

I   Aus der Sammlung sind 38 Zitate, größtenteils in den →*Homerikà zetémata* des Porphyrios, erhalten, der Aristoteles' *Aporémata* in ihrer originalen Fassung zur Hand hatte. – Aristoteles trat mit dieser Sammlung, in der die „Schwierigkeiten" mit den entsprechenden Lösungen konfrontiert wurden, der mehr oder weniger heftigen Kritik an Homer entgegen. (vgl. Zoilos, →*Katà tês Homéru poiéseos*). Er erstellte keine kritische Ausgabe des Homertextes (auch nicht für Alexander den Großen, der ständig einen Text der →*Iliás* bei sich hatte); er war auch kein Homer-Interpret. „Was er wirklich tat, war, daß er auf eine lange Reihe von Angriffen tadelsüchtiger Kritiker antwortete; nach seiner Theorie waren diese Gedichte über eine solche Kritik erhaben, und er hatte ihre unbedingte Überlegenheit zu beweisen" (Pfeiffer, 98). Vgl. auch Aristoteles, →*Perì poietikês*, 25. Kapitel.

A   V. Rose, Leipzig 1886 (Fragmente 142–179).
L   H. Erbse: Beiträge zur Überlieferung der Iliasscholien. Zetemata 24, 1960, 17–77. H. Hintenlang: Untersuchungen zu den Homer-Aporien des Aristoteles, Heidelberg 1961. R. Pfeiffer, KlPh, 93–101.

Aporíai kaì lyseis perì tôn próton archôn
„Fragen und Antworten hinsichtlich der ersten Ursachen"

Auch lat. zitiert als *Dubitationes et solutiones de primis principiis.*

Damaskios aus Damaskos, geb. um 460 n. Chr., der letzte Leiter der Platonischen Akademie in Athen bis zu ihrer Schließung 529 n. Chr. durch Kaiser Justinian.

Philosophische Abhandlung (gr.), in deren Zentrum die Auseinandersetzung mit dem „Einen", dem obersten Prinzip des Plotin (→*Enneádes*), steht.

I   Für Damaskios sind das platonische „Eine" und das Hervorgehen des Vielen aus diesem sowie deren gegenseitiges Verhältnis rational nicht faßbar. Denn alle unsere Begriffe sind aus dem Dasein geschöpfte Analogien, die nur im Bereich der Spekulation gültig sind und daher keinen Wahrheitscharakter haben können. Man kann das „Eine" nur enthusiastisch verehren. So erreicht die bei Platon und im Neuplatonismus angelegte Tendenz zum philosophischen Agnostizismus bei Damaskios ihren Höhepunkt. – Für die Kenntnis der Orphik (→*Orphiká*) liefert das Werk wichtige Informationen (*De primis principiis* 1,316, 18–319, 11 Ruelle = Frg. 28.54.60 Kern): Damaskios berichtet über drei Fassungen der orphischen Theogonie.

A   Ch. E. Ruelle. 2 Bde., 1889.
Ü   A. E. Chaignet. 3 Bde., 1900–1903 (frz.).
L   R. Beutler: Olympiodoros, in: RE 18, 1, 1942, 207–227.

Apostelgeschichte →Novum Testamentum

Apostelgeschichte, apokryphe →Apókryphoi bíbloi

Apostolische Väter →Patrum Apostolicorum opera

Apotelesmatiká
„Wahrsagung aus dem Stand der Gestirne"

Hephaistion aus Theben, 4. Jh. n. Chr.

Zusammenstellung von Grundbegriffen der Astrologie in drei B. (gr)
Um 381 n. Chr. verfaßt.

I   B. 1: Grundbegriffe der Astrologie. B. 2: Voraussagen über das Leben der Neugeborenen. B. 3: Voraussagen über den Ausgang jedes Vorhabens (aus dem Stand der Gestirne). – Wertvoll ist das Werk aufgrund seiner Zitate aus sonst verlorenen Schriften anderer Autoren (u. a. Dorotheos aus Sidon, →„Astrologisches Gedicht").

A   CCAG 8, 1, 141 ff.; 8, 2, 57 ff. A. Engelbrecht: Hephaiston von Theben und sein astrologisches Compendium, Wien 1887 (nur 1. B.). A. Olivieri: Frammenti dell' A. di Efestione Tebano nel cod. Laur. 28, 24, in: Studi Italiani 6, 1897, 1–27. D. Pingree. 2 Bde., Stuttgart/Leipzig 1973–1974.

L   E. Boer: Astrologie, in: dtv-L 1. 1, 201–205.

Apotelesmatiká
„Wahrsagung aus dem Stand der Gestirne"

Ps.-Manethon, wahrscheinlich 1. Hälfte des 3. Jh.s n. Chr.

Unter dem Namen des Historikers Manethon (→Aigyptiaká) überliefertes Lehrgedicht über Astrologie in sechs B. (gr.), das z. B. auch von Firmicus Maternus (→Máthesis) benutzt wurde.

I   Im 1. B. geht es um Tierkreiszeichen und ihre Teilbereiche, im 2. B. um Fixsterne, Planeten und die Himmelskreise mit ihren Sternbildern, im 3. B. um die Konstellationen, im 4. B. wieder um Tierkreiszeichen, im 5. B. um vermischte astrologische Themen. Das 6. B. behandelt die Schicksale der Neugeborenen; es enthält außer dem eigenen Horoskop des Autors ein Gebet an die Sterne.

A   H. Köchly, Leipzig 1858.
L   E. Berneker: Manethon (Nr. 2), in: DKP 3, 953. E. Boer: Astrologie, in: dtv-L 1. 1, 201–205.

Apotelesmatikè sýntaxis tetrábiblos
→Tetrábiblos (Klaudios Ptolemaios)

Apotheosis
„Verherrlichung"

Aurelius Prudentius Clemens, 348 bis etwa 405 n. Chr.

Didaktisches Epos über die katholische Lehre von der Dreifaltigkeit in 1084 Hexametern (lat.).

I   Prudentius verteidigt die orthodoxe Trinitätslehre, verherrlicht und verklärt die Dreifaltigkeit und die zwei Naturen Christi und widerlegt verschiedene Häresien. Er bekämpft Patripassianer, Sabellianer, Juden, Ebioniten und Manichäer.

A   E. Rapisarda, Catania 1948 (lat.-it.).
L   M. v. Albrecht, RL, 1076–1086. S. T. Collins: The Apotheosis of Prudentius, in: Sacris Erudiri. Jaarboek voor Godsdienstwetenschappen 9, 1957, 44–49. C. Fabian: Dogma und Dichtung. Untersuchungen zu Prudentius' Apotheosis, Frankfurt 1988. A. Kurfess, RE 23, 1, 1957, 1039–1072. R. G. Rank: The Apotheosis of Prudentius. A Structural Analysis, in: Classical Folia 20, 1966, 18 bis 31.

Appendix Vergiliana
„Anhängsel zu Vergil"

An.

Sammlung kleinerer unter Vergils Namen zusammengefaßter Gedichte verschiedener Herkunft (lat.).
Die Gedichte entstanden im 1. Jh. v. und im 1. Jh. n. Chr.

I   Zur Appendix Vergiliana gehören folgende Gedichte: (1) Culex („Mücke"), in der 1. Hälfte des 1. Jh.s n. Chr. verfaßt (414 Hexameter): Ein Hirt wäre beim Mittagsschlaf beinahe von einer Schlange getötet worden, wenn ihn nicht eine Mücke gestochen und dadurch geweckt hätte. Doch der Hirt erschlägt die Lebensretterin. Darauf erscheint sie ihm im Traum und beklagt sich über seine Undankbarkeit. Der Hirt errichtet ihr am nächsten Morgen ein Grabmal. – Das Werk ist durch Einlagen (Preis des Hirtenlebens, Katalog von Bäumen und Blumen, Beschreibung der Unterwelt) zu einem Kurzepos (Epyllion) erweitert. (2) Ciris („Seevogel"), bestehend aus 541 Hexametern: In Form eines Epyllions wird die Geschichte von Scylla erzählt: Sie hat aus Liebe zu Minos, der ihre Heimatstadt Megara belagerte, ihrem Vater Nisus die goldene Locke abgeschnitten, die seine Unsterblichkeit und die Sicherheit seiner Stadt gewährleistete. Minos verschmäht jedoch die Liebe der Verräterin. Er bindet sie an sein Schiff und schleift sie durch die See. Da wird sie in einen Vogel, Nisus in einen Seeadler verwandelt, der ihr ständig nachstellt. (3) Moretum („Kräuterkäsegericht"), 124 Hexameter: Hier wird realistisch geschildert, wie sich ein armer Bauer im Morgengrauen sein rustikales Mahl zubereitet und dann seiner Arbeit nachgeht. Der epische Stil steht in einem starken Kontrast zum Inhalt des Eidyllions. (4) Dirae („Verwünschungen"), Verwünschungsgedicht in 103 Hexametern. Ein von seinem Besitz Vertriebener verflucht den neuen Besitzer seines sizilischen Gutes. Inhaltliche Bezüge zu Vergils →Bucolica (1. und 2. Ekloge) sind erkennbar. (5) Lydia („Mädchen aus Lydien"): Es handelt sich um Klagen eines unglücklich Liebenden um den Verlust seiner Lydia. Hinsichtlich ihrer Motive (Liebesleid, Naturempfinden, mythologische Exempla) ist die Liebesklage der Elegie verwandt. (6) Copa („Schankwirtin"): Die kurz nach 16 v. Chr. entstandene Elegie (19 Distichen) handelt von einer syrischen Wirtin, die Wanderer zum Verweilen einlädt. (7) Catalepton („Kleine Stücke in feinem alexandrinischem Stil"), eine Sammlung von Gedichten aus dem 1. Jh. n. Chr., die aus 14 Epigrammen und drei Priapeen (→Carmina Priapea) in elegischen und iambischen Versen besteht. In einigen Gedichten (Catalepton 2 und 10) wird Catull (→Carmina) nachgeahmt. Catalepton 5 und 8 sind möglicherweise von Vergil. Nicht von Vergil stammt der Panegyricus auf Messallas Triumph von 27 v. Chr. (Catalepton 9). Entsprechendes gilt für das Votivgebet

für die glückliche Vollendung der →Aeneis (Catalepton 14). Auch die Invektiven (Catalepton 6, 12
und 13) und das Gloria-Gedicht (Catalepton 3)
stammen wohl nicht von Vergil. Unsicherheit besteht bei dem Liebesgedicht (Catal. 1), dem mit
dem Motiv der Knabenliebe spielenden Catalepton
7 und den Gedichten auf den Freund Octavius Musa (Catal. 4 und 11). (8) Aetna ("Der Berg Aetna"),
Lehrgedicht in 646 Hexametern, eine wissenschaftliche Darstellung des Vulkanismus in bewußtem
Gegensatz zu mythischen Erklärungen des Phäno-
mens, möglicherweise vor dem Vesuvausbruch 79
n. Chr. verfaßt. (9) Elegiae in Maecenatem ("Elegien
auf Maecenas"): Die nach dem Tod des Maecenas (8
v. Chr.) entstandenen Elegien (72 und 17 Distichen)
bestehen aus einem Lobgedicht auf den toten Förderer der röm. Dichter und aus Abschiedsworten
des Sterbenden. (10) Der Sammlung gehören zwei
weitere Stücke an: Est et non ("Es ist und es ist
nicht", 25 Hexameter) und Vir bonus ("Der gute
Mensch", 26 Hexameter).

A   W. V. Clausen u. a., Oxford [5]1987. R. Ellis, Oxford
1907. T. Vollmer, PLM 1: Appendix Vergiliana, Leipzig
1910.
Ü   J. u. M. Götte, Zürich [6]1995 (Nr. 7 lat.-dt.). H.
Naumann, München 1968 (lat.-dt.).
L   M. v. Albrecht, RL, 561–564. L. Bieler: Geschichte
der römischen Literatur. Bd. 2, Berlin [3]1972, 17–20. K.
Büchner: P. Vergilius Maro, in: RE 8 A 1, 1955, 1062–
1180. R. Czech-Schneider: Römisches Kleinbauerntum
und Subsistenzwirtschaft am Beispiel des Moretum, AU
4/5, 2001, 92–100. Schanz-Hosius 2, 79–82.

Aratea
„Was dem Dichter Aratos gehört"

Marcus Tullius Cicero aus Arpinum, 106–43 v. Chr.

Astronomisches Lehrgedicht (lat.), Übersetzung
und freie Nachgestaltung der Phainómena des Aratos aus Soloi (1. Hälfte des 3. Jh.s v. Chr.) in daktylischen Hexametern.
Die Arat-Übersetzung ist wahrscheinlich ein frühes
Werk, das der Übersetzer mehrfach in seinen späteren Schriften zitiert (z. B. in →De natura deorum
2,104–114, →De divinatione 1,13–15).

I   Die Übersetzung ist zum Teil durch Zitate
und Fragmente erhalten (480 Verse). „Die Wiedergabe ist wuchtiger als das gewollt schlichte, unpa-
thetische Original; Cicero hat Erläuterungen aus
Kommentaren in den Text verwoben. Hauptvorbild
in Sprache und Versbau ist der altrömische Dichter
Ennius; Lukrez scheint bereits den ciceronischen
Arat gekannt und benutzt zu haben" (Fuhrmann,
44).

A   V. Buescu, Paris/Bukarest 1941. J. Soubiran: Cicé-
ron: Aratea. Fragments poétiques, Paris 1972 (lat.-frz.). A.
Traglia: M. Tulli Ciceronis poetica fragmenta, Verona 1963.
Ü   H. und A. Petersmann (s. u.).
L   W. Ferrari: Cicerone e Arato, in: SIFC 17, 1940, 77–

95. M. Fuhrmann, Cicero, 22–44. W. Leuthold: Die Übersetzung der Phaenomena durch Cicero und Germanicus,
Diss. Zürich 1942. H. und A. Petersmann, RLTD 1, 436–
447 (mit einem Stück aus der Arat-Übersetzung, lat.-dt.).
G. B. Townend: The Poems, in: T. A. Dorey (Hg.): Cicero,
London 1965, 109 ff. A. Traina: Commento alle traduzioni
poetiche di Cicerone, in: Atti del I. Congresso Internazionale di Studi Ciceroniani 1959. Bd. 2, Rom 1961, 141 ff.

Aratea
„Was dem Dichter Aratos gehört"

Iulius Caesar Germanicus, Adoptivsohn des Kaisers Tiberius, 15 v. – 19 n. Chr.

Lateinische Bearbeitung, Nachgestaltung und
Übersetzung der →Phainómena des Aratos in 725
daktylischen Hexametern.
Das Werk entstand nach 14 n. Chr. Vermutlich ist
Kaiser Tiberius (reg. 14–37 n. Chr.) der Adressat.

I   Die Phainómena des Aratos sind nicht nur frei
nachgestaltet (Besprechung der Sternbilder des
Nord- und Südhimmels, der Himmelskreise und
Synchronismen von Auf- und Untergängen der Gestirne), sondern auch berichtigt und modernisiert.
Dafür konnte der Autor u. a. den Arat-Kommentar
(→Tôn Arátu kaì Eudóxu Phainómenon exegéseis)
des Hipparchos aus Nikaia, des bedeutendsten
Astronomen der Antike, und auch die →Astronomi-
ca des Manilius heranziehen. Die inhaltliche und
formale Modernisierung hat jedoch nicht zu einer
Erweiterung des Umfangs der Vorlage geführt. –
Germanicus ersetzt am Anfang seiner Bearbeitung
den Hymnus an Zeus durch ein Preislied auf Tiberius.

A   A. Breysig, Berlin 1867, Nachdr. Hildesheim 1967.
D. B. Gain, London 1979 (lat.-engl. mit Kommentar). A.
Le Boeuffle, Paris 1975 (lat.-frz.).
Ü   W. Kißel, RLTD 4, 272–277 (lat.-dt. in knapper
Auswahl).
L   M. v. Albrecht, RL, 779 bis 782. B. Baldwin: The
Autorship of the Aratus Ascribed to Germanicus, in: Quaderni Urbinati di Cultura Classica 36, N.S. 7, 1981, 163–
172. W. Leuthold: Die Übersetzung der Phaenomena
durch Cicero und Germanicus, Diss. Zürich 1942. G.
Maurach: Germanicus und sein Arat. Eine vergleichende
Auslegung von V. 1–327 der Phaenomena, Heidelberg
1978. C. Santini: Il segno e la traduzione in Germanico
scrittore, Rom 1977. P. Steinmetz: Germanicus, der römische Arat, in: Hermes 94, 1966, 450–482. A. Traglia: Germanico e il suo poema astronomico, in: ANRW 2, 32, 1,
1984, 321–343. L. Voit: Die geteilte Welt. Zu Germanicus
und den augusteischen Dichtern, in: Gy 94, 1987, 498–524.

Archélaos è perì basileías
„Archelaos oder über die Königsherrschaft"

Antisthenes aus Athen, um 455–360 v. Chr.

Verlorener Dialog (gr.) über die These, daß nicht
Geld und Macht, sondern nur die sittliche Tüchtigkeit den Menschen wirklich glücklich mache.

I   Der Dialog ist wohl aus der 13. Rede des Dion Chrysostomos (→*Lógoi*) zu rekonstruieren: Der äußere Anlaß für die Abfassung des Dialogs könnte die Ermordung des makedonischen Herrschers Archelaos im Jahre 399 v. Chr. gewesen sein. Archelaos wird auch von Platon im →*Gorgías* als beispielhaft für den Gegensatz zwischen äußerem (scheinbarem) Glück und moralischer Vollkommenheit erwähnt.

Archídamos
(spartanischer Prinz)

Isokrates aus Athen, 436–338 v. Chr.

Politische Rede (gr.)
Verfaßt im Jahre 366 v. Chr.

I   In der Versammlung der spartanischen Verbündeten, in der es um Krieg und Frieden mit den Thebanern geht, hält Archidamos III., der Sohn des Spartanerkönigs Agesilaos, die ihm von Isokrates in den Mund gelegte Rede. Er fordert die Spartaner auf, lieber zu sterben als den Thebanern die Stadt Messene zu überlassen. – Isokrates zeichnet ein sympathisches Porträt des jungen spartanischen Prinzen.
H   In der Schlacht bei Leuktra 371 v. Chr. waren die Spartaner von den Thebanern vernichtend geschlagen worden. Es folgten mehrere Invasionen der Thebaner auf die Peloponnes. Der Thebanerkönig Epameinondas besetzte sogar Sparta. Korinth und andere Verbündete Spartas beabsichtigten, mit Theben über den Frieden zu verhandeln. Eine der Friedensbedingungen war die Unabhängigkeit der von den Thebanern neu gegründeten Stadt Messene. Um diese Forderung zu erörtern, kamen die Verbündeten auf Betreiben der Korinther in Sparta zusammen. Die Rede setzt in dem Moment ein, wo die Korinther die Absichten der Verbündeten in Sparta verkündet hatten. Archidamos III., der Sohn des Spartanerkönigs Agesilaos, ergriff das Wort in der Versammlung der spartanischen Bündnispartner.
W   Zu welchem Zweck Isokrates die Rede verfaßt hat, ist nicht leicht zu klären. Die durchgehend antithebanische und prospartanische Tendenz paßt nicht zu der sonst bewiesenen Einstellung des Isokrates gegenüber der spartanischen Politik. Daher wurde die Rede schon in der Antike als eine rhetorische Übungsrede verstanden. Isokrates versetzt sich in die Rolle des Archidamos, den er übrigens sehr schätzte, wie auch der Brief an Archidamos (Nr. 9 der *Epistulae* des Isokrates) beweist. – Isokrates hat die Rede vermutlich Archidamos zukommen lassen; es ist aber unwahrscheinlich, daß sie verfaßt wurde, um von Archidamos gehalten zu werden. Aber der Text ist auch als eine politische Aussage zu werten, die nicht nur die Gefühle der Spartaner, sondern auch den Haß der Athener gegenüber Theben und deren Sympathie gegen-über den Sparta-

nern in der Phase der thebanischen Vorherrschaft artikulierte.

A   G. Norlin: Isocrates. Bd. 1, London/Cambridge (Mass.) 1928 (gr.-engl.).
Ü   C. Ley-Hutton. 2 Bde., Stuttgart 1993–1997.
L   F. Blass, Beredsamkeit 2, 8–331. F. Seck (Hg.): Isokrates, Darmstadt 1976.

Archónton anagraphé
„Liste der Archonten"

Demetrios aus Phaleron, etwa 350–280 v. Chr.

Eine nur fragmentarisch erhaltene Auflistung der athenischen Archonten (gr.).

I   Die Archonten-Liste war ursprünglich ein Hilfsmittel der Zeitrechnung. Aufgrund ihrer Ausführlichkeit war sie nicht nur von Chronik-Schreibern zu benutzen, sondern informierte auch historisch Interessierte über die mit den Namen verbundenen geschichtlichen Ereignisse.

A   FGrHist 228 (Fragment 1–3, 10). F. Wehrli, Schule, 4.
L   E. Bayer: Demetrius Phalereus der Athener, Tübingen 1942, Nachr. Darmstadt 1969. O. Lendle, Einführung, 278. A. Lesky, GL, 775 f.

Areopagitikós
„Rede an die Mitglieder des Areopags"

Damon aus Attika, 2. Hälfte des 5. Jh.s v. Chr.

Politische Rede (gr.), nur fragmentarisch erhalten. Vermutlich vor 462 v. Chr. gehalten.

I   Damon, der Schüler Pindars (→„Chorlyrik") und des Sophisten Prodikos (→*Hôrai*) und der Lehrer von Perikles und Sokrates, wurde als Musiktheoretiker von Platon hochgeschätzt. Von der Rede, die sich mit der Wirkung von Metrik, Rhythmik und Musik auf die sittliche Haltung der Gemeinschaft befaßt, sind nur wenige Fragmente erhalten (u. a. bei Philodem, →*De musica*). „Damon gibt eine Lehre vom Ausdruck des Seelischen in der Musik und verdichtet sie angesichts des Wechselverhältnisses von Ausdruck und Eindruck zu einer musikalischen Ethik und Pädagogik, nach der Harmonien und Rhythmen Tugenden, aber auch Untugenden einpflanzen und entfalten ... Wegen der politischen Auswirkungen ist daher gegenüber musikalischen Neuerungen Vorsicht geboten. D. wirkte damit vor allem auf Platon (→*Politeía* 400a und 424c) und auf Aristeides Quintilianus (→*Perì musikês*)" (Wille, 332).

A   VS 37. F. Lasserre: Plutarque de la musique, Olten/Lausanne 1954.
L   H. Koller: Die Mimesis in der Antike, Olten/Lausanne 1954. M. Wegner, in: Die Musik in Geschichte und Gegenwart. Bd. 2, 1952, 1880 f. U. v. Wilamowitz-Moel-

lendorff: Griechische Verskunst, Berlin 1921, 63–66. G.
Wille: Damon, in: dtv-L 1. 1, 332. K. Ziegler: Damon (Nr.
2), in: DKP 1, 1376 f.

Areopagitikós
„Areopagrede"

Isokrates aus Athen, 436–338 v. Chr.

Hauptschrift des Isokrates zur athenischen Innenpolitik (gr.) in Form einer fiktiven Rede vor dem
Areopag.
Wahrscheinlich im Jahre 354 v. Chr. (und nicht
schon vor dem Bundesgenossenkrieg, 357–355
v. Chr.) verfaßt.

I Die Ausführungen beginnen mit einem Überblick über die äußere Lage Athens. Isokrates fingiert eine Rede, mit der er vor dem versammelten
Volk als Warner auftritt. Allerdings ist die Mehrheit
des Volkes optimistisch gestimmt; die äußere
Machtstellung Athens wird positiv beurteilt. Daher
wird es für den Redner schwierig sein, seinen Sorgen Gehör zu verschaffen. Athen ist noch im Besitz
einer großen Flotte, es beherrscht die See, die Bundesgenossen werden ihren Verpflichtungen gerecht;
es herrscht Friede. Isokrates stellt dieser so positiven Einschätzung der Lage seine eigene Analyse gegenüber, die wesentlich düsterer ist. Denn gerade
die allgemeine Stimmung optimistischer Zuversicht
birgt Gefahren in sich, und der Glanz der Macht
kann zu Fehleinschätzungen führen. „Isokrates'
Gedanken wurzeln in der Weltanschauung der griechischen Tragödie. Er sieht die politische Welt demselben tragischen Grundgesetz unterworfen, welches Macht und Reichtum überall im menschlichen
Leben mit Verblendung und Zügellosigkeit ver-
schwistert und durch diese von innen erwachsenden
Kräfte in ihrem Bestande bedroht zeigt" (Jaeger,
Paideia, 172). Glück könne leicht in Unglück um-
schlagen (4–5). Dieses Gesetz gilt nach Isokrates
für Individuen ebenso wie für Staaten. Isokrates
nennt zahlreiche Beispiele (6–7), um seine Lehre
vom geschichtlichen Wechsel (metabolé) zu stützen.
– Der Autor weist auf verschiedene Symptome hin,
die als Warnsignale aufzufassen sind, auf das Mißtrauen der übrigen gr. Staaten gegen Athen und den
attischen Seebund und auf die schlechten Beziehungen Athens zu Persien (8–10 und 80–81). – Alle Gefahren, die Isokrates sieht, haben ihren Ursprung in
der inneren Struktur des athenischen Staates. Darauf folgt ein historischer Überblick über große Erfolge, die die Polis nicht dauerhaft zu nutzen verstand, weil sie nicht die richtige Verfassung hat
(12–13). Obwohl dies viele wissen, ist man nicht bereit, die Verhältnisse zu ändern und zu der von den
Vorfahren geschaffenen Verfassung zurückzukehren
(15). Das einzige Mittel, die Menschen von ihrem selbstsüchtigen Individualismus zu befreien, ist
die Wiederherstellung der Verfassung, wie sie zu
den Zeiten des Solon und Kleisthenes bestand (16).
– Die Idealisierung der Vergangenheit schafft für

Isokrates das Gegenbild zu den Übeln der Gegenwart, die auf die radikalisierte Form der athenischen
Demokratie zurückzuführen sind. Isokrates schildert die Begleiterscheinungen der Massenherrschaft
ausführlich: Demagogentum, Denunziantenunwesen,
Willkür der Mehrheit gegenüber der Minderheit, die mechanische Gleichheit aller, die Zufälligkeit der Losentscheidung usw. (20–27). Mitunter
wird das Bild der Vergangenheit von Isokrates stark
idealisiert, vor allem was den sozialen Frieden zwischen Besitzenden und Besitzlosen betrifft (z. B. 31–
32). Das gilt auch für die Ausführungen über die
wirtschaftliche Gesundheit der Vergangenheit (33–
35). Die Ursache dieser gesunden Zustände liegt in
der Erziehung der Bürger (36–37), die Isokrates mit
Hilfe des Areopags nicht auf die Zeit der Kindheit
beschränken will. Die moralische Autorität des
Areopags soll zur Grundlage einer allgemeinen Erziehung der Bürgerschaft werden (38–42). Der Autor befaßt sich eingehend mit den Bedingungen und
Zielen der Erziehung (43 bis 49). – Der Verfasser
legt großen Wert darauf, bei aller Kritik an der Demokratie der Gegenwart nicht als Volksfeind zu erscheinen (bes. 58–62). In einem ausführlichen Vergleich der Demokratie mit der Oligarchie entwik-
kelt er zum Schluß seine innenpolitische Position
(63 ff.), wobei er die geschichtliche Leistung der
athenischen Demokratie überzeugend herausstellt.
Aber eben darauf müssen sich auch die Menschen
der Gegenwart wieder besinnen, um ihrem hohen
Anspruch und ihrem Leistungsvermögen zu entsprechen. Denn das athenische Volk ist von Natur
aus dazu veranlagt, höchste Leistungen zu vollbringen (72–74) und seine geschichtliche Sendung als
Retter ganz Griechenlands zu erfüllen (vgl. die Mei-
nungsänderung des Isokrates in →Perì eirénes).

W Im Areopagitikós plädiert Isokrates für eine
Abkehr von der radikalen Demokratie und ihrer
Machtpolitik. Er empfiehlt statt dessen eine vom
besitzenden Bürgertum bestimmte, gemäßigte Demokratie unter einem Areopag, der über weitgehende Vollmachten verfügt (vgl. Perì eirénes). – Im Gegensatz zu Platon (→Politeía), der die Formung eines neuen, wahrhaft politischen Menschen zur
Bedingung seines besten Staates erklärt, glaubt Isokrates, die Verhältnisse durch die Rückbesinnung
auf die Vergangenheit und die bloße Wiedereinsetzung des Areopags in seine früheren Rechte ändern
zu können. – Es ist nicht auszuschließen, daß sich
Isokrates in seiner Areopag-Rede auf eine reale politische Gruppe bezieht, die die Bestrebungen der
gemäßigten Demokraten in der Endphase des Peloponnesischen Krieges (431 bis 404 v. Chr.) aufgriff,
um zur „Verfassung der Väter" (pátrios politeía) zurückzukehren. Nach Isokrates soll das Bild der Vergangenheit als Vorbild wirken, an dem man sich
orientieren muß, um die gegenwärtigen Verhältnisse
zu ändern. Isokrates appelliert „an die gegenwärtig
verschüttete und verdunkelte, aber in den Leistungen der Vorfahren offenbar gewordene, echt athenische Physis, das bessere Selbst des athenischen Volkes" (Jaeger, Paideia, 191 f.).

A   G. Norlin: Isocrates. Bd. 2, London/Cambridge (Mass.) 1929 (gr.-engl.). R. Rauchenstein / K. Münscher: Ausgewählte Reden des Isokrates. *Panegyrikos* und *Areopagitikos*, Berlin 1908.
Ü   C. Ley-Hutton. 2 Bde., Stuttgart 1993–1997.
L   F. Blass, Beredsamkeit 2, 8–331. K. Bringmann: Studien zu den politischen Ideen des Isokrates, Göttingen 1965. W. Jaeger: The Date of Isocrates' *Areopagiticus* and the Athenian Opposition, in: HSPh, Suppl. 1, 1940, 409–450 (dt. in: F. Seck (Hg.): Isokrates, Darmstadt 1976, 139–188). W. Jaeger, Paideia 3, 170–198. F. Seck (Hg.): Isokrates, Darmstadt 1976.

Areopagitikòs perì tû séku apología
„Rede über den Ölbaumstumpf, als Verteidigungsrede vor dem Areopag gehalten"

Lysias, 445 – nach 380 v. Chr.

Gerichtsrede (gr.), für einen Auftraggeber verfaßt. Die Rede wurde wahrscheinlich nach 395 v. Chr. gehalten.

I   Mit der von Lysias verfaßten Rede verteidigte sich ein ehrenwerter und unbescholtener Mann aufgrund der Anzeige eines Sykophanten, d. h. eines Erpressers, der mit falschen Anschuldigungen Bürger vor Gericht zu bringen pflegte, vor dem Areopag. Ihm war vorgeworfen worden, er habe einen Ölbaumstumpf (im Jahre 397/396 v. Chr.) vernichtet bzw. ausgegraben. Die Vernichtung von (heiligen) Ölbäumen und Ölbaumstümpfen galt in der Tat als Gottlosigkeit und wurde vom Areopag im Falle eines Schuldspruches mit dem Todesstrafe geahndet (vgl. Aristoteles, →*Athenaíon politeía* 60,2). – Im Proömium (1–3) bezeichnet der Redner die Klage wahrheitsgemäß als Sykophantie (Verleumdung). Die *Argumentatio* (4–41) dient der Widerlegung der Anklage mit Hilfe von Tatsachen und Wahrscheinlichkeitsgründen und durch den Vergleich des Klägers mit dem Beklagten. So kann der Verleumdete u. a. mit Hilfe von Zeugen nachweisen, daß sich zu der angegebenen Tatzeit überhaupt kein Ölbaumstumpf auf seinem Grundstück befand, den er hätte roden können. Im Epilog (42–43) werden die Hauptbeweispunkte zusammengefaßt. – Wahrscheinlich wurde der Beklagte aufgrund mangelnder Beweise freigesprochen.

A   L. Gernet / M. Bizos: Lysias. Discours. Bd. 1, Paris [6]1967. C. Hude, Oxford 1912 (Nr. 7). Th. Thalheim, Leipzig [2]1913.
Ü   F. Baur: Die erhaltenen Reden des Lysias, Stuttgart [3]1887. K. Brodersen / I. Huber. 2 Bde., Darmstadt 2004–2005 (gr.-dt.). G. Wöhrle, Stuttgart 1995 (gr.-dt.).
L   K. J. Dover: Lysias and the Corpus Lysiacum, Berkeley 1968. E. Heitsch: Recht und Taktik in der 7. Rede des Lysias, in: MH 19, 1961, 204–219.

Argonautica
„Argonautensage"

Valerius Flaccus, gest. vor 96 n. Chr.

Lat. Epos in acht B. über die Argonautensage vom Bau der Argo bis zum Raub des Goldenen Vließes, Kaiser Verspasian (reg. 69–79 n. Chr.) gewidmet. Das Proömium wurde nach der Eroberung von Jerusalem durch die Römer im Jahre 70 n. Chr. verfaßt; Teile des 3. und 4. B. entstanden nach dem Vesuvausbruch des Jahres 79 n. Chr. Das Werk läßt sich aufgrund entsprechender Anspielungen in die Zeit von 75–85 n. Chr. datieren.

I   B. 1: Iason soll für Pelias das Goldene Vließ holen. Minerva läßt die Argo bauen. Iuno sucht tüchtige Männer für die Fahrt. Iason nimmt Abschied von seinen Eltern. Die Fahrt beginnt. Neptun beschwichtigt einen Seesturm. B. 2: Die Argonauten werden von den Amazonen aufgenommen. Hercules treibt die anderen an weiterzufahren und befreit vor Troja Hesione. Die Männer landen bei König Cyzicus. B. 3: Nach ihrem Aufbruch werden die Argonauten wieder zu Cyzicus verschlagen, ohne zu merken, wo sie sind. Es kommt zu einem blutigen Kampf. Hercules, der den verloren gegangenen Hylas sucht, wird zurückgelassen. B. 4: Hercules soll Prometheus befreien. Orpheus singt für die Argonauten. Bei Phineus vertreiben Boreas' Söhne die Harpyien. Die Argo passiert die Symplegaden, die „zusammenschlagenden" Felsen vor der Mündung des Bosporus ins Schwarze Meer, und landet bei den Mariandynern, einer Völkerschaft in Bithynien. B. 5: In Sinope schließen sich neue Gefährten an. Man landet in Kolchis. Iason begegnet Medea. Sie erklärt ihm den Weg. Der König Aetes nimmt die Fremden freundlich auf. B. 6: Iuno erbittet Venus' Hilfe, um Medeas Liebe zu Iason zu wecken. B. 7: Medea liebt Iason. Venus nimmt die Gestalt der Circe an und führt Medea zu Iason. Mit Medeas Zaubermitteln bezähmt Iason die feurigen Stiere und besiegt die Erdgeborenen. B. 8: Medea schläfert den Drachen ein. Iason raubt das Goldene Vließ und flüchtet. Medeas Bruder verfolgt die Argonauten. Iason will Medea ausliefern. – Im Gegensatz zu Apollonios Rhodios (→*Argonautiká*), der das zeitliche Kontinuum der Argonautenfahrt darstellt, verselbständigt Valerius Flaccus die Abenteuer der Sage zu in sich geschlossenen, aber durch Verweise und Verklammerungen miteinander verknüpften Einzelbildern. Dem röm. Dichter kommt es weniger auf den Bericht der Ereignisse als auf die Darstellung der kausalen Zusammenhänge und psychischen Vorgänge in den handelnden Personen an, deren Motive und Affekte ihn besonders interessieren.
Q   Vorlagen waren Homer, →*Odýsseia*, Pindar, „Pythische Oden" 4 (→„Chorlyrik"), Apollonios Rhodios, →*Argonautiká*, Vergil, →*Aeneis*, →*Georgica*, Ovid, →*Metamorphoseon libri*, und Lucan, →*Bellum civile*.

H Valerius Flaccus war ein *quindecim vir sacris faciundis*, d.h. ein Priester des Gottes Apollon. Die Apollon-Priester waren für die Befragung der Sibyllinischen B. (→*Oracula Sibyllina*) und für die Aufsicht über die Einführung fremder Kulte zuständig. Daher spielt das Religiöse auch im dichterischen Werk des Valerius eine große Rolle. So ruft er auch in seiner Eigenschaft als Priester für seine Dichtung den Gott Apollon an. Der Dichter glaubt an die Gültigkeit des Mythos. „Das Dichtertum des Valerius wurzelt in der *theologia civilis*" (M. v. Albrecht, 742). – Auch der röm.-historische Hintergrund hat das dichterische Werk geprägt. Die Zeitgeschichte wirkt in die Darstellung der mythischen Handlung hinein. Iason trägt röm. Züge; er besitzt *virtus*, ist aber kein spezifisch röm. Held.

W „Die Öffnung der Meere (1,246 f.) ... ist ein Hauptthema für Valerius und ihm viel wichtiger als das Goldene Vließ des alten Mythos" (M. v. Albrecht, 743). Obwohl der Dichter den historischen Fortschritt, den Sieg über die Barbarei und die Erfüllung des Götterwillens, preist, verschweigt er nicht die Grenzen menschlicher Freiheit, die Macht der Leidenschaft und die tragische Verkettung von Handeln und Leiden. „Valerius hat den Argonautenstoff mit römischer Empfindung durchdrungen. Er hat gezeigt, was jener vielbehandelte Mythos einem Römer seiner Zeit zu sagen hat. Die Kategorien der Gestaltung sind bezeichnend genug: aktives Heldentum, Streben nach Ruhm, Sinn für Macht und Schrecken, Mut und Unabhängigkeit im Angesicht des Todes; daneben *religio* und das Gefühl, Glied eines Weltreiches zu sein" (M. v. Albrecht, 744). „Wenn Vergil in der →*Aeneis* die römische Weltherrschaft in ihrer politischen Dimension zum Akt göttlicher Vorsehung überhöht, so sucht sie Valerius in ähnlicher Weise als gottgewollte höchste Stufe der kulturellen Entwicklung der Menschheit zu begreifen. Vergil sieht diesen Zustand allerdings durch Verheißung auf alle Ewigkeit gesichert; nach Valerius muß er in steter kultureller und moralischer Bewährung immer aufs neue behauptet werden" (W. Kißel, 388 f.).

N Erwähnt wird Valerius Flaccus in der Antike nur von Quintilian (→*Institutio oratoria* 10,1,90). Andere antike Autoren benutzen ihn. Im Mittelalter wird er zitiert, in der Renaissance gelesen und gelobt.

A E. Courtney, Leipzig 1970. W. W. Ehlers, Stuttgart 1980. P. Langen. 2 Bde., Berlin 1896–1897, Nachr. 1964. J. H. Mozley, London/Cambridge (Mass.) 1934 (lat.-engl.).
Ü H. Rupprecht, Mitterfels 1987 (lat.-dt.).
L J. Adamietz: Zur Komposition der *Argonautica* des Valerius Flaccus, München 1976. M. v. Albrecht, RL, 738–747. W. R. Barnes: The Trojan War in Valerius Flaccus' *Argonautica*, in: Hermes 109, 1981, 360–370. E. Burck: Die *Argonautica* des Valerius Flaccus, in: E. B. (Hg.): Das römische Epos, Darmstadt 1979, 208–253. P. Dräger: *Argo Pasimelousa.* Der Argonautenmythos in der griechischen und römischen Literatur. Teil 1: *Theos Aitios*, Stuttgart 1993. U. Gärtner: Gehalt und Funktion der Gleichnisse bei Valerius Flaccus, Stuttgart 1994. W. Kißel, RLTD 4, 386–395. M. Korn: Valerius Flaccus, *Argonautica* 4,1–343.

Ein Kommentar, Hildesheim 1989. M. Korn / H. J. Tschiedel (Hg.): *Ratis omnia vincet. Untersuchungen zu den Argonautica des Valerius Flaccus*, Hildesheim 1991. F. Mehmel: Valerius Flaccus, Diss. Hamburg 1934. H. Stadler: Valerius Flaccus, *Argonautica* VII. Ein Kommentar, Hildesheim 1993. M. Wacht: Juppiters Weltenplan im Epos des Valerius Flaccus, Stuttgart 1991.

Argonautiká

„Argonautensage"

Apollonios Rhodios aus Alexandreia, 3. Jh. v. Chr.

Mythologisches Epos in vier B. über die Argonautensage (gr.).

Angeblich hatte Apollonios als junger Mann mit einer öffentlichen Vorlesung der *Argonautiká* in Alexandreia keinen Erfolg; deshalb verließ er die Heimat und begab sich nach Rhodos, wo er sein Werk überarbeitete (daher der Beiname „Rhodios") und als Dichter und Lehrer hohes Ansehen genoß. Die Übersiedlung nach Rhodos kann in den sechziger Jahren des 3. Jhs v. Chr. stattgefunden haben.

I Nach dem Proömium folgt der Argonautenkatalog in Anlehnung an den homerischen Schiffskatalog (→*Iliás* 2,448–669), der aber mit gelehrter Aufarbeitung der mythologischen Überlieferung über die Teilnehmer angereichert ist. – Die Hinfahrt nach Kolchis ist der Inhalt der B. 1 und 2: Die Fahrt als solche und die Abenteuer an Land werden abwechselnd beschrieben. Einen Höhepunkt bildet das Hylas-Abenteuer (1,1207 ff.): Hylas, der Liebling des Herakles, wird zum Wasserholen geschickt und von Quellnymphen entführt. Herakles sucht ihn und versäumt so die Abfahrt der Argo. Er scheidet darum aus der Zahl der Argonauten aus und kehrt nach Argos zurück. – Bei der Durchfahrt durch die Symplegaden, die „zusammenschlagenden" Felsen, denen die Argonauten dank Phineus' gutem Rat entkommen können, stellt sich zum ersten Mal die Frage nach der Rolle der Götter in den *Argonautiká*. Sie agieren ähnlich wie die homerischen Götter. – Ganz „menschlich" wird jedoch Medeas Liebe zu Iason in B. 3 dargestellt. Diese Liebe erscheint zwar als „gottgewollt"; sie wird vom Dichter aber mit großem psychologischen Einfühlungsvermögen beschrieben. – In B. 4 hat Medea alle Zweifel an der Rechtmäßigkeit ihres Tuns überwunden. Nachdem sie Iason mit Hilfe ihrer Zauberkünste das Goldene Vließ verschafft hatte, beginnt die Rückfahrt der Argonauten nach Griechenland. Auf der Flucht vor den sie verfolgenden Kolchern unter Führung von Medeas Vater Aietes tötet Medea ihren Bruder Apsyrtos und wirft den Leichnam zerstückelt ins Meer, um den Vater an der Verfolgung zu hindern. Die Rückfahrt erfolgt auf einer ausgesprochen weitgespannten Route; die Argonauten werden mit ihrer Irrfahrt von Zeus für den Mord an Apsyrtos bestraft. Sie kommen auch an die Schauplätze der →*Odýsseia*. Die Rückkehr nach Griechenland wird nur angedeutet.

(Die Fortsetzung der Geschichte ist nicht mehr Thema der *Argonautiká*. Zur weiteren Gestaltung der Medea-Sage: Euripides, →*Médeia*.)

Q Das Epos gibt dem Dichter reichlich Gelegenheit, sein mythologisches und geographisches Wissen mit alexandrinischer Gelehrsamkeit auszubreiten und auch seinem ätiologischen Interesse umfassend nachzugehen. Dennoch knüpft er an die Darstellungsweise des Homerischen Epos an. Auch in sprachlicher Hinsicht ist er ein Nachfolger Homers. Allerdings ist der Erzähler in viel stärkerem Maße ein gelehrter Kommentator als Homer, und auch die sprachliche Form läßt die philologische Reflexion des alexandrinischen Autors erkennen. – Anders als Kallimachos schätzt Apollonios Antimachos aus Kolophon sehr und macht in den *Argonautiká* großzügige Anleihen aus der →*Lýde* und der →*Thebaís*. Viele Stellen in den *Argonautiká* beweisen, daß Apollonios von seinem Lehrer Kallimachos beeinflußt ist. Daß es über die Auffassung von Dichtkunst zu Unstimmigkeiten und Differenzen zwischen Lehrer und Schüler kam, ist in diesem Zusammenhang ohne Bedeutung. Ob der →*Íbis* ein literarischer Angriff gegen Apollonios war, wie die →*Suda* (s. v. Kallimachos) nahelegt, bleibt umstritten. – „Der eigentliche Unterschied zwischen ihm und Kallimachos bestand darin, daß Apollonius sich enger an die Tradition anschloß; die Tage des langen heroischen Epos waren für ihn noch nicht vorbei. Er wagte es, ein Gedicht zu schreiben, das *dienekés* ("zusammenhängend") und als *hén* ("Einheit") gestaltet war; es besaß Einheit und Zusammenhang von Jasons und seiner Gefährten Ausreise bis zu ihrer Rückkehr, indem es die ganze Reise der Argo in vier B. erzählt. Jedes B. von etwa 1400 bis 1700 Versen hatte etwa die Länge einer Tragödie. Hierin stimmte Apollonios' Werk mit Aristoteles' Forderungen überein (→*Perì poietikês* 1459b19ff.), lief aber grundsätzlichen Lehren des Kallimachos stracks zuwider; er bemühte sich nicht um dieselbe gewissenhafte Genauigkeit und Disziplin in Sprache und Metrum, und jene kallimacheische Feinheit und Anmut, verbunden mit nerviger Männlichkeit, hätte er nie erreichen können" (Pfeiffer 1970, 180). – Die Beziehung zu Theokrit wird vor allem bei der Gestaltung des Hylas-Abenteuers problematisch. Vieles spricht dafür, daß Theokrits Fassung Priorität hat (→*Eidýllia* 13). – Die Schilderung der Begegnung mit Apollon im 4. B. setzt wohl die →*Aítia* des Kallimachos voraus.

W Die *Argonautiká* sind der „Versuch einer Erneuerung des homerisierenden Großepos aus dem Geist alexandrinischer Kunstauffassung" (Effe, 116 f.). Sie stellen das Resultat der Vermittlung zwischen traditionalistischen und modernistischen Strömungen dar. Das Epos nimmt eine Gegenposition zu den poetischen Grundsätzen des Kallimachos ein: Als eine literarische Großform für ein einziges zusammenhängendes Thema über vier ausgesprochen umfangreiche B. hinweg steht es in scharfem Gegensatz zum Kunstprinzip des Kallimachos, dem Prinzip der kleinen Form (vgl. den Telchinenprolog zu den *Aítia*). Die Fortführung der epischen Tradition steht einer Gestaltung des Stoffes aus dem modernhellenistischen Geist der alexandrinischen Epoche jedoch nicht entgegen. Denn in deutlichem Gegensatz zum heroischen Epos bestimmen drei Akzente die *Argonautiká*: die zentrale Bedeutung des Eros, die feinsinnige Analyse psychischer Vorgänge und die Konzeption eines neuen, betont unheroischen Heldentyps (vgl. Effe, 119). Das „Unheroische" des Heldentyps läßt sich vielleicht auch damit erklären, daß Apollonios es unterlassen hat, dem Vorhaben seiner Helden einen bestimmten Sinn zu geben. Die Argonauten haben keine „Mission", kein weltanschaulich begründetes Ziel, und die Aufreihung ihrer Abenteuer, Taten und Leiden ist nicht von irgendeinem Leitgedanken getragen.

N Die *Argonautiká* waren für Vergils →*Aeneis* eine wichtige Vorlage. Ebenso ist die Wirkung auf die →*Argonautica* des Valerius Flaccus sehr bedeutsam. Auch die „Orphische Literatur" (→*Orphiká*) wurde in ihren „orphischen Argonautika" von Apollonios beeinflußt.

A H. Fränkel, Oxford 1961, Nachdr. 1986. F. Vian / E. Delage. 3 Bde., Paris 1974–1981 (gr.-frz. mit Kommentar).
Ü B. Effe, GLTD 4, 116–131 (Einführung und knappe Auswahl, gr.-dt.). R. Glei / S. Natzel-Glei. 2 Bde., Darmstadt 1996 (gr.-dt.).
L P. Dräger: *Argo Pasimelousa*. Der Argonautenmythos in der griechischen und römischen Literatur. Teil 1: *Theos Aitios*, Stuttgart 1993. E. Eichgrün: Kallimachos und Apollonios Rhodios, Diss. Berlin 1961. H. Fränkel: Das Argonautenepos des Apollonios, in: MH 14, 1957, 1 ff. M. M. Gillies, Cambridge 1928, Nachdr. Hildesheim 1989. P. H. Gummert: Die Erzählstruktur in den *Argonautika* des Apollonios Rhodios, Frankfurt 1992. P. Händel: Apollonios Rhodios, in: dtv-L 1. 1, 145 f. P. Händel: Beobachtungen zur epischen Technik des Apollonios Rhodios, München 1954. H. Herter: Apollonios Rhodios, in: RE Suppl. 13, 1973, 15 ff. A. Hurst: Apollonios de Rhodes. Manière et cohérence. Contribution à l'étude de l'esthétique alexandrine, Bern 1967. H.-H. Koch: Die Hylasgeschichte bei Apollonios Rhodios, Theokrit, Properz und Valerius Flaccus, Diss. Kiel 1955. A. Köhnken: Apollonios Rhodios und Theokrit. Die Hylas- und Amykosgeschichten beider Dichter und die Frage der Priorität, Göttingen 1965. A. Körte / P. Händel, HD, 124–199. A. Lesky, GL, 818–826. G. Marxer: Die Sprache des Apollonius Rhodius in ihren Beziehungen zu Homer, Diss. Zürich 1935. S. Natzel; Klea gynaikon. Frauen in den Argonautika des Apollonios Rhodios, Trier 1992. A. Pfeiffer, KlPh, 176–180. K. Thiel: Erzählung und Beschreibung in den *Argonautika* des Apollonios Rhodios. Ein Beitrag zur Poetik des hellenistischen Epos, Stuttgart 1993. K. Ziegler: Das hellenistische Epos, Leipzig [(2)]1966.

Argonautiká
„Argonautensage"

Herodoros aus Herakleia, um 400 v. Chr.

Darstellung der Argonautenfahrt (gr.) in Frg.

I Wie in seinem Werk über die Herakles-Sage (→*Ho kat' Herakléa lógos*) bemüht sich Herodoros um eine rationalistische-allegorische Deutung des Mythos. So war z. B. der Acheron ein Fluß auf der Oberwelt, und die Giganten erschienen als ein in der Gegend von Kyzikos lebendes Volk, das die Argonauten bekriegten. Hekate, die Mutter der Medea und der Kirke, war keine Göttin: ihr Name wird von der Ortschaft Hekas hergeleitet. Wie hier so benutzt Herodoros auch sonst Etymologien zur Rationalisierung der mythischen Erzählung.

A FGrHist 31.
L F. Jacoby, RE 8, 1, 1912, 980–987. A. Lesky, GL, 375. W. Nestle, VMzL, 146–148.

Argonautiká →Orphiká

Arimaspen-Epos (Arimáspeia)

Aristeas aus Prokonnesos, 6. Jh. v. Chr.

Fragmentarisch überliefertes Epos (gr.) in drei B..

I In diesem Werk soll Aristeas seine Abenteuer erzählt haben, die er nach seinem Tod und sieben Jahre nach seiner Rückkehr nach Prokonnesos erlebt hatte (vgl. Herodotos, →*Historíes apódexis* 4,13–16): Von Apollon besessen sei er auf der Suche nach den Hyperboreern bis zu den Issedonen gelangt. Hier habe er von den einäugigen Arimaspen, den Gold hütenden Greifen und den Hyperboreern gehört.
W „Das Werk ist als ein phantastischer Reiseroman mit religiöser Tendenz Vorläufer der religiös romanhaften Biographien und der späteren christl. Legendenliteratur" (G. Knebel, 172).

A EGF 243–247.
L J. D. P. Bolton: A. of Proconnesus,1962 (vgl. W. Burkert, Gnomon 35, 1963, 235–240). G. Knebel: Aristeas (Nr.1), in: dtv-L 1. 1, 171 f.

Aristeas-Brief

An.

Bericht (gr.) über die Übersetzung des Alten Testaments (→*Septuaginta)* ins Griechische. Wahrscheinlich zwischen 130 und 100 v. Chr. entstanden.

I Es handelt sich um eine mit den Stilmitteln des hellenistischen Reiseromans geschmückte und fin-gierte Schilderung der Übersetzung des Alten Testaments ins Griechische durch 72 jüdische Gelehrte (= 6 aus jedem Stamm Israels), die aus Jerusalem nach Alexandreia kommen. – In die Schilderung der Übersetzung (3–51 und 301–322) eingelegt sind eine Beschreibung der Geschenke für den Hohenpriester Eleazar (51–82), der die 72 Übersetzer entsendet, die Unterredung mit ihm in Jerusalem (83–171), der Empfang der Zweiundsieb-zig in Alexandreia (172–186) und die Tischgespräche mit ihm (187–300).
W Der „Aristeas-Brief" ist kein Zeugnis für die gegen den Willen der Juden durchgesetzte Helleni-sierungspolitik des Ptolemaios II. Philadelphos (seit 283/282 v. Chr. Alleinherrscher in Alexandreia), sondern um ein den Übersetzungsvorgang auf Pharos fingierendes Pseudepigraphon, das die Anerkennung der *Septuaginta* für den gottesdienstlichen Gebrauch in der griechisch sprechenden Diaspora des Judentums bezeugen und sichern soll.

A H. B. Swete: Introduction of the OT in Greek, Cambridge 1914, 531–606.
Ü N. Meisner: Der Aristeas-Brief. Jüdische Schriften in hellenistischer Zeit. Bd. 2, Göttingen 1973, 35–85. P. Wendland, in: E. Kautzsch: Die Apokryphen und Pseudepigraphen des AT. Bd. 2, Hildesheim 1962, 1–31 (gr.-dt.).
L C. Colpe: Aristeas-Brief, in: DKP 1, 555f. R. Hanhart: Fragen um die Entstehung der LXX, in: Vetus Testamentum 12, 1962, 139–163. H. G. Meecham: The Letter of Aristeas, Manchester 1935.

Aristides-Brief

Iulius Africanus, um 200 v. Chr.

Fragmentarisch erhaltener Brief (gr.).

I Der Brief an einen Aristeides befaßt sich mit der Differenz der Stammbäume Jesu bei Matthäus und Lukas (→*Novum Testamentum*).

A W. Reichert, in: Texte und Untersuchungen zur Geschichte der altchristlichen Literatur. Bd. 34. 3, Leipzig/ Berlin 1909.
L E. Stommel: Africanus, in: LThK 1, 170 f.

Arístippos perì palaías tryphês
„Aristippos über die Üppigkeit der alten Zeit"

An., Mitte des 3. Jh. v. Chr.

In wenigen Fragmenten erhaltenes Werk über die Sittenlosigkeit berühmter Persönlichkeiten (gr.).

I Der Autor versuchte, prominente Persönlichkeiten der Vergangenheit zu kompromittieren, indem er sie als Opfer ihrer Genußsucht darstellte. Er behandelte z.B. auch die Philosophen Empedokles, Sokrates, Xenophon, Platon, Polemon, Aristoteles und Theophrast, denen er päderastische Neigungen und Beziehungen nachsagte.

A   G. Giannantoni: Socraticorum reliquiae. Bd. 1, Neapel 1983- 1985, 241–242.
L   K. Döring, Historia, 24. U. v. Wilamowitz-Moellendorff: Antigonos von Karystos, in: Philologische Untersuchungen 4, 1881, 47–43.

Aristoteleskommentare →Kommentare zu ...

Arithmetiká
„Arithmetische Probleme"

Diophantos aus Alexandreia, um 250 v. Chr.

Abhandlung über zahlentheoretische und algebraische Probleme (gr.) in 13 B., von denen 6 erhalten sind.

I   Diophantos lehrte Rechenregeln für Potenzen und allgemeine Regeln für das Auflösen von Gleichungen. In den erhaltenen B. findet sich die allgemeine Methode zur Lösung quadratischer Gleichungen zwar nicht, doch zeigen viele Stellen, daß Diophantos sie vollständig beherrscht und auch die Bedingungen kennt, unter denen eine positive reale Lösung existiert. – Ferner befaßt sich der Autor mit „unbestimmten" Problemen: z.B. mit Gleichungssystemen mit mehr Unbekannten als Gleichungen. Außerdem behandelt er das Problem, eine Quadratzahl in eine Summe von zwei Quadratzahlen zu zerlegen.

A   P. Tannery. 2 Bde., Leipzig 1893–1895, Nachdr. 1974.
Ü   A. Czwalina, Göttingen 1952.
L   R. Böker: Diophantos (Nr. 4), in: DKP 1, 86–88. H. Gericke: Arithmetik und Algebra, in: dtv-L 1. 1, 191–194. T. L. Heath: Diophantos of Alexandreia, Cambridge [(2)]1910.

Arithmetikà theologúmena
„Theologie der Arithmetik"

Nikomachos aus Gerasa, 2. Jh. n. Chr.

Eine Deutung der Götternamen, bezogen auf die Eigenschaften der Zahlen (gr.).

I   Ein Abriß des ansonsten verlorenen Werkes ist in der →Bibliothéke (187) des Photios erhalten. Umfangreichere Exzerpte finden sich bei Iamblichos, →Tà theologúmena tês arithmetikês.

A   F. Ast, Leipzig 1817.

Arithmetikè eisagogé
„Einführung in die Zahlenlehre"

Nikomachos aus Gerasa, 2. Jh. n. Chr.

Zahlenlehre (gr.), die sich von der Geometrie loslöste; als Schulbuch noch im 13. Jh. benutzt.

I   Es handelt sich um eine Arithmetik aus dem Geist des Pythagoras, die ein metaphysisch verstandenes Spiel mit den Eigenschaften der Zahlen (geraden und ungeraden Zahlen, vollkommenen Zahlen, Polygonalzahlen usw.) darstellt.
N   Das Werk wurde u. a. von Iamblichos (→Perì tês Nikomáchu arithmetikês eisagogês) und Philoponos kommentiert und von Apuleius und Boethius ins Lat. übersetzt.

A   R. Hoche, Leipzig 1864.
Ü   M. L. D' Ooge, New York 1926 (engl.).
L   A. Lesky, GL, 982 und 995. L. Tarán: Asclepius of Tralles. Commentary to Nicomachus Introduction to Arithmetic, in: TAPhA 59, 1969.

Arkesílaos

Menippos aus Gadara, 1. Hälfte des 3. Jh.s v. Chr.

Verlorene Satire (gr.).

I   Arkesilaos (etwa 316–241 v. Chr.) war der Begründer der Mittleren Akademie und als Nachfolger des Krates Leiter der Schule. Menippos verspottete in dem nicht erhaltenen Text das Wohlleben in der platonischen Akademie.
N   Die literarische Wirkung des Menippos ist groß. Vgl. z.B. Varro, →Saturae Menippeae, Seneca, →Apocolocyntosis, Lukian, →Ikaroménippos, vielleicht auch Horaz, →Sermones.

L   R. Helm: Lucian und Menipp, Leipzig 1906. A. Lesky, GL, 756.

Arkesiláu perídeipnon
„Leichenschmaus für Arkesilaos"

Timon aus Phleius, etwa 320–230 v. Chr.

Fragmentarisch erhaltene Prosaschrift (gr.)

I   In dieser Schrift würdigte Timon den ehemals in seinen →Sílloi bekämpften Akademiker Arkesilaos (etwa 316–241 v. Chr.) eines ehrenden Gedenkens.

A   H. Diels, PPF, 173–206.
L   A. Lesky, GL, 757.

Ars amatoria
„Liebeskunst"

Publius Ovidius Naso aus Sulmo, 43 v. – 17 n. Chr.

Lehrgedicht im Versmaß des elegischen Distichons (lat.) mit parodischen Elementen.
Die ersten beiden B. wurden in den Jahren 1 v. – 1 n. Chr. geschaffen. Im Jahr 3 n. Chr. wurde in drittes B. hinzugefügt.

I In den B. 1 und 2 werden den jungen Männern Anweisungen für die Liebespraxis gegeben: In drei Abschnitten geht es um drei zentrale Fragen: (1) Wo findet man ein Mädchen (1,41 bis 262)? (2) Wie kann man ein Mädchen erobern (1, 263–770). (3) Wie läßt sich der Liebe Dauer verleihen (2. B. ganz)? In B. 3 werden den jungen Mädchen achtzehn Anweisungen für ihr Verhalten gegenüber den Männern gegeben.
Q Die *Ars amatoria* wurzelt in drei Bereichen: (1) in der Tradition der Lehrdichtung (vgl. Lukrez, →*De rerum natura*; Vergil, →*Georgica*), (2) in der Liebesdichtung (vgl. Ovid, →*Amores*) und (3) in der Lebenserfahrung des Dichters (vgl. 1, 29). Anregungen erhielt der Dichter auch aus der hellenistischen Komödie und ihrer „Kupplerinnen-Weisheit" (M. v. Albrecht). – Vielleicht hat Ovid auch das Gespräch des Sokrates mit einer Hetäre über Männerfang in Xenophons →*Apomnemoneúmata Sokrátus* (3,11) gelesen.
W Die *Ars* spiegelt „alle erdenklichen Situationen des Liebeslebens ... in didaktischer Systematisierung" (M. v. Albrecht, RL, 641). Der Dichter will umfassend informieren und belehren. Er beweist den „typisch römischen Willen, sich ganze Sachgebiete zu unterwerfen" (M. v. A., RL, 642). Hinzu kommt ein weiteres, für Ovid eigentümliches Prinzip: der Eros als durchgehendes Thema seiner Werke. Ovid begreift sich selbst als Liebesdichter, als *tenerorum lusor amorum*, als einen „Sänger zärtlicher Liebesgefühle" (→*Tristium libri* 3,3,73). – Es spricht vieles dafür, daß das Werk Augustus dazu veranlaßt hat, Ovid in die Verbannung an das Schwarze Meer zu schicken.
N Schon zu Lebzeiten ist Ovid der meistgelesene röm. Dichter. Wirkung und Rezeption der *Ars amatoria* sind im Zusammenhang mit dem intensiven Fortleben seiner anderen Werke zu sehen. Im Mittelalter wird die *Ars* als Lehrbuch studiert, aber auch verworfen. In der Neuzeit wird das Werk illustriert (u. a. von Picasso).

A P. Brandt, Leipzig 1902. E. J. Kenney, Oxford 1965.
Ü M. v. Albrecht, München [5]1989. W. Hertzberg / F. Burger, München [12]1976 (lat.-dt.). N. Holzberg, Düsseldorf/Zürich [4]1999 (lat.-dt.). F. W. Lenz, Berlin 1969 (lat.-dt.). I M. v. Albrecht (Hg.): Ovid, Darmstadt 1968. M. v. Albrecht, RL, 623–650. K. Büchner: Ovid, in: K. B.: Studien zur römischen Literatur. Bd. 10. Römische Dichtung, Wiesbaden 1979, 187–207. R. M. Düring: Ovid als *praeceptor amoris*, in: CJ 53, 1958, 157–167. H. Fränkel: Ovid. Ein Dichter zwischen zwei Welten (1945). Darmstadt 1970. R. Heinze: Ovids elegische Erzählung, in: R. H.: Vom Geist des Römertums, Darmstadt [3]1960, 308–403. N. Holzberg: Ovids erotische Lehrgedichte und die römische Liebeselegie, in: WS N. F. 15, 1981, 185–204. M. Janka: Ovid. Ars Amatoria. B. 2. Kommentar, Heidelberg 1997. M. Steudel: Die Literaturparodie in Ovids *Ars amatoria*, Hildesheim 1992. W. Stroh: Ovids Liebeskunst und die Ehegesetze des Augustus, in: Gy 86, 1979, 323–352. W. Stroh: Rhetorik und Erotik. Eine Studie zu Ovids liebesdidaktischen Gedichten, in: WJA N. F. 5, 1979, 117–132. M. Weber: Die mythologische Erzählung in Ovids Liebeskunst. Verankerung, Struktur und Funktion, Frankfurt 1983. G. Wellmann-Bretzigheimer: Ovids *Ars amatoria*, in: FS W. Neumann, Darmstadt 1981, 1–32.

Ars grammatica
„Grammatiklehre"

Flavius Sosipater Charisius, 4. Jh. n. Chr.

Lehrbuch der Grammatik in fünf B. (lat.) mit größeren Stücken aus älteren Grammatiken.

I B. 1: Grammatische Grundbegriffe (*vox, littera, syllaba, dictio*: „Laut, Buchstabe, Silbe, Redewendung"), Genus des Nomen. – B. 2: Nomen, Pronomen, Verbum, Partizip, Adverb, Konjunktion, Präposition, Interjektion. – B. 3: Exkurs zur Lehre vom Verbum. – B. 4: *Vitia et virtutes orationis* („Fehler und Vorzüge des Ausdrucks/Stiles"), Metrik. – B. 5: Idiomatische Ausdrücke mit ansatzweisem Vergleich lat. und gr. Syntax u. a.
Q Hauptquellen des Charisius sind Remmius Palaemon (seine verlorene Grammatik läßt sich weitgehend aus Charisius rekonstruieren), Iulius Romanus (seine verlorenen *Aphormaí*: „Ausgangspunkte" mit einer Behandlung der Redeteile, der Kasus und Orthographie wurden anscheinend nur von Charisius benutzt) und Cominianus (nur aus Charisius bekannt). Vgl. auch Dionysios Thrax, →*Téchne grammatiké*.

A K. Barwick / F. Kühnert, Leipzig [2]1964, Nachdr. 1997.
L M. v. Albrecht, RL, 1168. K. Barwick: Remmius Palaemon und die römische *ars grammatica*, Leipzig 1922, Nachdr. 1967. Schanz-Hosius 4, 1, 165–169. W. Strzelecki: Charisius (Nr. 3), in: DKP 1, 1134f. J. Tolkiehn: Cominianus, 1910.

Ars grammatica
„Grammatische Kunst"

Quintus Remmius Palaemon, 1. Jh. n. Chr.

Weitgehend verlorene Darstellung (lat.) der Grammatik.

I Remmius Palaemon, der den Dichter Persius und den Redelehrer Quintilian unterrichtete, verfaßte seine Schulgrammatik unter Verwendung von Beschreibungskategorien aus der gr. Grammatik des Dionysios Thrax (→*Téchne grammatiké*).
N Die Grammatik, die selbst nicht erhalten ist,

diente erhaltenen und durch das Mittelalter hindurch benutzten Grammatiken der Spätantike als Vorbild. Daraus erklärt sich die bis heute gebrauchte grammatische Terminologie, die aus dem Griechischen übersetzt worden war (z.B. Akkusativ, Objekt, Pronomen).

A   GrLat 5, 525–547. GrRF 1, 68–102.
L   K. Barwick: Remmius Palaemon und die römische *Ars grammatica*, Leipzig 1922. A. Dihle, GLL, 156. Schanz-Hosius 2, 728–730.

Ars grammatica
„Grammatiklehre"

Marius Victorinus, 4. Jh. n. Chr.

Lehrbuch der Grammatik in vier B. (lat.).

I   Die Darstellung beginnt mit einer Definition der *ars grammatica* als Wissenschaft; darauf folgen die Lautlehre (*litterae*), die Silbenlehre (*syllabae*) mit Berücksichtigung der Quantitäten, ein Abriß der Metrik (*pedes*), die Akzentlehre (*toni*) und die Interpunktionen (*positurae*). Der darauf folgende Hauptteil des Werkes behandelt die acht Redeteile (*nomen, verbum, participium, pronomen, praepositio, adverbium, coniunctio, interiectio*). Bei der Darstellung der Redeteile wird zunächst eine Definition gegeben, an die sich die Aufzählung und Behandlung der zugehörigen *accidentia* („Zusatzinformationen") anschließt, so z.B. beim Nomen: Ableitung (*species*), Geschlecht (*genus*), Zahl (numerus), Komposition (*figura*), Fall (*casus*). – Im 4. B. ist eine Metrik des Aelius Festus Aphthonius tradiert.

A   H. Keil, GrLat 6, 3–184. I. Mariotti, Florenz 1967 (mit Kommentar).
L   M. v. Albrecht, RL, 1281–1289. H. Dahlmann: Zur *Ars grammatica* des Marius Victorinus, in: AAWM 1970, 2, 33–192. M. Glück: Grammatik, in: dtv-L 1. 2, 179–183. P. Wessner: Marius Victorinus, in: RE 14, 2, 1930, 1840–1848.

Ars maior / Ars minor
„Größeres / Kleineres Lehrbuch"

Aelius Donatus, Mitte des 4. Jh.s n. Chr.

Lateinische Grammatik (lat.), als Lehr- und Lern-Buch aufgebaut.

I   Die *Ars minor* („Unterstufe der Grammatik") behandelt in Fragen und Antworten die acht „Redeteile" (*partes orationis*), d.h. die Wortarten Substantiv, Adjektiv, Pronomen, Verb, Adverb, Präposition, Konjunktion, Interjektion. – Die *Ars maior* („Oberstufe der Grammatik") behandelt (1) die Grundbestandteile der Sprache (Laute, Buchstaben, Silben: *phonologia*), (2) eine Theorie der acht Redeteile (*morphologia*) und (3) eine rhetorische Stilistik (*stilistica*).

N   Donats Grammatik war ein Jahrtausend lang

die Grundlage des Sprachunterrichts. Priscian konnte mit seiner →*Institutio de arte grammatica* auf dem „Donat" aufbauen. Auch Cassiodor und Isidor haben ihn benutzt. Servius und andere haben ihn kommentiert.

A   H. Keil, GrLat 4, 355–402. P. Schwenke, Veröffentlichungen der Gutenberg-Gesellschaft 2, 1903, 37–49. P. Wessner, Leipzig 1903–1905.
Ü   E. Ising: Die Anfänge der volkssprachlichen Grammatik in Deutschland und Böhmen. Dargestellt am Einfluß der Schrift des Aelius Donatus *De octo partibus orationis ars minor*. Bd. 1: Quellen, Berlin 1966.
L   K. Barwick: Remmius Palaemon und die römische *Ars grammatica*, Leipzig 1922. W. J. Case: The *Ars Minor* of Donatus, in: University of Wisconsin Studies in the Social Studies and History 11, 1926. L. Holtz: Donat et la tradition de l' enseignement grammatical, Paris 1981. R. H. Robins: Ancient and Mediaeval Grammatical Theory in Europe, London 1951. P. Wessner: Donatus (Nr. 6), in: RE 5, 1905, 1545–1547.

Ars poetica
„Dichtkunst"

Quintus Horatius Flaccus, 65–8 v. Chr.

Dichtungstheoretische Abhandlung (lat.) in Form eines aus 476 Hexametern bestehenden Briefes, d.h. einer Vers-Epistel.
Veröffentlicht im Jahre 14 v. Chr.

I   Adressaten des Briefes über die Dichtkunst sind ein gewisser Piso (vielleicht Lucius Calpurnius Piso, Consul des Jahres 15 v. Chr., oder Gnaeus Piso, Consul des Jahres 23 v. Chr.), und seine beiden Söhne. Horaz wendet sich aber an alle, die dichten wollen. Er will den ernsthaft Strebenden Irrwege ersparen und den hoffnungslosen Dilettanten abschrecken. Die Abhandlung ist eine Einführung in die Dichtkunst und vergleichbar mit Ciceros Einführung in die Rhetorik (→*Orator*). Eigentümlichkeiten der Stoffbehandlung sind: „1. Die Thematik entfaltet sich nicht in der Weise wissenschaftlicher Werke nach logisch-systematischen Kriterien. Die Epistel gibt vor, eine gesellschaftliche Wirklichkeit zu spiegeln: den urbanen Plauderton, wie ihn damals die gebildete Schicht in ihren Briefen kultivierte. Sie vermeidet das Lehrhafte, sie geht der Strenge und Steifheit aus dem Weg. Sie tut, als sei sie mit leichter Hand hingeworfen; ihr Bau ist locker gefügt; sie gefällt sich in Umwegen und Abschweifungen und nimmt nicht selten schon Behandeltes wieder auf. 2. Die Thematik entfaltet sich nicht ein-, sondern mehrsträngig. Haupt- und Nebenmotive sind ineinander verwoben, und hierbei pflegen sich die Gewichte ständig zu ändern: ein zunächst nebensächliches Element wird zur Hauptsache und umgekehrt. Dieses Kunstmittel ist wohl ebenfalls aus den Konventionen des urbanen Briefstils abgeleitet" (Fuhrmann, 100 f.). – Die *Ars poetica* besteht aus zwei Hauptteilen. Im ersten Teil (1–294) geht es um die Dichtung, d.h. vor allem um eine Werkästhetik, im zweiten Teil (295–476) um den Dichter, d.h. überwiegend um eine Produktions- und Wirkungs-ästhetik. – Der erste Teil besteht aus einer allgemeinen Poetik (1–178 und 251–295) und aus einer speziellen Poetik (179–250). Im Rahmen der allgemeinen Poetik des ersten Teiles geht es um die Einheit und Ganzheit des poetischen Werkes (1–45), um wichtige Fragen der Stilistik (46–72), um die Angemessenheit von Vers und Stil (73–118), um den Wirklichkeitsbezug der Handlung, d.h. um die Wahrheit bei überlieferten und die innere Stimmigkeit bei erfundenen Stoffen (119–152), um ein Detail der Charakterzeichnung: die Figuren müssen die Merkmale ihrer Altersstufe erkennen lassen (153–157). – Die sich anschließenden Abschnitte der speziellen Poetik befassen sich mit der Tragödie (179–219) und dem Satyrspiel (220 bis 250). Der folgende Abschnitt (251–294) rundet den ersten Hauptteil ab; er befaßt sich mit allen Gebieten der Werkästhetik unter dem Aspekt des erforderlichen Vollkommenheitsgrades. Hier geht es jedoch weniger um das vollkommene Werk als um die Anforderungen, die an den Dichter zu stellen sind, der ein vollkommenes Werk hervorbringen soll. – Der zweite Teil befaßt sich (295–322) vor allem mit einer Grundbedingung des Dichtens: Nicht das egozentrische Genie macht den Dichter, sondern fundierte Menschenkenntnis, die auf philosophischen Studien und auf Beobachtung der Lebenswirklichkeit beruht. Im zweiten Abschnitt (323–346) setzt sich Horaz mit dem Utilitarismus der Römer auseinander, der keine Werke von Rang entstehen lasse. Hier steht der Satz, daß die Dichtung den Nutzen oder das Vergnügen oder beides zugleich erstrebe (333). Der folgende Abschnitt (347–390) beschreibt die Anforderungen des poetischen Werkes, geht auf entschuldbare Verstöße gegen die Gesetze der Kunst ein, wehrt aber jeglichen Dilettantismus ab. Der nächste Abschnitt (391–407) ist ein Preis der Dichtkunst und erläutert den doppelten Wirkungszweck der Dichtung. Darauf (408 bis 452) vermittelt Horaz die Lehre, daß nur ausdauernde Übung zu vollkommenen Werken führen könne; zuvor geht er noch auf die Kritik ein, die während der Entstehung eines Werkes hilfreich sein kann. Den Abschluß (453–476) bildet eine grotesk-satirische Schilderung des verrückten Genies, das von der Gesellschaft als unerträglich abgelehnt wird.

Q Horaz kannte die „Poetik" des Aristoteles nicht. Seine hellenistischen Quellen sind bis auf wenige Reste verloren. In seinem →„Kommentar zu Horaz" behauptet Pomponius Porphyrio, Horaz habe die wichtigsten Lehren der „Poetik" (→*Perì poietikês*) des Neoptolemos von Parion (3. Jh. v. Chr.) zusammengestellt.

W Der Dichter schreibt keine normative Poetik. Er kleidet seine Lehre in die Form eines *sermo*, um nicht dogmatisch zu wirken. Er übt Selbstkritik (38–40; 385–390) und spricht von harter Arbeit. Natürliche Begabung und Kunst müssen sich ergänzen (408–411). Es darf keine Mittelmäßigkeit geben

(372f.). Maßgebliche Prinzipien der Dichtung sind Weisheit (*sapere*) und Angemessenheit (*aptum*), die auch zu festen Größen im eigenen Werk des Dichters gehören.

N Schon in der Renaissance hat die *Ars poetica* großen Einfluß auf Theorie und Praxis des Dramas. Von Aristoteles (→*Perì poietikês*) und Horaz führt eine Linie über Iulius Caesar Scaliger (*Artis poeticae libri septem*, 1561) zu Opitz (*B. von der deutschen Poeterey*, 1624) und Boileau (*Art poétique*, 1674). Seit dem Sturm und Drang verliert das Werk an Bedeutung. B. Brecht wollte jedoch in Anlehnung an Horaz das *prodesse* mit dem *delectare* verbinden.

A D. R. Shackleton Bailey, Stuttgart/Leipzig [3]1995. F. Klingner, Leipzig [6]1982, 294–311.
Ü H. Färber / W. Schöne, München/Zürich (11)1993 (lat.-dt.). R. Helm, Zürich/Stuttgart 1962. H. Rüdiger, Zürich 1961 (lat.-dt.).
L M. v. Albrecht, RL, 565–587. C. O. Brink: Horace on Poetry. 1: Prolegomena to the Literary Epistles, Cambridge 1963; 2: The *Ars poetica*, Cambridge 1971. B. Frischer: Shifting Paradigms: New Approaches to Horace's *Ars poetica*, Atlanta 1991. M. Fuhrmann: Die Dichtungstheorie der Antike. Aristoteles-Horaz-Longin. Eine Einführung, Darmstadt [2]1992. P. Grimal: Essai sur l' *Art poetique* d' Horace, Paris 1968. A. Kießling / R. Heinze. Bd. 3, Dublin/Zürich [8]1968, 281–356 (Kommentar). W. Steidle: Studien zur *Ars poetica*, Würzburg 1939, Nachdr. Hildesheim 1967.

Ars rhetorica
„Rhetorik"

Chirius Fortunatianus, 4./5. Jh. n. Chr.

Darstellung der Rhetorik in drei B. (lat.).

I Der Autor gestaltete sein Werk nach dem Vorbild von Ciceros →*Partitiones oratoriae*. Er bietet seinen Stoff in katechetischer Form.
N Aus der *Ars rhetorica* schöpfte Martianus Capella für das 5. B. →*De nuptiis Philologiae et Mercurii libri IX*.

A L. Calboli Montefusco, Bologna 1979 (lat.-it. mit Kommentar). C. Halm, RhLatMin, 79–134.
L M. L. Clarke: Rhetoric at Rome. A Historical Survey, London [2]1962, 139–142. K. Münscher, RE 7, 1, 1910, 44–55.

Ars veterinaria
„Tierheilkunde"

Pelagonius, 4. Jh. n. Chr.

Etwa zur Hälfte erhaltene veterinärmedizinische Schrift (lat.).

I Die Schrift befaßt sich im wesentlichen mit Pferden und enthält auch viel Abergläubisches.
N Die Schrift wurde von Vegetius (→*Digestorum artis mulomedicinae libri*) benutzt.

A K.-D. Fischer, Stuttgart/Leipzig 1980. M. Ihm, Leipzig 1892.
L M. v. Albrecht, RL, 1172.

Artemishymnus

Telesilla aus Argos, 5. Jh. v. Chr.

Chorlied für den Artemiskult (gr.). Nur zwei Zeilen sind erhalten.

I Die beiden erhaltenen Zeilen spielen auf den Jäger Alpheios an, der Artemis liebte und auf der Jagd verfolgte. – Das Versmaß des Hymnus wurde von den Alexandrinern „Telesilleion" genannt.

A E. Diehl, ALG 5, 72–75. D. L. Page, PMG, 372–374.
L H. Homeyer: Dichterinnen des Altertums und des frühen Mittelalters, Paderborn 1979, 70. A. Lesky, GL, 213 f. P. Maas: Telesilla, in: RE 2, 9, 1934, 384–385.

Artes →De medicina (Celsus)

Artis architectonicae privatis usibus liber
„B. über die Baukunst, zum privaten Gebrauch bestimmt"

Cetius Faventius, 3. Jh. n. Chr.

Vom Autor selbst als Abriß (lat.) von Vitruvs Schrift →De architectura bezeichnete Schrift über Architektur.

A V. Rose, 1867.

Artis rhetoricae epitome
„Abriß der Redekunst"

Lucius Annaeus Cornutus aus Leptis, 1. Jh. n. Chr. (Verfasserschaft umstritten).

A J. Graeven, Berlin 1881.
L A. D. Nock, in: RE Suppl. 5, 1931, 995–1005. Schanz-Hosius 2, 676–679.

Arvallied →Carmen Arvale

Asconi argumentum in Scaurianam →Pro Marco Aemilio Scauro (Cicero)

Asconius in Milonianam →Pro Tito Annio Milone (Cicero)

Asiatiká / Europiaká
„Geschichte Asiens und Europas"

Agatharchides aus Knidos, etwa 200–120 v. Chr.

Fragmentarisch erhaltene ethnographische Beschreibung Asiens und Europas unter Einbeziehung der Geschichte in 10 bzw. 49 B. (gr.).

I Die Beschreibung reichte von Ägypten bis Skythien, während das entsprechende Werk über Europa (Europiaká) Skythien bis zur Kyrenaika behandelte. – Weil Agatharchides auch über viele geographische und ethnographische Merkwürdigkeiten berichtete, werden seine Werke der in der Antike sehr beliebten Paradoxographie („Beschreibung merkwürdiger Dinge") zugerechnet.

Q Das Material stammte wohl aus einschlägigen ethnographischen Monographien, die in der Bibliothek von Alexandreia zur Verfügung standen. Nur für Ägypten und Äthiopien benutzte der Autor eigene Informationen.

A FGrHist 86. FHG 3, 190–197. GGM 1, 111–195.
L H. Gams: Agatharchides, in: DKP 1, 115 f. O. Immisch: Agatharchidea. SB Heidelberg 1919. 7. O. Lendle, Einführung, 274.

Asinaria
„Eselskomödie"

Titus Maccius Plautus, etwa 250–184 v. Chr.

Schwank mit mehreren derbkomischen und obszönen Szenen (lat.), benannt nach den Eseln, deren Kaufpreis in dem Stück eine wichtige Rolle spielt. Die Datierung ist unsicher: Das Stück kann ein Frühwerk (212 v. Chr.) sein.

I Der junge Argyrippus kann das Geld nicht auftreiben, das er der Kupplerin Cleareta für ihre Tochter Philaenium bezahlen soll. Durch die Intrigen der Sklaven Leonida und Libanus erhält Argyrippus schließlich das Geld, das eigentlich Artemona, der reichen Frau seines Vaters Demaenetus, gehört und als Preis für den Kauf von Eseln dem Hausverwalter der Artemona hätte ausgehändigt werden müssen. Am Ende hat Argyrippus noch einen Nebenbuhler: seinen eigenen Vater, der jedoch von Artemona rechtzeitig erwischt und mit Schimpf und Schande nach Hause geschleppt wird.

Q Nach einem Hinweis im Prolog stammt die Vorlage dieser Komödie von einem sonst unbekannten Demophilos, dessen Stück den Titel Onagos („Eseltreiber") hatte. Plautus weist mit den Worten: „Demophilus schrieb das Stück, der Spaßmacher übertrug es in die Barbarensprache" (... Maccus vortit barbare, 11), auf seine eigene Leistung hin: Er setzte ein griechisches Stück in ein lateinisches um. Dabei ging es nicht um eine einfache Übersetzung, sondern um Anpassung des Stoffes an ein röm. Publikum. Er sieht sich dabei als „Spaßmacher oder Narr" *(Maccus)*, der aus der Distanz sein Publikum unterhalten und faszinieren will.

W Die Wirkung der Komödie beruht vor allem auf der „Schaffung einer ‚verkehrten' Welt" (M. v. Albrecht, 158): Die eigentlichen Helden des Stückes sind die beiden Sklaven des Demaenetus, Libanus und Leonida, die ein grausames Spiel mit ihrem Herrn treiben und so die Standesunterschiede auf den Kopf stellen. Die reiche Ehefrau Artemona ist die Herrin ihres Mannes. Die Mutter Cleareta zwingt die eigene Tochter zur Unmoral. Der Sohn soll dem Vater als Ausgleich für das zweckentfremdete Geld die Geliebte für die erste Nacht überlassen. – Diese Situationen sind für ein röm. Publikum absurd und amüsant zugleich. So erreicht der Autor sein Ziel: Er will sein Publikum zum Lachen bringen.

A F. Bertini, Genua 1968 (mit Kommentar).
Ü W. Binder / W. Ludwig: Antike Komödien. Plautus/Terenz,. 2 Bde., Darmstadt 1976. L. Gurlitt: Komödien. Bd. 1, Berlin 1920. M. v. Albrecht, RL, 133–167. J. N. Hough: The Structure of the *Asinaria*, in: AJPh 58, 1937, 19–37. F. Munari: La composizione dell' *Asinaria*, in: SIFC 22, 1947, 5–23. G. Rambelli: Studi Plautini. 1, in: Dioniso 19, 1956, 45–81. A. Traina: Plauto, Demofilo, Menandro, in: PP 9, 1954, 177–203.

Asinus aureus →Metamorphoses (Apuleius)

Asketiká
„Asketische Unterweisungen"

Basileios der Große aus Kaisareia, um 330–379 n. Chr.

Sammlung von Mönchsregeln (gr.), die Photios (→*Bibliothéke*) noch vorlag und später durch weitere Teile bereichert wurde.

I Es handelt sich um *Moralia*, d. h. um achtzig Verhaltensregeln *(Regulae)* für die Mönche (PG 31,700–869). Diesen sind zwei Einführungen vorausgeschickt: *De iudicio Dei* („Über das Gericht Gottes") und *De fide* („Über den Glauben") (PG 31,653–699). Hinzu kommen die *Regulae fusius tractatae* („Ausführlicher behandelte Regeln" :PG 31,889–1052), die 55 ausführlich in Fragen und Antworten dargestellte Regeln umfassen, und die *Regulae brevius tractatae* („Kürzer behandelte Regeln"), die 313 Lehrsprüche beinhalten.

W Basileios schrieb diese Regeln in seinem Kloster *(Koinóbion)* bei Neokaisareia, um das ihm vermutlich von Eusthatius aus Sebaste vermittelte Mönchsideal zu verwirklichen. Da die Welt schlecht ist, muß sich der Mensch in Liebe mit Gott vereinigen. Der Mensch will von Natur aus das Gute; das Gute ist Gott; also ist alles Streben nach dem Guten auf Gott ausgerichtet. Das Irdische ist ohne Bedeutung; also muß man ihm entsagen. Nur die von den Fesseln der Materie befreite Seele ist Gott nahe.

Diese Befreiung ist nur im Klosterleben, nicht durch individuelle Askese möglich.

N Die Mönchsregeln werden von Rufinus aus Aquileia ins Lateinische übersetzt. Benedikt aus Nursia (um 480–547), der im Jahre 529 in Montecassino seine Klosterregel (→*Regula*) niederschrieb, wurde von den Formulierungen des Basileios beeinflußt.

A PG 31.
Ü H. U. v. Balthasar: Die großen Ordensregeln, Einsiedeln [2]1961. V. Gröne, Kempten 1877.
L D. Amand: L' ascèse monastique de saint B., Paris 1949. H. v. Campenhausen, LKV, 86–100. A. Gribomont: Histoire du texte des *Ascétiques* de S. B., Löwen 1953. A. Lippold: Basileios (Nr. 4), in: DKP 1, 830–831. H. Rahner: Basileios der Große, in: LThK 2, 33–35. M. Viller / K. Rahner: Aszese und Mystik in der Väterzeit, Freiburg 1939, 123–133.

Aspasía

Aischines aus Sphettos, etwa 430–360 v. Chr.

Sokratischer Dialog (gr.), nur in Fragmenten erhalten.

I Aspasia war die zweite Frau des Perikles, der sich von ihr auch in seinen politischen Entscheidungen beeinflussen ließ. Sie wurde 433/432 v. Chr. von Gegnern des Perikles wegen Gottlosigkeit und Kuppelei angeklagt. Die Vorwürfe beruhten wohl auf ihrer herausragenden Stellung in der athenischen Gesellschaft. – So handelte der Dialog des Aischines von der Ebenbürtigkeit der Frau als Ratgeberin im politischen und privaten Leben.

H Die *Aspasía* gehört wie der →*Alkibiádes* zu den insgesamt sieben sokratischen Dialogen des Aischines. Verloren sind der *Telaugés*, der die Auseinandersetzung des Sokrates mit einem Pythagoreer zum Thema hatte, der *Kallías*, der eine Gegenüberstellung des armen, aber tugendhaften Aristeides mit dem reichen, aber liederlichen Kallias enthielt, ferner ein *Axíochos*, ein *Miltiádes* und ein *Rhínon*. In den Sokrates-Dialogen ging es vor allem um Themen der Moral und der praktischen Lebensführung.

A H. Dittmar: Aischines von Sphettos. Studien zur Literaturgeschichte der Sokratiker, Berlin 1912. W. Krauß, Leipzig 1911.
L K. Döring: Der Sokrates des Aischines von Sphettos und die Frage nach dem historischen Sokrates, in: Hermes 112, 1984, 16–30. B. Ehlers: Eine vorplatonische Deutung des sokratischen Eros. Der Dialog *Aspasia* des Sokratikers Aischines. Zetemata 41, 1966.

Aspís
„Der Schild"

Ps.-Hesiodos

Hexameter-Dichtung (gr.), bestehend aus 480 Versen.
Das Werk kann schon im 6. Jh. v. Chr. entstanden und später Hesiods Werken zugerechnet worden sein.

I Die Dichtung schildert den Kampf des Herakles gegen das Ungeheuer Kyknos, das von seinem Vater Ares unterstützt wird. Die ersten 54 Verse sind eine *Ehoíe* (→*Katálogoi* oder *Ehoîai*) auf Alkmene und ihren Sohn Herakles. – Das Gedicht ist nach der Beschreibung des von Hephaistos hergestellten Schildes (180 Verse) benannt, der zur Bewaffnung des Helden gehört. Während die Schildbeschreibung bei Homer (→*Iliás*) die Buntheit des Lebens in überwiegend friedlichen Szenen darstellt, werden in der *Aspís* die Schrecken des Krieges und die Dämonen der Vernichtung beschrieben.
W Der unbekannte Dichter der *Aspís* wollte ein Kleinepos schaffen, das sich auf nur ein einziges der vielen Abenteuer des Herakles beschränkt, um Homers Schildbeschreibung im 18. B. der *Iliás* zu überbieten. Er wollte also sein literarisches Talent zur Schau stellen.

A A. Rzach: Hesiodi Carmina, Leipzig [(3)]1913, Nachdr. Stuttgart 1992.
Ü L. und K. Hallof, Berlin 1994. Th. v. Scheffer / E.G. Schmidt, Bremen 1965.
L W. Bühler: Beiträge zur Erklärung der Schrift vom Erhabenen, Göttingen 1964, 22ff. Fränkel, Dichtung, 120–124. A. Lesky, GL, 128. M. van der Valk: Le bouclier du Pseudo-Hésiode, in: REG 79, 1966, 450ff.

Aspís
„Der Schild"

Menandros aus Athen, 342–291 v. Chr.

Etwa zur Hälfte erhaltene Komödie (gr.)

I Am Anfang tritt Daos, ein alter Sklave, auf. Er hat einen arg mitgenommenen Schild bei sich, der seinem angeblich gefallenen Herrn Kleostratos gehört. Daos ist damit beschäftigt, die Beute seines Herrn, mit der dieser seine wirtschaftliche Lage hatte verbessern wollen, in Sicherheit zu bringen. Der Sklave hatte den Schild neben einem schon stark entstellten Toten gefunden, den er für seinen Herrn hielt. Nun berichtet Tyche als Sprecherin des Prologs, daß Kleostratos nicht tot sei, sondern sich nur in Gefangenschaft befinde und bald wieder zurückkommen werde. – Tyche klärt den Zuschauer auch über die komplizierten Familienverhältnisse des Kleostratos auf: Er hat zwei Oheime, den habgierigen Smikrines mit einem auch ansonsten üblen Charakter und den wohlhabenden Chairestratos, der mit seiner Familie in der Nachbarschaft wohnt.

Chairestratos beabsichtigt, seine Nichte und Schwester des Kleostratos mit seinem Stiefsohn aus der ersten Ehe seiner Frau zu verheiraten. Das Mädchen war nun durch Daos in den Besitz der Kriegsbeute ihres vermeintlich gefallenen Bruders gelangt. Dadurch wird die Habgier ihres Onkels Smikrines geweckt, der unter Berufung auf das attische Erbtöchtergesetz Anspruch auf das Mädchen erhebt. Die schon vorbereitete Hochzeit des Mädchens mit Chaireas mußte wegen des vermeintlichen Todesfalles verschoben werden, so daß Smikrines noch hoffen kann, sein Ziel zu erreichen. Es kommt zum Streit zwischen den Brüdern Smikrines und Chairestratos: Dieser will das Mädchen mit Chaireas verheiraten, während jener bei seinen eigenen Heiratsplänen bleibt. Da schlägt Daos eine Intrige vor: Man solle so tun, als ob Chairestratos plötzlich gestorben sei, um Smikrines' Verlangen nach einer lukrativen Erbschaft auf die Tochter des Chairestratos umzulenken; Smikrines werde sich dann für die Schwester des Kleostratos nicht mehr interessieren. – Der Fortgang der Handlung ist anhand der Fragmente zu rekonstruieren: Die Intrige hat den erwarteten Erfolg. Nach der Heimkehr des Kleostratos kommt es zu einer Doppelhochzeit: Chaireas heiratet die Schwester das Kleostratos und dieser seine Cousine, die Tochter des Chairestratos. Der habgierige Smikrines steht am Ende mit leeren Händen da.
W Anscheinend legte Menander großen Wert auf die Charakterschilderung des Smikrines, der sich als durch und durch widerliche Gestalt erweist und in all seiner Habgier und Heuchelei bloßgestellt wird.

A C. Austin, Berlin 1969.
L H.-D. Blume: Menander, Darmstadt 1998. R. Kassel / C. Austin: Papyrus Bodmer XXVI, Ménandre: Le Bouclier, Cologny-Genève 1969. A. Lesky, GL, 736–738.

Assis distributio
„Einteilung des As"

Lucius Volusius Maecianus, 2. Jh. n. Chr.

Eine Kaiser Marc Aurel (reg. 161–180 n. Chr.) gewidmete Schrift (lat.) über das Gewicht bzw. den Münzwert des As, das ursprünglich im röm. Münzwesen in 12 Unzen geteilt wurde, aber im Laufe der Zeit sein Gewicht und seine Einteilung mehrfach änderte.

A A. Ph. E. Huschke / E. Seckel / B. Kübler: Iurisprudentiae anteiustinianae reliquiae. 1, Leipzig [(6)]1908, 409–418.
L H. Hübner: Volusius Maecianus, in: dtv-L 1. 4, 343.

Astrologisches Gedicht

Dorotheos aus Sidon, Anfang des 1. Jh.s n. Chr.

Nur in Fragmenten erhaltenes astrologisches Lehrgedicht (gr.) in ursprünglich fünf B..

I Das Werk, das teilweise in einer Prosafassung bei Hephaistion aus Theben (→*Apotelesmatiká*) erhalten ist, wurde früh ins Arabische übersetzt und von arabischen Astrologen häufig zitiert.

A CCAG 6, 89–113. D. Pingree, Stuttgart/Leipzig 1976. V. Stegemann: Dorotheos von Sidon. Die Fragmente, Heidelberg 1939 und 1943.

L E. Boer: Astrologie, in: dtv-L 1. 1, 201–205. A. Lesky, GL, 909. V. Stegemann: Dorotheos von Sidon und Firmicus Maternus, in: Hermes 78, 1943, 113- 131.

Astronomica
„Astronomische Froschungen"

Auch zitiert als *De astronomia* („Über die Astronomie").

Hyginus Mythographus, 2. Jh. n. Chr.(?)

Astronomisch-mythologisches Handbuch in vier B. (gr.).
Die Zuweisung an den Autor Hyginus Mythographus ist umstritten. Sollten die *Astronomica* nicht von Hyginus Mythographus, sondern von Gaius Iulius Hyginus stammen, der zur Zeit des Augustus (reg. 27 v. – 14 n. Chr.) Präfekt der Palatinischen Bibliothek in Rom war, dann wären sie in die Zeit zwischen 11 und 3 v. Chr. zu datieren (A. Le Boeffle).

I Die Bücher 1 und 4 enthalten astronomische Erklärungen, die Bücher 2 und 3 Sternsagen und Sternkataloge.
Q Als Quelle diente eine Einführung des Eratosthenes in den →*Phainómena* des Aratos (J. Martin).
N Zahlreiche bebilderte Handschriften (seit dem 9. Jh.) beweisen die Beliebtheit des Werkes im Mittelalter.

A B. Bunte, Leipzig 1845. A. Le Boeffle, Paris 1983 (lat.-frz. mit Kommentar). G. Viré, Stuttgart/Leipzig 1992.

L J. Martin: Histoire du texte des Phénomènes d' Aratos, Paris 1956, 58 ff. C. Santini: La praefatio al *De astronomia* di Igino, in: C. Santini / N. Scivoletto (Hg.): Prefazioni, prologhi, proemi di opere tecnico-scientifiche latine. Bd. 1, Rom 1990, 3–15. Schanz-Hosius 2, 374 ff.

Astronomica
„Astronomische Forschungen"

Marcus Manilius, 1. Jh. n. Chr.

Ein in Hexametern abgefaßtes Lehrgedicht (lat.), ein Lehrbuch der Astronomie und Astrologie in fünf B., anscheinend Kaiser Tiberius (reg. 14–37 n. Chr.) gewidmet.
Das 1. B. entstand nach der Varus-Schlacht gegen die Germanen (9 n. Chr.: 1, 898–903). Auch das 2. B. entstand wohl noch zur Zeit des Augustus, während die B. 3–5 unter Tiberius verfaßt wurden. Die Datierung bleibt aber umstritten.

I 1. B.: Entstehung des Kosmos, Überblick über die Sternbilder des Nord- und des Südhimmels, die Himmelskreise und die Milchstraße, die Planeten und Kometen. 2. B.: Tierkreiszeichen in ihren Wechselbeziehungen und ihre Zuordnung zu bestimmten Göttern und Körperteilen. 3. B.: Entfaltung der zwölf *âthla* („Kampfpreise, Lose, Zuweisungen") im Zusammenhang mit den Tierkreiszeichen, Feststellung des „Horoskops" im Hinblick auf den Lebensgang, Betrachtung des Jahreslaufes. 4. B.: Wirkungen der Tierkreiszeichen auf den Menschen. 5. B.: Lehre von den Paranatellonten, den mit den Tierkreiszeichen zugleich aufsteigenden Gestirnen. – Das Werk sollte vermutlich noch die Gestirnuntergänge und die Planeten behandeln, wie aus Andeutungen im überlieferten Text hervorgeht.
Q Die astrologischen Grundanschauungen des Manilius entsprechen dem stoischen Determinismus und Vorsehungsglauben. Poseidonios (→*Perì heimarménes*) hat Manilius mit der Lehre von der „Sympathie des Kosmos", von der unbegrenzten gegenseitigen Einwirkung allen Geschehens im Kosmos, stark beeinflußt. Die Lehre von der „Sympathie" bezeugt u.a. Sextus Empiricus (*Adversus mathematicos* 9,78–80, →*Skeptiká*) für Poseidonios. Quelle und Vorbild sind auch die →*Phainómena* des Aratos, die Manilius im Original und nicht in der Übersetzung Ciceros oder des Germanicus (→*Aratea*) benutzt hat. – Berührungen mit Lukrez, →*De rerum natura*, sind nicht zu übersehen. – Von wegweisender Bedeutung waren für Manilius (1,7–10) Vergils →*Georgica* (1,24–42) (die *Astronomica* sind eine vom Weltherrscher inspirierte kosmische Dichtung). – Anklänge an Vergils →*Aeneis*, das *Somnium Scipionis* in Ciceros →*De re publica* und an Ovids →*Metamorphoseon libri* sind bewußt herbeigeführt.
W Manilius steht auf dem Boden der stoischen „Sympathie"-Lehre. Er vertritt den Determinismus mit Entschiedenheit und lehnt die epikureische Philosophie des Lukrez, die den Zufall als Entstehungsursache verherrlicht, entschieden ab. Bei Manilius ist für Freiheit und Selbstbestimmung kein Raum. Alles ist durch die Schicksalsmächte, die die Welt regieren, vorbestimmt. Die hohe Auffassung vom Menschen steht dazu nicht im Widerspruch: „Gott wohnt in ihm durch die *ratio* und erkennt

sich in ihm. Die anthropologischen Exkurse zählen zu den edelsten Äu-ßerungen der römischen Literatur (4,387–407; 866–935); dabei nimmt die aus dem aufrechten Gang des Menschen abgeleitete Forderung geistiger Arbeit, gründlicher Erforschung des Himmels unter Einsatz des ganzen Menschen … Senecas Preis der reinen Erkenntnis vorweg" (M. v. Albrecht, 776).

N Nachdem Manilius im Jahre 1417 von Poggio wiederentdeckt worden war, entfaltete er eine starke Wirkung, indem er als eine Alternative zu dem wegen seiner Weltanschauung „gefährlichen" Lukrez verstanden wurde.

A G. P. Goold, Stuttgart/Leipzig [(2)]1998. A. E. Housman, London 1903–1930, Nachdr. Hildesheim 1972. D. Liuzzi, Lecce 1995 (B. 1 lat.-it. mit Kommentar). J. van Wageningen, Leipzig 1915.
Ü W. Fels, Stuttgart 1990 (lat.-dt.).
L M. v. Albrecht, RL, 769–779. B. Effe: *Labor improbus* – ein Grundgedanke der *Georgica* in der Sicht des Manilius, in: Gy 78, 1971, 393–399. E. Gebhardt: Zur Datierungsfrage des Manilius, in: RhM 104, 1961, 278–286. W. Hübner: Die Rezeption des astrologischen Lehrgedichts des Manilius in der italienischen Renaissance, in: R. Schmitz / F. Krafft (Hg.): Humanismus und Naturwissenschaften. Beiträge zur Humanismusforschung. 6, Boppard 1980, 39–67. W. Hübner: Die Eigenschaften der Tierkreiszeichen in der Antike. Ihre Darstellung und Verwendung unter besonderer Berücksichtigung des Manilius, Wiesbaden 1982. W. Hübner: Manilius als Astrologe und Dichter, in: ANRW 2, 32, 1, 1986, 126–320. F.-F. Lühr: Ratio und Fatum. Dichtung und Lehre bei Manilius, Diss. Frankfurt 1969. C. Salemme: Introduzione agli *Astronomica* di Manilio, Neapel 1983. J. van Wageningen: Commentarius in M. Manilii *Astronomica*, Amsterdam 1921.

Astronomikè didaskalía
„Astronomische Lehrschrift"

Heliodoros, 6. Jh. n. Chr.

In einigen Fragmenten überliefertes Werk zur Astronomie (gr.).

I Die Lehrschrift könnte die astronomischen Beobachtungen, die Heliodoros in den Jahren 498 bis 509 n. Chr. anstellte, vor dem Hintergrund der neuplatonischen Philosophie mitverarbeitet haben. – Der Autor verfaßte auch einen Kommentar zur Einführung in die Astronomie des Paulos aus Alexandreia (→*Eisagogè eis tèn apotelesmatikén*).

A CCAG 4, 81–83. 136–138. 152–154. 7, 101 f. 113 f.
L H. Dörrie: Heliodoros (Nr. 6), in: DKP 2, 997 f.

Átaktoi glôssai
„Ungeordnete Glossen"

Philetas aus Kos, um 300 v. Chr.

Nicht erhaltene Sammlung (gr.) seltener Wörter, die aus alter Dichtung stammten und kaum oder gar nicht mehr verstanden wurden (vgl. Athenaios, →*Deipnosophistaí* 9, 382 C).

I Es handelt sich um eine Kompilation seltener Dialektausdrücke, technischer Termini und homerischer Vokabeln, die von Philetas erklärt werden.
N Das hilfreiche Werk wurde schnell bekannt und benutzt. So gebraucht z. B. der Koch in der Komödie →*Phoinikídes* des Straton homerische Wörter für ganz gewöhnliche Dinge, und sein verzweifelter Herr sieht sich gezwungen, die B. des Philetas zu nehmen und jedes Wort nachzuschlagen, um seine Bedeutung herauszufinden. – Kallimachos preist Philetas, der „ebenso Dichter wie Gelehrter" war (Strabon, →*Geographiká* 14, 657 = test. 13 K.), im Prolog zu den →*Aítia* (Frg. 1,9–12) neben Mimnermus (→*Élegoi*). Auch Theokrit lobt ihn in seinen *Thalýsia* (→*Eidýllia* 7, 40).

A G. Kuchenmüller: Philetae Coi reliquiae, Diss. Berlin 1928 (Frg. 29–59).
L A. Lesky, GL, 788 f. R. Pfeiffer, KlPh, 116 bis 120.

Athenaíon politeía
„Staatsverfassung der Athener"

Aristoteles aus Stageira, 384–322 v. Chr.

Beschreibung der Verfassung von Athen (gr.): das erste B. der Sammlung der →*Politeîai*, erst 1891 durch einen Papyrusfund zum größten Teil zugänglich.
Wohl nicht vor 329/328 v. Chr. herausgegeben.

I Die Schrift besteht aus einem historisch-entwickelnden (1–41) und einem systematisch darstellenden (42–63) Teil. Zunächst wird die historische Entwicklung der zwölf verschiedenen Verfassungen der Stadt Athen von ihren Anfängen bis in die Zeit des Autors dargestellt, dann die gegenwärtige Verfassung anhand ihrer Organe beschrieben. – Eine philosophische Reflexion unterbleibt.
Q Aristoteles benutzte neben Herodot (→*Histories apódexis*) und Thukydides (→*Ho pólemos tôn peloponnesíon kaì Athenaíon*) auch die Atthidographen (→*Atthís*), d. h. die Geschichtsschreiber der Stadt Athen. Hauptquelle war die *Atthís* des Androtion. – Auch die →*Élegoi* Solons wurden von Aristoteles in die Schrift einbezogen. Vielleicht stützte er sich auch auf die →*Politeîai* des Kritias.

A M. Chambers, Stuttgart/Leipzig [(2)]1994. F. G. Kenyon, Oxford 1920. G. Mathieu / B Haussoulier, Paris [(4)]1952 (gr.-frz.). H. Oppermann, Leipzig 1928, Nachdr. 1961.
Ü M. Chambers, Darmstadt 1990 (mit Komm.).

M. Dreher, Stuttgart 1970. O. Gigon: Aristoteles. Politik und Staat der Athener, Zürich 1955.

L   J. Day / M. Chambers: Aristotle's History of Athenian Democracy, Berkeley 1962. K. v. Fritz / E. Kapp: Aristotle's *Constitution of Athens* and Related Texts, New York 1950. K. v. Fritz: The Composition of Aristotle's *Constitution of Athens* and the Socalled Dracontion Constitution, in: CPh 49, 1954, 73–93. W. Jaeger: Aristoteles, Berlin [(2)]1955, 349–351. A. Lesky, GL, 637. M. A. Levy: Commento storico alla *Respublica Atheniensium* di Aristotele. 2 Bde., Mailand 1968. G. Mathieu: Aristote, *Constitution d' Athènes*. Essai sur la méthode suivie par Aristote dans la discussion des textes, Paris 1915. P. J. Rhodes: A Commentary on the Aristotelian *Athenaion politeia*, Oxford 1981. L. C. Stecchini: *Athenaion politeia*. The Constitution of the Athenians by the Old Oligarch (Xenophon) and by Aristotle. A new interpretation, Glencoe (Ill.) 1950. U. v. Wilamowitz- Moellendorff: Aristoteles und Athen, 2 Bde., Berlin 1893.

Athenaíon politeía
„Staatsverfassung der Athener"

Ps.-Xenophon

Traktat über die athenische Demokratieln (gr.).
Um 430 v. Chr. verfaßt, auf jeden Fall zwischen 435 und 413 v. Chr.

I   Die Fundamente der athenischen Demokratie sind nach Auffassung des Autors: (1) Der Anspruch aller Bürger auf politische Ämter und die Freiheiten der Sklaven und Metöken. (2) Die Unterdrückung der Bundesgenossen, die Stabilität der Seemacht, die Durchsetzung wirtschaftlicher Machtansprüche, die Mißachtung von Verträgen. (3) Verschiedene Mißstände wie z. B. ein schleppendes Gerichtswesen und die Bestechlichkeit der Richter, deren Zahl im übrigen zu groß ist.

W   Die Frage nach der Person des Autors ist ungeklärt. Als Autoren werden u. a. Thukydides (etwa 460–400 v. Chr.) und Kritias (um 460–403 v. Chr.) ins Gespräch gebracht. In der Antike galt Xenophon als Autor der Schrift (z. B. bei Diogenes Laertius, →*Philosóphon bíon kaì dogmáton synagogé* 2,56). Vielleicht war der Traktat ursprünglich anonym veröffentlicht und der Autor wollte anonym bleiben. Das Werk konnte den Schriften Xenophons deshalb zugeordnet werden, weil dieser auch eine →*Lakedaimonion politeía* geschrieben hatte. Außerdem war der Autor – wie Xenophon – kein Freund der athenischen Demokratie. Er lehnt sie als eine Herrschaft der Minderwertigen über die Besseren ab, versucht jedoch vom Standpunkt eines gemäßigten Oligarchen oder Aristokraten aus, ihre innere Konsequenz und ihre darauf beruhende Stabilität zu veranschaulichen. Er warnt vor der Illusion, daß die Demokratie zugunsten eines aristokratischen Agrarstaates wieder beseitigt werden könne. In Kapitel 3,8 betont er ausdrücklich, daß die bestehende Demokratie nicht zu verändern oder zu reformieren sei. Der Autor wendet sich mit diesen Bemerkungen an die sogenannten „anderen", mit

denen wahrscheinlich Anhänger der Oligarchie in Athen oder außerhalb gemeint sind. Er weist deren Einwände gegen die athenische Demokratie zurück, um sie von Plänen, die athenische Demokratie zu verändern oder gar zu beseitigen, abzubringen.

A   E. Kalinka, Leipzig 1914, Nachdr. Stuttgart 1961. E. C. Marchant, Oxford 1920.
Ü   E. Kalinka, Leipzig/Berlin 1913 (gr.-dt. mit Kommentar).
L   H. Frisch: The *Constitution of Athens*. A Philological-Historical Analysis of Pseudo-Xenophon's Treatise *De re publica Atheniensium*, Kopenhagen 1942. K. I. Gelzer: Die Schrift vom Staate der Athener, in: Hermes. Einzelschriften 3, 1937. M. Gigante: *La Costituzione degli Ateniesi*. Studi sullo Pseudo-Senofonte, Neapel 1953. A. W. Gomme: The Old Oligarch, in: HSPh. Suppl. 1, 1940. A. Lesky, GL, 510–512. W. Nestle, VMzL, 406–408. M. Treu, RE 9 A 2, 1966, 1228–1282.

Âthla epì Pelía →Chorlyrik (Stesichoros)

Atthís
„Schrift über Attika"

Androtion aus Athen, 4. Jh. v. Chr.

Abhandlung über attische Geschichte bis 344/343 v. Chr. (gr.) in acht B., aus denen nur Fragmente erhalten sind.
Androtion wurde aus politischen Gründen 343/342 v. Chr. aus Athen verbannt. Er verfaßte seine *Atthís* im Exil in Megara.

I   Im Zentrum des Werkes stand die politische Geschichte Athens, die der Autor selbst als aktiver Politiker mitgestaltet hatte. Das Werk setzte mit der Urgeschichte ein und reichte mindestens bis in das Jahr 344/343 v. Chr. – Die Darstellung wurde in Jahresabschnitte unterteilt, an deren Spitze jeweils der Name des eponymen („dem Jahr den Namen gebenden") Archonten stand. – Demosthenes griff Androtion in den Reden 22 und 24 aus politischen Gründen scharf an (→*Kat' Androtíonos*, →*Katà Timokrátus*).

N   Aristoteles benutzte diese *Atthís* als Quelle für seine Darstellung der Verfassung von Athen (→*Athenaíon politeía*). Für den Atthidographen („Geschichtsschreiber mit dem Thema *Attika*") Philochoros war Androtion eine seiner wichtigsten Quellen.

A   FGrHist 324.
L   F. Jacoby: Atthis. The local chronicle of Athens, Oxford 1949. O. Lendle, Einführung, 145–150. A. Lesky, GL, 702.

Atthís
„Schrift über Attika"

Hellanikos aus Mytilene, 2. Hälfte des 5. Jh.s v. Chr.

Attische Lokalgeschichte in zwei B. (gr.), nur fragmentarisch erhalten.
Ende des 5. Jh.s entstanden.

I Ausgangspunkt war wahrscheinlich die Sagenüberlieferung Attikas. In dem sich anschließenden historischen Teil des Werkes, der bis zum Jahre 407 v. Chr. führte, wurde die athenische Archontenliste zur Datierung der Ereignisse benutzt. „Offenkundig hatte Hellanikos also die athenische Geschichte (vermutlich vom Jahr 682/81 an, in dem die offizielle Eponymendatierung begann) auf die Amtsjahre der Archonten verteilt, deren Namen er aus öffentlich auf der Agora aufgestellten Inschriften entnehmen konnte" (Lendle, 69). Mit diesem Verfahren hat Hellanikos gewissermaßen die „Annalistik" in die gr. Geschichtsschreibung eingeführt. Hellanikos wollte mit dieser strengen und konsequenten Chronologie offensichtlich die Kluft zwischen dem Mythos und der historischen Tradition schließen.
N Thukydides (→*Ho pólemos tôn Peloponnesíon kaì Athenaíon* 5,20) polemisiert allerdings gegen die Datierung von Ereignissen des Peloponnesischen Krieges (431–404 v. Chr.) mit Hilfe der Namen von Archonten oder anderen Amtsträgern. Dennoch bleibt der chronographische Versuch des Hellanikos, d. h. die Aufstellung einer relativen, dann aber auch absoluten Chronographie ein wertvoller Beitrag zur gr. Geschichtsschreibung.

A FGrHist 4.
L D. Ambaglio: L' opera storiografica di Ellanico di Lesbo, in: Ricerche di storiografica antika. 2, Pisa 1980, 9–192. F. Jacoby, RE 8, 1912, 104–153. F. Jacoby: Atthis. The local chronicle of Athens, Oxford 1949. O. Lendle, Einführung, 63–71. A. Lesky, GL, 376 f.

Atthís
„Schrift über Attika"

Kleidemos aus Athen, Mitte des 4. Jh.s v. Chr.

Lokalhistorische Abhandlung in vier B. (gr.), in wenigen Frg. überliefert.
Um 350 v. Chr. veröffentlicht unter dem Titel *Protogonía* („Geschichte des erstgeborenen Volkes").

I Am Anfang standen eine ausführliche Darstellung der Besiedlung Attikas und eine Beschreibung des Landes. Die Abhandlung führte wohl bis zum Ende des Peloponnesischen Krieges (404 v. Chr.), hatte aber ihren Schwerpunkt in der Frühgeschichte (daher auch der Nebentitel).

A FGrHist 323.
L F. Jacoby: Atthis. The local chronicle of Athens,

Oxford 1949. O. Lendle, Einführung, 145–150. A. Lesky, GL, 702.

Atthís
„Schrift über Attika"

Phanodemos aus Athen, 2. Hälfte des 4. Jh.s v. Chr.

Lokalhistorische Abhandlung in mindestens neun B. (gr.), nur in Frg. erhalten.

I Als Fachmann für Sakralrecht und Kenner der religiösen Tradition gab der Autor der Frühzeit ein besonderes Gewicht, rückte kultische Themen in den Vordergrund und ließ die historische Zeit zurücktreten. Die Rolle Athens in der mythischen Frühzeit wurde übertrieben und vergrößert dargestellt. Mit dieser Tendenz paßte die Schrift zu der restaurativen Politik des Lykurgos, der sich als entschiedener Makedonenfeind profilierte.

A FGrHist 325.
L F. Jacoby: Atthis. The local chronicle of Athens, Oxford 1949. O. Lendle, Einführung, 145–150. A. Lesky, GL, 702 f.

Atthís
„Schrift über Attika"

Philochoros aus Athen, etwa 340–262/261 v. Chr.

Annalistisch, d. h. nach Archonten, gegliedertes Prosawerk in 17 B. (gr.), in nur wenigen Frg. erhalten.

I In den B. 1–6 behandelte die *Atthís* die Zeit von Kekrops, dem sagenhaften ersten König von Athen, bis mindestens 339/338 v. Chr., in den B. 7–17 die Zeitgeschichte des Autors (vielleicht bis 262/261 v. Chr.). – Sakrale Themen wurden nicht behandelt; sie blieben gesonderten Abhandlungen des Autors vorbehalten („Über die Seherkunst", „Über Festtage", „Über die Mysterien in Athen" usw.).
Q Zu den wichtigsten literarischen Quellen gehörten Thukydides, →*Ho pólemos tôn Peloponnesíon kaì Athenaíon*, und Androtion (→*Atthís*).
N Plutarch benutzte die *Atthís* für seine Theseus-Biographie (→*Bíoi parálleloi*).

A FGrHist 328.
L F. Jacoby: Atthis. The local chronicle of Athens, Oxford 1949. O. Lendle, Einführung, 145–150. A. Lesky, GL, 751 f. W. Spoerri: Philochoros, in: dtv-L 1. 3, 309.

Attikà onómata
„Attische Wörter"

Ailios Dionysios aus Halikarnassos, 2. Jh. n. Chr.

Alphabetisch geordnetes Wörterbuch (gr.), das seltene attische Wörter erklärt, nur fragmentarisch erhalten. Spätere Lexika bauen auf diesem Wörterbuch auf.

A   E. Schwabe, Leipzig 1890.
L   H. Gärtner: Dionysios (Nr. 29), in: DKP 2, 73.

Atticus

Cornelius Nepos, etwa 100–25 v. Chr.

Biographie (lat.) des Titus Pomponius Atticus (110 bis 32 v. Chr.), des Freundes von Marcus Tullius Cicero (→Epistulae ad Atticum).
Eine erste Auflage des Werkes wurde im Jahre 35 v. Chr. veröffentlicht. Um 29 v. Chr. folgte eine veränderte zweite Auflage, in der u. a. die Atticus-Vita um einige Kapitel erweitert wurde.

I   Die Schrift gehört zu Nepos' Hauptwerk →De viris illustribus. Sie gilt als die erste röm. Biographie eines Zeitgenossen. Nepos zeichnet das Lebensbild eines Vertreters des röm. Ritterstandes ohne politischen Ehrgeiz. – Die Vita beginnt mit der Herkunft und Kindheit des Atticus und endet mit seinem Tod. In Kap. 1–12 wird das Persönlichkeitsbild des Atticus in erzählendem Nachvollzug seines Lebensganges dargestellt. Die Kap. 1–6 zeigen ihn im Kreis seiner Verwandten und Freunde. Das politische Umfeld bleibt im Hintergrund. Die Kap. 7–12 befassen sich mit den politischen Vorgängen, mit denen Atticus sich konfrontiert sieht und auf die er immer wieder reagiert. Nepos hebt in diesem Zusammenhang u. a. Atticus' gute Beziehungen z. B. zu Octavian hervor. – Die Kap. 13–18 haben einen stärker beschreibenden Charakter. Atticus wird als Familienvater vorgestellt. Seine Wahrheitsliebe, seine Verläßlichkeit und Gewissenhaftigkeit, seine humanitas und pietas und sein Wirken als Schriftsteller werden erwähnt. Mit den Kap. 19–22 setzt ein zweiter erzählender Teil ein, der sich mit der Lebenshöhe des Atticus befaßt und schließlich Krankheit und Tod schildert.

W   Nepos wollte der Persönlichkeit des Atticus ein Denkmal setzen. In seinen Augen führte dieser in schwierigsten Zeiten ein gelungenes und geglücktes Leben. „Nicht der Epikureer Atticus wird dargestellt, sondern der Mann, der sich von Situation zu Situation entscheidet und von Dingen zurückhält, die er nicht bestimmen, aber auch nicht verantworten kann, der immer hilfreich gegenüber der Not zur Stelle ist und der darum vor allen Machthabern wie etwas Unantastbares respektiert wird. Die Mitte dieses Lebens ist seine humanitas und pietas. Bestimmend für diese humanitas, deren Auswirkungen bis in entfernteste Einzelheiten erspürt

werden ..., ist ein untrüglicher Sinn für Echtes, Gefühl für Qualität, feinster Geschmack und tiefe Menschenliebe. Sie paart sich notwendig mit einer unerbittlichen Treue dem Recht gegenüber. Hat man bei Cicero die humanitas von ihrer sublimen Heiterkeit her gesehen, zu der die litterae vor allem gehören, so tritt hier bei Cornelius Nepos eine schwerere römischere Form zur Ergänzung hinzu, die sie letztlich im Recht gründet..." (Büchner 1957, 274). – Cornelius Nepos wollte mit dem Atticus veranschaulichen, „daß der Mensch, wenn er ein wahrer, lebendiger Mensch ist, sein Leben gestalten und durch alle Fährnisse hindurchführen kann. Der alte Gedanke des Appius Claudius, daß jeder seines Glückes Schmied sei, erlebt hier seine humanste Gestaltung" (Büchner 1957, 274).

A   H. Malcovati, Turin 1960. P. K. Marshall, Leipzig [(3)]1991. E. O. Winstedt, Oxford 1904.
Ü   H. Färber, München 1952 (lat.-dt.). R. Feger, Stuttgart 1976 (lat.-dt.). G. Wirth, München 1962.
L   M. v. Albrecht, RL, 381–390. V. d' Agostino: La vita Corneliana di Tito Pomponio Attico, in: RSC 10, 1962, 109–120. H. Altevogt: Die Atticusvita des Cornelius Nepos, in: H. Krefeld (Hg.): Impulse für die lateinische Lektüre, Frankfurt 1979, 69–84. K. Büchner: Humanitas. Die Atticusvita des Cornelius Nepos, in: Gy 56, 1949, 100–121. K. Büchner, RLG, 271–275. R. Feger: T. Pomponius Atticus, in: RE Suppl. 8, 1956, 503–526. H. Rahn: Die Atticus-Biographie und die Frage der zweiten Auflage der Biographiensammlung des C. Nepos, in: Hermes 85, 1957, 205–214. R. Stark: Zur Atticus-Vita des C. Nepos, in: RhM 107, 1964, 175–189. G. Wissowa: Cornelius Nepos, in: RE 4, 1, 1900, 1408–1417.

Auctor ad Herennium →Rhetorica ad Herennium (An.)

Augustus-Biographie →Vita des Augustus (Nikolaos aus Damaskos)

Aulularia
„Die Topfkomödie"

Titus Maccius Plautus, etwa 250–184 v. Chr.

Röm. Charakterkomödie (lat.).
Die Datierung ist unsicher. Vielleicht wurde das Stück 186 v. Chr. zum ersten Mal aufgeführt.

I   Das Stück hat seinen Namen von einem mit Gold gefüllt Topf, den der alte Euclio gefunden hat und der die Mitgift für seine Tochter Phaedria enthält. Doch Euclio ist so geizig, daß er sich nicht von seinem Schatz trennen will. Er ist zugleich von der panischen Angst besessen, daß ihm jemand das Gold stehlen könnte. Als der reiche Nachbar Megadorus bei Euclio um die Hand seiner Tochter anhält, argwöhnt dieser, daß der Freier nur sein Geld haben will. Dennoch willigt er schließlich ein und trägt den Topf in den Tempel der Fides, um ihn in

Sicherheit zu bringen. Dabei wird er von dem Sklaven Strobilus beobachtet. Weil ihm aber der Aufbewahrungsort nicht sicher genug erscheint, sucht Euclio ein besseres Versteck. Auch dabei beobachtet ihn der Sklave. Inzwischen stellt sich heraus, daß Lyconides, der Neffe des Megadorus, Phaedria liebt und sie unbedingt heiraten will und daß diese Liebe auf Gegenliebe stößt. – Da stürzt Euclio auf die Bühne: Sein Schatz ist gestohlen. Lyconides begreift zunächst nicht, daß der Goldtopf gemeint ist. Doch der diebische Sklave, der übrigens Lyconides gehört, wird gefaßt, und Lyconides gibt Euclio das Gold zurück. Dieser schenkt dem jungen Brautpaar den Schatz, der ihm so große Unruhe und Angst bereitet hatte.

Q Die Vorlage ist eine Komödie des Menander, wahrscheinlich der *Ápistos* („Der Mißtrauische"). Aber auch der →*Dýskolos* des Menander könnte Plautus angeregt haben.

H Wenn auch der äußere Rahmen der Handlung griechisch ist, so gibt es doch mehr oder weniger deutliche Anspielungen auf röm. Verhältnisse: Der Prologsprecher ist der röm. *Lar familiaris* (Hausgeist), der den Alten den Schatz finden läßt. Ein röm. Tempel der *Fides* dient vorübergehend als Versteck des Schatzes. Röm. Gottheiten wie *Silvanus*, *Iuno Lucina* und *Ceres* werden erwähnt. Auf röm. Rechtsverhältnisse wird angespielt (z. B. Gericht, Praetor, Senat). Trotz des gr. Milieus der Handlung bildet die röm. Welt den eigentlichen Hintergrund.

W In der Gestalt des Euclio zeichnet Plautus ein differenziertes Charakterbild. Euclio ist oberflächlich betrachtet ein Geizhals; er will den gefundenen Schatz behalten. Aber bei genauerem Hinsehen zeigt sich, daß Euclio, der aus einer keineswegs wohlhabenden Familie stammt, vermeiden will, den Neid seiner Mitbürger zu wecken. In seinem extremen Mißtrauen, das durch seine Herkunft aus ärmlichen Verhältnissen bedingt ist, versucht er, den Schatzfund geheim zu halten. Plautus veranschaulicht an Euclio, daß der Charakter das Produkt bestimmter Erfahrungen ist. Daß das übersteigerte Mißtrauen schließlich zum Verlust des Schatzes führt, weil durch die Suche nach dem geeigneten Versteck erst der Diebstahl möglich wird, zeigt besonders drastisch, wie stark das Verhalten, aber auch das Fehlverhalten eines einzelnen als Reaktion auf die Mitwelt zu verstehen ist und daß die Mitwelt wiederum auf dieses Verhalten auf ihre Weise reagiert.

N Das berühmteste Rezeptionsdokument ist „Der Geizige" (L' Avare) von Molière (1668). Hier wird das Charakterbild des Euclio zum „Porträt der verkörperten Habgier" (M. v. Albrecht, 164). – Ob die *Aulularia* auch die Vorlage für den spätantiken →*Querolus* war, bleibt umstritten.

A G. Augello, Turin 1979 (mit Kommentar). W. M. Lindsay. 2 Bde., Oxford 1904. W. Stockert, Stuttgart/Leipzig 1983 (mit Kommentar).
Ü W. Binder / W. Ludwig: Antike Komödien. Plautus/Terenz. 2 Bde., Darmstadt 1967. H. Rädle, Stuttgart 1987 (lat.-dt.).
L M. v. Albrecht, RL, 133–167. P. J. Enck: De Euclionis Plautini moribus, in: Mnemosyne. Ser. 3, 2, 1935, 281–290. W. Hofmann: Zur Charaktergestaltung in der *Aulularia* des Plautus, in: Klio 59, 1977, 349–358. R. L. Hunter: The *Aulularia* and its Greek Original, in: Proceedings of the Cambridge Philological Society 27, 1981, 37–49. G. Lafaye: Le dénouement de l' *Aulularia*, in: Revue des Cours et des Conférences (Paris) 4, 1896, 552–559. E. Lefèvre: Plautus' *Aulularia*, Tübingen 2001. W. Ludwig: *Aulularia*-Probleme, in: Ph 105, 1961, 44–71 und 247–262. K. v. Reinhardstoettner: Plautus. Spätere Bearbeitungen plautinischer Lustspiele. Ein Beitrag zur vergleichenden Literaturgeschichte, Leipzig 1886, 255–324. F. de Ruyt: Le thème fondamental de l' *Aululaire* de Plaute, in: LÉC 29, 1961, 375–382. W. Süss: Über das Drama *Querolus* sive *Aulularia*, in: RhM 91, 1942, 59 bis 122.

Autobiographie des Iosephos →Ioséphu bíos (Flavius Iosephus)

Axíochos

Ps.-Platon

Dialog (gr.) zwischen Sokrates, Kleinias und Axiochos.

I Der Dialog über den Tod und die Unsterblichkeit ist nach Axiochos, dem Vater des Kleinias und Onkel des Alkibiades, benannt. Sokrates wird von Kleinias gebeten, seinem sterbenskranken Vater beizustehen. Er versucht, dem Kranken die Todesfurcht zu nehmen, indem er ihm u. a. klarmacht, daß der Verlust des Lebens eine Veränderung zum Guten sei. Der Tod bedeutet nichts Schreckliches, weil es für diejenigen, die nicht (mehr) sind, nichts Schreckliches geben kann. Andererseits erfährt die unsterbliche Seele die ewige Glückseligkeit. Am Schluß des Gespräches hat Axiochos keine Angst mehr vor dem Lebensende, sondern Lust auf den Tod. Sokrates hat das Ziel seines therapeutischen Gesprächs erreicht.

A E. H. Blakeney: The Axiochos. On death and immortality. A Platonic dialogue, London 1937 (gr.-engl.).
Ü E. Loewenthal. Bd. 2, Darmstadt 2003.
L L. Alfonsi: L' *Assioco* pseudoplatonico: Ricerca sulle fonti, in: Studi di filosofia greca in on. R. Mondolfo, Bari 1950, 245–274. J. Chevalier: Étude critique du dialogue pseudo-platonicien l' *Axioche*, Paris 1911. A. Lesky, GL, 574–576. M. Meister: De *Axiocho* dialogo, Breslau 1915.

B

Babyloniaká
„Babylonische Geschichten"

Berossos aus Babylon, 3. Jh. v. Chr.

Geschichtswerk in drei B. (gr.), aus denen einige Frg. erhalten sind.

I Das Werk reichte von der Urzeit bis zum Tode Alexanders d. Gr. Es war Antiochos I. Soter (281 bis 261 v. Chr.) gewidmet. Die Erzählung setzt mit dem fabelhaften Urwesen Oannes, das den Menschen die Kultur brachte, ein und führte bis zur Unterwerfung des babylonischen Reiches durch Kyros (539 v. Chr.). Juden und Christen interessierten sich für das Werk, weil es auch bedeutende Themen der biblischen Überlieferung enthielt (Sintflut, Turmbau, Feldzüge des Nebukadnezar II., der u. a. im Jahre 597 v. Chr. Jerusalem einnahm). – Wichtige Exzerpte sind den →*Chronikoì kanónes* des Eusebios und *Contra Apionem* des Iosephos zu verdanken.

A FGrH 860.
L S. Burstein: The Babyloniaca of Berossus. Sources from the ancient Near East. 1. 5, Malibu (Cal.) 1978. R. Drews: The Greek accounts of eastern history, Washington 1973. O. Lendle, Einführung 271. P. Schnabel: Berossos und die babylonisch-hellenistische Literatur, Leipzig 1923. W. Spoerri: Untersuchungen zur babylonischen Urgeschichte und zu den Turmbau-Sibyllina, 1961.

Babyloniaká
„Babylonische Geschichten"

Iamblichos aus Syrien, 2. Jh. n. Chr.

In Frg. erhaltener Liebesroman (gr.).
Entstanden im letzten Drittel des 2. Jh.s n. Chr. Ein Auszug des Werkes befindet sich in der *Bibliothéke* des Photios.

I Der Roman spielt in Mesopotamien vor der Herrschaft der Perser. Der Held der Geschichte ist Rhodanes, dessen große Tat sein Sieg über den Drachen ist. Sein Gegenspieler ist Garmos, der grausame König von Babylon, der Sinonis, die Gattin des Rhodanes, besitzen will. Nach vielen Verfolgungen, Mordtaten und Verwechslungen kommt es zu einem glücklichen Ende, und Rhodanes wird König mit Sinonis an seiner Seite.

W Nach religionsgeschichtlicher Interpretation bezieht sich der Roman auf den Mithraskult. Der Kampf des Guten (Rhodanes und Sinonis) gegen das Böse (Garmos) ist der Inhalt des Romans, der damit einen Grundgedanken der persischen Religion veranschaulichen will.

A E. Habrich: Iamblichi Babyloniacorum reliquiae, Leipzig 1960. S. A. Stephens / J. J. Winkler: Ancient Greek Novels. The Fragments, Princeton 1994 (gr.-engl.).
L A. Lesky, GL, 965. E. Rohde: Der griechische Roman und seine Vorläufer, Leipzig [3]1914, Nachdr. Darmstadt 1960, 388–409.

Bacchides
„Die beiden Mädchen mit dem Namen Bacchis"

Titus Maccius Plautus, etwa 250–184 v. Chr.

Komödie (lat.).
In den neunziger Jahren des 2. Jh.s v. Chr. uraufgeführt.

I In dem doppelt angelegten Intrigenspiel agieren zwei junge Männer und ihre Diener, zwei Väter und zwei Hetären (die Bacchides): Der athenische Jüngling Mnesilochus liebt eine Hetäre aus Samos (Bacchis „S"), die allerdings im Dienst des Offiziers Cleomachus steht. Mnesilochus will die Hetäre loskaufen, hat aber kein Geld. Da springt der Sklave Chrysalus ein, der dem Vater des Mnesilochus mit Hilfe eines Tricks das Geld abnimmt. – Die zweite Hetäre lebt in Athen, ist eine Zwillingsschwester der ersten und heißt ebenfalls Bacchis (Bacchis „A"). Diese wird von Pistoclerus, dem Freund des Mnesilochus, geliebt. Zu Pistoclerus treten dessen Vater und der Sklave Lydus, der im Gegensatz zu dem Sklaven Chrysalus gegen den unmoralischen Lebenswandel seines Herrn anzukämpfen versucht. – Nach vielen Verwechslungen, Mißverständnissen und überraschenden Wendungen verfallen sogar die beiden Väter, die ihre Söhne vor den Hetären retten wollen, den Reizen der Damen.

Q Die Vorlage der *Bacchides* ist Menanders Komödie *Dìs exapatôn*, von der nur wenige Frg. erhalten sind. Plautus ging mit seiner Vorlage sehr selbständig um.

W Die Komödie des Plautus bezieht (wie viele Komödien) ihren Reiz aus der Erfindung einer „verkehrten Welt", in der z. B. der Sklave schlauer ist als sein Herr, der Greis sich in eine Hetäre verliebt oder der Sohn den Vater betrügt. Auf aktuelle historische Vorgänge wird nicht eingegangen (anders als z. B. in den Komödien des Aristophanes). – Das Stück des Plautus spielt in einer griechischen Umwelt und an einem griechischen Schauplatz. So kann das Publikum über „fremde" Unmoral und Torheit lachen. Allerdings nimmt Plautus auch auf röm. Verhältnisse Bezug: So kritisiert er z. B. *Bacchides* 1072–1075 die Häufigkeit von Triumphzügen. – Wenn der Zuschauer die tatsächliche Stellung der Familienväter mit der Rolle der Väter in der Komödie vergleicht oder der Sklave Lydus ihm als edler und gebildeter Mensch erscheint, dann ist dies ein Anstoß zum Nachdenken über die wirklichen Verhältnisse, d. h. ein Stück Aufklärung, angestoßen durch den Komödiendichter.

A F. Leo. 2 Bde., Berlin 1895–1896, Nachdr. Berlin 1958. W.-M. Lindsay. 2 Bde., Oxford 1904. C. Questa, Florenz (2)1975 (mit Menanders *Dis exapaton*).
Ü W. Binder / W. Ludwig: Antike Komödien. Plautus/Terenz. 2 Bde., Darmstadt 1976.
L M. v. Albrecht, RL, 133–167. D. Bain: *Plautus vortit barbare*. Plautus, *Bacch.* 526–561 and Menander, *Dis exapaton* 102–112, in: D. West / T. Woodman (Hg.): Creative Imitation and Latin Literature, Cambridge 1979, 17–34. K. Gaiser: Die plautinischen *Bacchides* und Menanders *Dis exapaton*, in: Ph 114, 1970, 51–87. E. Handley: Menander and Plautus. A Study in Comparison (1968), in: E. Lefèvre (Hg.): Die römische Komödie: Plautus und Terenz, Darmstadt 1973, 249–276. V. Pöschl: Die neuen Menanderpapyri und die Originalität des Plautus, in: SB der Heidelberger Akademie der Wissenschaften. Phil.-Hist. Klasse, Heidelberg 1973. H. P. Schönbek: Beiträge zur Interpretation der plautinischen *Bacchides*, Düsseldorf 1981.

Bákchai
„Die Anhängerinnen des Gottes Bakchos"

Euripides, etwa 480–406 v. Chr.

Tragödie (gr.)
In den letzten Lebensjahren des Dichters entstanden und erst nach seinem Tod zwischen 406 und 400 v. Chr. uraufgeführt.

I Das Stück ist nach dem aus Bakchen, den Begleiterinnen und Anhängerinnen des Gottes Bakchos oder Dionysos, bestehenden Chor benannt. Das Thema faßte Aristophanes aus Byzanz um 220 v. Chr. in seiner Inhaltsangabe (*Hypóthesis*) des Stückes folgendermaßen zusammen: „Der vergöttlichte Dionysos versetzt, als Pentheus seinen Kult nicht akzeptieren will, die Schwestern seiner Mutter in Wahnsinn und bringt sie so dazu, Pentheus zu zerreißen" (Übers. Latacz, 295). – Pentheus, der Sohn des Echion und der Agaue, König von Theben, war also ein Gottesverächter, der den orgiastischen Dionysoskult unterbinden will. Der Mythos spiegelt die Schwierigkeiten wider, auf die die ekstatische Dionysosreligion stieß, bevor sie sich in Griechenland durchsetzen konnte. – Im Stück des Euripides wird gezeigt, wie sich Dionysos den Menschen offenbart. „Das Stück ist also die inszenierte Epiphanie des Gottes" (Latacz, 296). – Schon im Prolog hatte Dionysos erklärt, er sei nach der Gewinnung der Völker Asiens nach Griechenland zurückgekehrt, um auch dieses Land für sich zu gewinnen. In Theben, seiner Heimatstadt, habe er alle Einwohner mit *Manía* (Wahnsinn) geschlagen mit Ausnahme seines Vetters Pentheus. – Im 1. Epeisodion („Episode", Akt) versuchen der Seher Theiresias und Kadmos, der Großvater des Pentheus, diesen dazu zu bewegen, den Gott Dionysos aufzunehmen. Pentheus aber weigert sich und befiehlt, den „Fremden" gefangen zu nehmen. – Im 2. Epei-

sodion wird der Fremde als Gefangener zu Pentheus geführt. Der Fremde beschreibt diesem die Macht des Gottes Dionysos, findet aber kein Verständnis und wird in den Pferdestall geführt. – Im 3. und 4. Epeisodion versucht der Fremde, den thebanischen König durch Wunder zu bekehren. In einem Botenbericht wird u. a. mitgeteilt, daß Anhängerinnen des Gottes im Kithairon-Gebirge eine Rinderherde zerrissen und Dörfer ausgeraubt hätten. Pentheus will mit aller Macht gegen die Bakchen vorgehen. Der Fremde überredet Pentheus jedoch, zuvor den Gegner auszukundschaften und zwar durch geschickte Tarnung als Frau verkleidet. – Im 4. Epeisodion vollendet der Fremde die Verkleidung und Maskierung des Pentheus. – Im 5. Epeisodion berichtet ein Bote, wie Pentheus, von dem Fremden verleitet, auf einer hohen Tanne das Treiben der Bakchen zu beobachten versucht, sofort aber von den Frauen entdeckt wird. Sie reißen die Tanne aus dem Boden. Die thebanischen Mänaden zerstückeln in ekstatischem Rausch seinen Körper. Seine Mutter Agaue trägt seinen Kopf auf einen Thyrsosstab gespießt im Triumphzug in die Stadt hinein. – In der Exodos erwacht Agaue aus ihrer Ekstase und erkennt, was sie getan hat. Sie begreift, daß alles, was geschehen ist, aus dem Widerstand gegen Dionysos herrührt. Am Schluß erscheint Dionysos und prophezeit Kadmos und Agaue eine leidvolle Zukunft als Strafe für eine zu späte Einsicht.

W Das Stück ist ein „religiöses Schlüsseldrama", in dem die Epiphanie des Gottes Dionysos und die Stiftung seines Kultes mit allen seinen rituellen Praktiken und Elementen inszeniert wird. An Pentheus wird veranschaulicht, daß die Negierung des Irrationalen in fanatischer Übersteigerung selbst irrational ist. Darüber hinaus gibt das Stück vielleicht auch Auskunft über das Wesen des Theaters, indem es seinen Illusionsmechanismus veranschaulicht, mit dem das Bedürfnis nach einem zeitweiligen Eintauchen in eine andere, unwirkliche Welt befriedigt wird. Pentheus, der sich der Illusion strikt verweigert, wäre dann das Beispiel für einen Menschen, der aufgrund seiner Rationalität für das Theater ungeeignet ist (und daher scheitern muß).

A J. Diggle. Bd. 3, Oxford (3)1994. E. R. Dodds, Oxford 1960 (mit Kommentar). C. Kopff, Stuttgart/Leipzig 1982. G. Murray: Euripidis fabulae. Bd. 3, Oxford (2)1913.
Ü E. Buschor / G. A. Seeck: Euripides. Sämtliche Tragödien und Frg. Bd. 5, München 1977 (gr.-dt.). D. Ebener, Berlin (2)1980 (gr.-dt.).
L A. F. H. Bierl: Dionysos und die griechische Tragödie. Politische und „metatheatralische" Aspekte im Text, Tübingen 1991. H. Diller: Die *Bakchen* und ihre Stellung im Spätwerk des Euripides. AAWM 1955, 5. R. Friedrich: City and mountain: dramatic spaces in Euripides' *Bacchae*, in: Proceedings of the XXth Congress of the International Comparative Literature Association. Spaces and Boundaries. Bd. 2, München 1988, 538–545. J. Latacz, GT, 293–300. Lesky, GL, 449–452. H. Merklin: Gott und Mensch im *Hippolytos* und in den *Bakchen* des Euripides, Diss. Freiburg 1964. R. P. Winnington-Ingram: Euripides and

Dionysos. An Interpretation of the *Bacchae*, Cambridge 1948.

Barnabas-Brief →Patrum Apostolicorum opera

Basilikós

„Rede an den Kaiser"

Eusebios aus Kaisareia, um 260–339 n. Chr.

Eine an den römischen Kaiser Constantin (reg. 306–337 n. Chr.) gerichtete Denkschrift über den Kirchenbau in Jerusalem (gr.)

I Eusebios rechtfertigt die Pracht der Sakralbauten gegenüber deren Gegnern mit Hilfe religiöser Argumente, die er z. T. bereits in der Schrift *Perì theophaneías* geäußert hatte.

A J. A. Heikel, GSC 7, 1902.
Ü J. M. Pfättisch, BKV[(2)] 9, 1913.
L J. A. Heikel: Kritische Beiträge zu den Konstantin-Schriften des Eusebios, Leipzig 1911. E. Schwartz: Eusebios von Caesarea, in: RE 6,1,1907, 1427ff.

Bassariká

„Geschichten von Dionysos"

Dionysios der Bassariker, röm. Kaiserzeit

Epische Darstellung (gr.) des Zuges, den der Gott Dionysos nach Indien unternahm, nur indirekt und durch einen Papyrusfund fragmentarisch überliefert. – Das Werk wurde von Nonnos, →*Dionysiaká*, benutzt.

A E. Heitsch: Griechische Dichterfragmente der römischen Kaiserzeit. Bd. 1, [(2)]1963, Nr. 19.
L R. Keydell: Dionysios (Nr. 13), in: DKP 2, 68.

Bátrachoi

„Frösche"

Aristophanes aus Athen, um 445–386 v. Chr.

Komödie über den Wettstreit der Tragödiendichter Aischylos und Euripides (gr.).
Aufgeführt im Jahre 405 v. Chr. anläßlich des Lenäenfestes.

I In der ersten Hälfte des Stückes schildert der Dichter die Reise des Gottes Dionysos in die Unterwelt; er will als Schirmherr des Theaters seinen Lieblingsdichter Euripides wieder heraufholen. Der Gott hat sich als Herakles verkleidet, um mehr Eindruck zu wecken. Begleitet wird er von seinem Sklaven Xanthias, mit dem er jedes Mal (und d. h. mehrfach) die Gestalt tauscht, wenn ihm als Herakles Gefahr droht. – Im Hades ist durch die Ankunft

des Euripides (gest. 406 v. Chr.) ein Streit um den Ehrenplatz des besten Tragikers an der Seite des Königs der Unterwelt, des Pluton, entbrannt. Bisher hatte Aischylos diesen Platz inne. Euripides beansprucht (im Gegensatz zu Sophokles) den Platz für sich. Nun soll Dionysos als Fachmann für Theaterfragen den Streit entscheiden. Es findet ein großer *Agón* (Wettstreit) statt, in dem die beiden Dichter sich ihre dramaturgischen Schwächen und andere Fehler vorhalten. Darüber hinaus geht es auch um die Frage, wessen Dichtung mehr Gewicht beanspruchen kann. Auch die sittlichen Maßstäbe der Dichtung werden ins Spiel gebracht, und in dieser Hinsicht ist Aischylos, der Dichter der altehrwürdigen Tragödie, dem „modernen" Euripides offensichtlich überlegen. – Die Entscheidung wird schließlich durch die Frage herbeigeführt, welcher der beiden Dichter für seine Vaterstadt der bessere Ratgeber in der politischen Situation der Gegenwart (vor der Niederlage der Athener im Peloponnesischen Krieg 404 v. Chr.) ist. Der von Dionysos als Sieger benannte Dichter soll Athen den größeren Nutzen bringen. Die Entscheidung fällt zugunsten des Aischylos. Der sophistische Euripides unterliegt. – Im Zentrum des Werkes steht die Parabase des Chores (675–737), der zunächst (unsichtbar) aus Fröschen besteht und als solcher nur einmal zu hören ist, als Dionysos den Kahn des Fährmannes Charon rudern muß, um den See der Unterwelt zu überqueren. Den eigentlichen Chor bilden die Mysten, d. h. die in die Eleusinischen Mysterien Eingeweihten, die im Hades weilen. In der Parabase läßt Aristophanes den „heiligen" Chor der Mysten eine ernste Mahnung zur Versöhnung der politischen Kräfte aussprechen.

W Hinter der Mahnung des Chores steht die Sorge um die Zukunft Athens in der Zeit größter Bedrohung von innen und von außen; denn die Niederlage gegen die Spartaner in der Schlacht von Aigospotamoi im Herbst 405 v. Chr. zeichnete sich bereits ab. Um so eindringlicher mußte der Appell des Dichters an die Bereitschaft zur innenpolitischen Einigung der Parteien klingen. Der politische Appell zur innenpolitischen Aussöhnung soll solchen Eindruck gemacht haben, daß das Stück gegen alle Gewohnheit ein zweites Mal aufgeführt werden mußte. – Die Würdigung der beiden großen Tragiker Aischylos und Euripides mit den Mitteln der Parodie mündet ein in eine Entscheidung, die im kommenden 4. Jh. v. Chr. dadurch aufgehoben wurde, daß nicht Aischylos, sondern Euripides bevorzugt wiederaufgeführt wurde und als Vorbild für spätere Dichter diente.

A K. Dover, Oxford 1994 (mit Kommentar). F. W. Hall / W. M. Geldart. Bd. 2, Oxford [(2)]1907. L. Radermacher / W. Kraus, Wien [(3)]1967 (mit Kommentar). B. B. Rogers. Bd. 2, London / Cambridge (Mass.) [(2)]1926. W. B. Stanford, London/New York [(2)]1963 (mit Kommentar).
Ü L. Seeger / H. – J. Newiger / P. Rau, München 1968.
L H. Drexler: Die Komposition der „Frösche" des Aristophanes, Breslau 1928. E. Fraenkel: Der Aufbau der „Frösche", in: Beobachtungen zu Aristophanes, Rom

1962. A. Lesky, GL, 499–502. H. – J. Newiger (Hg.): Aristophanes und die alte Komödie, Darmstadt 1975. F. Richter: Die Frösche und der Typ der aristophaneischen Komödie, Diss. Frankfurt 1933. Schmid-Stählin 1, 4, 210 ff. und 332–360. G. A. Seeck, GLTD 2, 180–207. C. S. Segal: The Charakter and Cults of Dionysus and the Unity of the „Frogs", in: HSPh 65, 1961, 207–242.

Batrachomyomachía
„Froschmäusekrieg"

An.

Kleinepos in 303 Hexametern (gr.).
Vielleicht um 500 v. Chr. entstanden.

I   Das Werk ist eine Parodie auf die homerische *Iliás*. Die Mäuse haben den Fröschen den Krieg erklärt. Darauf wird eine Götterversammlung einberufen, in der Zeus und Athene beraten, wer sich auf die Seite der Frösche und wer sich auf die Seite der Mäuse stellen soll. Die Ursache des Krieges war der Tod der Maus Psicharpax („Bröseldieb"), die auf dem Rücken des Froschkönigs Physignatos („Bakkenaufbläser") spazieren ritt, als dieser aus Angst vor einer Wasserschlange plötzlich untertauchte. Als die Schlacht mit einem Donnerschlag des Zeus begann, wurden die Frösche von dem gewaltigen Mäuserich Meridarpax („Portionenklau") in höchste Gefahr gebracht. Sie konnten sich nur mit Hilfe der Krebse retten, die die Mäuse in die Flucht schlugen. – Die komische Wirkung des Textes beruht vor allem auf der parodischen Verwendung epischer Formen.

A   T. W. Allen: Homeri opera. Bd. 5, Oxford [(2)]1946, 161–183.
Ü   H. Ahlborn, Berlin [(4)]1988 (gr.-dt.). Chr. Graf zu Stolberg: Homers Frösch- und Mäusekrieg (1784), München 1972. T. v. Scheffer, München 1941. W. Wolf: Der Froschmäusekrieg, Bühl i. B. 1931.
L   W. Aly: Pigres, in: RE 20, 2, 1950, 1313–1316. Lesky, GL, 111.

Bekenntnisse →Confessiones (Augustinus)

Bella Germaniae
„Kriege (der Römer) in Germanien"

Gaius Plinius Secundus, der Ältere, aus Comum, 23–79 n. Chr.

Verlorenes Werk des Plinius (lat.) in 20 B. über die Kriege der Römer mit den Germanen, beginnend mit den Kimbern und Teutonen (Siege des Marius 102 und 101 v. Chr.) bis zum Jahre 47 n. Chr. Vermutlich zwischen 52 und 57 n. Chr. verfaßt.

N   Das Werk war eine wichtige Quelle für Tacitus, →*De origine et situ Germanorum*. – Plinius diente als röm. Reiteroffizier in Germanien und beteiligte sich im Jahre 47 n. Chr. am Feldzug gegen die Chauken. 50/51 war er im Gebiet der Mattiaker, 57 in Niedergermanien und 74 kaiserlicher Statthalter in der Provinz Belgia; er konnte also aus eigener Anschauung berichten. Tacitus erwähnt Plinius als „Verfasser des Werkes über die Germanenkriege" (→*Annales* 1,69: *Germanicorum bellorum scriptor*). – Der jüngere Plinius, Neffe des älteren, zählt die B. seines Onkels auf (→*Epistulae* 3,5), erwähnt an dritter Stelle auch die zwanzig B. *Bella Germaniae*, in denen er „alle Kriege, die wir mit den Germanen geführt haben" zusammengestellt habe, und weist darauf hin, daß der Onkel mit diesem Werk begonnen habe, als er in Germanien Kriegsdienst leistete. Da Plinius 52 n. Chr. wieder in Rom war (→*Naturalis historia* 33, 63), konnte er die Hauptarbeit an den *Bella* zwischen 52 und 57 geleistet haben. – Der jüngere Plinius berichtet ferner, daß der Onkel zur Abfassung dieses Werkes durch einen Traum ermahnt wurde: Im Schlaf trat die Gestalt des Drusus Nero (→*Consolatio ad Liviam*), der als Sieger über weite Teile Germaniens dort ums Leben kam, an ihn heran; er legte ihm sein Andenken ans Herz und bat ihn, er möge ihn vor dem Unrecht des Vergessens bewahren. – Deutliche Spuren des Werkes dürften sich noch in Tacitus' →*Historiae* (4,12–37; 54 bis 79; 5,14–26) finden: „Es dient Plinius zu nicht geringem Ruhme, daß diese Stücke sich den besten kriegsgeschichtlichen Darstellungen, die wir aus dem Altertum besitzen, würdig einreihen" (Norden, 211).

L   F. Münzer: Die Quellen des Tacitus für die Germanenkriege, in: Bonner Jbb. 104, 1899, 67 ff. E. Norden: Die germanische Urgeschichte in Tacitus' Germania, Darmstadt [(4)]1959, 207–312: „Auf den Spuren der Bella Germaniae des Plinius". K. Sallmann: Der Traum des Historikers: Zu den "Bella Germaniae" des Plinius und zur julisch-claudischen Geschichtsschreibung, in: ANRW 2, 32, I, 1984, 578–601.

Bellorum Romanorum libri II
„Römische Kriege in zwei B."

Auch zitiert als *Epitomae de Tito Livio bellorum omnium annorum DCC libri II* („Auszüge aus Titus Livius über alle Kriege aus 700 Jahren in zwei Büchern").

Lucius (oder Publius) Annaeus Florus, 1. Hälfte des 2. Jh. s n. Chr.

Darstellung (lat.) der Kriege der Römer von der Gründung Roms bis in die Zeit des Augustus (753–29 v. Chr.).
Entstanden gegen Ende der Regierungszeit Hadrians, vielleicht auch schon unter Trajan (also zwischen 98 und 138 n. Chr.).

I   Das Werk ist keine Darstellung der römischen Geschichte. Es ist vielmehr ein Ruhmeslied auf das römische Volk, das demnach der „Held" der Darstellung ist. Der Autor legt keinen Wert auf Vollständigkeit. – Roms Überlegenheit beruht nach Auffassung des Autors auf der *virtus*; ihr Verlust führe zum Verfall. – Eine Eigentümlichkeit des Werkes ist die Gleichsetzung der historischen Epochen mit den Phasen des menschlichen Lebens: Nach Florus ist die Königszeit die Kindheit der Römer, die Zeit bis zur völligen Eroberung Italiens die Jugendzeit und die Zeit bis Augustus das Mannesalter. Mit der *Pax Augusta* beginnt dann das Greisenalter. Unter Trajan hat nach Florus allerdings eine neue Jugendblüte begonnen.

Q Für die röm. Frühzeit greift Florus auf Livius (→*Ab urbe condita*) zurück und behandelt denselben Zeitraum wie dieser. Er benutzt aber auch Caesar und Sallust, den älteren Seneca und Dichter wie Vergil und Lucan.

H Florus war Redner, Biograph und Historiker. Er vertrat den Typ des gebildeten Durchschnittsrömers (vgl. W. Den Boer). Seine Anschauungen entsprachen der Mentalität der röm. Senatoren und Ritter.

W „Florus sieht seine literarische Aufgabe darin, die ‚Lebensgeschichte' Roms zu beschreiben und zum Ruhm seines Volkes beizutragen ... Rom ist die Vollendung des historischen Prozesses. Eines der Hauptziele des Autors ist es, die *magnitudo imperii* darzustellen" (M. v. Albrecht, 1123). – Florus verherrlicht zwar die Eroberungen Roms bis in die Zeit des Augustus, warnt aber vor einer Fortsetzung der Expansionspolitik. „Seine Absicht war es, die isolierten Augenblicke kriegerischer Bewährung des römischen Volkes zu einem geschlossenen Bild seiner Größe zu vereinigen und durch die Kunst der Darstellung Begeisterung für diese Größe zu wekken, nicht jedoch, durch historische Analyse zu belehren" (W. Kißel, 154).

N Florus hatte eine große Wirkung bis weit in die Neuzeit hinein (vgl. M. v. Albrecht, 1125). Im Mittelalter und noch im 18. Jh. war er Schulautor.

A P. Jal, Paris 1967 (lat.-frz.). E. Malcovati, Rom (1938) [2]1972.

Ü K. Brodersen / G. Laser, Darmstadt 2005. W. M. Pahl, 1834–1835.

L V. Alba: La concepción historiográfica de Lucio Anneo Floro, Madrid 1953. M. v. Albrecht, RL, 1120–1127. J. M. Alonso – Núñez: Die politische und soziale Ideologie des Geschichtsschreibers Florus, Bonn 1983. J. M. Alonso – Núñez: Les conceptions politiques de Florus, in: LEC 54, 1986, 178–180. W. Den Boer: Florus und die römische Geschichte, in: Mnemosyne 4, 18, 1965, 366 bis 387. D. Flach: Einführung in die römische Geschichtsschreibung, Darmstadt 1985. L. Havas: Zur Geschichtskonzeption des Florus, in: Klio 66, 1984, 590–598. M. Hose: Erneuerung der Vergangenheit. Die Historiker des Imperium Romanum von Florus bis Cassius Dio, Stuttgart/Leipzig 1994. W. Kißel, RLTD 4, 152–159. A. Nordh: *Virtus* and *Fortuna* in Florus, in: Eranos 50, 1952, 111–128. P. Steinmetz: Untersuchungen zur römischen Literatur des 2. Jh.s nach Christi Geburt, Wiesbaden 1982, 121–164. H. Triebnig: Lucius Annaeus Florus. Texte für vergleichenden Lateinunterricht, in: AU 36, 1, 1993, 87–93.

Bellum Africum
„Der Krieg in Afrika"

An. (ein Soldat, der selbst an dem Feldzug Caesars Ende 47 bis April 46 v. Chr. teilgenommen hatte und mit dessen Gedanken und Plänen vertraut war).

Chronologisch geordneter Bericht über Caesars Afrika-Krieg (lat.).

I Wie das →*Bellum Alexandrinum* und das →*Bellum Hispaniense* setzt das *Bellum Africum* (oder *Africanum*) die Berichterstattung Caesars über den Bürgerkrieg (→*De bello civili*) über die sich anschließenden Feldzüge Caesars in den Jahren 47–45 v. Chr. fort. – Der Verfasser zeichnet ein offensichtlich authentisches Bild des Feldherrn Caesar und der Stimmung in dessen Heer. Er berichtet aus wechselnden Perspektiven, verachtet die Anhänger des Pompeius, die lieber einem Barbarenkönig gehorchen wollen als einem röm. Vorgesetzten (57), und bringt lediglich Cato Respekt entgegen (88), der sich in Utica selbst mit dem Schwert getötet hatte.

A A. Bouvet, Paris 1949 (lat.-frz.). A. Klotz, Leipzig 1927, Nachdr. 1993. R. Schneider, Berlin 1905.

Ü C. Jahn, Darmstadt 2004 (lat.-dt.). H. Simon / Chr. Meier / H. Strasburger, Bremen 1964. G. Wirth, Reinbek b. Hamburg 1966.

L M. v. Albrecht, RL, 343–345. K. Barwick: Caesars Commentarien und das Corpus Caesarianum, Leipzig 1938. H. Poetter: Untersuchungen zum *Bellum Alexandrinum* und *Bellum Africum*, Diss. Münster 1932. W. Richter: Caesar als Darsteller seiner Taten. Eine Einführung, Heidelberg 1977. R. Schneider, Berlin [2]1962 (Kommentar).

Bellum Alexandrinum
„Der Krieg um Alexandreia"

An. (ein Augenzeuge mit hervorragenden Detailkenntnissen).

Historische Darstellung (lat.)

I Unabhängig von der Chronologie wird der Leser von Schauplatz zu Schauplatz geführt: Ägypten, Armenien, Illyrien, Spanien, Syrien, Kleinasien. – Der von Caesar selbst geleitete Kampf um Alexandreia wird ausführlich und lebhaft erzählt. Im Gegensatz zu Caesars eigener Darstellung (→*De bello civili*) ist der Bericht des anonymen Autors lebhaft engagiert; dieser hat zudem popularphilosophische Neigungen (z. B. 32,3; 43,1).

A R. Giomini, Rom 1956. A. Klotz, Leipzig 1927, Nachdr. 1993. R. Schneider, Berlin [2]1962 mit Kommentar).

Ü C. Jahn, Darmstadt 2004 (lat.-dt.). H. Simon / Chr. Meier / H. Strasburger, Bremen 1964. G. Wirth, Reinbek b. Hamburg 1966.

L M. v. Albrecht, RL, 323–345. K. Barwick: Caesars Commentarien und das Corpus Caesarianum, Leipzig 1938. H. Poetter: Untersuchungen zum *Bellum Alexandrinum* und *Bellum Africum*, Diss. Münster 1932.

Bellum Catilinae →Catilinae coniuratio (Sallustius)

Bellum civile →De bello civili (Caesar)

Bellum civile
„Bürgerkrieg"

Auch zitiert als *Pharsalia* („Das Gebiet um die Stadt Pharsalus" (den Schauplatz von Caesars entscheidendem Sieg über Pompeius im Jahre 48 v.Chr.).

Marcus Annaeus Lucanus aus Corduba, 39–65 n.Chr.

Unvollendetes historisches Epos in 10 B. (wahrscheinlich in 12 B. geplant) über die Kämpfe zwischen Pompeius und Caesar bis zur Schlacht bei Thapsus (6. April 46 v.Chr.) und dem Selbstmord Catos in Utica im April 46 (lat.). Zwischen 59 und 65 n.Chr. verfaßt.

I B. 1: Am Anfang steht die Ankündigung des Themas (*bella civilia*): Das Werk schildert, wie Verbrechen zu Recht wurde, wie ein mächtiges Volk seine siegreiche Hand gegen das eigene Herz richtete, wie Verwandte gegeneinander kämpften, wie nach dem ersten Triumvirat, dem „Despotenbund" zwischen Caesar, Pompeius und Crassus, alle Streitkräfte einer erschütterten Welt gegeneinander kämpften, um gemeinsame Schuld auf sich zu laden, wie röm. Heere gegen röm. Heere kämpften. – Lucan will den Wahnsinn (*furor*) des Bürgerkrieges darstellen. Er huldigt Kaiser Nero (1, 33ff.) und zählt die Kriegsgründe auf. Nach einer Charakterisierung von Caesar und Pompeius folgt eine Darstellung von Caesars Übergang über den Rubikon am 10./11. Januar 49 v.Chr., womit der Bürgerkrieg beginnt (1,183–222). Daran schließen sich ein Truppenkatalog, die Schilderung der Panik des Pompeius und der Bewohner von Rom und einer Reihe von Prodigien und Prophezeiungen an. – B. 2: In das Stimmungsbild der Hauptstadt (Trauer und Niedergeschlagenheit) ist ein Rückblick auf die Zeit von Marius und Sulla eingebaut. Brutus, der spätere Caesar-Mörder, und Cato teilen die Sorgen der anderen und entschließen sich zum Kampf auf der Seite des Pompeius. Dieser flieht nach Capua in Kampanien. Nach einem Exkurs über die Apenninen berichtet der Dichter über Caesars Milde gegenüber Domitius vor Corfinium. Pompeius weicht nach Brundisium aus und verläßt nach dem Durchbruch durch Caesars Hafenblockade Italien. – B. 3: Während der Überfahrt erscheint Pompeius seine frühere Frau, Caesars Tochter Julia, im Traum, um ihm Angst einzujagen; er ermannt sich aber zu stoischer Todesbereitschaft. Caesar zieht nach Rom, tritt dort mit aller Entschlossenheit auf und bemächtigt sich der Staatskasse. Pompeius sammelt im Osten Truppen um sich. Auf dem Weg nach Spanien stößt Cae-

sar in Massilia auf Widerstand. Er belagert die Stadt, und es kommt zu einer Seeschlacht. – B. 4: Caesar kämpft in Spanien gegen Afranius und Petreius. Die Pompejaner werden eingeschlossen und nach ihrer Kapitulation entlassen. Caesar erfährt Rückschläge: In Illyrien unterliegt der Caesarianer Vulteius dem Pompejaner Octavius. Die Anhänger Caesars geben sich gegenseitig den Tod. In Nordafrika wird Curio von Iuba geschlagen. – B. 5: Der pompejanische Senat tagt in Epirus. Appius erzwingt ein Orakel Apoll in Delphi, das zweideutig ist. Caesar schlägt eine Meuterei nieder, läßt sich in Rom zum Consul wählen und folgt seinem Heer nach Brundisium. Er landet in Epirus. Antonius zögert nachzukommen. Caesar versucht, im Seesturm nach Italien überzusetzen. Eine tollkühne Seefahrt bestätigt Caesars Glück. – B. 6: Die Pompejaner werden bei Dyrrhachium eingeschlossen; sie versuchen auszubrechen. Scaeva verhindert dies. In Caesars Lager bricht die Pest, im Lager des Pompeius eine Hungersnot aus. Caesar zieht nach Thessalien, Pompeius folgt ihm. Thessalien wird beschrieben. Sextus, der Sohn des Pompeius, will die Zukunft erkunden und sucht die Hexe Erichtho auf, die einen Toten ins Leben zurückruft und weissagen läßt. – B. 7: Im Traum vor der Schlacht bei Pharsalus sieht sich Pompeius noch einmal in seiner alten Größe. Die Schlacht beginnt. Caesar vernichtet die gegnerische Reiterei und richtet ein Blutbad unter den Patriziern an. Brutus bleibt am Leben. Domitius fällt. Pompeius flieht. Caesar läßt die Gefallenen unbestattet liegen. – B. 8: Pompeius flieht nach Ägypten und wird bei der Landung ermordet. Seinen Kopf händigt Achillas an Ptolemaios aus; der übrige Körper wird heimlich von Cordus verbrannt. – B. 9: Pompeius Seele steigt in den Himmel auf und läßt sich darauf in der Seele von Brutus und Cato nieder. Cato erreicht von Korfu aus das Gebiet um Kyrene. Cornelia, die Frau des Pompeius, und Sextus bringen Nachrichten aus Ägypten. Cato überredet die Truppen zur Fortsetzung des Krieges und zieht mit ihnen durch die schlangenverseuchte Wüste nach Leptis. Die Medusa-Sage wird zur Erklärung der Schlangenplage herangezogen. Caesar besucht auf seiner Verfolgungsfahrt Troja. In diesem Zusammenhang vergleicht Lucan sein Werk mit Homers →*Iliás.* Vor Ägypten wird Caesar der Kopf des Pompeius überreicht. – B. 10: Caesar besucht Alexanders Grab und trifft mit Kleopatra in Alexandreia zusammen. Die Ägypter versuchen ein Attentat auf Caesar, der sich im Palast des Königs verschanzen muß. Ein Feuer bricht aus, dem – was Lucan nicht erwähnt – die berühmte Bibliothek von Alexandreia zum Opfer fällt. Caesar besetzt die Insel Pharos und läßt den mächtigen Ägypter Pothinus hinrichten. – Hier bricht das Werk unvollendet ab. – Die tetradische (= in Einheiten zu jeweils vier Büchern geordnete) Grobstruktur ist nicht zu übersehen: Die B. 1–4 befassen sich mit den Ereignissen vom Übergang Caesars über den Rubikon bis zu seiner Überfahrt nach Griechenland. Die B. 5–8 behandeln die Kämpfe zwischen Caesars Armee und der von Pompeius ge-

führten Senatsarmee in Epirus, die Entscheidungsschlacht bei Pharsalus und die Flucht und Ermordung des Pompeius bei seinem Versuch, in Ägypten
Asyl zu finden. Die B. 9–10 (mit den nicht vorhandenen B. 11 und 12) schildern den Marsch der Reste
der Senatsarmee durch die Wüste Libyens und dienen der Verherrlichung Catos, des größten Helden
auf republikanischer Seite; sie beschreiben ferner
die militärischen Maßnahmen Caesars in Ägypten.
Den Abschluß sollte wahrscheinlich der heroische
Selbstmord Catos in Utica bilden.

Q Den Stoff des *Bellum civile* enthielten nach
Angaben der Scholiasten die verlorenen B. 109–112
des Livius (→*Ab urbe condita*), dessen Sympathie
für Pompeius bekannt ist. Lucan kann auch Briefe
Ciceros (→*Epistulae ad familiares*) benutzt haben.
Für die geographischen und ethnographischen Exkurse standen ihm einschlägige Quellen zur Verfügung. Im 10. B. benutzte er Senecas →*Quaestiones
naturales*. – Das große Vorbild ist aber offensichtlich Homer (→*Iliás*). Die „Metamorphosen" Ovids
(→*Metamorphoseon libri*) dienten in mythologischen und auch naturwissenschaftlichen Fragen als
Informationsquelle. Vergils →*Aeneis* versucht Lucan zu überbieten. Die enge Beziehung zur *Aeneis*
wird nicht nur daran sichtbar, daß die beiden Werke
in ihrer Grobstruktur übereinstimmen; sogar wichtige Einzelmotive stehen bei Lucan an dem der *Aeneis* entsprechenden Platz (vgl. z. B. die Nekyoman-
tie in B. 6 mit dem 6. B. der *Aeneis*). Das *Bellum
civile* spiegelt sich in der *Aeneis*: Das Epos Vergils
schildert die Entstehung des augusteischen Frie-
densreiches. Bei Lucan führt der Bürgerkrieg zum
Untergang der freien Republik. In beiden Werken
steht der Tod eines Helden am Ende, der der neuen
Entwicklung im Wege steht: Bei Vergil fällt Turnus
durch die Hand des Aeneas und macht den Weg frei
für Augustus. Bei Lucan stirbt Cato durch eigene
Hand und ermöglicht Caesar die unumschränkte
Herrschaft.

W Lucan reagierte mit seinem *Bellum civile* auf
Vergils *Aeneis*, indem er eine „Gegen-*Aeneis*" vor-
legte, „in der alles, was man aus Vergil kannte,
gleichsam auf den Kopf gestellt erschien" (Dihle,
128). Mit dem Mittel der bis in die Einzelheiten reichenden „Vergilparodie" versucht Lucan, die vergilische Reichsideologie zu falsifizieren. – Im Gegensatz zu Vergil verzichtet Lucan auf den Götterappa-
rat der epischen Tradition. Die epische Handlung
vollzieht sich nicht mehr auf zwei Ebenen, einer
göttlichen und einer menschlichen. Lucan war als
Anhänger der stoischen Philosophie „von der Ein-
schichtigkeit der Welt und der Endlichkeit aller ihrer Hervorbringungen, ja des Kosmos selber überzeugt. Im Untergang der Republik sah er einen solchen Vorgang unweigerlicher Zerstörung, wie er in
der Natur der Dinge liegt. Ein solcher Untergang ist
schicksalhaft und unausweichlich, aber gerade nicht
in dem eminent teleologischen Sinn, daß er zur Voraussetzung des Entstehens eines Besseren und Höheren wird, also einen über ihn selbst hinausweisenden Sinn erhält. Gutes und Schlechtes auf der Welt

ist gleichermaßen zum Untergang bestimmt, und
das gilt unbeschadet des Umstandes, daß die Vertreter der besseren Sache unsere Sympathie verlangen
und sich menschlichmoralisch als die Überlegenen
erweisen" (Dihle, 130). Caesar, der Antiheld des
Epos, ist mit seiner gewaltigen Tatkraft als Gegenbild zu Vergils Aeneas gestaltet. Pompeius ist eine
tragische Gestalt, die zunächst zu den Zerstörern
der freiheitlichen Ordnung gehört, dann aber die
Fronten wechselt und mit der besseren Sache unter-
geht. Cato ist der positive Held, der über allen anderen stehend in Freiheit und Unabhängigkeit mit
der dem Untergang geweihten Sache sein selbstbe-
stimmtes Ende wählt. So konnte Lucan bereits im 1.
B. in der Frage nach Gut und Böse im Kampf um
die Entscheidung eindeutig Stellung beziehen, indem er erklärte, die siegreiche Sache habe den Göttern, die unterlegene aber Cato gefallen: *victrix causa deis placuit, sed victa Catoni* (1,128). Hier kommt
auch zum Ausdruck, daß das Urteil der Götter
keine Rolle mehr spielt; entscheidend ist die Autorität des vollkommenen Weisen, der nach stoischer
Auffassung die Maßstäbe für das Richtige setzt.

N Lucan rechnete selbst mit der Unsterblichkeit seines Werkes. Bei Caesars Besuch in Troja sagt
der Dichter: „Unsere *Pharsalia* wird leben" (*Pharsalia nostra vivet*, 9,985 f.). Caesar fand in Lucan seinen Homer: „Wahrlich, heilige und große Dichter-
mühe rettet alles vor Untergang, verleiht sterblichen
Menschen Ewigkeit. Caesar, laß dich nicht von
Neid auf heiligen Heldenruhm erfassen. Denn
wenn Latiums Musen ein Versprechen geben dürfen, werden auf so lange Dauer, wie man Smyrnas
Dichter ehrt, künftige Geschlechter meine Verse
und so deine Taten lesen" (9,980–985. Übers. Ehlers). – Petronius (→*Satyrica* 118–125) kritisiert das
Werk. Quintilian (→*Institutio oratoria* 10,1,90)
empfiehlt es eher den Rhetoren als den Dichtern
zur Nachahmung. Statius (→*Silvae* 2,7) bewundert
Lucan. Silius Italicus (→*Punica*) ahmt ihn nach. –
Auch in der Spätantike wird er gelesen und benutzt
(z. B. von Prudentius, →*Liber Peristephanon*). Im
Mittelalter ist Lucan ein Klassiker und wird häufig
zitiert. Für Dante ist er neben Homer, Vergil, Ovid
und Horaz der größte Dichter. In der Renaissance
lehrt er die Dichter, „erlebte Realität in Poesie umzusetzen" (M. v. Albrecht, 734). – Alle Römerdra-
men Shakespeares zeigen Spuren der *Pharsalia*.
Goethes „Klassische Walpurgisnacht" (Faust II, 2.
Akt) beginnt auf den Pharsalischen Feldern mit
dem Auftritt der Hexe Erichtho (*Bellum civile* 6,
507 ff.). Hölderlin dichtete einen großen Teil des 1.
B. nach.

A R. Badalì, Turin 1988. R. Badalì, Rom 1992. C. E.
Haskins, London 1887. C. Hosius, Leipzig [(3)]1913. D. R.
Shackleton Bailey, Stuttgart [(2)]1997.
    Ü W. Ehlers, München [(2)]1978 (lat.-dt.). G. Luck, Ber-
lin [(2)]1989 (lat.-dt.).
    L M. v. Albrecht, RL, 723–737. L. Alfonsi: Caratteri-
stiche della letteratura giulioclaudia, in: ANRW 2, 32, 1, 3–
39. A. Bachofen: Caesars und Lucans *Bellum civile*. Ein
Inhaltsvergleich, Diss. Zürich 1972. E. Burck / W. Rutz:

Die Pharsalia Lucans, in: E. Burck (Hg.): Das römische Epos, Darmstadt 1979, 154–199. A. Dihle, GLL, 127–134. R. Häusler: Das historische Epos von Lucan bis Silius und seine Theorie. Studien zum historischen Epos der Antike 2. Geschichtliche Epik nach Vergil, Heidelberg 1978. M. Lausberg: Lucan und Homer, in: ANRW 2, 32, 3, 1985, 1565–1622. W. D. Lebek: Lucans Pharsalia. Dichtungsstruk- tur und Zeitbezug, Göttingen 1976. E. Malcovati: Lucano e Cicerone, in: Athenaeum 31, 1953, 288–297. J. Masters: Poetry and Civil War in Lucan's *Bellum civile*, Cambrige 1992. W. Rutz (Hg.): Lucan, Darmstadt 1970. O. Zwierlein: Lucans Caesar in Troja, in: Hermes 114, 1986, 460–476.

Bellum Hispaniense
„Der Krieg in Spanien"

An., der an diesem Krieg teilgenommen hat.

Bericht über Caesars Kämpfe von Dezember 46 bis August 45 v. Chr. in Spanien (lat.).

I Der Autor beschreibt Einzelheiten der Kampftechnik genauer als den Verlauf des Krieges im ganzen. Als unmittelbar Beteiligter erfaßt er keine politischen Zusammenhänge. Er macht aus seiner Unvoreingenommenheit gegenüber Caesars Gegner, dem jungen Gnaeus Pompeius, kein Hehl (1,4;18;20–22 u. a. Stellen). Allerdings hebt er auch durchgehend Caesars Vorzüge hervor. Streckenweise bewegt er sich in den Bahnen der röm. Annalistik (vgl. Ennius, →*Annales*, den er einige Male zitiert, z. B. 5,6).

A A. Klotz, Leipzig 1927, Nachdr. 1993. G. Pascucci, Florenz 1965.
Ü C. Jahn, Darmstadt 2004 (lat.-dt.). H. Simon / Chr. Meier / H. Strasburger, Bremen 1964. G. Wirth, Reinbek b. Hamburg 1966.
L M. v. Albrecht, RL, 343–345. K. Barwick: Caesars Commentarii und das Corpus Caesarianum, Leipzig 1938. W. Richter: Caesar als Darsteller seiner Taten. Eine Einführung, Heidelberg 1977.

Bellum Iudaicum →Historía Iudaikû polému pròs Rhomaíus (Flavius Iosephus)

Bellum Iugurthinum
„Der Krieg gegen Jugurtha"

Gaius Sallustius Crispus aus Amiternum, 86–35 v. Chr.

Historische Monographie (lat.) über den Krieg, den die Römer in den Jahren 111–105 v. Chr. gegen Jugurtha, den König von Numidien führten.
Das Werk entstand nach der →*Catilinae coniuratio*.

I Die Rechtfertigung der historischen Schriftstellerei bildet den Anfang (1–4). Darauf folgen die Ankündigung des Themas (5,1–3: der Krieg, den das röm. Volk mit Jugurtha führte) und ein Rückblick auf die Vorgeschichte (5,4–16). Ein Exkurs be-

schreibt den Schauplatz des Geschehens: Afrika (5,17–19). Anschließend werden die Ereignisse bis zum Kriegsausbruch (20,1–28, 3), die glücklosen Feldzüge der Römer (28,4–40) und die Verhältnisse in Rom (40–42) geschildert. Im letzten Teil geht es um die Feldzüge des Metellus (43–83) und des Marius (84–114).

Q Eine wichtige Quelle war sicherlich Poseidonios (→*Historía he metà Polýbion*). Gattungsgeschichtlich war Thukydides die Vorlage (→*Ho pólemos tôn Peloponnesíon kaì Athenaíon*) wie auch schon in der →*Catilinae coniuratio*. Anregungen konnte Sallust auch aus Xenophons →*Kýru paideía* (8,7,13–15 für *Iug.* 9 bis 11) beziehen. Platons 7. Brief (→*Epistulae*) könnte die Selbstdarstellung des Autors beeinflußt haben (7,331c für *Iug.* 3,2).

H →*Catilinae coniuratio*.

W Sallust kündigt zwar an (5,1), daß das röm. Volk der „Held" der Geschichte sei, indem er „den Krieg, den das röm. Volk mit Jugurtha führte", zum Thema erklärt. Aber seiner Geschichtsauffassung gemäß (*Catilinae coniuratio* 53, 4) stellt er einzelne herausragende Personen als die eigentlich Handelnden dar: Metellus (43 bis 83), Marius (83–114) und Sulla zusammen mit Marius (95–114). – Wie im „Catilina" so versteht Sallust auch im *Bellum Iugurthinum* seine schriftstellerische Tätigkeit als eine Möglichkeit, die *virtus* zu betätigen und auf diese Weise Ruhm zu erringen. Er neigt dazu, die literarische Leistung dem Dienst am Staat gleichzusetzen (*Iug.* 4,3f.). „Dieser produktionspsychologische Gesichtspunkt wird durch einen rezeptionspsychologischen ergänzt. Die *memoria rerum gestarum* (*Iug.* 4,1) erregt flammende Begeisterung für *virtus* und *gloria*. In dieser Hinsicht ist die Geschichtsschreibung den altrömischen Ahnenbildern vergleichbar (*Iug.* 4, 5–6). Sallust betritt also, was seine Person betrifft, in produktionsästhetischer Hinsicht Neuland, in rezeptionsästhetischer Sicht bleibt er jedoch weitgehend den traditionellen Kategorien seiner konventionell denkenden Leser verhaftet" (M. v. Albrecht, 358f.). – Da der Krieg gegen Jugurtha außenpolitisch den Charakter einer Episode hatte, war es die eigentliche Absicht des Autors, am Beispiel dieser Episode die innenpolitische Situation in Rom zu erhellen und vor allem die Bestechlichkeit, den Hochmut und die Verworfenheit der röm. Nobilität zu brandmarken. So bezeichnet er Rom als käuflich und dem Untergang geweiht (*Iug.* 35, 10).

N →*Catilinae coniuratio*.

A J. R. Hawthorn, Chicago 1984. A. Kurfess, Leipzig, [3]1957, Nachdr. 1991. L. D. Reynolds, Oxford 1991.
Ü K. Büchner, Stuttgart 1971 (lat.-dt.). W. Eisenhut / J. Lindauer, München/Zürich [2]1994 (lat.-dt.).
L M. v. Albrecht, RL, 347–370. C. Becker: Sallust, in: ANRW 1, 3, 1973, 720–792. K. Büchner: Der Aufbau von Sallusts *Bellum Iugurthinum*, Wiesbaden 1953. R. Jacobs / H. Wirz / A. Kurfess, Berlin (11)1922 (Kommentar). A. Klinz: Die große Rede des Marius (*Iug.* 85) und ihre Bedeutung für das Geschichtsbild des Sallust, in: AU 5/1968, 76–90. E. Koe-

stermann: C. Sallustius Crispus: *Bellum Iugurthinum*. Kommentar, Heidelberg 1971. B. Latta: Der Wandel in Sallusts Geschichtsauffassung vom *Bellum Catilinae* zum *Bellum Iugurthinum*, in: Maia 39, 1987, 271–288. A. D. Leemann: Aufbau und Absicht von Sallusts *Bellum Iugurthinum*, Amsterdam 1957. A. D. Leemann: Form und Sinn. Studien zur römischen Literatur, Frankfurt 1985. V. Pöschl (Hg.): Sallust, Darmstadt [(2)]1981. R. Syme: Sallust, Berkeley 1964. K. Vretzka: Studien zu Sallusts *Bellum Iugurthinum*, in: SB Österr. Akad. d. Wiss. Phil.-hist. Kl. 229. 4, 1955.

Bellum Poenicum
„Der Punische Krieg"

Naevius, um 280–200 v. Chr.

Fragmentarisch erhaltenes Epos (7 B.) im Versmaß des Saturniers über die mythische Frühzeit Roms (Aeneas-Sage) und den 1. Punischen Krieg (lat.). Nach der für Rom siegreichen Beendigung des 1. Punischen Krieges (264–241 v. Chr.), an dem der Autor selbst teilgenommen hatte, im Rückblick auf eigenes Erleben verfaßt.

I   Die Erzählung der Aeneas-Sage könnte ein Exkurs in Rahmen der Darstellung der Geschichte des 1. Punischen Krieges gegen Karthago gewesen sein. Die mythische Vergangenheit diente vermutlich als Grundlage für das Verständnis der Gegenwart. Daher hat Naevius wohl auch von der Begegnung zwischen Dido, der mythischen Königin von Karthago, und Aeneas erzählt.
Q   Naevius orientierte sich an Livius Andronicus (→*Odusia*): Aber „er überbietet den Mythos durch Geschichte, Odysseus durch Aeneas, und er verbindet in einem einzigen Gedicht eine römische ‚Odyssee' mit einer römischen ‚Ilias'" (M. v. Albrecht, RL, 100).
H   Der zeitliche Hintergrund ist mit dem Thema des Werkes gegeben: Der 1. Punische Krieg zwischen Rom und Karthago und die Begründung der röm. Vormachtstellung im Mittelmeerraum.
W   Aus der mythischen Frühzeit wird das röm. Sendungsbewußtsein legitimiert. Die Aeneas-Sage bietet die Ursachen für den Konflikt zwischen Rom und Karthago. Das Werk ist auch als Antwort auf die propunische Geschichtsdarstellung durch Philinos aus Akragas (→*Ho perì Sikelías pólemos*) zu verstehen. Vgl. auch Fabius Pictor, →*Annales* mit ähnlicher Absicht.
N   Naevius wird von Cicero gerühmt (→*Brutus* 75). Vergil verdankt ihm manche Anregung, kehrt jedoch die Konzeption des *Bellum Poenicum* um: „Dort bildete die Geschichte die Haupthandlung; die *Aeneis* spielt in mythischer Zeit, das Historische erscheint als Prophetie" (M. v. Albrecht, RL, 104).

A   M. Barchiesi, Padua 1962. K. Büchner, FPL, Leipzig 1982, 20–40. V. Marmorale, Florenz [(2)]1950. W. Morel, FPL, Leipzig [(2)]1927, 17–29. W. Strzelecki, Leipzig 1964.
Ü   H. und A. Petersmann, RLTD 1, 45–54 (lat.-dt. in Auswahl).

L   M. v. Albrecht: Naevius' *Bellum Poenicum*, in: E. Burck (Hg.): Das römische Epos, Darmstadt 1979, 15–32. M. v. Albrecht, RL, 98–106. V. Buchheit: Vergil über die Sendung Roms. Untersuchungen zum Bellum Poenicum und zur Aeneis, Heidelberg 1963. E. Fraenkel: Naevius, in: RE Suppl. 6, 1936, 622–640. R. Häusler: Das historische Epos der Griechen und Römer bis Vergil. Studien zum historischen Epos der Antike 1: Von Homer bis Vergil, Heidelberg 1976, 92–120. F. Leo, GdrL, 76–85. G. Luck: Naevius and Vergil, in: Illinois Classical Studies 8, 1983, 267–275. W. Schetter: Das römische Epos, Wiesbaden 1978. W. Suerbaum: Untersuchungen zur Selbstdarstellung älterer römischer Dichter. Livius Andronicus. Naevius. Ennius. Hildesheim 1968.

Bellum Pollentium vel Geticum →De bello Getico (Claudian)

Belopoiiká
„Was die Schußwaffen betrifft"

Heron aus Alexandreia, 1. Jh. v. Chr.

Schrift über die Konstruktion wirkungsvoller Schußwaffen (gr.).

I   „Die Schrift zeigt klar den Aufbau derjenigen Schußwaffen, die stärker sind als der Handbogen. Auffallend ist der ausgereifte und im Prinzip einheitliche Aufbau des Verschlußmechanismus. Nach dem maschinell erleichterten Spannen und Laden kann ein Finger am Abzug auch die schwersten Geschütze auslösen. Es handelt sich durchweg um bogenartige Waffen, eine schwere Handwaffe sowie Pfeil- und Steinkatapulte mit rasanter Flugbahn für direkten Beschuß. Am Schluß stehen Erfahrungsformeln für das Verhältnis zwischen Geschoßgewicht bzw. – Länge und dem Kaliber" (J. Man, 1108).

A   H. Diels / E. Schramm, Abh. d. Preußischen Akad. d. Wissenschaften zu Berlin, Berlin 1918. E. W. Marsden, Oxford 1971.
L   J. G. Landels: Die Technik in der antiken Welt, München 1979, 118–159. J. Man: Heron, in: DKP 2, 1106 bis 1109.

Beneríkes plókamos
„Locke der Berenike"

Kallimachos aus Kyrene, etwa 300–240 v. Chr.

Das letzte *Aítion* (gr.) des vierten Buches der →*Aítia* (Frg. 110): Huldigung an die junge Königin Berenike, die Gemahlin des Ptolemaios III. Euergetes, in elegischen Distichen. Nur wenige Frg. sind erhalten; Catulls *Carmen* 66 (→*Carmina*) ist eine freie Übersetzung des gr. Textes.
Nach 246 v. Chr., dem Regierungsantritt von Ptolemaios III. Euergetes.

I   Bevor Euergetes in den Krieg gegen die Seleukiden zog, versprach Berenike dem Gatten, bei seiner glücklichen Heimkehr eine Locke von ihrem Haar im Pantheon von Alexandreia den Göttern zu weihen. Die Locke soll dann plötzlich verschwunden sein, und der Hofastronom Konon benannte ein bisher namenloses Sternbild „Locke der Berenike". Die Locke erzählt selbst, wie sie zunächst von Zephyros in das Heiligtum der Arsinoe-Aphrodite entführt wurde, bevor sie an den Sternenhimmel geheftet wurde.

A →*Hýmnoi* (Kallimachos).
Ü E. Howald / E. Staiger: Die Dichtungen des Kallimachos, Zürich 1955 (gr.-dt.).
L A. Lesky, GL, 802. N. Marione: Berenice. Da Callimaco a Catullo, Rom 1984. R. Pfeiffer: *Bereníkes Plokamós*, in: Ph 1932, 179–228. A. Spira: Die Locke der Berenike. Catull c. 66 und Kallimachos Frg. 110 Pf., in: FS H. Patzer, Wiesbaden 1975, 153–162.

Bibliothéke →Apollodori Bibliotheca

Bibliothéke
„Bibliothek"

Photios aus Konstantinopel, geb. etwa 810 n. Chr.

Sammlung von Referaten und Exzerpten unterschiedlicher Länge in 280 Kapiteln über die Bücher, die der Autor zusammen mit seinen Freunden gelesen hatte (gr.).

I Über viele antike Autoren, besonders über die weitgehend verlorenen Historiker der hellenistischen Zeit, gibt Photios wertvolle Informationen. Die *Bibliothéke* vermittelt einen Eindruck vom Umfang der zur Zeit des Photios noch erhaltenen Literatur der Antike. Das Werk hat eine sehr große Bedeutung für die Geschichte der Überlieferung der gr. Literatur: „So wäre es zu einem fast vollständigen Verlust der griechischen Literatur gekommen, hätte nicht jene vom Patriarchen Photios inspirierte Bewegung eingesetzt, die man oft als eine Art von Renaissance bezeichnet, während die Byzantiner selbst vom *deúteros hellenismós* („zweiten Hellenismus") sprachen" (Lesky, GL, 18). – Photios bewahrte u. a. Teile der →*Chrestomátheiai* des Proklos mit wichtigen Nachrichten über den →*Epikòs kýklos*.

A R. Henry. 8 Bde., Paris 1959–1978 (gr.-frz.).
L GL, 18 f. K. Ziegler, RE 20, 1, 1941, 667–737.

Bibliothéke historiké
„Büchersammlung zur Geschichte"

Diodoros aus Agyrion (Diodorus Siculus), 1. Jh. v. Chr.

Universalgeschichte (gr.) in 40 B. vom Uranfang bis zum Beginn von Caesars Gallienkrieg im Jahre 58

v. Chr. (laut 1,4,7 und 5,1). – Fast vollständig erhalten sind die B. 1–5 und 11–20. Die übrigen B. sind nur in Frg. erhalten.
Da das späteste datierbare Ereignis trotz Diodors eigener Ankündigung in 1,4,7 die röm. Kolonisation von Tauromenion durch Oktavian ist (16,7,1), kann das Werk erst nach 36 v. Chr. abgeschlossen worden sein, nachdem der Autor 30 Jahre lang daran gearbeitet hatte.

I B. 1: Nach dem Proömium über den Nutzen der Geschichte und die belehrende Funktion der Geschichtsschreibung und einer Kulturentstehungslehre wird Ägypten behandelt; die Ägypter werden u. a. als Lehrmeister der Griechen dargestellt. – B. 2: Mesopotamien, Indien, Skythien, Arabien und die „Südseeinseln" des Iambulos (→„Iambulos-Exzerpte"). – B. 3: Nordafrika. – B. 4–6: Griechenland und Europa mit griechischer Mythologie (→*Hierà anagraphé* des Euhemeros); u. a. werden Dionysos, Herakles, die Argonauten und Theseus behandelt. – B. 7–17: Die Zeit vom Trojanischen Krieg bis zu Alexander d. Gr. – B. 18 bis 40: Die Diadochen bis Caesar. – Für die historische Zeit hält sich Diodor an ein annalistisches Schema, indem er sich nach den Olympiaden, den attischen Archonten und den röm. Consuln richtet. Dabei unterlaufen ihm allerdings viele Fehler (z. B. falsche chronologische Einordnung von Ereignissen).
Q Der Autor schöpft aus zahlreichen Quellen unterschiedlicher Qualität: z. B. Hekataios (→*Genealogíai*), Ktesias (→*Persiká*), Ephoros (→*Historíai*), Timaios (→*Historíai*), Polybios (→*Historíai*), Poseidonios (→*Historía he metà Polýbion*), Agatharchides (→*Asiatiká / Europaiá*), Duris (→*Historíai*).
W Im Proömium seines Werkes bekennt sich Diodor ausdrücklich zum Kosmopolitismus der Stoa, d. h. zu der philosophischen Idealvorstellung vom Miteinander der Menschen innerhalb der Gemeinschaft aller Völker der Erde. Darüber hinaus erklärt er die Anleitung zu bestmöglichem Handeln durch die Darstellung beispielhafter Taten von Menschen vergangener Zeiten zur Aufgabe der Geschichtsschreibung. Daher hebt er die Heldengestalten als Vorbilder besonders heraus. – Eine kritische Auseinandersetzung mit seinen Quellen hat Diodor nicht beabsichtigt. Er kompiliert seine Quellen, um dem Leser die Lektüre der früheren Werke der Geschichtsschreibung zu ersparen.

A C. H. Oldfather u. a. 12 Bde., London 1933 ff. (gr.-engl.). F. Vogel / C. T. Fischer, Leipzig [3]1888–1906 (nur B. 1–20), Nachdr. 1985.
Ü G. Wirth / O. Veh / Th. Nothers: Diodoros. Griechische Weltgeschichte. B. I–X. Bd. 1, Stuttgart 1992.
L P. Burde: Untersuchungen zur griechischen Universalgeschichtsschreibung, München 1974, bes. 43–59. R. Drews: Diodorus and his sources, in: AJPh 83, 1962, 383–392. O. Lendle, Einführung, 242–244. Lesky, GL, 871 f. K. Meister: Die griechische Geschichtsschreibung. Von den Anfängen bis zum Ende des Hellenismus, Stuttgart 1990, 171–181. M. Pavan: La teoria storica di Diodoro Siculo, in: RAL 16, 1961, 19 bis 52 und 117–151. K. S. Sacks: Diodo-

rus Siculus and the First Century, Princeton (N.Y.) 1990.
E. Schwartz, in: RE 5, 1, 1903, 663–704.

Biographien →Bíoi parálleloi (Plutarchos)

Bíoi andrôn
„Lebensbeschreibungen von Männern"

Aristoxenos aus Tarent, 2. Hälfte des 4. Jh.s v. Chr.

Nur fragmentarisch erhaltenes Sammelwerk biographischer Personendarstellung (gr.).

I Zuverlässige Angaben zum Inhalt sind nicht mehr möglich. Aristoxenos, der die peripatetische Biographie als literarische Gattung begründete, schrieb Monographien über Pythagoras (→*Bíos Pythagorikós*), Sokrates (→*Bíos Sokratikós*), Platon, die Tragödiendichter und andere. Es ist nicht auszuschließen, daß diese Abhandlungen ursprünglich Teile des Werkes *Bíoi andrôn* waren.

A F. Wehrli: Die Schule des Aristoteles. Bd. 2, Basel [(2)]1967.
L Lesky, GL, 777f.

Bíoi endóxon andrôn
„Lebensbeschreibungen berühmter Männer"

Satyros aus Kallatis, um 200 v. Chr.

Nur fragmentarisch erhaltene Lebensbeschreibungen berühmter Philosophen und Dichter (gr.).

I Die wenigen Frg. zeigen, daß das Werk den →*Bíoi tôn en paideía dialampsánton* des Hermippos vergleichbar ist. Der Autor befaßte sich mehr mit dem Leben als mit der Lehre der berühmten Männer. – Herakleides Lembos (2. Jh. v. Chr.) fertigte einen Auszug (Epitome) aus diesem Werk an. Vermutlich waren die Biographien in Dialogform abgefaßt. Darauf weisen die in dem 1912 publizierten Papyrus Oxyrhynchus 1176 enthaltenen Teile der Euripidesbiographie (*Bíos Euripídu*) des Satyros hin.

A H. v. Arnim: Supplementum Eurip., 1913, 3–9. FHG 3, 159–166.
L G. Arrighetti: Satiro. Vita di Euripide, Pisa 1964. K. Döring: Historia Philosopha. Grundzüge der antiken Philosophiegeschichtsschreibung, Freiburg/Würzburg 1987, 28f. F. Leo: Satyros' *Bíos Euripídu*, in: NGG 1912, 273–290. A. Lesky, GL, 410f. (Euripidesbiographie).

Bíoi parálleloi
„Doppelbiographien"

Plutarchos aus Chaironeia, etwa 46 – etwa 120 n. Chr.

Biographien (gr.) von Feldherrn und Staatsmännern, zu Paaren aus jeweils einem Griechen und einem Römer zusammengestellt (von 24 sind 23 Biographienpaare erhalten, dazu vier Einzelbiographien).
Zwischen 100 und 120 n. Chr. verfaßt. Die Reihenfolge der Abfassung (die relative Chronologie) ist nicht mit Sicherheit zu ermitteln.

I Die Sammlung besteht aus drei Gruppen von Biographien: (1) Zu der Sammlung von ursprünglich 24 Biographienpaaren, von denen das Paar Epameinondas-Scipio Africanus Minor (oder Maior ?) verloren ist, gehören folgende Biographien: Theseus-Romulus, Lykurgos-Numa Pompilius, Solon-Valerius Publicola, Aristeides-Cato Maior, Themistokles-Camillus, Kimon-Lucullus, Perikles-Fabius Maximus, Nikias-Licinius Crassus, Alkibiades-Coriolanus, Lysandros-Sulla, Agesilaos-Pompeius, Pelopidas-Marcellus, Dion-Brutus, Aemilius Paullus-Timoleon, Demosthenes-Cicero, Phokion-Cato Minor, Alexandros-Caesar, Eumenes-Sertorius, Demetrios Poliorketes-Antonius, Pyrrhos-Marius, Agis-Kleomenes, Tiberius Gracchus-Gaius Gracchus, Philopoimen-Quinctius Flamininus. – (2) Aus der Reihe der Biographien röm. Kaiser von Augustus bis Vitellius sind nur Galba und Otho erhalten. – (3) Aus einer weiteren Gruppe von Einzelbiographien, die sich u. a. mit Hesiod und Pindar befaßten, sind die Biographien des Perserkönigs Artaxerxes II. und des Feldherrn Aratos aus Sikyon erhalten. – In der Regel schließt Plutarch ein Biographienpaar mit einem zusammenfassenden Vergleich, einer Synkrisis, ab. Hieran wird deutlich, daß manche Paare gut (z. B. Demetrius-Antonius), andere weniger gut (z. B. Perikles-Fabius Maximus, wo nur die Neigung zu defensiver Kriegsführung ein Bindeglied ist) zusammenpassen.
Q Die Darstellung steht in der Tradition der gr. Biographie, die sich vor allem aus dem Interesse an bedeutenden Persönlichkeiten entwickelte. So erweckten z. B. die Werke der großen Dichter das Bedürfnis, etwas über ihr Leben zu erfahren. Ein vergleichbares Interesse wird auch den bedeutenden Rednern und Historikern zuteil. Darüber hinaus wecken die Persönlichkeiten der Philosophen (z. B. Pythagoras, Sokrates, Platon, Epikur) das Interesse an einer Darstellung ihres Lebens. – In der Zeit des Hellenismus kommen Biographien großer Staatsmänner und Politiker (z. B. Alexanders d. Gr.) hinzu. – Von Aristoteles und Theophrast werden neue Gesichtspunkte gewonnen, unter denen das Leben einer Persönlichkeit beschreibbar wird. Es entsteht die literarische Gattung *Perì bíon* (vgl. z. B. Dikaiarchos, →*Perì bíon*) mit differenzierten Möglichkeiten der Persönlichkeitsbeschreibung. Es werden

Regeln für den formalen Aufbau einer Biographie entwickelt. – Plutarch kennt zwar die klassischen Biographien der peripatetischen Schule und die hellenistische Technik der Biographie; für seine besondere Zielsetzung hatte er aber keine Vorbilder. – Als direkte Quellen standen Plutarch fast ausschließlich historische Werke zur Verfügung: Herodot, →*Historíes apódexis*; Thukydides, →*Ho pólemos tôn Peloponnesíon kaì Athenaíon;* Xenophon, →*Helleniká*, →*Agesílaos*; Ephoros, →*Historíai*; Theopompos, →*Helleniká*, Hieronymos aus Kardia; Polybios, →*Historíai* u. a.

W Plutarchs Biographien befassen sich vorrangig mit dem persönlichen Ethos und dem Charakter der beschriebenen Persönlichkeiten. Politische Leistungen sind nur wichtig, wenn sie für die Charakterisierung der Handelnden von Bedeutung sind. Sie sind nicht wichtiger als das Alltagsleben, der Lebensstil, die Umgangsformen, die Aussprüche und Anekdoten und das äußere Erscheinungsbild, soweit es Rückschlüsse auf den Menschen zuläßt. – Plutarch versucht, bei den von ihm dargestellten Personen „die in der Auseinandersetzung mit der äußeren Welt zutage tretende ethische Qualität herauszuarbeiten" (Gigon, 8). – Indem Plutarch jeweils zwei Personen nebeneinander stellt, will er einerseits seinen röm. Freunden zuliebe dem Leser die Ebenbürtigkeit Roms und Griechenlands vor Augen führen; andererseits beabsichtigt er aber auch, „die Synkrisis verwandter Erscheinungen ganz im Geiste des Peripatos durchzuführen als die zweckmäßigste Methode, um jeweils das Gemeinsame wie das Individuelle zu erkennen" (Gigon, 8). – Plutarch sagt selbst, der Umgang mit großen Männern der Vergangenheit solle deren Eigenschaften auf unser eigenes Wesen einwirken lassen (*Aemilius Paullus* 1). Auch das negative Beispiel könne für die rechte Lebensführung nützlich sein (*Demetrios* 1). – Plutarch wollte keine historischen Zusammenhänge und keine politischen Ursachen entdecken; ihm ging es nur um große Menschenbilder, die eine moralische und pädagogische Wirkung auf den Leser haben sollten.

N Plutarch ging nicht als Historiker, sondern als Klassiker der Biographie in die Literaturgeschichte ein. Seine Wirkung beruhte auf der fast unübersehbaren Fülle interessanten Stoffes, der mit Wärme, Anteilnahme und oft auch Begeisterung vorgetragen wird. „So leicht und fesselnd, bald behaglich, bald auch mit fortreißendem Schwung, fließt dem Autor die Erzählung, fließen ihm lebensvolle Vergleiche und Assoziationen aus der Schatzkammer eines schier unerschöpflichen Gedächtnisses zu, fügen sich ihm gütig-ernsthafte, oft auch scherzende, humorvolle Betrachtungen und Überlegungen ein, daß er einer der zugleich gehaltreichsten und unterhaltsamsten Erzähler der Weltliteratur geworden ist" (Ziegler 1994, 1106). – In der Antike war Plutarch hochberühmt, dann wurde er vergessen und kam erst wieder in der Renaissance zu neuem Ruhm. Er wurde in die meisten europäischen Sprachen übersetzt und gehört seitdem „zum

unentbehrlichen Bildungsgut des Abendlandes" (Ziegler 1994, 1109). – Das jüngste Beispiel einer am Vorbild Plutarchs orientierten Parallelbiographie stammt von Alan Bullock: Hitler und Stalin. Parallele Leben, Berlin 1991: „Ich möchte mit den Mitteln des Vergleichs die unverwechselbare, individuelle Wesensart des einen wie des anderen beleuchten. So ist auch der Untertitel von den ‚parallelen Leben' zu verstehen, den ich in Anlehnung an Plutarch gewählt habe" (Bullock, 8 f.).

A R. Flacelière u. a. 16 Bde., Paris 1957–1983 (gr.-frz.). C. Lindskog / K. Ziegler. 4 Bde. in 7 Teilen, Leipzig 1914–1934. K. Ziegler / H. Gärtner. 4 Bde. in 7 Teilen, Leipzig/ Stuttgart (2.-4. Aufl.) 1964–1997.
Ü H. Floerke. 6 Bde., München/Leipzig 1913. K. Ziegler / W. Wuhrmann. 6 Bde., Zürich/München/Stuttgart 1954–1965. K. Ziegler / W. Wuhrmann / M. Fuhrmann, Düsseldorf/Zürich [(2)]2001 (Auswahl von fünf Doppelbiographien, gr.-dt.).
L A. Dihle: Studien zur griechischen Biographie, Göttingen [(2)]1970. H. Erbse: Die Bedeutung der Synkrisis in den Parallelbiographien Plutarchs, in: Hermes 84, 1956, 398–424. O. Gigon: Plutarch (Nr. 1), in: dtv-L 1, 4, 7 f. R. Hirzel: Plutarch, Leipzig 1912. A. Lesky, GL, 917–926. P. A. Stadter: Plutarch's Historical Methods, Cambridge (Mass.) 1965. C. Theander: Plutarch und die Geschichte, Lund 1951. A. Wardman: Plutarch's Lives, London 1974. K. Ziegler: Plutarchos von Chaironeia, in: RE 21, 1951, 636–962.

Bíoi philosóphon
„Leben der Philosophen"

Antigonos aus Karystos, 3. Jh. v. Chr.

Lebensbeschreibungen von Philosophen aus der Zeit des Verfassers, nur in Frg. erhalten (gr.).

I Die einzelnen Kapitel des Werkes werden unter besonderen Titeln zitiert, wie z. B. *En tô Zénonos bío* („In der Lebensbeschreibung des Zenon") oder *En tô perì Pýrrhonos* („In der Schrift über Pyrrhon"). Es ist also nicht auszuschließen, daß die einzelnen Biographien ursprünglich selbständig veröffentlicht wurden. – Antigonos brauchte nicht auf literarische Vorlagen zurückzugreifen, sondern konnte sich auf eigene Beobachtungen und Berichte von Zeitgenossen stützen. So entstanden „persönlich gefärbte, abwechslungsreiche Lebensbilder, die die Individualitäten der dargestellten Philosophen deutlich hervortreten ließen" (Döring, 25). – In Resten faßbar sind die Biographien der Skeptiker Pyrrhon und Timon, der Akademiker Polemon, Krates, Krantor und Arkesilaos, des Peripatetikers Lykon, des Menedemos aus Eretria, des Stoikers Zenon aus Kition.

W Der Verfasser wollte an der Lebensführung der Philosophen Wege zu Glück und sittlichem Leben veranschaulichen.

A Frg. u. a. bei Athenaios, →*Deipnosophistaí* 10,419e–420a. Vgl. Diogenes Laertius, →*Philosóphon bíon kaì dogmáton synagogé* 2, 139.

L   K. Döring, Historia, 25 f. A. Lesky, GL, 875. U. v. Wilamowitz-Moellendorff: Antigonos von Karystos. Philologische Untersuchungen 4, Berlin 188, Nachdr. Dublin/ Zürich 1965).

Bíoi Sophistôn
„Lebensbeschreibungen von Sophisten"

Eunapios aus Sardes, etwa 345–420 n. Chr.

Biographische Darstellung der Vertreter des Neuplatonismus, wie z. B. des Iamblichos, Aidesios und Proairesios, aber auch der Sophisten Libanios und Himerios (gr.).
Im Jahre 396 n. Chr. verfaßt.

I Eunapios gibt in 23 kurzen Biographien einen Überblick über die geistigen Größen seiner Zeit. Er beginnt mit einer knappen Darstellung des Plotin und des Porphyrios. Dann schildert er den Kreis der Platoniker und der Rhetoren, zu denen er sich selbst auch zählt. „Auf lebendige Weise charakterisiert er so die Intellektuellen des 4. Jahrhunderts, die Platoniker, Rhetoren und Sophisten, die Verehrer Kaiser Julians und Vertreter der hergebrachten Bildung. Sein Ideal ist der kultivierte Gelehrte, der in den Traditionen der altgriechischen Paideia lebt. Dadurch daß er den Alltag der Philosophen- und Rhetorenschulen Griechenlands und Kleinasiens aus erster Hand schildert, ist sein Werk auch ein wichtiges kulturgeschichtliches Zeugnis über den Widerstand der heidnischen Bildungselite gegen das sich ausbreitende Christentum" (Hofmann, 437).
W Eunapios zeigt in diesem Werk wie auch in seinen →*Apomnemoneúmata historiká*, daß er ein entschiedener Gegner des Christentums ist und die Innenpolitik des Kaisers Julian billigt. Er richtet heftige Angriffe gegen die Heiligenverehrung und das Mönchstum. – In seiner Darstellung lehnt er sich an das gleichnamige Werk des Philostratos an.

A   I. Giangrande: Eunapii Vitae sophistarum, Rom 1956.
L   H. Dörrie: Eunapios, in: DKP 2, 427 f. H. Hofmann: Die Geschichtsschreibung, in: NHbL. Spätantike, 403–467. R. J. Penella: Greek Philosophers and Sophists in the Fourth Century A. D. Studies in Eunapius of Sardis, Leeds 1990.

Bíoi Sophistôn
„Lebensbeschreibungen von Sophisten"

Philostratos, um 200 n. Chr. (es handelt sich um Flavius Ph., den zweiten der Philostratoi).

Lebensbeschreibungen (gr.) der Sophisten in 2 B. von den Begründern der alten Sophistik (Gorgias und seinen Zeitgenossen) bis zu den Vertretern der „Zweiten Sophistik" zur Zeit des Autors.

I Für den Autor beginnt die „Zweite Sophistik" – der Begriff „Zweite Sophistik" wird von Philostratos eingeführt – mit Niketes (1,9), der zur Zeit Neros lebte (reg. 54–68). Diese neue Sophistik hatte zwar keine Möglichkeit mehr, in die Politik einzugreifen, aber die Sophisten hatten reichlich Gelegenheit, bei öffentlichen Anlässen (bei Empfängen der Kaiser, Leichenfeiern, Festen) Reden zu halten. So wurde z. B. Polemon von Kaiser Hadrian beauftragt, bei der Einweihung des Olympeion in Athen (131 n. Chr.) eine Festrede zu halten. Große Teile des 2. B. sind Herodes Atticus (→*Perì politeías*) gewidmet, der von 101–177 n. Chr. lebte und das besondere Vertrauen des Kaisers Antoninus Pius besaß. Er bewährte sich auch als Prinzenerzieher der Brüder Marcus Aurelius Antoninus (→*Tôn eis heautòn biblía*) und Lucius Verus. – In der Lebensbeschreibung des Herodes Atticus wird u. a. aus einem Brief des Herodes an Marcus Salvius Iulianus zitiert; in diesem Brief eine Beschreibung eines Sostratos aus Böotien, eines zweiten Herakles, eingefügt. „Es ist ganz und gar nicht zweifelhaft, daß dieser Herkules des Philostratus und der Sostratus Lucians eine und dieselbe Person sind, wiewohl Philostratus des letzteren Namens nicht gedenkt, sondern ihn nur Herkules oder Agathion nennt ... Übrigens stimmen beide Autoren in den Hauptzügen sehr wohl zusammen, mit dem einzigen Unterschied, daß Lucian seine ganze Biographie dieses merkwürdigen Menschen, und seine Verdienste um Griechenland hier (→*Demónaktos bíos*) kurz zusammenfaßt, Philostratus hingegen bloß ein Gespräch erzählt, das Herodes ... mit dem Sostratus gepflogen habe, da dieser noch ein junger Bursche war, aber durch seine ungewöhnliche Größe, Leibesstärke und Lebensart schon soviel Aufsehens machte, daß ein Mann wie Herodes neugierig werden mußte, ihn von Person kennen zu lernen" (Chr. M. Wieland: Lucian von Samosata. Sämtl. Werke 2. 3, Leipzig 1788/89, 230 f.). – Die Lebensbeschreibung des Apollonios aus Tyana, der im 1. Jh. n. Chr. als neupythagoreischer Wanderprediger und Wundertäter wirkte, gehört nicht zu den *Bíoi Sophistôn*. Philostratos hatte dieses umfangreiche Werk (→*Tà eis tòn Tyánea Apollónion*) auf Wunsch der Kaiserin Iulia Domna nach 217 n. Chr. veröffentlicht.
W Im Mittelpunkt der Schrift stehen die Rhetoren aus der für den Autor jüngsten Vergangenheit. Er greift nur deshalb weiter zurück, um die Kontinuität der Sophistik als einer geistigen Bewegung zu veranschaulichen. Er erzählt zahllose Anekdoten und berichtet über Streitigkeiten und Eifersüchteleien unter den Sophisten. Gern zitiert er pointierte Aussprüche, „und den Grundton geben rhetorisch-stilistische Charakteristiken, die uns die Kriterien und das Niveau der literarischen Kritik dieser Zeit deutlich machen" (Görgemanns, 204).

A   K. L. Kayser. 2 Bde., Leipzig 1870–1871. W. C. Wright, London/Cambridge (Mass.) 1922, Nachdr. 1952.
Ü   H. Görgemanns: GLTD 5, 202–211 (gr.-dt in Auswahl).

L G. Anderson: Philostratus. Biography und belles lettres in the 3 rd century A. D., Leiden 1986. A. Lesky, GL, 935–937. F. Solmsen, RE 20, 1, 1941, 124–177.

Bíoi tôn en paideía dialampsánton
„Biographien von Persönlichkeiten, die aufgrund ihrer Bildung berühmt waren"

Hermippos aus Smyrna, um 200 v. Chr.

Fragmentarisch erhaltene Lebensbeschreibungen prominenter Persönlichkeiten (gr.).

I Behandelt werden u. a. Pythagoras, Aristoteles und seine Schüler, Gorgias und Isokrates und seine Schüler. Die einzelnen Abschnitte des Werkes werden mit besonderen Titeln zitiert: z. B. *Perì Gorgíu* („Über Gorgias"); *Perì tôn Isokrátus mathetôn* („Über die Schüler des Isokrates"). – Die Zeitspanne, die das biographische Werk umfaßte, reichte von den Sieben Weisen bis zum Tod des Stoikers Chrysippos (zwischen 208 und 204 v. Chr.). „Hermippos gefiel sich darin, Varianten zur traditionellen Überlieferung zu präsentieren. Gerne erzählte er Anekdoten und Histörchen, und eine besondere Freude scheint es ihm bereitet zu haben, abnorme Todesarten mitteilen zu können ... Aufs Ganze gesehen klingt vieles von dem, was aus seinen Biographien erhalten ist, absonderlich, einiges geradezu grotesk ... Als Kallimacheer scheint Hermippos seine Hauptaufgabe darin gesehen zu haben, zusätzlich zu dem mehr oder minder Bekannten (und daher Langweiligen) das wenig oder gar nicht Bekannte (und daher Interessante) aufzuspüren und mitzuteilen, und dies ohne Rücksicht darauf, ob es wohl als wahr oder auch nur wahrscheinlich gelten könne" (Döring, 27).
Q Hermippos schloß mit seinen *Bíoi* an die →*Pínakes* seines Lehrers Kallimachos an. Er konnte das reiche Material der Bibliothek von Alexandreia benutzen und bot daher auch viel Stoff, ohne allerdings die Lehren der Philosophen zu berücksichtigen.
N Das Werk diente Diogenes (→*Philosóphon bíon kaì dogmáton synagogé*) und Plutarch (→*Bíoi parálleloi*) als Quelle.

A FHG 3, 35–54. F. Wehrli, Schule, Suppl. 1: Hermippos, der Kallimacheer, Basel 1974.
L K. Döring, Historia, 26–28. H. Gärtner: Hermippos (Nr. 2), in: DKP 2, 1079. F. Leo: Die griechisch-römische Biographie nach ihrer literarischen Form, 1901, 124 ff.

Bíon prâsis
„Verkauf der Lebensweisen" oder „Verkauf der philosophischen Sekten"

Auch lat. zitiert als *Vitarum auctio*.

Lukianos aus Samosata, etwa 120–180 n. Chr.

Satirischer Dialog (gr.)

I Neben den Göttern Zeus und Hermes treten die Philosophen Pythagoras, Diogenes, Demokrit, Heraklit, Sokrates und Chrysipp auf. Hinzu kommen ein Anhänger der pyrrhonischen Schule und diverse Kaufinteressenten. Als erster Philosoph auf dem Sklavenmarkt wird Pythagoras aufgerufen. Er wird zunächst von Hermes vorgestellt und beschreibt darauf im Dialog mit einem Kaufinteressenten seine Fähigkeiten bzw. die Grundlagen seiner philosophischen Lehre. Nachdem Pythagoras verkauft worden ist, kommt die Reihe an Diogenes, der nur einen lächerlich geringen Betrag erzielt, nachdem er seine kynische Philosophie dargestellt hat. Demokrit und Heraklit finden keinen Käufer. Das Bild, das Lukian von Sokrates gibt, trägt stark platonische Züge; so tritt Sokrates z. B. als Verfechter der Ideenlehre auf und wird mit seinen angeblich päderastischen Neigungen lächerlich gemacht. Nachdem Epikur und Chrysipp verkauft sind, wird zum Schluß noch der Skeptiker aus der Schule des Pyrrhon angeboten und verkauft, der vor allem mit seiner Forderung nach der Zurückhaltung des Urteils (*epoché*) karikiert wird. – Insgesamt bietet der Dialog einen knappen und in vielen Punkten zutreffenden Abriß der Lehrmeinungen der einzelnen Philosophen.
W In diesem Dialog wird der Verkauf verschiedenartiger philosophischer Lebensformen geschildert, die ihren Käufern bei der Gestaltung ihres eigenen Lebens Orientierung bieten sollen. Obwohl Lukian verdeutlicht, daß es nicht um den Verkauf bestimmter Philosophen geht, haben offensichtlich die meisten Leser des Dialogs die auf verschiedene Typen bezogenen Aussagen mit bestimmten individuellen Persönlichkeiten in Verbindung gebracht. Folglich sah sich Lukian genötig, im →*Halieùs è anabiûntes* zu erklären, er habe nicht die führenden Persönlichkeiten der einzelnen Philosophenschulen angegriffen, sondern nur die Scharen der Möchtegern-Philosophen. Diese Ausrede ist allerdings fadenscheinig; denn Lukian verlebendigt seine Gestalten mit zahlreichen biographischen Einzelheiten, die nur zu bestimmten Personen passen.

A A. M. Harmon: Lucian. Bd. 2, London/Cambridge (Mass.) 1915 (gr.-engl.). M. D. McLeod: Luciani opera. Bd. 2, Oxford 1974.
Ü H. Görgemanns, GLTD 5, 260–264 (gr.-dt. in Auswahl). Chr. M. Wieland: Lucian von Samosata. Sämtl. Werke 1. 1, Leipzig 1788/89, 363–398.
L J. Hall: Lucian's Satire, New York 1981. R. Helm: Lucian und Menipp, Leipzig/Berlin 1906, Nachdr. Hildesheim 1967. J. B. Itzkowitz: Prolegomena to a New Text of Lucian's *Vitarum auctio* and *Piscator*, Hildesheim 1986. Ch. Robinson: Lucian and his Influence, London 1979.

Bíos Alexándru tû Makedónos kaì práxeis
→**Historia Alexandri Magni (Ps.-Kallisthenes)**

Bíos Euripídu →Bíoi endóxon andrôn (Satyros)

Bíos Helládos
„Leben Griechenlands"

Dikaiarchos aus Messene, um 300 v. Chr.

Kulturgeschichte in drei B., von denen einige Frg. erhalten sind (gr.).

I Das Werk beschrieb das Leben Griechenlands von seinen Anfängen, d.h. von seinem primitiven Urzustand, bis zur Gegenwart des Autors. Aus einem „goldenen" Zeitalter entwickelte sich Griechenland – vor allem auch unter dem positiven Einfluß des Orients – bis auf die Höhe seiner Kultur. – Spuren novellistischer Ausschmückung der Beschreibung sind erkennbar. Die Frg. lassen auf große Themenvielfalt schließen.
N Mit seinem verlorenen Werk *De vita populi Romani* bezog sich Terentius Varro auf Dikaiarch.

A F. Wehrli, Schule 1, Basel[(2)]1967.
L G. Bodei Giglioni: Dicearco e la riflessione sul passato, in: Rivista Storica Italiana 98, 1986, 629–652. O. Lendle, Einführung, 267 f.

Bíos kaì politeía tû hagíu patròs Antoníu →Vita Sancti Antonii (Athanasios)

Bíos Kaísaros →Vita des Augustus (Nikolaos aus Damaskos)

Bíos Pythagorikós
„Leben des Pythagoras"

Aristoxenos aus Tarent, 2. Hälfte des 4. Jh.s v. Chr.

Lebensbeschreibung des Pythagoras (2. Hälfte des 6. Jh.s v. Chr.), in Frg. überliefert (gr.).

I Die Schrift handelte von der Lebenszeit des Pythagoras, seinen Reisen nach Babylon und Ägypten, seiner Begegnung mit dem persischen Weisheitslehrer Zaratas (= Zoroaster bzw. Zarathustra) und der Belehrung durch Zaratas, seiner Verbundenheit mit Pherekydes aus Syros, der delphischen Priesterin Themistokleia, der Pythagoras seine Lehren verdanken soll, seiner Flucht vor der Tyrannis des Polykrates, seiner politischen Tätigkeit in Unteritalien, der Bedeutung von Mathematik und Astronomie im Rahmen seiner Lehre und von der diätetischen Wirkung des Verzehrens von Bohnen und Fleisch. Vgl. auch den →*Bíos Sokratikós* des Aristoxenos.

A F. Wehrli, Schule 2: Aristoxenos, Basel[(2)]1967, F 11–25.
L K. Döring, Historia, 18 f. A. Lesky, GL, 684 f. und

777. H. Taeger: De Aristoxeni libro Pythagorico, Diss. Göttingen 1923.

Bíos Sokratikós
„Leben des Sokrates"

Aristoxenos aus Tarent, 2. Hälfte des 4. Jh.s v. Chr.

In Frg. erhaltene Lebensbeschreibung des Sokrates (gr.).

I Die Frg. geben folgendes Bild: Sokrates lernte das Handwerk seines Vaters, eines Steinmetzen. Er war Schüler und intimer Freund des Philosophen Archelaos. In Athen führte er ein Gespräch mit einem indischen Weisen, der ihn darauf hinwies, daß sich die Philosophie nicht auf den Menschen beschränken dürfe, sondern das Göttliche und mit ihm die ganze Natur umfassen müsse. Ferner wird mitgeteilt, Sokrates sei arrogant, streitsüchtig, jähzornig und triebhaft gewesen. Er habe sich als ein Meister in der Überredungskunst erwiesen und habe zwei Frauen gehabt: Myrto, die Enkelin des Aristeides, und Xanthippe. Schließlich ist zu erfahren, daß Anytos den Meletos bestochen habe, damit er Sokrates wegen Asebie anklagte.
W Die Sokrates-Biographie wurde offensichtlich in Kontrast zum →*Bíos Pythagorikós* gestaltet. Auf diese Weise erschien Pythagoras „als welterfahrener Weiser, der in seiner Philosophie östliches und westliches, orientalisches und griechisches Wissen miteinander verband", während Sokrates „als Egozentriker mit eingeengtem philosophischem Horizont und zahlreichen anlagebedingten und charakterlichen Mängeln" (Döring, 20) auftrat. Mit dieser negativen Überzeichnung des Sokrates wollte Aristoxenos Pythagoras als den weit bedeutenderen Philosophen erscheinen lassen.

A F. Wehrli, Schule 2: Aristoxenos, Basel[(2)]1967, F 51–60.
L K. Döring, Historia, 19 f. A. Lesky, GL, 648 f. und 777.

Bis accusatus →Dìs kategorúmenos (Lukianos)

Bissula
(Mädchenname)

Decimus Magnus Ausonius aus Burdigala, etwa 310–395 n. Chr.

Ein kleiner nur fragmentarisch erhaltener Zyklus von Liebesgedichten in unterschiedlichen Versmaßen, meist Epigrammen, mit jeweils einer Einleitung in Prosa und in poetischer Sprache (lat.). Wahrscheinlich um 371/372 n. Chr. verfaßt.

I Bissula ist der Name eines blonden und blauäugigen Suebenmädchens, das Ausonius auf dem Alamannen-Feldzug unter Kaiser Valentinian im Jahre 368 n.Chr. als Kriegsbeute zugefallen war.– Das Thema der Gedichte sind das Schicksal und die Vorzüge der jungen Germanin. Das Mädchen wird allerdings als durch und durch romanisiert dargestellt, das die lateinische Sprache glänzend beherrscht: „... Schwer zu bestimmen macht das Mädchen bald ihre Sprache, bald ihre Gestalt: Diese zeigt an, daß sie vom Rhein, diese aber, daß sie aus Latium stammt" (*Bissula* 4,11–12. Übers. H. Gärtner).

N Die Parallelen zu G. B. Shaws *Pygmalion* und dem Musical *My Fair Lady* sind offensichtlich: „Ähnlich wie Ausonius aus dem Barbarenmädchen Bissula sprachlich eine Römerin machen wollte, so wollte Higgins die kleine, Londoner Dialekt sprechende Proletarierin in eine Dame mit lupenreiner Aussprache verwandeln. In beiden Fällen sind Sprachlehrer am Werk, in beiden Fällen geht es um Mädchen, die aus einem niedrigen in einen höheren Stand gehoben werden sollen, in beiden Fällen stellt sich bei diesem Verfahren Erotik ein" (Heinen, 88f.).

A R. Peiper, Leipzig 1886, Nachdr. Stuttgart 1976. S. Prete, Leipzig 1978. H. G. E. White: Ausonius. Bd. 1, London/Cambridge (Mass.) 1919 (lat.-engl.).
Ü P. Dräger, Düsseldorf/Zürich 2002 (lat.-dt.). J. M. Stowasser: Römerlyrik, Heidelberg 1910, Nachdr. Stuttgart o.J. L. Voit: Lesebuch der Antike. Bd. 3, München 1980, 405–418.
L M. v. Albrecht, RL, 1047–1054. H. Gärtner, RLTD 5, 198 bis 229. G. Flemming: Die *Bissula* des Ausonius – eine Übergangslektüre im Lateinunterricht der Jahrgangsstufe 9 bzw. 10 (L 1 bzw. 2), in: Anregung 39, 1993, 172–178. H. Heinen: Die Bissula des Ausonius oder die Kunst der Romanisierung, in: M. Weinmann-Walser (Hg.): Historische Interpretationen, Stuttgart 1995, 81–95. W. L. Liebermann: D. Magnus Ausonius, in: HLL 5, 268–308. M. J. Lossau (Hg.): Ausonius, Darmstadt 1991. F. Marx: Ausonius, in: RE 2, 2, 1896, 268–308. F. Strunz: Der Dichter und das Schwabenmädchen, in: Die Alten Sprachen im Unterricht 44, 3, 1997, 16–24.

Bithyniaká
„Geschichte Bithyniens"

Asklepiades aus Myrleia, 1. Jh. v. Chr.

In wenigen Frg. überlieferte lokalhistorische Schrift (gr.) über das Königreich und die spätere (seit 74 v. Chr.) röm. Provinz im nordwestlichen Kleinasien, die Heimat des Autors.

A FGrHist 697.

Bithyniaká
„Geschichten aus Bithynien"

Flavius Arrianus aus Nikomedeia, etwa 95–175 n.Chr.

Ethnographisch-historisches Werk in 8 B. (gr.), aus denen nur Frg. erhalten sind (vgl. Photius, →*Bibliothéke*, Cod. 93).

I Das Werk reichte von den mythischen Zeiten des Landes im nordwestlichen Kleinasien bis auf Nikomedes III. (gest. 85 v.Chr.), den letzten König von Bithynien, bevor das Land zur röm. Provinz wurde.

A FGrHist 156.
L O. Lendle, Einführung, 250f.

Bittschrift für die Christen →Presbeía perì Christianôn (Athenagoras)

Breviarium ab urbe condita
„Abriß von der Gründung der Stadt an"

Eutropius, 4. Jh. n.Chr.

Eine auf Veranlassung des Kaisers Valens (reg. 364–378 n.Chr.) verfaßte kurze Darstellung der röm. Geschichte von Romulus bis zum Tod des Kaisers Jovian (364 n.Chr.) in 10 B. (lat.). Verfaßt 369/70 n.Chr.

I Das *Breviarium* konzentriert sich auf die außenpolitischen Vorgänge, d.h. vor allem auf die Kriege in der röm. Geschichte. Erst in der Kaiserzeit werden auch die Persönlichkeiten stärker berücksichtigt. B. 1 reicht von Romulus bis zur Bedrohung Roms durch die Gallier um 390 v.Chr. B. 2 und 3 behandeln die Ereignisse bis zum 1. und 2. Punischen Krieg (bis 241 bzw. 201 v.Chr.). B. 4 geht auf die Zeit bis zum Krieg mit Jugurtha (105 v.Chr. vgl. Sallust, →*Bellum Iugurthinum*) ein. B. 5 befaßt sich mit Marius und Sulla (bis etwa 86 v.Chr.). B. 6 beschreibt die Ereignisse bis zur Ermordung Caesars (44 v.Chr.). B. 7 reicht vom Ende der Bürgerkriege und der frühen Kaiserzeit bis Domitian (96 n.Chr.). B. 8 stellt die Geschichte der Adoptivkaiser und der Soldatenkaiser dar (bis 235 n.Chr.). B. 9 schildert die Zeit bis Diokletian (305 n.Chr.), und B. 10 beschäftigt sich mit den Vorgängen bis zum Tod des Jovian (364 n.Chr.).

Q Für die republikanische Zeit stützte sich Eutropius auf Florus (→*Bellorum Romanorum libri II*) und einen Auszug (*Epitome*) aus Livius (→*Ab urbe condita*), für die ersten 12 Kaiser auf Sueton (→*De vita XII Caesarum libri VIII*). Ansonsten benutzte er auch eine nicht erhaltene „Kaisergeschichte", die u.a. in der →*Historia Augusta* in Umrissen erkennbar ist.

W Eutropius stellt die röm. Geschichte aus der

Perspektive eines röm. Senators dar (vgl. 6,25) und favourisiert die Zusammenarbeit zwischen Kaiser und Senat, auf der das Wohl des Staates beruhe. Gegenüber dem Christentum ist Eutropius neutral; Julian wirft er eine übertriebene Christenfeindlichkeit vor.

N Das Werk wurde zweimal ins Griechische übersetzt (um 380 von Paianios, um 600 von Capito); für Hieronymus war es von Bedeutung. Im Mittelalter wurde es stark benutzt. Paulus Diaconus (um 720–799) schöpfte aus dem *Breviarium* und setzte die Darstellung bis zum Jahre 553 fort. In der Neuzeit diente Eutropius zeitweilig als Schulautor.

A C. Santini, Leipzig 1979. M. P. Arnaud-Lindet, Paris 1994 (lat.-frz.). S. Ratti, Paris 1996 (B. 7–9 lat.-frz.).
Ü A. Forbiger, Stuttgart 1865. F. L. Müller, Stuttgart 1995 (lat.-dt.).
L M. v. Albrecht, RL, 1091f. G. Bonamente: Giuliano l' Apostata e il *Breviario* di Eutropio, Rom 1986. M. Capozza: Roma fra monarchia e decemvirato nell' interpretazione di Eutropio, Rom 1973. A. Chastagnol: Emprunts de l' Histoire Auguste aux *Caesares* d' Aurelius Victor, in: RPh 41, 1967, 85–97. R. Helm: Hieronymus und Eutropius, in: RhM 76, 1927, 138–170 und 254–306. KNLL 5, 338f. E. Malcovati: Le traduzioni greche di Eutropio, in: Rendeconti dell' Istituto Lombardo 77, 1943/44, 273–304.

Breviarium Alaricianum
„Abriß des Alarich"

Auch zitiert als *Lex Romana Visigothorum* („Römisches Recht der Westgoten").

Gesetzessammlung des Westgotenkönigs Alarich II. aus dem Jahre 506 n. Chr. (lat.).

I Alarich der II. erließ die *Lex Romana Visigothorum* für die romanischen Bewohner seines Reiches. Es handelt sich u. a. um eine Zusammenstellung von Exzerpten aus dem *Codex Theodosianus* (→*Corpus iuris civilis*), den posttheodosianischen Novellen, einer vergröberten Fassung der →*Institutiones* des Gaius, den „Paulus-Sentenzen" (→*Pauli sententiae*), den →*Responsa* des Papinianus. – Der Inhalt der einzelnen Rechtssätze wurde in Form von kurzen Zusammenfassungen oder auch erweiternden Umschreibungen beigefügt. Diese Zusätze verstanden sich als *Interpretationes* (Verständnishilfen).
W Der Zweck, der mit dem Erlaß der *Lex Romana Visigothorum* verfolgt wurde, ergibt sich aus dem Versuch der Westgoten, das Wohlwollen der röm. Bevölkerung und der katholischen Kirche für die bevorstehende Auseinandersetzung mit den Franken zu gewinnen.
N Das Werk blieb über die Zeit der Westgotenherrschaft hinaus die wichtigste Rechtsquelle in Südwesteuropa. In Südfrankreich war es bis in das 13. Jh. gültig und wurde erst durch das neu entdeckte →*Corpus iuris civilis* des Justinian abgelöst.

A G. Haenel: *Lex Romana Visigothorum*, Leipzig 1849, Nachdr. 1962.
L M. v. Albrecht, RL, 1203 f. D. Medicus: *Lex Romana Visigothorum*, in: DKP 3, 609. P. E. Pieler: Die Rechtsliteratur, in: NHbL. Spätantike, 565–599.

Breviarium rerum gestarum populi Romani
„Abriß der Geschichte des römischen Volkes"

Rufius Festus, 4. Jh. n. Chr.

Kurze Darstellung (lat.) der röm. Geschichte bis zum Regierungsantritt des Kaisers Valens (364 n. Chr.).
Verfaßt nach 369 n. Chr.

I Die im Auftrag des Kaisers Valens verfaßte Geschichte behandelt zunächst das Wachstum des röm. Reiches bis in die Gegenwart (3–14). Darauf werden die Kämpfe der Römer im Osten bis zu Kaiser Jovian (15–19) beschrieben.
Q Festus benutzte u. a. die →*Bellorum Romanorum libri II* des Florus und Sueton, →*De vita XII Caesarum libri VIII*. **W** Das Werk wirbt im Sinne des Auftraggebers für die Akzeptanz der Feldzüge des Valens im Osten. Es war demnach eine Art von Propagandaschrift.

A J. W. Eadie, London 1967 (mit Kommentar). C. Wagener, Leipzig 1886.
L M. v. Albrecht, RL, 1092f. J. M. Alonso-Núñez: Festus et la péninsule ibérique, in: Latomus 39, 1980, 161–164. R. C. Blockley: Festus' Source on Julian's Persian Expedition, in: ClPh 68, 1973, 54 f. M. Peachin: The Purpose of Festus' *Breviarium*, in: Mnemosyne 4, 38, 1985, 158–161.

Breviculus conlationis cum Donatistis
„Kurzbericht über das Relgionsgespräch mit den Donatisten"

Aurelius Augustinus aus Thagaste, 353–430 n. Chr.

Veröffentlichung (lat.) der Akten des Religionsgesprächs zwischen Katholiken und Donatisten im Jahre 411 n. Chr. in Karthago (vgl. →*Ad Donatistas post conlationem*).
Verfaßt gegen Ende 411 n. Chr.

A M. Petschenig, CSEL 51–53, 1908–1910 (Augustins Schriften gegen die Donatisten).
L M. v. Albrecht, RL, 1318 bis 1353.

Briefe →Epistola, Epistolai, Epistula, Epistulae

Briefe Alexanders des Großen

An.

Eine Sammlung pseudepigrapher Briefe (gr.) Alexanders d. Gr. (356–332 v.Chr.), die ursprünglich zu einem Briefroman über den König gehörten.

I Der Briefroman bot eine neuartige Möglichkeit, die Geschichte des großen Königs darzustellen, indem er die Hauptperson selbst zu Wort kommen ließ. Möglicherweise hat der Briefroman den gesamten Eroberungszug des Makedonenkönigs nachgezeichnet. – Bemerkenswert sind der Briefwechsel zwischen Alexander und dem Perserkönig Dareios und Alexanders großer Brief an die Perser (→*Historia Alexandri Magni* 2, 21) mit einem Regierungsprogramm des jungen Herrschers. Zum Briefroman haben vermutlich auch der Briefwechsel zwischen Alexander und den Gymnosophisten (3,5), zwischen Alexander und Königin Kandake (3,18) und den Amazonen (3,25 f.) gehört. – Darüber hinaus enthält der „Alexanderroman" auch Briefe Alexanders an seine Mutter Olympias und an Aristoteles über seine wunderbaren Abenteuer (2,23–41; 3,17; 3,27–28). Diese „Wunderbriefe" gehörten als eigene literarische Gattung nicht zum Briefroman und waren ursprünglich auch unabhängig vom „Alexanderroman" entstanden. Sie gingen aus Alexander-Sagen hervor, die man unmittelbar nach Alexanders Tod zu erzählen begann.
N Der Autor des „Alexanderromans" benutzte diese Briefe, die er für authentisch hielt, als Informationsquelle. Teile der fingierten Alexander-Korrespondenz im „Alexanderroman" stammen wahrscheinlich aus dem Briefroman. Das wird u.a. durch neue Papyrusfunde mit Briefen Alexanders bestätigt, von denen zwei nahezu wörtlich mit zwei Briefen übereinstimmen, die auch im „Alexanderroman" zu lesen sind.

A M. Feldbusch (Hg.): Der Brief Alexanders an Aristoteles über die Wunder Indiens, Meisenheim am Glan 1976 (gr.-dt.). N. Holzberg (Hg.): Der griechische Briefroman. Gattungstypologie und Textanalyse, Tübingen 1994. R. Merkelbach: Die Quellen des griechischen Alexanderromans, München 1954 (Rezension von H. Dörrie, in: Gnomon 27, 1955, 581 bis 586). H. v. Thiel: Leben und Taten Alexanders von Makedonien. Der griechische Alexanderroman nach der Handschrift L, Darmstadt 1974 (gr.-dt.).
Ü H. v. Thiel (s.o.).
L B. Kytzler: Fiktionale Prosa, in: NHbL. Spätantike, 469–494. F. Pfister: Studien zur Sagengeographie, in: SO 35, 1959, 5–39. H. v. Thiel (s.o.), XXI-XXIX.

Briefe der Kyniker

An.

Sammlung von 51 Briefen (gr.) des Diogenes (4. Jh. v.Chr.) und 36 seines Schülers Krates.
Entstanden wahrscheinlich im 2./1. Jh. v.Chr.

I Die Briefe vermitteln eine lebendige Anschauung von den Kynikern und ihrem Denken. Die Briefe basieren auf dem reichen und wichtigen Dokumentationsmaterial der Philosophiegeschichtsschreibung des 4. und 3. Jh.s v.Chr.

A EpistGr 208–217. 235–258.
L K. Döring: Die Kyniker, Bamberg 2006. A. J. Malherbe: The Cynic Epistles. A study edition, Missoula (Mont.) 1977. E. Müseler: Die Kynikerbriefe. Bd. 1: Überlieferung. Bd. 2: Kritische Ausgabe mit deutscher Übersetzung, Paderborn 1994.

Briefe der Sieben Weisen

An.

Reste eines Briefromans (gr.) über die Sieben Weisen, der die großen Gestalten der gr. Frühzeit dem Lesepublikum nahebringen wollte.
In hellenistischer Zeit entstanden (3.-2. Jh. v.Chr.).

I Unter den von Diogenes Laertius (→*Philosóphon bíon kaì dogmáton synagógé*, 1. B.) überlieferten pseudepigraphen Briefen befinden sich u.a. Briefe des Thales an Pherekydes und Solon (1,43–44), des Peisistratos an Solon (1,53 bis 54), des Solon an Periandros und andere (1, 64–67), des Pittakos an Kroisos (1,81), des Kleobulos an Solon (1,93), des Epimenides an Solon (1,113), des Pherekydes an Thales (1,122). – Die Briefe sind als Teile eines Briefromans keine Auszüge aus wirklicher Korrespondenz.
W Der Zweck der Briefsammlung bestand wohl darin, „eine größere Anzahl berühmter historischer Persönlichkeiten aus der Zeit der älteren griechischen Tyrannis an signifikanten Stationen ihres Lebens einem abwechslungs- und kontrastreichen charaktertypologischen Vergleich auszusetzen" (Dührsen, 107 f.).

A B. Snell: Leben und Meinungen der Sieben Weisen, München [4]1971, 128–139 (gr.-dt.).
Ü O. Apelt / G. Zekl / K. Reich: Diogenes Laertius. Leben und Meinungen berühmter Philosophen, Hamburg [2]1967.
L N. Ch. Dührsen: Die Briefe der Sieben Weisen bei Diogenes Laertios. Möglichkeiten und Grenzen der Rekonstruktion eines verlorenen griechischen Briefromans, in: N. Holzberg (Hg.): Der griechische Briefroman. Gattungstypologie und Textanalyse, Tübingen 1994, 84–115.

Briefe des Aischines

An.

Sammlung von zwölf Briefen (gr.) unter dem Namen des Redners Aischines aus Athen (389 – etwa 314 v.Chr.), der im Gegensatz zu Demosthenes (384–322 v.Chr.) eine promakedonische Politik vertrat.
Vielleicht im 2. Jh. n.Chr. verfaßt.

I Der Autor, der in einer gerichtlichen Auseinandersetzung mit Demosthenes 330 v. Chr. unterlag und Athen verließ, schreibt aus dem Exil auf der Insel Rhodos an verschiedene Freunde und an den Rat und das Volk von Athen. Er schildert u. a. seine Reise nach Rhodos, seine ersten Erfahrungen dort und seinen Ausflug nach Troja (Brief 10). Dieser Brief enthält außerdem eine erotische Novelle, eine Verführungsgeschichte, in die ein gewisser Kimon verwickelt ist. – Die Briefe sind chronologisch angeordnet.

W Die Briefe skizzieren die politische Einstellung des Aischines und seine Tätigkeit in Athen. Darüber hinaus versuchen sie, sein Handeln zu rechtfertigen, und Ratschläge an die Athener zugeben.

A V. Martin / G. de Budé, Paris 1952 (gr.-frz.).
L N. Holzberg, Erzählprosa. N. Holzberg (Hg.): Der griechische Briefroman. Gattungstypologie und Textanalyse, Tübingen 1994. S. Salomone: Sull' epistolario dello Ps.-Eschine, in: Maia 37, 1985, 231–236. Ch. Stöcker: Der 10. Aischines-Brief. Eine Kimon-Novelle, in: Mnemosyne 33, 1980, 307–312.

Briefe des Chion

An.

Sammlung von 17 pseudepigraphen Briefen, die man insgesamt als Teile eines Briefromans betrachten kann (gr.).
Wahrscheinlich im 1. Jh. n. Chr. verfaßt.

I Aufgrund des Handlungskontinuums, das sie widerspiegeln und ihrer kunstvollen Erzählstruktur, sind die Briefe offensichtlich nicht authentisch, sondern stellen einen in sich geschlossenen Briefroman dar. – Die Briefe, die der fiktive Briefschreiber Chion aus Herakleia vor allem an seinen Vater Matris schreibt, schildern, wie dieser sich unmittelbar vor und während seines Studiums bei Platon in Athen allmählich zum überzeugten Tyrannenmörder entwickelt, der im Jahre 352 v. Chr. zusammen mit Leonides, einem anderen Mitglied der platonischen Akademie, Klearchos, den Tyrannen von Herakleia am Pontos, ermordete. Der Autor bedient sich bei der Charakterisierung seines Protagonisten und bei der Darstellung des Geschehens großer poetischer Freiheit. „So läßt er z.B. seinen Chion davon erzählen, wie der angehende Philosophiestudent auf seiner Reise nach Athen in Byzanz dem gerade von einem Feldzug gegen Artaxerxes II. zurückkehrenden Sokrates-Schüler Xenophon begegnet (Brief 3): Das ist ... ein Anachronismus, weil die *Anábasis* der griechischen Söldner in das Jahr 400 v.Chr. fällt, das Attentat auf Klearch aber, das der Chion der Briefe rund fünf Jahre nach seiner Begegnung mit Xenophon ausführt, dokumentarisch erst für 353/352 bezeugt ist ... Was Chion mit Xenophon erlebt, nimmt er zum Anlaß, einen im Roman vorher (Brief 1 und 2) nur angedeuteten Ge-

danken, der die übrigen Briefe beherrschen wird, breit zu entfalten. Er habe ... bis dahin vom Studium der Philosophie befürchtet, es erziehe zu einem quietistischen Leben fern der Politik. Doch nun habe er durch eine beispielhafte Tat Xenophons, der das griechische Söldnerheer mit einer mutigen Rede von der Plünderung der Stadt Byzanz abhielt, gelernt, daß diejenigen, die sich mit Philosophie befaßt haben, auch im Hinblick auf die Tapferkeit (*andreía*) anderen überlegen sind (3,6). Da trifft es sich gut, daß die Philosophie Platons, wie Chion in Athen gleich bemerkt, sowohl auf die praktische Seite des Lebens als auch auf kontemplative Muße fern von Geschäftswelt und Politik ausgerichtet ist (Brief 5). Und so kommt es, daß Chion als Schüler Platons schrittweise zu einem ethisch vollkommenen Menschen und zugleich zu einem umsichtig handelnden Staatsbürger heranreift" (Holzberg 1993, 307).

Q Inhaltlich basieren die Briefe auf den Dialogen Platons. Auf die →*Epistulae* Platons wird mehrfach angespielt. Stoisches Gedankengut ist ebenfalls verarbeitet.

H Es ist möglich, daß der Autor der stoischen Opposition gegen die röm. Kaiser nahestand. In den Kreisen der Gegner des Dominats wurde der „Tyrannenmord" diskutiert.

W Ob der Autor mit seinem Brief-Roman zum „Tyrannenmord" aufrufen wollte, ist nicht zu klären, weil der „Tyrannenmord" ein häufiges Thema der gr. Epistolographie war und den Charakter eines Topos zu haben scheint.

A I. Düring: Chion of Heraclea. A Novel in Letters, Göteborg 1951 (New York 1979).
L A. Billault: Les lettres de Chion d' Héraclée, in: REG 90, 1977, 29–37. Q. Cataudella: Sull' autenticità delle Lettere di Chione di Eraclea, in: MAL 24, 1980, 649–751. Q. Cataudella: Revisioni e riscoperte. Chione di Eraclea, in: Cultura e Scuola 20, 1981, 78–84. N. Holzberg: Der antike Roman. Eine Einführung, München/Zürich 1986. N. Holzberg, Erzählprosa. N. Holzberg (Hg.): Der griechische Briefroman. Gattungstypologie und Textanalyse, Tübingen 1994. R. Johne: Übersicht über die antiken Romanautoren bzw. -werke mit Datierung und weiterführender Bibliographie, in: H. Kuch (Hg.): Der antike Roman. Untersuchungen zur literarischen Kommunikation und Gattungsgeschichte, Berlin 1989, 198–230. I. Lana: La lotta al tiranno nell' epistolario apocrifo di Chione di Eraclea, in: Il Pensiero Politico 7, 1974, 265–275.

Briefe des Euripides

An.

Sammlung von fünf chronologisch angeordneten Briefen (gr.), die der Tragödiendichter vor seiner Umsiedlung an den Hof des Archelaos von Makedonien (1–4) und von Pella aus [5] geschrieben haben soll.

I Zwei Themen sind miteinander kombiniert: Ein Fürstenspiegel und eine Rechtfertigung dafür, daß der Dichter die Einladung des Herrschers annahm.

A H.-U. Gößwein: Die Briefe des Euripides, Meisenheim am Glan 1975 (mit gr. Text und dt. Übersetzung).
L R. Bentley: Dissertations upon the Epistles of Phalaris, Themistocles, Socrates, Euripides, and upon the Fables of Aesop (hg. von W. Wagner), Berlin 1874. H. - U. Gößwein (s.o.). N. Holzberg, Erzählprosa.

Briefe des Hippokrates

An.

Sammlung von 24 pseudepigraphen Briefen (gr.) von und an Hippokrates (um 460 – etwa 370 v.Chr.).

I „Statt auf Bitten des Königs Artaxerxes nach Persien zu gehen, folgt der Arzt der Aufforderung der Abderiten, in ihre Stadt zu kommen und Demokrit, den sie wegen seines ständigen Lachens für wahnsinnig halten, zu heilen. In einem längeren Gespräch mit Demokrit, in dessen Verlauf der Philosoph ausführlich über die Verrücktheit menschlichen Handelns redet – er schreibt nämlich gerade ein B. über den Wahnsinn –, erkennt Hippokrates, daß Demokrit in Wahrheit der größte Weise ist" (Holzberg, 304). – Die Sammlung ist chronologisch angeordnet.
N Christoph Martin Wieland (1733–1813) benutzte die Briefsammlung für seinen 1774 erstmals erschienenen Roman „Die Abderiten". So erzählt Wieland z.B. im zweiten der fünf B. des Werkes, daß die Abderiten Demokrit für geistesgestört halten und sich diese Diagnose von Hippokrates bestätigen lassen wollen.

A W. D. Smith: Hippocrates. Pseudepigraphic Writings. Letters – Embassy – Speech from the Altar – Decree, Leiden 1990 (gr.-engl.).
L N. Holzberg, Erzählprosa.

Briefe des Phalaris

An.

Sammlung von 148 pseudepigraphen Briefen (gr.). Wahrscheinlich erst um 400 n.Chr. verfaßt.

I Die unter dem Namen des Tyrannen von Akragas (6. Jh. v.Chr.) verbreiteten Briefe befassen sich u.a. mit popularpilosophischen Themen. Darunter sind einige, die das Handeln des Tyrannen rechtfertigen sollen. Eine Gruppe von 22 Briefen bildet einen Briefroman über die Entwicklung der Beziehung zwischen Phalaris und dem Dichter Stesichoros (um 600 v.Chr.), der nach Aristoteles (→*Téchne rhetoriké* 2,20, 1393b) gegen den Aufstieg des Tyrannen opponierte und deshalb wohl auch in die Verbannung gehen mußte (→„Chorlyrik").

A R. Hercher: Epistolographi Graeci, Paris 1873, Nachdr. Amsterdam 1965, 409–459.
L R. Bentley: Dissertations upon the Epistles of Phalaris, Themistocles, Socrates, Euripides, and upon the Fables of Aesop (hg. von W. Wagner), Berlin 1874. S. Bianchetti: Falaride e Pseudofalaride. Storia e leggenda, Florenz 1987. S. Merkle / A. Beschorner: Der Tyrann und der Dichter. Handlungssequenzen in den Phalarisbriefen, in: N. Holzberg (Hg.): Der griechische Briefroman. Gattungstypologie und Textanalyse, Tübingen 1994, 116–148. A. D. Russell: The Ass in the Lion's Skin: Thoughts on the Letters of Phalaris, in: JHS 108, 1988, 94–108.

Briefe des Pythagoras und der Pythagoreer

An.

Sammlung von pseudepigraphen Briefen (gr.)

L A. Städele: Die Briefe des Pythagoras und der Pythagoreer, Meisenheim am Glan 1980.

Briefe des Sokrates und der Sokratiker

An.

Sammlung von 35 pseudepigrapen Briefen (gr.).
Die Briefe sind Erzeugnisse kaiserzeitlicher Epistolographie.

I Die Briefe vermitteln ein Bild vom Denken und Handeln der Schüler des Sokrates (469–399 v.Chr.), wie der kaiserzeitliche Autor es sich vorstellt. So haben z.B. die Briefe 14–17 die Reaktion einiger Sokratiker auf den Tod des Sokrates zum Thema.

A J. – F. Borkowaki, Stuttgart 1997 (gr.-dt. mit Kommentar). L. Köhler: Die Briefe des Sokrates und der Sokratiker, Leipzig 1928 (gr.-dt.). A. Malherbe: The Cynic Epistles. A Study Edition, Missoula, Mont. 1977, 27–34 und 217–307 (gr.-engl.).
L J. Sykutris: Sokratesbriefe, in: RE Suppl. 5, 1931, 981–987. J. Sykutris: Die Briefe des Sokrates und der Sokratiker, Paderborn 1933.

Briefe des Themistokles

An.

Sammlung von 21 pseudepigraphen Briefen (gr.).

I Der athenische Staatsmann Themistokles (524 bis etwa 460 v.Chr.) reflektiert in den Briefen, die er nach seiner Verbannung aus Athen (474/473 oder 471 v.Chr.) schreibt, über seine Lage. Die Briefe sind zwar nicht chronologisch angeordnet, vermitteln aber den Eindruck einer dramatischen Gedankenabfolge. „Denn der Autor dieser Sammlung räumte seiner Darstellung der seelischen Entwicklung des in den Briefen ‚ich' Sagenden den Vorrang

vor dem Nachzeichnen der äußeren Handlung ein"
(Holzberg, 304).

A G. Cortassa: Le lettere di Temistocle, Padua 1990
(gr.-it.). A. Doenges: The Letters of Themistocles, New
York 1981 (gr.-engl. mit Kommentar).
L N. Holzberg, Erzählprosa. J. L. Penwill: The Letters of Themistocles: An Epistolary Novel?, in: Antichthon 12, 1978, 83–103.

Briefwechsel mit Paulus

Ps.- Seneca, 4. Jh. n. Chr.

Ein dem Apostel Paulus (→*Novum Testamentum*)
und dem Philosophen Seneca (beide 1. Jh. n. Chr.)
unterschobener Briefwechsel (lat.).

I Wahrscheinlich wußte Paulus von dem großen
Ansehen, das Seneca in Rom genoß. (vgl. Quintilian, →*Institutio oratoria* 10,1,125), so daß unter diesem Aspekt ein Briefwechsel zwischen Seneca und
Paulus nicht ausgeschlossen gewesen wäre. Allerdings liegt es auch nahe, daß aufgrund der Ähnlichkeit mancher Fragen des Paulinischen Römerbriefes
(→*Novum Testamentum*) mit Senecas philosophischen Problemen ein Briefwechsel zwischen Seneca
leicht erfunden werden konnte. – Der Briefwechsel
besteht aus acht kurzen Briefen Senecas und sechs
meist noch kürzeren des Paulus, die in so schlech-
tem lat. Stil geschrieben sind, daß Seneca dem Paulus ein B. *De verborum copia* (Brief 9) schickt, aus
dem Paulus eine gepflegte Sprache lernen könne. –
Seneca liest den röm. Kaiser Nero aus den Briefen
des Paulus vor. Paulus bittet darum, daß Seneca dies
unterlassen solle, um den Zorn der Kaiserin Poppäa
nicht auf Paulus zu ziehen. – Seneca beklagt den
Brand von Rom (Tacitus, →*Annales*) und die Verfolgung der Christen. Paulus beauftragt den Philosophen, am kaiserlichen Hof das Evangelium zu pre-
digen.
N Hieronymus (→*De viris illustribus* 12) und
Augustinus (→*Epistulae* 153,14) war dieser Briefwechsel bekannt, der noch in dreihundert Handschriften erhalten ist (vgl. auch →*Apókryphoi bíbloi*,
denen der Briefwechsel zugerechnet wird).

A C. W. Barlow: Epistulae Senecae ad Paulum et Pauli
ad Senecam (quae vocantur). American Academy in Rome
1938 (lat.-engl.). L. Bocciolini Pelagi: Il carteggio apocrifo
di Seneca e San Paolo, Florenz 1978 (mit Kommentar).
Ü A. Kurfess, Zeitschrift für Religions- und Geistes-
geschichte 2, 1949–1950, 67–70.
L K. Abel, Gnomon 35, 1963, 38–43. K. Deissner:
Paulus und Seneca, Gütersloh 1917. J. Divjak, in: HLL 5,
§ 571. 1. H. Doerges: Seneca im Gegensatz zu Paulus, in:
ZKTh 64, 1940, 14–26. A. Kurfess: Zu dem apokryphen
Briefwechsel zwischen dem Philosophen Seneca und dem
Apostel Paulus, in: Aevum 26, 1952, 42–48. J. N. Sevenster:
Paul and Seneca, Leiden 1961.

Brutus
(historische Persönlichkeit)

Lucius Accius aus Umbrien, 170 – etwa 86 v. Chr.

Nationalrömisches Schauspiel (lat.) ernsten Charakters, eine *Praetexta* oder *Praetextata* (benannt
nach der *Toga praetexta*, der Amtstracht der Beamten, die Träger der Hauptrollen waren), in nur wenigen Frg. erhalten.

I Die *Praetexta* handelt von Lucius Iunius Brutus, dem Helden der röm. Revolutionssage, der mit
Lucius Tarquinius Collatinus im Jahre 509 v. Chr.
der erste Consul der röm. Republik war. Brutus
hatte den letzten röm. König Lucius Tarquinius Su-
perbus gestürzt, nachdem dessen ältester Sohn Sextus Lucretia, die Gattin des Lucius Tarquinius Collatinus, vergewaltigt hatte. Der Selbstmord der Lucretia   war   der   Anlaß   zum   Sturz   der
Königsherrschaft.
N Cicero hat in →*De divinatione* (1,43 bis 45)
ein Fragment mit dem Traum des Tarquinius überliefert. Es handelt sich um „eine symbolische Ankündigung des Königssturzes, die sich durch anschließende genaue Deutung ... als allegorische Erfindung entpuppt – ein frühes Zeugnis für die
poetische Bedeutung der Allegorie in Rom" (M. v.
Albrecht, 129).

A J. Dangel, Paris 1995. E. Diehl: Poetarum Romanorum Veterum, Berlin [(4)]1957 (Frg. 212–215: *Brutus*). G. De
Durante: Le *Fabulae praetextae*, Rom 1966, 30–39; 56–65.
L. Pedroli: *Fabularum praetextarum quae extant*, Genua
1954, 70–74. O. Ribbeck, TRF, 326–331. E. H. Warmington, London/Cambridge (Mass.) 1936.
L M. v. Albrecht, RL, 126 bis 133. W. Fauth: Der
Traum des Tarquinius. Spuren einer etruskisch-mediterra-
nen Widder-Sonnensymbolik bei Accius (frg. 212 D.), in:
Latomus 35, 1976, 469–503. E. Gabla: Il *Brutus* di Accio,
in: Dioniso 43, 1969, 377–383. F. Marx: Accius, in: RE 1,
1893, 142–147.

Brutus
(Politiker)

Marcus Tullius Cicero aus Arpinum, 106–43 v. Chr.

Geschichte der röm. Beredsamkeit von ihren Anfängen bis zur Zeit Ciceros in Dialogform (lat.).
Im Winter 47/46 v. Chr. verfaßt.

I Nach dem Vorwort, in welchem der Tod des
großen röm. Redners Hortensius (114–50 v. Chr.)
beklagt (→*De oratore*, →*Academica*, →*Hortensius*)
und der Dialog in den größeren Zusammenhang
der politischen Situation und der durch sie bedingten ungünstigen Lage der Rhetorik in Rom gestellt
wird (1–9), nach einer weit ausgreifenden Einführung (11–24), in der die Gesprächssituation skizziert und das Thema genannt wird („... von den
Rednern, vom Beginn ihrer Wirksamkeit, von ihrer
Persönlichkeit und ihren Fähigkeiten", 20; vgl. auch

74 und 122), und einem Überblick über die Entwicklung der gr. Redekunst (25–52) werden fünf Epochen dargestellt: (1) Die ältesten röm. Redner (52–60), (2) der ältere Cato (234–149 v. Chr.) und seine Zeitgenossen (61–96), (3) die Zeit der Gracchen (96–126), (4) die Generation von Crassus und Antonius (127–228) und (5) Cicero und Hortensius mit ihren Zeitgenossen (228–329). Den Abschluß bildet ein kurzer Epilog. – Cicero hebt besonders die Leistungen der einzelnen Redner hervor, bestimmt ihren individuellen Beitrag zur Geschichte der Redekunst, geht auf die Vorzüge und Fehler einzelner Persönlichkeiten ein und zeigt die stilistischen Besonderheiten einer erstaunlich großen Zahl von Rednern. – Im *Brutus* definiert, analysiert und kritisiert Cicero die rhetorischen Leistungen von 275 Rednern; allerdings werden nur 53 Redner eingehender behandelt. Cicero gewinnt sein Urteil über die literarischen Qualitäten der einzelnen Redner aber nicht nach einem vorgefaßten Ideal, sondern in Abwägung der Mittel und Möglichkeiten der jeweiligen Epoche, der die Redner angehören. – Cicero beurteilt die Redner unter Berücksichtigung von drei Kategorien, die er schon am Anfang des Gesprächs erwähnt (82), wo er an Brutus (1) eine bewundernswerte natürliche Anlage (*natura admirabilis*), (2) eine vorzügliche Ausbildung (*exquisita doctrina*) und (3) einzigartigen Fleiß (*singularis industria*) hervorhebt. Diese Auffassung von einer dreifachen Wurzel rednerischer Vollkommenheit (*physis, epistéme, meléte*) läßt sich auch schon in Platons →*Phaîdros* nachweisen. – Cicero benutzt noch weitere Kategorien, um die Qualitäten eines Redners einzuordnen. Er bedient sich nicht nur des Schemas der fünf Arbeitsgänge, die ein Redner beherrschen und vollziehen muß (*inventio, dispositio, elocutio, memoria, actio* – Auffindung des Stoffes, Gliederung des Stoffes, stilistische Ausarbeitung, Auswendiglernen, Vortragen). Besonders wichtig sind ihm auch die drei Aufgaben des Redners: Informieren (*docere, probare*), unterhalten (*delectare, conciliare*), beeinflussen (*movere, inflammare*). Diese drei Aufgaben haben allerdings nur zwei röm. Redner vollkommen erfüllt: Cicero selbst und Lucius Licinius Crassus (vgl. →*De oratore*). – Die Dialogpartner Ciceros sind Marcus Iunius Brutus, der spätere Caesar-Mörder, und Titus Pomponius Atticus, Ciceros bester Freund (→*Epistulae ad Atticum*; Cornelius Nepos, →*Atticus*). Brutus erscheint im Dialog als der interessierte und lernbegierige Gesprächspartner, der von Cicero Informationen über die röm. Rhetorik und ihre Geschichte haben will. Die Rolle des Atticus entspricht seinem auch sonst bekannten Persönlichkeitsbild; er will nicht, daß das Gespräch in politische Bahnen gerät (11 und 157); er korrigiert und kritisiert Ciceros Darlegungen (42f., 292–297a) und relativiert extreme Standpunkte. Insgesamt nimmt Cicero die Beurteilung Caesars als Redner ab, um Unvoreingenommenheit zu gewährleisten. Insgesamt „repräsentieren die Gesprächspartner in gewissem Sinne die beiden Bereiche, nach denen sich das Leben Ciceros ausrichtete: einerseits die

politische, andererseits die geistig-literarische Sphäre" (Kytzler, 279). – In das Gespräch sind zahlreiche Reflexionen über grundsätzliche Fragen eingefügt: So werden z. B. die Beziehungen zwischen Rhetorik und Philosophie (118 bis 121) und zwischen Rhetorik und Rechtswissenschaft (145–158a) erörtert. In 254–258a werden der Feldherr und der Redner, der neue geistige Provinzen erobert, miteinander verglichen. – Grundlegende Aspekte der Rhetorik werden an verschiedenen Stellen des Werkes eröffnet: In 91–94a geht es um den Unterschied zwischen mündlichen und schriftlich fixierten Reden; in 183–200 werden die Unterschiede in der Beurteilung einer rednerischen Leistung durch den Fachmann und durch den Laien erläutert. – Der Attizismus als Stilideal wird 284–291 thematisiert.

W „Im Schnittpunkt vieler Interessenfelder: der Vergangenheit Roms, der Besinnung auf die Entwicklung der Redekunst, der Bestimmung der eigenen oratorischen Leistung und des eigenen rhetorischen Standpunktes, aber auch des schmerzlichen Zusammenbruchs der eigenen politischen Ideale – im Schnittpunkt all dieser Interessenfelder kristallisierte sich das vorliegende Werk" (Kytzler, 276). – Im *Brutus* sollte zwar nicht von der Politik geredet werden (11). Aber der Dialog ist eine politische Kundgebung: Denn einerseits widmete Cicero das Werk Marcus Iunius Brutus, und andererseits war laut Cicero (53) Lucius Iunius Brutus, der erste Consul der röm. Republik (509 v. Chr.), ein Vorfahre des Marcus Iunius Brutus im Dialog *Brutus*. Für Cicero war die Verwandtschaft zwischen Brutus, dem Begründer der röm. Republik, und dem Zeitgenossen Brutus ein politisch verwertbares Faktum, das er im *Brutus* auf seine Weise beschwor: „Einer der Stränge, die zu den Iden des März führten, beginnt in Ciceros *Brutus*" (Kytzler, 277). – Im Gegensatz zu →*De oratore* ist der *Brutus* jedoch „eine in mehr als einer Hinsicht rückwärts gewandte Schrift: Der Leser wird durch den einleitenden Nachruf auf Ciceros alten Rivalen eingestimmt, der zu seinem Glück rechtzeitig gestorben sei ... Diese melancholische Grundstimmung bezieht natürlich den Bereich der Beredsamkeit ein; Cicero ist sich im klaren (330), daß freie politische Rede und Monarchie einander ausschließen. Es ist deshalb nur folgerichtig, wenn er auf die Geschichte der römischen Redekunst zurückschaut und sich selber im Vergleich mit Hortensius §§ 301 ff.) als Höhe- und Endpunkt einer Entwicklung sieht..." (P. L. Schmidt, 160).

A A. E. Douglas, Oxford 1966 (mit Kommentar). E. Malcovati, Leipzig [(2)]1970. J. Martha, Paris [(3)]1960 (lat.-frz.).
Ü B. Kytzler, München [(5)]2000 (lat.-dt.).
L M. v. Albrecht, RL, 414–449. K. Barwick: Das rednerische Bildungsideal Ciceros, in: Abhandl. d. sächs. Akad. d. Wiss. Phil.-hist. Kl. 54, 1963. 3. K. Büchner: Cicero. Bestand und Wandel seiner geistigen Welt, Heidelberg 1964, 324–333. E. Burck: Ciceros rhetorische Schriften, in: AU 1/1966, 98–128. M. Gelzer: Ciceros *Brutus* als politische Kundgebung, in: Ph 93, 1938, 128–131. O. Jahn /

W. Kroll / B. Kytzler, Berlin 1962 (Kommentar). G. Misch: Geschichte der Autobiographie. Bd. 1, Frankfurt [3]1949. C. Rathofer: Ciceros *Brutus* als literarisches Paradigma eines *Auctoritas*-Verhältnisses, Frankfurt 1986. P. L. Schmidt: Cicero und die republikanische Kunstprosa, in: NHbL. Römische Literatur, 147–179.

Bucolica
„Hirtengedichte"

Auch zitiert als „Eklogen" oder *Eclogae* (= „ausgewählte Gedichte").

Publius Vergilius Maro aus Andes bei Mantua, 70–19 v. Chr.

Sammlung von zehn Gedichten (in daktylischen Hexametern), die nach dem Vorbild des hellenistischen Dichters Theokrit (→*Eidýllia*) im Hirten- und Bauernmilieu spielen, aber auch einen starken Bezug zum Zeitgeschehen haben können (lat.).
Die Gedichte sind zu verschiedenen Zeiten entstanden: Wahrscheinlich zwischen 42 und 39 v. Chr.

I 1. Ekloge: In den Jahren nach der Schlacht bei Philippi (42 v. Chr.), in der Antonius und Octavian über die Caesarmörder gesiegt hatten, wurde Land für die Ansiedlung der Veteranen der röm. Armee gebraucht. Zwei Hirten sprechen über das Problem der Landverteilungen von verschiedenen Standpunkten aus: Meliboeus mußte sein Land verlassen, während Tityrus bleiben durfte. Die erste Hälfte der Ekloge bezieht sich auf die Vergangenheit, die zweite auf die Zukunft. Genau in der Mitte (41 f.) wird der „Gott" erwähnt, dem Tityrus verdankt, daß er sein Land nicht verlassen mußte. „Das Gedicht ist ein Symbol für die Auflösung der Welt von Vergils Kindheit, die symbolische Darstellung des Einbrechens der zeitgenössischen Wirklichkeit in die bukolische Traumwelt" (Quinn, 225). – 2. Ekloge: Das Gedicht ist eine Aufforderung an den Leser, sich in die heitere Welt der Hirten zurückzuziehen und die bescheidene Wirklichkeit des Landlebens in romantischer Verklärung zu sehen. Corydon spricht über seine hoffnungslose Liebe zu Alexis. – 3. Ekloge: Die Hirten Menalcas und Damoetas tragen einen Sänger-Wettstreit aus, bei dem trotz eines herbeigerufenen Schiedsrichters kein Sieger zu ermitteln ist. – 4. Ekloge: Dieses Gedicht behandelt „einen etwas erhabeneren Stoff" (*paulo maiora canamus*). Ein neues Zeitalter des Friedens und des Überflusses stehe bevor. Mit der Geburt eines Knaben beginne ein neues Goldenes Zeitalter. – 5. Ekloge: Thema ist der Tod und die Apotheose des Hirten Daphnis. Antike Erklärer wollten darin eine Allegorie der Apotheose Caesars sehen. – 6. Ekloge: Das Werk ist Alfenus Varus gewidmet, ist eine schlichte Huldigung des Bukolikers an den Mann, der im Jahre 41 v. Chr. als Legat Octavians bei der Landverteilung in Gallia Cisalpina Vergils Gut geschützt haben soll. Das eigentliche Thema des Gedichts ist die wunderbare Macht der

Dichtung: Zwei Knaben fesseln den schlafenden Silenus mit seinem eigenen Kranz. Er willigt gern ein, für seine Freilassung ein Lied zu singen. Dieses handelt von der Erschaffung der Welt und einigen Sagen, unter denen sich auch die Geschichte von der Dichterweihe des Cornelius Gallus befindet. – 7. Ekloge: Meliboeus, der Vertriebene der 1. Ekloge, berichtet von einem Dichterwettstreit zwischen Corydon, dem Sänger der 2. Ekloge, und dem Hirten Thyrsis. – 8. Ekloge: Thema ist wie in der 2. Ekloge eine unerwiderte Liebe. Es handelt sich um zwei konkurrierende Klagen: Damon beklagt, daß Nysa, die Geliebte seit seiner Jugend, Mopsus heiraten wird. Im Gesang des Alphesiboeus ruft die Geliebte mit einer Beschwörung ihren Daphnis zurück. – 9. Ekloge: Ein Gespräch zwischen Moeris und Lycidas über Macht und Ohnmacht der Gesänge des Dichters Menalcas versetzt den Leser wieder in die Wirklichkeit der Landenteignungen. Lycidas erfährt zu seiner Überraschung, daß Moeris vertrieben wurde, hatte er doch gehört, daß Menalcas (= Vergil ?) durch seine Lieder das Land aller Hirten dieser Gegend rettete. Moeris bestätigt diese Kunde, aber schließlich hätten sie alle höherer Gewalt weichen müssen. – 10. Ekloge: Das Gedicht handelt von dem Dichter Cornelius Gallus, den Lycoris, die Dame seiner Elegien, verlassen hat. Das Werk ist ein Trostgedicht. Gallus erscheint selbst in bukolischer Umgebung. Die ganze Natur nimmt an seinem Leid teil; die Hirtengötter Apollo und Pan raten zu Maß und Vernunft. Gallus schöpft Trost aus dem Gefühl, daß die Hirten Arkadiens nach seinem Tod sein Lied singen werden, und bedauert, nicht in der heilen Welt der Hirten zu Hause zu sein. Doch die Wirklichkeit ist anders: seine Liebe ist so groß wie sein Schmerz. Nach einem Bekenntnis seiner Freundschaft zu Gallus läßt Vergil die Ekloge in ländlicher Abendstimmung ausklingen.

Q Das wichtigste Vorbild ist Theokrit (→*Eidýllia*). Vergil gelang es, die bukolische Dichtung ins Römische umzusetzen. Er fügte „die vielfältigen Elemente der theokritischen Dichtung einem neuen Kosmos ein, macht sie neuen Zwecken dienstbar. Politisch gilt dies von der zentralen Rolle des späteren Augustus ..., poetisch von den Äußerungen über Dichtung ..., kunstlerisch von der Gestaltung des Eklogen-Buches als organischer Einheit von zehn Gedichten, die durch formale und inhaltliche Entsprechungen untereinander verbunden sind" (M. v. Albrecht, 539).

W „Vielleicht kann man die Sammlung als des Dichters Weg ansehen, mit einem persönlichen Problem, ob umweltbedingt oder künstlerisch, fertigzuwerden. Die Schwierigkeit für uns besteht darin, daß Vergil das Problem mehr bewältigt, indem er ihm aus dem Weg geht und sich in die Literatur zurückzieht, als indem er sich ihm stellt. In gewissem Sinne verdienen die Eklogen die Bezeichnung eskapistische Dichtung, stellen sie doch eine Flucht dar aus der unerträglichen Wirklichkeit Roms in jenen dunklen, schmerzlichen Jahren, die auf die Ermordung Caesars folgten – eine Flucht aus der Wirklichkeit in die Kunst, in einen seltsam unrealen Realismus, in den die groben Realitäten der Welt, aus der der Dichter zu fliehen versucht hat, ständig eindringen" (Quinn, 224). – Allerdings ist vieles in den Eklogen auch Dichtung über Dichtung, d. h. eine Art von Dichtungstheorie: Das Wettsingen zwischen den Hirten spielt bei Vergil eine große Rolle (Dichtung als Wettstreit). Das Verhältnis der Hirten zu ihren Vorbildern (Vorbild-Nachbildung) wird ebenso reflektiert wie die Bedeutung von Tradition (z. B. in der 5. Ekloge). Der Dichter kann die Rolle des Propheten haben (6. Ekloge). Die Macht und Ohnmacht der Poesie werden in der 9. Ekloge thematisiert.

N Die 6. Ekloge mit ihrem kosmologisch-erotischen Weltgedicht und der Dichterweihe des Cornelius Gallus wurde als Präfiguration der „Metamorphosen" des Ovid gedeutet (→*Metamorphoseon libri*). – Die 4. Ekloge wurde christlich gedeutet; der erwartete und erhoffte Knabe wurde als Anspielung auf den kommenden Christus verstanden. – Vergils Bukolik hat in den →*Eclogae* des Calpurnius (Mitte des 1. Jh.s n. Chr.), in den →*Carmina Einsidlensia* (1. Jh. n. Chr.) und in den →*Eclogae* des Nemesianus (3. Jh. n. Chr.) selbständige Nachfolger. Endelichius (um 400 n. Chr.) verfaßt ein christliches Hirtengedicht in asklepiadeischen Strophen (→*De mortibus boum*). – Im Mittelalter und in der Neuzeit erzeugt die Eklogen-Poesie ganze Literaturgattungen. Hier sind große Namen zu nennen: Dante, Petrarca, Boccaccio. Das „Schäferdrama" der Renaissance geht ebenso auf Vergil zurück wie die deutsche „Schäferpoesie". Auch die Oper bedient sich eines „pastoralen" Rahmens (z. B. Händel, Acis und Galatea).

A G. Albini, Bologna [(2)]1920 (mit Kommentar). W. Clausen, Oxford 1995 (mit Kommentar). R. Coleman, Cambridge 1977 (mit Kommentar). C. Hosius, Bonn 1915. E. de Saint-Denis, Paris [(5)]1987 (lat.-frz.).
Ü J. und M. Götte, München/Zürich [(6)]1995 (lat./dt.). H. Naumann, München o. J. (lat.-dt.).
L M. v. Albrecht, RL, 531–564. L. Bieler: Geschichte der römischen Literatur. Bd. 2, Berlin/New York [(3)]1972, 20–24. F. Klingner: Vergil, Zürich/Stuttgart 1967, 9–174. R. Lorenz: Extremus Labor. Vergils 10. Ekloge und die Politik der *Bucolica*, Göttingen 1996. E. Norden: Die Geburt des Kindes, Darmstadt [(3)]1958. M. C. J. Putnam: Virgil's Pastoral Art, Princeton (N.Y.) 1970. K. Quinn: Die persönliche Dichtung der Klassik, in: NHbL. Römische Literatur, 209–250. E. A. Schmidt: Poetische Reflexion. Vergils Bukolik, München 1972. E. A. Schmidt: Bukolische Leidenschaft oder Über antike Hirtenpoesie, Frankfurt 1987. H. Seng: Vergils Eklogenbuch. Aufbau, Chronologie und Zahlenverhältnisse, Hildesheim 1999.

Bukoliká

„Hirtengedichte"

Bion aus Smyrna, 1. Jh. v. Chr.

Frg. von Gedichten meist erotischen Inhalts (gr.).

I Stobaios (→*Eklogaí*) zitiert diese Frg. aus einer Sammlung *Bukoliká*. Eros tritt hier als Lehrer erotischer Dichtung auf.

A A. S. F. Gow: Bucolici Graeci, Oxford 1952.
L W. Arland: Nachtheokritische Bukolik, Diss. Leipzig 1937, 40–53. E. G. Schmidt: Bion (Nr. 3), in: DKP 1, 1964, 905 f.

Búsiris →Komödien (Epicharmos)

Búsiris

Isokrates aus Athen, 436–338 v. Chr.

Enkomion (Lobrede) auf Busiris, den mythischen König von Ägypten (gr.).
Wahrscheinlich zwischen 390 und 385 v. Chr. verfaßt; aber auch die spätere Datierung auf die Zeit zwischen 380 und 375 ist nicht auszuschließen.

I Das Enkomion ist eine Übungsrede wie auch die Lobrede auf Helena (→*Heléne*). Wie sich Isokrates durch die →*Heléne* des Gorgias zu seiner Rede anregen ließ, um Gorgias zu übertreffen und zu zeigen, wie man ein Enkomion formulieren müsse, so nimmt er auf eine Verteidigungsrede Bezug, die Polykrates, der als Sophist auf Kypros praktizierte, für Busiris geschrieben hatte. Isokrates hält Polykrates vor, er habe keine Verteidigungsrede für, sondern eine Anklagerede gegen Busiris verfaßt, und demonstriert, wie man das Thema sachgerecht behandeln müsse. – Formal ist der *Búsiris* ein persönlicher Brief an den Rhetor Polykrates. Der Text war aber wohl zur Veröffentlichung bestimmt. – Isokrates kritisiert (1–9) die innere Widersprüchlichkeit der Lobrede des Polykrates auf Busiris, der immerhin die Fremden, die in sein Land kamen, getötet und verspeist haben soll. Zugleich geht er auf eine andere auf ihre Weise ebenfalls anstößige Rede des Polykrates ein, auf die fiktive Anklagerede gegen Sokrates, auf die sich auch Xenophons →*Apomnemoneúmata* beziehen. – Sein eigenes Enkomion legt Isokrates 10–29 vor: Er entwirft einen Mythos von Busiris als dem großen Gesetzgeber und Erzieher Ägyptens und unterzieht sein eigenes Enkomion der Kritik (30–35). Dann skizziert er eine Apologie des Busiris als eines Göttersohnes (36–43). Im Epilog (44 bis 50) belehrt er Polykrates über die Schwachstellen seiner Rhetorik, die in mancher Hinsicht unsittlich, sinnlos und für ihn selbst schädlich sei.

Q In der Darstellung der ägyptischen Gesetze und Sitten, aber auch in der Dichterkritik gibt es auffallende Parallelen zu Platons →*Politeía* mit ihrer Gliederung des Staates in drei Stände und mit ihrer Forderung nach der Herrschaft der mathematisch und ontologisch gebildeten Philosophen.

W Der *Búsiris* ist ein Zeugnis der Auseinandersetzung des Isokrates mit Platon, und zwar vor allem mit Platons *Politeía*. Ansatzpunkt der antiplatonischen Polemik ist die Ableitung von Grundgedanken der *Politeía* aus der ägyptischen Tradition. Isokrates läßt Platon als Nachahmer der Ägypter erscheinen; aber die Übertragung ägyptischer Sitten nach Griechenland hatte bisher nur negative Folgen, wie sie sich z.B. in der Ständeeinteilung auswirkten, die in Sparta zum Mittel gewaltsamer Unterdrückung mißbraucht wurde. Isokrates bezweifelt demnach, daß man mit denselben Institutionen einen Staat der Gerechtigkeit aufbauen könne. Daher soll der *Búsiris* den Lesern klarmachen, daß die Wissenschafts- und Gesetzeskultur Ägyptens, der Platons *Politeía* verpflichtet sei, sich in der attischen Welt nicht bewähren könne.

A L. van Hook: Isocrates. Bd. 3, London/Cambridge (Mass.) 1945 (gr.-engl.).
Ü C. Ley-Hutton. 2 Bde., Stuttgart 1993–1997.
L Ch. Eucken: Isokrates. Seine Positionen in der Auseinandersetzung mit den zeitgenösischen Philosophen, Berlin / New York 1983, 172–212. C. Froidefond: Le mirage égyptien dans la littérature grecque d' Homère à Aristote, Paris 1971. K. Ries: Isokrates und Platon im Ringen um die Philosophie, Diss. München 1959.

Byzantiaká
„Byzantinische Geschichte"

Malchos aus Philadelphia, um 500 n. Chr.

Byzantinische Geschichte in sieben B. (gr.), aus denen Exzerpte und Frg. erhalten sind.

I Das Werk ist eine Fortsetzung der →*Byzantiaká* des Priskos und umfaßt den Zeitraum von 473 bis 480 n. Chr. Die Frg. erweisen Malchos „als einen gut informierten, sachlich und unvoreingenommen berichtenden Autor mit politischem Scharfblick, der sich selbst aller historischen Wertungen enthielt, aber die in seinem Werk auftretenden Persönlichkeiten ihre verschiedenen Standpunkte in sorgfältig ausgearbeiteten Reden darlegen ließ" (Lendle, 259).

A FHG 4, 111–132.
L R. C. Blockley: The Fragmentary Classicising Historians of the Later Roman Empire. Eunapius, Olympiodorus, Priscus and Malchus. 2 Bde., Liverpool 1981 und 1983. O. Lendle, Einführung, 259. A. Lesky, GL, 952.

Byzantiaká
„Byzantinische Geschichte"

Priskos aus Panion, 5. Jh. n. Chr.

Byzantinische Geschichte in acht B. (gr.), aus denen Frg. erhalten sind.

I Das Werk umfaßt die Zeit von 433 bis 471 n. Chr. und enthält auch Mitteilungen über Selbsterlebtes, z. B. Frg. 8 über die Gesandtschaft zum Hunnenkönig Attila. Bemerkenswert ist in diesem Zusammenhang die Wiedergabe der Diskussion des Autors mit einem im Lager des Attila lebenden Griechen über den röm. Staat. Hier zeigt sich Priskos als Kenner der platonischen Philosophie.

N Die *Byzantiaká* wurden von vielen Autoren benutzt: Cassiodorus, →*Chronica*; Jordanes, →*De summa temporum vel origine actibusque gentis Romanorum*; Malalas, →*Chronographía*. – Das Geschichtswerk wurde z. B. von Malchos aus Philadelphia (→*Byzantiaká*) fortgesetzt.

A FHG 4, 69–110; 5, 24–26.
L W. Enßlin, RE 23, 1, 1957, 9. H. Hofmann: Die Geschichtsschreibung, in: NHbL. Spätantike, 403–467. O. Lendle, Einführung, 259. A. Lesky, GL, 952.

C

Caesares
„Die Kaiser"

Auch zitiert als *Liber de Caesaribus* („B. über die Kaiser") oder *Historiae abbreviatae* („Verkürzte Geschichtsdarstellungen").

Sextus Aurelius Victor, 4. Jh. n. Chr.

Geschichte der röm. Kaiserzeit von Augustus bis Constantius II. (360 n. Chr.).
Bald nach 360 n. Chr. veröffentlicht.

I Das Werk bietet Reichsgeschichte in Kurzbiographien der führenden Persönlichkeiten. – Die Ergänzung des Werkes nach rückwärts durch die Schriften (1) *Origo gentis Romanae* („Ursprung des römischen Volkes") und (2) *De viris illustribus urbis Romae* („Über die berühmten Männer der Stadt Rom") und nach vorwärts bis 395 n. Chr. durch die (3) →*Epitome de Caesaribus* ist unter dem Namen des Sextus Aurelius Victor überliefert, stammt aber wohl nicht von ihm selbst. – (1) *Origo gentis Romanae* ist eine Zusammenstellung von italischen und röm. Sagen über Aeneas und die Albanerkönige bis zu Romulus. Für diese Schrift wurden viele republikanische Geschichtsschreiber exzerpiert. (2) *De viris illustribus urbis Romae* enthält 86 Biographien von großen Männern der Königszeit und der Republik (von Romulus bis Marcus Antonius). (3) Die *Epitome de Caesaribus* ist eine aus 48 kurzen Biographien von Augustus bis Theodosius I. (395 n. Chr.) bestehende Schrift.
W In den *Caesares* bemüht sich Aurelius Victor um die Darstellung eines Charakterbildes für jeden einzelnen Kaiser. Wichtiger ist jedoch, „daß sich sein Werk durch den Nachweis von Entwicklungszusammenhängen weit über das Biographische, über die bloße Reihung einzelner Kaiser erhebt: die Zeit der Monarchie wird als Einheit überblickt, die sich in Epochen gliedern läßt. Der herbe Moralismus verweist auf die große römische Historiographie der späten Republik und der frühen Kaiserzeit; von Sallust stammt insbesondere der Kontinuitätsgedanke mit Aufstieg, Krise und Dekadenz als notwendigen Verlaufsphasen – es wird von Aurelius Victor überzeugend auf die von ihm behandelte Periode angewendet. Seinem eigenen Jahrhundert gegenüber übt der Autor herbe Zeitkritik; hierbei legt er den Finger auf die Hauptursachen des Niedergangs, auf die barbarische Soldateska, auf die unfähige und korrupte Beamtenschaft, auf die drückenden Steuern und anderes" (Fuhrmann, Spätantike,

115 f.). – Die Autoren des Corpus historischer Schriften „ignorieren bewußt das Christentum und wollen mit ihrer antiquarischen Gelehrsamkeit jene heidnische Bildungsschicht ansprechen, die sich durch Kaiser Julian in ihrer konservativen Einstellung neu gestärkt sah" (Hofmann, 415).
N Die *Caesares* werden in der →*Historia Augusta* benutzt.

A P. Dufraigne, Paris 1975 (lat.-frz.). F. Pichlmayr / R. Gründel, Leipzig [(4)]1970, Nachdr. 1993. J.-C. Richard: Les origines du peuple romain, Paris 1983 (lat.-frz.).
Ü K. Groß-Albenhausen / M. Fuhrmann, Zürich/ Düsseldorf [(2)]2002. M. Sehlmeyer, Darmstadt 2004 (lat.-dt.).
L M. v. Albrecht, RL, 1089–1091. H. Behrens: Untersuchungen über das anonyme B. *De viris illustribus*, Heidelberg 1923. H. W. Bird: The Sources of the *De Caesaribus*, in: CQ NS 31, 1981, 457–463. H. W. Bird: Sextus Aurelius Victor. A Historiographical Study, Liverpool 1984. A. Chastagnol: Emprunts de l' Histoire Auguste aux *Caesares* d' Aurelius Victor, in: RPh 41, 1967, 85–97. J. Fugmann: Königszeit und frühe Republik in der Schrift *De viris illustribus urbis Romae*. Quellenkritischhistorische Untersuchungen. 1: Königszeit, Frankfurt 1990. M. Fuhrmann, Spätantike, 115 f. E. Hohl: Die *Historia Augusta* und die *Caesares* des Aurelius Victor, in: Historia 4, 1955, 220 bis 228. H. Hofmann: Die Geschichtsschreibung, in: NHbL. Spätantike, 403–467. A. Momigliano: Some Observations on the *Origo gentis Romanae*, in: JRS 48, 1958, 56–73.

Caesares →De XII Caesaribus (Ausonius)

Captivi
„Die Kriegsgefangenen"

Titus Maccius Plautus, etwa 250–184 v. Chr.

Mehr ein „Ideenstück" (M. v. Albrecht) als eine Komödie in fünf Akten (lat.).
Wohl nach 189 v. Chr., dem Jahr des Friedensschlusses zwischen Römern und Aetoliern, verfaßt und aufgeführt.

I In einem Krieg zwischen Aetolien und Elis gerät der Elier Philocrates mit seinem Sklaven Tyndarus in aetolische und der Aetolier Philopolemus in elische Gefangenschaft. Ziel der Handlung ist der Austausch der Gefangenen. Der reiche Aetolier Hegio kauft Kriegsgefangene aus Elis auf, um seinen Sohn Philopolemus durch einen Gefangenenaustausch frei zu bekommen. Dabei kommt er auch in den Besitz des Eliers Philocrates und seines Sklaven Tyndarus, der in Wirklichkeit ein als Kind entführter Sohn des Hegio ist. Hegio will den Sklaven des Philocrates nach Elis schicken, um den Austausch des Philocrates gegen seinen Sohn Philopolemus zu vereinbaren. Die beiden Gefangenen tauschen ihre Rollen. Aufgrund dessen wird der echte Philocrates nach Elis geschickt und ist ein freier Mann. Tyndarus bleibt als vermeintlicher Philocrates in der Gewalt des Hegio. Der Betrug kommt heraus. Tyndarus wird bestraft. Hegio glaubt, Philocrates werde sich nicht an die Vereinbarung halten. Doch dann kommt er mit Philopolemus zurück und bringt sogar den Sklaven mit, der Hegios anderen Sohn, den vermeintlichen Tyndarus, einst entführt hat. Durch die Aussage des Entführers kommt es zur Wiedererkennung des Verschollenen.

Q Die griechische Vorlage ist nicht bekannt. Allerdings ist die Nähe zu Menander spürbar. Das Original dürfte jedoch als Aufruf zur nationalen Einheit der Griechen entworfen worden sein. Der Gang der Handlung veranschaulicht, „daß Unterschiede zwischen Freund und Feind, Herr und Sklave willkürlich und zufällig sind" (M. v. Albrecht, 162).

H Das Gedankengut der griechischen Aufklärung (Gleichheit der Menschen) bildet den Hintergrund des Stückes.

W „Nach Rom verpflanzt und aus dem ursprünglichen nationalen Milieu gelöst", gewinnt das Stück „noch an allgemein menschlicher Bedeutung. Nicht zufällig hat ein Vorkämpfer der Toleranz wie Lessing die *Captivi* für das ‚vortrefflichste Stück' erklärt, welches jemals auf den Schauplatz gekommen ist" (M. v. Albrecht, 162). Plautus spielt mit den *Captivi* auf die dreiundvierzig in Rom gefangengesetzten Aetoler an (Livius, →*Ab urbe condita* 37,3,8), so daß sich das Stück auf die Zeit nach dem Friedensschluß zwischen Rom und den Aetolern im Jahre 189 v. Chr. datieren läßt.

Ü W. Binder / W. Ludwig: Antike Komödien. Plautus/Terenz. 2 Bde., Darmstadt 1976. A. Thierfelder, Stuttgart 1965. A J. Brix / M. Niemeyer / O. Köhler, Leipzig [(7)]1930 (mit Kommentar). W. M. Lindsay. 2 Bde., Oxford 1904 (Gesamtausgabe). W. M. Lindsay, Oxford [(2)]1921, Nachdr. 1950.
L M. v. Albrecht, RL, 133–167. L. Benz / E. Lefèvre (Hg.): Maccus barbarus. Sechs Kapitel zur Originalität der *Captivi* des Plautus, Tübingen 1997. P. Grimal: Le modèle et la date des *Captivi* de Plaute, in: Hommages à M. Renard. Bd. 1, Brüssel 1969, 394–414. W. Kraus: Die *Captivi* im neuen Lichte Menanders, in: FS R. Hanslik, Wien 1977, 159–170. K. Wellesley: The Production Date of Plautus' *Captivi*, in: AJPh 76, 1955, 298–305.

Carmen ad quendam senatorem
→Carmen adversus paganos (An.)

Carmen adversus Marcionitas
„Lied gegen die Markioniten"

An.

Hexametrisches Gedicht in fünf B. (lat.) gegen die (z. T. angebliche) Irrtümer Markions und seiner Nachfolger.
Verfaßt vermutlich im 2. Viertel des 5. Jh.s n. Chr.

I In Anlehnung an Tertullians Schrift →*Adversus Marcionem* versucht der unbekannte Autor, die wichtigsten Lehren Markions zu widerlegen: daß das Gottesbild des Alten Testaments in einem unüberbrückbaren Gegensatz zum Gottesbild des →*Novum Testamentum* stehe, daß der Kanon der biblischen B. erheblich reduziert werden müsse und daß Christus nur scheinbar Mensch geworden sei und daher auch nur einen Scheinleib besessen habe.

A K. Pollmann: Das *Carmen adversus Marcionitas*. Einleitung, Text, Übersetzung und Kommentar, Göttingen 1991.
L O. Bardenhewer, 432–435. J. – L. Charlet: Die Poesie, in: NHbL. Spätantike, 495–564. M. Müller: Untersuchungen zum *Carmen adversus Marcionitas*, Ochsenfurt 1936.

Carmen adversus paganos
„Lied gegen die Heiden"

An., 4. Jh. n. Chr.

Christlich-satirisches Gedicht in Hexametern (lat.).

I Der anonyme Autor verspottet die Versuche von Angehörigen der stadtrömischen Senatsaristokratie zur Zeit des Usurpators Eugenius (reg. 392 bis 394; →*Panegyricus dictus Honorio Augusto tertium/quartum/sextum consuli*), die alten Kulte wiederzubeleben. Dieses Vorhaben trug die Züge eines sehr künstlichen Unternehmens. Vgl. auch die dritte *Relatio* (→*Relationes*) des Symmachus und den Streit um den Victoria-Altar. – Die Satire auf heidnische Bräuche und Mythen richtet sich wahrscheinlich gegen einen der führenden Köpfe der heidnischen Partei. – Inhaltlich verwandt sind zwei weitere antiheidnische Gedichte: Ein *Carmen ultimum* („Das letzte Gedicht"), das die Ungereimtheiten der heidnischen Religion und Philosophie und die Widersprüchlichkeiten der Mythen und Kulte herausstellt, und ein *Carmen ad quendam senatorem* („Ein Gedicht an/für einen gewissen Senator"), das Betroffenheit über den Rückfall eines zum Christentum bekehrten Senators ins Heidentum zum Ausdruck bringt.

N Die drei Gedichte, die keinem bestimmten Autor zugewiesen werden können, waren möglicherweise Prudentius bekannt, der das christliche Lehrgedicht zur Vollendung führte (→*Apotheosis*, →*Hamartigenia*).

L J.-L. Charlet: Die Poesie, in: NHbL. Spätantike, 495–564. A. Dihle, GLL, 597f. Th. Mommsen: Kleine Schriften. Bd. 7, Berlin 1909, 485–498. G. Puglisi: Politica e religione nel IV secolo: le prefetture del 384 e il *Carmen contra paganos*, Catania 1981. D. Shanzer: The Anonymous *Carmen contra paganos* and the Date and Identity of the Centonist Proba, in: Revue des Études Augustiniennes 32, 1986, 232–248.

Carmen apologeticum
„Rechtfertigungsgedicht"

Auch zitiert als *Carmen de duobus populis* („Zwei-Völker-Gedicht").

Commodianus, 4. oder 5. Jh. n. Chr.

Apologetisches Gedicht zur Rechtfertigung des christlichen Glaubens in 1060 distichisch gebauten Versen (lat.).

I Das Gedicht richtet sich an die Heiden, um sie zu bekehren, und dient der Abwehr jüdischer Propaganda. Die christliche Kirche ist das neue Israel und die wahre Erbin der Verheißungen Gottes, nicht die Synagoge. Die christliche Lehre wird als Heilsgeschichte dargestellt. Am Schluß des Gedichtes steht eine Schilderung der Endzeit. Nero wird als einer der beiden Antichriste dargestellt. Auffallend ist die Erwartung eines tausendjährigen Reiches, in dem Christus noch vor dem Weltende mit bereits zum ewigen Leben Aufgeweckten herrschen wird (Chiliasmus).

A B. Dombart, CSEL 15, 1887. J. Martin, CCL 128, 1960.
L O. Bardenhewer, 647–657. J. – L. Charlet: Die Poesie, in: NHbL. Spätantike, 495–564. J. Martin, in: Traditio 13, 1957, 1–71.

Carmen Arvale
„Arvallied"

An.

Kultlied (lat.) der Arvalbrüder, einer uralten Priestergemeinschaft, in Saturniern (altrömischen Versen), zu Ehren des Gottes in seiner ursprünglichen Funktion als Acker- und Fruchtbarkeitsgott.

I In historischer Zeit wurde das Lied zum Bestandteil eines Fruchtbarkeitsfestes, das zu Ehren der *Dea Dia*, einer sonst nicht näher bekannten ländlichen Gottheit, im Monat Mai gefeiert wurde. – Der Text des Liedes ist durch ein Steinprotokoll des Jahres 218 n. Chr. mit den →*Acta fratrum Arvalium*, den Protokollen über die zur Feier vorgenommenen Handlungen, erhalten. Die sprachliche Form des Liedes zeigt, daß der Text nicht nach dem 4. Jh. v. Chr. verfaßt sein kann. – Nach den Laren, den Beschützern des Hauses und seiner Bewohner, wird Mars (auch in der Namensform *Marmar* und *Marmor*) im Lied angerufen und um Schonung gebeten. Der Gott soll auf die Schwelle springen und dort stehen bleiben. Dadurch sollen Dämonen abgewehrt und die Fruchtbarkeit gefördert werden.

A CIL 6, 1876, Nr. 2104. G. Henzen: *Acta fratrum Arvalium quae supersunt*, Berlin 1874 (mit Kommentar). M. Nacinovich: *Carmen arvale*. Bd. 1: Il testo. Bd. 2: I fonemi e la forma, Rom 1933–1934.
Ü H. und A. Petersmann (s. u.).

L M. v. Albrecht, RL, 36. M. T. Camilloni: Ipotesi sul *Carmen arvale*, in: Su le vestigia degli antichi padri, Ancona 1985, 60–86. E. Norden: Aus altrömischen Priesterbüchern, Lund 1939, 109–280, Nachdr. 1961. E. Olshausen: Über die römischen Ackerbrüder. Geschichte eines Kultes, in: ANRW 2, 16, 1, 1978, 820ff. H. und A. Petersmann, in: RLTD 1, 13–15. U. W. Scholz: Studien zum altitalischen und altrömischen Marskult und Marsmythos, Heidelberg 1970. R. G. Tanner: The Arval Hymn and Early Latin Verse, in: CQ 55. NS 11, 1961, 209.

Carmen de ave Phoenice
„Gedicht über den Vogel Phoenix"

Ps.-Lactantius

Elegie (lat.) in 85 Distichen.

I Der mythischen Vogel Phoenix (vgl. Ovid, →*Metamorphoseon libri* 15,391–407), ein der Sonne heiliger Vogel, baut sich ein Nest, stirbt darin und erwacht zu neuem Leben. Sein Sterben und Wiederauferstehen wird in zwei Versionen überliefert: (1) Er erleidet den Feuertod und ersteht wieder aus der Asche. (2) Er stirbt, verwest, wird als Wurm wiedergeboren, verwandelt sich in einen Vogel und fliegt nach Ägypten in die Sonnenstadt Heliopolis. Er wird zum Symbol für das Weiterleben nach dem Tod und nährt die Hoffnung auf Wiederauferstehung. Die Elegie des Ps.-Laktanz hat folgenden Aufbau: (1) Aufenthalt des Phoenix im Hain des Sonnengottes (1–32). (2) Leben des Phoenix im Dienst des Sonnengottes (33–58). (3) Sterben des Phoenix (59–94). (4) Wiedergeburt (95–116). (5) Flug nach Heliopolis in Ägypten (117–156). (6) Ätherflug (157–160). (7) Seligpreisung des Vogels (161–170).
Q Schon aufgrund seiner äußeren Form steht das Gedicht ganz in der heidnischpoetischen Tradition mit engem Anschluß an die hellenistische Dichtung.
W Das mythische Symbol dient den Christen zur Stärkung ihrer Auferstehungshoffnung. Sie sollen in dem Glauben gestärkt werden, daß der Tod ein notwendiger Durchgang zu einem neuen Leben ist. Der Vogel Phoenix erlangt das ewige Leben durch „die Wohltat des Todes". Wenn der Leser die inbrünstige Anbetung der Sonne durch den Phoenix erlebt (33–58), soll er dadurch zur Anbetung Gottes ermuntert werden.

A A. Anglada Anfruns, Barcelona 1984.
Ü H. A. Gärtner, RLTD 5, 154–163 (lat.-dt. in Auswahl). H. Kraft, in: H. K.: Die Kirchenväter bis zum Konzil von Nicäa, Bremen 1966, 462–467.
L M. Walla: Der Vogel Phoenix in der antiken Literatur und der Dichtung des Laktanz, Diss. Wien 1965. A. Wlosok: Die Anfänge christlicher Poesie lateinischer Sprache. Laktanzens Gedicht über den Vogel Phoenix, in: P. Neukam (Hg.): Informationen aus der Vergangenheit, München 129–167. W. Wlosok: Wie der Phoenix singt, in: FS V. Pöschl, Frankfurt 1990, 209–222.

Carmen de bello Actiaco
„Lied über den Krieg bei Actium"

Gaius Rabirius, augusteische Zeit

Episches Gedicht (lat.) über den Sieg Octavians über Antonius im Jahre 31 v.Chr. Ein Frg. des Werkes (70 Hexameter) wurde in Herculaneum gefunden.

> **A** G. Garutti: Bellum Actiacum, 1958.
> **L** H. W. Benario: The *Carmen de bello Actiaco* and Early Imperial Epic, in: ANRW 2, 30, 3, 1983, 1656–1662. G. Zecchini: Il *Carmen de bello Actiaco*. Storiografia e lotta politica in età augustea, Stuttgart 1987.

Carmen de duobus populis →Carmen apologeticum (Commodianus)

Carmen de figuris
„Gedicht über die Wortfiguren"

An.

Hexametrisches Lehrgedicht (lat.). Wahrscheinlich um 400 n.Chr. entstanden und einem Messius (wohl Arusianus Messius) gewidmet.

I Das Werk bietet eine Lehre von den rhetorischen Wortfiguren, d.h. von den Veränderungen der sprachlichen Ausdrucksweise (1) durch Wiederholung des Gleichen (z.B. Anapher), (2) durch Einsparung normalerweise notwendiger Satzbestandteile (z.B. Ellipse) und (3) durch Veränderung der Reihenfolge (z.B. Hyperbaton). – Das Gedicht enthält eine Aufzählung verschiedenartiger Figuren. Jede wird in drei Hexametern abgehandelt, indem zuerst eine Definition gegeben wird, auf die dann ein oder mehrere Beispiele folgen.

> **A** Anthologia Latina 485 Riese. PLM 3, 272 ff. U. Schindel, Göttingen 2001.
> **L** J.-L. Charlet: Die Poesie, in: NHbL. Spätantike, 516. Schanz-Hosius 4, 2, 35 ff. U. Schindel: Die Rezeption der hellenistischen Theorie der rhetorischen Figuren bei den Römern, Göttingen 2001.

Carmen de moribus
„Gedicht über die Sitten"

Marcus Porcius Cato aus Tusculum, 234–149 v.Chr.

Spruchweisheit über anständiges Verhalten (lat.). Nur wenige Nachrichten über diese Schrift sind erhalten. Vielleicht war das Gedicht für seinen Sohn Marcus, geb.192 v.Chr., bestimmt, so daß es in den siebziger Jahren des 2. Jh.s v.Chr. verfaßt sein könnte.

I „Die Spruchweisheit über gute Sitten ... wollte den jungen Römer Gut und Böse unterscheiden leh-

ren, aber auf römische Art. So besteht denn die Lehre ... zum guten Teil darin, daß der Gegenwart die alte Zeit, die Vätersitte, der *mos maiorum*, vorgehalten wird ... Denn das ist ja bei den älteren Römern fast die einzige Möglichkeit, etwas als gültig und verbindlich zu bezeichnen" (Klingner, 53).

> **A** H. Jordan: M. Catonis praeter librum de re rustica quae exstant, Leipzig 1860.
> **Ü** O. Schönberger: Marcus Porcius Cato. Vom Landbau. Frg., München 1980, 282 f. (lat.-dt.).
> **L** F. Klingner: Cato Censorius und die Krisis Roms (1934), in: Geisteswelt, 34–65, bes. 53.

Carmen de ponderibus et mensuris
„Gedicht über Gewichte und Maße"

An., vielleicht Remmius Flavianus

Ein um 400 n.Chr. entstandenes Lehrgedicht aus über 200 Hexametern (lat.).

I Das Gedicht behandelt nicht nur die einzelnen Gewichte und Maße, sondern macht auch Angaben über die Bestimmung des spezifischen Gewichts der verschiedenen Flüssigkeiten und über die Feststellung des Anteils von Gold und Silber bei einer aus beiden Metallen bestehenden Legierung.

> **A** Anthologia Latina 486 (Riese). PLM 5, 71 ff.
> **L** Schanz-Hosius 4, 2, 37 f.

Carmen Pascale
„Ostergedicht"

Sedulius, 5. Jh. n.Chr.

Fünf B. umfassende Bibelparaphrase (lat.).

I Das Werk stellt die ganze biblische Geschichte dar. Das 1. B. lehnt sich an fünfzehn Wunder des Alten Testaments an; die B. 2–5 befassen sich mit dem Leben Christi. Der Autor berücksichtigt vor allem die Wunder im Matthäusevangelium.

W Am Anfang des Gedichtes erklärt der Autor, er wolle die Wunder Christi besingen (1,1); er distanziert sich von der „lügnerischen" Dichtung der Heiden. Die Konzentration auf die Taten Christi ermöglicht es dem Autor, weniger Lehren als Taten referieren zu müssen. Die Darstellung wird durch Gebete, Ermahnungen und polemische Äußerungen belebt. Der Text soll den Leser zur Andacht veranlassen und seine geistige Erbauung ermöglichen.

> **A** J. Huemer, CSEL 10, 1885.
> **Ü** N. Scheps, Delft 1938 (mit Kommentar).
> **L** M. v. Albrecht, RL, 1074. I. F. Corsaro: Sedulio poeta, Catania 1955. R. Herzog: Die Bibelepik der lateinischen Spätantike: Formgeschichte einer erbaulichen Gattung. Bd. 1, München 1975. C. Ratkowitsch: Vergils Seesturm bei Iuvencus und Sedulius, in: Jahrbuch für Antike und Christentum 29, 1986, 40–58.

Carmen ultimum →Carmen adversus paganos (An.)

Carmina
„Lieder"

Alkaios aus Mytilene, um 600 v. Chr.

Überliefert sind etwa 400 Frg. (gr.); darunter befinden sich nur etwa 25 Stücke mit 4–20 Versen.

I Horaz, der in Alkaios sein großes und entscheidendes Vorbild sah (→Carmina 1,32), hatte die alexandrinische Textausgabe in zehn B. noch zur Verfügung; er bezeugt insgesamt vier große Themenbereiche für Alkaios: (1) Bürgerkriegslieder („Kampflieder"), (2) Wein- und Trinklieder, (3) mythologische Lieder (→Hýmnoi), (4) Liebeslieder auf Frauen und Knaben. – Diese Lieder sind keine Erzeugnisse einer privaten Lyrik. Sie zeigen den Dichter als Mitglied eines politischen „Clubs" (hetaireía), der am politischen Kampf um Macht und Vorherrschaft aktiv teilnahm. Die Lieder sind Nebenprodukte des oft blutigen Kampfes um die Herrschaft des eigenen Clans. – Die zentralen Themen des Alkaios waren nach Horaz (→Carmina 2,13) „die harten Nöte der Seefahrt, der Verbannung und des Krieges" (dura navis, dura fugae mala, dura belli). – Die „Bürgerkriegslieder" handelten von den inneren Zwistigkeiten in der Stadt Mytilene; Alkaios griff einzelne führende Persönlichkeiten massiv an. – Die „Bürgerkriegslieder" (Stasiotiká) bildeten offenbar den Kern der poetischen Produktion des Alkaios. Sie bringen die Gefühle des Dichters zum Ausdruck: Empörung, Spott, Freude, Resignation. In anderen Liedern warnt Alkaios vor der Gefahr der Tyrannis oder ermahnt zu tapferem Kampf. Berühmt ist sein Bild vom „Staatsschiff" (Frg. 46a D.). Allerdings stehen Schiff und Besatzung bei Alkaios nicht für den Staat im ganzen, sondern nur für die eigene politische Gruppe. Alkaios kämpfte mit seinen Liedern für seinen politischen Klub (hetaireía), der die Vorherrschaft des eigenen Standes, des Adels, gegen alle Angriffe verteidigte. Alkaios vertritt eine extrem konservative Position. „Selbst die geringste Abweichen von den Richtlinien und Sitten der Vorväter wird als dekadent und als verabscheuenswürdige Konzession an den ‚Pöbel' gebrandmarkt und vehement bekämpft" (Nünlist, 23). – Die konservative Gruppe muß auch Niederlagen hinnehmen, z. B. mit der Machtübernahme durch Myrsilos; dann schließt sich auch noch der einstige Verbündete Pittakos mit Myrsilos zusammen. Pittakos wird zum leidenschaftlich bekämpften Gegner (vgl. z. B. Frg. 87 D.). – Eng damit verbunden waren die „Lieder aus der Verbannung" (z. B. Frg. 129 Voigt). – Auch die „Wein- und Trinklieder" hat Alkaios für seine aristokratische „Gruppe" komponiert und in der „Gruppe" vorgetragen (z. B. 346 und 347 Voigt). Entsprechendes gilt für die mythologischen Lieder (z. B. 42 Voigt) und die Liebeslieder.

W Da Alkaios in der Tradition des adligen Sängers stand, der an den zwischen rivalisierenden Adelsgruppierungen stattfindenden Machtkämpfen über viele Jahre hinweg aktiv teilnahm, war die Wirkungsabsicht seiner Lieder „nicht Kunstgenuß an sich, sondern Bestätigung der Gruppenziele und Vertiefung des Zusammenhalts durch Aufweis der dem Bund zugrunde liegenden Werte in hoher künstlerischer Qualität. Unter diesem Aspekt steht Alkaios' Dichtung auf einer Ebene mit Sapphos Liedkunst: beider Werk stärkt durch das Wert-Erlebnis das Identitätsbewußtseins der Gruppenmitglieder und grenzt die Gruppe so auch geistig gegen andere Gruppen ab" (Latacz, GLTD 1, 365). – Alkaios bringt in seinen Liedern zum Ausdruck, wie stark er von den Machtkämpfen in der Polisgemeinschaft mit allen Wechselfällen, Hoffnungen, Enttäuschungen, Triumphgefühlen und tiefen Depressionen, die derartige Auseinandersetzungen mit sich bringen, betroffen war.

N In seinen →Carmina ist Horaz von Alkaios entscheidend beeinflußt. – Quintilian (→Institutio oratoria 10,1,83) sieht in Alkaios den Sänger von politisch und moralisch mahnenden Liedern, der in seinen Liebes- und Trinkliedern auch zu „geringeren" privaten Themen findet und dem die „goldene Leier" (Horaz, →Carmina 2,13,26f.) zu Recht zusteht (vgl. B. Kytzler, Lexikon, 26). Das Lied, in welchem Alkaios den Tod des Myrsilos bejubelt (39 D. = 332 L.-P.), hat Horaz (→Carmina 1,37) auf den Tod der Kleopatra umgeformt.

A E. Diehl, ALG 1. 4, 86–159. E. Lobel / D. L. Page, PLesbFrg, 112–291. E.-M. Voigt: Sappho et Alcaeus, Amsterdam 1971.
Ü J. Latacz, GLTD 1, 364–393 (gr.-dt. in Auswahl). M. Treu, München/Zürich (3)1980 (gr.-dt.).
L W. Barner: Neuere Alkaios-Papyri aus Oxyrhynchos, Hildesheim 1967. J. Latacz, GLTD 1, 364–393. J. Latacz: Die Funktion des Symposions für die entstehende griechische Literatur, in: Erschließung der Antike, Stuttgart/Leipzig 1994, 357–395. A. Lesky, GL, 157–167. D. Meyerhoff: Traditioneller Stoff und individuelle Gestaltung. Untersuchungen zu Alkaios und Sappho, New York 1984. R. Nünlist: Alkaios, in: MLAA, 23–25. W. Rösler: Dichter und Gruppe. Eine Untersuchung zu den Bedingungen und zur historischen Funktion früher griechischer Lyrik am Beispiel Alkaios, München 1980.

Carmina
„Lieder"

Anakreon aus Teos, Mitte des 6. Jh.s

Aus seinem Werk sind nur drei Lieder (gr.) vollständig erhalten.

I Die alexandrinischen Philologen besaßen eine Textausgabe in 5 B. Überliefert sind Zitate aus drei B. mit Liedern in lyrischen Versmaßen, aus einem B. mit iambischen Gedichten und aus einem weiteren B. mit Liedern im elegischen Maß. – Themen der Lieder sind Lebensgenuß, Liebe und Wein, aber auch die Altersklage. – Die Lieder waren zum Vortrag beim Symposion an den Höfen verschiedener Tyrannen (u. a. Polykrates von Samos, Hipparchos von Athen) bestimmt und dienten dort der Unterhaltung.

W „Die Verbindung von distanzierter Leichtigkeit und feinfühliger Schilderung liebender Leidenschaft zeichnen A. vor allen anderen Dichtern aus. So bezeichnet er Wahnsinn und inneren Aufruhr als ‚die Würfel des Eros' (Frg. 34). Hier wird pointiert der Kontrast zwischen dem kindlichen Wesen des Knaben Eros und den durch ihn bewirkten heftigen Gefühlen zum Ausdruck gebracht .... Typisch für seine erotische Metaphorik ist das Bild des Thrakerfüllens, das für eine junge Thrakerin steht, welche den ‚kundigen Reiter' flieht (Frg. 8), wovon Horazens Ode 1,23 angeregt ist. Als erster uns bekannter Dichter bezeichnet A. sich als ‚trunken vom Eros' (Frg. 17). Im Gegensatz zu Sapphos ‚bittersüßem Eros' kennt A. den Zustand, daß er gleichzeitig liebt und nicht liebt (Frg. 79). Er stellt so distanziert das dichte Nebeneinander von Verstörtheit und Vernunft dar" (K. Pollmann, 37).

N →„Anakreonteen".

A E. Diehl, ALG 1. 4, 160–192. Z. Franyó, Berlin [(2)]1981 (gr.-dt.). B. Gentili, Rom 1958 (gr.-it.). D. L. Page, PMG, 172 bis 235. M. L. West, Leipzig 1984.
Ü D. Ebener: Griechische Lyrik, Berlin/Weimar [(2)]1980. E. Mörike. Werke. Bd. 3, Leipzig/Wien 1923, 457–497. E. Staiger: Griechische Lyrik, Zürich 1961, 58–60. M. L. West: Greek Lyric Poetry, Oxford 1994, 102–110 (engl.).
L C. M. Bowra: Greek Lyric Poetry, Oxford 1961, 269 ff. H. Fränkel, Dichtung, 332–346. J. Latacz, GLTD 1, 428–445. K. Pollmann, MLAA, 37 f. P. Rosenmeyer: The Poetics of Imitation. Anacreon and the Anacreontic Tradition, Cambridge 1992, 239–266. G. Tsomis: Zusammenschau der frühgriechischen monodischen Melodik (Alkaios, Sappho, Anakreon), Stuttgart 2001.

Carmina
„Lieder"

Archilochos aus Paros, um 650 v. Chr.

Frg. aus dem Werk des Archilochos, die nicht den →Élegoi und den →Íamboi zugerechnet werden und in den Ausgaben unter Méle (Lieder) aufgeführt sind (gr.).

I Zu diesen „Liedern" gehört u. a. ein Hymnos auf Herakles (Frg. 120 D.), den Menander im →Dýskolos (959) parodiert.

A →Íamboi.
Ü →Íamboi.
L A. Lesky, GL, 135–139.

Carmina
„Gedichte"

Gaius Valerius Catullus aus Verona, etwa 87–54 v. Chr.

Sammlung von 116 Gedichten (lat.): (1) Kleine Gedichte in nicht-elegischen Versmaßen (1–60). (2) Größere Gedichte (61–68). (3) Epigramme (69 bis 116).
Die relative Chronologie der Gedichte bleibt problematisch.

I Im ersten Teil (1–60) der Sammlung, die Catull Cornelius Nepos, dem Autor der →Vitae, gewidmet hat, befinden sich kurze Gedichte in verschiedenen Versmaßen, die Catull selbst als nugae („Kleinigkeiten, Bagatellen") bezeichnet; im zweiten Teil (61–68) begegnen längere „gelehrte" Gedichte, und den dritten Teil (69–116) bilden Epigramme. – „In Catull findet sich alles vereint, was für die Neoteriker bezeugt ist: Liebesdichtung, Freundschaftserlebnis, Naturbilder, politisches Pasquill und private Satire, Hochzeitslied, Totenklage, Epyllion. Einmalig ist die Rückhaltlosigkeit der kleinen Gedichte, der lyrischen wie der Epigramme; nicht weniger persönlich als die Lesbia-Lieder ist z. B. der boshafte Zweizeiler auf Caesar (c. 93) oder das Produkt ‚schöpferischer Unruhe' nach einem erregten Zusammensein mit Licinius Calvus (c. 50). Catull ist auch ein Meister in der italischen Kunst des Schimpfgedichtes; so reich sein Vokabular an den zartesten und innigsten (freilich auch an den deutlichsten) Wörtern der Liebessprache ist, so unerschöpflich ist es im Groben und Unflätigen. Haß und Liebe, unter denen er litt, waren stärker als er (c. 85); nur in der Kunst konnte er sich von beiden befreien, das zeigt gerade jenes unvergleichliche Epigramm. – Abseits stehen nur einige Gedichte von ruhiger oder friedlich-heiterer Stimmung wie die in ihrer beiläufig vorgetragenen Gelehrsamkeit leicht künstliche, leicht parodische Dedikation des ausgedienten Schiffleins (phasellus, c. 4) oder der Wiedersehensgruß an Sirmio am Gardasee (c. 31); hierher möchte ich auch das Ave atque vale an den toten Bruder stellen (c. 101), dessen stille Trauer sich so eindrucksvoll von den Klagen der Allius-Elegie (c. 68) abhebt. – Die längeren Gedichte zeigen Catull als poeta doctus. Das Kleinepos c. 64, die Hochzeit von Peleus und Thetis, hat zwei Einlagen: die Beschreibung des kostbaren Teppichs mit der Geschichte von Theseus und Ariadne (50–264) und das Lied der Parzen mit seinem zwölfmal wiederholten Refrain (323–381). Das Stilmotiv der Beschreibung (ékphrasis) ist aber hier zur lebendig erzählten, das Seelische betonenden Geschichte gewandelt, die mit der Rahmenerzählung zweifach kontrastiert: glückliche und unglückliche Liebe, Treue und Untreue" (Bieler, 151). – Die Sammlung enthält außerdem eine Übersetzung von Kallimachos' →Bereníkes plokamós (c. 66). Auch das Attis-Gedicht (c. 63) ist Kallimachos nachgedichtet.

Die Elegie an Allius (c. 68) hatte eine Bitte des Freundes um Trost zum Anlaß. Catull will, so gut er kann, die Bitte erfüllen, indem er sein eigenes Leid, verursacht durch den Tod des Bruders und den Verlust der Geliebten, thematisiert. – Zahlreiche Gedichte handeln von der Liebe des Dichters zu Lesbia, die man gewöhnlich mit Clodia, der Schwester des Publius Clodius Pulcher und der Frau des Quintus Caecilius Metellus, gleichsetzt. Die Gedichte spiegeln die Empfindungen des Dichters im Wechsel beglückender und quälender Erfahrungen bis hin zum endlichen Bruch und zur wehmütigen Erinnerung.

Q Catull steht in der Tradition der hellenistischen Dichtkunst (Beispiel: Kallimachos →*Epigrámmata*). Er verarbeitet griechische Motive, die er mit eigener Empfindung und röm. Pathos anreichert. – Sappho (→*Carmina*) ist das Vorbild für c. 51. – Die iambischen Gedichte erinnern an Archilochos (→*Íamboi*) und Hipponax (→*Cholíamboi*). – Menander (→*Samía* 325–356) steht offensichtlich hinter *Carmen* 8. – Catull parodiert aber auch altröm. Dichter (z.B. Ennius). „Catulls Dichtungen sind zwar undenkbar ohne die griechische ‚Saat‘, verdanken aber ihre Kraft und Frische dem römischen Ingenium Catulls" (M. v. Albrecht, RL, 276).

W Catull schloß sich einem Kreis junger Dichter an, den sogenannten Neoterikern, die Cicero als die „Modernen" (*poetae novi*, →*Orator* 161) bezeichnet. Die Bedeutung dieser Neoteriker, die sich die hellenistische Poesie zum Vorbild nahmen, beruht vor allem darauf, daß sie das Dichten zu einer Möglichkeit entwickelten, Leidenschaften, Gefühle und Empfindungen in konzentrierter sprachlicher Form zum Ausdruck zu bringen. Dichtung war für die Neoteriker ein Mittel, Liebe und Haß, aber auch Angriffslust und Spott in kunstvoll gefeilter Sprache mitzuteilen. Sie verstanden ihre Gedichte als anspruchsvolle Reflexionen ernstgemeinter Gefühle und persönlicher Betroffenheit. Leben, Empfinden und Dichten verstanden sie als unauflösbare Einheit. Die jungen Dichter gaben ihrer Tätigkeit eine so hohe Bedeutung, daß sie in Konflikt geraten mußten mit den Wertvorstellungen ihrer Zeit. Dieser Konflikt kommt in mehreren Catull-Gedichten zum Ausdruck: Das Private hat Vorrang vor dem Politischen, das Nichtstun vor dem Tätigsein im Einsatz für die *res publica*, die Kunst vor dem Kampf, die Liebe vor der Leistung, das Gefühl vor der Gefahr. Doch indem die Neoteriker aus der alten Ordnung ausbrechen, geben sie den traditionellen Wertbegriffen einen neuen Sinn (z.B. *fides, officium, foedus, pietas*).

N Schon in der Antike hat Catull eine starke Wirkung. Beispiele: Vergils Dido-Erzählung im 4. B. der →*Aeneis* ist Catulls Ariadne-Geschichte (c. 64) verpflichtet. Die →*Appendix Vergiliana* steht in der Tradition Catulls. Ovid kennt und verehrt Catull (vgl. z.B. →*Amores* 3,9,61 f.). Petronius (→*Satyrica*), Martial (→*Epigrammata*) und die →*Carmina Priapea* erhielten poetische Impulse von Catull. – Im 20. Jh. trugen Thornton Wilders *Ides of March*

(1948) und Carl Orffs *Catulli Carmina* (1943) und *Trionfo di Afrodite* (1953) zu einer Catull-Renaissance bei, nachdem der Dichter schon mit Beginn der Neuzeit in Frankreich, England und Deutschland eine bemerkenswerte Wirkung entfaltet hatte (z.B. auf die neulat. Poesie).

A H. Bardon, Leipzig 1973. W. Eisenhut, Leipzig 1973. G. P. Goold, London 1983 (lat.-engl.). W. Kroll, Stuttgart [7]1989 (mit Kommentar). G. Lee, Oxford 1990 (lat.-engl.). R. A. B. Mynors, Oxford [3]1967. K. Quinn, Glasgow [2]1973.
Ü M. v. Albrecht, Stuttgart 1994 (lat.-dt.) W. Eisenhut, München/Zürich [11]2000 (lat.-dt.). O. Weinreich, Zürich 1969 (lat.-dt.).
L M. v. Albrecht: Catull – Dichter der Liebe und Gestalt einer Epoche, in: AU 2/1992, 4–24. M. v. Albrecht, RL, 271–289. L. Bieler: Geschichte der römischen Literatur. Bd. 1, Berlin / New York [3]1972, 149–153. J. Ferguson: Catullus, Oxford 1988. R. Heine (Hg.): Catull, Darmstadt 1975. F. Klingner: Catull, in: Geisteswelt, 218–238. R. O. A. M. Lyne: The Latin Love Poets. From Catullus to Horace, Oxford 1980. K. Quinn: Catullus. An Interpretation, London 1972. E. A. Schmidt: Catull, Heidelberg 1985. H. P. Syndikus: Catull: Eine Interpretation. 3 Bde., Darmstadt [2]1994 und 2001. O. Weinreich: Die Distichen des Catull, Tübingen 1926, Nachdr. 1964. T. P. Wiseman: Catullus and His World: A Reappraisal, Cambridge 1985.

Carmina →Carmina minora (Claudian)

Carmina
„Gedichte"

Magnus Felix Ennodius aus Gallien, 473–521 n.Chr., seit etwa 513 Bischof von Pavia

Gedichte in verschiedenen metrischen Formen (lat.).

I Ennodius schrieb u.a. mehrere Reisegedichte (Itinerarien): In 26 elegischen Distichen beschreibt er eine Reise von Mailand nach Briancon (Carm. 1,1). In 52 Hexametern schildert er eine Reise auf dem Hochwasser führenden Po (Carm. 1,5). In Carm. 1,6 berichtet er u.a. über seine Rückreise von einer Synode in Rom. Er stellt die Reise als „eine geistliche Seefahrt des Menschen in den himmlischen Hafen des Heils" dar. „Die Allegorese des Schiffes, seines Mastbaumes (*antenna crucis*), der See und der Schiffahrt selbst ist überwuchert von exegetischer Symbolik, die das Gedicht zu einer Meditation über das Leben des Christen machen, das die vordergründige Bedeutungsebene weit hinter sich läßt" (Charlet, 549). – Bemerkenswert ist auch ein Epithalamium (Hochzeitsgedicht), das Ennodius für seinen Freund Maximus verfaßte (Carm. 1,4): Das Gedicht hat eine polymetrische Form. Die Vorrede ist in elegischen Distichen abgefaßt. „Mit der Beschreibung des Frühlings setzt Ennodius den Prozeß einer Verschmelzung von Hochzeitsgedicht und Hirtendichtung in Gang und bereitet so den Weg für mancherlei mittelalterliche Dichtung. Die

Anrufung der Musen steht in trochäischen Septenaren, die Schilderung der Venus auf einer Blumenwiese in sapphischen Strophen; der Hexameter ist dann dem eigentlichen Hochzeitsgedicht vorbehalten (Vers 53–122), das aus einem Gespräch zwischen Amor und Venus besteht, in dem der Liebesgott den neuen Eifer der Menschen um die *frigida virginitas* beklagt ... Das Gedicht endet mit einer kurzen Anrufung in Phalaeceen" (Charlet, 546).

A   G. Hartel, CSEL 6, 1883. PL 63.
L   J.-L. Charlet: Die Poesie, in: NHbL. Spätantike, 495–564. J. Fontaine, RAC 5, 398–421. W. – D. Lebek: Deklamation und Dichtung in der *Dictio Ennodi diaconi quando de Roma rediit*, in: FS A. Dihle, Göttingen 1993, 264–299.

Carmina
„Gedichte"

Gregorios aus Nazianz, um 330–390 n. Chr.

Etwa 400 Gedichte mit über 16.000 Versen (gr.) in unterschiedlichen metrischen Formen (Hexameter, Distichen, Iamben, Anakreonteen) mit moralisch-didaktischer, religiös-hymnischer, lyrisch-reflektierender und episch-erzählender Tendenz (vgl. Görgemanns, 44).

I   Das aufschlußreichste Gedicht ist die Autobiographie (*Carmen* 2,1,11) in 1949 iambischen Trimetern. – In *Carmen* 2,1,39 nennt Gregor seinen überwiegend didaktischen und apologetischen Motive seines Dichtens. – In 1,2,14 reflektiert der Autor über die menschliche Natur in elegischen Distichen. Die Elegie „beginnt mit einem Naturidyll voll klassischer Reminiszenzen und gibt dann einsame Grübeleien wieder: man mag an den Monolog der euripideischen Medea denken, aber er ist ganz ins Metaphysisch-Weltschmerzliche umgewandelt. Inhaltlich mutet vieles wie die Meditation eines Mönchs über die Eitelkeit der Welt an, aber es fehlt dessen Weltüberlegenheit; der Denkende ist preisgegeben an die Widersprüchlichkeit, ja Sinnlosigkeit des Daseins" (Görgemanns, 47).
W   Gregors Gedichte vermitteln christliches Gedankengut im Rahmen der Wiedergabe eigenen Denkens und Fühlens. „Diese Gedichte ebenso wie die poetischen Autobiographien bilden in gewisser Weise das Gegenstück zu Augustins *Konfessionen* (→*Confessiones*) ... Sie bezeugen das unter dem Einfluß der christlichen Religion auf die Vorstellungs- und Gedankenwelt sich verstärkende Interesse an innerseelischen Vorgängen. Zwar gibt es vergleichbare Erscheinungen auch in der spätantiken Philosophie, aber dort liegt das Erkenntnisziel in der Erfassung einer objektiven Seinsordnung ... Das christliche Interesse hingegen richtet sich letztlich auf die Frage, wie die einzelne, unverwechselbare Menschenseele ihrem Gott begegnen kann ... Gregor war ungewöhnlich belesen in der alten griechischen Poesie, und auf Schritt und Tritt zeigen seine

Gedichte ausdrückliche Bezugnahme oder unausgesprochene Anspielung auf diese Texte. Die Selbstverständlichkeit und Leichtigkeit, mit der er sich der Sprach- und Versformen der einzelnen poetischen Gattungen bediente, wäre ohne diese Belesenheit gar nicht denkbar" (Dihle, 616).

A   W. Christ / M. Paranikas: Anthologia Graeca Carminum Christianorum, Leipzig 1871. PG 35–38 (Gesamtausgabe).
Ü   C. Jungk: Gregor von Nazianz: *De vita sua*, Heidelberg 1974 (gr.-dt. mit Kommentar). F. Wolters: Hymnen und Lobgesänge der christlichen Zeit. Bd. 1: Lobgesänge und Psalmen. Übertragungen der griechisch-katholischen Dichter des 1.-5. Jahrhunderts, Berlin 1921.
L   A. Dihle, GLL, 615–618. H. Görgemanns, GLTD 5, 44–51. G. Misch: Geschichte der Autobiographie. Bd. 1. 2, Frankfurt [(3)]1950, 612–636. R. Keydell: Die literarische Stellung der Gedichte Gregors von Nazianz, in: Studi bizantini e neohellenici 7, 1953, 134–143. M. Pellegrino: La poesia di S. Gregorio Nazianzeno, Mailand 1932. B. Wyss: Gregor von Nazianz. Ein griechisch-christlicher Dichter des 4. Jahrhunderts, in: MH 6, 1949, 177–210.

Carmina
„Gedichte"

Auch zitiert als „Oden" („Gesänge, Lieder").

Quintus Horatius Flaccus aus Venusia, 65–8 v. Chr.

Gedichte in lyrischen, vor allem äolischen, Versmaßen, vier B. (lat.).
Die B. 1–3 wurden als geschlossene Sammlung im Jahre 23 v. Chr. herausgegeben. Einzelne Gedichte sind jedoch schon früher entstanden. – B. 4 gehört der Spätzeit des Dichters an und wurde etwa 14/13 v. Chr. abgeschlossen.

I   Inhaltlich bezieht sich ein großer Teil der „Oden" auf den privaten Bereich. Horaz befaßt sich aber auch mit bedeutenden politischen Fragen. „Dem Inhalt nach gibt es ... keine reinen Naturgedichte. Die Menschenwelt im Persönlichen bis zum Allgemeinsten, vom Einsamsten über das Gesellige bis zum Erhabensten, und daneben die Feier der Gestalten der Götterwelt sind ihre Gegenstände. Eine Anzahl der Gedichte setzt das politische Anliegen des →*Epodon liber* fort (etwa 1,14; 3,24), getragen von neuer Haltung, Sorge und Mahnung durch Vorbild ... Diese Sorgen und Gedanken gipfeln, zu großen Kompositionen erhoben, ... in dem Zyklus der Römeroden (wohl von 29 bis 27 entstanden) ... In ihnen ist die Spannung zwischen Einzelnem und Gesamtheit, zwischen Dichtertum und Herrscheramt aufs glücklichste und großartigste in schwebender Harmonie aufgehoben. ... Es besteht keine Identität zwischen dem Reich der Musen und der politisch zu ordnenden Wirklichkeit des Herrschers, aber Verbindung durch das *consilium*, weisen Rat, Homologie und Aufeinanderbezogensein. Und der von den Musen begnadete Dichter feiert die Werte, die den Mann ausmachen – Selbstbescheidung, die Glück gewährt, *virtus*, Zielsicherheit mit Gerechtigkeit –, nachdem er Reinheit der Ehen und Achtung der Götter als Voraussetzung für das Gedeihen von Staat und *imperium* streng und bedingungslos (in c. 3,5 und 3,6) in Erneuerung altrömischen Seins gefordert hatte" (Büchner 1957, 316f.). – Die Themen der *Carmina* sind vielfältig: 1,1 und 3,30 sind poetologische Reflexionen: Der Dichter sinnt über sich selbst und sein Dichtertum nach. Grundsätzlich kommen alle Themen vor, die sich durch das dichterische Wort auf eine höhere Ebene heben lassen. So stehen politisch-mahnende, ratgebende Gedichte neben Liebesgedichten, Freundschaftsgedichten und Trinkliedern. Die göttlichen Mächte, das Göttlich-Musische, werden an den Gestalten des Bacchus, des Apollo und des Merkur, der Musen, der Venus und der Fortuna im Lied gefeiert. Horaz rät zum Genuß der Gegenwart und empfiehlt die *aurea mediocritas*, die Mitte zwischen Pracht und Armut, Furcht und Überheblichkeit, dem Verfallensein an die Gegenwart und dem Leben in Zukunft oder Vergangenheit (2,10). – Das *Carmen saeculare* verfaßte Horaz anläßlich der großen Jahrhundertfeier des Jahres 17 v. Chr., die den Beginn eines neuen Zeitalters symbolisieren sollte. – „Horaz durchschreitet in seinen Dichtungen so gut wie alle Bereiche des menschlichen Lebens und durchleuchtet sie immer wieder aufs neue aus seiner persönlichen Sicht und auf bestimmte Umstände und Leser bezogen" (M. v. Albrecht, RL, 579). „Die Oden des Horaz sind als Sammlung eine einmalige Widerspiegelung der Welt in der Einzelseele: Götter, Natur, Staat, Freunde und Freundinnen und das eigene Ich bilden konzentrische Kreise. Daß lateinische Lyrik einer solch umfassenden Aufgabe gewachsen ist, hat Horaz als erster und einziger bewiesen. Er hat der lateinischen Dichtung ganz neue Gebiete erobert" (M. v. Albrecht, RL, 580).

Q   Horaz nennt als Vorbilder Alkaios (→*Carmina*) in 1,14 und 3,12 und Sappho (→*Carmina*). Er rühmt sich, er habe „als erster das äolische Lied zu italischer Weise geleitet" (*princeps Aeolium carmen ad Italos deduxisse modos*, 3,30,13). Aber auch Anakreon (→*Carmina* in 1,23 und Pindar (→„Chorlyrik") in 1,12 und 3,4 waren für Horaz maßgebend. Hinzu kommt der Einfluß alexandrinischer Dichtung. – Viele „Oden" haben jedoch kein bestimmtes gr. Vorbild; es handelt sich um freie Schöpfungen in traditionellen Formen.

W   „Horaz' *Carmen* ist Aussage über die Welt in einer bestimmten Daseinslage des Dichters. Der Dichter ist bekränzt, gläubig, erhoben über den Alltag und verwandelt im Lied das Leben bewußt zur musischen Harmonie, entkleidet es der niederdrückenden Schwere, fügt das Einzelne in den Kosmos des Geistes ... Zweite Natur, Kostbarkeit, nicht das natürliche Wort zur Leier sind hier zu finden und deuten auf das Klassische dieser Gedichte hin, die in Übereinstimmung mit einer bestimmten Lebenslage dem Leben abgerungen sind, in mühsamer Arbeit, um es im Glanz seiner durchleuchtenden Ordnung wie im Kristall zu konzentrieren und aufzube-

wahren ... Darum haben die *Carmina* mit wenigen Ausnahmen (etwa 2,14) nichts Offenes, Ausschwingendes ..., nichts Leidendes. Sie bemeistern und lassen den Schluß sehr häufig ins Leichte und Heitere sich erheben, sie dürfen es sich leisten, Unbedeutendes zu feiern, weil es in diesem Kosmos wie alles bezogen ist" (Büchner 1957, 316). – Im *Carmen saeculare* erfüllt Horaz den hohen Anspruch, Ehrfurcht und Frömmigkeit zu stiften und ein gutes Verhältnis zwischen dem Staat und den Göttern herzustellen. – In den Römeroden versteht er sich als Lehrer seines Volkes, und sein Rat gilt auch dem Herrscher. – Ansonsten sieht Horaz in seiner Lyrik eine entspannende Wirkung (im Sinne der epikureischen Ästhetik) (vgl. 2,10). Das Lied beseitigt die Sorgen (4,11,35f.), erleichtert die Mühsal (1, 32,14) und ist ein Trost im Alter (1,31,19f.). Der Dichter rechnet im Bewußtsein der Qualität seiner Werke mit Unsterblichkeit (3,30; 2,20). Er ist „allmächtig"; er kann den Staatsmann unsterblich machen und sogar Götter erschaffen (4, 8 und 9).

N   In der Antike tritt schon Ovid in die Nachfolge des Horaz. Prudentius gilt als der christliche Horaz. Persius und Iuvenal (→*Saturae*) setzen sich mit dem augusteischen Dichter auseinander. – Die Lyrik des Horaz wird in den Nationalsprachen der frühen Neuzeit nachgeahmt. In Deutschland übt er großen Einfluß auf Klopstock (gest. 1803) aus. Lessing (gest. 1781) setzt sich intensiv mit den „Oden" auseinander. – Horaz lebt auch als Lieferant „Geflügelter Worte" weiter. Aber als Schulautor sorgte er auch für böse Erinnerungen. Christian Morgenstern (gest. 1914) versetzt den Dichter in die Gegenwart und bringt ihn einem größeren Publikum näher.

A   A. Kießling / R. Heinze / E. Burck, Berlin [7]1930 (mit Kommentar). F. Klingner, Leipzig [6]1982. D. R. Shackleton Bailey, Stuttgart/Leipzig [3]1995.

Ü   H. Färber / W. Schöne, München [11]1993 (lat.-dt.). G. Fink, Düsseldorf/Zürich 2002 (lat.-dt.). R. A. Schröder, Wien 1935 (ges. Werke. Bd. 5, Berlin 1952). M. Simon / W. Ritschel, Berlin [2]1983.

L   M. v. Albrecht: Horazens Römeroden, in: Acta Antiqua Academiae Scientiarum Hungaricae 30, 1988, 229–241. M. v. Albrecht, RL, 565–587. L. Bieler: Geschichte der römischen Literatur. Bd. 1, Berlin / New York [3]1972, 37–51. K. Büchner: RLG, 308–328. K. Büchner: Horaz. Studien zur römischen Literatur. Bd.3, Wiebaden 1962. K. Büchner: Die römische Lyrik, Stuttgart 1976, 89–182. N. E. Collinge: The Structure of Horace' s Odes, London 1961. S. Commager: The Odes of Horace, New Haven 1962. E. Fraenkel: Horace, Oxford 1957. F. Heinimann: Die Einheit der horazischen Oden, in: MH 9, 1952, 193–203. F. Klingner: Horazische und moderne Lyrik, in: Die Antike 6, 1930, 65–84. B. Kytzler: Horaz. Eine Einführung, Stuttgart 1996. K. Numberger: Horaz. Lehrer-Kommentar zu den lyrischen Gedichten, Münster [3]1997. H. Oppermann: Zum Aufbau der Römeroden, in: Gy 66, 1959, 204–217. V. Pöschl: Horazische Lyrik, Heidelberg [2]1991. D. H. Porter: Horace's Poetic Journey. A Reading of Odes 1–3, Princeton 1987. M. C. J. Putnam: Artifices of Eternity. Horace' s Fourth Book of Odes, Ithaca 1986. H. P. Syndikus: Die Lyrik des Horaz. 2 Bde., Darmstadt [3]2001. C. Witke: Horace' s Roman Odes. A Critical Examination, Leiden 1983.

Carmina
„Gedichte"

Isyllos aus Epidauros, um 300 v. Chr.

Gedichte (gr.), in Form von Inschriften im Asklepios-Heiligtum in Epidauros erhalten. Die Texte sind
in unterschiedlichen Versmaßen verfaßt.
Um 300 v. Chr. geschrieben.

I Nach Auskunft des Autors waren die „Gedichte" dem Apollon von Malea und dem Gott Asklepios geweiht. Sie berichten (1) von den politischen Überzeugungen des Autors, (2) der Stiftung
einer Prozession für Apollon und Asklepios und
(3) der Weihung eines Altars für Apollon. Außerdem enthalten sie (4) einen Päan auf Asklepios und
Apollon und (5) eine Danksagung an Apollon, weil
er Sparta vor Philipp von Makedonien geschützt habe.

A Collectanea 132.
L P. Händel: Isyllos von Epidauros, in: dtv-L 1. 2, 296.
U. v. Wilamowitz-Moellendorff: Isyllos von Epidauros,
Berlin 1886, Nachdr. Dublin/Zürich 1967.

Carmina
„Lieder"

Kallimachos aus Kyrene, etwa 300–240 v. Chr.

Vier gr. Lieder in lyrischen Versmaßen, die stichisch
aufeinander folgen, d. h. keine Strophen bilden.
Lied Nr. 3 wurde bald nach dem Tod der Königin
Arsinoë, der Gattin des Ptolemaios II., im Jahre 270
v. Chr. geschrieben.

I Die Lieder Nr. 2–4 sind mit eigenen Titeln
überliefert: Nr. 2 heißt *Pannychís* („Nachtfeier"),
Nr. 3 *Ekthéosis Arsinóes* („Die Vergöttlichung der
Arsinoë"), Nr. 4 *Bránchos* (ein von Apoll geliebter
Knabe). – Für Nr. 1 ist der Titel unbekannt. – Für
den Inhalt der in Frg. überlieferten Lieder (*Méle*) –
der gr. Titel stammt aus der →*Suda*, wo es heißt,
Kallimachos habe *Méle* geschrieben – sind die
→*Diegéseis* hilfreich. – Nr. 1: Einst war Lemnos
ein gesegnetes Land, bis das „lemnische Unglück"
die Insel überfiel, eine in mythischer Zeit spielende
Katastrophe, bei der die Frauen von Lemnos ihre
Männer umbrachten. Kallimachos warnt seine
Adressaten mit dieser Geschichte vor den Frauen.
Nr. 2: Ein Lied, das beim Trinkgelage auf die Dioskuren und Helena gesungen wurde. Nr. 3: Arsinoë
wird von den Dioskuren entführt. Der Dichter
spricht dann von dem Altar und dem heiligen Be-
zirk, der ihr in Alexandreia geweiht wurde. Nr. 4:
In der *Diégesis* heißt es, Apollon komme von Delos
in die Gegend von Milet, die „Heiliger Wald" heißt,
wo sich Branchos, der von Apollon geliebte Knabe,
befindet.

A R. Pfeiffer: Callimachus. Teil 1, Oxford 1949 (Frg.
226–229).
Ü E. Howald / E. Staiger, Zürich 1955, 370–379 (gr.-
dt.).
L A. Körte / P. Händel, HD, 113f.

Carmina
„Lieder"

Korinna aus Tanagra (Böotien), um 200 v. Chr.
(oder früher?)

In nur wenigen Frg. erhaltene Texte über böotische
Helden (gr.). Bezeugt sind außerdem Lieder über
die „Sieben gegen Theben", „Orestes", „Herakles".

I Am Anfang des Liedes über böotische Helden
ruft Korinna die Muse Terpsichore an und spricht
zu den Frauen von Tanagra. Am Schluß ist die Rede
von einem Dichterwettkampf zwischen den beiden
Wohnsitzen der Musen, Helikon und Kathairon.
N Ovid nannte die in den →*Amores* besungene
Geliebte *Corinna*.

A E. Diehl, ALG 1. 4, 193–206. D. L. Page, London
1953 (gr.-engl.). D. L. Page, PMG, Oxford 1962.
L E. Lobel: Corinna, in: Hermes 65, 1930, 356–365. D.
L. Page: Corinna, London 1953. M. L. West: Die griechische Dichterin. Bild und Rolle, Stuttgart/Leipzig 1996,
31 ff. J. Wißmann, MLAA, 393 f.

Carmina
„Gedichte"

Paulinus, Bischof von Nola, 353–431 n. Chr.

Sammlung von 35 in Hexametern und elegischen
Distichen abgefaßte Gedichte (lat.).

I Paulinus hat 14 Gedichte zu Ehren des Märtyrers Felix, des Ortsheiligen von Nola, verfaßt. Die
übrigen 21 Gedichte haben eine paränetische Tendenz: Sie fordern zu einem tätigen Christentum
auf, das ganz auf dem schlichten Glauben beruht
und Theologie überflüssig macht. – In den *Carmina*
10 und 11, die Paulinus an seinen Lehrer Ausonius
richtet, geht er der Frage nach dem Verhältnis zwischen christlichem Glauben und traditioneller Bildung nach. Er versucht Ausonius zu erklären (in
klassischen Versen), warum er den Glanz der huma-
nistischen Bildung abgestreift habe. – *Carmen* 17
(Propemptikon) ist eine Reiseschilderung. – Die
Carmina stehen mit ihrem Versbau und ihrem
Wortgebrauch in der röm. Dichtungstradition. Die
Zitate aus der alten Dichtung und aus der Bibel beweisen eine weitgreifende rhetorischliterarische Bildung.

A G. Hartel, CSEL 29–30, 1894.
L A. Dihle, GLL, 592. E. Doblhofer: Drei spätantike
Reiseschilderungen. Rutilius Claudius Namatianus, *Iter
Gallicum* (*De reditu suo*); Paulinus Nolanus, c. XVII (Pro-
pemptikon); Egeria, *Itinerarium* (*Peregrinatio Aetheriae*

ad loca sancta), in: D. Ableitinger / H. Gugel. FS K. Vretzka, Heidelberg 1970, 1–22. K. Kohlwes: Christliche Dichtung und stilistische Form bei Paulinus von Nola, Bonn 1979. R. Herzog, in: A. Cameron u.a.: Christianisme et formes littéraires de l' antiquité tardive en occident, Vandoeuvres/Genf 1977, 372–423.

Carmina
„Lieder"

Sappho aus Lesbos, um 600 v. Chr.

Liedersammlung (gr.).

I In alexandrinischer Zeit (3. Jh. v. Chr.) gab es eine Textausgabe der „Lieder" in neun B.. Wahrscheinlich sind von Sapphos Versen nur rund sieben Prozent erhalten; darunter befindet sich nur 1 vollständiges Gedicht (1 D. = 1 Voigt) auf die Göttin Aphrodite. – „Obwohl die Lyrik Sapphos wie die des Alkaios und Archilochos Geselligkeitslyrik ist, an gemeinsam erlebte Situationen gebunden, in einem Kreis Gleichgesinnter vorgetragen, besitzt sie doch einen hohen Kunstcharakter, was auch für die geistige Aufnahmefähigkeit ihres Kreises zeugt. Die Gedichte wachsen oft über die konkrete Situation hinaus ... Schon im Altertum rühmte man an Sappho, mit welch schlichten Mitteln sie Natur- und Gefühlsschilderungen als lyrische Metaphern zu gestalten wußte ... Doch fehlen bei Sappho auch nicht die Züge eines kräftigen Realismus, so wenn sie eine andere Leiterin eines Mädchenkreises, die ihr Schülerinnen abspenstig machen will, als Landpomeranze bezeichnet, die ihr Gewand wie einen Bauernkittel umhängen hat und es nicht versteht, den Saum elegant zu raffen (61 D.)" (M. Giebel, KNLL 14, 749f.). – „Sappho spricht in ihren Gedichten von Liebe und Abschied, von gemeinsamer Teilnahme an Götterfeiern, aber auch von ihrem Bruder und ihrer Tochter. Ihr berühmtestes Lied im Altertum war die Ode an Aphrodite ... Sie besteht aus sieben Strophen im sapphischen Metrum, jede Zeile zu elf Silben; sie wurde gesungen und vom Saiteninstrument begleitet. Sappho bevorzugte das Barbiton, eine siebensaitige Leier mit längeren Saiten und daher etwas tieferer Tonlage als die Lyra. Die Dichterin wendet sich an Aphrodite und bittet sie, ihr das Herz einer ihrer Schülerinnen zuzuwenden ... Sappho verbindet die traditionelle Form des Bitthymnos mit ihrer ganz persönlichen, innigen Hinwendung an die Göttin, die, zusammen mit Eros, zu den großen Daseinsmächten gehört" (M. Giebel). Sappho ruft „die Göttin als Helferin in der Not unerfüllten Sehnens. Dieser Ruf um ihr Erscheinen und ihren Beistand ertönt zu Beginn und zu Ende des vollständig erhaltenen Gedichts. Nun ist es ein fester Zug kultischer Rufehymnen, den Gott an das Früher zu erinnern, da er Gaben empfing oder Gnaden erteilte. Aus der von der Tradition Gegebenen hat Sappho in der Weise griechischer Kunst Eigenes gestaltet und in den Rahmen, den Anfang und Schluß formen, das Bild früherer Erscheinungen der Göttin

eingetieft. Da fuhr Aphrodite auf goldenem Wagen nieder zur dunklen Erde, gezogen von Sperlingen, die emsig ihre Flügel regten, und neigte sich Sapphos Bitten. Lächelnd, wie man zu einem etwas schwierigen Kinde spricht, fragte die Göttin, was denn Sappho wieder zugestoßen sei, warum sie denn wieder riefe und was sie so sehnlich wünsche. Und wie sie damals Gewährung versprach, so möge sie jetzt auch Erfüllung schenken ..." (Lesky, 172).

W „Das Gedicht ist voll heißer, drängender Leidenschaft, die sich doch zugleich von einer Sappho gestaltet, die sich selbst Objekt ist und beobachtend über der Situation steht. Der Aufbau aus Rahmenteilen, die sich auf das Jetzt beziehen, und einem Innenstück, das Vergangenes erinnert, ist Ausdruck dieser Antinomie, die ein entscheidender Wesenszug sapphischen Dichtens ist" (Lesky, 172f.).

A E. Diehl, ALG 1. 4. E. Lobel / D. L. Page: Poetarum Lesbiorum Fragmenta, Oxford 1955, 2–110. D. L. Page: Sappho and Alcaeus, Oxford [(5)]1975. E. – M. Voigt: Sappho et Alcaeus, Amsterdam 1971.
Ü D. Ebener, Leipzig 1985. E. Staiger, Zürich 1957. M. Treu, München [(8)]1991 (gr.-dt.).
L S. Fornaro, MLAA, 622–626. H. Fränkel, Dichtung, 191–214. M. Giebel, KNLL 14, 748–750. T. Krischer: Sapphos Ode an Aphrodite, in: Hermes 96, 1968, 1ff. J. Latacz: Realität und Imagination. Eine neue Lyrik-Theorie und Sapphos *phaínetaí moi kênos*-Lied, in: MH 42, 1985, 67–94. J. Latacz, GLTD 1, 392–429 (mit Texten gr.-dt.). A. Lesky, GL, 167–177. D. Meyerhoff: Traditioneller Stoff und individuelle Gestaltung. Untersuchungen zu Alkaios und Sappho, Hildesheim/Zürich/New York 1984. L. Merkelbach: Sappho und ihr Kreis, in: Ph 101, 1957, 1–29. G. A. Privitera: La rete di Afrodite. Ricerche sulla prima ode di Saffo, in: Quaderni Urbinati 4, 1967. W. Rösler: Dichter und Gruppe, München 1980. W. Rösler: Die frühe griechische Lyrik und ihre Interpretation. Versuch einer Situationsbeschreibung, in: Poetica 16, 1984, 179–205. H. Saake: Zur Kunst Sapphos, München 1971. W. Schadewaldt: Sappho, Potsdam 1950. D. Schmid: Ein Sappho-Gedicht, in: E. Römisch (Hg.): Griechisch in der Schule, Frankfurt 1972, 169–175 (Interpretation von Frg. 94 D.). B. Snell: Das Erwachen der Persönlichkeit in der frühgriechischen Lyrik, in: Entdeckung, 83–117. B. Snell: Sapphos Gedicht *Phainetai moi kenos*, in: Gesammelte Schriften, Göttingen 1966, 82–97. U. v. Wilamowitz-Moellendorff: Sappho und Simonides. Untersuchungen über griechische Lyriker, Berlin 1913.

Carmina
„Gedichte"

Gaius Sollius Sidonius Apollinaris aus Lugdunum, etwa 432–480/490 n. Chr.

Loblieder (Panegyriken) und Gelegenheitsgedichte (lat.).
Die meisten *Carmina* verfaßte Sidonius vor seiner Wahl zum Bischof im Jahre 470 n. Chr.

I Unter den *Carmina* ragen die poetischen Panegyriken in daktylischen Hexametern auf die Kaiser Avitus (7), Majorian (5 und 13) und Anthemius (2) besonders heraus. Zur Belohnung wurde dem Autor von Avitus eine Statue auf dem Trajansforum in Rom (i. J. 456) errichtet, von Majorian der Titel eines Comes (i. J. 458) verliehen, und von Anthemius erhielt er den Rang eines Präfekten von Rom. – Erhalten sind insgesamt 24 Gedichte. Davon sind acht hexametrische *Panegyrici.* Die übrigen sind Gedichte vermischten Inhalts (z. B. auch Hochzeitsgedichte) und in verschiedenen Metren verfaßt (Hendekasyllabus, Distichen, sapphische Strophe, Asklepiadeen, Anakreonteen). Im Rahmen einer mythologischen Fiktion beschreibt Sidonius ausführlich das Schloß des Pontius Leontius (22). – Wahrscheinlich wurden die 24 Gedichte mit einem Einleitungsgedicht (9) und einem Gedicht zum Geleit (24) als Sammlung vom Autor selbst herausgegeben.

Q Vorbilder der *Carmina* sind die →*Silvae* des Statius und die →*Carmina minora* des Claudian, aber auch Vergil und Horaz (→*Carmina*).

H Sidonius stammte aus einer christlichen Familie, die dem höchsten röm. Amtsadel in Gallien angehörte. Er erhielt daher auch eine sorgfältige sprachlich-rhetorische Ausbildung. Er gilt als der letzte bedeutende Vertreter antikchristlicher Bildung in Gallien. Allerdings ist die christliche Komponente in seinen Werken deutlich schwächer ausgeprägt als der antike Einfluß, der sich sowohl in der Form als auch im Inhalt zeigt. Der Autor „entsagt" nach seiner Bischofsweihe der Poesie, ohne jedoch ganz auf das Dichten zu verzichten.

A A. Loyen: Sidoine Apollinaire: Poèmes. Lettres. 3 Bde., Paris 1960 und 1970.
L J. Blänsdorff: Apollinaris Sidonius und die Verwandlung der römischen Satire in der Spätantike, in: Ph 137, 1993, 122–131. N. Delhey: Apollinaris Sidonius, *Carmen 22: Burgus Pontii Leontii*, Berlin / New York 1993 (mit Text und Kommentar). KNLL 15, 448f. A. Loyen: Recherches hist. sur les panégyriques de Sidoine Apollinaire, Paris 1942.

Carmina
„Lieder"

Terpandros aus Lesbos, 7. Jh. v. Chr.

Vertonungen homerischer Texte (gr.), nicht erhalten, aber bezeugt z. B. durch Ps.-Plutarchos, →*Perì musikês* (Kap. 3).

A ALG 5. PMG 362f.
L W. Vetter, RE 5 A 1, 1934, 785f.

Carmina
„Gedichte"

Tiberianus, 4. Jh. n. Chr.

Sammlung (lat.) von vier kürzeren Gedichten.

I Die Sammlung enthält die Ekphrasis eines *locus amoenus* („Lustort"), eine Deklamation über den Fluch des Goldes (→*Detestatio auri*) und ein Gebet an die Allgottheit (→*Anthologia Latina*).

A Anthologia Latina 490, 719 b, 809, 810. A. M. Duff: Minor Latin Poets, 1935, 553–569. PLM 3, 263–269.
L E. R. Curtius: Europäische Literatur und lateinisches Mittelalter, Bern/München [7]1969, 202–204. F. Lenz, RE 6 A 1, 1936, 766–777. M. Schuster: Das Frühlingsgedicht des Tiberianus, in: WS 63, 1948, 143–147.

Carmina
„Gedichte"

Venantius Fortunatus, 2. Hälfte des 6. Jh.s n. Chr.

Sammlung (lat.) von Gelegenheitsgedichten, Elegien, Lobliedern, Hochzeitsgedichten (Epithalamien), Epitaphien und Hymnen in elf Büchern.

I Ein Beispiel: In 200 elegischen Distichen verfaßte der Autor im Frühjahr ein Gedicht „Über die Jungfräulichkeit" (*De virginitate, Carmen* 8,3) für Agnes, die Adoptivtochter von Königin Radegunde, der Witwe Chlothars I., als sie zur Äbtissin des Heilig-Kreuz-Klosters in Poitiers geweiht wurde. „In diesem Gedicht mischen sich die Topoi der christlichen Jungfräulichkeitsparänese aus der Tradition der Hohelied-Auslegung der Kirchenväter mit den Strukturelementen des paganen Epithalamiums und schildern die Jungfrau als Braut Christi und ihre mystische Hochzeit mit dem himmlischen Bräutigam, so daß das Gedicht als ‚mystisches Epithalamium' das Gattungsexperiment eines christlichen Epithalamiums von Paulinus von Nola weiterführt, das seit damals keine Nachfolger mehr gefunden hatte. Zusätzliches Interesse gewinnt das Gedicht durch den Brief einer Nonne an ihren himmlischen Bräutigam, den dieser während einer Zusammenkunft der Heiligen im Himmel vorliest und die christliche Kontrafaktur eines Heroidenbriefes ist, wie wir ihn aus Ovids Sammlung der *Heroidum Epistulae* (→*Heroides*) kennen" (J. – L. Charlet, 521).

N Die im Jahre 569 auf Bestellung und unter maßgebendem Einfluß der Königin Radegunde verfaßte Kreuzeshymne *Pange lingua gloriosi lauream cartaminis* (2,2), die zur Begrüßung einer durch Kaiser Justinos II. für das Kloster in Poitiers geschenkten Kreuzesreliquie bestimmt war, wurde spätestens seit dem 9. Jh. in der Liturgie bei der Kreuzesverehrung am Karfreitag und im Stundengebet der Passionszeit verwendet. Die Prozessionshymne *Vexilla Regis prodeunt* (2,6) diente bis in die

Gegenwart als Vesperhymnus der Passionszeit und als Prozessionshymnus am Karfreitag.

A F. Leo / B. Krusch, MGH AA 4, 1/2, 1881–1885 (Reprint: 1961).
L J.-L. Charlet: Die Poesie, in: NHbL. Spätantike, 495- 564. J. W. George: A Latin Poet in the Merovingian Gaul, Oxford 1992. F. Leo: Venantius, der letzte römische Dichter, in: Deutsche Rundschau 32, Juli/August/September 1882, 414–426. W. Meyer: Der Gelegenheitsdichter Venantius Fortunatus, Berlin 1901. P. Santorelli: Epitaphium Vilihutae (IV 26), Neapel 1994 (mit Kommentar). D. Tardi: F., Paris 1927.

Carmina Bobiensia →Epigrammata Bobiensia

Carmina domestica
„Persönliche Gedichte"

Decimus Magnus Ausonius aus Burdigala, etwa 310–395 n. Chr.

Sammlung von Gedichten, die wichtige Stationen im Leben des Ausonius betreffen und z. T. offiziellen Charakter haben (lat.).

I (1) De herediolo („Über mein ererbtes Gut") in elegischen Distichen und im Stil des Lucilius, wie der Autor in seiner Prosavorrede sagt. – (2) Versus Paschales pro Augusto dicti („Osterverse, für den Kaiser verfaßt") in 31 Hexametern. Für eine Schmeichelei gegenüber dem Kaiser werden christliche Gedanken verwendet. – (3) Oratio consulis Ausonii versibus rhodopalicis („Gebet des Consuls Ausonius in rhodopalischen Versen"). Christliche Glaubensinhalte werden zu einem raffinierten metrischen Spiel gemacht: Die „Keulenverse" sind 42 Hexameter, die stets mit einem einsilbigen Wort beginnen und deren weitere Wörter jeweils um eine Silbe wachsen, so daß am Ende eines jeden Verses ein fünfsilbiges Wort steht. – (4) Epicedion in patrem („Trauergesang auf den Vater"). Das aus 32 elegischen Distichen bestehende Gedicht wird von einem Prosatext eingeleitet. Nach antikem Brauch ist die Elegie als unter dem Bildnis des Verstorbenen stehend zu denken. Der Dichter läßt diesen selbst sprechen. – (5) Precationes („Gebete") des Consuls Ausonius bei seinem Amtsantritt. Die beiden Gebete bestehen aus 56 und 16 Hexametern.

A R. Peiper, Leipzig 1886. S. Prete, Leipzig 1978 (in anderer Anordnung als bei Peiper und White). H. G. E. White. 2 Bde., London/Cambridge (Mass.) 1919–1921.
L H. A. Gärtner, RLTD, 198–205. M. Lossau (Hg.): Ausonius, Darmstadt 1991. H. Sivan: Ausonius of Bordeaux: Genesis of a Gallic Aristocracy, London 1993.

Carmina Einsidlensia
„Lieder aus Einsiedeln"

Anonymer Autor, der den Hofkreisen angehörte, vielleicht auch zwei Autoren des 1. Jh.s n. Chr.

Zwei im Codex Einsidlensis 266 (10. Jh.), d. h. in einer in der Bibliothek des Klosters Einsiedeln aufbewahrten mittelalterlichen Handschrift, überlieferte bukolische Gedichte (→Bucolica, →Eclogae, →Eidýllia) (lat.).
Entstanden in der Regierungszeit Kaiser Neros (reg. 54–68 n. Chr.). Nr. 1 zwischen 59 und 65; Nr. 2 etwa 55 n. Chr.

I In der 1. Ekloge preist der Autor eine musische Darbietung des Kaisers Nero, mit der dieser sogar Vergil übertreffe. Es handelt sich um eine Anspielung auf ein für Nero bezeugtes Werk (→Troica). – In der 2. Ekloge wird die Herrschaft Neros als ein neues Goldenes Zeitalter gepriesen. – Zur Nero-Panegyrik („Herrscherlob") vgl. auch die →Ilias Latina.

A J. W. und A. M. Duff: Minor Latin Poets, London/Cambridge (Mass.) 1934, 317–335 (lat.-engl.). C. Giarratano: Calpurnii et Nemesiani Bucolica, Einsidlensia Carmina, Turin (3)1951, 97–107. H. Hagen, in: Ph 28, 1869, 338–341. R. Verdière, Brüssel 1954, 210–219 (lat.-frz. mit Kommentar).
Ü D. Korzeniewski: Hirtengedichte aus neronischer Zeit. Titus Calpurnius Siculus und die Einsiedler Gedichte, Darmstadt 1971 (lat.-dt.).
L M. Balzert: Hirtensorgen im Goldenen Zeitalter. Eine Interpretation des carmen Einsidlense II, in: AU 14, 3, 1971, 24–42. H. Fuchs: Der Friede als Gefahr. Zum Zweiten Einsiedler Hirtengedicht, in: HSPh 63, 1958, 343–385. B. Merfeld: Panegyrik-Paränese-Parodie? Die Einsiedler Gedichte und Herrscherlob in neronischer Zeit, Trier 1999. G. Scheda: Studien zur bukolischen Dichtung in der neronischen Epoche, Diss. Bonn 1969. W. Schmid: Panegyrik und Bukolik in der neronischen Epoche, in: Bonner Jahrbücher 153, 1953, 63–96. F. Skutsch, RE 5, 1905, 2115 f. W. Theiler: Zu den Einsiedler Hirtengedichten, in: Untersuchungen zur antiken Literatur, Berlin 1970, 430–441.

Carmina figurata
„Figurengedichte"

Publilius Optatianus Porphyrius, 4. Jh. n. Chr.

Sammlung von panegyrischen Gedichten (lat.), Kaiser Constantin zum zwanzigjährigen Regierungsjubiläum im Jahre 325 n. Chr. übersandt.

I „Diese Gedichte stellen einen technischen Kraftakt dar: einige geben entsprechend alexandrinischer Tradition in ihrer Form einen Gegenstand wieder, wobei die Anzahl der Buchstaben eines Verses entsprechend dem darzustellenden Gegenstand gewählt wird. Zu bekannten Gegenständen wie Altar (Carmen 26) und Syrinx (Carmen 27) fügt er noch die Wasserorgel als mächtigstes aller Musikinstrumente (*Carmen* 20) hinzu. Doch besteht seine Originalität darin, daß er die alexandrinische Polymetrie durch ein einziges Versmaß ersetzte und ihm nun die Anzahl der Buchstaben eines Verses, nicht mehr die Versfüße, als Basis seiner Figuren dient; denn die Anzahl der Versfüße gestattete nur eine Annäherung an die Figur, da es durchaus möglich ist, daß ein – metrisch gesehen – kurzer Vers aufgrund einer größeren Buchstabenzahl doch länger ausfällt. Die genaue Buchstabenzahl ermöglichte nunmehr eine exakte Zeichnung, ohne daß man Zuflucht nehmen müßte zu einer Schreibweise in Schlangenlinien oder mit Linksläufigkeit..." (Charlet, 555).

A   E. Kluge, Leipzig 1926. G. Polara. 2 Bde. Turin 1973.
L   J. - L. Charlet, NHbL. Spätantike, bes. 553–557. U. Ernst: Carmen figuratum. Geschichte des Figurengedichts von den antiken Ursprüngen bis zum Ausgang des Mittelalters, Köln / Weimar / Wien 1991.

Carmina Marciana
„Lieder des Marcius"

An., 2. Hälfte des 3. Jh.s v. Chr.

Im Volk umlaufende Weissagungen (lat.) eines Sehers bzw. religiösen Sängers mit dem Namen Marcius, in Prosa verfaßt, aber von der epischen Sprache beeinflußt. Einige Frg. sind erhalten.

I   Die *Carmina Marciana* prophezeiten die Niederlage von Cannae (216 v. Chr.) im Krieg der Römer gegen Hannibal und empfahlen die Stiftung von jährlich wiederkehrenden Spielen nach gr. Ritus zu Ehren des Apollon. Dann würde der Gott die Feinde vernichten. – Der röm. Senat hatte diese Weissagungen im Jahre 213 v. Chr. einziehen lassen.

A   Die wichtigste Nachricht über den Text bietet Livius, →*Ab urbe condita* 25,12. Vgl. auch Macrobius, →*Saturnalia* 1,17, 27–29.
L   J. Gagé: Apollon Romain, 1955, 270–279. H. Le Bonniec: *Carmina Marciana*, in: dtv-L 1. 1, 286 f.

Carmina minora
„Kleinere Gedichte"

Claudius Claudianus, um 400 n. Chr.

Sammlung kleinerer Gedichte verschiedener Gattungen (lat., teilweise gr.), überwiegend in Hexametern und elegischen Distichen.

I   Die vom Dichter selbst nicht zusammengestellte Sammlung enthält Epigramme (z. B. 15–16; 33–39; 43–44), Briefe (z. B. 30), Beschreibungen von Orten (26), Gegenständen (29), sagenhaften oder ungewöhnlichen Tieren (9 über den Hystrix, 27 über den Vogel Phoenix, 49 über den Zitterrochen) und Personen (20), Gelegenheitsgedichte

(25). – Aus 32 mit dem Titel *De Salvatore* („Über den Erlöser") ist zu schließen, daß der Dichter Christ war, ohne seine heidnisch-röm. Vergangenheit zu verleugnen (→*De laudibus Stilichonis* 3,130–181 mit einem Lobpreis Roms und 3,205–216 mit einem Gebet an die Göttin Victoria).

A   F. E. Consolino, Venedig 1986 (lat./gr.-it.). J. B. Hall, Leipzig 1985. W. E. Heuss, Utrecht (nur 30: *Laus Serenae*). M. L. Ricci, Bari 1981 (nur 27: *Phoenix*).
Ü   H. A. Gärtner, RLTD 5, 244–247 (nur 32: *De Salvatore* lat.-dt.).
L   M. v. Albrecht, RL, 1060–1071. A. Cameron: Claudian, in: J. W. Binns (Hg.): Latin Literature of the Fourth Century, London 1974, 134–159. P. Laurens: Poétique et histoire. Etude de neuf épigrammes de Claudien, in: BAGB 1986, 4, 344–367. W. Richter: Zwei spätantike Gedichte über den Vogel Phoenix, in: RhM 136, 1993, 62–90. W. Schmid: Claudianus, in: RAC 3, 1957, 152–167. J. L. Sebesta: Claudian' s Credo. The *De Salvatore*, in: The Classical Bulletin 56, 1980, 33–36. H. Szelest: Klaudians *Laus Serenae*, in: Eos 65, 1977, 257–263. F. Vollmer: Claudianus, in: RE 3, 2, 1899, 2652–2660. J. Vanderspoel: Claudian, Christ, and the Cult of Saints, in: CQ NS 36, 1986, 244–255.

Carmina Priapea
„Lieder auf Priapus"

An.

Sammlung von 80 Epigrammen auf den ithyphallischen Gartengott Priapus (lat.).
Für die Datierung wurden Ansätze zwischen frühaugusteischer Zeit und der Zeit nach Martial (Anfang des 2. Jh. n. Chr.) diskutiert.

I   Die Gedichte enthalten drastische Darstellungen sexueller Vorgänge. Häufig haben sie eine aggressive Tendenz. Auffällig ist ihre Motiv-Variation: „Mit einer beachtlichen Kunst der *variatio* werden dem begrenzten Thema immer wieder neue Seiten abgewonnen" (M. v. Albrecht, 836).
Q   Seit frühhellenistischer Zeit wurden Gedichte auf den Gott Priapos/Priapus verfaßt, der in Verbindung mit Dionysos kultisch verehrt wurde. Ursprünglich waren diese Gedichte Inschriften auf den Wänden von Priapos-Heiligtümern und Priapos-Statuen. Durch Antipatros aus Sidon und Archias kam diese poetische Gattung nach Rom.
W   Die Epigramme sollen den röm. Ernst beiseite fegen und den Leser mit ihren Anzüglichkeiten und Obszönitäten unterhalten. Allerdings werden keusche Leserinnen gewarnt (*Carmen* 8). „Das Spiel mit der ernsten Römermoral, die am Eingang von Priaps Tempel außer Kraft gesetzt scheint, die schonungslose Entlarvung der Heuchelei und die Befreiung von bürgerlichen Zwängen der römischen Gesellschaft sind einige Aspekte, die eine Lektüre der Sammlung kulturpsychologisch lohnend machen" (M. v. Albrecht, 838).

A   W. H. Parker, London 1988 (lat.-engl. mit Kommentar). F. Vollmer: PLM 2. 2, Leipzig 1923.

Ü C. Fischer / B. Kytzler, Salzburg 1969 (lat.-dt.). Chr. Goldberg (s. u.).

L M. v. Albrecht, RL, 835–838. V. Buchheit: Studien zum Corpus Priapeorum, München 1962. Chr. Goldberg: *Carmina Priapea*. Einleitung, Übersetzung, Interpretation und Kommentar, Heidelberg 1992. R. Helm, RE 22, 1954, 1908 bis 1913. H. Herter: De Priapo, Gießen 1932. A. Richlin: The Garden of Priapus. Sexuality and Aggression in Roman Humor, New Haven 1983.

Carmina Saliorum
„Lieder der Salier"

Auch zitiert als *Carmina Saliaria* („Saliarische Lieder").

An.

In nur ganz wenigen Frg. erhaltene Lieder der Salier, einer altrömischen Priesterschaft, die an Festtagen zu Ehren des Gottes Mars und anderer Götter gesungen wurden. Vermaß: Saturnier (lat.).

I Durch Varro (116–27 v.Chr.), →*De lingua Latina* 7,27, ist ein dürftiges Fragment überliefert. Quintilian, →*Institutio oratoria* 1,6,40, stellt fest, daß diese Lieder kaum den Priestern selbst verständlich waren. Daher wurden sie in späterer Zeit in Buchform gebracht und, wie Varro, →*De lingua Latina* 7,2, bezeugt, von Lucius Aelius Stilo (etwa 150–70 v.Chr.), dem ersten bedeutenden Philologen und Grammatiker der Römer und Lehrer Varros und Ciceros, kommentiert. – Von *Saliorum versus* spricht Cicero, →*De oratore* 3,197. Livius, →*Ab urbe condita* 1,10,4 erzählt von den Saliern, die Lieder singend und tanzend durch die Stadt zogen. – Daneben gibt es noch viele andere antike Zeugnisse über die Existenz dieser Lieder.

A FPL, Stuttgart/Leipzig [(3)]1995.
L Schanz-Hosius.

Casina
„Die Sklavin Casina"

Titus Maccius Plautus, etwa 250–184 v.Chr.

Komödie (lat.).
Vermutlich zwischen 186 und 184 v.Chr. zum ersten Mal aufgeführt.

I Vater und Sohn lieben dasselbe Mädchen: Casina, die im Stück nicht auftritt. Der liebestolle Greis Lysidamus will mit der Sklavin seiner Frau eine Nacht verbringen. Um dies zu erreichen, will er seinen Sklaven Olympio mit Casina verheiraten und das „Recht der ersten Nacht" wahrnehmen. Sein Sohn Euthyniscus hat dasselbe Ziel. Er will – von seiner Mutter Cleostrata unterstützt – seinen Sklaven Chalinus zum Ehemann der Casina machen. Es kommt zum Streit zwischen den beiden Sklaven; sie lassen schließlich das Los entscheiden, und der Sklave des Vaters gewinnt. Lysidamus kommt aber nicht zum Ziel, weil er ständig von Cleostrata und Chalinus gestört wird. Schließlich wird Chalinus als Braut verkleidet dem Olympio zugeführt. Es kommt zu einer für den Sklaven und seinen Herrn bösen Überraschung. Die Komödie schließt mit der Verspottung der beiden Reingelegten und der großzügigen Vergebung für den versuchten Seitensprung durch die Ehefrau.

Q Vorlage können die →*Klerúmenoi* des Diphilos (etwa 350–289 v.Chr.) gewesen sein. Daher lautete der ursprüngliche Titel der *Casina* vielleicht *Sortientes* („Die Losenden"), wie der nicht von Plautus selbst verfaßte Prolog nahelegt.

N Trotz der Fülle komischer Effekte, der realistischen Typenzeichnung, der stringenten Handlungsführung, der überzeugenden Dialoge und der darauf zurückzuführenden Beliebtheit des Stückes in der Antike hatte die Komödie keine bemerkenswerte Wirkung. Eine Ausnahme ist die *Clizia* des Niccolò Macchiavelli (1525), der die Handlung in sein zeitgenössisches Florenz übertrug.

A W. M. Lindsay. 2 Bde., Oxford 1904. W. T. MacCary / M. M. Willcock, Cambridge 1976 (mit Kommentar).
Ü W. Binder / W. Ludwig: Antike Komödien. Plautus/Terenz. 2 Bde., Darmstadt 1976.
L J. Blänsdorf: Plautus, in: E. Lefèvre (Hg.): Das römische Drama, Darmstadt 1978, 135–222. J. M. Cody: The *senex amator* in Plautus' *Casina*, in: Hermes 104, 1976, 453–476. T. Frank: On the Dates of Plautus' *Casina* and Its Revival, in: AJPh 54, 1933, 368–372. E. Fraenkel; Plautinisches im Plautus, Berlin 1922, 292–313. K. v. Reinhardstoettner: Plautus. Spätere Bearbeitungen plautinischer Lustspiele. Ein Beitrag zur vergleichenden Literaturgeschichte, Leipzig 1886, 365–390. M. Waltenberger: Plautus' *Casina* und die Methode der Analyse, in: Hermes 109, 1981, 440–447.

Catalepton →Appendix Vergiliana

Catastrophe sive Peira
„Wendepunkt oder Erfahrung"

Acilius Severus, 4. Jh. n.Chr.

Verlorene Autobiographie (lat.).

I Das teils in Prosa, teils in Versen verfaßte Werk beschrieb das Leben des Autors als eine „Lebensreise" (vgl. Hieronymus, →*De viris illustribus* 111).

L H. Hofmann: Die Geschichtsschreibung, in: NHbL. Spätantike, 441. G. Misch: Geschichte der Autobiographie. Bd. 1. 2, 1950, 405–408.

Cathemerinon →Liber Cathemerinon (Prudentius)

Catilinae coniuratio
„Die Verschwörung des Catilina"

Auch zitiert als *Bellum Catilinae* („Krieg des Catilina").

Gaius Sallustius Crispus aus Amiternum, 86–35 v. Chr.

Historische Monographie (lat.) über den gescheiterten Staatsstreich des röm. Politikers Lucius Sergius Catilina im Jahr 63 v. Chr. (lat.).
Gaius Sallustius Crispus aus Amiternum, 86–35 v. Chr.
Das Werk wurde wohl um 42 v. Chr. verfaßt. Die Ausführungen in Kap. 53,6–54 (Vergleich von Cato (95–46 v. Chr.) und Caesar (100–44 v. Chr.) legen die Annahme nahe, daß die Schrift nach Caesars Tod geschrieben wurde.

I Am Anfang (1–4,2) berichtet Sallust, wie er zum Schriftsteller wurde. Dann nennt er sein Thema (4,3–5), stellt Catilina vor und fragt nach Gründen und Anlaß der Verschwörung (5,1–8). Eine wesentliche Ursache ist der moralische Verfall der röm. Gesellschaft (5,9–13,5 und 14–16). Es folgt ein Bericht über die erste Versammlung der Verschwörer (17–22). Im Mittelpunkt dieses Berichts steht eine Rede Catilinas (20). Dann werden die Ereignisse bis zu Catilinas Abreise aus Rom und seine Ächtung geschildert (23–36,3). Ein Exkurs über die traurige Situation des Staates schließt sich an (36,4–39,5). In 39,6–55,6 geht es um die Aufdeckung der Verschwörung in Rom und ihre Unterdrückung. In diesem Zusammenhang werden die Verhandlungen im Senat bis zur Hinrichtung der Hauptverschwörer dargestellt. Besonderes Gewicht kommt den Reden Caesars (51) und Catos (52) und dem Vergleich der beiden Männer zu (53,2–54,6). Der Schluß des Werkes handelt von Catilinas Ende; der Verschwörer wird noch einmal durch eine Rede charakterisiert (58).

Q Sallust gibt keine Auskunft über seine Quellen. Informationen über die geschilderten Ereignisse waren aber aus Senatsprotokollen, mündlichen Aussagen der Beteiligten – Sallust kannte z. B. Caesar und Crassus persönlich – und vor allem aus Ciceros Reden (→*Catilinariae orationes IV*) zu gewinnen. So ist übrigens auch zu erklären, daß Sallust Ciceros Catilina-Bild übernommen hat. – Gattungsgeschichtlich ist Thukydides' Werk über den Peloponnesischen Krieg (→*Ho pólemos tôn Peloponnesíon kaì Athenaíon*) die Vorlage (wie bei Thukydides gibt es im „*Catilina*" einen Prolog, eine Archäologie, eine große Rede am Anfang, einen politischen Exkurs, eine kontroverse Debatte und eine Beurteilung der führenden Persönlichkeiten). „Durch seine Gestaltungsweise erhebt Sallust den Anspruch, der römische Thukydides zu sein. Größe und Verfall Roms fordern zum Vergleich mit Athen im Peloponnesischen Krieg heraus. Trotz großer Unterschiede der Zielsetzung begegnen sich die bei-

den Historiker vor allem in der Frage nach der menschlichen Natur und nach den Ursachen innerer Auseinandersetzungen im Staat" (M. v. Albrecht, 351). – Die Kulturentstehungslehre mit der Idealisierung des Lebens in der Urgesellschaft (2,1 und 9,1) geht auf Poseidonios zurück (vgl. Seneca, →*Epistulae morales ad Lucilium* 90). – Am Anfang des „Catilina" klingen Themen und Motive der zeitgenössischen Philosophie an, die von Cicero vermittelt sein können. Schon die ersten Sätze greifen Gedanken aus Platons →*Politeía* (586a) und dem →*Phaídon* auf. – Das wichtigste literarische Vorbild Sallusts ist im röm. Bereich der ältere Cato (→*Origines*); das gilt ebenso für den Inhalt (moralisierende Romkritik) wie für die sprachliche Form (Archaismus).

H Sallusts Leben und Wirken fällt in die Zeit der Diktatur Sullas bis zum Zweiten Triumvirat, der Koalition von Lepidus, Antonius und Oktavian gegen den Senat und die Caesarmörder. Politisch stand er Caesar nahe und wurde von diesem unterstützt und gefördert. So nahm er an mehreren Feldzügen Caesars teil und war zeitweilig Statthalter der Provinz Africa Nova. Nach Caesars Tod zog er sich aus dem öffentlichen Leben zurück und widmete sich – materiell gesichert – ganz der Schriftstellerei.

W Für Sallust war die schriftstellerische Arbeit eine Form der Verwirklichung von *virtus*, die ihm Ruhm versprach. Er wollte unparteiisch sein (4,2) und der Bedeutung seines Themas durch eine angemessene sprachliche Darstellung gerecht werden (3,2). Als moralisierender Schriftsteller polemisierte er gegen die Sprachverfälschung (52,11: „Wir haben die wahren Worte für die Dinge verloren,"). – Als Historiker wollte er Hintergründe und Ursachen klären, die für ihn vor allem psychologisch-moralischer Natur waren (daher die Personencharakteristiken und die Reden). Die Persönlichkeit und ihre geistig-sittliche Leistung sind die treibenden Kräfte der Geschichte. *Virtus* ist entscheidend, nicht Zufall oder Schicksalsfügung (*fortuna*). Beim Verlust von *virtus*, der sich vor allem in der allgemeinen Korruption der politisch Verantwortlichen zeigt, gewinnt *fortuna* die Herrschaft (10,1). – Aufgrund seiner erklärten Unparteilichkeit läßt Sallust keine bestimmte politische Tendenz erkennen. Das zeigt vor allem die Darstellung des Rednerpaares Caesar und Cato: Es hat den Anschein, als ob die Anschauungen beider Redner sich gegenseitig zu einem Bild ergänzten, das ähnlich später auch von Tacitus im „*Agricola*" (→*De vita et moribus Iulii Agricolae*) gezeichnet wird.

N Sallust wird vielfach der Widerspruch zwischen der moralisierenden Tendenz seines Werkes und seiner Lebensführung vorgehalten (z. B. →*In Gaium Sallustium Crispum invectiva*). Dieses Problem sehen z. B. Laktanz (→*Divinarum institutionum libri VII*) und Macrobius (→*Saturnalia*). – Auch in sprachlich-stilistischer Hinsicht (vor allem wegen seiner Archaismen) wird Sallust zunächst abgelehnt (z. B. von Livius und Asinius Pollio). Aber Quintilian (→*Institutiones oratoriae* 10,1,101) erkennt Sallust als würdigen Nachfolger des Thukydides an. Für Martial (→*Epigrammata* 14,191) ist er der erste röm. Historiker. Tacitus (→*Annales* 3,30,1) rühmt ihn als den bedeutendsten röm. Geschichtsschreiber. Augustin (→*De civitate Dei* 1,5) nennt Sallust den „Historiker mit der berühmten Wahrheitsliebe". – Aufgrund des positiven Urteils der Kirchenväter wird er im Mittelalter zum Schulschriftsteller. In der Renaissance ist der *Catilina* ein Lehrbuch der Revolution. Friedrich Nietzsche und Hugo von Hoffmannsthal bewundern Sprache und Stil des röm. Autors. „Im *Catilina* schafft er einen neuen literarischen Stil. Als Geschichtswerk hat dieses Buch Mängel: Die Gestalt Catilinas wird in ihrer Bedeutung übersteigert; ungeprüft übernimmt der Historiker Ciceros Bild des Revolutionärs. Doch ist Sallusts Analyse der politischen Verhältnisse trotz ihres moralisierenden Tons nicht ganz verfehlt. Die Herrschaft des Reichtums, daraus resultierend Habgier und Gewissenlosigkeit verarmter Aristokraten, der Ersatz legaler politischer Auseinandersetzung durch *amicitia* und *factio*, die Pervertierung des edlen Wettstreits um Ämter, Ehren und Ruhm zu einer Verschwörung gegen das Gemeinwesen: All dies ist eine vernichtende Diagnose der nachsullanischen Ordnung mit brennendem Gegenwartsbezug ..." (M. v. Albrecht, 367).

A. A. Kurfess, Leipzig [3]1957, Nachdr. 1991. L. D. Reynolds, Oxford 1991.
Ü K. Büchner, Stuttgart 1972 (lat.-dt.). W. Eisenhut / J. Lindauer, München/Zürich [2]1994 (lat.-dt.).
L M. v. Albrecht, RL, 347–370. C. Becker: Sallust, in: ANRW 1, 3, 1973, 720–754. K. Büchner: Sallust, Heidelberg [2]1982. B. Latta: Der Wandel in Sallusts Geschichtsauffassung vom *Bellum Catilinae* zum *Bellum Iugurthinum*, in: Maia 39, 1987, 271 bis 288. A. D. Leeman: Form und Sinn. Studien zur römischen Literatur, Frankfurt 1985, bes. 69–75; 77–109. V. Pellegrini: Cicerone e Sallustio di fronte alla congiura di Catilina, in: Atti del convegno di studi Virgiliani 1981. Bd. 2, Pescara 1982, 251–277. G. Perl: Sallust und die Krise der römischen Republik, in: Ph 113, 1969, 201–216. V. Pöschl: Zum Anfang von Sallusts *Catilina*, in: Forschungen zur römischen Literatur. FS K. Büchner, Wiebaden 1970, 254–261. V. Pöschl (Hg.): Sallust, Darmstadt [2]1981. Th. F. Scanlon: The Influence of Thukydides on Sallust, Heidelberg 1980. S. Schmal: Sallust, Hildesheim 2001. W. Suerbaum: Sallust über die Schwierigkeiten, Geschichte zu schreiben (*Catil.* 3,2), in: Gegenwart der Antike, hg. v. W. Hörmann, München 1974, 83–103. R. Syme: Sallust, Berkeley 1964 (dt. Darmstadt 1975). K. Vretzka: C. Sallustius Crispus: De Catilinae coniuratione. 2 Bde., Heidelberg 1976 (Kommentar).

Catilinariae orationes IV
„Vier Reden gegen Catilina"

Marcus Tullius Cicero aus Arpinum, 196–43 v. Chr.

Ansprachen vor dem röm. Senat und dem röm. Volk über den Putschversuch Catilinas und seiner Anhänger im Jahre 63 v. Chr. (lat.).
Zwei Reden hielt Cicero am 7. und 8. November vor dem Senat und dem Volk, zwei Reden am 3. und 5. Dezember 63 v. Chr. vor dem Volk und in einer Sitzung des Senats. Cicero hat die Reden vor der schriftlichen Publikation gründlich umgearbeitet, als er im Jahre 60 v. Chr. eine Ausgabe seiner Reden vorbereitete, die er in der Zeit seines Consulats gehalten hatte.

I Das erste Redenpaar befaßt sich mit Catilina selbst. Cicero will Catilina zu offenem staatsfeindlichen Verhalten herausfordern. Das zweite Redenpaar geht auf den stadtrömischen Anhang Catilinas ein. Die beiden an den Senat gerichteten Reden haben einen argumentierenden Charakter; sie wollen auf Entscheidungen Einfluß nehmen. Die beiden Reden an das Volk berichten im wesentlichen über die Vorgänge (vgl. auch Sallust, →*Catilinae coniuratio*). – Mit der 1. Rede will Cicero Catilina, der an der Senatssitzung teilnimmt, dazu bringen, zusammen mit seinen Anhängern die Hauptstadt zu verlassen. Er versucht, alle Mittel des moralischen Druckes gegen Catilina einzusetzen: Dieser soll seine Maske fallen lassen und sich zu seinen Truppen begeben. Ciceros leidenschaftliche Angriffe erreichen ihr Ziel, Catilina den weiteren Aufenthalt in Rom unmöglich zu machen. Er verläßt die Stadt. – Nach Catilinas Abreise hält Cicero die 2. Rede vor dem röm. Volk. Er weist darauf hin, daß er dem Verlangen nach sofortiger Bestrafung Catilinas nicht habe nachgeben dürfen (3 f.). Aber er habe auch nicht von seinem Ausnahmerecht Gebrauch gemacht und diesen aus der Stadt „hinausgeworfen", sondern ihn nur „fortgeschickt" (12–15). Ausführlicher geht Cicero auf die Gefährlichkeit der catilinarischen Bewegung ein, deren Mitglieder sich noch in Rom aufhielten. Das dämpfe die Freude über Catilinas Flucht (4–6). Die offen Revoltierenden brauche man jedoch nicht zu fürchten. – Cicero versucht nach einer heftigen Invektive gegen Catilina und seine Genossen (7–10), die Kräfte zu analysieren, die sich um Catilina versammelt haben. Verschiedene Gruppen von Verschwörern werden benannt (17–23), die jedoch gegen den Staatsapparat nichts ausrichten könnten (24–26). – Die 3. Rede hält Cicero wiederum vor dem röm. Volk. Cicero berichtet über seine Maßnahmen, die zur Aufklärung der hochverräterischen Absichten der Catilinarier führten. Der Senat hatte beschlossen (3–15), die Hochverräter zu verhaften. Der Schlag war deshalb so erfolgreich, weil er mit Hilfe der Götter erfolgte (18–22). Als Retter aber erwies sich Cicero selbst und wurde dadurch zum zweiten Staatsgründer nach Romulus (23–29). – In der 4. Rede fragte Cicero im Senat nach dem weiteren Schicksal der Verhafteten. Die Debatte wurde durch einen Antrag Catos beendet: Der Senat beschloß mit großer Mehrheit den sofortigen Vollzug der Todesstrafe. Sie wurde am 5. Dezember vollstreckt. Caesar hatte übrigens für die Verurteilung zu lebenslänglicher Haft plädiert (7 f.). Cicero räumte ein, daß Caesars Vorschlag ihn zwar gegen Angriffe der Popularen schützen würde (9–11); der Senat – so Cicero – sollte sich jedoch nur vom Wohle des Staates leiten lassen und auf seine Person keine Rücksicht nehmen.

W „Die Catilinarischen Reden haben mit Recht seit jeher als ein Höhepunkt von Ciceros brillanter Eloquenz gegolten. Andererseits treten dort zum ersten Mal die Grenzen und Schwächen des bedeutenden Verfassers hervor: das maßlose Selbstlob und die kolossale Überschätzung eines episodischen Ereignisses, das chimärische Wunschbild von der Einigkeit aller Stände und jene simplifizierende Schwarzweißmalerei, die den bewegenden Kräften einer aus den Fugen geratenen Zeit mit den Kategorien der ‚Rechtschaffenen‘ (boni) und der ‚Bösewichter‘ (improbi) gerecht zu werden glaubte" (Fuhrmann, 1970, 227).

A K. Halm / W. Sternkopf, Berlin (16)1919.
Ü M. Fuhrmann, Reden. Bd. 2. M. Fuhrmann, München 1993.
L H. Fuchs: Eine Doppelfassung in Ciceros catilinarischen Reden, in: Hermes 87, 1957, 463–469. M. Fuhrmann, Cicero, 91–103. E. Norden: Kleine Schriften, Berlin 1966, 137–144. K. Vretzka: Das Datum der 1. Catilinaria, in: Ciceroniana I, 1959, 185–196. Z. Yavetz: The Failure of Catiline's Conspiracy, in: Historia 12, 1963, 485–499.

Cato
(röm Politiker)

Cornelius Nepos, etwa 100–25 v. Chr.

Biographie (lat.) des Marcus Porcius Cato (234 bis 149 v. Chr.), des berühmten Censors (seit 184 v. Chr.) und leidenschaftlichen Gegners einer Politik der Verständigung mit Karthago.
Eine erste Auflage des Werkes →De viris illustribus, zu dem die Cato-Biographie gehört, wurde um 35 v. Chr. veröffentlicht. Um 29 v. Chr. brachte der Autor eine zweite Auflage heraus.

I Die erhaltene Cato-Biographie ist ein Auszug aus einer größeren, aber verlorenen Monographie über Cato, auf die Cato am Schluß selbst hinweist: Wer mehr über Cato wissen wolle, sei auf das größere Werk über Cato verwiesen, das Nepos auf Wunsch von Titus Pomponius Atticus verfaßt habe. Cato wird auch in der vorliegenden Kurzbiographie als ein sehr streitsüchtiger, aber auch unanfechtbarer Politiker dargestellt. Nepos weist auf seine vielfältigen Fähigkeiten, Tätigkeiten und Interessen hin.
W In der Persönlichkeit des Cato verkörperte sich für Cornelius Nepos das Ideal des konservativen Römers, der sich ganz in den Dienst der röm. Republik stellte, diszipliniert und gesetzestreu seine Pflichten erfüllte. – Vgl. auch die Cato-Biographie des Plutarch (→Bíoi parálleloi).

A A.-M. Guillemin, Paris (2)1961 (lat.-frz.). P. K. Marshall, Leipzig (3)1991.
Ü H. Färber, München 1952 (lat.-dt.). G. Wirth, München 1962.
L M. v. Albrecht, RL, 381–390. K. Büchner, RLG, 271–275. G. Wissowa: Cornelius Nepos, in: RE 4, 1, 1900, 1408–1417.

Cato maior de senectute
„Der ältere Cato über das Greisenalter"

Marcus Tulllius Cicero aus Arpinum, 106–43 v. Chr.

Dialog über die Vorurteile gegen das Alter (lat.). Wahrscheinlich 44 v. Chr. verfaßt.

I In dem Dialog, der im Jahre 150 v. Chr. spielt und an dem außer dem alten Cato (234–149 v. Chr.) noch Scipio und Laelius teilnehmen, entkräftet Cato vier Vorwürfe gegen das Alter. – Das Werk beginnt mit der Widmung und Einleitung (1–15): Atticus ist der Adressat, da die angebliche Last des Alters auf ihn wie auch auf Cicero selbst unweigerlich zukomme, aber durch philosophische Überlegungen bewältigt werden könne. Im einleitenden Gespräch bewundern Scipio und Laelius den alten Cato, der die Beschwerlichkeiten des Alters mit vollkommener Weisheit ertrage. Das übliche Verhalten alter Menschen sei töricht, und ihre Unzufriedenheit charakterlich bedingt. Cato bringt ausführliche Beispiele für glückliche alte Männer. – Die vier Vorwürfe werden mit folgenden Argumenten zurückgewiesen: (1) Ältere Menschen können sich politisch betätigen; sie haben sogar ein Recht darauf (15–26). – (2) Körperliche Schwäche ist kein Mangel, da sie durch die besonderen geistigen Fähigkeiten der älteren Menschen ausgeglichen werden (27–38). – (3) Durch das Abnehmen der sinnlichen Lust wird der Ältere frei für die Philosophie (39–66). – (4) Todesfurcht ist unbegründet, da mit dem Tod entweder alles vorbei ist oder die Rechschaffenen mit der Glückseligkeit rechnen können (66–84). – Am Schluß (85) wünscht Cato, daß die Gesprächspartner die positive Sicht des Alters durch eigene Erfahrungen bestätigen können.
Q Cicero weist selbst (3) auf den Peripatetiker Ariston aus Keos hin, der in einer Schrift über das Alter den mythischen Tithonos zum Wortführer gemacht habe. Frg. dieser Schrift sind u. a. in der Abhandlung Plutarchs Ei presbytéro politeutéon („Ob sich ein älterer Mensch politisch betätigen sollte") (→Moralia) erhalten. Aber auch bei anderen Autoren finden sich Hinweise auf Schriften des Typs Perì géros („Über das Greisenalter"), auf die Cicero hätte zurückgreifen können. – Vielleicht ging Ciceros Vorlage (Ariston) auf eine der →Diatribaí des Bion (um 330–250 v. Chr.) zurück. – Cicero verarbeitete aber auch stoisches Gedankengut, wie z. B. die Erörterung des Selbstmordes (72) und die Ablehnung der epikureischen Lehre (39–41).
W Das Bild, das Cicero von Cato zeichnet, weicht von dem überlieferten Cato-Bild deutlich ab. Cato ist bei Cicero u. a. ein begeisterter Anhänger der griechischen Philosophie, kein zänkischer Politiker und kein Feind der Scipionen. Ciceros Abkehr vom historischen Cato soll demonstrieren, daß der Autor keine historische Darstellung, sondern eine philosophische Abhandlung schreiben will. Cicero identifiziert sich mit Cato, den er als

sein Sprachrohr gestaltet. Es sind Ciceros eigene Gedanken, die er Cato über die Würde und das Glück eines von philosophischer Weisheit getragenen Alters aussprechen läßt. „So wird der Cato durch seine Gedanken, noch mehr aber durch das Beispiel eines erfüllten Lebens und Alters ein Denkmal der in sich und im Geiste gefestigten Persönlichkeit, die dem Leben nichts schuldig bleibt, es aber auch nicht verachtet, sondern sich im Blick auf eine ewige Ordnung in es einfügt und zugleich darüber hinauszielt" (Büchner, 405).

N Offensichtlich hatte Atticus große Freude an dem Werk (vgl. Cicero, →*Epistulae ad Atticum* 16,5,1 Kasten). Positive Aufnahme fand es auch bei Quintilian (→*Institutio oratoria* 5,11,41). Plutarch benutzte die Schrift im 17. Kapitel seiner Cato-Biographie (→*Bíoi parálleloi*). – Theodoros Gazes (um 1400 bis 1476/78) übersetzte die Schrift ins Griechische (ed. G. Salanitro, Stuttgart/Leipzig 1987). Die außerordentlich große Anzahl der Handschriften beweist die Beliebtheit des Werkes über die Jahrhunderte hinweg. Ein spätes Zeugnis ist Jacob Grimms Rede „Über das Alter" (1860).

A J. G. F. Powell, Cambridge 1988. K. Simbeck, Leipzig 1917.
Ü M. Faltner / G. Fink, Düsseldorf/Zürich [(3)]1999 (lat.-dt.). H. Merklin, Stuttgart 1998 (lat.-dt.).
L M. v. Albrecht, RL, 414–449. K. Büchner, Bestand und Wandel, 398–408. F. Klingner: Cato Censorius und die Krisis Roms, in: Geisteswelt, 398–408.

Cena Cypriani
„Das Gastmahl des Cyprianus"

Ps.-Cyprianus, um 400 n. Chr.

Literarische Spielerei, wohl erst um 400 n. Chr. entstanden (lat.).

I Biblische Gestalten versammeln sich zu einem Gastmahl und bringen ihre typischen Eigenschaften auf humoristische Weise zur Geltung.
N Das Werk war im Mittelalter beliebt und durch Umberto Eco („Der Name der Rose") wurde es wieder bekannt.

L M. v. Albrecht, RL, 1242–1252. C. Modesto: Studien zur *Cena Cypriani* und deren Rezeption, Tübingen 1992.

Cena Trimalchionis →Satyrica (Petronius)

Cento nuptialis
„Hochzeitsflickgedicht"

Decimus Magnus Ausonius aus Burdigala, etwa 310–395 n. Chr.

Ein aus Vergilversen „zusammengeflicktes" Scherzgedicht, ein Technopaignion (lat.).

I Ausonius nennt in der Praefatio die für sein Scherzgedicht geltenden Regeln: Der *Cento* ist ein *opusculum de inconexis continuum, de diversis unum, de seriis ludicrum, de alieno nostrum* („ein aus unverknüpften Versen gebildetes zusammenhängendes Werk, eine aus verschiedenartigen Stoffen gebildete Einheit, ein aus ernsthaften Stellen komponiertes Scherzgedicht, ein aus fremdem Gut bestehendes eigenes Gebilde"). Aus einer großen Zahl von Versen und mit Hilfe von neuartigen Bedeutungen wird ein neues Gedicht geschaffen; dabei dürfen nicht mehr als anderthalb Verse in einem Stück aus der Vorlage entnommen sein. – „Der Witz des Gedichtes besteht darin, daß den epischen Ausdrücken ein erotischer Sinn unterlegt werden muß, wie etwa dem Vers, der beschrieb, wie der Spieß (*hasta*) des Arruns die jungfräuliche Camilla tödlich trifft (→*Aneis* 11, 804) und der nun dazu dient, die Entjungferung der Braut zu schildern (Vers 118): *Haesit virgineumque alte bibit acta cruorem.* Das Gedicht kann nur von einem Leser gewürdigt werden, der sich des Abstandes zwischen der ursprünglichen Bedeutung der Wendung bei Vergil und ihrer übertragenen, das heißt erotischen im neuen Kontext bewußt ist: das ästhetische Vergnügen besteht genau in der Wahrnehmung dieses Abstandes" (Charlet, 555). Der *Cento nuptialis* ist „eine unheilige Montage aus Satzfetzen des keuschen Vergil" (M. v. Albrecht, 1048).
W Der Autor versucht, „eine aus der Spannung zwischen der Vorlage und dem Thema resultierende groteske Wirkung" (W. Schmid, 294) zu erzielen (...*ut bis erubescamus, qui et Vergilium faciamus impudentem*: „... damit wir zweimal erröten, da wir sogar Vergil zu einem schamlosen Kerl werden lassen"). – „Es macht Ausonius Spaß, sich von einem gleichsam heiligen Text ironisch und parodistisch zu distanzieren... Ausonius lädt ihn [den Leser] zu einer spielerischen und burlesken Lektüre ein, die aber ein Gefühl tiefster Bewunderung nicht ausschließt" (Charlet, 555).

A R. Peiper, Leipzig 1886.
L J. N. Adams: Ausonius' *Cento nuptialis*, in: SIFC N.S. 53, 1981, 101–131. M. v. Albrecht, RL, 1047–1054. J. – L. Charlet: Die Poesie, in: NHbL. Spätantike, bes. 553–557. M. Fuhrmann, Spätantike, 220. R. Herzog: Die Bibelepik der lateinischen Spätantike: Formgeschichte einer erbaulichen Gattung. 1, München 1975, 4 ff. W. Schmid: Cento, in: dtv-L 1. 1, 294 f.

Certamen Homeri et Hesiodi
„Wettstreit zwischen Homer und Hesiod"

Auch zitiert als *Perì Homéru kaì Hesiódu kaì tû génus kaì agônos autôn* („Über Homer und Hesiod, ihre Herkunft und ihren Wettstreit").

An.

Prosadichtung (gr.)
Verfaßt zur Zeit des Kaisers Hadrian (reg. 117–138 n. Chr.).

I Der Wettstreit (*agón*) findet bei den Leichenspielen des Königs Amphidamas in Chalkis statt. Zum Wettstreit werden alte und neuverfaßte Verse der beiden Dichter vorgeführt. Sieger bleibt nach dem Urteil des Preisrichters Hediod, weil seine Verse (→*Theogonía*, →*Érga kaì hemérai*) vom friedlichen Landbau handeln. Die Zuhörer hätten allerdings lieber Homer den Sieg zuerkannt, nachdem er Verse aus den Kampfszenen der →*Iliás* vorgetragen hatte. – Im Rahmen der Schrift wird auch über den weiteren Lebenslauf der beiden Dichter berichtet.
Q Das Werk geht wohl auf das →*Musaîon* des athenischen Redners Alkidamas zurück. Hierin hatte der Redner die Kunst des Improvisierens an berühmten Beispielen (u. a. am Wettkampf Homers und Hesiods) dargestellt.

A Th. W. Allen: Homeri Opera. Bd. 5, Oxford 1912. A. Colonna. Esiodo. Le opere e i giorni, Mailand 1968. A. Rzach, Stuttgart [3]1913, Nachdr. 1992.
Ü W. Schadewaldt: Legende von Homer, dem fahrenden Sänger, Zürich 1959.
L K. Heldmann: Die Niederlage Homers im Dichterwettstreit mit Hesiod, Göttingen 1982. K. Hess: Der Agon zwischen Homer und Hesiod, Winterthur 1960. A. Lesky, GL, 59 und 115. E. Vogt: Die Schrift vom Wettkampf Homers und Hesiods, in: RhM 102, 1959, 193–222. M. L. West: The Contest of Homer and Hesiod, in: CQ 17, 1967, 433 ff.

Chairéas kaì Kallirrhóe
(Hauptpersonen des Romans)

Chariton aus Aphrodisias, 1./2. Jh. n. Chr.

Liebes- und Abenteuergeschichte in acht B. (gr.).

I Die Handlung dieses wohl ältesten vollständig erhaltenen gr. Romans ist frei erfunden, sucht aber Anschluß an Historisches. So wird am Anfang Hermokrates, der syrakusanische Feldherr, genannt, der das athenische Expeditionscorps im Jahre 413 v. Chr. besiegt hatte (Thukydides, →*Ho pólemos tôn Peloponnesíon kaì tôn Athenaíon*). Dieser Hermokrates ist der Vater der schönen Kallirrhoe, die Chaireas, der Sohn eines politischen Gegners des Hermokrates, heiratet, dann aber infolge seiner durch die früheren Freier der Kallirrhoe aufgestachelten Eifersucht und die Launen der Aphrodite,

des Eros und der Tyche wieder verliert und nach endlosen Abenteuern wiederfindet. In der Zeit der Trennung von Chaireas muß Kallirrhoe ihre Treue beweisen. So gerät sie z. B. an den persischen Königshof, wo sich Artaxerxes II. in sie verliebt, bis sie durch einen Aufstand gegen die persische Herrschaft in Ägypten, wohin der persische König zu Felde ziehen muß, und durch den Sieg des zu den Ägyptern übergegangenen Chaireas um die Werbung des Königs befreit wird. – Obwohl die Handlung also etwa in der Zeit des Peloponnesischen Krieges (431–404 v. Chr.) zu spielen vorgibt, sind alle historischen Gestalten und Ereignisse nur äußerliche Staffage. – Die für den gr. Roman typischen Motive sind in *Chairéas kaì Kallirrhóe* bereits vorhanden: die Liebe auf den ersten Blick; der von Neidern erregte Verdacht der Untreue; die Mißhandlung der Kallirrhoe durch Chaireas, der seine Frau bei einem vermeintlichen Versuch der Untreue ertappt und zu Boden wirft, was ihren scheinbaren Tod und die Beisetzung der Scheintoten zur Folge hat; die Plünderung des Grabes durch Grabräuber, die die aus ihrem Scheintod aufgewachte Kallirrhoe entführen; der Verkauf der jungen Frau an den Gutsbesitzer Dionysios, den sie heiratet, um das Kind, das sie von Chaireas erwartet, vor der Sklaverei zu bewahren; die Suche nach Kallirrhoe nach der Entdeckung des leeren Grabes; die gescheiterte Befreiung durch Chaireas, der dabei gefangen genommen und in die Sklaverei verkauft wird; die zufällige Aufdeckung der Beziehung zwischen Chaireas und Kallirrhoe durch Mithridates, den Satrapen von Karien, der sich in die junge Frau verliebt; der Versuch des Perserkönigs Artaxerxes II., die Verhältnisse zu klären, und seine Liebe zu Kallirrhoe, die sich anläßlich der vom König angesetzten Gerichtsverhandlung in Babylon befindet; die Gefangennahme Kallirrhoes durch die aufständischen Ägypter, die Artaxerxes vergeblich niederzuwerfen versucht; die Wiedererkennung der schönen Gefangenen durch Chaireas; die Rückkehr des Paares nach Syrakus.

Q Zu den Quellen des Chariton gehören die Romane des Iamblichos (→*Babyloniaká*), des Heliodoros (→*Aithiopiká*) und vor allem des Xenophon aus Ephesos (→*Tà kat' Antheían kaì Habrokómen Ephesiaká*).

W Chariton schrieb keinen echten „historischen" Roman, obwohl ihm sehr daran lag, den Gegensatz zwischen Barbaren und Griechen hervortreten zu lassen und die großen Taten der Griechen in der Gestalt des Chaireas zu rühmen. – Das Geschehen wird von der Liebesgöttin gesteuert, die die Liebenden aus einem nicht erkennbaren Grund bestraft, ohne jedoch als Person in Erscheinung zu treten; vielleicht ist der Auslöser der vielen Leiden die hinreißende Schönheit der Kallirrhoe. Die Macht der Schicksalsgöttin durchkreuzt bisweilen die Beherrschung der Dinge durch Aphrodite. Auch wenn der Autor die Gottheiten im Hintergrund agieren läßt, bezeugt er keinen wahren Glauben an die göttlichen Mächte. Bezüge zu einer Mysterienreligion, wie dies in anderen gr. Romanen der Fall ist, sind nicht vorhanden; die Handlung ist keinem religiösen Mythos nachgebildet. Sie wird im wesentlichen von Personen getragen, die sich durch Menschlichkeit und eine gewisse vornehme Zurückhaltung auszeichnen.

A W. E. Blake, Oxford 1938. G. P. Goold, London / Cambridge (Mass.) 1995 (gr.-engl.). G. Molinié / A. Billaut, Paris 1989 (gr.-frz.).
Ü Chr. G. Heyne, 1753. Ch. Meckelnborg / K.-H. Schäfer, Darmstadt 2005 (gr.-dt.). K. Plepelits, Stuttgart 1976.
L R. Helm: Der griechische Roman, [(2)]1956. N. Holzberg: Der antike Roman, München/Zürich 1986. A. Lesky, GL, 963. B. E. Perry, in: AJPh 51, 1930, 93–134. R. Petri: Über den Roman des Chariton, Meisenheim am Glan 1963. E. Rohde: Der griechische Roman und seine Vorläufer, Leipzig [(3)]1914, Nachdr. Darmstadt 1960, 517–531. C. Ruiz-Montero: Chariton von Aphrodisias. Ein Überblick, in: ANRW 2, 34, 2, 1994, 1012 ff. G. Schmeling (Hg.): The novel in the Ancient World, Leiden / New York / Köln 1996, 309 ff.

Charaktêres ethikoí
„Charaktere"

Theophrastos aus Eresos, um 370–287 v. Chr.

Skizzen von dreißig überwiegend negativen Charaktertypen (gr.).
Wahrscheinlich nach 319 v. Chr. verfaßt.

I Die Charakterskizzen erheben nicht den Anspruch, ein Ergebnis wissenschaftlich-psychologischer Untersuchungen zu sein. Aufgrund der unwirklichen Häufung skurriler Einzelzüge und der präzisen Zeichnung der Typen sind sie wohl eher als Karikaturen zu verstehen: der Unaufrichtige, der Schmeichler, der Redselige, der Bäurische, der Gefallsüchtige, der Bedenkenlose, der Schwätzer, der Gerüchtemacher, der Unverschämte, der Kleinliche usw.
Q Theophrast könnte Anregungen aus den ethischen Schriften des Aristoteles gewonnen haben (→Ethikà Eudémeia, →Magna Moralia, →Ethikà Nikomácheia).
H Die Darstellung wird vor allem durch die Beobachtung von Zeitgenossen in der athenischen Gesellschaft des ausgehenden vierten Jahrhunderts v. Chr. angeregt worden sein. So bieten die Charaktêres auch einen Einblick in das Leben der bürgerlichen Gesellschaft der frühhellenistischen Stadt Athen.
W Theophrast geht davon aus, daß der Mensch eine natürliche Veranlagung für ein bestimmtes Verhalten besitzt. Diese natürlichen Anlagen werden durch eine Erziehung ausgebildet, die nur in jungen Jahren möglich ist. Bleibt ein Mensch ohne Erziehung, dann bestimmen in späteren Jahren seine ungezügelten Triebe sein Handeln und Verhalten. Theophrasts Typen sind Beispiele für in diesem Sinne Unerzogene.
N Vier der Charaktere begegnen auch als Titel

von Komödien des Menander (→Kólax, →Agroikós, →Deisidaímon, →Ápistos). Die Nähe zu den Typen der Neuen Komödie ist also offensichtlich. – In hellenistischer Zeit konnten die Charaktêres den philosophischen Schulen, die sich einer philosophischen Psychotherapie verschrieben hatten, Anschauungsmaterial für Fehlverhalten liefern. – Auch die röm. Komödie wurde wohl von Theophrast beeinflußt. – Vgl. auch die Schwätzersatire des Horaz (→Sermones 1,9). – In der späteren Antike wurden die Charaktêres als Sammlung abschreckender Beispiele für die moralische Erziehung benutzt. In der Renaissance wurde der Text ins Lateinische übersetzt und 1527 zum ersten Mal teilweise gedruckt; um 1600 entstand der wichtige Kommentar des Isaac Casaubonus. – Breite Wirkung hatte die Schrift im 17. Jh. vor allem in England, Frankreich und Deutschland.

A H. Diels, Oxford 1909. O. Immisch, Leipzig 1923.
Ü D. Klose, Stuttgart 1970 (gr.-dt.). W. Plankl, Wien [(4)]1947 (gr.-dt.). P. Steinmetz, München 1960–1962 (gr.-dt. mit Kommentar).
L U. Albini: I caratteri di Teofrasto, in: Maia 15, 1963, 259–269. O. Regenbogen, RE Suppl. 7, 1940, 1500 bis 1511. M. Stein: Definition und Schilderung in Theophrasts Charakteren. Beiträge zur Altertumskunde 28, 1992.

Charídemos è perì kállus
„Charidemos oder über Schönheit"

Ps.-Lukianos

Dialog (gr.) zwischen Charidemos und Hermippos, der sich im wesentlichen auf das Referat von drei auf einem Gastmahl gehaltenen Reden beschränkt.

I Der Dialog berichtet zunächst über einen Sieg, den ein gewisser Androkles mit einem Enkomion auf Herakles beim Fest der Diasia davongetragen hatte, die zu Ehren des Zeus Meilichios im Januar/Februar außerhalb der Stadt Athen gefeiert wurden. Bei einem Gastmahl, das der Sieger Androkles gibt, werden drei Lobreden auf die Schönheit gehalten. Auf Wunsch des Hermippos soll Charidemos, der bei dem Gastmahl anwesend ist, diese Reden referieren. Bevor er mit seinem Referat beginnt, nennt er den Anlaß für die drei Reden: Sie werden herausgefordert durch die Schönheit des jungen Kleonymos, des Sohnes des Androkles.
Q In Ausdruck und Satzbau sind die Reden mit der →Heléne des Isokrates verwandt; so paraphrasieren z. B. die Kap. 16–18 die Heléne (18–20 und 39–43 und 50–53).

A R. Anastasi, Bologna 1971 (gr.-it. mit Kommentar). D. M. MacLeod: Lucian. Bd. 8, London/Cambridge (Mass.) 1967, 467–503 (gr.-engl.).
Ü Chr. M. Wieland: Lucian von Samosata. Sämtl. Werke 3, 6, Leipzig 1788/1789, 353–381.

Charmídes
(Gesprächspartner des Sokrates)

Platon aus Athen, 427–347 v. Chr.

Sokratischer Dialog (gr.) über das Wesen der Besonnenheit (*sophrosýne*).
Enstanden nach 399 v. Chr.

I Am Anfang des Gesprächs erkundigt sich Sokrates, der nach einem Militäreinsatz nach Athen zurückgekommen war, wie es denn bei den jungen Männern um die Philosophie bestellt sei und ob sich einige von ihnen durch Klugheit oder Schönheit oder durch beides hervorgetan hätten. Die Gesprächspartner nennen Charmides, der alle anderen an Schönheit überrage. Auch Sokrates ist von dessen Schönheit sehr angetan; dann aber erklärt er, Charmides sei nur unter der Bedingung unwiderstehlich, daß er es auch in Bezug auf seine Seele sei (154d-e). Kritias, der Gesprächspartner des Sokrates, bejaht dies: Charmides sei auch in dieser Hinsicht sehr schön und gut (*kalòs kagathós*, 154e). Daraufhin möchte Sokrates prüfen, ob Kritias recht hat, und zwar will er dies in einem Gespräch mit dem Jungen klären. Kritias begrüßt diesen Wunsch; denn Charmides sei ein philosophischer Mensch mit besonderer poetischer Begabung (155a). – Nun leidet der junge Charmides gerade an Kopfschmerzen. Aber Sokrates zieht ihn nach einigem Hin und Her in ein Gespräch, indem er ihm ein Mittel gegen die Kopfschmerzen verspricht. Dieses Mittel sei aber nur dann wirksam, wenn es auf den ganzen Körper wirke; nur einen Teil zu behandeln, sei sinnlos. Dann stellt Sokrates fest, daß man auch den Körper als ganzen nicht ohne die Seele heilen könne, weil alles Schlechte und Gute für den Körper aus der Seele komme. Also ließen sich Charmides' Kopfschmerzen nur über dessen Seele heilen, und das Heilmittel seien „gute und schöne Worte" durch die in der Seele „Besonnenheit" (*sophrosýne*), d. h. seelische Gesundheit, entstehe. Wenn Charmides sich darauf einlasse, Sokrates seine Seele zu öffnen, dann würden auch dessen Kopfschmerzen verschwinden. Da greift Kritias ein und erklärt, Charmides verfüge über ein Höchstmaß nicht nur an körperlicher Schönheit, sondern auch an seelischer Gesundheit. Da Charmides selbst nicht genau weiß, ob Kritias recht hat, erwidert Sokrates, er wolle mit ihm gemeinsam untersuchen, ob er *sophrosýne* besitze. Sokrates will aber zunächst wissen, was *sophrosýne* ist, und man unternimmt zahlreiche Versuche, die Frage nach ihrem Wesen zu beantworten. Aber schließlich weiß man weniger über diese Tugend als zu Beginn des Gesprächs (176 a).

W Die scheinbare Ertraglosigkeit des Gespräches hat nicht nur „das Entmutigende, das in der Erkenntnis der eigenen Unfähigkeit liegt, sondern etwas Anstachelndes und zur Fortsetzung des Ringens mit dem Problem Anfeuerndes ... Die Beobachtung, daß ... das erwartete Schlußergebnis fehlt und am Ende eine Frage stehen bleibt, erregt im Leser eine philosophische Spannung, die von höchster erzieherischer Wirkung ist" (Jaeger, Paideia 3,145). Der Leser wird dazu gebracht, weiterdenkend in der Richtung vorzudringen, in die ihn das Gespräch gelenkt hat. Der Autor, der den Leser mit dem ergebnislosen Ausgang des Gesprächs konfrontiert, „muß damit mehr beabsichtigen als nur das sprichwörtlich gewordene sokratische Nichtwissen lebenswahr zu schildern. Er will uns damit ein Rätsel aufgeben und muß der Meinung sein, daß seine Lösung irgendwie in unserer Reichweite liegt" (Jaeger, Paideia 3, 146).

A J. Burnet: Platonis opera. Bd. 3, Oxford 1903.
Ü O. Apelt, Leipzig [(2)]1922. E. Martens, Stuttgart 1977 (gr.-dt.). R. Rufener, München/Zürich 1960. E. Salin, Basel 1950.
L R. Dieterle: Platons *Laches* und *Charmides*, Freiburg 1966, 142–312. T. Godfrey Tuckey: Plato's *Charmides*, Cambridge 1951. W. Jaeger, Paideia 3, 141–164. E. Martens: Das selbstbezügliche Wissen in Platons *Charmides*, München 1973. G. Müller: Philosophische Dialogkunst Platons (am Beispiel des *Charmides*), in: MH 33, 1976, 129–161. B. Witte: Die Wissenschaft vom Guten und Bösen. Interpretationen zu Platons *Charmides*, Berlin 1970.

Cháron è episkopûntes
„Charon oder die Zuschauer"

Lukianos aus Samosata, etwa 120–180 n. Chr.

Satirischer Dialog zwischen dem Gott Hermes und Charon, dem Fährmann aus der Unterwelt, über das Leben und Treiben der Menschen (gr.).

I Die Welt, die Hermes und Charon betrachten und beschreiben, ist die Welt des 6. Jh.s v. Chr., nicht die zur Zeit des Autors, der diese frühe Zeit für interessanter und bedeutsamer hielt als seine eigene Gegenwart. – Charon und Hermes betrachten das Treiben der Menschen von einem hohen Aussichtspunkt aus und sprechen über Leben und Tod. Der Fährmann hat durch die Klagen seiner Passagiere so viel von den Wundern der Welt gehört, daß er sie selbst einmal sehen will. Er will erfahren, warum die Menschen eigentlich so unglücklich sind, wenn sie die Welt verlassen. Aber alles, was Charon mit Hilfe des Hermes auf der Erde sieht, ist geprägt von Sinnlosigkeit und Vergeblichkeit. Angesichts ihrer Vergänglichkeit zeigen sich die Dinge und Menschen in ihrer wahren Bedeutung, d. h. in ihrer Bedeutungslosigkeit. – Am Anfang des Reigens steht ein Unbekannter, der zum Essen eingeladen wird und seine Teilnahme zusagt; dann aber erschlägt ihn ein Dachziegel, und alles ist aus. Darüber muß Charon lachen, und weil ihn dieser Vorfall so amüsiert, will er noch weitere Ereignisse dieser Art sehen. Darauf folgt eine repräsentative Auswahl der Großen dieser Welt: Der berühmte Sportler Milon aus Kroton, der bald im Nachen des Charon sitzen wird und unfähig ist, auch nur eine Mücke zu stemmen. Dann kommt die Reihe an Kyros, den großen Eroberer, den reichen Kroisos, der mit dem Athener Solon spricht. Diesem Gespräch lauschen Hermes und Charon; es geht um das Wesen der Glückseligkeit. Darauf folgen Männer wie der Kyros-Sohn Kambyses und der berühmte Polykrates. – Unter den Menschen flattern aber auch unsichtbare Gestalten: die Hoffnungen und Ängste, die Dummheiten und Lüste, Habsucht, Wut und Haß, Zorn und Neid. Die Menschen hängen wie Marionetten an den Fäden der Schicksalsgöttinnen. Sie sind nichts weiter als zerplatzende Seifenblasen oder verdorrende Blätter, und an Charon denkt keiner.

Q Lukian entnimmt die Mehrzahl seiner Bilder und Beispiele den homerischen Epen (→*Iliás*, →*Odýsseia*). – Die Kyros-Geschichte geht ebenso wie das Gespräch zwischen Solon und Kroisos auf Herodot zurück (→*Historíes apódexis* 1,123 ff. und 1,30–33). Die Eroberung Lydiens durch Kyros und die Gefangennahme des Kroisos schildert Herodot in 1,84–91. Das Ende des Kambyses erzählt Herodot in 3,64–66, die Geschichte vom Ring des Polykrates in 3,39–43 und von seinem Ende in 3,120–125. – Formal ist Lukian von den Dialogen Platons beeinflußt, deren Elemente er mit den Dialog-Formen der hellenistischen Komödie verbindet. – Philosophisch steht er dem Kynismus nahe, wie er von Antisthenes und Diogenes geprägt wurde; denn im kynischen Humanismus steckt der apollinische Aufruf zur Selbsterkenntnis, d. h. zur Erkenntnis der eigenen Begrenztheit.

W Lukian ist nicht daran gelegen, ein Welttheater darzustellen, das im Triumph des Todes sein Ende findet. Es geht ihm vielmehr um den Triumph des Bewußtseins. Der Mensch kann seine Situation erkennen, wenn er die erforderliche Distanz zu sich selbst und der Welt erreicht. Der *Cháron* ist aber kein Appell zur Selbsterkenntnis, kein Protreptikos, sondern Zeugnis der Selbstanalyse menschlicher Existenz, Produkt einer radikalen Aufklärung des Menschen über seine Bedeutungslosigkeit.

A A. M. Harmon: Lucian. Bd. 2, London/Cambridge (Mass.) 1915, 395–447.
Ü A. v. Schirnding, München 1977 (gr.-dt.). Chr. M. Wieland: Lucian von Samosata. Sämtliche Werke 2. 2, Leipzig 1788/1789, 163–194.
L R. Helm: Lukian und Menipp, Leipzig 1906. A. Lesky, GL, 937–941. O. Seel: Hinweis auf Lukian. Der veristisch-kynische Aspekt des Humanismus, in: AU 1956, 10, 5–39.

Cheirókmeta
„Was von Menschenhand hergestellt wurde"

Bolos aus Mendes, um 200 v. Chr.

Verlorene pharmakologische Schrift (gr.), die zeitweilig unter Demokrits Namen umlief.

I Die Schrift ist möglicherweise aus den pharma-kologischen B. der →*Naturalis historiae libri XXXVII* rekonstruierbar (B. 20–28 und 32).

A VS 68 B 300.
L W. Spoerri: Bolos von Mendes, in: dtv-L 1. 1, 225 f.

Cheirurgúmena
„Chirurgische Eingriffe"

Antyllos, 1. Hälfte des 2. Jh.s n. Chr.

Nur in Frg. (gr.) vor allem bei Oreibasios (→*Iatrikaì synagogaí*) überlieferte medizinische Schrift.

A P. Nicolaides, Halle 1799.
L E. Gurlt: Geschichte der Chirurgie. Bd. 1, Berlin 1898, 474–486.

Chemeutiká
„Was mit Alchemie zu tun hat"

Zosimos aus Panopolis, 4. Jh. n. Chr.

Weitgehend verlorenes Werk (gr.) über Alchemie in ursprünglich 28 B.

I Behandelt wurde die Herstellung von Edelmetallen, Edelsteinen und Purpurfarbe. – Zitate sind im →„Kommentar zu den *Chemeutiká*" des Olympiodoros erhalten.

A M. Berthelot: Collection des anciens alchimistes grecs, Paris 1888 (gr.-frz.).
L O. Gigon: Alchemie, in: dtv-L 1. 1, 95–97.

Chiliádes
„Tausende (von Jahren)"

Euphorion aus Chalkis, 275 – etwa 200 v. Chr.

Nur fragmentarisch erhaltenes Drohgedicht in Hexametern (gr.), das sich gegen Leute richtet, die den Autor angeblich um Geld betrogen haben. Mitte bis Ende des 3. Jh.s v. Chr.

I Der Dichter schleudert den Betrügern Verwünschungen und böse Orakel entgegen, die sich noch „in Tausenden von Jahren" (daher der Titel) erfüllen sollen. Möglicherweise bezeichnet der in der →*Suda* überlieferte Titel *Araì è poterioklèptes* („Flüche oder der Becherdieb") einen Teil der *Chiliádes*. – Aus den Frg. geht hervor, daß der Dichter seinen Flüchen durch die Beschwörung mythischer Strafen Nachdruck verleiht. Die Häufung mythologischer Beispiele und der Reichtum in der Darstellung von Details sind typisch für die alexandrinische Dichtkunst. Das Werk ist ein Beispiel für die Literarisierung der subliterarischen „Gattung" der Flüche.

N Vielleicht werden die *Chiliádes* später von Ovid (→*Ibis*) imitiert.

A V. Bartoletti: Papiri Greci e Latini. 14, Florenz 1957, Nr. 1390 (mit Kommentar). U. Powell, Collectanea, Oxford 1925. F. Scheidweiler: Euphorionis fragmenta, Diss. Bonn 1908.
L A. Körte / P. Händel, HD, 263–266. A. Lesky, GL, 847 bis 849.

Chion-Briefe →Briefe des Chion

Chíronos hypothêkai
„Chirons Sprüche"

An.

Episches Lehrgedicht (gr.), das aus erzieherischer Spruchweisheit besteht und aus adliger Überlieferung stammt.
Die wenigen erhaltenen daktylischen Hexameter gehören zu den frühesten Frg. der gr. Literatur.

I Da der Kentaur Chiron der sagenhafte Lehrer des Achilleus war, richteten sich die Lehren ursprünglich an den größten Helden des trojanischen Krieges. Wahrscheinlich enthielt das Werk auch sehr viel Altersweisheit, so daß es schon in der Antike Hesiod zugeschrieben wurde.
N Pindar (→„Chorlyrik", „Pythische Oden" 6,19–26) beruft sich auf Chirons Sprüche an Achilleus (vielleicht zitiert er sie sogar). – Möglicherweise beeinflußte das Werk auch den →*Troikós* des Sophisten Hippias.

A A. Rzach: Hesiodi carmina, Leipzig [(3)]1913, 196–198.
L H. v. Geisau: Chiron, in: DKP 1, 1149. R. Hirzel: Der Dialog. Ein literarhistorischer Versuch. Bd. 1, Leipzig 1895, 59f. W. Jaeger, Paideia 1, 359. W. Nestle, VMzL, 361.

Chíu ktísis
„Gründungsgeschichte von Chios"

Ion aus Chios, etwa 480–422/421 v. Chr.

Ein Prosawerk der Lokalgeschichte (gr.), in wenigen Frg. erhalten.

I Die Darstellung begann mit der mythischen Vorzeit. Darauf folgte wahrscheinlich auf der Grundlage lokaler Sagen und Erinnerungen an Ereignisse der jüngeren Vergangenheit eine zusammen-hängende Geschichte des Staates Chios.

A A. v. Blumenthal: Ion von Chios. Die Reste seiner Werke, Stuttgart 1939.
L F. Jacoby: Some remarks on Ion of Chios, in: CQ 41, 1947, 1–17. O. Lendle, Einführung, 28–32. A. Lesky, GL, 462–464. H. Straßburger: Aus den Anfängen der griechischen Memoirenkunst. Ion von Chios und Stesimbrotos von Thasos, in: FSW. Schöne, Berlin 1986, 1–11.

Choephóroi →Orésteia (Aischylos)

Cholíamboi
„Hinkende Iamben"

Hipponax aus Ephesos, 560–490 v. Chr.

Realistische Spottlieder, Parodien und Bettellieder (gr.) im Versmaß des Choliambus (Hink-Iambus = iambischer Vers, dessen letzter Fuß die Folge der kurzen und langen Silbe umkehrt).

I Die „Choliamben" karikieren, ironisieren und parodieren die Akteure des „Milieus". Von den 186 Frg. umfassen nur 13 mehr als einen oder zwei Verse. Doch zeigen die wenigen Reste seines Werkes „den Dichter als Meistersatiriker, der an Menschen, Dingen, Situationen, Gedanken und Gefühlen zuvörderst das Komische und Verquere wahrnimmt" (Latacz, 286). Die „Choliamben" bleiben der traditionellen Iambographie verhaftet, indem sie die typischen Themen des Iambos behandeln (Sexualität, Essen und Trinken mit ihrem Gegenteil, körperliche Gebrechen usw.).
Q Vielfach zeigt Hipponax eine raffinierte Homer-Parodie. – Gattungsgeschichtlich gehen die →*Íamboi* des Archilochos und des Semonides den „Choliamben" des Hipponax voraus.
H Der Dichter entstammte einer alten Adelsfamilie. An der Diskrepanz zwischen den aristokratischen Standesidealen und der gesellschaftlichen Realität seiner Zeit sah er vor allem das Groteske. Es ist unwahrscheinlich, daß die „Choliamben" autobiographischen Informationswert haben. Sie sind vielmehr Produkte einer „Rollendichtung", d. h. der Autor schlüpft vorübergehend in die Rolle der dargestellten Person. Demnach dürfte es wohl nicht zutreffen, was frühere Forschung annahm: „In die Armut gestoßen, lebte er kümmerlich als einer jener Vertriebenen, die zu fast allen Zeiten der griechischen Geschichte als Opfer politischer Wirren zu finden waren. So klagt denn Hipponax (29 D.) über die Blindheit Plutos ... und betet zu Hermes um Gewand und warme Schuhe, denn er friert bitter und leidet unter Frostrissen (24f. D.). So ist er zum hungrigen Kläffer geworden, der den Leuten an die Beine fährt" (Lesky, 141).
W Die Absicht des Hipponax war die radikale Demaskierung seiner Umwelt durch Hohn, Sarkasmus und Satire. Zu diesem Zweck erfand er auch den Hink- oder Choliambus. „Das Motiv dieser originellen Erfindung war ... die Konsequenz eines umfassend ‚satirischen' Lebensgefühls" (Latacz,

285). Durch Tabudurchbrechung will der Autor ein ungezwungeneres Verhältnis zu den beschriebenen Sachverhalten herbeiführen, aber auch seine Hörer/Lehrer unterhalten.

N Hipponax gilt als Vorläufer des Komödiendichters Aristophanes (→*Plútos*), des Dichters der →*Mimíamboi* Herodas, des Kallimachos (→*Íamboi*) und des Petron (→*Satyrica*). Kerkidas und Phoinix (→*Cholíamboi*) bedienen sich der Form des Choliambos und schließen sich auch inhaltlich an Hipponax an.

A E. Degani: Hipponactis testimonia et fragmenta, Leipzig [2]1991. E. Diehl, ALG 3, 80–118. A. Farina, Neapel 1963 (gr.-it. mit Kommentar). O. Masson, Paris 1962 (gr.-frz. mit Kommentar). M. L. West: Iambi et elegi Graeci. Bd. 1, Oxford [2]1989.
Ü J. Latacz, GLTD 1, 284–305 (gr.-dt. in Auswahl).
L E. Degani: Studi su Ipponatte, Bari 1984. F. Jung: Hipponax redivivus, Diss. Gießen 1929. L. Koenen: Horaz, Catull und Hipponax, in: Zeitschrift für Papyrologie und Epigraphik 26, 1977, 73–93. A. Lesky, GL, 140–142.

Cholíamboi
„Hinkende Iamben"

Kerkidas aus Megalopolis, etwa 290–220 v. Chr.

Nur wenige Frg. (gr.) der Werke des Dichters sind aus Schriftstellerzitaten erhalten.

I Unter den Frg. des Kerkidas befindet sich ein Hink-Iambus. Weitere anonyme Frg. in Hink-Iamben mit gesellschaftskritischen und moralisierenden Inhalten werden dem Autor zugeschrieben. Vielleicht war Kerkidas auch der Herausgeber einer Anthologie (so Knox) moralisierender Iamben und Hink-Iamben (z. B. mit Polemik gegen die Gewinnsucht). – Mit seinen „Choliamben" steht Kerkidas in der Tradition der →*Cholíamboi* des Hipponax. – Vgl. auch die →*Melíamboi* des Kerkidas.

A E. Diehl, ALG 3, 141–152. A. D. Knox: Herodes, Cercidas, and the Greek Choliambic Poets, London/Cambridge (Mass.) 1929 (gr.-engl.).
L A. D. Knox: The First Greek Anthologist, Cambridge 1923. A. Lesky, GL, 756. U. Powell, Collectanea, Oxford 1925.

Cholíamboi
„Hinkende Iamben"

Phoinix aus Kolophon, 1. Hälfte des 3. Jh.s v. Chr.

Popularphilosophische, moralisierende Gedichte im Versmaß des Choliambus (gr.).

I In thematischer Übereinstimmung mit der Diatribe (→*Diatribaí*) heben die „Choliamben" des Phoinix die Nichtigkeit der Dinge hervor, die der Mensch gewöhnlich für wertvoll und erstrebenswert hält. Erhalten sind ein Gedicht *Nínos* (Frg. 3 D.) auf einen sagenhaften Schlemmer, ferner

ein Bettellied mit dem Titel „Sänger des Krähenliedes" (*Koronistaí*). Ninos ist das negative Beispiel eines Königs, der die Befriedigung seiner Begierden über seine Pflichten als Herrscher stellt und erst im Tode die Nichtigkeit der irdischen Güter durchschaut.

Q Vorbild in Inhalt und Form ist Hipponax (→*Cholíamboi*). Phoinix steht in der Tradition einer kynisch beeinflußten Popularphilosophie.
W Die „Choliamben" sind Invektiven gegen die beschriebenen Verhaltensformen. Sie stimmen darin mit der Tendenz der kynischen Diatribe überein, indem sie z. B. vor dem Mißbrauch des Reichtums und dem Leben im Luxus warnen.

A E. Diehl, ALG 3. A. D. Knox: Herodes, Cercidas, and the Greek Choliambic Poets, London/Cambridge (Mass.) 1929 (gr.-engl.). U. Powell, Collectanea, Oxford 1925.
Ü B. Effe, GLTD 4, 192–195 (gr.-dt. in Auswahl).
L G. A. Gerhard: Phoinix von Kolophon, Leipzig 1909. A. D. Knox (s.o.). A. Lesky, GL, 756.

Chorlyrik

Alkman aus Sardes, 2. Hälfte des 7. Jh.s v. Chr.

Hymnische Dichtungen (gr.) für männliche und weibliche Chöre, die von der Kithara oder der Flöte zu Tanz- und Marschbewegungen begleitet wurden.

I In der alexandrinischen Ausgabe der sechs B. von Alkmans Liedern (*Méle*) standen Hymnen, die Göttern, Göttinnen und Heroen zu Ehren gesungen und an sakralen Festen vorgetragen wurden. Von den zahlreichen Liedern auf Apollon, Zeus, Hera, Aphrodite, Artemis, die Dioskuren u. a. sind nur sehr wenige Frg. erhalten. – Ein größeres Stück von 101 vielfach verstümmelten Versen auf einem Papyrus aus dem 1. Jh. n. Chr. aus einem der Mädchenchöre (*Parthéneia*) ist erhalten. Dieses Libretto-Fragment war für ein Fest der Artemis Orthia, einer der höchsten Gottheiten Spartas, verfaßt. Das Fragment des *Parthéneion* zeigt „den kunstreichen Aufbau solcher kultisch-religiöse Erbauung und zugleich sinnliche Daseinsfreude befriedigenden Schöpfungen" (Preisendanz, 270). Das erhaltene *Parthéneion* „läßt drei Elemente erkennen, die auch weiterhin für die Chorlyrik bestimmend geblieben sind. Da ist zunächst der Mythos ... Die lange, ausgeschmückte Namensreihe zeigt uns, daß diese frühe chorlyrische Erzählung andere Wege ging als das Epos ... An den Mythos schließt sich der allgemein gültige Sinnspruch, die Gnome, an. Von *Aîsa*, unserem Schicksalsanteil, und von *Póros*, dem günstigen Ausweg, war als altehrwürdigen Göttern die Rede... Dann hören wir die Warnung vor der *Hybris*: der Mensch soll nicht zum Himmel fliegen wollen, noch Aphrodite zum Weib begehren... Glücklich, wer seinen Tag ohne Tränen zu Ende bringt. Ich aber singe der Agido Licht. Mitten im Vers erfolgt ... der Übergang zu einem völlig anders gearteten

Teil, der bis zum Schlusse des Gedichtes reicht. In ihm ist alles ganz persönlich und beruht auf Voraussetzungen, die den singenden Mädchen und ihren Zuhörern ohne weiteres gegeben waren. Eine Hagesichora und die eben genannte Agido wurden besonders gepriesen. Sie stehen in einer gewissen Rivalität zueinander und spielen im Chor eine besondere Rolle ...“ (Lesky, 179).

W Alkmans Chorlyrik unterstützte die Anstrengungen des spartanischen Adels, durch die Erneuerung alter Kulte und Bräuche das Bewußtsein für die Tradition und die ruhmvolle Vergangenheit zu vertiefen. Alte Feste wurden neu belebt, die „nicht der Unterhaltung und Zerstreuung, sondern der Selbstvergewisserung der Gemeinschaft und der Affirmation ihrer Werte im Dienst an der Gottheit“ (Latacz, 325) förderlich sein sollten. Im Rahmen dieses Programms ist auch Alkmans „Chorlyrik“ zu sehen. Man war der Meinung, daß das gemeinsame Singen, Sprechen und Tanzen junger Menschen eine bewußtseinsbildende Wirkung hatte und Gemeinschaft stiftete. Alkman war davon überzeugt, daß seine Chorlyrik den erwarteten Erfolg hatte: Andernfalls hätte er nicht behaupten können, die Leier nehme den gleichen Rang ein wie das Schwert (Frg. 41 PMG).

A C. Calame: Alcman, Rom 1983. E. Diehl, ALG 5, 6–42. D. L. Page, PMG, Oxford 1968.
Ü J. Latacz, GLTD 1, 323–341 (gr.-dt. in Auswahl).
L O. Crusius: Alkman, in: RE 1, 1564–1572. F. Dornseiff, in: Die Antike 9, 1933, 121–129. H. Fränkel, Dichtung, 179–191. A. Lesky, GL, 177–181. D. L. Page: Alcman. The Partheneion, Oxford 1951. K. Preisendanz: Alkman, in: DKP 1, 269–271.

Chorlyrik

Bakchylides aus Keos, um 505–450 v. Chr.

Frg. einer Sammlung von Chorliedern in Strophenform (gr.), die hauptsächlich den Gattungen des *Epiníkion* („Siegeslied“) und des *Dithyrambos* („Chorlied, das einen Heldenmythos erzählt“) angehören.
Das älteste von Bakchylides verfaßte *Epiníkion* ist wahrscheinlich in das Jahr 485 v. Chr. zu datieren.

I Die auf Papyrus teilweise fragmentarisch erhaltenen vierzehn *Epiníkia* waren Lieder auf Menschen, die sieben *Dithýramboi* waren für den Götterkult bestimmt. Außerdem gibt es Reste oder Erwähnungen weiterer chorlyrischer Gattungen des Bakchylides: außer den (1) *Epiníkia* noch (2) *Erotiká* („Liebeslieder“) und (3) *Enkómia* („Loblieder“), außer den (4) *Dithýramboi* noch (5) „Paiane“ („Lieder zu Ehren des Apollon“), (6) *Hýmnoi* („Götterlieder“), (7) *Prosódia* („Prozessionslieder“), (8) *Parthéneia* („Mädchenlieder“) und (9) *Hyporchémata* („Chorgesänge mit pantomimischem Tanz“). – Vermutlich lagen die Lieder in alexandrinischer Zeit nach diesen Gattungen geordnet in insgesamt neun

B. vor. – Seine ersten *Epiníkia* schrieb der Dichter für Sieger aus der Nachbarschaft von Keos, darunter zwei für Männer aus Aigina. Das älteste *Epiníkion* (Nr. 13) verfaßte Bacchylides im Jahre 485 v. Chr. für Pytheas aus Aigina, der im Pankration, dem Ring- und Faustkampf, bei den Spielen in Nemea siegte. Die *Epiníkia* sind nach bestimmten Gattungsregeln aufgebaut: Den Hauptteil bildet die Erzählung eines Mythos, der ein Proömium mit der Anrede an den Adressaten und einem ersten Lob des Siegers und eine Gnome („Lebensregel“) vorausgehen. An die Mythos-Erzählung schließt der Schlußteil mit einem zweiten Lob des Siegers, einer weiteren Gnome und einem Epilog mit einer erneuten Erwähnung des Adressaten an. Ein typisches Beispiel für diesen Aufbau ist das 5. *Epiníkion* auf Hieron von Syrakus für den Sieg mit dem Rennpferd in Olympia (476 v. Chr.). (Wie Pindar schreibt Bakchylides für Sieger bei den Nemeischen, den Isthmischen, den Pythischen und den Olympischen Spielen.) Das 3. *Epiníkion* wurde ebenfalls für Hieron von Syrakus verfaßt. Es ist zugleich ein Trostgedicht. Hieron starb ein Jahr nach dem 468 v. Chr. errungenen Sieg mit dem Viergespann bei den Olympischen Spielen. Das Lied preist zuerst die in Sizilien besonders verehrten Göttinnen Demeter und Persephone, deren Priester Hieron war, dann den Sieg seiner Pferde in Olympia und schließlich ihn selbst als großen Herrscher, der sich durch kostbare Weihgaben an Apollon auszeichnete. Hiermit ist ein Übergang zu der Erzählung von dem ebenfalls dem Apollon ergebenen König Kroisos von Lydien gegeben, den Zeus nach seiner Niederlage durch Kyros vom Scheiterhaufen gerettet hatte und den Apollon ins Land der Hyperboreer entrückte. So könne auch Hieron auf die Gnade des Apollon hoffen. Sein Ruhm aber werde durch das Lied der „Nachtigall von Keos“, wie Bakchylides sich selbst nennt, weiterleben. – Die *Dithyramboi*, die ursprünglich die Ereignisse aus dem Leben und Wirken des Dionysos erzählten, werden von Bakchylides auch zu Ehren anderer Götter, besonders des Apollon, verfaßt und aufgeführt. Die Lieder befassen sich mit unterschiedlichsten Erzählstoffen: Sie erzählen von den Söhnen des Trojaners Antenor, mit denen Odysseus und Menelaos über die Rückgabe der von Paris geraubten Helena verhandeln (Nr. 15), vom Ende des Herakles (vgl. Sophokles, →*Trachíniai*) (Nr. 16), von Theseus, König Minos von Kreta und dem Minotauros, der sieben Jünglinge und Jungfrauen von den Athenern zum Fraß erhält (Nr. 17), von Theseus im Wechselgesang zwischen König Aigeus von Athen und dem Chor (Nr. 18), von Io, der Geliebten des Zeus, die von der eifersüchtigen Hera in eine Kuh verwandelt und von dem hundertäugigen Argos bewacht wird (Nr. 19), von dem messenischen Helden Idas (Nr. 20). – Von den „Paianen“ sind Frg. erhalten; sie dienen der Verherrlichung des Apollon und erzählen u.a. von Abenteuern, die den Gott zeitweilig mit Herakles verbinden. – Aus der Gattung der *Hýmnoi* ist ein Fragment eines Hymnos an Hekate überliefert. – Die Frg. der *Prosódia* enthalten Reflexionen über das menschliche Schicksal und die Möglichkeit, Glück zu verwirklichen. – Ein Fragment aus den *Hyporchémata* enthält ein Stück literarischer Reflexion: „Lydiens Prüfstein zeigt, was echtes Gold ist; die Arete aber der Männer beweist die Weisheit (des Dichters) und die alles bezwingende Wahrheit." – Die *Erotiká* sind in wenigen Gedankensplittern erhalten: „Wirklich schön ist Theokritos. Du bist nicht der einzige Mensch, der es sieht." – Aus der Gattung der *Enkómia* sind Reste von Liedern erhalten, in die mythische Erzählungen eingefügt sind wie die Sage von Idas, dem Sohn des Poseidon, der Marpessa, die Tochter des Königs Euenos von Pleuros, raubt. – Von den *Parthéneia* ist nichts erhalten.

Q   Sprachlich ist Bakchylides vom homerischen Epos (→*Iliás*, →*Odýsseia*) beeinflußt. Motive und Wendungen übernahm er mehrfach von Simonides und Pindar (→„Chorlyrik").

W   Bakchylides beherrscht die Kunst des Erzählens, und zwar des lyrischen Erzählens, das nicht dem zeitlichen Ablauf folgt, sondern Situationen herausgreift. Die Lieder ähneln Balladen. Allerdings bleibt bei Bakchylides das meiste vordergründig; seine Sentenzen haben keinen besonderen Tiefgang. „Aber er versteht es, eine reich belebte Bühne zu zeigen, auf der Anmutiges und Ergreifendes miteinander wechseln und immer buntes Leben und die Sinne fesselnde Bewegung herrscht" (Lesky, 240).

A   B. Snell / H. Maehler, Leipzig (10)1970, Nachdr. 1992. H. Maehler, Stuttgart/Leipzig 1998.
Ü   H. Jurenka, Wien 1898 (gr.-dt. mit Kommentar). H. Maehler, Leiden 1982 (gr.-dt.). O. Werner, München 1969 (gr.-dt.).
L   H. Fränkel, Dichtung, 483 bis 576. B. Gentili: Bacchilide, Urbino (2)1958. R. Jebb: Bacchylides. The Poems and Fragments, Cambridge 1905, Nachdr. 1966. H. Kriegler: Untersuchungen zu den optischen und akustischen Daten der bakchyl. Dichtung, Diss. Wien 1969. J. Latacz, GLTD 1, 496–511. A. Lesky, GL,237–241. A. Severyns: Bacchylide. Essai biographique, Paris 1933. U. v. Wilamowitz-Moellendorff: Bacchylides, Berlin 1898.

Chorlyrik

Ibykos aus Rhegion, Mitte des 6. Jh.s v. Chr.

Chorlieder (gr.) in 7 B., von denen nur kleinere Frg. erhalten sind.

I   Unter den Frg. befindet sich manches, was auf den Mythos verweist und eine Vorliebe für entlegene Varianten zeigt. So erzählte Ibykos z. B. von Menelaos, der Helena wegen seiner Untreue nicht bestrafen konnte, weil er von ihrer Schönheit geblendet wurde, von einer Verbindung des Achilleus mit Medeia im Elysion, von Herakles im Bade, von Orpheus. – Am Hof des Polykrates von Samos wandte sich Ibykos offensichtlich einer erotisch gefärbten Chorlyrik zu. So kann ihn Cicero (→*Tusculanae disputationes* 4,71) als Dichter leidenschaftlicher

Liebe nennen. Ibykos besingt die Liebe als eine den Menschen gefährlich verwirrende Macht, die ihm viel Leid zufügt. – Das auf Papyrus erhaltene Frg. eines Liedes (3 D. = 282 PMG) erzählt u.a. von Gestalten und Geschehnissen im Zusammenhang mit dem Trojanischen Krieg. Nach den größten werden auch die schönsten Helden genannt: Alle überstrahlt an Schönheit der Priamossohn Troilos. Ibykos schließt das Gedicht mit den Worten: „Mit diesem gemeinsam wirst auch du, Polykrates, unvergänglichen Ruhm der Schönheit genießen, soweit dies an meinem Lied und an meinem Ruhm liegt."

W   Es ist nicht auszuschließen, daß es sich bei diesem Lied nicht nur um eine Huldigung an den Tyrannen Polykrates selbst, sondern auch an dessen Sohn handelt. – Der Text bringt jedoch auch zum Ausdruck, daß der Dichter sich dem Tyrannen ebenbürtig fühlt: Denn nur durch die Dichtung wird der Ruhm des Herrschers der Vergessenheit entrissen.

N   Die Legende vom Tod des Ibykos, die Schiller benutzte, taucht erst am Ende des 2. Jh.s v. Chr. auf.

A   E. Diehl, ALG 5, 58–70. D. L. Page, PMG, Oxford 1962. D. L. Page: Supplementum Lyricis Graecis, Oxford 1974.
Ü   E. Geibel: Klassisches Liederbuch, 1875. H. Rüdiger: Griechische Gedichte, München 1936, 65f.
L   D. Campbell: Ibycus, in: Cambridge History 1, 214–226. J. Latacz, GLTD 1, 446–457. A. Lesky, GL, 214–217. D. L. Page: Ibycus' Poem in Honour of Polycrates, in: Aegyptus 31, 1951, 158ff. F. Sisti: L' ode a Policrate. Un caso di recusatio in Ibico, in: Quad. Urbinati 4, 1967, 59ff. B. Snell: Spätarchaische Lyrik, in: Dichtung und Gesellschaft. Studien zum Einfluß der Dichter auf das soziale Denken und Verhalten im alten Griechenland, Hamburg 1965, 113–144.

Chorlyrik

Pindaros aus Kynoskephalai bei Theben in Böotien, etwa 520–445 v. Chr.

Vollständig erhaltene Sammlung (gr.) von 44 „Siegesliedern" (*Epiníkia*) in vier B. und Frg. aus *Hýmnoi* („Götterliedern"), Paianen („Liedern zu Ehren des Gottes Apollon"), *Dithýramboi* („Liedern vor allem zu Ehren des Gottes Dionysos"), *Prosódia* („Prozessionsliedern"), *Parthéneia* („Mädchenliedern"), *Enkómia* („Lobliedern") und *Thrênoi* („Trauerliedern").
Das älteste der erhaltenen *Epiníkia* ist die „Pythische Ode" 10, die Pindar anläßlich des bei den Pythischen Spielen des Jahres 498 von Hippokleas aus Pelinna errungenen Sieges im Doppellauf der Knaben verfaßt hat.

I   Die *Epiníkia* wurden für die Sieger in den sportlichen Wettkämpfen in Olympia, in Pytho (Delphi), auf dem Isthmos (von Korinth) und in Nemea gedichtet. Daher werden die Lieder auch als „Olympische", „Pythische", „Isthmische" und

„Nemeische Oden" bezeichnet. – Für jedes Lied erfand der Dichter eine neue metrische Form und Melodie. Zu den Elementen einer Ode gehören bestimmte Inhalte: (1) Angaben über die Person des Siegers, seine Familie, seinen Ausbilder, seine Heimat; (2) eine oft breit ausgeführte mythische Erzählung; (3) Spruchweisheit (Gnomen) in knapper Form; (4) Aussagen über den Dichterberuf, seine Würde und seine Aufgaben. Mit seinem Lied macht der Dichter den Sieger und seine Leistung unsterblich. – Dem Umfang nach bilden die pindarischen Oden zwei Gruppen: (1) Kürzere Lieder, aus 20–50 Versen bestehend, die in der Regel noch am Ort des Sieges selbst gesungen wurden. (2) Lieder im Umfang von 90–120 Versen, die im Heimatort des Siegers zur Feier seiner Rückkehr gesungen wurden. – Als Beispiel soll die 1. „Olympische Ode" dienen, die zu den größeren Liedern (117 Verse) gehört. Sie wurde für Hieron von Syrakus und seinen Sieg mit dem Rennpferd bei den Olympischen Spielen des Jahres 476 v. Chr. verfaßt. Ein *Epiníkion* des Bakchylides (→„Chorlyrik") hatte übrigens denselben Anlaß. Hieron siegte mit dem Rennpferd Pherenikos, und Pindar wünscht ihm in den Versen 108–111, daß er möglichst bald einen noch wertvolleren Sieg mit vier Pferden erringen möge, was im Jahre 468 v. Chr. tatsächlich eintrifft. Pindar verknüpft diesen Wunsch mit dem Mythos vom Sieg des Pelops über Oinomaos im Wagenrennen, durch den Pelops zum Herrn über die Peloponnes wird, des Landes, in dem auch Olympia liegt. Der Dichter übergeht die negative Seite des Pelops-Mythos, wie z. B. die Bestechung des gegnerischen Wagenlenkers vor dem Rennen. Pelops erscheint als Liebling des Poseidon, des Herrn über die Pferde, der ihn später mit den Pferden beschenkte, mit denen er Oinomaos im Rennen besiegte. Hierons Sieg beweist, daß der Gott auch über ihm waltet (Verse 106–108), so wie einst Poseidon über Pelops, und ihm einen noch größeren Sieg in Olympia schenken wird (108–111).

W   „In Pindar hat die griechische Chorlyrik ihre Vollendung gefunden. Zwar sind nicht alle ihre schon vorher verwirklichten Möglichkeiten in Pindars Auffassung der Gattung eingegangen, dafür aber hat Pindar aus dem, was bis dahin letztlich Gelegenheitsdichtung geblieben war, eine autonome Kunstform gemacht. Pindars Lieder ordnen sich den Gelegenheiten, für die sie geschaffen wurden, nie unter, sondern nehmen sie mit in sich hinein, stellen sich über sie und verleihen ihrer Zufälligkeit Bedeutung. Sie erreichen diese Autonomie vor allem dadurch, daß ihr Schöpfer von einer umfassenden und unabhängigen Weltsicht ausgeht, in die der Lied-Anlaß jeweils nur mosaiksteinartig eingeordnet wird. Nicht der Liedbesteller und seine Gelegenheit nehmen Pindar in ihren Dienst, sondern Pindar macht die Gelegenheiten seiner Dichtkunst dienstbar" (Latacz, 480 f.). – Pindars Lieder sind ausgesprochen schwierig und wurden vom zeitgenössischen Publikum vermutlich nicht beim ersten Hören verstanden, obwohl Pindar „immer dasselbe

sagt und immer dasselbe will, nämlich rühmen, preisen" und „dasselbe auch immer auf dieselbe Weise sagt: im Grunde sind es eine Handvoll Mythen, die den Lobpreis unterstützen und den Gepriesenen adeln sollen" (Dönt, 313). – Im *Epiníkion* werden stets drei Komponenten miteinander verknüpft: (1) der Preis des Siegers mit allem, was zu ihm gehört, (2) die Einordnung des Siegers in eine uralte übergeordnete Wertordnung, die er mit seiner Leistung bestätigt, in Form der Gnomik („Spruchweisheit"), (3) „die Einordnung des Siegers, des Sieges und der Wertordnung in einen Kosmos ewig gültiger Lebensgesetzlichkeit; dies geschieht oft vielstrebige Verfugung des Gegenwartsereignisses mit dem Mythos (der hier etwa das gleiche leistet wie bei heutigen Festreden die Einbettung des Fest-Anlasses in die Geschichte)" (Latacz, 483 f.). Pindar erzählt den Mythos jedoch nicht, sondern blendet ihn nur stückweise in seine Darstellung ein. „Er erzeugt durch die Zusammenfügung bestimmter Mythen und Mythenteile mit bestimmten Gnomen sowie mit bestimmten Aspekten des Gegenwarts-Ereignisses eine Art schwebenden Bezugssystems, aus dem sich dann eine bestimmte Stimmung, ein bestimmter Gedanke, eine bestimmte Lehre ergeben" (Latacz, 484).

N   Aristophanes aus Byzanz (etwa 257–180 v. Chr.), der Direktor der berühmten Bibliothek in Alexandreia seit 195 v. Chr., veranstaltete eine Pindar-Edition von grundlegender Bedeutung. Darin waren die *Epiníkia* in vier B. eingeteilt, den vier Schauplätzen der nationalen Spiele entsprechend. Insgesamt umfaßte die Sammlung 17 B.: Aus dem religiösen Bereich je 1 B. *Hymnoi* und Paiane, je 2 B. *Dithýramboi* und *Prosódia*, 3 B. *Parthéneia*, 2 B. *Hyporchémata*; aus dem profanen Bereich je 1 B. *Thrênoi* und *Enkómia* und vier B. *Epiníkia*. – Die Edition des Aristophanes aus Byzanz war die Grundlage für die Erhaltung größerer Teile des pindarischen Werkes. Allerdings hatte Pindar keine besonders starke Wirkung auf die europäische Dichtung. Pindars Themen wie z. B. die aus dem Geist der dorischen Adelsschicht erwachsenen Preislieder auf Sportsieger, lagen den späteren Dichtern allzu fern. – Pindars Poesie wurzelt so sehr in der Zeit ihrer Entstehung, daß sie immer wieder mißverstanden wurde: So z. B. schon von Horaz (→*Carmina* 4,2), auf den sich später auch Goethe beruft. Hölderlin ist dagegen sehr stark von Pindar beeinflußt – bis in die Sprache hinein.

A C. M. Bowra, Oxford [2]1947. B. Snell / H. Maehler: Pindari carmina cum fragmentis. Teil 1: Epinicia, Leipzig [9]1997. Teil 2: Fragmenta, Leipzig 1989. A. Turyn, Cambridge 1952.
Ü D. Bremer, Düsseldorf/Zürich [2]2003 (gr.-dt.). E. Dönt, Stuttgart 1986 (gr.-dt.). F. Dornseiff, Leipzig 1921. U. Hölscher (Hg.): Pindar. Siegeslieder. Deutsche Übertragungen, Frankfurt 1962. K. A. Pfeiff, Tübingen 1997. O. Werner, München 1967 (gr.-dt.). L. Wolde, Leipzig 1942, Nachdr. München 1958.
L C. M. Bowra: Pindar, Oxford 1964. F. Dornseiff: Pindars Stil, Berlin 1921. J. Duchemin: Pindare poète et prophète, Paris 1955. L. R. Farnell, Kommentar, London

1932, Nachdr. 1961. H. Fränkel, Dichtung, 483–576. D. E. Gerber: Pindar's Olympian One: A Commentary, Toronto 1982. H. Gundert: Pindar und sein Dichterberuf, Frankfurt 1935. J. Kabiersch: Pindars Fortwirken auf die deutsche Klassik und die Moderne, in: Mitteilungsblatt des Deutschen Altphilologenverbandes. Landesverband Nordrhein-Westfalen 45, 2, 1997, 7–10. A. Köhnken: Die Funktion des Mythos bei Pindar, Berlin/New York 1971. A. Köhnken: Pindar as Innovator: Poseidon Hippios and the Relevanz of the Pelops Story in Olympian 1, in: CQ 24, 1974, 199–206. O. Kollmann: Das Prooimion der ersten Pythischen Ode Pindars. Ein sprachlich-poetischer Kommentar, Wien/Berlin 1989. J. Latacz, GLTD 1, 480–495. A. Lesky, GL, 225–237. W. Schadewaldt: Der Aufbau des pindarischen Epinikion, Halle 1928, Nachdr. Darmstadt 1966. F. Schwenn: Pindaros, in: RE 20, 1950, 1606ff. B. Snell: Pindars Hymnos auf Zeus, in: Die Entdeckung des Geistes, Hamburg (3)1955, 118–137. Ch. Segal: Choral Lyric in the Fifth Century, in: Cambridge History 1, 222–244. W. J. Verdenius, Leiden 1988 (Kommentar). U. v. Wilamowitz-Moellendorff: Pindaros, Berlin 1922.

Chorlyrik

Simonides aus Keos, um 556 – etwa 468 v. Chr.

Siegeslieder (*Epiníkia*) für erfolgreiche Wettkämpfer (gr.), in nur sehr wenigen Frg. erhalten.
Das früheste Siegeslied ist für das Jahr 520 v. Chr. bezeugt.

I Trotz der geringen Zahl erhaltener Verse lassen sich bestimmte Inhalte erkennen: Mehrere Frg. zeigen ein illusionsloses Menschenbild, das Kurzlebigkeit, Vergeblichkeit, Leidensfülle, Vergänglichkeit auch des Wertvollsten und Wichtigsten als Merkmale menschlicher Existenz erkennen läßt (vgl. Frg. 520–522 PMG). Der Abstand zu Gott wird gesehen: Der Mensch kann nicht tüchtig und anständig sein, nur Gott allein kommt dies zu. Der Mensch kann nur elend und schlecht sein (vgl. Frg. 542 PMG). – Auf der anderen Seite vertritt Simonides die Auffassung, daß der Geringwertigkeit der individuellen Existenz die Höherwertigkeit der Gesamtheit entspricht (vgl. Frg. 531 PMG aus einem Lied auf die bei den Thermopylen Gefallenen). – Wie bei den späteren Chorlyrikern (Pindar und Bakchylides) bildete auch bei Simonides die Erzählung eines Mythos das Kernstück des Chorliedes. Auch die Gnomik übertrug er aus den ionischen Gattungen des Iambos und der Elegie in das profane Chorlied. – Die Alexandriner haben die *Epiníkia* nicht nach den Orten, an denen die Wettkämpfe stattfanden, geordnet, sondern nach Sportarten. Simonides bereicherte sein chorlyrisches Repertoire nach seiner Übersiedlung nach Thessalien (510 v. Chr.) um die Liedgattung der *Thrênoi*, der chorischen Totenklagen. Aus einem *Thrênos* könnte auch das →„Danaë-Fragment" stammen.

W Simonides gilt als der Erfinder des profanen Chorliedes für die Siegesfeiern zu Ehren von Sportsiegern. Er löste die Chorlyrik vom Götterkult: „Angesichts der geradezu überschäumenden Konjunktur, die der Sport im Griechenland des 6. Jahrhunderts erlebte (innerhalb von zehn Jahren wurden zusätzlich zu den seit alters her bestehenden Olympischen Spielen für Zeus drei neue nationale Sportfeste geschaffen: 582 die Pythien in Delphi für Apollon und die Isthmien bei Korinth für Poseidon, 573 die Nemeen bei Nemea/Peloponnes für Zeus), erschloß sich damit den Chorlyrikern eine neue, schier unversiegbare Erwerbsquelle, daneben aber auch die Möglichkeit, weitgespannte Verbindungen zu den führenden Familien in der ganzen griechischen Welt zu knüpfen (nach wie vor galt der Sport als Adelsprivileg) und auf diese Weise vielfältigen Einfluß auf die öffentlichen Angelegenheiten und die öffentliche Meinung zu nehmen. Simonides ist sich dieser Funktion seiner Kunst offenbar von frühester Zeit an bewußt gewesen" (Latacz, 460f.). – Seit Simonides war Chorlyrik Auftragsdichtung der griechischen Führungsschicht. Es gelang ihm offenbar, die Interessen seiner vielen Auftraggeber mit seinen eigenen Interessen und der öffentlichen Meinung in Einklang zu bringen, so daß er bis in sein hohes Alter hinein große Verehrung genoß.

N Die Kunst des Simonides erfuhr eine außerordentliche Hochschätzung nicht nur bei Philosophen wie Platon und Aristoteles, sondern auch bei Fachleuten und Kunstkritikern. Platon stellt den Dichter mit Pittakos und Bias in eine Reihe mit den sogenannten Sieben Weisen (→*Politeía* 335e). Xenophon läßt ihn im →*Hiéron* mit dem sizilischen Tyrannen Hieron über die Tyrannis diskutieren. Selbstverständlich haben sich Pindar und Bakchylides an Simonides orientiert (→„Chorlyrik"). – Die geringe Zahl an Frg. aus seinem Werk ist darauf zurückzuführen, daß man mehr Interesse an seiner Persönlichkeit als an seinem Werk hatte. So gibt es Sammlungen von Anekdoten und Aussprüchen (Apophthegmata) des Simonides.

A D. L. Page, PMG, Oxford 1962. D. L. Page: Supplementum lyricis Graecis, Oxford 1974.
Ü J. Latacz, GLTD 1, 458–480 (gr.-dt. in Auswahl). O. Werner, München 1969 (gr.-dt.).
L B. Gentili: Simonide, Rom 1959. A. Lesky, GL, 218–225. U. v. Wilamowitz-Moellendorff: Sappho und Simonides. Untersuchungen über griechische Lyriker, Berlin 1913.

Chorlyrik

Stesichoros aus Himera, um 600 v. Chr.

Mythenerzählungen in lyrischer Form bzw. chorische Mytheninszenierungen (gr.); überliefert sind nur wenige Frg., von denen einige größere Stücke auf Papyrus erhalten sind.

I Stesichoros galt bereits in der Antike als ein „im höchsten Maße homerischer Dichter" (→*Perì hýpsus* 13,3). Dieses Urteil bezog sich sowohl auf seinen Stil als auch auf seine Stoffe (vgl. Horaz, →*Carmina* 4,9,8–11; Quintilian, →*Institutio orato-*

ria 10,1,62). Von Stesichoros sind etwa 20 Titel bekannt; darunter befinden sich (1) eine →*Orésteia* in zwei B., eine chorlyrische Gestaltung des Sagenstoffes, die zwischen Epos und Tragödie angesiedelt ist; (2) eine *Heléne* und dazu eine *Palinodía* („Widerruf"), die sich mit der zentralen Gestalt des troischen Sagenkreises befaßt: In der *Heléne* wurde alles Negative erzählt, das der Mythos über die Frau des Menelaos zu berichten wußte; in der *Palinodía* widerrief Stesichoros seine negative Darstellung. Denn der Legende nach war er durch die *Heléne* zur Strafe blind geworden; durch die *Palinodía* errang er seine Sehkraft zurück (vgl. Euripides, →*Heléne*); (3) eine *Iliupérsis* (vgl. →*Epikòs kýklos*), eine Erzählung vom Untergang der Stadt Troja, und *Nóstoi*, Geschichten über die Heimkehr der griechischen Troja-Kämpfer; (4) zwei Themen aus dem thebanischen Sagenkreis: eine *Eriphýla*, die das Versteck ihres Gatten Amphiaraos verrät, nachdem sie von Polyneikes bestochen worden war, so daß er am Zug der Sieben gegen Theben (vgl. Aischylos, →*Heptà epì Thébas*) teilnehmen muß, obwohl er dessen unglücklichen Ausgang voraussieht. Amphiaraos beauftragt daraufhin den Sohn Alkmeon, ihn an der Mutter zu rächen; eine *Europeía*, in der die Gründung von Theben erzählt wird; (5) die *Âthla epì Pelía* („Leichenspiele für Pelias"); (6) die *Syothêrai* („Saujäger"), die auf die kalydonische Jagd verweisen, d. h. sich auf die Herakles-Sage beziehen; (7) die *Geryoneís*, die aus mindestens 1500 Versen bestand, befaßte sich mit der Gewinnung der Herden des dreileibigen Riesen Geryoneus, d. h. mit der 10. Arbeit des Herakles. Dieses Werk sollte offensichtlich mit der epischen Darstellung dieses Teiles der Heraklessage konkurrieren, die durch Stesichoros erst populär wurde, was nicht zuletzt durch etwa 70 Vasenbilder (aus der Zeit zwischen 550 und 500 v. Chr.) zum Thema „Geryoneus" zu beweisen ist. „Dabei werden nicht nur allgemein charakteristische Züge der Gattung Epos in das Medium Lyrik transponiert, sondern es werden auch gezielt bestimmte Glanzstellen bestimmter Epen kopiert oder zitiert. Soweit sich solche Zitate auf die auch uns noch bekannten Homerischen Epen beziehen, können wir sie identifizieren" (Latacz, 346). Weil die Darstellung der Geryoneus-Sage in →*Apollodori bibliotheca* aus dem 1. oder 2. Jh. n. Chr. in allem Wesentlichen eine Prosa-Nacherzählung der lyrischen Version des Stesichoros ist, war es mit Hilfe dieser Prosa-Nacherzählung möglich, die erhaltenen Stesichoros-Frg. in eine erzähllogische Abfolge zu bringen: Herakles macht sich auf den Weg nach Westen, nachdem ihm der König Eurystheus die 10. Arbeit auferlegt hat. Geryoneus wohnt auf der Atlantik-Insel Erytheia. Um dorthin zu gelangen, benutzt Herakles die vom Sonnengott Helios geliehene goldene Schale, in der dieser bei Nacht von Westen nach Osten zurückzukehren pflegt. Auf der Atlantik-Insel angekommen tötet Herakles den Wachhund der Rinderherde und den Hirten Eurytion. Es kommt zum Kampf zwischen Geryoneus und Herakles. Dieser schießt einen ver-

gifteten Pfeil in einen der drei Köpfe des Ungeheuers, das dadurch zu Tode kommt. Herakles fährt auf der Schale des Helios zum Festland und gibt sie dem Sonnengott zurück; (8) eine *Thebaís*, aus der einige Frg. auf einem Papyrus erhalten sind. Vermutlich handelte es sich um ein sehr umfangreiches Werk, das sich mit dem thebanischen Sagenkreis befaßte (vgl. auch die →*Thebaís* von Antimachos und Statius, ferner die *Thebaís* des →*Epikòs kýklos*). Das Werk des Stesichoros wurde von Euripides, der auch sonst auf den Chorlyriker zurückgegriffen hat, in den →*Phoínissai*, und von Seneca in den →*Phoenissae* benutzt. Aischylos' Tragödie →*Heptà epì Thébas* ist trotz ihres Themas von der *Thebaís* des Chorlyrikers kaum beeinflußt.

A E. Diehl, ALG 5, 44–57. D. L. Page, PMG, Oxford 1962. D. L. Page: Supplementum lyricis Graecis, Oxford 1974.

Ü J. Latacz, GLTD, 1, 340–363 (gr.-dt. in Auswahl).

L F. Bornmann: Zur *Geryoneis* des Stesichorus, in: Zeitschrift für Papyrologie und Epigraphik, 31, 1978, 33–35. J. Bremer u. a.: Some recently found Greek poems, Leiden 1987. J. A. Davison: De Helena Stesichori, in: Quad. Urbinati 2, 1966, 80ff. R. Führer: Die metrische Struktur von Stesichoros' *Geryoneis*, in: Hermes 69, 1969, 675ff. R. Führer: Zum „Stesichorus redivivus", in: Zeitschrift für Papyrologie und Epigraphik 5, 1970, 11ff. A. Lesky, GL, 181–184. D. L. Page: Stesichorus: The *Geryoneis*, in: JHS 93, 1973, 138–154. W. Peek: Die *Nostoi* des Stesichoros, in: Ph 102, 1958, 169ff. F. Raffaele: Indagini sul problema Stesicoreo, Catania 1937. Ch. Segal: Stesichorus, Cambridge History 1, 186–201. F. Sisti: Le due palinodie di Stesichoro, in: Studi Urbinati 39, 1965, 301ff.

Chorographia →De chorographia libri III

Chreîai
„Aussprüche"

Aristippos aus Kyrene, etwa 425–355 v. Chr.

Sammlung von kurzen Sprüchen (gr.) für den täglichen Gebrauch (*chreía* bedeutet „Bedarf, Nutzen"), die u. a. bei Diogenes Laertius, →*Philosóphon bíon kaì dogmáton synagogé* (2,65–83) gut faßbar sind.

I Die Aussprüche beweisen die geistige Überlegenheit und Schlagfertigkeit des Philosophen in bedeutsamen oder heiklen Situationen. Sie bieten ein Porträt des Aristippos „als eines Mannes, der gleich Odysseus klug und entschlossen aus jeder Lage das Beste zu machen versteht" (Gigon, 175). – Die Chrien-Sammlung existierte bereits am Anfang des 3. Jh.s v. Chr. (vgl. Diogenes Laertius 4,40) und kann schon im 4. Jh. v. Chr. entstanden sein und auf Aristippos selbst zurückgehen. – Das Aristipp-Bild des Horaz (→*Epistulae* 1,1) ist auch von den *Chreîai* beeinflußt.

A E. Mannebach: Aristippi et Cyrenaicorum Fragmenta, Leiden 1961.

L C. J. Classen: Aristippos, in: Hermes 86, 1958, 182–

192. G. B. L. Colosio: Aristippo di Cirene. Filosofo socratico, Turin 1925. G. Giannantoni: I Cirenaici. Raccolta delle fonte antiche. Traduzione e studio introduttivo, Florenz 1958. G. Giannantoni: Note aristippee, in: Riv. crit. storia filos. 15, 1960, 63–72. O. Gigon: Sokrates, Bern 1947. O. Gigon: Aristipp, in: dtv-L 1. 1, 175. A. Graeser: Die Philosophie der Antike 2, München 1983, 118–123. A. Guzzo: Écho, uk échomai, in: RAL 8, 12, 1957, 31–38. A. Grilli: Cyrenaica, in: SIFC 32, 1960, 200–214. A. Mauersberger: Cyrenaica, Leipzig 1922. J. Stenzel: Kyrenaiker, in: RE 23, 1924, 137–150.

Chrestomátheiai
„Sammlung von Wissenswertem"

Helladios aus Antinoia, 1. Hälfte des 4. Jh.s n. Chr.

Eine vier B. umfassende Sammlung (gr.) von Notizen grammatischer und sprachlicher Besonderheiten und anderer Kuriositäten in iambischen Trimetern, nur in einem Prosaauszug bei Photios, →Bibliothéke (Cod. 279) erhalten.

L H. Heimannsfeld: De Helladii Chrestomathia Quaestiones selectae, Diss. Bonn 1911.

Chrestomátheiai
„Sammlung von Wissenswertem"

Proklos, Grammatiker des 2. Jh.s n. Chr.

Eine teilweise in der →Bibliothéke des Photios (Cod. 239) und in einigen Handschriften der →Iliás (vor allem Ven. A) erhaltene Einführung (gr.) in die gr. Literatur und ihre Gattungen.

I Das Werk informiert vor allem über die Epen des troischen Sagenkreises (→Epikòs kýklos) mit einer Inhaltsangabe. Allerdings hatte Proklos die verlorenen Epen nicht selbst zur Hand. Er schöpfte aus mythographischer Literatur.

A A. Severyns, Paris 1938 (s. u.). R. Wagner: Mythographi Graeci, Leipzig [2]1926, Nachdr. 1996 (Exzerpte aus den Liedern des Epikos kyklos).
L A Lesky, GL, 103. A. Severyns: Recherches sur la Chrestomathie de Proclos 1: Études paléographique et critique, Paris 1938. 2: Texte, traduction, commentaire, Paris 1938.

Chronica
„Weltchronik"

Flavius Magnus Aurelius Cassiodorus, Senator aus Bruttium, etwa 490–583 n. Chr.

Eine von Adam bis zum Jahre 519 n. Chr. reichende Zeittafel (lat.)
Im Jahre 519 n. Chr. herausgegeben.

I Es handelt sich um eine Jahresliste, die sehr bald in die Liste der römischen Consuln übergeht.

Das Werk ist wohl Eutharich, dem Schwiegersohn des Theoderich, zu seinem Consulat gewidmet und berücksichtigt vor allem die Geschichte der Goten. – Cassiodor stellt in dieser Auftragsarbeit die Zeit von Adam bis in seine Gegenwart in sechs Epochen dar, die sich über 5271 Jahre erstrecken. Zum großen Teil handelt es sich um eine reine Königs- und Consulatsliste ohne historische Kritik oder politische Akzentuierung, wenn man davon absieht, daß das Werk als Reverenz vor Eutharich gedacht war.

A Th. Mommsen, MGH, AA 11, 2, 120–161.
L M. v. Albrecht, RL, 1186–1190. A. Dihle, GLL, 509. R. Helm, RAC 2, 1954, 915–926. O. Hiltbrunner: Cassiodorus, in: DKP 1, 1067 bis 1069. S. Krautschick: Cassiodor und die Politik seiner Zeit, Bonn 1983. A. Momigliano: Studies in Historiography, London 1969, 181–210. Schanz-Hosius 4, 2, 92 ff.

Chronica
„Chronik"

Cornelius Nepos, etwa 100–25 v. Chr.

Das erste – allerdings weitgehend verlorene – lat. Geschichtswerk, das sich nicht auf röm. Geschichte beschränkte, in drei B.
Vor 54 v. Chr. entstanden und von Catull (→Carmina 1) erwähnt.

I Das Werk behandelte die Hauptereignisse der gr. und röm. Geschichte in synchroner Darstellung unter Berücksichtigung auch der Literaturgeschichte.
Q Für die Chronica benutzte Nepos die →Chroniká des Apollodoros als Vorlage. In Übereinstimmung mit diesem datierte Nepos die Gründung von Rom auf das Jahr 751/750 v. Chr.

A P. K. Marshall, Leipzig [3]1991. K. Nipperdey / K. Witte, Berlin [13]1967. H. Peter, HRR 2, Leipzig 1906.
L M. v. Albrecht, RL, 381–390.

Chronica
„Chronik"

Sulpicius Severus, um 363 – um 420 n. Chr.

Kurzgefaßte Darstellung wesentlicher Ereignisse des Alten Testaments und der Kirchengeschichte, von der Weltschöpfung bis 400 n. Chr. in zwei B. (lat.).
Im Jahre 403 n. Chr. verfaßt.

I Geschildert werden in kurzer und verständlicher Form die Ereignisse der biblischen Geschichte und der nachfolgenden Zeiten. Das Werk wendet sich an alle, die die Heilige Schrift nicht lesen können. Der Autor stellt aber auch chronologische Untersuchungen an und kritisiert falsche Datierungen im Alten Testament. Er übernimmt als erster Historiker die Danielvision von den vier Weltreichen und deutet die Beine der Statue aus Nebukadnezars Traum als Hinweis auf die seit 395 bestehenden Hälften des röm. Reiches.

Q Sulpicius Severus schöpft aus guten Quellen, darunter Eusebios (→*Historía ekklesiastiké*) und auch Tacitus (→*Annales*, →*Historiae*). Sprachlich-stilistisch orientiert er sich an Sallust (→*Historiarum libri V*, →*Catilinae coniuratio*). Für die vom Autor selbst erlebte Zeit haben die *Chronica* einen hohen Informationswert.

A C. Halm, CSEL 1, 1866.
Ü P. Bihlmayer, BKV 20, 1914.
L G. K. van Andel: The Christian Concept of History in the Chronicle of Sulpicius Severus, Amsterdam 1976. F. Ghizzoni: Sulpicio Severo, Rom 1983. H. Hofmann: Die Geschichtsschreibung, in: NHbL. Spätantike, 403–467. F. Murru: La concezione della storia nei *Chronica* di Sulpicio Severo: Alcune linee di studio, in: Latomus 38, 1979, 961–981. S. Weber: Die Chronik des Sulpicius Severus. Charakteristika und Intentionen, Trier 1997.

Chronica Gallica
„Zeitgeschichte Galliens"

An., Mitte des 5. Jh.s n. Chr.

Ein in Südgallien zur Zeit der Hunneneinfälle geschriebenes Geschichtswerk (lat.).

I Das Werk ist nach den Regierungsjahren der röm. Kaiser aufgebaut und heißt deshalb auch *Chronicon Imperiale*. Es ist geprägt vom Eindruck des Verfalls und des Niedergangs von Staat und Kirche im Westen.

L H. Hofmann: Die Geschichtsschreibung, in: NHbL. Spätantike, 403–467. S. Muhlberger: The Fifth-Century Chroniclers: Prosper, Hydatius, and the Gallic Chronicler of 452, Leeds 1990.

Chronica maiora
„Größere Weltchronik"

Isidorus aus Sevilla, etwa 570–636 n. Chr.

Werk der christlichen Geschichtsschreibung (lat.).

I Das Werk (lat.) reicht im Anschluß an die Chronik des Hieronymus (→*Chronikoì kanónes* des Eusebios) von der Schöpfung bis in das Jahr 615 n. Chr. Isidor teilt die Geschichte im Anschluß an Augustinus in sechs Weltalter ein (*aetates*). – Als *Chronica minora* wird eine bis 627 reichende Kurzfassung des Werkes zitiert (→*Historia Gothorum, Vandalorum et Suevorum*).

A Th. Mommsen, MGH, AA 11, 2, 1893, 424–488.
Ü D. Coste, in: G. H. Pertz u.a. (Hg.): Geschichtsschreiber der deutschen Vorzeit. Bd. 10, [3]1909.
L K. Baus: Isidor v. Sevilla, in: LThK 5, 786f. J. Fontaine: Isidore de Seville et la culture classique dans l' Espagne wisigothique. 3 Bde., Paris [2]1983. O. Hiltbrunner:

Isidoros (Nr. 8), in: DKP 2, 1461f. E. Hofmann: Die Geschichtsschreibung, in: NHbL. Spätantike, 403 bis 467.

Chronica minora →Historia Gothorum, Vandalorum et Suevorum (Isidorus)

Chronik →Chronikoì kanónes (Eusebios)

Chronik →Continuatio Chronicorum Hieronymianorum (Hydatius)

Chroniká
„Chronik"

Apollodoros aus Athen, 2. Jh. v. Chr.

Ein dem König Attalos II. von Pergamon (reg. 159 bis 138 v. Chr.) gewidmetes chronographisches Werk in vier B. (gr.), in iambischen Trimetern abgefaßt, nur in Frg. erhalten.

I Die zahllosen Informationen zur Datierung historischer Ereignisse durch Apollodoros reichten von der Eroberung von Troja im Jahre 1184/1183 v. Chr. bis mindestens zum Jahr 120/119 v. Chr. – Das Werk enthielt neben politischen Ereignissen vor allem kulturgeschichtliche Informationen. Dazu gehörten Kurzbiographien von Schriftstellern, Künstlern und Philosophen mit Hinweisen über Lehrer und Schüler der erwähnten Persönlichkeiten, über literarische Leistungen und das Lebensalter. Wertvoll sind die erhaltenen Zitate aus den Werken bedeutender Autoren. – Apollodoros führte die sogenannte *akmé*, d. h. das 40. Lebensjahr als den Höhepunkt des menschlichen Lebens, als Datierungshilfe ein. Im übrigen legte er seiner Datierung die athenischen Archontenlisten zugrunde. – Der Autor begründete die ungewöhnliche Verwendung des Versmaßes mit mnemotechnischen Argumenten (T 2,35): Der iambische Trimeter sollte als Gedächtnishilfe dienen. – Eine Inhaltsangabe der *Chroniká* ist der →*Periégesis* eines anonymen hellenistischen Geographen (Ps.-Skymnos, um 100 v. Chr.) zu verdanken.

Q Der Inhalt der beiden ersten B. geht im wesentlichen auf die →*Chronographíai* des Eratosthenes zurück, dessen Datierung für den Fall von Troja Apollodoros übernahm. Abweichend von Eratosthenes datierte er Homer jedoch auf die Zeit um 944/943 v. Chr.

A FGrHist 244.
L H. Dörrie: Apollodoros (Nr. 5), in: DKP 1, 438f. F. Jacoby: Apollodors Chronik. Philologische Untersuchungen 16, 1902. O. Lendle, Einführung, 279f. R. Pfeiffer, KlPh, 306–312. E. Schwartz, RE 1, 2, 1894, 2855–2886.

Chroniká
„Chronik"

Dexippos aus Athen, 3. Jh. n. Chr.

Universalgeschichte in mindestens 12 B. (gr.), aus denen nur Frg. erhalten sind.

I   Die nach Olympiaden, attischen Archonten und röm. Consuln datierende Darstellung reichte von der Urzeit bis zum Jahre 270 n. Chr. Stilistisch ahmte Dexippos Thukydides nach (→*Ho pólemos tôn Peloponnesíon kaì Athenaíon*). In der →*Historia Augusta* wird er benutzt. Wahrscheinlich greift auch Zosimos (→*Néa historía*) auf ihn zurück. – „Hier wird eine Linie sichtbar, die von der Universalgeschichte (→*Historíai*) eines Ephoros über Werke wie die →*Bibliothéke* Diodors schließlich zu den byzantinischen Weltchroniken (→*Chronographía*) in der Art des Ioannes Malalas (6. Jh.) oder Ioannes Antiochenus (7. Jh.) führt" (Lesky, 951). – Eunapios aus Sardes (→*Hypomnémata historiká*) setzt das Werk des Dexippos fort.

A   FGrHist 100.
L   A. Lesky, GL, 950 f. A. Momigliano, in: Enciclopedia Italiana di Scienze, Lettere ed Arti 12, 1931, 686. E. Schwartz, RE 5, 1905, 288–293. F. J. Stein: Dexippus et Herodianus rerum scriptores quatenus Thucydidem secuti sint, Diss. Bonn 1957.

Chroniká
„Chronik"

Kastor aus Rhodos, 1. Jh. v. Chr.

Nur fragmentarisch überlieferte Chronik (gr.) in sechs B. vom assyrischen Ninos an bis in die Zeit des Pompeius (61/60 v. Chr.).

I   Die von Kastor aufgestellte Zeittafel vom Jahr 2123/22 bis zum Jahr 61/60 v. Chr. bestand aus fünf Königslisten: 1. Könige der Assyrer und der späteren orientalischen Reiche, 2. Könige von Sikyon, später Priester des Karneios, 3. Könige von Argos, 4. Könige von Athen, später Archonten, 5. Könige von Alba und Rom, später Consuln. – Kastor rechnete die Zeit nach Olympiaden. Hieran wird auch deutlich, daß die Darstellung am Leitfaden der Regierungsjahre der Herrscher bzw. führenden Persönlichkeiten zu den typischen Merkmalen der Gattung der *Chronica* oder *Chroniká* gehört.
N   Das Werk wurde von späteren Autoren gern benutzt und verdrängte die anscheinend weniger auf den praktischen Gebrauch abgestimmten →*Chroniká* des Apollodoros. – Für Varros Schrift →*De gente populi Romani* war Kastor die Hauptquelle.

A   FGrHist 250.
L   O. Lendle, Einführung, 280. A. Lesky, GL, 882. O. Regenbogen, RE 20, 2, 1950, 1463 f.

Chroniká
„Chronik"

Menandros aus Ephesos, um 200 v. Chr.

Darstellung der phönikischen Geschichte, aus der nur wenige Frg. erhalten sind (gr.).

I   Die Regierungszeiten der Könige werden in Jahren und Monaten berechnet und die jeweiligen Ereignisse in Kurzform aufgezählt. Dazu gehörten nicht nur die Taten der Könige, sondern auch die Vorgänge bei deren Untertanen. – Die trockene Schilderung war wohl stark beeinflußt durch den Stil der amtlichen Aufzeichnungen, die der Autor in Tyros eingesehen hatte.

A   FGrHist 783.
L   O. Lendle, Einführung, 202–205.

Chronikè epitomé
„Kurzgefaßte Weltchronik"

Eustathios aus Epiphaneia, 5./6. Jh. n. Chr.

Fragmentarisch erhaltenes Geschichtswerk (gr.).

I   Das Werk bestand aus zwei Teilen: 1. Schilderung der Ereignisse bis zum Untergang von Troja. 2. Darstellung der Geschehnisse bis zum Jahre 502/503 n. Chr. – Eine Quelle des Eustathios waren die →*Byzantiaká* des Priskos aus Panion. – Die *Chronikè epitomé* wurde z. B. von den byzantinischen Historikern Euagrios (→*Historía ekklesiastiké*, Malalas (→*Chronographía*) und Prokopios (→*Hypèr tôn polemíon*) benutzt und zitiert.

A   L. Dindorf: Historici Graeci Minores 1, Leipzig 1870, 353 bis 363.

Chronikè historía →Chroniká (Dexippos)

Chronikoì kanónes
„Chronologische Tabellen"

Eusebios aus Kaisareia, um 260–339 n. Chr.

Weltchronik, aus deren gr. Urfassung nur Frg. erhalten sind.
Vor 303 n. Chr. entstanden.

I   Für das Werk, das bald nach dem Tod des Autors überarbeitet und bis zum Jahre 325 n. Chr. ergänzt wurde, liegt nur in einer armenischen Übersetzung der überarbeiteten Fassung vollständig vor. Außerdem übersetzte Hieronymus (um 350–420 n. Chr.) in den Jahren 380–381 n. Chr. die zweite Hälfte der *Chronikoì kanónes* ins Lateinische, fügte Teile der röm. Geschichte hinzu und setzte sie bis zum Jahre 378 n. Chr. fort. – Das für die Geschichtsschreibung des Mittelalters maßgebende Werk enthält in seinem Hauptteil synchronistische Tabellen (vergleichende Jahrestabellen) von der Geburt des Abraham (2015 v. Chr.) bis in das Jahr 303 n. Chr. Die Darstellung umfaßt die Geschichte der orientalischen Völker, der Griechen und der Römer. Die synchronistischen Tabellen enthalten zu den einzelnen Jahren Angaben über die wichtigsten historischen Ereignissen.

W Eusebios verfolgte einen apologetischen Zweck. Er wollte das höhere Alter der biblischen Überlieferung im Vergleich zur gr.-röm. Geschichte veranschaulichen.

N Die Chronik bewahrte der Nachwelt wichtige Informationen aus verlorenen Geschichtswerken. Die weiterführende Bearbeitung des Hieronymus überliefert u. a. auch wertvolle Daten aus der röm. Literaturgeschichte. – Die →*Chronica* des Cassiodorus greifen auf die *Chronikoì kanónes* zurück; ebenso benutzt Isidorus aus Sevilla (→*Historia Gothorum, Vandalorum et Suevorum*) das Werk.

A R. Helm, GCS 47. PG 19. A. Schöne. 2 Bde., Berlin 1867–1875.
L A. Dihle, GLL, 431. H. Hofmann: Die Geschichtsschreibung, in: NHbL. Spätantike, 421 f. J. Moreau, RAC 6, 1966, 1052–1088. A. A. Morshammer: The chronicle of Eusebius and Greek Chronographical Tradition, London 1977.

Chronikôn bíbloi
„Chronik"

Hippolytos aus Rom, 1. Hälfte des 3. Jh.s n. Chr.

Weltchronik von Adam bis zum Jahr 234 n. Chr. (gr.).

I In diesem Werk wird eine Zeitrechnung zugrunde gelegt, die mit der Erschaffung der Welt beginnt und das Alter der Welt errechnet, um chiliastischen Tendenzen entgegenzutreten.

A A. Bauer / R. Helm, GCS 46, 1955.
L B. Altaner, Patrologie, 144–150. O. Bardenhewer 2, 550–610. J. Quasten: Patrology. Bd. 2, Utrecht/Brüssel 1953, 163–207.

Chronographía
„Zeitbeschreibung"

Ioannes Malalas, etwa 491–578 n. Chr.

Älteste erhaltene byzantinische Weltchronik in 18 B. (gr.).

I In der erhaltenen gr. Fassung des Werkes fehlt der Anfang, und das Werk endet mit dem Jahr 563 n. Chr. Eine slavische Übersetzung des 10./11. Jh.s bietet einen vollständigeren Text. – Das Werk enthält die Urgeschichte der Mittelmeervölker, die gr., röm. und byzantinische Geschichte. Der Autor hat viel Mythologisches und kurioses Material einge-

baut, so daß das Werk lange Zeit ein unterhaltsames Volksbuch war. Es bildete die Grundlage späterer Chroniken.

A PG 97, 65–718. A. Schenk Graf von Stauffenberg: Die römische Kaisergeschichte bei Malalas, 1931 (gr. Text der B. 9 bis 12).
Ü O. Veh, München 1970 (gr.-dt. in Auswahl).
L O. Lendle, Einführung, 258.

Chronographíai
„Zeitbeschreibungen"

Eratosthenes aus Kyrene, 3. Jh. v. Chr.

Abhandlung über die wissenschaftliche Chronographie (gr.), nur fragmentarisch erhalten.

I Der Autor erläuterte zunächst die Grundsätze der wissenschaftlichen Chronologie. Daran schloß sich eine chronologische Tafel (*Pínax*) auf der Grundlage der olympischen Siegerliesten an (→*Olympionîkai*). Der erste bekannte Olympiasieger war nach Eratosthenes Koroibos aus Elis im Jahre 776/775 v. Chr., und Eratosthenes setzte dieses Jahr als das erste Jahr der ersten Olympiade (*Olympiás*) fest. „Die Tatsache, daß Eratosthenes diese Wahl traf, war entscheidend für die Datierung nach Olympiaden in der späteren Antike und sogar darüber hinaus" (Pfeiffer, 204). – Für die Zeit vor 776/775 v. Chr. benutzte Eratosthenes anscheinend das in den →*Chronikoì kanónes* des Eusebios erhaltene Verzeichnis der spartanischen Könige, das bis in das Jahr 1104/3 v. Chr. zurückreicht. Die Eroberung Trojas fand 80 Jahre früher statt (1184/3 v. Chr.). – Eratosthenes teilt die Zeit zwischen 1184/3 v. Chr. und die Tod Alexanders d. Gr. 324/3 v. Chr. in zehn Epochen ein (FGrHist 241, Frg. 1). (Eine Übersicht über diese zehn Epochen bei O. Lendle, 279.) Auf diese Weise brachte Eratosthenes auch eine Ordnung in die literarische Chronologie. – Das esoterische Werk wurde von den mehr populären →*Chroniká* des Apollodoros aus Athen weitgehend verdrängt.

A FGrHist 241, Frg. 1–3.
L O. Lendle, Einführung, 278 f. R. Pfeiffer, KlPh, 203–206.

Chronographíai
„Zeitbeschreibungen"

Auch zitiert als *Pentábiblon chronologikón* („Fünferbuch der Chronologie").

Sextus Iulius Africanus, um 200 n. Chr.

Weltchronik in fünf B., aus denen nur Frg. erhalten sind (gr.).

I Das Werk beginnt mit der Weltschöpfung und endet etwa mit dem Jahr 220 n. Chr. – Die *Chrono-*

graphíai waren die wichtigste Quelle aller späteren Weltchroniken (vgl. z.B. die →*Historía ekklesiastiké* des Eusebios). – Die *Chronographíai* synchronisieren gr., röm., alttestamentliche und christliche Geschichtsdaten und -fakten. Der Autor teilt die Weltgeschichte in eine Woche von sechs tausendjährigen Tagen. Davon sind bis zur Geburt Christi fünfeinhalb Tage abgelaufen. Demnach wurde Christus im Jahre 5500 der Welt geboren.

A   PG 10, 63–94. M. J. Routh: Reliquiae sacrae. Bd. 2, Oxford [(2)]1846, 238–509.
L   B. Altaner, Patrologie 174 f. O. Bardenhewer 2, 263–271. H. Gelzer: Sextus Iulius Africanus und die byzantinische Literatur. 2 Bde., Leipzig 1880 bis 1898. W. Kroll / J. Sickenberger, RE 10, 1, 1917, 116–125. P. Quasten: Patrology. Bd. 2, Utrecht/Brüssel 1953, 137–140. O. Regenbogen, RE 20, 2, 1950, 1464 f.

Chrysâ épe
„Goldene Worte"

Ps.-Pythagoras, 2. Jh. n.Chr.

Lehrgedicht in 71 gr. Hexametern, das in popularisierter Form die wesentlichen Gedanken der pythagoreischen Tradition enthält.

I   Die 71 Verse enthalten Mahnungen zu Frömmigkeit, Mäßigkeit und Selbstprüfung und Andeutungen über Dämonen und Seelenerlösung.
N   Hierokles aus Alexandreia kommentierte den Text (→„Kommentar zu den pythagoreischen ‚Goldenen Worten'"). Im Mittelalter und in der Renaissance fand das Gedicht großen Anklang.

A   A. Farina: I versi aurei di Pitagora, Neapel 1962 (gr.-it. mit Kommentar). L. Saint-Michel: Les Vers d' or de Pythagore, Bourges 1950 (gr.-frz. mit Kommentar). D. Young: Theognis, Leipzig [(2)]1971.
Ü   W. Binder, Berlin [(4)]1910.
L   J. Evola: I versi d' oro pitagorei, Rom 1959. A. Lesky, GL, 891–894 und 982.

Cicuta
„Schierlingstrank"

Domitius Marsus, 1. Jh. v. – 1. Jh. n.Chr.

Epigrammsammlung (lat.), nur in Frg. erhalten.

I   Die Sammlung enthielt außer Spottversen (FPL 110) auch das Epigramm auf den Tod des Dichters Tibull (FPL 111) und zwei Disticha auf Atia, die Mutter des Augustus.

A   FPL 110–111.
L   Bardon 2, 152–157. E. Burck: Domitius Marsus, in: dtv-L 1. 2, 23. Schanz-Hosius 2, 174–176.

Ciris →Appendix Vergiliana

Cistellaria
„Die Kästchenkomödie"

Titus Maccius Plautus, etwa 250–184 v. Chr.

Nicht vollständig erhaltene Wiedererkennungskomödie (lat.). Rund 600 Verse gingen im Mittelalter verloren. Davon wurden etwa 250 nicht zusammenhängende Verse in einer Palimpsest-Handschrift wiederentdeckt.
Die Komödie wurde während des zweiten Punischen Krieges (218–201 v.Chr.) verfaßt.

I   Das Stück ist nach einem Kästchen benannt, in dem sich der Schmuck eines nach der Geburt ausgesetzten Mädchens befindet. Dieses wird mit Hilfe des Kästchens am Ende der Komödie als Tochter eines reichen Mannes wiedererkannt. – Im Mittelpunkt steht ein unglückliches Liebespaar: Alcesimarchus liebt die Hetäre Selenium, die von der Kupplerin Melaenis nicht freigegeben wird. Er soll statt dessen eine aus zweiter Ehe stammende Tochter des reichen Demipho heiraten, die er nicht liebt. Darum will er sich umbringen. Selenium rettet ihn im letzten Augenblick. Sie wird von Demipho und Phanostrata aufgrund des Kästchens als ihre verloren geglaubte Tochter wiedererkannt, die aus einer vorehelichen Beziehung zwischen den beiden stammt, nach ihrer Geburt ausgesetzt, aber gerettet und von Melaenis wie eine Tochter aufgezogen wurde. So steht einer Eheschließung zwischen Selenium und Alcesimarchus nichts mehr im Wege, und der Wunsch seines Vaters, in die Familie des Demipho einzuheiraten, geht in Erfüllung.
Q   Das griechische Original sind die nicht erhaltenen *Synaristôsai* („Die gemeinsam frühstückenden Frauen") des Menander.

A   W. M. Lindsay. 2 Bde., Oxford 1904.
Ü   W. Binder / W. Ludwig: Antike Komödien. Plautus/Terenz. 2 Bde., Darmstadt 1976.
L   W. Ludwig: Die plautinische *Cistellaria* und das Verhältnis von Gott und Handlung bei Menander, Ménandre. Entretiens Fondation Hardt 16,1970, 43–110. G. Thamm: Zur Cistellaria des Plautus, Diss. Freiburg 1971.

Clemensbriefe →Patrum Apostolicorum opera

Codex Iustinianus →Corpus iuris civilis

Codex repetitae praelectionis →Corpus iuris civilis

Codex Theodosianus
„Gesetzbuch des Theodosius"

Theodosius II., oströmischer Kaiser, reg. 408–450 n. Chr.

Sammlung der Erlasse der röm. Kaiser (Kaiserkonstitutionen) von 312 n. Chr. an.

I Auf der Grundlage von Kommissionsarbeit wurde zwecks Kodifikation des Rechts auf Veranlassung von Theodosius II. im Jahre 438 n. Chr. im oström. Reich eine Sammlung der Kaiserkonstitutionen publiziert, die die aufgrund der Fülle des Rechtsstoffes zunehmende Rechtsunsicherheit beseitigen sollte. – Die Sammlung wurde im Jahre 439 von Valentinian III. im weström. Reich übernommen. – Der *Codex Theodosianus* hatte große Bedeutung für das →*Corpus iuris civilis*.

A Th. Mommsen / P. M. Meyer: Codex Theodosianus. 2 Bde., Berlin 1905, Nachdr. Dublin/Zürich [4]1970–1971.
L P. E. Pieler: Die Rechtsliteratur, in: NHbL. Spätantike, 565–599.

Collatio legum Mosaicorum et Romanarum →Mosaicarum et Romanarum legum collatio (Ps.-Ambrosius)

Collationes
„Unterredungen"

Ioannes Cassianus, um 360–435 n. Chr.

Vierundzwanzig fingierte Gespräche (lat.) mit Anachoreten (Einsiedlern).
Verfaßt in den Jahren 426–428 n. Chr.

I Der Autor führt die Gespräche zusammen mit seinem Freund Germanus mit angesehenen ägyptischen Anachoreten. Diese Gespräche gehen auf tatsächlich geführte Gespräche zurück, deren Wortlaut im Sinne des Autors verändert und dem Lehrgehalt systematisiert wurde. – Cassianus unterscheidet zwei Lebensformen: die *vita activa*, d. h. die Übung der Tugenden und die Reinigung des Herzens (1,6f.), und die *vita contemplativa*, das reine Gebet (9,25ff.), das auf eine ununterbrochene Gegenwart Gottes zielt. Die *vita activa* ist eine Aufgabe der Novizen im Kloster; die *vita contemplativa* ist erfahrenen Anachoreten vorbehalten (vgl. →*De institutis monachorum et de octo principalium vitiorum remediis*). – Die in den *Collationes* vertretene Lehre von der Willensfreiheit – Cassianus schreibt die Vorbereitung auf die Gnade und die Glaubensbereitschaft der Initiative des Menschen zu; die Gnade begleitet und vervollkommnet den Willen des Menschen – wurde auf dem Konzil von Arausio im Jahre 529 n. Chr. verworfen: Die Gnadenlehre des Augustinus (→*De correptione et*

gratia) wurde der Lehre von der Willensfreiheit vorgezogen (→*Sermones* von Caesarius aus Arles).
N Die *Collationes* wurden gleichwohl zu einer Grundlage späterer Mönchsliteratur. Sie haben u. a. die →*Regula* des Benedikt aus Nursia beeinflußt.

A M. Petschenig, CSEL 13. E. Pichery, SC 42, 1955; 54, 1958; 64, 1959 (lat.-frz.). PL 49–50.
L O. Bardenhewer. Bd. 4, 558–565. P. – Th. Camelot: Johannes Cassianus, LThK 5, 1016f. O. Chadwick: John Cassian. A Study in Primitive Monasticism, Cambridge 1950. O. Hiltbrunner: Cassianus, DKP 1, 1067.

Collectanea antiariana
„Sammlung von Argumenten gegen den Arianismus"

Hilarius aus Pictavium (Poitiers), um 315–367 n. Chr.

Fragmentarisch erhaltene polemische Schrift gegen den Arianismus (lat.).

A CSEL 65.
L M. v. Albrecht, RL, 1289–1293. A. Antweiler: Hilarius, LThK 5, 1960, 337f. G. M. Newlands: Hilary of Poitiers. A Study in Theological Methods, New York 1978. E. Watson: The Life and Writings of Saint Hilary of Poitiers, Oxford 1899.

Collectanea rerum memorabilium
„Sammlung merkwürdiger Dinge"

Gaius Iulius Solinus, 3. Jh. n. Chr.

Geographische Schrift (lat.).

I Die Darstellung beginnt mit Rom und seiner Frühzeit. Darauf folgen eine Abhandlung über den Menschen und eine Erdbeschreibung (zunächst Europa von Osten nach Westen, dann Afrika und Asien). – Das Werk ist als Küstenbeschreibung angelegt. Der Begriff *Mare mediterraneum* („Mittelmeer") begegnet zum ersten Mal bei Solinus.
Q Der Autor ist stark abhängig von Plinius, →*Naturalis historia XXXVII*, und von Pomponius Mela, →*De chorographia libri III*.
N Als unterhaltsamer Autor wird Solinus in der Spätantike und im Mittelalter viel gelesen.

A Th. Mommsen, Berlin [2]1895.
L M. v. Albrecht, RL, 1173. E. Diehl, RE 10, 1, 1917, 823–838. Schanz-Hosius 3, 224–227. H. Walter: Die Collectanea rerum memorabilium des C. Iulius Solinus, Wiesbaden 1969.

Commentarii in orationes Ciceronis (Asconius Pedianus) →Kommentare zu Ciceros Reden

Commemoratio professorum Burdigalensium
„Erinnerungen an Lehrer in Burdigala"

Decimus Magnus Ausonius aus Burdigala, etwa 310–395 n. Chr.

Sammlung von 26 Gedichten (lat.) in unterschiedlichen Versmaßen zur Erinnerung an Autoren, die in der Heimatstadt des Verfassers tätig waren. Nach 385 n. Chr. verfaßt.

I   Zwei Typen von Gedichten sind zu unterscheiden: (1) Enkomien (1–6; 13–15; 20–22; 24) und (2) biographische Gedichte (7–12; 16–19; 23). Die Gedichte 25–26 schließen die Sammlung ab. Sie enthalten allgemeine Reflexionen zur Rechtfertigung der Sammlung und ein Abschiedswort des Dichters an die Geehrten. – „Viele Gedichte enden mit einer Anrede an den Verstorbenen ... Solche – von persönlicher Verbundenheit und Sympathie, aber nicht überschwenglichem Lob getragene – Gedenkgedichte, die ein möglichst getreues Porträt des Verstorbenen skizzieren, sind ein neuer, von Ausonius geschaffener Gedichttypus (*commemoratio*), in dem sich Elemente aus der *laudatio*, dem *Epikédeion*, der Elegie und dem Grabepigramm miteinander verbinden. Anstelle des Pathos der Trauer dominiert das persönliche Ethos" (M. v. Albrecht, 1049).

Q   Anregungen dürfte Ausonius von Sueton (→*De grammaticis et rhetoribus*) erhalten haben.

A   R. Peiper, Leipzig 1886. K. Schenkl, MGH, AA 5, 2, 1883. H. G. E. White. 2. Bde., London/Cambridge (Mass.) 1919–1928 (engl.-lat.).

L   M. v. Albrecht, RL, 1047–1057. M. Fuhrmann, Spätantike, 101–107. R. P. H. Green: Still Waters Run Deep. A New Study of the *Professores* of Bordeaux, in: CQ 35, 1985, 491–506. H. Szelest: *Valete manes inclitorum rhetorum*. Ausonius' *Commemoratio professorum Burdigalensium*, in: Eos 63, 1975, 75–87. H. Szelest: Ausonius und Suetonius, in: Ziva Antika. Antiquité vivant 26, 1976, 433–442.

Commemoratorium vitae Sancti Severini
→Vita Sancti Severini (Eugippius)

Commentarii de bello Gallico →De bello Gallico (Caesar)

Commentarii in Somnium Scipionis
„Erläuterungen zum Traum des Scipio"

Ambrosius Macrobius Theodosius, um 400 n. Chr.

Kommentar zu dem im 6. B. von Ciceros Schrift →*De re publica* erzählten Traum des Scipio (lat.).

I   Der Autor untersucht zunächst das Verhältnis Ciceros zu Platon; dann erörtert er das Wesen des Traumes und die Möglichkeiten der mythischen Einkleidung philosophischer Probleme. – Der Kommentar erläutert den Cicero-Text unter den drei traditionellen Aspekten der Philosophie: Er setzt sich mit Fragen der Physik, Ethik und Logik auseinander. Eingehend befaßt sich Macrobius mit dem Schlußabschnitt des *Somnium Scipionis* über die Selbstbewegung der Seele und ihre Unsterblichkeit: „Mit der Selbstbewegung und Unsterblichkeit der Seele ist ein Kernthema formuliert, das dem römischen Daseinsgefühl sehr naheliegt. Schon Cicero, der diesen Vorstellungen einen philosophischen Akzent gibt, stellt sie in Platons Worten prononciert an das Ende seines Dialoges. Philosophisch weitergearbeitet wird an dem Problem der menschlichen Person erst gegen Ende der Antike und zwar im Zeichen des Neuplatonismus. In Macrobius berühren sich literarisch geformte römische Erfahrung und griechisches Denken auf diesem Gebiet" (M. v. Albrecht, 1182).

W   Macrobius will seine Leser mit diesem Kommentar in die (neuplatonische) Philosophie einführen. Er „verbindet die Textinterpretation mit philosophischen und enzyklopädischen Elementen. So benutzt er den klassischen Text Ciceros zum Zweck der Welterschließung und Wissenschaftspropädeutik" (M. v. Albrecht, 1181).

N   „Für das Weltbild des lateinischen Mittelalters war Macrobius' Kommentar eine der wichtigsten Grundlagen" (Dihle, 455).

A   M. Regali, Pisa 1983 und 1990 (lat.-it. mit Kommentar). L. Scarpa, Padua 1981 (lat.-it.). I. Willis. Bd. 2, Leipzig [2]1970, Nachdr. 1994.

Ü   H. A. Gärtner, RLTD 5, 316–335 (lat.-dt. in Auswahl). W. H. Stahl, New York 1952 (engl.).

L   M. v. Albrecht, RL, 1179–1183. A. Dihle, GLL, 453–455. M. A. Eleferink: La descente de l' âme d' après Macrobe, Leiden 1968. J. Flamant: Macrobe et le Néo-Platonism latin à la fin du IV e siècle, Leiden 1977. H. Görgemanns: Die Bedeutung der Traumeinkleidung im *Somnium Scipionis*, in: WS NF 2, 1968, 46–69. M. Regali: La quadripartizione delle virtù nei *Commentarii* di Macrobio, in: Atene e Roma 25, 1980, 166–172. M. Regali: Importanza e limiti dell' aritmologia nei *Commentarii in Somnium Scipionis* di Macrobio, in: A. Garzya (Hg.): Metodologia della ricerca sulla tarda antichità. Atti del primo convegno dell' Assoziazione di studi tardo-antichi, Neapel 1989, 483–491. A. Setaioli: L' esegesi omerica nel commento di Macrobio al *Somnium Scipionis*, in: SIFC 38, 1966, 154–198.

Commentariolum petitionis consulatus
„Denkschrift zur Bewerbung um das Consulat"

Quintus Tullius Cicero, 102–43 v. Chr.

Traktat über die Bewerbung um das Consulat durch den älteren Bruder Marcus Tullius Cicero (lat.). Im Jahre 65 oder 64 v. Chr. verfaßt.

I   Die Schrift enthält „Rezepte für die Amtsbewerbung" (Büchner, 113) und gibt ein Bild der politischen Zustände in Rom. Quintus erinnert den Bruder an seine Rolle als „Neuling" (*homo novus*) und gibt ihm Ratschläge für die Gewinnung von

Stimmen; seine überragende Stärke sei seine Redekunst (*eloquentia*). Seine Mitbewerber Antonius
und Catilina seien dagegen nicht qualifiziert. Cicero
sei ihnen aufgrund seiner natürlichen Begabung
(*natura*) und seiner rhetorischen Studien (*studium*)
in jeder Hinsicht überlegen. – Darauf folgen ganz
konkrete Ratschläge für das Bewerbungsverfahren:
Cicero müsse sich Freunde schaffen, freundschaftliche Beziehungen pflegen und die Zuneigung des
Volkes gewinnen. Dies geschehe durch Wohltaten,
das Wecken von Hoffnungen und das Hervorrufen
von Sympathie. Der wichtigste Ratschlag lautet: Zu
möglichst vielen und möglichst einflußreichen Leuten Kontakt aufzunehmen und zu pflegen. Allerdings sei auch Vorsicht vor Betrug, Hinterhältigkeit
und Heuchelei geboten.

W　„Die kleine Abhandlung, aus der Praxis erwachsen und für die Praxis bestimmt, spiegelt ein
ungeschminktes Stück römischer Realität. Wer das
mitunter bedenkliche sittliche Niveau rügen wollte,
vergäße, daß der damalige Wahlbetrieb nicht durch
derlei ziemlich harmlose Inkorrektheiten ernstlich
korrumpiert war, sondern durch viel massivere
Mißbräuche, insbesondere durch Stimmenkauf"
(Fuhrmann, Cicero, 84 f.).

A　D. R. Shackleton Bailey, Stuttgart 1988. M. S. Watt,
in: M. Tulli Ciceronis Epistulae. Bd. 3, Oxford 1958.
Ü　H. Kasten, München 1965 (lat.-dt.). G. Laser,
Darmstadt 2001 (lat.-dt. mit Komm.).
L　K. Büchner, Bestand und Wandel, 113 und 164–168.
J. - M. David / S. Demougin: Le *Commentariolum petitio-
nis* de Quintus Cicéron, in: ANRW 1, 3, 1973, 239–277. M.
Fuhrmann, Cicero, 84 f. L. Waibel: Das *Commentariolum
petitionis*. Untersuchung zur Frage der Echtheit, Diss.
München 1969.

Commentarius de aquis urbis Romae
→De aquis urbis Romae (Frontinus)

Commentatio dioptrica
„Meßlehre"

Auch zitiert als *Díoptra* („Meßinstrument").

Heron aus Alexandreia, 1. Jh. n. Chr.

Praxisbezogene Anleitung (gr.) zum Bauen eines
Theodoliten, d. h. eines optisch-mechanischen Instruments zum Messen von Horizontal- und Verti-
kalwinkeln.
Verfaßt nach 62 n. Chr. Heron erwähnt die Mondfinsternis vom 13. März 62 n. Chr.

I　Außer der Bauanleitung wird der Gebrauch
des Theodoliten u. a. beim Kanal- und Tunnelbau,
bei kartographischen Arbeiten, nautischen Peilun-
gen, Landvermessung und astronomischen Beobachtungen dargestellt. In einem Anhang wird ein
automatischer Wegemesser (Hodometer) beschrieben, ferner die Längendifferenz Alexandreia-Rom
durch die Beobachtung ein und derselben Mondfinsternis berechnet.

A　W. Schmidt / L. Nix / H. Schöne / J. L. Heiberg. 5
Bde., Leipzig 1899–1914 (gr.-dt.): *Commentatio dioptrica*
in Bd. 3, 1903.
L　J. G. Landels: Die Technik in der antiken Welt,
München 1979, 241–253. A. Lesky, GL, 889. J. Man: He-
ron, in: DKP 2, 1106–1109.

Commentum Terenti
„Terenzkommentar"

Aelius Donatus, Mitte des 4. Jh.s n. Chr.

Kommentierung (lat.) aller Komödien des Terenz
(außer dem →*Heautontimorúmenos*) mit Auffüh-
rungshilfen und Vergleichen mit den Vorgängern
des röm. Autors. Dem Kommentar ist eine Biographie des Sueton (→*De viris illustribus*) vorausgeschickt, der Donatus selbst einige Bemerkungen
hinzufügt.

A　P. Wessner. 2 Bde., Leizig 1902–1905.
L　P. Wessner: Donatus (Nr. 6), in: RE 5,1905, 1545–
1547.

Commonitorium
„Gedächtnishilfe"

Vincentius aus Lerinum, 4./5. Jh. n. Chr.

Unvollständig erhaltene theologische Abhandlung
(lat.).
Abgefaßt im Jahre 434 n. Chr. unter dem Pseudonym „Peregrinus".

I　Das Werk ist ein Leitfaden für Christen, die
von den vielen Häresien ihrer Zeit vom rechten
Glauben abgebracht zu werden drohten. – Die
Grundlage des christlichen Glaubens bilden die
Heilige Schrift und die Tradition der katholischen
Kirche, die für die Auslegung der Schrift zuständig
ist. Die Beschlüsse eines allgemeinen Konzils und
die übereinstimmenden Aussagen orthodoxer Kir-
chenlehrer dienen grundsätzlich als Richtschnur.
Neuerungen werden vom Autor zurückgewiesen;
zugelassen werden jedoch neue Möglichkeiten, den
Glaubensinhalt zu erschließen, tiefer zu erfassen
und in einem immer wieder anderen Licht zu sehen.
Die Gefährlichkeit der Häretiker, der Wölfe im
Schafspelz, wird nachdrücklich hervorgehoben.

W　Das Ziel der Abhandlung, die in der Fragestellung auf Tertullian, →*De praescriptione haere-
corum* fußt, ist die Erarbeitung der Kriterien, nach
denen die wahre katholische Lehre von häretischen
Neuerungen zu unterscheiden ist. Vincentius fordert eine kirchliche Norm für die Auslegung der Bibel: *Magnopere curandum est, ut id teneamus, quod
ubique, quod semper, quod ab omnibus creditum est;
hoc est enim vere proprieque catholicum* (2,5): „Es
ist sorgfältig darauf zu achten, daß wir an dem festhalten, was überall, was immer und was von allen
geglaubt wurde; das ist nämlich im wahrsten Sinne
des Wortes katholisch."

A   R. S. Moxon, Cambridge 1915. G. Rauschen, Bonn 1906.
Ü   G. Rauschen, BKV(2) 20, 1914, 192–228.
L   R. Baus: Vincenz v. Lérins, in: LThK 10, 800 f. F. Brunetière / P. de Labriolle: St. Vincent de Lérins, Paris 1906. J. A. Fichtner: Schrift und Tradition im *Commonitorium*, in: The American ecclesiastical Review 149, 1963, 145–161. C. J. Hefele: Vincentius Lirinensis und sein *Commonitorium*, in: Beiträge zur Kirchengeschichte, Archäologie und Liturgik 1, Tübingen 1864, 145–174. KLL 3, 2108 f.

Commonitorium de errore Priscillianistarum et Origenistarum
„Mahnschreiben über den Irrweg der Priscillianisten und der Origenisten"

Orosius aus Bracara, 5. Jh. n. Chr.

Dogmatisch-polemische Schrift (lat.) über die Anhänger der Lehre des Priscillianus (etwa 335/345 bis 385 n. Chr.) und des Origenes (um 185 – 254 n. Chr.).
Im Jahre 414 n. Chr. für Augustinus (→*Ad Orosium contra Priscillianistas et Origenistas*) verfaßt.

I   Die Schrift enthält Anklagen wegen Häresie, obwohl Priscillianus selbst anscheinend nur der Begründer einer religiös-asketischen Bewegung innerhalb der Kirche war und als Verfechter eines verinnerlichten freien Christentums gegen eine verweltlichte Bischofskirche auftrat. – Origenes hatte vor allem wegen seiner dogmatisch-metaphysischen Lehre Anstoß erregt, die er in →*Perì archôn* (*De principiis*) dargelegt hatte. Problematisch waren seine in sokratischer Methode entwickelten Spekulationen (u. a. über die Präexistenz der Seele), die von Späteren aufgegriffen und als Irrlehre mißverstanden wurden.

A   CSEL 18, 148–157. K.-D. Daur, CCL 49, 1985, 133–163.
L   M. v. Albrecht, RL, 1098–1101. J. A. Davids: De Orosio et S. Augustino Priscillianorum adversariis, Den Haag 1930. H. J. Diesner: Orosius und Augustinus, in: Acta Antiqua Academiae Scientiarum Hungaricae 11, 1963, 89–102. F. Wotke: Orosius, in: RE 18, 1, 1939, 1185–1195.

Compositiones
„Zusammensetzungen"

Scribonius Largus, 1. Jh. n. Chr.

Rezeptsammlung für die Herstellung von Medikamenten (lat.)

I   Der Autor, der als Leibarzt des Kaisers Claudius (reg. 41–54 n. Chr.) tätig war, versichert, daß er die Mehrzahl seiner Rezepte selbst erprobt habe und einige auch bei prominenten Persönlichkeiten angewandt wurden. So habe z. B. die in Kap. 31 beschriebene Augensalbe Augustus geholfen und das in Kap. 60 erwähnte Zahnpulver der Kaiserin Messalina genützt.

A   G. Helmreich, Leipzig 1887. S. Sconocchia, Leipzig 1983.
L   M. v. Albrecht, RL, 461. B. Baldwin: The Career and Work of Scribonius Largus, in: RhM 135, 1992, 74–82. K. Deichgräber: Professio medici. Zum Vorwort des Scribonius Largus, in: AAWM 1950, 9. M. Fuhrmann: Die römische Fachliteratur, in: NHbL. Römische Literatur, 181–194

Confessiones
„Bekenntnisse"

Aurelius Augustinus aus Thagaste, 354–430 n. Chr.

Selbstdarstellung, psychologische Selbstanalyse, Sünden- und Glaubensbekenntnis, Lobpreis und rühmende Verkündigung des Schöpfers, Begründung der eigenen Bekehrung (lat.) in 13 B.
Verfaßt 397/398 n. Chr.

I   Neun der 13 B. behandeln den Lebensgang des Autors bis zum Abschied von Italien. Der berichtende Teil schließt im 9. B. mit dem Tod der Mutter; das 10. B. beschreibt den am Ende erreichten Stand des neuen Lebens; es bringt eine Lebensbilanz aus späterer Sicht. Die B. 11–13 befassen sich mit theologischen Problemen; sie enthalten eine spekulative Auslegung des biblischen Schöpfungsberichtes. – Inhaltsübersicht: B. 1: Kindheit und Jugend. B. 2: Aufenthalt in Thagaste während des 16. Lebensjahres. Jugendliche Leidenschaften. B. 3: Liebe in Karthago. Wirkung der Lektüre von Ciceros →*Hortensius*. Der Autor als Manichäer. B. 4: Augustinus als Rhetoriklehrer in Karthago. Hingabe an die Astrologie. Schmerz über den Tod eines Freundes. B. 5: Lehrtätigkeit in Rom. Abkehr vom Manichäismus. Umzug nach Mailand. Begegnung mit Ambrosius. B. 6: Lehrtätigkeit in Mailand. Hinwendung zum katholischen Glauben. B. 7: Frage nach dem Ursprungs des Bösen. B. 8: Bekehrung (*tolle, lege* 8, 5–12). B. 9: Taufe. Tod der Mutter in Ostia. B. 10: Innerer Zustand zum Zeitpunkt der Niederschrift der *Confessiones*. B. 11–13: Betrachtungen über Gott, Welt, Zeit, Ewigkeit im Anschluß an den Schöpfungsbericht der Genesis. – „Das B. ist in seinem Hauptteil eine mächtige Lebensbeichte, ein Zeugnis eindringlicher Sebstbetrachtung und angespannter, bohrender Selbstkritik, die gleichwohl nichts Quälendes oder Verzweifeltes an sich hat, weil sie von einem ständigen Lobpreis der göttlichen Barmherzigkeit begleitet wird, die dieses Leben trotz allem nicht fahren ließ, sondern gerade so, durch Sünde und Schuld, auf verborgenen Wegen dennoch zur Erkenntnis des Heils und zum Frieden der Vergebung geleitet hat" (H. v. Campenhausen, 169 f.). Der Autor breitet sein ganzes Leben vor Gott aus, um ihm für dieses Leben zu danken und ihn zu preisen. „Diese Form, die den Glanz antiker Stilkunst mit der ständigen Präsenz der Bibel verbindet, verleiht dem Ganzen trotz aller Bewegung eine ruhige Festlichkeit und nimmt ihm trotz persönlichster Mitteilungen jeden Anschein aufdringlicher Subjektivität" (Fuhrmann, 209f.). – Auswahlkriterium für den Stoff der „Bekenntnisse" ist das jeweilige Maß von Gottesnähe oder Gottesferne. Alles, was berichtet wird, unterliegt diesem Auswahlkriterium. So befassen sich die B. 1–4 mit den ersten 28 Jahren, die B. 5–8 mit den sich anschließenden 4 Jahren bis zum Ereignis der Bekehrung. Augustin schildert seinen Weg vom Suchen zum Finden, vom Irrtum zur Wahrheit. Der darauf beruhende Spannungsbogen wird durch die Markierung von Entwicklungsphasen hervorgehoben. – Die drei ungleichen Teile des Werkes (B. 1 bis 9; 10; 11–13) können unter dem Gesichtspunkt „Vergangenheit-Gegenwart-Zukunft" gesehen werden: „Nach der Lebensbeschreibung bis zur Taufe und zum Tod der Mutter (B. 1–9) erfolgt die Darstellung des gegenwärtigen Zustandes (B. 10) und ein Musterbeispiel der künftigen Tätigkeit als Verkünder des Wortes (B. 11–13; vgl. bes. 11, 2, 2). Der dritte Teil überbietet den ersten dadurch, daß anstelle des Menschenwortes das Wort Gottes im Mittelpunkt steht. Zugleich wird die Schöpfungsgeschichte als Allegorie der Kirche verstanden: In der *conversio* durch Gnade ist die Seinsminderung der von Gott abgefallenen Natur aufgehoben und die ursprüngliche Intention der Schöpfung wiederhergestellt. Durch die Taufe, in der die Autobiographie gipfelt, ist das Individuum in den Gottesstaat eingetreten, den die letzten B. indirekt spiegeln" (M. v. Albrecht, 1326).

Q Der Auslöser für Augustinus' Suche nach Gott war das Buch „eines gewissen Cicero", das die Ermunterung zur Philosophie zum Thema hat und den Titel →*Hortensius* führt. Dieses Buch – so Augustinus (*Confessiones* 3,4,7) – gab seinem Gemütsleben eine andere Richtung auf Gott (vgl. auch *Conf.* 8, 7,17).

H Als Augustinus die *Confessiones* verfaßte, waren bereits mehr als 10 Jahre seit den zuletzt berichteten Ereignissen vergangen. Der Bericht befaßt sich nicht mit Augustinus' Wirken als Schriftsteller, Priester und Bischof und mit seinem in der Christenheit inzwischen gewonnen Ansehen. Der Lebensbericht endet bei seiner Bekehrung. Sein Thema ist also nur die Vergangenheit bis zur Bekehrung des Autors.

W Die Absicht des Autors ist der Lobpreis Gottes. Das zeigt schon der Titel: In der Sprache der Bibel bedeutet *Confessiones* auch „Lobpreisungen". „Die *Confessiones* sind Lebensbeichte und Preis Gottes in einem; Augustin will mit ihnen bezeugen, daß Gott in seiner Barmherzigkeit ihn, den Sünder, zum Heil geführt habe" (Fuhrmann, 209). Die Verherrlichung besteht eben in den „Bekenntnissen", die Augustinus über sein Leben, seine Sünden und seine Glaubenserfahrungen äußert. Diese Absicht erklärt der Autor gleich zu Beginn des Werkes (*Conf.* 1,1,1). „Das geheimnisvolle Umschlossensein des Menschen von Gott, der alles schafft

und trägt und dem sich der Mensch persönlich zuwenden darf, nachdem er ihn in der Zeitlichkeit einmal gefunden hat, bezeichnet den Ausgangspunkt, den Inhalt und das Ziel des Lebens. Es ist eine besondere Kunst der Darstellung zu zeigen, wie sich dieses menschliche Wollen, das sich zu verselbständigen und abirrend von Gott zu lösen scheint, dennoch immer wieder in das höhere Führen und Planen Gottes einordnen muß, seinem Rufen begegnet und sich zuletzt vor seiner unbegründeten Allmacht in Demut beugt" (H. v. Campenhausen, 171). – Augustinus selbst verstand seine *Confessiones* als ein Erbauungsbuch, das das Herz erwecken soll (vgl. *Conf.* 10,3,4).

N „Die ungeminderte Aktualität der *Confessiones* beruht darauf, daß hier in der Begegnung einer außerordentlichen Persönlichkeit mit sich selbst ein Grundphänomen der menschlichen Existenz anschaubar wird: die unaufhebbare Spannung zwischen der natürlichen, biologisch-seelischen Beschaffenheit des Menschen und dem Anspruch einer als objektiv erlebten überindividuellen Wirklichkeit" (KNLL 1, 862).

A P. Knöll, CSEL 33, 1896. P. de Labriolle, Paris 1925/1926. J. J. O' Donnell. 3 Bde., Oxford 1992. M. Skutella u. a., Stuttgart 1981, Nachdr. 1996. L. Verheijen, CCL 27, 1981.
Ü O. Bachmann, Köln 1956. H. U. v. Balthasar, Einsiedeln 1985. J. Bernhart, München [(4)]1980 (lat.-dt.). H. Endrös, München 1963. C. J. Perl, Paderborn [(5)]1964. H. Schiel, Freiburg [(7)]1964. M. Thimme / N. Fischer, Düsseldorf/Zürich [(3)]2002.
L M. v. Albrecht, RL, 1318–1358. J. Brachtendorf: Augustins „*Confessiones*", Darmstadt 2005. H. v. Campenhausen, LKV, 151–222. H. Chadwick: Augustine, Oxford 1986. P. Courcelle: Les Confessions de St. Augustin dans la tradition littéraire, Paris 1963. P. Courcelle: Recherches sur les Confessions de Saint Augustin, Paris [(2)]1968. W. Desch: Augustins *Confessiones*. Beobachtungen zu Motivbestand und Gedankenbewegung, Frankfurt 1988. A. Dihle, GLL, 537–540. B. E. Friedrich: Augustins Weg zu Gott. Eine didaktische Lesehilfe zu den *Bekenntnissen* (I-IX), Würzburg 1996. M. Fuhrmann, Spätantike, 195–212. R. Guardini: Die Bekehrung des Aurelius Augustinus. Der innere Vorgang in seinen „Bekenntnissen", München [(3)]1959. G. N. Knauer: Psalmenzitate in den *Confessiones* des Augustinus, Göttingen 1955. H. J. Marrou: S. Augustin et la fin de la culture antique, Paris [(2)]1949 (dt. Paderborn 1981). H. Merki: *Tolle, lege*. Interpretation zu Augustinus, *Confessiones* VIII 5–12, in: Anregung 13, 1967, 168–182. R. J. O' Connell: St. Augustine's Confessions. The Odyssey of Soul, Cambridge (Mass.) 1969. M. Pellegrino: Le Confessioni di Sant' Agostino. Studio introduttivo, Rom [(2)]1972. E. A. Schmidt: Zeit und Geschichte bei Augustin, Heidelberg 1985. W. Steidle: Gedanken zur Komposition von Augustins Confessiones, in: P. Neukam (Hg.): Struktur und Gehalt, München 1983, 86–101. H. Testard: Antécédants et postérité des Confessions de St. Augustin, in: Revue des Études Augustiennes 10, 1964, 21–34. G. Wunderle: Einführung in Augustins Konfessionen, Augsburg 1930.

Confessiones →Eucharisticum de vita sua (Ennodius)

Coniectanea
„Gesammelte Notizen"

Gaius Ateius Capito, gest. 22 n. Chr.

Erläuterungen zu Gegenständen des öffentlichen Rechtes, nur in Frg. erhalten (lat.).

I Gellius (→*Noctes Atticae*) schöpfte Juristisches u. a. auch aus Capito, so daß von hier aus Informationen über den Inhalt des Werkes zu erhalten sind, so z. B. 2,24,2 über einen alten Beschluß des röm. Senats, den Gellius in den *Coniectanea* fand. In 4,4 beruft sich Gellius auf das 8. B. der *Coniectanea*, das den Untertitel *De iudiciis publicis* („Über öffentliche Entscheidungen") trug, und berichtet über den Fall eines Freudenmädchens, das einem Freier einen Stein an den Kopf geworfen hatte, um den Mann zu verjagen. Der Mann hatte die Frau deswegen vor Gericht gebracht; sie wurde aber freigesprochen, weil sie nach Auffassung des Gerichts den Mann zu Recht vertrieben hatte.

A A. Ph. E. Huschke / E. Seckel / B. Kübler: Iurisprudentiae anteiustinianae reliquiae. Bd. 1, Leipzig [6]1908, 62–72. W. Strzelecki: Atei Capitonis fragmenta, Leipzig/Stuttgart 1967.
L W. Kunkel: Herkunft und soziale Stellung der römischen Juristen, Weimar 1952. W. Strzelecki: De Ateio Capitone, 1947.

Conquestio de statu rei publicae et temporibus Domitiani
„Klage über den Zustand des Staates und die Zeiten des Kaisers Domitian"

Ps.-Sulpicia

Satirisches Gedicht in 70 Hexametern (lat.).
Das Gedicht gibt vor, in der Zeit des Domitian (reg. 81–96 n. Chr.) entstanden zu sein; sprachliche und metrische Indizien sprechen allerdings für eine spätere Abfassungszeit.

I Im Stil des Epos (mit Anspielungen auf Vergils →*Aeneis*) wird die Vertreibung der Philosophie aus Rom beklagt.

A W. Speyer: *Sulpiciae conquestio de statu rei publicae et temporibus Domitiani,* in: Epigrammata Bobiensia, Leipzig 1963.
Ü H. Düntzer, Braunschweig 1846. W. Krenkel: Römische Satiren, Darmstadt 1976.

Consolatio
„Trostschrift"

Marcus Tullius Cicero, 106–43 v. Chr.

Fragmentarisch erhaltene Trostschrift (lat.).
Anlaß der Schrift, die Cicero an sich selbst richtete, war der Tod seiner Tochter Tullia im Februar 45 v. Chr. Verfaßt wurde die *Consolatio* wahrscheinlich im März und April 45 v. Chr.

I Drei Grundgedanken sind in den Frg. noch faßbar: (1) Das Leben hat keinen besonderen Wert. (2) Das Leben ist eine Strafe für unsere Verfehlungen. (3) Alle Götter und Göttinnen sind vergöttlichte große Menschen: Daraus folgt für Cicero, daß auch die verstorbene Tochter in den Kreis der unsterblichen Götter aufgenommen wird.
Q Wesentliche Anregungen empfing Cicero durch Krantors Schrift →*Perì pénthus*. Ferner sind enge Verbindungen zur kynischen Predigt festzustellen (→*Diatribaì*). Darüber hinaus sagt Cicero selbst (→*Epistulae ad Atticum* 12,14,3), nichts sei von irgend jemandem über die Linderung des Leides geschrieben worden, was er nicht während seines Aufenthaltes bei Atticus gelesen habe.
W Über die Besonderheit seiner Schrift erklärt Cicero an derselben Stelle seines Briefes an Atticus, er tue etwas, was vor ihm wirklich noch niemand getan habe: Er tröste sich selbst, indem er die Schrift abfasse.
N Eine Auseinandersetzung mit der *Consolatio* findet man bei Laktanz (→*Divinae institutiones*), dem die meisten Frg. zu verdanken sind. So empört sich Laktanz (1,15,20) u. a. über die Konsekration der Verstorbenen durch Cicero. – Die Schrift hat wohl auch auf die →*Consolatio philosophiae* des Boethius gewirkt.– Auch Hieronymus benutzte die Trostschrift für sein *Epitaphium Nepotiani* (→*Epistulae* 60).

A I. Garbarino, Florenz 1984 (Fragmente).
L K. Büchner, Bestand und Wandel, 372–375 und 510 f. M. Fuhrmann, Cicero, 218 f. G. Radbruch: Cicero, Trauer und Trost um Tullia, in: Gestalten und Gedanken, Stuttgart 1954, 14–30.

Consolatio ad Liviam
„Trostgedicht für Livia"

An. (aber Ovid zugeschrieben)

Aus 237 lat. Distichen bestehende Elegie.
Das Gedicht wurde kurz nach dem Tod des Drusus (9 v. Chr.) verfaßt und ist mit Sicherheit kein Werk des Ovid, sondern eines unbekannten Römers, der am Trauerzug für Drusus teilnahm (vgl. 202).

I Livia wird angeredet: Sie hat einen ihrer Söhne verloren (1–12). Der Dichter erwähnt in klarer, schlichter Sprache die Persönlichkeit und die Leistungen des Drusus (13–20). Livia hatte bereits die

Rückkehr des Sohnes vor Augen und seinen Triumphzug im Herzen geplant (21–38). Der Dichter
fordert Livia auf zu trauern und das traurige Schicksal anzunehmen. Auch der Kaiser Augustus trauert,
nachdem er schon vorher von schweren Verlusten
getroffen worden war (39–74). Dann spricht der
Dichter zu Drusus und schildert den Schmerz der
Mutter (75–166). Ganz Rom trauert (167–208). Der
Flußgott Tiber weint und will den Leichnam entführen, doch Mars verhindert dies, um die Verbrennung zu ermöglichen (209–264). Der Ruhm des Toten bleibt ewig, er wird Teil der röm. Geschichte.
Die Germanen aber sollen für den Tod des Drusus
bezahlen (265–282). Der Tote kann die für seine Taten vorgesehenen Ehrungen nicht mehr erleben; am
unglücklichsten aber ist seine Gattin, deren Schicksal mit Andromache (→*Andromáche* des Euripides)
verglichen wird. Der Dichter versucht, sie zu trösten, indem er auf die Ehrungen hinweist, mit denen
Drusus von seinen Ahnen empfangen wird (283–
340). Dann wendet er sich wieder an Livia, die Mutter, und fordert sie auf, die Macht des Schicksals anzuerkennen, das ja auch schon viel Gutes gewirkt
habe (341 bis 410). Nach einer kurzen Anrede an
Tiberius, den Bruder des Drusus (411–416), wird
Livia aufgefordert, ihrer Trauer ein Ende zu machen. Vorbilder aus der griechischen Mythologie
sollen ihr helfen, ihren Schmerz zu bewältigen
(417–446). Die letzten tröstenden Worte werden
Drusus selbst in den Mund gelegt (447–468). Außerdem bleibe doch Livia noch ein Sohn und vor
allem auch der kaiserliche Gemahl (469–474), so
daß ihr Haus keinesfalls ein Trauerhaus bleiben dürfe.

H Livia, die Adressatin des Textes, war die
dritte Frau des Augustus, mit der er von 38 v. bis
zu seinem Tode (14 n. Chr.) verheiratet war und die
ihn noch um 15 Jahre überlebte. Drei Monate nach
der Hochzeit brachte sie Drusus zur Welt, den Sohn
ihres vorherigen Ehemannes Tiberius Claudius
Nero. Drusus wurde ein tüchtiger Offizier, der mit
seinem Heer bis tief nach Germanien eindrang. Er
gelangte sogar bis zur Elbe. Auf dem Rückweg
starb er, knapp 30 Jahre alt (38–9 v. Chr.), durch einen Sturz vom Pferd. Sein Tod war ein furchtbarer
Schlag für die Mutter, aber auch für seinen Stiefvater
Augustus.

W Der Autor hat das Gedicht wohl nicht im
Auftrag des Augustus verfaßt, war aber ein großer
Verehrer des Kaiserhauses, der wohl auch zur nähe-
ren Umgebung des Drusus gehörte. Daraus erklärt
sich, daß der Text weniger ein Trostgedicht als vielmehr ein Preislied (Enkomion) auf Drusus ist, das
dessen Verdienste in das ihnen gebührende Licht
stellt.

A H. Schoonhoven, Groningen 1992 (mit Kommentar). F. Vollmer: Poetae Latini minores, Leipzig 1923. A.
Witlox: *Consolatio ad Liviam prolegomenis, commentario
exegetico, indice instructa,* Gronigen 1935.
   Ü H. Rupprecht: *Consolatio ad Liviam.* Trostgedicht
für Livia, Mitterfels 1982 (lat.-dt.).

   L J. Richmond: Doubtful Works Ascribed to Ovid, in:
ANRW 2, 31, 4, 1981, 2744–2783.

Consolatio Philosophiae
„Trost der Philosophie"

Anicius Manlius Severinus Boethius aus Rom, um
480–524 n. Chr.

Gespräch zwischen der personifizierten Philosophie und dem zu Unrecht verurteilten Autor in fünf
B. (lat.).
Verfaßt im Gefängnis von Calvenzano 523/524
n. Chr.

I B. 1: Im Gefängnis erscheint Boethius die Philosophie. Vor ihr breitet er seine schlimmen Erlebnisse der jüngsten Zeit aus. Sie hingegen stellt bei
Boethius einen Mangel an Selbsterkenntnis und an
Wissen über das eigentliche Ziel des Menschen, die
Erkenntnis der Wahrheit, fest. Der Diagnose folgt
die Therapieempfehlung: eine systematische Beseiti-
tigung des Schmerzes, die durch Ataraxie und Freiheit von allen Affekten möglich erscheint. – B. 2:
Das Thema ist das Schicksal (*Fortuna*), das Boethius
bisher viel Glück gesandt hat. Die Erinnerung daran
schafft ein Gegengewicht gegen den Schmerz. – B.
3: Gott ist als Inbegriff des Glückes Ursprung und
Ende menschlichen Suchens und Strebens. Das
wahre Glück ist von äußeren Gütern unabhängig.
In seiner Argumentation berührt sich der Autor
mit →*De beata vita* des Augustinus und Ciceros
→*Hortensius* und →*De finibus bonorum et malorum.* Auch eine gewisse Nähe zu Seneca, →*De vita
beata,* ist spürbar. – B. 4: Nachdem das positive Ziel
erkannt ist, wird das Böse diskutiert; das Glück des
schlechten Menschen ist Schein, das Unglück des
guten Menschen nur Prüfung und Läuterung. Jeder
einzelne ist für sein Schicksal verantwortlich. Allein
auf dem Willen der Persönlichkeit beruht das
Glück. – B. 5: Im Mittelpunkt steht die Willensfreiheit. Völlige Freiheit besitzt nur Gott; andere Wesen haben ihrer Vernunft entsprechend Anteil daran. Wer sich an Gott orientiert, ist frei.

Q Die Verbindung von Prosa und Poesie (eingestreut sind 39 in verschiedenen Versmaßen abgefaßte Gedichte, in denen über den jeweiligen Stand
des Gesprächs reflektiert und das Fazit aus dem jeweils Dargelegten gezogen wird) steht in der Tradition der →*Saturae Menippeae,* in denen ethische
Fragen populärwissenschaftlich abgehandelt wurden. Doch diese Verwandtschaft besteht nur in formaler Hinsicht. – Die Form der Wechselrede erinnert an den platonischen Dialog. Das Gespräch eines Menschen mit einer allegorischen Gestalt findet
sich auch in den →*Soliloquia* des Augustinus. Bei
Seneca (→*Epistulae morales ad Lucilium* 65,16) gibt
es eine personifizierte Philosophie, die Trost spendet. Die Philosophie spielt die Rolle, die die offen-
barenden Personen in der Apokalyptik haben; aber
sie ist kein göttliches Wesen, sondern der Inbegriff
menschlicher Weisheit und Wissenschaft. – Der Ti-

tel des Werkes läßt Beziehungen zur Konsolationsliteratur erwarten (vgl. Cicero, →*Consolatio*, Seneca, →*Ad Helviam matrem de consolatione*, →*Ad Marciam de consolatione*, Ps.-Ovid, →*Consolatio ad Liviam*). – Boethius wurde auch von der röm. Exilliteratur (Ovid, →*Epistulae ex Ponto*, →*Tristia*; Seneca, →*De tranquillitate animi*) und von Ciceros →*De re publica* (vgl. auch Macrobius, →*Commentarii in Somnium Scipionis*) beeinflußt. Boethius' Ausführungen stehen an vielen Stellen im Zeichen des Neuplatonismus. So gehen z.B. seine Lehren von der Vorsehung, von der Nichtigkeit des Bösen und der Materie und von der Ewigkeit der Welt auf Proklos zurück (Courcelle 1967, 164–168; 220–228). – Überall ist die röm. Literatur gegenwärtig (in Dichterzitaten oder Beispielen aus Mythos und Geschichte). Röm. Philosophen stehen Boethius als Vorbilder vor Augen (vgl. Tacitus, →*Annales* 1,16;15,60). „Seneca ist als persönliches Exemplum gegenwärtig, aber auch als Meister der römischen Seelenheilkunde. Cicero weist den Weg zur Verbindung staatsmännischen Wirkens mit platonischer Gottesschau und zur Verteidigung des freien Willens auf aristotelischer Grundlage. Die römischen Denker geben Boethius mehr als nur das klassische Gewand für neuplatonische Lehren" (M. v. Albrecht, 1359).

W Die *Consolatio* ist kein spontanes Bekenntnis, sondern ein voraussetzungsreiches und sorgfältig aufgebautes Werk mit einer klar erkennbaren pädagogischen Absicht. Der Autor bietet ein philosophisches Curriculum, das mit den einfachsten Merksätzen banaler Lebensweisheit beginnt, mit anspruchsvolleren ethischen Beweisgängen fortfährt, zu schwierigeren Grundfragen der Ethik übergeht und schließlich zu den kompliziertesten Theoremen der philosophischen Theologie gelangt. „Einem Boethius ist es gelungen, aus der antiken Philosophie all das an heilender und beruhigender Stärkung zu schöpfen, was sie überhaupt ihrer Natur nach zu spenden fähig war" (Gigon, LXIII). – Der Text, der in einer existentiellen Grenzsituation verfaßt wurde, veranschaulicht, was die philosophische Tradition an praktischer Lebenshilfe zu leisten vermochte. Denn Boethius suchte seinen Trost nicht im christlichen Glauben, sondern in der Philosophie. Der Dialog, den der Autor mit der visionär geschauten *Philosophia* geführt hat, „die als heilbringende Erlösergestalt einen Heilungsprozeß in Gang setzt mit dem Ziel, den in Lethargie versunkenen Gefangenen mit den Mitteln der Anamnesis zu dem Bewußtseinsstand zurückzuführen, den er früher als Philosoph besaß" (Gruber 1992, 171 f.), ist als eine Aufforderung an den Menschen schlechthin zu verstehen, sich auch unabhängig von akuter Bedrohung einen philosophischen Orientierungsrahmen zu erarbeiten, mit dessen Hilfe das Leben zu meistern ist. „Ist es denn nicht so, daß Boethius bis zu seinem Ende das lebte und erfüllte, was Aristoteles in seinem →*Protreptikós* für allein des Menschen würdig angesehen hat, nämlich das unablässige Bemühen um den rechten Gebrauch der gottgegebe-

nen Vernunft? In dieser Haltung des Philosophen treffen sich Sokrates, Platon und Aristoteles in einer trotz aller gegensätzlichen Weltsicht grundlegenden Anschauung und Forderung, die Boethius als Denker und Mensch zu erfüllen suchte und wohl auch erfüllte" (Gruber 1992, 225). – „Das Demonstrationsziel des Ganzen ist der Erweis einer sinnvollen, von Gott gelenkten Weltordnung ... *Philosophia* läßt ihren Schützling ... eine platonische Wendung vom Schein zur Wahrheit, von den angeblichen, gemeinhin erstrebten Glücksgütern zum wahren Glück, zu Gott vollziehen. Dies ist das Thema des ersten Teils, der B. 1–3: die Lehre von der richtigen Einschätzung dessen, was man erstreben kann, ein Kernstück zumal der stoischen Ethik. Bei Boethius ist allerdings Gott an die Stelle des bisherigen höchsten Gutes, des autonomen sittlichen Willens, der *areté*, getreten: *Philosophia* zeigt, daß Gott, daß die Hingabe des Menschen an ihn das einzige ist, was wirklich Bestand hat ... Im zweiten Teil, in den B. 5 und 6, steht das Hauptthema der Schrift, die göttliche Vorsehung, zur Debatte. Hier geht es vor allem um die bekannte, viel diskutierte Antinomie zwischen göttlicher Prädestination auf der einen und menschlicher Willensfreiheit auf der anderen Seite" (Fuhrmann, 154 f.). – Boethius' Ausführungen stehen nicht im Gegensatz zur christlichen Lehre; aber nirgendwo erwähnt der Autor diese ausdrücklich. Offensichtlich wollte er philosophisch und rational argumentieren und verzichtete daher bewußt auf Inhalte des christlichen Glaubens.

N Das Werk hatte eine ausgesprochen große Wirkung. Über 400 noch erhaltene Handschriften veranschaulichen seine Verbreitung im Mittelalter. Es wurde schon früh in die europäischen Nationalsprachen übersetzt. Auf die gelehrte Bildung des Mittelalters hatte Boethius großen Einfluß; er hatte eine unschätzbare Brückenfunktion, indem er das Erbe der klassischen Antike an das Mittelalter weitergab.

A L. Bieler, Turnhout [2]1984. K. Büchner, Heidelberg [3]1977. E. Gegenschatz / O. Gigon, Düsseldorf/Zürich [6]2002 (lat.-dt.). W. Weinberger, CSEL 67, 1934.

Ü K. Büchner, Stuttgart [2]1960. M. Endrös, München 1961. E. Neitzke, Stuttgart 1960.

L M. v. Albrecht, RL, 1353–1377. M. Baltes: Gott, Welt, Mensch in der *Consolatio philosophiae* des Boethius. Die *Consolatio philosophiae* als Dokument platonischer und neuplatonischer Philosophie, in: VChr 34, 1980, 313–340. P. Courcelle: La Consolation de Philosophie dans la tradition littéraire. Antécédents et postérité de Boèce, Paris 1967. T. F. Curley: How to Read the Consolation of Philosophy, in: Interpretation 14, 1986, 211–263. T. F. Curley: The Consolation of Philosophy as a Work of Literature, in: AJPh 108, 1987, 343–367. C. J. De Vogel: The Problem of Philosophy and Christian Faith in Boethius' *Consolatio*, in: Romanitas et Christianitas. FS J. H. Waszink, Amsterdam 1973, 357–370. M. Fuhrmann, Spätantike, 149–156. M. Fuhrmann / J. Gruber (Hg.): Boethius, Darmstadt 1984. E. Gegenschatz: Die Freiheit der Entscheidung in der *Consolatio philosophiae* des Boethius, in: MH 15, 1958, 110–129. R. Glei: Dichtung und Philosophie in der *Consolatio Philosophiae* des Boethius, in: WJA NF 11, 1985, 225–238. J. Gruber: Die Erscheinung der Philosophie in der *Consolatio* des Boethius, in: RhM NF 112, 1969, 166–186. J. Gruber: Kommentar zu Boethius, *De consolatione philosophiae*, Berlin/New York 1978. J. Gruber, Europäische Literatur, 66–72. J. Gruber: Interpretationen zur *Consolatio Philosophiae* des Boethius, in: Anregung 38, 1992, 169–181 und 222–233. P. Huber: Die Vereinbarkeit von göttlicher Vorsehung und menschlicher Freiheit in der *Consolatio Philosophiae* des Boethius, Diss. Zürich 1976. F. Klingner: De Boethii *Consolatione Philosophiae*, Berlin 1921, Nachdr. 1960. F. Klingner: Boethius, Geisteswelt, 565–599. S. Lerer: Boethius and Dialogue. Literary Method in The Consolation of Philosophy, Princeton 1985. P. B. Luettringhaus: Gott, Freiheit und Notwendigkeit in der *Consolatio Philosophiae* des Boethius, in: H. Zimmermann (Hg.): Studien zur mittelalterlichen Geistesgeschichte und ihren Quellen 15, Berlin 1982, 53–101. G. Mathon: La tradition de la Consolation de Boèce, in: Revue des Études Augustiniennes 14, 1968, 133–138. G. Maurach: Boethiusinterpretationen, in: A & A 14, 1968, 126–141. Ch. Mueller-Goldingen: Die Stellung der Dichtung in Boethius' *Consolatio Philosophiae*, in: RhM 132, 1989, 369–395. K. Reichenberger: Untersuchungen zur literarischen Stellung der *Consolatio Philosophiae*, Diss. Bonn 1953. H. Scheible: Die Gedichte in der *Consolatio Philosophiae* des Boethius, Heidelberg 1972. V. Schmidt-Kohl: Die neuplatonische Seelenlehre in der *Consolatio Philosophiae* des Boethius, Meisenheim 1965. E. T. Silk: Boethius' *Consolatio Philosophiae* as Sequal to Augustine's Dialogues and *Soliloquia*, in: Harvard Theological Review 32, 1939, 19–39. J. Sulowski: The Sources of Boethius' *De Consolatione Philosophiae*, in: Sophia 29, 1961, 67–94. E. Rhein: Die Dialogstruktur der *Consolatio Philosophiae* des Boethius, Diss. Frankfurt 1963.

Consultatio veteris cuiusdam iuris-consulti
„Befragung eines alten Fachjuristen"

An.

Sammlung (lat.) von Rechtsproblemen in Frage- und Antwortform.
Entstanden im 5./6. Jh. n. Chr. im Westen des röm. Reiches.

I In dem Werk werden Rechtsprobleme in Form von Fragen und Antworten, aber auch in Traktatform behandelt.

A Fontes iuris Romani antejustiniani. Edd. J. Baviera / J. Furlani, Bd. 3, Florenz (2)1968, 591–613.
L K. H. Schindler: Consultatio veteris cuiusdam iuris-consulti, in: Labeo 8, 1962, 16–61. F. Wieacker: Recht und Gesellschaft in der Spätantike, Stuttgart 1964, 110–113.

Continuatio Chronicorum Hieronymianorum
„Fortsetzung der Chronik des Hieronymus"

Hydatius aus Gallaecia (Spanien), um 400–468 n. Chr.

Fortsetzung der von Hieronymus bis zum Jahre 378 n. Chr. weitergeführten →*Chronikoì kanónes* des Eusebios (lat.).

I Die Darstellung des Hydatius reicht von 379 bis zum Jahre 468 n. Chr. Über die Ereignisse nach 428 berichtet der Autor aus eigener Anschauung. – Die in diesem Werk dargestellten Ereignisse beziehen sich vor allem auf Spanien, Gallien und Africa. Das Werk ist eine „klagevolle Bestandsaufnahme eines alten Mannes ..., der zuviel der Leiden gesehen hat, die durch die germanischen Stämme und den nahenden Zusammenbruch des Westreichs über Gallien und Spanien hereinbrachen" (Hofmann, 424).

N Isidorus aus Sevilla benutzte die „Chronik" für seine →*Historia Gothorum, Vandalorum et Suevorum.*

A Th. Mommsen, MGH, AA 11, 1894, 1–36.
L E. Hofmann: Die Geschichtsschreibung, in: NHbL. Spätantike, 403–467. Seek, RE 9, 1, 1914, 40–43. Schanz-Hosius 4, 2, 109 f.

Contra Academicos
„Gegen die Akademiker"

Aurelius Augustinus aus Thagaste, 354–430 n. Chr.

Philosophische Schrift in Form eines Dialogs (lat.). Verfaßt 386–387 n. Chr. in Cassiciacum.

I Die Schrift enthält Aufzeichnungen von Gesprächen, die Augustinus kurz nach seiner Bekehrung zum Christentum geführt hat. Augustinus polemisiert gegen den Skeptizismus der platonischen Akademie, wie er z. B. von Cicero vertreten wurde, und dessen Unfähigkeit, das menschliche Streben nach Glückseligkeit zu befriedigen. Im 1. B. geht es um Begriffe wie Weisheit und Wahrheit. Gegenstand der Weisheit ist die Wahrheit, deren Besitz die Voraussetzung des Glückes ist. Die Skepsis, d. h. die Überzeugung von der Unmöglichkeit, die Wahrheit zu erkennen, kann kein Glück begründen helfen. – Im 2. B. werden die Lehren der Akademiker in ihrer historischen Entwicklung dargestellt, und im 3. B. werden sie widerlegt.

A W. M. Green, CCL 29, 1970. P. Knöll, CSEL 63, 1922.
Ü R. Emmel, Paderborn 1927. B. R. Voss / I. Schwarz-Kirchbauer / W. Schwarz / E. Mühlenberg, Zürich 1972.
L M. v. Albrecht, RL 1318–1353. P. Drewnick: De Augustini *Contra Academicos* libris tribus, Diss. Breslau 1913. M. Fuhrmann, Spätantike, 195–212. A. Graeser: Hauptwerke der Philosophie. Antike, Stuttgart 1992, 246–266. R. Holte: Béatitude et sagesse. S. Augustin et l'homme dans la philosophie ancienne, Paris 1962. KNLL 1, 865. K. Schön: Skepsis, Wahrheit und Gewißheit bei Augustin, Heidelberg 1954. M. Testard: S. Augustin et Cicéron. 2. Bde., Paris 1958.

Contra Adimantum Manichaei discipulum
„Gegen Adimantus, Schüler eines Manichäers"

Aurelius Augustinus aus Thagaste, 354–430 n. Chr.

Dogmatisch-polemische Schrift gegen einen Anhänger der Lehre des Persers Mani (lat.).
Verfaßt 394 oder 395 n. Chr.

    I Augustinus überprüft Antithesen aus dem Alten Testament und dem ›*Novum Testamentum*, die Adimantus zusammengestellt hatte.

    A I. Zycha, CSEL 25, 1891.

Contra adversarium legis et prophetarum
„Gegen einen Gegner des Gesetzes und der Propheten"

Aurelius Augustinus aus Thagaste, 354–430 n. Chr.

Dogmatisch-polemische Schrift gegen manichäische und markionitische Kritik an der Bibel (lat.)

    A K.-D. Daur, CCL 49, 35–131.
    L T. Ravenaux: Augustinus, Contra adversarium legis, Würzburg 1987.

Contra Apionem
„Gegen Apion"

Auch zitiert als *Katà Apíonos* („Gegen Apion"). oder *Pròs tùs Héllenas* („Gegen die (Griechen) Heiden") oder *Perì tês tôn Iudaíon archaiótetos* („Über das Alter der Juden").

Flavius Iosephus, 37- um 95 n. Chr.

Eine Verteidigung des Judentums gegen antisemitische Angriffe, wie sie vor allem von Ägypten ausgingen, in zwei B. (gr.).
Unter Kaiser Domitian im Jahre 94/95 n. Chr. verfaßt.

    I Die Schrift ist eine Antwort auf die Anklagen, die der Grammatiker Apion aus Alexandreia gegenüber dem röm. Kaiser Caligula gegen die Juden vorgebracht hatte. Der Autor rügt u. a. die Schönfärberei der gr. Historiker und verweist auf das höhere Alter der biblischen Urkunden. Er gibt eine rationalisierende und hellenisierende Deutung der jüdischen Religion und bedient sich zahlreicher Belege aus heidnischen Werken (Manethon, →*Aigyptiaká*; Berosos, →*Babyloniaká*).

    A Th. Reinach / L. Blum: Contre Apion, Paris 1930 (gr.-frz.).
    L G. Hölscher, RE 9, 2, 1916, 1934–2000.

Contra Arianos
„Gegen die Arianer"

Fabius Claudius Fulgentius, Bischof von Ruspe, 467–533 n. Chr.

Verteidigungsschrift gegen zehn Einwände des arianischen Königs Trasamund (reg. 496–523 n. Chr.) gegen den athanasianischen Glauben (lat.).

    I Seit dem Konzil von Nikaia (324 n. Chr.) galt der athanasianische Glaube an die Notwendigkeit der vollen Göttlichkeit Christi für die Erlösung des Menschen als orthodox: Vater und Sohn sind nicht der Substanz, sondern der Person nach verschieden. Die Bezeichnungen „Vater" und „Sohn" sind nur Namen für das besondere Verhältnis beider Personen zueinander; die Natur beider ist eine Einheit.

    A PL 65.
    Ü L. Kozelka, BKV[(2)] 2, 9, 1934.
    L M. v. Albrecht, RL, 1170. H. Brewer: Das sogenannte Athanasische Glaubensbekenntnis, Paderborn 1909. G. Foliet: Fulgence de Ruspe. Témoin privilégié de l' influence d' Augustin en Sardaigne, in: A. Mastino (Hg.): L' Africa romana. Atti del VI convegno (1988), Sassari 1989, 561–569. KNLL 5, 919.

Contra Arianos vel Auxentium
„Gegen die Arianer bzw. Auxentius"

Hilarius aus Pictavium (Poitiers), 4. Jh. n. Chr.

Polemische Schrift gegen den Arianismus (lat.).

    I Die Schrift enthält u. a. einen Bericht über einen Willkürakt des Arianerbischofs Auxentius von Mailand, der Hauptstütze des Arianismus. Der Bischof bekannte sich zwar auf Anordnung des Kaisers Valentinian I. (364 n. Chr.) zum Dogma der Wesensgleichheit (Homousia) von Gott Vater und Sohn. Hilarius deckte jedoch die Zweideutigkeit seiner Formulierungen auf.

    A PL 10, 609–618.
    L M. v. Albrecht, 1189–1293. HLL 5, 447–480. E. Watson: The Life and Writings of Saint Hilary of Poitiers, Oxfort 1899.

Contra Auxentium de basilicis tradendis
„Gegen Auxentius über die Auslieferung der Kirchen"

Ambrosius, Bischof von Mailand, um 340 – 397 n. Chr.

Politische Predigt und Flugschrift (lat.).

    I Auxentius (alias Mercurinus), der illyrische Hofkaplan der Kaiserinmutter Justina, war zum antinicänisch-arianischen Gegenbischof von Mailand ausersehen. Ambrosius, der seit 374 n. Chr. Bischof von Mailand war, soll diesem Auxentius eine vor der Stadtmauer gelegene Kirche zur Verfügung stellen. Er lehnt dieses im Frühjahr 385 n.Chr. an ihn gerichtete Ansinnen entschieden ab: Wie komme ein katholischer Priester dazu, einen Tempel Gottes ketzerischen Wölfen auszuliefern? Ambrosius wird vom Volk von Mailand unterstützt. Es kommt zu Massenprotesten. Das Volk dringt in den Palast des Kaisers ein. Dieser läßt seine Forderung fallen. Ambrosius wird gebeten, die Menge zu beschwichtigen. Er tut dies mit Erfolg, klagt aber darüber, daß die Mißgunst gegen ihn erst jetzt richtig geweckt worden sei (*Contra Auxentium* 29). Denn durch ein kaiserliches Edikt wird den Anhängern des Auxentius-Mercurinus das öffentliche Versammlungsrecht eingeräumt, d. h. Ambrosius wird das „Alleinvertretungsrecht" streitig gemacht. Für Mercurinus wird eine größere Basilika gefordert. Ambrosius läßt die Kirche von katholischen Gemeindemitgliedern besetzen. Es kommt zu Ausschreitungen. Ein arianischer Presbyter wird auf offener Straße verprügelt. Ambrosius erklärt seine Bereitschaft zu jedem Martyrium – um Christi willen (*Contra Auxentium* 8). Der Kaiser solle nur tun, wozu seine Macht da sei: „Ich bin bereit, das anzunehmen, was das Schicksal der Priester von jeher gewesen ist" (1). Ambrosius leistet passiven Widerstand. Im Namen des Kaisers wird er zu Verhandlungen aufgefordert. Der Streit mit dem Gegenbischof müsse ein Ende haben. Ambrosius lehnt das Angebot ab. Er kann sich keinem politischen Schiedsspruch stellen (vgl. →*Epistulae* 51); über einen Bischof dürfe nur ein Bischof richten. Ambrosius besteht also auf der Unabhängigkeit des Klerus. Das bedeutet, daß die kaiserliche Macht durch das Recht der Kirche auf Unabhängigkeit begrenzt wird. Der Kaiser sei nicht der Eigentümer der Kirche, sondern ein „Sohn der Kirche" (*Contra Auxentium* 36). Damit prägt Ambrosius eine Formel von grundsätzlicher Bedeutung. Er sichert auf diese Weise nicht nur die kirchliche Unabhängigkeit, sondern behauptet auch die rechtliche Bindung der kaiserlichen Gewalt. Sollte der Kaiser Unrecht tun, so müsse man dies im Notfall ertragen, dürfe es aber nicht billigen (*Contra Auxentium* 33). Die Regierung gibt nach und bricht den Streit am Gründonnerstag des Jahres 386 n.Chr. ab. – Die Vorgänge schildert Ambrosius auch in einem Brief an seine Schwester Marcellina (→*Epistulae* 20).

A   PL 14–17 (Gesamtausgabe).
L   O. Bardenhewer 3, 498 bis 549. H. v. Campenhausen: Ambrosius von Mailand als Kirchenpolitiker, Berlin 1929. H. v. Campenhausen, LKV, 77 bis 108. Patrologie 329–341. RAC 1, 365–373.

Contra Celsum →Katà Kélsu (Origenes)

Contra Cresconium grammaticum et Doantistam →Ad Donatistas post conlationem (Augustinus)

Contra duas epistulas Pelagiorum
„Gegen zwei Briefe der Pelagianer"

Aurelius Augustinus aus Thagaste, 354–430 n. Chr.

Dogmatisch-polemische Schrift gegen den Pelagianismus (lat.) in 4 B.
Verfaßt 419/420 n. Chr.

I   Die beiden Briefe, auf die sich Augustinus bezieht, hatte Iulianus aus Eclanum (Ende des 4. Jh.s) an Papst Zosimus geschrieben, um für Pelagius und Caelestius und deren Lehren Stellung zu nehmen. – Augustinus polemisierte in zahlreichen Schriften gegen Pelagius (→*Expositiones in Epistulas Pauli*), Caelestius und Iulianus aus Eclanum, die Verfechter des „Pelagianismus". Kern dieser Lehre war die Überzeugung von der völligen Unabhängigkeit des freien Willens, mit dem der Mensch zwischen Gut und Böse wählen kann. Danach bemessen sich Lohn oder Strafe. Pelagius verabscheute die Sünde, hielt moralisches Handeln für notwendig und räumte der Verantwortlichkeit des Menschen für sein Tun einen hohen Rang ein. Er betrachtete die göttliche Gnade als eine äußerliche Hilfe für unser Handeln. – Als Irrlehre erwies sich der Pelagianismus für Augustinus u. a. aufgrund seines übersteigerten Individualismus, seiner Geringschätzung der Sozialität des Menschen, seiner Auffassung von der Gnade (s. o.) und seiner Ablehnung des Erbcharakters der Sünde. – Weitere Schriften des Augustinus gegen den Pelagianismus: *De peccatorum meritis et remissione et de baptismo parvulorum* („Über die Verdienste der Sünder, die Vergebung und die Kleinkindertaufe"), 411/12 verfaßt gegen die Ansichten des Pelagius über Willensfreiheit, Sünde und Gnade. – *De spiritu et littera* („Über Geist und Buchstaben"), 412 verfaßt, über das Verhältnis zwischen Gesetz und Evangelium. – *De gratia Novi Testamenti* („Über die Gnade des Neuen Testaments"), im Jahre 412 in Form eines Briefes an Honoratus verfaßt. – *De natura et gratia* („Über die Natur und die Gnade"), 413–415 verfaßt zur Belehrung von Timasius und Iacobus, die sich für eine asketische Lebensweise entschieden hatten. – *De perfectione iustitiae hominis* („Über die Vollkommenheit der Gerechtigkeit des Menschen"), vor 415 verfaßt zur Widerlegung der *Definitiones* des Caelestius. – *De gestis Pelagii* („Über die Taten des Pelagius"), 417 verfaßte Auseinandersetzung mit der Synode von Diospolis, auf der Pelagius seine Lehren verteidigte. – *De praesentia Dei* („Über die Gegenwart Gottes"), 417 verfaßt. – *De gratia Christi et de peccato originali contra Pelagium et Caelestium* („Über die Gnade Christi und über die Erbsünde gegen Pelagius und Caelestius"), 418 verfaßt. – *De nuptiis et concupiscentia* („Über die Ehe und das geschlechtliche Begehren"), 418/19 verfaßt. – *De natura et origine animae* („Über Wesen und Ursprung der Seele"), Ende 419 verfaßt: Hier diskutiert Augustinus den Traduzianismus, d. h. die Lehre, daß die Seele dem neuen Menschen bei der Zeugung durch materiellen Samen aus der Seele der Eltern mitgeteilt wird; mit diesem Traduzianismus wurde seit Tertullian, →*De anima* (23–41) die Erbsünde erklärt. – *Contra Iulianum* („Gegen Iulianus"), 421/22 verfaßt. – *Contra secundam Iuliani responsionem imperfectum opus* („Unvollendetes Werk gegen die zweite Antwort des Iulianus"). – *De gratia et libero arbitrio* („Über die Gnade und den freien Willen"), 426/27 verfaßt. – *De correptione et gratia* („Über den Tadel und die Gnade"), 426–427 verfaßt gegen die angebliche Leugnung der Willensfreiheit und die Untergrabung der Kirchenzucht. – *De praedestinatione sanctorum* („Über die Bestimmung der Heiligen"), 429 verfaßt. – *De dono perseverantiae* („Über die Gabe der Beharrlichkeit"), 428–429 verfaßt. – Vgl. auch Hieronymus, →*Contra Pelagianos*.

A   PL 44–45. E. Kalinka / M. Zelzer, CSEL 85, 1, 1974 (*Contra secundam Iuliani responsionem imperfectum opus*). C. F. Urba / I. Zycha, CSEL 60, 1913 (*De peccatorum meritis et remissione et de baptismo parvulorum, De spiritu et littera, De natura et gratia, De natura et origine animae, Contra Pelagium et Caelestium*). C. F. Urba / I. Zycha, CSEL, 42, 1902 (*De perfectione iustitiae hominis, De gestis Pelagii, De gratia Christi et de peccato originali contra Pelagium et Caelestium, De nuptiis et concupiscentia*).
L   M. v. Albrecht, RL, 1318–1353. H. v. Campenhausen, LKV, 151–222, bes. 205–213. A. Dihle, GLL, 553–557. B. Studer, in: NHbL. Spätantike, 373–375. O. Wermelinger: Rom und Pelagius, Stuttgart 1975.

Contra epistulam Parmeniani
„Gegen den Brief des Parmenianus"

Aurelius Augustinus aus Thagaste, 345–430 n. Chr.

Dogmatisch-polemische Schrift gegen den Donatismus (vgl. →*Ad Donatistas post conlationem*) in drei B. (lat.).
Entstanden 405 n. Chr.

I   Parmenianus war der Nachfolger des Donatistenbischofs Donatus in Karthago. Er verfaßte u. a. Psalmen, die in den donatistischen Kirchen gesungen wurden. Augustinus stellte diesen seinen →*Psalmus contra partem Donati* entgegen. Um 380 schrieb Parmenianus gegen den um Ausgleich zwischen der donatistischen und der katholischen Kirche bemühten Theologen Ticonius seine *Epistula ad Ticonium*, auf die wiederum Augustinus mit der Schrift *Contra epistulam Parmeniani* reagierte.

A   CSEL 51, 19–141.
L   M. v. Albrecht, RL, 1318–1353.

Contra epistulam quam vocant fundamenti →Contra Faustum Manichaeum (Augustinus)

Contra Eutychen et Nestorium →Opuscula sacra (Boethius)

Contra Faustum Manichaeum
„Gegen den Manichäer Faustus"

Aurelius Augustinus aus Thagaste, 354–430 n. Chr.

In 33 B. versucht Augustinus, eine Abhandlung des Manichäers Faustus Punkt für Punkt zu widerlegen, ebenso wie Origenes gegen den Platoniker Celsus argumentiert hatte (lat.).
Die Schrift stammt aus der Zeit des Streites mit den Manichäern in den Jahren 388 bis nach 400 n. Chr., wahrscheinlich 398 verfaßt (vgl. auch →*De vera religione*, →*De utilitate credendi*).

I   In zahlreichen Schriften setzt sich Augustinus mit dem Manichäismus auseinander. Diese von dem iranischen Propheten Mani (216–277 n. Chr.) begründete religiöse Bewegung verstand sich als die wahre Form des Christentums. Sie lehrte einen rigorosen Dualismus: Die Erscheinungswelt wird vom Stofflichen, d. h. dem Bösen, beherrscht. Die menschliche Seele, die aus der Lichtwelt stammt, ist in der bösen stofflichen Welt eingekerkert. – Der Manichäismus setzt drei Epochen voraus: (1) eine Urzeit, in der Licht und Finsternis getrennt sind, (2) eine Weltzeit, in der beides miteinander vermischt ist, und (3) eine Endzeit, in der Licht und Finsternis wieder entmischt werden. Diese Entmischung ist nur von „Erwählten", die sich vom göttlichen Geist bestimmen lassen, durch strenge Askese herbeizuführen. – Augustinus begeisterte sich anfänglich für den Manichäismus; die Begegnung mit dem manichäischen Bischof Faustus enttäuschte ihn jedoch. Durch die Predigten des Bischofs Ambrosius von Mailand (vgl. u. a. →*De officiis ministrorum*, →*Hymni*) und dessen allegorische Bibelauslegung und durch die Lektüre neuplatonischer Schriften, die ihm einen transzendenten, immateriellen Gottesbegriff vermittelten, wurde Augustinus' Wende zu einer radikalchristlichen Lebensführung vorbereitet. Im Jahre 387 n. Chr. ließ er sich dann – nach völliger Abkehr vom Manichäismus – von Ambrosius taufen und setzte nunmehr alles daran, die Lehre der Manichäer zu widerlegen. – In *Contra Faustum Manichaeum* argumentiert Augustinus gegen die Ablehnung des Alten Testaments durch die Manichäer; beide Testamente sind anzuerkennen. – Andere dogmatisch-polemische Schriften gegen den Manichäismus sind: (1) →*De libero arbitrio* („Über den freien Willen"), 395 n. Chr. (2) →*De vera religione* („Über die wahre Religion"), zwischen 389 und 391 n. Chr. (3) *De genesi contra Manichaeos*, vermutlich 388–389 n. Chr.: Augustinus verteidigt in allegorischer Auslegung den von den Manichäern angegriffenen Schöpfungsbericht der biblischen Genesis. (4) *De moribus ecclesiae catholicae et de moribus Manichaeorum* („Über die Sitten der katholischen Kirche und über die Sitten der Manichäer"), um 389 n. Chr.: Während der Autor die „Sitten der katholischen Kirche" überschwenglich lobt, deckt er die moralischen Schwächen der Manichäer schonungslos auf. (5) →*De utilitate credendi* („Über die Nützlichkeit des Glaubens"), 391 n. Chr. (6) *De duabus animabus* („Über die zwei Seelen", 391/392 n. Chr., mit Argumenten gegen die Vorstellung, das Gute und das Böse im Menschen seien auf die Tätigkeit einer guten oder bösen Seele zurückzuführen. (7) →*Acta seu disputatio contra Fortunatum Manichaeum* („Verhandlungsbericht bzw. die Erörterung gegen den Manichäer Fortunatus"), 392 n. Chr., Protokoll über den Streit zwischen Augustinus und Fortunatus am 28. oder 29. August 392 in Hippo. (8) →*Contra Adimantum Manichaei discipulum* („Gegen Adimantus, den Schüler eines Manichäers"), 394/395 n. Chr.: Der Autor überprüft Antithesen, die Adimantus aus dem Alten und Neuen Testament zusammengestellt hatte. (9) *Contra epistulam quam vocant fundamenti* („Gegen den sogenannten Grundbrief"), 396/397 n. Chr.: Polemik gegen Mani, den Begründer des Manichäismus. (10) *Contra Felicem Manichaeum* („Gegen den Manichäer Felix") oder *De actis cum Felice Manichaeo* („Über die Verhandlungen mit dem Manichäer Felix"), 404 n. Chr.: Protokoll der Auseinandersetzung mit Felix am 7. und 12. Dezember 404. (11) *De natura boni contra Manichaeos* („Über das Wesen des Guten gegen die Manichäer"), wahrscheinlich 405 n. Chr. (12) *Contra Secundinum Manichaeum* („Gegen den Manichäer Secundinus"), 405 n. Chr.: Augustinus wehrt sich gegen den Versuch des Secundinus, ihn wieder zum Manichäismus zu bekehren. (13) *Contra adversarium legis et prophetarum* („Gegen einen Gegner des Gesetzes und der Propheten"), 420 n. Chr., Argumente gegen manichäische und markionitische Kritik an der Bibel.

A   PL 32–47 (Gesamtausgabe mit den in den aufgeführten Einzelausgaben noch nicht enthaltenen Schriften gegen den Manichäismus). J. K. Coyle u. a., Palermo 1991 (Kommentar zu *De moribus ecclesiae catholicae et de moribus Manichaeorum*). I. Zycha, CSEL 25, 1891 (*De utilitate credendi, De duabus animabus, Acta seu disputatio contra Fortunatum Manichaeum, Contra Adimantum Manichaei discipulum, Contra epistulam quam vocant fundamenti, Contra Faustum Manichaeum*). I. Zycha, CSEL 26, 1892 (*Contra Felicem Manichaeum, Contra Secundinum Manichaeum*).
L   H. v. Campenhausen, LKV, 151–222. A. Dihle, GLL, 412f. M. Fuhrmann, Spätantike, 195–212. R. Guardini: Die Bekehrung des heiligen Aurelius Augustinus, München (3)1959.

Contra Felicem Manichaeum →Contra Faustum Manichaeum (Augustinus)

Contra Gaudentium Donatistarum episcopum →Ad Donatistas post conlationem (Augustinus)

Contra gentiles →Ad nationes (Tertullianus)

Contra Hilarum
„Gegen Hilarus"

Aurelius Augustinus aus Thagaste, 354–430 n. Chr.

Pastoraltheologische Schrift über die Verwendung des Psalmengesanges beim Altardienst (lat.), nicht erhalten.

Contra Ioannem Hierosolymitanum
„Gegen Johannes, den Bischof von Jerusalem"

Hieronymus aus Stridon, um 350–420 n. Chr.

Streitschrift gegen den Origenismus (lat.), d. h. gegen die Lehre des Origenes bzw. gegen die ihm von seinen Gegnern zugeschriebenen Meinungen.

I   Die Vorwürfe des Hieronymus beziehen sich auf die Auffassung des Origenes und seiner Anhänger über das Verhältnis des Sohnes zum Vater, die Präexistenz der Seele und die Auferstehung (→*Katà Kélsu*, →*Perì archôn*). – Mit Origenes setzt sich Hieronymus auch in der Schrift →*Adversus Rufinum* auseinander.

A   PL 23, 371–412.
L   M. v. Albrecht, RL, 1305–1317.

Contra Iovinianum
„Gegen Iovinianus"

Hieronymus aus Stridon, um 350–420 n. Chr.

Streitschrift in zwei B. zur Verteidigung des asketischen Lebens und der Jungfräulichkeit (lat.). Im Jahre 393 verfaßt.

I   In seinen (nicht erhaltenen) Schriften hatte Iovinianus (gest. vor 406 n. Chr.) Ehe, Witwenschaft und Jungfräulichkeit für an sich gleichwertig und vor Gott gleich verdienstvoll erklärt. Zwischen Fasten und dem Genuß von Speisen, die Gott zu verdanken sind, bestehe kein Unterschied: Fasten und Genießen sind gleichermaßen verdienstvoll. Ferner können die im Glauben in der Taufe Wiedergeborenen nicht mehr sündigen usw. – Gegen diese Lehren polemisierte nicht nur Hieronymus, der Iovinianus als „epikureischen" Mönch bezeichnet (*Adversus Iovinianum* 1, 1), der seine Bücher „im Rausch erbrochen" habe, sondern z. B. auch Augustinus (→*De bono coniugali*, →*De sancta virginitate*). – Hieronymus ging in seinem gegen die Lehre des Iovinianus gerichteten Lob der Jungfräulichkeit so weit, daß er die Ehe verunglimpfte, was bei seinen Zeitgenossen große Empörung hervorrief. Vgl. auch

→*Adversus Helvidium de Mariae virginitate perpetua* (Hieronymus).

A PL 23, 221–252.
Ü P. Leipelt, BKV 45–46, 1872–1874.
L M. v. Albrecht, RL,1305–1317. H. v. Campenhausen, LKV, 109–150. J. N. D. Kelly: Jerome. His Life, his Writings, and Controversies, London 1975.

Contra Iulianum →Contra duas epistulas Pelagianorum (Augustinus)

Contra litteras Petiliani Donatistae
„Gegen den Brief des Donatisten Petilianus"

Aurelius Augustinus aus Thagaste, 353–430 n. Chr.

Dogmatisch-polemische Schrift (lat.).

I Die Schrift ist gegen den donatistischen Bischof Petilianus von Constantina gerichtet, der sich zwischen 400 und 410 in mehreren Schriften mit Augustinus auseinandersetzte und bei dem Religionsgespräch in Karthago (411 n. Chr.) einer der donatistischen Hauptsprecher war (→*Ad Donatistas post conlationem*). – Aus *Contra litteras* lassen sich die ansonsten verlorenen Schriften des Petilianus (*Epistola ad Presbyteros, Epistola ad Augustinum, De unico baptismo*) teilweise rekonstruieren.

A M. Petschenig, CSEL 51–53, 1908–1910 (Augustinus' Schriften gegen die Donatisten).
L M. v. Albrecht, RL, 1318 bis 1353. P. Monceaux: Histoire littéraire de l' Afrique chretienne. 6, Paris 1922, 1–85 (Petilianus).

Contra Maximinum haereticum Arianorum episcopum
„Gegen den Ketzer Maximinus, den Bischof der Arianer"

Auch zitiert als *Collatio cum Maximino* („Disputation mit Maximius").

Aurelius Augustinus aus Thagaste, 354–430 n. Chr.

Dogmatisch-polemische Schrift gegen den Arianismus (lat.) in zwei B.
Verfaßt im Jahre 427 oder 428 n. Chr.

I Es handelt sich um den Entwurf einer Disputation mit dem gebürtigen Goten und arianischen Bischof Maximinus über die arianischen Irrlehren. – Im Mittelpunkt des Streites mit den Arianern stand die Frage nach dem Verhältnis von Gott zu Christus. Diese glaubten Christus einen geringeren Grad an Göttlichkeit zuerkennen zu müssen, um das Skandalon des Kreuzestodes erträglich werden zu lassen. Allerdings verlor auf diese Weise die Erlösertat Christi an Gewicht. – Andere Schriften des A. gegen den Arianismus: *Contra sermonem Aria-*

norum („Gegen die Predigt der Arianer"), 418/419 n. Chr., und →*Adversus haereses* (429 n. Chr.).

A PL 42, 709–742. 743–814.

Contra mendacium
„Gegen die Lüge"

Aurelius Augustinus aus Thagaste, 354–430 n. Chr.

Moraltheologische Schrift (lat.).
Verfaßt 419/420 n. Chr.

I Augustinus lehnt in der an Consentius gerichteten Schrift die Zulässigkeit der Lüge auch bei bester Absicht entschieden ab. – Mit *Contra mendacium* wie schon um 395 n. Chr. mit der dialektischen Erörterung *De mendacio* ist Augustinus der erste antike Autor, der sich mit dem Thema „Lüge" und d. h. auch mit ihrer Definition, Kasuistik und sittlichen Bewertung im Rahmen einer Monographie befaßt. Vor ihm hatte z. B. Aristoteles in den →*Ethikà Nikomácheia* (1127a13b32) die Lüge im Rahmen seiner Tugendlehre behandelt. – Für Augustinus ist das Merkmal der Lüge die beabsichtigte Täuschung; die Lüge ist eine mit dem Willen zur Täuschung vorgebrachte Aussage (*De mendacio* 5) oder eine falsche Aussage mit der Absicht zu täuschen (*Contra mendacium* 26).

A I. Zycha, CSEL 41, 1900, 411–466 (*De mendacio*). I. Zycha, CSEL 41, 1900, 467–528 (*Contra mendacium*).
Ü E. Keseling, Würzburg 1949 (mit Kommentar).
L G. Bien: Lüge, in: HWPh 5. G. Müller: Die Wahrheitspflicht und die Problematik der Lüge, Freiburg 1962, 49–77.

Contra Parmenianum Donatistam
„Gegen Parmenianus, den Anhänger des Donatismus"

Optatus, Bischof von Mileve (Numidien), gest. vor 400 n. Chr.

Streitschrift in sechs B. gegen den Donatismus (lat.), in zweiter Auflage in sieben B..
Um 370 n. Chr. verfaßt. Die zweite Auflage stammt aus der Zeit um 385.

I Parmenianus hatte um 362 n. Chr. ein Werk (Titel unbekannt) in fünf Traktaten gegen die Katholiken verfaßt. Der Inhalt dieses Werkes wird von Optatus angegeben (1,6): 1. die Taufe, 2. die Einheit der Kirche, 3. Gegen die Katholiken als Traditoren (d. h. als Träger der Übernahme und Weitergabe des religiösen Besitzstandes), 4. Gegen die Anwendung militärischer Macht, 5. Eine donatistische Deutung von Psalm 140,5. – Die Donatisten banden die Gültigkeit der Sakramente an die Heiligkeit ihres Spenders, d. h. die Wirkung eines Sakraments beruhte nach donatistischer Auffassung nicht auf der göttlichen Beteiligung, sondern auf der Person als dem ausführenden Werkzeug. Hinzu kam die Ablehnung der katholischen Staatskirche mit dem Argument, daß die wahre Kirche diejenige sei, die Verfolgung leide, nicht die verfolge. Daraus ergab sich, daß der Donatismus zu einer Märtyrerbewegung wurde. – Optatus befaßte sich in seinem Werk mit folgenden Themen: B. 1: Aus der Geschichte des Schismas ergibt sich, daß die Donatisten im Unrecht sind. – B. 2: Die katholische Kirche ist die wahre Kirche, die über die ganze Welt verbreitet ist. – B. 3: Die Katholiken haben den Staat nicht veranlaßt, gegen die Donatisten vorzugehen. – B. 4: Widerlegung der donatistischen Auslegung von Isaias 66,3 und Psalm 140,5. – B. 5: Gegen die donatistische Wiedertaufe und von der Gültigkeit der Sakramente unabhängig vom Spender. B. 6: Über die Feindseligkeit der Donatisten gegen die Katholiken. B. 7: Die Traditoren sind milde zu beurteilen. – Grundsätzlich ist Optatus im Gegensatz zu den Donatisten ausgesprochen romfreundlich: Im röm. Imperium, nicht bei den Barbaren könne die Kirche in Sicherheit leben.

W Die gegen den karthagischen Donatistenbischof (gest. um 391 n. Chr.) gerichtete Schrift verfolgt das Ziel, durch eine versöhnliche Darstellung der Geschichte des Schismas und der aktuellen Streitfragen den Donatisten die Rückkehr zur katholischen Kirche zu erleichtern.

A C. Ziwsa, CSEL 26, 1893.
L Dictionnaire de théologie catholique (DThC) 11, 1077–1084. RE 18, 1, 765–771. A. Stuiber: Optatus, in: LThK 7, 1180 f. O. R. Vassall-Phillips: The Work of St. Optatus against the Donatists, London 1971.

Contra Pelagianos
„Gegen die Pelagianer"

Hieronymus aus Stridon, um 350–420 n. Chr.

Streitschrift in Dialogform (lat.).

I In drei B. polemisiert Hieronymus gegen die Freiheitslehre des Pelagius (um 400 n. Chr.) und seiner Anhänger. Pelagius hatte einen rationalistisch-moralistischen Kommentar (→*Expositiones in Epistulas Pauli*) zu den Paulus-Briefen (→*Novum Testamentum*) verfaßt, der zu seinem von Hieronymus und Augustinus betriebenen Ausschluß aus der Kirche führte; denn Pelagius leugnete die Erbsünde und bestand auf der Willensfreiheit des Menschen. Außerdem lehnte er die Kindertaufe ab. – Hieronymus schickt dem Dialog zwischen dem rechtgläubigen Atticus und dem Pelagianer Critobulus einen Prozeß voraus: Hier wird die Lehre des Pelagius zusammen mit anderen „Irrlehren" und heidnisch-philosophischen Lehrmeinungen beschrieben. Der freie Wille (*liberum arbitrium*) des Pelagius wird mit der stoischen Unempfindlichkeit gegenüber äußeren Einwirkungen (*apátheia*) verglichen. – Hieronymus läßt die Dialogpartner zwei zentrale Aussagen des Pelagius diskutieren: (1) Der

Mensch kann, wenn er will und von seinen Kräften Gebrauch macht, frei von Sünde sein. – (2) Die Gebote Gottes können ohne weiteres befolgt werden. – Hieronymus versucht, diese Aussagen zu widerlegen.

A PL 23.
Ü L. Schade, BKV[(2)] 15.
L J. Brochet: S. Jérôme et ses enemis, Paris 1905. I. N. D. Kelly: Jerome – His Life, Writings and Controversies, London 1975. S. Prete: Pelagio e il pelagianesimo, Brescia 1961. W. Süß: Der hl. Hieronymus und die Formen seiner Polemik, in: Volkskundliche Ernte. H. Hepding dargebracht, Gießen 1938, 212–238.

Contra Flaccum →Eis Phlákkon (Philon)

Contra Rufinum →Adversus Rufinum (Hieronymus)

Contra secundam Iuliani responsionem imperfectum opus →Contra duas epistulas Pelagianorum (Augustinus)

Contra Secundinum Manichaeum →Contra Faustum Manichaeum (Augustinus)

Contra sermonem Arianorum →Contra Maximinum haereticum Arianorum episcopum (Augustinus)

Contra Symmachum
„Gegen Symmachus"

Aurelius Prudentius Clemens, 348 – etwa 405 n. Chr.

Polemisches Lehrgedicht in Hexametern, zwei B. (lat.).
Um 402 n. Chr. verfaßt.

I Die beiden B. *Contra Symmachum* greifen auf den Streit um den Altar der Victoria von 384 n. Chr. zurück (→*Relationes* des Symmachus). Im 1. B. kritisiert der Autor den heidnischen Polytheismus; im 2. B. widerlegt er die *Relatio* des Symmachus, indem er die Gegenargumente des Ambrosius (→*Epistulae* 17 und 18) erweitert. – Das Werk ist der 5. Teil einer Gedichtsammlung, die der Autor selbst zusammengestellt hatte, um damit einen Kanon christlicher Literatur zu bieten, „in dem die traditionellen Gattungen der antiken Poesie ihre Entsprechung und damit auch ihren Ersatz finden konnten" (Dihle, GLL, 593). Vgl. →*Liber Cathemerinon*, →*Apotheosis*, →*Hamartigenia*, →*Psychomachia*, →*Liber peristephanon*. – Prudentius versuchte vor allem die Heiden, die sich noch immer mit der *Relatio* des Symmachus identifizierten, zu bekehren und innerlich zu gewinnen. Er mußte zu diesem Zweck einerseits die „*numina rei publicae*" ohne verletzende Schärfe unglaubwürdig machen, andererseits dem abgewerteten heidnisch-röm. Staat eine neue Sinngebung verleihen, um seinen Gegnern den freiwilligen Übertritt zu erleichtern. Die entscheidende Leistung des Prudentius war die Umformung der vergilianischen Romidee (→*Aeneis* 1,278 f.). Durch den Christengott sei Rom zu seiner wahren Größe und Bestimmung zugeführt worden, Gott habe der Stadt ein ewiges Leben verliehen, sie zu einer *Roma aeterna* gemacht. So hatte Rom, auch das heidnische, von Anfang an seinen Platz im Heilsplan Gottes. Rom habe in der Vergangenheit einen Reifungsprozeß durchgemacht, der in der Christianisierung einen Endpunkt gefunden habe. Der neue Römer ist Christ, die Vorstellungen jener letzten Heiden entsprechen nicht mehr den Realitäten, christlicher Glaube und Vaterlandsliebe bzw. *civitas Christiana* und *civitas Romana* müssen nun in eins zusammenfließen" (Walter, 7).

W   Prudentius hat in *Contra Symmachum* „das Wagnis unternommen, die gesamte römische Vergangenheit als einen einzigen Zusammenhang zu deuten, indem er Profan- und Kirchengeschichte schier fugenlos ineinander übergehen ließ. Als die Triebfedern des Prozesses gelten ihm einerseits die römische *virtus*, andererseits die Vorsehung Gottes; die Zeit bis zur Herrschaft des Augustus wird als die Phase der Suche nach der richtigen Form des Regiments, des Kaisertums, aufgefaßt, und die Jahrhunderte danach stehen unter dem Zeichen der Suche nach dem richtigen Glauben. Prudenz will überdies das römische Reich nicht nur – wie einst Origenes und andere – als die äußere Voraussetzung der Ausbreitung des christlichen Glaubens verstanden wissen; er behauptet vielmehr, daß Rom mit seinen Gesetzen, seiner Gesittung, seinem Frieden Wesenszüge des Christentums vorweggenommen habe: durch Rom sei die Menschheit für die Religion der Liebe überhaupt erst empfänglich gemacht worden. Mit dieser Deutung Roms als einer *Praeparatio evangelica* erreichte die Annäherung von Heidnischem und Christlichem, die Verquickung von irdischer Geschichte und christlichem Heilsplan ihren Höhepunkt" (Fuhrmann, 80).

A   M. P. Cunningham, CCL 126, 1966. M. Lavarenne, Paris [(2)]1963 (lat.-frz.). G. Stramondo / L. Taormina, Catania 1956 (lat.-it.).

L   M. v. Albrecht, RL, 1076–1086. T. D. Barnes: The Historical Setting of Prudentius' *Contra Symmachum*, in: AJPh 97, 1976, 373–386. A. Cerri: Archeologia romana nel *Contra Symmachum* di Prudenzio, in: Athenaeum 41, 1963, 304–317. A. Dihle, GLL, 593–597. S. Döpp: Prudentius' *Contra Symmachum* eine Einheit?, in: VChr 40, 1986, 66–82. M. Fuhrmann, Spätantike, 59–80. A. Kurfess: Prudentius, in: RE 32, 1, 1957, 1039–1071. F. Solmsen: The Powers of Darkness in Prudentius' *Contra Symmachum*. A Study of his Poetic Imagination, in: VChr 19, 1965, 237–257. W. Steidle: Die dichterische Konzeption des Prudentius und das Gedicht *Contra Symmachum*, in: VChr

25, 1971, 241–281. E. Walter: Die dritte Relatio des Symmachus und die Entgegnungen des Bischofs Ambrosius von Mailand und des Prudentius. Vorschlag für eine Unterrichtseinheit, in: AU 20, 2, 1977, 5–20.

Controversiae
„Streitreden"

Lucius Annaeus Seneca, der Ältere, aus Corduba, etwa 55 v. Chr. – etwa 40 n. Chr.

Sammlung von 74 Deklamationen, d. h. von Musterreden, die als Übungsstücke geschrieben sind und sich auf fiktive Rechtsfälle und gedachte oder historisch bezeugte Situationen beziehen (lat.). In der Regierungszeit des röm. Kaisers Caligula (37–41 n. Chr.) entstanden.

I   Die *Controversiae* bilden zusammen mit den →*Suasoriae* ein für die Söhne des Autors verfaßtes Werk mit dem Titel *Oratorum et rhetorum sententiae divisiones colores* („Auffassungen, Einteilungen, Färbungen der Redner und Redelehrer"). – Zu jedem der 74 Themen werden 1. *sententiae* mitgeteilt, die das Für und Wider des jeweiligen Falles beinhalten, 2. *divisiones*, d. h. die Gliederungen oder Zerlegungen eines Rechtsfalles in verschiedene Fragen und Probleme und 3. *colores*, d. h. die Möglichkeiten, schwierige Fälle von einer ungewöhnlichen Seite her zu beleuchten. Seneca zitiert die Auffassungen und Vorstellungen gr. und röm. Rhetoren zu den einzelnen Themen nach eigenem Bekunden aus dem Gedächtnis (*Contr.* 1 *praef.* 2–5). – Die „Streitreden" behandeln einen Fall von beiden Seiten. Beispiel: Ein röm. Vater hat zwei Söhne. Er glaubt, der eine von ihnen trachte ihm nach dem Leben, und verurteilt ihn im Hausgericht zum Tode. Der andere soll die Hinrichtung vollziehen, entzieht sich aber der Tat, indem er den Bruder in einem Kahn auf dem Meer aussetzt. Der Unglückliche wird von Seeräubern gerettet und bald deren Hauptmann. Der Vater wird auf einer Seereise von den Seeräubern gefangen genommen, aber von seinem Sohn, dem Hauptmann, freigelassen. Nach Hause zurückgekehrt verstößt der Vater den anderen Sohn, weil er einst den Befehl des Vaters nicht ausgeführt hatte. Der Verstoßene geht vor Gericht. Dieser Fall wird nun diskutiert, indem eine Person die Rede des Sohnes, eine andere die Rede des Vaters hält, die dieser situationsgemäß hätte halten können.

Q   Wenn auch bestimmte Quellen nicht auszumachen sind, so erweist sich Seneca doch als Kenner der Literatur. Er zitiert u. a. ein Stück Prosa des jungen Ovid (*Contr.* 2,2, 8 ff.). – Die Schuldeklamation als Gattung gibt es schon lange vor Seneca. Das Verfahren, über allgemeine Themen zu Übungszwecken Reden auszuarbeiten, geht bis in die Zeit der Sophisten (5. Jh. v. Chr.) zurück. Auch bei Cicero gibt es Hinweise auf Deklamationsübungen über rechtliche und politische Themen (→*De inventione*; vgl. auch die →*Rhetorica ad Herennium*). – In den

→*Paradoxa Stoicorum* behandelt Cicero ethische Themen im Stil rhetorischer Deklamationen.

H Die Schuldeklamation hat sich als Ausbildungsmittel der Rhetorenschule zunehmend verselbständigt. Die politischen Veränderungen im Laufe des 1. Jh.s n. Chr. ließen große politische Reden nicht mehr zu. So wurde die Deklamation allmählich zu einem Medium, das das sprachliche Ausdrucksvermögen des jungen Römers schulte, die Entwicklung der sprachlichen Kreativität förderte und nicht mehr der unmittelbaren Berufsvorbereitung diente. Darüber hinaus wurde die Deklamation zu einer Form der gepflegten und gebildeten Unterhaltung.

W Die *C.* sind ebenso wie die *Suasoriae* ein literaturkritisches Werk. Seneca unterzieht die Rhetorik seiner Zeit einer kritischen Würdigung (vgl. *Contr.* 1, *praef.* 8). Er dokumentiert den Verfall der Redekunst. Seine Maßstäbe sind von Cicero (→*Brutus*) geprägt (vgl. *Contr.* 1, *praef.* 6); er bemüht sich jedoch darum, jeden einzelnen Redner individuell und nuanciert zu charakterisieren.

N Die *C.* waren in der rhetorischen Ausbildung ein bedeutsames Hilfsmittel. Die *declamatio* ist bis in das 6. Jh. n. Chr. eine viel praktizierte Übungsform. – Die phantastischen Stoffe der *C.* liefern der späteren Novellistik Material. Ihre Spuren finden sich in der →*Historia Apollonii regis Tyrii*, in den mittelalterlichen *Gesta Romanorum* und in Boccaccios *Decamerone*. Erasmus gibt den Text heraus (1529) und führt, durch Seneca angeregt, die Deklamationsübung wieder ein.

A L. Håkanson, Leipzig 1989. A. Kiessling, Leipzig 1872, Nachdr. 1967. M. Winterbottom, London/Cambridge (Mass.) 1974 (lat.-engl.).
L M. v. Albrecht, RL, 987–994. S. F. Bonner: Roman Declamation in the Late Republic and Early Empire, Liverpool 1949, Nachdr. 1969. H. Bornecque: Les déclamations et les declamateurs d' après Sénèque le Père, Lille 1902, Nachdr. 1967. K. Büchner, RLG, 369–371. J. Fairweather: Seneca the Elder, Cambridge 1981. J. Fairweather: The Elder Seneca and Declamation, in: ANRW 2, 32, 1, 1984, 514–556. M. Fuhrmann, Seneca, bes. 25–42. L. A. Sussman: The Elder Seneca, Leiden 1978.

Copa →Appendix Vergiliana

Corinthiaca →Korinthiakós (Favorinus)

Corpus Hermeticum
„Hermetische Literatur"

An.

Sammlung von 18 Prosaschriften (gr.) aus dem ägyptisch-hellenistischen Kulturkreis.
Seit dem 1. Jh. v. Chr. in mehreren Fassungen und Etappen entstanden.

I In der Form religiöser Offenbarungen des *Hermês Trismégistos* (= des dreimal größten Hermes) werden okkulte Weisheiten aus Religion, Astrologie, Magie, Mystik usw. zusammengefaßt. *Hermês Trismégistos* ist ein erfundener altägyptischer Weiser, der im Ägyptischen *Thot* heißt. – Am Anfang der Schriftensammlung steht der *Poimandrés* („Hirt des Menschen"), eine Sammlung philosophischer Traktate, in denen Hermes seinen Sohn *Tat* und seinen Schüler *Asklepios* über religiöse Fragen unterrichtet. Die Epiphanie des *Hermes* – *Poimandrés* steht am Anfang des Traktats. *Poimandrés* belehrt den Erzähler über die Weltentstehung (Kosmogonie); darauf folgt eine Anthropologie: Der Urmensch entsteht aus dem weltbildenden *Nûs* (Geist); er will aber auch selbst schöpferisch tätig sein und steigt durch die Zone der sieben Planeten zur Erde, die ihn umschlingt und festhält. Aus dem Urmenschen entsteht die Menschheit. Nach Verlassen seines Körpers kann der Mensch durch die Sieben-Planeten-Zone wieder aufsteigen und zu Gott kommen, dem „überwesenhaften" Guten. Voraussetzung für diesen Aufstieg ist der Verzicht auf die Liebe zur Körperlichkeit, während er sich in seinem Körper befindet. – Zum *Corpus Hermeticum* gehört auch eine lat. Rede des *Hermes* an *Asklepios* mit dem Titel *Asclepius sive dialogus Hermetis trismegisti* („Asclepius oder der Dialog des Hermes Trismegistus"); hierin wird der Untergang des Heidentums vorausgesehen und beklagt.

W Das gemeinsame Thema aller Abhandlungen des *C. Herm.* ist Gott, Kosmos, Mensch, ihr Wesen, ihre Kräfte und ihre gegenseitigen Beziehungen. „Der Akzent liegt ganz auf Theologie, Kosmologie und Anthropologie, die Atmosphäre ist die weihevoller Erbaulichkeit, die Szenerie ist mythisch-phantastisch, aber immer nur flüchtig skizziert ... Das *C. Hermeticum* ist abgesunkene, zerfaserte philosophische Literatur, ,Proletarierplatonismus'. Grundlage ist ein aus den Dialogen →*Tímaios*, →*Phaídon* u. a. entwickelter weltflüchtiger Platonismus, in den sich ziemlich viel Aristoteles und späte Stoa mischt ... Von einem einheitlichen System ist freilich keine Rede, tiefsinnig sein wollende Erbaulichkeit überschwemmt immer wieder die philosophischen Gedanken ... Mit der Gnosis der frühen Kaiserzeit sind diese Dinge nur als eine wesentlich anspruchsvollere Vorstufe zu verbinden" (Gigon, 325).

A A. J. Festugière. 4 Bde., Paris [(6)]1983. W. Scott / A. S. Ferguson. 4 Bde., Oxford 1924–1936.
Ü C. Colpe / J. Holzhausen. 2 Bde., Stuttgart 1997. B.

P. Copenhaver: *Hermetica*. The Greek *Corpus Hermeticum* and the Latin *Asclepius* in a New English Translation with Notes and Introduction, Cambridge 1992. W. Foerster: Die Gnosis. Zeugnisse der Kirchenväter, München/Zürich 1995 (Übers. von C. Herm. 1, 1–32 und 7, 1–3). D. Tiedemann, Berlin/Stettin 1781.

L F. Bonardel: L' hermétisme, Paris 1985. J. Büchli: Der *Poimandres*. Ein paganisiertes Evangelium, Tübingen 1987. F. di Carlo: Letteratura ed ideologia dell' ermetismo, Foggia 1981. A. J. Festugière: La révélation d' Hermès Trismégiste. 4 Bde., Paris 1950–1954, Nachdr. 1981. O. Gigon: *Corpus Hermeticum*, in: dtv-L 1, 1, 324–326. KNLL 18, 423. A. Lesky, GL, 983. G. van Moorsel: The Mysteries of *Hermes Trismegistus*, Utrecht 1955. M. P. Nilsson: Geschichte der griechischen Religion. Bd.2, München [(2)]1961, 581–612. R. Reitzenstein: *Poimandres*, Leipzig 1905. R. A. Segal: The *Poimandres* as Myth. Scholarly Theory and Gnostic Meaning, Amsterdam/Berlin 1987. W. Theiler: Die Vorbereitung des Neuplatonismus, 1930, Nachdr. 1964.

Corpus Hippocraticum
„Sammlung von Schriften des Hippokrates"

Hippokrates von Kos, 460- um 370 v. Chr. und zahlreiche andere medizinische Autoren

Sammlung von 58 in jonischem Dialekt verfaßten Schriften, die das gesamte Gebiet der Heilkunst umfassen und als Lehrschriften für Ärzte gedacht waren (gr.).
Die Texte stammen hauptsächlich aus dem 5. und 4. Jh. v. Chr. Sie befanden sich vielleicht ursprünglich in einer Bibliothek, die als Arbeitsinstrument der koischen Ärzteschule diente. Vgl. auch →„Hippokratischer Eid".

I Aus der großen Zahl der Schriften sind die ältesten und bedeutendsten (1) „Über die alte Medizin" (*Perì archaíes ietrikês*): „Hier wird im Zeichen der Individualmedizin, in deren Mitte die Wirkung der Diät auf den Körper im Einzelfalle steht, einer modernen Richtung der Kampf angesagt, die als Hypothesenmedizin von allgemeinen Prinzipien ausgeht und zu Spekulationen nach Art der Naturphilosophen neigt" (Lesky, 550). – (2) „Über Winde, Wasser und Gegenden" (*Perì aéron, hydáton, tópon*) oder „Von der Umwelt": Hier geht es um die Frage, inwieweit die im Titel genannten Gegebenheiten auf den gesunden und kranken Menschen einwirken. – (3) „Von der heiligen Krankheit" (*Perì hierês nósu*): Der Verfasser weist nach, daß die Epilepsie keine „heilige" Krankheit ist, sondern von bestimmten Umständen (Erblichkeit, Konstitution, Klima) abhängig ist. – (4) „Epidemien" („Besuche in fremden Städten"): Krankheitsgeschichten, die die Bedeutung unvoreingenommener Beobachtung (Empirie) am Krankenbett als eine Grundlage hippokratischer Medizin veranschaulichen. – (5) *Prognostikón* („Hilfsmittel für die Vorausschau auf den Krankheitsverlauf"): Hier wird gezeigt, daß die Natur nicht willkürlich handelt, sondern sich in Gesetzmäßigkeiten darstellt, so daß Diagnose, Prognose und Therapie möglich werden. – (6) „Über

Knochenbrüche" (*Perì agmôn*) und (7) „Über Einrenkung von Gliedmaßen" (*Perì árthron embolês*). – (8) „Über die Natur des Menschen" (*Perì physios anthrópu*). – (9) „Über Diät" (*Perì diaítes*): Ernährung und Arbeit müssen im richtigen Verhältnis zueinander stehen. – (10) „Über die Nahrung" (*Perì trophês*): Die Natur ist der wichtigste Helfer des Arztes. „In ihr sind die Kräfte beschlossen, die das Gesunde erhalten, das Gestörte wiederherstellen und stets auf das richtige Maß zielen" (Lesky, 553).

Q Die hippokratische Medizin ist von den sog. vorsokratischen „Naturphilosophen" am stärksten beeinflußt worden, die durch exakte Beobachtung natürlicher Vorgänge die Methode für die Beobachtung des menschlichen Körpers lieferten.

W „Es ist das Große an der hippokratischen Medizin, daß sie sich durch ihren Glauben an das *theîon* auch nicht um Haaresbreite von ihrem Grundsatz der streng kausalen Erforschung der Natur abdrängen läßt. Denn dies, die Ätiologie, ist ihr innerstes Wesen. Sie will die Unwissenheit (*agnosíe*), Unerfahrenheit (*apeiríe*) und Hilflosigkeit (*aporíe*) gegenüber den Krankheiten beseitigen" (Nestle, 526).

N Die hippokratischen Schriften besaßen bis in das 19. Jh. hinein als medizinische Grundlagenwerke uneingeschränkte Autorität. Einige Texte der Sammlung „stellen die repräsentativen Zeugen jener geistigen Haltung dar, die für die europäische Wissenschaft verpflichtend und signifikant geworden ist: unvoreingenommene Beobachtung und Untersuchung der Erscheinungen, kritische Deutung auf der alleinigen Grundlage dieser natürlichen Phänomene, unterstützt durch vergleichende Beobachtungen und Versuche paralleler Vorgänge im Tierreich – kurz, Erfahrung und Experiment als Basis der aitiologischen und prognostischen Erkenntnis und ihrer Anwendung" (KLL, 2190).

A W. H. S. Jones / E. T. Withington. 4 Bde., London/Cambridge (Mass.) 1923–1931 (gr.-engl. in Auswahl). E. Littré: Oevres complètes d' Hippocrate. 10 Bde., Paris 1839 bis 1861 (enthält die 58 Schriften).
Ü H. Diller: Hippokrates. Schriften, Reinbek b. Hamburg 1962. H. Diller: Hippokrates. Ausgewählte Schriften, Stuttgart 1994. H. Grensemann: Über Achtmonatskinder. Über das Siebenmonatskind, Berlin 1968 (gr.-lat.). K. Hoenn / W. Capelle: Hippokrates. Fünf auserlesene Schriften, Zürich 1955. R. Kapferer / G. Sticker u.a.: Die Werke des Hippokrates. Die Hippokratische Schriftensammlung in neuer deutscher Übersetzung. 25 Bde., Stuttgart 1934–1940. W. Müri: Der Arzt im Altertum, München [(6)]2001 (gr.-lat.-dt.). Ch. Schubert, Düsseldorf/Zürich 2005 (gr.-dt.). GLTD 2, 378–399 (gr.-dt. in Auswahl).
L H. Diller: Der innere Zusammenhang der hippokratischen Schrift De victu, in: Hermes 87,1959, 39–56. H. Diller: Stand und Aufgaben der Hippokratesforschung, in: Jahrb. d. Akad. d. Wissenschaften und der Literatur, Mainz 1959, 271–287. L. Edelstein: Hippokrates, in: RE Suppl. 6, 1935, 1290–1345. H. Flashar (Hg.): Antike Medizin, Darmstadt 1971. W. A. Heidel: Hippocratic Medicine, New York 1941. F. Jacoby: Zu Hippokrates' *Perì aéron hydáton tópon*, in: Hermes 46, 1911. W. H. S. Jones: Philosophy and Medicine in Ancient Greece, Baltimore 1946. F. Kudlien: Der Beginn des medizinischen Denkens bei den

Griechen. Von Homer bis Hippokrates, Zürich 1967. A.
Lesky, GL, 544–555. W. Nestle: Hippocratica, in: Griechische Studien, Stuttgart 1948, 517–566. A. Palm: Studien zur
hippokratischen Schrift Perì diaítes, Diss. Tübingen 1933.
M. Pohlenz: Hippokrates und die Begründung der wissenschaftlichen Medizin, Berlin 1938. H. E. Sigerist: Anfänge
der Medizin. Von der primitiven und archaischen Medizin
bis zum Goldenen Zeitalter in Griechenland, Zürich 1963.
R. Wittern / P. Pellegrin (Hg.): Hippokratische Medizin
und antike Philosophie. Verhandlungen des VIII. Internationalen Hippokrates-Kolloquiums in Kloster Banz/Staffelstein vom 23.-28. Sept. 1993, Hildesheim 1996.

Corpus iuris civilis
„Sammlung des Zivilrechts“

Iustinianus, römischer Kaiser von 527–569 n. Chr.,
als Auftraggeber zahlreicher Juristen

Zusammenfassung der Rechtsüberlieferung der Römer, die im Auftrag des Kaisers zwischen 528 und
534 n. Chr. von Fachleuten erarbeitet wurde und
Gesetzeskraft erhielt (lat.).
In den Jahren 533/534 wurde das Werk in drei Teilen – (1) Institutiones (= „Einführungen, einführendes Lehrbuch“), (2) Digesta (= „das geordnet Dargelegte“ oder Pandectae (= „die alles umfassenden
Bestimmungen oder Gesetze“) und (3) Codex Iustinianus (= „das Gesetzbuch des Justinian“) – verkündet und später (534–565) durch einen vierten
Teil, die Novellae (= „die neuen Gesetze“) zum Codex, schrittweise erweitert.

I   (1) Die Institutiones stellen ein elementares
Lehrbuch des Zivilrechts in vier B. dar, die auf den
→Institutiones des Gaius beruhen. Es handelt sich
um eine Sammlung von Exzerpten aus dem riesigen
Nachlaß der spätrepublikanischen und frühkaiserzeitlichen Jurisprudenz ohne Nennung von Autoren und Werktiteln. Das Lehrbuch sollte in Verbindung mit den Digesta, dem Codex Iustinianus und
den Novellae der moralischen und rechtlichen Substanz der Prinzipatszeit dienen. – (2) Darauf folgen
die Digesta, die Auszüge aus den für die Praxis bestimmten Schriften der klassischen Juristen darstellen. Es handelt sich um eine Anthologie aus der juristischen Literatur der Zeit von 100 v. Chr. bis 240
n. Chr. in 50 B. Die Digesta sind das Ergebnis einer
Sichtung und Auswertung des in den rd. 2000
Schriften früherer Juristen niedergelegten „alten
Rechts“ (Rechtsgutachten und -entscheidungen)
durch eine Expertenkommmission (→„Kommentare“ des Ulpianus). Der Stoff wurde in sieben Sachgebiete gegliedert. Anders als in den Institutiones ist
jedem der aus dem Nachlaß der spätrepublikanischen und kaiserzeitlichen Jurisprudenz ausgewählten Stücke eine inscriptio vorangestellt, die den Namen des jeweils exzerpierten Juristen, das exzerpierte Werk selbst und die Buchnummer enthält.
Die Änderungen des ursprünglichen Wortlautes
der Texte tragen der Weisung des Kaisers Rechnung,
Wiederholungen und Widersprüche zu vermeiden.
– (3) Der Codex ist eine Sammlung von Kaisergeset

zen, den Constitutiones. Er fußt auf drei älteren
Sammlungen, dem Codex Gregorianus, dem Codex
Hermogenianus und dem →Codex Theodosianus.
Auf der Basis des Codex Theodosianus wurden
diese drei älteren Sammlungen zusammengefaßt.
Der in seiner ursprünglichen Fassung nicht mehr
erhaltene Codex wurde am 16. 4. 529 als Gesetz verkündet, aber schon am 29. 12. 534 durch eine erweiterte Fassung, den Codex repetitae praelectionis, ersetzt. Dieser besteht aus 12 B. 1. B.: Kirchenrecht,
Rechtsquellen und Beamtenrecht. 2.–8. B.: Privatrecht. 9. B.: Straf- und Strafprozeßrecht. 10.-12. B.:
Verwaltungs- und Steuerrecht usw. – (4) Die Novellae (constitutiones), die „Nachtragsgesetze“ aus der
Zeit Justinians, sind größtenteils in gr. Sprache abgefaßt.

Q   Das Gesetzgebungswerk des Justinian war
das Ergebnis einer auswählenden und modifizierenden Rezeption von fast 2000 B. mit über drei Millionen Zeilen, die auf etwa 150 Tausend Zeilen reduziert wurden. Es konnte sich aber nicht auf eine
kontinuierliche Tradition stützen, da in der Mitte
des dritten nachchristlichen Jh.s die röm. Rechtswissenschaft völlig zusammengebrochen war.

H   „Die Interpretation der Klassikerschriften,
wie sie an den Rechtsschulen von Berytos (Beirut)
und Konstantinopel getrieben wurde, bildete die
notwendige Voraussetzung für den Abschluß der
spätantiken Rezeption, für das Gesetzgebungswerk
des Kaisers Justinian“ (Fuhrmann/Liebs, 16).

W   Das Exzerpieren der Klassiker war der Versuch, an der Vergangenheit anzuknüpfen und ein
praktikables Rechtssystem zu entwickeln. „Die Gesetzgebung Justinians war Teil eines gigantischen
Restaurationsprogramms: Justinian wollte nach au
ßen hin das Römerreich in dem Umfange wiederherstellen, den es von Konstantin bis Theodosius
gehabt hatte; er wollte im Inneren die moralische
und rechtliche Substanz der Prinzipatszeit erneuern“ (Fuhrmann/Liebs, 17).

N   Die Bezeichnung Corpus iuris civilis ist erst
seit dem Mittelalter in Gebrauch. Das Werk sicherte
dem röm. Recht im Osten des Reiches den jahrhundertelangen Bestand. Im Westen bildet es die
Grundlage einer Renaissance des röm. Rechts seit
dem 11. Jh. Seine grundlegende Bedeutung reichte
bis in das 19. Jh. hinein. Mittelbar und unmittelbar
ist es das Fundament aller abendländischen Rechtskodifikation.

A   M. Fuhrmann / J. Liebs: Fälle aus dem römischen
Recht, Bamberg 1974 (mit Kommentar). P. Krüger: Corpus
iuris civilis. Bd. 1: Institutiones, Dublin/Zürich (24)1988. P.
Krüger: Corpus iuris civilis. Bd. 2: Codex Iustinianus, Dublin/Zürich (15)1970. P. Krüger / Th. Mommsen: Digesta. 2
Bde., Dublin/Zürich (2)1962–1963. Th. Mommsen: Corpus
iuris civilis. Bd. 1: Digesta, Dublin/Zürich (22)1973. R.
Schoell / G. Kroll: Corpus iuris civilis. Bd. 3: Novellae,
Dublin/Zürich (11)1988. Th. Mommsen / P. M. Meyer:
Codex Theodosianus. 2 Bde., Berlin 1905, Nachdr. Dublin/Zürich (4)1970–1971. P. E. Pieler: Die Rechtsliteratur,
in: NHbL. Spätantike, 565–599.
Ü   O. Behrends / R. Knütel / B. Kupisch / H. H. Seiler:
Corpus Iuris Civilis. Text und Übersetzung. Bd. 1: Institu

tionen. Heidelberg [2]1997 (1993 als Taschenbuch). Bd. 2: Digesten 1–10, Heidelberg 1995. Bd. 3: Digesten 11–20, Heidelberg i. V. R. Düll: *Corpus iuris.* Eine Auswahl der Rechtsgrundsätze der Antike, München [2]1960 (lat.-dt. in Auswahl). C. E. Otto / B. Schilling / C. F. F. Sintesis. 7 Bde., Leipzig 1830–1839. E. Scharr: Römisches Privatrecht, Zürich 1960 (lat.-dt. in Auswahl).

L   M. v. Albrecht, RL, 1205–1209. M. Bretone: Geschichte des römischen Rechts. Von den Anfängen bis zu Justinian, München 1992. M. Fuhrmann, Spätantike, 309–330. P. Jörs: *Codex Iustinianus,* in: RE 4, 1, 1900, 167–170. P. Jörs: *Digesta,* in: RE 5, 1, 1905, 484–543. KNLL 18, 427–429. W. v. Kotz-Dobrz: *Institutiones,* in: RE 9, 2, 1916, 1572–1587. M. Kaser: Römisches Privatrecht. Ein Studienbuch, München [7]1972. W. Kunkel: Römische Rechtsgeschichte. Eine Einführung, Köln/Graz [6]1972. D. Liebs: Die juristische Literatur, in: NHbL. Römische Literatur, 195–208. P. E. Pieler: Die Rechtsliteratur, in: NHbL. Spätantike, 565–599. F. Schulz: Geschichte der römischen Rechtswissenschaft, Weimar 1961. A. Steinwenter: *Novellae,* in: RE 17, 1, 1936, 1162–1171. L. Wenger: Die Quellen des römischen Rechts, Wien 1953. F. Wieacker: Das *Corpus iuris* Justinians, in: Zeitschrift für die gesamte Staatsrechtswissenschaft 102, 1942, 444–479. F. Wieacker: Vom römischen Recht, Stuttgart [2]1961. F. Wieacker: Vom Lebenswert des römischen Rechts, in: K. Büchner (Hg.): Latein und Europa. Traditionen und Renaissancen, Stuttgart 1978, 84–99.

Corpus Tibullianum

„Unter dem Namen des Tibull überlieferte Sammlung"

An.

Sammlung von 20 Gedichten, die in der Überlieferung als 3. bzw. als 3. und 4. B. mit dem 1. und 2. B. der Elegien des Tibull (→*Elegiarum libri IV*) verbunden sind (lat.).
Die Gedichte entstanden in der Zeit von der Mitte des 1. Jh.s v. Chr. bis zur Mitte des 1. Jh.s n. Chr.

I   Zum *Corpus Tibullianum* gehören (1) sechs Elegien des Lygdamus (3,1–6), (2) der →*Panegyricus Messallae* (3,7 = 4,1), der wohl zwischen 31 und 27 v. Chr. verfaßt wurde, (3) fünf Elegien von „Sulpicia und Cerinth" (3,8–12 = 4,2–6), (4) die →*Elegiae* der Sulpicia (3,13–18 = 4,7–12), die aus der Zeit zwischen 25 und 20 v. Chr. stammen, und (5) zwei weitere unter Tibulls Namen überlieferte Elegien (3,19–20 = 4,13–14). – Zu 1: Die Elegien handeln von der Liebe des Lygdamus zu Neaera, die ihn verlassen hat. Er will sie mit Hilfe seiner Gedichte zurückgewinnen (3,1). Andernfalls sieht er nur den Tod als Ausweg (3,2). Das Leben mit Neaera bedeutet dem Dichter das größte Glück. Daneben ist alles andere wertlos (3,3). Apollo erscheint dem Dichter im Traum, um ihm zu verkünden, daß Neaera einen anderen liebt (3,4). Der kranke Dichter nimmt Abschied vom Leben (3,5). Den Abschluß bildet ein Gebet an Bacchus. Der Dichter versucht vergeblich, die Geliebte zu vergessen. – Zu 2: Der *Panegyricus Messallae* ist ein Loblied auf den Patron des sogenannten Messalla-Kreises, dem u.a. Tibull und

Ovid angehörten. – Zu 3: Die fünf Liebesgedichte über Sulpicia und Cerinth „zeichnen sich durch Kürze, thematische Geschlossenheit und feine Einfühlung in die weibliche Psyche aus" (M. v. Albrecht, 607). Sie entstanden bald nach Ovid (43 v. Chr. – 17 n. Chr.), d. h. nach 20 n. Chr. – Das Thema der fünf Elegien ist Sulpicias Liebe zu Cerinth. Der Liederkranz beginnt mit einer Elegie (3,8) auf die Feier des 1. März, den Beginn des dem Gott Mars geweihten Monats. Sulpicias Schönheit und Anmut werden gepriesen. Sie hat sich für Mars geschmückt, der sich davor hüten soll, vor Staunen seine Waffen fallen zu lassen. – Die zweite Elegie (3,9) beschreibt die Angst um den Geliebten, der sich auf der Jagd befindet. Sulpicia wünscht sich die rasche Rückkehr des Geliebten. – In 3,10 betet der Dichter für die kranke Sulpicia und tröstet zugleich Cerinth. – Am Geburtstag des Cerinth bittet Sulpicia die Götter zu veranlassen (3,11), daß der Geliebte ihre Liebe erwidere und ihr die Treue halte. – In 3,12 spricht der Dichter über Sulpicias Geburtstag. Sie hat sich aber nicht nur für die Göttin Juno geschmückt; heimlich hat sie sich auch für Cerinth schön gemacht. – Möglicherweise bildeten die Gedichte 3, 8–12 und die →*Elegiae* der Sulpicia (3,13–18) einen Zyklus, zu dem auch 3,7 (Messalla-Gedicht) und 3,19–20 gehörten. Dieser Zyklus wurde in späterer Zeit (15. Jh.) als 4. Buch von dem übrigen Corpus Tibullianum abgegrenzt, so daß sich folgende Zählung ergab: 3,7–20 = 4,1–14. – Zu 4: Die epigrammatischen Elegien der Sulpicia sind wohl Gelegenheitsgedichte, die vor allem durch ihre Unmittelbarkeit und Aufrichtigkeit auffallen. – Zu 5: Die Gedichte 3,19–20 (= 4,13–14) bilden möglicherweise mit 3,7 und 3,8–12 und 3, 13–18 einen Zyklus, der seine Entstehung den Dichtern und Dichterinnen des Messalla-Kreises verdankt.

A   G. Lee, Liverpool [2]1982 (lat.-engl.). F. W. Lenz / G. K. Galinsky, Leiden [3]1971. G. Luck, Stuttgart 1988.
Ü   R. Helm, Berlin [7]1988 (lat.- dt.).
L   M. v. Albrecht, RL, 605–608. L. Alfonsi: Albio Tibullo e gli autori del *Corpus Tibullianum,* Mailand 1946. J. – P. Boucher: A propos de Cérinthus et de quelques autres pseudonymes dans la poésie augustiéenne, in: Latomus 35, 1976, 504–509. K. Büchner: Die Elegien des Lygdamus, in: Hermes 93, 1965, 65–112. E. Courtney: Problems in Tibullus and Lygdamus, in: Maia NS 39, 1987, 29–32. R. Feger / W. Willige: Albius Tibullus. Cerinthus und Sulpicia (3, 8–12), in: Gy 61, 1954, 338–345. S. C. Fredericks: A poetic Experiment in the Garland of Sulpicia (Corpus Tibullianum 3, 10), in: Latomus 35, 1976, 761–782. N. Holzberg: Die römische Liebeselegie. Eine Einführung, Darmstadt [2]2001. S. und V. Probst: Frauendichtung in Rom. Die Elegien der Sulpicia, in: AU 35, 6, 1992, 19–36. O. Skutsch: Zur Datierung des Lygdamus, in: Ph 110, 1966, 142–146. W. Stroh: Die römische Liebeselegie als werbende Dichtung, Amsterdam 1971, 126–140. H. Tränkle: Appendix Tibulliana, Berlin 1990 (Kommentar).

Cosmographia
„Weltbeschreibung"

Ps.-Aethicus

Weltbeschreibung (lat.), die aus Iulius Honorius (→*Geographica*) und Orosius schöpft.

A GML 71–103. H. Wuttke, Leipzig 1854, Nachdr. Hildesheim 1991.
L H. Berger, RE 1, 1894, 697–699. Schanz-Hosius 4, 2, 1241.

Culex →Appendix Vergiliana

Cupido cruciatur
„Der Liebesgott wird gefoltert"

Decimus Magnus Ausonius aus Burdigala, etwa 310–395 n. Chr.

Erotisches Gedicht in 103 Hexametern mit einer Prosa-Einleitung (lat.).

I Es handelt sich um die Beschreibung eines Wandgemäldes in einem Triclinium in Trier. Dargestellt ist die Kreuzigung des Liebesgottes durch liebende Frauen, die durch die Liebe ihren Tod fanden, wie sie z. T. von Vergil in der →*Aeneis* (6, 440 ff.) erwähnt werden. Unvorsichtigerweise hatte Cupido die Unterwelt aufgesucht. Er war von den Frauen erkannt und für ihr Leiden verantwortlich gemacht worden. Der Dichter setzte das Bild in Verse um. Am Ende erweist sich die grausame Bestrafung jedoch nur als ein Alptraum.

A R. Peiper, Leipzig 1886. H. G. E. White. 2 Bde., London/Cambridge (Mass.) 1919–1921 (lat.-engl.).
Ü H. A. Gärtner, RLTD 5, 198–205 (lat.-dt. nur die Verse 56–103).
L M. v. Albrecht, RL, 1047–1054. W. Fauth: *Cupido cruciatur*, in: Grazer Beiträge 2, 1974, 39–60. H. A. Gärtner (s. o.).

Curae boum
„Behandlung von Rindern"

Quintus Gargilius Martialis, 2. Hälfte des 3. Jh.s n. Chr.

In wenigen Frg. erhaltene veterinärmedizinische Schrift (lat.). Auszüge finden sich in der →*Medicina Plinii*.

A E. Lommatzsch: Vegetius, *Mulomedicina*, Leipzig 1903, 307–310. V. Rose, Leipzig 1875 (zusammen mit der *Medicina Plinii*).
L H. Stadler, in: RE 7, 1, 1910, 760–762. Schanz-Hosius 3, 222–224.

Curculio
„Der Parasit Curculio (= Getreidewurm)"

Titus Maccius Plautus, etwa 250–184 v. Chr.

Typenkomödie (lat.).
Vielleicht 193 v. Chr. entstanden.

I Phaedromus liebt das Mädchen Planesium, das sich im Besitz des Bordellbesitzers Cappadox befindet und an einen Soldaten verkauft werden soll, der bereits den Kaufpreis bei dem Geldwechsler Lyco hinterlegt hat. Der Parasit Curculio verhindert den Verkauf an den Soldaten, der als der seit langem verschollene Bruder von Planesium erkannt wird, und führt das Liebespaar zusammen. Die Wiedererkennung erfolgt mit Hilfe eines Ringes, den Curculio dem Soldaten gestohlen hatte.
Q Die Vorlage des Stückes ist unbekannt. Die Grundsituation – das unglücklich verliebte Paar – ist die gleiche wie in der →*Cistellaria*, die auf Menander zurückgeht.
W Wie in anderen seiner Komödien nimmt Plautus auch im *Curculio* auf röm. Verhältnisse Bezug (z. B. 467–485: Anspielungen auf die röm. Topographie): „Solche Durchbrechung der Illusion gilt es nicht als Entgleisung, sondern als Absicht zu verstehen" (M. v. Albrecht, 159).
N „Der zwiespältige Charakter Curculios gibt die besondere Würze einer dialektischen Komik, die im arlecchino und im Narren Shakespeares fortlebt" (M. v. Albrecht, 136).

A J. Collart, Paris 1962. G. Monaco, Palermo 1969 (lat.-it.).
Ü W. Binder / W. Ludwig: Antike Komödien. Plautus/Terenz. 2 Bde., Darmstadt 1976. A. Thierfelder, Stuttgart 1964.
L M. v. Albrecht, RL, 133–167. E. Fantham: The *Curculio* of Plautus. An Illustration of Plautine Method of Adaptation, in: CQ 59,1965, 84–100. H. Jordan: Die Parabase im *Curculio* bei Plautus, in: Hermes 15, 1880, 116–136. N. W. Slater: The Dates of Plautus' *Curculio* and *Trinummus* Reconsidered, in: AJPh 108, 1987, 264–269. T. B. L. Webster: Studies in Later Greek Comedy, Manchester 1953, 189–202.

Cynegetica
„Jagdangelegenheiten"

Grattius, Zeit des Augustus (reg. 27 v. – 14 n. Chr.)

Lehrgedicht in Hexametern über die Jagd (lat.). Nur 540 Verse des 1. B. sind erhalten.
Zwischen 29 v. Chr nach Vergils →*Georgica* und 8 n. Chr. vor Ovids →*Epistulae ex Ponto* entstanden.

I Der Autor behandelt die Utensilien der Jagd (Netze, Fallstricke, Schlingen, Spieße) und die Jagdbegleiter (Hunde, Pferde). Im Prooimium verbindet er die Erfindung der Jagd mit der Entstehung der Kultur. – In seiner Komposition ist das Werk den

Georgica Vergils nachgebildet. Ovid erwähnt den Dichter in den *Epistulae ex Ponto* (4, 16,34).

A P. I. Enk. 2 Bde., Zutphen 1918, Nachdr. Hildesheim 1976 (mit Kommentar). J. W. und A. M. Duff: Minor Latin Poets, London/Cambridge (Mass.) 1935, 143–205 (lat.-engl.). C. Formicola, Bologna 1988 (lat.-it. mit Kommentar). F. Vollmer, Leipzig 1911.
Ü R. Verdière. 2 Bde., Wetteren 1963 (lat.-dt. mit Kommentar).
L M. v. Albrecht, RL, 227. H. Herter: Grattianum, in: RhM 78, 1929, 361–370. F. Vollmer, in: RE 7, 2, 1912, 1841–1846.

Cyprianvita →Vita et passio Cypriani (Pontius)

Cyrilli Glossarium
„Glossar des Kyrillos"

An., 5. Jh. n. Chr.

Wörterverzeichnis (gr.) mit Erklärungen.

I Das Werk enthält christliches Material aus Bibelglossaren und Scholiensammlungen bes. zu Homer, Euripides, Thukydides und Demosthenes.
N In byzantinischer Zeit war das *Glossarium* stark verbreitet. Es wurde u.a. in der →*Suda* benutzt.

A M. Schmidt, Jena 1862 (in der Ausgabe des Hesych-Lexikons, →*Synagogè pasôn léxeon katà stoicheîon*).
L H. Gärtner, in: DKP 3, 413.

D

Danaë-Fragment

Simonides aus Keos, um 556 – etwa 468 v. Chr.

Frg. eines Gedichtes über einen mythologischen Inhalt aus einem nicht mehr bekannten Zusammenhang (gr.).

I Möglicherweise stammt der Text aus einem
sogenannten *Threnos*. Simonides hatte nach seiner
Übersiedlung nach Thessalien (nach 510 n. Chr.)
sein Repertoire um die Gattung des *Threnos*, d. h.
der chorischen Totenklage, bereichert (→„Chorlyrik" des Simonides). – „Eingeschlossen in den hölzernen Kasten treibt die Mutter mit dem Kinde in
stürmischer See und klagt die Not ihres Herzens.
Ihr wildes Weh findet sein Widerhall im Rollen der
Wogen, aber die süße Ruhe des unschuldigen Kindes tritt in ergreifenden Gegensatz zu dem Aufruhr
ringsum. Ihr Flehen, Zeus, der Urheber all dieses
Leidens, möge es wenden, schließt Danaë in tiefer
Demut mit der Bitte um Verzeihung, wenn sie Un-
gebührliches begehre. Hier ist der Mythos nur der
Anlaß, um Menschliches mit letzter Eindringlichkeit und Zartheit zu schildern" (Lesky, 224).

A   E. Diehl, ALG 5 (Frg. 13). PMG Nr. 543.
Ü   J. Latacz, GLTD 1, 474–477 (gr.-dt.).
L   A. Lesky, GL, 224.

Danaídes →Hikétides (Aischylos, Euripides)

Daphniaká
„Geschichten vom Lorbeerbaum" oder „Geschichten von Daphnis"

Agathias aus Myrina, um 530/32–579/82 n. Chr.

Kurze Darstellung erotischer Mythen in neun B. in
epischem Versmaß (gr.), nicht erhalten (→*Kýklos
tôn néon epigrammáton*).

L   A. Cameron: Agathias, Oxford 1970.

Daphnis und Chloë →Poimenikà tà katà Dáphnin kaì Chlóen (Longos)

Das Leben des Pythagoras →Perì tû Pythagorikû bíu (Iamblichos)

Das Schiedsgericht →Epitrépontes (Menandros)

Data →Dedómena (Eukleides)

De actibus apostolorum
„Über die Taten der Apostel"

Arator, Mitte des 6. Jh.s n. Chr.

Epische Umdichtung der Apostelgeschichte (lat.) in
2326 Hexametern (→*Novum Testamentum*).
Die dem Papst Vigilius gewidmeten zwei B. des
Werkes las der Dichter im April und Mai 544 in
der Basilika San Pietro in Vincoli öffentlich vor.

I Auf jede rhetorisch ausgestaltete Erzählung
folgt eine Auslegung in einfachen Worten. Die alle-
gorisch-mystische Ausdeutung der Apostelgeschichte wurde wohl wegen ihres erbaulichen Charakters bis in das 16. Jh. viel gelesen und hoch gepriesen. Als Vorbild diente dem Autor das
→*Carmen paschale* des Sedulius. Darüber hinaus
lehnte sich Arator stark an die röm. Klassiker (Vergil, →*Aeneis*) an.

A   A. P. McKinley, CSEL 72, 1951.
L   G. Krüger: Bibeldichtung zum Ausgang des Alter-
tums, Gießen 1919. C. L. Leimbach: Über den Dichter
Arator, in: Theologische Studien und Kritiken 46, 1873,
225–270. J. Schroedinger: Das Epos des Arator in seinem
Verhältnis zu Vergil. Gymn. Progr. Weiden 1911. J.
Schwind: Arator-Studien, Göttingen 1990.

De adulterinis coniugiis libri II
„Zwei B. über ehebrecherische Verbindungen"

Aurelius Augustinus aus Thagaste, 354–430 n. Chr.

Dogmatische Schrift über die Unauflöslichkeit der
Ehe (lat.).
Verfaßt 421 n. Chr.

I Augustinus bezieht sich auf verschiedene Stellen im Neuen Testament, die sich mit dem Zusammenleben von Mann und Frau befassen: 1. Korinther 7,10f. (1,1–1,7) und Matthäus 19,9 (1,8–13). In
einem dritten Teil geht Augustinus auf den Streit
mit Pollentius über 1. Korinther 7,12–16 ein. – In
Buch 2 setzt sich der Autor unter verschiedenen
Gesichtspunkten mit dem Problem der Eheschei-
dung auseinander.

A   I. Zycha, CSEL 41, 5, 3, 1900.
Ü   J. Schmid, Würzburg 1949.
L   M. v. Albrecht, RL, 1318–1353.

De aetatibus mundi et hominis
„Über die Lebensalter der Welt und des Menschen"

Fabius Planciades Fulgentius, um 500 n. Chr.

Weltgeschichte in 14 B. auf der Grundlage der Bibel (lat.).

I Der Autor teilt die Weltgeschichte nach den 23 Buchstaben des Alphabets in 23 Epochen ein; dabei wird jeweils der Buchstabe, der eine Epoche betrifft, in der Darstellung gemieden.

A R. Helm, Leipzig 1898.
L M. v. Albrecht, 1170. R. Häusler, in: W. Killy (Hg.): Mythographie der frühen Neuzeit, Wiesbaden 1984, 1–23. Schanz-Hosius 4, 2, 196–205. F. Skutsch, RE 7, 1910, 215–227.

De agone Christiano
„Über den christlichen Wettstreit"

Aurelius Augustinus aus Thagaste, 354–430 n. Chr.

Dogmatische Schrift (lat.).
Um 396 n. Chr. verfaßt.

I Augustinus beschreibt das Leben des Christen als geistigen Wettkampf (agón) gegen die Mächte dieser Welt. Der Gegner im Wettstreit ist der Teufel.

A I. Zycha, CSEL 41, 5, 3, 1900.
Ü A. Habitzky/A. Zumkeller, Würzburg 1961.
L M. v. Albrecht, RL, 1318–1352.

De agri cultura
„Vom Ackerbau"

Marcus Porcius Cato aus Tusculum, 234–149 v. Chr.

Lehrschrift vom Ackerbau (lat.).
Seit dem Jahre 183 v. Chr. hatte Cato „Muße" für seine schriftstellerische Arbeit. Es ist ungewiß, ob es sich um ein spätes Sammelwerk handelt oder eher um ein Notizbuch, das Cato im Laufe der Jahre immer wieder erweiterte und ohne besondere Überarbeitung (bis auf die Vorrede) hinterließ.

I Das Werk besteht aus drei Abschnitten: (1) Das Landgut und seine Teile (1–22), (2) das Jahr des Landwirtes (23–54) und (3) eine Sammlung vielfältigen Inhalts (Koch- und Heilrezepte, Gebete, Ratschläge für den Gärtner und Viehzüchter, human- und tiermedizinische Hinweise, rechtliche Ratschläge, Kaufverträge, Pachtverträge usw.).
Q Das erhaltene Werk steht nicht in der Tradition der wissenschaftlichen landwirtschaftlichen Literatur der Griechen, läßt sich aber in manchen Einzelheiten auf gr. Quellen zurückführen. Es ist eher mit Xenophons Schriften →*Perì hippikês* und

→*Hipparchikós* verwandt, die Cato durchaus gelesen haben kann. Auch Xenophons →*Oikonomikós* könnte Cato herangezogen haben.

H „Da schreibt und lebt der Mann, der von Jugend auf die Verwaltung seines väterlichen Besitzes als Pflicht und Aufgabe betrachtet hat. Er schreibt, nachdem er Länder unterworfen und regiert hat, ein Mann, der in Rom zu befehlen hat und gewohnt ist, daß man im Senat auf seine Stimme horcht. Der eigene Landbesitz ist ihm ein Mikrokosmos des Staates, in dessen Regiment er steht; und hier kann er seinen Idealstaat bauen" (Leo, 275).
W „Catos Ziel war es, auf die Kraftquelle des römischen Volkes hinzuweisen. Er sah den beginnenden Verfall Roms und wollte die vergangene Größe wiederherstellen. So empfiehlt er ein Leben ähnlich dem, das er selbst lebte, das arbeitsreiche, strenge Leben des alten Rom. Sein Werk hat eine restaurative Tendenz, wie sie auch Hesiodos und später Vergil in ihren Landbaugedichten verfolgten" (Schönberger, 404). Vgl. →*Érga kaì hēmérai* und →*Georgica*. „Cato war als Anhänger der Nobilität zu seinem Teil bemüht, die materiellen Grundlagen ihrer Herrschaft zu sichern … So wendet sich seine Schrift an die Nobilität … Er erkannte aber auch, daß die Nobilität längst auf dem Wege zum Großgrundbesitz war … Seine Schrift sollte die Entwicklung zum nackten Agrarkapitalismus verhindern, indem sie nützliche Lehren für ein Gut in maßvollem Umfang gab …" (Schönberger, 428 f.). – „Das Werk ist … nicht für die eingesessenen Bauern bestimmt, sondern für den Gutsbesitzer, der in Rom lebt und sich nur von Zeit zu Zeit auf dem Lande aufhält – für einen Mann, der in sozialer und ökonomischer Hinsicht herrschenden Schicht, der sein Vermögen in landwirtschaftlichen Besitzungen anlegt. Überdies zeichnet sich in der Schrift deutlich ab, daß man damals begann, sich nach kapitalistischen Grundsätzen auf Monokulturen (Öl, Wein) zu spezialisieren" (Fuhrmann, 185).
N Nach Cato entstanden zahlreiche Werke über die Landwirtschaft (vgl. Schönberger, 408 bis 410) in lat. Sprache. Von Varro (→*De re rustica*) wurde Catos Schrift benutzt. Ob Columella (→*De re rustica*) auf Catos *De agri cultura* zurückgriff, ist nicht sicher. Plinius zitiert Cato an einigen Stellen seiner →*Naturalis historia libri XXXVII*.

A A. Mazzarino, Leipzig [(2)]1982. P. Thielscher, Berlin 1963 (lat.-dt. mit Kommentar).
Ü F. Leo, GdrL, 470–474 (Kap. 1–5). O. Schönberger, Düsseldorf/Zürich [(2)]2000 (lat.-dt.).
L M. v. Albrecht: Meister römischer Prosa von Cato bis Apuleius, Heidelberg 1971, 15–23. M. Fuhrmann, in: NHbL. Römische Literatur, 181–194. A. Furger: *Übrigens bin ich der Meinung … Der römische Politiker und Landmann Marcus Cato zu Olivenöl und Wein*, Zürich 2005. M. Gelzer / R. Helm: Porcius (Nr. 9), in: RE 22, 1, 1953, 108–165. D. Kienast: Cato der Zensor. Seine Persönlichkeit und seine Zeit, Darmstadt 1979. F. Leo, GdrL, 265 bis 300. W. Richter: Gegenständliches Denken, archaisches Ordnen. Untersuchungen zur Anlage von Cato *De agri cultura*, Heidelberg 1978. R. Till: Die Sprache Catos, in: Ph Suppl. 28, 2, 1935.

De aleatoribus
„Über die Würfelspieler"

Ps.-Cyprianus, 3./4. Jh. n. Chr.

Unter Cyprians Namen überlieferte volkstümliche Predigt gegen das Würfelspiel (lat.).

A   A. Miodonski, Erlangen 1886.
L   M. v. Albrecht, RL, 1242–1251.

De altercatione Ecclesiae et Synagogae
„Über den Streit zwischen der Kirche und der Synagoge"

An.

Antijüdischer Dialog (lat.) zwischen der personifizierten Kirche und Synagoge.
Verfaßt im 4. Jh. n. Chr.

A   Clavis Patrum Latinorum (CPL), 577.
L   B. Studer, in: NHbL. Spätantike, 365 f.

De analogia
„Über die Regelmäßigkeit"

Gaius Iulius Caesar, 100–44 v. Chr.

Marcus Tullius Cicero gewidmete Abhandlung in zwei B. über Grammatik, in nur wenigen Frg. erhalten (lat.).
Im Frühsommer 54 v. Chr., vielleicht auch schon 55 v. Chr. während einer Alpenüberquerung verfaßt (Suéton, *Divus Iulius* 56, 5; →*De vita XII Caesarum libri VIII*).

I   „Im Frühsommer 54 benutzte er (sc. Caesar) die Reise von Oberitalien nach dem Kriegsschauplatz zur Abfassung eines gehaltvollen grammatischen Werkes, worin er im Gegensatz zu gewohnheitsmäßiger Nachlässigkeit der Sprechweise eine Auswahl der Flexionsformen nach den Regeln der Vernunft forderte. Es ist schmerzlich, daß uns diese zwei B. *de analogia* verloren sind. Denn man ahnt, daß das hier verfochtene Stilprinzip seiner auf kristallhelle Klarheit des Ausdrucks gerichteten Wesensart entsprang. So bot die Einleitung die charakteristische Mahnung: ‚Wie der Schiffer das Felsenriff, so sollst du das ungebräuchliche und ungewöhnliche Wort meiden!' Man könnte sie ebensogut über seine Politik setzen, der jegliches Prunken mit geistvoll sein sollender Originalität fremd ist, sondern die sich in monumentaler Einfachheit als Erfüllung der einer wahren römischen Staatskunst aufgegebenen Pflichten darstellt" (M. Gelzer, 126).
W   Caesar hat mit *De analogia* in die Diskussion darüber eingegriffen, ob den Regelmäßigkeiten (Analogiebildungen) oder den Unregelmäßigkeiten (Anomalien) im Sprachgebrauch der Vorzug gege-

ben werden sollte. Caesar trat für das Prinzip der Analogie (d. h. der Befolgung fester Gesetzmäßigkeiten) ein. Das Werk „sollte das Fundament zu den höheren Lehren darlegen, wie sie Cicero in →*De oratore* entwickelt hatte" (M. v. Albrecht, 336).

A   A. Klotz: C. Iulii Caesaris Commentarii. Bd. 3, Leipzig 1927 (Frg.).
L   M. v. Albrecht, RL, 336 f. H. Dahlmann: Caesars Schrift über die Analogie, in: RhM 84, 1935, 258–275. H. Drexler: Parerga Caesariana, in: Hermes 70, 1935, 203–234. M. Gelzer: Caesar. Der Politiker und Staatsmann, Wiesbaden [(6)]1960, Nachdr. 1983. G. L. Hendrickson: The *De analogia* of Julius Caesar. Its Occasion, Nature, and Date, with Additional Frg.s, in: ClPh 1, 1906, 97–120.

De anima →Perì psychês (Aristoteles)

De anima
„Über die Seele"

Flavius Magnus Aurelius Cassiodorus, Senator aus Bruttium, etwa 490–583 n. Chr.

Prosaschrift über das Wesen und den Wert der Seele (lat.).
Um 540 n. Chr. verfaßt und vom Autor als 13. B. seinen 537 veröffentlichten →*Variae* angefügt.

I   Der Autor befaßt sich zunächst mit dem Begriff *anima* und der Etymologie des Wortes (1). Darauf bietet er eine Definition: Die Seele sei eine von Gott geschaffene geistige Substanz, die dem Körper das Leben verleihe, vernünftig und unsterblich, aber zum Guten wie zum Bösen fähig sei (2). Ihrer substantiellen Qualität nach sei die Seele als Abbild Gottes „Licht" (3). – Dann erörtert Cassiodor das Problem der räumlichen Ausdehnung, über die die Seele nicht verfüge (4). – Ihre moralischen und ihre natürlichen „Tugenden" werden anschließend erörtert (5–6). – Später geht es um den Ursprung der Seele und ihre Erschaffung durch Gott (7), ihren Sitz im Kopf (8) und um die harmonische Struktur des von der Seele durchwalteten Körpers (9). – Darauf folgt eine Physiognomik, mit deren Hilfe gute von bösen Menschen zu unterscheiden seien (10–11). – Am Schluß geht es um das Leben der Seele nach dem Tod und um die Hoffnung auf ein ewiges Leben (12). – Das Werk schließt mit einem langen Gebet an Gott.

A   J. W. Halporn, CC 96, 1973. G. Palermo, Catania 1976.
L   R. Helm, RAC 2, 1954, 915–926. M. Hofinger: Cassiodors und Tertullians *De anima*, Diss. Wien 1970. KNLL 3, 691 f. M. di Marco: Scelta e utilizzazione delle fonti nel *De anima* di Cassiodoro, in: Studi e materiali di storia delle religioni 9, 1985, 93–117. G. Palermo: L' itinerario di un' anima. Introduzione e traduzione con testo a fronte del *De anima* di Cassiodoro, Catania 1978. I. Tolomio (Hg.): L' anima dell' uomo. Trattati sull' anima dal V al IX secolo:

Pseudo Girolamo, Cassiodoro, Alcuino, Rabano Mauro, Ratramno, Incmaro, Godescalco, Mailand 1979.

De anima
„Über die Seele"

Quintus Septimius Florens Tertullianus aus Karthago, etwa 150 – etwa 230 n. Chr.

Dogmatisch-polemische Schrift gegen die Auffassungen von der Seele in der heidnischen Philosophie (lat.).
Nach 206 n. Chr. verfaßt.

I Gegenstand der Schrift ist die Beschaffenheit der Seele. In deutlicher Polemik weist der Autor die philosophischen „Irrlehren" über die Seele zurück. So kritisiert er u. a. Platon, der annahm, daß die Seele aus mehreren Seelenteilen bestehe. Das sei nicht mit ihrer Unsterblichkeit zu vereinbaren, die darauf beruhe, daß sie eine einheitliche Substanz sei. So bildeten z. B. der Intellekt und die sinnliche Wahrnehmung dieselbe Substanz. Der Intellekt unterscheide sich von der sinnlichen Wahrnehmung nur dadurch, daß er ein anderes (höheres) Objekt habe als die Sinneswahrnehmung. – Tertullian bekämpft die platonische Ideenlehre und die damit verbundene Lehre von der Anamnesis (Erkennen = Wiedererinnerung). Die Seele sei weder ewig noch sterblich, und nur die Seelen der Märtyrer gelangten in das Paradies, die übrigen in eine Unterwelt.
W Tertullians Psychologie war zukunftsweisend. In Übereinstimmung mit den Stoikern vertrat Tertullian die Körperlichkeit der Seele; sie ist eine unteilbare Einheit aus vegetativen, sensitiven und intellektuellen Funktionen, nicht Teilen. Im Gegensatz zu Platon vertritt Tertullian auch die Zuverlässigkeit der Sinneswahrnehmung. Die Sinne sind wichtige Zeugen. – Die individuelle Seele hat einen zeitlichen Anfang; sie ist also nicht ewig (gegen Platon), aber sie ist unsterblich.

A J. H. Waszink, Amsterdam/Paris 1947 (mit Kommentar).
Ü H. Kellner / G. Esser. 2 Bde., München 1912–1916 (BKV). A. Warkotsch, Urteil, 88–126 (in Auswahl). J. H. Waszink, Zürich 1980 (lat.-dt.).
L M. v. Albrecht, RL, 1211–1231. G. Esser: Die Seelenlehre Tertullians, Paderborn 1893. A. – J. Festugière: La composition et l' esprit du De anima de Tertullien, in: Revue des Sciences Philosophiques et Théologiques 33, 1949, 129–161. H. Karpp: Probleme altchristlicher Anthropologie, Gütersloh 1951, 40–91. C. Moreschini: Reminiscenze apuleiane nel De anima di Tertulliano, in: Maia 20, 1968, 1968, 1920. KNLL 16, 456. F. Seyr: Die Seelen und Erkenntnislehre Tertullians und die Stoa, in: Commentationes Vindobonnenses 3, 1937, 5174.

De anima et resurrectione →Perì psychês kaì anastáseos (Gregorios aus Nyssa)

De aquis urbis Romae
„Über die Wasserversorgung der Stadt Rom"

Sextus Iulius Frontinus, um 30–104 n. Chr.

Technische Abhandlung über die Wasserleitungen in Rom (lat.).

I Frontinus, der als curator aquarum („Verantwortlicher für die Wasserversorgung") der Leiter der zuständigen Behörde war, beschreibt Verlauf, Länge, Rohrdurchmesser, Verteilersystem und andere technische Details der Wasserversorgungsanlage in Rom. Außerdem geht er auf juristische Fragen der Wasserentnahme, Wasserführung und Unterhaltung der Leitungen ein.

A E. Bennett, London/Cambridge (Mass.) [5]1980 (lat.-engl.). P. Grimal, Paris 1944 (lat.-frz.). F. Krohn, Leipzig 1922. C. Kunderewicz, Leipzig 1973, Nachdr. 1997.
Ü G. Bendz, Berlin 1963 (lat.-dt.).
L M. v. Albrecht, RL, 456–457. W. Eck: Die Gestalt Frontins in ihrer politischen und sozialen Umwelt, in: S. Iulius Frontinus, curator aquarum. Wasserversorgung im antiken Rom, München [2]1983, 45–77. M. Fuhrmann, Lehrbuch. M. Fuhrmann: Die römische Fachliteratur, in: NHbL. Römische Literatur, 184–194. A. Kappelmacher, RE 10,1, 1917, 591–606.

De arboribus
„Über Bäume"

Auch zitiert als Liber de arboribus („B. über Bäume").

Lucius Iunius Moderatus Columella aus Gades (Spanien), 1. Jh. n. Chr.

Teil eines Kompendiums über die Landwirtschaft (lat.), aus dem nur das B. über die Baumzüchtung erhalten ist.

A R. Goujard, Paris 1986 (lat.-frz.) mit Kommentar.
Ü W. Richter, München 1983 (lat.-dt.).
L M. v. Albrecht, RL, 460 f. M. Fuhrmann: Die römische Fachliteratur, in: NHbL. Römische Literatur, 181–194. R. Goujard: Encore à propos de l' authenticité du De arboribus, in: Latomus 45, 1986, 612–618. E. Maróti: Columella und der Liber de arboribus, in: Gy 101, 1994, 547–554. W. Richter: Der liber de arboribus und Columella, in: SB Bayer. Ak. d. Wiss. Phil.-hist.Kl.1972, 1.

De architectura
„Über die Baukunst"

Vitruvius Pollio, 1. Jh. v. Chr.

Werk über die Bau- und Ingenieurkunst in 10 B. (lat.).
Um 22 v. Chr. veröffentlicht und Kaiser Augustus gewidmet.

I Das Werk beginnt mit der Ausbildung des Architekten und den Grundbegriffen der Architektur

(1,1–2). Darauf wird die Anlage von Städten behandelt (B. 1). Es folgt eine Beschreibung der Baumaterialien (B. 2). In der Darstellung der Sakralbauten (B. 3–4) unterscheidet der Autor die drei „Stile": den dorischen, den jonischen und den korinthischen Stil. Die öffentlichen Gebäude werden in B. 5, die Privathäuser in den B. 6–7 behandelt. Das Finden von Wasser und die Wasserleitungen (vgl. Frontinus, →*De aquis urbis Romae*) bilden das Thema von B. 8. Im 9. und 10. B. werden der Uhren- und Maschinenbau behandelt. In 10,2 beschreibt Vitruv z. B. die Konstruktion eines für den Bau von Tempeln und öffentlichen Großbauten zu verwendenden Kran, der aus zwei oben verklammerten und unten gespreizten Balken besteht, die durch Haltetaue aufrecht gehalten werden; oben ist ein Kloben mit mehreren Rollen für seinen Flaschenzug angebracht. Der Kran konnte Lasten von mehreren Tonnen bewegen. – Offensichtlich spricht aus den B. 1–7 der Architekt, aus den B. 8 bis 10 der Ingenieur.

Q Die Darstellung fußt auf den Erfahrungen, die der Autor als Heeresingenieur unter Caesar und Augustus und als Erbauer einer Basilika in Fanum hatte sammeln können. Vitruvius stützt sich aber auch auf gr. Fachschriftsteller, die er selbst erwähnt. Seine Lehre von den Baustilen und den Proportionen geht auf Hermogenes aus Alabanda zurück. Aber auch anderen Autoren ist er verpflichtet: u. a. Lukrez, →*De rerum natura*, in naturphilosophischen Fragen, Arat, →*Phainómena*, auf dem Gebiet der Astronomie, und Varro in baugeschichtlicher Hinsicht.

W Vitruv gibt exakte Beschreibungen von Bauwerken, Maschinen und Apparaten. Seine Darstellung soll klar und verständlich sein. – In seinen Ausführungen über die Ausbildung des Baumeisters (1,1) vertritt Vitruvius das ciceronische Ideal des allseitig gebildeten Menschen, der Theorie und Praxis beherrscht. Der Architekt soll zugleich Philosoph sein. – „In der Nachfolge Ciceros und Varros will der Autor Nutzen stiften, in dem er der *humanitas* und dem Fortschritt der Zivilisation dient. Die Maßstäbe entwickelt Vitruv letztlich vom Menschen her" (M. v. Albrecht, 698). Dem Prinzip des Angemessenen (*tò prépon*) widmet Vitruv seine besondere Aufmerksamkeit. – Der Autor will mit seiner Darstellung Augustus und allen Einsichtigen (1,1,18) für ihre Bautätigkeit klare Kriterien liefern. So schreibt er zwar als Fachmann, aber als Theoretiker, der zeigen will, wie Bauwerke sein sollen.

N Vitruvs Werk wird von Plinius, →*Naturalis historiae libri XXXVII*, und Frontinus, →*De aquis urbis Romae*, benutzt. Im →*Opus agriculturae* des Palladius wird ein von Marcus Cetius Faventinus (3. Jh. n. Chr.) gefertigter Auszug aus *De architectura* verwendet. Sidonius Apollinaris (5. Jh. n. Chr.) feiert Vitruv als gleichsam mythischen Heros der Architektur (→*Epistulae* 4,3,5). – Im Mittelalter ist Vitruv bekannt (u. a. bei Alcuin, Einhart und Tsetzes). Seine größte Wirkung entfaltet sich jedoch in der Renaissance (z. B. mit der Proportionslehre,

die in die Architekturtheorie einging). Bramante (gest. 1514), Leonardo (gest. 1519) und Michelangelo (gest. 1564) studieren Vitruv. Albrecht Dürer (gest. 1528) bewundert ihn.

A L. Callebat, Paris 1973 (lat.-frz. mit Kommentar). S. Ferri, Rom 1960 (B. 1–7: lat.-it. mit Kommentar). Ph. Fleury, Paris 1986 (B. 10: lat.-frz. mit Kommentar). F. Granger. 2 Bde., London 1931–1934 (lat.-engl.). P. Gros, Paris 1990 (B. 3: lat.-frz. mit Kommentar). P. Gros, Paris 1992 (B. 4: lat.-frz. mit Kommentar). F. Krohn, Leipzig 1912. J. Soubiran, Paris 1969 (B. 9: lat.-frz. mit Kommentar).
Ü C. Fensterbusch, Darmstadt [(5)]1991 (lat.-dt.). J. Prestel. 2 Bde., Straßburg 1912–1914. F. Reber, Berlin 1865 und 1931. E. Stürzenacker, Essen 1938 (Auswahl).
L M. v. Albrecht, RL, 695–701. L. Callebat: La prose du *De architectura* de Vitruve, in: ANRW 2, 30, 1, 1982, 696–722. M. Fuhrmann, Lehrbuch, 78–85; 169 bis 173. M. Fuhrmann: Die römische Fachliteratur, in: NHbL. Römische Literatur, 181–194. H. Knell: Vitruvs Architekturtheorie. Versuch einer Interpretation, Darmstadt 1985. P. Thielscher: L. Vitruvius Mamurra, in: RE 9 A 1, 1961, 427 bis 489.

De arte poetica →Ars poetica (Horaz)

De astris
„Über die Sterne"

Gaius Iulius Caesar, 100–44 v. Chr.

Gesamttitel für mindestens zwei B., von denen das eine den Titel *Computatio* („Berechnung"), das andere den Titel *Liber fastorum* („B. der Gerichtstage", „Kalender") trug. Das Werk ist literarisch bezeugt, aber nur in Frg. überliefert. Ob es ursprünglich in lat. oder gr. Sprache abgefaßt war, ist ungeklärt.

I Die *Computatio* enthält eine Kalendertheorie, der *Liber fastorum* ein von Tag zu Tag fortschreitendes Kalendarium (*ordinatio anni*); von diesem hat Plinius, →*Naturalis historiae libri XXXVII* (B. 18) beträchtliche Teile erhalten.

N Das von antiken Fachleuten sehr positiv bewertete Werk diente als Vorarbeit für Caesars große Kalenderreform des Jahres 46 v. Chr., die dazu führen sollte, die Differenz von mittlerweile 90 Tagen zwischen dem amtlichen Kalenderjahr, das nach dem Mond berechnet wurde, und dem vom Sonnenlauf bestimmten Vegetationsjahr zu beseitigen. – Caesar konnte seine Reform durchführen: Die Differenz des Amtskalenders gegenüber dem Vegetationsjahr wurde durch den Abbau des Zeitüberschusses von 90 Tagen beseitigt. Im Jahre 46 v. Chr. folgte auf den Februar ein „Schaltmonat" von 23 Tagen, und zwischen die Monate November und Dezember wurden weitere 67 Tage eingeschoben. Das Jahr 45 konnte mit dem neuen Kalender beginnen, der von nun an nach dem ägyptischen Sonnenjahr zu 365, 25 Tagen berechnet wurde. Erst im Zuge der „Gregorianischen Reform" (16. Jh.) wurde

das Sonnenjahr von 365, 25 auf 365, 2425 Tage verkürzt.

A A. Klotz (Bd. 3 der Caesar-Ausgabe), Leipzig 1927,
Nachdr. Stuttgart 1993, 211–229 (Testimonien und Frg.).
L K. Bayer: Caesar, *De astris*, in: Anregung 42, 1996,
218–234.

De astronomia →Astronomica (Hyginus)

De baptismo
„Über die Taufe"

Quintus Septimius Florus Tertullianus aus Karthago, etwa 150 – etwa 230 n. Chr.

Praktisch-asketische Abhandlung über das Sakrament der Taufe (lat.).
Zwischen 198 und 203 n. Chr. verfaßt.

I Die Schrift gibt Anweisungen an die Katechu-
umenen über die rechte Handhabung der Taufe.
Tertullian regelt z. B. die Taufe von Ketzern: Diese
soll bei den Personen, die um (Wieder-) Aufnahme
in die Kirche bitten, einfach wiederholt werden
(vgl. 15). – Zusammen mit *De oratione*, der ältesten
Auslegung des Vaterunser, und *De paenitentia*, über
die Buße vor und nach der Taufe, bildet *De baptismo* „eine Art Trilogie" (M. v. Albrecht, 1213).

A F. Dierks, Bussum 1947 (*De oratione* mit Kommen-
tar). E. Evans, London 1964 (*De baptismo* lat.-engl. mit
Kommentar). B. Luiselli, Turin [2]1960 (*De baptismo*). Ch.
Munier, Paris 1984 (*De paenitentia* lat.-frz. mit Kommen-
tar).
L M. v. Albrecht, RL, 1211–1231. H. v. Campenhau-
sen, LKV, 16–36. P. Monceaux: Histoire littéraire de l'
Afrique chrétienne. Bd. 1, Paris 1901.

De baptismo contra Donatistas →Ad Donatistas post conlationem (Augustinus)

De beata vita
„Über das glückliche Leben"

Aurelius Augustinus aus Thagaste, 354–430 n. Chr.

Dialog (lat.) des Autors mit mehreren Gesprächspartnern, unter denen sich seine Mutter Monnica,
sein Bruder Navigius, zwei Schüler, zwei Vettern
und sein Sohn Adeodatus befinden, über das Wesen
des Glückes.
Entstanden in der ersten Schaffensperiode des Autors: 386 n. Chr.

I Die Vorrede (1–6) vor dem eigentlichen Ge-
sprächsbeginn enthält die Widmung an Theodorus,
den Freund und Gönner des Autors während seiner
Zeit in Mailand. Augustinus berichtet u. a. über

seine Liebe zur Philosophie (4), die durch die Lektüre von Ciceros →*Hortensius* angeregt worden war
(vgl. auch →*Confessiones* 3,4,7), den er als noch
Achtzehnjähriger in der Rhetorenschule zu lesen
bekam. Er spricht vom „Hafen der Philosophie",
über den man Zugang habe zum Land des glücklichen Lebens (1). – Nach dieser mit allen Mitteln
rhetorischer Stilisierungskunst gestalteten Vorrede
beginnt das Gespräch, das ebenso historische (Augustin ließ ein Protokoll anfertigen) wie fiktive (das
Gespräch findet an mehreren Tagen statt) Elemente
enthält und einen vernunftbestimmten und allgemein nachvollziehbaren Weg zur Klärung der Frage
nach dem Glück zeigen will. In verschiedenen Anläufen streben die Gesprächspartner ihrem Ziel entgegen. So hat man sich sehr bald (11) darüber ver-
ständigt, daß jemand, der glücklich sein will, sich
das verschaffen muß, was dauerhaft ist und was
ihm kein wütendes Schicksal entreißen kann. Da
Gott diesen Kriterien entspricht, kann Augustinus
unter Zustimmung aller anderen sagen: „Wer also
Gott hat, ist glücklich" (11). Wer aber hat Gott?
Drei Antworten werden gegeben: (1) Gott hat, wer
Gottes Willen tut. (2) Gott hat, wer ein gutes Leben
führt. (3) Gott hat, in wem kein „unreiner" Geist
ist. Wer dies tut und so ist, muß aber Gott nicht
schon „haben", er kann ihn auch „suchen" (*quaere-
re*). Also ist die Antwort „Wer Gott hat, ist glücklich" unzureichend. Andererseits gilt auch der Satz,
daß nicht jeder, der Gott hat, glücklich ist. Denn
man kann nicht nur einen „gnädigen", sondern auch
einen „feindlichen" Gott haben. Glücklich aber
kann nur derjenige sein, der einen „gnädigen" Gott
hat (20). – Etwas später wird untersucht, ob auch
derjenige glücklich sein kann, der Gott „sucht".
Das Problem ist allerdings, daß jemand, der sucht,
noch nicht hat, was er sucht, und jemand, der etwas
nicht hat, was er haben will, nicht glücklich sein
kann. Doch wer Gott sucht, hat einen gnädigen
Gott, und wer einen gnädigen Gott hat, ist glücklich. Also ist glücklich, wer Gott sucht (21). Augustins Mutter kann hier aber nicht zustimmen, weil
sie dabei bleibt, daß jemand, der noch nicht hat,
was er begehrt, nicht glücklich sein kann. Darauf
kommt es nur zu folgender Übereinkunft: „Jeder,
der Gott schon gefunden hat, hat einen gnädigen
Gott und ist glücklich. Jeder aber, der Gott sucht,
hat einen gnädigen Gott, ist aber noch nicht glücklich" (21). – Am dritten Tag des Gesprächs wird ein
weiterer Definitionsversuch geprüft: „Jeder, der
keinen Mangel leidet, der nichts entbehrt, ist glücklich" (23). Aber aus dem Satz, daß jeder, der Mangel
leidet, unglücklich ist, folgt nicht, daß jeder, der keinen Mangel leidet, glücklich ist (24). Auch wer keinen Mangel leidet, kann unglücklich sein, wenn ihm
die Weisheit fehlt. Wer aber Weisheit (*sapientia*) besitzt, ist ohne jeden Mangel (27), d. h. er ist glücklich. Denn Weisheit ist Fülle (32). So kann man sich
darauf einigen, daß glücklich sein nichts anderes ist
als keinen Mangel leiden, und das heißt weise sein.
Weisheit ist nichts anderes als „Maß des Geistes"
(*modus animi*), d. h. womit sich der Geist im

Gleichgewicht hält (33). Wer glücklich ist, hat sein Maß (seine Mitte), d. h. Weisheit. Diese Weisheit ist aber nichts anderes als die Weisheit Gottes. Gott ist die Weisheit, und diese Weisheit ist die Wahrheit, die von dem höchsten Maß (*summus modus*) ausgeht, das durch sich selbst Maß ist. „Wer daher durch die Wahrheit zum höchsten Maß gelangt ist, ist glücklich. Das heißt für den Geist, Gott zu haben, und das wiederum, Gott völlig zu genießen" (34).

Q Das Gespräch hat wesentliche Voraussetzungen in der antiken Philosophie: Der Wahrheitsbegriff und die Methode der Wahrheitsfindung gehen auf stoisches Denken zurück. Aufgrund des allen Menschen gemeinsamen *Logos* können Meinungsverschiedenheiten über das Wahre im Gespräch ausgeräumt werden, das zum Konsens führt. Ferner geht Augustinus vom stoischen Begriff der *Katálepsis* aus, d. h. von der Annahme der Evidenz bestimmter Bewußtseinsinhalte. – Darüber hinaus ist Augustinus auch Platons Ideenlehre (vgl. z. B. →*Politeía*) verpflichtet, die das Wissen um bestimmte apriorische Grundstrukturen impliziert. – Augustins Begriff des Seins geht auf die platonisch-neuplatonische Seinsphilosophie zurück (vgl. bes. 22–30). – Daß der Autor sich deutlich von der epikureischen Glückslehre distanziert, ist nicht zu übersehen. Den Begriff des „Maßes" in seiner aristotelisch-stoischen Ausprägung wird Augustinus durch Cicero vermittelt, aber vor dem Hintergrund christlicher Trinitätsvorstellungen interpretiert.

W „Der Dialog *De beata vita* ist der beredte Versuch, antik-philosophisches Denken mit dem christlichen Glauben zu versöhnen. Was in Augustins Frühschriften anhob, wurde bestimmend für die ganze nachfolgende Zeit christlich orientierter Geistesgeschichte. Die Methode, Glauben durch Denken und umgekehrt Philosophie durch Religion wechselseitig zu interpretieren und zu bestimmen, gilt von nun an bis hin zur existentialphilosophisch orientierten Hermeneutik Bultmanns als legitim" (Schwarz-Kirchenbauer und Schwarz, 79).

A J. Doignon, Paris 1986 (lat.-frz. mit Kommentar). W. M. Green, CCL 29, 65–85. E. B. J. Postma, Paris 1946.
Ü F. Schwarz-Kirchenbauer / W. Schwarz, Stuttgart 1982 (lat.-dt.).
L M. v. Albrecht, RL, 1318–1353. W. Beierwaltes: *Regio beatitudinis*. Zu Augustins Begriff des glücklichen Lebens, in: SB d. Heidelberger Ak. d. Wiss., Phil.-hist. Kl. 1981, 6. P. Brown: Augustinus von Hippo, München 1973. P. J. Couvée: *Vita beata* en *vita aeterna*. Een Onderzoek naar de Ontwikkeling van het begrip *vita beata* naast en tegen *vita aeterna* bij Lactantius, Ambrosius en Augustinus, Diss. Baarn 1947. R. Dienel: Ciceros *Hortensius* und des hl. Augustinus *De beata vita*, Wien 1914. E. Dutoit: Augustin et le dialogue du *De beata vita*, in: MH 6, 1949, 33–48. K. Flach: Augustin. Einführung in sein Denken, Stuttgart 1980. H. H. Gunnermann: Ciceronianische Sprache in Augustinus' *De ordine* unter Berücksichtigung von *Contra Academicos* und *De beata vita*, Diss. Salzburg 1968. M. Hoffmann: Der Dialog bei den christlichen Schriftstellern der ersten vier Jahrhunderte, Berlin 1966. R. Holte: Béatitude et Sagesse. S. Augustin et le problème de la fin de l'homme dans la philosophie ancienne, Paris 1962. E. König: Augustinus philosophus. Christli-cher Glaube und philosophisches Denken in den Frühschriften Augustins, München 1970. J. J. O'Meara: The Historicity of the Early Dialogues of St. Augustine, in: VChr 5, 1951,150–178. E. B. J. Postma: Augustinus *De beata vita*, Diss. Amsterdam 1946. D. E. Roberts: Augustinus' earliest Writings, In: Journ. of religion 33, 1953, 161–181.

De bello civili
„Über den Bürgerkrieg"

Gaius Iulius Caesar, 100–44 v. Chr.

Darstellung des röm. Bürgerkrieges in drei B. (lat.) von Anfang 49 v. Chr. bis zum Jahre 48 v. Chr. Vermutlich im Jahre 47 zwischen dem alexandrinischen und dem spanischen Krieg geschrieben.

I Im 1. B. wird im Anschluß an den Bericht über die Beschlüsse des röm. Senats gegen Caesar geschildert, wie dieser Italien unter seine Kontrolle bringt, Pompeius in Brundisium belagert, andere Gegner in die Flucht schlägt, in Spanien siegt und die Seeschlacht von Massilia besteht. – Im 2. B. geht es u. a. um die Belagerung und Kapitulation von Massilia und den erfolglosen Kampf des Curio in Afrika. – Im 3. B. werden weitere Erfolge Caesars geschildert (u. a. der Sieg bei Pharsalus und der Tod des Pompeius). – Das Werk ist unvollendet; denn trotz einer entsprechenden Überleitung wird der alexandrinische Krieg nicht mehr dargestellt.

H Wie in →*De bello Gallico* bietet Caesar keine objektive Geschichtsschreibung. Die militärischen Aspekte dominieren. Der Autor schildert immer wieder Erfolge in der Bewältigung militärischer und auch technischer Probleme. Schon zu Beginn der Darstellung des Bürgerkrieges wird deutlich gemacht, daß es Caesar darum geht, den „Konflikt zwischen dem Anspruch der *res publica* einerseits sowie Ansehen (*dignitas*) und Ehre (*honor*) des langjährigen Oberbefehlshabers einer großen Heeresgruppe andererseits" (K. Christ 1994, 60) zu schildern.

W Wie in den *Commentarii de bello Gallico* will sich Caesar auch in den *Commentarii de bello civili* als vorbildlicher Feldherr darstellen, der seine Feldherrnkunst brillant einzusetzen weiß und dem Leser klarzumachen versucht, daß er seine Erfolge der rationalen Überlegenheit seiner Person, der sorgfältigsten Planung, der gründlichen Auswertung aller für erfolgreiches Handeln notwendigen Informationen, der Dynamik und Schnelligkeit seiner militärischen Operationen verdankt. Mißerfolge werden den Launen des Schicksals (*fortuna*) zugeschrieben. Caesar bemüht sich durchgehend, die Grundtugenden eines röm. Aristokraten zu zeigen: Uneigennützigkeit, Freundlichkeit, Gelassenheit, Freigebigkeit, Milde und vor allem Würde (*dignitas*). Er will hiermit zum Ausdruck bringen, daß er den Normen der röm. Aristokratie gerecht wird und den Bürgerkrieg im Interesse des röm. Staates führt.

A A. Klotz, Leipzig [5]1969, Nachdr. 1992. F. Kraner / F. Hofmann / H. Meusel, Berlin [12]1959, Nachdruck Hildesheim 1991.

Ü G. Dorminger, München [6]1983. O. Schönberger, Düsseldorf/Zürich [4]2005 (lat.-dt.).

L A. Bachofen: Cäsars und Lucans Bellum Civile. Ein Inhaltsvergleich, Diss. Zürich 1972. K. Barwick: Caesars *Bellum civile*. Tendenz, Abfassungszeit und Stil, in: Berichte über die Verhandlungen der Sächsischen Akademie der Wissenschaften zu Leipzig. Phil.-hist. Kl. 99, 1, 1951. H. Bruhns: Caesar und die römische Oberschicht in den Jahren 49–44 v.Chr., Göttingen 1978. Chr. Meier: Caesars Bürgerkrieg, in: Chr. M. (Hg.): Entstehung des Begriffs „Demokratie", Frankfurt 1970, 70–150. K. Raaflaub: *Dignitatis contentio*, München 1974. D. Rasmussen (Hg.): Caesar, Darmstadt [3]1980. W. Richter: Caesar als Darsteller seiner Taten, Heidelberg 1977.

De bello civili →Bellum civile (Lucan)

De bello Gallico
„Über den Krieg in Gallien"

Gaius Iulius Caesar, 100–44 v.Chr.

Memoiren in sieben B. (lat.) über den Krieg, den Caesar in den Jahren 58–52 v.Chr. in Gallien führte und den er mit der Unterwerfung ganz Galliens beendete.

Die *Commentarii* sind wohl nicht von Jahr zu Jahr abgefaßt, sondern im Winter 52/51 v.Chr. rasch in einem Zuge niedergeschrieben. Allerdings schickte Caesar jährlich seine Berichte (*litterae*) an den röm. Senat, die sicherlich auch seinem zur Veröffentlichung bestimmten Werk De bello Gallico zugrunde lagen.

I Im 1. B. über die Ereignisse des Jahres 58 v.Chr. stellt Caesar nach einer kurzen Beschreibung Galliens die militärischen Auseinandersetzungen mit den Helvetiern (Kap. 2–29) und mit den Germanenfürsten Ariovist (Kap. 30–54) dar. – Im 2. B. über die Ereignisse des Jahres 57 v.Chr. wird der Feldzug gegen die Belger dargestellt. – Im 3. B. über das Jahr 56 v.Chr. geht es um die Unterwerfung der Küstenstämme. – Das 4. B. über das Jahr 55 v.Chr. schildert die Vernichtung der Usipeter und Tenkterer (Kap. 1–15), den ersten Rheinübergang (Kap. 16–19), die erste Britannien-Expedition (Kap. 20–36) und die Strafmaßnahmen gegen die aufständischen Moriner und Menapier (Kap. 37–38). – Im 5. B. über das Jahr 54 v.Chr. geht es um den zweiten Britannienfeldzug (Kap. 1 bis 23), die Niederlage des Sabinus und Cotta gegen Ambiorix (Kap. 24–37), Ambiorix' fehlgeschlagenen Versuch, seinen Erfolg gegen den Legaten Quintus Cicero zu wiederholen (Kap. 38 bis 52). Weiterhin wird über die Unruhen der Senonen und Treverer berichtet. – Im 6. B. über das Jahr 53 v.Chr. schildert Caesar die Unterwerfung mehrerer gallischer Stämme (Kap. 1–8), einen zweiten Rheinübergang (Kap. 9–28) mit kulturgeschichtlichen Exkursen über Gallier

und Germanen (Kap. 11–28). Darauf folgt die Schilderung der röm. Strafexpedition gegen die Eburonen. – Das 7. B. über das Jahr 52 v.Chr. ist ganz dem Befreiungskrieg der Gallier unter Vercingetorix gwidmet, der mit dem Fall der Stadt Alesia und der Kapitulation des Vercingetorix endet. – Die Jahre 51 und 50 v.Chr. werden in einem 8. B. behandelt, das von Hirtius, einem der Offiziere Caesars, verfaßt worden war. Hierin geht es um die endgültige Befriedung Galliens. Die Schlußkapitel (49–55) leiten zum Bürgerkrieg (→*De bello civili*) über.

Q Wahrscheinlich lautete der Originaltitel des Werkes *Commentarii rerum gestarum*. Unter einem *Commentarius* versteht man eine Zusammenstellung schmuckloser Notizen über Vorgänge und Ereignisse, die man nicht in Vergessenheit geraten lassen will, oder auch eine Materialsammlung für eine spätere literarische Ausarbeitung. Derartige Sammlungen wurden nicht nur von röm. Politikern angefertigt, sondern es gab sie auch bei den Griechen (z.B. in Form von Feldzugsberichten über die Taten Alexanders d. Gr.). Auch Xenophons →*Anábasis* könnte als Vorläufer des *Commentarius* angesehen werden. – Mit den Exkursen über Gallier und Germanen steht Caesar in der Tradition der gr. Ethnographie (Poseidonios).

W Caesar verfolgt mit seinen *Commentarii* das Ziel, sich selbst als einen hervorragenden Feldherrn darzustellen. Diesem Ziel sind alle literarisch-künstlerischen Darstellungsmittel untergeordnet, wie z.B. ausgedehnte Exkurse, Reden in indirekter und direkter Form, Einzelberichte und -szenen zur Demonstration der Ergebenheit des Heeres, reflektierende Auslassungen des Feldherrn, Abwertung und Kriminalisierung des Gegners, Rechtfertigung des Feldzuges als eines gerechten Krieges (*bellum iustum*), Beschwörung der *Fortuna* bei Mißerfolgen und Hervorhebung der Umsicht und Initiative Caesars bei Erfolgen. Der Autor ist eben kein unparteiischer Historiker; ihm geht es stets um Selbstdarstellung. Auswahl und Akzentuierung des Stoffes; sprachliche Gestaltung und Stil sollen eine entsprechende Wirkung auf das Lesepublikum haben. Es geht Caesar „nur um das eigene Image" (M. v. Albrecht, 338), wenn er über seine Taten berichtet und diese begründet.

N Caesars Ruhm beruht nicht auf seinen Schriften. In der Antike wird er bisweilen als Redner bewundert (Quintilian), aber nicht als Autor des *Bellum Gallicum*. Im Mittelalter ist die Schrift bekannt, wird aber erst im 15. Jh. zur Schullektüre. „Die *Commentarii* sind als literarisch hochwertiges Selbstzeugnis eines der größten Tatmenschen der Weltgeschichte ein Unikum. Sie sind ein Markstein in der Memoirenliteratur; ihre Bedeutung für die Geschichte der Autobiographie läßt sich kaum noch ermessen" (M. v. Albrecht, 342).

L W. Hering, Leipzig [2]1992, Nachdr. 1997). A. Klotz, Leipzig [4]1952. F. Kraner / W. Dittenberger / H. Meusel. 3 Bde., Berlin [17]1913–1920 (mit Nachwort und Nachträgen von H. Oppermann), Berlin [18]1960. O. Seel, Leipzig 1961.

Ü M. Deissmann, Stuttgart 1980. G. Dorminger,

München [(7)]1981. O. Schönberger, Düsseldorf/Zürich [(3)]2003 (lat.-dt.).

L   F. E. Adcock: Caesar als Schriftsteller, Göttingen [(2)]1962. M. v. Albrecht, RL, 326–347. K. Christ: Caesar und Ariovist, in: Chiron 4, 1974, 251–292. K. Christ: Caesar. Annäherungen an einen Diktator, München 1994. W. Dahlheim: Julius Caesar. Die Ehre des Krieges und der Untergang der römischen Republik, München 1987. H. A. Gärtner: Beobachtungen zu Bauelementen in der antiken Historiographie, besonders bei Livius und Caesar, Wiesbaden 1975. M. Gelzer: Caesar. Der Politiker und Staatsmann, Wiesbaden [(6)]1960. H. Gesche: Caesar, Darmstadt 1976. H. - J. Glücklich: Caesar als Erzählstratege, in: AU 33, 5, 1990. M. Jehne: Caesar, München 1997. F. Klingner: C. Iulius Caesar, Geisteswelt, 90–109. F. Maier: Caesar im Unterricht – Unterrichtsprojekte, Hilfsmittel, Textinterpretationen, Bamberg 1983. E. Mensching: Caesars Bellum Gallicum. Eine Einführung, Frankfurt 1988. Chr. Meier: Caesar, Berlin 1982. F. H. Mutschler: Erzählstil und Propaganda in Caesars Kommentarien, Heidelberg 1975. W. Richter: Caesar als Darsteller seiner Taten. Eine Einführung, Heidelberg 1977. O. Seel: Caesar-Studien, Stuttgart 1967.

De bello Getico
„Über den gotischen Krieg"

Auch zitiert als *Bellum Pollentium sive Geticum* („Der pollentinische – nach Pollentia, dem Ort der bedeutendsten Schlacht – oder gotische Krieg").

Claudius Claudianus, um 400 n. Chr.

Historisches Epos (lat.) über den Krieg Stilichos im Jahre 402 n. Chr. gegen die Westgoten unter Alarich. Verfaßt 402 n. Chr.

I   Die Westgoten hatten, aus Illyrien kommend, die Alpen überschritten und Aquileia erobert. Stilicho, der Vandale und röm. Reichfeldherr im Dienst des weström. Kaisers Honorius, eilte in das nördliche Alpenvorland und gewann dort die Vandalen als Verbündete. Darauf zog er nach Oberitalien zurück, und es kam Ostern 402 bei Pollentia (südlich von Turin) zur Schlacht mit den Westgoten, die zwar unentschieden ausging, aber als Sieg gefeiert wurde, weil Alarich versprach, nach Illyrien zurückzukehren. – Claudian vergleicht am Anfang des Werkes die Leistung Stilichos mit verschiedenen mythischen und historischen Vorgängen (z. B. mit den Abenteuern der Argonauten und den Kriegen der Römer gegen Pyrrhus und Hannibal). Stilichos Sieg überragte alle früheren Erfolge. Darauf folgt die epische Erzählung der geschichtlichen Ereignisse von der anfänglichen Bedrohung bis zum Erfolg bei Pollentia. Stilicho übertrifft alle anderen in seiner Zuversicht, und es gelingt ihm, die allgemeine Verzweiflung angesichts der Bedrohung Roms zu vertreiben. Der Übergang über die winterlichen Alpen wird ausführlich und phantasievoll beschrieben. Als Stilicho nach großen Entbehrungen und Strapazen in Oberitalien eintraf, verbreitete sich unter den Goten große Niedergeschlagenheit, und in

dem von Alarich einberufenen Rat empfahl ein alter Mann die Rückkehr nach Illyrien. Doch der Führer der Goten riskierte den Krieg. Die Schilderung der Schlacht bei Pollentia wird der Realität gerecht. Claudian legt es darauf an, Stilicho zum überragenden Sieger zu stilisieren. Am Schluß wird Stilichos Erfolg mit dem Sieg des Marius über die Kimbern (101 v. Chr. bei Vercellae) verglichen.

W   „Claudians Werk lebt aus den politischen Nöten und Triumphen der Gegenwart; es geht auf in der Feier Roms und derer, die für Rom eintraten. Dieser Bestimmung dient das enorme Aufgebot anschaulicher Ausmalungen, dient vor allem das auffälligste Kennzeichen der Kunst des Dichters: der Schwulst, der Bombast" (Fuhrmann, 133).

A   D. De Venuto, Rom 1968 (mit Kommentar). J. B. Hall: Leipzig 1985. H. Schroff, Berlin 1927 (mit Kommentar).

L   M. v. Albrecht, RL, 1060–1072. A. Cameron: Claudian, in: J. W. Binns (Hg.): Latin Literature of the Fourth Century, London 1974, 134–159. S. Döpp: Zeitgeschichte in Dichtungen Claudians, Wiesbaden 1980. M. Fuhrmann, Spätantike, 126–134. F. Vollmer: Claudianus, in: RE 3, 2, 1899, 2652–2660.

De bello Gildonico
„Über den Krieg mit Gildo"

Claudius Claudianus, um 400 n. Chr.

Historisches Epos (lat.).
Verfaßt 398 n. Chr.

I   Der Maure Gildo (etwa 330–398 n. Chr.) hatte in Nordafrika eine despotische Herrschaft begründet, zu deren Sicherung er sich 397 n. Chr. dem oström. Kaiser Arcadius unterstellte. Eutropius, Eunuch und Minister des Kaisers, läßt Stilicho zum Staatsfeind erklären. Daraufhin schneidet Gildo die Kornzufuhr von Nordafrika nach Rom ab. Stilicho setzt ein Heer gegen Gildo in Marsch, das unter dem Befehl von dessen Bruder Mascezel steht und Gildos Truppen 398 n. Chr. bei Theveste besiegt. – In Claudians Werk beschwert sich Roma bei Juppiter über die durch Gildo verursachte Hungersnot. Daraufhin prophezeit Juppiter den Sieg des weström. Kaisers Honorius und die Herrschaft Roms über Afrika. Dem Oströmer Arcadius erscheint der Vater Theodosius im Traum und befiehlt ihm, dem Bruder Honorius nachzugeben. Honorius wird von seinem Großvater zum Kampf ermutigt. Nach einem Gespräch mit Stilicho, der ihm rät, Mascezel mit dem Heer zu entsenden, hält Honorius eine Rede an die aufbrechenden Soldaten.

A   J. B. Hall, Leipzig 1985. M. Olechowska, Leiden 1978 (lat.-frz. mit Kommentar).

Ü   H. A. Gärtner, RLTD 5, 228–247 (lat.-dt. in Auswahl).

L   M. v. Albrecht, RL,1060–1072. A. Cameron: Claudian. Poetry and Propaganda at the Court of Honorius, Oxford 1970. A. Cameron: Claudian, in: J. W. Binns (Hg.): Latin Literature of the Fourth Century, London

1974, 134 bis 159. S. Döpp: Zeitgeschichte in Dichtungen Claudians, Wiesbaden 1980. F. Vollmer: Claudianus, in: RE 3, 2, 1899, 2652 bis 2660.

De beneficiis
„Über die Wohltaten"

Lucius Annaeus Seneca aus Corduba, etwa 4–65 n. Chr.

Philosophische Abhandlung in sieben B. (lat.), einem sonst unbekannten Aebutius Liberalis gewidmet.
Nach dem Tod des Claudius (1,15,6) und dem des Rebilus (2,21,6) verfaßt: 56 n. Chr.

I B. 1: Die Undankbarkeit ist eine verbreitete Untugend. Die „Wohltäter" sind dafür verantwortlich, weil sie ihre Wohltaten mit der falschen Einstellung erweisen. Diese müssen nach der Gesinnung des Gebers, nicht nach ihrem materiellen Wert beurteilt werden. – B. 2: Hier wird dargestellt, was Wohltäter und Empfänger zu beachten haben: Wohltaten müssen gern, schnell und ohne Zögern erwiesen werden. Sie dürfen nicht mit Prahlerei verbunden sein. Sie können öffentlich und im Stillen erteilt werden. Der Empfänger soll Schädliches und Schändliches verweigern. Eine Wohltat muß der Person des Gebers und des Empfängers angemessen sein. Man soll Wohltaten dankbar und ohne Hochmut entgegennehmen. – B. 3: Wegen Undankbarkeit sollte man nicht gerichtlich belangt werden. Die Undankbaren strafen sich selbst durch ihre Einstellung. Herren müssen auch Sklaven dankbar sein. Söhne können auch ihren Vätern Wohltaten erweisen. – B. 4: Wohltaten und Dank sind um ihrer selbst willen zu erstreben. Dank bezieht sich nicht auf den materiellen Nutzen, sondern auf das sittlich Gute. Auch bisher Undankbaren sind Wohltaten zu erweisen. – B. 5: In diesem B. wird eine Vielzahl von Einzelfragen behandelt: Ist es eine Schande, wenn man im Wohltun übertroffen wird? Kann man sich selbst Wohltaten erweisen? Kann man jemandem auch gegen seinen Willen Wohltaten zuteil werden lassen? usw. – B. 6: Es werden u. a. folgende Fragen behandelt: Ist man dem verpflichtet, der einem wider Willen, ohne es zu wissen oder aus Eigennutz Gutes tut? Kann man einem Menschen Wohltaten fortnehmen? – B. 7: Kann man einem Weisen, der sowieso schon alles sein Eigentum nennt, etwas schenken? Muß man eine Wohltat zurückgeben, wenn sich der Wohltäter vom Guten zum Schlechten gewandelt hat? Soll ein Wohltäter seine Tat vergessen? Wie ist Undank zu ertragen?

W Seneca versucht anhand zahlreicher Exempla, das Thema möglichst perspektivenreich und umfassend zu erörtern. Es geht ihm um eine Antwort auf folgende Frage: „Was kann jeder einzelne, trotz dem Wahnsinn der Welt, dazu tun, daß die Menschheit überdauert (4,18,1 ff. ...) und gebessert wird? An je seiner Stelle Gutes tun und Dank wissen" (Maurach, 106). Um dieses Ziel zu erreichen,

brauchen die Menschen die Handreichung des Philosophen, der alle Ratschläge für den Einzelfall metaphysisch begründet, indem er verdeutlicht, „daß unser Wohltun bzw. jede Dankbarkeit hier im Zwischenmenschlichen nur Spiegelbild unseres Eingebundenseins ins All ist (4,12,5)" (Maurach, 106). – Seneca will „den Menschen auf das Tun der Gottheit verpflichten: daß Wohltun zweckfrei seinen Wert in sich selbst hat, das wird am Tun der Gottheit verdeutlicht; und an dessen Resultat (unserem geschützten Leben) wird gezeigt, daß die Grundgestimmtheit des Menschen nicht Streben, nicht Konkurrieren um Gewinn sein darf, sondern Dankbarkeit; dies ist das Fundament allen Wohltuns" (Maurach, 107). – Der von *De beneficiis* ausgehende Appell lautet: „Miteinander, nicht gegeneinander zu leben, auf daß die Gattung Mensch erhalten bleibe ...; daß sie ihre Grundaufgabe, Gutes zu tun, erfülle (4,17,3) und so Gott folge (4,25,1 ff.)" (Maurach, 110).

A W. H. Alexander, Berkeley/Los Angeles 1950 (mit Kommentar). J. W. Basore, London/Cambridge (Mass.) 1935 (lat.-engl.). C. Hosius, Leipzig 1914. F. Préchac, Paris 1961 (lat.-engl.).
Ü M. Rosenbach, Darmstadt [(2)]1995 (lat.-dt.).
L K. Abel: Senecas Lex Vitae, in: Pöner Stoische Studien (Veröff. der Marburger Gel. Ges.), Marburg 1987. M. v. Albrecht, RL, 918–954. M. Bellincioni: Potere ed etica in Seneca, Brescia 1984. K. Busche: Zu Senecas B. *De beneficiis* und *De clementia*, in: RhM 72, 1917/18, 464–472. F. – R. Chaumartin: Le *De beneficiis* de Sénèque. Sa signification philosophique, politique et sociale, Paris 1985. M. Fuhrmann, Seneca, 283–290. G. Maurach: Seneca. Leben und Werk, Darmstadt [(2)]1996, 100 bis 110.

De bono coniugali
„Vom Gut der Ehe"

Aurelius Augustinus aus Thagaste, 354–430 n. Chr.

Moraltheologische Abhandlung (lat.) über den doppelten Zweck der Ehe: den natürlichen der Kinderzeugung und den christlichen der auf das Sakrament sich gründenden Gemeinschaft.
Im Jahre 401 n. Chr. verfaßt.

I Augustinus polemisiert in dieser Schrift ebenso wie Hieronymus (→*Contra Iovinianum*) gegen die Lehre des „Irrlehrers" Iovinianus (gest. vor 406).

A I. Zycha, CSEL 41, 5,3, 1900, 187–231.
Ü A. Maxsein, Würzburg 1949 (mit Kommentar). P. G. Walsh, Oxford 2001 (lat.-engl.).
L M. v. Albrecht, RL, 1318–1353. M. Fuhrmann, Spätantike, 195–212.

De bono patientiae
„Über den Wert der Geduld"

Thascius Caecilius Cyprianus aus Karthago, 1. Hälfte des 3. Jh.s n. Chr.

Predigt aus dem Jahre 256 n. Chr. (lat.).

I Der Autor preist die Geduld als christliche Tugend, die in Gott ihren Ursprung hat und von Christus vorgelebt wurde. Sie hilft dabei, die Mühen des Lebens zu ertragen und sich gegen die Sünden zur Wehr zu setzen. Vgl. Tertullianus, *De patientia.*

> **A** J. Molager, SC 291, Paris 1982 (lat.-frz.).
> **L** M. v. Albrecht, RL, 1242–1252. A. Hoffmann: Cyprian von Karthago, in: LACL 142–147. J. Ludwig: Der Hl. Märtyrerbischof Cyprian von Karthago, München 1951.

De bono pudicitiae
„Über das Gut der Keuschheit"

Novatianus, 3. Jh. n. Chr.

Theologische Schrift (lat.) in Briefform, die lange Zeit Caecilius Cyprianus aus Karthago zugeschrieben worden war.
Verfaßt nach 251 n. Chr., nach dem Ausschluß des Autors aus der katholischen Kirche, der durch einen Streit mit dem Bischof Cornelius veranlaßt worden war; Novatianus hatte dessen Nachgiebigkeit bei der Wiederaufnahme der in der Verfolgung abgefallener Christen widersprochen.

I Novatianus wendet sich in diesem Brief an seine Gemeinde, von der er getrennt ist. Er ermahnt sie, am Gebot der Keuschheit festzuhalten. Er preist die Sittsamkeit und stellt ihr die Unzucht gegenüber. Er unterscheidet drei Grade der Keuschheit: (1) die dauernde Jungfräulichkeit, (2) die Enthaltsamkeit in der Ehe und (3) die Bewahrung der ehelichen Treue. – Jungfräulichkeit und Enthaltsamkeit stellten den Menschen auf die Stufe der Engel. In der Keuschheit erringe der Mensch einen Sieg über sich selbst. – Nachdem der Autor die Gefahren geschildert hat, die der Keuschheit durch die fleischlichen Begierden drohen, gibt er Ratschläge zur Bewahrung der Keuschheit.

> **A** W. v. Hartel, CSEL 3, 3, 13–25, Wien 1871.
> **L** M. v. Albrecht, RL, 1252–1255. A. D' Alès: Novatien, Paris 1924. A. Demmler: Über den Verfasser der unter Cyprians Namen überlieferten Traktate *De bono pudicitiae* und *De spectaculis*, Tübingen 1894. KNLL 12, 539f. S. Matzinger: Des hl. Thascius Cäcilius Cyprianus Traktat *De bono pudicitiae*, Diss. München 1892. D. Monceaux: Histoire littéraire de l' Afrique chrétienne. Bd. 2, Brüssel [(2)]1963, 106–112. C. Weymann: Über die dem Cyprian beigelegten Schriften *De spectaculis* und *De bono pudicitiae*, in: Historisches Jahrb. der Görres-Gesellschaft 13, 1892, 737–748 (dazu auch 14, 1893, 330f.).

De bono viduitatis
„Über den Wert des Witwenstandes"

Aurelius Augustinus aus Thagaste, 354–430 n. Chr.

Moraltheologische Schrift (lat.)
Verfaßt als Brief an Iuliana 414 n. Chr.

I In Kap. 1–18 werden die Vorteile des Witwenstandes herausgestellt. Kap. 19–29 befassen sich mit theologischen Problemen und seelsorgerlichen Fragen im Zusammenhang mit dem Thema.

> **A** I. Zycha, CSEL 41, 5, 3, 1900.
> **Ü** A. Maxsein, Würzburg 1952.
> **L** M. v. Albrecht, RL, 1318 bis 1353.

De brevitate vitae
„Über die Kürze des Lebens"

Lucius Annaeus Seneca aus Corduba, etwa 4–65 n. Chr.

Popularphilosophischer Traktat in Dialogform (lat.), eher dem Brief (→*Epistulae morales ad Lucilium*) als dem Dialog verwandt.
Nach 41 n. Chr., dem Todesjahr des Kaisers Caligula, verfaßt, vielleicht erst Anfang 49.

I Das Werk ist eine Aufforderung an den Adressaten Paulinus, der in Rom ein Amt in der Getreideverwaltung (*praefectura annonae*) innehatte, sich aus der aktiven politischen Tätigkeit zurückzuziehen und sich ganz der *vita contemplativa* hinzugeben. Anscheinend richtete Seneca diese Aufforderung aber auch und vor allem an sich selbst. Denn Gründe für Senecas Appell an Paulinus, den Staatsdienst aufzugeben, sind nicht bekannt. – Der Grundgedanke der Schrift ist die These, daß das Leben nur dann kurz ist, wenn man die Zeit, die einem zur Verfügung steht, nicht richtig zu nutzen versteht. Erst in der zweiten Hälfte der Schrift (14 bis 15) tritt die protreptische Absicht, mit der sich Seneca in die Tradition des aristotelischen →*Protreptikós* und des ciceronischen →*Hortensius* stellt, in den Vordergrund: Jetzt beschreibt Seneca das philosophische Leben als eine Möglichkeit zu optimaler Nutzung der Zeit und fordert Paulinus dazu auf, aus seiner, Senecas, Analyse eines bewußtlos aktiven und selbstentfremdeten Lebens die Konsequenzen zu ziehen und den Staatsdienst zu quittieren (18–19). Seneca stellt dem Leben der *occupati*, der Vielbeschäftigten, das Leben der *otiosi*, der Nicht-Beschäftigten, gegenüber. Die Antithese von *occupatio* und *otium* ist für die ganze Schrift konstitutiv. Vor dem Hintergrund einer durch zahlreiche Beispiele veranschaulichten *occupatio* entwickelt Seneca sein Verständnis des *otium*. *Occupatio* und *otium* stehen sich wie Selbstentfremdung oder gar Selbstverlust und Selbstfindung oder Selbstverwirklichung gegenüber. *Occupatio* ist verfehltes, vergeudetes Dasein, *otium* ist erfüllte, gewonnene Zeit.

Q Die Schrift enthält ihrer protreptischen Absicht entsprechend keine tiefgreifende Auseinandersetzung mit philosophischen Lehrmeinungen. Gleichwohl gibt der Autor zu erkennen, daß er in der Tradition der stoischen und der epikureischen Ethik steht: Mit der Aufforderung zu einem tugendgemäßen Leben und zur Abkehr von einem Leben der Lust gibt er sich als Stoiker zu erkennen. Die hohe Bewertung der sinnerfüllten Muße, die Aufforderung zur Selbstbesinnung, das Ideal einer Freiheit von der Herrschaft des Schicksals und von der Furcht vor Armut, Krankheit und Tod, das Ziel der Seelenruhe (*secura et quieta mens*, 10,5), der Verzicht auf alles Überflüssige – auch auf die „überflüssige Sorgfalt" der positivistischen Wissenschaften – sind epikureische Denkinhalte.

W Indem Seneca seinem Leser das verkehrte, verpfuschte Leben eines *occupatus*, d.h. eines leistungsorientierten, verantwortungsbewußten Staatsbürgers als sinnlose Zeitvergeudung vor Augen führt, fordert er ihn zur Reflexion über die Voraussetzungen eines wirklich bewußt gelebten Lebens auf. Der Autor ermahnt zur *vita contemplativa*, die zugleich Gemeinschaft mit den maßgebenden Menschen der Geistesgeschichte ist. Die Begründung der These, daß das normale Leben des karrierebewußten und erfolgsorientierten röm. Bürgers mit allen Verpflichtungen, Belohnungen und Zerstreuungen nicht lebenswert sei, ist zugleich eine Pathologie der röm. Lebenswirklichkeit.

A A. Bourgery, Paris 1923. H. Dahlmann, München 1949 (lat.-dt. mit Kommentar). P. Grimal, Paris [(2)]1966 (mit Kommentar).
Ü J. Feix, Stuttgart 1977 (lat.-dt.). G. Fink, Düsseldorf/Zürich 1992 (lat.-dt.). M. Rosenbach, Darmstadt [(4)]1993 (lat.-dt.). F. P. Waiblinger, München 1981 (lat.-dt.).
L K. Abel: *De brevitate vitae*: Datum und Zielsetzung, in: Gy 72, 1965, 308–327. J. Blänsdorf / E. Breckel: Das Paradoxon der Zeit, Heidelberg 1983. M. Fuhrmann, Seneca, 162f. B. Hambüren: Die Datierung von Senecas Schrift *Ad Paulinum De brevitate vitae*, Diss. Köln 1966. H. Lenzen: Senecas Dialog *De brevitate vitae*, Diss. Bonn 1937. G. Maurach: Seneca. Leben und Werk, Darmstadt [(2)]1996.

De caelo →Perì uranû (Aristoteles)

De Caesaribus →Caesares (Aurelius Victor)

De carne Christi
„Über die Fleischlichkeit Christi"

Quintus Septimius Florens Tertullianus aus Karthago, etwa 150 – etwa 230 n.Chr.

Dogmatisch-polemische Schrift (lat.).
Verfaßt zwischen 210 und 212 n.Chr.

I Die Schrift richtet sich gegen diejenigen, die die Auferstehung des Fleisches und d.h. auch die menschliche Leiblichkeit Christi in Frage stellen. Tertullian besteht auf der vollen Menschlichkeit des Leibes Christi. Christus habe keinen Scheinleib (*phántasma*), sondern einen menschlichen Leib, der sogar häßlich war (9,6). Hätte Christus keinen menschlichen Leib besessen, dann hätte er auch nicht leiden und gekreuzigt werden können, und seine Peiniger wären ohne Schuld (vgl. 5).

W Tertullian polemisiert gegen den Doketismus, d.h. gegen den Versuch, die Absurdität (den Satz *credo quia absurdum* „ich glaube, weil es widersinnig ist" findet man übrigens nicht bei Tertullian; er hat sich möglicherweise aus einer Formulierung in Kap. 5 *De carne Christi* entwickelt: *Et mortuus est Dei filius; prorsus credibile, quia ineptum est* „Und gestorben ist der Sohn Gottes; das kann man nur glauben, weil es – an sich – ungereimt ist") der Menschwerdung und des Leidens Christi auf dualistisch-spiritualistischer Basis zu lösen und Menschwerdung und Leiden des Gottessohnes als reinen Schein zu verstehen (daher auch der Begriff „Doketismus" von gr. *dokeîn* „scheinen" bzw. von *dókesis* „Schein"). – Tertullian kämpft vor allem gegen den Doketismus des Gnostikers Valentinos und seiner Anhänger (→*Adversus Valentinianos*) und den des Markion (→*Adversus Marcionem*). – In →*De carnis resurrectione* („Über die Auferstehung des Fleisches") setzt Tertullian seine Ausführungen fort.

A E. Evans, London 1956 (lat.-engl. mit Kommentar). J.-P. Mahé. 2 Bde., Paris 1975 (lat.-frz. mit Kommentar = SC 216 bis 217).
L M. v. Albrecht, RL, 1211–1231. J. B. Bauer: *Credo quia absurdum* (T., *De carne Christi*, 5), in: J. B. B.: Scholia biblica et patristica, Graz 1972, 191–196. G. Calloni Cerretti: Tertulliano. Vita, opere, pensiero, Modena 1957. H. v. Campenhausen, LKV, 12–36. R. Cantalamessa: La cristologia di Tertulliano, Fribourg 1962. D. K. House: The Relation of T.'s Christology to Pagan Philosophy, in: Dionysius 12, 1988, 29 bis 36. J. Klein: Tertullian, Düsseldorf [(2)]1975. KNLL 16, 456f. B. Williams: T.'s Paradox, London 1955.

De carnis resurrectione
„Über die Auferstehung des Fleisches"

Quintus Septimius Florens Tertullianus aus Karthago, etwa 150 – etwa 230 n. Chr.

Dogmatisch-polemische Schrift (lat.).
Verfaßt zwischen 208 und 211 n. Chr.

I Auf der Grundlage seiner Polemik in →*De carne Christi* gegen den Doketismus, die Lehre vom „Scheinleib" Christi, entwickelt Tertullian seine Begründung der Auferstehung des Fleisches. Gott, der den Menschen erschaffen hat, kann auch seine fleischliche Wiederauferstehung ermöglichen, die im übrigen notwendig ist, wenn der Mensch als ganzer vor dem letzten Gericht zu erscheinen hat. Voraussetzung dafür ist die ontologische Zusammengehörigkeit von Leib und Seele, die sich schon daraus ergibt, daß der Mensch nach dem Bilde Christi erschaffen wurde.

A E. Evans, London 1960 (lat.-engl. mit Kommentar).
L F. J. Cardman: T. on the Resurrection, New Haven (Conn.) 1974. L. J. van de Lof: T. on the Continued Existence of Things and Beings, in: Revue des Études Augustiniennes 34, 1988, 14–24. KNLL 16, 457f. P. Siniscalco: Ricerche sul *De resurrectione* di Tertulliano, Rom 1966.

De catechizandis rudibus
„Über die Unterweisung der Neulinge"

Aurelius Augustinus aus Thagaste, 353–430 n. Chr.

Moraltheologische Abhandlung (lat.).
Nach 404 n. Chr. für den karthagischen Diakon Deogratias verfaßt.

I Die „Neulinge" sind angehende Katechumenen (Taufkandidaten), die im Glauben unterwiesen werden, bevor sie in die Kirche durch Taufe oder Konversion eintreten. Die Schrift gibt eine Anleitung für den Unterricht (Katechese), der den Katechizanden, d. h. den zu unterweisenden Personen, zuteil werden soll, die sich um das Katechumenat bewerben, d. h. Katechumenen werden wollen. Unabdingbare Voraussetzung für die Verwirklichung dieser Absicht ist das Heilsinteresse des Katechizanden. Dieser soll durch die Darlegung (*narratio*) der Heilsgeschichte bis zum Endgericht über Glaube und Hoffnung zur Liebe geführt werden. Der Katechizand soll die Glaubenstatsachen erfahren, in denen sich die Liebe Gottes zu den Menschen offenbart. Darauf soll der Katechizand zu einem christlichen Lebenswandel und zur allgemeinen Menschenliebe aufgefordert werden. Der Katechet, d. h. der Unterrichtende, benötigt ein umfassendes theologisches Wissen und rhetorische Fähigkeiten, um mit seiner Katechese (Unterweisung) Erfolg haben zu können.

A G. Combès / M. Farges, Paris 1949 (lat.-frz.). J. P. Christopher, Washington 1926 (lat.-engl. mit Kommentar).

G. Krüger, Tübingen [3]1934, Nachdr. Frankfurt 1968. H. Rhode, Heidelberg 1965. W. Steinmann, München 1985.
Ü K. Ernesti, Paderborn [2]1902. S. Mitterer, Kempten/München 1925 (BKV[2] 49).
L B. Capelle: Prédication et catéchèse selon s. Augustine, in: La Maison-Dieu 30, 1952, 19–35. P. L. Huillier: Le rôle du catéchiste dans la première initiation chrétienne d'après s. A., Lyon 1947. J. Lécuyer: Théologie de l'initiation chrétienne d'après les Pères, in: La Maison-Dieu 58, 1959, 5–26. J. A. Ross: S. A. on the Teaching of Theology to Laymen, Diss. Rom 1956/1957.

De categoricis syllogismis
„Über die kategorischen Urteile"

Anicius Manlius Severinus Boethius aus Rom, um 480–524 n. Chr.

Philosophische Schrift über Probleme der Logik (lat.).
Die Schrift wurde zwischen 512 und 513 verfaßt, die anderen logischen Schriften bis etwa 515 n. Chr.

I Probleme der Logik entwickelt Boethius in verschiedenen Schriften: *Introductio ad categoricos syllogismos* („Einführung in die kategorischen Urteile"), *De hypotheticis syllogismis* („Über die hypothetischen Urteile"), *De divisione* („Über die Einteilung"), *De differentiis topicis* („Über die Unterschiede im Bereich der Topica").

A PL 63–64 (Gesamtausgabe der Werke des Boethius). D. Z. Nikitas, Athen 1990 (*De diff. top.*). L. Obertello, Brescia 1969 (*De hypoth. syllogismis*).
L K. Dürr: The Propositional Logic of Boethius, Amsterdam 1951. N. Fosca: Le basi della sillogistica ipotetica boeziana, Pescara 1981. D. Z. Nikitas: Ciceros rhetorische Schriften als Quellen von Boethius' *De topicis differentiis*, in: Praktika des 3. Griechischen Symposions für Lateinische Studien, Thessaloniki 1989, 243–279. A. B. McKinlay: The *De Syllogismis categoricis* and *Introductio ad syllogismos categoricos* of B., in: Classical and Mediaeval Studies in hon. of E. K. Rand, New York 1938, 208–219. G. F. Pagallo: Per una Edizione critica del *De hypotheticis syllogismis* di B., in: Italia medioevale e umanistica 1, 1958, 69–101. G. Righi: A. M. S. Boezio, *De syllogismo categorico*. Studio sul I libro, Mailand 1984.

De catholicae ecclesiae unitate →De ecclesiae catholicae unitate (Cyprianus)

De causis corruptae eloquentiae
„Über die Gründe für den Verfall der Beredsamkeit"

Marcus Fabius Quintilianus aus Calagurris, etwa 35 – um 100 n. Chr.

Verlorene Abhandlung (lat.), die der Autor in seiner →*Institutio oratoria* (6 prooem. 3) erwähnt.

De chorographia libri III
„Beschreibung der bewohnten Welt in drei B."

Pomponius Mela, Mitte des 1. Jh.s n. Chr.

Das älteste erhaltene geographische Werk in lat. Sprache.
Geschrieben im Winter 43/44 n. Chr. nach der Eroberung von Britannien durch den röm. Kaiser Claudius im Jahre 43 n. Chr.

I Das Werk bietet eine Darstellung der ganzen seinerzeit bekannten Welt anhand fiktiver Fahrten vor allem entlang der Küsten von Spanien im Westen bis nach Ostasien und vom ewigen Eis im Norden bis zum heißen Afrika. Die Stätten, die Schauplätze der antiken Literatur waren, wurden besonders gründlich behandelt. Die Mittelmeerländer werden bis auf Italien sehr ausführlich dargestellt. Auch auf das kurz zuvor eroberte Britannien geht Mela ein. Germanien und seine Bewohner werden beschrieben (vgl. Tacitus, →*De origine et situ Germanorum*). – Mela bietet auch Geschichten von Wundern und phantastischen Gegenwelten im Verhältnis zur röm. Welt des 1. Jh.s n. Chr. Er schildert seltsame Naturerscheinungen und bemerkenswerte Tiere (Wundertiere) und Menschen z. B. mit nur einem Auge (2, 2), mit Pferdefüßen (3, 56) oder ohne Zunge und Mund (3, 91) und ohne Kopf (1,48). – Mela erzählt auch Mythen im Zusammenhang mit seiner Darstellung der geographischen Phänomene. – Die Geschichte im allgemeinen beginnt für Mela mit dem trojanischen Krieg, die röm. Geschichte mit der Gründung Roms „durch Hirten" (2,60). Melas Publikum war mit Mythos und Geschichte offensichtlich vertraut.

N Das Werk wurde schon in der Antike viel gelesen. So nennt Plinius der Ältere (→*Naturalis historiae libri XXXVII*) Pomponius Mela unter seinen Quellenautoren. Auch Sollinus (→*Collectanea rerum memorabilium*) und Martianus Capella (→*De nuptiis Mercurii et Philologiae*) griffen immer wieder auf das Werk des Mela zurück. Petrarca (1304 bis 1374) und Boccaccio (1313–1375) haben das Werk geschätzt. In der frühen Neuzeit wurde es zum Schulbuch für Geographie. Es wurde von Johannes Cochlaeus 1512 ergänzt und aktualisiert.

A G. Ranstrand, Göteborg 1971. A. Silberman, Paris 1988.
Ü K. Brodersen, Darmstadt 1994 (lat.-dt.).
L K. Brodersen: Principia Geographiae: Antike Texte im frühen Erdkundeunterricht, in: Anregung 42, 1996, 29–43. R. Güngerich: Die Küstenbeschreibung in der griechischen Literatur, Münster 1950. F. Lasserre: Pomponius (Nr. 5), in: DKP 4, 1039f. J. O. Thomson: History of Ancient Geographie, Cambridge 1948.

De cibis Iudaicis
„Über die Speisen der Juden"

Novatianus, 3. Jh. n. Chr.

Abhandlung über jüdische Speisegebote (lat.).

I Novatianus legt dar, daß die Christen an die Speisevorschriften des Alten Testaments nicht gebunden sind. Allerdings warnt er vor dem Genuß des Fleisches, das aus den Opfern des heidnischen Kultes stammt und in den Fleischgeschäften angeboten wird.

A G. Landgraf / C. Weymann, Archiv für lat. Lexikographie 11, 1900, 221–249.
L M. v. Albrecht, RL, 1252–1255. A. Dihle, GLL, 397 f.

De civitate Dei
„Über den Staat Gottes"

Aurelius Augustinus aus Thagaste, 354–430 n. Chr.

Apologetisch-theologisches und geschichtsphilosophisches Hauptwerk des Augustinus (lat.).
Nach der Eroberung und Plünderung Roms durch die Westgoten im Sommer 410 n. Chr. wohl zwischen 413 und 427 n. Chr. entstanden.

I Das aus 22 B. bestehende Werk hat zwei Teile: einen „destruktiven" (B. 1–10) und einen „konstruktiven" (B. 11–22) Teil. Im 1. Teil wird nachgewiesen, daß der heidnische Götterkult weder zum irdischen Glück (B. 1–5) noch zum ewigen Leben (B. 6–10) etwas beitrage. Die röm. Geschichte sei eine Kette von Unglücksfällen. Die Götter hätten Rom nicht geholfen. Der Staat sei ein Unrechtsstaat, der von Herrsch- und Ruhmsüchtigen repräsentiert worden sei. Die Romidee sei eine lügnerische Ideologie. – Im 2. Teil wird „ein Panorama der Weltgeschichte im Zeichen der Polarität zwischen Gottesstaat und Weltstaat" (M. v. Albrecht, 1330) entworfen. „In dem einen herrschen Einheit, Monotheismus und Frieden, in dem anderen Krieg, Polytheismus und Selbstvergötzung" (M. v. A., 1330). – In B. 11–14 werden die überirdischen Anfänge, in B. 15–18 die irdische Entwicklung und in B. 19–22 das Ziel der Geschichte beschrieben. Gottesstaat und Weltstaat existieren nebeneinander. Der historische Verlauf erfolgt in sechs Epochen, die den Lebensaltern des Menschen entsprechen. So verkörpern z. B. in der Epoche der Kindheit (= 1. Epoche) Abel und Seth den Gottesstaat und Kain den Weltstaat; das Mannesalter (= 4. Epoche) bringt für den Gottesstaat die Prophetie (Samuel, David) und für den Weltstaat die Gründung Roms. Christus erscheint in der 6. Epoche (wie Adam am 6. Schöpfungstag erschaffen wurde). Am Ende der Geschichte werden die beiden Staaten, die in der realen Geschichte nicht unvermischt existieren, endgültig voneinander getrennt und an ihr Ziel gelangen (Ewigkeit bzw. Verdammnis).

Q Varro lieferte das Informationsmaterial über die röm. Religion (→*Antiquitates*, →*De gente populi Romani*), Livius (→*Ab urbe condita libri CXLII*) den geschichtlichen Stoff. Sallusts Prolog zu den →*Historiarum libri V* regte Augustinus mit seinem Geschichtspessimismus an, Ciceros →*De re publica* war für ihn der Ausgangspunkt seiner Romkritik. Von Vergils Reichsideologie (→*Aeneis*) distanzierte er sich entschieden. – Auch von Ambrosius ist Augustinus stark beeinflußt.

H Das Werk *De civitate Dei* hatte einen äußeren Anlaß: Das Unglück, das die Westgoten unter Alarich im Jahre 410 n.Chr. über Rom gebracht hatten. Augustinus mußte sich mit zwei Reaktionen auf die Katastrophe auseinandersetzen: [1] Das Unglück wäre nicht geschehen, wenn Rom seinen heidnischen Göttern treu geblieben wäre, die den Römern durch den Mund Vergils eine „Herrschaft ohne Ende" (*imperium sine fine*) verheißen hatten. [2] Viele Christen stellten die Frage, warum eine Stadt, die so viele Märtyrer als Beschützer habe, ins Unglück habe geraten können. Augustinus mußte [1] einerseits darauf bestehen, daß Vergil im Unrecht sei und daß alles Irdische untergehen müsse, und [2] andererseits die Lehre von der Immanenz des Heils, d.h. die Überzeugung, daß das Heilsversprechen auf das irdische Wohlergehen und nicht auf die Ewigkeit bezogen sei, zurückweisen.

W Der geschichtsphilosophische Leitgedanke ist die These, daß sich die beiden Staaten auf zwei Erscheinungsformen der Liebe gründeten: der Weltstaat auf die Selbstliebe, der Gottesstaat auf die Liebe Gottes. Dem Weltstaat ist die „Hoffart" (*superbia*), dem Gottesstaat die „Demut" (*humilitas*) zugeordnet. „Das In- und Gegeneinander dieser Haltungen, der Hoffart und der Demut, macht nach Augustin den Inhalt der Weltgeschichte aus: jedes Ereignis hat sei es die eine, sei es die andere Haltung zur Ursache" (M. Fuhrmann, 206). Demnach wirken in der gesamten Menschheitsgeschichte vom Sündenfall an diese beiden Triebkräfte. Nach Augustin ist die Geschichte ein einmaliger Prozeß mit einem von Gott gesetzten Ziel; sie verläuft nicht in ewig sich wiederholenden Zyklen, wie es die heidnisch-antiken Geschichtsphilosophen voraussetzten.

N Die Deutung der Geschichte als Heils- oder Unheilsgeschichte prägte das Geschichtsbild des Mittelalters und der frühen Neuzeit. Die Einheit von Weltstaat und Gottesstaat war ein Ideal, an dem sich das frühe Mittelalter orientierte. Obwohl Augustinus die Kirche nicht mit der *civitas Dei* gleichsetzte, gab er den „hierokratischen Ansprüchen des mittelalterlichen Papsttums einen legitimierenden Titel an die Hand...: vor der Folie der kaiserlich-päpstlichen Auseinandersetzungen erhielten Augustins Darlegungen einen Sinn, der ihnen ursprünglich fremd war. Man identifizierte das Kaiserreich mit der *civitas terrena* und den Klerus mit der *civitas Dei*; hierdurch wurde die kaiserliche

Gewalt abgewertet, ja verteufelt, und die päpstliche Gewalt sakralisiert" (M. Fuhrmann, 208).

A B. Dombart / A. Kalb. 2 Bde., Leipzig [4]1928–1929. E. Hoffmann, CSEL 40, 1899–1900. G. E. McCracken, London 1957–1972.
Ü C. J. Perl. 2 Bde., Paderborn 1979. A. Schröder. 3 Bde., Kempten/München 1911–1916. W. Thimme. 2 Bde., Zürich 1955.
L M. v. Albrecht, RL, 1318–1353. C. Andresen (Hg.): Zum Augustin-Gespräch der Gegenwart. 2 Bde., Darmstadt 1975–1981. R. H. Barrow: Introduction to St. Augustin. The City of God, London 1949. G. Cataldo: La filosofia della storia nel *De civitate Dei*, Bari 1950. H. Chadwick: Augustin, Göttingen 1987. K. Flasch: Augustin. Einführung in sein Denken, Stuttgart [2]1994. M. Fuhrmann, Spätantike, 205–208. J. C. Guy: Unité et structure de la „Cité de Dieu" de saint Augustin, Paris 1961. E. v. Ivanka: Römische Ideologie in der *Civitas Dei*, in: Augustinus Magister 3, 1955, 411–417. C. Kirwan: Augustine, London 1991. H. J. Marrou: Augustinus und das Ende der antiken Bildung, Paderborn [2]1995. V. Pöschl: Augustinus und die römische Geschichtsauffassung, in: Augustinus Magister 2, 1954, 957–963. E. A. Schmidt: Zeit und Geschichte bei Augustin, Heidelberg 1985. A. Schöpf: Augustinus. Einführung in sein Philosophieren, Freiburg 1970. J. Straub: Augustins Sorge um die *regeneratio imperii*. Das *imperium* als *civitas terrena*, in: Historisches Jahrbuch 73, 1954, 36–60. M. Testard: Saint Augustin et Cicéron. 2 Bde., Paris 1958. J. L. Treloar: Cicero and Augustine. The Ideal Society, in: Augustinianum 28, 1988, 565 bis 590. A. Wachtel: Beiträge zur Geschichtstheologie des Aurelius Augustinus, Bonn 1960.

Declamationes
„Schulreden"

Lesbonax, 2. Jh. n.Chr.

Sammlung (gr.) von drei Reden politischen Inhalts.

I Die Reden beziehen sich auf historische Situationen des 5. Jh.s v.Chr. (3. Rede) und des 4. Jh.s v.Chr. (1. Rede).

A F. Kiehr, Leipzig 1907 (mit Kommentar)
L O. Dreyer: Lesbonax (Nr. 2), in: DKP 3, 584f.

Declamationes
„Schulreden"

Ps.-Quintilianus

Zwei Sammlungen von Reden (lat.): *Declamationes maiores* und *Declamationes minores* („Größere und kleinere Schulreden").
Verfaßt im 1.-2. Jh. n.Chr.

I Es handelt sich um Übungs- und Musterreden aus dem Rhetorikunterricht, die vielleicht mit Quintilians Unterrichtstätigkeit zusammenhingen, aber aus verschiedenen Gründen nicht von ihm selbst stammen können. – „Man bevölkerte die Übungsfälle nach Möglichkeit mit Randexistenzen der menschlichen Gesellschaft, mit Tyrannen, Räubern und Dirnen, man ließ den Zufall schier unentrinnbare Konfliktsituationen inszenieren, und man schrieb für die rechtliche Prüfung Gesetze vor, die es nicht gab und nicht geben konnte. Die kaiserliche Rhetorenschule hatte in kurzer Frist eine Phantasiewelt hervorgebracht, die kraß vom Alltag abstach – als ob man sich durch die grellen Effekte, nach denen man strebte, darüber hinwegtäuschen wollte, daß die Beredsamkeit ihre wichtigste Funktion, die politische, eingebüßt hatte" (Fuhrmann, Seneca, 38).

A L. Håkanson, Stuttgart 1982 (maiores). G. Lehnert, Leipzig 1905. C. Ritter, Leipzig 1884. D. R. Shackleton Bailey, Stuttgart 1989 (minores). M. Winterbottom, Berlin 1984.
Ü L. A. Sussman, Frankfurt 1987 (maiores). Th. Zinsmaier: Der von Bord geworfene Leichnam. Die sechste der neunzehn größeren pseudoquintilianischen Deklamationen, Frankfurt/Berlin 1993 (mit Kommentar).
L J. Dingel: Scholastica materia. Untersuchungen zu den Declamationes minores und der Institutio oratoria Quintilians, Berlin 1988. L. Håkanson: Textkritische Studien zu den größeren pseudoquintilianischen Deklamationen, Lund 1974. D. R. Shackleton Bailey: More of Pseudo-Quintilian's Longer Declamations, in: HSPh 88, 1984, 113–137.

Declamationum excerpta
„Auszüge aus Schulreden"

Gaius Calpurnius Flaccus, 2. Jh. n. Chr.

Exzerpte (lat.) aus 53 Schulreden der Deklamationen-Gattung über fingierte Themen mit entsprechenden Beispielen von Rechtsfällen, die kontrovers diskutiert werden.

A L. Håkanson, Stuttgart/Leipzig 1978.
L W. Kroll, RE Suppl. 7, 1940, 1119–1124.

De clementia
„Über die Milde"

Auch zitiert als Ad Neronem Caesarem de clementia („An Kaiser Nero, über die Milde").

Lucius Annaeus Seneca aus Corduba, etwa 4–65 n. Chr.

Unvollständig überlieferte moralphilosophische Abhandlung (lat.), die in drei B. geplant war. Entstanden zwischen dem 15. 12. 55 und dem 14. 12. 56 (Griffin 1976, 407–411).

I B. 1: Seneca lobt Neros Milde, der gerade das 18. Lebensjahr überschritten hatte (Kap. 1–2). Darauf gibt der Autor eine Gliederung seiner Abhandlung: Der erste Teil wird sich mit der Situation des Menschen (humana condicio) befassen; im zweiten Teil wird es um das Wesen der Milde (natura clementiae) gehen; der dritte Teil wird der Frage ge-

widmet sein, wie man zu der Tugend der Milde hingeführt wird, wie man sie stärkt und durch Übung sich zu eigen macht (1,3,1). – Die für den zweiten Teil vorgesehenen Überlegungen sind nicht vollständig erhalten; die für den dritten Teil angekündigten Gedanken fehlen ganz. – Milde ist eine spezifische Tugend des Herrschers; denn wenn er grausam ist, richtet er mehr Schaden an als der Privatmann. Milde ist ein Teil der Größe (5). Strenge würde in Rom zu einer Katastrophe führen (6). Die Götter sollen die Vorbilder des Herrschers sein; er soll für die Bürger so sein, wie er sich für sich selbst die Götter wünscht (7). Für den Herrscher gelten andere Maßstäbe als für den Privatmann; diesem ist mehr erlaubt als jenem, weil die Wirkung seines Handelns ungleich größer ist, als es bei einem Privatmann der Fall ist (8). Augustus wird als Beispiel erwähnt: Dieser hat, bevor er zur Herrschaft gelangte, viel Blut vergossen. Nachdem er aber die Macht ergriffen hatte, ließ er Milde walten. Nero kam an die Macht, ohne ein Verbrechen begangen zu haben, und dabei soll es auch bleiben (9–11). Darauf reflektiert der Autor über den Unterschied zwischen König und Tyrann. Dieser tötet aus Grausamkeit, jener aus Notwendigkeit (12–13). Der gute Herrscher ist ein Vater seiner Untertanen (14–16) und zugleich ihr Arzt (17). Wie man Sklaven gegenüber Milde walten läßt, so auch gegenüber Freien (18). Die Milde ist die größte Tugend des Herrschers; sie garantiert seine Sicherheit, indem sie die Liebe der Untertanen weckt. Durch den ständigen Beweis seiner Güte demonstriert er, daß das Gemeinwesen nicht ihm gehört, sondern er dem Gemeinwesen (19). Grausame Strafen, Härte, Gewalt usw. stiften mehr Schaden als Nutzen (20–26). – B. 2: Seneca appelliert an Neros Milde (1–2). Darauf folgt (3) eine Definition des Begriffs: „Milde ist Mäßigung der Seele in der Möglichkeit zur Rache oder Sanftmut des Überlegenen gegenüber dem Schwächeren bei der Festsetzung der Strafe ... und die Neigung der Seele zur Sanftmut bei der Forderung von Strafe" (clementia est temperantia animi in potestate ulciscendi vel lenitas superioris adversus inferiorem in constituendis poenis ... et inclinatio animi ad lenitatem in poena exigenda, 2,3,1). Darauf folgt eine Ergänzung der Definition: Milde sei Mäßigung, die etwas von verdienter und geschuldeter Strafe nachlasse, bzw. sie bestehe darin, sich diesseits dessen zu beugen, was mit Recht festgesetzt werden könnte (... clementiam esse, quae se flectit citra id, quod merito constitui posset, 2,3,2). Milde sei das Gegenteil von Grausamkeit (4), unterscheide sich aber von Mitleid (misericordia), das nach stoischer Auffassung keine Tugend sei (5–7).

Q Die Darstellung des „guten" Herrschers geht über hellenistische Zwischenstufen auf Xenophon (→Agesílaos, →Hiéron, →Kýru paideía) und Isokrates (→Euagóras, →Nikoklês è Kýprioi, →Pròs Nikokléa) zurück. Auch an Abhängigkeit von Cicero ist zu denken (→Pro Marco Marcello).

W Seneca definiert seine Auffassung von clementia unter einem überwiegend juristischen

Aspekt: *clementia* ist im röm. Kontext der Verzicht des Richters auf die Höchststrafe. Dieses Verständnis ist nicht ohne weiteres mit den Prinzipien der stoischen Ethik zu vereinbaren. Der stoische Weise versteht sich als *iudex severus* („strenger Richter"), der jedem gibt, was ihm zukommt und keinen Anlaß sieht, die Strenge des Gesetzes zu mildern. Den „unphilosophischen" Charakter seines *clementia*-Begriffs sieht Seneca selbst, da er möglichen Widerspruch zu Wort kommen läßt: „Wenn wir sagen, Milde sei Mäßigung, die etwas von verdienter und geschuldeter Strafe nachlasse, wird eingewandt werden: keine Tugend erweise jemandem weniger, als ihm zukomme" (2,3,2). – Seneca will dem jungen Herrscher einen Spiegel vorhalten, um ihm zu zeigen, wie er sein werde, wenn er seine wahre Natur verwirkliche (1,6). Die *clementia Caesaris*, über die Cicero (→*Epistulae ad Atticum*, 9,7c,1) staunte, soll in Nero wiedererstehen. „*De clementia* ist demnach ,angewandte Philosophie' höchsten Ranges und höchster Verantwortung, denn es geht um ein Weltreich. Der Philosoph greift in das Leben von Millionen ein, indem er ihren Herrscher zu leiten sucht, ,überwältigend, verheißend und abschreckend', aber auch klärend und auf das Ideal der Humanität verpflichtend. Er will den jungen Fürsten auf den Weg philosophischer Betrachtung seines Amtes führen zum Segen des riesigen Reiches – so die Illusion des J. 55" (Maurach, 99 f.).

A   J. W. Basore, London/Cambridge (Mass.) 1928. F. Préchac, Paris (3)1967 (lat.-frz.). G. Viansino, Rom 1968 (mit Kommentar).
Ü   K. Büchner, Stuttgart 1970 (lat.-dt.). M. Rosenbach, Darmstadt (2)1995 (lat.-dt.).
L   T. Adam: *Clementia Principis*. Der Einfluß hellenistischer Fürstenspiegel auf den Versuch einer rechtlichen Fundierung des Principats durch Seneca, Stuttgart 1970. M. v. Albrecht, RL, 918–954. M. Bellincioni: Potere ed etica in Seneca, Brescia 1984, 13–100. J. Blänsdorf: Seneca über Macht und Menschlichkeit, in: E. Olshausen (Hg.): Humanismus und Politik, Stuttgart 1983, 103–151. A. Borgo: Questioni ideologiche e lessico politico nel *De clementia* di Seneca, in: Vichiana 14, 1985, 179–297. K. Büchner: Aufbau und Sinn von Senecas Schrift über die Clementia, in: Hermes 98, 1970, 203–223. J. Dingel: *Misericordia Neronis*. Zur Einheit von Senecas *De clementia*, in: RhM 132, 1989, 166–175. M. Fuhrmann: Die Alleinherrschaft und das Problem der Gerechtigkeit, in: Gy 70, 1963, 481–514. M. Fuhrmann, Seneca, 184–196. M. T. Griffin: Seneca. A Philosopher in Politics, Oxford 1976. G. Maurach: Seneca. Leben und Werk, Darmstadt (2)1996, 94–100. B. Mortureux: Les idéaux stoiciens et premières responsabilités politiques. Le *De clementia*, in: ANRW 2, 36, 3, 1989, 1639–1685.

De compendiosa doctrina
„Abriß der Gelehrsamkeit"

Nonius Marcellus, vermutlich 4. Jh. n. Chr.

Ein in lexikalischer Form angelegtes Sammelwerk von Wissenswertem (lat.) in 20 B..

I   Das Werk, das für den Sohn des Autors bestimmt ist, besteht aus zwei Teilen: B. 1–12 über sprachlich-grammatische Themen und B. 13–20 über Gegenstände. B. 16 (über Fußbekleidung) ist nicht erhalten. – B. 4 ist besonders umfangreich; es behandelt die Bedeutungsvielfalt von Wörtern, die in alphabetischer Reihenfolge abgehandelt werden. Im zweiten Teil geht der Autor nach Sachgruppen vor: Schiffe (13), Kleider (14), Gefäße (15), Farben von Kleidern (17), Speisen und Getränke (18), Waffen (19), Verwandtschaftsbezeichnungen (20). – Die Stichwörter werden in der Regel definiert oder durch Synonyme erläutert. Dann werden Belegstellen aus insgesamt 41 Werken lat. Autoren aufgeführt (u. a. aus Plautus, Terenz, Lucilius, Ennius, Cicero, Varro, Sallust, Vergil).

Q   Als Zwischenquelle ist Gellius, →*Noctes Atticae*, benutzt. Der Wert des Werkes besteht vor allem darin, daß es unsere Kenntnis des Lucilius (→*Saturae*) und der →*Saturae Menippeae* des Varro ermöglicht.

A   W. M. Lindsay. 3 Bde., Leipzig 1903.
L   M. v. Albrecht, RL, 1166 f. W. M. Lindsay: De Fragmentis scriptorum apud Nonium servatis, in: RhM 57, 1902, 196–204. W. M. Lindsay: De citationibus apud Nonium Marcellum, in: Ph 64, 1905, 438 bis 464. P. L. Schmidt, HLL 2, § 615. W. Strzelecki: Zur Entstehung der *Compendiosa doctrina* des Nonius, in: Eos 34, 1932–1933, 113–129. W. Strzelecki, RE 17, 1, 1936, 882–897.

De compositione et de metris oratorum
„Über die Komposition und die Versfüße der Redner"

Rufinus aus Antiocheia, 5. Jh. n. Chr.

Abhandlung (lat.) über die Verwendung der Metrik in der Prosa.

A   GrLat 6,554–578.
L   Schanz-Hosius 4, 2, 213 f.

De coniuratione Catilinae →Catilinae coniuratio (Sallustius)

De consensu evangelistarum libri IV
„Vier B. über die Übereinstimmung der Evangelisten"

Aurelius Augustinus aus Thagaste, 354–430 n. Chr.

Exegetische Schrift zum →*Novum Testamentum* (lat.).
Nach 404 n. Chr. verfaßt.

I   Augustinus geht auf die von den Neuplatonikern und Manichäern beanstandeten Widersprüche zwischen den Evangelisten ein und stellt fest, daß diese vier Glieder eines Leibes sind, dessen Haupt Christus ist.

A   F. Weihrich, CSEL 43, 1904.
L   M. v. Albrecht, RL, 1318 bis 1353.

De consolatione philosophiae
→Consolatio philosophiae (Boethius)

De constantia sapientis
„Über die Standhaftigkeit des Weisen"

Lucius Annaeus Seneca aus Corduba, etwa 4–65 n. Chr.

Moralphilosophische Abhandlung über das Wesen des stoischen Weisen (lat.).
Nach 41 n. Chr., dem Todesjahr des Kaisers Caligula, vielleicht um 55 n. Chr. verfaßt und Annaeus Serenus gewidmet (wie auch →*De tranquillitate animi*).

I   Die zu Senecas „Dialogen" gezählte Schrift (→*Dialogi* Nr. 2) benutzt stoische Paradoxa, um die Stellung des Weisen in der Welt zu beschreiben: Der Weise kann weder durch Ungerechtigkeit (*iniuria*) noch durch Beleidigung (*contumelia*) gekränkt werden (1–2). Er ist unverletzbar und kann nichts verlieren. Er ist frei von Affekten wie Furcht und Hoffnung. Unrecht leiden ist dem Weisen nützlich (3–9). Er lacht über Schmähung und Verleumdung wie über die Worte von Kindern und Verrückten. Wahnsinnig sind alle, die kein philosophisches Leben führen. Den Abschluß bilden Ratschläge zum Ertragen von Kränkungen (10–19).
W   Es geht Seneca nicht nur um die theoretische Darstellung eines von den stoischen Paradoxa geprägten Lebensideals. Das Leben des Weisen wird als lebbar und als bereits gelebt von Sokrates und Cato dargestellt. „Es geht also nicht um die theoretische Besinnung allein, sondern um die Mahnung zur Cato- und Sokrates-Nachfolge, wie sie Seneca am Ende seines Lebens bewährt hat" (Maurach, 113).

A   W. Klei, Utrecht 1950 (mit Kommentar). L. D. Reynolds, Oxford 1977. G. Viansino, Mailand 1988.
Ü   G. Fink, Düsseldorf/Zürich 1992 (lat.-dt.). M. Rosenbach, Darmstadt [(5)]1995 (lat.-dt.).
L   K. Abel: Bauformen in Senecas Dialogen. Fünf Strukturanalysen: *dial.* 6, 12, 1, und 2, Heidelberg 1967, 124–147. M. v. Albrecht, RL, 918–954. G. Ammendola, Neapel 1930 (Kommentar). J. - M. André: Sénèque. *De brevitate vitae, De constantia sapientis, De tranquillitate, De otio*, in: ANRW 2, 36, 3, 1989, 1724–1778. M. Fuhrmann, Seneca. P. Grimal, Paris 1953 (Kommentar). P. Grimal: Sénèque ou la conscience de l' Empire, Paris 1978. P. Grimal: Sénèque et le Stoicisme romain, in: ANRW 2, 36, 3, 1989, 1962–1992. G. Maurach: Seneca. Leben und Werk, Darmstadt [(2)]1996, 111–113.

De consulatu Stilichonis →De laudibus Stilichonis (Claudian)

De consulatu suo
„Über sein Consulat"

Marcus Tullius Cicero aus Arpinum, 106–43 v. Chr.

Lat. Hexameter-Epos (ursprünglich in drei B.) über Ciceros Consulat im Jahre 63 v. Chr., nur in einigen Frg. erhalten.
Entstanden im Jahre 60 v. Chr.

I   Im 1. B. werden Heimat und Erziehung (unter der Schirmherrschaft der Göttin Minerva) und die spätere Wahl zum Consul behandelt. Beim Ausbruch der catilinarischen Verschwörung (→*Catilinariae orationes IV*) wird Cicero von Juppiter gesandt, um Rom zu retten. – Im 2. B. werden die Erfolge des Autors bei der Aufdeckung der Verschwörung geschildert. Ein größeres Zitat aus dem 2. B. findet sich in Ciceros Schrift →*De divinatione* (1,17–22 = Soubiran, 240–243). – Im 3. B. geht es um die Bestrafung der Verschwörer.
N   Ciceros poetische Produktion gilt heute als „literarische Nebentätigkeit" (P. L. Schmidt), die bereits in der Antike nicht besonders geschätzt wurde (vgl. Quintilian, →*Institutio oratoria* 11,1,24). Andere bezeichnen Ciceros dichterisches Werk als „dilettantische Poesie des gebildeten Römers" (H. und A. Petersmann), obwohl Cicero selbst sich laut Plutarch (→*Bíoi parálleloi*, Cicero 2,4) für den bedeutendsten röm. Dichter seiner Zeit hielt (das philosophische Lehrgedicht des Lukrez, →*De rerum natura*, und die →*Carmina* des Catull waren allerdings noch nicht bekannt). Das Werk *De consulatu suo* hat Cicero „nicht nur sofort die massivste Kritik der Zeitgenossen eingetragen, sondern auch das antike Urteil über seine Gedichte maßgeblich bestimmt. In der Tat mußte die hier faßbare Mischung aus apologetischen und episch-panegyrischen Elementen, mußte die Selbstverständlichkeit, mit der Cicero die Götter der epischen Tradition vor den Karren seiner Selbstverteidigung spannte, für den guten Geschmack der Zeit provozierend wirken" (P. L. Schmidt, 148). Als besonders anstößig galt der vielzitierte Vers: *O fortunatam natam te consule Romam* („O glücklich zu preisendes Rom, gegründet unter deinem Consulat"). Auch die aus persönlichen Gründen propagierte Höherstellung des zivilen Politikers gegenüber dem Soldaten mußte Ciceros Zeitgenossen herausfordern, wie der Autor selbst in →*De officiis* (1,77) feststellt: *Cedant arma togae, concedat laurea laudi* („Weichen mögen die Waffen der Toga, weichen der Kriegsruhm dem Lob des Politikers").

A   W. W. Ewbank: The Poems of Cicero, London 1933, Nachdr. New York / London 1978. J. Soubiran: Cicéron: Aratea. Fragments poétiques, Paris 1972 (lat.-frz.). A. Traglia: M. Tulli Ciceronis poetica Fragmenta, Verona 1963.
Ü   H. und A. Petersmann, RLTD 1, 436–447 (lat.-dt. in Auswahl).
L   K. Büchner: Cicero. Bestand und Wandel seiner geistigen Welt, Heidelberg 1964, 288–304. H. D. Jocelyn:

Urania's Discourse in Cicero's Poem *On his consulship*: Some Problems, in: Ciceroniana 5, 1984, 39–54. P. L. Schmidt, NHbL. Römische Literatur, 147–179.

De contemptu mundi et saecularis philosophiae
„Über die Verachtung der Welt und der weltlichen Philosophie"

Eucherius aus Lyon, 1. Hälfte des 5. Jh.s n. Chr.

Mahnung (lat.) an einen hochgestellten Verwandten, der Welt zu entsagen. Vgl. auch →*De laude eremi.*

    A PL 50, 685–1214.
    L O. Bardenhewer 4, 567–570. J. A. Fischer, LThK 3, 1166.

De continentia
„Über die Mäßigung"

Aurelius Augustinus aus Thagaste, 354 – 430 n. Chr.

Moraltheologische Schrift (lat.) in Form einer Predigt.
Enstanden nach 418 n. Chr.

    I Im Gegensatz zum „manichäischen Wahnsinn" wird das „fruchtbare und ruhmwürdige Streben" nach wahrer Enthaltsamkeit (auch in der Ehe) gepriesen.

    A I. Zycha, CSEL 41, 5, 3, 1900.
    Ü E. Keseling, Würzburg 1949 (mit Kommentar).
    L M. v. Albrecht, RL, 1318–1353.

De corona →De virginibus velandis (Tertullianus)

De correctione rusticorum
„Über die Bekehrung der Bauern"

Martinus aus Braga, um 512–580 n. Chr.

Predigt (lat.).

    I Der Autor gibt interessante Einblicke in den in bäuerlichen Kreisen verbreiteten Aberglauben. Er schildert das ländliche Brauchtum seiner Zeit in Spanien.
    Q In anderen Schriften lehnt sich Martinus in der Wahl seiner Themen an Seneca an: z. B. *Formula vitae honestae* („Vorschrift für ein sittliches Leben"), *De ira* („Über den Zorn"), *De paupertate* („Über die Armut"). In den Aufsätzen *Pro repellanda iactantia* („Für die Vertreibung der Prahlerei"), *De superbia* („Über den Hochmut"), *Exhor-*

tatio humilitatis („Mahnung zur Demut") ist er von Johannes Cassianus abhängig.

    A C. P. Caspari, Kristiania 1883. PL 72, 12–52 (moralisch-asketische Schriften).
    L O. Bardenhewer 5, 379–388. L. J. Engels, NHbL. Spätantike, 606. B. Kötting: Martin v. Braga, in: LThK 7, 115 f.

De correptione et gratia →Contra duas epistulas Pelagianorum (Augustinus)

De cultu feminarum
„Über die Kleidung der Frauen"

Quintus Septimius Florens Tertullianus aus Karthago, etwa 150 – etwa 230 n. Chr.

Praktisch-asketische Schrift (lat.) in zwei B. B. 2 entstand 196 n. Chr. oder später, B. 1 entstand 205 n. Chr. oder später.

    I Tertullian verlangt von den christlichen Frauen, daß sie sich nicht der Mode der Heiden anschließen und auf jede Schönheitspflege verzichten; die Ehefrau brauche nur ihrem Mann zu gefallen. Der Autor polemisiert u. a. gegen das Schminken und das Färben der Haare. Alle Formen der Schönheitspflege seien mit christlicher *simplicitas* („Einfachheit, Schlichtheit") nicht zu vereinbaren und verfälschten das Werk des Schöpfers. – Gegen das Schminken hatte übrigens schon Xenophon im →*Oikonomikós* (Kap. 10) polemisiert.

    A S. Isetta, Florenz 1986 (lat.-it. mit Kommentar). W. Kok, Amsterdam 1934 (mit Kommentar). M. Turcan, Paris 1971 (lat.-frz. mit Kommentar).
    L R. Braun: Le problème des deux livres du *De cultu feminarum* de Tertullien – un ouvrage homogène ou deux écrits distincts?, in: Studia Patristica 7, 1966, 133–142.

De cura pro mortuis gerenda
„Über die Fürsorge, die den Toten zuteil werden muß"

Aurelius Augustinus aus Thagaste, 354–430 n. Chr.

Dogmatische Schrift (lat.)
Entstanden 421/422 n. Chr.

    I Augustinus nennt die Gründe für die pietätvolle Bestattung der Toten (1–9); darauf setzt er sich mit der Frage nach der Erscheinung der Toten auseinander (10–17)

    A I. Zycha, CSEL 41, 5, 3, 1900.
    Ü G. Schlauter/R. Arbesmann, Würzburg 1975.
    L M. v. Albrecht, 1318 bis 1353.

De definitionibus
„Über Begriffsbestimmungen"

Gaius Marius Victorinus, Mitte des 4. Jh.s n. Chr.

Philosophische Schrift zur Logik (lat.).

A Th. Stangl: Tulliana et Mario-Victoriana, Progr. München 1888, 12–48.
L M. v. Albrecht, RL, 1281–1289. E. Benz: Marius Victorinus und die Entwicklung der abendländischen Willensmetaphysik, Stuttgart 1932. P. Wessner: Marius Victorinus, in: RE 14, 2, 1930, 1840–1848.

De deo Socratis
„Über den Gott des Sokrates"

Auch zitiert als De genio Socratis („Über den Schutzgott des Sokrates").

Apuleius aus Madaura, 2. Jh. n. Chr.

Rede über die Lehre von den guten Dämonen, die zwischen Göttern und Menschen stehen (lat.). Vgl. auch Plutarch, →Perì tû Sokrátus daimoníu).

I Es handelt sich um einen Abriß der Götterlehre der platonischen Schule.

A J. Beaujeu, Paris 1973 (lat.-frz. mit Kommentar) P. Thomas, Berlin 1921.
Ü M. Baltes u. a., Darmstadt 2004 (lat.-dt.). R. del Ré, Rom 1966 (lat.-it.).
L M. v. Albrecht, RL, 1150–1164. A. Dihle, GLL, 276–279. F. Regen: Il De deo Socratis di Apuleio, in: Maia N.S. 51, 1999, 429–456 und 52, 2000, 41–66.

De dialectica →Principia dialecticae (Augustinus)

De die natali
„Über den Geburtstag"

Censorinus, 3. Jh. n. Chr.

Antiquarische Schrift (lat.).
Verfaßt 238 n. Chr. zum Geburtstag eines vornehmen Gönners, des ansonsten unbekannten Quintus Caerellius, anläßlich seines 50. Geburtstages.

I Die gelehrte Schrift behandelt Fragen, die mit dem Begriff „Geburtstag" zusammenhängen. Vor der genau in der Mitte der Schrift plazierten Laudatio des Caerellius bietet der Autor zwei wissenschaftliche Erörterungen über Werden und Wesen des Menschen und danach eine Darlegung über Fragen der Zeit und ihrer Einteilung. In die erste Erörterung sind zwei zahlenspekulative Exkurse zu astrologischen und zu musiktheoretischen Fragen eingelegt. – „Die merkwürdige Mischung von Wissenschaftstradierung und Gönnerlob ist in sorgfältig gebauter, maßvoll archaisierender Sprache vor-

getragen und beruht auf einem beträchtlichen Bildungsniveau. Sie stammt aus einer in der lateinischen Literatur sonst unfruchtbaren Epoche und gewinnt durch ihren gedankenreichen Gehalt wie durch ihre Position mitten zwischen den Zeitepochen und Gattungsgrenzen eigenes Gewicht und besonderen Wert. Kein Geringerer als Nikolaus Kopernikus hat ihn erkannt und Censorinus in seiner Schrift De revolutionibus orbium Coelestium (1543) mehrfach zitiert" (Kytzler, 90).

A F. Hultsch, Leipzig 1867. C. A. Ripsardo, Bologna 1991. K. Sallmann, Leipzig 1983.
Ü K. Sallmann, Weinheim 1988 (lat.-dt.).
L G. Bendz: Censorinus, in: dtv-L 1, 1, 294. G. Freyburger: Un païen du IIIe siècle: Censorinus, auteur du De die natali, in: REL 70, 1992, 215–227. H. Hofmann: Über die Schrift des Censorinus, in: Gymnasialprogramm Trier 1891. B. Kytzler, Lexikon, 90. K. Sallmann, Hermes 111, 1983, 223 bis 248. Schanz-Hosius 3, 219–222. G. Wissowa, RE 3, 2, 1897, 1908–1910.

De differentiis et societatibus Graeci Latinique verbi
„Über die Unterschiede und Gemeinsamkeiten des griechischen und lateinischen Verbums"

Ambrosius Macrobius Theodosius, um 400 n. Chr.

Grammatische Abhandlung (lat.), die nur in Auszügen überliefert ist.

A GrLat 5, 595–655. P. De Paolis, Urbino 1990.
L M. v. Albrecht, RL, 1179–1183. P. Wessner, RE 14, 1, 1928, 170 bis 198.

De differentiis topicis →De categoricis syllogismis (Boethius)

De diversis quaestionibus ad Simplicianum libri II
„Über verschiedene Fragen, zwei B., Simplicianus gewidmet"

Aurelius Augustinus aus Thagaste, 354–430 n. Chr.

Exegetisch-dogmatische Schrift (lat.).
Um 396/97 n. Chr. verfaßt.

I Simplicianus war seit 397 n. Chr. der Nachfolger des Ambrosius als Bischof von Mailand. Er beriet Augustinus kurz vor seinem Übertritt zur christlichen Kirche. Dieser schätzte sein theologisches Urteil sehr und widmete ihm daher die Schrift De diversis quaestionibus.

A PL 32–47 (Gesamtausgabe).
L M. v. Albrecht, RL, 1318 bis 1353.

De diversis quaestionibus octoginta tribus
„Über dreiundachtzig verschiedene Fragen"

Aurelius Augustinus aus Thagaste, 354–430 n. Chr.

Dogmatische Schrift über theologisch-philosophische Streitfragen (lat.).
Zwischen 388 und 395/96 n. Chr. verfaßt.

I Zu den Fragen gehören u. a. auch Themen der heidnischen Philosophie. So ist z. B. die *quaestio* 46 der platonischen Ideenlehre (*De ideis*) gewidmet: „Die Ideen sind im Lateinischen mit *formae* oder *species* wiederzugeben. Nennen wir sie *rationes* (geistige) Urgründe, so ist das eigentlich keine genaue Übersetzung, da die *rationes* im Griechischen *logoi* und nicht Ideen heißen. Trotzdem geht an der Sache nicht vorbei, wer die Bezeichnung *rationes* gebraucht; denn die Ideen sind gewisse letzte und höchste Urformen, unwandelbare Ursachen der Dinge, ungeschaffen und dadurch ewig, stets sich selbst gleichbleibend, weil im göttlichen Verstand beschlossen. Und weil sie selbst weder entstehen noch zerstörbar sind, behauptet man, durch sie werde alles geformt, was entstehen oder vergehen kann, und was tatsächlich entsteht und vergeht ... Aufgrund der Teilnahme an ihnen (*participatio*) entsteht alles, was ist und wie es ist" (PL 40, 29–30; Übers. A. Warkotsch).

A PL 40. CCL 44 A.
Ü C. J. Perl, Paderborn 1972 (lat.-dt.).
L M. v. Albrecht, RL, 1318–1353.

De divinatione
„Über die Weissagung"

Marcus Tullius Cicero aus Arpinum, 106–43 v. Chr.

Philosophische Abhandlung (zwei B.) in Dialogform (lat.).
Veröffentlicht im Frühsommer 44 v. Chr. kurz nach Caesars Tod (15.3.44).

I Marcus Tullius Cicero und sein Bruder Quintus erörtern auf dem Landgut des Autors, dem Tusculanum, Bedeutung und Wesen der Weissagung. Der Dialog befaßt sich mit der Frage, ob es eine „echte", d. h. begründete Weissagung (Prophetie) gibt oder nicht, und ob letztlich die Verfahrensweisen und Ziele der *divinatio* der kritischen Prüfung standhalten. Im 1. B. vertritt Quintus die stoische Lehre von der Vorsehung, die in Form einer entsprechenden Kunst, der Mantik, für die Menschen fruchtbar zu machen ist. Das Göttliche und die unsterbliche menschliche Seele sind durch Sympathie so eng miteinander verbunden, daß sie kommunizieren können. Folglich kann die Seele Einsicht in die göttliche Planung gewinnen. Mit zahlreichen Beispielen versucht Quintus die These zu beweisen, daß die zutreffende Voraussage künftiger Ereignisse möglich sei. – Im 2. B. stellt Cicero fest, daß Weis-

sagungen von Priestern und Sehern nutzlos seien. Fachleute und Sachverständige könnten auf ihren Gebieten bessere Voraussagen treffen. Jede Form der Weissagung sei als Aberglaube abzulehnen und von echter Frömmigkeit zu trennen.

Q *De divinatione* ist die erste systematische Auseinandersetzung mit dem Problem der Weissagung und den damit verbundenen Fragen. Die Weissagekunst (Mantik) wurde jedoch seit Menschengedenken praktiziert; die ersten literarischen Belege findet man in der →*Iliás*, wo der Seher Kalchas göttliche Zeichen professionell zu deuten pflegte. Die Weissagungspraxis war ein fester Bestandteil des religiösen und profanen Lebens der antiken Gesellschaften und vor allem auch der röm. Republik, in der die Weissagekunst von großer politischer Bedeutung war. Unter diesem Aspekt war die Kritik an dieser Praxis ein heikles Unternehmen, zumal sie auch für eine philosophische Autorität wie etwa den Stoiker Poseidonios ein wichtiger Bestandteil der Welterklärung war (vgl. *De divinatione* 1,6: Poseidonios schrieb fünf B. *De divinatione*, →*Perì mantikês*; s. auch Diogenes Laertius, →*Philosóphon bíon kaì dogmáton synagogé* 7,149). – Während sich Cicero für das 1. B. auf die Stoa und vor allem auf Poseidonios beziehen konnte, ist das 2. B. von der Argumentationsweise des Akademikers Karneades bestimmt, die die Schrift als ganze als ein Werk der röm. „Aufklärung" erscheinen läßt.

W These und Gegenthese werden in zwei langen Abhandlungen vorgetragen: 1,11–132 und 2,9–150. Diese sind unterschiedlich gestaltet. Die Abhandlung des Quintus ist kaum gegliedert und reich an Beispielerzählungen. Das längste Zitat stammt aus Ciceros Epos →*De consulatu suo*. Im Gegensatz zu der engagierten Rechtfertigung der Weissagekunst durch Quintus steht die systematische und klar disponierte Widerlegung Ciceros. Allerdings läßt es der Autor nicht zu einer vollständigen Niederlage des Quintus kommen. Dieser räumt zwar ein, daß die Formen „künstlicher Weissagung" (Eingeweideschau, Auspizien usw.) unbrauchbar seien; im Falle „natürlicher Weissagung" (z. B. durch Träume und Orakel) bleibt Quintus bei seiner Auffassung, so daß am Ende eine differenziertere Sicht des Problems entsteht, ohne daß man jedoch im Ganzen Gewißheit erlangt hätte. – Cicero veranschaulicht in *De divinatione* eine ihm gemäße Form des Philosophierens: die nüchterne Gegenüberstellung und Prüfung aller Gründe, die für oder gegen eine These sprechen. Diese Auffassung von philosophischer Praxis im Sinne der skeptischen Akademie bringt Cicero auf eine griffige Formel: Es gehe darum, eine Sache von zwei Seiten her zu betrachten und die Argumente dafür und dagegen zu erörtern (*in utramque partem disserere*, →*Academica priora* 2,60). – Cicero wollte mit *De divinatione* und →*De fato* die kurz zuvor entstandene Schrift →*De natura deorum* zu einer theologischen Trilogie vervollständigen.

A W. A. Falconer, London/Cambridge (Mass.) 1923 (lat.-engl.). R. Giomini, Leipzig 1975. A. S. Pease. 2 Bde.,

Urbana 1920–1923, Nachdr. Darmstadt 1963 (mit Kommentar). O. Plasberg / W. Ax, Leipzig 1938. S. Timpanaro, Mailand 1988.

Ü C. Schäublin, Düsseldorf/Zürich (2)2002 (lat.-dt.).

L M. Beard: Cicero and Divination. The Formation of a Latin Discourse, in: JRS 76, 1986, 33–46. K. Bringmann: Untersuchungen zum späten Cicero, Göttingen 1971. N. Denyer: The Case against Divination: An Examination of Cicero's De divinatione, in: Proc. Cambr. Philol. Soc. n. s. 31, 1985, 1–10. M. Fuhrmann, Cicero. J. Linderski: Cicero and Roman Divination, in: PP 37, 1982, 12–38. R. Philippson: Tullius (Nr. 29), in: RE 7 A 2, 1939, 1156–1161. Schanz-Hosius 1, 514ff. C. Schäublin: Cicero De divinatione und Poseidonios, in: MH 42, 1985, 157–167. M. Schofield: Cicero for and against Divination, in: JRS 76, 1986, 47–65.

De divinatione daemonum
„Über die Weissagung der Dämonen"

Aurelius Augustinus aus Thagaste, 353–430 n. Chr.

Apologetische Schrift (lat.).
Entstanden zwischen 406 und 411 n. Chr.

I Der Autor entwickelt die These, daß die Fähigkeit der Dämonen zur Weissagung hinter derjenigen der Engel und Propheten zurückstehe.

A I. Zycha, CSEL 41,5,3, 1900.
L M. v. Albrecht, RL, 1318–1353.

De divisione →De categoricis syllogismis (Boethius)

De doctrina Christiana
„Über die christliche Wissenschaft"

Aurelius Augustinus aus Thagaste, 354–430 n. Chr.

Hermeneutische Grundschrift (lat.) des Augustinus in vier B.: Unterweisung im wissenschaftlichen Umgang mit der Bibel, für den Klerus bestimmt.
Die ersten B. wurden wahrscheinlich um 397 verfaßt, Teile des 3. und das 4. B. nach langer Pause erst 426–427 n. Chr. fortgeführt und abgeschlossen.

I Das Werk ist nicht nur eine Anleitung zum richtigen Umgang mit der Bibel (tractatio scripturarum); es bietet nicht nur eine biblische Hermeneutik und Homiletik, sondern darüber hinaus auch eine Zeichen- und Wissenschaftstheorie. – In den B. 1–3 geht es um die „Auffindung" (inventio) dessen, was verstanden werden soll, im B. 4 um die „Art seiner Darstellung" (modus proferendi oder elocutio). Der Autor unterscheidet zwischen „Sachen" (res: B. 1) und „Zeichen" (signa: B. 2 und 3). Die „Sachen" bestehen aus solchen, die nur gebraucht werden sollen (die Welt), und solchen, die genossen werden sollen (die Gottes- und Nächstenliebe). Nur derjenige liest (die Bibel) richtig, den die Liebe zur „Sache im höchsten Sinne", d. h. zum

dreieinigen Gott, beflügelt. Liebe (in diesem Sinne) und Erkenntnis gehören zusammen; sie ermöglichen ein Zurückgehen vom Abbild zum Urbild. – Im Verhältnis zum Natürlich-Wirklichen geht es nicht um philologische oder physikalische Einzelkenntnis, sondern um philosophisch-theologische Gesamteinsicht: Die sapientia ist der scientia überlegen. – Zum Verständnis der „Zeichen" (B. 2) sind nicht nur Sprachkenntnis und weltliche Wissenschaft notwendig, sondern auch „Weisheit", die von Christus stammt. – Im 3. B. geht es um den mehrfachen Sinn (die Ambiguität) der Zeichen (bes. der Heiligen Schrift). – Im B. 4 gibt Augustin Anweisungen für den Kanzelredner im Sinne der Rhetorik. Allerdings müssen Weisheit und Eloquenz verbunden werden. „Die Rückbindung der Rhetorik an die Wahrheit, wie sie schon Platon im →Phaîdros gefordert hat, wird von dem christlichen Theoretiker der Rede mit neuem Ernst betont" (M. v. Albrecht, 1342).

Q Das Ideal des christlichen Predigers in B. 4 ist als Gegenstück zu Ciceros Redner entworfen. Literarhistorisch gesehen ist die Schrift „eine Überbietung von Ciceros →De oratore und →Orator" (M. v. Albrecht, 1341). In Anlehnung an Cicero entwirft Augustinus eine Theorie christlicher Rhetorik (KLL). Die Schrift dient der Klärung des Verhältnisses zwischen heidnischer Antike und Christentum: „Es ist der erste groß angelegte und in imponierender Geschlossenheit angelegte Versuch, die Haltung des Christentums gegenüber der einerseits als bedrohlich empfundenen, andererseits als unverzichtbar erkannten paganen Wissenschaftstradition methodologisch und theologisch zu klären" (Prestel 1992, 54). Insofern gehört die heidnische Wissenschaftstradition zu den „Quellen" der Schrift: „Daß diese Tradition in einem solchen Prozeß der Prüfung und Applikation nicht unverändert bleibt, zeigt die augustinische Aneignung sehr deutlich" (Prestel 1995, 54).

W Über die Intention des Autors gibt das Proömium Auskunft: Augustin will Regeln für die Schriftauslegung formulieren (praecepta tractandarum scripturarum). Er wendet sich ausdrücklich gegen die inspirierte Schriftauslegung und „verficht gegen die Anhänger erleuchteter Schriftkenntnis nachdrücklich den Nutzen menschlicher Belehrung" (I. Opelt, 8). Nur die wissenschaftliche Exegese führe zum Verständnis der Schrift. Der Exeget – so will es Augustin – muß die Bibel im Original (hebräisch/griechisch) lesen können, auf unnötige Gelehrsamkeit verzichten und bei allegorischer Auslegung zurückhaltend sein. Bei der Predigt soll die Rhetorik die Sache zugänglich machen und nicht von ihr ablenken. Die Disziplinen der alten Enkýklios Paideía, die liberales disciplinae, haben den Rang von Hilfswissenschaften für die Bibelexegese; sie sollen unbekannte „Zeichen" erschließen helfen. Aber diese Hilfswissenschaften bedeuten nur „Gelehrsamkeit", nicht „Weisheit". Wer sie beherrscht, ist doctus (gelehrt), nicht sapiens (weise). Die Wissenschaften sind ebenso wie die Rhetorik der *doctrina Christiana* untergeordnet. Sie dienen zwar auch der Wahrheit, aber der christlichen Wahrheit.

A L. Alici, Mailand 1989 (it.). G. M. Green, CSEL 80, 6, 1963. J. Martin, CCL 32, 1962. T. Sullivan, Washington 1930 (nur B. 4 lat.-engl. mit Kommentar).
Ü S. Mitterer, BKV[(2)] 49, 1925.
L M. v. Albrecht, RL, 1318–1353. G. Combès: Saint Augustin e la culture classique, Paris 1927. J. Engels: La doctrine du signe chez saint Augustin. Studia Patristica VI = Texte und Untersuchungen zur altchristlichen Literatur 81, 1962, 366–372. R. Lorenz: Die Wissenschaftslehre Augustins, in: ZKG. 4. Folge, 5, 67, 1955–56, 29–60 und 213–251. H. I. Marrou: Saint Augustin et la fin de la culture antique, Paris [(4)]1958, 332–503 (dt. Paderborn 1982). J. Martin: Abfassung, Veröffentlichung und Überlieferung von Augustins Schrift *De doctrina Christiana*, in: Traditio 18, 1962, 69–87. I. Opelt: *Doctrina* und *doctrina christiana*, in: AU 9, 4, 1966, 5–22. P. Prestel: Die Rezeption der ciceronischen Rhetorik durch Augustinus in *De doctrina christiana*, Frankfurt 1992.

De dolore patiendo
„Über das Ertragen des Schmerzes"

Panaitios aus Rhodos, um 185–98 v. Chr.

Cicero erwähnt diese verlorene moralphilosophische Abhandlung (gr.) in seinem Werk →*De finibus bonorum et malorum* (4,23).

I Nach dem Zeugnis Ciceros hat Panaitios in dieser dem Quintus Tubero gewidmeten Abhandlung nirgends behauptet, der Schmerz sei kein Übel. Er habe nur Wesen und Inhalt des Schmerzes dargelegt und gezeigt, wieviel Gleichgültiges darin stecke, und schließlich gesagt, wie man den Schmerz ertragen solle. So hat denn auch Panaitios die Auffassung vertreten, daß man zwar den Schmerz aushalten müsse und könne, die Schmerzempfindung ganz zu unterdrücken aber ausgeschlossen sei. Daher hat Panaitios auch (nach dem Zeugnis des Gellius →*Noctes Atticae* 12,5,10) eine völlige Gefühllosigkeit (*analgesía*) und Unempfindlichkeit (*apátheia*) abgelehnt.

L M. Pohlenz: Stoa und Stoiker. Die Gründer. Panaitios. Poseidonios, Zürich 1950, 191–255.

Dedoména
„Gegebene Größen"

Auch zitiert als *Data* („Gegebenes").

Eukleides, aus Alexandreia, um 300 v. Chr.

Einführung in die geometrische Analyse (gr.) in Ergänzung zu Euklids Hauptwerk →*Tà stoicheîa* („Elemente").

I Die Schrift enthält Sätze wie „Sind bei einer geometrischen Figur gewisse Stücke gegeben, so

sind damit auch andere Stücke der Figur gegeben." – Die *Data* „befassen sich mit planimetrischen Problemen und können als Vorübungen zur Analysis gelten, wenn man diese mit Pappos auffaßt als die Wissenschaft, Gleichungen zu untersuchen und zu lösen, mit den geometrischen Mitteln, die der modernen Algebra entsprechen" (Mau, 418).

A J. L. Heiberg / H. Menge (in Bd. 6 der Euklid-Ausgabe), Leipzig 1883–1916 (gr.-lat.).
Ü C. Thaer, Berlin 1992.
L H. Gericke: Euklid, in: dtv-L 1, 2, 107 f. J. Mau: Eukleides (Nr. 3), in: DKP 2, 416–419.

De dominica oratione
„Über das Vaterunser"

Thascius Caecilius Cyprianus aus Karthago, 1. Hälfte des 3. Jh.s n. Chr.

Eine in den Jahren 251/252 n. Chr. verfaßte Erläuterung des Vaterunser (lat.).

I Bemerkenswert ist Cyprians Verständnis von Besitz: Im Vaterunser versteht Cyprian „unser" Brot exklusiv, d. h. Christus, das Brot des Lebens, „gehört" nicht allen Menschen, sondern nur der christlichen Gemeinde (*De domin. orat.* 18).

A M. Réveillaud, Paris 1964 (lat.-frz.).
L M. v. Albrecht, RL, 1242–1252.

De domo sua ad pontifices
„Über sein eigenes Haus, an das Pontifikalkollegium gerichtet"

Marcus Tullius Cicero aus Arpinum, 106–43 v. Chr.

Plädoyer in eigener Sache (lat.).
Gehalten am 29. September 57 v. Chr., wenige Wochen nach der Rückkehr des Autors aus der Verbannung.

I Vorgeschichte: Während Cicero aus Rom verbannt war (58–57 v. Chr.), hatte Clodius Ciceros Haus am Palatin niederreißen lassen, nachdem es nach Ciceros Abreise im März 58 v. Chr. geplündert und in Brand gesteckt worden war. Clodius brachte das Grundstück bei einer Versteigerung in seinen Besitz. Er erneuerte eine Säulenhalle, die an Ciceros Grundstück angrenzte, und verband sie mit einem Stück des ciceronischen Besitztums, auf dem er ein Standbild aufstellte. Er weihte die Säulenhalle und das Standbild der Göttin *Libertas*, dem Symbol der röm. Bürgerfreiheit. Mit der gesetzlich verordneten Rückberufung aus der Verbannung wurde Cicero auch sein gesamtes Vermögen zurückerstattet. Clodius erhob wegen des palatinischen Grundstückes Einspruch: Was einer Gottheit geweiht war, galt als deren Eigentum und durfte nicht wieder in den Besitz eines Menschen übergehen. Der Senat verlangte vom Priesterkollegium ein Gutachten. Dieses wiederum forderte von Cicero und Clodius eine Stellungnahme. Ciceros Stellungnahme sollte zeigen, daß die von Clodius vorgenommene Weihung nichtig war. – Cicero geht allerdings erst im Schlußteil seiner Rede (100–141) auf die rechtliche Frage ein. Mehr als zwei Drittel der Rede befassen sich mit anderen Themen: mit der von Cicero im Senat beantragten und durchgesetzten Vollmacht für Pompeius über die Getreidevorräte, womit dieser die Versorgungsschwierigkeiten beheben sollte (3–31), und mit der Person seines Widersachers Clodius und dessen Politk (32–99); in diesem Zusammenhang ergreift Cicero die Gelegenheit zu einer groß angelegten Selbstrechtfertigung (56–99), die darin gipfelt, daß er durch sein Exil einen Bürgerkrieg verhindert habe und so zum zweiten Mal der Retter Roms geworden sei. Außerdem geht er auf die Nichtigkeit des Verbannungsgesetzes gegen ihn ein (68–71). – Das entscheidende juristische Argument war der Hinweis auf die Ungültigkeit der Weihung, weil ein röm. Beamter nur aufgrund eines entsprechenden Gesetzes ein Heiligtum weihen durfte. Dieses Gesetz aber gab es nicht. – Zum Schluß appelliert Cicero an die Oberpriester, einen für ihn günstigen Spruch zu fällen. Erst dann sei seine Rückkehr aus dem Exil wirklich vollendet (142–147). – Die Oberpriester stellten fest, daß das Grundstück an Cicero zurückgegeben werden könne, wenn keine rechtlich verbindliche Weihung stattgefunden habe. Der Senat stellte fest, daß keine entsprechende Ermächtigung des Clodius vorgelegen habe, dessen Einspruch gegen die Rückerstattung damit zurückgewiesen war. – Cicero selbst hielt diese Rede für eine seiner besten (→Epistulae ad Atticum 4,2,2), die man der lernbegierigen Jugend zu lesen geben solle. „Im ganzen aber gehört sie wohl zu den schwächeren Leistungen des großen Redners – wegen der etwas quälenden Dialektik, mit der er die Fragwürdigkeit seines Eintretens für Pompeius hinwegzudisputieren versucht, wegen der Selbstglorifizierung und nicht zuletzt wegen der mehrfach begegnenden Neigung zu allzu großer Ausführlichkeit" (Fuhrmann, 200 f.).

A T. Maslowski, Leipzig 1981. R. G. Nisbet, Oxford 1939 (mit Kommentar).
Ü M. Fuhrmann, Reden. Bd. 5.
L M. v. Albrecht, RL, 414–449. W. Sternkopf: Über die „Verbesserung" des Clodianischen Gesetzesentwurfs de exilio Ciceronis, in: Ph 59, 1900, 272–304. J. Vernacchia: L' adorazione di Clodio (Dom. 34–42), in: Ciceroniana 1, 1959, 197–213.

De dono perseverantiae →Contra duos epistulas Pelagianorum (Augustinus)

De duabus animabus →Contra Faustum Manichaeum (Augustinus)

De dubiis generibus
„Über zweifelhafte Geschlechter"

Flavius Caper, 2. Jh. n. Chr.

Verlorene grammatische Schrift (lat.) über Substantive zweifelhaften Geschlechtes.

A GrLat 7, 107–112.
L Schanz-Hosius 3, 163 f.

De XII Caesaribus
„Über die zwölf Kaiser"

Decimus Magnus Ausonius aus Burdigala, etwa 310–392 n. Chr.

Kurze Gedichte (distichische Epigramme) über die zwölf Kaiser, deren Biographien von Sueton geschrieben worden waren (lat.). Vgl. →De vita XII Caesarum libri VIII).

I Am Anfang stehen einleitende, auf alle Kaiser bezogene Gedichte in Hexametern. Auf die zwölf von Sueton behandelten Kaiser folgen die Kaiser von Nerva (reg. 96–98 n. Chr) bis Antoninus Heliogabalus (reg. 218–222 n. Chr.). – Die Texte sollten wahrscheinlich als Merkgedichte in der Schule dienen.

A R. Peiper, Leipzig 1886. K. Schenkl, Berlin 1883 (MGH, AA 5, 2). H. G. E. White. 2 Bde., London/Cambridge (Mass.) 1919–1921 (lat.-engl.).
L M. v. Albrecht, RL, 1047–1057. F. Della Corte: I Caesares di Ausonio e Mario Massimo, in: Studi Urbinati 49, 1, 1975, 483–491. M. Fuhrmann, Spätantike, 101 bis 107. R. P. H. Green: Marius Maximus and Ausonius' Caesares, in: CQ 31, 1981, 226–236.

De E apud Delphos →Perì tû EI tû en Delphoîs (Plutarchos)

De ecclesiae catholicae unitate
„Über die Einheit der katholischen Kirche"

Thascius Caecilius Cyprianus aus Karthago, 3. Jh. n. Chr.

Kampfschrift (lat.) gegen das novatianische Schisma (→De trinitate des Novatianus) und gegen die Partei des Felicissimus in Karthago. Verfaßt 251 n. Chr.

I Cyprian vertritt zwar die Auffassung, Kirche sei überall dort, wo ein rechtmäßiger Bischof sei, und der Bischof von Rom sei nur primus inter pares. Aber in klarer Abkehr von den Schismatikern vertritt Cyprian den Standpunkt, daß die Sicherheit der amtlichen Kirche die Sicherheit des Heils und des christlichen Glaubens bedeutet. Das historische Fundament der Einheit der Kirche sei das Wort Jesu an Petrus: *super unum aedificat ecclesiam* (*De unit.* 4): Die Kirche von Rom, d.h. die Kirche Petri, sei auch Zeichen der Einheit der Bischöfe untereinander. Aber damit ist für Cyprian keine wirkliche Autorität über die ganze Kirche gegeben. – Die Kirche sei die Braut Christi, die „Mutter Kirche" für alle Gläubigen: *Habere iam non potest Deum patrem, qui ecclesiam non habet matrem* („Niemand mehr kann Gott zum Vater haben, der die Kirche nicht zur Mutter hat", 6). Außerhalb der Kirche gibt es kein Heil. Es gibt aber nur die Kirche, die Christus gegründet und den Aposteln übergeben hat. Sie bleibt die eine Kirche, auch wenn sie sich über die ganze Welt verbreitet hat: Sie ist wie die Sonne, die viele Strahlen hat, aber nur ein Licht ist, oder wie der Baum, der viele Zweige hat, aber nur einen Stamm, der mit seiner Wurzel dem Baum Halt gibt, oder wie die Quelle, aus der zahllose Bäche strömen (vgl. 5). Mit diesen Bildern wird die trotz ihrer Vielfalt ewige Einheit der Kirche veranschaulicht, die kein Schisma zuläßt.

H Ein wesentlicher Anlaß für das drohende Auseinanderbrechen der Kirche war der Streit um die Wiederaufnahme von Christen, die während der Verfolgung abtrünnig geworden waren: Novatianus wollte die Wiederaufnahme völlig verbieten; Felicissimus wollte sie ohne weiteres zulassen. Cyprianus vertrat einen mittleren Standpunkt (→*De lapsis*): Die Abtrünnigen können nach ernsthafter Buße wieder aufgenommen werden.

A M. Bévenot, Oxford 1971 (lat.-engl.). W. v. Hartel, CSEL 3, 1–3, 1868–1871.
Ü J. Baer, München 1918 (BKV 34) und 1928 (BKV 60).
L M. v. Albrecht, RL, 1242–1252. H. v. Campenhausen, LKV, 37–56. P. Hinchliff: Cyprian of Carthage and the Unity of the Christian Church, London 1974. H. Koch: Cyprianische Untersuchungen, Bonn 1926. U. Wickert: Sacramentum Unitatis. Ein Beitrag zum Verständnis der Kirche bei Cyprian, Berlin 1971. U. Wickert: Cyprian, in: M. Greschat (Hg.): Gestalten der Kirchengeschichte 1. 1, Stuttgart 1984, 158–175.

De elocutione →Perì hermeneías (Ps.-Demetrios)

De errore profanarum religionum
„Über den Irrtum der heidnischen Religionen"

Firmicus Maternus aus Syrakus, 4. Jh. n. Chr.

Aufforderung (Pamphlet) an die Kaiser Constantius und Constans, das Heidentum zu beseitigen (lat.). Verfaßt um 347 n. Chr. nach dem Übertritt des Verfassers zum Christentum.

I Da der Verfasser vor allem zur Ausrottung der heidnischen Religionen und besonders der Mysterienkulte aufruft, enthält das Werk wertvolle Informationen über diese Kulte. Die Heiden sollen zwangsweise christianisiert werden.

Q Homer und Porphyrios werden zitiert, Cicero (→*De natura deorum*) und Clemens aus Alexandreia (→*Strómáteis*) benutzt.

W Als erster lat. Schriftsteller hat Firmicus die gewaltsame Unterdrückung Andersdenkender zu seinem erklärten literarischen Ziel gemacht. „Der offene Aufruf zur gewaltsamen Endlösung der Heidenfrage wird mit Zitaten aus dem Alten Testament gestützt (*err.* 29,1 f.) ... Das widerwärtige Pamphlet *De errore* macht geradezu begreiflich, daß wenig später eine vornehme Natur wie Kaiser Iulian, um die Zivilisation zu retten, zu dem verzweifelten und von vornherein zum Scheitern verurteilten Mittel der Wiederherstellung des Heidentums greifen wird. Dennoch ist das B. nicht wertlos; Firmicus ist der einzige lateinische Apologet, der die eigentlichen Konkurrenten des Christentums offen angreift: die Solartheologie und die Mysterienreligionen" (M. v. Albrecht, 1278 f.).

A R. Turcan, Paris 1982 (lat.-frz.). K. Ziegler, Leipzig 1907.
Ü A. Müller, BKV 1913. K. Ziegler, München 1953 (lat.-dt.).
L M. v. Albrecht, RL, 1276–1280. E. Boer: Firmicus Maternus, in: dtv-L 1, 2. F. Boll: Firmicus, in: RE 6, 2, 1909, 2365 bis 2379. C. Hehle: Die Auseinandersetzung des Christentums mit den heidnischen Kulten, in: Anregung 42, 1996, 91–109. K. Hoheisel: Das Urteil über die nichtchristlichen Religionen im Traktat *De errore profanarum religionum* des Iulius Firmicus Maternus, Diss. Bonn 1972. W. Hübner / A. Wlosok: Firmicus Maternus, in: HLL 5, 84–93. J. Vogt: Toleranz und Intoleranz im constantinischen Zeitalter: Der Weg der lateinischen Apologetik, in: Saeculum 19, 1968, 344–361. A. Wlosok: Zur lateinischen Apologetik der constantinischen Zeit (Arnobius, Lactantius, Firmicus Maternus), in: Gy 96, 1989, 133–148.

De excellentibus ducibus exterarum gentium →Vitae (Nepos)

De excidio et conquestu Britanniae
„Über die Vernichtung und die Klage Britanniens"

Gildas Sapiens, 6. Jh. n. Chr.

Historische Abhandlung über die Invasion der Angelsachsen in Britannien (lat.). Vor 547 n. Chr. verfaßt.

I Der Autor beschreibt das Unglück, in das das romanisierte und frühchristliche England nach dem Abzug der Römer und dem Sieg der Angelsachsen geriet, und deutet dieses Unglück als Strafe Gottes. Den regierenden Ständen hält er ihre Sittenverderbnis vor, die er als eine Ursache des Leides brandmarkt. – Das Werk ist die einzige zeitgenössische Quelle für die Geschichte der britannischen Kelten seit der röm. Besetzung: „eine düstere Bußpredigt, deren hist. Ertrag nur durch vorsichtige Kritik zu erschließen ist" (Schieffer, 893).

N Beda Venerabilis (672–735) übernahm in seiner „Kirchengeschichte des englischen Volkes" (*Historia ecclesiastica gentis Anglorum*) die Auffassung von der sächsischen Landnahme als Strafe Gottes für die verkommenen Britannier.

A Th. Mommsen, MGH, AA 13, chron. min. 3, 1896, 25–85.
L A. Lippold: Gildas, in: DKP 2, 799. T. D. O' sullivan: The *De excidio* of Gildas: Its Authenticity and Date, Leiden 1978. Th. Schieffer: Gildas der Weise, in: LThK 4, 893.

De exhortatione castitatis →De virginibus velandis (Tertullian)

De fabrica mundi
„Über die Schöpfung der Welt"

Victorinus, Bischof von Poetovio (Pettau), gest. 304 n. Chr.

Frg. aus einer Schrift des Autors zur Schöpfungswoche (lat.).

I Der Text läßt dieselbe chiliastische Tendenz (Erwartung eines tausendjährigen Reiches, in dem Christus noch vor dem Weltende mit bereits zum ewigen Leben Aufgeweckten herrschen wird) erkennen wie der von demselben Autor erhaltene Kommentar zur Apokalypse des Johannes (→*Novum Testamentum*)

A J. Haussleitner, CSEL 49, 1916.
L O. Bardenhewer 2, 657–663. J. Quasten: Victorinus, in: LThK 10, 775 f.

De fato
„Über das Schicksal"

Marcus Tullius Cicero aus Arpinum, 106–43 n. Chr.

Philosophische Schrift (lat.), von der etwa ein Drittel verloren ist.
Vollendet zwischen Mai und Juni 44 v. Chr.

I Die Schrift war wie →*De divinatione* als Ergänzung zu →*De natura deorum* gedacht. Sie befaßt sich mit der Frage, ob der Mensch in seinem Handeln vorbestimmt ist und daher nicht zur Verantwortung gezogen werden kann oder ob er über sein Handeln frei bestimmen kann. Cicero entscheidet sich für die Willensfreiheit. – Aulus Hirtius, bekannt als Fortsetzer von Caesars *Commentarii* →*De bello Gallico*, stellt Cicero das Thema, vermutlich unter dem Eindruck der Ermordung Caesars am 15. März 44, die er als Eingriff des Schicksals in Caesars Pläne deutet. – Zunächst setzt sich Cicero mit der Sympathie-Lehre des Poseidonios auseinander: Aus der inneren Solidarität, die alle Teile des Kosmos miteinander verbindet, ergibt sich „die Möglichkeit einer gewissermaßen seismographischen Divination" (Bayer, 124). Cicero akzeptiert zwar die Sympathie (*naturae contagio*) bis zu einem gewissen Grade, lehnt aber die Möglichkeit entschieden ab, daß sich aus der „Sympathie des Kosmos" ein Fatum, ein festgefügtes Schicksal, ableiten lasse. Denn vieles, was als Fügung des Schicksals erklärt werden kann, läßt sich auch naturgegebenen Umständen oder dem Zufall zuschreiben. – Im weiteren Verlauf der Erörterung geht es Cicero darum, einen Bereich des freien Willens gegen die *causae naturales*, die dem menschlichen Willen entzogenen natürlichen Voraussetzungen, abzugrenzen, hinter denen sich das geradezu naturwissenschaftlich verstandene stoische Fatum (wie es etwa von Chrysippos interpretiert wurde) verbirgt. Anhand einiger Beispiele zeigt Cicero, daß menschliches Verhalten oft gerade nicht in natürlichen Ursachen begründet ist, sondern im Willen, im Streben, in der Zucht (*non est id in naturalibus causis, sed in voluntate studio disciplina*, 11). Das alles werde zunichte, wenn Wesen und Natur des Fatums im System der Mantik (*divinatio*, Weissagekunst) eine Stütze erhalte (11). – Cicero geht ausführlich der Frage nach, ob mit Hilfe der Logik ein (unabänderliches) Fatum zu beweisen sei bzw. ob die logische Notwendigkeit als Beweis für eine kausale Determination anzuerkennen sei oder ob ein statischzeitloses Urteil prognostische Bedeutung habe für ein dynamisch-historisches Geschehen (vgl. Bayer, 131); das Ergebnis ist negativ (12 bis 20a). Gefährlich für die Freiheit des menschlichen Willens bliebe aber Chrysipp, der Vertreter des Kausalnexus, der *series causarum sempiterna* (der „ewigen Reihe der Ursachen", 20a). Denn Chrysipp vertritt die lückenlose Gültigkeit und Zwangsläufigkeit der Kausalität, der er den Namen „Fatum" gibt (21). Die Gegenposition vertritt Epikur mit seiner These von der ursachenlosen Bewegung der Atome und der Möglichkeit ihrer Abweichung (*declinatio*) von ihrer durch die Schwerkraft bedingten Bahn. Aber Cicero verwirft sowohl Epikurs Verzicht auf das Kausalprinzip als auch die Zwangsläufigkeit des Fatums. Hier bietet Karneades die Lösung (23b): Jede mechanische Bewegung habe eine Ursache. Die Seele aber habe eine grundsätzlich andere Natur, auf die von außen wirkende Ursachen keinen zwingenden Einfluß haben: *voluntatis enim nostrae non esse causas externas et antecedentis* („für den menschlichen Willen nämlich gebe es keine von außen wirkenden und vorausgehenden Ursachen", 23 b). – Während im 1. Teil der Schrift (5 bis 11a) eine Auseinandersetzung mit der Sympathie-Lehre des Poseidonios stattfindet und im 2. Teil (11b-38) das Problem der Kausalität erörtert wird, geht es im 3. Teil (39–45) um den Begriff des Fatum (bei Chrysipp) und hier besonders um die *adsensiones* („Zustimmungen") als Argument im Streit um das Fatum. (Die *adsensiones* bezeichnen die Fähigkeit, sich den unwillkürlichen Impulsen der Außenwelt oder der inneren Triebe durch Willensentscheidung zu öffnen oder zu verschließen.) Am Schluß (46–48) distanziert sich Cicero von Epikurs These von den *declinationes* der Atome. Der Text ist auch hier nicht vollständig erhalten.

A R. Giomini, Leipzig 1975. O. Plasberg / W. Ax, Leipzig 1938. R. W. Scharples, Warminster 1991 (mit Kommentar).
Ü K. Bayer, Düsseldorf/Zürich (4)2000 (lat.-dt.).
L M. v. Albrecht, RL, 414–449. R. Philippson: Tullius (Nr. 29), in: RE 7 A 2,1939, 1161–1162.

De fide ad Gratianum
„Über den Glauben, Gratianus gewidmet"

Ambrosius, Bischof von Mailand, um 340–397 n. Chr.

Dogmatische Schrift (lat.), in fünf, B. über die Trinitätslehre.

I Gratianus war 375–383 n. Chr. weström. Kaiser. Ambrosius hatte großen Einfluß auf ihn (vgl. auch Symmachus, →*Relationes*). Er widmete ihm nicht nur die Schrift *De fide*, in der er den nicaenischen (anti-arianischen) Glauben vertrat, sondern auch noch *De spiritu sancto* („Über den heiligen Geist"), eine Schrift, in der Ambrosius die Gottheit des Heiligen Geistes darlegt. Der Autor will in *De fide* zeigen, daß der Gottesbegriff der Arianer und damit auch ihre Lehre von Christus falsch ist: Wenn nämlich der Vater *prior filio* („früher als der Sohn") ist, wie die Arianer behaupten, dann hat Gott durch die Zeugung des Sohnes eine Veränderung erfahren, indem er Vater wurde; das aber widerspricht der Unveränderlichkeit Gottes, d. h. die Arianer haben einen falschen Gottesbegriff. Die *generatio* („Zeugung") muß also eine *generatio aeterna* („ewige Zeugung") sein (*De fide* 1,59–60). – In der Untersuchung *De incarnationis dominicae sacramento* („Über das Geheimnis der Menschwerdung des Herrn") zieht Ambrosius die Konsequenzen der trinitarischen Gotteslehre für die Person des Gottmenschen. – Der Glaube und der sich daraus ergebende Glaubensgehorsam ist für Ambrosius das eigentliche Element der Religion, nicht die spekulierende Vernunft: Ambrosius will die Tiefen der Gottheit „lieber fürchten als erkennen" (*De fide* 5,18,221).

A O. Faller, CSEL 78, 1962. PL 14–17 (Gesamtausgabe der Werke des Ambrosius).
Ü FC 3, 47 (lat.-dt.).
L M. v. Albrecht, RL, 1293–1304. H. v. Campenhausen, LKV, 77–108. J. Huhn: Ambrosius, in: LThK 1, 427–430. C. Markschies: Ambrosius von Mailand, in: LACL, 13–22.

De fide ad Petrum
„Über den Glauben, an Petrus"

Fulgentius, Bischof von Ruspe, 467–533 n. Chr.

Dogmatische Abhandlung (lat.).

I Anlaß des Werkes war die Bitte eines nicht näher bekannten Petrus um eine Darstellung des katholischen Glaubens. Petrus wollte sich auf diese Weise gegen häretische Gedanken schützen. – Fulgentius legt die wichtigsten Glaubenssätze in deutlicher Abgrenzung zum Arianismus dar (→*Contra Arianos*). Er beschreibt die wahre (katholische) Lehre von der Dreifaltigkeit und hebt die Wesensgleichheit des Sohnes mit dem Vater und die Einheit der Gottheit trotz der Dreizahl der Personen hervor. Fulgentius lehnt sich eng an Augustinus an. – Den Schluß der Schrift bildet eine Zusammenfassung der Dogmatik in 40 Regeln.
N Die Schrift, eine Art Kompendium der Dogmatik, war im Mittelalter sehr beliebt und für die scholastische Methode bedeutsam.

A CPL 826. H. Hurtig, Innsbruck 1895. PL 65.
Ü L. Kozelka, München 1934 (BKV(2) 2, 9).
L O. Bardenhewer 5, 303–316. J. Beumer, in: Gregorianum 23, 1942, 326–347. A. Grillmeier: Patristische Vorbilder frühscholastischer Systematik. Zugleich ein Beitrag zur Geschichte des Augustinismus, in: Studia Patristica 6, 1962, 390–408. A. Grillmeier: Fulgentius von Ruspe *De fide ad Petrum* und die *Summa Sententiarum*, in: A. Grillmeier: Mit ihm und in ihm. Christologische Forschungen und Perspektiven, Freiburg 1975, 637–679. KNLL 5, 919. G. G. Lapeyre: Saint Fulgence de Ruspe, Paris 1929. Patrologie, 453–455. M. Schmaus: Die Trinitätslehre des Fulgentius von Ruspe, Reichenberg 1930.

De fide catholica →Opuscula sacra (Boethius)

De fide catholica contra Iudaeos →Opera minora (Isidorus)

De fide et de apocryphis
„Über den Glauben und über die apokryphen Schriften"

Priscillianus aus Avila, um 340–385 n. Chr.

Theologischer Traktat (lat.).
Der anonym überlieferte und Priscillianus zugeschriebene Traktat entstand um 380 n. Chr.

I In der von Priscillianus gegründeten Sekte wurden die apokryphen Schriften der Bibel als Glaubensgrundlage angesehen. Der Autor versucht, diese von der orthodoxen Kirche (vgl. Orosius, →*Commonitorium de errore Priscillianistarum et Origenistarum*; Augustinus, →*Ad Orosium contra Priscillianistas et Origenistas*) nicht gebilligte Entscheidung zu rechtfertigen. Schon in der Heiligen Schrift lasse sich die Benutzung apokrypher Texte nachweisen. Der Autor nennt zwar keine Titel, bezieht sich aber anscheinend auf apokryphe Apostelgeschichten (→Apókryphoi bíbloi).

A   G. Scheps, Wien 1889 (CSEL 18).
L   E. C. Babut: Priscillien et priscillianisme, Paris 1909. KNLL 13, 655 f. A. Rousselle: Quelques aspects politiques de l' affaire priscillianiste, in: REA 83, 1981, 85–96.

De fide et operibus
„Über den Glauben und die Werke"

Aurelius Augustinus aus Thagaste, 353–430 n. Chr.

Dogmatische Schrift (lat.).
Entstanden 412/413 n. Chr.

I   Die These des Autors lautet, daß „Werke" unverzichtbar seien.

A   I. Zycha, CSEL 41, 5, 3, 1900.
Ü   C. J. Perl, Paderborn 1968, 88–185 (lat.-dt.).
L   M. v. Albrecht, RL, 1318–1353.

De fide et symbolo
„Über den Glauben und das Symbolum (d. i. die Erklärung des apostolischen Glaubensbekenntnisses)"

Aurelius Augustinus aus Thagaste, 353–430 n. Chr.

Dogmatische Schrift (lat.), ursprünglich als Eröffnungspredigt für das Konzil von Karthago über das Glaubenssymbol gehalten.
Entstanden 393 n. Chr.

A   I. Zycha, CSEL 41, 5, 3, 1900.
Ü   C. Perl, Paderborn 1968 (lat.-dt.)
L   O. Bardenhewer 4, 434–511. E. P. Meijering, Amsterdam 1987 (Kommentar).

De fide orthodoxa contra Arianos
„Über den rechtmäßigen Glauben, gegen die Arianer"

Auch zitiert unter dem Titel De filii divinitate et consubstantialitate („Über die Gottheit und die Wesensgleichheit des Sohnes").

Gregorius aus Elvira, gest. nach 392 n. Chr.

Theologische Abhandlung (lat.).
Entstanden kurz nach 359 n. Chr.

I   Gregorius kämpft als Verteidiger des nicaenischen Glaubens (der auf dem Glaubensbekenntnis des 1. Konzils von Nicaea im Jahre 325 n. Chr. beruht, das zur Ablehnung der Glaubenssätze des Areios/Arius führte) gegen die Beschlüsse der Synode zu Rimini (359), deren Teilnehmer sich zur

arianischen Lehre bekannten. Unter Berufung auf das biblische Zeugnis verteidigt Gregorius die Wesensgleichheit (consubstantialitas) des Sohnes mit dem Vater.

A   PL 20, 31–50 (Phoebadius).
L   J. Collantes: Gregor, Bisch. v. Elvira, in: LThK 4, 1192 f. KNLL 6, 863 f. F. Regina: Il De fide di Gregorio di Elvira, Pompeji 1942.

De fide rerum, quae non videntur
„Über den Glauben an Dinge, die nicht gesehen werden"

Aurelius Augustinus aus Thagaste, 354–430 n. Chr.

Dogmatische Schrift im Stil einer Predigt (lat.).
Nach 399 n. Chr. verfaßt.

I   Thema ist die im täglichen Leben erfahrbare Notwendigkeit des Glaubens an unsichtbare Dinge.

A   M. F. McDonald, Washington 1950 (lat.-engl. mit Kommentar). C. J. Perl, Paderborn 1968, 56–83 (lat.-dt.).
L   M. v. Albrecht, RL 1318–1353.

De fide, spe et caritate
„Über Glaube, Hoffnung und Liebe"

Auch zitiert als Enchiridium ad Laurentium („Handbüchlein, Laurentius gewidmet").

Aurelius Augustinus aus Thagaste, 354–430 n. Chr.

Zusammenfassung der Lehre des späten Augustinus (lat.).
Entstanden 421–423 n. Chr.

I   Die drei christlichen Tugenden Glaube, Hoffnung und Liebe bilden die Voraussetzung für das apostolische Glaubensbekenntnis (Symbolum) und für das Gebet des Herrn (Vaterunser). Das Glaubensbekenntnis ist die knappste Zusammenfassung des Glaubensinhalts; das Gebet des Herrn ist eine beispielhafte Form der Anrufung Gottes. – Die Unterschiede und Gemeinsamkeiten der drei Tugenden werden dargestellt: Der Glaube richtet sich auf Gutes und Böses, Vergangenes, Gegenwärtiges und Zukünftiges, auf Eigenes und Fremdes; die Hoffnung bezieht sich nur auf Gutes und nur auf Zukünftiges. Glaube und Hoffnung befassen sich mit Nicht-Sichtbarem (→De fide rerum, quae non videntur). Sie sind mitunter identisch, so z.B. wenn sich der Glaube auf Zukünftiges richtet, auf dessen Erfüllung der Glaubende hofft. Ohne Liebe sind Glaube und Hoffnung sinnlos. Beide sind auf Liebe angewiesen, die der Zweck aller Gebote ist.
W   Augustinus nimmt auch in dieser Schrift, die dem dogmatisch wenig gebildeten Leser eine Orientierungshilfe sein sollte, gegen häretische Positionen Stellung (z.B. gegen die Manichäer und gegen die Pelagianer).

A   J. Barbel, Darmstadt 1960 (lat.-dt. mit Kommentar). O. Scheel, Tübingen [2]1930, Nachdr. Frankfurt 1968. P. Simon, Paderborn [2]1963.

L   L. Balley: Der Hoffnungsbegriff bei Augustinus. Untersucht in seinen Werken *De doctrina christiana, Enchiridion sive de fide, spe et caritate ad Laurentium* und *Enarrationes in psalmos*, 1–91, Diss. München 1964. C. Eichenseer: Das Symbolum Apostolicum beim hl. Augustinus mit Berücksichtigung des dogmengeschichtlichen Zusammenhangs, St. Ottilien 1960. KNLL 1, 378. M. Löhrer: Der Glaubensbegriff des hl. Augustinus in seinen ersten Schriften bis zu den *Confessiones*, Einsiedeln 1955.

De figuris sententiarum et elocutionis
„Über Sinn- und Wortfiguren"

Aquila Romanus, 3. Jh. n. Chr.

Rhetorischer Traktat (lat.).

I   Die Schrift über ein Detailgebiet der Rhetorik diente wahrscheinlich als Hilfsmittel des Rhetorikunterrichts. Sie war Quelle für B. 5 von →*De nuptiis Philologiae et Mercurii libri IX*.

A   C. Halm: Rhetores Latini minores, Leipzig 1863, Nachdr. Frankfurt 1964, 22–37.

L   J. Brzoska, RE 2, 1, 1895, 315–317. M. L. Clarke: Rhetoric at Rome, [2]1962, 139 f.

De figuris sententiarum et elocutionis libri duo →Schémata léxeos (Rutilius Lupus)

De finibus bonorum et malorum
„Über das höchste Gut und das größte Übel"

Marcus Tullius Cicero aus Arpinum, 106–43 v. Chr.

Philosophische Abhandlung (lat.) in Form eines aristotelischen Dialogs (fünf B.).
Entstanden vermutlich zwischen dem 15. Mai und dem 30. Juni 45 v. Chr. (vgl. →*Epistulae ad Atticum* 13,19,4) und Marcus Iunius Brutus (85–42 v. Chr.), dem späteren Caesar-Mörder, gewidmet, dem Cicero schon andere Werke zugeeignet hatte (→*Brutus*, →*Paradoxa Stoicorum*, →*Orator*) und noch zueignen wird (→*Tusculanae disputationes*, →*De natura deorum*).

I   Verschiedene Lehrmeinungen über das höchste Gut werden in drei Scheindialogen vorgetragen: B. 1: Lucius Manilius Torquatus vertritt die Auffassung der Epikureer. B. 2: Cicero widerspricht dieser Auffassung. B. 3: Marcus Cato stellt die Lehre der Stoiker dar. B. 4: Cicero antwortet darauf, indem er sich auf den Standpunkt der Akademiker stellt. B. 5: Marcus Pupius Piso vertritt die akademische und peripatetische Auffassung vom höchsten Gut. Cicero nimmt vom Standpunkt der Stoiker aus Stellung. – Das erste Gespräch (1. und 2. B.) findet gegen En-

de des Jahres 50 v. Chr. in Ciceros Landhaus bei Cumae statt. Im Proömium zum 1. B. legt Cicero die Motive für seine philosophische Schriftstellerei dar (1,1–11) und begründet das Thema (11). Lucius Torquatus, der gerade bei Cicero zu Besuch ist, fragt nach den Gründen für Ciceros Geringschätzung Epikurs (13–14). Cicero spricht von philosophischen Unzulänglichkeiten der epikureischen Lehre (15–26). Torquatus empfiehlt, die Erörterung auf den für Epikur zentralen Begriff der Lust zu begrenzen (26–29), der nach Epikur das höchste Gut ist (30–32). Der Begriff der Lust bedarf differenzierter Betrachtung; mitunter sei auch auf Lustgewinn zu verzichten. Man müsse unterscheiden zwischen Lustgewinn im Einzelfall und dem Zustand der Schmerzlosigkeit als höchster Lust (32–39). Es folgen Beispiele für Lust und Schmerz (40–42). Die Tugend ist kein um seiner selbst willen zu erstrebendes Ziel, sondern ein Mittel zur Lust (42–54). Torquatus veranschaulicht dies an der Weisheit und ihrer Bedeutung für die Beherrschung unterschiedlicher Begierden (42–46), dann an den Einzeltugenden Mäßigung, Tapferkeit und Gerechtigkeit (47–54). Die Voraussetzungen von Lust und Schmerz liegen im Körperlichen, unter dem Aspekt der Zeit erhalten sie im Seelischen ein größeres Gewicht (55–57). Unter dem Gesichtspunkt des Zusammenhangs von Lust und Tugend sei die epikureische der stoischen Lehre vorzuziehen (58–61). Der Darstellung des epikureischen Weisen folgt die epikureische Begründung für den Vorrang der Naturphilosophie gegenüber der Dialektik der Akademiker (62–64). Am Schluß wird die epikureische Lehre von der Freundschaft und ihr Verhältnis zur Tugend dargelegt (65–70) und Epikurs Konzentration auf die Kunst der Lebensführung gerechtfertigt (71–71). – Die Kritik an der epikureischen Lehre im 2. B. wird mit einer Methodenreflexion eröffnet. Eine wesentliche Voraussetzung für das Gelingen einer philosophischen Erörterung ist eine klare Definition von Begriffen. Hier liegt für Cicero eine Schwäche der epikureischen Argumentation. Hinzu kommen logische Unstimmigkeiten (1–19). Die Fragwürdigkeit der epikureischen Lehre soll an einigen epikureischen Sentenzen demonstriert (20–23) werden; die Wertlosigkeit der Lust (23–25) wird sich anschließend erweisen. Cicero wirft Epikur fehlerhafte Sytematisierung vor, wie z.B. die widersprüchliche Einteilung der Begierden und das Nebeneinander von herkömmlicher Lust und der Bestimmung von Schmerzlosigkeit als höchste Lust (26–30). Unverbildete Lebewesen gewinnen ihre Lust gerade nicht aus der Schmerzlosigkeit (31–32). Cicero weist Epikur die Fehlerhaftigkeit des logischen Zusammenhangs zwischen der Bestimmung des höchsten Gutes und der Beobachtung naturgemäßen Verhaltens bei anderen Philosophenschulen nach (33–35). Epikur schätze die Bedeutung der Sinneswahrnehmung für die Bestimmung des höchsten Gutes als zu hoch ein; die Tugend sei für die Bestimmung des höchsten Gutes ausschlaggebend (36–43). Die Vernunft lasse die Tugend als das natürliche Ziel und damit als das höchste Gut des Menschen erscheinen (44–47). Die Tugend könne nicht Mittel zum Zweck sein; sittlich gutes Handeln setze eine um ihrer selbst willen erstrebte Tugend voraus (48–63). Zur Veranschaulichung werden Beispiele genannt (64–69). Die Behauptung, die Tugend sei die notwendige Voraussetzung der Lust, führe zu einer Abwertung aller Tugenden und sei schließlich auch nicht mit den Anforderungen wahrer Freundschaft zu vereinbaren (70–85). Ein entscheidender Einwand gegen das epikureische Verständnis vom höchsten Gut ist die Unsicherheit hinsichtlich der Verfügungsgewalt des Menschen über die Lust, die doch stets zeitlich begrenzt sei (86–89). Es folgen weitere Einwände und Hinweise auf Widersprüche. Unerträglich sei vor allem das Mißverhältnis zwischen der Fülle menschlicher Möglichkeiten und der Konzentration auf das alleinige Ziel der Lust (90–117). Cicero fordert Torquatus auf, sich diesem Problem zu stellen; dieser erklärt seine Absicht, die aufgeworfenen Fragen mit anderen Epikureern zu erörtern. – Das zweite Gespräch (3. und 4. B.) findet im Jahre 52 v. Chr. in der Villa des jungen Lucullus bei Tusculum statt. Nach grundsätzlichen Ausführungen über den höheren Anspruch der stoischen Schule im Vergleich zu den Epikureern (3, 1–9) wird die Frage gestellt, was der stoische Grundsatz, daß nur die Tugend ein Gut sei, bedeute (10 bis 14). Cato soll die Frage im Rahmen einer Gesamtdarstellung der stoischen Ethik beantworten: Das Ziel des Menschen sei die Tugend, verstanden als höchste Verwirklichung eines Lebens in Übereinstimmung mit der Natur. Darin liege die vollkommene Glückseligkeit. Nur das sittlich Gute sei ein erstrebenswertes Gut, das von den wertneutralen Dingen und von den Lastern abzugrenzen sei (14–40). Die zwischen Stoikern und Peripatetikern umstrittene Frage nach den Voraussetzungen des glücklichen Lebens (41) wird von Cato mit der strikten Beschränkung auf die Tugend beantwortet: die Tugend sei die einzige Voraussetzung des Glükkes; alles andere sei den „mittleren" Dingen zuzuordnen, die sich dem Zugriff des Menschen entzögen (42–61). Anschließend werden u.a. verschiedene Formen zwischenmenschlicher Beziehungen diskutiert, und am Schluß steht ein Lob der stoischen Lehre und des stoischen Weisen (62–76). – Im 4. B. antwortet Cicero auf Catos Darlegungen. Zunächst sollen die Lehren der stoischen und der peripatetisch-akademischen Schule miteinander verglichen werden; dabei ist zu klären, warum die Stoiker eigene Wege gesucht hätten (1–24). Ciceros Ziel ist es nachzuweisen, daß die stoische Beschränkung auf das höchste Gut auf die Tugend ein Fehler sei (25–43). Das von den Stoikern konstruierte Verhältnis zwischen der Tugend und den naturgemäßen Dingen sei inkonsequent und unlogisch (44–48). Die Stoiker gingen von falschen und im Widerspruch zu den Erfahrungen des Lebens stehenden Voraussetzungen aus (49–60). Die stoischen Paradoxien seien unhaltbar (61–78). Am Schluß steht ein Hinweis auf Panaitios (79–80). – Das dritte Gespräch (5. B.) läßt Cicero in Athen stattfinden, und zwar im Jahre 79 v. Chr. während seiner Studienzeit. Außer Cicero, seinem Bruder Quintus, dem Vetter Lucius ist neben Pupius Piso, dem Hauptredner, auch Atticus anwesend. Piso soll den jungen Lucius für die Philosophie der alten Peripatetiker und Akademiker begeistern (1–11). Das höchste Gut soll im Anschluß an Aristoteles erläutert werden; die Bedeutung des Themas wird hervorgehoben (12–15). Die folgenden Überlegungen gipfeln in der Feststellung, daß die Lehre der alten Peripatetiker und Akademiker am wenigsten anfechtbar sei: Jedes Lebewesen habe seine natürliche Bestimmung, in deren vollkommener Verwirklichung das höchste Gut zu sehen sei (16–27): *... id esse in bonis ultimum, secundum naturam vivere, quod ita interpretemur: vivere ex hominis natura undique perfecta et nihil requirente,* 26 („... daß dies das höchste Gut sei, seiner Natur gemäß zu leben, was wir so interpretieren wollen: zu leben nach der Natur des Menschen, wenn sie in jeder Hinsicht vollkommen ist und nichts weiter sucht"). Die folgenden Ausführungen sollen diese Bestimmung stützen (28–45). Dann geht Piso auf die natürlichen Antriebe des Menschen zur Entfaltung seiner geistigen und körperlichen Fähigkeiten ein (46–58). Der Mensch braucht allerdings eine entsprechende Anleitung durch die Philosophie (59–60). Die Verwirklichung der Tugend ist auf die menschliche Gemeinschaft angewiesen. Obwohl die körperlichen Güter nicht ganz bedeutungslos seien, so würden sie doch vom Glanz der Tugend überstrahlt, wenn es um die Bestimmung des höchsten Gutes gehe (61–72). Nach einem kurzen Übergang (73–76) äußert Cicero Bedenken gegenüber Pisos Behauptung, daß der Weise immer glücklich sei, obwohl er doch auch von Übeln bedrängt werden könne (77). Cicero vermißt die logische Stringenz in Pisos Ausführungen; das gilt vor allem für die Abstufung zwischen einem glücklichen und einem vollkommen glücklichen Leben (78–86). Die (realistische) Annahme gradueller Unterschiede hinsichtlich des Glückes bleibt am Schluß unwidersprochen (87–96).

Q Die epikureischen Lehrmeinungen können Cicero durch Philodemos (vgl. *De finibus* 2, 119) und seinen epikureischen Lehrer Phaidros vermittelt worden sein. – Die stoischen Lehren im 3. B. können durch Antiochos (vgl. *De finibus* 5,6 ff.) an Cicero gelangt sein, falls der Autor nicht wie in →De natura deorum aus einem stoischen Handbuch geschöpft hat. – Auch für die Auseinandersetzung mit Akademie und Peripatos im 5. B. kann Cicero auf ein Werk des Antiochos zurückgegriffen haben, das die akademisch-peripatetische Lehre nach Aristoteles und Theophrast darstellte. – Die Form des „Schein"-Dialogs übernahm Cicero von Aristoteles: Am Anfang steht die persönliche Vorrede, und der Dialog ist auf weite Strecken in längere Reden der Beteiligten aufgegliedert.

W Das Werk gehört zu Ciceros Plan, den Römern die gr. Philosophie in lat. Sprache zugänglich zu machen. Es geht ihm hier vor allem um die bedeutenden hellenistischen Philosophenschulen und deren zentrales Thema: der Mensch und seine Möglicheiten zur Bewältigung des Lebens.

N Seneca ist der erste namhafte Vertreter der röm. Philosophie, der mit Cicero in einem sprachlichen und sachlichen Traditionszusammenhang steht. Das gilt vor allem für die Vermittlung der stoischen Philosophie, die Cicero mit *De finibus* in lat. Sprache darstellbar und mitteilbar gemacht hatte. – Die frühen christlichen Autoren setzten sich intensiv mit Cicero auseinander. Allerdings sind es bei Minucius Felix (→*Octavius*), Laktanz und Hieronymus eher andere philosophische Schriften (→*De natura deorum*, →*De divinatione*, →*De officiis*) als *De finibus*. Bei Laktanz fehlen Zitate aus *De finibus* völlig. Augustinus erwähnt dagegen seine Lektüre von *De finibus* (→*Confessiones* 6,16,26). – Im Mittelalter spielt *De finibus* keine erwähnenswerte Rolle. Die älteste erhaltene Handschrift, der Palatinus Latinus 1513, stammt aus dem 11. Jh. Die Editio princeps erscheint 1470 in Köln. – Schon durch Petrarca (1304–1374) war die Nähe zu Cicero wieder hergestellt worden, und Hugo Grotius (1583–1645), Spinoza (1632–1677), John Locke (1632–1704) und Jean-Jacques Rousseau (1712–1778) ließen sich vor allem durch die Darstellung der stoischen Oikeiosis-Lehre in *De finibus* (3,16 und 3,21) beeinflussen.

A J. Martha, Paris 1955. H. Rackham, London 1914 (lat.-engl.). J. S. Reid, Cambridge 1925, Nachdr. Hildesheim 1968, nur 1. und 2. B. L. D. Reynolds, Oxford 1998. Th. Schicke, Leipzig 1915, Nachdr. Stuttgart 1961.
Ü K. Atzert, Zürich/Stuttgart 1967 (lat.-dt.). O. Büchler, Bremen 1957. O. Gigon / L. Straume, Düsseldorf/Zürich [(2)]2002 (lat.-dt.). A. Kabza, München 1960 (lat.-dt.). H. Merklin, Stuttgart 1998 (lat.-dt.). R. Nitsche, Zürich 1949.
L M. v. Albrecht, RL, 414–449. F. Gianotti: Der innere Grundzug von *De finibus*, in: K. Büchner (Hg.): Das neue Cicerobild, Darmstadt 1971, 388–416. A. Lörcher: Das Fremde und das Eigene in Ciceros B. *De finibus bonorum et malorum* und in den *Academica*, Halle 1911. G. Patzig: Cicero als Philosoph am Beispiel der Schrift *De finibus*, in: Gy 86, 1979, 304–322. M. Schäfer: Ein frühmittelstoisches System der Ethik bei Cicero. Untersuchung von Ciceros drittem Buche *De finibus bonorum et malorum* nach Aufbau und Zugehörigkeit auf Grund griechischer Quellen zur stoischen Ethik, München 1934. M. Valente: L' éthique Stoicienne chez Cicéron, Paris 1956.

Definitiones
„Begriffserklärungen"

Heron aus Alexandreia, 1. Jh. n. Chr.

Als Teil einer Sammlung mathematischer Aufgaben aus dem 11. Jh. n. Chr. überlieferter Katalog von mathematisch-geometrischen Begriffserklärungen in 132 Paragraphen. In 130–131 werden praxisbezogene Maßeinheiten aufgeführt (gr.).

A W. Schmidt / L. Nix / H. Schöne / J. L. Heiberg:

Heronis Alexandrini opera. 5 Bde., Leipzig 1899–1914 (gr.-dt.: *Definitiones* in Bd. 4, 1912).
L J. G. Landels: Die Technik in der antiken Welt, München 1979, 241–253.

De fluminibus, fontibus, lacubus, nemoribus, paludibus, montibus, gentibus per litteras libellus
„B. über Flüsse, Quellen, Seen, Wälder, Sümpfe, Berge, Völker in alphabetischer Reihenfolge"

Vibius Sequester, 4. oder 5. Jh. n. Chr.

Handbuch (lat.) geographischer Namen, die in alphabetischer Reihenfolge erläutert werden. – Der Autor benutzte Kommentare zu Vergil, Ovid, Lucan und Silius Italicus.

A R. Gelsomino, Stuttgart/Leipzig 1967. GLM 145–159.
L M. Kießling, Philologische Wochenschrift 30, 1910, 1469 bis 1476. W. Strzelecki, RE 8 A 2, 1958, 2457–2462.

De fuga in persecutione →De virginibus velandis (Tertullianus)

De generatione animalium →Perì zóon genéseos (Aristoteles)

De generatione Verbi →Ad Candidum Arianum (Marius Victorinus)

De generatione et corruptione →Perì genéseos kaì phthorâs (Aristoteles)

De genesi ad litteram
„Über die Genesis nach dem Wortsinn"

Aurelius Augustinus aus Thagaste, 353–430 n. Chr.

Kommentar in 12 B. zu den ersten drei Kapiteln der Genesis (lat.).
Entstanden zwischen 401 und 415 n. Chr.

I Gott hat in einem einzigen Akt Himmel und Erde, d. h. Ideen oder Formen und die Materie, aus dem Nichts erschaffen. Er hat keine ungeformte Materie erzeugt. Außer den von vornherein geformten Geschöpfen (Engel, Gestirne, Elemente, die menschliche Seele) gibt es nur im Keim angelegte Produkte der Schöpfung, die Augustinus „Keimgründe" oder „Samenideen" (*rationes seminales*) nennt, die dem Leib Adams und den Lebewesen zugrunde liegen. „Die Samenidee ist ein dem Samenstoff mitgegebener Urgedanke Gottes, der im Samen selbst als Idee des künftigen Samenprodukts präexistiert. Gemäß dem Schriftwort (B. der Weisheit) hat Gott alles nach Maß, Zahl und Gewicht geordnet. Gottes Urgedanken sind also die Urbilder der Zahlenstruktur aller Dinge, worunter Augustin nicht nur die zahlenmäßige Struktur des räumlichen Seins (die *numeri spatiales*), sondern ebenso die des zeitlichen Werdens und Tätigseins (*numeri temporales*) versteht. Die Urgedanken enthalten daher die ganze Partitur des Werdens, Seins und Tätigseins der Lebewesen" (KNLL 1, 869).

A   B. Martin, Madrid 1957. I. Zycha, CSEL 28, 3, 2, 1894.
Ü   C. J. Perl. 2 Bde., Paderborn 1961–1964.
L   M. v. Albrecht, RL, 1318–1353. A. Coccia: La creazione simultanea secondo san Agostino, Diss. Rom 1948. J. de Blic: Platonisme et christianisme dans la conception augustienne du Dieu créateur, in: Recherches de Science Religieuse 30, 1940, 172–190. KNLL 1, 869–870. K. Staritz: Augustins Schöpfungsglaube, dargestellt nach seinen Genesisauslegungen, Breslau 1931. H. Woods: A. and Evolution. A Study on the Saint's *De genesi ad litteram* and *De trinitate*, Santa Clara (Calif.) 1924.

De genesi contra Manichaeos →Contra Faustum Manichaeum (Augustinus)

De gente populi Romani
„Über die Herkunft des römischen Volkes"

Marcus Terentius Varro aus Reate, 116–27 v. Chr.

Antiquarisch-historische Schrift in vier B. (lat.), nicht erhalten.

I   Das Werk beginnt tief in der mythischen Vergangenheit des röm. Volkes (vgl. Augustinus, →*De civitate Dei* 18, wo das Werk erwähnt wird). Es liefert die Vorgeschichte zu Varros (ebenfalls verlorenes) Werk *De vita populi Romani* („Über das Leben des römischen Volkes"). – Für *De gente populi Romani* sind die →*Chroniká* des Kastor aus Rhodos die wichtigste Informationsquelle. Kastor stellt in sechs B. orientalische, gr. und röm. Geschichte bis 61/60 v. Chr. tabellarisch zusammen. Auch Kastor beginnt sein Werk in der mythischen Urzeit.

L   M. v. Albrecht, RL, 472–490. L. R. Taylor: Varro's *De gente populi Romani*, in: ClPh 29,1934, 221–229.

De gestis Pelagii →Contra duas epistulas Pelagianorum (Augustinus)

De gestu
„Über die Körperhaltung" (oder „Über das Gebärdenspiel")

Lucius Plotius Gallus, 2./1. Jh. v. Chr.

Verlorene rhetorische Lehrschrift (lat.). Wahrscheinlich um 95 v. Chr. verfaßt, als der Autor in Rom eine lat. Rhetorenschule zu gründen ver-

suchte. – Ein senatorisches Edikt des Jahres 92 v. Chr. diente allerdings dem Zweck, die Tätigkeit röm. Rhetoren zu unterbinden (vgl. Gellius, →*Noctes Atticae* 15,11,2; Suetonius, →*De grammaticis et rhetoribus* 1 f.).

I   Quintilian, →*Institutio oratoria* 11,3,143, erwähnt die Schrift im Rahmen seiner Ausführungen über den Vortrag (*actio*), das fünfte Arbeitsstadium des Redners, in der es vor allem um die Verwendung der Stimme und des Gebärdenspieles, d. h. um eine Rhetorik des Körpers, geht. Gallus dürfte hierüber Maßgebliches gesagt haben.

L   K. Ziegler, RE 21, 1, 1951, 598–601.

De gloria
„Über den Ruhm"

Marcus Tullius Cicero aus Arpinum, 106–43 v. Chr.

Politische Schrift in zwei B. (lat.), nicht erhalten. Vor →*De officiis*, d. h. vor Oktober/November 44 v. Chr. verfaßt; Cicero erwähnt die Schrift in *De off.* 2,31 (vgl. auch Gellius, →*Noctes Atticae* 12, 6).

I   Vermutlich stehen die Äußerungen in *De officiis* 2,31 nicht im Gegensatz zu entsprechenden Ausführungen in der verlorenen Schrift: „Der höchste und vollkommene Ruhm besteht aus folgenden drei Dingen: wenn die Menge liebt, wenn sie Vertrauen hat, wenn sie mit einer gewissen Bewunderung Leute für würdig der Ehre hält" (Übers. K. Büchner): „Das Entscheidende ist, daß der Inhalt gefährlich gewesen ist; denn Cicero bittet Atticus (→*Epistulae ad Atticum* 16,2,6), er solle vorsichtig sein: ,hüte das Werk …, wie du es zu tun pflegst' (*custodies …, ut soles*). Er solle nur ausgewählte Stellen seinen Gästen vorlesen lassen und nur nach guter Bewirtung. Das bedeutet allerdings sehr viel, wenn die Gäste des Atticus in einer Zeit, wo Caesar tot war, Anstoß nehmen konnten, und man darf daraus schließen, daß diese Schrift nichts anderes war als eine Schrift gegen den toten Caesar. Caesars Ruhm, das war es, was der neuen *res publica* entgegenstand, selbst nach seinem Tode noch, der Ruhm, den der Erfolg, das Beispiel übermenschlicher Macht, eingebracht hatte, und der seine Anhänger noch nach seinem Tode blendete" (Büchner, 430).

A   O. Plasberg, Leipzig 1917.
L   K. Büchner, Bestand und Wandel, 429 f.

De grammatica
„Über Grammatik"

Aurelius Augustinus aus Thagaste, 354–430 n. Chr.

Philosophisch-rhetorische Schrift (lat.), in zwei Auszügen erhalten; die Echtheit ist fraglich. Das Werk war bereits 436 n. Chr. verschollen.

A   PL 32, 1385–1408. GrLat 5, 496–524.
L   M. v. Albrecht, RL, 1318–1353.

De grammaticis et rhetoribus
„Über Grammatiker und Rhetoren"

Gaius Suetonius Tranquillus, etwa 75–150 n. Chr.

Kurze Lebensbeschreibungen von Grammatikern und Rhetoren (lat.). Die Lebensbeschreibungen stammen aus dem umfassenderen Werk →*De viris illustribus*, das ansonsten nicht erhalten ist.

I   Sueton folgt dem von den alexandrinischen Philologen geprägten Schema und behandelt Geburt, frühen Werdegang, öffentliches Wirken, Privatleben, Charakter, äußere Erscheinung, Tod der dargestellten Personen. Die behandelten Grammatiker waren Saevius Nicanor bis Marcus Valerius Probus (2. Hälfte des 1. Jh.s n. Chr.). Die Rhetoren reichten ursprünglich von Lucius Plotius Gallus, der im Jahre 95 v. Chr. die erste Rhetorenschule in Rom gründete (vgl. →*De gestu*), bis Quintilian (etwa 35–100 n. Chr.) bzw. Iulius Tiro.

A   G. Brugnoli, Leipzig [3]1972. F. Della Corte, Turin [3]1968 (lat.-it. mit Kommentar). R. A. Kaster, Oxford 1995.
Ü   W. Krenkel: Sueton. Werke in einem Band, Berilin/ Weimar 1965. H. Martinet, Düsseldorf 1997 (lat.-dt.).
L   C. Bione: C. Suetonii Tranquilli *de grammaticis et rhetoribus* liber, Palermo 1941. G. Funaioli: Suetonius, in: RE 2, 7, 1931, 593–641. R. A. Kastner: Studies in the text of Suetonius *De grammaticis et rhetoribus*, Atlanta 1992. T. Viljamaa: Suetonius on Roman Teachers of Grammar, in: ANRW 2, 33, 5, 1991, 3826–3851.

De gratia Christi et de peccato originali contra Pelagium et Caelestium →Contra duas epistulas Pelagianorum (Augustinus)

De gratia et libero arbitrio →Contra duas epistulas Pelagianorum (Augustinus)

De gratia novi testamenti →Contra duas epistulas Pelagianorum (Augustinus)

De gubernatione Dei
„Über die Regierung Gottes"

Salvianus aus Massilia, um 400–480 n. Chr.

Entstanden zwischen 429 und 451 n. Chr.

I   Der Autor schildert in apologetischer Absicht die Gerechtigkeit Gottes: Die Römer haben das über sie hereinbrechende Unglück mit ihrer Sittenlosigkeit selbst verschuldet. Diese These wird an instruktiven Beispielen für öffentliche Mißstände in Rom veranschaulicht. Die sittenreinen Barbaren (Vandalen) haben die lasterhaften Römer zu Recht geschlagen. Aufgrund ihrer moralischen Überlegenheit vollziehen die Germanen an den Römern das göttliche Gericht.
Q   Der Autor betont zwar seine Eigenständigkeit, benutzt aber die Argumente der von ihm verdammten heidnischen Autoren, so z. B. der Stoiker. Mit dem Gedanken von der Seelenheilung durch radikale Änderung des Lebenswandels steht Salvianus in stoischer Tradition.
H   Die Entstehungszeit des Werkes fällt mit dem Höhepunkt der Völkerwanderung zusammen. Salvianus versucht als Römer und Christ die historischen Vorgänge dieser Zeit zu deuten und die Ursachen für den Untergang der röm. Welt zu klären. Die Schrift ist „die aufschlußreichste Quelle für die inneren Zustände des weströmischen Staates, die einzige, die uns den ganzen Jammer der Zeit unmittelbar in seiner grausigen Wirklichkeit sehen läßt" (E. Stein, 511).
W   Salvianus wollte angesichts des Untergangs des weström. Reiches seinen am Christentum zweifelnden Zeitgenossen die Augen für die Gerechtigkeit Gottes öffnen. Die Schrift sollte als Heilmittel wirken und den Römern zeigen, daß nur in Nächstenliebe und Keuschheit die Rettung liege.
N   „Salvian, der sein Glaube, seine moralische Integrität und seine Intelligenz die inneren Schäden Roms deutlicher haben erkennen lassen als fast alle seine Zeitgenossen, verdient einen Ehrenplatz in der Geschichte des menschlichen Gewissens" (M. Fuhrmann 1994, 290 f.).

A   C. Halm, MGH, AA 1, 1, 1877. G. Lagarrigue, SC 220, 1975. F. Pauly, CSEL 8, 1883.
Ü   A. Gärtner, RLTD 5, 504–519 (lat.-dt. in Auswahl). A. Mayer, BKV[(2)] 9, 1935.
L   W. Blum: Das Wesen Gottes und das Wesen des Menschen nach Salvian von Marseille, in: Münchner Theologische Zeitschrift 21, 1970, 327–341. P. Courcelle: Histoire littéraire des grandes invasions germaniques, Paris [3]1964. M. Fuhrmann: Die lateinische Literatur der Spätantike, in: A & A 13, 1967, 56 bis 79. M. Fuhrmann, Spätantike, 288–291. J. Gruber: Salvianus *De gubernatione dei*. Eine spätlateinische Ergänzung zur Oberstufenlektüre, in: AU 21, 2, 1978, 60–72. J. Gruber, Europäische Literatur, 12–17. KLL 2430 f. E. Stein: Die Geschichte des spätrömischen Reiches. Bd. 1, Wien 1928.

De habitu virginum
„Über das Gewand der geweihten Jungfrauen"

Thascius Caecilius Cyprianus aus Karthago, 3. Jh. n. Chr.

Aus dem Jahre 249 n. Chr. stammende Erbauungsschrift (lat.).

I   Cyprian erweist sich in dieser Schrift als ein Freund von Ordnung und Disziplin. So steht am Anfang ein Hymnus auf die *disciplina* (*De habitu virg.* 1). – Dem Leser wird ein Ideal der Jungfräulichkeit vor Augen gestellt, das keine Putzsucht und keinen Weltsinn zuließ.

A   W. v. Hartel, CSEL 3, 1–3, 1868–1871.
L   N. Adkin: Cyprian's *De habitu virginum* and Jerome's *Libellus de virginitate servanda* (Epist. 22), in: CeM 46, 1995, 237–254. M. v. Albrecht, RL, 1242–1252. O. Mauch: Der lateinische Begriff der *disciplina*. Eine Wortuntersuchung, Diss. Basel 1941. B. Studer, in: NHbL. Spätantike, 151–172.

De haruspicum responso in Publium Clodium
„Über das Gutachten der Opferschauer, gegen Publius Clodius"

Marcus Tullius Cicero aus Arpinum, 106–43 v. Chr.

Rede vor dem röm. Senat (lat.).
Gehalten im Jahre 56 v. Chr.

I   Vorgeschichte: Der Senat ließ zu bestimmten Vorkommnissen, die als Wunderzeichen verstanden wurden, Gutachten von den Opferschauern (*haruspices*) anfertigen. Das Gutachten des Jahres 56 v. Chr. bezog sich auf ein unterirdisches Geräusch. Die Opferschauer erklärten, daß das Phänomen u. a. darauf hindeute, daß heilige und für den Kult bestimmte Stätten behandelt würden, als ob sie nicht geweiht worden wären. Clodius bezog diesen Passus auf Ciceros Grundstück am Palatin, auf dem er während der Verbannung Ciceros ein Heiligtum der *Libertas* eingerichtet hatte (→*De domo sua ad pontifices*). Clodius versuchte daraufhin, das im Bau befindliche Haus Ciceros wieder abreißen zu lassen. Es kam zwischen Cicero und Clodius zu einem Streit im Senat. Kurz darauf hielt Cicero die Rede, mit der er zeigen wollte, daß Clodius die Ursache für die Übel sei, auf die sich das Gutachten der Opferschauer vor allem in seinen politischen Aussagen über die Gefahren für den Staat bezog. – Zu Beginn der Rede nennt Cicero u. a. den Zweck seines Auftretens: Er will beweisen, daß sich das Gutachten in allen Punkten auf Clodius (und nicht auf ihn selbst) bezieht (1–10). In einem apologetischen Teil (11–17) weist Cicero darauf hin, daß der Wiederaufbau seines Hauses durch keine kultische Bindung belastet sei. In seinem Gegenangriff (18–63) setzt sich Cicero sehr gründlich mit dem Gut-

achten in allen seinen Bezügen auseinander. Er liefert sozusagen eine Interpretation, die Clodius als die Ursache der Rügen der Opferschauer erscheinen läßt. In diesem Zusammenhang (40–63) deutet Cicero vor dem Hintergrund der Warnungen der Opferschauer die politische Lage, die nach der Erneuerung des Triumvirates zwischen Pompeius, Caesar und Crassus in der Konferenz von Lucca (56 v. Chr.) entstanden war. Cicero hebt hervor, wie Clodius von der Zwietracht zwischen den Optimaten und den Triumvirn profitiert habe, weil er sich als Meister des Doppelspieles und des Parteiwechsels bewährt habe. Dieses politische Verhalten des Clodius stellt Cicero als Ursache der gegenwärtigen politischen Krise dar, die sich dadurch beheben lasse, daß sich der Senat von Clodius distanziere und mit den Triumvirn verhandle. „Sein Rezept beruht auf der grundverkehrten Annahme, der Senat könne sich mit den Triumvirn verständigen, ohne zugleich die republikanische Verfassung preiszugeben. Mit anderen Worten: das Mittel, das Cicero vorschlug, die Republik zu erhalten, war gerade der sicherste Weg, den im Gutachten der Opferschauer prophezeiten Untergang der Republik zu besiegeln" (Fuhrmann, 413 f.).

A   T. Maslowski, Leipzig 1981.
Ü   M. Fuhrmann, Reden. Bd. 5, 409–454.
L   M. Gelzer: Die Datierung von Ciceros Rede *de haruspicum responso*, in: Klio 12, 1937, 1–9. K. Kumaniecki: Ciceros Rede *de haruspicum responso*, in: Klio 37, 1959, 135 bis 152. J. O. Lenaghan: A Commentary on Cicero's Oration *De haruspicum responso*, Den Haag/Paris 1962. A. - M. Tupet: La „palinodie" de Cicéron et la consecration de sa maison, in: REL 44, 1966, 238–253.

De hebdomadibus →Opuscula sacra (Boethius)

De historia conscribenda →Pôs deî historían syngráphein (Lukian)

De Homero
„Über Homer"

Auch zitiert als *Vita Homeri* („Das Leben Homers").

Ps.-Plutarchos

Lebensbeschreibung Homers in zwei Teilen (gr.).

I   Die unter Plutarchs Namen überlieferte Schrift mit dem gr. Titel *Perì tû bíu kaì tês poiéseos Homéru* ist aus zwei Schriften zusammengesetzt, von denen die erste mit Sicherheit nicht von Plutarch stammt und auch die zweite nur Exzerpte aus Plutarch enthält, vielleicht aus dessen nicht erhaltenen „Homerischen Studien" (*Homerikaì melétai*).

A T. W. Allen: Homeri opera. Bd. 5, Oxford 1912. J. F. Kinstrand: (Plutarchi) *De Homero*, Stuttgart/Leipzig 1990. U. v. Wilamowitz-Moellendorff: Vitae Homeri et Hesiodi, Bonn 1916.

L M. Hillgruber: Die pseudoplutarchische Schrift *De Homero*. Teil 1: Einl. und Kommentar zu den Kap. 1–73. Beiträge zur Altertumskunde 57, 1994. Teil 2: Kommentar zu Kap. 74–218. Beiträge zur Altertumskunde 58, 1998.

De homousio recipiendo
„Über die Annahme der Wesensgleichheit"

Gaius Marius Victorinus, Mitte des 4. Jh.s n. Chr.

Theologische Schrift über die Trinität (lat.).
Um 360 n. Chr. verfaßt.

I „Marius Victorinus offenbart sich als sehr persönlicher und origineller Verteidiger der homousischen Orthodoxie. Der Vater ist Sein, der Sohn Bewegung und Leben, aber diese entspringen dem Vater, der ebenfalls selbst potentiell Bewegung und Leben ist, und da diese beiden *ousia* sind, ist der Sohn *homoúsios* mit dem Vater, und es gibt keine wirkliche Spannung zwischen *esse* und *motus*. Der Geist, eine weitere Entfaltung oder Verdoppelung des *motus*, welcher der Sohn ist, ist *scientia* oder *cognoscentia*, so daß sich eine Triade ergibt: *esse, vivere, intellegere*, die jedoch ebenfalls eine Einheit bildet, welche vom Vater abgeleitet ist" (J. den Boeft, 251).

Q Das Denken des Marius Victorinus ist vom Neuplatonismus durchdrungen – allerdings in der Ausprägung, die ihm Porphyrios (nicht Plotin) verlieh.

A P. Henry / P. Hadot, Paris 1960. A. Locher, Leipzig 1976. PL 8.
Ü P. Hadot / U. Brenke, Zürich 1967.
L M. v. Albrecht, RL, 1281–1289. J. den Boeft, in: NHbL. Spätantike, 235–263. P. Hadot: Porphyre et Victorinus, Paris 1968. P. Wessner: Marius Victorinus, in: RE 14, 2, 1930, 1840–1848.

De hypotheticis syllogismis →De categoricis syllogismis (Boethius)

De idololatria
„Über den Götzendienst"

Quintus Septimius Florens Tertullianus aus Karthago, etwa 150 – etwa 230 n. Chr.

Polemische Schrift gegen die religiösen Bräuche der Heiden (lat.).

I Tertullian greift die Weltlichkeit der heidnischen Feste und Vergnügungen an und gibt genaue Vorschriften für die Christen, welche Feierlichkeiten von ihnen zu meiden seien und an welchen die Teilnahme unter bestimmten Bedingungen erlaubt

sei. – Der Autor schreibt auch vor, daß Christen keine Berufe ergreifen dürfen, die dem Götzenkult dienen: Künstler, Lehrer, staatliche und militärische Beamte.

A P. G. van der Nat, Leiden 1960 (mit Kommentar).
L M. v. Albrecht, RL, 1211–1231. Chr. Hehle: Die Auseinandersetzung des Christentums mit den heidnischen Kulten, in: Anregung 42, 1996, 91–109.

De ieiunio →De virginibus velandis (Tertullianus)

De immortalitate animae
„Über die Unsterblichkeit der Seele"

Aurelius Augustinus aus Thagaste, 354–430 n. Chr.

Philosophische Abhandlung (lat.), nur in Frg. erhalten.
Entstanden 387 n. Chr.

I Augustinus führt in dieser Schrift Gedanken aus den →*Soliloquia* weiter, wo er die Unsterblichkeit der Seele im platonischen Sinne auf die Wahrheit und diese wiederum auf die Existenz des erkennenden Subjekts gründet. Als Trägerin der Wahrheit kann die Seele nicht zugrunde gehen. Augustinus widerspricht dem Einwand, daß die Seele unter diesen Voraussetzungen sich selbst vernichte, sobald sie den Irrtum denke. Dieser – so Augustinus – könne der Seele nichts anhaben, da die Wahrheit und mit ihr die Seele unzerstörbar sei. Hinzu kommt, daß die Wahrheit gleich Gott ist. Aus ihrer Verbundenheit mit der Wahrheit = Gott ergibt sich die Unsterblichkeit der Seele, die den Leib belebt und ihm seine äußere und innere Schönheit verleiht. Sie ist das Bindeglied zwischen den göttlichen Ideen und dem Leib.

A H. Fuchs, Zürich 1954. W. Hörmann, CSEL 89, 101–128. P. de Labriolle, Paris 1948. G. Watson, Warminster 1990 (lat.-engl. mit Kommentar).
Ü H. Fuchs / H. Müller, Düsseldorf/Zürich [3]2002 (lat.-dt.).
L M. v. Albrecht, RL, 1318–1353. R. Flóres: Muerte e immortalidad en el pensamiento de s. Agustín, in: Ciudas de Dios 174, 1961, 449–482. W. Götzmann: Die Unsterblichkeitsbeweise in der Väterzeit und Scholastik, Karlsruhe 1927. KNLL 1, 871 f. R. Schneider: Seele und Sein. Ontologie bei A. und Aristoteles, Stuttgart 1957. G. Verbeke: Spiritualité et immortalité de l' âme chez s A., in: Augustinus Magister. Bd. 1, Paris 1954, 329–334.

De imperio Gnaei Pompei
„Über den Oberbefehl des Gnaeus Pompeius"

Auch zitiert als *De lege Manilia* oder *Pro lege Manilia* („Über bzw. für das Gesetz des Manilius").

Marcus Tullius Cicero aus Arpinum, 106–43 v. Chr.

Politische Rede (lat.), an das röm. Volk gerichtet. Entstanden zu Beginn des Jahres 66 v. Chr.

I Cicero befürwortet in dieser Rede die Annahme eines Gesetzes, das der Volkstribun Gaius Manilius vorgeschlagen hatte und das Pompeius (106–47 v. Chr.) mit dem Oberbefehl im Krieg gegen Mithridates, den König von Pontos (reg. 121–63 v. Chr.), und Tigranes, den König von Armenien (reg. 97–56 v. Chr.), betraute, ihm die Provinzen Kilikien und Bithynien übertrug und ihm die Vollmacht erteilte, nach eigenem Ermessen Frieden und Bündnisse zu schließen. Gegen diese Machtkonzentration erhoben Quintus Hortensius und Quintus Catulus Bedenken. Cicero weist dagegen auf die Bedeutung des Mithridatischen Krieges hin, den Pompeius zu führen besonders gut geeignet sei. – In der Einleitung seiner Rede skizziert Cicero die Lage in Asien (1–5). Darauf geht Cicero auf die Dinge ein, die im Kampf mit Mithridates auf dem Spiel stehen (6–19), und beschreibt die Größe und Gefährlichkeit des Krieges (20–26). Anschließend befaßt er sich mit der Auswahl des geeigneten Oberbefehlshabers (27–50). Entgegenstehende Meinungen werden widerlegt (51–68). Am Schluß steht die Aufforderung an die Volkstribunen, an seinem Vorhaben festzuhalten (69–71).

W Cicero übertreibt die Gefährlichkeit der Kriegslage; seine Einwände gegen die Bedenken des Hortensius und des Catulus sind wenig überzeugend. Sein Eintreten für Pompeius gilt dem starken Mann und ist für die Sache der Republik wenig förderlich. Der panegyrische Preis des Pompeius (27–50) ist ein „Feldherrnspiegel" oder sogar ein „Fürstenspiegel", wie er einem hellenistischen Herrscher vorgehalten werden könnte. – Pompeius erhält den Oberbefehl; er wird zum mächtigsten Mann in Rom und zu einem entscheidenden Verursacher des röm. Bürgerkrieges.

A A. Boulanger, Paris 1950. A. C. Clark, Oxford 1905. K. Halm / W. Sternkopf, Berlin (12)1910 (mit Kommentar). H. G. Hodge, London/Cambridge (Mass.) 1927. P. Reis, Leipzig 1927.
Ü M. Fuhrmann, Reden. Bd. 1, 323–361. O. Schönberger, Stuttgart 1968.
L M. v. Albrecht, RL, 414–449. C. J. Classen: Recht-Rhetorik-Politik. Untersuchungen zu Ciceros rhetorischer Strategie, Darmstadt 1985, 268–303. J. Gruber: Cicero und das hellenistische Herrscherideal. Überlegungen zur Rede *De imperio Cn. Pompei*, in: WS 101, 1988, 243–258. E. J. Jonkers: Commentary on Cicero's *De imperio Cn. Pompei*, Leiden 1959. S. Mendner: Aporien in Ciceros Pompeiana, in: Gy 73, 1966, 413–429. H. Plöger: Studien zum literarischen Feldherrnportrait römischer Autoren des 1. Jh.s v. Chr., Diss. Kiel 1975, 18–36.

De inaequalitate sermonis
„Über die Veränderlichkeit des Sprachgebrauchs"

Valerius Probus aus Berytos, 2. Hälfte des 1. Jh. n. Chr.

Grammatisch-philologische Abhandlung (lat.) über Veränderungen im Sprachgebrauch, nur in Frg. überliefert.

I Die Schrift ist eine Sammlung von Beispielen für wechselnden Sprachgebrauch (vgl. Suetonius, →*De grammaticis et rhetoribus* 24).

A GrLat 4, 1–276.
L J. Aistermann: De Probo Valerio Berytio, 1910. R. Hanslik, RE 8 A 1, 1955, 195–212. Schanz-Hosius 2, 734–741.

De incarnatione Christi contra Nestorium
„Über die Menschwerdung Christi, gegen Nestorius"

Ioannes Cassianus, um 360–435 n. Chr.

Christologische Abhandlung (lat.) in sieben B. Verfaßt im Jahre 430 n. Chr. auf Bitten des späteren Papstes Leo I.

I Die Auseinandersetzung mit Nestorios, dem Erzbischof von Konstantinopel (428–431 n. Chr.), und dem Nestorianismus befaßt sich u. a. mit der Lehrmeinung, daß Maria nicht die Gottheit geboren, sondern einen unlöslich mit der Gottheit verbundenen Menschen. Denn Maria ist weder eine Gebärerin Gottes (*theotókos*) noch des Menschen (*anthropotókos*), sondern eine Christusgebärerin (*christotókos*), in der die beiden anderen Existenzweisen miteinander verschmolzen sind. Trotz seiner Beteuerung der Einheit des Sohnes als Gott und Mensch wurde Nestorios ein Dualismus unterstellt.

A PL 49–50.
L O. Bardenhewer 4, 558–565. P. - Th. Camelot: Johannes Cassianus, in: LThK 5, 1016 f. O. Hiltbrunner: Cassianus, in: DKP 1, 1067.

De incarnatione Verbi →Lógos perì tês enanthropéseos tû lógu (Athanasios)

De incarnationis dominicae sacramento →De fide ad Gratianum (Ambrosius)

De incessu animalium →Perì poreías zóon (Aristoteles)

De ingratis
„Über die Undankbaren"

Auch zitiert als *Carmen de ingratis* („Lied über die Undankbaren").

Prosper Tiro aus Aquitanien, 1. Hälfte des 5. Jh.s n. Chr.

Antihäretisches Lehrgedicht in 1012 Hexametern über die göttliche Vorsehung (lat.).
Verfaßt 429/430 n. Chr.

I Der Titel spielt mit der Bedeutung des Wortes *gratia* (und *gratus*). *Gratia* bedeutet „Dank" und „Gnade". Die „Undankbaren" sind also zugleich diejenigen, die „ohne Gnade" sind. – Prosper Tiro vertritt und verteidigt die Gnaden- und Prädestinationslehre des Augustinus und verficht den absoluten Vorrang der göttlichen Gnade. „Seine theologische Argumentation kombiniert eine Reihe von biblischen Aussagen in der Genesis mit solchen in den Evangelien und den Paulusbriefen und richtet sich gegen diejenigen, die dadurch, daß sie die später als *gratia praeveniens* bezeichnete ,zuvorkommende Gnade' nicht anerkennen, bekunden, daß sie nicht dankbar (*ingrati*) sind für das Gnadengeschenk Gottes" (Charlet, 519 f.).

N Mit seiner auch in seiner →„Weltchronik" vertretenen Überzeugung, daß der päpstliche Stuhl die weltliche Macht abgelöst habe, wurde Prosper zum Wegbereiter der kirchlichen Romidee. Diese Überzeugung brachte er in seinem Lehrgedicht (39 ff.) auf die Formel: „Rom wurde zum Haupt der Welt für das Hirtenamt; was es nicht mehr durch Waffen besitzt, hält es fest durch den Glauben" (vgl. Fuhrmann, 294).

A PL 51.
Ü O. Hagenbüchle, Stans 1920.
L O. Bardenhewer 4, 533–541. J. - L. Charlet, NHbL. Spätantike, 495–564. M. Fuhrmann, Spätantike, 293 f. R. Helm, RE 23, 1, 1957, 880–897.

De institutione arithmeticae →Institutio arithmetica (Boethius)

De institutione divinarum et humanarum litterarum →Institutiones divinarum et humanarum litterarum (Cassiodorus)

De institutione musicae →De musica (Boethius)

De institutione virginis et S. Mariae virginitate perpetua →De virginibus ad Marcellinam sororem (Ambrosius)

De institutis monachorum et de octo principalium vitiorum remediis
„Über die Lebensweise der Mönche und über die Heilmittel gegen die acht Hauptsünden"

Auch zitiert als *De institutis coenobiorum et de octo principalibus vitiis* („Über die Lebensweise in den Klöstern und über die acht Hauptsünden").

Ioannes Cassianus, um 360–435 n. Chr.

Lehrschrift in 12 B. über das Klosterleben (lat.).
Verfaßt in den Jahren 419–426 n. Chr.

I In den B. 1–4 beschreibt Cassianus die Lebensweise in den christlichen Klöstern von Palästina und Ägypten und befaßt sich im einzelnen mit der Kleidung der Mönche, den Zeiten des Offiziums, den Mahlzeiten, der Ausbildung der Novizen, den Aufnahmebedingungen, den Disziplinarbestimmungen usw. So sollte die Lehrschrift den neuen Klöstern im lat. Westen nachahmenswerte Vorbilder und Orientierungshilfen bieten. – In den B. 5–12 werden die acht Hauptsünden und die Mittel zu ihrer Bekämpfung dargestellt. Hier schließt sich Cassianus an den →*Antirrhetikós* des Euagrios Pontikos an, ohne sich auf ihn zu berufen. Dieser hatte Bibelworte zu Sprüchen zusammengestellt, mit denen die acht Hauptsünden bekämpft werden sollten.

Q Die Katalogisierung bestimmter Hauptsünden geht bis in das 2. Jh. n. Chr. zurück. Hier ging es auch um die Frage, ob es so schwere Sünden gebe, daß sie nicht mehr vergeben werden könnten. Zu diesen Sünden wurden gerechnet: der Abfall vom Glauben, der Totschlag und der Ehebruch. Später wurden die Sünden auch psychologisch mit Hilfe der stoischen Theorie von den vier Grundaffekten (Lust, Schmerz, Furcht und Begehren) erklärt. Man bemühte sich, aus der Verbindung des philosophischen Kanons der vier moralischen Kardinaltugenden mit dem Kanon der drei „geistlichen" Tugenden (Glaube, Liebe, Hoffnung) aus dem 13. Kapitel des Korintherbriefes (→*Novum Testamentum*) als Gegenbild nicht mehr acht, sondern sieben Hauptsünden abzuleiten.

A M. Petschenig, CSEL 17. PL 49–50.
Ü K. S. Frank: Frühes Mönchtum im Abendland. Bd. 1, Zürich/München 1975, 107–193 (B. 1–4).
L O. Bardenhewer 4, 558–565. P. – Th. Camelot: Johannes Cassianus, in: LThK 5, 1016 f. O. Chadwick: John Cassian. A Study in Primitive Monasticism, Cambridge 1950. A. Dihle, GLL, 427–429. KNLL 3, 690.

De interpretatione →Peri hermeneías (Aristoteles)

De inventione
„Über das Auffinden (des Stoffes)"

Marcus Tullius Cicero aus Arpinum, 106–43 v. Chr.

Rhetorische Lehrschrift in zwei B. (lat.).
Entstanden 81–80 v. Chr.

I Die Schrift, die Cicero (→*De oratore* 1,5) für einen nicht zur Veröffentlichung bestimmten Rohentwurf erklärte, befaßt sich mit dem ersten der fünf Arbeitsgänge des Redners (*officia oratoris*): (1) *inventio*, (2) *dispositio*, (3) *elocutio*, (4) *memoria*, (5) *pronuntiatio* oder *actio* (vgl. →*Rhetorica ad Herennium*). – Im 1. B. geht es um die Statuslehre und um die Teile der Rede (*partes orationis: exordium, narratio, divisio, agumentatio, peroratio*). Die Statuslehre befaßt sich mit der (1) Frage nach der begangenen Tat, der (2) Definition des Tatbestandes, der (3) Beurteilung der Tat und der (4) Klärung der Zuständigkeit des Gerichts. – Im 2. B. geht Cicero genauer auf Beweis und Widerlegung auf der Grundlage der Statuslehre ein. – Cicero schickte beiden B. ein Proömium voraus. Im ersten Proömium geht er auf die Frage ein, ob die Redekunst überhaupt zu rechtfertigen sei und was sie zur *res publica* beitrage. Er fragt, ob die Redekunst den Menschen und den Staaten mehr Gutes oder Schlechtes gebracht habe. Es geht ihm also um ihren Wert oder Unwert für die menschliche Gemeinschaft. Der Blick auf die Vergangenheit zeigt ihm, daß einerseits Weisheit ohne Beredsamkeit nur wenig nützlich sei und andererseits Beredsamkeit ohne Weisheit nicht nützlich sein könne. Wenn Redekunst unbestritten wertvoll ist, sobald mit ihr die Weisheit verbunden ist, dann ist es auch sinnvoll, über Rhetorik zu schreiben und damit einen Beitrag für die *res publica* zu leisten. – Im zweiten Proömium spricht Cicero über die Methode seines Vorgehens. Hier erklärt er, daß er sich nicht an einem einzigen Vorbild orientieren wolle, sondern an allen Autoren, die jemals etwas über die Redekunst schrieben.
Q Die „selbstverständliche Bezogenheit aller Gedanken auf die *res publica* als höchstes Ziel" (Büchner, 59) und die Wahl der *exempla* ist sicher ciceronisch. Der Versuch, eine oder mehrere bestimmte Quellen zu identifizieren, führten noch nicht zu überzeugenden Ergebnissen, obwohl Cicero selbst behauptet, er habe aus zahlreichen Werken das Beste geschöpft, und u.a. auf Aristoteles (→*Téchne rhetoriké*) und Hermagoras (→*Téchnai rhetorikaí*) verweist. Daher gilt folgendes: Cicero hat hier – anknüpfend an die gr. Vorstellungen von der Kulturentstehung und der Würde der Redekunst – weitgehend seine eigenen Motive und Überzeugungen, die für sein späteres Leben maßgebend wurden, zum Ausdruck gebracht. Die engen Beziehungen zwischen *De inventione* und den →*Rhetorica ad Herennium* in allen rhetorischen Fragen läßt in diesem Bereich eine gemeinsame Quelle vermuten. Aber auch eine Abhängigkeit des *Auctor ad Herennium* von *De inventione* ist nicht auszuschließen.

W Cicero beabsichtigte mit seiner Schrift, die Bedeutung der Redekunst für die kulturelle Entwicklung des Menschen bewußt zu machen und zu zeigen, wie leicht die Redekunst zu mißbrauchen ist, wenn sie ohne Weisheit (*sapientia*) praktiziert wird: Andererseits hätte die Weisheit keine kulturschöpferische Wirkung entfalten können, wenn nicht die bewegende Kraft der Rede hinzugekommen wäre. Cicero will also beweisen, daß der Logos als Logos ohne Redekunst nicht ausreichte, um die Welt zu verändern. – Die von der Weisheit gesteuerte Anwendung der Redekunst bereichert das Leben um eine spezifisch menschliche Komponente, mit der sich der Mensch über das Tier erhebt. Daher ist auch ein B. über die Technik des Redens wie *De inventione* ausgesprochen sinnvoll und nützlich, schafft es doch die Voraussetzung für die Entfaltung und Verfeinerung eines spezifisch menschlichen Vermögens. – Für *De inventione* charakteristisch ist der entschiedene Praxisbezug: Das Werk liest sich „auf weite Strecken wie eine Handreichung zum Auffinden wirkungsvoller Argumente" (M. v. Albrecht, 436).

A E. Stroebel, Leipzig 1915 (Nachdr. 1981).
Ü Th. Nüßlein, Düsseldorf 1998 (lat.-dt.).
L M. v. Albrecht, RL, 414–449. K. Büchner, Bestand und Wandel, 47–66. E. Burck: Ciceros rhetorische Schriften, in: AU 9, 1, 1966, 98–128.

Deîpnon Attikón
„Attisches Mahl"

Matron aus Pitane, Ende des 4. Jh.s v. Chr.

Abhandlung zur Gastronomie in epischen Versen (gr.), nur in Frg. erhalten.

I Matron benutzt in parodierender Absicht den epischen Vers zur Darstellung gastronomischer Stoffe. Der bei Athenaios (→*Deipnosophistaí* 4, 134–137) erhaltene Text beginnt mit einer parodierenden Wiedergabe des Anfangs der homerischen →*Odýsseia: Deîpná moi énnepe, Mûsa, polýtropha kai mála pollá* („Die Mahlzeiten nenne mir, Muse, die üppigen und wirklich zahlreichen ...").

A P. Brandt: Corpusculum poesis epicae graecae ludibundae, Leipzig 1888, 53–95.

Deipnosophistaí
„Gastmahl der Sophisten (Gelehrten)"

Athenaios aus Naukratis, um 200 n. Chr.

Sammlung der „Buntschriftstellerei" in 15 B. (gr.), abgefaßt in Form eines Tischgesprächs.
Entstanden um 195 n. Chr., nicht vor dem Tod des Kaisers Commodus (192 n. Chr.), weil Athenaios diesen 12,537 f. zu verhöhnen wagt.

I An einem Gastmahl im Haus des röm. Staatsbeamten Publius Livius Larensis nehmen zahlreiche (insgesamt 29) gelehrte Männer teil. Athenaios berichtet in einem Dialog mit seinem Freund Timokrates über dieses Gastmahl und die dort geführten Gespräche. – Obwohl die B. 1–3,73 der Originalfassung fehlen und nur noch in einer (vielleicht von Eustathios verfaßten) Epitome („Auszug") erhalten sind (ed. J. Schweighäuser, Straßburg 1801–1807), bietet das Werk wertvollstes antiquarisches, grammatisches und literarisches Material (z. B. Frg. aus sonst verlorenen gr. Komödien) und viel Wissenswertes, das in näherer und fernerer Beziehung zum Gastmahl steht. – Die *Deipnosophistaí* sind kein Kunstwerk, obwohl sie sich als eine Nachahmung des platonischen →*Sympósion* darstellen: „Ohne Sinn für Komposition und lebendige Darstellung wird alles, was sich im Zusammenhang mit einem Festgelage und seinen stupide-geistreichen Unterhaltungen zu Athenaios' Zeit in alten B. aufstöbern ließ, in einen einzigen Sack zusammengepreßt. Von minuziösen Käse- und Kuchenverzeichnissen, Hetärenkatalogen quer durch die Antike, bekannten Saufpoeten und diffizilen etymologischen Disputen bis zu den üppigen Freßgewohnheiten fremder Völker und zur kompletten Aufzählung der antiken Weinsorten, vom Fischhandel über die zoologischen Schriften des Aristoteles bis zu den Vorzügen der Knabenliebe, von den witzigen Typen der alten, mittleren und neueren Komödie, von Tischgebeten, Parfüms und der Geschichte der griechischen Tanzkunst bis zum Spott auf die alten Philosophen ... reicht die Skala" (KNLL 1, 821).

A Ch. B. Gulick. 7 Bde., London/Cambridge (Mass.) 1927 bis 1941 (gr.-engl.). G. Kaibel. 3 Bde., Leipzig 1887–1890, Nachdr. 1985–1992.
Ü C. Friedrich / Th. Nothers, Stuttgart 1998 (mit Kommentar). U. und K. Treu, Leipzig 1985.
L B. Baldwin: Athenaeus and His Work, in: Acta Classica 19, 1976, 21–42. A. Lesky, GL, 954. A. Lukinovich: Tradition platonicienne et polémique antiphilosophique dans les Deipnosophistes d' Athénée, in: Concilium Eirene 16, 1983, 228–233. Schmid-Stählin 2, 2, 791–795. G. Wentzel: Athenaios (Nr. 22), in: RE 2, 1896, 2026–2033.

De ira
„Über den Zorn"

Philodemos aus Gadara, 1. Hälfte des 1. Jh.s v. Chr.

Reste einer philosophischen Schrift, die sich unter den Papyri aus Herculaneum befinden (gr.).

A G. Indelli, Neapel 1988. C. Wilke, Leipzig 1914.
L M. Erler: Der Zorn des Helden. Philodems *De ira* und Vergils Konzept des Zorns in der *Aeneis*, in: GB 18, 1992, 103 bis 126. A. Lesky, GL, 768 f. W. Liebich: Aufbau, Absicht und Form der *Pragmateiai* Philodems, Berlin-Steglitz 1960. R. Philippson: Philodemos, in: RE 19, 2, 1938, 2444–2482.

De ira
„Über den Zorn"

Lucius Annaeus Seneca aus Corduba, etwa 4–65 n. Chr.

Philosophische Abhandlung in drei B. (gr.).
Im Exil des Autors auf Korsika 41–49 n. Chr. entstanden.

I Der Autor charakterisiert das Wesen des Zornes, spricht diesem jeglichen Nutzen ab und denkt über seine Ursachen und mögliche Heilmittel nach. Die Schrift ist ein Plädoyer für die Vernunft. – Zorn ist eine Form des Wahnsinns, die hauptsächlich für das Unheil in der Welt verantwortlich ist. Er ist nicht naturgemäß, sondern eine schädliche Leidenschaft, die im Gegensatz zur Vernunftnatur des Menschen steht. Zu den Heilmitteln gehören die Erziehung zur Friedfertigkeit, das Bewußtsein von der menschlichen Fehlerhaftigkeit, die Beschäftigung mit den schönen Wissenschaften, die maßvolle Lebensführung, die Aufklärung über Wesen und Gefahren des Zornes und die Erinnerung an den Tod.

Q Zu Senecas Vorlagen könnte eine Abhandlung des Stoikers Poseidonios, aber auch eine Schrift des Philodem aus Gadara (→*De ira*) gehört haben. Seneca distanziert sich von der aristotelisch-peripatetischen Affektenlehre; er verwirft die „Metriopathie", d. h. die Auffassung, daß Zorn/ Wut als natürliches Phänomen, maßvoll eingesetzt, nützlich sei (1,5–21). Die „Metriopathie" ist mit der stoischen Lehre von der Ablehnung jeglicher Affekte (*Apátheia*) nicht vereinbar; Seneca will die stoische Lehre möglichst „rein", d. h. anti-peripatetisch bzw. anti-aristotelisch, vertreten.

W Das Werk diente einem praktischen Zweck: der Befreiung von Zorn durch die Einsicht, daß dieser aus dem bloßen Eindruck, gekränkt worden zu sein, entsteht und daß man über einen derartigen Eindruck frei verfügen könne. Mit Hilfe der Vernunft kann der Zorn gebremst werden. – Senecas Ausführungen stehen im Dienst der rationalen Aufklärung über Ursachen, Folgen und Möglichkeiten zur Aufhebung des Zornes. Der Leser soll begreifen, daß der Zorn das Verfehlen einer den Bedingungen und Möglichkeiten des Menschen angemessenen Lebensform ist.

N Der Zwiespalt in der Bewertung des Zornes, den die antike Philosophie hinterlassen hatte, wurde auch vom christlichen Denken nicht überwunden. Zorn galt als verwerflich und gehörte zu den Hauptsünden (vgl. z. B. Ioannes Cassianus →*De in-*

stitutis monachorum et de octo principalium vitiorum remediis). Dagegen stand jedoch die Aussage der Bibel, daß der Zorn zum Wesen Gottes gehöre. „Man versuchte zunächst, nicht ohne hierbei von der stoischen Lehre beeinflußt zu sein, das Skandalon einer affektischen Haltung Gottes dadurch zu vermeiden, daß man die Rede vom Zorn Gottes für uneigentlich erklärte – so Philon von Alexandrien, Clemens und Origenes. Erst die lateinischen Kirchenväter setzten die Auffassung durch, daß Gott wahrhaft zürnen könne; hierfür trat nach Tertullian vor allem Laktanz ein, der dem Problem eine eigene Schrift: →De ira dei, ‚Vom Zorn Gottes‘ – widmete" (Fuhrmann, 127 f.).

A   J. W. Basore, London/Cambridge (Mass.) 1928 (lat.-engl.). A. Bourgery, Paris [3]1951.
Ü   G. Fink, Düsseldorf/Zürich 1992 (lat.-dt.). M. Rosenbach, Darmstadt [5]1995 (lat.-dt.).
L   Ä. Baeumer: Die Bestie Mensch. Senecas Aggressionstheorie, ihre philosophischen Vorstufen und ihre literarischen Auswirkungen, in: Studien zur klassischen Philologie 4, Frankfurt/Bern 1982. M. Fuhrmann, Seneca, 117–128. I. Hadot: Seneca und die griechisch-römische Tradition der Seelenleitung, Berlin 1969. R. Huber: Senecas Schrift De ira: Untersuchungen zum Aufbau und zu den Quellen, München 1973. J. Le Fillion-Lahille: Le De ira de Sénèque et la philosophie stoïcienne des passions, Paris 1984. J. Le Fillion-Lahille: La production littéraire de Sénèque sous les règnes de Caligula et de Claude, sens philosophique et portée politique: Les „Consolations" et De ira, in: ANRW 2, 36, 3, 1989, 1606–1638. G. Maurach, Seneca, 82–94.

De ira Dei
„Vom Zorn Gottes"

Lucius Caecilius Firmianus Lactantius, um 300 n. Chr.

Polemische Schrift (lat.) gegen heidnische Philosophen und deren Gottesbegriff.
Verfaßt 311/312 n. Chr.

I   Die Polemik richtet sich einerseits gegen die Epikureer, die Gott alle Affekte absprechen, und andererseits gegen die Stoiker, die der Gottheit nur die Güte, aber keinen Zorn zusprechen. Damit erweisen sich die Epikureer praktisch als Atheisten, während die Auffassung der Stoiker die Gottesfurcht (vor dem Zorn Gottes) ausschließt. Somit sind weder die Stoiker noch die Epikureer zur Wahrheitserkenntnis fähig, die nach Laktanz folgendes einschließt: (1) die Verwerfung des Götzendienstes, (2) den Glauben an den einen Gott und (3) an seine Offenbarung in Jesus Christus. – Auch nach Laktanz ist Gott von allen Affekten frei – bis auf Gnade, Zorn und Mitleid. Gottes Zorn ist ein gerechter Zorn, den Laktanz vom ungerechten Zorn, wie ihn etwa Aristoteles und Cicero definieren, scharf abgrenzt. Der gerechte Zorn entspringt nicht dem Bedürfnis nach Rache oder Vergeltung, sondern dem Verlangen nach Abwehr der Sünde.

So zürnt Gott dem Menschen wegen seiner bösen Taten, um ihn auf den rechten Weg zu bringen. Gottes Zorn ist also für den Menschen nützlich und notwendig. Der ewige Gott ist von immerwährendem Zorn erfüllt, wird aber nicht von ihm beherrscht, sondern er beherrscht ihn und wendet ihn ab von einem reuigen Sünder. Gottes Zorn ist also keine Leidenschaft, sondern ein „Sich-Verhalten" Gottes gegenüber dem Menschen. Dieses „Sich-Verhalten" ist eine Funktion des göttlichen Richteramtes.

W   Die Vorstellung vom „Zorn Gottes" ist biblisch. Im Alten Testament wird der „Zorn Gottes" als ebenso gerecht wie heftig beschrieben und gefürchtet. Laktanz versucht, die biblische Lehre vom Zorn Gottes als vernünftig und notwendig zu erweisen. Indem er als Römer Gott als pater und dominus begreift, fällt es ihm nicht schwer, die Bereitschaft Gottes, die strafende Gerechtigkeit auszuüben, als eine notwendige Voraussetzung für die Erhaltung der Welt zu sehen. Hiermit ist es Laktanz gelungen, biblische Aussagen in röm. Kategorien angemessen auszudrücken, d. h. „die Kommensurabilität biblischen und römischen Denkens" (Kraft-Wlosok, XXV) zu erweisen.

A   U. Boella, Florenz 1973. C. Ingremeau, Paris 1982. H. Kraft / A. Wlosok, Darmstadt [4]1983 (lat.-dt.).
Ü   A. Hartl / A. Knappitsch, BKV[2] 36, 1919.
L   M. v. Albrecht, RL, 1263 bis 1276. H. A. Gärtner, RLTD 5, 130–149. O. Gigon: Posidoniana, Ciceroniana, Lactantiana, in: Romanitas et Christianitas. Studia Iano Henrico Waszink. Hg. von W. den Boer u. a., Amsterdam/London 1973, 145–180. R. Glei: Et invidus et inbecillus. Das angebliche Epikurfragment bei Laktanz, De ira 13, 20–21, in: VChr 42, 1, 1988, 47–58. HLL 5, 375–404. KNLL 9, 958 f. E. F. Micka: The Problem of Devine Anger in Arnobius and L., Washington 1943. E. Rapisarda: La polemica di Lattanzio contro l' epicureismo, in: Misc. di Studi di Lett. Crist. Antica 1, 1947, 5–20.

De iure pontificio
„Über das Priesterrecht"

Gaius Ateius Capito, gest. 22 n. Chr.

Juristische Monographie in mindestens sechs B. (lat.), nur in Frg. erhalten.

I   Gellius erwähnt in den →Noctes Atticae (4,6, 10), daß Capito einige röm. Feste in diesem Werk feriae praecidaniae („Vorfeierlichkeiten") nannte. – Das röm. Sakralrecht behandelte Ateius in einer eigenen (nicht erhaltenen) Abhandlung De iure sacrificiorum („Über das Opferrecht").

A   A. Ph. E. Huschke / E. Seckel / B. Kübler: Iurisprudentiae anteiustinianae reliquiae. Bd.1, Leipzig [6]1908, 62–72. W. Strzelecki: Atei Capitonis Fragmenta, Leipzig/Stuttgart 1967.
L   M. v. Albrecht, RL, 701–704. P. Jörs: Ateius (Nr. 8), in: RE 2, 2, 1896, 1904–1910. W. Kunkel: Herkunft und soziale Stellung der römischen Juristen, 1952. W. Strzelecki: De Ateio Capitone, 1974.

De iure sacrificiorum →De iure pontificio (Ateius Capito)

De iusto
„Über die Gerechtigkeit"

Karneades aus Kyrene, 214–129 v. Chr.

Öffentliche Reden (gr./lat.).

I Der Begründer der Neuen (radikal skeptischen) Akademie, der mit dem Peripatetiker Kritolaos aus Phaselis und dem Stoiker Diogenes aus Seleukeia im Jahre 156/155 v. Chr. an der Philosophengesandtschaft nach Rom teilnahm, erregte dort großes Aufsehen, als er an einem Tag für, an einem anderen Tag gegen die Gerechtigkeit argumentierte. Es existieren Berichte darüber bei Laktanz, →*Divinarum institutionum libri VII* 5, 14, 3–5 und bei Cicero, →*De re publica* 3, 8 ff.

A B. Wisniewski, Warschau/Krakau 1970 (Karneades-Frg.).
L H. v. Arnim: Karneades, RE 19, 1917, 1964–1985. P. Couissin: Carnéade, in: REG 1941, 43 ff. P. Grimal: Le siècle des Scipions, Paris 1975. A. Rava: Carneade, filosofo del diritto, in: Annali Aeminario giuridico dell' Univ. di Catania 1950–1951, 37–63. K. E. Wilerson: Carneades at Rome. A problem of sceptical rhetoric, in: Philosophy and Rhetoric 21, 1988.

Deklamationen →Declamationes (Ps.-Quintilianus)

De lapidibus →Perì líthon (Theophrast)

De lapsis
„Über die Abtrünnigen"

Thascius Caecilius Cyprianus aus Karthago, 3. Jh. n. Chr.

Predigt (lat.) mit Anleitungen für den Umgang mit den Christen, die während der Verfolgung abgefallen sind, indem sie unter dem Druck der Verfolger den heidnischen Göttern geopfert oder sich eine Opferbescheinigung beschafft haben.
Verfaßt im Jahre 251 n. Chr.

I Cyprian begründet seinen Standpunkt, daß die während der Verfolgung abtrünnig gewordenen Christen nur nach ernster Buße in die Gemeinschaft der Gläubigen wieder aufgenommen werden können. – Gegenüber allzu großzügigen Klerikern vertritt Cyprian die Auffassung, daß nur Gott Sünden vergeben kann (*De lapsis* 17).

A M. Bévenot, Oxford 1971 (lat.-engl.)
Ü P. Guyot / R. Klein: Das frühe Christentum bis zum Ende der Verfolgungen. Bd. 1, Darmstadt 1993, 130–139 (lat.-dt. in Auswahl).
L M. v. Albrecht, RL, 1242–1252. E. W. Benson: Cyprian. His Life, his Time, his Work, London 1897. M. Fuhrmann, Spätantike, 175 bis 177. J. Martin: S. Thascii Caecilii Cypriani *De lapsis*. Florilegium Patristicum 21, 1930.

De Latinis historicis →Vitae (Nepos)

De Latinitate
„Über die lateinische Sprache"

Flavius Caper, 2. Jh. n. Chr.

Verlorene lat. Formenlehre.

A GrLat 7, 92–107.
L Schanz-Hosius 3, 163 f.

De laude eremi
„Über das Lob der Zurückgezogenheit"

Eucherius aus Lyon, 1. Hälfte des 5. Jh.s n. Chr.

Asketische Schrift (lat.) in Briefform.

I Der Autor fordert zu einem Leben der Weltentsagung auf.

A PL 50, 685–1214.
L O. Bardenhewer 4, 567–570.

De laudibus Dei libri III
„Über den Ruhm Gottes, drei B."

Blossius Aemilius Dracontius aus Karthago, Ende des 5. Jh.s n. Chr.

Lobpreis der Gnade Gottes in Hexametern (lat.). Zwischen 484 und 496 n. Chr. verfaßt.

I Im 1. B. geht der Autor auf die Erschaffung der Welt und den Sündenfall ein, nach dem der barmherzige Gott die Menschen rettete. – Im 2. B. stellt er die Erlösung der Menschheit durch Christus dar, die durch die Sintflut nicht gebessert worden war. In den Versen 98 ff. enthält das 2. B. eine christologische Polemik gegen den Arianismus (vgl. u. a. Marius Victorinus, →*Adversus Arium*; Hilarius, →*Contra Arianos vel Auxentium*; Augustinus, →*Contra sermonem Arianorum*, →*De trinitate*). Diese Polemik richtet sich gegen den Arianismus der Vandalen. – Im 3. B. sammelt der Autor Beispiele standhaften Gottvertrauens in der Verfolgung. Die Beispiele stammen sowohl aus der biblisch-christlichen als auch aus der gr.-röm. Überlieferung. In ihnen sucht der Gefangene Trost und Ermunterung.

H Als Römer und katholischer Christ gehörte

Dracontius zu der Bevölkerungsgruppe in Karthago, die von den vandalischen Eroberern unterdrückt wurde. Durch ein Gedicht, das den byzantinischen Kaiser Zenon als den legitimen Herrscher der Römer feierte, fiel er bei dem Vadalenkönig Gunthamund (reg. 484–496) in Ungnade und wurde mit seiner Familie lange Jahre eingekerkert. Die B. *De laudibus Dei* schrieb Dracontius in der Haft, die vermutlich bis 496 n. Chr. dauerte und durch Thrasamund, den Nachfolger von Gunthamund, beendet wurde.

A   G. Moussy / C. Camus. 2 Bde., Paris 1985–1989. F. Vollmer, MGH, AA 14, 1905. F. Vollmer: Poetae Latini minores 5, 1914.
L   M. v. Albrecht, RL, 1042. A. Dihle, GLL, 605 f. O. Hiltbrunner: Dracontius (Nr. 4), in: DKP 2, 157 f. D. Kuijper: Varia Dracontiana, Diss. Amsterdam 1958. P. Langlois, RAC 4, 1959, 230–250. W. Schetter: Dracontius togatus, in: Hermes 117, 1989, 342–350. F. Vollmer, in: RE 5, 1635–1644.

De laudibus Stilichonis
„Über die Ruhmestaten Stilichos"

Auch zitiert als *De consulatu Stilichonis* („Über das Consulat des Stilicho").

Claudius Claudianus, um 400 n. Chr.

Zeitgeschichtliches panegyrisches Epos in drei B. (lat.).
Verfaßt im Jahre 400 n. Chr.

I   Das Werk ist dem Vandalen Stilicho, dem Verteidiger Roms gegen die Westgoten gewidmet (→*De bello Getico*). Der Dichter wurde für dieses Werk mit einer Statue auf dem Trajansforum in Rom geehrt. – B. 1: Der Vandale Stilicho wird im Jahre 400 n. Chr. röm. Consul. Der Dichter erzählt von dessen Jugend und seinen Leistungen im Krieg, u. a. auch im Gildonischen Krieg des Jahres 398 n. Chr. (→*De bello Gildonico*). – B. 2: In Stilichos Herzen wohnen Tugenden wie Milde, Treue und Gerechtigkeit. Die Göttin Roma bittet Stilicho, das Consulat zu übernehmen, und überreicht ihm den Stab aus Elfenbein und ein von Götterhand gewobenes Gewand mit Darstellungen aus dem Leben seiner Nachkommen. Es werden ihm goldene Jahre und gnädige Gestirne geweissagt. – B. 3: Stilicho befindet sich in dem gepriesenen Rom und veranstaltet ein Festspiel. Diana zieht mit ihren Nymphen aus, um Tiere für das Festspiel, das als Jagd gefeiert werden soll, aus aller Welt herbeizuholen.
W   Aufgrund seiner Tugenden ist Stilicho Garant und Symbol der Erneuerung röm. Wesens. Das Preislied auf die Stadt Rom (3,130–181) unterstreicht diese Aussage des Werkes. Rom wird – wie in Vergils →*Aeneis* – eine große Zukunft prophezeit. – Die Idealisierung seines Helden Stilicho benutzt der Dichter auch zur eigenen Erhöhung: In der Vorrede zu B. 3 vergleicht er seine Beziehung zu Stilicho mit der des Dichters Ennius (239–169 v. Chr.)

zu dem großen röm. Feldherrn Scipio. Die historischen Ereignisse inspirieren einerseits den Dichter; andererseits werden sie durch seine poetische Leistung in ihrer Bedeutung erst angemessen herausgestellt.

A   J. B. Hall, Leipzig 1985.
L   M. v. Albrecht, RL,1060–1071. E. Burck: Die Epen Claudians, in: E. B. (Hg.): Das römische Epos, Darmstadt 1979. A. Cameron: Claudian. Poetry and Propaganda at the Court of Honorius, Oxford 1970. O. A. W. Dilke: Claudian. Poet of Declining Empire and Morals, Oxford 1969. S. Döpp: Zeitgeschichte in Dichtungen Claudians, Wiesbaden 1980. P. Fargues: Claudien. Étude sur sa poésie et son temps, Paris 1933. U. Keudel: Poetische Vorläufer und Vorbilder in Claudians *De consulatu Stilichonis*, Göttingen 1970. R. Klein: Die Romidee bei Symmachus, Claudian und Prudentius, in: Colloque genevois sur Symmaque, Paris 1986, 119–144.

De lege agraria
„Über das Siedlergesetz"

Marcus Tullius Cicero aus Arpinum, 106–43 v. Chr.

Politische Reden (lat.), die Cicero zu Beginn seines Konsulatsjahres hielt.
Aus einem Brief an Atticus (→*Epistulae ad Atticum* 2,1,3) geht hervor, daß Cicero 63 v. Chr. viermal wegen des Siedlergesetzes gesprochen hat. Vollständig erhalten sind aber nur die 2. und die 3. Rede, die Cicero im Senat hielt. Die 1. Rede, die vor dem röm. Volk gehalten wurde, ist unvollständig überliefert, die 4. Rede ist verloren.

I   Vorgeschichte: Der Volkstribun Publius Servilius Rullus hatte im Dezember des Jahres 62 v. Chr. – wahrscheinlich auf Weisung von Caesar – eine *lex agraria* veröffentlicht. Das „Siedlergesetz" sollte die rechtliche Grundlage dafür schaffen, daß besitzlose röm. Bürger in Italien Bauernstellen erhielten. Die bisherigen Grundbesitzer sollten entschädigt und die dafür erforderlichen Mittel durch Verkauf von staatlichen Besitzungen in den Provinzen beschafft werden. Zur Durchführung dieses Verfahrens sollte ein Zehnerausschuß gebildet und mit weitreichenden Vollmachten ausgestattet werden. Cicero riet der röm. Bürgerschaft, das Gesetz abzulehnen. – In den ersten beiden Reden geht Cicero die Bestimmungen des Gesetzes im einzelnen durch, um die Schwächen des Vorhabens aufzudecken und seine politische Problematik herauszustellen. Die Annahme des Gesetzes würde die Staatsfinanzen ruinieren; der soziale Zweck des Projekts sei nur vorgeschützt; es gehe vielmehr darum, den Zehnmännerausschuß zum unumschränkten Herrn über die Republik zu erheben und die Machtstellung des Pompeius in Caesars und Crassus' Interesse zu untergraben. – Rullus zog seinen Gesetzesvorschlag anscheinend zurück, bevor es zur Abstimmung kam.

A V. Marek, Leipzig 1983. A. W. Zumpt, Berlin 1861 (mit Kommentar).

Ü M. Fuhrmann, Reden. Bd. 2, 117–195. M. Fuhrmann: Cicero. Die politischen Reden. Bd. 1, München 1993, 206–345 (lat.dt.).

L A. Afzelius: Das Ackerverteilungsgesetz des P. Servilius Rullus, in: Classica et Mediaevalia 3, 1940, 214–235. J. - L. Ferrary: *Rogatio Servilia agraria*, in: Athenaeum 66, 1988, 141–164. E. Gabba: Nota sulla *Rogatio agraria* di P. Servilio Rullo, in: Mélanges A. Piganiol, Paris 1966, 769–775. O. Haenicke: Zu Ciceros Reden *De lege agraria*. Programm des König-Wilhelm-Gymnasiums, Stettin 1883. E. J. Jonkers: Social and Economic Commentary on Cicero's *De lege agraria orariones tres*, Leiden 1963. G. I. Luzzatto: Ancora sulla proposta di legge agraria di P. Servilio Rullo, in: Bolletino dell' Istituto di Diritto romano 69, 1966, 85–108. E. T. Sage: Cicero and the Agrarian Proposals of Rullus in 63 B.C., in: CJ 16, 1921, 230–236. A. Vasaly: Ars dispositionis – Cicero's Second Agrarian Speech, in: Hermes 116, 1988, 409–427.

De lege Manilia →De imperio Gnaei Pompei (Cicero)

De legibus
„Über die Gesetze"

Marcus Tullius Cicero aus Arpinum, 106–43 v. Chr.

Dialog (lat.) in drei B. über rechtsphilosophische Fragen und röm. Gesetze aus der Zeit der Republik. Zwischen 53 und 51 v. Chr. verfaßt, aber nicht vom Autor selbst veröffentlicht.

I In Anknüpung an die Schrift →*De re publica* werden die Gesetze der röm. Republik dargestellt und erörtert; sie entsprechen zwar weitgehend den gültigen Gesetzen zur Zeit Ciceros, erhalten aber durch (nachträgliche) Ableitung aus der Vernunftnatur des Menschen eine philosophische Begründung. – B. 1: Naturrecht. (1) Vorgespräch zwischen Marcus Tullius Cicero, Quintus Tullius Cicero (Bruder des Marcus) und Titus Pomponius Atticus (langjähriger Freund des Marcus) über den Schauplatz (Arpinum und Umgebung) der Unterredung. Marcus ist nicht bereit, ein Geschichtswerk zu verfassen, will aber ein Gespräch über die Gesetze führen. (2) Bestimmung und Abgrenzung des Themas (1,5). (3) Erörterung über den Begriff des Gesetzes (1,6–12). (4) Argumentation gegen die Gegner des Naturrechtsgedankens (1,13–20). – B. 2: (1) Ortswechsel. Gespräch über Ciceros Heimatstadt (2,1–3). (2) Wiederholung wichtiger Gedanken aus B. 1. (3) Darstellung und Auslegung der Religionsgesetze. – B. 3: Magistratsgesetze. (1) Naturrechtliche Begründung von Herrschaft und Gehorsam. (2) Darstellung und Auslegung der Magistratsgesetze. – Das Werk ist als Frg. bzw. unvollständig überliefert. Vermutlich waren sechs oder mehr B. geplant.

Q Platon ist Vorbild. Wie *De re publica* im Blick auf Platons →*Politeía*, so wird *De legibus* nach Platons →*Nómoi* entworfen. Doch stehen anders als

bei Platon die Gesetze in enger Beziehung zum Staat. Cicero zitiert sowohl aus der *Politeía* als auch aus den *Nómoi*. Inhaltliche Übereinstimmungen zwischen Cicero und Platon sind jedoch ohne Bedeutung. Cicero erwähnt zwar zahlreiche gr. Autoren vor allem der hellenistischen Zeit; eine Abhängigkeit ist jedoch nicht nachweisbar. Der Autor stützt sich nicht nur auf die röm. Rechtstradition (u. a. auf das „Zwölftafelgesetz" (→*Leges XII tabularum*), sondern auch auf röm. Rechtsgelehrter. Die philosophische Grundlegung (Naturrechtsgedanke, Vernunftnatur des Menschen) weist auf stoische Quellen.

W Zusammen mit *De re publica* dient *De legibus* dem Zweck, eine Konzeption des besten Staates auf der Grundlage röm.-republikanischer Tradition zu entwerfen. Das röm. Rechtsdenken und -handeln erhält eine philosophische Legitimation (Naturrecht). Das Werk ist noch von der Erwartung geprägt, daß die röm. Republik durch eine Besinnung auf die „Normen der Vorfahren" (*mos maiorum*) und die große röm. Vergangenheit zu retten sei. – Der für Caesar siegreiche Bürgerkrieg, der mit der Niederlage des Pompeius im Jahre 48 v.Chr. den endgültigen Zusammenbruch der Republik (*libera res publica*) markiert, wird in *De legibus* noch nicht reflektiert. Denn Cicero hat die Arbeit an diesem Werk nach 51 v.Chr. nicht wieder aufgenommen.

N *De legibus* ist eine unersetzliche Informationsquelle für röm. Sakral- und Magistratsrecht. In der Geschichte des Naturrechtsdankens bilden die Ausführungen Ciceros einen wichtigen Abschnitt. Die natürliche Vernunft wird durch Cicero zum Rechtserkenntnisprinzip der röm.-byzantinischen Juristen. Justinian (→*Corpus iuris civilis*) erklärt das Naturrecht zur verpflichtenden Rechtsquelle. Ciceros eigentümliche Leistung besteht darin, Jurisprudenz und Naturrecht miteinander verbunden zu haben, ohne jedoch den spezifischen Rechtscharakter vom Ethischen zu trennen.

A K. Ziegler / W. Görler, Freiburg/Würzburg 1979.
Ü E. Bader / L. Wittmann, Reinbek b. Hamburg 1969. K. Büchner, Stuttgart 1969. R. Nickel, München/Zürich [3]2004 (lat.-dt.). K. Ziegler, Berlin 1974 (lat.-dt.).
L J. Blänsdorf: Griechische und römische Elemente in Ciceros Rechtstheorie, in: WJA N.F. 2, 1976, 135–147. E. Bloch: Naturrecht und menschliche Würde, Frankfurt 1961. W. Görler: Das Problem der Ableitung ethischer Normen bei Cicero, in: AU 21, 2, 1978, 5–19. R. Harder: Zu Ciceros Rechtsphilosophie (*De legibus* I), in: Kleine Schriften, München 1960, 396 bis 400. U. Knoche: Ciceros Verbindung der Lehre vom Naturrecht mit dem römischen Recht und Gesetz, in: G. Radke (Hg.): Cicero, ein Mensch seiner Zeit, Berlin 1968, 38–60. G. A. Lehmann: Politische Reformvorschläge in der Krise der späten römischen Republik. Cicero *De legibus III* und Sallusts Sendschreiben an Caesar, Meisenheim 1980. P. L. Schmidt: Die Abfassungszeit von Ciceros Schrift über die Gesetze, Rom 1969. M. Villey: Rückkehr zur Rechtsphilosophie (1955), in: K. Büchner (Hg.): Das neue Cicerobild, Darmstadt 1971, 259 bis 303.

De legibus promulgatis
„Über die öffentliche Bekanntmachung von Gesetzen"

Gaius Sempronius Gracchus, 154–121 v. Chr.

Frg. einer öffentlichen Rede (lat.).

I   Nach dem Zeugnis des Gellius (→*Noctes Atticae* 10,3) beklagt sich Gaius Gracchus in dieser Rede „mit allen ihm zu Gebote stehenden Unwillen", daß Marcus Marius und andere ehrbare Männer aus den italischen Munizipien auf Befehl der Behörden des röm. Volkes auf ungerechte Weise mit Ruten ausgepeitscht wurden. Darauf folgt bei Gellius ein Zitat aus der Rede, das von einem skandalösen Vorgang dieser Art in Campanien handelt.
N   Gaius Gracchus wird als Redner von Cicero im →*Brutus* 125 f. und in →*De oratore* 3,214 hoch gelobt. Auch Gellius rühmt die Redeweise des Gracchus.

A   H. Malcovati, ORF.
L   M. v. Albrecht: Meister römischer Prosa von Cato bis Apuleius. Interpretationen, Heidelberg 1971, 51–74. N. Häpke: C. Semproni Gracchi oratoris Romani Fragmenta, Diss. München 1915. A. D. Leeman: Orationis ratio. The stylistic theories and practise of the Roman orators, historians and philosophers. 2 Bde., Amsterdam 1963. F. Leo, GdrL, 304–309. F. Münzer, RE 2 A 2, 1921, 1375–1400. E. Norden, Kunstprosa, 169–172. Schanz-Hosius 1, 218 f.

De libero arbitrio
„Über den freien Willen"

Aurelius Augustinus aus Thagaste, 354–430 n. Chr.

Dogmatisch-polemische Schrift in drei B. gegen den Manichäismus (lat.).
Herausgegeben 395 n. Chr., dem Jahr der Bischofsweihe, in Hippo. Das Werk wurde 387 n. Chr. in Rom begonnen, die B. 2 und 3 erst nach Augustins Priesterweihe (391) in Thagaste vollendet.

I   Die Schrift ist ein Dialog zwischen Augustinus und Euodius. Die Dialogform wird jedoch am Anfang des dritten B. aufgegeben. – Den Gesprächspartner Euodius erwähnt der Autor auch in den →*Confessiones* (9,17), wo er als Landsmann des Augustinus und kaiserlicher Hofbeamter vorgestellt wird, der sich noch vor dem Autor zum Christentum bekannte und später Bischof von Uzala wurde. – Im 1. B. wird die Willensfreiheit bewiesen. Der Beweis erfolgt in zwei Ansätzen: (1) Die Vernunft ist als das Beste im Menschen auch das Stärkste und d. h. auch stärker als die Begierde zu sündigen. Also kann der Mensch nur aufgrund seines eigenen freien Willens Böses tun. (2) Der Mensch hat einen Willen, der ihn befähigt, das Gute zu tun, sofern er es will. Die Wahl zwischen Gut und Böse ist also dem freien Willen anheimgestellt. Allerdings läßt sich die sittliche Freiheit des Menschen zum

Guten nur dann verwirklichen, wenn sich der Mensch von den irdischen Gütern distanziert. – Im 2. B. zeigt Augustin, daß der freie Wille etwas Gutes ist, obwohl er auch die Ursache der Sünde sein kann. Er ist Bestandteil einer göttlichen Weltordnung und eine Gabe Gottes. Hier sieht sich Augustin genötigt, die Existenz Gottes als des Gebers aller guten Gaben zu beweisen. – Im 3. B. wird das Problem der Verantwortung Gottes für die Welt unter dem Gesichtspunkt der Willensfreiheit und der Nichtigkeit des Bösen untersucht (→*Contra Faustum Manichaeum*).
W   Augustinus tritt entschieden der manichäischen These von der Existenz eines substantiellen Bösen entgegen: Das Böse ist nicht substantiell vorhanden, sondern ein Produkt freier Willensentscheidung (vgl. →*Confessiones* 7,5).

A   G. Baravelle, Rom 1960. F. De Capitani, Mailand 1987 (lat.-it. mit Kommentar). W. M. Green, CSEL 74, 1956. W. M. Green, CCL 29, 1970, 211–321.
Ü   C. J. Perl, Paderborn [(3)]1962. W. Thimme, Zürich/ Stuttgart 1962.
L   D. Amand: Fatalisme et liberté dans l' antiquité grecque, Löwen 1945. H. Barth: Die Freiheit der Entscheidung im Denken Augustins, Basel 1935. G. Capone-Braga: La concezione agostiniana della libertà, Padua 1931. M. T. Clark: Augustine, Philosopher of Freedom, Paris 1958. G. Madec u. a., Palermo 1990 (Kommentar).

De lingua Latina
„Über die lateinische Sprache"

Marcus Terentius Varro aus Reate, 116–27 v. Chr.

Prosaschrift in 25 B. (weitgehend verloren, die B. 5–10 sind lückenhaft erhalten) über die lat. Sprache, als Lehrbuch konzipiert (lat.).
Zwischen 47 und 45 v. Chr. verfaßt und Marcus Tullius Cicero gewidmet.

I   Die verlorenen B. 1–4 enthielten Argumente gegen bzw. für die Anerkennung der Etymologie als einer wissenschaftlichen Disziplin. Die erhaltenen B. 5–7 erschließen den lat. Wortschatz etymologisch nach Sachgruppen. In den B. 8–13 ging es um Deklination und Formenlehre. Die B. 14–25 handelten von der Satzlehre. – Varro übertrug die akademische Methode des *disputare in utramque partem* (d. h. des Argumentierens für und gegen eine These) auf die Grammatik, d. h. er argumentierte z. B. in B. 2 gegen die Gültigkeit der Etymologie, in B. 3 für die Gültigkeit der Etymologie, und in B. 4 folgt dann die in der Mitte liegende Meinung des Verfassers. Entsprechendes gilt für B. 8, wo Varro Argumente gegen den „Analogismus" (d. h. gegen das ausnahmslose Festhalten an grammatischen Regeln), und für B. 9, wo er Argumente gegen den „Anomalismus" (d. h. gegen die alleinige Berücksichtigung des Sprachgebrauchs) in der Formenlehre vorbrachte, um dann in B. 10 wieder eine vermittelnde Position einzunehmen.
Q   Varro greift auf stoische und alexandrinische

Sprachtheorie zurück, um sie auf das Lateinische anzuwenden. Sein Lehrer, der stoische Grammatiker Lucius Aelius Stilo (→*Grammatica et Philologica Latina*), hat ihm die stoische Sprachwissenschaft vermittelt.

W Wie mit allen seinen Werken will Varro auch mit *De lingua Latina* seinen röm. Mitbürgern nützlich sein. Seine Untersuchungen dienen nicht nur einem theoretischen Interesse, sie wollen vor allem die Sprachpraxis seiner Leser beeinflussen. Die Sprachtheorien der Stoiker und Alexandriner dienen als Mittel zu diesem Zweck. – Die Auseinandersetzung mit Sprache unter den in *De lingua Latina* beschriebenen Aspekten ist für Varro ein Verfahren kulturgeschichtlicher Forschung und dient auf diese Weise dem Selbstverständnis der röm. Gesellschaft. So erfüllt z.B. die Etymologie letztlich nicht nur einen antiquarischen, sondern auch einen politischen Zweck.

N Verrius Flaccus (→*De significatu verborum*) greift auf Varro zurück. Festus macht aus dem lexikalisch angelegten Werk im 2. Jh. n. Chr. einen Auszug, der im Mittelalter von Paulus Diaconus (um 720 bis 799) noch weiter verkürzt wurde. – Varro war für Rom der Begründer einer wissenschaftlichen Etymologie. „Für unsere Kenntnis des alten Rom, Wörter wie Sachen, ist *De lingua Latina* unschätzbar" (L. Bieler, RL 1, 128).

A J. Collart, Paris 1954 (lat.-frz. nur B. 5). H. Dahlmann, Berlin 1940 (lat.-dt. nur B. 8 mit Kommentar). P. Flobert, Paris 1985 (lat.-frz. nur B. 6 mit Kommentar). G. Goetz / F. Schoell, Leipzig 1910. D. J. Taylor, Amsterdam 1996. A. Traglia, Bari 1956 (lat.-it. nur B. 10 mit Kommentar). A. Traglia, Turin 1974 (lat.-it.).
Ü H. Dahlmann, Berlin [(2)]1966 (lat.-dt. nur B. 8).
L M. v. Albrecht, RL, 472–490. Th. Baier: Werk und Wirkung Varros im Spiegel seiner Zeitgenossen. Von Cicero bis Ovid, Stuttgart 1997. K. Barwick: Widmung und Entstehungsgeschichte von Varros *De lingua Latina*, in: Ph 101, 1957, 293 bis 304. G. Boissier: Étude sur la vie et les ouvrages de M.T. Varron, Paris 1861. F. Cavazza: Studio su Varrone etimologo e grammatico. La lingua latina come modello di struttura linguistica, Florenz 1981. J. Collart: Varron, grammairien latin, Paris 1954. H. Dahlmann: Varro, in: RE Suppl. 6, 1935, 1172–1277. D. Fehling: Varro und die grammatische Lehre von der Analogie und der Flexion, in: Glotta 35, 1956, 214–270; 36, 1958, 48 bis 100. M. Fuhrmann: Die römische Fachliteratur, in: NHbL. Römische Literatur, 181–194. W. Pfaffel: Quartus gradus etymologiae. Untersuchungen zur Etymologie Varros in *De lingua Latina*, Königstein i. Ts. 1981. R. Schroeter: Die varronische Etymologie, in: Entretiens 9 (Varron), 1963, 79–116. E. Vetter: Zum Text von Varros Schrift über die lateinische Sprache, in: RhM 101, 1958, 257–285; 289–323.

De litteris, syllabis, metris
„Über Buchstaben, Silben, Versmaße"

Terentianus Maurus, um 120–180 n. Chr.

In Versen verfaßtes grammatisches Lehrbuch in drei Teilen (lat.).

I Das Werk umfaßt 2981 Verse. Die drei Teile (*De litteris*: Verse 85–278; *De syllabis*: Verse 279 bis 1299; *De metris*: Verse 1300–2981) waren ursprünglich selbständige Abhandlungen. Die Vorrede (1–84) gehörte nur zu *De syllabis*. – Die Abschnitte über die Versmaße sind in den Versmaßen der jeweils besprochenen Verse verfaßt (z.B. über den Jambus in Jamben, über den Elfsilbler in Elfsilblern).

A GrLat 6, 1874, 313–413.
Ü J. – W. Beck: De syllabis, Göttingen 1993 (lat.-dt. mit Kommentar).
L M. v. Albrecht, RL, 1043. P. L. Schmidt, DKP 5, 591.

Demádeia
„Was von Demades stammt"

Demades, 4. Jh. v. Chr.

Aussprüche des Redners und Politikers (gr.).

A Ps.-Demetrios, *De elocutione* 22 ff.
L H. Berve: Das Alexanderreich auf prosopographischer Grundlage. Bd. 2, München 1926, 131–133. A. Lesky, GL, 685.

De magia →Apologia (Apuleius)

De magistro
„Über den Lehrer"

Aurelius Augustinus aus Thagaste, 354–430 n. Chr.

Philosophischer Dialog mit dem Sohn Adeodatus über Lehren und Lernen (lat.).
Entstanden 389–390 n. Chr. in Thagaste.

I In dem Gespräch mit dem sechzehnjährigen Adeodatus geht es um die Frage nach der Ursache des menschlichen Denkens und der Gedanken. Wie der Körper nicht die Ursache der Empfindungen, so ist die Seele nicht die Ursache ihrer Ideen. Allerdings kommen die Ideen auch nicht von außen und werden auch nicht durch die Sprache vermittelt. Nicht die Wörter, sondern die Sinneswahrnehmungen unterrichten uns über die Dinge; die Wörter wecken nur Erinnerungen an die Sinneswahrnehmungen. Auch Erkenntnisse gelangen nicht von außen – etwa durch Lehren – in die Seele. Um z.B. den Sinn eines Satzes zu verstehen, muß der Schüler bereits den Sinn seiner Wörter verstehen. Demnach befindet sich das Wissen von vornherein in der Seele des Schülers; es wird durch den Lehrer nur aktiviert. – Obwohl die Seele nichts von außen empfängt, sondern nur durch das Äußere angeregt wird, hat sie doch einen Ausgang zu Gott. Hier liegt die Ursache dafür, daß auch andere Seelen im Besitz von Wissen sind: Es gibt ewige, transzendente Wahrheiten oder Ideen, die in der einen Wahrheit, in Christus, gründen; er ist als Logos der innere Lehrer des Menschen.

W Augustinus gibt der platonischen Erkenntnistheorie mit ihrer Wiedererinnerungslehre, wie Platon sie im →*Ménon* entwickelt und veranschaulicht hat, eine christliche Interpretation: Die platonischen Ideen sind eins mit der Wahrheit Christi, des wahren Lehrers der Seele.

A D. Bassi, Florenz 1930. K. D. Daur, CC 29, 1970, 141–203. J. Thonnard, Paris 1954. G. Weigel, CSEL 77, 1961.
Ü H. Hornstein, Düsseldorf 1957. C. J. Perl, Paderborn 1959. E. Schadel, Würzburg 1975 (mit Kommentar).
L M. v. Albrecht, RL, 1318–1353. J. A. M. Gannon: The Active Theory of Sensation in St. Augustine, in: The New Scholasticism 30, 1956, 154–180. M. Haesele: Beiträge zur augustinischen Psychologie, Glarns 1929. J. Hessen: Augustins Metaphysik der Erkenntnis, Leiden [(2)]1960. KNLL 1, 873. W. Ott: Des hl. A. Lehre über die Sinnenerkenntnis, in: Philosophisches Jahrb. 13, 1900, 45–59 und 138–148. A. Ricci: Notas sobre o *De magistro* de S. A., in: Veritas 1, 1956, 320–347. G. Rovella: Memoria e ricordo in Platone e S. Agostino, in: Sophia 21, 1953, 107–111. A. Schöpf: Wahrheit und Wissen. Die Begründung des Erkennens bei A., München 1965. G. Söhngen: Die Einheit der Theologie, München 1952, 63–100. W. L. Wade: *De magistro*, New York 1940.

De malorum subsistentia
„Über die Existenz des Bösen"

Proklos aus Konstantinopel, etwa 410–485 n. Chr.

Nur in der im Jahre 1280 abgeschlossenen lat. Übersetzung des Wilhelm von Moebeke erhaltene Schrift über das Böse in der Welt.

I Proklos unterscheidet zwei Seinsweisen des Bösen: (1) das reine Böse, das mit dem Nicht-Sein identisch ist, (2) das Böse als Mangel an Gutem. – Das Böse existiert nicht im Bereich des ewigen und vollkommenen Intelligiblen, sondern nur in den Seelen, die in die Welt des Werdens hinabgestiegen sind, aber zur Gerechtigkeit und Harmonie des Weltganzen beitragen.

A H. Boese: Procli Diadochi tria opuscula *de providentia, libertate, malo*, in: Quellen und Studien zur Geschichte der Philosophie. Bd. 1, 1960.
Ü M. Erler, Beiträge zur klassischen Philologie 102, 1978.
L L. Deitz, LphW, 125 f.

De medicamentis libri
„Bücher über die Heilmittel"

Marcellus Empiricus aus Burdigala, um 400 n. Chr.

Volksmedizinisches Arzneibuch (lat.), das der Autor für seine Söhne verfaßte.

I Vielen Empfehlungen zur Behandlung von Störungen und Leiden sind Heil- und Zauberformeln beigegeben. Das gilt ebenso für den Umgang mit einer verschluckten Fischgräte wie für die Behebung von Verdauungsstörungen und von Hüftweh. „Zur Vertreibung von Spulwürmern ist Santonisches Gras mit dem Namen ‚Absinth' besonders wirkungsvoll, wenn man es entweder frisch mit Wasser bis auf ein Drittel eingekocht trinkt oder getrocknet und zerrieben mit etwas Honig kaut" (28,2). – Das Werk fußt weitgehend auf der →*Medicina Plinii*.

A M. Niedermann / E. Lichtenhan, CML 5, Berlin 1968.
Ü E. Lichtenhan / J. Kollesch / D. Nickel, Leipzig [(2)]1968 (lat.-dt.).
L M. v. Albrecht, RL, 1172. E. Lichtenhan: Sprachliche Bemerkungen zu Marcellus Empiricus, Diss. Basel 1917. S. Sconocchia: Marcelli *De medicamentis libri* Concordantiae. 3 Bde., Hildesheim 1995.

De medicamentis ex animalibus
„Über Heilmittel aus dem Tierreich"

Sextus Placitus Papyriensis, 5. Jh. n. Chr.

Arzneibuch mit Heilmitteln aus dem Tierreich, die z. T. aus der Sphäre des Aberglaubens stammen (lat.). Als Quellen benutzte der Autor weitgehend Plinius, →*Naturalis historia libri XXXVII*, und Marcellus Empiricus, →*De medicamentis libri*.

A E. Howald / H. E. Sigerist, CML 4, 1927, 235–268.
L M. v. Albrecht, RL, 1172.

De medicamine faciei femineae
„Über die Pflege des weiblichen Gesichts"

Auch zitiert als *Medicamina faciei femineae* („Schönheitsmittel für das weibliche Gesicht").

Publius Ovidius Naso aus Sulmo, 43 v. – 17 n. Chr.

Kurzes Lehrgedicht in elegischen Distichen (lat.), nur in Frg. erhalten.
Noch vor dem 3. B. der →*Ars amatoria* (vgl. 3, 205) verfaßt.

I Der erhaltene Anfang des Gedichts lobt das Pflegen (*cultus*) im weitesten Sinne – das Pflegen des Bodens, des Obstes, der Häuser. Dann geht der Autor rasch über zur Pflege der Frauen. Sie mache diese erst richtig schön und anziehend. Sie sei ein wirkungsvolleres Mittel, die Liebe zu wecken, als irgendwelche Zauberkräuter. – Rezepte für Kosmetika folgen; darauf bricht der Text nach 100 erhaltenen Versen ab.

A E. J. Kenney, Oxford 1965.
Ü V. v. Marnitz, Stuttgart 1958.
L H. Fränkel: Ovid. Ein Dichter zwischen zwei Welten (1945), Darmstadt 1970, 68 f.

De medicina
„Über Heilkunde"

Cassius Felix aus Cirta, 5. Jh. n. Chr.

Medizinische Abhandlung (lat.).
Verfaßt im Jahre 447 n. Chr.

I Dargestellt werden über 82 Krankheiten und ihre Heilmittel nach alten, meist auf den gr. Arzt Galenos und die sogenannte logische, d. h. nicht empirische oder dogmatische, Ärzteschule zurückgehenden Rezepten. Daraus resultiert ein erweiterter Titel: *De medicina ex Graecis logicae sectae auctoribus liber translatus* („Abhandlung über Medizin, übertragen aus den Werken der griechischen Vertreter der logischen Schule").

A V. Rose, Leipzig 1879.
L K. Sallmann: Die Fachwissenschaften und die Ausbildung der spätantiken Enzyklopädie, in: NHbL. Spätantike, 195–233. Tuculum-Lexikon s. v. Cassius Felix.

De medicina
„Über Heilkunde"

Aulus Cornelius Celsus, 1. Jh. n. Chr.

Teil einer lat. Enzyklopädie, die unter dem Titel *Artes* veröffentlicht worden war. Darin enthalten waren ursprünglich außer der Heilkunde die Landwirtschaft, das Kriegswesen, die Beredsamkeit, die Rechtswissenschaft und die Philosophie. Erhalten ist daraus nur die acht B. umfassende Einführung in die Medizin (*De medicina*).
Verfaßt um 25 n. Chr.

I Das ausführliche Proömium der Schrift ist im wesentlichen ein Referat über die medizinischen Methoden der „Empiriker" und „Theoretiker", der beiden Hauptrichtungen der hellenistischen Medizin; hier gibt der Autor zunächst einen Abriß der Geschichte der Medizin von Äskulap bis in das 3. Jh. v. Chr (1–8). Dann geht er auf die Dreiteilung der Medizin ein (Diätetik, Pharmazie und Chirurgie), wie sie im Hellenismus üblich war (9 bis 12). Darauf werden die Kenntnisse aufgezählt (13 bis 26), die die „Theoretiker" für notwendig halten (z. B. Kenntnis der verborgenen und offensichtlichen Ursachen der Krankheiten, Kenntnis der Körperfunktionen und der Anatomie). – In den Kapiteln 27–39 geht es u. a. um die konstitutiven Elemente der Medizin, die als Methoden der medizinischen Forschung auch von den „Empirikern" anerkannt werden: *Empirie* bzw. *Autopsie* (eigene Erfahrung), *Historia* (Erfahrungen anderer Ärzte) und *Analogie*. – Die Ablehnung der Vivisektion und der Leichensektion durch die „Empiriker" ist Gegenstand der Kap. 40–44. – In den Kap. 45–75 nimmt Celsus Stellung zum Methodenstreit der „Empiriker" und „Theoretiker". Dabei befaßt er sich vor allem mit dem Verhältnis von Empirie und Theorie, dem Analogieverfahren, dem Begriff der Individualmedizin und dem Begriff der Kausalität. – Die weiteren Ausführungen folgen der im Proömium gegebenen Disposition: So wird dargestellt, wie die Gesundheit des Körpers mit Hilfe von Diätetik, Pharmazie und Chirurgie zu erhalten bzw. wiederherzustellen ist. Die B. 1 und 2 behandeln die Grundregeln der Diätetik, die allgemeine Pathologie und die Therapie. In den B. 3 und 4 geht es um die Krankheiten des Körpers und ihre Therapie. B. 5 enthält eine Arzneimittellehre, B. 6 die Krankheiten einzelner Körperteile und ihre Therapie, B. 7 die Chirurgie und B. 8 die Erkrankungen der Knochen.

Q Für *De medicina* konnte Celsus nicht auf röm. Autoren zurückgreifen – Cato und Varro hatten sich nur am Rande mit der Medizin befaßt –, sondern mußte gr. Schrifttum auswerten (→*Corpus Hippocraticum*).

W In der Auseinandersetzung zwischen den „Theoretikern", die zur Erkenntnis der Krankheitsursachen vordringen wollten, und den „Empirikern", die sich mit Erfahrungen über die Wirksamkeit von Heilmethoden begnügten, nimmt Celsus eine vermittelnde Position ein. – Celsus, der selbst kein Arzt war, hatte wohl die Absicht, Vorurteile gegen eine wissenschaftliche Medizin in Rom abzubauen und die Erkenntnisse der hellenistisch-gr. Medizin für Rom fruchtbar zu machen. Unter diesem Aspekt ist er mit Cicero vergleichbar, der die gr. Philosophie in Rom heimisch machen wollte.

N *De medicina* war das erste medizinische Werk aus der Antike, das (i. J. 1478) gedruckt und danach am häufigsten ediert und übersetzt wurde. Celsus wurde erst von „Paracelsus" (Theophratus Bombastus von Hohenheim) übertroffen.

A F. Marx, CML 1, Leipzig 1915. W. G. Spencer, London 1935–1938 (lat.-engl.).
Ü W. Müri: Der Arzt im Altertum, München/Zürich [6]1986 (lat.-dt. in Auswahl). E. Scheller / W. Friboes, Braunschweig [2]1906, Nachdr. Darmstadt 1967.
L K. Barwick: Zu den Schriften des Cornelius Celsus und des alten Cato, in: WJA 3, 1948, 117–132. K. Barwick: Die Enzyklopädie des Cornelius Celsus, in: Ph 104, 1960, 236–249. O. Dreyer: Lektüre des Proömiums von Celsus' Schrift *De medicina*. Eine Einführung in wissenschaftstheoretisches Denken, in: AU 15,3, 1972, 20–58. H. Flashar (Hg.): Antike Medizin, Darmstadt 1971. M. Fuhrmann, Lehrbuch, 86–98 und 173–181. W. Krenkel: Celsus, in: Altertum 4, 1958, 111–122. J. Scarborough: Roman medicine, Ithaka 1969. M. Schanz: Über die Schriften des Cornelius Celsus, in: RhM 36, 1881, 362–379. C. Schulze: Celsus, Hildesheim 2001.

De Melisso Xenophane Gorgia
„Über Melissos, Xenophanes und Gorgias"

Ps.-Aristoteles, ein Angehöriger der peripatetischen Schule.

Monographie (gr.) über die Philosophie des Melissos (Mitte des 5. Jh.s v. Chr.), des Xenophanes (etwa 570–460 v. Chr.) und des Gorgias (etwa 480 bis 380 v. Chr.).
Die Abfassungszeit ist unbestimmt; vielleicht liegt sie schon im 3. Jh. v. Chr., vielleicht aber auch erst im 1. Jh. n. Chr.

I   Da die Reihenfolge der drei Namen im Titel nicht einheitlich überliefert ist – so ist die Schrift auch unter dem Titel *De Xenophane Zenone Gorgia* überliefert –, ist es keinesfalls sicher, über welche Philosophen in den ersten beiden Abschnitten berichtet wird. Die erhaltenen Handschriften machen unterschiedliche Angaben: Der 1. Abschnitt (974–977a11) wird von einigen Handschriften dem Xenophanes, von einigen dem Melissos zugewiesen. Der 2. Abschnitt (977a14–979b9) gehört nach einigen Handschriften dem Xenophanes, nach einigen dem Zenon. „Bei dem ersten Abschnitt kann es indessen keinem Zweifel unterliegen, daß er weder von Xenophanes noch von Zeno handelt, sondern von Melissos" (Zeller, 618). Demnach befaßt sich der 2. Abschnitt mit Xenophanes. So wird auch eine sinnvolle Abfolge in der Darstellung erkennbar, die die unterschiedlichen Auffassungen von Melissos, Xenophanes und Gorgias über das Seiende referiert: (1) Melissos hält das Seiende für unbegrenzt, (2) Xenophanes hält es für weder begrenzt noch unbegrenzt und (3) Gorgias leugnet nicht nur die Erkennbarkeit des Seienden, sondern auch das Seiende selbst (vgl. Gorgias, →*Perì tû mè óntos è perì phýseos*). – Es ist nicht auszuschließen, daß die Schrift ursprünglich auch Darstellungen der Seinslehre des Parmenides und des Zenon enthielt.
Q   Die Glaubwürdigkeit der Berichte über Melissos, Xenophanes und Gorgias wird unterschiedlich beurteilt. Es ist bisher ungeklärt, inwieweit der Verfasser aus den Werken der behandelten Autoren selbst oder aus vermittelnden Quellen (Theophrast ?) geschöpft hat.

A   I. Bekker: Aristotelis opera, Berlin 1831, Nachdr. Darmstadt 1960, 974a-980b21. VS 30 A 5 (Melissos); VS 21 A 28 (Xenophanes). H. Diels, Abh. Berliner Akad.d. Wiss. Phil.-hist. Kl. 1900. 1.
L   G. Calogeri: Studi sull' Eleatismo, Rom 1932. H. Gomperz: Sophistik und Rhetorik, Leipzig/Berlin 1912, Nachdr. Darmstadt 1965, 33 mit Anm. 39 a. W. Jaeger: Die Theologie der frühen griechischen Denker, Stuttgart 1953, Nachdr. 1964, 50–68. W. Nestle, VMzL, 308–310. K. Reinhardt: Parmenides, Bonn 1916, 89ff. E. Zeller, Philosophie 1, 1, 617–640.

De mendacio →Contra mendacium (Augustinus)

Demódokos
(Dialogpartner)

Ps.-Platon

Einer der sieben kleineren Dialoge (gr.), die bereits in der Antike als unecht abgesondert wurden: →*Alkýon*, →*Axíochos*, →*Eryxías*, →*Perì aretês*, →*Perì dikaíu*, →*Sísyphos*.

I   Einen richtigen Ratschlag zu geben, setzt ein einschlägiges Wissen voraus.

A   J. Burnet: Platonis Opera. Bd. 5. Oxford 1907.
Ü   E. Loewenthal, Bd. 3, Darmstadt 2003.
L   M. Isnardi: Su gli apocrifi platonici Demodoco e Sisifo, in: PP 9, 1954, 425–431.

Dêmoi
„Die Verwaltungsbezirke"

Eupolis aus Athen, 446 – um 410 v. Chr.

Politische Komödie, nur in Frg. (auf Papyrus) erhalten (gr.).
412 v. Chr. aufgeführt.

I   In dem Stück werden die Geister der großen Staatsmänner der alten Zeit beschworen, um ihre Meinung über die verzweifelte Lage des Staates abzugeben. – Die Handlung spielt auf zwei Schauplätzen: (1) Im Hades wird mit Unterstützung der Götter beschlossen, ehemals bedeutende Männer der Polis nach Athen hinaufzuschicken, um nach der Katastrophe der sizilischen Expedition (Thukydides, →*Ho pólemos tôn Peloponnesíon kaì Athenaíon*) auf der Oberwelt nach dem Rechten zu sehen. Nach einigen Diskussionen werden Solon, Miltiades, Aristeides, Perikles, Peisistratos mit den Tyrannenmördern Harmodios und Aristogeiton unter Leitung des Feldherrn Myronides nach oben geschickt. (2) Inzwischen singt der Chor der Demen auf der Agora Rüge- und Scheltlieder auf die gegenwärtigen Führer der Stadt. Dann kommen die prominenten Toten paarweise aus der Unterwelt herauf, werden im Prytaneion bewirtet und halten Gericht über die Lebenden. Aristeides brandmarkt das Sykophantentum (das Treiben der politischen Denunzianten), Solon tadelt die Sitten und das Gesetz, Miltiades das Militärwesen, Perikles die Politik und das Demagogenunwesen. Die schlimmsten Übeltäter werden symbolisch verurteilt. Die Großen der Vergangenheit kehren nach Mahnungen an das Volk in die Unterwelt zurück.
W   Der Ernst des Inhalts läßt die Grenze zwischen Komödie und Tragödie verschwimmen. Es geht um Existenzfragen der Polis. Das Stück hat ein politisches Programm: Aus der Verherrlichung der großen Persönlichkeiten der Vergangenheit soll die Polis neue Kraft schöpfen.
N   Die *Dêmoi* wurden im 1./2. Jh. n. Chr. noch

gelesen und zitiert (→*Perì hýpsus* 16,3). – Die Papyri mit den Frg. stammen aus dem 4./5. Jh. n. Chr.

A   C. Austin: Comicorum Graecorum Frg., Berlin 1973. J. M. Edmonds: The Frg. of Attic Comedy. Bd. 1, Leiden 1957. K. Plepelits: Die Frg. der Demen des Eupolis, Diss. Wien 1970.
Ü   O. Weinreich: Aristophanes. Sämtliche Komödien. Bd. 2, Zürich (2)1968, Nachdr. München 1976.
L   J. M. Edmonds: The Cairo and Oxyrrhynchus Fragments of the *Demoi* of Eupolis, in: Mnemosyne 8, 1939, 1–20. G. Kaibel, RE 6, 1, 1909, 1230–1235. KNLL 5, 300–302. A. Rivier: L' esprit des Dèmes d' Eupolis. Mélanges offerts à M.G. Bonnard. Univ. de Lausanne. Publ. de la Fac. des lettres 18, 1966, 131 ff. Schmidt-Stählin 1, 4, 111–137. O. Weinreich (s.o.), 421–442.

Demokrátus hypothêkai
„Denksprüche des Demokrates"

Demokritos aus Abdera, um 430 v. Chr.

Sammlung (gr.) von Lebensweisheiten und Sinnsprüchen (Gnomen), von Stobaios (→*Eklogaí*) überliefert und zu den Frg. des Demokrit gezählt (VS 68 B 35–115).

I   Ein geschlossenes ethisches System liegt den Sinnsprüchen nicht zugrunde. Dennoch lassen sich einige grundsätzliche Entscheidungen nachvollziehen: Eine perspektivenreiche praktische Vernunft dient der Lebens- und Problembewältigung (B 40, 46, 51, 53, 58, 64–67, 77, 83, 105); Pflichtbewußtsein (B 41, 42) und Selbstkontrolle (B 66, 70, 73, 74), Maßhalten (B 70, 102) und Beachtung des „Zuträglichen" (B 74, 107) lassen das Leben gelingen. Einen hohen Wert hat dabei auch wahre Freundschaft (B 97–101, 106, 107).

A   VS 68 B 35–115 (gr.-dt.).
L   A. Lesky, GL, 381–387.

Demónaktos bíos
„Das Leben des Demonax"

Lukianos aus Samosata, etwa 120–180 n. Chr.

Biographie des Demonax aus Zypern, eines kynischen Philosophen des 2. Jh.s n. Chr. (gr.).

I   Die Schrift bietet zunächst ein geschlossenes Porträt (1–11) des Demonax, dann eine Sammlung von Aussprüchen (12–62) und einen Bericht über sein Ende (63–67). „Er vertrat einen milden, erzieherischen Kynismus; kennzeichnend der Ausspruch, er verehre Sokrates, bewundere Diogenes v. Seleukeia und liebe Aristippos. Kynisch ist vorzugsweise sein Streben nach innerer Unabhängigkeit, seine Verachtung des herkömmlichen Kultes, sein Spott über die Gelehrsamkeit der Peripatetiker, schließlich sein Selbstmord und seine von Diogenes übernommene Gleichgültigkeit gegen eine Bestat-

tung. Sein Leben hat er offenbar ganz in Athen verbracht; geschrieben hat er nichts" (O. Gigon, 337).
W   Lukian will den Zeitgenossen, den er als den besten aller Philosophen bezeichnet, als Vorbild für die Jugend hinstellen.

A   A. M. Harmond: Lucian. Bd.1, London/Cambridge (Mass.) 1961 (gr.-engl.).
Ü   Chr. M. Wieland: Lucian von Samosata. Sämtliche Werke 2. 3, Leipzig 1788/89, 229–261.
L   O. Gigon: Demonax, in: dtv-L 1, 1, 337.

De monogamia →De virginibus velandis (Tertullianus)

Demonstratio evangelica →Euangelikè apódeixis (Eusebios)

De moribus brahmanorum
„Über die Sitten der Brahmanen"

Ambrosius, Bischof von Mailand, um 340–397 n. Chr.

A   F. F. Schwarz: Alexanders Gespräch mit dem Brahmanen (*Vita bragmanorum Sancti Ambrosii*), in: Litterae Latinae 31, 1975–1976, 1–16.
L   M. v. Albrecht, RL, 1293–1304.

De moribus ecclesiae catholicae et de moribus Manichaeorum →Contra Faustum Manichaeum (Augustinus)

De mortalitate
„Über die Sterblichkeit"

Thascius Caecilius Cyprianus, 3. Jh. n. Chr.

Anläßlich der Pestepidemie des Jahres 252 n. Chr. verfaßte Abhandlung (lat.). Vgl. →*Ad Demetrianum*).

I   Leitthema ist die *militia Christi*, der Kriegsdienst für Christus und sein Reich, d. h. das Leben des Christen in dieser Welt (vgl. →*Novum Testamentum*: Epheser 6,10–20). – Weitere typisch röm. Vorstellungsinhalte durchziehen die Schrift, wie z. B. das Motiv der Prüfung und Bewährung (12). – Das Unglück markiert eine Epochengrenze: Die gealterte antike Welt gerät aus den Fugen, aber man muß um des Neuen willen dankbar dafür sein (25).

A   G. Stramondo: Studi sul *De mortalitate* di Cipriano, Catania 1964.
L   M. v. Albrecht, RL, 1242–1252. G. Stramondo: La personalità di Cipriano nel *De mortalitate*, in: Mélanges N. Herescu (Societas Academica Dacoromana. Acta philologica 3), Rom 1964, 373–381.

De morte
„Über den Tod"

Philodemos aus Gadara, 1. Hälfte des 1. Jh.s v. Chr.

In Frg. erhaltene philosophische Abhandlung (gr.) aus der Schule Epikurs.

A   D. Bassi: Papiri Ercolanensi, Mailand 1914.
L   T. Kuiper: Philodemus. Over den dood, Paris 1925. O. Luschnat: Die atomistische Eidola-Poroi-Theorie in Philodems Schrift *De morte*, in: Prolegomena 2, 1953, 21–41. R. Philippson, RE 19, 2, 1938, 2444–2482.

De mortibus boum
„Über den Tod der Rinder"

Severus Sanctus Endelechius, um 400 n. Chr.

Christliche Ekloge in asklepiadeischen Strophen (lat.).

I   Der um den Verlust seiner Rinder trauernde Hirt bekehrt sich zum Christentum. Die Ekloge des Endelechius hat in stärkerem Maße als die sonstige lat. Bukolik mimische Züge: So teilt Bucolus dem Aegon in der ersten Szene den Verlust seiner Herde durch Rinderpest mit; in der zweiten gewinnt Tityrus beide für die neue Religion, nachdem er ihnen berichtet hat, daß seine mit dem Zeichen des Kreuzes versehene Herde von der Seuche verschont blieb. In der Rede des Tityrus sind Hinweise auf die christliche Lehre enthalten. Er ist zum christlichen Prediger geworden (vgl. dagegen noch Vergil, →*Bucolica*: 1. Ekloge).
Q   Das Werk steht in der Nachfolge der →*Bucolica* Vergils.

A   A. Riese, Anthologia Latina 2, Leipzig [(2)]1906, Nr. 893.
L   W. Schetter: Bukolik, in: dtv-L 1, 1, 272–274. W. Schmid: Tityrus christianus, in: RhM 96, 1953, 101–165.

De mortuis persecutorum
„Über die Todesarten der Verfolger"

Lucius Caecilius Firmianus Lactantius, um 300 n. Chr.

Aktuell-politische Abhandlung (lat.).
Nach dem sogenannten Toleranz-Edikt von Mailand (313 n. Chr.; vgl. *De mort. pers.* 48, 1) und vor Beginn der offenen Auseinandersetzungen zwischen Licinius und Constantin (314 n. Chr.) geschrieben.

I   Nach einer kurzen Einführung (1–6) über die älteren Verfolger (Nero, Domitian, Decius, Valerian und Aurelian) widmet sich der Autor seiner eigenen Zeit (7–51). Hier beschreibt er die christenfeindlichen Maßnahmen aller Kaiser seit Diokletian (reg. 284–305) und nennt die furchtbaren Strafen, die sie

sich ausnahmslos damit zugezogen haben. Das Glück verließ sie regelmäßig dann, wenn sie begannen, „ihre Hände mit dem Blut der Gerechten zu beflecken" (9,11). Selbst ihre Angehörigen traf das Verderben, und nur die frommen und von Gott erweckten Herrscher durften sich eines ungestörten Friedens erfreuen. – Im letzten Kapitel (52) wird der Friede nach zehnjähriger Verfolgungszeit gepriesen, und Gott wird gebeten, der Kirche einen immerwährenden Frieden zu schenken.

H   Laktanz hat zweifellos nicht nur christliche Leser im Auge. Er sieht auch in Kaiser Licinius (reg. 308 bis 324 n. Chr.) einen Adressaten, der sich christenfeindlichen Kreisen erneut zu nähern begann. Die Schrift ist im Zusammenhang mit der beginnenden Entfremdung zwischen Constantin und Licinius zu sehen, der mit deutlicher Kritik bedacht wird. Es ist die Phase des „Kalten Krieges" zwischen östlicher und westlicher Reichshälfte. Am Ende der Eskalation steht Constantins Alleinherrschaft seit dem Jahre 324 n. Chr. Vor diesem Hintergrund „gewinnt die apologetische Flugschrift fast den Charakter eines gezielten religionspolitischen Pamphlets" (H. v. Campenhausen, 72).

W   „Die Schrift *De mortibus persecutorum* behandelt historisches Geschehen von einem ‚außerrömischen' Standpunkt. Dies ist nicht gerade die Regel; denn seit Constantin gewinnt die Reichstheologie an Boden, die Christentum und Imperium vermengt. Als letzter Reflex der Verfolgungszeit ist diese Schrift besonders wertvoll. Die Auseinandersetzung mit römischen Kategorien wird vor allem deutlich, wenn vom Triumph des christlichen Bekenners über Triumphatoren die Rede ist (16,6). In solchen Formulierungen liegt freilich zugleich auch schon ein Ansatzpunkt für eine Romanisierung der Kirche; die Geschichtsdeutung ist zugleich eine Theodizee: Gott schützt seine Kirche" (M. v. Albrecht, 1272). – Indem Laktanz zeigt, daß die Christenverfolger ein ihren Greueltaten entsprechendes Ende gefunden haben, will er die in der Geschichte wirksame Gerechtigkeit Gottes sichtbar machen: Gott hat die Verbrecher mit furchtbaren Todesqualen bestraft. „Die Lehre, die sich daraus ergibt, liegt auf der Hand ... Es ist die besondere Pflicht des Geschichtsschreibers, der Nachwelt die Wahrheit zu überliefern, damit sie künftigen Generationen zur Wahrheit gereicht: Gott schützt die Gerechtigkeit und führt alle Gottlosen und Verfolger unweigerlich der verdienten Bestrafung zu. Das ist ebensowohl eine theologische wie eine politische Wahrheit" (H. v. Campenhausen, 72).

N   Als „Dokument des werdenden politischen Bewußtseins einer zur Herrschaft berufenen Kirche" (H. v. C., 73) liefert die Schrift einen geschichtstheologischen Grundsatz, auf den sich die Christen seitdem berufen und verlassen werden: Sie vertreten die Gerechtigkeit auf Erden, und wer sie angreift, macht sich Gott zum Feind und bekommt die Folgen zu spüren. Auf diese Weise gelingt auch der folgenreiche Anschluß an die röm. politische Ideologie: Die Siege Roms waren die Folge der röm. *virtus* und Gerechtigkeit. Jetzt nimmt der christliche Gott die gerechten Herrscher unter seine Obhut (vgl. z.B. Constantin. Vgl. *De mort. pers.* 24,5) und vernichtet die Feinde des Christentums, die die Gerechtigkeit unterdrücken. Daraus ergibt sich für die Zukunft auch die Bereitschaft der Christen, als „neue Römer" das staatlich-politische Leben mit zu tragen und zu gestalten – unter dem Aspekt einer „neuen Gerechtigkeit".

A   F. Corsaro, Catania 1970 (lat.-it.). J. L. Creed, Oxford 1984 (lat.-engl. mit Kommentar). J. Moreau. 2 Bde., Paris 1954 (lat.-frz. mit Kommentar). FC 3, 43 (lat.-dt.).
Ü   E. Faessler, Luzern 1946. A. Hartl, Kempten/München 1919. P. H. Jansen, München (2)1919 (BKV 36).
L   M. v. Albrecht, RL, 1263–1276. F. Amarelli: *De mortibus persecutorum* nei suoi rapporti con l' ideologia coeva, in: Studia et Documenta Historiae et Iuris 36, 1970, 207–264. H. v. Campenhausen, LKV, 57–76. A. S. Christensen: Lactantius the Historian. An Analysis of the *De mortibus persecutorum*, Copenhagen 1980. KNLL 9, 959. I. Opelt: Formen der Polemik im Pamphlet *De mortibus persecutorum*, in: Jahrb. für Antike und Christentum 16, 1973, 98–105. J. - R. Palanque: Sur la date du *De mortibus persecutorum*, in: Mélanges J. Carcopino, Paris 1966, 711–716. S. Rossi: Il concetto di Storia e la prassi storiografica di Lattanzio e del *De mortibus persecutorum*, in: Giornale Italiano di Filologia 14, 1961, 193–213.

Demosíon adikemáton
„Wegen des zu Unrecht in Staatseigentum überführten Vermögens"

Lysias, etwa 450- etwa 380 v. Chr.

Gerichtsrede (Nr. 17) in einem Prozeß wegen Darlehensschulden, auf deren Rückerstattung der Gläubiger Anspruch erhebt (gr.).

A   L. Gernet / M. Bizos. Bd. 2, Paris (4)1967 (gr.-frz.). C. Hude, Oxford 1912.
L   W. Plöbst: Lysias, in: RE 13, 2, 1927, 2533–2543.

Demosthenes-Kommentar

Didymos aus Alexandreia, 2. Hälfte des 1. Jh.s v. Chr.

Frg. (gr.) auf einem Papyrus aus einer Demosthenes-Monographie.

I   Aus dem Kommentar ist ein größeres Stück zu den →*Philippikoì lógoi* (9–12) auf einem Berliner Papyrus (nr. 339 P.) erhalten. Der Text setzt sich aus sporadisch herausgegriffenen Lemmata zusammen, denen erklärende Anmerkungen folgen. Didymos bezieht sich oft auf andere Kommentatoren, mit denen er übereinstimmte oder denen er widersprach. Didymos' Verweise lassen erkennen, daß es schon vor seiner Zeit exegetische Schriften über Demosthenes gab, die in das späte zweite oder das frühe erste Jh. v. Chr. gehören und chronologische, geschichtliche und sprachliche Probleme behandelten.

A   H. Diels / W. Schubart, Leipzig 1904. L. Pearson / S. Stephens: Didymi in Demosthenem commenta, Stuttgart/Leipzig 1983. M. Schmidt: Didymi Chalcenteri Fragmenta, Leipzig 1854, Nachdr. 1964.
L   L. Cohn, RE 5, 1903, 445–472. A. Lesky, GL, 687 und 882. M. Lossau: Untersuchungen zur antiken Demosthenesexegese, in: Palingenesia 2, 1964. R. Pfeiffer, KlPh, 331–337.

Demosthénus enkómion
„Preislied auf Demosthenes"

Ps.-Lukianos

Lobschrift auf den großen athenischen Redner des 4. Jh.s v.Chr. in einer Mischung aus Erzählung und Dialog (gr.).
Der Verfasser war vermutlich Sophist, der Lukians Stil nachahmte und die Demosthenes-Vita des Plutarch (→*Bíoi parálleloi*) benutzte. Auch mit Plutarchs Schrift →*Perì tôn déka rhetóron* (Vita decem oratorum) bestehen Übereinstimmungen. Entsprechendes gilt für Libanios, →*Hypothéseis tôn lógon Demosthénus*: Daraus ergibt sich, daß die Schrift wahrscheinlich in der ersten Hälfte des 4. Jh.s n.Chr. entstand.

I   Lukian begegnet dem Dichter Thersagoras, der an Homers Geburtstag sehr früh aufgestanden ist, um dem Geburtstagskind die ersten Früchte seiner Dichtkunst darzubringen. Lukian hingegen wünschte sich eine Eingebung, um auf Demosthenes zu dessen Geburtstag eine schöne Rede halten zu können. Es kommt zunächst zu einer kurzen vergleichenden (synkritischen) Gegenüberstellung von Homer und Demosthenes, Dichtkunst und Rhetorik, Poesie und Prosa unter sprachlich-ästhetischen Aspekten. Homer zu preisen, sei jedoch erheblich schwieriger, weil die Person weitgehend unbekannt sei. Demosthenes hingegen sei wie ein offenes Buch. Thersagoras demonstriert dies anhand eines von leidenschaftlicher Begeisterung erfüllten Lobliedes auf den Athener (bes. Kap. 13–16). – Es schließen sich weitere Ratschläge zur Gestaltung eines Enkomion auf Demosthenes an. Lukian aber ist skeptisch, ob diese Hinweise wirklich so gut geeignet sind; er wolle keine ausgefahrenen Wege gehen: „Ich will den Spuren, die bereits gelegt sind, ausweichen und mir selbst neue Wege bahnen" (23). Chr. M. Wieland (148 f.) bemerkt zu dieser Stelle: „Sollte uns Lucian in diesem Paragraphen nicht den Schlüssel zu dieser ganzen Composition gegeben haben? Wir wissen schon aus seinem eigenen Munde, wie viel er sich auf die Neuheit seiner Erfindungen zu gute that, und daß er derselben einen großen Teil seiner Reputation unter den Griechen zu verdanken hatte. Demosthenes war schon so oft gelobt worden! Sein Lob war ein Gemeinplatz, worauf sich vermutlich alle damalige Rhetoren und Sophisten, besonders die Improvisatoren unter ihnen, herumgetummelt hatten. Alle Materialien dazu waren verbraucht. Was blieb dem Lucian übrig, als dem

Heros unter den griechischen Rednern einen Ehrentempel von einer ganz neuen Form und Structur aufzuführen? Und gerade daß er sich dessen fähig zu sein bewußt war, spornte ihn ohne Zweifel an, auch eine Lobrede auf den Demosthenes auszuarbeiten – eine Lobrede in Gestalt der Erzählung eines Dialogs, in welchen noch ein anderer Dialog eingefaßt ist, worin das schönste und größte, was sich vom Demosthenes sagen läßt, einem Fürsten, der sein Feind war, in den Mund gelegt wird…" Nachdem Thersagoras sein Homer-Enkomion vorgelesen hatte, will er seinen treuen Zuhörer belohnen; er gibt ihm einen Einblick in geheime Tagebücher (*Hypomnémata*) des makedonischen Königshofes, in denen sich u.a. auch die Aufzeichnung eines Gespräches zwischen Antipater, einem treuen Gefolgsmann Philipps II. und Alexanders d. Gr., und Archias über Demosthenes befindet. In diesem Gespräch entwirft der Makedone Antipater ein strahlendes Bild des großen verstorbenen Gegners.

W   Es spricht vieles dafür, daß der Text als Satire auf die enkomiastische Praxis der zeitgenössischen Rhetorik gemeint war. Thersagoras ist die Karikatur eines Rhetoriklehrers, der seinen Schülern mehr oder weniger alberne Rezepte für die Gestaltung von Lobreden gab. Sollte der Text von Lukian selbst stammen (wie Wieland und andere nach ihm meinten), so wäre er nicht nur als Satire und Persiflage, sondern auch als Demonstration einer neuen Möglichkeit des Demosthenes-Enkomions aufzufassen.

A   M. D. MacLeod: Lucian. Bd. 8, London/Cambridge (Mass.) 1967.
Ü   Chr. M. Wieland: Lucian von Samosata. Sämtliche Werke 3, 6, Leipzig 1788/89, 123–176.

De motu animalium →Perì zóon kinéseos (Aristoteles)

De motu terrarum
„Über Erdbeben"

Lucius Annaeus Seneca aus Corduba, etwa 4–65 n.Chr.

Verlorene naturwissenschaftliche Schrift (lat.). Vgl. →*Quaestiones naturales* 6,4,2 (Seneca).

A   F. Haase. 3 Bde. Leipzig [(2)]1881–1886 (Frg. Bd. 3).
L   M. Fuhrmann, Seneca, 83 f.

Dému katalýseos apología
„Verteidigungsrede in Sachen Auflösung der Demokratie"

Lysias, etwa 450 – etwa 380 v.Chr.

Rede in einem politischen Prozeß (gr.).

I   Die Rede diente der Verteidigung eines namentlich nicht Genannten, der wegen oligarchischer Gesinnung und Kollaboration mit den Dreißig Tyrannen, die vom Frühjahr 404 bis zum Winter 404/403 v.Chr. die Macht in Athen ergriffen hatten, angeklagt war.

A   C. Hude, Oxford 1912.
Ü   K. Brodersen / I. Huber. 2 Bde., Darmstadt 2004–2005 (gr.-dt.).
L   F. Ferckel: Lysias und Athen, Würzburg 1937. A. Lesky, GL, 664–668.

De mundo →Perì kósmu (Ps.-Aristoteles)

De mundo
„Über die Welt"

Apuleius aus Madaura, 2. Jh. n.Chr.

Übersetzung (lat.) der pseudo-aristotelischen Schrift →*Perì kósmu* aus dem Griechischen.

I   Der Autor versucht, die kosmologisch-kosmographische Schrift, in der auch die Frage nach dem Weltenlenker erörtert wird, als sein eigenes Werk auszugeben. Er widmet sein Übersetzerplagiat einem Faustinus. (Das Original ist Alexander zugeeignet.) Zwei Kapitel (13–14) stammen aus Gellius (→*Noctes Atticae* 2,22). Weiterhin fügte Apuleius zwei Autopsieberichte hinzu. – Mehrfach wird Vergil zitiert.

A   J. Beaujeau, Paris 1973.
L   S. Müller: Das Verhältnis von Apuleius *De mundo* zu seiner Vorlage, in: Ph Suppl. 32, 2, 1939. J. Redfors: Echtheitskritische Untersuchung der apuleischen Schriften *De Platone* und *De mundo*, Lund 1960. F. Regen: Apuleius philosophus Platonicus. Untersuchungen zur *Apologia* (*De magia*) und zu *De mundo*, Berlin 1971. A. Seele: Römische Übersetzer. Nöte, Freiheiten, Absichten. Verfahren des literarischen Übersetzens in der griechisch-römischen Antike, Darmstadt 1995, 79 f.

De musica
„Über die Musik"

Aurelius Augustinus aus Thagaste, 354–430 n.Chr.

Philosophische Abhandlung in sechs B. (lat.). Entstanden vor 391 n.Chr. in Thagaste.

I   Die Abhandlung ist Teil einer geplanten Enzyklopädie der sogenannten freien Künste. Zu dieser Enzyklopädie gehörte wahrscheinlich auch die fast vollständig verlorene Abhandlung →*De grammatica* (seit 426 n.Chr. verschollen). – In den B. 1–5 wird die Technik von Rhythmus und Vers dargestellt. B. 6 soll zeigen, wie Rhythmus und Zahl den Menschen zu Gott hinlenken. – Nach Augustinus besteht ein Vers aus Zahlenbeziehungen zwischen langen und kurzen Silben. So ist z.B. die Wortfolge *Deus creator omnium* eine Folge von vier langen Silben, denen jeweils eine kurze Silbe vorangeht, oder von vier kurzen Silben, denen jeweils eine lange Silbe folgt. Dabei handelt es sich also um klingende oder tönende Zahlen.

W „Augustinus unterscheidet die Erscheinung tönender Zahlen im Klang (*numeri sonantes*), im Gehörsinn (*occursores*), im Akt des Ausführenden (*progressores*), im Gedächtnis (*recordabiles*) und im natürlichen Urteil des Hörers (*numerus iudicialis*). Diese Phänomene werden in eine hierarchische Beziehung zueinander gestellt und philosophisch und theologisch beleuchtet ... Die hörbare Musik ist das wenigste; Bewußtsein und Wille dominieren. Pythagoras und David, Theorie der Töne und Praxis des Psalmengesanges weisen auf ein und dasselbe: Die wahre Musik ist die *conversio* der Seele – und des miterlösten Leibes – zu Gott durch die Liebe" (M. v. Albrecht, 1344).

A J. Vecchi, Bologna 1951.
Ü C. J. Perl, Paderborn [(3)]1962.
L M. v. Albrecht, RL 1318–1353. H. Davenson / H. I. Marrou: Traité de la musique selon l' esprit de saint Augustin, Neuchâtel/Paris 1942. Die Musik in Geschichte und Gegenwart. Bd. 1, 848–857. H. Edelstein: Die Musikanschauung Augustins nach seiner Schrift *De musica*, Ohlau 1929. W. Hoffmann: Philosophische Interpretation der Augustinus-Schrift *De arte musica*, Diss. Freiburg 1932. A. Keller: Aurelius Augustinus und die Musik. Untersuchungen zu *De musica* im Kontext seines Schrifttums, Würzburg 1903. W. F. J. Knight: St. Augustine's *De musica*, London 1950. KNLL 1, 873–874. A. Michel: Sagesse et spiritualité dans la parole et dans la musique: De Cicéron à Saint Augustin, in: Musik und Dichtung. FS V. Pöschl, Frankfurt 1990, 133–144. H. Pfrogner: Musik – Geschichte ihrer Deutung, München 1954, 97–104.

De musica
„Über die Musik"

Auch zitiert als *De institutione musicae* („Über Musikwissenschaft").

Ancius Manlius Severinus Boethius aus Rom, um 480–524 n.Chr.

Handbuch der Musikwissenschaft in fünf B. (lat.).

I Boethius erklärte die Kenntnis des sogenannten Quadriviums, d.h. der Arithmetik (→*Institutio arithmetica*), Musik, Geometrie und Astronomie, zur notwendigen Voraussetzung für die philosophische Bildung. Er schrieb daher über diese vier Fächer jeweils ein Handbuch. In diesem Zusammenhang ist auch das Handbuch *De musica* zu sehen. Das Werk ist ein mahnender Protreptikos, der zur Beschäftigung mit einer auf mathematischen Grundlagen aufbauenden Musikwissenschaft auffordert, und zugleich eine Einführung in die Akustik und Harmonik. „Das rationale Verhältnis zu den Zahlen, die sittliche Wirkung, die von solchen Erkenntnissen eines vorbereitenden *instrumentum philosophiae* erwartet wird, hat mit den musikalischen Problemen im heutigen Sinne nur wenig gemein" (H. v. Campenhausen, 228).

Q Wie in der *Institutio arithmetica* so schöpft Boethius auch in *De musica* u.a. aus der →*Arithmetikè eisagogé* des Nikomachos aus Gerasa.

A G. Friedlein, Leipzig 1867, Nachdr. 1966.
Ü O. Paul, Leipzig 1872, Nachdr. Hildesheim 1985.
L M. v. Albrecht, RL, 1353–1377. C. Bower: Boethius and Nicomachus: An Essay Concerning the Sources of the *De institutione Musicae*, in: Vivarium 16, 1978, 1–45. G. B. Chambers: Boethius *De musica*. An Interpretation, in: Studia Patristica 3, 1961, 170–175. F. v. Lepel: Die antike Musiktheorie im Lichte des Boethius. Eine Studie, Berlin/Charlottenburg 1958. U. Pizzani: Studi sulle fonti del *De institutione musicae* di Boezio, in: Sacris Eruditi 16, 1965, 5–164. L. Schrade: Music in the Philosohpy of Boethius, in: Musical Quarterly 33, 1947, 188–200.

De musica
„Über die Musik"

Philodemos aus Gadara, 1. Hälfte des 1. Jh.s v. Chr.

Musiktheoretische Abhandlung aus der Schule Epikurs, nur in Frg. erhalten (gr.).

I Philodemos vertritt in dieser Schrift eine Musiktheorie, die sich von der traditionellen Ethoslehre distanziert, d.h. die Musik nicht mehr als Erziehungsmacht begreift wie z.B. Damon in seinem die Metrik, Rhythmik und Musik behandelnden Werk →*Areopagitikós*, Platon, →*Politeía*, und Aristoteles, →*Politiká* (8,5). Der Epikureer Philodemos lehnte die einheitliche seelische, erzieherische und politische Wirkung der Musik mit empirischen Argumenten ab und leitete ihre Wirkungen von dem mit der Musik verbundenen Logos oder der von ihr ausgehenden, subjektiv verschiedenen Lust (*Hedoné*) her. Philodemos beurteilt die Musik rein nach ihrem eigenen Formgesetz.

A J. Kemke, Leipzig 1884.
L Th. Gomperz: Zu Philodems B. von der Musik, Wien 1885. D. A. van Krevelen: Philodemus „De Musiek". Met vertaling en commentaar, Hilversum 1939. A. Lesky, GL, 786f. O. Luschnat: Zum Text von Philodems Schrift *De musica*, Berlin 1952. A. J. Neubecker: Die Bewertung der Musik bei den Stoikern und Epikureern. Eine Analyse von Philodems Schrift *De musica*, Berlin 1956. R. Philippson, RE 19, 2, 1938, 2444–2482. A. Plebe: Filodemo e la musica, Turin 1957. G. Wille: Musik, in: dtv-L 1, 3, 197–216. L. P. Witkinson: Ph. on „Ethos" in Music, in: CQ 32, 1938, 174–181.

De mysteriis
„Über die Geheimlehren"

Iamblichos aus Chalkis, etwa 250–325 n. Chr.

Abhandlung über die Mysterien der Ägypter (gr.), in der der Autor die Mantik und das Beschwörungs- und Opferwesen verteidigt, eines der wichtigsten Dokumente der spätantiken Religion.

I Aus dem eigentlichen Titel der Schrift *Abámmonos didaskálu pròs tèn Porphyríu pròs Anebò epistolèn apókrisis kaì tôn en autê aporemáton lýseis* ist ersichtlich, daß es sich um eine Antwort des ägyptischen Priesters Abammon auf den Brief des Porphyrios an Anebo (→ „*Epistula* an Anebo") und um Klärung der darin aufgeworfenen Probleme handelt. – Die Schrift entwirft eine spekulative Theologie, die die Bedenken des Porphyrios gegen den Volksglauben und die Praktiken der Götterbeschwörung (Theurgie) zerstreuen soll. Eine Grundthese der Schrift ist die Annahme eines natürlichen religiösen Bewußtseins, ein angeborener Götterglaube, mit dem sich praktisch jeder Unfug theologisch rechtfertigen läßt. Der Autor versucht jedoch, seine religiösen Setzungen mit den Prinzipien der neuplatonischen Philosophie zu verknüpfen und in ein System einzubinden. So unterscheidet er verschiedene Ordnungen höherer Wesen, an deren Spitze der „Eine Gott" steht. Darunter ordnen sich das Prinzip des Seins, der Grund des Intelligiblen, das Gute usw. ein; darauf folgt das Sein bzw. die intelligible Substanz, zu der auch die Götter gehören. In weiterer Entfernung von den Göttern stehen die Seelen, zwischen Göttern und Seelen die Dämonen und Heroen, die Engel und Erzengel. Die Unterschiede dieser Wesen werden gründlich beschrieben. – Die entscheidende Frage aber ist, auf welche Weise der Mensch mit dieser unermeßlichen Götter- und Dämonenwelt in Verbindung treten kann. Die Möglichkeit dazu bieten die göttlichen Zeichen und das geheimnisvolle Wirken der allgegenwärtigen Gottheit, die sich überall offenbaren kann. Die Theurgie dient daher dem Zweck, den Menschen für die höheren Einflüsse empfänglich zu machen; sie will nicht auf die Gottheit selbst einwirken. So sollen auch Sühnungen nicht den Zorn der Götter beschwichtigen, sondern die Seele für die Gottheit öffnen. – Gebete, Weissagungen und Opfer haben ihren Sinn. Theurgische Hilfsmittel sind notwendig, weil man die Verbindung zu den immateriellen Göttern nur durch Vermittlung der in der Materie wirkenden Gottheiten knüpfen kann. Da die theurgische Kunst die Stoffe kennt, die den Göttern im allgemeinen und im einzelnen eigentümlich sind, kann sie dem Menschen die Mittel zeigen, mit denen er die Gemeinschaft mit den Göttern erreicht.

W Der Autor polemisiert mit seinen Ausführungen über die Universalität des Religiösen gegen den Atheismus bzw. Skeptizismus der Griechen, denen nichts heilig sei. Er wendet sich zwar gegen

religiöse Scharlatanerie, rechtfertigt aber auch viele abergläubische Praktiken.

A G. Parthey: *De mysteriis liber*, Berlin 1857, Nachdr. Amsterdam 1966. E. des Places: Iamblique. Des mystères d' Egypte, 1966 (gr.-frz.).
Ü T. Hopfner: Über die Geheimlehren, Leipzig 1922, Nachdr. Hildesheim 1988. A. Wilder: Egyptian Mysteries, New York 1911 (engl.).
L J. Bidez: Le Philosophe Iamblique et son école, in: REG 32, 1919, 29–40. F. W. Cremer: Die chaldäischen Orakel und Iamblich *de mysteriis*, Meisenheim a. Glan 1969. B. Nasemann: Theurgie und Philosophie in Jamblichs *De mysteriis*. Beiträge zur Altertumskunde 11, 1991. M. Sicherl: Die Handschriften, Ausgaben und Übersetzungen von Iamblichs *De mysteriis*. Eine kritisch-historische Studie, Berlin 1957. E. Zeller, Philosophie 3. 2, 735–783.

De Nabuthe Iezraelita
„Über den Israeliten Nabuth"

Ambrosius, Bischof von Mailand, um 340–397 n. Chr.

Moralisch-asketische Abhandlung gegen die Habgier (lat.).

I Nabuth (oder Naboth) war der Besitzer eines Weinbergs. Da er sich weigerte, ihn an Achab abzutreten, wurde er auf Anstiften Isebels wegen angeblicher Lästerung Gottes und des Königs gesteinigt (1. Könige 21). – Vgl. auch →*De Tobia* gegen den Wucher.

A J. Huhn, Freiburg 1950 (lat.-dt.). L. Molle, Brescia 1952 (lat.-it.).
L M. v. Albrecht, RL, 1293–1304. M. R. P. McGuire, Diss. Washington D. C. 1927 (engl. Übersetzung mit Kommentar).

De natura boni contra Manichaeos
→**Contra Faustum Manichaeum (Augustinus)**

De natura deorum
„Über das Wesen der Götter"

Marcus Tullius Cicero aus Arpinum, 106–43 v. Chr.

Philosophischer Dialog über das Wesen der Götter in drei B. (lat.), Marcus Brutus gewidmet. Vermutlich vor dem 15. März 44 v. Chr., dem Tag der Ermordung Caesars, verfaßt, vielleicht schon gegen Ende 45 v. Chr.

I Das Gespräch dient der Darstellung einander entgegengesetzter Positionen, ohne daß eine Entscheidung herbeigeführt wird. – Im 1. B. legt der röm. Senator Gaius Velleius die epikureische Götterlehre (Dasein der Götter, Gestalt, Zahl, Seligkeit, Unsterblichkeit, Freiheit von der Herrschaft über die Welt, Lebensweise usw.) dar (18–56), die der Akademiker Gaius Aurelius Cotta, Consul des Jahres 75 v. Chr., anschließend widerlegt (57 ff.). – Im 2. B. entwickelt Quintus Lucius Balbus die Theologie der Stoa. Er geht auf vier Punkte ein: (1) Er stellt fest, daß es Götter gibt. (2) Er zeigt, wie beschaffen sie sind. (3) Er behauptet, daß sie die Welt regieren. (4) Er erklärt, daß sie aus Liebe zu den Menschen tun. – Im 3. B. wird die stoische Theologie von Cotta scharf kritisiert und widerlegt. Er argumentiert als röm. Pontifex, der sich entschieden zur traditionellen Religion des röm. Volkes und zu den Vorstellungen, die er von den Vorfahren über die Verehrung der Götter übernommen habe, bekennt (vgl. 3,5 f.). – Der Dialog spielt wohl in der Zeit zwischen 77–75 v. Chr. (nach Ciceros Griechenlandaufenthalt).

Q   Für das 1. B. ist Philodemos, →*De pietate*, für das 2. B. ein stoisches Handbuch über die Götterlehre (und wohl nicht Poseidonios) als Vorlage anzunehmen. Außerdem ist für das 1. B. an die Benutzung der Schrift *Perì theôn* des Epikureers Phaidros (vgl. →*Epistulae ad Atticum* 13,48 (39), 2) zu denken. Die Kritik des Cotta im 1. B. stimmt in einigen Punkten mit der Kritik des Karneades an den Epikureern überein, wie sie bei Sextus Empiricus, *Adversus mathematicos* (→*Skeptiká*) überliefert ist. Über die vermittelnde Quelle zwischen Karneades und Cicero herrscht Unklarheit.

W   Ciceros eigener Standpunkt spricht aus den Worten des Pontifex Cotta (bes. 3, 5 f.) und seinem beeindruckenden Plädoyer für die traditionelle röm. Religion und ihre praktische Ausübung. Hier – so Cotta – lägen die Grundlagen des Staates (*fundamenta ... nostrae civitatis*). Diese enge Verknüpfung von Religion und Staat will Cicero veranschaulichen. Aber darüber hinaus scheint ihm daran gelegen zu sein, den grundlegenden Unterschied zwischen einer philosophischen Erörterung des Themas und der Wirklichkeit tradierter religiöser Praxis herauszustellen. Daher endet der Dialog auch ohne ein bestimmtes Dogma. „Und wenn Cicero schließlich vorgeworfen wird, er sei zu keiner festen Überzeugung über die Götter und die Unsterblichkeit der Seele gekommen, so wird man es ihm als einen Vorzug anrechnen, daß er mit logischen Mitteln nichts erzwingt, was sich mit logischen Mitteln nicht beweisen läßt" (Büchner, 398).

N   In der Zeit der christlichen Kirchenväter wurden dem Werk zahlreiche Argumente gegen die heidnische Religion und für den Monotheismus entnommen. – Zur Zeit der Aufklärung wurde das Werk als ein Zeugnis der Toleranz gepriesen.

A   M. van den Bruwaene. 4 Bde., Brüssel 1970–1986. J. B. Mayer, Oxford 1883 (mit Kommentar). O. Plasberg / W. Ax, Leipzig [2]1933, Nachdr. Stuttgart 1987. H. Rackham, London/Cambridge (Mass.) 1956 (lat.-engl.).
Ü   U. Blank-Sangmeister, Stuttgart 1995 (lat.-dt.). W. Gerlach / K. Bayer, München/Zürich [3]1990 (lat.-dt.). O. Gigon / L. Straume-Zimmermann, Zürich/Düsseldorf 1996 (lat.-dt.).
L   M. v. Albrecht, RL, 414–449. P. Boyancé: Les preu-

ves stoiciennes de l' existence des dieux d' après Cicéron, in: Hermes 90, 1962, 45 bis 71. K. Büchner, Bestand und Wandel, 390–398. W. Heilmann: Auctoritas der Tradition und Ratio im Widerstreit. Zur Position des Cotta in Ciceros *De natura deorum* (3, 5 und 3, 51 f.), in: AU 37, 6, 1994, 23–30. A. J. Kleywegt: Ciceros Arbeitsweise im 2. und 3. B. der Schrift *De natura deorum*, Groningen 1961. I. Opelt: Ciceros Schrift *De natura deorum* bei den lateinischen Kirchenvätern, in: A & A 12, 1966, 141–155. R. Philippson: Die Quelle der epikureischen Götterlehre in Ciceros erstem B. *De natura deorum*, in: SO 19, 1939, 15–40. E. A. Schmidt: Die ursprüngliche Gliederung von Ciceros Dialog *De natura deorum*, in: Ph 122, 1978, 59–67. W. Süss: Cicero. Eine Einführung in seine philosophischen Schriften (mit Ausschluß der staatsphilosophischen Werke), Mainz 1966.

De natura et gratia →Contra duas epistulas Pelagianorum (Augustinus)

De natura et origine animae →Contra duas epistulas Pelagianorum (Augustinus)

De natura rerum
„Über die Natur der Dinge"

Isidorus aus Sevilla, etwa 570–636 n. Chr.

Eine dem Westgotenkönig Sisebut (reg. 612–620) gewidmete Erklärung der Natur des Kosmos in 48 Kapiteln (lat.).
Vollendet 613 n. Chr.

I   Das naturwissenschaftliche Handbuch handelt u. a. von der Zeiteinteilung (Tage, Wochen, Monate, Jahre, Jahreszeiten), von den Gestirnen, vom Wetter und der Witterung, vom Meer und anderen Gewässern, von der Erde und dem Erdbeben.

Q   Isidorus benutzte das →*Hexaemeron* des Ambrosius und die *Recognitiones* des Ps.-Clemens in der Übersetzung des Rufinus (→„Pseudoclementinen"). Isidorus schöpfte auch aus Augustinus, Hyginus, Servius und Solinus, ferner aus Lukrez (→*De rerum natura*) und Vergil.

A   J. Fontaine, Paris 1960 (lat.-frz.).
L   O. Bardenhewer 5, 401–416. J. Fontaine: La diffusion carolingienne du *De natura rerum* d' Isidore de Séville d' après les manuscrits conservés en Italie, in: Studi medioevale 7, 1966. KNLL 8, 462. W. M. Stevens: The Figure of the Earth in Isidore's *De rerum natura*, in: Isis 71, 1980. P. Weßner: Isidor und Sueton, in: Hermes 52, 1917.

De nominibus Hebraicis
„Über die hebräischen Namen"

Eusebius Sofronius Hieronymus aus Stridon, um
350–420 n. Chr.

Übersetzungswissenschaftliche Abhandlung (lat.).
Die Abhandlung steht Zusammenhang mit dem Bi-
belstudium (→*Vulgata*) wie auch *De situ et nomi-*
nibus locorum Hebraicorum („Über die Lage und die
Namen hebräischer Orte"), eine Übersetzung des
→*Onomastikón* des Eusebios und *Quaestiones he-*
braicae in genesim („Hebräische Untersuchungen
zur Genesis"), in denen der Autor beginnt, neben
der →*Septuaginta* auf die *hebraica veritas*, die „hebräische Wahrheit" des Urtextes zurückzugreifen.

A   PL 22–30 (Gesamtausgabe).
L   M. v. Albrecht, RL, 1305 bis 1317. O. Bardenhewer
3, 605–655. H. Lietzmann, RE 8, 2, 1913, 1565–1581.

De non conveniendo haereticis
„Über das Verbot des Umgangs mit den Ketzern"

Lucifer aus Calaris, gest. um 370 n. Chr.

Kampfschrift gegen Häretiker (lat.).
Entstanden in den Jahren 356–361 n. Chr.

I   Der Autor wurde von Kaiser Constantius
(reg. 337–361) in die Verbannung geschickt, weil er
sich zwar als hartnäckiger Verteidiger des auf dem
Konzil von Nicaea festgelegten Glaubens von der
Wesensgleichheit des Sohnes mit dem Vater erwies,
aber die Verurteilung des Bischofs Athanasios ablehnte. – In der Zeit seiner Verbannung verfaßte er
fünf Kampfschriften gegen den Kaiser und alle von
Nicaea Abgefallenen: (1) *De non conveniendo hae-*
reticis. (2) *De regibus apostaticis* („Über die abgefallenen Herrscher"). (3) *Quia absentem nemo debet*
iudicare („Daß niemand einen Abwesenden verurteilen darf"). (4) *De non parcendo in Deum delin-*
quentibus („Über das Verbot, diejenigen zu scho-
nen, die sich gegen Gott versündigen"). (5) *Morien-*
dum esse pro Dei filio („Daß man für den Sohn
Gottes sterben muß"). – In (1) *De non conveniendo*
haereticis wendet sich Lucifer entschieden gegen die
Arianer; er nennt sie Knechte des Teufels. In (2)
wird der Kaiser davor gewarnt, sich gegenwärtiges
Glück als Beweis für das Wohlwollen Gottes zu
deuten. In (3) wird Athanasios in Schutz genommen. In (4) erklärt Lucifer, daß ein Priester einem
ketzerischen Kaiser keine Achtung schulde. In (5)
bekundet Lucifer, er sei bereit, für seinen Glauben
als Märtyrer zu sterben. – Da Lucifer häufig aus
der Bibel zitiert, sind seine Schriften für die Rekonstruktion des vorhieronymischen Bibeltextes wichtig (→*Vulgata*).

A   W. Hartel, CSEL 14, 1886.
L   K. Baus: Lucifer, in: LThK 6, 1173 f. O. Bardenhe-

wer 3, 469–477. A. Figus: L' enigma de Lucifero di Cagliari. A ricordo del XVI centenario della morte, Cagliari 1973.
F. Piva: Lucifero di Cagliari contro l' imperatore Costanzo,
Trient 1928. W. Tietze: L. v. C. und die Kirchenpolitik des
Constantius II., Tübingen 1976. C. Zedda: La dottrina tri-
nitaria di Lucifero di Cagliari, in: Divus Thomas 52, 1949,
276 bis 329.

De non parcendo in Deum delinquentibus
→**De non conveniendo cum haereticis**
(Lucifer)

De nuptiis et concupiscentia →**Contra**
duas epistulas Pelagianorum
(Augustinus)

De nuptiis Philologiae et Mercurii libri IX
„Neun B. über die Hochzeit der Philologie und
des Merkur"

Martianus Capella aus Karthago, um 400 n. Chr.

Enzyklopädie der sieben sogenannten Freien Künste (*artes liberales*) (lat.).
Vor 439 n. Chr. verfaßt, bevor der Vandale Geiserich
die Heimatstadt des Autors einnahm.

I   In den B. 1–2 wird ein mythologischer Rah-
men hergestellt. Hier wird von der Vermählung des
Gottes Merkur und der sterblichen Philologia er-
zählt, die dadurch in den Kreis der Unsterblichen
aufgenommen ist. Der Gott schenkt seiner Braut
sieben Dienerinnen, die *artes*, die sich dann in den
B. 3–9 selbst darstellen: Grammatik, Dialektik,
Rhetorik, Geometrie, Arithmetik, Astronomie,
Harmonielehre (B. 3–9). – In den Prosatext sind
Verse (Hexameter, Disticha, iambische Senare) eingelegt, so daß das Werk der Gattung der →*Saturae*
Menippeae zuzurechnen ist.
Q   Varros →*Disciplinae* sind in dem Werk des
Martianus Capella aufgegangen. Wahrscheinlich
hat der Autor die *Disciplinae* nicht direkt, sondern
über eine vermittelnde Quelle benutzt. In der Zahl
der „Künste" weicht Martianus Capella von Varro
ab, dessen Kanon der *artes liberales* neun Diszipli-
nen angehörten (außer den sieben des Martianus
Capella noch Medizin und Architektur); Medizin
und Architektur befaßten sich nach Auffassung des
Martianus im Gegensatz zu den anderen „Künsten"
ausschließlich mit „irdischen" Inhalten (9,891). –
Außer Varro kommen noch andere Quellenautoren
in Frage: Aquila Romanus (→*De figuris sententia-*
rum et elocutionis) und Chirius Fortunatianus
(→*Ars rhetorica*) für die Rhetorik im 5. B., Plinius
(→*Naturalis historiae libri XXXVII*) und Solinus
(→*Collectanea rerum memorabilium*) für die Geo-
metrie im 6. B. und Aristeides Quintilianus (→*Perì*
musikês) für die Musik im 9. B. – „Neuplatonische
Elemente finden sich ganz offensichtlich in der
Würdigung der Chaldäischen Orakel durch den

Autor, auf den Gebieten der Dämonenlehre und Theurgie und in der gesamten allegorischen Konzeption des ersten Teiles des Werkes ... Es ist durchaus von großer Bedeutung, daß ein Werk, das in späteren Zeiten so starken Einfluß ausüben sollte, neuplatonische Gedanken enthält" (J. den Boeft, 254).

W Mit der Apotheose der Philologie wird die enzyklopädische Bildung begründet. Ohne die durch die Hochzeit mit Merkur bedingte Vergöttlichung müßten die Dienerinnen auf ihren Auftritt und auf ihre Unsterblichkeit verzichten. – Die Göttergestalten werden im Sinne der neuplatonischen Theologie gedeutet: Der göttliche Logos (repräsentiert durch Merkur) besitzt Weisheit, die menschliche Seele (repräsentiert durch Philologia) muß nach Wahrheit streben.

N Im Mittelalter war das Werk als Schulbuch weit verbreitet. Es wurde mehrfach kommentiert und von Notker Labeo (gest. 1022) teilweise ins Althochdeutsche übersetzt.

A A. Dick / J. Préaux, Stuttgart [(2)]1978. J. Willis, Leipzig 1983.
Ü J. C. King in Bd. 4 der Werke Notkers des Deutschen, Tübingen 1979 (lat.-dt.-althochdt.).
L M. v. Albrecht, RL, 1184–1186. S. I. B. Barnish: Martianus Capella and Rome in the Late Fifth Century, in: Hermes 114, 1986, 98–111. J. den Boeft: Der Neuplatonismus, in: NHbL. Spätantike, 235–263. M. Fuhrmann, Spätantike, 95–97. S. Grebe: Martianus Capella *de nuptiis Philologiae et Marcurii*. Darstellung der sieben freien Künste und ihrer Beziehung zueinander, Stuttgart/Leipzig 1999. KNLL 11, 260f. Schanz-Hosius 4, 2, 166–170. D. Shanzer: A Philosophical and Literary Commentary on Martianus Capella's *De nuptiis Philologiae et Mercurii*, Berkeley/Los Angeles 1986. W. H. Stahl: Martianus Capella and the Liberal Arts, New York 1971. P. Wessner: Martianus (Nr. 2), in: RE 14, 2, 1930, 2003–2016.

De observatione ciborum
„Über die Beachtung der Speisen"

Anthimos, um 500 n. Chr.

Abhandlung über Nahrungsdiät (lat.).

I Die teils als Kochbuch, teils als Rezeptbuch konzipierte Schrift des gr. Arztes ist dem Frankenkönig Theoderich (reg. 511–534 n. Chr.) gewidmet, daher auch der erweiterte Titel *De observatione ciborum ad Theodoricum regem Francorum epistula*. („Brief an Theoderich, den Frankenkönig, über die Beratung der Speisen"). – Sprachlich ist das Werk eines der ältesten Dokumente für den Übergang des Vulgärlateinischen ins Romanische.

A CML 8, 1, 1963 (lat.-dt.).

De odoribus
„Über die Gerüche"

Auch gr. zitiert als *Perì osmôn*.

Theophrastos aus Eresos, um 370–287 v. Chr.

Physiologische Abhandlung (gr.).

I Die Schrift gehört zur Gruppe der naturwissenschaftlichen Arbeiten, die sich mit der Physiologie des Menschen befassen wie z. B. auch *Per hidróton* („Über Schweißausbrüche"), *Perì leipopsychías* („Über das Schwindelgefühl"), *Perì kópon* („Über Ermattungserscheinungen").

A U. Eigler / G. Wöhrle: Theophrast. *De odoribus*. Beiträge zur Altertumskunde 37, Stuttgart/Leipzig 1993 (gr.-dt. mit Kommentar). A. Hort: Enquiry into plants and Minor Works on odours and weather sign. 2 Bde., London 1916 (gr.-engl.). F. Wimmer. 3 Bde., 1854–1862 (Gesamtausgabe).
L A. Lesky, GL, 772–775. O. Regenbogen, RE Suppl. 7, 1940, 1354–1562.

De officiis
„Über die Pflichten"

Marcus Tullius Cicero aus Arpinum, 106–43 v. Chr.

Moralphilosophische Abhandlung in drei B., verfaßt als Paränese an den Sohn (lat.).
Entstanden von Oktober bis Dezember 44 v. Chr. In einem Brief an Atticus (→*Epistulae ad Atticum* 15,13,6) teilt Cicero mit, daß er die Arbeit an diesem Werk aufgenommen habe.

I Im 1. B. befaßt sich Cicero mit dem „Sittlichen" (*honestum*), im 2. B. mit dem „Nützlichen" (*utile*) und im 3. B. mit dem Verhältnis zwischen *honestum* und *utile*. – B. 1: Nach der Einleitung und Widmung des Werkes, der Bestimmung des Themas und der Definition und Einteilung der Pflichten (1–10) werden die aus der Tugend entspringenden Pflichten dargestellt (11–151). Zunächst geht es um die Tugend der Einsicht und den sich daraus ergebenden Pflichten (18–19). Daran schließt sich eine entsprechende Abhandlung über die Gerechtigkeit (20–60) an, die sich u. a. in Wohltätigkeit und Güte verwirklicht. Darauf (61–92) werden Tapferkeit und Hochsinn (61–92), Selbstbeherrschung und Anstand (93–151) beschrieben, die wie die bereits behandelten Tugenden in entsprechenden Taten realisiert werden. Den Abschluß bildet das Verhältnis der vier Tugenden zueinander; dabei geht es vor allem auch um Konflikte zwischen ihnen (152–160). – B. 2: Im Hauptteil des B. behandelt der Autor das Nützliche und die daraus entstehenden Pflichten (9–97); er vertritt die These, daß das Sittliche zugleich das Nützliche ist. Den größten Nutzen zieht der Mensch aus der Mitmenschlichkeit, indem er Wohltätigkeit und Freigebigkeit, Hilfsbereitschaft und praktischen Beistand praktiziert. – B. 3: Ein

Konflikt zwischen dem Sittlichen, d. h. den aus den Tugenden folgenden Pflichten, und dem Nützlichen kann sich nicht ergeben, obwohl es berechtigt ist, diese Möglichkeit in Erwägung zu ziehen. Die Lösung lautet aber für Cicero: Im Falle eines Konflikts zwischen Tugend und Nutzen geht es stets um einen nur scheinbaren Nutzen. Anhand einer Vielzahl möglicher Konfliktfälle veranschaulicht Cicero, daß es sich immer nur um scheinbare Konflikte handelt. Denn *honestum* und *utile* sind „von Natur aus" identisch (vgl. bes. 3, 78).

Q   In einem Brief an Atticus (→*Epistulae ad Atticum* 16,11,4) teilt Cicero mit, er habe bereits zwei B. *Perì tû kathékontos* in Anlehnung an den Stoiker Panaitios fertig. Das Werk des Stoikers habe aber drei B.: „Während er anfänglich so disponiert hatte, es gäbe drei Arten des rechten Handelns zu erforschen, die eine, wenn wir mit uns zu Rate gehen, ob es ehrenvoll oder häßlich ist, die andere, ob es nützlich oder unnütz ist, die dritte, wie man, wenn dies untereinander zu streiten scheint, die Entscheidung treffen müsse ..., hat er zwar über die beiden ersten vorzüglich gesprochen, über die dritte verspricht er, hernach, aber er hat nichts geschrieben. Dieses Gebiet hat Poseidonios verfolgt, ich aber habe sowohl sein B. zugezogen und habe auch Athenodorus Calvus geschrieben, er solle mir die Hauptsätze schicken ..." (Übers. K. Büchner). Am selbständigsten ist Cicero offensichtlich im 3. B., da ja Panaitios das Problem, wie zu entscheiden sei, wenn der Nutzen mit dem Sittlichen in Konflikt gerate, zu behandeln versprochen, dies aber dann doch unterlassen habe. „Und so gibt Cicero suo Marte eine Darstellung, die fast mit Notwendigkeit zu einer eindrucksvollen Sammlung von Beispielen dafür wird, daß das Sittliche und Ehrenvolle stets auch in einem tieferen Sinne das Nützlichste ist, nützlicher als die Erfüllung eines momentan egoistischen Vorteils" (Büchner 1994, 327 f.).

W   „Auch auf dem Gebiet der Ethik scheut Cicero extreme theoretische Positionen. Sein Werk ‚Über die Pflichten' schließt sich bezeichnenderweise nicht an strenge altstoische Lehren an, sondern an die Ethik des Panaitios (→*Perì tû kathékontos*), dessen Verdienst die Anpassung an die Lebenswirklichkeit ist. Nicht zufrieden damit, griechische Gedanken in lateinische Sprachform zu gießen, bannt er auch ethische und politische Erfahrungen der Römer ins Wort ..." (M. v. Albrecht, 438 f.). – Cicero versucht, „die vier abstrakten Kardinaltugenden (Einsicht, Gerechtigkeit, Mut, Selbstbeherrschung) in Regeln für das alltägliche Benehmen eines ‚Gentleman' zu übertragen" (Leeman, 229).

N   Unter Ciceros Werken hat *De officiis* am stärksten auf die Nachwelt gewirkt. Es war das erste (1465 in Mainz) gedruckte und das meistübersetzte oder – kommentierte Werk Ciceros. Ambrosius hat Ciceros Schrift in →*De officiis ministrorum* ins Christliche umgeformt; sie prägte auf diese Weise die moralische Vorstellungswelt des Mittelalters. – Augustinus befaßte sich in →*De civitate Dei* mit den vier Kardinaltugenden und zeigte, daß sie nicht

zur Vollkommenheit führten, solange Gottes Gnade fehle. In der Renaissance (Petrarca, Erasmus) galt die Schrift als ein Lehrbuch der Humanität. Martin Luther war von *De officiis* begeistert. Shaftesbury (1671–1713) und David Hume (1711 bis 1776) wurden von *De officiis* erheblich beeinflußt. Voltaire und Friedrich der Große sahen in dem Werk das beste Buch über Moral. Für Kant, Schiller und Herbart hatte *De officiis* eine große Bedeutung.

A   C. Atzert / W. Ax, Leipzig [(4)]1963. P. Fedeli, Mailand 1965. O. Schönberger, Bamberg 1974. M. Testard. 2 Bde., Paris 1965–1970 (lat.-frz.).
Ü   K. Atzert, München 1959. K. Büchner, München/ Zürich [(4)]1994 (lat.-dt.). O. Gigon, Zürich 1958. H. Gunermann, Stuttgart 1976 (lat.-dt.).
L   M. v. Albrecht, RL, 414–449. K. Bringmann: Untersuchungen zum späten Cicero, Göttingen 1971. K. Büchner, Bestand und Wandel, 431–445. K. Büchner: Cicero und Panaitios, in: Studien zur römischen Literatur VI, Wiesbaden 1967, 82–92. H. Dieter: Ciceros Werk *De officiis*, eine ideologische Tendenzschrift, Diss. Potsdam 1960. A. R. Dyck: Notes on composition, text and sources of Cicero's *De officiis*, in: Hermes 112, 1984, 215–227. P. Fedeli: Il *De officiis* di Cicerone – Problemi e atteggiamenti della critica moderna, in: ANRW 1, 4, 1973, 357–427. H. A. Gärtner: Cicero und Panaitios. Beobachtungen zu Ciceros *De officiis*, Heidelberg 1974. H. - J. Glücklich: Ciceros *De officiis* im Unterricht, in: AU 21, 2, 1978, 20–44. R. Harder: Die Einbürgerung der Philosophie in Rom (1929), in: K. Büchner (Hg.): Das neue Cicerobild, Darmstadt 1971, 330 bis 353. W. Heilmann: Ethische Reflexion und römische Lebenswirklichkeit in Ciceros Schrift *De officiis*. Ein literarsoziologischer Versuch, Wiesbaden 1982. O. Hiltbrunner: Die Schrift *De officiis ministrorum* des hl. Ambrosius und ihr ciceronisches Vorbild, in: Gy 71, 1964, 174–189. H. A. Holden, Cambridge [(3)]1899, Nachdr. Amsterdam 1966 (Kommentar). KNLL 3, 1016f. A. D. Leeman, RLTD 2, 228–277. E. Lefèvre: Panaitios' und Ciceros Pflichtenlehre, Stuttgart 2001. J. T. Muckle: The *De officiis ministrorum* of St. Ambrose and the *De officiis* of Cicero, in: Mediaeval Studies 1, 1939, 63–80. M. Pohlenz: Antikes Führertum. Ciceros *De officiis* und das Lebensideal des Panaitios, Leipzig/Berlin 1934 (Kommentar). M. Pohlenz: Cicero de officiis III, in: Kleine Schriften I, Hildesheim 1965, 253–291. W. Süss: Cicero. Eine Einführung in seine philosophischen Schriften (mit Ausschluß der staatsphilosophischen Werke), Wiesbaden 1966. Th. Zielinski: Cicero im Wandel der Jahrhunderte, Leipzig [(4)]1929, Nachdr. 1967.

De officiis ecclesiasticis →Opera minora (Isidorus)

De officiis ministrorum libri III
„Über die Pflichten der Kirchendiener"

Ambrosius, Bischof von Mailand, 339–397 n. Chr.

Im Anschluß an Ciceros dreibändiges Werk →*De officiis* verfaßte Abhandlung über christliche Ethik in drei B. (lat.).
Entstanden nach 386 n. Chr.

I   Zu Beginn wird der Begriff der „Pflicht" (*officium*) erörtert; hier unterscheidet Ambrosius eine

„mittlere" (*medium*) von einer „vollkommenen" (*perfectum*) Pflicht. Darauf folgt eine Darstellung der vier Kardinaltugenden, aus denen sich die unterschiedlichen Pflichten herleiten lassen: Klugheit, die sich in der Erforschung der Wahrheit zeigt; Gerechtigkeit, die u.a. dem Wohl der Allgemeinheit dient; Tapferkeit, die sich im Kampf bewährt; Mäßigkeit, die für das rechte Reden und Handeln sorgt. – An die Stelle der Beispiele aus der antiken Geschichte (wie bei Cicero) treten Beispiele aus dem Alten Testament.

Q Ambrosius lehnt sich eng an Ciceros →*De officiis* an; mitunter zitiert er fast wörtlich aus dieser Quelle. Da Ciceros Schrift von Panaitios (→*Perì tû kathékontos*) stark beeinflußt ist, steht Ambrosius in der von dem Stoiker begründeten moralphilosophischen Tradition. Allerdings sind die antiken Vorlagen „in vollem Umfang christianisiert" (M. v. Albrecht).

H Für Ambrosius hat die biblische Weisheit den Vorrang vor der philosophischen Weisheit der nicht-christlichen Antike. So sei z.B. die Weisheit der Stoiker bereits im Alten Testament bei David, Hiob, Abraham oder Joseph vorhanden. Demnach sei die christliche der heidnisch-philosophischen Ethik nicht nur aufgrund ihres transzendenten Bezugs (Ziel der Sittlichkeit ist das ewige Leben), sondern auch am Alter überlegen.

W Der Autor versteht sein Werk zwar als eine für alle Menschen bestimmte Ethik. Er wendet sich aber vor allem an die Kleriker, die ja der vollkommenen Sittlichkeit am nächsten kommen und als Vorbilder wirken müssen.

N „Als erstes Kompendium der christlichen Ethik blieb die Schrift nicht ohne Einfluß auf die mittelalterliche Ethik" (KLL). Beispiel: Thomas von Aquin, *Summa theologica*, pars 2.

A A. Cavasin, Turin 1938 (lat.-it.). M. Testard. 2 Bde., Paris 1984–1992 (lat.-frz.).
Ü J. E. Niederhuber, Kempten/München 1917 (BKV 32). H. A. Gärtner, RLTD 5, 366–379 (lat.-dt. in Auswahl).
L M. v. Albrecht, RL, 1293–1304. M. Becker: Die Kardinaltugenden bei Cicero und Ambrosius, Basel 1995 (Chresis. Bd. 4). H. v. Campenhausen, LKV, 77–108. P. Ewald: Der Einfluß der stoisch-ciceronianischen Moral auf die Darstellung der Ethik bei Ambrosius, Leipzig 1891. O. Hiltbrunner: Die Schrift *De officiis ministrorum* des hl. Ambrosius und ihr ciceronisches Vorbild, in: Gy 71, 1964, 174–189. D. Löpfe: Die Tugendlehre des hl. Ambrosius, Sarnen 1951. R. Sauer: Studien zur Pflichtenlehre des Ambrosius von Mailand, Diss. Würzburg 1981. T. Schmidt: Ambrosius, sein Werk *De officiis libri III* und die Stoa, Augsburg 1897. W. Steidle: Beobachtungen zu des Ambrosius Schrift *De officiis*, in: VChr 38, 1984, 18–66. H. D. Williams: Ambrose of Milan, Oxford 1995. K. Zelzer: Randbemerkungen zu Absicht und Arbeitsweise in *De officiis*, in: WS 108, 1995, 481–493.

De officio proconsulis
„Über die Pflicht des Proconsuls"

Domitius Ulpianus aus Tyros, um 200 n. Chr.

Darstellung der Amtsaufgaben eines röm. Proconsuls in 10 B. (lat.).

A Vgl. →*Corpus iuris civilis.*
L M. v. Albrecht, RL, 1195f. G. Grifò: Ulpiano. Esperienze e responsabilità del giurista, in: ANRW 2, 15, 1976, 709–789. P. Jörs: Domitius Ulpianus, in: RE 5, 1, 1903, 1435–1509. P. Krüger: Geschichte der Quellen und Literatur des römischen Rechts, München [(2)]1912, 239–250. W. Kunkel: Herkunft und soziale Stellung der römischen Juristen, Weimar 1952, Nachdr. Köln/Graz 1967, 245–254. D. Liebs: Die juristische Literatur, in: NHbL. Römische Literatur, 195–208. Th. Mayer-Maly, RE 9 A 1, 1961, 567–569.

De officio senatorio
„Über die Pflicht eines Senators"

Gaius Ateius Capito, gest. 22 n. Chr.

Nur in Frg. erhaltene juristische Monographie (lat.).

I Eine Nachricht über die Schrift: Gellius (→*Noctes Atticae* 4,10,7–8) entnahm den Bericht über einen Streit zwischen Gaius Iulius Caesar und Marcus Porcius Cato im röm. Senat dem B. *De officio senatorio* des Capito: Cato wollte eine Abstimmung zugunsten eines von Caesar eingebrachten Antrags verhindern und votierte zu diesem Zweck so lange, bis die Sitzungszeit beendet war. Denn jeder Senator hatte das Recht, wenn ihm das Wort gegeben worden war, über beliebige Themen zu reden, so lange er wollte.

A A. Ph. E. Huschke / E. Seckel / B. Kübler: Iurisprudentiae anteiustinianae reliquiae. Bd. 1, Leipzig [(6)]1908, 62–72. W. Strzelecki: Atei Capitonis Fragmenta, Leipzig/Stuttgart 1967.
L W. Kunkel: Herkunft und soziale Stellung der römischen Juristen, Weimar 1952, Nachdr. Köln/Graz 1967. W. Strzelecki: De Ateio Capitone, 1947.

De opere et eleemosynis
„Über das Almosengeben"

Thascius Caecilius Cyprianus aus Karthago, 3. Jh. n. Chr.

In den Jahren 252/253 n. Chr. verfaßte Rede oder Predigt (lat.).

A E. V. Rebenack, Washington 1962 (lat.-engl. mit Kommentar).
L A. Dihle, GLL, 392–395. KNLL 4, 355f.

De opere monachorum
„Von mönchischer Arbeit"

Aurelius Augustinus aus Thagaste, 354–430 n. Chr.

Moraltheologische Abhandlung gegen den geistigen Hochmut (lat.).

I Augustinus weist den Anspruch von Mönchen, die von der Arbeit anderer zu leben wünschen, entschieden zurück. Das Werk „ist die erste monographische Behandlung des Themas ‚Arbeit' im christlichen Westen. Das B. begründet – im Anschluß an Paulus und patristische Traditionen – die prinzipielle Würde jeder ehrlichen Arbeit und ihren asketischen Wert. Damit ist ein großer Schritt von der antiken Geringschätzung körperlicher Arbeit hinweg getan ... Durch diese Schrift, deren Gehalt das Mittelalter später auf die Formel *ora et labora* bringen wird, prägt Augustinus schon hundert Jahre vor Benedikt die Arbeitsauffassung des westlichen Mönchstums und bereitet indirekt die moderne Hochschätzung der Arbeit vor" (RL, 1349).

A I. Zycha, CSEL 41, 5, 3, 1900.
Ü R. Arbesmann, Würzburg 1972 (mit Kommentar).
L M. v. Albrecht, RL, 1318–1353. A. Zumkeller: Das Mönchtum des hl. Augustinus, Würzburg [(2)]1968.

De opificio Dei
„Über die Schöpfertat Gottes"

Lucius Caecilius Firmianus Lactantius, um 300 n. Chr.

Monographie über das Schöpfungswerk Gottes (lat.).
Entstanden 303/304 n. Chr.

I Laktanz widmet die Schrift seinem Schüler Demetrianus, den er nicht ohne geistige Führung lassen will. Er möchte den Schüler darüber belehren, daß der Mensch nach Leib und Seele ein Geschöpf Gottes sei. Der Mensch hat die Vernunft bekommen, um sich schützen zu können. Er ist also gegenüber den Tieren mit ihren natürlichen Waffen nicht benachteiligt. Krankheit und Tod bedrohen den Menschen nicht mehr als andere Lebewesen. – Von der liebevollen Fürsorge Gottes zeugt der menschliche Organismus mit all seiner Zweckmäßigkeit und Schönheit (5–13). Darauf gründet sich auch die Religionsverpflichtung des Menschen gegenüber seinem Schöpfer. Entsprechendes gilt für die menschliche Seele (14–19). Am Schluß (20) wird ein größeres Werk, die →*Divinae institutiones*, angekündigt.

Q Mit Sicherheit benutzte Laktanz Cicero, dessen viertes B. →*De re publica* er mit *De opificio Dei* ergänzen wollte (*opif.* 1,11–13). – Für die Lehre von der (göttlichen) Vorsehung griff er möglicherweise auf stoische Schultradition zurück. – Auch Varro kommt als Quelle in Frage (für etymologische

Überlegungen). Die Würdigung der menschlichen Schönheit stammt aus der Stoa (Panaitios) und findet sich auch bei Ambrosius, *Hexaemeron* 7,54–74, und bei Augustinus, →*De civitate Dei* 22,24. – Die Gleichsetzung der Philosophen mit den Feinden der Wahrheit entspricht Tertullianus' Kritik an Platon, die in paulinischer Tradition steht (→*Novum Testamentum*). – Für die Darstellung des menschlichen Körpers benutzte Laktanz vermutlich medizinische Handbücher.

W Laktanz mahnt den Schüler Demetrianus, in den schwierigen Zeiten der Diokletianischen Christenverfolgung „nicht um irdischer Güter willen unmerklich den Verführungskünsten zu erliegen, die der Widersacher jetzt allenhalben ins Werk setzt. Nach außen gibt sich die Abhandlung als bloße Ergänzung zu Ciceros Schrift vom Staate ..., und man könnte fast meinen, er (Laktanz) habe mit dieser kleinen Anthropologie überhaupt noch keine eigentlich christliche Absicht verfolgt. Allein das wäre ein Mißverständnis. Die Vorsehung ist für Laktanz zu allen Zeiten ein Zentralpunkt seiner christlichen Lehre geblieben und insofern ein theologischer Begriff. In Wirklichkeit will er den christlichen Schöpfungsglauben verteidigen und den mißachteten ‚Philosophen unserer Schule' (*opif.* 1,2) gegen alle anderen in Schutz nehmen, einschließlich des freilich nur mit höchstem Respekt genannten ‚Marcus Tullius'; denn auch Cicero ist von gewissen ungelehrten Leuten, die keine Beredsamkeit besaßen und trotzdem für die Wahrheit zu kämpfen wußten, d. h. von den Christen, ‚schon oft geschlagen worden' (*opif.* 20,5) ... Laktanz hat jetzt seinen Beruf und seine Lebensaufgabe gefunden und fühlt sich ihrer gewiß: es geht nun nicht mehr um Beredsamkeit, sondern um etwas ernsteres, nämlich um die Wahrheit und um das Leben selbst. Er weiß, er hat nicht umsonst gelebt und gewirkt, wenn es ihm gelingen sollte, ‚ein paar Menschen vom Irrtum zu lösen und auf den Weg zu weisen, der gen Himmel führt' (*opif.* 20,9)" (H. v. Campenhausen, 61). Dem Irrtum verfallen sind die Epikureer und vor allem Lucretius, →*De rerum natura* (vgl. zur Polemik gegen Lukrez auch →*De ira Dei* 10,16), der den Römern die epikureische Theorie der Weltentstehung aus zufällig zusammentreffenden Atomen nahegebracht und folgerichtig eine göttliche Vorsehung geleugnet hatte. Daher kämpft Laktanz vor allem gegen den Epikureismus und versucht die epikureische Theorie einer neuen Darlegung der planmäßigen, zweckmäßigen und harmonischen Anlage und Gestaltung des Menschen zu widerlegen.

A U. Boella, Florenz 1973. M. Perrin, Paris 1974 (SC 213; 214).
Ü A. Hartl / A. Knappitsch, BKV 36, [(2)]1919.
L M. v. Albrecht, RL, 1263–1276. S. Brandt: Über die Quellen von Laktanz' Schrift *De opificio Dei*, in: WS 13, 1891, 2, 255–292. H. v. Campenhausen, LKV, 57–76. E. Heck: Bemerkungen zum Text von Laktanz, *De opificio Dei*, in: VChr 23, 1969, 273 bis 292. KNLL 9, 960. P. A. Roots: The *De opificio Dei*: The Workmanship of God

and Lactantius, in: CQ 81, 1987. L. Rosetti: *De opificio Dei di Lattanzio e le sue fonti*, in: Didaskaleion 6, 1928.

De opificio hominis →Perì kataskeuês anthrópu (Gregorios aus Nyssa)

De optimo genere oratorum
„Über das Ideal der Redner"

Marcus Tullius Cicero aus Arpinum, 106–43 v. Chr.

Übersetzungstheoretische Abhandlung (lat.) als Einführung zu einer nicht erhaltenen Übersetzung der Reden des Demosthenes und Aischines für und gegen Ktesiphon (→*Perì tû stephánu*, →*Katà Ktesiphôntos*).
Verfaßt im Jahre 46 v. Chr.

I Cicero weist darauf hin, daß jeder Redner nur ein Ideal habe, während der Dichter aufgrund der Gattungsvielfalt entsprechend viele Ideale habe. So wolle jeder Redner sein wie Demosthenes. Der Dichter Menander aber nehme sich nicht Homer zum Vorbild. – Nach dem Grundsatz, daß gut reden attisch reden bedeute (13), habe Cicero zwei wichtige gr. Reden ins Lateinische übersetzt: eine Demosthenes- und eine Aischines-Rede, um angehenden Rednern eine Orientierung zu bieten. Er gibt Auskunft über seine übersetzungstheoretischen Grundsätze und referiert dann den Inhalt der von ihm übersetzten Reden. Schließlich weist er noch einmal darauf hin, daß seine Übersetzung als Richtschnur für den attischen Sprachgebrauch anzusehen sei.
W Cicero entschied sich für ein Übersetzungsverfahren, das den Bedürfnissen des Lesers entgegenkommt. Er übersetzte zielsprachenorientiert: „... aber ich habe nicht wie ein Dolmetscher (*interpres*), sondern wie ein Redner (*orator*) übersetzt, unter Berücksichtigung des Inhalts und der Form, aber mit Worten, die unserer eigenen Sprache angemessen sind. Ich habe dabei nicht auf ein wortwörtliches Übersetzen wertgelegt, sondern die Art der Wörter insgesamt und ihre Bedeutung beibehalten..." (14). – Die Übersetzung soll denjenigen als Muster dienen, die attisch reden wollen (23).

A A. S. Wilkins: M. Tulli Ciceronis Rhetorica. Bd. 2, Oxford 1903.
Ü Th. Nüßlein, Düsseldorf 1998 (lat.-dt.).
L K. Büchner, Bestand und Wandel, 508 f. A. Dihle: Ein Spurium unter den rhetorischen Werken Ciceros, in: Hermes 83, 1955, 303–314 (gegen die Echtheit der Schrift). A. Michel: Rhétorique et philosophie chez Cicéron, Paris 1960. A. Seele: Römische Übersetzer. Nöte, Freiheiten, Absichten, Verfahren des literarischen Übersetzens in der griechisch-römischen Antike, Darmstadt 1995.

De oratione →De baptismo (Tertullianus)

De oratore
„Über den Redner"

Marcus Tullius Cicero aus Arpinum, 106–43 v. Chr.

Dialog über Rhetorik in drei B. (lat.).
Entstanden 55 v. Chr. und dem Bruder Quintus gewidmet.

I Das fiktive Gespräch findet im Jahre 91 v. Chr. in einem Landhaus in Tusculum statt. Beteiligt sind die beiden bedeutendsten Redner der Zeit, Lucius Licinius Crassus (140–91 v. Chr.) und Marcus Antonius (143–87 v. Chr.), ferner der Redner Gaius Iulius Caesar Strabo, der Rechtsgelehrte und Augur Quintus Mucius Scaevola (etwa 170–84 v. Chr.), der ehemalige Consul Quintus Lutatius Catulus und die beiden jüngeren Männer Gaius Aurelius Cotta (geb. 124 v. Chr.) und Publius Sulpicius Rufus (geb. 124 v. Chr.). B. 1: Hier werden die grundsätzlichen Voraussetzungen einer universalen Konzeption der Redekunst entwickelt. Nach dem Prooömium, das das Thema des Werkes entfaltet (1–23), und der Beschreibung der äußeren Bedingungen des Gesprächs (24 f.) beginnt der eigentliche Dialog mit einem Lob der Redekunst, die Crassus als den Gipfel der kulturellen Leistungen des Menschen preist (30–34). Das erste Thema des B. ist der universale Anspruch der Rhetorik (30–95): Es gibt keine Grenze für das Wirkungsfeld des Redners. Obwohl Scaevola im Gegensatz dazu die Auffassung vertritt, daß der Redner nur für das Reden vor Gericht und in der Politik zuständig sei (35–44), zeigt Crassus in seiner Erwiderung, daß der Redner auf nahezu allen Wissensgebieten zu Hause sein müsse, auch wenn er sich auf das Gericht und die Politik beschränke (45–54). Selbst auf Spezialgebieten sei eine spezifisch rhetorische Leistung erforderlich (54–70). Antonius stellt allerdings heraus, daß die bisherige Rhetorik weder den Anforderungen der Praxis noch den Maßstäben der Philosophie entspreche (80–93). Der vollkommene Redner bleibe ein Ideal (94–95). – Aus diesem Gespräch erwächst der Wunsch der anderen Teilnehmer nach einer umfassenden Darstellung der Redekunst (96–106). So wird das zweite Thema des 1. B. (107–262) in Angriff genommen: Es soll dabei aber nicht um die Beschreibung eines wissenschaftlichen Systems gehen (107–110), sondern um die Darstellung der Voraussetzungen, über die der wahre Redner verfügen muß: (1) die natürliche Begabung (113–133), (2) die Motivation zum Lernen (134–143), (3) die praktische Übung und die Aneignung der Kenntnisse, die der Redner benötigt, um sich auf seinem Gebiet sicher bewegen zu können. – Crassus befaßt sich auf Bitten der Gesprächspartner (160 bis 165) sehr ausführlich mit dem bürgerlichen Recht, das der Redner selbstverständlich beherrschen muß (166–200). Er wiederholt am Ende seinen Hinweis auf den hohen Anspruch, der an den idealen Redner zu stellen ist (201–203). Antonius schränkt dagegen die Anforderungen an den Redner auf die rhetorischen Fähigkeiten ein (209–262). Staatsmännische Kompetenz (214–218), philosophische Kenntnisse (219–233), die Beherrschung des bürgerlichen Rechts (234–255) usw. seien nicht erforderlich. – Das Gespräch des ersten Tages endet mit dem Abschied Scaevolas (263 bis 265). – B. 2: Am Anfang steht ein Proömium, das Ciceros Verehrung für Crassus und Antonius zum Ausdruck bringt (1–11). Dem Gesprächskreis des zweiten Tages gehören nun auch Catulus und Caesar an (12–28). Auf grundsätzliche Bemerkungen über Möglichkeiten und Grenzen der Rhetoriktheorie (29–33) folgt ein erneutes Lob der Redekunst (33–38). Antonius' Vortrag bildet den Hauptteil des B. In einem Exkurs über die gr. und röm. Geschichtsschreibung beweist Antonius u. a. seine umfassende Bildung (51–65). Er stellt die Unzulänglichkeit rhetorischer Systeme heraus (65–84) und entwickelt seine Gedanken aus seiner praktischen Erfahrung. So fordert er z. B. die Nachahmung eines geeigneten Vorbildes (85–98). Im konkreten Fall sei eine gründliche Einarbeitung in die Materie erforderlich (99–103). Die Streitfrage, um die es im Einzelfalle gehe, müsse geklärt werden. Antonius gibt einen kurzen Abriß der Stasis- oder Status-Lehre (104–113). Hiermit kommt er zum eigentlichen Thema der *inventio*, dem Auffinden des Argumentationsmaterials, der ersten Aufgabe des Redners. Ausführlich entwickelt Antonius die methodischen Grundsätze, die bei der *inventio* anzuwenden seien (114–151). Daran anschließend weist er auf den Wert hin, den die gr. Philosophenschulen für den Redner haben (152–161). Mit Beispielen für die wichtigsten Gattungen der Beweisgründe und mit Regeln für ihre Anwendung wird das Thema abgeschlossen (162–177). Darauf folgt die Darstellung der Mittel, mit denen die Sympathie des Publikums zu gewinnen ist (178–184) und die Affekte zu erregen sind (185–216). Eine besondere Bedeutung haben Witz und Humor. Zu diesem Thema läßt Cicero Caesar zu Worte kommen (216–290). Antonius schließt dann seine Ausführungen über die *inventio* mit dem Hinweis auf den Grundsatz, daß der Redner alles vermeiden müsse, was dem Klienten schaden könne (290–306). – Darauf geht Antonius auf die zweite Aufgabe des Redners ein: die *dispositio*, d. h. die Anordnung oder Gliederung des Stoffes (307–332), und nach einem Exkurs über die Rede in der Politik (333–340) und die Lob- und Scheltrede (340 bis 349) befaßt sich Antonius mit der dritten Aufgabe, der *memoria*, d. h. der Memoriertechnik (350–360). Das 2. B. schließt u. a. mit dem Hinweis auf die rhetorischen Aufgaben, die noch zu behandeln sind (361–367). – B. 3: Nach dem Proömium, das u. a. die düstere politische Situation skizziert, denen die Gesprächspartner zum Opfer fallen werden, und die Erklärung enthält, daß Ciceros Werk das Andenken an die Gesprächspartner bewahren soll (1–16), eröffnet Crassus seinen Vortrag mit dem Bekenntnis zur Einheit von Inhalt und Form, die ebenso wenig zu trennen seien wie Körper und Geist (19–24). Bevor er auf die Form des rednerischen Ausdrucks ein-

geht, spricht Crassus über die Vielfalt der Stilarten (*genera dicendi*), die allerdings der natürlichen Veranlagung des Redners entsprechen müssen (25–37). Dennoch muß jeder Redner unabhängig von seinen individuellen Voraussetzungen über bestimmte Stilqualitäten (*virtutes dicendi*) verfügen: sprachliche Korrektheit, *latinitas* (37–48), Klarheit, *perspicuitas* (48–51), Schönheit, *ornatus*, und Angemessenheit, *aptum* (52–55). – Crassus plädiert für eine Einheit von Geistes-, Ausdrucks- und politischer Gestaltungskraft; er bedauert, daß diese Einheit durch die Trennung von Philosophie, Rhetorik und Politik verloren ging. Er prüft den Nutzen der gr. Philosophenschulen für die Rhetorik; besonders brauchbar sind die akademische und die peripatetische Philosophie, deren Kenntnis die Einheit von Sprache und Geist wiederherstellen hilft (56–73); dieses Ziel sei erreichbar (74–90). Etwas später skizziert Crassus die Themen, die in die Zuständigkeit des Redners fallen (104–119). Wenn der Redner über diese verfüge, dann ergebe sich bei entsprechender Begabung und Übung der Reichtum des Ausdrucks von selbst (120–125). Im Gegensatz zu den Spezialisierungstendenzen in der gegenwärtigen Rhetorik steht Crassus auf dem Standpunkt, daß die vollkommene Beherrschung der Redekunst eine universale Bildung voraussetze (132–143). – Nachdem Crassus von 37–212 die vierte Aufgabe des Redners, die kunstgerechte und daher wirkungsvolle Formulierung, die *elocutio*, in allen Einzelheiten und mit vielen Beispielen behandelt hat, kommt er zum Schluß (213–227) zu der noch nicht beschriebenen fünften und letzten Aufgabe des Redners, dem Vortrag, der *pronuntiatio* oder *actio*. Mit dem Dank der Zuhörer und einem hoffnungsvollen Ausblick auf die Zukunft der römischen Beredsamkeit (228–230) erreicht das Gespräch sein Ende.

Q Wie Platons →*Phaídon* ist der Dialog vom nahen Ende des Hauptgesprächspartners überschattet. Crassus findet noch 91 v. Chr. den Tod. Die äußere Szenerie erinnert an Platons →*Phaîdros* (Gespräch unter einer schattenspendenden Platane: 1,28). „Die Konzeption einer philosophischen Rhetorik in *De oratore* ist undenkbar ohne Platons *Phaidros* und den dort (279 ab) als philosophischen Kopf erwähnten Isokrates, dem Cicero sein rhetorisches Bildungsideal verdankt; deutlich setzt sich Cicero von Platons →*Gorgías* und der Trennung von Philosophie und Rhetorik ab" (M. v. Albrecht, 429). – Die fundamendale Lehre von den rationalen und emotionalen Mitteln der Überzeugung einschließlich der Theorie des Witzes verdankt Cicero der Schule des Aristoteles. Cicero fragt im Sinne des Aristoteles nach den philosophischen und psychologischen Hintergründen rhetorischer Wirkungen. – Im ganzen gesehen kannte Cicero das rhetorische und philosophische Schrifttum seiner Zeit, so daß er viele Anregungen von dort übernehmen konnte. Aber in der Gesamtkonzeption seines rhetorischen Bildungsideals ist er ebenso selbständig wie in der Auswahl und Akzentuierung einzelner Sachgebiete.

W „Wie Cicero in seiner staatstheoretischen

Schrift (→*De re publica*) das Ideal der *res publica*
und des Staatslenkers auf dem Untergrund der historischen Entwicklung Roms und auf der Idee der
Gerechtigkeit aufbaut, so stellt er in *De oratore* das
Leitbild des sittlich gefestigten und allseitig gebildeten Redners heraus, der alle seine Fähigkeiten in den
Dienst der *res publica* stellen soll" (Burck, 105). –
Das von Cicero gezeichnete Idealbild des Redners
erweist sich zwar als Utopie, weil es erheblich höhere Anforderungen an den Redner in der Politik
oder vor Gericht zu stellen scheint, als dieser zu erfüllen fähig ist oder erfüllen muß. Aber Cicero weist
darauf hin, daß es ihm um mehr geht als um das Idealbild des Redners, wenn er zu Beginn des Werkes
das Lob der Redekunst in folgenden Worten ausdrückt: „Dies eine ist doch unser wesentlichster
Vorzug vor den Tieren, daß wir miteinander reden
und unseren Gedanken durch die Sprache Ausdruck geben können. Wer sollte darum nicht mit
Recht bewundernd daran denken und es der höchsten Mühe wert erachten, in dem einen Punkt, in
dem die Menschen einen wesentlichen Vorzug vor
den Tieren haben, die Menschen selbst zu übertreffen" (1,32f.)? – „Die Sprache als der Inbegriff des
Menschlichen, die Wirkung durch das Wort als
Selbstverwirklichung des Menschen, das ist das eigentliche Fundament, auf das sich Ciceros Vorstellung von der Kunst der Rede und dem idealen Redner gründet. Damit erschließt sich eine Dimension,
die über das Formale, Individuelle und Zeitbedingte
hinaus auf Wesentliches, Allgemeines und Überzeitliches, vom bloß Rhetorischen auf das Humane
weist" (Merklin, 38).

A E. Courbaud / H. Bornecque. 3 Bde., Paris [(4)]1957.
[(3)]1959. [(2)]1956 (lat.-frz.). F. Kumaniecki, Leipzig 1969,
Nachdr. 1995. E. W. Suton / H. Rackham, London/Cambridge (Mass.) [(2)]1948 (lat.-engl.). A. S. Wilkins, Oxford
1892, Nachdr. Hildesheim 1990 (mit Kommentar).
Ü R. Kühner, Stuttgart 1858, Nachdr. München 1962.
H. Merklin, Stuttgart [(2)]1976 (lat.-dt.). F. Spiro, Leipzig
1928.
L M. v. Albrecht, RL, 414–449. K. Barwick: Das rednerische Bildungsideal Ciceros, in: SB Sächs. Akad. d.
Wiss., Phil.-hist. Kl. 54, 3, Leipzig/Berlin 1963. K. Büchner, Bestand und Wandel, 199–213. E. Burck: Ciceros Rhetorische Schriften, in: AU 9, 1, 1966, 98–128. A. E. Douglas: The Intellectual Background of Cicero's Rhetorica. A
Study in Method, in: ANRW 1, 3, 1973, 95–138. M. Fuhrmann, Cicero, 157–160. M. Gelzer / W. Kroll / R.Philippson / K. Büchner: M. Tullius Cicero, in: RE 7 A, 1939, 827–
1274. W. Kroll: Cicero und die Rhetorik, in: Neue Jbb. 11,
1903, 681–689. A. D. Leeman: Entstehung und Bestimmung von Ciceros *De oratore*, in: Mnemosyne 31, 1978,
253–264. A.D. Leeman / H. Pinkster, Heidelberg 1981
(Kommentar zu B. 1, 1–165). A. D. Leeman / H. Pinkster
/ H. L. W. Nelson, Heidelberg 1985 (Kommentar zu B.
1,166–265 und B. 2,1–98). A. D. Leeman / H. Pinkster /
E. Rabbie, Heidelberg 1989 (Kommentar zu B. 2, 99–
290). A. D. Leeman / H. Pinkster / J. Wisse, Heidelberg
1996 (Kommentar zu B. 2,291–367 und 3,1–95). P. MaK-
Kendrick: Cicero's Ideal Orator, in: CJ 43, 1948, 339–347.
A. Michel: Le „Dialogue des orateurs" de Tacite et la philosophie de Cicéron, Paris 1962. P. L. Schmidt: Cicero und
die republikanische Kunstprosa, in: NHbL. Römische Literatur, 147–179. H. K. Schulte: Orator. Untersuchungen

über das ciceronianische Bildungsideal, Frankfurt 1935. F.
Wehrli: Studien zu Cicero, *De oratore*, in: MH 35, 1978,
74–99.

De ordine
„Über die Weltordnung"

Aurelius Augustinus aus Thagaste, 353–430 n. Chr.

Philosophischer Dialog in zwei B. (lat.).
Entstanden 386 n. Chr während der Arbeit an
→*Contra Academicos.*

I Thema des Gesprächs, an dem auch Augustinus' Mutter Monnica teilnahm, ist die Frage nach
der Herkunft des Bösen und das Problem der göttliche Vorsehung. – Da das Böse nicht eigentlich existiert, hat es auch keinen Urheber. Gott ist nur der
Schöpfer des Seienden, d.h. des Guten. Das Böse
und die Sünde bedeuten also einen Mangel an Sein,
sind eine Form des „Nichts". Sie können dem Menschen folglich nichts anhaben, wenn die Seele Gott
und der Leib der Seele gehorchen." Der Dialog
bringt noch keine Antwort auf die Frage, wie das
Wirken des Bösen mit der allumfassenden Schöpfung Gottes zu vereinbaren ist. Später bestimmt
Augustinus den „freien Willen" (→*De libero arbitrio*) als die Quelle des Bösen.

A H. W. Green, CCL 29, 89–137. P. Knöll, Wien 1922
(CSEL 63).
Ü F. Schwarz-Kirchbauer / W. Schwarz / E. Mühlenberg, Zürich 1972.
L M. P. Borgese: Il problema del male in s. Agostino,
Palermo 1921. G. R. Evans: A. on Evil, Cambridge 1982.
R. Jolivet: Le problème du mal d' après s. Augustin, Paris
1936. KNLL 1, 874f. G. Pilips: La raison d' être du mal
après s. Augustin, Löwen 1927. J. Rief: Der Ordobegriff
des jungen A., Paderborn 1962. F. Schmitt von Mühlenfels:
Pyramus und Thisbe. Rezeptionstypen eines Ovidischen
Stoffes in Literatur, Kunst und Musik, Heidelberg 1972,
26ff. M. P. Steppat: Die Schola von Cassiacum. Augustins
De ordine, Bad Honnef 1980.

De ordine creaturarum →Opera minora (Isidorus)

De origine actibusque Getarum
„Über den Ursprung und die Taten der Goten"

Auch zitiert als *Historia Gothica* („Gotische Geschichte").

Flavius Magnus Aurelius Cassiodorus, Senator aus
Bruttium, etwa 490 – 583 n. Chr.

Verlorenes Geschichtswerk (lat.) in 12 B., das nur in
einem Auszug des Iordanes, der denselben Titel wie
das Originalwerk trägt, erhalten ist.).

I Der leitende Gedanke des Werkes war die
Versöhnung von Römertum und Germanentum. –

Das Werk war die erste Entstehungsgeschichte (*Origo gentis*) eines Stammes, der nicht schon in der Antike bekannt war, sondern mit dem die Römer erst seit Mitte des 3. Jh.s in Berührung kamen. Die Goten hatten Italien bereits im Jahre 489 n.Chr. erobert. – Wie schon Hieronymus identifiziert auch Cassiodor die Goten mit den Geten, einem den Skythen benachbarten Stamm an der unteren Donau, und bindet sie mit einer sagenhaften Frühgeschichte in die Geschichte der antiken Völker ein, „ja er verleiht ihnen dadurch eine Geschichte, die sie den Römern ebenbürtig und zu ihren angemessenen Nachfolgern macht. Gotengeschichte wird zur römischen Geschichte, wie es Cassiodor selbst formuliert: *originem Gothicam historiam fecit esse Romanam* (→*Variae* 9,25,5). Er übernimmt Theoderichs Programm des Ausgleichs zwischen Römern und Goten in seine historische Konstruktion und bemüht sich um eine Verherrlichung des regierenden Königshauses der Amaler. Iordanes, der Cassiodors Werk bis 551 weiterführte, als sich der Untergang des Ostgotenreiches 553 bereits abzeichnete, erhoffte sich noch eine Verbindung der Amaler mit dem römischen Adelsgeschlecht der Anicier, ein byzantinisch-gotisches Bündnis, das freilich nicht mehr zustandekam" (Hofmann, 428 f.).

L   M. v. Albrecht, RL, 1186–1190. B. Croke: Cassiodorus and the Getica of Jordanes, in: ClPh 82, 1987, 117–134. J. J. O'Donnell: Cassiodorus, Berkeley 1979. H. Hofmann: Die Geschichtsschreibung, in: NHbL. Spätantike, 403–467.

De origine actibusque Getarum
„Über den Ursprung und die Taten der Goten"

Iordanes, 6. Jh. n.Chr.

Auszug (lat.) aus dem gleichnamigen verlorenen Werk des Cassiodorus in 12 B. über die Geschichte der Goten und Fortsetzung des Werkes bis zum Jahre 551 n.Chr.
Im Jahre 551 n.Chr. verfaßt.

I   Iordanes' Leitgedanke ist die friedliche Eingliederung der Goten in das röm. Reich.

A   Th. Mommsen, MGH 5, 1, 1882.
Ü   W. Martens, in: Geschichtsschreiber der deutschen Vorzeit. Bd. 5, (3)1913.
L   B. Croke: Cassiodorus and the Getica of Jordanes, in: ClPh 82, 1987, 117–134. Kappelmacher, RE 9, 2, 1916, 1908–1929. M. Manitius, Mittelalter. Bd. 1, 210–215. A. Momigliano: Gli Anici e la storiografia latina del VI sec. d. Cr., in: Entretiens 4, 1956, 260–276. J. Svennung: Zu Cassiodor und Jordanes, in: Eranos 67, 1969, 71–80.

De origine animae et de sententia Iacobi
„Über die Herkunft der Seele und über die Auffassung des Jacobus"

Aurelius Augustinus aus Thagaste, 354–430 n.Chr.

Dogmatische Schrift (lat.).
Entstanden 415 n.Chr.

A   A. Goldbacher, CSEL 44, 545–585.
L   M. v. Albrecht, RL 1318 bis 1353.

De origine et situ Germanorum
„Über Ursprung und Wohnsitz der Germanen"

Cornelius Tacitus, etwa 55–116/120 n.Chr.

Die einzige bekannte geographisch-ethnographische Einzelschrift der lat. Literatur über die Germanen, daher auch zitiert mit dem Kurztitel *Germania* (lat.).
Erst nach dem Tod des Gewaltherrschers Domitian (96 n.Chr.) erschienen (98 n.Chr.), als die freie Meinungsäußerung in Rom ohne Gefahr für Leib und Leben wieder möglich war.

I   Nach Tacitus' eigenen Angaben (Kap. 17) gliedert sich das Werk in einen allgemeinen (1–27) und in einen stammeskundlichen (28–46) Teil. – Kap. 1–5: Land und Volk. Kap. 6–15: Das öffentliche Leben. Kap.16–27: Das private Leben. Kap. 28–29: Die Stämme im Westen, die schon weitgehend romanisiert waren (*mente animoque nobiscum agunt*: „in ihrem Denken und Fühlen stehen sie auf unserer Seite", 29). Kap. 30–31: Die Chatten, die in ihren Fähigkeiten und Eigenschaften den Römern ähnlich sind. Kap. 32–34: Weitere Stämme im Westen. Tacitus wünscht sich, daß die Feindschaft zwischen diesen Stämmen bestehen bleibe: „Es bleibe, so flehe ich, und bestehe fort bei diesen Völkern, wenn nicht Liebe zu uns, so doch gegenseitiger Haß; denn bei dem lastenden Verhängnis des Reiches (*urgentibus imperii fatis*) kann das Geschick nichts besseres mehr darbieten als die Zwietracht der Feinde" (Kap. 33, übers. von M. Fuhrmann). – Kap. 35–37: Die nördlichen Stämme; hier weist der Autor darauf hin, daß seit dem Sieg über die Kimbern und Teutonen bereits 200 Jahre vergangen seien: So lange schon werde Germanien besiegt. Das röm. Problem sei der Freiheitsdrang der Germanen (*Germanorum libertas*, Kap. 37). Kap. 38–45: Die suebischen Stämme. Kap. 46: Grenzvölker im Osten.
Q   Als ein Werk der ethnographischen Literatur hat die *Germania* gattungsspezifische Merkmale: „Das von einem Beobachter über ein bestimmtes Volk Ausgesagte wurde von einem anderen auf ein anderes Volk übertragen" (E. Norden, 56). So ist die *Germania* „von völkerkundlichen Wandermotiven wie übersät" (E. Norden, 58). Nach E. Norden ist Tacitus von Herodots Darstellung der Skythen abhängig (→*Histories apódexis* 4,5–17). Selbstverständlich ist Tacitus bei seiner Übertragung völkerkundlicher Wandermotive nicht mechanisch vorgegangen. Von Herodot hat Tacitus auch die Form der Darstellung übernommen. – Als weitere Quellen kommen in Frage: Poseidonios, →*Historía he metà Polýbion* (im 30. B. gab es eine Ethnographie der Germanen), Livius, →*Ab urbe condita*, B. 104, das

zwar verloren ist, aber dessen Inhalt aus einem erhaltenen kurzen Auszug (→Periochae) rekonstruierbar ist; Caesar, →De bello Gallico, lieferte Tacitus weiteres Material mit seinem Germanenexkurs im 6. B.. Plinius verfaßte 20 (nicht mehr erhaltene) B. →Bella Germaniae und wurde so zur Hauptquelle des Tacitus.

H Tacitus bekleidete hohe Staatsämter. Er war im Jahre 88 n.Chr. Praetor, verwaltete vier Jahre lang ein Amt in der Verwaltung einer Provinz. Provinz und war später Proconsul in der Provinz Asia (um 112 n.Chr.). Seine Lebenszeit fällt in die Regierungszeit der röm. Kaiser Nero, Vespasian, Titus, Domitian, Trajan und Hadrian. Zu keiner Zeit stand er in offener Opposition zu den röm. Herrschern. Als Zeithistoriker war er jedoch immer wieder den Anfeindungen von Mitgliedern des röm. Senats ausgesetzt. Sein historisches „Weltbild" war vor allem von den Vorgängen zur Zeit des Kaisers Domitian, die er als schweigend protestierender Opportunist überstand, und im Bürgerkriegsjahr 69, dem sog. Vierkaiserjahr, geprägt: Hier spürte Tacitus bereits die Gefahren, die Rom von innen und von außen drohten und schließlich zum Untergang des Weltreiches in der Spätantike führten, woran die Germanen erheblichen Anteil hatten.

W Tacitus konnte mit der Germania einerseits ein interessiertes Publikum erreichen, weil der neue Kaiser Trajan gerade in den Jahren 98/99 n.Chr. als Heerführer in der röm. Provinz Germania weilte; andererseits war die Germania mehr als eine tagespolitisch aktuelle Schrift: „Mit seiner Darstellung des einfachen und kraftvollen Naturvolkes, das er immer wieder der römischen Kulturnation gegenüberstellt, will Tacitus vielmehr die tiefgreifende Dekadenz der eigenen Gesellschaft entlarven, aber auch ... vor der Gefahr, die Rom von einem solchen Menschenschlag droht, warnen. Auch hinter dieser auf den ersten Blick ethnographisch-deskriptiv orientierten Arbeit wird somit die analysierende und kommentierende Perspektive des Historikers sichtbar" (W. Kißel, 96). Allerdings wird der Quellenwert der Schrift durch die Tendenz zur Idealisierung der Germanen beeinträchtigt. (In der Antike wurden sog. Naturvölker im allgemeinen idealisiert.) Da auch negative Seiten der Germanen dargestellt werden, kann die Schrift nicht aussschließlich als ein „Sittenspiegel" für die Römer gedacht gewesen sein. Tacitus stellte die Germanen als ein Volk dar, das ihm den Römern ebenbürtig zu sein schien und deshalb gefährlich werden konnte. „Der Römer Tacitus beschreibt uns seine Germanen als Römer aus römischer Sicht. Folglich schildert er vornehmlich das, was sein Publikum interessiert und was es erwartet. Dazu gehören jede Menge von Barbarenklischees ...; weiterhin diejenigen Punkte, in denen sich die Germanen von anderen Barbaren unterschieden. Schließlich muß es ja einen Grund dafür geben, daß sie unbesiegbar sind. Aber Tacitus schildert andererseits auch bevorzugt die Unterschiede zu seinen Römern. Denn das ist es, was der Leser wissen will: Was ist denn anders bei den ‚Wilden'

im Norden?... Dabei läßt er seiner Phantasie freien Lauf, und der Leser kann gar nicht überprüfen, was an der Schilderung der Germanen wahr und was reinstes Märchen ist" (M. – W. Schulz, 22). Insgesamt darf gelten, daß eine einhellige Tendenz in der Germania nicht festzustellen ist. Vielleicht war sie ursprünglich auch nur als ethnographischer Exkurs zu den →Historiae gedacht (so E. Norden). Man vergleiche die Exkurse über die Gallier und Germanen in Caesars Schrift →De bello Gallico (B. 6).

N Das Werk war von grundlegender Bedeutung für die Entwicklung des Deutschenbildes seit dem Beginn der Neuzeit. „Die Germania des Tacitus hat während der gesamten europäischen Neuzeit auf die vielfältigste Weise als Sauerteig des historisch-politischen Bewußtseins gewirkt ... Man darf annehmen, daß sie das deutsche Nationalgefühl stärker geprägt hat als jedes andere Dokument der geschichtlichen Überlieferung" (M. Fuhrmann 1978, 47). Wesentliche Inhalte der taciteischen Germanen-Idealisierung haben sich bis in unsere Zeit erhalten. Weitere Hinweise über die Wirkung der Germania finden sich in der zweisprachigen Ausgabe von M. Fuhrmann, Stuttgart 1972, 104–111).

A H. Furneaux / J. G. C. Anderson, Oxford 1939. E. Koestermann, Leipzig 1957. A. A. Lund, Heidelberg 1988. A. Önnerfors, Stuttgart/Leipzig 1983.
Ü K. Büchner, Stuttgart [2]1963. M. Fuhrmann, Stuttgart 1972 (lat.-dt.). J. Lindauer, Reinbek b. Hamburg 1967. J. Lindauer, München 1975 (lat.-dt.). G. Perl, Berlin 1990 (lat.-dt.). A. Städele, München/Zürich 1991 (lat.-dt.).
L M. v. Albrecht, RL, 869–908. J. – W. Beck: Germania – Agricola: Zwei Kapitel zu Tacitus' zwei kleinen Schriften. Untersuchungen zu ihrer Intention und Datierung sowie zur Entwicklung ihres Verfassers, Hildesheim 1998. G. Bielefeld: Der kompositorische Aufbau der Germania des Tacitus, in: FS M. Wegner, Münster 1962, 44–54. M. Fuhrmann: Einige Dokumente zur Rezeption der taciteischen Germania, in: AU 21, 1, 1978, 39–49. H. Jahnkuhn / D. Timpe (Hg.): Beiträge zum Verständnis der Germania des Tacitus. 2 Teile, Göttingen 1989 und 1992. W. Kißel, in: RLTD 4, 94 bis 132. A. A. Lund: Zum Germanenbild der Römer. Eine Einführung in die antike Ethnographie, Heidelberg 1990. A. A. Lund: Zur Gesamtinterpretation der Germania des Tacitus, in: ANRW 2, 33, 3, 1991, 1858– 1955. A. .A. Lund: Zur Entstehung des Namens und Begriffes Germani, in: ANRW 2, 33, 3, 1991, 1956–1987. A. A. Lund: Kritischer Forschungsbericht zur Germania des Tacitus, in: ANRW 2, 33, 3, 1991, 1989–2222. A. A. Lund: Germanenideologie im Nationalsozialismus. Zur Rezeption der Germania im „Dritten Reich", Heidelberg 1995. R. Much: Die Germania des Tacitus, Heidelberg [3]1967 (Kommentar). K. Müllenhoff: Die Germania des Tacitus, Berlin [2]1920. E. Norden: Die germanische Urgeschichte in Tacitus' Germania ([3]1923), Darmstadt [4]1959. G. Perl: Die Germania des Tacitus. Historisch-politische Aktualität und ethnographische Tradition, in: Acta classica Universitatis Scientiarum Debreceniensis 19,1983, 79–89. E. Schäfer: Das Selbstverständnis der Deutschen in seiner lateinischen Tradition. Texte des Renaissance-Humanismus, in: AU 36, 6, 1993, 64–85. H. Schulz: Cornelii Taciti De origine et situ Germanorum. Lehrerkommentar, Frankfurt [2]1966. M. – W. Schulz: Tacitus: Germania. Versuch einer kurzgefaßten Gesamtinterpretation, in: AU 38, 2, 1995, 21–39. K. v. See: Deutsche Germanen-Ideologie vom Humanismus bis zur Gegenwart, Frankfurt 1970. D. Timpe:

Zum politischen Charakter der Germanen in der *Germania* des Tacitus, in: FS K. Christ, Darmstadt 1988, 502 bis 525. D. Timpe: Romano-Germanica. Gesammelte Studien zur Germania des Tacitus, Stuttgart/Leipzig 1995. E. Wolff: Das geschichtliche Verstehen in Tacitus' *Germania*, in: H. Oppermann (Hg.): Römertum, Darmstadt [(4)]1976, 299–358.

De orthographia
„Über die Rechtschreibung"

Flavius Magnus Aurelius Cassiodorus, Senator aus Bruttium, etwa 490 -583 n. Chr.

Sprachwissenschaftliche Abhandlung (lat.).
Der Autor verfaßte die Abhandlung im Alter von 93 Jahren 583 n. Chr.

I Das Werk enthält zahlreiche Exzerpte aus Schriften anderer Sprachwissenschaftler und Grammatiker. – In der Einleitung enthält das Werk eine Zusammenstellung der eigenen Schriften des Autors in chronologischer Reihenfolge (ab 540 n. Chr.). – Die Abhandlung diente vor allem dem Zweck, die Mönche (auch in dem von Cassiodor gegründeten Kloster Vivarium) zu lehren, zuverlässige Abschriften von Texten herzustellen – eine wesentliche Voraussetzung für die Erhaltung der antiken Literatur.

A GrLat 7, 143–216.
L O. Bardenhewer 5, 264–277. J. van den Besselaar: Cassiodorus Senator, 1950. M. Fuhrmann, Spätantike, 338–340. R. Helm, RAC 2, 915–926. Schanz-Hosius 4, 2, 92ff. R. Schlieben: Christliche Theologie und Philologie in der Spätantike, Berlin 1974.

De orthographia
„Über die Rechtschreibung"

Quintus Terentius Scaurus, 1. Hälfte des 2. Jh.s n. Chr.

Abhandlung über die Rechtschreibung (lat.).

A GrLat 7, 1–35.
L M. v. Albrecht, RL, 1165.

De otio
„Über das Privatleben"

Lucius Annaeus Seneca aus Corduba, etwa 4–65 n. Chr.

Philosophischer Essay (lat.), nicht vollständig erhalten, Anfang und Schluß fehlen.
Verfaßt in der Zeit nach Senecas Rückzug vom Kaiserhof 62 n. Chr.

I Der Adressat ist wahrscheinlich Annaeus Serenus, dem auch die Schriften →*De tranquillitate animi* und →*De constantia sapientis* gewidmet sind.

Obwohl das Werk zu den →*Dialogi* Senecas gezählt wird, gibt es kein echtes Gespräch wieder: Seneca läßt eine Person Enwände gegen seine Aussagen erheben, die er anschließend erörtert und widerlegt. – Der Autor empfiehlt seinem Leser, sich aus dem öffentlichen Leben in das Privatleben (*otium*) zurückzuziehen und die Schriften hervorragender Männer zu studieren. Senecas Appell zum Rückzug in das Privatleben provoziert zu der Frage, ob der Philosoph nun in das Lager der Epikureer überwechseln wolle, da diese Absicht nicht mehr der Lebensauffassung der Stoiker entspreche, die bis zu ihrem Ende aktiv im öffentlichen Leben ständen. Seneca will daraufhin nachweisen, daß er nicht gegen stoische Prinzipien verstoßen werde (2,1–2). Auch für den Stoiker gebe es Gründe für den Rückzug (z. B. ein korrupter Staat, Einflußlosigkeit des Weisen, schlechter Gesundheitszustand). Außerdem könne auch die Arbeit an der eigenen sittlichen Vollkommenheit den Mitmenschen nützlich sein (3,1–5). Ferner gebe es ja zwei Staaten, den kleineren, in den der einzelne Mensch hineingeboren sei, und den größeren, der die ganze Menschheit umfasse; diesem könne man nach dem Rückzug aus jenem besser dienen, indem man die Natur des Menschen usw. erforsche und das Wirken Gottes bezeuge (4,1–2). Die Natur habe den Menschen ja nicht nur zum Handeln, sondern auch zur geistigen Durchdringung der Welt erschaffen: Auch Denken sei Handeln im Sinne der stoischen Lehre (5,1–8). Diese Form des Tätigseins könne bedeutsamer sein als die Übernahme öffentlicher Verantwortung (6,1–5). Keine Lebensform, ob sie nun dem Genuß, der Kontemplation oder dem Tätigsein gewidmet ist, kann ohne Reflexion verwirklicht werden (7,1–4). Wenn es keinen geeigneten Staat gibt – so schließt der erhaltene Text –, dann ist es auch für den Stoiker legitim, sich zurückzuziehen (8,1–4).

W Die Schrift soll nicht nur den Rückzug von Neros Hof rechtfertigen; sie klagt auch die Verhältnisse im Zentrum der Macht unter Nero an; dem Weisen, der im Sinne der stoischen Lehre zugunsten der *res publica* handeln will, fehlt die *res publica* (vgl. 8,1). – Seneca mag aber auch eine Aufwertung der wissenschaftlichen Arbeit gegenüber dem Tätigsein in Politik und Gesellschaft beabsichtigt haben, als er mit *De otio* in das Lager der Epikureer überzugehen schien.

A J. W. Basore, London/Cambridge (Mass.) 1932. I. Dionigi, Brescia 1983 (lat.-it. mit Kommentar). L. D. Reynolds, Oxford 1977.
Ü O. Apelt, Leipzig 1923. H. M. Endres, München 1963. G. Fink, Düsseldorf/Zürich 1992 (lat.-dt.). G. Krüger, Stuttgart 1996 (lat.-dt.). M. Rosenbach, Darmstadt [(3)]1989 (lat.-dt.).
L J. - M. André: L' *otium* dans la vie morale et intellectuelle romaine, Paris 1966. J. - M. André: Sénèque: *De brevitate vitae, De constantia sapientis, De tranquillitate animi, De otio*, in: ANRW 2, 36, 3, 1989, 1724–1778. K. Büchner, RLG, 423–427. M. Fuhrmann, Seneca, 275–281. P. Grimal: Seneca. Macht und Ohnmacht des Geistes, Darmstadt 1978. G. Maurach, Seneca, 136–139. I. Mueller: Philosophie und Staat. Das Problem der Lebensform in Ciceros

Staatsschriften und Senecas *De otio*, Budapest/Amsterdam 1968, 121–134. H. Schwamborn: *De otio*. Interpretationsbeispiele zum VIII. Dialog des L. A. Seneca, Diss. Bonn 1951.

De paenitentia →De baptismo (Tertullianus)

De pallio
„Über das Philosophenkleid"

Quintus Septimius Florens Tertullianus aus Karthago, etwa 150 – etwa 230 n. Chr.

Praktisch-asketische Schrift (lat.) über christliche Lebensführung.
Vermutlich zwischen 208 und 211 n. Chr., in der Zeit nach der Hinwendung des Autors zum sogenannten Montanismus (zwischen 202–207 n. Chr.) verfaßt (→*De virginibus velandis*). Vielleicht entstand die Schrift aber auch schon 193 n. Chr., in der Zeit der Bekehrung des Autors zum Christentum.

I Die Schrift ist eine spöttische Reaktion auf die Frage der Karthager, wie jemand die Toga ausziehen könne, um das *pallium*, den Mantel der Philosophen, zu tragen. Tertullian begründet den Wechsel des Kleidungsstückes eingehend, indem er diesen in einen Zusammenhang mit dem Wandel und der Veränderung stellt, die er an sich selbst erlebt hat. Wandel sei doch ein ganz natürlicher Vorgang. Die sich wandelnden Kleidermoden vom Feigenblatt bis zur Kleidung der Gegenwart seien nur eine Erscheinungsform des ununterbrochenen Wandels. Er habe keine Pflichten, die das Tragen der Toga erforderten. Außerdem lehne er den üppigen Lebenswandel der Togaträger ab; er wolle mit dem einfachen und praktischen *pallium* veranschaulichen, daß es ihm um eine Förderung der Moral gehe, die dem Staat nützlicher sei als die Geschäftigkeit der Togaträger. Dem *pallium* komme schließlich die höchste Würde zu, weil es jetzt von ihm, einem Christen, getragen werde.

A S. Constanza, Neapel 1968. A. Gerlo, Tournhout 1954.
Ü Bkv[(2)] 7. H. Kellner, in: Ausgewählte Schriften. Bd.1, München 1912.
L M. v. Albrecht, RL, 1211–1231. G. Calloni Ceretti: Tertulliano. Vita, opera, pensiero, Modena 1957. H. v. Campenhausen, LKV, 12–36. B. Nisters: Tertullian, seine Persönlichkeit und sein Schicksal. Ein charakterologischer Versuch, Münster 1950. M. Zappalà: Le fonti del *De pallio*, in: Ricerche Religiose 1, 1925, 327–344.

De partibus animalium →Perì zóon moríon (Aristoteles)

De partitione oratoria →Partitiones oratoriae (Cicero)

De passionibus celeribus vel acutis und De passionibus tardis vel chronicis
„Über schnell auftretende oder akute Leiden" und „Über langsam entstehende oder chronische Leiden"

Caelius Aurelianus aus Sicca, 5. Jh. n. Chr.

Medizinisch-internistische Abhandlungen in drei und in fünf B. (lat.).

I Es handelt sich um eine lat. Bearbeitung der gr. Schrift des Soranos aus Ephesos, Anfang des 2. Jh.s n. Chr., *Perì oxéon kaì chroníon pathôn* („Über akute und chronischen Leiden"). Soranos, der vor allem durch seine →*Gynaikeîa* berühmt wurde, wird von Caelius Aurelius als *methodicorum princeps* („führender Methodiker") bezeichnet. Caelius übersetzt die (ansonsten verlorene) gr. Vorlage und fügt gelegentlich Zitate aus Cicero und Vergil ein. Die Gliederung der Schriften ist klar; die Beschreibungen der jeweiligen Krankheitsbilder und die Diagnosen sind exakt. Heilmittel werden genannt, nicht aber die Dosierung. Methoden und Lehren früherer Ärzte werden kritisiert. Caelius bemüht sich um eine sorgfältige lat. Wiedergabe der Terminologie; sein Wortschatz ist auch außerhalb der medizinischen Fachsprache reich an Neubildungen. – Im Mittelalter haben die Schriften eine beachtliche praktische Bedeutung (vgl. M. v. Albrecht, RL,1172f.).

A J. C. Amman, Amsterdam 1709 (noch wichtig wegen des Index verborum). I. E. Drabkin, Chicago 1950 (lat.-engl.).
Ü G. Bendz / I. Pape. 2 Teile, Berlin 1990 und 1993 (lat.-dt.).
L M. v. Albrecht, RL, 1172f. G. Bendz: Emendationen zu Caelius Aurelianus, Lund 1954. K. Sallmann: Die Fachwissenschaften und die Ausbildung der spätantiken Enzyklopädie, in: NHbL. Spätantike, 195–233.

De patientia
„Über die Geduld"

Aurelius Augustinus aus Thagaste, 354–430 n. Chr.

Predigt (lat.).
Entstanden 418 n. Chr.

I Schon Tertullian (→*De patientia*) und Cyprian (→*De bono patientiae*) hatten sich mit diesem Thema befaßt. Die drei Schriften über die Geduld stehen in einem inneren Zusammenhang: Geduld wird verstanden als „Beharren im Guten" und so als christliche Grundtugend gefeiert. Von Gregorios dem Großen wird sie später als *radix et custos omnium virtutum* („Wurzel und Wächter aller Tugenden") bezeichnet (PL 76, 1261). Bei Augustinus ist die Geduld ein „Gnadengeschenk Gottes"; seine Schrift ist in diesem Sinne „ein kleiner Gnadentraktat" (R. Schlund, LZhK 4, 575).

A   I. Zycha, CSEL 41, 5, 3, 1900.
Ü   J. Martin, Würzburg 1956.
L   M. v. Albrecht, RL, 1318–1353. É. Gilson: La vertu
de patience selon St. Thomas et St. Augustin, in: Arch.
Hist. doctr. litt. Moyen-âge 15, 1946, 93–104. D. Lang-
Hinrichsen: Die Lehre von der Geduld in der Patristik
und bei Thomas von Aquin, in: Geist und Leben 24, 1951,
209–222 und 284–299.

De patientia
„Über die Geduld"

Quintus Septimius Florens Tertullianus aus Karthago, etwa 150 – etwa 230 n. Chr.

Praktisch-asketische Schrift (lat.) über die Tugend
der Geduld.
Zwischen 198 und 203 n. Chr. verfaßt.

I   Nach dem Proömium (Kap. 1) ist die Schrift
dreigeteilt: (1) Kap. 2, 1–6: Nach einer Abgrenzung
der christlichen von der heidnischen *patientia* folgt
die Darstellung des Wesens der *patientia* (*ratio
patientiae*). (2) Kap. 7–14: Vorschriften, die man um
der *patientia* willen befolgen muß (*disciplina patientiae*). (3) Kap. 15: Werke der Geduld (*opera patientiae*). – Tertullian wagt es, über die Geduld zu
schreiben, obwohl er sich selbst als ungeduldig bezeichnet (1, 1–6). Auch die heidnischen Philosophen schätzten die Tugend der Geduld hoch, z. B.
Seneca, →*Epistulae ad Lucilium* 67,10 (1,7 bis 9);
für die Stoiker der hellenistischen Zeit gehört die
patientia neben der *fortitudo* (Tapferkeit) und der
magnitudo animi (Großherzigkeit) zur Trias der
Kardinaltugenden. – In deutlicher Abgrenzung
zum heidnischen Verständnis der *patientia* ordnet
Tertullian die spezifisch christlichen Tugenden
„Glaube, Hoffnung, Liebe" (1. Korinther 13) der
patientia unter (12,8–10). Die Geduld ist für ihn anders als 1. Kor. 13,7 (→*Novum Testamentum*) also
nicht nur eine Erscheinungsform der Liebe. „Die
patientia ... ist weitgehend nicht die von Gott ab-
hängige christliche Geduld ..., sondern eine selbständige Leistung, nur ein anderes Wort für die
Constantia oder die *Apatheia* des stoischen Weisen.
Für diesen stellte sie den durch eigene Leistung,
durch rationalvernünftige Selbstbeherrschung erbrachten Beweis menschlicher Selbstvollendung in
der Autarkie dar" (Gärtner, 77).
Q   Nicht nur inhaltlich, sondern auch formal
steht *De patientia* in der heidnischen Tradition: Die
Schrift bietet nicht nur ein Lob dieser Tugend, sondern auch eine Aufforderung, entsprechend zu handeln. Sie gehört demnach zur Gattung des *Protreptikós*, wie er auch von Seneca praktiziert wurde (vgl.
z. B. *De brevitate vitae*).

A   J. – C. Fredouille, Paris 1984 (lat.-frz. mit Kommentar).
Ü   H. A. Gärtner, in: RLTD 5, 76–93 (lat.-dt. in Auswahl).
L   M. v. Albrecht, RL, 1211–1231. M. Spanneut: Ge-

duld, in: RAC 9, 1976, 243–294. H. Steiner: Das Verhältnis
Tertullians zur antiken Paideia, St. Ottilien 1989.

De peccatorum meritis et remissione et de baptismo parvulorum →Contra duas epistulas Pelagianorum (Augustinus)

De perfectione iustitiae hominis →Contra duas epistulas Pelagianorum (Augustinus)

De Phoenice →Phoenix (Ps.-Laktanz)

De pietate
„Über die Frömmigkeit"

Philodemos aus Gadara, 1. Hälfte des 1. Jh.s v. Chr.

Reste einer philosophischen Schrift unter den Papyri aus Herculaneum (gr.).

I   Die Frg. stimmen inhaltlich mit Cicero, →*De
natura deorum* 1,25–41 überein, wo im Rahmen einer Darstellung der epikureischen Götterlehre (18–
56) durch Velleius Lehrmeinungen gr. Philosophen
referiert werden. Wahrscheinlich verwendete Cicero für *De natura deorum* 1,1–56 Philodems Werk
De pietate (*Perì eusebeías*) als Quelle.

A   Th. Gomperz: Herkulanische Studien 2, Leipzig
1866. D. Obbink, Oxford 1996.
L   A. Lesky, GL, 768f. R. Philippson: Zu Philodems
Schrift über die Frömmigkeit, in: Hermes 55, 1920, 225–
278; 364–372; 56, 1921, 355–410.

De placitis Hippocratis et Platonis →Perì tôn Hippokrátus kaì Plátonos dogmáton (Galenos)

De placitis reliquiae →Synagogè tôn areskónton (Aetios)

De Platone et eius dogmate
„Über Platon und seine Lehre"

Apuleius aus Madaura, 2. Jh. n. Chr.

Eine systematische, aber allgemeinverständliche
Darstellung der zur Zeit des Apuleius offiziellen
Lehre der platonischen Akademie (lat.).

I   Auf eine kurze Lebensbeschreibung folgen
die „Physik" (B. 1) und die „Ethik" (B. 2). Die „Logik" ist nicht behandelt. Vielleicht sollte die Schrift
→*Peri hermeniae* eines Ps.-Apuleius die fehlende

„Logik" nachliefern. – Der kosmologische Teil des 1. B. ist von Platons →*Tímaios* beeinflußt.

A J. Beaujeu: Apulée. Opuscules philosophiques, Paris 1973 (lat.-frz. mit Kommentar) (rez. von F. Regen, Götting. Gelehrte Anzeigen 229, 1977, 186–227). C. Moreschini, Stuttgart 1991. P. Thomas, Berlin 1921.
Ü K. Albert, St. Augustin 1981.
L M. v. Albrecht, RL, 1150–1164. G. Barra: Apuleius und das Problem der Entstehung des Bösen, in: C. Zintzen (Hg.): Der Mittelplatonismus, Darmstadt 1981, 283–298. C. Moreschini: Studi sul *De dogmate Platonis* di Apuleio, Pisa 1966. C. Moreschini: Apuleio e il platonismo, Florenz 1978. J. Redfors: Echtheitskritische Untersuchung der apuleischen Schriften *De Platone* und *De mundo*, Lund 1960.

De poetis →De viris illustribus (Suetonius)

De praedestinatione sanctorum →Contra duas epistulas Pelagianorum (Augustinus)

De praescriptione haereticorum
„Über die Präskription gegen die Häretiker"

Quintus Septimius Florens Tertullianus aus Karthago, etwa 150 – etwa 230 n. Chr.

Dogmatisch-polemische Schrift (lat.).
Verfaßt um 200 n. Chr.

I Eine „Präskription" (*praescriptio*) ist in der Juristensprache die Berufung eines Beklagten auf eine gesetzliche Bestimmung, die einen Kläger von vornherein abweist, so daß kein Prozeß stattfinden kann. Diese juristische Bestimmung übertrug Tertullian auf das Verhältnis der Kirche zur Häresie: Da die Kirche aufgrund ihres höheren Alters im Besitz des rechten Glaubens ist, sind die Ansprüche der Häretiker von vornherein ungültig. Die Kirche fordert (als Beklagte) also mit Recht die Abweisung der Klage der Häretiker auf Anerkennung ihrer Ansprüche. Weil nur das kirchliche Lehramt befugt ist, den Sinn der Heiligen Schrift auszulegen, gilt das Prinzip der *praescriptio*, das es den Häretikern unmöglich macht, ihr eigenes Verständnis der Schrift gleichsam auf dem Prozeßweg gegenüber der Kirche geltend zu machen. Daraus folgt für Tertullian, daß er sich eigentlich auch gar nicht auf eine inhaltliche Auseinandersetzung mit den Häretikern einzulassen brauchte, zumal sich die Häresie immer nur in einer Auswahl aus der wahren Lehre ausdrückt. Die wahre Lehre ist aber in ihrer Ganzheit von Gott an Christus, von Christus an die Apostel und von den Aposteln an die (katholische) Kirche übermittelt.
W Tertullian will mit dieser Schrift vor allem zum Ausdruck bringen, daß er die Kirche als eine voll entwickelte Rechtsordnung auffaßt, „auf die

man in aller Selbstverständlichkeit die Vorstellungen und Normen aus der Rechtsordnung des Staates übertragen kann. Diese Auffassung, die in einer schwer aufzulösenden Spannung zum nirgendwo ernstlich bestrittenen geistlichen Verständnis kirchlicher Gemeinschaft steht, ... hat die Geschichte der römischen Kirche nachhaltig beeinflußt, die sich damit als legitime Nachfolgerin des römischen Staates in seiner Eigenschaft als Rechtsordnung erwies" (Dihle, 361).

A G. Rauschen / J. Martin, Bonn 1930. R. F. Refoulé / P. de Labriolle, Paris 1957 (lat.-frz. mit Kommentar).
Ü FC 3, 42 (lat.-dt.). H. Kellner: Tertullian. Ausgewählte Schriften. 2 Bde., Kempten 1871–1872. H. Kellner / G. Esser, Kempten/München 1916.
L A. Dihle, GLL, 359–368. Ch. Munier: Analyse du traité de Tertullien *De praescriptione haereticorum*, in: Rivista di Storia e Letteratura religiosa 59, 1985, 12–33. J. Stirnimann: Die *Praescriptio* Tertullians im Lichte des römischen Rechtes und der Theologie, Freiburg 1949.

De praesentia Dei →Contra duas epistulas Pelagianorum (Augustinus)

De principiis →Perì archôn (Origenes)

De providentia →Perì pronoías (Chrysippos, Hierokles, Philon, Theodoretos)

De providentia
„Über die Vorsehung"

Lucius Annaeus Seneca aus Corduba, etwa 4–65 n. Chr.

Philosophischer Essay (lat.), Lucilius gewidmet, an den auch die →*Epistulae morales ad Lucilium* gerichtet sind.
Die Schrift wurde nach Senecas Rückzug vom Kaiserhof (62 n. Chr.) verfaßt.

I Das Werk ist kein Gespräch, obwohl es zu Senecas →*Dialogi* gehört. Seneca entwickelt seine Gedanken, läßt den Angeredeten widersprechen und widerlegt dann die Einwände. – Das Problem ist nicht der Zweifel an einer (göttlichen) Vorsehung, sondern an ihrer Gerechtigkeit. Mehrfach erhebt sich die Frage, wie es zu erklären sei, daß die Vorsehung das Unglück guter Menschen zulasse. Seneca hält diese Frage offensichtlich für falsch gestellt. Denn, was die Götter den Guten zuteil werden lassen, ist gut, auch wenn es vordergründig als Unglück erfahren wird: Das Ertragen des Unglücks und seine Überwindung stärken die Kräfte des Betroffenen und üben seine *virtus*. Wenn Gott Leid schafft, gleicht er einem strengen Vater (1–2). – Im Hauptteil der Schrift (3,1–6,5) geht es um den Beweis der Behauptung, daß ein hartes Schicksal etwas

Gutes ist: Es ist gut für die Guten, aber auch für alle anderen, weil es die Möglichkeit bietet, sich zu bewähren und zu erproben. Das Schicksal schickt den Menschen das Übel, um ihre *virtus* vollenden zu helfen. Der Sieg über das Schicksal führt zu Ruhm und Unsterblichkeit. Das wird durch Beispiele aus der röm. Geschichte veranschaulicht. Große Männer freuen sich über harte Prüfungen. Aber auch für alle anderen Menschen sind Leiden etwas Gutes, weil sie das Menschengeschlecht zum Ideal stoischer Sittlichkeit erziehen. Ein guter Mensch wird man durch die Anstrengung, mit der man sein Schicksal bereitwillig trägt. – Am Schluß (6,6–9) zeigt Gott den Ausweg aus unerträglichem Leid: den freiwilligen Tod.

A L. D. Reynolds, Oxford 1977. G. Viansino, Mailand 1988.
Ü G. Fink, Düsseldorf/Zürich 1992 (lat.-dt.). G. Krüger, Stuttgart 1996 (lat.-dt.). M. Rosenbach, Darmstadt [(5)]1995 (lat.-dt.).
L K. Abel: Bauformen von Senecas Dialogen, Heidelberg 1967, 97–123. G. Krüger: Seneca über das rechte Leben, Heidelberg 1994. G. Maurach, Seneca, 140–145.

De providentia divina
„Über die göttliche Vorsehung"

Ps.-Prosper, Anfang des 5. Jh. n. Chr.

Religiös-protreptisches Gedicht (lat.).
Nach 416 n. Chr. verfaßt.

I Thema des Gedichtes ist die Vorsehung. Es wird die Frage aufgeworfen, weshalb die Guten wie die Bösen von den furchtbaren Germaneneinfällen gleichermaßen heimgesucht werden. Nach Auffassung des Dichters, ist dies nicht der Vorsehung anzulasten; denn Gott und alles, was er erschaffen hat, ist gut. Zum Beweis dieser Behauptung werden einige alttestamentliche Szenen herangezogen. „Der Dichter liest die Bibel mit den Augen eines Vorsehungsgläubigen und fordert seine Zeitgenossen auf, von den materiellen Gütern abzulassen und sich den geistigen Gütern zuzuwenden" (J. – L. Charlet, 520).

A PL 51.
L J. - L. Charlet: Die Poesie, in: NHbL. Spätantike, 495–564.

De providentia et fato et eo quod in nobis ad Theodorum mechanicum
„Über die Vorsehung, das Schicksal und den freien Willen, an den Mechaniker Theodoros"

Proklos aus Konstantinopel, etwa 410–485 n. Chr.

Philosophische Abhandlung (gr.), nur in lat. Übersetzung erhalten.

A V. Cousin, Paris 1820–1827 und 1864 (Gesamtausgabe der Werke).
L R. Beutler, RE 23, 1957, 185–247. E. Zeller, Philosophie 3, 2, 834–890.

De provinciis consularibus
„Über die consularischen Provinzen"

Marcus Tullius Cicero aus Arpinum, 106–43 v. Chr.

Antrag an den röm. Senat vom Juni 56 v. Chr. Die veröffentlichte Fassung ist eine politische Erklärung zugunsten der Triumvirn Caesar, Pompeius und Crassus, insbesondere zugunsten Caesars und seiner Politik (lat.).
Im Anschluß an die Senatsdebatte im Juni 56 v. Chr. veröffentlicht.

I In der Einleitung (Kap. 1–2) formuliert Cicero ohne lange Vorrede seinen Antrag: Die Statthalter der Provinzen Syrien und Makedonien müßten im Interesse des Staates abberufen werden, damit diese Provinzen den künftigen Consul im Anschluß an ihre Amtszeit zur Verfügung ständen. Im ersten Teil seiner Ausführungen (3–17) greift Cicero die beiden ehemaligen Consuln heftig an, um zu begründen, warum sie ihrer Posten zu entheben seien. Im zweiten Teil der Rede (18–39) legt Cicero die Gründe dar, die gegen Caesars Abberufung aus Gallien sprechen. Im dritten und letzten Teil (40–47) beschreibt Cicero die Art seiner politischen Beziehungen zu Caesar, die es trotz aller Differenzen nicht verhinderten, zum Wohle des Staates für Caesars Verbleiben in Gallien einzutreten.

H Nach einer *lex Sempronia* aus dem Jahre 123 v. Chr. war der röm. Senat verpflichtet, schon vor der Wahl der beiden Consuln zu bestimmen, welche Provinzen sie nach Ablauf ihres Amtsjahres in Rom verwalten sollten. Im Jahre 56 v. Chr. standen vier Provinzen zur Diskussion.

W Cicero stellte vor dem Senat den Antrag, den Konsuln des Jahres 55 v. Chr. die Provinzen Syrien und Makedonien nach Abberufung der bisherigen Statthalter zu übertragen und Gaius Iulius Caesar die Herrschaft über die beiden gallischen Provinzen nicht zu entziehen. Cicero hatte zwei Gründe für diesen Antrag: Einerseits wollte er A. Gabinius und L. Calpurnius Piso (coss. 58 v. Chr.) abberufen lassen, da er diesen neben Clodius die Hauptschuld an seiner Verbannung gab, andererseits Caesars Abberufung aus Gallien verhindern, um sich Caesar politisch anzunähern bzw. seine Parteinahme für diesen (und die anderen Triumvirn) zu demonstrieren. Offensichtlich sah sich Cicero gezwungen, die realen Machtverhältnisse anzuerkennen und Caesars Interessen zu verteidigen. Allerdings legte er auch Wert auf die Feststellung, daß er immer schon einen durchaus freundschaftlichen Kontakt zu Caesar hatte, um seine politische Kehrtwendung nicht allzu spektakulär erscheinen zu lassen (zum wechselvollen Verhältnis zwischen Cicero und Caesar: K. Christ: Annäherungen an einen Diktator, München 1994, 57–89).

A W. Peterson: M. Tulli Ciceronis orationes. Bd. 5, Oxford 1911.
Ü M. Fuhrmann, Reden. Bd. 6, 59–91.
L M. Gelzer: Die *lex Vatinia de imperio Caesaris*, in: Hermes 63, 1928, 113–137 (= Kleine Schriften. Bd. 2, Wiesbaden 1963, 206–228). C. Saunders: The PALINODIA of Cicero, in: ClPh 14, 1919, 201–215.

De pudicitia →De virginibus velandis (Tertullianus)

De pulchro et apto
„Über das Schöne und das Zweckmäßige"

Aurelius Augustinus aus Thagaste, 354–430 n. Chr.

Verschollene Abhandlung über philosophische Grundfragen (lat.).
Entstanden 380–381 n. Chr.

I „Das Wesen des Schönen ist Augustin zu allen Zeiten ein echtes metaphysisches Problem geblieben, und schon damals drängte es ihn über die bloße Erscheinung hinaus. Alles Zweckmäßige ist nur dadurch zweckmäßig, daß es auf ein anderes als seinen ‚Zweck' bezogen wird; das Schöne aber ist schön durch sich selbst. Es ist geistig und liegt damit jenseits der sichtbaren, körperlichen Dinge; was aber ist der Geist und die geistige Wahrheit selbst?" (H. v. Campenhausen, 157).

L H. v. Campenhausen, LKV, 151–222.

De pulsibus
„Über den Pulsschlag"

Markellinos, 2. Jh. n. Chr.

Medizinische Abhandlung (gr.).

A H. Schöne, FS zur 49. Versammlung deutscher Philologen und Schulmänner, Basel 1907, 448–472.

De quantitate animae
„Über die Größe der Seele"

Aurelius Augustinus aus Thagaste, 354–430 n. Chr.

Philosophisch-theologischer Dialog (lat.).
Entstanden 387 n. Chr.

I Während Augustinus in →*De immortalitate animae* die Unsterblichkeit der Seele hinsichtlich ihrer Teilhabe an der ewigen Wahrheit erwies, versucht er in *De quantitate animae*, die Immaterialität mit ihrer Fähigkeit, Immaterielles zu begreifen, nachzuweisen. Augustinus unterscheidet sieben hierarchisch angeordnete Stufen, auf denen die Seele zu Gott gelangt: (1) vegetatives Leben (Nahrung, Wachstum), (2) animalisches Leben (Sinneswahrnehmung), (3) kulturelles Leben (Künste und Wissenschaften), (4) beginnende Befreiung vom Sinnlichen und Erkennen der Reinheit, (5) Umwandlung und Beruhigung, (6) Streben nach der Erkenntnis des wahrhaft Seienden und (7) beseeligende Schau im Jenseits.

A W. Hörmann, CSEL 89, 1986. P. de Labriolle, Paris 1948. PL 32. F. E. Tourscher, Philadelphia 1933.
Ü K. - H. Lütcke / G. Weigel, Zürich 1973 (lat.-dt.). C. J. Perl, Paderborn 1960.
L J. K. Coyle u. a., Palermo 1991 (Kommentar). E. Gegenschatz: Ein Collegium logicum in Augustins Schrift *De quantitate animae*, in: P. Neukam (Hg.): Erbe, das nicht veraltet, München 1979, 62–96. J. Goldbrunner: Das Leib-Seele-Problem bei A., Diss. München 1934. KNLL 1, 875. P. Künzle: Das Verhältnis der Seele zu ihren Potenzen, Freiburg (Schweiz) 1956. T. Parry: A.'s Psychology during the First Period of Literary Activity with Special Reference to His Relation to Platonism, Diss. Leipzig 1913.

De quinque vocibus →Eisagogè eis tàs Aristotélus Kategorías (Porphyrios)

De raptu Proserpinae
„Über den Raub der Proserpina"

Claudius Claudianus, um 400 n. Chr.

Unvollendetes mythologisches Epos (lat.) in drei B.

I B. 1: Pluto, der Gott der Unterwelt, klagt darüber, daß er keine Frau habe. Lachesis rät ihm, Merkur zu Juppiter zu senden und um Hilfe zu bitten. Der Göttervater beschließt, Pluto Proserpina zur Frau zu geben, und befiehlt Venus, nach Sizilien zu gehen, wo sie, begleitet von Diana und Minerva, Proserpina am Webstuhl antreffen. Auf dem Gewebe, das für Proserpinas Mutter bestimmt ist, befindet sich eine Darstellung der Welt. – B. 2: Die Göttinnen gehen am nächsten Morgen ins Freie, um Blumen zu pflücken. Da taucht Pluto auf und entführt Proserpina in die Unterwelt. Minerva und Diana können ihn nicht daran hindern. – B. 3: Juppiter erklärt vor der Versammlung der Götter, die

Not solle die Menschen erfinderisch machen. Er will den Mangel an Fruchtbarkeit und Zivilisation beheben und für die Verbreitung des Ackerbaues sorgen. Zu diesem Zweck läßt er Ceres auf der Suche nach ihrer geraubten Tochter über die Erde wandern. Niemand darf ihr sagen, wo Proserpina ist. In ihrer Verzweiflung zündet sie zwei riesige Fackeln am Ätna an und macht sich auf den Weg. – Die Handlung wird auf ein Minimum reduziert; im Vordergrund stehen die Reden und Bilder, die die jeweilige Einzelsituation ausmalen. So werden z. B. Sizilien und der Ätna sehr ausführlich beschrieben (1,141–178), ferner die Blumensuche der Göttinnen (2,1–150) oder der dem Juppiter geweihte Hain auf dem Ätna (3,331–356).

W „Die Symbolik ist leicht durchschaubar und garantiert jenseits der alexandrinischen Buntscheckigkeit eine kompositorische Einheit: wenn der Ätna und die blumenpflückende Gesellschaft ausführlich beschrieben werden, so geschieht das nicht von ungefähr, sondern weil in dieser Auseinandersetzung zwischen den Überirdischen und der Unterwelt, zwischen dem Licht des Olymp und der Finsternis des Hades – denn darum geht es in diesem Gedicht im Grunde – die junge himmlische Gottheit Proserpina nirgendwo anders entführt werden kann – oder abgepflückt gleich einer Blume, einer Rose – als am Ätna, der durch seine vulkanische Doppelnatur (seine blumenübersäten Wiesen, aber auch seine unterirdische Lava) teilhat an den beiden widersprüchlichen Welten" (Charlet 1997, 500).

A J.-L. Charlet, Paris 1991 (lat.-frz.). C. Gruzellier, Oxford 1993 (lat.-engl. mit Kommentar). J. B. Hall, Cambridge 1969 (mit Kommentar).
Ü H. A. Gärtner, RLTD 5, 240–245 (Auszug: 2,119–152 lat.-dt.).
L M. v. Albrecht, RL, 1060–1072. E. Bernert: Die Quellen Claudians in *De raptu Proserpinae*, in: Ph 93, 1939,352–376. J.-L. Charlet: Die Poesie, in: NHbL. .Spätantike, 495–564. Th. Duc: Le *De raptu Proserpinae* de Claudien. Réflexions sur une actualisation de la mythologie, Bern/Berlin 1994. W. Schmid: Claudianus, in: RAC 3, 1957, 152–167. F. Vollmer: Claudianus, in: RE 3, 2, 1899, 2652–2660.

De ratione dicendi →Rhetorica ad Herennium (An.)

De rebus bellicis
„Über die Angelegenheiten des Krieges"

An.

Lat. Schrift über das Kriegswesen.
Vermutlich um 370 n. Chr. unter Kaiser Valentinian I. und Valens verfaßt.

I Der Autor gibt dem Leser Ratschläge zur Herstellung von Verteidigungsbauten: Kastelle und schwere Wurfmaschinen werden ausführlich beschrieben. „Der Autor, der keine Kriegserfahrung

hat, dafür aber den Prosarhythmus beherrscht, übt seine erschreckend moderne Phantasie in der Erfindung schauerlicher Kriegsmaschinen" (M. v. Albrecht, 1173).

A R. Schneider, 1908. E. A. Thompson, Oxford 1952.
L M. v. Albrecht, RL, 1173. E. A. Thompson: A Roman Reformer and Inventor, Oxford 1952 (Text und Kommentar).

De re coquinaria →Apicius: De re coquinaria

De reditu suo
„Über seine Rückkehr"

Rutilius Claudius Namatianus, 1. Hälfte des 5. Jh.s n. Chr.

Beschreibung (lat.) einer Reise von Rom nach Gallien (Herbst 417 n. Chr.) in elegischen Distichen. Verfaßt nach der Ankunft des Autors in Gallien.

I Der Anfang des 1. B. ist verloren. Vom 2. B. sind nur die ersten 68 Zeilen erhalten. Das Werk ist ein poetischer Reisebericht wie die „Reise nach Brundisium", die Horaz in seinen →*Sermones* 1,5 beschreibt. Der Autor schildert seine Rückkehr von Rom, wo er Stadtpräfekt war, in seine gallische Heimat, wo seine von den Westgoten heimgesuchten Güter liegen. „Idyllisches und Satirisches durchdringen sich, lose gereiht am Faden des zurückgelegten Weges. Die schlimmen Zeitläufte machen sich allenthalben bemerkbar: in den Städten herrscht Öde und Verfall; eine Insel, von den Eindringlingen nicht bemerkt, gewährt der einheimischen Bevölkerung Zuflucht. Als Epigone der Symmachuszeit erweist sich der Autor vor allem durch einen schneidend scharfen Ausbruch gegen die Mönche, die *lucifugi viri*, die ‚lichtscheuen Männer', wie er sie nennt: er vermag den Widersinn nicht zu fassen, der seiner Meinung nach darin liegt, daß man sich freiwillig ins Elend begibt ... In all der mißlichen Wirklichkeit steht der Rompreis in einem eigentümlichen Kontrast: er feiert die Bauten; er rühmt das Reich als Hort der Gesetze und der Freiheit; er verkündet unerschüttert die Überzeugung, daß Rom, zu ewiger Existenz auserkoren, stets fähig sei, selbst katastrophenartige Erschütterungen alsbald zu überwinden. Rutilius Namatianus scheint hiermit zu bezeugen, daß damals auch Heiden in zwei Welten leben und denken konnten: in einer wirklichen, in der es drunter und drüber gehen mochte, und in einer überwirklichen, unangreifbaren der Vorstellung und des Wunsches" (Fuhrmann 1994, 285 f.).

H „Die Darlegungen zur Romidee sind zum Teil vielleicht eine – unzureichende – Replik auf Augustins Schrift →*De civitate Dei*" (M. v. Albrecht, 1058).

W In dem Gedicht „sind wie durch einen

Brennspiegel noch einmal sämtliche Themen zusammengefaßt, welche die heidnische Aristokratie der Symmachuszeit bewegt hatten: die Romidee, die Verherrlichung der großen Vergangenheit, die durch eine Beamtenkarriere bekundete Reichsgesinnung, der standesgemäße Lebensstil mit seinen Reverenzen vor den Angehörigen derselben Schicht, der Hang zu Manierismen und zu einer kunstvoll gedrechselten, rhetorisch pointierten Sprache" (Fuhrmann 1994, 285). – Die Seitenhiebe gegen die Mönche (1,439–452; 517–526) und die Juden (1,381–398) haben topischen Charakter; die Germanenfeindlichkeit (z. B. der Ausfall gegen Stilicho 2,41–60) ist Zeichen einer gewissen Engstirnigkeit.

A E. Castorina, Florenz 1967 (lat.-it. mit Kommentar). J. W. und A. M. Duff: Minor Latin Poets, London [2]1935, 751–829 (lat.-engl.). P. Frassinetti, in: Studi e Ricerche dell' Istituto di civiltà classica cristiana medievale 3, 1980, 51–58 (neue Frg.). R. Helm, Heidelberg 1933 (mit Kommentar). E. Merone, Neapel 1955 (mit Kommentar).
Ü E. Doblhofer. 2 Bde., Heidelberg 1972–1977 (lat.-dt. mit Kommentar).
L M. v. Albrecht, RL, 1056–1059. A. Cameron: Rutilius Namatianus, St. Augustine, and the Date of the *De reditu*, in: JRS 57, 1967, 31–39. J. Cirino: L' idea di Roma negli scrittori latini e particolarmente in Rutilio Namaziano, Neapel 1933. F. Corsaro: Studi Rutiliani, Bologna 1981. M. Fuhrmann: Die Romidee in der Spätantike, in: Historische Zeitschrift 207, 1968, 529–561. M. Fuhrmann, Spätantike, 285 f. H. A. Gärtner: Rome et les Barbares dans la poésie latine au temps d' Augustin: Rutilius Namatianus et Prudence, in: Ktema 9, 1984, 113–121. U. Knoche: Ein Sinnbild römischer Selbstauffassung, in: U. K.: Vom Selbstverständnis der Römer, Heidelberg 1962, 125–143. D. Korzeniewski: Reiseerlebnisse des Rutilius Namatianus. Exegetische Beiträge, in: Gy 86, 1979, 541–556. I. Lana: Rutilio Namaziano, Turin 1961.

De regibus apostaticis →De non conveniendo haereticis (Lucifer)

De remediis fortuitorum
„Über Hilfsmittel gegen Unglücksfälle"

Lucius Annaeus Seneca aus Corduba, etwa 4–65 n. Chr.

Verlorene Trostschrift (lat.).

A F. Haase: Senecae Opera. 3 Bde., Leipzig [2]1881–1886 (Frg. in Bd. 3).
L M. Fuhrmann, Seneca, 109 f.

De re militari
„Über das Kriegswesen"

Auch zitiert als *Epitoma rei militaris* („Abriß des Kriegswesens").

Flavius Vegetius Renatus, um 400 n. Chr.

Abhandlung (lat.) über das Kriegswesen.

I Vegetius handelt über Heeresorganisation, Taktik, Belagerung, Seekrieg. Allerdings ist der Autor kein Fachmann. Er schöpft aus den Werken des alten Cato, Aulus Cornelius Celsus, Frontin und des Militärjuristen Paternus. Er faßt deren Aussagen zusammen und formuliert sie neu.

W „Es geht nicht um eine ,Heeresgeschichte', sondern um Instruktionen für eine Reorganisation des Heeres aus der Vergangenheit; der Ton des Kompendiums ist patriotisch, will den Kaiser in seinen Reformen stützen, aber auch lenken. Der Niedergang der Armee ist Roms Untergang. Aber: die Botschaft ist hoffnungsvoll – eine Armee von Bürgern im Stil der alten Legionen, diszipliniert in Ausbildung und Moral, wird dem Niedergang wehren und das Imperium sichern können" (O. Stoll, MLAA, 739 f.).

N Im Mittelalter ist das Werk weit verbreitet.

A H.-D. Blume, Leipzig 1967. C. Lang, Leipzig [2]1885. A. Önnerfors, Stuttgart/Leipzig 1995.
Ü F. L. Müller, Stuttgart 1997 (lat.-dt.). F. Wille, Aarau 1986 (lat.-dt. mit Kommentar).
L M. v. Albrecht, RL, 1173. W. Goffart: The Date and Purpose of Vegetius' De re militari, in: Traditio 33, 1977, 65–100. E. Sander: Die Hauptquellen der B. I-III der *Epitoma rei militaris* des Vegetius, in: Ph 87, 1932, 369–375. Schanz-Hosius 4, 194–202.

De re publica
„Über den Staat"

Marcus Tullius Cicero aus Arpinum, 106–43 v. Chr.

Staatsphilosophischer Dialog in sechs B. (lat.), von dem nur etwa ein Viertel erhalten ist.
Entstanden zwischen 54 und 51 v. Chr.

I Das Werk ist einerseits durch Exzerpte bei Augustinus (→*De civitate Dei*), Laktanz (→*Divinae institutiones*, →*Epitome divinarum institutionum*, →*De opificio Dei*), Ambrosius, Nonius (→*De compendiosa doctrina*) u. a., andererseits durch einen von Angelo Mai 1819 in der Vatikanischen Bibliothek entdeckten Palimpsest des 4. Jh.s n. Chr. (ein Konvolut von zweimal beschriebenen Pergamentblättern, deren ursprünglicher Text unter dem später geschriebenen zum Vorschein kam) mit großen Teilen des 1. und 2. sowie einigen Frg. des 3. B. erhalten. Der „Traum des Scipio" am Ende des Werkes wurde getrennt überliefert und ist vollständig erhalten (vgl. Macrobius, →*Commentarii in Somnium Scipionis*). – Das Gespräch *De re publica* führte Publius Cornelius Scipio (185/184–129 v. Chr.) an den drei Tagen des Latinerfestes des Jahres 129 v. Chr. mit einigen Freunden. Jeweils zwei B. geben das Gespräch eines Tages wieder. Jedem der drei Abschnitte des Gesprächs, d. h. den B. 1 und 2, 3 und 4, 5 und 6) geht ein Proömium des Autors voraus. – Thema ist die beste Verfassung des Staates. Im 1. B. werden nach einer Definition der *res publica* (38–41) die drei Verfassungsformen Monarchie, Aristokratie und Demokratie und ihre Verfallserscheinungen untersucht (42–71). Die aus diesen drei Formen gemischte Verfassung erklärt Scipio aufgrund ihrer Stabilität (*aequabilitas* und *firmitudo*) für die beste. – Im 2. B. wird anhand der röm. Geschichte veranschaulicht, wie die gemischte Verfassung entstand und in der röm. Republik am weitesten verwirklicht wurde. „Hier wird die Verfassungsgeschichte der römischen Republik als ein zielstrebiger Prozeß gedeutet, der von der Dominanz des Monarchischen am Anfang der Königszeit stufenweise zu einem immer ausgewogeneren Verhältnis monarchischer, aristokratischer und demokratischer Bestandteile geführt habe: durch das Zusammenspiel von Magistrat, Senat und Volksversammlung. Cicero erweist sich durch sein die Phänomene virtuos einem teleologischen Prinzip unterwerfendes Denken als Hegelianer avant la lettre; er wurde hierin eine Generation später von Vergil überboten, dessen →*Aeneis* den Bogen von Aeneas, dem mythischen Ahnherrn der Römer, bis zum Kaiser Augustus spannte" (Fuhrmann, 164). – Im 3. B. wird die Gerechtigkeit als eine Grundvoraussetzung eines vollkommenen Staates erörtert. Es werden Argumente für und gegen die Gerechtigkeit ausgetauscht. Von besonderer Bedeutung ist Ciceros Auseinandersetzung mit Karneades (→*De iusto*) und mit der Problematik des Naturrechts. – Im 4. B. geht es um die besten Bedingungen für eine Verwirklichung der Gerechtigkeit. – Im 5. und 6. B. befaßt sich der Autor mit dem besten Staatsmann. Den Schluß bildet Scipios Bericht über seinen Traum, in dem er mit dem älteren Scipio Africanus ein Gespräch über den Lohn des Staatsmannes im Jenseits führte.

Q Cicero verarbeitet staatsphilosophische Grundgedanken des Hellenismus. Die Lehre vom Kreislauf der Verfassungsformen (1. B.) ist seit Platon und Aristoteles Gemeingut der Staatstheorie. Die Theorie der gemischten Verfassung geht auf Aristoteles (→*Politiká*) und Dikaiarchos zurück. Die Darstellung der Entwicklung der röm. Republik ist Polybios (→*Historíai*) zu verdanken. Auch den Vertretern der sog. Mittleren Stoa, Panaitios und Poseidonios, ist Cicero verpflichtet. – Das große Vorbild der Schrift ist Platons →*Politeía*. Das gilt ebenso für die Gestaltung des Gesprächsrahmens wie für das Thema und zahlreiche Einzelmotive. Im Unterschied zu Platon sprechen jedoch gleichrangige Persönlichkeiten des öffentlichen Lebens miteinander. An die Stelle des sokratischen Dialogs ist das Gespräch zwischen hochrangigen Politikern und Feldherrn getreten. Cicero entwirft im Gegensatz zu Platon auch keine Utopie eines Idealstaates. Er orientiert sich am Modell der realen röm. Republik. – Der politische Orientierungsrahmen Ciceros ist der Kreis führender Politiker und Intellektueller um Scipio, der sog. Scipionenkreis, durch den Cicero in seinem Philhellenentum und seiner Konzeption einer gemäßigt konservativen Politik bestärkt wurde.

W Cicero selbst (→*Epistulae ad Quintum fratrem* 3,5,1) sagte, sein Werk sei ein *sermo ... de optimo statu civitatis et de optimo cive* („ein Gespräch über den besten Zustand des Staates und den besten Bürger"), d. h. ein Gespräch über die Bestform des Staates und über den vollkommenen Staatsmann. „Man geht schwerlich fehl in der Annahme, daß Cicero durch alle diese Chiffren, durch die Ideale und ihre Verkörperungen, auf sich selbst hat hinweisen wollen: er, der ‚vollkommene Redner', hätte sich auch zugetraut, als ‚bester Bürger' an der Spitze des römischen Staates zu stehen. Da die Wirklichkeit anders aussah, da sie ihm vorenthielt, was er erstrebt und erwartet hatte, suchte er seinen Zeitgenossen in literarischen Fiktionen vor Augen zu führen, was er ihnen hätte bedeuten können" (Fuhrmann, 161 f.). – Das Werk war offensichtlich Ciceros letzter Versuch, an die Verantwortung seiner Zeitgenossen zu appellieren und Wege zu einer politischen Neuorientierung zu zeigen.

A L. Castiglioni / I. Galbati, Turin [2]1947. L. Ferrero, Florenz [5]1953. C. W. Keyes, London/Cambridge (Mass.) 1951. K. Ziegler, Leipzig [2]1960.
Ü K. Atzert, München 1958. K. Büchner, München/Zürich [5]1993 (lat.-dt.). K. Büchner, Stuttgart 1985. W. Sontheimer, Stuttgart 1963.
L M. v. Albrecht, RL, 414–449. G. Bretzigheimer: Zur Paränese und Didache in Ciceros *Somnium Scipionis*, in: WS 98, NF 19, 1985,125–150. K. Büchner: Studien zur römischen Literatur. Bd. 2: Cicero, Heidelberg 1962. K. Büchner: *Somnium Scipionis*. Quellen, Gestalt, Sinn, Wiesbaden 1976. K. Büchner: M. Tullius Cicero: *De re publica*, Heidelberg 1984 (Kommentar). J. Christes: Beobachtungen zur Verfassungsdiskussion in Ciceros Werk *De re publica*, in: Historia 32, 1983, 461–483. J. – L. Ferrary: L'archéologie du *De re publica* (2,2,4–37,63). Cicéron entre Polybe et Platon, in: JRS 74, 1984, 87–98. M. Fuhrmann, Cicero, 160–164. G. Maza: Ciceros Verhältnis zu seinen Quellen mit besonderer Berücksichtigung der Darstellung der Staatslehre in *De re publica*, in: Klio 67, 1985, 492 bis 497. R. Heinze: Ciceros „Staat" als politische Tendenzschrift, in: Hermes 59, 1924, 73–94. V. Pöschl: Römischer Staat und griechisches Staatsdenken bei Cicero. Untersuchungen zu Ciceros Schrift *De re publica*, Berlin 1936.

De rerum natura →De natura rerum (Isidorus)

De rerum natura
„Über die Natur der Dinge"

Titus Lucretius Carus, um 95 – 55 oder 53 v. Chr.

Philosophisches Lehrgedicht (lat.) in sechs B. über epikureische Physik, Psychologie und Kulturtheorie, bestehend aus 7421 daktylischen Hexametern. Angeblich von Marcus Tullius Cicero aus dem Nachlaß des Dichters herausgegeben, auf jeden Fall vom Autor nicht abschließend redigiert.

I Je zwei der sechs B. bilden eine Einheit. Die B. 1 und 2 beschreiben die Atome, die kleinsten Teile, und ihre Bewegungen, die zur Entstehung der Dinge führen. Die B. 3 und 4 handeln vom Prinzip des Lebens (*anima*) und vom Geist (*animus*). Die B. 5 und 6 belehren über die Welt und ihre Erscheinungen, einschließlich der Entstehung und Entwicklung der menschlichen Kultur. – Epikur wird viermal zu Beginn eines B. als der wahre Befreier der Menschheit gepriesen. – Lukrez leugnet ein Eingreifen der Götter in das Leben der Menschen. Die Natur folgt ausschließlich der ihr eigenen Gesetzlichkeit, d. h. den Gesetzen der Materie: „Aus nichts entsteht nichts" (1,150) und „Es gibt nur Materie und den leeren Raum" (1,420). Alles Werden und Vergehen ist ein ununterbrochener Umschichtungsprozeß der Materie. Auch die Seele besteht aus Materie, die sich im Tod ebenso auflöst wie der Körper.

Q Inhaltlich stützt sich Lukrez auf die nur z. T. erhaltenen Schriften des gr. Philosophen Epikur (z. B. →*„Epistula* an Herodot", →*„Epistula* an Menoikeus", →*„Epistula* an Pythokles"). – Sein künstlerisches Vorbild ist der Vorsokratiker Empedokles, →*Peri phýseos* (vgl. *De rerum natura* 1,716). In der wissenschaftlichen Diskussion über das Quellenproblem wird auch die Frage nach den Gegnern des Autors erörtert. So wird z. B. vermutet, Lukrez polemisiere gegen die Stoiker, grenze sich aber auch gegen Platonismus und Aristotelismus ab.

W Lukrez will Lehrer sein und als Nachfolger Epikurs die Menschen von der Furcht vor den Göttern und vor dem Tod befreien, die für alles Übel in der Welt verantwortlich sei. Zu diesem Zweck versucht der Dichter, die Erkenntnis zu vermitteln, daß alles natürlich und vergänglich sei. Allerdings sei diese Erkenntnis nur durch das Studium der epikureischen Philosophie zu gewinnen. – Der Dichter wendet sich in den B. 1, 2 und 5 an Gaius Memmius, einen röm. Staatsbeamten, den er für die epikureische Welterklärung gewinnen will. Mit Hilfe der Verse (daktylische Hexameter) soll der schwierige Lernvorgang erleichtert und versüßt werden, wie der Autor erklärt. – Der Epikureismus des Lukrez besteht in der Aufforderung zum einfachen und von Leidenschaften freien Leben, in der Freude an der Natur, im Studium des Wesens der Dinge und in der Überwindung der irrationalen Furcht.

N „Das Werk des Lukrez war bis an das Ende des Altertums bekannt, wurde auch in der Karolingerzeit studiert und abgeschrieben; im späten Mittelalter war es vergessen und wurde erst von Poggio wiederentdeckt. Seither ist Lukrez unser ständiger Besitz geblieben; bald als Atheist bekämpft, bald als Aufklärer gefeiert, vor allem aber, vom Streit um seine Weltanschauung unberührt, als großer europäischer Dichter" (L. Bieler, RL 1,145). – Den stärksten Einfluß übte Lukrez auf die Dichter der augusteischen Zeit aus (Vergil, →*Georgica*; Horaz). – In der neuzeitlichen Geistesgeschichte ist die Lukrez-Rezeption im Marxismus und durch Karl Marx selbst zu erwähnen, dessen Dissertation (Jena 1841) dem Thema „Differenz der demokritischen und epikureischen Naturphilosophie nebst einem Anhange" gewidmet war. Welche Bedeutung Lukrez für Bertrand Russell hatte, zeigt G. W. Ittel 1965.

A C. Bailey. 3 Bde., Oxford 1947 (mit Kommentar). A. Ernout / L. Robin, Paris [10]1959 (mit Kommentar). J. Martin, Leipzig [5]1969, Nachdr. 1992.
Ü K. Büchner, Stuttgart 1973 (lat.-dt.). H. Diels. 2 Bde., Berlin 1923/1924 (lat.-dt.). H. Diels / E.G. Schmidt, Zürich/Düsseldorf 1993 (lat.-dt.). D. Ebener, Berlin 1994. C. L. v. Knebel / O. Güthling, Stuttgart [2]1947. J. Martin, Berlin 1972 (lat.-dt.).
L M. v. Albrecht, RL, 229–259. P. Boyancé: Lucrèce et l' épicureisme, Paris 1963. P. Boyancé: Lucrèce, sa vie, son oeuvre, avec un exposé de sa philosophie, Paris 1964. K. Büchner: Studien zur römischen Literatur. Bd. 1: Lukrez und Vorklassik, Wiesbaden 1964. C. J. Classen: Probleme der Lukrezforschung, Hildesheim 1986. D. Clay: Lucretius and Epicurus, Ithaca 1983. W. Fauth: *Divus Epicurus*. Zur Problemgeschichte philosophischer Religiosität bei Lukrez, in: ANRW 1, 4, 1973, 205–225. D. J. Furley: Lucretius the Epicurean. On the History of Man, in: Entretiens 24, 1978, 1–37. A. L. Giesecke: Atoms, Ataraxy, and Allusion, Cross-generic Imitation of the De rerum natura in Early Augustan Poetry, Hildesheim 2002. G. W. Ittel: Lucretius redivivus? Eine Auseinandersetzung mit Bertrand Russells Auffassung über den Ursprung der Religion, in: Zeitschrift für Religions- und Geistesgeschichte 17, 1965, 43–62. E. J. Kenney: Lucretius, Oxford 1977. F. Klingner, Geisteswelt, 191–217. W. Kranz: Lukrez und Empedokles, in: Ph 96, 1944, 68–107. O. Regenbogen: Lukrez. Seine Gestalt in seinem Gedicht. Interpretationen, Leipzig/Berlin 1932. C. Reitz: Lukrez in der Forschung der letzten dreißig Jahre, in: AU 35, 3, 1992, 68–80. L. Rumpf: Naturerkenntnis und Naturerfahrung. Zur Reflexion epikureischer Theorie bei Lukrez, München 2003. W. Schmid: Epikur, in: RAC 5, 618 bis 819. W. Schmid: Lucretius ethicus, in: Entretiens 24, 1978, 123–165.

De re rustica
„Über den Landbau"

Lucius Iunius Moderatus Columella aus Gades (Spanien), 1. Jh. n. Chr.

Landwirtschaftliche Abhandlung in zwölf B. (lat.). Verfaßt zwischen 54–68 n. Chr. unter Kaiser Nero.

I Columellas Werk umfaßt in einer ersten Auflage zunächst drei oder vier B.; daraus ist ein Teil über die Baumzucht (→*De arboribus*) erhalten. In einer zweiten Auflage wird das Werk auf zehn und später auf zwölf B. erweitert. – B. 1 enthält eine Einführung in das Leben auf dem Lande und in die Aufgaben des Bauern. – B. 2 handelt vom Ackerbau, B. 3–5 vom Wein- und Obstbau, B. 6–9 von der Tierzucht und B. 10 vom Gartenbau. – Das 10. B. verfaßt Columella als Ergänzung zu Vergils →*Georgica* in daktylischen Hexametern (*Carmen de cultu hortorum*). – In B. 11–12 werden die Pflichten des Gutsverwalters und noch einmal der Gartenbau in Prosa behandelt.

Q Zu Columellas Vorgängern auf dem Gebiet der landwirtschaftlichen Schriftstellerei gehören Cato, →*De agricultura*, Varro, →*De re rustica*, Vergil, →*Georgica*, und Celsus mit seiner Enzyklopädie über Landwirtschaft, Medizin, Kriegswesen, Beredsamkeit, Rechtswissenschaft und Philosophie, aus der nur →*De medicina* erhalten ist. – Ein namhafter gr. Vorgänger ist Xenophon, →*Oikonomikós*.

N Columella beeinflußte Plinius, →*Naturalis historiae libri XXXVII*, Gargilius Martialis, →*Curae boum*, →*Medicina ex oleribus et pomis*, und Palladius, →*Opus agriculturae*.

A H. B. Ash / E. S. Forster / E. H. Heffner. 3 Bde., London [(2)]1968. F. Boldrer, Florenz 1996 (10. B.). V. Lundström / A. Josephson / S. Hedberg, Uppsala 1897–1968. **Ü** K. Ahrens, Berlin [(2)]1976 (lat.-dt.). W. Richter. 3 Bde., München/Zürich 1981–1983 (lat.-dt.). **L** M. v. Albrecht, RL, 460f. B. Baldwin: Columella's Sources and How he Used them, in: Latomus 22, 1963, 785–791. P. Carrol: Columella the Reformer, in: Latomus 35, 1976, 783–790. A. Cossarini: Aspetti di Virgilio in Columella, in: Prometheus 3, 1977, 225–240. A. Garandini: Columella's Vineyard and the Rationality of the Roman Economy, in: Opus 2, 1983, 177–204. A. Kappelmacher: Iunius (Nr. 104), in: RE 10, 1, 1917, 1054–1068. KNLL 4, 110f. R. Suaudeau: La doctrine économique de Columelle, Paris 1957. H. Weinold: Die dichterischen Quellen des L. Iunius Moderatus Columella in seinem Werk *De re rustica*, Diss. München 1959.

De re rustica
„Über die Landwirtschaft"

Marcus Terentius Varro aus Reate, 116–27 v. Chr.

In die Form eines aristotelischen Dialogs gekleidete Lehrschrift in drei B. über die Landwirtschaft (lat.). Verfaßt um 36 v. Chr.

I Das erste B. befaßt sich mit dem Ackerbau (*de agri cultura*), das zweite mit der Viehzucht (*de re pecuaria*), das dritte mit der Kleintierhaltung (*de villaticis pastionibus*), zu der auch die Zucht von Delikatessen (Vögeln, Fischen, Schnecken usw.) zählte.

Q Varro benutzte u. a. auch Catos Schrift →*De agri cultura*. Im wesentlichen stützte er sich auf gr. Vorläufer, u. a. auch auf eine gr. Übersetzung eines landwirtschaftlichen Werkes des Puniers Mago, die um 88 v. Chr. von Cassius Dionysius veröffentlicht worden war.

H Varro war der größte Gelehrte Roms. Er verfaßte mehr als siebzig Werke in rund 620 B. (Bänden/Rollen). Dazu gehören enzyklopädische (→*Disciplinae*), grammatische (→*De lingua Latina*), literarhistorische, antiquarisch-historische und geographische (→*Antiquitates*) und philosophische Schriften (→*Liber de philosophia*). Sein literarisches Hauptwerk sind die →*Saturae Menippeae*. W Mit *De re rustica* will Varro seine Leser belehren. Die Gesprächsform, in die er seine Belehrung einkleidet, dient der Verlebendigung; die Gesprächsteilnehmer unterbrechen den Vortragenden oft durch Fragen und Aufforderungen. „In allen Werken denkt Varro vor allem an Rom und an den Nutzen der Römer" (M. v. Albrecht, 481). Er betrachtet „seine Werke als eine Gabe an sein Volk" (M. v. Albrecht, 482).

N Im Gegensatz zu Varros anderen Werken hat *De re rustica* keine besonders starke literarische Wirkung. In Vergils →*Georgica* sind Spuren von *De re rustica* nachzuweisen. Im Mittelalter benutzt Petrus de Crescentiis (um 1305) *De re rustica*.

A Ch. Guiraud, Paris 1985 (B. 2: lat.-frz. mit Kommentar). J. Heurgon, Paris 1978 (B. 1: lat.-frz. mit Kommentar). W. D. Hooper / H. B. Ash, London 1934 (lat.-engl.). A. Traglia, Torino 1974 (lat.-it.). **Ü** D. Flach, Darmstadt 2006 (lat.-dt.). A. D. Leeman, RLTD 2, 424–439. **L** M. v. Albrecht, RL, 472–490. M. Fuhrmann, Lehrbuch, 69–78. R. Heisterhagen: Die literarische Form der *Rerum rusticarum libri* Varros, Diss. Marburg 1952. J. E. Skydsgaard: Varro the Scholar. Studies in the First Book of Varro's *De re rustica*, Kopenhagen 1968. K. D. White: Roman Agricultural Writers I: Varro and his Predecessors, in: ANRW 1, 4, 1973, 439–497.

De resurrectione carnis →De carnis resurrectione (Tertullianus)

Der Eunuch →Eunuchus (Terenz)

Der gefesselte Prometheus →Prometheùs desmótes (Aischylos)

Der gemarterte Cupido →Cupido cruciatur (Ausonius)

Der goldene Esel →Metamorphoses (Apuleius)

De rhetorica →Principia rhetorices (Augustinus)

Der Hirt des Hermas →Hermae pastor (Hermas)

Der Raub der Helena →Harpagè Helénes (Kolluthos)

De sacramentis
„Über die Sakramente"

Ambrosius, Bischof von Mailand, um 340–397 n. Chr.

Theologische Abhandlung (lat.)

I Die hinsichtlich der Verfasserschaft umstrittene Schrift befaßt sich mit dem sakramentalen Leben in der christlichen Gemeinde.

A B. Botte, SC 25, 1961.
Ü J. Schmitz, Freiburg 1990 (lat.-dt.).
L M. v. Albrecht, RL, 1293–1304. K. Gamber: Die Autorschaft von *De sacramentis*, Regensburg 1967. K. Gamber, ZKTh 91, 1969, 587–589. J. Schmitz: Zum Autor der Schrift *De sacramentis*, in: ZKTh 91, 1969, 59–69 und 589.

De salvatore →Carmina minora (Claudianus)

De sancta virginitate
„Von der heiligen Jungfrauschaft"

Aurelius Augustinus aus Thagaste, 354–430 n. Chr.

Moraltheologische Schrift (lat.).
Verfaßt 401 n. Chr.

I Der Autor legt dar, daß Ehe und Keuschheitsgelübde nicht vereinbar sind. Er polemisiert wie Hieronymus (→*Contra Iovinianum*) gegen die Lehre des „Irrlehrers" Iovinianus (gest. vor 406 n. Chr.) von der Gleichwertigkeit der Ehe und der Jungfrauschaft. Auch in →*De bono coniugali* argumentiert Augustinus gegen Iovinianus.

A I. Zycha, CSEL 41, 1900, 235–302.
Ü J. Dietz, Würzburg 1952 (mit Kommentar). P. G. Walsh, Oxford 2001 (lat.-engl.).
L M. v. Albrecht, RL, 1318–1354.

De sancto Cypriano
„Über den heiligen Cyprianus"

Auch zitiert als *Eis tòn mártyra Kyprianón* („An den Märtyrer Kyprianos").

Ailia Eudokia aus Athen, gest. 460 n. Chr., byzantinische Kaiserin.

Bearbeitung der Kyprianos-Legende in mehr als 800 Hexametern (gr.).

I Das aus drei B. bestehende und am Anfang und Ende nicht vollständig überlieferte Werk über den Heiligen und Märtyrer Cyprian von Antiochien gehört zu den wichtigsten Zeugen für den sogenannten „christlichen Homer", d. h. für den Versuch, eine christliche Literatur im Gewande

Homers zu schaffen. – Die Bedeutung des Werkes besteht darin, daß es eine der Quellen der Faustsage im Mittelalter wurde.

A A. M. Bandini: Catalogus codicum mss. graec. bibliothecae Mediceae Laurentianae 1, 1764, Nachdr. 1961, 228–240 (gr.-lat.). A. Ludwich, Leipzig 1897. PG 85, 831–864.
Ü F. Gregorovius: Athenais. Geschichte einer byzantinischen Kaiserin, Leipzig [3]1892, 259–275 (479 Verse aus dem 2. B. übersetzt).
L J. - L. Charlet: Die Poesie, in: NHbL. Spätantike, 495–564 (bes. 512 f.). L. Radermacher: Griechische Quellen zur Faustsage. SB Akad. d. Wissenschaften zu Wien. Phil.-hist. Kl. 1927. 206, 4, Wien 1927. Th. Zahn: Cyprian von Antiocheia und die deutschen Faustsagen, Erlangen 1882.

De sensibus →Perì aisthéseon kaì aisthetôn (Theophrast)

De sensu →Parva naturalia (Aristoteles)

De sermone domini in monte libri II
„Zwei B. über die Bergpredigt"

Aurelius Augustinus aus Thagaste, 354–430 n. Chr.

Exegetische Schrift zum →*Novum Testamentum;* umfassender Kommentar zur Bergpredigt (Matthäus-Evangelium 5–7) (lat.).
Verfaßt 393–394 n. Chr.

I Augustinus versteht die Bergpredigt als Summe des Christenlebens. Er stellt u. a. einen Bezug her zwischen den sieben Gaben des Heiligen Geistes bei Jesaja (Gottesfurcht, Frömmigkeit, Wissen, Tapferkeit, Rat, Verstehen, Weisheit) und den Seligpreisungen bei Matthäus. So steht die Gottesfurcht mit den Niedrigen, die Frömmigkeit mit den Sanftmütigen, das Wissen mit den Trauernden oder den Leid tragenden, die Tapferkeit mit den nach Gerechtigkeit Hungernden und Dürstenden, der Rat mit den Mitleidigen, das Verstehen mit denen, die reinen Herzens sind, und die Weisheit mit den Friedensstiftern in einer inneren Beziehung. Zur achten Seligpreisung, die sich auf die Verfolgten bezieht, stellt Augustinus keine Beziehung her.

A A. Mutzenbecher, CCL 35, 1967. PL 32–47 (Gesamtausgabe).
Ü A. Schmitt, St. Ottilien 1952.
L M. v. Albrecht, RL, 1318–1353. Th. Martin: „Arm vor Gott" – „Salz der Erde" – „Licht der Welt". Fächerübergreifende Arbeit an biblischen Texten und Begriffen, in: AU 38, 4&5 1995, 72–90.

De significatu verborum
„Über die Bedeutung der Wörter"

Sextus Pompeius Festus, 2. Hälfte des 2. Jh.s
n. Chr.

Auszug (Epitome) aus dem lat. Wörterbuch des
Verrius Flaccus mit dem gleichen Titel (→*De signi-
ficatu verborum*). – Paulus Diaconus (um 720 bis
um 799 n. Chr.) fertigte wiederum einen Auszug
aus der Epitome des Festus.
Der Autor hat u. a. Frg. aus der →*Odusia* des Livius
Andronicus und aus den Komödien des Caecilius
(→*Synephebi*, →*Plocium*) bewahrt. – Von dem auf
20 B. aufgeteilten Auszug sind nur die B. 12–20
(Buchstabe M und folgende) erhalten.

A   W. M. Lindsay: Sextus Pompeius Festus: *De verborum significatu quae supersunt cum Pauli epitome*, Leipzig
1913, Nachdr. 1997.
L   G. Morelli: Un nuovo frammento di Festo in Diomede, in: RFIC 112, 1984, 5–32. G. Morelli: Ancora su
Festo epitomatore di Verrio Flacco in Diomede, in: Maia
NS 40, 1988, 159–172. Schanz-Hosius 2, 362–366.

De significatu verborum
„Über die Bedeutung der Wörter"

Marcus Verrius Flaccus, gest. zur Zeit des Kaisers
Tiberius, 1. Hälfte des 1. Jh.s n. Chr.

Umfangreiches, mindestens 50 B. umfassendes lat.
Wörterbuch, nur teilweise in einem Auszug des
Festus (→*De significatu verborum*) erhalten, aus
dem wiederum von Paulus Diaconus (um 720 – um
799 n. Chr.) auf Wunsch Karls des Großen ein Auszug angefertigt wurde.

I   Die weitgehend alphabetisch geordneten Artikel des Wörterbuches bestanden aus gründlichen
sprachlichen und antiquarischen Erklärungen. Allein der Buchstabe A umfaßte mindestens vier
B.(rollen). Sein Material schöpfte Verrius Flaccus
aus den Werken der lat. Autoren auch der frühesten
Zeit. „Seine Bedeutung für unsere Kenntnis der lateinischen Sprache, Literatur und Religion ist groß"
(M. v. Albrecht, 694).

A   W. M. Lindsay, Leipzig 1913, Nachdr. Hildesheim
1965. C. O. Müller, 1839 und 1880, Nachdr. Hildesheim
1997.
L   M. v. Albrecht, RL, 493 f. F. Bona: Contributo allo
studio della compositione del *De verborum significati* di
Verrio Flacco, Mailand 1964. A. Dihle, RE 8 A 2, 1958,
1636–1645. A. Grandazzi: Les mots et les choses: La composition du *de verborum significatu* de Verrius Flaccus, in:
REL 69, 1991, 101 bis 123. R. Reitzenstein: Verrianische
Forschungen, Breslau 1887. L. Strzelecki: Quaestiones
Verrianae, Warschau 1932.

De signis →Perì semeíon kaì semeióseon
(Philodemos)

De situ et de sacris Aegyptiorum
„Über die geographische Beschaffenheit und die
Götterdienste Ägyptens"

Lucius Annaeus Seneca aus Corduba, etwa 4–65
n. Chr.

Verlorene geographisch-landeskundliche Schrift
(lat.).

A   F. Haase: Senecae Opera. 3 Bde., Leipzig [(2)]1881–
1886 (Frg. in Bd. 3).
L   M. Fuhrmann, Seneca, 83 f.

De situ et nominibus locorum
Hebraicorum →De nominibus Hebraicis
(Hieronymus)

De situ Indiae
„Über die geographische Beschaffenheit Indiens"

Lucius Annaeus Seneca aus Corduba, etwa 4–65
n. Chr.

Verlorene geographische Schrift (lat.). Vgl. Plinius,
→*Naturalis historiae libri XXXVII* 6,60.

A   F. Haase: Senecae Opera. 3 Bde., Leipzig [(2)]1881–
1886 (Frg. in Bd. 3).
L   M. Fuhrmann, Seneca, 83 f.

Des Mädchens Klage

Auch zitiert als das „Grenfellsche Lied" zu Ehren des Papyrologen Grenfell.

An.

Lied (gr.) für den Sologesang, als Mimus kompo-
niert, d. h. als eine dramatische, als Aktion gedachte
Dichtung, die monologisch oder von mehreren
Sprechern vorgetragen werden konnte.

I   In dem auf einem Papyrus des 2. Jh.s v. Chr.
überlieferten Lied klagt ein Mädchen, das von seinem Liebhaber verstoßen wurde, vor dessen verschlossener Tür. – Das Lied gehört der Gattung der
Hilarodie an, d. h. einer ernsten und von Saitenspiel
begleiteten Liedform. Seinem Inhalt nach ist es
mehr als ein Paraklausithyron, d. h. ein Lied der
ausgeschlossenen Geliebten vor der Tür des Geliebten: „Es beginnt als eine rückblickende Erzählung,
Offenlegung eines seelischen Zustandes. Aus Glück
der Liebe ist Unglück geworden. Die Sehnsucht
nach dem Verlorenen treibt sodann den Wunsch
nach Vereinigung hervor: Szene und Nacht sollen
das Mädchen zum Geliebten geleiten... Das Gedicht
kann auch als ein Strom von Vorstellungen gefaßt
werden, durch die, indem sie fortschreiten, sich das
Mädchen in die Empfindung gesteigert sieht, sie sei

wirklich vor des Geliebten Tür ..." (Körte-Händel, 305).

A   I. U. Powell, Collectanea.
Ü   A. Körte / P. Händel, HD, 303–305.
L   A. Körte / P. Händel, HD, 303–305. A. Lesky, GL, 837.

De spe
„Über die Hoffnung"

Ps.-Seneca

Elegisches Gedicht (lat.).

I   Die Hoffnung wird als negative Qualität dargestellt. Denn sie betrügt die Menschen, indem sie sie dazu verleitet, grundlos am Leben zu hängen und den Launen des Schicksals zu vertrauen. Sie beherrscht eine Welt der Absurditäten und treibt mit der getäuschten Menschheit ihr Spiel.

A   M. S. Armstrong: 'Hope the Deceiver': Pseudo-Seneca *De spe*. Edited with translation, prolegomena and commentary, Hildesheim 1998.

De spectaculis
„Über die Schauspiele"

Novatianus, 3. Jh. n. Chr.

Moraltheologische Abhandlung (lat.).

I   Die Schrift untersagt den Christen, ähnlich wie Tertullians Abhandlung →*De spectaculis*, den Besuch von Theater und Circus.

A   W. v. Hartel, CSEL 3, 3, 1871.
L   M. v. Albrecht, RL, 1252–1255. A. D' Alès: Novatien, Paris 1924. A. Dihle, GLL, 397 f.

De spectaculis
„Über die Schauspiele"

Quintus Septimius Florens Tertullianus aus Karthago, etwa 150 – etwa 230 n. Chr.

Praktisch-asketische Abhandlung (lat.).
Verfaßt 196–197 oder 202 n. Chr.

I   Alle Argumente zugunsten der Spiele sind abwegig. Das gilt z. B. für die Behauptung, alles, was die Spiele ermögliche, sei doch von Gott erschaffen worden: Die Spiele demonstrieren nach Tertullian einen eklatanten Mißbrauch der Schöpfung (Kap. 1–3). Darauf entlarvt der Autor die Spiele als Götzendienst (Kap. 4). Um diese Feststellung zu belegen, stellt Tertullian ausführlich die Geschichte der Spiele dar (Kap. 5–13). – Darauf (Kap. 14–27) erklärt der Autor, daß der Besuch der Spiele nicht nur gegen das Verbot des Götzendienstes verstößt,

sondern auch aus moralischen Gründen mit der christlichen Lebensführung nicht zu vereinbaren ist. In diesem Zusammenhang werden auch wertvolle massenpsychologische Beobachtungen mitgeteilt (Kap. 16 und 21 f.). – Im letzten Teil (Kap. 28–30) fordert der Autor seine christlichen Brüder auf, auf weltliche Vergnügungen zu verzichten und die wahre *voluptas* (Lust) des christlichen Glaubens zu genießen. Dazu gehöre das prächtigste Schauspiel, das Christen überhaupt vergönnt sei: die Bestrafung der Heiden durch das Jüngste Gericht, „die Tertullian mit geradezu sadistischem Ingrimm und kaum verhohlener Erwartungsfreude schildert – eine in ihrer Gehässigkeit und Geschmacklosigkeit durchaus unchristliche Entgleisung" (Weeber, 118).

Q   Für den antiquarischen Teil der Schrift war Suetons nicht erhaltenes Werk *Ludicra historia* („Geschichte der römischen Spiele", vgl. Gellius, →*Noctes Atticae* 9,7,3) die Hauptquelle. Unsicher ist, ob Tertullian Varros →*Antiquitates rerum humanarum et divinarum* direkt oder über Sueton benutzte, die er bes. im zweiten Teil von →*Ad nationes* als Quelle für seine Kenntnis der altröm. Religion heranzog.

W   Tertullian verbietet den Christen den Besuch von Schauspielen, da sie unmoralisch und mit der heidnischen Religion verknüpft sind. Offensichtlich waren auch Christen der Faszination der Spiele unterlegen. Den „Wahnsinn" der Zuschauer beschreibt Tertullian in Kap. 16 eindringlich. – Am Anfang der Schrift kündigt Tertullian seine Absicht an: Er will begründen, warum einem Christen das „Vergnügen der Spiele" (*spectaculorum voluptates*) verboten ist, weil sie sich mit dem wahren Glauben gegenüber dem wahren Gott nicht vereinbaren lassen.

N   Tertullian war der erste christliche Schriftsteller, der sich systematisch mit dem röm. Phänomen der „Spiele" auseinandersetzte. Spätere Autoren, die dasselbe Thema behandelten, stützten sich weitgehend auf Tertullian (z. B. Augustinus, →*Confessiones* 6,7 f.; Novatianus, →*De spectaculis*). – In seiner Schrift *De corona* (Kap. 6) weist Tertullian darauf hin, er habe wegen der Schauspielbegeisterung der Christen auch eine Streitschrift in gr. Schrift über das Schauspielunwesen verfaßt.

A   E. Castorina, Florenz 1961 (lat.-it. mit Kommentar). M. Turcan, Paris 1987 (lat.-frz. mit Kommentar).
Ü   K. - W. Weeber, Stuttgart 1988 (lat.-dt.).
L   M. v. Albrecht, RL, 1211 bis 1231. J. Büchner, Diss. Würzburg 1935 (Kommentar). J. Köhne: Die Schrift Tertullians „Über die Schauspiele" in kultur- und religionsgeschichtlicher Beleuchtung, Diss. Münster 1929. G. Schöllgen: Der Adressatenkreis der griechischen Schauspielschrift Tertullians, in: Jahrbuch für Antike und Christentum 25, 1982, 22 ff. W. Weismann: Kirche und Schauspiele. Die Schauspiele im Urteil der lateinischen Kirchenväter unter besonderer Berücksichtigung von Augustin, Würzburg 1972. P. Wolf: Die Stellung der Christen zu den Schauspielen nach Tertullians Schrift *De spectaculis*, Wien 1897.

De spiritu et littera →Contra duas epistulas Pelagianorum (Augustinus)

De spiritu sancto
„Über den heiligen Geist"

Didymos der Blinde, gest. um 400 n. Chr.

Dogmatische Schrift (gr.) in drei Büchern, nur in der lat. Übersetzung des Hieronymus erhalten.

A PL 23, 101–154 (Hieronymus). FC 3, 78 (lat.-dt.).
L M. v. Albrecht, RL, 1306. C. Andresen: Didymos (Nr. 3), in: dtv-L 1. 1, 347f. E. Staimer: Die Schrift *De spiritu sancto* von Didymos, Diss. München 1960.

De spiritu sancto →De fide ad Gratianum (Ambrosius)

De statu animae
„Über das Wesen der Seele"

Claudianus Mamertus, gest. um 474 n. Chr.

Philosophisches Werk in drei B. (lat.).

I Claudianus verteidigt gegen Faustus von Reji in Anlehnung an Augustinus und das platonisch-neuplatonische Denken die Unkörperlichkeit der menschlichen Seele, schreibt jedoch den Engeln und Dämonen neben der immateriellen auch eine materielle Substanz zu.
N Die Seelenlehre des Claudianus wirkte über die Spätpatristik (vgl. Cassiodorus, →*De anima*) bis in das Mittelalter.

A CSEL 11, 1885. PL 53, 697–786.
L O. Bardenhewer 4, 591–594. J. A. Fischer, LThK 2, 1217f. RAC 3, 169–179.

De summa temporum vel origine actibusque gentis Romanorum
„Über die Summe der Zeiten oder den Ursprung und die Taten des römischen Volkes"

Iordanes, 6. Jh. n. Chr.

Weltgeschichte von den Anfängen (Adam) bis zum Jahre 551 n. Chr., dem 24. Regierungsjahr des Iustinianus (lat.).
Im Jahre 551 n. Chr. abgeschlossen.

I Iordanes befürwortet das Bündnis der Goten – er selbst war Gote – mit Byzanz und nimmt Partei für Iustinianus, den legitimen Vertreter des röm. Reiches, dessen Geschichte für Iordanes Weltgeschichte ist. „Nach den aus Hieronymus entnommenen Genealogien und Herrscherlisten bis Augustus setzt er neu ein mit der Geschichte Roms von der Gründung der Stadt bis 551 und integriert das Imperium Romanum als letztes der vier Weltreiche in die Weltgeschichte" (H. Hofmann, 425).
Q Die wichtigste Quelle des Iordanes war Florus, →*Bellorum Romanorum libri II.* W Iordanes sieht die Geschichte als eine Unheilsgeschichte, wie er es bereits im Vorwort betont und am Ende mit dem Wort *tragoedia* unterstreicht. Er will die Leser zur Umkehr (*conversio*) anspornen. Für ihn ist das Geschichtswerk ein Aufruf zur Neubesinnung.

A Th. Mommsen, MGH 5, 1, 1882.
L H. Hofmann: Die Geschichtsschreibung, in: NHbL. Spätantike, 403–467. B. Luiselli: Sul *De summa temporum* di Iordanes, in: Romanobarbarica 1, 1976, 83–133. E. Pasoli: Iordanes, in: dtv-L 1, 2, 289.

De sumptu suo
„Von seinem Aufwand"

Marcus Porcius Cato aus Tusculum, 234–149 v. Chr.

Eine der etwa 80 noch bekannten öffentlichen Reden Catos, nur in Frg. erhalten (lat.).
Im Jahre 194 v. Chr., dem Jahr nach seinem Consulat, gehalten.

I Cato verteidigt sich gegen den Vorwurf, er habe in der Zeit seines Consulats zu großen Aufwand getrieben und dabei auf Kosten des Staates sein eigenes Vermögen geschont.

A H. Malcovati: ORF. Bd. 1. M. T. Sblendorio Cugusi, Turin 1982 (mit Kommentar).
Ü F. Leo, GdrL, 476f. O. Schönberger, München 1980.
L D. Kienast: Cato der Zensor. Seine Persönlichkeit und seine Zeit, Darmstadt 1979. B. Janzer: Historische Untersuchungen zu den Redenfragmenten des M. Porcius Cato, Diss. Würzburg 1936.

De symbolo ad catechumenos
„Über das Symbolum, an die Katechumenen"

Aurelius Augustinus aus Thagaste, 354–430 n. Chr.

Vier Traktate in vier B., von denen wahrscheinlich nur das erste von Augustinus selbst stammt (lat.). Seit 418 n. Chr. entstanden. B. 2 wurde wohl zwischen 435 und 439, B. 3 nach 439 und B. 4 zwischen 520 und 530 verfaßt.

I Es handelt sich um Traktate, die als Predigten (*Sermones*, Homilien) bei der feierlichen Übergabe des *Symbolum*, d.h. der Erklärung des apostolischen Glaubensbekenntnisses, gehalten wurden (vgl. →*De fide et symbolo*). – In B. 1 wird ausführlich die ewige Geburt des Sohnes geschildert, während die Auferstehung Christi und die Lehre von der Kirche nur am Rande behandelt werden. Die B. 2–4 enthalten Angriffe gegen die Arianer, die sich vor allem in Nordafrika als intolerant den Katholiken gegenüber erwiesen. Im Gegensatz zur arianischen Lehre, der z.B. die germanischen Vandalen anhingen, wird erklärt, daß Schöpfung (Vater), Erlösung (Sohn) und Heiligung (Geist) das gemeinsame Werk aller drei göttlichen Personen ist, die als unterschiedliche Erscheinungsformen des Göttlichen nicht wesensungleich sind. In den B. 2–4 spiegelt sich das Verhältnis der Kirche zur Vandalen-Herrschaft: In B. 2 wird noch offen zum Widerstand aufgerufen, in B. 3 ist nur noch heimliche Opposition möglich (nach der Eroberung von Nordafrika durch die Vandalen im Jahre 439 n.Chr.). In B. 4 wird die Hoffnung auf die Beseitigung der arianischen Häresie wieder offen ausgesprochen.

A   PL 40.
Ü   R. Storf, BKV 37, 1877.
L   C. Eichenseer: Das Symbolum Apostolicum beim hl. Augustinus, St. Ottilien 1960. KNLL 1, 875–876.

De synodis
„Über die Synoden"

Hilarius aus Poitiers, 4. Jh. n. Chr.

Dogmatische Schrift (lat.) an die Gesinnungsgenossen des Autors unter den Bischöfen in Gallien. Etwa 358/359 n. Chr. verfaßt.

I   Auf eine Anfrage der gallischen Bischöfe berichtet Hilarius über Bemühungen in der Auseinandersetzung mit der arianischen Religionspolitik von Constantius II., der Hilarius 356 nach Phrygien verbannt hatte, eine rechtgläubige Formel zu finden, indem er die Glaubensformeln der orthodoxen Trinitätslehre (→De trinitate) darlegte und u. a. seine eigene Auffassung von der Homousie vertrat. Auf den Synoden von Seleukeia und Konstantinopel 359 und 360 setzte sich Hilarius für die Anhänger des nicaenischen Glaubensbekenntnisses ein. (vgl. auch →Contra Arianos vel Auxentium).

A   PL 9 und 10.
L   M. v. Albrecht, RL, 1289–1293. J. Doignon, in: RAC 15, 1989. E. Watson: The Life and Writings of Saint Hilary of Poitiers, Oxford 1899.

De syntaxi →Perì syntáxeos (Apollonios Dyskolos)

De temporibus meis
„Über meine Lebenszeit"

Marcus Tullius Cicero aus Arpinum, 106–43 v. Chr.

Verlorenes Epos (lat.) über Ciceros Verbannung und die Rückkehr in drei B.

I   Im 1. B. ging es vermutlich um das Intrigenspiel und die Taten des Clodius, die zu Ciceros Verbannung (58/57 v. Chr.) führten. – Im 2. B. war Cicero im Traum in die Götterversammlung entführt worden, in der die Götter über sein Schicksal berieten. Im Streit der Götter ergriff Apollo für Cicero Partei. Am Schluß stand eine Juppiter-Rede, in der Cicero ermahnt wurde, seinen Weg fortzusetzen. Im 3. B. wird die triumphale Rückkehr Ciceros nach Rom geschildert.

W   Cicero wollte mit diesem Epos allen danken, die für ihn eingetreten waren. So schreibt er im Oktober 54 v. Chr. an Lentulus Spinther (→Epistulae ad familiares 1,9,23), er habe in Versen drei B. über seine Leidenszeit geschrieben und hätte diese schon längst an Lentulus geschickt. Aber er habe sie nicht zur Veröffentlichung bestimmt, um nicht diejenigen aus der unendlichen Zahl seiner Wohltäter zu verletzen, die er in seinem Werk nicht erwähnt habe. Aus einem Brief an den Bruder Quintus (→Epistulae ad Quintum fratrem 2,15,5) ist jedoch zu entnehmen, daß Cicero sein Epos Caesar nach Britannien geschickt habe. – Auch Sallust läßt in seiner Invektive gegen Cicero erkennen, daß ihm das Werk bekannt war (→Invectiva in M. Tullium Ciceronem).

L   K. Büchner, Bestand und Wandel, 288–304. M. Fuhrmann, Cicero, 156 f. E. Malcovati: Cicerone e la poesia, Pavia 1943.

Detestatio auri
„Verwünschung des Goldes"

Tiberianus, 4. Jh. n. Chr.

Deklamation (lat.) über den Fluch des Goldes in Versform.

A   PLM 3, 263–269.
L   F. Lenz, RE 6 A 1, 1936, 766–777. M. Schuster: Die detestatio auri des Tiberianus (PLM III 265 sq.), in: WS 61 und 62, 1943 und 1947, 150–154.

De testimonio animae
„Über das Zeugnis der Seele"

Quintus Septimius Florens Tertullianus aus Karthago, etwa 150 – etwa 230 n. Chr.

Apologetische Schrift (lat.). Verfaßt zwischen 197 und 200 n. Chr.

I   Ein Grundgedanke der Schrift ist die Überzeugung des Autors, daß die „von Natur christliche" (vgl. →Apologeticum 17,6: O testimonium animae naturaliter christianae „O Zeugnis einer von Natur christlichen Seele") Seele (→De anima) die Existenz Gottes bezeuge, weil sie Gottes Hauch sei und ihre auctoritas auf der maiestas naturae (De test. an. 5,1) beruhe. Wenn die Seele zwar des Irrtums angeklagt wird, zugleich aber auch Zeugnis der (christlichen) Wahrheit ist, dann lassen sich die Wahrheit des Christentums und der Irrtum des Heidentums auch aus den heidnischen Philosophen und

Dichtern nachweisen (*De test. an.* 1,1). Auf diesem Wege läßt sich ein neuer Zugang zur heidnischen Tradition gewinnen; denn dann erweisen sich die Dichter und Philosophen als Wegbereiter des Christentums. „Die Exempla und Zeugnisse aus antiker Literatur, die Tertullian auf Schritt und Tritt anführt, können als Bestätigung dieser Absicht gelten. So legt der erste christliche Autor in lateinischer Sprache auch schon den Grund für eine erste Renaissance des Römertums und seiner Kultur unter christlichem Vorzeichen" (M. v. Albrecht, 1223).

A   C. Tibiletti, Turin 1959 (mit Kommentar).
Ü   H. Kellner, in: Ausgewählte Schriften. Bd. 1, Kempten/München 1912.
L   M. v. Albrecht, RL, 1211–1231. A. Bacci: De philosophandi genere Ciceronis deque testimonio animae naturaliter christianae in eius scriptis, in: Latinitas 6, 1958, 163–176. G. Esser: Die Seelenlehre Tertullians, Paderborn 1893, 166–176. C. Tibiletti: Tertulliano e la dottrina dell' *anima naturaliter christiana*, in: Atti della Accademia delle Scienze di Torino. Cl. di scienze morali, storiche e filologiche 88, 1953/54, 84–117.

De Tobia
„Über Tobias"

Ambrosius, Bischof von Mailand, um 340–397 n. Chr.

Abhandlung gegen den Wucher (lat.).

I   Die Schrift knüpft an das vorbildliche Verhalten des Tobias, des Helden einer apokryphen Schrift des Alten Testaments, an. Der christliche Prediger warnt durch realistische Schilderungen vor leichtfertigem Schuldenmachen, das ja erst die Arbeit der Geldverleiher möglich macht. Ambrosius beschreibt u. a. deren raffinierte Praktiken und das Katz- und Maus-Spiel, das zwischen dem Gläubiger und seinem Schuldner stattfindet. – Gegenüber „natürlichen" Feinden (Nichtchristen und Nichtrömern) ist Wucher übrigens erlaubt (*De Tobia* 15,51).

A   M. Giacchero, Genua 1965 (lat.-it.).
L   L. M. Zucker, Diss. Washington 1933 (engl. Übersetzung und Kommentar).

De tranquillitate animi
„Über die Ruhe des Herzens"

Lucius Annaeus Seneca aus Corduba, etwa 4–65 n. Chr.

Philosophischer Traktat (lat.) aus der Sammlung der →*Dialogi* (Nr. 9).
Nach Caligulas Tod (41 n. Chr.) verfaßt, wahrscheinlich erst zwischen 51 und 54 n. Chr.

I   Serenus, der Adressat der Schrift, beschreibt seinen seelischen Zustand: Er wisse zwar, was ein maßvolles Leben sei, weiche aber immer wieder vom rechten Weg ab. Er bitte also um ein Heilmittel

gegen solches Schwanken (1). Seneca diagnostiziert den Seelenzustand des Serenus als Überdruß und Unzufriedenheit mit sich selbst. Ein Heilmittel sei die Euthymia, der Frohsinn, über den Demokrit ein hervorragendes Buch geschrieben habe (→*Perì euthymíes*) und die der Autor mit *tranquillitas* (Seelenruhe) bezeichnet. Wie man zu dieser Seelenruhe gelange, will Seneca untersuchen (2,1–5). Darauf folgt zunächst eine eingehende Analyse des Überdrusses und der Unzufriedenheit mit sich selbst (2,6–15,6). Den Schluß bilden Ratschläge für die Verwirklichung der Seelenruhe (16,1–17,7). – Ein Heilmittel gegen den Überdruß, die Unzufriedenheit mit sich selbst, die Unrast der Seele, den Kummer und die Mattigkeit, die Schwankungen der ungefestigten Seele usw. (bes. 2,10) ist der Dienst an der Allgemeinheit. Dabei sollten aber Aktivität und philosophische Muße in einem ausgewogenen Verhältnis zueinander stehen (3–5). Richtige Selbsteinschätzung ist erforderlich (6). Freundschaft ist von großer Bedeutung für die Seelenruhe (7). Am Beispiel des Kynikers Diogenes wird Glück als Bedürfnislosigkeit oder doch wenigstens Zufriedenheit mit dem Nötigsten (8) definiert. Genügsamkeit ist der beste Schutz gegen die Wechselfälle des Schicksals. Das rechte Maß ist die Voraussetzung für die Seelenruhe (9). Man muß seine Lebensbedingungen akzeptieren und vernünftig gebrauchen und nutzen, was man hat (10). Die Maximen und Ratschläge sind an den Durchschnittsmenschen gerichtet, der es lernen kann, Not und Unglück zu ertragen, wenn er auf alles gefaßt ist (11). Nutzlose Geschäftigkeit und planlose Betriebsamkeit sind zu vermeiden (12–13). Die Furcht vor Veränderung muß überwunden werden. Der Mensch muß sich auf sich selbst konzentrieren, sich auf sich selbst verlassen, sich an sich selbst freuen, Widriges mit positivem Denken aufnehmen (14). Das Fehlverhalten der Mitmenschen ist als lächerlich, nicht als böse zu interpretieren. Man solle sich eher an Demokrit als an Heraklit ein Beispiel nehmen: Dieser habe geweint, jener gelacht, wenn er sich in die Öffentlichkeit begab; diesem erschien alles, was wir tun, als Unglück, jenem als Dummheit (15). Wir haben große Vorbilder, die uns durch ihre Tapferkeit zeigen, daß es keinen Grund für Aufregung und Beunruhigung gibt (16). Man muß Einsamkeit und Geselligkeit (*solitudo et frequentia*) miteinander verbinden, um seelisch gesund zu werden. Scherz und Ernst müssen ausgewogen sein, Entspannung und Anspannung sich abwechseln. Man darf nicht zuviel von sich selbst verlangen, man muß sich auch Ruhe gönnen (17).

W   „Es geht um die Stille des Gemüts; diese aber wird durch Zufriedenheit mit sich (dies aber heißt: mit der *virtus*) gewonnen; diese wiederum kommt aus der Bescheidung in der äußeren Zielsetzung (4,5 und 8; 9,4; 10,7 usw.) und aus der zunehmenden Höhe der inneren (14,2; 17,2 f.; 17,12: *intenta et assidua cura* des eigenen Geistes), die einhergeht mit der Gewinnung einer Distanz zum eigenen Lebendigsein: *male vivet, quisquis nesciet bene mori* (11,

4). Da die Wirklichkeit jedoch zu allermeist anders aussieht, legt diese Schrift den Hauptwert auf die Untersuchung und Nahelegung des Zweitbesten ...: des vertretbaren Kompromisses, der (begrenzten) Anpassung" (Maurach, 130 f.). Die Schrift will erreichen, das Ideal lebbar zu machen: *„De tranquillitate animi* ist also in der Tat eine Schrift des Kompromisses um der Lebbarkeit des Ideals willen, und dies in den beiden Grund-Seinsweisen: dem Handeln (Kap. 2–9) und Erleiden (Kap. 10.17) ... Handeln und Erleiden sind unvermeidlich ...; was zu tun ist, kann nicht ein Rückzug in eine Art Null-Existenz sein, sondern ist angemessene Aktivität und besonnenes Ertragen; beides fordert eine Grund-Seinsweise der Anspannung, die ... zeitweiliger Ent-Spannung bedarf. Die Grundforderung ist also Stetigkeit lebensgestaltender Anspannung; *tranquillitas* ist nicht die epikureische ‚Meeresstille' oder altstoische Apathie, sondern Stetigkeit, die Stetigkeit zielbewußten Schreitens (nicht ohne Erholungspausen, diese aber nur um der Erneuerung der Energie willen)" (Maurach, 131 f.).

A J. W. Basore, London/Cambridge (Mass.) [2]1935 (lat.-engl.). L. Castiglioni, Turin 1947. E. Hermes, Leipzig 1917. L. D. Reynolds, Oxford 1977. R. Waltz, Paris [3]1950 (lat.-frz.).
Ü G. Fink, Düsseldorf/Zürich 1992 (lat.-dt.). H. Gunermann, Stuttgart 1995 (lat.-dt.). M. Rosenbach, Darmstadt [4]1993 (lat.-dt.).
L V. d' Agostino: Seneca ed il *De tranquillitate animi,* in: Athenaeum 7, 1929, 51–84. M. v. Albrecht, RL, 918–950. J. – M. André: Sénèque: *De brevitate vitae, De constantia sapientis, De tranquillitate animi, De otio,* in: ANRW 2, 36, 3, 1989, 1724–1778. M. Fuhrmann, Seneca, 253–259. KNLL 15, 200. T. Laurenti: L' euthymia di Democrito in Seneca, in: Siculorum Gymnasium 33, 1980, 533 bis 552. G. Maurach, Seneca, 123–132. M. Pohlenz: Philosophie und Erlebnis in Senecas Dialogen, in: Kleine Schriften 1, 1965, 384 ff.

De trinitate
„Über die Dreieinigkeit"

Aurelius Augustinus aus Thagaste, 354–430 n. Chr.

Philosophisch-theologisches Werk in fünfzehn B. (lat.).
Begonnen im Jahre 399 und erst 20 Jahre später zum Abschluß gebracht (→*Epistulae* 174).

I Das Werk besteht aus zwei Teilen: im ersten Teil (B. 1–8) geht es um die Darstellung der biblischen Lehre von der Dreieinigkeit; im zweiten Teil (B. 9–15) um ihre wissenschaftliche, d.h. logisch-metaphysische Rechtfertigung und Begründung. – B. 1: Augustin betont in deutlicher Abgrenzung zum Arianismus die Einheit und Gleichrangigkeit der Trinität; er geht aus von der Gottheit des Sohnes und des Geistes. – B. 2–3: Augustin erklärt die Schöpfung, die aus Gottes Willen hervorgegangen ist, ferner die Offenbarungen im Alten Testament. – B. 4: Er befaßt sich mit Christus als dem Mittler des Lebens neben Luzifer als dem Mittler des Todes

und mit der Aussendung des Geistes. – B. 5: Die Dreieinigkeit ist unkörperlich und unwandelbar. – B. 6: Aufgrund der Unzulänglichkeit unseres Sprechens von Gott bedienen wir uns natürlicher Analogien zur Trinität, um ihr Wesen zu erfassen. Denn diese spiegelt sich in der Schöpfung: im *Sein,* im *Leben* und im *Verstehen* (*esse, vivere, intellegere* 6,10,1, f.). – B. 7: Der Autor erläutert die Einheit der göttlichen Kraft und Weisheit und das Verhältnis zwischen den drei Hypostasen der Trinität, die als eine Wesenheit bestehen. – B. 8: Gottes Erkenntnis entspringt aus Wahrheitserkenntnis, dem Begriff des höchsten Gutes und der angeborenen Liebe zur Gerechtigkeit, vor allem aber aus der Liebe; in ihr findet sich eine Spur der Dreieinigkeit: sie ist die Einheit des Liebenden und des Geliebten im Vorgang des Liebens. – B. 9: Im Menschen, dem Ebenbild Gottes, liegt die Trinität des Bewußtseins, der Selbsterkenntnis und der Selbstliebe; diese drei Gegebenheiten sind Erscheinungsformen desselben Wesens. – B. 10: Im Menschen existiert eine weitere Dreiheit: *memoria, intelligentia* und *voluntas* (Gedächtnis, Verstehen, Wille). – B. 11: Die Dreiheit findet sich auch im äußeren Menschen: der wahrgenommene Körper, sein Abbild im Auge des Wahrnehmenden und der Willensakt, der beides verbindet, stellen eine Trinität dar. – B. 12: Hier unterscheidet Augustinus zwischen Weisheit, die sich auf göttliche Dinge bezieht, und Wissenschaft, die sich mit menschlichen Dingen befaßt. Die Ebenbildlichkeit Gottes kann nur der menschliche Geist beanspruchen, der das Ewige betrachtet. – B. 13: Die Unterscheidung von Weisheit und Wissenschaft wird weiterdiskutiert. Ausgangspunkt des Strebens nach Weisheit ist das Streben nach dem Glück. (vgl. Cicero, →*Hortensius*); aber das Glück des Glaubenden ist dem Glück des Philosophen überlegen. Es gibt kein Glück ohne Unsterblichkeit; diese aber beruht allein auf der Menschwerdung Christi. Der fleischgewordene Logos besitzt alle Schätze der Weisheit und der Wissenschaft. – B. 14: Weisheit ist Frömmigkeit: „In der Erinnerung, Betrachtung und Liebe des Glaubens liegt eine gewisse Dreiheit vor, aber noch nicht Gottes Ebenbild ... In dem *Nous,* der sich selbst denkt, herrscht eine gewisse Trinität. Sie erinnert sich an Gott, erkennt ihn und liebt ihn. Indem der Mensch solche Gedanken in sich bewegt, wird er weise. Die Erneuerung von Gottes Ebenbild im Menschen vollzieht sich nicht nur im Augenblick der Bekehrung, sondern im täglichen Fortschreiten. In der Ewigkeit wird die vollständige Analogie mit der Dreieinigkeit wiederhergestellt werden" (M. v. Albrecht, 1328). – B. 15: Hier ist Augustinus bei der Dreifaltigkeit Gottes angelangt: „Der Weg führt vom Geschöpf zum Schöpfer. Da Gott immer gesucht werden muß, ist das Forschen nach Spuren der Trinität im Geschöpf sinnvoll. Nicht nur die Heilige Schrift, auch die Natur kündet vom Schöpfer; er muß alle Superlative in sich vereinigen (15, 4,6). Gott ist alles, was er ist, *secundum substantiam: aeternus, sapiens, beatus.* Die Trinität ist *sapientia, notitia sui, dilectio sui.* Man darf aber nicht leichthin aus den sichtbaren Trinitäten auf die göttliche schließen. Wir sehen Gott nur in einem Spiegel und Rätselwort ... Unsere Worte sind nur Zeichen der Gedanken. Das Ebenbild des göttlichen Wortes kann nur im inneren, geistigen Wort gesucht werden ...“ (M. v. Albrecht, 1328).

Q „Augustin hatte bei diesem Versuch einer philosophischen Behandlung der Trinität im Abendland schon einen Vorläufer gehabt. Das war Marius Victorinus, der Christ gewordene heidnische Philosoph, in dessen Übersetzung Augustin die plotinischen Schriften kennengelernt hatte. Der Ausgangspunkt für die philosophische Interpretation des Dogmas lag in Plotins Lehre von der Selbstentfaltung der Gottheit, die schon hier zu einer Art Trinität geführt hatte, die von der weiteren Welt niederer Geisteswirklichkeiten ausdrücklich abgegrenzt wurde. Nur blieb es von den neuplatonischen Voraussetzungen aus immer schwierig, die ‚Einheit‘ und ‚Gleichheit‘ der drei göttlichen Größen zu beweisen, auf die es nun theologisch ankam. Victorin hatte hierbei noch in unmittelbarer Front gegen die Arianer gestanden, deren Macht seitdem gebrochen war. Augustin bringt die Erörterung jetzt in voller Ruhe zum Abschluß“ (H. v. Campenhausen, 182 f.).

W „Augustin nähert sich der Trinitätslehre nicht auf dem Wege ihres geschichtlichen Ursprungs – der Sendung des ‚Gottessohnes‘ in das Fleisch und der Erfahrung des ‚Geistes‘ in der urchristlichen Gemeinde; er beginnt, wie die ganze altkirchliche Theologie, ‚philosophisch‘ von dem ewigen Sein der Gottheit in sich selbst... Nach Augustin gehört es zum Wesen des Geistigen schlechthin, daß es ‚trinitarischen‘ Charakter hat, in der Dreifaltigkeit erscheint und so bei sich selbst ist. Das zeigt schon der einfache Wahrnehmungsakt des menschlichen Selbstbewußtseins, indem sich das Ich hier gleichzeitig als gedachtes, denkendes und sich auf sich selber richtendes Ich erfährt, eine Gegebenheit, die Augustin mit verschiedenen Begriffen umschreibt und sehr anschaulich erläutert. Diese Dreiheit unseres geistigen Selbsts weist auf den dreieinigen Gott zurück, der uns geschaffen hat; aber Gottes Ebenbild werden wir erst dadurch, daß wir ihn selbst in seiner Dreiheit wiederfinden und lieben können. Gottvater, Sohn und Geist sind das Urbild alles geistigen Personseins, insofern auch hier ein unauflösliches Sich-selber-wissen, Sich-selber-erkennen und Sich-selber-wollen gegeben ist, die wechselseitige Bezogenheit des Geliebten und Liebenden aufeinander durch das Dritte, die Liebe selbst. Von einer Unterordnung oder Zerscheidung innerhalb der Trinität kann jetzt nicht mehr die Rede sein. Die Einheit Gottes – ein altes theologisches Anliegen gerade des Abendlandes – erscheint so stark betont, daß die göttlichen ‚Personen‘ eigentlich zu bloßen Momenten innerhalb des einen lebendigen Seins der Gottheit werden und auch in ihrem Wirken nach außen nicht isoliert werden können. Gleichzeitig wird aber auch das Person-Sein strenger gefaßt als bisher. Augustin kritisiert den traditionellen Begriff der einen göttlichen Substanz, der Trägerin des göttlichen Seins und seiner ‚Eigenschaften‘, der dann drei ‚Personen‘ der Gottheit gegenübergestellt werden. Das ist ein in seiner Konsequenz geradezu blasphemischer Anthropomorphismus. Gott hat als Person keine von diesen unterscheidbaren Eigenschaften, an denen man ihn wie einen Menschen messen, von denen man seine ‚Person‘ gleichsam normieren könnte, sondern sein Sein ist wesenhaft das eigene Personsein selbst. Gott ist nicht darum gut, weil er die Eigenschaft der Güte besitzt, sondern er ist die Güte selber in Person, so daß alles, was gut ist, überhaupt nur durch ihn und in ihm gut genannt werden kann“ (H. v. Campenhausen, 183 f.).

N Augustins Trinitätslehre hat die abendländische Trinitätslehre durchgehend beherrscht. Thomas von Aquin (1224/25–1274) ist in dieser Frage sein Schüler. Alle späteren Auseinandersetzungen über die Trinität blieben von Augustins *De trinitate* bestimmt.

A F. Glorie, CCL 50, 16, 1 und CCL 50 A, 16, 2, 1968.
Ü J. Kreuzer, Hamburg 2001 (lat.-dt.).
L M. v. Albrecht, RL, 1318–1353. H. v. Campenhausen, LKV, bes. 182–185. O. Du Roy: L'intelligence de la foi en la trinité selon saint Augustin, Paris 1966. F. Genn: Trinität und Amt nach Augustinus, Einsiedeln 1986. F. Glorie: Augustinus, *De trinitate*, in: Sacris Eruditi 16, 1965, 203–255. D. Pintaric: Sprache und Trinität. Semantische Probleme in der Trinitätslehre des hl. Augustinus, Salzburg 1983, 39–82.

De trinitate →Opuscula sacra (Boethius)

De trinitate
„Über die Dreieinigkeit“

Didymos der Blinde, 4. Jh. n. Chr.

Antiarianische Streitschrift (gr.) in drei Büchern.

A SC 83–85, 1962.
L L. Bérenger: Études sur la christologie du *De trinitate*, attribué à D., Diss. Lyon 1960. O. Hiltbrunner: Didymos (Nr. 5), in: DKP 2, 14.

De trinitate
„Über die Dreieinigkeit“

Hilarius aus Pictavium (Poitiers), um 315–367 n. Chr.

Dogmatisches Werk in 12 B. (lat.).
Verfaßt in den Jahren 356–359 n. Chr. in Phrygien.

I Hilarius bemüht sich, die Irrtümer der „Irrlehrer“ (Arianer, vgl. →*Collectanea antiariana*) aus der Bibel zu widerlegen und die wahre Lehre über die Göttlichkeit Christi im Sinne des nicänischen Glaubensbekenntnisses, das während des Konzils von Nicaea am 19. 6. 325 n. Chr. von der Mehrheit der Bischöfe für gültig erklärt wurde: Christus ist wesensgleich mit Gottvater: *homousios*. – Nach Hieronymus (→*Epistulae* 70, 5) schließt sich Hilarius im Aufbau von *De trinitate* an die →*Institutio oratoria* des Quintilianus an.

A   P. Smulders, CCL 62–62A, 1979–1980.
Ü   A. Antweiler, BKV[(2)] 2, 5–6, 1933–1934.
L   M. v. Albrecht, RL, 1289–1293. A. Antweiler: Hilarius, in: LThK 5, 337 f. O. Bardenhewer 3, 365–393. J. Doignon, RAC 15, 1989. J. Doignon, HLL 5, 1989, § 582. G. M. Newlands: Hilary of Poitiers. A Study in Theological Methods, New York 1978. E. Watson: The Life and Writings of Saint Hilary of Poitiers, Oxford 1899.

De trinitate
„Über die Dreieinigkeit"

Novatianus, 3. Jh. n. Chr.

Theologische Abhandlung (lat.).
Verfaßt um 240 n. Chr. als die wahrscheinlich erste Abhandlung eines röm. Theologen in lat. Sprache.

I   Nach der von Novatian vertretenen Trinitätslehre gibt es nur einen Gott und drei göttliche Personen. Diese Auffassung will der Autor in seiner Schrift erläutern. Im 1. Teil des Traktats werden Gott und seine Schöpfung gepriesen. Im 2. Teil verteidigt der Autor die wahre Gottheit und die wahre Menschheit Christi, der im Alten Testament verheißen wurde und sich im →*Novum Testamentum* offenbart. Im 3. Teil geht es um den Heiligen Geist und sein Wirken in der Kirche. Im 4. Teil wird die Einheit Gottes dargelegt, mit der die wahre Gottheit des Sohnes zu vereinbaren sei.
Q   Zu den theologischen Quellen Novatians gehört vor allem Hippolytos, der gr. Kirchenschriftsteller, der in der ersten Hälfte des 3. Jh.s n. Chr. Presbyter in Rom war (→*Katà pasôn hairéseon élenchos*). – Eine Vorliebe für die stoische Philosophie ist z. B. in der Einleitung zu *De trinitate* erkennbar. Auch „vergilische Töne" (M. v. Albrecht, 1253) erklingen mitunter (vgl. →*Aeneis* 6,726–730 mit *De trin.* 8,44 u. ö.). – Hinsichtlich der Frage nach dem Verhältnis zwischen Vater und Sohn im Rahmen der Trinitätslehre erweist sich Novatian als ein Vertreter des „Subordinatianismus": Der Sohn ist ebenso wie der Hl. Geist dem Vater „untergeordnet".

A   G. F. Diercks, CCL 4, 1972. W. Y. Fausset, Cambridge 1909.
Ü   H. Weyer, Darmstadt 1962 (lat.-dt. mit Kommentar).
L   M. v. Albrecht, RL, 1252–1255. A. D' Alès: Novatien, Paris 1924. KNLL 12, 540. M. Kriebel: Studien zur älteren Entwicklung der abendländischen Trinitätslehre bei Tertullian und Novatian, Diss. Marburg 1932.

De unico baptismo contra Petilianum ad Constantinum →Ad Donatistas post conlationem (Augustinus)

Deuterokanonische Bücher

Bücher des Alten Testaments in gr. Sprache, die zwar in der hellenistischen (griechisch sprechenden) Judenschaft anerkannt waren und in die →*Septuaginta* aufgenommen sind, aber (als nicht inspiriert) keine volle kanonische Anerkennung besaßen. Sie heißen seit Sixtus von Siena (1520 bis 1569) „Deuterokanonische B." (im Unterschied zu den voll anerkannten „Protokanonischen B."). Die christliche Kirche rechnet die „Deuterokanonischen B." zum Kanon des Alten Testaments, weil sich im „Neuen Testament" Anspielungen auf diese B. finden. Mit der Übernahme des Alten Testaments als Dokument ihrer Vorgeschichte übernahm die Kirche auch die „Deuterokanonischen B." als Teile der Hl. Schrift.
Die gr. Texte sind etwa zwischen 200 v. Chr. und der Zeitenwende entstanden.

I   Zu den „Deuterokanonischen B." gehören: (1) B. Tobias, (2) B. Judith, (3) Weisheit Salomos, (4) B. Jesus Sirach, (5) B. Baruch, (6) Brief des Jeremia, (7) 1. und (8) 2. B. der Makkabäer, (9) die gr. Zusätze zum B. Esther und (10) die gr. Zusätze zum B. Daniel. – Zu (1): Das B. Tobias (in der *Septuaginta*: Tobit) enthält eine geschlossene novellistische Erzählung, in deren Mittelpunkt der fromme Tobit und sein Sohn Tobias stehen. Tobit, vom Schicksal hart getroffen, bittet Gott, ihn sterben zu lassen. Gleichzeit erbittet die Jüdin Sara dasselbe, nachdem ihr ein Dämon sieben Männer nacheinander in der Brautnacht getötet hat. Gott erhört die Gebete der beiden und sendet seinen Erzengel Raphael zu ihnen. Raphael begleitet, unerkannt als Reisegefährte, Tobias, den Sohn. Unterwegs fängt Tobias einen großen Fisch, der ihn zu verschlingen droht. Raphael rät ihm, Herz, Leber und Galle des Fisches aufzubewahren; denn mit dem Herz und der Leber könne man die bösen Geister vertreiben und mit der Galle die Blindheit heilen. Den Wert des ersten Mittels erfährt Tobias, nachdem er auf Weisung Raphaels Sara geheiratet hatte, indem er tatsächlich den bösen Geist unschädlich macht, der sich zwischen Mann und Frau zu stellen pflegte. Mit dem zweiten Mittel heilt er seinen blinden Vater. Aus Dankbarkeit wollen Vater und Sohn ihrem Wohltäter die Hälfte ihres Vermögens überlassen; doch dieser gibt sich zu erkennen und entschwindet gen Himmel. – Bezüge der Erzählung zu mythologischen Stoffen der gr. Antike sind erkennbar, z. B. zur Admetos-Sage (→*Álkestis*) und zur →*Odýsseia*. – Zu (2): Das B. erzählt von der jungen Witwe Judith, die ihre Heimatstadt vor der Aushungerung und Eroberung durch Nebukadnezar rettete. Sie geht in das Lager der Assyrer und läßt sich zu dem Feldherrn Holofernes führen. Dieser ist von ihrer Schönheit entzückt und feiert mit ihr zusammen seinen vermeintlichen Sieg, nachdem sie ihn davon überzeugt hatte, daß er die Stadt kampflos einnehmen könne, weil Gott die Bewohner für ihre Sünden strafen wolle. In der Nacht, als alle schlafen, schlägt sie Holofernes den Kopf ab, steckt ihn in einen Sack und kehrt in die Stadt zurück. Sie zeigt ihren Landsleuten den Kopf; diese unternehmen einen Ausfall und treiben die über den Tod ihres Feldherrn entsetzten Assyrer in die Flucht. – Die Erzählung hat eine starke Wirkung auf die europäische Literatur und Kunst: z. B. Hans Sachs: Bühnenstücke 1531 und 1554; Martin Opitz: Libretto für die Musikbühne (1635); Friedrich Hebbel und Jean Giraudeaux: Dramen (1841 und 1931). Ölgemälde von Cristofano Allori (1577–1621: „Judit mit dem Haupt des Holofernes". " Zu (3): Dem israelitischen König Salomo (9. Jh. v. Chr.) werden „Weisheiten" in den Mund gelegt, die den bereits von gr. Kultur und Philosophie beeinflußten Juden, aber auch den heidnischen Griechen die Überlegenheit der jüdischen Weisheit veranschaulichen sollen. Allerdings zeigt das Werk, daß der fremde Einfluß, den der Autor in seiner Schrift als verwerflich hinstellt und den er eindämmen möchte, bereits auf sein eigenes Denken eingewirkt hat. Es ist typisch synkretistisch, d. h. es verquickt Einzelzüge verschiedener Philosophien, Kulte und Religionen – hellenistische, ägyptische, orientalische mit angestammt jüdischen Vorstellungen" (KNLL, 272). – Zu (4): Das von dem Enkel des Verfassers (um 130 v. Chr.) ins Griechische übersetzte B. Jesus Sirach wird aufgrund seiner Bedeutung als Sittenlehre auch lat. als *Liber Ecclesiasticus* („B. der Kirche") zitiert. Das B. enthält Verhaltensregeln, Erfahrungssätze, Glaubersmahnungen und Verheißungen vielfältiger Art. „Sie zeugen von der Weltklugheit, der didaktischen Ambition und der literarisch-aphoristischen Begabung des Verfassers" (KNLL, 273). Das Dankgebet (Kap. 50, 24–26) faßte Luther in seiner Übersetzung in die Verse: „Nun danket alle Gott ..." – Zu (5): Inhaltlich bezieht sich das B. (vgl. 1,3–14) auf die Situation der Israeliten nach der ersten Eroberung der Stadt Jerusalem durch das Heer des Babylonierkönigs (598/597 v. Chr.) und die Verschleppung des Königs Jojachin von Juda nach Babylon. Der zweite Teil enthält ein Bußgebet (1,15–3,8), der dritte Teil einen hymnisch-didaktischen Lobpreis der Weisheit und einen Zyklus von Klage- und Trostliedern (3,9–5,9). – Zu (6): Der Brief des Jeremia ist in der *Septuaginta* ein selbständiges B. (72 Verse), in der →*Vulgata* an das B. Baruch angefügt. Das Schreiben ist an die nach Babylon verschleppten Juden gerichtet und warnt vor dem Götzendienst. – Zu (7): Das 1. B. der Makkabäer (um 100 v. Chr. verfaßt) behandelt den Verlauf des Makkabäeraufstandes und der kriegerischen Auseinandersetzungen zwischen den um ihre Glaubensfreiheit kämpfenden Juden und den Seleukidenherrschern bis zu Antiochus VII. Sidetes (reg. 138–129). Beschrieben werden die geschichtlichen Vorgänge zwischen 175 und 135 v. Chr., die durch die radikale Hellenisierungspolitik und den Imperialismus des in Rom und Athen aufgewachsenen Königs Antiochus IV. Auslöser des Aufstandes waren, dessen Plünderungszug durch Palästina, die Schändung des Tempels von Jerusalem, die Einnahme der Stadt und ihr Ausbau zu einer Festung. – Das B. gilt als das zuverlässigste alttestamentliche Geschichtswerk. – Zu (8): Das 2. B. der Makkabäer ist wohl erst um Christi Geburt verfaßt worden. Es gibt sich im Vorwort als eine Kurzfassung eines älteren verlorenen Geschichtswerkes über die Makkabäerkriege, behandelt aber nur die Zeit von 175–161 v. Chr. Im Gegensatz zum 1. B. der Makkabäer, das weitgehend untendenziös berichtet, will es die ruhmreichen Taten der jüdischen Freiheitskämpfer und das Eingreifen Gottes preisen. – Zu (9): Die gr. Zusätze zum Text des Esther-B. in der *Septuaginta* dienten wohl der Verstärkung der religiösen Tendenz der Schrift, ferner der Bekräftigung historischer Angaben und der Ausschmückung des Textes. – Zu (10): Die Geschichte von Susanna und Daniel ist in der *Septuaginta* dem B. Daniel hinzugefügt. Der Geschichte liegen zwei Märchenmotive zugrunde: das der verfolgten Unschuld (Susanna) und das des weisen Knaben (Daniel), der einen Rechtsfall löst, wo die zuständigen Richter versagen: Susanna ist auf das falsche Zeugnis zweier Lustgreise des Ehebruchs angeklagt und zum Tode verurteilt. Daniel wird erlaubt, die beiden Alten nochmals zu verhören und bekommt heraus, daß sie sich in Wirklichkeit nur an der von ihnen vergeblich begehrten „Susanna im Bade" rächen wollten. – Das Motiv wurde in der späteren Malerei (Rubens, Rembrandt u. a.) aufgegriffen und diente auch dem Theater (z. B. M. Frischlin, lat. 1577) als Stoff. – Weitere Zusätze: Der „Gesang der drei Männer im Feuerofen", die von Gott errettet werden und Gott aus vollem Herzen loben, ferner die Doppelerzählung „Vom Bel zu Babel" und „Vom Drachen zu Babel". In der Erzählung wird der heidnische Götzenkult verspottet. Schließlich wurde noch eine Variante der Erzählung (Dan. 6,17–25) von „Daniel in der Löwengrube" hinzugefügt.

A A. Rahlfs: Septuaginta. 2 Bde., Göttingen/Stuttgart 1935, Nachdr. 1982. C. v. Tischendorf / E. Nestle: Vetus testamentum graece iuxta LXX interpretes. 2 Bde. 1887.

Ü E. Kautzsch: Die Apokryphen und Pseudepigraphen des AT. 2 Bde., Tübingen 1900 (mit Kommentar), Nachdr. [4] 1975.

L W. Baumgartner: Susanna. Die Geschichte einer Legende, in: Archiv für Religionswissenschaft 24, 1926, 259–280. E. Dimmler: Tobias, Judith, Esther, Makkabäer, Mönchengladbach 1922. W. Dommershausen: Der Engel, die Frauen, das Heil. Tobias. Ester. Judit, Stuttgart [2]1989. H. Engel: Die Susanna-Erzählung, Göttingen/Fribourg 1985. J. Fischer: Das B. der Weisheit, Würzburg 1950. H. Gross: Tobit/Judit, Würzburg 1987. V. Hamp: Das B. Jesus Sirach, Würzburg 1951. V. Hamp: Das B. Baruch, Würzburg 1950. P. Heinisch: Die griechische Philosophie im B. der Weisheit, Münster 1908. KNLL 18, 269–277. C. Julius: Die griechischen Daniel-Zusätze und ihre kanonische Geltung, Neukirchen 1901. H. D. Preuss: Einführung in die alttestamentliche Weisheitsliteratur, Stuttgart 1987. J. Schildenberger: Kanon, biblischer, in: LThK 5, 1277 1280. R. Smend: Die Weisheit des Jesus Sirach erklärt, Berlin 1906. A.

Schmitt: Weisheit, Würzburg 1989. J. Schreiner: Baruch, Würzburg 1986. F. Stummer: Das B. Tobias, Würzburg 1950. F. Stummer: Das B. Judith, Würzburg 1950. J. Wellhausen: Über den geschichtlichen Wert des zweiten Makkabäerbuches im Verhältnis zum ersten, in: Nachrichten von der Ges. d. Wiss. zu Göttingen. Phil.-hist. Kl. 1905, 117–163. G. Ziener: Der Weg zum Leben. Gerechtigkeit und Weisheit. Das B. der Weisheit, Stuttgart 1970.

De utilitate credendi
„Von der Nützlichkeit des Glaubens"

Aurelius Augustinus aus Thagaste, 354–430 n. Chr.

Abhandlung über den Sinn und die Notwendigkeit, die dem Glauben neben der wissenden Erkenntnis grundsätzlich zukommt (lat.).
Verfaßt 391 n. Chr.

I Die im Zusammenhang mit dem Streit mit den Manichäern (→Contra Faustum Manichaeum) entstandene Schrift, befaßt sich mit einem grundsätzlichen Problem: Die Manichäer vertraten den Standpunkt, es sei schändlich, ohne vernünftige Gründe zu glauben (vgl. 14,31). Sie hielten den Katholiken vor, sie ließen sich durch bloße Autorität, nicht durch Beweise bestimmen. Augustinus widerlegt diese Auffassung und versucht zu zeigen, „daß allem selbständigen Erkennen die Hinnahme von Autorität vorangehen müsse. Der hierbei von ihm verwendete Begriff des ‚Glaubens' ist nicht auf seine religiöse Bedeutung eingeschränkt. Augustin versteht darunter die Bereitschaft, eine zunächst unkontrollierbare Mitteilung, die von einer besser unterrichteten Person gemacht wird, für wahr zu halten. Ein derartiger ‚Glauben' sei überall mit gutem Grunde üblich; wenn man nur billigen wollte, was man selbst beobachtet oder erkannt hat, dann gäbe es kein menschliches Zusammenleben, und dies liefe auf ein allgemeines Chaos hinaus. Augustinus zieht die Nutzanwendung für den religiösen Bereich: die kirchliche Autorität sei die *condicio sine qua non* für den Glauben eines jeden Christen. Er hat hiermit einen ersten bedeutsamen Beitrag zum Problem des Verhältnisses von *ratio* und *auctoritas* geleistet, zu einer Polarität, die ... über Boethius an die Scholastik gelangt ist" (M. Fuhrmann, 202 f.).

A I. Zycha, CSEL 25, 1891.
L H. v. Campenhausen, LKV, 151–222. M. Fuhrmann, Spätantike, 195–212.

De vera religione
„Über die wahre Religion"

Aurelius Augustinus aus Thagaste, 354–430 n. Chr.

Polemische Schrift gegen den Dualismus der Manichäer (lat.).
Entstanden 390 n. Chr. im Zusammenhang des Streites mit den Manichäern in den Jahren 388 bis nach 400 n. Chr.

I Die „wahre Religion" ist nicht bei den heidnischen Philosophen zu suchen, die trotz besserer Einsicht dem Götzendienst nicht entgegentraten; sie ist allein bei Christus und in der Kirche zu finden. – Im 1. Teil der Schrift handelt Augustin vom Heilsplan Gottes, der die Erlösung des gefallenen Menschen zum Ziel hat. Der Mensch hat sich willentlich von Gott abgewandt; darin besteht das Böse, das ansonsten wesenlos ist, d. h. im eigentlichen Sinne nicht existiert. Die Strafe für dieses Sich-Abwenden von Gott ist ein Segen für den Menschen, weil sie ihn dazu bringt, sich von der Liebe zum Leib abzuwenden und sich zum ewigen Sein der Wahrheit hinzuwenden. – Diese Hinwendung zur Wahrheit erfolgt über mehrere Stufen: Auf der ersten Stufe orientiert sich der Mensch an den Vorbildern der Geschichte, deren Autorität er anerkennt. Auf der zweiten Stufe erhebt er sich mit Hilfe der Vernunft zum höchsten, unwandelbaren Gesetz. Auf der dritten Stufe vermählt sich die Seele mit dem Geist. Die folgenden vier Stufen führen ihn endgültig über die Vernunft hinaus. – Im zweiten Teil der Schrift wird der Aufstieg der Vernunft zur ewigen Wahrheit geschildert. Über der Vernunft steht das unwandelbare Gesetz der Gleichheit, Einheit und Wahrheit; die Wahrheit ist Gott selbst. Die Spuren und Ausprägungen des Wahren und Schönen finden sich aber auf allen Stufen des Seienden. Das gilt sogar für die negativen Phänomene und Verhaltensweisen: So erscheinen Täuschung und Irrtum als Zerrbild der Wahrheit, Schwächen und Laster als Schattenbilder der Wahrheit. „Es gibt also kein letzthin Böses, wohl aber die Möglichkeit, das Ziel auf das selbst die Laster noch hinweisen, zu verfehlen und sich selbst zu ewiger Finsternis zu verurteilen" (KNLL, 877).

W Augustinus hatte seinem Förderer Romanianus versprochen, eine Gesamtschau der christlichen Lehre vorzulegen. Romanianus war zur Abfassungszeit noch Anhänger des Manichäismus; also diente die Schrift auch der Zurückweisung der manichäischen Lehre (→Contra Faustum Manichaeum; →De utilitate credendi).

A D. Bassi, Florenz 1930. D. Daur, CCL 32, 1962, 171–260. W. M. Green, CSEL 77, 1961.
Ü C. J. Perl, Paderborn 1957. W. Thimme, Zürich/Stuttgart 1962. W. Thimme / K. Flasch, Stuttgart 1983 (lat.-dt.).
L M. v. Albrecht, RL, 1318 bis 1353. A. Guzzo: Dal *Contra Academicos* al *De vera religione*, Florenz 1925. E. Hoffmann: Die Anfänge der augustinischen Geschichtstheologie in *De vera religione*, Diss. Heidelberg 1962. KNLL 1, 1377 f.

De verborum significatione →De significatu verborum (Sextus Pompeius Festus; Verrius Flaccus)

De veterinaria medicina →Opus agriculturae (Palladius)

De videndo Deo
„Über den Anblick Gottes"

Aurelius Augustinus aus Thagaste, 354–430 n. Chr.

Dogmatische Schrift (lat.).
Verfaßt 413 n. Chr.

   A   PL 32–47 (Gesamtausgabe).
   L   M. v. Albrecht, RL, 1318–1353.

De viduis →De virginibus ad Marcellinam sororem (Ambrosius)

De virginibus ad Marcellinam sororem
„Über die Jungfrauen, an die Schwester Marcellina"

Ambrosius, Bischof von Mailand, um 340–397 n. Chr.

Moralisch-asketische Schrift (lat.), die die Jungfräulichkeit preist wie verschiedene andere Schriften des Ambrosius zu demselben Thema: *Exhortatio virginitatis* („Ermahnung zur Jungfräulichkeit"), *De institutione virginis et S. Mariae virginitate perpetua* („Über die Institution der Jungfrau und die immerwährende Jungfräulichkeit der Heiligen Maria"), *De viduis* („Über die Witwen"), *De virginitate* („Über die Jungfräulichkeit").

   I   Die Schriften über die Jungfräulichkeit usw. sollten in das praktische Gemeindeleben hineinwirken, indem sie sich ausschließlich an das weibliche Geschlecht (Jungfrauen und Witwen) wandten. Das asketische Interesse war von Marcellina, der Schwester des Autors, die Nonne geworden war, angeregt worden. – Ambrosius hält die freiwillige Jungfräulichkeit für eine Tugend, die erst durch das Christentum in die Welt gebracht wurde. Ihr Wert und ihre besondere Verdienstlichkeit sind unbestreitbar: die Jungfrauen sollen ein zurückgezogenes Leben führen und sich vor allem dem Gebet, dem Fasten und der Heiligung widmen. Ihr Leben soll von Demut und Hingabe bestimmt sein. Ambrosius hatte großen Erfolg mit seiner Werbung für die Jungfräulichkeit, erfährt allerdings auch den Widerstand vieler Eltern, die ihre Töchter lieber als gut situierte Ehefrauen sehen wollen. – Mit seinem Einsatz für die jungfräuliche Askese erweist sich Ambrosius als „ein typischer Verfechter des christlich-spätantiken Lebensideals, das geistlichen Ernst und sittliche Zucht auf geschlechtlichem Gebiet fast nur noch in der Entsagung kennt" (H. v. Campenhausen, 84). – Man muß die Schriften über die Jungfräulichkeit allerdings auch in einem Zusammenhang mit der Marienlehre des Ambrosius sehen: Kein Kirchenvater des Abendlandes hat so viel über Maria geschrieben und zu ihrer Verehrung beigetragen wie Ambrosius: Ihre immerwährende Jungfräulichkeit, ihre Gottesmutterschaft, ihre Tugendgröße, ihre Gnadenfülle,

ihre Sündenlosigkeit sind wichtige Merkmale des ambrosianischen Marienbildes.

   A   E. Cazzaniga, Turin 1948 (*De virginibus*). E. Cazzaniga, Turin 1954 (*De virginitate*). O. Faller, Bonn 1935 (*De virginibus*). PL 14–17 (Gesamtausgabe). M. Salvati, Turin 1939 (*De virginitate*).
   L   M. v. Albrecht, 1293–1304. H. v. Campenhausen, LKV, 77–108. J. Huhn: Ambrosius, in: LThK 1, 427–430.

De virginibus velandis
„Über die Verschleierung der jungen Mädchen"

Quintus Septimius Florens Tertullianus aus Karthago, etwa 150 – etwa 230 n. Chr.

Praktisch-asketische Schrift (lat.).

Verfaßt zwischen 208 und 211 n. Chr. in der Zeit nach der Hinwendung des Autors zum sogenannten Montanismus (s. u.).

   I   Die montanistischen Schriften Tertullians sind gekennzeichnet von stark rigoristischen Tendenzen in der Ethik. Dazu gehören u. a. die Verschärfung der Fastenpraxis in *De ieiunio* („Über das Fasten": eine Verteidigung der montanistischen Fastenpraxis), das Verbot der Flucht in der Verfolgungszeit in *De fuga in persecutione* („Über die Flucht in der Verfolgung": Flucht ist gegen den Willen Gottes), die Verwerfung der zweiten Ehe in *De exhortatione castitatis* („Über die Ermahnung zur Keuschheit") und in *De monogamia* („Über die Einehe": Ablehnung der Wiederverheiratung Verwitweter), die Verschärfung der Bußpraxis in *De pudicitia* („Über die Schamhaftigkeit": gegen einen Bischof, der auch für Sünden des Fleisches Absolution erteilte), das Verbot bestimmter Berufe in *De idolatria* („Über den Götzendienst": Berufe, die dem Götzendienst gewidmet sind, darf der Christ nicht ausüben: Künstler, Lehrer, staatlicher Beamter, Soldat), die Unvereinbarkeit der Bekränzung von Soldaten und überhaupt des Kriegsdienstes mit dem Christentum in *De corona* („Über den Kranz"). – In der Reihe dieser Schriften gehört *De velandis virginibus*, mit der Tertullian die Verschleierung aller jungen Mädchen forderte.

   H   In der Schrift →*De pallio* („Über das Philosophenkleid") erklärt Tertullian, warum er zum Montanismus übertrat. Indem er die röm. Toga auszog, um das *pallium*, den kurzen Philosophenmantel, anzulegen, wollte er demonstrieren, daß die – montanistisch geprägten – Christen die wahren Erben der gr. Philosophie seien. – Ein Hinweis zum „Montanismus": „In der zweiten Hälfte des zweiten Jahrhunderts war ... eine enthusiastisch-apokalyptische Erweckungsbewegung zum Durchbruch gekommen. Ihre Propheten, Montanus und die ihn begleitenden Frauen, verstanden sich als Werkzeuge einer neuen Geistesausgießung, des im Johannes-Evangelium geweissagten ‚Trösters', und verkündigten die baldige Herabkunft des Gottesreiches ...

Sie forderten Buße, Erneuerung und Überbietung der bisherigen Sittlichkeit und zeichneten sich durch eine glühende Martyriumsbereitschaft besonders aus. Die Bewegung verbreitete sich schnell und hatte zu Beginn des dritten Jahrhunderts auch Afrika erreicht. Tertullian trat ihr bei und wurde alsbald der feurigste Vorkämpfer der ‚neuen Prophetie' … Jetzt glaubte er in den Offenbarungen, Dämonenaustreibungen und sonstigen Wunderzeichen der Montanisten dem lebendigen Geist des Urchristentums in gesteigerter Kraft von neuem zu begegnen" (H. v. Campenhausen, 31).

A J. Fontaine, Paris 1966 (*De corona* mit Kommentar). H. – V. Friedrich. Beiträge zur Altertumskunde. Bd. 2, 1990 (*De exhortatione castitatis*, lat.-dt.). P. A. Gramaglia, Rom 1984 (*De virginibus velandis* mit Kommentar). P. Mattei, Paris 1988 (*De monogamia*, lat.-frz. mit Kommentar). C. Moreschini / J. – C. Fredouille, Paris 1985 (*De exhortatione castitatis*, lat.-frz. mit Kommentar). C. H. Munier, Paris 1984 (*De pudicitia*, lat.-frz. mit Kommentar). P. G. van der Nat, Leiden 1960 (*De idolatria*). C. Stücklein, Bern 1974 (*De virginibus velandis*, lat.-dt. mit Kommentar). J. H. Waszink / J. C. M. van Winden, Leiden 1987 (*De ieiunio* mit Kommentar).
L N. Adkin: Tertullian's *De ieiunio* and Jerome's *Libellus de virginitate servanda* (Epist. 22), in: WS 104, 1991, 149–160. M. v. Albrecht, RL, 1211 bis 1231. H. v. Campenhausen, LKV, 12–36. A. Dihle, GLL, 359–368. W. Krause: Die Stellung der frühchristlichen Autoren zur heidnischen Literatur, Wien 1958.

De virginitate →De virginibus ad Marcellinam sororem (Ambrosius)

De viris illustribus
„Über berühmte Männer"

Gennadius aus Massilia (Marseille), 5. Jh. n. Chr.

Fortsetzung der gleichnamigen Schrift des Hieronymus (lat.).
Wahrscheinlich in den Jahren 467–480 n. Chr. verfaßt.

I Gennadius beginnt mit einigen Schriftstellern, die Hieronymus nicht behandelt hatte. Dann setzt er den Schriftstellerkatalog von 392 bis in seine Gegenwart fort. Er behandelt über 90 Autoren, indem er jeweils eine kurze Biographie und einen ausführlichen Bericht über die literarischen Werke der Autoren verfaßt. – Die Schrift ist ein wichtiger Führer durch die patristische Literatur des 4. und 5. Jh.s n. Chr. In vielen Fällen ist sie die einzige Informationsquelle. Sie wurde in späterer Zeit mehrfach erweitert und verändert.

A R. C. Richardson, Leipzig 1896.
L E. R. Curtius: Europäische Literatur und lateinisches Mittelalter, Bern/München [7]1969, 443–461. B. Czapla: Gennadius als Literarhistoriker, Münster 1896.

De viris illustribus
„Über berühmte Männer"

Hieronymus aus Stridon, um 350–420 n. Chr.

Christliche Literaturgeschichte von Petrus bis in die Gegenwart des Autors (lat.).
Im Jahre 392 n. Chr. auf Wunsch des Freundes Dexter verfaßt.

I Das Werk enthält Kurzcharakteristiken von 135 christlichen Schriftstellern, Juden wie Philon und Flavius Iosephus und Häretikern wie Tatian, Bardesanes, Novatian u. a. – Für die ersten drei Jahrhunderte stützte sich Hieronymus auf die →*Historía ekklesiastiké* des Eusebios, für das letzte Jahrhundert konnte er auf eigene Kenntnis der Texte und Autoren zurückgreifen. – Sein Vorbild war das Werk →*De viris illustribus* des Sueton. Hieronymus betont im Vorwort, daß er seine Schrift über berühmte Männer christlichen Glaubens entsprechenden Werken heidnischer Tradition zur Seite stellen wolle. „Apologetische Spitzen gegen Celsus, Porphyrios und Julian, ‚die Christus angreifenden reißenden Hunde' (*rabidi adversum Christum canes*), kann er ein freilich nicht unterdrücken: Sie sollen erfahren, daß die von ihnen geschmähten Christen sehr wohl Philosophen, Redner und Gelehrte haben, und sollen aufhören, dem Christentum ‚bäurische Einfältigkeit' (*rustica simplicitas*) vorzuwerfen" (H. Hoffmann, 439). – Das Werk wurde nachgeahmt und fortgesetzt von Gennadius aus Marseille (→*De viris illustribus*), Isidor aus Sevilla und im Mittelalter von Honorius Augustodunensis (um 1080–1137) mit seiner kirchlichen Literaturgeschichte (*De luminaribus ecclesiae*).

A G. Herding, Leipzig [2]1924. E. C. Richardson, Leipzig 1896.
L M. v. Albrecht, RL, 1305–1317. H. v. Campenhausen, LKV, 109–150. F. Cavallera: Saint Jérôme. Sa vie et son oeuvre. 2 Bde., Löwen 1922. H. Hagendahl / J. A. Waszink, RAC 15, 1989. H. Hofmann: Die Geschichtsschreibung, in: NHbL. Spätantike, 403–467. I. Opelt: Hieronymus' Leistung als Literarhistoriker in der Schrift *De viris illustribus*, in: Orpheus NS 1, 1980, 52–75.

De viris illustribus →Opera minora (Isidorus)

De viris illustribus →Vitae (Nepos)

De viris illustribus
„Über berühmte Männer"

Gaius Suetonius Tranquillus, um 75 – um 150 n. Chr.

Kurze Lebensbeschreibungen von Dichtern, Rednern, Geschichtsschreibern, Philologen (Grammatikern) und Rhetoren (lat.). Erhalten sind nur die Biographien der Philologen und der Anfang der Rhetoren-Biographien (→*De grammaticis et rhetoribus*). Die Dichter-Biographien waren teilweise aus der Textüberlieferung der betreffenden Autoren zu rekonstruieren (Terenz, Vergil, Horaz, Persius). Wahrscheinlich ist das Werk *De viris illustribus* vor den Kaiserbiographien (→*De vita XII Caesarum libri XII*) erschienen.

I Die Biographien sind nach demselben Schema aufgebaut wie die Kaiserbiographien: Geburt, früher Werdegang, öffentliches Wirken, Privatleben, Charakter, äußere Erscheinung, Tod. – Die Vergil-Biographie ist in ihrem Grundbestand in der Vergil-vita des Aelius Donatus (→„Vergilkommentar") aufgegangen.

N *De viris illustribus*, das eigentliche Hauptwerk des Sueton, soll bis in das 15. Jh. vollständig erhalten gewesen sein. Es soll von einem gewissen Sicconius Polentanus benutzt und anschließend vernichtet worden sein.

A G. Brugnoli, Leipzig [3]1972. F. Della Corte, Turin [3]1968 (*De gramm. et rhet.*). C. Hardie: Vitae Vergilianae antiquae, Oxford [2]1957 (Vergil-Biographie). A. Thierfelder: P. Terentius Afer. *Andria*, Heidelberg 1960, 9–12 (Terenz-Biographie).

Ü K. Bayer: Vergil-Viten, in: Vergil. Landleben: Catalepton, Bucolica, Georgica, ed. J. und M. Götte, München/Zürich [5]1987, 214–229 (lat.-dt.). W. Krenkel, Berlin/Weimar 1965. H. Martinet, Düsseldorf/Zürich 1997.

L M. v. Albrecht, RL, 1104–1119. B. Baldwin: Suetonius, Amsterdam 1983, 379–466. E. Paratore: Una nuova ricostruzione del *De poetis* di Suetone, Bari [2]1950. M. C. Vacher: La vie des professeurs à Roma, in: Annales Latini Montium Avernorum 1981, 8, 49–57. T. Viljamaa: Suetonius on Roman Teachers of Grammar, in: ANRW 2, 33, 5, 1991, 3826–3851. A. Wallace-Hadrill: Suetonius. The Scholar and his Caesars, London 1983, 50–72.

De viris illustribus urbis Romae
→**Epitome de Caesaribus (Ps.-Aurelius Victor)**

De virtutibus dicendi
„Über die Qualitätsmerkmale des Redens"

Theophrastos aus Eresos, um 370–287 v. Chr.

Verlorene rhetorische Abhandlung (gr.), die teilweise aus Cicero, →*Orator* 75 ff., zu rekonstruieren ist.

I Hauptthema der Abhandlung war die Lehre von den klassischen Qualitätsmerkmalen des Redens: Sprachrichtigkeit (*hellenismós*), Deutlichkeit (*saphéneia*), Angemessenheit (*prépon*), Redeschmuck (*kataskeué* oder *kósmos*). Es handelt sich dabei um eine Systematisierung aristotelischer Gedanken. Ferner entwickelte Theophrast ebenfalls im Anschluß an Aristoteles (→*Téchne rhetoriké*) auch die Lehre von den drei Stilarten (*charaktêres léxeos*), die in drei entsprechenden Redegattungen zum

Ausdruck kommen: schlichter Stil (*charaktèr ischnós*) passend zum *genus iudiciale* (Gerichtsrede), mittlerer Stil (*mésos*) passend zum *genus deliberativum* (Staatsrede) und erhabener Stil (*megaloprepés*) passend zum *genus demonstrativum* (Festrede). – Die Schrift *De virtutibus dicendi* überschneidet sich inhaltlich anscheinend mit →*Perì léxeos*.

L O. Regenbogen: Theophrastos, in: RE Suppl. 7, 1527–1531. J. Stroux: De Theophrasti virtutibus dicendi, Leipzig 1912. F. Wehrli: Phyllobolia für Peter Von der Mühll, Basel 1946, 29 ff.

De virtutibus S. Martini
„Über die Tugenden des Hl. Martinus"

Venantius Honorius Clementianus Fortunatus, Bischof von Poitiers, etwa 530 – um 600 n. Chr.

Epos in vier B. mit insgesamt 2243 Hexametern (lat.).
Vor 576 n. Chr. verfaßt.

I Das christliche Heiligenepos basiert stofflich auf der Heiligenbiographie des Sulpicius Severus (→*Vita Sancti Martini*) und dem Epos des Paulinus von Petricordium über das →*Vita Sancti Martini*. Der Autor beschränkt sich in seinem Bericht über die Wundertaten seines Helden auf das Wesentliche und vereinfacht den Bericht des Sulpicius Severus. Er gibt der epischen Dichtung einen neuen Impuls, indem er ein bekanntes Sujet in einer Form behandelt, die dem religiösen Empfinden seiner Zeit angemessen war. „Wunder und epische Überhöhung sind darin um so selbstverständlicher, als zwei Jahrhunderte den Dichter von seinem Gegenstande trennen und seine Leser keinerlei Zweifel an den Wunderkräften des heiligen Martin hegen: in der zweiten Hälfte des 6. Jahrhunderts ist der mit der Heiligenverehrung verbundene Wunderglaube Teil der allgemein anerkannten religiösen Überzeugungen geworden" (J. – L. Charlet, 513).

A F. Leo B. Krusch, MGH, AA 4, 1 und 2, 1881 und 1885, Nachdr. 1961.
L J. - L. Charlet: Die Poesie, in: NHbL. Spätantike, bes. 512 f.

De vita beata →De beata vita (Augustinus)

De vita beata
„Über das glückliche Leben"

Lucius Annaeus Seneca aus Corduba, etwa 4–65
n. Chr.

Philosophischer Traktat (lat.) aus der Sammlung der
→Dialogi (Nr. 7).
Entstanden 58/59 n. Chr.

I   Im ersten Teil der Schrift (1–5) wird die Frage
diskutiert, was das Leben wirklich glücklich mache.
Die Antwort lautet: Die Tugend, d. h. die sittliche
Vollkommenheit, als das höchste Gut. – Wahres
Glück besteht also nicht in der Lust (voluptas), wie
die Epikureer meinen (6–15). Die Aufzählung der
Leistungen der sittlichen Vollkommenheit veran-
schaulichen statt dessen die Gleichsetzung von Tugend (virtus) und Glück (16). Darauf geht Seneca
auf den Vorwurf ein, daß er sich selbst nicht an die
Forderungen der Philosophie halte und nicht das
Leben eines Weisen führe, sondern u. a. über großen
Reichtum verfüge. Seneca weist es von sich, ein
Weiser zu sein. Er sei allenfalls auf dem Weg zum
Weisen. Den Hinweis auf den Widerspruch zwischen Leben und Lehre weist Seneca mit der Feststellung zurück, daß er wie andere vor ihm nur darstelle, wie man leben müsse, ohne zu behaupten,
daß er selbst so lebe. Er lobe nicht das Leben, das
er führe, sondern das er eigentlich führen müßte
(17–18). Auch im folgenden weist Seneca die Vorwürfe gegen die Philosophen zurück, die nicht behaupten, die Tugend zu besitzen, sondern nur zu
verehren und allenfalls auf dem Weg zu ihr zu sein
(19–20). Auch die folgenden Vorhaltungen treffen
nicht ins Ziel: „Warum ist jener ein Philosoph und
gleichzeitig so reich? Warum bezeichnet er Reichtum als verachtungswürdig und besitzt ihn zugleich? Warum meint er, das Leben sei verachtenswert und lebt dennoch? Die Gesundheit hält er für
verachtenswert und achtet doch sehr darauf." usw.
Seneca löst den Widerspruch, indem er erklärt, daß
der Philosoph alle diese „Werte" durchaus besitzen
und schätzen dürfe, aber jederzeit loslassen könne,
ohne unter ihrem Verlust zu leiden (21). Der Philosoph benutze diese Dinge, um seine Tugenden zu
entwickeln und zu praktizieren. Natürlich zieht er
es vor, z. B. gesund zu sein, aber er ist in der Lage,
auch Krankheit zu ertragen (22). Auf jeden Fall
wird der Weise nicht mit unrechten Mitteln Reichtum erwerben oder vergrößern und wird ihn auch
nicht zu unrechten Zwecken benutzen (23). Mit seinem Reichtum wird er andere unterstützen. Er wird
Gelegenheit zum Schenken haben, er wird Gutes
tun können; denn wo immer ein Mensch ist, gibt es
eine Gelegenheit zu einer guten Tat. Reichtum an
sich aber ist kein Gut; denn wenn er es wäre, würde
er die Menschen gut werden lassen (24). Demnach
kann er auch niemanden glücklich machen. Der entscheidende Unterschied zwischen dem Weisen und
dem Toren aber besteht darin, daß der Reichtum des
Weisen die Stellung eines Sklaven, der Reichtum des

Toren die Stellung eines Herrn einnimmt, d. h. der
Weise ist unabhängig gegenüber seinem Reichtum;
der Tor unterwirft sich ihm. Also kann man dem
Weisen den Reichtum rauben, ohne ihm etwas Wesentliches fortzunehmen (25–26). – Mit einer (un-
vollendeten) Rede des Sokrates im Kerker schließt
der Traktat (27–28).

W   Ein wesentlicher Zweck der Schrift ist die
Rechtfertigung des „reichen" Philosophen, d. h.
eine Selbstrechtfertigung. Seneca hebt den Widerspruch auf, indem er den Reichtum zum Instrument
in der Hand des Philosophen erklärt, das er souverän benutzt, um seinen Wirkungsgrad zu erhöhen.
Armut bedeutet für den Philosophen zwar keinen
Substanzverlust, aber Reichtum ist der Armut als
Medium der virtus zweifellos überlegen. Reichtum
ist zwar für ein glückliches Leben nicht notwendig,
aber nützlich. Das ist kein Zynismus, sondern
nüchterne Einschätzung.

A   J. W. Basore, London/Cambridge (Mass.) [(2)]1935
(engl.-dt.). E. Hermes, Leipzig 1923. L. D. Reynolds, Oxford 1977.
Ü   O. Apelt. 4 Bde., Leipzig 1923–1924. G. Fink, Düs-
seldorf/Zürich 1992 (lat.-dt.). F.-H. Mutschler, Stuttgart
1990 (lat.-dt.). M. Rosenbach, Damstadt [(4)]1993 (lat.-dt.).
L. Rumpel / P. Jaerisch, Stuttgart 1965. H. Schmidt, Stuttgart [(12)]1967.
L   M. v. Albrecht, RL, 918–954. F. – R. Chaumartin:
Les désillusions de Sénèque devant l' évolution de la politique néronienne et l' aspiration à la retraite: Le De vita
beata et le De beneficiis, in: ANRW 2, 36, 3, 1989, 1686–
1723. H. Dahlmann: Bemerkungen zu Seneca, De vita beata, Mainz 1972. M. Fuhrmann, Seneca, 233–241. I. Hadot:
Seneca und die griechisch-römische Tradition der Seelenleitung, Berlin 1969. KNLL 15, 201. G. Kuen: Philosophie
als dux vitae. Die Verknüpfung von Gehalt, Intention und
Darstellungsweise im philosophischen Werk Senecas am
Beispiel des Dialogs De vita beata, Heidelberg 1994. W.
Stroh: De dispositione libelli quem De vita beata Seneca
scripsit, in: W. Suerbaum u. a. (Hg.): FS F. Egermann, München 1985, 141–145.

De vita XII Caesarum libri VIII
„Acht B. über das Leben der zwölf Kaiser"

Gaius Suetonius Tranquillus, etwa 75 – um 150
n. Chr.

Biographien (lat.) der röm. Herrscher von Gaius Iulius Caesar (100–44 v. Chr.) bis Domitian (51–96
n. Chr.).
Das Werk wurde um 122 n. Chr. unter Kaiser Hadrian mit einer Widmung an den Prätorianerpräfek-
ten Gaius Septicius Clarus publiziert.

I   Allen zwölf Biographien liegt ein gemeinsames Aufbauschema zugrunde, das jedoch dem Gegenstand entsprechend variiert ist. Zunächst werden
gens und familia des jeweiligen Kaisers behandelt,
vor allem seine unmittelbaren Vorfahren. Sein Geburtstag und sein Geburtsort werden möglichst genau angegeben. Darauf folgen Hinweise auf Kindheit und Jugend. Das Leben wird bis zur Übernah-

me der Regierung chronologisch erzählt; allerdings kann die Abfolge zugunsten zeitübergreifender Sachverhalte durchbrochen werden. Die Regierungszeit wird nach Sachbereichen abgehandelt. – Insgesamt verfolgt Sueton also zwei Darstellungsarten: [1] Er berücksichtigt die zeitliche Abfolge (*per tempora*), und er führt das Leben der Person nach Rubriken geordnet (*per species*) vor (vgl. *Augustus* 9). Stets geht er so vor, daß er bis zur Machtübernahme chronologisch (*per tempora*), danach aber in der Form von zeitübergreifenden Sachbereichen (*per species*) berichtet; dabei werden das öffentliche und das private Leben des Kaisers ohne Rücksicht auf die Chronologie geschildert: Kriege, Umgang des Kaisers mit dem Heer, Ämter, Bautätigkeit, Verhältnis zur Religion und Rechtsprechung, Veranstaltung von Spielen, Verwaltungsarbeit, Reformen. In diesem Zusammenhang werden auch die besonderen Eigenschaften des Kaisers und seine Ehrungen erwähnt. – Im Rahmen des Privatlebens interessieren vor allem die Familienverhältnisse, die Freunde, die Lebensweise, die Freizeitbeschäftigungen. Gegen Ende wird wieder in stärker chronologischer Abfolge über die letzten Tage, den Tod, das Begräbnis und das Testament berichtet. – Die kaiserlichen *virtutes* (Tugenden) und *vitia* (Fehler) werden besonders eingehend behandelt; sie werden unter verschiedenen Sachrubriken erwähnt. Offensichtlich hat sich das Lesepublikum für dieses Thema sehr interessiert. Daher bietet Sueton auch stets viele Belege für eine *virtus* oder ein *vitium* im öffentlichen wie im privaten Leben eines Kaisers.

Q Sueton informiert sich weitgehend aus Quellen, die das jeweils der Nachwelt überlieferte konventionelle Kaiserbild bestimmt haben. Darin stimmt er mit Tacitus (→*Annales*, →*De vita et moribus Iulii Agricolae*, →*Historiae*) überein. Es handelt sich offensichtlich um Geschichtsdarstellungen aus Kreisen des Senatsadels. Hinzu kommen annalistische Quellen aus der Zeit des Tiberius. Es hatten sich anscheinend kanonisierte Kaiserbilder entwickelt, die den Historikern und Biographen als mehr oder weniger verbindlich vorlagen. Das galt zumindest für alle Kaiser bis 81 n. Chr. Das Bild des zwölften und letzten Kaisers der Darstellung war hingegen noch nicht allgemein verbindlich festgelegt. Dieser Umstand ermöglichte einen selbständigen Umgang mit dem Quellenmaterial, womit die Unterschiede in der Zeichnung des Domitian-Bildes durch Tacitus und Sueton zu erklären sind: Suetons Domitian-Bild zeigt eine differenziertere Betrachtung guter und schlechter Seiten des Kaisers. Das Domitian-Bild des Tacitus ist völlig negativ (→*De vita et moribus Iulii Agricolae*). Denn Tacitus wollte mit seiner Charakteristik des Domitian den neuen Kaiser Trajan unterstützen, der das negative Domitian-Image zur Festigung seiner Herrschaft benötigte. Sueton hingegen konnte sich 25 Jahre später von einer derartigen Instrumentalisierung des Domitian-Bildes distanzieren und seinen Domitian unbefangener darstellen.

W Es war Suetons Absicht, durch „die möglichst exakte Wiedergabe der nackten Tatsächlichkeit ohne alle Nebenzüge" (Steidle, 123) den Charakter jedes einzelnen Kaisers hervortreten zu lassen. Der Biograph will „allein durch die Gestaltung des Faktischen wirken" (Steidle, 28). Seine Darstellung verkörpert „durch ihre Beschränkung auf das Äußere, Faktische und Einzelne sowie durch ihren nüchternen Realismus römische Art" (Steidle, 175). So ergeben sich die Auswahl der dargestellten Fakten und die damit verbundene Charakterisierung des jeweiligen Herrschers aus dem spezifisch röm. Blickfeld des Autors. Aber er zwingt dem Leser seine eigene Meinung nicht auf, sondern veranschaulicht den Charakter seiner Personen durch die Darstellung ihrer Taten.

A M. Ihm, Leipzig 1908, Nachdr. 1993. O. Wittstock, Berlin 1993 (lat.-dt.).
Ü M. Heinemann, Stuttgart [6]1961. A. Lambert, München [4]1983. H. Martinet, Düsseldorf/Zürich [2]2000 (lat.-dt.). A. Stahr / W. Krenkel, Berlin [2]1985.
L M. v. Albrecht, RL, 1104–1119. G. Alföldy: Die römische Gesellschaft. Ausgewählte Beiträge, Stuttgart 1986, 396–433. B. Baldwin: Suetonius, Amsterdam 1983. K. R. Bradley: The Imperial Ideal in Suetonius' *Caesares*, in: ANRW 2, 33, 5, 1991, 3701–3732. E. Cizek: Structures et idéologie dans „Les Vies des Douze Césars" de Suétone, Bukarest/Paris 1977. A. Dihle: Die Entstehung der historischen Biographie, Heidelberg 1987. D. Flach: Einführung in die römische Geschichtsschreibung, Darmstadt 1985, 174–190. G. Funaioli: Suetonius (Nr. 4), in: RE 4 A, 1931, 593–641. J. Gascou: Suétone historien, Rom 1984. U. Lambrecht: Herrscherbild und Prinzipatsidee in Suetons Kaiserbiographien. Untersuchungen zur Caesar- und zur Augustus-Vita, Bonn 1984. U. Lambrecht: Suetons Domitian-Vita, in: Gy: 102, 1995, 508–536. F. Leo: Die griechisch-römische Biographie nach ihrer literarischen Form, Leipzig 1901, Nachdr. Hildesheim 1965. A. Macé: Essai sur Suétone, Paris 1900. W. Steidle: Sueton und die antike Biographie, München [2]1963. A. Wallace-Hadrill: Suetonius. The Scholar and His Caesars, London 1983. D. Wardle: Suetonius' Life of Caligula. A Commentary, Brüssel 1994.

De vita contemplativa
„Über das beschauliche Leben"

Iulianus Pomerius aus Arelate (Arles), 5./6. Jh. n. Chr.

Idealbild des Lebens und Wirkens der Kleriker in drei B. (lat.).

I Der Titel paßt nur zum 1. B.; im 2. B. wird das tätige Leben beschrieben, und im 3. B. warnt der Autor vor Lastern und empfiehlt die Tugenden.

A PL 59, 415–520.

De vita et moribus Iulii Agricolae
„Über das Leben und den Charakter des Iulius Agricola"

Cornelius Tacitus, etwa 55–116/120 n. Chr.

Biographisch-historische Monographie (lat.).
Das erste Werk des Cornelius Tacitus; es erschien 98 n. Chr. unter Kaiser Trajan (reg. 98–117 n. Chr.).

I Tacitus beginnt die Biographie seines Schwiegervaters mit einer Reflexion über die Lage eines Biographen unter tyrannischen Herrschern (1–2). Unter Nerva und Traja verbesserte sich die Situation, so daß der Autor seine Schrift zum ehrenden Andenken an seinen Schwiegervater erscheinen lassen kann (3). Darauf folgt die Lebensbeschreibung für die Zeit von 40–77 n. Chr. bis zu Agricolas Statthalterschaft in Britannien (4–9). Eine Beschreibung von Britannien und seinen Bewohnern schließt sich an. Die Verhältnisse vor Agricolas Amtsantritt werden kurz geschildert (10–17). Das Kernstück der Schrift bildet die Darstellung von Agricolas Leistungen während seiner Statthalterschaft (78–84 n. Chr.) in Britannien (18–38). Die Schilderung seiner letzten Lebensjahre (85–93 n. Chr.) und die Erwähnung seines Todes bilden den Abschluß (40–46).

Q Unter gattungsgeschichtlichem Aspekt besteht der „Agricola" aus Elementen der Biographie, der Grabrede (*laudatio funebris*) und des Enkomions (vgl. Isokrates, →*Euagóras*; Xenophon, →*Agesílaos*). Aber obwohl das Werk als biographisches Enkomion zu betrachten ist, hat es auch Eigenschaften der historischen Monographie, wie z. B. einen ethnographischen Exkurs über Land und Leute oder die Schlachtbeschreibungen und Reden. – Die „romfeindliche" Rede des Calgacus (30–32) erinnert an die Rede des Critognatus bei Caesar (→*De bello Gallico* 7,77) und an Sallusts „Mithridatesbrief" (→*Historiarum libri V* 4,98). Das Redenpaar Calgacus-Agricola (30–32 und 33–34) verweist auf Livius' Darstellungsweise in →*Ab urbe condita*. – Selbstverständlich verwertete Tacitus vor allem auch die Erzählungen und Berichte seines Schwiegervaters selbst (oral history).

H „Die Erinnerung an die Opfer des Konfliktes zwischen der kaiserlichen Macht und der stoisch untermauerten Senatsopposition, der unter Nero und Domitian seinen Höhepunkt erlebte, hatte eine ganze Literatur entstehen lassen, die diesen Märtyrern der Freiheit gewidmet war und aus der ein Leser wohl nur den Eindruck gewinnen konnte, daß die Behauptung der moralischen Integrität eines Philosophen und Senators unter der domitianischen Tyrannei nur um den Preis des Lebens möglich gewesen war. Tacitus selbst beschreibt die Zeit nach 96 n. Chr. im Gegensatz zur Vergangenheit in einem Satz des Historien-Proömiums (→*Historiae*): Man könne jetzt empfinden, was man möchte, und aussprechen, was man empfinde. Das Wissen, die Schwelle eines Zeitalters überschritten zu haben, drückt Tacitus in der Agricola-Vita mit der Formulierung aus, sie, die den Terror Domitians überstanden hätten, fühlten sich als ‚Überlebende ihrer selbst', und dieses Gefühl entsprang, wie es Tacitus gleichfalls sagt, dem Bewußtsein der Mitschuld an Tod und Verbannung der Opfer im Kreis der Standesgenossen, deren Verfolgung man tatenlos zusah" (Dihle, GLL, 227).

W Tacitus wendet sich mit seiner Agricola-Biographie gegen die Verherrlichung der Opfer des Widerstandes gegen das Regime von Nero und Domitian. Denn diese Opfer seien nur die Folge einer sinnlosen Demonstration gewesen, die dem Staat keinen Nutzen gebracht hätten. Tacitus will dagegen am Beispiel seines Schwiegervaters zeigen, „daß es auch unter Domitian tüchtige Männer gegeben habe, die trotz ihres Dienstes unter dem Tyrannen sich moralisch nicht kompromittierten, vielmehr gerade die alten Römertugenden in großen Leistungen für den Staat zur Geltung brachten" (Dihle, 228). Tacitus selbst sagt dazu (*Agricola* 42): „Domitian war allerdings von Natur aus jähzornig, und um so unversöhnlicher, je verschlossener er war. Dennoch wurde er durch Agricolas Zurückhaltung (*moderatio*) und Vorsicht (*prudentia*) besänftigt. Denn Agricola provozierte nicht durch Widerspenstigkeit und leeres Prahlen mit der Freiheit den Ruhm (des Widerstandes) und den eigenen Untergang. Diejenigen, die Auflehnung zu bewundern pflegen, mögen wissen, daß es auch unter schlechten Herrschern große Männer geben kann (*posse etiam sub malis principibus magnos viros esse*) und daß Unterordnung und Anpassung, wenn Fleiß und Kraft hinzukommen, zu demselben Ansehen führen, wie es die meisten durch eine unversöhnliche Haltung erreicht haben, die sie jedoch mit ihrem zwar wirkungsvoll inszenierten, aber für den Staat nutzlosen Tod bezahlt haben." Tacitus sieht die Möglichkeit, daß sich auch unter einem autoritären Regime *virtus* entfalten kann, wenn es gelingt, die Mitte zwischen Auflehnung und Unterwürfigkeit zu finden. „Hier finden sich Ansätze zu einer neuen Ideologie des Prinzipats, in der auf Seiten der Untertanen *moderatio*, auf Seiten des Princeps *clementia* herrscht" (M. v. Albrecht, 895). *Virtus* hat – das zeigt Tacitus im *Agricola* – im Einsatz für die röm. Machtpolitik ein weites Betätigungsfeld. Dennoch bringt Tacitus auch ein Schuldbewußtsein zum Ausdruck, wenn er (*Agricola* 45) darauf hinweist, daß die Ermordung Unschuldiger durch die Tyrannen vom röm. Senat einfach hingenommen wurde. – Neben der Rechtfertigung des Agricola diente die Biographie wahrscheinlich auch der „publizistischen Unterstützung Trajans bei der Abwehr aller auf Kontinuität zur Herrschaft Domitians gründenden Gegenströmungen" (Schwarte, 171). Bei dieser Zielsetzung mußte das Domitian-Bild so negativ wie möglich ausfallen. Eine vergleichbare Zielsetzung hatte auch der →*Panegyricus* des Plinius auf Trajan.

A J. Delz, Stuttgart 1983. E. Koestermann, Leipzig [3]1970. M. Winterbottom / R. M. Ogilvie, Oxford 1975.

Ü K. Büchner, Stuttgart [3]1985. R. Feger, Stuttgart 1973 (lat.-dt.). A. Städele, Düsseldorf/Zürich [2]2001 (lat.-dt.). R. Till, Berlin [5]1988 (lat.-dt.). C. Woyte, Münster 1951.

L M. v. Albrecht, RL, 869–909. A. Dihle: Tacitus' *Agricola* und das Problem der historischen Biographie, in: AU 31, 5, 1988, 42–52. A. Dihle, GLL, 226–235. H. Heubner: Kommentar zum *Tacitus*, Göttingen 1984. A. Klinz: Tacitus' *Agricola*, in: V. Pöschl / A. Klinz (Hg.): Zeitkritik bei Tacitus, Heidelberg 1972, 33–76. W. Liebeschuetz: The Theme of Liberty in the *Agricola* of Tacitus, in: CQ 60, 1966, 126–139. R. Sablayrolles: Style et choix politique dans la Vie d' Agricola de Tacite, in: BAGB 1981, 52–63. K. – H. Schwarte: Tajans Regierungsbeginn und der *Agricola* des Tacitus, in: Bonner Jahrb. 179, 1979, 139–175. P. Steinmetz: Die literarische Form des *Agricola* des Tacitus, in: G. Radke (Hg.): Politik und literarische Kunst im Werk des Tacitus, Stuttgart 1971, 129–141. H. Storch: Tacitus' *Agricola* als Maßstab für Geltung und Verfall des römischen Tugendkanons, in: AU 29, 4, 1986, 36–49. G. M. Streng: Agricola – Das Vorbild römischer Statthalterschaft nach dem Urteil des Tacitus, Diss. Bonn 1970.

De vita mea
„Über mein Leben"

Augustus, röm. Kaiser, reg. 27 v. – 14 n. Chr.

Verlorene Autobiographie (lat.) in 13 B. Das Werk reichte nach Sueton, →*De vita XII Caesarum libri VIII* (*Augustus* 85,1) bis zum Kantabrischen Krieg (26–29 v. Chr.) des Augustus.

De vita Moysis →Perì bíu Moyséos (Gregorios aus Nyssa)

De vita patris
„Über das Leben meines Vaters"

Lucius Annaeus Seneca aus Corduba, etwa 4–65 n. Chr.

Verlorene Biographie des Vaters (lat.).

A F. Haase: Senecae Opera. 3 Bde., Leipzig [2]1881–1886. Schanz-Hosius 2, 341 und 707.

De vita Pythagorica →Perì tû Pythagorikû bíu (Iamblichos)

De zelo et livore
„Über Eifersucht und Neid"

Thascius Caecilius Cyprianus aus Karthago, 3. Jh. n. Chr.

In den Jahren 251/2 oder 256/7 n. Chr. verfaßte Rede (lat.).

A W. v. Hartel, CSEL 3, 1–3, 1868–1871.

L M. v. Albrecht, RL, 1242–1252. A. Dihle, GLL, 392–395.

Diadochaì philosóphon
„Die Abfolgen der Philosophen"

Alexandros Polyhistor aus Milet, 1. Jh. v. Chr.

Biographische Philosophiegeschichte (gr.), nur in Frg. erhalten.

I Bei Diogenes Laertius, →*Philosóphon bíon kaì dogmáton synagogé* (8,24–33), ist zu erkennen, daß das Werk einen Bericht über die Lehren der Pythagoreer enthielt. Andere Zitate bei Diogenes Laertius beziehen sich auf biographische Informationen. Möglicherweise hatte der Bericht über die Pythagoreer eine Sonderstellung im Gesamtwerk des Autors: er sollte dem besonderen Interesse des Lesepublikums am Pythagoreismus entgegenkommen. Damit dürften sich die doxographischen Ausführungen über die Pythagoreer in einem überwiegend biographisch angelegten Werk erklären.

A FGrHist 273, 85–93.
L K. Döring, Historia, 33.

Diadochè tôn philosóphon
„Abfolge der Philosophen"

Sosikrates aus Rhodos, 2. Hälfte des 2. Jh.s v. Chr.

Beschreibung von Philosophenschulen (gr.) als Abfolge ihrer Schulhäupter, in nur wenigen Frg. überliefert.

I Sosikrates legte besonderen Wert auf die Klärung chronologischer Fragen. Der letzte von ihm behandelte Philosoph war der Stoiker Panaitios (um 185–98 v. Chr.).

A FGrHist 461.

Diadochè tôn philosóphon
„Abfolge der Philosophen"

Sotion aus Alexandreia, 1. Hälfte des 2. Jh.s v. Chr.

Philosophiegeschichte auf biographischer Grundlage (gr.), nur in Frg. erhalten.

I In den B. 1–8 wird nach einem Vorspann, in dem der Autor die „Sieben Weisen" als die Vorläufer der Philosophen darstellt, die „ionische Philosophie" behandelt, indem er die Lehrer-Schüler-Beziehungen zum Darstellungsprinzip erhebt. So kommt er von Thales und Anaximander über Anaximenes, Anaxagoras und Archelaos zu Sokrates. Von diesem aus gelangt er über Aristipp zur kyrenaischen Schule, über Eukleides zur elisch-eretrischen Schule, über Platon zur Akademie und über

Aristoteles zum Peripatos, über Antisthenes zu den Kynikern und über diese zu den Stoikern bis Chrysipp. – In den B. 9–12 ging es um die „italische Philosophie", d. h. um die Abfolge der Philosophen, die sich über Lehrer-Schüler-Verhältnisse von Pythagoras herleiten lassen. Die „italische Philosophie" führte von Empedokles, Xenophanes, Heraklit, Parmenides, Zenon aus Elea und Demokrit zu Pyrrhon und den Skeptikern und zu Epikur und seinen Schülern. – Das 13. B. behandelte die außergriechische Philosophie.

W Sotion war anscheinend der erste Philosophiegeschichtsschreiber, „der den Versuch unternahm, die gesamte griechische Philosophiegeschichte von den Anfängen bis auf seine Zeit nach dem Prinzip der tatsächlichen, erschlossenen oder auch nur vermuteten schulmäßigen Zusammengehörigkeit durchzuorganisieren" (Döring, 30f.). Dabei legte er besonderes Gewicht auf die Biographien der Philosophen.

N Für Diogenes Laertius (→*Philosóphon bíon kaì dogmáton synagogé*) war Sotions Werk von besonderer Bedeutung. Schon Herakleides Lembos fertigte um 150 v. Chr. einen Auszug aus dem Werk an. Der Auszug, den Nikias aus Nikaia herstellte, lag offensichtlich Diogenes Laertius vor.

A H. Diels: Doxographi Graeci, Berlin 1879, Nachdr. 1958, 147ff. F. Wehrli, Schule, Suppl. 2, 1978 (Sotion).

L K. Döring, Historia, 29–32.

Diadochengeschichte →Tà met' Aléxandron (Arrianos, Dexippos, Hieronymus aus Kardia)

Dialéxeis
„Unterredungen"

Auch zitiert als *Dissoì lógoi* („Gegenübergestellte Auffassungen").

An.

Sophistische Lehrschrift in dorischem Dialekt (gr.), wohl die Nachschrift einer Vorlesung.
Kurz nach dem Ende des Peloponnesischen Krieges (→*Ho pólemos tôn Lakedaimoníon kaì Athenaíon*) und dem spartanischen Sieg über Athen im Jahre 404 v. Chr. verfaßt, aber wohl nicht zur Veröffentlichung bestimmt.

I In neun Abschnitten werden antithetisch, d. h. nach dem Prinzip der *Dissoì lógoi* des Protagoras, allgemeine Fragen der Philosophie, Pädagogik und Politik erörtert. In den ersten sechs Abschnitten wird jeweils eine paradoxe These und deren Widerlegung entwickelt: (1) Gut und böse sind identisch / nicht identisch. (2) Schön und häßlich sind identisch / nicht identisch. (3) Gerecht und ungerecht sind identisch / nicht identisch. (4) Wahrheit und Lüge sind identisch / nicht identisch. (5) Wahnsinnige und Vernünftige reden und tun dasselbe / nicht dasselbe. (6) Weisheit und Tugend sind nicht lehrbar / sind lehrbar. – Im 7. Abschnitt wird die These aufgestellt, daß die politischen Ämter durch das Los zu besetzen sind; darauf folgt die Widerlegung. Im 8. Abschnitt wird nur eine paradoxe Behauptung ohne Widerlegung aufgestellt: Es sei Sache desselben Mannes, sich in kurzen Sätzen auszudrücken, die Wahrheit über die Dinge zu kennen, Recht zu sprechen, Volksreden zu halten, die Rhetorik zu beherrschen und andere über das Wesen und die Entstehung der Welt zu unterrichten. Der 9. Abschnitt beginnt mit der These, daß das Gedächtnis sehr nützlich sei. Eine Gegenthese wird nicht aufgestellt.

Q Die Schrift erweckt den Eindruck, aus Fetzen verschiedener Schriften anderer Autoren „zusammengeflickt" zu sein und in der Tradition der Sophistik zu stehen, wie sie sich bereits vor der Sokratik entwickelt hatte. Altes sophistisches (vorsokratisches) Gedankengut, das sich mit dem Namen des Protagoras verbindet, ist in die *Dialéxeis* eingegangen. Übereinstimmungen zwischen der Schrift und Protagoras beziehen sich auf solche Äußerungen des Sophisten, die nur aus dem platonischen Dialog →*Protagóras* bekannt sind. Die Übereinstimmungen können auf den historischen Protagoras verweisen.

W Die „gegenübergestellten Auffassungen" (*Dissoì lógoi*) sind nicht die von der Sophistik herausgearbeiteten Antithesen, sondern entsprechen einerseits der sophistische Lehre (These) und geben andererseits die persönliche Meinung des Autors (Antithese) wieder, die dem gesunden Menschenverstand entspricht. Die sophistische Lehre wird stets ausführlicher dargestellt als die Widerlegung des Autors. „Sein Hauptgedankengut verdankt er den Sophisten, hat aber ein dunkles Gefühl für die Fragwürdigkeit ihrer Anschauungen. In die Sokratik ist er nicht tief genug eingedrungen, um daraus das geistige Rüstzeug zu ihrer Überwindung zu gewinnen, er hat sich nur einzelne Gedanken daraus angeeignet. Immerhin gewährt er uns einen Einblick in die geistige Situation und in die philosophischen Debatten der Athener am Ende des 5. Jahrhunderts" (Nestle, 447).

N Die sophistische Technik der *Dissoì lógoi* findet in den Tragödien des Euripides ihre dramatische Gestaltung (vgl. z. B. die →*Álkestis*): In der Streitszene, dem Agon, tragen zwei Parteien den Kampf der Worte mit allen nur denkbaren Argumenten aus.

A VS 90. M. Untersteiner: Sofisti: Testimonianze e frammenti. Bd. 3, Florenz 1954.

Ü H. Gomperz (s.u.), 140–149 (Übersetzung und Paraphrase).

L H. Gomperz: Sophistik und Rhetorik, Leipzig/Berlin 1912, Nachdr. Darmstadt 1965, 138–200. A. Lesky, GL, 408. W. Nestle, VMzL.

Dialéxeis
„Unterredungen"

Auch lat. zitiert als *Dissertationes*.

Maximos aus Tyros, etwa 125–185 n. Chr.

Populärwissenschaftliche Abhandlungen und Vorträge (gr.).
Von den Vorträgen, die Maximos in der Zeit des Kaisers Commodus (reg. 180–192 n. Chr.) hielt, sind 41 überliefert. Davon hielt er die Nr. 30–35 in Rom.

I Der Autor behandelt Themen und Fragen wie den platonischen Gottesbegriff, die Notwendigkeit des Betens, die Herkunft des Bösen, die Errichtung von Götterbildern, das Daimonion des Sokrates. – Maximos diskutiert häufig kontrovers, d. h. er erörtert das Für und Wider einer Behauptung oder These, indem er z. B. fragt, ob das aktive dem kontemplativen Leben vorzuziehen sei oder ob der Soldat den Vorrang vor dem Bauern habe. – Die *Dialéxeis* erreichten ihr Publikum vor allem durch Anschaulichkeit und anekdotische Beispiele.
Q In Form und Inhalt orientierte sich Maximos vor allem an Dion Chrysostomos (→*Lógoi*); philosophisch stand er dem Platonismus seiner Zeit nahe (er nennt sich selbst einen Platoniker), wurde aber auch von Aristoteles und der Stoa beeinflußt.

A H. Hobein, Leipzig 1910. M. B. Trapp, Stuttgart/Leipzig 1994.
Ü C. T. Damm, 1764. [3]1845.
L A. Lesky, GL, 982. H. Mutschmann: Das erste Auftreten des M. in Rom, in: Sokrat. 5, 1917, 185 ff. G. Soury: Apercus de philos. religieuse chez M. de T., 1942.

Diálexis
„Unterredung"

Auch zitiert als *Ammónios* (nach dem Gesprächspartner in der Unterredung).

Zacharias aus Mytilene, gest. vor 553 n. Chr.

Philosophischer Dialog über die Frage der Ewigkeit des Kosmos (gr.).

I Zacharias wendet sich in diesem Dialog gegen die Auffassung von der Ewigkeit der Welt, indem er sich auf die alte und seiner Auffassung nach wahre Lehre des Platonismus beruft und sich vom Neuplatonismus distanziert. – Der Dialog besteht aus vier Gesprächen. In drei Gesprächen diskutiert ein Christ (der die Auffassung des Autors vertritt) mit dem Neuplatoniker Ammonios, dem Schüler des Proklos, und dem Arzt Gessios, einem Ammonios-Schüler. Sie sprechen über allgemeine philosophische Probleme. Das vierte Gespräch wird von Zacharias mit einem Christen geführt, so daß auch christliche Auffassungen von der göttlichen Offenbarung einbezogen werden können. – Während die Neuplatoniker Ammonios und Gessios auf der Ewigkeit der Welt bestehen, erklärt der Christ Zacharias, daß die Welt in der Ewigkeit entstanden sei. Denn wenn Gott der Schöpfer der Welt sei, dann sei sie nicht ewig, und wenn sie ewig sei, dann sei Gott nicht ihr Schöpfer. Eine ewige Schöpfung aber sei auf keinen Fall denkbar. – In dem vierten Gespräch behauptet Zacharias, Gott habe die Welt als vergänglich geschaffen, da er die Sünde voraussah. Aber er habe den Menschen die volle Freiheit gegeben, worauf ihre Würde beruhe.

A M. Minniti Colonna, Neapel 1973 (gr.-it. mit Kommentar). PG 85.
L H. G. Beck: Kirche und theologische Literatur im byzantinischen Reich, München 1959, 385 f. M. E. Colonna: Zacaria scolastico, il suo *Ammonio* e il *Teofrasto* di Enea di Gaza, in: Annali della Facoltà di Lettere e Filosofia 6, Neapel 1956. E. Honigmann: Patristic Studies, Vatikanstadt 1953, 194–205. KNLL 17, 975. Patrologie 215 f. K. Wegenast, RE 2, 9, 2, 2212–2216.

Dialogi
„Dialoge"

Gaius Cilnius Maecenas, 70–8 v. Chr.

Verlorene Sammlung (lat.) von Dialogen (mindestens teilweise in Form der menippeischen Satire. Vgl. Varro, →*Saturae Menippeae*).

I Überlieferte Titel: *Prometheus* (Frg. 10), *De cultu suo* (Frg. 11) und *Symposium* (Frg. 12), in dem die Dichter Vergil, Horaz und Messalla auftreten. Auch ein *Elogium auf Octavia* (Frg. 15) wird erwähnt.

A FPL 101 ff. P. Lunderstedt: De C. M. Frg.is, 1911.
L J. M. André: Mécène écrivain, in: ANRW 2, 30, 3, 1983, 1765–1787. P. L. Schmidt: Maecenas (Nr. 4), in: DKP 3, 860–862.

Dialogi
„Dialoge"

Lucius Annaeus Seneca aus Corduba, etwa 4–65 n. Chr.

Titel einer aus zwölf philosophischen Schriften bestehenden und in dieser Form überlieferten Sammlung (lat.).

I Die zwölf *Dialogi* sind: (1) →*De providentia*, (2) →*De constantia sapientis*, (3–5) →*De ira*, B. 1–3, (6) →*Ad Marciam de consolatione*, (7) →*De vita beata*, (8) →*De otio*, (9) →*De tranquillitate animi*, (10) →*De brevitate vitae*, (11) →*Ad Helviam de consolatione* (nach anderer Zählung = 12), (12) →*Ad Polybium de consolatione* (nach anderer Zählung = 11). – Diese Schriften sind bis auf →*De tranquillitate animi* keine Dialoge im üblichen Sinne. Aber wenn ein *dialogus* eine Auseinandersetzung mit einem fingierten Gesprächspartner (vgl. →*De beneficiis* 19,8) oder auch ein Selbstgespräch bzw. eine philosophische Reflexion bedeutet, dann ist der Titel *Dialogi* berechtigt. – „Die Traktate stammen aus ganz verschiedenen Lebensjahren Senecas und behandeln im Sinn stoischer Lehre moralphilosophische Themen ... Die Darlegungen sind ganz auf den praktischen Lebensvollzug bezogen, etwa wenn der Wert öffentlicher, geschäftlicher und philosophischer Tätigkeit als vertretbarer Inhalt der kurzen Lebensspanne gegeneinander abgewogen, die Seneca selbst sehr nahe berührende Frage nach dem Verhältnis von philosophischer Lebensführung und Reichtum gestellt oder die Konsequenzen des Vertrauens in die unumstößliche, aber bestmögliche Vorherbestimmung aller Geschehnisse für den Lebensvollzug des Menschen erörtert werden. Die stoischen Grundlehren werden dabei zumeist nur erwähnt und vorausgesetzt, viel weniger dargelegt und erläutert" (Dihle, 103).

A R. Waltz / F. Préchac / A. Bourgery / P. Oltramare. 4 Bde., Paris 1922–1964.
Ü M. Rosenbach: L. Annaeus Seneca. Philosophische Schriften. 2 Bde., Darmstadt [5]1995 und [4]1993 (lat.-dt.).
L K. Abel: Bauformen in Senecas Dialogen, Fünf Strukturanalysen: *dial.* 6, 11, 12, 1 und 2, Heidelberg 1967. M. v. Albrecht, RL, 918–954. A. Dihle, GLL, 102–109. G. Maurach, Seneca. E. G. Schmidt: Die Anordnung der Dialoge Senecas, in: Helikon 1, 1961, 245–263.

Dialogi de vita et miraculis patrum Italicorum
„Gespräche über das Leben und die Wundertaten der italischen Väter"

Gregorius der Große, etwa 540–604 n. Chr., seit 590 Papst in Rom

Wundererzählungen in vier B. (lat.).
Verfaßt um 594 n. Chr.

I In B. 1 seiner hagiographischen Sammlung veranschaulicht Gregorius anhand zahlreicher Beispiele, daß die italischen Väter (Asketen) viele Wunder gewirkt haben. Die Erzählung trägt stark märchenhafte Züge. – Im B. 2 geht es um Leben und Wundertaten des Benedikt von Nursia (um 480 – um 550), der auch den stärksten Versuchungen widersteht und ein tugendhaftes Leben führt. Das B. ist eine wichtige Quelle für unsere Kenntnis des Benedikt. – In B. 3 werden in Anknüpfung an B. 1 weitere Wunder erzählt. – In B. 4 berichtet Gregor auf Wunsch seines Gesprächspartners Petrus von Erscheinungen, die ein Fortleben der Seele nach dem Tode wahrscheinlich machen. Hier geht es u. a. auch um „letzte Dinge" wie Tod, Fegefeuer, Himmel und Hölle.

N Im Mittelalter hatten die *Dialogi* eine sehr große Bedeutung, weil sie bei der geistlichen Lesung verwendet wurden. Das Werk war in jeder Klosterbibliothek vorhanden und wurde seit dem 8. Jh. auch in andere Sprachen übersetzt.

A U. Morica, Rom 1924. G. Waitz, Hannover 1878.
Ü J. Funk, BKV[2] 2, 3, 1933. T. Kranzfelder, Kempten 1873.
L F. Clark: The Pseudo-Gregorian Dialogues. 2 Bde., Leiden 1987 (bestreitet die Autorschaft Gregors). K. Hallinger: Papst Gregor der Große und der Hl. Benedikt, in: Studia Anselmiana 42, 1957, 231–319. H. Hofmann: Die Geschichtsschreibung, in: NHbL. Spätantike, bes. 453. KNLL 6, 851 f. H. Schrörs: Das Charakterbild des hl. Benedikt v. Nursia und seine Quellen, in: ZKTh 45, 1921, 184–207.

Diálogoi
„Dialoge"

Herakleides Pontikos, etwa 390–310 v. Chr.

Philosophische Gespräche über Fragen der Ethik, Physik, Grammatik, Literatur, Rhetorik, Geschichte (gr.), nur in Frg. erhalten.

I Die Titel zahlreicher Dialoge des Herakleides sind bei Diogenes Laertius (→*Philosóphon bíon kaì dogmáton synagogé* 5,86–88) überliefert. Als Dialogpartner wählte der Autor lange verstorbene Personen, d. h. es handelte sich um Dialoge, die in der Vergangenheit spielten. „Die erhaltenen Frg. zeigen, daß es H. an der nötigen Schärfe der Kritik fehlte. Neben bemerkenswerten Entdeckungen oder Schlüssen stehen Phantastereien, die schon Cicero als *pueriles fabulas* ablehnte (*nat.* 1,34); es hatte wohl gute Gründe, daß er weder im Peripatos ... noch in der Akademie heimisch wurde. Später zitierte man ihn gern, weil er Zeitgenosse der klass. Ära der att. Philos. war; aber man zitiert vorwiegend *curiosa* aus ihm. Zu geschlossener Nachwirkung ist keines seiner Werke gelangt" (H. Dörrie, 1042).

A F. Wehrli, Schule, 7.
L H. Dörrie: Herakleides (Nr. 15), in: DKP 2, 1042.

Diálogos mit dem Juden Tryphon

Flavius Iustinus Martyr aus Flavia Neapolis (Palästina), 2. Jh. n. Chr.

Rechtfertigung des Christentums (gr.).

I Iustinus verteidigt das Christentum in der Form des platonischen Dialogs gegen den jüdischen Vorwurf des Abfalls vom Monotheismus wegen der göttlichen Verehrung Christi. Für ihn ist das Christentum das wahre Israel. Grundlage seiner Argumentation ist die bereits im Alten Testament ausgesprochene Offenbarung. Iustinus sieht vor allem in den Propheten des AT die Philosophie überwunden, die nur Vorstufe der christlichen Lehre ist und nicht in ihr aufgeht.

A S. Frasca, 1938 (gr.-it.).
Ü K. Greschat / M. Tilly / Ph. Haeuser, Wiesbaden 2005.

L H. Dörrie: Justin, in: dtv-L 1, 2, 302. A. v. Harnack: Judentum und Judenchristentum in Justins Dialog mit Tryphon, 1913. Patrologie, 96–101. W. Schmid: Frühe Apologetik und Platonismus, in: FS O. Regenbogen 1952, 163–182. B. R. Voss: Iustinus (Nr. 6), in: DKP 3, 23 f.

Diálogos pròs Hesíodon
„Wortwechsel mit Hesiod"

Auch zitiert als *Dissertatio cum Hesiodo* („Auseinandersetzung mit Hesiod").

Lukianos aus Samosata, etwa 120–180 n. Chr.

Frg. einer größeren Schrift über den Diato Hesiod (gr.).

I Lykinos, der Gesprächspartner des Dichters, hält diesem vor, daß er zwar vieles geschrieben, aber er keine Auskünfte über die Zukunft erteilt habe. Hesiod entgegnet, er habe in seinen →*Érga kaì hemérai* durchaus viele Voraussagen gemacht und prophetischen Geist bewiesen – zumindest im Zusammenhang mit den Fragen der Landwirtschaft. Mit dieser Antwort ist Lykinos natürlich nicht zufrieden, da es sich dabei nicht um Prophetie handelt, sondern um schlichte Voraussagen natürlicher Prozesse, die so und nicht anders ablaufen können. Das sei keine echte Weissagung. – Hier bricht das Gespräch ab.
W Das Werk ist eine Polemik gegen den Anspruch Hesiods und damit aller Dichter auf prophetische Fähigkeiten.

A C. Jacobitz. 4 Bde., Leipzig 1836–1841 (vollständige Ausgabe der Gesamtwerkes). K. Kilburn: Lucian. Bd. 6, London/Cambridge (Mass.) 1959, 228–237 (gr.-engl.).
Ü Chr. M. Wieland: Lucian von Samosata. Sämtliche Werke 3. 5, Leipzig 1788–1789, 390–397.
L A. Lesky, GL, 937–941.

Dialogus de oratoribus
„Gespräch über die Redner"

Cornelius Tacitus, etwa 55–116/120 n. Chr.

Dialog über Ursachen des Verfalls der Redekunst (lat.).
Wahrscheinlich im 1. Jahrzehnt des 2. Jh.s n. Chr. verfaßt.

I Nach der Ankündigung des Themas und der Vorstellung der Gesprächspartner verteidigt der Redner Marcus Aper den Beruf des Redners (5 bis 10), der Dichter Curiatius Maternus die Arbeit des Dichters (11–13). Da greift Vipstanus Messalla ein und lenkt das Gespräch auf den Gegensatz zwischen „alter" und „neuer" Redekunst (14–15). Aper verteidigt die „neuen" Redner, Maternus bittet Messalla, die „alten" nicht in Schutz zu nehmen, da sie darauf nicht angewiesen seien, sondern die Ursachen des Verfalls der Beredsamkeit zu zeigen

(24). Nach einer kurzen Gegenrede zu Aper (25–26) wird Messalla gedrängt, zur Sache zu kommen (27), und beginnt mit einer Kritik der modernen Erziehung und dem Lob des „ciceronianischen" Bildungsideals (28–32). Er stellt die alte praxisnahe Rednerausbildung den rhetorischen Schulübungen der neuen Rhetorengeneration gegenüber (33–35). Zum Schluß geht Maternus auf die Bedeutung der republikanischen Verhältnisse für die Entfaltung der politischen und forensischen Beredsamkeit ein (36–41). Im Schlußkapitel (42) verabschieden sich die Gesprächspartner voneinander, nachdem sie einander versichert haben, daß das Thema noch nicht abschließend diskutiert sei. – Das Thema, das in der Einleitung angekündigt worden war, wird erst ab Kap. 28 eingehend erörtert. Hier erst werden die Ursachen für den Bedeutungsschwund der Rhetorik erörtert. Die wichtigste *causa* ist die Beschränkung des Wirkungsbereichs der Rhetorik. Vor allem für die politische Rede gab es in der jüngsten Vergangenheit keinen Platz; denn einerseits wurden keine politischen Prozesse mehr geführt, andererseits brachte – seit Augustus – die Rücksichtnahme auf den jeweiligen Machthaber die Redner zum Verstummen (vgl. bes. 38,2). Hinzu kamen die moralisch-gesellschaftliche Dekadenz und der Verlust einer praxisorientierten Rednerausbildung im Sinne Ciceros (vgl. →*De oratore* 3,74). Darüber hinaus machten Ruhe und Ordnung die Rede überflüssig. Die Redekunst stand deshalb am Ende der republikanischen Zeit in höchster Blüte, weil sich die politischen Verhältnisse in einem katastrophalen Zustand befanden. In der Situation friedloser Freiheit und heilloser Zerstrittenheit hatte die Rhetorik ihren größten Einfluß. In einer Zeit der Ruhe und des Friedens hat der Redner kein Betätigungsfeld. – Mit seiner Grundaussage, daß der Verfall der Beredsamkeit seine Ursache im Wandel der politischen Verhältnisse habe, steht die Schrift in einem inneren Zusammenhang mit den historischen Werken des Tacitus (→*Annales*, →*Historiae*).
Q Ciceros Einfluß auf Tacitus ist unbestritten. Der Stil des *Dialogus* ist ciceronisch. Das verlangte das Gesetz der literarischen Gattung. Tacitus orientiert sich an der Form des ciceronischen Dialogs (→*De oratore*, →*De re publica*, →*De natura deorum*, →*Brutus*), aber auch am Gehalt der rhetorischen Schriften. Mit *De re publica* setzt er sich inhaltlich auseinander. – Die Suche nach den Gründen für den Verfall der großen Redekunst begann schon vor Tacitus: Velleius Paterculus, →*Historiae Romanae libri II* (1,16 ff.), Seneca, →*Controversiae* (1 *praef.* 6 ff.), Seneca, →*Epistulae morales ad Lucilium* (114), Petronius, →*Satyrica* (1 f.; 8, 8; 83, 9–84), Plinius, →*Naturalis historiae libri XXXVII* (14 *praef.* 3 ff.). – Quintilian hat dem Problem eine (verlorene) Monographie gewidmet: →*De causis corruptae eloquentiae*, die er in seiner →*Institutio oratoria* mehrfach erwähnt. Dieses Hauptwerk des Quintilian hat Tacitus erkennbar beeinflußt. Es ist sogar anzunehmen, daß Tacitus seinen *Dialogus* schrieb, um sich mit Quintilian polemisch auseinanderzusetzen. –

Auch der Einfluß Vergils (→*Aeneis*), der mehrfach zitiert wird, ist nicht zu übersehen.

W „In keiner anderen Schrift legt Tacitus die Grundlagen seines historischen Sehens so frei wie im *Dialogus*. Indem eine umfassende historische Lösung der Frage nach dem Verfall der Beredsamkeit geboten wird, werden die Grundlinien sichtbar, denen das Verständnis der römischen Geschichte in den großen historischen Werken folgt. Vor allem im Blick auf Vergil entwickelt Tacitus im *Dialogus* die eigene Geschichtsauffassung. Er knüpft an den augusteischen Dichter an und tritt zugleich in bewußten Gegensatz zu ihm. Tacitus will unter der Perspektive einer umfassenden Lebens- und Weltdeutung Geschichte begreifen. Genau das zeigt der *Dialogus*, indem einem Dichter die entscheidenden, in den großen Werken weiterwirkenden Einsichten in den Mund gelegt werden" (Heilmann, 385). In der Rede des Dichters Maternus (11–13) wird einerseits das an geschichtlicher Erfahrung orientierte Geschichtsbild des Tacitus sichtbar: Es gibt nur eine Entwicklung zum Schlechten; andererseits stellt Tacitus dem Historiker die Aufgabe, die geschichtlichen Vorgänge zu beurteilen und zu bewerten. Dazu sind Maßstäbe erforderlich, die nicht aus der röm. Geschichte abgeleitet werden, sondern eine universalhistorische Grundlage haben. Deshalb läßt der Autor den Dichter Maternus seine Maßstäbe aus einem fiktiven (idealen) Urzustand der Menschheit nehmen, der allerdings niemals wiederherzustellen ist (im Gegensatz zu Vergils Geschichtsbild). Obwohl der ideale Urzustand verloren ist, wirkt er noch in der Geschichte bis zur Gegenwart nach. Da Spuren des Urzustandes in der Geschichte ständig greifbar sind und bruchstückhaft realisiert werden können, bleibt dem Menschen die Aufgabe, das „Gute" des Urzustandes nach Kräften mitzubewirken. Insofern ist Tacitus' Geschichtsauffassung auch nicht als pessimistisch zu charakterisieren. Vielmehr zeigt seine eigene Geschichtsschreibung eine Auseinandersetzung mit den Geschehnissen, die nicht ohne Hoffnung ist.

A H. Furneaux, Oxford [(3)]1939 (mit Kommentar). A. Gudeman, Berlin [(2)]1914 (mit Kommentar). H. Heubner, Stuttgart 1983. E. Koestermann, Leipzig [(3)]1970. A. Michel, Paris 1962 (mit Kommentar).
Ü K. Büchner, Stuttgart [(2)]1963 (mit ausführlicher Einführung). H. Gugel / D. Klose, Stuttgart 1981 (lat.-dt.). H. Volkmer, Düsseldorf/Zürich [(4)]1998 (lat.-dt.).
L M. v. Albrecht, RL, 869–908. T. D. Barnes: The Signification of Tacitus' *Dialogus de oratoribus*, in: HSPh 90, 1986, 225–244. I. Borzsák: Le *Dialogue* de Tacite et le *Brutus* de Cicéron, in: BAGB 1985, 3, 289–298. K. v. Fritz: Aufbau und Absicht des *Dialogus de oratoribus*, in: RhM 81, 1932, 275–300. R. Güngerich / H. Heubner, Göttingen 1980 (Kommentar). U. Hass-von Reitzenstein: Beiträge zur gattungsgeschichtlichen Interpretation des *Dialogus de oratoribus*, Diss. Köln 1970. R. Häußler: Tacitus und das historische Bewußtsein, Heidelberg 1965. R. Häußler: Aktuelle Probleme der *Dialogus*-Rezeption. Echtheitserweise und Lückenumfang. Eine Zwischenbilanz, in: Ph 130, 1986, 69–95. W. Heilmann: „Goldene Zeit" und geschichtliche Zeit im *Dialogus de oratoribus*. Zur Geschichtsauffassung des Tacitus, in: Gy 96, 1989, 385–405.

E. Koestermann: Der taciteische *Dialogus* und Ciceros Schrift *De re publica*, in: Hermes 65, 1930, 396–421. H. Lier: Rede und Redekunst im Diskurs. Tacitus' *Dialogus de oratoribus* als Schullektüre, in: AU 39, 1, 1996, 52–64. V. Pöschl (Hg.): Tacitus, Darmstadt [(2)]1986.

Diatessáron

Kurzform für *Tò dià tessáron euangélion* („Das aus vier Evangelien zusammengesetzte Evangelium")

Tatianos, 2. Hälfte des 2. Jh.s n. Chr.

Nicht erhaltene, aber von Eusebios (→*Historía ekklesiaké* 4,29,6) bezeugte Evangelienharmonie (Harmonisierung der vier Evangelien zum Zweck der Herstellung einer in sich konsequenten und einheitlichen Geschichte des Lebens Jesu). – Ein kleiner Teil der gr. Fassung des Textes ist auf einem 1933 in Dura-Europos gefundenen Pergamentblatt aus der 1. Hälfte des 3. Jh.s n. Chr. erhalten. Weitere sekundäre (arabische, armenische, lateinische) Quellentexte lassen eine Rekonstruktion zu.
Der möglicherweise ursprünglich syrische Text wurde vor 223 n. Chr. ins Griechische übersetzt.

I Grundlage der Evangelienharmonie war wahrscheinlich das Johannes-Evangelium (→*Novum Testamentum*). In diesen Rahmen wurden die Mitteilungen der Synoptiker Matthäus, Markus und Lukas eingefügt. Bei widersprüchlichen Berichten entschied sich Tatian für eine ihm genehme Version und verschwieg den anderen. Es lassen sich mehrfach Spuren der persönlichen Meinung des Autors feststellen: z. B. die Ablehnung der Ehe und eine antijüdische Einstellung.

N Einer der Quellentexte, die zur Rekonstruktion des *Diatessáron* dienen, ist eine im 6. Jh. entstandene lat. Übersetzung (im Codex Fuldensis der →*Vulgata* enthalten). Diese lat. Evangelienharmonie wurde um 830 von Fuldaer Mönchen auf Veranlassung des Abtes Hrabanus Maurus ins Althochdeutsche übertragen. Der „Althochdeutsche Tatian" wurde so zu einem der großen Frühwerke der deutschen Literatur.

A J. Ortiz de Urbina, Biblia Polyglotta Matritensia 6, 1967, 207–269.
Ü E. Sievers, Paderborn 1874, Nachdr. 1960 (lat.-althochdt.).
L KNLL 16, 377–379. C. H. Kraeling: A Greek Frg. of T.s Diatessaron from Dura-Europos, London 1935. Patrologie, 102f. B. M. Metzger: The Early Versions of the New Testament, Oxford 1977. C. Peters: Das *Diatessaron* Tatians. Orientalia Christiana Analecta 123, Rom 1939. H. J. Vogels: Beiträge zur Geschichte des *Diatessaron* im Abendland, Münster 1919. Th. Zahn: Forschungen zur Geschichte des neutestamentlichen Kanons und der altkirchlichen Literatur. Bd. 1, Erlangen/Leipzig 1881.

Diatribaí
„Unterhaltungen"

Bion vom Borysthenes (Dnjepr), 3. Jh. v. Chr.

Populärphilosophische Abhandlungen und Reden (gr.), nicht erhalten.

I   Bion verfolgte mit seinen „Diatriben" die Absicht, seine Hörer von Leidenschaften und Vorurteilen zu befreien. Seine Aussagen, die oft den Charakter eines Dialogs haben, werden durch Beispiele aus dem Alltagsleben veranschaulicht. – Zahlreiche Apophthegmata des Bion finden sich bei Diogenes Laertius, →*Philosóphon bíon kaì dogmáton synagogé* (4,46–47) und bei Stobaios (→*Eklogaí*).
N   Bion hat den sogenannten Diatriben-Stil begründet, dessen sich später jeder bediente, der einen philosophischen Gegenstand einem größeren Hörer- oder Leserkreis mitteilen wollte. Vgl. Epiktetos, →*Diatribaí*. Abhängig von Bion ist Teles, der ebenfalls →*Diatribaí* verfaßte. – Bions Einfluß auf Menippos und seine „menippeische Satire" ist groß. – Horaz spricht in seinen →*Epistulae* (2,2,60) von „Unterhaltungen nach Bions Art" (*Bionei sermones*) und meint damit die mit scharfem Witz gewürzten Satiren. – In Bions Nachfolge steht auch Seneca (→*Epistulae morales ad Lucilium*, →*Dialogi*).

A   W. Hense: Teletis reliquiae, Tübingen [(2)]1909, Nachdr. Hildesheim 1969. H. Wachsmuth, Sillographorum Graecorum reliquiae, 73–77.
L   H. Dörrie: Bion (Nr.1), in: DKP 1, 904f. R. Heinze: De Horatio Bionis imitatore, Diss. Bonn 1889. A. Lesky, GL, 755.

Diatribaí
„Unterhaltungen"

Auch zitiert als *Dissertationes* („Unterredungen").

Epiktetos aus Hierapolis in Phrygien, um 50 – etwa 130 n. Chr.

Vorlesungsnachschriften (gr.) des Flavius Arrianus, der von 112–116 (oder 117–120) zu den Schülern Epiktets gehörte, in vier B.

I   Die stenographische Mitschrift läßt erkennen, daß Epiktet mit seiner Lehre auf dem Boden der stoischen Philosophie steht, und zwar der Ethik der älteren Stoa. Wie Sokrates konzentriert er sich ganz auf den Menschen und seine Möglichkeiten, das Glück, die Eudämonie, zu gewinnen, die in einem Höchstmaß an innerer Unabhängigkeit und Freiheit gegenüber der Welt und gegenüber den Dingen dieser Welt besteht, auf die der Mensch keinen Einfluß hat. Philosophie ist für Epiktet Selbsterziehung zu Freiheit und Unabhängigkeit. Sie ist Selbstbefreiung durch Einsicht in die richtige Un-

terscheidung zwischen dem, worüber der Mensch ungehindert verfügen kann und worüber nicht: Jeder Mensch ist selbst verantwortlich für seine guten und seine schlechten Taten, für sein Glück und sein Unglück. Alles, was wir tun, ist abhängig von unserer moralischen Vorentscheidung. Die Vernunft ist das leitende Prinzip des Menschen, das den richtigen Gebrauch der Eindrücke und Vorstellungen (*phantasíai*) von den Dingen, die uns umgeben oder auf uns zukommen, gewährleistet und unsere Urteile (*dógmata*) ermöglicht. Jeder Wunsch und jede Ablehnung ist mit einem derartigen Urteil über die moralische Qualität des jeweiligen Gegenstandes oder Vorgangs verbunden. Aber um Sicherheit im Gebrauch der Vorstellungen und im Gewinnen des richtigen Urteils zu erlangen, bedarf es ständiger Übung (*áskesis*). – Der Mensch hat aber auch Pflichten (*tà kathékonta*) aufgrund seiner Einbindung in soziale Beziehungen; denn er hat Eltern, Kinder, Geschwister, Freunde und Mitbürger. Ihnen gegenüber ist er zur Solidarität verpflichtet. Ihren Fehlern muß er mit Liebe und Geduld begegnen. Der Umgang mit den Mitmenschen ist nicht zuletzt eine Übung in moralischem Handeln und Verhalten.
Q   Die Form der *Diatribaí* war bereits in der Zeit des Hellenismus weit verbreitet. Von Diogenes Laertius (→*Philosóphon bíon kaì dogmáton synagogé* 2,77) ist zu erfahren, daß schon der Philosoph und Wanderprediger Bion im 3. Jh. v. Chr. Vorträge über populärwissenschaftliche Fragen hielt, die als →*Diatribaí* niedergeschrieben und verbreitet wurden. Wer in hellenistischer Zeit ein philosophisches Thema vor einem größeren Hörerkreis diskutieren wollte, bediente sich offensichtlich der Form der Diatribe, die sich durch einen spezifischen Stil von anderen Formen der philosophischen Reflexion unterschied. Typisch für den Diatribenstil ist der dialogische Aufbau: Der Autor wirft Fragen auf, die er dann selbst beantwortet, oder er erhebt Einwände, die er anschließend aufgreift und zurückweist. Zur Veranschaulichung dienen Beispiele und Bilder aus dem Alltagsleben. Die Ausdrucksweise ist einfach. Die Themen stammen aus dem täglichen Leben und beziehen sich auf (oft gravierende) Alltagsprobleme. Die Diatribe will den Hörer oder Leser nachdenklich machen oder zum Umdenken veranlassen, will moralisch aufrütteln und Wege zu einer Änderung des Lebens zeigen. – Inhaltlich steht Epiktet der Lehre der Alten Stoa (Zenon, 335 bis 262 v. Chr., Chrysipp, um 250 v. Chr., Kleanthes, 304–233 v. Chr.) nahe. Allerdings beschränkt sich sein philosophisches Interesse in radikaler Einseitigkeit auf das Problem der sittlichen Lebensführung.
H   Epiktet war ein ehemaliger Sklave. Diese Erfahrung mag ihn dazu veranlaßt haben, intensiv über Bedingungen und Voraussetzungen eines menschenwürdigen Daseins nachzudenken. Vor dem Hintergrund seiner Existenz als rechtloses Werkzeug erhalten Epiktets Reflexionen über die Freiheit und über den Unterschied zwischen den Dingen, die sich in der Gewalt des Menschen befinden, und

denen, die seinem Einfluß entzogen sind, besonderes Gewicht. Denn hier spricht einer, der weiß, wovon er redet. Epiktet hatte sein Verständnis von Freiheit gewiß lange vor dem Rechtsakt der eigentlichen Freilassung durch seinen Herrn Epaphroditos entwickelt. Er hatte sich auf diese Weise bereits selbst aus seiner Sklavenrolle „emanzipiert", indem er die Freiheit eben nicht auf die rechtliche Stellung des röm. Bürgers reduzierte. Für den Sklaven war die Freiheit nicht mehr und nicht weniger als die innere Unabhängigkeit von äußerem Zwang, die Souveränität der Moral über die Niedertracht, das Bewußtsein der Menschenwürde in der Erniedrigung.

W Epiktets eigener Unterricht, sein Erinnern und Mahnen, seine Gespräche und Diskussionen sind Ausdrucksformen seiner Menschenliebe. Ein Aussteigen, eine Abkehr von der Welt ist für ihn undenkbar. Denn diese ist ein von göttlichem Geist erfüllter und geordneter Kosmos. Alles unterliegt einem planvollen göttlichen Willen. Daher ist die Welt als ganze gut. Der Mensch, dem es gelingt, seinen Willen dem Willen Gottes anzugleichen, und der erkennt, daß alles, was geschieht, im Sinne eines göttlichen Planes geschieht, befindet sich in voller Übereinstimmung mit allem, was geschieht. Er findet sein Glück in der Erfüllung seiner ihm von Gott zugewiesenen Aufgabe; denn er wird dadurch zum Mitarbeiter Gottes, und nichts kann ihn davon abhalten, diesen Dienst zu erfüllen. So sagt Epiktet: „Wage es, zu Gott aufzuschauen und zu sprechen: Gebrauche mich fortan, wozu du willst. Ich stimme dir zu; dein bin ich. Nichts von allem, was dir gut scheint, lehne ich ab. Führe mich, wohin du willst. Gib mir die Rolle, die du willst. Willst du, daß ich ein Amt bekleide oder Privatmann bin, im Land bleibe oder fliehe, arm oder reich bin? Ich werde wegen all dieser Umstände den Menschen gegenüber zu deinem Lobe sprechen ... Wenn mich der Tod ereilt, dann bin ich zufrieden, wenn ich zu Gott meine Hände erheben und sprechen kann: Die Gaben, die ich von dir empfangen habe, um dein Walten zu erkennen und ihm zu folgen, habe ich nicht verkümmern lassen. Ich habe dir keine Schande gemacht, soviel an mir lag. Habe ich mich je bei dir beschwert? War ich je unzufrieden mit dem, was geschah, oder wollte ich es anders, als es geschah? Daß du mich hast werden lassen, dafür danke ich dir. Dank gegen dich erfüllt mich für alles, was du mir gegeben. Soweit ich deine Gaben gebrauchen darf, genügt es mir. Nimm sie zurück und verwende sie, wo du willst; denn dein ist alles, du hast es mir gegeben." Der Mensch – so lautet Epiktets Botschaft – hat von seinem göttlichen Schöpfer den Auftrag, im Sinne seiner Vernunftnatur, das heißt sittlich, zu leben. Epiktet will mit seinen „Diatriben" den Menschen auffordern und befähigen, sittlich, d. h. selbstbestimmt, vernunftgemäß in konkreten Lebenssituationen zu handeln.

A W. A. Oldfather. 2 Bde., London/Cambridge (Mass.) 1925–1928. J. Souilhé. 4 Bde., Paris 1963–1975. H. Schenkl, Leipzig (2)1916, Nachdr. 1965. J. Schweighäuser. 5 Bde., Leipzig 1799–1800, Nachdr. 5 Bde. in 3 Bänden Hildesheim 1977.
Ü W. Capelle, Zürich 1948. R. Nickel, München/Zürich 1994 (gr.-dt. in Auswahl). I. Schulthess, Zürich 1766.
L A. Bodson: La morale sociale des derniers Stoiciens Sénèque, Épictète et Marc-Aurèle, Paris 1967. A. Bonhöffer: Epictet und die Stoa, Stuttgart 1890, Nachdr. 1968. A. Bonhöffer: Die Ethik des Stoikers Epictet, Stuttgart 1894, Nachdr. 1968. A. Bonhöffer: Epictet und das Neue Testament, Gießen 1911. I. Bonforte: The Philosophy of Epictetus, New York 1955. M. Forschner: Die stoische Ethik. Über den Zusammenhang von Natur-, Sprach- und Moralphilosophie im altstoischen System, Stuttgart 1981. J. C. Gretenkord: Der Freiheitsbegriff Epiktets, Bochum 1981. A. Jagu: Épictète et Platon. Essai sur les relations du Stoicisme et du Platonisme à propos de la morale des Entretiens, Paris 1946. G. Pire: Stoicisme et pédagogie. De Zénon à Marc Aurèle, de Sénèque à Montaigne et à J. J. Rousseau, Lüttich 1957. M. Pohlenz, Stoa. L. Spanneut: Epiktet, in: RAC 5, 1961, 599–681.

Diatribaí
„Unterhaltungen"

Gaius Musonius Rufus, 1. Jh. n. Chr.

Populärphilosophische Vorträge und Lehrgespräche (gr.), als Nachschriften seiner Schüler überliefert.

I Die Vorträge haben eine praktisch-pädagogische Tendenz; sie befassen sich mit wichtigen Problemen und Fragen des Alltags: z. B. mit der Forderung, daß auch die Frauen philosophieren sollten, mit der Frage, ob man die Töchter wie die Söhne erziehen sollte, mit der Feststellung, daß Anstrengung kein Übel ist, mit dem Problem, was das Wesen der Ehe ist u. v. a.

A O. Hense, Leipzig 1905, Nachdr. 1990. A. Jagu, Hildesheim 1979 (gr.-frz. Mit Kommentar).
Ü R. Nickel: Epiktet, Teles, Musonius. Ausgewählte Schriften (gr.-dt.), München/Zürich 1994.
L A. Lesky, GL, 978. M. Pohlenz, Stoa, 300–303.

Diatribaí
„Unterhaltungen"

Teles, Mitte des 3. Jh.s v. Chr.

In Frg. überlieferte Lehrgespräche (gr.) über moralphilosophische Themen.

I Teles sprach aus der Sicht der kynischen Philosophie über folgende Themen: Über Schein und Sein (Perì tû dokeîn kaì tû eînai), über die Selbstgenügsamkeit (Perì autarkeías), über die Verbannung (Perì phygês), über Armut und Reichtum (Perì penías kaì plútu) usw. Den rein kynischen Charakter der Teles-Frg. zeigen vor allem die beiden Stücke Perì penías. Daher darf man diesen Kynismus nicht allzu nah an die Stoa heranrücken (vgl. Modrze).
W Als Kyniker versuchte er seine Hörer und

Leser davon zu überzeugen, daß die traditionellen Werte in Wirklichkeit wertlos seien (z. B. der Reichtum), daß das menschliche Glück von den äußeren Verhältnissen unabhängig sei und daß der Bedürfnislose souverän sei gegenüber allem, was nicht in seiner Macht stehe. Nur der in diesem Sinne Bedürfnislose sei weise, alle anderen Menschen dagegen Toren.

A O. Hense, Tübingen [(2)]1909, Nachdr. Hildesheim 1969.
Ü R. Nickel, München/Zürich 1994 (gr.-dt.).
L B. Effe, GLTD 4, 234–240. A. Lesky, GL, 755. A. Modrze, RE 5 A 1, 1934, 375–381. W. Müller: De Teletis elocutione, Diss. Freiburg 1891. L. Paquet: Les Cyniques grecs, Ottawa 1975.

Diatriben / Diatribaí →Lógoi (Dion)

Dicta Catonis
„Sprüche Catos"

An.

Sammlung von Lebensregeln in 140 hexametrischen Zweizeilern (lat.).
Entstanden im 3. oder 4. Jh. n. Chr. und in karolingischer Zeit um 56 ganz kurze Verhaltensregeln (*Breves sententiae*) erweitert.

I Die auch unter anderen Titeln überlieferten „Sprüche Catos" (z. B. *Catonis Disticha, Marci Catonis ad filium libri* oder *Dicta Marci Catonis ad filium suum*) sind in vier B. eingeteilt. Die Sammlung der insgesamt 140 Sprüche wird von einem Prolog in Prosa, einer „Einleitungsepistel" eingeleitet. – Die B. 2–4 haben eigene metrische Einführungen. Da die *Dicta Catonis* sehr beliebt waren, wurde der Text immer wieder durch Zusätze erweitert.
Q Unter den „Sprüchen" finden sich stoische Maximen. Manche Gedanken stammen von Horaz und Seneca.
W „Literarische Ambitionen hatte der Autor zweifelsohne nicht: die Sprüche sind aus dem Leben fürs Leben geschrieben, kluge Erfahrungen des Alltags, die ... praktischen Rat für die Meisterung alltäglicher Situationen geben wollen" (E. Schmalzriedt, KLL, 2669).
N Der triviale Inhalt und die Schlichtheit der Sprache haben den großen Erfolg der „Sprüche Catos" begründet, die zu einem Vademekum der Lebensweisheit im Mittelalter wurden und in viele Nationalsprachen übersetzt worden sind. Die „Sprüche" waren im Mittelalter sogar Schullektüre und gehörten bis in die Zeit der Renaissance zu den meistgelesenen Büchern.

A E. Bährens, PLM, 3, 205–242. M. Boas: Disticha Catonis, Amsterdam 1952. J. W. und A. M. Duff: Minor Latin Poets, London [(2)]1935, 583–629 (lat.-engl.).
L M. Boas: Die *Epistola Catonis*, Amsterdam 1934. R. Hazelton: The Christianization of Cato. The *Disticha Catonis* in the Light of Late Mediaeval Commentaries, in: Mediaeval Studies 19, 1957, 157–173. N. Henkel: Deutsche Übersetzungen lateinischer Schultexte, München 1988, 228–231. F. Rädle: *Disticha Catonis* – eine Schulfibel des Abendlandes, in: AU 38, 6, 1995, 45–48. F. Skutsch: *Dicta Catonis*, in: RE 5, 1, 1905, 358–370.

Dictiones
„Reden"

Magnus Felix Ennodius aus Gallien, 473–521 n. Chr., seit etwa 513 Bischof von Pavia

Schul- und Gelegenheitsreden für andere Personen (lat.).

I Die 28 phrasenreichen, aber kurzen *Dictiones* befassen sich z. T. mit geistlichen Themen wie der Einweihung von Kirchen oder Amtsjubiläen. Die *Dictio incipientis episcopi*, die „Rede zum Dienstantritt des Bischofs", ist eine Musterrede, die zur Gestaltung entsprechender Reden anleiten sollte; z. T. „dokumentieren sie mit ihren Platitüden über den Wert der literarischen Bildung und ihren zu Übungszwecken ausgearbeiteten fiktiven oder mythischen Themen die letzte, ganz in Traditionalismus erstarrte Phase des spätantiken Rhetorikunterrichts" (Fuhrmann, 336).

A W. Hartel, CSEL 6, 1882.
L O. Bardenhewer 5, 236 bis 259. M. Fuhrmann, Spätantike, 334–336. Schanz-Hosius 4, 2, 131–148.

Didaché
„Lehre"

An.

Zusammenfassung (gr.) der durch die zwölf Apostel übermittelten Lehre Jesu Christi für die Heiden. Daher lautet der vollständige Titel *Didachè Kyríu dià tôn dódeka apostólon toîs éthnesin* („Die Lehre des Herrn durch die zwölf Apostel für die Heiden"). Vgl. →*Patrum Apostolicorum opera*. Der Text entstand vermutlich um 100 n. Chr. in Syrien.

I Die Gebote der christlichen Sittlichkeit werden in Form einer Beschreibung zweier Wege, des Lebens und des Todes, dargestellt (1–6). Darauf folgen Bestimmungen für den Kult: Taufe, Fasten, Gebet, Eucharistie (7–10), für das Gemeindeleben (11–15), eine Mahnung zur Wachsamkeit und eine Aufforderung, auf den kommenden Christus zu warten. (16). – Die *Didaché* ist die älteste in sich geschlossene und vollständig erhaltene Gemeindeordnung.

A W. Rordorf / A. Tuilier, Paris 1978.
Ü BKV[(2)] 35, 1918. H. Lilje: Die Lehre der 12 Apostel, Hannover [(2)]1956. G. Schöllgen / W. Geerlings. FC 1 (gr.-dt.).
L A. Adam: *Didache*, in: ZKG 58, 1957, 1–47. J. – P. Audet: La Didachè, Paris 1958. N. Brox / G. Kretschmar /

K. Niederwimmer: Die *Didache*. Kommentar zu den Apostolischen Vätern 1, Göttingen [2]1993. P. Th. Camelot: *Didache*, in: LThK 3, 369f.

Didascalica
„Belehrungen"

Lucius Accius aus Umbrien, 170 bis um 86 v. Chr.

Lehrgedicht (lat.) zur Geschichte der gr. und röm. Literatur, vor allem des Dramas, in nur wenigen Frg. erhalten.

I Das Werk umfaßte mindestens 9 B., in denen verschiedene Versarten mit Prosa abwechselten. Formal ist die Schrift daher mit der menippeischen Satire (→*Saturae Menippeae*) verwandt. Das Werk behandelte (vielleicht in Dialogform) die literarischen Gattungen, chronologische Probleme und Echtheitsfragen bei Plautus. – Vielleicht wurde Ciceros →*Brutus* durch die *Didascalica* des Accius angeregt.

A J. Dangel, Paris 1995. E. H. Warmington: Remains of old Latin. Bd. 2, London/Cambridge (Mass.) 1936 (lat.-engl.). FPL, 46–52.
L M. v. Albrecht, RL, 126–133. F. Marx: Accius, in: RE 1, 1893, 142–147.

Didaskalía
„Lehre"

An.

Christliche Kirchenordnung (gr.), nur in syrischer und teilweise in lat. Übersetzung erhalten. Im 3. Jh. n. Chr. in Syrien entstanden.

I Der Text bietet in predigtartiger Rede sittliche Mahnungen, bes. für Eheleute, betont die Abschaffung des alttestamentlichen Zeremonialgesetzes, umschreibt Eigenschaften und Pflichten des Bischofsamtes, bestimmt die Sitzordnung im Gottesdienst, gibt Weisungen für Witwen, Diakone und Diakonissen, für die Ausübung der Caritas, für das Fasten, ermutigt zum Martyrium, warnt vor (judaisierenden) Häresien. – Der Autor verwendet zahlreiche Zitate aus der Bibel.

A E. Hauler, Leipzig 1900 (lat. Frg.). E. Tidner, Berlin 1963 (lat.).
Ü H. Achelis / J. Flemming, Leipzig 1904. F. X. Funk: Didascalia et Constitutiones Apostolorum 1, Paderborn 1905 (lat. Übersetzung nach der syrischen Fassung).
L J. A. Jungmann: Didaskalia, in: LThK 3, 371f.

Didaskalíai psychopheleîs diáphoroi
„Vortreffliche, für die Seele nützliche Unterweisungen"

Dorotheos aus Gaza, 1. Hälfte des 6. Jh.s n. Chr.

Unterweisungen für Mönche und mönchisches Leben (gr.).

I Die Unterweisungen genossen bei den Mönchen im Osten hohes Ansehen. Das Koinobitentum (das gemeinsame Leben in räumlicher und asketischer Gemeinschaft) wird als ideale Lebensform des Mönches hervorgehoben. Demut, Gehorsam, Gewissensrechenschaft, Enthaltsamkeit und innere Sammlung werden als die Grundlagen des mönchischen Lebens gepriesen.

A PG 88, 1611–1844. SC 92, 1963.
Ü B. Hermann: Des hl. Abtes Dorotheos geistliche Gespräche, Kevelaer 1927.
L K. Baus: Dorotheos v. Gaza, in: LThK 3, 524.

Didaskalikós
„Lehrschrift"

Albinos, 2. Jh. n. Chr.

Abriß der platonischen Philosophie (überliefert als das Werk eines Alkinoos), Exzerpt aus einer größeren Abhandlung (gr.).

I Es handelt sich um eine systematische Darstellung des Platonismus zur Zeit des Autors unter Einbeziehung stoischen und aristotelischen Gedankengutes (→*Tà metà tà Physiká*). Die Schrift ist ein einzigartiges Zeugnis platonischer Philosophie zwischen Platon und Plotin, das einzige erhaltene Schulbuch des Platonismus (H. Dörrie). „Es ist freilich ein nicht wenig einseitiges Zeugnis der damaligen Philosophie, da die Kontroversen des kaiserzeitlichen Platonismus hier beiseitegeschoben sind zugunsten einer recht konservativen und wenig spekulativ an Platon ausgerichteten Theologie" (Zintzen, XII).

A P. Louis, Paris 1945. C. F. Hermann (Platonausgabe. Bd. 6), Leipzig 1880, 152–189.
L J. Dillon: The Middle Platonists, London 1977. H. Dörrie, RE Suppl. 12, 1970, 21. J. Freudenthal: Der Platoniker Albinos und der falsche Alkinoos, in: Hellenistische Studien 3, 1879, 241ff. C. Mazarelli: L' autore del *Didaskalikos*, in: Rivista di Filosofia neoscolastica 72, 1980, 606–639. A. Spanier: Der *Logos didaskalikos* des Platonikers Albinos, Diss. Freiburg 1921. R. E. Witt: Albinus and the History of Middle Platonism, Amsterdam [2]1971.

Die Brüder →Adelphoe (Terenz)

Diegéseis
„Inhaltsangaben"

An.

Inhaltsangaben (gr.) zu verschiedenen Werken des Dichters Kallimachos (etwa 300 – um 240 v. Chr.), auf Papyrus überliefert (zu unterscheiden von den →Hpothéseis des Aristophanes aus Byzanz und anonymen Texten ähnlicher Art).

I   Diese Inhaltsbeschrcibungen, die ohne gelehrte Details auskommen, sind eine unschätzbare Hilfe für das Verständnis des Dichters Kallimachos. Nach der Subscriptio des 1934 veröffentlichten Mailänder Papyrus (P. Med. 18 = Nr. 8 bei Pfeiffer) tragen diese Texte den Namen *Diegéseis*. Es gibt Reste einer reicheren Fassung, die sich einem Kommentar nähert (Pap. Nr. 24. 26 Pf.), zu Teilen des ersten B. der →*Aítia* und solche einer dünneren, wahrscheinlich aus der eben genannten exzerpierten (Pap. Nr. 8 Pf.) zu den beiden letzten B. dieses Werkes, zu den →*Íamboi*, lyrischen Gedichten, der →*Hekále* und den ersten beiden Hymnen (→*Hýmnoi*). – Der Papyrus Med. 18 enthält übrigens auch eine Inhaltsangabe zu einem Teil der →*Odýsseia*.

A   R. Pfeiffer: Callimachus. Teil 1 und Teil 2, Oxford 1949 und 1953, Nachdr. 1965–1966.
L   A. Körte / P. Händel, HD, 70. A. Lesky, GL, 800. R. Pfeiffer, KlPh, 240 f.

Diégesis kaì epílysis páses tês astronomikês téchnes
„Darstellung und Erklärung der gesamten Sternenkunde"

Rhetorios aus Ägypten, 6. Jh. n. Chr.

Kompendium der Astrologie (gr.).

I   Das Werk ist nicht als Ganzes überliefert, sondern muß aus astrologischen Sammelhandschriften rekonstruiert werden (90 Kap. sind bekannt). Seine Bedeutung besteht darin, daß es ein wichtiger Vermittler hellenistischer und kaiserzeitlicher astrologischer Kenntnisse an das griechische Mittelalter ist.

A   CCAG 1, 1898, 142–164. 5, 3, 1910, 124 f. 5, 4, 1940, 123–154. 7, 1908, 192–226. 8, 1, 1929, 220–248. 8, 4, 1921, 118–225.
L   E. Boer: Astrologie, in: dtv-L 1, 1, 201–205.

Die Netzzieher →Diktyulkoí (Aischylos)

Die Perser →Pérsai (Aischylos)

Die Perser →Pérsai (Timotheos)

Die Schutzflehenden →Hikétides (Aischylos)

Die Spindel →Alakáta (Erinna)

Die Spindel

Theokritos aus Syrakus, 1. Hälfte des 3. Jh.s v. Chr.

Das 28. Gedicht aus Theokrits Sammlung der →*Eidýllia* (gr).

I   Es handelt sich um ein aus 25 Versen im Versmaß des Asclepiadeus maior bestehendes Begleitgedicht in äolischem Dialekt für eine Spindel aus Elfenbein, die Theokrit der Gattin seines milesischen Freundes, des Arztes Nikias, verehrte.

A   A. S. F. Gow, Oxford [2]1958 (mit Kommentar). U. v. Wilamowitz-Moellendorff, Oxford [2]1902.
Ü   F. P. Fritz, München 1970 (gr.-dt.).
L   A. Lesky, GL, 807–818.

Differentiae →Opera minora (Isidorus)

Die Trachinierinnen →Trachíniai (Sophokles)

Digesta →Corpus iuris civilis (Iustinianus)

Digesta
„Geordnetes"

Titel der Werke bedeutender kasuistisch argumentierender röm. Juristen des 2. Jh.s n. Chr.: Publius Iuventius Celsus, Salvius Iulianus, Ulpius Marcellus.

L   M. v. Albrecht, RL, 1190 f. (mit weiterer Literatur).

Digestorum artis mulomedicinae libri
„B. über einen geordneten Lehrgang in der Veterinärmedizin"

Flavius Vegetius Renatus, um 400 n. Chr.

Lehrbuch der Veterinärmedizin (lat.) in vier B.

I   Die Tiermedizin erweist sich bei Vegetius als eine legitime Nebendisziplin der Humanmedizin. Die Tiere werden überwiegend medikamentös behandelt. – Der Autor zeigt sich als passionierter Pferdefreund, empfiehlt aber eine „humane" Behandlung aller Haustiere.

Q   Das Werk basiert auf Columella, Aulus Cornelius Celsus, Pelagonius und der sog. →*Mulomedicina Chironis.*

A   E. Lommatzsch, Leipzig 1903.
L   Schanz-Hosius 4, 194–201.

Díke symphónon tû sîgma pròs tò taû hypò toîs heptà phonéesin
„Ein Prozeß der Konsonanten: Sigma gegen Tau vor dem Gerichtshof der sieben Vokale"

Lukianos aus Samosata, etwa 120–180 n. Chr.

Bericht über ein fiktives Gerichtsverfahren (gr.). Wahrscheinlich stammt die Parodie nicht von Lukian.

I   Der Buchstabe Sigma führt einen Prozeß gegen den Buchstaben Tau vor dem Gerichtshof der sieben Vokale. Der Kläger wirft dem Beklagten Gewalttätigkeit und Raub vor; er behauptet, der Beklagte habe alle Wörter gestohlen, die mit Doppel-Tau geschrieben bzw. gesprochen werden. – Ausgangspunkt der Auseinandersetzung ist die Tatsache, daß im attischen Dialekt viele Wörter ursprünglich mit Doppel-Sigma, gelegentlich aber auch mit Doppel-Tau geschrieben werden (z. B. *glôssa* und *glôtta*). – Ferner gibt es Wörter, bei denen Lambda gegen Rho, Gamma gegen Kappa und Lambda, Zeta, Xi und Rho gegen Sigma und Tau gegen Delta, Theta und Zeta ausgetauscht werden. Diesen Vorgängen kommt keine besondere Bedeutung zu. Wenn aber das Tau ins Spiel kommt und andere Konsonanten ersetzt, dann ändern die Wörter ihre Bedeutung: So macht das Tau aus dem König *Kýros* einen *tyrós*, einen Käse.

A   A. M. Harmon. Bd. 1, London/Cambridge (Mass.) 1913, 395–409 (gr.-engl.).
L   A. Lesky, GL, 937–941.

Diktyulkoí
„Die Netzzieher"

Aischylos aus Eleusis, 525/524–456 v. Chr.

Satyrspiel, das zu einer Perseus-Trilogie gehörte, in Frg. erhalten (gr.).

I   Der Stoff dieses Satyrspieles ist die Kindheit des Perseus. Seine Mutter Danaë wird zusammen mit ihm aus dem Kasten befreit, in dem Akrisios, der Vater von Danaë und der König von Argos, Mutter und Kind ins Meer geworfen hatte, weil ihm ein Orakel geweissagt hatte, sein Enkel werde ihn einst töten. – Am Strand des Meeres haben Fischer ihre Netze ausgeworfen; der Kasten ist ihnen ins Netz geraten. Silenos kommt den Fischern mit seinen Satyrn zu Hilfe und läßt sich dafür die Hälfte des Fanges versprechen. Danaë steigt mit ihrem Kind aus dem Kasten. Silenos erhebt Anspruch auf

Danaë und versucht, sich mit dem kleinen Perseus anzufreunden. Die Fischer befreien Danaë, nachdem sie Hilfe geholt haben. – Der Gegensatz zwischen der tragischen Situation der Danaë und dem komischen Gebaren der Satyrn und des Silenos begründet die Wirkung des Satyspieles. Das mit Zottelfell bedeckte, dickbäuchige und glatzköpfige Halbtier mit Ziegenbart, breiter Nase und wulstigen Lippen, ewig betrunken, lüstern und feige wirbt um Danaë, die Geliebte des Zeus, und spielt sich schon als Pflegevater des kleinen Perseus auf – „eine an Komik und Ironie kaum zu übertreffende Wendung, die der Satyrspieldichter in den Stoff hineingebracht hat" (Werner, 760).

A   O. Werner: Aischylos. Tragödien und Frg., München/Zürich [(4)]1988, 620–629 (gr.-dt.).
Ü   O. Werner, Stuttgart 1970.
L   A. Lesky, GL, 305 f. R. Pfeiffer: Die Netzfischer des Aischylos und der Inachos des Sophokles, SB München 1938, 2. A. Setti: Eschilo Satirico, in: ASNP 1948, 1 und 1952, 3. E. Siegmann: Die neuen Aischylos-Bruchstücke, in: Ph 97, 1948, 71 ff. M. Werde-de Haas: Aeschyli Dictyulci. An Attempt of Reconstruction of a Satyric Drama, Leiden 1961.

Diognetbrief →Epistula ad Diognetum (An.)

Díon è perì tês kat' autòn diagogês
„Dion oder vom Leben nach seinen Vorbild"

Synesios aus Kyrene, etwa 370–412 n. Chr.

Rechtfertigungsschrift und Zeitsatire (gr.).
Nach 403 n. Chr. in der Kyrenaika geschrieben.

I   Dion habe sich in der Verbannung vom Lebensideal des Sophisten, dem es nur um die Pflege der Sprache gehe, verabschiedet, um sich dem Ideal des philosophischen Lebens zuzuwenden. Daher müsse man auch seine sophistischen von seinen philosophischen Reden unterscheiden. Die philosophischen Reden seien frei von barockem Schwulst; in ihnen trete Schönheit voller Würde und Zucht zutage (3,3–4). – Synesios erwartet von einem Philosophen eine umfassende Bildung. Er müsse „ein Hellene im vollen Wortsinn" sein. Er müsse das Wissen eines literarisch gebildeten Philologen mit der Urteilskraft des Philosophen verbinden. Nur ein Fachmann sei derjenige, der eine Einzelwissenschaft beherrsche, ein Philosoph aber müsse „aus dem Zusammenklang aller Musen gebildet sein" (5,1) und wie ein Apoll über diesen stehen. Durch die Philosophie gelange der Mensch zur Gemeinschaft mit sich selbst und mit Gott, durch die Rhetorik zu der mit den Menschen. Synesios preist die von Dion Chrysostomos in seinem Wirken vollzogene Verbindung von Philosophie und Rhetorik; wer beides erstrebe, besitze die rechte Lebensweise. – Die Polemik des Synesios gegen die Bildungsfeindlichkeit und die Lebensweise der christlichen

Mönche zielt auf die Feststellung, daß diese die Erkenntnis der Wahrheit nicht gewinnen könnten,
weil sie zwar tugendhaft lebten, aber nicht wüßten
warum. Die Tugend sei ihnen Selbstzweck geworden und diene nicht mehr der Befreiung des Geistes
zu tieferer Erkenntnis.

H Synesios, der von der Philosophin Hypatia in
den Neuplatonismus eingeführt wurde und um 400
n.Chr. als kaiserlicher Gesandter seiner Vaterstadt
am Hof in Konstantinopel weilte, wurde 410 gegen
seinen Willen zum Bischof von Ptolemais gewählt.
Trotz seines christlichen Glaubens gab er seine enge
Bindung an die (heidnische) Philosophie nie auf. So
verstand er sein geistliches Amt auch nicht als Entfernung von der Philosophie, sondern als weitere
Annäherung an sie (→*Epistulae* 11, p. 648 H.).

W Der Autor will mit dieser Schrift nicht nur
seine Verehrung für Dion Chrysostomos (→*Lógoi*)
zum Ausdruck bringen, sondern auch seinem noch
ungeborenen Sohn Anweisungen zu einem vorbildlichen Leben geben, seine eigene Lebensweise
rechtfertigen und den hohen Wert der hellenischen
Bildung herausstellen. Dabei polemisiert er sowohl
gegen seine philosophischen als auch seine christlichen Zeitgenossen – aber immer mit dem Ziel, die
große Bedeutung der antiken Bildung mit den Bedürfnissen der neuen christlichen Zeit in Einklang
zu bringen. – Synesios widmete den *Dion* seiner
verehrten Lehrerin Hypatia (370–415 n.Chr.), die
in Alexandreia über Platon, Aristoteles und andere
Philosophen öffentliche Vorlesungen hielt.

A L. Crosby: Dio Chrysostomus. Bd. 5, London/
Cambridge (Mass.) 1951 (gr.-engl.). K. Treu: Synesios von
Kyrene. Dion Chrysostomos oder Vom Leben nach seinem Vorbild, Berlin 1959 (gr.-dt.).
Ü H. Görgemanns, GLTD 5, 210–215 (gr.-dt. in Auswahl). K. Treu (s. o.).
L J. Bregman: Synesios of Cyrene, philosopher-bi-
shop, Berkeley/Los Angeles/London 1982. H. v. Campenhausen, GKV, 125–136. A. Garzya: Synesios' *Dion* als
Zeugnis des Kampfes um die Bildung im 4. Jh. n.Chr., in:
Jb. der Oesterr. Byzantinistik 22, 1973, 1–14. KNLL 16,
243. C. Lacombrade: Synésios de Cyrène, hellène et chrétien, Paris 1951. A. Lesky, GL, 986–988. K. Treu: Synesios
von Kyrene. Ein Kommentar zu seinem *Dion*, Berlin 1958.
K. – H. Uthemann: Die Kunst der Beredsamkeit: Pagane
Redner und christliche Prediger, in: NHbL. Spätantike,
bes. 270 f.

Dionysiaká
„Geschichten von Dionysos"

Nonnos aus Panopolis in Ägypten, 5. Jh. n.Chr.

Gesamtdarstellung des Dionysos-Mythos in 48 B.,
bestehend aus 21 Tausend daktylischen Hexametern, das längste erhaltene Gedicht der Antike (gr.).

I Das Epos schildert die vollständige genealo-
gisch-biographisch angelegte Geschichte des Gottes
von seiner Geburt bis zu seiner Apotheose: B. 1–12:
Vorgeschichte, Geburt (erst in B. 8) und Jugend, 13–

15: Zug nach Indien, 25–40, 291 Kampf mit den In-
dern, 40, 292–48 Rückkehr nach Phrygien und Zug
nach Europa. Die im Mittelpunkt stehende Darstellung des Eroberungszuges nach Indien ist als mythische Spiegelung des Alexanderzuges angelegt. –
Heldengeschichten und Göttersagen (auch Sternsagen) werden in reicher Fülle in die Handlung einge-
flochten. Die Unübersichtlichkeit und Verworren-
heit der Darstellung sind Eigentümlichkeiten des
Stils. „Die pragmatisch-kausalen Motive, die der
Erzählung ein Gerüst geben würden, sind sehr reduziert; so wird z.B. niemals ganz klar, was Anlaß
und Ziel des Feldzuges nach Indien ist. Die Ereignisse entbehren der Notwendigkeit, sie erscheinen
als buntgereihte, revueartige Bilder... Probleme, sei
es menschlicher oder religiöser Art, werden nicht
zum Thema gemacht; daß das Werk eine religiöse
Tendenz habe, etwa indem es Dionysos als Erlöser
propagiere, hat sich nicht überzeugend zeigen lassen. Die *Dionysiaká* sind gewissermaßen gar kein
echtes Großepos, sondern eine Verkettung von
Epyllien, und diese tendieren dazu, nicht die
Hauptmomente, sondern Nebenszenen auszuspin-
nen" (Görgemanns, 81).

Q Als Quellen des Nonnos kommen die gesamte vorausliegende epische Tradition (vor allem
Homer, →*Iliás*, →*Odýsseia*, aber wohl auch Ovid,
→*Metamorphoseon libri*)) und vielleicht auch mythologische Handbücher in Betracht. Homerisch
ist der Musenanruf am Anfang des Werkes, ein Katalog der Streitkräfte des Gottes, die Herstellung
herrlicher Waffen, homerische Elemente in den
Kampfszenen, Leichenspiele, ein Göttertrug der
Hera an Zeus. „Aber wie verschiedenartig sind die
Einschläge, unter denen das Homerische vielfach
völlig verschwindet! Da wirkt die Tragödie mit ihrem Pathos ebenso nach wie die alexandrinische
Dichtung mit ihrer Neigung zu Idyllischem oder
zu verästelnder Umschreibung" (Lesky, 914).

W „Das Ziel des Dichters ist nicht der Zusammenhang des Ganzen, sondern die Wirkung des
Einzelnen, nicht Klarheit der Linie, sondern Intensität der Farbe" (Keydell). – „Die *Dionysiaká* sind
bei allem Reichtum motivischer und formaler Voraussetzungen doch ein Werk eigenen Gepräges. Sie
sind es durch den Zug dionysisch-rauschhafter Erregung, der durch das Ganze geht. Klassizistische
Kunstkritik vermochte hier nur Schwulst und
Überschwang zu sehen. Es gibt auch sicher Partien,
auf die ein solches Urteil zutrifft, daneben aber
nicht wenige andere, durch die eine große, alle
Grenzen sprengende Bewegung geht. Mit welch
ausfahrender Gestik beginnt doch das Ganze! Der
Kosmos ist in Erregung, Typhoeus im Besitze des
Blitzfeuers droht der Zeuswelt den Untergang.
Kadmos wird zum Retter, seine Tochter Semele
wird Dionysos gebären. Auch die lokale Weite ge-
hört zu den barocken Zügen dieser Dichtung: die
Ökumene wird ihr als Schauplatz zu eng" (Lesky,
914).

A R. Keydell. 2 Bde., Berlin 1959.
Ü D. Ebener, Berlin 1985. Th. v. Scheffer, Bremen [(2)]1955.
L B. Abel-Wilmanns: Der Erzähllaufbau der *Dionysiaka* des Nonnos von Panopolis, Frankfurt / Bern / Las Vegas 1977. J. Braune: Nonnos und Ovid. Greifswalder Beitr. zur Literatur- und Stilforschung 11, 1935. G. D' Ippolito: Studi Nonniani. L' epillio nelle *Dionisiache*, Palermo 1964. W. Fauth: Eidos poikilon, Göttingen 1981. H. Görgemanns, GLTD 5, 80–93. R. Keydell, RE 17, 1, 1936, 904–920. R. Keydell: Mythendeutung in den *Dionysiaka* des Nonnos, in: Gedenkschrift Georg Rhode. Aparchai 4. Tübingen 1961, 105 ff. A. Lesky, GL, 914 f. V. Stegemann: Astrologie und Universalgeschichte. Studien und Interpretationen zu den *Dionysiaka* des Nonnos, Leipzig 1930. M. String: Untersuchungen zum Stil der *Dionysiaka* des Nonnos von Panopolis, Diss. Hamburg 1966. A. Wifstrand: Von Kallimachos zu Nonnos, Lund 1933.

Diónysos
(gr. Gottheit)

Lukianos aus Samosata, etwa 120–180 n. Chr.

Vorwort (*Prolalía*) (gr.) zu einem anderen Werk, vielleicht zu B. 2 der →*Alethè diegémata.*

I Dionysos fällt mit seinem Heer aus Mänaden und Satyrn in Indien ein. Die Inder erkennen die Gefahr zunächst nicht, die ihnen von diesem scheinbar lächerlichen Heer droht. Sie leisten erst in dem Moment Widerstand, wo sie von den Zerstörungen hören, die Dionysos und seine Begleitung anrichten. Es kommt zur Schlacht. Die Inder werden vernichtend geschlagen.
W Lukian will diese Geschichte als eine Art Gleichnis verstanden wissen: Auch seine Satiren werden oft nicht oder falsch verstanden, so daß man ihre Schlagkraft unterschätzt. Allerdings gibt es auch Hörer, die in der Lage sind, Lukians Geschichten zu genießen.

A A. M. Harmon: Lucian. Bd. 1, London/Cambridge (Mass.) 1913, 48–59 (gr.-engl.).
Ü Ch. M. Wieland: Lucian von Samosata. Sämtliche Werke 2. 3, Leipzig 1788/89, 437–448.

Díoptra →Commentatio dioptrica (Heron)

Diórthosis tabulae geographicae
„Verbesserung der Erdkarte"

Marinos aus Tyros, um 100 n. Chr.

Kurz vor 114 n. Chr. verfaßte Abhandlung (gr.) zur kartographischen Darstellung der Oikumene mit einer rechteckigen Karte in Zylinderprojektion. Das Werk ist nicht erhalten und nur aufgrund seiner Rezeption durch Ptolemaios (→*Geographikè hyphégesis*) in Umrissen erkennbar.

I „Marinos legte in mehreren jeweils verbesserten Ausgaben seine Karte der Oikumene vor, wobei er acht nach den Prinzipien des Hipparchos gemessene Parallelkreise und 15 Meridiane (die 15 von den 24 Stunden des Sonnenumlaufs oder 225 š entsprechen) zugrunde legte. Innerhalb diese Koordinatennetzes konnte er die geograph. Orte einzeichnen, entweder nach an Ort und Stelle aufgenommenen astronomischen Daten oder nach den Distanzmessungen in Stadien, die ihm die Reisenden lieferten. Die Westküste Europas bis zur Bretagne und Irland, das Kaspische Meer und der Mittlere Osten bis zum Indus war auf seiner Karte mit beachtlicher Genauigkeit wiedergegeben. Er fügte als erster China im Osten Indiens hinzu und ahnte die Ausdehnung Afrikas südlich des Äquators" (F. Lassere, 318).

L W. Kubitschek: Karten, in: RE 10,2, 1919, 2022–2149. F. Lassere: Kartographie, in: dtv-L 1. 2, 314–320.

Dirae →Appendix Vergiliana

Disciplinae
„Wissenschaften"

Marcus Terentius Varro aus Reate, 116–27 v. Chr.

Darstellung des Systems der sogenannten Freien Künste (*artes liberales*), bis auf wenige Frg. verloren (lat.).

I In dieser Enzyklopädie wurden nacheinander wahrscheinlich folgende Wissenschaften behandelt: B. 1: Grammatik, 2: Dialektik, 3: Rhetorik, 4: Geometrie, 5: Arithmetik, 6: Astronomie, 7: Musik, 8: Medizin und 9: Architektur. – Varro legte hiermit die Zahl und die Reihenfolge der Freien Künste zum ersten Mal fest. Die Zahl Neun setzt sich später allerdings zugunsten der Zahl Sieben nicht durch. – Da es ihm nicht um die Anhäufung von totem Wissen geht, sondern darum, den Schüler über das Sichtbare zum Unsichtbaren zu führen, überwindet er die rein praktische Orientierung der römischen Erziehung und wird zu einem Vermittler griechischer Bildung.
N „Die *Disciplinae* sind wohl Varros folgenreichste Schrift; ihre Bedeutung für die Fachschriftstellerei läßt sich kaum ermessen; auch Vitruvs

Lehrbuch →*De architectura* steht unter Varros Einfluß" (M. v. Albrecht, 486).

L   M. v. Albrecht, RL, 472–490. I. Hadot: Arts libéraux et philosophie dans la pensée antique, Paris 1984, bes. 57f. und 156–190. M. Simon: Das Verhältnis spätlateinischer Enzyklopädien der *artes liberales* zu Varros *Disciplinarum libri novem*, Diss. Jena 1963. M. Simon: Zur Überlieferungsgeschichte von Varros *Disciplinarum libri IX*, in: Ph 108, 1964, 142–144. M. Simon: Zur Abhängigkeit spätrömischer Enzyklopädien von Varros *Disciplinarum libri*, in: Ph 110, 1966, 88–101.

Dìs exapatôn
„Doppelbetrüger"

Menandros aus Athen, 342–291 v. Chr.

In nur wenigen Frg. (Papyrusfunde) erhaltene Komödie (gr.).
Zwischen 320 und 290 v. Chr. entstanden.

I   Da der *Dìs exapatôn* die Vorlage der →*Bacchides* des Plautus war, läßt sich sein Inhalt aus der plautinischen Komödie rekonstruieren. Eine Partie aus den *Bacchides* ist mit der gr. Vorlage (11–112 ed. Sandbach) direkt zu vergleichen, so daß die Arbeitsweise des röm. Autors im Verhältnis zu Menander deutlich wird. – Zwei Freunde haben eine Geliebte mit dem Namen Bacchis: Durch die Namensgleichheit kommt es zu Verwicklungen und Mißverständnissen. Sostratos (bei Plautus heißt er Mnesilochus) entwendet seinem Vater Geld, um es seinem Freund zu geben, der damit seine Geliebte Bacchis von einem Soldaten für ihn freikaufen soll. Der Freund führt den Auftrag aus, verliebt sich aber zugleich in ein anderes Mädchen, das ebenfalls Bacchis heißt. Sostratos erfährt dies und glaubt, sein Freund habe ihn betrogen. Reumütig will er seinem Vater das Geld zurückgeben, von seiner Bacchis aber nichts mehr wissen. Dem Freund trägt er den vermeintlichen Betrug nicht besonders nach. Es kommt zur Aussprache zwischen den beiden Freunden: Alles wird aufgeklärt. – Den Titel verdankt das Stück einem schlauen Sklaven, der entscheidend dazu beiträgt, daß der Vater des Sostratos zweimal um dieselbe Summe geprellt wird.

A   C. Questa, Florenz [2]1975. F. H. Sandbach, Oxford [2]1990.
L   L. Finette: Le *Dìs exapaton* et les *Bacchides*. Deux ou trois fourberies?, in: Cahiers des Études anciennes 15, 1983, 47–60. K. Gaiser: Die plautinischen *Bacchides* und Menanders *Dìs exapaton*, in: Ph 114, 1970, 51–87. E. W. Handley: Menander und Plautus. A Study in Comparision, London 1968, dt. in E.Lefèvre (Hg.): Die römische Komödie: Plautus und Terenz, Darmstadt 1973, 249–276. A. Lesky, GL, 723. G. Jachmann: Plautinisches und Attisches, Berlin 1931. V. Pöschl: Die neuen Menanderpapyri und die Originalität des Plautus, in: SB Heidelberger Akad. d. Wiss. 1973. C. Questa: Alcune strutture sceniche di PLauto e Menandro, in: Entretiens 16, 1970,183–228. A. Seele: Römische Übersetzer. Nöte, Freiheiten, Absichten. Ver-

fahren des literarischen Übersetzens in der griechisch-römischen Antike, Darmstadt 1995, 11–13.

Dìs kategorúmenos
„Der doppelt Angeklagte"

Auch lat. zitiert als *Bis accusatus*.

Lukianos aus Samosata, etwa 120–180 n. Chr.

Satirischer Dialog (gr.) als Replik auf Kritik an der Tätigkeit des Autors.
Verfaßt um 165 n. Chr.

I   Lukian war von zwei Seiten angegriffen worden: von den Rhetoren, weil er das Verfassen von Reden aufgab und Dialoge zu schreiben begann, die seit Platons Zeiten zu den philosophischen Darstellungsformen gehörten, und von den Philosophen, weil er keine Dialoge der traditionellen Art produzierte. Lukians Erwiderung ist ungewöhnlich wirkungsvoll. Er benutzt dieselbe Darstellungsform, für die er getadelt wurde, und gewinnt die Gunst der Zuhörerschaft, indem er sie zuerst in den Himmel versetzt und einem Gespräch zwischen Zeus und Hermes lauschen läßt, dann in Begleitung von Hermes und der personifizierten Gerechtigkeit auf den Areopag in Athen führt, wo diese nach einem kurzen Gespräch mit Pan den Vorsitz führt und in einer Reihe fiktiver Verhandlungen über philosophische Kontroversen (z.B. „die Stoa gegen die Wollust" oder „die Akademie gegen die Trunkenheit") Recht spricht. – Schließlich kommt es zu zwei Verhandlungen, die dem Dialog ihren Namen gaben: „Die Redekunst gegen Lukian" und „Der Dialog gegen Lukian". Beide Prozesse gewinnt der Autor. Das führt dazu, daß Rhetorik und Philosophie, die Lukian vor Gericht brachten, Hohn und Spott ernten.

A   A. M. Harmon: Lucian. Bd. 3, London/Cambridge (Mass.) 1921.
Ü   Chr. M. Wieland: Lucian von Samosata. Sämtliche Werke 3. 6, Leipzig 1788/1789, 177–222.
L   R. Helm: Lucian und Menipp, Leipzig/Berlin 1906. A. Lesky, GL, 937–941. J. Schwartz: Biographie de Lucien de Samosate, Brüssel 1965.

Disputationes publicae
„Öffentliche Erörterungen"

Domitius Ulpianus aus Tyros, geb. um 170 n. Chr.

Juristische Abhandlung in 10 B. (lat.).

L   G. Crifo: Ulpiano. Esperienze e responsabilità del giurista, in: ANRW 2, 15, 1976, 709–789. W. Kunkel: Herkunft und soziale Stellung der römischen Juristen, 1952, 245–254. Th. Mayer-Maly, RE 9 A 1, 1961, 567–569. F. Schulz: Geschichte der römischen Rechtswissenschaft, Weimar 1961, 244–250.

Dissertationes →Diatribaí (Epiktetos)

Dissoì lógoi →Dialéxeis (An.)

Disticha Catonis →Dicta Catonis (An.)

Dithýramboi →Chorlyrik (Bacchylides)

Dithýramboi
„Chorlieder im Dionysoskult"

Melanippides aus Melos, 5. Jh. v. Chr.

Chorlieder mit lyrischen Solopartien (gr.), in nur wenigen Frg. erhalten.

I Melanippides ist der erste Verfasser längerer Chorlieder, deren antistrophische Responsion durch lyrische Solopartien (*anabolaí*) ersetzt ist. – Seine *Dithýramboi* sind Themen aus dem Mythos gewidmet: *Marsýas* (mit der empörten Absage Athenes an die ihr Gesicht entstellende Doppelflöte), *Danaídes*, *Persephóne* u. a.

A E. Dieh, ALG 5, 195–197. PMG 392ff.
L A. Lesky, GL, 467f. P. Maas, RE 15, 1, 1931, 422f.
G. Wille: Melanippides, in: dtv-L 1. 3, 151.

Dithýramboi
„Chorlieder im Dionysoskult"

Pindaros aus Kynoskephalai bei Theben, etwa 520–445 v. Chr.

In wenigen Frg. erhaltene Festlieder, an Dionysosfeiern mit Flötenbegleitung gesungen und getanzt (gr.).

I Die Themen stammen vor allem aus dem Mythos: Die Frg. verweisen u. a. auf die Sage von Perseus, der Medusa tötete (Frg. 57 Snell), auf den Gang des Herakles in die Unterwelt und seine Abenteuer mit dem Hadeshund Kerberos (Frg. 70 b), auf die Hilfe des Perseus für seine Mutter Danaë gegen Polydektes, den König von Seriphos, der sie zur Ehe zwingen will (Frg. 70 d). Weitere Frg. zeigen, wie Pindar die Athener für ihre Leistungen in den Perserkriegen lobt (Frg. 76–78).

A B. Snell, Leipzig 1989 (Frg.e).
Ü O. Werner, München 1967, 406–417 (gr.-dt.).
L →„Chorlyrik" (Pindaros).

Dittochaeum
„Doppelte Speisung"

Aurelius Prudentius Clemens, 348- etwa 405 n. Chr.

Neunundvierzig hexametrische Vierzeiler (lat.).

I Sie waren als Inschriften zu tatsächlich existierenden oder fiktiven Wandmalereien einer Basilika in Rom gedacht, die biblische Szenen aus dem Alten und dem Neuen Testament darstellen.

A R. Pillinger, Wien 1980 (lat.-dt. mit Kommentar).
L M. v. Albrecht, RL, 1076–1086. A. Dihle, GLL, 593–598.

Divi Claudii apocolocyntosis
→Apocolocyntosis (Seneca)

Divinarum institutionum libri VII
„Sieben B. göttliche Unterweisungen"

Lucius Caecilius Firmianus Lactantius, um 300 n. Chr.

Apologetisches „Handbuch der Religion" (H. v. Campenhausen, 62) in sieben B. (lat.).
In der Zeit der Verfolgung zwischen 304 und 313 n. Chr. verfaßt.

I Jedes B. ist einem besonderen Thema gewidmet. B. 1: *De falsa religione* („Über die falsche Religion"). Laktanz widerlegt den heidnischen Polytheismus, der aus der Vergöttlichung von Menschen hervorging, den „Euhemerismus". Der Monotheismus ist die einzig mögliche Gottesvorstellung; die Einheit Gottes ist aus der planmäßigen Ordnung der Welt abzuleiten. – B. 2: *De errore originis* („Über den Ursprung des Irrtums". Die Heiden beten verstorbene Menschen an, verehren tote Bilder und werden von unreinen Dämonen beherrscht, die nur Scheinwunder bewirken. – B. 3: *De falsa sapientia* („Über die falsche Weisheit"). Die Philosophie ist wertlos und durch die christliche Religion widerlegt. Selbst Platon wird Atheismus vorgehalten, und Sokrates starb mit dem Wissen, nichts zu wissen. – B. 4: *De vera sapientia et religione* („Über die wahre Weisheit und Religion"). Religion und Wahrheit sind eins. Gott hat die Wahrheit durch die Propheten und seinen Sohn offenbart. – B. 5: *De iustitia* („Über die Gerechtigkeit"). Das von den Heiden besungene Goldene Zeitalter war die Epoche des Ur-Monotheismus. Christus stellte den Monotheismus des Goldenen Zeitalters wieder her, der mit der Verehrung Juppiters beseitigt worden war. Die Standhaftigkeit der Christen in der Verfolgung beweist die Richtigkeit ihrer Lehre. Die Heiden kennen nicht die wahre Gerechtigkeit. Die Erkenntnis Gottes läßt die Gleichheit aller Menschen erkennen, die die Grundlage der Gerechtigkeit ist. – B. 6: *De* vero cultu („Über die wahre Gottesverehrung"). Die wahre Gottesverehrung, die an die Einhaltung der Gebote Gottes gebunden ist, zeigt sich in der Frömmigkeit gegenüber Gott und in der Liebe zu den Menschen. – B. 7: *De vita beata* („Über das glückliche Leben"). Hier geht es um die Unsterblichkeit der Seele, die Belohnung des Menschen für die Verehrung Gottes, die leibliche Wiederauferstehung, das letzte Gericht und die Entscheidung über Lohn und Strafe im Jenseits.

Q Als „Handbuch der Religion" lehnt sich das Werk schon mit seinem Titel *Institutiones* an die Titel juristischer Handbücher an (vgl. z.B. die →*Institutiones* des Ulpianus); denn auch Laktanz befaßt sich mit „Gerechtigkeit" und dem christlichen Recht. – Der Autor distanziert sich deutlich von Epikur und seiner Leugnung der Vorsehung. Entrüstet wendet er sich von diesem religiösen „Erzpiraten und Räuberhauptmann" (*Inst.* 3,17,41) ab. – Er kennt die Stoiker (Seneca), die er für seine Argumentation gegen Epikur benutzt. Er schöpft aus heidnischen Quellen, um seine christliche Position zu veranschaulichen (z.B. aus dem →*Euhemerus* des Ennius in seiner Auseinandersetzung mit der Vielgötterei oder aus den →*Oracula Sibyllina* als Zeugen des Monotheismus). Der Autor ist selbstverständlich mit der gesamten „heidnischen" Literatur vertraut. Er stellt seine an Cicero geschulten stilistisch-rhetorischen Fähigkeiten in den Dienst der christlichen Wahrheit. – Wichtige Teile aus Ciceros →*De re publica* werden durch Laktanz überliefert. – Laktanz beruft sich ausdrücklich auf die (röm.) Dichter als Zeugen der Wahrheit (*Inst.* 1,11,23–25). Er ist der erste, der Vergils vierte Ekloge (→*Bucolica*) christlich deutet (*Inst.* 7,24,11).

W Das Werk sollte gebildeten Heiden die Augen für die wahre Philosophie und Weisheit, d.h. die christliche Wahrheit, öffnen. Laktanz argumentiert aber weniger mit der Bibel als mit der heidnischen Tradition. Er spricht den heidnischen Philosophen die Fähigkeit ab, etwas Wahres zu sagen, weil sie die göttliche Wahrheit schmähten. – Er wendet sich jedoch auch an die eigenen Glaubensbrüder. „Gerade dann wenn sie anfangen, in die Bildungsschichten aufzusteigen, wenn sie an der Lektüre der heidnischen Philosophen, Redner und Dichter bereits Geschmack gefunden haben, sind sie besonders gefährdet. Sie sollen lernen, daß wahre Erkenntnis den Menschen nicht mit Notwendigkeit zugrunde richtet wie der bisherige, falsche Unterricht, sondern ihn vielmehr weise und gerecht macht. Es gilt, die alte gute Form mit der neuen guten Sache zu verbinden, durch Erkenntnis fromm und durch wahre Frömmigkeit gelehrt zu machen" (H. v. Campenhausen, 62). – Das Werk, das apologetische Schrift und Lehrbuch zugleich ist, gilt als die erste lat. Gesamtdarstellung der christlichen Religion. „Die *Institutiones* sollen nachweisen, daß das Christentum auch unter heidnischer Perspektive eine Notwendigkeit ist" (M. v. Albrecht, 1267).

A U. Boella, Florenz 1973. H. Hrosa, München 1963 (mit Kommentar). P. Monat, Paris 1973–1992 (*Inst.* 1: SC 326, 1986; *Inst.* 2: SC 337, 1987; *Inst.* 4: SC 377, 1992; Inst. 5: SC 204 und 205, 1973) (lat.-frz. mit Kommentar).
Ü M. F. McDonald, Washington 1964 (engl.).
L M. v. Albrecht, RL, 1263–1276. L. Alfonsi: Cultura classica e cristianesimo. L' impostazione del problema nel proemio delle *Divinae institutiones* di Lattanzio e nell' *epist.* 16 di Paolino da Nola, in: Le parole e le Idee 8, 1966, 163–176. H. v. Campenhausen, LKV, 57–76. P. Courcelle: Les exégèses chrétiennes de la quatrième Églogue, in: Revista Espanola de Teología 59, 1957, 294–319. H. Heck: Lactanz und die Klassiker. Zu Theorie und Praxis der Verwendung heidnischer Literatur in christlicher Apologetik bei Lactanz, in: Ph 132, 1988, 160–179. KNLL 9, 960- f. L. J. Swift: Lactantius and the Golden Age, in: AJPh 79, 2, 1968, 153–155. H. W. A. Van Rooijen Dijkman: *De vita beata*. Het sevende boek van de *Divinae institutiones* van Lactantius. Analyse en bronnenonderzoek, Diss. Leiden 1967. A. Wlosok: Laktanz und die philosophische Gnosis. Untersuchungen zu Geschichte und Terminologie der gnostischen Erlösungsvorstellung, in: Abh. Heidelb. Akad. d. Wiss. Phil.-hist. Kl. 1960, 2.

Divinatio in Quintum Caelium →In Quintum Caelium oratio, quae divinatio dicitur (Cicero)

Dogmatik

Dionysios Areiopagites (Pseudonym für einen der bedeutendsten christlichen Schriftsteller), um 500 n. Chr., benannt nach dem vom Apostel Paulus nach der Rede auf dem Areopag bekehrten Dionysios (Apostelgeschichte 17,34 →*Novum Testamentum*), dem ersten Bischof von Athen.

Darstellung christlicher Dogmen (gr.).

I In vier B. werden folgende Themen abgehandelt: (1) Die himmlische Hierarchie (*De caelesti hierarchia*), (2) die kirchliche Hierarchie (*De ecclesiastica hierarchia*), (3) die mystische Theologie (*De mystica theologia*), (4) die göttlichen Namen (*De divinis nominibus*). – In dem Werk werden christliche Dogmen mit neuplatonischen Lehren verschmolzen, um einen mystischen Gottesstaat zu begründen. „Von neuplatonischer Ontologie und ihrem triadischen System bestimmt, die kosmische Emanations- bzw. Retroversionslehre mit einem christl. Gottesbegriff verbindend, wird die Soteriologie zu einem metaphysischen Vergottungsprozeß, in dem die Sakramente der Kirche eine wesentliche Rolle spielen" (H. Dörrie, 16).

W „Die Lehre des D. bewegt sich um zwei Pole, um die ... Unerkennbarkeit Gottes ... und um die dadurch für ihn gegebene hierarch. Ordnung alles Seins, die stufenweise vom absolut transzendenten Gott durch das rein geistige Sein der Engel u. das geistig-körperl. der Menschen zur Materie herabführt... Der geistige Aufstieg des einzelnen z. Vereinigung mit Gott oder ‚Vergottung' erfolgt ebenfalls in drei Stufen: in der Reinigung, Erleuchtung

u. Vereinigung. In diesem letzten, eig. ‚mystischen' Stadium ergreift der Mensch den unerkennbaren Gott im Dunkel der Beschauung, die in Worten nicht ausgedrückt werden kann" (H. C. Graef, 403).

N Das Werk hat die christliche Weltanschauung bis in das Mittelalter stark beeinflußt – „vor allem nachdem 827 Kaiser Michael II. König Ludwig dem Frommen eine (erhaltene) Hs. der Schriften des Ps.-D. schenkte; seither verschmilzt in der Abtei Saint-Denis bei Paris der Kult des Märtyrers D. von Paris mit dem des Ps.-D. Nachmals hat Scotus Eriugena den Ps.-D. übersetzt. Erst L. Valla (gest. 1457) äußerte Zweifel an der Echtheit" (Dörrie, 16). – Auch für Albertus Magnus, Thomas von Aquin, Meister Eckehart und Johannes Tauler war der Dionysios Areopagitikos eine Autorität. Erst der Zweifel an seiner Identität mit dem Paulusschüler führte zu einer Verminderung seiner Autorität als myst. Theologe.

A G. Heil, SC 58, 1958 (gr.-frz.) PG 3 und 4.
Ü J. Stiglmayr, BKV[(2)] 1911, 1933.
L H. Dörrie: D. Areopagites, in: dtv-L 1. 2, 16. H. C. Graef: Dionysios Areopagites, in: LThK 3, 402 f. E. Turolla, RAC 3, 1957, 1075–1121. J. Stiglmayr: Der Neuplatoniker Proclus als Vorlage des sog. D. Areopagita, in: Historisches Jb. 16, 1895, 253–273 und 721–748. B. Studer, NHbL. Spätantike, bes. 381.

Donatvita →Vergilkommentar (Donatus)

Dóxai harmonikôn →Harmonikà stoicheîa (Aristoxenos)

Dramen →Komödien (Epicharmos)

Drapétai
„Die Ausreißer"

Lukianos aus Samosata, etwa 120–180 n. Chr.

Satirischer Dialog in drei Szenen oder Akten (gr.). Verfaßt etwa 165 n. Chr.

I 1. Szene: Gespräch zwischen Zeus, Apollon und Philosophie. Ausgangspunkt des Dialogs ist die Selbstverbrennung des Kynikers Peregrinos (→Peregrînos). Apollon möchte den Grund für den Selbstmord des Kynikers wissen. Zeus will antworten, als plötzlich eine weinende Frau herbeigelaufen kommt. Es ist Philosophia, die vor gewissen Leuten geflohen ist, die ihren Namen mißbrauchen. Zeus ist gespannt darauf zu erfahren, um wen es sich handelt. Philosophia erinnert den Göttervater zunächst daran, daß sie zu den Menschen geschickt habe, um diese zu zivilisieren und zu kultivieren. Sie sei aber zunächst bei den indischen Gymnosophisten gewesen, die sich auf dem Scheiterhaufen zu verbrennen pflegten, ohne ihre Miene zu verziehen.

Dann sei sie zu den Äthiopiern und den Ägyptern gezogen, darauf zu den Babyloniern, den Skythen und den Thrakern. Erst zum Schluß habe sie aus dem griechischen Volk die Sieben Weisen ausgewählt, die ihre Freunde und Schüler wurden. Anschließend erwähnt sie noch Pythagoras, Heraklit, Demokrit und die Sophisten, die von Sokrates und Platon bekämpft wurden, was letztlich zum Tod des Sokrates geführt habe. „Damals wäre wohl das klügste gewesen, wenn ich die Flucht ergriffen und mich dem Umgang mit diesen Leuten (den Sophisten) gänzlich entzogen hätte. Aber unglücklicherweise ließ ich mich von Antisthenes und Diogenes, und bald darauf von Krates und Menippos bewegen, noch eine kleine Weile bei ihnen zu bleiben – was ich nicht hätte tun sollen..." (11). Und jetzt beginnt eine scharfe Polemik gegen die kynischen Philosophen (12–21): Die Kyniker werden von Philosophia als ungebildet und unverschämt charakterisiert; es sind verkleidete Hochstapler, Schmarotzer, Lästermäuler, Betrüger; sie sind faul, gefräßig, schamlos und geil, haben alle negativen Eigenschaften der Hunde. – 2. Szene: Also schickt Zeus Hermes und Herakles zusammen mit Philosophia zurück auf die Erde; Herakles soll die Welt von diesen häßlichen Bestien reinigen und seine dreizehnte Heldentat vollbringen (22–29). – 3. Szene: In Thrakien angekommen stoßen die drei Gottheiten auf einige Männer, die auf der Suche nach entlaufenen Sklaven und einer von diesen entführten Frau sind. Unter diesen aber befinden sich einige der gesuchten Afterphilosophen, so z. B. ein gewisser Kantharos. – Da tritt Orpheus auf (29), der ja in Thrakien zu Hause ist; er kennt den gesuchten Kantharos und will den Gottheiten bei der Suche helfen. Orpheus führt sie zu einem Haus, aus dem eine weibliche Stimme zu hören ist – es ist die Stimme der entführten und von den Sklaven mißbrauchten Frau – und in dem sich die Entlaufenen befinden. Über die wieder gefaßten Ausreißer fällt Hermes sein Urteil: Die Frau wird ihrem Mann zurückgegeben, die Sklaven werden wieder ihre Arbeit machen, und Kantharos sollen alle Haare ausgerissen werden, so daß er sein kynisches Fell verliert (33).

W Anscheinend hatte Lukian mit seinem →Peregrînos die Kyniker so sehr gegen sich aufgebracht, daß sie auf ihre Weise mündlich oder schriftlich über Lukian herfielen. Dieser wiederum reagierte mit den Drapétai auf die Anwürfe der Kyniker, um sie zum Verstummen zu bringen.

A A. M. Harmon: Lucian. Bd. 5, London/Cambridge (Mass.) 1936 (gr.-engl.).
Ü Chr. M. Wieland: Lucian von Samosata. Sämtliche Werke 2. 3, Leipzig 1788–1789, 111–146.

Dýskolos
„Griesgram"

Menandros aus Athen, 342–291 v. Chr.

Charakterkomödie (gr.), fast vollständig auf dem *Papyrus Bodmer IV* erhalten.
Entstanden 317/316 v. Chr.

I Der Menschenfeind Knemon steht im Mittelpunkt des Stückes. Der Dichter will zeigen, wie der vereinsamte alte Mann wieder in die menschliche Gemeinschaft aufgenommen wird, aus der er sich selbst ausgeschlossen hatte. – Die Handlung ist einfach und gradlinig: Sostratos, der Sohn des reichen Gutsbesitzers Kallipides, verliebt sich in Myrrhine, die Tochter des Knemon. Er versucht, mit Hilfe seines Dieners Pyrrhias mit dem Vater des Mädchens Kontakt aufzunehmen. Knemon verscheucht den jungen Mann, indem er ihn mit Erdklumpen bewirft. Dann gewinnt Sostratos den Stiefbruder des Mädchens, Gorgias, zum Verbündeten. Dieser ist bereit zu vermitteln. Sostratos soll sich als Bauer verkleiden, um so das Vertrauen Knemons zu gewinnen. Der Versuch scheitert. Aber jetzt überstürzen sich die Ereignisse: Als Simiche, die Haushälterin des Knemon, aus dem Hausbrunnen Wasser schöpfen will, fällt der Eimer in den Brunnen. Man versucht, den Eimer herauszuholen. Das mißlingt. Knemon selbst greift ein und rutscht in den Brunnen. Sostratos und Gorgias retten Knemon. Unter dem Eindruck dieser mutigen Tat willigt Knemon in die Verbindung von Sostratos und Myrrhine ein. Das glückliche Ende ist eine Doppelhochzeit in der Grotte des Pan. Denn Gorgias bekommt die Schwester des Sostratos zur Frau.

W Die „Lehre" des Stückes ist nicht nur die Veranschaulichung der Möglichkeit, daß Menschen sich ändern können: Ein verbisser Menschenverächter wandelt sich aufgrund der guten Tat eines anderen zum Menschenfreund, so daß er freimütig bekennt (699): „Unglück allein, so scheint's, vermag uns Menschen zu erziehen." Das Stück demonstriert darüber hinaus die völlige Unberechenbarkeit des Lebens (187 f.): „Viel kann an einem einzigen Tag geschehen." Es gibt jedoch auch Grund zu der Hoffnung, daß am Ende alles gut werden kann.

A C. Gallavotti, Neapel 1959 (gr.-it.). B. A. van Groningen, Leiden 1960 (mit Kommentar). E. W. Handley, London 1965. H. Lloyd-Jones, Oxford 1960. J. Martin, Paris 1961. V. Martin, Genf 1958 (gr.-dt.-engl.-frz. mit einem Faksimile des *Papyrus Bodmer IV*, erschienen 1959). H. J. Mette, Göttingen [(2)]1961. G. Paduano, Mailand 1980 (gr.-it.). F. H. Sandbach, Oxford 1972.
Ü W. Kraus, Zürich 1960 (gr.-dt.). R. Schottlaender, Berlin 1961. K. und U. Treu, Leipzig 1975. M. Treu, München 1960 (gr.-dt.). O. Vicenzi, Frankfurt/Hamburg 1963.
L M. Bissinger: Menander. *Dyskolos*, Bamberg 1979. H. – D. Blume: Menander, Darmstadt 1998. A. Breuninger: Zu Menanders *Dyskolos*, in: AU 25, 5, 1982, 21–40. C. Corbato: Il *Dyskolos* di Menandro, in: Dioniso 37, 1963, 157–221. G. Hoffmann: L' espace théâtral et social du *Dyscolos* de Ménandre, in: Métis 1, 1986, 269–290. KNLL 11,

517 f. A. Lesky, GL, 725–729. A. Schäfer: Menanders *Dyskolos*, Meisenheim am Glan 1965. W. Schmid: Menanders *Dyskolos* und die Timonlegende, in: RhM 102, 1959, 157–182 und 263–266. F. Stoessl, Paderborn 1965 (Kommentar). O. Vicenzi: Der *Dyskolos* des Menander, in: Gy 69, 1962, 406–426. O. Vicenzi: Gedanken zu Menanders *Dyskolos*, in: Anregung 42, 1996, 113 f. F. Zucker: Ein neugefundenes griechisches Drama, Berlin 1960.

E

Eclogae
„Hirtengedichte"

Titus Gaius Calpurnius Siculus, Mitte des 1. Jhs.
n. Chr.

Sieben Hirtengedichte (lat.) in der Nachfolge Theokrits (→*Eidýllia*) und Vergils (→*Bucolica*).
Zwischen 54 und 57 n. Chr. verfaßt.

I Die Sammlung ist übersichtlich gegliedert.
Drei panegyrisch engagierte Hirtengedichte bilden
Anfang, Mitte und Ende der Sammlung (1,4,7). Dazwischen stehen vier Idyllen rein pastoralen Inhalts
(2, 3, 5, 6). *Ecl.* 1: Die Hirten Corydon und Ornytos
entdecken eine Weissagung des Faunus: Mit dem
Regierungsantritt des neuen Herrschers wird ein
neues Goldenes Zeitalters anbrechen. Der Kaiser
Nero soll von diesen Versen erfahren. – *Ecl.* 2: Der
Gärtner Astacus und der Schafhirt sind beide in
Crocale verliebt; sie singen um die Wette. Jeder
preist seinen Beruf und seine Liebe. Der Schiedsrichter Thyrsis erklärt beide für gleich gut. – *Ecl.* 3:
Iollas trifft auf der Suche nach einer verlorenen Kuh
den Lycidas, der verzweifelt ist, weil ihn sein Mädchen verlassen hat. Iollas rät zur Versöhnung. Inzwischen findet man die Kuh wieder. – *Ecl.* 4: Corydon besingt im Wechsel mit seinem Bruder
Amyntas das neue „Goldene Zeitalter" und seinen
„Gott". Meliboeus wird das Lied und den Dichter
dem Kaiser empfehlen. – *Ecl.* 5: Micon unterweist
Canthus in der Ziegen- und Schafzucht. – *Ecl.* 6:
Zwei Hirten liegen im Streit, ohne daß eine Versöhnung möglich ist. – *Ecl.* 7: Corydon berichtet über
Spiele im hölzernen Amphitheater in Rom. Allerdings hat er den Kaiser nur von weitem gesehen.
Q „Mit der Verherrlichung der Regierung Neros als eines neuen Goldenen Zeitalters in *ecl.* 1 und 4
wird die elysische Thematik von Vergils 4. Ekloge
weitergeführt, deren sich ungefähr zur gleichen Zeit
und zum gleichen Zweck auch der Verfasser der
→*Carmina Einsidlensia* bedient. Daß Beziehungen
zwischen diesem und C. bestehen, geht aus der
Übereinstimmung zwischen dem Anfangsvers von
C.' vierter und der zweiten Einsiedler Ekloge hervor; vieles spricht dafür, daß C. in diesem Fall der
Imitierende ist" (Schetter, 284).

A J. Amat, Paris 1991 (lat.-frz.). C. H. Keene, London
1887. D. Korzeniewski, Darmstadt [(2)]1987 (lat.-dt.). H.
Schenkl, Leipzig 1885. R. Verdière, Paris 1954 (lat.-frz.
mit Kommentar).
L M. v. Albrecht, RL, 783–787. G. Binder, in: B. Effe /
G. Binder: Die antike Bukolik, München 1989, 112–130.

G. Scheda: Studien zur bukolischen Dichtung der neronischen Epoche, Diss. Bonn 1969. W. Schetter: C. Siculus, in:
dtv-L 1. 2, 284 f. W. Schmid: Panegyrik und Bukolik in der
neronischen Epoche, in: Bonner Jahrb. 153, 1953, 63–96. B.
Schröder: *Carmina non quae nemorale resultent*. Ein
Kommentar zur 4. Ekloge des Calpurnius, Frankfurt
1991. F. Skutsch, RE 3, 1899, 1401–1406.

Eclogae
„Hirtengedichte"

Marcus Aurelius Olympius Nemesianus aus Karthago, 2. Hälfte des 3. Jhs. n. Chr.

Vier Hirtengedichte (lat.) in der Nachfolge von Vergil (→*Bucolica*, →*Georgica*) und Calpurnius (→*Eclogae*).

I *Ecl.* 1: Die Hirten Tityrus und Thymoetas feiern einen Verstorbenen namens Meliboeus (vgl. den
Preis des Daphnis in Vergils 5. Ekloge). – *Ecl.* 2: Die
Hirten Idas und Alcon besingen die von beiden geliebte Donace, die von ihren Eltern eingesperrt wird
(vgl. die 3. Eklogue des Calpurnius). – *Ecl.* 3: Pan
wird von drei Hirten im Schlaf überrascht; er singt
daraufhin ein Lied über die Mysterien und die
Macht des Bacchus (vgl. Vergils 6. Eklogue, wo Silen
von zwei Hirten und einer Najade im Schlaf überrascht wird). – *Ecl.* 4: Mopsus, der Liebhaber der
Meroe, und der in den schönen Iollas verliebte Lycidas besingen ihre Leidenschaft im Wechselgesang
(vgl. Vergils 2. und 6. Eklogue).

A C. H. Keene, London 1887. D. Korzeniewski,
Darmstadt [(2)]1987 (lat.-dt.). P. Volpilhac, Paris 1975 (lat.-
frz.).
L J.-L. Charlet, NHbL. Spätantike, bes. 535. Schanz-
Hosius 3, 30–34. W. Schetter: Nemesians *Bucolica* und die
Anfänge der spätlateinischen Dichtung, in: Chr. Gnilka /
W. Schetter (Hg.): Studien zur Literatur der Spätantike,
Bonn 1975, 1–43. H. Walter: Studien zur Hirtendichtung
Nemesians, Stuttgart 1988.

Eclogae →Bucolica (Vergil)

Eclogarum liber
„B. der (auserlesenen) Gedichte"

Decimus Magnus Ausonius aus Burdigala, etwa
310 bis 395 n. Chr.

Sammlung von Gedichten in verschiedenen Versmaßen (lat.).

I Die Sammlung wird mit einem Widmungsgedicht an den Sohn Drepanius eröffnet. Der Autor
zitiert Catull, →*Carmina* 1, 1 („Wem schenke ich
mein nettes neues Büchlein?") und fährt dann im
Versmaß des Hendecasyllabus fort. Auf die Vorrede
folgen didaktische Stücke in Hexametern und Distichen und einige belehrende Epigramme. Es han-

delt sich um ein „Sammelsurium antiken Bildungs-
gutes" (Gärtner, 202).

A   R. Peiper, Leipzig 1886. H. G. E. White. 2 Bde.,
London/Cambridge (Mass.) 1919–1921 (lat.-engl.).
L   M. v. Albrecht, RL, 1047–1054. H. A. Gärtner,
RLTD 5, 198–205.

Edictum perpetuum
„Dauernde Verordnung"

Lucius Octavius Salvius Iulianus Aemilianus, 2. Jh.
n. Chr.

Zusammenfassung des praetorischen Edikts (lat.),
die im Auftrag von Kaiser Hadrian (reg. 117–138
n. Chr.) hergestellt und zum Gesetz erhoben wurde,
nicht erhalten, aber aus späteren Kommentatoren
teilweise rekonstruierbar.
Etwa 130 n. Chr. abgeschlossen.

I   Es handelt sich um die Amtsanweisungen des
röm. Praetors, die früher nur während dessen jewei-
liger Amtsdauer gültig waren; sie erhielten nun dauernde Gültigkeit.

A   O. Lenel: Das *Edictum perpetuum,* [3]1927.
L   M. v. Albrecht, RL, 1191. E. Bund: Salvius Iulianus,
Leben und Werk, in: ANRW 2, 15, 1976, 408–454.

Edictum Theodorici
„Verordnung des Theoderich"

An.

Weströmische vulgärrechtliche Sammlung (lat.).
Nach 493 n. Chr. angelegt.

I   Kurze, unsystematische Zusammenstellung
von Rechtssätzen für Ost-Goten und Römer in
155 Kapiteln.

A   S. Riccobono u. a.: Fontes iuris Romani anteiustiniani. Bd. 2, Leipzig 1940, 684–710.
L   P. E. Pieler, NHbL. Spätantike, bes. 588. R. Rasi:
Sulla paternità del c. d. *Edictum Theodorici Regis,* in: Ar-
chivio giurd. „Filippo Serafini". Ser. 6, 14, 1953, 105–162.
G. Vismara: *Edictum Theodorici,* in: Ius Romanum medii
aevi. Bd. 1, Mailand 1967.

Ehoien →Katálogoi oder Ehoîai

Ei autarkès he kakía pròs kakodaimonían
(*An vitiositas ad infelicitatem sufficiat*)
→Moralia (Plutarchos)

Eid des Hippokrates →Hippokratischer Eid

Ei didaktòn he areté (*An virtus doceri possit*) →*Moralia* (Plutarchos)

Eidýllia
„Kleine Gedichte zu unterschiedlichen Gegenständen"

Theokritos aus Syrakus, 1. Hälfte des 3. Jhs. v. Chr.

Sammlung von 30 Gedichten in verschiedenen Versmaßen (gr.).
Einige Gedichte sind sicher zu datieren: z. B. *Eid.* 16
auf 275/274 v. Chr.

I   Die Gedichte sind Kurzszenen (*Mîmoi;* vgl.
die →*Mîmoi* des Sophron) aus dem Hirtenmilieu,
d. h. bukolische Gedichte (vgl. Vergil, →*Bucolica*);
sie stellen aber auch Szenen aus dem städtischen Leben dar. Ein wichtiges Thema vieler Gedichte ist die
Macht der Liebe und die damit verbundenen zwischenmenschlichen Probleme. – *Eid.* 1 (*Thýrsis*):
Sangeswettstreit zweier Hirten mit eingelegter Beschreibung eines Bechers. Das Thema des Gedichts
ist der Tod des Daphnis. – *Eid.* 2 (*Pharmakeútria*
„Zauberin"): Monolog eines unglücklichen Mädchens, das den Geliebten durch Zauberei zu halten
hofft. – *Eid.* 3 (*Kômos* „Ständchen für Amaryllis"):
Ein Gedicht, das mit einem Paraklausithyron vergleichbar ist. Das Gedicht bietet einen schweifen-
den Liebesmonolog, der den Leser über mancherlei
abgestufte Gedanken, Wünsche und Gefühle mit
äußerstem Schmerz konfrontiert. „In dem darin
eingeschlossenen Lied finden wir eine Kette von
mythischen Geschehnissen aufgereiht, in denen der
Sänger seinen Leiden einen Hintergrund gibt:
glückliche Liebesverbindungen der Heroenzeit.
Dies ist bereits ein Beispiel jener Art, mit mythischen Geschehnissen die gegenwärtige Situation
des Liebenden zu vergleichen, die die spätere römische Liebeselegie zur Vollkommenheit geführt hat"
(Körte/Händel, 207). – *Eid.* 4 (*Nomeís* „Hirten"):
Realitätsbezogener Dialog zwischen den beiden
Hirten Korydon und Battos über Dinge des Alltags.
– *Eid.* 5 (*Aipolikòn kai Poimenikón* „Was den Ziegenhirt und was den Schafhirt betrifft"): Streitgespräch über die unterschiedlichen Interessen der
beiden Berufe. – *Eid.* 6 (*Bukoliastaì Damoítas kaì
Dáphnis* „Die Rinderhirten Damoitas und Daphnis"): Ein Sängerwettstreit ohne Sieger. – *Eid.* 7
(*Thalýsia* „Erntefest"): Theokrit tritt in diesem Gedicht selbst unter dem Namen Simichidas auf, der
auf dem Weg zu einem ländlichen Fest einen Lyki-
das trifft, der anscheinend Hirte ist. Theokrit fordert ihn scherzhaft auf, eine Probe seines Könnens
als Dichter zu bieten, indem er selbst auf seine
Kunst verweist und sich mit den Dichtern Philetas
und Asklepiades vergleicht. Der Wettkampf führt
zum Austausch von Liedern und einer Ehrung
Theokrits. Anschließend wird der weitere Weg
zum Fest beschrieben. – *Eid.* 8 (*Dáphnis kai Menálkas* „Daphnis und Menalkas", nicht von Theokrit):

Zwei Hirten begegnen sich mit ihren Herden im Gebirge. Der eine weidet Rinder (Daphnis, der mythische Heros der Hirten), der andere Schafe und Ziegen. Menalkas fordert Daphnis zum Sängerwettstreit auf. Ein Ziegenhirt fungiert als Schiedsrichter. Menalkas darf nach dem Los beginnen. Das Thema des Wechselgesanges (Viehweide, Liebe) wird vom Gegner jeweils variiert. Dann singt jeder sein Schlußlied. Daphnis siegt, ist seitdem der erste unter den Hirten und heiratet die Nymphe Nais. – *Eid.* 9 (*Dáphnis kai Menálkas* „Daphnis und Menalkas", nicht von Theokrit verfaßt): Wahrscheinlich eine Nachahmung des *Eid.* 8. Der Verfasser fordert die beiden Hirten auf, ein Lied zu singen. Daphnis preist das Muhen seiner Rinder, das Flötenspiel und den Gesang, das Lager am kühlen Bach, erwähnt aber auch das Unglück, das ihm zu den schönen Fellen für sein Lager verholfen hat. Menalkas erwidert ihm, indem er seinen Reichtum an Schafen, Ziegen und Fellen hervorhebt und die Behaglichkeit seiner Felsengrotte beschreibt. Der Verfasser des Gedichts belohnt die beiden Sänger: Daphnis bekommt einen Hirtenstab und Menalkas eine Muschel. Am Schluß stehen sechs Verse zum Lob der Musen. – *Eid.* 10 (*Ergatinai è Theristai* „Die Bauern oder die Schnitter"): Der Schnitter Bukaios bleibt beim Mähen hinter den anderen zurück. Nach dem Grund gefragt, erklärt er, er sei in die Flötenspielerin Bombyka verliebt. Milon, der Vorarbeiter, verspottet den Verliebten wegen dieser mageren „Grille" und fordert ihn auf, ein Liebeslied auf Bombyka zu singen. Bukaios preist sein schlankes, dunkelhäutiges Mädchen in den höchsten Tönen. Milon lobt das Lied und setzt ihm ein Erntelied der Mäher entgegen. – *Eid.* 11 (*Kýklops* „Der Kyklop"): Theokrit erklärt seinem Freund, dem Arzt Nikias, daß es nur eine Medizin gegen unglückliche Liebe gebe, den Musengesang. Er beweist dies am Beispiel des häßlichen Riesen Polyphem, der sich in die Meergöttin Galatea verliebt und dadurch seinen Verstand verloren hatte. Er redet sich seinen Kummer vom Herzen und spricht von seinen Fehlern, deren größter seine abgrundtiefe Häßlichkeit ist. Er kommt am Ende durch diese „Beichte" wieder zu sich und begibt sich ernüchtert an seine Arbeit. – *Eid.* 12 (*Aítes*): Liebesgedicht an einen Knaben. Der Geliebte war zwei Tage und zwei Nächte abwesend, jetzt ist er wieder da. Im letzten Teil des Gedichts wird auf einen Kußwettbewerb angespielt, der jedes Jahr im Frühling am Grab des Knabenliebhabers Diokles in Megara stattfindet, der im Kampf sein Leben geopfert hatte, um seinen Geliebten mit seinem Schild zu schützen. – *Eid.* 13 (*Hýlas*): Das Gedicht erzählt vom Raub des Hylas, den Herakles liebte und mit dem gemeinsam er an der Argonautenfahrt teilnahm. Als sie eines Tages an Land gehen und Hylas Wasser holen soll, wird er von drei Nymphen geraubt. Herakles wird fast wahnsinnig vor Schmerz und vergißt die Argonauten, die schließlich ohne ihn weiterfahren und ihn verspotten. – *Eid.* 14 (*Aischínas kai Theónychos*): Aischinas ist wegen der schönen Kyniska dem Lie-

beskummer verfallen. Er weiß keine Heilung von seiner unglücklichen Liebe. Dann überlegt er, ob er nicht als Soldat des Königs Ptolemaios in die Fremde ziehen könne, um das Mädchen zu vergessen. – *Eid.* 15 (*Syrakósiai è Adoniazúsai* „Die Syrakuserinnen oder die Teilnehmerinnen am Adonisfest"): Gorgo will zusammen mit ihrer Freundin Praxinoa am Adonisfest in Alexandreia teilnehmen. Gorgo holt Praxinoa zu Hause ab. Sie haben sich lange nicht gesehen, weil Praxinoas Mann ständig zu verhindern versucht, daß sich die beiden Frauen treffen. Das ist ein Anlaß für sie, über die Männer zu schimpfen, die zu nichts taugen. Endlich brechen sie auf und kommen zum prächtig geschmückten Königspalast, wo der Adonishymnus beginnt. Eine Sängerin singt von Kypris und Adonis. Am Schluß begeben sich die beiden Frauen schnell nach Hause, um ihre Männer nicht warten zu lassen. – *Eid.* 16 (*Chárites è Hiéron* „Die Chariten oder Hieron"): Der Dichter klagt über die Gegenwart, die nur noch auf materiellen Nutzen aus sei, und preist die Vergangenheit, in der man den Sänger als Künder des Ruhmes noch zu schätzen wußte. Dann wendet er sich mit Segenswünschen an Hieron, den neuen Herrscher von Syrakus. Er bietet an, die zu erwartenden Ruhmestaten des Königs zu besingen. – *Eid.* 17 (*Enkómion eis Ptolemaíon* „Preislied auf Ptolemaios"): In schlichten und doch feierlichen Worten wird der König gepriesen. – *Eid.* 18 (*Helénes epithalámios* „Brautlied der Helena"): Das Gedicht enthält eine aitiologische Anspielung auf einen Baumkult der Helena. Möglicherweise wurde Helena in ältester Zeit als Vegetationsgöttin verehrt. Wahrscheinlich will Theokrit die Gestalt der Helena erhöhen, indem er sie in den Bereich der heiligen Bäume entrückt. Helena ist makellos, und nichts weist auf ihre spätere schuldhafte Verstrickung. – *Eid.* 19 (*Keriokléptes* „Der Honigdieb", nicht von Theokrit verfaßt): Eros wird von einer Biene gestochen und eilt klagend zu seiner Mutter. – *Eid.* 20 (*Bukoliskós* „Der Rinderhirt", nicht von Theokrit verfaßt): Der Rinderhirt erzählt von seinen vergeblichen Annäherungsversuchen bei der schönen Eunika und versteht die Welt nicht mehr, ist er doch ein so schöner Mann. – Eid. 21 (*Halieîs* „Die Fischer", nicht von Theokrit verfaßt): Thema ist der Traum vom goldenen Fisch. – *Eid.* 22 (*Dióskuroi* „Die Dioskuren"): Am Anfang steht ein Hymnus auf die Dioskuren Kastor und Polydeukes. Im Hauptteil des Gedichts geht es um den Sieg der Urbanität über die Barbarei. – *Eid.* 23 (*Erastés* „Der Verliebte", nicht von Theokrit verfaßt): Das Lied spielt vor der Tür eines geliebten Knaben, wo der Liebhaber sich erhängt hat. Den Knaben rührt dies nicht weiter. Er geht an dem Toten vorbei auf den Sportplatz. Dort springt er neben einer Statue des Liebesgottes in ein Wasserbecken, die Statue fällt um und erschlägt den Knaben. – *Eid.* 24 (*Heraklískos* „Der kleine Herakles"): Das Gedicht stellt das Menschlich-Private der Heroenwelt in den Vordergrund. Es wird geschildert, wie der kleine Herakles die Schlangen tötet und damit seinen Vater Zeus beeindruckt. Die Mutter des Herakles will von einem Seher wissen, was dieser Vorgang zu bedeuten hat. Berichtet wird über die Erziehung des jungen Herakles unter der Obhut der Mutter, die hier die Hauptrolle spielt. – *Eid.* 25 (*Heraklês Leontophónos* „Herakles der Löwentöter", nicht von Theokrit verfaßt): Der Dichter erzählt, wie Herakles zum Hof des Königs Augias kommt und dessen Besitzungen besichtigt und bewundert. Im letzten Teil des Gedichts wird Herakles' Sieg über den Löwen von Nemea geschildert. Die großen Leistungen des Herakles stehen weniger im Vordergrund als das Persönliche und Private. – *Eid.* 26 (*Lênai è Bákchai* „Die Bakchantinnen"): Den Hintergrund bildet der Mythos vom Thebanerkönig Pentheus, der sich der Einführung des Dionysoskultes widersetzt (vgl. die →*Bákchai* des Euripides). – *Eid.* 27 (*Oaristýs* „Liebesgeflüster", nicht von Theokrit verfaßt): Es handelt sich um einen Dialog zwischen Daphnis und einem Mädchen während des Liebesaktes in Form einer Stichomythie, die mit einigen erzählenden Versen abgeschlossen wird. – *Eid.* 28 (*Alakáta* „Die Spindel"). – *Eid.* 29 (*Paidiká* „Liebeslied an einen Knaben"): Der Dichter ist von Wein berauscht und klagt über die Untreue des Geliebten. – *Eid.* 30 (*Paidiká* „Liebesklage eines Knabenliebhabers"): Der Dichter spricht mit sich selbst über seine Liebesleidenschaft. Er will auf diese Weise Distanz zu seiner Leidenschaft aufbauen, um sich davon zu befreien, was aber nicht richtig gelingt.

W „Indem Theokrit seine Dichtung mit der Welt von Hirten beschäftigt, setzt er ein Vorbild für eine lange, bis in die Neuzeit führende Reihe von Hirtendichtungen. Wir können nicht genau sagen, was den ersten Anstoß zur Wahl dieses Gegenstandes gegeben hat. Hirten ... liebten wohl Gesang und auch den Sangeswettstreit. Vielleicht gefiel dem Dichter ihr Wesen, und er beschloß, es in seinem Gedicht in poetisch gesteigerter Weise zu verewigen? Für den Dichter, der sich an manchen Lebensabbildern gefreut hat ..., wäre die einfache Bekanntschaft mit der Hirtenwelt wohl ein genügendes Motiv, sie mimetisch darzustellen... Es wird darum für immer ungeklärt bleiben, ob die theokritischen Hirten realistisch gesehen sind oder nicht ... Wir könnten hierüber eher etwas Überzeugendes vortragen, wenn wir wüßten, welchem Publikum diese Dichtung vornehmlich zugedacht war. Hat sie der Dichter für Alexandria geschrieben, so konnte er naheliegender Weise zu einer solchen Erhöhung der Hirten kommen – die Ferne macht die Verwandlung, die darin liegt, leichter möglich. Es ist aber im Zusammenhang damit sogleich zu sagen, daß diese Gedichte, so sehr sie einen städtischen Hörer vielleicht auch gebannt haben mögen, zu einer Abkehr vom städtischen Lebenskreise nicht ausdrücklich einladen ... Andererseits bezeugt der Dichter, der so viele bukolische Gedichte schreibt, der bukolischen Welt seine Liebe: eine Liebe, die sehr groß sein mag, sich aber nicht anders als im beschreibenden, erzählenden Gedicht zu äußern wünschte..." (Körte/Händel 218 f.).

A A. S. F. Gow, Cambridge [(2)]1952 (gr.-engl. mit Kommentar). U. v. Wilamowitz-Moellendorff, Oxford [(2)]1910.
Ü H. Beckby: Die griechischen Bukoliker, Meisenheim 1975. D. Ebener, Leipzig 1973. B. Effe, Düsseldorf/ Zürich 1999 (gr.-dt.). F. P. Fritz, München 1970. E. Mörike / F. Notter, Stuttgart [(2)]1883. E. Staiger, Zürich/Stuttgart 1970.
L B. Effe: Die Genese einer literarischen Gattung: die Bukolik, Konstanz 1977. B. Effe (Hg.): Theokrit und die griechische Bukolik, Darmstadt 1985. K. Garberg (Hg.): Europäische Bukolik und Georgik, Darmstadt 1976. A. E.-A. Horstmann: Ironie und Humor bei Theokrit, Meisenheim 1976. KNLL 16, 483–486. A. Körte / P. Händel, HD, 199–250. A. Ott: Die Kunst des Gegensatzes in Theokrits Hirtengedichten, Hildesheim 1969. E. Schmidt: Bukolische Leidenschaft, Frankfurt 1987. A. Sens: *Dioscuri* (Idyll 22), Göttingen 1997. K.-H. Stanzel: Liebende Hirten. Theokrits Bukolik und die alexandrinische Poesie. Beiträge zur Altertumskunde. 60, 1995.

Ei kalôs eíretai to láthe biósas *(An recte dictum sit latenter esse vivendum)*
→**Moralia (Plutarchos)**

Eikónes
„Bilder"

Lukianos aus Samosata, etwa 120–180 n. Chr.

Dialog über die Schönheit (gr.).
Verfaßt zwischen 162 und 166 n. Chr., als Kaiser Verus (gest. 169 n. Chr.) im Osten des Reiches residierte.

I Thema des Gesprächs zwischen Lykinos und Polystratos ist die Schönheit der Pantheia, eines Mädchens aus Smyrna, der Geliebten des Kaisers Verus. Der Dialog wird als Mittel des Enkomions benutzt. – Pantheia empfand Lukians Lob offensichtlich als zu schmeichelhaft; bescheiden wie sie war, sandte sie Lukian das Loblied zurück, das allerdings schon in die Öffentlichkeit gelangt war. Daher sah sich Lukian genötigt, seine lobenden Worte zu verteidigen, und verfaßte den Dialog *Hypèr tôn eikónon* („Rechtfertigung der Bilder"). Pantheia hatte vor allem an übertriebener Schmeichelei des Autors Anstoß genommen. Sie wehrte sich dagegen, mit Göttinnen gleichgesetzt zu werden. Es gehöre sich einfach nicht, Götter und Menschen auf eine Stufe zu stellen. Lukian legt ausführlich den Unterschied zwischen begründetem Lob und übertreibender Schmeichelei dar: Das Lob zielt auf die Wahrheit, die Schmeichelei ist der Lüge gleich. Das Vergleichen von Menschen mit Göttern habe im übrigen schon eine literarische Tradition (seit Homer).

A A. M. Harmon: Lucian. Bd. 4, London/Cambridge (Mass.) 1925.
Ü Chr. M. Wieland: Lucian von Samosata. Sämtliche Werke 2. 3, Leipzig 1788/1789, 277–340.
L A. Lesky, 937–941.

Eikónes
„Bilder"

Philostratos, um 200 n. Chr. (es handelt sich um Flavius, den zweiten der Philostratoi)

Beschreibung einer Gemäldesammlung in Neapel in zwei B. (gr.).

I Das Werk, das schon in der Antike gepriesen wurde, enthält die Beschreibung von 65 Bildern, die nicht mehr erhalten sind oder vielleicht auch nie existiert haben. Das erste B. befaßt sich mit 31, das zweite mit 34 Bildwerken. – Heute ist man im allgemeinen davon überzeugt, daß Philostratos wirkliche Bilder in einer wirklichen Pinakothek sah. Die *Eikónes* lassen wohl auch erkennen, wie die Bilder an den Wänden der verschiedenen Räume angeordnet waren. Allerdings beschreibt der Autor weder Format und Maßstab der Gemälde noch die Größe der Figuren noch das Zeitalter, die Schulen, die Künstler. Er trennt auch nicht genau die literarischen und die künstlerischen (abgebildeten) Bestandteile seiner Darstellung. Häufig werden Dichter zitiert, da ja die Künstler ihre Themen vielfach dem Mythos entnehmen. – Die Bilder in den vermutlich fünf Räumen der Pinakothek waren nach bestimmten Themen geordnet: (1) Flüsse u. a. mit der Befruchtung der Erde durch den Nil (1,5), mit dem Sieg des Wassers über das Feuer (1,11). – (2) Dionysos-Sage u. a. mit der Geburt und Hochzeit des Gottes (1,14 und 1,16), mit der Erschaffung der Weinquelle (1,25). – (3) Aphrodite (2,1–12) mit Hippolytos, der die Liebe verweigert (2,4), mit Pantheia und ihrem tragischen Ende (vgl. Xenophon, →*Kýru paideía*), mit Kassandra (2, 10). – (4) Darstellung der Urwelt mit den Urgestalten der Erde (2,13.14.16.17), aber auch mit dem Kyklopen Polyphem und der Meergöttin Galatea (2,18). – (5) Herakles (2,20–25) u. a. mit Atlas (2,20) und der Darstellung seines Wahnsinns (2,23). – Die Bilder 2,27–34 sind vielleicht später hinzugefügt (u. a. die Geburt der Athene, Antigone, Themistokles, die Horen). – Philostratos beschreibt meistens nach einem bestimmten Schema: Nach einem allgemeinen Blick auf das Gemälde, einer Darstellung des Ortes oder der Szene, einem Hinweis auf den Gesamtcharakter der Figuren oder auf besonders auffallende Eigentümlichkeiten der Hauptfiguren erzählt der Autor den Mythos, auf den sich die Darstellung bezieht. Dann beschreibt er die Figuren nach ihren Attributen, ihrem Aussehen und ihrem Charakter; darauf werden die Bewegungen der Handlungen geschildert. Schließlich geht er noch auf die Folgen der Handlung ein (z. B. 1,1.3.6.7.13.16. 19.22.23.26.27.29.30; 2,5.10.13.15.16.19.21.24. 29.30). – Mitunter beginnt die Beschreibung auch gleich mit den besonders ins Auge fallenden Eigentümlichkeiten der Hauptfiguren (z. B. 1,11.14; 2,2.4.23). Manchmal fehlt auch der Mythos, weil er als bekannt vorausgesetzt wird (z. B. 1,2.4.5.9.12. 17.18.20.21.31; 2,1.6.11.12. 14.17.25–27.31–33). Die

Erzählung des Mythos kann aber auch am Anfang der Beschreibung stehen. Auf diese Weise wird das Verständnis des Dargestellten vorbereitet (z. B. 1,8.10.15.28; 2,3.7 bis 9.18.20. 22.28.34). – Oft weist die Beschreibung über das im Bild dargestellte Motiv hinaus. – Die Farben werden nicht beschrieben, dafür aber die äußere Gestalt der dargestellten Personen (körperliche Formen, Haarwuchs, Alter usw.). Nicht erwähnt werden die Maltechnik, die Form und das Format der Bilder, der Maler, die Entstehungszeit.

H Die Bildbeschreibung (Ekphrasis) war eine Übung der Rhetorenschule. Sie galt als ein Mittel der formalen Bildung. Die Sophisten übten sich vor allem in der Beschreibung von Nachahmungen der Natur, d. h. von Gemälden und Werken der Plastik. Auf diese Weise stellten sie sich als redegewandte Kunstsachverständige dar.

W „Philostratos beschreibt die Bilder nicht so sehr als er sie deutet. Das Bild gibt ihm Gelegenheit, seine Sprachkunst zu entfalten, sichtbare Bilder vor das geistige Auge des Hörers zu zaubern und so im Wort mit der Kunst des Malers zu wetteifern. Dabei tritt für ihn die Forderung nach strenger Konstruktion des Einzelbildes zurück, und wenn er sein Können, seine Sophia, zeigen kann, werden ihm die Bilder fast nur zum Rohstoff für die Schöpfungen des eigenen Witzes, die Ekphrasis wird zur Epideixis. Immerhin darf man nicht sagen, er vergesse die Bilder, nennt er es doch seine Aufgabe, die Bilder zu ‚loben' (Pr. 5)" (Schönberger, 48). – Philostrat befaßt sich vor allem mit den Emotionen und den psychologischen Vorgängen, die er an den dargestellten Personen erkennt. Er interessiert sich für das Leben, das in den Bildern steckt. Er versucht, den Leser mit allen Mitteln in den Bannkreis eines Bildes zu ziehen. Der Betrachter soll die Illusion vermittelt bekommen, daß das Dargestellte wirklich geschehe.

N Das erfolgreiche Werk wurde von dem jungen Philostrat, dem Enkel des Autors, wohl nach 274 n. Chr. nachgeahmt. Die „jüngeren" *Eikónes* sind nur in zwei Handschriften überliefert; sie sind hinsichtlich ihrer Qualität nicht an das Werk des Großvaters herangereicht. – Prokopios aus Gaza (um 465 – um 529) fertigt nach dem Vorbild des Philostratos Beschreibungen von Gemälden an. Auch Prokopios aus Kaisareia (um 500 – um 560) könnte sich an Philostratos orientiert haben (→*Perì ktismáton*). – Von den Byzantinern wurden die *Eikónes* gern gelesen, wie die große Zahl der Handschriften aus dem 13.-16. Jh. beweist. Gelehrte und Scholiasten (→*Schólia*) zitieren aus den *Eikónes* (z. B. Eusthatios, etwa 1115 bis 1197). Das Werk beeinflußte die bildende Kunst des 16. Jh., und es entstanden Nachbilder der *Eikónes* (z. B. von Tizian). – Goethe beschäftigte sich eingehend mit dem Werk. Im Jahre 1818 veröffentlichte er seinen Aufsatz mit dem Titel „Philostrats Gemählde" in der Zeitschrift „Über Kunst und Altertum". – Schließlich malte Moritz von Schwind zur Ausschmückung der Kunsthalle in Karlsruhe nach Philostratos (seit 1842).

A O. Benndorf / C. Schenkl, Leipzig 1893. C. Schenkl /
E. Reisch, Leipzig 1902 („jüngere" *Eikones*).
Ü O. Schönberger, München [(2)]1980 (gr.-dt. mit Kom-
mentar).
L K. Lehmann-Hartleben: The imagines of the elder
Philostratus, in: The Art Bulletin 23, 1941, 16–44. A. Les-
ky: Bildwerk und Deutung bei Philostrat und Homer, in:
Hermes 75, 1940, 38–53. F. Steinmann: Neue Studien zu
den Gemäldebeschreibungen des älteren Philostrat, Diss.
Zürich 1914.

Ei presbytéro politeutéon (*An seni res publica gerenda sit*) →Moralia (Plutarchos)

Eiréne
„Frieden"

Aristophanes aus Athen, um 445–386 v. Chr.

Komödie in 1357 Versen (gr.).
An den großen Dionysien (März/April) 421 v. Chr.
uraufgeführt.

I Aristophanes läßt den Weinbauern Trygaios
zu Zeus in den Himmel fliegen, wo er versuchen
soll, das Ende des Krieges herbeizuführen. Die
Flugmaschine des Weinbauern ist ein riesiger Mistkäfer. Er erreicht sein Ziel. Doch die Götter haben
sich bis auf Hermes zurückgezogen und die Griechen Polemos (dem Krieg) überlassen. Dieser hat
Eirene (den Frieden) in einer Höhle versteckt. Trygaios muß mit ansehen, wie der Krieg griechische
Städte und die Produkte ihrer Arbeit in einem
Mörser zerstampfen will. Glücklicherweise fehlt
ihm jedoch noch der Stößel. Der Weinbauer nutzt
die Zeit und ruft die Griechen aller Stämme herbei,
die dabei helfen sollen, den Frieden aus der Höhle
zu ziehen, bevor der Krieg einen Stößel gefunden
hat. Der Frieden, personifiziert durch die Göttin
Eirene, wird befreit. Am Ende bekommt der Bauer
seine Ernte, verkörpert durch Opora, eine hübsche
Dirne; die Waffenproduzenten sind ruiniert; die
Hersteller landwirtschaftlicher Geräte haben stei-
gende Umsätze. – Am Anfang des Stückes sind
zwei Sklaven damit beschäftigt, Klöße aus Kot
und Mist zu formen, um sie dem Mistkäfer zu fressen zu geben. Dann beginnt der Flug in den Himmel: Trygaios wird auf seinem Käfer sitzend von
einem Kran in die Höhe gehoben, landet schließlich im Himmel und wird von Hermes empfangen,
der ihm mitteilt, daß die Friedensgöttin in der
Höhle gefangen ist. Der Krieg kommt mit seinem
Mörser, um seinen Brei zu produzieren. Der Tu-
mult (Kydoimos), Sklave des Krieges, soll den fehlenden Stößel besorgen, kehrt aber unverrichteter
Dinge zurück. Denn die Kriegstreiber Kleon und
Brasidas, die beiden „Mörserkeulen", sind nicht
zu finden, weil sie im Jahre 421 nicht mehr leben.
Trygaios schickt sich an, die Friedensgöttin zu befreien (1–300). Der Chor, der zunächst aus Griechen aller Stämme, später nur noch aus attischen

Bauern besteht, will Trygaios helfen, die Friedensgöttin ans Licht zu ziehen. Alle freuen sich auf den
Frieden (301–360). Der Gott Hermes warnt die
Männer vor der Ausführung ihres Vorhabens.
Doch Trygaios kann Hermes auf seine Seite ziehen
(361 bis 519). Das Werk gelingt. Die Friedensgöttin
erscheint auf der Bühne und mit ihr die Freudenmädchen Opora (die Ernte) und Theoria (das Fest);
sie werden begeistert begrüßt (520–597). Darauf
fragt der Chor nach dem Grund für den Verlust
des Friedens. Hermes gibt bereitwillig Auskunft.
Am Ende der Szene fordert Hermes den Trygaios
auf, Opora zu heiraten (598–727). In der Parabase
wendet sich der Chor im Namen des Dichters direkt an das Publikum, um für sich und seine künstlerische Arbeit zu werben und den Sieg im Wettstreit mit seinen Konkurrenten zu erringen (728–
818). (Aristophanes gewann mit dem „Frieden"
den 2. Platz.). Inzwischen ist Trygaios mit Opora
und Theoria vom Himmel zurückgekehrt und läßt
seine Hochzeit vorbereiten. Zugleich wird Theoria
dem Prytanen zugeführt. Trygaios wird als Retter
des Vaterlands gefeiert. Eirene erhält ein Dankopfer (819–1042). Da tritt der Wahrsager Hierokles
auf, der sich dem Friedensschluß erfolglos zu wi-
dersetzen versucht (1043–1126). In der zweiten Parabase des Chores preist der Dichter die Segnungen
des Friedens auf dem Lande (1127–1190). Verschiedene Waffenhändler und -produzenten treten auf
und beklagen ihren Ruin (1191–1264). Zwei Knaben kommen aus dem Haus und sprechen Zitate
aus heroischen Texten. Trygaios schickt sie fort
und fordert den Chor der Bauern auf, das Hoch-
zeitsmahl zu genießen (1265–1315). Am Schluß
verläßt der Chor mit dem Brautpaar die Bühne
(1316–1357).

Q Zahlreiche Zitate aus den Werken anderer
Dichter, u.a. aus Homer, Euripides, Stesichoros
und Archilochos sind in parodierender Absicht eingestreut. So ist z.B. der Flug des Trygaios auf dem
Mistkäfer eine Parodie auf den verunglückten Flug
des Bellerophontes mit dem Flügelroß Pegasos in
Euripides' Tragödie *Bellerophontes*.

H Der Peloponnesische Krieg zwischen Athen
und Sparta (vgl. Thukydides →*Ho pólemos tôn Lakedaimoníon kaì Athenaíon*) dauerte bereits zehn
Jahre. Wenige Tage nach der Aufführung der Komödie in Athen begann der sogenannte Nikias-
Friede, der für fünfzig Jahre abgeschlossen wurde.
Die erste Phase des großen Krieges war hiermit beendet. Der Frieden hielt aber nur kurze Zeit.

N Peter Hacks hat eine eigene Fassung des
„Friedens" vorgelegt (in: P. H.: Zwei Bearbeitungen, Frankfurt 1963).

A F. W. Hall / W. M. Geldart. Bd. 1, Oxford [(2)]1906. P.
Mazon, Paris 1904. M. Platnauer, Oxford 1964 (mit Kom-
mentar).
Ü L. Seeger / H.-J. Newiger / P. Rau, München 1968.
G. A. Seeck, GLTD 2, 156–180 (gr.-dt. in Auswahl).
L P. Händel: Formen und Darstellungsweisen in der
aristophaneischen Komödie, Heidelberg 1963. A. Lesky,

GL, 492f. H.-J. Newiger (Hg.): Aristophanes und die alte Komödie, Darmstadt 1975. C. H. Whitman: Aristophanes and the Comic Hero, Cambridge (Mass.) 1964, 104–118.

Eiresióne
„Öl- oder Lorbeerzweig und festlicher Gesang"

An.

Kinderlied (gr.).

I   Die Kinder trugen einen geschmückten Zweig von Haus zu Haus und sangen ein Heischelied, das in der unter Herodots Namen überlieferten Homer-Vita überliefert ist (→*Vita Herodotea*).

A   T. W. Allen: Homeri Opera. Bd. 5, Oxford 1912 (in der *Vita Herodotea* des Homer). O. Seel: Eiresione. Ein griechisches Lesebuch, Stuttgart 1963, 84.
L   A. Lesky, GL, 112.

Eisagogé
„Einleitung"

Achilleus Tatios, Anfang des 3. Jhs. n. Chr.

Einleitung (gr.) in die →*Phainómena* des Aratos

I   Es handelt sich um einen Teil eines ansonsten verlorenen Werkes mit dem Titel *Perì sphaíras* („Über die Erdkugel"), eines Kommentars mit wertvollen Informationen u. a. über die stoische Kosmologie und Physik (vgl. SVF Index fontium).

A   E. Maas: Commentariorum in Aratum reliquiae, Berlin [2]1958, 25ff.
L   H. Gärtner: Achilleus Tatios, in: DKP 1, 1520. Schäfer, RE 1, 1, 1893, 247–248.

Eisagogé
„Einführung"

Auch zitiert als *Prólogos* („Vorrede").

Albinos, 2. Jh. n. Chr.

Einführung in die platonischen Dialoge, Exzerpt aus einer größeren Abhandlung (gr.).

I   In sechs Kapiteln werden literarische Fragen der platonischen Dialoge behandelt und Erwägungen darüber angestellt, in welcher Reihenfolge man die Dialoge lesen sollte.

A   C. F. Hermann, Leipzig 1892, 147–151. (Platon-Ausgabe, Bd. 6).
Ü   R. Le Corre: Le Prologue d' Albinus, in: Rev. philos. 146, 1956, 28–38 (frz.).
L   J. Dillon: The Middle Platonists, London 1977. H. Dörrie: Die Frage nach dem Transzendenten im Mittelplatonismus, in: Sources de Plotin, Entretiens sur l' antiquité classique 5, 1957, 13ff. H. Dörrie: Albinos, in: DKP 1,

233f. O. Nüsser: Albins *Prolog* und die Dialogtheorie des Platonismus, Stuttgart/Leipzig 1991. O. Schissel: Zum Prologus des Platonikers Albinus, in: Hermes 66, 1931, 214–226. R. E. Witt: Albinus and the History of Middle Platonism, Amsterdam [2]1971.

Eisagogè arithmetiké →Arithmetikè eisagogé (Nikomachos)

Eisagogè eis tà phainómena
„Einführung in die Erscheinungen"

Geminos, um 70 v. Chr., Schüler des Stoikers Poseidonios

Einführung (gr.) in die Astronomie und astronomische Geographie auf der Grundlage des Weltbildes von Hipparchos aus Nikaia (→„Kommentar zu den *Phainómena* des Aratos und des Eudoxos von Knidos"), nur in einer späteren Überarbeitung überliefert.

A   K. Manitius, Leipzig 1898, Nachdr. 1974).
L   G. Sarton: Introduction to the History of Science. Bd. 1, Washington 1927, 212. K. Tittel, RE 7, 1, 1910, 11025–1051.

Eisagogè eis tàs Aristotélus Kategorías
„Einführung in die Kategorien des Aristoteles"

Auch zitiert als *In Categorias Aristotelis introductio* oder *Perì tôn pénte phonôn* oder *De quinque vocibus* („Über die fünf Begriffe").

Porphyrios aus Tyros, 2. Hälfte des 3. Jhs. n. Chr.

Kurze Einführungsschrift (gr.) neben dem ausführlichen Kommentar zu den →*Kategoríai* des Aristoteles (→„Kommentare zu Aristoteles").
Entstanden nach 268 n. Chr.

I   Die Einführung (*Introductio*) in die aristotelischen „Kategorien" wurde in der lat. Übersetzung des Boethius (um 480–524 n. Chr.) zum Standardwerk der Logik im Mittelalter. – Der Autor erläutert die fünf Grundbegriffe (1) Gattung, (2) Differenz, (3) Art, (4) Proprium und (5) Akzidenz, um die notwendigen Voraussetzungen für das Verständnis des aristotelischen Werkes zu schaffen. Diese Grundbegriffe werden nicht von den Dingen selbst ausgesagt, sondern von ihren Begriffen, deren Verhältnis sie bestimmen.

A   A. Busse, CAG 4. 1, 1895 (Einführung des Porphyrios in die „Kategorien" und sein Kommentar zu den „Kategorien").
Ü   E. Rolfes: Aristoteles. Philosophische Schriften. Bd. 1, Darmstadt 1995, 1–23 (Einführung in die „Kategorien").
L   R. Beutler: Porphyrios, in: RE 22, 1, 1953, 275–313. J. Tricot: Porphyre, *Isagoge*, Paris 1947. E. Zeller, Philosophie. 3. 2, 693–735.

Eisagogè eis tàs theías graphás
„Einführung in die heiligen Schriften"

Hadrianos aus Syrien, 1. Hälfte d. 5. Jhs. n. Chr.

Systematische Darstellung der biblischen Hermeneutik mit einer wertvollen Lehre vom Sprachsinn des Hebräischen (gr.).

A CPG 3, 6527. PG 98, 1273–1312. F. Goeßling, Berlin 1887.
L G. Marcati: Pro Adriano, in: Revue biblique 11, 1914, 246–255.

Eisagogè eis tèn apotelesmatikén
„Einführung in die Astrologie"

Paulos aus Alexandreia, 4. Jh. n. Chr.

Im Mittelalter hochgeschätzte Kompilation (gr.) aus älteren Werken zur Astrologie.
Um 378 n. Chr. verfaßt.

I Paulos erklärt die astrologischen Grundbegriffe und verbindet sie z. T. mit astronomischen Erläuterungen. Er stellt die Lehre von den Schicksalslosen nach der *Panaretos* des Hermes Trismegistos (→*Corpus Hermeticum*) dar, die noch in Goethes „Urworten orphisch" nachklingt, ferner die Lehre von den zwölf Orten von denen jeder einen Lebensbereich bestimmt, und die Lehre von den Schicksalsjahren und den Planeten als Herren in den Tierkreishäusern und Zeitbeherrschern.

A E. Boer / O. Neugebauer, Leizig 1958.
L E. Boer: Astrologie, in: dtv-L 1. 1, 201–205. E. Boer: Paulus von Alexandria, in: dtv-L 1. 1, 291 f.

Eisagogè harmoniké
„Einführung in die Harmonielehre"

Kleoneides, um 200 n. Chr.

Lehrbuch der Musik (gr.).

I Das Werk „handelt in gedrängter Form von Ton, Intervall, Tongeschlecht, von bestimmten Tonordnungen, vom Wechsel aus einer Ordnung in eine andere und von der Melodiebildung" (Georgiades, 120).
Q „Die Schrift bringt in starrer und konventioneller Schematisierung Lehren, die im wesentlichen auf Aristoxenos von Tarent zurückgehen (A. Lesky, 993).

A C. von Jan: Musici Scriptores Graeci, Leipzig 1895, Nachdr. Hildesheim 1962.
L Th. Georgiades: Musik und Rhythmus bei den Griechen. Zum Ursprung der abendländischen Musik, Hamburg 1958, 120 f. M. Fuhrmann, Lehrbuch. C. von Jan: Die Harmonik des Kleonides, Landshut 1870. A. Lesky, GL, 993.

Eis Konstantînon tòn basiléa triakontaeterikós
„Festrede anläßlich des 30jährigen Regierungsjubiläums auf Kaiser Konstantin"

Eusebios aus Kaisareia, um 260–339 n. Chr.

Eine von Eusebios selbst im Jahr 335 n. Chr. gehaltene Lehre (gr.).

I Mit dieser Rede verbunden ist eine dem Kaiser gewidmete Einführung in den christlichen Glauben für gebildete Heiden.
H Die Schriften des Eusebios, die Konstantin betreffen (→*Eis tòn bíon tû makaríu Konstantínu basiléos*), sind „unschätzbare Zeugnisse für den Wandel, der sich unter dem Eindruck des Umschwungs in der Auffassung vieler Christen vom Wesen des Staates und der Monarchie vollzog. Das Kaisertum hatte seine Legitimation aus der Vorstellung bezogen, daß der Herrscher die ewige, unveränderliche Weltordnung als Gerechtigkeit unter den Menschen verwirklichen sollte. Diese kosmische Begründung des Herrscheramtes war für die Christen deshalb nicht anzuerkennen, weil die Welt für sie eine gefallene, der Vergänglichkeit anheimgegebene Schöpfung war und sich Maßstäbe nur aus den Geboten Gottes herleiteten ... Euseb hat es gewagt, den Ereignissen am Anfang des 4. Jh. n. Chr. eschatologische Qualität zuzusprechen. Constantin ist der neue Moses, der Sieg an der Milvischen Brücke über seinen Widersacher Maxentius die Errettung des endzeitlichen Gottesvolkes, auf die das Alte Testament im Bericht über den Zug der Israeliten durch das Schilfmeer und die Vernichtung der verfolgenden Ägypter hinweist. Es zeichnet sich an solchen Stellen in den Constantin-Schriften eine politische Theologie ab, in der eine eschatologische Legitimation des Kaisertums neben die ... fortdauernde kosmologische tritt" (Dihle, 433 f.).

A I. A. Heikel, GCS 7, 1902, 195–259. PG 20, 1316–1440.
L A. Dihle, GLL, 431–434.

Eis Origenèn prosphonetikòs kaì panegyrikòs lógos
„Widmungsschrift und Panegyrikos auf Origines"

Gregorios Thaumaturgos, um 210/213 – um 268 n. Chr.

Autobiographische Dank- und Lobrede (gr.).
Um 238 n. Chr. in Kaisareia gehalten.

I Der Autor schildert seine Lehrzeit bei seinem berühmten Lehrer Origenes (etwa 185–254 n. Chr.). Der Unterricht umfaßte Logik (7), Naturwissenschaften (8), Moralphilosophie und praktische Tugendübungen (9 bis 12) und Lektüre der alten Literatur (aber ohne atheistische Schriften) als Einleitung in die Theologie (13 f.). Der Schüler wurde zum Studium der Theologie zugelassen, nachdem er diesen Lehrgang absolviert hatte.

A H. Crouzel, SC 148, 1969. P. Guyot / R. Klein, Freiburg 1996 (gr.-dt.). P. Koetschau, Leipzig 1894.
Ü H. Bourier, München 1911 (BKV[(2)] 2).
L O. Bardenhewer 2, 320–322. A. Brinkmann: Gregors des Thaumaturgen Panegyricus auf Origenes, in: RhM 56, 1901, 55–76. H. Crouzel / H. Brakmann, RAC 12, 1983. KNLL 6, 860.

Eis Phlákkon
„Gegen Flaccus"

Auch zitiert als *Contra Flaccum.*

Philon aus Alexandreia, 1. Hälfte des 1. Jhs. n. Chr.

Historisch-apologetische Schrift (gr.).

I Philon berichtet über das Wirken des röm. Statthalters Aulus Avillius Flaccus, der Ägypten fünf Jahre lang (32–37. n. Chr.) vorbildlich verwaltete, dann aber unter Kaiser Caligula (reg. 37–41 n. Chr.) die Juden in Alexandreia grausam verfolgte. – Flaccus wurde 38 n. Chr. auf Befehl des Kaisers verbannt und anschließend getötet. – Philon läßt Flaccus an seinem Verbannungsort über seine Taten nachsinnen und die Verbannung als gerechte Strafe anerkennen.
W Philon will mit seinem Bericht veranschaulichen, daß Gott über dem jüdischen Volk wacht und jeden ihm angetanen Frevel streng bestraft.

A H. Box, Oxford 1939 (gr.-engl. mit Kommentar).
L H. Leisegang, RE 20, 1, 1941, 1–50. Schmid-Stählin 2. 1.

Eis tà prolegómena tês logikês
„Zu den Vorbemerkungen zur Logik"

Olympiodoros aus Alexandreia, um 500 – nach 565 n. Chr.

Einführung in die aristotelische Philosophie (gr.).

A A. Busse, CAG 12. 1, 1902.

Eis tèn Plátonos theologían
„Zu Platons Theologie"

Auch zitiert als *Perì tês katà Plátona theologías* („Über die Theologie bei Platon").

Proklos aus Konstantinopel, etwa 410–485 n. Chr.

Sechs B. über Platons Theologie und Philosophie und ihre neuplatonischen Konsequenzen (gr.).

I Das Werk bietet eine Darstellung des neuplatonischen Seinsaufbaues und der Beziehungen innerhalb seiner hierarchischen Struktur. – Wesentliche Teile des Werkes sind dem Begriff des Urwesens (vgl. Plotin, →*Enneádes*) gewidmet. Proklos geht davon aus, daß (1) aller Vielheit das Eine, (2) allem Guten das Urgute und (3) allem Seienden die erste Ursache vorangeht und daß diese drei Begriffe dasselbe bezeichnen (vgl. die →*Stoicheíosis theologiké* 4–5.8.11–13). Das Urwesen, das alles hervorbringt, ist aber unaussprechlich und höher als alles sonst; es ist „Ursache ohne Ursache". Proklos behauptet nun im Anschluß daran, daß die intelligible Welt nicht unmittelbar aus dem Einem hervorgeht. Denn da jede Einheit eine ihr gleichartige Vielheit hervorbringt, kann auch das absolute Eine zunächst nur eine Vielheit von Einheiten oder die einheitliche Zahl hervorbringen. Da jedes Niedrigere mit dem Höheren durch ein diesem gleichartiges Mittelglied verbunden sein muß, kann auch das Seiende mit dem überseienden Einen nur durch überseiende Einheiten (Henaden) verknüpft sein. Das sind für Proklos die Götter, die zwischen dem Einen und dem Intelligiblen stehen, das Proklos eingehend zu bestimmen und zu gliedern sucht. Auf diese Weise vermischt Proklos metaphysisch-ontologische mit religiösen Vorstellungen. – Auch die Götter werden eingehend klassifiziert (im 4. B.).

A E. Portus, Hamburg 1618, Nachdr. Frankfurt 1960. E. Turolla, Bari 1957. L. G. Westerink: Théologie platonicienne. Coll. des Un. de Fr. 1968 (gr.-frz.). W. Beierwaltes: Proklos. Grundzüge seiner Metaphysik, [(2)]1979. H. D. Saffrey: Sur la tradition manuscrite de la Théologie platonicienne de Proclus, in: Autour d' Aristote, Löwen 1955, 384–430. E. Zeller, Philosophie 3. 2, 834–890.

Eis tòn bíon tû makaríu Konstantínu basiléos
„Zum (auf das) Leben des seligen Kaisers Konstantin"

Eusebios aus Kaisareia, um 260–339 n. Chr.

Lobrede auf die christlichen Tugenden des röm. Kaisers in vier B. (gr.).
Verfaßt nach dem Tod des Kaisers (337 n. Chr.).

I Das Werk gilt als ein „maßlos übertreibender Panegyrikos" (Patrologie, 207). Die Schrift erwähnt nur solche Züge des Kaisers, in denen seine Religiosität und sein gottgefälliges Leben hervortritt. Alles andere wird verschwiegen. Er gilt als ein neuer Moses, der das Volk Gottes aus der Unterdrückung in die Freiheit geführt hat. Der Kaiser ist Schutzherr der Kirche.

A   I. A. Heikel, GCS 7, 1902, 3–148. F. Winkelmann, Berlin [2]1991.
Ü   J. M. Pfättisch, BKV[2] 9, 1913.
L   A. Dihle, GLL, 431–434. KNLL 5, 331. P. Meyer: De vita Constantini Eusebiana, Bonn 1882. Patrologie, 206–212. F. Winkelmann: Die Vita Constantini des Eusebius, Diss. Halle 1959. D. M. Webb: The Truth about Constantine: History, Hagiography and Confusion, in: K. Robbins (Hg.): Religion and Humanism, Oxford 1981.

Eis tòn mártyra Kyprianón →De sancto Cypriano (Ailia Eudokia)

Eis tòn Plátonos Parmeníden aporíai kaì epilýseis
„Probleme und Lösungen zu Platons *Parmenídes*"

Damaskios aus Damaskos, geb. um 462 n. Chr.

Kommentar zu Platons →*Parmenídes* (gr.).

A   Ch. E. Ruelle. Bd. 2, 1898, 5–322.
L   R. Beutler: Olympiodoros, RE 18, 1, 1942, 207–227.

Eis tò prôton Eukleídu stoicheíon
„Zum ersten B. der Elemente des Eukleides"

Proklos aus Konstantinopel, etwa 410–485 n. Chr.

Die einzige erhaltene antike Philosophie der Mathematik in Form eines Kommentars (gr.) zu Euklids Werk →*Tà stoicheîa*.

A   G. Friedlein, Leipzig 1875.
Ü   L. Schoenberger / M. Steck: Kommentar zum ersten B. von Euklids Elementen, Halle 1945.
L   R. Beutler, RE 23, 1957, 185–247. N. Hartmann: Des Proclus Diadochus philosophische Anfangsgründe der Mathematik nach den ersten zwei B. des Euklidkommentars dargestellt, Gießen 1909.

Eis tùs apaideútus kýnas
„Gegen die ungebildeten Hunde"

Flavius Claudius Iulianus, röm. Kaiser von 361–363 n. Chr.

Rede gegen die Abartigkeiten der jüngeren kynischen Philosophen (gr.) mit einer Verteidigung des Diogenes.
Verfaßt im Jahre 362 n. Chr.

A   J. Bidez / G. Rochefort / Chr. Lacombrade. 4 Bde. Paris 1932–1964 (Gesamtwerk). F. C. Hertlein, Leipzig 1875/76. W. C. Wright. 3 Bde, London 1913–1923 (gr.-engl.)

L   K. Bringmann: Kaiser Julian, Darmstadt 2004. A. Lesky, GL, 975.

Ekklesiazûsai
„Frauenvolksversammlung"

Aristophanes aus Athen, um 445–386 v. Chr.

Komödie (gr.).
Wahrscheinlich im Jahre 392 v. Chr. uraufgeführt.

I   Zur Lösung der wirtschaftlichen und sozialen Probleme der Stadt Athen tritt eine Herrschaft der Frauen an die Stelle der korrupten und unfähigen Regierung der Männer. Es wird eine kommunistische Güter- und Lebensgemeinschaft eingeführt, die alle Finanz-, Rechts-, Ehe- und Wohnungsprobleme in Athen lösen soll. – Das Unternehmen wird von Praxagora angeführt; sie bereitet zunächst die Frauen mit einer aufrüttelnden Rede auf ihren Auftritt in der Volksversammlung vor (Vers 1 bis 310). Nachdem ihr das hohe Amt des Strategen übertragen worden ist, überzeugt sie ihren Mann Blepyros von den Vorteilen der neuen Situation in der Stadt (478 bis 725). Blepyros ist vor allem von zwei Dingen fasziniert: von der Freizügigkeit in der Liebe und von der vorgeschriebenen Muße und Untätigkeit der Männer. – Im zweiten Teil des Stückes werden episodenhaft die Folgen der neuen Ordnung dargestellt: Zunächst liefert ein Mann seine ganze Habe auf dem Marktplatz ab, um dem Gebot der Besitzlosigkeit Folge zu leisten, während ein anderer erst einmal abwartet, wie die Dinge sich entwickeln. (730–876). Dann streiten eine junge und eine alte Frau um den Liebhaber der jungen, der schließlich zwei schrecklich aussehenden und schauerlich keifenden Vetteln zufällt (877–1111). Am Schluß tritt Blepyros in Begleitung einiger Freudenmädchen auf. Er hat das allgemeine Festmahl versäumt und wird nun zum Nachtisch gerufen (1112–1183).

W   In den *Ekklesiazûsai* ist das später von Platon in der →*Politeía* ernsthaft reflektierte Modell einer kommunistischen Gesellschaft „zu einem ganz aus sich selbst lebenden komödiantischen Vorwurf geworden, losgelöst von aller praktischen und theoretischen Spekulation, ein utopisches ‚Wolkenkukkuckscheim', anhand dessen sich, bei aller hintergründigen Sorge um das Wohl der Stadt, ein fröhliches, derbes, ausgelassenes, burleskes, kurz: echt Aristophanisches Spiel entfalten läßt. Überhaupt könnte man, aufs Ganze gesehen, von einer Distanz des Dichters zur aktuellen Tagespolitik sprechen..." (KNLL 1, 675).

A   V. Coulon. Bd. 5, Paris 1930. F. W. Hall / W. M. Geldart. Bd. 2, Oxford [2]1907. R. Kassel / C. Austin: Poetae Comici Graeci. Bd. 3. 2, Berlin/New York 1984. H. J. van Leeuwen, Leiden 1905 (mit Kommentar). B. B. Rogers. Bd. 3, London/Cambridge (Mass.) 1924 (gr.-engl.). R. G. Ussher, Oxford 1973 (mit Kommentar).
Ü   J. G. Droysen. Bd. 3, Leipzig [3]1881. L. Seeger / O. Weinreich, Zürich [2]1968.

L E. Fraenkel: Kleine Beiträge zur Klassischen Philologie. Bd. 1, Rom 1964, 469–486. KNLL 1, 674f. A. Lesky, GL, 486–488. R. v. Pöhlmann: Geschichte der sozialen Frage und des Sozialismus in der antiken Welt. Hg. von F. Oertel. Bd. 1, München [(3)]1925, 313–322. Schmid-Stählin 1, 4, 216–219.

Eklogaí
„Auswahl"

Joannes Stobaios, 5. Jh. n. Chr.

Anthologie aus den Werken von etwa 500 gr. Dichtern und Prosaautoren (gr.). Stobaios stellte diese Sammlung in vier B. für seinen Sohn Septimius zusammen.

I Die Anthologie ist nach Sachgebieten gegliedert, denen entsprechende Texte von Homer bis in das 4. Jh. n. Chr. zugeordnet sind. B. 1: Proömium mit einem Lob der Philosophie, einer Darstellung von Philosophenschulen und Ausführungen über Mathematik und Musik; dann Texte zur Metaphysik und Physik. B. 2 und 3: Ethik. B. 4: Politik, Familie, Hausverwaltung u. a. – Im Mittelalter wurde das Werk in zwei Teile zerlegt: B. 1–2: Eclogae physicae et ethicae. B. 3–4: Florilegium.

A C. Wachsmuth / O. Hense. 5 Bde., Leipzig 1884–1923, Nachdr. Hildesheim 1999.
L O. Hense, RE 9, 2, 1916, 2549–2586. A. Lesky, GL, 955. Schmid-Stählin 2. 2, 1087 bis 1089.

Eklogé
„Auswahl"

Phrynichos Arabios, 2. Hälfte des 2. Jhs. n. Chr.

Stilistisches Hilfsbuch (gr.) für die praktische Tätigkeit des Redners.

I Phrynichos vertritt eine streng attizistische Position: In den einzelnen Artikeln des lexikographischen Werkes folgt der Warnung vor dem verpönten Ausdruck die Empfehlung der attizistischen Entsprechung.

A A. Lobeck, Leipzig 1820, Nachdr. Hildesheim 1965.
L H. Erbse: Phrynichos Arabios, in: dtv-L 3, 324f. D. Strout / R. French, RE 20, 1, 1941, 920–925.

Eklogen →Bucolica (Vergil)

Ekphráseis
„Beschreibungen"

Prokopios aus Gaza, um 465 – um 529 n. Chr.

Sammlung von Bildbeschreibungen (gr.)

A P. Friedländer: Ein spätantiker Gemäldezyklus in Gaza, in: Studi e Testi 89, 1939 (gr.-dt.).
L W. Aly, RE 23, 1, 1957, 259–272.

Ekphrasis der Hagia Sophia
„Beschreibung der (Kirche) Hagia Sophia"

Paulos Silentarios, 6. Jh. n. Chr.

Kunstgeschichtlich und literarisch wertvolle Beschreibung (*Ekphrasis*) der Hagia Sophia anläßlich ihrer Einweihung im Jahre 563 n. Chr. nach ihrer Restauration in rd. 900 epischen Hexametern (gr.). Wahrscheinlich am 6. Januar 563 n. Chr. in Gegenwart des Kaisers Justinian, des Patriarchen von Konstantinopel und des ganzen Hofes vom Autor selbst vorgetragen.

I Der Dichter baut die große Kirche vor den Hörern auf, nachdem er vorher die Geschichte ihres Einsturzes (sie war, 537 geweiht, durch ein Erdbeben stark beschädigt worden) geschildert und den kaiserlichen Entschluß zum Wiederaufbau erwähnt hatte. „Da sehen wir die Halbkuppeln und die große Kuppel mit ihren 40 Fenstern, die Säulen und Bogen, Pfeiler und Hallen, die Emporen und die Vorhalle, erfahren von der Pracht der Ausstattung, vor allem in farbigem Marmorgestein und Mosaik, und den Wundern der Beleuchtung. Ein zweiter Teil beschreibt noch den neuen Ambon, den höchst kunstvollen Aufbau in der Mitte des Raumes, von dem her das Volk die Geheimnisse des göttlichen Wortes hört"(Kranz, 454f.).
Q Die Form der Ekphrasis („Kunstbeschreibung") läßt sich bis auf die homerische Epik (→*Iliás*: Beschreibung des Schildes des Achilleus) und die Beschreibung des Herakles-Schildes (→*Aspís*) zurückverfolgen.

A P. Friedländer: Johannes von Gaza und Paulus Silentarius, Leipzig 1912, Nachdr. 1969, 227–305 (mit Kommentar).
Ü O. Veh: Prokop. Werke. Bd. 5, München 1977 (gr.-dt.).
L A. Dihle, GLL, 613. G. Downey: Ekphrasis, in: RAC 4, 1957, 921–944. W. Kranz: Geschichte der griechischen Literatur, Bremen o. J., 545f. W. Peek, RE 18, 3, 1949, 2366 bis 2372.

Ékphrasis eikónos
„Bildbeschreibung"

Prokopios aus Gaza, um 465 – um 529 n. Chr.

Beschreibung eines spätantiken Mosaikenzyklus in der palästinensischen Stadt Gaza (gr.).

I Der erhaltene Text (Kap. 1–42) läßt erkennen, daß Prokopios die vom Mosaikkünstler gestalteten Szenen aus der gr. Mythologie in lockerer Folge beschreibt. Besonders gelungen erscheinen die Bilder aus dem troischen Sagenkreis.

A P. Friedländer: Spätantiker Gemäldezyklus in Gaza, Vatikanstadt 1939, Nachdr. Hildesheim 1969 (gr.-dt.).
L G. Downey: Gaza in the Early Sixth Century, Norman (Okl.) 1963. K. Seitz: Die Schule von Gaza, Heidelberg 1892.

Ékphrasis tôn agalmáton
„Beschreibung der Standbilder"

Christodoros aus Koptos, 5./6. Jh. n. Chr.

Beschreibung (gr.) von 80 Statuen in den 532 durch Feuer zerstörten Thermen des Zeuxippos in Konstantinopel in 416 Hexametern. Anfang und Schluß sind nicht erhalten.

I Das Werk bildet das 2. B. der →*Anthologia Palatina*. – Der Autor hat die Statuen, die Personen aus der gr. Mythologie und andere herausragende Menschen (z. B. berühmte Philosophen wie Pythagoras, Demokrit, Platon und Aristoteles, historische Persönlichkeiten wie Caesar, Dichter wie Homer und Vergil) abbildeten, offensichtlich selbst gesehen und in der vorgefundenen Reihenfolge aufgezählt und knapp, aber treffend charakterisiert. Einige Statuen waren anscheinend zu Gruppen geordnet: Menelaos und Helena (Vers 165), Pyrrhos und Polyxena (192), Oione und Paris (215), Dares und Entellos (225), vielleicht auch Amymone und Poseidon (61), Aineias und Kreusa (143), Odysseus und Hekabe (171).

A H. Beckby: Anthologia Graeca. Bd. 1, München 1957 (gr.-dt.).

Ékphrasis tû kosmikû pínakos
„Beschreibung des Weltgemäldes"

Ioannes aus Gaza, 6. Jh. n. Chr.

Eine im Stil und Versmaß des Nonnos (→*Dionysiaká*) abgefaßte Beschreibung eines in Gaza (oder Antiochien) aufgestellten Weltgemäldes mit mythologisch-allegorischen Figuren in zwei B. (gr.).

I Das zwischen die B. 14 und 15 der →*Anthologia Palatina* eingeschobene und dadurch erhaltene Werk beschreibt ein Kuppelgemälde in einer Bade-anlage, das das Weltall anhand allegorischer Gestalten darstellte. Vgl. auch die →„Ekphrasis der Hagia Sophia" von Paulos Silentarios.

A P. Friedländer: Johannes von Gaza und Paulus Silentarius, Leipzig/Berlin 1912, Nachdr. 1969, 135–212.
L A. Dihle, GLL, 613. G. Downey: Ekphrasis, in: RAC 4, 1957, 921–944.

Éktaxis kat' Alanôn →Alaniká (Arrianos)

Ékthesis kephalaíon parainetikôn
„Darstellung der wichtigsten lobenswerten Eigenschaften"

Agapetos aus Konstantinopel, 6. Jh. n. Chr.

Fürstenspiegel (gr.), den der Autor Kaiser Justinian (reg. 527–565 n. Chr.) widmete.

I Agapetos zeichnet das Idealbild eines Herrschers, indem er die seit Isokrates üblichen Gesichtspunkte berücksichtigt (→*Euagóras*), aber auch christliches Gedankengut verwendet.
N Auszüge aus dieser Schrift finden sich in „Barlaam und Joasaph", dem berühmtesten Volksbuch des Mittelalters. – Wegen der Reinheit ihrer Sprache und ihres Reichtums an rhetorischen Mitteln wurde die Schrift seit der Humanistzeit im Schulunterricht viel benutzt und im Zeitalter des Absolutismus in Europa mehrfach nachgedruckt.

A PG 86, 1163–1186.
Ü N. Krumpach: Das büchlin Agapeti: An den Kayser Justinianum, wie sich ein Fürste halten soll, Wittenberg 1530.

Elakáte →Alakáta (Erinna)

Elegiae
„Elegien"

Cornelius Gallus aus Forum Iulii, 69/68–26 v. Chr.

Bis auf einen einzigen Pentameter (FPL 99) verlorene Sammlung (lat.) von Elegien in vier B.

I Die Thematik der Elegien kann aus der 10. Ecloge Vergils (→*Bucolica*) erschlossen werden, die sich hier eng an die Elegien des Gallus anschloß.

L E. Bréguet: Les élégies de G. d' après la 10e Bucolique de Virgile, in: REL 26, 1948, 204–214. K. Büchner: Die römische Lyrik, Stuttgart [(2)]1983, 67–88. E. Burck: Gallus, in: dtv-L 1. 2, 140. N. B. Crowther: C. Cornelius Gallus. His Importance in the Development of Roman Poetry, in: ANRW 2, 30, 3, 1983, 1622–1662. L. Nicastri: Cornelio Gallo e l' elegia ellenistico-romana. Studio die nuove frammenti, Neapel 1984.

Elegiae
„Elegien"

Maximianus Etruscus, 6. Jh. n. Chr.

Sechs erotische Elegien in Distichen (lat.).

I Thema der Gedichte ist die Diskrepanz zwischen Liebe und Alter. Die Liebesfreuden der Jugend werden den Leiden des Alters gegenübergestellt. – In der 1. Elegie wird das Unglück des Alters beschworen; die Liebe ist auf immer verloren. – In der 2., 3. und 4. Elegie ist die Rede von der Geliebten Lycoris, die von dem Greis nichts mehr wissen will, von der Erinnerung an die Jugendliebe Aquilina und von der Tänzerin Candida. In der 5. Elegie hält die enttäuschte Geliebte eine Rede über die erschlaffte Liebeskraft. Die 6. Elegie charakterisiert das Alter als das Leben eines Toten.

A T. Agozzino, Bologna 1970 (lat.-it.). M. Petschenig, Berlin 1890. R. Webster, Princeton 1900 (mit Kommentar).
L O. Crusius: Elegie, in: RE 5, 2, 1905, 2306 f. F. Levy: Maximianus (Nr. 3), in: RE 14, 2, 1930, 2529–2533. KNLL 11, 392 f. C. Ratkowitsch: Maximianus amat. Zur Datierung und Interpretation des Elegikers Maximian, Wien 1986. Schanz-Hosius 4, 2, 76–78. W. Schetter: Studien zur Überlieferung und Kritik des Elegikers Maximian, Wiesbaden 1970.

Elegiae
„Elegien"

Sulpicia, 1. Jh. v. Chr.

Sechs epigrammatische Liebesgedichte (lat.), die im *Corpus Tibullianum* (3,13–18 = 4,7–12) überliefert sind.
Entstanden zwischen 25–20 v. Chr.

I 3,13 = 4,7: Sulpicia möchte in aller Öffentlichkeit über ihre Liebesbeziehung sprechen, und zwar als Dichterin. Sie dankt der Liebesgöttin, daß sie ihre Liebe begünstigt hat. Sie führt diesen Erfolg auf die Wirkung ihrer Poesie zurück. – 3,14–15 = 4,8–9: Hier schildert die Dichterin ein konkretes Ereignis in der Affäre zwischen ihr und Cerinthus: Messalla, Sulpicias Onkel und Vormund, will das Mädchen über seinen Geburtstag hinweg auf sein Landgut mitnehmen. Das würde Trennung von dem Geliebten bedeuten. Sie bittet den Onkel, ihr die Entscheidung zu überlassen. Das folgende Gedicht beschreibt Sulpicias Freude darüber, daß die Reise abgesagt wurde; jetzt kann sie mit Cerinthus feiern. – 3,16 = 4,10: Cerinthus war Sulpicia offensichtlich untreu. Aber sie will diese Untreue nicht einfach hinnehmen: Er soll sich entscheiden – für Sulpicia oder für das „Flittchen". – 3,17 = 4, 11: Sulpicia ist krank. Sie bittet den Geliebten um Zuwendung. – 3,18 = 4,12: Sulpicia hat den Geliebten in der Nacht allein gelassen, weil ihre Leidenschaft zu groß war. Das wollte sie auf diese Weise verbergen.
W Sulpicia will sich mit ihren Gedichten zu ihrer Liebe bekennen, mag sie dadurch auch ins Gerede kommen. Warum die Beziehung gesellschaftlich nicht akzeptiert wird, sagt die Dichterin nicht. Es geht ihr in 3,13, dem ersten Gedicht der Sammlung, um mehr als nur um ihre Liebe; es geht ihr auch um den Ruhm als Dichterin.

A F. W. Lenz, Leiden 1959.
Ü R. Helm, Berlin [(7)]1988 (lat.-dt.). H. Homeyer: Dichterinnen des Altertums und des frühen Mittelalters, Paderborn 1979, 174–177 (lat.-dt.).
L E. Bréguet: Le roman de Sulpicia. Élégies IV 2–12 du *Corpus Tibullianum*, Genf 1946. H. Currie: The Poems of Sulpicia, in: ANRW 2, 30, 3, 1983, 1751–1764. J. M. Fisher: The Life und Work of Tibullus, in: ANRW 2, 30, 3, 1983, 1924–1961. D. Liebs: Eine Enkelin des Juristen Servius Sulpicius Rufus, in: Sodalitas. Scritti in onore di A. Guarino. Bd. 3, Neapel 1984–1985, 1455–1457. N. J. Lowe: Sulpicia's Syntax, in: CQ 38, 1988, 193–205. S. und V. Probst: Frauendichtung in Rom. Die Elegien der Sulpicia, in: AU 25, 6, 1992, 19–36. H. Tränkle: Appendix Tibulliana, Berlin 1990 (Kommentar).

Elegiae in Maecenatem →Appendix Vergiliana

Elegiarum libri IV
„Vier B. Elegien"

Sextus Propertius aus Asisium, etwa 50 – etwa 15 v. Chr.

Gedichte in elegischem Versmaß (lat.).
Entstanden zwischen 29/28 – 16 v. Chr.

I B. 1 wurde 29/28 v. Chr. unter dem Titel „Cynthia" veröffentlicht und begründete den Ruhm des Dichters; hierin stellt der Autor seine eigenen erotischen Erfahrungen mit seiner Geliebten Cynthia verbunden mit der Erzählung erotischer Mythen dar. Cynthia war die Muse des Properz, eine emanzipierte, hochgebildete und kunstsachverständige Frau. – In B. 2 (etwa 25 v. Chr.) wird die erotische Thematik variiert weiterverfolgt. Der Dichter beruft sich auf bedeutende Dichterkollegen: Philetas aus Kos, Kallimachos, Varro, Atacinus, Catull, Calvus und Gaius Gallus. – B. 3 (etwa 22 v. Chr.) erweitert die Liebeslyrik um Erörterungen über die Psychologie der Erotik und die Genuß-Sucht der Frauen. Hinzu kommen zeitgenössische Themen wie in 3,11 die Schlacht bei Actium (31 v. Chr.) und in 3,18 der Tod des Claudius Marcellus.– In B. 4 (16 v. Chr.) befaßt sich der Dichter mit nationalen Stoffen. Er besingt als „röm. Kallimachos" (4,1,64) die Ursprünge röm. Kulte und den Ruhm der Römer unter Augustus. Außerdem verfaßt er eine Elegie auf den Tod der Cynthia (4,7) und auf den Tod der Cornelia, der Stieftochter des Augustus (4,11).
Q Die Gedichte stehen in einer literarischen Tradition. Menschliche Affekte wie Liebe, Haß, Eifersucht, Verwünschung und Verzeihung sind die

inneren Motive dieser Dichtung. Die äußeren Motive sind Trennung und Wiedersehen, Traum und Erwachen, Glück und Unglück, Reichtum und Armut. Properz fügt diese und andere Motive zu immer wieder neuen Gedichten zusammen.

W Aus den Cynthia-Gedichten ist keine autobiographische Geschichte einer großen Liebe herauszulesen, obwohl sich hinter dem Pseudonym Cynthia die Kurtisane Hostia verbirgt. Die Cynthia des Properz verkörpert wie die Lesbia Catulls, die Properz als deren Vorgängerin betrachtet (2,32,45; 2,34,87f.), „einen dem Geist der griechischen Hetärenliteratur verpflichteten, unabhängigen, selbstbewußten, geistvollen und musisch veranlagten Frauentypus" (KNLL 13, 666). Daher ist es auch unwahrscheinlich, daß die Cynthia-Gedichte ausschließlich an die Geliebte gerichtet sind; es handelt sich um Dichtung für ein Lesepublikum: Man liest rund um das Forum die „Cynthia" des Dichters (2,24,2). – Das große Thema ist die Liebe: Ein „liebendes Ich" spiegelt sich in einem „geliebten Gegenüber". Das Produkt dieser Spiegelung ist das dichterische Werk. Die Liebe ist der Lebensmittelpunkt. Liebe bedeutet Frieden (vgl. 3,5) und begründet ein neues röm. Selbstverständnis: Nicht mehr Aeneas, der Held der →Aeneis Vergils, ist der Stammvater der Römer. Venus, seine göttliche Mutter, nimmt seine Stelle ein (3,4). Das ist zweifellos auch ein politisches Programm, in dem nicht mehr das „Schwert", sondern die „Sanftmut" (3,22,21) die Geschicke der Menschen bestimmen soll.

N Schon in der Antike bezeugen Wandinschriften in Pompeji und andere inschriftliche Gedichte die Wirkung des Properz. In der Neuzeit war besonders Goethe ein großer Bewunderer des röm. Dichters; er wurde von Schiller sogar als deutscher Properz bezeichnet. Im 20. Jh. verfaßt Esra Pound eine „Homage to Sextus Propertius" (1919). Darin enthalten ist eine freie Nachschöpfung der Elegie 2,15. Auch der irische Dichter W. B. Yeats (gest. 1939) und der russische Nobelpreisträger Joseph Brodsky („Rimskie elegii", 1981) sind von Properz beeinflußt.

L H. E. Butler, London/Cambridge (Mass.) 1912 (lat.-engl.). H. E. Butler / E. A. Barber, Oxford 1933, Nachdr. 1964 (mit Kommentar). P. J. Enk. 4 Bde., Leiden 1946–1962 (mit Kommentar). P. Fedeli, Stuttgart (2)1994. J. S. Philimore, Oxford 1901. M. Rothstein. 2 Bde., Berlin (2)1920–1924 (mit Kommentar). M. Schuster / F. Dornseiff, Leipzig (2)1958.
Ü R. Helm, Berlin (4)1986 (lat.-dt.). G. Luck, Zürich/Düsseldorf 1996 (lat.-dt.). B. Mojsisch / H.-H. Schwarz / I. J. Tautz, Stuttgart 1993. W. Willige, München (2)1960.
L W. Eisenhut (Hg.): Properz, Darmstadt 1975. K.-H. Eller: Thesen zur Aktualität des Properz, in: AU 30, 5, 1987, 53–57. P. Fedeli: Propertii monobiblos. Struttura e motivi, in: ANRW 2, 30, 3, 1983, 1858 bis 1922. H.-J. Glücklich: Zeitkritik bei Properz, in: AU 20, 4, 1977, 45–62. R. Helm: Propertius (Nr. 2), in: RE 32, 1, 1957, 758–796. N. Holzberg: Die römische Liebeselegie, Darmstadt 1990. KNLL 13, 666–668. E. Lefèvre: Propertius Ludibundus. Elemente des Humors in seinen Elegien, Heidelberg 1966. K. Neumeister: Die Überwindung der elegischen

Liebe bei Properz (B. I–III), Frankfurt/Bern 1983. D. R. Shackleton Bailey: Propertiana, Cambridge 1956. H. P. Stahl: Propertius: „Love" and „War". Individual and State under Augustus, Berkeley 1985. H. J. Tischleder: Properz in der Oberstufe, in: Scrinium 39, 3, 1994, 3–12. H. Tränkle: Die Sprachkunst des Properz und die Tradition der lateinischen Dichtersprache, Wiesbaden 1960.

Elegiarum libri IV
„Vier B. Elegien"

Albius Tibullus, gest. 19 v. Chr.

Gedichte in elegischem Versmaß (lat.); nur die B. 1 und 2 stammen von Tibull selbst. Die Gedichte der B. 3 und 4 bilden das →*Corpus Tibullianum* und stammen von Dichtern aus dem Kreis um Marcus Valerius Messalla Corvinus (64 v. Chr. – 13 n. Chr.), dem u. a. Tibull, Ovid, Lygdamus und Sulpicia (→*Elegiae*) angehörten.
B. 1 erschien etwa im Jahre 26 v. Chr. B. 2 wurde ebenfalls noch zu Lebzeiten Tibulls veröffentlicht.

I B. 1 besteht aus zehn Elegien, von denen sich fünf (1–3,5 und 6) mit Tibulls Liebe zu Delia befassen; der Dichter erträumt sich ein Leben mit ihr auf dem Lande. Es ist vor allem der Geliebten Nemesis gewidmet. – Drei Elegien (1,8 und 9) sind Gedichte auf den Knaben Marathus. Die Elegie 1,4 enthält eine Lehre des Gotte Priapus über die Gewinnung eines Knaben. In 1,8 warnt der Dichter ein Mädchen davor, die Liebe des Marathus zu erwidern. In 1,9 sagt sich Tibull von dem untreuen Knaben los. Die 10. Elegie hat die Sehnsucht nach Frieden zum Thema. – B. 2 umfaßt sechs Elegien. Elegie 2,1 beschreibt ein Fest auf dem Lande. Inhaltlich bestehen enge Beziehungen zu 1,1 und 1,10. Elegie 2,2 ist ein Geburtstagsglückwunsch für Cornutus. Elegie 2,3 enthält eine Klage über die Trennung von der Geliebten Nemesis. Der Dichter verflucht das Land, weil sich die Geliebte dort mit einem anderen aufhält. In 2,4 beschreibt der Dichter seine völlige Abhängigkeit von Nemesis. Hohe finanzielle Ansprüche der Geliebten zwingen ihn zum Verzicht auf das idyllische Landleben. In 2,5 wird Messalinus, Messallas Sohn, gefeiert. Elegie 2,6 hat das Hoffen und Bangen des Dichters zum Thema.

Q „Wenn Tibull die *inertia* mit seinem für Amor geleisteten Soldatendienst vergleicht, greift er auf ein Motiv der römischen Komödie und wohl schon der hellenistischen Dichtung zurück. Aeneas und Rom sieht Tibull (2,5) durch das vergilische Prisma. Auch Lukrez ist gegenwärtig, als philosophische Quelle wie auch als literarisches Muster. Etymologische Spielereien deuten auf Kenntnis Varros hin" (M. v. Albrecht, 599f.).

W Der Dichter versteht sich als Diener der Venus. Ein wesentliches Thema seiner Elegien ist die Dienstleistung für Amor. Ein Leben in dauernder Muße, aber auch in größter Genügsamkeit ist sein Ideal. Das idyllische Leben auf dem Lande ist nicht sein ausschließliches Ziel. Der Dienst an Venus hat stets absoluten Vorrang. – Tibulls Zeitkritik äußert sich vor allem in 1,1 (Ablehnung von Habgier und Reichtum) und in 1,10 (Verherrlichung des Friedens). Die Existenz des Kriegers und Kaufmanns steht im Gegensatz zu seinem der Liebe gewidmeten Leben.

N In der Antike genießt Tibull hohes Ansehen (vgl. Horaz, →*Carmina* 1,33; →*Epistulae* 1,4; Ovid, →*Amores* 3,9; Velleius, →*Historia Romana* 2,36; Quintilian, →*Institutio oratoria* 10,1,93; Martial, →*Epigrammata* 14,193). – In der Neuzeit wird Tibull vor allem von frz. Dichtern rezipiert. Aber auch Goethe läßt sich von Tibull anregen („Römische Elegien"). Eduard Mörike nimmt mehrere Elegien Tibulls und aus dem *Corpus Tibullianum* in seine „Classische Blumenlese" (1840) auf.

A F. W. Lenz, Leiden 1959. G. Luck, Stuttgart/Leipzig [2]1998.
Ü R. Helm, Berlin [7]1988 (lat.-dt.). G. Luck, Zürich/Düsseldorf 1996 (lat.-dt.).
L M. v. Albrecht, RL, 597–609. R. J. Ball: Tibullus the Elegist. A Critical Survey, Göttingen 1983. J. M. Fisher: The Life and Work of Tibullus, in: ANRW 2, 30, 3, 1983, 1924–1961. F. Klingner: Tibulls Geburtstagsgedicht an Messalla (1, 7), in: Eranos 49, 1951, 117–136. C. Neumeister: Tibull. Eine Einführung in sein Werk, Heidelberg 1986. C. Neumeister: Tibull in der Reihe der vier Elegiker, in: FS H. Rahn, Heidelberg 1987, 219 bis 240. W. Steidle: Das Motiv der Lebenswahl bei Tibull und Properz, in: WS 75, 1962, 100–140. W. Wimmel: Der frühe Tibull, München 1968. J. Veremans: Le thème élégiaque de la *vita iners* chez Tibulle et Properce, in: H. Zehnacker / G. Hentz (Hg.): FS R. Schilling, Paris 1983, 423–436.

Élegoi
„Elegien"

Archilochos aus Paros, um 650 v. Chr.

Frg. von Gedichten in elegischem Versmaß (gr.).

I In den „Elegien" des Archilochos (Frg. 1–15 D.) tritt dem Leser zum ersten Mal ein Dichter entgegen, der von sich selbst und seinen Erlebnissen spricht und dessen Gedichte seine Empfindungen, Gefühle und Gedanken unmittelbar zum Ausdruck bringen, die ein bestimmter Anlaß hervorruft. – So stellt sich der Dichter zunächst selbst vor (Frg. 1): „Ja, ja, ich bin ein Diener des mächtigen Herrn Enyalios, auch das Musengeschenk hat seinen Reiz für mich – versteh' ich doch etwas davon." Dann benennt er seinen „Beruf" (Frg. 2): „Mit einer Lanze erwerb' ich mir Brot, mit einer Lanze Wein aus Ismaros; und auf eine Lanze gestützt trink' ich." Archilochos teilt dem Leser mit, daß er das, was er ist und was er kann, nicht sich selbst verdankt, sondern göttlichen Mächten: dem Kriegsgott Enyalios und den Musen. „Die erwachende Persönlichkeit beruft sich also nicht auf sich selbst, sondern fühlt sich im Dienst höherer, überindividueller Wesen" (Aßmann, 7). – Aus dem Hinweis auf den „Beruf" des Dichters spricht eher eine gewisse Abneigung gegen das Söldnerleben als Stolz. Kampf und Krieg

werden ganz unpathetisch als Mittel zum Broterwerb verstanden. Dazu paßt auch das vom Dichter erwähnte Erlebnis des Schildverlustes (Frg. 6): „Irgendein Saier hat Freude am Schild, den am Busch ich zurückließ, tadellos war er gewiß, und ich tat es nicht gern, aber mein Leben hab' ich gerettet. Was kümmert der Schild mich? Gescheh' n ist Gescheh' n. Ich werde mir wieder einen neuen besorgen, der ebenso gut ist."

W Mit diesen Worten distanziert sich der Dichter vom herkömmlichen, insbesondere vom spartanischen Kriegerideal. Folglich sahen die Spartaner in Archilochos einen gefährlichen Jugendverderber und Wehrkraftzersetzer. Es bleibt offen, ob Archilochos das überlieferte Ideal für seine Person ablehnt oder ob er es darüber hinaus auch noch aggressiv verspottet. Möglicherweise trifft beides zu: Der Dichter war nicht nur unheroisch, sondern auch anti-heroisch. – Archilochos verwendete die Form der Elegie auch als *Threnos* (Klagelied) auf den Tod des Schwagers (Frg. 7; vgl. auch 10 und 11).

A E. Diehl, ALG 3, 1–48. F. Lasserre / A. Bonnard: Archiloque, Paris 1958 (gr.-frz.). M. L. West, IEG 1.
Ü R. Nickel, Düsseldorf/Zürich 2003 (gr.-dt.). K. Steinmann, Frankfurt/Leipzig 1998 (gr.-dt.). M. Treu, München 1959 (gr.-dt.).
L R. Aßmann: Frühgriechische Lyrik im Unterricht, in: AU 7, 5, 1964, 5–25. C. M. Bowra: Early Greek Elegists, Cambridge (Mass.) 1938. H. Fränkel, Wege und Formen, 40–96. H. Fränkel, Dichtung, 147–170. H. Gundert: Archilochos und Solon, in: Das neue Bild der Antike. Bd. 1, Leipzig 1942, 130–152. A. Hauvette: Archiloque, Paris 1905. W. Jaeger, Paideia 1, 160–186.

Élegoi
„Elegien"

Dionysios Chalkus, 5. Jh. v. Chr.

Sympotische Elegien (gr.), in denen das Distichon mit dem Pentameter beginnt.

A ALG 1, 88–90. A. Garzya, RFIC 80, 1952, 193–207.

Élegoi
„Elegien"

Euenos aus Paros, 2. Hälfte des 5. Jhs. v. Chr.

Rhetorische Regeln in elegischen Distichen (gr.), die möglicherweise aus einem Lehrbuch der Rhetorik stammen. Nur geringe Reste sind erhalten.

I Widersprechen kann jeder; aber es richtig zu tun, will gelernt sein (Nr. 1 D.). Lernen ist mühevoll; durch Übung muß die Kunst zur zweiten Natur werden (Nr. 9). – Die Frg. über die Verbindung von Kühnheit und Klugheit (Nr. 4), über die Verderblichkeit des Zorns und seiner enthüllenden Wirkung (Nr. 5), über die Gefährlichkeit der Überheblichkeit (Nr. 7) und andere sind wohl nicht dem Lehrbuch zuzuordnen.

A E. Diehl, ALG 1, 92–94. L. Radermacher: Artium scriptores, Wien 1951, 127f.
L W. Nestle, VMzL, 420f.

Élegoi
„Elegien"

Kallinos aus Ephesos, um 650 v. Chr.

Gedichte (gr.) in elegischen Distichen („Zweizeilern"), d. h. in Verspaaren, die aus einem daktylischen Hexameter und einem Pentameter bestehen. Das umfangreichste der aus dem Werk des Kallinos erhaltenen Frg. spielt auf die Bedrohung von Ephesos durch das Steppenvolk der Kimmerier an, die zwischen 667 und 645 v. Chr. in das Gebiet der ionischen Städte einfielen.

I In der Frühphase seiner Gattungsgeschichte dient das Distichon „als rhythmische Grundeinheit kürzerer oder längerer Gedichte vor allem der Kommentierung aktueller Ereignisse und Probleme im privaten und öffentlichen Leben" (Latacz, 152). Das trifft auch auf die „Elegien" des Kallinos zu: Das 21 Verse umfassende „große" Frg. 1 (die drei anderen Frg. bestehen insgesamt nur aus zwei ganzen und zwei halben Versen) ist ein öffentlicher Aufruf, der Bedrohung durch einen gefährlichen Feind mit Mut und Entschlossenheit entgegenzutreten. Der erhaltene Text ist „die verzweifelte Mahnung eines Mannes mit Scharfblick ..., die Lage nicht zu unterschätzen, weil es ums nackte Überleben aller geht" (Latacz, 157).

A E. Diehl, ALG 1. B. Gentili / C. Prato: Poetae elegiaci. 1, Leipzig (2)1988. M. L. West, IEG 2.
Ü J. Latacz, GLTD 1 (gr.-dt.).
L J. Latacz: Kampfparänese, Kampfdarstellung und Kampfwirklichkeit in der Ilias, bei Kallinos und Tyrtaios, München 1977. W. Schadewaldt: Die frühgriechische Lyrik, Frankfurt 1989.

Élegoi
„Elegien"

Mimnermos aus Kolophon (oder Smyrna), 2. Hälfte des 7. Jhs. v. Chr.

Gedichte in elegischen Distichen (gr.).

I Das Hauptthema der 24 echten Frg. (80 erhaltene Verse) ist der Gegensatz zwischen „Jugend" und „Alter". Die Kürze der Jugend wird dem Verfall im Alter gegenübergestellt. – Von den Liebeselegien ist nur wenig erhalten.
W Die Distichen des Mimnermos über die Lebensalter und die Liebe können zur Unterhaltung beim Symposion (Gastmahl) vorgetragen worden sein.
N Der Athener Solon (um 640–560 v. Chr.) nimmt auf Mimnermos Bezug; offensichtlich war der Dichter also schon zu Lebzeiten über seine Hei

matstadt hinaus bekannt. Von Kallimachos und Horaz wird er wegen der Schönheit seiner Verse gerühmt.

A A. Allen, Stuttgart 1993 (mit Kommentar). E. Diehl, ALG 1. B. Gentili / C. Prato: Poetae elegiaci. 1, Leipzig (2)1988. M. L. West, IEG 2.
Ü J. Latacz, GLTD 1 (gr.-dt.).
L M. L. West: Studies in Greek Elegy and Iambus, Berlin / New York 1974.

Élegoi
„Elegien"

Philitas oder Philetas aus Kos, um 300 v. Chr.

In Frg. erhaltene Elegien (gr.).

I Die Frg. lassen erkennen, daß der Dichter die Elegien an Bittis, seine Geliebte oder Gattin, richtete; sie sind z. B. von Ovid (→Tristia 1,6,2; →Epistulae ex Ponto 3,1,57) bezeugt. – „Ohne Zweifel galt Philetas als der erste unter den neuen Dichtern, der nach artistischer Vollkommenheit auf knappem Raum strebte" (R. Pfeiffer, 116).
N Der Dichter, der zur Zeit Alexanders und des Ptolemaios I. Soter (seit 305/304 v. Chr.), des Königs des Ptolemäerreiches, lebte und von diesem zum Erzieher seines Sohnes, des späteren Philadelphos, berufen wurde, gehörte neben Mimnermos (→Élegoi) zu den Vorbildern des Kallimachos (→Aítia).

A E. Diehl, ALG 6, 49–55. G. Kuchenmüller: Philetae Coi reliquiae, Diss. Berlin 1928. I. U. Powell, Collectanea, 90 (Frg. aus den poetischen Werken).
Ü C. J. Perl, Paderborn 1968 (lat.-dt.).
L A. Lesky, GL, 788f. R. Pfeiffer, KlPh, 116–121.

Élegoi →Musenelegie, →Eunomía, →Lebensalterelegie, →Salamiselegie (Solon)

Élegoi
„Elegien"

Theognis aus Megara, um die Mitte des 6. Jhs. v. Chr.

Unter dem Namen des Theognis ist eine Sammlung von etwa 700 belehrenden Distichen (gr.) erhalten, die kein zusammenhängendes Gedicht darstellen. Es handelt sich um Hypothêkai („Lehren"), wie sie schon lange vor Theognis in Kreisen des gr. Adels kursierten (vgl. →Chíronos hypothêkai).
Die Sammlung von Lebensregeln, deren Kern von Theognis stammt, wurde durch Sprüche und Gedichte verschiedener späterer Dichter erweitert und hat wahrscheinlich erst im 4. oder 3. Jh. v. Chr. seinen heutigen Umfang erhalten.

I Hauptinhalt ist die Verteidigung der aristokratischen Ideale gegen das aufstrebende Bürgertum.

Der Form nach handelt es sich um die lehrhafte Unterweisung eines geliebten Knaben namens Kyrnos, der wahrscheinlich gar nicht wirklich existierte. Die Verse wurden unter Flötenbegleitung beim Symposion (Gastmahl) vorgetragen. Sie waren als Symposion-Lieder konzipiert, die als Liedersammlung veröffentlicht wurden. Vermutlich stammen die Sprüche, in denen Kyrnos angeredet wird, von Theognis selbst. Denn am Anfang der Sammlung weist der Autor ausdrücklich darauf hin (Vers 19–23), daß er seinen Versen mit dem Namen des Kyrnos sein „Siegel" aufgedrückt habe, damit sie nicht gestohlen werden könnten. Ähnlich war auch schon Phokylides (→„Sprüche"), der unmittelbare Vorgänger des Theognis, verfahren. – Die Sammlung besteht aus vier Hauptteilen (vgl. West, 1974): (1) Gebetsteil (1–18), (2) „Kyrnos-Block", der eine Einheit mit Prolog (19–30 oder 38) und Epilog (237–254) bildet und wohl auch von Theognis selbst stammt (19–254), (3) Exzerpte aus gr. Elegikern (255–1022), (4) weitere Exzerpte (1023–1220). Hinzu kommt eine Zusammenstellung von Versen zum Thema „Knabenliebe" (1231–1389), die erst im 9. Jh. n. Chr. aus dem übrigen Text herausgenommen und in einem Anhang, dem heutigen B. 2, zusammengefaßt wurden.

Q Formal gehören die „Elegien" des Theognis derselben Gattung an wie die „Bauernweisheit" der →Érga kaì hemérai, die „Sprüche" des Phokylides (→Gnômai) und die →Chíronos hypothêkai. Theognis' Schilderung der sozialen Zustände seiner Zeit (39–52) ist vom Vorbild Solons geprägt. Zu Hesiods Érga kaì hemérai gibt es deutliche Parallelen: „Wie bei Hesiod die Arbeitsethik des Bauern mit ihren allgemeinen Lehren aus dem aktuellen Erlebnis des Streits zwischen dem Dichter und seinem Bruder Perses ... um die Gerechtigkeit erwächst, so entspringt die Adelslehre des Theognis seinem geistigen Kampf gegen die soziale Revolution" (Jaeger, Paideia 1, 263).

H Theognis' Dichtung ist „von schroffem Standesbewußtsein" (Jaeger, 249) erfüllt. Sie ist aus dem Kampf um die Vorherrschaft des Adels erwachsen, um zur Besinnung auf die adligen Grundwerte aufzufordern. In Theognis' Werk „verkörpert sich das zum höchsten Gefühl seiner besonderen Vorzüge erwachte Selbstbewußtsein des Adels, das wir ... als das adlige Bildungsideal dieser Zeit bezeichnen können" (Jaeger, 250).

W Theognis wollte die Erziehungsweisheit des Adels „bei allen Menschen" verbreiten, wie er selbst im Proömium und im Epilog seines Werkes sagt. In bewußtem Gegensatz zu Hesiod wollte er die Vorschriften der Adelserziehung, die bisher nur mündlich überliefert worden waren, in seinem Werk vor dem Vergessen bewahren. Er versuchte, seinem Geliebten Kyrnos zu zeigen, daß die derzeit herrschende Klasse keine Maßstäbe mehr habe für edel und unedel, gut und schlecht. Diese Maßstäbe könne man nur besitzen, wenn man auch Tradition habe.

N Theognis' Dichtung konnte zwar keine Renaissance des Adels in politischer Hinsicht herbeiführen, aber „sie bedeutet die Verewigung seiner Idee ... und die Einverleibung seiner sozial aufbauenden Kräfte in den allgemeinen Besitz der griechischen Nation" (Jaeger, 250 f.).

A M. L. West, IEG 1. D. Young, Leipzig [(2)]1971.
Ü M. Hose / D. U. Hansen, Darmstadt 2005. J. Latacz, GLTD 1, 210–239 (gr.-dt. in Auswahl).
L Th. Figueira-Nagy (Hg.): Theognis of Megara. Poetry in the Polis, Baltimore/London 1985. F. Hasler: Untersuchungen zu Theognis, Winterthur 1959. F. Jacoby: Theognis, Berlin 1931. W. Jaeger, Paideia 1, 249–271. R. Keydell: Theognis, in: DKP 5, 706 f. B. M. W. Knox: Theognis, in: P. E. Easterling / B. M. W. Knox (Hg.): The Cambridge History of Classical Literature. Bd. 1, Cambridge 1985, 136–146. J. Latacz, GLTD 1, 210–239. A. Lesky, GL, 200–204. V. Steffen: Die Kyrnos-Gedichte des Theognis, Wroclaw 1968. M. L. West: Studies in Greek Elegy and Iambus, Berlin/New York 1974, 40–59.

Élegoi
„Elegien"

Tyrtaios aus Sparta, Mitte des 7. Jhs. v. Chr.

Elegien politischen Inhalts (gr.), nur in Frg. erhalten.
Tyrtaios erwähnt in seinen Gedichten zwei Kriege. Im ersten Krieg hatten die Spartaner die Messenier unterworfen; im zweiten (Mitte des 7. Jhs. v. Chr.) mußten sie sich gegen die Messenier wehren. Die Gedichte entstanden zur Zeit des zweiten Messenischen Krieges.

I Die erhaltenen Texte sind Appelle zum Kampf in einem für die Spartaner existenzbedrohenden Krieg. „Die Angst diktiert Tyrtaios' Verse bis ins letzte Wort hinein. Die Radikalität seiner Kampfappelle rührt daher" (Latacz, 162).

Q In Frg. 9 D. nimmt Tyrtaios Bezug auf Hesiod, →Érga kaì hemérai 286–292 (vgl. Munding).

W Tyrtaios gehörte dem spartanischen Adel an. Er war politischer Führer und Feldherr. Daraus erklärt sich auch die Weite des Blickes, von der seine Appelle zeugen.

N Das erste Distichon des Frg. 6/7 G.-P., mit dem der zweite Teil eines Aufrufs zum tapferen Kampf beginnt, wurde von Horaz (→Carmina 3,2) aus dem Zusammenhang genommen und umgedeutet: Dulce et decorum est pro patria mori („Süß und ehrenvoll ist es, für das Vaterland zu sterben"). Diese Ideologisierung des ursprünglichen Sinnes durch Horaz hat bis in die jüngste Vergangenheit gewirkt.

A E. Diehl, ALG 1, 4–18. B. Gentili / C. Prato: Poetae elegiaci 1, Leipzig [(2)]1988, 6–39. M. L. West, IEG 2.
Ü H. Fränkel (s. u.) (Übersetzung und Interpretation von Frg. 9 D.). J. Latacz, GLTD 1, 160–177 (gr.-dt. in Auswahl). E. Mörike: Griechische Lyrik, Frankfurt/Hamburg 1960 (Exempla Classica). B. Snell / H. Maehler / Z. Franyó: Frühgriechische Lyriker. Bd. 1, Berlin 1971, 16–27.
I. H. Fränkel, Dichtung, 384–386. R. Harder: Die geschichtliche Stellung des Tyrtaios, in: Kleine Schriften,

München 1960, 180–202. W. Jaeger: Tyrtaios über die wahre *areté*, Berlin 1932. KNLL 16, 880 bis 882. J. Latacz: Kampfparänese, Kampfdarstellung und Kampfwirklichkeit in der Ilias, bei Kallinos und Tyrtaios, München 1977. H. Munding: Ein nachhomerischer Streit um die wahre *areté*. Fachwissenschaftliche und didaktische Überlegungen zu Tyrtaios 9 Diehl und Hesiod, *Erga* 286–292, in: AU 27, 5, 1984, 5–19. W. Schadewaldt: Die frühgriechische Lyrik, Frankfurt 1989. B. Snell: Tyrtaios und die Sprache des Epos, Göttingen 1969.

Élegoi
„Elegien"

Xenophanes aus Kolophon, um 565–470 v. Chr.

Gedichte in elegischen Distichen (gr.).

I Die Elegie für das Symposion (VS 21 B 1), die in 24 Versen überliefert ist, besteht aus zwei Teilen, einer Beschreibung des Symposions und seiner Atmosphäre (1–12) und einigen Anweisungen für das Verhalten während dieser geselligen Abendveranstaltung (13–24). – Eine andere Elegie enthält eine Polemik gegen die olympischen Sportwettkämpfe und die Verleihung staatlicher Auszeichnungen für siegreiche Athleten (B 2). – In einer weiteren Elegie (B 3) tadelt Xenophanes die Bürgerschaft seiner Heimatstadt Kolophon wegen des kostspieligen Aufwands, den sie für Bürgerversammlungen zu treiben pflegte. – In seiner Kritik an der Überbewertung sportlicher Leistungen stimmt Xenophanes mit Tyrtaios (Frg. 9 D.) überein (→*Élegoi*).

W Xenophanes war „ein eifernder Aufklärer, der mit schneidender Kritik gegen eingewurzelte Vorurteile zu Felde zog; er kämpfte gleichfalls für eine vernunftgemäße Werteordnung und für praktische Sittlichkeit; er stellte ebenfalls die Relativität der menschlichen Dinge ins Licht, und arbeitete im Kontrast dazu die Absolutheit Gottes heraus" (Fränkel, 371). – Im 2. Teil der Symposion-Elegie (B 1) will er eine große Zahl alter Mythen ausgeschlossen wissen (vgl. auch die →*Sílloi* des Xenophanes). „Mit dieser revolutionären These wirft der fahrende Sänger jene Tradition auf den Kehrrichthaufen, auf die seit ältester Zeit seine Zunftgenossen ihre Kunst gründeten … Was man sich früher ausgedacht hat, wird ein fortschrittlicher Mensch von heute nicht mehr glauben" (Fränkel, 374). – Neben der Kritik an „nutzlosen" Dingen (B 3) steht die grundsätzliche und tiefgreifende Auseinandersetzung mit dem herkömmlichen Wertbewußtsein, wie es im olympischen Programm zum Ausdruck kommt (B 2). „Es gibt nur wenige Stellen in der griechischen Literatur, in denen so nachhaltig und tiefgreifend über die Kritik in das herkömmliche Wertgefüge eingegriffen wurde, wie es Xenophanes in der Sportelegie tut … Körperlicher Kraft und muskulöser Stärke, in Armen und Beinen lokalisiert, tritt damit die Stärke des Kopfes als die bessere Alternative entgegen. Alte Adelsethik, für Rennbahn und Gymnasion konzipiert, läuft sich hier zu

Tode. Sie wird konfrontiert mit dem denkenden Menschen, der sich der Leistungsfähigkeit seiner … *ratio* bewußt ist … Im Gegensatz zu früheren Konzeptionen hat Xenophanes der altadeligen Wertewelt des Agons seine *agathè sophié* entgegengestellt … Dadurch, daß die *sophié* gegen die *rhóme* – geistlose Kraft von Mann und Ross … – ausgespielt wird, ergibt sich eine ganz neue Bildungskonzeption mit doppelter Verschiebung der Werte: vom Körperlichen auf das Geistige und innerhalb des Geistigen auf das Verstandesmäßige und Rationale" (Keulen, 379–382). – In seinen Elegien erweist sich Xenophanes als Utilitarier. „Er läßt nur solche Bestrebungen gelten, durch welche die Ordnung und Wohlfahrt der Gemeinde real gefördert wird. Repräsentation lehnt er als unnütze Schwelgerei ab; der nationale Sport galt ihm als ein willkürlich leeres Spiel; und den Mythos verwarf er, weil er fabulos ist und den Charakter verdirbt" (Fränkel, 376).

A VS 21 B 1–9. M. L. West, IEG 2.
Ü E. Heitsch, München/Zürich 1983 (gr.-dt. mit Kommentar).
L H. Fränkel, Wege und Formen, 335–349. H. Fränkel, Dichtung, 371–384. H. Herter: Das Symposion des Xenophanes, in: WS 69, 1956, 33–48. H. Keulen: Xenophanes von Kolophon und die Emanzipation des Individuums, in: Anregung 18, 1972, 368–385. M. Marcowich: Xenophanes on Drinking-Parties and Olympic Games, in: Illinois Classical Studies 3, 1978, 1–26. Ch. Schäfer: Xenophanes von Kolophon. Ein Vorsokratiker zwischen Mythos und Philosophie, Stuttgart/Leipzig 1996.

Elektra
(Hauptperson der Tragödien-Handlung)

Euripides, etwa 480–406 v. Chr.

Tragödie (gr.).
Vermutlich 417 v. Chr. uraufgeführt.

I Der Tragödie liegt der Mythos von Elektra und Orestes, den Kindern des Agamemnon und der Klytaimnestra, zugrunde. Agamemnon war nach seiner Rückkehr aus Troja von Klytaimnestra ermordet worden. Die Kinder erhalten von dem Gott Apollon den Auftrag, Agamemnon zu rächen. – Elektra lebt nicht am Hof der Atriden, sondern mit ihrem Mann, einem einfachen und anständigen Bauern, auf dem Lande. Orest kehrt aus der Fremde zurück und sucht seine Schwester, um den Auftrag des Gottes Apollon zu erfüllen (Vers 1–111). – Elektra sehnt den Bruder herbei und beklagt den Tod des Vaters. Orest und sein Freund Pylades hören in einem Versteck unbemerkt die Worte Elektras (112 bis 212). – Im ersten Epeisodion (Akt) treffen die Geschwister zusammen. Orest gibt sich zunächst nicht zu erkennen. Er spielt die Rolle eines Vertrauten des Bruders. Die Fremden werden von Elektras Mann zum Bleiben eingeladen (213–431). – Ein erstes Stasimon („Standlied") des Chores schließt sich an; er greift aber nicht in das dramatische Geschehen ein (432 bis 486). – Im zweiten

Epeisodion kommt es zur Wiedererkennung (*Anagnórisis*) (432–486) und zur Entfaltung der Intrige (*Mechánema*) als Vorbereitung der Mordtat (487–698). – Ein zweites Stasimon (699–746) erzählt den Mythos von Thyest und dem goldenen Widder und ist daher nur lose mit der Handlung verknüpft. – Im dritten Epeisodion schmäht Elektra Aigisthos (747–961). Darauf tritt Klytaimnestra in den Mittelpunkt des Geschehens (962–1146). Noch vor Klytaimnestras Auftritt wird der geplante Muttermord für Orestes zum Problem (962 bis 987). – Klytaimnestra verteidigt den Gattenmord in einem Streitgespräch. Elektra weist ihre Begründung zurück (988–1146). – Im dritten Stasimon erinnert der Chor an die Ermordung des Agamemnon (1147–1164). Während dessen töten die Geschwister die Mutter hinter der Szene. – In der Exodos (1165–1359) kommentiert der Chor die Todesschreie der Klytaimnestra. Die Geschwister schildern und beklagen ihre Tat (1165–1232). In der Schluß-Szene deuten die Dioskuren das Geschehene: Den Tätern wird die Verantwortung für ihre Tat nicht abgenommen; weder das Gesetz der Blutrache noch der Auftrag Apollons kann sie davon befreien, daß sie Schuld auf sich geladen haben.

W Die Eléktra des Euripides ist „ein zivilisiertes, ein gleichsam humanistisches Stück. Wenn die befremdende Geschichte des von Apollon befohlenen Muttermordes schon zur großen Tradition der athenischen Bühne gehörte..., so sollte sie doch eine humane Milderung erfahren anstatt der Sophokleischen Steigerung (→*Eléktra* des Sophokles). Der Akt der Rache, an deren Berechtigung, insofern sie die Rache des Orestes an Aigisthos war, das Publikum nicht zweifelte, wurde in eine idyllische Umgebung versetzt. Als wäre es ein Menander-Stück, zieht Aigisthos auf sein Landgut hinaus, um den Nymphen einen Stier zu opfern. Durch seine Ermordung beim Opfern wird der Racheakt selbst an ein Opfer angenähert, ja, der dionysische Charakter der blutigen Handlung wird angedeutet ... In der *Eléktra* bringt man die Leiche des Aigisthos, damit die ermordete Klytaimnestra wie bei Aischylos (→*Orésteia*) und Sophokles neben ihn zu liegen komme. Doch auch ihr Charakter ist milder geworden und ihre Tötung durch den Sohn schwieriger. Sie bereut – nur hier, nicht bei Aischylos und Sophokles – ihre Tat, und Orestes bestreitet Apollos Weisheit, der ihm den Muttermord befahl... So mußte Elektra ihre mutterfeindliche, die weibliche Sünde strafende Urnatur auch in diesem Drama behalten. Ohne sie käme der Muttermord nicht zustande. Sie ist Mittäterin wie in keinem der früheren Stücke, und sie nimmt die Schuld auf sich, da ihr nicht einmal Apollon den Auftrag gab..." (K. Kerényi, 23 f.). – „Euripides – durch große Worte stets zum Widerspruch gereizt – führt Tat und Tatumstände erbarmungslos herab auf Alltagsmaß ... Elektra ist nicht mehr die trauernde Prinzessin, die ihren Lebenssinn daraus bezieht, daß sie als personifiziertes schlechtes Gewissen ihrer Mutter schwarzgekleidet, aber edel, durch die Gänge des Palastes

wandelt, sondern sie ist die abgehärmte, in derber, abgerißner Bauernkleidung steckende Frau eines Bauern ... Orestes ist nicht mehr der fest entschlossene, kühne, souveräne Rächer..., sondern ein scheu auf Sicherung bedachter Verbannter ... Die Verlegung des Geschehens in das Kleineleute-Milieu hat ihre Folgen. Alles riecht nach Billigkeit – die Kleider, Speisen, Gesten und Gefühle. Es ist nur nicht wahrscheinlich, daß Euripides das etwa nicht merkte. Es ist im Gegenteil, wie in so vielen seiner Bühnenwerke, seine Absicht ... Euripides provoziert, um gerade durch die Diskrepanz der Welten Reflexion zu fördern. Die Unnachsichtigkeit, mit der er das selbstverständlich Große herabzieht in die Welt, wo Menschen leben müssen, hat, so scheint es, gerade hier, wo der Vergleich besonders kraß erhellen mußte, den Zweck, zum Denken, Prüfen, ja zum Grübeln anzuregen: Was bedeutet Muttermord? Was Rache? Und welcher Gott kann solche Taten fordern? – Die *Eléktra* ist mitnichten ein schwaches Werk. Sie stellt die Frage nach dem Götterglauben mit besonderer Schärfe ... Es scheint, Euripides will die Entscheidung – von jedem einzeln, still für sich, ganz ohne Götterhilfe" (J. Latacz, 364 f.).

A J. D. Denniston, Oxford 1939 (mit Kommentar). J. Diggle. Bd. 2, Oxford 1981. G. Basta Donzelli, Stuttgart/Leipzig 1995. G. Murray. Bd. 2, Oxford (3)1913. L. Parmentier / H. Gregoire. Bd. 4, Paris 1959.

Ü E. Buschor / G. A. Seeck. Bd. 3, München 1972 (gr.-dt.). J. J. Donner / R. Kannicht, in: Elektra. Vollständige Dramentexte. Hg. von J. Schondorff. Mit einem Vorwort von K. Kerényi, München/Wien 1965, 71–108. D. Ebener, Berlin (2)1977.

L K. v. Fritz: Die Orestessage bei den drei großen griechischen Tragikern, in: K. v. F.: Antike und moderne Tragödie, Berlin 1962, 113–159. J. P. Halporn: The Sceptical Electra, in: HSPh 87, 1987, 101–118. KNLL 5, 307 f. J. Latacz, Tragödie, 359–365. A. Lesky, Tragische Dichtung, 392–405. K. Matthiessen: *Elektra, Taurische Iphigenie* und *Helena*, Göttingen 1964. K. Matthiessen: Euripides. Die Tragödien, in: G. A. Seek (Hg.): Das griechische Drama, Darmstadt 1979, 105–154. Schmid-Stählin 1, 3, 487–501. F. Stoessl: Die *Elektra* des Euripides, in: RhM 99, 1956, 47–92. A. Vögler: Vergleichende Studien zur sophokleischen und euripideischen *Elektra*, Heidelberg 1967.

Eléktra
(Hauptperson des Dramas)

Sophokles aus Athen, 496–406 v. Chr.

Tragödie (gr.).

In der Spätzeit des Dichters entstanden. Es ist nicht geklärt, ob die *Eléktra* des Sophokles früher oder später als die →*Eléktra* des Euripides verfaßt wurde.

I Im Prolog (Vers 1–85) entwerfen Orestes und sein alter Erzieher den Plan, mit dessen Hilfe sie den Auftrag des Gottes Apollon ausführen können, an Agamemnons Mördern Rache zu nehmen. – Elektra klagt über ihr trauriges Schicksal am Atridenhof und bejammert wie jeden Morgen den elend hingemordeten Vater (86–250). – Elektra erhebt schwere Vorwürfe gegen ihre Schwester Chrysothemis, weil sie sich fügsam an die Situation angepaßt hat. Diese aber rät Elektra, vorsichtig und zurückhaltend zu sein, weil ihr Leben in Gefahr sei (251–471). Die Mutter der beiden Schwestern, Klytaimnestra, selbst tritt auf, und es kommt zu einem erregten, leidenschaftlichen Streitgespräch zwischen ihr und Elektra; die beiden Frauen bedrohen sich auf ärgste Weise (472–659). – Der Erzieher bringt die Botschaft (in einem ausführlichen Bericht) vom angeblichen Tod des Orestes. Diese Mitteilung ist eine List, zu der Apollon selbst geraten hat. Klytaimnestra frohlockt. Elektra ist verzweifelt (660–870). – Chrysothemis kommt freudig herbei und berichtet Elektra, sie habe eine Spur (ein Lockenopfer) von Orestes am Grab des Vaters entdeckt. Elektra muß sie eines besseren belehren. Ihre Trauer schlägt in Verzweiflung um. Sie will den Sühnemord auch ohne fremde Hilfe ausführen (871 bis 1057). – Nach dem Lied des Chores, der Elektra wegen ihrer Liebe zum Vater und ihres Mutes preist (1058–1097), erscheint unerkannt Orest (mit Pylades). Er trägt die Urne, die angeblich seine eigene Asche enthält. Nach mehrfacher Verzögerung kommt es zur Wiedererkennung. Elektra bricht in jubelnde Freude aus (1098–1287). – Der Intrigenplan wird rekapituliert (1288–1383). – Der Chor reflektiert die schaurige Absicht (1384–1397). Orestes vollzieht die Tat und tötet zuerst die Mutter, dann Aigisthos (1398 bis 1510).

W Sophokles kommt es weniger auf das faktische Geschehen der rächenden Tat an. Sie ist für ihn offensichtlich nur ein Anlaß, „die Vereinzelung eines scheinbefangenen, leidenden Menschen zu demonstrieren, der erst am Ende aus der Selbsttäuschung befreit wird und die Gemeinschaft wiederfindet" (KNLL 15, 746).

N Beispiele für die weitere Wirkung des *Elektra*-Stoffes: Hugo von Hoffmannsthal: *Elektra*. Tragödie in einem Aufzug (1904). Den Text von Hugo von Hoffmannsthal benutzte Richard Strauss für seine Oper *Elektra* (1909). – Eugene O'Neill: Mourning becomes Electra („Trauer muß Elektra tragen"), 1931. – Jean Giraudoux: Electra. Stück in zwei Akten (1937). – Gerhart Hauptmann: Atriden-Tetralogie, dritter Teil (1944). A R. D. Dawe, Leipzig [3]1996. G. Kaibel, Leipzig 1896 (mit Kommentar). A. C. Pearson, Oxford [2]1928. M. Untersteiner, Mailand 1932 (mit Kommentar). J. H. Kells, Cambridge 1973 (mit Kommentar).

A H. Lloyd-Jones / N. G. Wilson, Oxford 1990. A. C. Pearson, Oxford [2]1928.
Ü G. Piens, Berlin 1974. W. Schadewaldt, Stuttgart/Zürich 1968. E. Staiger, München 1979. H. Weinstock, Stuttgart [5]1984. W. Willige / K. Bayer / B. Zimmermann, Düsseldorf/Zürich [4]2003 (gr.dt.).
L H. Erbse: Zur *Elektra* des Sophokles, in: Hermes 106, 1978, 284–300. H. Lang: Zur Behandlung des Elektra-Stoffes in der Weltliteratur des 20. Jahrhunderts. Progr. Gymn. Wien 3, 1955/1956. E. Lefèvre: Die Unfähigkeit, sich zu erkennen: Sophokles' *Elektra*, in: WJA 19, 1993.

K. Reinhardt: Sophokles, Frankfurt [3]1947. Schmid-Stählin 1, 2, 385 bis 397. T. A. Szlezák: Sophokles' *Elektra* und das Problem des ironischen Dramas, in: MH 38, 1981, 1–21. A. Vögler: Vergleichende Studien zur sophokleischen und euripideischen *Elektra*, Heidelberg 1967.

Elementa astronomiae →Eisagogè eis tà phainómena (Geminos)

Elemente →Tà stoicheîa (Eukleides)

Élenchos kaì anatropè tês pseudonýmu gnóseos
„Widerlegung und Aufdeckung der falschen Gnosis"

Irenaeus (Eirenaios), Bischof von Lyon seit 178 n. Chr.

Apologetisch-dogmatische Schrift in fünf B. (gr.). Entstanden zwischen 172 und 192 n. Chr.

I B. 1 enthält alle von Eirenaios bekämpften Irrlehren. Der Autor gibt eine Entstehungsgeschichte des Gnostizismus bis zu Markion. – B. 2 versucht, den Gnostizismus unter Hinweis auf seine inneren Widersprüche zu widerlegen. – B. 3 bekämpft die Gnostiker vom Standpunkt der kirchlichen Tradition und der Heiligen Schrift aus. – B. 4 beruft sich auf das Zeugnis Christi und der Propheten für die Identität des Gottes im Alten und →*Novum Testamentum*. – B. 5 behandelt im Anschluß an die Menschwerdung und Auferstehung Christi die Lehre von der Auferstehung und den letzten Dingen.

W Die Schrift richtet sich gegen alle, die von der Lehre der katholischen Kirche abweichen und ihre eigene, subjektive Auffassung über die von der Kirche gehütete Wahrheit verkünden. Eirenaios gelingt es, viele Irrlehren aufzudecken. Die „echte Gnosis", die sich um die tiefere „Erkenntnis" der geoffenbarten Wahrheit bemüht, unterscheidet sich von der „falschen Gnosis" der Häretiker grundsätzlich; denn diese unterschlägt die Geschichtlichkeit des Christentums und erhebt die „Erkenntnis" selbst zur Religion.

A U. Manucci, Rom 1907. A. Rousseau / L. Doutreleau u. a. 10 Bde., Paris 1965–1982 (B. 1: SC 263/264. B. 2: 293/294. B. 3: 210/211. B. 4: 100, 1/2. B. 5: 152/153).
Ü H. Hayd, BKV 11. E. Klebba, BKV[2] 3/4.
L W. Bauer: Rechtgläubigkeit und Ketzerei im ältesten Christentum, Tübingen 1934. F. R. M. Hitchcock: Irenaeus of Lugdunum, Cambridge 1914. H.-J. Jaschke, in: Theologische Realenzyklopädie 16, 1987, 258–268. KNLL 5, 98f. G. Vallée: A Study in Anti-Gnostic Polemics, Waterloo/Ontario 1981.

Eliaká →Messeniaká (Rhianos)

Empedoclea
„Abhandlung über Empedokles"

Gnaeus Sallustius, Freund Ciceros, 1. Jh. v. Chr.

Von Cicero, →*Epistulae ad Quintum fratrem* 2,10,3 erwähnte, aber verlorene Schrift über die Philosophie des gr. Philosophen Empedokles (5. Jh. v. Chr.).

Émporos
„Der Kaufmann"

Philemon, Sohn des Damon, 361–263 v. Chr.

Nur in der lat. Bearbeitung des Plautus (→*Mercator*) erhaltene gr. Komödie.

A FAttCom 3, 2–97.
L A. Körte: Philemon (Nr. 7), in: RE 19, 2, 1938, 2142–2144. A. Lesky, GL, 745 f. T. B. L. Webster: Studies in Later Greek Comedy, Manchester 1953, 125–151.

Enarrationes in Psalmos
„Erklärungen zu den Psalmen"

Aurelius Augustinus aus Thagaste, 354–430 n. Chr.

Aus den Predigten des Autors hervorgegangene exegetische Schrift zum Alten Testament (lat.). Entstanden zwischen 392–418 oder zwischen 394 und 424 n. Chr.

A D. E. Dekkers / I. Fraipont, CC 38, 1956.

Encheirídion
„Handbuch der Moral"

Epiktetos aus Hierapolis, um 50 – etwa 130 n. Chr.

Zusammenfassung der Grundzüge der Lehre des Philosophen (gr.).

I Die Schrift faßt die Hauptgedanken der →*Diatribaí* (*Dissertationes*) des Epiktetos auf engstem Raum zusammen. Es handelt sich um eine Anleitung zum glücklichen Leben im Sinne der stoischen Philosophie. Die Voraussetzung des Glückes sind die Freiheit von den Affekten und die Unabhängigkeit gegenüber allen Dingen der Außenwelt, die der Mensch nicht beeinflussen kann. – Epiktet unterscheidet, was in der Macht des Menschen steht und was nicht, um dazu aufzufordern, daß man alles lassen soll, was nicht beeinflußbar ist. Darauf zeigt er, was man begehren und was man ablehnen soll. Man soll in jeder Situation Haltung bewahren und nicht die Dinge selbst mit den Urteilen über sie verwechseln. Man darf nicht zuviel erwarten und verlangen und Krankheit nicht als Unglück mißverstehen. Was einem wirklich gehört, kann man nicht verlieren; was man verlieren kann, gehört einem nicht. Man sei gleichgültig gegenüber der Meinung, die andere Menschen über einen haben. – Epiktet spricht über die wahre Freiheit und über den Tod, den man sich ständig vor Augen halten soll, um nicht von ihm überrascht zu werden oder ihn gar als ein großes Unglück zu erfahren. Man soll sich durch nichts aus der Fassung bringen lassen. Man soll nicht reden, sondern handeln; man darf das rechte Maß nicht überschreiten, nicht prahlen, sich nicht gegen das Schicksal stemmen.

N Die Schrift hatte eine große Wirkung auf das junge Christentum und das Denken der Menschen in der altchristlichen Zeit. In der Neuzeit genießt sie hohes Ansehen: Goethe schätzt Epiktet höher als die großen gr. Philosophen. Giacomo Leopardi (1798–1837) übersetzt ihn ins Italienische. Der Schweizer Philosoph und Politiker Carl Hilty (1833–1909) würdigt das „Handbuch" in seinem Werk *Glück* (3 Bde., Leipzig 1891–1899) als diejenige Schrift der Antike, die „an sittlichem Gehalte den höchsten Rang beanspruchen kann und der christlichen Sittenlehre am nächsten steht".

A W. A. Oldfather. Bd. 2, London/Cambridge 1928 (gr.-engl.). H. Schenkl, Leipzig [(2)]1916.
Ü W. Capelle, Zürich 1948. W. Kraus, Zürich 1987. E. Neitzke, Stuttgart 1958. R. Nickel, München/Zürich 1994 (gr.-dt.). H. Schmidt, Stuttgart (11)1984. K. Steinmann, Stuttgart 1992.
L M. Spanneut: Epiktet, in: RAC 5, 1962, 599–681.

Encheirídion
„Handbuch"

Heliodoros, Ende des 1. Jhs. n. Chr.

Handbuch (gr.) der Metrik, nicht erhalten, aber von starker Wirkung z. B. auf Hephaistion, →*Encheirídion perì métron*, und auf die Scholiasten (→*Scholia*), die u. a. die Arbeit des Heliodoros an der Kolometrie der Chorlieder in den Aristophanes-Komödien erkennen lassen (bes. in den Scholien zu →*Eiréne* und →*Nephélai*).

L H. Gärtner: Heliodoros (Nr. 3), in: DKP 2, 995 f. O. Hense, RE 8, 1, 1912, 28–40.

Encheirídion perì métron
„Handbuch über Metrik"

Hephaistion aus Alexandreia, 2. Jh. n. Chr.

Kurze Darstellung des alexandrinischen Systems der Metrik (gr.).

I Das Werk ist ein vom Autor selbst angefertigter Auszug aus seinem Hauptwerk *Perì métron* (48 B.), das weitgehend verloren ist. – Der Auszug behandelt folgende Themen: Silbenquantität, Synizese, Versfüße, Katalexe, neun metrische Grundeinheiten (Iambus, Trochäus, Daktylus, Anapäst, Choriambus, Antispast, Ionicus a maiore, Ionicus a minore, Paeon/Creticus). Aus den Verbindungen dieser Grundeinheiten werden nach der alexandrinischen Verslehre alle zusammengesetzten Formen erklärt. (Im Gegensatz dazu werden nach der pergamenischen Lehre alle Versarten aus dem daktylischen Hexameter und dem iambischen Trimeter abgeleitet.) Der Autor zitiert zahlreiche Verse aus der älteren Dichtung (vor allem aus der Komödie und aus der Lyrik).

N   Das Werk hatte eine starke Wirkung in byzantinischer Zeit. Es war im Schulunterricht das Standardwerk und wurde vielfach kommentiert und mit Scholien (Randbemerkungen) versehen.

A   M. Consbruch, Leipzig 1906.
L   H. Gärtner, DKP 2, 1023 f. O. Hense, RE 8, 1, 1912, 296–309. K. Rupprecht: Einführung in die griechische Metrik, München [3]1950. Schmid-Stählin 2, 2, 891 ff. U. v. Wilamowitz-Moellendorff: Griechische Verskunst, Berlin 1921, 78 f.

Encheirídion harmonikês
„Handbuch der Harmonie"

Nikomachos aus Gerasa, 2. Jh. n. Chr.

Musikwissenschaftliche Schrift (gr.).

I   Es handelt sich um eine „pythagoreische", auf Zahlenproportionen aufgebaute Musiktheorie.

A   C. v. Jan: Musici scriptores Graeci, Leipzig 1895, 236–282.

Enchiridium
„Handbuch"

Sextus Pomponius, 2. Jh. n. Chr.

Kurze Geschichte der römischen Rechtsquellen (lat.).

I   Das schmale Anfängerlehrbuch bietet einen Überblick über die frührömische Rechtsgeschichte (vgl. Digesten 1,2,2).

A   O. Lenel: Palingenesia iuris civilis 2, 1889, 15–160.
L   M. v. Albrecht, RL, 1191. M. Bretone: Motivi ideologici del' Enchiridion di Pomponio, in: Labeo 11, 1965, 7–35. P. Krüger: Geschichte der Quellen und Literatur des römischen Rechts, [2]1912, 190–194. G. Wesenberg, RE 21, 2, 1952, 2416.

Enchiridium ad Laurentium →De fide, spe et caritate (Augustinus)

Éndeixis katà Theokrínu
„Anzeige gegen Theokrines"

Ps.-Demosthenes

Gerichtsrede, gehalten in einem Privatprozeß (gr.). Die Rede stammt mit Sicherheit nicht von Demosthenes, da dieser in der Rede (58, 42) selbst angegriffen wird.

A   W. Rennie: Demosthenis orationes. Bd. 3, Oxford 1931 (Nr. 58).
L   A. Lesky, GL, 669–681.

Enhálioi diálogoi
„Dialoge der Meeresgötter"

Lukianos aus Samosata, etwa 120–180 n. Chr.

Sammlung von 15 Gesprächen zwischen Meeresgöttern (gr.).

I   (1) Doris und Galatea über die Liebe des Kyklopen Polyphem zu der Nereide Galatea. (2) Polyphem und Poseidon über Polyphems Abenteuer mit Odysseus (→Odysseia, 9. Gesang). (3) Poseidon und Alpheios über die Liebe des Alpheios zu der Quellnymphe Arethusa. (4) Menelaos und Proteus über unglaubliche Wunderdinge. (5) Panope und Galene über einen Vorfall während der Hochzeit der Thetis. (6) Triton, Poseidon und Amymone über die Entführung der Amymone, einer der 50 Töchter des Danaos. (7) Notos und Zephyros über Io, die in eine Kuh verwandelte Geliebte des Zeus. (8) Poseidon und ein Chor von Delphinen über den Kitharöden Arion. (9) Poseidon, Amphitrite und andere Nereiden über Helle, ihren Ritt auf einem geflügelten Widder und ihren Sturz ins Meer, den späteren Hellespont. (10) Iris und Poseidon über den wunderbaren Ursprung der Insel Delos. (11) Xanthos (kleiner Fluß in der Nähe von Troja) und Thalassa (das Meer) über das Schicksal des Flusses während des trojanischen Krieges. (12) Doris und Thetis über Danaë, die mit ihrem neugeborenen Sohn Perseus im Meer ausgesetzt worden war. (13) Der Flußgott Enipeus und Poseidon über Tyro, die Tochter des Königs von Elis, die sich in den Flussgott verliebt hatte, aber von Poseidon verführt wurde. (14) Ein Triton, Iphianassa, Doris und andere Nereiden über Andromeda und Perseus. (15) Zephyros und Notos über die Entführung der Europa, der Tochter des Agenor von Sidon, durch Zeus.

Q   Lukian gewann seine Einfälle für die teilweise sehr kurzen Gespräche aus der Literatur (→Odysseia, →Iliás, →Hýmnoi Homerikoí, Theokrit, →Eidýllia u. a.). Es ist aber auch möglich, daß er von entsprechende Werken der Malerei angeregt wurde.

A   M. D. MacLeod: Lucian. Bd. 7, London/Cambridge (Mass.) 1961 (gr.-engl.).
Ü   K. Mras, München [2]1980 (gr.-dt.). O. Seel, Stutt-

gart 1967. Chr. M. Wieland: Lucian von Samosata. Sämtliche Werke 1. 2, Leipzig 1788/89, 67–112.
    L   R. Helm: Lucian und Menipp, Leipzig/Berlin 1906, 176 ff. A. Lesky, GL, 937–941.

Enkomien →Chorlyrik (Bakchylides)

Enkomion auf Sosibios →Sosibíu níke (Kallimachos)

Enneádes
„Schriften in Neunergruppen"

Plotinos, etwa 205–270 n. Chr.

Sammlung von 54 philosophischen Schriften (gr.), die Porphyrios, der Schüler des Plotinos, in dessen Auftrag herausgab, und zwar in sechs B. mit je neun Abhandlungen. Vom Jahre 254 n. Chr. an entstanden und veröffentlicht.

    I   Die 1. Enneade umfaßt Schriften über ethische, die 2. und 3. Enneade über physikalische Probleme. Die 4. Enneade handelt von der Seele, die 5. Enneade vom „Geist" (nûs). In der 6. Enneade geht es um „das Eine" und „das Gute". – In seiner →Vita Plotini äußert sich Porphyrios über die Entstehungszeit der einzelnen Abhandlungen. – „Oberstes Seinsprinzip ist für Plotin das mit dem Guten und Schönen identische ‚Eine', ein alle Vorstellung überschreitendes, in sich ruhendes göttliches Höchstes, das sich nur in Form negativer Prädikationen beschreiben läßt. Eine Stufe darunter steht der Geist (nûs), nach Art eines Spiegelbildes aus dem ‚Einen' hervorgegangen, der in sich zugleich die ganze Welt der ‚Ideen', den noetòs kósmos, umfaßt. Die dritte Stufe von oben nimmt die (Welt-)Seele, die psýche, ein, das vermittelnde Glied zwischen den geistig bestimmten Formen des wahren Seins und dem Bereich der Materie, der hýle. Ist das höchste ‚Eine' das schlechthin Gute, so ist die Materie als solche das schlechthin Schlechte, Inbegriff des Bösen und der Finsternis" (E. Schmalzriedt, 458). Die Seele versucht, sich von allem Materiellen zu befreien und sich der Welt des reinen Geistes zuzuwenden, der sie von Natur aus angehört. Wenn es der Seele gelingt, alles „Irdische" abzuschütteln und sich aus seiner Verstrickung zu lösen, dann kann sie sich am Ende sogar mit dem „Geist" vereinigen und in ekstatischer Schau eins werden mit dem „Einen".
    Q   Plotin ist zwar Platoniker, aber er entwickelt sein eigenes philosophisches System, das vor allem von Platons →Politeía und dem →Sympósion inspiriert wurde. Platons Spekulation über das „Eine" in seinem Spätwerk und seine im →Tímaios entfaltete Kosmologie haben Plotin grundlegend beeinflußt.
    W   Plotin ist bei der Darstellung seiner Lehre anscheinend nicht systematisch vorgegangen, sondern er griff dringende Einzelfragen heraus, die sich aus dem Schulbetrieb ergaben.

    N   Plotin hat großen Einfluß auf christliche Denker ausgeübt: auf Basileios, Synesios und vor allem auf Augustinus. Auch im Mittelalter war er bekannt (vermittelt durch Macrobius und Augustinus). Später fertigt Marsilio Ficino (1433–1499) eine lateinische Übersetzung an. Shaftesbury, Leibniz, Novalis, Goethe und Schelling stehen in der Nachfolge Plotins. Goethe zitiert die „Worte eines alten Mystikers" – gemeint ist Plotin, Enneádes 1,6,3: „Wär' nicht das Auge sonnenhaft, / Die Sonne könnt' es nie erblicken; / Läg' nicht in uns des Gottes eigne Kraft, / Wie könnt' uns Göttliches entzükken?" (Zahme Xenien III).

    A   É. Bréhier. 7 Bde., Paris 1924–1938. (2)1954 ff.). P. Henry / H.-R. Schwyzer. 2 Bde., Paris/Brüssel 1951–1959 (Enneaden 1–5). P. Henry / H.-R. Schwyzer. 3 Bde., Oxford 1964–1982 (Enn. 1–6).
    Ü   R. Harder. 5 Bde., Leipzig 1930–1937. R. Harder / R. Beutler / W. Theiler. 6 Bde. Hamburg 1956–1971 (gr.-dt. mit Kommentar). R. Harder / W. Marg, Stuttgart (2)1986 (Auswahl).
    L   M. L. Gatti: Plotino e la metafisica della contemplazione, Mailand 1982. A. Gräser: Plotinus and the Stoics, Leiden 1972. C. Horn: Plotin über Sein, Zahl und Einheit. Eine Studie zu den systematischen Grundlagen der Enneaden. Beiträge zur Altertumskunde 62, 1995. L. Koreng: Die Grundlagen des Wissenschaftsbegriffs bei Plotin, Hildesheim / New York 1990. A. Lesky, GL, 983–985. P. V. Pistorius: P. and Neoplatonism, Cambridge 1952. K.-H. Volkmann-Schluck: Plotin als Interpret der Ontologie Platons, Frankfurt (2)1957. E. Schmalzriedt, KNLL 13, 457–459. V. Schubert: Plotin. Einführung in sein Denken, Freiburg/München 1973. H. Schöndorf: Plotins Umformung der Platonischen Lehre vom Schönen, Bonn 1974. Th. A. Szlezák: Platon und Aristoteles in der Nuslehre Plotins, Basel/Stuttgart 1979.

Ephemerídes
„Tagebücher"

Eumenes aus Kardia und Diodotos aus Erythrai, 4. Jh. v. Chr.

Im Hauptquartier Alexanders d. Gr. geführte Kriegstagebücher (gr.), in nur wenigen Frg. erhalten.
Zwischen 335 und 323 v. Chr. verfaßt.

    I   Es handelte sich um offizielle Aufzeichnungen für den König selbst, seine Feldherren und Beamten im Heerlager Alexanders d. Gr. Sie dienten späteren Geschichtsschreibern als Informationsquelle, z. B. Ptolemaios Lagu, der sie für seine →„Alexandergeschichte" benutzte. Auch Arrian, →Alexándru anábasis (7,25–26,3) zitiert aus den Ephemerídes. – Die Tagebücher enthielten in minutiöser Genauigkeit angefertigte Aufzeichnungen über alle Alexander betreffenden privaten und offiziellen Vorgänge. Sie waren wahrscheinlich von vornherein als Materialsammlung für spätere Historiker angelegt.

A FGrHist 117.
L H. Endres: Die offiziellen Grundlagen der Alexanderüberlieferung und das Werk des Ptolemaios, Diss.
Würzburg 1913. N. G. L. Hammond, in: Historia 37,
1988, 129–150. J. Kaerst: Ptolemaios und die Ephemeriden
Alexanders d. Gr., in: Ph 56, 1897, 334–359. J. Kaerst, RE 5,
2, 1905, 2749–2753. J. Kohn: Ephemerides rerum ab Alexandro M. in partibus orientis gestarum, Diss. Bonn 1890.

Ephemeris
„Tagebuch"

Decimus Magnus Ausonius aus Burdigala, etwa
310 bis 395 n. Chr.

Schilderung des Tagesablaufs des Dichters (lat.) in
unterschiedlichen metrischen Formen (darunter
auch in daktylischen Hexametern).

I Ausonius bezeichnet das Thema seines Werkes mit den Worten *id est totius diei negotium*
(„das ist meine Beschäftigung im Laufe eines ganzen Tages"). – Der Leser erfährt u. a., daß Ausonius
einen Schreiber beschäftigte, der eine Kurzschrift
(→*Notae Tironianae*) beherrschte (*Ephemeris 7*):
„Sklave, du Könner der Kurzschrift, komm schnell
her. Glätte die Seiten deiner Schreibtafeln, auf denen
viele Wörter mit wenigen Zeichen erscheinen, als ob
sie nur einen einzigen Ausdruck darstellten...
Ströme von Worten kommen aus meinem Mund...
Du aber hörst alles genau, und mit wenigen Bewegungen fliegt deine Hand über das Wachs."

A R. Peiper, Leipzig 1886. K. Schenkl, Berlin 1883
(MGH, AA 5, 2). H. G. E. White. 2 Bde., London/Cambridge (Mass.) 1919–1921 (lat.-engl.).
Ü H. A. Gärtner, RLTD 5, 204–207 (lat.-dt. nur *Ephemeris 1*).
L M. v. Albrecht, RL, 1047–1057. M. Fuhrmann, Spätantike, 101–107. W. Schetter: Das Gedicht des Ausonius
über die Träume, in: RhM 104, 1961, 366–378 (Eph. 8).

Ephemeris belli Troiani
„Tagebuch des trojanischen Krieges"

Lucius Septimius, 4. Jh. n. Chr., als Übersetzer des
Diktys (2. Jh. v. Chr.)

Darstellung des Trojanischen Krieges in Form eines
mythologischen Romans, in lat. Fassung erhalten.

I Ein dem Werk, das die Ereignisse von Helenas
Entführung bis zum Tod des Odysseus erzählt, vorangestellter Brief an einen Quintus Areadius Rufinus teilt dem Leser mit, der Kreter Diktys sei von
Idomeneus und Meriones aufgefordert worden, am
Zug nach Troja teilzunehmen und die Ereignisse
aufzuzeichnen. Das habe dieser in phönizischer
Schrift getan, die er in Lindenholz geritzt und in einem Kasten aus Zink in sein Grab habe legen lassen.
Unter Nero (reg. 54–68 n. Chr.) sei das B. wiedergefunden und auf Geheiß des Kaisers ins Griechische
übersetzt worden. Dann habe Lucius Septimius eine

lat. Übersetzung angefertigt. – Frg. des gr. Textes
wurden auf einem Papyrus aus dem Jahr 206
n. Chr. gefunden.

W Der Verfasser des gr. Originals, Diktys,
wahrscheinlich 2. Jh. v. Chr., zeigt eine trojafeindliche Haltung. Allerdings beweise der Krieg auch den
moralischen Verfall der Griechen, die sich von den
(trojanischen) Barbaren zum Krieg zwingen ließen.
Man könnte jedoch auch erwägen, „ob Diktys den
trojanischen Krieg als Muster für einen Kampf der
antiken Kulturwelt gegen die im 2. Viertel des 3. Jh.
neu erstarkten Perser verwendet" (M. v. Albrecht,
1095).

N Für die mittelalterlichen Trojasagen war das
Werk die Hauptquelle, da Homer damals unbekannt war. Noch Goethe hat für den Entwurf seiner
„Achilleis" den Diktys als Vorlage benutzt.

A W. Eisenhut, Stuttgart/Leipzig [(3)]1973, Nachdr.
1994. FGrHist. Bd. 1, 273–284 (gr. Frg.).
L M. v. Albrecht, RL, 1094f. A. Cameron: Poetae Novelli, in: HSPh 84, 1980, 127–175. W. Eisenhut: Diktys (Nr.
6), in: DKP 2, 29f. R. Hanslik: Diktys, in: dtv-L 1. 1, 349f.
S. Merkle: Die *Ephemeris belli Troiani* des Diktys aus Kreta, Frankfurt 1989.

Ephesiaká →Tà kat' Antheían kaì Habrokómen Ephesiaká (Xenophon aus Ephesos)

Éphesis pròs Eubulíden
„Berufungsverhandlung gegen Eubulides"

Demosthenes aus Athen, 384–322 v. Chr.

Gerichtsrede in einem Zivilprozeß (gr.).

I Streitgegenstand der Berufungsverhandlung
ist die Aberkennung des passiven Wahlrechts aufgrund eines Gesetzes, das dieses nur athenischen
Vollbürgern zuerkennt. Der Betroffene versucht
nachzuweisen, daß er athenischer Vollbürger ist
und zu Unrecht das Wahlrecht aberkannt bekam.

A W. Rennie. Bd. 3, Oxford 1931 (Nr. 57).
L A. Lesky, GL, 669 bis 681.

Epicharmus
(gr. Dichter)

Ennius, 239–169 v. Chr.

Gedicht in trochäischen Septenaren, in wenigen
Frg. überliefert (lat.).

I Wahrscheinlich nimmt Ennius auf ein Werk
des gr. Dichters (→„Komödien") und Philosophen
Epicharmos (um 550–460 v. Chr.) Bezug, das die
Natur und die vier Elemente (Feuer, Wasser, Erde,
Luft) behandelt hatte. Im Traum läßt sich Ennius
etwas von Epicharms Lehren über die Welt vortra-

gen. Wie im →*Euhemerus* zeigt Ennius auch im *Epicharmus* eine skeptische Haltung gegenüber der überlieferten Religion. Spürbar ist auch eine gewisse Neigung zum Pythagoreismus (vgl. auch das Proömium zu den →*Annales* des Ennius).

N Außer Cicero (*Academica priora* 51, →*Academica*), hat Varro (→*De lingua Latina* 5,57–74) den *Epicharmus* nachweislich gelesen und exzerpiert.

A E. H. Warmington: Remains of Old Latin. Bd. 1, London/Cambridge (Mass.) (2)1961 (lat.-engl.).
L M. v. Albrecht, RL, 106–119. F. Leo, GdrL, 199–201.

Epichórios lógos
„Heimatbuch"

Ephoros aus Kyme, 4. Jh. v. Chr.

Enkomion (Preislied) auf Ephoros' Heimatstadt Kyme (gr.), bis auf ein Frg. verloren.

I Ephoros behauptet in seinem Enkomion, daß Homer aus Kyme stamme und Hesiod sein Neffe gewesen sei.

A FGrHist 70.
L O. Lendle, Einführung, 136–143. A. Lesky, GL, 701. E. Schwartz, RE 6, 1907, 1–16.

Epicedion Drusi →Consolatio ad Liviam (An.)

Epidemíai
„Anwesenheiten an verschiedenen Orten"

Auch zitiert als *Hypomnémata* („Aufzeichnungen").

Ion aus Chios, etwa 480–422/21 v. Chr.

Sammlung (gr.) von Anekdoten, die der Autor auf seinen Reisen, d. h. durch „Anwesenheiten an verschiedenen Orten", aber auch bei Besuchen prominenter Persönlichkeiten in Chios gesammelt hat.

I Aus den wenigen erhaltenen Frg. ist u. a. zu entnehmen, daß Ion die Erinnerung an ein Gastmahl in Athen festhielt, an welchem der berühmte Athener Kimon (etwa 510–450 v. Chr.) teilnahm (vgl. Plutarch, →*Bíoi parálleloi*: Kimon 9). Das Werk handelte offensichtlich von bedeutenden Menschen, mit denen Ion persönlich zusammengetroffen war. Daher ging es dem Autor weniger um ihre historischen Taten als um ihr Wesen und ihr Auftreten in einem mehr privaten Rahmen (zu Kimon: Frg. 12–14). So wurde aus autobiographischen Erinnerungen ein Dokument der Zeitgeschichte. – Neben Kimon wurden z. B. auch Perikles (Frg. 15–16), Sokrates (Frg. 9) und Sophokles (Frg. 6) porträtiert.

N „Vielleicht stützt sich Plutarch, dem die biographische Darstellungsart eigentlich sehr gefallen haben muß, öfter auf Ion als er ihn nennt" (O. Lendle, 32).

A A. v. Blumenthal: Ion von Chios. Die Reste seiner Werke, Stuttgart 1939.
L F. Jacoby: Some remarks on Ion of Chios, in: CQ 41, 1947, 1–17. O. Lendle, Einführung, 28–32. A. Lesky, GL, 462–464. H. Straßburger: Aus den Anfängen der griechischen Memoirenkunst. Ion von Chios und Stesimbrotos von Thasos, in: FS W. Schöne, Berlin 1986, 1–11.

Epidemien →Corpus Hippocraticum

Epidicus
„Der Sklave Epidicus"

Titus Maccius Plautus, etwa 250–184 v. Chr.

Intrigenstück (lat.).
Entstanden und uraufgeführt um 190 v. Chr

I Der Sklave Epidicus zieht die Fäden der Handlung: Er kauft für den jungen Stratippocles, der gerade aus einem Krieg heimgekehrt ist, die Lautenspielerin Acropolistis frei, bringt sie in das Haus des Vaters Periphanes, dem er weismacht, es handle sich bei Acropolistis um dessen lange verschollene Tochter Telestis, so daß dieser das Geld für den Freikauf zur Verfügung stellt. Stratippocles bringt jedoch aus dem Krieg ein anderes Mädchen mit, für deren Freikauf Epidicus Geld auftreiben soll. Der Vater Periphanes stellt erneut Geld zur Verfügung. Epidicus überredet Periphanes, das Mädchen zu kaufen, um es an einen Soldaten weiterzuverkaufen und so aus der Nähe seines Sohnes zu entfernen. Dann gibt Epidicus das Geld des Periphanes dem Stratippocles für die Kriegsgefangene. Er selbst mietet eine andere Lautenspielerin, die er als falsche Acropolistis zu Periphanes führt. Der Betrug kommt heraus, als der Soldat die falsche Acropolistis nicht haben will und Philippa, die Mutter der Telestis, erscheint und die als Telestis ausgegebene Acropolistis entlarvt. Epidicus wird gerettet, als die von Stratippocles erworbene Kriegsgefangene als die echte Telestis und d. h. als dessen Halbschwester erkannt wird. Stratippocles muß also auf Telestis verzichten und wendet sich wieder Acropolistis, seiner früheren Geliebten, zu.

W Es ist möglich, daß Plautus die Eheschließung zwischen Stratippocles und Telestis gegenüber dem Original ersetzt hat durch das Happy-End für Stratippocles und Acropolistis, weil in Rom Ehen zwischen Halbgeschwistern verboten waren, während sie in Athen (bei verschiedenen Müttern) erlaubt waren. Plautus wollte hiermit den Moralvorstellungen seines röm. Publikums entsprechen. – Den Titelhelden Epidicus bezeichnet Plautus als *scurra* („Pflastertreter"), und die Komödie bietet ein plastisches Charakterbild dieses Typs antiker Stadtkultur, der immer beschäftigt ist, aber keiner geregelten Tätigkeit nachgeht, der über alles Bescheid weiß, den Überblick hat und virtuoser, souveräner Hand-Dampf-in-allen-Gassen ist.

A   G. E. Duckworth, Princeton 1940 (mit Kommentar).
Ü   W. Binder / W. Ludwig: Antike Komödien. Plautus/Terenz. 2 Bde., Darmstadt 1976.
L   U. Anhagen (Hg.): Studien zu Plautus' *Epidicus*, Tübingen 2001. E. Fraenkel: Plautinisches im Plautus, Berlin 1922. C. W. Keyes: Half-Sister Marriage in New Comedy and the *Epidicus*, in: TAPhA 71, 1940, 217–229. R. Perna: L' originalità di Plauto, Bari 1955, 419–431. K. v. Reinhardstoettner: Spätere Bearbeitungen plautinischer Lustspiele, Leipzig 1886, 401–426. O. Skutsch: The First Scene of Plautus' *Epidicus*, in: ClPh 1937, 360 bis 365.

Epidromè tôn katà tèn Hellenikèn theologían paradedoménon
„Abriß der Überlieferungen über die griechische Götterlehre"

Lucius Annaeus Cornutus aus Leptis, 1. Jh. n. Chr.

Allegorische Deutung antiker Mythen nach dem Vorbild der stoischen Philosophie (gr.). Vgl. Herakleitos, →*Homerikaì allegoríai*.

I   In dem Handbuch stoischer Allegorese sind die natur- oder moralphilosophischen Bedeutungen der einzelnen Göttergestalten und Sagenepisoden katalogartig zusammengestellt. „Viele Figuren und Motive sind durchaus mehrdeutig, denn die Technik dieser Auslegung hatte eine lange Geschichte, in deren Verlauf immer neue Kunstgriffe und Deutungen ermittelt wurden, ohne daß dadurch die alten verdrängt zu werden brauchten. So konnte der Kampf der Götter und Titanen physikalisch als Kampf der Elemente, moralisch als die Auseinandersetzung zwischen Tugenden und Lastern gedeutet werden" (A. Dihle, 100).

A   C. Lang, 1881.
L   A. Dihle, GLL, 99f. A. Lesky, GL, 978. G. W. Most: Cornutus and the Stoic Allegoresis, in: ANRW 2, 36, 1989, 2014–2066 (Allegorese). A. D. Nock, RE Suppl. 5, 1931, 995 bis 1005. Schanz-Hosius 2, 676–679.

Epígonoi →Epikòs kýklos (An.)

Epigramma Paulini
„Epigramm des Paulinus"

An., 5. Jh. n. Chr.

Christliches bukolisches Gedicht (lat.). Entstanden 408 n. Chr.

I   Im Vergleich zu Vergils →*Bucolica*, in deren Nachfolge das Werk steht, ist Arkadien, die traditionelle Hirtenlandschaft, durch das Klosteridyll und das Gespräch der Hirten durch den Mönchsdialog ersetzt worden. – Für den Bericht über den Vandalen- und Alamanneneinfall wurde das vergilische Verfahren, das Zeitgeschehen in die Bukolik einzublenden, übernommen. „Dies trifft auch für die anschließende Schilderung der Entsittlichung in den Städten zu. Doch weist der Abschnitt typisch satirisches Gepräge auf, so daß die Absicht des Verfassers, dem Genos durch die Kreuzung mit der Satire neue Aktualität zu verleihen, unverkennbar ist" (Schetter, 274).

A   CSEL 16, 1888, 499–508.
L   R. Helm, RE 18, 2, 1949, 2359f. W. Schetter: Bukolik, in: dtv-L 1. 1, 272–274.

Epigrámmata

Anyte aus Tegea (Arkadien), um 300 v. Chr.

Erhalten sind 21 Epigramme in dorischem Dialekt (gr.).

I   Die in die Sammlung der →*Anthologia Palatina* eingegangenen Gedichte sind u. a. Grabepigramme, Weihepigramme, Naturbilder und Nachrufe auf verstorbene Tiere. – Bei den Grabepigrammen (*Epitýmbia*) handelt es sich um Nachrufe auf früh Verstorbene: u. a. auf einen jungen Krieger (AP 7,724) oder auf junge Mädchen (z. B. AP 7,646; 647; 649; 486; 490). Hier geht es vor allem um das Thema „Trauer über einen zu frühen Tod". Dabei werden Motive wie „Trost", „Abschied", „Hochzeit-Grab", „Trauer-Sehnsucht" in bestimmten Figuren-Konstellationen bearbeitet: z. B. Vater-Sohn, Vater-Tochter, Mutter-Tochter, Mädchen-Freier. Zu derselben Gruppe von Epigrammen gehören auch die Nachrufe auf Tiere (z. B. AP 7,190 auf Grille und Heuschrecke; 7,202 auf einen Hahn; 7,208 auf ein Streitroß; 7,215 auf einen Delphin). – Anyte schrieb ferner Weihepigramme (*Anathémata*) auf Waffen, Tiere oder Haushaltsgeräte (z. B. AP 6,123; 153; 312) und epideiktische Epigramme (*Epideiktiká*) auf Götterbilder (z. B. AP 9,144; 16,231); zu den *Epideiktiká* werden auch ihre Naturbilder gezählt (z. B. AP 9, 313; 314; 16,228).

W   Die Bedeutung der Dichterin besteht vor allem darin, daß sie „den für längere Zeit gültigen Typus des bukolischen Landschaftsepigramms und des Tierepikedeions geschaffen hat" (Luck, 181). – Anyte gehört der „Dorisch-Peloponnnesischen

Schule" an, die sich in wesentlichen Zügen von der traditionellen Auffassung des Epigramms unterscheidet: Das Epigramm hat jetzt das einfache Volk zum Thema; es gibt ein plastisches Bild der unteren Volksschichten, wobei es an die Stelle des Individuums den Typus setzt. Die Sehnsucht nach dem Schlichten und Primitiven führt zur Idyllisierung der Epigrammatik. Das Tierepitaphion wird zu einer Form der Genre-Poesie, in der sich eine sentimentale Naturlyrik entfaltet.

A →*Anthologia Palatina*. H. Cavallini: Poetesse greche e romane, Venedig 1980, 95–124 (mit Kommentar). D. Geoghegan, Rom 1979.
Ü →*Anthologia Palatina*. W. Peek: Griechische Grabgedichte, Berlin 1960 (gr.-dt.).
L S. Barnhard: Hellenic Women Poets, in: CJ 73, 1977/78, 204–213. H. Beckby: Anthologia Graeca. Bd. 1, München [2]1965–67, 21–27. G. Herrlinger: Totenklage um Tiere in der antiken Dichtung, Stuttgart 1930. KNLL 1, 554f. G. Luck: Die Dichterinnen der griechischen Anthologie, in: MH 11, 1954, 170–187. H. Meusel: Dichterinnen der griechischen Anthologie. Grabepigramme der Erinna und Anyte, in: AU 38, 6, 1995, 27–43.

Epigrámmata

Asklepiades aus Samos, um 300 v. Chr.

Überwiegend erotische Epigramme, aber auch Grab- und Weihepigramme im Versmaß des elegischen Distichons; etwa 30 Gedichte sind erhalten (gr.).

I Erwähnenswert ist u.a. das fiktive Grabgramm auf Aias, den Troja-Kämpfer (AP 7,145), das in der →*Anthologia Palatina* neben mehreren anderen Epigrammen überliefert ist, die dem gr. Helden gewidmet sind (vgl. Sophokles, →*Aías*). – Neben erotischen Epigrammen ohne Anteil des Subjektiven (AP 5,169) gibt es solche, in denen der Dichter eigene Empfindungen und Erlebnisse wiedergibt: Aufbegehren gegen Zeus, dessen Wetter dem Liebenden ungünstig ist (AP 5,64), Klage vor verschlossener Tür (AP 5, 145), Selbstbesinnung (AP 12, 46), Frivolität (AP 5, 85). „In seinen Versen erkennen wir den genußfrohen Mann, der viel von der Liebe zu sagen weiß... Manche seiner Verse sind reichlich gewagt (man vergleiche Anth. Pal. 5,203. 207)... Dem geringen Gewicht der meisten Motive entspricht äußerste Schlichtheit der Sprache. Daß er in dieser aber Stimmung von größter Dichte und Unmittelbarkeit zu erzeugen und echtes Gefühl auszusprechen vermag, zeigt den Meister. Trotz manchen Berührungen ist er durch die Lebhaftigkeit seines Temperamentes von kallimacheischer Souveränität stark geschieden. Prächtiges Zeugnis dafür ist Anth. Pal. 5,64, Programm eines Lebens voll Leidenschaft und Trotz: nicht mit Schnee und Hagel, nicht mit Donner und Blitz wird Zeus ihn an den Freuden der Liebe hindern..." (Lesky, 830).

A H. Beckby: Anthologia Graeca. 4 Bde., München [2]1965 bis 1967.
L U. Albini: Asclepiade di Samo, in: PP 81, 1961. P. Händel: Asklepiades (Nr. 1), in: dtv-L 1. 1, 199f. O. Knauer: Die Epigramme des Asklepiades von Samos, Diss. Tübingen 1935. A. Körte / P. Händel, HD, 310–315. A. Lesky, GL, 830.

Epigrámmata

Dioskurides aus Alexandreia, um 230 v. Chr.

Epigramme zu vielfältigen Themen (gr.)

I Zu den Gedichten gehören sehr realistische Liebesgedichte, fiktive Epigramme auf berühmte Gestalten der Vergangenheit (z. B. auf Thespis, AP 7,410, oder auf Sophokles, AP 7,37), ferner Epigramme, in denen das alte Sparta verklärt wird. – Die Epigramme spiegeln das Großstadtleben (vgl. ein Epigramm auf eine Sängerin, AP 5,138, und ein anderes auf einen Pantomimen, AP 11, 195). Die Texte zeigen das Interesse des Dichters an fremden Kulten (AP 6,220: Kybele-Kult; AP 5, 53: Adonis-Kult; 7,162: persische Bestattungsriten).

A H. Beckby: Anthologia Graeca. 4 Bde., München [2]1965 bis 1967.
L P. Händel: Dioskurides von Alexandria, in: dtv-L 1. 2, 20. R. Keydell: Dioskurides (Nr. 3), in: DKP 2, 90. O. Weinreich, SB d. Heidelb. Ak. d. Wiss. 1944/48, 1, 1–39. U. v. Wilamowitz-Moellendorf: Hellenistische Dichtung in der Zeit des Kallimachos. Bd. 1, 1924, 222.

Epigrámmata →Alakáta (Erinna)

Epigrámmata

Gregorios aus Nazianz, um 330–390 n. Chr.

Sammlung von 260 gr. Gedichten mit 1042 Versen, erhalten als 8. B. der →*Anthologia Palatina*. Versform: Überwiegend elegisches Distichon.
Die Gedichte wurden wahrscheinlich erst nach dem Tod des Autors von Freunden gesammelt und herausgegeben.

I Die Sammlung besteht aus zwei großen Teilen: (1) Die Epigramme 1–165 beziehen sich auf bestimmte Personen. (2) Die übrigen behandeln allgemeine Themen. – Im ersten Teil sind die Epigramme nach den Personen, denen sie zugedacht sind, geordnet. Es handelt sich durchweg um Grabinschriften (Epitaphien) und zum kleineren Teil um Gebete oder Reflexionen. – Im zweiten Teil geht es um die Unsitte des Bankettierens in den Kirchen und um das häufig auftretende Phänomen der Grabschändung.
Q Gregors Epigramme zeigen, daß er die gr. Literatur gut kannte. So lassen viele Gedichte Bezüge zu früheren Autoren erkennen, so z. B. zu den

→*Epigrámmata* des Kallimachos, die z. T. ebenfalls in der *Anthologia Palatina* enthalten sind (vgl. Gregorios 66 mit Kallimachos 7,520; 119 mit 7,271; 188 mit 7,525). Gregor kennt aber auch Homer, Hesiod, die großen Tragiker und Pindar. Möglicherweise waren Gregor auch die Vorläufer der *Anthologia Palatina* bekannt. – Alle Gedichte sind persönliche Bekenntnisse des Autors. Trotz seines Christentums ist Gregor mit dem heidnischen Denken vertraut. Er verzichtet auch nicht auf Anspielungen aus der gr. Mythologie.

W Die große Zahl der Epigramme gegen Grabschänder zeigt, daß Gregor gegen diese zu seiner Zeit offenbar verbreitete Unsitte anzukämpfen versuchte. Die Polemik gegen das Bankettieren in der Kirche ist daraus zu erklären, daß man in der Nachfolge der in der heidnischen Antike üblichen Volksfeste zu Ehren zahlreicher Götter den Gedächtnistag eines Heiligen in der ihm geweihten Kirche zu feiern pflegte, wobei es oft zu Orgien gekommen ist.

A H. Beckby: Anthologia Graeca. Bd. 2, München 1957 (gr.-dt.).
L R. Keydell: Die literarische Stellung der Gedichte Gregors v. Nazianz. Atti dell' VIII Congresso intern. di Studi byzantini, Palermo 1951. M. Pellegrino: La poesia di S. Gregorio Naz., Mailand 1932. A. Salvatore: Tradizione e originalità negli epigrammi de Gregorio Naz., Neapel 1960.

Epigrámmata

Iulia Balbilla, zur Zeit des Kaisers Hadrian (reg. 117 bis 138 n. Chr.)

Epigramme, bestehend aus elegischen Distichen, die in äolischem Dialekt verfaßt sind (gr.).

I In vier verhältnismäßig gut erhaltenen Gedichten schildert Iulia Balbilla die Besuche, die sie als Hofdame der Kaiserin Sabina mit dem Kaiserpaar dem von Pharao Amenophis III. errichteten Koloß des Memnon bei Theben in Ägypten abstattete. Als Datum des Besuches gibt sie den 20.-25. November des Jahres 130 n. Chr an. – Die Gedichte sind zusammen mit vielen anderen Inschriften in Schenkel und Füße des Standbildes eingeritzt.

A A. und E. Bernand: Les inscriptions Grecques et Latines du Colosse de Memnon, Paris 1960, 80–98 (mit Kommentar). G. Kaibel: Epigrammata Graeca ex lapidibus conlecta, Berlin 1878.
Ü H. Homeyer: Dichterinnen des Altertums und des frühen Mittelalters, Paderborn 1979.

Epigrámmata

Kallimachos aus Kyrene, etwa 300–240 v. Chr.

Kurze Texte in der Versform des Distichons (gr.). In der Regel sind es nicht mehr als zwei bis drei Distichen.

I Achtundfünfzig unbezweifelbar echte Epigramme sind in der →*Anthologia Palatina* erhalten. Schon Meleagros aus Gadara (→*Meleágru stéphanos*) hatte um 100 v. Chr. etwa 60 Epigramme des Kallimachos in seine Anthologie aufgenommen, die um 900 n. Chr. in der Anthologie des Kephalas aufging, die schließlich die Grundlage der *Anthologia Palatina* wurde. Planudes (→*Anthologia Planudea*) übernahm daraus 22 echte Epigramme des Kallimachos in seine Sammlung. – Außerhalb der *Anthologia Palatina* wurden nur wenige Epigramme überliefert. – In den neuzeitlichen Ausgaben stehen die Epigramme aus der *Anthologia Planudea* am Anfang. Die übrigen aus der *Anthologia Palatina* folgen. So ist die Anordnung ganz willkürlich durch die äußeren Umstände bedingt. – Die Themen sind vielfältig: Grab- und Weihepigramme stehen neben erotischen Epigrammen. Die Grab- und Weihepigramme ehren verstorbene Freunde, wie z. B. Heraklit aus Halikarnassos, der ebenfalls Epigrammdichter (AP 7, 465) war (Ep. 2). – Achtung und Mitempfinden sprechen aus dem Gedicht auf einen Selbstmörder (Ep. 23), der Platons →*Phaídon* gelesen hatte. – Andere Epigramme geben Auskunft über das Selbst- und Weltverständnis des Dichters, wie z. B. Ep. 13, das die Sagen über die Unterwelt ironisiert.

W Das Ep. 28, das in großer Nähe zum Telchinenprolog der →*Aítia* (Frg. 1) steht, enthält eine grundsätzliche Aussage zur poetischen Konzeption des Dichters: Er distanziert von der nachhomerischen Epik (→*Epikòs kýklos*) und will keine ausgetretenen Wege gehen. So ist es nur folgerichtig, wenn der Sprecher sich auch von seinem Geliebten distanziert, der auch noch anderen gehört. Da es sich hier um ein erotisches Epigramm handelt, sind die dichtungstheoretischen Aussagen des Anfangs nur der Einstieg in das eigentliche Thema. Doch das Raffinierte des Textes besteht darin, wie hier Grundsätzliches über Dichtung und (hellenistisches) Lebensgefühl (Individualismus, Distanzierung von allem Öffentlichen) mit einem konkreten Fall verknüpft ist. – Das Prinzip der Abkehr vom Gewöhnlichen, Öffentlichen oder Leicht-Zugänglichen liegt auch dem Epigramm 31 zugrunde: Auch in der Liebe wird abgelehnt, was am Wege liegt.

N Der röm. Dichter Ovid, der Kallimachos vielfach nachgefolgt ist (→*Fasti*, →*Ibis*, →*Metamorphoseon libri*), konnte sich z. B. auch bei der Gestaltung der Narcissus-Echo-Episode in den „Metamorphosen" (3,339–401, bes. 379–392) von Epigramm 28 anregen lassen (Spiel mit dem Echo der Worte). – Daß Catulls Liebesepigramme (→*Carmina*) von Kallimachos geprägt sind, ist offenkundig.

A A. S. F. Gow / D. L. Page: The Greek Anthology. Hellenistic Epigrams, Cambridge 1965. R. Pfeiffer: Callimachus. Teil 1, Oxford 1949 (Frg.). Teil 2, Oxford 1953 (Hymni et Epigrammata). U. v. Wilamowitz-Moellendorf, Berlin [(4)]1925.
Ü E. Howald / E. Staiger: Kallimachos. Dichtungen, Zürich 1955, 167–207 (gr.-dt.).
L B. Effe, GLTD 4, 176–191. E. Howald: Der Dichter Kallimachos von Kyrene, Erlenbach/Zürich 1943. A. Körte / P. Händel, HD, 318 324. E. A. Schmidt: Interpretationen Kallimacheischer Epigramme, in: Hermes 104, 1976, 146 ff.

Epigrámmata

Leonidas aus Tarent, 1. Hälfte d. 3. Jhs. v. Chr.

Rund 100 erhaltene Epigramme (gr.).

I Die Themen stammen überwiegend aus dem Lebensbereich der einfachen Leute, Handwerker und Handwerkerinnen. Der Stil der Texte (seltene, neu gebildete, technische Wörter, Klangfiguren) steht in gesuchtem Gegensatz zu ihren Inhalten Es handelt sich hauptsächlich um Grab- und Weihepigramme; aber auch Naturschilderungen (AP 9, 326), Spottepigramme (6,293.298.305), Epigramme auf Kunstwerke, Priapeen (→*Carmina Priapea*), Sentenzen (7, 472.736) und eine Fabel (9,99) fehlen nicht.
N Leonidas hatte großen Einfluß auf die spätere Epigrammatik (bis in das 6. Jh. n. Chr.). Auch in der lat. Literatur hat er Spuren hinterlassen: Properz, →*Elegiarum libri IV* (3,13, 43), Ovid, →*Fasti* (1,357), Cicero, →*Epistulae ad Atticum* (9,7,5; 10,2).

A H. Beckby: Anthologia Graeca. 4 Bde., München [(2)]1965 bis 1967. A. S. F. Gow / D. L. Page: The Greek Anthology. Hellenistic Epigramms, Cambridge 1965.
L R. Keydell: Leonidas (Nr. 9), in: DKP 3, 567 f. L. A. Stelle: Cinque poeti dell' Antol. Pal., Bologna 1949, 77–152. U. v. Wilamowitz-Moellendorff: Hellenistische Dichtung in der Zeit des Kallimachos. Bd. 1, 139 ff. Bd. 2, 103 ff.

Epigrámmata

Lukillios, 1. Jh. n. Chr.

Eine in der →*Anthologia Palatina* (überwiegend im 11. B.) erhaltene Sammlung von etwa 150 Epigrammen (gr.), die in ihrer großen Mehrheit Spottgedichte sind.

I Lukillios verspottet ähnlich wie sein röm. Nachfolger Martial „Heuchler, Toren und Rhetoren, Anwälte, Richter und Ärzte, Frauen und eifersüchtige Männer, Fresser und Säufer, Knauser und Prasser, Dicke und Dünne, ärmliche Gütchen und billigen Fusel" (M. v. Albrecht, RL, 824).
N Lukillios war ein wichtiger Vorgänger Martials (→*Epigrammata*).

A H. Beckby: Anthologia Graeca. 4 Bde., München [(2)]1965 bis 1967. B. J. Rozema: Lucillius the epigrammatist: Text and commentary, Diss. Univ. of Wisconsin 1971.
L F. J. Brecht: Motiv- und Typengeschichte des griechischen Spottepigramms, in: Ph Suppl. 22, 2, 1930. W. Burnikel: Untersuchungen zur Struktur des Witzepigramms bei Lukillios und Martial, Wiesbaden 1980. P. Crupi: L' epigramma greco di Lucillio, Neapel 1964. J. Geffken: Lukillios, in: RE 13, 1927, 1777–1785. K. Prinz: Martial und die griechische Epigrammatik, Wien 1911.

Epigrammata

Quintus Lutatius Catulus, um 150–87 v. Chr.

Sammlung erotischer Epigramme (lat.).

I Erhalten sind zwei Epigramme: (1) Der Autor erklärt seine Absicht, sein Herz zurückzugewinnen, das sein Freund Theotimus besitzt, aber er fürchtet, daß er sich dabei ganz an Theotimus verliert. – (2) Das Epigramm ist dem Schauspieler Roscius und seiner Schönheit gewidmet.

A FPL 43.
L H. Dahlmann: Das Rosciusepigramm des Q. Lutatius Catulus, in: Gy 88, 1981, 24–44. G. Pascucci: Praeneoterica: Lutazio, Callimaco e Plauto, in: FS A. Traglia. Bd. 1, Rom 1979, 109–126.

Epigrammata

Luxurius aus Karthago, um 500 n. Chr.

Sammlung epideiktischer und skoptischer Epigramme (lat.) und eines Hochzeitsgedichtes. Um 534 n. Chr. veröffentlicht.

A Anthologia Latina 1. 1, Nr. 18, 287–375. H. Happ. 2 Bde., Stuttgart/Leipzig 1986 (mit Kommentar). M. Rosenblum, 1961 (lat.-dt. mit Kommentar).
L S. Mariotti: Luxorius e Lisorius, in: RFIC 92, 1964, 162–172.

Epigrammata

Marcus Valerius Martialis aus Bilbilis, etwa 40–102 n. Chr.

Zwölf B. Epigramme (lat.), dazu der *Liber spectaculorum* („B. der Spiele"), die *Xenia* („Gastgeschenke", die man an Freunde schickte), die in den Ausgaben als 13. B. gezählt werden, und die *Apophoreta* („Geschenke zum Mitnehmen", die an Gäste verteilt wurden), die im 14. B. zusammengefaßt sind (lat.). Versmaße: Hexameter, elegisches Distichon, Choliambus, Elfsilbler, Sotadeen.
Der *Liber spectaculorum* wurde Kaiser Titus anläßlich der Eröffnung des Amphitheaters in Rom im Jahre 80 n. Chr. gewidmet. Die *Xenia* und *Apophoreta* wurden in den Jahren 84–85 n. Chr. veröffentlicht. Die zwölf B. *Epigrammata* entstanden zwi-

schen 85 und 102 n.Chr. Der Dichter selbst erklärt, er schreibe jährlich ein B..

I Die Epigramme Martials sind in der Regel kurze Gedichte von oft nur zwei Zeilen; das längste umfaßt 51 Verse (3,58). Sie haben vielfältige Anlässe und Inhalte. Sie greifen alle typischen Laster der Menschheit auf, um sie zu verspotten: Luxus, Geiz, Protzerei, Erbschleicherei, Gefräßigkeit, sexuelle Absonderlichkeiten u. v. a. m. Sie behandeln das Atypische, Auffallende und Groteske, nicht das für den Satiriker uninteressante Normalverhalten des Durchschnittsbürgers. Daneben gibt es aber auch Gedichte zu bestimmten Anlässen wie zu Geburtstagen, Hochzeiten usw. Die literarische Polemik fehlt ebensowenig wie das Widmungsgedicht, die Beschreibung von Kunstwerken oder Personen, das Grabepigramm, das Weihgedicht, das Einladungsgedicht, das sympotische Epigramm, das Abschiedsgedicht, das Liebesgedicht: „In Martials Gedichten spiegelt sich das buntschillernde Leben der Großstadt; er verachtete traditionellen mythologischen Bombast, wenngleich manche seiner Gedichte offenbar auf Bestellung angefertigte Gelegenheitsgedichte sind, die mythologischer Anspielung nun einmal nicht entraten durften: Wahrsager, Berufsathleten, Stutzer, Erbschleicher, Quacksalber, Schmarotzer, Straßenhändler, Protzen und Geizkragen, Dichter und Dichterlinge; Straßenhuren, grandes cocottes und ehrbare Matronen; poules de luxe und junge Bräute aus hohem Stand; Tierhatz und Gladiatorenkampf; brüderliche und eheliche Liebe, aber auch Ausschweifung, Unmäßigkeit und Laster" (Schnur, 9).

Q Inhaltlich ist die Hauptquelle des Werkes das röm. Leben zur Zeit des Dichters. Formal stellt sich Martial in die Tradition der gr.-röm. Epigrammdichtung. – Sein wichtigster Vorgänger im satirischen Epigramm ist Lukillios (→Epigrámmata). Allerdings gewinnt Martial neue Motive aus dem röm. Alltag bzw. romanisiert er bekannte Themen durch historische Beispiele. „Lukillios liebt das Phantastisch-Absurde, Martial das Konkrete und Individuelle...; er strebt nach Glaubwürdigkeit und Wirklichkeitsnähe...; jener zeigt die Welt im Zerrspiegel, dieser im Vergrößerungsglas. Durch Einführung römischer Realien wächst der Umfang mancher Epigramme (z.B. 11,18). Auch stellt der Dichter seine ‚Helden' gern in einer konkreten Situation dar. Dadurch wirken seine Epigramme plastisch und individuell. Entschiedener als Lukillios führt Martial das Epigramm auf die Schlußpointe zu, die er mit allen Mitteln der Rhetorik überscharf herausarbeitet" (M. v. Albrecht, 824). – Martial bewundert Catull (→Carmina). Berührungen mit den →Sermones und dem →Epodon liber des Horaz sind vorhanden. Entsprechendes gilt für Anklänge an Tibull (→Elegiarum libri IV) und Properz (→Elegiarum libri IV) und an die Seneca-Epigramme in der →Anthologia Latina.

W „Die Grundhaltung Martials aber ist nicht die des eifernden Satirikers; er besitzt vielmehr das, wofür weder das Griechische noch das Lateinische ein einzelnes Wort hatte – Humor. Humor, der nicht allein den Kopf, sondern auch das Herz sprechen läßt; der menschliche Schwächen weniger verdammt als belächelt, der eigenen Fehler eingedenk. Der Humorist will nicht, wie der scheltende Sittenprediger, eine verdorbene Welt verbessern: er ist lediglich belustigt – und im Grunde dort optimistisch, wo der andere Pessimist ist. Was er kritisiert, sind weniger Laster als Verstöße gegen den guten Geschmack – dieselbe urbanitas, die ihrerseits den römischen Humor von Anbeginn auszeichnete; und soweit er Gesellschaftskritik übt, ist sie eher implizit – ja, sie mag uns erst im Rückblick als solche erscheinen" (Schnur, 11). – Martial greift keine bestimmten Personen an, sondern das Fehlverhalten an sich (10,33,10). Er sucht die enge Verbindung zum Leser; er will, daß man ihn liest. Er legt großen Wert auf die enge Verbindung seiner Dichtung mit dem Leben (10,4,8), das sich in seinem Werk spiegelt (8,3,19f.). – Im Verhältnis zu Kaiser Domitian erweist sich Martial als Opportunist. Seine Servilität ist auffallend und wird ihm zu recht vorgehalten.

N Martial beeindruckte den Satiriker Juvenal (→Saturae). Im Mittelalter kennt man ihn. In der Renaissance wird er von zahlreichen Neulateinern nachgeahmt (z.B. von Eobanus Hessus, gest. 1540, und von John Owen, gest. 1622). Montaigne (gest. 1592) zitiert den röm. Dichter häufig. Martial regt die Entwicklung der nationalsprachlichen Epigrammatik an. Lessings lat. und deutsche Sinngedichte sind ebenso von Martial angeregt wie seine Theorie des Epigramms (G. E. Lessing: Zerstreute Anmerkungen über das Epigramm und einige der vornehmsten Epigrammatisten (1771), in: Sämtliche Werke. Hg. von K. Lachmann. Bd. 11, Stuttgart [(3)]1895, 214–315). Martial ist und bleibt der Klassiker des Epigramms.

A M. Citroni, Florenz 1975. L. Friedländer. 2 Bde., Leipzig 1886. W. Heraeus / J. Borovskij, Leipzig 1976. W. M. Lindsay, Oxford [(2)]1929. D. R. Shackleton Bailey, Stuttgart 1990. U. Walter, Paderborn 1996 (Auswahl mit Kommentar).

Ü P. Barié / W. Schindler, Düsseldorf / Zürich [(2)]2002 (lat.-dt.). R. Helm, Zürich/Stuttgart 1957. H. C. Schnur, Stuttgart 1966 (Auswahl).

L M. v. Albrecht, RL, 821–835. K. Barwick: Martial und die zeitgenössische Rhetorik, Berlin 1959. W. Burnikel: Untersuchungen zur Struktur des Witzepigramms bei Lukillios und Martial, Wiesbaden 1970. M. Citroni: La teoria lessinghiana dell' epigramma e le interpretazioni moderne di Marziale, in: Maia 21, 1969, 215 bis 243. C. J. Classen: Martial, in: Gy 92, 1985, 329 bis 349. K. M. Coleman: The Emperor Domitian and Literature, in: ANRW 32, 5, 1987, 3087–3115. G. Grewing: Martial, B. VI. Ein Kommentar, Göttingen 1997. W. Heilmann: „Wenn ich frei sein könnte für ein wirkliches Leben..." Epikureisches bei Martial, in: A & A 30, 1984, 47–61. R. Helm: Römisches Alltagsleben im 1. und 2. Jh. n.Chr. nach Martial und Juvenal, Zürich 1963. N. Holzberg: Martial und das antike Epigramm, Darmstadt 2002. P. Nixon: Martial and the modern Epigram, New York 1963. K. Prinz: Martial und die griechische Epigrammatik, Wien 1911. O. Seel: Ansatz zu einer Martial-Interpretation, in: A & A 10, 1961, 53–76. E.

Siedschlag: Zur Form von Martials Epigrammen, Diss. Berlin 1977. J. P. Sullivan: Martial: The Unexpected Classic. A literary and historical study, Cambridge 1991. H. Szelest: Martial und die römische Gesellschaft, in: Eos 53, 1963, 182 bis 190. H. Szelest: Martial und Domitian, in: Eos 62, 1974, 105 bis 114. H. Szelest: Martial, eigentlicher Schöpfer und hervorragendster Vertreter des römischen Epigramms, in: ANRW 2, 32, 4, 1986, 2563–2623.

Epigrámmata →Meleágru stéphanos (Meleagros)

Epigrammata →Carmina Bobiensia (Naucellius)

Epigrámmata

Nossis aus Lokroi, um 300 v. Chr.

Sammlung von etwa zwölf Epigrammen in dorischem Dialekt (gr.).

I Inhaltlich beziehen sich fast alle Epigramme auf den Kult der gr. Liebesgöttin Aphrodite. Die Dichterin vergleicht sich mit Sappho (AP 7, 718), die sie jedoch in ihrer poetischen Kraft nicht erreicht.

A H. Beckby: Anthologia Graeca. 4 Bde., München (2)1965 bis 1967 (gr.-dt.).

Epigrámmata

Paulos Silentarios, zur Zeit des Kaisers Justinian (reg. 527–565 n. Chr.).

Sammlung von etwa 80 erotischen und anderen Gedichten (gr.).

A H. Beckby: Anthologia Graeca. 4 Bde., München (2)1965–67 (gr.-dt.).
L W. Peek, RE 18, 3, 1949, 2366–2372.

Epigrámmata

Philodemos aus Gadara, 1. Hälfte des 1. Jhs. v. Chr.

Sammlung von Epigrammen frivolen Inhalts (gr.).

I Die offenherzige Behandlung erotischer Themen (z. B. AP 5,46 in Form eines Dialogs) ist für einen Angehörigen der epikureischen Schule ungewöhnlich. – Bemerkenswert ist auch eine Einladung zur Feier von Epikurs Geburtstag an Piso (AP 11,44).

A H. Beckby: Anthologia Graeca. 4 Bde., München (2)1965–1967 (vor allem in den B. 5–7, 9–12 und 16).
L P. Händel: Philodemos von Gadara, in: dtv-L 1. 3,

309 f. G. Kaibel: Philodemi Gadarensis epigrammata, Greifswald 1885. A. Lesky, GL, 768.

Epigrammata

Poseidippos aus Pella, um 270 v. Chr.

Gedichte (gr.) im Stil seines Freundes Asklepiades (→Epigrámmata). Schon im →Meleágru stéphanos sind einige Epigramme enthalten, bei denen dessen Herausgeber nicht entscheiden konnte, ob sie von Poseidippos oder von Asklepiades stammen (z. B. AP 5, 194.202. 209).

I Es handelt sich um überwiegend erotische Epigramme, bei denen mitunter offen bleiben muß, ob sie echte oder nur gespielte Empfindungen und Gefühle wiedergeben. Bevor er Dichter wurde, befaßte sich Poseidippos offenbar mit hellenistischer Philosophie, wie er in AP 5,134 bekennt. Er erwähnt die stoischen Philosophen Zenon und Kleanthes (→„Zeushymnos"), bei denen er in Athen studiert hatte, bevor er sich dem „bittersüßen Eros" verschrieb.

Q Wie Asklepiades (AP 9, 63) verehrt Poseidippos Antimachos mit seiner →Lýde und preist die →Nánno des Mimnermos (AP 12,168).

A H. Beckby: Anthologia Graeca. 4 Bde., München (2)1965 bis 1967 (gr.-dt.).
L A. Körte / P. Händel, HD, 315–318. A. Lesky, GL, 830.

Epigrámmata

Rhianos aus Kreta, um 300 v. Chr.

Gedichte mit herkömmlichen erotischen Motiven (gr.).

A H. Beckby: Anthologia Graeca. 4 Bde., München (2)1965 bis 1967 (gr.-dt.). E. Diehl, ALG 6, 64–68. I. U. Powell, Collectanea, 66–76.
L A. Lesky, GL, 826 f.

Epigrámmata

Simias aus Rhodos, um 300 v. Chr.

Kurze Gedichte in Distichen (gr.).

I Es handelt sich um Weihepigramme, die Geschenken beigegeben waren, Grabepigramme (u. a. auf Sophokles oder Platon), Epigramme auf verstorbene Tiere, ein Epigramm auf ein Kind (AP 6,113.114. 7,21.22.60.193.203.647).

A H. Beckby: Anthologia Graeca. 4 Bde., München (2)1965 bis 1967. E. Diehl, ALG 6, 140–157. I. U. Powell, Collectanea.
L H. Fränkel: De Simia Rhodio, Diss. Göttingen 1915.

A. Lesky, GL, 814. P. Maas, RE 3 A, 1927, 155 ff. R. Pfeiffer, KlPh, 117.

Epigrámmata

Simonides aus Keos, um 556 – etwa 468 v. Chr.

Kleinere Sinngedichte, mit denen persönliche Gefühle und Meinungen ausgedrückt werden konnten (gr.).

I   Aus der großen Zahl der Epigramme, die unter Simonides' Namen überliefert sind, ist mit Sicherheit nur Frg. 83 D. wirklich von Simonides: In diesem Gedicht betrauert der Dichter seinen Freund Megistias, der bei den Thermopylen fiel (480 v. Chr.), weil Sparta nicht verraten wollte. – Das berühmte Thermopylen-Epigramm „Wanderer, kommst du nach Sparta ..." (Frg. 92 D.) stammt nach dem Zeugnis Herodots (→Historíes apódexis 7, 228,4) wohl von Simonides. – Daß Simonides in seinen Epigrammen seine politisch-patriotische Gesinnung zum Ausdruck brachte, darf als sicher gelten. In der Zeit der Perserkriege gab es viele Anlässe, das Epigramm als Medium der knappen und unmittelbaren Meinungsäußerung zu nutzen.

A   E. Diehl, ALG 5, 76–143. D. L. Page: Epigrammata Graeca, Oxford 1975. D. L. Page: Further Greek Epigrams. Epigrams before A. D. 50 from the Greek Anthology and other sources, Cambridge 1981.
Ü   O. Werner, München 1969 (gr.-dt.).
L   B. Gentili: Simonide, Rom 1959. A. Lesky, GL, 218–225. U. v. Wilamowitz-Moellendorff: Sappho und Simonides. Untersuchungen über griechische Lyriker, Berlin 1913.

Epigrámmata

Straton aus Sardeis, 2. Jh. n. Chr.

Gedichte (gr.) vor allem über die Knabenliebe.

A   H. Beckby: Anthologia Graeca. 4 Bde., München [2]1965 bis 1967 (B. 12).
L   J. Geffken, RE 4 A 1, 1931, 276–278. R. Keydell: Straton aus Sardeis (Nr. 2), in: DKP 5, 392 f.

Epigrammata Bobiensia
„Epigramme aus dem Kloster Bobbio"

Iunius Naucellius, etwa 305/310–400/405 n. Chr., der aber nur die Epigramme 2–9 verfaßte.

Sammlung überwiegend spätantiker lat. Gedichte (um 400 n. Chr.), die sich in einer verlorenen Handschrift des Klosters Bobbio befanden. Eine Kopie dieser Handschrift wurde erst 1950 in der Vatikanischen Bibliothek gefunden.
Die Gedichte wurden wohl erst in der Mitte des 6. Jh.s n. Chr. zu der vorliegenden Sammlung zusammengefaßt.

I   Es handelt sich um 71 Epigramme oder kurze Elegien verschiedener Autoren und die sog. Satire der Sulpicia (eine spätantike Fälschung). Ein großer Teil der Epigramme geht auf gr. Vorlagen zurück. – Naucellius, ein Mitglied der röm. Aristokratie und Freund des Symmachus (→Relationes) erzählt in den Epigrammen 2–9 ähnlich wie Horaz von seinem heiter-beschaulichen Leben auf dem Lande. Die anonymen Stücke haben konventionelle Motive der Epigrammdichtung: Lebensweisheiten, Erotisches, Scherzhaft-Spöttisches, Beschreibungen von Kunstwerken. – „Die zierlich eleganten Epigrammata Bobiensia können als repräsentativ für das Milieu gelten, aus dem sie hervorgegangen sind. Die restaurativen Bestrebungen des untergehenden Heidentums beschränkten sich nicht auf die überkommene Literatur und die enzyklopädische Bildung: Sie forderten die Aristokraten und ihre Helfer, die Philologen, auch zu eigener poetischer Produktion heraus, und zwar in einer Weise, daß man allenthalben an die Metren, Motive und Wortverbindungen der älteren – der augusteischen und frühkaiserzeitlichen – Dichtung anknüpfte. Die Inhalte waren bunt und disparat und ermangelten meist eines erlebnishaften Antriebs oder einer die Zeit bewegenden Frage" (Fuhrmann, 100).

A   F. Munari, Rom 1955 (dazu O. Weinrich, in: Gnomon 31, 1959, 239–250). W. Speyer. Stuttgart/Leipzig 1963.
L   A. Dihle, GLL, 591 f. M. Fuhrmann, Spätantike, 99 f. S. Mariotti, RE Suppl. 9, 1962, 37–64. W. Speyer: Naucellius und sein Kreis. Studien zu den Epigrammata Bobiensia, München 1959 (dazu W. Schmid, Gnomon 32, 1960, 340–360).

Epigrammata Damasiana
„Epigramme das Damasus"

Damasus, röm. Bischof von 366–384 n. Chr.

In Marmor gemeißelte Inschriften (meist in Hexametern) auf christliche Märtyrer (lat.).

I   Die 59 erhaltenen Epigramme auf die Märtyrer, deren Gräber Damasus I. in den Katakomben restaurierte, sind eine wichtige Quelle für die beginnende Heiligenverehrung des 4. Jhs. n. Chr. – Einige Gedichte sind durch Abschriften früher Rompilger erhalten.

A   A. Ferrua: Epigrammata Damasiana, 1942 (mit Kommentar).
L   Patrologie, 318 f. E. Schäfer: Damasus I., in: dtv-L 1. 1, 332.

Epigrammata de diversis rebus
„Epigramme über verschiedene Dinge"

Decimus Magnus Ausonius aus Burdigala, etwa
310 bis 395 n. Chr.

Sammlung von 112 Epigrammen in unterschiedli-
chen Versmaßen (lat.); es handelt sich teilweise um
Nachdichtungen gr. Epigramme, wie sie in der
→Anthologia Palatina enthalten sind.

I Gegenstände der Epigramme: Zeitgenossen
(Rhetoren, Philologen, Menschen mit seltsamem
Verhalten), Gemälde, Statuen, Naturerscheinungen,
die eigene Frau, Gestalten der Sage und Geschichte,
Götter und Heroen. – Die Epigramme beweisen
z. T. einen artistischen Umgang mit der Sprache
und sind oft nicht mehr als formale Spielereien ohne
besonderen Tiefgang. Einige Texte haben elegante
oder witzige Pointen, einige sind brillant formuliert.

A R. Peiper, Leipzig 1886. S. Prete, Leipzig 1978. H.
G. E. White. 2 Bde., London/Cambridge (Mass.) 1919–
1921 (lat.-engl.).
L H. A. Gärtner, RLTD 5, 198–205. M. J. Lossau
(Hg.): Ausonius, Darmstadt 1991.

Epikòs kýklos
„Epischer Sagenkreis"

An.

Sammlung mehrerer Epen aus verschiedenen Sagen-
kreisen, nur in Frg. und Testimonien überliefert
(gr.).
Die Epen der Sammlung sind vermutlich zwischen
800 und 500 v. Chr. entstanden.

I Von den Epen den Kýklos sind folgende Titel
bekannt: (1) aus der Göttergeschichte eine Theogonía („Götterentstehung") und eine Titanomachía
(„Titanenkampf"), (2) aus dem thebanischen Sagenkreis Oidipódeia („Ödipussage"), Thebaís („Geschichten aus Theben") und Epígonoi („Nachkommen der sieben Helden vor Theben"), (3) aus dem
troischen Sagenkreis Kýpria („Geschichten von der
Insel Kypros"), Aithiopis „Geschichten von den Aithiopen"), Mikrà Iliás („Kleine Ilias"), Iliupérsis
(„Zerstörung Trojas"), Nóstoi („Heimkehrrer-
schichten"), Telegonía („Geschichten von Telegonos"). – Aus der „Chrestomathie" des Proklos (in
der Bibliothéke des Photios, p. 319 A 17) ist zu entnehmen, daß der Kýklos alles umfaßt habe, was zwischen der Vereinigung von Himmel und Erde und
dem Tod des Odysseus geschehen sei. Andere antike Nachrichten ziehen engere Grenzen: Die Stoffe
des Kýklos beziehen sich auf die Ereignisse vor und
nach der →Iliás. – Zu 1: Über die Theogonía und die
Titanomachía ist nur wenig bekannt. Offensichtlich
hat Hesiods →Theogonía die Kenntnis dieser Epen
weitgehend verdrängt. – Zu 2: Auch über die Epen
des thebanischen Sagenkreises liegen nur wenige
Nachrichten vor. Die Oidipódeia soll aus 6600 Ver-

sen bestanden haben. Zum Inhalt gehörten die
Überwindung der Sphinx und die Inzestehe. Anscheinend blieb Ödipus auch nach der Entdeckung
seiner Taten König von Theben. Aber er litt unter
den Flüchen seiner Mutter, die sich selbst getötet
hatte. – Die Thebaís hatte nach antiken Nachrichten
7000 Verse (vgl. →Certamen Homeri et Hesiodi, wo
auch der Anfangsvers zitiert wird). Aus dem Inhalt
ist der zweimalige Fluch des Ödipus über seine
Söhne bekannt, der sich mit dem Doppelmord am
Ende des Unternehmens der Sieben gegen Theben
erfüllt (vgl. Aischylos, →Heptà epì Thébas). – Die
Epígonoi hatten denselben Umfang wie die Thebaís.
Geschildert wurden die Ereignisse um die Eroberung Thebens durch die Söhne der „Sieben". Es ist
nicht sicher, ob es sich um dieselbe Version handelt
wie die in der →Iliás erwähnte. Eine Parodie des
Eingangsverses bietet Aristophanes, →Eiréne (Vers
1270). – Zu 3: Die Kýpria erzählten in 11 B. von der
Vorgeschichte der Iliás. Es war die Rede von Zeus,
der die Erde unter der Last der Menschen leiden
sieht und einen großen Krieg beginnen läßt, von
der Hochzeit des Peleus und der Thetis, der Eltern
des Achilleus, vom Parisurteil, von der Entführung
der Helena, von der Werbung des Menelaos um
Teilnahme am Feldzug, von den Ereignissen in Aulis und von dem Kriegsabschnitt, der vor der Iliás
lag. Vgl. u. a. den Bericht in der „Chrestomathie"
des Proklos (bei Allen, 102–105). – Die Aithiopís behandelte in fünf B. die letzten Taten des Achilleus,
seine Siege über die Amazone Penthesileia und
Memnon, den Führer der Aithiopen, den Tod des
Achilleus durch Paris, seine Bestattung, den Kampf
um seine Waffen, den Selbstmord des Aias (vgl. Sophokles, →Aías). Möglicherweise war die Vorlage
der Aithiopís eine „Ur-Aithiopís" oder eine Memnonis, die auch der Dichter der Ilias benutzt haben
könnte. – Die Mikrà Iliás schilderte in vier B. ganz
knapp die Ereignisse nach Hektors Tod bis zur Einnahme von Troja. Nach Aristoteles, →Perì poietikês
(1459 b 5), lieferte sie den Stoff zu mindestens acht
Tragödien. – Die Iliupérsis war ein Epos in zwei B.
von der Zerstörung Trojas. Sie erzählt die Eroberung der Stadt mit Hilfe des hölzernen Pferdes, das
Schicksal des Laokoon und die Flucht des Aeneas
(vgl. Vergil, →Aeneis). Vermutlich wurde die Nacht,
in der Troja zerstört wurde, in einzelnen Episoden
dargestellt. Inhaltlich bilden Iliupérsis und Mikrà
Iliás eine Einheit. Nach E. Bethe (Homer. Bd. 2. 2,
[2]1929, 212 bis 227) sind Iliupérsis und Aithiopís
Untertitel der Mikrà Iliás, die dann als Zusammenfassung der „Posthomerica" mit 11 B. dieselbe Bü-
cherzahl hätte wie die Kýpria als die Zusammenfassung der „Antehomerica". – Die Nóstoi erzählten in
fünf B. die Heimkehr weiterer Helden außer Odysseus. Die →Odýsseia war also nur eine Heimkehr-
geschichte unter anderen, wie man auch aus der Te-
lemachía und der Nékyia der Odyssee erschließen
kann, wo viel von den Geschicken anderer Helden
erzählt wird. – Die Nóstoi schließen mit der Heimkehr der Atriden, Agamemnons Ermordung und
Orests Rache (vgl. Aischylos, →Orésteia). Die Te-

legonía wollte in zwei B. die Odyssee fortsetzen. Sie erzählte das Schicksal des Odysseus nach seiner Heimkehr, seine Versöhnung mit Poseidon, seinen Tod durch Telegonos, seinen Sohn mit Kirke (Telegonos sucht seinen Vater, gelangt nach Ithaka, plündert das Land und tötet Odysseus, ohne ihn zu kennen). Die *Telegonía* erzählt außerdem von der Verbindung des Telegonos mit Penelope und von der Beziehung des Telemachos zu Kirke. – Die Erzählung von der Wanderung des Odysseus nach Thesprotien geht wohl auf eine ältere *Thesprotís* zurück, die vielleicht die Vorlage für Teile der *Telegonía* war oder auch nur als ein Nebentitel der *Telegonía* diente.

W Die Epen des *Kýklos* stehen den homerischen Epen sprachlich nahe. Inhaltlich wollten sie Homer ergänzen. Sie strebten Vollständigkeit auf Kosten der Gesamtkomposition an. In der Betonung erotischer, aber auch grausamer Züge und in der Vorliebe für Aberglauben und religiöse Motive weichen sie von den homerischen Epen ab.

A T. W. Allen: Homeri Opera. Bd. 5, Oxford 1912, 93–144. E. Bethe: Homer. Bd. 2, Leipzig ⁽²⁾1929 (troischer Epenkreis mit Kritik und Rekonstruktion). G. Kinkel, EGF.
L E. Bethe: Thebanische Heldenlieder, Leipzig 1891. E. Bethe: Aithiopis, in: RE 1, 1, 1893, 1103–1105. J. Döring / O. Gigon: Der Kampf der Götter und Titanen, Olten/Lausanne 1961. A. Hartmann: Untersuchungen über die Sagen vom Tod des Odysseus, München 1917. G. Knebel: Kýklos, epischer, in: dtv-L 1. 2, 19–21. W. Kullmann: Die Quellen der Ilias. Hermes-Einzelschriften 14, 1960. A. Lesky, GL, 101–106. R. Merkelbach: Untersuchungen zur Odyssee, München 1951. H. Pestalozzi: Die Achilleis als Quelle der Ilias, Zürich 1945. C. Robert: Bild und Lied. Philol. Unters. 5, 1881. C. Robert: Oidipus, Berlin 1915. W. Schadewaldt: Einblick in die Erfindung der Ilias. Ilias und Memnonis, in: Von Homers Welt und Werk, Stuttgart ⁽³⁾1959, 155–202. M. Schmidt: Troika, Diss. Göttingen 1917. A. Severyns: Le cycle épique dans l' école d' Aristarque, Liége/Paris 1928. A. Severyns: Un sommaire inédit des Chants Cypriens, in: Mél. Grégoire. Ann. de l' inst. d' hist. Orient. et Slav. 10, 1950. F. G. Welcker: Der epische Cyclus. 1, 1835 und 1865; 2, 1849 und 1882. U. v. Wilamowitz-Moellendorff: Homerische Untersuchungen. Philol. Unters. 7, 1884, 173–182.

Epiktétu diatribaí →Diatribaí (Epiktetos)

Epikureische Schriften

Metrodoros aus Lampsakos, 330–277 v. Chr.

Sammlung (gr.) von 20 dem Titel nach bekannte Schriften, von denen 12 Titel von Diogenes Laertius (→*Philosóphon bion kaí dogmáton synagogé* 10,22 bis 24) genannt werden. Es ist nicht erkennbar, worin sich Metrodoros von seinem Freund und Meister Epikur unterschied. Vgl. auch Seneca, →*Epistulae morales ad Lucilium* 52, 3.

A A. Körte, Neue Jbb., Suppl. 17, 1890, 529–597.

Epílysis oder Solutio argumentorum Severi

„Auflösung" oder „Auflösung der Argumente des Severus"

Leontios aus Byzanz, 1. Hälfte des 6. Jhs. n. Chr.

Nachtrag (gr.) zum Hauptwerk des Autors (→*Libri III adversus Nestorianos et Eutychianos*).

I Der Autor setzt sich in diesem Nachtrag gegen die Kritik an seinem Hauptwerk zur Wehr.

A PG 86, 2, 1915–1946.
L E. H. Röttges: Leontios v. Byzanz, in: LThK 6, 967 f.

Epiníkia →Chorlyrik (Bakchylides, Pindar, Simonides)

Epinomís

„Anhang zu den Gesetzen"

Ps.-Platon, vielleicht der Platonschüler Philippos von Opus (K. v. Fritz)

Nachtrag zu Platons →*Nómoi* (gr.).

I In der Schrift geht es um die Frage, worin das Wissen besteht, das einen zu einem glückseligen Menschen und einem vorzüglichen Bürger mache, zur Verwaltung höchster Ämter befähige, das das höchste Ziel bilde und die Seligkeit nach dem Tod verbürge. Es bestehe nicht in gemeinnützigen Fertigkeiten, in den nachahmenden Künsten und nicht in einer der Tätigkeiten, die nicht auf wahrer Einsicht, sondern auf unzuverlässiger Meinung beruhten (wie es z. B. bei der Kunst des Arztes oder des Steuermannes der Fall ist). Dieses Wissen sei auch keinesfalls mit Gelehrsamkeit gleichzusetzen (974 d bis 976 c). – Die unerläßliche Voraussetzung dieses wahren Wissens sei die Kenntnis der Zahl und der Sachgebiete, die etwas mit der Zahl zu tun hätten (Geometrie, Stereometrie, Harmonik). Diese Wissenschaft von der Zahl habe der höchste der Götter und Urheber alles Guten, Uranos, den Menschen geschenkt. Denn wer keine Zahl kenne und das Gerade nicht vom Ungeraden unterscheiden könne, der könne zwar Tapferkeit, Selbstbeherrschung und jede andere Tugend besitzen, die wahre Weisheit aber fehle ihm (976 c bis 977 d). Denn die Zahl sei es, die nicht nur alle Künste benötigten, sondern die alles Gute schaffe und niemals etwas Böses; nur wo es keine Zahl gebe, sei Unordnung und Schlechtigkeit; nur wer die Zahl kenne, sei auch fähig, das Gerechte, Schöne und Gute zu verstehen und zu lehren (977 d ff.). – Die Dialektik diene dieser wahrhaft wissenschaftlichen Bildung als Hilfswissenschaft; in der Astronomie, die es mit den schönsten und göttlichsten aller sichtbaren Dinge zu tun habe und die wahre Frömmigkeit ermögliche, erreiche sie ihre Vollendung (989 d ff.). Denn wenn es wirklich eine höchste Vernunft gibt, die die Welt geschaffen hat und ihren Lauf lenkt, dann ist sie nur in den Gestirnen erkennbar, den am besten geordneten Erscheinungen der Welt. Die Gestirne sind Götter oder Bilder von Göttern und Träger von göttlichen Kräften. Die Götter der Mythologie werden dagegen abgelehnt (984d). Unter den Göttern stehen in hierarchischer Ordnung die Dämonen (verschiedener Klassen); ganz unten stehen Menschen mit ihrem mühseligen und ungeordneten Leben, Tiere und Pflanzen (insgesamt gibt es fünf Stufen von Lebewesen: drei Stufen Dämonen stehen zwischen den Gestirnsgöttern und den irdischen Lebewesen). Die Dämonen stellen die Verbindung zwischen Göttern und Menschen her; sie offenbaren sich u.a. in Träumen und Orakeln; sie kennen die Menschen und lieben die guten unter ihnen. Die Möglichkeit, zur Glückseligkeit zu gelangen, ist gegeben, wenn der Mensch die oben beschriebene Weisheit (das Wissen um die Zahl) verbindet mit Tugend und Sittlichkeit.

W Die Schrift ist zwar durchzogen von Grundgedanken der platonischen Lehre (erkennbar z.B. in der Hochschätzung des Wissens, in der Auffassung von der Affektlosigkeit der Götter, im Glauben an eine Vernunft, die die Welt regiert, in der Abhängigkeit des Körpers von der Seele). Aber unplatonisch ist die Charakterisierung der Astronomie als höchste Wissenschaft und des Sternenhimmels als höchsten Gegenstand der wissenschaftlichen Betrachtung. – Die hohe Bedeutung, die der Mathematik und der mathematischen Theologie eingeräumt wird, ist ebenfalls nicht platonisch.

A J. Burnet: Platonis Opera. Bd. 5, Oxford 1907. E. des Places: Platon. Bd. 12. 2, Paris 1956, 91–161 (gr.-frz.).
L K. v. Fritz: Philippos von Opus, in: RE 19, 2, 1938, 2360–2366. F. Novotny: Platonis *Epinomis* commentariis illustrata, Prag 1959. E. des PLaces: Sur l' authenticité de l' *Epinomis*, in: REG 44, 1931, 153–166. H. Raeder: Platons *Epinomis*, Kopenhagen 1938. O. Specchia: Introduzione all' *Epinomis* (XIII libro delle Legge di Platone), in: Giorn. ital. di filol. 12, 1959, 231–257. A. E. Taylor: Plato and the authorship of the *Epinomis*, Oxford 1929. E. Zeller, Philosophie 2. 1, 1040–1045.

Epischer Kyklos →Epikòs kýklos

Episteln →Epistulae (Horaz)

Epistola dogmatica ad Flavianum
„Dogmatischer Brief an Flavianus“

Leo d. Große, Papst 440–461 n. Chr.

Theologisch-dogmatischer Brief über die Natur Christi (lat.).

I Der Autor stellt Tertullians und Augustins Lehre von den zwei Naturen Christi dar. Der Sohn Gottes wurde Mensch, ohne die Herrlichkeit des

Vaters zu verlieren. Maria ermöglichte dem Sohn Gottes die fleischliche Existenz. So konnte Christus zugleich wahrer Gott und wahrer Mensch sein. – Der Brief wurde ins Griechische übersetzt und auf dem Konzil von Chalkedon (451) unter Zustimmung der Anwesenden vorgelesen.

A C. Silva-Tarouca, Rom 1932.
Ü S. Wenzlowsky, in: Die Briefe der Päpste. Bd. 4, Kempten 1878.
L H. Arens: Die christologische Sprache Leos d. Gr., Freiburg 1982. KNLL 10, 224f. Ph. McShane: Leo the Great. Guardian of Doctrine and Discipline, in: Église et Théologie 14, 1983, 9–24.

Epistolaí
„Briefe“

Demosthenes aus Athen, 384–322 v. Chr.

Sammlung von sechs unter dem Namen des Demosthenes überlieferten Briefen (gr.), von denen alle bis auf den 5. Brief die Situation des Autors im Exil voraussetzen. – Quintilian (→*Institutio oratoria* 10,1,107) erklärt alle Briefe für echt.

I Die Briefe sind außer dem 5. Brief aus dem Exil an den Rat und das Volk der Athener gerichtet: (1) *Epistolè perì tês homonoías* („Brief über die Eintracht“). (2) *Epistolè perì tês idías kathódu* („Brief über die eigene Rückkehr“). (3) *Epistole perì tôn Lykúrgu paídon* („Brief über die Söhne des Lykurg“). (4) *Epistolè perì tês Theraménus blasphemías* („Brief über die Gotteslästerung des Theramenes“). (5) *Epistolè pròs Herakleódoron* („Brief an Herakleodoros“). (6) *Pròs tèn bulèn kaì tòn dêmon tôn Athenaíon* („An den Rat und das Volk der Athener“).

A W. Rennie. Bd. 3, Oxford 1931.
L F. Blass, Beredsamkeit 3, 383ff. A. Lesky, GL, 669–681. A. Neupert: De Demosthenicarum quae feruntur epistularum fide et auctoritate, Diss. Leipzig 1885. H. Sachsenweger: De Demosthenis epistulis, Diss. Leipzig 1935.

Epistolaì agroikikaí
„Bauernbriefe“

Claudius Aelianus aus Praeneste, etwa 170 – um 240 n. Chr.

Sammlung von 20 fiktiven überwiegend erotischen Briefen (gr.), die der Autor aus der Literatur des 4. Jhs. v. Chr., d. h. aus der attischen Komödie (Aristophanes) und den Texten der Redner, geschöpft hat.

I Die mit den →*Epistulae* Alkiphrons vergleichbaren Texte spiegeln ländliche Szenen (daher der Titel), die auf recht derbe und drastische Weise nicht nur erotische Inhalte thematisieren, sondern auch den Typ des menschenhassenden Griesgrams darstellen, der mit Erdklumpen und Beleidigungen um sich wirft (Briefe 13–17). Vgl. Menander, →*Dýsko-los*.

A A. R. Benner / F. H. Fobes, London/Cambridge (Mass.) 1949 (gr.-dt.). D. Domingo-Forasté: Briefe und Frg., Leipzig 1994. R. Hercher. 2 Bde., Leipzig 1864–1866.
Ü B. Kytzler: Erotische Briefe der griechischen Antike, München 1967, 171–184.
L A. Lesky, GL, 953. W. Sontheimer: Ailianos (Nr. 2), in: DKP 1, 172f.

Epistolaì pròs Ammaîon
„Briefe an Ammaios"

Dionysios aus Halikarnassos, lebte seit 30 v. Chr. in Rom.

Zwei Briefe (gr.) über rhetorisch-literarische Fragen.

I Im 1. Brief an Ammaios verteidigt Dionysios sein Vorbild Demosthenes gegen den Vorwurf der Peripatetiker, daß der berühmte Redner sein Können eigentlich Aristoteles verdanke, indem er nachweist, daß die →*Téchne rhetoriké* des Aristoteles erst nach den Reden des Demosthenes abgefaßt worden sei. – Im 2. Brief an Ammaios beschreibt der Autor auf Bitten seines Freundes die Stileigentümlichkeiten (*idiómata*) des Thukydides (→*Ho pólemos tôn Peloponnesíon kaì Athenaíon*). Vgl. auch →*Perì tû Thukydídu charaktêros*.

A H. Usener / L. Radermacher. 2 Bde., Leipzig 1899–1929 (Kleine Schriften), Nachdr. 1997. W. R. Roberts, Cambridge 1901.
L S. F. Bonner: The Literary Treatises of Dionysios: A Study in the Development of Critical Method, Amsterdam 1969. E. Schwartz / L. Radermacher, RE 5, 1905, 934–971. H. Usener: Dionys. Halic. ad Ammaeum epist., Bonn 1889.

Epistula ad Demetriadem
„Brief an Demetrias"

Pelagius, um 400 n. Chr.

Lehr- und Mahnschreiben an eine Klosterfrau (lat.). Wahrscheinlich 413/414 n. Chr. verfaßt.

I Adressatin ist die röm. Patrizierin Demetrias, die nach der Eroberung von Rom durch die Westgoten im Jahre 410 n. Chr. mit einigen Familienmitgliedern in einem Kloster in Nordafrika Zuflucht gesucht hatte. – Pelagius gibt eine umfassende Darstellung seines asketischen Lebensideals. Die Sünde wird als ein Versagen des Willens definiert (vgl. auch →*Expositiones in Epistulas Pauli*). Die Gnade wird bei entsprechender Willensanstrengung von Gott gewährt. Der Mensch muß also den Willen zum Guten haben, um gerettet zu werden.

A PL 30, 15–45.
L T. Bohlin: Die Theologie des Pelagius und ihre Genesis, Uppsala 1957. E. Florkowski: Soteriologia Pelagiana, Krakau 1949. R. Pirenne: La morale de Pélage, Rom 1961. G. de Plinval: Pélage, ses écrits, sa vie et sa réforme, Lausanne 1943. S. Prete: Pelagio e il pelagianesimo, Brescia 1961.

Epistula ad Diognetum
„Brief an Diognet"

An.

Altchristliche Rechtfertigungsschrift in Form eines Briefes (gr.).
Frühestens am Ende des 2. Jhs. n. Chr. wahrscheinlich in Alexandreia verfaßt.

I Der Brief beantwortet Fragen des Adressaten über die Gottesverehrung und Nächstenliebe der Christen sowie über das Alter der neuen Religion. Er schildert den integren Lebenswandel der Christen und beklagt ihre Verfolgung durch den röm. Staat. Der Verfasser hebt hervor, daß sich die Christen weder durch ihre Herkunft und Sprache noch durch ihre Lebensgewohnheiten von den anderen Menschen unterscheiden: Die Christen seien kein eigenes, drittes Geschlecht, das sich von den übrigen Menschen abkapsele.

A H. I. Marrou, Paris [(2)]1965.
Ü G. Rauschen, BKV[(2)] 12, 157–173.
L J. A. Fischer: DIognet, in: LThK 3, 398f. J. Geffken: Der Brief an Diognet, Heidelberg 1928.

Epistula ad Octavianum
„Brief an Octavianus"

Ps.-Cicero

Ein zusammen mit den →*Epistulae ad Atticum*, den →*Epistulae ad Quintum fratrem* und den →*Epistulae ad Marcum Brutum* unter Ciceros Namen überlieferter, aber nicht von Cicero stammender Brief (lat.).
Angeblich kurz vor Ciceros Tod im Dezember 43 v. Chr. verfaßt.

I Der Brief zeichnet ein negatives Bild von Octavian, dem späteren Kaiser Augustus. Der Autor sieht sich in seinen Hoffnungen getäuscht, die er auf Octavian gesetzt hatte. Octavian wird mit den üblichen Mitteln der Invektive angegriffen.

A H. Kasten, München 1965.
L C. Berns: In Pseudo-Ciceronem ad Octavianum, Leipzig 1874. K. Büchner, RE 7 A 1, 1939, 1199.

Epistula ad Pisones →Ars poetica (Horaz)

Epistula Alexandri Macedonis ad Aristotelem magistrum suum de itinere suo et de situ Indiae

„Brief des Makedonen Alexander an seinen Lehrer Aristoteles über seinen Feldzug und über die Lage und Beschaffenheit Indiens"

An.

In lat. Fassung selbständig überlieferter Brief, der im Text des →„Alexanderromans" in gr. Sprache erscheint.

I Die lat. Fassung des Briefes behandelt nach der Einleitung (1–10) drei Themenkreise (vgl. Thiel, 234), die Alexanders Zug nach Indien betreffen: (1) Zug durch Baktrien und Indien bis zur Unterwerfung des Poros (11–31, 41–44, 32–35). – (2) Zug zum Orakel des Sonnen- und Mondbaumes (47–67). – (3) Zug an die Grenzen der bewohnten Welt, zum Ozean und ins Land der Ichthyophagen, Rückweg nach Persien, Einschub über den Ganges und die Serer (35a–40, 69–77, 75–76).

W Der lat. Bearbeiter beabsichtigte, durch Umstellung und Wiederholung einen neuen, abwechslungsreichen Zusammenhang herzustellen. Es ging ihm um inhaltliche Variation, nicht um einen historisch-sachlichen oder logischen Zusammenhang.

N Der Brief hatte eine starke Wirkung; es sind seit dem 9. Jh. n. Chr. mindestens 113 Handschriften erhalten.

A W. W. Boer: Epistola Alexandri ad Aristotelem, Diss. Leiden, Den Haag 1953, Nachdr. Meisenheim 1973. H. van Thiel, Darmstadt 1974 (lat.dt.).
L A. Ausfeld: Der griechische Alexanderroman, Leipzig 1907, 179–187. L. L. Gunderson: The letter of Alexander to Aristotle about India. An analysis and reconstruction, Diss. Univ. Wisconsin, Madison 1966. R. Merkelbach: Die Quellen des griechischen Alexanderromans, München 1954, 40–45 und 151–163.

Epistula an Anebo
„Brief an Anebo"

Porphyrios aus Tyros, etwa 234–300 n. Chr.

Brief an einen ägyptischen Priester, in Frg. erhalten (gr.).

I Der Autor stellt zahlreiche Fragen: Was ist das Wesen der Götter? Wodurch unterscheiden sich die verschiedenen Sorten von Göttern (die irdischen und unterirdischen Götter, die Luft- und Wassergottheiten)? Sind die Götter Affekten ausgesetzt? Warum können gute und böse Götter unterschieden werden? Was sind die Merkmale der Götter? Was bedeutet die Weissagung? Wie ist die prophetische Ekstase zu erklären? Welche Beziehung besteht zwischen den Göttern und der Weissagung? Wie kann es möglich sein, daß höhere Wesen den Wünschen der Menschen Folge leisten? Welche Freude sollten Götter an blutigen Opfern haben? Was ist von der Astrologie zu halten? usw.

W Mit diesen und weiteren Fragen versucht Porphyrios, die Schwachstellen der Volksreligion zu kennzeichnen, ohne sie ganz aufgeben zu wollen. So fordert er die Verehrung aller „Sorten" von Göttern auf eine jeweils spezifische Weise. Das gilt für den höchsten Gott ebenso wie für die Dämonen. In diesem Zusammenhang entwickelt Porphyrios eine umfassende Dämonologie, die auch in anderen seiner Schriften eine Rolle spielt (→Perì apochês empsýchon, →Perì tês ek logíon philosophías).

A G. Faggin: Porphyrius Neoplatonicus, Lettere ad Anebo. Lettere a Marcella, Florenz 1954 (gr.-it.). A. R. Sodano: Lettera ad Anebo, Neapel 1958. A. Smith: Porphyrii Fragmenta, Leipzig 1993.
L R. Beutler: Porphyrios, in: RE 22, 1, 1953, 275–313. E. Zeller, Philosophie 3. 2, 639–735.

Epistula an Arete
„Lehrbrief an Arete"

Aristippos aus Kyrene, etwa 425–355 v. Chr.

Verlorene, aber bei Diogenes Laertius (→Philosóphon bíon kaì dogmáton synagogé 2,84) bezeugte Schrift des Philosophen (gr.).

I Vielleicht enthielt der Lehrbrief die Erziehungsgrundsätze des Philosophen; bei Diogenes Laertius (2,72) heißt es, Aristipp habe seiner Tochter Arete die „besten Grundsätze beizubringen" versucht und sie durch strenge Erziehung an die Verachtung des Übermaßes gewöhnt.

A E. Mannebach, Leiden/Köln 1961.
L K. Döring: Der Sokratesschüler Aristipp und die Kyrenaiker, Stuttgart 1988. A. Lesky, GL, 566.

Epistula an Gaius
„Brief an Gaius"

Cornelia, 2. Jh. v. Chr.

Frg. eines Briefes der Tochter des Publius Cornelius Scipio Africanus und Mutter der beiden Gracchen an den jüngeren Sohn Gaius (lat.). Verfaßt im Jahre 124 v. Chr.

I Cornelia warnt Gaius davor, sich um das Amt des Volkstribunen in Rom zu bewerben.

A E. O. Winstedt: Cornelii Nepotis vitae, Oxford 1904 (Frg.).
Ü M. Hofmann: Antike Briefe, München 1935. F. Leo, GdrL, 479.
L F. Leo, GdrL, 304–306.

Epistula an Herodot
„Brief an Herodot"

Epikuros aus Samos, 341–270 v. Chr.

Philosophische Abhandlung in Briefform über die Natur (gr.).
Wahrscheinlich nach Epikurs Übersiedlung von Mytilene nach Athen im Jahre 306 v. Chr. verfaßt.

I Der von Diogenes Laertius (→*Philosóphon bíon kaì dogmáton synagogé* 10,35–83) überlieferte Brief an den sonst nicht weiter bekannten Epikur-Schüler Herodot ist eine kurze Zusammenfassung (*Epitome*) der Ausführungen, die Epikur in seinem aus 37 B. bestehenden, aber weitgehend verlorenen Werk *Perì phýseos* („Über die Natur") veröffentlicht hat. Grundlage des epikureischen Naturbildes ist das Axiom, daß das All aus Körpern und dem Leeren besteht. Epikur unterscheidet sichtbare und gedanklich erschlossene unsichtbare, aber unteilbare Körper („Atome"). Die sichtbaren Körper sind aus den unsichtbaren, unteilbaren und unveränderlichen Körpern zusammengesetzt. Die sichtbaren, zusammengesetzten Körper lösen sich wieder in die unteilbaren, unsichtbaren, unveränderlichen Körper auf, und aus diesen entstehen neue zusammengesetzte und sichtbare Körper. Die unfaßbar große Verschiedenheit der Phänomene erklärt sich aus der unfaßbar großen Vielfalt der Formen der Atome. Diese befinden sich in ewiger Bewegung. Aufgrund der unbegrenzten Zahl der Atome gibt es auch unbegrenzt viele Welten. – Die Sinneswahrnehmung und auch das Denken werden durch Abdrücke (*Týpoi*) bzw. Abbilder (*Eídola*) der festen Körper möglich, die sich wie diese und als Ausströmungen dieser durch den leeren Raum bewegen. Es gäbe keine Wahrnehmung, wenn es nicht Materieteilchen gäbe, die vom Gegenstand der Sinneswahrnehmung ausströmten und die Sinnesorgane reizten. – Da das All nur aus Atomen, den aus diesen zusammengesetzten Körpern und dem Leeren besteht, ist auch die Seele eine Zusammensetzung aus (besonders feinen) Atomen, also materiell. – Der Zweck aller naturwissenschaftlichen Reflexion ist die Erklärung des scheinbar Irrationalen um der Seelenruhe willen.

Q In seiner naturwissenschaftlichen Welterklärung basiert Epikur auf der Atomtheorie von Leukipp und Demokrit. Von Platon und Aristoteles versucht er sich zu distanzieren (z. B. hinsichtlich seiner Auffassung vom Wesen der Seele).

W Epikurs Naturwissenschaft dient der rationalen Erklärung aller Erscheinungen und Einbildungen, die dem Menschen Angst bereiten, d. h. er kämpft gegen Mythologie, falsch verstandene Religion und Priesterherrschaft, wie sie sich u. a. in dem zu seiner Zeit ständig wachsenden Einfluß religiöser Welterklärungsversuche darstellte. – Die epikureische Naturwissenschaft soll der Freiheit, Unabhängigkeit und Würde des Menschen dienen. Der Mensch wird nicht von einem undurchschaubaren

Götterwillen oder einem unausweichlichen Schicksal bestimmt: Er hat einen freien Willen (vgl. auch Lukrez, →*De rerum natura* 2,251–257, wo von der *libera voluntas*, dem freien Willen, die Rede ist), dessen er sich bedienen soll, um glücklich zu werden.

N →*Epistula* an Menoikeus.

A G. Arrighetti, Turin [2]1973. C. Bailey, Oxford 1926, Nachdruck 1990 (gr.-engl.). P. v. d. Mühll, Leipzig 1922, Nachdr. 1996. H. Usener, Leipzig 1887, Nachdr. Rom 1963.
Ü O. Apelt: Diogenes Laertius, Hamburg [2]1967. O. Gigon, Zürich [2]1968. H.-W. Krautz, Stuttgart 1980 (gr.-dt.). G. Krüger, Münster 1981 (gr.-dt.). J. Mewaldt, Stuttgart 1965. R. Nickel, Düsseldorf/Zürich 2003 (gr.-dt.).
L P. Boyancé: Epicure, Paris 1969. M. Conche: Epicure. Lettres et Maximes, Paris 1987. M. Forschner: Über das Glück des Menschen. Aristoteles, Epikur, Stoa, Thomas von Aquin, Kant, Darmstadt [2]1994. M. Hossenfelder: Die Philosophie der Antike 3: Stoa, Epikureismus und Skepsis, München 1985, 100 bis 146. M. Hossenfelder: Epikur, München 1991. F. Jürss: Die epikureische Erkenntnistheorie, Berlin 1991. H. J. Krämer: Epikur und die hedonistische Tradition, in: Gy 87, 1980, 294 bis 326. W. F. Otto: Epikur, Stuttgart 1975. J. M. Rist: Epicurus. An Introduction, Cambridge 1972. W. Schmid: Epikur, in: RAC 5, 1962, 681–819 (auch in: W. Schmid: Ausgewählte philologische Schriften, hg. von H. Erbse und J. Küppers, Berlin / New York 1984, 151–266. H. Steckel: Epikuros, in: RE Suppl. 11, 1968, 579–652.

Epistula an Menoikeus
„Brief an Menoikeus"

Epikuros aus Samos, 341–270 v. Chr.

Philosophische Abhandlung in Briefform über Fragen der Ethik (gr.).
Wahrscheinlich nach Epikurs Übersiedlung von Mytilene nach Athen im Jahre 306 v. Chr. verfaßt.

I Der von Diogenes Laertius (→*Philosophón bíon kaì dogmáton synagogé* 10,122–135) überlieferte Brief an den sonst nicht bekannten Epikurschüler Menoikeus ist eine Aufforderung zum Philosophieren um der Glückseligkeit (*Eudaimonía*) willen. Philosophieren zum Zweck der Eudaimonia bedeutet Erfassung und Verwirklichung der Prinzipien des „guten Lebens". Dazu gehören u. a. der Glaube an einen glücklichen Gott, die Überzeugung davon, daß uns der Tod nichts angeht und daß die Zukunft offen ist, ferner die Unterscheidung natürlicher und unnatürlicher, d. h. sinnloser Triebe, deren richtige Einordnung für die Gesundheit des Körpers und die Ruhe der Seele unerläßlich ist. Unter „Glückseligkeit" versteht Epikur die Freiheit von Schmerz und Furcht; das ist die wahre Lust. Des weiteren erklärt Epikur die Selbstgenügsamkeit (*Autárkeia*) für ein großes Gut: Denn großen Aufwand kann man dann besonders genießen, wenn man ihn am wenigsten benötigt. – Voraussetzung eines lustvollen Lebens sind nüchterne Überlegung und vernünftige Einsicht, aus denen „tugendhaftes" Handeln erwächst. Die vernünftige Einsicht lehre, daß es nicht möglich sei, lustvoll zu leben, ohne vernünftig, anständig und gerecht zu leben, aber auch nicht vernünftig, anständig und gerecht, ohne lustvoll zu leben (10,132).

Q In seiner „Physik" (→*Epistula* an Herodotos) übernimmt Epikur die Atomtheorie von Leukippos und Demokrit mit einigen Änderungen, da sie ihm besonders geeignet schien, alles Irrationale vernünftig zu erklären und die Angst vor dem scheinbar Unerklärlichen zu beseitigen. Unter diesem Aspekt ist die Atomtheorie auch eine Voraussetzung der epikureischen Ethik. – Mit der Frage nach dem „guten Leben" steht Epikur in der Tradition der Sokratik. – Die Lehre von der Lust hat außer in Demokrit auch in dem Sokratiker Aristipp von Kyrene einen Vorläufer. Damit steht Epikur mittelbar in der philosophischen Tradition der Sophistik.

H Der Mensch zur Zeit Epikurs versteht sich nicht mehr als Glied einer größeren (Polis-)Gemeinschaft; er sieht sich als Individuum einerseits auf sich selbst gestellt, braucht also die Philosophie als Lebenshilfe; andererseits sucht er Geborgenheit in der Freundschaft mit Gleichgesinnten. Daher hat die Freundschaft in der philosophischen Praxis einen so hohen Rang.

W Der Text spiegelt das Lebensgefühl des Hellenismus wider. Für den Autor hat Philosophie einen therapeutischen Zweck: Sie ist praktische Lebenskunst in einer Zeit der Auflösung von Werten und Normen und der elementaren Gefährdung des Menschen in einer orientierungslosen Welt. Epikur will mit seinem Brief gezielte therapeutische Hilfe geben.

N Epikur wurde unmittelbar nach seinem Tod wie ein Gott verehrt. Seine Schule blieb etwa 500 Jahre bestehen. Auch in Rom hatte sie ihre Anhänger. Cicero (106–43 v. Chr.) setzt sich eingehend mit der epikureischen Lehre auseinander (z. B. →*De finibus bonorum et malorum*, →*De natura deorum*, →*Tusculanae disputationes*) und lehnt die epikureische Lustlehre entschieden ab. Außerdem kann er Epikurs „Atheismus" nicht akzeptieren, weil er mit der röm. „Frömmigkeit" unvereinbar ist. Der röm. Dichter Titus Lucretius Carus (gest. 55 oder 53 v. Chr.) stellt Epikurs Lehren ausführlich dar (→*De rerum natura*). Er ist sein begeisterter Schüler, der den Meister hymnisch verehrt. Der Philosoph Seneca (4–65 n. Chr.) nimmt wesentliche Teile der epikureischen Lehre auf (→*De vita beata*, →*Epistulae morales ad Lucilium*). Die christlichen Kirchenväter distanzieren sich mit Entschiedenheit vom Epikureismus. Seit dem 15. Jh. beginnt man wieder, sich ernsthaft mit Epikur auseinanderzusetzen (Lorenzo Valla, Giordano Bruno, Pierre Gassendi, Galileo Galilei, Isaak Newton). Mit Sympathie wird Epikur später von Schelling, Karl Marx und Nietzsche rezipiert.

A G. Arrighetti, Turin [(2)]1973. C. Bailey, Oxford 1926, Nachdr. 1990 (gr.-engl.). P. v. d. Mühll, Leipzig 1922, Nachdr. 1996. H. Usener, Leipzig 1887, Nachdr. Rom 1963.

Ü O. Apelt: Diogenes Laertius, Hamburg [(2)]1967. O. Gigon, Zürich [(2)]1968. H.-W. Krautz, Stuttgart 1980 (gr.-dt.). G. Krüger, Münster 1981 (gr.-dt.). J. Mewaldt, Stuttgart 1965. R. Nickel, Düsseldorf/Zürich 2003 (gr.-dt.).

L P. Boyancé: Epicure, Paris 1969. V. Buchheit: Epikurs Triumph des Geistes, in: Hermes 99, 1971, 303–323. M. Conche: Epicure. Lettres et Maximes, Paris 1987. M. Forschner: Über das Glück des Menschen. Aristoteles, Epikur, Stoa, Thomas von Aquin, Kant, Darmstadt [(2)]1994. C. Diano: Epicuri Ethica, Florenz 1946. M. Hossenfelder: Die Philosophie der Antike 3: Stoa, Epikureismus und Skepsis, München 1985, 100–146. M. Hossenfelder: Epikur, München 1991. H. J. Krämer: Epikur und die hedonistische Tradition, in: Gy 87, 1980, 294–326. D. Kimmich: Epikureische Aufklärungen. Philosophische und poetische Konzepte der Selbstsorge, Darmstadt 1993. Ph. Mitsis: Epicurus' Ethical Theory – The Pleasures of Invulnerability, Ithaca/London 1988. G. Müller: Daseinsfreude im antiken Epikureertum, in: Humanistische Bildung 3/1979. R. Müller: Die epikureische Ethik, Berlin 1991. W. F. Otto: Epikur, Stuttgart 1975. J. M. Rist: Epicurus. An Introduction, Cambridge 1972. W. Schmid: Epikur, in: RAC 5, 1962, 681–819 (auch in: W. Schmid: Ausgewählte philologische Schriften, Hg. v. H. Erbse und J. Küppers, Berlin/New York 1984, 151–266. H. Steckel: Epikurs Prinzip der Einheit von Schmerzlosigkeit und Lust, Diss. Göttingen 1960. H. Steckel: Epikuros, in: RE Suppl. 11, 1968, 579–652.

Epistula an Pompeius Geminus
„Brief an Pompeius Geminus"

Dionysios aus Halikarnassos, lebte seit 30 v. Chr. in Rom

Abhandlung (gr.) über stilistische Fragen.

I Der Autor rechtfertigt sein stilistisches Urteil über Platon, dem er Demosthenes vorzieht. Er beschreibt außerdem den Stil der Historiker Herodot, Thukydides, Xenophon, Philistos und Theopomp und ihr Verhältnis zueinander.

A W. R. Roberts, Cambridge 1901. H. Usener / L. Radermacher, Leipzig 1899–1929, Nachdr. 1997.

L S. Fornaro: Dionisio di Alicarnasso. Epistola a Pompeo Gemino. Introduzione e commenta, Stuttgart/Leipzig 1997.

Epistula an Pythokles
„Brief an Pythokles"

Epikuros aus Samos, 341–270 v. Chr.

Sammlung von im Einzelfall mehreren möglichen Erklärungen für verschiedene Erscheinungen in der Natur (gr.) in Form eines Briefes an einen Schüler oder Anhänger des Autors.
Wahrscheinlich nach 306 v. Chr. verfaßt.

I Der Brief an Pythokles dient dem Nachweis, daß sich alle Naturerscheinungen, die die Furcht vor den Göttern hervorrufen, auf natürliche Weise erklären lassen (vgl. auch Lukrez, →*De rerum natu-*

ra, B. 6). Behandelt werden u.a. die Bewegung der Himmelskörper, die Mondphasen, Finsternisse, Gewitter, Erdbeben, Krankheiten.

Q Wenn auch nicht im einzelnen nachweisbar, so sind doch die Naturphilosophen von Thales an, die nach den Ursachen von Naturerscheinungen fragten, als Vorläufer des Epikur anzusehen. Auch sie hatten bereits die Absicht, mit ihren Forschungsergebnissen die Menschen von abergläubischer Furcht zu befreien.

H Anders als die Briefe anderer Philosophen, wie z.B. die →Epistulae Platons, sprechen Epikurs Briefe „wirklich zu den Einzelnen, beraten, trösten, loben, erinnern den Freund in der Bedrängnis an vergangene Freude oder warnen ihn vor der Überschätzung äußeren Erfolges. Von allem, was Epikur geschrieben hat, haben ohne Zweifel die Briefe am stärksten gewirkt. In ihnen ist er Seelenarzt gewesen wie kein anderer Philosoph der Antike" (Gigon, 16).

W Der Zweck, den Epikur mit seiner Philosophie verfolgt, ist die Befreiung des Menschen von der Angst. Die Philosophie erzeugt aber nicht nur die Ruhe der Seele; sie ist auch eine Daseinsform der beruhigten Seele. Insofern entspricht Epikurs Philosophie-Begriff dem platonisch-aristotelischen Ideal des Bíos theoretikós (des „betrachtenden, kontemplativen Lebens"). Im Rahmen seiner Naturerklärung distanziert sich Epikur von bestimmten naturwissenschaftlichen Lehren (wie z.B. schon vor ihm Heraklit): Er polemisiert gegen die mathematische Astronomie und die anderen exakten Wissenschaften. „Er ist ein unbedingter Feind der Mathematik und aller mathematischen Wissenschaften, die er als vollkommen unnütz und illusorisch abtut" (Gigon, 41). Damit stellt er sich in einen scharfen Gegensatz zu Platon und die platonische Akademie. Für Epikur ist alle Erkenntnis (sinnliche) Wahrnehmung, und alle naturwissenschaftlichen Fragen lassen sich auf vielfältige Weise erklären, ohne daß diese Erklärungen in einen Widerspruch zum Augenschein treten.

A G. Arrighetti, Turin [2]1973. C. Bailey, Oxford 1926, Nachdr. 1990 (gr.-engl.). P. v. d. Mühll, Leipzig 1922, Nachdr. 1996. H. Usener, Leipzig 1887, Nachdr. Rom 1963.
Ü O. Apelt: Diogenes Laertius, Hamburg [2]1967. O. Gigon, Zürich [2]1968. H.-W. Krautz, Stuttgart 1980 (gr.-dt.). G. Krüger, Münster 1981 (gr.-dt.). J. Mewaldt, Stuttgart 1965. R. Nickel, Düsseldorf/Zürich 2003 (gr.-dt.).
L E. Asmis: Epicurus' Scientific Method, Ithaka/London 1984. P. Boyancé: Epicure, Paris 1969. M. Conche: Epicure. Lettres et Maximes, Paris 1987. N. Farrington: The Faith of Epicurus, London 1967. A.-J. Festugière: Epicure et ses dieux, Paris 1946. M. Forschner: Über das Glück des Menschen. Aristoteles, Epikur, Stoa, Thomas von Aquin, Kant, Darmstadt [2]1994. M. Hossenfelder: Die Philosophie der Antike 3: Stoa, Epikureismus und Skepsis, München 1985, 100–146. M. Hossenfelder: Epikur, München 1991. H. J. Krämer: Epikur und die hedonistische Tradition, in: Gy 87, 1980, 294–326. G. Luck: Epikur und seine Götter, in: Gy 67, 1960, 308–315. W. F. Otto: Epikur, Stuttgart 1975. J. M. Rist: Epicurus. An Introduction, Cambridge 1972. W. Schmid: Epikur, in: RAC 5, 1962, 681 bis 819 (auch in: W. Schmid: Ausgewählte philologische Schriften, hg. v. H. Erbse und J. Küppers, Berlin / New York 1984, 151–266). H. Steckel: Epikuros, in: RE Suppl. 11, 1968, 579–652.

Epistulae
„Briefe"

Alkiphron, 2. Jh. n. Chr.

Sammlung von 118 Briefen in vier B. (gr.) mit Skizzen des gr. Alltagslebens, in dem Personen agieren, die mit den Typen der Neuen Komödie vergleichbar sind.

I Die Briefe sind fiktionale Texte, die der Autor von Fischern (B. 1), Bauern (B. 2), Parasiten (B. 3) und Hetären (B. 4) geschrieben sein läßt. Sie enthalten wertvolle kulturhistorische Informationen über das attische Privatleben des 4. Jhs. v. Chr.: „...Wir verspüren die warme Liebe des Autors für sein romantisch verklärtes Athen, und gar nicht selten gelingt es ihm, etwas von der unvergleichlichen Charis jener Zeit in seinen Briefen einzufangen. Das gilt vor allem von der fingierten Korrespondenz Menanders mit seiner Glykera ... Freude kann man auch an manch frischer Naturschilderung haben, so im ersten Fischerbrief und in dem Bericht über einen Ausflug auf das Land (4,13). Seine Erotik ist konventionell und läßt die auch sonst häufigen Anleihen bei der Komödie deutlich erkennen. Aber auch hier gibt es so Hübsches wie den Brief der Lamia an Demetrios (4, 16)" (Lesky, 970).

A L. Fiore, Florenz 1957 (gr.-it.). M. A. Schepers, Leipzig 1905 Nachdr. 1969.
Ü W. Plankl, München [4]1958 (gr.-dt. in Auswahl). K. Treu, Leipzig 1972.
L J. J. Bungarten: Menanders und Glykeras Briefe bei Alkiphron, Diss. Bonn 1967. A. Lesky, GL, 970.

Epistulae
„Briefe"

Ambrosius, Bischof von Mailand, um 340–397 n. Chr.

Briefsammlung (lat.), die heute 77 Briefe umfaßt, die z.T. als zeitgeschichtlich wertvolle Dokumente zu gelten haben, unter denen der 18. Brief an Kaiser Valentinian II. (reg. 375–392) besonders hervorzuheben ist.
Der 18. Brief wurde nach der Abfassung der 3. Relatio (→Relationes) des Symmachus im Jahre 384 n. Chr. geschrieben.

I Die erhaltenen Briefe lassen erkennen, daß es sich nicht um wirkliche Briefe handelt; Ambrosius bezeichnet die Texte im Widmungsbrief zur Sammlung als epistulares fabulae („Geschichten in Briefform"). Der Autor hat vielmehr verschiedene (private, politische, theologische) Einzelfragen für eine

Veröffentlichung in Brieform gebracht. „Es sind Briefe, bei denen der Empfänger oft nur recht oberflächlich in Bezug zum Inhalt gesetzt und durch die Widmung eines Briefes geehrt ist" (Zelzer, NHbL 345). – Der 18. Brief des Ambrosius ist eine Erwiderung auf die 3. *Relatio* des Symmachus. Schon im 17. Brief an den Kaiser Valentinian hatte Ambrosius gegen Symmachus Stellung genommen, nachdem er zunächst nur über den Inhalt der *Relatio* informiert worden war. Bei der Abfassung des 18. Briefes lag Ambrosius eine Abschrift der *Relatio* vor. – Ambrosius befaßt sich u.a. mit der an den Kaiser gerichteten Bitte der heidnischen Senatoren, die altrömischen Götterkulte wiederherzustellen. In diesem Zusammenhang geht er auf die beiden grundlegenden Argumente der 3. *Relatio* ein: auf das neuplatonische und auf das nationalrömische Argument. Der mystischen Gottesauffassung der Neuplatoniker stellt Ambrosius die christliche Offenbarung gegenüber, auf die sich der Glaube stützen kann. Das nationalrömische Argument behandelt Ambrosius ausführlicher (4–7). Er bestreitet z.B., daß zwischen der alten Kultordnung und den Erfolgen der Römer ein Zusammenhang bestehe. Rom sei allein durch die Tüchtigkeit (*virtus*) der Römer groß geworden, nicht durch die Beachtung der kultischen Vorschriften (*religio*). – Ein anderer Brief, Epist. 51, ist ebenfalls von grundlegender Bedeutung für das Selbstverständnis der Kirche: Ambrosius veranlaßt Kaiser Theodosius, sich wegen eines von ihm zu verantwortenden Blutbades in Thessalonike (390 n.Chr.) der öffentlichen Kirchenbuße zu unterziehen – ganz im Sinne der Maxime, daß der Kaiser in der Kirche und nicht über der Kirche sei: *imperator intra ecclesiam, non supra ecclesiam est* (Epist. 75a,36) (vgl. →*Contra Auxentium de basilicis tradendis*). Ambrosius droht dem Kaiser mit Exkommunikation, falls er die Buße verweigere. Theodosius unterwirft sich und erscheint als Büßer in der Kirche, wo er sich vor versammelter Gemeinde zu seiner Schuld bekennt. „Man kann darin ein erstes ,Canossa' erblicken; doch die Zeitgenossen sahen in diesem Akt etwas anderes ... keine Beugung der weltlichen Gewalt, keinen Triumph der priesterlichen Herrschaft, sondern ein geistliches Geschehen und eine Gewissensentscheidung des Kaisers, der sich selber ehrte, indem er die Unverbrüchlichkeit von Gottes Geboten anerkannte" (H. v. Campenhausen 1978, 102).

W Ambrosius beabsichtigte mit dem 18. Brief, die von Symmachus herausgestellte Einheit von röm. Senat und röm. Religion aufzulösen. Er vertrat einen kompromißlosen Absolutheitsanspruch der christlichen Kirche. Dem Kaiser empfahl er folgerichtig, auf die Forderungen der Heiden auf keinen Fall einzugehen. – Der 51. Brief an Theodosius und der Vollzug der Kirchenbuße durch den Kaiser markieren den Endpunkt in dem fortschreitenden Prozeß der Christianisierung des Kaisertums, der mit Konstantin begonnen hatte. „Jetzt hat die Kirche aufgehört, bloß Werkzeug oder Nutznießer der regierenden Gewalt zu sein; sie hat sich auch von innen

ergriffen und duldet eine öffentliche Mißachtung ihrer sittlichen Grundsätze ebenso wenig wie die Verleugnung ihres dogmatischen Gebots" (H. v. Campenhausen 1978, 102).

Q Ambrosius stellte seine neun B. Privatbriefe und ein B. mit amtlicher Korrespondenz nach dem Vorbild des Plinius (→*Epistulae*) zusammen. „Während Symmachus nach dem Vorbild des Cicero die Sammlung nach Adressaten ordnete, ahmte Ambrosius in Gestaltung und Widmung Plinius nach" (Zelzer, NHbL 338). Das gilt u.a. auch für die Beachtung des Prinzips der *variatio* („Abwechslung").

A O. Faller / M. Zelzer, CSEL 82, 1968–1996. R. Klein, Darmstadt 1972 (s. u.). J. Wytzes: Der Streit um den Altar der Victoria. Die Texte der betreffenden Schriften des Symmachus und Ambrosius mit Einl., Übers. und Komm., Paris 1936.
Ü R. Klein, Darmstadt 1972 (s.u.). J. Wytzes, Paris 1936 (s. o.).
L H. v. Campenhausen: Ambrosius von Mailand als Kirchenpolitiker, Berlin/Leipzig 1929. H. v. Campenhausen, LKV, 77–108. M. Fuhrmann, Spätantike, 77–80. F. Hochreiter: Die *Relatio* des Symmachus für die Wiederrichtung des Altars der Victoria und die Gegenschriften des Ambrosius und des Prudentius. Eine Untersuchung über das Verhältnis von Antike und Christentum, Diss. Innsbruck 1951. R. Klein: Symmachus, Darmstadt 1971. R. Klein (Hg.): Das frühe Christentum im römischen Staat, Darmstadt 1971. R. Klein: Der Streit um den Victoria-Altar. Die dritte *Relatio* des Symmachus und die Briefe 17, 18 und 57 des Mailänder Bischofs Ambrosius. Einführung, Text, Übersetzung und Erläuterungen, Darmstadt 1972. E. Walter: Die dritte *Relatio* des Symmachus und die Entgegnungen des Bischofs von Mailand und des Prudentius, in: AU 2/1977, 5–20. M. Zelzer: Symmachus, Ambrosius, Hieronymus und das römische Erbe, in: Studia Patristica 28, 1993, 146–157. M. Zelzer: Die Briefliteratur, in: NHbL. Spätantike, 321–353.

Epistulae
„Briefe"

Aristainetos, 5. Jh. n.Chr.

Zwei B. fingierter erotischer Briefe (gr.).

I Die Themen (und teilweise auch Formulierungen) wurden aus Werken früherer Autoren übernommen (z.B. Platon, Romanschriftsteller, Lukian, Philostrat, Alkiphron). Die Briefe 1,10 und 1,15 gehen auf die →*Aítia* (Frg. 67–75 und 80–83) des Kallimachos zurück.

A J. Brenous, Paris 1938 (gr.-frz.). R. Hercher: Epistolographi Graeci, Paris 1873, 133–171 (gr.-lat.). O. Mazal: Leipzig 1971.
Ü A. Lesky, Zürich 1951.
L A. Lesky: Zur Überlieferung des Aristainetos, in: WS 70, 1957, 219–231. A. Lesky, GL, 970.

Epistulae
„Briefe"

Athanasios aus Alexandreia, 295–373 n.Chr., seit 328 Bischof von Alexandreia

Unterschiedliche, meist polemisch-apologetische Schriften, die als „Briefe" zitiert werden.

I Die erhaltenen Briefe des Athanasios sind wichtige Zeugnisse für die älteste Geschichte des Kampfes gegen die Arianer (→*Lógoi katà Arianôn*). Athanasios war wegen seines Festhaltens am nizänischen Glauben fünfmal verbannt und lebte insgesamt 17 Jahre in der Verbannung. Der Brief war für ihn ein Medium zur Verteidigung seines Glaubens und zur Behandlung theologischer Fragen: (a) „Festbriefe" (zwischen 329 und 348 verfaßt), in denen Athanasios die ägyptischen Bischöfe zu einer würdigen Feier des Osterfestes ermahnte. Diese „Festbriefe" sind in einer syrischen Übersetzung überliefert. Eine lat. Fassung liegt in PG 26,1351–1452 vor. – (b) In einem Brief (PG 26,1436–1440) aus dem Jahr 367 (Nr. 39), der in Griechisch, Koptisch und Syrisch erhalten ist; mit einem Verzeichnis der B. des Alten und des Neuen Testaments trat Athanasios der Aufnahme von Apokryphen in den Bibelkanon entgegen und stellte zum ersten Mal die 27 B. des →*Novum Testamentum* als die allein kanonischen B. dar. – (c) Während der Auseinandersetzung mit den Arianern entstand eine *Epistula encyclica ad episcopos* (PG 25, 221–224) mit einem Bericht über die Ereignisse, die Athanasios gezwungen haben, Alexandreia zu verlassen. – (d) In einer *Epistula de decretis Nicaenae synodi* (PG 25, 248–409) aus den Jahren 346–356 verteidigt der Autor Inhalte des nicaenischen Glaubensbekenntnisses. – (e) Die *Epistula ad episcopos Aegypti et Libyae* (PG 25, 537–593) warnt die Bischöfe vor den Ränken der Arianer. – (f) Die „Briefe an Serapion" (PG 26, 529–676) handeln von der Göttlichkeit des Heiligen Geistes. – (g) In der *Epistula de synodis* (PG 26, 81–793) bringt Athanasios seine Hoffnung auf Frieden und Einheit der Kirche zum Ausdruck (Herbst 359). – (h) In einem „Brief an die Bischöfe von Afrika" aus dem Jahre 369 warnt er diese vor den Irrtümern der Arianer (PG 26, 1029–1048). – (i) Die Briefe an die Mönche Amun (PG 26,1169 bis 1176) und Drakontios (PG 25,524–533) behandeln Fragen der Askese.

N Ein in armenischer und koptischer Übersetzung erhaltener asketischer Brief des Athanasios über die Jungfrauen wurde zur Hauptquelle für die 377 n.Chr. verfaßte Schrift des Ambrosius →*De virginibus ad Marcellinam sororem*.

A PG 25 und 26.
Ü BKV(2) 13.
L P.-Th. Camelot: Athanasios, LThK 1, 976–981. M. Zelzer: Die Briefliteratur, in: NHbL. Spätantike 321–353.

Epistulae
„Briefe"

Aurelius Augustinus aus Thagaste, 354–430 n.Chr.

Sammlung von 308 Schreiben aus der Korrespondenz des Augustinus, darunter die meisten von Augustinus selbst (lat.). Das Briefcorpus umfaßt auch Schreiben des Autors, die z.B. erst in jüngster Zeit entdeckt wurden und noch nicht in der Maurinerausgabe (Paris 1679–1700) enthalten waren. Zwischen 386 und 430 n.Chr. verfaßt.

I Es handelt sich um Privatbriefe und um pastoral-theologische und dogmatische Abhandlungen, die in der Regel als Kollektivschreiben für die Öffentlichkeit bestimmt waren. Von Büchern unterscheiden sich die meisten „Briefe" nur durch das formale Kriterium, daß sie über eine Absender- und Empfängerangabe verfügen. – Augustinus schrieb selten in eigener Sache (so z.B. Epist. 21 und 29); meist ging er auf Probleme seiner Mitmenschen ein. „Im Briefstil weht meist distanzierte Kühle, auch gegenüber einem Schüler wie Nebridius (epist. 10). Was Augustinus besonders an seinen Briefpartnern schätzt und was ihm sogar herzliche Töne entlocken kann, sind Aufgeschlossenheit, geistiger Hunger und Wahrheitsstreben, dies zeigt der Brief (19) an Gaius ... Erheblich reicher orchestriert ist z.B. der Brief an Paulinus (31), voll urbaner Liebenswürdigkeit und mit Superlativen nicht sparend ... Mit diesem blumenreichen Stil kontrastiert die Dürre und Härte des Schreibens an Macrobius (106), der an einem Subdiakon die Taufe wiederholen will (409 n.Chr.). Hier spricht der Bischof mit Autorität ... Nicht weniger schroff ist epist. 26: Die Abkanzlung eines jungen Poeten wäre des greisen Tolstoi würdig: ‚Du pflegst deinen Stil und vernachlässigst deine Seele.' Solche Antithesen sind das passende Gewand für quasi-"stoischen' Rigorismus, den Augustinus im zehnten B. der →*Confessiones* auch seiner eigenen Musikliebe gegenüber übt" (M. v. Albrecht, 1338). Aufschlußreich ist auch die Korrespondenz mit Hieronymus, der eine wissenschaftliche Auseinandersetzung gleich als einen Angriff auf seine Übersetzertätigkeit ansah (vgl. →*Vulgata*).

A J. Divjak, CSEL 88 (neu entdeckte Briefe), 1981. A. Goldbacher, CSEL 34 (Briefe 1–123), 1895–1898. A. Goldbacher, CSEL 44 (Briefe 124–184), 1909. A. Goldbacher, CSEL 57 (Briefe 185–270), 1911.
Ü A. Hoffmann, BKV(2) 29–30. FC 3, 41 (lat.-dt.). T. Kranzfelder, BKV 7–8.
L M. v. Albrecht, RL, 1318–1353. M. Zelzer: Die Briefliteratur, in: NHbL. Spätantike, 321–353.

Epistulae
„Briefe"

Decimus Magnus Ausonius aus Burdigala, etwa 310–395 n. Chr.

Sammlung von 34 Briefen in Prosa und in Versform (lat.).

I Die berühmtesten Adressaten sind Quintus Aurelius Symmachus (→*Relationes*), der Consul des Jahres 391 n. Chr. und Freund des Autors (Briefe 1–3), und Paulinus (Briefe 23–31), der Schüler des Ausonius und spätere Bischof von Nola (→*Epistulae*, →*Carmina*). U. a. versucht der Autor vergeblich, Paulinus von der radikalen Wendung seines Lebens zum Christentum hin abzuhalten. Der Briefwechsel mit Paulinus ist deshalb von besonderer Bedeutung, weil es sich um das einzige antike Beispiel eines Dialogs zwischen Lehrer und Schüler handelt: „Darin tritt der tiefe geistige und im Gefolge davon auch literarische Graben deutlich hervor, der einen in seine Gesellschaft zwar sozial eingebundenen, aber doch nur oberflächlichen Christen von einem militanten Asketen trennt, der seinen Glauben auf sein Leben und sein Dichten überträgt. Paulinus kann es nicht hinnehmen, daß Ausonius ihn im Namen ihrer Freundschaft und ihrer beider Verehrung für die Musen dazu veranlassen möchte, von seinem asketischen Vorhaben abzulassen, und bricht lieber mit Ausonius, so schwer es ihm auch fällt, als daß er sich von seiner totalen Hinwendung zu Gott abbringen ließe" (Charlet, 551). – Ausonius schreibt auch an seinen Enkel (Brief 22 = →*Liber protrepticus ad nepotem*), an seinen Sohn (Brief 20) und an seinen Vater (Brief 19). – Die „Briefe geben, da sie dem geselligen, vor allem literarischen Austausch dienen, einen lebendigen Eindruck vom Leben der gallischen Aristokratie. Seine enge Bindung an die literarische Tradition zeigt Ausonius in der Verwendung verschiedenster Versmaße, aber auch darin, daß er nach dem Vorbild ... des Horaz (→*Epistulae*, →*Sermones*) das ländliche *otium* schildert" (Zelzer, 343 f.).

A R. Peiper, Leipzig 1886. S. Prete, Leipzig 1978. C. Schenkl, MGH, AA 5, 2, Berlin 1883. H. G. E. White. 2 Bde., London/Cambridge (Mass.) 1919–1921 (lat.-engl.).
Ü P. Dräger, Düsseldorf/Zürich 2002 (lat.-dt.).
L M. v. Albrecht, RL, 1047–1054. B. Baldwin: Ausonius and the *Historia Augusta*, in: Gy 88, 1981, 438 (Brief 38). J.-L. Charlet: Die Poesie, in: NHbL. Die Spätantike, 495–564. A. Önnerfors: Zur Epist. XVIII (Prete) des Ausonius, in: Hermes 122, 1994, 125–128. M. Zelzer: Die Briefliteratur, in: NHbL. Spätantike, 321–353.

Epistulae
„Briefe"

Alcimus Ecdicius Avitus, Bischof von Vienna, um 500 n. Chr.

Kultur- und sprachgeschichtlich wertvolle Sammlung von 86 Briefen über dogmatische Fragen (lat.).

I Die Briefe sind an gallische Bischöfe und an Mitglieder des gerade vom Arianismus zum katholischen Glauben übergetretenen Burgundischen Königshauses gerichtet. (Avitus gewann den Thronerben Sigismund für den Katholizismus zurück.) Hinzu kommen in Briefform gekleidete theologisch-antihäretische Abhandlungen.

A R. Peiper, in: MGH, AA 6, 2, 1883.
L J. A. Fischer: Avitus, in: LThK 1, 1154 f. M. Zelzer: Die Briefliteratur, in: NHbL. Spätantike, 321–353.

Epistulae
„Briefe"

Basileios der Große aus Kaisareia, um 330–379 n. Chr.

Über 350 in sorgfältig geformter Sprache (der Zweiten Sophistik) abgefaßte Briefe unterschiedlicher Art (gr.).

I In dem unter dem Namen des Basileios überlieferten Briefcorpus befinden sich Freundschaftsbriefe verschiedenster Art, Briefe an hohe Amtspersonen, „mit denen er, entsprechend seiner durch Herkunft und Amt gegebenen hohen Stellung, als Bischof die damals neue Rolle eines Vermittlers zwischen dem Volk und der staatlichen Verwaltung ausübte" (Zelzer, 342 f.), und Schreiben an Amtskollegen. – Als Gegner des Arianismus begrüßte Basileios die Wahl des Bischofs Ambrosius zum Nachfolger des umstrittenen Arianers Auxentius. Die zum Teil erhaltene Korrespondenz aus seiner Amtszeit als Bischof von Kaisareia (370–379) bietet ein lebendiges Bild vom Leben der Kirche und ihrer sich wandelnden Stellung im Staat.
W Das Ziel, das Basileios auch mit seinen Briefen verfolgte, waren die Verteidigung der Orthodoxie und der engere Zusammenschluß der östlichen und der westlichen Kirche.

A Y. Courtonne, Paris 1957–1965 (gr.-frz.).
L M. Zelzer: Die Briefliteratur, in: NHbL. Spätantike, 321–353.

Epistulae
„Briefe"

Marcus Tullius Cicero aus Arpinum, 106–43 v. Chr.

Vier Briefsammlungen in insgesamt 36 B. (lat.).
Die Sammlungen wurden erst nach Ciceros Tod herausgegeben, die Briefe an den Freund Atticus erst um 60 n. Chr., die Briefe an verschiedene Personen (*Ad familiares*) wohl schon von Ciceros Privatsekretär Tiro.

I In den vier Briefsammlungen, die nach unterschiedlichen Prinzipien (teilweise chronologisch, teilweise nach Adressaten) geordnet wurden, blieben 864 Briefe (vermutlich die Hälfte der tatsächlichen Korrespondenz Ciceros) erhalten; darunter befinden sich 90 Briefe, die von anderen Personen an Cicero geschrieben sind: (1) *Epistulae ad Atticum* (16 B.) an den Freund Titus Pomponius Atticus (109–32 v. Chr.). Die Hälfte aller von Cicero erhaltenen Briefe, die aus der Zeit von November 68 bis Dezember 44 v. Chr. stammen, ist an Atticus gerichtet. In dieser Sammlung befinden sich auch einige Briefe von anderen Personen, z. B. von Gnaeus Pompeius Magnus, und einige Briefe von Cicero an andere Personen. – (2) *Epistulae ad familiares* (16 B.), Briefe an verschiedene Personen aus der Zeit von 62 – 43 v. Chr. Im 8. B. befinden sich nur Briefe des Marcus Caelius an Cicero, im 10. B. zahlreiche Briefe des Lucius Munatius Plancus, im 11. B. einige Briefe des D. Brutus. Auch von M. Cato, C. Cassius, Asinius Pollio, M. Lepidus u. a. finden sich Briefe in der Sammlung *ad familiares*. - Im 3. B. finden sich nur Briefe an einen einzigen Adressaten: an Ap. Claudius Pulcher, im 14. B. Es stammen nur Briefe an Ciceros Frau Terentia und andere Familienmitglieder, im 16. B. nur Briefe von Familienmitgliedern an Tiro (außer Nr. 16). Das 13. B. besteht aus Empfehlungsschreiben Ciceros. Alle anderen B. enthalten Briefe verschiedener Adressaten. – (3) *Epistulae ad Quintum fratrem* (3 B.). Die Briefe an den Bruder stammen aus der Zeit von 60–54 v. Chr. Der erste Brief ist eine Abhandlung über die Provinzialverwaltung. – (4) *Epistulae ad Marcum Brutum* („Briefe an Marcus Brutus") im 1. B. Es handelt sich um 15 Briefe Ciceros an M. Brutus von April bis Juli 43 v. Chr., 7 Briefe des M. Brutus an Cicero und 1 Brief des Brutus an Atticus. – Außerdem sind weitere Briefe bis auf Frg. verloren gegangen: (1) 4 B. an Pompeius, (2) mindestens 3 B. an Caesar, (3) 3 B. an Octavian, (4) an Pansa und Hirtius, die Generäle Caesars (3 und 9 B.), (5) an Cornelius Nepos (mindestens 3 B.) und an weitere Personen aus Politik und Zeitgeschehen.

W In seinen Briefen teilt Cicero offen und rückhaltlos mit, was er denkt und was ihn bewegt. Er versteht es, sich umfassend auf seine unterschiedlichen Adressaten einzustellen und ihnen gegenüber stets den richtigen Ton zu finden. Das hat zur Folge, daß Cicero selbst in unterschiedlichen Rollen präsent ist: als nüchterner Politiker, als politischer Ver-

sager, als leidenschaftlicher Kämpfer für die *res publica*, als väterlicher Freund, als witziger Gesellschafter, als belesener Gelehrter. Die Texte, die er in Briefform produzierte, bewegen sich auf unterschiedlichen Stilebenen, je nach dem ob er zu politischen Vorgängen Stellung nimmt oder seinen persönlichen Gefühlen Ausdruck verleiht und sich seinem Schmerz oder seiner Freude hingibt. In seinen stets sehr offenen Äußerungen spiegelt sich eine der unruhigsten Epochen der röm. Geschichte: die Zeit des Übergangs von der Republik zur Monarchie der augusteischen Zeit. Insgesamt sind die Briefe eine unschätzbare Quelle für die Biographie Ciceros und die Geschichte seiner Zeit.

N In der Antike fanden die Briefe Ciceros keine nennenswerte Beachtung. Eine wichtige Ausnahme ist Fronto, der auf die Frage seines Schülers Marc Aurel (121–180, seit 161 röm. Kaiser), welche Briefe er zur Bildung seines Stiles lesen solle, die Antwort gibt, er solle Ciceros Briefe lesen. – Erst im Jahre 1345 fand Petrarca einen Codex in Verona, der das 1. B. der Briefe an Brutus, die Briefe an den Bruder Quintus, den ps.-ciceronischen Brief an Octavian und die Briefe an Atticus enthielt. Die Lektüre befremdete Petrarca zunächst, weil er in ihnen von den menschlichen Schwächen seines Vorbildes erfuhr. – Die Briefe *Ad familiares* wurden 1389 von dem florentinischen Staatskanzler Coluccio Salutati wiederentdeckt. – In der Renaissance gewannen Ciceros Briefe große Bedeutung. Man begann, sich für die individuelle Persönlichkeit, für den Menschen Cicero zu interessieren. Man lernte durch Ciceros Briefe, die Gattung als ein Medium individueller, rückhaltloser Selbstäußerung zu begreifen und zu benutzen.

A D. R. Shackleton Bailey. 7 Bde., Cambridge 1965–1970 (*Ad Atticum* lat.-engl. mit Kommentar). D. R. Shackleton Bailey, 2 Bd. Cambridge 1977 (*Ad familiares*). D. R. Shackleton Bailey, Cambrige 1980 (*Ad Quintum fratrem* und *Ad Marcum Brutum*). D. R. Shackleton Bailey. 2 Bde., Stuttgart 1987 (*Ad Atticum*). D. R. Shackleton Bailey, Stuttgart 1988 (*Ad familiares, Ad Q. fratrem, Ad M. Brutum*). R. Y. Tyrrell / L. C. Purser. 7 Bde., London 1901–1933 (mit Kommentar).

Ü M. Giebel, Stuttgart 1982 (*Ad Marcum Brutum*). H. Kasten, München 1965 (*Ad Quintum fratrem* und *Ad Marcum Brutum* lat.-dt.). H. Kasten, Düsseldorf/Zürich [(5)]1998 (*Ad Atticum* lat.-dt.). H. Kasten, Düsseldorf/Zürich [(6)]2004 (*Ad familiares* lat.-dt.). Chr. M. Wieland. 7 Bde., Zürich 1808–1821 (Bd. 6–7 von F. D. Gräter).

L F. Antoine: *Fr. epist. prima*, avec commentaire, Paris 1888. K. Büchner, RE 7 A 1, 1939, 1192–1235. W. Jäger: Briefanalysen. Zum Zusammenhang von Realitätserfahrung und Sprache in Briefen Ciceros, Frankfurt/Bern 1986. H. Liebing: Ciceros Briefe im Unterricht, in: AU 9, 1, 1966, 74–97. H. Peter: Der Brief in der römischen Literatur, Leipzig 1901. Nachdr. Hildesheim 1965. O. Plasberg: Cicero in seinen Werken und Briefen, Leipzig 1926. U. Prutscher: Der Brief als Medium der persönlichen Mitteilung. Eine lernzielorientierte Auswahl aus Cicero und Plinius, in: AU 19, 2, 1976, 5–34. O. E. Schmidt: Der Briefwechsel des M. Tullius Cicero von seinem Prokonsulat in Cilicien bis zu Caesars Ermordung, Leipzig 1893. P. L. Schmidt: Petrarcas Korrespondenz mit Cicero, in: AU 21,

1, 1978, 30–38. D. Schmitz: Ciceros Briefe. Eine Unterrichtssequenz für die Jahrgangsstufe 11, in: AU 32, 1, 1989, 22–40. M. Schneidewin: Eine antike Instruktion an einen Verwaltungschef, Berlin 1907. U. Schwaiger: Untersuchungen zu Ciceros Briefwechsel mit Marcus Iunius Brutus, Diss. Innsbruck 1979. W. Wifstrand: Cicero Imperator. Studies in Cicero's Correspondence 51–47 B. C., Göteborg 1979.

Epistulae
„Briefe"

Thascius Caecilius Cyprianus, 1. Hälfte des 3. Jhs. n. Chr., Bischof von Karthago seit 248/49 n. Chr.

Sammlung von 81 Briefen, von denen 16 an Cyprianus gerichtet sind (lat.).

I Die Briefe sind wertvolle Dokumente für die Geschichte der Christenverfolgung und der während der Verfolgung vom Glauben Abgefallenen, für den Streit um die Gültigkeit der von den Häretikern gespendeten Taufe und für das novatianische Schisma (= die Abspaltung des Novatianus von der röm. Kirche aufgrund des Streites über die Behandlung der während der Verfolgung vom Glauben Abgefallenen). – Weitere Briefe sind Fragen der Kirchenzucht und der Ordnung des Gottesdienstes gewidmet. – Zahlreiche Briefe wurden während der Verfolgung durch Kaiser Decius (reg. 249–251) im Untergrund verfaßt. Cyprian hielt auf diese Weise Kontakt zu seiner Gemeinde in Karthago. Er versuchte, sie in allen Schwierigkeiten mit Rat und Tat zu unterstützen. Dem röm. Klerus ließ er eine Abschrift von 13 Briefen zukommen, um zu beweisen, daß er auch im Untergrund seine Pflicht erfüllte.

A Ch. Bayard. 2 Bde., Paris [2]1961–1963 (lat.-frz.). W. Hartel, CSEL 3, 2, 1871.
Ü G. W. Clarke. 3 Bde., New York 1984 bis 1986 (engl.).
L M. v. Albrecht, RL, 1242–1252. E. W. Benson: Cyprian. His Life, his Time, his Work, London 1897. A. Dihle, GLL, 392–395. M. Fuhrmann, Spätantike, 175–177. M. M. Sage: Cyprian, Cambridge (Mass.) 1975. U. Wikkert: Cyprian, in: M. Greschat (Hg.): Gestalten der Kirchengeschichte 1. 1, Stuttgart 1984, 158–175. M. Zelzer: Die Briefliteratur, in: NHbL. Spätantike, 321–353.

Epistulae
„Briefe"

Magnus Felix Ennodius aus Gallien, Bischof von Pavia, 473–521 n. Chr.

Sammlung von 397 Briefen in neun B. an insgesamt etwa 90 hochgestellte Persönlichkeiten (lat.).

I Die Sammlung ist ein Dokument der spätrömischen Adelskultur; in ihr sind die beiden Prinzipien der von Symmachus (→*Epistulae*) begründeten epistolographischen Kunst, die Inhaltsarmut und der manierierte Ausdruck, auf die Spitze getrieben.

– Da für Ennodius der Brief dazu dient, die Beziehung unter Standesgenossen zu bestätigen und zu pflegen, werden Ereignisse, Gefühle oder Gedanken allenfalls knapp angedeutet. Die meist kurzen Verlautbarungen bestehen größtenteils aus konventionellen Phrasen. „Die Reduktion des Inhalts auf die Universalien der Standesetikette hat zur Folge, daß der façon de parler desto mehr Gewicht beigemessen wird. Ennodius jedenfalls hat viel Mühe darauf verwendet, die Formeln seiner Briefe auf die mannigfachste Art zu variieren. Nichts wird in schlichten und eigentlichen Worten ausgedrückt; gestelzte Umschreibungen und blumige Metaphern täuschen eine Bedeutsamkeit und zugleich eine Vertracktheit vor, die durch die banalen Inhalte keineswegs gerechtfertigt ist" (M. Fuhrmann, 269 f.).

A W. Hartel, CSEL 6, 1882. S. Léglise: St. Ennodius. Bd. 1, Paris 1906.
L M. Fuhrmann, Spätantike, 268–271 und 334 bis 336.

Epistulae
„Briefe"

Marcus Cornelius Fronto aus Cirta, 2. Jh. n. Chr.

Briefwechsel mit den Herrschern Marcus Aurelius (reg. 161–180), dessen Lehrer Fronto war (→*Tôn eis heautòn biblía*), Lucius Verus (reg. 161–169 als Mitregent Mark Aurels) und Antoninus Pius (reg. 138–161), ferner mit einigen Freunden (lat., einige gr.).

I Im Mittelpunkt seiner Korrespondenz steht Frontos Überzeugung vom Wert der Rhetorik. „Mit der Rhetorik als Erziehungsweg ist es ihm ... heilig ernst, ja er hält die Redekunst (171 v. d. H) für die menschenwürdige Form der Paideia" (M. v. Albrecht, 1140). Daher ist ihm Mark Aurels Bekehrung zur Philosophie (141–149; 151 f. v. d. H.) auch völlig unverständlich. „Zwei Welten stoßen zusammen: Fronto sucht die Wirklichkeit undogmatisch in der literarisch geformten Sprache, nicht in der Begrifflichkeit der Philosophie wie Marcus. Hierin steht der Meister des schönen Wortes noch ganz auf dem Boden der römischen Antike. Kaiser Marcus ist der Vorbote einer neuen Epoche, die mit größerer Entschiedenheit Wahrheit über Schönheit stellen wird" (M. v. Albrecht, 1141). Dem Briefcorpus gehören noch andere Texte an: (1) Rhetorische Übungen: *Laudes fumi et pulveris* („Lob des Rauches und des Staubes") (215 v. d. H.), *Laudes neglegentiae* („Lob der Nachlässigkeit" (218 v. d. H.). – (2) Eine Abhandlung über die Art, wie man seine Ferien verbringen sollte: *De feriis Alsiensibus* (231 v. d. H.). – (3) Historische Abhandlungen: *De bello Parthico* („Über den Krieg mit den Parthern" (220 v. d. H.), *Principia historiae* („Grundzüge der Geschichte") (202 v. d. H.). – (4) *De nepote amisso* („Über den Verlust des Enkels" (235 v. d. H.) mit einer Selbstcharakterisierung Frontos. – (5) Eine Bearbeitung der Arion-Sage (241 v. d. H.) in Anlehnung an Herodot (→*Historíes apódexis*). – Ferner ist eine (Hetz-)Rede gegen die Christen als ein Bestandteil des Briefcorpus bezeugt (Minucius Felix, →*Octavius* 9,6 und 31,2), aber nicht erhalten.

A C. R. Haines. 2 Bde., London 1919–1920 (lat.-engl.). M. P. J. van den Hout, Leiden 1954 und Leipzig 1988.
L M. v. Albrecht, RL, 1139–1142. K. Büchner, RLG, 492–497. E. Champlin: Fronto and Antonine Rome, Cambridge (Mass.) 1980. H. Hanslik: Die Anordnung der Briefsammlung Frontos, in: Commentationes Vindobonenses 1, 1935, 21–47. Th. Mommsen: Die Chronologie der Briefe Frontos, in: Hermes 8, 1874, 199–216. F. Portalupi: M. Corn. Frontone, 1961. G. P. Selvatico: Lo scambio epistolare tra Frontone e M. Aurelio: Esercitazioni retoriche e cultura letteraria, in: MAT 5, 5, 4, 1981, 225–301.

Epistulae
„Briefe"

Gregorios aus Nazianz, um 330–390 n. Chr.

Zur Veröffentlichung bestimmte Sammlung von über 240 Briefen, die als stilistische Musterstücke angesehen und vom Autor selbst herausgegeben wurden (gr.).

I Die aus den Jahren 383 bis 389 stammenden Schreiben haben fast ausnahmslos private Angelegenheiten des Verfassers und seiner Freunde und Verwandten zum Inhalt. Sie sind reich an Sentenzen und feinem Witz.

A P. Gallay, 1964. PG 35–38 (Gesamtwerk).
L A. Benoit: Saint Grégoire de Nazianze. Sa vie, ses oevres et son époque, Marseille/Paris 1876, Nachdr. Hildesheim 1983. H. Koskenniemi: Studien zur Idee und Phraseologie des griechischen Briefes bis 400 n. Chr., Helsinki 1956. J. Sykutris: Epistolographie, in: RE Suppl. 5, 1931, 185–220. B. Wyss: Gregor von Nazianz, in: RAC 12, 1983, 793–862. M. Zelzer: Die Briefliteratur, in: NHbL. Die Spätantike, 321–353.

Epistulae
„Briefe"

Gregorios aus Nyssa, etwa 335–394 n. Chr.

Kleine, aber kulturgeschichtlich wertvolle Briefsammlung (gr.)

I Die erhaltenen Briefe haben private Ereignisse zum Thema, wie z. B. eine Reise über das Heilige Land nach Arabien. Im zweiten Brief werden die Mißstände bei Wallfahrten nach Jerusalem gerügt; Gregorios warnt vor ihrer religiösen Überschätzung.
N Im 16. Jh. führte dieser Brief zu lebhaften Auseinandersetzungen zwischen Katholiken und Protestanten.

A P. Maraval, 1990. G. Pasquali, [2]1959. PG 44–46 (Gesamtwerk).
Ü K. Weiß / E. Stolz, BKV[2] 56, 1927.
L M. Zelzer: Die Briefliteratur, in: NHbL. Spätantike, 321353.

Epistulae
„Briefe"

Gregorius der Große, etwa 540–604 n. Chr., Papst seit 590 n. Chr.

Sammlung von etwa 850 Briefen (lat.).

I Die Briefe sind vor allem wegen ihres theologischen Gehalts von Bedeutung. Die „in anspruchsvoller Sprache verfaßten Schreiben geben einen überwältigenden Eindruck von Gregors amtlicher Tätigkeit und seinen ‚weltweiten' Beziehungen. Unter den Adressaten befinden sich byzantinische Kaiser, germanische Könige, Mitglieder des fränkischen Königshauses, Patriarchen des Ostens, aber auch Freunde und Privatpersonen" (Zelzer, 348). – Gregorius führte ein amtliches Briefregister (→*Registrum epistularum*) ein, um u.a. auch der Fälschung seiner Briefe vorzubeugen und nicht autorisierte Editionen zu verhindern. – Die Mehrzahl der Briefe ist in drei Sammlungen überliefert, die auf das Urregister des Lateran zurückgehen.

W Als Dekretalien, d.h. als päpstliche Entscheidungen in kirchlichen Fragen, hatten diese Briefe wie die Briefe anderer Päpste seit dem 4. Jh. im Westen den gleichen Rang wie Konzils-Kanones, d.h. auf einem Konzil beschlossene kirchliche Rechtsbestimmungen.

N Beda Venerabilis (672/73–735) ließ sich Kopien von den Briefen herstellen, die die Geschichte Englands betrafen, um sie für seine englische Kirchengeschichte zu benutzen, da der Papst Gregorius die Missionierung der Angelsachsen vorangetrieben hatte.

A P. Ewald / M. Hartmann, MGH. Epistolae 1, 1891; 2, 1899.
L B. Altaner, Patrologie, 430–436. M. B. Dunn: The Style of the Letters of St. Gregory, Washington 1931. R. Manselli, RAC 12, 1983, 930–951. L. M. Weber u. a.:Gregor I der Große, in: LThK 4, 1177–1181. M. Zelzer: Die Briefliteratur, in: NHbL. Spätantike, 321–353.

Epistulae
„Briefe"

Hieronymus aus Stridon, um 345–420 n. Chr.

Sammlung von 150 Briefen, darunter auch 26 von anderen Personen verfaßte Schreiben (lat.).
Schon zu Lebzeiten gab Hieronymus zwei Briefsammlungen heraus. Kurz nach seinem Tod kursierte die heute bekannte Sammlung der 150 Briefe.

I Unter den Adressaten der Briefe befinden sich Papst Damasus, Augustinus, Paulinus aus Nola, adlige Frauen aus Rom und die Mitglieder seines römischen Asketenkreises. Zu dieser Sammlung gehören exegetische, antihäretische, asketisch-protreptische Briefe, persönliche Mitteilungen, Empfehlungs- und Trostschreiben, Nachrufe und Biographien. – Einer der berühmtesten Briefe ist Epist. 57 an Pammachius. Hierin äußert sich Hieronymus zur Methode des Übersetzens (*Liber de optimo genere interpretandi* in Anlehnung an Ciceros Schrift →*De optimo genere oratorum*) und vergleicht das wörtliche Übersetzen mit dem Übersetzen nach dem Sinngehalt. Hieronymus verteidigt seine eigene Übersetzungsmethode gegen Vorwürfe, die angesichts seiner im Auftrag des Bischofs Eusebius von Cremona angefertigten Übersetzung eines gr. Briefes des Bischofs Epiphanios an den Bischof Johannes von Jerusalem erhoben worden waren (→*Ad Pammachium de optimo genere interpretandi*). – Die Briefe sind wichtige Quellen für das Verständnis des Autors: So erfahren wir z. B. aus Epist. 22, daß Hieronymus ein so großer Verehrer der klassischen lat. Literatur war, daß er sich wegen seines „Ciceronianismus" als schuldig vor Gott fühlte. Im Traum ruft ihm der Herr zu: *Ciceronianus es, non Cristianus* (22,30). – In mehreren Briefen trauert er um Rom (z. B. 60,16–18; 123,16; 127,12). – In einem anderen Brief gibt er Anweisungen für die christliche Mädchenerziehung (107) und für das richtige Leben eines Klerikers. Der bereits erwähnte Brief 22 ist an Eustochium, die Tochter der hl. Paula, gerichtet und handelt von der Bewahrung der Jungfräulichkeit (*De virginitate servanda*). Hieronymus gibt in diesem Brief außerdem interessante Einblicke in das Mönchsleben.

A I. Hilberg, CSEL 54–56, 1910–1918. I. Hilberg / M. Kampter, CSEL 54–56.1 und 56. 2, ⁽²⁾1996. J. Labourt. 8 Bde., Paris 1949–1963 (lat.-frz.).
Ü P. Leipelt, BKV 45–46, 1872–1874. L. Schade / J. B. Bauer, München 1983 (Auswahl).
L N. Adkin: Some Notes on the Dream of Saint Jerome, in: Ph 128, 1984, 119–126 (zu Epist. 22). N. Adkin: Some Notes on the Content of Jerome's Twenty-Second Letter, in: GB 15, 1988, 177–186. M. v. Albrecht, RL, 1305–1317. G. J. M. Bartelink: Hieronymus: Liber de optimo genere interpretandi: Epistula 57. Ein Kommentar, Leiden 1980. H. Gärtner, RLTD 5, 470–491 (zu Epist. 57). H. König / S. Müller: Bericht über die Tagung des Arbeitskreises Patristik vom 6.-8.5.1994 in Ludwigshafen, in: MDAV 4/1994, 129f. (zu Epist. 117). S. Rebenich: Hieronymus und sein Kreis. Prosopographische und sozialge-

schichtliche Untersuchungen. Historia-Einzelschriften 72, Stuttgart 1992. M. Zelzer: Die Briefliteratur, in: NHbL. Spätantike 321–353.

Epistulae
„Briefe"

Quintus Horatius Flaccus aus Venusia, 65–8 v. Chr.

In zwei B. überlieferte Abhandlungen über popular-philosophische Fragen und literarische Probleme (lat.).
Das 1. B. der „Briefe" wurde 20 v. Chr. herausgegeben.

I Das 1. B. enthält 20, das 2. B. zwei „Briefe". B. 1: Der 1. Brief ist eine als Widmungsbrief an Maecenas formulierte Empfehlung der Moralphilosophie. Horaz lehnt den Wunsch des Maecenas nach neuer Dichtung ab, weil er die Auseinandersetzung mit Fragen des sittlichen Lebens als seine künftige Aufgabe erkannt hat. Er will sich durch die Irrungen des Lebens hindurchkämpfen und auf äußere Güter verzichten, da das Glück allein auf der Weisheit beruht. – Im 2. Brief weist Horaz seinen jungen Freund Lollius Maximus darauf hin, daß es notwendig sei, möglichst früh das Studium der Lebensweisheit zu beginnen und sich um die eigene sittliche Erziehung zu bemühen. Horaz hatte sich durch die Homerlektüre zu diesen Überlegungen anregen lassen. – Im 3. Brief berät Horaz Iulius Florus und literarisch tätige Freunde, die im Herbst 21 v. Chr. von Augustus in einer politischen Mission nach Asien geschickt wurden, in literarischen Fragen. – Der 4. Brief an den Dichter Tibull (→*Elegiarum libri IV*) ist eine epikureische Meditation über die Gaben, die das Leben dem Freund geschenkt hat. Horaz versucht, den Dichter aufzuheitern. – Der 5. Brief ist eine Einladung zu einem einfachen Mahl am Geburtstag des Augustus. Horaz fordert Torquatus auf, die Alltagssorgen zu vergessen und den Augenblick zu genießen. – Der 6. Brief an Numicius ist eine Aufforderung zu einem tugendhaften Leben. Nur die Freiheit von allen Leidenschaften ermöglicht wahres Glück. Es gelte, Gleichmut zu bewahren. Der Brief beginnt mit den Worten *Nil admirari* („Nichts anstaunen"). – Der 7. Brief an Maecenas ist eine Entschuldigung wegen längeren Fernbleibens von Rom. Horaz gibt aber zu erkennen, daß er lieber auf alles verzichte, was er Maecenas verdanke, als seine Unabhängigkeit aufzugeben. – Der 8. Brief ist ein satirisches Selbstporträt. – Im 9. Brief empfiehlt der Dichter seinen Freund Septimius dem Prinzen Tiberius zur Aufnahme in sein Gefolge. – Im 10. Brief spricht der Dichter von den Vorzügen des Landlebens, das er auf seinem Gut genießt. Er verknüpft damit die Mahnung zur Bescheidenheit. – Der 11. Brief hat die Seelenruhe und den Unsinn einer Ortsveränderung zum Thema. Lebensglück ist nicht vom Aufenthaltsort abhängig. Der Mensch trägt die Quelle seines Glückes in sich selbst. – Der 12. Brief handelt von der Selbstgenügsamkeit. – Der 13. Brief rät Vinnius Asina, dem Kaiser Augustus ein Exemplar der ersten drei B. der →*Carmina* des Horaz zu überbringen. – Der 14. Brief ist an den Gutsverwalter gerichtet, der das Landleben aufgeben will und sich nach dem Luxus eines Lebens in der Stadt zurücksehnt. – Im 15. Brief macht Horaz seinem Adressaten klar, daß die Zufriedenheit mit bescheidenem Glück das Vergnügen an Komfort nicht ausschließt. – Im 16. Brief an Quinctius beschreibt Horaz sein Landgut und spricht vom rechten Leben und Sterben. Er mahnt Quinctius, nicht auf den äußeren Schein und das Gerede der Leute zu achten, sondern an sich selbst zu arbeiten, um ein guter Mensch zu werden. Die Bestimmung dieses Zieles ist das Thema dieses Briefes. – Der 17. Brief reflektiert am Beispiel von Aristipp und den Kynikern über den richtigen Umgang mit Höhergestellten. Man dürfe die Abhängigkeit von reichen Gönnern nicht zu einem genußsüchtigen Schmarotzertum verkommen lassen. – Im 18. Brief an Lollius geht es um den Umgang mit Freunden und um den Gleichmut. – Im 19. Brief an Maecenas spricht der Dichter über die literarische Nachahmung und die literarische Originalität. Er sieht seine eigene Stärke darin, daß er in Rom neue Wege beschritt, als er die strengen Formen der griechischen Lyrik mit eigenständigem Leben erfüllte. – Der 20. Brief ist ein Geleitgedicht an das fertige B. Horaz entwirft ein ironisches Bild des Nachlebens und zeichnet ein Selbstporträt. – B. 2: Der 1. Brief ist ein offenes Sendschreiben an Augustus über den gegenwärtigen Stand der röm. Literatur und den literarischen Geschmack der Zeit. Horaz hebt die Verdienste der modernen Dichter hervor und distanziert sich von einer einseitigen und unbegründeten Vorliebe für die Alten. Horaz geht auf die Entstehung und Entwicklung der dramatischen Kunst ein, deren Gedeihen unter dem Mangel an Kunstverständnis zu leiden hatte. Dann geht er auf die große Aufgabe des epischen Dichters ein, der er sich selbst nicht gewachsen fühle. Der Brief stellt die Schwierigkeiten dar, mit denen die röm. Dichtung zu kämpfen hatte. – Im 2. Brief legt Horaz seinem Freund Florus die Gründe dar, die ihn zum Abschied von der Poesie bewegten. Er distanziert sich von dem eitlen Gehabe der Dichter. Statt der lyrischen Dichtung will Horaz sich von nun an der Selbstkritik und der Selbstbetrachtung widmen. Er will nach dem rechten Maß im wirklichen Leben fragen. Seinen Adressaten (und sich selbst) fordert er auf, die rechte Mitte zwischen Geiz und Verschwendung zu suchen.

Q Obwohl schon Lucilius Episteln geschrieben hatte, schafft Horaz „mit seinen Episteln eine völlig neue Literaturgattung. Sie gestattet, mancherlei Themen des täglichen Lebens und der ethischen Daseinsbewältigung von einem persönlichen Standpunkt zu behandeln. Horaz kennt Stoa und Epikureismus – diesem steht er näher jener (z.B. Epist. 1,4,16) –, ist aber weit entfernt von einer dogmatischen Haltung: Er will praktische Lebensweisheit vermitteln" (M. v. Albrecht, 571).

W Horaz beschreibt in der Epistel 2,1,132–138 den hohen Anspruch, Ehrfurcht und Frömmigkeit zu stiften und ein gutes Verhältnis zwischen dem Staat und den Göttern herzustellen. – In den Episteln geht es Horaz um das richtige Leben (*recte vivere*). Das Thema des rechten Maßes durchzieht die Episteln. Obwohl sich Horaz keiner Philosophenschule anschließt (vgl. Epist. 1,4,16), kommt ihm die epikureische Weisheit besonders entgegen. Er nennt sich selbst „ein Schwein aus der Herde Epikurs" (Epist. 1,4,16).

A F. Klingner, Leipzig [6]1982. D. R. Shackleton Bailey, Stuttgart/Leipzig [3]1995.
Ü H. Färber / W. Schöne, München [10]1985 (lat.-dt.). G. Herrmann / G. Fink, Düsseldorf/Zürich 2000 (lat.-dt.). B. Kytzler, Stuttgart 1986 (lat.-dt.). O. Schönberger, Berlin [2]1991 (lat.-dt.). C. M. Wieland, hg. von M. Fuhrmann, Frankfurt 1986.
L M. v. Albrecht, RL, 565–587. L. Bösing: Griechen und Römer im Augustusbrief des Horaz, Konstanz 1972. E. Courbaud: Horace, sa vie et sa pensée à l'époque des Epîtres, Paris 1914. J. H. Hirth: Horaz, der Dichter der Briefe, Hildesheim 1985. A. Kiessling / R. Heinze, Berlin [4]1914 (Kommentar). U. Knoche: Horazens Satiren und Episteln, in: U. K.: Die römische Satire, Göttingen [4]1982, 46 bis 62. R. Mayer: Horace's Epistles 1 and Philosophy, in: AJPh 107, 1986, 55–73. M. J. McGann: Studies in Horace's First Book of Epistles, Brüssel 1969.

Epistulae
„Briefe"

Lucius Iavolenus Priscus, etwa 160–120 n.Chr.

Gesetzeskommentar (*Epistulae*) in 15 B. (lat.), aus denen nur Frg. in den „Digesten" (→*Corpus iuris civilis*) erhalten sind.

A O. Lenel: Palingenesia iuris civilis 1,1889, 277–316.
L H. Hübner: Iavolenus Priscus, dtv-L 1.2, 274.

Epistulae
„Briefe"

Ignatios, Bischof von Antiocheia, gest. spätestens 117 n.Chr.

Briefe (gr.) aus Smyrna an die Ephesier, Magnesier, Trallianer und Römer, aus Troas an die Philadelphier, die Smyrnäer und an Polykarpos.
Das von Ignatios selbst zusammengestellte Corpus von sieben Briefen wurde im 4. Jh. um weitere sechs vermehrt (→*Patrum Apostolicorum opera*).

I Die Briefe bezeugen, daß Ignatios einer der frühesten Vertreter der monarchischen Gemeindeverfassung war. Der Bischof, der von Christus mit Macht ausgestattet wird, ist der Verkünder der rechten Lehre und der Leiter der Gemeinde. Der Gemeinde in Rom schreibt Ignatios einen Vorrang im Glauben und in der Liebe zu. Die Gesamtheit der christlichen Gemeinden nennt er als erster „Katholische Kirche" (An die Smyrnäer 8,2).

Q Vor allem in seiner Ethik beweist Ignatios stoisch-hellenistische Einflüsse. Stilistisch lehnen sich die Briefe an die kynisch-stoische Diatribe an (→*Diatribaí*).

H Als Führer der christlichen Gemeinde von Antiocheia wurde Ignatios von den Römern zum Tode verurteilt, nach Rom geschafft und dort bei einer Tierhetze im Amphitheater hingerichtet. Er war jedoch nicht Opfer einer allgemeinen Christenverfolgung.

W Die Adressaten seiner Briefe, die er auf dem Weg nach Rom schrieb, sollten wissen, daß er gern für Gott starb (An die Römer 4,1) und darin den Sinn seines Leidensweges sah. An die Ephesier schrieb er (2,2), er hoffe im Kampf mit den Tieren den Tod zu finden. Er wollte offensichtlich Gott geopfert werden, um auf diese Weise zu Gott zu kommen (An die Römer 2,1–2). Im Leiden sah er die besondere Nähe zu Christus, dem Gekreuzigten. Das bedeutet: „Christi Leben ist nur in uns, wenn wir unseren Tod, auch den ganz normalen, nicht gewaltsamen Tod, schon vorweg als Nachahmung seines Leidens, als Teilhabe an seinem Leiden annehmen" (Vogt, 56).

A K. Bihlmeyer: Apostolische Väter, Tübingen 1924, 82–113. Th. Camelot, SC 10, (2)1951.
Ü J. A. Fischer, München 1956, 102–225 (gr.-dt.).
L C. P. H. Bammel: Ignatian Problems, in: Journal of Theol. Studies 1982, 62–97. O. Bardenhewer 1, 131–159. O. Perler: Ignatios, LThK 4, 611f. R. Staats: Die martyrologische Begründung des Romprimats bei Ignatius von Antiochien, in: ZThK 1976, 461–470. H.-J. Vogt: Ignatius von Antiochien – das Leiden als Zeugnis und Heilsweg, in: Humanistische Bildung 8/1984, 49–71.

Epistulae
„Briefe"

Ioannes Chrysostomos aus Antiocheia, Bischof von Konstantinopel, 334/354–407 n. Chr.

Etwa 240 Briefe (gr.), im armenischen Exil verfaßt (404–407 n. Chr.)

I Die Schreiben sind an mehr als hundert verschiedene Adressaten gerichtet, die sich als treue Anhänger des Verbannten erwiesen hatten und die er in überlegener Haltung zu trösten suchte. Das Kernstück der Sammlung bilden die 17 Briefe an die Diakonisse Olympias in Konstantinopel. Zentrales Thema dieser Briefe ist die Überwindung des Leides.

A A. M. Malingrey, SC 13, 1947. PG 52.
L Ch. Baur: Der hl. J. Chrysostomos und seine Zeit. 2 Bde., München 1920 bis 1930. K. Baus: Johannes Chrysostomos, LThK 5, 1018–1021. M. Zelzer: Die Briefliteratur, in: NHbL. Spätantike, 321–353.

Epistulae
„Briefe"

Isidoros aus Pelusion, 5. Jh. n. Chr.

Sammlung von über zweitausend erhaltenen Briefen (gr.).

I Der gelehrte Autor behandelte in diesen Briefen ethische und biblisch-exegetische Fragen aus der Perspektive eines Abtes in einem ägyptischen Kloster. Die Briefe geben u. a. auch theologisch durchdachte Anweisungen für das richtige Leben eines Mönches. – Zahlreiche Schreiben sind Zeugnisse der aktiven Auseinandersetzung mit dem Arianismus und dem Monophysitismus. Seine Argumente gewinnt Isidoros aus der historisch-kritischen Auslegung der Bibel.

A PG 78.
L K. Baus: Isidoros v. Pelusion, LThK 5, 789. A. Dihle, GLL, 429. A. Schmid: Die Christologie Isidors v. Pelusium, Freiburg (Schweiz) 1948.

Epistulae
„Briefe"

Isokrates aus Athen, 436–338 v. Chr.

Sammlung von neun teilweise fragmentarisch erhaltenen Briefen, die wohl überwiegend authentisch sind (gr.).
Die Briefe wurden in der Zeit von 368 (Brief 1) bis 338 v. Chr. (3) verfaßt. (6: 359; 9: 356; 8: 350; 7: 345; 2: 342; 5: 342; 4: 340 v. Chr.).

I Die Briefe entsprechen in Ton und Gehalt den politischen Reden des Autors. Adressaten sind herausragende Persönlichkeiten (Könige und Prinzen, Feldherren und politische Führer). Vier Briefe (1: An Dionysios I., den Tyrannen von Syrakus; 2 und 3: An König Philipp von Makedonien; 9: An Archidamos von Sparta) wollen Isokrates' politische Überzeugung vermitteln, daß ein starker Führer die miteinander in Streit lebenden griechischen Staaten einigen müsse, um mit einer gemeinsamen Streitmacht Persien zu unterwerfen. – Der Brief 4 an Antipater, den Regenten von Makedonien in der Zeit der Abwesenheit Philipps, ist ein Empfehlungsschreiben für Diodotos, einen Schüler des Isokrates, und dessen Sohn. Isokrates empfiehlt Antipater, sich des Diodotos anzunehmen, indem er dessen Fähigkeiten preist. – Der Brief 5 ist an den jungen Alexander gerichtet. – Der Autor bezieht sich auf die Nachrichten, die er über den gerade Vierzehnjährigen erhielt, und bringt seine Überzeugung von der großen Zukunft des Prinzen zum Ausdruck. – In den Briefen 6 (An die Kinder des Jason, des Tyrannen von Pherai in Thessalien) und 7 (An Timotheos, den Herrscher von Herakleia) spielt Isokrates die Rolle des Ratgebers prominenter Persönlichkeiten, um sie zu einer moderaten Handhabung ihrer Macht zu bewegen. Brief 8 an die Oligarchen von Mytilene auf Lesbos dient dem Zweck, dem Musiker Agenor und seiner Familie die Rückkehr aus dem Exil zu ermöglichen.

A L. van Hook: Isocrates. Bd. 3, London /Cambridge (Mass.) 1945 (gr.-engl.).
Ü C. Ley-Hutton. 2. Bde., Stuttgart 1993–1997.
L A. Lesky, GL,654–663. E. Mikkola: Isokrates, Helsinki 1954.

Epistulae
„Briefe"

Flavius Claudius Iulianus, röm. Kaiser 361–363 n. Chr.

Sammlung der überwiegend privaten Korrespondenz des Kaisers (gr.).

I Es handelt sich um Briefe an Freunde und Gleichgesinnte, an Persönlichkeiten der Verehrung und des Vertrauens, z. B. an Libanios und Maximos, an Gegner, an Beamter, Soldaten und Priester, an Berufsstände, Provinzen und Gemeinden. Größere Briefe sind das Sendschreiben an den Rat und das Volk der Athener mit wertvollen autobiographischen Nachrichten, 361 verfaßt, und der Brief an Themistios über die Königsherrschaft. Bemerkenswert ist auch ein Brief an Studienkollegen aus der Statthaltertätigkeit des Autors in Gallien, einer in den Augen des Iulianus so verwilderten Gegend, daß er zu fürchten glaubte, dort sein Griechisch zu verlernen (vgl. M. Zelzer, 351).
W Ein großer Teil der Briefsammlung besteht aus Schreiben, die im Zusammenhang mit der Religionspolitik des Kaisers stehen. Sie erläutern die Ziele des Kaisers und zeugen von seinem großen reformatorischen Engagement.

A J. Bidez / F. Cumont, Paris 1922. J. Bidez, Paris [2]1960.
Ü L. Goessler, Zürich/Stuttgart 1971. B. Weis, München 1973 (gr.-dt.).
L J. Bidez: La vie de l' empereur Julien, Paris 1930 (dt. [3]1942. 1965). J. Bidez: Kaiser Julian. Der Untergang der heidnischen Welt, Hamburg 1956. K. Bringmann: Kaiser Julian, Darmstadt 2004. A. Dihle, GLL, 460–466. J. Geffken: Kaiser Julianus, Leipzig 1914. R. Klein (Hg.): Julian Apostata, Darmstadt 1978. R. Klein: Julian Apostata, in: Gy 93, 1986, 273–292. A. Lesky, GL, 974f.

Epistulae
„Briefe"

Gaius Iulius Caesar, 100–44 v. Chr.

Kurze Schreiben politischen Inhalts an Marcus Tullius Cicero (lat.).
Erhalten sind nur wenige Briefe Caesars unter Ciceros Briefen an Atticus (→Epistulae ad Atticum). Sie stammen aus den ersten beiden Monaten das Bürgerkrieges gegen Pompeius (49 v. Chr.).

I Die erhaltenen Briefe konzentrieren sich auf zwei Themen: (1) Caesar versucht, Cicero politisch auf seine Seite zu ziehen (Ad Atticum 9,6a) bzw. zu verhindern, daß dieser sich Pompeius an schließt (Ad Atticum 10, 8b). – (2) Caesar äußert sich über grundsätzliche Fragen seiner Politik (Ad Atticum 9,7c; 9,16). In Brief 9,7c „wird das Programm der misericordia (Caesar meidet die Vokabel clementia) zur politischen Willensbekundung" (M. v. Albrecht, 329).

A D. R. Shackleton Bailey, Stuttgart 1987 (Atticus-Briefe Ciceros).
Ü H. Kasten, München o.J. (1959) (lat.-dt.).
L M. v. Albrecht: RL, 326–347. J. Klass: Cicero und Caesar. Ein Beitrag zur Aufhellung ihrer gegenseitigen Beziehungen, Berlin 1939. H. Oppermann: Drei Briefe Caesars, in: HG 44, 1933, 129–142.

Epistulae
„Briefe"

Libanios aus Antiocheia, 4. Jh. n. Chr.

Sammlung von über 1500 Briefen (gr.) an alle damaligen Berühmtheiten des Ostens (Ammianus Marcellinus, Themistios, Basileios, Symmachus, Kaiser Julian u. a.).
Verfaßt vor allem in den Jahren 355–365 und 387 bis 393 n. Chr.

I „Diese Briefe, deren spätere Publikation wohl von vornherein vorgesehen war, ergeben durch die Fülle der in ihnen mitgeteilten Einzelheiten eine nahezu lückenlose Biographie des Libanios und illustrieren überdies höchst anschaulich den politischen und gesellschaftlichen Hintergrund seiner Zeit, zumindest für die Großstadt Antiocheia" (Gärtner, 614). Die Briefe geben außerdem Einblicke in das Studentenleben, in die Religionspolitik der Kaiser, in das Zusammenleben von Heiden und Christen, in die Vergnügungen des Volkes (Gladiatorenspiele, Tierhetzen).

A J. Ch. Wolf, Amsterdam, 1738 (die erste Gesamtausgabe der „Briefe"). R. Förster, Leipzig 1921–1922.
Ü G. Fatouros / T. Krischer, Zürich/München 1980 (gr.-dt. in Auswahl).
L A. Dihle, GLL, 456–458. G. Fatouros / T. Krischer (Hg.): Libanios, Darmstadt 1983. F. Foerster / K. Münscher: Libanios, in: RE 12, 2, 1925, 2485–2551. H. Gärtner: Libanios, in: DKP 3, 1969, 612–615. O. Seeck: Die Briefe des Libanios zeitlich geordnet, Leipzig 1906, Nachdr. Hildesheim 1966. W. Spoerri: Libanios, in: dtv-L 1. 3, 1969, 59f. M. Zelzer: Die Briefliteratur, in: NHbL. Spätantike, 321–353.

Epistulae
„Briefe"

Neilos aus Ankyra, um 400 n. Chr.

Sammlung von über tausend Briefen (gr.).

I Hauptinhalt der Briefe, die für die Kenntnis
des Mönchslebens der damaligen Zeit wichtig sind,
ist die geistliche Beratung der Adressaten verbunden mit der Aufforderung, nach Vollkommenheit
zu streben. Allerdings besteht eine große Zahl der
Briefe nur aus Zitaten aus der Bibel oder aus Werken anderer Autoren (z. B. aus Chrysostomos).

A PG 79, 81–581.
L A. Dihle, GLL, 429. H. C. Graef: Neilos v. Ankyra,
in: LThK 7, 870 f.

Epistulae
„Briefe"

Paulinus, Bischof von Nola, 353–431 n. Chr.

Sammlung von 49 Briefen (lat.).

I Paulinus trat mit den führenden Geistern der
christlichen Welt, wie z. B. mit Augustinus und
Hieronymus, in brieflichen Kontakt. Die Briefe befassen sich überwiegend mit religiösen Themen. Einige Schreiben behandeln die Frage, ob und wie die
traditionelle, an der heidnischen Literatur gewonnene Bildung mit christlicher Lebensführung zu
verbinden sei. In Brief 16 und in →*Carmina* 22,
wichtigen Zeugnissen der christlichen Literaturtheorie, fordert Paulinus die Adaptation traditioneller literarischer Formen an christliche Inhalte.

A W. Hartel, CSEL 29, 1894.
L A. Dihle, GGL, 577. W. Erdt: Christentum und
heidnisch-antike Bildung bei Paulin von Nola, Meisenheim 1976. P. de Labriolle: La correspondence d' Ausone
et de P. de Nole, Paris 1910. F. Leo: Zum Briefwechsel des
Ausonius und Paulinus (1886), in: Ausgewählte Kl. Schriften 2, 1960, 319–331.

Epistulae
„Briefe"

Platon aus Athen, 427–347 v. Chr.

Sammlung von 13 Briefen, die größtenteils wohl
nicht von Platon selbst stammen (gr.).

I Die Briefe 1–4 und 7–8 sind chronologisch angeordnet. In ihnen ist ein Rückblick auf Platons
Aufenthalt am Hof des Tyrannen Dionysios II.
von Syrakus mit der Darstellung der Lehre des Philosophen verknüpft. – Die Briefe 5–6 und 9–13 sind
motivisch eng verwandt. Hier ist der Rat, den Platon verschiedenen Staatsmännern gibt, das beherrschende Thema. – Die Briefe 10 und 13 nehmen

darüber hinaus auch auf Platons Wirken in Sizilien
Bezug. – Obwohl es gute Argumente für die Echtheit einiger Briefe, besonders des 7. Briefes, gibt,
„weist die Sammlung doch in ihrer Struktur und in
der Art der Verwendung bestimmter Leitmotive so
starke Ähnlichkeiten mit anderen Sammlungen eindeutig pseudepigrapher Briefe auf, daß man das
Corpus der Platon-Briefe zumindest gattungstypo-
logisch diesen Frühformen des Briefromans zuzuordnen hat" (N. Holzberg 1993, 303). Vgl. die
→„Briefe des Chion" und die pseudepigraphen
→„Briefe des Aischines, Alexanders d. Gr., des Euripides, des Hippokrates, des Phalaris, der Sieben
Weisen, des Sokrates und der Sokratiker und des
Themistokles".

A J. Morre-Blunt, Stuttgart/Leipzig 1985. J. Souilhé,
Paris [3]1960.
Ü E. Howald, Zürich 1951 (gr.-dt.). J. Irmscher, Berlin
1960. D. Kurz, Werke 5, 1983 (gr.-dt.). W. Neumann / J.
Kerschensteiner, München 1967 (gr.- dt.).
L F. Dornseiff: Platons B. „Briefe", in: Hermes 69,
1932, 223–226. (–) L. Edelstein: Plato's Seventh Letter, Lei-
den 1966. K. v. Fritz: Platon in Sizilien, Berlin 1968. H.-G.
Gadamer: Dialektik und Sophistik im siebten platonischen
Brief, in: SB der Akademie d. Wiss. Heidelberg. Phil.-hist.
Kl. 1964. 2. N. Holzberg: Romanhafte Erzählprosa in der
griechischen Literatur, in: Anregung 39, 1993, 243–254 und
302–309. A. Lesky, GL, 570.

Epistulae
„Briefe"

Gaius Plinius Caecilius Secundus aus Comum, 62
bis 114 n. Chr.

Sammlung von 247 Privatbriefen (9 B.) und 121
Briefen (1 B.), die den amtlichen Briefwechsel mit
Kaiser Trajan (reg. 98–117 n. Chr.) umfassen (lat.).
Die Datierung der „Briefe" ist schwierig. Das 10. B.
wurde wahrscheinlich postum ediert. Die B. 5–9
wurden nicht vor 109 n. Chr. erfaßt. Es gibt jedoch
auch früher geschriebene Briefe (z. B. 3,4 Ende 98).

I Die 247 Privatbriefe der B. 1–9 sind an ver-
schiedenste Adressaten gerichtet; es handelt sich
durchweg um Kunstbriefe, d. h. sie sind von Plinius
für die Veröffentlichung umgearbeitet oder von
vornherein dafür bestimmt gewesen. – Die Anordnung der Briefe ist nicht chronologisch. Sie geben
aber ein anschauliches Bild von der Gesellschaft
zur Zeit des Kaisers Trajan. In dieser Hinsicht sind
sie mit den →*Silvae* des Statius und den →*Epigrammata* des Martial vergleichbar, die die Zeit der
flavischen Kaiser spiegeln. – Jeder einzelne Brief ist
einem bestimmten Thema gewidmet, ohne dieses
jedoch erschöpfend zu behandeln. Berühmt sind
die Briefe an den Historiker Tacitus über den Ausbruch des Vesuvs im Jahre 79 n. Chr. (6,16 und 20). –
Der Briefwechsel mit Trajan im 10. B. der Sammlung enthält Anfragen des Plinius aus Bithynien
und Trajans Antworten. Bemerkenswert sind die
sogenannten Christenbriefe (10,96 und 97): Unter

der Statthalterschaft des Plinius kam es in Bithynien zu einer Christenverfolgung; Plinius fragt beim Kaiser an, wie er sich in dieser Situation verhalten solle (10,96). Der Kaiser antwortet (10, 97), man solle die Christen nicht aufspüren; sollten sie jedoch angezeigt werden und auf ihrem Glauben beharren, so solle man sie hinrichten. Tertullian (→*Apologeticum* 2,6–9) erwähnt übrigens das kaiserliche Reskript und tadelt seine Inkonsequenz.

W Da die Briefe an reale Personen gerichtet sind und von konkreten Anlässen ausgehen, dürfte es sich um eine weitgehend echte Korrespondenz handeln. Dies schließt eine literarische Ausgestaltung nicht aus, wie sie u. a. an der stilistischen Formung und der Beschränkung auf jeweils nur ein Thema erkennbar ist. „Am wahrscheinlichsten ist die Annahme, Plinius habe aus seiner tatsächlichen Korrespondenz eine Auswahl getroffen und in überarbeiteter Form herausgegeben. Daß einzelne Stücke erst für die Edition geschrieben wurden, ist möglich" (M. v. Albrecht, 912). – Die Briefe des Plinius sind mehr als nur ein idealisiertes Selbstporträt. „In Plinius gelangt ein Mann des Wortes und der Tat ... zu einem harmonischen und gefestigten literarischen Selbstbewußtsein ... Die Briefe des Plinius malen die Welt und Gesellschaft, in der er lebt; weder Geschichtswerk noch Biographie, sind sie ein lebendiger Bericht von kostbaren Augenblicken" (M. v. Albrecht, 914f.). – Die Briefe zeigen eine durchgehende ethische Orientierung am Ideal des röm. *vir bonus*. Plinius will das Bild eines Bürgers entwerfen, „der Talent und Vermögen in den Dienst der *amici* und der *patria* stellt: des ‚hommes de lettres‘, der zugleich Redner, Politiker und *vir bonus* ist" (M. v. A., 915).

A A.-M. Guillemin / M. Durry, Paris 1959–1964. R. A. B. Myners, Oxford 1963. E. T. Merill, Leipzig 1922. M. Schuster / R. Hanslik, Leipzig [(3)]1958, Nachdr. 1992.
Ü M. Giebel / H. Philips, Stuttgart 1998 (lat.-dt.). J. Feix, Limburg 1954 (Auswahl). A. Kabza, München 1960 (Auswahl). H. Kasten, Düsseldorf/Zürich [(8)]2003 (lat.-dt.). W. Krenkel, Berlin 1984. A. Lambert, Zürich/Stuttgart 1969. H. Philips, Stuttgart 1996 (B. 9 lat.-dt.). H. Philips / M. Giebel / W. Kierdorf, Stuttgart 1998 (lat.-dt.). M. Schuster, Stuttgart 1954 (Auswahl).
L M. v. Albrecht, RL, 909–917. H. P. Bütler: Die geistige Welt des jüngeren Plinius. Studien zur Thematik seiner Briefe, Heidelberg 1970. E. Bury: Humanitas als Lebensaufgabe. Prolegomena zu einer Neukonzeption der Lektüre der Plinius-Briefe, in: AU 1/1989, 42–64. G. Calboli: Pline la Jeune entre pratique judiciaire et éloquence épidictique, in: BAGB 44, 1985, 357–374. A.-M. Guillemin: Pline et la vie littéraire de son temps, Paris 1929. E. Lefèvre: Plinius-Studien I bis V, in: Gy 84, 1977, 519–541; 85, 1978, 37–47; 94, 1987, 247–262; 95, 1988, 236–269; 96, 1989, 113–128. G. Merwald: Die B.komposition des Jüngeren Plinius (Epist. 1–9), Diss. Erlangen 1964. M. Schuster: Plinius, in: RE 21, 1, 1951, 439–456. A. N. Sherwin-White: The Letters of Pliny. A Historical and Social Commentary, Oxford 1966. A. N. Sherwin-White: Pliny, the Man and his Letters, in: G & R 15, 1969, 76–90. L. Vidman: Étude sur la correspondance de Pline la Jeune avec Trajan, Prag 1960, Nachdr. Rom 1972. A. Weische: Plinius d. J. und Cicero. Untersuchungen zur römischen Epistolographie, in:

ANRW 2, 33, 1, 1989, 375–386. A. Wlosok: Rom und die Christen. Zur Auseinandersetzung zwischen Christentum und römischem Staat, Stuttgart 1970, 37–39.

Epistulae →Patrum Apostolicorum opera (Polykarpos)

Epistulae
„Briefe"

Prokopios aus Gaza, um 465 bis um 529 n. Chr.

Sammlung von etwa 160 Briefen (gr.) an Freunde und Schüler (Prokopios war ein bedeutender Rhetoriklehrer und hervorragender Vertreter der Zweiten Sophistik.).

A A. Garzya / J. Loenertz, 1963.
L W. Aly, Prokopios, in: RE 23, 1, 1957, 259–272. Schmid-Stählin 2, 2, 1924, 1029.

Epistulae
„Briefe"

Gaius Sollius Sidonius Apollinaris aus Lugdunum, 5. Jh. n. Chr.

Sammlung von 147 stilistisch ausgefeilten Briefen (lat.), teilweise mit poetischen Einlagen in verschiedenen Versmaßen.
Die Briefe wurden hauptsächlich nach der Ernennung des Autors zum Bischof von Clermont (470 n. Chr.) verfaßt.

I Die Briefe waren von vornherein zur Veröffentlichung bestimmt oder wurden zu diesem Zweck überarbeitet. Sie bieten ein wertvolles Bild des gesellschaftlichen und geistigen Lebens ihrer Entstehungszeit. – Ein Beispiel für Sidonius' Epistolographie, die ebenso wie seine poetischen Werke (→*Carmina*) von antiker Bildung und Konvention zeugt, ist der Brief 2,9 an Donidius. Dieser Brief ist ein anschauliches Dokument röm.-aristokratischer Lebensweise im südlichen Gallien, das getragen ist von Wohlstand und Bildung. Es ist die Rede von *humanissimi domini*, von Grundherren feinster Lebensart, bei denen der Briefschreiber Gastfreundschaft genießt. Begeistert erzählt er von einer herrlichen Bibliothek, die an das Athenaeum des Kaisers Hadrian erinnert und christliche wie antik-heidnische B. enthält (z. B. Augustin und Varro oder Horaz und Prudentius). Man diskutierte über Autoren und Übersetzer und genoß die erlesene Küche. Man badete wie in den röm. Thermen. Christliches Denken und Fühlen kommt nur am Schluß ganz oberflächlich zum Ausdruck, als der Autor ankündigt, seinen Adressaten bald „mit Christi Hilfe" besuchen zu wollen.

Q Sidonius hat seine Briefe selbst nach dem

Vorbild des jüngeren Plinius und des Symmachus zu einem Corpus aus neun B. zusammengestellt.

A W. B. Anderson, London/Cambridge (Mass.) 1965 (lat.-engl.). H. Köhler, Heidelberg 1995 nur 1. Buch (lat.-dt. mit Kommentar). A. Loyen, Paris 1970 (lat.-frz.). P. Mohr, Leipzig 1895.
Ü H. A. Gärtner, RLTD 5, 518–531 (lat.-dt. in Auswahl). H. Köhler (s.o.).
L M. v. Albrecht, RL, 1044f. A. Chastagnol: Sidoine Apollinaire et le Sénate de Rome, in: Acta antiqua Academiae Scientiarum Hungaricae 26, 1978, 57–70. A. Loyen: Sidoine Apollinaire et l' esprit precieux en Gaule, Paris 1943. P. Rousseau: In Search of Sidonius the Bishop, in: Historia 25, 1976, 356–377. K. F. Stroheker: Der senatorische Adel im spätantiken Gallien, Darmstadt [2]1970. M. Zelzer: Der Brief in der Spätantike. Überlegungen zu einem literarischen Genus am Beispiel der Briefsammlung des Sidonius Apollinaris, in: WS 107/108, 1994/1995, 541–551.

Epistulae
„Briefe"

Quintus Aurelius Symmachus, 2. Hälfte des 4. Jhs. n. Chr.

Sammlung von rund 900 Privatbriefen in neun B. und 49 amtlichen Schreiben (→*Relationes*), die der Sohn des Symmachus nach dem Tod des Vaters als 10. B. einer Gesamtausgabe der Briefe hinzugefügt hat (lat.).
Die Schreiben stammen aus der Zeit von 365–402 n. Chr.

I Die in der Regel recht kurzen Schreiben sind nicht chronologisch aneinander gereiht. In den B. 1–7 sind sie überwiegend nach Adressaten geordnet. Die Briefe sind sorgfältig gestaltet. Die Topik der Glückwunsch-, Trost- und Dankschreiben unterliegt dem Prinzip der Abwechslung. Die Briefe an den Sohn und an die Tochter zeigen naturgemäß ein stärkeres emotionales Engagement. Symmachus betont die Stildifferenz zwischen Brief und Rede (Briefe 7,9; 3,11; 3,44). – In einem Brief an den Freund Ausonius (1,14,2) schreibt Symmachus begeistert über die →*Mosella*: „Dein Epos *Mosella* fliegt von Hand zu Hand und wird von vielen gelesen, da es von dir durch göttliche Verse geweiht ist."
Q Die Einteilung der Sammlung in zehn B. geht auf die Sammlung der →*Epistulae* des Plinius zurück (9 B. Privatbriefe, ein B. amtliche Korrespondenz).

A J. P. Callu, Paris 1972 und 1982 (B. 1–2 und B. 3–5: lat.-frz. mit Kommentar). A. Marcone, Pisa 1987 und 1983 (B. 4 und B. 6: lat.-it. mit Kommentar). S. Roda, Pisa 1981 (B. 9: lat.-it. mit Kommentar).
L M. v. Albrecht, RL, 1145–1149. M. Fuhrmann, Spätantike, 67–80. Ph. Bruggisser: Symmaque ou le rituel épistolaire de l' amitié, Freiburg (Schweiz) 1993. F. Klingner: Vom Geistesleben der Römer des ausgehenden Altertums (1941), in: F. Klingner, Geisteswelt, 514–564. J. F. Matthews: The Letters of Symmachus, in: J. W. Binns (Hg.): Latin literature of the Fourth century, London 1974, 58 bis 99. D. R. Shackleton Bailey: Critical Notes on Symma-

chus' Private Letters, in: CPh 78, 1983, 315–323. K. Thraede: Sprachlich-Stilistisches zu Briefen des Symmachus, in: RhM 11, 1968, 260–289.

Epistulae
„Briefe"

Synesios aus Kyrene, etwa 370–412 n. Chr.

156 Briefe an Freunde, darunter auch an die Philosophin Hypatia (gr.). Sie galten lange Zeit als Muster des Briefstils.

I Aus den Briefen an Hypatia spricht die Hochachtung für diese Frau. (z. B. 4,124 und 136). – In 11 (S. 648 H.) erklärt Synesios, daß er sein Bischofsamt, das er im Jahre 410 erhielt, nicht als Entfernung von der Philosophie, sondern als weitere Annäherung an sie verstand. – Berühmt ist der Brief 105, wo er seine Bedenken gegenüber dem ihm angetragenen Amt äußerte und seine Bedingungen für die Annahme der Bischofswürde formulierte. So verlangte er u. a., seine Ehe fortsetzen zu dürfen. – Brief 41 enthält eine Rede gegen den Provinzstatthalter Andronikos, die in ihrer Leidenschaftlichkeit mit Ciceros Reden gegen Catilina vergleichbar sind (→*Catilinariae orationes IV*).
W Insgesamt geben die Briefe ein anschauliches Bild von Synesios selbst, seiner vielseitigen Tätigkeit, seinen Beziehungen und Vorstellungen und von seiner Zeit. Synesios „besaß die Gabe scharfer Beobachtung und anschaulicher Schilderung, und so gehören seine Briefe zum Lebendigsten, was aus der spätantiken Prosaliteratur erhalten blieb, ob nun Fragen der militärischen Organisation, der Ämterbesetzung, der Sozialfürsorge oder die Erlebnisse auf einer Seereise in der Gesellschaft der verschiedenartigsten Passagiere zur Sprache kommen" (A. Dihle, GLL, 464).

A A. Garzya, Rom 1979. R. Hercher: Epistolographi Graeci, Paris 1873, Nachdr. Amsterdam 1964. PG 66, 1021–1616.
L J. Bregman: Synesios of Cyrene, philosopher-bishop, Berkeley / Los Angeles / London 1982. A. Dihle, GLL, 464. I. Hermelin: Zu den Briefen des Bischofs Synesios, Uppsala 1934. C. Lacombrade: Synésios de Cyrène, hellène et chrétien, Paris 1951. F. Strunz: Hypatia philosopha Alexandrina, in: IANUS 20, 1999, 41–50 (mit Literatur zu Hypatia).

Epistulae ad Caesarem senem de re publica
„Briefe an den älteren Caesar über den Staat"

Gaius Sallustius Crispus aus Amiternum, 86–34 v. Chr.; wahrscheinlich stammen die Briefe nicht von Sallust, sondern von einem Nachahmer des sallustischen Stiles. Zwei in Briefform gefaßte Vorschläge an Caesar für die politische und moralische Erneuerung des Staates (lat.).

Die Abfassungszeit ist unbestimmt. Der erste Brief spielt 48 v. Chr., der zweite etwa 50 v. Chr.

I Sallust rät Caesar im 1. Brief u. a. vor seinem Übergang über den Rubicon, als *dictator rei publicae constituendae* im Stil des Pompeius Magnus die Macht zu ergreifen. Sallusts Vorschläge zielen auf eine funktionierende *res publica* mit „Senat und Volk", aber unter Ausschaltung der Nobilität. – Im 2. Brief zeigt der Autor noch eine stärkere Zurückhaltung gegenüber Caesar. Er möchte einen Versöhnungsfrieden erreichen, bleibt aber Parteigänger Caesars, weil er davon überzeugt ist, daß Caesar der einzige ist, der die innere Ordnung des Staates wiederherstellen kann.

A A. Kurfess, Leipzig [6]1962.
Ü W. Schöne / W. Eisenhut, München [4]1969 (lat.-dt.).
L M. v. Albrecht, RL 347–370. A. Dihle: Zu den *Epistolae ad Caesarem*, in: MH 11, 1954, 126–130. B. Edmar: Studien zu den *Epistulae ad Caesarem*, Lund 1931. G. A. Lehmann: Politische Reformvorschläge in der Krise der späten römischen Republik. Cicero *De legibus* III und Sallusts Sendschreiben an Caesar, Meisenheim 1980. E. Pasoli: Problemi delle *Epistulae ad Caesarem* sallustiane, Bologna 1970. K. Thraede: E. Skards sprachstatistische Behandlung der *Epistulae ad Caesarem senem*, in: Mnemosyne (ser. 4) 31, 1978, 179–195.

Epistulae ad Romanos expositio inchohata
„Angefangene Deutung des Briefes an die Römer"

Aurelius Augustinus aus Thagaste, 354–430 n. Chr.

Exegetische Schrift zum →*Novum Testamentum* (lat.).
Verfaßt 394/395 n. Chr.

I Die Ausführungen beschränken sich auf den Anfang des Paulusbriefes.

A J. Divjak, CSEL 84, 1971.
L M. v. Albrecht, RL, 1318 bis 1353.

Epistulae ex Ponto
„Briefe vom Schwarzen Meer"

Publius Ovidius Naso aus Sulmo, 43 v. Chr. – 17 n. Chr.

Sammlung von 30 Elegien in 4 B. (lat.).
Entstanden in den Jahren 12–16 n. Chr. in Tomis, dem Verbannungsort des Autors am Schwarzen Meer. – Die B. 1–3 wurden bereits 13 n. Chr. in Rom veröffentlicht. Das 4. B. mit 16 Briefen wurde wohl erst postum publiziert.

I Die Gedichte spiegeln Ovids innere und äußere Situation am Ort seiner Verbannung wider. Ovid leidet unter der unabänderlichen Trennung von Rom. Er hofft auf eine Besserung seiner Lage. Seine Briefe, die von vornherein für die Veröffentlichung bestimmt sind, richten sich an Einflußreiche Freunde, die er mit Namen nennt, und an seine Frau. Die Adressaten sollen sich für ihn am Hofe des Kaisers einsetzen. – „Zwei Schichten lassen sich in den Gedichten voneinander scheiden: eine reale, die alles umgreift, was der Dichter zur Verbesserung seiner persönlichen Lage unternimmt...; und eine spezifisch poetische, in der sich die zwar auch in der Realität wurzelnde, aber eigenständige dichterische Welt der Elegie entfaltet. Mit den traditionellen Elementen der subjektiven Elegie ... entsteht eine eigene, zwischen Resignation und Hoffnung gespannte Welt der Trauer..." (R. Mellein, 840).

W Ovid gab der Gattung der Elegie einen neuen Inhalt. Nicht mehr der Schmerz über eine unglückliche Liebe wie in der klassischen Liebeselegie, sondern der Schmerz über sein persönliches Schicksal ist das beherrschende Thema. Das lyrische Ich hat die eigene Trauer zum Gegenstand der Reflexion erhoben, mit deren Hilfe der Dichter die Änderung der Verhältnisse herbeizuführen versucht. Nicht ohne Grund bedient er sich des Briefes als des traditionell wirksamsten Kommunikationsmittels aus der räumlichen Distanz. Hinzu kommt aber auch, daß das literarische Werk als ein Produkt höchster Kultur und Menschlichkeit, in schärfstem Gegensatz zur barbarischen Umwelt stehend, zur Überwindung eben dieser inhumanen Wirklichkeit führt.

A J. André, Paris 1977 (lat.-frz.). H. Dörrie, Berlin 1972. S. G. Owen, Oxford 1915. J. A. Richmond, Stuttgart/Leipzig 1990. A. L. Wheeler, London/Cambridge (Mass.) 1924.
Ü W. Willige / N. Holzberg, Düsseldorf/Zürich [3]2000 (lat.-dt.).
L M. v. Albrecht, RL, 623–650. M. Drucker: Der verbannte Dichter und der Kaisergott. Studien zu Ovids späten Elegien, Diss. Heidelberg 1977. H. H. Froesch: Ovids *Epistulae ex Ponto* 1–3 als Gedichtsammlung, Diss. Bonn 1968. M. Helzle: Publii Ovidii Nasonis Epistularum ex Ponto IV. A Commentary on poems 1 to 7 and 16, Hildesheim 1989. R. Mellein, in: KNLL 12, 840f. B. R. Nagle: The Poetics of Exile. Program and Polemic in the *Tristia* and *Epistulae ex Ponto*, Brüssel 1980. W. Stroh: Tröstende Musen. Zur literarhistorischen Stellung und Bedeutung von Ovids Exilgedichten, in: ANRW 2, 31, 4, 1981, 2638–2684. L. Winniczuk: De Ovidii epistulis ad amicos et patronos ex Ponto scriptis, in: Meander 17, 1962, 194–206 und 239–251.

Epistulae Heroidum →Heroides (Ovidius)

Epistulae morales ad Lucilium
„Moralische Briefe an Lucilius"

Lucius Annaeus Seneca aus Corduba, etwa 4–65 n. Chr.

Einführung in die Philosophie in Form von 124 Briefen in 20 B. (lat.).
Dramatisches Datum der Briefe 63–64 n. Chr.

I Die für die Publikation bestimmte Sammlung ist an Senecas Freund Lucilius gerichtet. Es handelt sich um mehr oder weniger umfangreiche philosophische Abhandlungen in Briefform. Die Themen, die Seneca behandelt, sind vielfältig: In B. 1 (Briefe 1–12) gibt Seneca allgemeine Lebensregeln, in B. 2 (Briefe 13–21) wird die Philosophie als Weg zur Glückseligkeit gepriesen, in B. 3 (Briefe 22–29) werden Hindernisse auf dem Weg zum Glück beschrieben. Vielleicht hat Seneca diese drei B., die eine in sich geschlossene Einheit darstellen, noch selbst publiziert, während die folgenden B., die thematisch lockerer gefügt sind, postum veröffentlicht wurden. Alle Briefe dieser drei B. enthalten einen bedenkenswerten Ausspruch eines Weisen (oft des Epikur). – Im einzelnen geht Seneca u. a. auf folgende Themen ein: Klugheit im Umgang mit der Zeit (1), richtige Lektüre (2) Freundschaft (3), Wahrheitssuche und Todesfurcht (4), Lebensweise des Philosophen (5), die Masse und ihre Zerstreuung (7), Einsamkeit (10), Wert des Alters (12), wahre Gesundheit (15), Nutzen der Philosophie (16), wahrer Reichtum (17), Sinnlosigkeit des Reisens (28), Todesfurcht (30), das einfache Leben (32), Unterricht in Philosophie (38), Selbsterkenntnis (50), Todesgedanken (54), Leben und Sterben lernen (61), die Trauer (63), Muße des Weisen (68), Selbstmord (70), Krankheit (78), Dankbarkeit (81), naturwissenschaftliche Fragen (65), Freiheit von Leidenschaft (85), Gut und Böse in stoischer Sicht (87), Philosophie und Kultur, Kulturentstehung (90), Ethik und gesellschaftliche Wirklichkeit (95), Verhalten im Unglück (96), Mahnung zu bewußtem Leben (102), Mensch und Schicksal (107), innerer Frieden als Geschenk der Philosophie (110), das Wesen des Guten (118), Möglichkeiten für das Erkennen des Guten und des Sittlichen …

Q Die *Epistulae morales ad Lucilium* sind unter dem Aspekt der literarischen Gattung philosophische Traktate in Briefform. Seneca übernimmt aber auch Elemente der Diatribe, der philosophischen Predigt (→*Diatribai*), die auf Bion vom Borysthenes zurückzuführen ist und vor Seneca auch von Horaz (→*Epistulae*, →*Sermones*) rezipiert wurde. – Ein unmittelbares Vorbild ist der Stoiker Attalus (*Epist.* 9.63.67.72.81.108.110). – Auch den Einfluß Ciceros ist durch Zitate belegt. Seneca unterzieht Cicero vor allem in den späteren Briefen starker Kritik. – In praktisch-ethischen Fragen greift Seneca über Poseidonios und Panaitios auf die alte Stoa zurück. – In den ersten drei B. zitiert Seneca in jedem Brief auch Epikur. Daß auch Epikur philosophische Brie-

fe verfaßt hat (→*Epistula* an Menoikeus u. a. (–)), dürfte Seneca beeinflußt haben. – Auch der Einfluß Platons und der Pythagoreer ist nicht zu übersehen. Selbstverständlich ist auch Sokrates für Seneca ein überragendes Leitbild.

W Die Einführung in die Philosophie ist nicht systematisch. Es geht Seneca auch nicht darum, die Grundzüge der stoischen Philosophie zu vermitteln, obwohl sich Seneca der Stoa verbunden fühlt. Er hat das Ziel, Wege zur philosophischen Bewältigung der Lebensprobleme zu weisen. Philosophie ist für Seneca Lebenshilfe. – Der Autor legt größten Wert auf unmittelbaren Lebensbezug, verzichtet aber auch nicht auf eine Erörterung theoretischer Probleme, z. B. aus den Bereichen der Logik und Dialektik, und auf Wissenschaftlichkeit (vgl. *Epist.* 95).

A A. Beltrami. 2 Bde., Rom [(2)]1949. M. Préchac / H. Noblot. 5 Bde., Paris [(2)]1956–1962 (lat.-dt.). L. D. Reynolds. 2 Bde., Oxford 1965.
Ü H. Gunermann / F. Loretto / R. Rauthe, Stuttgart 1977 ff. (17 Bde. lat.-dt.). M. Rosenbach. 2 Bde., Darmstadt [(4)]1995 und [(2)]1987 (lat.-dt.).
L K. Abel: Das Problem der Faktizität der Senecanischen Korrespondenz, in: Hermes 109, 1981, 472–499. M. v. Albrecht: Meister römischer Prosa von Cato bis Apuleius, Heidelberg [(2)]1983, 138–151. M. v. Albrecht, RL, 918–954. J. F. Berthet: Sénèque, lecteur d' Horace d' après ses lettres à Lucilius, in: Latomus 38, 1979, 940–954. H. Cancik: Untersuchungen zu Senecas *Epistulae morales*, Hildesheim 1967. H. Freise: Die Bedeutung der Epikur-Zitate in den Schriften Senecas, in: Gymnasium 96, 1989, 532–556. D. G. Gambet: Cicero in the Works of Seneca Philosophus, in: TAPhA 101, 1970, 171–183. P. Grimal: Seneca. Macht und Ohnmacht des Geistes, Darmstadt 1978. E. Hachmann: Die Führung des Lesers in Senecas *Epistulae morales*, Münster 1995. M. Hengelbrock: Das Problem des ethischen Fortschritts in Senecas Briefen, Hildesheim 2001. U. Knoche: Der Gedanke der Freundschaft in Senecas Briefen an Lucilius, in: G. Maurach (Hg.): Seneca als Philosoph, Darmstadt [(2)]1987, 149–166. E. Lefèvre: Der Mensch und das Schicksal in stoischer Sicht (Sen. *epist.* 51 und 107), in: AU 26, 3, 1983, 61–73. G. Maurach: Der Bau von Senecas *Epistulae morales*, Heidelberg 1970. G. Maurach, Seneca, 157–177. G. Mazzoli: Le *Epistulae morales ad Lucilium* di Seneca. Valore letterario e filosofico, in: ANRW 36, 3, 1989, 1823–1877. E. G. Schmidt: Der Begriff des Guten in der hellenistischen Philosophie. Ein Beitrag zur Erklärung der Senecabriefe, Jena 1963. A. Stückelberger: Seneca. Der Brief als Mittel der persönlichen Auseinandersetzung mit der Philosophie, in: Didactica classica Gandensia 20, 1980, 133–148. M. Wilson: Seneca's Epistles to Lucilius. A Revaluation, in: Ramus 16, 1987, 102–121.

Epitaphia heroum, qui bello Troico interfuerunt
„Grabinschriften für Helden, die am Trojanischen Krieg teilgenommen haben"

Decimus Magnus Ausonius aus Burdigala, etwa 310 bis 395 n. Chr.

35 Epigramme in verschiedenen Versmaßen (lat.).

I Die Epigramme sind allerdings nicht nur den troischen Helden gewidmet. So befinden sich in der Sammlung auch Epigramme z. B. auf Niobe, den Kyniker Diogenes, ein schönes Pferd und eine verheirate Frau von 16 Jahren. – Bei 26 Epigrammen dieser Sammlung handelt es sich um Übersetzungen gr. Vorlagen aus dem unter dem Namen des Aristoteles überlieferten →*Péplos*.

A R. Peiper, Leipzig 1886. H. G. E. White. 2 Bde., London/Cambridge (Mass.) 1919–1921 (lat.-engl.).
L M. v. Albrecht, RL, 1047–1057. M. Fuhrmann, Spätantike, 101–107.

Epitáphios
„Grabrede"

Gorgias aus Leontinoi, etwa 480–380 v. Chr.

Grabrede (gr.) auf die im Peloponnesischen Krieg (431 bis 404 v. Chr.) gefallenen Athener; nur wenige Frg. sind erhalten.
Gorgias hielt die Rede wahrscheinlich bald nach dem Nikias-Frieden (421 v. Chr.) in Athen.

I In der Rede vertrat Gorgias u. a. die Auffassung, daß die Siege über Nichtgriechen Preislieder, die Siege über Griechen Trauergesänge erforderten. Hiermit erwies er sich als Verfechter der panhellenischen Idee, mit der Kriege unter den Griechen wie z. B. der Peloponnesische Krieg unvereinbar waren. – Im →*Olympikós* vertrat Gorgias seinen Panhellenismus noch entschiedener.

A M. Untersteiner: Sofisti. Testimonianze e frammenti. Bd. 2, Florenz [(2)]1961. VS 82, B 5a-6.
L W. Nestle, VMzL, 306–332. W. Vollgraff: L' oraison funèbre de Gorgias, Leiden 1952.

Epitáphios
„Grabrede"

Hypereides aus Athen, um 390–322 v. Chr.

Nachruf (gr.) auf die Gefallenen des Lamischen Krieges.

I Nach dem Tod Alexanders d. Gr. brachten Leosthenes und Hypereides Athen zur Erhebung gegen Makedonien. Nach dem Sieg des Leosthenes an den Thermopylen und bei Lamia über Antipater (323/322 v. Chr.) kam es zum Aufstand gegen Ma-kedonien in weiten Teilen Griechenlands. Die Streitkräfte der gr. Städte wurden aber in mehreren Schlachten – zuletzt 322 bei Krannon in Thessalien – besiegt, und die Hauptgegner Makedoniens, Demosthenes und Hypereides, fanden den Tod. Athens Seemacht war unwiederbringlich vernichtet. – Bevor Hypereides von Antipater hingerichtet wurde, konnte er noch die Rede auf die bei Krannon Gefallenen halten. – In dem *Epitáphios*, den Hypereides zu Ehren der Gefallenen und vor allem ihres Führers Leosthenes hielt, werden die Toten (mit Anklängen an Platon) wegen ihres ruhmvollen Endes und ihres großartigen Empfanges in der Unterwelt selig gepriesen. – Die Rede wird in der Schrift →*Perì hýpsus* (34) lobend erwähnt.

A G. Colin, Paris [(3)]1976 (gr.-frz.). C. Jensen, Leipzig 1917. F. G. Kenyon, Oxford 1906.
L G. Colin: L' oraison funèbre d' H., in: REG 51, 1938, 209ff. H. Hess: Textkritische und erklärende Beiträge zum *Epitaphios* des Hypereides, Leipzig 1938. A. Lesky, GL, 683–685. G. Schiassi: Hyp. *Epitaphios*, Florenz 1959.

Epitáphios Adónidos
„Totenklage auf Adonis"

Bion aus Smyrna, um 100 v. Chr.

Hexameterdichtung (gr.) vom Tod des Adonis, der auf der Jagd von einem Eber tödlich verletzt worden war, und von der Trauer der Aphrodite um ihren Geliebten.

I Der Dichter spielt die Rolle des Erzählers, der die Vorgänge nicht chronologisch mitteilt, sondern nach eigenen Vorstellungen aneinanderreiht. Bald gibt er vor, als Augenzeuge eigenes Erleben zu erzählen, bald stellt er sich als Gesprächspartner der Göttin Aphrodite dar. Auch spart er nicht mit eigenen mitfühlenden Auslegungen. „Zuerst scheint er in großer Distanz die Begegnung der Göttin mit dem toten Geliebten anzudeuten, dann aber, indem zugleich die Zeit fortschreitet, wird er leidenschaftlicher und genauer: er erzählt Aphrodites verzweifeltes Umherirren mit großem Reichtum an Einzelheiten ... Darauf folgen teils auslegende, teils weiter erzählende Worte, schließlich aber gleichsam ein Nachtrag: der Sprecher erzählt uns nun, was Kypris gesagt hat, als sie den Geliebten sah. Der Sprecher wendet sich dann aufs neue der Göttin zu: er rät, den Toten aufzubahren. Wiederum ... scheint die Göttin auszuführen, was der Dichter empfiehlt: Um den Aufgebahrten versammeln sich ... die Eroten zur Klage. Damit endet der Dichter: ‚Höre für heute mit Klagen auf, Kythereia, halt inne im Jammer. Wiederum mußt du weinen, wiederum übers Jahr Tränen vergießen" (Körte-Händel, 301f.). – Grundton des Gedichts ist die Klage, obwohl die Bilder mehrfach wechseln (schlafende Aphrodite, Adonis' toter Körper im Wald, Verzweiflung der Aphrodite, Aufbahrung des Leichnams).

Q Das Gedicht erinnert an das 15. *Eidýllion* des

Theokrit, die „Adoniazusen" (→*Eidýllia*): Hier hatte eine Sängerin im Palast der Ptolemäer ein Lied auf Adonis vorgetragen. Sie sang im Angesicht des aufgebahrten Gottes.

A A. S. F. Gow: Bucolici Graeci, Oxford 1952.
Ü U. v. Wilamowitz-Moellendorff: Reden und Vorträge. Bd. 1, Berlin 1925, 292–305.
L A. Körte / P. Händel, HD, 297–303. A. Lesky, GL, 816f. E. G. Schmidt: Bion (Nr. 3), in: DKP 1, 905f.

Epitáphios auf Julian
„Totenrede"

Libanios aus Antiocheia, 4. Jh. n. Chr.

Totenrede (Nr. 18 F.) (gr.) auf den 363 n. Chr. im Kampf gegen die Feinde im Osten gefallenen röm. Kaiser Julian (reg. 361–363). – Libanios hielt insgesamt sechs „Reden" (→*Lógoi*) auf den Kaiser.

A R. Förster. 12 Bde., Leipzig 1903–1927, Nachdr. 1963 (Gesamtwerk).
L A. Lesky, GL, 772f.

Epitáphios Bíonos
„Totenklage auf Bion"

An., ein Schüler und Freund des Bion aus Smyrna, 1. Jh. v. Chr.

Gedicht (gr.) auf den Tod des Bion im Stil bukolischer Poesie.

I Das Gedicht berichtet über die Lebensverhältnisse des Verstorbenen: Er lebte die meiste Zeit seines Lebens in Sizilien und wurde Opfer eines Giftmordes.

A V. Mumprecht: *Epitaphios Bionos*, Diss. Bern/Zürich 1964 (gr.-dt. mit Kommentar).
L A. Barigazzi: Sull' epitafio di Bione, in: Maia 19, 1967, 363ff. A. Lesky, GL, 816.

Epitáphios toîs Korinthíon boethoîs
„Grabrede auf die Verbündeten der Korinther"

Lysias, etwa 450 – etwa 380 v. Chr.

Grabrede (gr.) auf die Gefallenen des Korinthischen Krieges (395–386 v. Chr.) gegen Sparta.

I Die Rede greift ausführlich auf die Vergangenheit bis auf die Kämpfe mit den Amazonen zurück und erwähnt den korinthischen Krieg in so allgemeinen Formulierungen, daß die Datierung der Rede ausgeschlossen erscheint. – Es ist ausgeschlossen, daß Lysias als athenischer Metöke („in Athen wohnhafter freier Nichtbürger, Fremder") eine offizielle Grabrede dieser Art wirklich gehalten hat. Wenn sie von Lysias stammt, hat sie wohl nur litera-

rischen Charakter. Möglicherweise war sie aber nur eine sophistische Schulübung.

A C. Hude, Oxford 1912. Th. Thalheim, Leipzig [2]1913.
Ü K. Brodersen / I. Huber. 2 Bde., Darmstadt 2004–2005 (gr.-dt.).
L K. J. Dover: Lysias and the Corpus Lysiacum, Berkeley 1968. J. Klowski: Zur Echtheitsfrage des lysianischen Epitaphios, Diss. Hamburg 1959. J. Walz: Der lysianische Epitaphios. Ph Suppl. 19, 4, 1936.

Epithalámios Achilléos kaì Deidameías
„Hochzeitsgedicht auf Achill und Deidameia"

Ps.-Bion, ein Nachahmer Bions aus Smyrna

Heldensage (gr.), vorgetragen in einer Wechselrede zweier Hirten, die sich von Achills Liebesabenteuer auf Skyros erzählen. Vgl. Statius, →*Achilleis*.

A A. S. F. Gow: Bucolici Graeci, Oxford 1952.
L E. G. Schmidt: Bion (Nr. 3), in: DKP 1, 905f.

Epithalamium dictum Honorio Augusto et Mariae
„Hochzeitslied zu Ehren des Honorius Augustus und der Maria"

Claudius Claudianus, um 400 n. Chr.

Lied (lat.) zur Verherrlichung des Honorius anläßlich seiner Vermählung mit Maria im Jahre 398 n. Chr.

I Amor erfährt von der Liebe des Honorius zu Maria. Er fliegt nach Zypern zu seiner Mutter Venus. Der Dichter beschreibt die Heimat der Göttin. Darauf schildert er die Meerfahrt der Venus zur ligurischen Küste. Die Göttin trifft Maria bei der Lektüre klassischer Texte an und schmückt sie als Braut. Ein Soldatenchor rühmt Stilicho, den Vater der Braut. – Im Vorwort setzt sich Claudian mit seinen Kritikern auseinander, die er als Zentauren und Faune auftreten läßt.

A J. B. Hall, Leipzig 1985. M. Platnauer, London 1922 (lat.-engl.).
L M. v. Albrecht, RL, 1060–1071. U. Frings: Claudius Claudianus. *Epithalamium de nuptiis Honorii Augusti*, Meisenheim 1975.

Epitoma historiarum Philippicarum
„Auszug aus der ‚Philippischen Geschichte'"

Marcus Iunianus Iustinus, vielleicht Anfang des 3. Jhs. n. Chr.

Kurzfassung der Universalgeschichte des Augusteers Pompeius Trogus (lat.).

I Das Werk besteht aus Exzerpten unterschiedlichen Umfangs und Inhaltsangaben (→*Historiarum*

Philippicarum libri XLIV). Iustinus hebt das Exemplarische hervor und zeigt eine große Vorliebe für Sentenzen.

> **A**   O. Seel, Leipzig [(2)]1972, Nachdr. 1985.
> **Ü**   O. Seel, Zürich 1972.
> **L**   L. Castiglioni: Studi intorno alle Storie Filippiche di Giustino, 1925.

Epitoma Chronicon ad annum 455

„Kurzfassung der *Chronica* bis zum Jahre 455 n. Chr."

Prosper Tiro aus Aquitanien, 1. Hälfte des 5. Jh.s n. Chr.

Historische Darstellung (lat.) bis zur Eroberung und Plünderung von Rom durch Geiserich, den König der Vandalen im Jahre 455 n. Chr.

I   Die Darstellung ist bis zum Jahr 378 n. Chr. eine flüchtige Bearbeitung der „Chronik" des Hieronymus (→*Chronikoì kanónes* des Eusebios). In der Schilderung der darauf folgenden Zeit bis 455 beklagt der Autor das von den Germanen verursachte Elend. Gegen Ende des Werkes konzentriert sich der Autor stärker auf die Stadt Rom und die päpstliche Kurie.

H   Seit 445 hatten sich die Hunnen unter Attila zusammengeschlossen. 451 waren sie vom röm. Feldherrn Aetius auf den Katalaunischen Feldern zurückgeworfen worden. Attila fiel 452 in Italien ein. Papst Leo I. verhandelte mit dem Hunnenkönig und erreichte den Rückzug Attilas aus Italien. Der Papst wurde als Befreier Italiens gefeiert. Nach dem Sturz Kaiser Valentinians III. kam es zur Plünderung von Rom durch Geiserich, der sich schon in Nordafrika auf röm. Reichsboden eine Machtbasis geschaffen hatte.

W   „Auch in anderen Chroniken der Zeit engt sich der Horizont bei der Darstellung der je eigenen Gegenwart stark auf den jeweiligen Standort des Autors ein. Prosper hat aus dieser durch die Umstände verursachten Not (die allgemeine Unsicherheit erschwerte den Austausch von Nachrichten) eine Tugend zu machen versucht: er wurde durch seine Überzeugung, daß der päpstliche Stuhl die weltliche Macht abgelöst habe, zu einem Wegbereiter der kirchlichen Romidee" (Fuhrmann, 293 f.). Vgl. auch →*De ingratis*.

> **A**   MGH, AA 9,1, 1892, 341–485, Nachdr. 1961. PL 51.
> **Ü**   H. Homeyer: Attila. Der Hunnenkönig von seinen Zeitgenossen dargestellt, Berlin 1951.
> **L**   O. Bardenhewer 4, 533–541. M. Fuhrmann, Spätantike, 293 f. R. Helm, RE 23, 1, 1957, 880–897.

Epitomaí

„Auszüge"

Herakleides Lembos, 2. Jh. v. Chr.

Auszüge (gr.) aus dem Sammelwerk der 158 →*Politeîai* des Aristoteles, den Biographien des Hermippos (→*Bíoi tôn en paideía dialampsánton*) und des Satyros (→*Bíoi endóxon andrôn*) und der Philosophiegeschichte Sotions (→*Diadochè tôn philosóphon*).

> **L**   H. Bloch, TAPhA 71, 1940, 27–39.

Epitomae de T. Livio bellorum omnium annorum DCC libri II →Bellorum Romanorum libri II (Florus)

Epitoma rei militaris →De re militari (Vegetius)

Epitomé

„Auszug"

Auch zitiert als *Epitomaí* („Auszüge") oder als *Perì hairéseon* („Über die Philosophenschulen").

Areios Didymos, 1. Jh. v. Chr. – 1. Jh. n. Chr.

Auszüge aus den Lehren verschiedener Philosophenschulen (gr.), nur in Frg. erhalten.

I   Die vor allem bei Stobaios, →*Eklogaí*, und Eusebios, →*Euagelikè proparaskeué*, erhaltenen Frg. lassen erkennen, daß die *Epitomé* Auszüge aus den ethischen und naturphilosophischen Lehrmeinungen Platons, des Aristoteles und der Stoa von Zenon aus Kition bis Poseidonios enthielt. – Der größere Teil der Darstellung befaßte sich mit der Ethik. Areios Didymos stellte u. a. die ethischen Grundbegriffe dar und beschrieb die Stellung, die Platon und Aristoteles zu den Fragen des höchsten Zieles (Telos) und des Guten einnahmen. Dann beschrieb er nebeneinander die einzelnen Systeme (Stoa, Peripatos; die Ausführungen über Platon sind verloren). So erarbeitete Areios z. B. bei der Lehre von den Affekten und vom Lebensziel die Besonderheiten der Philosophenschulen deutlich heraus. „Im ganzen mußte aber der Leser den Eindruck gewinnen, daß in den drei Schulen doch nur Abwandlungen der einen idealistischen Ethik vorgetragen würden, die im Gegensatz zu Epikur ohne Rücksicht auf äußeren Nutzen das Sittliche als höchsten Wert für den Menschen und als seine Bestimmung ansah" (Pohlenz, 254). – Areios enthielt sich eigener Stellungnahme und empfahl dem Leser, das ihm Zusagende aus den Lehren der verschiedenen Schulen auszuwählen.

A H. Diels: Doxographi Graeci, Berlin 1879, Nachdr. 1958, 447–472.
L K. Döring, Historia, 14 f. O. Gigon: Areios Didymos, in: dtv-L 1. 1, 168. M. Pohlenz, Stoa 1, 254. E. Zeller, Philosophie 3. 1, 635 bis 639.

Epitome bellorum omnium annorum DCC →Bellorum Romanorum libri II (Florus)

Epitomè chronikôn →Epitoma Chronicon ad annum 455 (Prosper Tiro)

Epitome de Caesaribus
„Abriß über die Kaiser"

Ps.-Sextus Aurelius Victor, 4. Jh. n. Chr.

Abriß über die röm. Kaiserzeit von Augustus (reg. 27 v. bis 14 n. Chr.) bis Theodosius I. (395 n. Chr.) (lat.).

I Die *Epitome* wurde ebenso wie die drei von einem anonymen Redaktor des 4. Jhs. zu einem Corpus zusammengefaßten Schriften, deren Stoff von der Urzeit bis zur Mitte des 4. Jhs. n. Chr. reicht, Aurelius Victor zugeschrieben. Die drei Schriften dieses Corpus sind: (1) *Origo gentis Romanae* („Ursprung des römischen Volkes" von Saturnus bis Romulus), (2) *De viris illustribus urbis Romae* („Über berühmte Männer der Stadt Rom": 86 Biographien von Proca, dem König von Alba Longa bis Marcus Antonius), (3) →*Caesares* von Aurelius Victor („Kaiser" von Augustus bis Constantius II, 360 n. Chr.). – Die *Epitome* ist keine Kurzfassung der echten *Caesares*, wie der Titel vorgibt, sondern ein Breviar ohne deutlich erkennbare Konzeption, das von Augustus über die von den *Caesares* erfaßte Zeit hinaus bis Theodosius I. reicht.

A F. Pichelmayr / R. Gründel, Leipzig [4]1970.
L M. v. Albrecht, RL, 1089–1091. M. Fuhrmann, Spätantike, 115 f. J. Schlumberger: Die *Epitome de Caesaribus*. Untersuchungen zur heidnischen Geschichtsschreibung des 4. Jh. n. Chr., München 1974.

Epitome divinarum institutionum
„Auszug aus den →*Divinarum institutionum libri VII*"

Lucius Caecilius Firmianus Lactantius, um 300 n. Chr.

Eine auf Wunsch eines Pentadius geschriebene, stark verkürzte und in Einzelheiten veränderte Fassung der *Divinae institutiones* (lat.).
Mit Sicherheit nach den *Divinae institutiones* (zwischen 304 und 311 n. Chr.) und vielleicht auch nach

→*De ira Dei* und →*De mortibus persecutorum* (313–314 n. Chr.) verfaßt.

I Der Autor geht vielleicht in Rücksicht auf Constantins Erfolg (seit dessen Sieg an der Milvischen Brücke und der Aufnahme des Christentums in den röm. Staat) nicht mehr auf den Untergang von Rom ein (so in den *Divinae institutiones* 7,15,11–19). – Der Text ist angereichert mit neuen Zitaten aus Platons →*Tímaios*, aus Terenz, Vergil, Horaz und Ovid und Hinweise auf Hermes Trismegistos (→*Corpus Hermeticum*).

A E. Heck / A. Wlosok, Stuttgart/Leipzig 1994. M. Perrin, Paris 1987 (SC 335).
L M. v. Albrecht, RL, 1263–1276. J. Stevenson: The *Epitome* of Lactantius, *Divinae Institutiones*, in: Stud. Patr. 7, 1963 (ersch. 1966), 291–298.

Epitomè ek tôn paroimíon Didýmu kaì Tarrhaíu
„Auswahl aus den Sprichwörtern des Didymos und des Tarrhaios"

Zenobios, 2. Jh. n. Chr.

Sprichwörtersammlung in drei B. (gr.).

I Die alphabetisch geordnete Sammlung geht auf die verlorene Sammlung des Lukillos aus Tarrhai (1. Jh. n. Chr.) zurück, der wiederum auf die 13 B. umfassende, aber verlorene Sprichwörtersammlung des Didymos (2. Hälfte des 1. Jhs. v. Chr.) mit dem Titel *Pròs tùs perì paroimíon syntetachótas* („Gegen die Sammler von Sprichwörtern") zurückgriff.

A W. Bühler: Zenobii Athoi proverbia. 2 Bde., Göttingen 1982 und 1987. E. L. v. Leutsch / F. G. Schneidewin: Corpus Paroemiographorum Graecorum. Bd. 1, Göttingen 1839, Nachdr. Hildesheim 1965.
L O. Gigon / K. Rupprecht: Parömiographie, in: dtv-L 1. 3, 288 f. K. Rupprecht, RE 18, 3, 1949, 1735–1778.

Epitome Iuliani
„Auszug aus Julian"

Iulianus aus Konstantinopel, 6. Jh. n. Chr.

Gekürzte Übersetzung (lat.) eines großen Teils der Novellen (→*Corpus iuris civilis*) Justinians aus den Jahren 535–555 n. Chr. – In Italien trug die *Epitome* zur Kenntnis des Gesetzgebungswerkes des Justinian bei.

A G. Haenel, 1873.

Epitomè tês katholikês prosodías Herodianû

„Auszug aus der allgemeinen Aussprachelehre des Herodian "

Ps.-Arkadios

Sprachwissenschaftliche Abhandlung (gr.)

I →*Katholikè prosodía* (Herodianos).

A M. Schmidt, Jena 1860, Nachdr. Hildesheim 1983.
L L. Cohn, RE 2, 1, 1896, 1153–1156. H. Gärtner, DKP 1, 594f.

Epitomè tû perì tês en tô Timaío psychogonías (*Compendium libri de animae procreatione in Timaeo*) →**Moralia (Plutarch)**

Epitrépontes

„Diejenigen, die (einem Dritten) eine Entscheidung überlassen"

Auch zitiert als „Das Schiedsgericht".

Menandros aus Athen, 342–291 v. Chr.

Stück der Neuen (attischen) Komödie (gr.). Entstanden in den letzten Lebensjahren des Dichters.

I Verloren ist der größere Teil des 1. Aktes, der Schluß und Teile des 3. und 4. Aktes. Dennoch gehören die *Epitrépontes* zu den besterhaltenen Stükken der Neuen Komödie (etwa zwei Drittel sind erhalten). – Charisios, ein junger Athener, kehrt von einer Reise zurück, die er bald nach seiner Hochzeit mit Pamphile angetreten hatte. Er muß bei seiner Rückkehr von seinem Sklaven Onesimos erfahren, daß Pamphile inzwischen heimlich ein Kind zur Welt gebracht und anschließend ausgesetzt habe. Tief getroffen verläßt er seine Frau und zieht zu seinem Freund Chairestratos. Dort versucht er vergeblich, seinen Schmerz zu betäuben; er mietet sich die Harfenspielerin Habrotonon, sich mit ihr zu trösten. Das erfährt der Schwiegervater Smikrines, der nicht nur das Glück seiner Tochter, sondern viel mehr noch seine schöne Mitgift gefährdet sieht. Aber ehe er einschreiten kann, wird er durch einen seltsamen Vorfall aufgehalten: Zwei Sklaven, Daos und Syriskos, streiten sich um ein Findelkind. Daos hatte das im Wald ausgesetzte Kind Syriskos übergeben, will aber die Gegenstände, die dem Kind als Erkennungszeichen beigegeben waren, behalten. Der zufällig vorbeikommende Fremde, Smikrines also, soll den Streit als Schiedsrichter beenden. Smikrines entscheidet, daß die Erkennungszeichen bei dem Findelkind bleiben sollen. Als Syriskos sich die neu gewonnenen Gegenstände ansieht, kommt zufällig Onesimos hinzu und erkennt darunter ei-

nen Ring seines Herrn Charisios. Diesen hatte ihm ein Mädchen vom Finger gezogen, das er völlig betrunken während eines nächtlichen Festes vergewaltigt hatte. Zeugin der Vergewaltigung war die Harfenspielerin Habrotonon, die Pamphile als das Opfer der bösen Tat wiedererkennt. Offensichtlich ist Charisios der Vater des bei der Vergewaltigung gezeugten Kindes. Bevor es zum Happy End kommt, gibt Habrotonon gegenüber Charisios und Smikrines vor, die Mutter seines Kindes bzw. seines Enkelkindes zu sein. Durch diese Intrige entsteht erhebliche Verwirrung. Smikrines sieht sich veranlaßt, seine Tochter vor dem entlarvten Unhold zu schützen, der Charisius – wie er selbst einsieht – nun einmal ist. Dann aber treffen Habrotonon und Pamphile zusammen, und die Sache klärt sich auf.

W Die Fülle unwahrscheinlicher Zufälle, die die Handlung bestimmen, vermag die Glaubwürdigkeit der Ereignisse nicht zu erschüttern. Der Grund dafür liegt in der Individualität der Personen, von denen jede ihre charakteristischen Eigenschaften zeigt, und dem sich daraus ergebenden Verhalten gegenüber den anderen Personen. Das Stück erhält seine Glaubwürdigkeit durch die überzeugende Gestaltung der Personen in den Situationen, in die sie durch die Fügungen des Schicksals hineingestellt sind. Was Menander in den *Epitrépontes* darstellt, das ist das Menschliche in seiner Perspektivenvielfalt, die „Humanitas".

A F. G. Allison, London/Cambridge (Mass.) [2]1930. Ch. Jensen, Berlin 1929. A. Körte / A. Thierfelder, Leipzig [4]1957. G. Paduano, Mailand 1980 (gr.-it.). U. v. Wilamowitz-Moellendorff, Berlin 1925, Nachdr. Dublin/Zürich 1974 (gr.-dt. mit Kommentar).
Ü G. Goldschmidt, Zürich 1949. A. Körte, Leipzig 1947, Nachdr. Stuttgart 1962. C. Robert, Berlin 1908. W. Schadewaldt, Frankfurt/Hamburg 1953. K. und U. Treu, Leipzig 1975.
L H. / D. Blume: Menander, Darmstadt 1998. S. Jaekel: Die Tücke der Faktizität in den *Epitrepontes* des Menander, in: Arctos 18, 1984, 5–21. A. Körte: Menandros, in: RE 15, 1, 1931, 737–743. A. Lesky, GL, 730–732. N. Majnaric: Die *Epitrepontes* des Menander, in: Das Altertum 6, 1960, 39–52. A. Primmer: Karion in den *Epitrepontes*, in: WS 20, 1986, 123–141.

Epoden →Íamboi (Archilochos)

Epodi

„Nachgesänge"

Quintus Horatius Flaccus aus Venusia, 65–8 v. Chr.

Sammlung aus siebzehn Gedichten, die der Dichter selbst als *Íambi* bezeichnet hat (lat.), in unterschiedlichen Versmaßen: iambischer Trimeter mit iambischem Dimeter in den Epoden 1–10; iambischer Trimeter mit Hemiepes und iambischem Dimeter (Epode 11); daktylischer Hexameter mit daktylischem Tetrameter (Epode 12); daktylischer Hexameter mit iambischem Dimeter und Hemiepes

(Epode 13); daktylischer Hexameter mit iambischem Dimeter (Epode 14–15); daktylischer Hexameter mit iambischem Senar (Epode 16); iambischer Trimeter (Epode 17).
Zwischen 42 (Schlacht bei Philippi mit der Niederlage der Caesarmörder) und 31 v. Chr. entstanden (Sieg des Octavian bei Actium).

I Die „Epoden" sind zunächst nach dem Vorbild des Archilochos (→*Íamboi*) poetische Ausdrucksformen des Unmuts und der Empörung, aber auch des Spottes, der Persiflage und der Parodie. Der Groll des Dichters richtet sich nicht so sehr gegen einzelne Personen wie gegen die Zustände im allgemeinen, obwohl die 2. Epode mit einem Wucherer abrechnet, der von einem glücklichen Landleben träumt, die 4. Epode einen unfähigen Emporkömmling aufs Korn nimmt, die 6. Epode einen unbekannten Verleumder bloßstellt und die 10. Epode einen unfähigen Dichterling verspottet. – In der 7. Epode wird das Unglück der Bürgerkriege auf einen Fluch zurückgeführt, der seit der Ermordung des Remus durch Romulus auf dem röm. Volk lastet. In der 16. Epode wird die röm. Selbstzerstörung beklagt. Der Dichter fordert zur Auswanderung in eine ideale paradiesische Welt auf. Auf diese Weise regt er die Besinnung auf alte Werte wie *virtus* und *pietas* an. – Die 2. Epode bildet ein „kompositorisches Gegenstück" zur 16. Epode, womit ein Spannungsbogen entsteht „zwischen zwei Polen, den Utopien Landleben und Inseln der Seligen als poetischen Wirklichkeiten und moralischen Idealen" (E. A. Schmidt, 404). – Die 1. und 9. Epode stehen im Zusammenhang mit dem Krieg, der mit dem Sieg des Octavian bei Actium im Jahr 31 v. Chr. zu Ende ist. Horaz wendet sich an Maecenas, seinen Freund und Gönner, dem diese beiden Gedichte gewidmet sind; er nimmt Anteil an Octavians Taten und am Schicksal Roms. – Derb-erotische Inhalte haben die Epoden 8 und 12, von Liebe handeln die Epoden 11, 14 und 15. Die Hexe Canidia ist in den Epoden 5 und 17 das Thema, womit Horaz gegen das Zaubererunwesen polemisiert.
W „Die Grundhaltung dieser Lyrik ist skeptisch. Horaz, nach der Katastrophe von Philippi ernüchtert und verstimmt, fühlt in sich einen übermächtigen, leicht destruktiven Unmut gegen das Bestehende aufsteigen, für den er im Archilochischen Iambos die ihm gemäße Ausdrucksform entdeckt... Die Attacken gelten ... der Ausbreitung des Irrationalen ..., der Selbstentwürdigung des Menschen (Strebertum), der schizophrenen Flucht des Geistes aus der Wirklichkeit ... und Realitätsverbrämung (als einer hellenistisch-modischen Gefühlsduselei, in der denaturalisierte Erotik und wertlose Kunst eine unsaubere Verbindung eingehen). Es sind die Symptome der unaufhaltsam fortschreitenden Korruption alten Römertums" (R. Mellein, 49 f.). – In den jüngeren Epoden (1; 9; 13–15) herrscht dagegen heitere Gelassenheit vor; die aggressive Bitterkeit tritt zurück. An die Stelle der Polemik tritt die Parodie.

A I. Borzsák, Leipzig 1984. A. Kießling / R. Heinze, Berlin [7]1930 (mit Kommentar). F. Klingner, Leipzig [6]1982. D. R. Shackleton Bailey, Stuttgart 1985.
Ü H. Färber / W. Schöne, München [10]1985 (lat.-dt.). G. Fink, Düsseldorf/Zürich 1992 (lat.-dt.). B. Kytzler, Stuttgart 1992 (lat.-dt.). M. Simon / W. Ritschel, Berlin [2]1983.
L D. Ableitinger-Grünberger: Der junge Horaz und die Politik. Studien zur 7. und 16. Epode, Heidelberg 1971. M. v. Albrecht, RL, 565–587. R. W. Carruba: The Epodes of Horace. A Study in Poetic Arrangement, Den Haag 1969. V. Grassmann: Die erotischen Epoden des Horaz, München 1966. S. J. Heyworth: Horace's second Epode, in: AJPh 109, 1988, 71–85. H. Hierche: Les Épodes d' Horace. Art et signification, Brüssel 1974. H. Längin: Horaz und die Musik im Unterricht, in: Anregung 41, 1995, 236–246. R. Mellein, KNLL 8, 49 f. E. A. Schmidt: Amica vis pastoribus. Der Jambiker Horaz in seinem Epodenbuch, in: Gy 84, 1977, 401–423. W. Wimmel: Vergils Eclogen und die Vorbilder der 16. Epode des Horaz, in: Hermes 89, 1961, 208–226.

Epýllia
„Kleine Epen"

Euphorion aus Chalkis, 275- um 200 v. Chr.

Kurzepen, von denen nur wenige Frg. erhalten sind (Zitate bei anderen Autoren und Papyrusfunde).

I In der →*Suda* werden drei Titel von Epyllien genannt: *Hesíodos*, *Mopsopía* (alter Name für Attika) oder Vermischtes (*Átakta*, vielleicht auch *Attiká*) mit einer mit zahlreichen Mythen angereicherten Geschichte Attikas, „*Chiliádes*", ein Drohgedicht gegen Personen, die den Autor um sein Geld gebracht haben. Der Dichter verweist auf Orakel, die sich erst nach tausend Jahren erfüllt haben. – Dazu wurde durch Papyrusfunde ein *Thrâx* („Der Thraker") bekannt, vielleicht ein Verwünschungsgedicht, mit entlegenen Sagen. Von anderen Werken sind nur die Titel bekannt.
Q Die Häufung von meist nur angedeuteten Beispielen aus dem Mythos, die Verwendung seltener Wörter, die Gelehrsamkeit weisen darauf hin, daß Euphorion von Kallimachos beeinflußt ist. Allerdings übernahm er nicht den „liebenswürdigen Humor" (K. Latte) des Kallimachos.
N Euphorions Wirkung auf die röm. Neoteriker und den Dichterkreis um Catull war bemerkenswert. Er war eine Art Modeautor für die Neoteriker. Vgl. auch Cicero, →*Tusculanae disputationes* 3,45, wo von den *cantores Euphorionis* („Bewunderern Euphorions") gesprochen wird.

A V. Bartoletti, Papiri Gr. e Lat. 14, 1957, Nr. 1390. D. L. Page, Gr. lit. Pap., 1942, 488–498. I. U. Powell, Collectanea, 28–58.
L P. Händel: Euphorion, in: dtv-L 1.2, 109 f. K. Latte: Der *Thrax* des Euphorion, in: Ph 90, 1935, 129–155. F. Scheidweiler: Euphorionis Fragmenta, Diss. Bonn 1908.

Erastaí →Anterastaí (Ps.-Platon)

Érga kaì hemérai
„Werke und Tage"

Hesiodos aus Kyme, um 700 v. Chr.

Mahnrede in 828 daktylischen Hexametern mit Vorschriften für die Arbeiten des Bauern in der Reihenfolge der Jahreszeiten (gr.).

I Das Werk beginnt mit einem Hymnos auf Zeus und richtet sich an einen Adressaten: Der Dichter ermahnt seinen Bruder Perses und die „Herrschenden", sich in ihrem Handeln und Verhalten an das Recht (*díke*) zu halten und auf Streit zu verzichten. Den Bruder fordert er auf zu arbeiten. Denn Recht und Arbeit sind Grundlagen der menschlichen Gemeinschaft. Er veranschaulicht und verstärkt seine Ermahnungen und Hinweise u. a. mit der Erzählung von Mythen (Prometheus und Pandora, 42–105, die fünf Weltalter von der Goldenen bis zur Eisernen Zeit, der Gegenwart, 106–201) und mit einer Fabel (Nachtigall und Adler, 202–212). – Im zweiten Teil (ab Vers 342 ff.) formuliert Hesiod Regeln für rechtes Arbeiten und Leben (z. B. eine Eheberatung, 695–705), gibt Hinweise für die Schiffahrt und macht Angaben über günstige und ungünstige Tage.

H Möglicherweise hat das Werk einen konkreten Rechtsstreit zwischen Hesiod und seinem Bruder zum Anlaß. Schlechte Erfahrungen veranlaßten den Dichter zum Nachdenken über Werte und Normen.

W Das Gedicht spiegelt die Sorge eines Mannes wider, der durch schwere Arbeit seinen Lebensunterhalt verdienen muß, dabei aber den Verfall von Werten und Normen erlebt. Die Ethik der *Érga kaì hemérai* dient dem Ziel, Wohlstand und Ansehen durch unermüdliche Arbeit zu erringen („Vor den Erfolg haben die Götter den Schweiß gesetzt", 289 f.). Unrechtmäßiger Besitzerwerb wird strikt abgelehnt.

N Das Werk hat mit seinem Lob des Hirten- und Bauernlebens auf die bukolische Dichtung Theokrits (→*Eidýllia*) und Vergils (→*Bucolica*) eingewirkt. Mit seinem Lob der Arbeit hat es Vergils →*Georgica* beeinflußt. – Welche Bedeutung Hesiod in der Antike eingeräumt wurde, veranschaulicht auch das →*Certamen Homeri et Hesiodi* (der „Wettkampf zwischen Homer und Hesiod"). Er erzählt, wie die beiden Dichter um den höheren Rang streiten, wobei die Zuhörer Homer als Sieger sehen wollten, während die Richter Hesiod den Sieg zusprachen, weil er nicht wie Homer von Krieg und Gewalt, sondern von Arbeit und Frieden singe.

A A. Colonna, Turin 1977 (gr.-it.). H. G. Evelyn-White, London 1970 (gr.-engl.). A. Rzach, Leipzig [3]1913. R. Merkelbach / M. L. West, Oxford [3]1990 (mit Kommentar). T. A. Sinclair, London 1932 (mit Kommentar). U. v. Wilamowitz-Moellendorff, Berlin 1928.
Ü L. und K. Hallof, Berlin 1994. J. Latacz, GLTD 1 (gr.-dt. in Auswahl). Th. v. Scheffer / E. G. Schmidt, Leipzig 1965. A. v. Schirnding, Düsseldorf/Zürich [3]2002 (gr.-dt.).
L E. Heitsch (Hg.): Hesiod, Darmstadt 1966. P. Krafft: Vergleichende Untersuchungen zu Homer und Hesiod, Göttingen 1963. H. Munding: Hesiods *Erga* in ihrem Verhältnis zur *Ilias*. Ein Vergleich und seine Folgerungen für die Entstehung der Gedichte, Frankfurt 1959. W. Nicolai: Hesiods *Erga*. Beobachtungen zum Aufbau, Heidelberg 1964. G. Zanker: The Works and Days. Hesiod's Opera, in: Bull. Inst. Class. Stud. 33, 1986, 26–36.

Erigóne
(Tochter des Ikarios)

Eratosthenes aus Kyrene, etwa 284 – 202 v. Chr., der um 246 v. Chr. durch Ptolemaios III. Euergetes an die Bibliothek in Alexandreia berufen wurde.

Fragmentarisch erhaltenes Gedicht in elegischen Distichen (gr.).
Wahrscheinlich um 246 v. Chr. entstanden.

I Das Werk behandelt eine attische Lokalsage über die Anfänge und die Verbreitung des Dionysoskultes in Attika. Es enthält eine Vielzahl von Aitien (Ursprungsgeschichten; →*Aítia* des Kallimachos). Erzählt wird von dem attischen Bauern Ikarios, der von Dionysos den Weinstock und alle erforderlichen Anweisungen für den Weinbau als Belohnung für die dem Gott erwiesene Gastfreundschaft erhalten hatte, aber von betrunkenen Bauern, die die Gabe verkannt hatten, erschlagen wurde, weil sie glaubten, von ihm vergiftet worden zu sein. Erigone, seine Tochter, fand den Toten nach langer Suche mit Hilfe des Hundes Maira und erhängte sich an einem Baum. Dieser Selbstmord war das Aition des attischen Schaukelfestes (Aiora), das die Athener zur Entsühnung einführten. – Die Schlachtung eines Bockes, der am Weinlaub genascht hatte, war das Aition für einen Brauch, aus dem nach hellenistischer Theorie die Tragödie als „Lied beim Bocksopfer" entstanden war. – Alle Beteiligten wurden übrigens nach ihrem Tode unter die Sterne versetzt: Ikarios als „Bootes" (Ochsentreiber), Erigone als „Jungfrau und der Hund", Maira als „Prokyon" (kleiner Hundsstern).

A I. U. Powell, Collectanea, 58–68. A. Rosokoki: Die *Erigone* des Eratosthenes. Eine kommentierte Ausgabe der Frg., Heidelberg 1995.
L A. Lesky, GL, 879–881. R. Merkelbach: Die *Erigone* des Eratosthenes, in: Miscellanea di studi Alessandrini in memoria di A. Rostagni, Turin 1963. A. Rosokoki (s. o.).

Eriphýla (Eriphýle) →Chorlyrik (Stesichoros)

Erotapokríseis
„Fragen und Antworten"

Ps.-Kaisarios, Mitte des 6. Jhs. n. Chr.

Sammlung (gr.) von etwa 220 theologischen Fragen und Antworten.

A   PG 38, 852–1189. R. Riedinger, Berlin 1889.

Érotes
„Formen der Liebe"

Ps.-Lukianos

Dialog (gr.) über die beiden Arten der Liebe. Vermutlich Anfang des 4. Jhs. n. Chr. verfaßt.

I   Thema des Dialogs ist eine vergleichende Betrachtung der hetero- und der homosexuellen Liebe, wobei dieser der Vorrang eingeräumt wird.
Q   Literarische Vorläufer sind die platonischen Dialoge →*Symposion*, →*Phaîdros* und →*Lýsis* und Xenophons →*Symposion*. Diese Schriften haben die Liebe im allgemeinen zum Thema. In Plutarchs *Erotikós* 750 ff. diskutieren Daphnaios, ein Verfechter der ehelichen Liebe, und Protogenes, ein Verteidiger der Knabenliebe, miteinander; dieses Gespräch nimmt die einschlägigen Äußerungen des Ps.-Lukian vorweg. Während bei Plutarch die eheliche Liebe den Vorrang eingeräumt bekommt, unterliegt sie bei Ps.-Lukian (Kap. 51) der Knabenliebe.

A   M. D. MacLeod. Bd. 8, London/Cambridge (Mass.) 1967.

Erotiká
„Liebeslieder"

Bakchylides aus Keos, um 505–450 v. Chr.

In nur wenigen Frg. erhaltene Gedichte (gr.)

I   Das Frg. 17 (Snell) wird aus einem Buch mit dem Titel *Erotiká* zitiert. Dazu gehören auch die Frg. 18 und 19.

A   B. Snell / H. Mähler, Leipzig (10)1970.
Ü   H. Mähler, Berlin 1968 (gr.-dt.). O. Werner, München 1969 (gr.-dt.).
L   A. Lesky, GL, 237–241. U. v. Wilamowitz-Moellendorff: Bakchylides, Berlin 1898.

Erotikà pathémata
„Leiden der Liebe"

Parthenios aus Nikaia, 1. Jh. v. Chr.

Sammlung von 36 Fällen unglücklicher Liebe in Prosa (gr.), Gaius Gallus gewidmet.

I   Die Liebesgeschichten, die aus gr. Originalen herausgearbeitet wurden, sollten dem lat. Dichter Material für Epen oder Elegien bieten.

A   S. Gaselee, London/Cambridge (Mass.) 1916. F. J. Cuarters, Barcelona 1982.
Ü   K. Brodersen (Hg.): Liebesleiden in der Antike. Die „*Erotika pathemata*" des Parthenios, Darmstadt 2000 (gr.-dt.). L. Mader, Zürich/Stuttgart 1963. W. Plankl, Wien 1947 (gr.-dt.).
L   A. v. Blumenthal: Parthenios (Nr. 15), in: RE 18, 4, 1949, 1895–1899. N. B. Crowther: Parthenius, Laevius and Cicero. Hexameter Poetry and Euphorionic Myth, in: Liverpool Classical Monthly 5, 1980, 181–183. R. Kassel: Wagemutige Liebhaber, in: RhM 117, 1974, 190 f. KNLL 12, 978.

Erotikaì diegéseis (*Amatoriae narrationes*)
→**Moralia (Plutarchos)**

Erotikoì lógoi
„Liebesreden"

Verschiedene Autoren

Reden (gr.), mit denen ein Geliebter gewonnen und zur Liebe überredet werden sollte. Diese Reden sollten „Überredung" (*peithó*) bewirken (vgl. Platon, →*Phaîdros* 227c). In der frühen Sophistik gehört die Abfassung von *Erotikoì lógoi* zu den Ausbildungsinhalten der Rhetorikschüler (vgl. Gorgias, B 14).

L   F. Lasserre: *Erotikoi Logoi*, in: MH 1, 1944, 167–178.

Erotikós
„Liebesrede"

Ps.-Demosthenes

Epideiktische Rede (gr.).

I   Es handelt sich um eine Lobrede auf den schönen Knaben Epikrates. Es ist nicht zu erklären, warum diese Rede als Nr. 61 in das Corpus der Reden des Demosthenes geraten konnte.

A   W. Rennie: Demosthenis Orationes. Bd. 3, Oxford 1931.

Erotikós
„Liebesrede"

Lysias aus Athen, etwa 450–380 v. Chr.

Rede auf den Eros, von Platon im →*Phaîdros* (230e bis 234c) zitiert (gr.).
Vor dem platonischen →*Phaîdros* veröffentlicht.

I   Im Mittelpunkt steht die Behauptung, daß es besser sei, mit einem, der nicht liebt oder verliebt ist, ein Liebesverhältnis einzugehen als mit einem Liebenden oder Verliebten. Der Redner bittet einen Knaben, ihn nicht deshalb abzuweisen, weil er nicht zu seinen Liebhabern gehört. Er zählt mehrere Gründe dafür auf, daß es für beide Teile vorteilhafter sei, wenn er, der Liebhaber, nicht eigentlich verliebt, sondern ohne jede Leidenschaft sei.

W Die Frage wurde in Athen viel diskutiert, ob und unter welchen Umständen es erlaubt sei, dem Werben eines Liebhabers nachzugeben. „Lysias übertrumpft diejenigen, die dies für gestattet hielten, durch die perverse These, daß es für den Geliebten dann doch besser sei, sich einem Freunde hinzugeben, der gar nicht vom Eros ergriffen ist, sondern kühles Blut bewahrt. Ein solcher wird nicht von den Gefühlsstürmen des Liebenden hin- und hergerissen werden und nicht wie dieser dem jungen Freunde schaden dadurch, daß er ihn selbstsüchtig mit aller Gewalt von anderen Menschen isoliert und ihn ausschließlich an sich zu fesseln sucht" (W. Jaeger, 260).

N Phaidros lobt die Rede des Lysias, Sokrates beschränkt sein Lob auf das Formale, im Inhaltlichen kann er dem Redner nicht zustimmen, sondern stellt eine eigene Rede über das Wesen der Liebe dagegen.

A C. Hude, Oxford 1912. (als Zitat in allen Ausgaben des platonischen *Phaîdros*).
Ü →*Phaîdros*.
L F. Lasserre: *Erotikoi logoi*, in: MH 1, 1944, 167–178. W. Jaeger, Paideia. Bd. 3, 255–270. J. Vahlen: Über die Rede des Lysias in Platos *Phaedrus*, in: Gesammelte Schriften. Bd. 2, 675 ff. H. Weinstock: De erotico Lysiaco, Diss. Münster 1912.

Erotikós
„Rede über die Liebe"

Auch lat. zitiert als *Amatorius*.

Plutarchos aus Chaironeia, etwa 64- etwa 120 n. Chr.

Abhandlung (gr.) aus der Sammlung der →*Moralia*.

I Die „Rede über die Liebe" ist das Referat eines Gesprächs, das Plutarch vor längerer Zeit bei der Feier der Erotidien (Feiern zu Ehren des Eros und der Musen) in Thespiai mit Freunden geführt hatte. Das Gespräch entzündet sich an einem Streit über eine Beziehung zwischen einer reichen Witwe und einem etwas jüngeren Mann. Man war geteilter Meinung über diese Beziehung. Zunächst debattieren die Anhänger und die Gegner der Knabenliebe miteinander. Unterdessen ergreift die Witwe die Initiative und entführt den jungen Mann. Daraufhin verlassen die beiden Parteien die Szene, und Plutarch bleibt mit einigen Freunden zurück, die kein Interesse mehr an einer grundsätzlichen Diskussion haben. Jetzt beginnt eine Lobrede auf den Eros, in der alle seine guten Eigenschaften und Fähigkeiten

gepriesen werden. – In einer verlorenen Passage des Textes kommt es offenbar zu Angriffen auf die eheliche Liebe. Anschließend beginnt für den Rest des Gesprächs eine engagierte Rechtfertigung der Rolle, die die Frauen in der Ehe spielen.

W Die Schrift war als eine Replik auf den platonischen →*Phaîdros* gedacht.

A C. Hubert, Leipzig 1938. E. L. Minar / F. H. Sandbach / W. C. Helmbold: Plutarch's *Moralia*. Bd. 9, London/Cambridge (Mass.) 1961 (gr.-engl.).
L R. Flacelière: Plutarque. Dialogue sur l' Amour, Paris 1953.

Erotische Briefe →Epistulae (Aristainetos)

Erotopaegnia
„Liebesscherze"

Laevius, um 100 v. Chr.

In Frg. erhaltene Gedichte (lat.) in mindestens sechs B.

I Es handelte sich um Umsetzungen mythologisch-heroischer Liebesgeschichten ins Erotische. Dabei sparte der Autor auch nicht mit Anspielungen auf zeitgenössische Umstände. Behandelt wurden Adonis, Alkestis, Helena, Ino u. a. Auch auf die Auseinandersetzung mit Gegnern seiner Poesie verzichtete Laevius nicht. – Der Dichter benutzte eine Vielfalt metrischer Formen und erfand neue Wortschöpfungen.

A W. Morel u. a., FPL, 55–62.
L J. Granarolo: D' Ennius à Catulle. Recherches sur les antécédents romains de la poésie nouvelle, Paris 1971. KNLL 9, 919 f. H. de La Ville de Mirmont: Le poète L., in: REA 1900, 204–224; 304–328; 1901, 11–40. P. Magno: La poesia di Levio, in: Sileno 8, 1982.

Eryxías
(Gesprächspartner des Sokrates)

Ps.-Platon

Sokratischer Dialog über moralphilosophische Fragen (gr.).

I Thema des Dialogs ist die Frage nach dem wertvollsten Besitz des Menschen. Es werden wie auch sonst in den platonischen Dialogen verschiedene Antworten gegeben und geprüft. Könnte es die Weisheit (*sophía*) sein? Aber wer behauptet, die Weisesten seien die Reichsten, widerspricht der Erfahrung. Um der Lösung näher zu kommen, müssen die Gesprächspartner klären, was eigentlich Reichtum bedeutet. Ist Reichtum etwas Gutes (ein *agathón*)? Was man besitzt, ist nur unter der Bedingung etwas Gutes, daß man es zu gebrauchen versteht. Der richtige Gebrauch läßt den Reichtum bzw. jeden Besitz zu einem *agathón* werden. Voraussetzung aber für den richtigen Gebrauch ist das Wissen (*epistéme*) vom richtigen Gebrauch. Damit ist zugleich gesagt, daß Reichtum keine Frage der Menge ist; im Gegenteil – wer mit möglichst wenig auskommt, das er dann möglichst gut zu gebrauchen versteht, bietet die Gewähr dafür, daß er über den wertvollsten Besitz verfügt und damit nicht nur reich, sondern auch glücklich ist.

Q   Der Inhalt und die Art der Argumentation lassen einen ebenso sophistischen (Prodikos) wie kynischen (vgl. Teles, →*Diatribaí*) Hintergrund erkennen. A J. Burnet: Platonis Opera. Bd. 5, Oxford 1907. J. Souilhé, Paris 1930 (ps.-plat. Dialoge).

A   J. Burnet. Bd. 5, Oxford 1907.
Ü   E. Loewenthal. Bd. 3, Darmstadt 2003.
L   D. E. Eichholz: The pseudo-platonic dialogue *Eryxias*, in: CQ 29, 1935, 129–149. G. Gartmann: Der pseudo-platonische Dialog *Eryxias*, Bonn 1949. A. Lesky, GL, 574–576.

Ethiká
„Ethische Fragen"

Demokritos aus Abdera, 470/60–380/70 v. Chr.

Frg. ethischer Schriften (gr.).

I   „Die Ethik des Demokrit gründet auf der dem Menschen erreichbaren Einsicht, und dem entspricht die Bedeutung der Erziehung in seinem Denken. Wieder stellen wir den Einbruch von Neuem fest, wenn wir den Satz (B 242), daß mehr Leute durch Übung tüchtiger würden als durch Anlage, neben die unbedingte Schätzung der Physis stellen, wie wir sie in der Nachfolge der Adelsethik noch bei Sophokles in seinem →*Philoktétes* lebendig finden. Die ethische Mahnung Demokrits stützt sich nicht auf die Drohung mit Jenseitsstrafen; vielmehr hat er in Büchern wie jenen *Über die Dinge am Hades* (*Perì tôn en Hádu*) die Schreckbilder von den Seelen der Menschen nehmen wollen, sie stützt sich auch nicht auf ein von Göttern gegebenes Sittengesetz ..." (A. Lesky, 385). – Demokrit knüpfte in seiner Ethik teilweise an seinem Atomismus an, wenn er z. B. Bildung (*didaché*) als „Umgestaltung" (*metarhysmós*) definiert oder die Leidenschaften als Bewegungen „aus großen Entfernungen" (*ek megálon diastemáton*) für schädlich und die „gute Struktur" (*euestó*) für den Idealzustand des Menschen erklärte. – Kultur entstand aus dem Kampf gegen die Not (*chreía*) und bleibt bestehen, solange die Einsicht in das, was „notwendig ist" (*chrê*), vorhanden ist. Dementsprechend definierte Demokrit Recht und Unrecht: „Recht ist, was zu tun notwendig ist, unrecht ist, nicht zu tun, was notwendig ist" (B 256).

A   VS 68.
Ü   G. Ibscher: Demokrit. Frg. zur Ethik, Stuttgart 1996 (gr.-dt.).
L   Th. Cole: Democritus and the Sources of Greek An-

thropology, Ann. Arbor 1967. K. v. Fritz: Philosophie und sprachlicher Ausdruck bei Demokrit, Plato und Aristoteles, New York 1940. A. Lesky, GL, 381–387. P. Natorp: Die *Ethica* des Demokritos, Marburg 1893. W. Spoerri: Demokrit, in: dtv-L 1. 1, 336 f. G. Vlastos: Ethics and Physics in D., in: The Philosophical Revue 54, 1945, 578–592; 55, 1946, 53–64.

Ethikà Eudémeia
„Eudemische Ethik"

Aristoteles aus Stageira, 384–322 v. Chr.

Lehrschrift (gr.) über Formen und Bedingungen sittlicher Tüchtigkeit in fünf (jetzt noch erhaltenen) B. Die B. 4–6 sind verlorengegangen; in umgearbeiteter Form besitzen wir diese als B. 5–7 der →*Ethikà Nikomácheia*. – Die Schrift ist wahrscheinlich nach ihrem Herausgeber Eudemos benannt. Vgl. die →*Ethikà Nikomácheia*, die nach Nikomachos benannt ist.

I   B. 1: Im Proömium (1,1–6) wird die Eudämonie als Ziel des Lebens bezeichnet. Anschließend werden verschiedene Lebensformen vorgestellt (z. B. die Tätigkeit im politischen Leben, das Leben des Philosophen und das Genußleben). Dann wird die Frage aufgeworfen, was ethische Trefflichkeit und Lebensklugheit ist. Schließlich wird gefragt, welche Methoden man bei einer Untersuchung ethischer Fragen verwenden soll (Theorien müssen durch eine Analyse empirisch feststellbarer Tatsachen bestätigt oder korrigiert werden). – Darauf geht es um das Wesen der Eudämonie; sie ist das höchste unter den menschlichen Gütern. Zur weiteren Klärung muß erörtert werden, was das höchste Gut ist und was überhaupt „gut" bedeutet. – B. 2: Zunächst wird eine Eudämonie-Definition entwickelt. Der Autor unterscheidet intellektuelle und ethische Tüchtigkeit (*areté*). Die ethische Tugend wird genauer betrachtet. Es folgt eine Analyse des menschlichen Handelns, und es ist die Rede von Gott als dem „Anfang der Bewegung" und vom Menschen als dem Urheber von Veränderungsvorgängen. Am Schluß spricht der Autor über den Willen und die Entscheidung. – B. 3: Thema sind die einzelnen ethischen Tugenden. – B. 4–6 = B. 5–7 der „Nikomachischen Ethik". – B. 7: Thema ist die Freundschaft. – B. 8: Die Frage wird erörtert, ob die Tugenden Arten des Wissens sind. Ferner wird gefragt, woher die Gunst des Schicksals kommt und was man unter „Glück" (*eutychía*) zu verstehen habe. Anschließend wird die sittliche Höchstform, die *kalokagathía*, diskutiert. Am Schluß geht es um den Maßstab bzw. die entscheidende Distanz für die Wahl des Richtigen und Guten.

W   Ausgangsfrage ist die Frage nach dem Glück (*eudaimonía*). Eudämonie ist kein Werk des Zufalls oder der Natur, sondern nur durch bestimmte Leistungen zu erreichen. und zwar durch ein Leben der „guten Taten" (*kalaì práxeis*), mit denen die Tugenden durch die aus ihnen entspringenden Handlungen verwirklicht werden (vgl. bes. 1248b34 bis 37). – Anders als im →*Protreptikós* ist nicht die philosophische Einsicht (der *bíos theoretikós*) das Ziel des Lebens. Glück erwächst aus dem Leben der Tat (dem *bíos praktikós*). – Breiten Raum nimmt die Lehre von der richtigen Mitte ein, die zu treffen ist, damit *kalaì práxeis* überhaupt gelingen können: Die Erfahrung zeigt, daß das auf uns bezogene Mittlere das Beste ist. Die ethische Tugend muß also eine bestimmte Mitte zwischen Übermaß und Untermaß sein (2,3). Beispiele: Die Tapferkeit ist die Mitte zwischen Tollkühnheit und Feigheit, die Besonnenheit ist die Mitte zwischen Zuchtlosigkeit und Stumpfsinn, die Großzügigkeit ist die Mitte zwischen Verschwendung und Knausrigkeit usw. Es ist also die Aufgabe des Menschen, die für ihn richtige Mitte oder das für ihn richtige Maß zu finden. Daß der Mensch dazu in der Lage ist, steht für Aristoteles außer Frage und ist der Kerngedanke seiner Ethik. Also lehnt er auch die These des Sokrates ab, daß Schlechtigkeit unfreiwillig sei. – Der Wert der *mesótes*-Lehre (der Lehre von der „Mitte") ist darin zu sehen, daß sie eine Methode zur phänomenologischen Beschreibung von Tugenden und Untugenden bietet: Aus der Gegenüberstellung von Übermaß und Untermaß ist das richtige Maß abzulesen. – Der zentrale Zweck der „Eudemischen Ethik" ist demnach die Antwort auf die Frage, „wie man die richtige Mitte und das rechte Maß finden und dadurch ein Leben von *kalaì práxeis* leben kann" (Düring, 454). Der Garant dafür, daß dies möglich ist, ist die „göttliche Vernunft" in uns.

A H. Rackham, London/Cambridge (Mass.) [2]1952. F. Susemihl, Leipzig 1884. R. Walzer / J. M. Mingay, Oxford 1991.
Ü F. Dirlmeier, Berlin [4]1984 (mit Kommentar).
L I. Düring, Aristoteles, 444–455. W. F. R. Hardie: Aristotle's Ethical Theory, Oxford 1968. W. Jaeger: Aristoteles, Berlin 1923, 237–270. E. Kapp: Das Verhältnis der eudemischen zur nikomachischen Ethik, Diss. Freiburg 1912. A. Kenny: The Aristotelian Ethics, Oxford 1978. A. Lesky, GL, 614–648. G. Lieberg: Die Lehre von der Lust in den Ethiken des Aristoteles, München 1958. P. Moraux / D. Harlfinger (Hg.): Untersuchungen zur Eudemischen Ethik. Akten des 5. Symposium Aristotelicum, Berlin 1970. P. v. d. Mühll: De Aristotelis Ethicorum Eudemiorum auctoritate, Diss. Göttingen 1909. A. O. Rorty, Berkeley 1980.

Ethikà megála →Magna moralia (Aristoteles)

Ethikà Nikomácheia
„Ethik des Nikomachos (des Sohnes des Aristoteles und vermutlich auch Herausgebers des Werkes)"

Aristoteles aus Stageira, 384–322 v. Chr.

Moralphilosophische Vorlesung (gr.) in zehn B.. Vermutlich ein Spätwerk des Autors.

I Die „Nikomachische Ethik" ist die umfangreichste der drei Ethiken des Aristoteles (→*Magna moralia*, →*Ethikà Eudémeia*; die B. 5–7 der „Nikomachischen Ethik" sind in der Textüberlieferung identisch mit den B. 4–6 der „Eudemischen Ethik"). – B. 1: Das höchste aller Güter, das man durch Handeln erreichen kann, ist das Glück. Glück ist ein Tätigsein der Seele im Sinne der ihr wesenhaften Tüchtigkeit. Daher ist zu klären, was Tüchtigkeit ist. Es werden zwei Möglichkeiten von Tüchtigkeit unterschieden: Es gibt „ethische" und „dianoetische" Tüchtigkeiten, d. h. Charaktertugenden (Tapferkeit, Besonnenheit, Großzügigkeit, Großgeartetheit, Hochsinnigkeit, Ehrliebe, vornehme Ruhe, Geselligkeit, Scham-Empfindung, Gerechtigkeit) und rationale Tugenden (wissenschaftliche Erkenntnis, praktisches Können, sittliche Einsicht, intuitiver Verstand, philosophische Weisheit, politische Einsicht). B. 2–5: Darstellung der „ethischen" Tüchtigkeiten. Eine zentrale Rolle spielt hier das Prinzip der „richtigen Mitte". B. 6: Darstellung der „dianoetischen" Tüchtigkeiten. B. 7,1–11: Über die Unbeherrschtheit als Gegenspielerin der sittlichen Einsicht und über die Beherrschtheit; die Unbeherrschtheit ist zu meiden. B. 7,12–15: Über Lust und Unlust; Tüchtigkeit und Untüchtigkeit zeigen sich im Zusammenhang mit Lust und Unlust. B. 8–9: Freundschaft als eine Erscheinungsform der Tüchtigkeit; Freundschaft ist notwendig für das Glück. B. 10,1–5: Fortsetzung der Erörterung über die Lust. B. 10,6–10: Glück setzt Tüchtigkeit, Freundschaft und Lust voraus.

W Die „Nikomachische Ethik" ist zwar keine ethische Paränese im Sinne einer Anleitung und Aufforderung zu sittlichem Handeln; dennoch enthält sie erstrebenswerte Idealvorstellungen. Die eingehende Beschreibung der einzelnen Tugenden läßt keinen Zweifel an der Verbindlichkeit der geschilderten Tugenden für entsprechendes Handeln in konkreten Lebenssituationen. Für Aristoteles ist das Einhalten der „Mitte zwischen den Extremen" ein spezifisch menschliches Verhalten. Jede Abweichung von der Mitte ist „unmenschlich" sowohl im Verhältnis zu den Mitmenschen als auch gegenüber sich selbst. Darüber hinaus ist es zweifellos „menschlich", daß man sich in seinen Handlungen und Emotionen von Verstand und Einsicht leiten läßt, die den Menschen immer wieder auf die „Mitte zwischen den Extremen" verweisen. – „Aristoteles hat die Ethik als eigenständige Wissenschaft geschaffen und ihren Bereich, ihr Ziel und ihre Methoden klar abgegrenzt ... Der Bereich der Ethik ist für ihn das menschliche Handeln, das zu den Phänomenen gehört, die sich auch anders verhalten können; das Ziel der Ethik ist nicht Erkenntnis der Tugend, sondern Erziehung zum wertvollen Menschen; methodisch muß man von den Einzeltatsachen ausgehen und fragen: Was betrachten wir als für uns gut, warum ist es gut und warum sollen wir das Gute tun? ... Das Neue bei Aristoteles ist, daß er jede einzelne Tugend unter dem Aspekt der Lehre vom rechten Maß betrachtet. Ferner ist seine Darstellung ganz auf den *spoudaîos* oder *phrónimos* eingestellt. Dieser aristotelische Idealmensch ‚wird, so dürfen wir erwarten, niemals aus freien Stücken etwas tun, was zu verabscheuen und minderwertig ist. Nachträgliche Reue ist bei ihm sozusagen gar nicht denkbar‘ (1,11,1100b34; 4,15,1128b28; 9,4, 1166a29). Er analysiert ihn, wie Gauthier bemerkt, aus verschiedenen Blickwinkeln heraus: als den Tapferen und Besonnenen im dritten B.; als den Großzügigen, Großgearteten, Hochsinnigen, Ehrliebenden, Gelassenen, Aufrichtigen, Geselligen und Gewandten im vierten B.; als den Einsichtigen im sechsten B.; als den uneigennützigen Freund und den Mann, in dessen Seele kein Zwiespalt herrscht, in der Abhandlung über die Freundschaft; im zehnten B. endlich als den Mann, der die reinen Freuden liebt, besonders die Philosophie, die eine durch ihre Reinheit und Festigkeit großartige Lust gewährt (10,7,1177a23–27); als den einzigen, bei dem die sittliche Einsicht im Zusammenwirken mit einem trefflichen Charakter das Leben richtig organisiert (6,13,1145a6–11), so daß er, wenn er als Mensch unter Menschen leben will (10,8,1178b5), das Endziel des Menschenlebens, die philosophische Tätigkeit des Geistes, die *theoría*, verwirklichen kann. Diese positive Einstellung zur Verwirklichung des für uns Menschen Guten, entweder durch selbstlose Hingabe an die Philosophie oder als ‚zweitbeste Fahrt‘ durch ein tugendhaftes Leben (10,8,1178a2), kennzeichnet durchweg seine Ethik" (Düring, 456–459).

A I. Bywater, Oxford 1894. A. Plebe, Bari 1957. H. Rackham, London/Cambridge (Mass.) (2)1934 (gr.-engl.). F. Susemihl / O. Apelt, Leipzig (3)1912.
Ü F. Dirlmeier, Berlin (10)1999 (mit Kommentar). O. Gigon, Zürich (2)1967. O. Gigon / R. Nickel, Düsseldorf/ Zürich 2001 (gr.-dt.). E. Rolfes, Leipzig (2)1921.
L I. Düring, Aristoteles, 455–473. R. A. Gauthier / J. Y. Jolif. 3 Bde., Löwen 1958/1959 (Kommentar). W. F. R. Hardie: Aristotle's Ethical Theory, Oxford 1968. W. Jaeger: Aristoteles, Berlin 1923, 237–270. W. Jaeger: Aristotle's Use of Medicine as Model of Method in His Ethics, in: JHS 77, 1957, 54–61. E. Kapp: Theorie und Praxis bei Aristoteles und Platon, in: Mnemosyne 6, 1938, 179–194. KNLL 1, 691–693. H. J. Krämer: Arete bei Platon und Aristoteles, Heidelberg 1959. G. Müller: Probleme der aristotelischen Eudaimonielehre, in: MH 17, 1960, 121–143. J. A. Stewart: Notes on the Nicomachean Ethics of Aristotle. 2 Bde., Oxford 1892 (Kommentar). U. Wolf: Aristoteles' „Nikomachische Ethik", Darmstadt 2003.

Ethikè stoicheíosis
„Ethische Elementarlehre" oder „Grundlegung der Ethik"

Hierokles aus Alexandreia, 1. Hälfte d.2. Jhs. n. Chr.

Popularisierende Darstellung der altstoischen Ethik (gr.), in Frg. auf einem Papyrus (Pap. Berol. 9780) erhalten.

I Hierokles verzichtet auf eine philosophische Systematik und eine anthropologisch-theologische Grundlegung der Ethik, die er „als konkrete Anweisung zu menschenfreundlichem, edelgesinntem und rechtschaffenem Lebenswandel" (Gigon, 234) darstellt. – In seinem auf Verständlichkeit zielenden Lehrbuch geht Hierokles zunächst auf die Selbstwahrnehmung (*synaísthesis*), den Selbsterhaltungstrieb (*próte oikeíosis*) und das Ziel (*télos*) des Lebens ein. – Die Schrift behandelt dann ohne besondere Originalität die Pflichten gegenüber den Göttern, dem Vaterland, den Eltern, Geschwistern und anderen Verwandten, die richtige Haushaltsführung und die gute Ehe.

A H. v. Arnim: Berliner Klassikertexte 4, 1906.
L O. Gigon: Hierokles, in: dtv-L 1. 2, 234f. A. Lesky, GL, 980. K. Prächter: Hierokles, der Stoiker, Leipzig 1901.

Ethikoì charaktêres →Charaktêres ethikoí (Theophrastos)

Ethniká
„Länder und Völker"

Stephanos aus Byzanz, 6. Jh. n. Chr.

Geographisches Lexikon (gr.), Kaiser Justinian I. (reg. 527–565) gewidmet.

I Von den ursprünglich 50–55 B. des Werkes ist nur eine von einem gewissen Hermolaos angefertigte Epitome (Auszug) erhalten. – Das Werk, das auf ältere Geographen, Historiker und Grammatiker zurückgeht, ist eine wertvolle Materialsammlung über antike Geographie, für Sprichwörter, Orakel, Wundererzählungen und auch für grammatische Fragen.
Q Eine wichtige Quelle war das verlorene Werk des Herennios Philon aus Byblos →*Perì póleon kaì hùs hekáste autôn endóxus énenken.*
W Der Verfasser hat ein überwiegend grammatisch-philologisches Interesse. Der Zweck des Werkes ist eigentlich nur die richtige Bildung und Ableitung geographischer und ethnographischer Eigennamen.

A A. Meineke, 1849.
L H. Erbse, Zetemata 24, 1960, 251–269. E. Honigmann, RE 3 A 2, 1929.

Ethnikaì onomasíai
„Ortsgebundene Bezeichnungen"

Kallimachos aus Kyrene, etwa 300–240 v. Chr.

Nicht erhaltenes Wörterbuch (gr.), das wahrscheinlich nach Sachgebieten und nicht nach dem Alphabet geordnet war, d. h. ein *Onomastikón*. – Das Werk wurde von Aristophanes aus Byzanz für seine →*Léxeis* oder *Glôssai* benutzt.

A   R. Pfeiffer: Callimachus. Teil 1, Oxford 1949 (Frg. 406).
L   R. Pfeiffer, KlPh, 170. C. Wendel: Onomastikon, in: RE 18, 1939, 508.

Ethôn synagogé
„Sammlung von Sitten"

Nikolaos aus Damaskos, geb. etwa 64 v. Chr.

Zusammenstellung seltsamer Völkersitten (gr.), in nur wenigen Frg. erhalten.

I   Das dem König Herodes I. (etwa 73–4 v. Chr. gewidmete B. steht in der Tradition der peripatetischen Sammelwerke. „Da zeichnet sich eine Linie ab, die von der ionischen Ethnographie herkommt, über den Peripatos (Aristoteles' *Nómima barbariká*) führt und in die hellenistische Paradoxographie mündet" (Lesky, 872). – Die Frg. sind von Stobaios, →*Eklogaí*, überliefert.

A   FGrHist 90, Frg. 103–124.
L   A. Lesky, GL, 872 f.

Etymologiae
„Worterklärungen"

Auch zitiert als *Originum sive etymologiarum libri XX* („Zwanzig B. Ursprünge oder Worterklärungen").

Isidorus aus Sevilla, etwa 570–636 n. Chr.

Handbuch des zeitgenössischen Wissens in 20 B. (lat.).

I   In den B. 1–3 werden die sieben *Artes liberales* (die „Freien Künste") dargestellt (→*Institutiones divinarum et humanarum litterarum*), in den B. 4–5 die Medizin und die Jurisprudenz, in den B. 6–8 die Theologie. Noch in B. 8 geht der Autor auch auf die heidnische Philosophie, die Dichtung und Mythologie ein. In den übrigen B. gibt er eine systematische Darstellung sämtlicher Realien der menschlichen Zivilisation seiner Zeit. So werden u. a. Gegenstände der Anthropologie, Zoologie, Physik, Geographie, Baukunst, Mineralogie, Landwirtschaft, Hauswirtschaft, des Bekleidungswesens, Kriegswesens, Handwerks, Theaterwesens behandelt.

A   W. M. Lindsay. 2 Bde., Oxford 1911, Nachdr. 1985. P. K. Marshall / M. Reydellet / J. André, Paris 1981–1986 (B. 2, 9, 12, 17). J. Oroz Reta / M. A. Marcos Casquero. 2 Bde., Madrid 1982–1983 (lat.-spanisch mit Kommentar).
L   J. Fontaine: Isidore de Sevilla et la culture classique dans l' Espagne wisigothique. 3 Bde., Paris (2)1983. M. Fuhrmann, Spätantike, 98. KNLL 8, 462 f. W. Porzig, Hermes 72, 1937, 129–170.

Etymologiká
„Etymologische Forschungen"

Philoxenos aus Alexandreia, 1. Jh. v. Chr.

Verlorene Abhandlung(en) (gr.) zur Lehre von den wahren Bedeutungen der Wörter.

I   Philoxenos „erschloß, unter strenger Durchführung der Analogie in der Wortableitung, alte (grundsätzlich einsilbige) Verbalstämme, die dem größten Teil der gesamten Sprache zugrunde liegen und eine zuverlässige Deutung der vorhandenen Wörter ermöglichen sollen. Wer nach seiner Theorie vorging, mußte über die Umgestaltungen (*páthe*), die ein aus dem Verbalstamm hervorwachsendes Wort durchmacht, orientiert sein" (H. Erbse, 102).

A   H. Kleist: De Philoxeni grammatici studiis etymologicis, Diss. Greifswald 1865.
L   H. Erbse: Etymologika, in: dtv-L 1. 2, 101–103. R. Reitzenstein, RE 6, 1907, 807–817. C. Wendel, RE 19, 2, 1941, 194–200.

Etymologikón
„Etymologisches Lexikon"

Orion aus Theben (Ägypten), 5. Jh. n. Chr.

In Frg. überlieferte Zusammenfassung (gr.) älterer Forschungsergebnisse (u. a. der verlorenen etymologischen Arbeiten des Philoxenos aus Alexandreia, des Apollodoros aus Athen, →*Perì etymologiôn*, des Herodianos, *Perì monerûs léxeos*).

A   F. W. Sturz, Leipzig 1820.
L   C. Wendel, RE 18, 1, 1939, 1083–1087.

Euagóras
(König von Salamis auf Zypern, etwa 435–374/ 373 v. Chr.)

Isokrates aus Athen, 436–338 v. Chr.

Enkomion (Preislied) in Prosa (gr.) auf einen kürzlich Verstorbenen: auf den Herrscher von Zypern, den Vater des Nikokles (→*Pròs Nikokléa*, →*Nikoklês è Kýprioi*), ermordet 374/373 v. Chr.
Nicht vor der Rede an Nikokles (*Pròs Nikokléa*) verfaßt, um 368 v. Chr., vielleicht vor Platons →*Theaítetos*, der auf den *Euagóras* Bezug zu nehmen scheint.

I Das Hauptthema des Enkomions sind die Leistungen des Euagoras (25–40; 51–57; 58–64) und seine Regierungsweise (41–46) mit ihren positiven Auswirkungen auf die innere Entwicklung des Staates (47–50). Von seiner mythischen Herkunft (12–18), seiner Jugend (22–24) und von der Vorgeschichte des salaminischen Königtums (19–21) ist ebenfalls die Rede.

W Isokrates will mit dem im *Euagóras* gezeichneten Bild des idealen Herrschers dessen Sohn Nikokles einen Fürstenspiegel vorhalten: Dieser soll sich den Vater zum Vorbild nehmen. Die Verherrlichung des Euagoras dient diesem erzieherischen Zweck.

N Der *Euagóras* hat als das früheste Beispiel eines Enkomions auf eine historische Persönlichkeit in Form einer selbständigen Schrift eine starke Wirkung ausgeübt. So wurden nach dem *Euagóras* z. B. Enkomien auf Archidamos und Agesilaos (Könige von Sparta) und auf Gryllos, den Sohn des Xenophon, verfaßt (→*Agesílaos*).

A →*Panegyrikós*. L C. Eucken: Isokrates. Seine Positionen in der Auseinandersetzung mit den zeitgenössischen Philosophen, Berlin/New York 1983, 264–269. E. Mikkola: Isocrates. Seine Anschauungen im Lichte seiner Schriften, Helsinki 1954. H. Seck (Hg.): Isokrates, Darmstadt 1976. J. Sykutris: Isokrates' *Euagoras*, in: Hermes 62, 1927, 24 ff.
Ü C. Ley-Hutton. 2 Bde., Stuttgart 1993–1997.

Euangelikè apódeixis
„Darlegung des Evangeliums"

Auch lat. zitiert als *Demonstratio evangelica*.

Eusebios aus Kaisareia, um 260–339 n. Chr.

Apologetische Schrift in ursprünglich 20 B. (gr.), von denen 10 B. erhalten sind.
Nach 315/320 n. Chr. verfaßt.

I Eusebios versucht gegen die jüdische Auffassung nachzuweisen, daß Jesus Christus in den Schriften des Alten Testaments angekündigt wird. Das Werk war als Fortsetzung der →*Euangelikè proparaskeué* gedacht. Mit der bis in die apostolische Zeit zurückreichenden Methode des sogenannten „Schriftbeweises" werden die Texte des Alten Testaments als Prophezeiungen gedeutet, die sich in den Taten und Lehren Jesu erfüllt haben.

A J. A. Heikel, GCS 23, 1913. PG 22.
L A. Dihle, GLL, 431–434. J. Moreau, RAC 6, 1966, 1052–1088. E. Schwartz, RE 6, 1, 1907, 1370–1436.

Euangelikè proparaskeué
„Vorbereitung auf das Evangelium"

Auch lat. zitiert als *Praeparatio evangelica*.

Eusebios aus Kaisareia, um 260–339 n. Chr.

Apologetische Schrift in 15 B. (gr.).
Zwischen 315 und 320 verfaßt.

I Das Werk diente aus christlicher Sicht der Aufdeckung der Irrtümer der heidnischen (insbesondere der gr.) Philosophie. Auf diese Weise sollte den Heiden und Juden gegenüber der Übertritt zum Christentum gerechtfertigt werden. Der Autor bespricht zahlreiche Texte gr. Autoren, ohne diese jedoch gelesen zu haben. Er verdankt seine Kenntnisse u. a. Clemens aus Alexandreia, Porphyrios und Alexander Polyhistor. Eusebios wendet sich vor allem gegen die von Porphyrios formulierten Angriffe der gr. Religionsphilosophie gegen die christliche Lehre.

A K. Mras. 2. Bde., Berlin [(2)]1982–1983. PG 21.
L A. Dihle, GLL, 431–434. J. Moreau, RAC 6, 1966, 1052–1088. E. Schwartz, RE 6, 1, 1907, 1370–1436.

Eucharisticum de vita sua
„Dankgebet für mein Leben"

Auch zitiert als *Confessiones* („Bekenntnisse").

Magnus Felix Ennodius aus Gallien, 473–521 n. Chr.

Autobiographie und Bekehrungsbericht (lat.).
Im Jahre 511 verfaßt, zwei Jahre vor der Übernahme des Bischofsamtes in Pavia.

I Die Selbstbiographie in Gebetsform, verfaßt als Einlösung eines Gelübdes an den heiligen Victor, berichtet über die Bekehrung zum gelebten Christentum: Eine schwere Krankheit habe den Autor aufgerüttelt und seinen Geist von nichtigem irdischem Tun und eitler Selbstgefälligkeit zu Gott gelenkt. Vorher habe er sich nur mit dem unnützen Tand der Rhetorik und Poesie beschäftigt. In seiner Not habe er gelobt, nunmehr Gottes Gebote zu befolgen und niemals mehr seinen Griffel mit profanen Gegenständen zu ermüden. – Doch Ennodius setzte seine Schriftstellerei noch zwei Jahre lang fort. „Das innere Ereignis, das einst eine fundamentale Lebenswende herbeigeführt hatte, war bei ihm zu einer rhetorischen Übung verkommen" (Fuhrmann, Spätantike, 335). – Die Autobiographie entstand in Anlehnung an Augustins →*Confessiones*.

A CSEL 6.
L O. Bardenhewer 5, 236–249. A. Dihle, GLL, 542. M. Fuhrmann, Spätantike, 334–336. Schanz-Hosius 4, 2, 131–148.

Eucharisticus deo sub ephemeridis meae textu
„Danksagung an Gott in Form einer Beschreibung meines Lebens"

Paulinus aus Pella, 5. Jh. n. Chr.

Autobiographie in 616 daktylischen Hexametern (lat.).
Um 459 n. Chr. verfaßt.

I „Der christliche Autor verflicht, wie der Titel andeutet, die Schilderung der eigenen Geschicke mit dem Beweis von Gottes Weisheit und Güte, von seinem Erbarmen und seiner Hilfsbereitschaft: diese doppelte Zweckbestimmung erinnert an Augustins →*Confessiones* ... Dieser Lebensbericht scheint viel Zeittypisches zu vereinigen; er führt vor Augen, wie sich der Zusammenbruch des Reiches, die Germanenzüge und die aus der allgemeinen Auflösung resultierenden sozialen Unruhen auf den einzelnen auswirken konnten. Anders als Rutilius Namatianus verschwendet Paulinus an das Reich kaum noch einen Gedanken... Die Familie und das Vermögen sind die vorherrschenden Themen; der Verfasser bemüht sich indes, auch die Verluste und Unglücksfälle als Fügungen Gottes zu begreifen; so daß bei ihm ein kompaktes heidnisches Glücksbedürfnis und christliches Streben nach Transzendenz ziemlich unverbunden nebeneinander stehen" (Fuhrmann, 286–288).

A W. Brandes, Wien 1888 (CSEL 16, 263–334). H. G. E. White, London/Cambridge (Mass.) 1919–1921 (in Bd. 2 der Ausonius-Ausgabe) (lat.-engl.).
L M. Fuhrmann, Spätantike, 286–288. G. Misch: Geschichte der Autobiographie. Bd. 1, [(2)]1931, 445–451.

Eudemische Ethik →Ethikà Eudémeia (Aristoteles)

Eúdemos è perì psychês
„Eudemos oder über die Seele"

Aristoteles aus Stageira, 384–322 v. Chr.

In wenigen Frg. erhaltener philosophischer Dialog (gr.).
Nicht lange nach dem Tod des ansonsten unbekannten Eudemos aus Zypern (354 v. Chr.) verfaßt.

I Aristoteles behandelt die Seele unter einem ganz anderen Blickwinkel als in seiner Schrift →*Perì psychês*. Dort argumentiert er als Naturwissenschaftler, der die biologischen Funktionen der Seele analysiert und philosophisch erklärt. Hier geht er auf diese Fragen nicht ein. „Die rein menschlichen Probleme stehen im Vordergrund, und Aristoteles scheint nur von der Seele des Menschen gesprochen zu haben; er mag Fragen, die er in *De anima* nur beiläufig streift, erörtert haben, wie die religiöse

Seelenwanderungslehre und die orphischen Vorstellungen von Gericht und Erlösung" (Düring, 558). Allerdings hat der *Eúdemos* mit Platons →*Phaídon* nur den Namen gemeinsam; er ist auch keine Imitation des *Phaídon*, obwohl das zentrale Thema die Frage der Unsterblichkeit ist. – Im Dialog werden außer rationalen Argumenten auch Gründe für die Annahme der Unsterblichkeit der Seele aufgeführt, die aus Tradition, Volksglauben und Mantik stammen. – Äußerer Anlaß des Dialogs war der Tod des Platonschülers Eudemos aus Zypern, der auf einer Reise erkrankt war. Er träumte, er werde bald wieder gesund und nach fünf Jahren in seine Heimat zurückkehren. Nach diesen fünf Jahren fand er in einer Schlacht auf Sizilien den Tod: Die Verheißung war bestätigt. Die Seele des Eudemos war in ihre Heimat zurückgekehrt.

W Der Dialog ist für Aristoteles eine Literaturgattung, die zwar formal in der sokratisch-platonischen Tradition steht, aber den Zweck verfolgt, „eine breite Orientierung über die herrschenden Ansichten zu einer bestimmten Frage" (Düring, 555) zu geben. Hier geht es also weniger darum, eine bestimmte Lehre zu vertreten oder bestimmte Thesen zu beweisen, als möglichst ausführlich und verständlich über allgemein interessierende Fragen zu informieren. Insofern sind die Dialoge als *lógoi exoterikoí*, d. h. als „nichtwissenschaftliche" Texte, im Gegensatz zu den *lógoi esoterikoí* oder *lógoi katà philosophían*, d. h. den „streng wissenschaftlichen" Texten, zu sehen. (Diese Unterscheidung trifft Aristoteles in den →*Ethikà Eudémeia* 1,8. 1217b22).

A V. Rose, Leipzig 1886. W. D. Ross, Oxford 1955. R. Walzer, Florenz 1934, Nachdr. 1963.
Ü O. Gigon, Zürich 1950 (Übersetzung der Frg. in der Einleitung zur Übersetzung von *Perì psychês*).
L J. Bernays: Aus dem aristotelischen Dialog *Eudemos*, in: RhM 16, 1861, 236–246. I. Düring, Aristoteles, 554–558. O. Gigon: Prolegomena to an Edition of the *Eudemos*, in: I. Düring / G. E. L. Owen (Hg.): Aristotle and Plato in the Mid-Fourth Century, Göteborg 1960, 19–33.

Euhemerus
(philosophisch-theologischer Autor)

Ennius, 239–169 v. Chr.

Nicht erhaltene lat. Übersetzung der →*Hierà anagraphé* des Euhemeros aus Messene (um 300 v. Chr.) in betont schlichter Prosa.

I Die Übersetzung wird von Cicero, →*De natura deorum* (1,119), und von Laktanz, →*Divinarum institutionum libri VII* (1, 11, 33) erwähnt. Fast alle Frg. aus dem *Euhemerus* stammen aus dem genannten Werk des Laktanz.

A E. H. Warmington: Remains of Old Latin. Bd. 1, London [(2)]1961 (lat.-engl.).
L F. Leo, GdrL, 202–204. E. Norden: Agnostos Theos, Darmstadt [(4)]1956, 367–379, bes. 374 ff.

Euklid-Kommentar →Eis tò prôton tôn Eukleídu stoicheíon (Proklos)

Eumenídes →Orésteia (Aischylos)

Eunomía
„Wohlgesetzlichkeit"

Solon aus Athen, um 640–560 v. Chr.

Distichon-Dichtung, Elegie (gr.).
Die *Eunomía* gehört wahrscheinlich in die Zeit des politischen Kampfes um das Recht, bevor das Gesetzgebungswerk des Solon im Jahre 594 v. Chr. abgeschlossen war.

I Die Elegie (Frg. 3 G.-P. = Frg. 4 West = Frg. 3 Diehl) stellt mit ihren 39 erhaltenen Versen den politisch-moralischen Verfall in Athen um 600 v. Chr. dar und warnt vor den Folgen. Der Ausweg aus der „Mißgesetzlichkeit" (*Dysnomía*) ist die Rückkehr zur „Wohlgesetzlichkeit" (*Eunomía*). Solon bestreitet, daß die politische Gemeinschaft durch das Handeln der Götter gefährdet sei; statt dessen macht er die Menschen selbst für ihr Schicksal verantwortlich.
Q Solon stimmt in seinem Appell an die „Eunomie" mit Hesiod (→*Érga kaì Hemérai*) überein. Offensichtlich knüpft er an Hesiod an und setzt ihn fort. – Die sprachliche Prägung der Solon-Verse durch die homerischen Epen (→*Iliás*, →*Odýsseia*) ist unübersehbar.
W Solon entwickelt seine Rechtsidee aus seinem staatsmännischen Wirken, um der sich neu entwickelnden Polisgesellschaft einen Orientierungsrahmen zu geben.

A →*Élegoi (Solon)* L W. Jaeger: Solons Eunomie (1926), in: W. Eisenhut (Hg.): Antike Lyrik, Darmstadt 1970, 9–31. B. Manuwald: Zu Solons Gedankenwelt (Frg. 4 und 13 West), in: RhM 132, 1989, 1–25. W. Schadewaldt, DAdPh, 113–121. M. Stahl: Solon F 3 D. Die Geburtsstunde des demokratischen Gedankens, in: Gy 99, 1992.

Eunûchos
„Philosoph ohne Geschlecht"

Lukianos aus Samosata, etwa 120–180 n. Chr.

Satirischer Dialog (gr.).
Abgefaßt wahrscheinlich nach dem Tod des Herodes Atticus, der 177/178 n. Chr. starb, der im Auftrag des Kaisers Marc Aurel die Besetzung der philosophischen Lehrstühle in Athen vornahm, was nach seinem Tod offensichtlich einer Kommission oblag.

I Es handelt sich um einen Bericht über eine Bewerbung auf einen der philosophischen Lehrstühle, die der röm. Kaiser Marc Aurel in Athen eingerichtet hatte. Diese hochdotierten Posten waren den vier philosophischen Richtungen der Platoniker (Akademiker), der Stoiker, der Epikureer und der Peripatetiker vorbehalten. Jede Philosophenschule konnte über zwei Lehrstühle verfügen. Nun war einer dieser Professoren, ein Peripatetiker, gestorben, und eine Kommission hatte einen Nachfolger zu bestimmen. Zwei peripatetische Philosophen bewarben und stritten sich um die Nachfolge. Fachlich ließen sich die beiden nicht unterscheiden; also wurde die Geschlechtslosigkeit des einen Bewerbers ins Feld geführt: er sei weder Mann noch Frau, im Grunde genommen demnach gar kein Mensch. Daher sei es diesem Wesen gar nicht erlaubt, Philosophie zu betreiben. Die Kommission hatte also zu entscheiden, ob ein Geschlechtsloser Philosophieprofessor werden könne. Die konkurrierenden Bewerber tauschten ihre Argumente aus: So gehöre zu einem richtigen Philosophen z. B. ein langer Bart, über den der Geschlechtslose nicht verfüge; also könne er sich bei seinen Schülern nicht einmal Respekt verschaffen. Plötzlich trat jemand auf, der behauptete, dem angeblich Geschlechtslosen sei schon einmal Ehebruch vorgeworfen worden und er habe sich der Verfolgung dieses Vergehens nur durch den Hinweis auf seine angebliche Geschlechtslosigkeit entziehen können. Die Kommission will die Wahrheit herausfinden. Unterschiedliche Vorschläge werden gemacht; einer riet, man solle Freudenmädchen herbeischaffen, die in Anwesenheit des ältesten Kommissionsmitglieds prüfen sollten, ob der problematische Bewerber ein Philosoph sei (Kap. 12). Schließlich einigte man sich, daß die Sache in Rom an höherer Stelle entschieden werden sollte. So bereiteten sich die beiden Gegner auf eine erneute Auseinandersetzung vor. Dem Geschlechtslosen blieb nichts anderes übrig, als seine Männlichkeit zu demonstrieren; denn dies – so der Autor – schien in der damaligen Situation die wichtigste Voraussetzung für einen philosophischen Lehrstuhl in Athen zu sein; man qualifiziere sich ja zum Philosophen weniger durch einen klugen Kopf und eine geläufige Zunge als durch ein funktionsfähiges Geschlechtsteil, wie die Geschichte zeigt.

A A. M. Harmon: Lucian. Bd. 5, London/Cambridge (Mass.) 1936.
Ü Chr. M. Wieland: Lucian von Samosata. Sämtliche Werke 3. 1, Leipzig 1788/1789, 189–200.

Eunuchus
„Der Eunuch"

Publius Terentius Afer, um 195/190–159 v. Chr.

Intrigen- und Wiedererkennungskomödie (lat.).
Uraufgeführt im Jahre 161 v. Chr. während der *Ludi Megalenses*.

I Der Offizier Thraso schenkt der Hetäre Thais eine Sklavin, Pamphila; sie ist in Wirklichkeit eine attische Bürgerin und die Schwester der Thais.

Gleichzeitig läßt Phaedria, ein zweiter Liebhaber der Thais, dieser durch den Sklaven Parmeno seine Geschenk, einen Eunuchen, übergeben. Dadurch wird es möglich, daß sich Chaerea, der jüngere Bruder des Phaedria, bei Thais einschleicht, weil er Pamphila, die vermeintliche Sklavin, liebt; er will die Ahnungslose in der Maske des Eunuchen verführen. Doch anschließend wird sie seine Frau, nachdem sich ihre wahre Identität herausgestellt hat. Der Konflikt zwischen Phaedria und seinem Nebenbuhler Thraso wird dadurch gelöst, daß Thais selbst tatkräftig dafür sorgt, daß Thraso und Phaedria sich einigen und das glückliche Ende auch für Thais und Phaedria möglich wird.

Q Vorlagen sind der *Eunûchos* und der →*Kólax* des Menander. Terenz hat diese beiden Komödien in seinem *Eunuchus* kontaminiert.

W „Zwei grundverschiedene Liebesverhältnisse laufen in dem Stück nebeneinander her ...: Phaedrias aufrichtiger, aber konventioneller und dem hellenistischen Kodex verhaftete, eigentlich passiver ‚Minnedienst‘ gegenüber Thais und seines Bruders Chaerea unbedingte, heftige und über die Gesetze der Gesellschaft hinweggehende Leidenschaft zu Pamphila ... Es ist bezeichnend, daß der Verlauf der Handlung dieser Leidenschaft recht gibt: Steht es der Komödie an sich legitim zu, die Realität heiter zurechtzubiegen, so ist bei Terenz darin geradezu der Schlüssel zu seinem dichterischen Anliegen zu sehen. Sein Schaffen war fest verwachsen mit Scipio Aemilianus und dessen Ideal eines neuen, vom *humanum* bestimmten Menschentums. Um die Idee der *humanitas* geht es, wenn Chaerea eine Frau ganz um ihrer selbst willen liebt und gegen die Widerstände der Gesellschaft auch heiratet; um die *humanitas* geht es auch, wenn ausgerechnet Thais, die Hetäre, sich selbstlos um das Geschick des Mädchens bemüht, wenn sie, obwohl durch den Betrug Chaereas um den Erfolg ihrer Bemühungen gebracht, mit liebevollnüchternem Verständnis dem Übeltäter bald gesteht: ‚Ich weiß schon; und, bestimmt, ich bin dir nicht mehr bös‘ deswegen. So unmenschlich, Chaerea, bin ich nicht.‘ Menschen, solchermaßen ohne Hintergedanken und verstehend, ... scheinen mit dem Schicksal verbündet; in Wirklichkeit aber überwindet die humane Gesinnung an sich schon und ganz von selbst alle tragischen Komplikationen“ (R. Mellein, 439f.).

A K. Dziatzko, Leipzig 1884. P. Fabia, Paris 1895 (mit Kommentar). A. Fleckeisen, Leipzig (2)1898. R. Kauer / W. M. Lindsay, Oxford 1926. S. Prete, Heidelberg 1954.
Ü J. J. C. Donner / W. Ludwig, Darmstadt 1969. D. Ebener, Berlin 1988. V. v. Marnitz, Stuttgart 1960. A. Thierfelder, Stuttgart 1961.
L M. v. Albrecht, RL, 173–194. J. Blänsdorf: Philologische Prinzipien einer Aufführung des terenzischen *Eunuchus*, in: AU 25, 5, 1982, 5–20. K. Büchner: Das Theater des Terenz, Heidelberg 1974. G. Jachmann: Der *Eunuchus* von Terenz, in: NGG 1921, 69–88. A. Klotz: Der *Eunuchus* des Terenz und seine Vorlagen, in: WJA 1, 1946, 1–28. U. Knoche: Über einige Szenen des *Eunuchus*, in: NGG 1936, 145–184 und 1938, 31–87. D. Konstan: Love in Terence's *Eunuch*. The Origins of Erotic Subjectivity, in:

AJPh 107, 1986, 369–393. J. C. B. Lowe: The *Eunuchus*, Terence and Menander, in: CQ 33, 1983, 428–444. W. Ludwig: Von Terenz zu Menander, in: Ph 103, 1959, 1–38. R. Mellein, KNLL 16, 439f. L. Tromaras, Hildesheim 1994 (Kommentar).

Eupórista
„Was leicht zu beschaffen ist"

Oreibasios aus Pergamon, 4. Jh. n. Chr.

Sammlung (gr.) „leichbeschaffbarer Mittel", ein pharmakologisches Kompendium oder Hausarzneibuch, das der Autor Eunapios (→*Hypomnémata historiká*) widmete.

A C. Daremberg / U. C. Bussemaker, Paris 1851–1876, Nachdr. Amsterdam 1962. J. Raeder, CMG, 6,1–3.
L H. Morland: Die lateinischen Oribasiusübersetzungen., in: SO Suppl. 5, 1932.

Eupórista
„Was leicht zu beschaffen ist"

Theodorus Priscianus, um 400 n. Chr.

Medizinische Schrift in drei B. (gr.), nur in der von Priscianus selbst hergestellten lat. Übersetzung erhalten.

I Das Rezeptbuch strebt Wissenschaftlichkeit an und vermeidet die Empfehlung von Kuren und Heilmitteln des Aberglaubens. So äußert sich der Autor z. B. kompetent über Zahnschmerzen und Zahnpulver (1,16,46 bis 49) oder über die Diagnose und Heilung der Melancholie (2,18,51–52).

A V. Rose, Leipzig 1894.
Ü Th. Meyer, 1909.

Európe
(Tochter des Agenor, Gespielin des Zeus)

Moschos aus Syrakus, um 150 v. Chr.

Kleinepos in 166 Hexametern (gr.).

I Stoffliche Grundlage ist die Sage von der Entführung der Europa durch Zeus, der die Gestalt eines zahmen Stieres angenommen hatte. Zeus entführt Europa von Phönikien nach Kreta und zeugt mit ihr drei Söhne. – Der Autor verzichtet weitgehend auf die epische Erzählung, legt aber großen Wert auf die direkte Rede. Das eigentliche Geschehen tritt in den Hintergrund. – Das Epyllion läßt sich in sechs Episoden gliedern: (1) Das Mädchen Europa träumt, daß sich zwei Frauen um sie streiten. Sie erwacht in großer Angst (1–27). (2) Europa spielt mit ihren Freundinnen auf einer Wiese. Der Dichter schildert ausführlich ihren goldenen Korb, auf dem das Liebesverhältnis zwischen Zeus und Io dargestellt ist. (28–71). (3) Zeus sieht die Mädchen und verwandelt sich in einen Stier (72–88). (4) Der Stier erscheint auf der Wiese, und die Mädchen nähern sich ihm zutraulich (89–107). (5) Europa setzt sich auf den Rücken des Stieres, der sich mit ihr entfernt und über das Meer zur Insel Kreta schwimmt (108–130). (6) Klage der Europa und Gebet an Poseidon. Zeus prophezeit ihr die Hochzeit (131–161). Abschluß: Die Prophezeiung erfüllt sich (162–166).

A W. Bühler: Die *Europa* des Moschos, Wiesbaden 1960 (gr.-dt. mit Kommentar). M. Campbell, Hildesheim 1991. A. S. F. Gow: Bucolici Graeci, Oxford 1962.
Ü E. Mörike, in: Griechische Lyrik, Frankfurt/Hamburg 1960, 135–139.
L H. Beckby: Die griechischen Bukoliker. Theokrit, Moschos, Bion. Übersetzung und Kommentar, Meisenheim a. Gl. 1975. KNLL 11, 1021 f. R. Schmiel: Moschos's *Europa*, in: ClPh 76, 1981, 261–272.

Európeia →Chorlyrik (Stesichoros)

Europiaká →Asiatiká / Europiaká (Agatharchides)

Eurysaces
(Sohn des Aias)

Lucius Accius aus Umbrien, 170 bis um 86 v. Chr.

Tragödie über ein Thema des Mythos (lat.), nur in Frg. überliefert.

A J. Dangel, Paris 1995. O. Ribbeck, TRF, 157–263 (Tragödienfragmente).
L M. v. Albrecht, RL, 126–133.

Euthýdemos
(Sophist und Gesprächsteilnehmer)

Platon aus Athen, 427–347 v. Chr.

Dialog über die Praxis der sophistischen Argumentationskunst (gr.).
Wahrscheinlich in der ersten Periode der platonischen Schriftstellerei verfaßt, mit großer Sicherheit nach dem →*Ménon*.

I Der Dialog besteht aus drei Teilen: (1) Einleitung (271a–275c), (2) Hauptteil (275b–304b) und (3) Schluß (304b–307c). Im Hauptteil werden mehrere eristische und sokratische Gesprächsphasen dargestellt. In der Einleitung sprechen Sokrates und Kriton über zwei Eristiker (Fachleute im Führen von Streitgesprächen), die Brüder Euthydem und Dionysodor, um dem Leser die beiden Hauptunterredner vorzustellen. Es sind Sophisten, die nach Athen gekommen sind und sich früher mit Waffenkampf, Gerichtsrhetorik und öffentlicher Rede befaßt haben. Sie erklären sich für fähig, die Tugend (*areté*)

zu lehren. Sokrates bittet die beiden, diese Kunst vorzuführen. Sie sollen den jungen Kleinias überzeugen, daß es notwendig sei zu lernen (275a). Euthydem fragt Kleinias zunächst, ob es die Klugen oder die Dummen seien, die lernten. Sokrates gegenüber erklärt er, er werde Kleinias widerlegen, welche Antwort er auch gebe. Kleinias entscheidet sich für die Klugen und wird von Euthydem sogleich widerlegt. Aber auch die andere Möglichkeit, daß die Unwissenden lernen, wird von Dionysodor zurückgewiesen. So haben die Eristiker bewiesen, daß weder die Klugen noch die Dummen lernen. – In einem zweiten Wortgefecht geht es um die Frage, ob die Lernenden lernen, was sie wissen oder was sie nicht wissen. Auch hier werden von Euthydem und Dionysodor beide möglichen Antworten widerlegt. – Die Widerlegbarkeit aller Antworten des Kleinias beruht darauf, daß die Eristiker in beiden Streitrunden mit der Mehrdeutigkeit der Begriffe spielen, während sich Kleinias auf eine bestimmte Bedeutung festgelegt hat. Die Kontrahenten gehen von der jeweils anderen Bedeutung der Wörter aus, um die eine gegen die andere Bedeutung auszuspielen. „Durch das Losreißen der Begriffe aus ihrem natürlichen und notwendigen Zusammenhang, teils allein teils verbunden mit dem Doppelsinn von Worten, gelingen die tollsten Escamotagen, ganz im Stile der aus Aristoteles' sophistischen Elenchen (→*Sophistikoì élenchoi*) bekannten Sophismen ... Durch diese Entwurzelung der Begriffe ... und ihre Freigebung für jeden beliebigen Gebrauch machen es die Sophisten möglich, im Handumdrehen das Gegenteil von dem zu beweisen, was vorher bewiesen oder festgestellt war" (Apelt, 9). In einer ernsthaften Diskussion – so Sokrates – müsse man sich aber der Kunst des Prodikos bedienen und Eindeutigkeit herstellen. – In scharfem Kontrast zu der Darstellung der sophistischen Argumentationskunst stehen die beiden Abschnitte (277d–283b und 288d–290d), in denen Sokrates mit Kleinias spricht, um diesen in protreptischer Rede zum Streben nach Wissen und wahrer *areté* hinzuleiten. „Der sophistischen Protreptik antwortet die platonische" (A. Lesky, GL, 587). Die Frage ist, welches das wahre Wissen ist. Ein Teilergebnis besteht darin, daß dieses Wissen ein Wissen über die Herstellung und den richtigen Gebrauch eines Hergestellten sein kann. Damit ist aber die „königliche Kunst (291b), die uns lehrt, glücklich zu werden, noch nicht gefunden, obwohl sich die „Politik" als die höchste Kunst vom richtigen Gebrauch eines Hervorgebrachten oder Hergestellten erwies. Was aber ist das „Werk" dieser Kunst? – Die Menschen weise und gut zu machen (292b)? – Schließlich führen die Sophisten noch einmal einige Beispiele sophistischer Eristik und Rhetorik vor (293b–303a). So „beweisen" sie u. a., daß derjenige, der irgend etwas weiß, alles weiß, und daß die Sophisten (und auch Sokrates) immer alles wissen. – Sokrates beendet seinen Bericht über das Gespräch mit den Sophisten mit einer Würdigung ihrer „Leistung" (303c–304b). – Das abschließende Gespräch zwischen Sokrates und Kriton gipfelt in der Aufforderung des Sokrates zu wahrer philosophischer Tätigkeit.

W „Der *Euthydem* dient ... als Diskussionsgrundlage und Erinnerungshilfe für solche, die schon über Vorkenntnisse Platonischer Lehre verfügen. Mit Hilfe dieser Vorkenntnisse können sie Lösungen für die im Dialog gestellten Aufgaben finden. Die Diskutierenden lernen, indem sie Lösungen suchen und finden und so ihr Vorwissen zu wirklichem Wissen festbinden, das – um mit Platon zu reden – nicht mehr entfliehen kann" (Erler, 41). – Platon verfolgt daneben die Absicht, die sophistische Eristik mit ihrer mangelnden Eignung für die Wahrheitsfindung nicht nur vorzuführen, sondern vor allem auch ihre Wertlosigkeit für die Erziehung und Bildung der Jugend zu veranschaulichen. „Je niederschlagender und einschüchternder die auf bloße Verblüffung und Überrumpelung des Antwortenden berechnete Unterredungsweise der Sophisten auf den jungen Kleinias wirkt, um so schärfer mußte jeder Leser die Anmaßung dieser Leute verurteilen, sich als die berufenen Lehrer der Jugend aufzuspielen" (Apelt, 10).

A J. Burnet: Platonis Opera. Bd. 3, Oxford (17) 1983. L. Méridier: Platon: Oeuvres complètes. Bd. 5, Paris (4)1964 (gr.-frz.).
Ü O. Apelt, Hamburg (3)1955. F. Schleiermacher: Platons Werke. 2. Teil. 1. Bd., Berlin (2)1818, Nachdr. Darmstadt 1973.
L W. Bröcker: Platos Gespräche, Frankfurt 1964, 135–144. M. Erler: Platons Schriftkritik im historischen Kontext, in: AU 28, 4, 1985, 27–41. A. Gifford: The *Euthydemus* of Plato, Oxford 1905. R. S. W. Hawtrey: Commentary on Plato's *Euthydemus*, Philadelphia 1981. H. Keulen: Untersuchungen zu Platons *Euthydem*, Wiesbaden 1971. R. K. Sprague: Plato's use of fallacy. A study on the *Euthydemus* and some other dialogues, London 1972.

Euthýphron
(Gesprächspartner des Sokrates)

Platon aus Athen, 427–347 v. Chr.

Dialog zwischen Sokrates und Euthyphron über das Wesen der Frömmigkeit (gr.).
Die Entstehungszeit ist umstritten. Der Dialog kann der Gruppe der aporetischen Frühdialoge zugerechnet werden, kann aber auch erst im Zusammenhang mit der Entfaltung der Ideenlehre verfaßt worden sein.

I Euthyphron und Sokrates treffen sich zufällig vor dem Amstsitz des Archon Basileus, des obersten Richters in Athen. Dort hat Euthyphron Klage gegen seinen Vater wegen Mordes eingereicht. Sokrates hat eine Vorladung wegen Asebie (Gottlosigkeit); den Prozeß hatte Meletos angestrengt. Euthyphron erzählt Sokrates den Anlaß der Klage: Der Vater hatte einen Tagelöhner, der im Rausch einen Sklaven erschlagen hatte, gefesselt in eine Grube geworfen und tagelang dort liegen lassen, weil er Auskunft bei einem Rechtspfleger darüber einholen wollte, was er in diesem Fall zu tun habe. Inzwi-

schen war der Tagelöhner gestorben. Euthyphron fühlt sich völlig im Recht: Er muß seinen eigenen Vater anklagen, weil die Befleckung, die seit dem Mord auf der Familie liegt, unabhängig von der Person des Täters eine Sühne erforderlich macht. Alle anderen halten dieses Vorgehen zwar für falsch und nicht für fromm: Euthyphron ist jedoch von der Rechtmäßigkeit und Frömmigkeit seines Handelns überzeugt. Daraufhin möchte sich Sokrates von Euthyphron über das Wesen des Frommen belehren lassen. Er fragt also nach der „Idee" des Frommen, erhält aber nur ein Beispiel als Antwort. Er will aber nicht *ein* Frommes, sondern *das* Fromme, das *Eîdos* des Frommen, wissen. Darauf bietet Euthyphron eine formal akzeptable Definition: Fromm ist, was den Göttern lieb ist. Diese Definition erweist sich aber als unzureichend und wird verbessert: Fromm ist, was allen Göttern lieb ist. Doch „fromm" und „gottgeliebt" können nicht identisch sein. Ein dritter Versuch geht aus von der Unterscheidung eines Ober- und Unterbegriffs: Das Fromme ist ein Teil des Gerechten, soweit es sich auf die Götter bezieht. Der vierte Versuch führt zum zweiten zurück: Frömmigkeit ist das Wissen von dem, was den Göttern gefällt. Man ist also im Kreis gegangen und hat keine Lösung gefunden. Euthyphron macht sich eilig davon.

H Der sachliche Bezugspunkt des Gesprächs zwischen Sokrates und Euthyphron ist der Asebie-Prozeß gegen Sokrates im Jahre 399 v. Chr. Die Konfrontation zwischen beiden Gesprächspartnern spiegelt die Prozeß-Situation, die von der Unvereinbarkeit zweier religiöser Standpunkte und Denkweisen geprägt ist: Auf der einen Seite der konventionell-traditionelle Götterglaube mit seinen praktischen Begleiterscheinungen, auf der anderen Seite ein Begriff von einem von allem mythischen Polytheismus gereinigten Wesen des Göttlichen, das der Vorstellungswelt des Durchschnittsmenschen, aber auch des professionellen Theologen (Euthyphron) entzogen ist.

W Der *Euthýphron* ist (wie andere Dialoge vom →*Protagóras* bis zur →*Politeía*) „ein nach psychagogischen Gesichtspunkten aufgebauter Lehrgang, der das Ziel verfolgt, den Leser zur Erkenntnis der Ideen zu befähigen" (Erbse, 39). Im Mittelpunkt dieses Lehrgangs steht die Frage, wie man das Fromme ohne Rücksicht auf traditionelle Meinungen, rein aufgrund eines widerspruchsfreien Denkens, in einer Definition fixieren kann. „Platon hütet sich, ... die überkommenen Mythen von Götterkämpfen anzugreifen, aber macht es vollkommen deutlich, daß eine Entscheidung darüber, was jeweils ein frommes oder unfrommes Tun, was jeweils eine fromme oder unfromme Vorstellung von den Göttern ist, nur möglich ist, wenn man einen klaren, definierbaren Begriff von Frömmigkeit und Gerechtigkeit hat" (Snell, 216).

A J. Burnet, Oxford 1924. T. R. Mills, London 1927.
Ü K. Preisendanz, Jena 1925. K. Reich, Krefeld 1948. B. Snell: Platon. Mit den Augen des Geistes, Frankfurt 1955.

L R. E. Allen: Plato's *Euthyphro* and The Earlier Theorie of Forms, London 1970. H. Bonitz: Platonische Studien, Berlin [3]1886, Nachdr. Hildesheim 1968, 227–242. W. Bröcker: Platos Gespräche, Frankfurt 1964, 212–130. W. Burnikel: Plädoyer für einen vergessenen Platonialog, in: AU 19, 1976, 20–30. H. Erbse: Über Platons Methode in den sogenannten Frühdialogen, in: Hermes 96, 1968, 21–40. P. Friedländer: Platon. Bd. 2, Berlin [3]1964, 75–84. O. Gigon: Platons *Euthyphron*, in: Studien zur antiken Philosophie, Berlin/New York 1972, 188–224. Th. Gomperz: Griechische Denker. Bd. 2, Leipzig [2]1903, 289–296. E. Gottlieb: Zum Problem des Euthyphron, in: Archiv f. Gesch. d. Philos. 27, 1925, 270–279. R. Guardini: Der Tod des Sokrates, Hamburg 1956, 12–36. R. G. Hoerber: Plato's *Euthyphro*, in: Phronesis 3, 1958, 95–107. W. Jaeger, Paideia 2, 141–164. H. Leisegang: Platon, in: RE 40, Hbbd. 1950, 2405–2409. R. S. Meyer: Plato's *Euthyphro*. An example of philosophical analysis, Pretoria 1963. R. Robinson: Plato's earlier dialectic, Oxford [2]1953 (dazu W. Bröcker, Gnomon 30, 1968, 510–519). U. v. Wilamowitz-Moellendorff: Platon. Bd. 1, Berlin [5]1959, 154–158. Bd. 2, Berlin [3]1962, 76–81.

Evangelien →Novum Testamentum

Evangeliorum libri IV
„Evangelien in vier B."

Gaius Vettius Aquileius Iuvencus, Mitte des 4. Jhs. n. Chr.
Evangelienharmonie (lat.) in über dreitausend Hexametern nach dem Vorbild Vergils.
Verfaßt wohl 329/330 n. Chr. zur Zeit Constantins.

I Die Kindheitsgeschichte Jesu (1, 1–306) ist eine Synopse aus Matthäus und Lukas. Im folgenden schließt sich Iuvencus an Matthäus an und ergänzt ihn aus Iohannes (vgl. Tatian, →*Diatessáron*). – „Die Arbeitsweise des Iuvencus läßt sich durch folgende Stichworte kennzeichnen: Umschreibung, Verkürzung, Erweiterung, Enthistorisierung, Entjudaisierung, Romanisierung" (M. v. Albrecht, 1072).
W Es geht dem Autor um eine Christianisierung und Spiritualisierung des antiken Epos. Er will Leistung und Lebensdauer Homers und Vergils übertreffen. Sein Epos enthält im Gegensatz zum heidnischen Epos die Wahrheit und keine Lüge. – Der Autor huldigt dem Kaiser Constantin als einem Friedensfürsten; die Parallele zu Vergil und Augustus ist sichtbar. So stellt sich Iuvencus als „christlicher Vergil" dar (vergleichbar mit Laktanz, dem „christlichen Cicero").
N Iuvencus hat großen Einfluß auf die Dichter der Karolingischen Renaissance und auch auf Petrarca (1304–1374). Bis in das 11. Jh. bleibt er Schulautor.

A J. Huemer, CSEL 24, 1891.
L M. v. Albrecht, RL, 1072–1074. M. Flieger: Interpretationen zum Bibeldichter Iuvencus. Beiträge zur Altertumskunde 40, 1993. M. Fuhrmann, Spätantike, 219. R. Herzog: Die Bibelepik der lateinischen Spätantike. 1, München 1975. R. Herzog, HLL 5, § 561.

Excellentes
„Die hervorragenden (Männer)"

Alfius Avitus, 2. Jh. n. Chr.

Darstellung von Gestalten und Ereignissen der röm. Geschichte in fortlaufenden katalektischen iambischen Dimetern (lat.), in einigen Frg. erhalten.

A FPL 143.
L E. Castorina: I „poetae novelli", 1949, 191–195.

Excerpta ex Theodoto
„Auszüge aus Theodotus"

Auch zitiert als *Ek tôn Theodótu kaì tês anatolikês kaluménes didaskalías katà tùs Valentínu chrónus epitomaí* („Auszüge aus dem Werk des Theodotos und der sogenannten anatolischen Schule zu Zeiten des Valentinos").

Flavius Clemens Alexandrinus, etwa 150–215 n. Chr.

Sammlung (gr.) von Notizen und Auszügen aus dem Werk des Gnostikers Theodotos.

I Die Schrift enthält u. a. die gnostische Programmformel in unüberbietbarer Kürze (78, 2): „Nicht das Taufbad ist das Befreiende, sondern auch die Erkenntnis: wer wir waren, was wir geworden sind, wo wir waren, wo hinein wir geworfen wurden, wohin wir eilen, woraus wir erlöst werden, was Geburt, was Wiedergeburt ist" (Übers. P. Barié).

A F. Sagnard, SC 23, 1948. O. Stählin, GCS 17, 1909, 103–133.
Ü R. P. Casey, London 1937 (engl.). W. Foerster u. a.: Die Gnosis. Zeugnisse der Kirchenväter, Zürich 1995, 193–204 (Auswahl).
L H. Jonas: Gnosis und spätantiker Geist. Teil 1: Die mythologische Gnosis, Göttingen [4]1988. Teil 2: Von der Mythologie zur mystischen Philosophie, Göttingen 1993.

Excerptum Valesianum I und II
„Valesianischer Auszug I und II"

Auch zitiert als *Anonymus Valesii* oder *Anonymus Valesianus* („Der unbekannte Autor des Valesius" nach Valesius, der in seine Textausgabe der →*Rerum gestarum libri XXXI* des Ammianus Marcellinus von 1636 zwei historische Frg. von zwei verschiedenen Autoren aufnahm.)

An. (einer der beiden Autoren war Heide, der aus Ammianus Marcellinus schöpfte, der andere ein Christ, der zugleich Gegner der Goten und Arianer war)

Zwei kurze historische Frg. (lat.) über die Geschichte des röm. Reiches unter Constantin (reg. 306–337 n. Chr.) und über die Zeit Odoakers, des

ersten germanischen Königs von Italien (reg. 476–493), und Theoderichs, des Königs der Ostgoten (reg. 473–526).
Verfaßt nach Constantins Tod (337 n. Chr.).

A J. Moreau / V. Velkov: Excerpta Valesiana, Leipzig [(2)]1968.
Ü I. König: Aus der Zeit Theoderichs des Großen. Einl., Text, Übersetzung und Kommentar einer anonymen Quelle, Darmstadt 1997. O. Veh, München 1966 (gr.-dt.).
L M. v. Albrecht, RL, 1096. N. Baglivi: Su *Anonymus Valesianus* 1, 3, 7, in: Orpheus 9, 1988, 312–324. S. B. Barnish: The *Anonymus Valesianus* II as a Source for the Last Years of Theoderic, in: Latomus 42, 1983, 572–596.

Exempla
„Beispiele"

Cornelius Nepos, etwa 100–25 v. Chr.

Eine nach sachlichen Gesichtspunkten geordnete Anekdotensammlung in fünf B. (lat.), aus denen einige Frg. erhalten sind.
Nach 44. v. Chr. veröffentlicht.

I Eine nach dem Muster der hellenistischen Paradoxographie zusammengestellte Sammlung von Merkwürdigkeiten aus Geschichte, Physik, Geographie, die Valerius Maximus (→*Factorum ac dictorum memorabilium libri IX*), Plinius (→*Naturalis historiae libri XXXVII*), Gellius (→*Noctes Atticae*) und andere als Quelle benutzten.

A HRR 2, 1906. P. K. Marshall, Leipzig [(3)]1991.
L M. v. Albrecht, RL, 381–390.

Exempla →Factorum ac dictorum memorabilium libri IX (Valerius Maximus)

Exhortatio virginitatis →De virginibus ad Marcellinam sororem (Ambrosius)

Explanatio symboli ad initiandos
„Auslegung des Glaubensbekenntnisses für die Glaubensanfänger"

Ambrosius, Bischof von Mailand, um 340–397 n. Chr.

Dogmatische Schrift (lat.).
Die streng am nicaenischen Glauben, d. h. betont antiarianisch ausgerichtete, Schrift ist in drei Fassungen überliefert.

A R. H. Connolly, Cambridge 1952 (lat.-engl.).

Expositio epistulae ad Galatos
„Auslegung des Briefes an die Galater"

Aurelius Augustinus aus Thagaste, 354–430 n. Chr.

Exegetische Schrift zum →*Novum Testamentum* (lat.).
Verfaßt 394/395 n. Chr.

A J. Divjak, CSEL 84, 1971.
Ü T. G. Ring, Würzburg 1997 (lat.-dt. mit Kommentar).

Expositio et ratio omnium formarum
„Darstellung und Berechnung aller Figuren"

Balbus, zur Zeit des Kaisers Trajan (reg. 98–117 n. Chr.)

Gromatisch-geometrische Schrift (lat.).

I Die im wesentlichen auf Heron aus Alexandreia basierende Schrift ist einem Celsus gewidmet, der die Groma, das Visierinstrument, verbessert hatte. Das Werk enthält in seiner Einleitung eine Übersicht über die Maße und im Hauptteil Definitionen geometrischer Begriffe.

A K. Lachmann: Die Schriften der römischen Feldmesser. 1, 1848, 91–108.
L G. Bendz; Balbus, in: dtv-L 1. 2, 236. P. Gensel, RE 2, 1896, 2820–2822. Schanz-Hosius 2, 802f.

Expositiones in Epistulas Pauli
„Darlegungen zu den Briefen des Paulus"

Pelagius, um 400 n. Chr.

Rationalistisch-moralistischer Kommentar zu den Paulusbriefen (lat.).

I Die Gerechtigkeit Gottes war für Pelagius die Grundlage seines Denkens. Gott ist gerecht, wenn er auch gibt, was er fordert. Deshalb hat der Mensch einen freien Willen. Sein Handeln ist nicht durch einen Sündenfall beeinträchtigt. Der Mensch ist aufgrund der Gnade Gottes befähigt, Gottes Gebote zu halten. – Pelagius war vor allem Moralist; er kümmerte sich mehr um die pädagogische und ethische Ordnung als um dogmatische Probleme. „In einer sittenlosen, kaum bekehrten und den moralischen Forderungen der Schrift wenig zugetanen Welt wollte Pelagius die völlige Unabhängigkeit des freien Willens verteidigen, mit dem der Mensch in gleicher Weise zwischen Gut und Böse wählen kann: ‚*Posse in natura, velle in arbitrio.*' Danach bemißt sich Lohn und Strafe. Es handelt sich also um ein rein pragmatisches Christentum, das dem römischen Temperament entsprach, auf die Moral konzentriert, für die die Lateiner so leidenschaftlich interessiert waren. Sein Kommentar zeigt Ehrfurcht vor der Schrift, Abscheu vor der Sünde, Notwendigkeit des moralischen Tuns, Hochschätzung der Verantwortlichkeit. Er leugnet das Einwirken der Gnade nicht völlig, hat von ihr aber einen zu generellen (wenn sie mit den ursprünglichen Gaben der Freiheit verwechselt wird) oder einen zu äußerlichen Begriff (wenn sie mit der erzieherischen Kraft des Gesetzes, z. B. Christi, gleichgesetzt wird). Er betrachtet sie als eine äußerliche Hilfe für unser Tun" (Hamman, 248). – Pelagius' sittlicher Rigorismus ist dem römisch-stoischen Humanismus verwandt.

N   Durch seine Ablehnung des Dogmas der Erbsünde gerät Pelagius in einen scharfen Gegensatz zu Hieronymus (→*Contra Pelagianos*) und Augustinus, der in zahlreichen Schriften und Briefen gegen die Pelagianer polemisiert (→*De peccatorum meritis et remissione et de baptismo parvulorum*, →*De spiritu et littera*, →*De gratia Novi Testamenti*, →*De natura et gratia*, →*De gestis Pelagii* usw.).

A   PL Suppl. 1, 1110–1570. A. Souter. Bd.1–3, 1922–1931.
L   A. Dihle, GLL, 554. J. Ferguson: Pelagius, Cambridge 1956. A. Hamman: Pelagianismus, in: LThK 8, 246–249. R. Pirenne: La morale de Pélage, Rom 1961. G. de Plinval: Pélage, ses écrits, sa vie et sa réforme, Lausanne 1943. S. Prete: Pelagio e il pelagianesimo, Brescia 1961.

Expositiones in Psalmos
„Auslegungen zu den Psalmen"

Flavius Magnus Aurelius Cassiodorus, Senator aus Bruttium, etwa 490–583 n. Chr.

Exegetische Schrift zum Alten Testament (lat.). Entstanden nach dem Rückzug des Autors in das von ihm selbst gegründete Kloster Vivarium, d. h. nach 554 n. Chr.

I   Der Psalmenkommentar läßt die Bildungskonzeption erkennen, von der sich Cassiodor bei der Einrichtung seines Klosters hat leiten lassen. Er wollte mit diesem Kommentar demonstrieren, daß aus den heiligen Schriften alles hervorgegangen sei, was die Lehrer der weltlichen Weisheit danach für ihre Bestrebungen nutzbar gemacht hätten. „Für ihn existierte somit kein Nebeneinander von christlicher und heidnischweltlicher Bildung; die weltliche Bildung sei vielmehr, behauptet er, ein Derivat der Bibel, Entfaltung dessen, was sich bereits in den biblischen Schriften keimhaft angelegt finde. Am Beispiel des Psalters glaubte er insbesondere dartun zu können, daß die *lex divina*, das göttliche Gesetz, die Rhetorik und die Dialektik enthalte, und dieser seiner Auffassung gemäß wies er in seinem Kommentar immer wieder auf das Vorhandensein von rhetorischen Tropen und Figuren sowie von logischen Operationen hin; er hielt es für wesentlich, daß die Heilige Schrift sich mit diesen Dingen in der praktischen Anwendung vertraut zeigt, und so verwarf er das Gegenargument als unerheblich, daß

sich dort keinerlei Terminologie der Rhetorik oder der Dialektik findet" (Fuhrmann, 339).

A   M. Adriaen, CC 97, 1958.
L   M. v. Albrecht, RL,1186–1190. M. Fuhrmann, Spätantike, 338–340. R. Schlieben: Christliche Theologie und Philologie in der Spätantike. Die schulwissenschaftlichen Methoden der Psalmenexegese Cassiodors, Berlin 1974. R. Schlieben: Cassiodors Psalmenexegese. Eine Analyse ihrer Methoden als Beitrag zur Untersuchung der Geschichte der Bibelauslegung der Kirchenväter und der Verbindung christlicher Theologie mit antiker Schulwissenschaft, Göppingen 1979.

Expositio quarundam propositionum ex epistula ad Romanos
„Auslegung bestimmter Sätze aus dem Brief (des Paulus) an die Römer"

Aurelius Augustinus aus Thagaste, 354–430 n. Chr.

Exegetische Schrift (lat.) zum →*Novum testamentum*
Entstanden 394/395 n. Chr.

A   J. Divjak, CSEL 84, 1971.
Ü   T. G. Ring, Wien 1989 (lat.-dt. mit Kommentar).
L   M. v. Albrecht, RL, 1318–1353.

Expositio sermonum antiquorum
„Erklärung altertümlicher Redeweisen"

Fabius Planciades Fulgentius, um 500 n. Chr.

Glossensammlung (lat.).

I   Sammlung und Erläuterung von 62 altertümlichen Wörtern mit Hilfe älterer Autoren.

A   R. Helm, Leipzig 1898.
L   M. v. Albrecht, RL, 1170. Schanz-Hosius 4, 2, 196–205. F. Skutsch, RE 7, 1910, 215–227.

Expositio totius mundi et gentium
„Beschreibung der ganzen Welt und der Völker"

An.

Geographische Schrift (lat.), wahrscheinlich die Übersetzung eines gr. Originals aus dem 4. Jh. n. Chr.

I   Die Beschreibung ist weniger topographisch als kulturgeographisch und ethnographisch.

A   A. Riese: Geographi Latini Minores, Heilbronn 1878, 104–126.
L   H. Berger, RE 6, 2, 1909, 1693 f. Schanz-Hosius 4, 2, 125–127.

Expositio Vergilianae continentiae
secundum philosophos moralis

„Beschreibung der vergilischen Selbstbeherrschung im Sinne der Moralphilosophen "

Fabius Planciades Fulgentius, um 500 n. Chr.

Allegorisch-moralisierende Mythendeutung (lat.).

I In einem Dialog zwischen dem Dichter und
den Musen über den verborgenen Sinn der →*Aeneis*
wird eine allegorisch-moralisierende Erklärung des
vergilischen Epos vorgetragen. – Der Vergleich der
Aeneis mit dem Menschenleben wirkt im Mittelalter
und in der Renaissance weiter. Vgl. die →*Mythologiae* des Fulgentius.

A R. Helm, Leipzig 1898.
L M. v. Albrecht, RL, 1170. Schanz-Hosius 4, 2, 196–
205. F. Skutsch, RE 7, 1910, 215–227.

F

Fabeln →Mythíamboi Aisópeioi (Avianus, Babrios)

Fabeln →Mýthon synagogé (Aisopos)

Fabula Atellana
„Bühnenstück aus Atella (Stadt bei Neapel)"

Lucius Pomponius, um 100 v. Chr., der älteste bekannte Dichter der *Fabula* Atellana, von der nur wenige Verse erhalten sind.

Literarisch gestaltete italische Bauernposse (lat.).

I Tragödienmythen werden komisch behandelt, z. B. im *Agamemno suppositicius* („Der untergeschobene Agamemnon"). – Die *Fabula Atellana* bedient sich des wirkungsvollen Mittels der Obszönität. Eine besondere Bedeutung hat das Gebärdenspiel.

A O. Ribbeck, CRF 269–307.
L M. v. Albrecht, RL, 82f. R. Rieks: Mimus und Atellane, in: E. Lefèvre (Hg.): Das römische Drama, Darmstadt 1978, 348–377.

Fabulae
„Geschichten"

Ps.-Hyginus oder Hyginus Mythographus, 2. Jh. n. Chr.

Mythologisches Handbuch (lat.).

I Das Werk besteht aus drei Teilen: (1) Stammbäume der Götter und Heroen. (2) 220 Fabeln mit kurzen Darstellungen von Einzelsagen. (3) Indices (listenartige Zusammenstellungen). – Der Autor benutzt über ein mythologisches Handbuch (vgl. →*Apollodori bibliotheca*) die Epiker (Homer, Hesiod), Dichter der Tragödie (Aischylos, Sophokles, Euripides) und hellenistische Dichter (Apollonios Rhodios). – Für die Kenntnis der Stoffe verlorener gr. Tragödien sind die *Fabulae* eine Hilfe.

A P. K. Marshall, Stuttgart/Leipzig 1993. H. J. Rose, Leiden [(2)]1963 (mit Kommentar).
Ü M. Grant: The Myths of Hyginus, 1960 (engl.). L. Mader: Griechische Sagen, München 1968.
L Schanz-Hosius 2, 372–379. P. L. Schmidt: Hyginus, in: DKP 2, 1263 f. J. Tolkiehn, RE 10, 1, 1917, 636–651.

Fabulae Aesopiae
„Äsopische Fabeln"

Phaedrus, 1. Hälfte des 1. Jhs. n. Chr.

Fabelsammlung in fünf B., von denen nur ein kleiner Auszug erhalten ist (lat.).
Die ersten beiden B. entstanden unter Kaiser Tiberius (reg. 14–37 n. Chr.), das dritte vielleicht um 40 n. Chr. unter Caligula. Im Alter fügte Phaedrus zunächst das vierte, später das fünfte B. hinzu.

I Die Fabeln des Phaedrus sind nicht in Prosa, sondern in iambischen Senaren verfaßt. Sie bestehen aus kurzen Erzählungen, aus denen eine Lebensweisheit gewonnen werden soll. Es ist meist von Tieren die Rede, gemeint aber sind Menschen. So ist z. B. der Fuchs der Typus des listigen, schlauen Menschen. – Der narrative Kern der Fabel dient als Beispiel, aus dem eine bestimmte Lehre zu ziehen ist. Diese wird entweder am Anfang (als Promythion, „Vorspruch") oder am Ende (als Epimythion, „Nachspruch") formuliert. Die Lehre braucht aber nicht immer außerhalb der Erzählung explizit gemacht zu werden. Bei Phaedrus sind Promythion und Epimythion mit der Erzählung innerlich verflochten. – Ein wichtiges Gattungsmerkmal der Fabel ist ihre Kürze (*brevitas*) bzw. die Vermeidung unnötiger Verzögerungen. – Die Charaktere sind konstant. Die Tiere erwecken beim Leser eine bestimmte Rollenerwartung (z. B. der Fuchs ist schlau).

Q Seit Hesiod (→*Érga kaì hemérai*) gibt es Fabeln in der Dichtung (vgl. auch Archilochos, →*Íamboi*, Frg. 48; 81–83; 89–96 D.). Aisopos gilt als der erste Fabeldichter (6. Jh. v. Chr.). Unter seinem Namen gab es eine Sammlung von Fabeln in Prosa, die verloren ist. Sein Werk ist nur aus nachchristlichen Sammlungen und aus der gr. Bearbeitung durch Babrios (2. Jh. n. Chr.) erkennbar (→*Mythíamboi Aisópeioi*). Phaedrus behauptet (1 prol. 1), er schließe sich ganz an Aesop an. Seine Hauptquelle war aber wohl eine lat. Fabelsammlung in Prosa. Man muß jedoch auch damit rechnen, daß Phaedrus zahlreiche Fabeln völlig selbständig erzählt.

W Phaedrus begründet (3 prol. 33–37) die Erfindung der Fabel mit der Notwendigkeit, ein Medium zu schaffen, daß dem unterdrückten Menschen eine möglichst risikolose Artikulation seiner Wünsche und Bedürfnisse, Gefühle und Gedanken erlaube. Aber die Fabel soll auch Freude bereiten und belehren (1 prol. 2–3).

N Um 400 n. Chr. dichtet Avianus →*Mythíamboi Aisópeioi* in elegischem Versmaß; er bezieht sich auf die fünf B. des Phaedrus. In der Spätantike entsteht ein Corpus von Prosa-Fabeln, dem auch Phaedrus-Fabeln angehören (nicht in metrischer Form). Dieses sog. Romulus-Corpus (→*Romulus*), das auch als *Aesopus Latinus* zitiert wird, liefert den Stoff für spätere Fabeldichtung bis in die Neuzeit. – In einem Codex des 9. Jh.s findet Pierre Pithou „Von Phaedrus, einem Freigelassenen des Augustus, fünf B. äsopische Fabeln"; er veröffentlicht die insgesamt 101 Gedichte im Jahre 1596. Dadurch wird eine Flut von Ausgaben und Kommentaren ausgelöst. Das große Interesse für Phaedrus wird erneut verstärkt, als in dem Neapler *Codex Perottinus* weitere 32 Fabeln entdeckt werden, die als *Appendix Perottina* in die Phaedrus-Ausgaben eingegangen sind. – In der Literatur gehört La Fontaine mit seinem 1668–1694 geschaffenen Werk *Fables* zu den größten Nachfolgern des röm. Dichters. Goethe benutzt in seinem Epos *Reineke Fuchs* von 1794 wichtige Fabelmotive des Phaedrus. Lessing unterzieht die poetische Fabel des Phaedrus einer strengen Kritik.

A J. Briscoe, Stuttgart/Leipzig 1998. A. Guaglianone, Turin 1969. B. E. Perry, London 1965 (lat.-engl.). J. P. Postgate, Oxford [2]1929.
Ü E. Oberg, Zürich/Düsseldorf [2]1999 (lat.-dt.). O. Schönberger, Stuttgart 1979 (lat.-dt.). H. Rupprecht, Mitterfels 1992 (lat.-dt.).
L M. v. Albrecht, RL, 788–793; 794–797. M. Ausserhofer: Braucht unsere Jugend noch Fabeln?, in: Anregung 44, 1998, 81–99. A. Demandt: Politik in den Fabeln Aesops, in: Gy 98, 1991, 397–419. A. Fritsch: Phaedrus als Schulautor, in: Latein und Griechisch in Berlin 29, 1985, 34–69. A. Hausrath: Phaedrus, in: RE 19, 2, 1938, 1475–1505. N. Holzberg: Die Fabel von Stadtmaus und Landmaus bei Phaedrus und Horaz, in: WJA 17, 1991, 229–239. N. Holzberg: Die antike Fabel. Eine Einführung, Darmstadt 1993. G. Lamberti: La poetica del *lusus* in Fedro, in: Rendiconti dell' Istituto Lombardo. Classe di Lettere, Scienze morali e storiche 114, 1980 (1982), 95–115. H. Mac L. Currie: Phaedrus the Fabulist, in: ANRW 2, 32, 1, 1984, 497–513. M. Nojgaard: La fable antique. 2 Bde., Kopenhagen 1964–1967. E. Oberg: Römische Rechtspflege bei Phaedrus, in: RhM 139, 1996, 146–165. G. Pisi: Fedro traduttore di Esopo, Florenz 1977. G. Thiele: Der lateinische Aesop des Romulus und die Prosa-Fassungen des Phädrus, Heidelberg 1910 (Kommentar).

Fabula palliata
„Bühnenstück mit dem Pallium, dem kurzen gr. Mantel"

Sextus Turpilius, 2. Jh. v. Chr., letzter Dichter der *Fabula palliata*.

Eine Gattung der röm. Komödie (lat.), in der die Schauspieler im Pallium auftraten.

I Die *Fabula palliata* entnimmt ihre Stoffe der gr. Neuen Komödie. Von den Stücken des Turpilius sind nur etwa 200 Verse erhalten. – Erhalten sind nur gr. Titel, z. B. die *Leucadia*, die das Motiv vom Sturz der gr. Dichterin Sappho ins Meer aufnimmt.

A L. Rychlewska, Leipzig 1962.
L A. Thierfelder: Römische Komödie, in: Gy 63, 1956, 326–345.

Fabula Rhinthonica →Hilarotragodía (Rhinthon)

Factorum et dictorum memorabilium libri IX
„Neun B. denkwürdige Taten und Worte"

Valerius Maximus, 1. Hälfte des 1. Jh. n. Chr.

Nach sachlichen Gesichtspunkten geordnete Sammlung von *Exempla* (Beispielen) menschlicher Eigenschaften und Verhaltensweisen aus der röm. und nicht-röm. Welt (lat.).
Kaiser Tiberius (reg. 14–37 n. Chr.) gewidmet und vor dessen Todesjahr veröffentlicht.

I Beispiele für Pflichten gegenüber den Göttern (B. 1) und gegenüber Menschen (B. 2), für Tugenden (*virtutes*) der Selbstbehauptung und der Selbstbeschränkung (B. 3–5), ferner für weitere Tugenden, Wechselfälle und Unwägbarkeiten des Lebens, für Fehlverhalten und Sonderbarkeiten (B. 6–9) sollen den Leser zur Bewunderung und Nachahmung bzw. zum Nachdenken anregen. Historische Wahrheit wird nicht angestrebt. Quellenkritik unterbleibt.

W Der patriotisch-konservative Autor will den Vorbildcharakter der politisch-militärischen und der moralischen Leistungen der Römer hervorheben und unterschiedlichen Lesern (Rednern, Schriftstellern, Lehrern und Studenten der Rhetorik) zur schnellen Auffindung von Beispielen im Nachschlagewerk bieten (vgl. die *Praefatio* des Autors). „Wie Ovid ein Kaleidoskop des Mythos, so schafft Valerius ein solches des ‚historischen' Menschenlebens" (M. v. Albrecht, 857).

Q Der Autor benutzt Cicero, →*De divinatione*, →*Tusculanae disputationes*), Sallust, Pompeius Trogus, Varro, Livius (→*Ab urbe condita*), aber auch weitere unbekannte Zwischenquellen.

N Der ältere Plinius benutzt das Werk für die B. 7 und 33 seiner →*Naturalis historiae libri XXXVII*. Spuren des Werkes finden sich auch bei Plutarch, Gellius, Laktanz und Priscian. – Im Mittelalter waren die *Facta et dicta* stark verbreitet (ca. 350 vollständig erhaltene Handschriften), seit dem 14. Jh. wurden sie kommentiert und in andere Sprachen übersetzt. – Valerius Maximus gehörte zu Petrarcas Lieblingsautoren. In der Renaissance waren die *Facta et dicta* eine der wichtigsten Quellen für die Kenntnis der Antike.

A R. Faranda, Turin 1971, Nachdr. 1987. K. Kempf, Leipzig [2]1888, Nachdr. Stuttgart 1982.
Ü U. Blank-Sangmeister, Stuttgart 1991 (lat.-dt.).
L M. v. Albrecht, RL, 852–859. R. Helm: Valerius Maximus, in: RE 8 A 1, 1955, 90–116. R. Honstetter: Exemplum zwischen Rhetorik und Literatur. Zur gattungsgeschichtlichen Sonderstellung von Valerius Maximus und Augustinus, Diss. Konstanz 1977. G. Maslakov: Valerius Maximus and Roman Historiography. A Study of the exempla-Tradition, in: ANRW 2, 32,1, 1984, 437–496. P. L. Schmidt: Valerius Maximus, in: DKP 5, 1117f.

Fasti
„Kalender"

Publius Ovidius Naso aus Sulmo, 43 v. Chr. – 17 n. Chr.

Beschreibung (lat.) der röm. religiösen Feste der Monate Januar bis Juni und ihrer Anlässe, ferner der Auf- und Untergänge der Sternbilder an den einzelnen Tagen in sechs B. in elegischen Distichen.

I Dem Inhalt nach gehören die *Fasti* zur ätiologischen Literatur, die bestimmte Bräuche und Gewohnheiten aus ihren Ursprüngen zu erklären sucht. – Das Werk folgt genau den einzelnen Tagen des Jahres. Jedem Monat ist ein B. gewidmet. Es liegen jedoch nur sechs B. für die Monate Januar bis Juni vor; der Dichter konnte das Werk nicht vollenden. Seine Verbannung nach Tomi im Jahre 8 v. Chr. hinderte ihn daran, die fehlenden sechs B. zu schreiben. Daß diese B. geplant waren, geht aus den vollendeten B. hervor: In 3,199 f. und 5,147 f. wird auf das 8. oder das 12. B. verwiesen, in 3,57 f. ebenfalls auf das 12. B..

Q Ovid konnte aus Kallimachos (→*Aítia*) und Properz (→*Elegiorum libri IV*: 4,1,69) schöpfen. Cato und Varro lieferten das Material aus der altröm. Vergangenheit. Für die historischen Informationen zog der Autor Livius (→*Ab urbe condita*) heran. Für den äußeren Rahmen benutzte Ovid den offiziellen röm. Festkalender.

W Ovid wollte mit einer kalendermäßigen Darstellung aller Feste des röm. Volkes auf dem Gebiet des Sakralwesens und der Mythologie in den *Fasti* die von Augustus inspirierte Wiederbelebung des alten Römertums unterstützen. In dieser Absicht unterscheiden sich die *Fasti* nicht von Vergils →*Aeneis*.

A E. H. Alton u.a., Stuttgart/Leipzig [(4)]1997. F. Bömer. 2 Bde., Heidelberg 1957–1958. H. Le Bonniec. 2 Bde., Catania 1969. J. G. Frazer. 5 Bde., London 1929 (lat.-engl. mit Kommentar). R. Schilling, Paris 1992 (lat.-frz. mit Kommentar).
Ü W. Gerlach / N. Holzberg, Düsseldorf/Zürich [(2)]2001 (lat.-dt.).
L M. v. Albrecht, RL, 623–650. E. Gae: Ovid, Aratus and Augustus. Astronomy in Ovid's *Fasti*, Cambridge 2000. M. Kötzle: Zur Darstellung weiblicher Gottheiten in Ovids *Fasti*, Frankfurt 1991. J. F. Miller: Ovid's Elegiac Festivals. Studies in the *Fasti*, Frankfurt 1991. C. E. Newlands: Playing with Time. Ovid and the *Fasti*, Ithaca/London 1995.

Fasti Hydatiani
„Kalender des Hydatius"

Hydatius aus Gallaecia, um 400–468 n. Chr.

Liste röm. Konsuln (lat.), die auf einer aus Konstantinopel nach Spanien gelangten Konsularchronik beruht und von 245–468 n. Chr. weitergeführt wurde.

A Th. Mommsen, MGH 9, 1892,197–247.
L Schanz-Hosius 4, 2, 109 f. Seeck, RE 9, 1, 1914, 40–43.

Fescennina carmina
„Lieder aus der Stadt Fescennium"

An.

Volkstümliche Spott- und Schmählieder (lat.).

I Die wieder ursprünglich wohl an ländlichen Erntefesten und später auch bei Hochzeiten gesungen wurden (vgl. Catullus, →*Carmina* 61; Horatius →*Epistulae* 2,1, 145–155). – Auch die den triumphierenden Feldherrn verhöhnenden Schmählieder, die die Soldaten während eines Triumphzuges sangen, um die bösen Geister zu täuschen und von ihrem Feldherrn abzulenken, hießen *Fescennina carmina*. – Ob die Fescenninen eine Vorstufe des röm. Volksdramas darstellten, ist fraglich (vgl. Livius, →*Ab urbe condita* 7,2,7 und Horatius, *Epist.* 2,1,145 bis 155).

L M. v. Albrecht, RL, 38. 82 K. Büchner, RLG 29. G. Luck: Fescenninen, in: dtv-L 1. 2, 129.

Figurengedichte →Carmina figurata

Florida
„Blütenlese"

Apuleius aus Madaura, 2. Jh. n. Chr.

Auswahl von 23 besonders gelungenen Stellen aus den Deklamationen und epideiktischen Reden des Apuleius (lat.).

I Besonders erwähnenswert ist der Auszug aus der Dankrede anläßlich der Aufstellung einer Statue des Dichters und aus dem Vortrag über den Nutzen der Philosophie vor einem karthagischen Publikum.

A R. Helm, Leipzig [(2)]1959, Nachdr. 1993. P. Vallette, Paris [(2)]1960 (lat.-frz.).
Ü R. Helm / G. C. Hansen, Berlin 1977 (lat.-dt.).
L M. v. Albrecht, RL, 1150–1164. A. Dihle, GLL, 276–279. M. G. Ferrari: Aspetti di letterarietà nei *Florida* di Apuleio, in: SIFC 40, 1968, 85–147; 41,1969, 139–187. J. Fontaine: Apuleius, in: RAC Suppl. 1,1985, 137–151.

Florilegium →Eklogaí (Stobaios)

Formulae spiritalis intelligentiae
„Formeln der geistlichen Vernunft"

Eucherius aus Lugdunum (Lyon), 1. Hälfte des 5. Jh.s n. Chr.

Exegetische Schrift (lat.).

I Die Schrift enthält glossenartige Proben einer allegorischen Schriftauslegung. – Im Mittelalter hatten die *Formulae* eine große Bedeutung.

A PL 50, 685–1214. CSEL 31, 1894.
L O. Bardenhewer 4, 567–570. J. A. Fischer, LThK 3, 1166.

Fragmenta Vaticana
„Vatikanische Fragmente"

An.

Sammlung von Auszügen aus Kaiserkonstitutionen und Juristenschriften (lat.).
Entstanden um 320 n. Chr. und 1821 wiedergefunden.

I In Frg. einer vatikanischen Palimpsesthandschrift ist ein umfangreiches Sammelwerk überliefert, das Auszüge aus Juristenschriften und Konstitutionen nach Sachtiteln geordnet enthält. – Die Handschrift geht in das 4. oder 5. Jh. zurück. Vermutlich enthielt das Werk ursprünglich alle erheblichen Rechtsmaterialien des röm. Rechts. „Der Autor schöpfte zwar nur aus den Werken Papinians, Ulpians und Paulus', hatte aber gute Kenntnisse des Kaiserrechts, das er – wie Liebs zeigte – nicht bloß nach den *codices*, sondern auch nach originalen Konstitutionen zitierte. Die Sammlung ist auch insofern originell, als die Anordnung des Materials keinem bekannten Schema folgt. Diese Tatsache wie auch der Umfang der Sammlung stellt ihrem Urheber ein gutes Zeugnis aus. Mag auch die schöpferische Phase des römischen Rechts längst verstrichen sein, so zeigen die ... auch die *Fragmenta Vaticana* insgesamt, daß auch der Westen im 4.Jahrhundert noch über ein breites, enzyklopädisches Rechtswissen verfügte" (Pieler, 575).

A Fontes iuris Romani antejustiniani. Edd. J. Baviera / J. Furlani. Bd. 3, Florenz [2]1968, 461–540.
L D. Liebs: Die Jurisprudenz im spätantiken Italien (260–640 n. Chr.), Berlin 1987. P. E. Pieler: Die Rechtsliteratur, in: NHbL. Spätantike, 565–599. F. Raber, DKP 2, 606 f.

Fragmentum Censorini
„Frg. des Censorinus"

An.

Ein zusammen mit →*De die natali* überlieferter Text enzyklopädischen Inhalts (lat.).

I Der Text enthält wichtige Informationen über Metrik (wahrscheinlich die älteste Quelle über dieses Thema), handelt aber auch in enzyklopädischer Form über Kosmologie, Geometrie und Rhythmik.

A E. Hultsch, Leipzig 1867.
L M. v. Albrecht, 1171. G. Bendz: Censorinus, in: dtv-L 1. 1 294. Schanz-Hosius 3, 219–222. G. Wissowa, RE 3, 2, 1897, 1908–1910.

Fragmentum mathematicum Bobiense
„Mathematisches Frg. aus dem Kloster Bobbio"

Anthemios aus Tralleis, gest. nach 534 n. Chr.

Bruchstück aus einer mathematischen Abhandlung (gr.).

A L. Heiberg: Mathematici Graeci Minores, 1927, 77 f.
L G. L. Huxley: Anthemius of Tralleis. A Study in Later Greek Geometry. Greek, Roman and Byzantine monographs 1, 1959.

Frauenkataloge →**Katálogoi oder Ehoîai**

Frieden →**Eiréne (Aristophanes)**

Friedensrede →**Perì eirénes (Isokrates)**

Frösche →**Bátrachoi (Aristophanes)**

Für den Behinderten →**Perì tû mè didósthai tô adynáto argyrion (Lysias)**

Für Euxenippos →**Hypèr Euxeníppu (Hypereides)**

Für die Freiheit der Rhodier →**Hypèr tês Rhodíon eleutherías (Demosthenes)**

Für die Megalopoliten →**Hypèr Megalopolitôn (Demosthenes)**

Für Lykophron →**Hypèr Lykóphronos (Hypereides)**

Für Mantitheos →**Hypèr Mantithéu (Lysias)**

Für Phormion →**Pròs Phormíona (Ps.-Demosthenes)**

G

Gallus-Inschrift

Cornelius Gallus aus Forum Iulii, 69/68–26 v. Chr.

Inschrift (gr.) auf dem Obelisken vor dem Petersdom in Rom.

I Gallus bezeichnet sich hier als den Gründer einer Kolonie mit dem Namen *Forum Iulium.* Er sagt, er habe diese Kolonie auf Befehl des Kaisers gegründet.

L E. Hartmann: Die Gallus-Inschrift auf dem Vatikanischen Obelisken, in: Gy 72, 1965, 1–9. H. Volkmann: Zur Gallus-Inschrift auf dem Vatikanischen Obelisken, in: Gy 72, 1965, 328–330.

Gamikà parangélmata (*Coniugalia praecepta*) →**Moralia (Plutarchos)**

Gastmahl der Sieben Weisen →**Sympósion tôn heptà sophôn (Plutarchos)**

Geburt Epikurs

Menippos aus Gadara, 1. Hälfte des 3. Jh.s v. Chr.

Verlorene philosophische Satire (gr.) gegen Epikur und die Epikureer aus der Sicht des Kynismus. Der Titel ist bei Diogenes Laertius 6,101 erwähnt.

Gedichte →Carmina

Gegen Androtion →Kat' Androtiônos paranómon (Demosthenes)

Gegen Aphobos →Kat' Aphóbu (Demosthenes)

Gegen Apion →Contra Apionem (Iosephos)

Gegen Aristogeiton →Kat' Aristogeítonos (Ps.-Demosthenes)

Gegen Aristokrates →Kat' Aristokrátus (Demosthenes)

Gegen Athenogenes →Kat' Athenogénus (Hypereides)

Gegen Demosthenes →Katà Demosthénus (Deinarchos)

Gegen Demosthenes →Katà Demosthénus (Hypereides)

Gegen den gottlosen Julian →Hypèr tês tôn Christianôn euagûs threskeías pròs tà tû en atheíois Iulianû (Kyrillos)

Gegen die Christen →Katà Christianôn (Porphyrios)

Gegen die Dogmatiker (Adversus dogmaticos) →Skeptiká (Sextus Empiricus)

Gegen die Geographie des Eratosthenes →Pròs tèn Eratosthénus geographían (Hipparchos aus Nikaia)

Gegen die Getreidehändler →Katà tôn sitopólon (Lysias)

Gegen die Lehren der Manichäer →Pròs tàs Manichaíon dóxas (Alexandros aus Lykopolis)

Gegen die Mathematiker (Adversus mathematicos) →Skeptiká (Sextus Empiricus)

Gegen die Sophisten →Katà tôn Sophistôn (Isokrates)

Gegen Eratosthenes →Kat' Eratosthénus (Lysias)

Gegen Kelsos →Katà Kélsu (Origenes)

Gegen Konon →Katà Kónonos aikeías (Demosthenes)

Gegen Ktesiphon →Katà Ktesiphôntos (Aischines)

Gegen Leokrates →Katà Leokrátus (Lykurgos)

Gegen Leptines →Katà Leptínus (Demosthenes)

Gegen Onetor →Pròs Onétora (Demosthenes)

Gegen Philippides →Katà Philippídu (Hypereides)

Gegen Philokles →Katà Philokléus (Deinarchos)

Gegen Stephanos →Katà Stephánu pseudomartyrion (Demosthenes)

Gegen Theokrines →Katà Theokrínu (Demosthenes)

Gegen Timarchos →Katà Timárchu (Aischines)

Gegen Timokrates →Katà Timokrátus (Demosthenes)

Genealogíai
„Stammbäume (mythologischer Gestalten)"

Auch zitiert als *Historíai* („Geschichtliche Forschungen").

Akusilaos aus Argos, etwa 500 v. Chr.

Genealogisches Werk in drei B. (gr.), in wenigen Frg. überliefert.

I Akusilaos erzählt die Göttermythen und Heldensagen, die er in ein genealogisches System gebracht hat, in schlichter Prosa. Er beginnt mit dem Chaos (wie Hesiodos, →*Theogonía*) und endet mit der Nachgeschichte des Trojanischen Krieges. Das genealogische Schema wird mitunter durch Einzelheiten aus den Lebensläufen der Götter und Helden aufgelockert.
Q Der Verfasser soll im wesentlichen die Dichtungen Hesiods (→*Theogonía* und →*Katálogoi* oder *Ehoîai*) in Prosa übertragen und als eigene Schöp-

fungen ausgegeben haben (so die Überlieferung in T 5).
W Der Autor hat „die ‚Vernetzung' aller Mythen, die sich von der Erschaffung der Welt an auf die Vorzeit bezogen, konsequent durchgeführt, bis ein Gewebe von Längs- und Querverbindungen entstand, die (das war anscheinend ein Hauptanliegen des Akusilaos) keine Widersprüche oder Ungereimtheiten aufwiesen. Um diese Absicht zu erreichen, korrigierte Akusilaos die hesiodische Darstellung an solchen Stellen, die seiner Vorstellung von Logik widersprachen" (Lendle, 18).

A FGrHist 2 (mit Komentar).
L K. v. Fritz: Die griechische Geschichtsschreibung, Berlin 1967, 23–103. H. Fränkel, Dichtung, 390–398. O. Gigon: Akusilaos, Cicero und Varro, in: WS 79, 1966, 213 ff. A. Kordt: De Acusilao, Diss. Basel 1903. O. Lendle, Einführung, 18–22. D. Pellegrini: Sulle genealogie argive di Acusilao, in: Memorie dell' Accademia Patavina di Scienze, Lettere ed Arti 96, 3, 1973/74, 155–171.

Genealogíai
„Stammbäume (mythologischer Gestalten)"

Auch zitiert als *Historíai* („Geschichtliche Forschungen").

Hekataios aus Milet, um 500 v. Chr.

Genealogisches Werk in vier B. (gr.), in wenigen Frg. überliefert.

I Grundlage des Werkes waren genealogische Schemata, in denen die bisher unverbundenen Informationen der mythischen Erzählungen eingeordnet und miteinander verknüpft waren.
Q Hekatois benutzt Hesiods →*Theogonía* und die →*Katálogoi* oder *Ehoîai*, mit denen er sich mit seiner Tendenz zur rationalistischen „Entmythologisierung" auch polemisch auseinandersetzt. Er versucht, den Mythos seiner märchenhaften Züge zu entkleiden und in geschichtliche Vorgänge umzudeuten.
W Hekataios wollte offensichtlich die mythische Welt der Heroensage mit Hilfe einer genealogischen „Vernetzung" (Lendle, 15) ordnen und die Leistung, die Hesiod in der →*Theogonía* für die Götterwelt erbracht hatte, für die Heroenwelt nachholen. – Der andere Titel des Werkes (*Historíai*) deutet darauf hin, daß die *Genealogíai* in der Antike der Geschichtsschreibung zugerechnet wurden. Das war insofern berechtigt, als Hekataios die Gestalten des Mythos in der Nachfolge Anaximanders (→*Perì phýseos*; vgl. auch die →*Periégesis* des Hekataios) als normale Menschen und d. h. als Gestalten der Geschichte verstanden wissen wollte. „Aber er hat darüber hinaus direkt versucht, den Mythos durch rationalistische ‚Entmythologisierung' in Geschichte zurückzuverwandeln, in der Hoffnung, auf diese Weise die Wahrheit zu finden" (Lendle, 16).

N Das von Hekataios entwickelte Verfahren der „Entmythologisierung", d. h. der Rückverwandlung des Mythos in Geschichte, „darf wohl als die eigentliche Keimzelle der griechischen Historiographie angesehen werden" (Lendle, 16). Hekataios faßte die Mythen als geschichtliche Quellen auf und unterzog sie folgerichtig einer systematischen Quellenkritik. Auf diese Weise schaffte er die Voraussetzungen für eine Methodologie der historischen Forschung für die nachfolgende Geschichtsschreibung. – Einen Höhepunkt der rationalistischen Mythendeutung bildet Palaiphatos, →*Perì apíston*.

A FGrHist 1.
L H. Fränkel, Dichtung, 390–398. K. v. Fritz: Die griechische Geschichtsschreibung, Berlin 1967, 23–103. F. Jacoby, RE 7, 2, 1912, 2667–2769. O. Lendle, Einführung, 10–18. A. Lesky, GL, 256–258.

Genealogíai
„Stammbäume (mythologischer Gestalten)"

Auch zitiert als *Historíai* („Historische Forschungen").

Pherekydes aus Athen, 1. Hälfte des 5. Jh.s v. Chr.

Genealogisches Werk in 10 B. (gr.), in wenigen Frg. überliefert.
Verfaßt in ionischem Dialekt vor dem Peloponnesischen Krieg (431–404 v. Chr.).

I Im Gegensatz zu den →*Genealogíai* des Akusilaos (etwa 500 v. Chr.) beginnt das Werk des Pherekydes nicht mit einer Theogonie (Darstellung der Entstehung der Götter). Pherekydes beschränkt sich auf die Heroenstammbäume der Heldensage, in der die Götter nur als Stammväter der Heroen vorkommen. Darüber hinaus berücksichtigt er nicht nur die Hauptstammbäume, sondern versucht, die gesamte Heldensage so vollständig wie möglich genealogisch zu schematisieren. Allerdings lockert er seine genealogischen Stemmata durch eine ausführliche Darstellung der Mythen selbst auf. Dabei sind Ansätze einer „theonomen" Geschichtsschreibung erkennbar: Die Ursache bestimmter Geschehensabläufe wird auf den „Neid der Götter" zurückgeführt (vgl. später Herodot, →*Historíes apódexis*).
W Wenn auch das Hauptinteresse des Pherekydes den Heroenstammbäumen gilt, so versucht er offensichtlich auch, die große Erinnerungslücke zwischen der episch bewahrten Heroenwelt und der eigenen jüngsten Vergangenheit zu schließen, d. h. die Stammbäume der historischen Prominenz auf die Heroenzeit zurückzuverfolgen.
Q Außer Hesiods →*Theogonía* benutzte Pherekydes auch die →*Genealogíai* des Akusilaos.
N In →*Apollodori bibliotheca* ist vieles aus den *Genealogíai* verarbeitet.

A FGrHist 3.
L P. Dräger: Stilistische Untersuchungen zu Pherekydes von Athen. Ein Beitrag zur ältesten ionischen Prosa, Stuttgart 1995. K. v. Fritz: Die griechische Geschichtsschreibung, Berlin 1967 (Anmerkungsband, 59–68). F. Jacoby: The first Athenian prose writer, in: Mnemosyne 3, 13, 1947, 13–64. R. Laqueur, RE 19, 2, 1938, 1991–2025. O. Lendle, Einführung, 22–25. A. Lesky, GL, 258f. A. Uhl: Pherekydes von Athen, Diss. München 1963.

Genealogíai
„Stammbäume"

Simonides aus Keos, 5. Jh. v. Chr.

Abhandlung über die Mythologie in drei B. (gr.), aus denen nur wenige Frg. erhalten sind.

I Simonides versucht wie Euhemeros aus Messene (→*Hierà anagraphé*), die Götter zu historischen Personen der Urzeit umzudeuten, die für sich selbst zu Lebzeiten Götterkulte eingerichtet hätten. – Zur Säkularisierung des Mythos vgl. auch Herodoros aus Herakleia (→*Ho kat' Herakléa lógos*, →*Pelopéïa*, →*Argonautiká*).

A FGrHist 8.
L O. Lendle, Einführung, 265. A. Lesky, GL, 375. W. Nestle, VMzL, 145.

Geographía →Geographiká (Strabon)

Geographica
„Geographische Erläuterungen"

Iulius Honorius, 5. Jh. n. Chr.

Erläuterungen (lat.) zu einer Weltkarte des 4. Jh.s n. Chr.

I Der Text wurde von Schülern des Autors herausgegeben. Er liegt in drei Rezensionen vor. Ein Bericht über die Vermessung des ganzen Erdkreises ist zwei dieser Rezensionen vorausgeschickt. Die Flüsse werden im Verhältnis zu den übrigen wenig präzisen Angaben genauer beschrieben. – Die Schrift wurde in späterer Zeit viel benutzt.

A GLM 24–55; 71–90.
L W. Kubitschek, RE 10, 1, 1919, 614 bis 628. Schanz-Hosius 4, 2, 122–124.

Geographiká
„Geographische Forschungen"

Eratosthenes aus Kyrene, etwa 284–202 v. Chr.

In nur wenigen Frg. erhaltene Erdbeschreibung auf mathematischer Grundlage (gr.).

I In den drei B. des Werkes waren enthalten: Grundlegung einer mathematischen und physischen Geographie (gegen mythische Erdbilder gerichtet), Veränderungen der Erdoberfläche (vgl. Strabon, →Geographiká 1 und 2), die Inselnatur der bewohnten Welt, ihre Länge und Breite und ihre Einteilung in Zonen, Einführung eines Koordinatennetzes aus astronomisch und klimatologisch bestimmten Parallelkreisen und Meridianen zur Herstellung einer Weltkarte. – Ferner errechnete Eratosthenes aus vorhandenen Straßen- und Küstenvermessungen die Länge und Breite jedes Landes und trug sie in das Koordinatennetz ein. Dadurch schuf er eine Grundlage für die Lokalisierung jedes Ortes auf einer Erdkarte, die z.B. auch für die Orientierung in den von Alexander d. Gr. eroberten Gebieten eine wertvolle Hilfe war.

Q Eratosthenes sprach Homer die Autorität in geographischen Fragen ab. Er stützte sich statt dessen auf die Arbeiten des Anaximandros (→Perì phýsios), der als erster eine geographische Karte entwarf, auf Hekataios (→Períodos gês) und die Geographen des Alexanderzuges.

W Eratosthenes betrachtete die Kartographie als die wichtigste Aufgabe der Geographie.

N Hipparchos aus Nikaia übte scharfe Kritik an den Geographiká (→Pròs tèn Eratosthénus geographían).

A FGrHist 241.

L A. Berger: Die geographischen Frg. des Eratosthenes, Leipzig 1880, Nachdr. 1964. J. Mau: Eratosthenes von Kyrene, in: DKP 2, 344–346. A. Lesky, GL, 879–881. R. Pfeiffer, KlPh, 191–212, bes. 206 f.

Geographiká
„Geographische Forschungen"

Strabon aus Amaseia, etwa 63 v. Chr. – 19 n. Chr.

Beschreibung der Oikumene in 17 B. (gr.).
Um 7 v. Chr. lag das Werk zum größten Teil abgeschlossen vor, wurde vielleicht aber erst nach dem Tod des Autors veröffentlicht.

I Die B. 1–2 bieten ein Preislied auf Homer als den ersten Geographen, ferner eine Auseinandersetzung mit den Vorgängern Eratosthenes (→Geographiká), Polybios und Poseidonios über die physikalisch-mathematischen Grundlagen der Geographie. – Darauf folgt ein größerer länderkundlicher Teil: Die B. 3–10 behandeln Europa, die B. 11–16 Asien und B. 17 Afrika.

Q Strabon hatte zwar viele Reisen unternommen, um einschlägige Erfahrungen zu sammeln, stützt sich aber im wesentlichen auf die Arbeiten seiner Vorgänger, vor allem auf die →Geographúmena des Artemidoros aus Ephoros, die →Geographiká des Eratosthenes, auf →Perì tû tô neôn katalógu des Grammatikers Apollodoros aus Athen, dem er hauptsächlich in der Geographie Griechenlands folgte, weil er nur Korinth aus eigener Anschauung kannte. Außerdem benutzte Strabon den →Troikòs diákosmos des Demetrios aus Skepsis für die Beschreibung der Troas.

A W. Aly: Strabonis Geographica. 2 Bde., Bonn 1968–1972 (nur B. 1–6). H. L. Jones, London/Cambridge (Mass.) 1917 bis 1932 (gr.-engl.). A. Meineke. 3 Bde., Leipzig 1852–1853, Nachdr. Graz 1969.
Ü Ch. G. Groskurd. 4 Bde., Berlin 1831 bis 1834, Nachdr. Hildesheim 1988.
L W. Aly: Strabon von Amaseia, in: RE 2, 4, 1932, 76–155. W. Aly: Strabonis Geographica. Bd. 4. Strabon von Amaseia. Untersuchungen über Text, Aufbau und Quellen der Geographica, Bonn 1957. A. Lesky, GL, 993. G. Aujac: Strabon et la science de son temps, Paris 1966. E. Ch. L. van de Vliet: Strabo over Landen, Volken en Steden, Assen/Amsterdam 1977.

Geographikè hyphégesis
„Geographische Anleitung (zum Kartenzeichnen)"

Klaudios Ptolemaios, etwa 100–170 n. Chr.

Anleitung zur Konstruktion von Karten (gr.).

I Als Grundlage für die Herstellung von Karten – das Werk enthält allerdings keine Erdkarte – gibt der Autor eine vorwiegend astronomische Lagebestimmung von mehr als achttausend Orten der bekannten (nördlichen) Oikumene. Er versucht, gemessene Entfernungen mit den geographischen Daten in Übereinstimmung zu bringen. Er löst das Problem, indem er sich der konischen Projektion bedient. Obwohl nur ein kleiner Teil der Angaben auf exakten Beobachtungen beruht, wurden nach den Angaben des Ptolemaios bis zum ausgehenden 16. Jh. Erdkarten konstruiert. – Ptolemaios erwähnt zum ersten Mal in der Geschichte die Friesen, Langobarden, Sachsen und Sudenten.

Q Ptolemaios stützt sich auf die Forschungen von Eratosthenes (→Geographiká), Hipparchos (etwa 160–125 v. Chr.), über dessen verlorene Werke wir nur über Ptolemaios unterrichtet sind (erhalten ist nur →Tôn Arátu kaì Endóxu phainoménon exegéseis), und vor allem Marinos aus Tyros (→Diórthosis Tabulae Geographicae).

A C. Müller / K. Fischer, Paris 1883–1901 (nur die B. 1–5). F. A. Nobbe. 3 Bde., Leipzig 1843–1845, Nachdr. Hildesheim [2]1990.
Ü H. v. Mzik, 1938.
L O. Cuntz: Die Geographie des Ptolemaios, Berlin 1923. W. Kubitschek: Karten, in: RE 10, 2, 1919, 2022–2149. F. Lasserre: Kartographie, in: dtv-L 1. 2, 314–320. E. Polaschek: Ptolemy's Geography in a New Light, in: Ima-

go Mundi 14, 1959, 17ff. B. L. van der Waerden / E. Boer / F. Lammert: Ptolemaios, in: RE 23, 2, 1959, 1788–1859.

Geographische Erläuterungen
→Geographica (Iulius Honorius)

Geographúmena
„Erdbeschreibungen"

Artemidoros aus Ephesos, um 100 v. Chr.

Geographisches Werk in 11 B., aus denen nur Frg. erhalten sind (gr.).

I In der Tradition der Periplus-Literatur beschreibt der Autor, der seine geographischen Kenntnisse vor allem auf seinen ausgedehnten Reisen gewann, Europa (B. 1–6), Libyen (B.7) und Asien mit Ägypten (B. 8–11). – Artemidoros beweist zwar ein großes Interesse an physikalischer und historisch-politischer Länderkunde. Dennoch betont er die Wichtigkeit einer mathematisch-astronomischen Geographie, die die wissenschaftlichen Grundlagen zuverlässiger Vermessungen (z.B. des Mittelmeeres) liefert.
N Artemidoros war eine wichtige Quelle für Strabon (→*Geographiká*), Pausanias (→*Periégesis tês Helládos*) und Plinius (→*Naturalis historiae libri XXXVII*, hier bes. die B. 3–6 über Geographie).

A R. Stiehle: Der Geograph Artemidor von Ephesos, in: Ph 11, 1856, 193–244.
L E. A. Bunbury: A History of Ancient Geography, New York [2]1959. R. Daebritz: De Artemidoro Strabonis auctore, 1905. G. Hagenow: Untersuchungen zu Artemidors Geographie des Westens, 1932. J. Oliver Thomson: History of Ancient Geography, Cambridge 1948.

Geometriká
„Probleme der Geometrie"

Heron aus Alexandreia, 1. Jh. n. Chr.

Einführung in die Geometrie (gr.), aus der nur wenige Frg. erhalten sind.

I Es handelt sich im wesentlichen um eine Sammlung von Rechenaufgaben.

A W. Schmidt / L. Nix / H. Schöne / J. L. Heiberg. 5 Bde., Leipzig 1899–1914 (*Geometrika* in Bd. 4).
L J. G. Landels: Die Technik in der antiken Welt, München 1979, 241–253.

Georgica
„Der Landbau"

Publius Vergilius Maro aus Andes bei Mantua, 70 bis 19 v. Chr.

Lehrgedicht in vier B. (lat.) über Feldbau, Obstbau und Rebenzucht, Viehzucht und Bienenzucht. Entstanden bis etwa 29 v. Chr.

I B. 1: Nach der Anrede an den Förderer Maecenas wird das Thema angekündigt: Ackerbau (B. 1), Baumpflege (B. 2), Viehzucht (B. 3) und Bienenzucht (B. 4). Dann werden die ländlichen Gottheiten und der Herrscher (Augustus) angerufen (1 bis 42). Darauf werden die Feldarbeit (43–203), der Jahreslauf (204–350) und die Wetterzeichen (351 bis 463) besprochen. Am Ende des Buches geht der Autor auf die unheilvollen Zeichen bei Caesars Tod ein (463–514). – B. 2: Am Anfang steht eine Anrufung des Gottes Bacchus (1–8). Zunächst behandelt Vergil die vielfältigen Möglichkeiten für die Fortpflanzung der Bäume, die unterschiedlichen Arten des Bodens und des Pflanzens (9–345). Ausführungen über die Pflege und den Schutz des Wachstums schließen sich an (346–457). Am Ende steht ein Lob des Landlebens (458–542). Exkurse lockern die Darstellung auf: Anrede an Maecenas (39–46), Lob Italiens (109–176), Lob des Frühlings (322–345). – B. 3: Am Anfang huldigt Vergil seiner Heimat, dem Herrscher und Maecenas (1–48). Dann rücken Rinder und Pferde in den Vordergrund (49–283): Die Auswahl und Pflege der Zuchttiere (49–156), die Aufzucht der Jungtiere (157–208) und die Macht des Geschlechtstriebes (209–283) werden im einzelnen besprochen. Nach einem Zwischenproömium (284–294) geht es um die Pflege von Schafen und Ziegen im Winter (322 bis 338). Der libysche wird mit dem skythischen Rinderhirten verglichen (339–383). Tierprodukte (384–403) und Gefahren für das Vieh (404–473) werden erwähnt. Am Schluß wird die Rinderpest (474–566) beschrieben. – B. 4: Am Anfang steht wieder eine Widmung an Maecenas (1–7). Darauf werden Standort und Bau des Bienenstockes (8 bis 50), Ausschwärmen, Kampf, Selektion und Niederlassung (51–115) beschrieben. Nach der Schilderung eines Gartens (116–148) betont Vergil – im Kontrast zu 3,209–283 – die moralische Einzigartigkeit der Bienen, die am göttlichen Logos Anteil haben (149–227). Honiggewinnung, Schädlinge und Krankheiten werden erwähnt (228–280). Im Zusammenhang mit der Schilderung vom Tod und der Wiedergeburt des Bienenvolkes wird die Aristaeus-Sage in Verbindung mit dem Orpheus-Mythos erzählt (281–558). Den Schluß bilden persönliche Worte des Dichters (559–566).
Q Den *Georgica* geht die didaktische Poesie der Griechen voraus: u.a. Aratos, →*Phainómena*, und Hesiod, →*Érga kaì hēmérai*. Stoffliche Quelle ist die einschlägige Fachliteratur. Sichtbaren Einfluß hat auch →*De rerum natura* des Lukrez.
W Die alles übergreifende Absicht war wohl

die Besinnung des Dichters auf die besten Werte der Römer als Bauernvolk; sie sollten sich nach einer Zeit der Selbstzerfleischung an ihre ursprünglichen Kräfte erinnern, um eine neue Zeit heraufführen zu helfen. – Einen hohen Rang nimmt aber auch die Besinnung des Dichters auf seine eigene Rolle ein: „Die abschließende Orpheus-Erzählung handelt unter anderem von Macht und Ohnmacht des Gesanges, oder besser: von der Macht des Gesanges und der Ohnmacht des Sängers. Die Wirkung von Orpheus' Lied ist gewaltig, aber der Mensch Orpheus versagt. Die Überwindung des Todes gelingt nicht ihm, sondern Aristaeus, der Eurydice begehrt, aber, ohne es zu wollen, ihren Tod verschuldet hat. Für ihn vollzieht sich, nachdem er für Orpheus ein Sühneopfer dargebracht hat, das Wunder der Entstehung der Bienen. So versöhnlich das Bild neuen Lebens am Ende der *Georgica*, so düster ist das Porträt des Orpheus, der den geliebten Menschen zweimal verliert, hoffnungslos trauert und schließlich eines gewaltsamen Todes stirbt" (M. v. Albrecht, 549). – In den *Georgica* wird die Natur in ihrer Beziehung zum Menschen gesehen. Landwirtschaft ist Paradigma für Kultur, Daseinserfüllung und Verantwortung des Menschen. Dennoch hat die Natur mit ihren vielfältigen Hervorbringungen nicht nur die Funktion eines Beispiels oder Gleichnisses; sie wird auch um ihrer selbst betrachtet und dargestellt. Es geht Vergil nicht nur um das *delectare* („unterhalten"), sondern auch um das *docere* („belehren"). – Es ist nicht auszuschließen, daß Vergil in den *Georgica* ein Lob des Dichters Cornelius Gallus gestrichen hat, nachdem dieser bei Augustus in Ungnade gefallen war. Zur Frage einer Umarbeitung des Werkes zu diesem Zweck: M. v. Albrecht, RL, 532.

N Die spätere Lehrdichtung (didaktische Poesie) bleibt in unterschiedlicher Weise auf die *Georgica* bezogen. Beispiele: Claudians Gedicht →*De raptu Proserpinae* ist ein thematisches und formales Pendant zu den *Georgica*. Walahfrid Strabo (1. Hälfte d. 9. Jh.s) läßt sich in *De cultu hortorum* von den *Georgica* anregen. – Seit der Renaissance gewinnt das Werk als Lehrgedicht eine große Ausstrahlung, die z. B. auch J. Haydns „Jahreszeiten" erreicht hat.

A M. Erren. 2 Bde., Heidelberg 1985 u. 2003 (lat.-dt. mit Kommentar). R. A. B. Mynors, Oxford 1990 (mit Kommentar). W. Richter, München 1957 (mit Kommentar). R. F. Thomas, Cambridge 1989 (mit Kommentar).
Ü J. und M. Götte, München/Zürich [(6)]1995 (lat.-dt.). O. Schönberger, Stuttgart 1994 (lat.-dt.).
L M. v. Albrecht, RL, 531- 564. V. Buchheit: Der Anspruch des Dichters in Vergils *Georgika*. Dichtertum und Heilsweg, Darmstadt 1972. E. Christmann: Zur antiken *Georgica*-Rezeption, in: WJA 8, 1982, 57–67. J. Farrell: Virgil's *Georgics* and the Tradition of Ancient Epic, New York 1991. J. Griffin: The Fourth *Georgic*, Virgil, and Rome, in: G & R 26, 1979, 61–80. F. Klingner: Über das Lob des Landlebens in Virgils *Georgica*, in: Hermes 66, 1931, 159–189. G. B. Miles: Virgil's *Georgics*. A New Interpretation, Berkeley 1980. D. O. Ross: Virgil's Elements. Physics and Poetry in the *Georgics*, Princeton 1987. S. Schäfer: Das Weltbild der Vergilischen *Georgica* in seinem

Verhältnis zu *De rerum natura* des Lukrez, Bern 1996. R. F. Thomas: Prose into Poetry. Tradition and Meaning in Virgil's *Georgics*, in: HSPh 91, 1987, 229–260. L. P. Wilkinson: The *Georgics* of Virgil. A Critical Survey, Cambridge 1969.

Georgiká
„Landbau"

Nikandros aus Kolophon, 2. Jh. v. Chr.

Lehrgedicht über den Landbau in gr. Hexametern, nur in Frg. erhalten.

I Die Frg. bezeugen Ausführungen über Gemüse und Gartenpflanzen. Das muß nicht das Hauptthema des Werkes gewesen sein, sondern die Erhaltung dieser Information kann mit den Interessen des Athenaios (→*Deipnosophistaí*) zusammenhängen, dem die Frg. zu verdanken sind. – Mit Vergils →*Georgica* hat das Werk den Titel gemeinsam.

A →*Theriaká*.
L A. Körte / P. Händel, HD, 278f. A. Lesky, GL, 843–845.

Georgós
„Der Bauer"

Menandros aus Athen, 342–291 v. Chr.

Komödie (gr.), aus der einige Frg. durch Papyrusfunde erhalten sind.
Entstanden nach 314 v. Chr.

I Aus den Resten läßt sich die Handlung rekonstruieren: Der Sohn eines reichen Mannes hat die Tochter einer armen Nachbarin verführt und will sie heiraten. Sein Vater aber hat bereits eine andere Frau für ihn bestimmt. Er soll dessen Stieftochter heiraten. Die Hochzeit steht schon bevor. Myrrhine, die Mutter des verführten Mädchens, findet sich damit ab. Aber da kommt Gorgias, der Sohn der Myrrhine, ins Spiel. Er dient als Landarbeiter bei dem alten Kleainetos, dem *Georgós*, und weil ihn Gorgias, als er krank war, aufopfernd gepflegt hatte, beschließt der Alte, der Mutter des verführten Mädchens dadurch zu helfen, daß er ihr anbietet, die Tochter zur Frau zu nehmen. Aber es stellt sich heraus, daß der Alte selbst der Vater des Mädchens ist, hatte er doch Myrrhine in jungen Jahren verführt. Am Schluß des Stückes wird Kleainetos die Eheschließung zwischen seiner wiedererkannten Tochter und seinem treuen Knecht herbeigeführt und ein glückliches Ende bewirkt haben.

A F. G. Allinson, London/Cambridge (Mass.) [(2)]1930. B. P. Grenfell / A. S. Hunt, Oxford 1898 (gr.-engl. mit Kommentar). Ch. Jensen, Berlin 1929. A. Körte / A. Thierfelder. Bd. 1, Leipzig [(4)]1957. J. van Leeuwen, Leiden [(3)]1919. G. Paduano, Mailand 1980 (gr.-it.).
Ü G. Goldschmidt, Zürich 1949. K. und U. Treu,

Leipzig 1975. U. v. Wilamowitz-Moellendorff, Berlin 1899.

L R. Dziatzko: Der Inhalt des *Georgos* von Menander, in: RhM 54, 1899, 497–525 und 55, 1900, 104–111. A. Körte, RE 15, 1, 1931, 707–716. KNLL 11, 520f. A. Lesky, GL, 718–745. T. B. L. Webster: Studies in Menander, Manchester [(2)]1960, 47–50.

Germania →De origine et situ Germanorum (Tacitus)

Geryoneís →Chorlyrik (Stesichoros)

Geschichte des Agathokles →Historía Agathokléus (Duris)

Geschichte des griechischen Westens →Historíai (Timaios aus Tauromenion)

Geschichte Hannibals →Historíai (Sosylos)

Gês períodos
„Erdbeschreibung"

Dikaiarchos aus Messene, um 300 v. Chr.

Geographische Schrift (gr.), aus der nur Frg. erhalten sind.

I Die Schrift befaßt sich mit geographischen Grundfragen: Der Autor erklärt die Kugelgestalt der Erde, beschreibt die Gestalt der Oikumene und macht Höhenangaben über zahlreiche gr. Berge. Er bereitete der geographischen Forschung die Bahn, die über Eratosthenes, →*Geographiká* und →*Perì tês anametréseos tês gês* (Erdkugelmessung), zu Strabon, →*Geographiká*, führte.

A F. Wehrli, Schule, Frg. 104–115.
L O. Lendle, Einführung, 267f. A. Lesky, GL, 649.

Gês períodos →Periégesis (Hekataios

Gesta cum Emerito Donatistarum episcopo →Ad Donatistas post conlationem (Augustinus)

Gigantiás
„Gigantenkampf"

Dionysios der Bassariker, röm. Kaiserzeit

Verlorenes mythologisches Epos (gr.) über den Gigantenkampf auf Pallene.

I Die Vorgeschichte wurde ausführlich behandelt: Herakles' Rückfahrt von Troja nach Kos, Raub der Kinder des Helios durch Alkyoneus.

A E. Heitsch: Dichterfrg. der römischen Kaiserzeit. Bd. 1, [(2)]1963, Nr. 19.
L R. Keydell: Dionysios (Nr. 13), in: DKP 2, 68.

Glôssai Homerikaí
„Homerische Wörter"

Apion aus Oasis, 1. Jh. n. Chr.

Sammlung von Erklärungen homerischer Wörter (gr.), nur in Frg. erhalten.

I Die Sammlung von Glossen in Lexikonform wurde in das Homerlexikon des Apollonios Sophistes (um 100 v. Chr.) eingearbeitet. Soweit erkennbar, ist die Erklärung homerischer Wörter durchsetzt von etymologischen Spekulationen.

A FHG 3, 506–516. FGrHist 616. S. Neitzel, Sammlung gr. u. lat. Grammatiker (SGLG) 3, 1977.
L H. Gärtner: Apion, in: DKP 1, 432. H. Schenk: Die Quellen des Homerlexikons des Apollonios Sophistes, Diss. Hamburg 1961.

Glôssai Homerikaí
„Homerische Wörter"

Zenodotos aus Ephesos, geb. um 325 v. Chr.

Sammlung von Erklärungen homerischer Wörter in Lexikonform (gr.), nur In Frg. erhalten.

I Das Homer-Glossar, das sich ursprünglich vielleicht in einem größeren, auch andere Autoren umfassenden Glossar befand, war begrenzter als die →*Átaktoi glôssai* des Philitas, des Lehrers des Zenodotos, da die wenigen Spuren dieses Werkes nur auf epische und (möglicherweise) lyrische Dichter verweisen.

A H. Pusch: Quaestiones Zenodoteae, Diss. Halle 1890 (mit wenigen Frg.).
L H. Duentzer: De Zenodoti studiis Homericis, Göttingen 1848, Nachdr. Hildesheim 1981. H. Erbse: Homerscholien und hellenistische Glossare bei Apollonios Rhodios, in: Hermes 81, 1953. R. Pfeiffer, KlPh, 135–155.

Gnômai
„Sinnsprüche"

Demokritos aus Abdera, etwa 460–370 v. Chr.

Sammlung von Sinnsprüchen und Lebensregeln (gr.).

I Die *Gnômai* sind unter dem Namen „Demokrates" als *Demokrátus Gnômai* (VS 68 B 35–115) und unter den →*Eklogaí* des Stobaios (VS 68 B 169–297) überliefert. Es ist unwahrscheinlich, daß Demokrit selbst eine solche Gnomensammlung herstellte. – Die Echtheit der Demokrates-Frg. ist umstritten; Echtes und Unechtes ist nebeneinander überliefert. – Zum Inhalt vgl. Demokritos, →*Ethiká*. Insgesamt haben die *Gnômai* weniger einen protreptisch-erzieherischen Zweck; sie wollen vielmehr über das Leben und die Situation des Menschen aufklären.

A VS 68.
Ü W. Capelle: Die Vorsokratiker, Stuttgart 1968, 392–470. J. Mansfeld: Die Vorsokratiker, Stuttgart 1987, 580–671.
L A. Lesky, GL, 381–387. P. Natorp: Die *Ethika* des Demokritos. Text und Untersuchung, Marburg 1893. R. Philippson: Demokrits Sittensprüche, in: Hermes 59, 1924, 369–419. W. Spoerri: Gnome (Nr. 2), in: DKP 2, 823–829. H. Steckel: Demokritos, in: RE Suppl. 12, 1970, 191 ff.

Gnômai
„Sinnsprüche"

Demophilos

Sammlung (gr.) gnomischer Lebensweisheit in Vergleichsform, im Codex Vaticanus Graecus 743 überliefert.

A FPL 1, 485 ff. J. C. Orelli: Opuscula Graecorum Veterum Sentensiosa. Bd. 1, Leipzig 1819.
L A. Elter: Gnomica Homoeomata, Bonn 1900.

Gnômai
„Sinnsprüche"

Epicharmos aus Sizilien, um 550–460 v. Chr.

Sammlung von Sinnsprüchen und Lebensregeln (gr.), aus den Komödien Epicharms, aber auch aus anderen Quellen. Nach Philochoros (→*Atthís*) stammt die Sammlung von einem gewissen Axiopistos.

I Die Einleitung einer Gnomensammlung ist erhalten, ihre Echtheit aber umstritten (VS 23 S. 123 f.). Frg. 254 Kaibel (= VS 23 B 6) könnte den Schluß der Sammlung gebildet haben. – Die Sammlung sollte für ethisch-rhetorische Zwecke zur Verfügung stehen.

N Ennius (→*Annales*) hat Epicharms *Gnômai* später ins Lateinische übersetzt.

A VS 23 B 8–46 (*Gnômai*) und B 47–54 (der →*Epicharmus* des Ennius). G. Kaibel, CGF 1. 1.
L K. Horna, RE Suppl. 6, 1935, 74–90. A. Pickard-Cambridge: Dithyramb, Tragedy and Comedy, [2]1962. W. Spoerri: Gnome (Nr. 2), in: DKP 2, 823–829.

Gnômai
„Sinnsprüche"

Menandros aus Athen, 342–291 v. Chr.

Sammlung von Sprüchen aus den Komödien des Dichters (gr.).
Seit dem 1. Jh. n. Chr. in Umlauf.

I Wie andere Gnomensammlungen (Gnomologien) dienten auch die *Gnômai* des Menandros unterschiedlichen Zwecken: Sie wurden im Elementar- und Rhetorikunterricht benutzt, dienten der moralischen Unterweisung, halfen in verschiedenen Lebenslagen, wurden von den Philosophen als Zitate und Belege für ihre eigene Lehre verwendet, hatten erbauliche Zwecke usw. Die *Menándru gnômai monóstichoi* („Sinnsprüche des Menander in Einzelversen") waren in der Antike sehr verbreitet und beliebt.

A S. Jäkel, Leipzig 1964.
L W. Görler: Menandru Gnomai, Diss. Berlin 1963. W. Spoerri: Gnome (Nr. 2), in: DKP 2, 823–829.

Gnômai
„Sinnsprüche"

Moschion, 2./3. Jh. n. Chr. (?)

Aus Werken anderer Autoren exzerpierte Lebensweisheiten (gr.).

A H. Schenkl, Leipzig [2]1916 (Epiktet-Ausgabe).
L K. Horna, RE Suppl. 6, 1935, 74–90 (zur Gattung der *Gnômai*). E. G. Schmidt: Moschion (Nr. 3), in: DKP 3, 1435.

Gnômai
„Sinnsprüche"

Phokylides aus Milet, 6. Jh. v. Chr.

Lebensweisheiten (Gnomen) in daktylischen Hexametern (gr.) und in Form von Distichen.

I Ein längeres Fragment (2 D.) enthält einen „Weiberiambos", einen Vorläufer des entsprechenden Textes von Semonides (→*Íamboi*). Ansonsten handelt es sich um Einzelsprüche ohne inneren Zusammenhang, die allgemeingültige Lebensregeln für den Alltag bieten.

Q Die spruchhafte Unterweisung des Phokylides geht auf Hesiod, →*Érga kaì hemérai*, zurück.

W In mehreren erhaltenen Versen nennt Phokylides seinen Namen („Auch dies ist von Ph ...“). Hierin drücken sich künstlerisches Selbstbewußtsein und der Anspruch auf Wahrung geistigen Eigentums aus. Offensichtlich wollte der Dichter verhindern, daß seine Sprüche zu anonymen Sprichwörtern wurden.

N Die „Sprüche“ haben Isokrates' Rede →*Pròs Nikokléa* beeinflußt (vgl. 43). – Phokylides kann auch als Vorläufer des Theognis, →*Élegoi*, gelten.

A   E. Diehl, ALG 1. M. L. West: Iambi et elegi Graeci ante Alexandrum cantati. Bd. 1, Oxford (2)1989. M. L. West: Theognidis et Phokylidis fragmenta et adespota quaedam gnomica, Berlin/New York 1978.
L   W. Jaeger, Paideia 1, 256. A. Lesky, GL, 131.

Gnomologium Vaticanum Epicureum
„Epikureische Sentenzensammlung aus der Vatikanischen Bibliothek“

Auch zitiert als *Vaticanae Sententiae* („Vatikanische Sentenzen“)

Epikuros aus Samos, 341–270 v. Chr.

Sammlung von 91 epikureischen Sprüchen zur Ethik und Lebensführung in aphoristischer Form (gr.).
Die im Jahre 1888 wiederentdeckte Handschrift stammt aus dem 14. Jh. (im *Codex Vaticanus Graecus* 1950).

I Die Aufgabe der Philosophie ist für Epikur die Heilung der Seele. Die Sprüche Epikurs, die vielleicht von Angehörigen der epikureischen Schule zu der vorliegenden Sammlung zusammengestellt wurden, sollten als Mittel der Therapie verwendet werden.

W Der Inhalt der Sprüche sollte dem Epikureer stets gegenwärtig sein, wenn es galt, schwierige Situationen zu bewältigen. „Die Formulierung solcher Sätze, die prägnant, leicht zu merken und auswendig zu lernen waren, gehört wesenhaft zur philosophischen Therapie Epikurs“ (Gigon, 15). Anders als die großen philosophischen Werke wandten sich die Sprüche an Menschen, die keine Muße hatten, sich ganz der Philosophie zu widmen (vgl. →*Kýriai dóxai*). Außerdem sollten sie das Wesentliche von Epikurs Lehre in knappem Überblick gegenwärtig halten und im philosophischen Gespräch die Vergegenwärtigung von bereits gewonnenen und der Diskussion nicht mehr ausgesetzten Erkenntnissen erleichtern.

A   P. v. d. Mühll, Leipzig 1922, Nachdr. 1996.
Ü   O. Gigon, Zürich 1949. J. Mewald, Stuttgart 1973. R. Nickel, Düsseldorf/Zürich 2003 (gr.-dt.).
L   H. Dörrie: Epikuros, in: DKP 2, 314–318.

Götterhymnen →Hýmnoi (Proklos, Telesilla)

Götterreden →Lógoi (Aristeides aus Mysien)

Goldene Worte des Pythagoras →Chrysâ épe

Gorgías
(ein Sophist)

Platon aus Athen, 427–347 v. Chr.

Dialog des Sokrates (gr.) mit Gorgias, dem größten Rhetoriklehrer des 5. Jh. v. Chr., und weiteren Personen sophistischer Provenienz über den wahren Staatsmann im Rahmen einer Auseinandersetzung mit der Rhetorik der Sophisten (→*Protagóras*). Vermutlich in der Zeit zwischen dem Tod des Sokrates (399 v. Chr.) und Platons erster Reise nach Sizilien (388/387 v. Chr.) verfaßt.

I Gorgias wird als Rhetor und berühmter Lehrer vorgestellt. Sokrates will ein Gespräch mit ihm führen und wissen, worin seine Kunst bestehe. Die Antwort lautet: Diese Kunst sei die Rhetorik (449a). Nun will Sokrates wissen, was Rhetorik ist. Ein ausführliches Gespräch (449c-455d) über Inhalte und Ziele der Rhetorik führt zu einer zusammenhängenden Erklärung des Gorgias über die Macht der Rhetorik (455d-457c). Hier kommt es unter anderem zu der Aussage, daß die Rhetorik eine Kunst der Überredung sei, die Glauben, aber nicht Wissen erzeuge, und zwar im Bereich des Gerechten und des Ungerechten (452e; 455a). Sokrates bringt Gorgias dazu, diese Aussage zu korrigieren: Um ein guter Redner zu sein, müsse man schon w i s s e n, was gerecht und was ungerecht sei; und dies, so Gorgias, könne man auch bei ihm lernen (460a). Demnach ist die Rhetorik im Sinne des Gorgias nicht die auf beliebige Inhalte anwendbare Kunst der Überredung, sondern sie bezieht sich auf das Gerechte und das Ungerechte und hat ein Wissen darüber zur Voraussetzung. Daraus folgt für Sokrates, daß ein ungerechter Gebrauch der Rhetorik ausgeschlossen ist, weil das Wi s s e n vom Gerechten und Ungerechten ein ungerechtes H a n d e l n ausschließt (460e). Jetzt greift Polos, ein Vertreter der jüngeren Sophistengeneration, in das Gespräch ein. Ein neuer Definitionsversuch wird diskutiert: Die Rhetorik ist gar keine Kunst, sondern eine Art von Übung oder Erfahrung in der Erzeugung von Lust und Wohlgefallen (462b ff.). Auf diese Weise gerät die Rhetorik in die Nähe der Kochkunst; sie ist eine der Möglichkeiten, Schmeicheleien (*kolakeía*) zu praktizieren (463ab), bzw. ein Teil der „Schmeichelkunst“. Auf die Frage, wodurch derjenige Teil der „Schmeichelkunst“ gekennzeichnet sei, welcher die Rhetorik sei, antwortet Sokrates, sie sei ein Abbild eines Teiles der Politik (463d). Auf Bitten des Gorgias erläutert Sokrates diese Antwort mit Hilfe einer Analogie: Teile der Politik sind „Gesetzgebung" und „Rechtspflege"; diesen entsprechen „Körpertraining" und „Medizin". Die „Schmeichelkunst" schlüpft in die Gestalt dieser vier Künste und ahmt sie nach. Dabei zielt sie aber nicht auf das jeweils Beste, sondern auf das jeweils A n g e n e h m s t e. So ist die Kochkunst (als „Schmeichelkunst") eine Pseudo-Medizin, die Putzkunst (Kosmetik) ein Pseudo-Körpertraining, die Sophistik eine Pseudo-Gesetzgebung und die Rhetorik eine Pseudo-Rechtspflege (464b-466a). – Polos ist nicht damit einverstanden, daß die Rhetorik ein Teil der „Schmeichelkunst" sei, und verweist auf die große Macht der Rhetorik in der Politik. Sokrates setzt eine paradoxe These dagegen: Die Rhetoren haben die geringste Macht (466d), weil sie nicht tun, was sie wollen; sie tun nur, was ihnen gut zu sein scheint, und nicht das, was wirklich gut für sie ist, und das wollen sie doch eigentlich (466e ff.). Polos muß dies am Ende zwar zugeben, stellt dann aber die Frage, ob es nicht beneidenswert sei, Macht über Leben und Tod zu haben. Darauf antwortet Sokrates mit der paradoxen These, Unrechttun sei das größte aller Übel, und er wolle lieber Unrecht erleiden als Unrecht tun (469bc). Polos hält dem entgegen, daß viele, die Unrecht tun, glücklich seien. Sokrates erwidert Polos, er könne nicht sagen, ob jemand glücklich sei, wenn er nicht wisse, wie es um seine sittliche Bildung (paideía) und Gerechtigkeit (dikaiosýne) stehe (470e). – Im folgenden kreist das Gespräch unter unterschiedlichen Aspekten um den Satz, daß Unrecht zu tun ein größeres Übel sei als Unrecht zu erleiden. Polos gibt schließlich zu, daß niemand lieber Unrecht tun als erleiden will (475e). Man kommt darüber hinaus noch zu der Einsicht, daß nicht nur der Unrechttuende elender ist als der Unrechtleidende, sondern daß auch der für ein Unrecht nicht Bestrafte schlechter daran ist als der Bestrafte (479d-e). Für die Rhetorik bedeutet dies, daß sie dazu beizutragen hätte, das Unrecht zu abstrafen (480a ff.). Jetzt greift Kallikles ein und kommt auf die paradoxen Aussagen über Unrechttun und Unrechtleiden zurück. Gewiß sei Unrechttun häßlich, aber nur aufgrund menschlicher Vereinbarung (nómo), nicht von Natur aus (phýsei). Wer stark genug sei, habe keinen Grund, der menschlichen Vereinbarung, dem Gesetz, zu gehorchen. Kallikles unterscheidet „das Gesetz der Natur" (nómos tês phýseos) von den „widernatürlichen Gesetzen" (nómoi parà tèn phýsin, 484a). So sei es dann auch von Natur aus gerecht, wenn der Stärkere sich in jeder Hinsicht über den Schwächeren erhebe. Sokrates hält dem entgegen, daß viele Schwache einem Stärkeren überlegen seien, d.h. also auch nach der Natur das Recht hätten, dem stärkeren Einzelmenschen entgegenzutreten (489a f.). Das aber hält Kallikles für Unrecht. Nun bedarf es noch der Klärung, was eigentlich „stärker" bedeutet; es bedeutet „geistig überlegen". Nach Kallikles hat der geistig Überlegene also von Natur aus das Recht, über die

Minderwertigen zu herrschen. Die geistig Überlegenen sind nun diejenigen, die in den Angelegenheiten des Staates überlegen sind und wissen, wie er gut regiert wird, und den Mut haben, das auch durch die Tat zu beweisen (491b), so Kallikles. Diesen wahrhaft Überlegenen steht es zu, in den Staaten zu herrschen und mehr zu haben als die Beherrschten. Sokrates fragt, ob diese Herrschenden auch in dem Sinne herrschten, daß sie über sich selbst herrschten. Das weist Kallikles zurück: Es gehe hier nicht um Selbstbeherrschung. Denn das von Natur aus Gerechte bestehe darin, die Begierden in sich selbst möglichst groß werden zu lassen und sie dann zu befriedigen mit Hilfe von Klugheit und Tapferkeit (491e-492a). Denn das ist angenehm, und wenn es angenehm ist, macht es einen auch glücklich, meint Kallikles. Als Kallikles bestätigt (495a), daß das Angenehme, die Lust, mit dem Guten identisch sei, vertritt Sokrates die These, daß die Lust vom Guten verschieden sei (499b). Kallikles entgegnet daraufhin, man müsse zwischen besseren und schlechteren Lüsten unterscheiden. Wie kann man aber die Lüste auf diese Weise unterscheiden, wenn man nicht weiß, was gut ist? Denn wenn man die guten Lüste genießen und die schlechten ablehnen soll, muß man eine Antwort auf diese Frage haben. Schließlich ist ja doch das Gute das Ziel allen Handelns. Die Auswahl der guten Lüste aber muß sachverständig sein, da sie ja auch dazu dient, die Menschen besser zu machen. Wer aber ist der gesuchte Sachverständige? Zahlreiche Möglichkeiten werden durchgespielt und verworfen. Daraufhin entwirft Sokrates sein Bild vom wahren Staatsmann, dessen Aufgabe darin besteht, die Menschen besser zu machen. Mit diesem Kriterium werden die athenischen Staatsmänner der Vergangenheit geprüft. Keinem ist es gelungen, jemanden nachweislich besser zu machen. Sokrates allein ist der Staatsmann, der diesem Kriterium standhält (521d). Denn er spricht mit den Menschen nicht, um sie zu erfreuen und sich bei ihnen beliebt zu machen, sondern nur zu ihrem Besten, so daß er sich auch in höchste Gefahr begibt, weil er den Menschen auf diese Weise keine Lust, sondern (zunächst) nur Schmerz bereitet (wie der Arzt mit der bitteren Medizin). Der ganze Abschnitt 521a-522e erklärt Sokrates' Anklage und Verurteilung im Jahre 399 v. Chr. – Der Jenseitsmythos am Schluß des Dialogs veranschaulicht, daß Sokrates davon überzeugt ist, auf dem richtigen Weg zu sein, um vor dem Gericht in der Unterwelt bestehen zu können. Das gilt vor allem für den Satz, daß Unrechttun schlimmer ist als Unrechtleiden: Denn Unrechtleiden vergeht, Unrechttun aber führt zu Höllenqualen.

H Der Gorgías ist eine Darstellung der sokratischen Paideia, die in scharfem Gegensatz zu den herrschenden gesellschaftlichen Verhältnissen in Athen steht. Platons Denken kreist im Gorgias unausgesetzt um den Konflikt des Sokrates mit dem Staat. „Indem Plato aus der Botschaft an seine Mitbürger, für ihre Seele Sorge zu tragen, ein philosophisches System der Erziehung entwickelt, übernimmt er auf das Konto dieser Philosophie den schweren Konflikt mit dem Staate, in dem das Leben des Sokrates geendet hatte ... Wie seine Philosophie durchweg sich dadurch entfaltet, daß er die Voraussetzungen des sokratischen Lebens und Denkens aufdeckt, so ist es auch in diesem wichtigen Punkte: indem er den Konflikt, der zum Tod des ‚gerechtesten aller Bürger‘, (→*Epistulae* 7,324e und Schlußsatz des →*Phaidon*) geführt hatte, in seiner Notwendigkeit zu begreifen sucht, wird er zum Ausgangspunkt seiner gesamten Erziehungsphilosophie ... Der Bruch mit dem Staat der Gegenwart, den Plato nach dem 7. Briefe seit dem Ausgang des Sokrates als unheilbar preisgab, tritt im Gorgías zutage" (Jaeger, 224).

W Im *Gorgías* wird die entscheidende Einsicht Platons entwickelt, daß das Grundproblem jeder Erziehung die Frage der höchsten Norm ist, nach der sie sich richten soll. „Sokrates erscheint im *Gorgias* als der wahre Erzieher, weil er allein die Kenntnis des Telos hat" (Jaeger, 222). Einen derartigen Erzieher braucht der Staat, und daher nennt Plato ihn auch den einzigen Staatsmann seiner Zeit (521d), dessen Aufgabe nicht Anpassung an die öffentliche Meinung ist, sondern Erziehung mit dem Ziel, die Menschen besser zu machen. „Wie ein Staat aussehen würde, der auf das Erreichen dieses Zieles alle Kräfte verwendete, erfahren wir im *Gorgias* noch nicht. Dies wird erst in Platos Staat (→*Politeía*) offenbar werden. Der *Gorgías* verkündet nur mit wahrhaft prophetischer Erregung das Ziel als solches, die Zurückführung des Staates auf seine erzieherische Aufgabe ... Hinter dem *Gorgías* steht schon der Gedanke des Philosophenstaates ... Plato bahnt sich mit der schroffen Negation des Bestehenden im *Gorgías* den Weg zum Aufbau des ‚besten Staates‘, den er als Ziel im Auge hat und den er entwerfen wird, ohne auf die Möglichkeit seiner Verwirklichung jetzt oder später Rücksicht zu nehmen. Wenn er diesen Weg damit beginnt, im *Gorgías* die sokratische Paideia und ihr Ziel darzustellen, so ist damit der innere Ausgangspunkt des neuen Willens zum Staate deutlich bezeichnet, denn sie ist für Plato der feste Pol inmitten einer Welt des sozialen Verfalls" (Jaeger, 223–225).

A V. Arangio – Ruiz: Gorgia. Trad., introd. e comm., Florenz 1958. Platon, Oevres complètes. Bd. 3: *Gorgias. Ménon*. Texte établi et traduit par A. Croiset e L. Bodin, Paris (13) 1968. Plato. *Gorgias*. A Revised Text with Introduction and Commentary by E. R. Dodds, Oxford 1959.
Ü J. Dalfen, Göttingen 2004 (mit Komm.). K. Hildebrandt, Stuttgart 1961. F. Schleiermacher (Berlin 1828): Platon. Werke in acht Bänden. Gr.-dt. Bd. 2. Bearb. von H. Hofmann, Darmstadt 1973.
L W. Bröcker: Platos Gespräche, Frankfurt 1964, 85–109. P. Friedländer: Platon. Bd. 2, Berlin (3)1964, 227–254. H. Gundert: Platons *Gorgias*, in: E. Römisch (Hg.): Griechisch in der Schule, Frankfurt 1972, 204–226. W. Jaeger, Paideia 2, 188–227. P. Kucharski: La Rhétorique dans le *G.* et le *Phèdre*, in: REG 74, 1961, 371–406. H. Kuhn: Das Gute und die Ordnung. Über die Grundlegung der Metaphysik in Platons *Gorgias*, in: ZPhF 14, 1960, 489–504. H. Ranft: Gegenwartsprobleme in Platons *Gorgias*, in: Gy 64,

1957, 461–468. H. Reiner: „Unrechttun ist schlimmer als Unrechtleiden". Zur Beweisführung des Sokrates in Platons *Gorgias*, in: ZPhF 11, 1957, 548–555.

Gothiká →De origine actibusque Getorum (Jordanes)

Grammatica et philologica Latina
„Studien zur lateinischen Grammatik und Philologie"

Aelius Stilo aus Lanuvium, etwa 150–70 v. Chr.

Grammatische und philologische Schriften (lat.).

I Von Stilo sind folgende Abhandlungen bezeugt: Kommentare zu den →*Carmina Saliorum* (bezeugt von Varro, →*De lingua Latina* 7,2), Erläuterungen zu den →*Leges XII Tabularum* (vgl. Cicero, →*De legibus* 2,59), Untersuchungen zur Echtheit der Komödien des Plautus (vgl. Gellius, →*Noctes Atticae* 3,3,1 und 12), Studien zur Etymologie, eine Abhandlung De proloquiis (Gellius 16, 8,2), die vermutlich die stoischen Satzformen zum Thema hatte.

W Stilo war der bedeutendste Grammatiker der älteren Zeit und der erste erwähnenswerte röm. Philologe. Er „überträgt die Methoden griechischer Sprachwissenschaft auf das Latein. Das Studium der Sprache ist für ihn vom Sachbezug nicht zu trennen: Bei ihm herrscht eine universale Betrachtungsweise auf kulturgeschichtlicher Grundlage" (M. v. Albrecht, 465).

N Diese Ansätze hat Stilo seinem Schüler Varro vermittelt. Auch Cicero ist von ihm beeinflußt. Über Varro wirkt Aelius weiter auf Verrius Flaccus, →*De verborum significatione*, und den älteren Plinius (→*Naturalis historiae libri XXXVII*). Bei Sueton, →*De grammaticis et rhetoribus* 2, wird Aelius allerdings nur sehr knapp behandelt. Doch Cicero setzt ihm im →*Brutus* (205–207) ein Denkmal: „Dieser war in jeder Hinsicht ein außerordentlicher Mann, römischer Ritter von höchster Ehrenhaftigkeit, zugleich bestens bewandert in griechischer wie lateinischer Literatur, als Kenner wohl vertraut mit unserer nationalen Vergangenheit ..., nicht minder aber auch vertraut mit unseren alten Autoren..."

A E. Funaioli, GrRF, 51–76.
L M. v. Albrecht, GL, 465. Goetz, RE 1, 1893, 532 f. Schanz-Hosius 1, 232–234.

Grammatiká
„Sprachwissenschaftliche Forschungen"

Tryphon aus Alexandreia, 1. Jh. v. Chr.

Abhandlungen (gr.) über alle Gebiete der Grammatik, in nur wenigen Resten erhalten.

I Bezeugt ist ein nach Sachgebieten geordnetes

Lexikon (*Perì onomasiôn*), ein Lexikon mit Beobachtungen über den richtigen Sprachgebrauch (*Perì Hellenismû*), eine Abhandlung über Redefiguren (*Perì trópon*) und Schriften über Wortveränderungen (*Perì pathôn*) und über die Spiritus (*Perì pneumáton*).

A A. de Velsen, Berlin 1853, Nachdr. 1965. R. Schneider. Progr. Gymn. Duisburg, Leipzig 1895 (*Perì pathôn*). L. Spengel, RhGr 3, 189 (*Perì trópon*).
L C. Wendel, RE 7 A 1, 1939, 726–744.

Gratiarum actio ad Gratianum imperatorem
„Dankrede an Kaiser Gratianus für das Consulat"

Decimus Magnus Ausonius aus Burdigala, etwa 310–395 n. Chr.

Panegyricus in Prosa (lat.) auf Kaiser Gratian (reg. 367–383 n. Chr.).
Verfaßt im Jahre 379 n. Chr.

I Ausonius wurde 379 n. Chr. röm. Consul. Die Dankesrede ist die einzige rednerische Probe, die in die Edition seiner Werke aufgenommen wurde. Verbunden mit dem Dank für die hohe Ehre ist die Mahnung an den Herrscher, in seinen Entscheidungen Milde zu praktizieren (vgl. Seneca, →*De clementia*).

A R. P. H. Green, Oxford 1991. R. Peiper, Leipzig 1886. H. G. E. White. 2 Bde., London/Cambridge (Mass.) 1919–1921 (lat.-engl.).
L M. v. Albrecht, RL, 1047–1054. H. A. Gärtner, RLTD 5, 198–105.

Griphus ternarii numeri
„Rätselgedicht um die Dreizahl"

Decimus Magnus Ausonius aus Burdigala, etwa 310–395 n. Chr.

Reflexion in 90 Hexametern über die mystische Zahl Drei und die als Dreiheit vorkommenden Erscheinungen (lat.).

I Nach einem Vortext in Prosa mit einer Widmung an Symmachus zählt der Autor zahlreiche Beispiele für die Bedeutung der Dreizahl aus der heidnischen Religion, dem Mythos, der röm. Staatsordnung und dem menschlichen Alltagsleben auf. Am Schluß erwähnt Ausonius auch noch die heilige Dreieinigkeit als lange vorbereitete Pointe.

A R. Peiper, Leipzig 1886. H. G. E. White. 2 Bde., London/Cambridge (Mass.) 1919–1921 (lat.-engl.).
L M. v. Albrecht, RL, 1047–1054. H. A. Gärtner, RLTD 5, 198–205.

Gryllos è perì rhetorikês
„Gryllos oder über die Rhetorik"

Aristoteles aus Stageira, 384–322 v. Chr.

Weitgehend verlorener Dialog über das Wesen der Rhetorik (gr.).
Jugendwerk, kurz nach 363 v. Chr. entstanden.

I Der Dialog ist dem Andenken an Gryllos, Xenophons Sohn, gewidmet, der 362 v. Chr. in der Schlacht bei Mantineia gefallen war. – Aristoteles vertrat in diesem Werk die Auffassung des platonischen →*Gorgías*, d.h. er teilte Platons Ablehnung der sophistischen Rhetorik als Mittel der Bildung.

A V. Rose, Leipzig 1886 (Frg. 68–69).
L A.-H. Chroust: Aristotle's first literary effort: The *Gryllus*, a lost dialogue on the nature of rhetoric, in: REG 78, 1965, 576 ff. I. Düring, Aristoteles, 125. P. Thillet: Note sur le *Gryllos*, ouvrage de jeunesse d' Aristote, in: Rev. Philos. 147, 1957, 352–354.

Gymnastikós
„Abhandlung über Gymnastik"

Philostratos, um 200 n. Chr. (es handelt sich um Flavius Ph., den zweiten der Philostratoi)

Abhandlung über den Wert der gymnischen Spiele (gr.).
Verfaßt nach 219 n. Chr., dem Jahr der von Kaiser Heliogabal abgehaltenen Spiele.

I Der Autor will in der vom Luxusleben verweichlichten Generation seiner Zeitgenossen eine neue Begeisterung für die gymnischen Spiele wekken und zugleich zu nützlichen gymnastischen Übungen anleiten. Im Zusammenhang damit bietet der Autor bedeutsame Nachrichten aus der Geschichte der olympischen Spiele. Er beschreibt fachkundig verschiedene Formen der Gymnastik und veranschaulicht die große Bedeutung, die die gymnastischen Übungen für die Entwicklung des gr. Kunstverstandes hatten.

A J. Jüthner, Leipzig 1909 (mit Kommentar), Nachdr. Amsterdam 1969. V. Noccelli, Neapel 1955 (Übersetzung und Kommentar).
Ü F. u. L. Fetz: Gymnastik bei Philostratos und Galen. Studientexte zur Leibeserziehung, Frankfurt 1969.
L A. Lesky, GL, 937. Schmid-Stählin 2, 772–785. F. Solmsen, RE 20, 1, 1941, 124–177.

Gynaecia
„Frauenfragen"

Caelius Aurelianus aus Sicca, 5. Jh. n. Chr.

Medizinische Schrift (lat.).

I Es handelt sich im wesentlichen um eine lat. Übersetzung der →*Gynaikeîa* des Soranos aus Ephesos.

A E. Drabkin, Chicago 1950 (lat.-engl.).

Gynaecia
„Frauenfragen"

Mustio, 6. Jh. n. Chr.

Übersetzung der →*Gynaikeîa* des Soranos aus Ephesos.

I Der Übersetzer hat das gynäkologische Werk des Soranos exzerpiert und in populärer Form ins Lateinische übersetzt.

A V. Rose, Leipzig, 1882.

Gynaikeîa „Frauenfragen"

Soranos aus Ephesos, 2. Jh. n. Chr.

Lehrbuch der Frauenheilkunde in vier B. (gr.).

I Das Werk handelt nach einer Einleitung über die „ideale" Hebamme und ihre Aufgaben nicht nur über Schwangerschaft, Geburt und Säuglingsfragen, sondern auch über die weiblichen Genitalien und über „Hygiene". Soranos legte sein Material auch als Unterweisung für Hebammen (2 B.) in Frageform vor: *Gynaikeîa kat' eperótesin.* – Der im 6. Jh. n. Chr. lebende Arzt Mustio exzerpierte das gynäkologische Werk des Soranos und übersetzte es ins Lateinische (→*Gynaecia*).

A J. Ilberg, CMG 4, 1927.
Ü H. Lüneburg, 1894.
L J. Ilberg: Die Überlieferung der Gynäkologie des Soranos von Ephesos, Leipzig 1910. A. Lesky, GL, 996 f.

Gynaikeîa kat' eperótesin →Gynaikeîa (Soranos)

Gynaikôn aretaí (*Mulierum virtutes*) →Moralia (Plutarchos)

H

Hai perì tôn zóon historíai
„Die Forschungen über die Lebewesen"

Auch zitiert als *Historia animalium* („Tierkunde").

Aristoteles aus Stageira, 384–322 v. Chr.

Biologische Schrift (gr.) in zehn B., von denen die B. 7, 9 und 10 nicht von Aristoteles selbst stammen. Die Schrift ist wahrscheinlich nach dem Tode des Aristoteles in der peripatetischen Schule mehrfach überarbeitet worden, indem u. a. kleinere Teile hinzugefügt wurden.

I B. 1: Nach einer Einleitung folgen allgemeine Bemerkungen über die Unterschiede der Tiere nach ihrem Aufenthaltsort, ihrer Lebensweise, ihrer Eigenart und nach verschiedenen Funktionen und Organen (z. B. ob sie Blut, Lungen, Füße haben und Eier legen oder lebendige Junge gebären (B. 1,1–6). Daran schließt sich eine allgemeine Anatomie an (B. 1,7–B. 4,7): Zunächst geht es um die Wirbeltiere, unter denen auch der Mensch behandelt wird. Der Autor beschreibt die äußeren und inneren Organe des Menschen (B. 1). Es folgen die übrigen Wirbeltiere. Die äußere Erscheinung der Tiere wird mit der des Menschen verglichen. Die Organe der Säugetiere, Amphibien, Vögel, Fische und Schlangen werden systematisch dargestellt (2,1–14). Daran schließt sich die Darstellung der inneren Organe an (2,25–3,1). Es folgen die „gleichartigen Teile" (*homoiomére*): Blut, Knochen, Membrane, Fleisch, Milch, Samen (3,2 bis 22). In 4,1–7 werden die wirbellosen Tiere behandelt: Weichtiere, Krebstiere, Muscheln, Schnecken, Seeigel, Seesterne, Insekten. Darauf wendet sich der Autor der Physiologie zu und geht ein auf die Sinnesorgane, die Stimmen der Tiere, den Schlaf und das Wachsein, die Geschlechtsunterschiede (4,8–11). In 5,1–14 werden Zeugung und Begattung einschließlich der Dauer der Zeugungsfähigkeit und Trächtigkeit dargestellt. In 5, 15–6 ganz handelt Aristoteles über die Entwicklung (*génesis*) der Lebewesen, indem er bei den Tieren beginnt, die seiner Ansicht nach keine Begattung kennen, und dann zu den übrigen Tieren bis zu den Säugetieren übergeht. Danach bricht die Darstellung offensichtlich ab. Es fehlt hier u. a. die erwartete Abhandlung über die Entwicklung des Menschen (vgl. →*Perì genéseos tôn zóon*). – In B. 8 geht es um psychische Aktivitäten, Gewohnheiten, Witterungseinflüsse und Krankheiten. Schließlich finden sich in diesem B. noch Angaben über die Be-deutung der Örtlichkeit für das Wesen der Tiere. – Das nicht-aritotelische 7. B. ist eine Kompilation aus der Schrift →*Perì genéseos tôn zóon*. – Das 9. B. enthält zahlreiche Exzerpte aus Theophrasts Tierkunde mit interessanten Hinweisen auf verschiedene Eigenschaften der Tiere. – Das 10. B. befaßt sich mit den Ursachen der Sterilität und den Mitteln dagegen.

A L. Dittmeyer, Leipzig 1907. P. Louis, Paris 1964 (B. 1–4). A. L. Peck, London/Cambridge (Mass.) 1965 (B. 1–3).
Ü H. Aubert / F. Wimmer, Leipzig 1868 (gr.-dt. mit Kommentar). J. Tricot, Paris 1957 (frz. Übersetzung).
L I. Düring, Aristoteles, 506–509. O. Regenbogen: Bemerkungen zur HA des Aristoteles, in: Kleine Schriften 1961, 270–275.

Halieùs è anabiûntes
„Der Fischer oder die Wiederauferstehenden"

Lukianos aus Samosata, etwa 120–180 n. Chr.

Satirischer Dialog (gr.).
Um 161–165 n. Chr. entstanden.

I Der Dialog ist eine Reaktion auf den Protest, den Lukian mit seinem Werk →*Bíon prâsis* („Verkauf der Lebenden") bei den zeitgenössischen Philosophen hervorgerufen hatte; in diesem Werk hatte er – so wurde ihm vorgeworfen – die alten Philosophen und deren Lehren lächerlich gemacht. – Der Dialog *Halieús* findet im Rahmen einer Gerichtsverhandlung statt. Lukian ist der Angeklagte. Die Philosophen haben aus Ärger über die Vorwürfe und Beleidigungen einen Tag Urlaub aus dem Hades erwirkt; sie wollten sich an Lukian rächen. Die Geschmähten jagen ihn: Sokrates, Platon, Chrysipp, Diogenes, Aristipp, Epikur, Aristoteles, Empedokles, Pythagoras. Lukian wird ergriffen und soll sterben; man streitet noch über die Todesart. Der Angeklagte überredet aber die aufgebrachten Philosophen zu einer ordentlichen Gerichtsverhandlung vor dem Areopag in Athen. *Philosophía* soll die Richterin sein. Der Angeklagte versucht, seine Unschuld zu beweisen. Er habe nicht die Schulgründer treffen wollen, sondern deren unwürdige Nachfolger, die den Gründern nicht gerecht würden. Aus der Verteidigung Lukians wird eine scharfe Anklage gegen die Philosophenschulen seiner Zeit. Er wird am Ende freigesprochen. Die Pseudo-Philosophen sollen statt dessen angeklagt werden. Lukian „angelt" diese nach und nach mit Hilfe verlockender Köder und bringt sie vor Gericht. Weil sie den Schulgründern völlig unbekannt sind, werden sie vom Angelhaken gerissen und an den Felsen zerschmettert.

A A. M. Harmon: Lucian. Bd. 3, London/Cambridge (Mass.) 1921. J. Jacobitz: Luciani opera. Bd. 1, Leipzig 1881.
Ü Chr. M. Wieland: Lucian von Samosata. Sämtliche Werke 1. 1, Leipzig 1788/89, 399–450.

L R. Helm: Lucian und Menipp, Leipzig/Berlin 1906, 292–306. R. Helm: Lukianos, in: RE 13, 2, 1927, 1756 f. J. B. Itzkowitz: Prolegomena to a New Text of Lucian's *Vitarum Auctio* and *Piscator*, Hildesheim 1986. G. Misch: Geschichte der Autobiographie. Bd. 1. 2, Frankfurt 1950, 395–400.

Halieutica
„Die Kunst des Fischers"

Publius Ovidius Naso aus Sulmo, 43 v. Chr. – 17 n. Chr.

Lat. Lehrgedicht in Hexametern, von denen rund 130 Verse überliefert sind.
Der Dichter begann das Werk kurz vor seinem Tod und hinterließ nur ein Frg..

I Trotz des stark fragmentarischen Charakters läßt sich der Gedankengang rekonstruieren: „Die Tiere besitzen eine erstaunliche Findigkeit; mögen sie auch nach Gestalt und Temperament verschieden sein, die Natur hat dafür gesorgt, daß jede Art aus ihren starken wie auch aus ihren schwachen Seiten das Beste zu machen weiß ... Die auf dem Land lebenden Tiere sind jedoch weniger gut für das Überleben ausgerüstet als die im Wasser lebenden ... Sie sind überdies deswegen leichter zu jagen, weil der Jäger von dem feurigen Pferd und dem klugen Hund unterstützt wird. Außerdem lebt sein Wild auf dem festen Land, während die Meeresbewohner den Schutz eines Elementes genießen, das für den Menschen fremd und ungastlich ist. Der Fischer hat daher keine Aussicht auf Erfolg, wenn es ihm nicht gelingt, seine Beute durch eine höhere List (82) zu übertreffen, und deshalb wird er die Ratschläge begrüßen, welche ,Die Kunst des Fischers' erteilt" (H. Fränkel, 176 f.).
Q Vielleicht wurde der Dichter von den →*Cynegetica* des Grattius, die er in den →*Epistulae ex Ponto* 4,16,34 erwähnt, zu diesem Lehrgedicht angeregt. H „Ovid ging jetzt auf die Sechzig zu und fand andere Dinge, mit denen er sich ablenken konnte. Endlich nahm er an seiner Umgebung wirklich Anteil, und das Leben des Meeres, an dessen Küste zu leben er gezwungen war, ergriff seine einfühlende Phantasie. Er verbrachte lange Stunden damit, Angler zu beobachten, mit griechischen Fischern zu sprechen und den Fang zu prüfen, den sie in den Laderäumen ihres Schiffes nach Hause brachten. Er erkundigte sich nach den Arten der Fische, nach ihren Namen, ihren verschiedenen Gewohnheiten und den Methoden, mit denen man jede einzelne Art fing. Um das, was er durch Beobachtung und Unterhaltung erfahren konnte, zu ergänzen, studierte er griechische B. über die Naturgeschichte der Fische; und dazu begann er ein Gedicht in Hexametern über ,Die Kunst des Fischers' zu schreiben" (H. Fränkel, 176).

A J. A. Richmond, London 1962 (mit Kommentar).
Ü B. W. Häuptli, München/Zürich 1996 (lat.-dt.).

L Th. Birt: De Halieuticis Ovidio poetae falso adscriptis, Berlin 1878. H. Fränkel: Ovid. Ein Dichter zwischen zwei Welten, Darmstadt 1970, 176–178. J. Richmond: Doubtful Works Ascribed to Ovid, in: ANRW 2, 31, 4, 2744–2783.

Halieutiká
„Über die Kunst des Fischens"

Oppianos aus Korykos (Kilikien), 2. Jh. n. Chr.

Lehrgedicht in fünf B. über den Fischfang (gr.), dem Kaiser Mark Aurel (reg. 161–180) und dessen Sohn Commodus gewidmet.

I Die Tierwelt des Meeres wird in den B. 1–2 ausführlich beschrieben. Der Autor stellt die Meerestiere in ihrer natürlichen Umwelt dar; er schildert ihre Lebensgewohnheiten, ihre Fähigkeiten und ihr Verhalten bei der Paarung und Aufzucht und bei der Nahrungssuche. Darauf geht der Autor in den B. 3–5 auf die Ausbeutung der Tiere durch den Menschen ein. Der Fischer benötigt körperliche und geistige Fähigkeiten, mit denen er die Meerestiere überwältigen oder überlisten kann, um sie in seinen Besitz zu bringen. Ebenbürtige Gegner hat der Mensch in den Walen oder in den Delphinen; diese aber sollte er aufgrund ihrer Menschenähnlichkeit nicht jagen.
W Oppian breitet nicht nur das einschlägige Fachwissen seiner Zeit aus. Er bedient sich auch der traditionellen poetischen Mittel des Epos (z. B. vieler Gleichnisse, Götteranrufungen). Darüber hinaus stellt er seine Darlegungen in einen weltanschaulichen Zusammenhang: Zeus ist Urgrund und Seinsprinzip, in dem alle Dinge begründet sind. Alles ist miteinander verknüpft und reagiert aufeinander („Sympathie des Kosmos"). In der Welt wirken universale Mächte: z. B. die Liebe (4,11 ff.) und die Gerechtigkeit (2,642 ff.).
N Das Werk hatte eine große Wirkung (zahlreiche Handschriften sind überliefert). In Byzanz wurde es als Schulbuch benutzt.

A A. W. Mair, London/Cambridge (Mass.) 1928.
L U. Dubielzig, MLAA, 481 f. R. Keydell, RE 18, 1, 1939, 698–703. A. Lesky, GL, 910.

Halkyòn è perì metamorphóseon
→Alkyón (Ps.-Lukianos)

Hamartigenia
„Entstehung der Sünde"

Aurelius Prudentius Clemens, 348 – 405 n. Chr.

Lehrgedicht in Hexametern über den Ursprung der Sünde (lat.).

I Im Proömium, das in Iamben abgefaßt ist, polemisiert Prudentius gegen dualistische Auffassungen vom Ursprung der Sünde, u. a. auch gegen Markion, der den Ursprung der Sünde dadurch zu erklären versuchte, daß er zwei Gottheiten unterschied: einen Gott des Guten und einen Gott des Bösen. Quelle der Sünde ist der Satan, ein gefallener Engel (1–205). Die von Satan angestiftete Erbsünde brachte das Böse in die Welt. Der Mensch wurde zum Gefangenen des Dämons (206–542). In Wirklichkeit ist der Mensch jedoch frei. Wenn er es will, kann er dem Dämon widerstehen. Der Quell der Sünde liegt also letztlich in ihm selbst (543–823). Gott hat für das Böse die Hölle, für das Gute das Paradies vorgesehen. Die Verdammten wissen vom Los der Erwählten und umgekehrt (824–930). Am Schluß bittet Prudentius Gott um Gnade für sich (931–966).

W „Insgesamt verknüpft die *Hamartigenia* theologische Dogmatik (das metaphysische Problem des Bösen) mit Ethik (die praktischen Probleme, die sich bei der Ausübung der Freiheit stellen)" (Charlet, 518).

Q Seit Archilochos (→*Íamboi*) und Hipponax (→*Cholíamboi*) ist der Iambos, den Prudentius im Proömium benutzt, ein beliebtes Versmaß für polemische Gedichte. Prudentius steht in der Tradition der lat. Lehrdichtung, z.B. Lukrez (→*De rerum natura*). Inhaltlich stützt sich Prudentius auf die tradierte Lehrmeinung der Kirche und hier vor allem auf Tertullian.

A R. Palla, Pisa 1981 (lat.-it. mit Kommentar). J. Stam, Diss. Leipzig / Amsterdam / Paris 1940 (mit Kommentar).
L M. v. Albrecht, RL, 1076–1086. J.-L. Charlet, in: NHbL. Spätantike, bes. 517f.

Harmonídes
(ein Flötenspieler)

Lukianos aus Samosata, etwa 120–180 n. Chr.

Dialog zwischen dem Flötenspieler und seinem Lehrer Timotheus aus Theben (gr.).

I Harmonides fragt den Lehrer, auf welche Weise er mit seiner Kunst in ganz Griechenland berühmt werden könne. Denn was nütze ihm seine Kunst, wenn sie nicht gehört werde. Timotheus empfiehlt seinem Schüler, sich nicht darum zu bemühen, der großen Masse zu gefallen; viel wichtiger sei es, die Bewunderung der Vornehmsten unter den Griechen zu erringen. Dann werde er in kurzer Zeit bei allen Griechen bekannt sein. Doch beim ersten öffentlichen Spiel verausgabte er sich so sehr, daß er auf der Bühne starb. – Lukian empfiehlt allen, die sich in irgendeiner Hinsicht auszeichnen, nicht die große Öffentlichkeit zu suchen, sondern sich nur an die wirklich Sachverständigen zu wenden. Er bezieht diesen Rat auch auf sich selbst und empfiehlt sich mit dem kurzen Dialog einem prominenten Gönner (vielleicht in Antiocheia), dessen Protektion er sich wünscht.

A K. Kilburn: Lucian. Bd. 6, London/Cambridge (Mass.) 1959.
Ü Chr. M. Wieland: Lucian von Samosata. Sämtliche Werke 3. 5, Leipzig 1788/89, 273–280.

Harmoniká
„Harmonielehre"

Klaudios Ptolemaios, 2. Jh. n. Chr.

Musiktheoretische Abhandlung in drei B. (gr.).

I Das Werk behandelt die Intervallverhältnisse in der Musik. Es basiert auf den Lehren des Aristoxenos und der Pythagoreer. Porphyrios kommentierte im 3. Jh. n. Chr. das Werk und wies darauf hin, daß es sich im wesentlichen um eine Kompilation des Didymos über den Unterschied zwischen der Musiktheorie der Pythagoreer und des Aristoxenos (→*Harmonikà stoicheîa*) handelt. Ptolemaios nahm eine vermittelnde Position zwischen den traditionell verfeindeten Richtungen ein: den „Kanonikern", die das Tonmaterial auf rechnerischem Weg ermittelten (wie die Pythagoreer, Eukleides, →*Harmonikà stoicheîa*, u. a.), und den „Harmonikern", die die Ordnung des Tonmaterials allein nach dem Gehör vornahmen (wie z. B. Aristoxenos). – Das 3. B. behandelt die Ähnlichkeit der Tonarten und Intervalle mit den Zuständen der Seele und den Bewegungen der Himmelskunde. Es ist offensichtlich aus der gleichen mystischen Spekulation hervorgegangen wie die →*Arithmetikè eisagogé* des Nikomachos aus Gerasa und die Schrift →*Perì musikês* des Aristeides Quintilianus.

A C. v. Jan: Musici Scriptores Graeci, Leipzig 1895, Nachdr. Hildesheim 1962.
L I. Düring: Die Harmonielehre des Klaudios Ptolemaios, Göteborg 1930. I. Düring: Ptolemaios und Porphyrios über die Musik, Goteborg 1934. Th. Georgiades: Musik und Rhythmus bei den Griechen. Zum Ursprung der abendländischen Musik, Hamburg 1958, 123. B. L. van der Waerden / E. Boer / F. Lammert, RE 23, 2, 1959, 1788–1859.

Harmonikà stoicheîa
„Elemente der Harmonik"

Aristoxenos aus Tarent, 2. Hälfte des 4. Jh.s v. Chr.

Musiktheoretische Abhandlung (gr.) in drei B. über die Lehre von den Intervallen und Tonskalen.

I Die drei B. sind in der vorliegenden Form nicht von Autor selbst konzipiert. Es handelt sich um eine Zusammenstellung von Äußerungen zur Harmonik, die aus mindestens zwei Werken des Autors entnommen wurden. Hinzu kommen weitere Texte, die auf Vorlesungsnachschriften und Diskussionen zum Thema zurückgehen. Auch Zusätze späterer Autoren sind nicht auszuschließen. – Der große Wert der Abhandlung beruht auf ihren sehr klaren bis heute gültigen Ausführungen über die Grundbegriffe der Harmonik: Ton, Intervall, Bau der verschiedenen Tonskalen. – Weitere musiktheoretische Schriften des Aristoxenos sind u. a. die *Rhythmikà stoicheîa* („Elemente der Rhythmik"), aus denen ein größeres Frg. erhalten ist, die *Dóxai harmonikôn* („Lehren der Harmonik"), *Perì musikês* („Über die Musik"), *Perì melopoiías* („Über Melodieschöpfung"), *Perí musikês akroáseos* („Über musikalisches Hören"), *Perì tónon* („Über Transpositionsskalen"), *Perì orgánon* („Über die Musikinstrumente"), *Perì tragikês orchéseos* („Über den tragischen Tanz"), *Sýmmikta sympotiká* („Vermischte Tischgespräche über Musikgeschichte und – theorie").

N Das musiktheoretische Werk des Aristoxenos hatte eine außerordentliche Wirkung u. a. auf Kleoneides, →*Eisagogè harmoniké*, Eukleides, →*Katatomè kanónos*, Klaudios Ptolemaios, →*Harmoniká*, Aristeides Quintilianus, →*Perì musikês*, Boethius, →*De musica*, Ps.-Plutarch, →*Perì musikês*.

A H. S. Macran, Oxford 1902 (gr.-engl.). G. B. Pighi: Aristoxeni rhythmica, 1959. R. da Rios: Aristoxeni elementa harmonica, Rom 1994. F. Wehrli, Schule 2 (Frg. 71–117; 122–139).
Ü R. Westphal: Melik und Rhythmik des classischen Hellenentums. 2 Bde., Leipzig 1883–1893, Nachdr. Hildesheim 1965.
L F. Blume: Die Musik in Geschichte und Gegenwart. Bd. 1, Kassel/Basel 1949–1951, 629 ff. Th. Georgiades: Musik und Rhythmus bei den Griechen. Zum Ursprung der abendländischen Musik, Hamburg 1958, 114–119. L. Laloy: Aristoxène de Tarente e la musique de l' antiquité, Paris 1904. A. Lesky, GL, 648 f. G. Wille: Aristoxenos, in: dtv-L 1. 1, 190 f. K. Ziegler: Aristoxenos, in: DKP 1, 591 f.

Harmonikós
„Harmonielehre"

Archytas aus Tarent, 1. Hälfte des 4. Jh.s v. Chr.

Musiktheoretische Abhandlung (gr.), nur in Berichten und Zitaten überliefert.

I Archytas hat die Zahlenverhältnisse der Intervalle in den drei Tongeschlechtern (enharmonisch, chromatisch, diatonisch) berechnet und Höhe und Tiefe der Töne auf größere oder geringere Schnelligkeit des Schalles als Luftbewegung bzw. als Schwingung – bei der Schwingung unterscheidet er aber nicht zwischen der Geschwindigkeit und der Fortpflanzungsgeschwindigkeit – und bei Blasinstrumenten auf die Länge oder Kürze des Rohres zurückgeführt.

A VS 47.
L H. Gericke: Archytas von Tarent, in: dtv-L 1. 1, 167 f. K. Ziegler: Archytas, in: DKP 1, 520 f.

Harpagè Helénes
„Raub der Helena"

Kolluthos aus Lykopolis, um 500 n. Chr.

Kurzepos in 394 Hexametern (gr.).

I Das in Sprache, Stil und Metrik sich an Nonnos (→*Dionysiaká*) anlehnende Werk erzählt vom Raub der Helena, beginnend mit der Hochzeit des Peleus, endend mit der Ankunft Helenas in Troja.
Q Vermutlich hatte Kolluthos ein alexandrinisches Gedicht als Vorlage. Die Verse 1–17 ahmen Apollonios Rhodios, →*Argonautiká* 3,1–6 nach.

A E. Livrea, Bologna 1968 (gr.-it. mit Kommentar). A. W. Mair, London 1928 (gr.-engl.). W. Weinberger, Leipzig 1896.
Ü O. Schönberger, Würzburg 1973 (gr.-dt.).
L R. Keydell: Kolluthos, in: DKP 3, 272. W. Weinberger: Studien Tryphiodor und Kolluth, in: WS 18, 1896, 116–159 und 161–179. W. Weinberger / W. Kroll, RE 11, 1, 1921, 1098 f.

Heautontimorúmenos
„Einer, der sich selbst bestraft"

Publius Terentius Afer, um 195/90–159 v. Chr.

Intrigenstück (lat.) nach dem Vorbild einer gr. Tragödie des Menander aus Athen (etwa 342–291 v. Chr.).
Während der *Ludi Megalenses* im Jahre 163 v. Chr. erstmals gespielt.

I Das Stück spielt in einem Dorf in der Nähe von Athen. Die Titelfigur, „der sich selbst Bestrafende", ist ein alter Vater namens Menedemus, der mit seiner Strenge seinen Sohn Clinia aus dem Haus getrieben hatte und unter bitteren Selbstvorwürfen tätige Reue übt (vgl. zu dieser Gestalt auch Cicero, →*Tusculanae disputiones* 3,65). – Sprecher des Prologs (1–52) war in der ersten Aufführung des Stükkes der Regisseur Lucius Ambivius Turpio, wie aus der Didaskalie, dem lat. „Vorspann", hervorgeht. Der Prologsprecher teilt dem Publikum u. a. mit, daß die Neider und Kritiker des Terenz dem Dichter vorwerfen, er habe aus vielen gr. Komödien wenige lateinische zusammengestoppelt (*multas contaminasse Graecas, dum facit paucas Latinas*, 17 f.). Dieser Vorwurf war nicht unberechtigt. Die „Kontamination" gr. Stücke war ein für die röm. Komödie typisches Verfahren. – Die erste Szene zeigt den alten Menedemus bei harter Feldarbeit. Er wird von Chremes, einem anderen alten Mann, nach dem Grund für seine Schufterei gefragt. Warum er sich um fremde Angelegenheiten kümmere, fragt Menedemus zurück. Darauf spricht Chremes den berühmten Satz: „Ich bin ein Mensch, darum halte ich nichts für fremd, was Menschen tun" (*homo sum: humani nil a me alienum puto*, 77). Chremes läßt nicht locker, weil er nicht versteht, warum sich ein Mensch selbst so quälen muß. Schließlich kommt Menedemus mit dem Grund heraus: Sein Sohn hatte ein Liebesverhältnis, mit dem er als Vater nicht einverstanden war. Der Sohn nimmt sich die Moralpredigt des Vaters so zu Herzen, daß er heimlich das Haus verläßt und in Asien Soldat wird. Die Feldarbeit wählte Menedemus als Strafe für sein falsches Verhalten gegenüber seinem Sohn (53–174). – Inzwischen ist Clinia, der verlorene Sohn, aus Asien zurückgekehrt und befindet sich mit Clitipho, dem Sohn des Chremes, in dessen Haus; er traut sich nicht, zu seinem Vater nach Hause zu gehen. Chremes erklärt seinem Sohn Clitipho, daß Menedemus seinen Sohn richtig behandelt habe. Clitipho müsse das begreifen (175–212). Clitipho beklagt die Strenge der Väter: „Sie möchten, daß wir gleich als alte Männer auf die Welt kommen ...“ (214). Er verrät dem Publikum, daß auch er eine Freundin hat, eine Hetäre, ohne daß der strenge Vater etwas davon weiß (213–229). – Inzwischen kommen die beiden Sklaven Syrus und Dromo auf die Bühne, um eine Intrige zu spinnen: Die Freundin des Clitopho soll als Freundin des Clinia ausgegeben und in das Haus des Chremes einziehen (230–380). Bacchis, die Hetäre, tritt zusammen mit Antiphila, der Freundin des Clinia, auf und beschreibt zunächst einmal ihre Situation als Hetäre im Vergleich zu einer „ehrbaren“ Frau. Dann kommt es zum Wiedersehen zwischen Clinia und Antiphila (381–409). – Chremes will Menedemus die Rückkehr seines Sohnes mitteilen. Ohne von der Intrige zu wissen, beschreibt er Clinias Vater die Hetäre mit ihrem anspruchsvollen Lebensstil als die Freundin des Clinia. Menedemus berührt dies nicht; er will nur seinen Sohn zurückhaben und ihm mit allen Mitteln unter die Arme greifen (410–511). Der Sklave Syrus bestärkt Chremes in der Annahme, daß Bacchis die Freundin des Clinia sei. Chremes fordert Syrus auf, alles in die Wege zu leiten, damit Menedemus nicht ein zweites Mal seinen Sohn verliert (512–561). Als Chremes zufällig bemerkt, daß Clitipho der Hetäre an den Busen greift, schimpft er ihn aus, weil er ja glaubt, sie sei die Freundin des Clinia. Syrus erzählt Chremes, daß auch Antiphila im Haus bei dessen Familie sei. Antiphila sei ein Pfand für eine Geldsumme, die deren verstorbene Mutter der Hetäre Bacchis schuldete. Nun wolle Bacchis, daß Clinia ihr das Geld vorstrecke (562–613). – Dann stellt sich heraus, daß Antiphila das einst ausgesetzte Kind von Chremes und Sostrata sei (614–667). Syrus fürchtet, daß seine Intrige auffliegen könnte, wenn Clinia erführe, daß Antiphila eine freigeborene Athenerin ist, und er sich mit seinem Vater Menedemus versöhne, um das Mädchen zu heiraten. Dann werde Menedemus selbstverständlich nicht mehr bereit sein, das Geld herauszurücken. Syrus versucht daher, Clinia zu überreden, Bacchis mitzunehmen, damit Chremes nicht merke, daß sie die Freundin seines Sohnes Clitipho sei. Das aber würde andererseits ausschließen, daß Chremes seine wiedergefundene Tochter Antiphila Clinia zur Frau gibt (668–722). Bacchis aber will selbst schon das Haus verlassen, um zu ihrem früheren Freund zu-

rückzukehren. Syrus überredet sie zu bleiben und dann mit Clinia zu Menedemus zu ziehen (723–748). Darauf erzählt Syrus seinem Herrn Chremes die Wahrheit, läßt ihn aber glauben, daß es nicht die Wahrheit sei. Chremes reagiert, wie erwartet, indem er es von sich weist, Clinia Antiphila zur Frau zu geben (749–804). – Clitipho erfährt von dem schlauen Sklaven Syrus, daß seine geliebte Bacchis bei Clinia ist. Chremes kommt mit dem Geld und überreicht es seinem Sohn (805 bis 841). Menedemus erklärt Chremes, daß Clinia Antiphila zur Frau haben möchte. Von dem empörten Chremes erfährt Menedemus, daß Clinia doch schon Bacchis als Geliebte habe. Menedemus ist enttäuscht und ratlos. Aber dann muß Chremes schließlich erkennen, daß Bacchis die Geliebte seines eigenen Sohnes, des Clitipho, ist und er schrecklich betrogen wurde. Menedemus kann Chremes davon abhalten, seinen Sohn im Zorn aus dem Haus zu jagen. Nachdem sich alles aufgeklärt hat, ist Chremes bereit, Clinia seine Tochter Antiphila zur Frau zu geben. Seinen Sohn Clitipho will er nur „mit Worten“ bestrafen, wie es unter Freien angemessen ist (949). Chremes hält ihm eine entsprechende „Standpauke“ und will ihn enterben (842–977). Syrus rät Clitipho, seine Eltern zu fragen, ob er wirklich ihr Kind sei, weil er den Eindruck habe, daß er abgeschrieben werde, nachdem sie Antiphila wiedergefunden hätten (978–1002). Im Gespräch mit seinen Eltern wird ihm bestätigt, daß er ihr Sohn ist. Er bereut, was er angerichtet hat, und bittet seinen Vater um Verzeihung. Es kommt zur Versöhnung. Am Schluß bittet Clitipho um Straffreiheit für den Sklaven Syrus, den Kopf des Intrigenspiels (1103–1067).

W Mit der Übertragung einer gr. Komödie in einen röm. Kontext werden grundlegende Unterschiede in der Einstellung zu bestimmten Lebensbereichen und Verhaltensweisen sichtbar. Wenn der *Heautontimorumenos* einen übertrieben strengen Vater darstellt, der sein Verhalten gegenüber seinem Sohn zutiefst bereut, dann entspricht dieser Vater keineswegs dem röm. Bild von einem Vater, der nach röm. Auffassung keinen Grund zur Reue hat. Offensichtlich hatte Terenz großes Interesse daran, die Fragwürdigkeit übermäßig strenger Erziehung zu thematisieren und zum Motor der Handlung zu machen (vgl. →*Adelphoe*). Terenz will sein röm. Publikum zur Reflexion über sein Verständnis von Menschlichkeit (*humanitas*) anregen.

A F. G. Ballentine, Boston 1910. A. J. Brothers, Warminster (lat.-engl. mit Kommentar). R. Kauer / W. M. Lindsay, Oxford 1926. G. Mazzoni, Turin 1926.

Ü A. Thierfelder, Stuttgart 1981 (lat.-dt.).

L M. v. Albrecht, RL, 173–194. K. Büchner: Das Theater des Terenz, Heidelberg 1974, 171–229. E. Fantham: *Heautontimorumenos* and *Adelphoe*: A Study of Fatherhood in Terence and Menander, in: Latomus 30, 1971, 970–998. P. Grimal: Térence et Aristote à propos de L' *Heautontimorúmenos*, in: BAGB 1979, 175–187. H. Haffter: Neue Arbeiten zum Problem der *humanitas*, in: Ph 100, 1956, 287–304. G. Jachmann: P. Terentius Afer, in: RE 5 A 1, 1934, 598–650. H. D. Jocelyn: *Homo sum: humani nil a me alienum puto* (Ter. *Heaut.* 77), in: Antichthon 7, 1973, 14–46. E. Lefèvre: Die römische Komödie: Plautus und Terenz, Darmstadt 1973, 442–462. E. Lefèvre: Ich bin ein Mensch, nichts Menschliches ist mir fremd, in: Humanistische Bildung. Beiheft 1, 1986, 39–49. E. Lefèvre: Terenz' und Menanders *Heautontimorumenos*, München 1994. W. Steidle: Menander bei Terenz, in: RhM 116, 1973, 303–347; 117, 1974, 247–276.

Hebdomades
„Siebener-Gruppen"

Marcus Terentius Varro aus Reate, 116–27 v. Chr.

Verlorene antiquarische Schrift (lat.).

I In 14 B. wurden je sieben Hebdomaden (14 x 7 x 7 = 686) berühmter gr. und röm. Philosophen, Dichter, Schriftsteller, Staatsmänner, Erfinder, Baumeister, Feldherrn, Ärzte usw. behandelt. – Varro veranschaulichte in dieser Schrift die Bedeutung der Siebenzahl für viele Erscheinungen in der Welt. – Wahrscheinlich war das Werk bebildert, so daß es als erstes illustriertes B. der Römer gelten kann (daher auch der zweite Titel *Imagines*, „Bilder"). – Die Einleitung der *Hebdomades* ist aus Gellius, →*Noctes Atticae* 3,10, bekannt. Vgl. auch Plinius, →*Naturalis Historiae libri XXXVII* (35,2, 11).

A E. Norden: Varros *Imagines*, Berlin 1990.
L H. Dahlmann: Terentius (Nr. 84), in: RE Suppl. 6, 1935, 19–1229. L. Mercklin: De Varronianis *Hebdomadibus* Animadversiones, in: F. Ritschl: Opuscula Philologica 3, Leipzig 1877, Nachdr. Hildesheim/New York 1979, 530–544.

Hecyra
„Die Schwiegermutter"

Publius Terentius Afer, um 195/90–159 v. Chr.

Komödie (lat.), nach einer Vorlage des Apollodoros aus Karystos (Anfang des 3. Jh. v. Chr.).
Die Aufführung der Komödie mußte zweimal abgebrochen werden: 165 v. Chr. an den *Ludi Megalenses* und 160 v. Chr. bei den Leichenspielen für Lucius Aemilius Paullus.

I Der junge Pamphilus soll nach dem Willen seines Vaters Philumena, die Tochter eines Nachbarn, heiraten. Er fügt sich dem Willen des Vaters, läßt aber seine junge Frau unberührt. Denn er liebt nicht sie, sondern die Hetäre Bacchis. Während Pamphilus verreist ist, kehrt Philumena zu ihren Eltern zurück, weil sie sich mit ihrer Schwiegermutter nicht zu vertragen scheint, in Wirklichkeit aber, um ein Kind zu gebären, das sie vor der Ehe von einem Unbekannten empfangen hatte. Pamphilus erfährt bei seiner Rückkehr von der Geburt des Kindes und ist entsetzt. Er will Philumena nicht wieder in sein Haus aufnehmen. Die Hetäre Bacchis aber rettet die Situation. Sie hatte von Pamphilus einen Ring geschenkt bekommen, der von Philumenas Mutter

als Eigentum ihrer Tochter erkannt wurde. Dieser Ring war Philumena in der Nacht abhanden gekommen, in der sie vergewaltigt worden war. Jetzt ist bewiesen, daß Pamphilus der nächtliche Unhold war, der sie vergewaltigt hatte. Er ist demnach auch der Vater des Kindes. Damit kommt die Geschichte zu einem versöhnlichen Ende.

Q Inhaltlich schließt sich das Stück an die →*Epitrépontes* des Menandros an, die allerdings erst über das Stück des Apollodor zu Terenz gelangten.

W Terenz veranschaulicht in dieser „Anti-Komödie" eine Welt, in der schweres Fehlverhalten durch Verständnisbereitschaft, Vertrauen, Rücksichtnahme und Hilfsbereitschaft aufgehoben wird. – Das Ziel der Handlung ist nicht das Offenlegen, sondern das Verhüllen (vgl. *Hecyra* 866–869).

N Cervantes (gest. 1616) schreibt nach der *Hecyra* eine Novelle. „Die Kameliendame" von Alexandre Dumas (gest. 1895 steht in der Nachfolge der *Hecyra*.

A K. Dziatzko, Leipzig [4]1913. S. Ireland, Warminster 1990 (mit Kommentar). R. Kauer / W. M. Lindsay, Oxford 1926. S. Prete, Heidelberg 1954. R. Scarcia, Rom 1966.
Ü J. J..C. Donner / W. Ludwig, Darmstadt 1969. D. Ebener, Berlin 1988. V. v. Marnitz, Stuttgart 1960.
L M. v. Albrecht, RL, 173–194. K. Büchner: Terenz in der Kontinuität der abendländischen Humanität, in: Humanitas Romana, Heidelberg 1957, 35–63. W. E. J. Kuiper: Two Comedies by Apollodorus of Carystus. Terence's *Hecyra* and *Phormio*, Leiden 1938. J. C. B. Lowe: Terentian Originality in the *Phormio* and *Hecyra*, in: Hermes 111, 1983, 431–452. F. H. Sandbach: How Terence's *Hecyra* Failed, in: CQ 32, 1982, 134f. W. Schadewaldt: Bemerkungen zur *Hecyra* des Terenz, in: Hellas und Hesperien, Zürich 1960, 472–494. D. Sewart: The *Hecyra* of Terence in Relation to Its Greek Original, Diss. Leeds 1971.

Hedypátheia
„Wohlleben"

Archestratos aus Gela, 2. Hälfte des 4. Jh.s v. Chr.

Gastronomisches Gedicht (gr.), in Frg. erhalten.

I In epischem Stil, aber in heiterem Plauderton werden schmackhafte Gerichte aus vielen Ländern der Welt beschrieben. – Ennius übersetzte das Gedicht später ins Lateinische (→*Hedyphagetica*).

A P. Brandt: Corpusculum poesis epicae Graecae ludibundae. 1, Leipzig 1888, 114–139.

Hedyphagetica
„Tafelfreuden"

Quintus Ennius aus Rudiae, 239–169 v. Chr.

Parodistisches Epos in daktylischen Hexametern
(lat.), in einigen Frg. erhalten.
Nach 189 v. Chr. verfaßt.

I Erhalten sind einige Verse über Seefische und
köstliche Meeresfrüchte. – Vorbild war die →*Hedy-
pátheia* des Archestratos aus Gela.

A J. Vahlen: Ennianae Oesis reliquiae, Leipzig [(2)]1903,
Nachdr. 1967. E. H. Warmington: Remains of Old Latin.
Bd. 1, London/Cambridge (Mass.) [(2)]1956.
L M. v. Albrecht, RL, 107–119. O. Skutsch: Ennius, in:
RE 5, 1905, 2589–2628. O. Skutsch: Studia Enniana, Lon-
don 1968.

Heiligenbiographien →Vita Hilarionis u. a. (Hieronymus)

Hekábe
(Frau des troischen Königs Priamos)

Euripides, etwa 480–406 v. Chr.

Tragödie (gr.) mit einem Stoff aus dem troischen Sagenkreis.
Uraufgeführt 426 v. Chr., nach den von Thukydides
beschriebenen Vorfällen auf der Insel Kerkyra im
Zusammenhang mit dem Peloponnesischen Krieg
(→*Ho pólemos tôn Peloponnesíon kaì Athenaíon*
3,81–83).

I Im Prolog (1–58) spricht der Geist des toten
Polydoros, der von dem Thrakerkönig Polymestor
nach dem Fall von Troja ermordet worden war: Der
Sohn der Hekabe nimmt den Verlauf des Dramas
vorweg: Polyxena, seine Schwester, solle am Grab
des Achilleus geopfert werden; seinen eigenen
Leichnam werde man am Strand finden. – In der
Parodos (59–215) erzählt der Chor der gefangenen
troischen Frauen ihrer früheren Herrin Hekabe,
daß ihre Tochter Polyxena auf Beschluß der Heeres-
versammlung der Griechen für Achilleus geopfert
werden soll. Hekabe beklagt ihr Leid und ruft die
Tochter zu sich. – Im ersten Epeisodion (216–443)
wird Hekabe der Beschluß des Heeres von Odysseus überbracht. Hekabe versucht mit allen Mitteln,
Polyxena zu retten. Sie bietet Odysseus an, für ihre
Tochter zu sterben. Doch Odysseus gibt nicht nach,
und Polyxena, die nicht ihr eigenes, sondern das
Leid der Mutter beklagt, ist bereit, ihr Schicksal auf
sich zu nehmen. – Nach dem ersten Stasimon des
Chores (444–483), mit dem die erbeuteten Frauen
ihr künftiges Sklavenlos beklagen, fordert der griechische Herold Talthybios zu Beginn des zweiten
Epeisodions (484 bis 628) die in ihrem Schmerz am
Boden liegende Hekabe auf, ihre tote Tochter zu

bestatten. Er schildert, was inzwischen geschehen
ist: Polyxena sei freiwillig gestorben. Sie habe edle
Gesinnung und echtes Heldentum bewiesen. Eine
Dienerin wird zum Strand geschickt, um Wasser
für die Totenwäsche zu holen. – Im zweiten Stasi-
mon (629–657) singt der Chor von den Taten des
Paris, die die Ursache für das Leid der Troer und
Griechen waren. – Im dritten Epeisodion (658–
904) kommt die Dienerin mit dem Leichnam des
Polydoros zurück, den sie am Strand gefunden hat.
Hekabe klagt über den Verrat des Polymestor, dem
Priamos den Sohn einst anvertraut hatte, um ihn vor
den Gefahren des Krieges zu bewahren. Sie will sich
mit Agamemnons Hilfe an dem Mörder ihres Sohnes rächen. Agamemnon läßt Polymestor holen. –
Das dritte Stasimon (905–952) reflektiert die Ereignisse der letzten Nacht in Troja. – In der Exodos
(953–1295) tritt Polymestor auf und spielt Hekabe
Mitleid vor. Die troische Königin läßt den Heuchler
glauben, daß sie sein Mitleid ernst nehme. Mit dem
Hinweis, daß sie ihm die Lage eines troischen
Schatzes zeigen wolle, trennt sie ihn von seiner Begleitung. Die troischen Frauen ergreifen Polymestor, blenden ihn und töten seine Kinder (1023–
1033). Es bricht in Agamemnons Gegenwart ein
Streit zwischen Hekabe und Polymestor aus: Polymestor behauptet, er habe den jungen Polydoros getötet, um die Griechen von einem möglichen Rächer zu befreien. Hekabe erklärt die Habgier des
Thrakerkönigs zum Mordmotiv. Agamemnon
schließt sich Hekabes Begründung an. Polymestor
schreit Agamemnon die Weissagungen des thrakischen Dionysos entgegen: Hekabe werde vor Leid
wahnsinnig, Agamemnon werde zusammen mit
Kassandra von Klytaimnestra ermordet werden.
Agamemnon läßt den scheinbar wahnsinnigen Polymestor wegschaffen. Hekabe soll ihre beiden toten Kinder bestatten. Wind kommt auf, und die
griechische Flotte kann weitersegeln.

W Von Euripides wird in diesem Stück „der
Krieg an sich, mit seinen fürchterlichen Folgen für
die Moral der Menschen, in seiner ganzen Scheuß-
lichkeit enthüllt ... Pervertiert ist das Handeln (fast)
aller: des alerten Redevirtuosen Odysseus, für den
Dankbarkeit ein Fremdwort ist, des verängstigten,
vor seinem Heere zitternden, die große Masse
fürchtenden Strategen Agamemnon, für den Genuß
weit mehr wiegt als Gesetz und Recht, des geldgie-
rigen, verlogenen, heuchlerischen Pseudo-Bundes-
genossen Polymestor, der aus Besitzgier mordet
und die Leiche kalkuliert verschwinden läßt,
schließlich auch der in ihrem Rachedurst verständ-
lichen, in ihrer Heimtücke aber jede Größe verleug-
nenden, zur bloßen Kreatur herabsinkenden Ex-
Königin Hekabe, die Heuchelei durch noch gelun-
genere Heuchelei besiegt. Tragisch ist hier wenig,
erbärmlich dafür alles. Ausgenommen sind allein
die Jungen: Polydoros und – vor allem die – Poly-
xene: sie entgeht der drohenden Erbärmlichkeit
durch ihren Freitod. Wir müssen, um die ‚Botschaft'
dieses Stückes zu erfassen, nicht lange Ausschau
halten. Der Dichter bildet seine Zeit ab. Bei ihrem

Anblick schauderte ihn wohl nicht weniger als den
Thukydides. Dem gab er Ausdruck. Was so entstand, ist ein Kunstwerk von schrecklicher Schönheit. Nach mehr Sinn zu suchen, ist nicht nötig"
(Latacz, 331 f.).

A   S. G. Daitz, Stuttgart/Leipzig [2]1990. J. Diggle. Bd.
1, Oxford 1984. L. Méridier. Bd. 2, Paris [2]1956 (gr.-frz.).
G. Murray. Bd. 1, Oxford 1902. A. Taccone, Turin 1937
(mit Kommentar). M. Tierney, Dublin 1946.
Ü   E. Buschor. Bd. 2, München 1972 (gr.-dt.). D. Ebe-
ner, Berlin [2]1975 (gr.-dt.). J. J. C. Donner / R. Kannicht /
B. Hagen, Stuttgart [2]1984.
L   K. C. King: The Politics of Imitation. Euripides'
Hekabe and the Homeric Achilles, in: Arethusa 18, 1985,
47–66. KNLL 5, 308–310. D. Kovacs: The Heroic Muse.
Studies in the *Hippolytus* and the *Hecuba* of Euripides,
Baltimore/London 1987. J. Latacz, GT, 325–332. A. Lesky:
Die tragische Dichtung der Hellenen, Göttingen [3]1972,
329–338. Schmid-Stählin 1, 3, 463- 474. W. Steidle: Zur *He-
kabe* des Euripides, in: WS 79, 1966, 133–142. F. I. Zeitlin:
Euripides' *Hekabe* and the Somatics of Dionysiac Drama,
in: Ramus 20, 1991, 53–94. G. Zuntz: The Political Plays of
Euripides, Manchester [3]1963.

Hekále
(eine alte Frau)

Kallimachos aus Kyrene, etwa 300–240 v. Chr.

Kleinepos (Epyllion) von ursprünglich etwa 1000
Hexametern (gr.), nur in Frg. erhalten.
Das Werk stammt aus der frühen Schaffensperiode
des Dichters.

I   Der Inhalt des Mythos: Hekale, eine arme, alte Frau, nimmt Theseus, den attischen Nationalhe-
ros, vor seinem Kampf mit dem marathonischen
Stier gastfreundlich auf und bewirtet ihn (vgl. Plutarch, Theseus-Biographie 14, →*Bíoi parálleloi*). Bei
seiner Rückkehr bringt Theseus der inzwischen verstorbenen Frau ein Dankopfer dar. Das Motiv der
wandernden Götter, die von Menschen gastfreundlich aufgenommen werden, ist in dieser Geschichte
auf die Heroenwelt übertragen worden. – Offensichtlich stellt die Erzählung ein *Aítion* dar. Denn
Theseus gründet einen athenischen Demos, den er
nach Hekale benennt, und setzt einen Kultbezirk
des Zeus Hekalos fest. Durch diese Maßnahme
wurde der Kult des Demos Hekale religionspoli-
tisch der attischen Hauptstadt Athen untergeordnet
(L. Deubner: Attische Feste, Berlin 1932, 217).
Q   Die Geschichte vom Besuch des Theseus bei
der alten Hekale (Frg. 283) verdankt Kallimachos
einem attischen Lokalhistoriker, auf den auch Philochoros (→*Atthís*), ein Zeitgenosse des Kallimachos, zurückgriff. Vielleicht stützt er sich aber auch
direkt auf Philochoros. Literarisches Vorbild für
den Besuch ist die Ankunft des Odysseus bei dem
Hirten Eumaios (→*Odýsseia*).
W   „Der eigentliche Charme der *Hekále* liegt in
einem ihr inhärenten Widerspruch, dem Widerspruch zwischen der epischen Form und der epi-

schen Sprache auf der einen Seite und dem Stoff
auf der anderen. Im Mittelpunkt steht nämlich kein
Held, sondern eine alte Frau, keine Aristie, ... sondern Einkehr eines Jünglings in einer armen Hütte,
Bewirtung und Geplauder. An Stelle von staunen-
der Ergriffenheit tritt beim Leser lächelnde Rüh-
rung. Schon das Hauptthema ist der ausgefallenste
Mythus eines attischen Lokalhistorikers; es wird
begleitet von einer Menge anderer kurioser Geschichten. Das kleine Gebilde muß ein Leckerbissen
sondergleichen gewesen sein, wenn auch das dauernde Balancieren auf einem inneren Widerspruch
die Gefahr der Ermüdung in sich schließt. Um sie
nicht aufkommen zu lassen, schaltet der Dichter
Episoden ein, die wie Kleinstepen innerhalb des
Kleinepos aussehen. Vielleicht war der Bericht der
Hekale über ihre Lebensschicksale ... eine solche,
ganz sicher aber war dies das verblüffende nächtliche Vogelgespräch ..." (Howald / Staiger, 26 f.).

A   M. Asper, Darmstadt 2004. R. Pfeiffer: Callimachus. 2, Oxford 1949 (Frg. 230–377).
Ü   E. Howald / E. Staiger: Die Dichtungen des Kallimachos, Zürich 1955, 383–415 (gr.-dt.).
L   I. Knapp: Callimachi *Hecalae* Fragmenta, Diss. Berlin 1915. A. Körte / P. Händel, HD, 90–96. F. Krafft: Die
neuen Funde zur *Hekale* des Kallimachos, in: Hermes 86,
1958. A. Lesky, GL, 804 f. U. v. Wilamowitz-Moellendorff:
Über die *Hekale* des Kallimachos (1893), in: Kleine Schriften 2, 1941.

He katà méros pístis
„Der Glaube, der Reihe nach (dargestellt)"

Apollinarios aus Laodikeia, um 310–390 n. Chr.

Dogmatisch-christologischer Traktat (gr.).

I   Der Autor handelt das christliche Glaubensbekenntnis (Symbolum) Schritt für Schritt ab. Seine
Lehre beinhaltet, Christus habe, um überhaupt
sichtbar werden zu können, einen menschlichen
Körper und eine menschliche Seele, aber keinen
menschlichen Geist angenommen. Wenn Christus
ganz Mensch geworden wäre, dann hätte er den
Kosmos unmöglich erlösen können, weil er selbst
der Sünde verfallen wäre. Die Erlösung sei nur dadurch möglich geworden, daß Gott selbst (der Logos, der Geist) im Fleisch geboren und gestorben
sei.

A   PG 10, 1103–1124.
L   C. Kannengiesser: Une nouvelle interprétation de la
christologie d' A., in: Recherches de Science Religieuse 59,
1971, 27–36. KNLL 1, 573 f. R. Huebner: Gotteserkenntnis durch die Inkarnation Gottes. Zu einer neuen Interpretation der Christologie des A. v. L., in: Kleronomia 4, 1972,
131–161. H. Lietzmann: Apollinaris von Laodikea und
seine Schule, Tübingen 1904.

Heléne
(Gattin des Menelaos und Geliebte des Paris)

Euripides, etwa 480–406 v. Chr.

Intrigenstück (gr.) mit einem Stoff aus dem troischen Sagenkreis.
Nach der Expedition der Athener nach Sizilien in den Jahren 415–413 v. Chr. (vgl. Thukydides, →*Ho pólemos tôn Lakedaimoníon kaì Athenaíon*, 6. B.) im Jahre 412 v. Chr. aufgeführt.

I Im Prolog (1–163) und im ersten Teil der Tragödie (164–514) wird dargestellt, wie Helena in das Ränkespiel der göttlichen Mächte geraten ist: Aphrodite gab Helena dem Paris als Belohnung für seine Entscheidung zu ihren Gunsten in der Schönheitskonkurrenz mit Hera und Athene. Hera, die Schutzherrin der Ehe, ließ Helena daraufhin von Hermes nach Ägypten bringen. Paris nahm statt dessen nur ein Trugbild der Helena nach Troja mit, so daß sie die Ehe nicht brach. Dennoch konnte Zeus seinen Plan verwirklichen und die Erde mit einem großen Krieg überziehen, der durch den (scheinbaren) Raub der Helena ausgelöst wurde. – Zu Beginn des Prologs hatte Helena in Ägypten am Grabmal des Proteus Zuflucht gesucht, weil sie von Theoklymenos bedrängt wurde. Sie erfährt durch Teukros von dem Unglück, das durch ihr Phantom über Griechen und Trojaner gekommen ist. Ihr Gatte Menelaos wird zunächst als vermißt gemeldet; ihr Leben erscheint ihr jetzt als sinnlos. Sie wird aber von der Seherin Theonoë, der Schwester des Theoklymenos, überredet, sich nach dem Schicksal des Menelaos zu erkundigen. – Menelaos erscheint auf der leeren Bühne und schildert seine Situation; der Schiffbrüchige erfährt, daß er in Ägypten gestrandet ist und Helena sich im Palast des Königs befindet. – Im zweiten Teil der Tragödie (515–1164) kommt es zur Begegnung der beiden Gatten. Menelaos will zunächst nicht glauben, daß es sich um Helena handelt, die seiner Ansicht nach doch in Troja ist. Es folgt die Wiedererkennung, nachdem ein alter Mann berichtet, daß die troische Helena, das Phantom, gen Himmel gefahren ist. – Das jetzt entstehende Problem der gemeinsamen Rückkehr in die Heimat wird durch das Mittel der Intrige gelöst: Der unerkannte Menelaos soll dem angeblich verstorbenen König auf dem Meer das Totenopfer darbringen. – Im dritten Teil der Tragödie (1165–1692) wird die Intrige verwirklicht. Theoklymenos läßt sich täuschen. Helena darf mit einem Schiff, das von dem unerkannten Menelaos geführt wird, auf das Meer fahren, um das Totenopfer zu vollziehen. Die Flucht gelingt. Ein Bote meldet Theoklymenos, was in Wirklichkeit geschehen ist. Der König will seine Schwester Theonoë bestrafen, die von Anfang an in die Intrige eingeweiht war. Doch die Dioskuren Kastor und Polydeukes verhindern dies.

Q Euripides greift eine Version des Mythos auf, die Stesichoros (→„Chorlyrik") gestaltet hatte: Der Dichter hatte Helena zunächst als ebenso schöne wie treulose Frau dargestellt. Daraufhin wird er von den Göttern mit Blindheit gestraft. Er widerruft seine Aussagen über Helena: Diese sei zwar von Paris geraubt worden, aber in Ägypten von König Proteus freundlich aufgenommen worden. Paris habe daraufhin eine Schein-Helena nach Troja mitgenommen. Auf diese Weise wurde Helena von dem Vorwurf des Ehebruches befreit.

W Der *Heléne* fehlt das eigentlich Tragische; es kommt zu einem glücklichen Ende. Die handelnden Personen haben es (nach dem Willen der Götter) nicht zu einer Katastrophe kommen lassen, sondern einen vernünftigen Ausweg gefunden. Mit dieser Lösung weist die *Heléne* auf die hellenistische Komödie (z. B. Menander) voraus. – Die „Faszination des Scheins" (Latacz, 352) hatte die Athener während des Peloponnesischen Krieges ergriffen, als sie sich in das Abenteuer der Sizilischen Expedition stürzten: Vielleicht spielt Euripides auf diese Vorgänge an, so daß die *Heléne* als „ein tiefes Spiel um Krieg und Illusionen" erscheint.

A K. Alt, Leipzig 1964. G. Ammendola, Turin 1943. A. Y. Campbell, Liverpool 1950 (mit Kommentar). G. Italie. 2 Bde., Groningen 1949 (mit Kommentar). R. Kannicht, Heidelberg 1969. G. Murray. Bd. 3, Oxford [(2)]1913.
Ü E. Buschor / G. A. Seeck. Bd. 4, München 1972 (gr.-dt.). J. J. C. Donner / R. Kannicht / B. Hagen. Bd. 1, Stuttgart [(2)]1984. D. Ebener, Berlin [(2)]1977 (gr.-dt.).
L S. Jaeckel: Wahrheit und Trug in den Dramen des Euripides, in: Arctos 11, 1977, 15–40. R. Kannicht: Euripides, *Helena*, Heidelberg 1969. J. Latacz, GT, 345–353. A. Lesky: Die tragische Dichtung der Hellenen, Göttingen [(3)]1972, 413–425. K. Matthiessen: *Elektra, Taurische Iphigenie* und *Helena*, Göttingen 1964. A. N. Pippin: Euripides' *Helena*, a Comedy of Ideas, in: CPh 55, 1960, 151–163. Schmid-Stählin 1, 3, 501–517. G. Zuntz: On Euripides' *Helena*. Theology and Irony, in: Entretiens 6, 1958, 199–227.

Heléne
(Gattin des Menelaos und Geliebte des Paris)

Auch zitiert als *Helénes enkómion* („Lob der Helena").

Gorgias aus Leontinoi, etwa 480–380 v. Chr.

Rede über die Vorzüge der schönen Helena (gr.).

I Gorgias weist nach, daß die Entführung der Helena durch Paris auf jeden Fall zu entschuldigen sei, ob sie nun (1) durch den Willen der Götter oder die Fügung des Schicksals, (2) durch Gewalt, (3) durch Überredung oder (4) durch Liebesleidenschaft verursacht sei. – Die Rede geht von folgendem Grundsatz aus: Es ist ein Naturgesetz, daß sich das Stärkere nicht vom Schwächeren hindern läßt, sondern daß das Schwächere unter der Herrschaft des Stärkeren steht und daß das Stärkere führt und das Schwächere folgt (Kap. 6). Dieses für Götter und Menschen geltende Gesetz führte dazu, daß

Helena einer höheren Macht unterlegen war, als sie Paris folgte. Es trifft sie also keine Schuld, da sie ein Opfer des Naturgesetzes war (8–14).

W Vermutlich schrieb Gorgias die wohl nicht ganz ernstgemeinte Rede zur Rettung der von den Dichtern geschmähten Helena für den rhetorischen Unterricht. Sie diente – vielleicht im Rahmen des rhetorischen Handbuches →*Téchne* des Gorgias – als ein Beispiel für gelungene Rhetorik, die den Hörer zu überwältigen und bei ihm eine bestimmte Meinung zu erzeugen suchte. Im Schluß-Satz bezeichnet Gorgias seine Rede als ein Spiel oder einen Scherz (*paígnion*). – Im Rhetorikunterricht sollte die *Heléne* veranschaulichen, wie der Rhetor eine verachtete oder gescholtene Sache oder Person durch die Kunst der Rede in paradoxer Weise zu verherrlichen vermag. Im vorliegenden Falle sollte nachgewiesen werden, daß Helena keinen Tadel verdient. Diese negative Behauptung wird bewiesen, indem vier Ursachen unterschieden werden (Schicksalsfügung, Gewaltanwendung, Überredung, Liebe), bei denen nicht behauptet werden kann, daß Helena eine Schuld trifft. Damit hat Gorgias aber zugleich bewiesen, daß kein Ehebruch zu tadeln ist, weil er stets durch mindestens eine der vier Ursachen zustandekommt, für die Helena nicht die Verantwortung trägt (vgl. auch die →*Heléne* des Euripides).

N Anaximenes aus Lampsakos verwendet die Argumentation des Gorgias in seiner →*Rhetorikè pròs Aléxandron*.

A D. M. Mac Dowell: Gorgias, Encomium of Helen, Bristol 1982 (gr.-engl.). O. Immisch: Gorgiae *Helena*, Berlin 1927. L. Radermacher: Artium scriptores, Wien 1951, 52–57. VS 82 B 11.
Ü G. A. Seeck, GLTD 2, 358–371 (gr.-dt.).
L L. Braun: Die schöne Helena, in: Hermes 110, 1982, 158 bis 174. V. Buchheit: Untersuchungen zur Theorie des Genos Epideiktikon von Gorgias bis Aristoteles, München 1960. A. Diès: Notes sur l' *Elenes Enkomion* de Gorgias, in: RPh 17, 1913, 192–206. H. Gomperz: Sophistik und Rhetorik, Leipzig/Berlin 1912, 1–35. G. Heil: Die sog. „Griechische Aufklärung", in: AU 28, 6, 1985, 5–18. R. Kannicht: Der alte Streit zwischen Philosophie und Dichtung, in: AU 23, 6, 1980, 26–28. W. Nestle, VMzL, 306–332. Ch. Segal: Gorgias and the psychology of the *logos*, in: HSPh 66, 1962, 99–155. W. J. Verdenius: Gorgias' Doctrine of Deception, in: G. B. Kerferd (Hg.): The sophists and their legacy, Wiesbaden 1981, 116–128.

Heléne
(Gattin des Menelaos und Geliebte des Paris)

Isokrates aus Athen, 436–338 v. Chr.

Lobrede (Enkomion) auf Helena (gr.).
Vermutlich um 385 v. Chr. verfaßt.

I Das Proömium der Rede ist thematisch weitgehend selbständig und vom sich anschließenden Hauptteil der Rede weitgehend unabhängig. Isokrates nimmt zu verschiedenen Problemen Stellung, um auf diese Weise sein eigenes Programm darzulegen. Er verbindet diese Ausführungen mit einer Kritik an seinen Konkurrenten. So setzt er sich z.B. mit Leuten auseinander, die stolz darauf seien, eine unsinnige und unglaubliche (paradoxe) These aufzustellen und annehmbar darüber zu reden. Zu diesen „Eristikern" (Streitrednern, vgl. Platon, →*Euthýdemos*) gehört u.a. Antisthenes (1–7). – Nach den Philosophen wendet sich Isokrates den Rednern zu (8–10) und faßt schließlich beide Gegner zusammen. Unter den Rednern lehnt er vor allem diejenigen ab, die Lobreden auf z.B. auf Salz oder ein Trinkgefäß halten. – Mit dem Hinweis darauf, daß es schwierig sei, etwas Neues über große und berühmte Themen zu sagen, während man über unbedeutende Dinge immer etwa Originelles sagen könne, leitet Isokrates zum eigentlichen Enkomion auf Helena über (13): Helena unterscheidet sich aufgrund ihrer Abkunft, ihrer Schönheit und ihres Ruhmes auffallend von anderen Menschen (14). Zentrale Bedeutung aber hat unter diesen drei Attributen ihre Schönheit. Isokrates geht anders als die Dichter Stesichoros, Euripides und Homer nicht ein auf ihr Handeln und Verhalten. Beginnend mit ihrer Abstammung von Zeus (16–17) versucht der Autor mehrfach das hohe Ansehen zu beweisen, das Helena als schöne Frau und Tochter des Zeus genoß. Zunächst machte sie großen Eindruck auf Theseus (18–22 und 38), dem Isokrates einen umfangreichen Exkurs widmet (23–37), dann auf die Freier Griechenlands (39–41), auf Paris (41–48), dessen Entscheidung ausführlich gerechtfertigt wird, und auf die Kämpfer vor Troja (49–53). An dieser Stelle folgt ein Exkurs über die Schönheit (54–60). Helena wird als eine durch ihre Schönheit vergöttlichte, kultisch verehrte Gestalt dargestellt (61–65). Der Redner fordert, daß man Helena mit Opfern und Reden ehre (66). Den Schluß bildet eine Reihe von Vorschlägen für Helenas weitere Ehrung.

Q Es spricht einiges dafür, daß Isokrates in der Auseinandersetzung mit der Frage, was „Eristik" bedeutet, auf Platon (→*Euthýdemos*) zurückgeht bzw. diesem antwortet. – Selbstverständlich bezieht sich Isokrates auch auf die →*Heléne* seines Lehrers Gorgias.

W Die Rede dient der Polemik gegen eine eristische, d.h. paradoxe Philosophie, wie sie von den Sokratikern (einschließlich Platon) betrieben wurde.

A L. van Hook. Bd. 3, London/Cambridge (Mass.) 1945.
Ü C. Ley-Hutton. 2 Bde., Stuttgart 1993–1997.
L Chr. Eucken: Isokrates. Seine Position in der Auseinandersetzung mit den zeitgenössischen Philosophen, Berlin/New York 1983, 44–120.

Heléne →Chorlyrik (Stesichoros)

Helénes enkómion →Heléne (Gorgias)

Hellenica Oxyrhynchia
„Griechische Geschichte aus Oxyrhynchos"

An.

Durch einen Papyrusfund des Jahres 1906 und weitere erst 1949 publizierte Funde bekannter Text (gr.), der das Geschichtswerk des Thukydides (→*Ho pólemos tôn Peloponnesíon kaì Athenaíon*) fortsetzt.
Nach 387 und vor 346 v. Chr., dem Jahr des Heiligen Krieges um Delphi, verfaßt.

I   Die Berichterstattung nach Jahreszeiten zeigt eine enge Anlehnung an Thukydides. – Der erhaltene Text behandelt eine Schlacht bei Megara (409), die Seeschlacht bei Notion (407), den Seekrieg um Rhodos und Kannos, den Konflikt der Böoter und Phoker im Jahre 396/395 mit einer ausführlichen Erläuterung der böotischen Verfassung und den Feldzug des Agesilaos in Asien (vgl. Xenophon, →*Helleniká*).
N   Das Werk wurde von Ephoros (→*Historíai*) ausgiebig benutzt. – Die fragmentarische Erhaltung des Werkes ist darauf zurückzuführen, daß die in Oxyrhynchos, einer bedeutenden Stadt in Mittelägypten etwa 300 km südlich von Alexandreia, ansässige gebildeten Griechen große Bibliotheken besaßen und die Stadt dadurch eine Hauptfundstätte von Papyri vor allem aus röm. Zeit wurde (vgl. E. G. Turner: Oxyrhynchus and its papyri, in: G & R 21,1952, 127–144).

A   V. Bartoletti, Leipzig 1959. M. Gigante, Rom 1949. FGrHist 66.
Ü   R. Behrwald, Darmstadt 2005 (gr.-dt.).
L   H. R. Breitenbach, RE Suppl. 12, 1970, 383–426. H. R. Breitenbach, DKP 4, 1972, 391f. I. A. F. Bruce: An Historical Commentary on the *Hellenika Oxyrhynchia*, Cambridge 1967.

Helleniká
„Griechische Geschichte"

Anaximenes aus Lampsakos, 2. Hälfte des 4. Jh.s v. Chr.

Eine gr.-persische Geschichte in 12 B. (gr.), nur in Frg. erhalten.

I   Das Werk setzt mit einer Theogonie und einer Urgeschichte des Menschen ein und endet mit der Schlacht bei Mantineia und dem Tod des Spartanerkönigs Epameinondas im Jahre 362 v. Chr.

A   FGrHist 72.
L   O. Lendle, Einführung, 143–145. A. Lesky, GL, 702. P. Wendland: Anaximenes von Lampsakos, Berlin 1905.

Helleniká
„Griechische Geschichte"

Kallisthenes aus Olynth, 2.Hälfte des 4.Jh.s v. Chr.

Historiographisches Werk in zehn B. (gr.), in Frg. erhalten.

I   Die Darstellung reichte von 387/386 v. Chr. (Antalkidasfrieden) bis zum Ausbruch des Phokischen Krieges (357/56 v. Chr.). Ausgangspunkt war also keine Darstellung der älteren gr. Geschichte, sondern ein brisantes politisches Thema: Der spartanische Admiral Antalkidas hatte die Unterstützung Spartas durch Persien durch die Anerkennung der persischen Herrschaft über die gr. Städte Kleinasiens und über Kypros gewonnen. Durch diesen Vertrag erhielt der persische Großkönig außerordentlich großen Einfluß auf Griechenland, außerdem wurde Spartas Machtstellung erheblich verstärkt, die dann durch die für Theben siegreiche Schlacht bei Leuktra (371) gebrochen wurde. Da aber auch der Thebanerkönig Epameinondas kein Konzept für eine dauerhafte Einigung Griechenlands hatte und in der Schlacht bei Mantineia (362) fiel, wurde der Weg frei für Philipp von Makedonien, der als neue Ordnungsmacht begrüßt, aber auch von anderen bekämpft wurde. – Die Darstellung wurde durch viele Exkurse und Einschübe unterbrochen und aufgelockert (z. B. durch eine Diskussion über die Ursachen von Erdbeben oder durch Spekulationen über das Datum der Eroberung von Troja).
W   Die *Helleniká* des Kallisthenes dienten offensichtlich der Stärkung der promakedonischen Tendenzen. Sie wollten zum Verständnis dafür werben, daß eine nationale Einigung nur unter Philipps Führung möglich sei.

A   FGrHist 124.
L   F. Jacoby, RE 10, 1919, 1674–1707. O. Lendle, Einführung, 151–161. A. Lesky, GL, 701.

Helleniká
„Griechische Geschichte"

Theopompos aus Chios, 2. Hälfte des 4. Jh.s v. Chr.

Geschichtswerk in 12 B. (gr.), nur in Frg. erhalten.

I   Das Werk war als Fortsetzung des Thukydides, →*Ho pólemos tôn Peloponnesíon kaì Athenaíon*, konzipiert. Es behandelte die Zeit von 409 bis 394 v. Chr., dem Jahr der Seeschlacht bei Knidos, in der die spartanische Seeherrschaft zusammenbrach. – Mit seinem Werk trat Theopompos in Konkurrenz zu Xenophons →*Helleniká.*

A   FGrHist 115 (Frg. 5–23).
L   R. Laqueur, RE 5 A 2, 1934, 2176–2223. O. Lendle, Einführung, 129–136. A. Lesky, GL, 698–700. E. Meyer: Theopomps *Hellenika*, Halle 1909.

Helleniká
„Griechische Geschichte"

Xenophon aus Athen, etwa 430–355 v. Chr.

Geschichte Griechenlands in sieben B. (gr.) über den Zeitraum von 411–362 v. Chr.
Der erste Teil (B. 1 – B. 2,3,10) bis zum Ende des Peloponnesischen Krieges (404) könnte sofort nach den Ereignissen niedergeschrieben sein; den zweiten Teil (B. 2,3,11 – B. 7) hat Xenophon wahrscheinlich einige Jahre nach Mantineia (362) verfaßt.

I Das Werk setzt mit den Worten *metà taûta* („im Anschluß daran") bei den Ereignissen des Jahres 411 ein und sucht auf diese Weise den Anschluß an Thukydides (→*Ho pólemos tôn Peloponnesíon kaì Athenaíon*) in der weiteren Schilderung des Peloponnesischen Krieges (bis B. 2,3,10). Darauf folgt der Bericht über die Herrschaft der Dreißig Tyrannen nach dem Ende des Krieges und ihre Absetzung, auf die die Wiederherstellung der Demokratie folgte (2,3,11–2,4). Dann berichtet Xenophon über den spartanischen Perserkrieg der Jahre 401–386 und die gleichzeitigen Ereignisse in Mutterland (3,1–5,1). In 5,2–7,27 werden der Höhepunkt und der Fall der spartanischen Macht sowie das Erstarken Thebens bis zur Schlacht bei Mantineia im Jahre 362 geschildert. – Die gr. Geschichte ist also nach dem Ende des Peloponnesischen Krieges im wesentlichen auf die Geschichte Spartas reduziert. Eine Ursache für dieses Ungleichgewicht dürfte darin liegen, daß sich Xenophon vor allem auf eigene Beobachtungen und Erinnerungen stützte, die er im Gefolge des spartanischen Königs Agesilaos gesammelt hatte. Außerdem verwendete er spartanische Augenzeugenberichte und andere Informationen über Vorgänge, an denen er selbst nicht teilgenommen hatte. Das Ungleichgewicht erklärt sich aber auch aus der Tatsache, daß Xenophon über seine eigenen Aufzeichnungen und Informationen durch andere hinaus keine weiteren Untersuchungen anstellte bzw. anstellen wollte, obwohl er nach der Aufhebung seiner Verbannung aus Athen zu Beginn der sechziger Jahre wieder Zugang zu athenischen Informationsquellen hatte.
Q In den ersten beiden B. versuchte Xenophon so thukydideisch wie möglich zu sein. Er übernahm die Chronologie des Thukydides und bemühte sich auch stilistisch um eine Anpassung an den Vorgänger. Ungeklärt bleibt die Frage, woher Xenophon seine Informationen über den Zeitraum von 411 bis 404 v. Chr. bezog. Wahrscheinlich hat er schriftliche Quellen etwa in Form einer →*Atthís* und Augenzeugenberichte oder private Aufzeichnungen benutzt. Die Annahme, er habe ein Privatarchiv des Thukydides eingesehen, bleibt reine Spekulation. – In Herodot (→*Histories apodéxis*) sah Xenophon sein Vorbild für die Ausgestaltung bunter, dramatischer Szenen.
W Ein Leitgedanke des Werkes (vgl. 5,4,1) ist die Veranschaulichung des Niedergangs, den Sparta

nach dem Sieg im Peloponnesischen Krieg erlebte. Der Machtverfall ist nach Xenophon auf den Zorn der Götter zurückzuführen; denn die Spartaner hatten den Schwur, den gr. Städten ihre Autonomie zu lassen, gebrochen. – Offensichtlich kam es Xenophon weniger auf die historiographisch umfassende Wiedergabe und Analyse der geschichtlichen Vorgänge an. Er wollte alle „ruhmvollen Taten" schildern, ohne auf ihre historische Wichtigkeit in einem größeren Rahmen zu achten (vgl. 7,2,1). Er wollte die paradigmatische, exemplarische Bedeutsamkeit menschlicher Leistungen herausstellen, unabhängig von ihrem historischen Gewicht. Daneben kommt es Xenophon auf eine möglichst anschauliche Darstellung der Persönlichkeiten an, die mit ihren Taten aus der Masse herausragten. Dieses Interesse zeigt Xenophon auch in anderen Schriften (→*Agesílaos*, →*Kýru anábasis*, →*Kýru paideía*).

A C. Hude, Leipzig 1930 (Nachdr. 1969). E. C. Marchant. Bd. 1, Oxford 1900.
Ü G. Strasburger, Düsseldorf/Zürich [(3)]2000 (gr.-dt.).
L H. Baden: Untersuchungen zur Einheit der *Hellenika* Xenophons, Diss. Hamburg 1966. H. R. Breitenbach: Historiographische Anschauungsformen Xenophons, Diss. Basel 1950. H. R. Breitenbach: Xenophon von Athen, in: RE 9 A 2, 1569–1928. M. Bringmann: Xenophons *Hellenika* und *Agesilaos*. Zu ihrer Entstehungsweise und Datierung, in: Gy 78, 1971, 224–241. J. Dillery: Xenophon and the History of his Times, London/New York 1995. W. P. Henry: Greek historical writing. A historiographical essay based on Xenophon's *Hellenika*, Chicago 1967. P. Krafft: Vier Beispiele des Xenophontischen in Xenophons *Hellenica*, in: RhM 110, 1967, 103–150. O. Lendle, Einführung, 110–119. A. Lesky, GL, 692–294. R. Nickel: Xenophon, Darmstadt 1979. W. Sordi: I caratteri dell' opera storiografica di Senofonte nelle *Elleniche*, in: Athenaeum 28, 1950, 3–53; 29, 1951, 273–348. E. M. Soulis: Xenophon and Thukydides. A study on the historical methods of Xenophon in the *Hellenika* with special reference to the influence of Thukydides, Athen 1972.

Hellenikôn therapeutikè pathemáton
„Behandlung der heidnischen Krankheiten"

Auch zitiert als *Graecarum affectionum curatio*.

Theodoretos aus Antiocheia, Bischof von Kyrrhos, 1. Hälfte des 5. Jh.s n. Chr.

Apologetische Schrift in 12 B. (gr.).
Vor 423 n. Chr. verfaßt.

I Das Werk hat noch einen zweiten Titel, der seinen Inhalt andeutet: *Euangelikês aletheías ex Hellenikês philosophías epígnosis* („Erkenntnis der Wahrheit des Evangeliums im Vergleich zur griechischen Philosophie"). – Theodoretos vergleicht in zwölf Abhandlungen Heidentum und Christentum, um dessen Überlegenheit gegenüber der heidnischen Philosophie und Mythologie nachzuweisen: Der Glaube ist die Grundlage aller Erkenntnis. Die christliche Lehre von Gott, der Schöpfung, der Weltentstehung, der menschlichen Natur usw. ist den heidnischen Anschauungen in jeder Hinsicht überlegen. Dasselbe verdeutlicht der Autor durch einen Vergleich heidnischer und christlicher Opferpraxis, heidnischer und christlicher Heroen- bzw. Märtyrerverehrung, heidnischer und christlicher Gesetzgebung, heidnischer und christlicher Lebensführung usw.

Q Theodoretos greift auf die frühere apologetische Literatur zurück, bes. auf Clemens aus Alexandreia (→*Proptreptikós*, →*Stromáteis*) und Eusebios (→*Proparaskeuè euangelikè*).

A P. Canivet, Paris 1958 (SC 57). Th. Gaisford, Oxford 1839. J. Raeder, Leipzig 1904.
L G. Bardy: Theodoret, in: Dictionnaire de théologie catholique. Bd. 15, 299–325. P. Canivet: Theodoretos, in: LThK 10, 32–35. H. Raeder: De Theodoreti *Graecarum affectionum curatione* quaestiones criticae, Diss. Halle 1900.

Heptà epì Thébas
„Sieben gegen Theben"

Aischylos aus Eleusis, 525/524–456 v. Chr.

Tragödie aus dem thebanischen Sagenkreis (gr.) Aischylos gewann mit der thebanischen Trilogie, in der die *Heptà epì Thébas* das Schluß-Stück bildeten, den Dichterwettstreit des Jahres 467 v. Chr.

I Inhaltlich bildeten die drei Stücke eine Einheit: Den *Heptá* gingen die verlorenen Stücke *Laîos* und *Oidípus* voraus. Die drei Dramen sind drei Generationen von Frevlern gewidmet: [(1)] Laios mißachtete das Wort des Gottes Apollon und zeugte einen Sohn, Ödipus, den er aussetzen ließ. Ödipus erschlug seinen Vater und heiratete seine Mutter. [(2)] Im Ödipusdrama ging es um die Ehe des Sohnes mit der Mutter Iokaste, um Iokastes Selbstmord und die Selbstblendung des Ödipus. [(3)] Dem dritten Stück der Trilogie liegt der Fluch des Ödipus über seine Söhne Eteokles und Polyneikes, die er mit seiner eigenen Mutter zeugte, zugrunde: Die beiden Söhne sollten sich das Erbe Theben mit dem Schwert teilen. Eteokles hatte seinen Bruder Polyneikes aus Theben vertrieben. Dieser war zu König Adrastos von Sikyon geflohen, der ihm bei der Wiedereinsetzung seiner Rechte in Theben helfen wollte. Vor Beginn der eigentlichen Handlung des Stückes belagert Polyneikes mit seinen Verbündeten die Stadt Theben. Die Argeier, seine wichtigsten Verbündeten, setzen zum Sturm auf die Stadt an. – Im Prolog (1–77) spricht Eteokles, der König von Theben, über die Situation, in der sich die Stadt befindet. Er bittet die Götter um Beistand gegen das siebenfache Heer. Dann stellt er sich dem Chor der thebanischen Frauen und Mädchen entgegen, die in wilder Angst ins Theater stürmen und in der Parodos (78–180) die Furcht vor den Feinden zum Ausdruck bringen. Im Dialog zwischen dem Chor und Eteokles können die Frauen beruhigt werden (181–286). Im ersten Stasimon (287–368) singen die

Frauen ein Lied von den furchtbaren Leiden, die den Bewohnern einer eroberten Stadt von den Eroberern zugefügt zu werden pflegen. Die athenischen Zuschauer sollen auf diese Weise auch an die Bedrohung durch die Perser erinnert werden. – Darauf folgen sieben Redenpaare, die aus einem Dialog zwischen Eteokles und seinem Kundschafter ergeben (369–719). Der Kundschafter schildert dem König jeweils einen der sieben Angreifer, die durch die sieben Tore in die Stadt einzudringen drohen. Eteokles sucht für jeden Angreifer einen Gegner aus der Stadt aus. Am siebten Tor steht Polyneikes, dem sich Eteokles selbst entgegenstellt, so daß sich der Fluch des Vaters erfüllen muß. Nach einem kurzen Stasimon des Chores über die Unausweichlichkeit des Fluches, der über dem ganzen Haus des Laios lastet (720–791), kehrt der Kundschafter zurück, der mit Eteokles abgetreten war, und verkündet den Tod beider Ödipus-Söhne (792–820). Dadurch ist die Stadt gerettet. Die toten Brüder werden in die Stadt gebracht. Die Totenklage wird vom Chor gemeinsam mit Antigone und Ismene, den Töchtern des Ödipus, angestimmt (821–1004). – Es spricht einiges dafür, daß der Schlußteil (1005–1078), in dem erzählt wird, daß Polyneikes, der Angreifer, nicht bestattet werden darf und Antigone sich dagegen auflehnt, von einem späteren Bearbeiter hinzugefügt wurde, der bereits die →*Antigóne* des Sophokles kannte.

Q Stofflich konnte Aischylos auf den →*Epikòs kýklos* zurückgreifen: Die *Oidipódeia* („Sage von Ödipus") schilderte die Herrschaft des Ödipus in Theben; die *Thebaís* behandelte den Zug der sieben Feldherrn gegen Theben; die *Epígonoi* hatten den Rachefeldzug der Söhne der Sieben vor Theben umgekommenen Feldherrn zum Thema.

W Hauptthema des Stückes ist die Verstrickung der Menschen in Fluch und Schuld, ihre Überheblichkeit und ihr Versagen. Im Mittelpunkt stehen nicht die „Sieben gegen Theben", sondern Eteokles und seine Taten. Er ist die im eigentlichen Sinne tragische Figur, der sich wissentlich dem Untergang weiht, weil er den Fluch des Vater annimmt und sich als das Opfer sieht, mit dem die durch die Hybris des Laios-Geschlechts aufs Spiel gesetzte Stadt gerettet wird.

A P. Groeneboom, Groningen 1938, Nachdr. Amsterdam 1966 (mit Kommentar). G. O. Hutchinson, Oxford 1985 (mit Kommentar). G. Italie, Leiden 1950 (mit Kommentar). P. Mazon, Paris [(7)]1958. G. Murray, Oxford [(2)]1955. D. Page, Oxford 1972. M. L. West, Stuttgart 1990. U. v. Wilamowitz-Moellendorff, Berlin 1914, Nachdr. 1958.
Ü E. Buschor, München 1958. J. J. G. Droysen / W. Nestle, Stuttgart 1957. W. Schadewaldt, Frankfurt 1964. O. Werner / B. Zimmermann, Düsseldorf/Zürich [(6)]2005 (gr.-dt.). L. Wolde, München 1957.
L H. Erbse: Interpretationsprobleme in den „Septem" des A., in: Hermes 92, 1964, 1–22. K. v. Fritz: Die Gestalt des Eteokles in A.s „Sieben gegen Theben", in: K. v. F.: Antike und moderne Tragödie, Berlin 1962, 193–226. KNLL 1, 171–173. J. Latacz, GT, 132–134. A. Lesky: Eteokles in den „Sieben gegen Theben", in: WS 74, 1961,

5–17. A. Lesky: Die tragische Dichtung der Hellenen, Göttingen [(3)]1972, 88–98. Schmid-Stählin 1, 2, 208–221. G. Thalmann: Dramatic Art in A.'s „Seven Against Thebes", New Haven/London 1978.

Herákleia
„Geschichten von Herakles"

Panyassis aus Halikarnassos, 5. Jh. v. Chr.

Epos in 14 B. mit ursprünglich 9000 Versen (gr.), nur in Frg. überliefert.

I Thema sind das Leben und die Taten des Herakles. Die Frg. beziehen sich auf folgende Episoden: (1) Frühzeit: Wahnsinn und Kindermord (Frg. 22 K.). (2) Dodekathlos: Nemeischer Löwe (Frg. 1–2). Lernäische Hydra (Frg. 3). Rosse des Diomedes (Frg. 19). Geryoneus (Frg. 6–8 und Powell, Collectanea 248). Hadesfahrt (Frg. 9). Hesperiden und Busiris-Abenteuer (Frg. 10 und 26). (3) Andere Abenteuer: Gastmahl bei Eurytos (Frg. 12–14). Dreifußraub (Frg. 15). Knechtschaften von Göttern (Frg. 16). (4) Herakles bei Omphale (Frg.17). (5) Herakles in Lykien (Frg. 18). (6) Götterkämpfe des Herakles (Frg. 21–22). (7) Adonis (Frg. 25). (8) Herakles Triptolemos (Frg. 24). – In der Antike wurde das Werk gerühmt und sein Verfasser galt neben Homer, Hesiod, Peisander und Antimachos als der fünfte Klassiker des Epos.
N Das Werk hatte eine große Wirkung in der antiken Literatur: u. a. auf Bakchylides, →„Chorlyrik" (5 und 13), Pindar, →„Chorlyrik" (Nem. 1. Ol. 2, 3, 9, 10. Isthm. 4, 6. Pyth. 9), Aischylos (→Prometheús lyómenos), Sophokles (→Trachíniai), Euripides (→Álkestis). – Panyassis prägte sicherlich auch seinen Neffen Herodot (→Historíes apódexis). – Neben den Herákleia verfaßte er eine zweite Dichtung mit dem Titel →Ioniká.

A G. Kinkel, EGF 1, 1877, 248 und 253–265.
L G. Huxley: Greek Epic Poetry, Cambridge 1969, 177ff. O. Lendle, Einführung, 36f. A. Lesky, GL, 131. W. McLeod: Studies on Panyassis – an heroic poet of the fifth century, in: Phoenix 20, 1966, 95ff. F. Stoessl, RE 18, 2, 1949, 871–922. F. Stoessl, DKP 4, 482f.

Herákleia
„Geschichten von Herakles"

Rhianos aus Kreta, 2. Hälfte des 3. Jh.s v. Chr.

Epos über die Heraklessage in ursprünglich 14 B. (gr.), nur in Frg. überliefert.

I Rhianos erzählte das Leben des Halbgottes von seiner Geburt bis zu seiner Aufnahme in den Olymp. – Das Werk kann als „Parallele" (Pfeiffer, 186) zu den →Argonautiká des Apollonios Rhodios angesehen werden.

A FGrHist 265. I. U. Powell, Collectanea, 9ff.

L R. Keydell: Rhianos, in: DKP 4, 1415f. M. M. Kokolakis: Rhianos ho Kres, Athen 1968. A. Lesky, GL, 826f. R. Pfeiffer, KlPh, 186f.

Herakleîdai
„Nachkommen des Herakles"

Euripides, etwa 480–406 v. Chr.

Politisches Drama (gr.).
Während der Dionysien des Jahres 430 v. Chr. aufgeführt.

I Nach dem Tod des Herakles hatte König Eurystheus von Argos die Kinder des Herakles, die Herakliden, zusammen mit Herakles' Mutter Alkmene verbannt und dafür gesorgt, daß sie nirgendwo Zuflucht fanden. Nur Athen widerstand dem Druck des Eurystheus und ermöglichte so den Herakliden die Rückkehr in die Peloponnes und damit die Gründung Spartas. In diesem Sinne wurde Athen sogar zur Mutterstadt Spartas. Demnach stellte sich der Angriff Spartas auf Athen im Jahre 431 als ein Akt der Undankbarkeit gegenüber der einstigen Mutterstadt dar. – Im Prolog (1 bis 72) wird mitgeteilt, daß die Herakliden unter Führung des Iolaos, des einstigen Kampfgefährten des Herakles, auf den Stufen des Zeustempels in Marathon Schutz suchten. Sie waren auf der Flucht vor dem Abgesandten des Königs Eurystheus. Iolaos wird sofort angegriffen. Der Chor erscheint auf seine Hilferufe hin und trägt sein Einzugslied (Parodos) vor, das Bestandteil der Handlung ist (73–119): Die Alten aus Athen stellen sich schützend vor Iolaos. Der athenische König Demophon erscheint in Begleitung seines Bruders Akamas. Iolaos bittet darum, die Herakliden nicht an den Abgesandten des Eurystheus auszuliefern. Demophon sichert Iolaos und den Herakliden seinen Schutz zu. Der Argiver zieht sich zurück und droht den Athenern mit Krieg. Iolaos dankt für die Haltung des athenischen Königs. Dieser fordert die um Schutz Flehenden auf, auch in Zukunft ihre Dankbarkeit nicht zu vergessen (120–352). Nach dem ersten Stasimon des Chores (353–380), der dem Abgesandten aus Argos schwere Vorwürfe macht und die feste Haltung Athens beschwört, wird die Bereitschaft Demophons, die Herakliden zu schützen, auf eine harte Probe gestellt: das Peloponnesische Heer lagert bereits in der Nähe von Athen und bedroht die Stadt. Alte Orakel fordern, daß die Rettung von Athen nur durch die Opferung eines jungen Mädchens möglich sei. Makaria, eine Tochter des Herakles, erklärt sich zu diesem Opfer bereit (381–607). – Nach dem zweiten Stasimon des Chores (608–629), der das Schicksal des opferbereiten Mädchens beklagt und darauf verweist, daß große Taten mit großem Leid verbunden sind, erfährt Iolaos von Hyllos, dem Sohn des Herakles, daß eine Schlacht bevorsteht, an der er, der Alte, unbedingt teilnehmen will, obwohl er kaum noch die Kraft hat, seine Waffen zu tragen (630–747). Das dritte Stasimon des Chores

(748–783) ist ein Lied von der Größe Athens und eine Bitte an die Gottheit um Unterstützung. Darauf folgt der Siegesbericht (784–891), ohne daß Makarias Opfer noch einmal erwähnt würde. Das vierte Standlied des Chores (892–927) rühmt den für Athen so glücklichen Tag, verzichtet aber auch nicht auf die Mahnung, die Götter auch weiterhin zu ehren und Maß zu halten. In der Schluß-Szene (Exodos) bringen Soldaten den gefangenen Eurystheus vor Alkmene, die ihn töten will. Der Chor verhindert dies zunächst, aber nachdem Eurystheus selbst auf ein altes Orakel hingewiesen hatte, wonach Athen durch sein Grab in attischer Erde vor den Nachkommen der Herakliden geschützt werde, kann Alkmene befehlen, Eurystheus zu töten und seinen Leichnam den Hunden vorzuwerfen (928–1055).

W Das Stück ist ein Enkomion auf Athen. Es spiegelt die optimistische Stimmung nach dem ersten Jahr des Peloponnesischen Krieges wider (vgl. Latacz, 319). Es handelt sich um eine Dramatisierung der „Grabrede des Perikles" (*epitáphios*), deren Hauptgedanken Thukydides wiedergibt und zu einer programmatischen Selbstdarstellung Athens verdichtet (→*Ho pólemos tôn Lakedaimoníon kaì Athenaíon* 2,35 bis 46). – „Euripides mag dieses Stück als Preis Athens und seiner rechtsstaatlichen Vorbildlichkeit, unter dem Eindruck der allgemeinen Stimmung nach dem ersten Kriegsjahr und in Hochachtung vor Perikles (ganz wie Thukydides) in bester Absicht geschrieben haben. Irgend etwas in ihm hat jedoch der puren Rühmung, scheint es, widerstrebt. Wie läßt er seinen Iolaos in dessen Bittrede an Demophon sagen? (202) *Genug vom Lob Athens! Denn allzu lautes Rühmen erregt nur Anstoß; oftmals habe ich erlebt, wie allzu hohes Lob mir selber lästig wurde*" (Latacz, 321).

A B. Calzaferri, Florenz 1939 (mit Kommentar). J. Diggle. Bd. 1, Oxford 1984. A. Garzya, Leipzig 1972. G. Murray. Bd. 1, Oxford 1902.
Ü E. Buschor / G. A. Seeck. Bd. 2, München 1972 (gr.-dt.). J. J. C. Donner / R. [(2)]Kannicht / B. Hagen. Bd. 1, Stuttgart [(2)]1984. D. Ebener, Berlin 1976 (gr.-dt.). F. Stoessl. Bd. 1, Zürich 1958.
L B. Burian: E.' *Heraclidae*. An Interpretation, in: CQ 72, 1977, 1–21. H. Erbse: Über die „Herakliden" des Euripides, in: H. E.: Ausgewählte Schriften, Berlin 1979, 126–138. J. W. Fitton: The „Suppliant Women" and the *Herakleidai* of E., in: Hermes 89, 1961, 430–461. J. Latacz, GT, 318–321. A. Lesky: Die tragische Dichtung der Hellenen, Göttingen [(3)]1972, 348–357. Schmid-Stählin 1, 3, 417 bis 428. F. Stoessl: Die Herakliden des Euripides, in: Ph 100, 1956, 207–234. H. Strohm: Euripides, München 1957, 50–63. G. Zuntz: The Political Plays of Euripides, Manchester [(3)]1963.

Herakleís →Herákleia (Panyassis, Rhianos)

Heraklês
(Held der gr. Sage)

Antisthenes aus Athen, um 455–360 v. Chr.

Prosadichtung (gr.) über die wahre Tugend (*areté*), in wenigen Frg. erhalten.

I Herakles ist mit seinen zwölf Taten das Vorbild des vollkommenen Kynikers, der sich bewußt für Arbeit und Anstrengung (*pónos*) entscheidet, um Tugend (*areté*) zu verwirklichen. Die Frg. deuten an, daß Antisthenes den Helden einen Besuch in der Höhle des weisen Kentauren Cheiron machen läßt. Der Autor vertritt auch die Auffassung, daß die Tugend lehrbar sei. H Herakles war der Schutzpatron des *Gymnásion Kynósarges*, worin Antisthenes kurz nach dem Tod des Sokrates (399 v. Chr.) seine Schule eröffnete.

A F. D. Caizzi, Mailand 1966 (Frg. 22–28). SSR 2, 135–225.
L F. Dümmler: Antisthenica, Berlin 1882. F. Dümmler: Zum *Herakles* des Antisthenes (1891), in: Kleine Schriften. Bd. 1, 140–149. R. Höistad: Cynic Hero and Cynic King, Uppsala 1948. P. Natorp: Antisthenes (Nr. 10), in: RE 1, 1894, 2538–2545. F. Susemihl: Der Idealstaat des Antisthenes und die Dialoge *Archelaos*, *Kyros* und *Herakles*, in: NJbb 1887, 207–214.

Heraklês
(Held der gr. Sage)

Euripides, etwa 480–406 v. Chr.

Tragödie (gr.).
Entstanden zwischen 421–415 v. Chr.

I In dem als Gespräch gestalteten Prolog (1–106) sitzen Herakles' alter Vater Amphitryon, seine Frau Megara und seine Kinder am Altar in Theben, wo sie vor dem aus Euboia stammenden Usurpator Lykos Schutz gesucht haben, der den rechtmäßigen König von Theben, Kreon, den Schwiegervater des Herakles, und dessen Kinder umgebracht hat. Das Gespräch zwischen Amphitryon und Megara wird nach dem Einzugslied (Parodos) des Chores (107–139) fortgesetzt (140–347). Durch den Auftritt des Lykos verschärft sich die Lage. Megara und Amphitryon sind bereit zu sterben, weil sie nicht auf erniedrigende Weise um ihr Leben flehen wollen. – In seinem ersten Stasimon beklagt der Chor der thebanischen Greise die Abwesenheit des Herakles. Seine Taten werden besungen (348–441). – Darauf befinden sich Amphitryon, Megara und die Kinder auf dem Weg zur Hinrichtungsstätte. Das Geschehen nimmt eine unerwartete Wendung, als Herakles erscheint und über die Lage informiert wird. Sofort faßt er den Plan zur Bestrafung des Lykos (442–636). – Nach dem zweiten Stasimon des Chores (637–700), einem Preislied auf Herakles, tritt Lykos, der von der Ankunft des Herakles nichts weiß, auf die Bühne, um die Todgeweihten zur Eile aufzufordern. Da Amphitryon sich weigert, seine Schwiegertochter und seine Enkelkinder aus dem Haus zu holen, geht Lykos selbst hinein und wird dort von Herakles erschlagen (701–762). (–) – Im dritten Stasimon (763–814) jubelt der Chor über die glückliche Wendung des Schicksals. – Dann aber erscheinen Iris, die Götterbotin und Dienerin der Hera, und Lyssa, die Göttin des Wahnsinns, um in Heras Auftrag Herakles mit Wahnsinn zu schlagen: Er soll in geistiger Umnachtung Frau und Kinder umbringen. Der Sieger und Retter seiner Familie wird zum Mörder der von ihm Geretteten (815–1015). Im vierten Stasimon (875–886) besingt der Chor die von Lyssa ausgelöste Raserei des Helden. Im fünften Stasimon (1016–1027) wird die ungeheuerliche Tat des rasenden Herakles beklagt. – Die Schluß-Szene wird von einem Dialog zwischen dem Chor und dem einzig überlebenden Amphitryon eröffnet. Während dieses Gespräches schläft Herakles (1028–1088). Dann erwacht er aus seiner geistigen Umnachtung und erfährt allmählich, was er getan hat. Der Retter des hilflosen und völlig verzweifelten Helden ist der athenische König Theseus. Durch ihn wird er von seiner Absicht, sich selbst zu töten, abgebracht und findet zu sich selbst zurück (1089–1428).

W   Die „Diptychon-Struktur" des Stückes besteht darin, daß der zweite Teil des Stückes die Auswirkungen des ersten Teiles vor Augen führt: „Das ‚maßlose' Glück des Helden, das im ersten Teil gezeigt wird (Beendigung der zwölf Arbeiten und Rettung der Familie vor dem Tod im letzten Augenblick) und im Jubellied des Chores 763–814) gipfelt, scheint das ‚maßlose' Unglück des Helden im zweiten Teile auszulösen... Der Held muß nicht fallen, weil er in einem Einzelpunkte fehlte (und darum kann ein solcher Einzelpunkt im ersten Teil des Stückes nicht gefunden werden), sondern weil seine Heldengröße alles Maß sprengt. Euripides hat in den Chorliedern nur möglichen Nachdruck darauf gelegt, diese Größe als übermenschlich darzustellen, und er hat sie seinen Herakles auch nach dem Fall noch als den Kern seines Selbstverständnisses betonen lassen" (Latacz, 314 f.). – Die Nähe zum →Aías des Sophokles ist nicht zu übersehen. Der Unterschied besteht jedoch darin, daß Herakles die Schmach seiner Tat annimmt und sich nicht tötet wie der Aias des Sophokles. Herakles, der sich zunächst umbringen wollte, wird von Theseus dazu gebracht, den Sturz, den die Götter über ihn verhängt haben, zu ertragen (vgl. 1227 f.).

A   J. Diggle. Bd. 2, Oxford 1981. K. H. Lee, Stuttgart/ Leipzig 1988. G. Murray. Bd. 2, Oxford [(3)]1913. U. v. Wilamowitz-Moellendorff: Euripides. Herakles. 2 Bde. Berlin [(2)]1895, Nachdr. Darmstadt 1979–1984 in 3 Bänden (mit Kommentar). J. Wilkins, Oxford 1995 (mit Kommentar).
Ü   E. Buschor / G. A. Seeck. Bd. 3, München 1972 (gr.-dt.). J. J. C. Donner / R. Kannicht / B. Hagen. Bd. 1, Stuttgart [(2)]1984. D. Ebener, Berlin [(2)]1976 (gr.-dt.). U. v. Wilamowitz-Moellendorff: Griechische Tragödien. Bd. 1, Berlin (10)1926.

L   A. Ardizzoni: L' *Eracle* di Euripide, in: Atene e Roma 1937, 46–71. W. Desch: Der *Herakles* des Euripides, in: Ph 130, 1086, 8–23. H. Drexler: Zum *Herakles* des Euripides, Göttingen 1943. B. Effe: Held und Literatur. Der Funktionswandel des Herakles-Mythos in der griechischen Literatur, in: Poetica 12, 1980, 145–166. J. C. Kamerbeck: Unity and Meaning of E.'s *Heracles*, in: Mnemosyne 19, 196, 1–16. E. Kroeker, Der *Herakles* des Euripides, Diss. Leipzig 1938. Schmid-Stählin 1, 3, 430–449. J. Latacz, GT, 310–317. A. Lesky: Die tragische Dichtung der Hellenen, Göttingen [(3)]1972, 370–381. R. Schlesier: Der Stachel der Götter: Zum Problem des Wahnsinns in der euripideischen Tragödie, in: Poetica 17, 1985, 1–45.

Heraklês

Lukian aus Samosata, etwa 120–180 n. Chr.

Eine „Vorrede" (*prolalía*) oder „Einführung" (gr.). Verfaßt im höheren Alter des Autors.

I   Lukian berichtet von einem gallischen Herakles-Gemälde, das einen Herakles darstellte, wie er in Griechenland unüblich ist. Denn der Held wird als glatzköpfiger und runzliger Greis abgebildet; sein sonstiges Äußeres aber entsprach der üblichen Herakles-Darstellung. Dieser alte Herakles zog eine Menge von Menschen hinter sich her, die an den Ohren mit ganz feinen und leicht zerreißbaren Ketten gefesselt waren. Aber keiner von diesen Menschen nutzte die Möglichkeit, sich loszureißen. Alle diese Ketten hingen an der Zunge des Herakles, die zu diesem Zweck an ihrer Spitze durchbohrt war. – Während Lukian dieses seltsame Gemälde betrachtete, trat ein gallischer Druide an ihn heran und bot ihm an, das Bild zu erläutern: Das Bild des alten Herakles sei eine Personifikation oder Allegorie der Rhetorik. Herakles habe seine Taten weniger mit Körperkraft als mit der Macht der Überredung vollbracht. Die Pfeile in seinem Köcher seien die Worte eines redegewandten Mannes, die mit schnellen, treffsicheren Geschossen vergleichbar in die Seelen der Zuhören eindrängen. – In Erinnerung an diese Rhetorik-Allegorie habe sich Lukian ermutigt gefühlt, dem Beispiel des greisen Helden zu folgen und sich durch die Magie der Beredsamkeit zu verjüngen. Der greise Herakles bedeute ihm Trost im Alter, in dem sich in besonderem Maße die Fähigkeit zum Reden entfalten könne.

A   A. M. Harmon. Bd. 1, London/Cambridge (Mass.) 1913.
Ü   Chr. M. Wieland: Lucian von Samosata. Sämtliche Werke 3. 5, Leipzig 1788/1789, 281–288.

Herakliden →Herakleîdai (Euripides)

Hercules furens
„Der wahnsinnige Heraklês"

Lucius Annaeus Seneca aus Corduba, etwa 4–65 n. Chr.

Römische Tragödie (lat.).

I   Die Tragödie verarbeitet denselben Stoff wie Euripides (→*Herakles*): Der Usurpator Lykos tötet Kreon, den König von Theben, und reißt die Herrschaft an sich. Er will Megara, die Tochter des Kreon und Gattin des Hercules, zur Frau. Hercules kehrt noch rechtzeitig aus der Unterwelt zurück und tötet mit Unterstützung des athenischen Königs Theseus den Machthaber von Theben. Aber dann wird er wahnsinnig und erschlägt Frau und Kinder. Als er aus seiner geistigen Umnachtung erwacht, will er sich selbst umbringen. Sein Vater Amphitryon und Theseus halten ihn davon ab. Sie bringen ihn dazu, seine grausige Tat mannhaft zu tragen und die Schuld auf sich zu nehmen.

W   Seneca thematisiert mit dem Drama die Gefahr des Machtrausches. Hercules verfällt ebenso wie Lykos dem Rausch der Macht, die auf seinen übermenschlichen Leistungen und Erfolgen beruht. Die Schuld des Hercules kann „als furchtbare, aber produktive Lehre in ein neues Leben mit hineingenommen werden. Gerade indem Hercules das tut, gewinnt er aus seiner Schuld die sittliche Festigkeit, die eine weise, beherrschte Ausübung der Macht verlangt" (KNLL, 203). – „Schonungslos wird das Bild des Menschen in einer weitgehend entgötterten Welt gezeichnet: Man sieht dies an dem rasenden Hercules: Seine höchsten Leistungen wie sein Wahnsinn entspringen letztlich derselben Wurzel: seinem kämpferischen Wesen. Nach so großen Erfolgen findet er schließlich nur in sich selbst einen ebenbürtigen Gegner (*bella iam secum gerat* 85); auf seine äußeren Heldentaten soll die schmerzlich errungene Einsicht folgen, daß *virtus* in der Selbstüberwindung liegt. Es geht um nichts Geringeres als die Vergeistigung eines in Rom meist äußerlich verstandenen Wesenszuges: der Siegeskraft. Das Stück vermittelt keine dogmatische Lehre, sondern stellt eine subtile Beobachtung zur Diskussion: In römischer Zeit fühlt sich der Mensch weniger von Göttern geleitet, ist zunehmend auf sich selbst gestellt; alle Möglichkeiten scheinen ihm offenzustehen. Wird er sein Maß in sich selbst finden?" (M. v. Albrecht, 944).

A   F. Leo, Berlin 1878/1879, Nachdr. Berlin 1963. L. Herrmann, Paris [2]1961. H. Moricca, Turin [2]1947. R. Peiper / G. Richter, Leipzig [2]1921. O. Zwierlein, Oxford 1986.
Ü   Th. Thomann, München/Zürich [2]1979 (lat.-dt.).
L   M. v. Albrecht, RL, 918–954. C.-E. Auvray: Folie et douleur dans *Hercule furieux* et *Hercule sur l'Oeta*. Recherches sur l' expression esthétique de l' ascèse stoicienne chez Sénèque, Frankfurt 1989. J. Dingel: Senecas Tragödien: Vorbilder und poetische Aspekte, in: ANRW 2, 32, 2, 1985, 1052–1099. J. Fitch: Seneca's *Hercules Furens*, Ithaca (N.Y.) 1987. W. H. Friedrich: Untersuchungen zu Senecas dramatischer Technik, Diss. Leipzig 1933, 48–61 und 152. M. Fuhrmann, Seneca, 197–222. KNLL 15, 202 f. K. Heldmann: Untersuchungen zu den Tragödien Senecas, Wiesbaden 1974, 1–56. E. G. Schmidt: Seneca (Nr. 2), in: DKP 5, 110–116. J. A. Shelton: Seneca's *Hercules Furens*: Theme, structure and style, Göttingen 1978. G. Wellmann-Bretzigheimer: Senecas *Hercules Furens*, in: WS N. F. 12, 1978, 111–150. C. Zintzen: *Alte virtus animosa cadit*. Gedanken zur Darstellung in Senecas *Hercules furens*, in: E. Lefèvre (Hg.): Senecas Tragödien, Darmstadt 1972, 149–209. O. Zwierlein: Senecas Hercules im Lichte kaiserzeitlicher und spätantiker Deutung, Mainz 1984.

Hercules Oetaeus
„Hercules auf dem Öta"

Lucius Annaeus Seneca aus Corduba, etwa 4–65 n. Chr.

Römische Tragödie (lat.).

I   Lichas kommt im Auftrag des Hercules nach Trachis, um den Sieg des Hercules über Eurytus zu melden. Deianira, die Gattin des Hercules, leidet unter heftiger Eifersucht auf die Gefangene Iole, die Hercules mit nach Hause bringen will. Sie ist entschlossen, Hercules' Liebe zurückzugewinnen und bestreicht ein Gewand des Hercules mit dem Blut des Kentauren Nessus. Sie will auf diese Weise einen Liebeszauber auf Hercules ausüben. Hercules erhält das Gewand durch Lichas überreicht. Doch das Gewand zerstört seinen Körper unter furchtbaren Qualen, über die Hyllus, der Sohn des Hercules und der Deianira, seiner Mutter berichtet. Deianira beabsichtigt zu sterben. Der leidende Held erscheint auf der Bühne. Seine Mutter versucht, ihn zu trösten. Hyllus meldet Deianiras Tod und erklärt, daß sie Hercules nicht mit Absicht leiden ließ. Er wird von seinem Vater aufgefordert, Iole zu heiraten. Dann berichtet ein Bote vom Tod des Hercules auf dem Scheiterhaufen. Eine Erscheinung des vergöttlichten Helden tröstet die trauernde Mutter.

A   →*Hercules furens*
Ü   →*Hercules furens*
L   C.-E. Auvray: Folie et douleur dans *Hercule furieux* et *Hercule sur l' Oeta*. Recherches sur l' expression esthétique de l' ascèse stoicienne chez Sénèque, Frankfurt 1989. W. H. Friedrich: Sprache und Stil des *Hercules Oetaeus*, in: Hermes 82, 1954, 51–84. M. Fuhrmann, Seneca, 197–222. M. Rozelaar: Neue Studien zur Tragödie *Hercules Oetaeus*, in: ANRW 2, 32, 2, 1985, 1348–1419. E. G. Schmidt: Seneca (Nr. 2), in: DKP 5, 110–116. C. Walde: *Herculeus labor*. Studien zum pseudosenecanischen *Hercules Oetaeus*, Frankfurt 1992.

Hermae pastor
„Hirte des Hermas"

Hermas, 2. Jh. n. Chr., einer der „Apostolischen
Väter"

Eine altchristlich-apokalyptische Schrift (gr.), die zu
den Schriften der „Apostolischen Väter" gerechnet
wird und früh in das Lateinische und in mehrere
orientalische Sprachen übersetzt wurde.
Um 125 n. Chr. in Rom verfaßt.

I Das B. ist in fünf Visionen (*horáseis*), zwölf
Anweisungen (*entolaí*) und zehn Gleichnisse (*para-
bolaí*) eingeteilt und enthält neben einem Abriß einer Sittenlehre Mahnungen an alle, die nach der
Taufe gesündigt haben, jetzt noch Buße zu tun,
d. h. sich der Sinnesänderung und Sühneleistung zu
unterziehen, bevor das Weltgericht beginnt.
Q Die Schrift ist voll von Anklängen an literarische und philosophische Motive aus der heidnischen Umwelt. So gibt es z. B. aus der erotischen
Romanliteratur hergeleitete, aber ins Geistlich-Reli-
giöse umgebogene Szenen, ferner Bilder und
Gleichnisse, die aus der populär-philosophischen
Paränese stammen. Enge Parallelen bestehen zum
→*Pínax* (*Tabula*) des Kebes und zur einleitenden
Offenbarungsrede des →*Corpus Hermeticum.*
„Auf diese Weise spiegelt die Schrift des Hermas
recht deutlich das literarisch-philosophische Milieu
einer unteren Bildungsschicht, der damals die literarisch faßbaren und darum herausragenden Personen
christlicher Gemeinden zuzurechnen waren"
(Dihle, 309).
W „Offenbar sollte hier eine feste kirchliche
Bußpraxis gerechtfertigt werden, die sich gegen die
rigorose Ansicht, der zufolge es nach der alle Sünden abwaschenden Taufe keine Sündenvergebung
mehr geben könne, durchgesetzt hatte" (Dihle,
308).

A M. Whittaker, GCS 48, 1956.
Ü N. Brox, Göttingen 1991 (mit Kommentar). U. H.
J. Körtner / M. Leutzsch, Darmstadt 1998 (gr.-dt.).
L M. Dibelius, in: Handbuch zum Neuen Testament.
Ergänzungsband, 1923 (Kommentar). A. Dihle, GLL,
308 f. K. Wegenast: *Hermae pastor*, in: DKP 2, 1063 f.

Hermeneúmata Einsidlensia
„Übersetzungen aus dem Kloster Einsiedeln"

Auch zitiert als *Pseudodositheana.*

Ps.-Dositheos

Zweisprachige Übungsstücke (gr./lat.), die der
zweisprachigen Grammatik des Dositheos (3./4.
Jh. n. Chr.) beigefügt waren. Schüler mit gr. Muttersprache sollten auf diese Weise Latein lernen.

A G. Götz, Leipzig/Berlin 1892.
L H. I. Marrou: Geschichte der Erziehung im klassischen Altertum, Freiburg/München 1957, 385–387.

Hermeneutiká →Perì hermeneías
(Aristoteles)

Hermês
(gr. Gott)

Eratosthenes aus Kyrene, etwa 284–202 v. Chr.

Eine der beiden dem Inhalt nach noch kenntlichen
Dichtungen (gr.) (→*Erigóne*) des vielseitigen Gelehrten und Bibliothekars (→*Geographiká*, →*Kat-
asterismoí*, →*Perì tês anametréseos tês gês*).

I In gr. Hexametern werden die Geburts- und
Jugendgeschichte des Gottes bis zu seinem Aufstieg
in den Himmel erzählt. Der Autor verbindet diese
Geschichte mit einer Beschreibung des Kosmos. In
den Planetensphären hörte der Gott dieselben
Töne, die die von ihm erfundene Leier erklingen
ließ. – Das Werk war anscheinend nach dem Muster
des Kallimachos (→*Hýmnoi*) eine alexandrinisch-
gelehrte Version des homerischen Hermes-Hymnos
(→*Hýmnoi Homerikoí*). „Das Epos *Hermês* zog alte Mythenerzählungen über die Geburt und früh-
reife Schlauheit des Gottes aus dem homerischen
Hermes-Hymnos heran und verband sie in einzigartiger Weise mit der Kosmologie von Platons →*Tímaios* und Eratosthenes' eigener Geographie"
(Pfeiffer, 210 f.).

A H. Hiller, Leipzig 1882. I. U. Powell, Collectanea,
58 f.
L G. A. Keller: Eratosthenes und die alexandrinische
Sterndichtung, Zürich 1946. A. Lesky, GL, 879–881. R.
Pfeiffer, KlPh, 191–212, bes. 210 f.

Hermetische Schriften →Corpus Hermeticum

Hermogenes-Kommentare

An.

Kommentare (gr.) zu den rhetorischen Schriften des
Hermogenes, die von der Spätantike bis in die byzantinische Zeit reichen. – Zu den Kommentatoren
gehören z. B. der Neuplatoniker Syrianos (5. Jh.
n. Chr.), der Rhetor Sopatros (um 500 n. Chr.) und
Markellinos (um 500 n. Chr.), ferner Troilos, der
Lehrer des Kirchenhistorikers Sokrates und Phoi-
bamnos aus Ägypten.

A H. Rabe, Leipzig 1892/1893 (Syrianos). C. Walz:
Rhetores Graeci. 9 Bde., Stuttgart 1832–1836.

Hermótimos è perì hairéseon
„Hermotimos oder über die Philosophenschulen"

Lukianos aus Samosata, etwa 120–180 n. Chr.

Dialog (gr.) nach dem Vorbild Platons über die Bedeutung der Philosophie und ihre unterschiedlichen Vertreter.

I Teilnehmer des Gesprächs sind der alte Hermotimos und der junge Lykinos, mit dem sich der Autor selbst identifiziert. – Der alte Hermotimos soll Lykinos erklären, warum er sich ausgerechnet der stoischen Schule angeschlossen habe. Zugleich erfährt der Leser, daß Hermotimos schon viele Jahre Philosophie betreibt, um die Glückseligkeit zu erringen – bisher ohne den gewünschten Erfolg. Schließlich will Lykinos wissen, welche Güter man denn am Ende seiner philosophischen Laufbahn besitze. Hermotimos weist darauf hin, daß es sich nicht um materielle Güter handele, sondern um Weisheit, Tapferkeit, das Schöne und das Gerechte an sich und das Wissen von der wahren Bedeutung der Dinge. Lykinos wendet nun ein, daß die Philosophen selbst durch ihr Handeln und Verhalten oft nicht erkennen lassen, daß sie diese hohen Ziele erreicht haben. Dennoch will er wissen, was Hermotimos dazu gebracht hat, das Studium der Philosophie auf sich zu nehmen, und warum er sich ausgerechnet der stoischen Schule angeschlossen habe, wo es doch noch viele andere Schulen gebe, und worin denn die Stoiker den Epikureern, Akademikern oder Peripatetikern überlegen seien (1–16). Weil sich Lykinos mit der Begründung des Hermotimos nicht zufrieden geben kann (17–21), ergreift er selbst die Initiative: Da jede Philosophenschule die Wahrheit zu besitzen behauptet, muß man zunächst einmal alle gründlich kennenlernen, wenn man wirklich auf der Suche nach der Wahrheit ist (21–54). Die Auseinandersetzung mit den Lehrinhalten der einzelnen Schulen und der sich anschließende kritische Vergleich erfordert aber einen gewaltigen Aufwand, der in einem einzigen Menschenleben nicht zu erbringen ist. Dabei ist aber auch nicht auszuschließen, daß keine der bekannten Philosophenschulen über die Wahrheit verfügt (54–67). Selbst wenn man schließlich die richtige Schule gefunden hätte, gäbe es noch das Problem, den richtigen Lehrer zu finden, der die Wahrheit nicht nur erkannt habe, sondern sie auch zu vermitteln fähig sei (68–77). Die Erfahrung lehrt leider, daß es solche Lehrer nirgends gibt. Das muß auch Hermotimos am Ende einräumen und zugleich einsehen, daß sein bisheriger philosophischer Weg umsonst war (78–83).
Q Der platonische Dialog war das Vorbild für den *Hermótimos*. Darüber hinaus enthält die Schrift eine reiche Fülle an literarischen Anspielungen und Hinweisen auf die mythologische Tradition.
W Der Dialog will den Leser darauf hinweisen, daß eine schnelle Entscheidung zugunsten einer der gängigen Philosophenschulen unvernünftig sei. Darüber hinaus veranschaulicht der Dialog, daß es keine philosophisch zu legitimierende Gewißheit geben kann und daß Wahrheit mit den Mitteln der Philosophie nicht erfaßbar ist. – Diese skeptizistische Destruktion der Philosophie erfolgt im Rahmen der umfangreichsten Schrift des lukianischen Werkes.

A K. Kilburn. Bd. 6, London/Cambridge (Mass.) 1959 (gr.-engl.). M. MacLeod. Bd. 4, Oxford 1987.
Ü P. v. Möllendorff, Darmstadt 2000 (gr.-dt.). Chr. M. Wieland: Lucian von Samosata. Sämtliche Werke 3. 5, Leipzig 1788/1789, 3–104.
L KNLL 10, 686. V. Longo: Luciano e l' *Ermotimo*, Genua 1964. Schmid-Stählin 2, 2, 729.

Heródotos è Aëtíon
„Herodot oder Aëtion"

Lukianos aus Samosata, etwa 120–180 n. Chr.

Rede mit der Beschreibung eines Gemäldes von Aëtion, eines Zeitgenossen Alexanders d. Gr. (gr.).

I Am Anfang steht der (unerfüllbare) Wunsch des Autors, in irgendeiner Hinsicht dem großen Herodot (→*Historíes apódexis*) zu gleichen. Doch da dies unmöglich ist, möchte Lukian es ihm wenigstens in dem Mittel gleichtun, durch das er in kürzester Zeit berühmt wurde: Er trug sein Werk vor dem Zeustempel in Olympia vor einem begeisterten Publikum öffentlich vor. Schon in den Sophisten fand Herodot seine Nachahmer. Auch der Maler Aëtion stellte sein Gemälde, das die Vermählung Alexanders mit Roxane darstellte, in Olympia öffentlich aus. Der Erfolg blieb nicht aus. Proxenidas erwählte den Künstler zu seinem Schwiegersohn. Darauf beschreibt und deutet Lukian das Gemälde in allen Einzelheiten.
W Lukian will (ebenso wie Herodot und andere) mit dieser Rede die Aufmerksamkeit seines Publikums erwecken. Er spricht auf einem öffentlichen Platz in einer Stadt in Makedonien; daher stellt er mit der Bildbeschreibung auch den Bezug zu dem großen makedonischen König Alexander her.

A K. Kilburn. Bd. 6, London/Cambridge (Mass.) 1959 (gr.-engl.)
Ü Chr. M. Wieland: Lucian von Samosata. Sämtliche Werke 2. 3, Leipzig 1788/1789, 411–418.

Heroenstammbäume →Genealogíai (Pherekydes aus Athen)

Heroides
„Frauen der Heroen, Heroiden"

Publius Ovidius Naso aus Sulmo, 43 v. – 17 n. Chr.

Briefe bzw. Briefpaare mythologischer Personen in elegischem Versmaß (lat.).
Nach der ersten Auflage der →Amores verfaßt, vielleicht zwischen 15 und 5 v. Chr.

I Es handelt sich um 15 einzelne Briefe (Ovid bezeichnet in der →Ars amatoria 3,345 einen seiner Heroiden-Briefe einfach als epistula, „Brief") von Frauen an ihre Männer oder Geliebten und drei Briefpaare, bei denen jeweils auf den Brief des Mannes die Antwort der Geliebten folgt. Die Schreiberinnen der Einzelbriefe sind bis auf die Dichterin Sappho (→Carmina) Gestalten der Sage bzw. der Dichtung (des gr. Epos und der Tragödie, ferner der hellenistischen und der röm. Dichtung): Penelope an Odysseus, Phyllis an Demophoon, Briseis an Achilles, Phaedra an Hippolytus, Oeone an Paris, Hypsipyle an Iaso, Dido an Aeneas, Hermione an Orestes, Deianira an Hercules, Ariadne an Theseus, Canace an Macareus, Medea an Iaso, Laodamia an Protesilaus, Hypermestra an Lynceus. – Die Paare sind Paris und Helena, Leander und Hero, Acontius und Cydippe (aus den →Aítia des Kallimachos). Die Einzelbriefe variieren das Thema der Klage über verratene und verschmähte Liebe oder gewaltsame Trennung. Die Briefpaare thematisieren ein erfolgreiches Werben. Dieser Unterschied ist wohl auch ein Indiz dafür, daß die Briefpaare nicht von vornherein zur Sammlung gehörten.

Q Nach eigener Aussage (→Ars amatoria 3,346) hat Ovid die Literaturgattung der Heroides, d. h. die Gattung der heroischen Epistel, neu geschaffen. Allerdings ließ sich der Dichter von Euripides (→Médeia und →Hippólytos in den Briefen der Medea und der Phaedra), ferner von Homer (→Odýsseia), Apollonios Rhodios (→Argonautiká) und Vergil (→Aeneis) anregen. – Eine wichtige Voraussetzung ist die rhetorische Schulung des Autors: „In dem einzelnen Heroidenbrief tritt die Rhetorik in den Dienst der Charakterdarstellung ... Aus einem Mittel der Überredung wird die Rhetorik zum Medium künstlerischer Darstellung" (M. v. Albrecht, 635). – Auch von Kallimachos (→Aítia) dürfte Ovid beeinflußt sein (für das Briefpaar Acontius und Cydippe).

W Die Hauptabsicht des Dichters sowohl in den Einzelbriefen als auch in den Briefpaaren ist die Darstellung des weiblichen Charakters. „Mit den Heroiden schafft Ovid eine Enzyklopädie der Frauenseele" (M. v. Albrecht, 641).

N In der Zeit des Humanismus gewinnt die Gattung des Heroidenbriefes eine neue Blüte.

A A. Barchiesi, Florenz 1992 (mit Kommentar). H. Dörrie, Berlin 1971. A. Palmer, Oxford 1898, Nachdr. Hildesheim 1967 (mit Kommentar). G. Rosati, Mailand 1989.
Ü B. W. Häuptli, Düsseldorf/Zürich (2)2001 (lat.-dt.).

D. Hoffmann u. a., Stuttgart 2000 (lat.-dt.). V. v. Marnitz, Stuttgart 1967.
L M. v. Albrecht, RL, 623–650. H. Dörrie: Der heroische Brief. Bestandsaufnahme, Geschichte, Kritik einer humanistisch-barocken Literaturgattung, Berlin 1968. H. Fränkel: Ovid. Ein Dichter zwischen zwei Welten, Darmstadt 1970, 38–49 und 203–205. K. Heldmann: Ovids Sabinus-Gedicht (am. 2, 18) und die Epistulae Heroidum, in: Hermes 122, 1994, 188–219. C. Hintermeier: Die Briefpaare in Ovids Heroides, Stuttgart 1993. H. Jacobson: Ovid's Heroides, Princeton 1974. W. Kraus: Die Briefpaare in Ovids Heroiden, in: M. v. Albrecht / E. Zinn (Hg.): Ovid, Darmstadt 1968, 269–294. E. Oppel: Ovids Heroides. Studien zur inneren Form und zur Motivation, Diss. Erlangen/Nürnberg 1968. A. F. Sabot: Les Héroides d' Ovide. Préciosité, rhétorique et poésie, in: ANRW 2, 31, 4, 1981, 2552–2636. F. Spoth: Ovids Heroides als Elegien, München 1992. P. Steinmetz: Die literarische Form der Epistulae Heroidum Ovids, in: Gy 94, 1987, 128–145. W. Stroh: Heroides Ovidianae cur epistulas scribant, in: Ovidio poeta della memoria. Atti del Convegno Internazionale Ovidiano (Sulmona 1989), Rom 1991, 201–244. K. Töchterle: Medea vor dem Drama: Ovid, Heroides 12, in: Anregung 44, 1998, 160–168.

Heroikós
„Heroenrede"

Philostratos, um 200 n. Chr. (es handelt sich um Flavius, den zweiten der Philostratoi)

Plädoyer für den Glauben an Heroen in Dialogform (gr.)
Wahrscheinlich zwischen 214 und 219 n. Chr. verfaßt.

I Die Schrift enthält ein Gespräch zwischen einem Weinbauern auf der thrakischen Chersones, der mit dem dort verehrten Heros Protesilaos befreundet war, und einem Reisenden aus Phönikien, der mit seinem Schiff an der Chersones angelegt hatte und dort auf günstigen Wind zur Weiterfahrt wartete. Der Weinbauer erzählt im Anschluß an Homer (→Iliás) und die Kykliker (→Epikòs kýklos), was er von Protesilaos über die troischen Helden und über ihn selbst gehört hatte.

W Philostratos versucht, den historischen Kern der epischen Erzählung herauszuschälen und auf diese Weise eine authentische Geschichte der Helden darzustellen. Er beabsichtigt, auf diese Weise den Heroenglauben neu zu begründen.

A L. De Lannoy, Stuttgart/Leipzig 1977.
L F. Huhn / E. Bethe: Philostrats Heroikos und Diktys, in: Hermes 52, 1917, 613–624. A. Lesky, GL, 936. F. Solmsen, RE 20, 1, 1941, 124–177.

Heroología
„Geschichte der Heroen"

Anaximandros aus Milet, 4. Jh. v. Chr.

Schrift mit allegorischen Interpretationen der Heroenwelt (gr.), in nur wenigen Frg. erhalten.

A FGrHist 9.
L A. Lesky, GL, 375. W. Nestle, VMzL, 128–131.

Héros
„Der Held"

Menandros aus Athen, 342–291 v. Chr.

Komödie (gr.), in Frg. auf Papyrus erhalten.

I Die Handlung ist aus einer alexandrinischen Inhaltsangabe (Hypothesis) bekannt: Ein junge, unverheiratete Frau, Myrrhine, bekommt ein Zwillingspärchen, ein Mädchen, Plangon, und einen Jungen, Gorgias. Die Zwillinge werden in die Obhut eines Vormunds gegeben. Dann heiratet die ledige Mutter den Verführer Laches. Der Vormund übergibt diesem nach vielen Jahren die Zwillinge, die von ihrer Mutter nicht erkannt werden, als Pfand. Der Sklave Daos verliebt sich in das Mädchen Plangon, das er für eine Mitsklavin hält. Zuvor war das Mädchen von einem Nachbarn vergewaltigt worden. Der Sklave Daos will die Schuld um des Mädchens willen auf sich nehmen. Die Mutter Myrrhine, die nicht ahnt, daß das Mädchen ihre Tochter ist, ist damit nicht einverstanden. Dann kommen alle Vorgänge ans Licht, und der Vergewaltiger Pheidias heiratet Plangon. – Der Titel *Héros* ist vom Sprecher des Prologs hergeleitet. Allerdings wird die Rolle des Heros im Verlauf des Stückes nicht deutlich.

A Ch. Jensen, Berlin 1929. A. Körte / A. Thierfelder, Leipzig [(4)]1957. J. van Leeuwen, Leiden [(3)]1919. G. Lefèbre: Fragments d' un manuscrit de Ménandre, Kairo 1907. G. Paduano, Mailand 1980. F. H. Sandbach, Oxford 1972.
Ü G. Goldschmidt, Zürich 1949. K. und U. Treu, Leipzig 1975.
L KNLL 11, 521. A. Körte: Menandros (Nr. 9), in: RE 15, 1, 1931, 723f. T. B. L. Webster: Studies in M., Manchester [(2)]1960, 26–34.

Hero und Leander →Tà kat' Héro kaì Léandron (Musaios)

Hetärenbriefe →Epistulae (Alkiphron)

Hetairikoì diálogoi
„Hetärengespräche"

Lukianos aus Samosata, etwa 120–180 n. Chr.

Fünfzehn kurze Dialoge bzw. Episoden (gr.). Verfaßt zwischen 160 und 170 n. Chr.

I Die fünfzehn Episoden spielen in Athen. Die Gesprächspartnerinnen sind einfache Flöten- oder Zitherspielerinnen und oft junge unerfahrene Mädchen. Hinzu kommen die aus der Komödie bekannten Typen wie z. B. großmäulige Soldaten und Kupplerinnen. – Die Themen sind vielfältig. Es geht in allen Episoden um zwischenmenschliche Beziehungen, um Intimitäten, mehr oder weniger wichtige Beziehungskrisen, Eifersüchteleien und Enttäuschungen: Eine Mädchen spannt dem anderen den Freund aus, ein anderes fürchtet, sein Freund könnte heiraten, ein drittes erzählt von homoerotischen Erfahrungen. Eine ältere Hetäre weiht eine jüngere in die Psychologie ihrer Kunden ein. Mütter eröffnen ihren Töchtern die Geheimnisse des Hetärenberufes. Eine Hetäre interessiert einen untreuen Liebhaber wieder für ihre Reize. Es wird auch mitunter heftig geschimpft und gezetert. Manchmal schlägt auch jemand alles kurz und klein. – Im Ganzen spiegeln die Hetärengespräche Situationen des täglichen Lebens, in dem die Menschen mehr oder weniger geschickt miteinander umgehen oder auskommen müssen. – Selbstverständlich geht es vor allem um die Liebe, um die wichtigste und zugleich unwichtigste Sache der Welt, unter unterschiedlichsten Aspekten.

A M. D. MacLeod. Bd. 7, London/Cambridge (Mass.) 1961 (gr.-engl.). K. Mras, Berlin 1930.
Ü W. Plankl, München 1958. Chr. M. Wieland: Lucian von Samosata. Sämtliche Schriften 2. 3, Leipzig 1788/1789, 341–410.
L KNLL 10, 686f. A. Lesky, GL, 937–941. K. Mras: Lukian und die neue Komödie, in: Wiener Eranos 1909, 77–88.

Heteroiúmena
„Verwandlungen"

Nikandros aus Kolophon, 2. Jh. v. Chr.

Gr. Verwandlungssagen in fünf B., in nur wenigen Frg. erhalten (in Auszügen des Antoninus Liberalis, →*Metamorphóseon synagogé*).

I Es handelt sich bei den *Heteroiúmena* um ein Kollektivgedicht, wie es der Form nach bereits bei Hesiod (→*Katálogoi* oder *Ehoîai*) vorliegt. Die einzelnen Geschichten wurden aber nicht einfach aneinandergereiht, sondern kunstvoll miteinander verknüpft (vgl. die →*Aítia*) des Kallimachos.
N Ovid benutzte das Werk für seine →*Metamorphoseon libri*.

A →*Theriaká*.
L →*Theriaká*.

Hexaemeron
„Sechstagewerk"

Ambrosius, Bischof von Mailand, um 340–397 n. Chr.

Selbständige lat. Bearbeitung des →Hexaemerôn des Basileios.
Nach 388 n. Chr. entstanden.

I Ambrosius behandelt wie Basileios den biblischen Schöpfungsbericht in neun Homilien (Predigten). Für ihn ist das Studium der göttlichen Offenbarung die Voraussetzung jeglicher Naturerkenntnis, aber auch Hilfe zur Vervollkommnung der Tugend. – Im Gegensatz zu Basileios verzichtet Ambrosius nicht ganz auf eine allegorische Deutung des biblischen Textes.

A E. Pasteris, Turin 1937 (lat.-it. mit Kommentar).
Ü J. E. Niederhuber, BKV[(2)] 17.
L J. B. Kellner: Der heilige Ambrosius, Bischof von Mailand, als Erklärer des ATs, Regensburg 1893, 77–89. KNLL 2, 289 f. H. Savon: Physique des philosophes et cosmologie de la Genèse chez Basile de Césarée et Ambroise de Milan, in: L. Couloubaritsis (Hg.): Philosophies non chrétiennes et christianisme, Brüssel 1984. L. J. Swift: Basil and Ambrose on the Six Days of Creation, in: Augustinianum 21, 1981, 317–328.

Hexaemerôn
„Sechstagewerk"

Basileios der Große aus Kaisareia, um 330–379 n. Chr.

Neun Predigten (gr.) über das „Sechstagewerk" mit einem Kommentar zum biblischen Schöpfungsbericht.

I Basileios will den Bericht der Genesis wörtlich verstehen und verwirft die allegorische Exegese. Die Bibel steht nicht in Konkurrenz zu naturwissenschaftlichen Theorien; sie dient der Erbauung und Aufrichtung der Seele. Was geschrieben steht, ist in seinem Gehalt durch die Naturwissenschaft nicht zu erfassen. Es kann jedoch umgekehrt der Naturwissenschaft wertvolle Erkenntnisse vermitteln. – Die Spekulationen der heidnischen Philosophen sind im Vergleich zur biblischen Schöpfungsgeschichte armselig. Der anfangsetzende Akt der göttlichen Schöpfung ist nicht in der Zeit, er ist zeitlos und ewig. – Die Produkte der Schöpfung teilen dem Menschen vieles über sich selbst mit: So verweist die Sonne auf die Sonne der Gerechtigkeit, der Mond mit seinem Phasenwechsel auf die Hinfälligkeit des Irdischen, das Gras und die Blumen auf den Menschen in seiner Vergänglichkeit, das Unkraut auf die Irrlehrer. Die Möglichkeit der Baumveredelung ist ein Aufruf an den Sünder, an seiner Besserung nicht zu zweifeln. Auch aus dem Leben der Tiere erhält der Mensch Belehrung: So ist z. B. die Vermählung des Meeraales mit der Nat-

ter eine Mahnung zur Unauflöslichkeit der Ehe. Der Fleiß der Bienen und die Zukunftsplanung der Fische können den Menschen zu entsprechendem Verhalten anregen.

Q Obwohl Basileios seinen Zuhörern erklären wollte, daß es Gottes Wort war, das die Natur erschuf, und daß sein Befehl der Natur das Gesetz gab, nach dem das Wasser abwärts fließt, bediente er sich ausgiebig der Ergebnisse der gr. Wissenschaft, wie sie in zahlreichen Schulschriften und Handbüchern (z. B. der Botanik und Zoologie) zusammengefaßt war. In Fragen der empirischen Naturkunde war Aristoteles (384–322 v. Chr.) die unmittelbare Autorität, aber auch die Stoiker und vor allem Poseidonios (etwa 135–50 v. Chr.) konnten Basileios entsprechendes Grundlagenwissen zur Verfügung stellen.

N Ambrosius erstellte eine selbständige lat. Fassung des Werkes (→Hexaemeron). Eustathios (12. Jh.) übersetzte den Kommentar ins Lateinische (PG 30).

A S. Giet, Paris 1949. PG 29.
Ü A. Stegmann, BKV[(2)] 47.
L E. Amand de Mendieta: Les neuf homélies de Basile de Césarée sur l' Hexaéméron, in: Byzantion 48, 1978, 337–368. Y. Courtonne: S. Basile et l' hellénisme. Étude sur la rencontre de la pensée chrétienne avec la sagesse antique dans l' Hexaéméron de Basile le Grand, Paris 1934. G. D. Dragas: La doctrine de la création d'apres l'Hexaéméron de saint Basile le Grand, in: Istina 28, 1983, 282–308. K. Gronau: Poseidonios, eine Quelle für Basileios' „Hexameros", Braunschweig 1912. E. Ivánka: Hellenisches und Christliches im frühbyzantinischen Geistesleben, Wien 1948, 28–67. KNLL 2, 289–290. M. A. Orphanos: Creation and Salvation According St. Basil of Caesarea, Athen 1975.

Hexaplâ (Biblía)
„Die sechsfache (Bibel)"

Origenes, etwa 184–254 n. Chr.

Mehrfache Bibelübersetzung (hebräisch und gr.). Entstanden 228–245 n. Chr.

I In der Textausgabe ist eine sechsfache Version des Alten Testaments enthalten: (1) der hebräische Text in Quadratschrift, (2) der hebräische Text in gr. Umschrift, (3) die gr. Übersetzung von Aquila, (4) die gr. Übersetzung von Symmachus, (5) eine gr. Version der →Septuaginta und (6) die gr. Übersetzung von Theodotion. – Diese sechs Versionen wurden in sechs Spalten oder Kolumnen nebeneinander niedergeschrieben. Auf diese Weise wollte Origenes einen nach dem Hebräischen ausgerichteten gr. Text schaffen. – Die wichtigste Kolumne ist die fünfte mit der von Origenes hergestellten Bearbeitung des Septuaginta-Textes, die vielfach abgeschrieben und weit verbreitet wurde. – Neben dem auf etwa 6000 Blätter geschriebenen Werk schuf Origenes eine kleinere Ausgabe, die Tetraplâ, die nur Aquila, Symmachus, Septuaginta und Theodotion enthält. – Die Originale beider Werke, die in der Bibliothek von Kaisareia aufbewahrt worden waren, sind seit dem 7. Jh. verschollen; sie wurden wahrscheinlich beim Arabereinfall des Jahres 638 n. Chr. vernichtet.

A F. Field: Origenis Hexaplorum ... Fragmenta. 2 Bde., Oxford 1871–1875 (Rekonstruktion der *Hexaplâ*), Nachdr. Hildesheim 1964.
L A. Dihle, GLL, 344–349. O. Procksch: Tetraplar. Studien, in: Zeitschrift für alttestamentliche Wissenschaft 53, 1935, 240–269; 54, 1936, 61–90. E. Schwartz: Zur Geschichte der Hexapla, in: Nachrichten von der Gesellschaft der Wissenschaften zu Göttingen 1903, 693–700.

Hierà anagraphé
„Heilige Inschrift"

Euhemeros aus Messene, um 300 v. Chr.

In wenigen Frg. überlieferte Schilderung einer Reise zur Insel Panchaia und deren Beschreibung (gr.). Verfaßt zwischen 300 und 280 v. Chr.

I Das Werk ist nur der äußeren Handlung nach ein Reiseroman; inhaltlich handelt es sich um eine Staatsutopie. Zwei Exzerpte bei Diodor, →*Bibliothéke historiké* (5,41–46 und 6,1) und viele einzelne Erwähnungen berichten über den Inhalt des Werkes: Auf einer fiktiven Seereise entdeckt Euhemeros eine Inselgruppe. Die Hauptinsel Panchaia wird genauer beschrieben. Das besondere Interesse des Autors gilt dem Staatswesen von Panchaia. Eine „heilige Inschrift" (= *Hierà anagraphé*) enthält das Grundgesetz des Inselstaates, das sich in den vorbildlichen Taten der ersten Könige von Panchaia zeigt: Uranos, Kronos und Zeus. Diese Herrscher wurden überall als Könige verehrt und erhielten dadurch den Rang von Göttern.
W Euhemeros hatte wohl nicht die Absicht, die Götter zur Menschlichkeit herabzuwürdigen. Er gab keine rationalisierende Mythenerklärung, die man fälschlicherweise als „Euhemerismus" bezeichnet. Das Werk hatte nicht den Zweck einer Religionskritik. „Es konnte als ein Leitfaden gelesen werden, wie ein König auf Grund seiner *euergesía* zu göttlichen Ehren aufsteigt ... Zugleich enthielt es die Rechtfertigung für den Herrscherkult, der eben erst in das Bewußtsein der Griechen trat: Wenn Uranos, Kronos und Zeus ihre göttliche Ehre als *euergétai* und *sotêres* erhalten hatten, warum nicht auch die *euergétai* und *sotêres* der politischen Gegenwart? Sehr zu Unrecht ist die polit. und die aktuelle Zielsetzung des Buches durchweg verkannt worden; es enthielt einen wichtigen Beitrag zu einer für die Griechen akzeptablen theoret. Begründung des Herrscherkults" (Dörrie, 415).
N Ennius übersetzte das Werk ins Lateinische (→*Euhemerus*). Cicero (→*De natura deorum* 1,119) erwähnt diese Übersetzung. Laktanz (→*Divinarum institutionum libri VII*: 1,11,33) weist ebenfalls auf die Übersetzung des Werkes durch Ennius hin und setzt sich damit auseinander. Kallimachos polemi-

siert im Zeus-Hymnos (→*Hýmnoi*) gegen die *Hierà anagraphé*. – Euhemeros inspirierte Voltaire zu seinen *Dialogues d' Evhémère* (Oeuvres complètes 28, Paris 1818, 318–385), in denen er die *Summa philosophica* seines Denkens zog.

A F. Jacoby, FGrHist 63. C. H. Oldfather: Diodorus of Sicely. Bd. 3, London 1939, 210–227 und 330–337. G. Vallauri, Turin 1956 (mit Kommentar). M. Winiarczyk: Euhemerus Messenius. Reliquiae, Stuttgart/Leipzig 1991 (sämtliche Testimonia zu Euhemeros).
Ü B. Kytzler: Im Reiche des Eros. Sämtliche Liebes- und Abenteuerromane der Antike. Bd. 2, München 1983, 669–674 (nur Diodor 5, 41–46).
L H. Dörrie: Der Königskult des Antiochos von Kommagene im Lichte neuer Inschriften-Funde, Göttingen 1964, 218–224. H. Dörrie: Euhemeros, in: DKP 2, 414f. N. Holzberg: Romanhafte Erzählprosa in der griechischen Literatur. Hinweis auf Möglichkeiten der Ergänzungslektüre, in: Anregung 39, 1993, 243–254 und 302–309. F. Hommel: Die Insel der Seligen in Mythus und Sage der Vorzeit, München 1901, 13–18 und 21–22. H. F. van der Meer: Euhemerus van Messene, Diss. Amsterdam 1949. F. Strunz: Voltaire und Euhemeros, in: Forum Classicum 40, 1, 1997, 12–16.

Hiéreiai tês Héras
„Priesterinnen der Hera"

Hellanikos aus Mytilene, 2. Hälfte des 5. Jh. v. Chr.

Chronographisches Werk in drei B., nur in wenigen Frg. erhalten (gr.).

I Das wahrscheinlich vor der →*Atthís* veröffentlichte Werk diente dem Versuch, eine Jahreseinteilung als festes chronologisches Gerüst für die Geschichtsschreibung zu schaffen. Die Jahre wurden nach der Amtszeit der Priesterinnen der Hera in Argos gezählt (Frg. 84). Diese Zählung sollte für ganz Griechenland gelten. Jedenfalls hat Hellanikos alle Ereignisse der gr. Geschichte von der mythischen Vorzeit bis in die eigene Gegenwart in seine Priesterinnenliste eingetragen. Später setzte sich allerdings die Zählung nach Olympiaden durch, die Hippias mit seiner Liste der Sieger in Olympia begründete (→*Olympionikôn anagraphé*).

A FGrHist 4.
L O. Lendle, Einführung, 63–71. A. Lesky, GL, 376f.

Hieroglyphiká
„Über die Hieroglyphen"

Chairemon aus Alexandreia, 1. Jh. n. Chr.

Abhandlung über die symbolische Schrift der alten Ägypter (gr.), nur in Frg. erhalten.

A FGrHist 618. H. R. Schwyzer: Chairemon, Diss. Bonn 1932 (kommentierte Frg.sammlung).
L A. Lesky, GL, 978.

Hieroglyphiká
„Über die Hieroglyphen"

Horapollon aus Nilopolis (Ägypten), 5. Jh. n. Chr.

Abhandlung (gr.) über die Lesung der altägyptischen Hieroglyphen, von einem gewissen Philippos ins Griechische übersetzt.

I In zwei B. werden einzelne Hieroglyphen erklärt. Dem Autor war jedoch das Wesen der Hieroglyphenschrift nicht mehr bekannt, da er sie als reine Wortzeichenschrift ansah (vgl. H. W. Helck, 1217). „Von Lautwerten spricht H. nicht. Seine Begründungen jedoch, die er für die Schreibungen gibt, sind allerdings reine Spekulationen, die keine Kenntnisse des Prinzips der Hieroglyphenschrift mehr verraten. Gerade aber diese Deutungen, zusammen mit der Annahme einer reinen Wortschrift, haben die Entzifferung der Hieroglyphenschrift lange verhindert."

A F. Sbordone: Hori Apollinis *Hieroglyphica*, 1940.
L B. van der Walle / J. Vergote: Traduction des *Hieroglyphica* d' Horapollon, in: Chronique d' Égypte 18, 1941, 39–89. 199–239. 22, 1947, 251–259. H. W. Helck: Horapollon, in: DKP 2, 1216 f.

Hieroì lógoi →Orphiká

Hiéron è tyrannikós
„Hieron oder Gespräch über die Tyrannis"

Xenophon aus Athen, um 430–354 v. Chr.

Dialog (gr.) zwischen dem Dichter Simonides (um 556 – etwa 468 v. Chr.) und dem sizilischen Herrscher Hieron (reg. 478–467 v. Chr.).
Vermutlich erst nach 357 v. Chr. verfaßt.

I Die fiktive Zeit des Gesprächs, das in Sizilien stattfindet, ist die Zeit um 476 v. Chr. – Der Dialog besteht aus zwei Teilen: Im ersten Teil (Kap. 1–7) versucht der Tyrann, dem Dichter zu erklären, daß das Leben eines Tyrannen viel unglücklicher sei als das Leben eines Privatmannes. Im zweiten Teil (Kap. 8–11) zeigt Simonides dem Hieron, auf welche Weise ein Tyrann der glücklichste Mensch sein könnte, so daß der Leser am Schluß den Eindruck gewinnt, es sei nichts erstrebenswerter, als Tyrann zu sein. Der Vergleich des Privatmannes mit dem Tyrannen erfolgt auf der Grundlage der Antithese von Lust und Schmerz; diese Empfindungen sind die Kriterien für die Beurteilung der privaten und der tyrannischen Lebensform. Gemessen an diesen Kriterien erscheint die Situation des Tyrannen, wie an vielen konkreten Beispielen gezeigt wird, als geradezu katastrophal. Das Tyrannenleben erweist sich als Perversion menschlicher Existenz. Im zweiten Teil aber beweist der Dichter dem Tyrannen, daß das Gegenteil der Fall ist: Die Tyrannis ist eine

Höchstform menschlicher Selbstverwirklichung und verschafft höchste Lust.

Q Der Herodot-Kenner Xenophon wurde vielleicht durch das Gespräch zwischen Solon und Kroisos (→*Historíes apódexis* 1,26–33) zur Nachahmung angeregt. Die Schrift steht in der novellistischen Tradition, die sich mit dem Verhältnis zwischen Solon und Kroisos befaßte. Anklänge an Platons →*Politeía* und an den →*Politikós* sind unüberhörbar, Übereinstimmungen mit Isokrates' →*Pròs Nikokléa* sind vorhanden. – Der Typus des unglücklichen Tyrannen begegnet auch häufig in der gr. Tragödie.

W Die Tatsache, daß Xenophon den syrakusanischen Tyrannen Hieron zur Titelfigur erhebt, läßt den Schluß zu, er habe ebenso wie die Sokratiker Aischines, Aristipp und Platon mit dem syrakusanischen Hof in Verbindung treten wollen, um politischen Einfluß zu nehmen. Der konkrete Adressat wäre dann Dionysios II. An diesen richteten sich Xenophons Vorschläge zur Umwandlung der Tyrannis in eine gerechte Herrschaft und zur Verwandlung eines ungerechten in einen gerechten Herrscher, wie er ihn z. B. in dem Perserkönig Kyros (→*Kýru paideía*) sah. – Xenophon wollte in seinem Dialog zwei verschiedene Lebensformen miteinander konfrontieren: das politische und das der Weisheit gewidmete Leben. Es ging ihm um die fundamentale sokratische Frage: Wie soll der Mensch leben, welche Lebensform ist die beste? Diese Frage wird zwar nicht schlüssig beantwortet; in der Auseinandersetzung mit ihr soll die Schrift jedoch das Wesen der Politik zutage bringen.

N „Eine Analyse des *Hiéron* führt zu dem Ergebnis, daß die Lehre dieses Dialogs der des *Principe* so nahe kommt, wie das für die Lehre eines Sokratikers überhaupt möglich ist... Wenn es zutrifft, daß alle vormoderne politische Wissenschaft auf dem von Sokrates gelegten Fundament ruht, während die spezifisch moderne politische Wissenschaft von Machiavelli sich herleitet, so trifft auch zu, daß der *Hiéron* die Stelle der größten Annäherung zwischen beiden ist" (L. Strauss, 35).

A J. Luccioni, Paris 1948 (gr.-frz. mit Kommentar). E. C. Marchant. Bd. 5, Oxford 1920.
Ü L. Strauss, Berlin/Neuwied 1963.
L H. R. Breitenbach: Xenophon, in: RE 9 A 2, 1967, 1742–1746. J. Endt: Die Quellen des Aristoteles in der Beschreibung des Tyrannen, in: WS 24, 1902, 1–69. R. Hirzel: Der Dialog. Ein literarhistorischer Versuch. Bd. 1, 1895, 168 bis 171. K. Lincke: Xenophons *Hieron* und Demetrius von Phaleron, in: Ph 58, 1899, 224–251. J. Luccioni: Les Idées politiques et sociales de Xénophon, Paris 1947, 255–268. R. Nickel: Xenophons *Hieron*. Ein Beitrag zur politischen Bildungsarbeit im griechischen Lektüreunterricht, in: AU 15, 3, 1972, 5–19. L. Strauss: Über Tyrannis. Eine Interpretation von Xenophons *Hieron* mit einem Essay über Tyrannis und Weisheit von A. Kojève, Neuwied/Berlin 1963.

Hieròs lógos
„Heiliges Wort"

Ps.-Pythagoras

Verlorene, aber bei Diodor 1,98,2 bezeugte Schrift
(gr.). Vgl. auch Philolaos, VS 44 B 19, wo mitgeteilt
wird, daß der *Hieròs logos* eine Theologie in Gestalt
von mathematischen Figuren lehre (ebenso wie Platon und Philolaos selbst).

Hikétides
„Die Schutzflehenden"

Aischylos aus Eleusis, 525/524–456 v. Chr.

Tragödie (gr.) als Teil einer Tetralogie, der sogenannten „Danaiden-Tetralogie", die aus drei Tragödien und einem Satyrspiel bestand: *Hikétides, Aigýptioi, Danaídes* und *Amymóne*.
Vermutlich zwischen den →*Heptà epì Thébas* und
der →*Orésteia*, d. h. um 463 v. Chr., entstanden.

I Im Rahmen der Tetralogie, die dem Thema
„Stiftung der Institution ‚Ehe'" gewidmet war, standen die *Hikétides* wahrscheinlich am Anfang. – Das
Stück spielt an der Meeresküste in der Nähe der
Stadt Argos. Es beginnt mit dem Einzug des Chores, der aus den Töchtern des Danaos besteht; sie
tragen ägyptische Leinenkleider und Kopftücher
und halten Zweige in den Händen, die mit Wollfä-
den umwickelt sind: Sie zeigen damit, daß sie „um
Schutz flehen". Sie rufen Zeus an und bitten darum,
ihnen nach ihrer Flucht aus Ägypten Asyl in Argos
zu gewähren. Der Grund für ihre Flucht ist keine
Blutschuld, sondern sie haben Ägypten verlassen,
weil sie die Ehe verabscheuen, die ihre Vettern, die
Söhne des Aigyptos, ihnen aufzwingen wollen. Sie
werden von den unerwünschten Freiern verfolgt.
Eine genaue Begründung für die Weigerung der
Mädchen zu heiraten wird im ganzen Stück nicht
gegeben. Allerdings berichtet der Mythos, daß Danaos, der Vater der Mädchen, und Aigyptos, der Vater der Freier, verfeindet waren, weil sie sich um das
Land am Nil stritten. Aber darüber hinaus lehnen
die Danaiden die Aigyptos-Söhne ab, weil sie mit
Männern grundsätzlich nichts zu tun haben wollen.
„Es scheint, daß Aischylos hier das gleiche Jung-
fräulichkeitsmotiv wirksam werden läßt, das wir
später in Euripides' →*Hippólytos* wiederfinden"
(Latacz, 141). – Nach der Darstellung der Voraussetzungen der weiteren Handlung durch die Chorführerin (1–41) und einer lyrischen Partie des Chores in acht Strophenpaaren (42–175) ermahnt Danaos seine Töchter zur Bescheidenheit gegenüber
den Einwohnern von Argos (176–233). Pelasgos,
der König von Argos, tritt umgeben von seinen
Kriegern auf und beginnt ein langes Gespräch mit
den Mädchen (234–523), in dessen Verlauf er nach
anfänglichem Zögern bereit ist, den „Schutzflehenden" das Gastrecht zu gewähren, obwohl er genau
weiß, daß er damit einen Krieg mit den Verfolgern

riskiert. Der Chor singt anschließend ein Stasimon,
in dem die Mädchen die Geschichte ihrer Abstammung erzählen: Zeus und Io sind ihre Urgroßeltern
(524–599); sie bitten also ihren Urgroßvater um Hilfe, indem sie Zeus anrufen. Dann erscheint Danaos,
um seinen Töchtern mitzuteilen, daß auch die
Volksversammlung von Argos beschlossen hat, die
Schutzflehenden aufzunehmen (600–629). Der
Chor (630–709) singt ein freudiges Lied, mit dem
auch Argos gesegnet wird. Allerdings werden auch
die Göttinnen Aphrodite und Artemis genannt, die
den in der Tetralogie thematisierten Konflikt zwischen Ehe und Ehelosigkeit versinnbildlichen. –
Danach erfährt der Zuhörer aus dem Mund des Danaos, daß die Aigyptos-Söhne an der Küste gelandet
sind (710–730). Es kommt zu einem angstvollen
Lied der Mädchen, und als die Ägypter die Mädchen zu den Schiffen schleppen wollen (731–910),
gebietet Pelasgos ihnen Einhalt. Der ägyptische Herold will den Rechtsgrund für das Eingreifen des
Pelasgos wissen. Pelasgos verweist darauf, daß er
diesen später noch erfahren (d. h. „schriftlich bekommen") werde. Hier wird also auf die Fortsetzung in den folgenden Stücken der Tetralogie verwiesen (911–979). Danaos mahnt die Töchter zur
Dankbarkeit und zur Tugendhaftigkeit (980–1013).
Der noch ungelöste Konflikt zwischen den Ansprüchen der Aphrodite auf der einen und der Artemis
auf der anderen Seite wird vom Chor erneut ins Gespräch gebracht (1018–1074). Schlimme Leiden und
blutige Kämpfe werden noch zu bestehen sein (so
der Chor der Mägde). – Die Fortsetzung der Handlung in den beiden folgenden Tragödien ist nur ansatzweise zu rekonstruieren: Im 2. Stück, den *Aigýptioi*, geht es um den für diese siegreichen Krieg
mit den Argeiern. Pelasgos fällt im Kampf. Die
Ägypter beschließen die Hochzeit mit den Danaiden gegen deren Willen. Danaos plant mit seinen
Töchtern die Ermordung der Ehemänner in der
Hochtzeitsnacht. – Das dritte Stück, die *Danaídes*,
setzt die Ermordung bereits voraus; darüber wird
im Stück berichtet. Es kommt heraus, daß eine der
50 Töchter, Hypermestra, ihren Mann nicht getötet
hatte. Der Konflikt, der die ganze Tetralogie beherrscht, bricht jetzt auch noch unter den Danaiden
aus: Hypermestra verweigert die Mordtat entgegen
dem Gebot des Vaters bzw. der Verabredung der
Schwestern. Dafür wird sie später gerühmt, z. B.
von Pindar in der 10. Nemeischen Ode (→„Chorlyrik") oder von Horaz, →*Carmina* 3,11,34. – Danaos will die ungehorsame Tochter verstoßen; da
greift Aphrodite ein, um den Konflikt zu beenden.
Die Stiftung der Institution „Ehe" bildet den Abschluß der Tragödie. – In dem sich anschließenden
Satyrspiel *Amymóne* wird die gleichnamige Da-
naos-Tochter von einem Satyrn überfallen und
von Poseidon gerettet, der sie zur Liebe verführt.
Das Thema der Trilogie wird also im Satyrspiel
nochmals in heiterer Atmosphäre aufgegriffen.

W Die tragische Tetralogie stellte als ganze eine
Entwicklung dar, die von der jungfräulichen Verweigerung über die Ermordung der Ehemänner

durch die Bräute in der Hochzeitsnacht „bis zur endlichen Erkenntnis der Sinnlosigkeit solchen Verstoßes gegen die naturgegebene Norm und damit zur Stiftung der Ordnung" (Latacz, 142). Daß die Harmonie am Schluß nur über blutige Opfer zu erreichen war, ist aus der Hybris der Aigyptos-Söhne zu erklären, die den Konflikt mit Gewalt lösen wollten; aber auch die Mädchen waren der Hybris verfallen, weil sie sich gegen eine naturgegebene Ordnung aufzulehnen versuchten und allein Artemis unter Verachtung von Aphrodite Verehrung zollten.

A   H. J. Mette: Die Frg. der Tragödien des Aischylos, Bonn 1959. D. Page, Oxford 1972. M. L. West, Stuttgart 1990.
Ü   W. Kraus, Stuttgart 1966. H. J. Mette: Der verlorene Aischylos, Berlin 1963 (Übersetzung der Frg.). O. Werner / B. Zimmermann, Düsseldorf/Zürich [(6)]2005 (gr.-dt.).
L   J. Latacz, GT, 138–147. M. J. Lossau: Aischylos, Hildesheim 1998. W. Rösler: Der Schluß der Hiketiden und die Danaiden-Tetralogie des Aischylos, in: RhM 136, 1993, 1–22. M. Sicherl: Die Tragik der Danaiden, in: MH 43, 1986, 81–110.

Hikétides
„Die Flehenden"

Euripides, etwa 480–406 v. Chr.

Tragödie (gr.) mit einem Stoff aus dem thebanischen Sagenkreis.
Entstanden zwischen 424 und 416 v. Chr.

I   Nach dem Tod der „Sieben gegen Theben" (→Heptà epí Thébas) weigert sich Kreon, der König von Theben, die Leichen der Gefallenen herauszugeben. Darauf wenden sich die Mütter der Sieben an Theseus in Athen mit der Bitte um Unterstützung. Theseus hilft ihnen und sorgt für die Bestattung der Sieben. – Im Prolog (1–41) bittet die Mutter des Theseus, Aithra, die Götter um Segen für ihr Land. Der Chor, der aus den Müttern der Sieben besteht, bittet um den Beistand Athens. Im ersten Stasimon (42–86) wiederholt der Chor seine Bitte. – Dann erscheint Theseus, der sich von Aithra und Adrastos, der die sieben Mütter nach Athen begleitet hatte, die Lage schildern läßt. Adrastos hatte als Schwiegervater von zwei der Sieben am Feldzug gegen Theben teilgenommen. Theseus ist zunächst nicht bereit zu helfen, weil er das gescheiterte Abenteuer der Argiver als töricht und frevlerisch verurteilt hatte. Dann aber erinnert die Chorführerin Theseus daran, daß er aufgrund der Blutsverwandtschaft zur Hilfeleistung verpflichtet sei. Aithra schließt sich den erneuten Bitten des Chores an. Es bringe Theseus Ehre, wenn er die Rechte der Toten gegenüber Frevlern verteidigt. Daraufhin ändert Theseus seine Meinung und sagt seine Hilfe zu (87–364). Nach einem zweiten Stasimon (365–380), das von Sorge und Hoffnung bestimmt ist, tritt Theseus mit seinem Herold auf, der nach Theben geschickt werden soll. Gleichzeitig trifft ein thebanischer Herold ein.

Es kommt zu einem Streitgespräch zwischen dem Athener und dem Thebaner. Eine Einigung wird nicht erzielt. Die Lösung heißt Krieg (381–597). – Nach dem dritten Stasimon (598–633) wird gemeldet, daß die Athener über die Thebaner gesiegt haben. Theseus schont die Einwohner der Stadt und holt die vor Theben liegenden Toten herbei (634–777). – Nach dem von Jubel und Klage erfüllten vierten Stasimon (778–793) zieht der siegreiche Theseus mit den bisher unbestatteten Toten in Athen ein. Diese werden auf die Bühne getragen. Theseus fordert Adrastos auf, eine Totenrede zu halten. Dann befiehlt er, die Toten zu verbrennen; Kapaneus soll ein besonderes Grabmal erhalten (794–954). Im fünften Stasimon (955 bis 979) beklagen die Mütter ihr Los ohne Söhne. In der Exodos (980–1234) erklärt Iphis, die Gattin des Kapaneus, sie wolle mit ihrem toten Mann gemeinsam verbrannt werden, und stürzt sich in die Flammen. Die Söhne der Sieben tragen die Urnen der Verbrannten auf die Bühne. Theseus ermahnt Adrastos, dankbar gegenüber Athen zu sein. Die Göttin Athene, die als deus ex machina auf der Bühne erscheint, verlangt, das Bündnis zwischen Argos und Athen feierlich zu besiegeln. Den Söhnen verkündet sie, daß sie einst Theben erobern würden (→Epígonoi).

W   Das Drama spielt in der Zeit des Peloponnesischen Krieges. Euripides legt Wert darauf, daß sich Athen als Zufluchtsort für Verfolgte und ein Hort des Rechts darstellt. König Theseus trägt die Züge des Perikles; wie dieser verfügt er über höchste Autorität und sorgt zugleich für das Wohl seiner Untertanen.

A   G. Ammendola, Turin 1956 (mit Kommentar). C. Collard, Leipzig 1984. J. Diggle. Bd. 2, Oxford 1981. G. Italie, Groningen 1951. G. Murray. Bd. 2, Oxford [(3)]1913.
Ü   E. Buschor / G. A. Seeck. Bd. 3, München 1972 (gr.-dt.). J. J. C. Donner / R. Kannicht / B. Hagen. Bd. 2, [(2)]1984. D. Ebener, Berlin [(2)]1976 (gr.-dt.). U. v. Wilamowitz-Moellendorff. Bd. 1, (10)1926.
L   C. Collard: Supplices. 2 Bde., Groningen 1975 (Kommentar). J. W. Fitton: The Suppliant Women and the Herakleidai of E., in: Hermes 89, 1961, 430–461. KNLL 5, 314f. W. J. W. Koster: De Euripidis Supplicibus, in: Mnemosyne 3/10, 1942, 161–203. A. Lesky: Die tragische Dichtung der Hellenen, Göttingen [(3)]1972, 357–368. Schmid-Stählin 1, 3, 449–462. G. Zuntz: The Political Plays of E., Manchester 1955, 3–94. G. Zuntz: Über Euripides' Hiketiden, in: MH 12, 1955, 20–34.

Hilarotragodía

„Heiteres Stück über ursprünglich ernsthafte Themen"

Rhinthon aus Syrakus, um 300 v. Chr.

Possenspiel (gr.), das tragische Stoffe in komödienhafter Weise behandelte. Die *Hilarotragodia*, die auch als *Fabula Rhinthonica* (nach Rhinthon) bezeichnet wird steht in der Tradition der unteritalisch-gr. →„Phlyakenposse".

I Von 38 Stücken des Rhinthon sind nur neun Titel bekannt, die erkennen lassen, daß sich der Dichter gern die Tragödien des Euripides (→*Heraklês*, →*Iphigéneia he en Aulídi*, →*Iphigéneia he en Taúrois*, →*Oréstes*) für seine Mythentravestien aussuchte.

A CGF 1, 1, Berlin 1899, 183–189. A. Olivieri: Frammenti 2, 7–24.
L A. Lesky, GL, 839.

Hinkiamben →Choliamben

Hipparchikós
„Der Reiterführer"

Xenophon aus Athen, etwa 430–354 v. Chr.

Abhandlung mit Anweisungen für einen Reitergeneral (gr.).
Vielleicht nach 362 v. Chr. nach der Schlacht bei Mantineia verfaßt, in der einer der beiden Söhne Xenophons gefallen ist.

I Xenophon gibt einen umfassenden Überblick über die Aufgaben und Pflichten eines Reitergenerals: Auswahl der Pferde und Reiter für eine schlagkräftige Einheit, Aufstellung der Truppe, Paraden und Manöver, taktische Anweisungen, Kriegslisten, Behandlung der Soldaten, Verteidigung einer Stadt, Ratschläge zur Vergrößerung der attischen Reiterei, Hinweise auf die Notwendigkeit der Einhaltung kultischer Vorschriften.
W Es handelt sich nicht um eine systematisch aufgebaute Lehrschrift, sondern eher um eine sehr praxisnahe Sammlung von Regeln und Hinweisen des erfahrenen Fachmannes für den Praktiker.

A É. Delebecque, Paris 1973 (gr.-frz.). E. C. Marchant. Bd. 5, Oxford 1920.
Ü R. Keller, Heidenheim 1962.
L E. Ekman: Zu Xenophons *Hipparchikos*, Diss. Uppsala 1933. KNLL 17, 890f. G. Rigo: L' Hippologie de Xenophon, Diss. Löwen 1939. S. Salomone: Letteratura, traduzione e novità tattico-strategiche nello *Hipparchikos* di Senofonte, in: Maia 38, 1986, 197–205.

Hípparchos

(Name eines Sohnes des Peisistratos, wurde 514 v. Chr. ermordet)

Ps.-Platon

Philosophischer Dialog (gr.)
Falls die Schrift doch von Platon selbst stammen sollte (so Friedländer), dürfte sie zu den Frühschriften des Autors gehören.

I Thema des Dialogs zwischen Sokrates und einem Freund ist die Gewinnsucht. Im dialektischen Gespräch wird zuerst der Satz „Kein Mensch ist gewinnsüchtig" bewiesen und darauf der Satz „Alle Menschen sind gewinnsüchtig" dagegen gestellt und ebenfalls als wahr erwiesen. – Sokrates stellt Hipparchos in der Mitte des Gesprächs als Förderer der Kultur in Athen vor (228b–229d).

A J. Burnet. Bd. 2, Oxford 1901. A. Carlini: *Alcibiade secondo, Ipparco, Rivali*, Turin 1964.
Ü E. Loewenthal, Bd. 1, Darmstadt 2003.
L P. Friedländer: Platon. Bd. 2, Berlin [(3)]1964, 220f. A. Lesky, GL 574–576.

Hippeîs
„Die Ritter"

Aristophanes aus Athen, um 445–386 v. Chr.

Komödie (gr.).
Im Jahre 424 v. Chr. aufgeführt.

I Das Stück ist eine heftige Polemik gegen Kleon, den Sohn eines reichen athenischen Gerbers, der als erfolgreicher Demagoge gegen Perikles kämpft und nach dessen Tod zum einflußreichsten Politiker in Athen wird und als Verfechter einer radikalen Demokratie für die Fortsetzung des Krieges mit Sparta eintritt. – Aristophanes hatte auch schon in anderen Stücken den demokratischen Agitator bekämpft (z. B. in den *Babylónioi* und in den →*Acharnés*). – Im Prolog (1–241) treten zunächst zwei Sklaven auf: Demosthenes und Nikias (das sind zugleich die Namen der beiden erfolgreichen attischen Feldherrn, denen der athenische Sieg von Pylos und Sphakteria letztlich zu verdanken ist). Sie klagen über einen neuen Kollegen, einen namenlosen „Paphlagonier" (den Politiker Kleon), der sich durch üble Machenschaften bei ihrem Herrn Demos beliebt und unentbehrlich gemacht hat. Die beiden Sklaven verschaffen sich die Orakelsammlung des „Paphlagoniers" und können ihr entnehmen, daß dessen Tage gezählt sind und er bald von einem Wursthändler abgelöst wird. Als dieser unverhofft erscheint, wird er als Retter begrüßt. Die Sklaven kündigen ihm an, daß er bald der erste Mann in Athen sein werde. Er will es zunächst nicht glauben, daß er „ein großer Held" werde: „Aber gerade deshalb wirst du groß und mächtig, weil du gemein, frech und pöbelhaft bist" (180 f.). Der Wursthändler kann es noch nicht begreifen. Die Sklaven ermuntern ihn: „Die Führung des Volkes ist keine Aufgabe für einen gebildeten oder vornehmen Mann, sondern nur für einen unbedarften und niederträchtigen Kerl (191–193). Dann bekommt er noch einen guten Rat: „Mach dasselbe wie bisher. Hack und rühr alles durcheinander. Schmier dem Volk süße Redensarten ums Maul. Du hast, was ein Demagoge braucht: Eine schaurige Stimme, einen üblen Charakter, und du bist ein Krämer. Du hast also alles, was man für die Politik braucht" (213–219). Darauf erscheint der „Paphlagonier", um sich gegen die Verschwörung zur Wehr zu setzen. – Der Chor der Ritter unterstützt in der Parodos (242–497) den neuen Mann, der sich zunächst aus dem Staube machen will. Der „Paphlagonier" will die Angelegenheit vor den Rat bringen. – In der sich anschließenden Parabase (498–610) spricht der Autor durch den Mund des Chores von seinem eigenen dichterischen Schaffen und preist die Stadt Athen, die Götter und den Ritterstand. Dann kehrt der Wursthändler aus dem Rathaus zurück (611–972) und berichtet über seinen Triumph über den „Paphlagonier". Es kommt zu unterhaltsamen Streitszenen zwischen den Rivalen um die Gunst des Demos. Nach einem kurzen Chorlied (973–996) geht der Streit der beiden weiter. Dem „Paphlagonier" nützen aber auch seine Orakel nichts mehr. Er muß einsehen, daß er im Kampf um die Gunst des Demos unterlegen ist (997–1110). – Der Chor preist im Dialog mit dem Demos dessen Macht (1111–1150). Der „Paphlagonier" und der Wursthändler kommen mit FreßKörben, um dem Demos auf diese Weise zu gefallen. Der Wursthändler gewinnt die Gunst des Demos (1151–1263). Nach einer zweiten Parabase (1264 bis 1315) beginnt die Exodos (1316–1408): Der Wursthändler wird vom Chor als Retter begrüßt. Der Demos hat sich mit Hilfe seines Retters verjüngt. Es herrschen Verhältnisse wie in den Tagen von Marathon und Salamis. Recht und Ordnung kehren zurück. Es wird Friede herrschen. Am Schluß tanzen Mädchen über die Bühne.

W Der Reiz dieser Komödie liegt in dem Wechselspiel zwischen dem Haushalt des Herrn Demos und der aus dem Bilde ständig herausleuchtenden und es durchbrechenden Politik. Die etwas einseitige Handlung des ständigen Kampfes gewinnt durch die Kraft der Sprache und die Karikatur des Politischen im Allzumenschlichen immer neue Aspekte. Die entartete Demokratie der Kriegszeit entsteht in bestürzender Eindringlichkeit; aber es war auch der Triumph der Demokratie, daß dieses Stück den ersten Preis gewinnen konnte! Hatte der Dichter viel gewagt, so lenkt er am Ende doch ein: Der Demagoge fällt, aber der Demos wird in mythischer Verjüngungskur in einen konservativem Empfinden sympathischeren Souverän verwandelt, das Volk der großen Zeit der Perserkriege, voll guter Vorsätze für die Zukunft. Sogar der dreißigjährige Friede erscheint wieder – diesmal in der Gestalt verlokkender Mädchen" (H.-J. Newiger, 56).

A R. Cantarella. Bd. 2, Mailand 1953 (gr.-it.). V. Coulon / H. van Daele. Bd. 1, Paris [6]1958 (gr.-frz.). F. W. Hall / W. M. Geldart. Bd. 1, Oxford [2]1906. R. Kassel / C. Austin. Bd. 3. 2, Berlin/New York 1984. R. A. Neil, Cambridge 1901, Nachdr. Hildesheim 1966 (mit Kommentar). B. B. Rogers. Bd. 1, London/Cambridge (Mass.) [2]1926 (gr.-engl.). A. H. Sommerstein, Warminster 1980 (gr.-engl. mit Kommentar).
Ü H.-J. Newiger / L. Seeger, München 1968. O. Weinreich / L. Seeger, Zürich [2]1968.
L H. Erbse: Zu Aristophanes, in: Eranos 52, 1954, 76–104. H. Kleinknecht: Die Epiphanie des Demos in Aristophanes' *Rittern*, in: H.-J. Newiger (Hg.): Aristophanes und die alte Komödie, Darmstadt 1975, 144–154. KNLL 1, 676f. W. Kraus: Aristophanes' politische Komödien, Wien 1985. M. Landfester: *Die Ritter* des Aristophanes. Beobachtungen zur dramatischen Handlung und zum komischen Stil des Aristophanes, Amsterdam 1967. O. Navarre: Les *Cavaliers* d' Aristophane, Paris 1956. Schmid-Stählin 1, 4, 186–188; 231 bis 247. C. H. Whitman: Aristophanes and the Comic Hero, Cambridge (Mass.) 1964, 80–103.

Hippías è balaneîon
„Hippias oder die Badeanstalt"

Lukianos aus Samosata, etwa 120–180 v. Chr.

Beschreibung (Ekphrasis) einer Badeanlage (gr.).

I Der Autor lobt ein vermutlich neu erbautes Bad. Er empfiehlt auf diese Weise auch den Baumeister Hippias, einen Zeitgenossen (nicht etwa den berühmten Sophisten Hippias, der im 5. Jh. v. Chr. lebte). – Am Anfang der Schrift (die vielleicht als Übungsrede entstanden ist) stellt der Autor fest, daß man diejenigen am meisten loben müsse, die ihren klugen Worten auch die entsprechenden Taten folgen ließen. Diese Forderung wird an Beispielen aus unterschiedlichen Lebensbereichen und verschiedenen Zeiten verdeutlicht. Vor diesen imponierenden Hintergrund stellt der Autor schließlich den Baumeister Hippias, der sich in seinen Werken als noch bedeutender erwiesen habe als in seinen Schriften. Dies wird nun anhand der Beschreibung des Bades, das Hippias entwarf und erbaute, veranschaulicht. – Die Schrift ist durch die ebenso knappen wie vielfältigen kulturgeschichtlichen Informationen wertvoll.

A A. M. Harmon. Bd. 1, London/ Cambridge (Mass.) 1913 (gr.-engl.).
Ü Chr. M. Wieland: Lucian von Samosata. Sämtliche Werke 2. 4, Leipzig 1788/1789, 447–460.

Hippias maior
„Der größere Hippias"

Platon aus Athen, 427–347 v. Chr.

Sokratischer Dialog (gr.).

I Sokrates spricht mit dem ebenso berühmten wie schönen und weisen Sophisten Hippias aus Elis, der gerade in Athen eingetroffen ist, nachdem er zuvor bei den Lakedaimoniern für eine „schöne" Rede sehr gelobt worden war. Damit hat Sokrates sein Stichwort: Was ist eigentlich „das Schöne"? Es folgen drei Definitionsversuche des Hippias und drei Lösungsvorschläge des Sokrates, die allesamt nicht zum Ziel führen. Sokrates möchte gern wissen, was „das Schöne" ist, „durch das alles Schöne schön ist". Hippias kann hingegen nicht unterscheiden zwischen dem, „was schön ist" und dem, „was das Schöne ist". Sokrates fragt aber nach „dem Schönen an sich", wodurch alles Schöne im Einzelfall (ein schönes Mädchen, ein schönes Tier, eine schöne Sache) schön ist. Sokrates' eigene Definitionsversuche scheitern ebenfalls: (1) Das Schöne ist das Passende. (2) Das Schöne ist das Brauchbare. (3) Das Schöne ist das Angenehme (für Augen und Ohren).

W In diesem aporetischen Dialog wird weder der ontologische Charakter „des Schönen" noch die Art seiner Beziehung zu den Einzelphänomenen geklärt. Aber die Entschiedenheit, mit der die Frage nach dem Schönen an sich gestellt wird, läßt erkennen, daß der Schritt zur Ideenlehre nicht mehr weit ist.

A J. Burnet. Bd. 3, Oxford 1903. B. Vankamp, Stuttgart 1996.
Ü O. Apelt. Bd. 3, Leipzig 1922/1923. R. Rufener, München/Zürich 1960. F. Schleiermacher / H. Hofmann: Platon. Werke. Bd. 1, Darmstadt (2)1990 (gr.-dt.).
L A. Capelle: Platonisches im *Größeren Hippias*, in: RhM 99, 1956, 178–190. A. Haag: *Hippias Maior*. Interpretation eines pseudoplatonischen Dialogs, Diss. Tübingen 1973. R. G. Hoerber: Plato's *Greater Hippias*, in: Phronesis 9, 1964, 143–155. H.-J. Horn: *Hippias maior*. Untersuchungen zur Echtheitsfrage des Dialogs, Diss. Köln 1964. A. Lesky, GL, 583 f. I. Ludlam: Hippias major. An Introduction, Stuttgart 1991. J. Macolm: On the place of the *Hippias Maior* in the Development of Plato's thought, in: Archiv f. Gesch. d. Philosophie 50, 1968, 189 ff. M. L. Morgan: The Continuity Theory of Reality in Plato's *Hippias Major*, in: Journal of the History of Philosophy 21, 1983, 133–158. M. Soreth: Der platonische Dialog *Hippias maior*, München 1953.

Hippias minor
„Der kleinere Hippias"

Platon aus Athen, 427–347 v. Chr.

Sokratischer Dialog (gr.).
Vermutlich zwischen 399–390 v. Chr. verfaßt.

I Das Gespräch knüpft an einen Vortrag des Sophisten Hippias über den Dichter Homer an. Hippias – so wird Sokrates berichtet – habe darin Achil-leus als den besten, Odysseus als den gewandtesten Helden dargestellt. Sokrates fragt, wer tüchtiger oder besser sei: Achilleus oder Odysseus, der Wahrhaftige oder der Lügende. Sokrates gibt Odysseus den Vorzug, der wissend lüge, da niemand wirklich lügen könne, der nicht auch die Wahrheit wisse. Denn andernfalls könne es passieren, daß der subjektiv Lügende auch einmal die Wahrheit sage. Daraus folgt, daß Odysseus der bessere Held ist, da er die Wahrheit kennt. In vielen Situationen zeige sich zudem, daß derjenige, der wissend und d. h. mit Absicht einen Fehler macht, demjenigen überlegen ist, der ohne Wissen etwas falsch macht. – Im Hintergrund steht die Frage, ob es ein Wissen um das Gute gebe, das dem technischen Wissen des Fachmannes entspreche, ohne daß eine Antwort sichtbar wäre. Zumindest wird deutlich, daß eine Vermengung der Begriffe „besser" im technischen und „besser" im ethischen Sinne nicht zulässig ist.

A J. Burnet. Bd. 3, Oxford 1903. G. Calogero, Florenz 1948 (mit Kommentar). M. Croiset. Bd. 1, Paris (12)1985 (gr.-frz.). H. N. Fowler. Bd. 6, London/Cambridge (Mass.) (2)1939 (gr.-engl.). B. Vankamp, Stuttgart 1996.
Ü O. Apelt. Bd. 3, Leipzig 1922/1923. R. Rufener, München/Zürich 1960. F. Schleiermacher / H. Hofmann: Platon. Werke. Bd.1, Darmstadt (2)1990 (gr.-dt.).
L O. Apelt: Die beiden Dialoge *Hippias*, in: NJbb 19, 1907, 630–658. KNLL 13, 377 f. O. Kraus: Platos *Hippias minor*, Prag 1913. A. Lesky, GL, 583. G. Müller: Platonische Freiwilligkeit im Dialoge *Hippias Elatton*, in: WJA N.F. 5, 1979, 61–79.

Hippokrates-Biographie →Vita Hippocratis secundum Soranum (Soranos)

Hippokratesglossar →Tôn par' Hippokrátei léxeon synagogé (Erotianos)

Hippokratische Schriften →Corpus Hippocraticum

Hippokratischer Eid

An.

Der im →*Corpus Hippocraticum* überlieferte Text (gr.) enthält den Eid, den die Ärzte beim Eintritt in ihre Zunft zu leisten hatten.
„Mag seine Fassung ... auch erst ins 4. Jahrhundert gehören, der sittliche Ernst, der aus ihm spricht, eignet der hippokratischen Medizin als einer großen geistigen Bewegung von Anfang an" (Lesky, 553 f.).

I Nach der Anrufung der Schwurgottheiten schwört derjenige, der als Arzt praktizieren will (am Anfang oder am Ende seiner Ausbildung?), daß er die im folgenden genannten Vorschriften und Vereinbarungen einhalten will. Es handelt sich um einen Pflichtenkatalog mit den Grundsätzen, die das Verhalten des Arztes im täglichen Leben und im Beruf bestimmen sollen. Von besonderem Gewicht sind die ethischen Pflichten, die den Nutzen und den Schutz des Kranken betreffen. Alle Vorschriften bewegen sich im Rahmen des menschlich Möglichen. Bei aller Strenge kann von Rigorismus keine Rede sein. Entscheidende Instanz ist die Urteilsfähigkeit des Arztes. Allerdings darf sich der Arzt keinesfalls dazu hergeben, menschliches Leben zu vernichten (durch Sterbehilfe oder durch Abtreibung). – Darauf folgen Vorschriften wie die Achtung vor dem Intimbereich des Kranken, das Verbot des Mißbrauchs der ärztlichen Tätigkeit, die Schweigepflicht. – Die Schlußformel des Eides enthält den Wunsch nach Anerkennung der ärztlichen Kunst und die Selbstverfluchung bei einem Bruch des Schwures.

Q Die Selbstverfluchung in der Schlußformel des Eides ist in enger Verwandtschaft zu dem *Díke*-Gedanken bei Hesiod (→*Érga kaì Hemérai* 213–285) zu sehen: Bedrohung der Meineidigen, Belohnung der Gerechtigkeit, Bestrafung der Ungerechtigkeit, Warnung vor dem Meineid. – Die Eingangsformel wurzelt tief in der gr. Religiosität, wie sie z. B. in den Musenanrufungen des Epos, aber auch in philosophischen Texten nachweisbar ist (Hesiod, →*Theogonía*; Parmenides, →*Perì phýseos*). – Wissen und Können werden auf göttliche Belehrung zurückgeführt, so mehrfach bei Homer, →*Odýsseia*, auch bei Archilochos, →*Íamboi* (Frg. 1 D.). – Die Wahrung des Berufsgeheimnisses und die Beschränkung der ärztlichen Kunst auf einen esoterischen Kreis erinnern an Empedokles, →*Perì phýseos* (B 5), der von seinem Schüler Pausanias Schweigen über seine Lehre verlangt. Die Herleitung des Eides aus den Mysterienkulten, die exklusive Gemeinschaften bildeten, ist nicht abwegig. Vielleicht bestanden auch engere Beziehungen zum Pythagoreismus, der ebenso wie die hippokratische Ärzteschaft die Geheimhaltung der Lehre forderte. Mit der Annahme, daß die Hippokratiker eine geschlossene Kultgemeinschaft bildeten, läßt sich auch erklären, daß sie im Eid Überzeugungen vertraten, die von der öffentlichen Meinung deutlich abwichen, so z. B. die Auffassung, daß alle Menschen, Männer und Frauen, Freie und Sklaven als Leidende gleich sind.

N „Das hippokratische Ethos hat sich seit fast zweieinhalb Jahrtausenden als Orientierungspunkt ärztlicher Standesethik bewährt und das Denken und Handeln vieler Generationen von Ärzten geprägt" (Weber, 48). – Von großer Bedeutung ist die lat. Übersetzung des Janus Conarius (1546): *Hippocratis Coi iusiurandum* (Text: P. Diepgen / W. Kahlenberg: Lateinisches Lesebuch für Mediziner, Stuttgart 1948, 5 f.).

A L. Edelstein: The Hippocratic Oath, Baltimore 1943 (in dt. Übersetzung mit einem forschungsgeschichtlichen Nachwort von H. Diller, Zürich 1969).
Ü F. J. Weber: Der hippokratische Eid, in: AU 36, 3, 1993, 37–48 (gr.-dt. mit Kommentar).

L M. Bachmann: Die Nachwirkungen des hippokratischen Eides. Ein Beitrag zur Geschichte der ärztlichen Ethik, Diss. Mainz 1952. F. Büchner: Der Eid des Hippokrates. Die Grundgesetze der ärztlichen Ethik, Freiburg 1947. F. Büchner: Der Eid des Hippokrates, in: Vom geistigen Standort der modernen Medizin, Freiburg 1957. K. Deichgräber: Der hippokratische Eid, Stuttgart [(4)]1983. L. Edelstein: Hippokrates, in: RE Suppl. 6, 1935, 1290 f. K. Lichtenthaeler: Der Eid des Hippokrates, Köln 1984. K. M. Lutz: Zur Frage nach der Verbindlichkeit des Eides des Hippokrates für den christlichen Arzt heute. Eine theologische und kulturanthropologische Untersuchung, in: Deutsches Pfarrerblatt 18, 1968, 674–678. Ch. Schubert: Der hippokratische Eid. Medizin und Ethik von der Antike bis heute, Darmstadt 2005. E. Tabeling: Der hippokratische Eid. Ein Beitrag zum Verständnis altsprachlicher Bildung heute, in: E. Römisch (Hg.): Griechisch in der Schule. Didaktik, Plan und Deutung, Frankfurt 1972, 227–237. N. Zink: Der Eid des Hippokrates als Einführung in die antike Medizin, in: AU 9, 4, 1966, 59–79.

Hippólytos

(Name des Haupthelden: „Der von den Pferden Zerrissene")

Euripides, etwa 480–406 v. Chr.

Tragödie (gr.).
Im Jahre 428 v. Chr. uraufgeführt.

I Phaidra wird von brennender Liebe zu ihrem Stiefsohn Hippolytos erfaßt und will ihn verführen. Aber der junge Mann dient als begeisterter Jäger nur der jungfräulichen Göttin Artemis. Er will von der Liebesgöttin Aphrodite nichts wissen und weist das Ansinnen seiner Stiefmutter zurück. Phaidra verleumdet daraufhin Hippolytos bei seinem Vater Theseus. Sie behauptet, Hippolytos habe ihr nachgestellt. Theseus glaubt Phaidra und bittet den Gott Poseidon, Hippolytos zu vernichten. Als sich Hippolytos mit seinem Pferdegespann am Strand des Meeres befindet, scheuen die Pferde vor einem von Poseidon geschickten Stier. Hippolytos wird von seinen Pferden zu Tode geschleift. Phaidra begeht Selbstmord. – Im Prolog (1–120) tritt die Göttin Aphrodite auf. Sie plant Hippolytos zu vernichten, weil er der Liebe entsagt hat, nur der Artemis dient und d. h. die Göttin der Liebe mißachtet. Der Chor singt in der Parodos (121 bis 169) von der Krankheit seiner Herrin Phaidra. Im ersten Epeisodion (170–524) erscheinen zunächst Phaidra und ihre Amme. Allmählich wird die Ursache für die Krankheit der Phaidra enthüllt, die eigentlich nur einen einzigen Ausweg sieht: den freiwilligen Tod. Doch die Amme sucht eine Lösung des Problems. Im ersten Stasimon (525–564) besingt der Chor die Macht des Eros, der den Menschen nur Zerstörung bringt. Im zweiten Epeisodion (565 bis 731) muß sich Phaidra ein Gespräch der Amme mit Hippolytos anhören. Dieser weist die Absicht, ihn mit Phaidra zu verkuppeln, empört zurück. Phaidra macht der Amme anschließend schwere Vorwürfe wegen ihres Vorgehens. Aber die Dinge nehmen ihren Lauf, nachdem jetzt ihre unerlaubte Liebe bekannt ist. Im zweiten

Stasimon (732–775) singt der Chor von dem bevorstehenden Unheil; er würde am liebsten fliehen. Im dritten Epeisodion (776–1101) wird bekannt, daß sich Phaidra erhängt hat. Theseus erscheint und beklagt das Unglück. Seine tote Gattin aber hat einen Brief hinterlassen, in dem sie Hippolytos der Vergewaltigung bezichtigt. Theseus verwünscht daraufhin seinen Sohn und jagt ihn fort, weil Hippolytos dem Vater nicht die Wahrheit erklären kann. Nach dem dritten Stasimon (1102–1150) berichtet ein Bote am Anfang der Exodos (1151–1466) von dem Unfall des tödlich verletzten Hippolytos. Die Drohung der Göttin Aphrodite hat sich also erfüllt. Theseus glaubt immer noch an die Schuld des Sohnes. Artemis aber macht als *dea ex machina* Theseus wegen seines Verhaltens gegenüber seinem Sohn schwere Vorwürfe; doch auch seine Tat hat Aphrodite verschuldet. Am Schluß wird der sterbende Hippolytos auf die Bühne getragen.

Q Euripides hatte bereits vor dem *Hippólytos* einen nur in Frg. erhaltenen *Hippólytos kalyptómenos* (einen „verhüllten Hippolytos") geschrieben, in dem Phaidra den jungen Hippolytos auf offener Bühne zu verführen versucht. Mit diesem Drama hatte Euripides keinen Erfolg. Auch Sophokles schrieb eine *Phaídra*, die nicht erhalten ist. Das Motiv ist uralt: (1) Altägyptisches Brüdermärchen, auf einem Papyrus des 13. Jh. v. Chr. überliefert. (2) Potiphars Weib und Joseph (Genesis 39). (3) Die Frau des Proitos und Bellerophontes (→*Iliás* 6,155 ff. (4) Plutarchos, →*Aítia Helleniká* (*Quaestiones Graecae*) 40. (5) Konon, →*Narrationes* 28.

W Im Gegensatz zu seinem ersten Hippolytos-Drama, das offensichtlich wenig erfolgreich war, wollte Euripides eine Phaidra darstellen, die zwar auch von Leidenschaft erfaßt ist, aber doch ihre Verfehlung, sobald sie ruchbar wurde, nur mit ihrem Selbstmord sühnen konnte. Dennoch ließ ihr der Dichter noch Raum für ihre Rache, d. h. er gestaltete sie als einen Menschen, der trotz edler Gesinnung auch Schwäche zeigt. Allerdings hat ihr Racheakt in Form der falschen Beschuldigung des Stiefsohnes (885–886) den Zweck, Hippolytos, der die Macht der Aphrodite nicht anerkennen will, seine Mitschuld an ihrem Unglück bewusst zu machen: Hippolytos soll nicht überheblich werden, wenn er Phaidras Leiden und Tod sieht. Vielleicht lernt er jetzt, bescheiden zu sein (Phaidras letzte Worte: 725–731). Hier zeigt der Dichter, daß er für seine Phaidra volle Sympathie hegt.

N Nach dem ersten Hippolytos-Drama des Euripides verfaßte Seneca seine →*Phaedra*. – In der Neuzeit hat durch Senecas Vermittlung das erste Hippolytos-Drama des Euripides besondere Wirkung. Ü. v. a. ist die *Phèdre* von Racine (1677) zu erwähnen, der den Charakter des Hippolytos grundlegend veränderte, indem er ihn als einen in das Mädchen Aricia verliebten Jüngling darstellt; der Konflikt entsteht aus der Eifersucht der Phaedra. – Wichtig ist auch die *Fedra* des Gabriele d'Annunzio (1909), der vor allem eine abgrundtiefe Verworfenheit der Paedra thematisierte.

A W. S. Barrett, Oxford 1964 (mit Kommentar). J. Diggle. Bd. 1, Oxford 1984. G. Murray. Bd. 1, Oxford 1902. L. Méredier, Bd. 2, Paris [2]1956. W. Stockert, Stuttgart/Leipzig 1994. A. Taccone, Florenz 1942. A. G. Westerbrink, Leiden 1958 (mit Kommentar). U. v. Wilamowitz-Moellendorff, Berlin 1891

Ü H. v. Arnim. Bd. 1, Wien/Leipzig 1931. E. Buschor / G. .A. Seeck. Bd. 1, München 1972 (gr.-dt.). J. J. C. Donner / R. Kannicht / B. Hagen. Bd. 1, Stuttgart [2]1984. U. v. Wilamowitz-Moellendorff. Bd. 1, Berlin (10)1926.

L W. Fauth: Hippolytos und Phaidra. Bemerkungen zum religiösen Hintergrund eines tragischen Konflikts, in: Abh. d. Akad. d. Wiss. Geistes- und sozialwiss. Kl. 1958/59, Mainz 1959, 517–588. H. Herter: Theseus und Hippolytos, in: RhM 89, 1940, 273–292. J. Holzhausen: Eros und Aidos in Phaidras Monolog, Wiesbaden 1995. KNLL 5, 315–317. A. Lesky: Die tragische Dichtung der Hellenen, Göttingen [3]1972, 313–326. B. Manuwald: Phaidras tragischer Irrtum. Zur Rede Phaidras in Euripides' *Hippolytos*, in: RhM 122, 1979, 134–148. W. Sale: Existentialism and Euripides. Sickness, Tragedy and Divinity in the *Medea*, the *Hippolytus* and the *Bacchae*, Berwick/Victoria 1977. A. Schmitt: Zur Charakterdarstellung des *Hippolytos* von Euripides, in: WJA N.F. 3, 1977, 14–42. W. B. Stanford: The *Hippolytus* of Euripides, in: Hermathema 63, 1944, 11–17. Schmid-Stählin 1, 3, 379–390. U. v. Wilamowitz-Moellendorff: Euripides. Hippolytos, Berlin 1891.

Historía Agathokléus
„Geschichte des Agathokles"

Duris aus Samos, um 340–260 v. Chr.

Zeitgeschichte des gr. Westens, aus der nur wenige Frg. erhalten sind (gr.).

I Agathokles aus Syrakus (360–289 v. Chr.) errichtete in Syrakus nach der Beseitigung der Oligarchie im Jahre 316 v. Chr. eine Tyrannis, führte einen Krieg gegen Karthago (310–306), nahm 304 den Königstitel an und gab kurz vor seinem Tode den Syrakusanern die Demokratie zurück. – Diodor benutzte in seiner →*Bibliothéke historiké* (B. 19 bis 21) das Werk des Duris. Vgl. auch die →*Historíai* des Timaios aus Tauromenion.

A FGrHist 76.
L O. Lendle, Einführung, 181–190. A. Lesky, GL 861.

Historia Alexandri Magni
„Geschichte Alexanders der Großen, Alexanderroman"

Ps.-Kallisthenes (der „echte" Kallisthenes, um 370–327 v. Chr., war Hofhistoriker Alexanders d. Gr.).

Romanhafte Darstellung des Lebens und der Taten Alexanders d. Gr. (gr.).
Das Werk entstand im 3. Jh. n. Chr. in Alexandreia.

I Es handelt sich nicht um ein Geschichtswerk. Historisch ist jedoch die Gestalt seines Helden. Der Roman faßt unterschiedliches Erzählgut über Alexander zusammen und zeichnet ein Bild des Königs, das nicht zuletzt zu seiner großen Wirkung beitrug: „Alexander besitzt viele auszeichnende Charaktereigenschaften. Er wird sorgfältig erzogen und erwirbt die Bildung seiner Zeit als Schüler des Aristoteles, der seinerseits auch für das Mittelalter eine Berühmtheit war ... Alexander liebt seine Mutter innig; er hat die Fähigkeit zu Großmut und Milde gegen die Besiegten, erkennt auch beim Feind edle Gesinnung und Tapferkeit an. Schon im Kindesalter zeigen sich seine körperliche und geistige Überlegenheit, Mut, Selbstbeherrschung und Gerechtigkeit. Er wird der überlegene und mitreißende Heerführer, um keinen Rat und keine List verlegen, der unbesiegbare Held und Abgott seiner Soldaten ... Züge, die uns weniger günstig erscheinen, gelten offenbar als moralisch indifferent ... Andere Züge heben Alexander über Menschenmaß hinaus. Schon sein Äußeres weist auf dämonisch-magischen Einfluß: das Löwenähnliche, die spitzen Zähne und verschiedenfarbige Augen, andererseits das Mißverhältnis seines kleinen Körpers zu seinen inneren Eigenschaften (2,15,1; 3,4,2). Magie wirkt mit bei seiner Zeugung und Geburt; Magie und astrologische Kunst bestimmen ihn zum Weltherrscher; seine Geburt und Tod erschüttern, von Wunderzeichen begleitet, die Welt. Sein ganzes Leben ist von Orakeln und Offenbarungen der Götter und Heroen begleitet; er dringt weiter in den Osten vor als die Götter Herakles und Dionysos, ist selbst ein Gottessohn (1,30) und unsterblich wie als Gründer und Namengeber des 'vielgeliebten' Alexandria (3,24,2; 1,33,9). Die beherrschende Vorstellung von Alexander aber ist die des großen Eroberers und Weltherrschers, des Kosmokrator. Diese Rolle ist ihm von Anfang an bestimmt ... Aus dieser Rolle leitet er die Berechtigung ab, alle Länder zu erobern (2,17; 3,6). Aufgrund dieser Idee erfindet der Verfasser zu den vielen Eroberungen Alexanders noch neue hinzu. Er läßt ihn in entfernteste Gegenden ziehen und die wunderbarsten Abenteuer bestehen, schließlich an die Grenzen der Erde kommen" (van Thiel, XXXI f.).

Q Zum Quellenmaterial, über das der Kompilator frei verfügte, gehört eine fiktive Alexander-Korrespondenz, die teilweise auf einen Briefroman (um 100 v. Chr.) zurückgeht. Darunter befinden sich Briefe Alexanders an seine Mutter Olympias und an Aristoteles. Diese Briefe berichten über Wunderdinge in Indien, über Alexanders Zug an das Ende der Welt und zum Land der Seligen, über seine Fahrt in die Meerestiefe und seinen Flug in die Lüfte. Außerdem benutzte der Autor historische Quellen aus dem Bereich der Alexanderhistoriker, zu denen Aristobulos, Charon, Kallisthenes, Kleitarchos und Ptolemaios Lagu („Alexandergeschichte") gehören. – Der Autor des „Alexanderromans" hat vor allem biographisches Material der „Alexandergeschichte" mit frei erfundenen Geschichten kombiniert. – Daß der Autor auch volkstümliches Erzählgut benutzte, versteht sich von selbst (z. B. die Geschichte von Alexanders Geburt).

W Der unbekannte Autor des 3. Jh.s n.Chr. wollte kein Geschichtswerk vorlegen, sondern das Verlangen nach Unterhaltung befriedigen. Das Lesepublikum hatte kein Interesse an historischer Genauigkeit; es wünschte sich eine romanhafte Darstellung seines großen Idols. Hinzu kam das Bedürfnis, Abenteuer und Sensationen – wenigstens aus zweiter Hand – zu erleben, fremde Länder und wunderbare Geschehnisse kennenzulernen. Diesem Bedürfnis kam der „Alexanderroman" entgegen, der übrigens in unterschiedlichen Versionen umlief. – Die Art und Weise, wie der Autor seine Quellen verwertete und die geschichtlichen Vorgänge durcheinanderbrachte, ist auch auf die Grundidee des Werkes zurückzuführen: Der Autor wollte Alexander als „Weltherrscher" darstellen; er mußte ihn deshalb auch in den westlichen Mittelmeerraum schicken und sogar Rom erobern lassen.

N Der „Alexanderroman' hatte eine gewaltige Wirkung auf die spätere Literaturgeschichte. Die historiographischen Werke des Quintus Curtius Rufus (→*Historiae Alexandri Magni regis Macedonum*) und des Arrianos (→*Alexándru anábasis*) haben weitaus weniger gewirkt. Der Roman wurde in viele Sprachen übersetzt: Dazu gehören z.B. die zwischen 310 und 330 n.Chr. angefertigte lateinische Übersetzung des Iulius Valerius Polemius unter dem Titel *Res gestae Alexandri Magni* (ed. M. Rosellini, Stuttgart/Leipzig 1993), eine armenische Fassung aus dem 5. Jh. n.Chr. und eine koptische Version aus dem 6. Jh. n.Chr. Im frühen Mittelalter entstehen syrische Versionen, später arabische, äthiopische, iranisch-neupersische und osmanisch-türkische Versionen. – Im lat. Mittelalter verfaßt Leo von Neapel zwischen 951 und 969 eine *Nativitas et victoria Alexandri Magni* („Geburt und Sieg Alexanders des Großen"). Hinzu kommt die *Alexandreis* („Alexanderlied"), die Walter von Châtillon um 1184 verfaßte. Im Mittelalter entstehen auch russische, altfranzösische, hebräische, spanische und deutsche Bearbeitungen des Alexanderstoffes.

A W. Kroll, Berlin 1926. H. van Thiel: Leben und Taten Alexanders von Makedonien, Darmstadt 1974 (gr.-dt.).
L W. Kroll: Kallisthenes, in: RE 10, 2, 1919, 1707–1726. F. Pfister: Alexander der Große in den Offenbarungen der Griechen, Juden, Mohammedaner und Christen. Deutsche Akademie der Wissenschaften. Sektion Altertumswissenschaft. 3. 1956. D. J. A. Ross: Alexander Historiatus. Warburg Institute Surveys. 1. 1963. J. Seibert: Alexander der Große, Darmstadt 1972. K. Wyss: Untersuchungen zur Sprache des Alexanderromans von Pseudo-Kallisthenes, Diss. Berlin 1942.

Historia animalium →Hai perì tà zôa historíai (Aristoteles)

Historia Apollonii regis Tyri
„Geschichte des Königs Apollonius aus Tyrus"

An.

Lat. Roman aus dem 5. oder 6. Jh. n. Chr., dessen gr. Urfassung wohl aus dem 3. Jh. n. Chr. stammte.

I Es handelt sich um eine Liebes- und Abenteuergeschichte von einem Apollonius aus Tyrus, der die Tochter des Königs von Kyrene zur Frau gewinnt und schließlich selbst König von Kyrene wird. „Der *Apollonios-Roman*, wie das Werk allgemein genannt wird, ist durch und durch von der Art der bekannten griechischen Liebesromane ... Aus ihrem Bereich stammen Stil und Niveau, die man geradezu der subliterarischen Sphäre zuordnen muß, von hier stammen insbesondere die abgeleiteten Requisiten der Handlung, die unverschuldeten Gefahren und abenteuerlichen Fahrten des Helden, die Liebesgeschichte mit der obligaten jahrelangen Trennung, die zufällige Wiederbegegnung der Liebenden am Schluß bei einem großen Fest, die viel bedrohte, stets bewahrte Keuschheit der Heldin, Mordanschläge, Scheintod, Mädchenraub, bis hin zu Einzelheiten wie Unwettern, nächtlichen Visionen, Sklavenmärkten usw." (Schmalzriedt, 748).

N Die Wirkung des Romans war außerordentlich groß. Die frühesten und häufigsten Bearbeitungen finden sich in England: Shakespeares 1609 gedrucktes Drama *Pericles, Prince of Tyre* geht auf den Apollonios-Roman zurück. Weit verbreitet war die Fassung in den *Gesta Romanorum* (14. Jh.), auf die viele nationalsprachliche Versionen beruhen.

A A. Riese, Leipzig [(2)]1893. G. Schmeling, Stuttgart/Leipzig 1988.
Ü B. Kytzler: Im Reiche des Eros. Sämtliche Liebes- und Abenteuerromane der Antike. Bd. 1, München 1983. I. u. J. Schneider, Frankfurt 1986. F. P. Waiblinger, München 1978 (lat.-dt.).
L E. F. Archibald: Apollonius of Tyre in the Middle Ages and the Renaissance, Diss. Yale Univ. 1984. E. Frenzel: Stoffe der Weltliteratur, Stuttgart [(5)]1981, 52–54. N. Holzberg: Der antike Roman. Eine Einführung, München 1986. N. Holzberg: Die *Historia Apollonii regis Tyri* und die Odyssee, in: Anregung 35, 1989, 363–375. Schanz-Hosius 4, 2, 87–92. E. Schmalzriedt: Historia Apollonii regis Tyri, in: KNLL 18, 748 f.

Historia Augusta
„Kaisergeschichte"

An. (Obwohl mehrere Verfasser überliefert sind, geht man heute davon aus, daß nur ein anonymer Verfasser für das Werk verantwortlich ist.)

Das Werk (lat.) ist das umfangreichste Geschichtswerk über die Vorgänge des 2. und 3. Jh.s n. Chr., ein „unentbehrliches Geschichtsbuch" (Th. Mommsen, Hermes 25, 1890, 281), allerdings von zweifelhaftem Informationswert.

Für die Abfassungszeit gibt es unterschiedliche Theorien: Die Ansätze liegen zwischen der Mitte des 4. Jh.s n. Chr. und der ersten Hälfte des 6. Jh.s n. Chr.

I Das Werk enthält dreißig Biographien röm. Kaiser, Mitregenten, Thronanwärter usw. von Hadrian bis Carinus (117–285 n. Chr.). Die Biographien für die Zeit von 244–253 sind verloren. Vielleicht ist auch der Anfang nicht erhalten. Mangelhafte Informationen werden durch Anekdoten, Wundergeschichten, vertraulich-sensationelle Neuigkeiten und novellistische Erzählungen ausgeglichen. Bedeutungsloses steht neben Wichtigerem. Verdrehung und Fälschung von Fakten sind typisch für das Werk, das „nach Moral und Rang einzig der Skandalpresse unserer Tage vergleichbar ist" (Schmalzriedt, 774).

Q Das Vorbild war Sueton (→*De vita XII Caesarum libri VIII*). Vielleicht begann die *Historia Augusta* ursprünglich im unmittelbaren Anschluß an Sueton mit Kaiser Nerva (reg. 96–98). – Als Quellen kommen für die verschiedenen zeitlichen Abschnitte u. a. folgende Autoren in Frage: Herodian (3. Jh. n. Chr.) mit seiner „Geschichte des Kaisertums in der Zeit nach Marcus (Aurelius)" (→*Tês metà Márkon basileías historíai*), Dexippos (3. Jh. n. Chr.) mit seiner bis zum Jahre 270 n. Chr. reichenden →„Chronik", Aurelius Victor (4. Jh. n. Chr.) (→Caesares), Eutropius (4. Jh. n. Chr.) mit seinem →*Breviarium ab urbe condita*, Festus (4. Jh. n. Chr.) (→*Breviarium*). – Das Vorbild für die Darstellung der Herrschergestaltung in der *Historia Augusta* ist Augustus. H Die mehr oder weniger deutliche Polemik gegen das Christentum und gegen christliche Autoren und die Beurteilung der Kaiser nach ihrer Haltung gegenüber dem röm. Senat lassen darauf schließen, daß das Werk möglicherweise im Auftrag der röm. Senatsaristokratie verfaßt wurde; zumindest dürfte der Verfasser aufgrund dieser Tendenz aus der heidnisch-senatorischen Oberschicht stammen.

W Wenn die Toleranz, die unter den „guten" Kaisern geherrscht habe, gelobt wird, so schließt dies möglicherweise die Kritik an den Verhältnissen zur Zeit des Autors ein. Vielleicht versucht der Verfasser, die heidnische Epoche der röm. Kaiserzeit auf diese Weise vor christlichem Publikum zu rechtfertigen. Die *Historia Augusta* wäre unter diesem Aspekt ein Werk „heidnischer Geschichtsapologetik in der christlichen Spätantike" (J. A. Straub).

A E. Hohl / W. Seyfarth / C. Samberger. 2 Bde., Stuttgart/Leipzig [(5)]1971, Nachdr. 1997. D. Magie. 3 Bde., London 1921–1932 (lat.-engl.).
Ü E. Hohl. 2 Bde., Zürich/München 1976–1985.
L T. D. Barnes: The Sources of the *Historia Augusta*, Brüssel 1978. H. W. Bird: Suetonian Influence in the Later Lives of the *Historia Augusta*, in: Hermes 99, 1971, 112–134. H. Brandt: Kommentar zur Vita Maximi et Balbini der *Historia Augusta*, Bonn 1996. D. Flach: Einführung in die römische Geschichtsschreibung, Darmstadt 1985. J. Gruber, Europäische Literatur, 8–12. T. Honoré: Scriptor *Historiae Augustae*, in: JRS 77, 1987, 156–176. K.-P. Johne:

Kaiserbiographie und Senatsaristokratie. Untersuchungen zur Datierung und sozialen Herkunft der *Historia Augusta*, Berlin 1976. K.-P. Johne: Zum Geschichtsbild der *Historia Augusta*, in: Klio 66, 1984, 631–640. A. Scheithauer: Kaiserbild und literarisches Programm. Untersuchungen zur Tendenz der *Historia Augusta*, Frankfurt 1987. E. Schmalzriedt: *Historia Augusta*, in: KNLL 18, 749 f. K.-H. Stubenrauch: Kompositionsprobleme der *Historia Augusta*, Göttingen 1982. J. A. Straub: Heidnische Geschichtsapologetik in der christlichen Spätantike. Untersuchungen über Zeit und Tendenz der *Historia Augusta*, Bonn 1963. R. Syme: The *Historia Augusta*. A Call of Clarity, Bonn 1971. C. Wallner: *Historia Augusta*. Ein Geschichtswerk sui generis im Lateinunterricht, in: AU 36, 1, 1993, 79–85. P. White: The Autorship of the *Historia Augusta*, in: JRS 57, 1967, 115–133.

Historiae
„Geschichte"

Asinius Pollio, 1. Jh. v. Chr.

Verlorene Geschichte der röm. Bürgerkriege von 60 bis etwa 42 v. Chr. in 17 B. (lat.). Abgefaßt nach der Schlacht bei Actium 31 v. Chr. (vgl. Horaz, →*Carmina* 2,1).

I Das Werk ist u. a. bezeugt bei Sueton (zur Schlacht bei Pharsalus und den spanischen Krieg: Iulius 30 und 55), Horaz (zur Schlacht bei Thapsus und Catos Tod: →*Carmina* 2,1,24), Seneca (über Ciceros Tod: →*Suasoriae* 6,24), Tacitus (über Cassius und Brutus: →*Annales* 4,34).

A HRR 2, 67–70.
L M. v. Albrecht, RL, 655–658. R. Häussler: Keine griechische Version der *Historien* Pollios, in: RhM 109, 1966, 339–355. G. Zecchini: Asinio Pollione. Dall' attività politica alla riflessione storiografica, in: ANRW 2, 30, 2, 1265–1296.

Historiae
„Geschichte"

Lucius Coelius Antipater, 2. Jh. v. Chr.

Monographische Darstellung des 2. Punischen Krieges in 7 B. (lat.), nur in Frg. erhalten.
Nach 121 v. Chr. veröffentlicht und Lucius Aelius Stilo gewidmet.

I Coelius Antipater „schrieb Geschichte nicht mehr zur Belehrung, sondern um der künstlerischen Gestaltung des Stoffes willen (Cic. De orat. 2,54 f.; leg. 1,6): keine nüchterne Tatsachendarstellung, sondern dramatische Schilderung mit Reden, Träumen usw., maßlose Übertreibungen (Frg. 39), teilweise auch tendenziöse Entstellungen" (R. Till, 320). – Coelius gruppierte seinen Stoff um einen „Helden" der Geschichte: Scipio tritt in den Mittelpunkt „und konkurriert so mit dem Alexander der hellenistischen Historiker und dem Hannibal eines Silenos" (M. v. Albrecht, 307).

Q Als Quellen benutzte Coelius Antipater außer Fabius Pictor und Cato auch Polybios (→*Historíai*) und Silenos aus der Umgebung Hannibals (→*Sikeliká*).

W Um seine „Objektivität" zu betonen, überläßt er in Zweifelsfällen dem Leser die Entscheidung (Frg. 29). Er verweist darauf, daß er sich auf die wahre Überlieferung stütze (Frg. 2).

N Das Werk wurde viel gelesen und exzerpiert (vgl. Cicero, →*Epistulae ad Atticum* 13,18). Auch Livius benutzte es in der 3. Dekade →*Ab urbe condita*. Hadrian stellte Coelius über Sallust (→*Historia Augusta* Spart. 16,6).

A W. Herrmann: Die *Historien* des Coelius Antipater. Frg. und Kommentar, Meisenheim 1979. HRR 1, 158–177.
Ü FRH 2, 35–83.
L M. v. Albrecht, RL, 307 f. W. Hoffmann: Livius und der zweite Punische Krieg, Berlin 1942. F. Leo, GdrL, 336–341. R. Till: Coelius Antipater, in: dtv-L 1. 1, 320.

Historiae
„Geschichte"

Gaius Cornelius Sisenna, 1. Jh. v. Chr.

Zeitgeschichtliches Geschichtswerk (lat.) in 12 oder 23 B., nur in Frg. erhalten.

I Das Werk behandelte ausführlich den Bundesgenossenkrieg und die Kämpfe zwischen Marius und Sulla.
N Die Darstellung wurde von Sallust, der den Autor sehr schätzte, aber seine einseitige optimatische endenz kritisierte (→*Bellum Iugurthinum* 95,2) in seinen →*Historiarum libri V* fortgesetzt.

A HRR 1, 276–297.
Ü FRH 2, 241–313.
L M. v. Albrecht, RL, 311 f. Schanz-Hosius 1, 324–326. R. Till: Sisenna, in: dtv-L 1. 4, 195 f.

Historiae
„Geschichte"

Cornelius Tacitus, etwa 55–116/120 n. Chr.

Annalistisch aufgebaute römische Geschichte der Jahre 69–96 n. Chr. (lat.) in wahrscheinlich 12 B. Erhalten sind nur die B. 1 bis 5 (Mitte) mit einer Darstellung der Jahre 69–70 n. Chr.
Vermutlich gegen 110 n. Chr. vollendet.

I Die B. 1–3 behandeln den Bürgerkrieg nach dem Tod Neros (68 n. Chr.). – B. 1: Lage des Reiches und politische Verhältnisse nach Nero (Kap. 4–11). Galbas Herrschaft und Ermordung (12–49), Othos Regierung (50–90). B. 2: Auseinandersetzungen zwischen Otho und Vitellius, Wirken des Vespasian und seines Sohnes Titus im Orient, Othos Selbstmord nach dem Erfolg des Vitellius (1–51), Regierung des Vitellius (51–101). B. 3: Auseinandersetzungen zwischen den Anhängern des Vitellius und des Vespasian. B. 4: Stadtröm. Ereignisse, Domitians Statthalterregime, Hinrichtung des Vitellius (1–11). Freiheitskampf der Batater unter Civilis (12–37). B. 5: Expedition des Titus gegen Jerusalem, Exkurs über Iudaea (1–13; vgl. →*Historía Iudaikû polému pròs Rhomaíus*). Ende des Bataveraufstandes (14–26). – Die Darstellung der Regierungszeit des Vespasian (69–79), des Titus (79–81) und des Domitian (81–96) fehlt.

Q Tacitus konnte sich für seine zeitgeschichtlichen Darstellungen im wesentlichen auf Autopsie und auf Augenzeugenberichte stützen (z. B. für den Vesuvausbruch des Jahres 79 n. Chr. auf Plinius, →*Epistulae* 6,16; vgl. auch 7,33). Ferner benutzte er die →*Acta senatus* und die →*Acta diurna*. – Tacitus stützt sich nicht auf namhafte Vorgänger, abgesehen davon, daß Thukydides und Sallust seine historiographischen Vorbilder sind.

W „Die *Historien* sind der Idee nach eine rückwärts verlängerte Geschichte des flavischen Kaiserhauses. Dementsprechend finden sich schon in den frühen B. an bezeichnenden Stellen Vorverweise auf die Vertreter dieser Familie" (M. v. Albrecht, 883). Die späteren →*Annales* behandeln die Geschichte des julisch-claudischen Kaiserhauses der Zeit von 14–68 n. Chr.). – Tacitus will „unparteiisch" (*neque amore et sine odio*, 1,1,3) berichten. Das bedeutet jedoch nicht Neutralität oder Objektivität in einem modernen Sinne, sondern entschiedene Ablehnung jedes Opportunismus, weitestgehende Unabhängigkeit (*libertas*) des Urteils und Freiheit zu subjektiver Wertung. – Tacitus beurteilt die geschichtlichen Vorgänge aus der Sicht der röm. Senatsaristokratie, deren Blick auf die stadtröm. Verhältnisse beschränkt blieb und die (vor allem sozialen und ökonomischen) Probleme des Weltreiches nicht einbezog. Seine Aufmerksamkeit richtete sich auf die Bedrohung des röm. Staatsgedankens und auf die Frage, inwieweit es unter der Herrschaftsform des Prinzipats gelingen konnte, Macht, Freiheit und staatspolitische Leistung zum Ausgleich zu bringen. Tacitus vertrat die geschichtsphilosophische Auffassung, daß die treibenden Kräfte der Geschichte im handelnden Menschen liegen.

N Der einzige heidnisch-antike Nachfolger des Tacitus war Ammianus Marcellinus (→*Rerum gestarum libri XXXI*), der direkt an die „Historien" des Tacitus anschließt. – Von Tertullian wird Tacitus im →*Apologeticum* wegen seiner antijüdischen Ausführungen getadelt. – Orosius (→*Historia adversus paganos*) zieht Tacitus mehrfach als Quelle heran.

A C. D. Fisher, Oxford 1911. H. Goelzer, Paris 1920 (lat.-frz.). W. Heraeus. 2 Bde., Leipzig [(5)]1904 (mit Kommentar). H. Heubner, Stuttgart 1978. H. Heubner. 5 Bde., Heidelberg 1963–1982 (Kommentar).

Ü J. Borst / H. Hross / H. Borst, Düsseldorf/Zürich [(6)]2002 (lat.-dt.). W. Sontheimer, Stuttgart 1968. K. Vretzka, Stuttgart 1984 (lat.-dt.).

L M. v. Albrecht, RL, 869 bis 908. A. Briesmann: Tacitus und das flavische Geschichtsbild, Wiesbaden 1955. G. E. F. Chilver: A Historical Comentary on Tacitus' *Histories* I and II, Oxford 1979. M. Fuhrmann: Das Vierkaiserjahr bei Tacitus. Über den Aufbau der Historien B. I bis III, in: Ph 104, 1960, 250–278. W. Jens: Libertas bei Tacitus, in: Hermes 84, 1956, 331–352. R. Mellein, KNLL 16, 278–280. C. L. Murison: The Historical Value of Tacitus' *Histories*, in: ANRW 2, 33, 3, 1991, 1686–1713. E. Schäfer: Domitians Antizipation im vierten *Historienbuch* des Tacitus, in: Hermes 105, 1977, 455–477. P. Steinmetz: Die Gedankenführung des Proömiums zu den *Historien* des Tacitus, in: Gy 75, 1968, 251–262. R. Syme: Tacitus und seine politische Einstellung, in: Gy 69, 1962, 241–263. G. B. Townend: A Historical Commentary on Tacitus' *Histories* IV and V, Oxford 1985. R. Urban: Der „Bataveraufstand" und die Erhebung des Iulius Classicus, Trier 1985.

Historiae adversus paganos
„Weltgeschichte gegen die Heiden"

Orosius aus Bracara, 5. Jh. n. Chr.

„Weltgeschichte in antipaganer Sicht" (M. Fuhrmann), in 7 B. (lat.).

Das Werk war im Jahre 417 n. Chr. abgeschlossen. Orosius hatte es im Auftrag des Augustinus verfaßt.

I Der Autor schrieb eine „negative Weltgeschichte" (M. Fuhrmann). Er trug alles Negative der Vergangenheit (Seuchen, Naturkatastrophen, Kriege, Verbrechen aller Art) zusammen, so daß das Werk als „ein wahres Matyriologium der Menschheit" erscheint. – Die *Historien* bieten eine synchronistisch angeordnete Darstellung der orientalischen, der griechisch-hellenistischen und der röm. Geschichte: B. 1 reicht von der Weltschöpfung bis zur Gründung von Rom, B. 2 bis zum Galliereinfall im 4. vorchristlichen Jahrhundert, B. 3 bis etwa 280 v. Chr. B. 4 behandelt die Kriege gegen Pyrrhus und Karthago, B. 5 die Zeit von der Zerstörung Korinths (146 v. Chr.) bis zum Sklavenkrieg (73–71 v. Chr.). B. 6 reicht etwa bis zum Beginn unserer Zeitrechnung, B. 7 bis 417 n. Chr. – Aufbauend auf den Weissagungen im biblischen B. Daniel (2,31–45) legt Orosius die schematische Einteilung der Weltgeschichte in vier Weltreiche zugrunde: (1) Das assyrisch-babylonische Reich, (2) das makedonische Reich, (3) das karthagische Reich und (4) das röm. Reich. Dieses Schema wirkte sich auch die Anordnung des Stoffes aus.

Q Die synchrone Darstellung alttestamentlicher und profaner Geschichte findet sich bereits in den →*Chronographíai* des Iulius Africanus. Von ihm ist Hippolytos (→*Chronikôn bíbloi*) abhängig. Darauf bauen wiederum die →*Chronikoì kanónes* des Eusebios auf, auf die sich Orosius stützt. – Zu seinen unmittelbaren Vorlagen gehören Florus, →*Bellorum Romanorum libri II*, Eutropius, →*Breviarium ab urbe condita*, Iustinus, →*Epitoma Historiarum Philippicarum*, und die *Periochae* zu Livius, →*Ab urbe condita*. – Außerdem kennt Orosius die „Kaiserbiographien" Suetons (→*De vita XII Caesarum libri VIII*), Caesars *Commentarii* →*De bello Gallico* und die →*Historiae* des Tacitus. Er benutzt die →*Historía ekklesiatiké* des Eusebios in der lat. Übersetzung des Rufinus.

W Eine Grundthese des Autors lautet, daß die Geschichte der Menschheit schon immer von Mißerfolgen und Katastrophen bestimmt gewesen sei und daß man daher auch keinen Anlaß habe, das Unglück der Gegenwart, die Hungersnöte und Barbareneinfälle auf die Beseitigung der heidnischen Religion durch das Christentum zurückzuführen. „Die *Historiae* sollten vor dem Hintergrund der Vergangenheit das Elend der Gegenwart relativieren; es galt, auf diese Weise die Räsonnements der Heiden zu widerlegen, die für das Unglück, das über Rom und das Reich hereingebrochen war, die Tatsache verantwortlich zu machen, daß sich das Gemeinwesen von seinen alten Göttern abgewandt habe und an ihrer Statt Christus verehre. Die *Historiae* dienten also demselben apologetischen Zweck wie Augustinus' *Civitas Dei* (→*De civitate Dei*); sie ergänzten deren geschichtsphilosophische Darlegungen um die Dimension des tatsächlichen Geschichtsablaufs" (M. Fuhrmann, 292 f.).

A M. P. Arnaud-Lindet, Paris 1990 (B. 1–3 lat.-frz.). A. Lippold / A. Bartalucci / G. Chiarini. 2 Bde., Florenz 1976 (lat.-it.). C. Zangemeister, CSEL 5, 1882. **Ü** A. Lippold. 2 Bde., Zürich 1985–1986. **L** M. v. Albrecht, RL, 1098–1101. R. Ampio: La concezione orosiana della storia, attraverso le metafore del fuoco e del sangue, in: Civiltà classica e cristiana 9, 1988, 217–236. E. Corsini: Introduzione alle *Storie* di Orosio, Turin 1968. F. Fabbrini: Paolo Orosio – uno storico, Rom 1979. M. Fuhrmann, Spätantike, 292 f. H. W. Goetz: Die Geschichtstheologie des Orosius, Darmstadt 1980. T. M. Green: Zosimus, Orosius and their Tradition. Comparative Studies in Pagan and Christian Historiography, New York 1974. D. Koch-Peters: Ansichten des Orosius zur Geschichte seiner Zeit, Frankfurt 1984. A. Lippold: Orosius, christlicher Apologet und römischer Bürger, in: Ph 113, 1969, 92–105. P. A. Onica: Orosius, Diss. Toronto 1987. F. Wotke: Orosius, in: RE 18, 1, 1939, 1185–1195.

Historiae Alexandri Magni regis Macedonum

„Geschichte Alexanders d. Gr., des Königs der Makedonen"

Quintus Curtius Rufus, wahrscheinlich 1. Jh. n. Chr.

Geschichte Alexanders (lat.). Von den ursprünglich zehn B. sind die ersten beiden und Teile aus den B. 5, 6 und 10 verloren.
Die Datierung ist umstritten: Die Vorschläge reichen von der Frühzeit des Augustus, d. h. vom späten 1. Jh. v. Chr., bis zu Septimius Severus (reg. 193–211 n. Chr.) und Theodosius d. Gr. (reg. 379–395 n. Chr.).

I B. 3: Alexander zerhaut den Gordischen Knoten, erkrankt nach dem Bad im Ilissos, wird wieder gesund und siegt über den Perserkönig in der Schlacht bei Issos (333 v. Chr.). B. 4: Alexander zerstört Tyros, erobert Gaza und gründet Alexandreia. B. 5: Alexander befindet sich in Babylon und Perse-

polis. Der Perserkönig wird von seinen eigenen Leuten verraten. B. 6: Der Makedone Antipater besiegt den Spartanerkönig Agis. Alexander genießt seine bisherigen Siege. Die Makedonen sind unzufrieden und werden durch kleinere Feldzüge abgelenkt. Eine Verschwörung gegen Alexander wird aufgedeckt; die Bestrafung der Verschwörer wird von Curtius ausführlich geschildert. B. 7: Nach der Bestrafung oder Begnadigung weiterer Verschwörer marschiert Alexander über den Kaukasus und erreicht Batra. Nach siegreichen Kämpfen gegen verschiedene Stämme schlägt er auch die Skythen. B. 8: Alexander tötet im Jähzorn Clitus (Kleitos), der Alexanders Leistungen zu schmälern versuchte. Er bereut seine Tat sofort und will sich selbst umbringen, wird aber von seinen Freunden beruhigt. Er heiratet nach weiteren Erfolgen Roxane und bereitet sich auf den Feldzug nach Indien vor. Er fordert auch von den Makedonen, daß sie ihn als Gott anerkennen. Der Philosoph Kallisthenes tadelt diese Vergöttlichung eines Lebenden. Alexander gibt sein Vorhaben auf, läßt sich aber von den Asiaten anbeten. Eine erneute Verschwörung wird aufgedeckt, der Philosoph Kallisthenes als angeblicher Anstifter hingerichtet. B. 9: Der Siegeszug durch Indien wird von der Erschöpfung der Soldaten überschattet. Der König wird verwundet, die Pest bricht aus. B. 10: Ein großer Teil des Heeres wird nach Hause entlassen. Die Absicht des Königs, in Asien zu bleiben, ruft einen Aufstand der Makedonen hervor. Alexander entläßt diejenigen, die er nicht hinrichten läßt und umgibt sich mit asiatischen Soldaten. Alexander erkrankt und stirbt am 11. Juni 323 v. Chr. – Der Autor beschreibt zusammenfassend Alexanders Vorzüge als Gaben der Natur und entschuldigt seine Fehler mit seiner Jugend und seiner hohen Stellung: Keinen Menschen habe das Glück jemals so begünstigt. Der Streit um Alexanders Nachfolge beginnt.

Q Arrian (→*Alexándru anábasis*) ist wahrscheinlich keine Quelle des Curtius; die Übereinstimmungen lassen sich mit Ptolemaios Lagu (→„Alexandergeschichte") und Aristobulos erklären, die von Curtius und Arrian als gemeinsame Quelle benutzt wurden. Andere Quellen sind Marcus Iunius Iustinus, der auf der Universalgeschichte des Pompeius Trogus basiert (→*Historiae Philippicae*), und Diodor (→*Bibliothéke*). Übereinstimmungen zwischen Curtius und Diodor gehen auf Kleitarchos (→„Alexandergeschichte") zurück. Übereinstimmungen zwischen Curtius und Plutarchs Alexanderbiographie (→*Bíoi parálleloi*) verweisen auf ältere Quellen (vor Kleitarchos). – Literarische Vorbilder waren Herodot (→*Historíes apódexis*) und Livius (→*Ab urbe condita*), mit dem Curtius drei Viertel seines Wortschatzes gemeinsam hat. Auch Homer und Vergil haben Curtius beeinflußt.

H Curtius hat eine kritisch-distanzierte Haltung gegenüber seinem Helden. Er schreibt als Römer für ein Publikum, das noch Vorbehalte gegenüber dem Griechentum und gegenüber der Monarchie hat (hier spielt das Problem der Datierung herein!). Die Hervorhebung der negativen Seiten Alexanders und die moralisierende Kritik entsprechen dem Stil röm. Geschichtsschreibung.

W Curtius wollte keine geschichtliche Belehrung, sondern spannende Unterhaltung bieten. Er übernahm den überlieferten Stoff (z.B. die vorptolemäische →„Alexandergeschichte" des Kleitarchos), verzichtete aber auf nüchterne Sachmitteilung. Der Autor zeichnet ein insgesamt negatives Alexanderbild; es ist dem Bild vergleichbar, das sich der Philosoph Seneca von Alexander machte: Anstelle von Tüchtigkeit war bei ihm erfolgreicher Leichtsinn Ursache seines Erfolges (vgl. →*De beneficiis* 1,13,3). – In der Charakterisierung des Königs als eines hemmungslosen Despoten äußert sich wahrscheinlich auch Opposition gegen das röm. Kaisertum. Dennoch ist das Alexanderbild des Curtius „nuanciert: weder schönfärberisch noch gehässig. Oft erkennt er Alexander an und wirft eher seiner Umgebung Mangel an Rückgrat vor. Doch werden Elemente der *superbia* nicht verschwiegen; die *ira* hat achilleisches Format und kann sich zur *rabies* steigern (z.B. 10,4,2). Curtius zeigt, wie ein von Fortuna dauernd begünstigter Mensch allmählich korrumpiert wird, doch verschweigt er nicht, daß es auch in der Frühzeit Schattenseiten und auch später noch Lichtblicke gab" (M. v. Albrecht, 865). – Das Werk kann als „historischer Roman" betrachtet werden. Als Historiker und Geograph ist Curtius nicht zuverlässig.

N Durch die Verschmelzung von Biographie und Geschichtsschreibung ist das Werk des Curtius ein Vorläufer von Tacitus' *Agricola* (→*De vita et moribus Iulii Agricolae*). Die *Alexandreis* Walthers von Châtillon (um 1135 – um 1179) ist von Curtius abhängig. Johannes von Salesbury (um 1115–1180) empfiehlt Curtius als Schulautor. Petrarca (1304–1374) läßt das Werk für sich abschreiben und benutzt es in seinen Schriften. Im 15. Jh. wird Curtius von L. Valla als Beispiel für gutes Latein zitiert. Im 19. Jh. erlebt der Autor eine Renaissance.

A E. Hedicke, Leipzig [(2)]1908.
Ü G. Dorminger, München 1961. H. Koch. 2 Bde., Darmstadt 2006 (lat.-dt.). K. Müller / H. Schönfeld, München 1954 (lat.-dt.).
L M. v. Albrecht, RL, 859–869. F. Altheim: Curtius Rufus, in: F. A.: Literatur und Gesellschaft im ausgehenden Altertum. Bd. 1, Halle 1948, 153–164. R. Balzer: Der Einfluß Vergils auf Curtius Rufus, Diss. München 1971. H. Berve: Das Alexanderreich auf prosopographischer Grundlage. 2 Bde., München 1926. J. Blänsdorf: Herodot bei Curtius Rufus, in: Hermes 99, 1971, 12–24. H. Bödefeld: Untersuchungen zur Datierung des Q. Curtius Rufus, Diss. Düsseldorf 1982. S. Dosson: Étude sur Quinte-Curce, sa vie et son oeuvre, Paris 1886. R. Egge: Untersuchungen zur Primärtradition bei Q. Curtius Rufus. Die alexanderfeindliche Überlieferung, Diss. Freiburg 1978. N. G. L. Hammond: Three Historians of Alexander the Great. The Socalled Vulgata Authors. Diodorus, Justin, Curtius, Cambridge 1983. U. Instinsky: Zur Kontroverse um die Datierung des C. Rufus, in: Hermes 90, 1962, 379–383. D. Korzeniewski: Die Zeit des Q. Curtius Rufus, Diss. Köln 1959. R. Porod: Der Literat Curtius. Tradition und Neugestaltung: Zur Frage der Eigenständigkeit des Schriftstel-

lers Curtius, Graz 1987. W. Rutz: Zur Erzählkunst des Q. Curtius Rufus, in: ANRW 2, 32, 4, 1986, 2329–2357. W. W. Tarn: Alexander the great. 2 Bde., Cambridge 1948.

Historia ecclesiastica tripertita
„Dreigeteilte Kirchengeschichte"

Flavius Magnus Aurelius Cassiodorus, Senator aus Bruttium, etwa 490–583 n.Chr.

Eine Zusammenstellung von Abschnitten aus den Werken gr. Kirchenhistoriker in zwölf B. (ursprünglich gr., in lat. Übersetzung überliefert).

I Die von Cassiodor selbst vorgenommene Auswahl aus den Werken der drei gr. Kirchenhistoriker Sokrates (→*Historía ekklesiastiké*), Sozomenos (→*Historía ekklesiastiké*) und Theodoretos (→*Historía ekklesiastiké*) wurde von Epiphanios Scholastikos um 560 n.Chr. im Auftrag Cassiodors ins Lateinische übersetzt. Cassiodor zählte diese Übersetzung in seinem Schriftenverzeichnis in der Einleitung zu →*De orthographia* aber nicht zu seinen Schriften.

A W. Jacob / R. Hanslik, CSEL 71, 1952.
L M. v. Albrecht, RL, 1186–1190. A. Dihle, GLL, 481–483. R. Helm, RAC 2, 1954, 915–926. O. Hiltbrunner: Cassiodorus, in: DKP 1, 1067–1069. A. Momigliano: Studies in Historiography, London 1969, 181–210. J. J. O'-Donnell: Cassiodorus, Berkeley 1979.

Historía ekklesiastiké
„Kirchengeschichte"

Euagrios aus Epiphaneia, um 536–593/594 n.Chr.

Geschichtswerk (gr.) in sechs B.

I Behandelt wird die Zeit von 431–593 n.Chr. Euagrios setzt die „Kirchengeschichte" des Sokrates, des Sozomenos und des Theodoretos fort. Stilistisch ist Thukydides sein Vorbild. – Das Werk ist die wichtigste Quelle für die Dogmengeschichte des 5. Jh.s n.Chr.

A J. Bidez / L. Parmentier, 1898, Nachdr. 1964. PG 86, 2, 2415–2886.
Ü A.-J. Festugière, Byzantion 45, 1975, 187–488 (frz.).

Historía ekklesiastiké
„Kirchengeschichte"

Eusebios aus Kaisareia, um 260–339 n.Chr.

Geschichte des Christentums und der christlichen Kirche (gr.).
Vor 303 n.Chr. in zunächst sieben B. entworfen, in zwei weiteren Auflagen bis 325 in zehn B. vollendet. – Neben dem gr. Text gibt es eine syrische Übersetzung noch aus dem 4. Jh.; danach entstand

eine armenische Übersetzung. Die lat. Übersetzung des Rufinus stammt aus dem Jahr 403.

I Im Vorwort des Werkes zählt Eusebios die Themen auf, über die er zu sprechen beabsichtigt. Er hält seine Ankündigung weitgehend ein. Im Hauptteil behandelt er nicht nur die äußeren Geschicke der Christenheit, sondern beschreibt auch die Entstehung und Entwicklung der christlichen Lehre. Dabei berücksichtigt er die Überzeugungen der christlichen Sekten, die als Häretiker aus dem Verband der Großkirche ausgeschlossen wurden. Daneben enthält das Werk auch viele biographische Partien, in denen ein anschauliches Bild von Märtyrern, Bischöfen und Theologen entsteht. – Das 6. B. ist als ganzes eine Biographie des Origenes (etwa 185–254 n. Chr.), dessen Leben als ein Spiegelbild der kirchengeschichtlichen Epoche dargestellt ist. – An das 8. B. ist ein Bericht über die Märtyrer in Palästina während der Verfolgung in den Jahren 303–311 angehängt.

W Der leitende Gedanke der historischen Darstellung ist die Überzeugung, daß „die göttliche Vorsehung die Entstehung des römischen Kaiserreiches und die Menschwerdung des Gottessohnes aufeinander abgestimmt habe, denn die weltumspannende Friedensordnung, die Augustus herstellte, ermöglichte die ungehinderte Ausbreitung der Botschaft vom Heilsgeschehen. Dieser Gedanke klang schon im Lukas-Evangelium an und tauchte seither in der christlichen Literatur immer wieder auf. Mit der Christianisierung des Reiches unter Constantin fand er in den Augen der Zeitgenossen eine eindrucksvolle Bestätigung" (Dihle, 432). Das Werk ist der erste Versuch einer Darstellung der Kirchengeschichte mit der apologetischen Absicht, die Wahrheit der christlichen Kirche mit ihrem Sieg über das Heidentum zu begründen.

A PG 20. E. Schwartz / Th. Mommsen, GCS 9, 1903–1909 (3 Bde. mit der Übersetzung des Rufinus: Kleinere Ausgabe Berlin/Leipzig [(5)]1952.
Ü H. Kraft / Ph. Haeuser / H. A. Gärtner, München [(3)]1889, Nachdr. Darmstadt 1997.
L A. Dihle, GLL, 431–434. R. M. Grant: Eusebius as Church Historian, Oxford 1980. K. Heussi: Zum Geschichtsverständnis des Eusebius von Caesarea, in: WZ Jena 7, 1957/1958, 89–92. J. Moreau, RAC 6, 1966, 1052–1088. E. Schwartz, RE 6, 1, 1907, 1370–1439.

Historía ekklesiastiké
„Kirchengeschichte"

Philostorgios aus Kappadokien, etwa 370–425/433 n. Chr.

Kirchengeschichte (gr.) in 12 B., nur in Frg. erhalten.

I Das Werk sollte die „Kirchengeschichte" des Eusebios aus Kaisareia fortsetzen und umfaßt die Zeit von etwa 315–425 n. Chr. Der Wert des Werkes beruht auf der Benutzung sonst verlorener ariani-

scher Quellen. – Eine zentrale These des Philostorgios lautet: Die Theologie der Kirche ist seit Athanasios verkommen, daraus folgte der Niedergang des röm. Reiches. – In der →*Anthologia Palatina* (9,193–194) befinden sich zwei Epigramme über die →*Historía ekklesiastiké* des Philostorgios.

A J. Bidez, GCS 21, 1912. PG 65, 459–638.
L O. Bardenhewer 4, 132–135. P. Batiffol: Quaestiones Philostorgianae, Paris 1891.

Historía ekklesiastiké
„Kichengeschichte"

Sokrates aus Konstantinopel, um 380–440 n. Chr.

Kirchengeschichte (gr.) in sieben B..
Verfaßt zwischen 439–450.

I Jedes der sieben B. bezieht sich auf die Regierungszeit eines Kaisers. Das Werk umfaßt die Zeit von der Abdankung Diokletians (305 n. Chr.) bis zum 17. Consulat des Theodosius II. (439 n. Chr.). Das Werk ist die Hauptquelle für den Arianismus, die origenistischen Streitigkeiten und die Anfänge des Mönchtums. Es informiert u. a. über die Ausbreitung des Christentums, die Häresien und die Juden. – Der Wert des Werkes beruht auch darauf, daß der Autor seine Quellen ausgesprochen sorgfältig auswertet und kritisch beurteilt.

A PG 67, 29–842.
L F. Geppert: Die Quellen des Kirchenhistorikers Sokrates Scholastikus, Leipzig 1898. F. J. F. Jackson: A History of Church History, Cambridge 1939, 73–82. J. Quasten: Patrology. Bd. 3, Utrecht/Brüssel 1953, 532–534. M. Wallraff: Der Kirchenhistoriker Sokrates. Untersuchungen zu Geschichtsdarstellung, Methode und Person, Göttingen 1997.

Historía ekklesiastiké
„Kichengeschichte"

Sozomenos aus Gaza, 1. Hälfte des 5. Jh.s n. Chr.

Gr. Kirchengeschichte in neun B..
Zwischen 443 und 450 verfaßt, wohl gleichzeitig mit der →*Historía ekklesiastiké* des Sokrates.

I Am Anfang des Werkes steht eine Widmung an Kaiser Theodosius d. J. In dieser wird angekündigt, das Werk umfasse die Zeit vom 3. Consulat des Crispus und des Constantin bis zum 17. Consulat des Theodosius II. (bis 439); es endet jedoch schon mit dem Jahr 422 n. Chr. – Das Werk hängt stark von der →*Historía ekklesiastike* des Sokrates ab, ist jedoch nicht quellenkritisch.

A J. Bidez / G. H. Hansen, GCS 50, 1960. PG 67, 842 bis 1666.
Ü FC 3, 78 (lat.-dt.).
L J. Quasten: Patrology. Bd. 3, Utrecht/Brüssel 1953, 534f. G. Schoo: Die Quellen des Kirchenhistorikers Sozomenos, Berlin 1911.

Historía ekklesiastiké
„Kirchengeschichte"

Theodoretos aus Antiocheia, Bischof von Kyrrhos, 1. Hälfte des 5. Jh.s n.Chr.

Darstellung der Kirchengeschichte (gr.) in Fortsetzung der →*Historía ekklesiastiké* des Eusebios. In den Jahren 449–450 n.Chr. vollendet.

I Die Fortsetzung der „Kirchengeschichte" des Eusebios für die Jahre 325–428 n.Chr. hat eine ausgesprochen apologetische Tendenz und verzichtet weitgehend auf eine historisch-kritische Darstellung.

A L. Parmentier / F. Scheidweiler, GCS 19, [(2)]1954. L. Parmentier / G. C. Hansen, GCS 19, [(3)]1997. PG 80–84.
Ü A. Seiler, BKC[(2)] 51, 1926.
L O. Bardenhewer 4, 219–247. P. Canivet: Theodoretos, in: LThK 10, 32–35.

Historiae Philippicae →Historiarum Philippicarum libri XLIV (Pompeius Trogus)

Historiae Romanae libri II
„Römische Geschichte in zwei B."

Gaius Velleius Paterculus, Anfang des 1. Jh.s n.Chr.

Abriß der röm. Geschichte (lat.), Marcus Vicinius, dem Consul des Jahres 30 n.Chr. und Freund des Autors gewidmet.

I Das Werk beginnt mit einer Geschichte des Orients und Griechenlands und reicht bis zum Jahre 30 n.Chr. Größere Stücke aus der Darstellung der älteren Ereignisse sind verloren; vom röm. Bürgerkrieg an wird die Darstellung ausführlicher. Der Prinzipat des Augustus und des Tiberius wird ausführlich beschrieben, Kaiser Tiberius kritiklos verherrlicht. Überhaupt arbeitet Velleius die historischen Persönlichkeiten stark heraus. So bringt er z.B. die ersten Nachrichten über Arminius und Marbod. – B. 1 behandelt die Zeit vom Ende des Trojanischen Krieges bis zum Jahre 146 v.Chr., B. 2 stellt die sich anschließende Epoche bis in die Zeit des Velleius dar. Den Schluß bildet ein Panegyricus auf Kaiser Tiberius (reg. 14–37 n.Chr.). – Das Werk, das weniger eine röm. Geschichte als ein „universalhistorisches Kompendium" oder eine „Weltgeschichte in Miniaturformat" (M. v. Albrecht, 843) ist, hat auch deutlich biographische Partien mit größeren oder kleineren Charakterbildern bedeutender Männer und Frauen. – Im Rahmen der historischen Darstellung wird auch auf die gr. und röm. Literatur eingegangen.
Q Velleius benutzte u.a. die →*Vitae* und die →*Chronica* des Cornelius Nepos, die verlorene Schrift des Augustus →*De vita mea*, das Ge-

schichtswerk des Livius →*Ab urbe condita* (im Zusammenhang mit der Darstellung der Varus-Schlacht im Jahre 9 n.Chr.).

W Der Autor unterteilt die Zeit in mehrere Epochen. Scharfe Grenzlinien sind die Zerstörung Karthagos (146 v.Chr.), der Anfang des Bürgerkrieges zwischen Caesar und Pompeius (49–48 v.Chr.), die Wiederherstellung des Staates durch Octavian (31 v.Chr.) und der Regierungsantritt des Tiberius (14 n.Chr.). Die Kaiserzeit ist für Velleius ein Neuanfang. Augustus ist der Retter der Welt. Negative Züge werden verschwiegen. Tiberius ist der vollkommene Monarch.
N Velleius wird vor allem im 17. und 18. Jh. gern gelesen und berücksichtigt.

A M. Elefante, Hildesheim 1996. J. Hellegouarc'h. 2 Bde., Paris 1982 (lat.-frz.). C. Stegmann, Stuttgart 1956. W. S. Watt, Stuttgart/Leipzig [(2)]1998.
Ü F. Eissenhardt, Stuttgart [(2)]1913. M. Giebel, Stuttgart 1989 (lat.-dt.). W. Götte, Stuttgart 1833.
L M. v. Albrecht, RL, 841–851. A. Dihle, RE 8 A 1, 1955, 637–659. J. Hellegouarc'h: Les buts de l' oeuvre historique de Velleius Paterculus, in: Latomus 23, 1964, 669–684. J. Hellegouarc'h: L' imperialisme romain d' apres l' oeuvre de Velleius Paterculus, in: L' idéologie de l' impérialisme romain (Colloque de Dijon 1972), Paris 1974, 69–90. C. Kuntze: Zur Darstellung des Kaisers Tiberius und seiner Zeit bei Velleius Paterculus, Frankfurt 1985. U. Schmitzer: Velleius Paterculus und das Interesse an der Geschichte im Zeitalter des Tiberius, Heidelberg 2000. R. J. Starr: The Scope and Genre of Velleius' History, in: CQ N. S. 31, 1981, 162–174.

Historia Gothica →De origine actibusque Getarum (Jordanes)

Historia Gothorum, Vandalorum et Suevorum
„Geschichte der Gothen, Vandalen und Sueven"

Auch zitiert als *Chronica minora* („Kleinere Chronik").

Isidorus aus Sevilla, etwa 570–636 n.Chr.

Geschichte der Westgoten (bis 624 n.Chr.), mit einer Geschichte der Vandalen und Sueven (lat.). Vollendet im Jahre 624 n.Chr.

I Das Werk beginnt mit einem Lob des Landes Spanien, das von dem bedeutendsten Volk der Welt, den Goten, beherrscht werde, und schließt mit einer *laudatio* auf die Goten (Kap. 66–70). – Die Geschichte der Goten (Kap. 1–65) wird in chronologischer Abfolge von der Zeit des röm. Kaisers Valerianus, 253–260 n.Chr., bis in die Regierungszeit des Westgotenkönigs Svinthila dargestellt (vgl. die →*Chronica maiora* des Isidorus). – Die Geschichte der Vandalen wird von 406–535 n.Chr. (Kap. 71–84), die Geschichte der Sueven von 409 bis 585 n.Chr. (Kap. 85–92) geschildert.

Q Zu den Quellen des Isidorus gehören neben der verlorenen Geschichte des Bischofs Maximus von Saragossa u. a. die →*Chronikoì kanónes* des Eusebios, die Hieronymus ins Lat. übersetzt und bis zum Jahre 378 n. Chr. fortgesetzt hatte, die →*Historia adversus paganos* des Orosius und die „Chronik" des Hydatius (→Continuatio chronicorum Hieronymianorum).

A Th. Mommsen, MGH, AA 11, 2, 1893, 267–303.
Ü D. Coste, in: Geschichtsschreiber der deutschen Vorzeit, hg. v. G. H. Pertz u. a. Bd. 10, [(3)]1909. A. Heine, Essen 1986.
L K. Baus: Isidor v. Sevilla, in: LThK 5, 786 f. J. Fontaine: Isidore de Seville et la culture classique dans l' Espagne wisigothique. 3 Bde., Paris [(2)]1983. H. Hertzberg: Die Historien und Chroniken des Isid. v. Sevilla, eine Quellenuntersuchung, Diss. Göttingen 1874. O. Hiltbrunner: Isidorus (Nr. 8), in: DKP 2, 1461 f. KNLL 8, 463 f. J. Pérez de Urbel: I. v. Sevilla. Sein Leben, sein Werk und seine Zeit, Köln 1962.

Historía he metà Polýbion
„Die Geschichte nach Polybios"

Poseidonios aus Apameia, um 135–51 v. Chr.

In Frg. erhaltenes Geschichtswerk (gr.) in 52 B., das an Polybios (→*Historíai*) anschließt und die Zeit von 146 bis etwa 79 v. Chr. behandelt.
Wahrscheinlich ein Spätwerk des Autors, aber wohl vor 60 v. Chr. verfaßt, nachdem Cicero den Historiker und Philosophen um eine historische Abhandlung gebeten hatte.

I Das nicht erhaltene Werk wurde von zahlreichen späteren Autoren (u. a. von Diodor, Strabon, →*Historiká*, Livius, Plutarch, Josephus, Caesar, Vitruv, Athenaios) benutzt und ist daher teilweise rekonstruierbar.- Die Zerstörung Karthagos durch die Römer im Jahre 146 v. Chr. war für Poseidonios der Beginn des allmählichen Niedergangs der röm. Welt, der sich u. a. am Einbruch der Kimbern und Teutonen und an den Sklavenkriegen von 136–99 v. Chr. zu zeigen schien. – Wichtige Bestandteile des Werkes waren auch die ethnographischen Exkurse z. B. über die Kelten und über die Juden.
H „Politisch blieb Poseidonios wie Polybios und Panaitios davon überzeugt, daß Rom zur Herrin der Welt bestimmt sei, daß es aber seinen Beruf nur erfüllen könne, wenn eine sittlich hochstehende Aristokratie das Regiment führe und ebenso den kapitalistischen Ausbeutern der Provinzen wie den wohlgemeinten, aber die Grundlage des Staates erschütternden sozialen Reformversuchen, die von den Gracchen ausgingen, entgegentrete" (Pohlenz, Stoa, 212).
W Wie Polybios wollte Poseidonios „nicht nur Tatsachen erzählen, sondern einen Einblick in die Kausalzusammenhänge geben, aber nicht als reiner Politiker, sondern als der Philosoph, der die treibenden Kräfte in der Psyche der beteiligten Personen und der allgemeinen Menschennatur sucht" (Poh-

lenz, Stoa, 212). In einem Exkurs über Scipio Nasica, der vor der Zerstörung Karthagos gewarnt hatte, weil nach der Beseitigung der äußeren Bedrohung die Gefahr des inneren Unfriedens und des Machtmißbrauchs drohe, legte Poseidonios seine geschichtsphilosophische Auffassung dar: Die Größe Roms beruhe auf seiner moralischen Stärke und Überlegenheit. Aber gerade das Übermaß der Erfolge mußte zu einer schweren inneren Krise führen, die den Untergang zur Folge hat, falls sittliche Erneuerung ausbleibt. – Poseidonios sah die Welt als eine große Einheit. Er wollte die in ihr wirkenden Kräfte aufdecken. Dabei stellte er immer die Frage nach der persönlichen Verantwortung, nach Schuld und Sühne, und führte wie Thukydides alles Handeln auf die Urtriebe der Menschennatur zurück. Doch hinter allem Geschehen sah Poseidonios eine sinngebende göttliche Ordnung, die der Historiker zu ergründen und zu beschreiben hatte. Somit erfüllte die Geschichtsschreibung für Poseidonios dieselbe Aufgabe wie alle anderen wissenschaftlichen Disziplinen: das menschliche Erkennen zu fördern.

A L. Edelstein / I. G. Kidd. 2 Bde., Cambridge 1972 und 1988 (Frg. und Kommentar). FGrHist 87. W. Theiler, Berlin/New York 1981.
Ü B. Effe, GLTD 4, 280–291 (gr.-dt. in Auswahl). M. Pohlenz: Stoa und Stoiker, Zürich 1950, 268–277 (Übersetzung einiger Frg.).
L K. v. Fritz: Poseidonios als Historiker, in: Historiographia antiqua. FS W. Peremans, Löwen 1977, 163–193. M. Laffranque: Poseidonios d' Apamée, Paris 1965. O. Lendle, Einführung, 235–237. A. Lesky, GL, 764–767. J. Malitz: Die *Historien* des Poseidonios, München 1983. G. Pfligersdörfer: Studien zu Poseidonios. SB Öst. Ak. d. Wiss. Phil.-hist. Kl. 232/5, Wien 1959. M. Pohlenz, Stoa 1, 208–238. 2, 103–122. K. Reinhardt: Poseidonios, München 1921. K. Reinhardt: Kosmos und Sympathie, München 1926. K. Reinhardt: Poseidonios von Apamea, in: RE 22, 1, 1953, 558–826. A. Schmekel: Die Philosophie der mittleren Stoa in ihrem geschichtlichen Zusammenhange, Berlin 1892, Nachdr. Hildesheim 1965. K. Schmidt: Kosmologische Aspekte im Geschichtswerk des Poseidonios, Göttingen 1980.

Historíai
„Geschichte"

Auch zitiert als *Makedoniká* („Geschichte Makedoniens").

Duris aus Samos, um 340–260 v. Chr.

Geschichtswerk in 24 B. (gr.), aus dem nur Frg. erhalten sind.

I Das bedeutende Geschichtswerk umfaßte die Geschichte Makedoniens für die Zeit von der Schlacht bei Leuktra (371 v. Chr.) bis zum Tod des Lysimachos (283 v. Chr.). – Im einzelnen wurden u. a. folgende Epochen behandelt: Philipp II (359 bis 336); Alexander (336–323); Diadochenzeit bis zu Kassander (323–316), bis zur Eroberung Athens durch Demetrios Poliorketes (316–307) und bis zum Tod des Lysimachos (307–283). – Die wenigen Frg. lassen erkennen, daß Duris eine moralisierende Belehrung seiner Leser anhand der von ihm beschriebenen Persönlichkeiten der Geschichte anstrebte.

W Im Proömium zum 1. B. der *Historíai* (Frg. 1) entwickelte Duris sein historiographisches Programm. „Seine Hauptforderung lautete, daß die Schilderung geschichtlicher Vorgänge möglichst wenig hinter den Vorgängen selbst zurückbleiben sollte. Die größte Annäherung an die Wirklichkeit aber konnte der Historiker durch die Einbeziehung von ‚Nachahmung‘ und ‚Lustempfindung‘ in die Schilderung erreichen...“ (Lendle, 186). Mit den Begriffen „Nachahmung“ und „Lustempfindung“ bezieht sich Duris, der Schüler des Theophrast, auf die „Poetik“ des Aristoteles (→*Perì poietikês.* 14, 1453b11 f.). „Im Sinn des Aristoteles war Duris offenbar der Auffassung, daß der Historiker bei seinen Lesern jene naturgegebene ‚Lustempfindung‘ zu erzeugen versuchen müsse, die aus der ‚Nachahmung‘ der tatsächlichen Ereignisse entspringt, wenn deren lebenswirkliche Schilderung die Leser (so wie die Zuschauer im Theater) zu Miterlebenden werden läßt“ (Lendle, 187).

A FGrHist 76.
L R. B. Kebric: In the shadow of Macedon. Duris of Samos, in: Hist. E.S. 29, 1977. O. Lendle, Einführung, 181–190. A. Lesky, GL, 861. L. A. Okin: Studies on Duris of Samos, Diss. Univ. of Calif 1974. P. Pédech: Trois historiens méconnus. Théopompe, Duris, Phylarque, Paris 1989. E. Schwartz, RE 5, 2, 1905, 1853–1856.

Historíai
„Geschichte“

Ephoros aus Kyme, 4. Jh. v. Chr.

Erste – allerdings unvollendete – Universalgeschichte der Griechen in 29 B. (gr.), nur in dürftigen Frg. erhalten.

I Das Werk begann mit der Dorischen Wanderung und der Eroberung der Peloponnes durch die Dorer und endete im Jahre 340 v. Chr. mit der Belagerung von Perinthos durch Philipp II. – Allen B. waren eigene Proömien vorgeschaltet, die allgemeinere Überlegungen enthielten; so behauptete Ephoros z. B. im Proömium zum 1. B., die Musik sei zur Täuschung und Betörung der Menschen eingeführt worden (Frg. 8). – B. 1–3: Aufteilung Griechenlands und Anfänge der einzelnen Staaten. B. 4–5: Geographie der Oikumene. B. 6–10: Ereignisse bis zu den Perserkriegen. B. 11–20: Perserkriege und Geschichte der athenischen und spartanischen Hegemonie. B. 21–25: Ablösung der spartanischen durch die thebanische Hegemonie bis zur Schlacht bei Mantineia (362 v. Chr.). B. 26–29: Zeitgeschichte des Ephoros bis 340 v. Chr. ohne den Heiligen Krieg von 357–346 v. Chr., der von Demophilos, dem

Sohn des Ephoros, in dem von ihm hinzugefügten 30. B. nachgeliefert wurde.

Q Schon in der Antike wurde Ephoros der Vorwurf der „Stubengelehrsamkeit“ gemacht, da er keine praktischen Erfahrungen sammeln konnte. Er erwarb seine Kenntnisse durch intensive Lektüre vorhandener Literatur. Er betrieb keine eigene Forschungsarbeit, sondern exzerpierte und kommentierte vorhandene Quellen (u. a. →*Hellenica Oxyrhynchia*, Herodot, →*Historíes apódexis*, Thukydides, *Ho pólemos tôn Peloponnesíon kaì Athenaíon*, Kallisthenes, →*Helleniká*). Darüber hinaus benutzte er auch poetisch-literarische Texte (z. B. Frg. 216: Tyrtaios, →*Élegoi*; Frg. 196: Aristophanes, →*Eiréne*).

W Ephoros trug zwar viel historisches Material zusammen; er hatte aber nicht die Absicht, die Geschichte zu deuten oder große Entwicklungslinien zu ziehen.

N In der Antike waren die *Historíai* des Ephoros das Standardwerk für die Geschichte der klassischen Zeit. Sie wurden ausgiebig exzerpiert von Diodor (1. Jh. n. Chr.) in seiner →*Bibliothéke historiké* (B. 11–16). Verschiedene Historiker haben das Werk des Ephoros fortgesetzt.

A FGrHist 70.
L G. L. Barber: The Historian Ephorus, Cambridge 1935. R. Burde: Untersuchungen zur antiken Universalgeschichtsschreibung, München 1974. O. Lendle, Einführung, 136–143. A. Lesky, GL, 701. A. Momigliano: La storia di Eforo e le Elleniche di Teopompo, in: RFIC 13, 1935, 180 ff. E. Schwartz, RE 6, 1907, 1–16.

Historíai →Genealogíai (Hekataios)

Historíai →Historíes apódexis (Herodot)

Historíai
„Weltgeschichte“

Nikolaos aus Damaskos, geb. etwa 64 v. Chr.

Geschichtswerk in ursprünglich 144 B. (gr.), aus denen nur Frg. erhalten sind.

I Ausführliche Exzerpte aus den B. 1–7 befinden sich in der historischen Enzyklopädie, die der byzantinische Kaiser Konstantinos VII. Porphyrogennetos (905–959 n. Chr.) anfertigen ließ: B. 1–2 enthielten die Geschichte Syriens und Mediens, B. 3 die gr. Frühgeschichte bis zum trojanischen Krieg, B. 4 eine Weltgeschichte mit Lydien, der äolischen und der dorischen Wanderung, Sparta, Messenien, Korinth, B. 5 Arkadien, B. 6 Attika und die ionische Wanderung, B. 7 die Tyrannenzeit, Persien, das alte Rom. – Es handelte sich wohl um eine synchronistisch angelegte Weltgeschichte. Vermutlich reichte das Werk bis in das Jahr 4 v. Chr., das Todesjahr des Herodes I., dem Nikolaos als Ratgeber und Hofhistoriograph diente und für dessen Nachfolger er bei Augustus in Rom eintrat (4 v. Chr.).

Q   Seine Quellen waren für die Geschichte des Orients Ktesias (→*Persiká*) und Xanthos (→*Lydiaká*), für Griechenland Hellanikos (→*Atthís*) und Ephoros (→*Historíai*).

A   FGrHist 90. O. Lendle, Einführung, 244–246. A. Lesky, GL, 872 f.

Historíai →Genealogíai (Pherekydes)

Historíai
„Geschichte"

Phylarchos, etwa 272–214/13 v. Chr.

Geschichtswerk in 28 B. (gr.), das im Anschluß an die →*Historíai* (*Makedoniká*) des Duris die Zeit vom Tod des Pyrrhus (272 v. Chr.) bis zum Ende des Kleomenes III. von Sparta (220/219 v. Chr.) beschreibt. Erhalten sind zahlreiche Frg.

I   Die Frg. zeigen, daß das Werk „eine materialreich, detailliert ausgearbeitete, den Leser in das Geschehen und in die Wechselfälle des Glücks engagiert hineinziehende Darstellung eines auch in der Wirklichkeit hochdramatischen Zeitraums" (Lendle, 201) war. Phylarchos war bemüht, die Geschichte über die dramatische, rührende, erschütternde, farbige Darstellung von Nebensächlichkeiten zu verlebendigen.

N   Die meisten Frg. sind den →*Deipnosophistaí* des Athenaios zu verdanken. Polybios, der sich bei seiner Darstellung des „kleomenischen Krieges" auf die →*Hypomnémata* des Aratos stützt, kritisiert die historiographische Methode des Phylarchos (→*Historíai*). Er lehnt die Übertragung von Mitteln der Tragödiendichtung auf die Historiographie (vgl. Duris, →*Historíai*, und sein historiographisches Programm) entschieden ab (2,56,10–13).

A   FGrHist 81.
L   J. Kroymann, RE Suppl. 8, 1956, 471–489. O. Lendle, Einführung, 195–202.

Historíai
„Geschichte"

Polybios aus Megalopolis, um 200 bis etwa 120 v. Chr.

Geschichtswerk in 40 B. (gr.), von denen etwa ein Drittel erhalten ist.

I   Das als Universalgeschichte angelegte Werk behandelt im Kern (B. 3–29) den Zeitraum von 220 bis zur Schlacht bei Pydna (168 v. Chr.). In B. 3 wird die Situation in Rom und Karthago von 220 bis zur Schlacht bei Cannae (216) geschildert, in den B. 4–5 geht es um die Ereignisse im Osten während desselben Zeitraumes. B. 7 beginnt mit dem Jahr 215 in annalistischer Darstellung und in Orientierung an der Olympiadenzählung. In einem Vorspann (B. 1–2) befaßte sich der Autor mit den Jahren 264–220 und in einem Anhang (B. 30–39) mit der Zeit von 167–144 v. Chr. – Der 2. Punische Krieg und die Schlacht bei Pydna mit dem endgültigen Sieg der Römer über Makedonien (etwa 220 bis 168 v. Chr.) bilden den Anfangs- und Schlußpunkt des Aufstiegs von Rom zur Weltmacht. Unter diesem Gesichtspunkt stellt Polybios diese knapp 53 Jahre als einen geschlossenen weltgeschichtlichen Zeitraum dar. B. 6 behandelt die Theorie der Verfassungen und gibt eine Wertung der röm. Verfassung. B. 12 ist größtenteils der Auseinandersetzung mit früheren Historikern, vor allem mit Timaios, gewidmet. B. 34 enthält eine in sich geschlossene Geographie der Oikumene.

Q   Polybios setzt sich intensiv mit seinen Vorgängern auseinander. Er distanziert sich aber von „Stubengelehrten" wie Timaios und betont den unersetzlichen Quellenwert von Autopsie (eigener Beobachtung) und Autopathie (eigenem Erleben), die für eine wahrheitsgemäße Darstellung unerläßlich seien. Hinzu kommt die Befragung von Augenzeugen. Polybios benutzt die Aufzeichnungen von Politikern, Briefe, Reden und Urkundenmaterial. Als literarisch-historiographische Quellen kommen neben Thukydides, an dem Polybios sich methodologisch orientierte, und Timaios, von dem er sich distanzierte, folgende Texte in Frage: die →*Historíai* des Phylarchos, die →*Hypomnémata* des Aratos aus Sikyon, die Monographie →*Ho perì Sikelías pólemos* des Philinos aus Akragas, die Historiker der Hannibalgeschichte Silenos (FGrHist 175) und Sosylos (FGrHist 176), die →*Helleniká* des Kallisthenes, die →*Historíai* des Ephoros, die →*Annales* des Quintus Fabius Pictor, der *Tripolitikós* des Dikaiarchos aus Messene mit seinem Modell einer Verknüpfung der drei klassischen Staatsformen zu einer Idealverfassung. Auch die zeitgenössischen röm. Historiker gehören zu Polybios' Quellenautoren: Cato, →*Origines*, C. Acilius Postumius Albinus u. a.

W   Am Anfang des Werkes nennt Polybios seine Absicht (1,1,5): Er berichte über ganz außerordentliche Vorgänge, die so interessant seien, daß sich niemand der Lektüre seines Werkes entziehen werde: „Denn wer wäre so gleichgültig, so oberflächlich, daß er nicht zu erfahren wünschte, wie und durch was für eine Art von Einrichtung und Verfassung ihres Staates beinahe der ganze Erdkreis in nicht ganz dreiundfünfzig Jahren unter die alleinige Herrschaft der Römer gefallen ist?" (Übersetzung: H. Drexler). In Anlehnung an Thukydides (→*Ho pélemos tôn Peloponnésion kaì Athenaíon*) geht es Polybios weniger um die Unterhaltung als um die Belehrung seiner Leser. Die Geschichtsschreibung dient der Suche nach der Wahrheit, d. h. der Historiker muß alle ihm erreichbaren Informationen und Quellen sammeln und kritisch prüfen, er muß die Ursachen des Geschehens erforschen und seinen auf eigener Erfahrung beruhenden Sachverstand einbringen. Aufgrund dieser Auffassung polemisiert Polybios gegen alle historiographischen Richtungen, die diesen Prinzipien nicht gerecht werden. Dazu gehört auch die auf psychagogische Effekthascherei (*terateía*) zielende „tragische" Geschichtsschreibung eines Timaios aus Tauromenion (→*Historíai*), die Polybios im 12. B. seines Werkes bekämpft. Vgl. auch den berühmten Abschnitt (2, 56,10–13), wo Polybios in Auseinandersetzung mit Phylarchos (→*Historíai*) die unzulässige Übertragung der Tragödiendichtung auf die Historiographie brandmarkt: „Der Historiker soll seine Leser nicht durch Schauergeschichten in Erschütterung versetzen, keine schönen Reden einlegen, die vielleicht so hätten gehalten werden können, nicht das Geschehen mit Nebenbezügen und Begleitumständen ausschmücken, wie es die Tragödiendichter tun, sondern einzig und allein das wirklich Getane und Gesagte berichten, auch wenn es nur ganz schlichte Dinge sind. Denn das Ziel der Geschichte und der Tragödie ist nicht dasselbe, sondern ein entgegengesetztes. Dort nämlich gilt es, durch die eindrucksvollsten Worte die Hörer für den Augenblick zu fesseln und zu erschüttern, hier dagegen, durch die wirklichen Taten und Reden die Wißbegierigen auf die Dauer zu belehren und zu einer richtigen Einsicht zu führen, da für die Tragödie das Eindrucksvolle Maßstab ist, auch wenn es unwahr ist – denn es geht um die Illusion der Zuschauer –, in der Historie dagegen geht es um die Wahrheit, denn ihr Ziel ist der Nutzen für die Leser, die aus ihr lernen suchen ..." Über seine historiographische Methode äußert sich Polybios auch im Proömium zum 9. B. (9,1,2ff.): Er sei sich darüber im klaren, daß sein Werk etwas Strenges und Abweisendes an sich habe und viele Leser, die Unterhaltung wünschten, nicht anspreche. Er wende sich eben nur an den „politisch Interessierten", der etwas über die Taten und Schicksale von Völkern, Städten und Herrschern wissen wolle. Hier berührt sich Polybios mit Thukydides (1,22,4), der nicht auf den Genuß, sondern auf den dauerhaften Nutzen zielte. Polybios geht es also um eine „pragmatische" Geschichtsschreibung, d.h. um eine Geschichtsschreibung, die sich auf die „Tatsachen" der Zeitgeschichte konzentriert. Für den „politisch Interessierten" hat – so Polybios – die Kenntnis der Geschichte einen ganz realen Nutzen (vgl. bes. 3,31; 9,2,5; 1,35,7–9). – Den Gedanken vom dauerhaften Nutzen der Geschichte, mit dem übrigens auch ein dauerhafter Genuß verbunden sein kann, hat Polybios zu einem breiten Programm ausgeweitet. – Obwohl Polybios den Grundsatz vertritt, daß der Historiker eine rationale Ursachenforschung betreiben müsse und auch mit Erfolg betreiben könne, glaubt er an eine nicht erfaßbare Macht in der Welt: an die „Tyche" (Schicksal, Zufall). Er will in seinem Werk auch zeigen (1,4,1), wie die Tyche die historisch-politischen Entwicklungen lenkt. „Offenbar wollte Polybios mit dem Begriff der Tyche alles erfassen, was sich nach seinem Urteil der rationalen Analyse entzog" (Lendle, 233).

A L. Dindorf / Th. Büttner-Wobst. 5 Bde., Leipzig 1889–1904, Nachdr. 1987–1995.
Ü H. Drexler. 2 Bde., Zürich [(2)]1978. K. F. Eisen, Stuttgart 1973 (Auswahl).
L K. F. Eisen: Polybiosinterpretationen, Heidelberg 1966. K. v. Fritz: The Theory of Mixed Constitution in Antiquity. A critical analysis of Polybius' political ideas, New York 1954. O. Lendle, Einführung, 221 bis 234. A. Lesky, GL, 865–870. B. Meißner: *Pragmatike Historia*, in: Saeculum 37, 1986, 313–351. K. Meister: Die griechische Geschichtsschreibung. Von den Anfängen bis zum Ende des Hellenismus, Stuttgart/Berlin/Köln 1990, 153–166. S. Mohm: Untersuchungen zu den historiographischen Anschauungen des Polybios, Diss. Saarbrücken 1977. D. Musti: Polibio e l' imperialimo romano, Neapel 1978. K. Sacks: Polybius on the writing of history, Berkeley/Los Angeles 1981. K. Stiewe / N. Holzberg (Hg.): Polybios, Darmstadt 1982. A. Roveri: Tyche in Polibio, in: Convivium 24, 1956, 275–293. F. W. Walbank: A Historical Commentary on Polybius. 3 Bde., Oxford 1957–1979. F. W. Walbank: Polybios, Berkeley/Los Angeles 1972. K. Ziegler, RE 21, 2, 1952, 1440–1578.

Historíai →Historía he metà Polýbion (Poseidonios)

Historíai →Hypèr tôn polémon (Prokopios)

Historíai
„Geschichte"

Sosylos aus Lakedaimon, 3. Jh. v. Chr.

Geschichtswerk über Hannibal (gr.) in sieben B., nur in Frg. überliefert.

A FGrHist 176.
L F. Bilabel: Die kleineren Historikerfrg. auf Papyrus, Bonn 1923. F. Jacoby, RE 3 A 1, 1927, 1204–1206. W. Spoerri: Sosylos von Lakedaimon, in: dtv-L 1. 4, 215.

Historíai
„Geschichte"

Auch zitiert als *Sikeliká* („Geschichte Siziliens").

Timaios aus Tauromenion, Mitte des 4. Jh.s – Mitte des 3. Jh.s v. Chr.

Umfassende Geschichte Siziliens und des gr. Westens in mindestens 38 B. (gr.), aus denen viele geographische und ethnographische Frg. erhalten sind.

I Die B. 1–5 enthielten eine ausführliche Einleitung mit einer Geographie des Westens und einer Geschichte der gr. Besiedlung Siziliens und Unteritaliens. Darauf folgt die historische Erzählung, die etwa vom 21. B. ab der Zeitgeschichte des Timajos gewidmet war. In den B. 34–38 wurde die Geschichte des Agathokles von Syrakus erzählt, nach dessen Machtergreifung (vgl. auch die →*Historía*

Agathokléus des Duris aus Samos mit der „Geschichte des Agathokles") Ende 316 v. Chr. Timaios verbannt wurde, um danach 50 Jahre in Athen zu leben. – Das Werk schloß mit dem Tod des Agathokles im Jahre 289 v. Chr. Später fügte Timaios dem Hauptwerk noch eine „Geschichte der Pyrrhoskriege" hinzu, die über den Tod des Pyrrhos (272) hinaus bis zum Jahr 264/263, dem Beginn des 1. Punischen Krieges, reichte. Dieser Anhang bot einen Überblick über die Geschichte Roms – wahrscheinlich unter Einbeziehung der Gründungssage – bis zum Zusammenstoß der Römer mit Pyrrhos und den Karthagern. – Ein besonderes Verdienst des Timaios liegt darin, daß er die Zeitrechnung nach Olympiaden durchsetzte. Er verfaßte im übrigen auch ein Werk über →*Olympioníkai* („Olympiasieger").

N Varro bezeichnet das Werk – wohl aufgrund des Anhangs über die Geschichte des Pyrrhos – als „Geschichte *de rebus populi Romani*" (Geschichte über die Dinge des römischen Volkes) (T 9 c). Cicero (→*De oratore* 2,58) rühmt die hohe Bildung des Timaios, die inhaltliche Vielfalt und gedankliche Fülle seines Werkes und sein stilistisches Geschick. Der Autor →*Perì hýpsus* (4,1–2) kommt zu einem ausgewogenen Urteil über Timaios. – Von Polybios (→*Historíai*, 12. B.) wird Timaios jedoch scharf angegriffen. Polybios wirft ihm nicht nur seine notorische Tadelsucht vor, sondern auch den Verzicht auf echte historische Forschung vor Ort: So hatte Timaios keine systematische Befragung von Augenzeugen durchgeführt und keine Archive oder Inschriften an den Orten des Geschehens benutzt; er schrieb seine Geschichte in den Bibliotheken von Athen. Für Polybios war die Lektüre historischer Werke noch keine ernsthafte Geschichtsforschung; außerdem habe sich Timaios der absichtlichen Lüge schuldig gemacht.

A FGrHist 566.

L T. S. Brown: Timaeus of Tauromenium, Berkeley/ Los Angeles 1958. O. Lendle, Einführung, 211–218. A. Lesky, GL, 864f. A. Momigliano: Atene nel III sec. e la scoperta di Roma nelle *Storie* di Timeo, in: RSI 71, 1959, 529–556. R. Vattuone: Ricerche su Timeo: La *pueritia* di Agatocle, Florenz 1982.

Historía Iudaikû polému pròs Rhomaíus
„Geschichte des Judäischen Krieges gegen die Römer"

Auch zitiert als *Bellum Iudaicum* („Judäischer Krieg"), als *Perì halóseos* („Über die Eroberung") und als *Perì tû Iudaikû polému* („Über den jüdischen Krieg").

Flavius Iosephus (Iosephos), 37– um 95 n. Chr.

Darstellung (gr.) des judäisch-jüdischen Aufstandes (7 B.) im Jahre 66 n. Chr. und den Jahren von 66 n. Chr. bis zum Fall Jerusalems im Jahre 70 n. Chr. Iosephos hatte das Werk zunächst in seiner aramäischen Muttersprache verfaßt (vgl. →*Contra Apionem* 1,9). Zwischen 75 und 79 n. Chr. wurde die gr. Fassung angefertigt.

I Das Werk geht in B. 1 und 2 bis auf den Konflikt der Juden mit König Antiochos IV. Epiphanes, den Beherrscher des Seleukidenreiches (Iran, Zweistromland, Nordsyrien), zurück: Im Jahre 166 v. Chr. brach der Makkabäeraufstand wegen eines im Jahre 167 von Antiochos IV. erlassenen Edikts aus, das den Jahwekult verbot und Opfer für Zeus und den König befahl. – Thematisiert werden auch das Königtum der Hasmonäer (bis 37 v. Chr.), deren Aufstieg durch die Maßnahmen des Seleukidenherrschers Antiochos IV. ausgelöst worden war, und die Herrschaft des von Marcus Antonius inthronisierten Herodes des Gr. (37–4 v. Chr.) und seines Sohnes Archelaos (4 v. Chr. – 6 n. Chr.). Darauf folgt die Zeit unter der röm. Provinzialverwaltung bis zum Kriegsausbruch und dem Sieg der Juden über Cestius, der im Jahre 66 n. Chr. die Belagerung von Jerusalem vorzeitig abgebrochen hatte und auf dem Rückzug schwere Verluste erleiden mußte. B. 3 handelt vom Krieg in Galiläa (67 n. Chr.) unter dem röm. Feldherrn Titus Flavius Vespasianus und der Kapitulation des Iosephos, der bis zu diesem Zeitpunkt jüdischer Befehlshaber in Galiläa war. In B. 4 werden quasi aus röm. Sicht die Eroberung von Judäa und die Einkreisung von Jerusalem geschildert. Iosephos erhält von Vespasian die Freiheit geschenkt, nachdem sich seine Prophezeiung über Vespasians Karriere bewahrheitet hatte. In den B. 5 und 6 geht es um die Belagerung und Zerstörung von Jerusalem durch Vespasians Sohn Titus im Jahre 70 n. Chr. B. 7 schildert den Triumph der Sieger in Rom und das Ende des judäischen Staates mit dem Fall von Masada (72 n. Chr.).

Q Der Titel *Bellum Iudaicum*, den Iosephos selbst benutzte, wenn er in anderen Darstellungen darauf verwies, ist wohl angeregt durch das →*Bellum Iugurthinum* des Sallust und das *Bellum Gallicum* Caesars (→*De bello Gallico*), mit Iosephos auch die Zahl der sieben B. gemeinsam hat. Im Werk selbst findet sich kein direkter Hinweis auf verwendete Quellen. Iosephos benutzte aber mit großer Sicherheit die →*Historíai* des Nikolaos aus Damaskos. Das gilt vor allem für die ausführliche Darstellung des Herodes d. Gr. Der Abschnitt 1,31–2,116 kann als Auszug aus den *Historíai* des Nikolaos betrachtet werden, in denen etwa 20–25 B. König Herodes gewidmet waren. Für die Zeit zwischen Herodes d. Gr. und dem Beginn des Krieges benutzte Iosephos anscheinend jüdische Quellen, während er den Verlauf des Krieges selbst aus eigener Anschauung unter Benutzung röm. Urkunden und Dokumente und der Tagebücher des Vespasian und des Titus beschrieb.

W Die Schrift diente dem Zweck, die Schuld der Fanatiker (Zeloten) am Untergang des jüdischen Volkes herauszustellen. Nicht das friedliebende jüdische Volk und schon gar nicht die Römer waren für die Katastrophe verantwortlich. „Trotz des an vielen Stellen prorömischen Grundtenors verschweigt der Augenzeugenbericht über die Katastrophe des jüdischen Freiheitskampfes dann jedoch durchaus nicht das häufig brutale Vorgehen der römischen Truppen. Der Leser erlebt den glorreichen Vorgang der gewaltsamen römischen Weltbefriedung hautnah aus der Sicht des Unterworfenen mit. Es gelingt Iosephos, die von beiden Seiten mit großer Härte und Unmenschlichkeit geführten ... Kämpfe in detailreicher Anschaulichkeit lebendig werden zulassen – nicht ohne seine eigenen Leistungen in aufdringlicher Weise häufig selbst zu loben" (Lendle, 248 f.). Iosephos wollte seine Rolle in dem von ihm geschilderten Krieg und vor allem seine Parteinahme für die Römer erläutern. Darüber hinaus sah er sich veranlaßt, auf seine Gönner und Förderer, den röm. Kaiser Vespasian und dessen Sohn Titus, kein schlechtes Licht fallen zu lassen. – Da der Bericht des Tacitus über den jüdischen Aufstand in den →Historiae bis auf den Anfang verloren ist, sind die →Chronica des Sulpicius Severus (um 400 n. Chr.) für dieses Thema die einzige Informationsquelle neben dem *Bellum Iudaicum*.

A   S. A. Naber. 6 Bde., Leipzig 1888–1896. B. Niese. 7 Bände, Berlin 1885–1895. H. St. J. Thackeray / R. Marcus / A. Wikgren / L. H. Feldman. 9 Bde., London/Cambridge (Mass.) 1926–1965 (gr.-engl.).
Ü   H. Clementz, Leipzig [(6)]1994. P. Kohut, Linz 1901. O. Michel / O. Bauernfeind. 3 Bde., Darmstadt 1963–1982 (gr.-dt.).
L   G. Hölscher, RE 9, 2, 1916, 1934–2000. R. Laqueur: Der jüdische Historiker Flavius Josephus, Gießen 1920. O. Lendle, Einführung, 247–249. A. Lesky, GL, 900 f. T. Rajack: Josephus. The historian and his society, London 1983. S. Schwartz: Josephus and Judaean politics, Leiden 1990. H. St. J. Thackeray: Josephus, the man and the historian, New York 1929. W. C. van Vanic: Flavius Josephus als historischer Schriftsteller, Heidelberg 1978.

Historíai thaumásiai
„Wundergeschichten"

Apollonios, 1. Hälfte des 2. Jh. v. Chr.

Abhandlung (gr.) aus der Gattung der Paradoxographie.

A   Paradoxographoi, 103–116. O. Keller: Rerum naturalium scriptores Graeciae minoris. Bd. 1, Leipzig 1877, 43–56.
L   K. Ziegler, RE 18, 3, 1949, 1152–1155.

Historia Lausiaca →Lausiakón (Palladios)

Historia naturalis →Naturalis historia libri XXXVII (Plinius d. Ä.)

Historia persecutionis Africanae provinciae
„Geschichte der Verfolgung in der Provinz Africa"

Victor aus Vita, 2. Hälfte des 5. Jh.s n. Chr.

Kirchengeschichtliche Darstellung (lat.). Noch vor Ende der Verfolgungen im Jahre 484 n. Chr. verfaßt.

I   Victor schildert die Lage der christlichen Kirche unter den Vadalenkönigen Geiserich (428–477) und Hunerich (477–484). In Anlehnung an die Klagen des Propheten Jeremia berichtet Victor über die grausamen Verfolgungen und Leiden der katholischen Christen Africas unter den arianischen Vandalen. Er stellt ihr Schicksal als Strafe Gottes für ihre Sünden hin. Am Schluß der Schrift ruft der Verfasser die Apostel Petrus und Paulus an, um sie um Fürsprache bei Gott zu bitten.

W   Vielleicht wollte Victor mit dieser Schrift den Kaiser in Konstantinopel zum Eingreifen bewegen.

A   M. Petschenig, CSEL 7, 1881.
L   H. Hofmann: Die Geschichtsschreibung, in: NHbL. Spätantike, bes. 434.

Historía Rhomaiké
„Römische Geschichte"

Cassius Dio Cocceianus, etwa 150–235 n. Chr.

Geschichtswerk in 80 B. (gr.). Vollendet nach 229 n. Chr.

I   Es handelt sich um eine röm. Geschichte von der Gründung Roms bis in die Lebenszeit des Autors (229 n. Chr.). Der erste große Teil des Werkes B. 1–51 umfaßt die Epoche von Aeneas bis Augustus, den Gründer der Monarchie. Cassius Dio legt großen Wert darauf, die Grundzüge der historischen Entwicklung herauszuarbeiten und auf Detailmalerei zu verzichten. Darunter leidet die Anschaulichkeit. – Die Rede des Maecenas für die Monarchie (B. 52) erweckt den Eindruck, ein monarchisches Programm aus der Zeit des Autors zu sein. Diese betont monarchistische Sichtweise bestimmt die Darstellung der Kaisergeschichte vom Beginn des Prinzipats bis in die Zeit des Autors (B. 52–80). – Erhalten sind die B. 36–60 (von 68 v. Chr. – 47 n. Chr.) und Reste der B. 78 und 79. Die verlorenen B. sind aus den Werken byzantinischer Gelehrter zu rekonstruieren. So hat u. a. Ioannes Xiphilinos im 11. Jh. n. Chr. die B. 36–80 zu einer eigenen Geschichte verarbeitet. Im 12. Jh. hat Ioannes Zonaras die B. 1–21 und 44–80 für seine *Epitomè historiôn* benutzt. Auch in der Exzerpten-Sammlung des Konstantinos VII. Porphyrogennetos (10. Jh.) sind zahlreiche Zitate aus Cassius Dio aufgehoben. – Das ganze Werk war in Dekaden gegliedert: Die B. 1–40 behandelten die Zeit von Aeneas bis zu Caesars Übergang über den Rubikon, die B. 41–50 die Bürgerkriege, die B. 51–60 Octavians Sieg bei Actium bis zu Claudius' Tod, die B. 61–80 die Zeit von Caligula bis in die Zeit des Autors.

Q Für die ersten sechs Jahrhunderte konnte der Autor auf annalistische Quellen zurückgreifen (sein eigenes Werk ist annalistisch angelegt). Livius (→*Ab urbe condita*) und Polybios (→*Historíai*) wurden benutzt (ab B. 36). Umstritten sind die Bezüge zu Tacitus (→*Annales*, →*Historiae*). Auf jeden Fall ist bei einem so umfassenden Werk von zahlreichen weiteren und bisher nicht identifizierten Quellen auszugehen.

H Der Autor durchlief die röm. Ämterlaufbahn bis zum Consulat im Jahre 229 n. Chr. Zur Zeit des Kaisers Commodus (nach 180 n. Chr.) trat er in den Senat ein. Im Jahre 216 n. Chr. begleitete er Kaiser Caracalla auf dessen Zug in den Orient. Unter Severus Alexander (reg. 222–235 n. Chr.) war er Proconsul in der Provinz Africa und erfreute sich der besonderen Gunst des Kaisers. Cassius Dio war, wie diese Laufbahn zeigt, ein überzeugter Anhänger der Monarchie, die er als unumstößliche Einrichtung der röm. Geschichte ansah.

W Der Autor hatte zwar die Absicht, in zehn Jahren für die Vorbereitung und in weiteren zwölf Jahren für die Niederschrift des Werkes eine einheitliche und in sich geschlossene Gesamtdarstellung der röm. Geschichte zu geben, konnte dieses Ziel aber nicht erreichen. Er war kein wissenschaftlicher Geschichtsschreiber und ließ sich zu stark von seinen Quellen und seiner eigenen Anschauung beeinflussen. In der letzten Phase ist das Werk weniger Geschichtsschreibung als Herrscherbiographie. Diese Akzentuierung entspricht der politischen Position des Autors.

N In byzantinischer Zeit (11.-12. Jh.) war das Werk anscheinend noch weitgehend erhalten und wurde von verschiedenen Historikern benutzt, wodurch die Rekonstruktion der fehlenden Teile möglich wurde. Für die Byzantiner war das Werk die verbindliche Darstellung der röm. Geschichte.

A U. Ph. Boisevain. 5 Bde., Berlin 1895–1931. E. Cary. 9. Bde., London 1914–1926 (gr.-engl.). J. Melber. 3 Bde., Leipzig 1890–1928.
Ü O. Veh / G. Wirth. 5 Bde., München/Zürich 1885–1887.
L B. Baldwin: Historiography in the second century. Precursors of Dio Cassius, in: Klio 68, 1986, 479–486. T. D. Barnes: The Composition of Cassius Dio's *Roman History*, in: Phoenix 38, 1984, 240–255. R. Bering-Stachewski: Römische Zeitgeschichte bei Cassius Dio, Diss. Bonn 1981. J. Bleicken: Der politische Standpunkt Dios gegenüber der Monarchie, in: Hermes 90, 1962, 444–467. D. Fechner: Untersuchungen zu Cassius Dios Sicht der Römischen Republik, Hildesheim 1986. D. Flach: Einführung in die römische Geschichtsschreibung, Darmstadt 1985, 260–268. E. Gabba: Sulla storia romana di Cassio Dione, in: RSI 67, 1955, 289–333. M. Hammond: The Significance of the Speech of Maecenas in Dio Cassius, Book LII, in: TAPhA 63, 1932, 88–102. KNLL 3, 694–696. F. Kolb: Literarische Beziehungen zwischen Cassio Dio, Herodian

und der *Historia Augusta*, Bonn 1972. O. Lendle, Einführung, 254–256. A. Lesky, GL, 948–950. B. Manuwald: Cassius Dio und Augustus. Palingenesia 14, 1979. F. Millar: A study of Cassius Dio, Oxford 1964. E. Schwartz: Cassius (Nr. 40), in: RE 3, 1899, 1684–1722. K. Stiewe: Cassius Dio Cocceianus, in: DKP 1, 1076 f.

Historía Rhomaiké te kaì pantodapé
„Römische Geschichte und allgemeine Geschichte"

Hesychios Illustrios aus Milet, 6. Jh. n. Chr.

Chronik in sechs B. (gr.), aus denen nur einige Frg. erhalten sind.

I Die Chronik reichte vom assyrischen König Bel bis zum Tod des Anastasios I. (518 n. Chr.). Ein größeres Frg. aus dem Anfang des 6. B. behandelt die Geschichte der Stadt Byzanz bis auf Constantin d. Gr. Das Frg. trägt den Titel *Pátria Konstaninupóleos*.

A FHG 4, 1885, 143–155.
L W. Spoerri: Hesychios Illustrios, in: dtv-L 1. 2, 231 f.

Historia Romana →Rhomaiká (Appianos)

Historia Romana →Historiae Romanae libri II (Velleius Paterculus)

Historiarum adversus paganos libri VII →Historiae adversus paganos (Orosius)

Historiarum Francorum libri X
„Geschichte der Franken in 10 B."

Gregorius aus Augustonemetum, etwa 540–594 n. Chr., seit 572 Bischof von Tour.

Geschichtswerk in zehn B. (lat.) mit einer Darstellung der Entstehung des Merowingerreiches.

I Das Werk reicht bis zum Jahre 591. Im Rahmen des Werkes wird u. a. die für die weitere Geschichte Europas so bedeutsame Taufe des Frankenkönigs Clodwig nach seinem Sieg über die Alemannen bei Zülpich im Jahre 496 geschildert. Clodwig und seine Franken wurden dadurch katholische Christen und nicht Arianer. Darauf ist auch zurückzuführen, daß das Frankenreich bestehen blieb, während die Reichsgründungen der arianisch gewordenen Germanen untergingen. – Die Sprache Gregors ist eine wichtige Station in der Entwicklung des Lateinischen zum Französischen.

A R. Bucher. 2 Bde., Darmstadt (7 und 8) 1990. B. Krusch / W. Levison, MGH. Scriptores rerum Merovingicarum, 1937 bis 1951, Nachdr. 1966.

Ü R. Bucher. 2 Bde., Darmstadt (7 und 8)1990. W. v. Giesebrecht / S. Hellmann, Leipzig [(4)]1913. M. Heinzelmann: Gregor von Tours. Zehn B. Geschichte. Historiographie und Gesellschaftskonzept im 6. Jahrhundert, Darmstadt 1994.
L W. v. d. Steinen: Clodwigs Übergang zum Christentum. Eine quellenkritische Studie, Darmstadt [(2)]1969.

Historiarum libri V
„Zeitgeschichte in fünf B."

Gaius Sallustius Crispus aus Amiternum, 86–34 v. Chr.

Nur in Frg. erhaltenes annalistisches Geschichtswerk (lat.)
Während der Arbeit am 5. B. starb der Autor.

I Das Werk umfaßte die Zeit nach Sullas Tod (78 v. Chr.) bis zum Jahre 67 v. Chr. Die wichtigsten der etwa 500 Frg. sind sechs Reden und Briefe (*Orationes et epistulae*), die später aus dem Werk exzerpiert wurden. – B. 1: Nach einem wichtigen Proömium (1–18) folgt ein Rückblick auf die letzten 50 Jahre (19–53) vor einer Rede des Lepidus, des Consuls des Jahres 78 v. Chr., gegen Sulla und für die Wiederherstellung der Freiheit (55). Daran schließt sich ein Charakterbild Sullas an (58–61). Ferner berichtet der Autor über Lepidus' Aufstand (62–83) und den Krieg gegen Sertorius (84–126). B. 2: Im Mittelpunkt stehen die Ereignisse von 76 bis 74 v. Chr.: Lepidus' Ende und das Oberkommando des Pompeius in Spanien (1–22), weitere Vorgänge in Rom, Spanien und Makedonien (23 bis 41), Cottas Rede vor dem Volk (47), die Fortsetzung des Krieges gegen Sertorius (53–70), die Vorgeschichte des Krieges gegen Mithridates (71 bis 79), weitere Kriege (80–87) und die Ereignisse in Spanien (88–98). B. 3: Vorgänge der Jahre 74 bis 73: Antonius' Kampf gegen die Seeräuber und sein Angriff auf Kreta (1–16), die Anfänge des Mithridatischen Krieges (17–42), der Mithridatische Krieg (52–60), der Exkurs über das Schwarze Meer (61–80), das Ende des Krieges gegen Sertorius (81–89), der Krieg gegen Spartacus (90–106). B. 4: Vorgänge der Jahre 72–70 in Asien (1–19), das Ende des Seeräuberkrieges (20–41), die Ereignisse in Rom (42–55), der armenische Krieg (56–80). B. 5: Im Rahmen der Ereignisse von Herbst 68 bis Ende 67 stehen das Ende des Lucullus-Krieges (1- bis 6) und der Seeräuberkrieg (17–27).
Q Sallust wollte die →*Historiae* des Cornelius Sisenna fortsetzen, den er als Historiker bewunderte, ohne seine optimatische Tendenz zu bejahen (vgl. Sallust, →*Bellum Iugurthinum*). – Eine Abhängigkeit von Poseidonios (→*Historía he metà Polýbion*) ist wahrscheinlich und in den geographischen Exkursen sicher. – Selbstverständlich fand Sallust seinen Stoff auch bei den römischen Historikern (→*Annales*). Das wichtigste röm. Vorbild war Cato (→*Origines*).
W Sallust betrachtet die Geschichte auch in den „Historien" unter moralischen Aspekten. Die röm. Geschichte ist einem Verfallsprozeß ausgesetzt. Entscheidende Wendepunkte dieses Prozesses sind der endgültige Sieg über Karthago und die Neuordnung des Staates durch Sulla, der auch in der →*Catilinae Coniuratio* ein Symbol des Niedergangs ist.

A B. Maurenbrecher: C. Sallustius Crispus. Historiarum Reliquiae. 2 Bde., Leipzig 1891–1893.
Ü O. Leggewie, Stuttgart 1975. W. Eisenhut / J. Lindauer, Zürich/Düsseldorf [(2)]1994 (lat.-dt.).
L M. v. Albrecht, RL, 347–370. D. Flach: Die Vorrede zu Sallusts *Historien* in neuer Rekonstruktion, in: Ph 117,1973, 76–86. A. La Penna: Per la ricostruzione delle *Historie* di Sallustio, in: SIFC N.S. 35, 1963, 5–68. G. Petrone: Per una riscostruzione del proemio delle *Historiae* di Sallustio, in: Pan 4, 1976, 59–67.

Historiarum Philippicarum libri XLIV
„Philippische Geschichte in 44 B."

Pompeius Trogus, Mitte des 1. Jh.s v. Chr.

Universalgeschichte (lat.), aus der nur wenige Frg. erhalten sind.

I Der Aufbau des Werkes läßt sich aus den überlieferten Zusammenfassungen des Inhalts der einzelnen B., den *Prologi*, und aus einer →*Epitoma historiarum Philippicarum* des Iustinus (3. Jh. n. Chr.) rekonstruieren: In den B. 1–6 wird die Geschichte der Assyrer, Meder, Perser, Skythen und Griechen behandelt. In den B. 7–40 geht es um die Geschichte des makedonischen Reiches, d. h. vor allem der Entstehung der makedonischen Herrschaft unter König Philipp II., der Eroberung des Weltreiches unter Alexander d. Gr., der Teilung dieses Reiches in die Diadochenreiche in der Zeit des Hellenismus. Die Geschichte der Parther und Inder wird in den B. 41–42 behandelt. Die B. 43–44 sind der frühen röm. Geschichte bis Tarquinius Priscus und Roms Bedrohung durch die Kelten, ferner Spanien und den durch Augustus siegreich beendeten Kantabrerkriegen gewidmet.
W Trogus stellt das Makedonenreich in den Mittelpunkt seiner Darstellung. Den Ziel- und Endpunkt bildet das röm. Reich. „Der Gedanke der *translatio imperii* von den Assyrern über Meder, Perser und Makedonen bis zu den Römern spielt für die Werkökonomie des T. eine wichtige Rolle ... Den Aufstieg Roms zur Weltmacht sieht er als schicksalhaft vorbestimmte Entwicklung" (MLAA, 569).

A O. Seel, Stuttgart [(2)]1972.
Ü O. Seel, Zürich 1972.
L M. v. Albrecht, RL, 686–689. J. M. Alonso-Núñez: An Augustan World History. The *Historiae Philippicae* of Pompeius Trogus, in: G&R 34, 1987, 56–72. O. Seel: Eine römische Weltgeschichte. Studien zum Text der *Epitome* des Iustinus und zur Historik des Pompeius Trogus, Nürnberg 1972. O. Seel: Pompeius Trogus und das Problem der Universalgeschichte, in: ANRW 2, 30, 2, 1982, 1363–1423. R. Urban: *Historiae Philippicae* bei Pompeius Trogus. Ver-

such einer Deutung, in: Historia 31, 1982, 82–96. B. R. v. Wickevoort-Crommelin: Die Universalgeschichte des Pompeius Trogus, Hagen 1993.

Historien →Historiae, Historíai (Polybios u. a.)

Historien →Historiarum libri V (Sallust)

Historien →Historíes apódexis (Herodot)

Historíes apódexis
„Forschungsbericht"

Herodotos aus Halikarnassos, etwa 485–425 v. Chr.

Geschichtswerk in neun B. (gr.), das die Zeit vom Trojanischen Krieg bis zum Feldzug des Perserkönigs Xerxes gegen Griechenland (Schlacht bei Mykale im Jahre 479 v. Chr.) umfaßt. Etwa in den zwanziger Jahren des 5. Jh.s v. Chr. veröffentlicht, d. h. in der Zeit des Peloponnesischen Krieges (431–404 v. Chr.). An mehreren Stellen seines Werkes spielt Herodot auf den Anfang dieses Krieges an (6,91; 7,137 und 233; 9, 73).

I   Das Werk besteht aus zwei deutlich unterschiedenen Teilen: Der erste Teil (1,1–5,28) ist stark geographisch-länderkundlich orientiert mit ausführlichen *Lógoi* („Ausführungen") über Lydien (1,6 bis 94), Babylonien (1,178–200), Ägypten (2,2–182), die Skythen (4,5–82. 99–101. 103–117) und Libyen (4,168–199). Diese *Lógoi* sind in eine Darstellung der persischen Geschichte von Kyros II. bis Dareios eingefügt. Immer wenn ein Volk mit der persischen Expansion in Berührung kam, wurde der entsprechende *Logos* eingefügt. – Der zweite Teil behandelt den persisch-griechischen Konflikt: Ionischer Aufstand (5,28–6,32), Feldzüge der Perser gegen Griechenland in den Jahren 492 (6,33–47), 490 (6,48–140) und 480/479 (7,1–9,122). – Es ist eine offene Frage, ob Herodot die geographisch-länderkundlichen *Lógoi* zunächst als selbständige Geschichten verfaßte und später mit seiner Darstellung der Perserkriege verknüpfte oder ob das Thema der Perserkriege von Anfang an Herodots Arbeit bestimmt hat. – Herodot benutzt als erster weitestgehend frei erfundene wörtliche und indirekte Reden und schafft auf diese Weise ein für die spätere Historiographie bedeutsames kompositorisches Element. Dieses Gestaltungsmittel gibt Herodot die Möglichkeit, seine Auffassung von den treibenden Kräften der Geschichte sichtbar werden zu lassen. So läßt er z. B. Themistokles vor der Schlacht bei Salamis (8,60γ) folgendes sagen: „Wenn man einen vernünftigen Plan faßt, dann geht es fast immer gut aus. Wählt man aber einen unsinnigen, dann entzieht auch die Gottheit dem Denken der Menschen

ihre Hilfe." Hier wird die Verwirklichung menschlicher Pläne von der Billigung der Gottheit abhängig gemacht: Diese lenkt das Geschehen und billigt in der Regel vernünftige Pläne; ansonsten aber herrscht sie nach nicht erkennbaren Regeln über die Welt.

Q   Die bedeutendste Quelle Herodots ist die →*Periégesis* des Hekataios, den Herodot als einzigen seiner Vorgänger namentlich erwähnt (2,143,1; 6,137,1). Nach antikem Urteil (Hekataios, Frg. 324 a) übernahm er vieles wörtlich aus der *Periégesis* (Beispiele: Die Geschichten über den Vogel Phoenix, 2,73, über das Flußpferd, 2,71, und über die Jagd auf Krokodile, 2,70–73). „In einigen Fällen lassen sich aus sachlichen Übereinstimmungen zwischen namentlichen Frg. des Hekataios und bestimmten Stellen im Werk Herodots gewisse weitergehende Schlüsse ziehen, wie z. B. aus der Übereinstimmung zwischen F 304 und Herodot 2,156,2 ... Beim Vergleich der beiden Fassungen miteinander wird deutlich, daß Herodot an Ort und Stelle war und von den ägyptischen Fremdenführern dieselbe Geschichte aufgetischt bekommen hatte wie einige Jahrzehnte zuvor Hekataios, und daß er Hekataios, dessen naiven, unkritischen Bericht ... er kannte, unter Berufung auf eigene Autopsie mit einer gewissen ironischen Polemik als allzu leichtgläubigen Informanten bloßstellen wollte. Wir können schon aufgrund dieses Vergleiches vermuten, daß Herodot zumindest in Ägypten (wahrscheinlich aber auch in anderen Ländern) auf den Spuren des Hekataios und unter Mitnahme der beiden Buchrollen seiner ,Periegese' gereist ist und die Nachrichten des Vorgängers an seinen eigenen Beobachtungen gemessen hat. Das heißt aber auch, daß er sich viele Einzelheiten und ganze Partien aus dessen ,Periegese', gegen die er nichts einzuwenden hatte, nach allgemein üblicher antiker Verfahrensweise ohne nähere Kennzeichnung, allenfalls ergänzt und stilistisch überarbeitet, zu eigen gemacht haben kann" (Lendle, 12 f.). Der ganze libysche Logos (4,168–199) kann mit größter Sicherheit in seiner Disposition und in seinem Inhalt auf Hekataios zurückgeführt werden (vgl. Lendle, 14). – Herodot gewann das Material für sein Werk nicht nur aus der periegetischen Literatur. Er verarbeitete auch eigene Beobachtungen, die er auf seinen Reisen sammelte, und mündliche Informationen, die er in zahlreichen Gesprächen gewann. Unermüdlich befragte er Augenzeugen und Sachkenner, um das zu berichten, was ihm berichtet wurde (*légein tà legómena*, 7,152,3; vgl. auch 2,123,1).

W   Herodot wollte (1) die von Menschen in der Vergangenheit vollbrachten Taten vor dem Vergessen bewahren (vgl. schon den 1. Satz des Geschichtswerkes). Darüber hinaus wollte er (2) auch den Ruhm bewundernswürdiger Werke und Taten der Griechen und Nichtgriechen erhalten. Dann beabsichtigte er, (3) die Ursachen des persisch-griechischen Konflikts zu ermitteln. – Herodot hatte nicht das Ziel, historische Fakten lückenlos aufzuklären und chronologisch zu fixieren. Er wollte „den Gang der Geschichte in kunstvoll komponierter Erzählung darstellen und zugleich ihren Sinn durch die Erzählung hindurch verstehbar" machen (Lendle, 51). Er versuchte auch in den novellistischen Teilen seines Werkes, seine Erkenntnisse über die Gesetzmäßigkeit geschichtlicher Abläufe anschaulich zu machen: Das Menschliche wird von göttlichen Kräften bestimmt, die eine ausgleichende Gerechtigkeit zu gewährleisten scheinen, letztlich aber doch unkalkulierbar sind.

N Die entscheidenden Impulse für die Entwicklung der gr. Historiographie gingen von Herodot aus. Cicero nannte ihn mit Recht den „Vater der Geschichtsschreibung" (→*De legibus* 1,5). „Erst Herodot hat den eigentlichen historiographischen Weg eröffnet und für die neue Gattung nicht nur eine literarische Form gefunden, die Belehrung und Ergötzung des Zuhörers in unnachahmlicher Weise zu verbinden vermochte, sondern auch schon eine ,Geschichtsphilosophie' entwickelt, die als ein bewundernswerter Versuch der Annäherung an das innerste Wesen der Geschichte überhaupt angesehen werden kann" (Lendle, 36). Durch die im Proömium erklärte Absicht, das Vergessen der von den Menschen bewirkten Geschehnisse zu verhindern, hat Herodot das Grundmotiv aller zukünftigen Geschichtsschreibung definiert. Vor dem Hintergrund der im Epos und in der Tragödie geprägten Erzählmuster schuf er die neue literarische Gattung der Historiographie mit ihren für die Zukunft maßgebenden Darstellungsmöglichkeiten: „... die kunstvolle Verschlingung der verschiedenen Stränge einer Handlung, die Einbeziehung geographischer und ethnographischer Informationen, der Wechsel zwischen mehr belehrenden und mehr unterhaltsamen Partien, die ,dramatische' Ausgestaltung entscheidender Situationen, die Deutung des Geschehens durch wörtliche Reden der Beteiligten" (Lendle, 62 f.).

A W. W. How / J. Wells. 2 Bde., Oxford 1912 (Kommentar). C. Hude, Oxford [(3)]1927. H. B. Rosén. 2 Bde., Stuttgart/Leipzig 1987 und 1997.
Ü J. Feix. 2 Bde. Düsseldorf/Zürich [(6)]2001 (gr.-dt.). A. Horneffer / H. W. Haussig, Stuttgart [(2)]1955. W. Marg. 2 Bde., Zürich/München 1973–1983. E. Richtsteig. 5 Bde., Limburg 1954.
L R. Bichler / R. Rollinger: Herodot, Hildesheim [(2)]2001. F. Bubel: Herodot-Bibliographie 1980–1988, Hildesheim 1992. W. Burkert: Herodot, in: dtv-L 1. 2, 222–227. H. Erbse: Fiktion und Wahrheit im Werke Herodots, Göttingen 1991. J. A. S. Evans: Herodotus, Boston 1982. D. Fehling: Die Quellenangaben bei Herodot. Studien zur Erzählkunst Herodots, Berlin/New York 1971. K. v. Fritz: Die griechische Geschichtsschreibung, Berlin 1967, 104–475. J. Gould: Herodotus, London 1889. J. Hart: Herodotus and Greek History, New York 1982. F. Jacoby, RE Suppl. 2, 1913, 205–520. G. Lachenaud: Mythologie, religion et philosophie de l'histoire dans Herodote, Paris 1978. O. Lendle, Einführung, 36–63. A. Lesky, GL, 349–374. W. Marg (Hg.): Herodot, Darmstadt [(3)]1982. Chr. Meier: Die Entstehung der Historie, in: R. Koselleck / W. D. Stempel (Hg.), München 1973, 251–305. W. Nicolai: Versuch über Herodots Geschichtsphilosophie, Heidelberg 1986. M. Pohlenz: Herodot. Der erste Geschichtsschreiber des Abendlandes, Leipzig 1937. A. de Sélincourt: Die Welt Herodots, Wiesbaden 1967. K. H. Waters: Herodotus the Historian, London 1985. H. A. Weber: Herodots Verständnis der Historie. Untersuchungen zur Methodologie und Argumentationsweise Herodots, Bern 1976.

Historikà hypomnémata
„Historische Kommentare"

Strabon aus Amaseia, etwa 64/63 v. Chr. – 19 n. Chr.

Geschichtswerk (gr.), dessen Hauptteil 43 B. umfaßte und den Nebentitel *Tà metà Polýbion* („Geschichte nach Polybios") trug. Dem Hauptteil gingen vier B. einer *Proparaskeué* („Vorbereitung") voraus. Das Werk ist nur in wenigen Frg. erhalten. Wohl nach 20 v. Chr. verfaßt.

I Die vier B. der *Proparaskeué* setzten wohl mit der Zeit Alexanders d. Gr. ein; sie boten einen gedrängten Überblick über die Zeit bis zum Jahr 144 v. Chr. Der Hauptteil beginnt nach dem Jahr 144 v. Chr., dem Schluß der Geschichte des Polybios (→*Historíai*), und reichte wohl bis zum Ende der röm. Bürgerkriege (27 v. Chr.). – Der Inhalt der Frg. ist für das Werk insgesamt nicht repräsentativ; sie stammen überwiegend aus Iosephos (→*Iudaikè archaiología*) und beziehen sich daher auf Vorgänge aus der jüdischen Geschichte. – Das Werk war wohl eher eine wenig ausgearbeitete, aber chronologisch angeordnete Materialsammlung (daher auch der Titel *Historikà hypomnémata*).

Q Strabon benutzte die Werke zahlreicher Autoren, die z. T. ausdrücklich zitiert werden, wie z. B. Asinius Pollio (→*Historiae*); die für die historischen Partien der →*Geographiká* benutzten Autoren hat Strabon wohl auch für die *Historikà hypomnémata* herangezogen: Poseidonios, Apollodoros aus Artemita, Metrodoros aus Skepsis, Theophanes aus Mytilene, Quintus Dellius.

W Strabon verfolgte bei der Abfassung des Werkes die gleiche Absicht wie bei den *Geographiká* (1,1, 22 f., p. 13 f.): Beide Werke sollten ein politisches Gewicht haben und gesellschaftlich nützlich sein. Sie sollten den philosophisch gebildeten Leser ansprechen, der zudem eine gesellschaftlich-politische Führungsrolle spielte.

A FGrHist 91.
L W. Aly: Strabon von Amaseia, in: RE 2, 4, 1932, 76–155. E. Honigmann, RE 4 A 1, 1931, 85–90. O. Lendle, Einführung, 237 f. A. Lesky, GL, 870.

Historikoì lógoi
„Geschichtliche Darstellungen"

Olympiodoros aus Theben, gest. nach 450 n. Chr.

Geschichtliche Darstellung (gr.) der Jahre 407–425 n. Chr. in 22 B., Kaiser Theodosios II. (408–450) gewidmet.

I Eine Inhaltsangabe des Werkes ist von Photios (Cod. 80) überliefert; ansonsten ist das Werk weitgehend verloren. – Offensichtlich handelt es sich mehr um Erzählungen, Reiseeindrücke, geographische Angaben und Anekdoten als um wirkliche Geschichtsschreibung.

N Zosimos (→Néa historía 5,27,1) zitiert aus dem Werk. Benutzt wurde es auch von den Historikern Sozomenos (→Historía ekklesiastiké) und Philostorgios (→Historía ekklesiastiké) und später von Photios (etwa 820–891 n. Chr.).

A R. Henry: Photius, Bibliothèque 1., Paris 1959, 166–187. PG 103, 256–280.
L M. E. Colonna: Gli storichi bizantini dal IV al XV secolo, Neapel 1956, 93.

Historiôn paradóxon synagogé
„Sammlung wunderbarer Geschichten"

Antigonos aus Karystos, 3. Jh. v. Chr.

Sammlung von Wundergeschichten (gr.).

I In 191 Paragraphen werden wunderbare Erscheinungen aus der Welt der Natur in Verbindung mit mythologischen Erzählungen geschildert.
Q Der Autor benutzte zahlreiche Quellenautoren: z. B. Homer, Herodot, Ktesias, Aristoteles, Eudoxos und Timaios. Der größere Teil des Werkes besteht aus Exzerpten (Eklogaí) aus der Historia animalium (→Hai perì tâ zôa historíai) des Aristoteles und aus der Wundersammlung des Kallimachos (→Thaumáton tôn eis hápasan tèn gên katà tópus ónton synagogé).

A O. Keller: Rerum Naturalium Scriptores. 1, Leipzig 1877, 1–42.
L A. Lesky, GL, 875. U. v. Wilamowitz-Moellendorff: Antigonos von Karystos. Philologische Untersuchungen 4, 1881.

Ho ankyrotós
„Der (im Glauben) Verankerte"

Epiphanios aus Salamis, 310/320–402 n. Chr.

Dogmatisch-polemische Schrift (gr.).

I Der Autor war von der Christengemeinde in Syedra in zwei Briefen (aus dem Jahre 374 n. Chr.) darum gebeten worden, die Grundlagen des christlichen Glaubens darzulegen. Epiphanios beschreibt die Kerngedanken der orthodoxen Lehre und grenzt sie gegen häretische Auffassungen ab. Es werden 80 Häresien aufgelistet (Kap. 12 bis 13), die Epiphanios später in seinem →Panárion beschreiben und widerlegen wird. – Den Schluß der Schrift bilden zwei Glaubensbekenntnisse.

A K. Holl, Leipzig 1915. PG 41–43.
Ü BKV[(2)] 18, 1919.
L A. Dihle, GLL, 549f. R. M. Hübner: Epiphanius Ancoratus and Ps.Athanasius, Contra Sabellianos, in: ZKG 92, 1981, 325–333. KNLL 5, 232f. M. Mees: Die antihäretische Polemik des Epiphanius von Salamis und ihr Gebrauch von Jn. 4, in: Aug. 22, 1982, 405–425. C. Riggi: Catechesi escatologica del Ancoratus di Epifanio, in: Aug. 18, 1978, 163–171. W. Schneemelcher, RAC 5, 909–927.

Ho bíos kaì he politeía tû hosíu patrós hemôn Antoníu →Vita Sancti Antonii (Athanasios)

Hochzeitsgedicht auf Achill und Deidameia →Epithalámios Achilléos kaì Deidameías (Ps.-Bion)

Hochzeitslieder (Epithalámioi) →Carmina (Sappho)

Ho kat' Herakléa lógos
„Die Heraklesgeschichte"

Herodoros aus Herakleia, um 400 v. Chr.

Umfangreiches Werk in 17 B. (gr.), in denen im Zusammenhang mit den Wanderungen des Herakles eine Fülle geographischer, ethnographischer und zoologischer Informationen zusammengetragen und Einzelheiten der Sage allegorisch gedeutet wurde. Aus dem Werk sind nur Frg. erhalten.

I Herodoros versuchte, mit Hilfe geographischer und naturwissenschaftlicher Kenntnisse eine rationalistische Mythendeutung. Er wollte „das Wahrscheinliche" (eikós) der alten Überlieferung aufdecken. So war z. B. Herakles ein besonders hochgewachsener Mensch (Frg. 19), der bei dem Phryger Atlas Astronomie studierte; das ist der Sinn der Geschichte, daß er ihm die den Himmel tragenden Säulen abnahm (Frg. 14). Wenn Herakles außerdem mit seiner Keule die Hydra erschlagen habe, so bedeute dies, daß er mit der Hilfe der Philosophie seine Leidenschaften und Begierden überwunden habe. Vgl. auch die Lebenswahl des Herakles in den →Hôrai des Prodikos.

A FGrHist 31.
L F. Jacoby, RE 8, 1, 1912, 980–987. O. Lendle, Einführung, 266. A. Lesky, 375. W. Nestle, VMzL, 146–148.

Homerikaì allegoríai
„Homerallegorien"

Herakleitos, 1.Jh. n.Chr.

Beitrag zur allegorischen Interpretation der Mythen (gr.).

I Die Göttermythen werden in Offenbarungen philosophischer Weisheit umgedeutet und so der Kritik eines Platon oder Epikur entzogen. – Hinsichtlich seiner allegorischen Deutung ist der Autor von der stoischen Schule beeinflußt, und zwar vor allem von Krates aus Mallos (→*Homerikà zetémata*). Viele Deutungen sind allerdings abwegig. So deutet er z.B. den Sieg des Diomedes über Aphrodite im fünften Gesang der →*Iliás* als eine Veranschaulichung der Überlegenheit der Griechen über die Unvernunft der Barbaren (*alogistía barbáron*).

A F. Buffière, Paris 1962. F. Oelmann, Leipzig 1910.
L F. Buffière: Les mythes d' Homère et la pensée Greque, Paris 1956. A. Dihle, GLL, 100f. A. Lesky, GL, 760. K. Reinhardt, RE 8, 1, 1912, 508–510.

Homerikaì melétai →De Homero (Plutarchos)

Homerikà zetémata
„Untersuchungen zu Homer"

Krates aus Mallos, 2.Jh. v.Chr.

Verlorene Schrift über kosmologische und geographische Fragen (gr.).

I Die Fragen ergaben sich aus den homerischen Epen. Krates benutzte Lehrmeinungen der stoischen Philosophie für die allegorische Erklärung der homerischen Dichtung. – In seinen *Diorthómata*, einem Parallelwerk zu den *Homerikà zetémata*, ging es wahrscheinlich um textkritische Fragen. – Die Informationen über diese Abhandlungen liefern vor allem →*Scholia* zum Homertext. – Überliefert ist z.B. die allegorische Interpretation des Krates zu →*Iliás* 18,483–608, wo es um die Anfertigung der neuen Waffen des Achilleus durch Hephaistos geht; es handelt sich um eine Stelle, die von dem Homer-Philologen Zenodotos athetiert worden war. Krates interpretierte die Stelle wie *Ilias* 11,32–40 über den Schild des Agamemnon: Wenn Homer die zehn Teile eines Schildes beschrieb, dann – so Krates – meinte er die zehn Himmelskreise. Die Einzigartigkeit der 125 Verse des 18. Gesanges läßt sich damit erklären, daß sich in ihnen die tiefe kosmische Weisheit des Dichters ausspreche, die nur die philosophisch-allegorische Interpretation bewußt machen kann. – Krates soll auch versucht haben, die stoische Auffassung von der Kugelgestalt der Welt bei Homer nachzuweisen; vielleicht stand in diesem Zusammenhang auch seine Ausstellung

eines Erdglobus im Hof der Bibliothek zu Pergamon (vgl. Strabon, →*Geographiká* 2,116).

N Poseidonios nahm die Interpretationsmethode des Krates auf (vgl. K. Reinhardt: Posidonius, RE 22, 667ff.).

A H.-J. Mette: Sphairopoiia. Untersuchungen zur Kosmologie des Krates von Pergamon, München 1936, 112–298. H. J. Mette: Parateresis. Untersuchungen zur Sprachtheorie des Krates von Pergamon, Halle 1952, 65–185.
L A. Lesky, GL, 883f. R. Pfeiffer, KlPh, 286–299.

Homerikà zetémata
„Untersuchungen zu Homer"

Porphyrios aus Tyros, 2. Hälfte des 3. Jh.s n.Chr.

Homerinterpretationen (gr.), nur in Frg. erhalten.

I Porphyrios vertrat u.a. die Auffassung, daß Homer sich selbst interpretiere, d.h. auch, daß man Homer nur aus seinem Werk heraus interpretieren dürfe. Denn die Dichtung selbst bahne den Weg zu ihrem Verständnis; sie enthält also ein „philologisches Element". In seiner Abhandlung über die homerische Nymphengrotte (→*Perì tû en Odysseía tôn Nymphôn ántru*) greift er jedoch in scharfem Gegensatz zu diesem Prinzip zu einer allegorischen Deutung. – Porphyrios überliefert in seiner Abhandlung 38 Zitate aus den →*Aporémata Homeriká* des Aristoteles.

A H. Schrader: Quaestiones Homericae. 2 Bde., 1880/1898. A. Smith: Porphyrii Frg.a, Stuttgart/Leipzig 1993.
L J. Bidez: Vie de Porphyre, 1913, 31ff. H. Erbse: Beiträge zur Überlieferung der Iliasscholien, in: Zetemata 24, 1960, 17–77. J. Pépon: Porphyre exégète d' Homère, in: Entretiens 1966, 229ff. A. R. Sodano: Prolegomeni primi alle fonti delle *Quaestiones Homericae* di Porphirio. Annali del Pontificio Istituto di scienze e lettere S.Chiara 14,1964.

Homerische Hymnen →Hýmnoi Homerikoí (An.)

Homerlexikon →Lexicon Homericum

Homerókentra
„Flickwerk aus homerischen Versen"

Ailia Eudokia aus Athen, gest. 460 n.Chr., byzantinische Kaiserin

Darstellung (gr.) der Erzählungen des →*Novum Testamentum* über das Leben Christi in homerischen Versen, nur in Frg. erhalten.

A A. Ludwich, Leipzig 1897. M. D. Usher, Stuttgart/Leipzig 1998.
L A. Lippold: Eudokia, in: DKP 2, 405f.

Homilien (Predigten) →Lógoi (Ioannes Chrysostomos, Origenes), →Orationes (Hieronymus, Maximus)

Hómoia
„Ähnlichkeiten"

Speusippos, etwa 410–338 v. Chr.

Naturkundliche Schrift in zehn B. (gr.), aus denen nur Frg. erhalten sind.

I Es handelte sich um eine klassifizierende Übersicht über verschiedene Arten von Pflanzen und Tieren, in der Ähnliches zusammengestellt und Unähnliches voneinander getrennt wurde. Mit dieser Übersicht schuf Speusipp eine Grundlage für weitere naturwissenschaftliche Forschung. Er wollte auf diese Weise einen Beitrag zu einer vollständigen Einteilung der Wirklichkeit leisten.

A M. Isnardi, Neapel 1980. L. Tarán, Leiden 1981 (mit Kommentar).
L P. Lang: De Speusippi Academici scriptis, Diss. Bonn 1911, Nachdr. Hildesheim 1965. J. Stenzel, RE 2, 3, 1929, 1636–1669.

Homoiótetes
„Ähnlichkeiten"

Iuba, König von Mauretanien, 25 v. – 23 n. Chr.

Nur in Frg. überliefertes Werk (gr.) in 15 B., in denen die Ähnlichkeiten röm. Sitten mit denen anderer Völker aufgeführt waren.

A FGrHist 275.
L F. Jacoby: Iuba, in: RE 9, 2, 1916, 2384–2395. A. Lesky, GL, 873.

Homoiótetes
„Ähnlichkeiten"

Sosibios, um 300 v. Chr.

Nur in Frg. erhaltene Schrift (gr.) über „Ähnlichkeiten" der spartanischen Bräuche mit denen anderer Völker.

A FGrHist 595.
L W. Spoerri: Sosibios, in: dtv-L 1. 4, 214.

Ho perì Sikelías pólemos
„Der Krieg um Sizilien"

Philinos aus Akragas, 3. Jh. v. Chr.

Monographie (gr.) über den 1. Punischen Krieg (264–241 v. Chr.), im wesentlichen nur noch aus den Werken anderer Historiker rekonstruierbar.

I Polybios benutzte die Monographie für seine Darstellung des Krieges: →Historíai 1,13–64. Im Vergleich mit seiner anderen Quelle, den →Annales des Quintus Fabius Pictor, stellt Polybios fest, daß Philinos karthagofreundlich und römerfeindlich berichtet habe. Bei Fabius Pictor sei es umgekehrt (1,14). – Die propunische Voreingenommenheit des Philinos zeigt sich u. a. auch in seiner eindeutig antiröm. Antwort auf die Frage nach der Kriegsschuld: Es kam zum Krieg, weil die Römer karthagischröm. Verträge über die Einflußbereiche der beiden Mächte gebrochen haben. „Nach der Darstellung des Philinos stand am Beginn der römischen Machtentfaltung also der Bruch eines internationalen Vertrages und eines feierlichen Eidschwurs – ein schwerwiegendes Verbrechen, durch welches die im Westen neu aufsteigende Macht in den Augen der griechischen Welt als unzivilisierte Räubergesellschaft gebrandmarkt wurde" (Lendle, 220).

N Als Reaktion auf die antiröm. Tendenz des Philinos sind das →Bellum Poenicum des Gnaeus Naevius und die gr. geschriebenen „Annalen" des Q. Fabius Pictor zu verstehen, die das von Philinos entworfene Geschichtsbild zu korrigieren bestrebt waren.

A FGrHist 174.
L R. Laqueur, RE 19, 2, 1938, 2180–2193.

Ho pólemos tôn Peloponnesíon kaì Athenaíon
„Der Krieg der Peloponnesier und Athener"

Thukydides aus Athen, etwa 460–400 v. Chr.

Unvollendete Monographie (gr.) über den Peloponnesischen Krieg (431–404 v. Chr.) in acht B.. Die Darstellung bricht mit der Schilderung der Ereignisse im Herbst 411 v. Chr. ab.
Schon vor 431 v. Chr. erkannte Thukydides die große Bedeutung des zu erwartenden Krieges. Offensichtlich hatte er in der Vorkriegszeit bereits gründliche historiographische Vorarbeiten zu seinem Werk betrieben. Möglicherweise hatte er bereits vor Beginn seiner Arbeit an dem Geschichtswerk methodologische Überlegungen angestellt, die er dann in der sog. „Archäologie", das Kernstück des Proömiums (1,2–21), einarbeitete und im „Methodenkapitel" (1,22) vertiefte. – Thukydides sagt im Proömium, er habe mit der Aufzeichnung seiner Beobachtungen bereits 431 begonnen. Die Darstellung hat sich dann zunächst auf die zehn Jahre dauernden „Archidamischen Krieg" (431 bis 421) bezogen. Allerdings gibt es auch in diesem ersten Teil des Werkes Hinweise darauf, daß er erst nach 404 v. Chr. geschrieben wurde, und im sogenannten „zweiten Proömium" (5,26) gibt Thukydides zu erkennen, daß er den gesamten Krieg von 431–404 als einheitlichen Gegenstand seiner Darstellung betrachtete. „Man kann also nicht umhin, mit zwei Arbeitsplänen des Thukydides zu rechnen, einem ersten, der nur den zehnjährigen ‚archidamischen'

Krieg betraf, und dem endgültigen, der auf den Gesamtkrieg abzielte" (Lendle, 77). Der philologische Streit über die „thukydideische Frage" zur Entstehungsgeschichte des Werkes führte bisher nur zu der Einsicht, daß der bei weitem größte Teil des Textes der ersten B. sowohl vor oder auch nach 421 v.Chr. als auch bald nach 404 v.Chr. verfaßt sein kann.

I Im Proömium weist Thukydides mit Hilfe eines Überblicks über bestimmte Aspekte der Vorund Frühgeschichte Griechenlands nach, daß der von ihm beschriebene Krieg bedeutender war als alle früheren Kriege (dazu gehören der Trojanische Krieg und die Perserkriege zwischen 490 und 479 v.Chr.). Hinzu kommen methodologische Überlegungen zum Umgang mit nicht spezifisch historischem Quellenmaterial. – Gegenstand des Werkes ist der Krieg zwischen Peloponnesiern und Athenern, der im Frühjahr 431 v.Chr. mit der Invasion Attikas durch die Peloponnesier unter Führung des spartanischen Königs Archidamos begann. Dieser „Archidamische Krieg" wurde im Frühjahr 421 durch einen vor allem von dem athenischen Politiker Nikias betriebenen Friedensvertrag beendet. Dieser „Nikias-Frieden" dauerte nur kurze Zeit; der Krieg brach spätestens im Jahre 418 mit der Schlacht bei Mantineia wieder aus und gewann nach der Besetzung der athenischen Grenzfestung Dekelea durch die Spartaner im Jahre 413 an Härte. Dieser „Dekeleische Krieg" wurde 404 mit der bedingungslosen Kapitulation Athens beendet. – Thukydides erfaßt das historische Geschehen (1) nicht nur mit einer Darstellung der Vorgänge, sondern auch mit Hilfe von Reden, die er den handelnden Personen in den Mund legt. Er unterteilt (2) das Geschehen in jahreszeitlich definierte Abschnitte und unterbricht (3) seine Darstellung mitunter durch Exkurse. – Zu 1: Der Autor charakterisiert die Reden als eigene Schöpfungen (vgl. 1,22,1). Er hat unter Berücksichtigung der „Gesamttendenz" wirklich gehaltener Reden neue Reden entworfen, die den Intentionen der Redner besonders nahekommen und die Ursachen der Geschehensabläufe sichtbar machen. So wurden die Reden zu einem wesentlichen Kompositionselement des Werkes. Ein berühmtes Beispiel ist die Rede (Epitaphios) des athenischen Staatsmannes Perikles auf die Gefallenen (2,35–46). – Ebenso berühmt ist eine weitere Rede des Perikles im Zusammenhang mit der Schilderung der Pest in Athen (2,47–57 und 59–64). Zu 2: Die Jahreszeiten-Datierung ermöglichte es, alle Ereignisse in die natürliche zeitliche Abfolge eines Jahres einzufügen. Dadurch wurde in einer Zeit, in der es noch keinen einheitlichen Kalender gab, größtmögliche Genauigkeit erzielt. Hinzu kam die Zählung nach Kriegsjahren. Zu 3: Der berühmteste Exkurs ist die Schilderung der sog. „Pentekontaetie", d.h. des etwa fünfzig Jahre dauernden Zeitraumes zwischen dem Rückzug des Perserkönigs Xerxes aus Griechenland und dem Beginn des Peloponnesischen Krieges (vgl. 1,118,2). Es handelt sich dabei

um eine Darstellung vieler Details aus der Geschichte Griechenlands zwischen 479 und 431, die den Anschein erwecken, Material für eine Geschichte Griechenlands zu sein, das vor Kriegsbeginn zusammengetragen worden war und offensichtlich nicht verloren gehen sollte.

Q Das Thema des Werkes ist ein einziger vom Autor selbst erlebter Krieg. Literarische Vorbilder existieren nicht. Die Auseinandersetzung mit Herodots Auffassung von Historiographie ist dagegen faßbar. Thukydides distanziert sich entschieden von der Unterhaltungsfunktion des herodoteischen Geschichtswerkes. Er benutzte alle ihm zugänglichen Informationsquellen der Zeitgeschichte und konnte auch die Ergebnisse seiner Autopsie verwerten.

W Thukydides legte besonderen Wert darauf, „seinen" Krieg als den größten aller Zeiten darzustellen (vgl. 1,21,2) und die Bedeutung etwa der Perserkriege, wie sie Herodot beschrieben hatte (→*Historíes apódexis*), herunterzuspielen. Durch die Veröffentlichung des herodoteischen Geschichtswerkes wurde die Erinnerung an einen ruhmvollen Abwehrkampf wieder lebendig, so daß der Peloponnesische Krieg „zweitrangig" zu werden drohte. „Diese allgemeine Einschätzung bedeutete für Thukydides natürlich eine schwere Belastung. Es blieb ihm als Schriftsteller gar keine andere Möglichkeit, als im Interesse seines Gegenstandes gegen Herodot, den Mann der Stunde, und sein alles überstrahlendes Hauptthema, die Perserkriege, anzutreten – und er hat diese Aufgabe mit großem Engagement in Angriff genommen und durchgeführt: nahezu die ganze Einleitung seines Werkes, angefangen vom ersten Satz, ist ihr ... gewidmet, obwohl der Name Herodot kein einziges Mal fällt" (Lendle, 80). Auch die berühmte Absichtserklärung des Thukydides, sein Werk solle eher „ein Besitz für immer" (*ktêma eis aeí*, 1,22,4) sein als „ein Prunkstück für den Augenblick", ist vor dem Hintergrund seiner Polemik gegen Herodot zu sehen. – Über die Zielsetzung des Werkes trifft Thukydides selbst zwei entscheidende Aussagen (1,22,4): (1) Der Leser soll die Darstellung als „nützlich" erkennen. (2) Die „Nützlichkeit" der Darstellung soll auch in der Zukunft wirksam sein, da „gemäß dem Menschlichen" mit einer Wiederholung der geschilderten Vorgänge zu rechnen sei; der Leser soll also aus der Darstellung des Thukydides etwas für den Umgang mit ähnlichen Vorkommnissen lernen (vgl. z.B. auch 2,48,3). Das „Menschliche", das sich nicht verändert, ist für Thukydides die eigentlich geschichtsprägende Kraft. An verschiedenen Stellen definiert der Autor das „Menschliche" (z.B. 1,76,2; 4,61,5; 5,105,2) als ein konstantes menschliches Verhaltensmuster. Damit steht Thukydides im Gegensatz zu Herodots „theonomer" Geschichtsdeutung. – Aus der im „Menschlichen" liegenden Vorstellung vom „Recht des Stärkeren" ergibt sich auch der Kriegsgrund: Die Rivalität der Großmächte um die Vormachtstellung. – Offensichtlich wollte Thukydides am Beispiel des Peloponnesischen Krieges in krassem Gegensatz zu Herodot nachweisen, daß geschichtliche Abläufe durch die Wirksamkeit des „Menschlichen" zu erklären seien. „Der Krieg als ‚gewalttätiger Lehrmeister', der die rohen Bestandteile des ‚Menschlichen' an die Oberfläche brachte – das scheint eines der Themen gewesen zu sein, welche nach dem Verständnis des Thukydides die historiographische Aufarbeitung des Peloponnesischen Krieges als eines exemplarischen Vorganges notwendig machten" (Lendle, 107). Aber er wollte auch das Leid bewußt machen, das der Krieg über die Menschen brachte, d.h. er schrieb auch „ein Buch gegen den Krieg" (Lendle, 108).

N   Für Sallust und Tacitus war Thukydides das große Vorbild.

A   J. Classen / J. Steup. 8 Bde., Berlin (3–5)1900–1922, Nachdr. Dublin/Zürich 1967–1982 (mit Kommentar). H. S. Jones / J. E. Powell. 2 Bde., Oxford [2]1942. O. Luschnat, Leipzig [2]1960.
Ü   A. Horneffer / G. u. H. Strasburger, Bremen 1957. G. P. Landmann, München/Zürich 1993 (gr.-dt.). H. Vretzka, Stuttgart 1966.
L   L. Canfora: Tucidide, l' oligarca imperfetto, Rom 1988. L. Canfora: Die verlorene Geschichte des Thukydides, Berlin 1990. W. R. Connors: Thucydides, Princeton (NJ) 1984. H. Drexler: Thukydides-Studien, Hildesheim 1976. H. Erbse: Die politische Lehre des Thukydides, in: Gy 76, 1969, 393–416. H. Erbse: Thukydides-Interpretationen, Berlin 1989. K. v. Fritz: Die griechische Geschichtsschreibung, Berlin 1967, 523–823. K. Gaiser: Das Staatsmodell des Thukydides. Zur Rede des Perikles für die Gefallenen, Heidelberg 1975. H. Görgemanns: Macht und Moral. Thukydides und die Psychologie der Macht, in: Humanistische Bildung 1, 1977, 64–99. A. W. Gomme / A. Andrewes / K. J. Dover, Oxford 1945–1981 (Kommentar). E. Heitsch: Geschichte und Situation bei Thukydides, Stuttgart 1996. H. Herter (Hg.): Thukydides, Darmstadt 1968. S. Hornblower: Thucydides, London 1987. O. Lendle, Einführung, 73–109. A. Lesky, GL, 512–544. O. Luschnat: Thukydides der Historiker (Sonderausgabe aus der RE 12, 1970, 1085–1354), Stuttgart 1971. C. Orwin: The Humanity of Thucydides, Princeton 1995. G. Rechenauer: Thukydides und die hippokratische Medizin. Naturwissenschaftliche Methodik als Modell für Geschichtsdeutung, Hildesheim 1991. H. Sonnabend: Thukydides, Darmstadt 2004. H. Storch: Die Faktoren des geschichtlichen Geschehens. Zum Geschichtsdenken des Thukydides, in: AU 21, 3, 1978, 23–38.

Hôrai
„Die Fruchtbarkeitsgöttinnen oder die Jahreszeiten"

Prodikos aus Keos, 5. Jh. v. Chr.

Abhandlung über den Ackerbau als Grundlage der menschlichen Kultur (gr.), nur in Frg. überliefert.

I   Aus dem Titel und den erhaltenen Frg. ist zu schließen, daß die Schrift u.a. folgende Themen behandelte: (1) ein Lob des Ackerbaues, (2) eine Theorie über den Ursprung der Religion (vgl. die 30. Rede des Themistios zum Thema *Ei georgetéon*, in der auf die „Horen" Bezug genommen wird, →*Lógoi*, (3) den Mythos von Herakles am Scheideweg. –

Die Verknüpfung dieser drei Inhalte könnte durch die Hervorhebung der „Mühen" (*pónoi*) des Ackerbaues erfolgt sein. In diesem Zusammenhang könnte auch die Güterlehre gestanden haben: Keine Sache ist an sich gut oder schlecht; erst durch den Gebrauch erweist sie ihre Qualität; daher ist ein (lehr- und lernbares) Wissen notwendig, das den rechten Gebrauch (*orthè chrêsis*) ermöglicht. – Ferner leitete möglicherweise die „euhemeristische" Theorie über die Herkunft der Götter zum Herakles-Mythos über: Die Götter waren ursprünglich Menschen oder natürliche Phänomene und Herakles ein Vorbild in der Bewältigung eines mühevollen Daseins. Denn für Herakles war der Kampf nicht Selbstzweck, sondern nur ein Mittel zur Befreiung und Kultivierung des Landes. Der Kampf schuf die Bedingungen für die friedliche Tätigkeit z.B. des Bauern. In diesem Sinne mußte Herakles im Mythos des Prodikos durch die personifizierte Tugend (*Areté*) zum Ertragen des *Pónos* erzogen werden, der die Überwindung des Schlechten und des Bösen möglich werden läßt.

W   Prodikos wollte im Anschluß an Hesiod (→*Érga kaì hemérai*) die dem Ackerbau „innewohnende erzieherische Kraft zu Arbeit und Fleiß, zur Mannhaftigkeit und Wehrhaftigkeit und zu staatserhaltender Gesinnung" (Nestle, 426) herausstellen. Herakles erhob er zum leuchtenden Vorbild. Außerdem versuchte Prodikos, die Bedeutung des Ackerbaues für die Entstehung der Religion nachzuweisen. Die *Hôrai* gehören also wie →*Perì tês en archê katastáseos* des Protagoras zu den kulturtheoretischen Schriften der Sophistik, wobei dieser nicht den Ackerbau, sondern die „Technik" an den Anfang der Kulturentwicklung stellte.

N   Spuren der „Horen" finden sich nicht nur in der 30. Rede des Themistios, sondern auch in Xenophons →*Oikonomikós* und im pseudoplatonischen →*Eryxías*. Der Herakles-Mythos des Prodikos wird von Xenophon im 2. B. der Memorabilien (→*Apomnemoneúmata*) erzählt.

A   VS 84.
L   E. Dupréel: Les sophistes, Neuchâtel 1948. W. Nestle: Die *Horen* des Prodikos, in: Studien, 403–429. F. G. Welcker: Prodikos von Keos, in: Kleine Schriften. Bd. 2, 474 ff.

Hóroi
„Definitionen"

Ps.-Platon

Sammlung von Begriffsbestimmungen aus unterschiedlichen Lebensbereichen (gr.).

I   Der Autor sammelte meist sehr knappe und sprachlich klare Definitionen u.a. für philosophisch-ethische Begriffe (z.B. die verschiedenen Tugenden: Gerechtigkeit, Besonnenheit, Selbstbeherrschung usw.), für Erscheinungen der natürlichen Umwelt des Menschen (Sonne, Zeit, Nacht,

Tag, Luft usw.), für seelische Zustände (Glück, Liebe, Freude, Wille, Scham usw.), für sprachlich-logische Gegebenheiten (Beweis, Sprache, Name usw.), für gesellschaftliche Phänomene (Tyrann, Sophist, Politiker, Staat, König usw.).

A J. Burnet. Bd. 5, Oxford 1907.
Ü E. Loewenthal. Bd. 3, Darmstadt 2003.
L H. G. Ingenkamp: Untersuchungen zu den pseudoplatonischen *Definitionen*, Wiesbaden 1967.

Hôroi Lampsakenôn
„Jahrbücher von Lampsakos"

Charon aus Lampsakos, 2. Hälfte des 5. Jh.s v. Chr.

Vier B. einer Lokalchronik der Heimatstadt des Autors (gr.), in einigen längeren Frg. erhalten.

I Das Frg. 1 zeigt, daß diese Lokalchronik nicht nur eine dürre Aufzählung von Fakten war, sondern „durch die Einschaltung novellistischer Szenen auch das Bedürfnis der Leser nach Unterhaltung zu befriedigen versuchte" (Lendle, 39).

A FGrHist 262.
L F. Jacoby: Charon von Lampsakos, in: Abhandlungen zur griechischen Geschichtsschreibung, Leiden 1956, 178–206. O. Lendle, Einführung, 71–73. L. Piccirilli: Carone di Lampsaco ed Erodoto, in: Annali della Scuola Normale Superiore di Pisa. Cl. di Lettere e Filosofia 5, 1975, 1239 bis 1254.

Hortensius
(Name eines röm. Redners)

Marcus Tullius Cicero aus Arpinum, 106–43 v. Chr.

Aufforderung (Protreptikos) zum Studium der Philosophie (lat.) in Form eines Dialogs (Frg.). Entstanden 64/45 v. Chr.

I Der nach dem Vorbild des →*Protreptikós* des Aristoteles geschaffene Dialog eröffnete Ciceros literarische Darstellung der gr. Philosophie in lat. Sprache. – Der Titel der Schrift geht auf den Redner Hortensius (gest. 50 v. Chr.) zurück. – Das Gespräch spielt in der Villa Tusculana des Lucullus. Außer diesem nahmen Cicero, Hortensius und Catulus daran teil. Die Szenerie ist in die Zeit zwischen 65 und 60 v. Chr. verlegt. – Aus den Frg. läßt sich folgender Inhalt rekonstruieren: Cicero hatte in der Philosophie Trost gesucht (vor allem in seiner Trauer über den Tod seiner Tochter Tullia im Februar 45; vgl. auch die →*Consolatio*). Jetzt ist er von der Notwendigkeit der Philosophie überzeugt. Cicero nimmt von allem Politischen und Diesseitigem Abschied, um sich der reinen Kontemplation und der Versenkung in die Schau eines jenseitigen Lebens zu widmen. Das diesseitige Leben dient nur der Buße für frühere Verbrechen. – Vermutlich setzte Cicero sein Preislied auf die Philosophie dem Lob der Re-

dekunst durch Hortensius entgegen, der anscheinend den Wert der Philosophie schlichtweg bestritten hatte. Cicero preist jedoch keine bestimmte philosophische Richtung, sondern die Philosophie an sich.

W Es war das Ziel eines Protreptikos, die Philosophie als die einzige Führerin zu einem erfüllten menschlichen Leben zu preisen. „Es ging in diesem Genre philosophischer Schriftstellerei um Grundsätzliches, um die Frage nach der richtigen Lebensform und der richtigen Einstellung zu den Dingen. Es ging gewissermaßen um das Seelenheil, nur daß es sich bei den antiken Philosophen im wesentlichen um ein diesseitiges Seelenheil handelte, das sich auf die von der Natur einem jeden zugestandene Zeitspanne beschränkte, dort aber möglichst wenig von äußeren Glücksgütern abhängig sein sollte. Wer einen Protreptikos verfaßte, pflegte sich daher, einem Prediger vergleichbar, um Eindringlichkeit und Pathos zu bemühen, wie es der Bedeutung des Gegenstandes entsprach" (Fuhrmann, 222).
N In der Antike wurde der Dialog als Einführungslektüre in die Philosophie gelesen. Augustinus verdankt dem *Hortensius* seine erste Begegnung mit der Philosophie (→*Confessiones* 3,7f.).

A A. Grilli, Mailand 1962 (mit Kommentar). O. Plasberg, Leipzig 1892 (mit Kommentar).
Ü O. Schönberger, 1984. L. Straume-Zimmermann / O. Gigon / F. Broemser, Düsseldorf/Zürich [(2)]1997 (lat.-dt.).
L K. Büchner, Bestand und Wandel, 375–379. M. Fuhrmann, Cicero, 221–223. M. Ruch: L' *Hortensius* de Cicéron. Histoire et reconstruction, Paris 1958. W. Süß: De Ciceronis *Hortensio*, in: Jahrb. f. d. Bistum Mainz 5, 1950, 293–304.

Hóti ho áristos iatròs kaì philósophos
„Daß der beste Arzt auch Philosoph ist"

Galenos aus Pergamon, um 130–199 n. Chr.

Medizinisch-programmatische Schrift (gr.).

I Galenos beschreibt in dieser kleinen Schrift, wie er sich den besten Arzt vorstellt. Am Beispiel des Hippokrates – möglicherweise in Orientierung an der Hippokrates-Biographie des Soranos, →*Vita Hippocratis secundum Soranum* (CMG 4, p. 175 f.) – zeigt Galenos, daß der Arzt eine umfassende philosophische Bildung haben muß. Das gilt für die Theorie der Medizin ebenso wie für die Praxis. Der philosophisch gebildete Arzt wird von Galenos als *Iatrosophistes* bezeichnet. Die philosophische Bildung trägt u. a. dazu bei, daß der Arzt sich auf seine umfänglichen Aufgaben konzentriert und nicht nach äußerem Reichtum strebt und daß der forschende Mediziner den Fortschritt seiner Wissenschaft befördert.
Q Das umfassende Bildungskonzept läßt sich auf Platon zurückführen und wurde später auch von Cicero (→*De oratore*) und Quintilian (→*Institutio oratoria*) für die Rhetorik vertreten.

N Das enzyklopädische Bildungskonzept des Galenos hatte große Wirkung auf die Medizin des Mittelalters und wurde auch für Paracelsus (1493–1541) maßgebend.

A J. Marquardt / I. Mueller / G. Helmreich: Pergami scripta minora. Bd. 2, Leipzig 1891.
Ü P. Bachmann: Abhandlung darüber, daß der vorzügliche Arzt Philosoph sein muß, Göttingen 1966.
L A. Dihle, GLL, 300–305. H. Flashar (Hg.): Antike Medizin, Darmstadt 361–416. F. Kudlien: Galenos aus Pergamon, in: DKP 2, 674 f. A. Lesky, GL, 998–1001. G. Sarton: Galen of Pergamon, Lawrence (Kansas) 1954. E. Wenkebach: Der hippokratische Arzt als das Ideal Galens, in: Quellen und Studien zur Geschichte der Naturwissenschaften: Medizin. 3, Berlin 1933.

Hóti katà tà tôn állon philosóphon dógmata udè zên éstin
„Daß man nach den Lehren der anderen Philosophen nicht leben kann"

Kolotes aus Lampsakos, geb. etwa 325 v. Chr.

Nur in Frg. erhaltene Schrift eines überzeugten Schülers des Epikur (gr.).

I Kolotes, der auch Polemiken gegen Platons →Lýsis, gegen Platons →Euthýdemos und gegen den Mythos in Platons →Politeía veröffentlichte, distanziert sich u. a. von Parmenides, Empedokles, Demokrit, Sokrates und Stilpon. Er wirft diesen Philosophen vor allem ihren „Skeptizismus" vor.
N Die Schrift bot den Anlaß zu Plutarchs Schriften Pròs Kolóten und Hóti udè zên éstin hedéos kat' Epíkuron (→Moralia).

A W. Crönert: Kolotes und Menedemos, Leipzig 1906.
L R. Westman: Plutarch gegen Kolotes, in: Acta philos. Fennica 7, 1955.

Hóti taîs tû sómatos krásesin hai tês psychês dynámeis hépontai
„Daß die Fähigkeiten der Seele den Mischungen im Körper folgen"

Galenos aus Pergamon, um 130 -199 n. Chr.

Medizinisch-philosophische Abhandlung (gr.).

I Galenos stellt die These auf, daß die psychischen Vorgänge im Menschen auf die vier Grundqualitäten der Humoralpathologie zurückzuführen seien (Humoralpathologie = die Vorstellung, daß die Krankheiten durch eine fehlerhafte Mischung der Körpersäfte Blut, Schleim, gelbe und schwarze Galle entstehen). Die vier „Säfte" sind durch Ernährung, Medikamente und diätetische Lebensführung zu beeinflussen. Psychopathologische Phänomene gehen ebenso auf falsche Mischung der Säfte zurück wie körperliche Krankheiten. Die Seele ist also somatisch konstituiert. Die menschliche Natur liegt

also nicht von vornherein fest, sondern bildet sich aus den Mischungen im Körper. Galen kann sich hierin auf die hippokratische Schrift Perì aéron hydáton tópon (→Corpus Hippocraticum) berufen, in der u. a. die Auffassung vertreten wird, daß die Sitten der Menschen von ihrer natürlichen Umwelt geprägt werden. Die unterschiedlichen Charaktere der Menschen hingen demnach von ihren verschiedenen Lebensbedingungen ab.

A J. Marquardt / I. Mueller / G. Helmreich: Scripta minora. Bd. 2, Leipzig 1891.
Ü E. Hauke: Daß die Vermögen der Seele eine Folge der Mischungen des Körpers sind, in: Abh. zur Gesch. d. Medizin u. d. Naturwiss. 21, Berlin 1937.
L F. Kudlien: Galenos aus Pergamon, in: DKP 2, 674 f. A. Lesky, GL, 998–1001. G. Sarton: Galen of Pergamon, Lawrence (Kansas) 1954. Schmid-Stählin 2, 2, 837–839 und 912–924.

Hóti udè hedéos zên ésti kat' Epíkuron
(Non posse suaviter vivi secundum Epicurum) →Moralia (Plutarchos)

Hygíeina pròs Pleístarchon
„Anweisungen für ein gesundes Leben an Pleistarchos"

Diokles aus Karystos, 4. Jh. v. Chr.

Sendschreiben in mindestens zwei B. (gr.), also aufgrund des Umfangs kein echter Brief, nur in Frg. erhalten.

I Es handelt sich um eine Lehre von der gesunden Lebensführung, d. h. um eine Diätetik. Vgl. die hippokratische Schrift Peri diaítes (→Corpus Hippocraticum). Die Diätetik des Diokles war wohl überwiegend eine Speisediätetik, worauf auch andere seiner Schriftentitel hindeuten: Perì lachánon („Über die Küchenkräuter"), Rhizotomiká („Wurzelbuch"), eine pharmakologisch orientierte Pflanzenkunde, Perì thanasímon pharmákon („Über die tödlichen Gifte"), ein botanisches Werk. – Allerdings wurden auch traditionelle Bereiche der Diätetik berücksichtigt: Schlaf, Bewegung, Körperpflege, Gymnastik, Sport. – Ein Teil der Hygíeina ist auch das „große Methodenfragment": Hier weist Diokles mit großem Nachdruck auf die Individualität des Kranken hin; jede Krankheit und jeder Kranke unterliegen einer Eigengesetzlichkeit. Demnach hätten die gleichen Mittel auch nicht immer die gleichen Wirkungen. Als entschiedener Empiriker warnt Diokles vor Verallgemeinerungen und voreiligen Theorien.
Q Diokles ist von der Ethik des Aristoteles stark beeinflußt, die die Lehre von der Diät formen half. „Und zwar beschränkt sich ihr Einfluß keineswegs ... auf das Methodische und das Interesse des Diokles an den sich bietenden Analogien. Die Wissenschaft von der richtigen Lebensart des menschli-

chen Körpers und die philosophische Lehre von dem besten Leben des Menschen als geistigen und sittlichen Wesens mußten sich auch sonst, vor allem in der Erfassung des Normproblems, für griechisches Denken stark berühren. Wie man von der Ethik des Aristoteles sagen kann, sie sei eine Art Diätetik der Seele, so gilt umgekehrt von der Diätlehre des Diokles, daß sie etwas von der Art ethischer Praecepte an sich hat" (Jaeger, 49 f.). – Nicht nur inhaltlich, sondern auch in der Form ist Diokles von Aristoteles beeinflußt.

W In enger Anlehnung an das teleologische Naturverständnis des Aristoteles, wie es in dem Begriffspaar *dýnamis – enérgeia* seinen Ausruck findet, ist die Diätlehre des Diokles streng teleologisch ausgerichtet.

A M. Wellmann: Die Frg. der sikelischen Ärzte Akron, Philistion und des Diokles von Karystos, Berlin 1901.
Ü W. Müri: Der Arzt im Altertum, München/Zürich [5]1986, 394–407 (gr.-dt.).
L L. Edelstein: Antike Diätetik, in: Die Antike 7, 1931, 255–270. W. Jaeger: Diokles von Karystos. Die griechische Medizin und die Schule des Aristoteles, Berlin [2]1963. F. Kudlien: Probleme um Diokles von Karystos, in: Sudhof's Archiv für Geschichte der Medizin 47, 1963, 456–464. F. Kudlien: Diokles (Nr. 7), in: DKP 2, 1967, 52 f. M. Wellmann: Das älteste Kräuterbuch der Griechen, in: FS F. Susemihl, Leipzig 1898.

Hygíeina parangélmata *(De tuenda sanitate praecepta)* →Moralia (Plutarchos)

Hylas →Romulea (Dracontius)

Hymni
„Hymnen"

Ambrosius, um 340–397 n. Chr. Bischof von Mailand

Sammlung von zwölf kultischen Liedern (lat.), die aus vierzeiligen Strophen bestehen. Die Verse sind in akatalektischen iambischen Dimetern abgefaßt.

I Ein Beispiel: Der Hymnus *Ad galli cantum*, ein Morgenhymnus, besteht aus acht Strophen. Nach der Anrufung Gottes beim Hahnenschrei (Strophen 1–2) werden die Leistungen des Hahnes in Form einer Aretalogie beschrieben (Strophen 3–4). Daran schließt sich die Aufforderung zum Aufstehen an (Strophen 5–6). Im Gebet (Strophen 7–8) werden die reale und die geistliche Welt aufeinander bezogen: dem Hahn, der die Menschen am Morgen weckt, entspricht Christus, der Erwecker der Menschheit, der Herr ist über Tag und Nacht und d. h. über die Zeit. Wie der Hahn die Schlafenden weckt, so verscheucht Christus den Schlaf der Seele. Damit wird die Symbolik der morgenlichen Stunde deutlich.

N Ambrosius gilt als Schöpfer der lat. liturgischen Hymnendichtung. Der Hymnus *Veni, redemptor gentium* („Komm, Erlöser der Heiden") lebt in Luthers Kirchenlied „Nun komm, der Heiden Heiland" weiter.

A W. Bulst: Hymni Latini antiquissimi, Heidelberg 1956, 37–52. J. Fontaine, Paris 1992 (lat.-frz. mit Kommentar). J. Gruber, Europäische Literatur, bes. 84–86. H. Lietzmann: Lateinische altkirchliche Poesie, Berlin 1938. M. Simonetti, Rom 1956 (lat.-it.). A. S. Walpole: Early Latin Hymns, New York 1924, 16–114 (mit Kommentar).
L M. v. Albrecht, RL, 1293–1304. W. Fauth: Der Morgenhymnus *Aeterne rerum conditor* des Ambrosius und Prudentius *cath.* 1, in: JbAC 27/28, 1984–1985, 97–115. J. Fontaine: Les origines de l' hymnodie chrétienne latine d' Hilaire de Poitier à Ambroise de Milan, in: Revue de l' Institut catholique de Paris 14, 1985, 15–51.

Hymni
„Hymnen"

Hilarius aus Pictavium (Poitier), 4. Jh. n. Chr.

Kirchengesänge (lat.) zur Verherrlichung Gottes.

A W. Bulst: Hymni Latini antiquissimi, Heidelberg 1956. A. Feder, CSEL 65, 1916. J. F. Gamurrini, Rom 1887.
L M. v. Albrecht, RL, 1289–1293. J. Fontaine: L' apport de la tradition poétique romaine à la formation de l' hymnodie latine chrétienne, in: REL 52, 1974, 318–355.

Hymni
„Hymnen"

Aurelius Prudentius Clemens, 348 – etwa 405 n. Chr.

Sammlung von Liedern im →*Liber cathemerinon* des Prudentius (lat.).

I Inhaltlich sind die Hymnen Morgen-, Tisch- und Abendlieder und Fastengesänge. Hinzu kommen ein Weihnachts-, ein Epiphaniashymnus und ein Preislied auf Christus, das „zu jeder Stunde" gesungen werden kann (*Hymnus omnis horae*). Prudentius verfaßte auch einen *Hymnus circa exsequias defuncti* („Hymnus für die Bestattung eines Verstorbenen").

W „Die Sammlung als Ganzes hat den Zweck, den Alltag des Christen an die Bibel zu binden, ihn mit Christi Heilstat zu verknüpfen und ihm von dorther Inhalt und Bedeutung zu geben. Dieser Verknüpfung von Bibel und Alltäglichkeit dient nicht zuletzt die Allegorie: wenn der Dichter menschliche Einrichtungen wie die Mahlzeit über die Eucharistie auf Christus bezieht oder wenn er natürliche Ereignisse wie den Hahnenschrei oder den Sonnenaufgang als Zeichen des Erlösungswerks Christi aufgefaßt wissen will" (M. Fuhrmann, Spätantike, 241). – Die Hymnen des Prudentius dienten der praktischen Frömmigkeit, der Kultordnung des Tages und des Jahres. Durch Prudentius fand der christliche Hymnus Eingang in die hohe Poesie. Prudentius wurde so zum Schöpfer der christlichen Lyrik in lat. Sprache.

A   M. Pellegrino, Alba 1954 (lat.-it.). F. Sciuto, Catania 1955 (lat.-it.).
L   M. v. Albrecht, RL, 1076–1086. W. Fauth: Der Morgenhymnus *Aeterne rerum conditor* des Ambrosius und Prudentius *cath.* 1, in: JbAC 27–28, 1984–1985, 97–115. M. Fuhrmann: Ad Galli Cantum. Ein Hymnus des Prudenz als Paradigma christlicher Dichtung, in: AU 14, 3, 1971, 82–106. M. Fuhrmann, Spätantike, 232–257.

Hymni
„Hymnen"

Gaius Marius Victorinus, Mitte des 4. Jh.s n. Chr.

Drei Lobgesänge über die Trinität (lat.).

I   Die nicht metrisch abgefaßten Hymnen sind formal von den biblischen Psalmen beeinflußt und folgen den Regeln der lat. Kunstprosa.

A   P. Henry / P. Hadot, CSEL 83, 1, 1971. A. Locher, Leipzig 1976. PL 8.
Ü   P. Hadot / U. Brenke, Zürich 1967.
L   M. v. Albrecht, RL, 1281–1289.

Hýmnoi
„Hymnen"

Alkaios aus Mytilene, um 600 v. Chr.

Frg. (gr.) aus Liedern an Götter (z. B. an Apollon, an Hermes an die Dioskuren, an Athene).

I   Von den Kultliedern, zu denen auch noch die mythologische Erzählung über Helena und Thetis gehört (74 D.), ist kaum etwas erhalten: Darunter ist ein kurzes Gebet an die Dioskuren (78 D.); von einem Apollonhymnos sind ausführliche Inhaltsreferate überliefert. Daran wird erkennbar, daß „der Hymnos weniger an religiösem Gehalt als an farbiger Mythenerzählung bot. Hauptstück war die Epiphanie des Gottes zur Mitsommerzeit in Delphi, wo die ganze Natur sein Erscheinen grüßte" (Lesky, 164). – Im Dioskurenhymnos werden die Zwillingsbrüder als Helfer der Seefahrer gepriesen; besonders beeindruckend ist jedoch die Schilderung der Epiphanie der göttlichen Jünglinge.

A   E. Diehl, ALG 4, 86–159. E. Lobel / D. Page, PLesbFrg 112–291.
Ü   M. Treu, München/Zürich [(3)]1980.
L   A. Lesky, GL, 157–167.

Hýmnoi →Carmina (Archilochos)

Hýmnoi
„Hymnen"

Ps.-Arion

Dankgesang (gr.) des Arion an Poseidon, dem er seine Rettung vor dem Ertrinken mit Hilfe eines Delphins verdankte. Vgl. Herodot, →*Historíes apódexis* 1, 23f. Daß Arion (um 600 v. Chr.) diesen Hymnos gedichtet habe, bezeugt Aelianus, →*Poikíle historía* 12, 45.

A   E. Diehl, ALG 5, 4–5.
L   E. – M. Voigt: Arion, in: dtv-L 1. 1, 169f.

Hýmnoi
„Hymnen"

Mesomedes aus Kreta, 2. Jh. n. Chr.

Lieder zur Verherrlichung heidnischer Gottheiten (gr.).

I   Die Hymnen richten sich an Gottheiten oder göttliche Gestalten wie Helios, Nemesis, Physis, Isis. Zum Teil sind die Hymnen mit Notationszeichen versehen. – Die Hymnen haben auch die Hymnendichtung des Synesios aus Kyrene (→*Hýmnoi*) angeregt.

A   E. Heitsch: Die griechischen Dichterfragmente der römischen Kaiserzeit. 2. Bde., Göttingen 1961–1964. U. v. Wilamowitz-Moellendorff: Griechische Verskunst, Berlin 1921, 595–607.
L   A. Lesky, GL, 908.

Hýmnoi →Orphiká

Hýmnoi
„Hymnen"

Synesios aus Kyrene, etwa 370–412 n. Chr.

Christliche Loblieder auf Gott und Gebete (gr.) in einer aus röm., gr.-äolischen und dorischen Elementen zusammengesetzten Dichtersprache in klassischen Versmaßen.

I   In den neun erhaltenen Hymnen des Synesios sind philosophisch-neuplatonische und christliche Motive miteinander verknüpft. Das zugrundeliegende Gottesbild steht zwischen Neuplatonismus und Christentum. „Die Hymnen richten sich an den Gott der Christen, an die Trinität oder an Jesus, doch entfalten sie in Anrufung, Lobpreis und Gebet Auffassungen und Lehren, die der neuplatonischen Theologie weit näher stehen als der gleichzeitigen christlichen Dogmatik" (Dihle, 464f.). Auf diese Weise veranschaulichen sie den Weg des Autors zum christlichen Glauben und Fühlen. Bei dieser allmählichen Annäherung an das Christentums verlor der Autor jedoch nie seine enge Bindung an die antik-heidnische Philosophie, so daß er auch von dogmatischer Festlegung frei blieb.

Q Neben der engen Bindung an die neuplatonische Theologie ist die bewußte Anknüpfung an die altgriechische Lyrik bemerkenswert. Im 9. Hymnus stellt sich der Autor als Fortsetzer der ionischen Dichtung Anakreons (→*Carmina*), der lesbischen Dichtung des Alkaios und der Sappho (→*Carmina*) und der →„Chorlyrik" Pindars vor.

W „Immer wieder sprechen die Hymnen vom Glanz, der Erhabenheit und Schönheit des Göttlichen und der von ihm geschaffenen Ordnung, sowie von der ästhetischen Freude dessen, der sich ihm erkennend nähert... Die kunstvollen Dichtungen des Synesios suchen dieser Vorstellung vom Göttlichen gerecht zu werden. Obwohl die Einzelheiten der dabei zum Ausdruck kommenden Lehren vorwiegend philosophischer Herkunft sind, ist doch das Lebensgefühl und die Frömmigkeit, die dabei wirksam werden, durchaus denen der späteren christlichen Kunst vergleichbar, wo gleichfalls die immer neuen Hervorbringungen der Liturgie, der Musik und der bildenden Kunst der Schönheit des Göttlichen antworten sollen" (Dihle, 465).

A C. Lacombrade, Paris 1978 (gr.-frz.). N. Terzaghi. 2 Bde., Rom 1944–1949.
Ü H. Görgemanns, GLTD 5, 72–77 (gr.-dt. Hymnus 7). F. Wolters: Lobgesänge und Psalmen, 1923, 57–106.
L J. Bregman: Synesios of Cyrene, philosopher-bishop, Berkeley/Los Angeles/London 1982. A. Dihle, GLL, 464–466. C. Lacombrade: Synésios de Cyrène, hellène et chrétien, Paris 1951. A. Lesky, GL, 986–988. U. v. Wilamowitz-Moellendorff: Die Hymnen des Proklos und Synesios, in: SB Berlin 1907, 272–295.

Hýmnoi
„Hymnen"

Kallimachos aus Kyrene, etwa 300–240 v. Chr.

Sechs Hymnen (gr.) auf Göttinnen und Götter: (1) Zeus, (2) Apollon, (3) Artemis, (4) Delos, (5) Bad der Pallas und (6) Demeter. Nr. 1–4 sind in ionischem, Nr. 5–6 in dorischem Dialekt verfaßt. Nr. 1–4 und 6 bestehen aus Hexametern, Nr. 5 aus Distichen.
Die Hymnen stammen aus unterschiedlichen Schaffensperioden des Dichters. Nr. 2, 5 und 6 sind spät, Nr. 1 ist früh und Nr. 3 zwischen 270 und 260 v. Chr. entstanden.

I 1. Zeushymnos (96 Verse): Der Hymnos sollte keinem kultischen Zweck dienen, sondern war für den Vortrag bei einem Symposion gedacht. Der für den Text konstitutive Widerspruch zwischen dem religiösen Thema und der aufgeklärten Haltung des Dichters wird bereits am Anfang deutlich: Es gibt zwei Versionen über Zeus' Geburt, die der Dichter den Gott selbst vortragen läßt. Ist er auf dem Dikte-Gebirge in Kreta oder im Lykaion-Gebirge in Arkadien geboren? Kallimachos entscheidet sich für die zweite Möglichkeit und verweilt bei der Geburt des Gottes durch Rheia. Dann schildert der Dichter, daß der kleine Zeus nach Kreta gebracht wurde, und erreicht so eine Harmonisierung der beiden Geburtsversionen. Das Kind wächst in lieblicher Umgebung auf. Entgegen anderer Überlieferung gelangt Zeus ohne Gewalt an die Herrschaft. Vom Sturz des Kronos und der Titanen ist keine Rede. Poseidon und Hades überlassen Zeus freiwillig den Himmel. Für den „sanften" und verdienten Aufstieg des Gottes gibt es eine Erklärung: Hinter dem Bild des Zeus steht der König Ptolemaios II. Philadelphos, der irdische Zeus, von dem der Dichter, noch in beengten Verhältnissen lebend, Förderung und Unterstützung erwartet. – 2. Apollonhymnos (113 Verse): Am Anfang wird die bevorstehende Erscheinung des Gottes geschildert. Die Natur ist in Aufruhr. Es herrscht allgemeine Aufregung (Vers 1–30). Darauf folgen Lobpreisungen des Gottes; seine Funktionen werden aufgezählt, sein göttliches Wesen beschrieben. Überraschend ist, daß er auch als Städtegründer gepriesen wird. Aber er war eben auch für die Gründung von Kallimachos' Heimatstadt Kyrene verantwortlich (65–96). In diesem Zusammenhang wird auch erzählt, Apollon habe geschworen, Kyrene „unseren Königen" zu geben (67 f.). Damit unterstützte Kallimachos den Anspruch des Königs Ptolemaios III. Euergetes auf die Zugehörigkeit Kyrenes zu Ägypten. – Am Schluß des Hymnos setzt der Dichter den Gott zum Anwalt in eigener Sache ein (105–113), um sein poetisches Programm der kleinen Formen zu verteidigen: In den Versen 108–112 stellt Apollon das schmutzige Wasser des großen Flusses dem klaren Tropfen der reinen Quelle gegenüber, die die Bienen zu Demeter bringen. „In diesen metaphorischen Versen verdammt der Dichter das langatmige traditionelle Gedicht mit seinen konventionellen Formeln und preist statt dessen Kürze und Neuartigkeit im Vers ... Die Verse scheinen aber noch eine andere Mahnung zu enthalten. ..: Dichter sollten aus den ursprünglich reinen Quellen schöpfen, nicht aus dem verschmutzten Wasser, das sich von ihnen ableitet" (Pfeiffer 1970, 159). – 3. Artemishymnos (268 Verse): Zunächst wird die Jugend der Gottheit geschildert, die in ihrem Verhalten ganz einem menschlichen Kind vergleichbar ist. Ihre Wünsche an den Vater entsprechen dann aber doch ihrem göttlichen Selbstbewußtsein. Sie stimmen mit ihren im Mythos überlieferten Aufgaben überein. Ausführlich schildert der Dichter Artemis' Besuch bei den Kyklopen (46–86), die ihr ihre Waffen schmieden sollen. Im folgenden wird beschrieben, wie Artemis ihren Bogen erprobte: Sie konnte ebenso Vernichterin wie Lebensspenderin sein. In einer späteren Szene wird ihr Empfang im Olymp beschrieben, wie sie, mit Jagdbeute beladen, zurückkommt und von dem ewig hungrigen Herakles erwartet wird. Die Kultorte, Beinamen und die dazu gehörenden Sagen werden aufgezählt und eine Fülle mythologischer Details ausgebreitet. Ein besonderes Merkmal des Artemishymnos ist die ausgespro-

chen eingehende Vermenschlichung der Götter, wobei bestimmte Züge wie Anmut und Kindlichkeit,
aber auch Absonderlichkeiten besonders hervortreten. „Jenes Zu-Ende-Denken göttlicher Situationen
nach menschlichem Bilde geht mit einem solchen
Geschmack, mit einer solchen Dezenz einher, daß
sich eine Art neuen Respekts vor den göttlichen Gestalten darin verbergen muß" (Körte/Händel, 34). –
4. Deloshymnos (326 Verse): Delos war die einzige
Insel, die von Poseidon nicht im Meer befestigt werden konnte. Erst mit der Geburt Apollons erhielt
sie einen festen Platz. Denn sie war das einzige
Stück Land, das Leto aufnahm, bevor sie Apollon
gebären sollte. Delos hatte keine Angst vor der
schrecklich zürnenden Hera. Danach (55 bis 214)
werden ausführlich die Örtlichkeiten aufgezählt,
die Leto aus Angst vor Hera eine Bleibe versagten.
Nach Apollons Geburt wird Delos die heiligste unter den Inseln (275–326). – 5. Bad der Pallas (142
Verse = 71 Distichen): Hintergrund des Hymnos
ist die Erzählung, daß die Frauen der Argiver an einem bestimmten Tag das Kultbild der Athene zum
Fluß Inachos gebracht und ins Wasser getaucht haben. Zu Beginn ruft der Dichter die Lutrochoen, die
Mädchen, die das Bad bereitstellen sollen. Die Göttin wird schon erwartet. Der Dichter fordert sie
mehrfach auf, aus ihrem argivischen Tempel heraus-
zukommen. Dazu erzählt der Dichter die Geschichte von der Blendung des Teiresias, der
Athene, ohne es zu wollen, beim Baden gesehen
hatte. Als Freundin seiner Mutter verlieh sie ihm
zum Trost die Sehergabe (57–136). Am Schluß
kommt er wieder auf das Fest der Athene zurück.
– 6. Demeterhymnos (138 Verse): Der Sprecher
steht am Straßenrand und erwartet zusammen mit
Frauen einen Festzug zu Ehren der Göttin Demeter. Der Hauptinhalt ist die Geschichte von Erysichthon, der einen von Demeter besonders geliebten Hain abholzen wollte. Die Göttin tritt Erysichthon in Gestalt einer Priesterin entgegen. Er läßt
sich aber nicht umstimmen. Demeter straft dafür
Erysichthon mit einem auf ewig unstillbaren Hunger. Die Freß-Sucht wird ausführlich beschrieben
(24–117). Am Schluß werden die Frauen wieder
aufgefordert, Demeter zu begrüßen.

Q Die inhaltliche Grundlage der Hymnen ist
die mythologische Tradition, die der Dichter souverän benutzt, wobei er auch Abgelegenes in den Vordergrund hebt. Kallimachos orientiert sich auch an
den Formen der kultischen Hymnendichtung, indem er z.B. der Geburtslegende die Schilderung
der göttlichen Taten folgen läßt und am Schluß den
typischen Gruß an die Gottheit formuliert. Bezeichnend für die Inhalte der kallimacheischen
Hymnen ist die Fülle von Gelehrsamkeit, zu der
der Autor über entsprechende Handbücher und Lexika Zugang hatte. – In Nr. 1, 3 und 4 ist eine Anlehnung an die →Hýmnoi Homerikoí feststellbar,
während Nr. 2, 5 und 6 mit der Gattung des Mîmos
verwandt sind (es handelt sich nicht um Erzählung
und Aufzählung von Leistungen eines Gottes; die
Texte sind während eines Götterfestes gesprochen

und haben dieses als Rahmen für die ausführliche
Darstellung mythologischer Details).

H Kallimachos lebte zur Zeit des Ptolemaios II.
Philadelphos (reg. 283–247), der sich um die Bibliothek und das Museion in Alexandreia verdient gemacht hatte und als großer Förderer der Wissenschaften und Künste galt. Er zog aber auch führende Künstler und Wissenschaftler an seinen Hof, der
dadurch zum Mittelpunkt eines intensiven Kulturlebens wurde. „Aber das Höfische ist nur ein Faden
in dem reichen Gewebe dieser Kunst. Wichtiger ist
ihre enge Beziehung zu gelehrtem Wissen, die sich
dort am sinnfälligsten ausspricht, wo sich Wissenschaft und Dichtung in einer Person zusammenfin-
den. Diese Literatur redet nicht zu den Vielen, ihr
Reichtum an Voraussetzungen erschließt sich allein
dem Kenner, und ihre Sprache meidet es ebenso,
Formeln der Tradition unverändert zu übernehmen,
wie sie sich vom Alltag distanziert. Großes Pathos
und unverhüllte Emotionalität sind verpönt. Man
ist unter sich, und die raren Dinge, die man sich zu
erzählen hat, vertragen keine lauten Töne" (Lesky,
788).

W Die Hymnen des Kallimachos sind keine
Zeugnisse des Glaubens an persönliche Götter, die
als Lenker irdischer Geschicke wirken. Allerdings
ist nicht auszuschließen, daß die Götter des Kallimachos durchaus eine symbolische Bedeutung für
bestimmte Grundbefindlichkeiten des menschlichen Daseins haben. – An mehreren Stellen der
Hymnensammlung kommt der König in Alexandreia ins Spiel: Die Schlußpartie des Zeushymnos
enthält eine Huldigung an Ptolemaios II. Philadelphos, ebenso der Deloshymnos, wo Apollon der
Mutter weissagt, sie möge ihn nicht auf der Insel
Kos zur Welt bringen, weil dort dereinst eine andere
Gottheit, ein Nachkomme des Ptolemaios I. Soter,
geboren werde (165f.). In Vers 26 des Apollonhymnos ist der neben Apollon gestellte König Ptolemaios III. Euergetes.

A R. Pfeiffer. Bd. 2, Oxford 1953. U. v. Wilamowitz-
Moellendorff, Berlin [(4)]1925.
Ü B. Effe, GLTD 4, 160–169 (gr.-dt. nur Zeushymnus). E. Howald / E. Staiger, Zürich 1955 (gr.-dt.).
L F. Bornmann: Callimachi hymnus in Dianam, Florenz 1968 (Text und Kommentar). E. Cahen: Les hymnes
de Callimaque, Paris 1930. H. Erbse: Zum Apollon-Hym-
nus des Kallimachos, in: Hermes 83,1955. H. Herter: Kallimachos, in: RE Suppl. 5, 1931, 386–452. E. Howald: Der
Dichter Kallimachos von Kyrene, Erlenborn 1943. A.
Körte / P. Händel, HD, 13–124. A. Lesky, GL, 787–807.
G. R. Mc Lennan: Hymn to Zeus, Rom 1977 (Kommentar). R. Pfeiffer, KlPh, 156–190.

Hýmnoi
„Götterhymnen"

Proklos aus Konstantinopel, etwa 410–485 n. Chr.

Sieben Hexametergedichte (gr.).

I Es handelt sich um sieben philosophische Hymnen auf (1) Helios, (2) Aphrodite, (3) die lykische Aphrodite, (4) die Musen, (5) Pallas, (6) Janus und die (7) Gesamtheit der Götter. – Inhaltlich stellen die Hymnen den Versuch dar, den antiken Polytheismus in das System des Neuplatonismus einzuordnen.

W Die Götterhymnen sind Ausdrucksformen philosophischer Religiosität. In dieser Hinsicht sind sie den →*Hýmnoi* des Synesios verwandt: „Beide versuchen, der auf dem Wege diskursiven Denkens gewonnenen Einsicht in die göttliche Weltordnung, die zugleich Gegenstand religiöser Verehrung ist, einen dem religiösen Empfinden angemessenen Ausdruck zu geben. Proklos zieht in seinen hexametrischen Hymnen dazu die philosophisch verstandene alte Götterwelt heran, deren Gestalten ihm die Möglichkeit geben, seine philosophischen Überzeugungen anschaulich werden zu lassen und zugleich an die religiöse Tradition anzuknüpfen ..." (Dihle, 617).

A D. Giordano, Florenz 1957 (gr.-it.). E. Vogt, Wiesbaden 1957.
Ü H. Görgemanns, GLTD 5, 76–79 (gr.-dt. in Auswahl: Aphrodite-Hymnus).
L R. Beutler, RE 23, 1, 1957, 186–247. A. Dihle, GLL, 617. A. Lesky, GL, 908. M. Schneider: Die Hymnen des Proklos in ihrem Verhältnis zu Nonnos, in: Ph 51, 593 ff. E. Vogt: Zu den Hymnen des Proklos, in: RhM 100, 1957, 358 ff.

Hýmnoi
„Götterhymnen"

Telesilla aus Argos, 5. Jh. v. Chr.

Nicht erhaltene Chorlieder (gr.) für den Apollon- und Artemiskult, vielleicht auch ein Demeterhymnus, der inschriftlich überliefert ist (Frg. 2 D) im Versmaß des sog. Telesilleion, in dem auch die zwei einzigen wörtlich erhaltenen Verse verfaßt sind.

A E. Diehl, ALG 5, 72–75.
L A. Lesky, GL, 213. P. Maas: Epidaurische Hymnen, Königsberg 1933.

Hýmnoi Homerikoí
„Homerische Hymnen"

An.

Sammlung von 33 Hymnen (gr.) auf gr. Götter im epischen Versmaß.
Wahrscheinlich wurden die Texte unterschiedlichster Herkunft und Länge erst in hellenistischer Zeit zu der vorliegenden Sammlung zusammengestellt. Sehr frühe Texte wie der Apollonhymnus (7. Jh. v. Chr.) stehen neben sehr späten Texten wie dem Areshymnus (aus hellenistischer Zeit).

I Die Hymnen unterscheiden sich hinsichtlich ihres Umfanges: Außer den großen Hymnen auf Dionysos, Demeter, Apollon, Hermes und Aphrodite (ungefähr im Umfang eines Odyssee-Gesanges; →*Odýsseia*) befinden sich kleinere Stücke in der Sammlung, die z. T. nur aus einem Eingangs- und einem Schlußteil bestehen. Anscheinend mußte der Sänger der jeweiligen Hymne den Mittelteil mit dem Lobpreis des Gottes und der Schilderung seiner Taten selbst einfügen, sobald die Hymne während eines Götterfestes vorzutragen war. – Ein Teil der in den Hymnen gepriesenen Götter gehört dem olympischen Götterhimmel an: Apollon (Nr. 3, 21, 25), Artemis (9, 27), Hermes (4, 18), Aphrodite (5, 6, 10), Ares (8), Athena (11, 28), Hera (12), Hephaistos (20), Poseidon (22), Zeus (23). – Aber auch andere Götter werden gepriesen: Herakles (15), Dionysos (1, 7, 26), Asklepios (16), die Dioskuren (17, 33), die Mutter Erde (30), Pan (19), Hestia (24, 29), Helios (31), Selene (32), die phrygische Göttermutter (14). – Ein Beispiel: Im Hymnus an Demeter (Nr. 2: 495 Hexameter) „ist die Geschichte vom Raub der Persephone, vom Leid der Demeter und der Wiedervereinigung von Mutter und Tochter so eng mit dem uralten Mysterienkult von Eleusis verbunden, daß dieses Gedicht als heilige Geschichte des großen Weiheortes gelten kann. Wenn Demeter im Leide fastet, wenn sie den Mischtrank nimmt, wenn die Magd Iambe ihr ein Vließ über den Sitz legt und sie mit Scherzen erheitert, immer werden Brauchtümer der Mysterienstätte auf solche Weise erklärt. Den Schluß bildet die Stiftung der geheimen Weihen, die als vorhellenisches Erbe in die Welt der Griechen kamen und in unverbrauchter Wirkung noch Menschen der Kaiserzeit ergriffen. Diese Dinge erzählt kein großer Dichter, aber doch einer, der in der Sprache des Epos Anmutiges und Intimes zu sagen weiß: wie die Königstöchter zum Brunnen laufen, um Demeter zu holen, springend wie Hirschlein oder Jungvieh auf der Frühlingswiese, wie die Mutter ihr wiedergefundenes Kind umfangen hält und Hekate zart an ihrer Freude teilnimmt; und wenn die Königstöchter den zappelnden Kleinen geschäftig umsorgen, huscht ein Lächeln über das Antlitz des sonst mit großem Ernste Berichtenden" (Lesky, 107 f.).

N Kallimachos verfaßte seine →*Hýmnoi* in Anlehnung an die *Hýmnoi Homerikoí*. Der homeri-

sche Zeushymnus regte Kleanthes zu seinem
→„Zeushymnos" an. – Die *Hýmnoi* wurden in der
Antike mit den →*Hýmnoi* des Kallimachos, den
→*Hýmnoi* des Proklos und den Orphischen Hymnen (→*Orphiká*) zu einer Sammlung vereint. – Thukydides (→*Ho pólemos tôn Peloponnesíon kaì Athenaíon* 3,104) erwähnt einen der *Hýmnoi*, indem er
ihn als *Prooímion Apóllonos* („Vorlied des/für Apollon") bezeichnet. Thukydides bezeugt zugleich, daß
man Hymnen dieser Art Homer zuschrieb.

A   T. W. Allen. Bd. 5, Oxford [(2)]1946. T. W. Allen / W.
R. Halliday / E. E. Sikes, Oxford [(2)]1936 (mit Kommentar). F. Càssola, Mailand 1975. H. G. Evelyn-White, Lon-
don/Cambridge (Mass.) [(3)]1936 (gr.-dt.). J. Humbert, Paris
1951 (gr.-lat.).
Ü   E. Mörike: Griechische Lyrik, Frankfurt/Hamburg
1960 (Auswahl). T. v. Scheffer, Leipzig [(2)]1948.
L   D. Bremer: Die Epiphanie des Gottes in den homerischen Hymnen und Platons Gottesbegriff, in: ZRG 27,
1975, 1–21. J. S. Clay: The Politics of Olympus: Form and
Meaning in the Major Homeric Hymns, Princeton 1989.
K. Deichgräber: Eleusinische Frömmigkeit und homeri-
sche Vorstellungswelt im homerischen Demeterhymnus,
in: Abh. d. Akad. d. Wiss. u. d. Lit., Mainz 2, 6, 1950,
501–537. K. Förster: Untersuchungen zum homerischen
Apollonhymnus, Bochum 1979. D. Fröhder: Die dichteri-
sche Form der „Homerischen Hymnen" untersucht am
Typus der mittelgroßen Preislieder, Hildesheim 1994. Th.
Gelzer: Bemerkungen zum homerischen Ares-Hymnus
(*Hom. Hy.* 8), in: MH 44, 1987, 150–167. H. Görgemanns:
Rhetorik und Poetik im homerischen Hermeshymnus, in:
H. G. / E. A. Schmidt (Hg.): Studien zum antiken Epos,
Meisenheim am Glan 1976, 113–128. E. Heitsch: Drei He-
lioshymnen, in: Hermes 88, 1960, 139–158. L. H. Lenz:
Der homerische Aphroditehymnus und die Aristie des Ai-
neias in der Ilias, Diss. Bonn 1975. A. Lesky, GL, 106–111.
KNLL 18, 784–786. A. M. Miller: From Delos to Delphi.
A Literary Study of the Homeric Hymn to Apollo, Leiden
1986. K. Reinhardt: Zum homerischen Aphroditehymnos,
in: FS B. Snell, München 1956, 1–14. Schmid-Stählin 1, 1,
231–246. C. A. Sowa: Traditional Themes and the Homeric
Hymns, Chicago 1984. K. Stieve: Der Erzählungsstil des
homerischen Demeterhymnos, Diss. Göttingen 1954. W.
Unte: Studien zum homerischen Apollonhymnus, Diss.
Berlin 1968.

Hymnos auf Hestia

Aristonoos aus Korinth, 3. Jh. v. Chr.

Preislied auf die gr. Göttin des Herdes und Herd-
feuers (gr.).

A   J. U. Powell, Collectanea, 162.
L   W. Boetticher: Aristonoos, in: DKP 1, 574. A. Lesky,
GL, 852.

Hymnos auf Rom

Melinno, 2. Jh. v. Chr.

Preislied auf Rom (gr.).

I   Rom wird in fünf sapphischen Strophen als
Herrscherin über die Welt gepriesen. Stobaios, der
den Text →*Eklogaí* (3,7,12) in einem Abschnitt über
die „Tapferkeit" überliefert hat, sah eine etymologische Verwandtschaft zwischen dem Namen der
Stadt Rom und dem gr. Wort für „Kraft, Stärke,
Macht" (*rhóme*), bzw. er verwechselte den Stadtna-
men mit dem gr. Wort.

A   E. Diehl, ALG 6, 209f.
L   C. M. Bowra: Melinno's Hymn to Rome, in: JRS 47,
1957, 21ff. A. Lesky, GL, 854. W. A. Oldfather, RE 15, 1,
1931, 521–523.

Hyperbállontes
„Die übertreffenden oder siegreichen (Reden)"

Thrasymachos aus Kalchedon, zweite Hälfte des 5.
Jh.s v. Chr.

Verlorene und nur bezeugte Schrift (gr.) über die
Möglichkeiten der Rhetorik. Vgl. auch Protagoras,
→*Alétheia è katabállontes*.

A   VS 85.
L   A. Lesky, GL, 405f. W. Nestle, VMzL, 346–349. E.
Schwartz: De Thrasymacho Chalkedonio, Rostock 1892.

Hypèr Euphíltu →Lógoi (Isaios)

Hypèr Euxeníppu →Lógoi (Hypereides)

Hypèr Ktesiphôntos perì tû stephánu →Perì tû stephánu (Demosthenes)

Hypèr Larisaíon
„Für die Larisäer"

Thrasymachos aus Chalkedon, zweite Hälfte des 5.
Jh.s v. Chr.

Verlorene und nur bezeugte öffentliche Rede (gr.).

I   Mit der Rede trat Thrasymachos für den Frei-
heitsanspruch der Stadt Larisa in Thessalien gegen
König Archelaos von Makedonien ein. Die Rede
bezieht sich offensichtlich auf Ereignisse in der Zeit
von 404–399 v. Chr. – Der Redner brandmarkte die
Annexionsgelüste des Königs, indem er ihn unter
Umformung eines Zitates aus dem →*Télephos* des
Euripides als Barbaren bezeichnete, dem sich freie
Hellenen nicht unterwerfen können. Die Rede ist
anscheinend in der unter dem Namen des Herodes

Atticus erhaltenen Rede →*Perì politeías* aufgegangen.

A VS 85 B 2.
L A. Lesky, GL, 405. W. Nestle, VMzL, 346–349.

Hypèr Lykóphronos →Lógoi (Hypereides)

Hypèr Mantithéu
„Für Mantitheos"

Lysias, etwa 450 – etwa 380 v. Chr.

Verteidigungsrede für Mantitheos (gr.), von Lysias für diesen verfaßt, gegen den der Vorwurf wegen mangelnder Eignung für das Ratsherrenamt in Athen erhoben worden war.
Die Rede wurde einige Zeit nach der Schlacht am Nemea-Bach (394 v. Chr.) im Korinthischen Krieg und noch vor dem Tod des Thrasybulos (389 v. Chr.), d. h. um 391 v. Chr., gehalten.

I Wer unter den Dreißig Tyrannen in Athen (404 bis 403 v. Chr.) als Reiter gedient hatte, galt nach der Wiederherstellung der Demokratie als politisch untragbar und konnte nicht mehr damit rechnen, ein politisches Amt zu bekleiden. Ein gewisser Mantitheos war durch das Los zum Ratsherrn bestimmt worden. Als er einer Prüfung unterzogen wurde, erhoben seine Gegner Einspruch und behaupteten, er habe unter den Dreißig Tyrannen als Reiter gedient. – Im Proömium (1–3) spricht der Beschuldigte über den Gegenstand der Klage. Die Beweisführung (*argumentatio*) dient der Widerlegung der Behauptung des Klägers (4–19) und dem Nachweis seiner Eignung für das Amt des Ratsherrn. Im Epilog (20–21) rechtfertigt der Redner seinen politischen Ehrgeiz.

A C. Hude, Oxford 1912.
Ü K. Brodersen / I. Huber. 2 Bde., Darmstadt 2004–2005 (gr.-dt.).
L A. Lesky, GL, 664–668.

Hypèr Megalopolitôn
„Für die Bewohner von Melgalopolis"

Demosthenes aus Athen, 384–322 v. Chr.

Außenpolitische Rede vor dem Volk (gr.).
Gehalten 353/352 v. Chr. als *Demegoría* (Rede vor der Volksversammlung).

I Im Konflikt zwischen Sparta und der von den Spartanern hart bedrängten Stadt Megalopolis, die der Thebanerkönig Epameinondas gegründet hatte, empfahl Demosthenes, den Ausgleich zwischen den streitenden Parteien herbeizuführen und nicht etwa zugunsten der Spartaner gegen die Megalopoliten vorzugehen., sondern eher die Megalopoliten als die Schwächeren zu unterstützen. Demosthenes

blieb hier dem auch in →*Kat' Aristokrátes* vertretenen Grundsatz treu, daß es für Athen vorteilhaft sei, innerhalb seiner Interessensphäre keine große Machtkonzentration zuzulassen und d. h. im vorliegenden Fall weder die Spartaner noch die Thebaner zu unterstützen.

A G. Ammendola, Neapel 1932 (mit Kommentar). S. H. Butcher. Bd. 1, Oxford 1903. L. Canfora, Turin 1974 (gr.-it.mit Kommentar). C. Fuhr. Bd. 1, Leipzig 1914. J. H. Vince. Bd. 1, London/Cambridge (Mass.) [2]1954 (gr.-engl.).
Ü C. Beck, Halle 1876.
L H. G. Ingenkamp: Die Stellung des Demosthenes zu Theben in der Megalopolitenrede, in: Hermes 100, 1972, 195–205. W. Jaeger: Demosthenes, Berlin 1939, 82–89.

Hypèr Palamédus apología →Palamédes (Gorgias)

Hypèr Polystrátu
„Für Polystratos"

Lysias, etwa 450 – etwa 380 v. Chr. (die Verfasserschaft ist nicht sicher)

Verteidigungsrede vor Gericht (gr.).
Gehalten zwischen 411 und 407 v. Chr.

I Ein Sohn verteidigt seinen Vater, der sich durch seine Tätigkeit im Oligarchenregiment der „Vierhundert" schwer belastet hatte. Über die Art der Klage und den Strafantrag läßt sich der Rede nichts Sicheres entnehmen; fest steht nur, daß dem Vater die Mitgliedschaft im Rat der „Vierhundert" vorgeworfen wurde und die bürgerliche Existenz der Familie auf dem Spiel stand. – Die Kläger bleiben unbekannt; es handelt sich – wie der Redner zu verstehen gibt – um käufliche Sykophanten (gewerbsmäßige Ankläger). Der Sohn handelte ausführlich von der Tätigkeit des Vaters im Rat, dem er nur ungern beigetreten sei. Er habe auch keinen einzigen Antrag gestellt; vielmehr zeugten alle seine Handlungen von einer volksfreundlichen Gesinnung. Die Verdienste des Angeklagten werden aufgezählt: Er war ein guter Soldat, ein zuverlässiger Steuerzahler und Demokrat. Vergleichbares gilt für seine Söhne, die ebenfalls in den athenischen Heeren stets Tapferkeit bewiesen haben.

A C. Hude, Oxford 1912.
Ü K. Brodersen / I. Huber. 2 Bde., Darmstadt 2004–2005 (gr.-dt.). W. R. M. Lamb, Cambridge (Mass.)/London 1930 (gr.-engl.).
L I. Bruns, Porträt, 437f. A. Lesky, GL, 403 und 664–668.

Hypèr tês dodekaetías
„Über die zwölf Jahre"

Ps.-Demades

Politische Rede (gr.).
Gehalten um 326 v. Chr.

I Der Autor verteidigt seine bzw. die Politik des
Demades nach dem Sieg des Makedonenkönigs
Philipp II. über die Athener und Thebaner bei
Chaironeia im Jahre 338 v. Chr. Der Autor bezieht
sich offensichtlich auf die „zwölf Jahre" der politi-
schen Karriere des Demades von 338 – 326 v. Chr.
Er rechtfertigt den Frieden mit Philipp II.

A J. O. Burtt: Minor Attic Orators. Bd. 2, London/
Cambridge (Mass.) 1954 (gr.-engl.). V. de Falco, Neapel
[2]1955.
L H. Berve: Das Alexanderreich auf prosopographischer Grundlage. Bd. 2, München 1926, 131–133. GL, 685.

Hypèr tês Rhodíon eleutherías
„Für die Freiheit der Rhodier"

Demosthenes aus Athen, 384–322 v. Chr.

Politische Rede (gr.).
Gehalten 352 v. Chr.

I Demosthenes befürwortet eine Unterstützung
der Demokraten, die der karische Despot Maussolos vertrieben hatte. Diese Empfehlung war kaum
durchzusetzen, da die rhodischen Demokraten unter dem Einfluß des Maussolos von Athen abgefallen waren, was zum Scheitern des zweiten Seebun-
des geführt hatte. – Demosthenes konnte in dieser
Rede seine Forderung, daß sich die Athener als
Bollwerk der Demokratie hinstellen müßten, zum
Ausdruck bringen.

A S. H. Butcher. Bd. 1 (Nr. 15), Oxford 1903.
L A. Lesky, GL, 669–681. J. Radicke: Die Rede des
Demosthenes für die Freiheit der Rhodier. Beiträge zur Al-
tertumskunde. Bd. 65, 1995.

Hypèr tês tôn Christianôn euagûs threskeías pròs tà tû en atheíois Iulianû
„Für die heilige Religion der Christen gegen die
Aussagen des zu den Gottlosen gehörenden Ju-
lian"

Kyrillos, Patriarch v. Alexandreia, 412–444 n. Chr.

Apologetische Schrift (gr.) und Erwiderung auf die
nicht erhaltene Schrift des Kaisers Iulianos (reg.
361–363) *Katà Galilaíon* oder →*Katà Christianôn*
(„Gegen die Galiläer" oder „Gegen die Christen").

I Aus der nur teilweise erhaltenen apologetischen Schrift läßt sich das 1. B. der Schrift des Iulian
zu großen Teilen rekonstruieren. – Der Kaiser hatte

vor allem festgestellt, daß die Christen eine „jüdische Sekte" darstellten, die ohne erkennbaren
Grund vom alttestamentlichen Judentum abgefallen
sei. Ebenso hatte Kyrillos den Vorwurf zurückzuweisen, daß die Fleischwerdung des Wortes eine un-
verständliche Behauptung sei.

A F. Burguière / P. Évieux, Paris 1985. PG 76. O. Bardenhewer / B. W. Weischer, München 1984.
L KNLL 9, 893 f. W. J. Malley: Hellenism and Chri-
stianity. The Conflict between Hellenic and Christian Wis-
dom in the *Contra Galilaeos* of Julian the Apostate and in
the *Contra Julianum* of St. Cyril of A., Rom 1978.

Hypèr tôn Aristophánus chremáton
„Über das Vermögen des Aristophanes"

Lysias, etwa 450 – etwa 380 v. Chr.

Gerichtsrede (gr.).

I Aristophanes, der Schwager des Sprechers,
war nach einem unruhigen Leben wegen eines nicht
bekannten Verbrechens hingerichtet worden. Sein
Vermögen wurde vom Staat konfisziert. Da man es
für zu gering hielt, bezichtigte man den Schwiegervater des Aristophanes und Vater des Sprechers, das
Vermögen an sich gebracht zu haben. Als der Vater
starb, mußte sich der Sohn für die Angelegenheit
verantworten. – Zunächst charakterisiert er seinen
Schwager Aristophanes als ehrgeizigen Politiker,
der sein Vermögen geopfert habe, um seine Pläne
zu verwirklichen, so daß er gar kein großes Vermögen mehr gehabt haben kann. Darauf entwirft der
Sohn ein eingehendes Bild von seinem Vater. Vor allem versucht er darzulegen, daß der Vater in Geld-
angelegenheiten immer korrekt gewesen sei. Zudem
sei er stets sehr freigebig gewesen, so daß er bei seinem Tode kaum etwas hinterlassen habe. – Wahrscheinlich hat der Sprecher auf diese Weise erreicht,
daß man den Vater nicht mehr der Unterschlagung
von staatlichem Vermögen bezichtigte.

A C. Hude, Oxford 1912 (Nr. 19).
Ü K. Brodersen / I. Huber. 2 Bde., Darmstadt 2004–
2005 (gr.-dt.).
L I. Bruns, Porträt, 465 bis 467.

Hypèr tôn polémon
„Über die Kriege"

Prokopios aus Kaisareia, um 500 – um 560 n. Chr.

Geschichtswerk (gr.) in acht B. über die Kriege des
Kaisers Justinian.
Verfaßt in der Zeit zwischen 545 und 553 n. Chr.

I Behandelt werden die außenpolitischen Ereignisse in der Regierungszeit des Kaisers Justinian
(reg. 527–565). B. 1–2: Kriege gegen das persische
Reich der Sasaniden (502–506 und 530–549). B. 3–
4: Kriege mit den Vandalen in Afrika bis 548. B. 5–

8: Gotenkriege bis zu Tejas Tod im Jahre 553 n. Chr. – Der Autor legt Wert auf eine sorgfältige militärische Berichterstattung. Er zeigt jedoch auch Interesse an kulturhistorischen Details und an Anekdotischem. – In der Betrachtung des Gegensatzes zwischen der gr.-röm. Welt und den Barbaren stimmt er mit Herodot (→*Historíes apódexis*) überein. Neben Herodot ist Thukydides (→*Ho pólemos tôn Peloponnesíon kaì Athenaíon*) das stilistische Vorbild des Prokopios.

W Der Autor stellt vor allem die Erfolge des Feldherrn Belisar heraus, den er als Sekretär während der Feldzüge begleitete. Vielleicht schrieb er das Werk im Auftrag Belisars. – Im übrigen sollte das Werk die ruhmreichen Taten Justinians der Nachwelt verkünden. In scharfem Gegensatz zu dieser Absicht stehen jedoch die →*Anékdota* des Prokopios.

A J. Haury / G. Wirth. 4 Bde., Leipzig 1962–1964.
Ü O. Veh. 5 Bde., München 1961–1977 (gr.-dt. Gesamtausgabe).
L A. Cameron: Procopius and the Sixth Century, Berkeley 1985. KNLL 13, 663. K. Krumbacher, Geschichte, 230–237. B. Rubin, RE 23, 1, 1957, 273–599. W. Spoerri: Prokop (Nr. 1), in: dtv-L 1. 4, 32 f.

Hypèr tû adynátu →Perì tû mè didósthai tò adynáto argýrion (Lysias)

Hypèr tû en prosagoreúsei ptaísmatos
„Über den Fehler bei einer Begrüßung"

Lukianos aus Samosata, etwa 120–180 n. Chr.

Abhandlung über Grußformeln (gr.).

I Es war Lukian offenbar passiert, daß er, als er einen vornehmen Römer besuchte, die Formel für den Abschied anstelle der Formel für die Begrüßung verwandte. So sah er sich dazu veranlaßt, eine „Verteidigungsrede" zu schreiben, um sich für diesen Fehler zu entschuldigen. Die Apologie ist an den Betroffenen gerichtet. Lukian beschreibt bei dieser Gelegenheit sehr gründlich den Unterschied in der Bedeutung von gr. *chaírein* („sich freuen"), *hygiaínein* („wohlleben, gesund sein") und *eû práttein* („es sich gut gehen lassen").

A K. Kilburn. Bd. 6, London/Cambridge (Mass. 1959, 171–189 (gr.-engl.).
Ü Chr. M. Wieland: Lucian von Samosata. Sämtliche Werke 3. 5, Leipzig 1788/1789, 231–245.

Hypèr tû Eratosthénus phónu apología
„Verteidigungsrede in Sachen Tötung des Eratosthenes"

Lysias, etwa 450 – etwa 380 v. Chr.

Gerichtsrede (gr.), für Euphiletos verfaßt, der wegen Mordes an Eratosthenes angeklagt war.
Das Datum der Rede ist unbestimmt. Sie kann kurz nach dem Sturz der „Dreißig Tyrannen" (Januar 403 v. Chr.) gehalten worden sein.

I Die Vorgeschichte des Mordprozesses: Euphiletos hatte Eratosthenes beim Ehebruch mit seiner Frau in flagranti ertappt und sofort getötet. Diese Tat war zwar gesetzlich erlaubt, aber aufsehenerregend. Die Verwandten des Opfers verklagten den Täter wegen Mordes, weil er die für eine straffreie Tötung des Ehebrechers vorgesehenen Bedingungen nicht erfüllt habe. So durfte der betrogene Ehemann dem Ehebrecher nicht auflauern oder ihn in eine Falle locken. Der Täter bestreitet die Tat nicht, rechtfertigt sie aber als gesetzmäßig. Er hält die von Lysias verfaßte Verteidigungsrede: Im Proömium (1–3) versucht der Angeklagte, sich in die Rolle des Anklägers hineinzuspielen. Der eigentlich Schuldige ist der getötete Ehebrecher. Indem dessen Tat als verwerflich hingestellt wird, erscheint die Tötung als notwendig und rechtmäßig. – In der *Prothesis* (4–5) geht es um den Beweisgegenstand (die Tat des Ehebrechers, das fehlende Motiv für eine geplante Ermordung) und um das Beweisverfahren (der Angeklagte beabsichtigt, alles, was ihn betrifft, umfassend zu schildern). – In der *Narratio* (6–27) geht es um die zunächst glückliche Ehe des Angeklagten, dann um das Geschehen, das zum Unglück führte. – Die *Argumentatio* (27–46) befaßt sich mit der Rechtslage und der Zurückweisung des Vorwurfs. – Der Epilog (47–50) enthält einen letzten Appell an die Geschworenen, zugunsten des Angeklagten zu entscheiden. – Über den Ausgang des Prozesses gibt es keine Nachricht. Wahrscheinlich wurde der Angeklagte freigesprochen.

A C. Carey, Cambridge 1989, 59–86. F. Groeneboom, Groningen 1924. C. Hude, Oxford 1912 (Nr. 1). P. Vianello de Cordova, Mexico 1980. Th. Thalheim, Leipzig [(2)]1913.
Ü F. Baur. Bd. 1, Stuttgart [(3)]1887. K. Brodersen / I. Huber. 2 Bde., Darmstadt 2004–2005 (gr.-dt.). U. Treu: Der Rächer seiner Ehre, Leipzig 1983. G. Wöhrle, Stuttgart 1995 (gr.-dt.).
L H. C. Avery: Was Eratosthenes the Oligarch Eratosthenes the Adulterer?, in: Hermes 119, 1991, 380–384. K. J. Dover: Lysias and the Corpus Lysiacum, Berkeley/Los Angeles 1968. G. Morgan: Euphiletos' House: Lysias I, in: TAPhA 112, 1982, 115–123. U. E. Paoli: Die Gattin des Euphiletos, in: Die Geschichte der Neaira, Bern 1953, 28–38. W. Plöbst, RE 13, 2, 1927, 2533 bis 2543. M. Weißenberger: Die erste Rede des Lysias, in: AU 36, 3, 1993, 55–71.

Hypèr tû stratiótu
„Für den Soldaten"

Lysias, etwa 450 – etwa 380 v. Chr. (wahrscheinlich nicht von Lysias verfaßt)

Verteidigungsrede (gr.).

A C. Hude, Oxford 1912 (Nr. 9).
L F. Blass, Beredsamkeit 1, 91–203 (über Lysias insgesamt).

Hypomnémata
„Memoiren"

Aratos aus Sikyon, 271–213 v. Chr.

Erinnerungen (gr.) an die eigene politische Tätigkeit des Autors in mindestens 30 B., aus denen nur wenige Frg. erhalten sind.

I Die Erinnerungen enden mit dem Untergang des spartanischen Königs Kleomenes III. im Jahre 219 v. Chr. Polybios benutzte das Werk als Hauptquelle für die Geschichte des achäischen Bundes bis zum Bundesgenossenkrieg (220–217 v. Chr.) (→*Historíai* 2,37–70). Plutarch stützte sich für seine Arat-Biographie (→*Bíoi parálleloi*) ebenfalls auf die *Hypomnémata*.
W Das Werk diente dem Zweck, die politischen Leistungen des Autors als eines bedeutenden achäischen Staatsmannes, der zwischen 245 und 213 sechzehn Mal Stratege des Bundesstaates Achaia war, vor allem zugunsten des achäischen Bundes positiv darzustellen und seine politischen Motive für seine gegen Sparta gerichtete promakedonische Diplomatie zu rechtfertigen. Das Werk war insgesamt eine umfangreiche Propagandaschrift, die jedoch die historischen Fakten nüchtern referiert zu haben scheint.

A FGrHist 231.
L O. Lendle, Einführung, 192–194. R. Urban: Wachstum und Krise des achäischen Bundes, in: Historia E.S. 35, 1979. F. W. Walbank: Aratos of Sikyon, Cambridge 1933.

Hypomnémata
„Kommentare"

Aristarchos aus Samothrake, etwa 216–144 v. Chr.

Erläuterungsschriften (gr.) zu verschiedenen Autoren.

I Es handelt sich um Kommentare u. a. zu Homers →*Iliás* und →*Odýsseia*, zu Hesiods →*Érga kaì hemérai* und zur →*Theogonía*, zu Archilochos (→*Élegoi*, →*Íamboi*), zu Alkman (→*Parthéneia*), zu Pindar (→„Chorlyrik"), zu Bakchylides (→„Chorlyrik"), zu Aischylos' Tragödien, zu Komödien des Aristophanes und schließlich auch zu einem Prosaautor: Zu Herodot (→*Historíes apódexis*). – Ari-

starch soll nach antikem Zeugnis mehr als achthundert B. (Bände, Rollen) *Hypomnémata* geschrieben haben. – Einige „Kommentare" sind aus den Scholien in den Handschriften der Texte und in Papyrusfunden ansatzweise zu rekonstruieren.

W Aristarch berücksichtigte in seinen „Kommentaren" die Maxime, daß ein Autor aus sich selbst erklärt werden müsse. Allerdings hat er sich nirgends direkt zu dieser Maxime bekannt. Die Formel „Homer aus Homer erklären" stammt erst von Porphyrios (→*Homerikà zetémata*). – Aristarchs Hauptanliegen war die Erforschung der homerischen Sprache. Er sammelte zu diesem Zweck Parallelen in →*Iliás* und →*Odýsseia*, und was ihm nicht in Homers Sprache und Vorstellungswelt zu passen schien, hob er besonders hervor. Er beschrieb auch den Bedeutungswandel der Wörter und entdeckte einige grammatische und metrische Regeln. Er soll auch das System der acht Redeteile benutzt und die Elementargrammatik so weiterentwickelt haben, daß sein Schüler Dionysios Thrax sie in Kompendienform darstellen konnte (→*Téchne grammatiké*).

N Eine Vorstellung von Aristarchs Homer-Kommentar in 48 B. ist aus den Exzerpten des „Viermännerkommentars" zu gewinnen, der auf Aristarchs Kommentar fußt: (1) Didymos entnahm dem Werk Erklärungen zur Textkritik; (2) Aristonikos handelte über die textkritischen Zeichen Aristarchs (→*Perì semeíon*); (3) Herodian befaßte sich mit der Prosodie und (4) Nikanor mit der Zeichensetzung Homers. Alle vier Schriften gelangten in einem Band, dem „Viermännerkommentar" in das Mittelalter und wurden dann in verkürzter Form an den Rand des Homertextes geschrieben.

A H. Erbse: Scholia Graeca in Homeri Iliadem. 7 Bde., Berlin 1969–1988.
L L. Cohn, RE 2, 1896, 862–873. H. Erbse: Aristarch von Samothrake, in: dtv-L 1. 1, 171. K. Lehrs: De Aristarchi studiis Homericis, Leipzig (3)1882, Nachdr. Hildesheim 1964. F. Montanari, DNP 1, 1090–1094. R. Pfeiffer, KlPh, 258–285. M. Schmidt: Variae lectiones oder Parallelstellen: Was notierten Zenodot und Aristarch zu Homer?, in: Zeitschrift für Papyrologie und Epigraphik 115, 1997, 1–12. H. van Thiel: Der Homertext in Alexandria, in: Zeitschrift für Papyrologie und Epigraphik 115, 1997, 13–35.

Hypomnémata →Epidemíai (Ion aus Chios)

Hypomnémata historiká
„Historische Erinnerungen"

Eunapios aus Sardes, etwa 345–420 n. Chr.

Geschichtswerk (gr.) in 14 B., nur in Frg. erhalten. Das Werk wurde im Jahre 396 n. Chr. auf Betreiben des Freundes Oreibasios begonnen.

I Behandelt wird im Anschluß an Dexippos (→*Chroniká*) die Zeit von 270–404 n. Chr. Gewidmet war das Werk dem Leibarzt des Kaisers Julian und medizinischen Schriftsteller Oreibasios (→*Ia-trikaì synagogaí*). Das Geschichtswerk war nach dem Urteil des Photios (Cod. 77) ein Preislied (*Enkómion*) auf Kaiser Julian. Dazu paßt seine entschieden christenfeindliche Tendenz.

N   Benutzt wurde Eunapios wahrscheinlich von Ammianus Marcellinus (→*Rerum gestarum libri XXXI*).

A   R. C. Blockley: The fragmentary Classicising Historians of the Later Roman Empire. 2 Bde., Liverpoll 1981–1983 (gr.-engl.). L. Dindorf: Historici Graeci minores. Bd. 1, 1870, 205–274.
L   A Baldini: Ricerche sulla storia di E., Bologna 1984. J. F. Matthews: The Roman Empire of Ammianus Marcellinus, London 1989, 161 ff.

Hypomnémata historiká
„Vermischte historische Aufzeichnungen"

Pamphila aus Epidauros, Mitte des 1. Jh.s n. Chr.

Ein 33 B. umfassendes Werk (gr.), das in lockerer Anordnung Erinnerungen an Gespräche und Auszüge aus Büchern enthielt, in nur wenigen Frg. erhalten.

I   Mit seinem „vermischten" Inhalt und seinem vor allem historisch-biographischen und anekdotenhaften Material gehörte das Werk zur sogenannten „Buntschriftstellerei", zu der z. B. auch die →*Noctes Atticae* des Gellius, die →*Stromáteis* des Clemens aus Alexandreia oder die →*Deipnosophistaí* des Athenaios zu rechnen sind. – Photios (→*Bibliothéke*) lagen acht der ursprünglich 33 B. vor (Cod. 175). Von Photius wissen wir u. a., daß Pamphila für ihr Werk einen Auszug aus den →*Persiká* des Ktesias anfertigte, aus dem Photios wiederum einen Auszug überlieferte.

A   FHG 3, 520.
L   O. Regenbogen, RE 18, 2, 1949, 309–328.

Hypothéseis
„Einleitungen" oder „Inhaltsübersichten"

Aristophanes aus Byzanz, etwa 257–180 v. Chr.

Nur teilweise und nur auszugsweise erhaltene „Einleitungen" (gr.) zu den Komödien des Aristophanes und den Werken der gr. Tragödiendichter.

I   Neben den Inhaltsangaben, Angaben über die Schauplätze und Hinweisen auf Paralleldramen der jeweils anderen Tragiker enthalten die *Hypothéseis* u. a. auch ein knappes Werturteil über die einzelnen Stücke und Angaben aus den „Didaskalien", den chronologisch geordneten Listen chorischer oder dramatischer Aufführungen, wie sie z. B. auch von Aristoteles angefertigt wurden, dessen „Didaskalien" Aristophanes aus Byzanz benutzte. Einen Eindruck von den *Hypothéseis* vermitteln z. B. die

Hypothéseis zu Aischylos, →*Heptà epí Thébas*, Sophokles, →*Philóktetos* (2. *Hypóthesis*), Euripides, →*Médeia* (2. *Hypóthesis*), →*Andrománche* (2. *Hypóthesis*) oder →*Álkestis* (2. *Hypóthesis*). – Vielleicht bildeten alle *Hypothéseis* des Aristophanes ursprünglich ein eigenes Werk (eine Art Literaturführer) und nicht nur Einleitungen zu Textausgaben. „Es gibt eine große Zahl anonymer *Hypótheseis*, die nach demselben formalen Prinzip aufgebaut sind. Sie behandelten den Hauptgegenstand des Stückes ... sehr kurz und streiften die Behandlung desselben Stoffes durch andere Dramatiker; dann benannten sie die Szene, die Identität des Chores und des Prologsprechers, endlich gaben sie die Zeit der ersten Aufführung an, die Titel der anderen Stücke, die vom selben Autor gleichzeitig zur Aufführung gebracht wurden, die Namen der Mitbewerber samt dem Ergebnis des Wettbewerbs, gelegentlich auch die Nummer, die das Stück im chronologischen Werkverzeichnis des Verfassers hatte, und eine kritische Beurteilung. Wenn eine *Hypóthesis* einige dieser Punkte in einem einfachen, gedrängten Stil enthält, ist ihr aristophanischer Ursprung mindestens sehr wahrscheinlich" (Pfeiffer, 239).

Q   Aristophanes stützte sich wohl auch auf die *Hypótheseis* des Aristoteles-Schülers Dikaiarchos, der eine Schrift →*Perì Dionysiakôn agónon* („Über Feste zu Ehren des Dionysos mit dichterischen Wettkämpfen") veröffentlicht hatte (F. Wehrli, Schule. Bd. 1, Frg. 73–89). – Ebenso waren ihm Kallimachos' →*Pínakes* der dramatischen Dichter eine Arbeitsgrundlage.

W   Der Zweck der *Hypótheseis* war es, eine rasche Orientierungshilfe für den gelehrten Leser der Dramen zu bieten.

N   Die philologische Arbeit des Aristophanes aus Byzanz an der attischen Tragödie und der Komödie ist eine unersetzliche Voraussetzung für die heutige Kenntnis der Werke. Die *Hypótheseis* bilden nur einen verhältnismäßig kleinen Anteil an dieser Leistung.

A   A. Nauck, Halle 1848, Nachdr. Hildesheim 1963. Die *Hypothéseis* sind auch in den kritischen Ausgaben der Dramen enthalten.
L   F. Stoessl: *Hypothesis*, in: DKP 2, 1286–1288. R. Pfeiffer, KLPh, 236–242 (zu den *Hypothéseis*); 213–257 (zu Aristophanes aus Byzanz im allgemeinen).

Hypothéseis tôn lógon Demosthénus
„Inhaltangaben der (Staats-)Reden des Demosthenes"

Auch lat. zitiert als *Vita et hypotheses Demosthenis* („Leben und Inhaltsangaben des Demosthenes").

Libanios aus Antiocheia, 4. Jh. n. Chr.

Für den Rhetorikunterricht entworfene Darstellung (gr.).

I Zwischen diesem Werk und dem ps.-lukianischen →*Demosthénus enkómion* bestehen einige Übereinstimmungen. – Libanios hat die *Hypothéseis* für den Proconsul Montius, einen Verehrer des Demosthenes verfaßt; sie waren später als Einleitungen zu Werkausgaben des Demosthenes weit verbreitet. – Eine Quelle des Libanios war vermutlich Caecilius aus Kalakte (1. Jh. v. Chr.) mit seiner nur in Frg. erhaltenen Schrift über den Stil der 10 Redner (→*Perì tû charaktêros tôn déka rhetóron*).

A R. Foerster / E. Richtsteig. 12 Bde., Leipzig 1903–1927 (Gesamtausgabe).
L R. Foerster / K. Münscher, RE 12, 2, 1925, 2485–2551. A. Lesky, GL, 972 f.

Hypotýposis astronomicarum positionum
„Abriß der Gestirnkonstellationen"

Proklos aus Konstantinopel, etwa 410–485 n. Chr.

Astronomische Abhandlung (gr.)

A C. Manitius, Leipzig 1909 (Nachdr. 1974).

Hypotýposis eis tà Pyrrhóneia
„Abriß zur Pyrrhonischen Philosophie"

Ainesidemos aus Knossos, 1. Jh. v. Chr.

Nicht erhaltene, aber gut bezeugte philosophische Abhandlung (gr.) über die zehn Arten der Argumentation („Tropen"), mit der die Möglichkeit der Erkenntnis angefochten werden kann; dazu gehört z. B. der Hinweis auf die Verschiedenheit der Menschen, ihrer Zustände, ihrer Sinnesorgane. Vgl. die →*Skeptiká* des Sextus Empiricus. Siehe auch die →*Pyrrhóneioi lógoi* des Ainesidemos.

L M. Soreth: Ainesidemos von Knossos, in: dtv-L 1. 1, 80 f.

I

Iambi →Epodon liber (Horaz)

Íamboi
„Iamben"

Archilochos aus Paros, um 650 v. Chr.

Frg. von Gedichten vor allem in iambischen Trimetern, trochäischen Tetrametern, Asynarteten (Langversen) und Epoden (Wechselversen) (gr.).

I Das Wort *Íambos* bezeichnet ursprünglich eine bestimmte Redeweise (Spott, Beschimpfung, Verhöhnung, Enthüllung u. a.) in Versform oder in Prosa (vgl. Latacz 1991, 240–243). Zielscheibe der Verspottung konnten Einzelpersonen, aber auch allgemein menschliche Verhaltensweisen und Einrichtungen der Gemeinschaft sein. – Möglicherweise hatte der *Íambos* eine rituelle Funktion: „Der kultische Sinn bestand offenbar darin, menschliche Erstarrung und Verhärtung (sowohl nach Phasen der Trauer, Depression und Resignation als auch zur Unterbrechung von eingefahrener Eintönigkeit) aufzulösen. Erreicht wurde dies durch das stets gleichbleibende Mittel des Lächerlichmachens" (Latacz 1991, 240 f.). – Die *Íamboi* des Archilochos (Frg. 18–118 D.) bieten ebenso wie seine →*Élegoi* eine Selbstdarstellung und eine Darstellung seiner Lebensauffassung vor allem im Verhältnis zu seinen Mitmenschen und zur damaligen Gesellschaft. – In Frg. 68 D. thematisiert der Autor z. B. die Bedingtheit des menschlichen Lebens und seine Abhängigkeit vom wechselnden Schicksal des Tages. Das Frg. zeigt auch, wie sich die Motive und die Sprache der archaischen Lyrik allmählich aus dem Epos (→*Iliás*, →*Odýsseia*) entwickelten (zu Frg. 68 ist *Odýsseia* 18,129–137 zu vergleichen). In Frg. 58 D. bringt der Dichter zum Ausdruck, daß der Mensch dem Willen der Götter völlig ausgeliefert ist; seine Existenz ist dauerhaft gefährdet. Es fehlt jedoch jeder Gedanke an Schuld oder an eine andere Ursache für die Ohnmacht des Menschen. In Frg. 67a D. wird das Auf und Ab des menschlichen Lebens, der Wechsel von Glück und Unglück reflektiert. Der Mensch kann sich nur schützen, wenn er die Wirklichkeit erkennt und mit allem rechnet. – In Frg. 60 D. kritisiert der Dichter das überlieferte Schönheits- und Tüchtigkeitsideal. Äußere und innere Werte werden – anders als bei Homer – voneinander getrennt. So wird später auch Sokrates gesehen (Platon, →*Sympósion* 215b). – Neben den Gedichten, die überlieferte Wertvorstellungen

kritisieren, stehen die „Haßgedichte": In Frg. 22 D. beschimpft der Dichter einen Emporkömmling. Signifikante Beispiele für Haßgedichte sind auch die Frg. 63, 66 und 96. Auch die Epode (Frg. 79a) ist ein Haßgedicht, in dem die elementare Kraft des Hassens zum Ausdruck gebracht wird. – Ein wichtiges Thema der *Íamboi* ist auch der Eros (z. B. Frg. 25, aber auch 104, 112, 118), der bei Archilochos nicht so ohne weiteres zu den erfreulichen Seiten des Lebens gehört, sondern oft zum Problem wird. – Ein bedeutendes Beispiel für Iamben-Dichtung in Epodenform ist die „Kölner Epode" (Frg. 196a West), die erst 1974 als Frg. aus einem Kölner Papyrus veröffentlicht wurde. Die Interpretation des Textes ist noch umstritten (vgl. Latacz, 263, Anm. 14). Anscheinend handelt es sich um einen Dialog zwischen dem Dichter und einer Bordellbesitzerin. Er lehnt die Liebe mit einer alternden Hure ab. Dann – in schärfstem Kontrast zur Derbheit der ersten 14 Strophen – schildert er in zarter Zurückhaltung den Liebesakt mit einem jungen Mädchen. Diese letzten vier Strophen des Frg. zeugen von großer poetischer Einfühlsamkeit.

W Der Dichter war Befehlshaber einer Söldnertruppe (sein Name bedeutet „Truppenführer"). Er erklärte selbst, daß er mit dem Speer seinen Lebensunterhalt verdiente (Frg. 2 West). Dadurch wurde er ein gesellschaftlicher Außenseiter; sein schonungsloser Realismus hatte darin seine wesentliche Ursache. – Weil er sich als Söldner letztlich nur auf sich selbst verlassen konnte, brachte er sein Selbstbewußtsein und seine Unabhängigkeit auch in seinen Gedichten zum Ausdruck. Weil ihm die traditionelle Gesellschaft keinen Schutz bot, befreite er sich von ihren Konventionen. Aufgrund seiner starken Ichbezogenheit wird er zum frühesten Vertreter subjektiver Lyrik (→*Élegoi*).

N Archilochos galt in der Antike als einer der größten gr. Dichter. Von Heraklit wurde er in einem Atemzug mit Homer und Hesiod genannt. Pindar, Herodot, Platon, Aristoteles, Cicero und Horaz haben ihn rezipiert.

A E. Diehl, ALG 3, 1–48. F. Lasserre / A. Bonnard, Paris 1958 (gr.-frz.). G. Tarditi, Rom 1968. M. L. West (Hg.): Delectus ex iambis et elegis Graecis, Oxford 1980. M. L. West, Oxford (2)1989.
Ü J. Latacz, GLTD 1, 240–269 (Auswahl gr.-dt.). R. Nickel, Düsseldorf/Zürich 2003 (gr.-dt.). M. Treu, Zürich (2)1979 (gr.-dt.). K. Steinmann, Frankfurt/Leipzig 1998 (gr.-dt.).
L R. Aßmann: Frühgriechische Lyrik im Unterricht, in: AU 7, 5, 1964, 5–25. J. M. Bremer u. a.: Some recently Found Greek Poems, Leiden 1987, 1–69. D. E. Campbell: Greek Lyric Poetry, London 1967, 136–161. Fränkel, Dichtung, 147–170. J. Latacz: Archilochos, in: Kleine Enzyklopädie der antiken Autoren, Frankfurt 1996, 35–47. A. Lesky, GL, 135–139. R. Merkelbach / M. L. West: Ein Archilochos-Papyrus, in: Zeitschrift für Papyrologie und Epigraphik 14, 1974, 97–112. C. W. Müller: Die Archilochos-Legende, in: RhM 128, 1985, 99–151. M. L. West Studies in Greek Elegy and Iambus, Berlin/New York 1974. M. L. West: Melos, Iambos, Elegie und Epigramm, in: NHbL. Griechische Literatur, 73–142.

Íamboi

„Iamben"

Kallimachos aus Kyrene, etwa 300–240 v. Chr.

Das Iambenbuch (gr.) des Kallimachos umfaßt 13 Gedichte in der Form des Hinkiambus (Nr. 1–4) nach Art des Hipponax (→*Cholíamboi*), in der Epodenform (Nr. 5–7), in reinen iambischen Trimetern (Nr. 8–10), in iambischen Fünffüßlern (Nr. 11), in trochäischen Trimetern (Nr. 12) und wieder im Hinkiambus (Nr. 13).

Wahrscheinlich stammt das Iambenbuch aus der frühen Zeit des Dichters: „Alles ist noch schreiender, gewollter, provozierender als später in den →*Hýmnoi* und den →*Aítia*, die Polemik, das Obszöne, das Kokettieren mit der Gelehrsamkeit, ... ganz zu schweigen von dem fast peinigenden Handhaben der Ironie gegen andere und sich selbst gegenüber. Auch das Milieu und die Lebensumstände scheinen noch in frühere Zeiten zu weisen: Armut und pures Literatentum" (Howald / Staiger, 312).

I In inhaltlicher Hinsicht herrscht das Prinzip der Abwechslung und Buntheit (*poikilía*): Neben Invektive und Zeitkritik finden sich erotische, literarkritische und antiquarisch-ätiologische Inhalte. Motive der Diatribe (→*diatribaí*) werden ironisch-spielerisch verwendet. – Auch in formaler Hinsicht herrscht Vielgestaltigkeit (*polyeidía*): So werden verschiedene Gattungen (Fabel, Epigramm u. a.) und Metren in die *Íamboi* einbezogen. – In Nr. 1 (Frg. 191) läßt Kallimachos den Ahnherrn der iambischen Dichtung, Hipponax, selbst sprechen. Angeredet sind Zeitgenossen des Kallimachos, mit denen sich Hipponax auseinandersetzen soll. Der alte Dichter ruft die „Philologen" herbei und beobachtet das Herannahen der Gerufenen, die anscheinend verschiedene Dichtungsarten repräsentieren. Hipponax erzählt dabei die Geschichte vom Becher des Bathykles (ein Wandermotiv). Dieser sollte dem weisesten unter den Sieben Weisen ausgehändigt werden; doch keiner nahm ihn an. Die Geschichte sollte die versammelten „Philologen" anscheinend dazu auffordern, nicht neidisch zu sein. Nr. 2 (Frg. 192) ist eine Fabel, die erzählt, daß die Tiere einst eine Sprache hatten. Zeus nahm sie ihnen weg, um sie den Menschen zu geben, so daß bestimmte Menschen (z. B. die Poeten) jetzt die Sprache bestimmter Tiere haben. – Unter den übrigen *Íamboi* ist noch Nr. 4 erwähnenswert: Hier erzählt Kallimachos den Streit des Lorbeers mit dem Ölbaum. Der Lorbeer verhöhnt den Ölbaum und preist sich selbst. Der Ölbaum reagiert mit betonter Bescheidenheit und läßt zwei Vögel über die Bäume sprechen und dem Ölbaum den Vorzug geben. Es ist anzunehmen, daß sich hinter dem Ölbaum Kallimachos verbirgt. Nr. 6 (Frg. 196) ist ein Geleitgedicht an einen Freund, der nach Olympia reist, um die berühmte Zeus-Statue des Phidias zu sehen. Der Dichter beschreibt die Statue nicht als herausragendes Kunstwerk; er erwähnt nur ihre äußeren Daten wie Grö-

ße, Breite und Kosten. In Nr. 13 (Frg. 203) geht es wieder um die Dichtung. Kallimachos wendet sich gegen diejenigen, die ihn wegen der Vielgestaltigkeit (*polyeidía*) seiner Gedichte tadeln.

Q Kallimachos stellt sich in die Nachfolge des Hipponax (→*Cholíamboi*. Auch von Archilochos (→*Íamboi*) dürfte er angeregt worden sein.

W „Kallimachos erscheint in den Iamben deutlicher als anderswo als ein Mann der Vernunft und der Moral, ein Kämpfer zumal für sinnvolle Freiheit und rechtes Maß im Dichten, dem auch die Waffe des Hohnes zu Gebote steht, vor allem aber die des Humors ... Ein durchaus vornehmer Mann tritt uns entgegen, der bei aller kräftigen Sprache, die er führt, etwas Bescheidenes an sich hat, da er nicht für sich selbst einen einzigen höchsten Platz erkämpfen will, sondern für ein einsichtiges Miteinander streitet" (Körte / Händel, 106 f.).

N „Es ist verständlich, daß man gerade von den *Íamboi* des Kallimachos die Linie zur frühen römischen Satire gezogen hat. Solche Betrachtung verträgt sich durchaus mit der Anerkennung dessen, was an der Leistung der lateinischen Dichtung eigenständig ist, und bedeutet nur eine Einschränkung nicht aber eine Widerlegung von Quintilians (→*Institutio oratoria*) Wort: *satura quidem tota nostra est* (10,1,93)" (Lesky, 803).

A C. Gallavotti, Neapel 1946. R. Pfeiffer. Bd. 1, Oxford 1949.
Ü M. Asper, Darmstadt 2004 (gr.-dt.). E. Howald / E. Staiger. Zürich 1955, 311–367 (gr.-dt.).
L D. L. Clayman: Callimachus' *Iambi*, Leiden 1980. C. M. Dawson: The *Iambi* of Callimachus, in: Yale Classical Studies 11, 1950, 3 ff. B. Effe, GLTD 4, 192–199. A. Körte / P. Händel, HD, 96–107. A. Lesky, GL, 803. M. P. Piwonka: Lucilius und Kallimachos, Frankfurt 1949.

Íamboi

„Iamben"

Semonides aus Amorgos, 1. Hälfte des 7. Jh.s v. Chr.

In Frg. erhaltene Spottgedichte (gr.).

I Überliefert sind rund 200 Verse, unter denen sich auch Reste eines Gedichts in elegischer Form befindet: Nur Frg. 8 (West) ist in Distichen verfaßt. – Die Themen der *Íamboi* sind Essen und Trinken, Sexualität, Beschimpfung. Ein drastisches Beispiel einer „Beschimpfung" ist Frg. 7 West, der aus 118 Versen bestehende „Weiberiambos". In diesem Gedicht werden übrigens nicht die Frauen im allgemeinen, sondern die Ehefrauen angegriffen. Der Dichter erzählt, daß Zeus verschiedene Frauentypen aus entsprechenden Tieren entstehen ließ: Borstenschwein, Fuchs, Hund, Esel, Wiesel, Pferd, Affe, Biene. In den vermutlich später eingeschobenen Versen 21–42 wird berichtet, daß die Götter noch weitere Frauentypen aus Erde und Meer schufen. – In dem verlorenen Schlußteil des Gedichtes waren wahrscheinlich Beispiele aus dem Mythos enthalten. – Andere Gedichte zeugen von einer illusionslosen, pessimistischen Weltsicht: Der Dichter wundert sich darüber, daß die Menschen ihre Beschränktheit nicht durchschauen und dem Unmöglichen nachjagen oder Ziele vor Augen haben, die sich am Ende doch nur als Übel erweisen (Frg. 1 und 8 West). In Frg. 2 und 3 empfiehlt der Dichter, das Gegebene zu nutzen (im Sinne eines *Carpe diem* = „Nutze den Tag").

W Zum „Weiberiambus": „Daß diese Attacke gegen die Frauen ... der unkontrollierte Ausfall eines primitiven Misogynen sein könnte, wird heute für völlig abwegig gehalten. Das lange Gedicht stellt wohl vielmehr eine der unzähligen Abwandlungen des Themas ‚Geschlechterbeziehung' im Rahmen einer ‚Männergesellschaft' (Symposion) oder einer Station des Hochzeitszeremoniells (*gámos*) dar (Schear 1984) ... es ging ja nicht um ernsthafte ‚philosophische' Aufarbeitung des Themas ‚Wert der Frau', sondern um Belustigung des Publikums durch möglichst witzige Pointen, die einen unmittelbaren Lacheffekt – möglichst nach jeder Strophe – erzeugen sollten" (Latacz, 272 f.). – Der Grundton der Gedichte ist die Mahnung, die Grenzen des Menschen zu sehen und sich am Vorhandenen zu freuen: „Es ist die Mahnung des ‚aufgeklärten Intellektuellen' ... wie sie sich – ob immer ganz ernst gemeint, sei dahingestellt – in einer ununterbrochenen Linie durch den frühgriechischen Iambos bis zur attischen Komödie hinzieht" (Latacz, 274 f.).

A E. Pellizer / G. Tedeschi, Rom 1990. M. L. West. Bd. 2, Oxford ⁽²⁾1992, 98–114.
Ü Z. Franyó / P. Gan: Frühgriechische Lyriker. 2, Berlin ⁽²⁾1981, 70–89 (gr.-dt.). J. Latacz, GLTD 1, 270–285 (gr.-dt. in Auswahl).
L I. Behrmann: Der Weiberkatalog des Semonides, in: Forum Classicum 40, 1, 1997, 16–27. H. Fränkel, Dichtung, 228–238. D. E. Gerber: Studies in Greek Lyric Poetry 1975–1985, in: ClW 81, 1987, 73–144 und 82, 1988, 417–479 (zu Semonides: Frg. 100–102). E. Pellizer: Sulla cronologia, la vita e l' opera di Semonide Amorgino, in: Quaderni Urbinati di Cultura Classica 14, 1983, 17–28. L. Schear: Semonides Frg. 9: Wives and their Husbands, in: Echos du Monde classique. N.S. 3, 1984, 39–49.

Íamboi
„Iamben"

Solon aus Athen, um 640–560 v. Chr.

Politische Gedichte (gr.)

I Das berühmteste Iamben-Frg. (Frg. 30 G.-P.) besteht aus 27 Versen im Versmaß des iambischen Trimeters. Solon weist auf seine politischen Erfolge hin (dazu gehören z. B. die Aufhebung der Schuldknechtschaft, die Gesetzgebung, die Verhinderung des Bürgerkrieges). Solon wehrt sich offensichtlich gegen die in seinen Augen unbegründeten Vorwürfe derer, denen seine Reformen nicht weit genug gegangen waren. Er rechtfertigt den erzielten Kompromiß.

A B. Gentili / C. Prato. Teil 1, Leipzig ⁽²⁾1988.
Ü J. Latacz, GLTD 1, 204–207 (gr.-dt.).
L V. Ehrenberg: From Solon to Socrates, New York ⁽²⁾1973, 62–76.

Iambulos-Exzerpte

Iambulos, 2. Jh. v. Chr.

Phantastischer Reisebericht, bei Diodor (→*Bibliothéke historiké* 2,55–60) in einem Auszug überliefert (gr.).

I Iambulos wird auf einer Reise durch Arabien erst von Räubern und dann von Äthiopiern gefangen genommen und von diesen zusammen mit einem Gefährten zu einer „glücklichen Insel" geschickt, auf der paradiesische Zustände herrschen. Die Menschen leben dort in vollkommener Gleichheit und Harmonie. Dazu gehören Güter- und Frauengemeinschaft, Arbeitsteilung und gemeinsame Aufzucht der Kinder. Die Menschen verehren die Sonne als Gottheit und besitzen die Fähigkeit, mit Hilfe einer zweigeteilten Zunge gleichzeitig mit zwei Personen zu reden und mit dem Blut eines schildkrötenartigen Tieres abgeschnittene Körperteile wieder anzukleben.

W Es ist nicht leicht zu entscheiden, ob der Reisebericht zur Gattung „utopischer Roman" gehört. In diesem Falle hätte Iambulos (wie übrigens auch Euhemeros, →*Hierà anagraphé*) politische Vorstellungen von einer idealen Staatsverfassung entwickeln wollen, die mit modernen Utopien vergleichbar wären (z. B. Thomas Morus, Utopia; Campanella, Sonnenstaat). Unter diesem Aspekt hätte Iambulos den Inhalt seines Reiseberichts als Alternative zu den Staatsformen seiner Zeit verstanden (zu dieser Deutung vgl. Holzberg 1993, 246, Anm. 11 mit einer Fülle einschlägiger Arbeiten zur Utopie der Antike). Da eine philosophische Fundierung und politische Programmatik weitgehend fehlen, erinnert der Reisebericht „weit eher an die unerfüllbaren Träume von einer besseren Welt, wie sie sich vor allem in antiken Vorstellungen von einem Goldenen Zeitalter der Menschheit und von den Staatsformen der von jeglicher Zivilisation unberührten Barbarenvölker artikulierten" (Holzberg, 246). So gesehen seien die Erzählungen des Euhemeros und des Iambulos „jener Art eskapistischer Literatur zuzurechnen, zu der man auch die in griechischer Sprache erhaltenen idealisierenden Liebes- und Abenteuerromane der Antike zählen darf" (Holzberg, 247).

A C. H. Oldfather: Diodorus of Sicily. Bd. 2, London 1939, 64–83 (gr.-engl.).
Ü B. Kytzler: Im Reiche des Eros. Sämtliche Liebes- und Abenteuerromane der Antike. Bd. 2, München 1983, 678–684.
L W.-W. Ehlers: Mit dem Südwestmonsun nach Ceylon. Eine Interpretation der Iambul-Exzerpte Diodors, in: WJA N.F. 11, 1985, 73–84. N. Holzberg: Der antike Roman, München/Zürich 1986. N. Holzberg: Romanhafte

Erzählprosa in der griechischen Literatur. Hinweis auf Möglichkeiten der Ergänzungslektüre, in: Anregung 39, 1993, 243–254 und 302–309. E. Rohde: Der griechische Roman (1876), Darmstadt [(4)]1961, 241–260. D. Winston: Iambulus. A Literary Study in Greek Utopianism, Diss. Columbia Univ. 1956.

Iatriká
„Medizinisches"

Marcellus aus Side, 1. Jh. n. Chr.

Aufzählung (gr.) von Tieren, Pflanzen und Steinen und von den aus ihnen gewonnenen Heilmitteln in Hexametern.

I Von den ursprünglich 42 B. sind nur 101 Verse über Fische und die von ihnen stammenden Heilmittel erhalten. Paraphrasen und Exzerpte einzelner Teile des Werkes finden sich bei späteren Medizinern.

A E. Heitsch: Die griechischen Dichterfragmente der römischen Kaiserzeit. 2, Göttingen 1964, 16–22.
L O. Dreyer: Marcellus (Nr. 12), in: DKP 3, 993. W. Kroll, RE 14, 2, 1930, 1496–1489. M. Willmann: Marcellus von Side als Arzt und die Koiraniden des Hermes Trismegistos. Philologus Suppl. 27, 2, 1934.

Iatriká →Tetrábiblon (Aetios aus Amida)

Iatrikà aporémata kaì physikà problémata
„Medizinische Fragen und physikalische Probleme"

Ps.-Alexandros aus Aphrodisias

Sammlung von 198 Fragen und Problemen aus den Bereichen der Medizin und Naturwissenschaft in zwei B. (gr.).

I Unter den 198 Problemen sind 31, die auch in den →*Problémata physiká* vorkommen. Die *Problemata* sind nach ihrem Schwierigkeitsgrad in Gruppen eingeteilt: (1) Probleme, die so evident sind, daß sie keine Erläuterung benötigen. (2) Probleme, die sich aufgrund von Erfahrung lösen lassen. (3) Unlösbare Probleme, die eine andere Fragestellung benötigen. (4) Nur durch Gott lösbare Probleme. – Die Lösungen bzw. Antworten entsprechen den Fragen: Sie reichen von evident bis undurchsichtig. – Die Medizin gilt dem Autor als die Wissenschaft schlechthin. Daher werden auch überwiegend medizinische Probleme behandelt.

A Ideler: Physici et medici Graeci minores. Bd. 1, 1842.
L H. Flashar: Aristoteles. Problemata physica, Berlin 1962, 364 bis 367.

Iatrikà erotémata
„Fragen des Arztes"

Auch lat. zitiert als *Quaestiones medicinales*.

Rufus aus Ephesos, um 100 n. Chr.

Vademecum der Anamnese-Technik (gr.).

I Rufus beschreibt, wie der Arzt die Kranken befragen soll, um eine fundierte Diagnose stellen zu können.

A C. Daremberg / E. Ruelle, Paris 1879. H. Gärtner, Stuttgart/Leipzig 1970.
Ü H. Gärtner: Rufus von Ephesos: Die Fragen des Arztes an den Kranken, in: CMG Suppl. 4, 1962 (gr.-dt. mit Kommentar).
L A. Dihle, GLL, 156–159. J. Ilberg: Rufus von Ephesos. Ein griechischer Arzt in trajanischer Zeit. Abh. Leipzig 41, 1, 1930.

Iatrikaì aporíai kaì problémata physiká
„Ärztliche Fragen und naturwissenschaftliche Probleme"

Kassios Iatrosophistes, 2. oder 3. Jh. n. Chr.

Werk der Problemata-Literatur (gr.) mit 85 Problemen vorwiegend medizinischen Inhalts.

I Das Werk ist den ps.-aristotelischen →*Problémata physiká* sehr ähnlich. 16 Probleme sind diesem Werk entnommen. Auch mit den ps.-alexandrischen →*Iatrikà aporémata kaì physiká problémata* bestehen deutliche Übereinstimmungen.

A Ideler: Physici et medici Graeci minores. Bd. 1, 1842, 144–167.
L H. Flashar: Aristoteles. Problemata physica, Berlin 1962, 367–369.

Iatrikaì synagogaí
„Medizinische Zusammenfassungen"

Auch lat. zitiert als *Collectiones medicae*.

Oreibasios aus Pergamon, 4. Jh. n. Chr.

Abriß der Heilkunde (gr.), im Auftrag von Kaiser Julian (reg. 360–363 n. Chr.) verfaßt.

I Von den 70 B. sind 23 ganz erhalten. Hinzu kommen Auszüge aus anderen B. Es handelt sich größtenteils um Auszüge aus den Schriften der gr. Ärzte der älteren Zeit (seit Alkmaion aus Kroton, um 500 v. Chr.). Berücksichtigt wurde vor allem Galen. Das Werk ist daher eine der wertvollsten medizinhistorischen Quellen. – Die Enzyklopädie ist nach Themen geordnet. Der Autor fertigte eine Zusammenfassung des Stoffes in neun B., eine *Sýnopsis*, für seinen Sohn Eustathios an.

N Eunapios aus Sardes widmete Oreibasios seine →*Hypomnémata historiká*.

A CMG 6, 1–3. C. Daremberg / U. C. Bussemaker, Paris 1851–1876, Nachdr. Amsterdam 1962.
L A. Lesky, GL, 999. H. Morland: Die lateinischen Oribasiusübersetzungen, in: SO Suppl. 5, 1932. H. O. Schröder: Oreibasios, in: RE Suppl. 7, 797–812.

Îbis
(storchartiger Vogel)

Kallimachos aus Kyrene, etwa 300 – um 240 v. Chr.

Schmähgedicht (gr.), das nur durch antike Nachrichten bekannt ist (→*Suda*).

I Kallimachos hat „in einem (vielleicht elegischen) Gedicht mäßigen Umfangs unter Heranziehung verschiedener entlegener Geschichten einen Feind, für den ihm der Schmutzvogel Ibis das Bild lieferte, mit Verwünschungen überschüttet. Nach antiken Notizen war dieser Gegner Apollonios, und wir werden diese Möglichkeit offenhalten müssen, wenngleich bei Angaben dieser Art niemand gelehrte Kombination mit Sicherheit ausschließen kann" (Lesky, 806). Apollonios aus Rhodos könnte wegen seines von Kallimachos abgelehnten Groß-Epos →*Argonautiká* der Angegriffene gewesen sein (→*Suda*). Dieser literarische Angriff könnte mit dem Mißerfolg des Apollonios bei der ersten Rezitation der *Argonautiká* und seiner Emigration nach Rhodos in Verbindung gestanden haben.
N Ovid nahm sich die *Îbis* des Kallimachos für seine →*Ibis* als Vorbild.

L M. Asper: Kallimachos, Darmstadt 2004, 340–343. H. Herter: Kallimachos, in: RE Suppl. 5, 1931, 386–452. A. Körte / P. Händel, HD, 64 f. und 109 f. A. Lesky, GL, 805 f.

Ibis
(storchartiger Vogel)

Publius Ovidius Naso aus Sulmo, 43 v. – 17 n. Chr.

Schmähgedicht (lat.) in mehr als 300 elegischen Distichen gegen einen unbekannten Adressaten, dessen Name sich hinter dem Pseudonym „Ibis" verbirgt.
Entstanden während der ersten fünf Jahre der Verbannung des Dichters (also zwischen 9 und 14 n. Chr.), wahrscheinlich nach den →*Tristia* 4,9, d. h. zwischen dem Frühjahr 10 und 14 n. Chr.

I Das Werk besteht aus zwei Teilen (1–206 und 207–642). Im 1. Teil erläutert der Autor seine Absicht, legt die Sache dar, um die es geht, und spielt auf das Unrecht an, das der Vogel ihm angetan hatte. Er erklärt ihm den Krieg (1–64). Darauf folgt die feierliche Verfluchung des Gegners (65–206). Zu Beginn des 2. Teiles (207–247) werden die Geburt und die rituelle Tötung des Vogels Ibis beschrieben.

Der folgende Text besteht „nur aus gezierten Verwünschungen, die zu Hunderten aufeinander folgen, nach dem Muster der hellenistischen Vorbilder Ovids ... Jede von ihnen wünscht auf Ibis das gleiche Schicksal herab, das diese oder jene Gestalt aus Sage oder Geschichte ereilt hatte" (H. Fränkel, 168). Erst am Schluß verwendet der Dichter seinen eigenen Fall: Ibis soll an der Küste des Schwarzen Meeres unter der ständigen Bedrohung durch die Barbaren leben und sterben.
Q Das direkte Vorbild des Werkes war die →*Îbis* des Kallimachos, die leider nicht mehr erhalten ist. Vielleicht imitierte Ovid auch die →*Chiliádes* des Euphorion, eine gelehrte Invektive gegen Personen, die den Dichter einst um eine hinterlegte Geldsumme betrogen hatten.
H „Ibis" war wohl ein ehemaliger Freund oder Bekannter, der nach dem Verbannungsurteil gegen Ovid versuchte, sich an dessen Vermögen zu bereichern. Zugleich verleumdete er anscheinend den Dichter, um Augustus dazu zu bewegen, die Relegation in Exil umzuwandeln, was die Konfiszierung des Vermögens zur Folge gehabt hätte.
W Möglicherweise schrieb Ovid das Werk, um den „Ibis" von weiterer Verleumdung abzuhalten. Demselben Zweck diente schon eine andere Elegie aus den Jahren 10–11 n. Chr. (→*Tristia* 4,9). So spricht manches dafür, daß die *Ibis* nach den *Tristia* 4, 9 verfaßt wurde (also nach 10/11 n. Chr.). Vielleicht wollte der Dichter mit diesem Werk auch nur seinem Zorn weiter Luft machen. „Außerdem war er bestrebt, ein Werk des größten hellenistischen Dichters zu kopieren, und er konnte viel Zeit, mit der er nichts anzufangen wußte, totschlagen, indem er die komplizierten Rätsel seiner *Îbis* ausarbeitete" (H. Fränkel, 170).

A J. André, Paris 1963 (lat.-frz.). F. W. Lenz, Turin 1944, Nachdr. 1956. A. La Penna, Florenz 1947.
Ü B. W. Häuptli, München/Zürich 1996 (lat.-dt.).
L H. Fränkel: Ovid. Ein Dichter zwischen zwei Welten, Darmstadt 1970, 166–170. H. Froesch: Ovid als Dichter des Exils, Bonn 1976. H. Grombein: Untersuchungen zu Ovids *Îbis*, Diss. Heidelberg 1994. G. D. Williams: The Curse of Exile: A Study of Ovid's *Îbis*, Cambridge 1996.

Ichneutaí
„Die Spürhunde"

Sophokles aus Athen, 496–406 v. Chr.

Satyrspiel (gr.), nur in Frg. (Pap. Ox. 9, 1912, Nr. 1174 und 17, 1927, Nr. 2081 a) erhalten.
Vermutlich in der Frühzeit des dichterischen Schaffens entstanden.

I Schauplatz ist der Gipfel des Kyllenegebirges. Handelnde Personen sind Apollon, Silenos und der Chor der Satyrn, die Ortsnymphe Kyllene und (in den verlorenen Partien) Hermes. – Apollon setzt eine Belohnung für die Wiederbeschaffung einer abhanden gekommenen Kuhherde aus. Silenos und seine Söhne, die Satyrn, bieten sich als „Spürhunde" an und setzen sich sogleich auf die Spuren der Rinder. Da ertönt plötzlich ein unterirdisches Saitenspiel, das die Satyrn in Schrecken versetzt, weil sie solche Töne noch nie gehört hatten. Sie wollen durch Stampfen mit den Füßen den Verursacher der Töne aus der Erde hervorzwingen. Darauf erscheint (Vers 215) die Bergnymphe Kyllene, um den Grund für den Lärm zu erfahren. Die Nymphe erzählt vom geheimen Liebesbund des Zeus mit der Atlastochter Maia, aus dem Hermes hervorgegangen ist, der jetzt unter dem Schutz der Nymphe heranwächst und die Lyra erfindet, mit der die Töne erzeugt wurden. Ausführlich wird die Herstellung der Lyra und ihre Handhabung geschildert. Jetzt begreift der Chor, daß nur der Gott, der die Lyra erfand, der Rinderdieb sein kann (323–331), da er die Rinderhäute zur Herstellung des Instrumentes benötigte. Kyllene ist über diesen Verdacht empört. Gleichwohl bleiben die Satyrn bei ihrer Behauptung und erklären, daß sich die Rinder in der Höhle befänden. Sie suchen weiter und finden tatsächlich Spuren der Rinder. Apollon selbst entdeckt schließlich den Dieb in seinem Versteck und bringt ihn gefesselt auf die Bühne. Dieser schüttelt seine Fesseln ab und veranlaßt Apollon mit Hilfe seines neuen Saitenspiels, ihm zu verzeihen. Am Ende schenkt er dem göttlichen Bruder das Musikinstrument.

A   D. Ferrante, Neapel 1958. D. L. Page, Lit. Pap., 1950. V. Steffen, Warschau 1960.
Ü   C. Robert, Berlin 1912. O. Werner, Stuttgart 1970. W. Willige / K. Bayer / B. Zimmermann, Düsseldorf/Zürich [(4)]2003 (gr.-dt.).
L   F. Brommer: Satyrspiele, Berlin [(2)]1959. E. Buschor: Satyrtänze und frühes Drama. SB Bayr. Akad. München. Phil.-hist. Abt. 1943, 5. P. Guggisberg: Das Satyrspiel, Zürich 1947. W. Lange: Zu den *Ichneutai* des Sophokles, in: RhM 108, 1965. A. Lesky, GL, 339. E. Siegmann: Untersuchungen zu Sophokles' *Ichneutai*, Hamburg 1941. O. Werner: Satyrspiele auf der Schulbühne. Erläutert an den *Spürhunden* des Sophokles und den *Netzziehern* des Aischylos, in: AU 4, 1, 1958, 81–91.

Ikaroménippos è hypernéphelos
„Menippos, der zweite Ikaros, oder der Wanderer über den Wolken"

Lukianos aus Samosata, etwa 120–180 n. Chr.

Satirischer Dialog (gr.).
Wahrscheinlich in Athen verfaßt und vorgetragen.

I   Lukian läßt den Leser ein Selbstgespräch des Kynikers Menippos (aus Gadara (1. Hälfte des 3. Jh.s v. Chr.) belauschen. Dieser ist gerade von seiner Himmelsreise auf die Erde zurückgekehrt. Er rechnet jetzt nach, welche Strecke er im Flug wie Ikaros zurückgelegt hat. Ein Freund, der ihm zuhört, kann nur noch staunen. Er fordert den Philosophen jedoch auf, über seine Reise, die ihn über die Wolken hinaus führte, zu erzählen. – Ausführlich beschreibt Menippos dem staunenden Freund, wie sich seine Flügel von den Flügeln des Daidalos und des Ikaros

unterscheiden. Dann berichtet er über den Anlaß seiner Reise: Beim Anblick der menschlichen Dinge, die ihn in ihrer Erbärmlichkeit abgestoßen hätten, habe er in einen Gefühl der Verachtung für das Irdische seinen Blick auf das All gerichtet und sei angesichts der Unergründlichkeit der Vorgänge am Himmel völlig ratlos geworden. Darauf habe er sich an die Wissenschaftler (Astronomen, Mathematiker, Philosophen usw.) gewandt, um etwas über die „Himmelserscheinungen" zu erfahren. Diese aber hätten ihn nicht von seiner Ratlosigkeit befreit, sondern ihn mit ihrem widersprüchlichen Wissen überschüttet. Lukian gibt auf diese Weise einen weiten Überblick über die gr. Philosophiegeschichte. Die Eleaten Xenophanes und Parmenides werden ebenso erwähnt wie Platon, Aristoteles, Heraklit, Epikur, die Pythagoreer, die Stoiker. Weil Menippos an der Widersprüchlichkeit der philosophischen Theorien verzweifelte, faßte er den Entschluß, das, was er auf Erden nicht finden konnte, im Himmel zu suchen. Er schnallte sich je einen Adler- und Geierflügel an, die er mit Griffen für die Arme versah, und erhob sich mit kräftigen Armbewegungen in die Lüfte. Vom Olymp startete er nach einigen Trainingsflügen direkt gen Himmel. Unterwegs traf er den Philosophen Empedokles, der sich einst in den Krater des Ätna gestürzt hatte, dann aber mit dem Rauch des Vulkans zum Mond hinaufgeschleudert wurde. Empedokles verriet Menippos, wie er die Dinge auf der fernen Erde deutlich sehen konnte und zwar vor allem die Dinge, die sonst unbemerkt blieben. Hier stellt Menippos eine große Liste von Schandtaten verschiedener Menschen auf, die er aus großer Höhe bei ihrem mehr oder weniger üblen und meist vergeblichen oder wertlosen Tun beobachten konnte. Das Bild vom Treiben der Menschen auf der Erde wird von der Mondgöttin noch erweitert, indem sie über die Taten der Menschen bei Nacht berichtet. Schließlich klopft Menippos bei Zeus an und wird von Hermes hereingelassen. Zeus beklagt sich bei seinem irdischen Gast, daß er nicht mehr wie früher von den Menschen verehrt werde. Zeus läßt sich von Menippos an den Ort begleiten, wo sich der Gott die Gebete der Menschen anzuhören pflegt. Dann beginnt das gemeinsame Mahl der Götter; anschließend begibt man sich zur Ruhe. Am nächsten Morgen beruft Zeus eine Götterversammlung ein. Durch das Anliegen des Menippos veranlaßt hält er eine Rede über die Nichtsnutzigkeit der Philosophen, ihre so abwegigen Theorien und die Widersprüche zwischen ihrer Lehre und ihrem Leben. Zeus steigert sich zu einer gewaltigen Schimpfrede auf das philosophische Gesindel, das spätestens im nächsten Jahr von seinem Donnerkeil getroffen werden solle. Menippos wird von Hermes ohne seine Flügel auf die Erde zurückgebracht.

Q   Es darf als sicher gelten, daß Lukian inhaltlich und formal von den Satiren des Menippos beeinflußt wurde. Dafür spricht, daß die Beispiele, die Lukian erwähnt, in die 1. Hälfte des 3. Jh.s v. Chr. weisen. Lukian hielt sich also eng an seine literarische Vorlage.

A A. M. Harmon. Bd. 2, London/Cambridge (Mass.) 1915. M. D. Mac Leod. Bd. 1, Oxford 1972.
Ü K. Mras, München [2]1980 (gr.-dt.). Chr. M. Wieland: Lucian von Samosata. Bd. 1. 1, Leipzig 1788/1789.
L R. Helm: L. und Menipp, Leipzig/Berlin 1906, 80–114. KNLL 10, 687f. K. Mras: Lucian, *Der Traum oder Lucians Lebensgang* und *Ikaromenipp oder Die Luftreise*, Wien 1904.

Iliakaì / Odysseiakaì prosodíai
„Betonungen in der Sprache der Ilias / der Odyssee"

Ptolemaios aus Askalon, 1. Jh. n. Chr.

Verlorene, aber vielfach bezeugte sprachwissenschaftliche Abhandlungen (gr.).

I In jeweils zwei B. wird die Prosodie (Akzente, Worttrennung und Rechtschreibung) der Sprache der homerischen Epen behandelt.
N Herodianos benutzte die Abhandlungen in seiner →*Katholikè prosodía.* Dasselbe gilt für Apollonios Sophistes und sein →*Lexicon Homericum.* Philon aus Byblos ist in seinem „Synonymenlexikon" von Ptolemaios beeinflußt, das u. a. in dem Auszug des Ammonios (→*Perì homoíon kaì diaphóron*) erhalten ist.

A G. Heylbut, Hermes 22, 1887, 388ff.
L M. Baege: De Ptolemaeo Scalonita, Diss. Halle 1882.

Iliás
„Geschichte von Ilios oder Ilion (Troja)"

Homeros, 2. Hälfte des 8. Jh.s v. Chr.

Narratives Heldenepos (gr.) in 24 Gesängen, die insgesamt aus rund 16 Tausend daktylischen Hexametern bestehen.
Das mündlich überlieferte Erzählgut wurde wahrscheinlich im letzten Drittel des 8. Jh.s fixiert und niedergeschrieben.

I Der Titel bezeichnet den Handlungsraum und die Thematik: Geschichte von Ilios/Ilion. Diese „Geschichte" war der trojanische Krieg. Anlaß des Krieges war die Entführung der schönen Helena, der Frau des Menelaos, des Königs von Sparta, durch Paris, den Sohn des Königs Priamos von Troja. Die Griechen fordern die Rückgabe der Frau, werden abgewiesen und greifen Troja mit einer gewaltigen Flotte unter dem Oberbefehl des Königs von Argos, Agamemnon, an. Die Stadt kann nicht erobert werden, sie wird zehn Jahre lang belagert. Erst im 10. Jahr wird sie mit Hilfe des „hölzernen Pferdes" von den Griechen eingenommen und zerstört. Aus diesem Zusammenhang greift die *Iliás* nur einen kleinen Abschnitt heraus: die Geschichte vom „Zorn des Achilleus". Die erzählte Handlung bezieht sich auf 51 Tage im zehnten Kriegsjahr. Es wird dargestellt, (1) wodurch der „Zorn" ausgelöst

wurde, (2) wie er sich auswirkte und (3) wie Achill auf die für alle und für ihn selbst verheerenden Folgen des „Zornes" reagierte. – Das Hauptthema sind die Auswirkungen, die der „Zorn" des Achilleus für die Gemeinschaft der Griechen hatte. – Inhalt der 24 Gesänge: 1. Gesang: Apollon sendet den Griechen eine Pest, um für seinen Priester Chryses Rache zu nehmen, der vergeblich versucht hatte, seine Tochter Chryseis aus der Gefangenschaft der Griechen freizukaufen. Der Priester Kalchas aber erreicht es, daß Agamemnon Chryseis freiläßt, der dafür aber die Beutefrau des Achilleus, Briseis, die Tochter des Brises, für sich beansprucht. Achilleus zieht sich aus Zorn über diese Demütigung aus dem Kampf zurück. Thetis, die Mutter des Achilleus, erreicht bei Zeus, daß dieser den Troern so lange den Sieg gewährt, bis Achilleus Genugtuung erhalten hat. 2. Gesang: Zeus veranlaßt Agamemnon im Traum, den Kampf wieder zu beginnen. Agamemnon stellt die Griechen auf die Probe und kündigt die Heimkehr an. Odysseus verhindert dies, von Athene unterstützt. Die Griechen sind wieder kampfbereit. Das Heer wird im sogenannten Schiffskatalog (2,484–669) beschrieben. Die Troer rücken aus der Stadt aus. 3. Gesang: Paris bietet den Zweikampf um Helena an. Menelaos, der Gatte der Helena, ist bereit. Es kommt zum Zweikampf. Paris wird besiegt und von Aphrodite in seine Kammer in Troja entführt. Helena wird zu Paris gerufen. Agamemnon fordert den Preis des Sieges, die Herausgabe der Helena. 4. Gesang: Zeus und Hera beschließen den Untergang von Troja. Es kommt zur Schlacht. 5. Gesang: Diomedes verwundet Aineias und dessen Mutter Aphrodite, die auf dem Wagen des Ares zum Olymp flieht. Apollon trägt, von Diomedes verfolgt, den Aineias in seinen Tempel auf Pergamos. Von dort kehrt Aineias bald geheilt zurück. Ares gibt den Troern neuen Kampfesmut; die Griechen weichen zurück. 6. Gesang: Hektor ruft Paris in die Schlacht zurück. Er sucht seine Frau Andromache und findet sie auf dem skaischen Tor. Dann kehrt er mit Paris in den Kampf zurück. 7. Gesang: Athene und Apollon fordern Hektor auf, den tapfersten Griechen zum Kampf zu fordern. Aias trifft das Los. Der Zweikampf wird durch die Nacht unterbrochen. In Troja rät Antenor, Helena auszuliefern. Paris verweigert dies. Priamos, der König von Troja, bittet um Waffenstillstand. Die Toten werden bestattet. 8. Gesang: Zeus verbietet den Göttern, die kämpfenden Parteien zu unterstützen. Die Griechen geraten im Kampf in große Schwierigkeiten. Hektor übernachtet mit den siegreichen Troern vor dem Lager der Griechen. 9. Gesang: Agamemnon rät zum Abzug. Diomedes und Nestor widersprechen. Auf Nestors Rat schickt Agamemnon Phoinix, Aias, den Sohn des Telamon und Odysseus zu Achilleus, um ihn zu bitten, wieder in den Kampf einzugreifen. Achilleus weigert sich. 10. Gesang: Diomedes und Odysseus sind in der Nacht als Kundschafter unterwegs. Sie töten Dolon, den Kundschafter Hektors, dringen in das troische Lager ein, töten den neu angekommenen Rhesos mit zwölf Thrakern und entführen die Pferde des Rhesos. 11. Gesang: Am nächsten Morgen führt Agamemnon die Griechen wieder in die Schlacht; die Troer fliehen. Zeus befiehlt Hektor, den Kampf zu meiden, bis Agamemnon verwundet ist. Dieser weicht verwundet zurück. Hektor greift in den Kampf ein. Auch Diomedes kehrt verwundet zu den Schiffen zurück. Odysseus wird von Aias aus einer gefährlichen Situation befreit. Weitere Helden werden verwundet. Achilleus schickt Patroklos, um zu erfahren, wer verwundet ist. Patroklos ist von Nestors Auskunft erschüttert. Er hilft dem verwundeten Eurypylos. 12. Gesang: Die Troer fallen in das Lager der Griechen ein. 13. Gesang: Es beginnt der Kampf um die Schiffe der Griechen. 14. Gesang: Die griechischen Helden sind von ihren Wunden erschöpft. Aber Odysseus tadelt die Absicht des Agamemnon, den Rückzug anzutreten. Poseidon hilft den Griechen, von Zeus unbemerkt. Hektor wird von Aias mit einem Stein am Kopf getroffen und ohnmächtig aus der Schlacht getragen. Die Troer fliehen. 15. Gesang: Zeus bemerkt Poseidons Eingreifen. Er schickt die Götterbotin Iris und Apollon zu Poseidon, um ihm zu befehlen, sich aus der Schlacht herauszuhalten. Apollon soll Hektor heilen, damit die Griechen so sehr in Bedrängnis gebracht werden, daß Achilleus Patroklos in den Kampf schicke. Dieser versucht Achilleus zum Eingreifen zu bewegen. 16. Gesang: Achilleus erlaubt Patroklos, in seiner Rüstung in den Kampf zu gehen und die Schiffe zu verteidigen. Patroklos verjagt die Troer. Er verfolgt die Feinde und ersteigt die Mauer von Troja, wird aber von Apollon zurückgehalten. Hektor greift Patroklos an. Patroklos wird von Apollon betäubt und wehrlos gemacht. Hektor verwundet ihn tödlich. 17. Gesang: Hektor raubt dem toten Patroklos die Rüstung. Es entbrennt der Kampf um den Leichnam. Menelaos schickt Antilochos zu Achilleus, um ihm den Tod des Patroklos mitzuteilen. Der Tote wird in Sicherheit gebracht. 18. Gesang: Achilleus trauert um Patroklos. Seine Mutter Thetis erfährt, daß Achilleus entschlossen ist, Hektor zu töten, obwohl ihm bestimmt ist, gleich nach diesem zu sterben. Thetis verspricht ihm neue Waffen, die ihm Hephaistos schmiedet. Die berühmte Schildbeschreibung bietet ein umfassendes Bild des menschlichen Lebens und der Welt. 19. Gesang: Thetis bringt Achilleus die neuen Waffen. Achilleus hat seinen zerstörerischen und Leid bringenden Zorn gegen die Griechen überwunden und ist kampfbereit. Sein verderbenbringender Zorn richtet sich nun gegen die Mörder seines Freundes Patroklos. Achilleus werden Geschenke gebracht, die die Beleidigung sühnen sollen. Er erhält außerdem Briseis zurück. Athene gibt ihm neue Kraft. Er zieht in den Kampf. Seine Pferde weissagen ihm den nahen Tod. 20. Gesang: Zeus erlaubt den Göttern, in die Schlacht einzugreifen. Allerdings darf Achilleus Troja nicht erobern. So ist es vom Schicksal verfügt. Aineias kämpft gegen Achilleus, wird besiegt und von Poseidon in Sicherheit gebracht, damit gewährleistet ist, daß seine Nach-

kommen einst die Herrschaft über die Troer erhalten. Hektor sucht den Zweikampf mit Achilleus, wird jedoch von Apollon zurückgehalten. 21. Gesang: Achilleus verfolgt eine Schar fliehender Troer. Priamos öffnet den Fliehenden das Tor. Achilleus wird von Agenor aufgehalten. Apollon nimmt dessen Gestalt an und lockt Achilleus vom Tor fort. 22. Gesang: Hektor erwartet Achilleus vor der Stadt, obwohl ihn seine Eltern zurückrufen. Als Achilleus herannaht, flieht Hektor zunächst und wird von diesem dreimal um Troia herum verfolgt. Zeus will Hektor vernichten. Sein Beschützer Apollon muß nachgeben. Er wird von Achilleus am Hals tödlich getroffen und am Streitwagen zu den Schiffen geschleift. 23. Gesang: Achilleus legt den toten Hektor an das Totenlager des Patroklos. Dieser erscheint ihm im Traum und bittet ihn um Bestattung. Er wird auf dem Scheiterhaufen verbrannt. Zu Ehren des Toten werden Leichenspiele (Wagenrennen, Faustkampf, Ringen, Laufen, Speerwurf usw.) veranstaltet. Achilleus schleift Hektors Leichnam in der Nacht um das Grab des Patroklos. Zeus befiehlt Achilleus durch Thetis, den Leichnam ruhen zu lassen. Priamos wird von Zeus aufgefordert, seinen toten Sohn heimzuholen. Priamos gelangt unbemerkt in das Zelt des Achilleus. Dieser gestattet dem alten Mann, den Leichnam nach Hause zu bringen. In Troja klagen Andromache, seine Frau, Hekabe, seine Mutter, und Helena am Totenlager. Hektor wird bestattet.

Q Mündlich überliefertes Erzählgut, das weit zurückliegende Ereignisse behandelt, bildet die Grundlage des Werkes. Der Erzähler hatte das Ziel, das von ihm selbst nicht erfundene Erzählgut neu zu erzählen und auf diesem Wege weiterzugeben. Er schöpfte zwar aus der epischen Überlieferung. Seine hervorragende Leistung bestand aber vor allem darin, daß er den überlieferten Stoff um das Zentralmotiv, den Zorn des Achilleus, herum gruppierte. Unter diesem Aspekt erweist sich Homer auch nicht als Anfang, sondern als Endpunkt einer epischen Tradition. – Eine bedeutsame Vorstufe der *Iliás* war wohl auch die *Memnonís* (→*Epikòs kýklos*), in der der Kampf der Griechen gegen die Aithiopenfürsten Memnon erzählt wurde, der als Verbündeter der Troer Antilochos, den Freund des Achilleus, tötete. Achilleus rächt sich an Memnon, obwohl ihm wie in der *Iliás* der frühe Tod prophezeit ist.

H Der Dichter trug seine Gesänge in den Häusern der Adligen vor. Er wurde von ihnen wahrscheinlich dazu veranlaßt, diese Gesänge aufzuschreiben, weil sie sich mit deren Inhalten identifizieren konnten. Denn die Gesänge der *Iliás* spiegeln die Welt und das Selbstverständnis des gr. Adels, d. h. einer Kriegergesellschaft des 8. Jh.s v. Chr., wider.

W Die in der Gestalt des Achilleus exemplifizierte Möglichkeit zur Aufhebung der Solidarität mag von Homer und seinen adligen Zeitgenossen als eine grundsätzliche Bedrohung der Adelsherrschaft empfunden worden sein und das Interesse an der schriftlichen Fixierung gerade des in der *Iliás* thematisierten Schwerpunkts der Trojasage erklären. Vermutlich wollte der Dichter an der Gestalt des Achilleus und anderer Helden des Epos veranschaulichen, wie groß die Gefahr ist, daß gerade die Mächtigen wie Agamemnon, Achilleus und Hektor aufgrund ihres ungestümen Willens zur Überlegenheit sich selbst und vor allem auch ihre Gruppe zu Fall bringen, und welche Möglichkeiten es gibt, diese Gefahr zu vermeiden. Der Dichter macht unmißverständlich klar, daß sich die jeweilige Gemeinschaft vor den Folgen der Verblendung und Überheblichkeit ihrer Führer schützen kann, indem sie ihnen die Gefolgschaft verweigert.

N Die Wirkung der *Iliás* ist unbeschreiblich groß. Sie hat alle anderen Heldenepen überstrahlt und verdrängt. Seit dem 6. Jh. v. Chr. wurde das Werk zum Schulbuch. Es hat die Entwicklung der gr. Sprache und Literatur und damit das gr. Selbstverständnis entscheidend geprägt. – Die gewaltige Wirkung des homerischen Epos forderte auch zum Widerspruch heraus: Die Philosophen Xenophanes und Heraklit kritisieren die Anthropomorphie der homerische Götterwelt. Thukydides bemerkt die historische Unzuverlässigkeit. Platon hält die Homerlektüre für ein ungeeignetes Mittel der Jugendbildung im idealen Staat (→*Politeía*). Die alexandrinischen Philologen befassen sich dagegen eingehend mit Homer und seiner Erklärung. Aristoteles (→*Peri poietikês*) und Horaz (→*Ars poetica*) loben Homer als großen epischen Dichter. Vergil legt seiner →*Aeneis* die homerischen Epen zugrunde (die B. 1–6 beziehen sich auf die →*Odýsseia*, die B. 7–12 auf die *Iliás*. In der lat. Kurzfassung der →*Ilias Latina* wird die homerische *Iliás* im Mittelalter gelesen.

A T. W. Allen. 3 Bde., Oxford 1931 (mit Kommentar). K. F. Ameis / C. Hentze / P. Cauer. 2 Bde., Leipzig/Berlin 1884–1913 (mit Kommentar). W. Leaf. 2 Bde., London (2)1900–1902 (mit Kommentar). A. Ludwich. 2 Bde., Stuttgart/Leipzig 1902/1907, Nachdr. 1995. D. B. Monro / T. W. Allen. 2 Bde., Oxford (3)1920. H. van Thiel, Hildesheim 1996.
Ü R. Hampe, Stuttgart 1979. H. v. Rupé / V. Stegemann / H. Höhne, München/Zürich (10)1994. W. Schadewaldt, Düsseldorf/Zürich 2002. R. A. Schröder, Berlin 1943. J. H. Voß (1793), 1991.
L A. Bierl / J. Latacz: Homers Ilias. Gesamtkommentar, München 2000ff. C. M. Bowra: Tradition and Design in the *Iliad*, Oxford (5)1968. H. Erbse: *Ilias* und Patroklie, in: Hermes, 61,1983, 1–15. A. Heubeck: Die homerische Frage, Darmstadt 1974. J. Latacz (Hg.): Homer. Die Dichtung und ihre Deutung, Darmstadt 1991. A. Lesky: Homeros, in: RE Suppl. 11, 1967, 687–846. W. Nicolai: Wirkungsabsichten des Iliasdichters, in: FS W. Marg, München 1981, 81–101. K. Reinhardt: Die Ilias und ihr Dichter, Göttingen 1961. W. Schadewaldt: Von Homers Welt und Werk, Stuttgart (3)1959. W. Schadewaldt: Iliasstudien, Darmstadt (3)1966. W. Schadewaldt: Hektor in der *Ilias*, in: W. Sch.: Hellas und Hesperien. 1, Zürich/Stuttgart 1970, 21–38. W. Schadewaldt: Der Aufbau der Ilias. Strukturen und Konzeptionen, Frankfurt 1975. U. v. Wilamowitz-Moellendorff: Die Ilias und Homer, Berlin 1916. M. M. Willcock: A Commentary on Homer's *Iliad*, London 1984.

Ilias Latina
„Lateinische Ilias"

Baebius Italicus, 1. Jh. n. Chr.

Eine im Mittelalter weit verbreitete und in über 100 Handschriften überlieferte lat. Kurzfassung der homerischen →*Iliás* in 1070 Hexametern (lat.). Wahrscheinlich in der Zeit der julisch-claudischen Dynastie, d. h. vor 68 n. Chr., abgefaßt. In den Versen 899–902 liegt offensichtlich eine Huldigung gegenüber dem Kaiserhaus vor, das im Jahre 68 n. Chr. mit Nero ausstarb; in der Folgezeit bestand daher kein Grund mehr, die Dynastie zu preisen. Genauere Datierung: Regierungszeit des Kaisers Nero (54–68 n. Chr.).

I Den B. 1–5 der homerischen *Iliás* entsprechen 537 Verse, B. 13 nur sieben, B. 17 nur vier Verse. Der Rest ist eine allgemeine Nacherzählung der *Iliás* und nicht mehr bestimmten B. oder Versen des Originals zuzuweisen.

Q Die Zusätze und Änderungen gegenüber dem Original lassen auf die Benutzung mythologischer Handbücher schließen, die ein romfreundliches Bild lieferten. Außerdem läßt sich eine genaue Kenntnis der →*Aeneis* des Vergil nachweisen. Auch Anspielungen auf Ovids „Metamorphosen" (→*Metamorphoseon libri*) sind nachweisbar.

W Das Werk wollte den regierenden Kaiser Nero preisen, auf dessen Kunst als Kitharöde in den Versen 880–885 angespielt wird. Die achtmalige rühmende Erwähnung des Aeneas erklärt sich auch aus dem Interesse des Autors, Nero eine Freude zu bereiten, der für Aeneas als den Stammvater des julischen Geschlechts besondere Sympathie empfunden haben soll, wie Tacitus, →*Annales* 12,58,1 mitteilt.

A E. Baehrens / F. Vollmer: Poetae Latini Minores 2. 3, Leipzig 1913, 3–59.
L L. Herrmann: Recherces sur l' *Ilias Latina*, in: AC 16, 1947, 241–251. A. Nathansky: Zur *Ilias Latina*, in: WS 28, 1906, 306–329. G. Scheda: Zur Datierung der *Ilias Latina*, in: Gy 4, 1965, 303–307. J. Tolkiehn: Homer und die römische Poesie, Leipzig 1900, 96–119. F. Vollmer, RE 9, 1, 1914, 1057–1060.

Ilíu hálosis
„Die Einnahme von Ilion (Troja)"

Triphiodoros aus Ägypten, 5. Jh. n. Chr.

Mythologisches Epos (gr.) in 691 Versen.

I Die Erzählung über die Einnahme von Troja basiert auf Homer, →*Iliás*, Vergil, →*Aeneis*, Quintus Smyrnaeus, →*Tà met' Hómeron*, und anderer mythologischer Überlieferung. Stilistisch wurde Triphiodoros von Nonnos, →*Dionysiaká* geprägt.

A W. Weinberger, Leipzig 1896.
Ü U. Dubielzig, Tübingen 1996 (gr.-dt.).

L R. Keydell, RE 7 A 1, 1939, 178–180. A. Lesky, GL, 912 f. E. Vogt: Triphiodoros, in: dtv-L 1.4, 298 f. W. Weinberger: Studien zu Tryphiodor und Kolluth, in: WS 18, 1896, 116–159 und 161–179.

Ilíu pérsis →Chorlyrik (Stesichoros)

Ilíu pérsis →Epikòs kýklos

Imagines →Hebdomades (Varro)

Imperiales sententiae in cognitionibus prolatae

„Kaiserliche Urteilssprüche, die in gerichtlichen Untersuchungen gefällt worden sind"

Iulius Paulus, geb. um 160 n. Chr.

Juristische Schrift in sechs B. (lat.).

L M. v. Albrecht, RL, 1195. A. Berger: Iulius (Nr. 382), in: RE 10, 1, 1918, 690–752. H. Hübner: Paulus (Nr. 1), in: dtv-L 1. 3, 290 f. C. A. Maschi: La conclusione della giurisprudenza classica all' età dei Severi. Iulius Paulus, in: ANRW 2, 15, 1976, 667–707. H. Schellenberg: Die Interpretation zu den Paulussentenzen, Göttingen 1965.

Ínachos
(Gestalt des gr. Mythos)

Sophokles aus Athen, 496–409 v. Chr.

Satyrspiel (gr.), das auf der Io-Sage beruht, nur in Frg. in Papyrus-Überlieferung (Pap. Tebtunis 3, 1, 1933, Nr. 692 und Pap. Ox. 23, 1956, Nr. 2369) und in einigen Zitaten erhalten.

I Inachos, der Vater der Io, steht im Mittelpunkt des Stückes. Im Gespräch mit dem Chorführer der Satyrn beklagt Inachos die Verwandlung seiner Tochter in eine Kuh. Anders als im →Prometheús desmótes des Aischylos erhielt Io nicht nur Kuhhörner, sondern wurde vollständig verwandelt. Vermutlich trat dann auch Argos auf, den Hera zum Bewacher der Kuh Io bestimmt hatte. Als Bote des Zeus kommt Hermes, der den über die Not in seinem Land klagenden Inachos trösten soll. Er geht aber unverrichteter Dinge wieder fort und kehrt später zurück, um Argos zu töten und Io zu befreien.

A W. Willige / K. Bayer, München/Zürich [3]1995 (gr.-dt.).
Ü O. Werner: Griechische Satyrspiele von Euripides, Sophokles und Aischylos, Stuttgart 1970. W. Willige / K. Bayer (s. o.).
L A. Lesky, GL, 340 f. R. Pfeiffer: „Die Netzfischer" des Aischylos und der „Inachos" des Sophokles. SB München 1938. 2, 23 ff. R. Pfeiffer: Ein neues Inachos-Frg. des Sophokles. SB München 1958. 1.

In Catilinam →Catilinariae orationes IV (Cicero)

Indiká
„Die Verhältnisse in Indien"

Ktesias aus Knidos, um 400 v. Chr.

Indische Länderkunde (gr.) in einem B., in nur wenigen Frg. erhalten.

I Eine sehr ausführliche Inhaltsübersicht ist in der →Bibliothéke des Photios (Cod. 72) erhalten. Hinzu kommen Nachrichten anderer Autoren. Die Schrift enthielt phantastische Nachrichten über absonderliche Völker (Menschen mit Hundeköpfen, Bergbewohner mit jeweils acht Fingern und Zehen und riesigen, den Rücken bedeckenden Ohren) und merkwürdige Tiere (z. B. ein Raubtier mit dreireihigem Gebiß und einem großen Giftstachel am Schwanzende). Ktesias vermittelt ein Gemisch aus richtigen Informationen und nüchternen Beobachtungen einerseits und sagenhaften Absonderlichkeiten andererseits.

Q Ktesias, der selbst nie in Indien war, benutzte bereits vorliegende Schriften, z. B. den →Períplus des Skylax und befragte Augenzeugen aus Indien oder Indienreisende, die sich am Hof des Großkönigs in Babylon oder Susa aufhielten. So übernahm er offensichtlich auch indische Legenden und Erzählungen.

W Ktesias wollte sein Publikum mit seiner Schrift wohl weniger sachlich informieren als unterhalten. „Aber es gibt keine Anzeichen dafür, daß Ktesias um dieses Zieles willen aus eigener Phantasie grobe Fälschungen vorgenommen hätte. Er scheint, wenn auch sehr undifferenziert und unkritisch, nur das wiedergegeben zu haben, was ihm ohne systematische Forschungen über Indien zu Ohren oder vor die Augen gekommen war – und traf damit ... offenbar auf größtes Interesse in Griechenland" (Lendle, 124).

A FGrHist 688.
L F. Jacoby, RE 11, 2, 1922, 2032–2073. O. Lendle, Einführung, 119–128. A. Lesky, GL, 697 f.

Indiká
„Die Verhältnisse in Indien"

Megasthenes, um 300 v. Chr.

Beschreibung Indiens in vier B. (gr.), aus denen Frg. erhalten sind.

I Das Werk beschreibt die Landschaften und Völker Indiens und enthält neben geographischen und ethnographischen Mitteilungen über Ost- und Südindien auch gr. Wundererzählungen, die der Autor mit indischen Erzählungen von seltsamen Völkern, Tieren und Pflanzen verknüpfte. Der Autor lobt die brahmanische Philosophie, die er auf den Dionysoskult zurückführt und mit der gr. Philosophie seiner Zeit vergleicht. – Als Gesandter des Seleukos I. (312–280 v. Chr.) weilte der Autor längere Zeit am Hof des indischen Königs Sandrakottos. So lernte er Indien auch in seinen östlichen Teilen kennen. Das Werk beruht demnach im wesentlichen auf eigenen Beobachtungen und Befragungen indischer Priester. – Im 1. B. geht es um Geographie, Flora, Fauna und Ethnographie des Landes, im 2. B. um die Sitten, die „Kasten", das Beamtenwesen, im 3. B. um die gesellschaftlichen Verhältnisse und im 4. B. um die Mythologie und die Geschichte Indiens bis auf Sandrakottos.

N Auszüge aus dem Werk wurden von Arrian (→*Indiké*), Diodor (→*Bibliothéke historiké*) und Strabon (→*Geographiká*) angefertigt und überliefert.

A FGrHist 715. E. A. Schwanbeck: Indica. Fragm., Bonn 1846.
L A. Dahlquist: Megasthenes and Indian religion, Stockholm 1962. O. Lendle, Einführung, 272f. A. Lesky, GL, 863. A. Zambrini: Gli *Indika* di Megastene, in: ASNP 12, 1982, 71–149.

Indiké
„Beschreibung Indiens"

Flavius Arrianus aus Nikomedeia, etwa 95–175 n. Chr.

Geographische Abhandlung über Indien in ionischem Dialekt (gr.).
Nach der →*Alexándru anábasis* im Jahr 168 n. Chr. verfaßt, auf die mehrfach Bezug genommen wird.

I Der erste Teil der Schrift (Kap. 1–17) enthält eine ethnographisch-geographische Beschreibung Indiens. In ihrem zweiten Teil (Kap. 17–43) ist sie eine fast wörtliche Wiedergabe des „Paraplus von Indien", des Fahrtenberichts des Nearchos, der im Auftrag Alexanders d. Gr. den Seeweg von der Indusmündung bis zum persischen Golf erkundete (325/324 v. Chr.). Außer Nearchos zog Arrian auch Megasthenes (→*Indiká*) und Eratosthenes (*Geographiká*) als Informationsquelle heran.

A P. Chantraine, Paris [(2)]1952 (gr.-frz.). R. Hercher / A. Eberhard: Arriani Scripta Minora, Leipzig 1885.
Ü W. Capelle: Das indische B., in: Alexanders des Großen Siegeszug durch Asien, Zürich 1950. G. Wirth / O. von Hinüber, München/Zürich 1985 (gr.-dt.).
L A. Lesky, GL, 946–948. E. Schwartz, RE 2, 1, 1896, 1230–1247.

Ineptiae
„Scherze"

Gaius Melissus aus Spoletium, 1. Jh. v. – 1. Jh. n. Chr.

Verlorenes, aber bezeugtes Sammelwerk (lat.) über vielfältige Themen (u. a. in Anekdotenform) in 150 B. (vgl. Suetonius, →*De grammaticis et rhetoribus* 21), deren Reste im 2. B. der →*Saturnalia* des Macrobius faßbar sind.

L Schanz-Hosius 2, 176 f. P. L. Schmidt: Melissus, in: DKP 3, 1177.

In Eutropium
„Gegen Eutropius"

Claudius Claudianus, um 400 n. Chr.

Invektive gegen den Eunuchen Eutropius (lat.) in Versen.
Verfaßt 399 n. Chr.

I B. 1: Der ehemalige Sklave verschiedener Herren und Eunuch Eutropius wird 399 n. Chr. röm. Consul. Er wird allgemein verachtet. Sein Förderer Abundantius wird sein erstes Opfer. Er ist habgierig und ehrgeizig und behauptet, er habe die Goten besiegt, und beansprucht das Consulat. – Diese Vorgänge werden von einem ernsthaften Mann und von einem Spaßvogel kommentiert. Die Göttin Roma fordert Honorius und Stilicho auf, den schändlichen Eunuchen zu beseitigen. – B. 2: Eutropius werden Denkmäler gesetzt; er leitet einen Festzug nach Ankyra, der Stadt der Göttermutter. Angesichts dessen fordert Mars Bellona auf, die Goten zum Krieg zu reizen. Eutropius beruft einen verlotterten Kriegsrat ein. Außer den Goten bedrohen jetzt auch die Parther das Reich. Dann aber wird Eutropius entmachtet. Er wird nach Zypern verbannt. Darauf bittet Aurora Stilicho, auch das oström. Reich zu schützen.

W Die epische Invektive gegen Eutropius ist zugleich ein Lob auf Stilicho.

A P. Fargues, Paris 1933 (mit Kommentar).
L A. C. Andrews, Diss. Philadelphia 1931 (Kommentar). M. v. Albrecht, RL, 1060–1071. J.-J. Charlet: Die Poesie, in: NHbL. Spätantike, bes. 503 f. H. Schweckendiek: Claudians Invektive gegen Eutrop (*In Eutropium*). Ein Kommentar, Hildesheim 1992.

In Gaium Sallustium Crispum invectiva
„Schmähschrift gegen Gaius Sallustius Crispus"

Ps.-Cicero, vermutlich ein Verehrer Ciceros

Die fingierte Antwort Ciceros auf die angebliche Schmähschrift Sallusts (→*Invectiva in M. Tullium Ciceronem*) gegen Cicero (lat.).

I Weil die Schrift auf das ganze Leben Sallusts und nicht nur auf die Jahre bis 54 v. Chr. Bezug nimmt, paßt sie nicht zu der Invektive gegen Cicero. – Wie die Invektive gegen Cicero ist auch die Invektive gegen Sallust ein Produkt der Rhetorenschule. Allerdings bezeugt die Schrift den maßlosen Haß, dem Sallust während seiner politischen Tätigkeit ausgesetzt war.

A W. Schöne / W. Eisenhut, München [(4)]1969, 442–461 (lat.-dt.).
L A. D. Leeman: Die römische Geschichtsschreibung, in: NHbL. Römische Literatur, 115–146.

In Gaium Verrem actio prima →Actio prima in C. Verrem (Cicero)

In Gildonem →De bello Gildonico (Claudian)

In Ioannis epistulam ad Parthos tractatus decem
„Zehn Abhandlungen zum Brief des Johannes an die Parther"

Aurelius Augustinus aus Thagaste, 354–430 n. Chr.

Exegetische Schrift zum →*Novum Testamentum* (lat.).
Im Jahre 406 verfaßt.

I Augustinus legt dar, daß *caritas* (Liebe) und *ecclesia* (Kirche) untrennbar zusammengehören.

A PL 32–47 (Gesamtausgabe).
L M. v. Albrecht, RL, 1318–1353.

In Ioannis evangelium tractatus CXXIV
„124 Traktate zum Johannesevangelium"

Aurelius Augustinus aus Phagaste, 354–430 n. Chr.

Exegetische Schrift zum →*Novum Testamentum* (lat.).
Zwischen 406 und 420 verfaßt.

I Die Auslegung des biblischen Textes ist im Zusammenhang mit Augustins Auseinandersetzung mit seiner Polemik gegen die Pelagianer zu sehen (→*Contra duas epistulas Pelagianorum*).

A D. R. Willems, CCL 36, 1954.
Ü T. Specht, BKV[(2)] 8; 11; 19.
L M. v. Albrecht, RL, 1318–1353. R. P. Hardy: Actualité de la révélation divine. Une étude des *Tractatus in Iohannis evangelium* de saint Augustin, Paris 1974.

In laudem Iustini minoris
„Zum Lob des jüngeren Justin"

Flavius Cresconius Corippus, etwa 500–570 n. Chr.

Panegyrisches Epos (lat.) in vier B. auf den Kaiser Justinus II., der 565 den Thron in Konstantinopel bestieg.
Vermutlich 565 n. Chr. verfaßt.

I Ausführlich wird vom Tod Kaiser Justinians und der Thronbesteigung Justins erzählt. Die Tugenden des neuen Kaisers und seiner Gemahlin werden gepriesen. – Das Werk erscheint als eine devote Schmeichelei, mit der der Autor die Gunst des neuen Kaisers gewinnen wollte. Inhaltlich ist das Epos eine wichtige historische Quelle für die ersten Tage der Herrschaft Justins. Die Mitteilungen über die Bedeutung des Circus im Leben der Bevölkerung, die Beschreibung von Gewändern und Gebäuden in Konstantinopel enthalten wertvolle historische Informationen. – Literarisch ist der Autor den großen röm. Schriftstellern Lukrez (→*De rerum natura*), Catull (→*Carmina*), Horaz, Vergil (→*Aeneis*), Ovid, Lucan, Statius und Claudian verpflichtet.

A M. Petschenig, Berlin 1886.
L Schanz-Hosius 4, 2, 78–82. F. Skutsch, RE 4, 1, 1910, 1236–1246. A. R. Sodano: Uno storico-poeta del secolo di Giustiniano, Flavio Crescinio Corippo, in: Antiquitas 1, 1946, 3/4, 27–36. P. Speck: Marginalien zu dem Gedicht *In laudem Iustini Augusti Minoris*, in: Ph 134, 1990, 82–92; 111–138.

In Lucium Calpurnium Pisonem
„Gegen Lucius Calpurnius Piso"

Marcus Tullius Cicero aus Arpinum, 106–43 v. Chr.

Invektive gegen Calpurnius Piso (lat.), der als Konsul des Jahres 58 v. Chr. für Ciceros Verbannung mitverantwortlich war.

I Auf Ciceros Betreiben hatte Piso sein Amt als Statthalter der röm. Provinz Makedonien vorzeitig aufgeben müssen. Er attakiert Cicero im Senat. Da sich seine Beschuldigungen zum Teil nicht widerlegen lassen, greift Cicero zum Mittel der persönlichen Invektive. U. a. vergleicht er sich mit Piso. Er verzichtet auch nicht darauf, sich selbst ins beste Licht zu rücken. Seinem Gegner wirft er vor allem seine Anhängerschaft zur epikureischen Schule vor. In diesem Zusammenhang beschimpft er Piso erheblich; so bezeichnet er ihn u. a. als „Produkt des Schweinestalles, nicht der Schule" (37), um ihm sein Versagen als Statthalter der Provinz Makedonien vorzuwerfen. Er wünscht Piso die schlimmsten Strafen für seine Verfehlungen, die er gewiß nicht begangen hätte, wenn er auf seine griechischen Freunde, die Epikureer, die griechischen Diener der Lust (*voluptarii Graeci*, 42) gehört hätte. „Wenn du doch so auf sie hörtest, wie sie es verdienen! Niemals hättest du dich so vieler Schandtaten schuldig gemacht. Doch du hörst sie nur in den Bordellen, du hörst sie nur bei deinen Hurereien, du hörst sie nur beim Fressen und Saufen. Aber sie sagen doch selbst, sie, die das Üble mit dem Schmerz, das Gute mit der Lust gleichsetzen, daß der Weise, auch wenn man ihn in den Stier des Phalaris stecke und auf dem darunter brennenden Feuer röste, sagen werde, es gehe ihm trotzdem gut, und er lasse sich nicht im geringsten aus der Ruhe bringen. Sie meinten, die *Virtus* habe eine so große Kraft, daß ein guter Mensch auf keinen Fall nicht glücklich sei" (42). – Cicero bringt hier die „wahre" Lehre Epikurs mit ins Spiel, um Piso als Abweichler zu zeichnen. Das sollte auch schon die Anrede verdeutlichen: Piso kommt nicht aus der Schule Epikurs, sondern aus dem Schweinestall (37). Wäre er ein echter Epikureer, dann hätte er niemals diese Schande auf sich geladen, die eine wirkliche Strafe für eine verwerfliche Handlung sei (43). Also würde er, Cicero, auf Piso weder Krankheit noch Tod noch Folterqualen herabwünschen; die Schande als solche sei Strafe genug. – Später spielt Cicero erneut auf die epikureische Weltanschauung des Piso an (56). Er sei der einzige, der keinen Triumph aus Makedonien heimgebracht habe. An die Senatoren gewandt ruft Cicero aus: „Aber da habt ihr die Stimme des Philosophen gehört. Er bestritt, daß er jemals auf einen Triumph aus gewesen sei." Damit habe Piso eine wirklich epikureische Haltung bewiesen. Was den Triumph angehe, so könne Piso auch seinem Schwiegersohn Caesar gegenüber echt epikureisch argumentieren: Was soll das alles? „Glaube mir, es sind dies wertlose, fast kindische Vergnügungen, auf Beifall aus zu sein, durch die Stadt zu fahren, gesehen werden zu wollen. Unter diesen Dingen ist nichts, was man festhalten, nichts, was man auf die Lust des Körpers beziehen kann" (60). Dann fordert Cicero Piso auf, zu den Spielen anläßlich der Einweihung des Pompeius-Theaters zu kommen (65). „Zeige dich dem Volk, nimm an den Spielen teil. Das Zischen fürchtest du? Wo bleiben eure Lehren? Du fürchtest das Gejohle? Auch darum kümmert sich kein Philosoph. Oder daß dir Gewalt angetan wird? Nur der Schmerz ist doch ein Übel, wie du dargelegt hast. Schimpf und Schande, ein übler Ruf, Schlechtigkeit sind nur nichtiges Geschwätz." Was Cicero Piso vorhält, ist nicht so sehr seine epikureische Gesinnung wie seine (angebliche) Inkonsequenz bzw. die fehlende Übereinstimmung zwischen Leben und Lehre. Cicero verachtet nicht Epikur, sondern den Epikureer, der in Wirklichkeit gar keiner ist. Etwas später versucht Cicero zu erklären, warum Piso so wurde, wie er ist (68): Ein griechischer Epikureer – Philodemos aus Gadara – lebe bei ihm, ein *homo vere humanus*, der ihn mit der epikureischen Maxime vertraut gemacht habe, alles, was für den Menschen erstrebenswert sei, mit dem Maßstab der Lust zu messen. Dieser epikureische Grundsatz sei für einen jungen Mann

von mäßiger Intelligenz verführerisch und oft verhängnisvoll. Cicero stellt also fest, daß Piso den epikureischen Grundsatz von der Lust als dem Maß aller Dinge schlichtweg mißverstanden bzw. mißbraucht habe.

N Die in dieser Form wohl nicht gehaltene Rede hatte nicht die Wirkung, die Cicero sich versprochen hatte. Das Ansehen Pisos konnte sie nicht schmälern; er wurde sogar im Jahre 50 v. Chr. Censor.

A R. G. M. Nisbet, Oxford 1961 (mit Kommentar).
Ü M. Fuhrmann: Marcus Tullius Cicero. Sämtliche Reden. Bd. 6, Zürich/München 1960, 137–201.
L P. Boyancé: L' épicureisme dans la societé et la littérature romaines, in: BAGB Suppl. 19, 1960, 499–516. C. J. Castner: Prosopography of Roman Epicureans, Frankfurt 1988, 16–23. B. A. Marshall: The Date of Delivery of Cicero's *In Pisonem*, in: CQ 69, 1975, 88–93.

In Marcum Antonium orationum Philippicarum libri XIV →Orationes Philippicae (Cicero)

In Matthaeum
„Zu Matthäus"

Hilarius aus Pictavium (Poitiers), 4. Jh. n. Chr.

Kommentar zum Matthäus-Evangelium (lat.). Verfaßt im Jahre 340 n. Chr.

A J. Doignon, Paris 1978–1979 (lat.-frz.).
L M. v. Albrecht, RL, 1289–1293.

In Paulum commentarium
„Kommentar zu Paulus"

Heliodoros, 6. Jh. n. Chr.

Erläuterungsschrift (gr.) zur Einführung in die Astronomie des Paulos aus Alexandreia (→*Eisagogè eis tèn apotelesmatikén*).

A E. Boer / D. Pingree, Stuttgart/Leipzig 1962.

In Psalmos
„Zu den Psalmen"

Hilarius aus Pictavium (Poitiers), 4. Jh. n. Chr.

Kommentar zu den Psalmen des Alten Testaments (lat.).

I „Hilarius ist wie Origenes von der Notwendigkeit einer pneumatischen Auslegung des Alten Testaments überzeugt. Die Texte werden im Sinne eines *altius intellegere* auf Christus, die Kirche und den ‚geistlichen Menschen' bezogen. Der prophetische Sinn etwa der Psalmen erschöpft sich nicht im

Geschichtlichen. Vielmehr wird in ihnen die „zukünftige Welt" typologisch präfiguriert" (M. v. Albrecht, 1291 f.).

A A. Zingerle, CSEL 22, 1891.
L M. v. Albrecht, RL, 1289–1293. J. Doignon, HLL 5, 1989, § 582. E. Goffinet: L' utilisation d' Origène dans le *Commentaire des Psaumes* de saint Hilaire de Poitiers, Löwen 1965.

In Publium Vatinium
„Gegen Publius Vatinius"

Marcus Tullius Cicero aus Arpinum, 106–43 v. Chr.

Befragung des Zeugen Vatinius im Prozeß gegen Sestius (lat.).
Verfaßt in den Jahren 56–54 v. Chr.

I Die Zeugenbefragung gehört als Anhang zu Ciceros Rede →*Pro Publio Sestio*. Der Zeuge Vatinius hatte gegen Sestius ausgesagt. Cicero versucht als Verteidiger des Sestius, den Belastungszeugen mit allen Mitteln zu verunglimpfen und unglaubwürdig werden zu lassen.

A L. G. Pocock, London 1926 (mit Kommentar).
Ü M. Fuhrmann, Reden. Bd. 5, 379–408.
L U. Albini: L' orazione contro Vatinio, in: PP 14, 1959, 172–184.

In Quintum Caecilium oratio, quae divinatio dicitur
„Rede gegen Quintus Caecilius, die man als Bestimmung/Berufung des Anklägers bezeichnet"

Marcus Tullius Cicero aus Arpinum, 106–43 v. Chr.

Plädoyer Ciceros (lat.) gegen Caecilius, der sich wie dieser um das Amt des Anklägers gegen Verres beworben hatte (→*Actio prima in C. Verrem*, →*Actio secunda in C. Verrem*).
Das Plädoyer wurde Anfang 70 v. Chr. gehalten.

I Im Jahre 70 v. Chr. nahm der für das Repetundendelikt (Erpressung) zuständige Praetor M.' Acilius Glabrio zwei Gesuche entgegen: Cicero und Q. Caecilius Niger bewarben sich um die Anklagevertretung gegen C. Verres. Das Gericht hatte in diesem Fall die „Bestimmung" (*divinatio*) des Hauptanklägers vorzunehmen. – Cicero legt die Gründe für seine Anklage dar: Er ist gegenüber den Siziliern dazu verpflichtet. Es geht ihm um das Wohl des röm. Staates (1–9). Außerdem hält Cicero es für notwendig, daß derjenige als Ankläger fungiert, den sich die Geschädigten wünschen und den der Schädiger ablehnt (10). Darauf führt Cicero im einzelnen aus, daß sich die Sizilier Cicero als Ankläger wünschen (11–22) und Verres die Anklage durch Cicero verhindern will (23–51). Im übrigen sei der Konkurrent Q. Caecilius ungeeignet, weil er u. a. an den Verbrechen des Verres beteiligt war (bes. 27–

35), sich nicht auf Unrecht berufen könne, das Verres ihm zugefügt habe (52 bis 58), und als Quaestor dem Verres gedient habe (bes. 59–65). Zum Schluß (66–73) weist Cicero auf die Notwendigkeit tüchtiger und ernsthafter Ankläger hin, die dem Wohl des Staates dienen.

W Cicero legte besonderen Wert darauf, seine Rolle als Ankläger zu begründen, war er bisher doch stets als Verteidiger vor Gericht aufgetreten. Daher geht er am Anfang und am Ende der Rede ausführlich darauf ein. Er beruft sich auf prominente Vorbilder, die sich für ihre Schutzbefohlenen einsetzten, um sie vor Unrecht zu schützen. Außerdem stellt er sein Handeln in den Dienst des Staates. Er will die Gesetze verteidigen und sich dafür einsetzen, die Gerichtsbarkeit würdig zu handhaben.

A W. Peterson. Bd. 3, Oxford 1907.
Ü M. Fuhrmann, Reden. Bd. 3. M. Fuhrmann: Die Reden gegen Verres. Bd. 1, Zürich 1995 (lat.-dt.).
L →*Actio prima in C. Verrem*. W. Stroh: Taxis und Taktik – Ciceros Gerichtsreden, Stuttgart 1975, 174–187.

In Rufinum
„Gegen Rufinus"

Claudius Claudianus, um 400 n. Chr.

Poetische Invektive gegen Rufinus in zwei B. (lat.).
Verfaßt 397 n. Chr.

I Der aus Gallien stammende Flavius Rufinus war Minister und Ratgeber des oström. Kaisers Arcadius und ein entschiedener Gegner Stilichos, der ihn deshalb in Konstantinopel ermorden ließ (27. 11. 395). Als Verehrer Stilichos hatte Claudian Rufinus in seinem Werk heftig angegriffen. – B. 1: Zweifel Claudians an der Vorsehung sind durch den Tod des Rufinus widerlegt. Die historischen Vorgänge werden in einen mythologischen Rahmen eingebettet: „Empört über die Herrschaft der Gerechtigkeit (*Iustitia*) beruft Allecto ein höllisches Furienkonzil. Daraufhin schickt Megaera ihren besonderen Pflegesohn, das Scheusal Rufinus, nach Byzanz. Seiner Habsucht und Grausamkeit wird Stilicho als rettende Lichtgestalt gegenübergestellt. Von Megaera aufgefordert, die Erde wieder zu verlassen, prophezeit Iustitia den Tod Rufins und ein glückliches Zeitalter unter Honorius" (M. v. Albrecht, 1061). – B. 2: Rufinus, der Ratgeber des Kaisers Arcadius befiehlt Stilicho, die oström. Truppen nach Konstantinopel zurückzuschicken. In Konstantinopel angekommen töten die Soldaten Rufinus. Der Totenrichter wirft ihn in die tiefste Tiefe der Unterwelt.

A H. L. Levy, London 1971.
L M. v. Albrecht, RL, 1060- 1071. T. D. Barnes: The Victims of Rufinus, in: CQ NS 34,1984, 227–230. J.-L. Charlet: Die Poesie, in: NHbL. Spätantike, bes. 503 f. H.-G. Nesselrath: Menippeisches in der Spätantike: Von Lukian zu Julians *Caesares* und zu Claudians *In Rufinum*, in: MH 51, 1994, 30–44. E. Potz: Claudians *In Rufinum*. Invektive und Laudatio, in: Ph 134, 1989, 66–81.

Inschrift des Diogenes

Diogenes aus Oinoanda, 2. Jh. n. Chr.

Monumentalinschrift (gr.), die von ihrem Verfasser an den Wänden einer Säulenhalle in Form von steinernen Spruchbändern angebracht wurde und die epikureische Lehre verkündete.
Um 200 n. Chr. für die Bürger von Oinoanda verfaßt und im Jahre 1884 zum größten Teil wiedergefunden.

I Es handelt sich um eine knappe Darstellung der epikureischen Naturphilosophie und Ethik, um ausgewählte Lehrsätze und private Dokumente des Epikur. Der Verfasser wollte mit der Inschrift für den Epikureismus werben. U. a. enthält die Inschrift einen epikureischen Grundgedanken über die Lust: „Entscheidend für die Sicherung der Lust ist nicht die Anhäufung äußerer Güter, über die wir nie mit Gewißheit verfügen, sondern die richtige innere Einstellung zur Lust, die ganz von uns abhängt, weil sie auf der Einsicht unserer Vernunft in das wahre Wesen der Lust beruht. Insofern kann man sagen, daß Diogenes von Oenoanda die epikureische Grundregel der Lebensführung ausdrückt, wenn er schreibt: ‚Die Hauptsache der Glückseligkeit ist die innere Einstellung (*diáthesis*), über die wir selbst Herr sind. Ein Feldzug ist eine beschwerliche Angelegenheit und steht unter dem Befehl anderer; das Rednerdasein ist voller Herzklopfen und Unruhe, ob es wohl gelingt zu überzeugen. Warum also verfolgen wir eine solche Sache, über die andere die Macht ausüben?'" (Hossenfelder, 118).

A C. W. Chilton, Leipzig 1967. A. Grilli, Mailand/Varese 1960.
Ü C. W. Chilton, London/Oxford 1971 (engl.). A. Grilli, in: Studi di filosofia greca 1950, 345–435 (it.).
L M. Hossenfelder: Die Philosophie der Antike. 3. Stoa, Epikureismus und Skepsis, München 1985, 118. A. Lesky, GL, 769. W. Liebich: D. von Oinoanda, in: dtv-L 1. 2, 11. W. Schmid: Epikur, in: RAC 5, 1981, 708; 712f.; 770.

In Statii Thebaïda commenta
„Kommentar zur →*Thebaïs* des Statius"

Lactantius Placidus, 6. Jh. n. Chr.

Kommentar und →Scholia (lat.) zur *Thebaïs* des röm. Dichters.

A R. D. Sweeney. 2 Bde., Stuttgart/Leipzig 1997–1998.
L Schanz-Hosius 2, 537f.

Instituta coenobiorum →De institutis monachorum et de octo principalium vitiorum remediis (Cassianus)

Institutio arithmetica
„Zahlenlehre"

Anicius Manlius Severinus Boethius aus Rom, um 480–534 n. Chr.

Abhandlung in zwei B. (lat.) aus einer auch die anderen *Artes* umfassenden Darstellung des *Quadrivium*: Arithmetik, Musik (→*De musica*), Geometrie, Astronomie.

I Die Schrift stützt sich auf die →*Arithmetikè eisagogé*, die „Einführung in die Zahlenlehre", des Nikomachos aus Gerasa (2. Jh. n. Chr.). Was dieser über die Zahlen allzu weitschweifig sage, habe er, Boethius, gekürzt und gestrafft. Doch was Nikomachos schwer verständlich erscheine, habe er gründlicher erläutert (1,1). Boethius nahm sich also die Freiheit der kritischen Bearbeitung des Vorgängers. – In Anlehnung an Nikomachos stellt Boethius fest, daß alles, was von der Natur der Dinge erbaut worden ist, nach den Maßen der Zahl gebildet ist. Sie war das Urbild im Geist des Welterbauers.

W Hinter dem *Quadrivium* als Ganzem „steht wohl der Gedanke, verschiedene Formen geistigen Bemühens in einer sinnvollen Folge nachzuvollziehen und aus jedem Fachgebiet Fähigkeiten zu entwickeln, die darüber hinausführen. So wird er (Boethius) zum philosophischen Vollender der enzyklopädischen Linie der römischen Literatur zu einem großen Lehrmeister Europas; neu und zukunftsweisend ist dabei, daß er die Bildung konsequent auf die solide Grundlage der Logik und Mathematik stellt" (M. v. Albrecht, 1365). – Das Interesse am Zusammenhang der einzelnen Disziplinen (Arithmetik, Musik usw.) war für Boethius ein wichtiges Motiv für die Abfassung der Schriften zum *Quadrivium*. Ein wesentlicher Zusammenhang besteht für ihn darin, daß alles Wissen die Seele zur Einsicht in die Weltharmonie führt (vgl. Chadwick, 101).

A G. Friedlein, Leipzig 1867 (Nachdr.1966).
L M. v. Albrecht, RL, 1353–1377. H. v. Campenhausen, LKV, 223–251. H. Chadwick: Boethius, Oxford 1981. G. Maurach: Boethiusinterpretationen (1968), in: G.M. (Hg.): Römische Philosophie, Darmstadt 1976, 385–410. F. Di Mieri: Il *De institutione arithmetica* di Severino Boezio, in: Sapienza 37, 1984, 179–202. L. Obertello: Boezio, le scienze del quadrivio e la cultura medioevale, in: Atti dell' Accademia Ligure di Scienze e Lettere 289, 1971, 152–170.

Institutio de arte grammatica
„Unterweisung in der Grammatik"

Priscianus, um 500 n. Chr.

Lehrbuch der Grammatik (lat.) und umfassende Darstellung der lat. Sprache in 18 B..

I B. 1–2: Elemente der Sprache (Buchstaben, Silben, Nomina u. a.). B. 3–7: Formenlehre des Nomens. B. 8–10: Verb. B. 11: Partizip. B. 12–13: Pro-

nomen. B. 14–16: Präposition, Adverb, Konjunktion. B. 17–18: Satzlehre.

Q Grundlage der Darstellung bilden die grammatischen Schriften des Herodian (2. Jh. n. Chr.),
→*Perì monérus léxeos*, →*Katholikè prosodía*, und
des Apollonios Dyskolos, →*Perì syntáxeos*. Ihnen
verdankt Priscian zahlreiche Beispiele aus der gr. Literatur. Benutzt hat er wahrscheinlich auch die einschlägigen Arbeiten von Aristarch aus Samothrake
und Dionysios Thrax (→*Téchne grammatiké*). Außerdem hatte er selbstverständlich röm. Vorgänger:
Varro (→*De lingua Latina*), Flavius Caper (→*De
Latinitate*, →*De dubiis generibus*), Nonius Marcellus (→*De compendiosa doctrina*), Charisius (→*Ars
grammatica*), Donat (→*Ars maior*, →*Ars minor*),
Servius (→„Vergilkommentar") u. a.

W Priscian wollte „nicht nur einen Abriß über
die Elementarregeln der lateinischen Sprache geben,
sondern zugleich – in einer Zeit des Verfalls – nochmals eine große Synthese der vielfältigen griechischen und römischen Forschungen in dieser Disziplin versuchen" (Schmalzriedt, 654).

N Schon zu Lebzeiten hatte Priscian eine große
Resonanz. Im Mittelalter galt er als unbestrittene
Autorität in grammatischen Fragen.

A M. Hertz: Institutionum grammaticarum libri
XVIII, in: H. Keil: Grammatici Latini. Bd. 2–3, Leipzig
1855–1859, Nachdr. Hildesheim 1961.
L R. Helm, RE 22, 2, 1954, 2330–2338. Schanz-Hosius
4, 2, 221–231. E. Schmalzriedt, KNLL 13, 654 f.

Institutiones →Corpus iuris civilis (Justinian)

Institutiones
„Unterweisungen"

Gaius, 2. Jh. n. Chr.

Einführung in das röm. Recht (lat.).
Vermutlich um 161 n. Chr. entstanden.

I Nach einem Proömium zum bürgerlichen
Recht im allgemeinen legt Gaius die Gliederung sei-
nes Werkes dar (1,8): In B. 1 befaßt er sich mit dem
Recht, das sich auf „Personen" (*personae*) bezieht
(Personen- und Familienrecht); in den B. 2–3 geht
es um das Recht, das sich auf „Sachen" (*res*) bezieht
(Sachen-, Erb- und Schuldrecht); in B. 4 behandelt
Gaius das Recht, das sich auf „Prozesse" bezieht
(Prozeßrecht).
W Das Werk ist als allgemeine Einführung in
System und Gedankenwelt des röm. Rechts gedacht
und für angehende Juristen bestimmt.
N Auf den *Institutiones* des Gaius bauen alle
späteren „Einführungen in die Rechtswissenschaft"
bis hin zu den *Institutiones* des →*Corpus iuris civilis*
auf. – Die Gliederung des Werkes wirkt noch in
modernen Gesetzbüchern nach.

A M. David, Leiden [2]1964. P. Krüger / W. Stude-
mund, Berlin [7]1923. J. Reinach, Paris 1950 (lat.-frz.). E.
Seckel / B. Kübler, Leipzig [7]1935.
Ü J. Lammeyer, Paderborn 1929. U. Manthe, Darm-
stadt 2004 (lat.-dt. mit Kommentar).
L RL, 1292 f. G. Diósdi: Gaius, der Rechtsgelehrte, in:
ANRW 2, 15, 1976, 605–631. M. Fuhrmann, Lehrbuch. A.
M. Honoré: Gaius. A Biography, Oxford 1962. KNLL 6,
26 f. W. Kunkel: Herkunft und Stellung der römischen Ju-
risten, Weimar 1952, 186–213. W. v. Kotz-Dobrz: Institu-
tiones, in: RE 9, 2, 1916, 1566–1587. D. Liebs: Gaius, in:
HLL 4, 1997, 426. F. Schulz: Geschichte der römischen
Rechtswissenschaft, Weimar 1961, 191–201. L. Wenger:
Die Quellen des römischen Rechts, Wien 1953.

Institutiones
„Unterweisungen"

Domitius Ulpianus aus Tyros, um 200 n. Chr.

Einführung in das röm. Recht (lat.) in zwei B.

I Die Einführungsschrift enthält berühmte und
umstrittene Aussagen über *ius*, bes. *ius naturale*,
und *iustitia*: Das Recht habe seinen Namen von der
Gerechtigkeit, d. h. das Recht sei durch die Gerechtigkeit determiniert (vgl. Dig. 1,1,1 pro.). Das Konzept eines juristischen Positivismus blieb Ulpian
fremd.

A O. Lenel: Palingenesia iuris civilis. Bd. 2, Leipzig
1889, 379–1200. E. Seckel / B. Kübler: Iurisprudentia an-
teiustiniana. Bd. 1, Leipzig 1908, 436–503.
L M. v. Albrecht, RL, 1195. G. Crifò: Ulpiano. Esperienze e responsabilità, in: ANRW 2, 15, 1976, 707–789. D.
Liebs: Ulpian, in: HLL 4, München 1997, § 424. Th. Mayer-Maly, RE 9 A 1, 1961, 567–568.

Institutiones divinarum et humanarum litterarum
„Unterweisungen in göttlichen und menschlichen Wissenschaften"

Flavius Magnus Aurelius Cassiodorus, Senator aus
Bruttium, etwa 490–583 n. Chr.

Grundriß christlicher Bildung in zwei B. (lat.).

I Das 1. B. befaßt sich mit den *divinae litterae*,
d. h. mit der Bibelwissenschaft. Es bietet einen
Überblick über die christliche Literatur und verbindet bibliographische Angaben mit einer literarhistorischen Skizze. Berücksichtigt werden nur lat. Autoren und Übersetzungen aus dem Griechischen, da
die Adressaten des Werkes Italiker sind. – Das 2. B.
hat die *saeculares litterae*, d. h. die weltlichen Wissenschaften zum Thema. Es enthält eine Darstellung der *Artes liberales* (Grammatik, Rhetorik, Dialektik und Arithmetik, Geometrie, Astronomie,
Musiktheorie).
W Das Werk sollte den Mönchen, die in dem
von Cassiodor in Süditalien gegründeten Kloster

Vivarium lebten, als eine Art Studienführer dienen und einen Grundriß christlicher Bildung bieten.

N Die Schrift hat das Klosterwesen des Westens stark geprägt und „avancierte zu einem der wichtigsten Bildungsbücher des Mittelalters, das in ihm ein Leitbild für die unermüdliche Hingabe an die Heilige Schrift sowie für das Studium der Väterliteratur und der als Hilfswissenschaften fungierenden *artes liberales* gefunden hat. Die *Institutiones* bedachten die folgenden Jahrhunderte mit einer Konzeption von Gelehrsamkeit, die auf der Koexistenz von heidnischer und christlicher Wissenschaft beruhte, indem sie die *Artes* als Propädeutikum der theologischen Hermeneutik auswies" (Fuhrmann, 97 f.).

A R. A. B. Mynors, Oxford (2)1961.
L M. v. Albrecht; RL, 1186–1190. M. Fuhrmann, Spätantike, 97 f. G. Ludwig: Cassiodor. Über den Ursprung der abendländischen Schule, Frankfurt 1967. J. J. O' Donnell: Cassiodorus, Berkeley, 1979.

Institutiones grammaticae →Institutio de arte grammatica (Priscianus)

Institutio oratoria
„Einführung in die Rhetorik"

Marcus Fabius Quintilianus aus Calagurris, etwa 35 – um 100 n. Chr.

Lehrbuch der Rhetorik (lat.) in zwölf B..
Vermutlich 95 n. Chr. veröffentlicht.

I Das Werk bietet eine Darstellung der Ausbildung des Redners von frühester Jugend bis zur Vollendung. B. 1 befaßt sich mit dem Elementarunterricht. Die rhetorischen Anfangsgründe werden in B. 2 behandelt. In den B. 3–11 geht es um die eigentliche Rhetorik. Quintilian behandelt nacheinander die *officia oratoris* (die Arbeitsschritte des Redners): *inventio* (Auffindung der Hauptgesichtspunkte), *dispositio* (Gliederung des Stoffes), *elocutio* (Formulierung, Ausdruck, Stilisierung), *memoria* (Memorieren) und *pronuntiatio* (Vortrag). In B. 12 wird das Bild des vollendeten Redners beschrieben. Das 10. B. enthält einen Abriß der gr. und röm. Literaturgeschichte mit einer Würdigung der einzelnen Autoren.

Q Wenn Quintilian die Identität des *orator perfectus*, des vollkommenen Redners, und des *vir bonus*, des sittlichen Menschen, zur Grundlage seiner Erziehung erhebt, dann nimmt er Ciceros Idee der Einheit von Philosophie und Rhetorik (→*De oratore*) wieder auf. Wie bereits Cicero versucht also auch Quintilian, auf diese Weise den alten Gegensatz zwischen platonischem und isokrateischem Bildungsideal aufzuheben.

W Quintilian bietet nicht nur einen Lehrgang der Rhetorik, sondern ein umfassendes Bildungsprogramm des ganzen Menschen. Sein Ideal ist die Einheit von Mensch und Redner. Stilistisch-rhetorische Vollendung ist mit sittlicher Vollkommenheit

unlösbar verknüpft. Rhetorisches Können steht auf der Grundlage einer allgemeinen Menschenbildung. Der vollkommene Redner ist der *vir bonus*, der allseitig gebildete und ethisch unanfechtbare Mensch.

N Bis in das 18. Jh. dient das Werk als Grundlage des Rhetorikunterrichts. Im Bildungswesen des Mittelalters und im Humanismus der Renaissance wird Quintilian als unumstrittene Autorität anerkannt.

A R. G. Austin, Oxford 1948 (mit Kommentar). J. Cousin. 7 Bde., Paris 1975–1980. H. E. Butler. 4 Bde., London/Cambridge (Mass.) 1920–1922 (lat.-engl.). L. Radermacher / V. Buchheit. 2 Bde., Leipzig (4–6)1971. W. Peterson, Oxford 1891 (B. 10).
Ü H. Rahn. 2 Bde., Darmstadt (2)1988 (lat.-dt.).
L J. Adamietz: Quintilians *Institutio oratoria*, in: ANRW 2, 32, 4, 1986, 2226–2271. G. Kennedy: Quintilian, New York 1969. P. Lehmann: Die *Institutio oratoria* im Mittelalter, in: Ph 89, 1934, 349–383. Ch. E. Little: Quintilian the Schoolmaster, Nashville (Tennee) 1951. A. Messer: Quintilian als Didaktiker und sein Einfluß auf die didaktisch-pädagogische Theorie des Humanismus, in: NJbb 156, 1897, 161–204; 273–292; 321–336; 361–387; 408–423; 457–473. R. Nickel: Bildung und Sprache. Quintilian und die Erziehungswissenschaft, Würzburg 1976. Schwindt, J. P.: Prolegomena zu einer "Phänomenologie" der römischen Literaturgeschichtsschreibung. Von den Anfängen bis Quintilian, Göttingen 2000. O. Seel: Quintilian oder die Kunst des Redens und Schweigens, Stuttgart 1977. M. Winterbottom: Quintilian and the *Vir bonus*, in: JRS 54, 1964, 90–97.

Institutio theologica →Stoicheíosis theologiké (Proklos)

Instructiones
„Anweisungen"

Commodianus, 4. oder 5. Jh. n. Chr.

Sammlung von 80 Epigrammen (lat.) in zwei Büchern.

I Es handelt sich um eine Verteidigung des christlichen Glaubens gegen Juden und Heiden mit Anweisungen für die verschiedenen Stände der christlichen Gesellschaft. Im 1. Buch spottet der Autor über heidnische Götter (z. B. Jupiter und Baccus). Im 2. Buch werden vom Christentum Abgefallene aufgefordert, zum rechten Glauben zurückzukehren.

A B. Dombart, CSEL 15, 1887. J. Martin, CCL 128,1960.
L ACL 136 f. J. Martin, in: Traditio 13, 1957, 1–71.

In theologiam Platonis →Eis tèn Plátonos theologían (Proklos)

Introductio ad categoricos syllogismos →De categoricis syllogismis (Boethius)

Invectiva in M. Tullium Ciceronem
„Schmähschrift gegen M. Tullius Cicero"

Ps.-Sallustius

Sammlung übler Vorwürfe gegen Cicero als Menschen und Politiker (lat.).
Wahrscheinlich erst in augusteischer Zeit verfaßt. Allerdings gibt es auch gute Gründe für eine Datierung in das Jahr 54 v. Chr.: Sallust soll die Invektive in einer Senatssitzung des Jahres 54 v. Chr. vorgetragen haben.

I Die Schrift bezieht sich inhaltlich auf Vorgänge, die bis zum Herbst des Jahres 54 v. Chr. geschehen sind, wie z. B. auf den Angriff Ciceros auf den Zeugen Vatinius (→*In Publium Vatinium*) während des Prozesses gegen Sestius. – „Die Invektive, ein höchst aufschlußreiches Dokument für die politischen Kampfmethoden der Zeit, vernichtet in zweimaligem Ansturm gegen das unverdiente Konsulat die ganze Existenz Ciceros, indem sie Bildung, Familie, Besitz, Verdienste um den Staat auf unverantwortliche Weise verdächtigt und angreift. Cicero dürfte sich ebensowenig um sie gekümmert haben, wie um die des Piso" (Büchner 1957, 254).

A A. Kurfess. Bd. 2, Leipzig [(4)]1962. K. Vretzka, Heidelberg 1961 (mit Kommentar).
Ü W. Eisenhut / J. Lindauer, München/Zürich [(2)]1994 (lat.-dt.).
L M. v. Albrecht, RL, 368. K. Büchner, RLG, 253 f. K. Büchner: Sallust, Heidelberg 1960. G. Jachmann: Die Invektive gegen Cicero, in: Miscellanea Berolinensia 2, 1, 1950, 235–275. R. G. M. Nisbet: The *Invectiva in Ciceronem* and *Epistula secunda* of Pseudo-Sallust, in: JRS 58, 1958, 30–32. U. Schindel: Die Invektive gegen Cicero. Nachr. Akad. d. Wiss. Götingen 5, 1980. R. Syme: Sallust, Berkeley 1964, 314–318.

In Verrem →Actio prima in C. Verrem und →Actio secunda in C. Verrem (Cicero)

Ioannis oder De bellis Libycis
„Die Geschichte von Johannes oder Über die Kriege in Libyen"

Flavius Cresconius Corippus, etwa 500–570 n. Chr.

Lat. Epos in acht B. und rund 5000 Hexametern über den Maurenfeldzug und den Sieg des Oströmers Ioannes im Jahre 548 n. Chr.
Etwa 549 n. Chr. verfaßt.

I In dem Epos wird der Feldherr Patricius Ioannes gepriesen, der den Maurusieraufstand der Jahre 546–548 n. Chr. in der röm. Provinz niedergeschlagen hatte. – Das Werk beginnt mit der Entsendung des Johannes durch Justinian und schließt mit der Entscheidungsschlacht auf den *Campi Catonis*. Die Vorgeschichte des Maurusierkrieges wird in B. 3 und der 1. Hälfte von B. 4 geschildert. So erzählt der röm. Tribun Liberatus über die Jugend des Maurusierscheichs Antalas, seine Kämpfe mit den Vandalen, deren Niederlage durch die Byzantiner (533/534) und den zehn Jahre später ausbrechenden Aufstand der Maurusier gegen die röm. Herrschaft. Der Autor preist die Fähigkeiten und Leistungen des Ioannes, beschreibt die afrikanische Landschaft und die wilden maurischen Grenzvölker.

Q In der sprachlichen Darstellung orientiert sich Corippus an Vergil (→*Aeneis*). Gattungsgeschichtlich steht er in der Tradition des röm. historischen Epos (Lucan, →*Bellum civile*; Claudian, →*De consulatu Stilichonis*).

A M. Petschenig, Berlin 1886.
Ü O. Veh: Prokop. Vandalenkriege, München 1971, 431–559 (lat.-dt.).
L E. Burck: Die *Johannis* des Corippus, in: E. Burck (Hg.): Das römische Epos, Darmstadt 1979, 379–399. A. Dihle, GLL, 607 f. KNLL 4, 184 f. P. Langlois, RAC Suppl. 1, 1985, 225–228. D. Schaller: Frühkarolingische Corippus-Rezeption, in: WS 105, 1992, 173–187. F. Skutsch, RE 4, 1, 1910, 1236–1246.

Ion
(Gestalt des gr. Mythos)

Euripides etwa 480–406 v. Chr.

Tragödie (gr.).
Vermutlich zwischen 419 und 412 v. Chr. verfaßt: Im Jahre 419 wollte Alkibiades in Rhion (V. 1592 erwähnt) eine Befestigungsanlage bauen lassen. Im Jahre 412 fielen die ionischen Bundesgenossen im Peloponnesischen Krieg von Athen ab, so daß die positive Sicht Ioniens in dem Stück nach diesem Ereignis nicht vorstellbar ist.

I Der Stoff der Tragödie ist dem Mythos entnommen. Der Bühnenhandlung war die Verführung Kreusas, der Tochter des Erechtheus, in Athen durch den Gott Apollon vorausgegangen. Der aus dieser Verbindung hervorgegangene Sohn war von Kreusa gleich nach seiner Geburt ausgesetzt worden. Hermes fand den Säugling und brachte ihn nach Delphi. Dort wurde er von der Oberpriesterin aufgezogen. Er erhielt später das Amt des Tempelwächters und diente hiermit, ohne es zu wissen, seinem Vater Apollon. Kreusa wurde die Frau des Xuthos, der sich um Athen verdient gemacht hatte und zum König über die Stadt ernannt wurde. – Schauplatz der Handlung ist der Raum vor der Ostseite des Apollontempels in Delphi. – Hermes führt die Zuschauer in die Handlung ein und schafft die notwendigen Voraussetzungen für ihr Verständnis (1–81). Hermes deutet bereits an, daß Kreusa und Xuthos nach Delphi kommen werden, um den Gott zu bitten, ihren Wunsch nach einem gemeinsamen Kind zu erfüllen. Apollon hat die Absicht, Xuthos einen Sohn in Gestalt des Ion zu schenken. – Nach dem Einzugslied des Chores, der von Dienerinnen der Kreusa gebildet wird, trifft Ion mit Kreusa zusammen. Es kommt zu einem ausführlichen Gespräch, in dem sich beide gegenseitig so gründlich vorstellen, daß es fast zu einer Wiedererkennung zwischen Mutter und Sohn gekommen wäre (237–400). Da tritt Xuthos auf, um seiner Frau zu erklären, daß beide nicht kinderlos die Orakelstätte verlassen würden (407–409). – Nach dem ersten Stasimon, in dem der Chor von Kreusas Schicksal erzählt (452–509), kommt Xuthos mit Apollons Spruch aus dem Tempel, um Ion als seinen Sohn zu begrüßen. Der Dialog zwischen Xuthos und Ion führt dazu, daß sich beide – fälschlich – als Vater und Sohn erkennen (517 bis 565). Im zweiten Stasimon beklagt der Chor (676 bis 724) die schlimmen Folgen, die sich aus dem (scheinbaren) Wiederfinden eines Sohnes des Xuthos für Kreusa ergeben könnten. Diese faßt folgerichtig den Plan, Ion zu beseitigen, um ihre Stellung am Königshof nicht zu verlieren und um Rache zu nehmen für den vermeintlichen Verrat des Xuthos an seiner Gattin (725–1047). Nach dem dritten Stasimon, in dem der Chor Kreusas Mordplan reflektiert und rechtfertigt (1048–1105), berichtet ein Bote, daß das Vorhaben gescheitert ist und aufgedeckt wurde und Kreusa zum Tode verurteilt worden ist (1122–1228). Durch das Eingreifen der Priesterin Pythia wird Kreusas Hinrichtung durch den eigenen Sohn verhindert (1320–1394). Es kommt zur Wiedererkennung von Mutter und Sohn (1395–1467). Kreusa offenbart Ion seine wahre Herkunft (1468–1552). Am Schluß erscheint die Göttin Athene (1553), die den Zuhörern die glanzvolle Zukunft Athens verkündet: So werden die Athener u. a. beiderseits des Meeres, in zwei Erdteilen, Asien und Europa, siedeln. Nach ihrem Stammvater Ion werden sich die Siedler an der Küste Asiens „Ionier" nennen (1585–1588). Athene fordert aber auch Kreusa auf, ihrem Gatten Xuthos Ions wahre Herkunft zu verschweigen, „damit der schöne Schein dem Xuthos bleibt" (1602) und dieser sich für Ions Vater hält.

W Euripides nutzte den entlegenen Stoff des Mythos, um eine spannungsreiche Handlung mit Intrige und Gegenintrige zu konstruieren. Der *Íon* gehört also einerseits in die Reihe der Intrigenstücke des Autors (wie die →*Heléne* und die →*Iphigéneia en Taúrois*), die das Wechselspiel der Tyche demonstrieren und untragisch ausgehen; andererseits ist der *Íon* ein „patriotisches" Stück, das die Größe Athens vor Augen führt und den Stolz seiner Bürger (im Krieg) stärken soll. Daher kommt es Euripides auch darauf an zu betonen, daß Ion, der Stammvater der Ionier, Sohn des Gottes Apollon ist. Durch die Verheißung Athenes wird zudem der Herrschaftsanspruch Athens mythisch begründet. Allerdings bleibt die Vergewaltigungstat des delphischen Gottes ein Skandal, der auch durch das gute Ende nicht aus der Welt zu schaffen ist. Vor diesem Hintergrund wird die Fragwürdigkeit göttlichen Handelns herausgestellt, dem die Menschen ohnmächtig ausgesetzt sind. Das glückliche Ende – das

könnte die Botschaft des Dichters sein – sollte nicht in Vergessenheit geraten lassen, wieviel Leid ihm, bedingt durch die Willkür göttlichen Eingreifens, vorausging.

N Der *Íon* wurde von seiner dramaturgischen Gestalt her vielfach als Tragikomödie gesehen. Er galt als ein Ausgangspunkt der Linie „Euripides – Menander – Plautus/Terenz – Comedia dell' arte – moderne Gesellschaftskomödie" (Seidensticker 1982). Im *Íon* treten zum ersten Mal im antiken Drama für die Komödie typische Motive auf, die für das europäische Lustspiel seit Menander charakteristisch sind: Das unehelich geborene und ausgesetzte Kind, das später anhand der Beigaben im Körbchen wiedererkannt wird; die große Bedeutung des Zufalls (*Tyche*); die Mythosferne und die Fiktivität der Handlung. Das „Komische" besteht im *Íon* auch darin, daß die handelnden Personen in bester Absicht den Plan des Gottes permanent durchkreuzen. Dennoch ist der *Íon* aufgrund seiner Handlungsvoraussetzungen (der schändlichen Tat des Gottes, Kreusas und Xuthos' Kinderlosigkeit, Ions Elternlosigkeit) keine Komödie.

A W. Biehl, Leipzig 1979. G. Murray. Bd. 2, Oxford [3]1913. A. S. Owen, Oxford 1939, Nachdr. 1971 (mit Kommentar).
Ü E. Buschor / G. A. Seeck. Bd. 4, München 1976 (gr.-dt.). J. J. C. Donner / R. Kannicht. Bd. 2, Stuttgart [2]1967. D. Ebener, Berlin [2]1977 (gr.-dt.). U. Graw / Ch. Klock / D. Müller / G. Tiecke, Stuttgart 1982 (gr.-dt.). E. Staiger, Bern 1947.
L D. J. Conacher: The Paradox of Euripides' Ion, in: TAPhA 90, 1959, 20–39. H. Erbse: Der Gott von Delphi im Ion des Euripides, in: FS H. Rüdiger, Berlin 1975, 40–54. M. Imhof: Euripides' Ion. Eine literarische Studie, Bern/München 1966. J. Latacz, GT, 353–359. R. Leimbach: Euripides' Ion. Eine Interpretation, Diss. Frankfurt 1971. B. Seidensticker: Palintonos harmonia. Studien zu komischen Elementen in der griechischen Tragödie, Göttingen 1982. F. Solmsen: Zur Gestaltung des Intriguenmotivs in den Tragödien des Sophokles und Euripides (1932), in: E. R. Schwinge (Hg.): Euripides, Darmstadt 1968, 326–344. F. Solmsen: Euripides' Ion im Vergleich mit anderen Tragödien (1934), in: E. R. Schwinge (Hg.): Euripides, Darmstadt 1968, 428–468. M. Wassermann: Divine Violance and Providence in Euripides' Ion, in: TAPhA 71, 1940, 587–604.

Íon

(Gesprächspartner des Sokrates)

Platon aus Athen, 427–347 v. Chr.

Dialog (gr.) über das Wesen der Dichtkunst in Abgrenzung gegenüber der Wissenschaft.
Der *Íon* gehört zu den frühen Platon-Dialogen.

I Sokrates trifft mit Ion zusammen, der als Rhapsode, d. h. als Vortragender epischer Gedichte, in einem Rhapsodenwettbewerb gerade einen Sieg errungen hatte. Ion stellt sich als Homerexperte vor (→*Iliás*, →*Odýsseia*); auf Sokrates' Frage erklärt er, er sei allerdings kein Spezialist für Hesiod

(→*Theogonía*, →*Érga kaí hemérai*) und Archilochos (→*Élegoi*, →*Íamboi*). Ion behauptet, er rede am besten unter allen Menschen „über Homer", und bisher habe noch nie jemand so viele schöne Gedanken „über Homer" geäußert wie er (530d). Auf diese Weise wird deutlich, daß Ion Homers Gedanken weniger wichtig sind als seine eigenen Gedanken über den Dichter. – Sokrates weist Ion nach, daß seine Tätigkeit mit einer Kunst oder Wissenschaft gar nichts zu tun habe, da doch jedes Wissen auf ein Ganzes gerichtet sei, das im Falle des Ion die ganze Dichtung sein müßte (532 c). – Da die Fähigkeit, über Homer schön zu reden, nun einmal keine „Kunst" (*téchne*) ist, erscheint sie als eine „göttliche Kraft", die den Rhapsoden bewegt (533d). Er handelt aus göttlicher Eingebung. Die Funktion des Rhapsoden veranschaulicht Sokrates mit dem Gleichnis vom Magneten, der seine Kraft an eine Kette eiserner Ringe weitergibt: Die Muse gibt ihre Kraft an den Dichter, dieser gibt sie an den Rhapsoden und der Rhapsode an den Zuhörer weiter. In diesem Zusammenhang geht Sokrates besonders ausführlich auf die göttliche Begeisterung ein, von der die Dichter erfüllt seien (533e ff.). So wird deutlich, daß die Dichter ebenso wie die Orakelsänger die Medien sind, durch die der Gott selbst zu den Menschen spricht (534c-d). Der Dichter ist ein Dolmetscher (534e-535a) des Göttlichen. Ion wird schließlich vor die Wahl gestellt, ob er ein „sachkundiger" oder ein „göttlicher" Mann genannt werden wolle, nachdem er hatte einräumen müssen, daß er in keiner Sache, von der der Dichter Homer spricht, kompetent ist. Die Rhapsodenkunst beruht eher auf Inspiration als auf Wissen.

W Platon polemisiert im *Íon* gegen das unbegründete Selbstbewußtsein des Dichterinterpreten, so wie er in der →*Apología Sokrátus* gegen den übermäßigen Anspruch des Dichters polemisiert hatte. Der Interpret wird als „Dolmetscher eines Dolmetschers" (535a) charakterisiert und vernichtet; er ist das karikierte Abbild des wirklich von Gott Besessenen. Im *Íon* wird zum ersten Mal die Existenzform des erkennenden Menschen, des Philosophen, gegen die des Dichters (und seines Interpreten) abgegrenzt. Dadurch wird zugleich die große Autorität, die dem Dichter als Erzieher und Weltdeuter eingeräumt wurde, zugunsten des Philosophen in Frage gestellt. „Was konnte denn Platon nötigen, so früh sich über dies Problem auszusprechen und es über den →*Ménon* bis in den →*Phaîdros*, ja bis in die →*Nómoi* (4,719 b ff.) im Blick zu behalten? Offenbar dies: in ihm selbst waren sowohl Sokrates wie ‚Homer und Hesiod und Archilochos'; der ‚alte Zwist zwischen Philosophie und Dichtung', von dem er in der →*Politeía* (10,607 b) spricht, griff durch seine eigene Existenz mitten hindurch, und er mußte Ordnung stiften zwischen ... Erkenntnis und Enthusiasmus. So ist seine Hauptabsicht nicht, den Zusammenstoß des Sokrates mit einem eitlen Künstler satirisch zu zeigen, vielmehr hat er hier die heraklitische Spannung seiner eigenen Natur als Denker erfaßt und als Dichter gestaltet" (Friedländer, 124).

A U. Albini, Florenz 1954 (mit Kommentar). L. Méridier, Paris (3)1956. W. Verdenius, Zwolle 1953.
Ü R. Rufener, München/Zürich 1960. F. Schleiermacher, Berlin (2)1826 (bearbeitet von H. Hofmann, Darmstadt 1977, gr.-dt.).
L W. Bröcker: Platos Gespräche, Frankfurt 1964, 52. M. Delcourt: Socrate, *Ion* et la Poésie. La structure dialectique de l' *Ion* de Platon, in: BAGB 55, 1937, 4–14. H. Diller: Probleme des platonischen *Ion*, in: Hermes 83, 1955, 171–187. H. Eisenberger: Sokrates' Absichten im *Ion*, in: FS W. Heilmann, Frankfurt 1993, 71–98. H. Flashar: Der Dialog *Ion* als Zeugnis platonischer Philosophie, Berlin 1958. P. Friedländer: Platon. Bd. 2, Berlin (3)1964, 117–124. E. Heitsch: Wege zu Platon. Beiträge zum Verständnis seines Argumentierens, Göttingen 1992. E. A. Wyller: Platons *Ion*. Versuch einer Interpretation, in: SO 34, 1958, 19–38.

Ioniká

„Ionische Geschichten"

Panyassis aus Halikarnassos, 5. Jh. v. Chr.

Fast vollständig verlorene epische Erzählung (gr.) in ursprünglich 3000 Distichen.

I Das Werk, das als das früheste geschichtliche Epos der Griechen anzusehen ist, handelt über die Gründungen der ionischen Kolonien seit Kodros, dem König von Athen, mit dessen Hilfe die sogenannten „Kodriden", die Herrscher über die ionischen Städte in Kleinasien, mit Athen verknüpft wurden, und Neleus, dem Sohn des Kodros, der von Athen aus die ionischen Städte besiedelt haben soll.
N Wie stark Panyassis seinen Neffen Herodot (→*Historíes apódexis*) beeinflußt hat, ist nicht mehr nachweisbar.

A G. Kinkel, EGF, 248 und 253–265.
L O. Lendle, Einführung, 36f. A. Lesky, GL, 131. W. McLeod: Studies on Panyassis – an heroic poet of the fifth century, in: Phoenix 20, 1966, 95ff. F. Stoeßl, RE 18, 3, 1949, 871–922.

Ioséphu bíos →Vita des Iosephus

Iphigéneia he en Aulídi
„Iphigenie in Aulis"

Euripides, etwa 480 – 406 v. Chr.

Tragödie (gr.).
Vielleicht erst nach dem Tod des Dichters 405
v. Chr. uraufgeführt.

I Auf seinem Zug nach Troja wird das gr. Heer
in der Hafenstadt Aulis (Böotien) durch eine Windstille festgehalten, die die Göttin Artemis verhängt
hatte. Diese sei nur durch die Opferung Iphigenies,
wie der Seher Kalchas erklärt, dazu zu veranlassen,
die Windstille aufzuheben. Die beteiligten Personen
stehen also vor einer furchtbaren Entscheidung:
Agamemnon, Iphigenies Vater und zugleich Feldherr der Griechen, Menelaos als Gatte der Helena,
Klytaimnestra, Iphigenies Mutter, Achilleus, der
angebliche Bräutigam, und Iphigenie selbst. – Agamemnon hat schon vor Beginn des Dramas einen
Boten nach Argos geschickt, um Iphigenie unter
dem Vorwand nach Aulis holen zu lassen, daß sie
dort ihre Verlobung mit Achilleus feiern solle. Jetzt
aber möchte er diese Weisung wieder rückgängig
machen und schickt eine Brief nach Argos. Aber
der Brief wird von Menelaos abgefangen, und es
kommt zu einem Streit zwischen Menelaos und
Agamemnon im ersten Epeisodion (305–542). Menelaos will schon klein beigeben, da wird gemeldet,
Iphigenie treffe mit ihrer Mutter Klytaimnestra und
ihrem Bruder Orest gleich ein. Da wird Menalaos
von Mitleid gepackt und will die Opferung des
Mädchens verhindern. Agamemnon jedoch hält
nunmehr an seiner ursprünglichen Absicht fest,
weil er meint, daß es von Schicksal so vorbestimmt
sei. Die Opferung soll aber zunächst vor Klytaimnestra geheimgehalten werden. – Im zweiten Epeisodion (590–750) kommt Agamemnon mit Klytaimnestra und den Kindern zusammen. Iphigenie
freut sich ganz besonders über das Wiedersehen
mit dem Vater. – Im dritten Epeisodion (801–1035)
erfährt Achilleus von Klytaimnestra, daß er eine Figur im Intrigenspiel des Agamemnon ist; erst jetzt
erfährt er von seiner angeblichen Verlobung mit
Iphigenie. Klytaimnestra wird von ihrem alten Diener in den wirklichen Plan der Heerführer eingeweiht. Nicht nur Klytaimnestra ist zutiefst erschüttert; auch Achilleus ist schwer gekränkt; er verspricht Klytaimnestra, Iphigenie zu retten. – In der
Exodos (1098–1629) erfährt der Zuschauer, daß
Agamemnon seine Tochter für Hellas opfern will.
Achilleus will dies mit allen Mitteln verhindern.
Iphigenie ist jedoch bereit, für Hellas zu sterben.
Es kommt zu einer Abschiedsszene. Iphigenie wird
als Opfer geschmückt und geweiht. – Der überlieferte Schluß (1532–1629) mit dem Botenbericht
über Iphigenies Rettung durch Artemis, die als
Deus ex machina anstelle des Mädchens eine
Hirschkuh schlachten ließ und Iphigenie zu den
Göttern entrückte, ist sicherlich nicht von Euripides
selbst verfaßt, sondern später hinzugefügt.

W „Der Stoff der *Iphigenie in Aulis* besteht in
einem der schneidensten Konflikte, die der griechische Mythos je erfunden hat: Der Oberkom-
mandierende des größten nationalen Unternehmens
seit Menschengedenken wird vor die Alternative
gestellt, das Unternehmen entweder scheitern zu
lassen oder den Göttern seine eigene Tochter als
Menschenopfer darzubringen ... Agamemnon ...
hat seinen Weg zu finden zwischen öffentlichem
Amt und personaler Selbstbewahrung. Der Konflikt ... hat eine Schlüsselfunktion in allen erhaltenen dramatischen Bearbeitungen des Atriden-
Mythos" (Latacz, 365). – Euripides wollte seinem
Publikum vor allem die Entscheidungssituation in
ihrer Unentrinnbarkeit und Grausamkeit bewußt
machen. Aus diesem Grunde wird auch Agamemnon als mehrfach Schwankender charakterisiert.
„In der *Iphigenie in Aulis* bewirkt die Forderung
der Göttin Artemis nach Opferung der Iphigenie
das unter Qualen und Gewissensbissen inszenierte
Intrigenspiel des Vaters, die jungfräuliche Hoch-
zeitserwartung seiner Tochter als Mittel ihrer Tötung einzusetzen ... Die Windungen und Wendungen derer, die in der *Iphigenie in Aulis* akut betroffen sind, ihre Demontage des jeweils anderen, aber
auch die Selbstentblößung, in die sie sich hineinge-
trieben sehen, sind ... extreme Konsequenzen der
extremen Forderung, die über allen steht. Euripides
versucht zu zeigen, wie outriert menschliches Handeln werden muß, das unter solchen Treibjagdkon-
ditionen zustande kommt: Agamemnon kann sich
nur noch in die nationale Legitimation flüchten,
um die Tat vor sich verteidigen zu können, und
Iphigenie ... greift, was der geliebte Vater ihr angeboten hat, in vermeintlich hochsinniger Willfährig-
keit kindlich liebend auf und wandelt es in nationa-
les Pathos um. Euripides führt vor, was aus Menschen wird, die in die äußerste Enge getrieben und
mit dem Rücken zur Wand zu stehen gezwungen
werden" (Latacz, 371 f.).
N Die *Iphigenie* hat spätere Dichtergeneratio-
nen immer wieder zu eigener Gestaltung herausgefordert. Die röm. Dichter Naevius und Ennius griffen den Stoff auf, und seit der Renaissance sind zahlreiche dramatische Bearbeitungen entstanden: z. B.
Racine (1674), Schiller (1790), Gerhart Hauptmann
(1943). Auch die Maler haben das Thema „Opferung der Iphigenie" aufgegriffen.

A E. B. England, London 1891, Nachdr. 1979. H. C.
Günther, Leipzig 1988. G. Murray. Bd. 3, Oxford [2]1913.
A. Willem, Lüttich 1952 (mit Kommentar).
Ü E. Buschor / G. A. Seeck. Bd. 5, München 1977 (gr.-
dt.). J. J. C. Donner / R. Kannicht / B. Hagen. Bd. 2, Stutt-
gart [2]1984. D. Ebener, Berlin [2]1980 (gr.-dt.).
L A. Bonnard: *Iphigénie à Aulis*, in: MH 2, 1945, 87–
107. W. H. Friedrich: Zur *Aulischen Iphigenie*, in: Hermes
70, 1935, 73–100. KNLL 5, 319–321. J. Latacz, GT, 365–
372. A. Lesky, Tragische Dichtung, 473–484. Schmid-
Stählin 1, 3, 631–656. H. Neitzel: Iphigeniens Opfertod.
Betrachtungen zur *Iphigenie in Aulis* von Euripides, in:
WJA N.F. 6a, 1980, 61–70. H. Vretzka: Agamemnon in Euripides' *Iphigenie in Aulis*, in: WS 74, 1961, 18–39.

Iphigéneia he en Taúrois
„Iphigenie bei den Taurern"

Euripides, etwa 480–406 v. Chr.

Tragödie (gr.).
Vermutlich um 412 v. Chr. uraufgeführt.

I Die Opferung der Iphigenie, wie sie in der
→*Iphigéneia he en Aulídi* thematisiert wird, hatte
Artemis gar nicht gefordert. Das war ein Mißver-
ständnis des Sehers Kalchas. Das Mädchen wurde
also gar nicht in Aulis als Menschenopfer für die
Weiterfahrt des Heeres dargebracht, sondern von
der Göttin zu den Taurern entrückt. An ihrer Stelle
wurde im letzten Moment eine Hirschkuh geopfert.
Im Land der Taurer ist Iphigenie Priesterin eines
Artemiskultes, der verlangt, daß alle Fremden, die
das Land betreten, der Göttin zu opfern seien. Der
von seinem Muttermord noch nicht entsühnte
Orest, der Bruder der Iphigenie, ist auf Geheiß des
Apollon zu den Taurern gelangt, um von dort eine
Statue der Artemis nach Attika zu bringen und auf
diese Weise wieder gesund zu werden. Nach dem
Prolog der Iphigenie (1–66) treten Orest und Pylades auf; sie warten auf die Nacht, um das Götterbild
zu rauben. – Im ersten Epeisodion (236–391) berichtet ein Hirte über zwei am Strand ergriffene
Fremde, die nun der Artemis geopfert werden müssen. Im zweiten Epeisodion (456–1088) kommt es
zur Wiedererkennung: Orest und Pylades werden
gefesselt zum Tempel der Artemis geschafft. Iphigenie empfindet Mitleid und fragt die Fremden nach
ihrer Heimat, nach den Helden des trojanischen
Krieges und deren Schicksalen. Sie will Orest, der
seinen Namen nicht genannt hatte, mit einem Brief
nach Argos senden. Orest lehnt dies zugunsten seines Freundes Pylades ab. Um seinen Auftrag auch
bei Verlust des Briefes ausführen zu können, läßt
Pylades sich die Adresse und den Inhalt des Briefes
vorlesen, der als Lebenszeichen an den Bruder
Orest gedacht ist. So kommt es zur gegenseitigen
Wiedererkennung zwischen den Geschwistern. Pylades drängt, die Flucht zu planen. Man will dies mit
Hilfe einer List erreichen: Orest müsse als Muttermörder zusammen mit dem Götterbild auf hoher
See entsühnt werden, ehe er Artemis geopfert werden könne. Im dritten Epeisodion (1153–1233) läßt
sich Thoas, der König der Taurer, durch diese List
täuschen und erlaubt die Durchführung des Planes.
In der Exodos (1284 bis 1496) erfährt der König,
daß die Griechen vergeblich zu fliehen versuchten.
Das Schiff wird an den Strand zurückgetrieben. Er
befiehlt, das Schiff aufzuhalten. Da erscheint
Athene als *Dea ex machina* und löst den Konflikt:
Poseidon soll die Geschwister mit Pylades heim-
geleiten. Orest soll vom Wahnsinn befreit der Artemis
Tauropolos einen Tempel bauen und Iphigenie als
Priesterin der Artemis in Brauron wirken.
N Das Stück hatte wahrscheinlich aufgrund sei-
nes glücklichen Endes eine große Wirkung auf die
Nachwelt. In der Neuzeit (1779) bilden Goethes

Iphigenie auf Tauris und Glucks *Iphigénie en Tau-
ride* einen Höhepunkt in der Rezeptionsgeschichte
des Werkes.

A J. Diggle. Bd. 2, Oxford 1981. G. Murray. Bd. 2,
Oxford [(3)]1913. J. D. Meerwaldt. 2 Bde., Leiden 1940 (mit
Kommentar). M. Platnauer, Oxford 1938 (mit Kommen-
tar). H. Strohm, München 1949 (mit Kommentar).
Ü E. Buschor / G. A. Seeck. Bd. 4, München 1972. E.
Buschor / B. Zimmermann. Bd. 2, Zürich/Düsseldorf
1996. J. J. C. Donner / R. Kannicht / B. Hagen. Bd. 2,
Stuttgart [(2)]1984. D. Ebener, Berlin [(2)]1977 (gr.-dt.).
L A. Baschmakoff: Origine tauridienne du mythe d'
Iphigénie, in: BAGB 64, 1939, 3–21. O. J. Brendel: *Iphige-
nie auf Tauris. Euripides und Goethe*, in: A & A 27, 1981. J.
Latacz, GT, 345–353. KNLL 5, 321 f. A. Lesky, Tragische
Dichtung, 405–413. K. Matthiessen: *Elektra, Taurische
Iphigenie* und *Helena*, Göttingen 1964. Schmid-Stählin 1,
3, 519–533. G. Zuntz: Die *Taurische Iphigenie* des Euripi-
des, in: Die Antike 9, 1933, 245–254.

Iphigenia
„Iphigenie"

Quintus Ennius aus Rudiae, 239–169 v. Chr.

Nur In Frg. erhaltene Tragödie (lat.), nach dem Vorbild des Euripides gestaltet (→*Iphigéneia he en Aulídi*), aber von röm. Wertvorstellungen geprägt.

A H. D. Jocelyn, Cambridge 1967.
L K. Büchner: Der Soldatenchor in Ennius' *Iphigenie*,
in: GB 1, 1973, 51–67. O. Skutsch: Studia Enniana, London
1968, 181–190.

Isagoge in Arati Phaenomena →Eisagogé
(Geminos)

Isis-Aretalogien

An.

Preislieder auf die ägyptische Göttin Isis (gr.), die
stärker als andere fremde Gottheiten auf die Griechen gewirkt hat.
Isis-Aretalogien gab es vom 3. Jh. v. Chr. bis in das 2.
Jh. n. Chr.

I Auf Inschriften und in einigen literarischen
Zeugnissen (z. B. Apuleius, →*Metamorphoses*
11,2.5. 25) sind Texte von Hymnen auf Isis überliefert, die die Wundertaten der Göttin aufzählen: Sie
brachte den Menschen die Kultur, den Ackerbau,
die Schiffahrt, die Ehe, das Recht, die Sprache und
die Schrift. Sie ordnete den Kosmos. Sie herrscht
über das Wetter und über das Schicksal. – Vielleicht
sind die Preislieder liturgische Texte, die im Isiskult
eine Rolle spielten.

L O. Gigon: Isisaretalogien, in: dtv-L 1. 2, 293. A. Lesky, GL, 853. M. P. Nilsson: Geschichte der griechischen

Religion. Bd. 2, München [2]1961, 600–603. W. Peek: Der Isishymnos von Andros und verwandte Texte, Berlin 1930.

Isthmiastaí
„Isthmosfahrer"

Auch zitiert als *Theoroì è Isthmiastaí* („Festbesucher oder Isthmosfahrer").

Aischylos aus Eleusis, 525/524 – 456 v. Chr.

Satyrspiel (gr.), nur in Frg. erhalten.

I Die Satyrn haben die Spiele zu Ehren des Dionysos verlassen, um an den Isthmischen Spielen in Korinth zu Ehren des Poseidon teilzunehmen. Sie wollen ihre Masken als Weihgeschenke an die Wand des Poseidontempels heften, nachdem sie von Sisyphos, dem König von Korinth und Schirmherrn der Spiele, zu den Wettkämpfen zugelassen worden sind. Später bringt ihnen Sisyphos Sportgeräte zum Trainieren. – Die Auseinandersetzung zwischen Dionysos und den entlaufenen Satyrn, die sich vor den Drohungen ihres Herrn in Poseidons Schutz retten, ist ebenfalls noch faßbar. Vermutlich kam es am Schluß zur Versöhnung der beiden Götter Poseidon und Dionysos, nachdem die Entlaufenen zu ihrem Herrn zurückgekehrt sind. – Hinter diesem Spiel steht „der Gegensatz zwischen Athen und Korinth, zwischen musischer Kunst und sportlichem Wettkampf, zwischen Dionysos und Poseidon" (Werner, 68 f.).

A V. Steffen: Satyrographorum Graecorum Fragmenta, Posen [2]1952. O. Werner, München/Zürich [4]1988, 648–657 (gr.-dt.).
Ü O. Werner, Stuttgart 1970.
L P. Guggisberg: Das Satyrspiel, Zürich 1947. A. Lesky, GL, 306. M. J. Lossau: Aischylos, Hildesheim 1998. K. Reinhardt, in: Hermes 85, 1957, 1 ff. B. Snell; Aischylos' *Isthmiastai*, in: Hermes 84, 1956, 1 ff. R. Stark: Zu den *Diktyulkoi* und *Isthmiastai*, in: RhM 102, 1952.

Isthmische Oden →Chorlyrik (Pindaros)

Itala →Vulgata

Iter
„Reise"

Gaius Iulius Caesar, 100–44 v. Chr.

Ein von Sueton (*Iulius* 56,5) bezeugtes, aber verlorenes Gedicht, das Caesar im Jahre 46 v. Chr. auf einer vierundzwanzigtägigen Reise von Rom nach Spanien verfaßte.

Iter Gallicum →De reditu suo (Rutilius Namatianus)

Itinerarium →Peregrinatio Egeriae oder Aetheriae (Egeria)

Itinerarium Alexandri Magni
„Reisebeschreibung Alexanders d. Gr."

An.

Geschichte Alexanders d. Gr. unter besonderer Berücksichtigung seines Feldzuges gegen die Perser (lat.).
Um 340 n. Chr. entstanden.

I Es handelt sich weniger um eine Reisebeschreibung mit geographischen Angaben als um einen Bericht über den Perserfeldzug. Die Schrift ist für Constantius II. verfaßt, der um 340 n. Chr. einen Krieg gegen die Parther vorbereitete. – Zu der Schrift gehörte ein (verlorener) Bericht über die Kriegsoperationen Trajans im Osten.
Q Der Autor stützt sich vor allem auch Arrian und Ps.-Kallisthenes.

A D. Volkmann, 1871.
L W. Kubitschek, RE 9, 1916, 2363 bis 2366. Schanz-Hosius 4, 1, 112–115.

Itinerarium Egeriae →Peregrinatio Egeriae oder Aetheriae (Egeria)

Itinerarium sive de reditu →De reditu suo (Rutilius Claudius Namatianus)

Iudaikè archaiología
„Jüdische Altertumskunde"

Auch zitiert als *Antiquitates* („Altertümer").

Flavius Iosephus (Iosephos), 37 – um 95 n. Chr.

Geschichte des jüdischen Volkes in 20 B. (gr.), ethnographische Monographie.
Zwischen 80 und 94 n. Chr. entstanden.

I Die Darstellung reicht von der Weltschöpfung bis zum Tod des röm. Kaisers Nero (68 n. Chr.), d. h. bis zum Beginn des jüdischen Aufstandes gegen Rom, den der Autor in seiner →*Historía Iudaikû polému pròs Rhomaíus* dargestellt hatte. – Die B. 1–6 erzählen von der Weltschöpfung bis zu Abraham und Isaak (1), von Jacob und seinen Söhnen bis zur Siedlung in Ägypten (2), vom Auszug aus Ägypten und der Gesetzgebung des Moses (3), vom Zug durch die Wüste bis zum Tod des Moses (4), von der Unterwerfung Kanaans bis zu den Philisterkämpfen (5) und vom Philisterkrieg bis zum Königtum Sauls (6). B. 7 ist der Geschichte Davids gewidmet. Die B. 8–11 schildern die weitere Geschichte Israels bis zum Tode Alexanders d. Gr.

(323 v. Chr.). In B. 12 geht es um die Seleukidenherrschaft und den Aufstand der Makkabäer (167 v. Chr.). Die Geschichte des jüdischen Königtums der Hasmonäer (bis 37 v. Chr.) ist Thema der B. 13 und 14. Die Regierung des Herodes und seines Sohnes Archelaos (bis 6 n. Chr.) wird in den B. 15–17 beschrieben. Die letzten drei B. (18 bis 20) behandeln die Zeitgeschichte des Autors.

Q Die *Iudaikè archaiología* war wahrscheinlich als Gegenstück zu der etwa 100 Jahre früher verfaßten und ebenfalls aus 20 B. bestehenden →*Rhomaikè achaiologiá* des Dionysios aus Haikarnassos gedacht. – Für den ersten Teil des Werkes (1–11) konnte sich Iosephos auf die biblischen B. stützen (vgl. auch →*Contra Apionem* 1,10). Für B. 12 über die Seleukidenherrschaft und den Makkabäeraufstand konnte der Autor auf das 1. Makkabäerbuch (→*Deuterokanonische Bücher*) zurückgreifen. – Die Geschichte der Hasmonäer und des Herodes (B. 13–17) geht auf die →*Historíai* des Nikolaos aus Damaskos zurück. – Für die Darstellung der Zeitgeschichte benutzt Iosephos schriftliche Urkunden und mündliche Berichte. – Im übrigen nennt Iosephos zahlreiche jüdische und 34 gr. Autoren, denen er sich – wahrscheinlich über Zwischenquellen – verpflichtet weiß.

W Im Proömium erklärt Iosephos, sein Werk solle die Griechen über die Geschichte seines Volkes informieren und die Einsicht vermitteln, daß nur derjenige, der Gottes Willen folge, zur Glückseligkeit gelange.

A S. A. Naber. 6 Bde., Leipzig 1888–1896. B. Niese. 7 Bde., Berlin 1885–1895. H. St. J. Thackeray / R. Marcus / A. Wikgren / L. H. Feldman. 9 Bde., London/Cambridge (Mass.) 1926–1965 (gr.-engl.).
Ü H. Clementz. 2 Bde., Köln 1959.
L J. F. Foakes-Jackson: Josephus and the Jews, New York 1930. G. Hölscher, RE 9, 2, 1916, 1934–2000. R. Laqueur: Der jüdische Historiker Flavius Josephus, Gießen 1920. O. Lendle, Einführung, 247–249. A. Lesky, GL, 900 f. W. C. van Vanic: Flavius Josephus als historischer Schriftsteller, Heidelberg 1978.

Iudicium coci et pistoris
„Streit zwischen Koch und Bäcker"

Vespa, 3. Jh. n. Chr.

Gedicht in 99 Hexametern (lat.).

I In dem Gedicht geht es um einen Wettstreit zwischen Koch und Bäcker. Am Ende erkennt Vulcanus durch einen Schiedsspruch beide als gleichberechtigt an.

Q Der Wettstreit verschiedener Berufe steht in der Tradition volkstümlicher Streitgedichte, sowie der in der Rhetorenschule gepflegten Synkrisis (vgl. M. v. Albrecht, RL, 1041).

A A. Riese: Anthologia Latina 1. 1, Leipzig 1894, 166–170.

L M. Schuster: Vespa, in: RE 8 A 2, 1958, 1705–1710. K. Smolak, in: HLL 5, 1989, 235–256.

Ius Aelianum
„Aelianisches Recht"

Sextus Aelius Paetus Catus, Consul des Jahres 198 v. Chr.

Nur in Frg. erhaltenes frühes juristisches Standardwerk (lat.).
Um 200 v. Chr. entstanden.

I Es handelt sich um ein dreiteiliges juristisches Werk (*Tripertita*), das man als „Wiege des Rechts" (*cunabula iuris*) bezeichnet hat (vgl. Cicero, →*De legibus* 2,52). Es enthielt (1) den Text des Zwölftafelgesetzes (→*Leges XII Tabularum*), (2) eine Rechtsauslegung (*interpretatio*) bzw. einen Kommentar zum Zwölftafelgesetz und (3) die (Spruchformeln zur Prozeßeinleitung (*legis actiones*).

A A. Ph. E. Huschke / E. Seckel / B. Kübler: Iurisprudentiae anteiustinianae reliquiae. 1, Leipzig 1908.
L M. v. Albrecht, RL, 504.

Ius civile
„Zivilrecht"

Quintus Mucius Scaevola, Consul 95 v. Chr.

Systematische Gesamtdarstellung des röm. Privatrechts in 18 B. (lat.), nur in Auszügen erhalten.

A O. Lenel: Palingenesia iuris civilis. Bd. 1, Leipzig 1889, 757 bis 764. H. Hübner: Mucius (Nr. 3), in: dtv-L 1. 3, 195 f.

Jüdische Altertumskunde →Iudaikè archaiología (Iosephus)

Jüdischer Krieg →Historía Iudaikû polému pròs Rhomaíus (Iosephus)

Ixeutiká
„Abhandlung über Vogelfang"

Dionysios, 2. Jh. n. Chr. (?)

Prosaparaphrase (gr.) eines Lehrgedichtes über Vögel und Vogelfang in drei B., das in einigen Handschriften Oppian zugeschrieben wird.

A A. Garzya, Stuttgart/Leipzig 1963.
L R. Keydell: Dionysios (Nr. 14), in: DKP 2, 68 f.

K

Kainè historía
„Neue Geschichte"

Auch zitiert als *Parádoxos historía* („Geschichte der Widersinnigkeiten").

Ptolemaios Chemnos aus Alexandreia, 1./2. Jh. n. Chr.

Sammlung (gr.) von „neuartigen" Sagenversionen, Ursprungssagen (*Aítia*), historischen Paradoxa usw. in sechs B., nur in Frg. erhalten. Es handelte sich wohl um ein Werk der „Buntschriftstellerei", das um 100 n. Chr. verfaßt wurde.

  A   A. Chatzis, 1914.
  L   A. Dihle, RE 23, 2, 1959, 1862. F. Jacoby: Die Überlieferung v. Ps. Plutarchs Par. min. und die Schwindelautoren, in: Mnemosyne 3, 8, 1940, 73–144. K.-H. Thomberg: Die *Kaine Historia* des Ptolemaios Chemnos. Eine literarhistorische und quellenkritische Untersuchung, Diss. Bonn 1967.

Kaiserbiographien →De vita XII Caesarum libri VIII (Suetonius)

Kampflieder →Carmina (Alkaios)

Kanón
„Richtschnur, Vorschrift"

Epikuros aus Samos, 341–270 v. Chr.

Philosophische Schrift (gr.), nicht erhalten, aber von Diogenes Laertius, →*Philosóphon bíon kaì dogmáton synagogé* 10,29–34, bezeugt.

  I   Der *Kanón* enthielt die sogenannte „Kanonik", einen der drei Teile der Philosophie (außer der Physik und der Ethik): Die Kanonik beschreibt die Mittel und Wege zur wissenschaftlichen Behandlung der Gegenstände. Im *Kanón* stellte Epikur fest, Kriterien der Wahrheit seien die Wahrnehmungen, Begriffe und Affekte (*aisthéseis, prolépseis, páthe*, Diogenes Laertius 10,31). – Der *Kanón* enthielt das erkenntnistheoretische Inventar der epikureischen Philosophie.

Kanòn basileiôn
„Verzeichnis der Königreiche"

Klaudios Ptolemaios, 2. Jh. n. Chr.

  I   Es handelt sich um ein mit astronomischen Berechnungen zusammenhängendes Verzeichnis (gr.) der Könige oder Königreiche von Nabonassar bis Antoninus Pius (reg. 138–161 n. Chr.) mit Angabe ihrer Regierungsjahre. Das Werk ist eine wichtige Hilfe für die Zeitrechnung. – Seine Erhaltung verdankt der Text seiner Aufnahme in die Chronographie des Georgios Synkellos (gest. nach 810).

  A   G. Dindorf, Corpus Scriptorum Historiae Byzantinae, Bonn 1828 (Georgios Synkellos).
  L   A. Lesky, GL, 994. B. L. van der Waerden / E. Boer / F. Lammert, RE 23, 2, 1959, 1788 bis 1859.

Kanónes
„Richtlinien"

Dionysius Exiguus, 1. Hälfte des 6. Jh.s n. Chr.

Sammlung und Zusammenstellung von Kirchenrechtsquellen und Konzilsakten (lat.), die Dionysius zum größten Teil aus dem Griechischen übersetzte. Entstanden in den Jahren 498–501 n. Chr.

  A   PL 67.
  L   J. Lenzenweger, LThK 3, 406.

Kanónes
„Richtlinien"

Demokritos aus Abdera, 470/460–380/370 v. Chr.

Logische Schrift über „Denkregeln" (gr.), nur in Frg. erhalten.

  I   In dieser Schrift unterschied Demokrit u. a. die dunkle Erkenntnis durch die Sinne (*skotíe*) von der echten (*gnesíe*) durch den Verstand. Diese setzt dort ein, wo jene versagt.

  A   VS 68 B 11.
  L   A. Lesky, GL, 381–387.

Kanónes katholikoì perì syntáxeos
„Allgemeinverbindliche Regeln über die Verbindung (der Laute)"

Timotheos aus Gaza, 1. Hälfte des 6. Jh.s n. Chr.

Traktat aus einem Lehrbuch der Orthographie (gr.).

  A   A. Cramer: Anecdota Parisiensia 4, 1841, Nachdr. 1967, 239–244.
  L   A. Steier, RE 6 A 2, 1937, 1339–1341.

Karpós
„Frucht"

Klaudios Ptolemaios, etwa 100 – 170 n. Chr.

Auszug (gr.) aus der →*Tetrábiblos*, der auch als *Centiloquium*, d. h. „B. der 100 Sätze astrologischer Weisheit", bezeichnet wird und vielleicht nicht von Ptolemaios selbst stammt.

A E. Boer, Stuttgart/Leipzig [2]1961.

Kassandreís
„Geschichten aus Kassandreia"

Lykophron aus Chalkis, 3. Jh. v. Chr.

Tragödie (gr.), aus der nur wenige Frg. erhalten sind.

I Es handelte sich anscheinend um ein Stück, das mit der jüngsten Geschichte von Kassandreia zu tun hatte. Denn die Stadt war von Kassander (etwa 355–297 v. Chr.) gegründet worden, der nach Alexanders Tod in Makedonien die Macht an sich gerissen hatte.

A A. Schramm: Tragicorum Graecorum hellenisticae quae dicitur aetatis Frg., Diss. Münster 1931.
L HD, 280–286. U. v. Wilamowitz-Moellendorff: Hellenistische Dichtung. Bd. 2, Berlin 1924, 143–164.

Katà Apíonos →Contra Apionem (Iosephus)

Katà Christianôn
„Gegen die Christen"

Auch zitiert als *Katà Galilaíon* („Gegen die Galiläer").

Flavius Claudius Iulianus, 331–363 n. Chr, röm. Kaiser seit 361.

Polemische Schrift (gr.) gegen das Christentum in drei B., von denen das erste aus den erhaltenen zehn B. des Kyrillos, „Gegen den gottlosen Julian", rekonstruiert werden konnte.
Der Autor verfaßte das Werk während seines Aufenthalts in Antiochia im Jahre 362/363 n. Chr.

I Der Hauptteil des ersten B. besteht aus einer Kritik des Alten Testaments mit gelegentlichen Ausblicken auf das →*Novum Testamentum*. U. a. stellt der Autor einen Vergleich an zwischen der Schöpfungsgeschichte des Pentateuchs und der Physik des platonischen →*Tímaios*. – Iulianus weist u. a. auf den „Mangel an Einheitlichkeit in der Schöpfungsgeschichte hin: das eine ‚wird' auf den Befehl Gottes (wie Licht und Feste); das andere ‚schafft' er (wie Himmel und Erde, Sonne und Mond); wieder anderes ‚ist', aber noch im Verborge-

nen, bis es ‚sich scheidet' (wie das Wasser und das Trockene) ... Die Geschichte vom Paradies und Sündenfall erscheinen Julian als gotteslästerliche Fabeln, weil sie Gott der Unwissenheit und des Neides zeihen, aus dem allein das unverantwortliche Verbot der Erkenntnis des Guten und Bösen entsprungen sein kann. Im Vergleich damit erscheint die Schlange noch als Wohltäterin der Menschen. Die Geschichte vom Babylonischen Turm und der Sprachverwirrung steht auf derselben Stufe wie der griechische Mythus von den den Olymp bestürmenden Aloaden. Und der vielgerühmte Dekalog der Juden enthält außer dem Sabbatgebot und dem Verbot, andere Götter als Jahveh zu verehren, nur selbstverständliche Forderungen, die sich in jeder Gesetzgebung finden; ja, die Gesetze anderer Völker zeigen sogar mehr Menschenfreundlichkeit (*philanthropía*)" (Nestle, 608). – Julian weist den Anspruch der Juden, das „auserwählte Volk" zu sein, zurück. Die Auffassung, Gott habe die ganze Weltgeschichte ausschließlich zugunsten der Juden gestaltet, sei nicht akzeptabel. Scharfe Kritik übt Julian u. a. auch an den Evangelien, in denen er Widersprüchliches herausarbeitet (z. B. im Zusammenhang mit der Auferstehungsgeschichte).

A C. J. Neumann, in: Scriptorum Graecorum, qui Christianam impugnaverunt religionem, quae supersunt. 3, 1880.
L Borries, RE 10, 1918, 63–91. K. Bringmann: Kaiser Julian, Darmstadt 2004. O. Gigon: Die antike Kultur und das Christentum, Gütersloh 1966, 122–126. C. Hehle: Die Auseinandersetzung des Christentums mit den heidnischen Kulten, in: Anregung 42, 1996, 91–109. A. Lesky, GL, 974 f. W. Nestle: Die Haupteinwände des antiken Denkens gegen das Christentum, in: Griechische Studien, Stuttgart 1948, 597–660. A. Pincherle, in: Enciclopedia Italiana 19, 1933, 318–322.

Katà Christianôn
„Gegen die Christen"

Porphyrios aus Tyros, etwa 234–300 n. Chr.

Frg. einer ursprünglich 15 B. umfassenden Auseinandersetzung mit dem Christentum (gr.). Wahrscheinlich steht nur für ein Drittel der 97 Frg. (Harnack) die Echtheit außer Zweifel (Barnes; Benoit). Um 270 n. Chr. in Sizilien entstanden.

I Kaiser Constantin hatte vor 325 n. Chr. die Vernichtung der Streitschrift angeordnet. Dasselbe wurde nochmals 448 von Kaiser Theodosios II. und Valentinian III. verfügt. Der Erlaß des Jahres 448 ist im *Codex Iustinianus* (1,1,3) des →*Corpus iuris civilis* erhalten. Daher stammen die Frg. aus den Werken anderer Autoren, denen das Werk selbst nicht mehr vorgelegen hatte. Das Material wurde von Harnack (s. u.) nach fünf Sachgebieten geordnet: 1. Kritik der Glaubwürdigkeit der Evangelisten und Apostel. 2. Kritik des Alten Testaments und hier vor allem des Buches Daniel: Die Prophezeiungen in diesem B. seien in Wirklichkeit historische Tatsachen aus der Zeit des Antiochos Epiphanes, der 189–175 v. Chr. in Rom als Geisel lebte. 3. Kritik der Taten und Worte Jesu. 4. Dogmatisches. 5. Kirchliche Gegenwart.

W Porphyrios erweist sich mit diesem gelehrten Werk als ein Vorläufer der rationalistischen Bibelkritik (vgl. F. Ricken).

N Obwohl Porphyrios aufgrund dieses Werkes als einer der Erzfeinde des Christentums galt, wurde er für die christlichen Theologen des 4. und 5. Jh. n. Chr. zum Vermittler der Begriffe und Methoden neuplatonischer Ontologie, so daß vor allem in christlichen Texten umfangreiche Gedankengänge der prophyrianischen Philosophie wiedergefunden werden konnten.

A A. v. Harnack, Berlin 1916. A. Smith, Stuttgart/ Leipzig 1993.
Ü A. v. Harnack: Kritik des neuen Testaments von einem griechischen Philosophen des 3. Jahrhunderts, in: TU 37, 4, 1911.
L F. Altheim / R. Stiehl: Neue Bruchstücke aus Porphyrios' *Kata Christianon*, in: Gedenkschrift für G. Rohde, Tübingen 1961, 23–28. T. D. Barnes: Porphyry against the Christians. Date and Attribution of the Frgagments, in: JThSt N. S. 24, 1973, 424–442. P. Benoit: Un Adversaire du christianisme au 3. siècle. Porphyre, in: RBi 54, 1947, 543–572. P. Benoit: Le *Contra Christianos* de Porphyre, in: Paganisme, Judaisme, Christianisme. Mélanges M. Simon, Paris 1978, 261–275. R. Beutler: Porphyrios, in: RE 22, 1, 1953, 275–313. J. Bidez: Vie de Porphyre, Gent 1913. J. de Boeft, in: NHbL. Spätantike, 235–263. O. Gigon: Die antike Kultur und das Christentum, Gütersloh 1966, 118–122. A. B. Hulen: Porphyrius' Work against the Christians: An interpretation, in: Yale Studies in Religion 1, 1933. P. de Labriolle: Porphyre et le Christianisme, in: Revue d' histoire de la philosophie 3, 1929, 385–440. F. Ricken: *Kata Christianon*, in: LphW.

Katà Demosthénus
„Gegen Demosthenes"

Deinarchos aus Korinth, etwa 360–290 v. Chr.

Prozeßrede (gr.) als „Deuterologie" (zweite Anklagerede) von einem unbekannten Sprecher vorgetragen.

I Demosthenes steht wegen Bestechung durch den makedonischen Schatzmeister Harpalos vor Gericht. Dieser war mit seinen Schätzen 324 v. Chr. nach Athen geflohen, wo er einige Wochen in Schutzhaft blieb, dann aber durch Bestechung wieder freikam. – Deinarchos verurteilt die Politik des Demosthenes und verunglimpft die Person des Redners mit schauspielerischem Pathos

A N. C. Conomis, Leipzig 1975. F. Blass, Leipzig [2]1888, Nachdr. 1967.
L A. Lesky, GL, 682 f.

Katà Demosthénus
„Gegen Demosthenes"

Hypereides aus Athen, um 390–322 v. Chr.

Prozeßrede (gr.), in Frg. überliefert.

I Demosthenes und anderen wird 324/323 v. Chr. der Prozeß gemacht, weil sie von Harpalos, dem geflohenen makedonischen Schatzmeister, bestochen wurden.

A G. Colin, Paris [3]1946 (gr.-frz.). C. Jensen, Leipzig 1917. F. G. Kenyon, Oxford 1906.
L G. Colin: Le discours d' H. contre Dém. sur l'árgent d' Harpale, Paris 1934. J. Engels: Studien zur politischen Biographie des Hypereides, München [2]1993. A. Lesky, GL, 683 f.

Katà Diogeítonos
„Gegen Diogeiton"

Lysias, etwa 450 – etwa 380 v. Chr.

Rede in einem Privatprozeß (gr.).
Um 401 v. Chr. gehalten vom Schwager des Klägers.

I Diogeiton hatte als Vormund das Vermögen der Kinder seines Bruders veruntreut und wurde deshalb von seinem ältesten Neffen beim Archon verklagt.

A C. Hude. Oxford 1912 (Nr. 32).
Ü K. Brodersen / I. Huber. 2 Bde., Darmstadt 2004–2005 (gr.-dt.).
L A. Lesky, GL, 664–668.

Katà Dionysodóru blábes
„Gegen Dionysodoros wegen Schädigung (in einer Geldangelegenheit)"

Ps.-Demosthenes

Rede in einem Zivilprozeß (gr.).

A W. Rennie, Oxford 1931 (Nr. 56).

Katà Galilaíon →Katà Christianôn (Iulianus)

Kat' Agorátu
„Gegen Agoratos"

Lysias, etwa 450 – etwa 380 v. Chr.

Privatrede mit politischem Hintergrund (gr.)
Um 389 v. Chr. gehalten.

I Nach dem Zusammenbruch Athens im Jahre 404 v. Chr. wurde der oligarchisch gesinnte Politiker Theramenes als Unterhändler zu dem spartanischen

Admiral Lysander geschickt, um Sondierungsgespräche zu führen. Gegen Theramenes agierten während seiner Abwesenheit von Athen demokratisch gesinnte Militärs, die auf Befehl der Oligarchen verhaftet wurden. Unter diesen befand sich auch Agoratos, auf dessen Aussage hin die Demokraten verurteilt und hingerichtet wurden. Agoratos war von den Oligarchen zu seinen belastenden Aussagen gezwungen worden. – Dionysios, der Bruder eines der Opfer, klagt Agoratos wegen Mordes an den Hingerichteten an.

A   C. Hude, Oxford 1912 (Nr. 13).
Ü   K. Brodersen / I. Huber. 2 Bde., Darmstadt 2004–2005 (gr.-dt.).

Katà heimarménes
„Gegen die Schicksalsfügung"

Diodoros aus Tarsos, 2. Hälfte des 4. Jh.s n. Chr.

Theologische Abhandlung (gr.) gegen die astrologische Schicksalslehre der Gnostiker, bei Photios, →*Bibliothéke*, Cod. 223, erhalten.

A   PG 33, 1546–1628.
L   O. Hiltbrunner: Diodoros (Nr. 17), in: DKP 2, 43.

Katà Kélsu
„Gegen Kelsos"

Origenes aus Alexandreia, etwa 184–254 n. Chr.

Widerlegung des →*Alethès lógos* des Kelsos in acht B. (gr.).
Um 230 n. Chr. verfaßt.

I   Origenes zitiert große Teile der Schrift seines Gegners. Schwerpunkte seiner Apologie sind die historischen Zeugnisse des Christentums, ferner der Hinweis auf die vorbildliche Lebensführung der Christen und ihre Loyalität gegenüber dem Staat, die sie zu Garanten der gesellschaftlichen Ordnung werden ließen. In der Hochschätzung der gr.-röm. Kultur stimmt Origenes mit Kelsos überein. Den Vorschlag des Kelsos, die Christen sollten dem bedrohten röm. Reich ihre Kräfte nicht entziehen, lehnt Origenes jedoch ab, weil der Staat mit der heidnischen Religion zu stark verflochten war.
W   Unter Kaiser Trajan (reg. 98–117) begann der röm. Staat, das Christentum zu bekämpfen. Sophisten und Philosophen erhoben ihre Stimme gegen die neue Religion. Daraufhin sahen sich die Christen genötigt, Apologien (Verteidigungsschriften) zu verfassen, um der Obrigkeit zu zeigen, daß sie loyale Staatsbürger waren, und den gebildeten Nicht-Christen zu beweisen, daß die christliche Lebensform der heidnischen Kultur mindestens ebenbürtig war. Vor diesem Hintergrund sind auch die Streitschrift des Kelsos (→*Alethès lógos*) gegen das Christentum und die Polemik des Tatian (→*Lógos*

pròs Héllenas) gegen die gr. Bildung zu sehen. Origenes nimmt in diesem Zusammenhang eine vermittelnde Position ein.

A   P. Koetschau. 2 Bde., Leipzig 1899.
L   C. Andresen: Logos und Nomos. Die Polemik des Kelsos wider das Christentum, Berlin 195. A. Dihle, GLL, 344–349. O. Gigon: Die antike Kultur und das Christentum, Gütersloh 1966, 194–118. A. Miura-Stange: Celsus und Origenes. Das Gemeinsame ihrer Weltanschauung nach den 8 B. des Origenes gegen Celsus, Gießen 1926.

Katà Kónonos aikeías
„Gegen Konon wegen Mißhandlung"

Demosthenes aus Athen, 384–322 v. Chr.

Rede in einem Prozeß wegen Körperverletzung (gr.).

I   Die Rede „verdient hervorgehoben zu werden, die einen wilden Raufhandel mit ausreichender Drastik schildert" (Lesky, 670).

A   W. Rennie, Oxford 1931 (Nr. 54).
L   A. Lesky, GL, 669–681. U. E. Paoli: Die Geschichte der Neaira, Bern 1953.

Katà Ktesiphôntos
„Gegen Ktesiphon"

Aischines aus Athen, 389 – etwa 314 v. Chr.

Anklagerede (gr.), gehalten in einem politischen Prozeß des Jahres 330 v. Chr. gegen Demosthenes. Der erste Entwurf für die Rede entstand 336 v. Chr., als Aischines gegen Ktesiphon Anklage erheben wollte, weil dieser mit seinem Antrag, Demosthenes für seine Verdienste um die Stadt Athen mit einem goldenen Kranz öffentlich zu ehren, einen innenpolitischen Affront gegen die promakedonischen Kreise auslöste. Der Prozeß wurde aber erst 330 v. Chr. eröffnet.

I   Der formaljuristische Aufhänger für die Klage war der Antrag des Ktesiphon, der schon sechs Jahre zurücklag. Zunächst wird die Gesetzwidrigkeit dieses Antrags (9–48) dargelegt. Darauf folgt eine ausführliche Darstellung der Unwürdigkeit des Demosthenes (49–176). Nach einem historischen Exkurs über Ehrungen verdienter Männer (177 bis 190) und über Prozesse wegen Gesetzwidrigkeit (191–206) folgt die Zurückweisung der zu erwartenden Verteidigung des Ktesiphon und des Demosthenes. – In der anschließenden Verteidigung des Demosthenes mit der Rede →*Perì tû stephánu* wird die Klage des Aischines zurückgewiesen. Aischines verlor das Recht, je wieder eine Anklage zu führen, und verließ Athen für immer.
H   Im Jahr 346 v. Chr. waren Demosthenes und Aischines Mitglieder einer Gesandtschaft, die mit König Philipp von Makedonien über einen Frie

densschluß zwischen Athen und dem König verhandeln sollte. Im Anschluß daran klagte Demosthenes Aischines wegen Untreue als Gesandter (*parapresbeía*) an, weil er angeblich nicht die Interessen seiner Vaterstadt vertrat. Der Prozeß fand 343 statt, und Aischines wurde freigesprochen. Die Anklagerede des Demosthenes (→*Perì tês parapresbeías*) und die Verteidigung des Aischines (→*Perì tês parapresbeías*) sind erhalten.

N   Cicero übersetzte im Jahr 46 v. Chr. die Rede des Aischines ebenso wie die Rede des Demosthenes →*Perì tû stephánu* ins Lateinische (vgl. Hieronymus, →*Epistulae* 57,5,2). – Aischines wurde in der Antike sehr eifrig gelesen; das beweist u. a. eine Reihe von Papyri mit Stücken aus seinen Reden.

A   C. D. Adams, London/Cambridge (Mass.) 1919 (gr.-engl.). F. Blass, Leipzig [2]1908. M. Dilts, Suttgart/Leipzig 1997. V. Martin / G. de Budé, Paris [2]1952 (gr.-frz.). A. Weidner: Rede gegen Ktesiphon, Berlin 1878 (mit Kommentar).
Ü   J. H. Bremi: Aeschines der Redner. Bd. 3, Stuttgart 1829. H. Görgemanns, GLTD 3, 148–153 (gr.-dt. in Auswahl). W. Reeb: Rede gegen Ktesiphon, Leipzig 1894. J. J. Reiske: Demosthenis und Aeschinis Reden. 5 Bde., Lemgo 1764–1769.
L   F. Blass, Beredsamkeit 3. 2, 208–221. A. Lesky, GL, 681 f. G. Ramming: Die politischen Ziele und Wege des Aischines, Diss. Erlangen 1965. A. Schäfer: Demosthenes und seine Zeit. Bd. 3, Leipzig [3]1887, 221–292. Th. Thalheim: Aischines (Nr. 15), in: RE 1, 1893, 1050–1062. E. Wolf: Griechisches Rechtsdenken. Bd. 3. 2, Frankfurt 1956, 306–324.

Katà Leokrátus
„Gegen Leokrates"

Lykurgos, etwa 390–324 v. Chr.

Gerichtsrede (gr.)
331 v. Chr. gehalten.

I   Leokrates hatte nach der Niederlage der Athener bei Cheironeia 338 v. Chr. Athen fluchtartig verlassen und wurde, als er 331 v. Chr. zurückkehrte, wegen Hochverrats angeklagt. Trotz der moralischen Entrüstung, die der Redner angesichts dieses unehrenhaften Verhaltens zum Ausdruck brachte, wurde Leokrates nicht zum Tode verurteilt, weil die Richter mit Stimmengleichheit entschieden. – Lykurgos arbeitete auch Dichterzitate u. a. aus dem *Erechtheús* des Euripides und den berühmten Eid, den die Hellenen vor den Schlacht bei Plataiai (479 v. Chr.) geschworen haben sollen, in seine Rede ein (vgl. auch Diodor, →*Bibliothéke* 11,29,2).

A   F. Blass, Leipzig 1899. N. C. Conomis, Leipzig 1970. E. Malcovati, Rom 1966 (gr.-it.).
L   F. Dürrbach: L' orateur Lycurgue, Paris 1889. A. Lesky, GL 684 f.

Katà Leptínus
„Gegen Leptines"

Demosthenes aus Athen, 384–322 v. Chr.

Politische Rede (gr.).
Gehalten 355/354 v. Chr.

I   Leptines hatte beantragt, die Steuerbefreiung (*atéleia*) für alle abzuschaffen mit Ausnahme der Nachkommen der Tyrannenmörder Harmodios und Aristogeiton. Er wollte damit die finanziellen Probleme des Staates verringern helfen. Demosthenes befürwortete trotz seines Verständnisses für die Erschließung neuer Geldquellen zugunsten des Staates das Recht und die Pflicht des Staates, hervorragende Leistungen einzelner Bürger mit Steuerbefreiung zu belohnen und andere ebenfalls zu entsprechenden Taten zu motivieren.

A   S. H. Butcher, Oxford 1907 (Nr. 20).
L   A. Lesky, GL, 669–681.

Kat' Alkibiádu
„Gegen Alkibiades"

Ps.-Andokides, 4. Jh. v. Chr.

Invektive gegen Alkibiades (gr.).

I   Die Situation, auf die sich die Rede bezieht, fällt in das Jahr 418 v. Chr. Der Sprecher der Rede versucht die Strafe des Ostrakismos, die mit Verbannung verbunden war, von sich auf Alkibiades, den athenischen Politiker und Feldherrn (etwa 450 bis 404 v. Chr.), abzuwälzen. – Vermutlich ist die Rede das Produkt eines Rhetors; denn sie wurde wohl nicht vor einer Volksversammlung gehalten.

A   J. H. Lipsius, Leipzig 1888.

Kat' Alkibiádu astrateías
„Gegen Alkibiades wegen Nichtableistung des Kriegsdienstes"

Lysias, etwa 450 – etwa 380 v. Chr.

Anklagerede in einem Staatsprozeß (gr.).

I   Die Rede hat dasselbe Vergehen des jüngeren Alkibiades im Korinthischen Krieg (395–386 v. Chr.) zum Gegenstand wie →*Kat' Alkibiádu lipotaxíu*. Sie ist vermutlich in dem gleichen Verfahren gehalten worden.

A   C. Hude, Oxford 1913 (Nr. 15).
Ü   K. Brodersen / I. Huber. 2 Bde., Darmstadt 2004–2005 (gr.-dt.).

Kat' Alkibiádu lipotaxíu
„Gegen Alkibiades wegen Unterlassung pflicht-
gemäßer Dienstleistung"

Lysias, etwa 450 – etwa 380 v. Chr.

Anklagerede in einem Staatsprozeß (gr.).
Gehalten 395/394 v. Chr.

I Der jüngere Alkibiades war im Korinthischen
Krieg (395–386 v. Chr.) nicht als Hoplit, sondern als
Reiter angetreten, und zwar „ungeprüft" (*adokíma-
stos*). Er wurde daher vor ein Militärgericht gestellt.

A C. Hude, Oxford 1913 (Nr. 14).
Ü K. Brodersen / I. Huber. 2 Bde., Darmstadt 2004–
2005 (gr.-dt.).

Katà Lochítu
„Gegen Lochites"

Isokrates aus Athen, 436–338 v. Chr.

Rede Prozeß wegen Körperverletzung (gr.).

I Lochites war ein reicher junger Athener, der
den Kläger, „einen armen Mann des Volkes", geschlagen hatte. Isokrates hatte dem Kläger massive
Vorwürfe in den Mund gelegt. Es gelang ihm, ein
verhältnismäßig harmloses Ereignis zu einem
schwerwiegenden Gewalttakt aufzubauschen, um
die Richter zu einer drastischen Strafe für den jungen Aristokraten zu veranlassen. Leute dieses Schla-
ges seien Verächter der Gesetze und verdienten
schwere Strafen.

A L. van Hook, London/Cambridge (Mass.) 1945
(gr.-engl.).
L A. Lesky, GL, 654–663.

Katálogoi oder Ehoîai
„Frauenkataloge oder Ehoien"

Hesiodos aus Kyme, um 700 v. Chr.

In Frg. erhaltenes Werk (gr.) in daktylischen Hexametern über die Abkömmlinge von Göttern aus der
Verbindung mit sterblichen Frauen.
Das in seinem Kern wohl hesiodeische Werk ist
wahrscheinlich erst in nachhesiodeischer Zeit verfaßt worden (vielleicht von Angehörigen einer auf
Hesiod zurückgehenden Rhapsodenschule).

I Die „Frauenkataloge" waren anscheinend als
Fortsetzung der →*Theogonía* gedacht. Sie stellen
eine Heroogonie („Entstehungsgeschichte der Heroen") dar. Der Titel *Ehoîai* ist damit zu erklären,
daß viele Abschnitte des Werkes jeweils mit den
Worten *è hoíe* („oder wie ...") und einem weiteren
Frauennamen begannen. Die *Ehoîai* stellen in langer
Aneinanderreihung die von den gr. Adelsgeschlech-
tern als Ahnen beanspruchten Heroen vor.

A R. Merkelbach: Die Hesiodfragmente auf Papyrus,
Leipzig 1957. R. Merkelbach / M. L. West: Fragmenta He-
siodea, Oxford 1967. A. Rzach, Leipzig [(3)]1913.
Ü L. und K. Hallof, Berlin 1994. Th. v. Scheffer / E. G.
Schmidt, Leipzig 1965.
L H. Fränkel, Dichtung, 120–124. M. L. West: The
Hesiodic Catalogue of Women. Its Nature, Structure and
Origins, Oxford 1985.

Katà Markéllu
„Gegen Markellos"

Eusebios aus Kaisareia, um 260–339 n. Chr.

Dogmatisch-polemische Schrift in zwei B. (gr.).
Entstanden nach 336 n. Chr.

I Es handelt sich um eine Entgegnung auf eine
Schrift des Markellos, des Bischofs von Ankyra bis
336 (gest. um 374 n. Chr.); die Schrift war gegen den
Halbarianer Asterios aus Amasea gerichtet und griff
auch die Position des Eusebios an. Eusebios bietet
zahlreiche Zitate aus dem Werk des Markellos, die
er jeweils kurz kommentiert. Das zentrale Thema
sind Unterschiede in der Auffassung von der Trinität und der Homousie.

A E. Klostermann / G. Ch. Hansen, Berlin [(3)]1991).
PG 24.
L KNLL 5, 333. F. Loofs: Die Trinitätslehre des Marcellus von Ancyra und ihr Verhältnis zur älteren Tradition,
Berlin 1902. M. Tetz: Zur Theologie des Markell von Ankyra, in: ZKG 75, 1964, 217–270; 79, 1968, 3–42; 83, 1972,
145–194.

Katà Meidíu perì tû kondýlu
„Gegen Meidias über die Ohrfeige"

Demosthenes aus Athen, 384–322 v. Chr.

Prozeßrede (gr.).
Verfaßt 347 v. Chr.

I Demosthenes erhob Klage gegen Meidias, der
das Dionysosfest empfindlich gestört hatte, ließ
dann aber die Klage im letzten Augenblick fallen
und ging einen Vergleich ein. – Demosthenes teilt
u. a. mit, daß Meidias von seinem Vater ein großes
Vermögen geerbt hatte (157), mit dem er gern angab
(158 und 195). Aufgrund seines Reichtums wäre er
an sich verpflichtet gewesen, den Staat im euböi-
schen Krieg mit einer von ihm gestifteten und geführten Triere zu unterstützen (167). Sogar auf einem Feldzug konnte er sich von seinem Luxus nicht
trennen. Mit seinen Leistungen für den Staat durch
außerordentliche Abgaben (153 und 155, 156 ff.) erwarb er sich großes Ansehen in der Öffentlichkeit
(151). Er bekleidete verschiedene Ehrenämter
(171–174, 164, 166). – Demosthenes beklagt jedoch,
Meidias habe das in ihn gesetzte Vertrauen enttäuscht (153 ff.). Seine Privatinteressen hätten Vorrang vor den öffentlichen Interessen (160–167).

Der Redner wirft ihm darüber hinaus ausschweifenden Lebenswandel, Hochmut und Grausamkeit vor (1,2, 19, 23, 88, 137, 195), die er allen Athenern gegenüber bewiesen habe, vor allem aber gegenüber Demosthenes selbst. – Die Feindschaft zwischen Meidias und Demosthenes ging auf Übergriffe jenes gegen diesen zurück, die Demosthenes zu mehreren Klagen veranlaßten (wegen Beleidigung, wegen Besitzstörung). – Jahre später verursachte Meidias den schweren Zwischenfall beim Dionysosfest des Jahres 350 v. Chr., der Anlaß der Klage des Redners geworden war: Meidias versetzte dem festlich geschmückten Chorführer Demosthenes in aller Öffentlichkeit eine Ohrfeige, um das Fest zu stören (13 ff., 74). Der Redner ging einen Tag später vor die Volksversammlung und beschwerte sich offiziell darüber, daß Meidias ihn während einer gottesdienstlichen Handlung geschlagen hatte. Die Volksversammlung hielt Meidias der Asebie für schuldig (1 ff., 226). Demosthenes brachte die Angelegenheit vor Gericht, obwohl Freunde des Meidias dem Kläger Geld angeboten hatten, damit er auf die Klage verzichte (206, 213 ff.). Meidias setzte alles daran, den drohenden Prozeß zu verschleppen und niederzuschlagen. Am Ende erreichte er den außergerichtlichen Vergleich: Er zahlte 30 Minen an Demosthenes (vgl. Aischines, →Katà Ktesiphôntos 52).

A   S. H. Butscher, Oxford 1907 (Nr. 21).
L   I. Bruns, Porträt, 557–585. H. Erbse: Über die *Midiana* des Demosthenes, in: Hermes 84, 1956. KNLL 3, 539 f. RE 15, 1932, 334–338 (Meidias Nr. 2).

Kat' Andokídu asebeías
„Gegen den Religionsfrevel des Andokides"

Lysias, etwa 450 – etwa 380 v. Chr.

Anklagerede in einem Privatprozeß mit politischem Hintergrund (gr.).

I   Die Rede, die vielleicht auch nicht von Lysias verfaßt wurde, bezieht sich auf eine Klage gegen Andokides wegen unbefugter Teilnahme an den Eleusinischen Mysterien (vgl. →Perì tôn mysteríon des Andokides) im Jahre 399 v. Chr.

A   C. Hude, Oxford 1913 (Nr. 6).
Ü   K. Brodersen / I. Huber. 2 Bde., Darmstadt 2004–2005 (gr.-dt.).
L   V. Schneider: Ps. Lysias *Kat' Andokídu asebeias*, in: Jahrb. f. cl. Philol. Suppl. 27, 1902, 352–372. W. Weber: De Lysiae q. f. contra Andoc. or. VI, Leipzig 1900.

Kat' Androtiônos paranómon
„Gegen Androtion wegen gesetzwidriger Anträge"

Demosthenes aus Athen, 384–322 v. Chr.

Politische Rede in Form einer Klage wegen eines gesetzwidrigen Antrags (gr.).
Verfaßt für Diodoros 355/354 v. Chr.

I   Die Anklagerede (eine „Deuterologie", eine „Zweitrede" im Prozeß) gegen den Isokrates-Schüler Androtion, den Verfasser einer →Atthís, wurde gehalten, weil dieser eine Bekränzung des Rates der Fünfhundert beantragt hatte, obwohl der Rat während seiner Amtszeit nichts für die athenische Flotte getan und und den Bau der vorgesehenen Zahl neuer Schiffe nicht erreicht hatte.

W   Die Klagen wegen gesetzwidriger Anträge (*graphaì paranómon*) gaben denjenigen, die politisch in die Öffentlichkeit treten wollten, die Gelegenheit, ihr Interesse für die öffentlichen Belange zu bekunden. Diese Absicht hatte auch der Redner.

A   S. H. Butcher, Oxford 1907 (Nr. 22).
L   KNLL 3, 540 f.

Katà Neaíras
„Gegen Neaira"

Ps.-Demosthenes

Rede in einem Zivilprozeß gegen die Hetäre Neaira (gr.).
Vermutlich zwischen 342 und 329 v. Chr. von Apollodoros gehalten.

I   Die Rede richtet sich gegen Stephanos, der Neaira als Ehefrau in sein Haus aufgenommen und die mit ihr gezeugten Kinder als legitime Nachkommen und attische Bürger ausgegeben hatte. Apollodoros, der Anklagevertreter, schildert die abenteuerliche Lebensgeschichte der Neaira, um zu beweisen, daß die Frau gegen das Gesetz verstoßen hatte, wonach eine Nicht-Athenerin, die einen Athener heiratete, samt ihrem Vermögen verkauft werden sollte. Die Ausführungen Apollodors werden durch zahlreiche Zeugen bestätigt.

A   W. Rennie, Oxford 1931 (Nr. 59).
Ü   K. Brodersen, Darmstadt 2004 (gr.-dt.).
L   A. Modrze: Neaira (Nr. 8), in: RE 16, 1935, 2104 f.
U. E. Paoli: Die Geschichte der Neaira, Bern 1953.

Katà Nikomáchu
„Gegen Nikomachos"

Lysias, etwa 450 – etwa 380 v. Chr.

Anklagerede in einem Staatsprozeß (gr.).

I   Dem Angeklagten war in öffentlicher Anklage (*eisangelía*) im Jahre 399/398 v. Chr. vorgeworfen worden, daß er seine Amtszeit als „Aufschreiber der Gesetze" (*anagrapheùs tôn nómon*) überschritten und außerdem die Gesetzestexte willkürlich geändert habe, was zu einer Mehrbelastung der Staatskasse geführt habe.

A   C. Hude, Oxford 1913 (Nr. 30).
Ü   K. Brodersen / I. Huber. 2 Bde., Darmstadt 2004–2005 (gr.-dt.).

Katà Pankléonos
„Gegen Pankleon"

Lysias, etwa 450 – etwa 380 v. Chr.

Rede in einem Privatprozeß (gr.).

I Gegen den Walker Pankleon war vom Sprecher der Rede beim Polemarchen, dem für Rechtsstreitigkeiten mit und zwischen Metöken zuständigen Beamten, Klage erhoben worden. Pankleon hatte dagegen Einspruch erhoben, und darauf verwiesen, daß er kein Metöke sei, sondern aus Plataiai stamme. Gegen diesen Einspruch wendet sich der Redner.

A C. Hude, Oxford 1913 (Nr. 23).
Ü K. Brodersen / I. Huber. 2 Bde., Darmstadt 2004–2005 (gr.-dt.).

Katà pasôn hairéseon élenchos
„Widerlegung aller Ketzereien"

Auch zitiert als *Refutatio omnium haeresium*.

Hippolytos aus Rom, 1. Hälfte des 3. Jh.s n. Chr.

Auseinandersetzung mit der gr. Philosophie (gr.) in 10 B. (B. 2 und 3 sind verloren).
Verfaßt nach 222 n. Chr.

I In B. 1, das den Titel *Philosophúmena* („Philosophisches") führt, wird die gr. Philosophie widerlegt. Nach dem Titel dieses B. wird oft auch das ganze Werk zitiert. In B. 4 geht es um die Astrologie und Magie, in den B. 5–9 um gnostische Kosmologie. B. 10 verkündet die Wahrheit aus der Sicht des christlichen Kirchenlehrers. Hippolytos führt alle Häresien auf heidnische Philosophien und Mysterien zurück. Seine Informationen entnahm er einschlägigen Kompendien, die – was das erste B. betrifft – auf die →*Physikôn dóxai* des Theophrast zurückgehen.

A P. Wendland, GCS 26, Leipzig 1916, Nachdr. Hildesheim 1977.
Ü K. Preysing, BKV[(2)] 40, 1922.
L B. Altaner, Patrologie, 144–150. O. Bardenhewer, 550–610. J. Quasten: Patrology. Bd. 2, Utrecht/Brüssel 1953, 163–207.

Katà Philippídu
„Gegen Philippides"

Hypereides aus Athen, um 390–322 v. Chr.

Politische Rede (gr.).
Verfaßt im Jahre 343 v. Chr.

I Die Rede richtet sich gegen einen Vertreter makedonenfreundlicher Maßnahmen. Philippides hatte den demütigenden Frieden von 346 v. Chr.

mit Philipp von Makedonien vermittelt. Hypereides zwang Philippides ins Exil.

A G. Colin, Paris [(3)]1946 (gr.-frz.). C. Jensen, Leipzig 1917. F. G. Kenyon, Oxford 1907.
L F. Blass, Beredsamkeit 3. 2, 1–95. A. Lesky, GL, 683 f.

Katà Philíppu →Philippikoì lógoi (Demosthenes)

Katà Philokléus
„Gegen Philokles"

Deinarchos aus Korinth, etwa 360–290 v. Chr.

Anklagerede (gr.).

I Philokles, ein Vertreter der antimakedonischen Partei, wird beschuldigt, von dem makedonischen Schatzmeister Harpalos Geld genommen zu haben. Vgl. →*Katà Demosthénus*.

A F. Blass, Leipzig [(2)]1888. J. O. Burt: Minor Attic Orators. Bd. 2, London/Cambridge (Mass.) 1954 (gr.-engl.). N. C. Conomis, Leipzig 1975.
L F. Blass, Beredsamkeit 3.2, 289–333.

Katà Philokrátus
„Gegen Philokrates"

Lysias, etwa 450 – etwa 380 v. Chr.

Anklagerede in einem Staatsprozeß (gr.).
Um 389 v. Chr. gehalten.

I Philokrates war der Schwager des Ergokles (→*Kat' Ergokléus*, Nr. 28). Er wurde nach dessen Hinrichtung beschuldigt, dessen Vermögen beiseite geschafft zu haben.

A C. Hude, Oxford 1913 (Nr. 29).
Ü K. Brodersen / I. Huber. 2 Bde., Darmstadt 2004–2005 (gr.-dt.).

Katà Phílonos dokimasías
„Gegen Philon in Sachen Amtsprüfung"

Lysias, etwa 450 – etwa 380 v. Chr.

Gehalten 398 v. Chr.

I Philon aus Acharnai war durch das Los zum Ratsherrn bestimmt worden. Er wurde jedoch abgelehnt, weil er sich während des letzten Bürgerkrieges einer politischen Parteinahme durch Auswanderung nach Oropus entzogen hatte.

A C. Hude, Oxford 1913 (Nr. 31).
Ü K. Brodersen / I. Huber. 2 Bde., Darmstadt 2004–2005 (gr.-dt.).

Kat' Aphóbu
„Gegen Aphobos"

Demosthenes aus Athen, 384–322 v. Chr.

Anklagerede in einem Zivilprozeß (gr.).
Gehalten 364 v. Chr.

I Aphobos, einer der Vormünder des Demosthenes, hatte dessen Vermögen, statt es gewinnbringend anzulegen, fast völlig verschleudert. Demosthenes brachte das Gericht dazu, Aphobos zum Schadenersatz von 10 Talenten zu verurteilen. – Die zweite Rede (Nr. 28) gegen Aphobos ist eine Replik auf dessen Verteidigung. – In einer dritten Rede gegen Aphobos (Nr. 29) verteidigt Demosthenes den Zeugen Phanos gegen die Beschuldigung, er habe falsche Aussagen gemacht. – In dem langwierigen Prozeß hatte Demosthenes zunächst Erfolg. Doch Onetor, der Bruder der geschiedenen Frau des Aphobos, machte Demosthenes seinen Erfolg wieder streitig, indem er ein Grundstück beanspruchte, das Demosthenes pfänden wollte. Über die Fortsetzung des Verfahrens informieren die zwei Reden *Pròs Onétora* („Gegen Onetor").

A W. Rennie, Oxford 1921 (Nr. 27, 28 und 29).
L A. Lesky, GL, 669–681.

Katà Phrygôn. Tíni diaphérei ho Attikòs zêlos tû Asianû
„Gegen die Phryger (Asianer). Worin sich das attische Stilmuster vom asianischen unterscheidet"

Caecilius aus Kalakte, Zeit des Augustus

Zwei verlorene, aber bezeugte kritisch-ästhetische Streitschriften über konkurrierende Stilrichtungen in der Rhetorik (gr.).

I Caecilius vertrat einen extremen Attizismus, der sich die gr. Redner des 4. Jh.s v. Chr. zum Vorbild nahm. Sein Attizismus veranlaßte Caecilius dazu, Lysias in sprachlich-stilistischer Hinsicht über Platon zu stellen (Frg. 150).

A E. Ofenloch, Leipzig 1907, Nachdr. 1967.
L J. Brzoska, RE 3, 1899, 1174–1188. M. Fuhrmann: Caecilius (Nr. 2), in: DKP 1, 988f. M. Fuhrmann: Die Dichtungstheorie der Antike, Darmstadt [(2)]1992, bes. 165–168. G. Kennedy: The art of persuasion in Greece, Princeton (N.Y.) 1963.

Katáplus è týrannos
„Die Reise in die Unterwelt oder der Tyrann"

Lukianos aus Samosata, etwa 120–180 n. Chr.

Dialog (gr.).

I Der Dialog spielt in der Unterwelt. Charon hat wieder einmal seinen Kahn zur Fahrt bereit gemacht. Zunächst lassen die „Fahrgäste" auf sich warten. Anscheinend hat sich Hermes, der Begleiter der Seelen der Verstorbenen, Zeit genommen. Schließlich kommt er mit eine Gruppe von Toten, die er wie eine Ziegenherde vor sich her treibt. Darunter befindet sich ein Tyrann, der dem Tod davonlaufen wollte. Hermes mußte ihn wieder einfangen. – Bevor die Toten in den Kahn steigen dürfen, werden sie nach bestimmten Gesichtspunkten sortiert: Neugeborene, Alte, an Wunden Gestorbene, Gefallene, Selbstmörder, Mordopfer, zum Tode Verurteilte, Ertrunkene usw. Der Tyrann Megapenthes bittet Klotho, sein Schicksal rückgängig zu machen und ihn noch einmal an die Oberwelt zu lassen, damit er dort noch einiges erledigen könne. Aber es nützt ihm nichts; er muß in den Kahn, nachdem ihm Klotho noch einige bittere Auskünfte über die Vorgänge bei und nach seiner Ermordung erzählt hatte. – Dann ist die Reihe an Mikyllos, einem armen Schuhmacher, der sein Leben mit dem des Tyrannen vergleicht. Er ist gern auf dem Weg in die Unterwelt; er freut sich darauf als Gleicher unter Gleichen zu sein und den Frieden in einer Welt zu genießen, in der die armen Leute lachen können und die Reichen nur jammern und klagen (15). Mikyllos ist unter den vielen Toten der einzige, der während der Fahrt sein Todeslos nicht beklagt. – Drüben angekommen werden die Toten vor Rhadamanthys, den Richter der Toten, geführt. Der Schuhmacher darf zusammen mit dem Philosophen Kyniskos gleich auf die Inseln der Seligen. Der Tyrann hat dagegen ein gewaltiges Sündenregister. Er wird dazu verurteilt, neben Tantalos gefesselt zu stehen, auf ewig zu dürsten und sich an sein vergangenes Leben zu erinnern.

A A. M. Harmon. Bd. 2, London/Cambridge (Mass.) 1915.
Ü Chr. M. Wieland: Laucian aus Samosata. Sämtliche Werke 1. 2, Leipzig 1788/1789, 301–330.

Katà Próklu perì aidiótetos kósmu
„Gegen Proklos über die Ewigkeit der Welt"

Auch lat. zitiert als *De aeternitate mundi contra Proclum* („Über die Ewigkeit der Welt gegen Proclus").

Ioannes Philoponos aus Alexandreia, geb. gegen Ende des 5. Jh.s n. Chr.

Auseinandersetzung (gr.) mit der Theologie des Neuplatonikers Proklos (etwa 410–484 n. Chr.). Im Jahre 529 n. Chr. vollendet.

I Der Autor bemüht sich als Christ um einen Ausgleich antiker Philosophie und kirchlicher Lehre. Durch diese Schrift gelingt es ihm, die Schließung der heidnischen Hochschule von Alexandreia zu verhindern. – Philoponos widerlegt das platonische Dogma von der Ewigkeit des Kosmos.

A H. Rabe, Leipzig 1899, Nachdr. Hildesheim 1984.
L W. Kroll, RE 9, 1916, 1764–1795.

Kat' Aristogeítonos
„Gegen Aristogeiton"

Deinarchos aus Korinth, etwa 360–290 v. Chr.

Prozeßrede im Zusammenhang mit der Harpalos-Affäre (gr.). Vgl. Deinarchos, →Katà Demosthénus.

A N. C. Conomis, Leipzig 1975. F. Blass, Leipzig [(2)]1888, Nachdr. 1967.
L F. Blass, Beredsamkeit 3. 2, 289–333.

Kat' Aristogeítonos
„Gegen Aristogeiton"

Ps.-Demosthenes

Zwei unter dem Namen des Demosthenes überlieferte Reden, die schon in der Antike als nicht demosthenisch galten (gr.).
Gehalten 338 v. Chr.

I Es handelt sich um zwei Gerichtsreden mit politischem Hintergrund. Der Prozeß wird gegen einen üblen Demagogen geführt, der nach der Niederlage von Chaironeia (338 v. Chr.) gegen Philipp von Makedonien die von Demosthenes vertretene antimakedonische Politik bekämpfte und zahlreiche Klagen gegen die führenden Vertreter dieser Politik anstrengte.
Q Der Anonymus →Perì nómon diente in einigen Abschnitten der ersten Rede als Vorlage (25, 15–35; 85–91; 93–96).

A S. H. Butcher, Oxford 1907 (Nr. 25 und 26).
L C. H. Kramer: De priore Demosthenis adv. Aristogitonem oratione, Diss. Leipzig 1930 (Versuch, die erste Rede als echt zu erweisen). M. Pohlenz: Anonymus Perì nomon, in: NGG 1924, 19ff.

Kat' Aristokrátus
„Gegen Aristokrates"

Demosthenes aus Athen, 384–322 v. Chr.

Öffentliche Rede zu einer außenpolitischen Frage (gr.).
Geschrieben 352 v. Chr. für Euthykles aus Thria.

I Der ansonsten unbekannte Aristokrates hatte besondere Vergünstigungen für den Odrysenkönig Kersobleptes und dessen Schwager und Minister Charidemos beantragt: Wer ihn töte, solle vogelfrei sein. Wer dem Mörder Asyl gewähre, solle aus jedem Bündnis mit Athen ausgeschlossen sein. Dieser Antrag wird als gesetzwidrig hingestellt. Der Redner vertrat die Auffassung, daß Athen seinen Einfluß im thrakischen Raum (der thrakischen Cherso-

nes) nur dann behaupten könne, wenn es die Uneinigkeit der angrenzenden thrakischen Fürsten verstärke. Er hielt es daher für notwendig, den thrakischen Fürsten Amadokos, einen Bruder des Kersobleptes, zu unterstützen und diesen selbst zu schwächen. Hinter dieser Gleichgewichtspolitik stand die Absicht, ein drohendes Bündnis zwischen Philipp von Makedonien und Amadokos zu verhindern.

A S. H. Butcher, Oxford 1907 (Nr. 23). J. Humbert / L. Gernet. Bd. 2, Paris 1959 (gr.-frz.).
L KNLL 3, 541f. A. Lesky, GL, 669–681. L. Vorndran: Die Aristocratea des Demosthenes und ihre politische Tendenz, Paderborn 1922.

Kataskeuaì polemikôn orgánon kaì katapeltikôn
„Herstellung von Kriegsmaschinen und Katapulten"

Biton, 2. Hälfte des 2. Jh.s v. Chr.

Abhandlung (gr.) zur Kriegskunst, König Attalos I. (oder II.) gewidmet.

I Beschrieben werden sechs ältere Kriegsmaschinen, deren Konstrukteure zwischen 350 und 150 v. Chr. lebten. Da die Beschreibungen nicht auf Autopsie beruhten, sind sie für die Rekonstruktion ungeeignet.

A A. Rehm / E. Schramm, Abh. Bayr. Akad. d. Wiss. Phil.-hist. Abt. NF 2, 1929 (gr.-dt.).

Katà Stephánu pseudomartyríon
„Gegen Stephanos wegen falscher Aussage"

Demosthenes aus Athen, 384–322 v. Chr.

A W. Rennie, Oxford 1931 (Nr. 45 und 46).
L A. Lesky, GL, 669–681.

Katasterismoí
„Konstellationen"

Eratosthenes aus Kyrene, etwa 284–202 v. Chr.

Mythologisch-astronomisches Prosawerk (gr.) mit mythologischen Begründungen für die Namen der Sternbilder, nur in Frg. erhalten.

I Die Rekonstruktion des Werkes stützt sich auf Scholien zu den →Phainómena des Arat und den Aratea des Germanicus und auf die B. 2 und 3 der →Astronomica des Hyginus. – Das Werk war wohl „das erste vollständige griechische Verzeichnis der Sternbilder" (R. Pfeiffer, 209) und blieb „für Jahrhunderte ein nützliches Lehrbuch".

A A. Olivieri: Mythographi Graeci 3. 1, Leipzig 1897.

C. Robert: Eratosthenes *Catasterismorum* Reliquiae, Berlin 1878, Nachdr. 1963.
L   G. A. Keller: Eratosthenes und die alexandrinische Sterndichtung, Zürich 1946. A. Lesky, GL, 879–881. E. Maas: Analecta Eratosthenica, Berlin 1883. J. Martin: Histoire du texte des Phénomènes d' Áratos, Paris 1956, 58. R. Pfeiffer, KlPh, 191–212, bes. 209f.

Katà tês Homéru poiéseos
„Gegen die Dichtung/Dichtkunst Homers"

Zoilos aus Amphipolis, 4. Jh. v. Chr.

Polemische Abhandlung in neun B. (gr.), aus denen nur wenige Frg. erhalten sind.

I   Der kynische Philosoph Zoilos, der aufgrund seiner Ablehnung Homers den Beinamen *Homeromástix* („Homerpeitscher") erhielt, trug anscheinend Stellen aus den homerischen Epen zusammen, „die, rationalistisch durchdacht, die homerische Darstellung lächerlich machten, den Scharfsinn des Kritikers aber zur Schau stellten" (Kühn, 374).

A   FGrHist 71. U. Friedländer, Königsberg 1895 (s. u.).
L   U. Friedländer: De Zoilo aliisque Homeri obtrectatoribus, Diss. Königsberg 1895. J.-H. Kühn: Zoilos aus Amphipolis, in: dtv-L 1.4, 374. R. Pfeiffer, KlPh, 93–97.

Katà tês synetheías
„Gegen die gewohnheitsmäßige Anschauung"

Chrysippos aus Soloi, 3. Jh. v. Chr.

Verlorene, aber bezeugte philosophische Abhandlung in sechs B. (gr)

I   Der stoische Philosoph bestreitet die Gültigkeit unserer sinnlichen Wahrnehmungen und Vorstellungen. – Später schrieb er auch eine Abhandlung in sieben B. auch *Perì synetheías* („Über die gewohnheitsmäßige Anschauung").

L   A. Lesky, GL, 760.

Kat' Athenogénus
„Gegen Athenogenes"

Hypereides aus Athen, 389–322 v. Chr.

Prozeßrede (gr.).

I   Der Redner erhebt Anklage gegen den Salbenhändler Athenogenes wegen betrügerischer Manipulationen im Zusammenhang mit einem Kaufvertrag.
N   Die Rede wurde in der Antike (→*Perì hýpsus* 34) sehr geschätzt.

A   F. G. Kenyon, Oxford 1906.

Katà Theokrínu
„Gegen Theokrines"

Ps.-Demosthenes aus Athen, 384–322 v. Chr. (Die Rede kann nicht von Demosthenes selbst verfaßt sein, da der Redner in dieser Rede heftig angegriffen wird.)

Rede in einem Privatprozeß (gr.). (→*Éndeixis katà Theokrínu*).

A   W. Rennie, Oxford 1931 (Nr. 58).

Katà Theomnéstu
„Gegen Theomnestos"

Lysias, etwa 450 – etwa 380 v. Chr.

Reden in einem Privatprozeß (gr.).
Gehalten im Jahre 384/383 v. Chr.

I   Der Sprecher klagt Theomnestos der üblen Nachrede an, weil dieser ihm vorgeworfen hatte, daß er die Verurteilung seines eigenen (d. h. des Sprechers) Vaters durch die Dreißig Tyrannen, die seit 404 v. Chr. bis zum Winter 404–403 die Geschicke Athens bestimmten, herbeigeführt habe.

A   C. Hude, Oxford 1913 (Nr. 10 und 11).
Ü   K. Brodersen / I. Huber. 2 Bde., Darmstadt 2004–2005 (gr.-dt.).

Katà Timárchu
„Gegen Timarchos"

Aischines aus Athen, 389 – etwa 314 v. Chr.

Verteidigungsrede in Form einer Gegenklage (gr.).
Gehalten von Aischines im Jahre 345 v. Chr.

I   Wegen seines undurchsichtigen Verhaltens bei den Friedensverhandlungen über den sogenannten Philokrates-Frieden mit Philipp von Makedonien im Jahre 346 v. Chr. wird Aischines von Demosthenes in Athen angeklagt. Dieser wirft Aischines vor, er habe gegen die Weisungen seiner Vaterstadt verstoßen und die Interessen Athens verraten. Demosthenes überträgt Timarchos die Vertretung der Anklage. Aischines wehrt sich mit der Gegenklage *Katà Timárchu* und gewinnt den Prozeß. Hauptziel der Rede war es, den Ankläger Timarchos der Unzucht zu überführen und in die „Atimie" zu stoßen, d. h. dazu beizutragen, daß ihm die bürgerlichen Ehrenrechte aberkannt wurden. – Im Verlauf der Rede werden zunächst die juristisch-ethischen Grundlagen der Anklage vorgebracht. Die Gesetze über Hurerei, Verschleuderung des Vermögens, Amtsvernachlässigung werden referiert. Dann wird der Lebenswandel des Beklagten dargestellt und die Schuld des Timarchos im Sinne der oben genannten Gesetze festgestellt. Timarchos habe in homosexuellen Kreisen gewerbsmäßige Unzucht betrieben.

Außerdem habe er ein in jeder Hinsicht lasterhaftes Leben geführt. Schließlich erklärt der Redner eine Verteidigung gegen diese Vorwürfe für aussichtslos und fordert eine harte Bestrafung.

W Aischines vernichtet Timarchos, um seinen politischen Gegner Demosthenes zu treffen. Was ihm auch gelingt.

A C. D. Adams, London/Cambridge (Mass.) 1919 (gr.-engl.). F. Blass, Leipzig [(2)]1908. V. Martin / G. de Budé, Paris [(2)]1952 (gr.-frz.).
Ü J. H. Bremi: Aeschines der Redner. Bd. 1, Stuttgart 1828. J. J. Reiske: Demosthenis und Aeschinis Reden. 5 Bde., Lemgo 1764–1769.
L F. Blass, Beredsamkeit 3. 2, 192–201. A. Schäfer: Demosthenes und seine Zeit. Bd. 2, Leipzig [(2)]1886, 333–343. Th. Thalheim: Aischines (Nr. 15), in: RE 1, 1893, 1050–1062. E. Wolf: Griechisches Rechtsdenken. Bd. 3. 2, Frankfurt 1956, 297–306 und 316–324.

Katà Timokrátus
„Gegen Timokrates"

Demosthenes aus Athen, 384–322 v. Chr.

Politische Rede (gr.).
Im Jahre 352 v. Chr. für Diodoros geschrieben.

I Timokrates hatte zugunsten des Androtion, der wegen Schulden an den Staat ins Gefängnis gekommen war, ein Gesetz beantragt, das die Möglichkeit eröffnete, daß unter gewissen Garantien die Rückzahlung des dem Staat geschuldeten Geldes von einem Bürgen des Schuldners übernommen werden könne. Gegen diesen Antrag wird von Diodoros eine Klage wegen gesetzwidriger Anträge (*graphè paranómon*) erhoben.

A S. H. Butcher, Oxford 1907 (Nr. 24).
L F. Kahle: De Demosthenis orationum Androtineae, Timocrateae, Aristocrateae temporibus, Diss. Göttingen 1909. KNLL 3, 542 f.

Katatomè kanónos
„Einteilung des musikalischen Kanons"

Auch lat. zitiert als *Sectio canonis*.

Eukleides (Euklid) aus Alexandreia, um 300 v. Chr.

Musiktheoretische Schrift (gr.) auf der Grundlage der Lehre von den Proportionen.

I Es handelt sich um eine Schrift aus der angewandten Mathematik. Es werden neun verschiedene Fälle von Proportionen ohne Bezug zur Musik besprochen. Vom zehnten Fall an ist auch von musikalischen Proportionen die Rede. Nach der Beschreibung weiterer acht Fälle wendet der Autor die Erkenntnisse auf die sich anschließende Einteilung des musikalischen Kanons an.

A C. v. Jan: Musici Scriptores Graeci, Leipzig 1895, Nachdr. Hildesheim 1962.
L Th. Georgiades: Musik und Rhythmus bei den Griechen. Zum Ursprung der abendländischen Musik, Hamburg 1958, 121 f.

Katà tôn sitopólon
„Gegen die Kornhändler"

Lysias, etwa 450 – etwa 380 v. Chr.

Rede gegen die Kornhändler, die ihr Getreide gesetzwidrig zu überhöhten Preisen an die Bevölkerung verkauft haben (gr.).
Im Jahre 386 v. Chr. in Athen gehalten.

I Im Proömium (1) weist der Ankläger den Vorwurf der Sykophantie (Erstattung von Anzeigen gegen Belohnung zwecks Strafverfolgung durch die zuständigen Behörden) zurück. In der Narratio (2–4) wird der Tatbestand dargelegt; der Redner rechtfertigt sein Auftreten durch den Hinweis auf das ungesetzliche Vorgehen des Rates, der die Kornhändler ohne gerichtliches Verfahren kurzerhand hinrichten lassen wollte. Die Beweisführung (5–21) dient dem rechtlich einwandfreien Nachweis, daß die Kornhändler schuldig sind und die Verurteilung notwendig ist. Der Epilog (22) ist eine Mahnung an die Richter, gerecht zu urteilen.

A C. Hude, Oxford 1912 (Nr. 22).
Ü N. Zink, AU 10, 2, 1967, 90–93.
L A. Lesky, GL, 664–668.

Katà tôn sophistôn
„Gegen die Sophisten"

Isokrates aus Athen, 436–338 v. Chr.

Darstellung des erzieherischen Programms (gr.), das der Autor von anderen, konkurrierenden Erziehungsideen abhebt, in Form einer publizierten, aber nicht gehaltenen Rede.
Entstanden um 380 v. Chr.

I Nach einer allgemeinen Kritik an den nicht eingelösten Versprechungen der philosophischen Erzieher polemisiert Isokrates gegen die sogenannten Eristiker (Streitredner oder Techniker der unernsten Beweisführung) (Kap. 1–8) und gegen die Lehrer der politischen Rhetorik (Kap. 9–13). Darauf beschreibt er sein eigenes Programm (Kap. 14–18). Anschließend kritisiert er die Verfasser von Lehrbüchern zur Gerichtsrhetorik, geht noch einmal auf die Eristiker ein und gibt weitere Hinweise auf sein eigenes Programm (Kap.19–21). Am Schluß (Kap. 22) fordert er den Leser auf, in seine Schule zu kommen und dort weitere Ausführungen über das Thema zu hören.

W Die Schrift könnte das Erziehungsprogramm der von Isokrates neu gegründeten Schule gewesen sein. Wen der Autor bekämpft, ist nicht eindeutig zu klären. Mit den „Sophisten" meint Isokrates möglicherweise die Philosophen, die sich als Schüler des Sokrates, d.h. als Sokratiker, verstehen und denen er entgegenhält, daß sie dem Anspruch, Weisheitslehrer oder Erzieher, d.h. wirkliche Sophisten, zu sein, nicht gerecht werden.

N   Es ist nicht auszuschließen, daß Platon im →*Gorgías* auf die Schrift des Isokrates eingeht und dessen Konzeption scharf kritisiert. Ob der platonische *Gorgías* als Reaktion auf den Isokrates-Text das Eröffnungsprogramm einer anderen Schule ist, sei dahingestellt. Träfe dies zu, dann wäre die platonische Akademie gegen Isokrates' Schule gegründet worden (vgl. Eucken, 41).

A   R. Flacelière, Paris 1961 (mit Kommentar).
L   Chr. Eucken: Isokrates. Seine Positionen in der Auseinandersetzung mit den zeitgenössischen Philosophen, Berlin/New York 1983, 5–43.

Kategoríai
„Aussagen"

Aristoteles aus Stageira, 384–322 v. Chr.

Philosophisch-logische Schrift (gr.) über die zehn Aspekte (Kategorien), unter (mit) denen sachlich bestimmt Aussagen über die Dinge gemacht werden können.

I   Die „Kategorien" (*Kategoríai*) bilden das erste B. des →*Órganon*, einer Sammlung von sechs Schriften zur aristotelischen Logik. – Die zehn Kategorien bezeichnen Möglichkeiten semantisch sinnvoller Aussagen. Alle Aussagen von der realen Wirklichkeit erfolgen mit Hilfe der zehn Kategorien. Aristoteles' Frage lautet konkret: Welche Aussagen kann man über einen bestimmten Menschen machen: 1. Er ist ein Mensch: *usía* („Sein"). 2. Er ist so oder so groß: Quantität. 3. Er ist ein gebildeter Mann: Qualität. 4. Er ist größer als ein anderer: Relation. 5. Er ist im Lykeion: Ort. 6. Gestern war er auch schon hier: Zeit. 7. Er sitzt: Lage. 8. Er hat Sandalen an: Besitzen. 9. Er schneidet: Bewirken. 10. Er wird geschnitten: Erleiden (vgl. Düring, 60). – Die Schrift besteht aus drei Teilen: (1) Einleitende terminologische Bemerkungen (Kap. 1–3). (2) Diskussion der zehn Kategorien (Kap. 4–9) und (3) die von den Scholastikern sogenannten „Postpraedicamenta", eine Sammlung von kleinen Abhandlungen mit semantischen Analysen bestimmter Begriffe (10–15). – Die grundlegende Kategorie der *usía*, des Seins, wird z.B. 4a10 definiert: Die *usía* ist eins, mit sich selbst identisch und kann entgegengesetzte Bestimmungen annehmen. Das Sein hat aber keine Geltung als ein objektiv Seiendes; es ist auch nicht in den Einzeldingen anwesend, „behält aber seine Geltung als *usía* zweiten Ranges, insofern es mit Wahrheit von einer Klasse von Dingen ausgesagt werden kann, die mindestens ein Einzelding umfaßt. Modern ausgedrückt kann man es so sagen: es gibt einzelne Menschen, aber ‚Mensch' hat nur logi-sche Existenz. ‚Schreibfertigkeit' oder ‚das Weiße' sind Namen für etwas Allgemeines; was existiert, ist ‚ein schreibkundiger Mensch' oder ‚ein weißes Ding'" (Düring, 62). – Eine andere wichtige Kategorie ist z.B. die Qualität, die das bezeichnet, ohne das etwas nicht als mit sich selbst identisch existieren kann. – Im Zusammenhang mit der Kategorie der Relation behandelt Aristoteles speziell die Frage des Verhältnisses zwischen „Wissen" und dem „Objekt des Wissens". Später unterscheidet er zwei verschiedene Typen von Relationsbegriffen: 1. zweiseitige (korrelative) Begriffe wie „doppelt-halb" oder „heiß-kalt", die Gegensätze sind und sich zugleich wechselseitig aufeinander beziehen; 2. Begriffe, die nur in einer Richtung relativ sind, wie es im Verhältnis zwischen „Wissen" und „Objekt des Wissens" oder „Messen" und „Meßbarem" der Fall ist.

W   Die Kategorien sind als logisch-semantische (nicht als ontologische) Aussagen gedacht. „Die Schrift ist eine Analyse des Wortes als Träger von Begriffsbestimmungen und der semantischen Funktion verschiedener Typen von Wörtern" (Düring, 59).

A   H. P. Cooke, London/Cambridge (Mass.) 1938 (gr.-engl.). L. Minio-Paluello, Oxford 1949.
Ü   K. Oehler, Darmstadt [3]1997 (mit Kommentar). H. G. Zekl. 3 Bde., Hamburg/Darmstadt 1997–1998 (*Organon* gr.-dt.).
L   I. Düring, Aristoteles, 53–109. A. Graeser: Probleme der Kategorienlehre des Aristoteles, in: Studia philosophica 37, 1977/1978, 59–81. G. Patzig: Bemerkungen zu den Kategorien des Aristoteles. in: E. Scheibe / G. Süssmann (Hg.): Einheit und Vielheit. FS Weizsäcker, Göttingen 1973, 60–76. A. Schütze: Die *Categoriae* des Aristoteles und der Logos, Stuttgart 1972. E. Vollrath: Studien zur Kategorienlehre des Aristoteles, Ratingen b. Düsseldorf 1969.

Kategoría pròs tùs synusiastàs kakologíon
„Anklage gegen die Gesellschafter wegen Verleumdung"

Ps.-Lysias

Rede vor Gericht (gr.)

A   C. Hude, Oxford 1912 (Nr. 8).
L   K. J. Dover: Lysias and the Corpus Lysiacum, Berkeley 1968. P. A. Müller: Oratio quae inter Lysiacas fertur octava, Münster 1926.

Kategoría Sokrátus
„Anklage gegen Sokrates"

Polykrates aus Athen, 4. Jh. v. Chr.

Eine als Anklagerede fingierte Polemik gegen Sokrates (gr.), aus der nur Frg. und Testimonien erhalten sind.
Im Jahre 392 v. Chr. verfaßt.

I Polykrates kannte die Argumente der Ankläger von 399 v. Chr. (vgl. →*Apología Sokrátus*). Wie aus Xenophons „Memorabilien" (→*Apomnemoneúmata Sokrátus* 1,1–2), Libanios (→*Apología Sokrátus*) und anderen Testimonien (Isokrates, →*Búsiris* 1–8) hervorgeht, befaßte sich Polykrates vor allem mit dem Anklagepunkt der Jugendverführung.

A J. Baiter / H. Sauppe: Oratores Attici. Bd. 2, 221. L. Radermacher: Artium scriptores, Wien 1951, 128.
L H. Breitenbach: Xenophon von Athen, in: RE 9 A 2, 1966, 1785–1790. A. Chroust: Xenophon and Polycrates, in: CeM 16, 1955, 1–77. E. Gebhardt: Polykrates' Anklage gegen Sokrates, Diss. Frankfurt 1957. U. v. Wilamowitz-Moellendorff: Platon. Bd. 2, Berlin [3]1962, 95–105.

Kat' Epikrátus
„Gegen Epikrates"

Lysias, etwa 450 – etwa 380 v. Chr.

Anklagerede in einem Staatsprozeß (gr.).

I Dem Angeklagten werden Diebstahl und Bestechlichkeit vorgeworfen, die er sich als Beamter während des Korinthischen Krieges (395–386 v. Chr.) zwischen Athen, Theben, Korinth und Argos auf der einen und Sparta auf der anderen Seite habe zuschulden kommen lassen.

A C. Hude, Oxford 1912 (Nr. 28).
Ü K. Brodersen / I. Huber. 2 Bde., Darmstadt 2004–2005 (gr.-dt.).

Kat' Eratosthénus tû genoménu tôn Triákonta
„Gegen Eratosthenes, der zu den Dreißig Tyrannen gehört hatte"

Lysias, etwa 450 – etwa 380 v. Chr.

Von Lysias selbst gehaltene Anklagerede (gr.) vor Gericht gegen Eratosthenes, der als Mitglied der Regierung der Dreißig Tyrannen Ende 404 v. Chr. Lysias' Bruder Polemarchos hatte hinrichten lassen, um an dessen Vermögen zu kommen.
Wahrscheinlich im Herbst 403 v. Chr. gehalten, nachdem die Dreißig Tyrannen im Januar 403 v. Chr. abgesetzt und vertrieben worden waren.

I Im Proömium (1–3) rechtfertigt Lysias sein Auftreten vor Gericht mit dem Hinweis auf die Verbrechen der Dreißig Tyrannen. In der Narratio (4–24) folgen die Darlegung des Tatbestandes (Schilderung des an Polemarchos begangenen Verbrechens) und die Aufstellung des Klagepunktes (Tat des Eratosthenes). Die Argumentatio (Beweisführung) (24–78) berichtet über das Geständnis des Täters, der seine Tat mit Befehlsnotstand begründet. Daneben schildert der Kläger die politische Vergangenheit des Eratosthenes, der sich stets als Feind der Demokratie erwiesen habe. Der Redner zieht daraus den Schluß (79–91), daß der Angeklagte keine Milde verdiene. Im Epilog (92–100) appelliert Lysias an das Pflichtgefühl der Richter und weist auch noch einmal auf die Opfer der Dreißig hin, denen Gerechtigkeit widerfahren müsse.

H Die Rede ist ein Stück Vergangenheitsbewältigung nach dem Ende der Gewaltherrschaft der Dreißig Tyrannen in Athen (404–403 v. Chr.) und der Versuch, einen Mitschuldigen zur Rechenschaft zu ziehen. Lysias erfüllte mit seiner Rede seine heilige Pflicht, an dem Mörder seines Bruders Vergeltung zu üben.

W Die Rede geriet zu einer Anklage gegen die verbrecherische Regierung insgesamt und nicht nur gegen Eratosthenes, der sich zudem noch darauf berufen konnte, nicht zu den radikalsten Regierungsmitgliedern gehört zu haben. Die Rede hatte demnach auch politische Ziele: Mit der Verurteilung des Eratosthenes sollten alle Oligarchen getroffen und politisch vernichtet werden. Die Rede paßt zu dem Versuch der radikalen Demokraten, das zugunsten der Oligarchen erlassene Amnestiegesetz aufzuheben.

A C. Hude, Oxford 1912 (Nr. 12). Th. Thalheim, Leipzig [2]1913.
Ü F. Baur, Stuttgart [3]1887. K. Brodersen / I. Huber. 2 Bde., Darmstadt 2004–2005 (gr.-dt.).
L K. J. Dover: Lysias and the Corpus Lysiacum, Berkeley 1968. A. Lesky, GL, 664–668.

Kat' Ergokléus
„Gegen Ergokles"

Lysias, etwa 450 – etwa 380 v. Chr.

Anklagerede in einem Strafprozeß (gr.).
Gehalten 389 v. Chr.

I Der Feldherr Ergokles wurde beschuldigt, daß er sich nach dem Tod seines Mitfeldherrn Thrasybulos während einer militärischen Operation in Kleinasien (390 v. Chr.) persönlich bereichert habe, als die athenische Flotte aufgrund fehlender Finanzmittel verfiel. Das Urteil lautete: Tod und Konfiszierung seiner Besitztümer.

A C. Hude, Oxford 1912 (Nr. 28).
Ü K. Brodersen / I. Huber. 2 Bde., Darmstadt 2004–2005 (gr.-dt.).

Kat' Euándru
„Gegen Euandros"

Lysias, etwa 450 -380 v. Chr.

Anklagerede in einem Strafprozeß (gr.).

I Die Rede setzt sich mit Verbrechen auseinander, die während der Gewaltherrschaft der Dreißig Tyrannen (404–403 v. Chr.) begangen und trotz des Amnestiegesetzes noch verfolgt wurden. Vgl. auch →*Kat' Eratosthénus tû genoménu tôn Triákonta*. – Anlaß der Rede war die Prüfung der Frage (*dokimasía*), ob der ausgeloste Beamte auch der Übernahme des Amtes würdig sei.

A C. Hude, Oxford 1912 (Nr. 26).
Ü K. Brodersen / I. Huber. 2 Bde., Darmstadt 2004–2005 (gr.-dt.).

Kat' Euérgu kaì Mnesibúlu pseudomartyriôn
„Gegen Euergos und Mnesibulos wegen Falschaussage vor Gericht"

Ps.-Demosthenes

Anklagerede (gr.).

A W. Rennie, Oxford 1931 (Nr. 47).

Kat' Eunomíu
„Gegen Eunomios"

Basileios der Große aus Kaisareia, um 330–379 n. Chr.

Dogmatisch-polemisches Werk in drei B. (gr.). Entstanden 363/364 n. Chr.

I Die Schrift richtet sich gegen die arianische Theologie des Eunomios (gest. 392/395 n. Chr.), der u. a. die These von der Homousie, der Wesensgleichheit des Sohnes mit dem Vater, nicht anerkannte. Der Logos ist für Eunomios eine schöpferische Kraft, die gesetzgebende Weisheit des Vaters. Nur der eine Gott sei ungeworden, der Logos sei ebenso geschaffen wie der Sohn. – Basileios hält Aussagen über das Wesen Gottes für unzulässig: Gott sei nur aus seinen Werken zu erkennen, und darin werde nur seine Macht, nicht sein Wesen erkennbar.

A PG 29, 498–774. B. Sesboué, Paris 1982 (gr.-frz.).
L KNLL 2, 291.

Katharmoí
„Reinigungen"

Empedokles aus Akragas, um 483 – um 423 v. Chr.

Nur in Frg. erhaltenes philosophisches Epos in daktylischen Hexametern über ethische Grundfragen (gr.).

I Empedokles beschreibt das Schicksal seiner eigenen Seele und der menschlichen Seele im allgemeinen, die er als gefallenen „Daimon" begreift. Weil sich dieser gegenüber seinesgleichen versündigt hatte – der Streit brachte das Böse in die Welt –, wurde er zur Existenz in unterschiedlichen Lebewesen verurteilt. Nach unendlich langer Zeit der Seelenwanderung kann die Seele geläutert („gereinigt") werden und ihr ursprünglich göttliches Dasein wiedergewinnen. Daraus folgt, daß auch die Menschheit insgesamt das „Goldene Zeitalter" der Liebe, der Aphrodite, in dem vollkommene Harmonie herrscht, wiedergewinnen könnte, wenn sie sich (z. B. durch Askese) besserte.

Q Die Frg. zeigen, daß Empedokles in der Nachfolge Hesiods (→*Theogonía*) steht. Die Nähe zur Orphik und zu Pythagoras (Lehre von der Seelenwanderung) ist offenkundig.

H Empedokles ist wohl als Arzt und Wundertäter durch die Städte gezogen, hat den Menschen geholfen und sie belehrt, um ihnen das Heil zu bringen. Er wurde von ihnen verehrt und bewundert, war als Politiker tätig und starb in der Verbannung.

W Die *Katharmoí* können als prophetischer Aufruf an die Menschen zu verstehen sein: Sie sollen ein im pythagoreischen Sinne reines Leben führen.

N Die Seelenlehre und Ethik des Empedokles haben auf die platonische Philosophie stark eingewirkt (z. B. auf Platons Leib-Seele-Dualismus). – Durch die (anekdotischen) Berichte und Legenden über sein Leben hat Empedokles Hölderlins Empedokles-Tragödie angeregt.

A Kirk / Raven / Schofield, 309–353. F. J. Weber, Paderborn 1988, 150–181 (mit Kommentar). M. R. Wright, New Haven 1981. VS 31 B 112–153.
Ü W. Capelle: Die Vorsokratiker, Stuttgart [4]1953, 181–249. J. Mansfeld, Stuttgart 1987 (gr.-dt.). VS 31 B 112–153 (gr.-dt.).
L E. Bignone, 1916. J. Bollack: Empédocle. 4 Bde., Paris 1965–1969. C. J. Classen: Empedokles, in: RE Suppl. 12, 1970. 241 ff. W. Kranz: Empedokles, antike Gestalt und romantische Neuschöpfung, Zürich 1949. W. Schadewaldt: Die Empedokles-Tragödie Hölderlins (1956), in: H & H, 753–766. W. Schadewaldt, DAdPh, 433–453.

Katholikè prosodía
„Allgemeine Aussprache (des Griechischen)"

Ailios Herodianos aus Alexandreia, 2. Hälfte des 2.
Jh.s n. Chr.

Nur in Frg. erhaltenes Werk (gr.), das nach antiken
Angaben die Akzentuierung von sechzigtausend gr.
Wörtern angab.
Das Werk entstand in Rom unter Kaiser Mark Au-
rel (reg.161–180 n. Chr.) und ist diesem gewidmet.

I In den ersten 19 des 21 B. umfassenden Werkes behandelt der Autor die Regeln (*kanónes*) der
Prosodie und der Akzentuierung (*prosodíai kaì tó-
noi*). Im 20. B. geht er auf die Quantitäten (*chrónoi*)
und die Spiritus (*pneúmata*) ein. Im 21. B. befaßt er
sich mit Besonderheiten der Akzentuierung bei
fortlaufendem Lesen (z. B. bei Enklitika und bei
der Synalöphe).
Q Herodian setzt die wichtigen Vorarbeiten der
alexandrinischen Grammatiker Aristarchos aus Samothrake (→*Hypomnémata*) und Tryphon
(→*Grammatiká*) voraus.

A A. Lentz. 2 Bde., 1867–1870. M. Schmidt, Jena 1860,
Nachdr. Hildesheim 1983.
L A. Lesky, GL, 992 f. H. Schultz, RE 8, 1, 1912, 959–
973.

Katholische Briefe

Diverse Autoren (1.-2. Jh. n. Chr.)

Briefe des →*Novum Testamentum* (gr.).

I Gemeint sind die neutestamentlichen Briefe,
die nicht wie die Paulus-Briefe nach ihren Adressaten, sondern nach ihren angeblichen Absendern benannt sind: (1) ein Brief des *Jacobus*, (2) zwei Briefe
des *Petrus*, (3) drei Briefe des *Johannes* und (4) ein
Brief des *Judas*. – Die Briefe sind spät zu einem festen Corpus zusammengebracht. Erst Eusebios
bezeichnet die Sammlung geschlossen als „Katholische Briefe" (um 325 n. Chr.). – Das theologische
Gedankengut der Texte, von denen wohl nur der 2.
und 3. Brief des Johannes echte Briefe sind, ist traditionell und hat zu keiner theologischen Neubesinnung geführt. – Das übergreifende Ziel der „Briefe"
ist die Aufforderung zu einem christlichen Lebenswandel. – Zu 1: Der *Jacobus*brief ist eine Sammlung
von Ermahnungen in der paränetischen Tradition
des Judentums, aber auch der Griechen. Bedeutsam
ist die Erörterung der Paulinischen These, daß die
Rechtfertigung allein aus dem Glauben möglich sei
(2,14–26). Jacobus hält dagegen, daß der Mensch
auch aus seinen Werken gerechtfertigt wird und
nicht allein aus dem Glauben. Jacobus versteht unter „Werken" die Werke der Nächstenliebe, durch
die der Mensch gerecht werde. Der Glaube allein
reiche nicht aus. Jacobus will damit der Vernachlässigung eines sittlichen Lebenswandels entgegenwir-

ken, die durch die Auffassung von der Rechtfertigung allein aus dem Glauben möglich werde. – Zu
2: Der 1. *Petrus*brief ist an Heidenchristen gerichtet.
die als Christen in der Welt heimatlos sind und ihre
besondere Stellung und Sendung in Staat und Gesellschaft begreifen müssen. Er enthält eine Reihe
von Anspielungen auf die Taufe, mit denen die
Adressaten als Neubekehrte ausgewiesen sind. Die
Ausführungen über das Leiden lassen dieses an einigen Stellen des Briefes als möglich, an anderen Stellen als unumgängliche Tatsache erscheinen. Die
Adressaten werden als Christen verfolgt; wahrscheinlich handelt es sich um die Christenverfolgung durch Kaiser Domitian (90–95 n. Chr.). In dieser Zeit dürfte der Brief geschrieben sein, um die
Christen zur Standhaftigkeit zu ermahnen. – Der 2.
*Petrus*brief, der wohl erst um 150 n. Chr. verfaßt
wurde und somit zu den jüngsten Schriften des
Neuen Testaments gehört, geht auf die Kritik an
der traditionelle Eschatologie ein. Die urchristliche
Hoffnung auf eine baldige Parusie hat mit anderen
Zeitbegriffen zu rechnen, als es die Kritiker tun. –
Zu 3: Der 1. *Johannes*brief ist ein Manifest an die
gesamte Christenheit. Wichtig ist die Bekämpfung
der Lehre, die einen Unterschied macht zwischen
dem himmlischen Christus und Gottessohn auf der
einen und dem irdischen Menschen Jesus auf der
anderen Seite (vgl. 2,22 f.). Der Autor besteht auf
der Identität des Gottessohnes mit dem irdischen
Jesus. – Der 2. *Johannes*brief fordert zur Liebe der
Menschen untereinander und zu einem Leben nach
den Geboten auf. – Der 3. *Johannes*brief lobt einen
gewissen Gaius, den Adressaten, für seinen Umgang mit reisenden Brüdern; er solle diese auch in
Zukunft aufnehmen und sie für ihre Missionstätig-
keit unterstützen. – Zu 4: Im Mittelpunkt des *Judas*-
briefes steht eine Mahnrede, die zugleich eine Polemik gegen christliche Irrlehrer (Gnostiker) ist. Die
Adressaten sollen um jeden Preis an ihrem traditionellen Glauben festhalten.

A E. Nestle / K. Aland: Novum Testamentum Graece,
Stuttgart (25)1962, Nachdr. 1971.
Ü Einheitsübersetzung der Heiligen Schrift, Stuttgart
1980, 1073–1395 (mit ausgezeichneten Einführungen in die
einzelnen Schriften des Neuen Testaments).
L H. Balz / W. Schrage: Die katholischen Briefe, Göttingen (2)1980. KNLL 18, 297–303. J. Schneider: Die Briefe
des Jacobus, Petrus, Judas und Johannes, Göttingen
(3)1961. P. Vielhauer: Geschichte der urchristlichen Literatur, Berlin u. a. 1975, 460–481; 567–599. H. Windisch / H.
Preisker: Die katholischen Briefe, Tübingen (3)1951.

Kat' Olympiodóru blábes
„Gegen Olympiodoros wegen Schädigung"

Ps.-Demosthenes

Gerichtsrede (gr.).

A W. Rennie, Oxford 1931 (Nr. 48).

Katoptriká / Catoptrica
„Ausführungen über den Spiegel"

Heron aus Alexandreia, 1. Jh. n. Chr.

Theorie des Spiegels (lat.). Das gr. Original ist nicht erhalten. Die Kenntnis der Schrift stützt sich auf eine lat. Übersetzung aus dem Mittelalter. In dieser wird der letzte große Astronom Klaudios Ptolemaios (2. Jh. n. Chr.) fälschlich als Autor genannt.

I „Nach einem kurzen Bericht über frühere Theorien wird das Phänomen der Brechung diskutiert, wobei die Annahme des kürzesten Lichtweges zur Erklärung bestimmter Effekte benutzt wird. Danach werden verschiedene Arten von Spiegeln erläutert, der flache Spiegel, der konkave und der konvexe sowie einige besondere Anordnungen, die nützlich sind für Trickeffekte" (Landels, 251).

A W. Schmidt / L. Nix / H. Schöne / J. L. Heiberg. 5 Bde., Leipzig 1899–1914 (mit Übersetzung). *Catoptrica* in Bd. 2, 1901.
L J. G. Landels: Die Technik in der antiken Welt, München 1979, 241–253. J. Man: Heron, in: DKP 2, 1106–1109. K. Tittel, RE 8, 1912, 992–1080.

Kat' Origénus
„Gegen Origenes"

Eustathios aus Antiocheia, gest. vor 337 n. Chr.

Exegetische Abhandlung (gr.).
Wahrscheinlich vor 325 n. Chr. verfaßt.

I Ein ansonsten unbekannter Eutropios wünschte sich eine neue Auslegung der Erzählung von der „Hexe von Endor". Eutropios war mit der Auslegung des Origenes nicht einverstanden, der gefordert hatte, der Bericht im 1. Buch Samuel 28, daß Samuel durch die Beschwörung der Zauberin aus der Unterwelt gekommen und Saul erschienen sei, müsse wörtlich genommen werden. Dieser Deutung widerspricht Eustathios: Die Erscheinung von Samuel sei ein vom Teufel hervorgerufener Trug. Eine Hexe habe keinen Toten aus der Unterwelt holen können.
W „Eustathios wirft Origenes vor, an dieser Stelle zwar die wörtliche Auslegung in Anspruch genommen, sonst aber die historische Interpretation ganz außer acht gelassen und nur nach dem höheren Sinn der Schriftstellen geforscht zu haben. Durch diese oft willkürliche Allegorik habe er dem Alten und Neuen Testament den historischen Charakter genommen" (M. Zelzer, 336).

A E. Klostermann: Eustathius und Gregor v. Nyssa über die Hexe von Endor, Bonn 1912. PG 18.
L F. Scheidweiler: Zu der Schrift des Eustathius v. Antiochien über die Hexe von Endor, in: RhM 96, 1953, 319–329. M. Zelzer, KNLL 5, 335f.

Kephálaia praktikà gnóseos kaì diakríseos pneumatikês
„Auf das praktische Leben bezogene Kapitel über die geistliche Einsicht und Erkenntnis"

Auch lat. zitiert als *Capita centum de perfectione spirituali* („Hundert Kapitel der geistlichen Vollkommenheit").

Diadochos, Bischof von Photike in Epeiros, gest. vor 486 n. Chr.

Abriß des geistlichen Lebens (gr.).

I Diadochos übernimmt zwar messalianische Vorstellungen und Begriffe, unterscheidet sich aber in einigen Punkten von der Lehre der Messalianer, einer enthusiastisch-spiritualistischen Bewegung, die um 350 n. Chr. in Syrien auftritt und sich nach Kleinasien ausbreitet: „Dieser Messalianismus ist ein manichäisch beeinflußter aszetischer Dualismus, der die erlebbare Einwohnung des Teufels auch im getauften Menschen zu überwinden lehrt durch das in beständigem Gebet erreichte mystische Erfaßtsein von der Gnade" (H. Rahner, LThK 7, 319). So setzt Diadochos der messalianischen Lehre von der Spürbarkeit der Gnade die „geistige Wahrnehmung" als Organ zur Unterscheidung des Göttlichen und des Dämonischen bei sinnlich wahrnehmbaren mystischen Erscheinungen entgegen. – Im übrigen befaßt sich die Schrift mit Themen der Weisheit und Gottesliebe, dem Leib-Seele-Dualismus und dem daraus hervorgehenden asketischen Ringen, mit dem Gehorsam, der Mäßigkeit und anderen christlichen Tugenden sowie mit Fragen der Beschauung und Gnade.
N In der gr. Kirche waren die *Capita* sehr beliebt und wurden häufig zitiert. Sie haben in der Geschichte der byzantinischen Mystik eine wichtige Rolle gespielt.

A PG 65, 1167–1212 (lat.). É. des Places, SC 5 1955. J. E. Weis-Liebersdorf, Leipzig 1912 (gr. und lat.).
L E. Dörr: D. v. Photike und die Messalianer, Freiburg 1937. H. C. Graef: Diadochos, in: LThK 3, 318. Tusculum – Lexikon, s. v. Diadochos.

Kestoí
„Stickereien"

Iulius Africanus, um 200 n. Chr.

Sammelwerk in 24 B. (gr.), aus denen Frg. erhalten sind.

I Der Titel „Stickereien" bezeichnet den „bunten" Inhalt der Schrift. Es handelt sich um ein Werk der „Buntschriftstellerei" wie z. B. auch die →*Noctes Atticae* des Gellius, die →*Stromáteis* des Clemens Alexandrinus, die →*Deipnosophistaí* des Athenaios oder die →*Eklogaí* des Stobaios. Der „bunte" Inhalt des Werkes besteht aus Wissenswertem aus dem Kriegswesen, der Medizin, der Chemie, der Magie, der Meßlehre, dem Landbau, der Botanik und dem Bereich der „Paradoxa", d. h. der Seltsamkeiten und Absonderlichkeiten der empirischen Welt.

A Pap. Oxyrhynchus 3, 1903, 412. PG 10, 63–94. J. R. Vieillefond, REG 46, 1933, 197–203.
L W. Kroll, RE 10, 1, 1918, 118–122.

Kirchengeschichte →Historía ekklesiastiké (Euagrios, Eusebios, Philostorgios, Sokrates, Sozomenos, Theodoretos)

Kleine Ilias →Epikòs kýklos

Kleitophôn
(Name eines Dialogpartners des Sokrates)

Ps.-Platon (vielleicht ein unzufriedener Schüler Platons)

Sokratischer Dialog (gr.).

I Der Dialog setzt möglicherweise die →Politeía (zumindest B. 1) voraus, wo Kleitophon als Begleiter des Thrasymachos auftritt. – Sokrates wird zunächst einmal als ein Philosoph dargestellt, der von oben herab zu den Leuten predigt (vgl. 407a). Aber Kleitophon will sich nicht mit dem paränetisch-autoritativen Sprechen des Sokrates befassen, sondern sein elenktische Prüfen unter die Lupe nehmen. Er referiert also ein in seinen Augen typisches protreptisches Gespräch, das zu der Überzeugung führen soll, daß die aretê lehrbar sei und daß man sich deshalb vor allem um die „Fürsorge" für sich selbst kümmern müsse. Dazu gehöre ein Wissen vom richtigen Gebrauchen der Dinge. Folgerichtig wird im weiteren darauf hingewiesen, daß das Wissen vom richtigen Gebrauch für das politische Leben und die politische aretê von entscheidender Wichtigkeit sei. Offen bleibt allerdings, was eigentlich das „Werk" (érgon) der aretê ist. Oder ist es die Fähigkeit zum richtigen Gebrauch aller Dinge wie auch der eigenen Seele?

W Der Autor greift die Protreptik des Sokrates an, weil Sokrates sich nur auf „Protreptik" verstehe und darüber hinaus nichts Positives zu lehren habe. Der Kleitophôn „reißt ... die Gedankengänge der Jugenddialoge planmäßig zusammen. Das Nichtwissen, welches den Anspruch eines unbedingten Heilswissens enthält, kehrte in immer neuer Form und immer dringlicher wieder. Hier geht ausdrücklich (thematisch) die ganze Darstellung darauf aus, das Ungenügende dieser Behandlung vor Augen zu rücken und Antwort zu verlangen" (Wichmann, 150). – Aber man kann dieses Ungenügende auch anders deuten: „Wie im Hippías I, so wird Sokrates auch hier durch einen in sokratischer Weise Fragen stellenden (cf. Kleit. 408d1) Elenktiker seiner Un-

wissenheit und Unzulänglichkeit überführt und mit Vorwürfen belastet. Sokrates ist sich hier wie dort seiner Unzulänglichkeit von vornherein bewußt und gesteht sie auch ein, so daß die Vorwürfe auf jeden anderen eher zutreffen als auf Sokrates. Im Hippías I fehlt es nicht Sokrates, sondern Hippias an dem gesuchten Wissen; und so spricht im Kleitophôn die Kritik gegen Kleitophon, der unfähig ist, Sokrates richtig zu verstehen. Ja, bei genauerem Hinsehen zeigt sich, daß gerade aus den Vorwürfen die Rechtfertigung und Bewährung des sokratischen Wirkens hervorgeht" (Gaiser, 141). Die elenktischen Gespräche des Sokrates waren im allgemeinen (→Apomnemoneúmata 1,4,1) dem Mißverständnis ausgesetzt, „als ob das Wirken des Sokrates sich auf protreptische Erschütterung und Hinwendung zum Lernen beschränke, für sich alleine aber unzulänglich sei .... im Kleitophôn aber wird es zurückgewiesen, indem das sokratische Sprechen in seinem Anschluß an die (bzw. in seiner Verwechslung mit der) sophistische Protreptik ganz ausdrücklich fragwürdig gemacht und kritisiert wird ... Offenbar soll die ‚Karikatur' zeigen, daß das sokratische Sprechen bei Platon, wenn man es im Sinne der gewöhnlichen Protreptik versteht, unzulänglich und nichtssagend ist, daß es aber von der besonderen Wesens- und Entstehungsart des philosophischen aretê-Wissens her eine sachlich-notwendige und paideutisch-wirksame, in einem neuen Sinn protreptische Bedeutung erhält" (Gaiser, 141).

A C. Del Grande, Neapel 1932 (mit Kommentar). J. Souilhé. Bd. 13. 2, Paris (3)1963, 163–190.
Ü E. Loewenthal. Bd. 1, Darmstadt 2003.
L P. Friedländer: Platon. Bd. 2, Berlin (3)1964, 45 f. K. Gaiser: Protreptik und Paränese bei Platon. Untersuchungen zur Form des platonischen Dialogs, Tübingen 1959, 140–147. J. Geffken: Das Rätsel des Kleitophon, in: Hermes 68, 1933, 429–439. G. M. A. Grube: The Cleitophon of Plato: in: CPh 26, 1931, 302–308. H. Kesters: De authenticiteit van den Kleitophon, in: Philolog. Studien 6, 1935, 161–189. J. Pavlu: Der pseudoplatonische Kleitophon, Programm des Staatsgymnasiums in Znaim 1909. B. Stumpo: Sull' Autenticità del Clitofonte, in: Giorn. crit. della filos. ital. 1, 1920, 408–419. O. Wichmann: Platon. Ideelle Gesamtdarstellung und Studienwerk, Darmstadt 1966, 148–151.

Klerúmenoi
„Die Losenden"

Diphilos aus Sinope, 2. Hälfte des 4. Jh.s v. Chr.

Nur in der Bearbeitung durch Plautus, →Casina, erhaltene Komödie (gr.).

A FAttCom 3, 96–155.
L W. H. Friedrich: Euripides und Diphilos. Zetemata 5, 1953. A. Lesky, GL, 746 f. T. B. L. Webster: Studies in Later Greek Comedy, Manchester 1953, 153–183.

Kölner Epode →Íamboi (Archilochos)

König Ödipus →Oidípus týrannos (Sophokles)

Kólax
„Der Schmeichler"

Menandros aus Athen, 342–291 v. Chr.

Komödie, nur in Frg. faßbar (gr.).

I Zwei junge Männer – Pheidias und Bias – streiten sich um ein Mädchen, das ein Kuppler in seiner Hand hat. Beide werden von einem schmeichlerischen Parasiten – Gnathon und Struthias – begleitet. Durch eine List des Gnathon gelingt es, das Mädchen in das Haus des Pheidias zu bringen, obwohl der Kuppler es dem neureichen Bias überlassen wollte. Dieser belagert das Haus des Pheidias. – Wie die Geschichte ausging, ist unbekannt.

L F. G. Allinson, London/Cambridge (Mass.) [2]1930. Ch. Jensen, Berlin 1929. A. Körte / A. Thierfelder, Leipzig [4]1957. J. van Leeuwen: Leiden [3]1919. F. H. Sandbach, Oxford 1972.
Ü G. Goldschmidt, Zürich 1949. K. und U. Treu, Leipzig 1975.
L KNLL 11, 521 f. W. E. J. Kuiper: De Menandri *Adulatore*, in: Mnemosyne 2/59, 1932, 165–183. T. B. L. Webster: Studies in M., Manchester [2]1960, 67–76.

Kolophoniaká →Aitoliká (Nikandros)

Kómes enkómion →Phalakrías enkómion (Synesios)

Kommentare

Anicius Manlius Severinus Boethius aus Rom, etwa 480–524 n. Chr.

Kommentare zu philosophischen Schriften (lat.).

I Außer seinen →„Kommentaren zu Aristoteles" verfaßte Boethius Kommentare zu folgenden Werken: (1) Cicero, *Topica* (→*Ad Gaium Trebatium Topica*. (2) Porphyrios, →*Eisagogè eis tàs Aristotélus Kategorías*. Der Kommentar zur *Eisagogé* liegt in zwei Fassungen vor: einer einfacheren in zwei B. und einer anspruchsvolleren in fünf B. Die erste Fassung des Kommentars zur →*Eisagogé* bezieht sich auf die Übersetzung des Marius Victorinus, die zweite auf eine eigene Übersetzung des Porphyrios-Textes.

A S. Brandt / G. Schepps, CSEL 48, 1906 (*In Isagogen Porphyrii commenta*). I. C. Orelli / I. G. Baiter: Ciceronis Opera 5. 1, Zürich 1833, 270–388 (*In Topica Ciceronis*).
L L. Adamo: Boezio e Mario Vittorino traduttori e interpreti dell' *Isagoge* di Porfirio, in: RSF 22, 1967, 141–164. J. Bidez: Boèce et Porphyre, in: RBPhH 2, 1923, 189–201.

A. Guzzo: L' *isagoge* di Porfirio e i commenti di Boezio, Turin 1934.

Kommentare

Hesychios aus Jerusalem, 5. Jh. n. Chr.

Erläuterungen und Randbemerkungen (gr.) zu biblischen Schriften.

I (1) Kommentar zu Leviticus in 7 B.. (2) Kommentar zu Iob (armenisch). (3) Glossen zu Isaias und zu den „Kleinen Propheten". (4) Glossen zu den Psalmen. (5) Reste eines Psalmenkommentars. (6) Glossen zu 13 Hymnen des Alten und des Neuen Testaments. (7) Predigten. (8) Sammlung von Schwierigkeiten und Lösungen aus der Evangelien-Harmonistik. (9) Scholienkommentar zu den Psalmen.

A (1) PG 93, 787–1179. (2) Ch. Tscherakian, Venedig 1913. (3) M. Faulhaber, Freiburg 1900. (4) PG 27, 649–1344. (5) PG 93, 1179–1340 und 55, 711–784. (6) V. Jagic: Supplementum Psalterii Bononiensis, Wien 1917, 301–320. (7) PG 93, 1453–1480. (8) PG 93, 1391–1448. (9) V. Jagic (s. o.).
L K. Jüssen, LThK 5, 308 f.

Kommentare

Origenes, etwa 184–254 n. Chr.

Erläuterungsschriften (gr.) zur Bibel.

I Es handelt sich um hochgelehrte, wissenschaftliche Arbeiten, die der Texterklärung dienen. Abweichende Meinungen werden ausführlich diskutiert. Dogmatischen Fragen wird in Exkursen nachgegangen. Zahlreiche Parallelen zu heidnischen und christlichen Schriften werden sichtbar gemacht. – Origenes stellt sich in die Tradition der allegorischen Textauslegung, wie sie z. B. in der alexandrinischen Homererklärung praktiziert und von der stoisch-platonischen Philosophie theoretisch begründet wurde. So ließ sich dieselbe Geschichte leicht auf unterschiedliche Weise interpretieren. Vgl. Cornutus, →*Epidromè tôn katà tèn Hellenikèn theologían paradedoménon*. – „Origenes suchte solcher Mehrdeutigkeit durch die Systematisierung der Methode zu entgehen. Er lehrte, daß die Bibel einen dreifachen Sinn besitze, den er in Anlehnung an die platonische Anthropologie bestimmte. Zuerst gilt es, den körperlich-buchstäblichen, also grammatisch-historischen Sinn eines Bibeltextes zu ermitteln, darauf den psychischen oder moralischen und zuletzt den pneumatischen oder geistlichen ... Origenes' allegorische Methode hat eine ungeheure Nachwirkung gehabt. Die uns fremdartig anmutende Verfahrensweise verliert an Seltsamkeit, wenn man einmal ihre lange Vorgeschichte, zum anderen den sakralen Charakter der erklärten Texte und endlich den Umstand berücksichtigt, daß es kaum einen poetischen oder literarischen Text gibt, der nicht mehr bedeuten will, als sein Wortlaut im Zusammenhang umgangssprachlicher Rede verrät" (Dihle, 347). Vgl. auch die →*Lógoi* des Origenes.

A PG 11–17. Th. Heither: Commentarii in epistulam ad Romanos/Römerbriefkommentar. FC 2/1–5 (gr./lat.-dt.).
L A. Dihle, GLL, 344–349. H. Dörrie: Origenes, in: dtv-L 1. 3, 256–258.

Kommentare

Syrianos, Leiter der platonischen Akademie, 5. Jh. n. Chr.

Erläuterungsschriften (gr.) zu verschiedenen Autoren: Aristoteles (→*Tà metà tà physikà*), Hermogenes (→*Téchne rhetoriké*).

A CAG 6, 1902 (zu Aristoteles). H. Raabe, Leipzig 1892–1893 (zu Hermogenes).
L K. Praechter, RE 4 A 2, 1932, 1728–1775.

Kommentare

Domitius Ulpianus aus Tyros, um 200 n. Chr.

Kommentare zu privatrechtlichen Bestimmungen (lat.).

I Ulpian verfaßte 81 B. zum praetorischen Edikt (*Ad edictum*), 2 B. zum aedilischen Edikt (*Ad edictum aedilium curulium*) und 51 B. zu Sabinus (*Ad Sabinum*), der als bedeutender Jurist des 1. Jh.s n. Chr. eine Darstellung des „Bürgerlichen Rechts" und einen Kommentar zum Edikt des Stadtpraetors (*praetor urbanus*) verfaßt hatte. – Die Edikte der röm. Magistrate waren zunächst mündlich, dann schriftlich verkündete gesetzliche Bestimmungen, die nur für die Amtszeit des verkündenden Magistrats gültig waren, in der Regel jedoch von dem jeweiligen Nachfolger im Amt erneuert wurden; die Edikte des *Praetor urbanus* und der kurulischen Aedilen waren für die Entwicklung des bürgerlichen Rechts von besonderer Bedeutung. – Unter Hadrian (reg. 117–138) erlischt das Recht der Magistrate, Edikte zu verkünden, das *ius edicendi*. Die magistratische Rechtssetzung wird aber durch die Rechtsgelehrten (wie z. B. Ulpian) als Rechtsquelle fortentwickelt. – Weitere privatrechtliche Kommentare beziehen sich auf familienrechtliche Fragen, die z. T. bereits durch augusteische Gesetze geregelt waren (*De sponsalibus*, „Über das Verlöbnis"; *Ad legem Iuliam et Papiam*, „Zur *Lex Iulia* und zur *Lex Papia*", die die Ehelosigkeit verbot; *Ad legem Iuliam de adulteriis coercendis*, „Zur *Lex Iulia* über die strafrechtliche Verfolgung von Ehebruch"). – Ein Drittel der Digesten (→*Corpus iuris civilis*) besteht aus Auszügen, die den Kommentaren und anderen Schriften des Ulpian entnommen wurden.

A →*Corpus iuris civilis*.
L M. v. Albrecht, RL, 1195f. P. Frezza: La cultura di Ulpiano, in: Studia et documenta historiae et iuris 34, 1968, 363–375. M. Fuhrmann, Spätantike, 316 bis 324. P. Jörs: Domitius Ulpianus, in: RE 5, 1, 1903, 1435–1509. P. Krüger: Geschichte der Quellen und Literatur des römischen Rechts, München (2)1912, 239–250. D. Liebs: Die juristische Literatur, in: NHbL. Römische Literatur, 195–208. E. Seidl: Römische Rechtsgeschichte und römisches Zivilprozeßrecht, München (3)1971, 217–221.

Kommentare zu Aristoteles

Alexandros aus Aphrodisias, 2. – 3. Jh. n. Chr.

Erläuterungsschriften zu verschiedenen Werken des Aristoteles (384–322 v. Chr.).
Erhalten sind Kommentare zu (1) den *Analytica priora* (→*Analytiká*), (2) den →*Meteorologiká*, (3) zu *De sensu* (→*Parva naturalia*), (4) zur „Metaphysik" und (5) zu den →*Topiká*. – „Seine Interpretation ist streng aristotelisch-orthodox und stark antiplatonisch, was ihn nicht selten unwillkürlich vom aristotelischen Standpunkt abweichen läßt" (Moraux, 98). Weil Alexander bestrebt ist, Aristoteles gegen Platon deutlich abzugrenzen, übersieht er oft die erheblichen Gemeinsamkeiten zwischen Platon und Aristoteles.

A CAG 1–3, 1883–1891 und Supplementum Aristotelicum 2, 1887–1892.
L P. Moraux: Der Aristotelismus bei den Griechen von Andronikos bis A. Bd. 2, Berlin 1984. P. Moraux: Alexander von Aphrodisias, in: dtv-L 1. 1, 97f.

Kommentare zu Aristoteles

Ammonios Hermeiu („Sohn des Hermeias"), um 500 n. Chr.

Aristoteles-Interpretationen aus der neuplatonischen Schule (gr.).

I Ammonios, Oberhaupt der neuplatonischen Schule in Alexandreia, verfaßte Kommentare zu den →*Kategoríai*, zu den *Analytica priora* (→*Analytiká*) und zu →*Perì hermeneías*, ferner zur →*Eisagogè eis tàs Aristotélus Kategorías* des Porphyrios. – Der Kommentar zu *Perì hermeneías* ist der einzige, der vom Autor zur Veröffentlichung bestimmt war. Die anderen sind Nachschriften von Vorlesungen. – Bei der Abfassung des Hermeneutik-Kommentars schöpfte Ammonios weitgehend aus den verlorenen Kommentaren des Alexander aus Aphrodisias, des Porphyrios, des Iamblichos und des Syrianos. Ferner verarbeitete er Stoff aus den Vorlesungen seines Lehrers Proklos. Der Kommentar enthält den gesamten Text der aristotelischen Hermeneutik, d. h. die älteste überlieferte Textfassung.

A CAG 4. 3, 1891 (zur *Eisagoge* des Porphyrios). CAG 4. 4, 1895 (zu den „Kategorien"). CAG 4. 5, 1897 (zu *Perì hermeneías*). CAG 4. 6, 1899 (zu den *Analytica priora*).

L L. Tarán: Anonymous Commentary on Aristotle's *De interpretatione* (Codex Parisinus Graecus 2064), Meisenheim am Glan 1978. H. Weidemann: Aristoteles. *Perì hermeneías*, Berlin 1994, 71–75.

Kommentare zu Aristoteles

Anicius Manlius Severinus Boethius aus Rom, etwa 480–524 n. Chr.

Kommentare (lat.) zu Schriften des Aristoteles. Verfaßt nach 510 n. Chr.

I Boethius schrieb Kommentare zu (1) →*Perì hermeneías* (*Commentarii in librum Aristotelis Perì hermeneías*), zu (2) den →*Kategoríai* des Aristoteles, zu (3) den →*Topiká*, zu (4) den →*Sophistikoì élenchoi*, ferner Scholien (gelehrte Anmerkungen) zu (5) den *Analytica priora* (→*Analytiká*). – Der Kommentar zu *Perì hermeneías* liegt in zwei Fassungen vor: einer einfacheren in zwei B. für die Anfänger und einer anspruchsvolleren in sechs B. für fortgeschrittene Leser.

W In der Vorrede zum Kommentar zu der aristotelischen Schrift *Perì hermeneías* (*De interpretatione*) spricht Boethius über den Gesamtplan seiner Arbeit. Er will ein *Órganon* der gesamten Philosophie in lat. Sprache vorlegen, in dem sich Übersetzungen und Erläuterungen gegenseitig stützen sollen. „Ich will das ganze Werk des Aristoteles, soweit es mir erreichbar ist, ins Römische übertragen und seine sämtlichen Äußerungen in lateinischer Sprache gewissenhaft vorlegen. Alles, was Aristoteles zur schwierigen Kunst der Logik, über das ernste Gebiet der sittlichen Erfahrungen und zur exakten Erfassung der natürlichen Dinge überhaupt geschrieben hat, werde ich in richtiger Ordnung übersetzen. Außerdem will ich dies alles durch klärende Erläuterungen verständlich machen. Und ich möchte Platons sämtliche Dialoge übersetzen und gleichfalls erläutern und so in lateinischer Gestalt vorlegen. Ist dies geschehen, werde ich mich's nicht verdrießen lassen, weiterhin nachzuweisen, daß die aristotelischen und platonischen Anschauungen durchaus zusammenstimmen und keineswegs, wie eine verbreitete Auffassung will, zueinander in völligem Widerspruch stehen; ich werde vielmehr zeigen, daß sie in den meisten und gerade in den philosophisch entscheidenden Punkten miteinander übereinstimmen. Das ist die Aufgabe, der ich mich widmen will..." (*Comm. in librum Aristotelis Perì hermeneías* B. 2, *praef.*, zitiert nach v. Campenhausen, 229).

N Die Kommentare des Boethius waren das Vorbild für die mittelalterlichen Aristoteles-Kommentare. Mit seinen Übersetzungen prägte Boethius die philosophische Terminologie des Mittelalters.

A L. Minio-Paluello, in: Aristoteles Latinus 1, 1–5, Leiden 1961, 1–41 („Kategorien"). L. Minio-Paluello, in: Aristoteles Latinus 2, 1–2, Leiden 1965, 1–38 (*Perì hermeneías*) L. Minio-Paluello, in: Aristoteles Latinus 3, 1–4, Leiden 1962, 1–139; 143–191 (*Analytiká*). L. Minio-Paluello / B. G. Dod, in: Aristoteles Latinus 5, 1–3, Leiden 1969, 1–179 (*Topiká*). B. G. Dod, in: Aristoteles Latinus 6, 1–3, Leiden 1976, 1–60 (*Sophistikoì élenchoi*). C. Meiser: Anicii Manlii Severini Boethii commentarii in librum Aristotelis *Perì hermeneías*, Leipzig 1877 und 1880.

L J. L. Ackrill: Aristotle's *Categories* and *De interpretatione*, Oxford 1963. M. v. Albrecht, RL, 1353–1377. E. Gegenschatz: Zufall, Freiheit und Notwendigkeit. Ein philosophiegeschichtlicher Exkurs im Kommentar des Boethius zur aristotelischen Schrift *De interpretatione*, in: P. Neukam (Hg.): Erbe, das nicht veraltet, München 1979, 5–61. H. von Campenhausen, LKV, 223–251. L. Minio-Paluello: Les Traductions et les commentaires aristotéliciens de Boèce, in: Studia Patristica 2, 1957, 358–365. L. Minio-Paluello: A Latin Commentary (? translated by Boethius) on the *Prior Analytics* and its Greek Sources, in: JHS 77, 1957, 93–102.

Kommentare zu Aristoteles

Boethos aus Sidon, 1. Jh. v. Chr.

Reste eines gründlichen Kommentars zu den →*Kategoríai* des Aristoteles sind bei Simplikios (CAG 8) faßbar.

Kommentare zu Aristoteles

Dexippos, 4. Jh. n. Chr.

Kommentar (gr.) zu den →*Kategoríai* des Aristoteles.

I Der Autor, ein Schüler des Neuplatonikers Iamblichos, versucht, die Einwände Plotins (→*Enneádes* 6,1–3) gegen die Kategorienlehre des Aristoteles zu widerlegen.

A A. Busse, CAG 4. 2, 1888.
L H. Dörrie: Dexippos (Nr. 3), in: DKP 1, 1502 f.

Kommentare zu Aristoteles

Ioannes Philoponos aus Alexandreia, etwa 490 bis etwa 575 n. Chr.

Erläuterungsschriften zu Werken des Aristoteles (gr.).
Entstanden nach 517 n. Chr.

I Ioannes verfaßte philosophische Kommentare (1) zu den →*Kategoríai*, (2) zu den →*Analytiká*, (3) zu →*Perì psychés*, (4) zur →*Physikè akróasis*, (5) zu *De generatione et corruptione* (→*Perì genéseos kaì phthorâs*), (6) zu den →*Meteorologiká* und (7) wohl auch zur „Metaphysik" des Aristoteles.

W Der Autor bemühte sich um einen Ausgleich zwischen der aristotelischen Philosophie und der kirchlichen Lehre. Er benutzt das Lehrgebäude des Aristoteles zur Verteidigung der christlichen Lehre.

N Auf verschiedenen Gebieten der Physik entwickelt Philoponos in seinem Physik-Kommentar die aristotelischen Theorien weiter (z. B. freier Fall, lotrechter und schiefer Wurf, Lichtfortpflanzung) und erweist sich hiermit als Vorläufer Galileis

A CAG 13. 1, 1898 („Kategorien"). CAG 13. 2 und 3, 1905 und 1909 (*Analytiká*). CAG 15, 1897 (*Perì psychês*). CAG 16, 1887 („Physik", B. 1–3). CAG 17, 1888 (Exzerpte aus „Physik", B. 4–8). CAG 15. 3, 1897 (*De generatione et corruptione*). CAG 14. 1, 1901 (*Meteorologiká*, B. 1).
L W. Kroll, RE 9, 1916, 1764–1795. V. Tiftixoglu: Philoponos, in: dtv-L 1. 3, 314 f.

Kommentare zu Aristoteles
Erläuterungsschriften zu Aristoteles (gr.).

Porphyrios aus Tyros, etwa 234–300 n. Chr.

I Neben der (1) vollständig erhaltenen →*Eisagogè eis tàs Aristotélu Kategorías* verfaßte Porphyrios (2) einen ausführlichen, aber weitgehend verlorenen Kommentar in sieben B. zu den →*Kategoríai*, (3) eine kurze Inhaltsangabe der „Kategorien" (*Katà peûsin kaì apókrisin*), (4) einen Kommentar zu *Perì hermeneías*, (5) zu den *Analytica priora* (→*Analytiká*), (6) zu Aristoteles' *Physikè akróasis* und (7) zum 12. B. der „Metaphysik" (→*Physikè akróasis*, →*Tà metà tà physiká*).

A CAG 4. 1, 1895 (1–3).
L R. Beutler: Porphyrios, in: RE 22, 1, 1953, 275–318. E. Zeller, Philosophie 3. 2, 693–735.

Kommentare zu Aristoteles

Simplikios, 6. Jh. n. Chr.

Erläuterungsschriften zu verschiedenen Werken des Aristoteles (gr.).
Entstanden nach der Rückkehr des Autors aus Persien (533 n. Chr.), wohin er mit dem letzten Schulhaupt der platonischen Akademie in Athen, die 529 n. Chr. durch den christlichen Kaiser Justinian geschlossen wurde, emigriert war.

I Simplikios kommentierte (1) die →*Physikè akróasis*, (2) die →*Kategoríai*, (3) →*Perì psychês* und (4) →*Perì uranû*. – Simplikios „bespricht mit philosophischer Einsicht und philologischem Geschick auf bis heute nicht wieder erreichtem Niveau den aristotelischen Text in detaillierter Auseinandersetzung mit der gesamten antiken Tradition. Dies macht S. zu einer wertvollen Quelle für sonst verlorene philosophische Texte und Positionen" (Thiel, 647).

W Simplikios ist trotz der für die alexandrinische Tendenz nach positiver Gelehrsamkeit charakteristischen Bevorzugung des Aristoteles bestrebt,

die Harmonie zwischen Platon und Aristoteles nachzuweisen (vgl. Tusculum-Lexikon).

N „Im Aristotelismus des 13. Jh. entfaltet auch S. eine kaum zu überschätzende Wirkung, die sich in zahlreichen Erwähnungen durch Thomas von Aquin und der lateinischen Übersetzung des Kategorien-Kommentars, wohl durch Wilhelm von Moerbeke, zeigt. Diese Wirkung dauert in der Renaissance an" (Thiel, 647).

A CAG 9 und 10, 1882 und 1895 („Physik"). CAG 8, 1907 („Kategorien"). CAG 11, 1882 (*Perì psychês*). CAG 7, 1894 (*Perì uranû*).
L I. Hadot: S. Comm. sur les catégories, Leiden 1990. Ph. Merlan: Simplicius, in: dtv-L 1. 4, 194 f. R. Thiel, MLAA 647 f.

Kommentare zu Aristoteles

Themistios aus Paphlagonien, etwa 317–388 n. Chr.

Erläuterungsschriften zu Aristoteles (gr.).

I Erhalten sind zusammenfassende Paraphrasen (1) zu den *Analytica posteriora* (→*Analytiká*), (2) zur „Physik", (3) zu →*Perì psychês*, (4) zu den →*Parva naturalia*, (5) zu →*Perì uranû* und (6) zur „Metaphysik" (B. 12).

A CAG 5. 1, 1900 (*Analytiká*). CAG 5. 2, 1900 („Physik"). CAG 5. 3, 1899 (*Perì psychês*). P. Wendland, 1903 (*Parva naturalia*). Landauer, 1902 (*Perì uranû*, lat. nach der erhaltenen hebr. Übers.). Landauer, 1903 („Metaphysik").
L H. Dörrie: Themistios, in: DKP 5, 677 f.

Kommentare zu Aristophanes

Platonios, 5./6. Jh. (?)

Erläuterungsschriften (gr.) zu den Komödien des Aristophanes.

I In der wertvollen Vorrede befaßt sich der Autor mit den Unterschieden zwischen der alten und der mittleren und den Hauptvertretern der alten Komödie.

A CGF 1, 1, 3–6.

Kommentare zu Ciceros Reden

Asconius Pedianus, 9 v. – 76 n. Chr.

Erläuterungsschriften (lat.) zu mindestens 16 Cicero-Reden.

I Die fünf erhaltenen Kommentare lassen erkennen, daß Asconius historische und antiquarische Erläuterungen gab. Offensichtlich legte er auf die eingehende Schilderung der jeweiligen Vorgeschichte besonderen Wert. Er verwendete u. a. Ciceros Korrespondenz (→*Epistulae*) und die Senatsakten als Informationsquellen.

A Th. Stangl: Scholiastae Ciceronis orationum. Bd. 2, 1912.
L DNP 2, 1997, 76. Schanz-Hosius 2, 731–733.

Kommentare zu den biblischen Büchern

Hieronymus aus Stridon, um 350–420 n. Chr.

Erläuterungen zu zahlreichen B. des Alten und des →*Novum Testamentum* (lat.).
Hieronymus befaßte sich jahrzehntelang mit der Kommentierung der Bibel.

I Kommentiert wurden die Psalmen, der Prediger, die Propheten, vier Paulusbriefe (Philemon, Galater, Epheser, Titus), das Matthäus-Evangelium ungd die Apokalypse des Johannes. – Die Art der Kommentierung ist nicht einheitlich: „Ursprünglich neigt Hieronymus – z. B. bei den Paulus-Briefen – mehr zum allegorischen Verständnis später – etwa beim Matthäus-Evangelium – betonte er eher den Literalsinn. Seine eigenen Exegesen kranken an Unselbständigkeit und Eilfertigkeit" (M. v. Albrecht, 1311). Hieronymus neigt weniger zu einer „mystischen" Ausdeutung der Schrift; er bevorzugt zunehmend eine historisch-philologische Erklärung. Er „interessiert sich vor allem für die konkrete Bedeutung einer Aussage, weniger für ihren zeitlos-allegorischen Sinn. Es kommt ihm darauf an, den nächstliegenden ‚wörtlichen' Inhalt zu erfassen und die besondere Absicht des Textes ‚so zu verstehen, wie sie der Autor selber verstanden hat, der ihn niederschrieb' (ep. 37,3). Es geht ihm also um die sogenannte ‚historische' oder ‚buchstäbliche' Bedeutung, deren Inhalt er mit Recht so weit faßt, daß darunter auch die figürliche, bildliche und übertragene Rede verstanden wird, sofern sie der Absicht nach noch auf den ursprünglichen, historischen Zusammenhang zielt. Das heißt aber für Hieronymus noch nicht, daß er die ‚höhere', allegorische Auslegung darum verworfen oder auch nur für entbehrlich gehalten hätte. Wie alle Exegeten der alten Kirche und wie sein Meister Origenes bejaht Hieronymus den doppelten oder dreifachen Schriftsinn und lehnt eine rein historische Auslegung als ‚jüdisch' ab. Der bloße Buchstabe ‚tötet'. Das, was er mit steigendem Nachdruck fordert, ist nur dies, daß die buchstäbliche, historische Auslegung über der allegorischen Spekulation nicht zu kurz kommen dürfe und ihr grundsätzlich vorauszugehen habe" (H. v. Campenhausen, 136 f.). – Die Kommentare zu den biblischen Texten sind im Zusammenhang mit der Bibelübersetzung zu sehen (→*Vulgata*).

A PL 22–30. Einzelausgaben der Kommentare: *In Ion.*: Y.-M. Duval, Paris 1985. FC 3, 60 (lat.-dt.). *In Matth.*: E. Bonnard. 2 Bde., Paris 1977 bis 1979. *Psalmen*: FC 3, 79

(lat.-dt.) G. Morin, Maredsous 1895. *In Ier.*: CSEL 59. *In Is.*: R. Gryson u. a., Freiburg 1994, 475–872.
L M. v. Albrecht, RL, 1305–1317. H. v. Campenhausen, LKV, 109–150. E. A. Clark: The Place of Jerome's Commentary on Ephesians in the Origenist Controversy. The Apokatastasis and Ascetic Ideal, in: VChr 41, 1987, 154–171. W. Hagemann: Wort als Begegnung mit Christus. Die christologische Schriftauslegung des Kirchenvaters Hieronymus, Trier 1970. P. Jay: Jérôme et la pratique de l' exégèse, in: Le monde latin et la Bible, Paris 1985, 523–542. B. Löfstedt: Hieronymus' Kommentar zu den Kleinen Propheten, in: Acta classica 25, 1982, 119–126. A. Penna: Principi e caratteri dell' esegesi di S. Girolamo, Rom 1950. J. Steinmann: Hieronymus. Ausleger der Bibel, Köln 1961.

Kommentare zu Hippokrates →Perì tôn idíon biblíon (Galenos)

Kommentare zu platonischen Dialogen

Damaskios aus Damaskos, geb. um 462 n. Chr.

Erläuterungsschriften zu Platons Schriften (gr.)

I Damaskios, der Neuplatoniker und letzte Leiter der Akademie in Athen, kommentierte (1) den →*Parmenídes*, (2) den →*Phílebos*, (3) den *Tímaios* (wird in der neuplatonischen Literatur zitiert, ist aber nicht erhalten), (4) den →*Phaídon*, (5) den →*Alkibiádes* prôtos (ist in der Literatur bezeugt, aber nicht erhalten).

A C. E. Ruelle. Bd. 2, 1889, 5–322 (*Parmenídes*). L. G. Westerink, 1959 (*Phílebos*). W. Norwin, 1913 (Olympiodor-Ausgabe) (*Phaídon*).
L R. Beutler, RE 18, 1, 1942, 207–227. H. Dörrie: Damaskios, in: DKP 1, 1371.

Kommentare zu platonischen Dialogen

Olympiodoros aus Alexandreia, zwischen 495 und 505 n. Chr. geb.

Meist in Kollegnachschriften erhaltene Kommentare (gr.) zu verschiedenen Dialogen Platons: →*Alkibiádes prôtos* (das Proömium des Kommentars zum *Alkibiádes* ist eine Biographie Platons), →*Gorgías*, →*Phaídon*.

A W. Norvin; Leipzig 1913 (Nachdr. 1968) (*Phaídon*). W. Norvin, Leipzig 1936 (*Gorgías*). L. G. Westerink, Amsterdam 1956 (*Alkibiádes prôtos*). L. G. Westerink, Stuttgart/Leipzig 1970 (*Gorgías*).
L A. Lesky, GL, 988. L. G. Westerink: The greek Comentaries on Plato's *Phaedo*. 1: Olympiodoros, in: Verhandel. koninkl. Nederl. Akad. van Wetenschapen. Afd. Letterkunde, nieuwe reeks, deel 92, 1976.

Kommentare zu platonischen Dialogen

Proklos aus Konstantinopel, etwa 410–485 n. Chr.

Erläuterungen zu mehreren platonischen Dialogen aus dem Geist des Neuplatonismus (gr./lat.).

I Kommentar zum →*Tímaios*: Jugendschrift, die innerhalb einer Psychogonie eine Kosmogonie entwickelt. – Zum *Alkibiádes prôtos*: Die Selbsterkenntnis der Seele ist der Ausgangspunkt jeder Erkenntnis. – Zur →*Politeía*, zum →*Krátylos*, zum →*Parmenídes*: Die Negationen, durch die die Transzendenz des Einen gegenüber dem Sein und seinen Teilen bestimmt wird, werden zu Prinzipien eines integralen Hervorgangs des Wirklichen.

A A.-E. Chaignet,. 3 Bde., Paris 1900–1901 (*Parmenídes*). V. Cousin, Paris 1864, Nachdr. Hildesheim [2]1980 (*Parmenídes*). E. Diehl. 3 Bde., Leipzig 1903–1906 (*Tímaios*). A.-J. Festugière. 5 Bde., Paris 1966–1968 (*Tímaios*). A.-J. Festugière, Paris 1970 (*Politeía*). W. Kroll, 2 Bde., Leipzig 1899–1901 (*Politeía*). W. O. Neill, The Hague 1965 (*Alkibiádes prôtos*). G. Pasquali, Leipzig 1908 (*Krátylos*). L. G. Westerink, Amsterdam 1954 (*Alkibiádes prôtos*).
L R. Beutler, RE 23, 1, 1957, 186–247. G. Gallavotti: Eterogeneità e cronologia dei Commenti di Proclo alla Repubblica, in: RFIC 57, 1929, 208–219. R. Klibansky: Ein Proklos-Fund und seine Bedeutung, Heidelberg 1929 (zum Parmenides-Kommentar). W. Totok, Handbuch 1, 364–348. J. Trouillard, LThK 8, 785. O. Zimmermann: Platons *Parmenídes* und der Kommentar des Proklos, Bottrop 1936.

Kommentare zu Sabinus

Iulius Paulus, um 160 n. Chr. geb.

Kommentierung (lat.) der *Libri tres iuris civilis* („Drei B. Zivilrecht") des Massurius Sabinus in 16 B. Vgl. auch →„Kommentare" (Ulpian). – Das Werk ist bezeugt, aber nicht erhalten. – Paulus veröffentlichte auch einen „Kommentar zum Edikt der Aedilen" in zwei B.

L M. v. Albrecht, RL, 1195. A. Berger: Iulius (Nr. 382), in: RE 10, 1, 1918, 690–752. H. Hübner: Paulus, in: dtv-L 1. 3, 290f. C. A. Maschi: La conclusione della giurisprudenza classica all' età dei Severi. Iulius Paulus, in: ANRW 2, 15, 1976, 667–707. E. Seidl: Römische Rechtsgeschichte und römisches Zivilprozeßrecht, 1962, 166–172.

Kommentar zu Ciceros Schrift De inventione

Auch zitiert als *Explanationes in Ciceronis rhetoricam* („Darlegungen zu Ciceros Rhetorik"). Vgl. Cicero, →*De inventione*.

Gaius Marius Victorinus, Mitte des 4. Jh.s n. Chr.

Erläuterungsschrift (lat.).

I Die Erläuterungen dienen nicht der philologisch-historischen Erschließung des Textes; sie verfolgen ein rhetorisch-philosophisches Interesse. Marius Victorinus befaßt sich vor allem mit den Exkursen über den Syllogismus, die Definition, den Zeit- und Substanzbegriff.

A K. Halm: Rhetores latini minores, Leipzig 1863, 155–304.
L M. v. Albrecht, RL, 1281–1289. P. Wessner, RE 14, 2, 1930, 1840–1848. A. Stuiber, LThK 7, 90f.

Kommentar zu Ciceros Somnium Scipionis →Commentarii in Somnium Scipionis (Marcrobius)

Kommentar zu den Chemeutiká

Olympiodoros, 6. Jh. n. Chr.

Erläuterungsschrift (gr.) zu dem alchemistischen Werk des Zosimos aus Panopolis (→*Chemeutiká*).

I Der Autor beschreibt die chemischen Apparaturen zur (vermeintlichen) Herstellung von Edelmetallen und Edelsteinen.

A M. Berthelot: Collection des anciens alchimistes grecs, Paris 1888.
L O. Gigon: Alchemie, in: dtv-L 1. 1, 95–97.

Kommentar zu den Flexionsparadigmata des Theodosios aus Alexandreia

Georgios Choiroboskos, 6. Jh. n. Chr.

Erläuterungsschrift (gr.) zu dem Werk →*Perì klíseos onomáton kaì rhemáton* („Über die Flexion der Substantive und Verben").

I Die Abhandlung ist aus den Werken älterer Grammatiker zusammengestellt und wurde von den Verfassern der ersten gr. Grammatiken benutzt.

A A. Hilgard, GrGr 4, 1–2.
L L. Cohn, RE 3, 2, 1899, 2363 bis 2367.

Kommentar zu den Harmoniká des Ptolemaios

Porphyrios aus Tyros, etwa 234–300 n. Chr.

Erläuterungen (gr.) zur „Harmonik" des Ptolemaios.

A I. Düring: Kommentar zur Harmonielehre des Ptolemaios, Göteborg 1932, Nachdr. Hildesheim 1978.

Kommentar zu den Paulusbriefen
→Expositiones in Epistulas Pauli
(Pelagius)

Kommentar zu den Phaínomena des Aratos und des Eudoxos von Knidos
→Tôn Arátu kaì Eudóxu phainoménon exegéseis (Hipparchos)

Kommentar zu den Propheten Osee, Joel und Amos

Iulianus aus Eclanum, Ende des 4. Jh.s bis nach 454 n. Chr.

Exegese der prophetischen Schriften (lat.) vom Standpunkt des Pelagianismus aus (→„Kommentar zu Job").

A   PL 21, 959.
L   G. Bouwmann: Des J. v. Aeclanum Kommentar zu den Propheten Osee, Joel und Amos, Rom 1958. A. Bruckner: J. v. Eclanum, sein Leben und seine Lehre. Texte und Untersuchungen zur Geschichte der altchristlichen Literatur 15/3, 1897. H. v. Campenhausen, LKV, 205–213. A. Dihle, GLL, 554–557.

Kommentar zu den pythagoreischen „Goldenen Worten"

Auch zitiert als *Hieroclis in aureum Pythagoreum carmen* („Gedanken des Hierokles zum goldenen Lied des Pythagoras").

Hierokles aus Alexandreia, 5. Jh. n. Chr.

Erläuterungen (gr.) zu dem im 2. Jh. n. Chr. entstandenen hexametrischen Lehrgedicht (→*Chrysâ épe*), das in popularisierter Form das Wesentliche der pythagoreischen Tradition enthält.

I   Zu den wichtigsten Aussagen des Kommentators gehören seine Überlegungen zum Begriff der Freundschaft: Sie ist die höchste Tugend, die „im Kreis der übrigen wie eine Krönung erscheint. Denn der Gipfel der Tugenden ist die Freundschaft, ... der Besitz der Freundschaft ist aber die reifste Frucht der Tugenden" (7,9 und 7,14 Köhler). Hier ist aus dem sozialen Begriff der Freundschaft ein ethisches Ideal geworden.
N   Der Kommentar stand bei den Gelehrten des Mittelalters und der Renaissance in hohem Ansehen.

A   F. W. Köhler, Stuttgart/Leipzig 1974.
Ü   F. W. Köhler, Stuttgart/Leipzig 1983 (mit Kommentar).
L   H. Langerbeck, in: K. Galling (Hg.): Die Religion in Geschichte und Gegenwart. Bd. 3, Tübingen ²1959, 314 f.

Kommentar zu Horaz

Pomponius Porphyrio, 3. Jh. n. Chr.

Schulkommentar (lat.).

I   Pomponius geht in seinem Kommentar weniger auf das Historische oder auf die Realien als auf Grammatik und Sinn, poetische Schönheit und richtige Vortragsweise ein. Der Kommentar vermittelt auch Einblicke in das Literaturverständnis der antiken Schule.

A   A. Holder: Pomponi Porfyrionis commentum in Horatium Flaccum, Innsbruck 1894.
L   M. v. Albrecht, RL, 1165 f. Schanz-Hosius 3, 167 f.

Kommentar zu Job

Iulianus aus Eclanum, Ende des 4. Jh.s bis nach 454 n. Chr.

Exegese des biblischen Textes vom Standpunkt des Pelagianismus aus (lat.).

I   Iulianus war der größte Gegner des Augustinus, der sich mit ihm und seiner Lehre in seinen dogmatisch-polemischen Schriften auseinandersetzt (→*Contra duas epistulas Pelagianorum*). Als Theologe war Iulianus ein Vorkämpfer der antiochenischen Bibelexegese, die von einer rationalistischen Bibelkritik bestimmt wurde.

A   PL Suppl. 1, Paris 1958, 1571–1579.
L   →„Kommentar zu den Propheten Osee, Joel und Amos". C. Schäublin: Untersuchungen zu Methode und Herkunft der antiochenischen Exegese, Köln 1974.

Kommentar zu Klaudios Ptolemaios

Theon aus Alexandreia, 4. Jh. n. Chr.

Erklärung der grundlegenden Werke des Astronomen und Mathematikers Klaudios Ptolemaios (gr.): →*Megále/Megíste sýntaxis* (= *Mathematikè sýntaxis* = „Almagest").

A   N. Halma, Paris 1821 (gr.-frz.).
L   K. Ziegler, RE 5 A 2, 1934, 2075–2080.

Kommentar zum Edikt der Aedilen
→Kommentare zu Sabinus (Iulius Paulus)

Kommentar zum Encheirídion des Epiktet

Simplikios, 6. Jh. n. Chr.

I   Simplikios bringt in seinem Kommentar zum →*Encheirídion* des Stoikers zum Ausdruck, daß er diesen als Popularphilosophen zur ethischen Vorbereitung auf die eigentliche Philosophie in beschränktem Maße anerkennt.

A I. Hadot: Commentaire sur le Manuel d' Épictète, Leiden 1996. J. Schweighaeuser: Epicteteae philosophiae monumenta 4, Leipzig 1800.
L R. Thiel, MLAA, 647 f.

Kommentar zum ersten B. der Stoicheîa des Euklid →Eis tò prôton Eukleídu stoicheîon (Proklos)

Kommentar zum homerischen Schiffskatalog →Perì tû tôn veôn katalógu (Apollodoros)

Kommentar zu Perì árthron

Apollonios aus Kition, 1. Jh. v. Chr.

Erläuterungen zu der dem →*Corpus Hippocraticum* angehörenden medizinischen Schrift „Über Gelenke". Der bebilderte Kommentar ist zugleich ein wichtiger Textzeuge für *Perì árthron* (erhalten in der kostbaren, alten Florentiner Chirurgen-Handschrift: Laurentiana 74,7 aus dem 10. Jh. n. Chr.).

A J. Kollesch / F Kudlien, CMG 11, 1, 1, 1965. H. Schöne, Leipzig 1896.
L J. Kollesch / F. Kudlien: Bemerkungen zum *Perì árthron*-Kommentar des Apollonios von Kition, in: Hermes 89, 1961, 322–323.

Kommentar zu Platons Phaîdros

Hermeias aus Alexandreia, 5. Jh. n. Chr.

Nachschrift (gr.) eines Lehrvortrags des Neuplatonikers Syrianos.

A P. Couvreur, Paris 1901, Nachdr. Hildesheim 1971.
L H. Dörrie: Hermeias (Nr. 3), in: DKP 2, 1068 f.

Kommentar zu Platons Theaítetos

An. (2. Jh. n. Chr.)

Auf dem Papyrus Berol. 9782 erhaltene Erläuterungen (gr.) zu →*Theaítetos* 142a-153 e.

I Der Kommentar ist ein wertvolles Zeugnis des Mittelplatonismus und seiner schulmäßigen Platon-Interpretation. Er zeigt die platonische Schule auch in ihrer Polemik gegen andere Schulen, wie z. B. die Stoa, obwohl der Text veranschaulicht, daß der dogmatische Standpunkt des Kommentators ein eklektizistischer Platonismus ist. Er übernimmt zwar manches stillschweigend von der Stoa, gegen die er

aber immer dann polemisiert, wenn er ihr als Platoniker nicht folgen kann. „Nicht das Liebäugeln mit dem Stoizismus, sondern die Neigung, bei gegebener Gelegenheit die Lehrunterschiede zur Sprache zu bringen und die abweichende Meinung zu bekämpfen, scheint mir in dem Bilde des Kommentators der hervorstechende Zug" (Praechter, 311).

A H. Diels / W. Schubart, Berlin 1905.
L K. Praechter: Rezension zu: Anonymer Kommentar zu Platons *Theaetet* (Papyrus 9782), ed. H. Diels / W. Schubart, Berlin 1905, in: C. Zintzen (Hg.): Der Mittelplatonismus, Darmstadt 1981, 300–316.

Kommentar zu Platons Tímaios

Chalcidius (oder: Calcidius), 4. Jh. n. Chr.

Kommentar (lat.) zum platonischen Dialog →*Tímaios* (bes. 53c) mit Übersetzung des Dialogs ins Lateinische.
Um 400 n. Chr. enstanden und einem gewissen Osius gewidmet.

I Der Kommentar besteht aus einer Reihe von Essays und erklärt den Text nicht Zeile für Zeile. Aufgrund dessen liegt es nahe anzunehmen, daß Chalcidius aus dem verlorenen Kommentar des Porphyrios zum *Tímaios* geschöpft hat.
N Durch diese Übersetzung war der *Tímaios* als einziger der platonischen Dialoge im Mittelalter bekannt. Das Werk war bis gegen Ende des 12. Jh.s die Hauptquelle für die Platonkenntnis der Zeit.

A J.-H. Waszink / P. J. Jensen: Plato, Timaeus a Calcidio translatus commentarioque instructus, Leiden (2)1975.
L M. v. Albrecht, RL, 1318. J. den Boeft: Calcidius on Fate. His Doctrine and Sources, Leiden 1970. J. den Boeft: Der Neuplatonismus, in: NHbL. Spätantike, 235–263. LMA 2, 1753–1759. J.-H. Waszink: Studien zum Timaioskommentar des Calcidius, Leiden 1964. J.-H. Waszink: Calcidiana, in: VChr 29, 1975, 96–119. J. C. M. van Winden: Calcidius on Matter, Leiden 1959.

Kommentar zu Platons Tímaios

Galenos aus Pergamon, um 130–199 n. Chr.

In Frg. erhaltene Erläuterungen zu dem platonischen Dialog (gr.).

I Galen war von der Notwendigkeit einer Verbindung medizinischer mit allgemein philosophischer Bildung überzeugt. Er selbst vertrat auf der Basis reicher ärztlicher Erfahrung einen konsequenten Platonismus. Vor diesem Hintergrund erklärt sich auch die Auseinandersetzung des Mediziners mit platonischen Dialogen.

A Daremberg: Frg.s du commentaire de G. sur le Timée de Plato, Paris 1848.
L C. J. Larrain: Galens Kommentar zu Platons Timaios. Beiträge zur Altertumskunde 29, 1992.

Kommentar zur aristotelischen Metaphysik

Asklepios aus Tralleis, 6. Jh. n. Chr.

Paraphrasierende Erläuterungen (gr.) zur „Metaphysik" (→*Tà metà tà physiká*) aus neuplatonischer Sicht.

A CAG 6. 2, 1888.

Kommentar zur Nikomachischen Ethik des Aristoteles

Aspasios, um 135 n. Chr.

Kommentar (gr.), etwa zur Hälfte erhalten.

I Der Autor hatte ausgeprägte philologische Interessen. Scholien zu den →*Ethikà Nikomácheia* stammen aus dem Aspasios-Kommentar.

A G. Heybut, CAG 19. 1, 1889.

Komödien

Epicharmos aus Sizilien, um 550–460 v. Chr.

Von den nur in Frg. und Berichten erhaltenen „Komödien" (gr.) des Epicharm, die Aristoteles übrigens als „Dramen" bezeichnet, sind 36 zitierte Titel bekannt. Jedes „Drama" hatte einen Umfang von rd. 400 Versen (iambische Trimeter, trochäische Tetrameter, Anapäste).

I Etwa die Hälfte der Stücke hatte mythische Stoffe, wobei wohl auch ernsthafte Dichtung parodiert wurde. Herakles ist eine Lieblingsgestalt des Dichters. Er wird als fressender, saufender, liebender Kraftprotz dargestellt (so in den Stücken „Hochzeit der Hebe", *Hébas gámos*, und im *Búsiris*). Weitere Herakles-Dramen: „Fahrt des Herakles nach dem Gürtel der Hippolyte" (*Heraklês ho epì tòn zostêra*), „Die Einkehr beim Kentauren Pholos" (*Heraklês ho parà Phólo*). – Auch Odysseus wurde von Epicharm auf die Bühne gebracht: „Odysseus der Überläufer" (*Odysseùs autómolos*). – Neben dem Mythos war die Realität des Alltags das Thema der Stücke des Epicharm. So gestaltete er bestimmte Typen, die auch in der späteren Komödie eine Rolle spielen, z. B. den Parasiten in „Hoffnung oder Reichtum" (*Elpìs è Plûtos*) und den „Tölpel vom Lande" (*Agrostînos*). Weitere Stücke tragen Titel wie „Erde und Meer" (*Gâ kaì Thálassa*), wobei es sich vermutlich um das Streitgespräch zwischen einem Bauern und einem Fischer über die jeweils beste Quelle für Gaumenfreuden handelt. Das Stück „Herr und Frau Rede" (*Lógos kaì Logína*) weist auf den Agon allegorischer Figuren in den „Wolken" (→*Nephélai*) des Aristophanes voraus. – „Von persönlichem Spott verspüren wir nichts, doch zei-

gen die wenigen Bruchstücke größte Buntheit. Neben derben Heraklesschilderungen ... stehen epische Reminiszenzen, dann wieder ist Heraklits Lehre vom ständigen Fluß der Dinge zu einer lustigen Geschichte verwertet, wie Schuldner und Gläubiger sich wechselseitig mit der gleichen Begründung prellen, sie seien längst nicht mehr dieselben wie am Vortag. Mitunter (z. B. Frg. 170) könnte man geradezu meinen, an einem Gespräch Platons teilzunehmen" (Lesky, 277).

N Die Bedeutung der „Komödien" des Epicharm für die Entwicklung des platonischen Dialogs ist offensichtlich: Verse von Epicharm, der im →*Theaítetos* (152e) als Meister der Komödie erscheint, zeigen die große Nähe zum Frage- und Antwortspiel platonischer Dialoge (vgl. Lesky, 587). – Siehe auch die →*Mîmoi* des Sophron.

A CGF 1. 1, 1899. A. Olivieri: Frammenti della commedia Greca e del mimo nella Sicilia e nella Magna Grecia. 1: Framm. della comm. Dorica Siciliana, Neapel [2]1946. 2 und 3: Framm. della comm. Fliacica. Framm. del mimo Siciliano, Neapel [2]1947. VS 23.
L A. Barigazzi: E. e la figura di Ulisse *hésychos*, in: RhM 98, 1955, 121–135. L. Berk: Epicharmus, Groningen 1964. A. Lesky, GL, 275–278. W. B. Stanford: On the *Odysseùs autómolos* of E., in: ClPh 45, 1950, 167–169. T. B. L. Webster: Some notes on the New Epicharmus, Innsbruck 1961. E. Wüst: Epicharm und die alte attische Komödie, in: RhM 93, 1950, 337–364.

Komödien

Pherekrates, 2. Hälfte des 5. Jh.s v. Chr.

Frg. (gr.) aus 18 bezeugten Stücken, die keine politische Tendenz erkennen lassen.

I Pherekrates verspottet Privatleute und vor allem schlechte Dichter und Musiker. Er beklagt den Verfall der Kunst, den er als Sittenverfall und Verweichlichung deutet. – In den *Ágrioi* („Landbewohner", „Kulturlose") tritt ein Chor lebensüberdrüssiger, vegetarischer, asozialer Misanthropen auf. – In den *Grâes* („Greisinnen") geht es um die Verjüngungskur alter Frauen. – Die *Myrmekánthropoi* („Ameisenmenschen") behandeln die Sage von den Myrmidonen, die Zeus auf der nach einer Pest ausgestorbenen Insel Aigina aus Ameisen als Untertanen des aus Thessalien eingewanderten Aiakos entstehen ließ. – Die *Metallês* („Bergarbeiter") enthalten einen Bericht über das herrliche Leben in der Unterwelt. – In den „Persern" werden wunderbare Lebensumstände im Orient geschildert.

W „Die Komödie liebte es, in verschiedener Weise zu der eigenen Zeit urtümlich primitive Lebensformen in Kontrast zu stellen. Mehr als alle anderen seiner Stücke würden uns jene interessieren, die wie *Koriánno*, *Petále* und *Thálatta* nach Hetären benannt sind. Damit hat Pherekrates Gestalten in die Mitte des Spieles gestellt, die später in der Mese und Nea dominieren" (Lesky, 476).

A CAF 1, 1880.
L Th. Gelzer: Pherekydes, in: dtv-L 1. 3, 304. A. Lesky, GL, 476.

Komödien →Fabula Atellana (Pomponius) und →Fabula palliata (Turpilius)

Koniká
„Kegelschnitte"

Apollonios aus Perge, um 200 v. Chr.

Mathematische Abhandlung (z. T. gr.) über die Kegelschnitte (Ellipse, Parabel, Hyperbel) in acht B. (B. 1–4 gr.; B. 5–7 arabisch; B. 8 ist verloren).

I Apollonios definierte die Kegelschnitte als Schnitte eines beliebigen Kegels und gab ihnen die heute üblichen Namen (vgl. H. Gericke: Kegelschnitte, in: dtv-L 1. 2, 323–325).
N Das klassische Handbuch der Kegelschnittlehre blieb bis zur Entwicklung der analytischen Geometrie durch Fermat (etwa 1636) und Descartes (1637) maßgebend.

A E. Halley, Oxford 1710. J. L. Heiberg. 2 Bde., Leipzig 1891–1893 (B. 1–4 mit lat. Übersetzung).

Kontákia
(Hymnographische Gattung)

Romanos Melodos, 6. Jh. n. Chr.

Frühbyzantinische Hymnen (gr.) auf Gestalten des Alten und des →Novum Testamentum, auf Gleichnisse, auf Märtyrer und Heilige, auf Kirchenfeste und unterschiedliche religiöse Gegenstände.

I Das Kontákion, das aus jeweils 18–24 Strophen besteht, die nach Silbenzahl, syntaktischer Ordnung, Ort der Akzente usw. streng gegliedert sind, ist inhaltlich eine versifizierte Predigt und wird nach einer Melodie gesungen. – Von den Kontákia des Romanos sind nur 85 erhalten, davon 34 auf Christus. Vgl. den →„Akathistos-Hymnos" des Romanos Melodos.

A P. Maas / C. A. Trypanis, 1963 und 1970.
L Tusculum-Lexikon, 704–706 (mit ausführlichen Literaturangaben).

Korinthiaká
„Korinthische Geschichten"

Eumelos aus Korinth, vielleicht 8. Jh. v. Chr.

Verlorenes Epos (gr.) über einen Stoff aus der Argonautensage mit einer Urgeschichte der Stadt Korinth. Aus dem Epos wurde auch eine Prosa-Epi-

tome angefertigt (vgl. Scholien zu Apollonios Rhodios, →Argonautiká 1,146. Pausanias, →Periégesis tês Helládos).

L A. Lesky, GL, 130. Schmid-Stählin 1, 1, 291 f.

Korinthiakós
„Korinthische Rede"

Favorinus aus Arelate, etwa 80–150 n. Chr.

Rede (gr.). die unter dem Namen des Dion von Prusa überliefert ist (Nr. 37 der →Lógoi).

I Der Sprecher berichtet, er stehe einem Kaiser (Hadrian, reg. 117–138) besonders nahe, habe sich aufgrund eines Liebesverhältnisses einen schlechten Ruf zugezogen, und daher seien in verschiedenen gr. Städten seine Bildsäulen umgestürzt worden. So hatten denn auch die Korinthier die in der öffentlichen Bibliothek aufgestellte Bildsäule des Favorinus beseitigt, weil ihnen dessen Verfehlungen zu Ohren gekommen waren. Der Autor, ein Sophist, beweist den Korinthiern, daß sie ihm Unrecht getan hätten. Aber Undank sei der Welt Lohn; schon Pythagoras, Sokrates und Platon seien Opfer der Mißgunst gewesen. Der Autor läßt einen Advokaten eine Rede an die Richter halten; so kann er in der dritten Person über sich selbst reden. Er geht aber bald wieder in die erste Person über, um zu betonen, daß er der berühmteste Mann nicht nur in Griechenland, sondern in der ganzen Welt sei. Daher könne ihm auch die Verachtung durch die Korinthier nicht schaden. Er werde die Statue dort wieder aufrichten, wo sie weder Naturgewalten noch Neid und Feindschaft stürzen könnten. – Die Rede wird mehrfach durch gelehrte Exkurse über literarische, politische und kunstgeschichtliche Fragen unterbrochen, d. h. über Themen, wie der Autor sie auch in seiner →Pantodapè historía behandelt haben mag.

A H. L. Crosby, London/Cambridge (Mass.) 1946 (gr.-engl.). E. Mensching. 2 Bde., Berlin 1963.
L A. Lesky, GL, 933. E. Norden: Die antike Kunstprosa. Bd. 1, Darmstadt [5]1958, 422–427.

Koronistaí →Cholíamboi (Phoinix aus Kolophon)

Krähenlied →Cholíamboi (Phoinix aus Kolophon)

Kranz des Meleagros →Meleágru stéphanos (Meleagros aus Gadara)

Krátylos
(Name eines Dialogpartners des Sokrates)

Platon aus Athen, 427–347 v. Chr.

Sokratischer Dialog (gr.) über die Frage nach der „Richtigkeit der Namen" (*orthótes tôn onomáton*). Zwischen der ersten und zweiten Reise Platons nach Sizilien, d.h. zwischen 388/387 und 367 v. Chr., verfaßt.

I Es geht um die Frage, ob es eine von Natur aus (*phýsei*) richtige Bezeichnung der Wörter gibt oder ob die Richtigkeit der Bezeichnungen auf Übereinkunft und Verabredung (*nómo*) beruht. – Die Untersuchung besteht aus zwei Teilen: (1) Prüfung der These des Hermogenes, daß die Namen auf Konvention beruhen. (2) Prüfung der These des Kratylos, daß die Namen von Natur aus gelten. Sokrates wird zur Erörterung der beiden Thesen herangezogen. Die Ableitung der Namen aus dem Wesen der von ihnen bezeichneten Dinge und die damit verbundene Erwartung, aus den Namen etwas über das Wesen der Dinge erfahren zu können, erweist sich als problematisch und führt zu unhaltbaren etymologischen Erklärungsversuchen (391a-427c). Im Anschluß an das lange Gespräch des Sokrates mit Hermogenes über die etymologische Deutung der Namen führt das folgende Gespräch zwischen Sokrates und Kratylos zu der Feststellung, daß die Namengebung sowohl natürliche als auch konventionelle Bestandteile haben kann (427d-435d). Dann wird die Frage nach der Leistung der Namen aufgeworfen. Kratylos stellt die These auf, daß die Namen belehren und daß derjenige, der die Namen weiß, auch die Sachen weiß (435d). Die Erörterung der These zeigt ihre Fragwürdigkeit. Die Namen bieten keinen zuverlässigen Zugang zu den Sachen, weil mit „Fehlleistungen" des Namengebers zu rechnen ist und die Mehrdeutigkeit vieler Namen signifikant ist. Der Weg zur Erkenntnis der Sachen führt also nicht über die Namen (438d-439a), sondern über den unmittelbaren Zugang des Geistes zu den Sachen, die sich nicht im Fluß und in Bewegung befinden (wie die Anhänger des Heraklit meinen), sondern in Ruhe und ewiger Unveränderlichkeit (439c ff.), wie Parmenides meinte.

Q Die Diskussion über die Frage, ob die Richtigkeit der Namen/Wörter auf *phýsis* beruhe oder auf Brauch und Sitte, Übereinkunft und Vertrag (*synthéke kaì homología, nómos kaì éthos*) wurde schon von den Sophisten geführt. Im *Krátylos* bleiben beide Standpunkte fragwürdig. Der Vertreter der Physis-Theorie (Kratylos) ist ein Anhänger Heraklits und seiner Lehre vom Fluß aller Dinge; der Vertreter der Nomos-Theorie (Hermogenes) ist ein Anhänger des Parmenides und behauptet das Menschlich-Willkürliche aller Namengebung wie schon Parmenides selbst (→*Perì phýseos*, Frg. 8,38f.). Platon stellt indirekt also Heraklit und Parmenides gegenüber. Sokrates bringt auch den Sophisten Prodikos ins Spiel (384b), von dem man eine

Klärung aller Probleme hätte erwarten können. Manches spricht dafür, daß Platon von Prodikos' Sprachtheorie (Synonymik) beeinflußt wurde. Vielleicht polemisiert er im *Krátylos* gegen Prodikos und seine etymologischen Theorien. Auch auf den Relativismus des Protagoras wird angespielt (385e). Ferner wird der Anfang der Schrift →*Alétheia è katabállontes* (B 1) zitiert, um Hermogenes' Position zu verdeutlichen und die Gefährlichkeit seines Standpunktes zu erweisen, die darin besteht, daß die Unsicherheit von den Namen auf die Sachen übertragen wird.

W „Was Platon will, ist dies: den Zusammenhang der Sprache und der Gegenstände weder vollkommen aufzulösen noch auch ihn so unauflösbar zu machen, als hätte man in den Wörtern sogleich die Sachen selber. Denn auf diese kommt es ihm an. In seinem Etymologisieren werden die wichtigsten Gegenstände sichtbar, und daß mit den Göttern, der Seele, der Gerechtigkeit noch ganz anders als durch sprachliche Deutungen zu befassen notwendig ist ... In ihrem Wechsel von Unsinn und Tiefsinn wird deutlich, daß den Namen ein Streben, eine Tendenz zur Sache innewohnt. Auf die Sache, das Seiende also, werden wir immer wieder gewiesen" (Friedländer, 192f.). „Was uns die Worte über die Sachen lehren, und wie wir überhaupt zur Erkenntnis der Dinge kommen, das ist die Hauptfrage" (Friedländer, 198). „Platon will mit dieser Diskussion der zeitgenössischen Sprachtheorien zeigen, daß in der Sprache, in dem Anspruch auf Sprachrichtigkeit (*orthótes tôn onomáton*) keine sachliche Wahrheit (*alétheia tôn ónton*) erreichbar ist und daß man ohne die Worte (*áneu tôn onomáton*) das Seiende erkennen müsse rein aus sich selbst (*autà ex heautôn*, 384d). Das ist eine radikale Verschiebung des Problems auf eine neue Ebene. Die Dialektik, auf die dies zielt, beansprucht offenbar, das Denken so auf sich selbst zu stellen und seinen wahren Gegenständen, den ‚Ideen' zu öffnen, daß damit die Macht der Worte (*dýnamis tôn onomáton*) und ihre dämonische Technisierung in der sophistischen Argumentierkunst überwunden wird" (Gadamer, 384).

N Der Neuplatoniker Proklos (→„Kommentare zu platonischen Dialogen") verfaßte im 5. Jh. n. Chr. einen bedeutenden Kommentar zum *Krátylos*.

A G. Manzoni, Turin 1936. L. Méridier, Paris (14)1969 (gr.-frz.).

Ü F. Schleiermacher: Platons Werke. 2. Teil. Bd. 2, Berlin (2)1824 (in der Bearbeitung von D. Kurz, Darmstadt 1974, gr.-dt.).

L K. Barwick: Platons *Kratylos* und die stoische Sprachschöpfungslehre und Etymologie, in: Abh. Lpz. Akad. Wiss, phil.-hist. Kl. 49/33, 1957, 70–79. W. Bröcker: Platos Gespräche, Frankfurt 1964, 331–343. K. Büchner: Platons *Kratylos* und die moderne Sprachphilosophie, Berlin 1936. C. J. Classen: Sprachliche Deutung als Triebkraft platonischen und sokratischen Philosophierens, München 1959. J. Derbolav: Der Dialog *Kratylos*, Saarbrücken 1953. P. Friedländer: Platon. Bd. 2, Berlin (3)1964, 182–201. H. J. Gadamer: Wahrheit und Methode. Grundzüge einer philosophischen Hermeneutik, Tübingen [3]1972, 383–392. E. Haag: Platons *Kratylos*, Tübingen 1933. E. Heitsch: Wege zu Platon. Beiträge zum Verständnis seines Argumentierens, Göttingen 1992. G. S. Kirk: The Problem of *Cratylus*, in: AJPh 72, 1951, 225–253.

Kriegskunst →De re militari oder Epitoma rei militaris (Flavius Vegetius Renatus)

Kritías è Atlantikós
„Kritias oder das atlantische Gespräch"

Platon aus Athen, 427–347 v. Chr.

Sokratischer Dialog (gr.) über ein geschichtsphilosophisches Thema.
Der *Kritías* gehört zu Platons Spätdialogen.

I Das Gespräch führen außer Sokrates der Athener Kritias, der zu den Dreißig Tyrannen gehörte, Hermokrates, der Führer der oligarchischen Partei in Syrakus, und der Philosoph Timaios aus Lokroi, zugleich Titelfigur des platonischen Dialogs →*Tímaios*. – „Ein als Idealstaat gedachtes Urathen wird in einem schweren Kampfe in Bewährung gezeigt. Zu bestehen hatte es ihn vor 9000 Jahren gegen das mächtige Land Atlantis, das im Ozean versunken ist. Der Schöpfer dieses Mythos, der phantasievoll und beziehungsreich ist wie seine anderen auch, konnte nicht ahnen, daß man Jahrtausende später Atlantis mit demselben verbissenen Ernste suchen würde, mit dem man die Fahrten des Odysseus in die Karten zeichnete" (Lesky, 602). – Das Athen der Urzeit besaß unter dem Schutz der Götter Athene und Hephaistos die „schönsten staatlichen Einrichtungen". Seine größte Leistung war die Verteidigung Griechenlands gegen Atlantis. Diese jenseits der Säulen des Herkules liegende riesige Insel wird ausführlich beschrieben. Atlantis entfaltet sich zum Weltreich und erwirbt unermeßliche Macht und Reichtum, entfernt sich aber von den Göttern und versinkt plötzlich im Meer. – Der unvollendete Dialog schließt mit dem Hinweis auf die Rede des Zeus, in der dieser die Strafe von Atlantis für seine Hybris ankündigt.

W Platons *Kritías* ist dem Ruhm des alten Athen, seiner Bewohner, seiner staatlichen Ordnung und seiner Leistungen gewidmet. Insofern ist der Dialog dem →*Menénexos* vergleichbar: Sokrates hält eine Preisrede auf Athen und rühmt die Athener, weil sie die Perser zurückgeschlagen haben, als diese Griechenland zu unterwerfen versuchten. Im *Kritías* setzt Athen der Macht ein Ende, die ganz Europa und Asien bedrohte. "Alles in allem wird hier noch einmal klar, wie dem ideenhaften Athen ein ideenhaftes Nichtgriechenland, um nicht zu sagen ‚Orient', gegenübergestellt wird" (Friedländer, 358).

A A. Belli, Mailand 1957. J. Burnet. Bd. 4, Oxford 1902. A. Rivaud, Paris [6]1985 (gr.-frz.).
Ü K. Hildebrandt, Leipzig 1942. H. Müller: Platons sämtliche Werke. Bd. 6, Leipzig 1857. H.-G. Nesselrath, Göttingen 2006 (mit Komm.).
L P. Friedländer: Platon. Bd. 3, Berlin [2]1960, 356–359. A. M. Gessman: Plato's *Critias*: Literary Fiction or Historical Narrative, in: Language Quarterly 7, 1968, 17–31. H. Herter: Altes und Neues zu Platons *Kritias*, in: RhM 92, 1944, 236–265. T. G. Rosenmeyer: Plato's Atlantis Myth. *Timaeus* or *Critias*?, in: Phoenix 10, 1956, 163–265. L. Weber: Platons *Atlantikós* und sein Urbild, in: Klio 21, 1927, 245–287. W. Welliver: Character, Plot und Thought in Plato's *Timaeus* and *Critias*, Leiden 1977.

Kríton
(Freund des Sokrates)

Platon aus Athen, 427–347 v. Chr.

Philosophischer Dialog (gr.).
Entstanden zwischen 399 und 390 v. Chr.

I Sokrates ist zum Tode verurteilt und sitzt im Gefängnis. Sein Freund Kriton besucht ihn und versucht, ihn zur Flucht zu bewegen. Kriton bringt vier Gründe vor, die für die Zustimmung des Sokrates zur Flucht sprechen: 1. Sokrates' Freunde machen sich unmöglich, wenn sie ihm nicht zur Flucht verhelfen. 2. Sokrates bestätige das Fehlurteil, wenn er nicht fliehe. 3. Er sei verpflichtet, zum Wohle seiner Familie weiterzuleben. 4. Er mache sich lächerlich, wenn er nicht fliehe. – Sokrates geht auf diese Gründe zunächst nicht ein. Er weist statt dessen darauf hin, daß man grundsätzlich nicht irgendwelchen Nützlichkeitserwägungen folgen dürfe, sondern nur den Geboten der Vernunft (*lógos*). Daraus ergebe sich, daß man nur auf die Stimme der Gerechtigkeit hören dürfe, die auch dann zu berücksichtigen sei, wenn man Unrecht erleide. Deshalb sei zu prüfen, ob seine Flucht gerecht sei. – Jetzt treten in einem fiktiven Dialog mit Sokrates die Gesetze von Athen auf, die die Argumente des Rechts vorbringen: Sokrates' Flucht wäre eine Verletzung des Rechts, weil er rechtmäßig verurteilt worden sei. Dadurch daß Sokrates sein Leben lang in Athen geblieben sei, habe er die Gültigkeit der athenischen Gesetze anerkannt. Folglich könne Sokrates' Flucht nur schlimme Folgen haben: Er werde als Gesetzesbrecher verachtet und sein bisheriges Leben würde unglaubwürdig. Damit hat sich der Kreis geschlossen: In Rücksicht auf Freunde, Familie und sich selbst darf Sokrates die Flucht nicht akzeptieren.

W Platons Ziel war „die Verherrlichung des Sokratischen Lebens als einer repräsentativen Existenzform: Sokrates – Verkörperung der Wahrheit in der *Apologie*, Sokrates – Prototyp des gerechten Bürgers im *Kríton*. Beide Werke ergänzen einander: Zeichnet sich dort das Sokratische Ethos auf der Folie einer irregeführten, neidrfüllten Masse ab, so erscheint es hier im bewußten Stolz des freien Atheners auf die rechtliche Ordnung seiner Stadt – trotz aller Unzulänglichkeiten einer verständnislosen Menge" (E. Schmalzriedt, 383).

A J. Burnet. Bd. 1, Oxford 1900. J. Burnet, Oxford 1924 (mit Kommentar). M. Croiset, Paris (12)1985. R. Harder, Berlin 1934 (gr.-dt.).
Ü O. Apelt. Bd. 1, Leipzig 1922/1923. K. Hildebrandt, Stuttgart 1962. R. Rufener, München/Zürich 1960. E. Salin, Basel 1945.
L A. W. Gomme: The Structure of Plato's *Crito*, in: G & R 5, 1958, 45–51. R. Guardini: Der Tod des Sokrates, Godesberg (3)1947. R. Harder: Platons *Kriton*, in: Kleine Schriften, München 1960, 223–246. P. Piovani: Per una interpretazione unitaria del *Critone*, Rom 1947. E. Schmalzriedt, KNLL 13, 382–384. E. Wolf: Griechisches Rechtsdenken. Bd. 4. 1, Frankfurt 1968, 63–80. A. D. Woozley: Law and Obedience. The Arguments of Plato's *Crito*, London 1979.

Kyklikè theoría meteóron
„Theorie von der Kreisbewegung der Himmelskörper"

Kleomedes, wahrscheinlich 2. Hälfte des 2. Jh.s n. Chr.

Astronomisches Lehrbuch (gr.) und Einführung in die Astronomie mit theologischer Färbung, vielfach von der Physik und der Kosmologie des Poseidonios (etwa 135–50 v. Chr.) abhängig und daher eine wichtige Quelle für die Rekonstruktion der Schriften des stoischen Philosophen.

I Das Werk enthält eine Beschreibung der Messung des Erdumfangs nach Eratosthenes (→*Perì tês anametréseos tês gês*) und Poseidonios und eine Erklärung der Mondphasen und Mondfinsternisse.

A R. B. Todd, Stuttgart/Leipzig 1990. H. Ziegler, Leipzig 1891 (gr.-dt.).
Ü A. Czwalina (Ostwalds Klassiker der exakten Wiss. 220), 1927.
L A. Lesky, GL, 994. A. Rehm, RE 11, 1, 1921, 679–694. G. Sarton: Introduction to the History of Science. 3 Bde., Washington 1927–1948 (Bd. 2, 304).

Kýklops
„Der Zyklop"

Euripides, etwa 480 – 406 v. Chr.

Satyrspiel in 709 Versen (gr.) über einen Stoff aus der homerischen →*Odýsseia*.
Vermutlich in der späteren Schaffenszeit des Dichters entstanden.

I Der Autor setzt den 9. Gesang der Odyssee in Szene, indem er die Handlung vor die Höhle des einäugigen Riesen Polyphem verlegt. Die Höhle erhält zwei Ausgänge. Die Blendung des Kyklopen ist nicht wie bei Homer als Mittel der Rettung des Odysseus und seiner Gefährten, sondern als Racheakt gestaltet. Die Satyrn sind Diener oder Sklaven

des Polyphem, die ihm u. a. die Höhle und den Vorplatz sauber zu halten und vor allem seine Herden zu hüten haben. Odysseus und seine Gefährten werden von Silenos, der sich zu Beginn des Spieles ausführlich vorgestellt und seinen Frondienst für Polyphem geschildert hatte (1–40), freundlich empfangen, nachdem kurz zuvor die Satyrn unter Chorgesang (41–81) die Herden zur Höhle getrieben hatten. Im Dialog zwischen Silenos und Odysseus (82–202) erfährt der Hörer u. a., daß die Kyklopen völlig unkultivierte Leute sind: Sie kennen keinen Wein, sind aber Menschenfresser. Odysseus will Lämmer und Käse gegen Wein eintauschen. Silenos läßt sich auf das Geschäft ein. Der Kyklop erscheint (203) und verbietet den Satyrn das Tanzen und Singen. Polyphem entdeckt Odysseus und seine Gefährten, die sich beim Eintreffen des Kyklopen versteckt hatten. Silenos behauptet, Odysseus habe die Lämmer und den Käse gestohlen. Odysseus stellt die Sache richtig. Es kommt zum Streit. Der Kyklop fragt Odysseus nach seiner Herkunft (275f.), und dieser bittet den Kyklopen, seine Freßlust nicht an den Griechen auszulassen (299–312). Polyphem, der sich um die Gesetze des Zeus nicht kümmern will, weil er sich mächtiger fühlt als alle Götter, ist von seiner Absicht nicht abzubringen (316–346). Er frißt zwei Männer. In einem langen Monolog schildert Odysseus den grausigen Vorgang in allen Einzelheiten (382–436). Er plant, den Kyklopen, nachdem er ihn mit Wein betrunken gemacht hat, mit einem Holzpfahl zu blenden (451–463), um anschließend mit den Satyrn zu fliehen, die ihm bei der Blendung helfen müssen. Der Kyklop schläft ein, nachdem er sich mit Silenos, den er zu seinem „Ganymedes" erklärt, in die Höhle zurückgezogen hat (577–584). Odysseus geht in die Höhle und vollzieht die Blendung mit Hilfe seiner Gefährten, weil die Satyrn schließlich doch davor zurückschrecken. Geblendet tritt der Kyklop vor die Höhle (665) und sucht den Täter. Odysseus nennt ihm jetzt seinen wahren Namen und erklärt ihm, daß die Blendung die Strafe für die Ermordung der Gefährten sei. Der Kyklop versteht nun, daß sich ein alter Seherspruch erfüllt hat (696–700). Am Schluß eilen Odysseus und seine Gefährten mit dem Chor der Satyrn und Silenos zum Schiff.

W Euripides stellt den Kyklopen als eine Person dar, die die Ordnung der Götter und Menschen ignoriert und nach eigenen Vorstellungen lebt. Der Kyklop hat nur ein einziges Interesse: die Befriedigung seiner Freßlust. Er – so sagt er selbst (334f.) – opfert keinem Gott außer ihm selbst; über ihm steht nur sein Bauch: „Denn vollauf saufen, vollauf fressen Tag für Tag, das ist der Zeus für Menschen, die vernünftig sind und sich nicht selber quälen ..." (336–338). Sein Ziel ist der ungehemmte, durch nichts eingeschränkte Genuß. Diese „Blindheit" ist die Ursache für seine Blendung. Insofern ist er kein echter Gegenspieler des Odysseus, der ihm in jeder Hinsicht überlegen ist, weil er sich nicht nur auf die Hilfe von Zeus und Athene verlassen kann, sondern auch auf alle Errungenschaften des kultivierten

Menschen (Gesetz, Ordnung, Vernunft, soziale Verantwortung usw.). Der Kyklop ist die traurige Karikatur eines scheinbar autonomen Exzentrikers und das Stück eine Darstellung diese Typus.

A G. Ammendola, Florenz 1952. W. Biehl, Stuttgart/Leipzig 1983. J. Duchemin, Paris 1945. L. Méridier, Paris [4]1923 bis 1961. G. Murray, Oxford [2]1955.
Ü D. Ebener, Berlin [2]1980 (gr.-dt.). O. Werner, Stuttgart 1970.
L F. Brommer, Satyrspiele, Berlin [2]1959. E. Buschor: Satyrtänze und frühes Drama. SB Bayer. Akad. München, philolog.-hist. Abt. 1945. 5. P. Guggisberg: Das Satyrspiel, Zürich 1947.

Kýklos historikós
„Sammlung von Geschichten"

Dionysios aus Samos, nach 300 v. Chr.

Nacherzählung mythischer Geschichten (gr.) in sieben B. (Prosa), aus denen nur Frg. erhalten sind.

I Es handelte sich um ein mythologisches Handbuch, dem zahlreiche Werke ähnlicher Machart folgten (vgl. FGrHist 16–30).

A FGrHist 15.
L O. Lendle, Einführung, 266. A. Lesky, GL, 876. E. Schwartz, RE 5, 1905, 932–934.

Kýklos tôn néon epigrammáton
„Sammlung der neuen Epigramme"

Agathias aus Myrina, um 536–582 n. Chr.

„Liederzyklus", bestehend aus Epigrammen (gr.) verschiedener Autoren.
Vermutlich nach der Befreiung von Rom durch Narses, den Feldherrn Justinians, im Jahre 553 n. Chr. herausgegeben, wie dem Einleitungsgedicht zu entnehmen ist (→*Anthologia Palatina* 4,3,53 bis 57).

I Die beiden Einleitungsgedichte sind in der →*Anthologia Palatina* 4,3 enthalten. Daraus ist auch die ursprüngliche Einteilung des *Kýklos* zu entnehmen: 1. Weihepigramme (Anathematika), 2. Epideiktika, 3. Grabepigramme, 4. Ermunterungen (Protreptika), 5. Spottepigramme, 6. Liebesepigramme, 7. Trinkepigramme. – Noch über 100 Epigramme aus dem *Kýklos* sind in der *Anthologia Palatina* erhalten.

A H. Beckby: *Anthologia Graeca.* 4 Bde., München [2]1965 bis 1967.

Kynegetiká
„Jagdwesen"

Oppianos aus Apameia (Syrien), 1. Hälfte des 3. Jh.s n. Chr.

Lehrgedicht (gr.) in vier B. über das Jagdwesen, dem Kaiser Caracalla (reg. 211–217) gewidmet.

I Am Anfang steht statt einer für ein Epos typischen Musenanrufung ein Dialog zwischen dem Autor und der Göttin Artemis. – Der Autor befaßt sich vor allem mit der Großwildjagd und stellt sich als Liebhaber von Jagdhunden und Pferden dar. In mythologischen Exkursen bietet er Gelehrsamkeit, schildert aber auch Phantastisches: Vor einer Beschreibung der Leopardenjagd erzählt er von Frauen, die in Leoparden verwandelt wurden.
Q Der Autor („der Kynegetiker") ahmt die →*Halieutiká* des Oppianos aus Kilikien („des Halieutikers") nach. Außerdem verwendet er auch ein unbekanntes Handbuch der Tierkunde, aus dem er Beschreibungen von Tieren übernimmt, die eigentlich nichts mit der Jagd zu tun haben (z. B. Igel und Maulwurf).

A A. W. Mair, London/Cambridge (Mass.) 1928 (gr.-engl.).
Ü M. Miller, Gymn.-Progr. Amberg 1885/1886/1891.
L U. Dubilzig, MLAA, 482f. R. Keydell, RE 18, 1, 1939, 703–708. W. Schmitt: Kommentar zum ersten B. von Ps.-Oppians *Kynegetika*, Münster 1970.

Kynegetikós
„Schrift über die Jagd"

Flavius Arrianus aus Nikomedeia, etwa 95–175 n. Chr.

Schrift über die Jagd mit Hunden (gr.).
In Athen (vgl. 1,4) verfaßt, d. h. in der zweiten Lebenshälfte des Autors.

I Das Werk war als Ergänzung zu der gleichnamigen Schrift gedacht, die unter Xenophons Namen überliefert ist (→*Kynegetikós* des Ps.-Xenophon).

A R. Hercher / A. Eberhard: Arriani Scripta Minora, Leipzig 1885.
L B. Bosworth: Arrian and Rome: The minor works, in: ANRW 2, 34, 1, 1993, 226–275. A. Lesky, 946–948. P. A. Stadter: Arrian of Nicomedia, Chapel Hill (N. C.) 1980.

Kynegetikós
„Schrift über die Jagd"

Ps.-Xenophon

Technische Schrift mit dem Ziel der Belehrung und ethischen Unterweisung (gr.).
Wahrscheinlich nicht vor dem 3. Jh. v. Chr. verfaßt.

I Ein ausführliches Proömium teilt dem Leser mit, daß Hunde und jagdbare Tiere Erfindungen von Apollon und Diana sind. Sie schenkten sie Cheiron, der zahlreiche Schüler in die Kunst der Jagd einführte: 21 Namen von Heroen werden aufgezählt, die von dem mythischen Cheiron unterrichtet worden waren (Kap. 1). – Im folgenden befaßt sich der Autor mit allen nur denkbaren Themen und Gegenständen der Jagd: Jäger, Netzwächter, Arten von Netzen (Kap. 2). Hunderassen, Eignung der Hunde für die Jagd (Kap. 3). Aussehen der Hunde, ihre Fähigkeiten und Eigenschaften, ihre Ausbildung (Kap. 4). Der Hase (Kap. 5). Hund und Jagd, Aufstellen von Netzen, Hetzjagd (Kap. 6). Aufzucht von Jagdhunden, Schulung der Hunde (Kap. 7). Hasenjagd im Winter (Kap. 8). Hirschjagd (Kap. 9). Wildschweinjagd (Kap. 10). Großwildjagd (Kap. 11). Ethischer Nutzen der Jagd, Jagd als Vorbereitung auf den Krieg, erzieherischer Nutzen, Übung in der *areté* (Kap. 12). Auseinandersetzung mit den Sophisten: Polemik gegen die Sophisten, Unterscheidung zwischen „Sophisten" und „Philosophen", Gegenüberstellung des untüchtigen Sophisten und des tüchtigen Jägers (Kap. 13).

A E. Marchant. Bd. 5, Oxford 1920.
L W. Baehrens: De *Kynegetico* Xenophonteo, in: Mnemosyne N. S. 54, 1926, 130 bis 145. H. R. Breitenbach, RE 9 A 2, 1966, 1910–1921. J. Mewaldt: Die Composition des xenophontischen *Kynegetikos*, in: Hermes 46, 1911, 70–92. L. Radermacher: Über den Cynegeticus des Xenophon, in: RhM 51, 1896, 596 bis 629; 52, 1897, 13–41.

Kynikerbriefe →Briefe der Kyniker

Kynikós
„Ein Kyniker"

Ps.-Lukianos

Dialog zwischen einem Kyniker und Lykinos (gr.). Vielleicht zur Zeit des Kaisers Julian Apostata (reg. 361–363 n. Chr.) verfaßt.

I Der Autor bemühte sich, im Gespräch einen wahren, echten Kyniker darzustellen, der sich deutlich unterscheidet von den Vertretern eines mißverstandenen Kynismus, mit dem diese ihre Unverschämtheit und ihren zügellosen Lebenswandel zu rechtfertigen suchten. Der in dieser Schrift dargestellte Kyniker ist ein Gegenbild zum Bild des gewöhnlichen Kynikers, des kynischen Scharlatans, und ein Idealbild des natürlichen Menschen, eines philosophischen Naturmenschen, eines Vorbilds der Genügsamkeit und einer physisch wie psychisch gesunden Lebensweise. – Im Gespräch erfährt Lykinos Schritt für Schritt, was ein wahrer Kyniker ist.

W Der Autor hatte die Absicht, den Kynismus gegen den Kritik, die Lukian (und andere) an den Kynikern übte, zu widerlegen.

A M. D. Macleod. Bd. 8, London/Cambridge (Mass.) 1967 (gr.-engl.).
Ü Chr. M. Wieland: Lucian von Samosata. Sämtliche Werke 2. 3, Leipzig 1788/1789, 147–164.
L J. Bieler: Über die Echtheit des Lucianischen Dialogs *Cynicus*, Hildesheim 1891.

Kypriaká →Nómima barbariká (Hellanikos)

Kyprien →Epikòs kýklos (An.)

Kyranídes oder Koiranídes
„Auf Säulen geschriebene (Texte)"

An., 1./2. Jh. n. Chr.

Werk (gr.) der medizinischen Zauberliteratur in vier B.

I Das Werk (*Bíbloi kyranídes* oder *koiranídes*) handelt über die magische Heilkraft von Steinen, Pflanzen und Tieren.

A C. E. Ruelle, in: F. de Mély: Les Lapidaires de l' antiquité e du moyen âge. Bd. 2, 1898–1899.

Kýriai dóxai
„Hauptlehren"

Auch zitiert als *Ratae sententiae* („Anerkannte Lehren").

Epikuros aus Samos, 341–270 v. Chr.

Sammlung von 40 Kernsätzen der epikureischen Philosophie (gr.).
Wahrscheinlich erst nach dem Tode Epikurs von seinen Schülern zusammengestellt.

I Es handelt sich um Regeln zur Gestaltung eines von Furcht, Begierde und Schmerz befreiten Lebens.
Q Die Texte sind zusammengestellt aus den anderen Werken des Autors.
H Die Adressaten waren weniger die Anhänger Epikurs, die in der Abgeschiedenheit des „Gartens" seine Lebensregeln befolgen konnten, als vielmehr

die Menschen, die im Alltag nur wenig Zeit zum Philosophieren hatten, aber Lebenshilfe suchten.

W Epikur versteht Philosophie als ein Mittel zur Heilung der kranken Seele von den Affekten und Leidenschaften.

N Die *Kýriai dóxai* waren bis weit in die christliche Zeit in epikureischen Kreisen maßgebend.

A P. v. d. Mühll: Epicuri epistulae tres et Ratae sententiae, Leipzig 1922, Nachdr. 1996.
Ü O. Gigon, Zürich 1949. H. – W. Krautz, Stuttgart 1980 (gr.-dt.). J. Mewald, Stuttgart 1973. R. Nickel, Düsseldorf/Zürich 2003 (gr.-dt.).
L E. Bignone: Studi critici sulle *Kyriai doxai* e sopra la Vita di Epicuro, in: Aegyptus 13, 1933, 419–442. K. Horna: Zur Epikureischen Spruchsammlung, in: WS 49, 1931, 32–39. P. v. d. Mühll: Epikurs *Kyriai doxai* und Demokrit, in: FS A. Kägi, Zürich 1919. R. Müller: Die epikureische Ethik, Berlin 1991. F. Wais: Der Aufbau und das Problem der Echtheit der *Kyriai doxai* des Epikuros, Wien 1939.

Kŷros und Kŷros è perì basileías
„Kyros" und „Kyros oder über die Herrschaft"

Antisthenes aus Athen, um 455–360 v. Chr.

Sehr wenige Fragmente eines Erziehungsromans (gr.), in welchem die *philanthropía* (Menschenliebe) des Kyros thematisiert wurde. Wahrscheinlich verfaßte Antisthenes zwei Werke über Kyros.

I Antisthenes sieht in dem Perserkönig Kyros (→*Kýru paideía* des Xenophon) den idealen Herrscher, der sich nicht mehr dem Gesetz (*nómos*) verpflichtet weiß. Jeder kann in diesem monarchisch-hierarchischen Staat nach dem Maß seiner Fähigkeit zur Selbstbeherrschung an der Macht teilhaben. – Wie im →*Heraklês* definierte der Autor Mühe und Arbeit als ein *agathón* (Gut). – Es ist nicht auszuschließen, daß sich der *Kŷros* mit Hilfe der xenophontischen *Kýru paideía* rekonstruieren ließe.

A F. D. Caizzi: Antisthenis Fragmenta, Mailand 1966 (Frg. 19 bis 21 und 29 A). G. Giannantoni: Socratis et Socraticorum reliquiae. Bd. 2, Neapel 1990, 135–225.
L P. Natorp: Antisthenes (Nr. 10), in: RE 1, 1894, 2538–2545.

Kýru anábasis
„Der Feldzug des jüngeren Kyros in das Landesinnere"

Sophainetos aus Stymphalos, um 400 v. Chr.

In nur wenigen Frg. erhaltener Bericht (gr.) über den im Jahre 401 v. Chr. unternommenen und gescheiterten Putschversuch des persischen Prinzen Kyros und über den Rückmarsch seiner gr. Söldner. – Es ist nicht auszuschließen, daß Xenophon bei der Abfassung seines gleichnamigen Werkes den Bericht des ältesten der gr. Söldnerführer benutzte.

A FGrHist 109.

L A. Gwynn: Xenophon and Sophaenetus, in: CQ 23, 1929, 38–39. A. v. Mess: Über die Anabasis des Sophainetos, in: RhM 61, 1906, 360–390. F. Schroemer: Der Bericht des Sophainetos über den Zug der Zehntausend, Diss. München 1954.

Kýru anábasis
„Der Feldzug des jüngeren Kyros in das Landesinnere"

Xenophon aus Athen, etwa 430–354 v. Chr.

Bericht (gr.) über den im Jahre 401 v. Chr. erfolgten Versuch des persischen Prinzen Kyros, den Thron zu erobern, über sein Scheitern und über den Rückmarsch der gr. Söldner, an dessen Organisation Xenophon selbst maßgeblich beteiligt war. Wahrscheinlich nach 390 v. Chr. veröffentlicht.

I Der Titel paßt nur zu einen kleineren Teil des Werkes: 1,1–8. Denn mit der Schlacht von Kunaxa endet der Feldzug des jüngeren Kyros. In dieser Schlacht erfochten die gr. Söldner zwar einen Sieg, Kyros aber wird von einer persischen Lanze tödlich getroffen. Xenophon schließt den Bericht mit ausführlichen Porträt des Kyros ab (1,9), das vor allem – wie auch die späteren Porträts der drei Feldherren Klearchos, Proxenos und Menon – die Führungsqualitäten der porträtierten Persönlichkeiten herausstellt. – Der Hauptteil der Schrift ist dem Rückzug des gr. Söldnerheeres gewidmet. „Mit einer lebendigen Anschaulichkeit, die in der antiken Literatur ihresgleichen sucht, schildert Xenophon den abenteuerlichen Putschversuch des jungen Kyros und seine katastrophalen Folgen für die gr. Söldner von Anfang bis Ende aus der Sicht des Teilnehmers. Wir erleben die monotonen Märsche auf Gebirgswegen und über Wüstenpisten mit, spüren die Spannung, die beim Eindringen der Kolonne in das endlich erreichte babylonische Land zunächst anwächst, dann wieder abklingt, werden ebenso, wie die Beteiligten damals, von dem plötzlichen Auftauchen der unermeßlichen Truppenmassen des Großkönigs bei Kunaxa überrascht, und haben dann genau jenen Ausschnitt der Schlacht vor Augen, den Xenophon selbst übersehen konnte. Die Plastizität der Darstellung nimmt eher noch zu in den späteren B. des Werkes, in denen Xenophon den unglaublich schwierigen Rückmarsch der auf sich allein gestellten gr. Söldner ... im strengen Nachwinter von 401/400 durch die Gebirgsmassive Zentralanatoliens bis nach Trapezunt am Schwarzen Meer und dann weiter nach Westen beschreibt, wo die Überlebenden schließlich im Auftrag des thrakischen Fürsten Seuthes unter Führung Xenophons ihre letzten Kämpfe zu bestehen hatten" (Lendle, 115).

Q Xenophon hat anscheinend von Frühjahr 401 bis zum Frühjahr 399 eine Art Tagebuch geführt und alle Vorkommnisse mit größter Sorgfalt festgehalten. Außerdem wird er das offizielle „Kriegstagebuch" eingesehen haben. Über die im engeren Sinne militärische Berichterstattung hinaus hat Xenophon zahlreiche kulturgeschichtlich interessante Beobachtungen aufgegriffen und in seine Schrift eingearbeitet. Außerdem dürfte sich Xenophon in der Periplus-Literatur umgesehen, Landkarten und Beschreibungen des Perserreiches benutzt haben, bevor er sein Werk schriftlich fixierte. Vielleicht konnte Xenophon auch auf die „Anabasis" des Söldnerführers Sophainetos zurückgreifen (→*Kýru anábasis* des Sophainetos). Auch die →*Persiká* des Ktesias kommen als Quelle in Frage.

W Xenophons Absicht kann nur darin bestanden haben, den Feldzug, den Rückmarsch und die glückliche Rettung des gr. Söldnerheeres darzustellen. Bei der Frage nach der Absicht ist zu berücksichtigen, daß Xenophon das Werk ursprünglich unter dem Pseudonym Themistogenes veröffentlicht hat (→*Helleniká* 3, 1,2). Offensichtlich sollte die Schrift dazu beitragen, die Gefolgsleute des Kyros vor mißgünstiger Beurteilung zu schützen. Der Söldnergeneral Xenophon wollte sich einerseits vor seinen athenischen Landsleuten, die ihn schließlich als Vaterlandsverräter in die Verbannung geschickt hatten, rechtfertigen und sich andererseits gegen die gegen ihn erhobenen Vorwürfe zur Wehr setzen. Die „Anabasis" hat also eine deutlich apologetische Tendenz.

N Arrian aus Nikomedeia, der sich selbst als „neuer Xenophon" bezeichnete, nahm sich für seine „Anabasis" (→*Alexándru anábasis*) Xenophons „Anabasis" zum Vorbild und benutzte diese bei seinem →*Períplus Póntu Euxeínu*.

A E. C. Marchant. Bd. 3, Oxford 1904. P. Masqueray, Paris 1930/1931.
Ü H. Feix, München 1959. W. Müri / B. Zimmermann, Düsseldorf/Zürich [(3)]2002 (gr.-dt.).
L H. R. Breitenbach, in: RE 9 A 2, 1966, 1569–1928. É. Delebecque: Notes sur l' *Anabase*, in: Lettres d' humanité 6, 1947, 41–101. H. Erbse: Xenophons *Anabasis*, in: Gy 73, 1966, 485–505. O. Lendle: Der Bericht Xenophons über die Schlacht von Kunaxa, in: Gy 73, 1966, 429–452. O. Lendle: Der Marsch der „Zehntausend" durch das Land der Karduchen (Xenophons *Anabasis* IV 1. 5 – 3. 34), in: Gy 91, 1984, 202–236. O. Lendle, Einführung, 112–119. O. Lendle: Kommentar zu Xenophons *Anabasis* (B. 1–7), Darmstadt 1995. G. B. Nussbaum: The Ten Thousand. A study in social organisation and action in Xenophons *Anabasis*, Leiden 1967.

Kýru paideía
„Erziehung des Kyros"

Xenophon aus Athen, etwa 430–355 v. Chr.

Darstellung (gr.) eines idealen Herrschers am Beispiel des persischen Königs Kyros II., des Begründers des persischen Weltreiches (reg. 559–529 v. Chr.), in acht B..
Wohl nach 362/361 v. Chr. verfaßt.

I Der Titel paßt eigentlich nur zum 1. B. Von B. 2 an greift Xenophon weit über den Rahmen der Erziehung des jugendlichen Kyros hinaus. Hier stellt er den idealen Herrscher und Feldherrn dar. Diese Darstellung kann aber auch als Dokument der Bewährung der Erziehung in der Realität verstanden werden. Denn in den B. 2–8 zeigt der Autor, wie sich Erziehung und Bildung im Handeln des Kyros beweisen. Unter diesem Aspekt würde der Titel dem ganzen Werk gerecht. Die *Paideía* erschiene dann im Verlauf der Darstellung unter drei verschiedenen Aspekten: (1) Die Grundlagen und Voraussetzungen, aus denen sich die Persönlichkeit des Kyros entwickelt, werden im 1. B. geschildert. – (2) Die folgenden B. (2–7,5,36) bilden den Hauptteil der „Kyrupädie": Sie veranschaulichen die Anwendung des Gelernten auf die Lebenspraxis, die sich vordergründig als eine Kette militärischer Leistungen und Erfolge darstellt. Hier zeigt der Autor, wie sich Kyros' *Paideía* in der Wirklichkeit bewährt. Der Einschnitt nach 7,3,36 ist mit den äußeren Ereignissen gegeben: Mit der Eroberung von Babylon ist die Kriegszeit beendet. – (3) Mit 7,5,37 beginnt für Kyros ein neuer Lebensabschnitt, der ihm nicht mehr überwiegend militärische Aufgaben stellt. Der König hat jetzt an die Verwaltung seines Reiches zu denken. Hier (7, 5,37–8,7) wird Kyros selbst zum Lehrer und Erzieher seiner Untertanen, indem er seine Bildung, bereichert durch die Erfahrungen seines Lebens, weitergibt und auf diese Weise die von seiner Autorität getragene Herrschaft konsolidiert. – Das Thema der „Kyrupädie" ist also die *Paideía* des Kyros unter den Gesichtspunkten (1) ihres Erwerbs, (2) ihres Besitzes und ihrer Anwendung und (3) ihrer Vermittlung, wobei diese drei Gesichtspunkte den drei durch die äußeren Ereignisse abgegrenzten Lebensabschnitten des Kyros entsprechen: (1) Jugend, (2) Eroberung des Reiches und (3) Verwaltung und innere Organisation.

Q Die Quellen des historischen Rahmens der Darstellung sind vor allem bei Herodot (→*Histories apódexis*) und Ktesias (→*Persiká*) zu suchen. Xenophon, der mit der „Kyrupädie" kein Werk der Historiographie schaffen wollte und daher nicht den Anspruch auf historiographische Richtigkeit erhob, erfand viele Personen und Situationen, für die es keine historischen Quellen gibt. In die Gestalt des Perserkönigs sind Eigenschaften anderer Persönlichkeiten eingegangen, die Xenophon kannte und bewunderte: Agesilaos (→*Agesílaos*), Sokrates (→*Apomnemoneúmata Sokrátus*), der jüngere Kyros (→*Kýru anábasis*). Der Autor kannte vermutlich auch die idealisierende Überhöhung des Kyros bei Aischylos (→*Pérsai*). – Inwieweit sich Xenophon von der Kyros-Darstellung des Antisthenes (→*Kýros*) anregen ließ, ist angesichts der Dürftigkeit der Frg. schwer zu beurteilen. – Auch die Verarbeitung altiranischer Überlieferung durch Xenophon ist nicht auszuschließen. – Die Beschreibung von Kriegslisten (1,6; 13; 26 ff.) geht möglicherweise auf ältere Strategemen-Literatur (Sammlung von Kriegslisten) zurück.

W Xenophon stellt in der „Kyrupädie" sein politisches Ideal des gerechten und starken Monarchen dar. Er will in diesem Werk als Summe eines reichen

Lebens noch einmal alles zusammenfassen, was sein literarisches Leben bestimmt hatte: die Reverenz vor dem persischen Nachbarvolk, die Neigung zu historischen Studien, die Freude an den pragmatischen und militärischen Disziplinen feudaladliger Lebensweise, das Streben nach moralischer Durchdringung des Daseins und die Bewunderung für große Persönlichkeiten. Der Autor veranschaulicht an der Gestalt des Perserkönigs das Ideal einer Bildung (*Paideía*), die sich unter optimalen Bedingungen entwickeln und entfalten konnte. Dazu gehörten nicht nur Herkunft, Anlage und Erziehung (1,1,6), sondern auch die äußeren Bedingungen für eine uneingeschränkte Entfaltung aller in der Persönlichkeit des Kyros liegenden Möglichkeiten, die ihr Telos in der gerechten Herrschaft über andere Menschen erreicht. Daß die *Paideía* des Kyros vor allem in der umfassenden Nutzung aller Möglichkeiten ihrer Bewährung besteht, ist ein Grundgedanke, der das ganze Werk durchzieht. – Was Kyros aufgrund seiner *Paideía* vor allem beherrscht, ist die Kunst der Menschenführung. Er versteht es, mit seinen Mitmenschen so umzugehen, daß sie ihm freiwillig gehorchen und folgen. Aufgrund seiner Weisheit und Menschenfreundlichkeit, d. h. seiner *Paideía*, entartet seine Herrschaft trotz unbegrenzter Machtfülle nicht zur Despotie. – Es spricht vieles dafür, daß Xenophon mit der „Kyrupädie" ein politisches Programm entwerfen wollte, dessen Kern die große Führerpersönlichkeit war. Für Xenophon war die Monarchie des Kyros eine Alternative zur Demokratie seiner Zeit.

N   Xenophon schuf mit seiner Kyrupädie den historischen Roman, in dem die auf Wahrheit und Fiktion beruhende geschichtliche Darstellung nur den Hintergrund für das eigentliche Anliegen des Autors bildet. Darüber hinaus verfaßte Xenophon mit der „Kyrupädie" den ersten Erziehungsroman unseres Kulturkreises, der u. a. in *Parzival*, *Simplicius*, *Émile*, *Anton Reiser*, *Wilhelm Meister* und dem Otto Matzerath der *Blechtrommel* seine Fortsetzung fand. – Cicero verweist seinen Bruder Quintus, der das Amt des röm. Statthalters in der Provinz Asia verwaltet (→*Epistulae ad Quintum fratrem* 1,1,23), auf den xenophontischen Kyros, der – wie Cicero bemerkt – nicht mit dem Anspruch dargestellt wurde, der historischen Wahrheit gerecht zu werden, sondern das Idealbild eines gerechten Herrschers zu sein, der in der Schrift des Sokratikers Xenophon ein Höchstmaß an Würde (*gravitas*) mit einzigartiger Güte und Freundlichkeit (*comitas*) verbindet. Auch der berühmte Scipio Africanus habe die „Kyrupädie" nie ohne Grund aus den Händen gelegt, weil in diesem Werk keine Pflicht eines gewissenhaften und maßvollen Herrschers unerwähnt geblieben sei. Cicero fordert den Bruder ganz im Sinne Xenophons dazu auf, das Vorbild des Kyros nie aus den Augen zu verlieren.

A M. Bizos / É. Delebecque. 3 Bde., Paris 1972–1978 (gr.-frz.). W. Gemoll / J. Peters, Leipzig [2]1968.
Ü R. Nickel, München/Zürich 1992 (gr.-dt.). Ch. Walz, Stuttgart 1827. C. Woyte, Leipzig 1911.

L H. R. Breitenbach: Xenophon von Athen, in: RE 9 A 2, 1966, 1707–1742. A. Christensen: Les gestes des rois dans les traditions de l' Iran antique, Paris 1936. B. Due: *Cyropaedia*, in: G. Schmeling (Hg.): The Novel in the Ancient World, Leiden 1996, 581–600. D. L. Gera: Xenophon's *Cyropaedia*. Style, Genre, and Literary Technique, Oxford 1993. F. K. Hertlein: Xenophons Cyropaedie, Berlin 1859–1860 (Kommentar). S. W. Hirsch: 1001 Iranian nights. History and fiction in Xenophon's *Cyropaedia*, in: FS A. E. Raubitschek, Stanford University 1985, 65–85. O. Lendle, Einführung, 110 bis 119. C. Müller-Goldingen: Untersuchungen zu Xenophons *Kyrupädie*, Stuttgart/Leipzig 1995. E. Schmalzriedt, KNLL 17, 892–894 (mit weiterer Literatur). J. Tatum: Xenophon's Imperial Fiction. On *The Education of Cyrus*, Princeton 1889. B. Zimmermann: Roman und Enkomion – Xenophons *Erziehung des Kyros*, in: WJA N.F. 15, 1989, 97–105.

L

Láches
(Athenischer Feldherr im peloponnesischen Krieg und Gesprächspartner des Sokrates)

Platon aus Athen, 427–347 v. Chr.

Sokratischer Dialog (gr.) über das Wesen der Tapferkeit.
Der vielleicht früheste Dialog Platons wurde nach 399 v. Chr. verfaßt.

I Im Einleitungsgespräch geht es um das Problem der richtigen Erziehung. Zwei Väter machen sich Sorgen um die Erziehung ihrer Söhne. Sokrates wird aufgrund seiner pädagogischen Kompetenz hinzugezogen. Zunächst aber fragt Lysimachos, einer der beiden Väter, ob die Fechtkunst ein wichtiger Lerninhalt sei und wie sie gegebenenfalls zu lernen sei. Nikias, einer der Gesprächsteilnehmer, befürwortet dieses Lernziel, was verständlich ist, weil er ebenso wie Laches, die Titelfigur des Dialogs, ein bedeutender athenischer Feldherr ist. Laches hingegen verneint den Wert der Fechtkunst. Sokrates soll als Schiedsrichter entscheiden: Eine Entscheidung aber erfordert Sachkompetenz. Ob nicht Laches und Nikias diese besitzen, wird geprüft. – Nach einem Exkurs über Sokrates' Verfahren, Gespräche zu führen, beginnt dieser zusammen mit Laches der Frage nach dem Wesen der „Tugend" (areté) nachzugehen (ab 189d). Denn ohne zu wissen, was Tugend ist, kann man sie nicht zum Gegenstand von Bildung und Erziehung machen. Sokrates will aber zunächst nicht nach dem Wesen der Tugend als ganzer fragen, sondern sich auf einen „Teil" der Tugend konzentrieren. Es liegt nahe, sich auf den Teil zu beschränken, für den z. B. die beiden anwesenden Feldherren Laches und Nikias zuständig sind: die Tapferkeit (andreía). Sogleich werden Antworten auf die Frage nach dem Wesen der Tapferkeit gegeben und geprüft (190e-193d). Das Gespräch endet zunächst in einer Aporie (193d-194b). – Sokrates setzt dann mit Nikias das Gespräch fort, das ebenfalls in einer Aporie endet (194c-200c). Nikias und Laches müssen also eingestehen, daß sie nicht wissen, was Tapferkeit ist. – Am Schluß wird die Frage nach der Erziehung der Söhne wieder aufgegriffen. Alle Gesprächspartner bekennen, daß sie selbst noch lernen müssen, um der Frage nach der richtigen Erziehung wirklich sachkundig nachgehen zu können.

W Platon veranschaulicht im Láches die Praxis des sokratischen Gesprächs und gibt zugleich eine eingehende Charakterisierung seines Lehrers als eines Mannes, der seine spezifische Tapferkeit in der Beharrlichkeit zeigt, mit der er im Dialog die Wahrheit zu finden sucht.

A J. Burnet. Bd. 3, Oxford 1903. A. Croiset, Paris [4]1956 (gr.-frz.).
Ü J. Kerschensteiner, Stuttgart 1982 (gr.-dt.). E. Salin, Basel 1950. F. Schleiermacher / H. Hofmann. Bd. 1, Darmstadt [2]1990. R. Schrastetter, Hamburg 1970 (gr.-dt. mit Einleitung und ausführlichem Literaturverzeichnis).
L R. Dieterle: Platons Laches und Charmides, Diss. Freiburg 1966. H. Erbse: Über Platons Methode in den sogenannten Jugenddialogen, in: Hermes 96, 1968, 21–40. A. Graeser: Zur Logik der Argumentationsstruktur in Platons Dialogen Laches und Charmides, in: AGPh 57, 1975. W. Steidle: Der Dialog Laches und Platons Verhältnis zu Athen in den Frühdialogen, in: MH 7, 1950, 129–146.

Laelius de amicitia
„Laelius über die Freundschaft"

Marcus Tullius Cicero, 106–43 v. Chr.

Dialog (lat.) zwischen Gaius Laelius (geb. 186 v. Chr., Freund des Scipio), Quintus Mucius Scaevola Augur (geb. 157 v. Chr., Consul des Jahres 117 v. Chr.) und Gaius Fannius Strabo (Consul des Jahres 122 v. Chr.). Beide Gesprächspartner des Laelius waren zugleich dessen Schwiegersöhne. – Cicero läßt das Gespräch unmittelbar nach dem Tod des jüngeren Scipio im Jahre 129 v. Chr. stattfinden. Wahrscheinlich im November 44 v. Chr. vollendet.

I „Die Freundschaft erhält einen hymnischen Preis, doch fast mehr noch als der Gewinn sind dem Sprechenden die Risiken bewußt, die aus der Bindung an einen anderen erwachsen: hier kommt es ja nicht, wie bei der Einschätzung des Greisenalters, lediglich auf die innere Einstellung des einzelnen an; der Bestand der Freundschaft hängt vielmehr von allen Beteiligten und überdies von den Umständen ab. Gerade weil wahre Freundschaft keine Grenzen kennt, ist sie überaus gefährdet, und als besonders heikel erweist sich das Problem eines Konflikts zwischen der Bindung an den Freund und der Bindung an den Staat. Laelius fordert daher nichts so eindringlich wie eine sorgfältige Wahl der Freunde; hierbei gilt es, einen Ausweg aus dem Zirkel zu finden, daß der Freund erprobt sein muß, ehe man ihm vertraut, und daß man ihm andererseits vertrauen muß, um ihn erproben zu können" (Fuhrmann, 257).
Q Das Thema „Freundschaft" fand in der Philosophie lange vor Cicero viel Beachtung. So war z. B. Platons →Lýsis ganz dem Wesen der Freundschaft gewidmet. – In den B. 8 und 9 der →Ethikà Nikomácheia stellt Aristoteles vielfältige Beobachtungen und Überlegungen zum Thema „Freundschaft" an. – In der Lehre Epikurs spielt die Freundschaft eine wichtige Rolle, wie es u. a. aus dem 1. B. von Ciceros Schrift →De finibus bonorum et malorum (1,65–70; 2,24–27; 3,21; 5, 24) hervorgeht. – „Kontrovers war vor allem das Wesen wahrer

Freundschaft, der Rang der Entstehungsursachen: schließt man Freundschaften um des eigenen Vorteils oder der eigenen Sicherheit willen, kurz aus Nützlichkeitserwägungen, oder ist der Mensch von Natur, seinem Wesen nach, zur Freundschaft bestimmt? Es gab sogar Stimmen, die den Wert der Freundschaft grundsätzlich in Frage stellten: je vollkommener jemand sei, desto weniger benötige er Freunde; außerdem gefährde man durch Bindungen an andere die eigene Seelenruhe" (Fuhrmann, 256). – Nach Gellius, →*Noctes Atticae* (1,3,10ff.), hat sich Cicero an eine Schrift des Theophrast mit gleichnamigem Titel gehalten. Wahrscheinlich benutzte er auch die Pflichtenlehre (→*Perì tû kathékontos*) des Panaitios. der auch die Hauptquelle für →*De officiis* war. Enge Übereinstimmungen bestehen auch zwischen Ciceros Schrift und den „Memorabilien" Xenophons (→*Apomnemoneúmata Sokrátus* 2, 4–6). – Hinsichtlich der Form des Dialogs folgt Cicero einer bei dem Platonschüler Herakleides Pontikos (4. Jh. v. Chr.) greifbaren Tradition (→*Diálogoi*).

W   In der Einleitung zum *Laelius* schreibt Cicero an Atticus, den Empfänger der Schrift, mit dem er seit Jahrzehnten befreundet war: „Wie ich aber damals als alter Mann an einen alten Mann über das Alter schrieb, so habe ich dieses B. als bester Freund für einen Freund über die Freundschaft geschrieben" (vgl. →*Cato de senectute*). Daraus geht schon hervor, daß der Autor das Werk mit großer innerer Beteiligung schrieb. – Den denkbaren Konflikt zwischen Freundschaft und Treue zum Staat hat Cicero offensichtlich für außerordentlich bedeutsam gehalten. Hier bilden eigene politische Erfahrungen des Autors in der Zeit des Bürgerkrieges den gedanklichen Hintergrund. So reflektiert Cicero z.B. auch im Sommer 44 v. Chr. in einem Brief an Matius (→*Epistulae ad familiares* 11,29,8 Kasten) über den Konflikt zwischen dem Einsatz für die Freiheit des Vaterlandes (*libertas patriae*) und für das Leben des Freundes (*vita amici*). – Wenn man die Aufforderungen des Laelius am Anfang (1) und am Ende (104) der Schrift beachtet, dann erscheint der Dialog als eine einzige Ermahnung zur *virtus* (Tugend); denn am Anfang wird der Adressat dazu aufgefordert, die Freundschaft über alle Dinge dieser Welt zu stellen, und am Ende ermahnt, die *virtus*, ohne die es keine Freundschaft gebe, so hochzuhalten, daß es abgesehen von der *virtus* selbst kein höheres Gut als die Freundschaft gebe.

N   Neben Gellius (1,3,10ff.) bezeugt in der Antike Hieronymus (→*Epistulae*, Nr. 8 Migne) die Wirkung des *Laelius*. Im Mittelalter wird diese durch eine große Zahl von Handschriften und durch Dante (*Convivio* 2,13) bewiesen. – Der Freundschaftsgedanke wird von Aelred von Rievaux (12. Jh.) in der Schrift *De spirituali amicitia* vergeistlicht.

A   J. G. F. Powell, Warminster 1990 (lat.-engl. mit Kommentar). M. Seyffert / C. F. W. Müller, Leipzig 1886 (mit Kommentar). K. Simbeck, Leipzig 1917, Nachdr. 1987.
Ü   M. Faltner, München 1961 (lat.-dt.).

L   K. Büchner: Der *Laelius* Ciceros, in: MH 9, 1952, 88–106. A. Fürst: Streit unter Freunden. Ideal und Realität in der Freundschaftslehre der Antike, Stuttgart/Leipzig 1996. A. Fürst: Freundschaft als Tugend. Über den Verlust der Wirklichkeit im antiken Freundschaftsbegriff, in: Gy 104, 1997, 413–433. M. Fuhrmann, Cicero, 255–257. K. A. Neuhausen, Heidelberg 1985 (Kommentar). R. Philippson, RE 7 A 1, 1939, 1164–1167. W. Ricken: Zur Entstehung des *Laelius de amicitia*, in: Gy 62, 1955, 360–374.

Lakainôn apophthégmata *(Lacaenarum apophthegmata)* →**Moralia (Plutarchos)**

Lakedaimoníon politeía
„Staat der Lakedaimonier"

Xenophon aus Athen, etwa 430–355 v. Chr.

Idealisierende Abhandlung (gr.) über die spartanische Verfassung.
Wahrscheinlich vor der gegen Theben verlorenen Schlacht bei Leuktra (371 v. Chr.) verfaßt.

I   Nach einer kurzen Einleitung (mit einem Lob des Gesetzgebers Lykurg, dem die Spartaner ihre Verfassung verdanken) geht der Autor auf den in der Idealstaatliteratur wichtigen Gedanken der Kinderzeugung ein (1,3–10); es befaßt sich hier u. a. mit der körperlichen Ertüchtigung und dem für die Kinderzeugung vorteilhaftesten Alter der Eltern. Darauf beschäftigt sich der Autor mit der Erziehung der Kinder und Heranwachsenden (2,1–5,1). Er behandelt eingehend das spartanische Erziehungsideal, das ganz auf Anstrengung (*pónos*) und Selbstbeherrschung (*enkráteia*) gegründet ist. Die Kinder sollen Gehorsam und Schamgefühl lernen. Körperliche Ertüchtigung spielt eine besondere Rolle. Die Gesundheitserziehung wird in Kap. 5 ausführlich dargestellt; dabei weist der Autor auf den Wert des Maßhaltens hin. In Kap. 6 werden die Möglichkeiten der „Gemeinsamkeit" (*koinonía*) veranschaulicht, in und zu der die Kinder erzogen werden sollen. Kap. 7 behandelt die Wertlosigkeit des Geldes. Der Gehorsam gegenüber den Behörden und Gesetzen wird in Kap. 8 thematisiert. Um die spartanische „Tapferkeit (*areté*) geht es in den Kap. 9–10: Der ehrenvolle Tod hat unbedingten Vorrang gegenüber einem schändlichen Leben. In Kap. 11–13 beschreibt Xenophon das Heerwesen und die Kriegführung der Spartaner. Daß das idealisierte Sparta der Vergangenheit mit dem Sparta der Gegenwart nicht identisch ist, hebt der Autor in den Kap. 14–15 hervor. Diese Antithese ist „eine ernste Warnung und Ermunterung an die Adresse Spartas" (Breitenbach, 1751). Xenophon will damit verdeutlichen, daß die spartanischen Institutionen zwar in Ordnung seien, aber auch auf entsprechende Menschen angewiesen seien.

Q   Die Schrift steht in der Tradition der Spartaliteratur des 5. und 4. Jh.s v. Chr., auf die Xenophon selbst verweist (vgl. 2,14).

W „Die Schrift gehört in das Gebiet der ideal-staatlichen Literatur, die den Zeitgenossen die Möglichkeit zeigen will, wie der Staat organisiert werden könnte oder müßte, um den Menschen eine möglichst große *eudaimonía* zu gewährleisten" (Breitenbach, 1747).

A E. Marchant. Bd. 5, Oxford 1920.
Ü S. Rebenich, Darmstadt 1998 (gr.-dt.).
L H. R. Breitenbach, RE 9 A 2, 1966, 1746–1753. H. Mitchell: Sparta, Cambridge 1952. F. Ollier: La république des Lacédém., Lyon 1934 (Kommentar und Text gr.-frz.).

Laudatio Turiae
„Lob der Turia"

An.

Frg. einer Inschrift (lat.) mit einer Grabrede (*Laudatio funebris*) auf eine römische Frau (CIL 6, 1527).

I Die Grabrede wurde spätestens im Jahre 9 v. Chr. von einem trauernden Witwer, einem hochgestellten Römer des 1. Jh.s v. Chr., gehalten. Gelobt wird eine unbekannte Frau (es war aber sicher nicht Turia, die Gattin des ehemaligen Consuls Quintus Lucretius Vespillo, wie auch noch Th. Mommsen nachzuweisen versuchte). Erwähnt wird, daß die außergewöhnliche Frau den Tod ihrer ermordeten Eltern gesühnt, 41 Jahre lang eine harmonische, aber kinderlose Ehe geführt und ihren Mann vor der Proskription der Triumvirn gerettet hatte.

A Th. Mommsen: Ges. Schriften 1, Berlin 1905, 393–428. E. Wifstrand: The So-Called *Laudatio Turiae*, Lund 1976 (mit Text, Übersetzung, Kommentar).
L D. Flach: Die sogenannte *Laudatio Turiae*. Einleitung, Text, Übersetzung und Kommentar, Darmstadt 1991. B. Hesberg-Tonn: Coniunx carissima. Untersuchungen zum Normcharakter im Erscheinungsbild der römischen Frau, Stuttgart 1983, 218–250. E. Weiß, RE 12, 1, 1924, 995–997.

Lausiakón
„Das dem Lausos gewidmete Werk"

Auch lat. zitiert als *Historia Lausiaca* („Lausische Geschichte").

Palladios, um 400 n. Chr.

Lebensbeschreibungen von Mönchen und Nonnen in Ägypten und Palästina (gr.). Entstanden um 420 n. Chr.

I Es handelt sich nicht um Biographien, sondern um erbauliche Idealbilder mönchischer Askese. Palladios stellt nicht nur die großen Asketen vor, sondern auch weniger vorbildliche Personen (z. B. eine geizige Jungfrau). – Das Werk gibt wertvolle Informationen über die Entstehung, Verbreitung und Organisation des frühen Mönchstums.

Q Sein Material verdankt der Autor mündlichen und schriftlichen Erzählungen; manches erlebte er wohl auch selbst. Die →*Vita sancti Antonii* des Athanasios war eines der Vorbilder des Palladios. Er schöpfte aber auch aus hellenistischen Quellen. Dazu gehören auch Lebensbeschreibungen kynischer Philosophen.

N Das gern gelesene *Lausiakón* wurde sehr bald auch ins Lateinische, Syrische, Armenische, Koptische, Äthiopische und Arabische übersetzt.

A C. Butler. 2 Bde., Cambridge 1898–1904. W. K. L. Clarke, London 1921. A. Lucot, Paris 1912 (gr.-frz.).
Ü S. Krottenthaler, München 1912 (BKV[(2)] 5).
L J. Brémond: Les pères du désert. 2 Bde., Paris 1927. KLL 6, 5520. R. Reitzenstein: *Historia monachorum* und *Historia Lausiaca*, Göttingen 1912.

Laus Pisonis
„Lob des Piso"

An.

Panegyrisches Gedicht (lat.) in 261 Hexametern, Calpurnius Piso gewidmet, der bei der Verschwörung gegen Nero 65 n. Chr. umgebracht wurde.

A R. Verdière: Collection Latomus 19, 1954.
Ü A. Seel, Erlangen/Nürnberg 1969 (lat.-dt. mit Kommentar).
L J. W. Duff, OCD, Oxford 1964. P. L. Schmidt: Laus Pisonis, in: DKP 3, 522.

Leben des Heiligen Martin →Vita Sancti Martini (Paulinus)

Leben des Pythagoras →Bíos Pythagorikós (Aristoxenos), →Vita Pythagorae (Porphyrios)

Lebensalterelegie

Solon aus Athen, um 640–560 v. Chr.

Distichon-Dichtung (vgl. →*Élegoi,* Kallinos aus Ephesos) in 18 Versen (gr.).

I Solon unterteilt und beschreibt das menschliche Leben in zehnmal sieben Phasen. „Während sonst das Alter mit all seinen Nachteilen beklagt wird, geht Solon hier ganz sachlich die Kurve des menschlichen Lebens durch und zeigt darin eine große Ordnung des Lebens auf. Es ist ein naturgemäßes Wachstum, das sich in diesen Perioden von Siebenerjahren vollzieht, und zwar mit zwei Höhepunkten: mit 28 Jahren ein Höhepunkt des Körperlichen, und dann vierzehn Jahre lang die Höhe des Geistigen, zwischen 42 und 56 Jahren. Dann sinkt es ab ... bis an die siebzig oder, wie er in einem anderen Gedicht sagt, an die achtzig Jahre. Das Gedicht zeigt, wie auch diese Dinge des Menschenlebens in einer großen Ordnung gesehen sind, über die er nicht klagt und die er nicht verurteilt, sondern in die er sich erkennend klaglos und einfach einfügt" (Schadewaldt 1978, 120 f.).

A E. Diehl, ALG 1, Frg. 19 (= 23 G.-P. = 18 West).
L W. Schadewaldt: Lebenszeit und Greisenalter im frühen Griechentum (1933), in: H & H, 41–59. W. Schadewaldt, DAdPh, 113–121.

Leben und Meinungen der Sieben Weisen

Diverse Autoren

Sammlung von Texten über die Sieben Weisen (gr./lat.).

I Die Sieben Weisen sind (1) Thales (624–547), (2) Solon (um 540–560), (3) Chilon (geb. etwa 600). (4) Pittakos (etwa 650–570). (5) Bias (etwa 600 v. Chr.). (6) Kleobulos (Zeit unbekannt). (7) Periander (reg. etwa 600–540). – Die Texte enthalten (teilweise legendäre) Berichte über das Leben, ihre Sentenzen und ihre Lebensweisheiten.

A B. Snell: Leben und Meinungen der Sieben Weisen, München [(3)]1952 (gr.-dt.). VS 10.
L O. Gigon: Sieben Weise, in: dtv-L 1. 4, 190 f. A. Lesky, GL, 187 f. M. Tziatzi-Papagianni: Die Sprüche der sieben Weisen. Zwei byzantinische Sammlungen. Beiträge zur Altertumskunde. Bd. 51, 1994.

Leges XII Tabularum
„Zwölftafelgesetz"

An.

Früheste Festlegung des röm. Rechts (lat.).
Die Rechtssammlung wurde angeblich 451/450 v. Chr. von einer Kommission erstellt.

I Die zwölf ehernen Tafeln, die das Gesetz enthielten und auf dem Forum in Rom aufgestellt wurden, sind verloren; die sollen beim Einfall der Gallier im Jahre 387 v. Chr. vernichtet worden sein. Von dem Gesetz sind Frg. durch Zitate bei späteren Schriftstellern der republikanischen und kaiserlichen Zeit erhalten. – Die Tafeln umfaßten Bestimmungen des öffentlichen, sakralen und des privaten Rechts. – Tafeln 1 und 2 enthielten Ladungs- und Verhandlungsvorschriften, Tafel 3 Vollstreckungsbestimmungen, Tafeln 4 und 5 das Familien- und Erbrecht, Tafel 6 Bestimmungen zum Vertrags- und Eigentumsrecht, Tafel 7 das Bodenrecht, Tafel 8 das Deliktsrecht, Tafel 9 das Strafrecht und Tafel 10 das Sakralrecht. Die Tafeln 11 und 12 umfaßten Nachträge und Ergänzungen. – Die Tafeln sind höchstens zu einem Drittel bekannt.
Q Es ist überliefert, daß die eingesetzte Kommission das Recht von Athen und anderen gr. Städten studiert habe.
H Das Bedürfnis nach einer Kodifizierung des Rechts erwuchs aus sozialen und politischen Spannungen zwischen Patriziern und Plebejern. Es bestand ein allgemeines Bedürfnis nach Rechtssicherheit. Die nun erfolgte Kodifizierung galt als *fons omnis publici privatique iuris* („Quelle allen öffentlichen und privaten Rechts", Livius, →*Ab urbe condita* 3,34, 6). – Nach wiederholten Anträgen der Volkstribunen sollen im Jahr 451 v. Chr. zehn Männer beauftragt worden sein, die Gesetze aufzuschreiben (*decemviri legibus scribundis*).
N Das „Zwölftafelgesetz" war als Rechtsquelle formell bis zum Ende der rund tausendjährigen röm. Rechtsentwicklung gültig, die mit dem →*Corpus iuris civilis* des Kaisers Iustinian abgeschlossen wurde. – Noch zu Ciceros Zeiten wurde das „Zwölftafelgesetz" in der Schule auswendig gelernt (→*De legibus* 2,59).

A S. Riccobono: Fontes iuris Romani anteiustiniani. Bd. 1, Florenz [(2)]1941, 21–75. R. Schöll: *Legis duodecim tabularum reliquiae*, Leipzig 1866.
Ü R. Düll, München [(7)]1995 (lat.-dt.). D. u. A. Flach, Darmstadt 2004 (lat.-dt.).
L G. Dulckeit u. a.: Römische Rechtsgeschichte, München [(9)]1995, 54–59. D. Flach / S. van der Lahr: Die Gesetze der frühen römischen Republik. Text und Kommentar, Darmstadt 1994. F. Wieacker: Römische Rechtsgeschichte. Bd. 1, München 1988, 287–307.

Lehrbrief an seine Tochter Arete
→Epistula an Arete (Aristippos)

Lehrbuch der Rhetorik →Téchnai rhetorikaí (Hermagoras aus Temnos)

Lehrbuch der Astrologie

Nechepso, 2. Jh. v. Chr.

Weitgreifende Darstellung (gr.) der Astrologie.

I Behandelt werden die Bahngröße der Planeten und ihre Anordnung nach der Umlaufzeit, ferner die Wirkung der Kometen und der Finsternisse, der Mikrokosmos, die Lehre von den Dekanen und den Planetenverbindungen, der Einfluß der Planeten auf die Lebensdauer, die Lehre von den Schicksalsjahren, die Iatromathematik und astrologische Krankheitsprognosen.

A E. Riess, Ph Suppl. 6 325–394.
L E. Boer: Nechepso und Petosiris, in: dtv-L 1. 3, 232.

Lehrgedichte

Aemilius Macer aus Verona, 1. Jh. v. Chr.

Drei in Frg. überlieferte Lehrgedichte (lat.).

I Aus Ovid, →Tristia 4, 10, 43 ff. wird auf drei Lehrgedichte geschlossen: (1) *Ornithogonia* (vgl. Boio, →*Ornithogonia*) über die Verwandlung von Menschen in Vögel, (2) *Theriaca* über Giftschlangen (vgl. Nikandros, →*Theriaká*) und (3) eine Schrift über Heilkräuter.

A FPL 107–110. FPR 344–346.
L Schanz-Hosius 2, 164 f. W. Schmid: Aemilius Macer (Nr. 2), in: dtv-L 1. 1, 74.

Lehrgedicht über die Natur →Perì phýseos (Parmenides)

Leichenschmaus für Arkesilaos →Arkesiláu perídeipnon (Timon aus Phleius)

Leóntion
(Mädchenname)

Hermesianax aus Kolophon, geb. um 300 v. Chr.

Elegisches Sammelgedicht in drei B. (gr.), aus denen Auszüge bei Parthenios erhalten sind.

I In dem nach der Geliebten des Dichters benannten Werk werden Liebesgeschichten mit unglücklichem Ausgang erzählt (z. B. Liebe zwischen Geschwistern, zwischen Menschen ungleichen Standes, zwischen Feinden). Die Geschichten stammen überwiegend aus dem Mythos. Aber auch historische Personen werden behandelt. Aus dem 3. B. hat Athenaios (→*Deipnosophistaí* 13, 597 B) ein Stück wörtlich zitiert; es handelt von Dichtern und Philosophen, die in ein Liebesverhältnis verstrickt waren (von Orpheus über Homer und Hesiod bis zu Sokrates und Aristipp). Der Dichter stellt Beziehungen zwischen dem Autor und seinem Werk her: z. B. Homer liebt Penelope, Sokrates liebt Aspasia.

A Collectanea 96. E. Diehl, ALG 2. 6.
Ü H. Rüdiger: Griechische Gedichte, mit Übertragungen deutscher Dichter, München [(3)]1936.
L P. Händel, Hermesianax, in: dtv-L 1. 2, 219. KNLL 7, 743 f. A. Lesky, GL, 846 f. A. Körte / P. Händel, HD, 258–261.

Lesbisches Lied →Carmina (Sappho und Alkaios)

Léschai
„Gespräche"

Herakleides Pontikos d. J., 1. Jh. v. Chr.

Verlorene Abhandlung (gr.) in drei B. über mythisch-historische und grammatische Themen. Die gelehrte und in sapphischen Elfsilblern verfaßte Schrift war so schwer verständlich, daß sie später kommentiert werden mußte.

A E. Heitsch: Griechische Dichterfrg. der römischen Kaiserzeit. Bd. 2, Göttingen 1964. Suppl. 1.

Leukippe und Kleitophon →Tà katà Leukíppen kaì Kleitophônta (Achilleus Tatios)

Léxeis oder Glôssai
„Redensarten" oder „Ungebräuchliche Wörter"

Aristophanes aus Byzanz, etwa 257–180 v. Chr.

Bedeutendstes Werk der gr. Lexikographie in der Zeit des Hellenismus mit großer Wirkung auf viele spätere Werke ähnlicher Art. Wichtige Exzerpte daraus sind erhalten.

I Das Werk bot Wort- und Sacherklärungen in Lexikonform als Hilfsmittel für die Dichterinterpretation oder zur Befriedigung des im Hellenismus ausgeprägten enzyklopädischen Interesses. – Nur Auszüge (Exzerpte) aus einigen Abschnitten (Abteilungen) sind erhalten. Sie lassen erkennen, daß das Werk seltene Ausdrücke mit ihren Belegen in der älteren Literatur erklärte. – Das lexikographische Werk erstreckte sich über alle Gebiete der Literatur (Dichtung und Prosa).
Q Eine wichtige Quelle des Aristophanes war das lexikographische Werk des Zenodotos aus Ephesos (geb. um 325 v. Chr.), des ersten Bibliothekars des Museion in Alexandreia, von dem ein glossographisches Werk mit dem Titel – *Glôssai Homerikaí* bezeugt ist. Außerdem konnte der Autor aus verschiedenen Sammelwerken des Kallimachos schöpfen (z. B. aus den →*Ethnikaì onomasíai*). Auch das dichterische Werk des Kallimachos wurde als Quelle genutzt. – Bereits im epischen Zeitalter war es ein Teil der dichterischen Technik, schwierige Ausdrücke durch exegetische Zusätze zu erhellen. „In kaum einem der folgenden Zeitalter wurde der griechische Geist nicht von diesem Problem angezogen, um *léxeis* zu erklären. Ihren Ursprung und ihre Wandlungen, die Unterscheidung verwandter Wörter, den Vergleich zwischen griechischen Dialekten oder zwischen griechischen und fremdsprachigen Wörtern behandelten die Sophisten, Demokrit und die großen attischen Philosophen. In dem neuen Zeitalter (sc. des Hellenismus) haben die Dichter diese Studien zu neuem Leben erweckt ... Und alles, was im Laufe der Zeit stückweise hier

und dort unternommen worden war, faßte nun Aristophanes in dem großen Unternehmen seiner *Léxeis* zusammen" (Pfeiffer, 244). – Die Textgrundlage für seine lexikographische Arbeit hatte sich Aristophanes durch die kritischen Editionen der gr. Dichter von Homer bis Menander selbst geschaffen.

A A. Nauck: Aristophanis Byzantii Grammatici Alexandrini Fragmenta, Halle 1848, Nachdr. Hildesheim 1963.
L L. Kohn, RE 2, 1896, 994–1005. A. Fresenius: De *léxeon* Aristophanearum et Suetonianarum excerptis Byzantinis, Wiesbaden 1875. R. Pfeiffer, KlPh, 213–257 (bes. 243–249).

Léxeis Attikôn kaì Hellénon katà stoicheîon
„Wörter der Attiker und der Hellenen nach dem Alphabet"

Moiris, 3. Jh. n. Chr.

Attizistisches Lexikon (gr.).

I Das Lexikon ist nach dem ersten Buchstaben der Glossen (der ungebräuchlichen Wörter) alphabetisch geordnet. Das als attisch bezeichnete korrekte Wort ist dem entsprechenden Wort der hellenistischen Prosa oder der kaiserzeitlichen Umgangssprache vorangestellt.
W Das Werk sollte ein Hilfsmittel für diejenigen sein, die ein fehlerfreies Attisch schreiben wollten.
I I. Bekker, Berlin 1833. G. A. Koch. 2 Bde., Leipzig 1830–1831.

L A. Lesky, GL, 930. C. Wendel, RE 15, 2, 1932, 2501–2512.

Léxeis tôn déka rhetóron
„Wörter der zehn Redner"

Harpokration, 2. Jh. n. Chr.

Lexikon zu den attischen Rednern des 4. Jh.s v. Chr. (gr.): Antiphon, Lysias, Andokides, Isokrates, Isaios, Demosthenes, Aischines, Lykurg, Hypereides, Deinarchos.

I Das Werk enthält Wort- und Sacherklärungen in alphabetischer Reihenfolge. Die einzelnen Artikel bieten außerdem wertvolle Informationen über das attische Gerichtswesen, die Verfassung, Kulturgeschichte, Topographie und Sprache Athens. Der Autor benutzt sehr gute Quellen.

A I. Bekker, Berlin 1833. W. Dindorf. 2 Bde., Oxford 1853. J. J. Keaney, Amsterdam 1991.
L H. Schultz, RE 7, 2, 1912, 2412–2416.

Lexicon Homericum
„Homerlexikon"

Apollonios Sophistes, um 100 n. Chr.

Das nicht streng alphabetisch geordnete Lexikon (gr.) ist in überarbeiteter Form erhalten.

I Das Werk enthält Erklärungen zu homerischen Vokabeln. – Apollonios benutzte u. a. die →*Glôssai Homerikaí* des Apion. Darüber hinaus stützte er sich auf frühkaiserzeitliche Homer-Kommentare.
Weitere Quellen: Aristonikos, →*Perì semeíon*.

A I. Bekker, Berlin 1833, Nachdr. Hildesheim 1967.
L L. Cohn, RE 2, 1896, 135 f. H. Erbse: Beiträge zur Überlieferung der Ilias-Scholien, in: Zetemata 24, 1960, 407–432. H. Gattiker: Das Verhältnis des Homerlexikons des Ap. Soph. zu den Homerscholien, Zürich 1945. F. Martinazzoli: Hapax Legomenon. 1. 2: Il Lexicon Homericum di Ap. Sof., Bari 1957. H. Schenk: Die Quellen des Hom.-Lex. des A. Soph., Diss. Hamburg 1961.

Lexicon Platonicum
„Platonlexikon"

Timaios, 2. Hälfte des 3. Jh.s n. Chr. (?)

Kurze Zusammenstellung (gr.) ungebräuchlicher platonischer Ausdrücke mit Erklärungen (Glossen).

A D. Ruhnken, Leyden 1789 (mit gelehrten Anmerkungen). G. A. Koch. 2 Bde., Leipzig 1830–1831. C. F. Hermann: Platonis Dialogi. Bd. 6, Leipzig 1892.
L K. v. Fritz, RE 6 A 1, 1936, 1226–1228.

Lexiphánes
(Gesprächspartner im Dialog)

Lukianos aus Samosata, etwa 120–180 n. Chr.

Dialog (gr.), der sich mit den sprachlichen Extravaganzen eines Attizisten auseinandersetzt.

I Lexiphanes ist ein leidenschaftlicher Verfechter des attischen Stiles. Er schwelgt in seltenen und ungebräuchlichen Wörtern und Wendungen. – Vielleicht ist mit „Lexiphanes" der Zeitgenosse des Lukian und Attizist Pollux aus Naukratis gemeint, der ein →*Onomastikón*, ein sachlich geordnetes Verzeichnis vorbildlicher attischer Ausdrücke, verfaßt hatte.

A A. M. Harmon. Bd. 5, London/Cambridge (Mass.) 1936.
L M. Weissenberger: Literaturtheorie bei Lukian. Untersuchungen zum Dialog *Lexiphanes*, Stuttgart/Leipzig 1996.

Lex Romana Visigothorum →Breviarium Alaricianum

Libelli de spiritalis historiae gestis
„Bücher über die Ereignisse der geistlichen Geschichte"

Alcimus Ecdicius Avitus, Bischof von Vienna, um 500 n. Chr.

Biblisches Hexameter-Epos in fünf Gesängen (lat.).

I Das Epos behandelt Welterschaffung, Sündenfall, Gottesgericht, Sintflut, Moses und Pharao. – Zum ersten Mal wird das Thema vom verlorenen Paradies von einem lat. Dichter in einer des Gegenstandes würdigen Weise behandelt. – „Avitus hält sich hier nicht mehr an den chronologischen Rahmen der biblischen Erzählung. Er fügt abschweifende Nebenepisoden, moralische sowie allegorische Auslegungen hinzu, während ein theologisches Gesamtkonzept die Einheit des Ganzen garantiert. Die ersten drei B. schildern, wie die Menschheit der Sünde verfällt; die beiden letzten legen die Möglichkeit der Erlösung dar. Avitus hat in dem Wunsche, ein theologisches und geistliches Epos über die Heilsgeschichte zu schreiben, das schon von Marius Victorinus in seiner →*Alethia* angewandte Prinzip der thematischen Auswahl biblischer Episoden bis zum Äußersten vorangetrieben, indem er die Bibelparaphrase in die Nähe des von Prudentius in seiner *Psychomachie* (→*Psychomachia*) geschaffenen allegorischen Epos führte" (Charlet, 511).
N Das Motiv des *Paradise Lost* wird später von John Milton (1608–1774) in seinem 10565 Blankverse umfassenden Epos aufgegriffen.

A R. Peiper, MGH AA 6, 2, 1883. PL 59.
L O. Bardenhewer 5, 337–345. J.-L.Charlet: Die Poesie, in: NHbL. Spätantike, bes. 511.

Liber ad Constantium imperatorem
„B. an den Kaiser Constantius"

Hilarius aus Pictavium (Poitiers), 4. Jh. n. Chr.

Polemische Schrift (lat.).

I Die an den Kaiser Constantius (reg. 337–361 n. Chr.) gerichtete Schrift enthält die Bitte, auf der Synode von Constantinopel (360) den rechten (entschieden antiarianischen) Glauben darstellen zu dürfen. – Nach dem Tode des Constantius verfaßt Hilarius noch ein leidenschaftliches Pamphlet gegen Constantius, der einen gemäßigten Arianismus vertreten und gefördert hatte (*Liber in Constantium imperatorem*). Hilarius „beschwört die apokalyptische Stimmung der großen Verfolgungszeiten herauf: Die kaiserliche Macht erscheint als der Antichrist" (M. v. Albrecht, 1291).

A A. Feder, CSEL 65, 1916. A. Rocher, Paris 1987 (lat.-frz.) (*L. in C. imperatorem*).
L M. v. Albrecht, RL, 1289–1293.

Liber apologeticus contra Pelagianos
„Verteidigungsschrift gegen die Pelagianer"

Orosius aus Bracara, 5. Jh. n. Chr.

Polemische Schrift (lat.).

I In seiner antipelagianischen Abhandlung vertritt Orosius die Auffassung, daß der Mensch sogar mit Gottes Hilfe nicht ohne Sünde sein könne (*Liber apologeticus* 7,2). Orosius kommt zu dieser überzogenen Aussage, weil er die Leugnung der Erbsünde durch die Anhänger des Pelagius (um 400 n. Chr.) entschieden zurückweisen wollte.

A G. Schepss, CSEL 18, 1889. C. Zangemeister, CSEL 5, 1882.
L M. v. Albrecht, RL, 1098–1101. F. Wotke, RE 18, 1, 1939, 1185–1195.

Liber aureolus de nuptiis
„Das goldene B. über die Ehe"

Theophrast aus Eresos, um 370–287 v. Chr.

Polemische Schrift gegen die Ehe (gr.), in lat. Übersetzung überliefert.

I Unter den Frg. von Senecas Schrift *De matrimonio* („Über die Ehe") bei Hieronymus →*Adversus Iovinianum* findet sich die fast ganz erhaltene Schrift des Theophrast gegen die Ehe, die vielleicht ursprünglich als *psógos gámu* („Tadel der Ehe") zu den rhetorischen „Thesen" des Theophrast gehörte. Der Titel *Liber aureolus de nuptiis* stammt von Hieronymus.
N Die Schrift wirkte in der lat. Literatur über Seneca auf Tertullian, von diesem auf Hieronymus und schließlich auf Hugo von St. Victor; in der gr. Literatur wurde sie von Plutarch, Hierokles, Nikostratos und Clemens Alexandrinus benutzt.

A →*Contra Iovinianum* (Hieronymus).
L F. Bock: Aristoteles, Theophrastus, Seneca de matrimonio. Leipziger Studien 19, 1899.

Liber Cathemerinon
„B. der täglichen Dinge"

Aurelius Prudentius Clemens, 348 bis etwa 405 n. Chr.

Zehn christliche Hymnen für die einzelnen Abschnitte des Tages, für die Fastentage und zum Lob Christi und zwei Festlieder für Weihnachten und Epiphanias (lat.). Die Gedichte sind in den Versmaßen des Horaz (→*Carmina*) abgefaßt.
Der *Liber Cathemerinon* wurde als Teil des von Prudentius selbst veröffentlichten Gesamtwerkes im Jahre 405 herausgegeben, ist aber schon in der Zeit nach 392 entstanden. – Dieses von *Praefatio* und *Epilogus* umrahmte Werk besteht aus dem *Li-*

ber cathemerinon, dem →*Liber peristephanon* („B. über die Märtyrerkronen"), der →*Apotheosis* („Vergöttlichung Christi"), der →*Hamartigenia* („Ursprung der Sünde"), der →*Psychomachia* („Kampf der Seele") und →*Contra Symmachum* („Gegen Symmachus").

I Das Werk besteht aus zwölf christlichen Hymnen. Allerdings sind nur sechs Lieder Tageszeitenlieder: Zwei Morgen-, zwei Tisch- und zwei Abendlieder. Die folgenden Gedichte markieren größere Zyklen: Zwei Fastengesänge für das Wochenfasten am Mittwoch oder Freitag, d. h. einen Wochenzyklus, und zwei den Jahreszyklus markierende Gedichte: den Weihnachts- und Epiphaniashymnus. Die beiden Lieder zum Lob Christi können jederzeit gesungen werden. – Für Prudentius typische Darstellungsmittel sind die Allegorie, d. h. die allegorische Fiktion, die vom Dichter auf eine übertragene Bedeutung hin angelegt ist, und die Allegorese, d. h. die allegorische Auslegung eines von Hause aus nicht allegorischen Textes (vgl. Fuhrmann, 236 f.). –

W „Die Sammlung als Ganzes hat den Zweck, den Alltag des Christen an die Bibel zu binden, ihn mit Christi Heilstat zu verknüpfen und ihm von dorther Inhalt und Bedeutung zu geben" (Fuhrmann, 241). – „Die reiche allegorische Bildlichkeit (Christus als Hahn, der den Morgen der Erlösung ankündigt; Christus als Lamm, das den Wolf und den Tiger bezwingt) hat den Beweis zum Ziel, daß alle Erscheinungen dieser Welt von der heilswirkenden Gegenwart Gottes durchdrungen sind und auf diese verweisen. Dies gilt auch von der Gesamtzeit der Geschichte. Damit schafft P. eine christlich fundierte ‚Erlebnislyrik', die das Bewußtsein der Gläubigen von der umfassenden Präsenz Gottes sprachlich und stilistisch auszudrücken vermag" (Pollmann, 596 f.).

A J. Bergman, CSEL 61, 1926. M. Pellegrino, Alba 1954 (lat.-it.). F. Sciuto, Catania 1955 (lat.-it.).
Ü M. Fuhrmann, Zürich 1994 (*Cath.* 1).
L M. v. Albrecht, RL, 1076–1086. J.-L. Charlet: La création poétique dans le *Cathemerinon* de Prudence, Paris 1982. A. Dihle, GLL, 592–597. W. Evenepoel: Zakelijke en literaire onderzoekingen betreffende het *Liber Cathemerion* van Aurelius Prudentius Clemens, Brüssel 1979. W. Fauth: Der Morgenhymnus *Aeterne rerum conditor* des Ambrosius und Prudentius *cath.* 1, in: JbAC 27/28, 1984/1985, 97–115. M. Fuhrmann, Spätantike, 232–257. C. Gnilka: Die Natursymbolik in den Tagesliedern des Prudentius, in: Pietas. FS B. Kötting, Münster 1980, 411–446. R. Herzog: Die allegorische Dichtkunst des Prudentius, München 1966. A. Kurfess, RE 23, 1, 1957, 1039–1071. K. Pollmann, MLAA, 596–598.

Liber de arboribus →De arboribus (Columella)

Liber de Caesaribus →Caesares (Sextus Aurelius Victor)

Liber de causis
„Buch über die Ursachen"

Ps.-Aristoteles

Philosophische Schrift (lat.) in gedanklichem Zusammenhang mit der „Metaphysik" des Aristoteles, die im 12. Jh. von Gerhard von Cremona (gest.1187 n.Chr.) aus dem Arabischen ins Lateinische übersetzt wurde, als ein Werk des Aristoteles galt und große Bedeutung im akademischen Unterricht gewann. – Thomas von Aquin (1224/25 bis 1274) stellte fest, daß der Autor der Schrift aus der Philosophie des Neuplatonikers Proklos (etwa 410–485) schöpfte (→*Stoicheíosis theologiké*). Möglicherweise stammt sie von einem arabischen Gelehrten des 9. oder 10. Jh.s.

A O. Bardenhewer: Die pseudoaristotelische Schrift über das Gute, bekannt unter dem Namen *Liber de causis*, Freiburg 1882, Nachdr. Frankfurt 1962. A. Pattin: *Liber de causis*, in: Tijdschrift vor Filosofie 28, 1966, 134–203.
L A. Graeser: Hauptwerke der Philosophie. Antike, Stuttgart 1992, 292–318.

Liber de paschale
„Buch über das Osterfest"

Dionysius Exiguus, 1. Hälfte des 6. Jh.s n.Chr.

Chronologische Schrift (lat.).

I Die Schrift des Dionysius begründete die Zeit- und Festtagsberechnung der christlichen Welt, die bis in das 16. Jh. galt. Den Beginn der christlichen Zeitrechnung legte er auf das Jahr 754 (vor Chr.) nach Gründung der Stadt Rom fest. Diese Zeitrechnung, die erstmals im Jahre 532 n.Chr. angewandt wurde, gilt bis heute, obwohl sich Dionysius um 4–7 Jahre verrechnete.

A B. Krusch, Berlin 1937. PL 67, 483–498.
L J. Lenzenweger, LThK 3, 406.

Liber de philosophia
„B. über die Philosophie"

Marcus Terentius Varro aus Reate, 116–27 v.Chr.

Verlorene, aber von Augustinus, →*De civitate Dei* 19,1–3, bezeugte Schrift (lat.).

I Das Werk enthielt Zahlenspielereien über die Anzahl theoretisch möglicher Philosophenschulen: „Theoretisch sind 288 verschiedene Philosophenschulen möglich, je nachdem, wie man folgende vier Ziele in Beziehung zur Tugend setzt: Lust, Ruhe, beides zusammen, oder natürliche Güter (z.B. Gesundheit, Geistesgaben). Bei jedem dieser Ziele gibt es drei Möglichkeiten: Es wird um der Tugend willen erstrebt, oder die Tugend wird um seinetwillen erstrebt, oder beides um seiner selbst willen. So entstehen zwölf mögliche Lehren. Diese Zahl verdoppelt sich, kann man doch die betreffenden Werte nur für sich selbst oder auch um anderer Menschen willen erstreben. Aus diesen 24 Lehren werden 48, je nachdem, ob man sich der betreffenden Lehre anschließt, weil man sie für wahr oder – in der Weise der akademischen Skeptiker – nur für wahrscheinlich hält. Diese 48 verdoppeln sich, da man diese Lehren jeweils nach Art der Kyniker oder nach Art der übrigen Philosophen vertreten kann. Das Ganze verdreifacht sich, da jede Schule einen aktiven, kontemplativen oder gemischten Lebensstil zuläßt. So ergeben sich 288 mögliche Haltungen" (M. v. Albrecht, 477).

L M. v. Albrecht, RL, 472–490.

Liber ecclesiasticorum dogmatum
„B. über die kirchlichen Lehren"

Gennadius aus Massilia, 5. Jh. n. Chr.

Kurzer Abriß der christlichen Glaubenslehre (lat.), der ursprünglich der Schlußteil der verlorenen Schrift *Adversus omnes haereses* war.

A C. H. Turner, JThS 7, 1906, 78–99; 8, 1907, 103–114. CPL 958.
L Zh. Payr, LThK 4, 677 f.

Liber medicinalis
„B. der Medizin"

Quintus Serenus, 4. Jh. n. Chr.

Medizinisch-pharmakologisches Lehrgedicht in rund 1100 Hexametern (lat.).

I Die Schrift ist eine aus 64 Rezepturen bestehende Rezeptsammlung, die neben medizinischen auch magische Anweisungen wie das bekannte Abracadabra enthält.
Q Wahrscheinlich waren die →*Naturalis historiae libri XXXVII* des Plinius und die →*Medicina Plinii* eine Quelle des Serenus.

A R. Pépin, 1950 (lat.-frz. mit Kommentar). F. Vollmer, CML 2, 3, 1916 (Nachträge in Ph 75, 1918, 128–133).
L F. E. Kind, RE 2 A 2, 1923, 1675–1677.

Liber in Constantium imperatorem
→**Liber ad Constantium imperatorem (Hilarius)**

Liber memorialis
„Merkbuch"

Lucius Ampelius, 2. Jh. n. Chr.

Kompendium der Naturwissenschaften und der Weltgeschichte (lat.).

I Das Werk enthält einen nach Rubriken (Astronomie, Geographie, Geschichte) geordneten Abriß des Wissen in 50 Kapiteln, der bis in die Neuzeit als Schulbuch diente. Die Erwähnung des Pergamon-Altars (Kap. 8) führte zu seiner Wiederentdeckung im 19. Jh.

A M.-P. Arnaud-Lindet, Paris 1993 (lat.-frz.). E. Assmann, Stuttgart [2]1976.
L RE 1, 1894, 1880 f. J. Sorn: Einige Bemerkungen zum *lib. mem.* des Ampelius, 1901. HLL 5, 175 bis 179.

Liber Peristephanon
„B. über die Märtyrerkronen"

Aurelius Prudentius Clemens, 348 – etwa 405 n. Chr.

Vierzehn Gedichte über Leiden und Tod einzelner Heiliger (lat.).
Entstanden zwischen 403 und 405 n. Chr.

I Prudentius besingt überwiegend spanische und römische Märtyrer. Das Märtyrertum ist für den Dichter die Vollendung christlichen Daseins. „Immer wiederkehrende Motive sind die Freude, mit der die Märtyrer den Tod um des wahren Glaubens willen auf sich nehmen, und die Umwertung des Todes als Beginn eines neuen besseren Lebens mit Gott. Für ihr Leiden erhalten die Märtyrer nicht nur himmlischen Lohn, sondern sie schreiben sich selbst mit blutigen Lettern auch auf Erden ein unvergeßliches Mahnmal. Diese Selbstliterarisierung wird von P. in seiner Dichtung sozusagen lediglich in ein anderes schriftliches Medium übertragen. Besonders einprägsam ist die z. T. sehr detailfreudige Schilderung der grausamen Folterungen, denen die Märtyrer ausgesetzt sind, wie das langsame Zutoderösten des Laurentius oder die Verbrennung der Eulalia. Häufig wird den Märtyrern vor ihrem irdischen Ende eine Rede in den Mund gelegt, in welcher sie Gott für ihren Tod preisen oder um die Bekehrung der ungläubigen Heiden bitten. Ihr Tod ist oft mit mirakulösen Zeichen verbunden: Ihr Gesicht leuchtet oder ihre Seele verläßt sie in Gestalt einer weißen Taube. Weit über ihren Tod hinaus wirken die Märtyrer an ihrem Grab Wunder" (Pollmann, 597).

A J. Bergman, CSEL 61, 1926.
L M. v. Albrecht, RL, 1076 bis 1086. M. P. Cunningham: The Nature and Purpose of the *Peristephanon* of Prudentius, in: SEJG 14, 1963, 40–45. R. Henke: Studien zum Romanushymnus des Prudentius, Frankfurt/Bern 1983. F. Kudlien: Krankheitsmetaphorik im Laurentiushymnus des

Prudentius, in: Hermes 90, 1962, 104–115. K. Pollmann, MLAA, 596–598. M. Roberts: Poetry and the Cult of the Martyrs, University of Michigan 1993. T. A. Sabattini: Storia e leggenda nel *Peristephanon* di Prudenzio, in: RSC 20, 1972, 32–53; 187–221.

Liber prodigiorum
„Buch der Vorzeichen"

Iulius Obsequens, 4. Jh. n. Chr.

Sammlung (lat.) von Prodigien aus den Jahren 190–11 v. Chr.

I Der Verfasser ist Heide und glaubt an die von ihm erwähnten Wundererscheinungen und an die Möglichkeit, das in den Prodigien angezeigte oder angedeutete Unheil durch Sühnehandlungen abzuwenden.
Q Der Sammlung liegt u. a. ein Auszug aus dem Geschichtswerk des Livius zugrunde (→*Ab urbe condita*).

A O. Roßbach: Titi Livi periochae (Livius-Ausgabe. Bd. 5), Leipzig 1910, 149–181. A. C. Schlesinger, Livius-Ausgabe. Bd. 14, London/Cambridge (Mass.) [(2)]1967, 237–319 (lat.-engl.).
L M. v. Albrecht, RL, 1094. C. Santini: Letteratura prodigiale e *sermo prodigialis* in Giulio Ossequente, in: Ph 132, 1988, 210–226.

Liber protrepticus ad nepotem
„B. für den Enkel, das zur Bildung ermahnen soll"

Decimus Magnus Ausonius aus Burdigala, etwa 310–395 n. Chr.

Mahnrede in Hexametern (lat.).

I Der Enkel wird aufgefordert, recht verstandene Muße zu pflegen und diese Zeit den Musen zu widmen. Ausonius empfiehlt den Wechsel von Anstrengung und Spiel. Der Enkel soll den strengen Lehrer nicht fürchten, sondern sich an Vater und Großvater orientieren und eine literarische Bildung erwerben, d. h. z. B. Homer (→*Iliás*) und Menander (z. B. →*Dýskolos*, →*Epitrépontes*), aber auch die Historiker und Lyriker lesen. Horaz, Vergil, Terenz und Sallust sollen zum Lesestoff gehören. – Die innige Beziehung zu diesem Enkel kommt auch in einem *Genethliacos ad Ausonium nepotem* („Geburtstagsgruß an den Enkel Ausonius") zum Ausdruck.

A S. Prete, Leipzig 1978.
Ü H. A. Gärtner (s. u.).
L H. A. Gärtner, in: RLTD 5, 198–205.

Liber regulae pastoralis
„Buch der Hirtenregel"

Gregorius d. Große, etwa 540–604 n. Chr., seit 590 Papst im Rom

Pastoraltheologische Programmschrift über Aufgaben des Seelenhirten (lat.).
Nach der Wahl zum Papst 590 n. Chr. verfaßt.

I Die Schrift enthält das Programm des Gregorius für sein päpstliches Amt. – Noch zu Lebzeiten des Autors wurde eine Übersetzung ins Griechischen angefertigt.
N Im Mittelalter hatte der *Liber regulae pastoralis* für den weltlichen Klerus dieselbe Bedeutung wie die →*Regula (monachorum)* des Benedikt für den Orden.

A PL 75–79.
L Patrologie, 430–436. L. M. Weber, LThK 4, 1177–1181.

Liber regularum
„B. der Regeln"

Ticonius, gest. vor 400 n. Chr.

Hermeneutische Schrift (lat.).
Entstanden um 380 n. Chr.

I Das Werk gilt als die erste lat. Hermeneutik im Sinne einer Lehre von den Prinzipien der Auslegung theologischer Aussagen, auf die Augustinus in →*De doctrina christiana* (3,30–37) eingeht. – Ticonius war ein gemäßigter donatistischer Theologe. Er wurde wegen seiner ausgleichenden Haltung vom Donatistenbischof Parmenianus in der *Epistula ad Ticonium* vermahnt. Vgl. Augustinus, →*Contra epistulam Parmeniani*.

A F. C. Burkitt, Cambridge 1894.
L J. Ratzinger: Beobachtungen zum Kirchenbegriff des Ticonius im *Liber regularum*, in: REA 2, 1956, 173–185.

Liber singularis hóron
„Das einzigartige B. der Begriffsbestimmungen"

Quintus Mucius Scaevola, Pontifex Maximus, Consul des Jahres 95 v. Chr.

Nur in Auszügen erhaltenes juristisches Werk (lat.), das älteste der für die *Digesta* (→*Corpus iuris civilis*) exzerpierten Werke.

I Das Werk enthielt juristische *Definitiones* (Begriffsbestimmungen).

A O. Lenel: Palingenesia iuris civilis. Bd. 1, 1889, 757–764.

L P. Krüger: Geschichte der Quellen und Literatur des römischen Rechts, [2]1912, 64 f.

Liber spectaculorum →Epigrammata (Martial)

Libri iuris civilis
„B. des Zivilrechts"

Gaius Cassius Longinus, röm. Consul des Jahres 30 n. Chr.

Nur in Frg. überliefertes juristisches Werk (lat.), das die Grundlage späterer juristischer Abhandlungen bildete.

A A. Ph. E. Huschke / E. Seckel / B. Kübler: Iurisprudentiae anteiustinianae reliquiae. Bd. 1, Leipzig 1908, 79–82. O. Lenel: Palingenesia iuris civilis. Bd. 1, 1889, 109–126.
L P. Krüger: Geschichte der Quellen und Literatur des römischen Rechts, [2]1912, 168–170.

Libri miraculorum
„B. der Wunder"

Gregorius aus Augustonemetum, um 540–594 n. Chr., seit 572 Bischof von Tours

Sammlung von Wunderberichten in acht B. (lat.). Nach 573 n. Chr. verfaßt.

I Das Werk enthält folgende Themen: B. 1: Erzählungen von den Wundern Christi, der Maria, der Apostel und der gallischen Märtyrer. – B. 2: Schilderung der Wunder, die sich am Grab des 304 n. Chr. enthaupteten heiligen Iulianus zugetragen haben (*De virtutibus sancti Iuliani*). B. 3–6: Berichte von Wundern am Grab des heiligen Martin (*De virtutibus sancti Martini*). – B. 7: Wundertaten gallischer Heiliger, die keine Märtyrer waren (*De gloria confessorum*). – B. 8: Biographien von 23 gallischen Heiligen aus dem 4.-6. Jh. (*Vitae patrum*) mit wichtigen kulturgeschichtlichen Nachrichten über Gallien.
W Die Wundergeschichten sollten zur Erbauung und Belehrung dienen. Sie veranschaulichen ein starkes Bedürfnis nach Wunderglauben und bezeugen einen intensiven Heiligenkult.

A W. Arndt / B. Krusch, Hannover 1885. PL 71.
L C. A. Bernoulli: Die Heiligen der Merowinger, Tübingen 1900. KNLL 6, 866. B. Krusch: Kulturbilder aus dem Frankenreiche zur Zeit Gregors von Tours, Berlin 1934.

Libri III adversus Nestorianos et Eutychianos
„Drei B. gegen die Nestorianer und Eutychianer"

Leontios aus Byzanz, 1. Hälfte des 6. Jh.s

Polemisch-theologische Schrift (gr.) gegen das antiorigenistische Edikt des Kaisers Justinian (reg. 527–565).
Wahrscheinlich 543 n. Chr. in Konstantinopel veröffentlicht.

I Die beiden religiösen Richtungen sind einem Irrtum verfallen: Die Eutychianer irren, indem sie das göttliche Sein in Christus überbetonen und schon in der Inkarnation, nicht erst im Kreuzestod die Erlösungstat sehen; die Nestorianer irren, indem sie Christus fast einem Menschen gleichsetzen. – Leontios versucht, diese Irrtümer damit zu erklären, daß beide Richtungen von falschen Voraussetzungen ausgingen: Die beiden Naturen (die göttliche und die menschliche) in Christus seien nicht als zwei Personen, sondern als zwei geeinte Tatbestände zu deuten. Da die menschliche Natur Christi niemals für sich allein existent war, mußte sie in die göttliche Hypostase übernommen werden.
N Leontios hat die scholastische Philosophie über seinen Kommentator Ioannes Damaskenos (7./8. Jh.) stark beeinflußt.

A PG 86, 1, 1267–1396.
L KNLL 10, 240 f. E. H. Röttges, LThK 6, 967 f.

Lied der Salier →Carmina Saliorum

Lieder →Carmen, Carmina

Lieder →Chorlyrik

Lithiká →Orphiká

Lob der epikureischen Philosophie

Polystratos, Schüler des Epikur, 4./3. Jh. v. Chr.

Verlorene philosophische Schrift (gr.).

A A. Vogliano: Epicuri et Epicureorum Scripta, 1928, 75–89.

Locke der Berenike →Bereníkes plokamós

Locutionum in Heptateuchum libri VII
„Sieben Bücher zum Heptateuch über sprachliche Formulierungen"

Aurelius Augustinus aus Thagaste, 354–430 n. Chr.

Exegetische Schrift (lat.) über sieben B. des Alten Testaments (Genesis, Exodus, Leviticus, Numeri, Deuteronomium, Josua, Richter). Nach 419 n. Chr. verfaßt.

I Augustinus befaßt sich mit sprachlichen Schwierigkeiten im Heptateuch. Das Werk korrespondiert mit der ebenfalls ab 419 n. Chr. begonnenen Schrift *Quaestionum in Heptateuchum libri septem* („Sieben B. zum Heptateuch über Probleme"), in der in der Augustinus sachliche Schwierigkeiten der biblischen Texte erörtert.

A I. Zycha, CSEL 28, 3, 2, 1894 (*Loc. hept.*). I. Zycha, CSEL 28, 1895 (*Quaest. hept.*).
L W. Süss: Studien zur lateinischen Bibel. 1. Augustins *Locutiones* und das Problem der lateinischen Bibelsprache, Tartu 1932.

Lógia Iesû
„Herrenworte"

An.

Auf zwei Blättern aus dem 3. Jh. n. Chr. erhaltene Aussprüche Jesu (gr.), die nur z. T. auch in den Evangelien (→*Novum Testamentum*) vorkommen. Die übrigen stammen wohl aus den Evangelien, die von der Kirche nicht anerkannt wurden und daher verloren gingen.

A G. Rauschen, Floril. Patrist. 3, [2]1914, 44 ff.

Lógia tôn Chaldaíon
„Chaldäische Sprüche/Orakel"

Iulianos, der Theurg, 2. Jh. n. Chr.

Sammlung von Orakelsprüchen in Hexametern (gr.), Zitate neuplatonischer Philosophen in Frg. erhalten (z. B. Proklos, der die Sprüche kommentierte).

I Iulianos empfing in Form der Sprüche Mahnungen der Götter. Die Sammlung, in der sich pythagoreische, platonische, stoische und orientalische Elemente vereinigen, sollte der Rechtfertigung theurgischer Praktiken (Beschwörung von Gottheiten, deren Erscheinen auf diese Weise erzwungen werden sollte) dienen.

A A. Jahn, Halle 1891 (Auslegung durch Proklos). W. Kroll: De oraculis Chaldaicis. Breslauer philologische Abhandlungen 8, 1, 1894.
L A. Lesky, GL, 983. M. P. Nilsson: Geschichte der griechischen Religion. Bd. 2, München [2]1961, 479. Anm.

1. W. Theiler: Die Chaldäischen Orakel und die Hymnen des Synesios, 1942.

Logikà zetémata
„Untersuchungen zur Logik"

Chrysippos aus Soloi (Kilikien), 3. Jh. v. Chr.

Verlorene philosophische Abhandlung (gr.).

A SVF 2, 298 a.

Logíon kyriakôn exegéseis
„Erklärungen von Herrenworten"

Papias, Bischof von Hierapolis, um 130 n. Chr.

In Frg. überlieferte Sammlung von Erklärungen von Herrenworten (gr.), die der Autor von ehemaligen Bekannten der Jünger Jesu erfuhr und in fünf B. edierte.

A U. H. J. Körtner / M. Leutzsch: Papiasfragmente. Hirt des Hermas, Darmstadt 1998 (gr.-dt. mit Kommentar).
L F. Wotke, RE 18,3, 1949, 966–976.

Lógoi
„Reden"

Ailios Aristeides (Aelius Aristides) aus Mysien, etwa 129–189 n. Chr.

Reden (gr.) mit unterschiedlichen Themen und zu verschiedenartigen Anlässen. Überliefert sind 55 Reden, die der Autor im Laufe seines Lebens hielt.

I Zu unterscheiden sind mehrere Gruppen von Reden: (1) Deklamationen zu Themen der alten gr. Geschichte, (2) religiöse Reden, (3) panegyrische Reden auf Städte, (4) polemische Reden (insbesondere gegen die Philosophie), (5) Gelegenheitsreden, z. B. fünf Reden nach dem Erdbeben von Smyrna im Jahre 178 n. Chr., mit denen der Redner Unterstützung durch die Nachbarstädte und den Kaiser erreichte (vgl. Görgemanns, 216). – Eine seiner berühmtesten Reden ist die „Rede auf Rom" (26 Keil): „Aristides versucht etwas in dieser Zeit Singuläres: eine Beschreibung und Bewertung des zeitgenössischen Imperium Romanum aus der Sicht eines Provinzbewohners. Natürlich ist die Tendenz panegyrisch, und in einem Vergleich mit den alten griechischen Staaten kommen diese so schlecht weg, daß man ihm Verrat an seinem nationalen und historischen Stolz vorwerfen könnte ... Aber vieles ist so scharf gesehen und treffend formuliert wie bei keinem anderen Autor, z. B. die Stärken römischer Verwaltungsorganisation. Die entgegengesetzten Schwächen der alten griechischen Demokratie kannte Aristides aus seinen historischen Studien sehr gut" (Görgemanns, 217). Die Romrede hielt

Aristides vor Kaiser Hadrian im Jahre 143 n. Chr. –
Die *Hieroì lógoi* sind sechs Reden (47–52 K.), mit
denen Aristides die Geschichte seiner Krankheit
niederschrieb, unter der er viele Jahre lang litt und
die er im Asklepios-Heiligtum in Pergamon zu lin-
dern suchte. Schließlich wurde er von Asklepios geheilt und fühlte sich daraufhin als ein Auserwähl-
ter des Gottes: „Diese Aufzeichnungen bedeuten
uns als Zeugnis des persönlichen Verhältnisses viel,
in dem ein Hochgebildeter des 2. Jahrhunderts zu
einem Gotte stand, doch ist des Aristides Eitelkeit,
seine Hypochondrie und eine an epidaurischen
Wunderglauben grenzende Primitivität alles eher
als erfreulich" (Lesky, 935). – In der Rede „Über
die Rhetorik" (45 D.) sieht er sich in der Nachfolge
des Isokrates und nimmt sogar den Kampf gegen
Platon auf, indem er sich mit dessen →*Gorgías* auseinandersetzt, um den Primat der Rhetorik als Bil-
dungsmacht gegenüber der Philosophie herauszustellen. In der Rede „Über die Vier" (46 D.) tritt er
Platons Abwertung der großen Griechen Miltiades,
Kimon, Themistokles und Perikles (Platon, →*Gorgías*) entgegen. – Die attische Vergangenheit wird
im *Panathenaikós* (13 D.) verklärt (vgl. Isokrates,
→*Panathenaikós*). – Die „Götterreden" (37–46 K.)
gehören wie die *Hieroì lógoi* zur Gruppe der religiösen Reden. Es handelt sich um Hymnen in Prosa, die mit den →*Hýmnoi Homerikoí* verglichen
werden wollen.
H „Das 2. Jahrhundert ist die höchste Blütezeit
jener Rhetoren, die Ludwig Radermacher mit einem unübertrefflichen Ausdruck Konzertredner
genannt hat. Ihre Ahnenreihe reicht auch insofern
bis auf Gorgias zurück, als sie in beiden von ihm
gepflegten Formen glänzten, in der Improvisation
wie in der sorgfältig vorbereiteten Deklamation.
Der Kult, der mit diesen Männern getrieben wurde,
läßt sich nur mit dem Starunwesen unserer Zeit vergleichen. Nicht als Improvisator, wohl aber als Meister der Kunstrede hat den höchsten Ruhm von diesen Leuten Aelius Aristides erlangt" (Lesky, 934).
Vgl. auch Philostratos, →*Bíoi sophistôn*.
A W. Dindorf. 3 Bde., Leipzig 1829, Nachdr. Hildes-
heim 1964. B. Keil. 2 Bde., Berlin 1898, Nachdr. Berlin
1958. R. Klein: Die Romrede des Aelius Aristides. Bd. 2:
Text, Darmstadt 1983 (gr.-dt.). F. W. Lenz / C. A. Behr,
Leiden 1976 ff. J. H. Oliver, in: Trans. of Am. Philos. Soc.
N. S. 43/44, 1953, 871–1003 („Rede auf Rom", gr.-engl.). J.
H. Oliver: The Civilizing Power. A Study of the Panath.
Discourse, Philadelphia 1968 (*Panathenaikós* gr.-engl. mit
Kommentar).
Ü C. A. Behr. 2 Bde., Leiden 1981–1986 (engl.). H.
Görgemann, GLTD 5, 216–223 („Rede auf Rom" gr.-dt.
in Auszügen). H. O. Schröder: Heilige Berichte, Heidel-
berg 1986.
L C. A. Behr: Aelius Aristides and the Sacred Tales,
Amsterdam 1968 (zu den *Hieroì lógoi*). C. A. Behr: Studies
on the Biography of Aelius Aristides, in: ANRW 2, 34, 2,
1140–1233. A. Boulanger: Aelius Aristides et la sophistique
dans la province d'Asie au II e siècle de notre ère, Paris
1923. A. - J. Festugière: Personal Religion among the
Greeks, Berkeley 1954 (zu den *Hieroì lógoi*). A. Lesky,
GL, 934 f. A. M. Milazzo: Un dialogo difficile: La retorica
in conflitto nei Discorsi Platonici di Elio Aristide, Hildes-

heim 2002. M. Rostovtzeff: Gesellschaft und Wirtschaft im
römischen Kaiserreich. Bd. 1, Leipzig 1929, 112 ff. (zur
„Rede auf Rom").

Lógoi
„Reden"

Chorikios aus Gaza, 1. Hälfte des 6. Jh.s

Bei öffentlichen und privaten Anlässen gehaltene
Reden (gr.).

I Erhalten sind Reden auf hohe Würdenträger:
In den Reden auf Bischof Markianos werden die
von diesem erbauten Kirchen und die in diesen enthaltenen Bilder beschrieben. – Ferner gibt es Hoch-
zeits- und Trauerreden (u. a. auf den Lehrer Prokopios) und eine Verteidigungsrede für einen Schauspieler, die das letzte Zeugnis zum antiken
Bühnenwesen darstellt. (Kaiser Justinian I. verbot
526 alle Theateraufführungen.)
A R. Foerster / E. Richtsteig, Leipzig 1929, Nachdr.
1972.
L K. Gerth, RE Suppl. 8, 1956, 743 (s. v. 2. Sophistik).
W. Spoerri: Chorikios von Gaza, in: dtv-L 1. 1, 304.

Lógoi
„Reden"

Demades, 2. Hälfte des 4. Jh.s v. Chr.

Gerichtsreden (gr.), von denen nicht einmal Fragmente erhalten sind (vgl. Cicero, →*Brutus*). Die Rede →*Hypèr dodekatetías* stammt wohl nicht von
Demades selbst, aber eine Verteidigung seiner Politik nach der Katastrophe von Chaironeia (Niederlage gegen Philipp von Makedonien im Jahre 338
v. Chr.).

Lógoi
„Reden"

Dion (Chrysostomos) aus Prusa, etwa 40–120
n. Chr.

Überwiegend kynisch-stoische „Sittenpredigten"
(gr.) zu ganz unterschiedlichen Themen.
Der Autor hielt diese insgesamt 80 „Reden" größtenteils während der Zeit, als er durch ein Dekret
des Kaisers Domitian aus Italien und Bithynien verbannt war (im Jahr 82 n. Chr.) und als kynischer
Wander- und Bettelphilosoph durch die östlichen
Teile des röm. Reiches zog.

I Reden 1–4: Über die Königsherrschaft und
den wahren König, den der Autor im Sinne Homers
und Platons mit Zeus vergleicht. 5: Ein libyscher
Mythos, eine der vielen Geschichten über die Men-
schenfresserin Lamia, die Tochter der Skylla (vgl.
eine ähnliche Geschichte bei Lukian, →*Alethê die-*

gémata 2, 76). 6: Diogenes oder über die Tyrannis. 7: Die euböische Rede (*Euboikós*) oder Der Jäger (die Geschichte eines einfachen Jägers in der Wildnis von Euböa mit einem Lob des Landlebens in seiner Armut und seinem wahren Reichtum). 8–10: Weitere Diogenes-Reden über die Tugend und den wahren Athleten, über Diogenes bei den Isthmischen Spielen, über die Vorteile der Besitzlosigkeit. 11: Die troische Rede mit der Behauptung, daß Troja nie erobert wurde, eine Widerlegung Homers. 12: Die olympische Rede über die Entstehung des Götterglaubens im menschlichen Bewußtsein und über die Bedeutung der plastischen Kunst. Dion läßt Phidias über seine Zeusstatue sprechen, deren Konzeption er Homer verdanke. Darauf folgt ein eingehender Vergleich zwischen den Möglichkeiten der Dichtkunst und der Bildhauerei. 13: Über seine Verbannung und seine Entwicklung zum Philosophen. 14–15: Über Sklaverei und Freiheit. 16–30: Kürzere Abhandlungen über ethische, literarische und andere Themen (über den Schmerz, das Gewinnstreben und die Habsucht, die Vorbereitung auf das Leben in der Öffentlichkeit, die Vorliebe des Autors für Musik, dramatische Kunst und Beredsamkeit, das Sichzurückziehen, die Schönheit, Krieg und Frieden, das Glück des Weisen, über die Eudämonie, den Schutzgeist, die Überlegung, die Vorgänge während eines Symposions, den Boxer Melankomas, den Tod eines Sohnes. 31–35: Mahnreden an Rhodos, Alexandreia, Tarsos, Kelainai. 36: *Borysthenikós*, eine Rede über den Borysthenes. 37: Korinthische Rede (wohl nicht von Dion). 38–51: Bithynische Reden über Vorgänge in der Heimat des Autors (diese Reden werfen viel Licht auf die Schwierigkeiten und Probleme, auf die der jüngere Plinius in seinen →*Epistulae* Bezug nimmt, die er während seiner Statthalterschaft in Bithynien schrieb). 52–62: Schriften über politisch-philosophische Fragen und literarische Themen und Gestalten (z. B. Homer und Sokrates, Figuren des Dramas). 63–64: Zwei Abhandlungen über die Tyche, das personifizierte Schicksal (die Echtheit ist umstritten). 65–80: Weitere Schriften über die Tyche und das Verhalten der Menschen ihr gegenüber, über den Ruhm bzw. die öffentliche Meinung, über die Tugend (*areté*), über die Philosophie und den Philosophen, über die Wahrheit, über Neid, Reichtum und Freiheit.

H Der Autor stammte aus einer wohlhabenden Familie und bekam früh Zugang zu gesellschaftlichen Kreisen, die dem Kaiser in Rom nahestanden. Er trat als Redner auf und setzte sich für die kaiserliche Politik ein. Von Domitian wurde er um 82 n. Chr. aus Rom verbannt, weil einer seiner Freunde beim Kaiser in Ungnade fiel. Er zog daraufhin als kynischer Wanderphilosoph durch weite Teile des röm. Reiches und lebte mit einfachen Menschen zusammen. Nach Domitians Tod (96 n. Chr.) durfte er in seine Heimat zurückkehren und lebte dort als angesehener und wohlhabender Bürger. Sein philosophischer Lehrer war Musonius Rufus in Rom (→*Diatribaí*).

Q Dions „Sittenpredigten" liegen die stoischen Grundbegriffe der Physis (Natur) und Arete (Tugend) zugrunde. Seine Empfehlungen und Ratschläge orientieren sich an den Maximen der stoischen Philosophie. Obwohl einige Reden stark vom Kynismus geprägt sind (bes. 6 und 8–10), war Dion kein radikal-revolutionärer Kyniker. Besonderes Ansehen besaß er als Redner und erhielt deshalb den Beinamen „Chrysostomos" („Goldmund").

W Viele Reden, die in gr. Städten gehalten wurden und sich mit deren Problemen befassen, haben eine klar erkennbare politische Botschaft: „Die Anerkennung der römischen Herrschaft als Garant der Ordnung und die Warnung vor inneren Konflikten" (Görgemanns, 195). Dieser Einstellung entspricht das besondere Vertrauensverhältnis, das Dion zu Kaiser Trajan (98–117 n. Chr.) hatte. Vielleicht trug Dion seine vier Reden über die Königsherrschaft Trajan persönlich vor: „Hier gewinnt staatphilosophisches Denken erhebliches Gewicht; die in Rom sich einbürgernde Sitte des Kaiser-Panegyricus (→*Panegyricus* des Plinius) wird dem Zweck ethischer Einwirkung auf den Herrscher dienstbar gemacht" (Görgemanns, 195). Dion will ansonsten ein breites Publikum erreichen, das nicht über besondere Bildung verfügt.

N Dion galt in späterer Zeit als ein Klassiker des Diskurses bzw. der diskursiven Rede in schlichter, einfacher Sprache (wie Xenophon und Philostratos). Er war ein Muster der *aphéleia* (Schlichtheit). Philostratos (→*Bíoi sophistôn* 1, 5) und Eunapios (→*Bíoi sophistôn*, prooem. 2) rühmen seine Sprache. Maximos aus Tyros (→*Dialéxeis*) nahm sich Dion zum Vorbild. Synesios schrieb eine Monographie über Dion und bewunderte ihn (→*Díon è perì tês kat' autû diagogês*).

A H. v. Arnim. 2 Bde., Berlin 1893–1896, Nachdr. Berlin 1962. G. de Budé. 2 Bde., Leipzig 1916–1919. J. Cohoon / H. L. Crosby. 5 Bde., London/Cambridge (Mass.) 1932–1951 (gr.-engl.).
Ü W. Elliger, Zürich/Stuttgart 1967. GLTD 5, 193–203 (gr.-dt. 13. Rede). H. Hommel, Zürich 1959 (7. Rede). H.-J. Klauck, Darmstadt [2]2002 (12. Rede gr.-dt.). G. Krapinger, Graz 1996 (gr.-dt. mit Kommentar). H.-G. Nesselrath u. a., Darmstadt 2003 (36. Rede gr.-dt.).
L H. v. Arnim: Entstehung und Anordnung der Schriftensammlung Dios von Prusa, in: Hermes 26, 1891, 366–407. H. v. Arnim: Leben und Werke des Dio von Prusa, Berlin 1898. P. Desideri: Dione di Prusa, Messina/Florenz 1978. A. Dihle, GLL, 239–241. K. Gerth, RE Suppl. 8, 1956, 744–747. N. Holzberg: Romanhafte Erzählprosa in der griechischen Literatur, in: Anregung 39, 1993, 243–254 (zur 7. Rede). C. P. Jones: The Roman World of Dio Chrysostom, Cambridge (Mass.) 1978. A. Lesky, GL. 932 f. M. Pohlenz, Stoa 1, 364–366. D. Reuter: Untersuchungen zum *Euboikos* des Dion von Prusa, Diss. Leipzig, Weida i. Thüringen 1932 (zur 7. Rede). W. Schmid: Der Atticismus in seinen Hauptvertretern. Bd. 1, 1887, 72–191. W. Schmid, RE 5, 1905, 848–877.

Lógoi
„Reden"

Gregorios aus Nazianz, um 330–390 v. Chr.

Sammlung von 45 nach den Regeln der klassischen Rhetorik aufgebauten Reden bzw. Predigten (gr.) über unterschiedliche Themen.

I Am bekanntesten sind die fünf theologischen Reden (27–31), die 380 n. Chr. gehalten wurden und die Invektiven gegen Kaiser Julian (4 und 5), mit denen er den Apostaten „an den Pranger stellen" wollte, wie er selbst sagt. Gregor bekämpft vor allem Julians Bestreben, die Christen von der in Philosophie bzw. Rhetorik gegründeten Bildungstradition abzuschneiden, indem er sie den Heiden vorbehielt. – Erwähnenswert ist auch die „Rede auf Cyprian", die die „Cyprianvita" (→Vita et passio Cypriani) des Pontius als Quelle benutzte. Viele Reden sind Gelegenheitsreden (oft zur eigenen Rechtfertigung), Festpredigten, panegyrische Reden (u. a. die Leichenreden auf den Vater, die Geschwister und auf den Freund Basileios). Berühmt ist die „Rede über die Flucht" (*Lógos perì phygês*) aus dem Bischofsamt, worin Gregor das Idealbild des Priesteramtes darstellt.

A M. Geerard: Clavis Patrum Graecorum. Bd. 2, Tournhout 1974, 140–178. PG 35–38 (Gesamtausgabe).
Ü J. Barbel, 1963 (fünf theologische Reden, gr.-dt.). T. Michels: Gregor von Nazianz: Macht des Mysteriums. Sechs geistliche Reden an den Hochtagen der Kirche, Düsseldorf 1956.
L A. Dihle, GLL, bes. 562. R. R. Ruether: Gregory of Nazianz. Rhetor and Philosopher, Oxford 1969. B. Wyss: Gregor von Nazianz, in: RAC 12, 1983, 793–862.

Lógoi
„Reden"

Hadrianos aus Tyros, 2. Jh. n. Chr.

Weitgehend verlorene Schul- und Übungsreden (gr.).

I Bezeugt sind Deklamationen, ein Paramythetikos (Trostrede) für Celer, eine Trauerrede auf den Tänzer Paris, eine Übungsrede mit dem Titel „Die Giftmischerin", ferner eine technische Abhandlung zur Statuslehre und sieben Bücher „Metamorphosen".

A H. Hinck, Leipzig 1873 (in der Polemon-Ausgabe). H. Gärtner: Hadrianos, in: DKP 2, 907. Schmid-Stählin 2, 2, 696 f.

Lógoi
„Reden"

Himerios aus Prusias (Bithynien), 4. Jh. n. Chr.

Sammlung von 24 Schul- und Gelegenheitsreden (gr.).

I Himerios behandelt meist Themen aus der fernen Vergangenheit in prunkhafter Darstellung. In seiner Prosa wetteifert er bewußt mit der Poesie. „Diese Reden wollen Hymnen und Lieder sein, ihr Verfasser weiß sich den Dichtern, den lesbischen vor allem, näher als seinen natürlichen Vorbildern, den alten Rednern" (Lesky, 974). Vgl. →*Polemarchikós*.

A A. Colonna, Rom 1951.
L A. Lesky, GL, 972–976.

Lógoi
„Reden"

Hippias aus Elis, 5. Jh. v. Chr.

Prunkreden und Lehrvorträge (gr.), in nur wenigen Fragmenten erhalten.

I Hippias hielt vorbereitete und Stegreifreden über unterschiedliche Themen. Sein phänomenales Gedächtnis war ihm dabei eine große Hilfe, so daß er nach Belieben das ganze enzyklopädische Wissen seiner Zeit ausbreiten konnte.

A VS 86.
L C. J. Classen (Hg.): Sophistik, Darmstadt 1976. E. Dupréel: Les sophistes, Neuchâtel 1948.

Lógoi
„Reden"

Hypereides aus Athen, um 390–322 v. Chr.

Sechs Reden (gr.), die teils in Privatprozessen, teils in politischen Affären gehalten wurden, sind vollständig erhalten.

I Seine Karriere als Redner begann Hypereides mit Reden in Prozessen gegen prominente Politiker und Strategen. Dann hält er Verteidigungsreden z. B. für die berühmte Hetäre Phryne, die wegen Religionsfrevels und Gottlosigkeit angeklagt war. Auch in Privatprozessen hält er Reden als Verteidiger oder als Ankläger. In der Rede →*Kat' Athenogénus* („Gegen Athenogenes") geht es um einen Kaufvertrag. In der Rede *Hypèr Euxeníppu* verteidigt Hypereides einen Mann, dem Unkorrektheit bei der Verteilung von Land bei Oropos vorgeworfen wurde. Die Rede *Hypèr Lykóphronos* wurde in einem Prozeß gehalten, in dem der Redner Lykurgos als einer der Ankläger eine Anschuldigung wegen Ehebruches mit vermögensrechtlichem Hintergrund zur Staatsaffäre aufzubauen versuchte. In der Rede →*Katà Philippídu* („Gegen Philippides") wendet sich der Redner gegen einen Vertreter der promakedonischen Partei in Athen. Vgl. auch →*Epitáphios*, →*Katà Demosthénus*.

A   C. O. Burtt: Minor Attic Orators. Bd. 2, London/Cambridge (Mass.) 1954 (gr.-engl.). C. Colin, Paris 1946 (gr.-frz.). C. Jensen, Leipzig 1917. F. G. Kenyon, Oxford 1907.
L   J. Engels: Studien zur politischen Biographie des Hypereides, München (2)1993. A. Lesky, GT, 683 f.

Lógoi
„Predigten, Reden"

Ioannes Chrysostomos aus Antiocheia, 334/354–407 n. Chr.

Reden und Ansprachen (gr.) zu unterschiedlichen Themen.

I   Die wahrscheinlich nur in Form stenographischer Mitschriften vorliegenden Predigten (Homilien) dienten vor allem der Exegese des Alten und des →*Novum Testamentum*. So sind u. a. 75 Homilien zum Buch Genesis, 58 zu den Psalmen, 90 zum Matthäus – und 88 zum Johannes-Evangelium, 16 zum Lukas-Evangelium und 63 zur Apostelgeschichte erhalten. Unter den Predigten zu den Paulusbriefen haben die 32 Homilien zum Römerbrief besondere Bedeutung. Ioannes hielt aber auch Predigten, die sich gegen die Juden und die Nachahmung jüdischer Bräuche richteten (→*Lógoi katà Iudaíon*), den Theater – und Zirkusbetrieb der Großstadt kritisierten, den Aberglauben bekämpften und sich mit der Astrologie auseinandersetzten. Andere Predigten befassen sich mit Buße und Kirchenzucht und mit dogmatischen Streitigkeiten (vgl auch →*Perì akataléptu*). Wieder andere gelten den großen Festen des Kirchenjahres oder werden zu Ehren von Heiligen und hervorragenden Gestalten der alttestamentlichen oder christlichen Vergangenheit gehalten (*Panegyrikoí*). Bemerkenswert sind die 21 Predigten, die sog. Säulenhomilien (*Perì stelôn*), die Ioannes als Bischof der Stadt Antiocheia in der Fastenzeit des Jahres 387 n. Chr. hielt, als bei Krawallen in der Stadt Standbilder des Kaisers und seiner Familie umgestürzt und beschädigt wurden. Man erwartete strenge Bestrafung, und Ioannes suchte seiner Gemeinde in dieser Situation Mut zuzusprechen und sie zugleich zur Besinnung zu rufen.

A   PG 47–64 (Gesamtausgabe).
Ü   J. Ch. Mitterrutzner, Kempten 1874 (*Perì stelôn*).
L   K. Baus, LThK 5, 1018–1021. H. v. Campenhausen, GKV, 137–153. A. Dihle, GLL, 526–530. KNLL 8, 408.

Lógoi
„Reden"

Isaios aus Chalkis, etwa 420–350 v. Chr.

Eine Sammlung von zwölf Reden (gr.) ist erhalten, von denen elf in Erbschaftsprozessen gehalten wurden. Vgl. →*Perì tû Apollodóru kléru*.

A   E. S. Forster, London/Cambridge (Mass.) 1927 (gr.-engl.). Th. Thalheim, Leipzig 1903.
Ü   K. Münscher, in: Zeitschrift f. vergl. Rechtswissensch. 37, 1919, 32–328.
L   A. Lesky, GL, 668 f.

Lógoi
„Reden"

Auch lat. zitiert als *Orationes*.

Flavius Claudius Iulianus, röm. Kaiser 361–363 n. Chr.

Öffentliche Reden (gr.) aus unterschiedlichen Anlässen und für unterschiedliche Zwecke gehalten.

I   Als Kaiser verfaßte Iulianus eine Lobrede auf Constantius II. (röm. Kaiser 337–361) und eine weitere auf Kaiserin Eusebia. – Im Zusammenhang mit seinen religiösen Reformprojekten auf der Grundlage einer heidnisch-neuplatonischen Theologie ist die „Rede an die Göttermutter" zu sehen; dabei handelt es sich um eine allegorische Auslegung des Kybele- und des Attismythos. – Die „Rede auf Helios" vom 25. 12. 362 ist ein Prosa-Hymnos auf den Sonnengott. – In der Rede „Gegen die ungebildeten Hunde" (→*Eis tùs apaideútus kýnas*) polemisiert Iulianus 362 gegen Vertreter der kynische Lehre, die die kynischen Ideale zu verfälschen scheinen. – Die Rede „Gegen den Kyniker Herakleios" hat wahrscheinlich persönliche Hintergründe.

A   J. Bidez u. a. 2 Bde. in 4 Teilen, Paris 1932–1964 (gr.-frz.). W. C. Wright. 3 Bde., London/Cambridge (Mass.) 1913–1923 (gr.-engl.).
L   J. Bidez: Julian der Abtrünnige, München 1940. A. Lesky, GL, 974 f. K. Bringmann: Kaiser Julian, Darmstadt 2004. R. E. B. Smith: Julian's Gods, London 1995.

Lógoi
„Reden"

Auch lat. zitiert als *Orationes*.

Libanios aus Antiocheia, 4. Jh. n. Chr.

Sammlung von mehr als 60 Reden (gr.), die z. T. als politische Flugschriften anzusehen sind.

I   Am Anfang der Sammlung stehen fünf autobiographische Vorträge, unter denen Or. 1 (*Bíos è perì tês heautû týches* („Mein Leben oder über das eigene Schicksal") besonders wertvoll ist. Libanios sieht sein Leben von einem unberechenbaren, aber nicht bösartigem Schicksal bestimmt. Tyche, die Schicksalsgöttin, versteht er als seine Schutzgottheit. – In Or. 8 befaßt sich Libanios mit der Bedeutung der Freundschaft; er beschreibt die gesellschaftlichen, politischen und materiellen Vorteile, die der Besitz vieler Freunde mit sich bringt. Ohne Freunde sei man arm (Or. 8, 6. 9). Mit Hilfe eines Vergleichs veranschaulicht Libanios den Wert der Freundschaft: Der Reiche und Erfolgreiche sehe mit Hilfe vieler Augen, höre mit vielen Ohren, er habe viele Hände und es stehe ihm durch seine Freunde sozusagen der ganze Körper zur Verfügung (Or. 8, 7). – Mehrere Reden (Or. 12 bis 18 und 24) beziehen sich auf den mit Libanios eng befreundeten Kaiser Julian (→*Epistulae*, →*Lógoi*). In Or. 16 ergreift Libanios die Partei des Kaisers, der über die Antiochener enttäuscht ist. Or. 11 ist eine Lobrede (Enkomion) auf seine Heimatstadt (→*Antiochenikós*). – Or. 17, die „Monodie auf Julian", wurde nach dem Tod des Kaisers 363 n. Chr. verfaßt. – Or. 18 ist ein umfangreicher Epitaphios auf den im Krieg gefallenen Kaiser (im Juni 363 n. Chr.). – Eine Reihe von Reden sind als Eingaben an den christlichen Kaiser Theodosius (reg. 379–395) gerichtet (Or. 19 und 20 anläßlich eines Aufstandes in Antiocheia 387 n. Chr.; Or. 30 gegen die gewaltsame Enteignung und Zerstörung von Heiligtümern durch christliche Mönche; Or. 33 und 45 mit Klagen über Beamte). – Neben Enkomien (Or. 11 und 59) verfaßte Libanios auch Threnoi („Klagelieder") über das Erdbeben in Nikomedeia (Or. 61) und über den Brand des Apollontempels von Daphne (Or. 60).

Q Das große Vorbild des Libanios ist Demosthenes (Or. 2, Vgl. Or. 64, 4). Er kennt und verehrt aber auch Isokrates, Platon, Herodot und Thukydides. Zur röm. Kultur und Literatur hatte Libanios keine Beziehung.

W Seine Aufgabe sah Libanios in der Pflege und Weitergabe der gr. Bildung durch sophistischen Unterricht. Demselben Zweck dienten auch seine „Reden".

A R. Foerster / E. Richtsteig. 12 Bde., Leipzig 1903–1927, Nachdr. Hildesheim 1985 und 1997/1998 (Gesamtausgabe). B. Schouler, Paris 1973 (Or. 6–8 und 25).
Ü G. Fatouros, Stuttgart 2002. P. Wolf, Zürich/Stuttgart 1967 (Or. 1–5).
L H. Gärtner: Libanios, in: DKP 3, 612–615. F. Foerster / K. Münscher, RE 12, 2, 1925, 2485–2551. R. Scholl: Historische Beiträge zu den Julianischen Reden des Libanios, Stuttgart 1994.

Lógoi →Dialéxeis (Maximos aus Tyros)

Lógoi
„Predigten"

Origenes, etwa 184–254 n. Chr.

Exegetische Abhandlungen (gr.) zur Bibel.

I Von den 574 bezeugten Predigten (Homilien) sind 21 im gr. Original, 186 in lat. Übersetzung erhalten. Origenes verfaßte Homilien und →„Kommentare" zu fast allen Teilen des Alten und des „Neuen Testaments". Er verweist auf Parallelstellen und zeigt oft überraschende Querverbindungen. Grundsätzlich berücksichtigt er dieselben Prinzipien der Auslegung wie in den Kommentaren; allerdings verzichtet er in den „Predigten" weitgehend auf philologisches Beiwerk. Damit erweisen sich diese als wichtige Quellen der Frömmigkeitsgeschichte.

A P. Nautin: Jeremiahomilien. Klageliederkommentar. Erklärung der Samuel- und Königsbücher, Berlin [(2)]1983. PG 11–17.
L Dihle, GLL, 344–349. B. Neuschäfer: Origenes als Philologe, Basel 1987.

Lógoi
„Reden"

Antonius Polemon, etwa 88–144 n. Chr.

Weitgehend verlorene Sammlung (gr.) von Reden im Stil der Zweiten Sophistik.

I Hadrian (reg. 117–138 n. Chr.) beauftragte Polemon, die Festrede zur Einweihung des athenischen Olympeion zu halten (im Jahr 131/132 n. Chr.). Erhalten ist eine Deklamation auf die Marathonkämpfer Kynegeiros und Kallimachos.

A H. Hinck, Leipzig 1873.
L H. Jüttner: De Polemonis rhetoris vita operibus arte, Breslau 1898. W. Spoerri: Polemon (Nr. 3), in: dtv-L 1. 4, 13 f. W. Stegemann, RE 21, 2, 1952, 1320–1357.

Lógoi
„Reden"

Themistios aus Paphlagonien, etwa 317–388 n. Chr.

Sammlung von über dreißig Reden (gr.).

I Die meisten der erhaltenen Reden wurden vor den röm. Kaisern der Zeit des Autors oder zu Anlässen des politischen Lebens gehalten. Einige befaßten sich auch mit philosophischen und ethischen Themen. „Zweckbestimmte Schmeichelei und die Verkündung eines philosophisch bestimmten Herrscherideals haben sich hier vermengt; auch für die politischen Zeitverhältnisse sind die Reden von Bedeutung, von denen wir zwei Ansprachen an Konstantius (Or. 1. 4) besonders hervorheben" (Lesky, 974).

A W. Dindorf, Leipzig 1832, Nachdr. Hildesheim 1974. G. Downey / A. F. Norman. 3 Bde., Leipzig 1965–1974.
Ü H. Leppin / W. Portmann, Stuttgart 2002. H. Schneider: Die 34. Rede des Themistios, Winterthur 1966 (gr.-dt.).
L H. Dörrie: Themistios, in: DKP 5, 677f. A. Lesky, GL, 974.

Lógoi katà Areianôn
„Reden gegen die Arianer"

Auch lat. zitiert als *Orationes contra Arianos*.

Athanasios aus Alexandreia, 295–373 n. Chr., seit 328 Bischof von Alexandreia

Polemisch-dogmatisches Werk (gr.) in drei B. (Reden).
Zwischen 356 und 361 n. Chr. verfaßt.

I Athanasios beabsichtigte mit diesem Werk, die auf dem Konzil von Nikaia (20. 5. – 25. 8. 325 im Sommerpalast des Kaisers Constantin d. Gr.) festgelegte Lehre von der ewigen Zeugung des göttlichen Wortes und seiner Wesensgleichheit (*Homousía*) mit dem Vater gegen die Ansichten zu verteidigen, die Areios in seiner Schrift *Thaleía* über das Verhältnis von Vater und Sohn vertreten hatte. Athanasios behauptete, daß Vater und Sohn vor aller Zeit und Schöpfung zusammengehörten. Der Sohn sei kein Geschöpf, das durch eine Schöpfung aus dem Nichts entstanden, veränderlich und von Natur aus fehlbar und daher dem Vater „unähnlich" (*anhómoios*) sei, wie Areios behauptete. Der Sohn sei vielmehr die schöpferische Kraft des Vaters, so daß der Vater niemals ohne den Sohn gewesen sein könne. Im 2. und 3. B. behandelt Athanasios die Bibelstellen, die die Arianer heranzogen, um die Veränderlichkeit und Unähnlichkeit des Sohnes zu beweisen. Er benutzt ferner dieselben Bibelstellen, um die Unveränderlichkeit des Sohnes herauszustellen. Alle Formulierungen, die auf eine Veränderlichkeit hinweisen, deutet er als Hinweise auf die Menschwerdung des Wortes und die menschliche Natur Christi, nicht auf die Zeugung des Sohnes durch den Vater. Die anthropomorphe Vorstellung des Vater-Sohn-Verhältnisses wird scharf zurückgewiesen.

A PG 26, 12–468.
Ü A. Stegmann, BKV[(2)] 13.
L H. v. Campenhausen, GKV, 72–85. A. Dihle, GLL, 417. T. E. Pollard: Logos and Son in Origin, Arius, and Athanasius, Berlin 1957, 282–287. M. Richard: Saint Athanase et la Psychologie du Christ selon les Ariens, in: Mélanges des Science Religieuse 4, 1947, 5–54.

Lógoi katà Iudaíon
„Predigten gegen die Juden"

Ioannes Chrysostomos aus Antiocheia, 2. Hälfte des 4. Jh.s n. Chr.

Acht Reden gegen die Juden (gr.).
Gehalten in den Jahren 368/367 n. Chr. in Antiocheia.

I Die acht Reden gehören zu den bedeutendsten antijüdischen Texten der Alten Kirche (→*Lógoi* des Ioannes Chrysostomos). Antiocheia verfügte über eine bedeutende jüdische Gemeinde. Zwischen Juden, Christen und Andersgläubigen fand ein reger Austausch statt. Nicht wenige Christen nahmen regelmäßig auch an den Zeremonien und Riten der Juden teil. An diese Gruppe der *Iudizántes* (der „Judenfreunde") richtet Johannes seine „Acht Reden" und fordert sie auf, die Nähe zu den Juden zu meiden. Dabei verzichtet Johannes auch nicht auf grobe Ausfälle gegen die Juden, ihre religiösen Bräuche und Vorstellungen. Die Vorwürfe reichen von Gottesmord und Blasphemie bis zu einer widersinnigen Lebensweise und zu sexuellen Verirrungen. Der Redner scheut sich nicht, Halbwahrheiten und freie Assoziationen zu äußern. Er argumentiert auch mit der Autorität der Bibel, um das Judentum als Religion der Vergangenheit zu verunglimpfen. Schließlich fordert er seine Zuhorer auf, sich eindeutig zu entscheiden: Wenn Leben und Lehren der Juden verehrungswürdig seien, dann seien die christlichen falsch; wenn diese aber wahrhaftig seien, dann seien jene falsch.

A PG 48, 839–942.
Ü R. Brändle / V. Jegher-Bucher, Stuttgart 1995.
L H. Schreckenberg: Die christlichen Adversus-Iudaeos-Texte und ihr literarisches und historisches Umfeld (1.-11. Jh.), Frankfurt/Berlin 1982, 320–329. G. C. Stroumsa: Dall' antigiudaismo all' antisemitismo nel cristianesimo primitivo?, in: Christianesimo nella storia 17, 1996, 13–46. R. L. Wilken: John Chrysostom and the Jews. Rhetoric and Reality in the late 4th century, Berkeley 1983.

Lógoi III katà Nestorianôn kaì Eutychianistôn →Libri III adversus Nestorianos et Eutychianos (Leontios aus Byzanz)

Lógoi perì tû agathû →Perì tagathû (Platon)

Lógon Aisopeíon synagogaí →Mýthon synagogé (Aisopos)

Lógos katà tôn Hellénon
„Rede gegen die Hellenen"

Auch zitiert als *Oratio contra gentes* („Rede gegen die Heiden").

Athanasios aus Alexandreia, 295–373 n. Chr., seit 328 Bischof von Alexandreia

Apologetisch-polemische Schrift (gr.).
Entstanden 319 oder nach 335 n. Chr. (in der Zeit des Trierer Exils).

I Athanasios kämpft gegen den heidnischen Götzendienst, dem die Menschen verfallen seien, weil sie ihre Freiheit mißbraucht hätten. Sie seien von Gott abgefallen, um sich ihren leiblichen Begierden zu unterwerfen. Die heidnischen Götter seien gar keine Götter, sondern Erscheinungsformen des Bösen. Die vernünftige und unsterbliche Seele könne aus der Verstrickung in das Böse befreit werden, wenn sie ihre Triebhaftigkeit überwinde und zur Erkenntnis Gottes gelange: Gott ist der Vater Jesu Christi, der das Wort ist, durch das die Welt geschaffen wurde. Das Wort ist in der Schöpfung sichtbar geworden (→*Lógos perì tês enanthropéseos tû lógu*).
W Athanasios widerlegt – vor allem in Anlehnung an Athenagoras und Clemens aus Alexandreia – das Heidentum „auf der dreifachen Ebene des Mythos (Dichtung), des Kultes und der philosophischen Anschauungen und begründet dabei die Möglichkeit der Gotteserkenntnis durch die göttliche Abbildhaftigkeit der Seele" (Studer, 362).

A P. - Th. Camelot, Paris [3]1983. H. Hurter, Innsbruck 1882. L. Leone, Neapel 1965. PG 25, 3–96. R. W. Thomson, Oxford 1971 (gr.-engl.).
Ü A. Stegmann, BKV[(2)] 31, 1917.
L P. - Th. Camelot: Athanasios der Große, in: LThK 1, 976–981. KNLL 1, 818f. A. Louth: The Concept of the Soul in A.' *Contra gentes – De incarnation*e, in: Texte und Untersuchungen zur Geschichte der altchristlichen Literatur 116, 1975, 227–231. B. Studer: Die theologische Literatur vom 4. bis zum 7. Jahrhundert, in: NHbL. Spätantike, 355–402. J. C. M. van Winden: On the Date of A.' Apologetical Treatises, in: VChr 29, 1975, 291–295.

Lógos katechetikòs ho mégas
„Große Katechese"

Gregorios aus Nyssa, 4. Jh. n. Chr.

Dogmatische Schrift (gr.).

I Die Schrift ist der Versuch, die christliche Gottesauffassung gegenüber Juden und Heiden zu rechtfertigen. Der heidnische Polytheismus widerlege sich selbst, wenn man von der Vollkommenheit Gottes ausgehe. Gegen den jüdischen Henotheismus benutzt Gregor das Argument, daß das Wort und der Geist selbständige Hypostasen des einen Gottes seien. Er beruft sich dabei auf Psalm 32, 6. –

Die christliche Trinität erweist sich als Vermittlung zwischen dem heidnischen Polytheismus und dem jüdischen Glauben an die Einheit Gottes. – Gregor erklärt die Menschwerdung Gottes, die von Heiden und Juden abgelehnt wird, unter Hinweis auf Gottes Gerechtigkeit, die sich gegen den Teufel durchsetze. – Die Selbsterniedrigung Gottes in Christi Menschwerdung offenbare die Macht Gottes. Durch ihn kam das Leben in den Tod, so daß das dem Leben Entgegengesetzte vernichtet wurde.

A J. H. Strawley, Cambridge 1903.
Ü K. Weiß, BKV[(2)] 56.
L KLL 6, 5785.

Lógos parainetikòs pròs Héllenas
„Mahnrede an die Hellenen"

Auch lat. zitiert als *Cohortatio ad Graecos*.

Ps.-Iustinus

Eine dem Iustinus Martyr (2. Jh. n. Chr.) zugeschriebene Rede (gr.) über die wahre Religion.

A C. Riedweg, Basel 1994 (mit Kommentar).
L Patrologie, 98. J. Quasten: Patrology. Bd. 1, Utrecht/Brüssel 1950, 204 bis 207 (über die Schriften, die Iustinus Martyr zugewiesen werden).

Lógos perì enanthropéseos tû lógu
„Rede über die Fleischwerdung des Wortes"

Auch zitiert als *De incarnatione verbi* („Über die Fleischwerdung des Wortes').

Athanasios aus Alexandreia, 295–373 n. Chr.

Apologetische Schrift (gr.) als Fortsetzung des →*Lógos katà tôn Hellénon*.
Entstanden entweder um 319 oder nach 335 n. Chr. (in der Zeit des Trierer Exils).

I Während der *Lógos katà tôn Hellénon* eine Widerlegung des Polytheismus und der heidnischen Götterverehrung enthält, entfaltet die vorliegende Schrift die traditionelle Lehre von der Inkarnation, der Erlösung und der Vergöttlichung. Die Apologie richtet sich gegen Juden und Heiden: Die Prophezeiung bei Daniel 9,24 weise eindeutig auf die Zeit der Erscheinung des Messias, auf die man also nicht länger warten müsse. In Christus hätten sich die Prophezeiungen des Alten Testaments erfüllt. Den Heiden hält Athanasios vor, daß es keine Torheit sei, daran zu glauben, daß das Wort in einem Leib erschienen sei; sie seien doch auch davon überzeugt, daß das Wort (der Logos) in der Welt, d. h. in einem Leib, sei. Das Wort Gottes könne sich in jedem Teil der Schöpfung, also auch in einem menschlichen Leib, offenbaren. In seiner Wirksamkeit habe das Wort seine Göttlichkeit erwiesen.
W Athanasios will folgende Botschaft vermit-

teln: „Der Mensch, der zusammen mit der Welt durch das Wort hervorgebracht wurde, hat die Gnade der Vereinigung mit dem Wort und damit das eigentliche Leben verloren. Zum Leben zurückführen konnte ihn wiederum nur das Wort Gottes. Durch den Tod des Leibes Christi, in dem das Wort Wohnung nahm, wurde die Schuld des Sündenfalls getilgt und der Mensch vom Tod errettet. Der Sieg des Kreuzes über den Tod dokumentiert sich nach Athanasios ebenso in der Todesverachtung der Märtyrer wie in der Vertreibung der falschen Götter" (KNLL, 819). Athanasios wirbt für die christliche Religion, indem er von der Frage nach den Gründen der Menschwerdung ausgeht: „In seiner Inkarnation stellte der Logos nicht bloß die wahre Gotteserkenntnis wieder her, sondern legte auch den Grund zur Auferstehung, in der die Menschen zur vollen Ähnlichkeit mit Gott gelangen werden" (Studer, 362).

A Th. Camelot, Paris (3)1983 (gr.-frz.). F. L. Cross, London 1939. PG 25, 95–198. R. W. Thomson, Oxford 1971 (gr.-engl.).
Ü A. Stegmann, BKV(2) 31, 1917.
L Ch. Kannengiesser: Le mystère paschal du Christ selon Athanase d' Alexandrie, in: Recherches de Science Religieuse 63, 1975, 407–442. KNLL 1, 819. E. Mersch: Le Corps mystique du Christ, Brüssel/Paris (2)1936, 374–409. T. E. Pollard: Logos and Son in Origin, Arius and A., Berlin 1957, 282–287. B. Studer: Die theologische Literatur vom 4. bis zum 7. Jahrhundert, in: NHbL. Spatantike, 355–402. C. N. Tsirpanlis: Aspects of Athanasian Soteriology, in: Kleronomia 8, 1976, 61–76.

Lógos perì phygês
„Rede über die Flucht (aus dem Bischofsamt)"

Gregorios aus Nazianz, 2. Hälfte des 4. Jh.s n. Chr.

Rede (gr.) mit autobiographischen Reflexionen.

I Gregor wurde 372 zum Bischof von Sasima gewählt. Diesen Vorgang bezeichnete er als Gewaltakt. Nach der Bischofsweihe ergriff er die Flucht, ohne seinen Dienst angetreten zu haben. In der Rede zeichnet Gregor ein Idealbild des Priesteramtes.

A PG 35–38 (Gesamtwerk).
L R. Radford Ruether: Gregory of Nazianzus, Rhetor and Philosopher, Oxford 1969. H. M. Werhahn, LThK 4, 1209–1211.

Lógos philaléthes
„Eine wahrheitsliebende Rede"

Hierokles, röm. Statthalter in Palmyra, Bithynien und Phönikien, um 250 – nach 308 n. Chr. (nicht identisch mit dem Stoiker Hierokles, 2. Jh. n. Chr., und dem Neuplatoniker Hierokles, 5. Jh. n. Chr.).

Verlorene Schrift (gr.) in zwei B. gegen die christliche Lehre.

I Frg. der Schrift, für die der Autor Kelsos (2. Jh. n. Chr.), →Alethès lógos, und Porphyrios (3. Jh. n. Chr.), →Katà Christianôn, ausgiebig benutzte, sind aus dem →Antirrhetikòs pròs tà Hierokléus, zu gewinnen, mit dem Eusebios (um 260–339 n. Chr.) auf die Ausführungen des Hierokles antwortete. Sein im wesentlichen neuer Beitrag zur antichristlichen Polemik soll der Vergleich zwischen Apollonios aus Tyana (1. Jh. n. Chr.), dem Heiligen der Neupythagoreer und Neuplatoniker (vgl. Philostratos, →Tà es tòn Tyanéa Apollónion), und Jesus gewesen sein. Auf diese Weise soll Hierokles versucht haben, die christliche Überzeugung von der Einzigartigkeit und Göttlichkeit Jesu zu widerlegen. Er soll die Apostel als Ignoranten und Fälscher bezeichnet haben, und Christus habe, nachdem er von den Juden vertrieben worden sei, eine Bande von 900 Räubern angeführt. Gegen eben diesen Vergleich polemisiert Eusebios. Denn Hierokles hatte die Biographie des Philostratos zu einer Art Anti-Evangelium hochstilisiert. – Gegen Hierokles wandte sich auch Laktanz, →Divinarum institutionum libri VII (5, 3).

L P. de Labriolle: La réaction paienne, Paris 1934, 306–310. W. Nestle: Die Haupteinwände des antiken Denkens gegen das Christentum (1941), in: Griechische Studien, Stuttgart 1948, 597–660. DThC 6, 2382–2385.

Lógos pròs Héllenas
„Rede an die Hellenen"

Tatianos, 2. Hälfte des 2. Jh.s n. Chr.

Satirisch-polemischer Angriff (gr.) auf die gr. Kultur und Bildung.
Zwischen 150 und 170 n. Chr. verfaßt.

I „Tatian ist der erste in der Reihe verhältnismäßig weniger christlicher Schriftsteller, die das ernste Erkenntnisstreben vieler Generationen von Philosophen mit bloßen beleidigenden Angriffen quittieren" (Warkotsch, 30). Der Charakter der Schrift erklärt sich aus ihrem historischen Zusammenhang: Die Christen waren gezwungen, sich gegen massive Bedrohungen von innen (Gnosis) wie von außen zu wehren. Heidnische Schriftsteller begannen, das Christentum massiv zu bekämpfen (→Alethès lógos des Kelsos, →Katà Kélsu des Origenes). Daher bediente sich Tatian der Gattung der Satire bzw. der Spottrede, um den Gegner zum Schweigen zu bringen. – Der Autor übt heftige Kritik an der Lebensführung der Philosophen (Kap. 2–3). Ihr Lebenswandel steht im Gegensatz zum Inhalt ihrer Lehren (Kap. 19 und 26). Die heidnischen Götter sind Verführer der Menschen (Kap. 8). Jede Vergöttlichung des Irdischen wird abgelehnt (Kap. 4 und 18). In der Kunst offenbart sich viel Unsittlichkeit (Kap. 34–35). Dasselbe gilt für das Theater und die Spiele (Kap. 22–23). Die Allegorese der Göttergeschichten wird abgelehnt (Kap. 21). In Kap. 29 erklärt Tatianos, daß ihn nicht nur Schlichtheit des Alten Testaments, sondern auch die Zurückführung aller Dinge auf einen einzigen Gott angezogen und den Suchenden „von tausend Tyrannen" befreit habe.

H Tatian kannte die verschiedenen philosophischen Systeme und Mysterienkulte, als er zum Christentum übertrat. Er „hat mit seiner Bekehrung neue Werte entdeckt, die dem rastlos Suchenden alles Bisherige in zweifelhaftem Lichte erscheinen lassen mußte. Er gehört also psychologisch ... zum Typus des Renegaten, der nach dem Bruch mit seiner Vergangenheit das Alte mit Leidenschaft verfolgt" (Fascher, 2470). Der Autor fühlt sich beglückt und befreit, weil er dem Durcheinander der philosophischen Systeme und der Vielfalt der heidnischen Mythen entronnen ist.

W Vielleicht wollte der Autor mit dieser Rede seinen Übertritt zum Christentum rechtfertigen. Möglicherweise diente sie auch als Eröffnungsrede anläßlich der Gründung einer eigenen Schule. Es ist aber auch nicht auszuschließen, daß die Rede nur eine literarische Fiktion ist.

A E. J. Goodspeed, in: Die ältesten Apologeten, 1914, 266–305. PG 6, 804–888. E. Schwartz, in: Texte und Untersuchungen zur Geschichte der altchristlichen Literatur, Leipzig/Berlin 1882 ff. Bd. 4. 1, 1888.
Ü R. C. Kukula, BKV[(2)] 12, 1913, 195–257. A. Warkotsch, Urteil, 30–36 (Auswahl).
L B. Altaner, Patrologie, 101–103. M. Elze: Tatian und seine Theologie, Göttingen 1960. E. Fascher: Tatian der Syrer, in: RE 2, 4,1932, 2468–2471.

Lógos protreptikòs eis philosophían
„Ermahnung zur Philosophie"

Auch lat. zitiert als *Adhortatio ad philosophiam*.

Iamblichos aus Chalkis, etwa 275–330 n. Chr.

Philosophisches Lesebuch (gr.) für Anfänger und Aufruf zur Beschäftigung mit der Philosophie.

I Im *Lógos protreptikós* des Iamblichos sind große Teile aus dem aristotelischen →*Protreptikós* erhalten. Das Lesebuch ist aus den Werken der Philosophen zusammengestellt, deren Lehre den Neuplatonikern als pythagoreisch galt. Dazu gehörten u. a. auch Platon und der frühe Aristoteles. „Aus lose verbundenen Stücken platonischer Dialoge ... ist ein bunter Teppich zusammengewoben. Dürftige Überleitungen in stereotypen Wendungen lassen die Nähte überall auf den ersten Blick erkennen. Die dialogischen Stellen aus Platon sind in fortlaufende Prosa umgeschrieben ... Trotzdem Platon und Aristoteles nicht ausdrücklich zitiert werden, ist von einem Täuschungsversuch keine Rede, da jeder Schüler die Platon- und Aristoteles-Stellen kannte. Immerhin ist das Machwerk ein trauriger Beleg für den rettungslosen Niedergang der literarischen Kultur und wissenschaftlichen Selbständigkeit jener Zeiten" (Jaeger, 60 f.).

A H. Pistelli, Leipzig 1888, Nachdr. 1996.
L R. Cadiou: A travers le Protreptique de Jamblique, in: REG 63, 1950, 58–73. H. Flashar: Platon und Aristoteles im *Protreptikos* des Iamblichos, in: AGPh 47, 1965, 53. W. Jaeger: Aristoteles, Berlin 1923, 60–102.

Lógos protreptikòs pròs Héllenas →Protreptikòs pròs tùs Héllenas (Flavius Clemens Alexandrinus)

Lucullus →Academica (Cicero)

Ludicra historia (Sueton) →De spectaculis (Tertullian)

Ludus Septem Sapientium
„Spiel der Sieben Weisen"

Decimus Magnus Ausonius aus Burdigala, etwa 310–395 n. Chr.

Selbstvorstellung der Sieben Weisen in iambischen Senaren mit einem Widmungsgedicht in elegischen Distichen (lat.).

I Die Sieben Weisen (Solon, Chilon, Kleobulos, Thales, Bias, Pittakos und Periander) treten im Theater auf und stellen sich selbst vor. Sie zitieren ihren Spruchweisheiten im griechischen Original. Nach dem Prolog auf der Theaterbühne und einleitenden Worten eines Chores, der die wichtigsten Aussprüche der Sieben Weisen knapp zusammenfaßt, beginnt die Vorstellung mit Solon, die an die Erzählung von Solon, Kroisos und Kyros bei Herodot (→*Histories apódexis* 1,29–33 und 85–88) erinnert.

A R. Peiper, Leipzig 1886. H. G. E. White. 2 Bde., London/Cambridge (Mass.) 1919–1921 (lat.-engl.).
L M. v. Albrecht:, RL, 1047–1054. H. A. Gärtner, RLTD 5, 198–205.

Lúkios è ónos
„Lukios oder der Esel"

Ps.-Lukianos (ein unbekannter Autor des 2. Jh.s n. Chr.)

Auszug (gr.) aus den verlorenen Metamorphosen des Lukios aus Patrai, nach denen Apuleius seinen Eselsroman (→*Metamorphoses*) gearbeitet hat.

I Der Ich-Erzähler Lukios wird in einen Esel verwandelt, wechselt mehrfach seinen Herrn und zieht durch die ganze Welt, die er sozusagen von Innen kennenlernt. – Die Vorgeschichte wird sehr ausführlich erzählt: Lukios beginnt ein Verhältnis mit Palaistra, der Dienerin seiner Gastgeberin, der Frau des Hipparchos, im thessalischen Hypata. Er will mit Hilfe von Palaistra deren Herrin beim Zaubern zusehen. Er sieht tatsächlich, wie diese sich mit

Hilfe einer Salbe in einen Vogel verwandelt. Er bittet Palaistra, auch ihm zu helfen, sich zu verwandeln. Aber er reibt sich mit der falschen Salbe ein und wird zu einem Esel, ohne jedoch sein menschliches Bewußtsein zu verlieren. Palaistra sagt ihm, er brauche nur Rosen zu fressen, dann werde er wieder ein Mensch. Dann wird er von Räubern mitgenommen, und es beginnt eine abenteuerliche Reise, die ihn vielfach in Lebensgefahr bringt, bis er schließlich Rosen fressen kann und wieder Menschengestalt annimmt.

A M. D. MacLeod: Lucian. Bd. 8, London/Cambridge (Mass.) 1967 (gr.-engl.).
Ü Chr. M. Wieland: Lucian von Samosata. Sämtliche Werke 2. 4, Leipzig 1788/1789, 229–295.
L A. Lesky: Apuleius von Madaura und Lukios von Patrai, in: Hermes 76, 1941, 43–74. H. van Thiel: Der Eselsroman. 2 Bde., München 1971/1972.

Lycurgus
(König der Thraker)

Gnaeus Naevius, Ende des 3. Jh.s v. Chr.

Tragödie in lat. Sprache, nur in Frg. überliefert.

I „Der Gott Liber zieht mit seinem Gefolge in das Land der Thraker ein. Der König Lycurgus befiehlt, die Bacchantinnen mit List gefangenzunehmen. Da sich der König allen Warnungen zum Trotz an Bacchus selbst vergreifen will, offenbart sich der Gott in seiner Macht, befreit die Seinen und bestraft den Hoffärtigen, so daß sich die Thraker bekehren" (M. v. Albrecht, 103 f.).
Q Der Stoff der Tragödie erinnert an die →Bákchai des Euripides.
W In dem Stück werden die Gegner des Bacchuskultes bekämpft. Naevius bekennt sich in aller Öffentlichkeit zu Bacchus, obwohl dies keinesfalls ungefährlich war, wurde doch einige Jahrzehnte später noch von Amts wegen gegen die Bacchanalien eingeschritten. Das Bekenntnis zu Bacchus, den Naevius mit dem latinisch-plebejischen Gott Liber gleichsetzt, ist für den Dichter zugleich ein Bekenntnis zur Freiheit und zur Ablehnung jeder Art von Bevormundung: *Libera lingua loquemur ludis Liberalibus* („In freier Sprache werden wir sprechen an den Festspielen des Liber", 112 R.).

A TRF. E. H. Warmington: Remains of Old Latin. Bd. 2, London/Cambridge (Mass.) 1936 (lat.-engl.).
L M. v. Albrecht, RL, 98–106. E. Fraenkel, RE Suppl. 6, 1935, 622–640. A. Pastorina: Tropaeum Liberi. Saggio sul *Lycurgus* di Nevio e sui motivi dionisiaci nella tragedia latina arcaica, Arona 1955. J. H. Waszink: Zum Anfangsstadium der römischen Literatur, in: ANRW 1, 2, 1972, 869–927.

Lydé
„Die Lyderin"

Antimachos aus Kolophon, 1. Hälfte des 4. Jh.s v. Chr., gest. vor 348/347 v. Chr.

Elegie (gr.) in mindestens zwei B., nur in Frg. überliefert.

I Das Werk bietet mythologische Beispiele für unglückliche Liebe (z. B. aus der Argonautensage, →*Argonautiká*). Angeblich wollte sich der Autor auf diese Weise über den Tod seiner Geliebten Lyde hinwegtrösten.
Q Vorbilder waren die →*Nánno* des Mimnermos und die →*Katálogoi* oder *Ehoîai* des Hesiod.
W Antimachos hatte die Absicht, die Arbeit des Gelehrten mit der des Künstlers zu verknüpfen. Das hatte zur Folge, daß sich die Dichtung aus ihrer gesellschaftlichen Umgebung zu lösen begann und nur noch kleineren Kreisen zugänglich war. Nur dem Gebildeten ist es möglich, dem gelehrten Dichter zu folgen. Diese Entwicklung erfährt in der alexandrinischen Poesie ihren Höhepunkt. Das ist nicht zuletzt auch das Programm des Kallimachos (→*Aítia*).
N Platon soll Antimachos geschätzt und seinen Schüler Herakleides Pontikos nach Kolophon geschickt haben, um Antimachos' Gedichte zu sammeln (Testimonia 1 Wyss = Herakleides Pontikos, Frg. 6 Wehrli). – Kallimachos (Frg. 398 und 589) nahm Anstoß an der positiven Beurteilung des Antimachos durch Platon und sprach diesem jede kritische Urteilsfähigkeit auf dem Gebiet der Dichtkunst ab. – Bei Cicero (→*Brutus* 191) wird folgende Anekdote über Platon und Antimachos überliefert: „Als Antimachos einmal vor geladenem Publikum sein langes B., das ihr ja kennt, vorlas und ihm alle, während er las, wegliefen außer Platon, rief er aus: ‚Ich werde trotzdem weiterlesen. Denn Platon allein bedeutet mir so viel wie Hunderttausende." – Auch im 2. Jh. n. Chr. wird Antimachos noch gelesen. Kaiser Hadrian stellt ihn über Homer. Apollonios Rhodios ahmte die *Lydé* wie auch die →*Thebaís* des Antimachos in seinen →*Argonautiká* nach. – Die Meinungen über Antimachos gehen, wie schon die Beispiele Platon und Kallimachos zeigen, weit auseinander: In kallimacheischer Tradition polemisiert Catull (→*Carmina* 95) gegen die Vielschreiber: Der Pöbel solle sich über den schwülstigen Antimachos freuen. Anerkennung erfährt er dagegen in den →*Epigrámmata* des Asklepiades und des Poseidippos (→*Anthologia Palatina* 9,63 und 12,168). Asklepiades widmet der *Lydé* ein eigenes Epigramm. Ob Kallimachos (Frg. 398) auf dieses Epigramm des Asklepiades reagierte, indem er die *Lydé* als „ein plumpes und verschrobenes Werk" bezeichnete, sei dahingestellt. Antimachos bleibt allerdings Kallimachos' Vorläufer, indem er einerseits das elegische Distichon für erzählende Dichtung verwendete und andererseits gleichartige Geschichten aus der Sage sammelte (→*Aítia*).

A B. Wyss, Berlin 1936.
L A. Körte / P. Händel, HD, 60f. A. Lesky, GL, 712–714. R. Pfeiffer, KlPh, 121–123.

Lydia →Appendix Vergiliana

Lydiaká
„Lydische Geschichte"

Xanthos aus Sardes, 5. Jh. v. Chr.

Ein in wenigen Frg. überliefertes Werk der Lokal- und Regionalhistorie in vier B. (gr.).

I Aus dem Werk sind vor allem Nachrichten über die faszinierend fremdartige Welt des Orients und Hinweise auf haarsträubende orientalische Schauergeschichten überliefert. So erzählt Xanthos in den *Lydiaká* (Frg. 18), der lydische König Kambles, ein „Vielfraß" und „Giermagen", habe eines Nachts seine Frau in Stücke gehackt und aufgefressen. – Allerdings lassen die Frg. erkennen, daß Xanthos auch naturkundliche und sprachliche Indizien zur Rekonstruktion der Geschichte benutzte. Durch Kombination von aktueller Erfahrung und Naturbeobachtungen kommt er z.B. zu Hypothesen über die ursprüngliche Beschaffenheit von Landschaften (Frg. 12). – Aus der Verwandtschaft zweier Dialekte schließt Xanthos, daß die sie sprechenden Völker ursprünglich ein Volk bildeten (Frg. 15 und 16).

A FGrHist 765.
L H. Diller: Zwei Erzählungen des Lyders Xanthos, in: Navicula Chilonesis. FS F. Jacoby, Leiden 1956, 69–78. K. v. Fritz: Die griechische Geschichtsschreibung, Berlin 1967, Anmerkungsband 348–377. H. Herter, RE 9 A 2, 1967, 1353–1374. O. Lendle, Einführung, 25–28. A. Lesky, GL, 258.

Lydiaká →Nómima barbariká (Hellanikos)

Lyrische Gedichte →Carmina (Anakreon)

Lýseis Homerikaí
„Homerische Lösungen"

Herakleides Pontikos, 4.Jh. v. Chr.

Frg. von zwei B. über Homer (gr.).

I Der Autor hatte anscheinend die Absicht, Homer gegen unberechtigte Angriffe zu verteidigen. Es handelte sich daher wohl nicht um ein im engeren Sinne philologisches Werk. – Herakleides stand wie Aristoteles auf der Seite der Verteidiger Homers gegen die seit Xenophanes (etwa 570–460 v. Chr.) geführten Angriffe (→*Perì phýseos*). Schon

Aristoteles hatte zu diesem Zweck Listen von „Schwierigkeiten" und „Lösungen" der Homerinterpretation zusammengestellt (vgl. auch Aristoteles, „Poetik", Kap. 25). – Einer der boshaftesten Gegner Homers war übrigens Zoilos aus Amphipolis (4. Jh. v. Chr.) in seinen neun B. →*Katà tês Homéru poiéseos* („Gegen die Dichtung Homers").

A F. Wehrli, Schule. Bd. 7.
L U. Friedlaender: De Zoilo aliisque Homeri obtrectatoribus, Diss. Königsberg 1895. R. Pfeiffer, KlPh, 93–97.

Lýsis
(Gesprächsteilnehmer im sokratischen Dialog)

Platon aus Athen, 437–347 v. Chr.

Philosophischer Dialog (gr.).
In der frühen Schaffensperiode des Autors entstanden: zwischen 399 und 390 v. Chr.

I Ziel des Dialogs ist der Versuch, den Begriff der „Freundschaft" (*philía*) zu klären. Die Auseinandersetzung darüber beginnt aber erst in der Mitte des Gesprächs. Am Anfang steht eine ausführliche „Einleitung", in der die Gesprächssituation eingehend geschildert wird. Hinzu kommen einige „Vorgespräche", die mit dem Thema nichts zu tun zu haben scheinen (203a -210a): Sokrates trifft Hippothales und Ktesippos vor einer Sportschule (Palaistra). Es beginnt sofort ein Gespräch. Hippothales ist in den schönen Lysis verliebt. Sokrates erklärt Hippothales, daß dieser sich nicht der richtigen Mittel bediene, um sich dem geliebten Knaben nähern zu können. Gedichte und Hymnen nützten nur wenig; diese könnten ihren Zweck nicht erfüllen, da sie eigentlich nur dem Selbstlob dienten. Sokrates ist bereit, Hippothales zu beraten. – Darauf begeben sich die Gesprächsteilnehmer in die Palaistra. Dort kommt es zum Zusammentreffen mit Lysis und Menexenos. Sokrates zieht beide ins Gespräch. Es geht zunächst um das Verhältnis zwischen Eltern und Kindern: Die Eltern verbieten vieles, was das Kind will; das Kind muß gehorchen. Nichts wird ihm erlaubt. Das ist natürlich übertrieben. Denn Eltern erlauben den Kindern, das zu tun, was sie schon können und verstehen. Dieses Prinzip gilt auch im allgemeinen: Man erhält auf allen Gebieten, auf denen man etwas versteht, die Erlaubnis, frei zu schalten und zu walten. So kommt es auch, daß man wegen seines Wissens und Könnens und nicht wegen seiner Unfähigkeit bei anderen beliebt ist (210c-d). Als Menexenos, der eine Zeit lang abwesend gewesen war, wieder zurückkehrt (211a), fordert Lysis Sokrates auf, das Gespräch mit diesem fortzusetzen. Sokrates beginnt nun ein Gespräch mit Menexenos und untersucht mit diesem die Bedingungen für die Entstehung von Freundschaft (211d-213d). Denn er, Sokrates, habe von Kindheit an das heftige Verlangen gehabt, Freunde zu besitzen (211e). Er sei stets ein „Liebhaber von Freunden" (*philétairos*) gewesen. Jetzt, wo er die Freundschaft zwischen Lysis und Menexenos sehe, wolle er gern wissen, wie sie es geschafft hätten, Freunde zu werden. – Auch im folgenden geht es um die Frage (in insgesamt drei Anläufen: 212a-213d; 213e-221d; 221e-222d), wie man einen Freund findet und wie Menschen beschaffen sein müssen, damit sie Freunde werden können. Die Versuche führen zu unterschiedlichen Hypothesen: „Gleiches gesellt sich zu Gleichem" (214a): Dagegen spricht, daß gleich Gute einander nicht brauchen; sie sind autark. „Gegensätze ziehen sich an" (215d): Dagegen spricht, daß dann auch Freunde und Feinde oder Gute und Schlechte die besten Freunde sein müßten. – Dann wird gefragt, ob nicht nur das, was weder gut noch böse ist, in Freundschaft verbunden sein könne (217a). So könne z. B. der Körper, der weder gut noch schlecht ist, wenn er krank ist, der Heilkunde freundschaftlich zugetan sein. Hier würde also das weder Gute noch Böse (der Körper) zum Freund des Guten (der Heilkunde) aufgrund der Anwesenheit des Bösen (der Krankheit) (217b). Aber auch dieser Versuch ist nicht überzeugend; denn das Gute, die Heilkunst, wird wegen eines anderen Guten, wegen der Gesundheit, geliebt, diese aber wieder wegen eines weiteren Guten und so fort. Demnach müsse man annehmen, daß die Freundschaft auf ein nicht näher zu definierendes „Urliebes" ziele. – Am Ende meint Sokrates einräumen zu müssen, daß man sich lächerlich gemacht habe, weil man sich einbilde freundschaftliche Beziehungen zu haben, ohne zu wissen, was ein Freund sei (223b).

W Thema ist die „Freundesliebe". In mehreren Anläufen versucht Sokrates, den Begriff der Freundschaft im Gespräch zu klären. Wie in anderen Dialogen steht am Ende, was den Begriff der Freundschaft betrifft, die Aporie (vgl. den →*Euthýphron*). Aber im Unterschied zu den anderen aporetischen Dialogen ist es Sokrates im Laufe des Gesprächs gelungen, mit den beiden Freunden Lysis und Menexenos Freundschaft zu schließen. Er hat den übrigen Teilnehmern veranschaulicht, wie man es anstellt, sich Freunde zu schaffen – durch das Sich-aufeinander-Einlassen im ebenso ernsthaften wie offenen und fairen Gespräch.

A J. Burnet. Bd. 3, Oxford 1903. A. Croiset. Bd. 2, Paris [(6)]1972 (gr.-frz.). W. R. M. Lamb. Bd. 5, London/Cambridge [(2)]1932.
Ü M. Bordt, Göttingen 1998 (mit Kommentar). E. Salin, Basel 1950. R. Rufener, Zürich 1960. F. Schleiermacher (1804), in: Sämtliche Werke. Bd. 2, Hamburg 1957.
L H. G. Gadamer: Logos und Ergon im platonischen *Lysis*, in: Kleine Schriften. Bd. 3, Tübingen 1972, 50–63. K. Glaser: Gang und Ergebnis des platonischen *Lysis*, in: WS 53, 1935, 47–67. O. Kaiser: *Lysis* oder Von der Freundschaft, in: ZRG 32, 1980, 193–218. A. Levi: La teoria della philia nel *Liside*, in: Giornale di Metaphisica 5, 1950/3, 285–296.

Lysistráte
(Frauenname mit der Bedeutung „Heerlöserin").

Aristophanes aus Athen, um 445–386 v. Chr.

Komödie in 1320 Versen (gr.)
An den Lenäen (Januar/Februar) 411 v. Chr. in Athen uraufgeführt.

I Im Prolog (1–253), der auf einer Straße in Athen nahe der Akropolis spielt, treffen sich Lysistrate und andere Frauen verschiedener gr. Städte und Landschaften, um eine Friedensinitiative zu beraten. Lysistrate schlägt den anderen Frauen vor, ihren Männern den Geschlechtsverkehr zu verweigern, bis diese bereit seien, Frieden zu schließen. Die Frauen verbarrikadieren sich auf der Akropolis. Der Chor der alten Männer (254–318) beabsichtigt, die Frauen auszuräuchern. Der Chor der alten Frauen will das Feuer löschen (319–351). Es kommt zu einem Rededuell und zu Handgreiflichkeiten zwischen beiden Chören (352–402). Ein Probulos (Ratsherr) tritt mit mehreren Helfern auf, um den Zugang zur Burg zu öffnen (403–434). Lysistrate tritt ihm mit mehreren Frauen entgegen, um diese Maßnahme zu verhindern. Es kommt zu einem Handgemenge. In einem Rededuell zwischen den Chören der Männer und der Frauen wird zum ersten Mal die Frage gestellt (467–485), warum die Frauen die Burg besetzt haben. Im nachfolgenden Dialog zwischen dem Ratsherrn und Lysistrate (486–613) kommt heraus, daß die Frauen allen tun wollen, um den Krieg zu beenden. Sie wollen sich den Männern nicht länger beugen, sondern dazu beitragen, Hellas zu retten. Die Chöre der Männer und Frauen (614–705) demonstrieren die Unvereinbarkeit ihrer Standpunkte. Lysistrate tritt auf (706–780) und berichtet, daß einige Frauen die Burg verlassen wollten, um zu ihren Männern zu gelangen; sie halten die selbstgewählte Trennung von ihren Männern nicht mehr aus und versuchen, unter allen möglichen Vorwänden aus der Front der Frauen auszubrechen. Lysistrate verhindert dies mit großer Mühe. Nach einem Streitgesang der Chöre (781–828) ruft Lysistrate die Frauen zur Burg. Kinesias tritt auf und will zu seiner Frau Myrrhine, die sich aber weigert, zu ihm zurückzukehren und mit ihm zu schlafen, solange der Krieg noch dauert (829–979). Dann erscheint ein Herold aus Sparta, der einem athenischen Prytanen erzählt, daß auch die spartanischen Frauen nichts mehr von ihren Männern wissen wollen (980–1013). Nach einem kurzen Zwiegespräch vereinigen sich die beiden Chöre zu einem Chor. Gesandte aus Sparta treten auf und wollen mit Lysistrate sprechen, die sogleich die Versöhnung zwischen den kriegführenden Parteien anzubahnen beginnt (1014–1188). Nachdem alle in die Burg abgegangen sind, um zu ihren Frauen zu kommen, beginnt nach zwei Chorstrophen die Schlußszene (1189–1320), in der die Versöhnung und der Frieden gefeiert werden, der von der Liebesgöttin Aphrodite gestiftet wird.

H Das Stück wurde in einer für Athen äußerst kritischen Situation während des Peloponnesischen Krieges (431 bis 404 v. Chr.) aufgeführt. Die Athener hatten im Jahre 413 v. Chr. schwere Niederlagen hinnehmen müssen. Innenpolitisch war die Demokratie außer Kraft gesetzt. Es herrschte eine Notstandsregierung, und im Jahre 411 kamen die „Vierhundert", eine Gruppe von Oligarchen, an die Macht. Das Stück steht zwar mit diesen außen – und innenpolitischen Umständen in Zusammenhang, ist aber aus sich heraus verständlich, weil nicht der Peloponnesische Krieg allein, sondern der Krieg als solcher das Thema ist.

W Aristophanes führt die schon bei Homer (→ *Iliás* 6,490–493) getroffene Feststellung *ad absurdum*, daß der Krieg „Männersache" sei. Nach Auffassung des Autors sind die Männer nicht in der Lage, kriegerische Konflikte zu lösen; sie brauchen dazu die Hilfe der Frauen. Das Stück ist ein Plädoyer für den Frieden mitten im Krieg. „Das *hic et nunc* dieser Komödie scheint jeder ausweglose Krieg zu sein ...: die Männer sind am Kriege schuld und sollen gezwungen werden, die Waffen niederzulegen ... Partei ergriffen wird einfach gegen jede Kriegspolitik und Kriegsverlängerung, und die aktuellen Bezüge treten dahinter zurück" (Newiger 1968, 364).

N Die literarische Wirkung der *Lysistráte* setzt erst im 19. Jh. ein. So legte z. B. Franz Schubert (1823) den Text einem Singspiel zugrunde. Im 20. Jh. werden Bühnenaufführungen inszeniert und Verfilmungen produziert. Erwähnenswert sind u. a. die Operette „Lysistrata" von Paul Lincke (1902), Hofmannsthals „Prolog zur Lysistrata des Aristophanes" (1908) und Fritz Kortners Fernsehbearbeitung (1960).

A F. W. Hall / W. M. Geldert. Bd. 2, Oxford [2]1907. J. Henderson, Oxford 1987 (mit Kommentar).
Ü L. Seeger / H. - J. Newiger, München 1968.
L G. Binder: Eine philologische Phall-Studie. Des Aristophanes Lysistrata im Dortmunder Schauspielhaus, in: G. Ahrens u. a. (Hg.): Theater im Revier. Kritische Dokumentation. Bd. 4, Trier 1994, 163–180. V. Ehrenberg: Aristophanes und das Volk von Athen. Eine Soziologie der altattischen Komödie, Zürich 1968. Th. Gelzer, RE Suppl. 12, 1970, 1392–1569. H. - J. Newiger (Hg.): Aristophanes und die alte Komödie, Darmstadt 1976. B. Seidensticker: Die Frau auf der attischen Bühne, in: E. Ohlshausen (Hg.): Die Frau in der Gesellschaft. Humanistische Bildung. Bd. 11, Stuttgart 1987, 7–42. H. Steinthal: Aristophanes heute, in: AU 25, 5, 1982, 76–81. U. v. Wilamowitz-Moellendorff: Aristophanes. Lysistrate, Zürich/Berlin [3]1964. B. Zimmermann: Die griechische Komödie, Düsseldorf/Zürich 1998.

M

Magna Moralia
„Große Morallehre"

Auch zitiert als *Ethikà Megála* („Große Ethik").

Aristoteles aus Stageira, 384–322 v. Chr.

Philosophische Lehrschrift in zwei B. (gr.).
Die Verfasserschaft ist umstritten: Die Annahmen
über die Entstehungszeit reichen von der Lebenszeit des Aristoteles bis in das 2. Jh. v. Chr. Wahrscheinlich wurde das Werk erst in späthellenisti-
scher Zeit verfaßt; so könnte es sich um das Werk
eines Herausgebers handeln, der ursprünglich ari-
stotelisches Material zusammenfaßte (Dirlmeier).

I Das Werk ist ein Kompendium der aristotelischen und peripatetischen Ethik. Zu den anderen
Ethiken des Aristoteles (→*Ethikà Eudémeia*,
→*Ethikà Nikomácheia*) bestehen deutliche Parallelen, ohne daß eine Abhängigkeit feststellbar wäre.

A G. C. Armstrong, London/Cambridge (Mass.) 1935
(gr.-engl.). F. Susemihl, Leipzig 1883.
Ü F. Dirlmeier, Berlin [5]1983 (mit Kommentar).
L F. Dirlmeier: Die Zeit der *Großen Ethik*, in: RhM
88, 1939, 214–243. O. Gigon: Die Sokratesdoxographie
bei Aristoteles, in: MH 15, 1959, 174–212. W. F. R. Hardie:
Aristotle's Ethical Theory, Oxford 1968. A. Kenny: The
Aristotelian Ethics, Oxford 1978. KNLL 1, 691. R. Walzer: *Magna Moralia* und aristotelische Ethik, Berlin 1929.

Makedoniká →Historíai (Duris aus Samos)

Makkabäerbücher →Deuteronomische Bücher

Makróbioi
„Die Langlebigen"

Lukianos aus Samosata, etwa 120–180 n. Chr.

Verzeichnis von Personen, die sehr lange gelebt haben (gr.).

I Der Autor widmete die Schrift einem gewissen
Quintilius zum Geburtstag. Den Auftrag – so
der Autor – habe er im Traum von einem Gott erhalten. Offensichtlich interessierte sich Quintilius
für derartige Aufstellungen über langlebige Perso-

nen, und der Geburtstag war ein geeigneter Anlaß
für den Autor, dem Geburtstagskind auf diese Weise seine Aufwartung zu machen. Damit war der
höfliche Wunsch verbunden, daß der Adressat
ebenso lange lebe wie die erwähnten Langlebigen,
die durch entsprechende Sorge um Seele und Körper bei vollkommener Gesundheit das höchste Alter erreicht hatten. – Der Autor berichtet u. a. von
langlebigen Völkern und Angehörigen bestimmter
Berufe, die aufgrund gesunder Lebensweise (z. B.
mit einer gesunden Ernährung) ein hohes Alter erreichten. Dann geht der Autor auf Herrscherper-
sönlichkeiten und Philosophen ein, die es zu einem
hohen Alter gebracht haben: z. B. Demokrit, Karneades, Chrysippos, Poseidonios (wurden alle über
achtzig Jahre alt). Unter den Geschichtsschreibern
und Rednern wurden z. B. Gorgias und Isokrates
besonders alt.

A A. M. Harmon. Bd. 1, London/Cambridge (Mass.)
1913.
Ü Chr. M. Wieland: Lucian von Samosata. Sämtliche
Werke 3. 5, Leipzig 1788/1789. 353–378.

Margítes
(ein einfältiger, törichter Mensch)

An.

In nur wenigen Frg. erhaltenes Spottgedicht (aus
Hexametern und Iamben) über den Tölpel Margites
(gr.), das bis in das 3. Jh. v. Chr. Homer zugeschrieben wurde.
Das Gedicht entstand wohl im 7. oder 6. Jh. v. Chr.

I Dargestellt wurde ein ins Lächerliche verkehr-
ter Odysseus. „In diesem Vorläufer ionischer Prosa-
novellen war von dem Dummkopf erzählt, der alles
verkehrt macht. Er hat in der volkstümlichen Literatur vieler Länder reiche Gesellschaft, und auch
aus dem Griechischen wissen wir von ähnlichen
Gestalten wie Koroibos oder Melitides. Das Motiv,
daß Margites von seiner jungen Frau mühsam zum
Gebrauch seiner ehelichen Rechte gebracht werden
muß, kehrt in mittelalterlichen Fabliaux wieder.
Der Held, der seine Geistesverfassung schon im
Namen trägt (*márgos* ‚verrückt'), stammt nach einer
Notiz des Eustathios von außerordentlich reichen
Eltern. So mag auch soziale Polemik an dem Gedicht beteiligt sein, und wir dürfen uns den Verfasser als einen Mann vom Schlage des Hipponax den-
ken" (Lesky, 111 f.).
W Nach Aristoteles (→*Perì poietikês* 1448b34–
1449 a2) habe Homer im *Margítes* zum ersten Mal
die Formen der Komödie angedeutet, indem er das
Lächerliche dramatisch dargestellt habe.

A T. W. Allen. Bd. 5, Oxford 1912, 152–159. EGF 64–
69.
L M. Forderer: Zum homerischen *Margítes*, Diss.
Mainz 1960. H. Langerbeck: *Margítes*. Versuch einer Be-
schreibung und Rekonstruktion, in: HSPh 63, 1958, 33 ff.
A. Lesky, GL, 111 f.

Marius
(Name eines röm. Politikers)

Marcus Tullius Cicero aus Arpinum, 106–43 v. Chr.

Ein panegyrisches Epyllion (Lobgedicht) (lat.) zu Ehren des Marius (des mehrfachen röm. Consuls seit 107 v. Chr.) in daktylischen Hexametern; nur wenige Frg. sind erhalten.
Vermutlich im Jahre 56 v. Chr. verfaßt.

I Das Thema waren die Verbannung und die triumphale Rückkehr des Marius, der wie Cicero aus Arpinum stammte, ohne senatorische Vorfahren zu haben, das Consulat mehrmals (107, 104 bis 110 und 86 v. Chr.) bekleidete und durch den Sieg über die Kimbern und Teutonen im Jahr 102/101 v. Chr. zum Retter des Staates wurde (vgl. Cicero, →*Pro Publio Sestio* 37 f.). – In der Schrift →*De divinatione* (1,106) zitiert Cicero einen aus 13 Hexametern bestehenden Abschnitt aus dem *Marius*. Hier wird ein Vorzeichen beschrieben, das für Marius eine Ankündigung seiner Rehabilitierung und seiner Rückkehr nach Rom war.
Q Cicero stellte sich mit dem *Marius* in eine durch Ennius' *Scipio* begründete Tradition der Panegyrik historischer Personen.
N Mit dem *Marius* (wie auch mit →*De consulatu suo*) leistete Cicero einen wertvollen Beitrag zur weiteren Entwicklung der lat. Hexameters. Insofern ist das Werk eine Vorarbeit für die spätere röm. Dichtung. – Bei Ciceros Zeitgenossen fand das poetische Werk des Politikers und Juristen wenig Anerkennung. Beispielhaft ist dafür ein an Cicero gerichtetes Catull-Gedicht (→*Carmina* 49), das vielleicht eine Antwort auf die Zusendung des *Marius* an Catull ist (P. L. Schmidt, 150): Catull bedankt sich bei dem „wortgewandtesten" Römer aller Zeiten, den er allerdings nicht etwa als den besten Dichter, sondern als den besten Advokaten bezeichnet, um ihm nahe zu sagen, daß er sich auf sein eigentliches Tätigkeitsfeld beschränken solle. – Cicero hat zwar noch an weiteren poetischen Werken gearbeitet, an einem zweiten autobiographischen Epos *De temporibus suis* (in den Jahren 56–54 v. Chr.) über sein Exil und seine Rückkehr und an einem zeithistorischen Epos über Caesars Expedition nach Britannien (im Jahre 54), aber er verzichtete auf die Veröffentlichung.

A W. W. Ewbank, London 1933, Nachdr. New York/London 1978. J. Soubiran, Paris 1972 (lat.-frz.). A. Traglia, Verona 1963.
L M. Fuhrmann, Cicero, 33–36. P. L. Schmidt: Cicero und die republikanische Kunstprosa, in: NHbL. Römische Literatur, 147–179.

Marmor Parium
„Inschrift auf Marmor von der Insel Paros"

An.

Populäre Universalchronik, in zwei größeren Bruchstücken erhalten (gr.).
Im Jahre 264/263 v. Chr. auf der Kykladeninsel Paros aufgestellt.

I Die Inschrift enthielt stichwortartige Hinweise zu verschiedenen Ereignissen der gr. Geschichte von Kekrops, dem ersten König von Athen, bis zum Jahr der Aufstellung. Erhalten sind die Aufzeichnungen für die Jahre 581 v. Chr. bis 355/354 v. Chr. und für 336/335–299/298 v. Chr. – Die Ereignisse wurden nach ihrem zeitlichen Abstand zum Aufstellungsjahr der Inschrift unter Bezugnahme auf die attischen Könige und Archonten datiert. – Neben politischen Ereignissen wurden auch kulturgeschichtliche und literarhistorische Daten mitgeteilt. Darüber hinaus enthielt die Inschrift auch Hinweise auf spektakuläre Vorgänge, wie z. B. auf einen Ausbruch des Ätna im Jahre 479/478 v. Chr. oder den Niedergang eines Meteors in Aigospotamoi im Jahre 468/467 v. Chr.

A FGrHist 239. F. Jacoby: Das *Marmor Parium*, Berlin 1904 (mit Kommentar).
L F. Jacoby: Über das *Marmor Parium*, in: RhM 59, 1904, 63–107. R. Laqueur, RE 14, 2, 1930, 1885 bis 1897. O. Lendle, Einführung, 280 f. A. Lesky, 863.

Martýrion tû hagíu apostólu Paúlu
→Apókryphoi bíbloi

Martyrologium Hieronymianum
„Märtyrersammlung des Hieronymus"

An.

Eine nach den Tagen des Kalenders geordnete Zusammenstellung von etwa 6.000 Namen von Märtyrern und Heiligen aus verschiedenen röm. Provinzen (lat.).
Entstanden in der 1. Hälfte des 5. Jhs. n. Chr.

A PL 30, 435–486. H. Quentin / H. Delehaye: Acta Sanctorum Nov. 2/2, 1931 (Text und Kommentar).
L LACL s.v. Kalender, Martyrologium, Menologion, Synaxarion. LMA 6, 357–361.

Mathematikè sýntaxis →Megále/Megíste sýntaxis (Ptolemaios)

Mathematische Schriften

Archimedes aus Syrakus, 287–212 v. Chr.

Diverse Abhandlungen (gr.) zu mathematisch-physikalischen Problemen.

I →*Perì isorropîôn* (*De planorum equilibriis*), →*Psammítes* (*Arenarius*), →*Próblema boeikón*, *Kyklu métresis* (*Dimensio circuli*, eine Berechnung des Kreises), *Perì konoeidéon kaì sphairoeidéon* (*De conoidibus et sphaeroidibus*, über Rotations-Paraboloide und Rotations-Ellipsoide), →*Perì tôn mechanikôn theoremáton pròs Eratosthénen éphodos*, →*Perì tôn ochuménon*, *Tetragonismós parabolês* (*De quadratura parabolae*), *Perì sphaíras kaì kylíndru* (*De sphaera et cylindro*, Darstellung der Oberfläche eines Kegels – oder Zylindermantels als Kreisfläche, *Perì helíkon* (*De spiralibus*).

A J. L. Heiberg. 3 Bde., Leipzig [(2)]1910–1915, Nachdr. 1972.

Mathéseos libri VIII →Máthesis (Iulius Firmicus Maternus)

Mathesis
„Lehre"

Iulius Firmicus Maternus aus Syrakus, 4. Jh. n. Chr.

Abhandlung über Astrologie in acht B. (lat.). Verfaßt zwischen 334 und 337 n. Chr.

I Das 1. B. gibt eine Rechtfertigung der Astrologie: Diese ist mit der Moral vereinbar, da die menschliche Natur göttlich ist und sich über die Sternenmächte erheben kann. – Die folgenden sieben B. – nach der Zahl der sieben Planeten – bieten eine Einführung in die astrologischen Grundbegriffe, die Lehre von den zwölf Orten, die Himmelsachsen, die Planetenstellungen und Horoskope für einzelne Menschentypen.

W Bei Firmicus Maternus findet bereits eine Akzentverschiebung der Astrologie statt, die zunächst eher Gegenwarts- als Zukunftsdeutung war, in Richtung auf die Bestimmung und Interpretation der Geburtsstunde zu prognostischen Zwecken (vgl. Sallmann, 203 f.).

Q Der Autor bezieht sich u. a. auf Cicero, →*De natura deorum* (1,2–4). Im 4. B. benutzt er die →*Astronomica* des Manilius. Im 6. B. ist der gr. Dichter Dorotheos aus Sidon (1. Jh. n. Chr.) die Hauptquelle, der als Astrologe hohes Ansehen genossen hatte (→ „Astrologisches Gedicht"). Auch die →*Astrologiae* des Vettius Valens und die →*Apotelesmatiká* des Ps.-Manethon haben ihre Spuren hinterlassen. Benutzt wurde wohl auch die →*Tetrábiblos* des Ptolemaios.

A W. Kroll / O. Skutsch / K. Ziegler. 2 Bde., Leipzig 1897 bis 1913, Nachdr. 1968.
Ü H. Thorsonn, Königsberg 1927.
L M. v. Albrecht, RL, 1276–1280. E. Boer: Firmicus Maternus, in: dtv-L 1. 2, 130 f. F. Boll, RE 6, 2, 1909, 2365–2379. K. Sallmann: Die Fachwissenschaft und die Ausbildung der spätantiken Enzyklopädie, in: NHbL. Spätantike, bes. 203 f. V. Stegemann: Dorotheos von Sidon und Firmicus Maternus, in: Hermes 78, 1943, 113–143. K. Ziegler: Firmicus Maternus, in: RAC 7, 1968, 946–959.

Mechaniká
„Mechanische Probleme"

Ps.-Aristoteles (wahrscheinlich ein späterer Peripatetiker)

Eine in ihrem Kern auf Aristoteles zurückgehende Abhandlung (gr.).

I In diesem Werk „wird die Wirkungsweise mehrerer mechan. Vorrichtungen über die des Hebels und der ungleicharmigen Waage auf die ‚wunderbaren' Eigenschaften von verschieden weit vom Mittelpunkt entfernten Punkten auf einer sich drehenden Scheibe (Kreis) zurückgeführt. Denn in einem Kreis bewege sich (bei gleicher ‚Winkelgeschwindigkeit') ein Punkt der Peripherie schneller und ‚leichter' als ein weiter innen liegender. Da sich der größere Kreisradius (Hebelarm) leichter und schneller bewegen lasse als ein kleinerer, also von einem kleineren Gewicht bewegt werden könne, müsse der kleinere entsprechend von einem größeren bewegt werden. Da beide Bewegungen gleichzeitig erfolgen, verhalten sich die Geschwindigkeiten wie die Wege – denn, was sich schneller bewegt, legt in derselben Zeit eine größere Strecke zurück. Das Produkt von Gewicht und Geschwindigkeit (Weg) sei somit für beide Fälle gleich, wenn Gleichgewicht herrscht ... Da die Geschwindigkeiten (Wege) von der Länge des Hebelarms (Radius) abhängen, ist damit auch das Hebelgesetz gegeben (*mech.* 3), bewiesen wird es allerdings erst von Archimedes" (F. Krafft, 139). – Der Autor versucht dann, dieses Modell zur Erklärung verschiedener mechanischer Systeme heranzuziehen (*mech.* 4–7), indem er z. B. den Riemen eines Bootes als einen Hebel, die Rudergabel als Drehpunkt und das Wasser als die Last, die bewegt wird, erklärt. Darüber hinaus verursacht die Bewegung der Last einen Gegendruck am Drehpunkt, der das Schiff vorwärts treibt. – Später geht es um Räder und Rollen (*mech.* 8–11) und hier u. a. um Probleme der Reibung. – In *mech.* 19 nähert sich der Autor dem Problem der kinetischen Energie im Zusammenhang mit der Frage, warum eine Axt, die mit einem schweren Gewicht auf das Holz gedrückt wird, dieses nicht spaltet, während sie dies tut, wenn sie mit Schwung darauf geschlagen wird, obwohl sie leichter ist als das Gewicht, das vorher darauf gelegt worden war.

A W. S. Hett: Aristotle, Minor Works, London/Cambridge (Mass.) (gr.-engl.).

L F. Krafft: Mechanik, in: dtv-L 1. 3, 135 bis 144. J. G. Landels: Die Technik in der antiken Welt, München 1979, 235–238. K. Orinski, RE 15, 1, 1931, 10–14.

Mechaniká
„Werkzeuge und Maschinen"

Heron aus Alexandreia, 1. Jh. n. Chr.

Abhandlung (gr.) über die Theorie und die Verwendung einfacher Maschinen in drei B.. Das gr. Original ist nur in Frg. erhalten. Die Kenntnis des Werkes stützt sich auf eine arabische Übersetzung von Kosta ibn Luka (9. Jh. n. Chr.).

I Das 1. B. beginnt mit der Konstruktion einer Winde mit Zahnradgetriebe und einer Theorie des Zahnradgetriebes. In diesem Zusammenhang befaßt sich der Autor mit „Übersetzungsverhältnissen und ihren Anwendungen, dem Parallelogramm der Kräfte, der maßstäblichen Vergrößerung oder Verkleinerung verschiedener Figuren, dem Gebrauch eines Pantographen mit zwei Zahnradgetrieben, die in einem festen Verhältnis zueinander stehen ... Es werden dann Rollen behandelt und der Übersetzungseffekt von Flaschenzuganordnungen" (Landels, 250). Am Ende folgt noch eine Studie über elementare Probleme der Statik. – Im 2. B. geht es um einfache Maschinenelemente (Hebel, Flaschenzug, Keil, Schraube) und um weitere statische Probleme. – Das 3. B. befaßt sich mit der praktischen Anwendung der Maschinenelemente (z. B. bei Kränen, Hebewerkzeugen und Pressen) und gibt Anleitungen zu deren Bau, Verwendung und Bedienung.
Q Über Philon aus Byzanz (→*Mechanikè sýntaxis*) geht Heron auf Archimedes zurück.
N Pappos aus Alexandreia (→*Synagogé*) setzte sich mit Herons Beschreibung der einfachen Maschinen und Maschinenelemente auseinander und erhielt dadurch Auszüge aus dem gr. Text.

A W. Schmidt / L. Nix / H. Schöne / J. L. Heiberg. 5 Bde., Leipzig 1899–1914 (*Mechaniká* in Bd. 2, 1901).
Ü W. Schmidt u. a. (s. o.).
L A. G. Drachmann: The mechanical technology of Greek and Roman antiquity, Kopenhagen 1963, 19–140. J. G. Landels: Die Technik in der antiken Welt, München 1979, 241–253. J. Man: Heron, in: DKP 2, 1106–1109. K. Tittel, RE 8, 1912, 992–1080.

Mechanikè sýntaxis
„Zusammenfassung der Mechanik"

Philon aus Byzanz, 3.-2. Jh. v. Chr.

Nur teilweise erhaltene Sammlung technischer Abhandlungen in neun B. (gr.). B. 4 über die Geschütze (vgl. Heron, →*Belopoiiká*) ist im Original erhalten, anderes in arabischer und lat. Übersetzung.

I B. 1: Einleitung über Grundfragen der Mechanik (vgl. Heron, →*Mechaniká*). B. 2: Abhandlung über Hebel und hebelartige Werkzeuge. B. 3: Bau von Hafenanlagen. B. 4 (gr.): Bau von Geschützen. Beschrieben werden vier neuere Erfindungen. B. 5 (nur arabisch): Druckluftmaschinen (vgl. Heron, →*Pneumatiká*). B. 6: Beschreibung eines Automatentheaters (vgl. Heron, →*Perì automatopoietikês*). B. 7 und 8 (gr. Exzerpte): Festungsbau, Verteidigungs- und Belagerungstechnik. B. 9: Kriegslisten.
Q Archimedes (287–212 v. Chr.) kann als Vorläufer des Philon angesehen werden, weil er sich wenigstens praktisch auf dem Gebiet der Mechanik betätigte, indem er z. B. im 2. Punischen Krieg seine Vaterstadt Syrakus mit Abwehrmaschinen zwei Jahre gegen die Römer verteidigen half und den Flaschenzug erfand. Erst Philon verfaßte das erste Handbuch der Mechanik, das Heron aus Alexandreia (→*Mechaniká*) ausgiebig benutzte.
W Philon schrieb als Praktiker für Praktiker. Die Theorie wurde auf das Nötigste beschränkt. Der Kriegstechnik gab Philon besonderes Gewicht.

A H. Diels / E. Schramm, APrAW Phil. Hist 1918. 16 (erschienen 1919) (B. 4), und 1919. 12 (erschienen 1920) (B. 7–8, gr.-dt.).
Ü R. Schneider: Griechische Poliorketiker. NGG 10, 1908 und 12, 1912.
L A. G. Drachmann: Ktesibios, Philon and Heron. A Study in Ancient Pneumatics, 1948. F. Krafft: Ph. v. Byzanz, in: dtv-L 1. 3, 313 f. K. Orinsky / O. Neugebauer / A. G. Drachmann, RE 20, 1, 1941, 53 f. C. Wescher: La Poliorcétique des Grecs, Paris 1867.

Medea
(Frauengestalt des gr. Mythos)

Lucius Accius aus Umbrien, 170 – etwa 86 v. Chr.

Nur in Frg. erhaltene röm. Tragödie (lat.).

I Die Hauptperson war nicht die korinthische Medea wie bei Euripides (→*Médeia*), sondern die aus Kolchis fliehende (daher auch der Nebentitel *Argonautae*). Das Werk stellte das Geschehen in Kolchis von der Ankunft der Argo bis zu Medeas Flucht mit Jason dar (vgl. auch die →*Argonautiká* des Apollonios Rhodios); da es für die Tragödie des Accius keine dramatische Vorlage gibt, könnte die *Medea* dem gr. Epos nachgedichtet worden sein.

A J. Dangel, Paris 1995. O. Ribbeck, TRF, 157–263.
Ü H. Petersmann / A. Petersmann, RLTD 1, 263 f. (ein Frg., lat.-dt.).
L H. D. Jocelyn: The Quotations of Republican Drama in Priscian's Treatise *De Metris Fabularum Terentii*, bes. App. III: Accius' *Medea* sive *Argonautae*, in: Antichthon 1, 1967, 68 f. F. Leo, GdRL, Berlin 1913, 400.

Medea
(Frauengestalt des gr. Mythos)

Publius Ovidius Naso aus Sulmo, 43 v. Chr. – 17 n. Chr.

Röm. Tragödie nach dem Vorbild der →*Médeia* des Euripides, in nur zwei Versen erhalten (lat.).
Die *Medea* erschien kurz nach der ersten Ausgabe der →*Amores* (vgl. *Amores* 3,1), d. h. wahrscheinlich zwischen 13 und 8 v. Chr.

I Ovid stellte Medea wie später Seneca (→*Medea*) – wahrscheinlich in Anlehnung an Ovid – als eine Wahnsinnige und Rasende dar. Die Übereinstimmungen zwischen Ovids →*Heroides* 12 und Senecas *Medea* gehen vermutlich auf Ovids *Medea* zurück. – „Die Tragödie *Medea* ist Zeichen seines nach Höherem gehenden Sinnes. Die Medeagestalt hat es Ovid seitdem angetan. Die zwei Verse, die wir aus ihr haben, lassen erkennen, daß er im Unterschied zu Euripides die rasende Medea dargestellt hat und ihre Macht zu schaden in Polarität zu ihrer Macht zu helfen gesehen hat" (K. Büchner, RLG, 379). – Ovid stand zu Beginn des 3. B. der →*Amores* (3,1) wie Herakles am Scheideweg. Noch einmal entschied er sich für die Liebeselegie, doch verspricht er, sich später der Tragödie zuzuwenden, nachdem ihn die personifizierte Tragödie aufgefordert hatte: Fang endlich mit einem größeren Werk an! (*Amores* 3,1,24). Im Schlußgedicht (*Amores* 3,15,17 f.) wird der Dichter von Dionysos zu höheren Aufgaben gerufen; gemeint ist die Tragödie *Medea*.

N Quintilian (→*Institutio oratoria* 10,1,98) hat das Werk gerühmt: „Die *Medea* des Ovid scheint mir zu zeigen, wieviel jener Mann hätte leisten können, wenn er seinem Talent lieber Befehle hätte erteilen statt ihm nachgeben wollen." Tacitus (→*Dialogus de oratoribus* 12,6) erwähnt den hohen Bekanntheitsgrad der *Medea* des Ovid.

A S. G. Owen, Oxford 1915 (mit den beiden erhaltenen Versen).
L M. v. Albrecht, RL, 623–650. H. Fränkel: Ovid. Ein Dichter zwischen zwei Welten, Darmstadt 1970, 50 f. P. E. Knox: Ovid's *Medea* and the Authenticity of *Heroides* 12, in: HSPh 90, 1986, 207–223. A. G. Nikolaides: Some Observations on Ovid's Lost *Medea*, in: Latomus 44, 1985, 383–387. K. Töchterle: Medea vor dem Drama: Ovid, *Heroides* 12, in: Anregung 44, 1998, 160–168.

Medea
(Frauengestalt des gr. Mythos)

Lucius Annaeus Seneca aus Corduba, etwa 4–65 n. Chr.

Röm. Tragödie über einen Stoff aus der gr. Argonautensage (lat.).
Die Abfassungszeit ist nicht mit Sicherheit zu bestimmen; vielleicht entstand die Tragödie in der Zeit von Senecas Exil (Ende 41 bis Anfang 49 n. Chr.)

I Die Vorgeschichte des Dramas wird bei dem antiken Theaterbesucher oder Leser vorausgesetzt. Hier einige Hinweise: Pelias, der Herrscher über die Stadt Jolcus, schickt Jason, den Sohn seines Halbbruders Aeson, auf eine abenteuerliche Reise. Denn Jason hatte das Recht auf die Herrschaft über Jolcus beansprucht. Jason soll in Kolchis am Schwarzen Meer das Goldene Vlies eines Widders holen. Er fährt zusammen mit den berühmtesten Helden Griechenlands auf dem Schiff Argo nach Kolchis. Nur mit Hilfe der Königstochter Medea kann Jason alle Schwierigkeiten überwinden und schließlich in den Besitz des Goldenen Vließes gelangen. Er flieht aus Kolchis. Medea begleitet ihn, weil sie ihn liebt. Sie tötet sogar ihren Bruder Absyrtus und verstreut die Leichenteile auf dem Meer, um die Verfolger aufzuhalten. In Jolcus erfährt Jason von der Ermordung seines Vaters Aeson. Aus Rache bringt er die Töchter des Pelias dazu, ahnungslos ihren eigenen Vater umzubringen. Darauf muß er vor Acastus, dem Sohn des Pelias, fliehen und kommt nach Korinth, wo er von König Creo Asyl erhält. Nach einiger Zeit überredet er Creo, ihm seine Tochter Creusa zur Frau zu geben, weil er auf diesem Wege Herrscher über Korinth zu werden beabsichtigt. – Senecas Drama setzt während der Vorbereitung der Hochzeitsfeier ein. Im Prolog verflucht Medea Creusa und Jason und faßt den Entschluß zur Rache (1–55). Darauf folgt das Einzugslied des Chores, die Parodos (56–115). Die korinthischen Jünglinge und Mädchen singen ein Hochzeitslied (Epithalamium). Sie preisen nach dem Gebet zu den Göttern Braut und Bräutigam und beglückwünschen Jason zu seiner Befreiung von Medea, die sie verhöhnen und auffordern, „ins schweigende Dunkel" sich zurückzuziehen. – Das Gespräch zwischen Medea und ihrer Amme (116 bis 178) beginnt nach einer langen Klage Medeas über ihr Schicksal. Sie erinnert sich an ihre schlimmen Taten, die sie aus unglücklicher Liebe vollbracht hatte: *saevit infelix amor* (136). Die Amme versucht, Medea zu beschwichtigen. In dem anschließenden Streitgespräch zwischen Creusas Vater Creo und Medea (179–300) verlangt der König, daß Medea unverzüglich sein Land verlasse. Sie erwirkt einen Aufschub von einem Tag, um sich von ihren Kindern zu verabschieden. Das zweite Chorlied (301–379) ist dem Thema „Seefahrt" unter verschiedenen Aspekten gewidmet. Die Verknüpfung mit der Handlung ist offensichtlich: Ohne die Möglichkeiten der Seefahrt wäre Medea nie in den Gesichtskreis der Korinther gelangt (vgl. z. B. 361–363). – In drei Szenen wird die dramatische Wendung (Peripetie) herbeigeführt (380–578): Im Gespräch zwischen Medea und ihrer Amme (380–430), im Streitgespräch zwischen Jason und Medea (431–559), in dem Medea mehrfach versucht, Jason zu bewegen, mit ihr zu fliehen oder ihr doch wenigstens die Kinder zu lassen, und schließlich in Medeas Racheplan (560 bis 578). – Im dritten Chorlied (579–669) betet der Chor für Jason, den er durch Medeas Haß und Zorn gefährdet sieht. Anschließend (670–848) kommt es zum Bericht der Amme über Medeas Schlangenbeschwörung und Giftmischerei (670 bis 739) und zu Medeas Zauberei im Hof des Palastes (740–842). Schließlich werden die Kinder mit vergifteten Geschenken zu Creusa geschickt (840 bis 848). – Das vierte Chorlied (849–878) hat Medeas Maßlosigkeit zum Thema. Der Chor bringt die Angst vor der Gefahr, die von Medea ausgehen könnte, zum Ausdruck. – Im letzten Akt (879–1027) wird Medeas Rache und Triumph geschildert: Zunächst berichtet ein Bote über den Brand des Königspalastes (879–890). Die Amme flieht (891 f.). Medea weigert sich mitzufliehen, sie spricht mit sich selbst und bereitet sich auf die Tötung der Kinder vor; nach schwerem inneren Kampf tötet sie, den Geist des toten Bruders vor Augen, das erste Kind und zieht sich in ihr Haus zurück (893 bis 977). Jason stürzt mit bewaffneten Männern auf die Bühne, um das Haus zu zerstören. Medea erscheint mit den Kindern auf dem Dach. Jason kann sie nicht davon abhalten, auch noch das zweite Kind zu töten, obwohl er ihr sein Leben dafür anbietet. Medea entschwebt in einem von Drachen gezogenen Wagen, nachdem sie die toten Kinder vom Dach geworfen hatte.

Q Die →*Médeia* des Euripides war nicht die einzige Quelle Senecas. Vermutlich lagen ihm auch die weitgehend verlorene →*Medea exul* des Ennius und eine →*Medea* des Accius vor. Von Ovids →*Medea* ist leider so gut wie nichts erhalten. Auf jeden Fall ist Senecas Drama ohne das Stück des Euripides nicht denkbar. Allerdings gibt es entscheidende Abweichungen bei Seneca. So hat Jason ein erheblich engeres Verhältnis zu seinen Kindern. Beide Eltern hängen an ihren Kindern. Die athenische Symbolfigur des Aigeus hat Seneca gestrichen, weil sie für sein röm. (Lese-)Publikum uninteressant war. – Der Chor bringt kein Verständnis für Medea auf; das verdeutlicht ihre Isolation. – Der Botenbericht über die Katastrophe ist erheblich gekürzt. – Seneca führt das Acastus-Motiv ein, das Creo als Rechtfertigung für seinen Urteilsspruch dient. – Medea nimmt die Leichen der Kinder nicht auf dem Drachenwagen mit, sondern wirft sie dem Vater vor die Füße.

W Seneca hat die Tragödie nicht als Lesedrama, sondern als Bühnenstück oder zumindest als Rezitationsdrama konzipiert. Allerdings war nur mit einem kleinen elitären Theaterpublikum zu rechnen – angesichts anderer spektakulärer Formen der Massenunterhaltung. Seneca bringt Medea große Sympathie entgegen, ohne ihre grausame Bluttat zu rechtfertigen. Medea wird von einem schwächlichen Jason nicht nur zutiefst gekränkt, sondern auch der Vernichtung preisgegeben. Jasons Motive sind ebenso niederträchtig wie sein Handeln: Aus Feigheit und Machtgier (vgl. bes. 529) verrät er Medea, der er alles zu verdanken hat, die alles für ihn tat und um seinetwillen vor den schlimmsten Verbrechen nicht zurückschreckte. – Die moralische Überlegenheit Medeas wird in ihrem Streitgespräch mit Jason besonders deutlich: Jason begreift nicht,

was Medea meint, wenn sie sagt: „Du bist auch für meine Taten verantwortlich; denn es sind deine Taten: Wem das Verbrechen nützt, der führt es aus" (500 f.). Dann bittet sie ihn mit den Worten: „Für dich sei unschuldig, wer sich für dich schuldig gemacht hat" (503). – Es sei dahingestellt, ob Seneca auch in der *Medea* Gedanken der stoischen Philosophie veranschaulichen wollte, wie z.B. die Lehre von der Unausweichlichkeit des Schicksals (*fortuna, fatum*), das dem Menschen (hier: Medea) zu erfüllen auferlegt ist, oder auch die Lehre vom Zorn (vgl. →*De ira*).

N Anouilh folgt in seiner *Médée* weitgehend dem Handlungsgerüst Senecas. Er übernimmt die Konfiguration des von Seneca gestalteten Stoffes, um in eigenständiger Bearbeitung Probleme aufzuzeigen, die implizit im Stoff vorhanden sind. Anouilh will dem Zuschauer die zeitlose Gültigkeit der antiken Tragödie deutlich machen, ohne die Veränderung in der Problematik zu übergehen, die sich aus der modernen Lebenssituation ergeben (vgl. Fischbach, bes. 81 f.), wie sie der Autor interpretiert. Eine filmische Rezeption des Medea-Stoffes versucht Pier Paolo Pasolini. Heiner Müller setzt sich mit dem Medea-Mythos auseinander („Medea-Material", 1983). Eine feministische Transformation des Mythos ist Christa Wolfs Roman *Medea* (1996).

A C. Giardina: L. Annaei Senecae Tragoediae. Bd. 1, Bologna 1966. C. N. N. Costa, Oxford [(2)]1989 (mit Kommentar).
Ü B. W. Häuptli, Stuttgart 1993 (lat.-dt.). Th. Thomann, München/Zürich [(2)]1978 (lat.-dt.).
L M. v. Albrecht, RL, 918–954. G. G. Biondi: Il mito argonautico nella *Medea*: Lo stilo „filosofico" del drammatico Seneca, in: Seneca e il teatro. Atti dell' VIII congresso internazionale di studi del dramma antico, in: Dioniso 52, 1981, 421–445. G. G. Biondi: Il nefas argonautico. Mythos e logos nella *Medea* di Seneca, Bologna 1984. A. Christoph: Dramatik oder Grammatik: *Medea* als Programm bei Seneca, in: AU 40, 4 & 5, 1997, 67–74. S. Fischbach: Medea bei Seneca und Anouilh, in: AU 40, 4 & 5, 1997, 75–87. W. - H. Friedrich: Medeas Rache (1960), in: E. - R. Schwinge (Hg.): Euripides, Darmstadt 1968, 177–237. K. Haß: *Medea nunc sum*, in: AU 40, 4 & 5, 1997, 51–66. A. Hempelmann: Senecas *Medea* als eigenständiges Kunstwerk, Diss. Kiel 1960. W. Kullmann: Medeas Entwicklung bei Seneca, in: FS Karl Büchner, Wiesbaden 1970, 158–167. B. Maier: Das Medeabild des Seneca, in: AU 25, 5, 1982, 89–93. G. Maurach: Jason und Medea bei Seneca, in: A & A 12, 1966, 125–140. S. Ohlander: Dramatic Suspense in Euripides' and Seneca's *Medea*, Bern 1989. J. – A. Shelton: Seneca's *Medea* as Mannerist Literature, in: Poetica 11, 1979, 38–82. W. Steidle: Medeas Racheplan, in: E. Lefèvre (Hg.): Senecas Tragödien, Darmstadt 1972. D. H. Walker / B. Walker: Loss of identity: A study of Seneca's *Medea*, CPh 62, 1967, 169–181. O. Zwierlein: Die Tragik in den Medea-Dramen, in: Literaturwissenschaftliches Jahrbuch N. F. 19, 1978, 27–63.

Medea exul
„Die heimatlose Medea"

Ennius, 239–169 v. Chr.

Röm. Tragödie (lat.), nur in Frg. erhalten.

I Möglicherweise gab es zwei ennianische Tragödien, die sich mit der Gestalt der Medea befaßten:
(1) *Medea exul*, die das Geschehen in Korinth zum
Thema hatte und Parallelen zur →*Médeia* des Euripides aufwies (alle Frg. bis auf eines gehören zur
Medea exul). – (2) *Medea*, aus der nur ein Frg. überliefert ist, in dem jemand aufgefordert wird, den
Anblick der Stadt Athen zu genießen. – Die Vorgeschichte der *Medea exul* deckt sich mit der Vorgeschichte der euripideischen *Médeia*. Die *Medea exul* setzt an derselben Stelle ein wie die *Médeia* des
Euripides (Jason hatte seine Gattin Medea verstoßen, um die Tochter des Königs Kreon von Korinth
zu heiraten). – Ennius' Werk ist keine Übersetzung,
sondern eine Nachdichtung der euripideischen Vorlage. Der Dichter wollte die gr. Tragödie der Vorstellungswelt des röm. Publikums nahebringen. So
zeigen die Frg., daß Ennius den Text der Vorlage
an einigen Stellen verkürzt, an anderen Stellen erweitert hat, um röm. Empfinden besser zu entsprechen.

A H. D. Jocelyn, Cambridge 1967 (Ennius-Frg. mit
Kommentar).
Ü H. Petersmann / A. Petersmann, RLTD 1, 223–233
(lat.-dt.).
L W. Röser: Ennius, Euripides und Homer, Würzburg
1939, 4–31.

Médeia
(Frauengestalt des gr. Mythos)

Euripides, etwa 480–406 v. Chr.

Tragödie in 1419 Versen (gr.).
Im Jahre 431 v. Chr. in Athen uraufgeführt.

I Das Stück spielt in Korinth vor dem Haus der
Medea. – Vers 1–95: Einführung in die Handlung
und Darstellung der Handlungsvoraussetzungen
durch die Amme der Medea (leidenschaftliche Liebe zu Jason, die Verbrechen, die Medea für Jason
beging, der Verrat Jasons, Medeas Rachegedanken;
die Kenntnis des Argonauten-Mythos wird vom
Dichter vorausgesetzt). Vers 96–130: Im Wechselgesang mit der Amme zeigt Medea ihren Gemütszu-
stand; sie wünscht sich selbst, den Kindern und Jason den Tod. Die Amme versucht, die Erregte zu
beschwichtigen, und mahnt zur Mäßigung, indem
sie die Gefahren der Übertreibung beschwört. Vers
131–213: Der Chor der korinthischen Frauen zeigt
Anteilnahme an Medeas Verzweiflung und menschliches Mitgefühl. Vers 214 bis 270: Medea bittet den
Chor um Verständnis für ihr Verhalten, das sie mit
dem Verlust ihres seelischen Gleichgewichts erklärt.
Sie beschreibt in diesem Zusammenhang ausführ-

lich die Situation der Frau im Verhältnis zum Mann
in Griechenland. Schließlich kündigt sie dem Chor
ihre Rache an; dieser reagiert wiederum mit Verständnis auf Medeas Gefühle. Vers 271–356: Kreon,
der König von Korinth, teilt Medea seinen Entschluß mit, sie selbst und ihre Kinder zu verbannen,
weil sie der Verbindung zwischen Jason und seiner
Tochter Glauke im Wege steht und allen Betroffenen gefährlich werden kann. Sie bittet Kreon, noch
einen Tag länger in Korinth bleiben zu dürfen. Der
König entspricht ihrer Bitte, weil sich Medea mit
ihrem Schicksal abgefunden zu haben scheint. Vers
357–409: Medea gibt zu erkennen, daß sie den ihr
von Kreon geschenkten Tag benutzen will, um ihre
Rache zu vollenden. Vers 410–445: Der Chor kommentiert Medeas Entscheidung und hebt ihre positiven Auswirkungen auf das Ansehen der Frauen im
allgemeinen hervor. Die Schlechtigkeit der Männer
wird dagegen gestellt. Vers 446–626: Die erste große
Auseinandersetzung zwischen Jason und Medea
bringt den entscheidenden Konflikt der Tragödie,
den Gegensatz zwischen Gefühl und Verstand, zutage. Vers 627–662: Der Chor tritt für die Vermeidung extremen Verhaltens ein. Das rechte Maß sei
die notwendige Bedingung eines glücklichen Lebens. Extremes Verhalten wie Übersteigerung der
Gefühle auf der einen und Gefühllosigkeit auf der
anderen Seite führten ins Unglück. Vers 663–763:
Medea begegnet dem athenischen König Aigeus,
der Medea Asyl anbietet und Jasons extrem egoistische und letztlich menschenverachtende Rationalität verurteilt. Vers 764–823: Medea beschreibt, wie
sie Glauke und Kreon umbringen will, und kündigt
die Ermordung ihrer Kinder an. Sie erweist sich hier
als Vertreterin einer archaischen Denkweise und einer entsprechenden Wertauffassung (Unversöhn-
lichkeit gegen über Feinden, Loyalität gegenüber
Freunden, Ruhmstreben anstelle von Sicherheits-
und Ruhebedürfnis, Verbot von Feigheit und Nachgiebigkeit). Vers 824–865: Der Chor preist in seinem an das athenische Publikum gerichteten Lied
die Weisheit (*sophía*) als den Weg zum Ruhm und
als notwendige Bedingung des Glückes. Nur die
Harmonie von Geist und Emotion kann Segen bringen. Diese Harmonie ist übrigens nach Auffassung
des Chores in Athen vorbildlich verwirklicht. Folglich muß der Chor Medeas Mordpläne ablehnen
und darauf hinweisen, daß eine Mörderin in Athen
keine Aufnahme finden könne. Vers 866–975: Das
erneute Gespräch zwischen Jason und Medea gau-
kelt diesem einen Sinneswandel Medeas vor, der in
Jasons Augen eine vernünftige Lösung des Problems ermöglicht. Vers 976–1001: Der Chor schildert das für alle Beteiligten unausweichliche Unglück und empfindet Mitgefühl für Jason und Medea. Vers 1002–1080: Medea ist von Gefühl und
Verstand hin und her gerissen; sie ist sich der Konsequenzen bewußt, wenn sie sich für die eine oder
die andere Seite entscheidet. Vers 1081 bis 1120: Am
Beispiel der Kinder reflektiert der Chor die Unan-
tastbarkeit des Lebens und die Unfaßbarkeit des
Schicksals. Vers 1121–1230: Der Bote schildert den

inzwischen erfolgten Vollzug der Rache an Kreon und Glauke. Vers 1231–1250: Medea versucht, den Mord an ihren Kindern rational zu begründen: Nach dem, was geschehen sei, müßten sie sowieso mit ihrer Ermordung rechnen. Vers 1251–1292: Der Chor ruft die Götter an, um den Mord zu verhindern. Die Tat wird vollzogen. Vers 1293–1414: „Medea selbst sieht das Ungeheuerliche ihrer Tat. Sie setzt einen Kult für die ermordeten Kinder ein, wie sie sagt, zur Erinnerung an die gottlose Tat (V. 1383). Medea und Jason haben übersteigert, unmenschlich und das ist gottlos gehandelt. Übersteigerung hat den Kindern den Tod gebracht. Das soll den Menschen als Warnung dienen; sie sollen sich des apollinischen *medèn ágan* erinnern, der Warnung vor dem Übermaß" (Glücklich, 69). Vers 1415–1419: Der Chor hat das Schlußwort, das nochmals auf das Walten der Gottheit und die Unberechenbarkeit des Lebens hinweist.

W   Euripides thematisiert mehrere Gegensätze, die die Handlung und ihren Verlauf bestimmen: (1) den Gegensatz zwischen Frau und Mann, (2) den Gegensatz zwischen archaisch-heroischem und aufgeklärt-modernem Denken, (3) den Gegensatz zwischen Barbarentum und Hellenentum, (4) den Gegensatz zwischen Eros (Gefühl) und Sophia (Verstand). Diese Gegensätze werden von Medea und Jason verkörpert, der sich in seiner vom Verstand bestimmten Argumentation vom Gedankengut der Sophistik bestimmen läßt. Euripides warnt aber davor, „in einseitigem Rationalismus einen Weg zur Selbstverwirklichung und zum Glück zu sehen", und fordert dazu auf, „die emotionalen Schichten des Menschen nicht zu übersehen, sondern als Teil der menschlichen Natur zu berücksichtigen" (Glücklich, 66f.). Medea ist Opfer extremer Emotionalität; Jason scheitert aufgrund seiner Überzeugung, daß das Glück rational planbar und realisierbar ist.

N   Die Gestaltung der Medea-Sage durch Euripides in der *Médeia* wurde Vorbild für die weitere Bearbeitung des Stoffes in der Literatur. Im 3. Jh. v. Chr. greift Apollonios Rhodios in seinen →*Argonautiká* u. a. auf Euripides zurück. Röm. Dichter haben *Medea*-Tragödien geschrieben (→*Medea* des Accius, Ennius, Ovid, Seneca). Ovid behandelt das *Medea*-Thema auch in den „Metamorphosen" (→*Metamorphoseon libri* 7, 1–158; 351–452) und in den →*Heroides* 12; vgl. auch *Her.* 6. In neuerer Zeit sind zahlreiche *Medea*-Bearbeitungen erschienen (z. B. P. Corneille, *Médée*, 1635. L. Cherubini, 1797. F. Grillparzer, 1822. H. H. Jahnn, 1926. J. Anouilh, *Médée*, 1946. R. Jeffers, 1946. M. Braun, 1959). – Der *Medea*-Stoff wurde nicht nur dramatisch bearbeitet, sondern auch in Form von Romanen, Novellen, poetischen Werken, Opern und Balletten tradiert. Auch die bildende Kunst nahm sich des Stoffes an.

A   E. Diehl, Bonn 1911. A. Elliott, London 1969 (mit Kommentar). R. Flacelière, Paris 1970 (mit Kommentar). D. Kovacs, London/Cambridge (Mass) 1996 (gr.–engl.). H. van Looy, Stuttgart/Leipzig 1992. G. Murray. Bd. 1, Oxford 1902. D. Page, Oxford 1964 (mit Kommentar).
Ü   H. v. Arnim / F. Stoessl. 2 Bde., Zürich/Stuttgart 1958–1968. E. Buschor / G. A. Seeck. Bd. 1, München 1972 (gr.-dt.). E. Buschor / B. Zimmermann, Düsseldorf/Zürich 1996 (gr.-dt.). D. Ebener, Berlin (2)1972 (gr.-dt.). K. H. Eller, Stuttgart 1992 (gr.-dt.).
L   A. Block: Medea-Dramen der Weltliteratur, Diss. Göttingen 1958. D. J. Conacher: Euripidean Drama. Myth, Theme, and Structure, Toronto 1967. A. Dihle: Euripides' *Medea* und ihre Schwestern im europäischen Drama, in: A & A 22, 1976, 175–184. H. Erbse: Medeias Abschied von ihren Kindern (zu Eur. *Med.* 1078–1080), in: Hermes 120, 1992, 26–43. W. H. Friedrich: Vorbild und Neugestaltung. Sechs Kapitel zur Geschichte der Tragödie, Göttingen 1967, 7–56. K. v. Fritz: Die Entwicklung der Iason-Medea-Sage und die *Medea* des Euripides, in: K. v. F.: Antike und moderne Tragödie, Berlin 1962, 322–429. H. – J. Glücklich: Glücksvorstellungen und die Polarität von Verstand und Gefühl in der *Medea* des Euripides, in: AU 20, 5, 1977, 58–72. G. M. A. Grube: The Drama of Euripides, London (2)1961. M. R. Halleran: Stagecraft in Euripides, London/Sydney 1985. K. Hamburger: Von Sophokles zu Sartre. Griechischen Dramenfiguren antik und modern, Stuttgart (5)1974. R. Klimek-Winter: *Deinè gár* – Medea bei Euripides, in: AU 40, 45, 1997, 35–49. J. Latacz, GT, 280–293. A. Lesky: Medeia, in: RE 15, 1, 1931, 29–64. E. A. McDermott: Euripides' *Medea*. The Incarnation of Disorder, Park (Pa.) 1989. G. Murray: Euripides and His Age, New York 1913 (dt. Darmstadt 1957). E. R. Schwinge (Hg.): Euripides, Darmstadt 1968. P. Vellacott: Ironic Drama. A Study in Euripides' Method and Meaning, London 1975. T. B. L. Webster: The Tragedies of Euripides, London 1967.

Medicamina faciei femineae →De medicamine faciei femineae (Ovid)

Medicina ex oleribus et pomis
„Die medizinische Wirkung von Gemüsen und Früchten"

Quintus Gargilius Martialis, 2. Hälfte des 3. Jh. n. Chr.

Frg. aus dem weitgehend verlorenen Werk des Autors über Landwirtschaft und Tiermedizin (lat.).

A   V. Rose. Leipzig 1875 (zusammen mit der →*Medicina Plinii*).
L   K. Sallmann: Die Fachwissenschaften und die Ausbildung der spätantiken Enzyklopädie, in: NHbL. Spätantike, bes. 222. Schanz-Hosius 3, 222–224. H. Stadler, RE 7, 1, 1910, 760–762.

Medicina Plinii
„Die Heilkunde des Plinius"

An.

Heilkundlich-pharmakologischer Auszug (lat.) aus Plinius, →*Naturalis historiae libri XXXVII*, und zwar aus den B. 20–27.
Wahrscheinlich Anfang des 4. Jh.s entstanden.

I Das Kompendium befaßt sich in drei B. mit den „einfachen" Heilmitteln, d. h. den pflanzlichen und den tierischen. Es ist als ein Rezeptbuch für Laien gedacht und gehört zu den in der Kaiserzeit häufig publizierten →*Eupórista*.
N Die Beliebtheit der Schrift bis in das Mittelalter könnte u. a. auch darauf zurückzuführen sein, daß sie eine saftige Polemik gegen die Habgier der Ärzte enthält, die absichtlich Unnützes verschreiben (vgl. Sallmann, 219).

A A. Önnerfors, CML 3, 1964. V. Rose, Leipzig 1875.
L A. Önnerfors: In medicinam Plinii Studia philologica. Lunds Univ. Arsskr. NF 1, 55, 5, 1963. K. Sallmann: Die Fachwissenschaften und die Ausbildung der spätantiken Enzyklopädie, in: NHbL. Spätantike, bes. 218 f.

Medus
(Name des Titelhelden)

Marcus Pacuvius aus Brundisium, 220 – etwa 130 v. Chr.

Röm. Tragödie (lat.) mit einem Stoff aus der Medea – und Argonautensage, in nur wenigen Frg. überliefert (→*Medea*, →*Médeia*).

I Medus ist ein Sohn des Aegeus und der Medea. Er gelangt auf der Suche nach seiner Mutter nach Colchis. Er wird gefangengenommen und zu König Perses geführt, den ein Orakelspruch vor den Nachkommen des Aeetes gewarnt hatte. Aus diesem Grund gibt sich Medus als ein Sohn des Königs Creo von Korinth aus. Auch Medea kommt unerkannt nach Colchis und erklärt sich dazu bereit, die dort herrschende Dürre mit Hilfe eines Menschenopfers zu beseitigen. Sie wählt Medus als Opfer aus, den sie für den Sohn ihres Feindes Creo hält, aber für den Sohn der in Colchis verhaßten Medea ausgibt (was ja auch den Tatsachen entspricht). Als sich Medus und Medea begegnen, erkennen sie sich gegenseitig und ermorden den König Perses.
W „Listiges Planen führt hier die Gefahr herbei, die es beseitigen soll; die Wiedererkennung beruht auf Gegenseitigkeit. Pacuvius hat die Intrige gewiß nicht erfunden, aber die Aneignung dieser verfeinerten – doch wohl hellenistischen – Kunst zusammen mit den zugehörigen Paradoxien und ironischen Untertönen zeigt uns das altrömische Drama von einer eher unerwarteten Seite, die uns in die Vorgeschichte der griechischen Intrigenkomödie zurückführt" (M. v. Albrecht, 121 f.).

A O. Ribbeck, TRF, 86–157. E. H. Warmington: Remains of Old Latin. Bd. 2, London 1936, 158–323 (lat.–engl.).
L M. v. Albrecht, RL, 120- 126. A. Della Casa: Il *Medus* di Pacuvio, in: Poesia latina in frammenti. Miscellanea filologica, Genua 1974, 287–296. O. Ribbeck: Die römische Tragödie im Zeitalter der Republik, Leipzig 1875, Nachdr. Hildesheim 1968, 216–339.

Megále apóphasis
„Große Verkündigung"

Simon Magus, 1. Jh. n. Chr.

Theologische Schrift (gr.), in Frg. überliefert.

I Die Schrift ist „das Erzeugnis eines späten synkretistischen Stadiums der simonianischen Gnosis ... Elemente griech. Philosophie (und Medizin!) sowie eine mit Philon v. Alexandria verwandte Auslegung des AT haben zur spekulativen Ausgestaltung des Systems geführt" (H. Koester, 193).

A W. Völker: Quellen zur Geschichte der christlichen Gnosis, Tübingen 1932.
Ü E. Hennecke / W. Schneemelcher: Neutestamentliche Apokryphen in deutscher Übersetzung. Bd. 2, Tübingen [3]1964, 177–221.
L N. Adler, LThK 9, 768 f. H. Koester: Simon Magus, in: dtv-L 1. 4, 192 f. E. Haenchen: Gab es eine vorchristliche Gnosis?, in: ZThK 49, 1952, 316–349.

Megále / Megíste sýntaxis
„Große/Größte Zusammenfassung"

Klaudios Ptolemaios, etwa 100–170 n. Chr.

Zusammenfassung der Ergebnisse der Astronomie nach Hipparchos und die erste umfassende und systematische Darstellung der mathematischen Astronomie in 13 B. (gr.).
Entstanden zwischen 150 und 160 n. Chr.

I B. 1 und 2: Begründung der geozentrischen Theorie (die Kugelgestalt der Erde und des Himmels, die Stellung der Erde im Mittelpunkt des Kosmos und die kreisförmige Bewegung der Weltkörper); Ableitungen geometrischer Sätze, die für die späteren praktischen Berechnungen wichtig sind, und Behandlung einiger Probleme der sphärischen Trigonometrie. B. 3: Bestimmung der Jahreslänge und der jährlichen Sonnenbewegung mit der Erklärung ihrer Ungleichförmigkeit durch zwei Hypothesen (Exzenter – und Epizykelhypothese). Dabei verbessert Ptolemaios die Theorie des Sonnenlaufes, die Hipparchos entwickelt hatte. B. 4–6: Theorie des Mondes, des Mondlaufes und der Monatsdauer, Beschreibung des zur Messung der Mondposition benutzten Instruments, Darstellung der Ursachen von Mondfinsternissen, Vorschriften zu ihrer Vorausberechnung, Berechnung der Daten für den Abstand des Mondes und der Sonne von der Erde (Ptolemaios berechnete den Abstand zwischen Sonne und Erde auf 1210 Erdradien = 20mal kleiner als der richtige Wert). B. 7 und 8: Stellarastronomie (Positions – und Größenangaben für 1022 einzelne Sterne in 48 Sternbildern). B. 9 bis 13: Detaillierte Darstellung des „Ptolemäischen Weltsystems": Um die unbewegliche Erde im Mittelpunkt des Kosmos bewegen sich in exzentrischen Kreisen zunächst der Mond, dann Merkur, Venus, Sonne, Mars, Juppiter und Saturn. Diese Gestirne machen zusammen mit dem Fixsternhimmel innerhalb von 24 Stunden einen vollen Umlauf um eine durch die Erd – und Himmelspole gehende Achse.

N Seit dem Mittelalter wird das Werk unter dem Titel *Almagest* zitiert, der aus *Megíste* und dem davor gesetzten arabischen Artikel „*al*" entstand. Das „Ptolemäische Weltsystem" behielt bis über Kopernikus (1473–1543) hinaus seine Gültigkeit.

A J. L. Heiberg, Leipzig 1898. G. J. Toomer, London 1984.
Ü K. Manitius. 2 Bde., Leipzig 1912–1913 (korr. O. Neugebauer, Leipzig 1963).
L F. Kunitzsch: Der Almagest, Wiesbaden 1974. A. Lesky, GL, 994. O. Pedersen: A Survey of the Almagest, Odense 1974. S. Sambursky: Ptolemaios, in: dtv-L 1.4, 52–54. B. L. van der Waerden / E. Boer / F. Lammert, RE 23, 2, 1959, 1788–1859.

Megále téchne
„Die große Kunst"

Thrasymachos aus Chalkedon, 2. Hälfte des 5. Jh.s v. Chr.

Lehrbuch der Rhetorik (gr.) von großer Bedeutung für die Gestaltung der attischen Kunstprosa. Nur wenige Zeugnisse sind erhalten.

I Das Werk enthielt „Scherzreden" (*paígnia*), „Einleitungen" (*prooímia*), „Anhaltspunkte für den Redner" (*aphormaì rhetorikaí*) und Anweisungen zur Erregung und Beschwichtigung der Affekte (z.B. des Mitleids der Richter) (vgl. B 6 = Platon, →*Phaîdros* 267c). Das Ziel der Rhetorik war die Beeinflussung der Zuhörer durch psychologische Mittel. Ob Thrasymachos in diesem Zusammenhang auch das Gerechte mit dem Vorteil des Stärkeren gleichsetzte (vgl. Platon, →*Politeía* 1, 338c = Thrasymachos B 6 a), sei dahingestellt. Platons Bild von Thrasymachos im 1. B. der *Politeía* legt diese Annahme nahe.

N Die Wirkung dieser bei Platon faßbaren Definition des Gerechten war jedenfalls sehr groß: „Sie ist bei Antiphon, Euripides und insbesondere bei dem Geschichtsschreiber Thukydides zu spüren, dessen gewaltige Auffassung vom Wesen der Politik in der Lehre vom Recht des Stärkeren wurzelt" (Nestle, 348f.). – Übereinstimmungen mit Gorgias, →*Heléne* (7) lassen sich feststellen.

A L. Radermacher: Artium scriptores, Wien 1951, 70–76. VS 85 A 1 und B 3 – 7a.
L H. Gomperz: Sophistik und Rhetorik, Leipzig/Berlin 1912, 49–57. A. Lesky, GL, 406. W. Nestle, VMzL, 346–349. K. Oppenheimer, RE 6 A 1, 1936, 384–592.

Mégas diákosmos
„Große Weltordnung"

Demokritos aus Abdera, um 430 v. Chr. (oder schon Leukippos?)

Der *Mégas diákosmos* ist die erstgenannte unter den physikalischen Schriften (gr.) des Demokrit in den Tetralogien III-IV des Trasyllos.

I Im Mittelpunkt der Physik des Demokrit steht die Lehre von den „Atomen" über die wir im wesentlichen nur durch doxographische Berichte informiert sind. – Nach Plutarch (*Adversus Coloten*, →*Pròs Kolóten* 1110 F – 1111 A = VS 68 A 57) sagt Demokrit, „es bewegten sich im leeren Raum unendlich viele Substanzen, unteilbar und unterschiedslos, darüber hinaus aber ohne eine bestimmte Qualität und empfindungslos. Wenn sie sich aber einander näherten oder zusammenstießen oder miteinander verflochten würden, dann erschiene ein Teil dieser Verbindungen als Wasser, ein anderer als Feuer, ein weiterer als Pflanze und ein wieder anderer als Mensch. Alles seien Atome (von ihm als ‚Gestalten' bezeichnet), und sonst sei nichts." Einen anderen instruktiven Bericht verdanken wir dem Aristoteles-Kommentator Simplikios (= VS 68 A 37): „Demokrit glaubt, daß die ewigen Wesenheiten kleine, der Zahl nach unbeschränkt viele Substanzen sind. Für sie nimmt er als Ort etwa anderes an, und zwar etwas, das der Ausdehnung nach unbeschränkt ist. Er benennt diesen Ort mit folgenden Namen: das ‚Leere' und das ‚Nichts' und das ‚Unbeschränkte', und jede der Substanzen mit den Namen: das ‚Ichts' und das ‚Feste' und das ‚Seiende'. Er nimmt an, daß die Substanzen so klein sind, daß sie sich unseren Sinnen entziehen, und kämen ihnen allerlei Gestalten und allerlei Formen und Größenunterschiede zu. Diese verwendet er nun als Elemente, und aus ihnen läßt er die den Augen erscheinenden und wahrnehmbaren Massen entstehen und unterschiedlich sich zusammenfügen" (zit. nach J. Mansfeld 1987, 609–611).

A VPh 439–472. VS 68. F. J. Weber, Paderborn 1988, 202–219.
Ü J. Mansfeld, Stuttgart 1987, 606–619 (gr.–dt.).
L C. Bailey: The Greek Atomists and Epicurus, Oxford 1928. K. v. Fritz: Grundprobleme der Geschichte der antiken Wissenschaft, Berlin/New York 1971. H. - G. Gadamer: Antike Atomtheorie (1935), in: H. - G. G. (Hg.): Um die Begriffswelt der Vorsokratiker, Darmstadt 5121–533. A. Lesky, GL, 381–387. R. Löbl: Demokrits Atome. Eine Untersuchung zur Überlieferung und zu einigen wichtigen Lehrstücken in Demokrits Physik, Diss. Frankfurt 1976. R. Löbl: Demokrits Atomphysik, Darmstadt 1987. A. G. M. van Melsen: Atom gestern und heute. Die

Geschichte des Atombegriffs von der Antike bis zur Gegenwart, Freiburg/München 1957.

Melampodía
„Lied des Melampus"

Ps.–Hesiod

In Frg. überlieferte Erzählung von einem Rätselwettkampf zwischen den Sehern Kalchas und Mopsos (gr.). Vgl. →*Certamen Homeri et Hesiodi.*

L P. Friedländer: Argolica, Berlin 1905. A. Lesky, GL, 129. S. Löffler: Die Melampodie. Versuch einer Rekonstruktion des Inhalts, Diss. Erlangen. Meisenheim a. Gl. 1963.

Méle →Carmina

Meleágru stéphanos
„Kranz des Meleagros"

Meleagros aus Gadara, etwa 140–70 v. Chr.

Anthologie gr. Epigramme von 47 Dichtern (die älteste bekannte Sammlung gr. Epigramme). Noch etwa 4000 Verse sind in der →*Anthologia Palatina* erhalten.
Die Sammlung entstand nicht lange vor 70 v. Chr. und enthielt auch eigene Epigramme des Meleagros.

I In die →*Anthologia Palatina* (B. 4,1) ist das Einleitungsgedicht zum „Kranz des Meleagros" aufgenommen (elegisches Distichon mit 58 Versen). Dieses Proömium enthält eine Aufzählung der Dichter, die Meleagros seiner Sammlung einverleibt hat (von Sappho bis zu Zeitgenossen des Meleagros). – Der Herausgeber nennt seine Sammlung „Kranz" (*stéphanos*) und vergleicht jeden aufgenommenen Dichter mit einer Blume. Inwieweit die einzelnen Gedichte für die jeweiligen Dichter charakteristisch sind, sei dahingestellt. – Vermutlich waren die Epigramme in der alphabetischen Reihenfolge ihrer Anfänge angeordnet. Inhaltlich handelte es sich vorwiegend um Weih- und Grabpoesie sowie um Trink- und Liebesdichtung.
N Der „Kranz des Meleagros" ist der Grundstock der →*Anthologia Palatina*, die um 980 n. Chr. in Konstantinopel entstand. Um 40 n. Chr stellte Philippos von Thessalonike eine zweite Sammlung her, die er ebenfalls „Kranz" nannte und in die er Gedichte des Meleagros aufnahm (*Anthologia Palatina* 4,2). – Um 140–150 n. Chr. brachte Diogeneianos von Herakleia eine neue Sammlung heraus, der er Gedichte jüngerer Autoren seit Philippos beifügte. – Unter später entstandenen Anthologien, die teilweise in der *Anthologia Palatina* aufgegangen sind, ist noch der →*Kýklos tôn néon epigrammáton* des Agathias (um 536 bis 582) hervorzuheben. – Von großer Bedeutung ist die Anthologie des Konstantinos Kephalas, die um 900 in Konstantinopel hergestellt wurde und aufgrund ihrer Einwirkung auf die *Anthologia Palatina* rekonstruierbar ist. Die B. 5–7 und 9–12 stammen wohl aus der Sammlung des Kephalas, ebenso B. 4 mit den Einleitungen zu den Sammlungen des Meleagros, Philippos und Agathias.

A H. Beckby: *Anthologia graeca.* Bd. 1, München [2]1969–1968, 240–243 (Einleitungsgedicht, gr.–dt.).
Ü A. Oehler: Der Kranz des Meleagros, Berlin 1920 (gr.–dt.).
L H. Beckby: *Anthologia Graeca.* Bd. 1, 68–76. A. Lesky, GL, 827–833. H. Ouvré: Méléagre de Gadara, Paris 1894. K. Radinger: Meleagros von Gadara, Innsbruck 1895.

Melíamboi
(nach bestimmten Regeln gebaute Verse)

Kerkidas aus Megalopolis, etwa 290–220 v. Chr.

Satirische Dichtungen in lyrischer Form (gr.), von denen durch den Oxyrhynchos-Papyrus 1082 aus dem 2. Jh. zahlreiche Frg. erhalten sind.

I „Als herzhaften Moralprediger … lernen wir Kerkidas in seinen ‚Meliamben' kennen. In eigenwilliger Mischung verschiedener Metren tadelt er die Götter ob der ungerechten Verteilung der Güter, um in einem anderen Gedicht von dem freundlichen und dem verderblichen Winde zu erzählen, den Eros aus seinen Backen blasen kann" (Lesky, 756 f.). – In den erhaltenen Texten erweist sich Kerkidas als Anwalt der Armen. In einer in der gr. Welt ungewöhnlichen Weise engagiert er sich für die „soziale Frage". Als Angehöriger der Oberschicht hält er dieser einen Spiegel vor und fordert sie zum Umdenken auf. Er verlangt eine gerechte Verteilung von Eigentum, die die Götter nicht leisten; daher muß der Mensch selbst initiativ werden.
Q Diogenes von Sinope ist Kerkidas' Vorbild (Nr. 1 Powell). Den Stil der kynischen →*Diatribaí* hat er sich angeeignet. Darin ist er Bion vom Borysthenes (Dnjepr) verbunden. Kerkidas hat Homer sehr verehrt.
N Vielleicht hat Kerkidas Horaz (→*Sermones* 1,2,125) beeinflußt. Sicher ist seine Wirkung auf Gregorios aus Nazianz (→*Epigrámmata*).

A A. D. Knox: Herodes, Cercidas, and the Greek Choliambic Poets, London/Cambridge (Mass.) 1929 (gr.–engl.) I. U. Powell, Collectanea.
L R. Keydell: Kerkidas, in: DKP 3, 200 f. A. D. Knox: The First Greek Anthologist, Cambridge 1923. A. Lesky, GL, 756 f.

Memnonís →Epikòs kýklos (An.)

Memorabilien →Apomnemoneúmata Sokrátus (Xenophon)

Menaechmi
„Die beiden Personen mit dem Namen Menaechmus"

Titus Maccius Plautus, etwa 250–184 v. Chr.

Verwechslungskomödie (lat.).

I Die Handlung beruht auf der Verwechslung der Zwillingsbrüder, die beide Menaechmus heißen und sich seit ihrer Kindheit verloren haben. Plötzlich befinden sich beide in derselben Stadt, nachdem sich Menaechmus aus Syrakus auf die Suche nach seinem Zwillingsbruder begeben hatte und nach Epidamnus gekommen war. Daraus ergeben sich zahlreiche Mißverständnisse. Denn der Menaechmus aus Syrakus wird von seinen Freunden, Bekannten und Verwandten für Menaechmus aus Epidamnus gehalten; er zieht daraus aber nicht den Schluß, daß er offensichtlich seinen lang gesuchten Bruder gefunden hat, sondern deutet die Vorgänge nur als Intrigen oder Verrücktheiten der Einwohner von Epidamnus. Umgekehrt wird das Verhalten des Menaechmus aus Syrakus dem Menaechmus aus Epidamnus zur Last gelegt. Schließlich sorgt der schlaue Sklave Messenio dafür, daß es zur Wiedererkennung kommt.
Q Die gr. Vorlage ist unbekannt. Es kann ein Stück der „Mittleren Komödie" gewesen sein.
N Shakespeare nahm sich die *Menaechmi* in seinem Stück *The Comedy of Errors* (1589/1593) zum Vorbild. – Unter den zahlreichen Nachdichtungen sind weiterhin zu erwähnen: Hans Sachs, Menechmo (1548). Goldoni, I due gemelli (1790).

A J. Brix / M. Niemeyer / F. Conrad, Leipzig [(6)]1929. P. T. Jones, Oxford 1918. N. Moseley / M. Hammond, London [(9)]1975.
Ü W. Binder / W. Ludwig: Antike Komödien. Plautus/Terenz. 2 Bde., Darmstadt 1976.
L E. Frenzel, Stoffe, 482–484. A. Goldbacher: Über die symmetrische Verteilung des Stoffes in den *Menaechmen*, in: FS J. Vahlen, Berlin 1900, 203–218. K. v. Reinhardstoettner: Spätere Bearbeitungen plautinischer Lustspiele, Leipzig 1886, 490–594. E. Stärk: Die *Menaechmi* des Plautus und kein griechisches Original, Tübingen 1989.

Menándru kaì Philistíonos sýnkrisis
„Vergleich von Menandros und Philistion"

An.

Spruchsammlung (gr.).

I Philistion lebte um Chr. Geburt. Aufgrund einer Verwechslung mit dem Komiker Philemon d. J. wurde er als Zeitgenosse des Komödiendichters Menandros (342–291 v. Chr.) angesehen, dem er in verschiedenen Spruchsammlungen gegenübergestellt wurde. – Die Sammlungen enthielten moralische Unterweisungen, Hilfen für die praktische Lebensführung, Anregungen für verschiedene Lebenslagen und dienten der Erbauung.

L A. Lesky, GL,905 f. W. Spoerri: Gnome (Nr. 2), in: DKP 2, 823–828. E. Wüst: Philistion, in: RE 19, 2, 1938, 2402–2405.

Menédemos
(ein Philosoph)

Lykophron aus Chalkis, 1. Hälfte des 3. Jh.s v. Chr.

Satyrspiel (gr.), aus dem einige Frg. erhalten sind.

I In dem Satyrspiel wurde Menedemos aus Eretria (etwa 350–278 v. Chr.), der Philosoph und Lehrer des Lykophron, mit freundlichem Spott dargestellt. Vor allem wurden wohl die bescheidene Lebensweise und die hohe Gesinnung des Philosophen scherzhaft beschrieben.

A A. Nauck, TGF, 817 f.
L A. Lesky, GL, 834 f. R. Pfeiffer, KlPh, 152 f. C. A. van Rooy: Studies in Classical Satire and Related Literary Theory, Leiden 1965. U. v. Wilamowitz-Moellendorff: Hellenistische Dichtung. Bd. 2, Berlin 1924, 143 bis 164.

Menéxenos
(Gesprächspartner des Sokrates)

Platon aus Athen, 427–347 v. Chr.

Sokratischer Dialog (gr.).

I Im Hauptteil des Dialogs hält Sokrates eine Grabrede auf die Gefallenen des Jahres 387/386 v. Chr. Die Rede wird von einem kurzen Dialog eingerahmt, in dem Sokrates dem Menexenos erzählt, er habe die Rede von Aspasia, der zweiten Frau des Perikles, übernommen. Die Rede stellt einen Anachronismus dar, da Sokrates im Jahre 399 v. Chr. bereits gestorben war. – Am Anfang stehen allgemeine Überlegungen des Sokrates zur Ehrung von Gefallenen: In den Grabreden werde einerseits der Staat verherrlicht und andererseits der Tod für das Vaterland gerühmt. Aber auch die Überlebenden würden durch die Kunst der Redner zugleich gepriesen und erhoben. Sokrates erklärt sich bereit, mit einer Rede der Aspasia ein entsprechendes Beispiel zu geben. Er spricht nun zunächst über den Zweck und die Disposition der Grabrede; darauf erwähnt er die Punkte, die in der Rede enthalten sein müssen: z. B. Abstammung und Erziehung der Vorfahren, die Vorzüge Attikas, das die Gefallenen hervorgebracht und geformt hatte, die Verfassung Athens, durch die die Menschen erzogen wurden, die Kriegstaten der Vorfahren, die Erinnerung an Kämpfe in mythischer Zeit, die Kriege gegen die Barbaren (u. a. die Perserkriege), die Kriege gegen Hellenen (u. a. der Peloponnesische Krieg). Daran schließen sich Ermahnungen zur Tapferkeit an die Nachkommen der gefallenen Krieger an. Die Rednerin richtet ferner Mahnworte der Toten selbst an deren Söhne, in Ehre zu leben. Schließlich läßt die Rednerin die Toten tröstende Worte an deren Eltern richten. In einer Schlußparänese versichert die Rednerin, daß die Polis für die Hinterbliebenen sorgen werde.

W Platon veranschaulicht im *Menéxenos*, daß Sokrates das Mittel der Rhetorik genauso beherrscht wie die Eristik und dieses zur Menschenbildung einzusetzen weiß. Darüber hinaus bedeutet der *Menéxenos* eine Besinnung auf die gewachsenen Wurzeln der staatlichen, geschichtlichen und menschlichen Existenz im Rahmen der Polis von Athen, zu der Platon ein zwiespältiges Verhältnis hat. Hier geht es Platon offensichtlich darum, eine Zukunftsperspektive für die Polis zu eröffnen. „Darum dringt sein Sokrates ironisch-reformatorisch durch das überlieferte Geschichtsbild hindurch, zersetzt kritisch dessen überlieferte Form, indem er sich ihrer bedient, bewahrt, was des Bewahrens wert ist, und gewinnt so eine echtere Gemeinschaft mit den geschichtlichen – und das heißt zugleich recht verstanden mit den ewigen – Kräften Athens" (Friedländer, 213). – Für Platons Verhältnis zur Geschichte dürfte der *Menéxenos* von erheblicher Bedeutung sein und Einsichten in das Verhältnis vermitteln, in dem bei Platon historische Elemente und übergreifende Normen zueinander stehen (vgl. Lesky, 587).

A J. Burnet. Bd. 3, Oxford 1903. L. Méridier. Bd. 5. 1, Paris [(4)]1964.
Ü K. Hildebrandt, Leipzig 1936. F. Schleiermacher / H. Hofmann. Bd. 2, Darmstadt 1973.
L P. Friedländer: Platon. Bd. 2, Berlin [(3)]1964, 202–213. Ch. H. Kahn: Plato's funeral oration. The motive of the *Menexenus*, in: CPh 58, 1963, 220ff. A. Lesky, GL 587 I. v. Loewenclau: Der platonische *Menexenos*. Tübinger Beiträge 41, Stuttgart 1961.

Menippeische Satiren →Saturae Menippeae (Varro)

Ménippos è Nekyomanteía
„Menippos oder der Abstieg in die Unterwelt"

Lukianos aus Samosata, etwa 120–180 n. Chr.

Satirischer Dialog (gr.).

I Der Kyniker Menippos ist lebend in die Unterwelt gestiegen. Er wollte die Zukunft erforschen. Im Gespräch mit einem Freund benutzt er fortwährend Verse aus Homer und Euripides. Das irritiert den Gesprächspartner. Dann aber erklärt Menippos dem Freund, daß die Unterirdischen neue Beschlüsse gefaßt hätten, die für das Leben auf der Erde von großer Bedeutung seien. Aber zuvor will er erzählen, mit welcher Absicht er überhaupt in die Unterwelt gestiegen sei. Vom Mythos und von der Philosophie enttäuscht habe er sich nach Babylon begeben, um sich von einem Nachfolger des großen Zoroaster den Weg in die Unterwelt zeigen zu lassen, wo er den weisen Teiresias habe fragen wollen, was die Lebensweise sei, für die ein vernünftiger

Mensch sich entscheiden müsse (Kap. 6). Menippos wurde von einem Chaldäer gründlich auf seine Reise vorbereitet. Dann gelang der Abstieg. Charon ließ Menippos, weil er ihn für Herakles hielt, in seinen Nachen steigen. Er wohnte dann dem Totengericht des Minos bei und gelangte anschließend an den Ort der Strafen, wo alle Übeltäter unabhängig von ihrer Stellung im Leben angemessen bestraft wurden. Dann erreichte er das acherusische Gefilde, wo alle Heroen und Heroinen und das übrige Volk der Toten langsam verwesten, so daß man überhaupt keine Unterschiede zwischen Königen und Bettlern feststellen konnte. Der Anblick der Skelette habe Menippos darauf gebracht, sich das menschliche Leben als einen großen Festzug vorzustellen (Kap. 16), der von der Glücksgöttin geleitet wird, die alle Teilnehmer auf verschiedene Weise bekleidet und ausstattet. Aber sobald die Prozession des Lebens vorbei ist, muß jeder seine Maske und alles Zubehör wieder abgeben. – Schließlich fragt der Freund Menippos nochmals nach dem Beschluß, den die Mächte der Unterwelt für die Erdbewohner gefaßt haben: Es handelt sich um ein Dekret gegen die Reichen, die man aller nur erdenklichen Verbrechen bezichtigte. Die Seelen der Reichen, so wurde beschlossen, sollen zurückgeschickt werden und in den Körpern von Eseln für lange Zeit weiterleben. – Menippos erzählt dann noch, wie er den Seher Teiresias fand, der ihm doch sagen sollte, was das beste Leben sei. Teiresias erklärt Menippos: Es sei das Leben des Einfaltspinsels, der über die meisten Dinge lacht und nichts ernst nimmt (Kap. 21).

W In diesem Dialog verarbeitet Lukian spezifisch kynisches Gedankengut; er will die Einsicht in das Glück der Bedürfnislosigkeit vermitteln, indem er diese dem Wahn und der Verkehrtheit der Reichen gegenüberstellt. „Der bittere Hohn, mit dem die Unterweltsbilder das Schicksal der reichen und Mächtigen schildern, läßt uns die Stimmen der Darbenden und Unterdrückten vernehmen, die den Wohlstand der Zeit schufen, ohne an ihm Anteil zu haben" (Lesky, 940).

A A. M. Harmon: Lucian. Bd. 4, London/Cambridge (Mass.) 1925.
Ü Chr. M. Wieland: Lucian von Samosata. Sämtliche Werke 1. 2, Leipzig 1788/1789, 331–356.
L A. Lesky, GL, 940.

Ménon
(Gesprächspartner des Sokrates)

Platon aus Athen, 427–347 v. Chr.

Sokratischer Dialog (gr.).
Wahrscheinlich zwischen etwa 393–388 v. Chr. verfaßt.

I Ausgangspunkt des Gesprächs ist die an Sokrates gerichtete Frage des Thessaliers Menon, ob die *Areté* lehrbar sei oder ob sie nur eingeübt werden könne oder ob sie von Natur aus oder auf andere Weise vorhanden sei. Sokrates wendet dagegen ein, daß man in Athen nicht einmal wisse, was *Areté* überhaupt sei. Wie solle er unter diesen Umständen wissen, wie beschaffen etwas sei, von dem er nicht wisse, was es sei. Menon hält es nicht für problematisch, die *Areté* zu definieren, d. h. zu klären, was *Areté* ist. Er zählt verschiedene Tugenden (*Aretai*) auf; denn jedermann habe für jede Aufgabe eine *Areté*, mit der er diese erledigen könne. Aber Sokrates will nicht viele Tugenden genannt bekommen, sondern er möchte das Wesen der Tugend geklärt haben, das allen Einzeltugenden gemeinsam ist: „Haben sie doch alle ein und dieselbe Gestalt, durch die sie Tugenden sind" (72c). Darauf folgen verschiedene Definitionsversuche: Tugend ist die Fähigkeit, über Menschen zu herrschen (73d ff.). Aber selbst wenn man hinzufügt „auf gerechte Weise", kann man allenfalls von einer Tugend, nicht aber von der Tugend an sich sprechen. Eine zweite Definition: Tugend ist die Fähigkeit, sich Güter bzw. das Gute zu verschaffen (77b ff.). Aber auch in diesem Falle wird die Tugend nur durch einen Teil von ihr definiert. Jetzt fragt Menon, auf welche Weise man denn überhaupt das suchen solle, von dem man nicht wisse, was es sei. Und selbst wenn man es gefunden habe, sei nicht sicher, daß es das Gesuchte ist, wenn man nicht wisse, was das Gesuchte sei (80d). Jetzt bringt Sokrates die These ins Spiel, daß Lernen Wiedererkennung von Gewußtem sei (80d ff.): Die Seele sei unsterblich, weil sie im Prozeß der Seelenwanderung ein immer wieder neues Leben habe. Auf ihrer Wanderung habe die Seele alles erfahren; es gebe also nichts, was sie nicht wisse, es sei nur in Vergessenheit geraten, und man müsse es nur durch Erinnerung wieder hervorholen. Lernen sei eben nichts anderes als Erinnerung (*anámnesis*, 81 d). Um diese These zu veranschaulichen, macht Sokrates ein Experiment mit einem Sklavenjungen: durch geschicktes Fragen holt er aus dem Jungen den geometrischen Satz heraus, daß man, um ein Quadrat der Fläche nach zu verdoppeln, das Quadrat über der Diagonale konstruieren muß (82c ff.). Der Junge findet alle Antworten von selbst, als ob er das Wissen schon besessen hätte und sich nur daran erinnern müßte. Da sich der Junge niemals vorher mit Geometrie befaßt hatte, muß er dieses Wissen vor seinem jetzigen Leben erworben haben (86b). Dann wird die Frage nach dem Wesen der Tugend wieder aufgenommen. Sokrates übernimmt von der Mathematik das hypothetische Verfahren, um zu einem Ergebnis zu kommen (86 e): Wenn die Tugend ein Wissen ist (Hypothese), dann ist sie lehrbar. Was nicht lehrbar ist, das ist kein Wissen (87c). Jetzt ist allerdings zu klären, ob Tugend wirklich Wissen ist oder nicht (87d ff.). Wenn Tugend nützlich ist, dann ist sie Einsicht (*phrónesis*), die alles andere (durch richtigen Gebrauch) nützlich werden läßt (88c ff.). Folglich sind die Guten nicht von Natur aus gut, sondern durch Belehrung (*máthesis*), die die Einsicht (= Tugend) zum Ziel hat. Wer aber ist der Lehrer der Tugend? Sind es die Sophisten?

(90b ff.) Nirgends finden sich geeignete Lehrer, weil sie vielleicht gar nicht lehrbar ist (94e), und d.h. sie ist auch kein Wissen. Damit ist die Hypothese zusammengebrochen. Nun wird versucht, mit der Unterscheidung zwischen Wissen (*epistéme*) und Meinen (*dóxa*) an den Begriff der Tugend heranzukommen. Denn auch das „richtige Meinen" leite zu rechtem Handeln an (97a ff.). Tugend realisiert sich anscheinend in einem Grenzbereich zwischen Wissen und Nichtwissen. In diesem Bereich ist *Areté* als eine Synthese von Handeln und Erkennen möglich. Das wird durch Beispiele bestätigt. – Das Ergebnis ist demnach, daß man Tugend weder von Natur noch durch Belehrung besitzt, sondern nur durch göttliche Eingebung (99e) erwirbt.

W Der platonische Sokrates ist mit diesem Ergebnis natürlich nicht zufrieden. Wenn es sich herausgestellt hat, daß Tugend bei der Lage der Dinge kein Wissen ist, muß alles getan werden, daß Tugend Wissen wird.

A R. S. Bluck, Cambridge 1961 (mit Kommentar). J. Burnet. Bd. 3, Oxford 1903. A. Croiset / L. Bodin. Bd. 3. 2, Paris (15)1984 (gr.–frz.). R. Merkelbach, Leipzig/Stuttgart 1988 (gr.–dt. mit Kommentar)
Ü O. Apelt / E. Zekl / K. Reich, Hamburg 1972 (gr.–dt.). R. Rufener, Zürich 1948. F. Schleiermacher / H. Hofmann. Bd. 2, Darmstadt (2)1988.
L W. Bröcker: Platos Gespräche, Frankfurt 1964, 110–120. K. Buchmann: Die Stellung des *Menon* in der platonischen Philosophie, Leipzig 1936. P. Cauer: Platons *Menon* und sein Verhältnis zu *Protagoras* und *Gorgias*, in: RhM 72, 1917/1918, 284–306. J. Eckstein: The Platonic Method. An Interpretation of the Dramatic-philosophic Aspects of the *Meno*, New York 1969. K. Gaiser: Platons *Menon* und die Akademie, in: AGPh 46, 1964, 241–292. E. Heitsch: Platons hypothetisches Verfahren im *Menon*, in: Hermes 105, 1977, 257–268. R. G. Hoerber: Plato's *Meno*, in: Phronesis 5, 1960, 78–102. J. Klein: A Commentary on Plato's *Meno*, Chapel Hill/N.C. 1965.

Mercator
„Der Kaufmann"

Titus Maccius Plautus, etwa 250–184 v. Chr.

Charakterkomödie (lat.).

I Das Hauptthema ist wie in der →*Casina* die Rivalität zwischen Vater und Sohn, die beide dasselbe Mädchen, Pasicompsa, lieben. Charinus, der Sohn, hat das Mädchen gekauft. Demipho, der Vater, verliebt sich in Pasicompsa. Er zwingt den Sohn, das Mädchen wieder zu verkaufen. Lysimachus, der Nachbar des Demipho, soll Pasicompsa für Demipho ersteigern. Dies gelingt, da Eutychus, der Sohn des Lysimachus und Freund des Charinus, zu spät zur Versteigerung kommt und daher einen entsprechenden Auftrag des Charinus nicht erfüllen kann. Die beiden Alten, Demipho und Lysimachus, wollen im Haus des Lysimachus mit Pasicompsa ein Fest feiern, während Dorippa, dessen Frau, verreist ist. Die Frau kehrt aber plötzlich zurück. Es kommt zu einem gewaltigen Ehekrach, und Demipho muß schließlich Pasicompsa an Charinus zurückgeben, nachdem Eutychus alles aufgeklärt und Charinus versprochen hatte, seiner Mutter, der Frau des Demipho, nichts über das Vorgefallene zu erzählen.

Q Vorlage war ein Stück des Philemon (geb. zwischen 365 und 360 in Syrakus), der →*Émporos* („Der Kaufmann"). Plautus bedient sich auch literarischer Tragödientechnik: Die Grundsituation des *Mercator* ist eine komische Parallele zu der in Euripides' *Phoînix* gestalteten Rivalität zwischen Amyntor und Phoinix (vgl. →*Iliás* 9, 432–480).

W In diesem Stück beruht das „Komische" auf den Verwicklungen und Mißverständnissen, die im Leben selbst begründet sind und sich aus den menschlichen Beziehungen ergeben. Die Komik ist nicht konstruiert, sondern in einem „natürlichen" menschlichen Verhalten begründet, d.h. sie ist aus dem Leben gegriffen.

A P. J. Enk. 2 Bde., Leiden [2]1966.
Ü W. Binder / W. Ludwig: Antike Komödien. Plautus/Terenz. 2 Bde., Darmstadt 1976.
L P. J. Enk: De *Mercatore* Plautino, in: Mnemosyne N. S. 53, 1925, 57–74. E. Paratore: Plauto, Florenz 1962. R. Perna: L'originilità di Plauto, Bari 1955, 237–245. B. Warnecke: Zum *Mercator* des Plautus, in: WS 56, 1938, 117–119.

Messeniaká
„Messenische Geschichten"

Rhianos aus Kreta, 2. Hälfte des 3. Jh.s v. Chr.

Epos (gr.) über die Landschaft Messenien im Südwesten der Peloponnes, nur in Frg. erhalten.

I Im 4. B. der →*Periégesis Helládos* des Pausanias sind die *Messeniaká* verwendet. Hier (4,6,3) sagt Pausanias, daß Aristomenes, der Held des zweiten Messenischen Krieges in der Mitte des 7. Jh.s v. Chr., bei Rhianos nicht weniger bedeutend gewesen sei als Achilleus in Homers →*Iliás*. – Rhianos schrieb Epen mit mythisch-historischen Inhalten auch über andere gr. Landschaften: *Thessaliaká*, *Achaiká*, *Eliaká*. Hier stellte der Autor offenbar die gesamte Überlieferung über die einzelnen Landschaften von der Urzeit bis zur Gegenwart zusammen und verband die topographische Beschreibung mit der historischen Erzählung.

A I. U. Powell, Collectanea. FGrHist 265.
L F. Kiechle: Messenische Studien, 1959. H. Körte / P. Händel, HD, 270. J. Kroymann: Pausanias und Rhianos, Berlin 1943. O. Lendle, Einführung, 274f. A. Lesky, GL, 826f.

Messenikós oder Messeniakós
„Messenische Rede"

Archidamas aus Elaia, 1. Hälfte des 4. Jh.s v. Chr.

Verlorene Rede (gr.), in der Alkidamas den Spartanern rät, den Messeniern die Freiheit zu geben.

I Die Rede bewies die prodemokratische, antispartanische Haltung des Autors. Auch hierin stellte er sich in einen Gegensatz zu dem spartafreundlichen Isokrates (vgl. →*Perì tôn tùs graptùs lógus graphónton è perì sophistôn*). Aus derselben Rede stammt der denkwürdige Satz: „Gott schuf alle Menschen als freie Menschen, die Natur hat niemanden als Sklaven zur Welt gebracht."

A F. Blass: Antiphontis orationes ... adiunctis ... Alcidamantis declamationibus, Leipzig [2]1881.
L F. Blass, Bedredsamkeit 2, 345–362. J. H. Kühn: Alkidamas, in: dtv-L 1. 1, 102.

Metabolè tû katà Ioánnen hagíu euangelíu
„Umgestaltung des heiligen Evangeliums nach Johannes"

Nonnos aus Panopolis, 5. Jh. n. Chr.

Metrische Paraphrase des Johannesevangeliums in Hexametern (gr.).
Im hohen Alter nach dem Übertritt zum Christentum verfaßt.

I Nonnos lehnt sich sehr eng an das Original an (→*Novum Testamentum*).

A A. Scheindler, Leipzig 1881.
Ü D. Ebener, Berlin 1985.
L J. Golega: Studien über die Evangeliendichtung des Nonnos von Panopolis. Ein Beitrag zur Geschichte der Bibeldichtung im Altertum, Breslau 1930. H. Görgemanns, GLTD 5, 80–95.

Metamorphosen →Metamorphoseon libri (Ovid), →Metamorphóseon synagogé (Parthenios), →Metamorphoses (Antoninus Liberalis, Apuleius)

Metamorphoseon libri
„B. der Verwandlungssagen"

Publius Ovidius Naso aus Sulmo, 43 v. Chr. – 17 n. Chr.

Ein 15 B. umfassende Sammlung (lat.) von etwa 250 Verwandlungsgeschichten in „chronologischer" Reihenfolge von der Erschaffung der Welt bis auf Augustus. Der metrischen Form nach sind die „Metamorphosen" ein Epos aus rund 12.000 Hexametern; inhaltlich stellen sie ein „enzyklopädisches Kollektivgedicht *sui generis*" (M. v. Albrecht, 635) dar.
Ovid arbeitete etwa zwischen 2 und 8 n. Chr. an den „Metamorphosen".

I „Der epische Faden des Werkes beginnt mit der Weltentstehung aus dem Chaos, den vier Weltaltern, der Sintflut und der folgenden Neubelebung der Erde (1,5–451), führt von den Mythen liebender und rächender Gottheiten (1,452–6,411) über die Leidenschaften und Leiden griechischer Helden und den troischen Sagenkreis (6,412–13,622) zu den verewigten Gründern und Kultstiftern der römischen Vorzeit (13,623–15,744) und endet in der dichterisch gesehenen Gegenwart mit der Verwandlung Caesars in einen Stern (15,745 bis 870)" (R. Sennoner: Die römische Literatur, München 1981, 99). – Es handelt sich also um ein geschlossenes *Carmen perpetuum* (*Met.* 1,4), „einen kosmologisch-mythologischen Versroman unter dem Gesichtspunkt der dauernden Verwandlung der Welt". – Das Werk hat u. a. folgende spezifische Merkmale: (1) Die einzelnen B. sind kunstvoll miteinander verknüpft. Am Ende eines B. beginnt wie in einem Fortsetzungsroman ein neuer Erzählzusammenhang, oder die Haupthandlung eines B. wird erst im folgenden B. abgeschlossen. (2) Auch die einzelnen Erzählungen sind miteinander verbunden – nicht nur durch eine Rahmenerzählung, durch An- oder Abwesenheit von Personen, sondern auch durch thematische Verbindungen, wie z. B. durch das Motiv des Sehens von Verbotenem in B. 3. (3) Die B. sind genealogisch und kulturhistorisch miteinander verknüpft: Theben ist das übergreifende Thema im ersten Drittel, Athen im zweiten Drittel, Troja und Rom im letzten Drittel des Werkes. (4) Das Werk ist in dreimal fünf B. (Pentaden; vgl. →*Tristium libri* 1, 1,117) gegliedert. Zwischen den Schlußbüchern der drei Pentaden bestehen auffallende Analogien: „Nur in diesen B. ist von den Musen die Rede, nur hier finden sich ungewöhnlich lange, von Sehergestalten vorgetragene Einlagen, die das B. prägen: der Gesang der Muse (B. 5), der des Orpheus (B. 10) und der Vortrag des Pythagoras (B. 15). Jedes dieser B. hat auch einen Epilog (6,1–138; 11,1–84; 15,871–879), der sich auf ein Künstlerschicksal bezieht" (M. v. Albrecht, 636). (5) Die Personendarstellung erfolgt meist durch direkte Rede; es handelt sich um Monologe im Stil der Tragödie. (6) Epische Gleichnisse sind angemessen plaziert.

(7) Der Dichter gibt vielfach Verständnishilfen, indem er z. B. das Grundthema schon in der Überleitung oder der Einführung einer neuen Episode nennt und anschließend wiederholt. (8) Der Dichter weist immer wieder auf den unheilvollen Ausgang des von ihm geschilderten Geschehens voraus. (9) Durch das Mittel der tragischen Ironie, die den Kontrast zwischen der Unwissenheit des Handelnden und dem Schicksal, das ihn erwartet, unterstreicht, wird der Leser zum „Mitwisser" des Dichters. (10) Der Verwandlungsvorgang wird in größtmöglicher Anschaulichkeit dargestellt; der Leser sieht den Vorgang vor sich – trotz seiner Irrationalität, Natur- und Vernunftwidrigkeit. „Hier scheint Ovid das Statische zu überwinden, das vielen antiken Kunstformen eigen ist, und Möglichkeiten vorwegzunehmen, die erst der Film visuell realisieren wird" (M. v. Albrecht, 637). (11) Kohärenz und Konsequenz sind eine bestimmte weltanschauliche Botschaft gewährleistet.

Q Ovid kannte selbstverständlich andere Metamorphosen-Dichtungen (z. B. Nikandros, →*Heteroiúmena*, Parthenios, →*Metamorphóseon syngogé*). Aber „der psychologische Reichtum der *Metamorphosen* beruht auf Ovids Erfahrung als Elegiker und seiner Kenntnis der griechisch-römischen Tragödie ... Auch Idyll und Epigramm wirken herein. Kallimachos' →*Hekále* dient als Vorbild für Philemon und Baucis; auch die Technik des Musengesprächs wird übernommen ... Der universalhistorische Ansatz der *Metamorphosen* stammt aus der hellenistischen Geschichtsschreibung" (M. v. Albrecht, 634 f.).

W In den meisten Epyllien läßt sich eine „Lehre" nachweisen: Fast immer wird nicht nur erzählt, daß eine Gestalt verwandelt wird; zugleich wird fast immer mitgeteilt, was trotz der Verwandlung bleibt. „Und durchweg ist dies Bleibende das Kernstück, das Wesentliche an dem mythischen Menschen. Sein Menschsein hört zwar auf; er erhält eine ganz andere Erscheinung. Aber auch diese ist geprägt von einem Charakteristikum her, das in viel fundamentalerer Weise das Wesen des betreffenden Helden der Erzählung bestimmt als dessen zufälliges Mensch-Sein oder Tier-Sein oder dergleichen ... Man gewinnt geradezu einen Erklärungshinweis, der den Sinn der einzelnen Verwandlungsgeschichte verstehen lehrt, wenn man jedesmal fragt: Was haben alte und neue Gestalt miteinander gemeinsam? Oder, noch extremer: Was verwandelt sich nicht, sondern lebt als das Wesensbestimmende weiter?" (Dörrie, 97). Alle Wunder, die Ovid erzählt, legen diesen sonst verborgenen Wesenskern bloß. Solange die verwandelten Wesen noch ihre Persönlichkeit besitzen, solange ist jener Wesenskern geradezu verdunkelt. In der Verwandlung erst offenbart sich die besondere *héxis*, die vorher latent gewesen ist. Darum ist keine der Verwandlungen ungerecht oder zufällig. Der Gewandelte führt seine Existenz in einer Gestalt weiter, die seinem wahren Wesen viel besser gerecht wird als zuvor die menschliche. – Offensichtlich kam es Ovid darauf an, mit seinen Erzählungen zu veranschaulichen, daß eine besondere Eigenschaft, ein besonderes Verhalten oder eine besondere Leistung in höherem Grade den Wesenskern des Menschen ausmacht als seine biologische Existenz. Nach dem Vollzug der Verwandlung lebt das Wesensbestimmende unverändert weiter und wird in der neuen Existenzform manifest. Das zeigen z. B. die lykischen Bauern, die als Frösche weiter existieren, Daphne in der Gestalt des Lorbeerbaumes oder Philemon und Baucis. Ovid geht davon aus, daß die wesensbestimmende, die Wandlung überdauernde Substanz, von der körperlichen Substanz, die mit der Verwandlung verloren geht, verschieden ist. – Wenn man erkennt, daß in der Mehrzahl der Metamorphosen die verwandelten Menschen zwar ihre Gestalt verlieren, aber die sie bestimmenden Eigenschaften, ihren Wesenskern, behalten und noch deutlicher als zuvor zur Geltung bringen können, dann kann man sich auch der Frage nach dem tieferen Sinn dieser Vorgänge nicht entziehen: Offensichtlich stellen die Götter, indem sie die Verwandlung vollziehen, eine Ordnung wieder her. Dem betroffenen Menschen wird durch die Metamorphose der Fortbestand seiner spezifischen Eigenschaften gewährt bzw. auferlegt. Jeder erhält, was er verdient, indem er auf sein spezifisches Sein reduziert wird. Die Götter geben im Vollzug der Verwandlung jedem das Seine. Sie sind in diesem Sinne gerecht. Das trifft auch auf den Dichter selbst zu. Auch er erfährt seine Metamorphose zur Unsterblichkeit. Seine körperliche Existenz verschwindet. Sein Werk und sein Name, die Spezifika seiner Persönlichkeit, werden nicht vergehen. Das letzte Wort der Metamorphosen lautet *vivam* („ich werde leben"), das mit seinem persönlichen Entschluß (*fert animus ...* „ich habe mich entschlossen ...") am Anfang des Werkes korrespondiert. – „Für Ovid war die Metamorphosen-Dichtung keine Sammlung von Curiosa; sein Interesse an ihr war nicht der Spieltrieb des gelehrten Sammlers und nicht der des preziösen Schöngeists. Sondern in ganz bestimmtem Sinne sucht Ovid die Antwort auf eine Frage" (Dörrie, 116). Es war die Frage, „was hinter allen Erscheinungen Dauer besitzt". Ovids Antwort lautet: Das Spezifische und Besondere, der Wesenskern, die individuelle Substanz. „Trifft das zu, dann gewinnt Ovid selbst Bestand und Dauer in seinem besseren Teil, seiner Dichtung" (Dörrie, 116). Der Leib, die materielle Substanz, wird vergehen, doch *parte meliore*, d. h. mit seinem spezifischen Geartetsein, wird er ewig leben, und sein Name ist unzerstörbar (*Met.* 15,871–879). – Obwohl Ovid im 15. B. dem Philosophen Pythagoras mehr als 400 Verse gewidmet hat (15,60–477) sind die Wandlungsgeschichten sicher nicht als Illustrationen der Seelenwanderungslehre des Pythagoras zu verstehen. Zwar wird auch hier die neue Daseinsform durch das spezifische Wesen des Gewandelten vorherbestimmt: Wer als Mensch das Wesen eines Esels zeigt, muß nach seiner Wiedergeburt als ein solcher existieren. Der entscheidende Unterschied besteht aber darin, daß die Kontinuität der verschie-

denen Daseinsformen durch stets dieselbe Seele gewährleistet ist: das kommt bei Ovid nicht vor. Nicht-pythagoreisch ist in dem umfangreichen Pythagoras-Teil auch Ovids Schlußfolgerung aus den Wandlungen: Es gibt keine feste Form. Das entspricht eben doch dem heraklitischen *pánta rheî* („Alles fließt"), das für die physikalischen Lehren des Poseidonios, und zwar vor allem für seine Theorie der Änderung (*alloíosis* oder *heteroíosis*) maßgebend wurde: Die Dinge ändern sich zwar, aber ihr spezifischer Seinsgrund, ihre spezifische Substanz, bleibt bestehen. Erst wenn diese verloren geht, wird ein Wesen vernichtet.

N   „Die *Metamorphosen* liefern dem Mittelalter wie der Neuzeit einen reichen Mythenschatz und befruchten Literatur, bildende Kunst und Musik in einem Umfang, der sich noch kaum überblicken läßt ..." (M. v. Albrecht, 645).

A W. S. Anderson, Stuttgart/Leipzig [7]1996. F. Bömer. 7 Bde., Heidelberg 1969–1986 (Kommentar). M. Haupt / R. Ehwald / O. Korn. 2 Bde. Zürich [10]1966 und [5]1966 (mit Kommentar). R. Merkel, Leipzig [2]1875.
Ü M. v. Albrecht, München [5]1989. H. Breitenbach, Zürich/Stuttgart [2]1964 und München 1982. G. Fink, München [4]1994. E. Rösch / N. Holzberg, München/Zürich [16]1996 (lat.–dt.).
L M. v. Albrecht: Mythos und römische Realität in Ovids *Metamorphosen*, in: ANRW 2, 31, 4, 1981, 2328–2342. M. v. Albrecht, RL, 623 bis 650. A. Bartenbach: Motiv- und Erzählstruktur in Ovids *Metamorphosen*. Das Verhältnis von Rahmen- und Binnenerzählungen im 5., 10. und 15. B. von Ovids *Metamorphosen*, Frankfurt 1990. Ch. Binroth-Bank: Der Monolog der Medea in Ovids *Metamorphosen*, in: AU 40, 45, 1997, 17–32. K. Büchner: Ovids *Metamorphosen*, in: K. B.: Humanitas Romana, Heidelberg 1957, 203–228. A. Crabbe: Structure and Content in Ovid's *Metamorphoses*, in: ANRW 2, 31, 4, 1981, 2274–2327. H. Dörrie: Verwandlung und Dauer. Ovids Metamorphosen und Poseidonios' Lehre von der Substanz, in: AU 4, 2, 1959, 95–116. O. S. Due: Changing Forms. Studies in the *Metamorphoses* of Ovid, Copenhagen 1974. N. Holzberg: Ovid. Dichter und Werk, München 1997. M. Hotz: Die Metamorphose der Daphne in Ovids *Metamorphosen* und Richard Strauss' Oper *Daphne*, in: Anregung 42, 1996, 146 bis 160. KNLL 12, 844 f. W. Ludwig: Struktur und Einheit der *Metamorphosen* Ovids, Berlin 1965. P. Mommsen: Philosophische Propädeutik an den *Metamorphosen* des Ovid, in: AU 27, 1, 1985, 27–41.

Metamorphóseon synagogé
„Sammlung von Verwandlungen"

Parthenios aus Nikaia, 1. Jh. v. Chr.

Verlorenes Kleinepos (Epyllion) mit Verwandlungssagen (gr.). Die ps.-vergilianische *Ciris* (→*Appendix Vergiliana*) ist nach einer der Metamorphosen des Parthenios gestaltet.

A E. Diehl, ALG 6, 95–101.

Metamorphóses
„Verwandlungen"

Antoninus Liberalis, 2. Jh. n. Chr.

Sammlung (gr.) von Verwandlungssagen (41 Geschichten) in Prosa.

Der Autor benutzte vor allem die →*Heteroiúmena* des Nikandros und die →*Ornithogonía* des Boios (oder der Boio).

    A MythGr 2. 1. E. Cazzaniga: Ant. Lib. *Metamorphóseon synagogé*, Mailand/Varese 1962. M. Papathomopoulos: Ant. Lib. *Les Métamorphoses*. Coll. des Un. de Fr. 1968 (gr.–frz.).
    L W. Kroll, RE 1, 1893, 1572–1574. W. Kroll: Nikandros (Nr. 11), in: RE 17, 1936, 254f. E. Oder: De Antonino Liberali, Diss. Bonn 1886.

Metamorphoses
„Verwandlungen"

Apuleius aus Madaura, 2. Jh. n. Chr.

Roman in elf B. (lat.).
Zwischen 180 und 190 n. Chr. verfaßt.

I Der nach einem gr. Vorbild des Lukios aus Patrai (vgl. die pseudo-lukianische Satire →*Lúkios è ónos*) gestaltete Roman schildert die Erlebnisse eines jungen Mannes namens Lucius, der durch den ahnungslosen Gebrauch eines Zaubermittels in einen Esel verwandelt und nach vielfältigen Abenteuern durch das Fressen von Rosen während einer Isis-Prozession seine menschliche Gestalt wiederbekommt. Am Schluß wird Lucius zum Isis-Priester geweiht. – Die bekannteste Einlage des Romans ist das Märchen von „Amor und Psyche" (*Met.* 4,28–6,24), das eine alte Frau einem von Räubern entführten Mädchen erzählt. – In die Haupthandlung des Romans sind etwa 20 kürzere Erzählungen eingelegt, die auf die Haupthandlung bezogen sind. So spiegelt „Amor und Psyche" z. B. das Schicksal des Lucius (Irrtum, Leiden und Erlösung). – B. 1: Auf dem Weg von Korinth nach Thessalien hört Lucius allerlei Zaubergeschichten. B. 2: In Hypata kehrt er bei Milo ein. Nach einem Zechgelage ersticht er drei Personen. B. 3: Nach einer Gerichtsverhandlung stellt sich heraus, daß die Erstochenen keine Menschen, sondern Weinschläuche waren. Lucius beobachtet, wie sich die Frau seines Gastgebers in einen Uhu verwandelt. Er bittet die Dienerin Fotis, auch ihn in einen Vogel zu verwandeln. Diese nimmt das falsche Mittel, und er wird ein Esel, der von Einbrechern gestohlen wird. B. 4–6: Die alte Frau erzählt das Märchen von „Amor und Psyche". Der Esel versucht, mit der entführten Charite zu fliehen. B. 7: Charites Bräutigam befreit sie und den Esel, der dann allerdings schwere Arbeit leisten muß. B. 8: Nach dem Tod seiner Wohltäter fällt der Esel verschiedenen Herren in die Hände, u. a. auch den Priestern der Kybele. B. 9: Der Esel übersteht viele Gefahren und wechselt wieder mehrfach seinen Herrn. B. 10: Er führt bei zwei Brüdern ein angenehmes Leben. Er bekommt sogar Tischmanieren beigebracht, und eine Dame verliebt sich in ihn. Er flüchtet, bevor es zu einer Kopulation mit einer zum Tode verurteilten Frau in aller Öffentlichkeit kommt. B. 11: Um Mitternacht erwacht er am Meeresstrand, betet zur Himmelskönigin und empfängt die rettenden Rosen aus der Hand des Isis-Priesters. Wieder Mensch tritt er in den Dienst der Göttin Isis.

Q Apuleius benutzte wahrscheinlich die gr. Vorlage der unter den Werken Lukians überlieferten Schrift →*Lúkios è ónos*. Er verwendete außerdem die →*Milesiaká* des Aristeides aus Milet, eine Novellensammlung um 100 v. Chr. Aus diesem Werk stammen wohl auch die Ehebruchgeschichten des 9. B.

W „Oberflächlich erscheint das Werk als Unterhaltungsroman mit einem aufgesetzten religiösen Schluß ... Die Polarität zwischen der magischen Eselsverwandlung und der religiösen Erlösung legt es nahe, die *Metamorphosen* als allegorische Wundererzählung im Dienste religiöser Propaganda und zugleich als allegorische Autobiographie aufzufassen; freilich erfaßt dies nur eine Seite des Werkes. Jedenfalls lassen sich die *Metamorphosen* trotz der autobiographischen Einkleidung als Entwicklungsroman deuten, da der Esel keine sittliche Reife entwickelt" (M. v. Albrecht, 1153). – Ein Leitmotiv ist das Mißlingen der Selbsterlösung. Erst durch das Einwirken des Göttlichen im Rahmen der Isis-Religion gelangt Lucius zur Erlösung. Unter diesem Aspekt stellt sich der Roman als eine Verknüpfung von Autobiographie und religiösem Bekenntnis dar.

N Als Ausdrucksform religiösen Bekenntnisses verweisen die *Metamorphoses* auf Augustinus' →*Confessiones*. Aber „Verwandlungen wie die des Apuleius in einen Esel sind für den seriösen Augustinus zwar nicht physisch, aber psychisch – als Blendwerk der Dämonen – erklärbar (*civ.* 18,18)" (M. v. Albrecht, 1160). – Boccaccio (gest. 1375) übernimmt Novellen aus den *Metamorphoses* in sein *Decamerone*. Seit dem 15. Jh. wird das Werk in verschiedene europäische Sprachen übersetzt und befruchtet die Nationalliteraturen.

    A J. A. Hanson. 2 Bde., London/Cambridge (Mass.) 1989 (lat.–engl.). R. Helm, Leipzig [7]1968, Nachdr. 1992.
    Ü E. Brandt / W. Ehlers / N. Holzberg, München [5]1998 (lat.–dt.). C. Fischer / B. Kytzler, München 1990. R. Helm / W. Krenkel, Berlin [6]1970 (lat.–dt.). A. Rode / R. Helm / W. Haupt, Leipzig [5]1919 (lat.–dt.).
    L M. v. Albrecht, RL, 1150–1164. N. Holzberg: Apuleius und der Verfasser des griechischen Eselsromans, in: WJA NF 10, 1984, 161–177. N. Holzberg: Der antike Roman, München 1986. P. James: Unity in Diversity. A Study of Apuleius' *Metamorphoses*, Hildesheim 1987. A. Lesky: Apuleius von Madaura und Lukios von Patrai, in: Hermes 76, 1941, 43 bis 74. H. Münstermann: Apuleius. Metamorphosen literarischer Vorlagen. Untersuchung dreier Episoden des Romans unter Berücksichtigung der Philosophie

und Theologie des Apuleius. Beiträge zur Altertumskunde 69, 1995. J. Tatum: Apuleius and the Golden Ass, London 1979. H. van Thiel: Der Eselsroman. 2 Bde., München 1971–1972. J. Winkler: Auctor and Actor. A Narratological Reading of Apuleius' The Golden Ass, Berkeley 1985.

Metaphysik →Tà metà tà physiká (Aristoteles)

Meteorologiká
„Lehre von den Dingen über der Erde"

Aristoteles aus Stageira, 384–322 v. Chr.

Naturwissenschaftliches Werk in vier B. (gr.). Wahrscheinlich nach 341 v. Chr. verfaßt.

I Das Werk steht in engem Zusammenhang mit der Naturphilosophie und Naturkunde des Aristoteles (vgl. →*Physikè akróasis*), sowie mit der Astronomie (→*Perì uranû*). – Es handelt sich nicht nur um eine Meteorologie im heutigen Sinne, sondern auch um ein Werk über Astronomie, Geophysik und Geographie. – B. 1 befaßt sich nach einer Erklärung der Begriffe und der kosmologischen Grundvorstellungen (Kap. 1–3) mit den Vorgängen in der höheren und niederen Atmosphäre (Meteore, Sternschnuppen, Farberscheinungen am Himmel, Kometen, Milchstraße, Wolken, Nebel, Regen, Schnee, Hagel (Kap. 4–12). Darauf geht es um den Ursprung der Winde, des Meeres, der Flüsse und um geographische Probleme (Kap. 13–14). B. 2 befaßt sich wieder mit dem Meer (Kap. 1–3) und den Winden (Kap. 4–6); darauf werden geophysikalische Erscheinungen wie das Erdbeben (Kap. 7 bis 8), Donner und Blitz (Kap. 9 – B. 3, Kap. 1) behandelt. Im B. 3 geht es um Lichterscheinungen am Himmel (Kap. 2–6) und um Stoffe und Vorgänge im Erdinnern (Kap. 6 – Ende). B. 4 ist eine in sich geschlossene Abhandlung über Chemie, d. h. über die Wechselwirkung zwischen den vier Elementen Feuer, Wasser, Erde, Luft und über die physikalisch-chemischen Grundqualitäten Warm, Kalt, Trocken, Naß.

W Aristoteles breitet eine große Fülle von Beobachtungen aus, verzichtet aber darauf, diese Beobachtungen experimentell zu überprüfen bzw. durch entsprechende Meßverfahren zu verifizieren.

A I. Düring, Göteborg 1944 (nur B. 4 mit Kommentar). F. H. Fobes, Cambridge (Mass.) 1919, Nachdr. 1967. H. D. P. Lee, London/Cambridge (Mass.) 1952 (gr.–engl.). P. Louis. 2 Bde., Paris 1982.
Ü H. Strohm, Darmstadt [(3)]1984.
L W. Capelle: Meteorologie, in: RE Suppl. 6, 1935, 315–325; 339 bis 344. I. Düring, Aristoteles, 385–399. KNLL 1, 695f.

Metíochos kaì Parthenópe
„Metiochos und Parthenope"

An.

Romanfragment. (gr.) auf Papyrus. Verfaßt im 2. Jh. n. Chr.

I Der Roman handelte von einem Verächter des Eros, der dann aber seine Wirkung um so heftiger erfahren muß.

A Nr. 2622f. Pack.
L A. Lesky, GL, 964.

Metriká
„Messungen"

Heron aus Alexandreia, 1. Jh. n. Chr.

Anwendungsbezogene mathematische Schrift für Fachleute in drei B. (gr.).

I „Das Werk enthält Anleitungen zum praktischen Vermessen von ebenen und gekrümmten Flächen (B. 1), von Volumen (B. 2) und zum Teilen von Flächen und Volumen (B. 3). Praktische Rechenregeln mit Zahlenbeispielen wechseln mit geom. strengen Beweisen ab" (Man, 1107).

A W. Schmidt / L. Nix / H. Schöne / J. L. Heiberg. 5 Bde., Leipzig 1899–1914 (mit Übersetzung): *Metriká* in Bd. 3, 1903.
L E. M. Bruins: Heron. *Metrica*. Codex Constantinopolitanus, Palatii Veteris 1, containing Heron's *Metrica* in Facsimile, Transcription of Text and Scholia, with Transl. and Comm., in: Janus Suppl. 2, 1960. E. M. Bruins: Heronis Alexandrini *Metrica*, leiden 1964. J. G. Landels: Die Technik in der antiken Welt, München 1979, 241–253. A. Lesky, GL,889. J. Man: Heron, in: DKP 2, 1106–1109. K. Tittel, RE 8, 1912, 992–1080.

Mikrà Iliás →Epikòs kýklos

Mikròs diákosmos
„Kleine Weltordnung"

Demokritos aus Abdera, 470/460–380/70 v. Chr.

Naturphilosophische Abhandlung (gr.), nur in Nachrichten und Frg. überliefert.

I Der Inhalt des Werkes ist u. a. aus Diogenes Laertius (→*Philosóphon bíon kaì dogmáton synagogé*), Diodoros (→*Bibliothéke*) und Epikuros (vgl. Lucretius, →*De rerum natura* und Diogenes aus Oinoanda, →„Inschrift des Diogenes") zu rekonstruieren. – Es handelt sich um eine Auseinandersetzung mit kosmologischen Fragen, um eine Zoogonie und eine Kulturgeschichte des Menschen (s. auch →*Makròs diákosmos* und →*Perì phýseos*). – Demokrit ließ „die lebenden Wesen aus blasenartigen häutigen Gebilden (*hyménes*) hervorgehen, die sich in dem die Erde bedeckenden Schlamm gebildet haben und unter der Einwirkung der Hitze zersprungen sein sollten. Nach der auch von Anaxagoras angewandten Methode, das Unbekannte aus dem Bekannten abzuleiten, glaubte er dies aus dem Vorkommen der Entstehung kleinerer Lebewesen bei Fäulnisprozessen, z. B. bei der alljährlichen Nilüberschwemmung in Ägypten ... erschließen zu dürfen" (Nestle, 197).

Q Die Darstellung der menschlichen Kulturentwicklung berührt sich mit dem entsprechenden Mythos in Platons →*Protagóras* (320c-322d). Vgl. auch Protagoras, *Perì tês en archê katastáseos*, von dem Demokrit letztlich abhängig sein könnte.

W Die Entstehung der menschlichen Kultur und die Entwicklung der menschlichen Gesellschaft bedarf nach Demokrit keiner göttlichen Hilfe. Sie entwickeln sich von selbst aus entsprechenden Bedürfnissen und aufgrund der geistigen Fähigkeiten der Menschen.

A VS 68, B 4 c – 5.
Ü J. Mansfeld: Die Vorsokratiker, Stuttgart 1987, 607–619 (gr.–dt.).
L W. Nestle, VMzL, 197.

Miles gloriosus
„Der eitle Soldat"

Titus Maccius Plautus, etwa 250–184 v. Chr.

Intrigenkomödie (lat.).
Wohl erstmals um 205 v. Chr. aufgeführt.

I Philocomasium, die Geliebte des Atheners Pleusicles, ist von dem angeberischen Offizier Pyrgopolinices nach Ephesus entführt worden. Ebenso befindet sich Palaestrio, der Sklave des Pleusicles, in der Hand des Offiziers, so daß er seinen früheren Herrn über den Aufenthaltsort der Geliebten informieren kann. Pleusicles ist inzwischen in Ephesus angekommen und wohnt bei seinem Freund Periplectomenus in einem Haus neben dem Haus des Offiziers. Palaestrio hatte ein Loch in die Hauswand gebrochen, so daß Philocomasium zu ihm kommen konnte. Sceledrus, der Sklave des Pyrgopolinices, entdeckt dieses heimliche Treffen. Palaestrio jedoch redet Sceledrus ein, er habe nicht Philocomasium, sondern deren Zwillingsschwester gesehen. – Hier endet die Geschichte allerdings noch nicht; vielmehr folgt eine zweite Geschichte, die nicht nur den Sklaven Sceledrus, sondern auch Pyrgopolinices zum Narren werden läßt. Palaestrio überredet Periplectomenus, zwei Hetären als seine angebliche Ehefrau und deren Dienerin zu engagieren. Die angebliche Ehefrau soll so tun, als sei sie in den Offizier verliebt, um ihn zu verführen. Dieser läßt Philocomasium gehen und bemüht sich, die Hetäre und vermeintliche Ehefrau des Periplectomenus für sich zu gewinnen. Beim ersten Zusammentreffen mit dieser wird der Offizier als „Ehe-

brecher" ertappt und von der gesamten Dienerschaft des Periplectomenus gräßlich verprügelt.

Q Vorlage war der *Alazón* („Angeber") eines unbekannten gr. Autors.

W Die Wirkung des Stückes beruht auf der Darstellung des prahlerischen Großmauls Pyrgopolinices, des Abbildes eines der vielen Söldneroffiziere, die in der Diadochenzeit allem und jedem dienten, wenn er sie nur gut bezahlte. – Aber die Komödie lebt noch von anderen Typen: dem durchtriebenen Intriganten und Drahtzieher des Geschehens Palaestrio, dem Typ des jugendlichen Liebhabers Pleusicles, der eine recht unglückliche Gestalt abgibt, dem Pseudo-Epikureer Periplectomenus.

N Im 16. Jh. verfaßt L. Dolce eine Nachdichtung des *Miles gloriosus*: *Il Capitano* (1560). Herzog Heinrich Julius von Braunschweig verwandelt den plautinischen Prahler in einen phantasievollen Aufschneider, der dem Typ des Münchhausen entspricht: *Vincentius Ladislaus* (1594). Andreas Gryphius verdoppelt im *Horribilicribifax* (1663) den plautinischen *Miles*. P. Corneille läßt den Prahlhans aus Angst vor dem Nebenbuhler vor einem Liebeshandel zurückschrecken: *L' Illusion comique* (1636). – Im Vergleich mit der gesamten Fabel des *Miles gloriosus* hat die Gestalt des *Miles* eine erheblich größere Wirkung: So z. B. in der Gestalt des *Capitano* der Comedia dell' arte. Vom 16.–18. Jh. entfaltet der *Capitano* oder *Bramarbas* ein reges Bühnenleben. Dazu gehören die Falstaff-Gestalt bei Shakespeare („Die lustigen Weiber von Windsor", 1600) oder in Verdis Oper „Falstaff" (1893); aber auch in *Le pédant joué* von Cyrano de Bergerac (1654) und in Molières *Les fourberies de Scapin* (1671) spielt der plautinische *Miles gloriosus* seine Rolle.

A J. Brix / M. Niemeyer / O. Köhler, Leipzig [(4)]1916. M. Hammond / A. M. Mack / W. Moskalew, Cambridge (Mass.) [(2)]1970.
Ü W. Binder / W. Ludwig: Antike Komödien. Plautus/Terenz. 2 Bde., Darmstadt 1976. P. Rau, Stuttgart 1964 (lat.–dt.).
L E. Frenzel, Stoffe, 498–500. K. Gaiser: Zum *Miles gloriosus* des Plautus: Eine neuerschlossene Menander-Komödie und ihre literaturgeschichtliche Stellung (1967), in: E. Lefèvre (Hg.): Die römische Komödie: Plautus und Terenz, Darmstadt 1973, 205–248. E. Lefèvre: Plautus-Studien 4. Die Umformung des *Alazón* zur der Doppelkomödie des *Miles gloriosus*, in: Hermes 112, 1984, 30–53. O. F. Lorenz, Berlin [(2)]1886, Nachdr. Dublin/Zürich 1981 (Kommentar). K. v. Reinhardstoettner: Spätere Bearbeitungen plautinischer Lustspiele, Leipzig 1886, 595–680. L. Schaaf: Der *Miles gloriosus* des Plautus und sein griechisches Original. Ein Beitrag zur Kontaminationsfrage, München 1977. G. Wartenberg: Der *Miles gloriosus* in der griechisch-hellenistischen Komödie, in: Die gesellschaftliche Bedeutung des antiken Dramas für seine und für unsere Zeit. Protokoll der Karl-Marx-Städter Fachtagung (1969), Hg. v. W. Hofmann und H. Kuch, Berlin 1973, 197–205.

Milesiae →Milesiaká (Aristeides aus Milet)

Milesiaká
„Milesische Geschichten"

Aristeides aus Milet, um 100 v. Chr.

Verlorene Novellensammlung mit erotisch-frivolen Erzählungen (gr.).

I Das Werk wurde von Petronius (→*Satyrica*) und Apuleius (→*Metamorphoses*) benutzt, so daß man sich eine Vorstellung von seinem Inhalt machen kann. Es handelte sich wohl um schwankhafte Erzählungen, wie sie später auch in Boccaccios *Decamerone* oder in Poggios *Facetiae* wiederkehren. „Ob Aristeides für eine Verbindung der einzelnen Geschichten sorgte, was bei ihm Tradition und was eigene Erfindung war, wissen wir nicht" (Lesky, 854). – L. Cornelius Sisenna hat das Werk ins Lateinische übersetzt (*Milesiae*).

A F. Buecheler / W. Heraeus: Sisennae reliquiae Milesiarum (in: Petronii Saturae), Berlin 1922, 264 f. FGrHist 495.
L W. Aly: Milesis, in: RE 15, 2, 1932, 1580 f. Qu. Cataudella: La novella greca. Prolegomeni e testi, Neapel 1957, 126–164. Lesky, GL, 854. KNLL 1, 668 f. C. W. Müller: Die Witwe von Ephesus. Petrons Novelle und die *Milesiaká*, in: A & A 26, 1980, 103–121. Schmid-Stählin 2, 1, 481 f. S. Trenkner: The Greek Novella in the Class. period, Cambridge 1958, 172–177. J. Werner: Aristeides (Nr. 2), in: DKP 1, 557.

Milétu hálosis
„Die Einnahme von Milet"

Phrynichos aus Athen, um 500 v. Chr.

Tragödie (gr.), verloren, aber gut bezeugt. Aufgeführt im Jahre 492 v. Chr. in Athen.

I Phrynichos verarbeitet einen zeitgeschichtlichen Stoff: Im Jahre 494 war Milet von den Persern erobert worden. – Herodot (→*Historíes apódexis* 6,21) berichtet, daß das Theater das ganze Weinen brachte. Der Dichter habe Strafe dafür zahlen müssen, daß er mit seinem Stück das Unglück der Milesier wieder aufleben ließ.

A TGF 720–725.
L A. v. Blumenthal: Phrynichos (Nr. 4), in: RE 20, 1, 1941, 914–917. G. Freimuth: Zur *Miletu Halosis* des Phrynichos, in: Ph 99, 1955, 51–69. KLL 7, 6311. A. Lesky: Die tragische Dichtung der Hellenen, Göttingen [(2)]1964, 47. F. Marx: Der Tragiker Phrynichos, in: RhM 77, 1928, 337–360. Schmid-Stählin 1, 2, 173 f.

Mimíamboi
„Mimen in Iamben (Hinkiamben)"

Herodas aus Kos, 2. Hälfte des 3. Jh.s v. Chr.

Dialogische, in Hinkiamben (→*Cho*l*íamboi*) nach dem Vorbild des Hipponax gedichtete Szenen (gr.) aus dem täglichen Leben. Sieben *Mimiamben* wurden 1890 fast vollständig erhalten durch einen Papyrusfund aus dem 1. Jh. n. Chr. entdeckt (Nr. 359 Pack). Hinzu kommen noch zwei verstümmelt überlieferte *Mimiamben*.

I Die zur Rezitation, nicht zur Aufführung bestimmten *Mimiamben* stellen Szenen aus dem Alltagsleben dar, indem sie dessen unerfreuliche und moralisch bedenkliche Seiten stark hervorheben und die darin agierenden Personen in Dialog und Monolog realitätsgerecht charakterisieren: (1) Eine Kupplerin besucht eine Ehefrau, deren Mann verreist ist. (2) Ein Bordellbesitzer klagt vor Gericht gegen einen Schiffseigner wegen versuchter Entführung eines Mädchens. (3) Ein Lehrer verprügelt einen Jungen auf Verlangen seiner Mutter. (4) Zwei Frauen besuchen den Asklepiostempel auf Kos und bestaunen die Kunstwerke. (5) Eine eifersüchtige Frau quält und verfolgt ihren Sklaven. (6) Zwei Freundinnen sprechen über die Beschaffung eines Phallos aus Leder. (7) Zwei Frauen kaufen Schuhe im Schusterladen. (8) Traum des Herodas (leider nicht gut erhalten).

Q Herodas bildete den in Prosa abgefaßten *Mîmos* des Sophron um, indem er Vermaß und Sprache von Hipponax entlehnte. Er übernahm sogar einzelne sprachliche Wendungen aus dessen →*Cholíamboi*.

W Wie Sophron (→*Mîmoi*) gelingt es auch Herodas, „durch scharfe Zeichnung der Personen und meisterhafte Anpassung der Redeweise ein höchstes Maß von Lebensnähe und Milieuechtheit zu erreichen. In der konsequenten Ausprägung der realistischen Komponente des Hellenismus liegt die Stärke des Mannes" (Lesky, 838).

N Die röm. Mimiambendichtung dürfte von Herodas angeregt worden sein (Cn. Matius, 1. Jh. v. Chr.: Fragmenta Poetarum Romanorum, ed. E. Baehrens, 1886, 281–283). – Auch Plinius las Herodas (→*Epistulae* 4,3,4).

A I. C. Cunningham, Oxford 1971. I. C. Cunningham, Leipzig 1987. W. Headlam / A. D. Knox, Cambridge 1922. A. D. Knox, London/Cambridge (Mass.) 1929 (gr.–engl.). G. Puccioni, Florenz 1950 (mit Kommentar).
Ü O. Crusius / R. Herzog, Leipzig [(2)]1926. B. Effe, GLTD 4, 66–75 (der 5. Mimiambos gr.–dt.).
L R. Keydell: Herodas, in: DKP 2, 1090. A. Körte / P. Händel, HD, 286–297 (mit Übersetzung einiger *Mimíamboi* in Auswahl). A. Lesky, GL, 838 f. G. Mastromarco: Il pubblico di Heroda, Padua 1979. V. Schmidt: Sprachliche Untersuchungen zu Herondas, Berlin 1969.

Mîmoi

„Nachahmungen (der Lebenswirklichkeit)"

Sophron aus Syrakus, 2. Hälfte des 5. Jh.s v. Chr.

Darstellungen realistischer Lebensbilder in Prosa (gr.), in nur wenigen Frg. erhalten.

I Aus den Nachahmungen des Theokrit (→Eidýllia) und den →Mimíamboi des Herodas läßt sich erschließen, daß in den Mîmoi des Sophron, die übrigens die ersten literarisch faßbaren Texte dieses Genres sind, bestimmte Typen und Situationen abgebildet wurden, wie z. B. Handwerker, Diebe, Kuppler, Schulmeister oder Ehebrecherinnen bei ihren spezifischen Tätigkeiten und in Auseinandersetzung mit anderen.
N Die Bedeutung der Gattung des Mímos für Platon ist nicht zu übersehen: „Man wird Platons Dialoge nicht geradezu als eine Art von Komödien bezeichnen, aber starke Einwirkung von dieser Seite ist nicht zu bezweifeln" (Lesky, 578). Verse von Epicharm (→„Komödien"), der im →Theaítetos (152e) als Meister der Komödie erscheint, zeigen große Nähe zum Frage- und Antwortspiel platonischer Dialoge, und Sophrons Mîmoi schätzte Platon sehr; er hatte sie angeblich stets unter dem Kopfkissen liegen. – Bemerkenswert ist auch, daß Aristoteles in der „Poetik" (1447b9) die Mîmoi des Sophron und seines Sohnes Xenarchos in eine Reihe mit den sokratischen Gesprächen stellt. – Theokrit, der Landsmann des Sophron, hat sich bei der Gestaltung seiner →Eidýllia 4, 5 und 9, die in lebhaften Dialogen realistische Lebensschilderungen (z. B. der Erntearbeiter bei der Mahd) bieten, auch von den Mîmoi des Sophron anregen lassen. – Seit dem 3. Jh. v. Chr. wurden Mîmoi nicht nur in der Öffentlichkeit oder im privaten Raum, sondern auch von Schauspielern („Mimen") auf der Bühne aufgeführt (→Mimíamboi des Herodas).

A CGF 1. 1. A. Olivieri: Frammenti (→„Komödien" des Epicharmos).
L Th. Gelzer: Mimos, in: dtv-L 1. 3, 186f. A. Lesky, GL, 278.

Mínos

(Name des sagenhaften Königs von Kreta und Gesetzgebers)

Ps.–Platon

Sokratischer Dialog (gr.).
Entstanden wohl erst nach dem Tode Platons um 339 v. Chr.

I Der Dialog wurde von Aristophanes aus Byzanz mit den →Nómoi und der →Epinomís zu einer Trilogie zusammengestellt. – Der König Minos wird in eine Untersuchung über das Wesen des Gesetzes einbezogen.

A J. Burnet. Bd. 5, Oxford 1907. G. Orsini, Rom 1956.
Ü E. Loewenthal. Bd. 1, Darmstadt 2003.
L M. Isnardi: Una nota di Minosse pseudo-platonico, in: PP 9, 1954, 45–53. W. Jaeger: Praise of Law. The origin of legal philosophy and the Greeks, in: Essays in Honour of R. Pound, New York 1947, 352ff. A. Lesky, GL, 576.

Misopógon →Antiochikòs è Misopógon (Iulianos)

Misúmenos

„Der mit Haß Verfolgte"

Menandros aus Athen, 342–291 v. Chr.

Komödie (gr.), aus der Frg. erhalten sind.

I Nach A. Lesky (733f.) läßt sich folgender Handlungsverlauf rekonstruieren: „Der Soldat Thrasonides liebt ein Mädchen Krateia, das als Gefangene in seiner Gewalt befindet. Er will jedoch ihre Liebe als ihr freies Geschenk erringen. Sie aber verabscheut ihn und seine Gaben, so daß er an Selbstmord denkt und von seinem Sklaven Getas ein Schwert verlangt. Dieser schafft nun alle gefährlichen Waffen fort und birgt sie im Haus des Nachbarn Kleinias … Krateia findet ihren Vater Demeas wieder und erweist sich so als Freigeborene. Aus einem in den 4. Akt gehörenden Monolog des Getas erfahren wir, daß Demeas die Werbung des Thrasonides um Krateia schroff ablehnte, am Ende des 5. Aktes aber gibt er sie einem Manne, der doch nur Thrasonides gewesen sein kann. Worin gründet der lange festgehaltene Haß Krateias und was bringt ihn zum Erlöschen? … Ein Schwert im Besitz des Thrasonides spielte eine besondere Rolle. Demeas erkennt es im Hause des Kleinias, wohin Getas die Waffen seines Herrn schaffte und eilt zu Thrasonides, um diesen über die Herkunft der Waffe zu befragen. Ferner wird in der Erkennungsszene zwischen Demeas und Krateia eines vermißten Familienangehörigen gedacht. Das alles fügt sich bei der Annahme gut zusammen, daß der Vermißte ein naher Angehöriger Krateias, vielleicht ihr Bruder, war, und daß das Schwert im Besitz des Thrasonides den Glauben erweckte, er habe diesen getötet und dessen Waffe an sich genommen. Dann könnte die Rückkehr des Totgeglaubten die glückliche Lösung gebracht haben."

A F. H. Sandbach, Oxford [(2)]1990 (Papyri). E. G. Turner: New Frg. of the Misumenos of Menander, in: BICS Suppl. 17, 1965.
L Qu. Cataudella: Supposizioni sul Misumenos di Menandro, SIFC 38, 1966,97ff. M. Gigante: Sul testo di Misumenos di Menandro, in: Boll. del comitato per la preparazione dell' Ed. Naz. dei Classici Gr. e Lat. NS Fasc. 14, Rom 1966. A. Lesky, GL, 718–745. R. Merkelbach: Über die Handlung des Misumenos, in: RhM 109, 1966, 97ff.

Monodie auf Julian →Lógoi (Libanios)

Monosticha
„Einzelverse"

An.

Sammlung von 77 lat. Hexametern mit knapp formulierten Lebensweisheiten, auch als *Monosticha
Catonis* bezeichnet.
In der Spätantike entstanden und getrennt von den
→*Dicta Catonis* überliefert. Daß die *Monisticha* auf
eine mit den *Dicta Catonis* gemeinsame Urfassung
zurückgehen, ist unwahrscheinlich.

   A   PLM 3, 1881, 236–242.
   L   M. Boas: Alcuin und Cato, Leiden 1937.

Monótropos
„Der Einsiedler"

Phrynichos aus Athen, 2. Hälfte des 5. Jh.s v. Chr.

Komödie (gr.), in Frg. erhalten.
Aufgeführt im Jahre 414 v. Chr. in Athen zusammen
mit den →*Órnithes* des Aristophanes.

I   Die Titelfigur ist ein monomaner Egozentriker, der ohne Frau und ohne Sklaven lebt, jähzornig, unzugänglich und eigensinnig ist (vgl. Menandros, →*Dýskolos*) und sich öffentlichen Aufgaben
entzieht. Der Handlungsverlauf ist nicht mehr erkennbar. An einigen Stellen richtet der Autor scharfe Angriffe auf Zeitgenossen, die er z. B. als große
Affen, als Feiglinge, Kriecher und Bastarde bezeichnet. – Der Typ des Menschenverächters findet sich
später in Molières *Misanthrope* wieder.

   A   FAttCom 1, 450–475.
   Ü   O. Weinreich, in: Aristophanes, Sämtliche Komödien. Bd. 2, Zürich 1953, 407–410.
   L   KNLL 13, 242. A. Körte: Phrynichos (Nr. 7), in: RE
20, 1, 1941, 918–920. Schmid-Stählin 1, 4, 138 f.

Monumentum Ancyranum
„Monument aus Ancyra (Ankara)"

Auch zitiert als *Res gestae Divi Augusti* („Die
Taten des göttlichen Augustus").

Augustus, röm. Kaiser 31 v. Chr. – 14 n. Chr.

Rechenschaftsbericht (lat.), der als Grabschrift vor
dem Mausoleum des Augustus in Rom auf dem
Marsfeld aufgestellt war; eine Abschrift des Originals wurde 1555 zu großen Teilen in Ancyra gefunden. Mit einer weiteren gr. Abschrift, die in Antiocheia gefunden wurde, und einer lat. aus Apollonia
wurden die zerstörten Stellen rekonstruiert.

I   Augustus zählt seine Leistungen (seine innen-
und außenpolitischen Erfolge) für den Staat auf. In
den einzelnen Abschnitten werden die empfange-
nen Ehrungen, z. B. die Verleihung des Titels *Pater
patriae* („Vater des Vaterlandes"), die Aufwendun-

gen und die siegreichen Feldzüge mit den Eroberungen des Augustus aufgezählt. Der Kaiser erwähnt seine Fürsorge für das Volk, die sich in der
Veranstaltung öffentlicher Spiele und in einer intensiven Bautätigkeit zeigte.

W   Augustus wollte u. a. verdeutlichen, daß
seine Taten der Wiederherstellung der Republik
und nicht etwa der Begründung einer Monarchie
dienten. Augustus bezeichnet sich selbst als *restitu-
tor rei publicae* („Wiederhersteller der Republik")
und als *vindex libertatis* („Verteidiger der Freiheit"). Offensichtlich strebt Augustus nach einer republikanischen Legitimation seiner Machtstellung.
Er sagt zweifellos die Wahrheit, verschweigt aber
vieles: Er erwähnt nicht das *imperium proconsulare*
(„Machtbefugnis des Proconsuls"), das den militärischen Oberbefehl außerhalb von Rom sicherte und
eine Stütze der Macht war. Auch seine anderen
Vollmachten, die er seit 27 v. Chr. besaß, nennt er
nicht. Auf seine Gegner Antonius und Lepidus geht
er nicht ein. Die Niederlage des Varus 9 n. Chr. läßt
er unerwähnt.

   A   H. Volkmann, Berlin 1969.
   Ü   M. Giebel, Stuttgart 1975 (lat.–dt.). E. Weber, Mün-
chen/Zürich [6]1999, (lat./gr.–dt.).
   L   M. v. Albrecht, RL, 511–524. H. Bengtson: Kaiser
Augustus, München 1981. H. J. Diesner: Augustus und
sein Tatenbericht. Die *Res gestae Divi Augusti* in der Vorstellungswelt ihrer und unserer Zeit, in: Klio 67, 1985, 35–
42. V. Gardthausen: Augustus und seine Zeit, Leipzig
1891–1904. W. Hoffmann: Der Widerstreit von Tradition
und Gegenwart im Tatenbericht des Augustus, in: G. Binder (Hg.): Saeculum Augustum I, Darmstadt 1987, 92–110.
D. Kienast: Augustus, Prinzeps und Monarch, Darmstadt
[3]1999. E. S. Ramage: The Nature and Purpose of Augustus' *Res gestae*, Stuttgart 1987. W. Weber: Princeps. Studien zur Geschichte des Augustus, Stuttgart/Berlin 1936.

Moralia
„Moralische Überlegungen"

Auch zitiert als *Moralia in Iob* („Moralische
Überlegungen zum biblischen Buch Job Hiob").

Gregorius der Große, etwa 540–604 n. Chr., seit
590 Papst

Ausführlicher Kommentar (lat.) in 35 B. zum alttestamentlichen Buch Job (Hiob).
Der auf Bitten Leanders v. Sevilla begonnene Kommentar wurde um 595 vollendet.

I   Der biblische Text wird Vers für Vers erklärt.
Zunächst erschließt Gregor die historische, dann die
allegorisch-spirituelle Bedeutung. Schließlich wird
diese unter dem Aspekt der moralischen Anwendung betrachtet. Auf diese Weise erschließt Gregorius nicht nur den „dreifachen Schriftsinn" des biblischen Textes; er legitimiert auch die diesseitige
Moral durch den Bezug auf transzendente Maßstäbe.

N   Der allegorisch-moralisch-mystische Kommentar diente im Mittelalter als moralisches Handbuch.

A   PL 75–79.
L   Patrologie, 430–436. L. M. Weber: Gregor I der Große, in: LThK 4, 1177–1181. L. M. Weber: Hauptfragen der Moraltheologie Gregors. Ein Bild altchristlicher Lebensführung, Freiburg 1947.

Moralia
„Lebensfragen"

Plutarchos aus Chaironeia, etwa 46 – etwa 120 n. Chr.

Sammlung von rund 80 Schriften (gr.) zu vielfältigen, d. h. nicht nur moralisch-ethischen, Themen. Die Schriften entstanden während der gesamten Schaffensperiode des Autors.

I   Die Texte lassen sich zu verschiedenen Gruppen ordnen: (1) In etwa 30 Abhandlungen beantwortet Plutarch Fragen der praktischen Lebensgestaltung, der Erziehung (z. B. *Perì paídōn agogês*: „Über Kindererziehung" und der Seelsorge. – Zu den pädagogischen Schriften gehört auch *Perì tû akúein* („Über die richtige Methode des Hörens"). Hier rät Plutarch einem jungen Mann, der sich anschickt, philosophische Studien zu betreiben, seine Freiheit vernünftig zu nutzen, und gibt ihm Anleitungen zum erfolgreichen Hören von Vorträgen und Vorlesungen. – Ratschläge für das tägliche Leben erteilt Plutarch auch in den Aufsätzen *Pôs án tis diakríneie tòn kólaka tû echtrû* („Wie man den Schmeichler vom Feind unterscheiden kann"), *Pôs án tis aísthoito hautû prokóptontos en aretê* („Wie man seine Fortschritte in der Tugend wahrnehmen kann") und *Pôs án tis hyp' echtrôn opheloîto* („Wie man von seinen Feinden Nutzen erfahren kann"). – Weitere Schriften befassen sich mit Lehren für die Ehe (*Gamikà parangélmata*: „Hinweise für die Ehe") und für die Beziehung zu Verwandten (*Perì philadelphías*: „Über die Bruderliebe"; *Perì tês eis tà ékgona philostorgías*: „Über die Liebe zu den Nachkommen"), mit Ratschlägen für die Verwendung poetischer Texte in der Jugenderziehung (*Pôs deî tòn néon poiemátōn akúein*: „Wie der junge Mann Gedichte hören muß", indem er abweichend von Platon (→*Politeía*) die Poesie als Vorstufe des Philosophiestudiums akzeptiert, mit guten oder schlechten Verhaltensweisen (*Perì adoleschías*: „Über die Geschwätzigkeit", *Perì polypragmosýnes*: „Über Vielgeschäftigkeit", *Perì philoplutías*: „Über Geldgier", *Perì týches*: „Über das Schicksal", *Perì dysopías*: Über falsche Scham", *Perì aretês kaì kakías*: „Über Tugend und Laster", *Perì phthónu kaì mísus*: „Über Neid und Haß", *Perì aorgesías*: „Über die Freiheit von Zorn", *Perì tû heautòn epaineîn anepiphthónos*: „Über das Selbstlob, ohne Neid zu erregen" *Perì polyphilías*: „Über den Drang viele Freunde zu haben"). – Dann befaßt sich Plutarch mit Möglichkeiten des Trostes (*Paramythetikòs pròs*

Apollónion: „Trostrede für Apollonios", der um seinen frühverstorbenen Sohn trauert, *Perì phygês*: „Über die Verbannung", mit der der Autor einen aus seiner Heimat vertriebenen Freund zu trösten versucht). – Plutarch gibt ferner Anweisungen zur Selbsttherapie mit dem Ziel, die innere Ruhe zu erreichen (→*Perì euthymías*: „Über die Gemütsruhe"). Dann befaßt er sich mit theoretischen Problemen der Moralphilosophie, wie z. B. mit der Frage, ob moralische Schlechtigkeit eine ausreichende Begründung für das Unglück der Menschen sei (*Ei autárkes he kakía pròs kakodaimonían*: „Ob die Schlechtigkeit zum Unglück ausreicht", *Póteron tà tês psychês è tà tû sómatos páthe cheírona*: „Ob die Krankheiten der Seele oder des Körpers schlimmer sind"). – Plutarch geht auch auf das alte Problem ein, ob die Tugend lehrbar sei (*Ei didaktòn he areté*). Er vertritt selbstverständlich die Auffassung, daß die Tugend lehrbar sei. – In der umfangreichen Schrift *Perì tês ethikês aretês* („Über die ethische Tugend") geht Plutarch näher auf das Wesen der Tugend ein. Unter Berücksichtigung der älteren philosophischen Systeme und in scharfem Gegensatz zu den Stoikern stellt er die Bedeutung der natürlichen Vernunft heraus, indem er ausgehend von der Feststellung, daß die menschliche Seele aus einem vernunftlosen und einem vernünftigen Teil bestehe, die Aufgabe der Tugend darin sieht, daß sie die unvernünftigen Triebe mit Hilfe der Vernunft (*phrónesis*) beherrsche. Diese Schrift ist sozusagen die philosophische Grundlage der kleineren therapeutischen Schriften (s. u.). – Da er von zwischenmenschlichen Beziehungen handelt, gehört auch der Dialog →*Erotikós* („Über die Liebe") zusammen mit den *Erotikaì diegéseis* („Erotische Novellen") in diese Gruppe. – „Die Schriften dieser Gruppe vermitteln ein anschauliches Bild von der überragenden Bedeutung, die Fragen der praktischen, aber auf philosophischen Grundsätzen beruhenden Lebensgestaltung im Denken der Gebildeten spielten. Ob für den Umgang mit Freunden oder mit dem Geld, ob Verhaltensweisen wie Schüchternheit oder Vielgeschäftigkeit als problematisch empfunden werden, ob es sich um Probleme der Erziehung oder Gesundheitspflege (*Hygíeina parangélmata*: „Vorschriften zur Gesundheitspflege") handelt, überall tritt der Philosoph als Ratgeber ein, der nicht nur Schwierigkeiten zu analysieren und den Weg zur Lösung theoretisch zu beschreiben versteht, sondern darüber hinaus Methoden der Psychagogie und der Meditation bereithält, um mit Zorn, Trauer oder Unruhe fertig zu werden" (Dihle, 206 f.). – (2) Von den im engeren Sinne politischen Schriften sind fünf z. T. nur in Frg. erhalten. Plutarch war davon überzeugt, daß gute Bildung und philosophische Beratung unerläßliche Voraussetzungen der politischen Machtträger sind: *Perì tû hóti málista toîs hegemósi deî tòn philósophon dialégesthai* („Darüber daß der Philosoph vor allem mit den Machthabern sprechen muß" und sich nicht vor der Welt verschließen darf, sondern Einfluß nehmen muß auf die Mächtigen); *Pròs hege-*

móna apaídeuton („Brief an einen ungebildeten Machthaber"); *Ei presbytéro politeutéon* („Ob sich ein alter Mann noch politisch betätigen sollte", wahrscheinlich eine Antwort auf eine Bitte um Rat); *Politikà parangélmata* („Regeln für die politische Praxis" im Rahmen der Möglichkeiten, die die röm. Verwaltung einem Griechen bot); *Perì monarchías kaì demokratías kai oligarchías* („Über Monarchie, Demokratie und Oligarchie", ein auf Platons →*Politeía* verweisendes Frg.). – Eine eher ökonomische Schrift ist *Perì tû mè deîn daneízesthai* („Darüber daß es nicht nötig ist, Geld zu leihen": Der Autor warnt vor den Geldverleihern und rät seinem Adressaten, lieber ein einfaches Leben zu führen und überflüssigen Besitz zu verkaufen, statt gegen Wucherzinsen Geld aufzunehmen). – (3) „Eine große Zahl der Schriften sind als wissenschaftlich-philosophische Traktate zu verstehen. Davon sind allerdings nur vierzehn erhalten. Es handelt sich um polemische Schriften (gegen Stoiker und Epikureer), in denen die Widersprüche der angegriffenen Systeme hervorgehoben, ihre Unbrauchbarkeit für die Lebensgestaltung herausgestellt und die Abwegigkeit bestimmter Voraussetzungen festgestellt werden: *Perì Stoikôn enantiomáton* („Über Widersprüche in der stoischen Lehre"); *Sýnopsis tû hóti paradoxótera hoi Stoikoì tôn poietôn légusi* („Betrachtung darüber, daß die Stoiker größeren Unsinn reden als die Dichter"); *Perì tôn koinôn ennoiôn pròs tùs Stoikús* („Über die allen Menschen gemeinsamen Begriffe – gegen die Stoiker"); *Hóti ud' hedéos zên ésti kat' Epíkuron* („Daß es unmöglich ist, lustvoll zu leben nach Epikurs Grundsätzen"); *Pròs Kolóten* („Gegen Kolotes"). Beide Abhandlungen beziehen sich auf eine Schrift des Epikureers Kolotes (geb. etwa 325 v. Chr.) mit dem Titel →*Hóti katà tà tôn állon philosóphon dógmata udè zên éstin* („Daß man nach den Lehren der anderen Philosophen nicht leben kann"). – Zu den anti-epikureischen Schriften gehört auch *Ei kalôs eíretai tò láthe biósas* („Ob es berechtigt ist zu sagen, daß man im Verborgenen leben müsse"). Plutarch vertritt hier die Notwendigkeit des politischen Engagements. – Hinzu kommen philosophiehistorische Schriften. Allerdings stammen die fünf B. von den Lehrsätzen der Philosophen (→*Perì tôn areskónton philosóphon*) wahrscheinlich nicht von Plutarch. Andere Schriften behandeln Spezialgebiete platonischer und peripatetischer Philosophie oder interpretieren bestimmte Aussagen berühmter Philosophen (*Platonikà zetémata*: „Platonische Probleme" mit Erklärungen schwieriger Platon-Stellen; *Perì tês Timaíu psychogonías*: „Über die Erschaffung der Seele im (platonischen) *Timaios*"; *Epitomè tû perì tês en tô Timaío psychogonías*: „Zusammenfassung des Abschnittes im *Timaios* über die Erschaffung der Seele"). – Wertvoll sind die naturwissenschaftlichen Schriften z.B. über Tierpsychologie (→*Perì tû tà áloga lógo chrêsthai*: „Über die Vernunft der unvernünftigen Tiere"; →*Pótera tôn zóon phronimótera tà chersaîa è tà énhydra*: „Ob die Landtiere klüger sind als die Wassertiere"). – Plutarch setzt sich auch mit kosmologischen, astronomischen und physikalischen Problemen auseinander (z.B. über das Gesicht des Mondes: →*Perì tû emphainoménu prosópu tô kyklo tês selénes*). In diese Gruppe gehört aber auch die Sammelschrift „Problemerörterungen beim Symposion" mit Erklärungen über verschiedene Naturphänomene (→*Symposiakôn problemáton biblía*, vgl. auch →*Sympósion tôn heptà sophôn*). – (4) Von Plutarchs theologischen Schriften sind sieben erhalten. Aus ihnen spricht eine „ganz elementare, an traditionellen Religion gewachsene Frömmigkeit" (Dihle, 209). Die Schriften beschäftigen sich mit dem Orakelwesen (*Perì tû mè chrân émmetra nyn tèn Pythían*: „Darüber daß Pythia heutzutage keine Orakel mehr in Versform erteilt"; *Perì tôn ekleloipóton tôn chresteríon*: „Über die Bedeutungslosigkeit der Orakel"). – Zu den „pythischen" Schriften gehört auch noch die Abhandlung über das E am Eingang des delphischen Tempels (→*Perì tû EI tû en Delphoîs*). – Die theologischen Schriften befassen sich außerdem mit der Deutung des sokratischen Daimonion (*Perì tû Sokrátus daimoníu*), mit dem Versuch, Aberglaube und Gottlosigkeit zu verstehen (*Perì deisidaimonías*: „Über den Aberglauben") und mit der Frage, wie man sich die göttliche Vergeltung menschlichen Tuns vorzustellen habe (*Perì tôn hypò tû theíu bradéos timoruménon*: „Über die spät eintreffenden Strafen der Götter"). Von besonderer Bedeutung ist der Traktat →*Perì Ísidos kaì Osíridos*, der einen tiefen Einblick in das Wesen des religiösen Synkretismus der späteren Antike bietet. (5) Rund ein Dutzend weiterer Schriften ist das Ergebnis antiquarischer Sammeltätigkeit, wie z.B. die →*Aítia Helleniká* und die →*Aítia Rhomaiká* (die →*Aítia physiká*, in denen ähnlich wie in den *Aítia Rhomaiká* und *Helleniká* naturwissenschaftliche Fragen abgehandelt werden, stehen in peripatetischer Tradition, vgl. →*Problémata physiká*) oder die Sammlung von Aussprüchen berühmter Spartaner und Spartanerinnen (*Apophthégmata Lakoniká* und *Lakainôn apophthégmata*) oder die Berichte über Heldentaten, die von Frauen ausgeführt worden sind (*Gynaikôn aretaí*). Zu dieser Gruppe gehören auch die „Aussprüche von Königen und Feldherrn" (*Apophthégmata basiléon kaì strategôn*) und die „alten spartanischen Einrichtungen" (*Tà palaià tôn Lakedaimoníon epitedeúmata*). – Es ist nicht sicher, inwieweit die Schriften dieser Gruppe wirklich Plutarch gehören. (6) Plutarchs Beschäftigung mit exegetischen und literaturtheoretischen Fragen führte zu Schriften über Herodot (→*Perì tês Herodótu kakoetheías*) und über Aristophanes und Menander in Form einer „kurzgefaßten vergleichenden Betrachtung der Komödiendichter Aristophanes und Menander" (*Synkríseos Aristophánus kaì Menándru epitomé*), die Menander den Vorzug gibt aufgrund seiner vornehmen Sprache und seiner Humanität im Gegensatz zu der derben Komik und dem politischen Engagement des Aristophanes. Außerdem sind auch Schriften zur

Homerphilologie, zur hellenistischen Epik und zur attischen Tragödie bezeugt, aber nicht erhalten. – Unter Plutarchs Namen überliefert sind Schriften über die zehn attischen Redner (*Perì tôn déka rhetóron*), über das Leben Homers und über die Musik (→*Perì musikês*). (7) Die Gruppe der rhetorischen Werke besteht aus vier echten Deklamationen Plutarchs über folgende Themen: *Perì tês Rhomaíon týches* („Über das Glück der Römer"), *Perì tês Alexándru týches è aretês* („Über das Glück oder die Tüchtigkeit Alexanders d. Gr."), *Póteron Athenaîoi katà pólemon è katà sophían eudoxóteroi* („Haben sich die Athener mehr durch kriegerische oder geistige Leistungen ausgezeichnet?"), *Perì tû póteron hýdor è pŷr chresimóteron* („Ist Wasser oder Feuer von größerem Nutzen?").

W „Dogmatisch-eindeutige Festlegungen sind P.s Sache nicht. Die Form des Dialogs verwendet er gern, weil sie es erlaubt, unterschiedliche Positionen nebeneinander zu stellen ...; durch seine bildreiche Sprache erreicht er eine Polyvalenz und Offenheit, die den Leser zum Mit- und Weiterdenken einlädt" (Hirsch-Luipold, 564).

N Die *Moralia* hatten neben den →*Bíoi parálleloi* eine große Wirkung. Plutarch gehörte zu den meistgelesenen Schriftstellern des Abendlandes. Die Kirchenväter kannten ihn ebenso wie die oströmischen Gelehrten (z. B. Planudes, um 1255 – kurz vor 1305, der den Text der *Moralia* neu konstituierte, indem er im Jahre 1296 eine Gesamtausgabe herstellte). – In der Zeit des Renaissancehumanismus wurde Plutarch z. B. von Erasmus und Budé ins Lateinische übersetzt. – Besondere Bedeutung gewann die Schrift *Perì paídon agogês* („Über die Kindererziehung"). – Auch die Reformatoren Zwingli und Melanchthon setzten sich mit Plutarch auseinander. Kepler kommentierte die Schrift →*Perì tû emphainoménu prosópu tô kyklo tês selénes*. – Montaigne (1533–1592) hatte eine besondere Vorliebe für die *Moralia*, die in seinen Augen den schöneren Teil der Schriften Plutarchs darstellten. In England verbreitete vor allem Francis Bacon mit seinen Essays (1597) die Kenntnis der *Moralia*. Für ihn sind Seneca und Plutarch die größten Essayisten des Altertums. Auch David Hume (1711 bis 1776) knüpfte in seinen *Essays moral and political* (1741) an den *Moralia* an. Rousseau ließ sich in seinem *Émile* von Plutarchs Pädagogik anregen.

A F. C. Babbit u. a. 15 Bde., London/Cambridge (Mass.) 1927 ff. (gr.–engl.). G. N. Bernadakis. 7 Bde., Leipzig 1888–1896. R. Flacelière / J. Defradas u. a., Paris 1974 ff. (gr.–frz.). C. Hubert / W. Nachstädt / W. R. Paton / M. Pohlenz / W. Sieveking / I. Wegehaupt / K. Ziegler u. a., Leipzig 1929 ff. S. Schröder: Plutarchs Schrift *De Pythiae oraculis* (Text und Kommentar), Stuttgart/Leipzig 1990.
Ü U. Berner u. a., Darmstadt (2)2001 (*Ei kalôs ...* gr.–dt.). M. Giebel, Frankfurt/Leipzig 2000 (Auswahl). H. Görgemanns u. a., Düsseldorf/Zürich 2003 (Auswahl gr.–dt.). J. F. S. Kaltwasser. 9 Bde., Frankfurt 1783–1809. B. Snell: Von der Ruhe des Gemüts und andere philosophische Schriften, Zürich 1948 (Auswahl). K. Ziegler: Über Gott und Vorsehung, Dämonen und Weissagung, Zürich/Stuttgart 1952 (Auswahl).

L R. Aulotte: Amyot et Plutarque, Genf 1965. R. H. Barrow: Plutarch and his Times, Bloomington/London 1967. A. Dihle, GLL, 206–210. H. Görgemanns, GLTD 5, 112–133 (mit ausgewählten Texten gr.–dt.). R. Hirsch-Luipold, MLAA, 561–565. R. Hirzel: Der Dialog. Ein literarhistorischer Versuch. 2 Teile, Leipzig 1895: Teil 2, 124–237. R. Hirzel: Plutarch, Leipzig 1912 (vor allem zur Wirkung des Autors). A. Lesky, GL, 918–921. D. A. Russell: Plutarch, London 1973. K. Ziegler: Plutarchos von Chaironeia, in: RE 21, 1, 1951, 636–692.

Moretum →Appendix Vergiliana

Moriendum esse pro Dei filio →De non conveniendo haereticis (Lucifer)

Mosaicarum et Romanarum legum collatio
„Ein Vergleich der mosaischen und der römischen Gesetze"

Ps.–Ambrosius

Entstanden gegen Ende des 4. Jh.s n. Chr.

I Das Werk behandelt 17 Sachtitel, von denen jeder folgenden Aufbau hat: Nach der Überschrift folgt ein Zitat aus der mosaischen Gesetzgebung (eingeleitet mit den Worten *Moyses dicit*). Darauf folgen Belegstellen aus dem röm. Recht.

W „Was der Verfasser mit der Gegenüberstellung von mosaischem und römischem Recht bezweckte, darüber wurden in der Literatur vielfach Vermutungen geäußert. Ältere Autoren erblickten im Werk den Legitimierungsversuch einer genuin jüdischen Jurisdiktion: Der Autor wolle darstellen, daß römisches Recht und jüdisches Recht einander ohnehin entsprächen, somit die Zulassung der Gerichtsbarkeit der jüdischen Patriarchen keine materielle Abweichung vom römischen Reichsrecht darstellen könne. Dagegen wurde immer wieder betont, daß das mosaische Recht auch das Recht des frühen Christentums gewesen sei. Daher habe der Autor die Koinzidenz des römischen und christlichen Rechts beweisen wollen. Detlef Liebs glaubte den Sinn des Werkes – vor allem unter Berufung auf Titel 7, 1 – darin zu erblicken, daß der Autor, das höhere Alter der mosaischen Gesetze betonend, dadurch die Überlegenheit des Christentums beweisen wollte, also vornehmlich heidnische *iuris consulti* zum Christentum zu bekehren versucht habe" (Pieler, 579). Nach Pielers Auffassung liegt die Tendenz des Werkes darin, den Christen das römische Reichsrecht schmackhaft zu machen, in dem der Autor nachwies, daß ohnehin zwischen christlich-mosaischem und römischem Recht kein wesentlicher Unterschied bestehe.

A Fontes iuris Romani antejustiniani. Edd. J. Baviera / J. Furlani. Bd. 3, Florenz (2)1968, 541–589.
L M. v. Albrecht, 1295. D. Liebs: Die Jurisprudenz im spätantiken Italien (260–640 n. Chr.), Berlin 1987, 162–174.

H. L. W. Nelson: Überlieferung, Aufbau und Stil von *Gai institutiones*, Leiden 1981, 104–117. P. E. Pieler: Die Rechtsliteratur, in: NHbL. Spätantike, 565–599.

Mosella
„Die Mosel"

Decimus Magnus Ausonius aus Burdigala, etwa 310–392 n. Chr.

Preisgedicht (lat.) in 483 Hexametern auf die Mosellandschaft.
Verfaßt im Jahre 371 n. Chr.

I Ausonius schildert eine Hunsrück – und Moselreise von Bingen bis Trier. Er verbindet einen Hymnus auf die Flußgottheiten mit einem Reisebericht: „Er zieht auf der Straße von Bingen nach Trier durch den einsamen Hunsrück, bis sich, wie er bei Neumagen aus der Wildnis heraustritt, das Moseltal vor seinen Blicken ausbreitet: die Villen auf den Abhängen, die Rebhügel, der in der Tiefe einhergleitende Fluß. Doch nunmehr endet die persönliche Aussage, und mit dem Gruß, den der Dichter der Mosel entbietet, beginnt der Preis, der nicht etwa den Flußlauf von der Quelle zur Mündung schildert, sondern ein nach Rubriken geordnetes Gesamtbild zu geben sucht. Ausonius lobt die Klarheit des Wassers, die jede Pflanze, jeden Kiesel, jeden Fisch erkennen lasse; er widmet sich mit genießender Gründlichkeit dem *squamiger grex*, der ‚schuppentragenden Herde', den Forellen, Äschen, Barben, Salmen, Hechten, Schleien usw. Weitere Partien gelten den Weinbergen, den auf dem Fluß stattfindenden Ruderwettkämpfen, dem Fischfang. Ausführlich kommen sodann die Villen zur Sprache, ihre Architektur, ihre glücklich in die Landschaft sich einfügende Lage. Es folgt noch ein Katalog der Nebenflüsse; wenn die Mosel einen Homer oder Vergil fände, meint der Dichter daraufhin, dann müßten vor ihr der trojanische Simois und der italische Tiber weichen, und zwar nicht zuletzt wegen ihrer Anwohner, die es an Kriegstüchtigkeit und Bildung mit Rom aufnehmen könnten" (Fuhrmann, 103 f.).

A P. P. H. Green, Oxford 1991. C. Hosius, Marburg [(3)]1926, Nachdr. Hildesheim 1967. A. Marsili, Turin 1957. Ch. – M. Ternes, Paris 1972 (mit Kommentar).
Ü P. Dräger, Düsseldorf/Zürich 2002 (lat.-dt.). W. John / W. Binsfeld / W. Abel, Trier 1980 (lat.-dt.). B. K. Weis, Darmstadt [(2)]1994.
L M. v. Albrecht, RL, 1047–1057. P. Dräger: Alisontia: Eltz oder Alzette? Der Nebenflußkatalog und ein unentdecktes Strukturprinzip in Ausonius' *Mosella*, in: Gy 104, 1997, 435–461. M. Fuhrmann, Spätantike, 101–107. C. Hosius: Die literarische Stellung von Ausons Mosellied, in: Ph. 81,1926, 192–201. E. J. Kenney: The *Mosella* of Ausonius, in: G & R 31, 1984, 190–202. D. Korzeniewski: Aufbau und Struktur der *Mosella* des Ausonius, in: RhM 106, 1963, 80–95. H. - O. Kröner: Ausonius und Trier. Trierer Beiträge. Juni 1979, 10–18. W. L. Liebermann: D. Magnus Ausonius, in: HLL 5, 1989, 268–308. M. Lossau (Hg.): Ausonius, Darmstadt 1991. F. Marx: Ausonius, in:

RE 2, 2, 1896, 2562–2580. F. Marx: Ausonius' Lied von der Mosel, in: RhM 80, 1931, 1931, 368 bis 392. M. Roberts: The *Mosella* of Ausonius. An Interpretation, in: TAPhA 114, 1984, 343–352. H. Szelest: Die *Mosella* des Ausonius und ihre literarische Tradition, in: Eos 75, 1987, 95 bis 105. Ch. - M. Ternes: Paysage réel et coulisse idyllique dans la *Mosella* d' Ausone, in: REL 48, 1970, 376–397.

Mostellaria
„Gespensterkomödie"

Titus Maccius Plautus, etwa 250–184 v. Chr.

Gespensterkomödie (lat.).
Nach 194 v. Chr. entstanden.

I Theopropides kommt von einer langen Reise nach Hause. Dort findet gerade ein wildes Gelage statt, das sein Sohn Philolaches mit seiner Geliebten und seinen Freunden veranstaltet. Um den Vater vom Betreten seines Hauses abzuhalten, erzählt ihm der Sklave Tranio, daß im Haus der Geist eines Ermordeten sein Unwesen treibe und daß man aus diesem Grund das Haus nicht mehr betreten könne. Dazu luchst ihm der schlaue Sklave auch noch den Kaufpreis für die Geliebte des Philolaches, die Hetäre Philomatium, ab. Theopropides kommt durch einen Zufall hinter die Wahrheit, und der Sklave muß sich sehr anstrengen, um einer harten Bestrafung zu entgehen. Denn die Irreführung des Alten hatte allmählich immer groteskere Formen angenommen. So log Tranio u. a. dem Alten vor, sein Sohn habe ein neues Haus gekauft. Der Alte wollte daraufhin das Haus besichtigen, und Tranio überredete den Nachbarn Simo, sein Haus besichtigen zu lassen.

Q Vorlage war die griechische Komödie →*Phásma*, die wohl von Philemon (geb. zwischen 365 und 360 v. Chr. in Syrakus) stammte.

W Tranio wird von Plautus zur Hauptfigur gemacht (vgl. →*Epidicus*). Er verkörpert den Typ des großstädtischen, weltgewandten, schlau-raffinierten, frech-dreisten Sklaven. Indem Plautus einen Sklaven zum Helden des Stückes macht und ein groteskes Verhältnis zwischen Herren und Sklaven konstruiert (Sklave betrügt Herrn, Sklave ist Herrn überlegen), führt er das antike Gesellschaftssystem ad absurdum. Indem Plautus eine „verkehrte Welt" schafft, trägt er zur Aufklärung der Gesellschaft bei, er übt Kritik an überlieferten Wertvorstellungen und verbalisiert brisante Themen.

A J. Collart, Paris 1970. N. Terzaghi, Turin 1929.
Ü W. Binder / W. Ludwig: Antike Komödien. Plautus/Terenz. 2 Bde., Darmstadt 1976.
L O. F. Lorenz, Berlin [(2)]1883, Nachdr. Dublin/Zürich 1981. M. Knorr: Das griechische Vorbild der *Mostellaria* des Plautus (Diss. München), Coburg 1934. E. Leach: De exemplo meo ipso aedificato: An Organizing Idea in the *Mostellaria*, in: Hermes 97, 1969, 318–332. E. Paratore: Plauto, Florenz 1962. K. H. E. Schutter: De *Mostellariae* Plautinae actae tempore, in: FS P. J. Enk, Leiden 1955, 174–183. I. Weide: Der Aufbau der *Mostellaria* des Plautus, in: Hermes 89, 1961, 191–207.

Mulomedicina →Digestorum artis mulomedicinae libri (Vegetius)

Mulomedicina Chironis
„Pferdeheilkunde des Chiron"

An.

Vulgärlateinische Übersetzung einer ursprünglich gr. Schrift über Pferdemedizin.
Die Übersetzung entstand um 400 n.Chr. Sie ist eine wichtige Quelle für die Kenntnis des Vulgärlateins.

A   E. Oder, Leipzig 1901.

Mûsai
„Die Musen"

Kephalion, 2. Jh. n.Chr.

Geschichtswerk in neun B., aus denen Frg. erhalten sind (gr.).
Zur Zeit Hadrians (reg. 117–138 n.Chr.) verfaßt.

I   Das in ionischem Dialekt (Vorbild: Herodot: →Historíes apódexis) abgefaßte Werk reichte von Ninos und Semiramis bis zu Alexander d. Gr. Die einzelnen B. trugen die Namen der neun Musen als Titel.

A   FGrHist 93.
L   A. Dihle, GLL, 254. F. Jacoby, RE 11, 1922, 191 f.

Museîon
„Musengarten"

Alkidamas aus Elaia, 1. Hälfte des 4. Jh.s v.Chr.

Verlorene Darstellung der Kunst der Improvisation in der Rhetorik (gr.).

I   In anekdotischer Form werden Möglichkeiten der Improvisation an berühmten Beispielen demonstriert. Ein bedeutsames Beispiel war der Wettstreit zwischen Homer und Hesiod (→Certamen Homeri et Hesiodi), in dem Homer als Stegreif-Redner glänzte.

A   L. Radermacher: Artium scriptores, Wien 1951, 132–147 (Hinweis auf das Mouseîon unter Nr. 13).
L   H. Dörrie: Alkidamas, in: DKP 1, 264 f. E. Vogt: Die Schrift vom Wettkampf Homers und Hesiods, in: RhM 102, 1959, 193–222.

Musenelegie

Solon aus Athen, um 640–560 v.Chr.

Distichon-Dichtung (gr.).

Wie die →Eunomía so stammt auch die „Musenelegie" aus der Zeit des politischen Kampfes für das Recht und müßte demnach vor 594 v.Chr. entstanden sein.

I   In der aus 38 Distichen bestehenden Elegie (= Frg. 1 G. -P. = 13 West = 1 Diehl) faßt Solon Lebensprinzipien und – erfahrungen zusammen.
W   Die Sprache des Textes ist einfach und klar. Die angesprochenen Themen sind aus sich heraus verständlich. Der Autor, der als Gesetzgeber die Geschicke seiner Heimatstadt zu bestimmen versuchte, wollte auch seine „Lebensweisheit" in allgemeinverständlicher Form an seine Mitbürger weitergeben. – Die schlichte Sprache ist für Solon offensichtlich ein Mittel der Politik. So hat ihn schon Plutarch (Solon 3, →Bíoi parálleloi) verstanden. Mit diesem Mittel wollte Solon dem Recht als einem Prinzip des menschlichen Seins zum Sieg verhelfen. Denn nach Solon kann nur das Recht einen Rahmen für den Ausgleich der Egoismen der Einzelmenschen liefern. Hier ist wohl zum ersten Mal der Gedanke des Rechtsstaates faßbar.

A   E. Diehl, ALG 1. B. Gentili / C. Prato: Poetae elegiaci. 1, Leipzig [(2)]1988. M. L. West: Iambi et elegi Graeci ante Alexandrum cantati. Bd. 2, Oxford 1972.
Ü   J. Latacz, GLTD 1, 188 bis 195 (gr.–dt.). E. Preime, München [(2)]1945 (gr.–dt.).
L   K. Büchner: Solons Musengedicht, in: Hermes 87, 1959, 163 ff. J. Christes: Solons Musenelegie, in: Hermes 114, 1986, 1–19. H. Fränkel, Dichtung, 249–273. B. Manuwald: Zu Solons Gedankenwelt (Frg. 4 und 13 West), in: RhM 132, 1989, 1–25. K. Matthiessen: Solons Musenelegie und die Entwicklung des griechischen Rechtsdenkens, in: Gy 101, 1994, 385–407. W. Schadewaldt, DAdPh, 113–121. A. Spira: Solons Musenelegie, in: Gnomosyne. FS W. Marg, München 1981, 177–196.

Musikè historía
„Musikgeschichte"

Dionysios aus Halikarnassos, der Musiker, 2. Jh. n.Chr.

Eine von drei nur in Frg. überlieferten Abhandlungen (gr.) in 36 B..

I   In der „Musikgeschichte" werden Kitharöden, Flötenspieler, Dramatiker und Epiker dargestellt. Die beiden anderen weitestgehend verlorenen Werke sind: Musiká hypomnémata („Musikalische Anmerkungen") in 24 B. und Musikè paideía („Musikalische Bildung") in 22 B..

A   R. Westphal: Frg. und Lehrsätze der griechischen Rhythmiker, Leipzig 1861.
L   H. Gärtner: Dionysios (Nr. 28), in: DKP 2, 73.

Myías enkómion
„Loblied auf eine Fliege"

Lukianos aus Samosata, etwa 120–180 n. Chr.

Scherzrede (gr.).

I Der Autor beschreibt die Stubenfliege im Vergleich mit anderen Insekten, aber auch mit anderen größeren Tieren (sogar mit dem Elefanten) und mit dem Menschen. Er geht ebenso auf ihr Flugverhalten wie auf den Bau ihres Körpers ein. Sodann befaßt er sich mit ihrem „Verstand", ihrer „Tapferkeit", „Stärke" und „Beharrlichkeit". Überhaupt bedient sich Lukian in seiner Darstellung menschlicher Kategorien; die Fliege habe sogar eine unsterbliche Seele, was Platon in seinem Dialog über die Unsterblichkeit (→Phaídon) übersehen habe. – Die Fliege sei ursprünglich ein schönes Mädchen gewesen, das von Selene aus Eifersucht verwandelt worden sei. Auch eine Dichterin und eine berühmte Hetäre trugen den Namen „Fliege" (*Myîa*).

A A. Harmon. Bd. 1, London/Cambridge (Mass.) 1913 (gr.–engl.).
Ü Chr. M. Wieland: Lucian. Sämtliche Schriften 2. 4, Leipzig 1788/1789, 461–472.

Mythíamboi Aisópeioi
„Äsopische Fabeln in Iamben"

Avianus, 4. Jh. n. Chr.

Sammlung von 42 Fabeln in lat. Distichen.
Die Vorstufe der Distichen-Fassung war wohl eine nicht erhaltene lat. Bearbeitung des Babrios (→*Mythíamboi Aisópeioi*) in Prosa. Darauf weist Avianus selbst hin (prol. 4 G.). Allerdings erweist sich die Wahl des elegischen Versmaßes als ungeeignet, weil dieses der traditionellen Schlichtheit des Fabelstils nicht entspricht. – Gewidmet ist das Werk einem Theodosius, der wahrscheinlich mit Theodosius Macrobius, dem Verfasser der →*Saturnalia* und der →*Commentarii in Somnium Scipionis*, identisch ist.

I Von den 42 Fabeln (in ihrer Mehrzahl Tierfabeln) sind fünf neu und nirgendwo sonst bezeugt. Die größere Zahl von 31 Fabeln stammt von Babrios. – In den Fabeln wird die überkommene Moral bequem und leicht zugänglich zusammengefaßt und dem Leser im Gewand der Tiere auf taktvolle Weise vorgeführt. – Avians Absicht ist nicht die Satire oder die Zeitkritik, sondern die angenehme Unterhaltung.
N Avianus war vom 9. bis zum 16. Jh. der einzige bekannte Fabeldichter. Im Mittelalter war er Schulautor.

A R. Ellis, Oxford 1887. F. Gaide, Paris 1980 (lat.–frz.). A. Guaglianone, Turin 1958.
Ü L. Mader: Antike Fabeln, Zürich 1951. V. Rabenlechner, Wien 1883.
L F. R. Adralos u. a.: La fable, Vandoeuvres/Genève

1984. M. v. Albrecht, RL, 1055. O. Crusius, RE 2, 2, 1896, 2373–2378. E. C. Jones: Avianus, in: dtv-L 1. 1, 233. N. Holzberg: Die antike Fabel. Eine Einführung, Darmstadt 1993. H. Küppers: Die Fabeln Avians. Studien zu Darstellung und Erzählweise spätantiker Fabeldichtung, Bonn 1977.

Mythíamboi Aisópeioi
„Äsopische Fabeln in Iamben"

Babrios, 2. Jh. n. Chr.

Sammlung von 143 Fabeln (gr.), die auf äsopisches Fabelgut zurückgehen (→*Mýthon synagogé*).

I Die Fabeln sind in Hinkiamben (Choliamben) verfaßt und einem gewissen Branchos gewidmet, dem Sohn eines Königs Alexander, vielleicht des Königs Alexander von Issias in Kilikien, an dessen Hof Babrios als Prinzenerzieher wirkte. – Die Fabeln sind über zwei B. verteilt und nach der alphabetischen Reihenfolge ihrer Anfangsbuchstaben geordnet. Die Sammlung bricht mitten im Buchstaben O ab. – Babrios' Nachahmer Avianus (→*Mythíamboi Aisópeioi*) charakterisiert die Arbeit des Vorgängers mit folgenden Worten: „In griechischen Iamben hat er Äsopische Fabeln wieder aufgegriffen." Dieser Hinweis könnte andeuten, daß das Lateinische die Muttersprache des Babrios war und er sich des Griechischen als Fremdsprache bediente. – „Babrios ist der Klassiker der Fabeldichtung, er hat diesen ,Urgeschichten', wie Goethe sie genannt hat, die ,klassische' dichterische Form gegeben. Einfach und ungesucht im Ausdruck, wie es dem Gegenstand ziemt, bewegt sich seine Darstellung bald breit und voller Behagen beim Einzelnen verweilend, aber niemals sich verlierend. Gelegentlich drängt sie auch knapper und gestraffter auf das Wesentliche hin, immer lebensvoll und in kräftiger Prägung, oft witzig und geistvoll schillernd. Hintergründige Wahrheiten werden mehr angedeutet als ausgesprochen. Klassisch ist vor allem auch die metrische Form" (Mader, 23).

A O. Crusius, Leipzig 1897. M. J. Luzzatto / A. La Penna, Stuttgart/Leipzig 1986. W. G. Rutherford, London 1883.
Ü A. Hausrath: Äsopische Fabeln, München [2]1944 (gr.–dt.). L. Mader: Antike Fabeln, Zürich 1951.
L N. Holzberg: Die antike Fabel. Eine Einführung, Darmstadt 1993. A. Lesky, GL, 910. M. Nojgaard: La fable antique. Bd. 2, Kopenhagen 1967. B. E. Perry: Babrius and Phaedrus, London/Cambridge (Mass.) 1964, Introduction.

Mythographi Vaticani
„Mythendarstellungen aus dem Vatikan"

An.

Drei mittelalterliche Mythendarstellungen (lat.), die Angelo Mai aus vatikanischen Handschriften edierte.
Zwischen dem 5./6. und dem 9./10. Jh. verfaßt.

I Die Darstellungen schöpfen aus Servius, →„Vergilkommentar", und weiteren Kommentaren, benutzen aber auch andere Quellen: Fulgentius, →*Mythologiae*; Macrobius, →*Saturnalia*; Martianus Capella, →*De nuptiis Mercurii et Philologiae*; Remigius aus Auxerre. – Die *Mythographi Vaticani* dienten vor allem als Hilfsmittel für die Dichtererklärung.

A G. H. Bode: Script. rer. mytholog. latini, 1834. P. Kulcsár, CC 91 C, 1987 (mit Nr. 1 und 2).
L Manitius 2, 656 ff. Schanz-Hosius 4, 2, 242 ff.

Mythologiae
„Mythenerklärungen"

Fabius Planciades Fulgentius, um 500 n. Chr.

Allegorische Mythenerklärungen in drei B. (lat.).

I Das Werk ist als Dialog der Muse Kalliope mit dem Autor konstruiert und bietet eine Fülle abstruser Erklärungen von Mythen und etymologischer Deutungen von Namen. Fulgentius wird von den →*Mythographi Vaticani* als Quelle benutzt.

A R. Helm, Leipzig 1898.
L M. v. Albrecht, RL, 1170. R. Häusler, in: W. Killy (Hg.): Mythographie der frühen Neuzeit, Wiesbaden 1984, 1–23. P. Langlois: Les oeuvres de Fulgence le mythographe et le problème des deux Fulgence, in: JbAC 7, 1964, 94–105. H. Liebeschütz: Fulgentius metaforalis. Ein Beitrag zur Geschichte der antiken Mythologie im Mittelalter, Leipzig 1926. J. C. Reihan: Ovid, *Metamorphoses* 1. 1–4 and Fulgentius *Mitologiae*, in: AJPh 105, 1984, 87–90. Schanz-Hosius 4, 2, 196–205. F. Skutsch, RE 7, 1910, 215–227.

Mýthon synagogé
„Sammlung von Geschichten"

Aisopos (Äsop), 6. Jh. v. Chr.

Sammlung von Fabeln (gr.), überwiegend Tierfabeln in Prosa, nicht in einer ursprünglichen Fassung erhalten.

I Die einzelne Fabel ist eine kleine, in einer kurzen Handlung bestehende Geschichte, die meist von Tieren (aber auch von Pflanzen, Menschen und sogar Göttern) getragen werden. Das geschilderte Geschehen ist einfach und unmittelbar einleuchtend. Es hat eine allegorische Bedeutung für das menschliche Leben. So werden meist menschliche Schwächen angesprochen und getadelt. Die moralische Lehre oder Mahnung blieb zunächst indirekt bzw. nur Andeutung; später wurde sie direkt ausgesprochen.

Q Ein möglicherweise von Aisopos stammendes Corpus von Fabeln ist nur durch Fabelsammlungen nachchristlicher Zeit, durch die gr. Fabelsammlung des Babrios (→*Mythíamboi Aisópeioi*) und die lat. Fabelsammlungen des Phaedrus (→*Fabulae Aesopiae*), des Avianus (→*Mythíamboi Aisópeioi*) und des sogenannten →„Romulus" bekannt. Es kann als sicher gelten, daß es seit dem 5. Jh. v. Chr. ein Fabel-Corpus gab, das durch die ganze Antike hindurch keine einheitliche Gestalt hatte. – Vermutlich waren schon mit einer Lebensgeschichte des Aisopos aus dem 6. Jh. v. Chr. (→„Aesop-Roman") Fabeln in größerer Zahl verbunden. Vielleicht war sogar der „Aesop-Roman" selbst die älteste Fabelsammlung. Später lösten sich die Fabeln vom Roman. Die früheste bezeugte Fabelsammlung stammt von Demetrios aus Phaleron (etwa 350–283 v. Chr.); sie wurde zitiert als *Lógon Aisopeíon synagogaí* (F. Wehrli, Schule 4, Frg. 112).

N Erheblich später entstand die *Collectio Augustana* (2./1. Jh. n. Chr.), eine Sammlung von etwa 230 äsopischen Fabeln in Prosa. Eine weitere Sammlung ist die *Collectio Vindobonensis* (6. Jh. n. Chr.), die zum Teil auch Fabeln in Versform enthält. Aus der *Collectio Augustana* und der *Vindobonensis* schöpfte eine dritte Sammlung, die *Collectio Accursiana* (oder auch *Planudea*), die Ende des 15. Jh.s von Bonus Accursius zum ersten Mal ediert wurde. Es ist nicht auszuschließen, daß diese drei Sammlungen das Ergebnis einer Umsetzung einer ursprünglich metrischen Fassung aus hadrianischer Zeit (1./2. Jh. n. Chr.) in Prosa sind. Auf diese Fassung können dann auch die Fabeln des Babrios zurückgehen.

A E. Chambry, Paris [(2)]1969. A. Hausrath / H. Hunger, Leipzig 1970. B. E. Perry, Urbana (Ill.) 1952.
Ü W. Binder: Die Aesopischen Fabeln, Stuttgart 1866. A. Hausrath: Aesopische Fabeln, München [(2)]1944. L. Mader: Antike Fabeln, Zürich 1951. R. Nickel, Düsseldorf/Zürich 2005 (gr.-dt.). H. C. Schnur, München/Zürich [(2)]1985 (gr.-dt.).
L A. Hausrath: Fabel, in: RE 6, 2, 1906, 1704–1736. N. Holzberg: Die antike Fabel. Eine Einführung, Darmstadt 1993. A. Lesky, 185 f. B. E. Perry: Fable, in: Studium Generale 12, 1959, 2–37. Schmid-Stählin 1, 1, 667–683.

N

Nánno
(Frauenname)

Mimnermos aus Kolophon, um 600 v. Chr.

Elegien (gr.), in Frg. erhalten.

I Die Elegien-Sammlung erhielt erst im 3. Jh. v. Chr. den Titel *Nánno*, weil Nanno, eine Flöten-spielerin, in dem Werk vom Dichter besungen worden sein soll. – Die Themen, die Mimnermos behandelte, sind vielfältig: So erzählte der Dichter von der Geschichte seiner Heimatstadt (Frg. 12 D.), von der beispielhaften Tapferkeit eines Kriegers (Frg. 13 D.), aber auch von der Hinfälligkeit des Menschen (Frg. 2 D.), die sich im Verlust der Jugend und der Fähigkeit zur Liebe drastisch zeigt (Frg. 1 D.). Mimnermos wünscht sich, mit 60 Jahren ohne Krankheit und Sorgen zu sterben (Frg. 6 D.).

W Wahrscheinlich verfaßte der Dichter seine Elegien, um sie beim Symposion vorzutragen.

A E. Diehl, ALG 1, 48–54. M. L. West: Delectus ex iambis et elegis Graecis, Oxford 1980.
Ü Z. Franyó: Frühgriechische Lyriker. Bd. 1, Berlin 1971. J. Latacz, GLTD 1, 180–185 (gr.–dt.). E. Staiger: Griechische Lyrik, Zürich 1961.
L H. Fränkel, Dichtung, 238–245. KNLL 11, 731 f. A. Lesky, GL 147 f. S. Szádeczky-Kardoss, in: RE Suppl. 11, 1968, 935–951. M. L. West: Studies in Greek Elegy and Iambus, Berlin/New York 1974, 72–76.

Narrationes
„Erzählungen"

Auch gr. zitiert als *Diegéseis*.

Konon, um Chr. Geburt

Mythologische Erzählungen (gr.).

I Von den 50 Erzählungen, die Konon Archelaos von Kappadokien (reg. 36 v Chr. – 17 n. Chr.) gewidmet hatte, sind Auszüge in der →*Bibliothéke* des Photios (Cod. 186) erhalten.

A FGrHist 26. R. Henry: Photius Bibl. Bd. 3, 1961, 8–39.
L E. Martini, RE 11, 1922, 1335–1338.

Naturales quaestiones →Quaestiones naturales (Seneca)

Naturalis historiae libri XXXVII
„Naturgeschichte in 37 B."

Gaius Plinius Secundus der Ältere aus Comum, 23–79 n. Chr.

Eine nach Sachgruppen geordnete Enzyklopädie des damaligen Wissens (lat.).

I B. 1: Widmung des Werkes an Titus (reg. 79 bis 81 n. Chr.). Detaillierte Übersicht über den Inhalt der B. 2–37. Verzeichnis der benutzten Quellen. B. 2: Kosmologie. B. 3–6: Geographie (Europa, Afrika, Asien). B. 7: Anthropologie. B. 8–11: Zoologie (Landtiere, Wassertiere, Vögel, Insekten). B. 12–19: Botanik (Exotische Bäume, Fruchtbäume, Waldbäume, Nutzbäume, Ackerbau, Gartenpflanzen). B. 20–32: Medizin und Pharmakologie (Heilmittel aus den Gartengewächsen, aus dem Pflanzenreich und aus dem Tierreich). B. 33–37: Metallurgie, Mineralogie und Kunstgeschichte (Gold – und Silbergewinnung, Kunsthandwerk, Münzwesen, Kupfer -, Eisen – und Bleigewinnung, Metallplastik, Mineralfarben, Malerei, Tonplastik, Steine, Edelsteine, Gemmen, Bernstein).

Q Plinius nennt seine Quellen im 1. B. seines Werkes. Er listet 400 Autoren, darunter 146 römische, auf. Er spricht von 100 Schriftstellern, die er exzerpiert habe. Seine wichtigste und wohl am häufigsten benutzte Quelle war Varro, →*Antiquitates*; er wird jedoch nicht immer genannt, obwohl er sehr viel Material vermittelte.

W Als erster stellte sich Plinius die Aufgabe, in lat. Sprache die ganze Natur und den Menschen zu beschreiben. Er wollte damit einem großen Publikum und dem öffentlichen Wohl dienen. – Weltanschaulich steht Plinius der Stoa nahe (u. a. Gleichsetzung von Welt, Natur und Gott; Ablehnung des Polytheismus, z. B. in 2,14–27, ohne den Mythos, die Volks – und Staatsreligion zu verdammen). Unstoisch und eher altrömisch ist der Moralismus, mit dem Plinius z. B. den Sittenverfall geißelt und die alte Zeit verherrlicht; allerdings verdammt er auch den Krieg (34,138). Im Unterschied zur modernen Naturwissenschaft beschreibt Plinius die Natur nicht um ihrer selbst willen, sondern in ihrer Bezogenheit auf den Menschen und auf das praktische Leben; das ist im Prinzip auch eine spezifisch röm. Sichtweise. „Anders als Aristoteles in seiner Zoologie oder Theophrast in seiner Botanik sucht Plinius nicht nach naturphilosophischen Ursachen, er sammelt auch nicht Fakten, um daraus wissenschaftliche Schlüsse zu ziehen. Sein Lebensgefühl und sein geistiger Zuschnitt sind für viele gebildete Römer seiner Zeit repräsentativ; als Quellenautor ist er für unsere Kenntnis der antiken Wissenschaft, Gesellschaft und Bildenden Kunst unentbehrlich" (M. v. Albrecht, 1010).

A L. Jan / C. Mayhoff. 6 Bde., Stuttgart/Leipzig 1892–1909 (Nachdr. 1967–1987).
Ü Ch. F. Lebrecht Strack. 3 Bde., 1853–1855, Nachdr. Darmstadt 1968. R. König / G. Winkler / K. Bayer / J.

Hopp. 25 Bde. München/Zürich 1973–1998 (teilweise in 2. Aufl.) (lat.–dt.). G. C. Wittstein. 5 Bde., Leipzig 1881–1882.

L M. v. Albrecht, RL, 1003–1011. M. Beagon: Roman Nature. The Thought of Pliny the Elder, Oxford 1992. A. Borst: Das B. der Naturgeschichte. Plinius und seine Leser im Zeitalter des Pergaments, Heidelberg 1995. S. Citroni Marchetti: Plinio il Vecchio e la tradizione del moralismo romano, Pisa 1991. S. Citroni Marchetti: Filosofia e ideologia nella *Naturalis historia* di Plinio, in: ANRW 2, 36, 5, 1992, 3249–3306. J. Hahn: Plinius und die griechischen Ärzte in Rom: Naturkonzeption und Medizinkritik in der *Naturalis historia*, in: AGM 75, 1991, 209–239. Z. Kádár / M. Berényi-Révész: Die Anthropologie des Plinius Maior, in: ANRW 2, 32, 4, 1986, 2201–2224. R. König: Plinius der Ältere. Leben und Werk eines antiken Naturforschers, Darmstadt 1979. Th. Köves-Zulauf: Die Vorrede der plinianischen *Naturgeschichte*, in: WS 86, 1973, 134–184. Th. Köves-Zulauf: Plinius d. Ä. und die römische Religion, in: ANRW 2, 16, 1, 1978, 187–288. S. Sconocchia: La structure de la *Naturalis historia* dans la tradition scientifique et encyclopédique romaine, in: Helmantica 38, 1987, 307–316. G. A. Seeck: Plinius und Aristoteles als Naturwissenschaftler, in: Gy 92, 1985, 419–434. K. Ziegler / W. Kroll / H. Gundel / W. Aly / R. Hanslik: Plinius d. Ä., in: RE 21, 1, 1951, 271–439.

Néa historía
„Neue Geschichte"

Zosimos, um 500 v. Chr.

Römische Geschichte in sechs B. (gr.).

I Das Werk bietet eine kurze Übersicht über die Zeit von Augustus (27 v. Chr. – 14 n. Chr.) bis Diokletian (reg. 284–305 n. Chr.). Die darauf folgende Zeit bis 410 (vor der Einnahme von Rom durch Alarich) wird ausführlicher behandelt.

Q Die Quellen des Zosimos sind die →*Chroniká* des Dexippos und die →*Hypomnémata historiká* des Eunapios.

W Zosimos orientiert sich an Polybios (→*Historíai*), indem er darauf hinweist, sein Vorgänger habe geschildert, wie die Römer ihre Weltherrschaft in kurzer Zeit erworben haben; er, Zosimos, wolle dagegen berichten, wie sie diese durch eigenes Fehlverhalten wieder verloren (1,57,1). – Der Autor deutet die von ihm beschriebene Abwärtsentwicklung als eine Folge der Vernachlässigung der altröm. Religion zugunsten des Christentums, das mit seinem Monotheismus die Monarchie der röm. Kaiser widerspiegele. Diese wiederum sei eine für das riesige röm. Reich ungeeignete Regierungsform. Demnach begann für Zosimos der Niedergang des röm. Reiches mit Konstantin (reg. 306–337 n. Chr.), der nach seiner Bekehrung zum Christentum den Untergang vorbereitete. „Die kompromißlos antichristliche Einstellung sowie der unbedingte Glaube an die staatstragende Funktion der altrömischen Religion ... verbinden sich bei Zosimos zu einer Ideologie, die man bei der Lektüre der ,Neuen Geschichte' nicht aus den Augen verlieren darf" (Lendle, 260 f.).

N Das Werk wurde benutzt z. B. von Eustathios aus Epiphaneia in seiner →*Chronikè epitomé*.

A L. Mendelssohn, Leipzig 1886, Nachdr. Hildesheim 1963.
Ü D. C. Seybold / K. Ch. Heyler, 1802–1804. O. Veh / S. Rebenich, Stuttgart 1990.
L G. M. Bersanetti, Enciclopedia Italiana 35, 1937, 1026 f. L. Dillemann, Syria 38, 1961, 87–158. Einführung, 260 f. GL, 952. F. Paschoud, RE 10 A, 1972, 795–841.

Nekrikoì diálogoi
„Totengespräche"

Lukianos aus Samosata, etwa 120–180 n. Chr.

Dreißig in der Unterwelt spielende dialogische Szenen (gr.).

I Die dreißig Gespräche werden von unterschiedlichen Personen über vielfältige Themen geführt. Gesprächsteilnehmer sind historische Persönlichkeiten (Alexander, Hannibal, Scipio), Gestalten des Mythos (Aias, Agamemnon, Minos, Tantalos), legendäre Könige wie Midas, Sardanapalos und Kroisos, Götter und Heroen (Hermes, Herakles) und Philosophen (Menippos, Antisthenes, Diogenes, Krates). Tote sprechen mit Toten und Unsterblichen. – Zu den Themen gehören die Wertlosigkeit des scheinbar Wertvollen, die totale Entwertung des Wertvollen durch den Tod, die Gleichheit aller Toten in der Unterwelt, der Kynismus, die Lebensform der Bedürfnislosigkeit als akzeptabler Lebensentwurf, die Diskrepanz zwischen dem irdischen Reichtum und dem Verlust aller Dinge in der Unterwelt, das Jammern und Klagen über das verlorene Glück und die Schönheit des irdischen Daseins im Kontrast zur ewigen Düsternis des Hades, die lachenden Erben, die vom Geiz und der Habgier der Verstorbenen – vorübergehend – profitieren, der Streit über die Rangordnung aufgrund vergangener Größe (z. B. Hannibal und Alexander im Dialog 12), das Gespräch zwischen den Toten, die als Lebende ungleich waren (z. B. Alexander und Diogenes im Dialog 13 und Diogenes und Herakles im Dialog 16), die Verwandlung auch der Schönsten (Helena, Achilleus, Narkissos usw.) in Skelette, die sich gar nicht mehr voneinander unterscheiden (z. B. Dialog 18), die Schar der prominenten Gestalten der Philosophiegeschichte (wie z. B. Pythagoras, Empedokles, Sokrates usw. im Dialog 20). – Positiv gezeichnet werden allein die kynischen Philosophen: Menippos, Antisthenes, Diogenes, Krates, die schon auf Erden die Existenzform des Totenreiches gleichsam vorweggenommen haben und alles, was sie auf Erden besaßen, auch als Tote noch besitzen dürfen (z. B. Dialog 11). – Die Götter werden anthropomorph als kleinliche, beschränkte Wesen dargestellt (z. B. Hermes und Charon, Dialog 4). – Bevor die Toten in Charons Nachen steigen dürfen, müssen sie alles ausziehen oder ablegen, was sie im Leben besaßen, womit sie angeben oder auch anderen Menschen zur Last fallen konnten (z. B. Dialog 10): Negative und positive Charaktereigenschaften ebenso wie bestimmte Verhaltensweisen und selbstverständlich jeden materiellen Besitz.

W In den „Totengesprächen" spiegelt sich die Nichtigkeit des menschlichen Lebens.

A M. D. MacLeod. Bd. 7, London/Cambridge (Mass.) 1961. M. D. MacLeod. Bd. 4, Oxford 1987.
Ü K. Mras: Die Hauptwerke des Lukian, München [(2)]1980 (gr.–dt.). J. Werner, Leipzig [(5)]1970. Ch. M. Wieland: Lucian von Samosata. Sämtliche Werke 1. 2, Leipzig 1788/1789, 195–300.
L R. Helm: Lucian und Menipp, Leipzig/Berlin 1906, 175–214. KNLL 10, 689 f. Schmid-Stählin 2, 2, 725 f.

Nékyia
„Totenopfer"

Menippos aus Gadara, 1. Hälfte des 3. Jh.s v. Chr.

Verlorene, aber bezeugte Schrift (gr.). Vgl. Diogenes →*Philosóphon bíon kaì dogmáton synagogé*, 6,101.

I Die *Nékyia* schilderte in der Nachfolge der homerischen *Nékyia* (→*Odýsseia* 11) eine Reise in die Unterwelt. Als Gegenstück könnte er auch eine Himmelsreise gedichtet haben, die später Seneca für die →*Apocolocyntosis* nachgeahmt hat.

L H. Dörrie: Menippos (Nr. 4), in: DKP 3, 1217.

Nemeische Oden →Chorlyrik (Pindaros)

Nephélai
„Wolken"

Aristophanes aus Athen, um 445–386 v. Chr.

Komödie (gr.).
Aufgeführt an den Dionysien des Jahres 423 v. Chr. in Athen.

I Die Komödie hat ihren Titel vom Chor der Wolken, den Göttern der neuen Zeit, d. h. den Gedanken, Ideen, Begriffen und raffinierten Tricks der dialektischen Philosophie und der sophistischen Rhetorik. – Der einfache Bauer Strepsiades steht vor dem finanziellen Ruin. Er kann seiner anspruchsvollen Frau und vor allem seinem verwöhnten Sohn das Leben, das sie zu führen wünschen, nicht mehr bieten. Aber er sieht einen Ausweg: Der junge Pheidippides soll bei Sokrates und Chairephon die Kunst lernen, vor Gericht „die schwächere Sache zur stärkeren zu machen". Pheidippides weigert sich. Folglich entschließt sich Strepsiades, selbst in der „Denkerhöhle" vorzusprechen und bei Sokrates in die Lehre zu gehen. Er wird schließlich als Schüler angenommen, ist allerdings kaum in der Lage, die Grundlagen der höheren Bildung zu verstehen. Deshalb muß an seiner Stelle nun doch

noch der Sohn in die Schule gehen. In einem Redewettkampf stellen sich ihm der *Lógos díkaios* („die gerechte Sache") und der *Lógos ádikos* („die ungerechte Sache") vor, um sich ihm als Lehrer anzubieten. Pheidippides gibt dem *Lógos ádikos* den Vorzug, und jetzt lernt er, wie er seinen Vater von den aufdringlichsten Gläubigern befreien kann. Doch dann kommt es zu einem Streit zwischen Vater und Sohn: Pheidippides verprügelt den eigenen Vater. Dieser muß sich von seinem Sohn sagen lassen, daß diese Behandlung vollkommen gerecht ist, weil sie der Behandlung entspricht, die auch dem Sohn einst von seinem Vater zuteil wurde. Dieses Bildungsziel kann der Vater nicht mehr akzeptieren; er steckt die „Denkerbude" kurzerhand in Brand.

W Die Komödie entstand aus dem Kampf des Dichters gegen die angeblich „verderblichen neumodischen Erziehungsideale, die durch das Wirken der sophistischen Aufklärung und der im Verein mit ihr aufblühenden Rhetorik in Athen immer größere Resonanz fanden" (E. Schmalzriedt, KNLL 1, 679). – Der in der Komödie karikierte Sokrates wurde im Jahre 399 v. Chr. wegen seiner Gottlosigkeit und seines üblen Einflusses auf die Jugend zum Tode verurteilt. Platon weist in der →*Apología Sokrátus* darauf hin, daß das Sokrates-Bild des Aristophanes zu den Auslösern des Prozesses gegen Sokrates gehört habe. Aber es spricht nichts dafür, daß Aristophanes im Jahre 423 diese Absicht hatte.

N Die „Wolken" gehörten schon in der Antike zu den beliebtesten Aristophanes-Stücken. In byzantinischer Zeit waren sie Schullektüre. In der Renaissance wurden sie von Frischlin ins Lateinische übersetzt. Zahlreiche bedeutende Denker setzten sich mit dieser Komödie auseinander: z. B. Voltaire, Wieland, Lessing, Goethe, Hegel.

A R. Cantarella. Bd. 3, Mailand 1954 (gr.–it.). V. Coulon / H. van Daele. Bd. 1, Paris [(6)]1958 (gr.–frz.). K. Dover, Oxford 1989 (mit Kommentar). R. Kassel / C. Austin. Bd. 3. 2, Berlin/New York 1984. W. J. M. Starkie, London 1911 (gr.–engl. mit Kommentar).
Ü M. Fuhrmann, Zürich 1977. L. Seeger / O. Weinreich, Zürich [(2)]1968. L. Seeger / H. – J. Newiger, München 1974. O. Seel, Stuttgart 1963.
L H. Erbse: Sokrates im Schatten der aristophanischen „Wolken", in: Hermes 82, 1954, 385–420. Th. Gelzer: Aristophanes und sein Sokrates, in: MH 13, 1956, 65–93. P. Händel: Formen und Darstellungsweisen der aristophanischen Komödie, Heidelberg 1963, 256 bis 276. M. C. Marianetti: Religion and Politics in Aristophanes' *Clouds*, Hildesheim 1992. Schmid-Stählin 1, 4,188 f. und 247–270. W. Schmid: Das Sokratesbild der „Wolken", in: Ph 97, 1948, 209–228.

Néron
(Nero, röm. Kaiser)

Flavios Philostratos, um 200 v. Chr.

Dialog zwischen Musonios und Menekrates (gr.).

I Das unter dem Namen Lukians überlieferte Gespräch befaßt sich mit dem Handeln und Verhalten des röm. Kaiser Nero (reg. 54–68 n. Chr.). – Es geht vor allem um das Vorhaben des Nero, den Isthmus von Korinth zu durchstechen, das von den Gesprächspartnern als Hybris charakterisiert wird.

A M. D. MacLeod: Lucian. Bd. 8, London/Cambridge (Mass.) 1967, 505–521 (gr.–engl.).
Ü Chr. M. Wieland. Lucian von Samosata. Sämtliche Werke 3. 6, Leipzig 1788/1789, 233 bis 244.

Neues Testament →Novum Testamentum

Nigrînos
(Name eines Philosophen)

Auch zitiert als *Nigrínu philosophía* („Die Philosophie des Nigrinos").

Lukianos aus Samosata, etwa 120–180 n. Chr.

Gespräch (gr.) über einen Besuch des Lukian bei dem Platoniker Nigrinos in Rom.

I Lukian erzählt einem Freund von seinem Besuch bei dem „platonischen" Philosophen Nigrinos. (Ein Philosoph mit diesem Namen ist nicht weiter bekannt; wahrscheinlich hat Lukian die Person erfunden.) Er sei berauscht gewesen von der Weisheit des Mannes. Auf Bitten des Freundes will er aus dem Gedächtnis wiedergeben, was er erfuhr. Nigrinos habe seinen Diskurs mit einer Lobrede auf Griechenland und vor allem auf Athen begonnen. In Athen könne jeder leben, wie er wolle, in Freiheit und Stille. Wer seine Sitten rein erhalten wolle, den Reichtum zu verachten gelernt habe und die unverfälschte Natur zur Regel seines Lebens mache, der sei in Athen am besten aufgehoben. Wer dagegen den Luxus liebe, die wahre Freiheit nie genossen habe, unter Schmeichlern und Sklaven aufgewachsen sei, das wahre Schöne und Gute nie gesehen oder seine ganze Seele dem Dienst der Wollust ausgesetzt habe –, der habe in Rom sein angemessenes Betätigungsfeld (Kap. 14–15). Darauf folgt eine Aufzählung von Möglichkeiten, seinen Lastern in Rom auf vielfältige Weise Nahrung zu geben. Aber damit sei natürlich auch die Möglichkeit verbunden, angesichts all der Verführungen dieser Stadt seine Standhaftigkeit zu üben. Denn wo könne man sich von dem hohen Wert der Philosophie besser überzeugen als dort, wo man ständig mit der Torheit konfrontiert ist? Rom sei in diesem Sinne eine einzige Kampfschule der Tugend (*gymnásion aretês*, 19).

Zu dem in grellen Farben gezeichneten Leben in Rom hebt sich das Verhalten des Philosophen Nigrinos deutlich ab. Er ist ein Muster an Anständigkeit und Einfachheit, ein Verächter des materiellen Besitzes, ein Feind des Luxus (25–28). – Am Ende schildert Lukian noch einmal, wie sehr ihn die Ausführungen des Philosophen über den täglichen Wahnsinn in der Hauptstadt des Reiches getroffen und betroffen gemacht haben.

W Der Text ist eine Satire über die Verhältnisse in Rom, vergleichbar mit den „Satiren" des Iuvenal und des Persius (→*Saturarium libri V*; →*Saturae*). – Im Gegensatz zu Rom ist in Athen die Welt noch in Ordnung. Lukian will mit dieser Gegenüberstellung nicht nur die Unvereinbarkeit der menschlichen Torheit mit der wahren Philosophie bewußt machen, sondern auch den (idealisierten) Athenern ein Kompliment machen.

A A. M. Harmon. Bd. 1, London/Cambridge (Mass.) 1913.
Ü Chr. M. Wieland: Lucian von Samosata. Sämtliche Werke 1. 1, Leipzig 1788/1789, 18- 53.

Nikomachische Ethik →Ethikà Nikomácheia (Aristoteles)

Nikoklês è Kýprioi
„Nikokles oder die Kyprier"

Isokrates aus Athen, 436–338 v. Chr.

Fingierte Rede des Monarchen Nikokles (gr.), der etwa 374 v. Chr. nach dem Tod seines Vaters Euagoras die Herrschaft in Kypros (Zypern) übernahm und wohl ein Schüler des Isokrates war, an das Volk gerichtet, dem Monarchen als eine Art von Regierungserklärung in den Mund gelegt.
Nach der Rede an Nikokles (→*Pròs Nikoléa*) verfaßt, um 368 v. Chr.

I Das Proömium der Rede (1–9) bietet eine Rechtfertigung und Verteidigung der „Logoi", d. h. der Worte oder Reden. Der Hauptvorwurf, daß man sich mit „Logoi" nur um des Gewinns, nicht um der Tugend willen abgebe, wird zurückgewiesen. Das Gewinnstreben wird von Isokrates als legitim angesehen, wenn es nur auf rechte Weise wirksam ist, d. h. keinen Schaden anrichtet. Im Anschluß daran preist der Autor die Bedeutung des vernünftigen Redens für die menschliche Gemeinschaft; es ist ein „Instrument der Höherentwicklung des Menschen als Einzel – und Gattungswesen" (Eukken, 254). – Im Hauptteil der Rede erklärt der Fürst zunächst seine Absicht, seine Untertanen über richtiges Verhalten zu belehren (10–13); dann begründet er die Überlegenheit der Monarchie über die anderen Verfassungsformen (14–26), rechtfertigt seine eigene Herrschaft mit seiner Herkunft und seinen bisherigen Leistungen (27–47), indem er ausführlich über die politischen Grundtugenden, die Gerechtigkeit (31–35) und die Besonnenheit (36–42), spricht, und gibt schließlich seinen Untertanen die angekündigten Ratschläge und Anordnungen (48–64), wobei der wichtigste Gedanke der ist, daß das Zusammenleben aller auf der Beachtung der Goldenen Regel beruht.

Q Der Vergleich der Monarchie mit den anderen Verfassungsformen geht wohl auf Herodot (→*Historíes apódexis* 3,80–82) zurück. – Das Proömium ist in Auseinandersetzung mit Platons →*Gorgías* entstanden. Die Ausführungen über die Bedeutung der Prinzipien „Gleichheit" und „Würdigkeit" für die politische Ordnung klingen an Thukydides an (→*Ho pólemos tôn Peloponnesíon kaì Athenaíon* 2,37,1): Hier erklärt Perikles, in Athen herrsche „Gleichheit" im Recht, aber eine öffentliche Stellung erhalte ein Athener gemäß seiner „Tugend". – Eine terminologische Anspielung auf die platonische Ideenlehre liegt in der Selbstrechtfertigung des Nikokles vor: Er habe seine Regierung vorbildlich ausgeübt, weil er die wichtigsten Tugenden, die Gerechtigkeit und die Besonnenheit, praktiziert habe; sie nützten uns nicht nur „an sich" (*kat' hautás*); vielmehr sei alles Handeln, das an diesen „Ideen" (*idéai*) nicht „teilhabe" (*metéchein*), Ursache großer Übel.

W Im Unterschied zu Platons →*Gorgías* hebt Isokrates im programmatischen Proömium des *Nikoklês* die konstitutive Bedeutung des Redens im menschlichen Leben hervor. Das Reden ist für Isokrates ein Instrument gedanklicher Klärung und sozialer Verständigung. Es ermöglicht die Kultivierung des Lebens und die zwischenmenschliche Ordnung. Anders als Platon verwirft Isokrates die Trennung von Tugend und Gewinnstreben, das dann als „gut" anzusehen ist, wenn es auch den anderen Menschen nützt. – Im Hauptteil der Rede tritt Isokrates im Rahmen des Vergleichs der Verfassungsformen für zwei politische Prinzipien ein: Gleichheit und Würdigkeit sollen die Grundlagen der Ordnung des politischen Lebens sein.

A →*Panegyrikós* (Isokrates).
L C. Eucken: Isokrates. Seine Positionen in der Auseinandersetzung mit den zeitgenössischen Philosophen, Berlin/New York 1983, 248–264. J. Frey: Studien zur dritten Rede des Isokrates, Freiburg (Schweiz) 1946. E. Maas: Herodot und Isokrates, in: Hermes 22, 1887, 581 ff. K. Ries: Isokrates und Platon im Ringen um die Philosophia, Diss. München 1959.

Ninos-Roman
(Roman über König Ninos von Assyrien)

An.

Frg. (gr.) eines Romans, auf Papyrus erhalten. Die Schrift ermöglicht eine Datierung der Papyri in das 1. Jh. n. Chr. Der Roman selbst dürfte aber erheblich früher entstanden sein.

I Die Helden der Geschichte waren Ninos, der erste sagenhafte assyrische König (vgl. Ktesias, →*Persiká*), und Semiramis, ein Liebespaar, dessen wechselvolles Schicksal den Gang der Handlung bestimmte.

A S. A. Stephens / J. J. Winkler: Ancient Greek Novels, Princeton 1994. U. Wilcken: Ein neuer griechischer Roman, in: Hermes 28, 1893, 161–193.
Ü F. Zimmermann: Aus der Welt des griechischen Romans, in: Antike 11, 1935, 294–296.
L N. Holzberg: Der antike Roman. Eine Einführung, München/Zürich 1986. A. Lesky, GL, 961 f.

Nióbe
(Tochter des Tantalos und Gemahlin des Amphion, des Königs von Theben)

Aischylos aus Eleusis, 525/524–456 v. Chr.

Auf Papyrus erhaltenes Frg. einer Tragödie (gr.).

I In den erhaltenen Versen wird die Not der unglücklichen Mutter, die ihre Kinder verloren hat, geschildert und zur Bewahrung menschlichen Maßes ermahnt. „Die Verse sind gerade so weit verstümmelt, daß die Frage nach dem Sprecher schwer zu lösen ist. Unwahrscheinlich ist eine prologisierende Gottheit wie Leto, die Niobes Leid kommentierte, eher läßt sich an die Amme oder sonst jemand denken, der der Trauernden nahestand. In den neueren Behandlungen des Frg. hat die ehedem diskutierte Möglichkeit, daß Niobe selber sprach, an Boden verloren ... In dem Niobefrg. finden sich auch die Worte, die wir bereits aus Platon (→*Politeía* 2,380a) kannten: Gott läßt den Menschen eine *aitía* erwachsen, wenn er ein Haus vom Grund auf vernichten will, wobei in dem griechischen Worte *Schuld* und *Ursache* mitzuhören sind" (Lesky, 304 f.).

A H. J. Mette: Die Frg. der Tragödien des Aischylos, Berlin 1959, 96 f.
L A. Lesky, GL, 304 f. M. J. Lossau: Aischylos, Hildesheim 1998. K. Reinhardt: Zur *Niobe* des Aischylos, in: Tradition und Geist, Göttingen 1960, 136–166.

Noctes Atticae
„Attische Nächte"

Aulus Gellius, 2. Jh. n. Chr.

Zusammenfassung (lat.) von Lesefrüchten aus älterer lat. und gr. Literatur in zwanzig B.

I Das Werk enthält Auszüge aus etwa 275 Autoren. Cato, Varro und Cicero sind am häufigsten vertreten. – Das Material aus dem Bereich der rhetorischen und poetischen Literatur, der Geschichtsschreibung und Philosophie, der Rechtswissenschaft und Medizin wird in thematisch geschlossenen Einzelkapiteln vorgelegt. – „Die behandelten Themen umfassen Soziales, Pflichtenkonflikte, Generationsprobleme, die Dialektik von Spiel und Wirklichkeit, Recht, Sprache, Literatur, Technik. Immer wieder geht es um den Vergleich zwischen griechischer und römischer Kultur" (M. v. Albrecht, 1176).

W Gellius verfaßte das Werk als Lektüre für seine eigenen Kinder. Obwohl es kein systematisches Lehrbuch ist, dient es ebenso der Belehrung wie der Unterhaltung. Zugleich will es als Literaturführer dienen (vgl. H. Berthold 1980, 48). – „Es handelt sich nicht um eine Enzyklopädie, sondern um ein Miszellanwerk, eine Sammlung von Kurz-Essays. Das bunte Durcheinander ist Programm" (M. v. Albrecht, 1175).

A C. Hosius. 2 Bde., Stuttgart/Leipzig 1903, Nachdr. 1991 bis 1993). R. Marache, Paris 1989 (lat.–frz.). P. K. Marshall. 2 Bde., Oxford 1968 und 1990. J. C. Rolfe. 3 Bde., London/Cambridge (Mass.) 1946–1952 (lat.–engl.).
Ü H. Berthold, Leipzig 1987 (Auswahl). F. Weiss. 2 Bde., Leipzig 1875–1876, Nachdr. Darmstadt 1992.
L M. v. Albrecht, RL 1174–1179. L. M. Astarita: La Cultura nelle *Noctes Atticae*, Catania 1993. H. Berthold: Aulus Gellius. Auswahl und Aufgliederung seiner Themen, Diss. Leipzig 1959. H. Berthold: Aulus Gellius: Seine Bedeutung als Vermittler antiker Bildungs- und Kulturtraditionen, in: WZ Halle 29, 3, 1980, 45–50. H. Berthold: Interpretationsprobleme im Miszellanwerk des Aulus Gellius, in: WZ Rostock 34, 1, 1985, 12–16. L. Holford-Strevens: Aulus Gellius, London 1988. H. Krasser, MLAA, 275–277. E. Tuerk: Macrobe et les *Nuits Attique*, in: Latomus 24, 1965, 381–406.

Nómima barbariká
„Sitten fremder Völker"

Hellanikos aus Mytilene, 2. Hälfte des 5. Jh.s v. Chr.

In wenigen Frg. überlieferte Sammlung völkerkundlicher Materialien (gr.).

I Es handelte sich wahrscheinlich um ein Kompendium mit vielen Informationen über fremde Völker, das als Materialsammlung z. B. für sophistische Lehrvorträge über historische Themen zu verwenden war. Möglicherweise sind die für Hellanikos überlieferten ethnographischen Titel – wenigstens teilweise – mit den *Nómima barbariká* identisch: *Aigyptiaká, Persiká, Skytiká, Lydiaká, Kypriaká*. Hellanikos konnte für diese Titel auf Herodot, →*Historíes apódexis*, und auf Hekataios, →*Periégesis*, zurückgreifen. Offensichtlich trug der Autor in seinen ethnographischen Werken in antiquarischer Absicht Material über Wanderungen, Gründungen, Benennungen, Wohnsitze, Sitten und Gebräuche der Völker zusammen. Mit ähnlicher Zielsetzung befaßte er sich übrigens auch mit der Ethnographie der gr. Landschaften, indem er Schriften über *Lesbiaká, Aioliká, Argoliká, Thessaliká* und *Boiotiká* veröffentlichte.

A FGrHist 4.
L O. Lendle, Einführung, 63–71. A. Lesky, GL, 376 f. W. Nestle, VMzL, 144.

Nómoi
„Gesetze"

Platon aus Athen, 427–347 v. Chr.

Philosophischer Dialog in 12 B. (gr.).
Ein Spätwerk des Autors und wahrscheinlich nicht von ihm selbst fertiggestellt.

I Das Gespräch führen drei alte Männer: Der Kreter Kleinias, der Lakedaimonier Megillos und ein namenloser Fremder aus Athen als Hauptgesprächspartner (anstelle des sonst bei Platon als Hauptgesprächspartner fungierenden Sokrates). Die Männer befinden sich auf dem Weg von Knossos zu einem Zeustempel. Unterwegs schlägt der Athener den beiden anderen vor, den langen Weg durch Gespräche über Staatsverfassungen (*politeíai*) und Gesetze (*nómoi*) zu verkürzen. Allerdings gewinnen die zusammenhängenden Ausführungen des Atheners allmählich die Oberhand, so daß es nicht mehr zu einem echten Gespräch kommt, wenn man von kurzen Zwischenbemerkungen absieht. – In den ersten drei B. werden nach einer Betrachtung kretischer und spartanischer Institutionen die allgemeinen Ziele der Gesetzgebung dargelegt, die in der Bildung (*paideía*) des Menschen zur vollkommenen Gerechtigkeit gipfelt. Darauf werden die Ursprünge der Staatsverfassungen und die Grundmodelle Aristokratie, Monarchie, Demokratie mit ihren Verfallsformen betrachtet. Ausgehend von der Frage, welche die zweckmäßigste Staatsform sei, beschließen die drei Männer, einen eigenen Staat zu entwerfen. In Gestalt eines umfassenden Gesetzgebungsprojektes wird dieser Entwurf in allen Einzelheiten entwickelt (B. 4–12). Dabei haben die Gesprächsteilnehmer vor allem das Hauptziel der Gesetzgebung vor Augen: die Bildung. Im Blick auf dieses Ziel der Bildung wird die Regel aufgestellt, daß die Gesetze keinesfalls mit Gewalt durchgesetzt werden dürfen. Denn Bildung und Erziehung setzen Überredung und Überzeugung voraus. Demnach müssen alle Gesetze mit belehrenden und überzeugenden Einleitungen und Begründungen

(B. 4, 718a-723e) über ihren Sinn und Zweck versehen werden. Im B. 5 beginnt ab Seite 734e ein skizzenhafter Entwurf der einzelnen Staatsgesetze; dieser reicht bis B. 12,960 b. Den Schluß bilden Überlegungen über die Erhaltung der Gesetze (12, 960b-969d). Es wird eine sehr große Zahl von mehr oder weniger gründlich ausgearbeiteten Gesetzesentwürfen vorgestellt, die sich u. a. mit folgenden Themen befassen: Regelung der Eigentumsverhältnisse, Einteilung des Territoriums, Besetzung der Verwaltungsämter, Organisation der Götterfeste, Ehe, Haushalt, Kinderzeugung, Besitz von Sklaven (B. 5–6), Erziehung auf den verschiedenen Altersstufen, Schulwesen, Auswahl der Lesestoffe, „Gesetze" als Muster für die Schullektüre, Musikunterricht, Tanz, Gymnastik, Sport, Fachwissenschaften (B. 7), Feste und Opfer für die Götter, militärische Ausbildung, sexuelles Verhalten, wirtschaftliche Organisationsfragen (B. 8), Strafrecht zur Anwendung bei unterschiedlichen Delikten (B. 9–10), Eigentumsrecht, Handels- und Gewerberecht, Familienrecht, Gesetze verschiedenen Inhalts, Gerichtsverfahren (B. 11–12).

W   Im Vergleich mit der →*Politeía* läßt sich für die →*Nómoi* folgendes festhalten: „An die Stelle des Ideals der Herrscher-Philosophen, deren fundamentale Bildung den Maßstab setzt für die Durchsetzung der Gerechtigkeit auf allen Ebenen des staatlichen Lebens, ist hier das Gesetz als oberster Herr aller, auch der Regierenden, getreten, das mit rigoristischen Vorschriften das Leben der Gesamtheit der Bürger bis ins letzte reglementiert. Im Zentrum der *Politeía* stand die Erziehung der Philosophenherrscher (B. 5–7) ...; hier in den *Nómoi* ist von dem dort geradezu als Inbegriff der Philosophie auftretenden Amalgam von Ontologie, Ethik und Erkenntnistheorie, kurz: dem spezifisch Platonischen ‚dialektischen' Wissenschaftsideal nichts mehr zu spüren ... Das zeigt sich vor allem am Grundmotiv der Erziehung, der *paideía*: Nicht mehr die Entfaltung der Hinführung zum Vermögen der Dialektik als der höchstmöglichen Einsicht prägt diese Erziehung, sondern die Rücksicht auf die nun einmal vorhandenen Gegebenheiten der menschlichen Existenz, d. h. auf deren irdische Unzulänglichkeit, das, was Platon anderwärts die Welt des Scheins nennt" (E. Schmalzriedt, 391).

A   J. Burnet. Bd. 5, Oxford 1907. E. G. Bury. 2 Bde., London/Cambridge (Mass.) 1926 (gr.–engl.). E. B. England. 2 Bde., Manchester 1921 (mit Kommentar). É. des Places / A. Diès. Bd. 11–12, Paris (2/3)1975/1976 (gr.–frz.).
Ü   O. Apelt. Bd. 7, Leipzig 1922/1923, Nachdr. Hamburg 1988. E. Eyth, Heidelberg [(8)]1982. K. Schöpsdau / H. Müller, Darmstadt 1977 (gr.–dt.). K. Schöpsdau, Göttingen 1994 u. 2003 (B. IV–VII und B. I–III mit Kommentar).
L   G. Müller: Studien zu den platonischen *Nomoi*, München [(2)]1968. O. Gigon: Das Einleitungsgespräch der „Gesetze" Platons, in: MH 11, 1954, 201–230. H. Görgemanns: Beiträge zur Interpretation von Platons *Nomoi*, München 1960. A. B. Hentschke: Politik und Philosophie bei Plato und Aristoteles. Die Stellung der *Nomoi* im platonischen Gesamtwerk und die politische Theorie des Aristoteles, Frankfurt 1971. W. Jaeger, Paideia 3, 289–344. A.

B. Neschke-Hentschke: Über Platos „Gesetze", in: Philosophische Rundschau 33, 1986, 265–281. G. R. Morrow: Plato's Cretan City. A Historical Interpretation of the „Laws", Princeton (N.Y.) 1960. C. Ritter: Platons „Gesetze". Kommentar zum griech. Text, Leipzig 1896. E. Schmalzriedt, KNLL 13, 390–392. M. Vanhoutte: La philosophie politique de Platon dans les *Lois*, Löwen 1954. E. Vögelin: Ordine e storia. La filosofia politica di Platone, Bologna 1986.

Nómon hierôn allegoríai tôn metà tèn hexaémeron
„Allegorische Erklärungen der heiligen Gesetze nach dem Sechstagewerk"

Auch lat. zitiert als *Legum allegoriae* („Allegorische Erklärungen der Gesetze").

Philon aus Alexandreia, 1. Hälfte des 1. Jh.s n. Chr.

Teilweise erhaltenes allegorisches Kommentarwerk zur Genesis (gr.).

I   Die allegorische Deutung besteht darin, daß alle biblischen Gestalten nur als Symbole vor allem seelischer Vorgänge aufgefaßt werden. – Das Werk beginnt mit der Geschichte des Menschen (Genesis 2,1ff.). B. 1: Genesis 2,1–17 und 2,18–3, 1a. B. 2: Genesis 3,1b-8a (verloren). B. 3: Genesis 3,8b-19. B. 4: Genesis 3,20–23 (verloren). – Die folgenden nicht vollständig erhaltenen B. haben in den Handschriften Sondertitel, die ihren Inhalt bezeichnen. Sie befassen sich mit Genesis 3,24 bis etwa 40. – Bemerkenswert ist u. a. der Titel *Perì tû theopémptus eînai tùs oneírus* („Über die These, daß die Träume gottgesandt sind") in ursprünglich fünf B., von denen nur zwei erhalten sind; das erste behandelt Genesis 28,12 bis 22 und 31,11–13 (zwei Träume Jacobs), das zweite Genesis 37 und 40 f. (die Träume Josephs, des obersten Mundschenken und obersten Bäckers des Pharao und die Träume des Pharao selbst). – Philon unterscheidet im Anschluß an Poseidonios mehrere Arten von Träumen: (1) gottgesandte, (2) durch Berührung der menschlichen Seele mit der Weltseele entstandene, (3) aufgrund einer selbständigen Bewegung der Seele entstandene. – Möglicherweise hat Philon vor der Kommentierung der biblischen Träume die Traumtheorien der Philosophen dargestellt.

A   →*Perì aphtharsías kósmu* (Philon).

Nómos
„Lied"

Terpandros aus Lesbos, 7. Jh. v. Chr.

Traditioneller Kompositionstyp mit charakteristischen Besonderheiten in Melodie, Rhythmik, Tonalität und Form und Textgrundlage (gr.).

I   Terpandros hat die mehrteilige Gliederung des zur Kithara vorgetragenen *Nómos* eingeführt, d. h. den *Nómos* in mehrere Sätze unterteilt, wie es z. B. in der neuzeitlichen Kantate oder Symphonie der Fall ist. Er unterschied sieben Teile (vgl. Pollux, →*Onomastikón* 4,66): *Archá, Metarchá, Katatropá, Metakatatropá, Omphalós, Sphragís, Epílogos* (Einsatz, Zweiter Einsatz, Wendung, Zweite Wendung, Nabel, Siegel, Schluß). Der *Omphalós* enthielt die Erzählung eines Mythos; in der *Sphragís* sprach der Dichter über sich selbst und seine Absicht. – Als Texte dienten Terpandros u. a. die homerischen Epen (→*Iliás*, →*Odýsseia*, →*Epikòs kýklos*), die homerischen Hymnen (→*Hýmnoi Homerikoí*) und eigene Dichtungen.

A   PMG 362 f.
L   W. Vetter, RE 5 A 1, 1934, 785 f. A. Lesky, GL, 155 f.

Nóstoi →Epikòs kýklos

Nóstoi →Chorlyrik (Stesichoros)

Notae Tironianae
„Tironische Noten"

Marcus Tullius Tiro, 1. Jh. v. Chr.

System einer Kurzschrift (lat.).
Das System ist aus Handschriften seit dem 8. Jh. n. Chr. bekannt; in den Karolingischen Schulen wurde es studiert und auch praktisch verwendet.

I   In der von Tiro erfundenen Stenographie wurden nicht die Silben, sondern ganze Wörter durch einen Buchstaben abgekürzt. – Viele der Kürzel waren noch im Mittelalter in Gebrauch.

A   W. Schmitz, 1893.
L   H. Boge: Griechische Tachygraphie und Tironische Noten, Hildesheim 1974. P. Groebe, RE 7 A 2, 1948, 1319–15.

Notitia dignitatum
„Kennzeichnung der Ämter"

An.

Staatliches Handbuch aller zivilen und militärischen Ämter sowie der Truppenformationen in der östlichen und in der westlichen Hälfte des röm. Reiches (lat.).
Zusammengestellt um 430 n. Chr.

A   E. Böcking. 4 Bde., Bonn 1839–1853. R. H. Ireland, Stuttgart/Leipzig 1998.. O. Seeck, 1876.
L   E. Polaschek, RE 17, 1, 1936, 1077–1116. K. F. Stroheker, dtv-L 1. 3, 245.

Novum Testamentum
„Neues Testament"

Corpus der von der Kirche des 2. Jh.s n. Chr. gesammelten urchristlichen Schriften (gr.), die den Glauben der apostolischen und nachapostolischen Zeit bezeugen.
Der Kanon der Schriften hat sich im wesentlichen in der 2. Hälfte des 2. Jh.s n. Chr. durchgesetzt.

I   Die Schriften des „Neuen Testaments" galten von früh an als maßgebliche Urkunden des christlichen Glaubens und des kirchlichen Lebens. – Der Kanon besteht aus folgenden Schriften: (1) Vier Evangelien, (2) Apostelgeschichte, (3) dreizehn Briefe des Apostels Paulus, (4) Brief an die Hebräer, (5) sieben sogenannte →„Katholische Briefe" und (6) Offenbarung des Johannes. – (1) Die vier Evangelien sind ursprünglich einzeln weitergegebene Überlieferungsstücke über Worte und Taten Jesu. Sie wurden von den Evangelisten gesammelt und durch verbindende Texte zu einem Ganzen zusammengefügt. Seit dem 2. Jh. n. Chr. lauten die Überschriften der vier Evangelien: Das Evangelium („die gute Nachricht") nach Matthäus, nach Markus, nach Lukas, nach Johannes. Die ersten drei werden als „synoptische Evangelien" bezeichnet, weil sie inhaltlich und sprachlich eng verwandt sind. – (a) Das Matthäusevangelium: Vorlagen waren das Markusevangelium und eine griechische Quelle, aus der auch das Lukasevangelium geschöpft hat; diese verlorene gr. Quelle war eine Sammlung von Worten Jesu (daraus stammen die Bergpredigt, das Vaterunser und einige Gleichnisse, die sich auch bei Matthäus und Lukas finden). Außerdem ist in das Matthäusevangelium sog. „Sondergut" eingegangen, d. h. Überlieferungen, die weder bei Markus noch bei Lukas begegnen. – Abfassungszeit: Nach dem Untergang von Jerusalem (70 n. Chr.), wohl um 80 n. Chr. Der Verfasser war wohl ein judenchristlicher Lehrer, der noch Schüler der Apostel war. – Aufbau: Herkunft und Kindheit Jesu (1,1–2,23), Wirken Jesu in Galiläa (3,1–18,35), Wirken Jesu in Judaea und Jerusalem (19,1–25,46), Leiden Jesu und Ostergeschichte (26,1–27,66 und 28,1–20). – Der Evangelist wollte anscheinend eine Art Handbuch über Jesus

und seine Lehre verfassen und Jesus als Erben Ab-
rahams, den verheißenen Messias, erweisen. Zu diesem Zweck bediente er sich vieler Zitate aus dem
Alten Testament. Allerdings ist an die Stelle Israels
die Kirche als das wahre Volk Gottes getreten. Jesus
ist als der Sohn des lebendigen Gottes (16,16; 11,25–
27) der endgültige Offenbarer, Gesetzgeber und
Lehrer (1,21; 11,25 bis 27; 28,16–20). Im Zentrum
aller Forderungen Gottes steht das Liebesgebot
(22,34–40), das auch dem Feind gegenüber gilt
(5,43–48). – (b) Das Markusevangelium: Das älteste
Evangelium wurde um 70 n. Chr. in Rom verfaßt.
Seine Adressaten waren Heiden und Heidenchristen. Markus sammelte Wundererzählungen,
Gleichnisse, Geschichten, die zu einem Jesuswort
hinführen, Einzelworte und Zeugnisse der Passion
Jesu. Dieses Material wurde zeitlich und sachlich
zum vorliegenden Evangelium geordnet. – Aufbau:
Auftreten des Täufers Johannes (1,1–13), Wirken
Jesu in Galiläa (1,14–5,43), Wanderung durch jü-
disch-heidnisches Gebiet und Belehrung der Jünger
(6,1 bis 9,50), Zug nach Jerusalem und Auseinandersetzung mit den jüdischen Führern, Tod am Kreuz
(10,1–15,47), Auffindung des leeren Grabes am
Ostermorgen (16,1–8), Anhang über Erscheinungen
des Auferstandenen (16,9–20). – Markus will Jesus
als den verheißenen Messias darstellen, durch dessen Wirken die Heilszeit begonnen hat (1,14). Er
überwindet das Unheil und die Herrschaft des Sa-
tans, er vergibt Sünden (2,1–2). Die Botschaft Jesu
muß geglaubt werden (5,36; 9,19 bis 24; 11,22–25).
Christsein bedeutet Nachfolge Jesu (8,31–33; 9,42–
48; 10,17–27. 41–45). Markus will vor allem die bedrängten Heidenchristen in ihrem Glauben stärken
und sie ermutigen, Christus auch als Verfolgte die
Treue zu halten. – (c) Das Lukasevangelium: Entstanden zwischen 80 und 90 n. Chr. Lukas benutzte
das Markusevangelium und schöpfte aus einer
Sammlung von Jesusworten, die auch Matthäus zur
Verfügung stand. Bei Lukas finden sich aber auch
Überlieferungen, die in den anderen Evangelien
nicht vorkommen (z. B. die Gleichnisse vom barm-
herzigen Samariter, vom verlorenen Sohn und vom
klugen Verwalter). Mit diesen und weiteren Sonder-
überlieferungen will Lukas in Jesus vor allem den
Heiland der Verlorenen, der Entrechteten und Sünder darstellen. Die in Jesus offenbarte Menschenliebe Gottes soll für die Christen vorbildhaft sein. Jesus ist für Lukas der wahre Heiland und Friedens-
bringer (2,11), nicht der röm. Kaiser. – Lukas
wendet sich an gebildete Heiden und Heidenchristen; er will historisch zuverlässig berichten. Für
ihn ist mit der Auferstehung Jesu und dem Untergang Jerusalems die Zeit der Heidenmission ange-
brochen, die zur Vereinigung aller Menschen zum
einen Volk Gottes führen soll. – (d) Das Johannes-
evangelium: In seiner jetzigen Fassung war der Text
gegen Ende des 1. Jh.s n. Chr. abgeschlossen. Im
Aufbau und in der Auswahl und Darstellung des
Stoffes unterscheidet sich das Johannesevangelium
von den drei synoptischen Evangelien. Der Prolog
(1,1–18) handelt von Jesu ewigem Sein beim Vater

(Präexistenz) und seiner Menschwerdung (Inkarnation). Darauf folgt das Zeugnis des Täufers für Jesus
und der Bericht über die Berufung der Jünger (1,
19–51). Dann werden die Anfänge des Wirkens Jesu
auf der Hochzeit in Kana (2,1–11), in Jerusalem, Judaea, Samarien und wieder in Galiläa (2,1 bis 11;
2,13–22; 3,1–21; 3,22–36; 4,1–41; 4,43–54) beschrieben. Die Mitte bildet die Selbstoffenbarung Jesu vor
der Welt (5–12). Das letzte Zusammensein mit den
Jüngern ist Thema der Kap. 13–17. Daran schließt
sich die Leidensgeschichte (18–19) und der Bericht
über das Ostergeschehen (20) an. Ein späterer
Nachtrag (21) hat die Erscheinung des Auferstandenen und dessen Worte an Petrus zum Thema. – (2)
Apostelgeschichte: Der zwischen 80 und 90 n. Chr.
entstandene Text soll ein Werk des Lukas sein, der
auch das Lukasevangelium verfaßte. Gegenstand ist
die Tätigkeit der Apostel Petrus und Johannes und
das missionarische Wirken des Paulus und anderer.
Da die „Missionsreisen" einen sehr breiten Raum
einnehmen, gilt die Apostelgeschichte als eine „Mis-
sionschronik", die folgende Teile hat: die Kirche in
Jerusalem (1,4–8,3), die Kirche in Judaea und Samarien (8,4–12,25), die Kirche unter den Völkern
(13,1–28,31). Hierin zeigt sich der Weg des Evangeliums von den Juden zu den Heiden. – Die Quellen
der Apostelgeschichte sind nicht zu bestimmen. Zu
ihnen gehören mit Sicherheit nicht die Briefe des
Paulus. – Das Hauptziel des Lukas ist es, die all-
mähliche Loslösung der Kirche von Israel zu beschreiben, weil das jüdische Volk das Evangelium
nicht annehmen will und das Heil den Heiden gesandt wird. – (3) Die dreizehn Briefe des Apostels
Paulus: Der Apostel Paulus bediente sich der Briefform, um auf Glaubensfragen zu antworten,
Schwierigkeiten in den Gemeinden zu klären, Anweisungen zu geben oder neu bekehrte Christen zu
trösten und zu stärken. Die Briefe waren in ihrer
Mehrzahl dazu bestimmt, in den Gemeindever-
sammlungen vorgelesen zu werden (Ausnahmen:
die Briefe an Philemon, an Timotheus und an Titus).
Vermutlich stammen nicht alle Briefe von Paulus
selbst, sondern auch von seinen Schülern. Die Reihenfolge der Briefe in der überlieferten Sammlung
entspricht ihrem Umfang: die umfangreichsten stehen am Anfang: (a) Der Brief an die Römer wurde
wahrscheinlich von Paulus in Korinth vor seiner
Reise nach Jerusalem (zwischen 56 und 58 n. Chr.)
geschrieben. Paulus will sich der röm. Christengemeinde persönlich vorstellen, indem er erläutert,
wie er die Botschaft von Jesus Christus versteht.
Weil der Römerbrief eine Zusammenfassung der
Theologie des Apostels darstellt, wurde er auch als
das „Testament des Paulus" bezeichnet. – (b) Der
erste Brief an die Korinther wurde zwischen 53
und 55 n. Chr. in Ephesos geschrieben. Anlaß war
die Entstehung von Mißständen und Streitigkeiten
in der korinthischen Christengemeinde. Die Äußerungen des Paulus beziehen sich auf die spezifisch
christlichen Glaubensinhalte: das Kreuz (1, 18 -2,
5) und die Auferstehung Christi (15, 1–28) und das
Wirken des Geistes Gottes (2, 10–16; 12, 1–31). Fer-

ner spricht Paulus über die Ordnung der Gemeinde und den rechten Gebrauch der Gaben des Geistes. – (c) Der zweite Brief an die Korinther handelt von dem apostolischen Selbstverständnis des Paulus und enthält wichtige Aussagen über die Beziehung zwischen dem Amt des Apostels und der Gemeinde. – (d) Der Brief an die Galater, die Bewohner einer Landschaft im Innern Kleinasiens, wurde wahrscheinlich zwischen 53 und 55 n. Chr. geschrieben. Der Verfasser setzt sich vor allem mit den Irrlehrern auseinander, die die galatischen Christengemeinden beeinflußten, indem sie u. a. verlangten, daß man das Alte Testament als heilsnotwendig anerkenne. Paulus hält dies jedoch für eine Verfälschung der christlichen Botschaft. – (e) Der Brief an die Epheser ist ein Rundschreiben an die Christen in Kleinasien und hat eher den Charakter einer Predigt mit einem Loblied auf Gottes Heilsplan. Er enthält verschiedene Ermahnungen, u. a. die Einheit zu wahren, alle Dienste in der Kirche zu aktivieren und ein neues, christliches Leben zu verwirklichen. – (f) Der Brief an die Philipper wurde im Gefängnis geschrieben, wohl um 55 n. Chr. in Ephesos. Anlaß war u. a. der Wunsch der Gemeinde von Philippi in Ostmakedonien, etwas über das Schicksal des Apostels zu erfahren. Darüber hinaus polemisiert Paulus gegen christliche Wanderprediger, die ihre Irrlehren verbreiteten. – (g) Der Brief an die Kolosser entstand in der Gefangenschaft des Apostels in Kaisareia (um 57–59 n. Chr.) oder in Rom (nach 59–60 n. Chr.). Auch hier war der Anlaß eine Irrlehre, die in einer Verknüpfung von Schicksalsglauben, Sternenverehrung und Christusglauben bestand. – (h) Der erste Brief an die Thessalonicher, entstanden um 50 n. Chr., ist wohl der älteste Brief des Paulus. Das Schreiben sollte der Seelsorge dienen. Nach einem dankbaren Rückblick auf die Gründung der Gemeinde (1,2–3,13) gibt der Autor Weisungen für das christliche Leben (4,1,-5,22), verbunden mit einer Aufforderung zur Heiligung des Lebens, einer Auskunft über die Hoffnung der Christen, einer Mahnung, bereit zu sein für die Ankunft des Herrn, und Anweisungen für das Gemeindeleben. – (i) Der zweite Brief an die Thessalonicher enthält im wesentlichen eine Warnung vor Irrlehren, die die Gemeinde in Verwirrung gebracht haben. Paulus ermahnt zum Festhalten an den Überlieferungen und fordert zu einer anständigen Lebensführung auf. – (j) Der erste Brief an Timotheus gehört wie (k) der zweite Brief an Timotheus und (l) der Brief an Titus zu den „Pastoralbriefen", d. h. den Briefen, die an die Gemeindevorsteher und engen Mitarbeiter des Paulus geschrieben wurden. Sie enthalten Anweisungen für die Amtsträger und ihre persönliche Lebensführung. Auch hier geht es um die Bekämpfung von Irrlehren, die von Vertretern der sog. „Gnosis" verfochten wurden und die frühe Kirche ernsthaft bedrohten. Paulus ermutigt seine Adressaten zu einem unerschrockenen Eintreten für das Evangelium und fordert sie auf, ihre Gemeindemitglieder in Übereinstimmung mit der „gesunden Lehre" Jesu Christi an ihre Pflichten zu erinnern. – (m) Der Brief an Philemon wurde etwa im Jahre 55 n. Chr. geschrieben. Der Anlaß war, daß der Sklave Onesimos seinem Herrn Philemon entlaufen war. Der Sklave kam auf seiner Flucht zu Paulus, der ihn zum Christentum bekehrte und zu Philemon zurückschickte. Paulus fordert Philemon auf, dem Sklaven zu verzeihen und ihn als Bruder aufzunehmen. – (4) Der Brief an die Hebräer: Der Verfasser ist wohl ein griechisch gebildeter Judenchrist, der von paulinischen Gedanken beeinflußt ist. Vermutlich wurde er zur Zeit des Kaisers Domitian (reg. 81–96 n. Chr.) verfaßt. Jesus Christus wird als Erfüllung der Verheißung Gottes dargestellt (1,1–4,13). Er hat durch seinen Tod den „Neuen Bund" begründet und den Zugang zu Gott geöffnet (4,14–10,18). Der Verfasser beschreibt den Weg des Glaubens durch die Geschichte (11, 1–12,3) und schließt mit Ermahnungen (12,4–13, 19), Grüßen und Segenswünschen (13,20–25). – Seiner Tendenz nach ist der Brief, der auf den gr. Text des Alten Testaments, die →Septuaginta, und auf andere jüdische und christliche Überlieferungen zurückgreift, ein „Mahnschreiben" (13,22) an Christen, die Gefahr laufen, vom Glauben abzufallen. Der Verfasser erinnert an den Sinn des Leidens, in dem sich die Kraft des Glaubens bewährt. Im Mittelpunkt steht die Aussage, daß Jesus durch das Opfer seines Lebens eine umfassende Erlösung bewirkt hat. – (5) →„Katholische Briefe". – (6) Offenbarung des Johannes: Anfang und Schluß sind brieflich stilisiert (1,4–8 und 22,21). Der Verfasser will eine Offenbarung (Apokalypse) vermitteln. Anhand visionärer Bilder, Symbole und Motive soll dargestellt werden, was in naher Zukunft geschehen wird (1,1; 22,6). Es soll die Endphase in der Geschichte Gottes mit der Welt enthüllt werden. Auf diese Weise will der Autor die durch den röm. Staat verfolgte Kirche aufrichten und trösten, die auf dem Wege ist, eine Märtyrerkirche zu werden. – Die Schrift ist zur Zeit des Kaisers Domitian, d. h. etwa zwischen 90–95 n. Chr. entstanden. – Die im engeren Sinne apokalyptische Rede umfaßt etwa drei Viertel des Werkes (Kap. 4 bis 22). Die Offenbarung erfolgt in einem Dreischritt: Zunächst gibt es eine Andeutung (6,1 bis 8,1; darauf folgt eine Durchführung in knappen Strichen (8,2–14,20); die endgültige und ausführliche Darstellung des zukünftigen Geschehens bildet den Höhepunkt (15,1–22,6). „Ausgangspunkt und Voraussetzung des Ganzen ist die Vision von dem Gottesthron und dem siebenfach versiegelten B., das nur das geschlachtete Lamm (Christus) öffnen kann (Kapitel 4–5). Wie die Öffnung der sieben Siegel rein technisch die Ermöglichung des Buchinhalts ist, so sind die sieben Siegelöffnungsvisionen (Kapitel 6–7) in ungeheurer Verkürzung eine erste Darstellung davon: die kommenden Schrecken und die Vollendung der Erlösten. Mit der Öffnung des siebten Siegels (8,1) ist der Buchinhalt eröffnet. Er wird nun 8,2–22,6 ausgebreitet" (KNLL 18, 304).

A A. Huck / H. G. Opitz / H. Lietzmann: Synopse der drei ersten Evangelien, Tübingen (9)1950. E. Nestle /

K. Aland: Novum Testamentum Graece, Stuttgart
(25)1962, Nachdr. 1971.

Ü Einheitsübersetzung der heiligen Schrift, Stuttgart
1980, 1073–1395 (für das „Neue Testament"). W. Jens:
Das A und das O. Die Offenbarung des Johannes, Stutt-
gart 1987. W. Jens: Die Zeit ist erfüllt. Die Stunde ist da.
Das Markus-Evangelium, Stuttgart 1990. W. Jens: Und ein
Gebot ging aus. Das Lukas-Evangelium, Stuttgart 1991. W.
Jens: Die vier Evangelien, Stuttgart 1998. C. H. Peisker:
Zürcher Evangelien-Synopse, Kassel (10)1970.

L P. Benoit: Sénèque et s. P., in: Rev. biblique 1946, 15–
35. A. Bonhöffer: Epictet und das Neue Testament, Gießen
1911. H. Cancik: Die Gattung Evangelium, in: Humanistische Bildung 4, 1981, 63–101. A. Dihle, GLL, 216–224. D.
Dormeyer: Evangelium als literarische und theologische
Gattung, Darmstadt 1989. D. Dormeyer: Das Neue Testament im Rahmen der antiken Literaturgeschichte. Eine
Einführung, Darmstadt 1993. A. v. Harnack: Die Briefsammlungen des Apostels Paulus und die anderen vorkon-
stantinischen christlichen Briefsammlungen, 1926. KNLL
18, 277–305. M. Pohlenz: Paulus und die Stoa, in: ZNTW
42, 1949, 64–104, Nachdr. Darmstadt 1964. O. Schmitz:
Der Freiheitsgedanke bei Epiktet und das Freiheitszeugnis
bei Paulus. Ein religionsgeschichtlicher Vergleich, Gütersloh 1923. C. Spicq: Le Platonism de l'Epître aux hébreux,
in: Rev. bénédict. 56, 1949, 542–572; 57, 1950, 212 bis 242.
G. Strecker: Literaturgeschichte des Neuen Testaments,
Göttingen 1992. P. Vielhauer: Geschichte der urchristlichen Literatur, Berlin 1975. N. de Witt: St. P. and Epicurus,
Minneapolis 1954.

Nux
„Der Nußbaum"

An., dem Dichter Ovid zugeschrieben.

Klagelied eines Nußbaumes in 91 Distichen (lat.).
Zur Zeit des Augustus (gest. 14 n.Chr.), vielleicht
auch später, verfaßt.

I Der Dichter läßt einen Nußbaum alle Mißhandlungen und Zurücksetzungen aufzählen, die
ihm jemals zuteil wurden. Der Baum wolle jedoch
alles ertragen, wenn man ihn ansonsten in Ruhe
lasse.

Q Einen Nußbaum im elegischen Versmaß klagen zu lassen, ist nicht die Erfindung des *Nux*-
Dichters. Schon Antipatros von Thessalonike verfaßte gegen Ende des 2. Jh.s v.Chr. ein Epigramm
über dasselbe Thema (→*Anthologia Palatina* 9,3). –
Der Text erinnert in Ton und Tendenz an Ovids
Exildichtung (→*Epistulae ex Ponto*, →*Tristia*).

H Ovids Schicksal im Exil könnte den Anstoß
zur Abfassung des Textes gegeben haben.

W Es gilt als sicher, daß Ovid selbst den Text
nicht verfaßt hat. Vielleicht war es ein Verehrer des
Dichters, der dem aus seiner Sicht unschuldig im
Exil leidenden Ovid ein Denkmal setzen wollte.
Dann wäre der Nußbaum eine Allegorie des leidenden Dichters. Möglicherweise ist die *Nux* aber auch
nur die „Klage eines zum Außenseiters abgestem-
pelten Menschen, der sich in der allegorischen Rolle
des malträtierten Nußbaums Gehör zu verschaffen
sucht" (Bury, 49). – „Wenn das Gedicht ... symbolisch sein soll ..., dann stellt der bescheidene Nuß-

baum in einem Hain an der Landstraße nicht ein
weltberühmtes Genie dar, das in eine Wüste am
Rand des römischen Reiches verbannt worden ist,
sondern irgendeinen Handwerker, Krämer oder
dergleichen, der die Kunden, die zufällig des Wegs
kommen, gewissenhaft bedient, von ihnen jedoch
gedankenlos beleidigt und ausgebeutet wird" (H.
Fränkel, 259f.).

N Erasmus von Rotterdam bewunderte das
Werk und schrieb für Johannes Morus d. J. 1523 einen Kommentar (Opera omnia Desiderii Erasmi
Roterodami. Commentarius Erasmi in nucem Ovidii, Amsterdam 1969).

A E. Bury (s. u.). R. M. Pulbrook, Maynooth 1985.
Ü H. Rupprecht, Mitterfels 1982 (lat.–dt.).
L E. Bury: Zum Nachtisch: *Nux*. Einführung in die
Poesie mit der (ovidischen) Elegie, in: AU 34, 4, 1991, 36–
93. H. Fränkel: Ovid. Ein Dichter zwischen zwei Welten,
Darmstadt 1970, 259f. C. Ganzenmüller: Die Elegie *Nux*
und ihr Verfasser, Tübingen 1910. A. G. Lee: Ovidiana, Paris 1958. J. Richmond: Doubtful Works Ascribed to Ovid,
in: ANRW 2, 31, 4, 1981, 2744–2783.

O

Octavia
(Tochter des Kaisers Claudius und Frau ihres Adoptivbruders Nero)

Ps.–Seneca

Nationalrömische Tragödie mit historischer Handlung (lat.).
Vermutlich erst nach dem Tode Neros (68 n. Chr.) verfaßt.

I Das Stück spielt an drei aufeinander folgenden Tagen des Jahres 62 n. Chr. Nero will seine Frau Octavia verstoßen, um seine schwangere Geliebte Poppaea heiraten zu können. Seneca rät im Auftrag des röm. Senats davon ab, dies zu tun. Das Volk erhebt sich zugunsten Octavias, der letzten Angehörigen des Claudischen Familie. Doch Nero gibt nicht nach. Der Aufstand des Volkes wird niedergeschlagen. Octavia wird verbannt und später ermordet. Neros Ende wird prophezeit.

A R. Peiper / R. Richter, Leipzig [(2)]1921. L. Y. Whitman, Berlin 1978 (mit Kommentar).
Ü Th. Thomann: Seneca. Sämtliche Tragödien. Bd. 1, Zürich 1961.
L M. v. Albrecht, RL, 951. F. Bruckner: Interpretationen zur Pseudo-Seneca-Tragödie *Octavia*, Diss. Erlangen 1976. M. E. Carbone: The *Octavia*: Structure, Date, and Authenticity, in: Phoenix 31, 1977, 48–67. C. J. Herington: Octavia praetexta. A survey, in: CQ 11, 1961, 18–30. W. Kißel, RLTD 4, 354–371. P. L. Schmidt: Die Poetisierung und Mythisierung der Geschichte in der Tragödie *Octavia*, in: ANRW 2, 32, 2, 1985, 1421–1453. D. F. Sutton: The dramaturgy of the *Octavia*, Königstein i. Ts. 1983.

Octavius
(Name eines Gesprächsteilnehmers)

Marcus Minucius Felix, um 200 n. Chr.

Streitgespräch zwischen einem Christen und einem Nichtchristen (lat.).
Um 200 n. Chr. wohl nach Tertullians →*Apologeticum* verfaßt, das 197 n. Chr. entstand.

I Auf einem Spaziergang am Strand von Ostia beginnt ein Streitgespräch zwischen dem Christen Octavius und dem Heiden Caecilius über die Religion. Minucius Felix fungiert als Moderator (Kap. 1 bis 4). Caecilius bestreitet die Möglichkeit sicherer Erkenntnis in Bezug auf die göttliche Vorsehung. Also solle man sich an die traditionelle Religion halten, der Rom seine Größe verdanke (5 bis 7). Darauf

folgt eine Kritik des Christentums (8 bis 13). Nach einem Zwischenspiel über Wahrheit und Beredsamkeit (14–15) führt Octavius den Nachweis der Existenz des einzigen Gottes und seiner Vorsehung, kritisiert dann das Heidentum, widerlegt anschließend die Einwände des Caecilius gegen das Christentum und erklärt abschließend, die Wahrheit der christlichen Offenbarung habe die skeptische Lehre überwunden (16–38). Am Schluß erklärt sich Caecilius für bekehrt (39–40).

Q Die Anlage des Dialogs, ein großer Teil des Materials der Rede des Heiden und zahlreiche Formulierungen stammen aus Ciceros Schrift →*De natura deorum*. Ferner wurde manches aus anderen Werken Ciceros und aus Senecas Schriften (z. B. aus →*De providentia*) entnommen. Vieles weist auf Tertullians →*Apologeticum* zurück. Der Autor nimmt auch Bezug auf Platon und Homer und versucht, die philosophische Skepsis (Sextus Empiricus, →*Pyrrhóneiai hypotypóseis*, →*Skeptiká*) zu widerlegen. Hinsichtlich des protreptischen Charakters der Apologie des Christentums sind neben dem →*Protreptikós* des Aristoteles und Ciceros →*Hortensius* auch Tatians →*Lógos pròs Héllenas* und der →*Protreptikòs pròs tùs Héllenas* des Flavius Clemens Alexandrinus als Vorbilder zu identifizieren.

H Der Autor bekennt sich als Angehöriger der röm. Oberschicht zum Christentum. Er will beweisen, daß Christen keine ungebildeten Leute sind. Im Gespräch des *Octavius* erweist sich der Christ als ebenso gebildet wie der Heide. Er ist dem Heiden sogar überlegen, weil er die verschiedenen Ansätze des Heidentums konsequent zu Ende denkt. Minucius Felix versucht, den Monotheismus des Christentums dadurch zu untermauern, daß er die heidnischen Philosophenschulen, die ebenfalls monotheistisch orientiert sind, als Verbündete betrachtet und zur Bestätigung der christlichen Lehre heranzieht. Heidnische Dichter und Philosophen erweisen sich als Zeugen religiöser Wahrheit.

W Das Ziel des Werkes formuliert Minucius Felix selbst (Kap. 39): Er will die Dinge, die leichter zu fühlen als zu formulieren sind, mit Beweisen, Beispielen und Zitaten aus der Literatur bekräftigen und so die Übelwollenden mit ihren eigenen Waffen, den Pfeilen der Philosophie, zurückschlagen. Der Autor hat die Absicht, die wahre christliche Religion zu verteidigen und zu propagieren: „Es geht ihm an erster Stelle darum, den gebildeten Kreisen des Christentums den Zugang zum Christentum zu öffnen und zu erleichtern. Mit der Zurückweisung der gegen die Christen erhobenen Vorwürfe geht dabei der Versuch Hand in Hand, möglichst viel christliches Lehrgut als übereinstimmend mit den bekannten und akzeptierten Meinungen allgemein anerkannter Autoritäten, das heißt heidnischer Philosophen und Poeten, darzutun. Minucius will nicht das ganze Lehrgebäude seines Glaubens darstellen, sondern diejenigen Züge hervorheben, die seiner Meinung nach einer Verteidigung oder Erklärung bedürfen und sich in irgendeiner Weise mit der Gedankenwelt der heidnischen Weisen und Dichter in Verbindung bringen lassen" (B. Kytzler 1965, 26 f.).

N Minucius Felix wird von Laktanz und Hieronymus hoch geschätzt. Beeinflußt hat Minucius Felix u. a. auch Arnobius (→*Adversus nationes*), Cyprian (→*Ad Donatum*), Augustin (→*Confessiones*), Ennodius (→*Eucharisticum de vita sua*). Mit seiner Behauptung einer Konvergenz des philosophischen und des christlichen Monotheismus hat Minucius zum Erfolg des Christentums in den gebildeten Kreisen seiner Zeit erheblich beigetragen.

A B. Kytzler, Stuttgart/Leipzig [(2)]1992. M. Pellegrino, Turin [(2)]1963.
Ü B. Kytzler, München 1965 und Stuttgart [(3)]1993 (lat.–dt.). Th. Thomann, München/Zürich [(2)]1979.
L B. Aland: Christentum, Bildung und römische Oberschicht. Zum *Octavius* des Minucius Felix, in: Platonismus und Christentum, in: FS H. Dörrie, Münster 1983, 11–30. M. v. Albrecht: M. Minucius Felix as a Christian Humanist, in: Illinois Classical Studies 12, 1987, 157–168. M. v. Albrecht, RL, 1231–1242. C. Becker: Der *Octavius* des Minucius Felix. Heidnische Philosophie und frühchristliche Apologetik, München 1967. R. Beutler: Philosophie und Apologie bei Minucius Felix (Diss. Königsberg), Weida (Thür.) 1936. G. W. Clarke: The *Octavius* of Marcus Minucius Felix. Transl. and annoted, New York 1974. H. v. Geisau: M. Minucius Felix, in: RE Suppl. 11, 1968, 952–1002; 1365–1378. J. Gruber, Europäische Literatur, 46–52. Patrologie, 146–148. E. Heck: Minucius, in: HLL 4, 1997, § 475. G. Lieberg: Die römische Religion bei Minucius Felix, in: RhM 106, 1963, 62–72. M. Lobe: Die Lektüre des Minucius Felix im Lateinunterricht der 11. Jahrgangsstufe als Einführung in die Grundzüge der antiken Philosophie, in: Die alten Sprachen im Unterricht 45, 4, 1998, 15–36. H. G. Rötzer: Der *Octavius* des Minucius Felix. Christliche Apologetik und heidnische Bildungstradition, in: FS W. Naumann, Darmstadt 1981, 33–48. P. L. Schmidt: Zur Typologie und Literarisierung des frühchristlichen lateinischen Dialogs, in: Christianisme et formes littéraires de l' antiquité tardive en Occident, Genf 1977, 101–190.

Oden →Carmina (Horaz)

Oden →Chorlyrik (Pindar)

Odusia
„Odyssee"

Livius Andronicus, um 280 – um 200 v. Chr.

Übersetzung der homerischen →*Odýsseia* (lat.) im Versmaß des „Saturniers", eines Verses mit sechs Hebungen und einer deutlichen Zäsur in der Mitte.

I Erhalten sind nur etwa 40 Frg. als Zitate bei späteren Schriftstellern. Die meisten Frg. lassen sich eindeutig entsprechenden Stellen in der homerischen „Odyssee" zuordnen.
Q Vorlage für die *Odusia* ist die homerische

„Odyssee", die in der Zeit des Hellenismus als Schulbuch verwendet wurde.

H Livius kam als junger Mann aus dem griechisch sprechenden Tarent nach Rom. Er war zunächst Sklave, wurde später freigelassen und arbeitete als Hauslehrer in der Familie der Livii. Sein Unterrichtsstoff bestand aus gr. und von ihm selbst verfaßten lat. Texten. Seine Gedankenwelt war von der hellenistischen Welt und ihrer Bildung geprägt.
W Livius wollte dem röm. Publikum die homerische „Odyssee" nahebringen. Dabei versuchte er, zugleich Homer und der lat. Sprache gerecht zu werden. Er bemühte sich, den gr. Sagenstoff mit der italisch-religiösen Tradition zu verknüpfen.
N Die für die frühe röm.–lat. Literatur bahnbrechende *Odusia* diente bis zur Zeit des Horaz (→*Epistulae* 2,1,69 f.) als Schullektüre. Livius war der erste Übersetzer mit literarischem Anspruch: „Die Kunst der Übersetzung hat Andronicus erfunden; er mußte sie an einem Objekt ausüben, das die höchsten Aufgaben stellte und mit den größten Schwierigkeiten umgeben war: vollkommene Kunstwerke von höchster Sprach- und Verskunst in eine Sprache zu übertragen, die noch keinen gestalteten poetischen Ausdruck und nur eine metrische Urform hatte. Auf diesem Weg hat er für eine neue nationale Literatur die Vorbedingungen geschaffen" (F. Leo, GdrL, 59 f.).

A K. Büchner, Leipzig 1982, 9–18. S. Mariotti, Urbino [(2)]1986 (mit Kommentar). W. Morel, Leipzig [(2)]1927, 7–17.
Ü H. und A. Petersmann, RLTD 1, 36–43 (lat.–dt. in Auswahl).
L M. v. Albrecht, 92–98. G. Broccia: Ricerche su Livio Andronico epico, Padua 1974. K. Büchner: Livius Andronicus und die erste künstlerische Übersetzung der europäischen Kultur, in: SO 54, 1979, 37–70. U. Carratello: Livio Andronico, Rom 1979 (mit it. Übersetzung der Fragmente). E. Fraenkel: Livius Andronicus, in: RE Suppl. 5, 1931, 598–607. W. Schetter: Das römische Epos, Wiesbaden 1978, 15–18. A. Traina: *Vortit barbare*. Le traduzioni poetiche da Livio Andronico a Cicerone, Rom [(2)]1974. M. Verrusio: Livio Andronico e la sua traduzione dell' Odissea omerica, Neapel 1942.

Odýsseia
„Odyssee, Geschichten von Odysseus"

Homeros, 2. Hälfte des 8. Jh.s v. Chr.

Seefahrerepos in 24 Gesängen (gr.), das aus rund 12.000 Versen besteht.
Frühere, schon vorgriechische Odysseus-Geschichten wurden um 800 v. Chr. aufgezeichnet und in schriftlicher Form weiter überliefert.

I Im Mittelpunkt des Epos mit dem gr. Titel *Odýsseia*, steht der gr. Held und Seefahrer Odysseus, der auf seinen Irrfahrten von Troja in seine Heimat zahlreiche Abenteuer zu bestehen hat. – Die überlieferten Abenteuergeschichten und Seefahrermärchen wurden zwar in die Heimkehrererzählung einbezogen, in ihrer Bedeutung aber zurückgedrängt. In den Vordergrund tritt die menschliche Situation des Odysseus, der zwanzig Jahre lang von zu Hause fernbleiben mußte, weil er zehn Jahre lang mit den Achaiern vor Troja lag und weitere zehn Jahre für seine Rückkehr benötigte. Zu Hause hatte er seine Frau Penelope und seinen kleinen Sohn Telemachos zurückgelassen. – Die Rückkehr des Helden wird durch zahlreiche Umstände erschwert. Aber alle Hindernisse werden nach und nach durch die unglaubliche Zähigkeit und Klugheit des Odysseus selbst, seiner Frau, seines inzwischen erwachsenen Sohnes und anderer Getreuer überwunden. – Ein großer Teil der Darstellung des Geschehens erfolgt in der direkten Rede der beteiligten Personen. Auf diese Weise können Handlungsmotive, seelische Vorgänge und Entwicklungen von den Sprechern selbst glaubhaft mitgeteilt werden.

Q Das Quellenmaterial entstammt mündlicher Überlieferung von Seefahrergeschichten unterschiedlicher Herkunft. Die Seefahrergeschichten werden mit einer Heimkehrergeschichte verwoben.

W Der Dichter der *Odyssee*, der wohl mit dem Dichter der →*Iliás* nicht identisch ist, wendet sich zwar an dieselbe Zuhörerschaft wie der Iliasdichter, aber er spricht seine Zuhörer nicht so sehr in ihrer Eigenschaft als statusbewußte Krieger an, sondern in der ganzen Breite ihrer menschlichen Existenz. Allerdings wird der Kriegerethik der *Iliás* noch keine „bürgerliche" Ethik entgegengesetzt. Der Dichter hält vielmehr fest an traditionellen Wertvorstellungen wie der Hochschätzung von Besitz, Ehre und Macht, „empfiehlt zugleich aber – für die Sicherung dieser Werte – eine breitere Palette von Mitteln, so unter Umständen auch den Gebrauch von List und Verstellung (als deren Meister sich immer wieder Odysseus erweist), ja wenn es sein muß, sogar die vorübergehende Selbsterniedrigung (kulminierend in der Bettlerrolle, die sich Odysseus in seinem eigenen Haus auferlegt) ... Die Ethik der Odyssee ist damit auf der einen Seite wesentlich realistischer ... als die konventionsgebundene Kriegerethik der *Iliás*; auf der anderen Seite ist sie freilich verquickt mit einem märchenhaft-optimistischen Weltbild, wonach es eine klare Unterscheidung zwischen den Guten und den Bösen bzw. Unfähigen gibt und wonach die Guten (die zugleich die Tüchtigen sind) von den Göttern belohnt und die Bösen bestraft werden, so daß am Ende die gestörte Ordnung ihre Wiederherstellung erfährt, und zwar (anders als in der *Iliás*) stets zur vollen Genugtuung des Hörers. Demgemäß demonstriert der Dichter an seinem Haupthelden Odysseus, daß, wer sich durch hohe Leistungsfähigkeit in allen Lebenslagen auszeichnet, mit Hilfe der Götter zum Schluß den Sieg erringt ... Damit stärkt die Odyssee ... das naive Vertrauen der Zuhörer in ihr eigenes Leistungsvermögen ... Im übrigen scheint sich die Odyssee vor allen anderen griechischen Dichtungen dadurch auszuzeichnen, daß sie nicht nur eindrucksvoll zeigt, wie der Mensch das Risiko, durch allzu ungestümes Draufgängertum sich selbst zu schädigen, vermittels seiner Vernunft vermeiden kann, sondern daß sie darüber hinaus am märchenhaft-mythischen Paradeigma ihres Haupthelden sozusagen auch den Beweis dafür zu erbringen sucht, daß eine solche Erfolgssicherung durch Selbstkontrolle tatsächlich in der Lebenspraxis möglich ist" (W. Nicolai, in: Gy 101, 1994, 319f.).

N Die Wirkung der „Odyssee" auf die spätere Literatur ist unbeschreibbar groß.

A P. v. d. Mühll, Basel [(3)]1962, Nachdr. Stuttgart/Leipzig 1993. H. van Thiel, Hildesheim 1991.
Ü W. Schadewaldt, Reinbek 1958. G. Scheibner, Berlin 1989. A. Weiher, Düsseldorf/Zürich [(12)]2003.
L F. Brommer: Odysseus. Die Taten und Leiden des Helden in antiker Kunst und Literatur, Darmstadt 1983. H. Erbse: Beiträge zum Verständnis der Odyssee, Berlin/New York 1972. A. Heubeck / S. West u.a., Oxford 1988–1992 (Kommentar). U. Hölscher: Die Odyssee. Epos zwischen Märchen und Roman, München [(2)]1989. U. Hölscher: Die homerische Odyssee – Märchen, Roman oder stilisierte Adelswirklichkeit?, in: Poetica 22, 1990, 488–513. J. Latacz (Hg.): Homer. Tradition und Neuerung, Darmstadt 1979. J. Latacz: Homer. Der erste Dichter des Abendlandes, München/Zürich [(2)]1989. J. Latacz (Hg.): Homer: Die Dichtung und ihre Deutung, Darmstadt 1991. A. Lesky: Homeros, in: RE Suppl. 11, 1967, 687–846. D. Lohmann: Kalypso bei Homer und James Joyce. Eine vergleichende Untersuchung des 1. und 5. Buches der Odyssee und der 4. Episode (Calypso) im Ulysses von J. Joyce, Tübingen 1998. K. Reinhardt: Die Abenteuer der Odyssee, in: Tradition und Geist, Göttingen 1960, 47–124. W. B. Stanford: The Ulysses Theme, Oxford 1954.

Odysseús

Ps.–Alkidamas

Nur fragmentarisch überlieferte Anklagerede (gr.) des Odysseus, der Palamedes Hochverrat vorwirft.

A F. Blass, Leipzig 1892. L. Radermacher: Artium scriptores, Wien 1951, 141–147.
L J. H. Kühn: Alkidamas, in: dtv-L 1. 1, 102. GL, 401.

Odysseùs è Odysséos lógos
„Odysseus oder die Rede des Odysseus"

Antisthenes aus Athen, um 455–360 v. Chr.

Fragmentarisch überlieferte rhetorische Schulrede (Deklamation) (gr.).

I Es handelt sich um eine fingierte Rede des homerischen Helden Odysseus mit einer Selbstdarstellung seiner Taten. Vgl. auch →*Aías è Aíantos lógos*.

A F. Blass, Leipzig 1892. F. D. Caizzi: Antisthenis fragmenta, Mailand 1966 (Frg. 15). L. Radermacher: Artium scriptores, Wien 1951, 124–126. SSR 2, 135–225.
L →*Aías è Aíantos lógos*.

Oedipus
(sagenhafter König von Theben)

Lucius Annaeus Seneca aus Corduba, etwa 4–65 n. Chr.

Römische Tragödie mit einem Stoff aus der gr. Mythologie (lat.).

I Seneca hält sich in der Handlungsführung im wesentlichen an den →*Oidípus* des Sophokles. Dennoch unterscheidet er sich in der Art der Darstellung des Themas grundsätzlich von Sophokles. Schon im Prolog des *Oedipus* wird ein wichtiger Unterschied deutlich: Bei Sophokles ist Ödipus einem treu sorgenden Vater vergleichbar, den die Thebaner, die von einer verheerenden Pest heimgesucht werden, um Hilfe bitten können. Er leidet ebenso wie sie unter dem schlimmen Schicksal der Stadt. Bei Seneca ist Ödipus als einziger von der Krankheit unberührt. Diese trennt also den König von seinem Volk. Er leidet offensichtlich unter seiner schweren Aufgabe als König: „Wer freut sich an der Königsherrschaft? Ach, trügerisches Gut, wie viele Übel deckst du zu mit welch verführerischem Schein!" (6 f.). Das furchtbare Orakel, das Ödipus veranlaßte, Korinth zu verlassen, wird schon im Prolog (1–81) ins Spiel gebracht: Senecas Ödipus sind von Anfang an der Vater-Mord und die Mutter-Ehe, sowie seine schreckliche Bestimmung durch die Orakelsprüche bekannt. Aber er sieht noch nicht den Zusammenhang zwischen dem ihm prophezeiten Schicksal und dem Unglück, das über Theben gekommen ist. Doch empfindet er eine heftige Angst vor dem Schicksal, weil er den Widerspruch zwischen seiner eigenen Unversehrtheit und dem allgemeinen Sterben als Zeichen für seine Schuld deutet: „Für welches Leiden werde ich aufgehoben?" (31). – Nach einem kurzen Auftritt der Iocasta, in welchem Ödipus und Iocasta das Unglück der Stadt mit der erschlagenen Sphinx in Zusammenhang bringen (81b bis 109), beginnt die Enthüllung (202–402). Ödipus sieht seine Aufgabe als König darin, den Mörder seines Vorgängers zu finden, um auf diese Weise den Fluch von der Stadt zu nehmen. Bei seiner Verfluchung des Täters ahnt er selbstverständlich noch nicht, daß es um ihn selbst geht. – Während des zweiten Chorliedes (403–508), eines Preisliedes auf den Gott Bacchus, findet die Totenbeschwörung statt, die der Seher Tiresias als die einzige Möglichkeit zur Wahrheitsfindung erkennt. Anschließend (509–708) wird darüber berichtet. Ödipus hält die Beschuldigungen, die Creo (Kreon) vorträgt, für absurd. Er glaubt an eine Verschwörung. Der Chor (709–763) erklärt, daß das Unglück eine ältere Ursache habe, und hofft, daß der Konflikt zwischen Ödipus und Creo bald gelöst wird. – Im folgenden (764–881) wird die wahre Herkunft des Ödipus enthüllt: Er ist eben nicht nur der Mörder des Laios, sondern durch diese Tat auch der Mörder seines Vaters und der Mann seiner Mutter. Der Chor (882–914) kommen-

tiert das Geschehen: Er wünscht sich ein Leben, das den Weg der Mitte nicht verläßt und d. h. weder besondere Höhen noch Tiefen kennt. Darauf (915–979) berichtet ein Diener von der Selbstblendung des Ödipus in allen Details. Das sich anschließende Chorlied (980 bis 997) setzt mit dem Ausruf ein: „Vom Schicksal werden wir geführt: gebt nach dem Schicksal" (*fatis agimur: cedite fatis*, 980). In diesen Worten steckt eine zentrale Botschaft des Textes: Die Aufforderung zur Anerkennung der Schicksalsmacht. – Am Schluß (998–1061) kommt es noch einmal zu einem Dialog zwischen Ödipus und Iocasta, die ihrerseits die „Schuld" des Schicksals an all dem Unglück hervorhebt. Doch dieses Argument erkennt Ödipus nicht an, und Iocasta tötet sich selbst. Dadurch wird das Schicksal sogar übererfüllt. Indem Ödipus die Stadt nicht mehr in sinnloser Angst, wie er es im Prolog vorhatte, sondern in der Absicht, die Macht des Schicksals zu demonstrieren, verläßt, wird er zu ihrem Retter.

W Daß auch der *Oedipus* wie die anderen Tragödien Senecas die Welt – und Daseinsdeutung der stoischen Philosophie zum Ausdruck bringt, liegt nahe: Die Überzeugung von der Macht des Schicksals, von der unausweichlichen Vorbestimmung ist ein wesentlicher Bestandteil der stoischen Lehre, wie Seneca sie verstand. Allerdings zeigt der *Oedipus*, daß das Verhältnis zwischen Schicksal und menschlicher Schuldfähigkeit ein ungelöstes Problem bleibt. Ödipus ist ein Betroffener, kein selbständig handelnder Mensch, dessen Schuld darin besteht zu versuchen, seinem Schicksal zu entkommen. Aber auch dieser ohnmächtige Versuch ist die Voraussetzung für die Erfüllung seines grausamen Schicksals; er gehört zum Schicksalsplan.

A I. C. Giardina: L. Annaei Senecae Tragoediae. Bd. 2, Bologna 1966. B. W. Häuptli, Frauenfels 1983 (mit Kommentar).
Ü K. Heldmann, Stuttgart 1992 (lat.–dt.).
L K. Abel: Seneca. Leben und Leistung, in: ANRW 2, 32, 653–775. J. D. Bishop: Seneca's *Oedipus*. Opposition Literature, in: CJ 73, 1978, 289–301. K. Büchner: Griechentum und Römertum (Bauvergleich des sophokleischen und senecaischen *Oidipus*, in: K. B.: Studien zur römischen Literatur. Bd. 5, Wiesbaden 1965, 66–82. J. Dingel: Der Sohn des Polybos und die Sphinx. Zu den Ödipustragödien des Euripides und der Seneca, in: MH 27, 1970, 90–96. G. Müller: Senecas *Oedipus* als Drama, in: Hermes 81, 1953, 447–464. W. Schetter: Die Prologszene zu Senecas *Oedipus*, in: AU 11, 1, 1968, 23–49. E. Thummer: Vergleichende Untersuchungen zum „König Ödipus" des Seneca und Sophokles, in: Serta Philologica Aenipontana 2, 1972, 151–195. K. Töchterle: Lucius Annaeus Seneca. *Oedipus*, Heidelberg 1994 (Kommentar).

Oidipodeía →Epikòs kýklos

Oidípus epì Kolonô
„Ödipus auf Kolonos"

Sophokles aus Athen, 496–406 v. Chr.

Tragödie über einen Stoff aus dem thebanischen Sagenkreis (gr.).
Postum im Jahre 401 v. Chr. in Athen uraufgeführt.

I Ödipus, der ehemalige König von Theben (→*Oidípus týrannos*) findet nach langer Irrfahrt als Bettler in der Nähe von Athen in einem Hain der Erinyen/Eumeniden (der Fluch – und Rachegöttinnen) am Hügel Kolonos Ruhe und inneren Frieden und wird schließlich zu den Göttern entrückt. – Zu Beginn des Stückes bittet der blinde Ödipus, geführt von seiner Tochter Antigone, im Hain der Erinyen um Asyl, das ihm zunächst von den Einwohnern der Umgebung verwehrt wird. Dann aber stellt der athenische König Theseus Ödipus unter seinen Schutz (1–665). Ödipus gerät tatsächlich in große Gefahr, als Kreon erscheint, um sich des Ödipus zu bemächtigen und ihn zur Veranschaulichung seines Anspruchs auf die von Polyneikes bedrohte Herrschaft über Theben zu benutzen. Er versucht dies zunächst mit heuchlerischen Worten; dann aber bringt er Antigone und Ismene, die zweite Tochter des Ödipus, die aus Theben gekommen war, um den Vater vor den Ereignissen zu warnen, in seine Gewalt. Theseus befreit die beiden Mädchen und bringt sie zu Ödipus zurück (720–1043). – Darauf wird Ödipus nochmals bedroht – und zwar durch seinen Sohn Polyneikes. Auch hier greift Theseus ein und schützt den Bedrohten (1096–1210). Nach einem Fluch des Ödipus über Polyneikes und einer Abschiedsszene zwischen Antigone und Polyneikes löst sich Ödipus von dieser Welt (1447–1555) und wird unter die Götter aufgenommen (1579–1779).

W Da das Stück deutliche Bezüge zum →*Oidípus týrannos* aufweist, fordert es zum Vergleich heraus. Ein bedeutsamer Unterschied besteht darin, daß der Dichter im „Ödipus auf Kolonos" viel stärker als im früheren Stück die Abhängigkeit des Ödipus von dem auf ihm lastenden Familienfluch herausstellt. Ödipus hat seine schlimmen Taten, ohne es zu wissen und zu wollen, begangen, kann daher keine Schuld auf sich geladen haben. – Dennoch stehen die tatsächlichen Verbrechen des Ödipus und seine Apotheose in einem unerträglichen Gegensatz zueinander. „Aber Sophokles wollte wohl bei seinen Zuschauern etwas assoziieren, was auch wir noch verstehen: die Möglichkeit der Verwandlung des Entsetzlichsten in das Segensreichste, wie wir sie in den „Eumeniden" (→*Orésteia*) des Aischylos erlebt haben, als aus dem grauenhaften Racheweibern die guten Geister des Gedeihens wurden. Natürlich ist diese Möglichkeit nur dann realisierbar, wenn das Entsetzliche in einem Akt der Einsicht sich seiner Entsetzlichkeit bewußt wird und von der Grenzüberschreitung zur Norm zurückfindet ... Oidipus war die Inkarnation des menschlichen Verstandes. Weil er aber die Unbeschränktheit sei-

nes Verstandes zu allem nutzte, nur zu dem einen nicht, seine letztliche Beschränktheit zu erkennen, darum überhob er sich – und fiel. Sein Fall war nötig, damit er die höchste Leistung, die dem Intellektuellen aufgegeben ist, erreichen konnte: die Beschränktheit auch des scheinbar Unbeschränktesten im Menschen, des Verstandes, zu erkennen. Der Grad seiner Intelligenz wurde dadurch nicht geringer – wohl aber sein Vertrauen auf ihre Absolutheit. Was er früher schon für das Ganze gehalten hatte, jenseits dessen es nach seiner Meinung gar nichts gab – eben den Intellekt –, das hält er nun nur noch für einen Teil, für ein Instrument, das im Dienste höherer Werte und Normen zu stehen hat, wenn es heilsam sein soll. Darum ist Oidipus jetzt würdig, in den Kreis der Heroen aufgenommen zu werden, die das Gute wirken" (Latacz, 247–249).

A R. D. Dawe, Stuttgart/Leipzig [3]1996. R. C. Jebb, Cambridge [3]1900. H. Lloyd-Jones / N. G. Wilson, Oxford 1990. A. C. Pearson, Oxford [2]1928. F. Storr, London/Cambridge (Mass.) 1912 (gr.–engl.). M. Untersteiner, Turin 1929 (mit Kommentar).
Ü W. Schadewaldt, Stuttgart/Zürich 1968. E. Staiger, Bd. 1, München, 1979. H. Weinstock, Stuttgart [5]1984. W. Willige / K. Bayer / B. Zimmermann, Düsseldorf/Zürich [4]2003 (gr.–dt.).
L R. W. Dawe: „Women of Trachis", „Antigone", „Philoctetes", „Oedipus at Colonus", Leiden 1978. KNLL 15, 747–749. D. – A. Kukofka: Sophokles: „Oidipus auf Kolonos". Eine Interpretation, in: Gy 99, 1992, 101–118. J. Latacz, GT, 246–249. M. R. Mezzabotta: A Comparative Examination of Sophocles' Treatment of Creon in „Antigone", „Oedipus Tyrannus" and Oedipus at Colonus, Diss. Kapstadt 1987. Schmid-Stählin 1, 2, 407–420. W. H. Schmidt: Das Spätwerk des Sophokles. Eine Strukturanalyse des „Oidipus auf Kolonos", Diss. Tübingen 1961. B. Seidensticker: Beziehungen zwischen den beiden Oidipusdramen des Sophokles, in: Hermes 100, 1972, 255–274.

Oidípus týrannos
„König Ödipus" oder „Ödipus als Herrscher"

Sophokles aus Athen, 496–406 v. Chr.

Tragödie über einen Stoff aus dem thebanischen Sagenkreis (gr.).
Zwischen 434 und 432 v. Chr. uraufgeführt.

I Die Stadt Theben wird von einer Pest heimgesucht. Die Menschen wenden sich an Ödipus, den König von Theben, um seine Hilfe zu erbitten. Er versucht, ihnen zu helfen und schickt seinen Schwager Kreon nach Delphi, um dort einen Hinweis auf Möglichkeiten zur Rettung der Stadt zu erhalten. Der Gott Apollon antwortet, der Mord an Laios, dem Vorgänger des Ödipus müsse gesühnt werden. Ödipus beginnt unverzüglich mit der Suche nach dem Mörder, ohne zu wissen, daß er sich selbst sucht. Er verflucht unwissend sich selbst, indem der den unheilbringenden Täter verflucht. – Da die Suche nicht zum Ziel führt, wird der Seher Teiresias eingeschaltet. Er bezichtigt Ödipus der Tat – zunächst nur in Andeutungen, dann aber ganz offen.

Der König vermutet hinter dem Auftreten des Teiresias eine Verschwörung des Kreon, der den Seher zu seinen Beschuldigungen angestiftet habe. In seiner zornigen Gegenrede läßt Teiresias die Bemerkung fallen, bei den Eltern des Ödipus habe er in höherem Ansehen gestanden. Diese Worte verunsichern Ödipus ein erstes Mal; denn schon in Korinth hatte ihm jemand gesagt, Polybos und Merope seien nicht seine wirklichen Eltern. Es kommt zum Streit zwischen Ödipus und Iokaste, in dem Iokaste zu vermitteln versucht. Als Ödipus berichtet, Teiresias habe ihn des Mordes an Laios bezichtigt, versucht Iokaste ihn zu beruhigen, indem sie sagt, das Orakel sei nicht eingetroffen, da Laios prophezeit worden sei, er werde von seinem Sohn getötet, während ihn in Wirklichkeit doch Räuber an einer Wegkreuzung erschlagen hätten. Außerdem habe der Sohn des Laios nur drei Tage gelebt. Ödipus erinnert sich jedoch daran, daß er einen Mann an einer Wegegabel im Streit erschlagen hatte, und läßt einen überlebenden Zeugen rufen, was Iokaste übrigens erfolglos zu verhindern versucht. Dann meldet ein Bote aus Korinth, daß Polybos gestorben sei. Iokaste sieht darin ein erneutes Zeichen dafür, daß das Orakel, Ödipus werde seinen Vater töten, widerlegt sei. Ödipus gibt ihr recht, befürchtet aber noch die Erfüllung des zweiten Orakelspruches: die Ehe mit seiner Mutter. Aber da eröffnet ihm der Bote, das könne gar nicht geschehen, da Ödipus ein Findelkind aus Theben sei. In diesem Moment erkennt Iokaste, daß das Orakel doch die Wahrheit sprach. Ödipus läßt den Hirten rufen, der ihn als Kind dem Korinther übergeben hatte, um letzte Gewißheit zu erhalten. Angesichts der schrecklichen Wahrheit sticht Ödipus sich selbst die Augen aus, um für die Blindheit und Verblendung zu büßen, mit der er durch sein bisheriges Leben ging. Kreon gestattet ihm, nach dem Abschied von seinen Kindern die Stadt zu verlassen.

W Ödipus hatte die Stadt schon einmal mit Hilfe seiner überragenden Geistesgaben gerettet, als er das Rätsel der Sphinx löste. Auch in der akuten Bedrohung ergreift er die Initiative als Rätsellöser und verwendet seinen Intellekt und seine Geisteskraft zur Lösung des Problems. Sophokles zeigt bereits im Prolog, daß Ödipus sich durch die bewundernswerte Schnelligkeit seines Verstandes vor allen anderen auszeichnet. Er hat nur ein Ziel, die Spurensuche aufzunehmen und „das Dunkel zu klären von Anfang an" (132). Aber trotz seiner geistigen Überlegenheit, hat er die schrecklichen Taten begangen, ohne es zu wissen. Seine Unwissenheit und seine Ahnungslosigkeit veranlassen ihn zu einer furchtbaren Selbstverfluchung (236 ff.). Ödipus, der immer und in jeder Situation alles sorgfältig bedachte, versagt und erweist sich als der Unverständigste. Die Klugheit des Ödipus hat keine Tiefe. Ihr fehlt die Basis: das Wissen um sich selbst. Ödipus weiß nicht, wer er ist; weil er nicht weiß, wer seine Eltern sind (vgl. 437), ist er „in all seinem Geistesdünkel eben doch in seiner letzten Tiefe, in seiner eigentlichen Substanz voller Unsicherheit ... Seine Intelligenz, seine Königswürde, sein ganzes äußeres Glück sind

aufgebaut über einem Vakuum" (Latacz, 228). – Aristoteles hatte den *Oidípus* (→*Perì poetikês* 1553 a10 f.) als Beispiel für die Menschen zitiert, die durch eine *hamartía* („Verfehlung von etwas Richtigem") zugrunde gehen. Das Richtige, das Ödipus verfehlt, ist das richtige Maß in dem, was an sich etwas Positives ist. „Bei Oidipus ist dieses Positive fraglos seine Intelligenz. Und sie ist es, ... in der er das richtige Maß verfehlt. Er verfehlt es, indem er seine Intelligenz zu selbstverständlich als das unüberwindliche Allheilmittel ansieht – in einem Unschlagbarkeitsrausch, der die Beschränktheit menschlicher Fähigkeiten übersieht. Und das wiederum tut er, weil er so maßlos stolz ist auf diese Intelligenz ... Er lebt – völlig vereinseitigt – nur aus seiner Intelligenz. Und das ist es, was ihn in die Katastrophe führt" (Latacz, 325 f.).

N Obwohl das Drama bei seiner ersten Aufführung nicht besonders erfolgreich war, hatte es in späterer Zeit eine ungewöhnlich starke Wirkung. Aristoteles räumt dem Stück in seiner „Poetik" einen hohen Rang ein: Es gilt als Muster der Tragödie. – Schon in den →*Acharnês* (425 v. Chr.) spielt Aristophanes mehrfach auf den *Oidípus* an. – Im 5. und 4. Jh. v. Chr. wurden von mehreren Autoren verschiedene Ödipus-Dramen verfaßt. Bekannt sind aber nur die Namen der Dichter. – Die →*Phoínissai* des Euripides (nach 412 v. Chr.) lassen am Ende des Stückes den geblendeten Ödipus auftreten. – Sogar Caesar schrieb einen *Oedipus* (um 80 v. Chr.), der nicht erhalten ist. Senecas →*Oedipus* basiert auf dem Sophokles-Drama. Der röm. Philosoph wird für die Renaissance und das Barock zum Hauptvermittler des Stückes. Seneca verwendet den Stoff auch in seinen →*Phoenissae*. Statius behandelt in seiner →*Thebais* das Ödipus-Geschehen und wird so zum Hauptvermittler der Geschichte für das Mittelalter. Sogar in den mythologischen und historischen Werken des Hellenismus und der Kaiserzeit lebt der *Oidípus* fort: z. B. in der →*Bibliothéke historiké* des Diodor (4,64), in Pausanias' →*Periégesis tês Helládos* (9,5,10 ff.), bei Hygin in den →*Fabulae* (66–70, 242, 253). Bemerkenswert ist auch die Einwirkung der Ödipus-Geschichte auf die Heiligenlegende. So ist die Gregorius-Legende des Hartmann von der Aue nach dem *Oidípus týrannos* gestaltet (allerdings ohne Orakel und Vatermord). In den *Gesta Romanorum* (Kap. 81) findet sich eine lat. Kurzfassung der Gregorius-Legende. In der *Legenda aurea* des Jacobus de Voragine ist der Legende des Matthias die apokryphe Geschichte von Judas vorausgeschickt, die in zahlreichen Motiven mit der Ödipus-Geschichte übereinstimmt. In der Renaissance wird der *Oidípus* ins Lateinische übersetzt (z. B. von J. C. Scaliger, 1540). In Italien entstehen it. Fassungen. In Frankreich führt Pierre Corneille 1659 seinen *Oedipe* auf. In England wird 1679 der *Oedipus* des John Dryden auf die Bühne gebracht, und Henry Purcell komponiert 1692 die Oper *Oedipus*. In der Zeit der Aufklärung entsteht der *Oedipe* von M. de Voltaire (1717). – Weitere Stationen der *Oidípus*-Rezeption: Hölderlin: *Ödipus* *der Tyrann* (1804). Heinrich von Kleist: *Der zerbro-chene Krug* (1803/1804). Percy B. Shelley: *Oedipus Tyrannos or Swellfoot the Tyrant* (1820). Hugo von Hoffmannsthal: *Ödipus und die Sphinx* (1905). André Gide: *Oedipe* (1932). Jean Cocteau: *Oedipe Roi* (1925). Igor Strawinsky: *Oedipus Rex* (Oratorium, 1927 aufgeführt). Heinrich Spoerl: *Der Maulkorb* (Humoreske, 1936). Thomas Mann: *Der Erwählte* (1945 und 1951). Carl Orff: *Ödipus der Tyrann* (1959). Franz Fühmann: *König Ödipus* (Novelle, 1966). Pier Paolo Pasolini (Film, 1967). – Erwäh-nenswert bleiben u.a. auch die Ausführungen von Friedrich Nietzsche (Geburt der Tragödie, Kap. 9) und Sigmund Freud (Vorlesungen zur Einführung in die Psychoanalyse, 1897–1902, 21. Vorlesung). Einen Überblick über die Rezeptionsgeschichte gibt W. Schadewaldt (1973).

A R. D. Dawe, Cambridge 1982 (mit Kommentar). R. D. Dawe, Stuttgart/Leipzig [3]1996. H. Lloyd-Jones / N. G. Wilson, Oxford 1990. A. C. Pearson, Oxford [2]1928.
Ü K. A. Pfeiff, Göttingen 1969 (gr.–dt.). W. Schade-waldt, Frankfurt 1973. R. Schottländer, Leipzig 1977. U. v. Wilamowitz-Moellendorff (1899), Berlin 1939 (gr.–dt.) W. Willige / K. Bayer / B. Zimmermann, Düsseldorf/Zü-rich [4]2003 (gr.–dt.).
L J. Bollack: Das Schicksal des Ödipus, ein Familien-schicksal, in: Poetica 19, 1987, 146–168. H. Diller (Hg.): Sophokles, Darmstadt 1967. H. Flashar: „König Ödipus". Drama und Theorie, in: Gy 84, 1977, 120–136. K. Ham-burger: Von Sophokles zu Sartre, Stuttgart [5]1974, 175–188. J. Latacz, GT, 222–236. E. Lefèvre: Die Unfähigkeit sich zu erkennen. Unzeitgemäße Bemerkungen zu Sophok-les' *Oidipus Tyrannos*, in: WJA 13, 1987, 37–58. M. Poh-lenz: Die griechische Tragödie, Göttingen [2]1954. W. Scha-dewaldt: Sophokles. König Ödipus. Übertragen und her-ausgegeben von W. Sch. Mit einem Nachwort, drei Aufsätzen, Wirkungsgeschichte und Literaturnachweisen, Frankfurt 1973. A. Schmitt: Menschliches Fehlen und tra-gisches Scheitern. Zur Handlungsmotivation im sopho-kleischen König Ödipus, in: RhM 131, 1988, 8–30. G. Ugolini: L' Edipo tragico sofocleo e il problema del conos-cere, in: Ph 131, 1987, 19–31.

Oikonomiká
„Lehre von der Hauswirtschaft"

Ps.–Aristoteles

Drei verschiedene Abhandlungen über wirtschaftli-che Fragen in drei Büchern (gr.); das 3. Buch ist nur in einer lat. Fassung überliefert.
Wahrscheinlich erst im 3. Jh. v. Chr. oder später ent-standen.

I Die 1. Abhandlung bzw. Buch 1 beschreibt die Herrschaftsverhältnisse im Haus: zwischen Mann und Frau, Herrn und Sklave, Vater und Kindern. – In der 2. Abhandlung bzw. in Buch 2 werden sieb-zig „Schurkenstreiche" aufgeführt, mit denen gr. und persische Machthaber ihre finanziellen Mög-lichkeiten erweitern wollten. – Die 3. Abhandlung bzw. Buch 3 behandelt „Gesetze des Mannes und der Ehe" (*nómoi andròs kaì gametês*). – Aristoteles

selbst befaßt sich mit dem Hauswesen im 1. Buch der →*Politiká*.

A B. A. van Groningen / A. Wartelle, Paris 1968 (gr.–dt.).
Ü J. Tricot, Paris 1958 (frz.).
L P. Koslowski: Politik und Ökonomie bei Aristoteles 1933. U. Victor: [Aristoteles] Oikonomikos. Das erste Buch der Ökonomik – Handschriften, Text, Übersetzung und Kommentar – und seine Beziehungen zur Ökonomik-literatur, Königstein/Ts. 1983.

Oikonomikós
„Gespräch über die Hauswirtschaft"

Xenophon aus Athen, etwa 430–355 v. Chr.

Sokratischer Dialog (gr.) über Privatökonomie und Landwirtschaft.

I Gleich zu Beginn wird das Thema genannt: *oi-konomía* („Hausverwaltung"). Es geht um die Lei-tung eines landwirtschaftlichen Betriebes. Sokrates begründet seinem Gesprächspartner Kritobulos seine Kenntnis auf diesem für ihn an sich unge-wöhnlichen Gebiet mit dem Hinweis darauf, daß er von dem Gutsbesitzer Ischomachos vor längerer Zeit in die Kunst erfolgreicher Haus- und Land-wirtschaft eingeweiht worden sei. Im einleitenden Gespräch zwischen Sokrates und Kritobulos (1–6) geht es um die Ambivalenz der Besitzgegenstände; an einigen Beispielen wird gezeigt, daß ein Besitz nur durch den richtigen Gebrauch zu einer nützli-chen Sache wird. Im ersten Teil des Sokrates-Ischo-machos-Gesprächs werden hauswirtschaftliche Fragen behandelt (7–14): die Pflichten der Hausfrau werden im einzelnen durchgesprochen: Aufsicht im Haus (7), Verantwortung für Ordnung und Arbeits-einteilung (8), Einrichtung des Hauses, Wahl einer geeigneten Haushälterin (9), Tätigkeiten, die der Hausfrau das Wohlwollen des Mannes einbringen, z.B. eine angemessene Körperpflege (10); darauf geht es um die Pflichten des Hausherrn: Aufsicht außerhalb des Hauses, Rechtsprechung über die Sklaven (11), Auswahl der richtigen Mitarbeiter (12–14). Darauf konzentriert sich das Gespräch auf landwirtschaftliche Fragen (15–21): Angesprochen werden die Bodenkunde (16), Saatzeit und Aussaat (17), Ernte und Dreschen (18), Wein- und Obstbau (19), menschliche und ökonomische Qualitäten ei-nes Bauern (20). Zum Schluß wird die Leichtigkeit angesprochen, mit der der landwirtschaftliche Beruf zu erlernen sei. Ausführlich geht Ischomachos schließlich noch einmal zusammenfassend auf die Führungsqualitäten des Gutsherrn ein, die sich im Prinzip von den Qualitäten eines Feldherrn oder Königs nicht unterscheiden. Allerdings sind diese Qualitäten nun doch nicht so ohne weiteres zu ge-winnen: denn dazu müssen Einsicht und Bildung, eine geeignete Natur und göttliche Gnade zusam-menwirken.

Q Die Diskussion über den „richtigen Gebrauch" am Anfang des Werkes greift auf populär-philosophisches Denken zurück. Vielleicht ist Xenophon auch von Prodikos (→*Hôrai*) abhängig, der das Motiv des „richtigen Gebrauchs" im Rahmen landwirtschaftlicher Ausführungen benutzte. – Für das „Lob des Landlebens" konnte Xenophon auf Hesiod, Aristophanes und Xenophanes zurückgreifen. Das Lob der Ehefrau setzt eine von den Sophisten und den Sokratikern (Platon, Antisthenes) geführte Diskussion voraus, in der auch schon die These von der Gleichheit der Geschlechter eine Rolle spielte. Die Kapitel (8–9) über den Nutzen der Ordnung können auf entsprechende sophistische Erörterungen *Perì kósmu* („Über die Ordnung") zurückgehen. – Selbstverständlich ist nicht auszuschließen, daß Xenophon auch auf landwirtschaftliche Fachschriftsteller zurückgriff.

W Auf die Zusammenarbeit zwischen Mann und Frau legt Xenophon besonderes Gewicht: „Dieses Hohelied auf die Frau als Mitarbeiterin ihres Mannes steht in der griechischen Literatur einzigartig da und bildet gerade wegen der Beschränktheit der hier vorgeführten kleinbürgerlichen Verhältnisse ein würdiges Gegenbild zu der Achtung, die in der liberalen großbürgerlichen Sphäre Aspasia und ihresgleichen genießen durften. Zugleich korrigiert das zärtliche Vertrauen, das Ischomachos und seine Gattin verbindet, jene Züge respektloser Grobheit, wie man sie, an Xanthippes Namen anknüpfend, der attischen Männergesellschaft als typisch anzuhängen pflegt" (E. Schmalzriedt, 896) In Xenophons *Oikonomikós* – so W. Jaeger, 245 – rege sich ein neuer Geist. Die bäuerliche Welt sei sich ihres selbständigen Wertes bewußt geworden und zeige sich fähig, ihren unverächtlichen Beitrag zur Kultur zu präsentieren: „Und wenn wir auch die Erscheinung des literarischen Landwirts nicht verallgemeinern wollen, so ist doch durch Xenophons Schrift auf das Land als den niemals alternden Wurzelboden aller Humanität hingewiesen worden." Es zeuge von der Lebendigkeit und Bodenständigkeit des sokratischen Erziehungsideals, daß es imstande gewesen sei, auch die Sphären jenseits der Stadtmauern zu durchdringen, die Sokrates niemals betreten hatte, weil er mit den Bäumen nicht sprechen konnte (→*Phaîdros* 230d). „Wie sich in den vornehmen Persern (→*Kýru paideía*) soldatische und agrarische Art verbindet, so sieht Xenophon in dem ganzen Dialog den erzieherischen Wert des Landmannsberufes als dem des Soldatenlebens verwandt an … Die Verbindung kriegerischer und landwirtschaftlicher Tüchtigkeit und Pflichtauffassung ist das Bildungsideal des Xenophon" (W. Jaeger, 247).

A P. Chantraine, Paris 1949. E. Marchant. Bd. 2, Oxford (2)1921. E. Marchant. Bd. 4, London/Cambridge (Mass.) 1923 (gr.–engl.). C. Natali, Venedig 1988 (gr.–it. mit Kommentar). A. H. N. Sewell, Cambridge 1925 (mit Kommentar). Th. Thalheim. Bd. 1, Leipzig 1910.
Ü G. Audring, Berlin 1991. E. Bux, Stuttgart 1956. K. Meyer, Westerburg 1975 (mit Kommentar).
L H. R. Breitenbach: Xenophon von Athen, in: RE 9 A 2, 1966, 1837–1871. É. Delebecque: Sur la date e l' objet

de l' *Economique*, in: REG 64, 1951, 21–58. W. Jaeger, Paideia 3, 226–254. S. Murnaghan: How a Woman Can be More Like a Man. The Dialogue between Ischomachus and His Wife in Xenophon's *Oeconomicus*, in: Helios 15, 1988, 9–22. E. Schmalzriedt, KNLL 17, 896 f. L. Strauss: Xenophon's Socratic Discourse. An Interpretation of the *Oeconomicus*, Ithaca (N.Y.) 1970. S. Taragna Novo: Economia ed etica nell' *Economico* di Senofonte, Turin 1968. R. R. Wellman: Socratic Method in Xenophon, in: Journal of the History of Ideas 37, 1976, 307 bis 318.

Oikuménes periégesis →Periégesis tês oikuménes (Dionysios aus Alexandreia)

Oitaiká →Aitoloká (Nikandros)

Okýpus
„Schnellfuß"

Ps.-Lukian (wahrscheinlich Akakios aus Kaisareia, ein Rivale des Libanios, 4. Jh. n. Chr.)

Tragikomödie in 173 Versen (gr.).

I Okypus ist ein besonders schöner und starker Mann, der die Sportschulen und die Jagd liebte. Er pflegte diejenigen auszulachen, die aufgrund ihrer Podagra in ihren Bewegungen behindert waren. Daraufhin befiel auch ihn zur Strafe die Podagra, die in dem Drama als (göttliche) Person agiert.

A M. D. MacLeod: Lucian. Bd. 8, London/Cambridge (Mass.) 1967.

Olympiakós
„Olympische Rede"

Lysias, 445 – nach 380 v. Chr.

Festrede (gr.).
Vorgetragen im Jahre 388 v. Chr. beim olympischen Fest vor einem panhellenischen Publikum.

I Die Rede ist ein Aufruf zur hellenischen Einigkeit, verbunden mit heftigen Angriffen gegen den Tyrannen Dionysios I. von Syrakus. Die Menge wurde durch die Rede so aufgepeischt, daß sie das Prunkzelt der syrakusanischen Festgesandtschaft plünderte.

A C. Hude, Oxford (Nr. 33).
Ü K. Brodersen / I. Huber. 2 Bde., Darmstadt 2004–2005 (gr.-dt.).
L M. Gigante: Il discorso olimpico di L., in: Studi L. Castigliani 1, 1960, 375 ff. A. Lesky, GL, 664–668.

Olympikós
„Olympische Rede"

Gorgias aus Leontini, etwa 480–380 v. Chr.

Festrede (gr.), nur in Frg. überliefert.
Um 408 v. Chr. in Olympia gehalten.

I Entschiedener als im →*Epitáphios* vertritt Gorgias im *Olympikós* die panhellenische Idee: Die Griechen sollen ihre Streitigkeiten untereinander beenden und sich zu einer politischen Einheit zusammenschließen, um den Persern wirksam entgegentreten zu können. „Um dieser Mahnung Nachdruck zu verleihen, wandte er die ganze Kunst seiner Beredsamkeit auf und kontrastierte in der bei ihm beliebten antithetischen Form Krieg und Frieden in einer Weise, daß aus der Empfehlung des Friedens in Hellas ein allgemeiner Preis des Friedens wurde. Im Frieden – so hieß es hier – begraben die Söhne ihre Väter, wie es natürlich ist (*katà phýsin*), im Krieg dagegen die Väter ihre Söhne. Im Frieden weckt uns in der Morgenfrühe der Gesang der Vögel aus dem Schlaf, im Krieg aber der Schall der Trompeten. Im Krieg kann man sich kaum innerhalb der Stadtmauern in Sicherheit bewegen, im Frieden steht einem das ganze Land offen. Der Krieg gleicht der Krankheit, der Friede der Gesundheit; im Frieden erholen sich die Kranken, im Krieg gehen die Gesunden zugrunde ... Das sind keine tiefsinnigen Gedanken; aber grundsätzlich wichtig ist, daß der Friede hier als der natürliche, gesunde, normale Zustand erscheint, der Krieg als das Unnatürliche, Krankhafte, Abnorme gebrandmarkt wird ... die politische Idee des Panhellenismus erweitert sich zu einer allgemeinen Betrachtung von Krieg und Frieden, die zur Verwerfung des Krieges und zum Preis des Friedens als solchen führt: die symbuleutische Rede geht in die epideiktische über" (Nestle, 312 f.).

A VS 82 A 1 und B 7–8a.
L W. Nestle, VMzL, 306–332.

Olympioníkai
„Olympiasieger"

Eratosthenes aus Kyrene, 3. Jh. v. Chr.

Verzeichnis (gr.) der Sieger bei den olympischen Spielen in mindestens zwei Büchern, fragmentarisch überliefert.

I Eratostheness konnte sein Verzeichnis u. a. auf die *Olympionikôn anagraphé* des Hippias aus Elis aufbauen, um auf diese Weise für die Datierung historischer Ereignisse in Form der Siegerlisten der olympischen Spiele die zuverlässigsten Anhaltspunkte bereitzustellen. – Das Werk enthielt zunächst eine Einführung in die olympischen Spiele; darauf folgten die Namen der Sieger in verschiedenen Disziplinen, nicht nur der Sieger im Stadion-

lauf, nach denen datiert wurde. – Die *Olympioníkai* waren wohl eine Vorarbeit zu den umfassenderen →*Chronographíai*.

A FGrHist 241, Frg. 4–8. O. Lendle, Einführung, 278 f. R. Pfeiffer, KlPh, 203–206.

Olympioníkai
„Olympiasieger"

Timaios aus Tauromenion, Mitte des 4. Jh.s – Mitte des 3. Jh.s v. Chr.

Weitgehend verlorenes chronologisches Handbuch (gr.) mit den Namen der Olympiasieger, nach denen Timaios seine Chronologie richtete (→*Historíai* des Timaios).

I Nur ein Testimonium (T 1) weist auf den Titel hin. Außerdem gibt Polybios (T 10) einen kurzen Hinweis auf den Inhalt. Vielleicht waren die →*Olympioníkai* eine Vorarbeit für die Chronologie des Hauptwerkes.

A FGrHist 566 O. Lendle, Einführung, 212. A. Lesky, GL, 865.

Olympionikôn anagraphé
„Olympische Siegerliste"

Hippias aus Elis, 5. Jh. v. Chr.

Die Liste der Sieger in Olympia war die Grundlage einer festen Chronologie (gr.). Das Werk ist nicht erhalten, wird aber von Plutarch, *Numa* 1 (→*Bíoi parálleloi*) erwähnt.

I „Das Verdienst des Hippias ist um so größer, als er der erste war, der die Aufstellung der Liste unternahm und sich dafür auf weit zerstreutes Material, auf Weihinschriften in Olympia und auf die Aufzeichnungen der Sieger in ihren Heimatstädten angewiesen sah. Auf das seither als feststehend betrachtete Datum der ersten Olympiade (776 v. Chr.) kam er jedenfalls nur durch Berechnung, vielleicht aufgrund eines spartanischen Ansatzes des Lykurgos ... Die Liste des Hippias ließ die Entwicklung des olympischen Agons sowohl hinsichtlich der sich mehrenden Arten der Wettkämpfe als auch hinsichtlich der zunehmenden Teilnehmerschaft aus Ost und West erkennen. Sie bildete den Grundstock des bei Julius Africanus erhaltenen Verzeichnisses, an dem Männer wie Aristoteles, Timaios und Eratosthenes weitergearbeitet hatten" (Nestle, 363).

W Hippias hatte wohl auch deshalb ein besonderes Interesse an der Erstellung der Liste und der Berechnung der ersten Olympischen Spiele im Jahre 776 v. Chr., weil sein Landsmann Koroibos aus Elis bei diesen Spielen den Sieg im Stadion errang; es handelte sich um einen Kurzstreckenlauf.

A VS 86 A 3.

L   A. Körte: Die Entstehung der Olympionikenliste, in: Hermes 39, 1904, 224 ff. A. Lesky, GL, 397. W. Nestle, VMzL, 363.

Olympische Oden →Chorlyrik (Pindar)

Olynthiakoì lógoi
„Olynthische Reden"

Demosthenes aus Athen, 384–322 v. Chr.

Drei politische Reden (gr.).
In den Jahren 349/348 v. Chr. entstanden.

I Die Reden sind nach Olynth, einer mächtigen Handelsstadt auf der Halbinsel Chalkidike, benannt. Die Stadt hatte, bedroht durch die Expansionspolitik des Makadonenkönigs Philipps II. mit Athen einen Friedensvertrag geschlossen, obwohl ein zuvor abgeschlossener Vertrag mit Makedonien einen derartigen Vertrag mit Athen ausschloß. Angesichts der Bedrohung durch Philipp schloß Olynth noch einen weiteren Bündnisvertrag mit Athen. Olynth wurde von Philipp belagert. Die Athener wurden um Hilfe gebeten. – Demosthenes fordert in seinen Reden die Athener dazu auf, Olynth militärisch zu unterstützen (1. Rede) und die thessalischen Städte dazu zu bringen, von Philipp abzufallen; zur Verstärkung seiner Forderung greift Demosthenes zu polemischen Ausfällen gegen Philipp, dessen Macht als ein Bau charakterisiert wird, der auf Lug und Trug errichtet sei (2. Rede). – In der 3. Rede geht es um die Finanzierung dieser Pläne. Demosthenes verlangt, die Auszahlung der Theatergelder an die Athener einzustellen und die Mittel in die Kriegskasse einzuzahlen. – Obwohl Demosthenes die Lage richtig eingeschätzt hatte, blieben seine Argumente ohne Erfolg. Olynth wurde 348 v. Chr. von Philipp eingenommen und völlig zerstört.

A   S. H. Butcher. Bd. 1, Oxford 1903 (Nr. 1–3). L. Canfora. Bd. 1, Turin 1974 (gr.–it. mit Kommentar). J. H. Vince. Bd. 1, London/Cambridge (Mass.) [(2)]1954 (gr.–engl.).
Ü   W. Unte, Stuttgart 1985 (gr.–dt.).
L   H. Erbse: Zu den „Olynthischen Reden" des Demosthenes, in: RhM 99, 1956, 364–380. C. Eucken: Reihenfolge und Zweck der „Olynthischen Reden", in: MH 41, 1984, 193–208. KNLL 4, 543 f. A. Lesky, GL, 669–681.

Omphále
(Königin von Lydien, der Herakles drei Jahre lang dienen mußte)

Ion aus Chios, 5. Jh. v. Chr.

Satyrspiel (gr.), nur fragmentarisch überliefert.

I Das Spiel hatte die Knechtschaft des Herakles bei der Lyderkönigin zum Thema. Vermutlich wur-

de durch die Darstellung von ausschweifenden Gelagen eine besondere Wirkung hervorgerufen.

A   A. v. Blumenthal, Stuttgart 1939.
L   A. Lesky, GL, 461 bis 466.

Oneirokritikón
„Traumbuch"

Artemidoros aus Ephesos, 2. Hälfte des 2. Jh.s n. Chr.

Handbuch der Traumdeutung in fünf Büchern (gr.).

I In den Büchern 1–4 werden Einzelheiten der Traumdeutung behandelt. Buch 5 enthält eine Sammlung von 95 Träumen, die in Erfüllung gegangen sind. In Buch 1 werden die wichtigsten Traumtypen vorgestellt. In Buch 2 werden Traumelemente aufgelistet und in ihrer Bedeutung für den Träumenden erklärt. In den Büchern 3 und 4 folgen weitere Traumelemente. Artemidor geht auf die Kritik ein, die seine Ausführungen in den Büchern 1 und 2 erfahren haben. Die Traumbilder und ihre Erfüllung in Buch 5 waren als Übungsbeispiele für angehende Traumdeuter gedacht, die vor allem lernen müssen, Analogien zwischen Traum- und Wachwelt zu erkennen.
W Als Traumdeuter will der Autor die Menschen von ihren Zukunftsängsten befreien.
N Sigmund Freud verweist in seiner „Traumdeutung" (1900) auf Artemidor, den er als Bundesgenossen seiner eigenen Methode bezeichnet.

A   R. A. Pack, Leipzig 1963.
Ü   K. Brackertz, München 1979. F. S. Krauss / G. Löwe, Leipzig 1991.
L   C. Blum: Studies in the Dream-Book of A., Diss. Uppsala 1936. P. Cox Miller: Dreams in Late Antiquity, Princeton 1994. W. Kurth: Das Traumbuch des Artemidor im Lichte der Freudschen Traumlehre, in: Psyche 4, 1951, 488 ff. R. A. Pack: A. and His Waking World, in: TAPhA 86, 1955, 280–290. C. Walde, MLAA, 110 f.

Óneiros è alektryón
„Der Traum oder der Hahn"

Lukianos aus Samosata, etwa 120–180 n. Chr.

Satire im Stil des Menippos (gr.).
Um 160 n. Chr. entstanden.

I Das zentrale Thema ist das Lob der Armut. Lukianos stellt sich damit ganz ernsthaft in die Tradition des Kynismus. Vielleicht lehnt er sich auch eng an eine Vorlage des Menippos (1. Hälfte des 3. Jh.s v. Chr.) an. – Lukian verknüpft drei Motive miteinander: (1) Der Schuster Mikyllos träumt von einem üppigen Gastmahl und von einer großen Erbschaft, die er von dem reichen Gastgeber Eukrates erhält. Der schöne Traum wird durch das Krähen eines Hahnes beendet. (2) Der Hahn erzählt Mikyllos, er sei die Inkarnation des Pythagoras und habe schon die unterschiedlichsten Körper besessen (u. a. sei er die Hetäre Aspasia und der Kyniker Krates gewesen; ferner habe er in verschiedenen Tiergestalten gelebt). (3) Mikyllos und der Hahn besuchen verschiedene Reiche, die ihnen als abschreckende Beispiele veranschaulichen, daß der Schuster eigentlich das beste Leben habe. – Lukian verspottet in diesem Zusammenhang natürlich auch alle möglichen Geistesgrößen: vor allem Pythagoras und Homer (verbunden mit entsprechender Mythenkritik).

A A. M. Harmon. Bd. 2, London/Cambridge (Mass.) 1915. C. Jacobitz. Bd. 2, Leipzig [(2)]1907. M. D. MacLeod. Bd. 1, Oxford 1972.
Ü Chr. M. Wieland: Lucian von Samosata 1. 1, Leipzig 1788/1789, 105–148.
L R. Helm: Lukian und Menipp, Leipzig/Berlin 1906, 322–336. KNLL 10, 690f. M. Marcovich: Pythagoras as a Cook, in: AJPh 97, 1976, 331–335.

Onomastikón
„Namenlexikon"

Eusebios aus Kaisareia, um 260–339 n. Chr.

Lexikon der biblischen Ortsnamen (gr.), das von Hieronymus ins Lateinische übertragen wurde und den Titel *De situ et nominibus locorum hebraicorum* (→*De nominibus Hebraicis*) erhielt.

A E. Klostermann, GCS 11, 1, Leipzig 1904.
L E. Schwartz, RE 6, 1, 1907, 1370–1439.

Onomastikón
„Wörterbuch"

Pollux (Iulius Polydeukes) aus Naukratis, 2. Hälfte des 2. Jh.s n. Chr.

Ein nach Sachgebieten geordnetes und vor allem für die Theater – und Musikgeschichte der älteren attischen Zeit bedeutsames Lexikon (gr.) attischer Ausdrücke in zehn Büchern. – Seine Quellen waren neben eigener Lektüre u. a. die →*Léxeis* des Aristophanes aus Byzanz. – Für Xenophanes bezeugt Pollux den Titel →*Perì phýseos*.

A E. Bethe: Lexicographi Graeci 9, 1900–1937, Nachdr. Stuttgart 1967.
L E. Bethe: Pollux, in: RE 10, 1, 1917, 773 bis 779. H. Erbse: Lexikographie, in: dtv-L 1. 3, 56–59. H. Gärtner: Lexikographie, in: DKP 3, 610–612.

Onomatólogos è pínax tôn en paideía onomastôn
„Namensammlung oder Verzeichnis der in der Literatur namhaften Männer"

Hesychios Illustrios aus Milet, 6. Jh. n. Chr.

Chronologisch angelegte Beschreibung berühmter literarischer Persönlichkeiten (gr.), nur in einem alphabetisch geordneten Auszug (*Epitomé*) erhalten, der u. a. vom Verfasser der →*Suda* benutzt wurde.

I Das Nachschlagewerk war nach Sachgebieten geordnet: Dichter, Philosophen, Historiker, Redner, Grammatiker, Mediziner, Spezialschriftsteller. Die einzelnen Artikel waren nach einem einheitlichen Schema aufgebaut: Name, Herkunft, literarische Gattung der Werke, Lehrer und Schüler, Ort und Zeit des Wirkens, Schriftenverzeichnis.
Q Eine wichtige Quelle war das weitgehend verlorene Werk →*Perì póleon kaì hùs hekáste autôn endóxus énenken* des Herennios Philon aus Byblos.

A FHG 4, 143–177. J. Flach: Hesychii Milesii Onomatologi quae supersunt, Leipzig 1882.
L K. Krumbacher: Geschichte der byzantinischen Literatur von Justinian bis zum Ende des oströmischen Reiches (527–1453), München [(2)]1897, Nachdr. New York 1958, 323–325. O. Regenbogen: Pinax, in: RE 20, 1950, 1458. Schmid-Stählin 2, 2, 1039–1040. H. Schulz: Hesychios (Nr.10), in: RE 8, 2, 1913, 1322–1327. W. Spoerri: Hesychios Illustrios, in: DKP 2, 1967, 1121f.

Opera minora
„Kleinere Werke"

Isidorus aus Sevilla, etwa 570–536 n. Chr.

Schriften zur Geschichte der Kirche und zum kirchlichen Leben (lat.).

I *De officiis ecclesiasticis* („Über die kirchlichen Pflichten"): Handbuch für den Klerus, das diesen über Institutionen des kirchlichen Lebens unterrichten (Messe, Kirchenjahr, Sinn der liturgischen Gebete) und an den Ernst seiner Verpflichtungen erinnern sollte. – *Regula monachorum* („Mönchsregel"): Zusammenfassung des mönchischen Traditionsgutes aus Ost und West. – *De viris illustribus* („Über berühmte Männer"): Kirchliche Literaturgeschichte nach dem Vorbild des Sueton, →*De viris illustribus*, Hieronymus, →*De viris illustribus*, und Gennadius, →*De viris illustribus*. – *Sententiae* („Meinungen"): Dogmatik und Ethik in drei Büchern, in denen der Autor in starker Anlehnung an die →*Moralia* Gregors d. Gr. die Lehre von Gott, Schöpfung und Erlösung (Buch 1), und die Grundfragen der Moral (Buch 2–3) behandelt. – *De ordine creaturarum* („Über die Ordnung der Geschöpfe"): Darstellung der Hierarchie der Schöpfung. – *Differentiae* („Unterschiede"): Lexikon profaner und kirchlicher Synonyma mit Angabe der Bedeutungsunterschiede. – *De fide catholica contra Iudaeos*

(„Über den katholischen Glauben gegen die Juden"): Eine Schrift, die die Erfüllung der alttestamentlichen Prophetie in Christus und seiner Kirche nachzuweisen versucht, der Schwester des Autors, Florentina, gewidmet. – *Synonyma* („Bedeutungsgleiches"): Asketische Trostschrift an die von Sünde und Leid bedrückte Seele.

A PL 81–84 (Gesamtwerk).
L O. Bardenhewer 5, 401–416. K. Baus, LThK 8, 786 f. J. Fontaine: I. de Séville et la culture classique de l' Espagne wisigothique, Paris 1958. O. Hiltbrunner: Isodoros (Nr. 8), in: DKP 2, 1461 f.

Optiká
„Probleme der Optik"

Damianos aus Larisa

Physikalische Abhandlung (gr.).

I Die Schrift behandelt die Hypothesen der Optik nach Euklid (→*Optiká*), Heron aus Alexandreia (→*Katoptriká*) und Ptolemaios.

A R. Schöne, Berlin 1887.

Optiká
„Probleme der Optik"

Eukleides aus Alexandreia, um 300 v. Chr.

Physikalische Abhandlung (gr.).

I Eukleides behandelt die Ausbreitung und Spiegelung des Lichtes im Anschluß an die pythagoreisch-platonische Theorie von den aus dem Auge auf die Dinge fallenden Sehstrahlen.

A J. L. Heiberg / H. Menge. 8 Bde., Leipzig 1883–1916 (Gesamtwerk: gr.–lat.).

Opus agriculturae
„Werk der Landwirtschaft"

Rutilius Taurus Aemilianus Palladius, 4. Jh. n. Chr.

Landwirtschaftliches Lehrbuch in 14 Büchern (lat.).

I Buch 1: Anlage und Ausstattung eines landwirtschaftlichen Gutes. Buch 2–13: Darstellung der in jedem einzelnen Monat anfallenden Arbeiten in der Landwirtschaft. Buch 14: Veterinärwesen. – Zu dem Werk gehört eine Elegie (85 Distichen) über die Technik des Baumpfropfens zwecks Veredelung der Bäume (früher galt die Elegie als das 14. Buch des Werkes).

A R. Martin, Paris 1976 (lat.–frz. mit Kommentar). R. H. Rodgers, Stuttgart/Leipzig 1975.
L A. M. Casas: Palladius, Liber primus, Diss. Madrid

1980. W. Richter: Palladius, in: dtv-L 1. 3, 275. H. Widstrand: Palladius-Studien, 1926. f

Opuscula sacra
„Kleine theologische Schriften"

Anicius Manlius Severinus Boethius aus Rom, 480–524 n. Chr.

Corpus von fünf theologischen Abhandlungen (lat.).
Um 520 n. Chr. verfaßt.

I Das übergreifende Thema dieser Abhandlungen ist die Trinität. Sie befassen sich im einzelnen mit folgenden Fragen: (1) *Quomodo trinitas unus deus* („Wieso die Dreieinigkeit nur ein einziger Gott ist"). (2) *Utrum Pater etc., ad Ioannem etc.* (= *De trinitate* 2) („Ob der Vater usw., Johannes gewidmet"). (3) *Quomodo substantiae, ad Ioannem* (= *De trinitate* 3) („Wieso die Substanzen ..., Johannes gewidmet"); im Mittelalter unter dem Titel *De hebdomadibus* („Über die Siebenzahl") zitiert. (4) *De fide catholica* („Über den katholischen Glauben"). – (5) *Contra Eutychen et Nestorium*: *De persona et duabus naturis* („Gegen Eutyches und Nestorius: Über die eine Person und die zwei Naturen Christi"). – Zu 1–3: Boethius sah sich zur Erörterung trinitarischer Probleme veranlaßt, nachdem durch die sogenannten „theopaschitischen Streitigkeiten" massive kirchenpolitische Gegensätze aufgebrochen waren, die Boethius auszugleichen versuchte. (Der „Theopaschismus" lehrte, daß Gott bzw. eine Person aus der Dreifaltigkeit gelitten hat.) Die entscheidende Frage war, ob eine innertrinitarische Person leidensfähig ist. In *De trinitate* 1–3 konzentriert sich Boethius auf die systematischen Probleme, die mit dieser Frage aufgeworfen wurden. – Der esoterische Stil seiner Arbeiten legt die Annahme nahe, daß Boethius nicht in die aktuelle Diskussion eingreifen wollte und vermutlich nur eine quasi spielerische Auseinandersetzung mit dem Thema führte. In der Sache vertrat er die Position der „Theopaschiten". Zu 4: vgl. Chadwick (s. u.). Zu 5: In dieser Schrift geht es um die christologischen Häresien des Eutyches und des Nestorius, d. h. um die beiden extremen und zugleich irrigen Standpunkte in der Frage, wie das Verhältnis der einen Person Christi zu seinen zwei Naturen, der göttlichen und der menschlichen, zu denken sei. Boethius wollte in einem schwierigen Streit theologisch ausgleichend wirken.
N Die *Opuscula sacra* wurden oft kommentiert: u. a. von Thomas von Aquin: *In librum Boethii: De trinitate expositio* (Ausgabe lat.–dt.: H. Lentz / W. U. Klünker, Stuttgart 1988).

A L. Obertello, Mailand 1979. R. Peiper, Leipzig 1871. E. Rapisarda, Catania [(2)]1960 (lat.–it.). H. F. Stewart / E. K. Rand, London 1918 (revidiert von S. J. Tester, London 1973).
Ü M. Elsässer, Hamburg 1988 (lat.–dt.).

L M. v. Albrecht, RL, 1353–1377. R. Beinhauer: Untersuchungen zu philosophisch-theologischen Termini in *De trinitate* des Boethius, Wien 1990. K. Bruder: Die philosophischen Elemente in den *Opuscula sacra*, Leipzig 1928. H. v. Campenhausen, LKV, 223–251. R. Carton: Le christianisme et l'augustinianisme de B., in: Revue de Philos. NS 30, 1, 1930, 573–659. H. Chadwick: The Authenticity of Boethius' Fourth Tractate *De fide catholica*, in: JThS 31, 1980, 368–377. I. Craemer-Ruegenberg: Die Substanzmetaphysik des Boethius in den *Opuscula sacra*, Diss. Köln 1969. P. Hadot: La distinction de l'être et de l'étant dans le *De hebdomadibus* de Boèce, in: P. Wilpert (Hg.): Miscellanea Mediaevalia. Bd. 2, Berlin 1963, 147–153. M. Lutz-Bachmann: Natur und Person in den *Opuscula sacra* des A. M. S. Boethius, in: Th & Ph 58, 1983, 48–70. M. Lutz-Bachmann: Das Verhältnis von Philosophie und Theologie in den *Opuscula sacra* des A. M. S. Boethius. Eine Studie zur Entwicklung der nach-chalcedonischen Theologie, Diss. Münster 1984. G. Schrimpf: Die Axiomenschrift des Boethius (*De hebdomadibus*) als philosophisches Lehrbuch des Mittelalters, Leiden 1966.

Oracula Sibyllina
„Sibyllinische Weissagungen"

An.

In Hexametern verfaßte Weissagungen in vierzehn Büchern (gr.), von denen zwei Bücher (9 und 12) nicht erhalten sind.
Im 5. oder 6. Jh. n. Chr. zusammengestellt.

I Das von einem Redaktor zusammengestellte Material stammt aus unterschiedlichen Zeiten (seit dem Hellenismus) und aus verschiedenartigen Quellen. Es lassen sich mindestens drei zeitliche Schichten und Herkunftsbereiche unterscheiden: (1) einen hellenistisch-heidnischen, (2) einen jüdischen und (3) einen christlichen. – Die Sibylle war eine legendäre Prophetin, deren Bedeutung offensichtlich so groß war, daß ihr an verschiedenen Orten Kultstätten eingerichtet wurden: u. a. in Marpessos, in Erythrai, in Delphi, in Cumae. In diesen Orakelstätten wurden Orakelsammlungen produziert, von denen die Sammlung der Sibylle von Cumae besondere Bedeutung erlangte und in Rom seit sullanischer Zeit von eigenen Priestern im Juppiter-Tempel auf dem Kapitol gehütet und gedeutet wurde; die Veröffentlichung und Auslegung der Orakel bedurfte aber der Anordnung des röm. Senats.

W Die erhaltenen Texte der Sibyllinischen Bücher sind „Apokalypsen zumeist, Untergangsbilder, eindringliche Bußpredigten, eschatologische Schreckensgemälde und Sittenfanale, Haßtiraden gegen Rom, Wunder und Vorzeichen, wahrsagerische Extrapolationen der historischen Vergangenheit in die Zukunft, dazu der Preis des Monotheismus und das Bewußtsein der Auserwähltheit – dies vor allem in jüdischen (Buch 3–5, zum Teil 1 und 2), aber auch in christlichen Abschnitten (1–2; 6–8; 11–14) –, hier und da mit messianischen Erwartungen vermischt. Daß solche paraliterarischen Produkte, wenn sie sich publik zu machen verstanden, in Epochen einer allgemeinen depressiven Zeitstimmung

auf die Dichtung großen Einfluß ausüben konnten, ist nur zu verständlich" (E. Schmalzriedt, 199).

A J. Geffken, GCS 37, 1902. A. Kurfess, München 1951 (gr.–dt.).
Ü J. - D. Gauger: Sibyllinische Weissagungen, Düsseldorf/Zürich [(2)]2002 (gr.–dt.).
L O. Bardenhewer 2, 708–713. J. J. Collins: The Development of the Sibylline Tradition, in: ANRW 2, 20, 1, 1987, 421–459. J. Geffken: Komposition und Entstehungszeit der *Oracula Sibyllina*, Leipzig 1902. W. Hoffmann: Wandel und Herkunft der „Sibyllinischen Bücher" in Rom, Diss. Leipzig 1933. H. Le Bonniec: Sibyllinische Bücher, in: dtv-L 1. 4, 189 f. R. Rzach: Sibyllen / Sibyllinische Orakel, in: RE 2 A 2, 1923, 2073–2103; 2103–2173. E. Schmalzriedt, KNLL 19, 199 f. Schmid-Stählin 2, 1, 609–617.

Ora maritima
„Meeresküste"

Rufius Festus Avienus aus Volsinii, um 370 n. Chr.

Geographische Schrift in iambischen Senaren (lat.).

I Der auf älteste gr. Quellen (aus dem 6. Jh. v. Chr.) zurückgehende *Períplus* („Umschiffung") ist in 713 Versen erhalten. Er beschreibt in seinen erhaltenen Teilen die Küstengebiete von Britannien bis zur französischen Mittelmeerküste, darunter z. B. auch das Küstengebiet um Gibraltar und die Rhone mit der Rhonemündung.

A A. Holder, Innsbruck 1887. A. Schulten, Berlin 1922.
Ü D. Stichtenoth, Darmstadt 1968 (lat.–dt.).
L M. Fuhrmann: Avienus, in: DKP 1, 788 f. G. F. Unger: Der Periplus des A., in: Ph Suppl. 4, 1883.

Oratio contra gentes →Lógos katà tôn Hellénon (Athanasios)

Oratio cum populo gatias egit
„Danksagung an das Volk"

Marcus Tullius Cicero aus Arpinum, 106–43 v. Chr.

Rede vor dem Volk (lat.).
Gehalten zu einem unbestimmten Zeitpunkt (oder als Flugschrift veröffentlicht) nach Ciceros Rückkehr aus dem Exil am 4. September 57 v. Chr.).

I Cicero gibt seiner Freude über seine Rückkehr Ausdruck (1–5). Er weist darauf hin, daß er nicht von einer weitverzweigten Verwandtschaft wie die Angehörigen der Aristokratie unterstützt werden konnte (6–11). Er erwähnt den Widerstand seiner Gegner gegen die Rückberufung (12–14), bedankt sich für die Hilfe seiner Freunde (15–17) und spricht über sein künftiges Verhalten (18–25). – Vgl. auch die →*Oratio cum senatui egit*.

A T. Maslowski, Leipzig 1981.
Ü M. Fuhrmann: Marcus Tullius Cicero. Sämtliche
Reden. Bd. 5, Zürich/München 1978, 151–194. M. Fuhrmann: Cicero. Politische Reden. Bd. 2, München 1993
(lat.–dt.)
L G. de Benedetti: L' esilio di Cicerone e la sua importanza storico-politica, in: Historia 3, 1929, 331–363;
539–568; 761–789. D. Mack: Senatsreden und Volksreden
bei Cicero (Diss. Kiel), Würzburg 1937.

Oratio cum senatui gratias egit
„Danksagung an den Senat"

Marcus Tullius Cicero aus Arpinum, 106–43 v. Chr.

Gehalten vor dem Senat einen Tag nach der Rückkehr aus dem Exil am 4. September 75 v. Chr.

I Nach einer kurzen Einleitung (1–2) gibt Cicero einen Überblick über die Anstrengungen, die
der Senat vom Juni 58 bis zum Januar 57 v. Chr. für ihn
unternommen hatte (3–7). Nach einem Lob für die
amtierenden Consuln folgt eine heftige Invektive
gegen deren Vorgänger Gabinius und Piso, die in
seinen Augen die Verantwortung für seine Verbannung hatten. Darauf lobt er die Tribunen und Prä-
toren, die sich um ihm verdient gemacht haben (8–
23). Anschließend geht er auf die Entwicklung ein,
die der Verabschiedung des Rückberufungsgesetzes
am 4. August 57 v. Chr. vorausging (24 bis 28). Darauf rühmt er Pompeius und den gesamten Senat
(39–31). Zum Schluß spricht Cicero über die Motive seines Weggehens aus Rom im Juni 58 v. Chr.: er
habe eine Eskalation der Auseinandersetzungen
vermeiden wollen. Er verspricht für die Zukunft einen tatkräftigen politischen Einsatz.
W „Die Dankreden leiten eine neue Phase von
Ciceros politischer und forensischer Wirksamkeit
ein: eine Phase, der eine sonderbare Optik der Fehleinschätzungen und Selbsttäuschungen, des Ver-
kennens und Beschönigens eignet. Cicero durch-
schaute die Doppelbödigkeit der durch das Triumvirat inaugurierten Politik nicht, oder wollte sie,
wenn er sie ahnte, nicht wahrnehmen" (Fuhrmann
1978, 156).

A T. Maslowski, Leipzig 1981.
Ü M. Fuhrmann: Cicero. Sämtliche Reden. Bd. 5, Zü-
rich/München 1978, 151–194.
L →Oratio cum populo gratias egit.

Oratio de incarnatione verbi →Lógos perì enanthropéseos tû lógu (Athanasios)

Orationes →Lógoi

Orationes
„Reden"

Ambrosius, um 340–397 n. Chr., seit 374 Bischof
von Mailand

Reden (lat.) auf den Tod des Bruders Satyrus (379
n. Chr. und Nachrufe auf Valentinian II. (392) und
Theodosius d. Gr. (395).

A P. B. Albers, Bonn 1921 (De excessu fratris, „Über
den Tod des Bruders"). T. A. Kelly, Washington 1940 (De
obitu Valentiniani) (lat.–engl. mit Kommentar). M. D.
Mannix, Washington 1925 (De obitu Theodosii) (lat.–engl.
mit Kommentar).
L M. v. Albrecht, RL, 1293–1304. M. Biermann: Die
Leichenreden des Ambrosius von Mailand, Stuttgart 1995.
M. L. Ricci: Definizione della prudentia in SantʼAmbrogio,
a proposito di De excessu fratris 44–48, in: SIFC 41, 1969,
247–262. S. Ruiz: Investigationes historicae et litterariae in
Sancti Ambrosii De obitu Valentiniani et De obitu Theodosii imperatorum orationes funebres, Diss. München
1971.

Orationes
„Reden"

Gaius Sempronius Gracchus, 154–121 v. Chr.

Politische Reden (lat.), in nur wenigen Frg. erhalten
(→De legibus promulgatis).

A H. Malcovati, ORF, Frg. 174–198.
Ü M. v. Albrecht 1971 (s. u.).
L M. v. Albrecht: Meister römischer Prosa von Cato
bis Apuleius, Heidelberg 1971, 51–74. M. v. Albrecht, RL,
391–399.

Orationes
„Predigten"

Eusebius Sofronius Hieronymus aus Stridon, um
350–420 n. Chr.

Bibelexegetisch orientierte Vorträge (lat.).

I Wie auch seine anderen Schriften so versteht
er auch seine Predigten als Dienst am Wort (vgl.
→Epistulae 57, 13: „Ich wünsche mir, ... eher Kommentare der Heiligen Schrift zu verfassen als die
philippischen Reden eines Demosthenes und Cicero"). – Von den zahlreichen Schrifthomilien, die
Hieronymus zeitweilig täglich vor den Mönchen in
Bethlehem hielt, sind nur wenige erhalten (73 zu
den Psalmen, 10 zu Markus, 2 zu Isaias, 10 zu weiteren biblischen Texten).

A M. L. Ewalds. 2 Bde., Washington 1964–1966. G.
Morin: Anecdota Maredsolana. 3. 2–3, Maredsous 1897–
1903.
L M. v. Albrecht, RL, 1305–1317.

Orationes
„Predigten"

Maximus, Bischof von Turin, um 400 n. Chr.

Sammlung (lat.) von rund 200 Predigten.

I Die sind u. a. auch wegen der in ihnen enthaltenen Nachrichten über vorchristliche religiöse Bräuche der Landbevölkerung um Turin kulturgeschichtlich wertvoll. Allerdings stammt ein großer Teil der Predigten nicht von Maximus. In seinen echten Predigten erweist er sich als ein volkstümlicher Prediger, der seine Gemeinde vor allem gegen die Reste heidnischer Sitten, Aberglauben und Häresien zu stärken und die Gläubigen zum Aushalten beim Einfall der Barbaren ermutigt zu haben scheint.

A PL 57. A. Mutzenbecher, CCL 21, 1962.
L P. - Th. Camelot, LThK 7, 212 f.

Orationes
„Reden"

Quintus Aurelius Symmachus, 2. Hälfte des 4. Jh.s n. Chr.

Frg. von acht Reden (lat.) sind erhalten.

I Darunter befinden sich Frg. von zwei Reden auf Kaiser Valentinian I. (reg. 364–375) und einer Rede auf den jungen Gratian (reg. zuerst als Mitregent des Vaters von 367–383). – Die Reden sind wichtige Primärquellen für die Zeit ihrer Entstehung. Sie werfen bedeutsame Schlaglichter auf zentrale Themen, Probleme und Ereignisse einer entscheidenden Geschichtsepoche. Sie liefern wichtige Informationen über die Innen- und Außenpolitik der beiden Kaiser.

A F. del Chicca: Laudatio in Valentianum Seniorem Augustum prior, Rom 1984 (lat.-it. mit Kommentar). A. Pabst, Darmstadt 1989 (lat.–dt. mit Kommentar).
L M. v. Albrecht, RL, 1145- 1149.

Orationes contra Arianos →Lógoi katà Arianôn (Athanasios)

Orationes Philippicae
„Philippische Reden"

Auch zitiert als *In M. Antonium orationum Philippicarum libri XIV* („Vierzehn Philippische Reden gegen Marcus Antonius").

Marcus Tullius Cicero aus Arpinum, 106–43 v. Chr.

Politische Reden (lat.), benannt nach dem gleichnamigen Redencorpus des Demosthenes (→*Philippikoì lógoi*).
Gehalten von September 44 – April 43 v. Chr.

I (1) Cicero rechtfertigt sein langes Fernbleiben von der politischen Bühne und greift den abwesenden Antonius an. Er habe sich angesichts der rechtswidrigen Maßnahmen des Antonius zurückgezogen. Cicero übt scharfe Kritik an der Gesetzgebung des Antonius, ohne dessen Namen zu nennen. Trotz der verhältnismäßig milden Formulierungen Ciceros, war Antonius über das in der Sache vernichtende Urteil Ciceros empört. (2) Cicero antwortet auf eine Rede des Antonius, die dieser am 19. September in Ciceros Abwesenheit im Senat gehalten hatte. Antonius hatte, wie aus der Rede hervorgeht, den offenen Bruch mit Cicero mit einer niederschmetternden Kritik an dessen gesamtem politischen Wirken begründet; er habe als Konsul mit Hilfe bewaffneter Sklavenbanden das Todesurteil über die Anhänger des Catilina erzwungen; er habe das Zerwürfnis zwischen Caesar und Pompeius und dadurch den Bürgerkrieg verursacht; er sei der geistige Urheber von Caesars Ermordung gewesen usw. – Die Rede wurde in dieser Form nicht gehalten, sondern erst nachträglich als Flugschrift verfaßt: „Die von Anfang an einkalkulierte Möglichkeit, die Schrift geheimzuhalten, gab Ciceros Virtuosität in der Handhabung des Wortes noch einmal Gelegenheit zu einer meisterlichen Invektive, die den Gegner als den Inbegriff aller Lasterhaftigkeit und Verruchtheit hinzustellen weiß. Die Generallinie liegt von Anfang an fest: Antonius treibt's schlimmer als ein Catilina, als ein Clodius – Ciceros Schwarzweißmalerei entfernt sich sofort meilenweit von der politischen Wirklichkeit" (Fuhrmann, Cicero, 254). (3) Cicero beantragt am 20. 12. 44, der Senat möge D. Brutus und Octavian für ihren Widerstand gegen Antonius loben. (4) Der Redner teilt entsprechende Beschlüsse dem Volk mit und betont, daß Antonius zum Staatsfeind erklärt werden sollte. (5) Am 1. 1. 43 fordert Cicero, daß die Gegner des Antonius geehrt werden sollten. Zugleich sollte Antonius zum Landesfeind erklärt werden. (6) Cicero teilt dem Volk am 4. 1. 43 mit, daß der Senat beschlossen habe, die Gegner des Antonius auszuzeichnen. Bevor Antonius zum Staatsfeind erklärt werde, solle auf Beschluß des Senats ein Vermittlungsversuch gemacht werden. (7) Cicero fordert, daß der Senat Antonius den Krieg erkläre. Der Friede mit Antonius sei schimpflich (9–15), voller Risiken (16–20) und unmöglich (21–25). (8) Daß der Senat nur Landfriedensbruch (*tumultus*) und nicht Krieg (*bellum*) festgestellt hat, hält Cicero für zu wenig. Viele Tatsachen bekundeten, daß tatsächlich Krieg herrsche (4–7 und 7–10). (9) Cicero tritt dafür ein, daß Sulpicius, der auf einer Gesandtschaftsreise zu Antonius gestorben war, ein Staatsbegräbnis und ein Ehrenstandbild erhält. Sulpicius sei in der Erfüllung seiner Pflichten gestorben. Cicero hatte mit seiner Rede den angestrebten Erfolg. (10) Cicero verlangt, daß der Senat die von Brutus in Makedonien und Griechenland getroffenen Maßnahmen nachträglich bestätige. Er hatte ein republikanisch gesinntes Heer gegen ein von Antonius ausgehende Gefahr um sich versammelt. Also solle man Brutus offiziell den Oberbefehl über Makedonien, Griechenland und Illyrien übertragen. Der Senat stimmte Ciceros Vorschlag zu. (11) Der Caesar-Mörder Trebonius wird von Dolabella hingerichtet, der von Cicero zum Abbild des Antonius hochstilisiert wird. Antonius und sein Gefolge werden in ihrer Gefährlichkeit dargestellt. Cicero beantragt vergeblich, C. Cassius mit der Bestrafung Dolabellas zu beauftragen. (12) Cicero empfiehlt, angesichts der mit einem derartigen Unternehmen verbundenen Gefahren keine Gesandtschaft zu Antonius zu schicken (13) Cicero verteidigt seine Kriegspolitik gegen Antonius. Die Verlesung eines Briefes von Antonius an Hirtius und Octavian soll beweisen, daß ein Friede mit Antonius ausgeschlossen sei. (14) Am 14. April 43 erringen die Heere der Konsuln Hirtius und Pansa sowie des Propraetors Octavian bei Forum Gallorum in der Nähe von Mutina einen ersten Sieg über Antonius. Antonius soll jetzt zum Staatsfeind erklärt werden und die Truppenführer sollen den Titel „Imperator" erhalten.

W Cicero verfolgte mit seinen Reden gegen Antonius nur einen Zweck: Er wollte dessen Macht mit allen Mitteln eindämmen und die republikanischen Kräfte gegen einen künftigen Alleinherrscher mobilisieren. Selbstverständlich rechnete Cicero mit dieser eindeutigen Parteinahme für die Autorität des Senats auch mit einem politischen Comeback. „Was hat Cicero mit diesem Titel (*Orationes Philippicae*) ausdrücken wollen? Gewiß auch etwas Formales: er, der sich als Philosoph in seinen Schriften *Über den Staat* und *Über die Gesetze* vom Vorbilde Platons hatte leiten lassen, deutete nunmehr an, daß er als Redner dem größten Redner Athens gewachsen sei – der Titel bekundet somit wie viele andere Äußerungen klassischer römischer Schriftsteller von Lukrez bis zu den augusteischen Dichtern, daß man den besten Leistungen der Griechen Ebenbürtiges zur Seite stellen wolle. Vor allem aber wird Cicero an die Ähnlichkeit der Sache, der politischen Situation gedacht haben: hier wie dort – in Athen um die Mitte des 4. Jahrhunderts v. Chr. und in Rom nach Caesars Tod – fühlte sich ein Staatsmann zum unversöhnlichen Kampf gegen einen gefährlichen, die Freiheit bedrohenden Feind berufen, und hier wie dort galt es, die auseinanderstrebenden eigenen Kräfte zu innerer Geschlossenheit, zu umfänglichen Rüstungen und zum Krieg als dem ein-

zigen Ausweg anzutreiben. Eine weitere Gemeinsamkeit indes hat Cicero sicherlich nicht in Betracht gezogen; die drängt sich erst demjenigen auf, der auch den Ausgang des dramatischen Ringens kennt: daß sowohl der griechische als auch der römische Redner eine überholte und somit wirklichkeitsfremde Politik trieben, daß sie Idealen anhingen, die der Vergangenheit angehörten, und daß sie daran scheitern mußten" (Fuhrmann, 588 f.).

A A. C. Clark. Bd. 2, Oxford [2] 1918. J. D. Denniston, Oxford 1926 (Or. 1 und 2). P. Fedeli, Leipzig 1982. K. Halm / G. Laubmann, Berlin [8] 1905 (Or. 1 und 2). K. Halm / W. Sternkopf, Berlin 1912 (Or. 3–6). K. Halm / W. Sternkopf, Berlin 1913 (Or. 7–10). E. Pasoli, Brescia [3] 1964 (Or. 14). D. R. Shackleton Bailey, Chapel Hill 1986.
Ü M. Fuhrmann: Cicero. Die politischen Reden. Bd. 3, München 1993 (lat.–dt.). H. Kasten, Berlin [4] 1988.
L H. Bengtson: Marcus Antonius – Triumvir und Herrscher des Orients, München 1977. M. Fuhrmann, Cicero, bes. 246–291. M. Gelzer: Cicero. Ein biographischer Versuch, Wiesbaden 1969, 346–410. KNLL 3, 1021 f. W. Stroh: Die Nachahmung des Demosthenes in Ciceros *Philippiken*, in: Eloquence et rhétorique chez Cicéron, Vandoeuvres/Genf 1982, 1–40. W. Stroh: Ciceros demosthenische Redezyklen, in: MH 40, 1983, 35–50. C. W. Wooten: Cicero's *Philippics* and their Demosthenic Model – The Rhetorik of Crisis, Chapel Hill/London 1983.

Oratio pro Rhodiensibus
„Rede für die Rhodier"

Marcus Porcius Cato aus Tusculum, 234–149 v. Chr.

Catos berühmteste Rede (lat.), die er später in seine →*Origines* einarbeitete, wie Livius (→*Ab urbe condita* 45,25,2–3) berichtet, nur in Bruchstücken erhalten.
Gehalten im Jahre 167 v. Chr. im röm. Senat nach dem siegreichen Ende des Krieges der Römer gegen den makedonischen König Perseus.

I Die Mehrheit des röm. Senats wollte auch die im Krieg neutrale Insel Rhodos, eine bedeutende Wirtschaftsmacht im östlichen Mittelmeerraum, unterwerfen. Im Gegensatz dazu befürwortete Cato eine Politik des Gleichgewichts und riet von einem Engagement im Osten ab. Denn einen Krieg gegen Rhodos hielt er für eine militärische und politische Torheit. Die Erhaltung guter Beziehungen zu Rhodos schien ihm für Rom erheblich vorteilhafter zu sein als die Unterwerfung.

A G. Calboli, Bologna 1978 (lat.–it. mit Kommentar).
Ü A. D. Leeman, RLTD 2, 38–41. F. Leo, GdrL, 475 f.
L M. Gelzer / R. Helm: Porcius (Nr. 9), in: RE 22, 1, 1953, 108–165. H. Haffter: Cato der Ältere in Politik und Kultur seiner Zeit. Interpretationen zum Catobild der Antike und dem unserer Gegenwart, in: H. H.: Römische Politik und römische Politiker, Heidelberg 1967, 158–192. D. Kienast: Cato der Zensor. Seine Persönlichkeit und seine Zeit, Darmstadt 1979, 118–124. F. Klingner: Cato Censorius und die Krisis Roms (1934), in: Geisteswelt, 34–65.

Oratio prosphonetica ac panegyrica in Origenem →Eis Origénen prosphonetikòs kaì panegyrikòs lógos (Gregorios Thaumaturgos)

Orator
„Der Redner"

Marcus Tullius Cicero aus Arpinum, 106–43 v. Chr.

Rhetorische Schrift (lat.).
Entstanden 46 v. Chr., dem Caesar-Mörder Marcus Iunius Brutus gewidmet.

I Das Thema der Schrift ist der ideale Redner (*summus orator*, 7) und die vollkommene Beredsamkeit (*summum et perfectissimum eloquentiae genus*, 3). Der Autor will eine „Idee" des Redners entwerfen (7 ff.). Cicero will weniger belehren als vielmehr den vollkommenen Redner und die vollkommene Redekunst darstellen. Der Redner muß zugleich Philosoph sein (11–19). Cicero legt großen Wert darauf zu betonen, daß der Redner nicht nur eine Stilart, sondern alle Stilarten (*genera dicendi*) beherrschen müsse, wie dies auch Demosthenes vertreten habe (20–32). Darauf wendet sich Cicero den fünf Arbeitsgängen des Redners zu (Auffindung der Hauptgesichtspunkte der Rede: *inventio*, Stoffgliederung: *dispositio*, Darstellung: *elocutio*, Memorieren: *memoria*, Vortrag: *pronuntiatio* oder *actio*. Cicero befaßt sich ausführlich (ab 61) aber nur mit der Lehre von der Darstellung, dem Ausdruck, der Formulierung, der Stilisierung (*elocutio*), weil sich der ideale Redner auf diesem Arbeitsgebiet vor allem beweise (61). Zunächst schließt Cicero die Behandlung des Ausdrucks der Philosophen, Sophisten, Historiker und Dichter aus (62–68), um anschließend auf wichtige Aufgaben des öffentlichen Redners einzugehen: Er soll sein Publikum informieren (*docere*), es unterhalten (*delectare*) und es beeinflussen (*movere*). Dabei muß er einen Sinn für das „Angemessene" haben, das ja besonders bei der Anwendung der drei Stilarten des einfachen (76–90), des mittleren (91 bis 96) und des hohen (97–99) Stils zum Ausdruck kommt. Der ideale Redner muß diese drei Stilarten so selbstverständlich beherrschen, wie es bei Demosthenes der Fall war (110–112). Kenntnisse auf verschiedenen Gebieten müssen hinzukommen: in Philosophie (Dialektik, Ethik, Ontologie), Recht und Geschichte (113–120). Die völlige Beherrschung des Systems der Rhetorik ist unabdingbare Voraussetzung (122–139). – In dem größten zusammenhängenden Teil der Schrift geht Cicero auf die Lehre vom Prosarhythmus ein (149–236). In diesem Hauptteil des *Orator* geht es Cicero vor allem darum, seine eigene Redeweise und hier vor allem sein Pathos zu rechtfertigen bzw. theoretisch zu begründen.

A G. L. Hendrickson / H. M. Hubbel, London/Cambridge (Mass.) 1939 (lat.–engl.). W. Kroll, Berlin 1913. E. Sandys, Cambridge 1885. O. Seel, Heidelberg 1952. S. Wilkins: Rhetorica. Bd. 2, Oxford 1903. A. Yon, Paris 1964 (lat.–frz.).
Ü B. Kytzler, München [3]1988 (lat.–dt.).
L M. v. Albrecht: M. Tullius Cicero, Sprache und Stil, in: RE Suppl. 13, 1973, 1237–1347. M. Gelzer: Cicero. Ein biographischer Versuch, Wiesbaden 1969, 284–287. K. Schulte: Orator. Untersuchungen über das ciceronianische Bildungsideal, Frankfurt 1935. A. Yon: Sur la composition de l' *Orator* de Cicéron, in: BAGB 1958, 70–84.

Oratorum et rhetorum sententiae divisiones colores →Controversiae und →Suasoriae (Seneca d. Ä.)

Orbis terrae
„Der Erdkreis"

Auch zitiert als *Descriptio orbis terrae* („Beschreibung des Erdkreises").

Rufius Festus Avienus aus Volsinii, 4. Jh. n. Chr.

Erdbeschreibung (lat.) in Hexametern nach dem Vorbild des Periegeten Dionysios (2. Jh. n. Chr.) (→*Periégesis tês oikuménes*).

A A. Holder, Innsbruck 1887. P. v. de Woestijne, Gent 1961.

Ordo generis Cassiodororum
„Generationenfolge der Familie Cassiodors"

Flavius Magnus Aurelius Cassiodorus, um 485 – gegen 580 n. Chr.

Fragmentarisch erhaltene Familienchronik (lat.).

A Th. Mommsen, MGAA 12, 1894.
L M. v. Albrecht, RL, 1186- 1190. O. Hiltbrunner: Cassiodorus, in: DKP 1, 1067 bis 1069.

Ordo urbium nobilium
„Rangordnung berühmter Städte"

Decimus Magnus Ausonius aus Burdigala, etwa 310–395 n. Chr.

Darstellung von zwanzig berühmten Städten von Rom bis Burdigala in Hexametern (lat.).

I Ausonius behandelt die Städte in absteigender Reihenfolge: Rom ist die erste unter den Städten, muß sich jedoch mit nur einem Hexameter begnügen. Darauf folgen Konstantinopel und Karthago, Antiocheia und Alexandreia, Trier, Mailand, Capua, Aquileia u. a. Den Schluß bildet die Heimatstadt des Dichters, die in 41 Hexametern gepriesen wird.

A R. Peiper, Leipzig 1886. K. Schenkl, Berlin 1883. H. G. E. White. 2 Bde., London/Cambridge (Mass.) 1919–1921 (lat.–engl.).
L M. v. Albrecht, RL, 1047–1057. M. Fuhrmann, Spätantike, 101–107. H. Szelest: Die Sammlung *Ordo urbium nobilium* des Ausonius und ihre literarische Tradition, in: Eos 61, 1973, 109–122.

Orésteia
„Die Geschichte von Orest"

Stesichoros aus Himera, um 600 v. Chr.

Chorlyrische Gestaltung der Orest-Sage in zwei Büchern (gr.), in nur wenigen Frg. erhalten.

I Bei Stesichoros tötet Klytaimnestra ihren Mann Agamemnon, weil dieser ihre gemeinsame Tochter Iphigenie als Opfer dargebracht hatte (vgl. Euripides, →*Iphigéneia he en Taúrois*), um den Zorn der Göttin Artemis zu besänftigen und günstigen Wind auf dem Weg nach Troja zu erhalten. – Das Problem des Muttermordes durch Orestes wurde von Stesichoros folgendermaßen gelöst: Orestes wehrt die ihn verfolgenden Erinyen mit einem Bogen ab, den er von Apollon erhält. Auf diese Weise wird der Muttermord zur gerechtfertigten Rachetat für den Gattenmord.

N Motive der *Orésteia* (u. a. der Traum der Klytaimnestra, die Rolle von Orests Amme) kehren in der →*Orésteia* des Aischylos wieder. – Auch der →*Oréstes* des Euripides wurde von Stesichoros beeinflußt.

A M. Davies: Poetarum Melicorum Graecorum Fragmenta 1, Oxford 1991. D. L. Page, PMG. D. L. Page: Supplementum lyricis Graecis, Oxford 1974. J. Vürtheim: Stesichoros. Frg. und Biographie, Leiden 1919.
L J. Latacz, GLTD 1, 340–363. A. Lesky, GL, 181–184.

Orésteia
„Orest-Trilogie"

Aischylos aus Eleusis, 525/524–456 v. Chr.

Einzige erhaltene gr. Tragödien-Trilogie, bestehend aus dem „Agamemnon" (1673 Verse), den „Choephoren" (1076 Verse) und den „Eumeniden" (1047 Verse).
Die „Orestie" war das letzte der erhaltenen Werke des Aischylos. Sie wurde 458 v. Chr. uraufgeführt. Das verlorene Satyrspiel „Proteus" schloß die Aufführung ab.

I „Agamemnon": Thema des Dramas ist einerseits die ruhmvolle Eroberung von Troja und andererseits der Untergang des Siegers Agamemnon. Das Ziel der Tragödie ist die Aufdeckung des Zusammenhangs beider Ereignisse. Im Prolog (1–39) jubelt der Wächter beim Anblick des Feuersignals, das das für die Griechen siegreiche Ende des troja-nischen Krieges anzeigt. Die erste Parodos des Chores (40–103) befaßt sich mit der Ursache des zehnjährigen Krieges. Der Chorführer fragt Klytaimnestra nach dem Grund für die überall lodernden Opferfeuer. Die zweite Parodos (104 bis 159) handelt vom Auszug des gr. Heeres und von einem Vogelzeichen – zwei Adler fangen und verschlingen eine trächtige Häsin –, das der Seher Kalchas als Zeichen für die Eroberung und Vernichtung von Troja durch Agamemnon und Menelaos deutet. Doch warnt Kalchas auch vor dem Neid der Götter wegen des großen Sieges. Vor allem hege Artemis, die Beschützerin der Häsin, Zorn gegen die Griechen. Im ersten Stasimon (160–257) erzählt der Chor, wie Agamemnon in der Bucht von Aulis durch widrige Winde festgehalten wird und Kalchas den Zorn der Artemis durch die Opferung der Iphigenie zu besänftigen rät. Agamemnon opfert die Tochter für den wegen einer Frau begonnenen Krieg. Das erste Epeisodion (258–366) beginnt mit einem Gespräch zwischen dem Chorführer und Klytaimnestra, die dem Chor erläutert, der glückliche Ausgang des Krieges sei der Grund der Opferfeuer, und beschreibt, warum sie so schnell in den Besitz dieser Nachricht kam. Darauf zeichnet Klytaimnestra ein Bild von der Lage der Besiegten in Troja. Sie weist zugleich auf die Möglichkeit hin, daß die von den Siegern geschändeten Heiligtümer Quelle des Unheils sein könnten. Im zweiten Stasimon (367–474) ruft der Chor die Götter an und dankt Zeus, dem Herrn der Welt, für den Sieg und die verdiente Bestrafung der Besiegten. Am Schluß klagt der Chor über das Leid, das der Krieg auch über die Sieger gebracht hat, und den Haß, den die Leidtragenden gegen die Heerführer empfinden könnten. Agamemnon ist also nicht nur wegen des Frevels an seiner Tochter, sondern auch deshalb in Gefahr, weil er so viele Menschen für den Krieg geopfert hat. Das zweite Epeisodion (475–680) hat zunächst den Zweifel an der Zuverlässigkeit der Siegesbotschaft zum Thema. Aber die Glaubwürdigkeit der Nachricht wird durch einen Herold bestätigt, der über Agamemnons Landung berichtet und dazu auffordert, dem siegreichen Heerführer einen frohen Empfang zu bereiten. Klytaimnestra befiehlt dem Herold, Agamemnon zu melden, alle freuten sich auf seine Rückkehr. Schließlich erzählt der Herold noch von dem Sturm, in den die Flotte auf der Heimreise geraten war und durch man Menelaos aus den Augen verloren hatte. Im dritten Stasimon (681–781) reflektiert der Chor über die verderbenbringende Rolle der Helena, die nun auch noch Schuld daran hat, daß Menelaos durch den Sturm an der Heimkehr gehindert wurde. Nach allgemeinen Überlegungen zu der Möglichkeit, daß großes Glück oft in Verderben umschlägt und daß jede Tat ihren Lohn oder ihre Strafe erhalte, beginnt das dritte Epeisodion (782–974): Der Chor begrüßt Agamemnon und fordert ihn auf, wachsam zu sein. Er versteht aber die Warnungen des Chores nicht, weil er sie nicht auf sich selbst bezieht. Klytaimnestra beklagt ihr schweres Los während der Abwe-

senheit ihres Mannes und preist ihr Glück nach seiner Rückkehr. Agamemnon mahnt die Gattin, nicht
zu übertreiben, damit die Götter nicht neidisch
würden. Im vierten Stasimon (975–1033) bringt der
Chor seine Furcht vor dem Schlimmsten zum Ausdruck. Im vierten Epeisodion (1034–1447) fordert
Klytaimnestra Kassandra auf, die Agamemnon aus
Troja mitgebracht hatte, ins Haus zu kommen. Die
Gefangene reagiert aber nicht. Erst der Chor bringt
sie zum Sprechen, und sie verkündet, welches Unglück im Haus des Agamemnon in Kürze geschehen werde. Sie sagt nicht nur Agamemnons, sondern auch ihre eigene Ermordung voraus. Der Chor
sträubt sich dagegen, an das Entsetzliche zu glauben. Kassandra geht todesbereit in den Palast, aus
dessen Innern die Schreie des tödlich getroffenen
Agamemnon dringen. Klytaimnestra tritt auf und
bekennt sich zu der Mordtat; sie rühmt sich des Verbrechens. Der Chor droht ihr an, daß sie ihre ruch-
lose Tat dereinst zu büßen habe. In dem sich anschließenden Kommos, dem Klagegesang (1448–
1576) zwischen dem Chor und Klytaimnestra, geht
es noch einmal um die Ursachen des Unglücks.
Darauf tritt Aigisthos auf (1577–1673) und rechtfertigt die Ermordung des Agamemnon mit den Untaten seiner Vorfahren. Im Zwiegespräch mit dem
Chor bedroht Aigisthos die Alten, die ihm den
Mord als Freveltat vorhalten. Klytaimnestra schreitet vermittelnd ein. – Die „Choephoren" („die
Frauen, die das Totenopfer darbringen") spielen an
Agamemnons Grabhügel in der Nähe des königlichen Palastes. Das Stück beginnt mit dem Gebet
des Orestes an Hermes. Er fühlt sich als der Rächer
seines Vaters ganz im Einklang mit dem göttlichen
Willen (1–21). Der Chor der Dienerinnen, die das
Totenopfer darbringen wollen (22–83), beklagt das
Ausmaß der Freveltat: Klytaimnestra hat gegen die
Weltordnung verstoßen. Durch den Gattenmord
wurde die Familie, durch den Königsmord die Ordnung des Staates zerstört. Das Gesetz der Vergeltung fordert die Bestrafung der Täterin. Das erste
Epeisodion (84–305) beginnt mit einem Dialog zwischen Elektra und der Chorführerin. Klytaimnestra
hat die Tochter mit Gaben der Versöhnung an das
Grab des Vaters geschickt. Elektra betet aber zugleich um die Heimkehr ihres Bruders Orestes und
den Vollzug der Rache. Dann entdeckt sie, daß der
Bruder schon am Grab war; es kommt zur Begegnung zwischen den Geschwistern. Orestes bekennt
sich zu seiner Rachepflicht. In dem sich anschließenden Kommos (306–478) wird die Unausweichlichkeit der Vergeltungstat beschworen. Die Geschwister beklagen das Unglück des Vaters, das Vergeltung fordert. Orestes empfindet diese aber nicht
mehr nur als seine Pflicht; er ist entschlossen, sie aus
eigenem Wollen und eigener Verantwortung zu
vollziehen. Darauf beten Orestes und Elektra am
Grab des Vaters (479–509). Zu Orestes' Frage, warum die Mutter Gaben der Versöhnung zum Grab
ihres Opfers schickte, verweist die Chorführerin
auf den bösen Traum Klytaimnestras, der ihr die
Tötung durch den eigenen Sohn ankündigte. So je-

denfalls deutet Orestes den Traum; die Chorführerin bestätigt diese Deutung und fordert zum Vollzug der Tat auf (510–584). Das erste Stasimon des
Chores (585–651) nennt Beispiele menschlicher
Greueltaten und endet in der Hoffnung auf den Sieg
des Rechts. Am Anfang des zweiten Epeisodion
(652–719) begehrt Orestes unerkannt Einlaß in die
Königsburg. Klytaimnestra bietet ihm und seinen
Begleitern Gastfreundschaft an. Er überbringt ihr
die Botschaft von seinem angeblichen Tod. Im
zweiten Stasimon (720–729) betet der Chor für
Orestes um das Gelingen seines Vorhabens. Im dritten Epeisodion (730–782) tritt die Amme des Orestes auf, die dessen angeblichen Tod beklagt. Das
dritte Stasimon (783–837) ist ein Gebet an Zeus
und andere Götter um Hilfe für Orestes und eine
weitere Aufforderung an Orestes, seine Tat zu vollenden und kein Erbarmen zu zeigen. Im vierten
Epeisodion (838–854) erscheint Aigisthos, der von
der Ankunft der Fremden und dem angeblichen
Tod des Orestes gehört hatte und es genauer wissen
will. Im vierten Stasimon (855–874) wird in einer
Anrufung des Zeus die Bluttat beschworen und
nochmals um Gelingen gebetet. Dann berichtet die
Chorführerin vom Vollzug der Tat: Aigisthos ist tot.
Im fünften Epeisodion (875–930) stürzt ein Diener
auf die Bühne und bestätigt den Vorfall. Orestes
trifft auf Klytaimnestra. Er zögert, erfüllt dann aber
seine Rachepflicht. Im fünften Stasimon (931–972)
frohlockt der Chor über die vollzogene Vergeltung.
In der Schlußszene (973–1076) tritt Orestes das
Grauen der Tat in Gestalt der Erinyen vor Augen.
Die Chorführerin erklärt ihm, er brauche Entsühnung durch Apollon, der ihm den Auftrag zum
Muttermord gab. Von den Erinyen verfolgt rennt
Orestes fort. – Die „Eumeniden" (die „Wohlgesinn-
ten") spielen zuerst im delphischen Apollonheilig-
tum, dann im Heiligtum der Athene auf der Akropolis in Athen. Im Prolog (1–93) tritt die delphische
Priesterin nach einem längeren Gebet in den Tempel
und kommt sogleich entsetzt wieder heraus. Sie hat
Furchtbares gesehen: Orestes sitzt am heiligen Nabel der Welt, und um ihn herum sind die Erinyen,
seine Verfolgerinnen, vor Erschöpfung eingeschlafen. Apollon tritt zu Orestes hin, verspricht ihm
seine Hilfe und entsühnt ihn. Hermes soll ihn aber
noch nach Athen geleiten zum Bild der Burggöttin,
wo er Richter finde, die ein gerechtes Urteil fällen
werden. Zu Beginn des folgenden Kommos (94–
177) erscheint Klytaimnestras Schatten, um die Erinyen zu wecken. Die Szene in Delphi findet ihr Ende in einem Wortwechsel zwischen Apollon und
der Führerin des Erinyen-Chores, nachdem der
Gott die Erinyen zum Verlassen seines Heiligtums
aufgefordert hatte (178–234). Die Chorführerin
wirft Apollon vor, daß er die volle Schuld an der
Tat des Orestes trage. Apollon erklärt seinen festen
Willen zur Rettung des Muttermörders. Vor dem
ersten Stasimon des Chores kommt zunächst Orestes, der sich vor dem Tempel der Pallas Athene in
Athen befindet, zu Wort und bittet die Göttin um
gnädige Aufnahme. Die Erinyen verfolgen ihn im-

mer noch und setzen ihm zu (235–320). Das erste Stasimon (321–396) ist ein weiterer Versuch der Rachegöttinnen, ihr Opfer nicht loszulassen und ihre Macht zu beweisen. Zu Beginn des ersten Epeisodion (397–488) tritt Athene auf und beginnt ein Gespräch mit der Chorführerin, die auf die Schuld des Orestes hinweist, aber Athene die Entscheidung überläßt. Die Göttin erklärt ihre Absicht, ein Gericht einzusetzen, das für immer in Mordfällen Recht sprechen soll. Das zweite Stasimon (489–565) gibt dem Chor die Gelegenheit, darüber zu klagen, welche Folgen die Entmachtung der Erinyen haben werde, aber auch zu einem gerechten Leben ohne Zwang aufzufordern. Im zweiten Epeisodion kommt Athene mit den Richtern zur Gerichtsverhandlung (566–777). Auch Apollon ist anwesend, um gegen die Erinyen um das Heil des Orestes zu kämpfen. In der Plädoyers der Chorführerin und des Gottes wird ein gewaltiger Konflikt sichtbar: „Apollon, der Sohn des Zeus, steht für eine jüngere Götterwelt, die eine Vaterwelt ist. So wiegt für ihn die Tötung Agamemnons und das Rachegebot für Orestes schwerer als die Mordtat an der Mutter. Die Erinyen aber vertreten jene mächtige Urwelt, die der Schoß aller Geburten ist und in der die Mutter alles gilt" (Lesky, 302). Orestes wird mit Stimmengleichheit freigesprochen, nachdem Athene ihm ihren Stimmstein gegeben hatte. Doch auf der Ebene des Göttlichen ist die Versöhnung noch nicht vollzogen. Dies geschieht in einem Kommos zwischen Athene und der Chorführerin (778–915). Das dritte Stasimon (916–1031) feiert die endgültige Versöhnung; die Erinyen haben sich in Eumeniden verwandelt und werden in Zukunft nur noch segensreich wirken. Am Schluß (1032–1047) geleitet ein Festzug die Eumeniden zu ihrem neuen Wohnsitz.

Q Der Tragödienstoff geht auf ältere epische Dichtung zurück (→*Odýsseia*, →*Epikòs kýklos*). Die chorlyrische Ausformung der Sage durch Stesichoros ist weitgehend verloren (→*Orésteia*); die Nachrichten über dieses Werk aber deuten an, daß bestimmte Motive in die Tragödie einbezogen wurden. Auch Pindars „Pythische Oden" (→„Chorlyrik") haben den Stoff zum Thema.

H Obwohl sich Aischylos in seiner Trilogie „als Meister in der Gestaltung tragischer Situationen von größter Spannung und Dichte erweist", ist doch sein Weltbild untragisch: „Nicht die Vernichtung und gegenseitige Aufhebung der Werte steht hier am Ende, sondern ihre Bewahrung in einer von Gottes Weisheit machtvoll gelenkten Welt" (Lesky, 304).

W Ein Grundgedanke der „Orestie" ist die Veranschaulichung der ausweglosen Pflichtenkollision, die proportional zur gesellschaftlichen Ranghöhe und Verantwortung der Betroffenen wächst. „So wird zum Beispiel Agamemnon, der sich, nach dem Gastrechtsbruch des Paris, zum Vergeltungszug gegen Troja (zur Rückeroberung der entführten Helena) verpflichtet fühlt, durch die von Artemis verursachte Blockade seiner Flotte vor die Notwen-

digkeit gestellt, entweder die Göttin durch Opferung seiner Tochter Iphigenie zu versöhnen oder seine Pflichten als Heer führer sträflich zu vernachlässigen (Ag. 205–217). Ähnlich steht später sein Sohn Orest vor dem Dilemma, entweder die eigene Mutter töten zu müssen oder die Racheverpflichtung gegenüber seinem ermordeten Vater unerfüllt zu lassen und zugleich damit seinen legitimen Herrschaftsanspruch aufzugeben (Cho. 297–304. 899–902. 924 f.). In beiden Fällen ... gerät der Held – ohne jede eigene Schuld – in die tragische Situation, von zwei einander widersprechenden moralischen oder politischen Forderungen nur der einen genügen zu können und damit notgedrungen eine Pflichtverletzung gegenüber der anderen zu begehen" (W. Nicolai 1994, 323). Aischylos ist der Überzeugung, daß derartige Verfehlungen von der jeweils zuständigen Gottheit geahndet werden. Daraus ergibt sich die Einsicht, daß das große Individuum dem Risiko ausgesetzt ist, Entscheidungen treffen zu müssen, die zwangsläufig den Groll einer Gottheit erregen. Nur die menschliche Rechtsordnung, wie sie von Athene in den „Eumeniden" gestiftet wird, kann die Notwendigkeit brutaler Racheaktionen ausschalten.

N Schon auf die beiden anderen großen Tragiker Sophokles (→*Eléktra*) und Euripides (→*Eléktra*, →*Iphigéneia he en Aulídi*, →*Iphigéneia he en Taúrois*) hat die „Orestie" stark eingewirkt. Auch die röm. Dichter wurden von Aischylos beeinflußt: Livius Andronicus schrieb einen →*Aegisthus*; Ennius übersetzte die „Eumeniden", Accius verfaßte einen *Aegisthus* und eine *Clutemestra*. Erhalten ist aber nur der →*Agamemno* des Seneca. – Seit der Renaissance wurde der Atridenmythos zu einem der meistbehandelten Bühnenstoffe. In der Neuzeit sind u. a. die „Atridentetralogie" (1941–1948) von Gerhart Hauptmann, die „Électre" (1937) von J. Giraudoux, die „Elektra" (1903) von Hugo v. Hoffmannsthal, „Mourning becomes Electra" (1931) von E. O'Neill und „Les mouches" (1943) von J. P. Sartre zu nennen. – Unter dem Aspekt eines feministischen Welt – und Literaturverständnisses ist Christa Wolfs Erzählung „Kassandra" (1983) eine neue Form der „Orestie"-Rezeption.

A F. Blass, Halle 1906 („Choephoren" mit Kommentar). F. Blass, Berlin 1907 („Eumeniden" mit Kommentar). J. D. Denniston / D. Page, Oxford 1957 („Agamemnon" mit Kommentar). E. Fraenkel, Oxford 1950 („Agamemnon" mit Kommentar). P. Mazon, Paris 1965 (gr.–frz.) G. Murray, Oxford (2)1955. H. W. Smyth, London/Cambridge (Mass.) 1957 (gr.–engl.). M. Untersteiner, Mailand 1946. M. L. West, Stuttgart 1990. U. v. Wilamowitz-Moellendorff, Berlin 1896, Nachdr. Dublin/Zürich 1969.

Ü E. Buschor, München 1953. J. G. Droysen / W. Nestle / W. Jens, Stuttgart 1962. W. Jens, München 1979. E. Staiger, Stuttgart (3)1987. P. Stein, München 1997. O. Werner / B. Zimmermann, Zürich/Düsseldorf (6)2005 (gr.–dt.). U. v. Wilamowitz-Moellendorff, Berlin 1896 („Choephoren" gr.–dt.). L. Wolde, München 1957.

L D. J. Conacher: Aeschylus' Oresteia. A Literary Commentary, Toronto 1987. K. Glau: Christa Wolfs „Kassandra" und Aischylos' „Orestie". Zur Rezeption der griechischen Tragödie in der deutschen Literatur der Gegenwart, Heidelberg 1996. K. Hamburger: Von Sophokles zu Sartre, Stuttgart [(5)]1974. H. Hommel (Hg.): Wege zu Aischylos. 2 Bde., Darmstadt 1974. J. Latacz, GT, 86–160. A. Lesky, GL, 295–304. M. J. Lossau: Aischylos, Hildesheim 1998. Chr. Meier: Aischylos' Eumeniden und das Aufkommen des Politischen, in: Chr. Meier: Die Entstehung des Politischen bei den Griechen, Frankfurt 1980, 144–246. W. Nicolai: Zum doppelten Wirkungsziel der aischyleischen Orestie, Heidelberg 1988. W. Nicolai: Zuviel des Guten ist ungesund. Zur Dialektik von forcierter Leistungssteigerung und Selbstgefährdung in der griechischen Literatur, in: Gy 101, 1994, 312–332. K. Reinhardt: Aischylos als Regisseur und Theologe, Bern 1949. G. A. Seeck: Dramatische Strukturen der griechischen Tragödie. Untersuchungen zu Aischylos, München 1984. R. Thiel: Chor und tragische Handlung im „Agamemnon" des Aischylos, Stuttgart 1993.

Oréstes
(Sohn des Agamamnon und der Klytaimnestra)

Euripides, etwa 480–406 v. Chr.

Tragödie (gr.) mit einem Stoff aus der Atridensage. 408 v. Chr. in Athen uraufgeführt.

I Das Stück spielt vor dem Schloß der Atriden in Mykene. Elektra spricht den Prolog: Vor sechs Tagen haben Orestes und sie ihre Mutter Klytaimnestra getötet. Orestes ist seit der Tat schwer krank und geistig völlig verwirrt, und Elektra wacht an seinem Lager. Die Geschwister sind vom Volk von Argos als Muttermörder geächtet worden. Die Volksversammlung hat noch zu entscheiden, auf welche Weise sie hingerichtet werden sollen. Die letzte Hoffnung ist Menelaos, der Onkel der Geschwister, der nach langer Irrfahrt aus Troja zurückgekehrt ist. Er befindet sich jedoch noch nicht im Schloß, hatte seine Gattin Helena in der Nacht zuvor vorausgeschickt. Helena sitzt im Schloß und klagt um ihre tote Schwester Klytaimnestra. Helena tritt auf und zeigt ihr Mitleid mit den Geschwistern; denn sie sieht in dem Gott Apollon den an dem gegenwärtigen Unglück eigentlich Schuldigen, da er ja doch den Muttermord befohlen hatte. Helena schickt ihre Tochter zum Grab der Klytaimnestra, um von ihr die Totenspenden darbringen zu lassen, da Elektra den kranken Bruder nicht allein lassen will. Der Chor der mykenischen Frauen reflektiert im Wechselgesang mit Elektra den Muttermord. Er hat Verständnis für die Tat. Orest erwacht und redet wirr; er will mit den Erinyen, die ihn umbringen wollen, kämpfen. Er beklagt seine Tat und schickt Elektra ins Haus, damit sie sich ausruhen könne. Menelaos tritt auf. In einem langen Dialog mit Orest, der inzwischen die Besinnung wiedererlangt hat, erfährt er von der Situation. Auf die Bitte um Hilfe geht er nicht ein. Da erscheint Tyndareos, der alte Vater von Klytaimnestra und Helena. Er beschimpft seinen Schwiegersohn Menelaos, weil er mit einem Muttermörder spreche. Darauf beginnt ein Streit zwischen Orestes und Tyndareos. Argu-

mente werden ausgetauscht. Aber der Alte läßt sich nicht beeindrucken. Orestes bittet Menelaos erneut um Hilfe. Aber Menelaos will sich aus der Sache heraushalten. Da kommt Pylades, der Freund des Orestes, ins Spiel. Er fordert Orestes auf, sich seinem Schicksal nicht zu fügen (726–804). Inzwischen findet die Volksversammlung statt, deren Verlauf von einem Boten geschildert wird: Vier Meinungen wurden vertreten: ein Redner lobt Agamemnon und schmeichelt dem neuen Herrscher Aigisthos, ein zweiter beantragt die Verbannung des Orestes, ein dritter verlangt die Steinigung und ein vierter die Ehrung des Orestes durch ein Kranz, weil er ja doch eine treulose Ehefrau erschlagen habe. Der Beschluß aber lautet auf Steinigung (852–1245). Das Urteil wird dahingehend abgemildert, daß Orestes sich selbst töten darf. Pylades, der Freund, will ebenfalls sterben, zuvor aber noch an Menelaos Rache nehmen, weil er die Hilfe verweigert hatte: Helena soll getötet werden. Dann – so Pylades – werde Orestes als „Mörder der Helena" gepriesen, die doch am Tod vieler Menschen schuld sei. Elektra will zusätzlich noch Hermione als Geisel nehmen. Orestes und Pylades dringen in den Palast ein, um Helena zu töten. Ein phrygischer Beute-Sklave der Helena berichtet, was er gesehen hat (1369–1502); er sah bereits das Schwert am Hals der Helena, aber nicht ihre Ermordung. Aus dem Palast steigt Rauch auf. Menelaos kommt und befiehlt, die Tore aufzubrechen, um wenigstens seine Tochter zu retten. Auf dem Dach des Palastes sind Orestes, Pylades und Elektra mit Hermione zu sehen. Orestes verlangt von Menelaos für sich und die beiden Komplizen Freiheit und Leben und den Thron von Argos. Da erscheint der Gott Apollon zusammen mit Helena, die zu den Göttern aufgefahren ist. Apollon gibt seine Weisungen: Helena soll ewig leben und als Schutzgöttin der Seefahrer wirken. Menelaos soll eine andere Frau heiraten. Orestes soll nach einem Jahr in Arkadien in Athen vom Muttermord freigesprochen werden und dann Hermione heiraten. Elektra soll die Frau des Pylades werden. Apollon, der sich zum Urheber des Geschehens erklärt, will schließlich noch den Zorn des Volkes besänftigen.

W „Das Stück ist wie ein einziges Furioso. Zwischen die zwei Eckpfosten der Tradition – Orestens Muttermord und seine Freisprechung durch Apollon – hat Euripides hier eine Handlung eingeschoben, die alle Möglichkeiten des Weiterdenkens ausschöpfte und mit den Daten der zeitgenössischen Realität verschränkte. ‚Würden Orestes und Elektra heute leben', scheint er sagen zu wollen, ‚sie hätten so gehandelt!' Denn die Maxime seiner Zeit war in der Tat – besonders nach den mörderischen Kämpfen zwischen Oligarchen und Demokraten (= Adligen und Volk) nach dem Sturz der attischen Demokratie im Jahre 411 und der Wiederherstellung der Demokratie kurz danach – die gleiche, die den zweiten Teil des Stücks beherrscht (nachdem die traditionelle Linie der Geschichte: Sühnung des Muttermordes, in der Person des Pylades verwie-

gert worden ist): ,Nichts ist wertvoller als das eigene
Leben! Rette sich, wer kann!' Das Publikum mag
die ästhetische Brillanz, den Formenreichtum, die
Genialität der Phantasie, den unerhörten ,Drive'
des Stücks genossen haben. An der Erkenntnis aber,
daß eine Welt wie die geschilderte ... mit der Ausrottung der Menschheit enden müßte, kam schwerlich irgendein Athener nach Theaterschluß vorbei"
(Latacz, 382 f.).

A   W. Biehl, Leipzig 1975. L. Méredier, Paris 1959. M.
L. West, Warminster 1987 (gr.–engl. mit Kommentar). C.
W. Willink, Oxford 1986 (mit Kommentar).
Ü   H. v. Arnim: Zwölf Tragödien. Bd. 2, Wien/Leipzig
1931. E. Buschor / G. A. Seeck: Sämtliche Tragödien. Bd.
5, München 1977 (gr.-dt.). E. Buschor / B. Zimmermann,
Düsseldorf/Zürich 1996 (gr.-dt.). J. J. Donner / R. Kan-
nicht / B. Hagen: Sämtliche Tragödien. Bd. 2, Stuttgart
(2)1984.
L   W. Biehl, Berlin 1965 (Kommentar). W. Burkert: Die
Absurdität der Gewalt und das Ende der Tragödie: Euripi-
des' Orestes, in: A & A 20, 1974, 97–109. H. Erbse: Zum
Orestes des Euripides, in: Hermes 103, 1975, 434–459. K. v.
Fritz: Die Orestessage bei den drei großen griechischen
Tragikern, in: K. v. Fritz: Antike und moderne Tragödie,
Berlin 1962, 113–159. N. A. Greenberg: Euripides' Ore-
stes. An Interpretation, in: HSPh 66, 1962, 158–192.
KNLL 5, 325–327. J. Latacz, GT, 372–383. Schmid-Stählin
1, 3, 606–623. A. Lesky: Die tragische Dichtung der Helle-
nen, Göttingen (3)1972, 458–471.

Orestis tragoedia
„Die Tragödie des Orestes"

Blossius Aemilius Dracontius aus Karthago, Ende
des 5. Jh.s n. Chr.

Epische Gestaltung des bis dahin dem Drama vor-
behaltenen Stoffes (→Orésteia des Aischylos) in
Form eines Kurzepos (lat.).

I   Trotz epischer Form ist das Werk dialogisch
gestaltet. Diese episch-dramatische Fassung des Sagenstoffes eignete sich zum Vortrag „mit verteilten
Rollen". Eine ähnliche Form hat auch die →Alcestis
Barcinonensis.

A   F. Vollmer, MGH AA 14, 1905. F. Vollmer: PLM 5.
2, 1914.
L   A. Dihle, GLL, 605 f. O. Hiltbrunner: Dracontius
(Nr. 4), in: DKP 2, 157 f. P. Langlois, RAC 4, 1959, 230–
250.

Órganon
„Werkzeug"

Aristoteles aus Stageira, 384–322 v. Chr.

Zusammenfassung der sechs logischen Schriften des
Aristoteles, die nicht auf Aristoteles selbst zurückgeht, aber seit Andronikos aus Rhodos, der eine
Ausgabe der Werke des Aristoteles (wahrscheinlich
im 1. Jh. v. Chr.) veranstaltete, die Form der Überlieferung bestimmt (gr.).

I   Zum Órganon gehören: (1) →Kategoríai: In
dieser Schrift bietet Aristoteles anhand von zehn
Kategorien eine ontologische Einteilung der
Aspekte, unter denen sachlich bestimmt Aussagen
getroffen werden können. (2) →Perì hermeneías:
Diese Schrift enthält eine „Lehre vom Satz". Sie untersucht die Regeln zur Bildung des Satzes und der
Verknüpfung von Satzteilen zu Urteilen, d. h. sie beschreibt die formale Gestalt begrifflicher Aussagen.
(3) und (4) →Analytiká: In den beiden Analytiken
entwickelt Aristoteles den methodischen Begriff
der Logik als des Verfahrens, das über den deduk-
tiven Schluß und den induktiven Beweis auf rein formale Weise zu richtigen Aussagen kommt. (5) →To-
piká: In dieser Schrift untersucht Aristoteles die
Grundregeln der sachgerechten Erörterung eines
Gegenstandes in Rede und Gespräch. Er erläutert
die allgemeinen Bedingungen der folgerichtigen Argumentation. (6) →Sophistikoì élechchoi. Vordergründig geht es um die Kritik der Sophistik. Zweck
der Schrift ist aber die Darstellung von Kriterien für
die sichere Bestimmung und Aussonderung logischer Fehler.

Origenes-Brief

Iulius Africanus, um 200 n. Chr.

Brief (gr.) an Origenes (etwa 185–254 n. Chr.) aus
dem Jahre 240 n. Chr. über die Unechtheit der Susanna-Erzählung im Buch Daniel des Alten Testaments.

A   W. Reichert, in: Texte und Untersuchungen zur Geschichte der altchristlichen Literatur 34, 3, Leipzig/Berlin
1909.
L   E. Stommel, LThK 1, 170 f.

Origines
„Ursprünge"

Marcus Porcius Cato aus Tusculum, 234–149 v. Chr.

Geschichtswerk (lat.) über die „Ursprünge" röm. Größe in sieben Büchern, aus denen nur wenige Frg. erhalten sind.
Cato verfaßte das Werk in der Zeit der „Muße", d. h. in höherem Alter, als er von öffentlichen Ämtern und Aufgaben weitgehend frei war (vgl. auch Nepos, →Cato 3,3–4).

I Das Werk enthielt eine Darstellung der frühen Entwicklungsgeschichte der italischen Stämme und Städte (B. 1–3) und einen Überblick über die röm. Geschichte vom ersten Punischen Krieg bis in die Gegenwart (B. 4–7). Der Titel paßt also nur zu den ersten drei Büchern.
Q Cato konnte auf gr. Geschichtswerke (u. a. auf Timaios aus Tauromenion, FGrHist 655) zurückgreifen, die ihm nicht nur Nachrichten über Stadtgründungen geliefert haben.
H Cato war im Hauptberuf röm. Politiker, Verwaltungsbeamter, Feldherr, Redner. Seine literarischen Werke waren vorrangig Lehrbücher, die von praktischem Nutzen sein sollten. Sie bezeugen zugleich einen bis in das hohe Alter ungebrochenen Lerneifer. Nach Cicero (→De re publica 2,1) verfügte Cato über „den größten Eifer zu lernen und zu lehren". Sein Selbstbewußtsein gründete sich allein auf persönliche Leistung. Daraus erklärt sich auch sein in den Origines spürbarer Drang zur Selbstdarstellung.
W Die Origines waren für den Autor eine Fortsetzung seiner Politik „mit anderen Mitteln": Seine Geschichtsschreibung sollte den Leser nicht nur über Tatsachen informieren, sondern vor allem auch moralisch belehren und beeinflussen. Dazu bediente er sich instruktiver Beispiele. – Cato wollte mit seinem Werk zur „Gestaltung einer selbständigen römischen Kultur" (M. v. Albrecht, 321) beitragen. Unter diesem Aspekt ist er der bedeutendste Vorläufer Ciceros.
N Cicero hat Cato nicht nur wegen seiner konservativen Gesinnung, sondern auch wegen seiner Redekunst hoch geschätzt (→Oratio pro Rhodiensibus). Mit den Origines begründete Cato eine röm. Geschichtsschreibung, die auch in späterer Zeit stets der moralischen Unterweisung dient. Er war ganz allgemein der Schöpfer der röm. Prosa. Nepos und Plutarch schrieben Cato-Biographien.

A M. Chassignet, Paris 1986 (lat.–frz. mit Kommentar). H. Peter, HRR 1, [(2)]1914. W. A. Schröder: Marcus Porcius Cato. Das erste Buch der Origines. Ausgabe und Erklärung der Frg., Meisenheim 1971.
Ü FRH 1, 148–224. A. D. Leeman, RLTD 2, 46–49 (lat.–dt. in Auswahl). O. Schönberger, München 1980, 180–215 (lat./gr.–dt.).
L M. v. Albrecht: Meister römischer Prosa von Cato bis Apuleius, Heidelberg [(2)]1983. M. v. Albrecht, RL, 314–326. M. Gelzer / R. Helm: Porcius (Nr. 9), in: RE 22, 1, 1953, 108–165. D. Kienast: Cato der Zensor. Seine Persönlichkeit und seine Zeit, Darmstadt 1979. W. Kierdorf: Catos Origines und die Anfänge der römischen Geschichtsschreibung, in: Chiron 10, 1980, 205–224. F. Klingner: Cato Censorius und die Krisis Roms (1934), in: Geisteswelt, 34–65.

Originum sive etymologiarum libri XX →Etymologiae (Isidorus aus Sevilla)

Origo gentis Romanae →Caesares (Aurelius Victor)

Órnithes
„Vögel"

Aristophanes aus Athen, um 445–386 v. Chr.

Komödie (gr.).
Aufgeführt am Fest der Dionysien des Jahres 414 v. Chr.

I Thema ist die Suche nach einer besseren Welt außerhalb dieser Welt. – Zwei alte Athener, Pisthetairos und Euelpides, befinden sich auf dem Weg zur Behausung des Wiedehopfs. Sie werden geführt von einer Krähe und einer Dohle. Dort wollen sie sich nach einem ruhigen Ort erkundigen, wohin sie emigrieren können. Der Wiedehopf, der verwandelte König Tereus und Schwiegersohn des athenischen Königs Pandion, hat auf seinen Flügen schon viele schöne Plätze gesehen; daher kann er als sachverständiger Berater dienen. Aber seine Vorschläge werden nicht akzeptiert. Daraufhin überlegt Pisthetairos, ob man denn nicht im Luftreich zwischen der Menschenwelt und dem Reich der Götter einen weltabgewandten Vogelstaat gründen könne. Der Wiedehopf ruft den Chor der Vögel herbei; es kommt zunächst zu einem kleinen Kampf, weil die Vögel die beiden Männer für Feinde und den Wiedehopf für einen Verräter halten. Dann aber kann Pisthetairos seine Vorstellungen entfalten. Seine Argumente überzeugen: So weist Pisthetairos u. a. darauf hin, daß die Vögel ein ursprünglicheres Recht auf die Weltherrschaft haben als die jetzigen Götter. Wenn Zeus abgesetzt werde, dann könne man den alten Zustand wiederherstellen Die Vögel wählen Pisthetairos zu ihrem geistigen Führer. Jetzt müssen die beiden Menschen, damit sie mit den Vögeln zusammenleben können, nur noch Flügel bekommen. Das geschieht hinter der Bühne. Die Zuschauer werden vom Chor aufgefordert, sich ebenfalls Flügel zuzulegen, um in die Vogelwelt aufgenommen zu werden. – Inzwischen hat der neue Staat einen Namen bekommen: „Wolkenkuckucksheim" (Nephelokokkygía). Die weitere Entwicklung des Vogelstaates schreitet rasch voran: In einer Folge von Episoden werden die neuen Verhältnisse unter unterschiedlichen Aspekten dargestellt (801–1765). Es kommt u. a. zu Verhandlungen mit den Göttern. Man einigt sich, daß Pisthetairos die Basileia, die personifizierte Weltherrschaft, heiratet. Den Schluß bildet die hochzeitliche Vereinigung des Pisthetairos mit der himmlischen Weltherrschaft.

W „Das Spiel von der Flucht zweier Menschen aus der Mühsal der Welt in ein Märchenreich vereinigt kühnste Phantastik und duftigste Poesie in einer Weise, die immer wieder entzückt und zu Nachbildungen aufgerufen hat ... Als Aristophanes dieses Stück schrieb, war das sizilische Unternehmen im Gange, das die einen mit so viel Hoffnungen, die anderen mit so viel Sorge begleiteten. Hartnäckig versucht man, die Komödie des Aristophanes mit diesem Stück Geschichte in Zusammenhang zu bringen, doch ist zu sagen, daß der Dichter jedenfalls keinen Hinweis in dieser Richtung gegeben hat. Wenn wir im Eingang den beiden Gesellen Pisthetairos und Euelpides, Treufreund und Hoffegut, begegnen, wie sie von Krähe und Dohle geführt durch den Wald ziehen, geben sie als Grund ihrer Auswanderung die Prozeßwut der Athener an und sonst nichts. Überhaupt ist in diesem Stücke der freie Flug der Phantasie wichtiger als der Ausgang von einem konkret-politischen Gedanken" (Lesky, 494).

A V. Coulon / H. van Daele, Paris [6]1963. N. Dunbar, Oxford 1997 (mit Kommentar). R. Kassel / C. Austin: Poetae Comici Graeci. Bd. 3. 2, Berlin/New York 1984. Th. Kock / O. Schroeder, Berlin [4]1927 (mit Kommentar). B. B. Rogers: Aristophanes. Bd. 2, London/Cambridge (Mass.) [2]1926.
Ü L. Seeger / O. Weinrich, Zürich [2]1968. L. Seeger / H.-J. Newiger, München 1974. W. Schadewaldt, Frankfurt 1970.
L KNLL 1, 681 f. H. - J. Newiger: Metapher und Allegorie. Studien zu Aristophanes, München 1957, 80–103. H. - J. Newiger: „Die Vögel" und ihre Stellung im Gesamtwerk des Aristophanes, in: Aristophanes und die alte Komödie, Darmstadt 1975, 266–282. Schmid-Stählin 1, 4, 202–204; 289–306. H. Steinthal: Aristophanes heute, in: AU 25, 5, 1982, 76–81 (mit Übersetzung der „Vögel": Beilage). C. H. Whitman: Aristophanes and the Comic Hero, Cambridge (Mass.) 1964, 167–199.

Ornithogonía
„Entstehung von Vögeln"

Boio (oder Boios), Zeit unbestimmbar.

Sagen von Verwandlungen in Vögel (gr.). Abgesehen davon, daß Antoninus Liberalis (→*Metamorphóseon synagogé*) das Werk mehrfach erwähnt, ist es weitgehend verloren, hatte aber große Bedeutung für Ovids „Metamorphosen" (*Metamorphoseon libri*). Vgl. Aemilius Macer, →„Lehrgedichte".

A J. U. Powell, Collectanea, 23–25.
L G. Schrot: Boio, Boios, in: DKP 1, 919 f.

Orphiká
„Orphische Literatur"

An.

Zusammenfassende Bezeichnung für die unter dem Namen des mythischen Sängers Orpheus überlieferten Dichtungen in gr. Hexametern, die sich vor allem mit Weltentstehungslehren befassen.
Die Entstehungszeit der nur fragmentarisch erhaltenen Texte geht bis in das 7./6. Jh. v. Chr. zurück. Es wuchs aber bis in die späte röm. Kaiserzeit hinein immer wieder neues Material hinzu.

I Die „Heiligen Reden" (*Hieroì lógoi*) (Frg. 60–235 Kern) in 24 Büchern sind das meistzitierte Werk der Orphik. Die Hauptmasse der Zitate findet sich bei den Platonikern und Neuplatonikern der Kaiserzeit, die hier urzeitliche Vorahnungen platonischer Metaphysik fanden. Von Platon werden orphische Hexameter im →*Krátylos* (402b) und im →*Phílebos* (66c) zitiert. Wie diese und andere Zitate zeigen, handelte es sich bei den „Heiligen Reden" um eine Theogonie. Daher bezeichnet man diese auch als „Rhapsodische Theogonie". – Einen wichtigen Bericht über drei Fassungen der orphischen Theogonie gibt Damaskios in seiner Schrift →*Aporíai kaì lýseis perì tôn próton archôn* (1,316,18–319,11 Ruelle): (1) Am Anfang stehen Chronos (Zeit), der Aither (Himmelsgewölbe), das Chaos und das Ur-Ei, aus dem Phanes, der weltschaffende Gott und Vater aller Dinge, hervorgeht. Dieser Gott leitet nun die Zeugungen ein, denen u. a. Uranos, Kronos und Zeus ihre Existenz verdanken. (2) Am Anfang sind Wasser und Erde. Aus ihrer Verbindung entsteht eine Schlange mit den Köpfen eines Stieres und eines Löwen und dem Gesicht eines Gottes in der Mitte und Flügeln an den Schultern. Dieses Mischwesen heißt *Chrónos agéraos* („Alterslose Zeit") und *Heraklês*. Aus diesem *Chrónos* entstehen die Aither, das Chaos, der Erebos, das Ei, das beide Geschlechter in sich vereinigt, und Protogonos oder Zeus, ein Gott mit goldenen Flügeln und weiteren auffallenden Attributen. (3) Die Nacht ist der Ausgangspunkt der Theogonie. – In anderen Berichten über die „Rhapsodische Theogonie" wird immer wieder die Erzählung von der Zerreißung des Dionysos durch die Titanen erwähnt. Es handelt sich dabei um den orphischen Zentralmythos, der die Natur des Menschen erklärt (Frg. 34 Kern): Die Titanen haben Dionysos zerrissen und verschlungen. Der Blitz des Zeus verbrannte sie zu Asche, aus der der Mensch entstand, der daher das Dionysisch-Göttliche und das Titanisch-Erdhaft-Böse in sich trägt (vgl. Lesky, 191). – Weitere orphische Literatur: Erhalten sind 87 „Hymnen" die allerdings frühestens aus dem 2. Jh. n. Chr. stammen und verschiedene gr. und kleinasiatische Gottheiten feiern. Vollständig erhalten sind auch die *Lithiká* über die Bedeutung der Edelsteine in der Magie (774 Hexameter) und die *Argonautiká*, die von der Teilnahme des Orpheus an der Fahrt der Argo in

1376 Hexametern erzählt. Die Entstehungszeit dieser Schriften ist ebenso unbekannt (wahrscheinlich nicht vor dem 4. Jh. n.Chr.) wie ihre Verfasser. Die *Argonautiká* lassen den Bezug auf die →*Argonautiká* des Apollonios Rhodios erkennen.

Q Daß die orphische Theogonie mit Hesiods →*Theogonía* wetteiferte, ist evident. Durch Aufnahme phantastischer (Ei, Mischwesen) oder grausiger (Entstehung des Menschen) Motive versuchte man, Hesiod zu übertrumpfen. – Zum homerischen Weltbild tritt die Orphik in einen scharfen Gegensatz. So glauben die Orphiker u.a. an Lohn und Strafe im Jenseits nach einem Totengericht, während bei Homer auch die Götter ungestraft Unrecht tun (vgl. VS 1 A 14). Gegen die Diesseitigkeit des homerischen Weltbildes gerichtet ist das berühmte Wort, der Körper sei der Kerker bzw. das Grab der Seele (VS 1 B 3). Auch hierin zeigt sich, daß der Orphismus der Lichtwelt der homerischen Götter entgegengesetzt ist.

N Die Wirkung der „Orphischen Literatur" auf spätere Autoren ist durch zahlreiche Berichte, Zitate und Anspielungen erwiesen. Platon zitiert Orphisches nicht nur im *Krátylos* und im *Phílebos*. Er bezieht sich auch in den →*Nómoi* (701b f.) und in der →*Politeía* (364b-365a) auf die orphische Lehre (vgl. auch noch *Krátylos* 400c und *Nómoi* 829d). Einen orphischen Hintergrund haben wohl auch der Schlußmythos im →*Gorgías* (523a ff.) und ein Abschnitt am Anfang des *Phaídon* (64a-67d). – Möglicherweise haben Empedokles und Euripides eine orphische „Theogonie" gelesen, die dann von Aristophanes in den „Vögeln" (→*Órnithes*) parodiert wurde. Es spricht auch einiges dafür, daß der →*Hippólytos* des Euripides eine orphische Gestalt ist (D. W. Lucas: Hippolytos, in: CQ 40, 1946, 65 ff.). – Die Wirkung der Gestalt des Orpheus auf die spätere Literatur und Kunst ist außerordentlich groß (vor allem in Verbindung mit Eurydike). Vgl. z.B. J. Warden (Hg.): Orpheus. The Metamorphoses of a Myth, Toronto/Buffalo/London 1982.

A E. Abel: Orphica, 1885, 101–135 (*Lithiká*). G. Dottin, 1930 (*Argonautiká*). O. Kern: Orphicorum fragmenta, Berlin 1922 ([2]1963). W. Quandt, Berlin [3]1962 („Hymnen").

Ü J. O. Plaßmann: Orpheus. Altgriechische Mysteriengesänge, Jena 1928, Nachdr. Köln 1982. K. Seidenadel, 1873–1876 (*Argonautiká* und *Lithiká*). J. H. Voß, 1806 (*Argonautiká*).

L W. Burkert: Orpheus und die Vorsokratiker, in: A & A 14, 1968, 93 bis 114. E. R. Dodds: Die Griechen und das Irrationale, Darmstadt 1970, bes. 72–91. W. K. C. Guthrie: Orpheus and Greek Religion, London [2]1952. O. Gigon / E. Vogt: Orphik, in: dtv-L 1. 3, 259–262. W. Jaeger: Die Theologie der frühen griechischen Denker, Stuttgart 1964, 69–87. R. Keydell / K. Ziegler, RE 8, 2, 1942, 1321–1417. A. Lesky, GL, 190–192 und 908f.

Osterhomilie →Perì páscha (Meliton)

P

Paiane
„Bitt-, Dank- und Loblieder (auf Gottheiten)"

Kultgedichte (gr.) für verschiedene Götter, vor allem für Apollon und Artemis, aber auch für Asklepios, aus hellenistischer Zeit (teilweise auf Papyrus oder inschriftlich überliefert). Es handelt sich um kultische Gebrauchspoesie. Einige Gedichte sind auch mit musikalischen Noten erhalten.

A   U. Powell, Collectanea.
L   A. Lesky, GL, 852.

Paiane →„Chorlyrik" (Bakchylides)

Paidagogós
„Der Pädagoge"

Flavius Clemens Alexandrinus, etwa 150–215 n. Chr.

Eine für bekehrte Heiden bestimmte Einweisung in christliche Lebensführung (gr.) in drei Büchern, möglicherweise der zweite Teil einer vom Autor geplanten, aber nicht vollendeten Trilogie (→Protreptikós, →Stromáteis).

I   Der Autor behandelt ausführlich die Fragen der Lebensgestaltung auch unter Berücksichtigung der Kleinigkeiten des täglichen Lebens. Es geht ihm nicht um ein asketisches Lebensideal, sondern um das alte philosophische Ziel eines Lebens im Sinne der Natur. In Orientierung an der platonisch-peripatetischen Tradition sieht Clemens „im Maßhalten das Ideal einer Herrschaft der Vernunft über Triebe und Emotionen verwirklicht" (Dihle, 338 f.). Im 1. Buch wird Christus als Erzieher dargestellt, im 2. und 3. Buch werden praktische Ratschläge gegeben (mit vielen interessanten Einzelheiten der Kultur- und Sittengeschichte der frühchristlichen Zeit).
W   Im Rahmen der geplanten Trilogie sollte der Paidagogós eine Erziehung zum praktischen christlichen Lebenswandel sein, die im Sinne der Stoa mit einer Therapie der Affekte verbunden war.

A   H. I. Marrou / M. Harl, SC 70, 1960.
Ü   O. Stählin / U. Treu, Berlin [(3)]1972.
L   B. Altaner, Patrologie, 169–175. H. Chadwick: Early Christian Thought and the Classical Tradition, London [(2)]1971. A. Dihle, GLL, 338–344. M. Pohlenz: Die Stoa. Bd. 1, Göttingen [(4)]1984, 481–558.

Paígnia
„Scherze"

Krates aus Theben, etwa 360 – etwa 280 v. Chr.

Verlorene, aber bezeugte Schrift(en) des kynischen Philosophen (gr.).

I   Paígnia waren literarische „Scherze" oder „Spielzeuge" über fingierte Themen in Poesie oder Prosa.

A   Diogenes Laertius, →Philosóphon bíon kaì dogmáton synagogé 6,85–93.

Palamédes
(Person aus dem troischen Sagenkreis)

Gorgias aus Leontinoi, etwa 480–380 v. Chr.

Epideiktische Verteidigungsrede (gr.) eines unschuldig angeklagten Mannes.

I   Palamedes war ein weiser Ratgeber der Griechen im trojanischen Krieg. Er galt als der Erfinder der Buchstabenschrift, des Rechnens, des Messens und des Brett – und Würfelspieles. Er soll auch Odysseus entlarvt haben, als dieser sich wahnsinnig stellte, um nicht am Krieg gegen Troja teilnehmen zu müssen. Odysseus rächt sich dafür, indem er ihn der Bestechlichkeit und des Verrats an den Griechen bezichtigt und Gold im Zelt des Palamedes verstecken läßt. Palamedes wird des Hochverrats angeklagt, das Gold wird gefunden, so daß seine Schuld bewiesen zu sein scheint. – Die Leistungen des Palamedes für die kulturelle Entwicklung der Menschheit sind das Hauptargument seiner Verteidigung: Geistige Tätigkeit habe auch eine versittlichende Wirkung und mache einen Menschen zu verbrecherischem Handeln unfähig. – Die Argumentation der Verteidigung bezieht sich auf drei Voraussetzungen einer Anklage wegen Verrates: (1) die Möglichkeit, das Verbrechen zu begehen, (2) den Willen, es zu tun, und (3) die gegenseitige Verträglichkeit der zur Tat zum Entschluß erforderlichen Eigenschaften. – Das Ziel der Verteidigung ist es, diese drei Voraussetzungen als nicht gegeben zu erweisen: (1) Ich, Palamedes, konnte die Tat nicht ausführen, weil es keine Verabredung etwa in Form einer Verständigung mit dem Feind gab, d. h. eine heimliche Kontaktausnahme mit dem Feind völlig ausgeschlossen war. (2) Auch hatte ich gar kein Motiv. (3) Selbst wenn ich das Verbrechen hätte ausführen können und wollen, setzte dieses Verhalten Eigenschaften bei mir voraus, die sich nicht miteinander vertragen: einerseits außerordentliche Klugheit, andererseits größte Dummheit (z. B. angesichts des großen Risikos). Ich kann aber nicht gleichzeitig klug und dumm sein.
W   Es ist fraglich, ob Gorgias mit dem Palamédes ein Muster für eine Gerichtsrede verfassen wollte. Denn die Rede dürfte ein Gericht keinesfalls

überzeugen, da sie eigentlich nur zu beweisen imstande ist, daß es keinen Verrat geben kann. Das aber widerspricht jeder Erfahrung. Der *Palamédes* kann eigentlich nur wie die →*Heléne* ein scherzhaft gemeintes Beispiel für die Kunst des Gorgias sein. Seine Argumente sollen nicht ernst genommen werden. „Es ist ihm vielmehr ausschließlich darum zu tun, zu zeigen, wie derjenige, der das Wort souverän beherrscht, alles, was er will, plausibel zu machen vermag, auch wenn es sich um eine ganz paradoxe Behauptung handelt" (H. Gomperz, 17).

A   L. Radermacher: Artium scriptores, Wien 1951, 59–66. VS 82 B 11 a.
L   V. Buchheit: Untersuchungen zur Theorie des Genos Epideiktikon von Gorgias bis Aristoteles, München 1960. K. Deichgräber: Similia dissimilia: 1. Heraklit B 30, 31; 2. Zu Gorgias' *Palamedes*; 3. Zum 1. Proömium des Lukrez, in: RhM 89, 1940, 43–62. H. Gomperz: Sophistik und Rhetorik, Leipzig/Berlin 1912, 1–35. A. Kleingünther: *Prôtos heuretés.* Ph Suppl. 26, 1, 1933. W. Nestle, VMzL, 329–331. J. Sykutris: Zu Gorgias' *Palamedes*, in: Philol. Wochenschrift 47, 1927, 859–862.

Palinodía →Chorlyrik (Stesichoros)

Panárion
„Brotkasten"

Epiphanios aus Iudaea, 4. Jh. n. Chr.

Polemische Schrift in drei Büchern gegen Ketzereien und Irrlehren (gr.).
Entstanden zwischen 374 und 377 n. Chr.

I   Der Autor behandelt rund achtzig denkbare Ketzereien. Er hat alles zusammengetragen, was er über die Irrlehren vom Anfang der Welt bis auf seine in Erfahrung bringen konnte. Er versteht unter Ketzereien nicht nur einseitige Abweichungen vom christlichen Glauben, sondern auch die Lehren der gr. Philosophenschulen und der jüdischen Sekten. Von den achtzig von Epiphanios widerlegten Häresien gehören zwanzig der vorchristlichen Zeit an.
W   Der Autor will seinen Lesern mit seiner Häresiologie („Lehre von den Ketzereien") Nahrung geben, damit sie im rechten Glauben bestärkt werden.

A   J. Dummer. Bd. 1 und 2, Berlin (2)1980 und (2)1985. PG 41–42. K. Holl. 3 Bde., Leipzig 1922–1933.
Ü   C. Wolfsgruber, BKV(2) 38.
L   KNLL 5, 233.

Panathenaikós →Lógoi (Ailios Aristeides)

Panathenaikós
„Festrede anläßlich der Panathenäen gehalten"

Isokrates aus Athen, 436–338 v. Chr.

Lobrede auf Athen (gr.).
Entstanden in den Jahren 342–339 v. Chr.

I   Nach einem längeren persönlichen Proömium (1 bis 34) geht der Redner auf die Leistungen der beiden größten gr. Stadtstaaten, Athen und Sparta, ein. Allerdings fällt diese Synkrisis sehr einseitig zugunsten Athens aus (35–107). Darauf lobt Isokrates die athenische Verfassung (108–198), die sich durch eine Verbindung von Monarchie, Aristokratie und Demokratie auszeichne. Außerdem vergleicht der Redner die militärischen Leistungen der Athener und der Spartaner, wobei den Athenern die höhere Bedeutung eingeräumt wird. In einem dritten Teil der Rede berichtet Isokrates über eine Diskussion, die er mit seinen Schülern über den Text geführt hatte. Vor allem habe man sich an der scharfen Kritik an Sparta gestoßen, so daß er die Rede eigentlich habe vernichten wollen; dann aber habe man sich dahingehend geeinigt, sie zusammen mit einem Bericht über die Diskussion (199–265) doch zu veröffentlichen. Im Epilog (266–272 berichtet der Autor abschließend über den chronologischen Ablauf der Entstehung des Redetextes.
W   Obwohl die Absicht der Rede schwer zu durchschauen ist, gibt es Hinweise darauf, daß der Text auch an die Adresse Philipps II. von Makedonien gerichtet ist (vgl. das Enkomion auf Agamemnon und Theseus, 74–87 und 127–130). „Trifft eine solche Deutung zu, dann ist der *Panathenaikós*, allem gegenteiligen Anschein zum Trotz, doch nochmals ein politisches Werk – jedoch von erdrückender Resignation getragen: Das Unheil des Krieges mit Philipp hängt über der Stadt und ist nicht mehr aufzuhalten. Wenige Monate später wird das athenische Heer bei Chaironeia vernichtet werden und der greise Isokrates freiwillig den Tod wählen. Der Traum von Hellas unter dem politischen Patronat des Makedonen und der geistigen Führung Athens scheint für immer zerstört" (E. Schmalzriedt, 474).

A   G. Mathieu / E. Brémond. Bd. 4, Paris 1962 (gr.-frz.). G. Norlin. Bd. 2, London/Cambridge (Mass.) 1929 (gr.–engl.).
Ü   Th. Flathe, Stuttgart (2)1864. C. Ley-Hutton: Sämtl. Werke. 2 Bde., Stuttgart 1993–1997.
L   C. Eucken: Leitende Gedanken im isokrateischen *Panathenaikos*, in: MH 39, 1982, 43–70. H. O. Kroener: Dialog und Rede. Zur Deutung des Isokrateischen *Panathenaikos*, in: A & A 15, 1969, 102–121. K. Münscher, RE 9, 2, 1916, 2217–2219. C. Schäublin: Selbstinterpretation im *Panathenaikos* des Isokrates?, in: MH 39, 1982, 165–178. E. Schmalzriedt, KNLL 8, 473 f. F. Zucker: Isokrates' *Panathenaikos*, Berlin 1954.

Pandectae Iustiniani →Corpus iuris civilis

Panegyrici Latini
„Lateinische Preis- und Festreden"

Verschiedene Autoren (hohe Beamte und rhetorisch gebildete Literaten)

Sammlung von Preisreden (lat.).
Die meisten der in die Sammlung aufgenommenen Reden stammen aus der Zeit von 289–389 n. Chr.

I Es handelt sich um eine Sammlung von Musterreden unterschiedlicher Autoren. Am Anfang steht der →*Panegyricus* des Plinius auf Kaiser Trajan (reg. 98–117 n. Chr.). Darauf folgen Reden des Pacatus auf Theodosius (389 n. Chr.), des Mamertinus auf Iulianus (362 n. Chr.) und des Nazarius auf Constantin (321 n. Chr.). Daran schließen sich acht kürzere *Panegyrici* ohne Verfassernamen an (rückläufig aus den Jahren 311–289 n. Chr.). – Die Reden berücksichtigen traditionelle Kategorien der antiken Königsrede (*lógos basilikós*): Heimat, Bildungsgang, frühe Taten, Herrschertugenden, historische und mythische Beispiele.

W „Der erklärte Zweck der publizierten *Panegyrici* ist nicht allein das Lob der Kaiser, sondern die Einübung einer staatstragenden Gesinnung im Unterricht ... Es liegt nahe, die höfische Schmeichelei und das verlogene Wortgeklingel vieler *Panegyrici* moralisch und ästhetisch zu verurteilen. Doch sollte man versuchen, diesen Texten als historischen Quellen und rhetorischen Kunstwerken gerecht zu werden" (M. v. Albrecht, 1143 f.).

A W. A. Baehrens, Leipzig 1911. E. Galletier. 3 Bde., Paris 1949–1955 (lat.-frz.). R. A. B. Mynors, Oxford 1964. **Ü** C. E. V. Nixon / B. Saylor Rodgers, Berkeley/Los Angeles/Oxford 1994 (lat.-engl. mit Kommentar). **L** M. v. Albrecht, RL, 1142–1145. U. Asche: Roms Weltherrschaftsidee und Außenpolitik in der Spätantike im Spiegel der *Panegyrici Latini*, Diss. Bonn 1983. M. C. L' Huillier: La figure de l' empereur et les vertus impériales. Crise et modèle d' identité dans *Panégyriques latins*, in: Les grandes figures religieuses. Fonctionnement pratique et symbolique dans l' Antiquité, Paris 1986, 529–582. M. Mause: Die Darstellung des Kaisers in der lateinischen Panegyrik, Stuttgart 1994. W. Portmann: Geschichte in der spätantiken Panegyrik, Bern 1988. B. S. Rodgers: The *Panegyrici Latini*. Emperors, Colleagues, Usurpers and the History of the Western Provinces, Diss. Berkeley 1978. G. Sabbah: De la rhétorique à la communication politique. Les panégyristes latins, in: BAGB 1984, 363–388. P. L. Schmidt, HLL 5, 1989, § 528.

Panegyricus
„Lobrede"

Gaius Plinius Caecilius Secundus aus Comum, 62 – etwa 114 n. Chr.

Lob – und Dankrede (lat.) an den Kaiser Trajan. Gehalten am 1. September 100 n. Chr. und ein Jahr später in erweiterter Fassung veröffentlicht.

I Plinius rühmt Leben, militärische Fähigkeiten und Herrschertugenden des Kaisers Trajan (reg. 98–117 n. Chr.), der durch göttlichen Willen zum ersten Mann im Staat gewählt worden sei. – Vor dem Hintergrund der Zeit Domitians (reg. 81–96), des Henkers (*carnifex*, *paneg.* 90, 5), stellt Plinius zunächst den Werdegang des Trajan bis zu seinem Einzug in Rom dar. Dann werden seine Maßnahmen als Herrscher dargestellt (24–80). Mit Worten des Dankes für die Verleihung des Consulats im Jahre 100 n. Chr. (90–95) und einem Gebet an Juppiter schließt die Rede.

Q Plinius steht in der Tradition der panegyrischen Gattung des Fürstenspiegel. In der röm. Literatur können z. B. Cicero (→*Pro Marco Marcello* und *Pro Quinto Ligario*) und Seneca (→*De clementia*) als Vorläufer gelten.

W „Plinius entwirft im *Panegyricus* ein Herrscherbild, das bis in die Spätantike und weit darüber hinaus Beachtung finden wird. Die Gegenüberstellung von *princeps bonus* und *princeps malus* wird die →*Historia Augusta* beherrschen. Auch der – selten verwirklichte – Gedanke, der Princeps unterwerfe sich freiwillig dem Gesetz (*paneg.* 65, 1) und behandle die Consuln als ‚Kollegen' (*ibid.* 78, 4) wird programmatisch formuliert; das Korrelat auf seiten der Untertanen ist *concordia*, die sich von der *salus principis* nicht trennen läßt" (M. v. Albrecht, 914).

A M. Durry, Paris 1938 (mit Kommentar).
Ü W. Kühn, Darmstadt 1985 (lat.-dt.).
L M. v. Albrecht, RL, 909–917. R. T. Bruère: Tacitus and Pliny's *Panegyricus*, in: CPh 49, 1954, 161 bis 179. J. Mesk: Die Überarbeitung des Plinianischen *Panegyricus* auf Trajan, in: WSt 32, 1910, 239–260. M. P. O. Morford: *Iubes esse liberos*: Pliny's *Panegyricus* and Liberty, in: AJPh 113, 1992, 575–593. B. Radice: Pliny and the *Panegyricus*, in: G & R 15, 1968, 166–172. M. Schuster: Plinius, in: RE 21, 1, 1951, 439–456.

Panegyricus →Carmina (Sidonius)

Panegyricus dictus clementissimo regi Theoderico
„Lobrede für den barmherzigsten König Theoderich"

Magnus Felix Ennodius, 473–521 n. Chr.

Prosaschrift (lat.) zum Ruhm des Theoderich, der von 473–525 n. Chr. König der Ostgoten war. Im Jahre 507 n. Chr. veröffentlicht. Es ist nicht bekannt, ob die Rede gehalten wurde oder dem Herrscher in schriftlicher Form übergeben wurde.

I Der chronologische Überblick über die Lebensleistung Theoderichs ist nach Sachgebieten geordnet. Ausführlich geht Ennodius auf die kriegerischen Taten des Königs bis zur Eingliederung der Alamannen in das oströmische Reich ein. Daran schließt sich eine Würdigung seiner innenpolitischen Wirksamkeit und hier vor allem seiner Aufbauarbeit in Italien an. Erwähnenswert war Ennodius auch die Förderung der Wissenschaften durch Theoderich. Am Schluß steht eine Beschreibung der äußeren Erscheinung des Königs. – Die Beurteilungsmaßstäbe entsprechen den Kriterien der heidnischen Ethik. Christliches tritt nur ganz am Rande in Erscheinung.

A   W. Hartel, CSEL 6,1882. F. Vogel, MGH AA 7, 1885.
Ü   Ch. Rohr: Der Theoderich-Panegyricus des Ennodius, Hannover 1995 (lat.–dt.).
L   J. Fontaine, RAC 5, 1960, 398–421. KNLL 5, 210 f.

Panegyricus dictus Honorio Augusto tertium/quartum/sextum consuli
„Lobrede auf Kaiser Honorius Augustus, den Consul zum dritten/vierten/sechsten Mal"

Claudius Claudianus, um 400 n. Chr.

Drei Gedichte (lat.) in Hexametern anläßlich der mehrmaligen Übernahme des Consulats durch Kaiser Honorius.
Verfaßt in den Jahren 396, 398 und 404 n. Chr.

I   Der im Jahre 384 geborene Sohn des Theodosius war von 393–423 n. Chr. weströmischer Kaiser: (1) Claudian gratuliert zur Amtsübernahme durch den erst elfjährigen Honorius und überbringt die Glückwünsche des röm. Senats nach Mailand an den Kaiserhof. Honorius hatte von Theodosius, seinem Vater, eine militärische Ausbildung erhalten. Am Krieg im Jahre 394 n. Chr. gegen den Franken Arbogast, den mächtigen Heermeister des Kaisers Valentinianus II., der im Bunde mit Kreisen des röm. Senats eine ausgeprägte heidnische Restauration betrieb und den Rhetor Eugenius nach dem Tod von Valentinianus II. im Jahre 392 n. Chr. zum neuen Kaiser erhob, was Theodosius nicht anerkennen wollte, durfte Honorius aber noch nicht teilnehmen. Aber man verdankte ihm die glücklichen Auspizien. Nach dem Sieg des Theodosius beging Arbogast Selbstmord. – Claudianus erzählt, daß der sterbende Theodosius seine beiden Söhne Arcadius und Honorius dem Schutz seines Heermeisters Stilicho anvertraute. (2) Großvater und Vater des Honorius werden gepriesen. Die Lehren des Theodosius werden ausführlich dargelegt, d. h. der junge Herrscher erhält auf diese Weise einen Fürstenspiegel (*IV cons. Hon.* 214–352). Er wird ermahnt, seine Ausbildung fortzusetzen. Der Dichter verwendet dazu Beispiele aus der röm. Geschichte. (3) Honorius kommt 404 n. Chr. als Kaiser und Consul auf Bitten der Göttin Roma nach Rom, um an festlichen Spielen teilzunehmen. Der Dichter läßt Alarich, den König der Westgoten (→*De bello Getico*), nach seiner Niederlage im Kampf gegen die Truppen des Honorius 404 n. Chr. bei Verona erklären (*VI cons. Hon.*, 274–329), daß Italien für ihn, Alarich, verloren sei. Honorius rühmt auf Romas Wunsch die Leistung Stilichos für die Verteidigung der röm. Herrschaft.

W   Abgesehen von der propagandistischen Absicht, den umfassenden Machtanspruch Stilichos zu unterstützen, vertritt Claudianus in der ernsten Paränese an Honorius (*IV cons. Hon.* 214–352), wo er Theodosius als Sprachrohr benutzt, „ein ethisches Herrscherideal ..., das weit über die propagandistischen Bedürfnisse des Augenblicks hinausgreift. Honorius soll nicht nur als Herrscher erscheinen, der das Imperium im Geiste seines Vaters würdig verwaltet; vielmehr hält der Dichter dem Herrscher und der Gesellschaft seiner Zeit einen Spiegel vor und zeigt Analogien zwischen Makro – und Mikrokosmos auf. Überhaupt aktualisiert Claudian als Dichter noch einmal die Einheit von griechischer und römischer Kultur, wie sie sich der gebildeten Senatsaristokratie, seinem Publikum, darstellt" (M. v. Albrecht, 1068).

A   W. Barr, Liverpool 1981 (*IV cons. Hon.*, lat.–engl. mit Kommentar). J. B. Hall, Leipzig 1985. K. A. Müller, Berlin 1938 (*VI cons. Hon.* mit Kommentar).
L   M. v. Albrecht, RL, 1060–1071. S. Döpp: Zeitgeschichte in Dichtungen Claudians, Wiesbaden 1980. J. Lehner: Poesie und Politik in Claudians *Panegyrikus* auf das vierte Konsulat des Kaisers Honorius. Ein Kommentar, Königstein 1984.

Panegyricus dictus Manlio Theodoro consuli
„Preisrede auf den Consul Manlius Theodorus"

Claudius Claudianus, um 400 n. Chr.

Preisrede in Hexametern (lat.).

I   Der Mailänder Philosoph Manlius Theodorus, der schon früher ehrenvolle Ämter bekleidet hatte, wird nach einer philosophischen Studien gewidmeten Mußezeit von Iustitia, der Göttin der Gerechtigkeit, aufgefordert, in ihren Dienst zu treten. Obwohl er das Landleben nur ungern aufgibt, sagt er zu. Der dadurch markierte Beginn einer neuen, hoffnungsvollen Zeit, soll mit Festspielen gefeiert werden, wie es die Muse Urania in einer Rede ankündigt (→*Panegyricus dictus Probino et Olybrio*).

A   J. B. Hall, Leipzig 1985.
Ü   W. Simon, Berlin 1975 (lat.–dt. mit Kommentar).
L   M. v. Albrecht, RL, 1060–1071. M. Fuhrmann, Spätantike, 126–134. W. Schmid. Claudianus, in: RAC 3, 1957, 152–167.

Panegyricus dictus Probino et Olybrio
„Preisrede auf Probinus und Olybrius"

Claudius Claudianus, um 400 n. Chr.

Aus knapp 300 Hexametern bestehendes Gedicht (lat.).
Verfaßt zum Amtsantritt der beiden Brüder, die am 1. Januar 395 n. Chr. röm. Consuln geworden waren.

I   Da die Geehrten aufgrund ihres Lebensalters noch keine bemerkenswerten Taten vorzuweisen hatten, preist der Autor nach einer Anrufung des Sonnengottes deren Vorfahren. Die Brüder selbst werden in nur sechs Versen berücksichtigt: Der Dichter erwähnt sie als fleißige Schüler, die sich durch Zurückhaltung beim Verzehren von Kuchen und durch ernsthaftes Wesen auszeichneten. Die Göttin Roma empfiehlt die vielversprechenden Söhne des Probus dem Kaiser Theodosius, die Mutter Proba kleidet sie ein, Tiberinus, der Gott des Flusses Tiber, ist stolz auf sie, und der Dichter segnet das neue Jahr. – Probus, der Vater, wird dadurch hervorgehoben, daß der Dichter erwähnt, sein Ruf sei sogar bis ins südliche Rußland und bis an die Nilquellen vorgedrungen. – Das Preislied wird durch eine Art Handlung belebt. Denn das Eingreifen der Roma zugunsten des Brüderpaares wird als Besuch beim Kaiser dargestellt, der sich gerade auf einem Alpenpaß befindet, wo er den Usurpator Eugenius besiegt hatte. Theodosius ist noch vom Kampf erschöpft. Der Leser bekommt die Ergebnisse der Schlacht (Trümmer, Leichenberge) zu sehen. Der Kaiser erfüllt den Wunsch der Roma, hatte er angesichts der Verdienste des Probus doch für sich schon beschlossen, daß die Söhne die gewünschte Ehrenstellung erhalten. Als die Botschaft Rom erreicht, applaudieren die Sieben Hügel. Die jungen Leute werden unter den Augen des Tiberinus aus ihrem Haus abgeholt. Der Flußgott hält eine Rede, in die er einen Vergleich des Brüderpaares mit Castor und Pollux, den Dioskuren, einbezieht.

W   Die Tatsache, daß der Dichter die jungen Consuln nicht in den höchsten Tönen lobt, weil es eben (noch) nichts zu loben gibt, und statt dessen die Vorfahren rühmt, zeigt einen für die Gattung des *Panegyricus* typischen Sachverhalt: Der Panegyriker durfte nicht blindlings loben; er mußte sich bemühen, aus den gegebenen Tatsachen das Beste für seinen Zweck herauszuholen. Die rhetorische Steigerung war legitim; aber es war nicht erlaubt, etwas für existent auszugeben, was in Wirklichkeit nicht existierte. „Er durfte übertreiben, aber nicht schlankweg lügen. Ein gut Teil der panegyrischen Technik bestand darin, irgendwelchen Vorkommnissen durch kunstvolle Umschreibungen Glanz und Erhabenheit zu verleihen" (Fuhrmann, 128). Doch ist die Panegyrik weitaus weniger phrasenhaft, als allgemein angenommen wird: „Sehr oft wurden Fakten, die bei den Zeitgenossen bekannt waren, durch rhetorische Stilisierung und Steigerung ins Großartige verschlüsselt, und das Vergnügen des Publikums bestand darin, in eben diesen Verschlüsselungen die je gemeinte Realität wiederzuerkennen" (Fuhrmann, 129). – Wenn man Roma als den „personifizierten Willen der römischen Senatsaristokratie" und ihren Besuch beim Kaiser als eine Gesandtschaft des Senats versteht, dann soll die Szene offensichtlich auch für ein gutes Verhältnis zwischen Senat und Kaiser werben.

A   J. B. Hall, Leipzig 1985.
Ü   W. Taegert, München 1988 (lat.–dt. mit Kommentar).
L   M. v. Albrecht, RL, 1060–1071. M. Fuhrmann, Spätantike, 126–134.

Panegyricus Messallae
„Loblied auf Messalla"

Ps.–Tibull

Im →*Corpus Tibullianum* (3,7 = 4,1) überliefertes Gedicht in 211 Hexametern (lat.) auf Marcus Valerius Messalla Corvinus.
Wohl zwischen 31 und 27 v. Chr. verfaßt.

I   Der unbekannte Dichter rühmt den 64 v. Chr. geborenen röm. Consul des Jahres 31 v. Chr. und Flottenbefehlshaber Octavians in der Schlacht bei Actium zunächst als einen trotz seiner Größe und Bedeutung bescheidenen Mann (1–27), der seine Vorfahren überragte (28–39). Er leistete Großes in Krieg und Frieden (40–44). An Redekunst überragte er sogar die homerischen Helden Nestor und Odysseus (45–81). Messalla war ein erfolgreicher Heerführer (82–176). Im Epilog (177–211) erklärt der Dichter sich für unfähig, den Ruhm Messallas zu verkünden. Er beklagt sein eigenes Los, hatte er doch früher bessere Tage gesehen. Er braucht also Messallas Unterstützung.

A   F. W. Lenz, Leiden 1959. H. Tränkle, Berlin/New York 1990, 36–43. 172–254 (mit Kommentar).
Ü   R. Helm, Berlin [7] 1988 (lat.–dt.).
L   M. v. Albrecht, RL, 605–608. L. Duret: Dans l'ombre des plus grands: I. Poètes et prosauteurs mal connus de l'époque augustéenne, in: ANRW 2, 30, 3, 1983, bes. 1453–1461. J. Hammer: Prolegomena to an Edition of the *Panegyricus Messallae*. The Military and Political Career of M. Valerius Messala Corvinus, New York 1925. R. Papke: *Panegyricus Messallae* und *Catalepton* 9. Form und gegenseitiger Bezug, in: P. Krafft / H. J. Tschiedel (Hg.): Concentus hexachordus. Beiträge zum 10. Symposion der bayerischen Hochschullehrer für klassische Philologie in Eichstätt 1984, Regensburg 1986, 123–168.

Panegyrikoí →Lógoi (Ioannes Chrysostomos)

Panegyrikós
„Festliche Rede"

Isokrates aus Athen, 436–338 v. Chr.

Politische Rede (gr.), die zum Frieden unter den Griechen aufruft und diesen als Voraussetzung für einen siegreichen Krieg gegen Persien darstellt. Verfaßt im Jahre 380 v. Chr. Nicht öffentlich gehaltene, aber schriftlich verbreitete festliche Ansprache an das als versammelt gedachte Volk der Hellenen.

I In dem epideiktischen („preisenden") Teil der Rede entwirft Isokrates ein Bild von Athens großen Leistungen für Hellas in Friedenszeiten und in den Kriegen, in denen es um den Bestand der Nation ging. Diese Idealbild wurde seitdem immer wieder gezeichnet. – Der symbuleutische („beratende") Teil (ab 133) rät den Griechen einig zu sein, da sie nur so den Kampf gegen die Barbaren bestehen können. – Der epideiktische Logos ist dem symbuleutischen insofern untergeordnet, als er das historische Recht Athens auf die Hegemonie herausarbeitet, um auf diese Weise den Anspruch auf Teilung der Führung mit Sparta überzeugend zu sichern.
Q Die Rede steht in einer literarischen Tradition, die auf den →*Olympikós* des Gorgias zurückgeht, aber auch auf den →*Epitáphios* des Lysias verweist.
W Der Autor hat ein politisches Ziel: Den Frieden unter den Hellenen herzustellen und den Krieg gegen die Perser zu führen. Dieses Ziel ist jedoch nur dann zu erreichen, wenn es zu einer Verständigung zwischen dem dominierenden Sparta und dem (schwächeren) Athen kommt. – Isokrates war mit dem *Panegyrikós* (und anderen Reden) der Schöpfer einer politisch-literarischen Publizistik. Auf diese Weise wollte er politischen Einfluß ausüben. Diese literarische Arbeit sah er als Ersatz für seine fehlende politische Praxis an. Im *Panegyrikós* geht es Isokrates aber nicht nur um das aktuelle politische Ziel der Verständigung aller Griechen für die Auseinandersetzung mit Persien. Er wollte auch einen umfassenden Entwurf für das menschliche Zusammenleben vorlegen: Menschliche Leistung beruht auf einem für das Gemeinwohl geführten Wettstreit (*agón*). Wie Thukydides und die Sophisten geht Isokrates davon aus, daß der Mensch davon bestimmt wird, nach seinem Vorteil zu streben. Im *Panegyrikós* geht es dabei auch um die Frage, wie das Handeln des einzelnen zu seinem Vorteil für die Gemeinschaft aller produktiv gemacht werden kann. „Es ist der offene Wettstreit ..., indem durch die Aussicht, Ansehen zu gewinnen, Einzelstaaten und Individuen dazu veranlaßt werden, zugleich zu ihrem eigenen Vorteil für ein größeres Ganzes zu wirken" (Eucken, 162).
N Die nach ihrem Erscheinen sehr erfolgreiche Rede wird z.B. von Aristoteles in seiner →*Téchne rhetoriké* mehrfach zitiert.

A G. E. Benseler / F. Blass. 2 Bde., Leipzig 1878–1879. G. Mathieu / É. Brémond. 3 Bde., Paris 1956–1961 (gr.–frz.). G. B. Norlin / L. van Hook. 3 Bde., London/Cambridge (Mass.) 1928 bis 1945 (gr.–engl.).
Ü H. Görgemanns, GLTD 3, 106–119 (gr.–dt. in Auswahl). C. Ley-Hutton. 2 Bde., Stuttgart 1993–1997.
L K. Bringmann: Studien zu den politischen Ideen des Isokrates, Göttingen 1965. E. Buchner: Der *Panegyrikos* des Isokrates, Wiesbaden 1958. C. Eucken: Isokrates. Seine Positionen in der Auseinandersetzung mit den zeitgenössischen Philosophen, Berlin/New York 1983, 141–171. D. Gillis: Isocrates' *Panegyricus*. The Rhetorical Texture, in: WS NF 5, 1971, 52–73. U. Hirsch: Untersuchungen zu Isokrates' *Panegyrikos* und *Areopagitikos*, Diss. Göttingen 1966. A. Lesky, GL, 654–663. G. Mathieu: Les idées politiques d' Isocrate, Paris 1925. F. Seck (Hg.): Isokrates, Darmstadt 1976. R. Rauchenstein / K. Münscher: Ausgewählte Reden des Isokrates. *Panegyrikos* und *Areopagitikos*, Berlin [(6)]1908 (Kommentar). N. Zink: Isokrates und die griechische Rhetorik. Dargestellt am Prooemium des *Panegyrikos*, in: AU 10, 2, 1967, 50–64.

Pantodapè historía
„Lesebuch mit verschiedenartigen Inhalten"

Favorinus aus Arelate, etwa 80–150 n. Chr.

Sammlung unterschiedlicher Geschichten in 24 Büchern (gr.), nur in Frg. erhalten. Das Werk wird von Diogenes Laertius (→*Philosóphon bíon kaì dogmáton synagogé*) vielfach benutzt; es gehört auch zu den wichtigsten Quellen der →*Deipnosophistaí* des Athenaios.

A E. Mensching: Favorin aus Arelate. Der erste Teil der Fragmente: Memorabilien und Omnigena historia, Berlin 1963 (Textausgabe mit Kommentar).
L A. Lesky, GL, 933.

Parádoxa
„Widersinniges"

Damaskios aus Damaskos, geb. um 462 n. Chr.

Sammlung (gr.) von Wundergeschichten in vier Büchern, nur bekannt durch Photios, →*Bibliothéke* (Cod. 130).

Parádoxa →Thaumáton tôn eis hápasan tèn gèn katà tópus ónton synagogé (Kallimachos)

Paradoxa Stoicorum
„Widersinnige Lehrsätze der Stoiker"

Marcus Tullius Cicero aus Arpinum, 106–43 v. Chr.

Philosophisch-rhetorische Abhandlung (lat.). Im Frühjahr 46 v. Chr. verfaßt, seinem Freund Brutus gewidmet.

I Die Stoiker bezeichneten ihre lapidaren moralphilosophischen Lehrsätze als *Paradoxa*, weil sie im Widerspruch zum herrschenden Bewußtsein des Durchschnittsmenschen standen, Anstoß erregten, provozierten und liebgewonnene Überzeugungen fragwürdig werden ließen. – Die ersten beiden von Cicero dargestellten *Paradoxa* bilden die Grundlage der stoischen Moralphilosophie, indem sie das Sittliche als das einzig Gute bestimmen und die Tugend zur alleinigen Bedingung für menschliches Glück erklären. Im dritten Paradoxon kommt die Auffassung zum Ausdruck, daß alle Tugenden gleich sind; entsprechendes gilt für alle Fehlhandlungen: Was gut ist, ist gut, und was schlecht ist, ist schlecht; es gibt keine Abstufungen des Guten oder des Bösen. In den letzten drei *Paradoxa* geht es um den Weisen und den Toren: Wie die Weisen in jeder Hinsicht vernünftig bzw. vernunftbestimmt leben und handeln, so sind die Toren unvernünftig oder gar wahnsinnig (Paradoxon 4). Wie nur die Weisen wirklich frei sind, so leben die Toren in größter Unfreiheit (Paradoxon 5). Und schließlich: Nur die Weisen sind reich, die Toren leiden an größter Armut, mögen sie auch noch so viel besitzen (Paradoxon 6).

W Die ernstgemeinte moralische Grundtendenz der Schrift hat Cicero nie abgelehnt, obwohl er an anderen Stellen seines Werkes die stoischen Lehrsätze als abwegig und pedantisch kritisiert (→*De finibus bonorum et malorum* 4,74–77 und →*Pro Lucio Murena* 60–66). Aber ganz im Sinne der *Paradoxa Stoicorum* sagt er z.B. über das fünfte Buch *De finibus* (→*De divinatione* 2,2), es befasse sich mit dem Thema, das die Philosophie als ganze in hellstem Licht erstrahlen lasse; er lehre nämlich, daß zum glücklichen Leben die Tugend allein ausreiche. Die offensichtlich mit großer innerer Anteilnahme beschriebenen Beispiele aus der röm. Frühgeschichte und der jüngsten Vergangenheit lassen zudem erkennen, daß Cicero seine Darlegungen wirklich ernst meint und das Paradoxe der stoischen *Paradoxa* akzeptiert. Es ist Ciceros erklärte Absicht, das scheinbar Widersinnige mit Hilfe der Rhetorik einleuchtend werden zu lassen. Aber indem er den spröden Stoff der stoischen *Paradoxa* mit sprachlichen Mitteln in die Vorstellungswelt des Forums überträgt, veranschaulicht er zugleich die Macht der Beredsamkeit. Nichts – so Cicero – sei so unglaublich, daß es nicht durch die Rede annehmbar werde, nichts so abstoßend, daß es nicht durch die Redekunst Glanz erhalte (*Paradoxa Stoicorum* 3). Cicero bedient sich der Textgattung der Diatribe, um die moralischen Grundsätze der stoischen Philosophie publikumswirksam darzustellen und mit Hilfe des historischen Beispiels eine Brücke zwischen ethischer Reflexion und Lebenswirklichkeit zu schlagen (→*Diatribai*). Unter diesem Aspekt können die *Paradoxa Stoicorum* auch als ein rhetorisches Lehrstück mit einem ernsthaften Inhalt verstanden werden.

A R. Badalì, Florenz 1968. A. G. Lee, London 1953. H. Rackham, London/Cambridge (Mass.) 1942.
Ü R. Nickel, München/Zürich 1994 (lat.–dt.).
L K. Kumaniecki: Ciceros *Paradoxa Stoicorum* und die römische Wirklichkeit, in: Ph 101, 1957, 113–134. R.
Philippson, RE 7 A 1, 1939, 1122–1123. M. Pohlenz: Griechische Freiheit. Wesen und Werden eines Lebensideals, Heidelberg 1955, 157–159. M. V. Ronnick: Cicero's *Paradoxa Stoicorum*, Diss. Boston 1990 (auch: Frankfurt 1991). D. L. Sigsbee: The *Paradoxa Stoicorum* in Varro's Menippeans, in: CPh 71, 1976, 244–248. B. Wallach: Rhetoric and Paradox. Cicero's *Parad. Stoic.* IV, in: Hermes 118, 1990, 171–183.

Parádoxos historía →Kainè historía (Ptolemaios Chemnos)

Paraenesis didascalica
„Anleitung zum Erwerb von Bildung"

Magnus Felix Ennodius, 473–521 n. Chr.

Didaktischer Wegweiser an zwei junge Freunde (lat.).

I Es handelt sich um ein Prosimetrum, d.h. eine Verknüpfung von Prosa und Poesie nach Art der →*Saturae Menippeae*: „Diese seichte Programmschrift versteht sich dazu, die Macht der Rhetorik in einer sittlicher Schranken weithin überhobenen Weise zu preisen, in einer Weise, die radikalen Sophisten vom Schlage des Platonischen Thrasymachos (→*Gorgías*) alle Ehre gemacht hätte" (Fuhrmann, 336).

A G. Hartel, CSEL 6, 1883. PL 63.
L J. Fontaine, RAC 5, 398–421. M. Fuhrmann, Spätantike, 334–336. Schanz-Hosius 4, 2, 131–148.

Paragraphè hypèr Phormíonos
„Einwand (gegen die Gültigkeit der Klage) für Phormion"

Ps. – Demosthenes aus Athen, 384–322 v. Chr.

Gerichtsrede (gr.).

I „Phormion war erst Sklave, später Gehilfe und schließlich durch Pacht Geschäftsnachfolger des großen Geldmannes Pasion. Als dieser starb, nahm Phormion, wie es das Testament verfügte, die Witwe zum Weibe. Da aber zwei Söhne da waren – der ältere von ihnen war der bereits volljährige Apollodoros – ergab sich eine Situation, die zu allen Zeiten kaum ohne Anrufung der Gerichte zum Ende kommt. Es handelte sich um Summen, die Phormion nach dem Tode der Frau für sich behalten haben sollte, und nachdem die Sache durch einen Vergleich erledigt schien, trat Apollodoros nach langer Zeit mit einer neuen Klage gegen Phormion auf. Dieser parierte mit einem Einspruch, den die Rede des Demosthenes begründete und der sein Ziel erreichte. Apollodoros gab sich jedoch nicht zufrieden und klagte bald darauf Stephanos, den Entlastungszeugen des Phormion, wegen falscher Aussage an. Da läßt sich nun die betrübliche Tatsache nicht aus der Welt schaffen, daß Demosthenes die Rede für Apollodoros *Gegen Stephanos* (45) schrieb und wahrhaft, wie ein bei Plutarch (*Dem.* 15) erhaltenes Witzwort sagt, aus seiner Waffensammlung beiden streitenden Parteien die Dolche verkaufte" (Lesky, 671). – Apollodoros war übrigens sehr prozeßfreudig, wie weitere sechs Reden bezeugen, die zwar nicht von Demosthenes selbst stammen, aber in das Corpus der demosthenischen Reden aufgenommen wurden: (1) *Katà Stephánu B* (Nr. 46), (2) *Pròs Timótheon hypèr chréos* („Gegen Timotheos wegen Schadenersatz", Nr. 49), (3) *Pròs Polykléa perì epitrierarchématos* („Gegen Polykles über den für die Trierarchie gemachten Aufwand", Nr. 50), (4) *Pròs Kállippon* („Gegen Kallippos", Nr. 52), (5) *Pròs Nikóstraton perì andrapódon apographês Arethusíu* („Gegen Nikostratos über die Sklaven, in einer Klage gegen Arethusios wegen widerrechtlichen Besitzes von Staatseigentums", Nr. 53), (6) →*Katà Neaíras* („Gegen Neaira", Nr. 59).

A W. Rennie, Oxford 1921 (Nr. 36).
L A. Lesky, GL, 669–681. U. E. Paoli: Die Geschichte der Neaira, Bern 1953. E. Ziebarth, Heidelberg 1936 (Kommentar).

Paramythetikòs pròs Apollónion
(*Consolatio ad Apollonium*) →**Moralia** (**Plutarchos**)

Paramythetikòs pròs tèn gynaîka
(*Consolatio ad uxorem*) →**Moralia** (**Plutarchos**)

Paranatéllonta
„Aufgehende (Sternbilder)"

Teukros aus Babylon in Ägypten, um 100 n. Chr.

Nur fragmentarisch erhaltenes Werk (gr.) über die mit den einzelnen Tierkreiszeichen aufgehenden Sterne und Sternbilder. Das Werk hat auf die spätere Astronomie und Astrologie stark gewirkt.

A F. Boll: Sphaera, 1903, 6–21; 31–52. F. Boll, CCAG 7, 194–224. F. Cumont, CCAG 8, 4, 196 ff. S. Weinstock, CCAG 9, 2, 180–186.

Paraphrase des Johannes-Evangeliums
→**Metabolè katà Ioánnen hagíu euangelíu** (**Nonnos**)

Paráphrasis Institutionum
„Umschreibung der *Institutiones*"

Theophilos aus Konstantinopel, 6. Jh. n. Chr.

Griechische Bearbeitung der Institutionen (→*Corpus iuris civilis*).

A C. Ferrini. 2 Bde., 1894 und 1897 (gr.–lat.). V. Zuichem, Basel 1534 (Karl V. gewidmet).
L W. Enßlin, RE 5 A 2, 1934, 2135 ff. F. Schulz: Geschichte der römischen Rechtswissenschaft, 1961, 386–388.

Paráplus von Indien
„Fahrt an Indien vorbei"

Nearchos aus Kreta, 2. Hälfte des 4. Jh.s v. Chr.

Bericht über eine im Herbst 325 v. Chr. begonnene und im Frühjahr 324 v. Chr. beendete Fahrt zu Schiff vom Indus nach Persien (gr.), in einigen Frg. erhalten.

I In der „Beschreibung Indiens" (→*Indiké*) des Arrian (etwa 95–175 n. Chr.) findet sich eine fast wörtliche Abschrift des Fahrtenberichts, den Nearchos, der Admiral Alexanders d. Gr., angefertigt und veröffentlicht hatte (Frg. 1). – Der Bericht enthält neben den üblichen Eintragungen eines Schiffstagebuches über Abstände zwischen den Landungsplätzen der Flotte, Trinkwasserversorgungsstellen, Zeitangaben, gefährlichen Stellen, Windverhältnissen usw. auch Angaben über die Pflanzen- und Tierwelt der Gegenden, die während der Expedition erforscht worden waren; ferner wurde über die Bewohner der Regionen berichtet. – Das Werk wies offensichtlich auch erzählerische Qualitäten auf, die nicht nur zur Belehrung, sondern auch zur Unterhaltung der Leser beitragen konnten. Vgl. auch den →*Períplus* des Skylax.

A FGrHist 133.
Ü O. Seel: Antike Entdeckungsfahrten. Zwei Reiseriche (Hanno, Nearchos), Zürich 1961.
L E. Badian: Nearchos the Cretan, in: YClS 24, 1975, 147–170. W. Capelle, RE 16, 2, 1935, 2132–2154. R. Güngerich: Die Küstenbeschreibungen in der griechischen Literatur, Münster 1950. O. Lendle, Einführung, 164–167. L. Pearson: The lost histories of Alexander the Great, New York 1960, 112–149.

Parentalia
„Totenopfer"

Decimus Magnus Ausonius aus Burdigala, etwa 310–395 n. Chr.

Dreißig Gedichte (Nachrufe) auf verstorbene Familienmitglieder des Autors (lat.).

A R. Peiper, Leipzig 1886. K. Schenkl, Berlin 1883. H. G. E. White. 2 Bde., London/Cambridge (Mass.) 1919–1921 (lat.–engl.).

L   M. v. Albrecht, RL, 1047–1057. M. Fuhrmann, Spätantike, 101–107.

Parmenídes
(Haupt der eleatischen Philosophenschule, um 500 v. Chr.)

Platon aus Athen, 427–347 v. Chr.

Philosophischer Dialog (gr.).

I Ausgangspunkt des Dialogs ist das (fingierte) Zusammentreffen des noch sehr jungen Sokrates mit dem fünfundsechzigjährigen Parmenides und dessen Schüler Zenon. Der Dialog spielt um 450 v. Chr. Nach einer sehr komplizierten und umständlichen Einleitung, durch die der Leser erfährt, daß das Gespräch in Athen und dort in der Wohnung des Pythodoros stattfindet und daß daran außer Parmenides, Zenon und Sokrates auch noch ein gewisser Aristoteles, einer der späteren „Dreißig Tyrannen", und einige andere Männer teilnehmen, gliedert sich der Dialog in zwei Hauptteile: (1) Eine Erörterung zwischen Parmenides und Sokrates über die platonische Ideenlehre und ihre Probleme (127d-137c) und (2) eine Folge von acht logischen Durchgängen über das „Eine", die Parmenides mit Aristoteles durchspielt (137c-166c). – Die Kritik des Parmenides an der Ideenlehre setzt vor allem bei den Formulierungen für die *méthexis* („Teilhabe") der Sinnendinge an den Ideen an. Das zentrale Thema in diesem Teil des Gespräches ist das Verhältnis von „Einheit" und „Vielheit". Platon akzeptiert er den Satz des Parmenides, daß das Seiende Eines ist, bestreitet aber die von Zenon daraus gezogene Konsequenz vom Nichtsein des Vielen. Mit dem Begriff der „Teilhabe" wird es möglich anzunehmen, daß dasselbe zugleich „Eines" und „Vieles" ist, insofern es (aufgrund der *méthexis*) „teil hat" an der Idee der Einheit oder der Vielheit. So unterscheidet sich dann auch das Einzelne vom Allgemeinen, insofern das Einzelne „teil hat" am Allgemeinen. Das Einzelne ist ein Gesehenes oder sinnlich Wahrnehmbares; das Allgemeine ein Gedachtes. Wenn vom Einzelnen gesagt wird, daß es ein Allgemeines ist, so bedeutet dies, daß es „teil hat" am Allgemeinen. – In diesem Gesprächsabschnitt behauptet Sokrates folgendes: 1. das Sinnliche (das Gesehene) „hat teil" an den Ideen (durch die *méthexis*). 2. die Ideen sind vom Sinnlichen getrennt (durch *chorismós*). 3. die Ideen mischen sich im Sinnlichen. 4. die Ideen selbst sind voneinander getrennt. – Parmenides zeigt dagegen 1. die Schwierigkeiten, die sich ergeben, wenn man angeben will, wovon es eigentlich Ideen gibt und wovon nicht (130a-e). Er zeigt 2. die Schwierigkeiten, die in der Vorstellung von der *méthexis* des Sinnlichen an den Ideen enthalten sind (130e-133a): Wenn man das Sinnliche und die Ideen voneinander unterscheide, gibt es dann von allem Sinnlichen Ideen (auch von unansehnlichen und minderwertigen Dingen)? Wenn man die Idee als Prädikat interpretiert, dann gibt es keinen Bereich von Dingen, de-

nen man keine Prädikate, d. h. Ideen, zusprechen kann. – Aber „Idee" bedeutet noch etwas anderes: die Idee der Gerechtigkeit ist nicht nur ein Prädikat, sondern auch eine Norm, nach der sich das Handeln richtet. Schließlich bedeutet „Idee" auch noch „vorgegebenes Modell" oder „Urbild" oder „Paradeigma" (z. B. eines Pferdes). Demnach muß man einen mindestens dreifachen Begriff von „Idee" unterscheiden: die Idee als *Prädikat*, die Idee als *Norm*, die Idee als *Urbild*. – Parmenides zeigt dann 3. die Schwierigkeiten, die in der Vorstellung von der Trennung der Ideen vom Sinnlichen (*chorismós*) enthalten sind (133a-134e). Er schlägt schließlich 4. „Übungen" (*gymnásia*) vor, die eine Aufhebung der Schwierigkeiten vorbereiten können (134e-137c) (vgl. W. Bröcker, 394 f.). Um diese „Übungen" geht es dann im zweiten Teil des Dialogs.

A   J. Burnet. Bd. 2, Oxford 1901. A. Diès. Bd. 8. 1, Paris [2]1950. H. N. Fowler. Bd. 6, London/Cambridge (Mass.) [2]1939. H. G. Stallbaum, Frankfurt 1976.
Ü   O. Apelt. Bd. 4, Leipzig 1922/1923. E. Martens, Stuttgart 1987 (gr.-dt.). R. Rufener, Zürich 1969. H. G. Zekl, Hamburg 1972.
L   W. Bröcker: Platos Gespräche, Frankfurt 1964, 388–440. F. M. Cornford: Plato and Parmenides, London [5]1964 (mit Kommentar). R. P. Hägler: Platons *Parmenides*. Probleme der Interpretation, Berlin/New York 1983. A. Lesky, GL, 597f. D. Mannsperger, KNLL 13, 392–395. M. H. Miller: Plato's *Parmenides*. The Conversion of the Soul, Princeton 1986. A. Speiser: Ein Parmenideskommentar. Studien zur platonischen Dialektik, Stuttgart [2]1959. H. Vater: Die Dialektik von Idee und Teilhabe in Platons *Parmenides*, Hamburg 1972. E. A. Wyller: Platons *Parmenides* in seinem Zusammenhang mit *Symposion* und *Politeia*. Interpretationen zur platonischen Henologie, Oslo 1960. H. G. Zekl: Der *Parmenides*. Untersuchungen über innere Einheit, Zielsetzung und begriffliches Verfahren eines platonischen Dialogs, Marburg 1971.

Parodíai →Sílloi (Xenophanes)

Parodien

Hegemon aus Thasos, 5. Jh. v. Chr.

Verlorene epische und dramatische Parodien (gr.), deren Autor von Aristoteles, →*Perì poietikês* 1448a12 als der früheste Verfasser von Parodien erwähnt wird.

I Hegemon verfaßte u. a. eine „Gigantomachie" und eine Komödie mit dem Titel *Philíne*.

A   P. Brandt: Corpusculum poesis Graecae epicae ludibundae. Bd. 1, Leipzig 1888, 37–49. FAttCom 1, 810–813.
L   Schmid-Stählin 1, 4, 472–474.

Paroimíai demódeis
„Allgemein gebräuchliche Sprichwörter"

Diogenianos aus Herakleia, 1. Hälfte des 2. Jh.s n. Chr.

Alphabetisch geordnete Sammlung von Sprichwörtern (gr.) aus einem umfassenderen Werk des Diogenianos.

A E. L. v. Leutsch / F. G. Schneidewin: Corpus Paroemiographorum Graecorum. Bd. 1, Göttingen 1839, Nachdr. Hildesheim 1965.
L L. Cohn, RE 5, 1903, 778–783. H. Erbse: Diogenianus (Nr. 2), in: dtv-L 1. 2, 12.

Parthéneia →Chorlyrik (Alkman)

Parthiká
„Geschichte der Parther"

Flavius Arrianos aus Nikomedeia, etwa 95–175 n. Chr.

Darstellung der Partherkriege unter dem röm Kaiser Trajan (reg. 98–117 n. Chr.) in 17 Büchern (gr.), aus denen nur wenige Frg. erhalten sind (Photios, →Bibliothéke, Cod. 58). – Arrian hat die Kriege selbst erlebt, aber nicht daran teilgenommen.

A FGrHist 156.
L O. Lendle, Einführung, 250f.

Partitiones XII versuum Aeneidos principalium
„Zergliederung der Anfangsverse der 12 Bücher der Aeneis"

Priscianus, um 500 n. Chr.

Sprachliche Analyse (lat.) der ersten Verse der 12 Bücher der →Aeneis.

I Die Analyse erfolgt in Form von Schülerfragen und Antworten des Lehrers.

L M. Glück: Priscians Partitiones und ihre Stellung in der spätantiken Schule, Hildesheim 1967. R. Helm, RE 22, 2, 1954, 2328–2346.

Partitiones oratoriac
„Einteilung der Reden"

Marcus Tullius Cicero aus Arpinum, 106–43 v. Chr.

Lehrgespräch (lat.) zwischen Cicero und seinem Sohn Marcus (geb. um 65 v. Chr.) über Rhetorik. Nach 54 v. Chr. verfaßt, wahrscheinlich erst am Anfang des Jahres 45, als Marcus etwa 20 Jahre alt war und sich auf sein Studium in Athen vorbereitete.

I Die Schrift behandelt die Tätigkeit des Redners, die Rede und ihre Teile sowie die Lehre vom Thema (quaestio) in Form eines katechismusartigen Lehrgesprächs, in welchem der Schüler die Fragen stellt und der Lehrer antwortet („Rhetorik in Frage und Antwort"). – Im 1. Hauptteil (3–26) des Gespräches geht es um die Leistung des Redners (de vi oratoris) und seine spezifischen Aufgaben: inventio (Stoffauffindung), conlocatio (Stoffanordnung), elocutio (stilistische Gestaltung), actio (Vortrag) und memoria (Einprägung ins Gedächtnis). – Im 2. Hauptteil (27 bis 60) wird die Rede selbst behandelt (orationis praecepta): principia (Einleitung), narratio (Sachvortrag), confirmatio und reprehensio (Beweisführung und Widerlegung), peroratio (Schlußwort). – Der 3. Hauptteil (61–138) befaßt sich mit der Lehre vom Thema bzw. Inhalt (de quaestione): Unterschieden wird die Rede allgemeinen Inhalts (als Rede zu einem rein theoretischen Thema und als Rede zu einem theoretischen Thema mit Lebensbezug) von der Rede zu einem konkreten Thema in Form der Prunkrede (laudatio), der Beratungsrede (deliberatio) und der Gerichtsrede (iudiciis accommodata oratio), für die die Status-Lehre von besonderer Bedeutung ist (110–131).

A H. Bornecque, Paris 1924 (lat.–frz.). J. Stroux, Leipzig 1914. A. S. Wilkins, Oxford 1903.
Ü K. und G. Bayer, Zürich/Düsseldorf 1994 (lat.–dt.).
L M. v. Albrecht, RL, 414–449. W. Kroll, RE 7 A, 1940, 1091–1103 (Ciceros rhetorische Schriften). B. Riposati: Quomodo Partitiones oratoriae cum Topicis cohaereant. Atti del 1. congresso internazionale di studi Ciceroniani 1961.

Parva naturalia
„Kleine Schriften zur Naturphilosophie"

Aristoteles aus Stageira, 383–322 v. Chr.

Sammlung von neun kürzeren psychologischen Abhandlungen (gr.), die ursprünglich selbständig waren und am Ende des 13. Jh.s seit Aegidius Romanus, dem Schüler des Thomas von Aquin, unter dem lat. Titel Parva naturalia zitiert werden.
Die Schriften entstanden in der mittleren Schaffensperiode des Aristoteles vor →Perì psychês. Allerdings kann man auch zahlreiche Verweise auf Perì psychês feststellen, so daß der Eindruck entsteht, daß die Schriften Anhänge zur Schrift „Über die Seele" waren und später geschrieben wurden (vgl. Düring, 560–562).

I Den neun Schriften ist gemeinsam, daß sie psychophysische Phänomene, d.h. Phänomene, die der Seele und dem Körper gemeinsam sind (so Aristoteles 436a6 ff.), behandeln: (1) Perì aisthéseos kaì aisthetôn (De sensu et sensibilibus), „Über die Wahrnehmung und das Wahrnehmbare". Die Schrift läßt Aristoteles mit einer Einleitung beginnen, so daß sich die kleinen psychologischen Abhandlungen als eine Einheit darstellen. Aristoteles übt u. a. Kritik an den Theorien des Sehens bei Empedokles, Platon und Demokrit, ohne jedoch zu einer eigenen überzeugenden Lösung zu kommen. Die Schrift behandelt nicht das Gehör und den Tastsinn, bietet aber eine eingehende Erörterung von Geruchs- und Geschmackssinn. (2) *Peri mnémes kaì anamnéseos* (*De memoria et reminiscentia*), „Über Gedächtnis und Erinnerung". Hauptbegriff dieser Schrift ist die *phantasía*, die Bildung einer Vorstellung. *Phantasía* ist der Vorgang, der ein *phántasma*, ein Vorstellungsbild erzeugt, das durch die Koordination der Sinne entsteht. Dieses *phántasma* kann durch fehlerhafte Koordination der Sinne auch falsch sein. Das Gedächtnis setzt derartige *phantásmata* voraus. Die wahrgenommenen Vorgänge lassen im Gedächtnis einen Eindruck von den Vorstellungsbildern zurück, der unterschiedlich tief sein kann. Die Erinnerung erklärt Aristoteles als ein Assoziationsphänomen: Das im Gedächtnis Gespeicherte geht Verbindungen miteinander ein, denen man beim Sich-Erinnern nachgeht. Man versucht, vorhandene Zusammenhänge aufzuspüren und sich wieder vor Augen zu führen. (3) *Perì hýpnu kaì egregórseos* (*De somno et vigilia*), „Über Schlaf und Wachsein". Für Aristoteles sind Schlaf und Wachsein gleichbedeutend mit Anwesenheit und Abwesenheit des Bewußtseins bzw. der Bewußtheit. Ausführlich befaßt sich der Autor mit den physiologischen Vorgängen beim Einschlafen. (4) *Perì enhypníon* (*De insomniis*), „Über Träume". Die Träume werden nicht etwa von den Göttern geschickt, sie ergeben sich aus zurückgebliebenen, nicht verarbeiteten Vorstellungen (*phantasíai*). Jedes Traumbild ist ein Überbleibsel einer wirklichen Wahrnehmung. (5) *Perì tês kat' hypnon mantikês* (*De divinatione per somnum*), „Über die Weissagung im Schlaf". Aristoteles setzt sich mit dieser Möglichkeit sehr kritisch auseinander. (6) *Perì makrobiótetos kaì brachybiótetos* (*De longitudine et brevitate vitae*), „Über lange und kurze Lebensdauer". Es handelt sich um eine im wesentlichen tierpsychologische Abhandlung, in der die Bedingungen beschrieben werden, die zur Langlebigkeit beitragen. (7) *Perì neótetos kaì géros* (*De iuventute et senectute*), „Über Jugend und Alter". (8) *Perì zoês kaì thanátu* (*De vita et morte*), „Über Leben und Tod". (9) *Perì anapnoês* (*De respiratione*), „Über die Atmung". In Nr. 7–9 untersucht Aristoteles die Bedeutung des Herzens, dem er den Sitz der seelischen Funktionen und des vegetativen Lebens zuweist, was einen Rückschritt gegenüber den Erkenntnissen von Alkmaion aus Kroton (um 500 v. Chr.) bedeutet, der als erster das Gehirn als Zentralorgan der physiologischen Vorgänge und als Sitz der Intelligenz identifizierte (VS 24). – Die Schriften 7–9 werden auch als eine zusammenhängende Schrift angesehen, so daß die *Parva naturalia* dann nur aus sieben Einzelschriften bestehen.

A I. Bekker: Aristotelis Opera. Bd. 1, Berlin 1831, Nachdr. Darmstadt 1960, 436–480. G. Biehl, Leipzig 1898. W. D. Ross: *Parva Naturalia*, Oxford 1955 (mit Kommentar).

Ü P. J. van der Eijk, Darmstadt 1994 (*De insomniis* und *De divinatione per somnum* mit Kommentar). R. A. H. King, Darmstadt 2004 (*De memoria et reminiscentia* mit Kommentar).

L Ph. J. van Eijk: *De insomniis. De divinatione per somnum*, Berlin 1994. E. Rolfes: Kleine naturwissenschaftliche Schriften. *Parva naturalia*, Leipzig 1924. I. Düring, Aristoteles, 560–571. P. Kucharski: Sur la Théorie des couleurs et des sens saveur dans le *De sensu* aristotélicien, in: REG 67, 1954, 355–390.

Passio Agaunensium martyrum
„Leidensgeschichte der Märtyrer von Agaunum (Wallis)"

Eucherius aus Lugdunum, 1. Hälfte des 5. Jh.s n. Chr.

Bericht (lat.) über das Martyrium des heiligen Mauritius von Agaunum und der „Thebäischen Legion", eines nur aus Christen bestehenden röm. Truppenkontingents.

I Eucherius berichtet, daß die Leichen der Thebäischen Legion von Bischof Theodorus von Octodurus (Ende des 4. Jh.s) entdeckt worden sind. Theodorus habe zu ihren Ehren eine Kirche über dem Ort des Martyriums bauen lassen und einen Heiligenkult begründet. – Eucherius datiert das Martyrium in die Zeit des Kaisers Diokletian (reg, 284–305 n. Chr.).

A MGH. Scriptores rerum Merovingarum 3, 20–41.
L O. Bardenhewer 4, 567–570. D. van Berchem: Le martyre de la Légion Thébaine, Basel 1956. E. Gegenschatz: Der Bericht des Eucherius über das Martyrium des hl. Mauritius und der „Thebäischen Legion", in: P. Neukam (Hg.): Neue Perspektiven, München 1989, 96–140.

Passio Perpetuae et Felicitatis
„Leidensgeschichte der Perpetua und (ihrer Dienerin) Felicitas"

Vibia Perpetua aus Rom, gest. am 7. März 203 n. Chr., und andere Autoren

Bericht über die Passion der 22jährigen Christin Perpetua, ihres Bruders Saturus, ihrer Dienerin Felicitas und anderer Christen (lat.).

I Die literarische Aufzeichnung des Martyriums erfolgte durch einen Redaktor, der die im Kerker aufgeschriebenen Visionen der Märtyrer mit einer Einleitung (1–2) und einer ausführlichen Darstellung ihres Sterbens im Kampf mit wilden Tieren im Amphitheater von Karthago am Geburtstag des kaiserlichen Prinzen Geta (14–21) umrahmte. – Kap. 3–10 enthalten einen eigenhändigen Bericht der Perpetua, einer gebildeten Römerin aus vornehmer Familie; Kap. 11–13 beschreiben die Vision ihres Bruders Saturus.

N Die *Passio* wurde sehr bald ins Griechische übersetzt und blieb immer bekannt. Mit ihrem christlichen Wort – und Bilderschatz hat die *Passio* u. a. die →*Vita et passio Cypriani* des Pontius vorgeprägt.

A Bibliotheca hagiographica latina antiquae et mediae aetatis, ed. Socii Bollandiani. 2 Bde., Brüssel 1898–1901, 6633–6636.
L W. Berschin: Biographie und Epochenstil im lateinischen Mittelalter. Bd. 1: Von der *Passio Perperuae* zu den *Dialogi* Gregors des Großen, Stuttgart 1986. P. Franchi de' Cavalieri: La *Passio SS. P. et F.*, in: Römische Quartalschrift für christliche Altertumskunde und für Kirchengeschichte. Suppl. 5, 1896, 9–149. E. Rupprecht: Bemerkungen zur *Passio SS. P. et F.*, in: RhM 90, 1941, 177–192.

Passio Sanctorum Scilitanorum
„Leidensgeschichte der Heiligen aus der Stadt Scili"

Auch zitiert als *Acta Sanctorum Scilitanorum* („Verhörprotokoll der Heiligen aus der Stadt Scili").

An.

Aufzeichnungen über das Verhör der Märtyrer Speratus, Nartzalus, Citinus, Donata, Vesta und Secunda (lat.).
Verfaßt im Jahre 180 n. Chr.

I „Wir haben es mit einem von Christen abgefaßten Bericht zu tun, der von Augenzeugen bald nach der Verhandlung niedergeschrieben wurde, und zwar ohne Benutzung des amtlichen Protokolls ... Die *Acta Scilitanorum* sind ein authentischer christlicher Märtyrerbericht, der die amtliche Protokollform und damit die exakte Berichterstattung angestrebt hat, aber sichtlich den christlichen Standpunkt vertritt und auch nicht auf gewisse Stilisierungen verzichtet hat" (Wlosok, 42). – Die Angeklagten wurden am 17. 7. 180 hingerichtet, nachdem sie vor dem Proconsul Publius Vigellius Saturninus, der aus Tertullians Schrift →*Ad Scapulam* bekannt ist, ihrem Wortführer folgend, ihren Glauben an Christus bekannt hatten und nicht bereit waren, dem röm. Kaiser die üblichen Ehren zu erweisen.

W Dem Verfasser ging es vor allem um die Verherrlichung der Märtyrer; denn der Bericht schließt mit einer Doxologie, aus der der Glaube an die sofortige himmlische Belohnung der Blutzeugen der Kirche spricht. „Allem Anschein nach haben die Akten also liturgischen Zwecken gedient. Wahrscheinlich wurden sie bei den Gedächtnisfeiern der Gemeinde am Jahrestag des Martyriums verlesen. Und daraus erklärt sich auch die zweite Absicht, die den Verfasser leitete. Es ging ihm auch um die Stärkung und Erbauung der Gemeinde der bedrohten Glaubensgenossen, für die die Märtyrer ein leuchtendes Beispiel des Bekennermutes und der Standhaftigkeit sein sollten" (Wlosok, 42).

A R. Knopf / G. Krüger / G. Ruhbach: Ausgewählte Märtyrerakten, Tübingen [(4)]1965. H. A. Musurillo, Oxford 1972 (lat.-engl.).
Ü H. A. Gärtner, GLTD 5, 34–43 (lat.-dt.). G. Rauschen, BKV[(2)] 14, 1913.
L W. Berschin: Biographie und Epochenstil im lateinischen Mittelalter. Bd. 1: Von der *Passio Perpetuae* zu den *Dialogi* Gregors des Großen, Stuttgart 1986. D. Cerullo: Gli Atti dei martiri scillitani: un' esperienza di ,lingua in atto', in: Aufidus 23, 1994, 99–126. R. Freudenberger: Die Akten der Scilitanischen Märtyrer als historisches Dokument, in: WS NF 7, 1973, 196–215. H. A. Gärtner: Die *Acta Scillitanorum* in literarischer Interpretation, in: WS 102, 1989, 149–167. V. Saxer: Morts, martyrs, reliques en Afrique Chrétienne aux premiers siècles, Paris 1980. A. Wlosok: Rom und die Christen. Zur Auseinandersetzung zwischen Christentum und römischem Staat, Stuttgart 1970, 40–52.

Pastoralbriefe →Epistulae (Sidonius)

Patrídos enkómion
„Lob des Vaterlandes"

Lukianos aus Samosata, etwa 120–180 n. Chr. (es ist nicht sicher, daß Lukian der Autor ist)

Eine für die Einwohner von Samosata bestimmte Schrift (gr.).

I Lukian stellt fest, daß jeder Mensch seine Vaterstadt (sein Vaterland) liebe, möge sie auch noch so klein und unansehnlich sein. Diese emotionale Beziehung zur Vaterstadt sei in Analogie zur Liebe des Sohnes zum Vater und umgekehrt zu sehen. Es sei eine natürliche Folge der so engen Beziehung zwischen Vater und Vaterland, daß dem Menschen das Wort Vaterland oder Vaterstadt so bekannt und vertraut ist. Der Autor versucht dann zu begründen, warum dies so ist: Die Liebe beginnt bereits mit der Geburt und wird verstärkt durch das Lernen der Sprache und aller weiteren Dinge. Man lerne und eigne sich Fähigkeiten an, um seinem Vaterland zu nutzen. Der Mensch vergesse auch in der Fremde sein Vaterland nicht. Er habe stets das Bedürfnis, in seine Heimat zurückzukehren. Der stärkste Beweis für den hohen Wert des Vaterlandes sei die Tatsache, daß die Verbannung aus dem Vaterland von den Gesetzgebern als die höchste Strafe verhängt werde.

A A. M. Harmon. Bd. 1, London/Cambridge (Mass.) 1913 (gr.-engl.).
Ü Chr. M. Wieland: Lucian von Samosata. Sämtliche Werke 3. 5, Leipzig 1788/1789, 379–389.

Patrum Apostolicorum opera
„Werke der Apostolischen Väter"

Brieffähnliche Lehrreden oder andersartige Schriften verschiedener urchristlicher Autoren, die als Schüler und Hörer der Apostel zu gelten haben, aber nicht zu den Autoren des neutestamentlichen Kanons gehören (gr.).

Die Texte entstanden im 1. und 2. Jh. n. Chr.

I (1) Clemens Romanus: Der *Erste Clemens-Brief*, der um 95 n. Chr. nach der Verfolgung durch Kaiser Domitian verfaßt wurde, mahnt die Christen in Korinth zu Geduld und Ordnung. Die Mahnrede enthält nach einer Einleitung (1–5) Warnungen vor Anarchie (4–36) und Mahnungen zur Loyalität (37 bis 61). Ein längeres liturgisches Gebet bildet den Schlußteil (62–65). – Der Autor verwendet zahlreiche griechisch-stoische Motive. – Ein *Zweiter Clemens-Brief*, eine thematische Predigt aus dem 2. Jh. n. Chr., ist zwar auch wegen der zitierten Worte Jesu bedeutsam, gehört aber zusammen mit den pseudo-clementinischen Homilien und anderen Texten zu den sogenannten →„Pseudoclementinen". – (2) Ignatios aus Antiocheia: Es handelt sich um sieben →*Epistulae*, die vor 117 n. Chr. in Kleinasien geschrieben wurden und an christliche Gemeinden in Kleinasien und in Rom adressiert waren. Themen sind Christus, kirchliche Amtsträger, Gottesdienst und Martyrium. – (3) Polykarpos aus Smyrna: Er war der Empfänger eines Briefes von Ignatios und der Verfasser eines Briefes an die Philipper aus dem Jahre 115 n. Chr. (möglicherweise handelt es sich auch um ursprünglich zwei Briefe an die Philipper). Unter Benutzung vor allem der Paulus-Briefe des →*Novum Testamentum* mahnt Polykarpos zu Ordnung und Geduld und warnt vor Anarchie, Materialismus und Doketismus (1–12). Die Abschnitte 13 und 14 sollen als Begleitschreiben zu den nach Philippi abgehenden Ignatios-Briefen verfaßt worden sein. Falls es sich tatsächlich um zwei Briefe des Polykarpos handelte, bilden die Abschnitte 13 und 14 den ersten, die Abschnitte 1–12 den zweiten, sehr viel später abgefaßten Brief. – Der Brief ergänzt das von Ignatios vermittelte Bild der Kirche und der Ketzer. – (4) Quadratus (Kodratos): Das Quadratus-Fragment ist ein Teil der ältesten christlichen Apologie. Sein Verfasser richtete im Jahre 125/126 n. Chr. ein Bittgesuch für die Christen an Kaiser Hadrian (reg. 117 bis 138 n. Chr.). Das Fragment ist in der →*Historia ekklesiastike* (4,3 f.) des Eusebios überliefert. – (5) Barnabas-Brief: Dieser nach 130 n. Chr. verfaßte Text bekämpft wie der Hebräerbrief des Neuen Testaments den Rückfall der Christen in das Judentum, das von verschiedenen röm. Kaisern gefördert wurde. In 1–17 wird darauf hingewiesen, daß das Alte Testament, der Gottesbund und der Tempelbau christlich-kirchlich allegorisiert werden müssen, in 18–21 wird eine nach jüdischer Tradition ausgestaltete Mahnrede über die zwei Wege, den des Lichtes und den der Finsternis, gehalten. – (6)

„Apostellehre" oder →*Didaché*: Der um 100 n. Chr. enstandene Text enthält Anweisungen an die Gemeinde über diese beiden Wege. – (7) Papias: Fünf B. „Nachrichten über Herrenüberlieferungen", etwa 110–130 n. Chr. verfaßt, mit historisch wertvollen Aussagen über die Evangelisten, aber nur in kurzen Zitaten bei Eusebios (→*Historia ekklesiastike*) und Eireinaios erhalten. – (8) Hermas: Er verfaßte um 125 n. Chr. in Rom ein B. mit Visionen und Mahnungen, mit denen er die röm. Kirche nach einer Zeit der Verfolgung und des Abfalls zu Buße und Ordnung zurückführen wollte. Das B. wird unter dem Titel →*Hermae pastor* („Hirt des Hermas") zitiert und hat seinen Namen nach dem in Hirtengestalt dem Visionär begegnenden Engel, der einen Teil der Belehrung vermittelt. Eine andere offenbarende Gestalt ist eine Greisin, die sich als Personifikation der Kirche zu erkennen gibt. – Hauptthema ist die Offenbarung, daß die getauften Sünder vor dem Weltgericht noch einmal Gelegenheit zu Buße und Vergebung haben.

Q Die „Apostolischen Väter" bezeugen, „wie das Christentum bis Mitte 2. Jh. noch immer im Einflußbereich des hellenist. Spätjudentums liegt. Ihm verdankt es neben katechetischen Stoffen und liturgischen Geboten auch popularphilosophisches Gedankengut (Diatribenstil), aber zugleich eine von Paulus sich entfernende Gnadenlehre, die dem Verdienst-Lohn-Schema der Werkfrömmigkeit Raum gibt und die Sakramente (Taufe, Eucharistie) an die Peripherie rückt" (Andresen, 155 f.). Hinzu kommt, daß der im 2. Jh. sich vollziehende Einbruch der Gnosis den Moralismus der „Apostolischen Väter" ungewollt gefördert hat.

W Die „Apostolischen Väter" sind die literarischen Zeugen der Weitergabe des Glaubensgutes von den inspirierten Trägern an die erste nachapostolische Tradition. Als solche sind sie von „höchster Bedeutung für die Kenntnis der urkirchl. Gemeindebildung, der Entstehung des ntl. Kanons, der Ausbildung der griechisch-christl. Sondersprache, der ersten Anfänge einer dogm. und bibeltheol. Reflexion" (Rahner, 764). – Diese Bedeutung läßt sich unter (a) bibeltheologischen, (b) ekklesiologischen, (c) christologischen und (d) pastoralen Aspekten beschreiben: So stehen die „Apostolischen Väter" in engstem Zusammenhang mit der biblischen Kanonbildung, sie sprechen zum ersten Mal von einer „katholischen" Kirche (Ignatios) und bereiten ihre monarchische Bischofsverfassung vor. Sie beginnen, die Kirche als Organismus und Leib Christi zu verstehen. Sie verstehen Christus nicht mehr nur als „Knecht Jahwes", sondern räumen ihm bereits die kosmisch-soteriologische Stellung des erhöhten Kyrios ein. Die seelsorgerlichen und moralischen Weisungen sind noch ganz auf dem Dogma aufgebaut, bleiben aber die Grundlage für alle späteren Entwicklungen.

A K. Bihlmeyer: Die Apostolischen Väter, Tübingen (2)1956. J. A. Fischer / U. Körtner u. a.: Schriften des Urchristentums. 3 Teile, Darmstadt (10)1993. 1984. 1998 (gr.–

dt.). O. v. Gebhardt / H. Harnack / T. Zahn. 3 Bde., Leipzig 1876–1878. J. B. Lightfoot. 5. Bde., London 1889–1890.
Ü F. Zeller, BKV[(2)] 35, 1918.
L H. v. Campenhausen: Kirchliches Amt und geistliche Vollmacht in den ersten drei Jahrhunderten, Tübingen 1953. H. Conzelmann: Bemerkungen zum Martyrium Polykarps, Göttingen 1978. A. Dihle, GLL, 305–314. A. J. Lawson: A Theological and Historical Introduction to the Apostolic Fathers, New York 1961. H. Rahner: Apostolische Väter, in: LThK 1, 762–765. B. Reicke / C. Andresen: Apostolische Väter, in: dtv-L 1. 1, 153–156.

Pauli sententiae
„Rechtssätze des Paulus"

An.

Kompendium des röm. Rechts in der Spätantike (lat.).

I Die Sammlung kurzer Rechtssätze ohne Problemdiskussion soll der Jurist Iulius Paulus (2./3. Jh. n. Chr.) für seinen Sohn niedergeschrieben haben. – Das Werk ist durch die westgotische Gesetzgebung (*Lex Romana Visigothorum* →*Breviarium Alaricianum*) überliefert, wurde jedoch nicht in die Gesetzgebung Justinians einbezogen (→*Corpus iuris civilis*).

A Fontes iuris Romani anteiustiniani. Edd. J. Baviera / J. Furlani. Bd. 3, Florenz [(2)]1968, 317–417. O. Lenel: Palingenesia iuris civilis. Bd. 1, 1889, 951–1308.
L M. v. Albrecht, RL, 1198. E. Levy: *Pauli sententiae*. A Palingenesia of the Opening Titles as a Specimen of Research in West Roman Vulgar Law, Ithaka (N. Y.) 1945. D. Liebs, HLL 5, 1989, 65–67. H. Schellenberg: Die Interpretationen zu den Paulus-Sentenzen, Göttingen 1965.

Paullus
(Röm. Feldherr)

Marcus Pacuvius aus Brundisium, 220 – etwa 130 v. Chr.

Nationalrömisches Schauspiel (*Fabula praetexta*) ernsten Charakters (lat.), nur fragmentarisch überliefert.

I Das Stück hatte die Leistungen des Aemilius Paullus Macedonicus zum Thema, der im 2. Makedonischen Krieg am 22. 6. 168 v. Chr. bei Pydna entscheidend über Perseus von Makedonien siegte.

A G. De Durante: Le Fabulae praetextae, Rom 1966, 26–29; 54f. L. Pedroli: Fabularum praetextarum quae extant, Genua 1954, 69f. und 114f.
L M. v. Albrecht, RL, 120–126. R. Helm, RE 18, 1942, 2159–2174.

Paulus-Akten →Apókryphoi bíbloi

Paulusbriefe →Novum Testamentum

Pauluskommentare

Gaius Marius Victorinus, Mitte des 4. Jh.s n. Chr.

Textnahe theologische Erläuterungen zu den neutestamentlichen Briefen des Paulus an die Philipper, die Galater und die Epheser (lat.).

A F. Gori, Wien 1986 (CSEL 83, 2). A. Locher, Leipzig 1972.
L M. v. Albrecht, RL, 1281–1289. A. Locher: Formen der Textbehandlung im Kommentar des Marius Victorinus zum Galaterbrief, in: Silvae. FS E. Zinn, Tübingen 1970, 137–143. B. Lohse: Beobachtungen zum Paulus-Kommentar des Marius Victorinus und zur Wiederentdeckung des Paulus in der lateinischen Theologie des 4. Jh.s, in: Kerygma und Logos. Beiträge zu den geistesgeschichtlichen Beziehungen zwischen Antike und Christentum. FS C. Andresen; Göttingen 1979, 351–366. P. Wessner, RE 14, 2, 1930, 1840–1848.

Paulussentenzen →Imperiales sententiae in cognitionibus prolatae (Paulus)

Pausimachus
„Friedensspender"

Caecilius Statius, um 220–168 v. Chr.

Römische Komödie (lat.), in nur wenigen Frg. erhalten, die dem Werk →*De compendiosa doctrina* des Marcellus Nonius zu verdanken sind.

I Das Stück spielte anscheinend im Hetärenmilieu. Ein Vater versucht seinen Sohn daran zu hindern, mit einer kostspieligen Hetäre zu verkehren.

A O. Ribbeck, CRF, 1898, 40–94 (von 42 Titeln sind nur knapp 300 Verse erhalten). E. H. Warmington: Remains of old Latin. Bd. 1, London/Cambridge (Mass.) 1935.
L M. v. Albrecht, RL, 167–173. F. Leo, GdrL, 217–226.

Peiríthoos →Sísyphos (Kritias)

Pelopéïa
„Pelopssage"

Herodoros aus Herakleia, um 400 v. Chr.

Rationalistisch-allegorische Deutung (gr.) der Sage von Pelops, dem Sohn des Tantalos und mythischen Herrschers über die „Pelopsinsel", d. i. die Peloponnes. Nur wenige Frg. sind erhalten.

I Im Sinne der „Säkularisierung und Entleerung des Mythos" (vgl. auch die →*Argonautiká* des Herodoros und →*Ho kat' Herakléa lógos*) ist z.B. das goldene Lamm, um das die Pelopssöhne Atreus und Thyestes stritten (vgl. Euripides, →*Elektra* 699 ff.

und →*Oréstes* 995 ff.) nur eine Goldplastik in der Mitte einer Silberschale (Frg. 57).

A FGrHist 31.
L A. Lesky, GL, 375. W. Nestle, VMzL, 146–148.

Peloponnesischer Krieg →Ho pólemos tôn Peloponnesíon kaì Athenaíon (Thukydides)

Pentábiblon chronologikón →Chronographíai (Iulius Africanus)

Pentheus
(König von Theben und Verächter des Dionysos-Kultes)

Marcus Pacuvius aus Brundisium, 220 – etwa 130 v. Chr.

Tragödie über einen gr. Sagenstoff (lat.), in nur wenigen Frg. erhalten. Den Stoff behandelten Aischylos in seinem verlorenen *Pentheús* und Euripides in den →*Bákchai*.

A E. H. Warmington: Remains of old Latin. Bd. 2, London/Cambridge (Mass.) 1936, 158–323.
L M. v. Albrecht, RL, 120–126. H. Haffter: Zum *Pentheus* des Pacuvius, in: WS 79, 1966. 290–293.

Péplos
„Frauengewand“

Ps.–Aristoteles

Mythologisches Werk (gr.) vermischten Inhalts, aus dem 63 Epigramme, vorwiegend auf Gefallene des trojanischen Krieges, erhalten sind.

I Das fragmentarisch erhaltene Werk wurde unter dem Namen des Aristoteles überliefert. Möglicherweise liegt der Schrift eine Notizensammlung des Philosophen zugrunde, die von einem Aristoteles-Schüler herausgegeben und später erweitert wurde. – Der Titel bezieht sich auf das mit Abbildungen von Sagenmotiven verzierte Gewand, das alle vier Jahre bei den Großen Panathenäen in einem Festzug zur Burg von Athen gebracht wurde.
N Ausonius hat 26 Epigramme ins Lateinische übertragen (→*Epitaphia heroum, qui bello Troico interfuerunt*).

A V. Rose, Leipzig 1886, Nachdr. Stuttgart 1967, Frg. 637–644.
Ü P. Gohlke: Aristoteles. Frg., Paderborn 1960.
L C. A. Forbes: Peplos (Nr. 2), in: RE 19, 1,1937, 561 f. A. Lesky, GL, 645 f. E. Schmalzried: KNLL 1, 698.

Peregrinatio Egeriae oder Aetheriae
„Reise der Egeria oder Aetheria“

Egeria, 4. Jh. n. Chr.

Bericht (*Itinerarium*) einer vornehmen spanischen oder südfranzösischen Nonne über eine Pilgerfahrt an heilige Stätten (lat.).
Die Reise fand wahrscheinlich 393/394 n. Chr. statt. Der Bericht wurde bald darauf verfaßt. Vielleicht war die Nonne Silvia, die Schwester des Präfekten Rufinus aus Aquileia.

I Im ersten Teil der Schrift (Kap. 1–23) wird über die Reise und hier vor allem über Märtyrergräber und Kirchen in Palästina berichtet. Die Reise führte über Ägypten und zu zahlreichen biblisch bedeutsamen Stätten wie dem Sinai, dem Berg Nebo, Hiobs Heimat Batanea und schließlich nach Jerusalem. Die Rückreise führte über Tarsos und Konstantinopel. Im zweiten Teil (Kap. 24–49) schildert die Nonne Gottesdienste in Jerusalem und vermittelt wertvolle liturgiegeschichtliche Informationen vor allem über die Kar – und Osterwoche.

A H. Pétré, SC 21, 1948. R. Röwekamp, Freiburg 1995.
L P. Devos: La date du voyage d' Égérie, in: Analecta Bollandiana 85, 1967, 164–194. E. Doblhofer: Drei spätantike Reiseschilderungen. Rutilius Claudius Namatianus, *Iter Gallicum* (*De reditu suo*); Paulinus Nolanus, c. XVII (*Proemptikon*); Egeria, *Itinerarium* (*Peregrinatio Aetheriae ad loca sancta*), in: D. Ableitinger / H. Gugel, in: FS K. Vretzka, Heidelberg 1970, 1–22. E. Löfstedt: Philologischer Kommentar zur *Peregrinatio Aetheriae*, Darmstadt 1962. B. Lohse: Pilgerberichte, in: dtv-L 1. 3, 327. U. Reuter, MLAA, 226 f. J. Wilkinson: E.'s Travels, Jerusalem 1982.

Peregrînos →Perì tês Peregrínu teleutês (Lukian)

Perì adoleschías (*De garrulitate*) →Moralia (Plutarchos)

Perì aéron, hydáton, tópon →Corpus Hippocraticum

Perì agalmáton
„Über Götterbilder“

Porphyrios aus Tyros, etwa 234–300 n. Chr.

Nur fragmentarisch erhaltene Schrift (gr.) über die Bedeutung der Götterbilder.

I „Wie die Mythen als gestaltete Nachbildungen des Gestaltlosen, so werden die Bilder der Götter als symbolische Darstellungen ihres Wesens empfohlen“ (Zeller, 730 f.).

A J. Bidez: Vie de Porphyre, Gent 1913. A. Smith: Porphyrii fragmenta, Stuttgart/Leipzig 1993.
L A. Lesky, GL, 985. E. Zeller, Philosophie, 3. 2, 639–735.

Perì agmôn →Corpus Hippocraticum

Perì aisthéseon kaì aisthetôn
„Über Sinneswahrnehmungen und sinnlich Wahrnehmbares"

Auch lat. zitiert als *De sensibus*.

Theophrastos aus Eresos, um 370–287 v. Chr.

Möglicherweise ein Fragment (gr.) aus →*Physikôn dóxai*.

I Das Bruchstück gibt einen Einblick in die Darstellungsmethode, die der Autor auch in *Physikôn dóxai* anwandte: Wie Aristoteles verknüpft er Referat und Kritik. – Das Fragment ist eine wichtige Informationsquelle für die Philosophie der Vorsokratiker.

A H. Diels: Doxographi Graeci, Berlin 1886, 475–527 (bes. 497ff.). G. M. Stratton: Th. and the Greek physiological Psychology before Aristotle, London 1917 (mit Text, engl. Übers. und Kommentar zu *De sensibus*).
L J. B. McDiarmid: Th. on the presocratic causes, in: HSPh 61, 1953, 85–156. J. B. McDiarmid: Plato in Th. *De sensibus*, in: Phronesis 4, 1959, 59–70. J. B. McDiarmid: Th., *De sensibus* 66: Democritus' explanation of salinity, in: AJPh 80, 1959, 55–66. J. B. McDiarmid: Th., *De sensibus* 61–62: Democritus' theory of weight, in: CPh 55, 1960, 28–30. A. Lesky, GL, 772–775. M. Mühl: Theophrast und die Vorsokratiker, in: Archiv f. Gesch. d. Philos. 35, 1923, 62–66.

Perì aitíon kaì semeíon chroníon pathôn / Perì aitíon kaì semeíon oxéon pathôn
„Über Ursachen und Anzeichen chronischer Krankheiten" / „Über Ursachen und Anzeichen akuter Krankheiten"

Aretaios aus Kappadokien, 2. Hälfte des 1. Jh.s n. Chr.

Krankheitsbeschreibungen (gr.) in vier Büchern. Den Beschreibungen entspricht die Darstellung von Therapiemöglichkeiten in ebenfalls vier Büchern: *Chroníon núson therapeutikón / Oxéon núson therapeutikón* („Lehre von der Behandlung chronischer Krankheiten" / „Lehre von der Behandlung akuter Krankheiten").

I Der Autor beschreibt in ionischem Dialekt verschiedene Krankheiten sehr treffend: z.B. den Wahnsinn, das Asthma, die Diabetes. Aretaios zitiert häufig Homer und Hippokrates.

A C. Hude, Berlin [(2)]1958.

Ü A. Mann, Halle 1858.
L F. Kudlien: Untersuchungen zu Aretaios von Kappadokien. Abh. Ak. Mainz 1963. St. M. Oberhelman: On the Chronology and Pneumatism of A., in: ANRW 2, 37, 2, 941–966.

Perì akataléptu
„Über das Unbegreifliche"

Ioannes Chrysostomos aus Antiocheia, 334/354–407 n. Chr.

Sammlung von zwölf *Lógoi* (Homilien) über die Unbegreiflichkeit Gottes und die Wesensgleichheit des Sohnes mit dem Vater (gr.).

I Iohannes greift mit diesen Homilien in die Diskussion mit dem Spät-Arianismus über die Trinitätslehre ein.

A PG 47–64 (Gesamtausgabe). SC 28, 1951.
L K. Baus: Johannes I Chrysostomos, in: LThK 5, 1018–1021.

Perì akustôn
„Über das Hörbare"

Auch lat. zitiert als *De audibilibus*.

Straton aus Lampsakos, gest. um 270 v. Chr. (von Porphyrios Aristoteles aus Stageira, 384–322 v. Chr., zugewiesen und im Corpus der aristotelischen Schriften überliefert)

Abhandlung zur Harmonielehre (gr.)

I Die Schrift besteht aus vier Hauptteilen (nach U. Klein, 184): (1) Beschaffenheit und Zustand der menschlichen Stimmwerkzeuge (800a1–801a21): Allgemeine Vorbemerkung über die Schallentstehung; Überleitung auf die Stimmorgane, Mund, Lunge, Luftröhre, Zustände der Stimmorgane. (2) Reichweite und Deutlichkeit der Stimmen und Töne (801a21–801b40, bzw. 802a7): Reichweite der Stimme; deutliche und undeutliche Stimmen; helle Stimmen, „weiche" Stimmen. (3) Klang und Beschaffenheit der Musikinstrumente (802a7–802b28): Helle Töne bes. bei den Auloi; Töne der Hörner u.a. (4) Klangfarben der menschlichen Stimme (802b28 bis 804b39): harte und weiche Stimmen, dünne Stimmen usw.

A I. Bekker, Berlin 1831, Nachdr. Berlin und Darmstadt 1960, 800–804. I. Düring: Porphyrios' Kommentar zur Harmonielehre des Ptolemaios, Göteborg 1932. W. S. Hett, London/Cambridge (Mass.) 1936.
Ü U. Klein, Darmstadt 1972 (mit Kommentar).
L W. Capelle: Straton (Nr. 13), in: RE 4 A 1, 1931, 278–315. F. Wehrli, Schule, 5: Straton.

Perì aletheías →Alétheia (Antiphon)

Perì Alexandreías
„Über Alexandreia"

Kallixeinos aus Rhodos, um 150 n. Chr.

Bis auf wenige Frg. verlorene Schrift in mindestens
vier Büchern über besonders interessante Ereignisse
in der Stadt Alexandreia (gr.).

I Bei Athenaios (→Deipnosophistaí 5, 196A ff.)
sind zwei größere wörtliche Zitate erhalten: Über
großartige Schiffsbauten des Ptolemaios IV. mit
technischen Details und Angaben über die Ausstattung der Schiffe; über eine große pompé („Festzug"), die Ptolemaios II. zwischen 278 und 270
v. Chr. veranstaltete.

A FGrHist 627.
L F. Jacoby, RE 10, 1751 ff. O. Lendle, Einführung,
270. H. Volkmann, RE 23, 1578 ff.

Perì álgus
„Über das Leid"

Lucius Orbilius Pupillus aus Beneventum, 113/
112- etwa 14/13 v. Chr.

Weitgehend verlorene Autobiographie über den
„Leidensweg" des Autors (lat., trotz des gr. Titels).

I Nach Sueton, →De grammaticis et rhetoribus
9, enthielt das Werk Klagen über das Unrecht, das
die Lehrkräfte in der Schule aufgrund der Nachlässigkeit oder des Ehrgeizes der Eltern erlitten. Da
der Titel des Werkes nicht sicher überliefert ist,
wurden auch andere Titel statt Perì álgus konjiziert:
z. B. Perì alogías („Über die Dummheit") oder Peri-
álogos („Der Obertrottel").
N Horaz, →Epistulae (2,1,70).

A H. Funaioli, GrRF, 135 f. (zwei Testimonien und ein
Fragment).
L V. Ferraro: La scuola di Orbilio, in: RCCM 9, 1967,
234–238. R. E. Kastner: Studies in the text of Suetonius De
grammaticis et rhetoribus, Atlanta 1992, 65–70. R. A. Kastner, Oxford 1995, 128–137 (in der Textausgabe von Suetons Schrift De grammaticis et rhetoribus). M. – C. Vacher,
Paris 1993, 10 bis 14; 93–103 (in der Textausgabe von Suetons Schrift De grammaticis et rhetoribus).

Perì anapnoês →Parva naturalia
(Aristoteles)

Perì anastáseos nekrôn
„Über die Auferstehung der Toten"

Athenagoras aus Athen, Ende des 2. Jh.s n. Chr.

Philosophische Abhandlung (gr.).

I Der Autor verfolgt das Ziel, die Möglichkeit
der Auferstehung mit allen Mitteln der christlich-
philosophischen Spekulation zu beweisen. (1) In einem polemisch-apologetischen Teil, der sich vor allem gegen Vertreter des Epikureismus und ihren
Subjektivismus richtet, weist der Autor die Ansicht
zurück, daß das Leben der Menschen auf einen Zufall zurückzuführen sei; es sei vielmehr vom Kausa-
litätsprinzip bestimmt. Demnach spreche auch
nichts dagegen, daß Gott die Auferstehung der Toten bewirken könne oder wolle. Mit der Schöpfung
habe Gott seine Allmacht bewiesen, die dann auch
die Auferstehung möglich mache. (2) In einem spe-
kulativ-exegetischen Teil entwickelt Athenagoras
drei Gründe für die Auferstehung: (a) Der Zweck
der Erschaffung des Menschen ist das ewige Leben.
(b) Der Mensch besteht aus Leib und Seele. (c) Der
Mensch kann nur als Ganzheit, d. h. als Einheit von
Leib und Seele, zur Rechenschaft gezogen werden.

A S. Di Meglio, Siena 1974. W. R. Schroedel, Oxford
1972 (gr.–engl.). E. Schwartz, Leipzig 1891.
Ü A. Eberhard, Kempten 1913.
L L. W. Barnard: Athenagoras, De resurrectione. The
Background and Theology of a Second Century Treatise
on the Resurrection, in: Studia Theologica 30, 1976, 1–42.
KNLL 1, 819 f. J. Lehmann: Die Auferstehungslehre des
Athenagoras, Diss. Leipzig 1890. F. Weiss: Ein Zeuge der
Frühkirche über die Auferstehung der Toten, in: Schweizer
Kirchenzeitung 128, 1960, 200–202.

Perì anémon
„Über die Winde"

Adamantios, 3. Jh. n. Chr.

Werk (gr.) aus dem Bereich der Paradoxographie.

A V. Rose: Anecdota Graeca et Graeco-Latina. Bd. 1,
Berlin 1864, 29–48.

Perì antidóseos
„Über den Vermögenstausch"

Isokrates aus Athen, 436–338 v. Chr.

Nicht gehaltene Rede (gr.), die sich als Verknüpfung
von fingierter gerichtlicher Verteidigung, Selbstrechtfertigung und Autobiographie darstellt.
Isokrates gibt selbst zu erkennen (8), daß er diese
Rede in seinem 82. Lebensjahr geschrieben habe.

I „Die Rede ... nimmt einen bereits erledigten
Prozeß zum Anlaß. In diesem hatte Lysimachos gegen Isokrates nach attischem Recht von der Mög-

lichkeit Gebrauch gemacht, die kostspielige Leistung der Trierarchie auf einen wohlhabenderen Bürger dadurch abzuschieben, daß er im Falle der Weigerung Vermögenstausch (*antídosis*) beantragte. Nachträglich fingiert Isokrates, er sei durch Angriffe in der Öffentlichkeit dadurch gezwungen, sein Leben und Wirken zu verteidigen. Das geschieht in großer Breite, wobei die Situation des Sokrates vor seinen Richtern imitiert wird und eingelegte Partien aus früheren Reden die Rolle von Beweisstücken spielen sollen" (Lesky, 656).

Q „Plato hatte als erster in seiner →*Apología Sokrátus* die gerichtliche Verteidigungsrede zur literarischen Form des Selbstbekenntnisses gemacht ... Diese neue Form des literarischen Selbstporträts muß auf das egozentrische Denken des Isokrates tiefen Eindruck gemacht haben, und er hat sie sich in der Rede vom Vermögenstausch selbst zu eigen gemacht" (Jaeger, 200). So lautet z. B. die fingierte Anklage, Isokrates verderbe die Jugend, indem er sie lehre, auf ungerechte Weise vor Gericht Vorteile zu erlangen (30). Die Anlehnung an die Anklage des Sokrates ist offensichtlich.

W Isokrates will die „Mischung der Ideen", d. h. die Verbindung von Gerichtsrede, Selbstverteidigung und Autobiographie, als Ergebnis seiner rhetorischen Kunst verstanden wissen (11 bis 12). Die Rede „gibt ihm Gelegenheit, durch den Zwang der Verteidigung zu motivieren, was, als bloßes Selbstlob ausgesprochen, bei jedermann Anstoß erregen würde" (Jaeger, 200). Auf diese Weise schafft Isokrates die äußeren Bedingungen für die ausführliche Rechtfertigung seiner Bildungskonzeption, seiner Paideia, die er selbst (10) als seine „Philosophie" bezeichnet. Isokrates legt großen Wert darauf zu betonen, daß sich seine politisch-moralische Erziehung von dem Unterricht der gewöhnlichen Redenschreiber, die ihre Schüler zu Gerichtsrednern ausbilden, grundsätzlich unterscheidet.

A G. E. Benseler / F. Blaß. Bd. 2, Leipzig [(2)]1879. G. Mathieu / É. Brémond. Bd. 3, Paris [(4)]1966 (gr.-frz.). G. Norlin. Bd. 2, London/Cambridge (Mass.) 1929 (gr.-engl.).
Ü A. H. Christian. Bd. 6, Stuttgart 1836.
L A. Burk: Die Pädagogik des Isokrates, Würzburg 1923, Nachdr. New York/London 1968. W. Jaeger, Paideia 3, 199–225. KNLL 8, 476f. G. Misch: Geschichte der Autobiographie. Bd. 1. 1, Frankfurt [(3)]1949, 158–180. K. Münscher, RE 9, 2, 1916, 2208–2212.

Perì aorgesías (*De cohibenda ira*) →Moralia (Plutarchos)

Perì aphtharsías kósmu
„Über die Unzerstörbarkeit der Welt"

Auch lat. zitiert als *De incorruptibilitate mundi.*

Philon aus Alexandreia, 1. Hälfte des 1. Jh.s n. Chr.

Unvollendete philosophische Abhandlung (gr.). Vermutlich eine Jugendarbeit des Autors.

I Der Autor vertritt im Gegensatz zur stoischen Philosophie die Unvergänglichkeit des Weltalls. Am Schluß seiner Ausführungen kündigt er eine Darstellung der Gegenargumente an, die er wohl widerlegen wollte. Dieser zweite Teil der Abhandlung ist nicht oder nicht mehr vorhanden. Philon stützt sich in seiner Argumentation für die Unvergänglichkeit vor allem auf die Gründe, die die Peripatetiker Theophrast und Kritolaos für die Ewigkeit der Welt geltend gemacht haben, und wendet sich entschieden gegen die stoische Lehre von der periodischen Weltverbrennung.

A L. Cohn / P. Wendland / S. Reiter. 7 Bde., Berlin 1896–1930. F. H. Colson / G. H. Whitaker. 10 Bde. und 2 Suppl.-Bde., London/Cambridge (Mass.) 1929–1962 (gr.-engl.).
Ü L. Cohn u. a. 6 Bde., Breslau 1909–1938.
L H. v. Arnim: Quellenstudien zu Philo von Alexandria. Über die ps.-philonische Schrift *Perì aphtharsías kósmu*, Berlin 1888, 1–52. E. Bréhier: Les Idées philosophiques et religieuses de Ph. d' Alexandrie, Paris [(3)]1950. P. Habermehl, MLAA, 531–533. H. Leisegang: Philon (Nr. 41), in: RE 20, 1, 1941, 1–50. A. Lesky, GL, 898–902. Schmid-Stählin 2, 1.

Perì apíston
„Über unglaubliche Dinge"

Palaiphatos, 4. Jh. v. Chr.

Mythographisches Werk (gr.) in ursprünglich fünf Büchern, aus denen ein Auszug mit 52 Geschichten erhalten ist.

I Der wahrscheinlich pseudonyme Verfasser versucht im Sinne einer rationalistischen Mythendeutung den Mythen bis in Einzelheiten hinein „Wahrheit" abzugewinnen bzw. ihren rationalen Kern freizulegen. Denn – so der Verfasser – allem, was erzählt werde, liege irgendein Geschehnis zugrunde; es gebe keine absolute Erfindung, die sich in Worten niedergeschlagen habe. Dichter und Geschichtenerzähler hätten die wirklichen Ereignisse ins Wunderbare und Unglaubliche gesteigert. Diese mythische Hülle sei zu entfernen, damit das wirkliche Ereignis sichtbar werde. Darum konfrontiert der Verfasser die falsche mythische Tradition mit dem wahren Vorgang, wie er ihn erforscht und gefunden hat. So waren z. B. die Kentauren die Bewohner eines Dorfes in Thessalien, die auf Befehl des Königs Ixion eine wilde Stierherde unschädlich machten, indem sie die Stiere von ihren Pferden aus mit ihren Lanzen niederstreckten (*taúrus katekentaúrysan*) und von daher ihren Namen erhielten. („Kentauren" sind also ursprünglich „Menschen, die Stiere mit Lanzen durchbohren".)

Q Die rationalistische Mythendeutung (Entmythologisierung der Mythen) läßt sich bis auf Hekataios, →*Genealogíai*, zurückführen. Vgl. auch Herodoros, →*Ho kat' Herakléa lógos*, und seine Versuche, den Mythos zu säkularisieren. – Platon,

→*Phaîdros* 229d-e, distanziert sich von einer übertriebenen Rationalisierung der Mythen.

A   N. Festa, Leipzig 1902. FGrHist 44. MythGr 3. 2.
Ü   K. Brodersen, Stuttgart 2002 (gr.-dt.).
L   A. Lesky, GL, 703. W. Nestle, VMzL, 148–152.

Perì apochês empsýchon
„Über die Enthaltung vom Fleischgenuß"

Auch lat. zitiert als *De abstinentia* („Über die Enthaltsamkeit").

Porphyrios aus Tyros, etwa 234–300 n. Chr.

Fragmentarisch überlieferte Abhandlung in vier Büchern über die Bedeutung der Philosophie für den Menschen (gr.).

    I   Die Philosophie ist der Religion zwar untergeordnet (vgl. →*Perì tês ek logíon philosophías*). Aber die Erlösung und Befreiung der Seele ist auch als Ergebnis asketisch-spiritueller und vor allem vegetarischer Lebensweise zu sehen. Der Zweck der Philosophie ist das sittliche Leben des Menschen; die Wissenschaft, die zur Glückseligkeit führen soll, besteht nicht in einer Vielfalt von Kenntnissen; diese sind nur Mittel der Reinigung, nicht wesentliche Bestandteile des besten Lebens. – Die aus pythagoreischer Überlieferung stammende Seelenwanderungslehre legt ein Verbot des Fleischgenusses nahe, wenn man an eine Wiederverkörperung einer Seele in Menschen und Tierleibern glaubt. „In diesem Zusammenhang gehörte das zwischen Stoikern und Platonikern kontrovers diskutierte Problem, ob die Tierseele ein Stück Vernunft, also etwas von der höchsten Seelensubstanz oder – fähigkeit enthalte, sowie die Frage, ob blutige Opfer der Gottheit willkommen sein könnten. Porphyrios behandelt diese Themen im Sinne strenger, auch seinen übrigen Moralvorstellungen entsprechender Askese. Er stützt sich dabei auf eine umfangreiche z.T. verlorene Literatur, zu der u.a. der Traktat des Aristoteles-Schülers Theophrast über die Frömmigkeit (→*Perì eusebeías*) gehört. Man kennt ihn fast nur aus dieser Schrift des Porphyrios (vgl. Dihle, 385).

A   R. Beutler (s.u. mit Hinweisen zu Textausgaben). A. Smith: Porphyrii fragmenta, Leipzig 1993.
L   R. Beutler: Porphyrios, in: RE 22, 1, 1953, 275–313. A. Dihle, GLL, 383–387. A. Lesky, GL, 985 f. F. Thedinga: Die Paränese in des Porphyrios' Schrift *Perì apochês empsýchon*, in: RhM 76, 1927, 54–101.

Perì archaíes ietrikês →Corpus Hippocraticum

Perì Archilóchu
„Über (den Dichter) Archilochos"

Apollonios Rhodios aus Alexandreia, 3. Jh. v. Chr.

In nur wenigen Frg. und Nachrichten überlieferte Abhandlung (gr.) über den Dichter Archilochos aus Paros, um 650 v. Chr. (→*Élegoi*, →*Íamboi*).

    I   Daß Apollonios Rhodios ein Buch „Über Archilochos" geschrieben hat, erwähnt Athenaios (→*Deipnosophistaí* 10,451d).
    N   „Indem Apollonios anfing, Archilochos' kraftvolle und eigentümliche Sprache zu interpretieren, wurde er zum Vorläufer der künftigen Herausgeber und *Hypomnemanistaí* der Iambographen in Alexandria. *Perì Archilóchu* war ein bedeutsames Verbindungsglied zu den Peripatetikern, die vielleicht jene Literaturgattung *Perì tû deîna* ‚Über eine bestimmte Person' ins Dasein gerufen hatten, die die vollständigen Kommentare zu einzelnen Autoren vorwegnahm und später neben ihnen bestand" (Pfeiffer, 183).

A   J. Michaelis: De Apollonii Rhod. fragmentis, Diss. Halle 1875, 16–56 (mit den Frg. der Schriften über gr. Dichter).
L   R. Pfeiffer, KlPh, 181–183.

Perì archôn
„Über die Urgründe/Grundsätze"

Auch lat. zitiert als *De principiis*.

Origenes aus Alexandreia, etwa 185–254 n. Chr.

Systematische Darstellung des christlichen Glaubens in vier Büchern (gr.), die nur in der lat. Übersetzung des Rufinus (etwa 345–410 n.Chr.) vollständig erhalten ist. Der gr. Urtext ist bis auf wenige Stellen vom Anfang des 3. und des 4. Buches nicht erhalten. Auch eine wörtliche Übersetzung des Hieronymus ist verschollen.

    I   Die Praefatio des 1. Buches beginnt mit dem Hinweis, daß Christen ihr Glaubenswissen den Worten Christi entnehmen, soweit sie im Alten und →*Novum Testamentum* überliefert sind, und es an der kirchlichen Tradition oder Verkündigung messen, die den wesentlichen Inhalt des Schriftenkanons zusammenfaßt. Doch aus verschiedenen Gründen muß weiter über den Glauben nachgedacht werden: Es bestehen Meinungsverschiedenheiten in bestimmten Glaubensfragen, weil die Apostel die Begründung verschiedener Lehren den Späteren überlassen haben. Acht Themen aus der apostolischen Verkündigung bedürfen weiterer Erörterung: (1) Gott, der Schöpfer, und Gott des alten und neuen Bundes, (2) der fleischgewordene Christus, (3) der heilige Geist, (4) die Seele, (5) die Willensfreiheit, (6) der Teufel und die bösen Mächte, (7) die Schöpfung und das Ende der Welt, (8) die heiligen Schriften nach Ursprung und geistlichem Sinn (1,4–8 a). Diese acht Themen werden von Buch 1 bis Buch 4, 3 etwa in derselben Reihenfolge behandelt. Sie bilden das Gerüst des ganzen Werkes. Am Schluß (4,4) steht eine Zusammenfassung. – Im Vorwort werden noch andere Themen berührt (8b bis 10): (1) der Begriff der Unkörperlichkeit, (2) der Ursprung und das Wesen der Engel, (3) die Beseelung der Gestirne. Diese Themen werden allerdings nicht wie die ersten acht Themen in einem jeweils eigenen Hauptabschnitt, sondern im Zusammenhang mit den Hauptthemen behandelt. Das 1. Buch handelt von Gott, Christus und dem heiligen Geist (1,1–4). Origenes hebt das immaterielle, rein geistige Wesen Gottes hervor. Dabei verbindet er Problemorientierung, d. h. Problematisierung eines vorgegebenen Lehrstückes, Exegese und Polemik zugunsten der richtigen Lehre. An die Gotteslehre schließt sich (1,5–8) die Darstellung der *geistigen Schöpfung* an, die sich durch ihre Vielheit von dem einen Gott unterscheidet. Die Vielheit und Verschiedenheit der geistigen Schöpfung hat ihre Ursachen in dem aus freien Stücken vollzogenem Abfall von Gott. Aus dem Abfall der Geister und dem Nachlassen ihrer Liebe zu Gott entsteht als strafende und erziehende Folge die *materielle Welt*. Das 2. Buch beginnt (2,1–3) mit der Darstellung der materiellen Welt, d. h. des niederen Teiles der Schöpfung. Die Notwendigkeit einer Bestrafung der Geister mit der Einkerkerung in einen Leib war für Gott der Anlaß für die Erschaffung der materiellen Welt und der Menschenwelt; dieser treten Gott im alten und neuen Bund (2,4–5), Christus in der Menschwerdung (2, 6) und der heilige Geist in der Offenbarung der beiden Bünde (2,7) gegenüber. – Eine Abhandlung über die menschliche Seele schließt sich an (2,8). Origenes geht stets von den biblischen Aussagen aus, die er als Substrat für die eigene Untersuchung verwendet. Er schließt das 2. Buch mit Erörterungen über die Auferstehung und den Sinn der Endverheißungen ab (2,9–11). Das 3. Buch wird mit einer Abhandlung über die Willensfreiheit eröffnet (3,1). Darauf folgen Traktate über die Bedrohung des Menschen durch den Satan und die feindlichen Mächte (3,2–3) und die nur menschlichen Versuchungen (3,4). Am Schluß eröffnet der Autor einen Ausblick auf die Rückkehr der Vernunftwesen in die ursprüngliche Körperlosigkeit und die Einheit mit Gott und miteinander (3,5–6). Das 4. Buch befaßt sich mit dem Thema „Schriftverständnis", ist doch für Origenes die Verbindung von rationaler Beweisführung mit biblischer Autorität ein maßgeblicher Grundsatz seiner Argumentation. Zunächst vertritt der Autor die Überzeugung von der durchgehenden Inspiriertheit der ganzen Bibel (4,1). Diese läßt eine wörtliche Auslegung aber nicht zu, sondern bedarf der geistlichen Auslegung (4,2–3). Daraus folgt für Origenes, daß der eigentliche Sinn der Bibel (wie er schon in 1.–3. Buch dargelegt worden war) nur einer begnadeten Minderheit zugänglich werden kann. Im letzten Kapitel (4,4) faßt der Autor seine Ausführungen über die

Trinität, den Logos als Schöpfer und Erlöser, die materielle Schöpfung und die Bestimmung der unzerstörbaren Vernunftwesen zur Erkenntnis und zur Rückkehr in die Einheit mit Gott und miteinander nochmals zusammen.

Q Origenes ist in seinen Lehren von einem mystisch eingestellten Platonismus, der Metaphysik des sog. mittleren Platonismus, beeinflußt: „Die biblische Überlieferung vom Sündenfall verstand er im Sinn platonischer Metaphysik in der Weise, daß alle Geistwesen, die Menschenseelen eingeschlossen, aus ihrer Verbindung zum Einen und Höchsten gefallen sind und sich in unterschiedlichen Graden in die Materie verstrickt haben. Es ist ihre Aufgabe, sich aus eigenem Streben auf den Weg der Wiedervereinigung zu begeben und dieses Ziel in der Kette der Wiederverkörperungen zu erreichen. Die göttliche Gnade unterstützt dieses Bemühen durch Erziehung und Hilfe, und am Ende der Tage werden alle Geistwesen, Menschen und gefallene Engel, wieder in einem intellegiblen Kosmos mit ihrem Gott vereint sein" (Dihle, 349). – Die Theologie des Origenes muß von seinem Kampf gegen die Häretiker her verstanden werden: Gegen die *Markioniten* verteidigt Origenes die Güte des Schöpfergottes und die Zusammengehörigkeit der beiden Testamente, gegen die *Valentinianer* die Freiheit, die menschliche Ursächlichkeit der Sünde, die Ureinheit der vernünftigen Natur, gegen die *Modalisten* die Persönlichkeit des Logos, gegen die *Adoptianisten* die ewige Zeugung des Logos, gegen den Doketismus die echte Menschheit Christi als Bedingung der Erlösung, gegen die *Anthropomorphisten* und *Chiliasten* die reine Geistigkeit Gottes und der Seele (z. B. durch die geistige Erklärung der Anthropomorphismen der Schrift).

W Von der Grundlage des kirchlichen Glaubens ausgehend will Origenes durch biblische Exegese und vernünftige Überlegung zu einer „Wissenschaft von Gott" (*divina scientia*) gelangen. Er versteht seine Arbeit als Auftrag der Apostel an eine Minderheit von Christen, die mit dem Bekenntnis zur Kirche und ihrer Tradition die Freiheit kühner Forschung verbinden (vgl. Görgemanns-Karpp, 12). „Für Origenes bestand ein wichtiges Motiv zur weitgehenden Eingliederung philosophischer Gedanken in die christliche Lehre zweifellos darin, das selbständige sittliche Bemühen des Menschen als heilsnotwendig zu erweisen und darum die Maßstäbe der Sittlichkeit mit denen der göttlichen Gerechtigkeit übereinstimmen zu lassen" (Dihle, 349).

N Während die Exegese und die geistliche Lehre des Origenes große Anerkennung und Nachfolge erfuhren, stießen die spekulativen Thesen seiner philosophischen Theologie auf heftigen Widerstand. So wurde u. a. die Lehre von der Präexistenz der Seele und von der Ewigkeit der Schöpfung verworfen. Die Trinitätslehre wurde abgelehnt. Die Lehre von der Apokatastasis, der vorbestimmten und sich gleichsam naturgesetzlich vollziehenden Wiederherstellung des Urzustandes, erregte die entschiedene Anlehnung der Orthodoxie. Am Ende des 4. Jh.s entfachten Epiphanius und Hieronymus einen ersten großen Streit um Origenes und seine „Ketzereien" (→*Contra Ioannem Hierosolymitanum*, →*Adversus Rufinum*). Obwohl die kirchlichen Behörden das Lesen der Schriften des Origenes mehrfach verboten, hatte er einen gewaltigen Einfluß nicht nur auf die griechische Patristik, sondern auch auf die Philosophie der Frühscholastik (z. B. auf Johannes Scotus Eriugena, etwa 810–877). Allen kirchlichen Verdammungsurteilen zum Trotz gewann Origenes im Zeitalter des Humanismus und der Reformation neue Aktualität. Er blieb jedoch auch hier umstritten und wurde von Erasmus und Luther ganz unterschiedlich bewertet.

A H. Crouzel / M. Simonetti. 5 Bde., Paris 1978–1984 (gr./lat.–frz.). H. Görgemanns / H. Karpp, Darmstadt [(3)]1992 (gr./lat.–dt.). P. Koetschau, Leipzig 1913 (in: Werke. Bd. 5).
Ü H. Görgemanns / H. Karpp (s. o.).
L O. Bardenhewer 2, 96–194. U. Berner (Hg.): Origenes, Darmstadt 1976. H. Crouzel: Origène et la philosophie, Paris 1962. A. Dihle, GLL, 344–349. H. Holz: Über den Begriff des Willens und der Freiheit bei Origenes, in: Neue Zeitschrift für Systematische Theologie und Religionsphilosophie 12, 1970, 63–84. E. v. Ivánka: Der geistige Ort von *Peri archon* zwischen Neuplatonismus, Gnosis und der christlichen Rechtgläubigkeit, in: Scholastik 35, 1960, 481–502. H. Jonas: Origenes' *Peri archon* – ein System patristischer Gnosis, in: ThZ 4, 1948, 101–119. KNLL 12, 755. H. Koch: Pronoia und Paideusis. Studien über Origenes und sein Verhältnis zum Platonismus, Berlin/Leipzig 1932. P. Kübel: Schuld und Schicksal bei Origenes, Gnostikern und Platonikern, Stuttgart 1973. L. Lies: Origenes' *Peri archon*. Eine Einführung und Erläuterung, Darmstadt 1992. F. Marty: Le discernement des esprits dans le *Peri archon* d' Origène, in: Revue d' Ascétique et de Mystique 34, 1958, 147–165 und 253–275. P. Mehlhorn: Die Lehre von der menschlichen Freiheit nach Origenes' *Peri archon*, in: ZKG 2, 1878, 234–253. P. Nautin: Origène, Paris 1977. U. Wickert: Glauben und Denken bei Tertullian und Origenes, in: Zeitschrift für Theologie und Kirche 62, 1965, 153–177.

Perì archôn tês Rhomaíon politeías
„Über die Beamten (Ämter) des römischen Staates"

Auch lat. zitiert als *De magistratibus populi Romani.*

Lydos Ioannes Laurentius, 6. Jh. n. Chr.

Weitschweifige Abhandlung (gr.) über die Beamten und Ämter der röm. Republik und des Kaiserreiches in zwei Büchern. In einem dritten Buch wird außerdem die praetorianische Praefectur behandelt.

A R. Wünsch, Leipzig 1903.
L T. F. Carney: Lydos (Nr. 2), in: DKP 3, 801 f.

Perì aretês →Perì aretôn kaì kakiôn (Ps.–Aristoteles)

Perì aretês
„Über die Tugend"

Ps.–Platon

Philosophischer Dialog zwischen Sokrates und Hippotrophos (gr.).

I Die Ausgangsfrage ist die Frage nach der Lehrbarkeit der Tugend (*areté*). Das Ergebnis des Gesprächs lautet: Die Tugend ist weder lehrbar noch von Natur aus vorhanden, sondern wird denen, die sie besitzen, nur durch „göttliche Fügung" (*theía moíra*) zuteil. Vgl. die Diskussion im platonischen Dialog →*Ménon.*

A J. Burnet. Bd. 5, Oxford 1907.
Ü E. Loewenthal. Bd. 3, Darmstadt 2003.

Perì aretês kaì kakías →Moralia (Plutarchos)

Perì aretôn kaì kakiôn
„Über Tugenden und Laster"

Auch lat. zitiert als *De virtutibus et vitiis.*

Ps.–Aristoteles, vielleicht 4./3. Jh. v. Chr.

Abhandlung über moralphilosophische Fragen (gr.).

I „Der Tugendlehre wird hier die platonische Unterscheidung der drei Seelenkräfte und der vier Haupttugenden zugrunde gelegt; auf diese sucht aber der Verfasser die von Aristoteles behandelten Tugenden zurückzuführen, ebenso die entsprechenden Fehler auf die schlechte Beschaffenheit der betreffenden Seelenteile, indem er zugleich die Merkmale und Äußerungen der verschiedenen Tugenden und Fehler in der beschreibenden Manier der späteren Ethik, wie sie namentlich in der peripatetischen Schule seit Theophrast üblich gewesen zu sein scheint, übersichtlich aufgezählt" (Zeller, 670 f.). Dem platonischen *logistikón* wird die *phrónesis* zugeteilt, dem *thymoeidés* die *praótes* und *andreía*, dem *epithymetikón* die *sophrosýne* und *enkráteia*, der ganzen Seele die *dikaiosýne, eleutheriótes, megalopsychía*, ebenso die ihnen entgegenstehenden Fehler. Diese Tugenden und Fehler werden anschließend definiert, und am Ende wird beschrieben, wie sie sich im Handeln des Menschen zeigen.

A I. Bekker, Berlin 1831, 1249 a 26 – 1251 b 37. F. Susemihl, Leipzig 1884.
Ü E. A. Schmidt, Darmstadt [(3)]1986 (mit Kommentar).
L E. Zeller, Philosophie, 3. 1, 670 f.

Perì Aristotélus philosophías
„Über die Philosophie des Aristoteles"

Nikolaos aus Damaskos, geb. etwa 64 v. Chr.

Im gr. Original verlorene Schrift des Autors, der als Anhänger der peripatetischen Lehre galt und als Philosoph bezeichnet wurde (T 2).

   A   FGrHist 90.
   L   H. J. Drossaart Lulofs: Nicolaus Damascenus on the Philosophy of Aristotle. Fragments of the first 5 books transl. from the Syriac, Leiden 1965. E. Zeller, Philosophie 3. 1, 650–652.

Perì arithmû kaì tópu kaì chrónu
„Über Zahl, Raum und Zeit"

Damaskios aus Damaskos, geb. um 462 n. Chr.

Verlorene, aber bezeugte philosophische Abhandlung aus dem Geist des Neuplatonismus (gr.).

   L   H. Dörrie, DKP 1, 1317.

Perì árthron embolês →Corpus Hippocraticum

Perì asteismôn
„Über die Formen des Witzes"

Neoptolemos aus Parion, 3. Jh. v. Chr.

Verlorene literarisch-philologisch-grammatische Abhandlung (gr.), die vor allem von Horaz benutzt wurde (→Ars poetica), wie Porphyrio (wahrscheinlich 3. Jh. n. Chr.), der Verfasser eines →„Kommentars zu Horaz", mitteilt.

   A   J. U. Powell, Collectanea 27.
   L   P. Händel, dtv-L 1. 3, 233 f.

Perì atómon grammôn
„Über unteilbare Linien"

Auch lat. zitiert als De lineis insecabilibus.

Ps.–Aristoteles

Philosophische Abhandlung (gr.)

   I   Thema ist die Atomlinientheorie der platonischen Schule (Xenokrates). Vgl. →Tà metà tà physiká Alpha 992a10–24 über die „mittleren Dinge", d.h. die mathematischen Größen, mit Argumenten aus De lineis insecabilibus.

   A   O. Apelt, Leipzig 1888.
   L   D. Harlfinger: Die Textgeschichte des pseudo-aristotelischen Schrift Perì atómon grammôn, Amsterdam

1971. W. Hirsch: Die ps.–aristotelische Schrift Perì atómon grammôn, Diss. Heidelberg 1953.

Perì Attikês dialéktu
„Über den attischen Dialekt"

Krates aus Athen, 1. Jh. v. Chr.

Weitgehend verlorenes glossographisches Werk (gr.).

   I   Es handelte sich wohl um ein Lexikon, das Erläuterungen zu spezifisch attischen Wörtern, d.h. Dialektglossen, enthielt. Das Werk wird von Athenaios mehrfach zitiert (→Deipnosophistaí) und hat die spätere Lexikographie stark beeinflußt.

   A   FGrHist 362.
   L   R. Pfeiffer, KlPh, 296 (Anm. 64).

Perì automatopoietikês
„Über die Kunst der Herstellung von Automaten"

Heron aus Alexandreia, 1. Jh. n. Chr.

Abhandlung über die Konstruktion von zwei kleinen mechanisch angetriebenen Puppentheatern (gr.).

   I   Die Automaten werden durch Gewichte angetrieben. Diese haben die Form von Kolben, die in Zylinder eintauchen. Sie werden mit Hirse oder Senfkörnern gefüllt, und der Kolben ruht auf den Körnern. Sobald die Körner durch ein Loch im Boden des Zylinders auslaufen, sinkt der Kolben nach unten und zieht an einem Seil, das die Hauptwelle des Apparates bewegt und das in Gang setzt, was Heron als „Spielplan" (mŷthos) bezeichnet. „Das Programm lief folgendermaßen ab: Bei der ersten Anlage bewegt sich der ganze Apparat auf Rädern nach vorn und hält in der richtigen Position. Es können sich dann Figuren drehen oder bewegen, es öffnen und schließen sich Türen, es entzündet sich ein Feuer auf kleinen Altären usw. Am Ende bewegt sich die Anlage nach rückwärts, bis sie außer Sicht kommt. Die zweite Anlage bewegt sich nicht als ganze, aber sie besitzt dafür mehr Figurinen, die eine größere Vielfalt von Bewegungen vorführen können ... Weil die Vorrichtung weniger Antriebskraft braucht, benutzt man anstelle von Hirsekörnern Sand in dem Zylinder. Da dieser sehr viel langsamer ausläuft, dauert die Vorführung entsprechend länger" (Landels, 247).

   A   W. Schmidt / L. Nix / H. Schöne / J. L. Heiberg. 5 Bde., Leipzig 1899–1914 (gr.–dt.): Perì automatopoietikês in Bd. 1, 1899.
   L   J. G. Landels: Die Technik in der antiken Welt, München 1979, 241–253. A. Lesky, GL, 889. J. Mau: Heron, in: DKP 2, 1106–1109. K. Tittel, RE 8, 1912, 992–1080.

Perì basileías
„Über das Königtum"

Synesios aus Kyrene, etwa 370–412 n. Chr.

Rede (gr.) in Anlehnung an die vier Königsreden des
Dion aus Prusa (→*Lógoi*)
Gehalten in Konstantinopel vor Kaiser Arkadios im
Jahre 399/400 n. Chr.

I   Die Rede bedient sich zwar rhetorisch-höfi-
scher Gemeinplätze, enthält aber ein klares politisches Programm, das vor allem der Barbarisierung
des Staates entgegentritt, indem es ein entsprechendes Herrscherideal entwickelt. Es handelt sich also
um einen „Fürstenspiegel".

A   C. Lacombrade: Les discours sur la royauté de Synésios de Cyrène, Paris 1951 (gr.–frz. mit Kommentar).
L   J. Bregmann: Synesios of Cyrene, philosopher-bishop, Berkeley/Los Angeles/London 1982. C. Lacombrade: Synésios de Cyrène, hellène et chrétien, Paris 1951.

Perì bíon
„Über Lebensformen"

Dikaiarchos aus Messene, um 300 v. Chr.

Nur fragmentarisch erhaltene Schrift des Aristoteles-
schülers über verschiedene Typen von Philosophen
und weisen Männern (gr.).

I   Mit der Darstellung der Lebensformen waren
auch biographische Berichte verbunden. So wird
u. a. auch Sokrates beschrieben. Der Autor preist
ihn als Beispiel eines wahren Philosophen, der sein
ganzes Leben der Philosophie gewidmet habe. Ein
erst 1983 gefundenes Fragment aus dem Abschnitt
über Platon enthält eine Würdigung seiner philosophischen Leistung und seiner Tätigkeit als Lehrer.
Platon habe sich um die Philosophie besonders verdient gemacht, weil er zahllose Menschen zur Philosophie hingeführt habe. Allerdings sei die Auseinandersetzung mit philosophischen Fragen in den
Dialogen nicht unproblematisch. Denn dadurch
daß die Fragen hier in der Regel nicht zu Ende diskutiert würden, gewönne mancher einen falschen
Eindruck von den wirklichen Anforderungen philosophischer Forschung. Auch auf dem Gebiet der
Mathematik habe sich Platon große Verdienste erworben. Seine philosophische Arbeit habe er nur
um der Erkenntnis willen betrieben. Aber für das
große Publikum derer, die etwas für das Leben hätten lernen wollen, habe es öffentliche Lehrveran-
staltungen gegeben, in denen Platon seine Forschungsergebnisse in einer publikumsgerechten
Form vorgetragen habe.

A   F. Wehrli, Schule, 1.
L   K. Döring, Historia, 22 f.

Perì bíu Moyséos
„Über das Leben des Moses"

Auch lat. zitiert als *De vita Moysis*.

Gregorios aus Nyssa, 4. Jh. n. Chr.

Biographie des Moses (gr.).
Geschrieben um das Jahr 392 n. Chr.

I   Das Leben des biblischen „Gesetzgebers"
wird als Vorbild christlichen Lebenswandels gedeutet. Der Autor vergleicht das innere Leben des
Christen mit dem Aufstieg des Moses zum Berg Sinai. Die Transzendenz Gottes ist der Grund, weshalb sich der Mensch in einem nie endenden Aufstieg zu ihm befindet. Gregor „verfaßte, gestützt
auf die biblische Überlieferung, eine ‚innere' Biographie des Moses, die er als unaufhörliche Suche
nach Gotteserkenntnis verstand. Das war ein gut
platonischer Gedanke. Platon hatte als höchste
Form des Eros, der Liebe, der die Welt alle Hervorbringungen verdankt, das unstillbare Verlangen
nach erkennender Vereinigung mit dem wahren
Sein verstehen gelehrt ... Gregor ging ... noch einen
Schritt weiter. Jenseitige Erfüllung menschlichen
Lebens und Strebens sah er nicht darin, daß der Ru-
hepunkt einer festen Einsicht gewonnen wird, vielmehr deutete er die Vollkommenheit und Seligkeit
als ungehinderte, aber nie abgeschlossene Gottsu-
che. Damit erfuhr der sokratisch-platonische Gedanke, daß der rechte Weg der Erkenntnis wichtiger
sei als das Ziel, eine Radikalisierung, die antikem
Denken fremd sein mußte" (Dihle, 535). – In der
Biographie spielt u. a. auch die Frage, wie der Christ
mit heidnischen Bildungsgütern umgehen solle, eine
bedeutende Rolle. So deutet Gregorios verschiedene Stationen im Leben des Moses als präfigurierte
Formen des Umgangs mit den antiken Bildungsgütern.

A   J. Daniélou: Grégoire de Nysse. *Vie de Moise*, Paris
(2)1956 (gr.–frz.).
L   A. Dihle, GLL, 535 f. H. Dörrie: Gregor von Nyssa,
in: RAC 12, 1983, 793–863. C. Gnilka: Chresis. Die Methode der Kirchenväter im Umgang mit der antiken Kultur, Bd. 1. Der Begriff des „rechten Gebrauchs", Basel/
Stuttgart 1984, 76–79. P. Hacker: Theological Foundations
of Evangelization, St. Augustin (2)1983, 48–50. E. Mühlenberg: Die Unendlichkeit Gottes bei Gregor von Nyssa,
Göttingen 1964.

Perì bíu Moyséos
„Über das Leben des Moses"

Philon aus Alexandreia, 1. Hälfte des 1.Jh.s n. Chr.

Historisch-apologetische Schrift (gr.) in zwei Büchern.

I   Adressaten der Schrift sind heidnische Leser,
die etwas über den jüdischen Gesetzgeber erfahren
sollen. Buch 1 erzählt vom Leben des Moses und

seiner Bewährung als Führer des Volkes. Buch 2 beschreibt seine Tätigkeit als Gesetzgeber, Priester und Prophet. – Der Held wird idealisiert, und die Darstellung ist durch Reden und allgemeine Reflexionen ausgeschmückt. Die allegorische Deutung nimmt einen breiten Raum ein.

A →*Perì aphtharsías kósmu.*
L E. R. Goodenough; Philo's Exposition of the Law and his *De vita Mosis*, in: Harvard Theolog. Rev. 26, 1933, 109–125.

Perì bíu theoretikû
„Über das beschauliche Leben"

Auch lat. zitiert als *De vita contemplativa.*

Philon aus Alexandreia, 1. Hälfte des 1. Jh.s n. Chr.

Historisch-apologetische Schrift (gr.).

I Philon schildert das Leben der Therapeuten, der Verehrer des wahren Gottes, die fern von der zivilisierten Welt ein einfaches Leben führen und sich fast ganz dem Studien der heiligen Schrift widmen. Am Schluß beschreibt der Autor das große therapeutische Fest, das alle fünfzig Tage gefeiert wird.
N Eusebios, →*Historía ekklesiastiké* 2,17, brachte die therapeutischen Asketen in Verbindung mit den christlichen Mönchen und sah in der Schrift des Philon ein Zeugnis für das hohe Alter des christlichen Mönchstums. Philon selbst aber schildert eine jüdische Sekte von philosophierenden Schriftgelehrten, keine christlichen Mönche.

A →*Perì aphtharsías kósmu.* P. Geoltrain, Paris 1960.
L L. Alfonsi: Il *Perì bíu theoretikû* di Filone e la tradizione protrettica, in: WS 70, 1957, 5–10. Schmid-Stählin 2, 1. P. Wendland: Die Therapeuten und die philonische Schrift vom beschaulichen Leben, in: Jahrb. f. class. Philol. Suppl. 22, 1896, 693–772.

Perì boethemáton
„Über Hilfsmittel"

Antyllos, vielleicht 2. Jh. n. Chr.

Medizinisch-pharmakologische Schrift (gr.) über „Arzneien", nur fragmentarisch erhalten.

A P. Nicolaides, Halle 1799 (Fragmente).
L F. Kudlien: Antyllos (Nr. 2), in: DKP 1, 415 f.

Perì chreías moríon →Perì tôn idíon biblíon (Galenos)

Perì chromáton
„Über Farben"

Auch lat. zitiert als *De coloribus.*

Ps.–Aristoteles (vielleicht Theophrastos oder der Peripatetiker Straton)

Naturkundliche Schrift (gr.).

I Das Werk setzt sich mit der Frage nach dem Grund für die Farben bei Pflanzen und Tieren auseinander.

A I. Bekker, Berlin 1831, 791–799.
Ü G. Wöhrle, Darmstadt 1999 (mit Kommentar).

Perì Deinárchu
„Über Deinarchos"

Dionysios aus Halikarnassos, lebte seit 30 v. Chr. in Rom

Abhandlung (gr.) über den Redner Deinarchos (etwa 360–290 v. Chr.), einen der Gegner des Demosthenes. In dieser Schrift übte Dionysios auch Echtheitskritik: Aus den zahlreichen unter dem Namen des Deinarchos umlaufenden Reden sonderte Dionysios 60 als echt aus.

A H. Usener / L. Radermacher. 2 Bde., Leipzig 1899–1929, Nachdr. 1997.

Perídeipnon Plátonos
„Leichenschmaus beim Tode Platons"

Speusippos, 4. Jh. v. Chr.

Lobrede (Enkomion) auf Platon, den Onkel des Speusippos (gr.), in Frg. erhalten.

I Das Enkomion enthielt u.a. einen Hinweis auf das Gerücht, Platon sei in Wahrheit nicht der Sohn des Ariston, sondern des Gottes Apollon gewesen. Ariston habe Platons Mutter Periktione Gewalt antun wollen, sei aber nicht zum Ziel gekommen. Darauf sei ihm Apollon im Traum erschienen. Nach diesem Traum habe er Periktione so lange nicht mehr berührt, bis diese Platon geboren habe.

A P. Lang, Bonn 1911, Nachdr. Frankfurt 1964. L. Tarán: Speusippus of Athens, Leiden 1981.
L K. Döring, Historia.

Perì deisidaimonías (*De superstitione*) →Moralia (Plutarchos)

Perì diagnóseos kaì therapeías tôn en hekástu psychê idíon pathôn →Perì tôn idíon biblíon (Galenos)

Perì dekaetías
„Über die zehn Jahre"

Demetrios aus Phaleron, etwa 350–283 v. Chr.

Bericht (gr.) über die zehn Jahre der Staatsführung des Demetrios in Athen (von 317–307 v. Chr.), nur in geringen Frg. erhalten. Demetrios regierte als Anhänger der promakedonischen Partei und Vertrauensmann des Kassander, bis er 307 v. Chr. von Demetrios Poliorketes aus seiner Stellung vertrieben wurde.

A FGrHist 228. F. Wehrli, Schule 4.
L O. Hiltbrunner: D. von Phaleron (Nr. 25), in: DKP 1, 1468 f.

Perì Demosthénus →Demosthenes-Kommentar (Didymos)

Perì diagnóseos sphygmôn →Perì tôn idíon biblíon (Galenos)

Perì diaítes →Corpus Hippocraticum

Perì dihairéseon
„Über die Einteilungen"

Erasistratos aus Keos, 3. Jh. v. Chr.

Verlorene, aber vielfach bezeugte medizinisch-anatomische Schrift (gr.) von großer Bedeutung für die Geschichte der Medizin.

A R. Fuchs: Erasistratea, Diss. Berlin 1892.
L F. Kudlien: Erasistratos von Keos, in: dtv-L 1. 2, 66 f. F. Kudlien, DKP 2, 343 f.

Perì dikaiosýnes
„Über die Gerechtigkeit"

Aristoteles aus Stageira, 384–322 v. Chr.

Verlorener staatsphilosophischer Dialog in vier Büchern (gr.), aber aus anderen Schriften des Autors rekonstruierbar, vor allem aus den →Politiká.

I Ein Thema des verlorenen Dialogs war die Unterscheidung verschiedener Formen des Herrschafts- bzw. Autoritätsverhältnisses (trópoi tês archês unter Bezugnahme auf Politiká 3,6,1278b30–32). „Das für die politische Autorität im demokratischen Gemeinwesen Charakteristische ist, daß freie und ebenbürtige Mitbürger abwechselnd übereinander herrschen. Die Begriffe Autorität, Gerechtigkeit und Freundschaft setzen alle ein Verhältnis zwischen zwei Partnern voraus; durch Analyse dieses Verhältnisses könne man die verschiedenen Formen präzisieren. In der Einleitung zum ersten Buch

der Politik wendet sich Aristoteles gegen Platons Ansicht, Autorität sei ein einheitlicher Begriff. Auch im Dialog Über die Gerechtigkeit wollte Aristoteles gegenüber Platon seine Ansicht von der Komplexität der genannten Begriffe darlegen" (Düring, 477).

L I. Düring, Aristoteles, 477. A. Lesky, GL, 636. P. Moraux: A la recherche de l' Aristote perdu. Le dialogue Sur la justice, Löwen/Paris 1957. E. Schütrumpf: Aristoteles über Athen in Perì diakaiosynes, in: Hermes 108, 1980, 322–337. G. Soleri: L' Aristotele perduto. Alla ricerca del Dialogo sulla giustizia, in: RSC 6, 1958, 33–49.

Perì dikaíu
„Über das Gerechte"

Ps.–Platon

Dialog zwischen Sokrates und einem Unbekannten über das Wesen des Gerechten (gr.).

I In dem Gespräch wird u. a. die auch für die Theorie der Dichtkunst und der Rhetorik so wichtige Frage gestellt, ob und gegebenenfalls unter welchen Umständen Täuschung und Lüge gerecht bzw. gerechtfertigt sind (vgl. Gorgias, →Téchne).

A J. Burnet. Bd. 5, Oxford 1907.
Ü E. Loewenthal. Bd. 3, Darmstadt 2003.
L H. Schmeken: Eine Schülerarbeit aus der mittleren Akademie, in: Philos. Jahrb. 60, 1950, 20–30.

Perì Dionysiakôn agónon
„Über Dionysos – Feste mit dichterischen Wettkämpfen" oder „Über musische Agone"

Dikaiarchos aus Messene, um 300 v. Chr.

Inhaltsangaben über Tragödien und Komödien und Diskussion von Problemen der szenischen Dichtung (gr.), in nur wenigen Frg. erhalten.
Um 300 v. Chr. verfaßt.

I Die Ausführungen waren anscheinend sehr eingehend und ausführlich; es handelte sich eher um eine gelehrte Sammlung als um einfache Inhaltsangaben.
N Die Schrift war eine der Quellen für die →Hypothéseis des Aristophanes aus Byzanz.

A F. Wehrli, Schule 1 (Dikaiarchos: Frg. 73–89).
L R. Pfeiffer, KlPh, 238.

Perì diosemeíon
„Über Vorzeichen"

Auch lat. zitiert als *De ostentis*.

Lydos Ioannes Laurentius, 6. Jh. n. Chr.

Abhandlung (gr.) über die Deutung von Vorzeichen jeder Art, aus unterschiedlichen Quellen zusammengetragen.

A C. Wachsmuth, Leipzig 1897.
L T. F. Carney: Lydos (Nr. 2, in: DKP 3, 801 f.

Perì dysopías (*De vitioso pudore*) →Moralia (Plutarchos)

Periégesis
„Erdbeschreibung"

Hekataios aus Milet, um 500 v. Chr.

Erdbeschreibung (gr.) in zwei Büchern mit den Titeln „Europa" und „Asien", nur in Frg. überliefert. Etwa um 500 v. Chr. zusammen mit einer neuen Weltkarte (*Períodos gês*) veröffentlicht.

I Hekataios „füllte in diesem Werk die großen Konturen des anaximandrischen Weltbildes mit zahlreichen Einzelinformationen auf" (Lendle, 11). Er benutzte dazu nicht nur die vorhandene Reiseberichtsliteratur, sondern unternahm auch eigene Reisen, um ein konkretes Bild der Welt zu gewinnen. – Das Werk ist wie ein Periplus („Umschiffung"), eine Küstenbeschreibung vom Schiff aus, aufgebaut. Beschrieben werden die Küsten des Mittelmeeres und des Schwarzen Meeres. Zuerst werden die nördlichen, dann die südlichen Küsten beschrieben. Von den Küsten aus wurde der Blick in das Landesinnere gerichtet. Das Werk war anscheinend sehr materialreich, aber literarisch anspruchslos. – Auf der Weltkarte hatte die rings vom Ozean umflossene Erdoberfläche etwa die Form eines Kreises. Um das Mittelmeer herum waren die drei Kontinente Europa im Norden, Libyen (Afrika) im Süden und Asien im Osten angeordnet. Der Nil war die Grenze zwischen Afrika und Asien, der Tanais (oder Phasis) die Grenze zwischen Europa und Asien. Die Grenzflüsse stellten eine Verbindung zwischen dem äußeren Ozean und dem Mittelmeer bzw. dem Schwarzen Meer her.

Q Hekataios steht in der Nachfolge des Naturphilosophen Anaximandros aus Milet (→*Perì phýseos*). „Sein alle Traditionen überwindender Entwurf einer Kosmogonie auf der Basis des ‚Unbegrenzten', seine Rekonstruktion der Geschichte der Welt einschließlich der Entwicklung der Lebewesen und der Menschen aus dem Wasser, seine Darstellung der Erdoberfläche in der Form einer Erdkarte, seine Entgöttlichung der Himmelserscheinungen und sein radikaler Verzicht auf anthropomorphe Götter überhaupt sowie die nüchterne Orientierung seines Denkens an den normalen menschlichen Erfahrungen der Wirklichkeit – all dies, was möglicherweise aus einer in seiner Zeit ganz neuartigen Abhandlung Anaximanders, der später der Titel ‚Über die Natur' zugelegt wurde, entnommen werden konnte, scheint Hekataios tief beeindruckt und zu eigenen Forschungen angeregt zu haben, die die Entwürfe des Vorgängers teilweise berichten und überwinden sollten" (Lendle, 11). Für die Beschreibung von Libyen und Indien benutzte Hekataios den →*Periplus* des Skylax aus Karyanda.

W Hekataios wollte mit seiner *Periégesis* anscheinend nur seine Erdkarte erläutern. Daraus erklärt sich auch die literarische Anspruchslosigkeit des Werkes.

N Bereits Herodot, →*Historíes apódexis* (4,36), machte sich über die Erdkarte des Hekataios lustig: „Ich muß lachen, wenn ich sehe, wie viele Menschen schon Erdkarten gezeichnet haben, und wie doch keiner die Gestalt der Erde sinnvoll zu erklären wußte. Sie zeichnen den Ozeanfluß rund um die Erde und diese selbst rund, wie abgezirkelt. Asien machen sie ebenso groß wie Europa" (Übers. J. Feix). Herodot benutzte Hekataios ansonsten ausgiebig. Er zitiert ihn namentlich (2,143,1. 6,137,1), und nach antikem Urteil (Frg. 324 a) übernahm er im 2. Buch vieles wörtlich von Hekataios (z. B. 2,70–73, die Beschreibung der Krokodiljagd, die den Stil des Hekataios noch erkennen läßt, vgl. Lesky, 257). Es ist anzunehmen, daß Herodot „auf den Spuren des Hekataios und unter Mitnahme der beiden Buchrollen seiner ‚Periegese' gereist ist und die Nachrichten des Vorgängers an seinen eigenen Beobachtungen gemessen hat" (Lendle, 13).

A FGrHist 1. G. Nenci, Florenz 1954.
L K. v. Fritz: Die griechische Geschichtsschreibung. Bd. 1, Berlin 1967, 23–103. H. Fränkel, Dichtung, 390–398. F. Jacoby: Hekataios, in: RE 7, 1912, 2667–2750. O. Lendle, Einführung, 10–18. A. Lesky, GL, 256–258.

Periégesis
„Erdbeschreibung"

Priscianus aus Mauretanien, um 500 n. Chr.

Übersetzung der Erdbeschreibung des Dionysios, des Periegeten (2. Jh. n. Chr.), in lat. Hexameter (→*Periégesis tês oikuménes*).

A P. de Woestijne, Brügge 1953.

Periégesis
„Erdbeschreibung"

Ps.–Skymnos, Ende des 2. Jh.s v. Chr.

Fragmentarisch überlieferte geographische Beschreibung (gr.) von Asien und Europa. Das Werk fußt auf älterer Geographie, u.a. auf Apollodoros, →*Chroniká*, und war in iambischen Trimetern verfaßt. Die Kenntnis der *Chroniká* ist im wesentlichen Ps.–Skymnos zu verdanken.

A C. Müller, GGM 1, 196–237.
L R. Pfeiffer, KlPh, 307–312.

Periégesis Ilíu
„Rundführung durch Ilion"

Polemon aus Ilion, etwa 220–160 v. Chr.

Beschreibung von Ilion (gr.), bis auf einige Frg. verloren.

I Die Beschreibung von Ilion ist im Zusammenhang mit der *Periégesis* als einer literarischen Gattung zu sehen, die sich mit berühmten Orten oder Landschaften befaßt. Das bekannteste erhaltene Werk dieser Literaturgattung ist die →*Periégesis tês Helládos* des Pausanias. Vgl. auch die *Periégesis tês oikuménes* des Dionysios aus Alexandreia. – Polemon verfaßte im Rahmen dieser Gattung *Periegéseis* zu verschiedenen berühmten Stätten: z.B. *Perì tês Athenaíon akropóleos* („Über die Akropolis in Athen"), *Perì tês hierâs hodû* („Über die heilige Straße von Athen nach Eleusis"), *Perì tôn en Delphoîs thesaurôn* („Über die Schatzhäuser in Delphi"). Er befaßte sich weniger mit geographischen Phänomenen wie z.B. Hekataios aus Milet in seiner →*Periégesis* als mit den Altertümern der jeweiligen Stätten. Das trifft auch für seine Beschreibung von Ilion zu.

A FHG 3, 108–148. **L** Preller: Polemonis Periegetae fragmenta, Leipzig 1838, Nachdr. 1964.
L A. Lesky, GL, 873f. R. Pfeiffer, KlPh, 301–304.

Periégesis tês Helládos
„Beschreibung von Griechenland"

Pausanias, 2. Hälfte des 2. Jh.s n. Chr.

Beschreibung Griechenlands in zehn Büchern (gr.) mit Berücksichtigung der Geographie, Geschichte, Mythologie und der Schilderung der Örtlichkeiten und der Denkmäler.
Entstanden zwischen 160 und 180 n. Chr.

I Der „Reiseführer" führt von Attika (Buch 1), über die Argolis (B. 2) und Lakonien (B. 3) nach Messenien (B. 4), Elis (B. 5–6), Achaia (B. 7) und Arkadien (B. 8). Dann geht die Reise noch nach Böotien (B. 9) und Phokis (B.10). – „Der Autor gibt

dem Leser und dem Reisenden eine bis ins Detail exakte Schilderung der griechischen Kulturdenkmäler (Fehler schleichen sich erst bei seiner Deutung und Erklärung ein, sind aber eben darum gut zu erkennen), und zwar in dem Zustand, in dem sie sich ihm bei seinen Besuchen dargeboten haben: auch Zerstörtes, Fragmentarisches, Halbverschüttetes, nicht mehr Vorhandenes wird registriert. Dabei ist freilich nicht Vollständigkeit das Ziel ... Die Perspektive, aus der Pausanias seine Auswahl trifft, zeigt seine Vorliebe für Kultus und Religion, sakralen Zwecken geweihte Denkmäler überwiegen bei weitem" (Schmalzriedt, 11).

W Der Autor verknüpft seine Beschreibungen mit mythologischen, anekdotischen und biographischen Berichten, die fast die Hälfte des Werkes ausmachen. Offensichtlich will er auf diese Weise seinen literarischen Anspruch zum Ausdruck bringen: Er will nicht nur beschreiben, sondern auch unterhaltsam erzählen.

N Das Werk ist aufgrund der Fülle seiner Informationen bis heute eine wichtige Quelle für fast alle Zweige der klassischen Altertumswissenschaften.

A H. Hitzig / H. Blümer. 3 Bde., Leipzig 1896–1910 (mit Kommentar). M. H. Rocha-Pereira. 3 Bde., Leipzig [2]1989–1990. F. Spiro. 3 Bde., Leipzig 1903, Nachdr. Stuttgart 1959.
Ü J. Laager, Zürich 1998. E. Meyer, Zürich 1954 (Auswahl). E. Meyer / F. Eckstein. 3 Bde., Zürich 1986–1989.
L C. Habicht: Pausanias und seine Beschreibung Griechenlands, München 1985. A. Lesky, GL, 955f. E. Schmalzriedt, KNLL 13, 10–12. C. Robert: Pausanias als Schriftsteller, Berlin 1909. Schmid-Stählin 2, 2, 755–761.

Periégesis tês oikuménes
„Das Lied von der Welt"

Dionysios aus Alexandreia, der Perieget, 2. Jh. n. Chr.

Beschreibung der Erde in 1187 gr. Hexametern. Zur Zeit des Kaisers Hadrian (reg. 117–138 n. Chr.) verfaßt.

I Das einzige gr. Lehrgedicht zur Geographie mit ethnographischen und historischen Hinweisen hatte auch aufgrund seiner leichtverständlichen Verse großen Erfolg. Die „mathematische" Geographie wird nur sehr kurz behandelt (vgl. Pomponius Mela, →*De chorographia libri III*). Wie der lat. Autor Pomponius Mela behandelt auch Dionysios die Welt anhand fiktiver Fahrten entlang der Küsten und auf Landwegen. Er geht auf viele in der antiken Literatur als wichtig erwähnte Orte ein.

N Als Lese- und Schulbuch wurde das Werk das ganze Mittelalter hindurch bis in das 19. Jh. hoch geschätzt. Es existieren lat. Fassungen von Avienus (→*Orbis terrae*) und Priscianus (um 500 n. Chr) (→*Periégesis*), ferner ein umfangreicher Kommentar des Eustathius (1115–1197).

A   G. Bernhardy. 2 Bde., Leipzig 1828, Nachdr. Hildesheim 1974. K. Brodersen, Hildesheim/New York 1994 (lat.–dt.).

L   K. Brodersen: Principia Geographiae: Antike Texte im frühen Erdkundeunterricht, in: Anregung 42, 1996, 29–43. C. Jacob: La Description de la terre habité de Denys d'Alexandrie ou la lecon de géographie, Paris 1990. J. O. Thomson: History of Ancient Geography, Cambridge 1948.

Perì eídus kaì epilogês híppon
„Über Körperbau und Auswahl von Pferden"

Simon aus Athen, um 400 v. Chr.

Fragment (gr.) aus einer Schrift *Perì hippikês* („Über die Reitkunst"), die Xenophon für seine Abhandlung →*Perì hippikês* benutzt haben dürfte. Vgl. 1,3 und 11,6.

A   K. Widdra, Leipzig 1964, 39–44 (Xenophon-Ausgabe).

L   Wickert, RE 3 A 1, 1927, 173–175.

Perì eirénes
„Über den Frieden"

Isokrates aus Athen, 436–338 v. Chr.

Politische Rede (gr.), die wohl nicht gehalten, sondern schriftlich publiziert wurde.
Wahrscheinlich nach dem für Athen unglücklichen Ausgang des Bundesgenossenkrieges von 357–355 v. Chr. verfaßt.

I   Nach Beendigung des Krieges hatte Athen etwa zwei Drittel seines bisherigen Einflußgebietes verloren. Das bedeutete zugleich den Verlust der Seeherrschaft. Isokrates fordert seine Hörer/Leser dazu auf, sich mit der Tatsache abzufinden, daß Athen keine Großmacht mehr war. Aber der Verzicht auf Herrschaft – das ist die Botschaft des Isokrates – bedeutet nicht den Verzicht auf „Größe", die auf der Autorität von Integrität und Gerechtigkeit beruhen kann. In diesem Sinne kann Athen zu einer Macht werden, die von allen Griechen anerkannt wird, wenn sich Athen nicht mehr als Unterdrücker, sondern als Garant der Freiheit erweist.

W   „Die Tragik des Verzichts auf Macht liegt darin, daß zu der Zeit, als die Gedanken des Isokrates in den Herzen der Jugend so Wurzel schlugen, ihr Urheber selbst den Glauben an einen Wiederaufstieg Athens als selbständiger Macht und als Führerin eines großen Staatenbundes endgültig aufgegeben hatte. In der ‚Friedensrede' des Isokrates sind wir Zeugen der Abdankung all seiner Pläne zur inneren Wiedergeburt ... Der Grundgedanke dieser Schrift ist die in ihr nachdrücklich vertretene Überzeugung, daß den Athenern nichts anderes übrigbleibt, als ihren Anspruch auf die Herrschaft zur See vollkommen preiszugeben und damit die Idee der Seebundspolitik, die dem attischen Reich

zugrunde lag. Er rät jetzt, Frieden zu schließen nicht nur mit den abtrünnigen Bundesgenossen, sondern auch mit der ganzen Welt, mit der Athen im Streit liegt. Das ist nur möglich, wenn man die Wurzel der Streitigkeiten selbst ausrottet; diese aber sieht Isokrates in dem ehrgeizigen Streben des athenischen Staates nach Beherrschung der anderen Städte" (Jaeger, 192 f.).

A   G. E. Benseler / F. Blaß. Bd. 1, Leipzig [(2)]1898. G. Mathieu / É. Brémond. Bd. 3, Paris [(4)]1966. G. Norlin. Bd. 2, London/Cambridge (Mass.) 1929.

Ü   A. H. Christian. Bd. 4, Stuttgart 1836.

L   D. Gillis: The Structure of Arguments in I.' *De pace*, in: Ph 114, 1970, 195–210. W. Jaeger, Paideia 3, 170–198. KNLL 8, 477 f. R. A. Moysey: I.' *On the peace*. Rhetorical Exercise or Political Advice?, in: American Journal of Ancient History 7, 1982, 118–127. K. Münscher, RE 9, 2, 1916, 2205 f. P. Orsini: La date du discours *Sur la paix* d'Isocrate, in: Pallas 12, 1964, 9–18. F. Taeger: Der Friede von 362/361, Stuttgart 1930, 53–55.

Perì enhypníon →Parva naturalia (Aristoteles)

Perì enhypníon
„Über Träume"

Synesios aus Kyrene, etwa 370–412 n. Chr.

Traktat (gr.) über das Traumleben und dessen Bedeutung für die Voraussage der Zukunft.
Nach 402 n. Chr. verfaßt.

I   Der Autor gibt vor, er habe das Werk in einer einzigen Nacht geschrieben. Er schlägt vor, man solle nicht nur Tagebücher, sondern auch „Nachtbücher" (*epinyktídes*), d.h. Traumprotokolle, anfertigen, um auf diese Weise die Traumdeutung zu intensivieren.

A   N. Terzaghi. 2 Bde., Rom 1944–1949.

L   KNLL 16, 244. A. Lesky, GL, 986–988.

Perì enklinoménon moríon
„Über enklitische Teile"

Ioannes Charax, 6. Jh. n. Chr.

Nur fragmentarisch erhaltene grammatische Abhandlung (gr.) über Enklitika (= Wörter ohne eigenen Akzent, z.B. Partikeln, unbetonte Pronomina, einige Verbformen). – Das Werk war wohl im wesentlichen eine Kompilation des 21. Buches der →*Katholikè prosodía* des Ailios Herodianos.

A   I. Bekker: Anecdota Graeca 3, 1821, 1149–1155.

Perì Epichármu
„Über Epicharmos"

Apollodoros aus Athen, 2. Jh. v. Chr.

Verlorene Monographie (gr.) über den Dichter Epicharmos (um 550–460 v. Chr.) und Edition seiner →„Komödien".

A   FGrHist 244 (Frg. 213).
L   R. Pfeiffer, KlPh, 319–321.

Perì epideiktikôn
„Über epideiktische (= rühmende) Reden"

Menandros aus Laodikeia, 3. Jh. n. Chr.

Traktat über Regeln zur Abfassung epideiktischer Reden (gr.) vor dem Hintergrund der Rhetorik der sog. Zweiten Sophistik.

A   RhGr 3, 329–446. D. A. Russel / N. G. Wilson, Oxford 1981 (lat.-engl. mit Kommentar).
L   A. Lesky, GL,943. L. Radermacher, RE 15, 1,1931, 762–764.

Perì epidésmon
„Über Verbände"

Soranos aus Ephesos, Anfang des 2. Jh.s n. Chr.

Medizinisch-chirurgische Abhandlung (gr.) mit praktischen Anleitungen und Illustrationen.

A   J. Illberg: Corpus medicorum Graecorum 4, 1927.
L   A. Lesky, GL, 996 f.

Perì etymologiôn
„Über etymologische Erklärungen"

Apollodoros aus Athen, 2. Jh. v. Chr.

Bis auf wenige Frg. verlorene sprachwissenschaftliche Abhandlung (gr.) über eine für die Stoiker ausgesprochen wichtige Frage. Vgl. Chrysippos, →*Perì etymologiôn*.

I   Die Frg. enthalten nur Beispiele für die etymologische Bedeutung von Substantiven; sie lassen nicht erkennen, daß Apollodor die Auffassung der Stoiker von der hohen Bedeutung der Etymologie geteilt hätte.

A   FGrHist 244 (Frg. 221–225 und 226–284).
L   R. Pfeiffer, KlPh, 315 f.

Perì etymologiôn
„Über etymologische Erklärungen"

Chrysippos aus Soloi, 3. Jh. v. Chr.

Verlorene Abhandlung (gr.) über die sprachwissen-schaftliche Frage, inwieweit die Analyse der Sprache den Weg zur Kenntnis der Dinge eröffnen könne. Im Gegensatz zu Platon, →*Krátylos*, waren die Stoiker von der Möglichkeit überzeugt, durch die Klärung des Wahrheitsgehaltes der Wörter die Erforschung der (von der Sprache benannten) Dinge fördern zu können.

A   SVF 2, 9 (Zeile 13 f.) und 44 (Zeile 42).
L   M. Pohlenz, Stoa 1, 37–63.

Perì euchês
„Über das Gebet"

Aristoteles aus Stageira, 384–322 v. Chr.

Verlorener philosophischer Dialog (gr.), bezeugt u. a. von Diogenes, →*Philosóphon bíon kaì dogmáton synagogé* 5,22.

A   V. Rose, Leipzig 1886 (Frg. 44–46).

Perì euchês
„Über das Gebet"

Origenes, etwa 184–254 n. Chr.

Auslegung (gr.) des Vaterunser (→*Novum Testamentum*, Matthäus 6,9–13; Lukas 11,2 ff.).

A   GCS 2. PG 11.
L   P. Nautin: Origène. Sa vie et son oeuvre, Paris 1977.

Perì eugeneías
„Über vornehme Herkunft"

Auch lat. zitiert als *De nobilitate*.

Aristoteles aus Stageira, 384–322 v. Chr.

In nur wenigen Frg. überlieferter Dialog (gr).

I   Die Frg. lassen u. a. erkennen, daß im Dialog z. B. die Geschichte von den zwei Frauen des Sokrates zur Sprache kam, ohne daß in diesem Zusammenhang etwas Nachteiliges (z. B.: ein Vorwurf wegen Bigamie) über Sokrates erwähnt wurde. Vgl. dagegen Aristoxenos, →*Bíos Sokratikós*.

A   V. Rose, Leipzig 1886.

Perì Európes kaì Asías
„Über Europa und Asien"

Demetrios aus Kallatis, Ende des 3. Jh.s v. Chr.

Verlorenes historiographisches Werk (gr.).

I Die Frg. lassen erkennen, daß es sich um eine Universalgeschichte handelte, die nach geographischen Prinzipien gegliedert war.

A FGrHist 85.

Perì eusebeías →De pietate (Philodemos)

Perì eusebeías
„Über Frömmigkeit"

Theophrastos aus Lesbos, um 370–287 v. Chr.

Nur indirekt überlieferte philosophisch-theologische Abhandlung (gr.).

I Die Schrift ist fast nur aus dem 2. Buch →*Perì apochês empsýchon* (*De abstinentia*) des Porphyrios zu rekonstruieren. „Im Sinne einer Verinnerlichung des Kultus hat Theophrast manche Unsinnigkeit verworfen, im besonderen die blutigen Opfer, wobei ihn neben der Annahme einer Entwicklung aus unschuldigerem Brauchtum seine Überzeugung leitete, daß alle Lebewesen durch natürliche Verwandtschaft verbunden seien" (Lesky, 774).

A J. Bernays: Theophrastos' Schrift *Über die Frömmigkeit*, Berlin 1866, Nachdr. Hildesheim 1971. W. Pötscher: Theophrastus, *Perì eusebeías*, Leiden 1964.
L A. Lesky, GL, 772–775. O. Regenbogen, RE Suppl. 7, 1940, 1353–1562.

Perì euthymías
„Von der Heiterkeit des Herzens"

Panaitios aus Rhodos, um 185–98 v. Chr.

Philosophische Abhandlung (gr.), in nur wenigen Frg. erhalten.

I Panaitios hatte die völlige Affektlosigkeit (Apathie) als Ziel des stoischen Weisen für unerreichbar erklärt. Seine Normen entsprachen den Möglichkeiten des Durchschnittsmenschen (Frg. 114). An die Stelle der *Apathie* ist offensichtlich die *Euthymie* getreten (Frg. 45), die schon vor Panaitios als „völlige Wunschlosigkeit" (SVF 3,432) definiert worden war. Dadurch konnte er auch denjenigen glücklich nennen, der nicht frei von Affekten und Schmerzen ist, sofern er sich deren vollständige Vermeidung als unmöglich erreichbar gar nicht erst zum Ziel gesetzt hat, weil für ihn das Glück in der Erreichung aller selbstgesetzten Zwecke besteht.

N Es ist nicht auszuschließen, daß Plutarchs

Schrift →*Perì euthymías* von Panaitios beeinflußt ist.

A M. van Straaten: Panaetii Rhodii Fragmenta, Leiden (2)1962.
Ü M. Pohlenz: Stoa und Stoiker. Die Gründer. Panaitios. Poseidonios, Zürich 1950, 191–255.
L F. Alesse: P. di Rodi e la tradizione stoica, Neapel 1994. M. Pohlenz, Stoa, 191–207. A. Schmekel: Die Philosophie der mittleren Stoa, Berlin 1892.

Perì euthymías
„Von der Heiterkeit des Herzens"

Auch lat. zitiert als *De tranquillitate animi* („Über die Ruhe des Herzens").

Plutarchos aus Chaironeia, um 46 – um 120 n. Chr.

Moralphilosophische Abhandlung (gr.), in Briefform gekleidet und an einen gewissen Paccius adressiert, als praktische Lebenshilfe gedacht und mit vielen guten Ratschlägen versehen.

I Der Autor beschreibt seinem Adressaten Mittel und Möglichkeiten zur Bekämpfung der inneren Unruhe mit Hilfe zahlreicher Zitate aus der gr. Literatur und vieler Beispiele aus der Geschichte. Die Kernaussage des Textes ist die Aufforderung zur Freude über die einfachen Dinge des täglichen Lebens: „Wir müssen dankbar dafür sein, daß wir leben, gesund sind, die Sonne sehen können, daß weder Krieg noch Aufruhr herrscht ..., daß wir reden, tätig sein, schweigen und müßig sein können" (469E). Darüber hinaus empfiehlt Plutarch, das, was einem angemessen ist und den eigenen Möglichkeiten entspricht, im Auge zu behalten und nicht nach den Dingen zu streben, die außerhalb der eigenen Reichweite liegen. Eine wichtige Hilfe auf dem Weg zur Ruhe des Herzens ist die Erinnerung an vergangene Freude, während die Vergeßlichkeit alles Schöne ungeschehen macht und keine Quelle der Freude mehr sein kann, weil sie die aus Vergangenheit, Gegenwart und Zukunft bestehende Einheit des Lebens zerreißt (473D).

Q Offensichtlich handelt es sich um eine Sammlung von „Lesefrüchten" zum Thema „Ruhe des Herzens", die der Autor zunächst für sich selbst gesammelt und dann für Paccius zusammengestellt hat. So kann er diesem einschlägige Aussagen zitieren z.B. von Xenophon, Demokrit, Anaxagoras, Euripides, Hesiod, Menandros, Krates, Diogenes, Platon, Zenon aus Kition, Epikur, Pindar, Sophokles, Aristipp, Archilochos, Empedokles, Herakleitos ... Es ist schwierig, die Schrift →*Perì euthymías* des Panaitios als Vorlage zu identifizieren.

A W. C. Hembold: Plutarch's *Moralia*. Bd. 6, London/Cambridge (Mass.)1939. W. R. Paton / M. Pohlenz / W. Sieveking: Plutarchi *Moralia*. Bd.3, Leipzig 1929.
Ü B. Snell: Von der Ruhe des Gemütes und andere philosophische Schriften, Zürich 1948.
L R. Hirzel: Plutarch, Leipzig 1912. A. Lesky, GL,

917–926. G. Siefert: Plutarchs Schrift *Perì euthymías*, Progr. Pforta, Naumburg 1908. K. Ziegler: Plutarchos von Chaironeia, in: RE 21, 1, 1951, 636–692.

Perì euthymíes
„Von der Heiterkeit des Herzens"

Demokritos aus Abdera, etwa 460–370 v. Chr.

Der Titel dieser moralphilosophischen Abhandlung (gr.) wird von Diogenes Laertius, →*Philosóphon bíon kaì dogmáton synagogé* (7,46), genannt. Es handelt sich um die Nr. 3 der zweiten Tetralogie im Schriftenverzeichnis des Thrasyllos. Sie ist dort als ethische Schrift eingeordnet.

I Aus *Perì euthymíes* könnte neben anderen Frg. (VS 68 B 3, 174, 188, 293, 229, 230, 159, 235, 246, 283, 264, 251, 254, 253, 265, 277, 278 [Reihenfolge nach J. Mansfeld]) auch VS 68 B 191 stammen. In diesem von Stobaios (→*Eklogaí*) überlieferten Text wird beschrieben, wie die Menschen zur Euthymie gelangen: durch Mäßigung, Bescheidenheit, Genügsamkeit, Vergleichen des eigenen Lebens mit dem Unglück anderer. Bei Diogenes Laertius (9,45) steht unter den Lehren des Demokrit auch folgende Aussage (VS 68 A 1): Ziel (*télos*) sei die Heiterkeit des Herzens, die nicht identisch sei mit der Lust, sondern einem friedlichen und ausgeglichenen Zustand der Seele entspreche, die von keiner Furcht, von keinem Aberglauben oder von keiner anderen Leidenschaft aus der Ruhe gebracht werde. Plutarch (→*Perì euthymíes* 465C = VS 68 B 3) zitiert aus der Schrift des Demokrit: „Wer die Heiterkeit des Herzens haben will, soll nicht vielerlei Dinge treiben im privaten wie im gemeinschaftlichen Leben." Laut Seneca, →*De tranquillitate animi* (13,1) hat Demokrit seine Abhandlung mit diesen Worten begonnen. Vgl. noch weitere doxographische Berichte über die Schrift in VS 68 A 166–168.

W Demokrit wollte mit *Perì euthymíes* Ratgeber sein und Lebenshilfe bieten, indem er vor dem Übel rastloser Betriebsamkeit warnte und ganz im Sinne griechischer Lebensweisheit zur Beachtung des rechten Maßes anhielt. „Und doch zeichnet sich hier zum ersten Mal ein neues Zielbild menschlichen Seins ab, vor dem die alten Werte der Adelsethik und der Poliswelt schattenhaft zu werden beginnen. Der Einzelne wird nun als Welt für sich gesehen, wahrhaft als kleiner Kosmos, in dem Ordnung und Frieden zu erhalten die Aufgabe vor allem anderen bleibt" (Lesky, 384).

N Es ist nicht auszuschließen, daß Panaitios' Abhandlung *Perì euthymías* auf dem gleichnamigen Titel des Demokrit fußt. Die Nähe Demokrits zu Plutarch ist offenkundig.

A   VS 68 B 191 (gr.–dt.).
Ü   J. Mansfeld, Stuttgart 1987, 592–603 (gr.–dt.).
L   T. Cole: Democritus and the Sources of Greek Anthropology, Ann Arbor 1967. K. v. Fritz: Philosophie und sprachlicher Ausdruck bei Demokrit, Plato und Aristote-

les, New York 1940. H. Laue: De Democriti fragmentis ethicis, Diss. Göttingen 1921. A. Lesky, GL, 381–387. P. Natorp: Die Ethika des Demokrit. Text und Untersuchung, Marburg 1893. W. Nestle, VMzL, 193–206. W. Röd: Die Philosophie der Antike. Bd. 1. Von Thales bis Demokrit, München 1976, 194–199. G. Vlastos: Ethics and Physics in Democritus, in: R. E. Allen / D. J. Furley (Hg.): Studies in Presocratic Philosophy. Bd. 2, London 1975, 381–408.

Perì genéseos kaì phthorâs
„Über Entehen und Vergehen"

Auch lat. zitiert als *De generatione et corruptione*.

Aristoteles aus Stageira, 384–322 v. Chr.

Kosmologisch-spekulative Schrift (gr.) in zwei Büchern mit einer Theorie über „Entstehen" und „Vergehen".

I Am Anfang der zwei Vorträge über die irdischen Elemente erklärt Aristoteles, er wolle das Problem des Entstehens und Vergehens der (vier) Elemente erörtern. Er erfüllt dieses Versprechen: Im 1. Buch behandelt er das Thema unter überwiegend theoretischen, im 2. Buch unter physikalischen Gesichtspunkten. Buch 1: Der Autor diskutiert die physikalischen Vorgänge, die er als *génesis* („Entstehung"), *metabolé* („Veränderung"), *meîxis* („Mischung" bzw. „chemische Verbindung") definiert. *Metabolé* und *meîxis* sind zwei Hauptformen der Entstehung. Im Zentrum steht der Begriff der Materie (*hýle*), die allem Werden zugrunde liegt; wenn die Materie wahrnehmbar und bestehen bleibt, aber eine andere Eigenschaft annimmt, dann vollzieht sich eine „Veränderung" (*metabolé*); wenn jedoch nichts von der Materie als wahrnehmbar bestehen bleibt, dann handelt es sich um „Entstehung" (*génesis*). Beides ist dadurch möglich, daß die *hýle* einerseits als konkret Existierendes (als *usía*), andererseits als nicht existierend bzw. als der Mangel sämtlicher Eigenschaften erscheint (vgl. bes. Buch 1,3,318a9–319a 17). – Physikalisch vollziehen sich diese Vorgänge durch „Berührung" (*haphé*), „Aktion" (*poieîn*) und „Reaktion" (*páschein*). Buch 2: Allen wahrnehmbaren Dingen (physikalischen Körpern) liegt eine *hýle* zugrunde, die nicht getrennt existiert, aber immer mit einer Gegensätzlichkeit verbunden ist: Aus dieser Vereinigung entstehen die vier traditionellen Elemente, unter denen ein ständiger Kreislauf stattfindet. Die vier Elemente sind durch je zwei Eigenschaften bestimmt. Die Erde ist kalt und fest (trocken); das Wasser ist kalt und fließend (feucht); die Luft ist warm und fließend (feucht); das Feuer ist warm und fest (trocken). Die Elemente wandeln sich ineinander, d.h. sie können ineinander übergehen, weil jede Wandlung zwischen Gegensätzen stattfindet. Entstehung (*génesis*) ist also der Übergang der Elemente ineinander (im Sinne eines Kreislaufs): Feuer geht in Luft über, Luft in Wasser, Wasser in Erde und Erde wieder in Feuer (331b2). Die Kontinuität des Werdens und Vergehens in diesem Sinne ist als zyklischer Prozeß gleichsam ewig. Im ununterbrochenen Werden und Vergehen ist Ewigkeit.

W Aristoteles wendet sich mit dieser Schrift gegen Modelle der mechanistischen Welterklärung; er hält Theorien, die Werden und Vergehen als eine quantitative Umschichtung erklären, für nicht akzeptabel (z.B. Empedokles, aber auch die Atomisten und Platon, die die Qualitätsunterschiede auf Quantitätsunterschiede zurückführen, indem sie von Körpern bzw. Flächen oder Elementardreiecken sprechen).

N Es wurde Aristoteles vorgehalten, daß seine Überlegungen reine Spekulation sind und daß er kaum auf wirklich wahrnehmbare Fakten eingeht, also keine empirische Naturwissenschaft betreibt.

A H. H. Joachim, Oxford 1922. Ch. Mugler, Paris 1966 (gr.–frz.).
Ü C. Prantl, Leipzig 1857 (gr.–dt.).
L I. Craemer-Ruegenberg: Die Naturphilosophie des Aristoteles, Freiburg 1980. I. Düring, Aristoteles, 374- 382. A. Lesky, GL, 629. G. A. Seeck: Über die Elemente in der Kosmologie des Aristoteles. Untersuchungen zu *De generatione et corruptione* und *De caelo*, München 1964. W. J. Verdenius / J. H. Waszink: Aristotle on Coming-to-Be and Passing-Away. Some Comments, Leiden [(2)]1966.

Perì genéseos tôn zóon →Perì zóon genéseos (Aristoteles)

Perì gonéon kaì progónon tôn eis Ílion strateusaménon
„Über Väter und Vorfahren der Teilnehmer am Zug gegen Troja"

Damastes aus Sigeion, Ende des 5. Jh. v. Chr.

Verlorenes Werk (gr.) über die Abstammung der mythischen Troja-Kämpfer, das allerdings auch Polos aus Akragas (FGrHist 7) zugeschrieben wurde.

A FGrHist 5.
L O. Lendle, Einführung, 265. A. Lesky, 377.

Perì grammatikôn
„Über die Sprachgelehrten"

Asklepiades aus Myrleia, 1. Jh. v. Chr.

Abhandlung (gr.) über grammatische Fragen und literaturgeschichtlich bedeutsame Persönlichkeiten in 11 Büchern, aus denen nur Frg. erhalten sind.

I Das Werk befaßte sich in einem systematischen Teil mit „Grammatik" im allgemeinen als einer Wissenschaft (*téchne*) und in einem biographischen Teil mit den Lebensbeschreibungen einzelner Wissenschaftler. – Vielleicht war die Schrift die

Quelle für die Peisistratos-Legende in Ciceros Abhandlung →*De oratore* (3,137).

A B. A. Müller: De Asclepiade Myrleano, Diss. Leipzig 1903 (Darstellung und Frg. von *Perì grammatikôn*).
L R. Pfeiffer, KlPh, 203 und 329f.

Perì gymnastikês →Gymnastikós

Perì hairéseon →Epitomé (Areios Didymos)

Perì hairéseon
„Über Philosophenschulen"

Hippobotos, 2. Jh. v. Chr.

Doxographische Philosophiegeschichte (gr.), aus der Frg. erhalten sind.

I In diesem Werk wurden nicht der Reihe nach die einzelnen Philosophen behandelt wie z.B. in dem Werk des Diogenes Laertius, →*Philosóphon bíon kaì dogmáton synagogé*, oder die unterschiedlichen Antworten verzeichnet, die die Philosophen bzw. die Philosophenschulen auf bestimmte Fragen gegeben hatten. Hier wurden vielmehr die Lehren der einzelnen Schulen (*hairéseis*) nacheinander referiert. – Es muß zahlreiche Werke dieses Typs gegeben haben, die sich übrigens ausschließlich mit der Philosophie nach Sokrates befaßten und dem Bedürfnis der Leser nach schneller Information entgegenkamen. Diogenes Laertius zitiert mehrfach aus dem Werk des Hippobotos (z.B. 1,19 und 1,42).

A M. Gigante; Frammenti di Ippoboto, in: Omaggio a Piero Treves, Padua 1983, 151–193.
L K. Döring, Historia, 12–14.

Perì Halonnésu
„Über Halonnesos (Insel im Ägäischen Meer)"

Demosthenes aus Athen, 384–322 v. Chr. (in der *Hypóthesis* zu der Rede wird bestritten, daß Demosthenes der Verfasser sei; es sei vielmehr Hegesippos aus Sunion)

Politische Rede (gr.).
Verfaßt 342 v. Chr.

I In dieser Rede wird gegenüber Philipp II. von Makedonien das Recht Athens auf die als Schlupfwinkel für Seeräuber bekannte kleine Insel südlich von Lesbos vertreten.

A S. H. Butcher, Oxford 1903 (Nr. 7).
L A. Lesky, GL, 669–681.

Perì halóseos →Historía Iudakû polému pròs Rhomaíus (Iosephus)

Perì heimarménes
„Über die Schicksalsfügung"

Auch lat. zitiert als *De fato*.

Alexandros aus Aphrodisias, 2.-3. Jh. n. Chr.

Die philosophische Schrift (gr.) ist dem röm. Kaiser Septimius Severus (reg. 193–211 n. Chr.) und dessen Sohn Caracalla (reg. 211–217 n. Chr.) gewidmet.

I Der Autor vertritt die Auffassung, daß die Welt ewig ist. Gott ist die Zweckursache. Er bewirkt die Fortdauer der Himmelsbewegungen, die wesentliche Vorgänge auch der sublunaren Welt bestimmen und als Vorsehung wirken. Das Individuum unterliegt dieser Vorsehung jedoch nicht; seine Entscheidungsfreiheit bleibt erhalten.

A I. Bruns: Supplementum Aristotelicum 2. 2, Berlin 1892.
L Ph. Merlan: Alexander (Nr. 6), in: dtv-L 1. 1, 97 f.

Perì heimarménes
„Über die Schicksalsordnung"

Chrysippos aus Soloi, 3. Jh. v. Chr.

Verlorene philosophische Abhandlung (gr.) über einen zentralen Gegenstand der stoischen Philosophie.

I Chrysipp definierte die „Heimarmene" als „das Vernunftgesetz des Kosmos" oder als „das Vernunftgesetz, nach dem in der Welt alles geregelt wird" oder als „das Vernunftgesetz, nach dem das Gewordene geworden ist, das Werdende wird und das Künftige werden muß", als eine „ewige, kontinuierliche, gesetzmäßige Bewegung", als die „naturwirkende Anordnung alles Geschehens, kraft deren von Ewigkeit her eins dem anderen folgt und nach einer unverbrüchlichen Verflechtung abrollt". Demnach gibt es keinen „Zufall" ohne Ursache. – Ein zentrales Problem der Heimarmene-Lehre ist die Frage nach der moralisch zu bewertenden Entscheidungsfreiheit des Menschen. Wie läßt sich diese mit der Annahme verbinden, daß alles nach der Heimarmene aufgrund einer festen Ursachenreihe geschieht? Chrysipp versucht das Problem zu lösen, indem er verschiedene Arten von Ursachen unterscheidet: Wenn alles nach der Heimarmene geschehe, dann folge daraus zwar, daß alles aufgrund vorausgehender Ursachen erfolge, aber nicht aufgrund von „ausschlaggebenden und entscheidenden", sondern nur von „mithelfenden und nur auslösend wirkenden". Der Mensch hat durchaus die Möglichkeit, die „ausschlaggebenden und entscheidenden Ursachen" zu beeinflussen; die Heimarmene ist nur für die „mithelfenden und nur auslösend wirkenden Ursachen" verantwortlich zu machen.

A SVF 2, 912–1007.
Ü M. Pohlenz: Stoa und Stoiker. Die Gründer. Panaitios. Poseidonios, Zürich 1950, 90–99.
L A. Lesky, GL, 760. A. A. Long / D. N. Sedley: Die hellenistischen Philosophen. Texte und Kommentare, Stuttgart/Weimar 2000, 461–470.

Perì heimarménes
„Über die Schicksalsordnung"

Auch lat. zitiert als *De fato*.

Plutarchos aus Chaironeia, etwa 46 – etwa 120 n. Chr.

Philosophische Abhandlung (gr.) aus dem Corpus der →*Moralia*.

I Der Autor entwickelt eine Theorie der Schicksalsfügung, die vereinbar ist mit der Vorsehung Gottes (*prónoia*) und dem freien Willen des Menschen. Er distanziert sich deutlich von dem (angeblich) rigorosen Standpunkt der Stoiker, daß alles vom Schicksal bestimmt sei, ist aber von der stoischen Argumentation beeinflußt (vgl. →*Perì heimarménes* des Chrysippos). Der Autor akzeptiert die stoische Auffassung, daß das Schicksal eine Verknüpfung von „vorausgehender Ursache" und „nachfolgender Wirkung" ist, aber er weist die Erklärung zurück, daß die Schicksalsfügung für die vorausgehende Ursache verantwortlich ist. Für ihn legt das Schicksal fest, daß eine bestimmte Ursache eine bestimmte Wirkung hat; die Ursache aber wird nicht vom Schicksal festgelegt. Er erklärt außerdem, daß das Schicksal hypothetisch und universal ist (im Sinne des „wenn ... dann"-Schemas: Wenn die Voraussetzung x gegeben ist, dann ergibt sich daraus y). Die „vorausgehende Ursache" die nicht vom Schicksal bestimmt wird, befindet sich im Bereich dessen, „was in unserer Macht steht" und was möglich ist. Wie das staatliche Gesetz unsere Handlungen zwar „einschließt", aber nur ihre Wirkung regelt, während die Handlungen als solche nicht als „gesetzlich" oder „gesetzeskonform" betrachtet werden, so „schließt" das Schicksal das Mögliche und alles, was in unserer Macht steht, zwar „ein", legt aber nur die Wirkung fest: Eine vom Menschen zu verantwortende Ursache hat zwangsläufig eine vom Schicksal verfügte Folge oder Wirkung. – Die Vorsehung (*prónoia*) ist der Wille des höchsten Gottes; das Schicksal ist das Gesetz, das er den niederen Gottheiten gegeben hat, die wiederum eine eigene Vorsehung haben. Darunter befinden sich die „Dämonen", die das Handeln der Menschen beaufsichtigen und ebenfalls eine eigene Vorsehung walten lassen. Die primäre Vorsehung des höchsten Gottes schließt das Schicksal ein, die tertiäre Vorsehung ist in das Schicksal eingeschlossen, und die sekundäre Vorsehung existiert gleichberechtigt neben dem Schicksal. – Im Schlußkapitel stellt der Autor nochmals die Unterschiede zwischen seinem und dem stoischen Schicksalsbegriff fest.

A   Ph. H. De Lacy / B. Einarson: Plutarch's *Moralia*. Bd. 7, London/Cambridge (Mass.) 1959 (gr.–engl.). E. Valgiglio, Rom 1964 (gr.–it. mit Kommentar).

Perì heimarménes
„Über die Schicksalsordnung"

Poseidonios aus Apameia, etwa 135–50 v. Chr.

Philosophische Abhandlung (gr.) über einen Zentralbegriff der Weltanschauung des Stoikers Poseidonios, nur in verstreuten Berichten (gr./lat.) überliefert.

I   Die Welt ist eine Einheit, ein lebendiger Organismus, dessen Teile durch „Sympathie" in Wechselbeziehung zueinander stehen. Jede Bewegung innerhalb dieses Organismus ist durch eine Urkraft verursacht, die wiederum nach fester Gesetzmäßigkeit bzw. nach einer „Schicksalsordnung" *(heimarméne)* wirkt. – Poseidonios stellte die „Sympathie" in den Mittelpunkt seiner Welterklärung. Auch zwischen und zu den fernsten Teilen des Kosmos besteht eine Wechselwirkung, so daß auch die Astrologie für Poseidonios einen neuen Sinn erhält (vgl. Manilius, →*Astronomica*): Poseidonios war davon überzeugt, daß die Konstellation der Gestirne auch bei der Geburt des einzelnen Kindes auf die leibliche wie seelische Konstitution nicht ohne Einfluß sei. Diese Auffassung wurde getragen von einer religiös fundierten Weltanschauung (→*Perì theôn*).

A   L. Edelstein / I. G. Kidd. 2 Bde., Cambridge [(2)]1989 und 1988 (Frg. mit Kommentar). W. Theiler: Poseidonios. Die Frg. 2 Bde., Berlin/New York 1982 (mit Kommentar).
Ü   M. Pohlenz: Stoa und Stoiker. Die Gründer. Panaitios. Poseidonios, Zürich 1950, bes. 286–293 (mit Übersetzung der Berichte bei Sextus Empiricus, →*Skeptiká: Adversus mathematicos* 9, 78–80; Seneca, →*Quaestiones naturales* 2,6 und 2,4; Plutarchos, →*Perì tû emphainoménu prosópu tô kyklo tês selénes* 14–15; Kleomedes, →*Kyklikè theoría meteóron* 1,1 p. 8; Cicero, →*De divinatione* 2,33 usw.).
L   I. G. Kidd: Philosophy and science in Posidonius, in: A & A 24, 1978, 7ff. M. Pohlenz, Stoa 1, 208–238. K. Reinhardt: Kosmos und Sympathie, München 1926. K. Reinhardt, RE 22, 1953, 558–826.

Perì Herakleías
„Über Herakleia"

Nymphis aus Herakleia, 1. Hälfte des 3. Jh.s v. Chr.

Lokalgeschichte (gr.) über Herakleia (Pontos) in 13 Büchern, aus denen Frg. erhalten sind.

A   FGrHist 432.
L   A. Lesky, GL, 862.

Perì hermeneías
„Von der Rede als Ausdruck der Gedanken"

Auch lat. zitiert als *De interpretatione*.

Aristoteles aus Stageira, 384–322 v. Chr.

Sprachwissenschaftliche Abhandlung (gr.) über die Aussage – oder Behauptungssätze, die „apophantischen Logoi", unter Berücksichtigung grammatisch-syntaktischer und logisch-semantischer Gesichtspunkte.
Vermutlich eine frühe Schrift des Autors.

I   Als „eine Art logischer Grammatik" untersucht die Schrift „die logischen Strukturen des apophantischen Logos (des Urteils)" (Gadamer 1974, 1062). Aristoteles behandelt vor allem die als „Bejahungen" bezeichneten bejahenden und die von ihm als „Verneinungen" bezeichneten verneinenden einfachen Behauptungssätze unter dem Gesichtspunkt der logischen Beziehungen, die zwischen ihnen bestehen. – Die Schrift befaßt sich in 14 Kapiteln mit folgenden Themen (nach Weidemann): (1) Die sprachlichen Ausdrücke in ihrem Verhältnis zu den in ihnen ausgedrückten Gedanken und den mit ihnen gemeinten Dingen. (2) Das Nennwort als mögliches Subjekt eines Behauptungssatzes. (3) Das Aussagewort als mögliches Prädikat eines Behauptungssatzes. (4) Das Wortgefüge im allgemeinen und das apophantische Wortgefüge (d. h. der Behauptungssatz) im besonderen. (5) Der Behauptungssatz unter dem Gesichtspunkt seiner Einheit und der Unterschied zwischen einfachen und zusammengesetzten Behauptungssätzen. (6) Der einfache Behauptungssatz als bejahende oder verneinende Aussage und der Begriff des kontradiktorischen Aussagenpaares. (7) Der Unterschied zwischen kontradiktorisch und konträr entgegengesetzten Aussagen. (8) Kontradiktorisch entgegengesetzte Aussagen, deren Subjekt oder deren Prädikat keine einheitliche Bedeutung hat. (9) Kontradiktorisch entgegengesetzte Aussagen über kontingent-zukünftige Ereignisse. (10) Bejahende und verneinende Aussagen mit negiertem Subjekt und/oder negiertem Prädikat. (11) Aussagen, in denen zwei Ausdrücke von einem Gegenstand in Verbindung miteinander prädiziert werden, in ihrem jeweiligen Verhältnis zu den beiden Aussagen, in denen dieselben Ausdrücke von demselben Gegenstand getrennt voneinander prädiziert werden. (12) Kontradiktorisch entgegengesetzte Modalaussagen. (13) Die zwischen Modalaussagen bestehenden Folgebeziehungen. (14) Konträr entgegengesetzte Meinungen und die sie zum Ausdruck bringenden Sätze.

N   Die Schrift *Perì hermeneías* wurde schon in der Antike mehrfach kommentiert. Für die Periode von Andronikos (1. Jh. v. Chr.) bis einschließlich Alexander aus Aphrodisias (bis etwa 200 n. Chr.), in der Aristoteles eifrig kommentiert wurde, sind drei Kommentare zur „Hermeneutik" bezeugt, aber kein einziger ist im Originaltext erhalten. Die Verfasser waren Aspasios (2. Jh. n. Chr.), Herminos (2. Jh. n. Chr.) und Alexander aus Aphrodisias (um 200 n. Chr.). – Seit dem 3. Jh. n. Chr. entstehen weitere „Hermeneutik"-Kommentare, die gleichfalls verschollen sind: Porphyrios (3. Jh. n. Chr.), Iamblichos, Syrianos, Ioannes Philoponos und Olympiodoros (6. Jh. n. Chr.). Erhalten geblieben sind die gr. Kommentare von Ammonios Hermeiu (1. Hälfte des 6. Jh.s), von Stephanos (6./7. Jh.) und der Kommentar eines anonymen Zeitgenossen des Stephanos. – In lat. Sprache sind die beiden „Hermeneutik"-Kommentare des Boethius erhalten (→ „Kommentare zu Aristoteles"). – In der Zeit, aus der die ältesten erhaltenen Handschriften des gr. Textes der „Hermeneutik" stammen (9./10. Jh.), entstand auch der arabische „Hermeneutik"-Kommentar des islamischen Philosophen Al-Farabi (etwa 870–950). – Im 12. Jh. verfaßt der arabische Aristoteliker Averroes einen weiteren „Hermeneutik"-Kommentar, der bald darauf ins Lateinische und ins Hebräische übersetzt wird. – Im Mittelalter entstehen zahlreiche lat. „Hermeneutik"-Kommentare (u. a. von Thomas von Aquin), deren Verfasser die lat. Übersetzung des Boethius benutzten, auf der auch die erste Übersetzung der „Hermeneutik" ins Deutsche fußt, die Notker Labeo um 1000 n. Chr. anfertigte. – Aristoteles' Lehre über künftige Ereignisse betreffende Aussagen im 9. Kapitel ist für Epikur sehr wichtig geworden. „Keine Aussage über die Zukunft kann nämlich wahr oder falsch sein, denn Wissen über die Zukunft kann man nicht haben. Die mechanische *Anánke* und das *Fatum* lehnte er ab, hier wie in seiner Naturphilosophie. Es ist interessant zu beobachten, daß Epikur diesen Satz des Aristoteles als einen Grundpfeiler seiner Lehre über die Freiheit des Menschen benutzte" (Düring, 69) (→ „*Epistula* an Menoikeus", 127).

A H. P. Cooke, London/Cambridge (Mass.) 1938 (gr.–engl.). L. Minio-Paluello, Oxford (2)1956. M. Zanatta, Mailamd 1992 (gr.–it. mit Kommentar).
Ü E. Rolfes, Leipzig (2)1925, Nachdr. Hamburg 1962. H. Weidemann, Darmstadt (2)2002 (mit Kommentar). H. G. Zekl. 3 Bde., Hamburg/Darmstadt 1997–1998 (*Organon* gr.–dt.).
L G. E. M. Anscombe: Aristotle and the sea battle, in: Mind 1956, 1–10. K. Bärthlein: Nochmals über das isolierte Aussagewort (CA, *De Interpretatione*, Kap. 3) mit einem Anhang zur Diskussion über die Echtheit der Schrift, in: RhM 127, 1984, 227 bis 258. R. S. Bluck: On the Interpretation of Aristotle, *De Interpretatione* 12–13, in: CQ 13, 1963, 214–222. I. Düring, Aristoteles, 64–69. H. – G. Gadamer: Hermeneutik, in: HWPh 3, 1061–1073. J. Hintikka: On the interpretation of *De interpretatione* 12–13, in: Acta philosophica Fennica 14, 1962. J. Hintikka: The once and future sea fight. Aristotle's discussion of future contingents in *De interpret.* IX, in: The Philos. Review 1964, 461 bis 492.

Perì hermeneías
„Über den Stil"

Auch lat. zitiert als *De elocutione*.

Ps.–Demetrios

Abhandlung (gr.) aus dem 1. Jh. n. Chr. über den sprachlichen Ausdruck und seine Mittel.

I Es handelt sich um einen Abriß peripatetischer, also aus der Schule des Aristoteles stammender Stillehre. Der Autor stellt anhand vieler Beispiele und unter Bezugnahme auf andere literaturtheoretische Schriften die einzelnen Satzarten, Redefiguren und Stilqualitäten als Bestandteile geformter Rede dar und bestimmt dabei die Stilmerkmale, die für die einzelnen Literaturgattungen typisch sind.

A L. Radermacher, Leipzig 1901, Nachdr. Stuttgart 1967. W. R. Roberts, Cambridge 1902, Nachdr. Hildesheim 1969.
L A. Dihle, GLL, 83. D. M. Schenkefeld: Studies in Demetrius *On Style*, Amsterdam 1964.

Perì hermeniae
„Über die Form, sich richtig auszudrücken"

Ps.–Apuleius

Lehrbuch (lat.) der formalen Logik.

I Die Schrift behandelt die Theorie des assertorischen Syllogismus. Sie geht letztlich auf Aristoteles (→*Perì hermeneías*) zurück, ist aber auch von der peripatetischen und stoischen Logik beeinflußt.

A M. Baldassarri, Como 1986 (lat.–it. mit Kommentar).
L M. v. Albrecht, RL, 1150–1164. D. Londey / C. Johanson: The Logic of Apuleius, Leiden 1987. A. Lumpe: Die Logik des Pseudo-Apuleius. Ein Beitrag zur Geschichte der Philosophie, Augsburg 1982. M. W. Sullivan: Apuleian Logic. The Nature, Sources, and Influence of Apuleius' *Peri Hermeneias*, Amsterdam 1967.

Perì heuremáton
„Über Erfindungen"

Ephoros aus Kyme, 4. Jh. v. Chr.

Weitgehend verlorene Sammlung (gr.) von Mitteilungen über unterschiedliche Erfindungen (z. B. der gr. Buchstaben oder verschiedener Arten von Flöten.

A FGrHist 70.
L O. Lendle, Einführung, 136–143. A. Lesky, GL, 701. E. Schwartz, RE 6, 1907, 1–6.

Perì heuréseos →Téchne rhetoriké (Hermogenes)

Perì hierosýnes
„Über die Heiligkeit"

Ioannes Chrysostomos aus Antiocheia, 334/354–407 n. Chr.

Abhandlung (gr.) über eine christliche Lebensform in sechs Büchern.
Vor 392 n. Chr. verfaßt.

I In Form eines fingierten Dialogs wird die sehr ehrfurchtgebietende Würde christlichen Priestertums gefeiert. Weltflucht hat einen höheren Rang als Weltlichkeit.

A PG 47–64 (Gesamtwerk).
L C. Baur: Der hl. J. Chrysostomos und seine Zeit. 2 Bde., München 1920–1930. K. Baus: Johannes I Chrysostomos, in: LThK 5, 1018–1021.

Perì hippikês
„Über die Reitkunst"

Xenophon aus Athen, etwa 430–355 v. Chr.

Ratgeber (gr.) für Kavalleristen über den richtigen Umgang mit Pferden.
Vermutlich um 360 v. Chr. entstanden.

I Die Abhandlung beginnt mit Ratschlägen für den Kauf von Pferden (Kap. 1–3), für die Pferdehaltung (3–6) einschließlich der Beschaffenheit des Stalles, der Fütterung, Pflege und Hygiene und für die Dressur (6–9), die das Pferd auf den militärischen Einsatz vorbereitet. In diesem Zusammenhang werden wichtige Hinweise für das Zäumen, das Aufsitzen und den richtigen Sitz gegeben. Xenophon geht ferner u. a. auf das Lauf – und Sprungtraining, auf das Bergauf – und Bergabreiten und auf verschiedene Kampftechniken ein. Am Schluß (9–12) stehen noch einige Hinweise auf verschiedene Einzelheiten wie z. B. auf den Umgang mit unterschiedlichen Pferdetemperamenten und die Art der militärischen Ausrüstung von Pferd und Reiter.
W Xenophon beweist in dieser Schrift höchste Sachkenntnis und Erfahrung. Er zeigt ein stark ausgeprägtes tierpsychologisches Einfühlungsvermögen. Er schreibt als voll ausgewiesener Fachmann.

A É. Delebecque, Paris 1950 (gr.–frz.). L. Dindorf / F. Ruehl, Leipzig 1912. E. C. Marchant, Oxford 1920. G. Pierleoni, Rom (2)1937. K. Widdra, Leipzig 1964.
Ü R. Keller, Heidenheim 1962. E. Pollack, Meißen 1912. K. Widdra, Berlin 1965 (gr.–dt.).
L É. Delebecque: Xénophon ancêtre de la cavalerie moderne, in: BAGB 3, 2, 1951, 39–45. KNLL 17, 896f. R. Rigo: L' hippologie de Xénophon, Diss. Löwen 1939. K. Widdra: Xenophons Reitkunst, Diss. Marburg 1959.

Perì hirês nósu
„Über die heilige Krankheit"

An. (→Corpus Hippocraticum)

Medizinische Abhandlung (gr.) über Ursachen und Heilung der Epilepsie.

I Die „heilige" Krankheit beruht nicht auf göttlicher Verursachung, eine Annahme, die auf menschliche Unwissenheit zurückzuführen ist. Die Krankheit ist in Wirklichkeit nicht durch Magie zu behandeln oder gar zu heilen. Die Anwendung von Zaubermitteln bedeutet Gottlosigkeit, weil sie den Irrglauben einschließt, die göttliche Macht könne durch menschlichen Willen überwunden werden. Die natürliche Ursache der Krankheit ist eine Abnormität des Gehirns infolge individueller Veranlagung oder äußerer Einwirkung (u. a. durch atmosphärische Einflüsse auf den Organismus, Wärme und Kälte, Luftbewegungen). Das „Göttliche" an der „göttlichen" Krankheit ist nichts Übernatürliches, sondern der Teil der Physis, der der menschlichen Einwirkung nicht zugänglich ist, die der Arzt jedoch ermitteln muß, um ihm entgegenzutreten.
W Es ist die Absicht des Autors, „die Ausnahmestellung dieser Krankheit im Volksglauben als einer auf besonderer göttlicher Verursachung beruhenden und daher durch religiöse, d. h. ‚magische' Mittel heilbaren Krankheit als Irrtum zu bekämpfen" (Nestle, 518). Die Krankheit ist nur in dem Sinne „heilig", daß sie zum Teil auf atmosphärischen Einflüssen beruht, die dem Menschen unzugänglich sind.

A H. Kühlewein / J. Illberg: Hippocratis opera. Bd. 1, Leipzig 1894.
L K. Deichgräber: Die Epidemien und das Corpus Hippocraticum, Abh. Berlin 1933. 3. H. Grensemann: Die hippokratische Schrift Über die heilige Krankheit, Berlin 1968. W. Nestle: Hippocratica (1938), in: Griechische Studien, Stuttgart 1948, 517 bis 566.

Perì Homéru
„Über Homer"

Theagenes aus Rhegion, 6. Jh. v. Chr.

Verlorene Abhandlung (gr.) über Homer, seine Herkunft und seine Zeit.

I Theagenes bediente sich der allegorischen Deutung (Allegorese), um Homer zu verteidigen und den tieferen Sinn seiner Theologie zu klären. So setzte er im Sinne der altionischen Physik Hera mit der Luft, Apollon mit der Sonne, Hephaistos mit dem Feuer usw. gleich. Theagenes gilt als der „erste Grammatiker", weil er als erster in der Geschichte der Philologie Homerstudien betrieb.

A VS 8.
L R. Laqueur, RE 5 A 2, 1934, 1347f. F. Wehrli: Zur

Geschichte der allegorischen Deutung Homers im Altertum, Diss. Basel 1928, 88 ff.

Perì Homéru è orthoepeías kaì glosséon
„Über Homer oder über Sprachrichtigkeit und dunkle Wörter"

Demokritos aus Abdera, 470/460–380/370 v. Chr.

Philologisches Werk (gr.).

I Das nur bezeugte (im Verzeichnis des Thrasyllos 11,1 = VS 68 B 20a), aber nicht erhaltene Werk (gr.), befaßte sich mit der Homerauslegung unter sprachwissenschaftlichem Aspekt. Vielleicht beziehen sich die Frg. VS 68 B 21–25 auf dieses Werk. Möglicherweise zitiert auch Aristoteles (→Perì psychês 404a27ff.) aus dieser Abhandlung des Demokrit. Dann hätte Demokrit auch grundlegende philosophische Überzeugungen in seine sprachwissenschaftliche Arbeit mit einbezogen.

A VS 68 B 20 a – 25 (gr.–dt.).
L A. Lesky, GL, 96.

Perì Homéru kaì Hesiódu kaì tû génus kaì agônos autôn →Certamen Homeri et Hesiodi

Perì homoíon kaì diaphóron léxeon
„Über ähnliche und verschiedene Ausdrücke"

Auch zitiert als „Ammonioslexikon".

Ammonios, der Lexikograph, 4. Jh. n. Chr.

Synonymisches Lexikon (gr.), in mehreren byzantinischen Auszügen verschiedenen Umfangs erhalten, deren größter unter dem Namen des Ammonios steht. Wahrscheinlich ist aber Philon aus Byblos (64 bis 131 n. Chr.) der Verfasser und Ammonios ein Bearbeiter des Werkes.

I Der Grundstock des Lexikons über synonyme Ausdrücke stammt aus älterer Zeit. Es lag in verschiedenen Fassungen und unter verschiedenen Namen in der Antike vor. Das Lexikon behandelt in alphabetischer Reihenfolge die semasiologischen Differenzen bedeutungs – oder formähnlicher Wörter. Die wertvollen Glossen stammen aus größtenteils verlorenen Spezialwerken des Hellenismus und der frühen Kaiserzeit.

A K. Nickau, Leipzig 1966. L. C. Valckenaer, Leipzig 1822.
L H. Erbse: Philon von Byblos, in: dtv-L 1, 3, 312 f. K. Nickau: Das sogenannte Ammonioslexikon, Diss. Hamburg 1959.

Perì homonoías
„Über die Eintracht"

Antiphon aus Athen, 5. Jh. v. Chr.

Epideiktische Rede (gr.) über einen trivialen Inhalt, in einigen Frg. erhalten.

I Das umfangreichste Fragment (B 49) handelt über die Ehe und ihre Probleme. – Andere Frg. haben gnomischen Charakter: Der Autor bietet Lebensweisheiten in gewählter, gesuchter Formulierung. „Ohne Zweifel sagt er viel Geistvolles und Tiefes, und darin berührt er sich mit Gorgias. Während aber der Nährboden der gorgianischen Gnome die Paradoxie ist, ist der Nährboden der antiphontischen Sentenz die Trivialität. Der Gedanke, Sittlichkeit sei durch Versuchungen bedingt (B 59), steht ganz vereinzelt. Alles andere ist veredelte und vertiefte Alltagsweisheit. Es ist demnach nicht so sehr die Überwindung gedanklicher Schwierigkeiten, wie bei Gorgias, als vielmehr die sprachliche Gestaltung eines gegebenen gedanklichen Stoffes, in der sich die rednerische Meisterschaft des Antiphon auszuwirken strebt" (H. Gomperz, 61).
N Xenophon gibt in seinen „Memorabilien" (1,6) (→Apomnemoneúmata Sokrátus) nicht nur ein Gespräch zwischen Sokrates und Antiphon wieder; er rühmt auch 4,4,16 – vielleicht in Anlehnung an Antiphon – die Eintracht als das größte Gut der Staaten.

A M. Untersteiner: Sofisti. Testimonianze e frammenti. Fasc. 4, Florenz 1962 (gr.–it. mit Kommentar). VS 87 B 44a–71 (gr.–dt.).
L F. Altheim: Staat und Individuum bei Antiphon dem Sophisten, in: Klio 20, 1926, 257–269. G. Altwegg: De libro Perì homonoías scripto, Basel 1908. E. Bignone: Intorno al Trattato della Concordia di Antifonte sofista, in: Giornale critico della filosofia italiana 21, 1940, 235–239. H. Gomperz: Sophistik und Rhetorik, Leipzig/Berlin 1912, 57–68. E. Jacoby: De Antiphontis Perì homonoías libro, Berlin 1908.

Perì homonoías
„Über die Eintracht"

Demetrios aus Magnesia, 1. Jh. v. Chr.

Verlorene, aber von Cicero (z. B. →Epistulae ad Atticum 8,11,7) erwähnte Abhandlung (gr.).

L H. Gärtner, DKP 1, 1468. E. Schwartz, RE 4, 2, 1901, 2814–2817.

Perì homonýmon poietôn te kaì syngraphéon
„Über gleichnamige Dichter und Schriftsteller"

Demetrios aus Magnesia, 1. Jh. v. Chr.

Verlorenes, aber viel benutztes Nachschlagewerk (gr.).

I Ein größeres Fragment ist bei Dionysios aus Halikarnassos, *Perì Deinárchu* 1, erhalten. Der Autor beschrieb Stil und Eigenart jedes einzelnen Autors.

L H. Gärtner, DKP 1, 1468. E. Schwartz, RE 4, 2, 1901, 2814–2817.

Perì homonýmon póleon
„Über gleichnamige Städte"

Demetrios aus Magnesia, 1. Jh. v. Chr.

Verlorenes, aber viel benutztes Nachschlagewerk (gr.).

L H. Gärtner, DKP 1, 1468. E. Schwartz, RE 4, 2, 1901, 2814–2817.

Perì hýles iatrikês
„Über Arzneimittel"

Auch lat. zitiert als *De materia medica* oder als *Materia medica* („Heilmittellehre").

Pedianus Dioskurides aus Kilikien, 1. Jh. n. Chr.

Pharmakologisches Werk (gr.) in fünf Büchern. Verfaßt um 77/78 n. Chr.

I In dieser „Arzneikunde" behandelt der Autor etwa 600 Pflanzen und fast eintausend Heilmittel. – Buch 1: Duft – und Salböle, Bäume. B. 2: Tiere und Tierprodukte (Honig, Milch, Fett, Getreide, Gemüse, Gartenkräuter). B. 3 – 4: Heilkräuter und Heilwurzeln. – Buch 5: Wein, Getränke, Mineralien. – Die einzelnen Stichwörter sind meistens nach einem bestimmten Schema aufgebaut: Name, Beschreibung, Herkunft, Art der Gewinnung der heilenden Stoffe und deren Wirkung.
Q Zu den Vorgängern des Dioskurides gehörten Quintus Sextus Niger (um Chr. Geburt): *Perì hýles iatrikês* und Krateuas (1. Hälfte des 1. Jh.s v. Chr.): *Rhizotomikón* („Wurzelbuch").
N Das Werk wurde – auch aufgrund der ausgesprochen genauen Pflanzenbeschreibungen – sehr bald ein pharmakologisches Standardwerk und im 6. Jh. ins Lat. übersetzt und im Mittelalter viel benutzt. – Im Codex Constantinopolitanus des 6. Jh.s (Wien) hat sich eine Handschrift mit Abbildungen erhalten.

A M. Wellmann. 3 Bde., Berlin 1906–1914, Nachdr. Hildesheim 1999.
Ü J. Berendes, Stuttgart 1902, Nachdr. Wiesbaden 1970.
L KLL 12, 10860. F. Kudlien: Dioskurides (Nr. 5), in: DKP 2, 91. M. Wellmann: Dioskurides (Nr. 12), in: RE 5, 1, 1905, 1131–1142.

Perì Hyperboréon
„Über die Hyperbereer"

Hekataios aus Abdera, etwa 350–290 v. Chr.

Pseudoethnographisches Werk (gr.), aus dem einige Frg. erhalten sind.

I Es handelt sich um einen frei erfundenen Bericht über eine Reise zu dem im äußersten Norden am äußersten Rand der Erde auf der Insel Helixoia lebenden Volk des Mythos, dessen Lebensbedingungen usw. scheinbar authentisch (z. B: mit Beweisen für Verbindungen zwischen Griechen und Hyperboreern) beschrieben werden: Die Hyperboreer sind ein frommes Volk und verehren den griechischen Gott Apollon. – Möglicherweise war diese ethnographische Utopie durch platonische Mythen (z. B. den Atlantis-Mythos im →*Tímaios* und im *Kritías*) angeregt.
N Euhemeros (FGrHist 63) nahm sich Hekataios in seiner →*Hierà anagraphé* zum Vorbild.

A FGrHist 264.
L O. Lendle, Einführung, 269. W. Spoerri: Hekataios von Abdera, in: DKP 2, 980–982.

Perì hýpnu kaì egregórseos →Parva naturalia (Aristoteles)

Perì hýpsus
„Über das Erhabene"

Auch lat. zitiert als *De sublimitate*.

An., ein Schüler des Theodoros aus Gadara. Als Verfasser der Schrift galt früher der Rhetor Cassius Longinus (um 213–273 n. Chr.)

Literarästhetische Abhandlung (gr.). Um 40 n. Chr. entstanden.

I Der Begriff „Hypsos" (*hýpsos*) bedeutet „Erhabenheit" in literarästhetischer Hinsicht, d. h. Größe der Gedanken und der sprachlichen Gestalt, Originalität, Genialität. – Der Verfasser beabsichtigt, seinem Freund Postumius Terentianus seine Gedanken über den „erhabenen" Stil darzulegen. Diesem waren die kurz zuvor veröffentlichten Ausführungen des Caecilius aus Kalakte, eines Lehrers des Augustus, „Über das Erhabene" (→*Perì hýpsus*) zu einseitig auf stilistische Fragen beschränkt erschienen. – Kap. 1 enthält eine Definition des „Erhabenen": Es sei eine Art von Höhepunkt und Gipfel der Rede, und die größten Dichter und Schriftsteller hätten allein hierdurch den Sieg und den Ruhm ihrer Unsterblichkeit errungen. Das Gewaltige führe die Hörer nämlich nicht zur Überzeugung, sondern zur Ekstase. Überall wirke, was uns erstaune und erschüttere, stets stärker als das Überredende und Gefällige: denn ob wir uns überzeugen ließen, hänge meist von uns selbst ab, jenes aber übe eine unwiderstehliche Macht und Gewalt auf jeden Zuhörer aus und beherrsche ihn vollkommen ... Das Erhabene breche im rechten Moment hervor, zersprenge alle Dinge wie ein Blitz und zeige sofort die gesammelte Macht des Redners. – Kap. 2: Hier befaßt sich der Autor mit dem Verhältnis von natürlicher Anlage (*phýsis*) und Methode (*téchne*), von produktivem Vermögen und erkennbarer Technik. Der Autor legt großen Wert auf die Verbindung von Anlage und Methode. Die Begabung bedürfe der Methode als einer kontrollierenden und das rechte Maß findenden Instanz. – Kap. 3–5: Der Autor beschreibt die möglichen Entartungserscheinungen des Erhabenen; wahrscheinlich will er mit dieser Stilpathologie die Notwendigkeit der technischen Vervollkommnung demonstrieren. – Kap. 6–7: Es gebe wahre und falsche Größe. Der Autor fragt nach Möglichkeiten ihrer Unterscheidung. Hier argumentiert er als Stilkritiker, obwohl er erklärt, er wolle eine Anleitung für die Produktion von Reden geben. Aber es geht ihm offensichtlich eher darum, zwischen den vorhandenen Werken der Literatur und seinem zeitgenössischen Publikum zu vermitteln. – Kap. 8: In diesem Abschnitt liefert der Autor die Disposition des folgenden Hauptteiles, indem er die fünf „Quellen" des Erhabenen nennt: (1) Gedankenfülle, d.h. die Fähigkeit, große Gedanken zu entwerfen. (2) Enthusiastisches Pathos, das im rechten Augenblick hervorbrechen müsse. (3) Richtiger Gebrauch der Redefiguren. (4) Gewählte Sprache, bei der es auf Wortwahl und Gedankenfiguren (Tropen) ankomme. (5) Eine würdevoll gehobene Fügung der Sätze. – Die Quellen 1 und 2 ergeben sich aus der natürlichen Begabung, die Quellen 3–5 sind Lernergebnisse. – In diesem Kap. polemisiert der Autor gegen Caecilius, der das Pathos nicht beachtet habe. – Im folgenden werden die Quellen 1 und 3–5 abgehandelt. Eine Behandlung des Pathos, d.h. der 2. Quelle, unterbleibt. Falls dieser Abschnitt nicht einfach verloren ist, bleibt als Erklärung, daß der Autor auf die vollständige Ausführung seiner Disposition einfach verzichtet hat, zumal er an vielen Stellen der Schrift immanent auf das Pathos eingeht. – Kap. 9–15: Von der Erfindung großer Gedanken. – Kap. 16–29: Von den Redefiguren. – Kap. 30–38: Von der Redeweise. – Kap. 39–43: Von der Fügung der Sätze. – Bemerkenswert sind drei Exkurse: (1) eine vergleichende Betrachtung von →*Iliás* und →*Odýsseia* (9,11–9,15): Die „Odyssee" sei als ein Spätwerk nach der *Iliás* entstanden; Homer habe in seinen besten Jahren sein „dramatisches" Werk, die *Iliás*, und im Alter sein „erzählendes" Werk, die „Odyssee", verfaßt. In der *Iliás* regiere das „Pathos", in der „Odyssee" das „Ethos"; (2) eine Synkrisis von Demosthenes und Platon (12–13); (3) eine Synkrisis (33–36) der großen, überragenden Autoren und der mittelmäßigen Künstler (z.B. Homer und Apollonios Rhodios, →*Argonautiká*, Archilochos und Eratosthenes, →*Erigóne*; Pindar und Bakchylides (→„Chorlyrik"); Sophokles und Ion; Demosthenes und Hypereides; Platon und Lysias).

Q Eine wichtige Quelle der Schrift ist offensichtlich Poseidonios (etwa 135–50 v.Chr.). Der Autor ist mit stoischer Terminologie vertraut. Aufgrund seiner Platonkenntnis (viele Zitate) kann man ihn als platonisierenden Stoiker verstehen. – Neben der Schrift →*Perì hýpsus* des Caecilius benutzte er auch grammatische Literatur (z.B. Ammonios aus Alexandreia, den Schüler Aristarchs, →*Perì tês epekdotheíses diorthóseos*). – Die Benutzung von →*Perì poietikês* des Aristoteles steht außer Zweifel (z.B. bei der Bezeichnung der homerischen *Iliás* als „pathetisch" und der „Odyssee" als „ethisch" (1459b 13–16). – Bemerkenswert ist, daß der Autor auch aus der biblischen Genesis zitiert (9, 9), um ein Musterbeispiel des erhabenen Stiles in engem Zusammenhang mit einem Beispiel aus Homer anzuführen.

W Der Autor verfolgt den Zweck, das „Erhabene", d.h. den mächtigen, den Leser in Bann schlagenden Stil, nicht nur zu beschreiben, sondern auch die fünf zum „Erhabenen" führenden „Quellen" eingehend zu beschreiben (s.o.). Für den Autor „ist das Erhabene nicht durch Regelwerk zu erreichen, sondern überall dort gegeben, wo sich große, dem Alltäglichen entzogene Gesinnung so auszusagen weiß, daß sie unsere Seelen ergreift. Das kann ebenso durch demosthenische Leidenschaft wie durch tragische Wucht oder platonisches Sehertum geschehen" (Lesky, 928). Der Autor beruft sich auf die großen klassischen Autoren, um an diesen Vorbildern die Verbindung von gedanklicher Größe und echtem Pathos zu veranschaulichen. Er vergleicht den erhabenen, großen Stil mit der Größe in der Natur. – Der Autor preist das Geniale vor dem pedantisch Korrekten (bes. Kap. 33–36).

N Seine volle Wirkung entfaltet das Werk erst im 17. Jh., als Ch. Perrault 1687 die *Querelle des anciens et des modernes*, den Streit über die Frage, ob die literarischen Leistungen des „Siècle de Louis le Grand" den Leistungen der Antike überlegen seien oder nicht, auslöste und die Streitenden das Werk *Perì hýpsus* in ihre kunstästhetischen Auseinandersetzungen einbezogen.

A O. Jahn / J. Vahlen / H. D. Blume, Stuttgart [5]1967. H. Lebègue, Paris [2]1952 (gr.-frz.). A. O. Prickard, Oxford [2]1947. D. A. Russell, Oxford 1964 (mit Kommentar). **Ü** R. Brandt, Darmstadt 1966 (gr.-dt.). R. v. Scheliha, Berlin 1938 (gr.-dt.). O. Schönberger, Stuttgart 1988 (gr.-dt.). **L** J. W. H. Atkins: Literary Criticism in Antiquity. Bd. 2, London [2]1952, 210–253. H. – D. Blume: Untersuchungen zu Sprache und Stil der Schrift *Perì hýpsus*, Diss. Heidelberg 1957. J. Bompaire: Le pathos dans le Traité du Sublime, in: REG 86, 1973, 323–343. G. S. Brown: Longinus, *On Height. The Political Foundations of Literary Criticism*, Diss. Dallas 1979. W. Bühler: Beiträge zur Erklärung der *Schrift vom Erhabenen*, Göttingen 1964. W. Eisenhut: Einführung in die antike Rhetorik und ihre Geschichte, Darmstadt [(5)]1994. M. Fuhrmann: Die Dichtungstheorie der Antike. Aristoteles – Horaz – Longin. Eine Einführung, Darmstadt [(2)]1992. G. M. A. Grube: Notes on the *Perì hýpsus*, in: AJPh 78, 1957, 355–374. G. M. A. Grube: Theodorus of Gadara, in: AJPh 80, 1959, 337–365. KNLL 19, 271–273. A. Lesky, GL, 928f. E. Matelli: Struttura e stile de *Perì hýpsus*, in: Aevum 61, 1987, 137–247. H. Mutschmann: Tendenz, Aufbau und Quellen der *Schrift vom Erhabenen*, Berlin 1913. H. Mutschmann: Das Genesiszitat in der Schrift *Perì hýpsus*, in: Hermes 52, 1917, 161–200. E. Norden: Das Genesiszitat in der Schrift vom Erhabenen, Berlin 1955. R. Philippson: Zu *Perì hýpsus*, in: RhM 74, 1925, 267–279. L. Russo: Da Longino a Longino. I luoghi del *Sublime*, Palermo 1987. Schmidt-Stählin 2, 1, 475–478. H. Selb: Probleme der Schrift *Perì hýpsus*, Diss. Heidelberg 1957. K. Ziegler: Das Genesiszitat in der Schrift *Perì hýpsus*, in: Hermes 50, 1915, 572–603.

Perì hýpsus
„Über das Erhabene"

Caecilius (gr. Kaikilios) aus Kalakte, Mitte des 1. Jh.s v. Chr.

Weitgehend verlorene stilkritische Abhandlung (gr.).

I   Die Schrift ist durch die berühmte Abhandlung des Anonymus →*Perì hýpsus* faßbar, die den übertriebenen Attizismus, die einseitige Verehrung des attischen Redners Lysias (etwa 450 – etwa 380 v. Chr.) und die pedantische Stilkritik des Caecilius ablehnt (vgl. auch →*Perì tû charaktêros tôn déka rhetóron):* „Die kleine Abhandlung, die Kaikilios über das Erhabene verfaßt hat und die wir, wie du weißt, lieber Postumius Terentianus, gemeinsam studierten, schien uns, verglichen mit dem Gesamtthema, zu flach zu sein, das jeweils Entscheidende gar nicht zu berühren und dem Leser wenig zu nützen ... Kaikilios versucht nun zwar, durch tausend Beispiele zu zeigen, wie das Erhabene aussieht, als wüßte der Leser das nicht, aber auf welche Art man seine Naturanlagen fördern und in ihrer Größe steigern könnte, hat er ich weiß nicht wieso als unnötig übergangen" (An., *Perì hýpsus.* Übers. R. Brandt).

A   E. Ofenloch, Leipzig 1907, Nachdr. 1967 (Frg. aus allen Werken des Autors).
L   J. Brzoska, RE 3, 1899, 1174–1188. M. Fuhrmann: Die Dichtungstheorie der Antike. Aristoteles – Horaz – Longin. Eine Einführung, Darmstadt [(2)]1992. G. Kennedy: The art of persuasion in Greece, Princeton (N. Y.) 1963.

Perì ideôn
„Über die (platonischen) Ideen"

Aristoteles aus Stageira, 384–322 v. Chr.

Fragmentarisch erhaltene Abhandlung über die platonische Ideenlehre (gr.).
Veröffentlicht vermutlich vor dem platonischen →*Parmenídes.* Es ist nicht auszuschließen, daß Platon im *Parmenídes* auf die Kritik seines Schülers reagiert.

I   Alexandros aus Aphrodisias (→„Kommentare zu Aristoteles") gibt in seinem Kommentar zum Buch Alpha der „Metaphysik" (→*Tà metà tà physiká*) umfangreiche Berichte und Auszüge aus *Perì ideôn.* An zwei Stellen der „Metaphysik" (*Alpha* 9, 990b2–991b9 und *My* 4, 1078b34–5, 1080a8) finden sich zwei zum größten Teil wörtlich übereinstimmende Zusammenstellungen von Argumenten gegen die Ideenlehre. – Aus dem Kommentar des Alexandros ist zu entnehmen, daß der in zwei Fassungen erhaltene Text ein Bericht aus *Perì ideôn* ist. Der 1. Einwand gegen die Ideenlehre ist die Feststellung, daß die Argumente für die Ideenlehre nicht die Existenz von Ideen beweisen, sondern nur die Möglichkeit, ein einziges Prädikat von vielen Dingen auszusagen: Es gibt kein *hèn parà tà pollá*, sondern nur ein *hèn epì pollôn* (kein „Eines *neben* der Vielheit der Einzeldinge", sondern nur ein „Eines *zu* vielen Einzeldingen"). – Der 2. Einwand lautet: Wenn man auf der Transzendenz der Ideen besteht, dann muß die Welt der Ideen in unvertretbarer Weise ausgedehnt werden (weil es für alles eine Idee geben muß). – Vermutlich war die Darstellung so angelegt, daß Aristoteles das platonische Argument referierte und dann seine Gegenargumente nannte. Beispiele für die aristotelische Kritik an der Ideenlehre (im Anschluß an die beiden Abschnitte in der „Metaphysik" und an die Ausführungen im Kommentar des Alexandros): (1) „Diejenigen, die Ideen postulieren, um die Sinnesdinge zu erklären, verdoppeln unnötigerweise die Anzahl der Dinge, die einer Erklärung bedürfen" (dies und das folgende nach Düring, 246–253). (2) Mit keiner der Methoden, mit denen wir die Existenz der Ideen zu beweisen pflegen, lassen sie sich beweisen. Aus einigen Beweisen folgt kein zwingender Schluß; einige führen zu Dingen, bei denen Platon keine Ideen angenommen hat." [...] (5) „Platon fordert ein Sein, das der Zahl entspricht. Die Zahlen stehen aber in keinem Verhältnis zu den Sinnesdingen, nur zu anderen Zahlen." [...] (8) „Dem Argument, daß es das Eine-zu-den-Vielen gibt, zufolge müßte es Ideen auch für Negationen geben, denn auch sie werden von vielen Gegenständen ausgesagt ... Es wäre unmöglich, eine Idee z.B. Nicht-Mensch anzunehmen, denn unbegrenzt viele verschiedene Dinge hätten dann eine gemeinsame Idee." [...] Im 2. Buch *Perì ideôn* ging es um die Frage, was die Ideenlehre zur Erklärung der wahrnehmbaren Dinge beiträgt. Die Einwände des Aristoteles lauten u.a.: (1) „Die

Ideen erklären nicht Bewegung und Veränderung." (2) „Die Ideen tragen nichts zur Erkenntnis der Dinge bei ... sie sind nicht, was die Dinge sind." (3) „Die Ideen tragen nichts zur Existenz der Dinge bei."

A V. Rose, Leipzig 1886.
L H. Cherniss: Aristotle's Criticism of Plato and the Academy, Baltimore 1944, Nachdr. New York 1962, 223–318. I. Düring, Aristoteles, 384–391. H. Karpp: Die Schrift des Aristoteles *Perì ideôn*, in: Hermes 68, 1933, 384–391. S. Mansion: La critique de la théorie des idées dans le *Perì ideôn* d' Aristote, in: Revue philos. de Louvain 47, 1949, 169–202. G. E. L. Owen: A proof in the *Perì ideôn*, in: JHS 77, 1957, 103–111. L. Robin: La théorie platonicienne des idées et des nombres d' après Aristote, Paris 1908, Nachdr. Hildesheim 1962. P. Wilpert: Reste verlorener Aristotelesschriften bei Alexander von Aphrodisias, in: Hermes 75, 1940, 369–396. P. Wilpert: Zwei aristotelische Frühschriften über die Ideenlehre, Regensburg 1949.

Perì ideôn →Téchne rhetoriké (Hermogenes aus Tarsos)

Perì iobólon zóon kaì tôn en autoîs boethemáton
„Über giftige Tiere und die in ihnen befindlichen Heilmittel"

An.

Medizinisch-pharmakologische Schrift (gr.).

A M. Wellmann, CMG 10, 1, 1, 1908.

Perì Ísidos kaì Osíridos
„Über Isis und Osiris"

Plutarchos aus Chaironeia, etwa 46 – etwa 120 n. Chr.

Religionsphilosophische Abhandlung (gr.).

I Plutarch stellt eine Vielzahl von synkretistischen und allegorischen Deutungen der Mysterienreligion des Osiris vor. Hierin erweist sich Osiris als Hauptgott, der den Logos und das Seiende über der Welt des Werdens darstellt. Isis vermittelt als Göttin der Weisheit den Zugang zur Erkenntnis des höchsten. Typhon schließlich ist das feindliche Prinzip der Lüge und Verblendung und Zerstörer des Weges zur Einsicht. „So ist die Schrift ein wichtiges Zeugnis für eine Mysterienreligion, die platonisierende Motive aufgenommen hat und sich die Erkenntnis eines höchsten intelligiblen Prinzips (352A: *he tû prótu kaì kyríu kaì noetû gnôsis*) zum Ziele setzt" (Lesky, 920).

A V. Cliento, Florenz 1962 (gr.–it.). J. G. Griffith, Leiden 1970 (mit Kommentar). E. Nachstädt / W. Sieveking / J. B. Titchener: Plutarchi Moralia. Bd. 2, Leipzig 1935.

Ü H. Görgemanns u. a., Düsseldorf/Zürich 2003 (gr.-dt.).
L Th. Hopfner: Plutarch über Isis und Osiris. 2 Teile: 1. Die Sage (Text, Übersetzung, Kommentar). 2. Die Deutungen der Sage, in: Monogr. des Archivs Orientální 9, Prag 1940/1941, Nachdr. Hildesheim 1991. A. Lesky, GL, 917–926. K. Ziegler, RE 21, 1, 1951, 636–992.

Perì isorropiôn
„Über Gleichgewichtsverhältnisse"

Auch lat. zitiert als *De planorum equilibriis* („Über Gleichgewichtsverhältnisse bei ebenen Flächen").

Archimedes aus Syrakus, 287–212 v. Chr.

Mathematisch-physikalische Abhandlung (gr.).

I Archimedes weist nach, daß der Schwerpunkt eines körperlichen Dreiecks auf dem Schnittpunkt zweier Seitenhalbierenden mit 2/3 Abstand vom Scheitel und der Schwerpunkt eines Parabelsegments auf dem Durchmesser, 3/5 desselben vom Scheitel entfernt liegt.

A J. L. Heiberg. 3 Bde., Leipzig [(2)]1910–1913, Nachdr. 1972.
L R. Böker: Archimedes, in: DKP 1, 510–513.

Perì Iudaíon
„Über die Judäer"

Alexandros Polyhistor aus Milet, 1. Jh. v. Chr.

Fragmentarisch erhaltene ethnographische Studie (gr.), die von Iosephus (→*Iudaikè archaiología*), Clemens Alexandrinus (→*Stromáteis*) und Eusebios (→*Chronikoì kanónes*, →*Historía ekklesiastiké*) benutzt wurde.

A FHG 3, 206–244. FGrHist 273.
L Schmid-Stählin 2, 1, 400 f. E. Schwartz, RE 1, 1894, 1449–1452. F. Susemihl, Alexandrinerzeit 2, 356–364.

Perì Iudaíon →Apología hypèr Iudaíon (Philon)

Perì Italías
„Über Italien"

Antiochos aus Syrakus, Ende des 5. Jh.s v. Chr.

Geschichtswerk (gr.) in einem Buch, das ebenso wie →*Tôn Sikelikôn historía* die Geschichte des westlichen Mittelmeerraumes umfaßte, der in Herodots →*Historíes apódexis* kaum behandelt wurde. Nur wenige Frg. sind erhalten.

I Antiochos sammelte die mündliche Tradition über das von ihm als „Italien" bezeichnete Gebiet, sichtete sie kritisch, trennte das Glaubwürdige vom Unglaubwürdigen und schuf so eine Siedlungsgeschichte Süditaliens und Siziliens.

A FGrHist 555. A O. Lendle, Einführung, 32–35. A. Lesky, 378.

Perì kakiôn
„Über die Schlechtigkeiten"

Philodemos aus Gadara, 1. Hälfte des 1. Jh. s v. Chr.

Weitgehend verlorene moralisch-deskriptive Schrift (gr.).

I Offensichtlich handelte es sich um eine Darstellung von Charakterbildern, die der Autor teilweise dem Peripatetiker Ariston aus Keos verdankt (gest. 226 v. Chr.). – Es besteht eine gewisse Nähe zu Theophrasts →*Charaktêres ethikoí*.

A C. Jensen, Leipzig 1911.

Perì katarchôn
„Über die Anfänge"

Maximos, etwa 2. Jh. n. Chr.

Astrologisches Gedicht (gr.) in Hexametern.

I Der Autor behandelt über Voraussagen, die sich aus den Konstellationen der Gestirne ergeben; diese können für den Beginn von Unternehmungen günstig oder ungünstig sein.

A A. Ludwich, Leipzig 1877.

Perì kataskeuês anthrópu
„Über die Ausstattung des Menschen"

Auch lat. zitiert als *De opificio hominis*.

Gregorios aus Nyssa, 4. Jh. n. Chr.

Exegetische Schrift (gr.), die den Kommentar des Basileios zum Schöpfungsbericht (→*Hexaémeron*) ergänzen soll.
Entstanden 379 n. Chr.

I Der Mensch wurde zuletzt erschaffen, weil er die übrige Schöpfung beherrschen und nutzen und an ihrer Schönheit die Größe des Schöpfers erfahren sollte. Als Abbild Gottes besitzt der Mensch eine besondere Würde; er verfügt über Geist, Vernunft und Liebe. Der Geist bedient sich der Sinne, um das Wirkliche zu erkennen. – Die Unvollkommenheit der menschlichen Natur macht die Herrschaft und Nutzung der übrigen Schöpfung erforderlich; der Mensch bedient sich z. B. der Tiere, um natürliche Schwächen auszugleichen. – Die Ebenbildlich-

keit setzt die Seinsgleichheit (*homousía*) der göttlichen Personen voraus. Problematisch bleibt dabei jedoch der Gegensatz zwischen der Ungeschlechtlichkeit Gottes und der Zweigeschlechtlichkeit des Menschen. Ursprünglich wurde ein „allgemeiner" Mensch geschaffen; der Geschlechtsunterschied wurde zuletzt „hinzugeschaffen", der mit der Auferstehung wieder aufgehoben wird.

W Gregorios erhebt nicht den Anspruch, die Unbegreiflichkeit der göttlichen Geheimnisse aufzuklären. Er ist sich bei aller Spekulation seiner *docta ignorantia*, seiner „wissenden Unwissenheit", bewußt. Vor allem findet der Widerspruch zwischen Ebenbildlichkeit und Geschlechtlichkeit eine nur wenig überzeugende Erklärung.

A J. Laplace, Paris 1943 (SC 6). PG 44, 124–256.
Ü H. Hayd, München 1874 (BKV).
L O. Bardenhewer 3, 188–220. H. Dörrie, RAC 12, 1983, 863–865. R. M. Hübner: Die Einheit des Leibes Christi bei Gregor von Nyssa. Untersuchungen zum Ursprung der „physischen" Erlösungslehre, Leiden 1974. KNLL 6, 857f. G. B. Ladner: The Philosophical Anthropology of S. Gregory of Nyssa, in: Dumbarton Oaks Papers 12, 1958, 59–94. H. Merki: *Homoíosis theô*. Von der platonischen Angleichung an Gott zur Gottähnlichkeit bei Gregor von Nyssa, Freiburg (Schweiz) 1952. H. J. Oesterle: Probleme der Anthropologie bei Gregor von Nyssa, in: Hermes 113, 1985, 101–114. C. Schönborn: L' homme créé par Dieu: Le fondement de la dignité de l' homme, in: Gregorianum 65, 1984, 337–363.

Perì katholikês prosodías
„Über die allgemeine Aussprache (des Griechischen)"

Herakleides aus Milet, um 100 n. Chr.

Verlorenes und von der →*Katholikè prosodía* des Herodianos verdrängtes sprachwissenschaftliches Werk (gr.).

A L. Cohn: De Heracl. Miles. Gramm., Berlin 1884.

Perikeiroméne
„Die Geschorene"

Menandros aus Arhen 342–291 v. Chr.

Komödie (gr.).

I Das Stück beginnt mit einer verwickelten Situation: „Eine arme Frau hat ausgesetzte Zwillinge gefunden. Von diesen überließ sie den Knaben der reichen Myrrhine, die ein Kind wollte, das Mädchen aber zog sie selber auf. Als Glykera herangewachsen war, gab die Alte sie einem höheren Offizier, dem Chiliarchen Polemon, zur Konkubine. Vor ihrem Tode klärte sie Glykera über alles auf, auch darüber, daß Moschion im Hause der Myrrhine ihr Bruder sei. Glykera wahrt das Geheimnis, um den Bruder, der das Leben eines verwöhnten jungen Mannes aus reichem Hause genießt, nicht zu belasten. Als aber Moschion, der im Nachbarhause lebt, sie einmal in rascher Verliebtheit küßt, läßt sie es von dem Bruder geschehen. Zum Unglück kommt Polemon hinzu und schneidet ihr in wilder Eifersucht die Haare ab. Das galt damals als Schmach. Glykera sucht Zuflucht im Haus der Myrrhine, der sie nun ihr Geheimnis eröffnet. Polemon aber hat sich in tiefem Gram aufs Land zurückgezogen. Im Ablauf der Handlung gibt es allerlei Verwicklungen, so wenn der Sklave Daos seinem Herrn Moschion vorschwindelt, Myrrhine habe seinen Wünschen zu Gefallen Glykera ins Haus genommen, oder wenn in einer förmlichen Belagerungsszene, nicht der einzigen dieser Art in der *Néa*, die Geflüchtete aus dem Hause Myrrhines geholt werden soll. Bei der Lösung spielt Pataikos, ein Nachbar des Polemon und der Myrrhine ..., eine entscheidende Rolle. Er ist nicht ganz leicht ins Spiel einzuordnen, war aber keinesfalls Myrrhines Gatte. Jedenfalls stellt sich heraus, daß er der Vater der ausgesetzten Zwillinge ist. Nun kann er Glykera, die ihrem jähzornigen Polemon verziehen hat, diesem in bürgerlicher Ehe vermählen, der verliebte Moschion aber hat eine Schwester bekommen" (Lesky, 732).

A　D. Del Corno: Menandri comoediae quae exstant, Mailand 1966 (gr.–it.). A. Körte / A. Thierfelder: Menandri quae supersunt. 2 Bde., Leipzig [(3)]1957 und [(2)]1959.
Ü　K. und U. Treu, Leipzig 1975.
L　A. W. Gomme / F. H. Sandbach, Oxford 1973 (Kommentar). N. Holzberg: Menander. Untersuchungen zur dramatischen Technik, Nürnberg 1974. Ménandre, in: Entretiens, 16, 1970. A. Lesky, GL, 718–745. T. B. L. Webster: An introduction to Menander, Manchester 1974. N. Zagagi: The Comedy of Menander, Indiana 1995.

Perì klíseos onomáton kaì rhemáton
„Über die Flexion der Substantive und Verben"

Theodosios aus Alexandreia, 4. Jh. n. Chr.

Kurze Zusammenstellung (gr.) der Deklinations- und Konjugationsparadigmata, von Georgios Choiroboskos kommentiert und für den Griechischunterricht verwendet, bis in die Renaissance eine Grundlage des Unterrichts.

A　GrGr 4, 1, 3–99.

Perì komodías
„Über die Komödie"

An.

Sammlung (gr.) literarhistorischer Texte unterschiedlicher Herkunft zur Komödie. Ihr Quellenwert ist nicht einheitlich. Für Menanders Leben z. B. ist die Sammlung eine wertvolle Informationsquelle.

A　G. Kaibel, CGF.

L　A. Körte, RE 11, 1, 1921, 1207 ff. A. Lesky, GL, 708 und 718.

Perì komodías
„Über die Komödie"

Lykophron aus Chalkis, 1. Hälfte des 3. Jh. v. Chr.

Abhandlung (gr.) in mindestens neun Büchern über sprachliche und sachliche Probleme der Komödiendichtung. Nur wenige Frg. sind erhalten.

I　Der Autor versuchte u. a., die seltenen Wörter zu erklären, die in der Komödie vorkommen. Von Eratosthenes (→*Perì tês archaías komodías*) wurde er wegen einiger Fehler heftig angegriffen. – Das Werk ist wohl aus der Beschäftigung des Autors mit den Komödien-Texten in der Bibliothek von Alexandreia erwachsen.

A　C. Strecker: De Lycophrone, Euphronio, Eratosthene comicorum interpretibus, Diss. Greifswald 1884, 2–6 und 23–78. A. Lesky, GL, 834 f. R. Pfeiffer, KlPh, 151–153.

Perì kosmopoiías
„Über die Schöpfung"

Auch zitiert als *Tôn eis tèn Moyséos kosmogonían exegetikôn lógoi* („Erläuternde Ausführungen zum Schöpfungsbericht des Moses") oder lat. als *De opificio mundi*.

Ioannes Philoponos, geb. gegen Ende des 5. Jh.s n. Chr.

Kommentar zum Schöpfungsbericht (gr.) in sieben Büchern.
Entstanden zwischen 547 und 560 n. Chr.

I　Ioannes vertritt den Strandpunkt, daß die biblische Kosmogonie in Einklang stehe mit den tatsächlichen Naturgegebenheiten. Auf der Grundlage dieser „Konkordanztheorie" stellt Ioannes fest, daß die Bibel grundlegende Einsichten der damaligen Kosmogonie vorweggenommen habe: Sie lehre z. B. das von Ioannes vertretene ptolemäische Weltbild mit der Erde als Kugel im Mittelpunkt der Welt. Mit dieser Auffassung wendet sich der Autor gegen die Antiochenische Exegetenschule, in der noch die Meinung vertreten wurde, die Erde sei eine flache Scheibe.

A　G. Reichardt, Leipzig 1897. C. Scholten: Auslegung der Weltentstehung nach Moses (Über die Erschaffung der Welt). 3 Bde., Freiburg 1997 (gr.–dt.).
L　KNLL 8, 414. C. Scholten, MLAA, 359 f. V. Tiftixoglu: Philoponos, in: dtv-L 1. 3, 314 f.

Perì kósmu
„Über die Welt"

Auch lat. zitiert als *De mundo*.

Ps.–Aristoteles

Kosmologisch-theologische Abhandlung (gr.). Verfaßt von einem Peripatetiker des 1./2. Jh.s n.Chr. und Alexander d. Gr. gewidmet.

I Im Zentrum des Werkes steht die emphatische Darstellung einer allmächtigen Gottheit, die über allem kosmischen Geschehen thront. Die Schrift ist von einem starken religiösen Enthusiasmus geprägt.
N Das Werk wurde von Apuleius ins Lat. übersetzt (→*De mundo*).

A D. J. Furley, London/Cambridge (Mass.) 1955 (gr.–engl.). W. L. Lorimer, Paris 1933. G. Reale, Neapel 1974 (gr.–it. mit Kommentar).
Ü P. Gohlke, Paderborn 1949 (gr.–dt.). H. Strohm, Darmstadt [(3)]1984.
L W. Capelle: Die „Schrift von der Welt". Ein Beitrag zur Geschichte der griechischen Popularphilosophie, in: NJbb 15, 1905, 529–568. A. – J. Festugière: La révélation d'Hermès Trismégiste. Bd. 2, Paris 1949, 460–518. KNLL 1, 699 f. J. P. Maguire: The Sources of Pseudo-Aristotle *De mundo*, in: YClS 6, 1939, 109–167. H. Strohm: Studien zur *Schrift von der Welt*, in: MH 9, 1952, 137–175.

Perì kriteríu kaì hegemonikû
„Über den Beurteilungsgrund und den führenden Seelenteil"

Klaudios Ptolemaios, etwa 100–170 n.Chr.

Philosophische Abhandlung (gr.).

I Der Autor behandelt einen Aspekt der Erkenntnistheorie. – Schon Epikur (Diogenes Laertius, →*Philosóphon bíon kaì dogmátōn synagogé* 10,27) und Poseidonios verfaßten Schriften *Perì kriteríu*.

A F. Lammert, Stuttgart/Leipzig 1962.

Perì ktéseos kaì eklogês biblíon
„Über Erwerb und Auswahl von Büchern"

Herennios Philon aus Byblos (Syrien), etwa 60–140 n.Chr.

Weitgehend verlorenes Werk (gr.) über den Aufbau von Bibliotheken. – Erhalten ist ein 9. Buch über medizinische Schriften bei Oreibasios, →*Iatrikaì synagogaí* 3, 687.

Perì ktismáton
„Über die Bauten"

Auch lat. zitiert als *De aedificiis*.

Prokopios aus Kaisareia, um 500 – um 560 n.Chr.

Abhandlung (gr.) in Form einer Ekphrasis über die Bauten des röm. Kaisers Justinian (reg. 527–565 n.Chr.) in sechs Büchern.
Nach 558 n.Chr. verfaßt.

I Es handelt sich um eine nach Ländern geordnete Beschreibung der Bautätigkeit des Kaisers. – Buch 1 dokumentiert die Bauten in Konstantinopel und der Umgebung der Hauptstadt des Reiches. Buch 2 befaßt sich mit den Neubauten in Mesopotamien. Buch 3 beschreibt die Bauwerke in Armenien. Buch 4 ist Griechenland und der übrigen Balkanhalbinsel, Buch 5 Kleinasien und Palästina, Buch 6 dem röm. Africa gewidmet.
W Das Werk dient der Verherrlichung Justinians. Anlaß des Werkes waren wohl öffentliche Vorwürfe gegen Justinian, der gewaltige finanzielle Aufwendungen für das Bauwesen betrieb. Dazu gehörten u.a. neue Kirchen.

A J. Haury: Procopii Caesariensis opera omnia. Bd. 4, Leipzig 1913 (verbessert von G. Wirth 1964).
Ü O. Veh, München 1977 (gr.-dt.).
L A. Cameron: Procopius and the Sith Century, Berkeley 1985. B. Rubin, RE 32, 1, 1954, 273–599.

Perì léxeos
„Über Stilfragen"

Ephoros aus Kyme, 4. Jh. v.Chr.

Weitgehend verlorene Abhandlung (gr.) über stilistische Fragen.

I Als Schüler des Rhetoriklehrers Isokrates stellte Ephoros bestimmte Anforderungen an die sprachliche Gestaltung von Texten (vgl. auch seine →*Historíai*). Die Schrift befaßte sich u.a. mit Fragen des Prosarhythmus und der Prosodie.
N Von Cicero (→*Orator*) wird Ephoros als Experte in stilistischen und prosodischen Fragen erwähnt (172. 191 f. 194. 218).

A FGrHist 70.
L O. Lendle, Einführung, 136–143. A. Lesky, 701. E. Schwazt, RE 6, 1907, 1–6.

Perì léxeos
„Über Stilfragen"

Theophrastos aus Eresos, um 370–287 v. Chr.

Rhetorische Schrift (gr.), aus der einige Frg. erhalten sind.

I Gegenstand der Schrift war die Lehre von den Tugenden und Fehlern des Ausdrucks, den verschiedenen Grundformen des Stils und den Vorschriften über Stilbildung durch Lektüre, wie sie später von Quintilian, →*Institutio oratoria* 9,27, zu einer Nachahmungstheorie fortentwickelt wurden.
Q Offensichtlich diente das 3. Buch der →*Téchne rhetoriké* (vor allem Kap. 1–12) des Aristoteles als Vorlage für die Ausführungen des Theophrast.
N Die Schrift wurde vor allem von Cicero, Dionysios aus Halikarnassos und Ps.-Demetrios (→*Perì hermeneías*) benutzt (vgl. auch →*De virtutibus dicendi*).

A A. Mayer, Leipzig 1910.
L H. Rabe: De Theophrasti *Perì léxeos*, Diss. Bonn 1890.

Perì líthon
„Über Steine"

Auch lat. zitiert als *De lapidibus*.

Theophrastos aus Eresos, um 370–387 v. Chr.

Mineralogische Abhandlung (gr.).

I Die Schrift gehört zu einer Gruppe von naturwissenschaftlichen Schriften des Autors, die sich mit der unbelebten Natur befassen: z. B. *Perì anémon* („Über die Winde"), *Perì pyrós* („Über das Feuer"), ferner „Über Meteorologie", „Über die Gewässer" und „Über die Metalle". Das nur fragmentarisch erhaltene Werk *Perì líthon* befaßt sich vor allem mit geschnittenen Steinen und liefert wichtige Informationen über die Bearbeitung von Steinen. – *Perì pyrós* ist eine systematische Abhandlung über Wesen und Eigenschaften des Feuers, das Theophrast im Gegensatz zu der traditionellen Lehre von den vier Elementen (Erde, Wasser, Feuer, Luft) nicht als Elementarstoff betrachten wollte, weil es nur an brennenden oder leuchtenden Stoffen vorkommt.

A E. R. Caley / J. F. C. Richards, Columbus 1956 (gr.-engl. mit Kommentar). D. E. Eichholz, Oxford 1965 (gr.-engl. mit Kommentar). F. Wimmer. 3 Bde., 1854–1862 (Gesamtausgabe).
L A. Lesky, GL, 772–775. O. Regenbogen, RE Suppl. 7, 1940, 1354–1562. H. Strohm: Zur Meteorologie des Theophrast, in: Ph 92, 1937, 249–268 und 403–428. E. Zeller, Philosophie 2.2, 832–835.

Perì makrobíon
„Über Langlebige"

Phlegon aus Tralleis, Freigelassener des Kaisers Hadrian (reg. 117–138)

Schrift (gr.) über Menschen, die ein ungewöhnlich hohes Alter erreicht haben.

I Es handelt sich um eine schmucklose Aufzählung von Römern, die über hundert Jahre alt geworden sind. Als Informationsquelle benutzte Phlegon die röm. Zensuslisten. Vgl. die →*Makróbioi*, die unter Lukians Namen überliefert sind.

A FGrHist 257.
L W. Spoerri: Phlegon von Tralleis, in: dtv-L 3, 321 f. K. Ziegler: Paradoxographoi, in: RE 18, 3, 1949, 1157–1159.

Perì makrobiótetos kaì brachybiótetos
→**Parva naturalia (Aristoteles)**

Perì mantikês
„Über die Weissagung"

Poseidonios aus Apameia, etwa 135–50 v. Chr.

Philosophische Abhandlung in fünf Büchern (gr.), aus denen nur Frg. und Testimonien erhalten sind.

I Die wichtigste Informationsquelle für den Inhalt der Schrift ist Cicero, →*De divinatione*: Danach gab Poseidonios zunächst einen geschichtlichen Überblick über die Mantik. Der Glaube, daß es mit Hilfe der Götter möglich sei, die Zukunft vorherzuwissen, sei in der Menschheit ebenso alt und verbreitet wie der Glaube an die Götter selbst. Die Völker hätten verschiedene Methoden entwickelt, um die von den Göttern ausgehenden Zeichen zu deuten. – Die Mantik sei das Vorhersagen und Vorherwissen von Dingen, die als zufällig gelten in dem Sinne, daß ihre Ursachen vom menschlichen Geist nicht erkannt werden; denn Zufall gibt es nach Poseidonios nicht. Es gebe zwei Arten von Mantik: eine „künstliche", die auf die Beobachtung der göttlichen Zeichen gerichtet sei, und eine „natürliche", die in Traum und Ekstase das Künftige voraussehe. Dazu gehöre aber nicht das Zukünftige, das aufgrund wissenschaftlicher Überlegungen und Erkenntnisse voraussagbar sei, sondern nur das, was der Geist abgelöst vom Körper schaue. – Die Voraussetzung für die Weissagung ist nach Poseidonios der Glaube an die göttliche Vorsehung (*prónoia*); wenn es eine Vorsehung gibt, dann muß es auch die Möglichkeit geben, diese Vorsehung zu erkennen. Hinzu kommt die Annahme, daß das Geschehen in der Welt durch die „Heimarmene", die lückenlose Kette von Ursache und Wirkung, geregelt ist (→*Perì heimarménes*). Dadurch muß es ebenfalls möglich sein, Zukünftiges als im Gegenwärtigen bereits vorhanden vorherzusagen.

A L. Edelstein / I. G. Kidd. 2 Bde., Cambridge [2]1989 und 1988 (Frg. und Kommentar). W. Theiler. 2 Bde., Berlin/New York 1982.
Ü M. Pohlenz: Stoa und Stoiker. Die Gründer. Panaitios. Poseidonios, Zürich 1950, 335–340. K. Reinhardt: Poseidonios, München 1921, 423–470. K. Reinhardt: Kosmos und Sympathie, München 1926, 214–275.

Perì mechanemáton
„Über (Kriegs-)Maschinen"

Athenaios, der Mechaniker, 2. Hälfte des 1. Jh.s v. Chr. (Datierung umstritten)

Abhandlung über Belagerungsmaschinen (gr.). Es bestehen Übereinstimmungen zwischen Athenaios und Vitruv (→*De architectura* 10. Buch: 14 f.; 16,9 ff.), was damit zu erklären ist, daß beiden Autoren ein Werk des Agesistratos, des Lehrers des Athenaios, vorlag.

A R. Schneider, Abh. Göttingen 1912, NF 12, 5 (gr.–dt.).
L F. Krafft: Athenaios (Nr. 1), in: dtv-L 1. 1, 217. A. Lesky, GL, 888. P. Thielscher, RE 9, A 1, 1961, 450.

Perì megethôn kaì apostemáton helíu kaì selénes
„Über Größen und Abstände der Sonne und des Mondes"

Aristarchos aus Samos, um 320–250 v. Chr.

Astronomische Schrift (gr.)

I Aristarch versucht mit Hilfe der Trigonometrie zu seinen Ergebnissen zu kommen. Allerdings vertritt der Autor in dieser Schrift noch den geozentrischen Standpunkt, obwohl er ansonsten bereits ein heliozentrisches Weltbild voraussetzte. – Die besondere Bedeutung der Schrift besteht darin, daß hier zum ersten Mal eine Methode zur Messung kosmischer Dimensionen angegeben wird. „Die Methode zur Bestimmung der relativen Abstände von Sonne und Mond ist im Prinzip richtig, kann jedoch praktisch nicht angewandt werden, weil sie auf der Messung des Winkels zwischen Mond und Sonne in dem Moment beruht, in dem der Mond zur Hälfte erleuchtet ist. Da dieser Moment nicht exakt festgestellt werden kann und da der zu messende Winkel nur wenig von 90 Grad verschieden ist, ist eine auch nur annähernd genaue Messung ausgeschlossen. Für das Verhältnis der Abstände Erde-Sonne und Erde-Mond findet A. den Wert von etwa 19, während der richtige Wert etwa 400 beträgt" (Sambursky, 170).

A Th. L. Heath: Aristarch of Samos, the ancient Copernicus. A History of Greek Astronomy together with Aristarch's Treatise on the Size and Distance of the Sun and Moon. A new Greek Text with Transl. and Notes, Oxford 1913, Nachdr. 1959.
L F. Hultsch, RE 2, 1, 1895, 873–876. S. Sambursky: Aristarch (Nr.1), in: dtv-L 1. 1, 170 f.

Perì menôn
„Über die Monate"

Auch lat. zitiert als *De mensibus*.

Lydos Ioannes Laurentius, 6. Jh. n. Chr.

Ausführliche Darstellung (gr.) von Bräuchen an Wochen- und Monatstagen.

A R. Wünsch, Leipzig 1898.
L T. F. Carney: Lydos (Nr. 2), in: DKP 3, 801 f.

Perì meteorismû
„Über die Flatterhaftigkeit"

Demetrios Lakon, 2. Jh. v. Chr.

Ethischer Traktat (gr.), fragmentarisch erhalten (Papyrus Herculanensis 831).

A W. Crönert: Kolotes und Menedemos, Leipzig 1906, 100–125. V. de Falco, Neapel 1923.
L W. Liebich: Demetrios (Nr. 4), in: dtv-L 1. 1, 334 f.

Perì métron →Encheirídion perì métron (Hephaistion)

Perì miméseos
„Über die Nachahmung"

Dionysios aus Halikarnassos, seit 30 v. Chr. in Rom

Literaturwissenschaftliche Abhandlung (gr.) in drei Büchern, nur fragmentarisch erhalten (vgl. auch →*Perì tôn archaíon rhetóron*).

I Die Schrift behandelt das Problem der literarischen Abhängigkeit von Stilmustern (Imitation). Buch 1 geht ein auf die Nachahmung (*mímesis, imitatio*) und ihre Bedeutung im allgemeinen. Buch 2 befaßt sich mit den Dichtern, Philosophen, Historiographen und Rednern, die nachgeahmt werden sollten. Buch 2 beschreibt das Verfahren der Nachahmung von Stilmustern. – So erklärt der Autor u. a.: „Wir müssen die Werke der Alten studieren, um uns von dort nicht nur den Stoff für unser Thema, sondern auch die Fähigkeit zur Nachbildung (*Zêlos*) ihrer Stileigentümlichkeiten zu verschaffen. Denn die Seele des Lesenden wird durch die andauernde Beobachtung in den Stand gesetzt, sich in einer ähnlichen Schreibart auszudrücken ... Aus der Nachahmung (*Mímesis*) geformter Rede geht Ähnlichkeit hervor: man eifert dem nach (*Zêlos*), was man bei einem jeden der alten Schriftsteller für besonders gelungen hält, und leitet so gleichsam ein aus zahlreichen Quellen gespeistes Wasser in seine Seele" (Übers. Fuhrmann, 170). – Vgl. auch Buch 10 der →*Institutio oratoria* des Quintilian.

> **A** H. Usener / L. Radermacher: Dion. Hal. opuscula. 2 Bde., Leipzig 1899–1929 (*Perì mímeseos* in Bd. 2, 195–215), Nachdr. 1997.
> **L** M. v. Albrecht: Dionysios (Nr. 20), in: DKP 2, 70f. M. Fuhrmann: Einführung in die antike Dichtungstheorie, Darmstadt 1973, 168–174. A. Lesky, GL, 929.

Perì mnémes kaì anamnéseos →Parva naturalia (Aristoteles)

Perì monarchías kaì demokratías kaì oligarchías (*De unius in re publica dominatione, populari statu, et paucorum imperio*) →Moralia (Plutarchos)

Perì monérus léxeos
„Über singuläre Wortformen"

Ailios Herodianos aus Alexandreia, 2. Hälfte des 2. Jh.s n. Chr.

Zusammenstellung (gr.) von Wörtern, die in ihrer Bildungsweise (Akzent, Endung usw.) oder Flexion singulär sind.

> **A** A. Lentz. 2 Bde., 1867–1870.
> **L** A. Lesky, GL, 992f. H. Schultz, RE 8, 1, 1912, 959–973.

Perì musikês
„Über die Musik"

Aristeides Quintilianus, wahrscheinlich 3. Jh. n. Chr.

Musiktheoretisches Werk (gr.) in drei Büchern.

I Buch 1: Rhythmik und Metrik. Die Ausführungen gehen im wesentlichen auf Aristoxenos, →*Eisagogè harmoniké*, zurück. Buch 2: Musikerziehung und musikalische Ethoslehre, anknüpfend an Damon (um 450 v. Chr.) und Platon, dessen sechs Oktavgattungen Aristeides ebenso übernimmt wie die ethischen Maßstäbe. So wird hier u. a. ausgeführt, welchen Einfluß die verschiedenen Tonarten und Rhythmen auf das Verhalten der Menschen ausüben. Buch 3: Arithmetische und naturwissenschaftliche Fragen. Hier geht es u. a. um die Beziehungen der musikalischen Phänomene zu den Zahlen und d. h. (nach pythagoreischer Auffassung) zum Universum.
Q Das Werk gipfelt in einer musikalischen Ontologie, die von Platons, →*Tímaios* beeinflußt ist. Es

bestehen aber auch Übereinstimmungen mit dem 3. Buch der →*Harmoniká* des Ptolemaios.
N Das Werk wurde von Martianus Capella (2. Hälfte des 4. Jh.s n. Chr.), →*De nuptiis Philologiae et Mercurii*, teilweise ins Lateinische übersetzt.

> **A** R. P. Winnington-Ingram, Leipzig 1963.
> **Ü** R. Schäfke, 1937.
> **L** Th. Georgiades: Musik und Rhythmus bei den Griechen. Zum Ursprung der abendländischen Musik, Hamburg 1958, 124. H. Koller: Die Mimesis in der Antike, 1954. W. Vetter, in: F. Blume (Hg.): Die Musik in Geschichte und Gegenwart. Allgemeine Enzyklopädie der Musik. Bd. 1, 1949–1951, 629ff. G. Wille: A. Quintilianus, in: dtv-L 1. 1, 174.

Perì musikês →De musica (Philodemos)

Perì musikês
„Über die Musik"

Auch lat. zitiert als *De musica*.

Ps. – Plutarchos, wohl 1. Jh. n. Chr.

Musikwissenschaftliche Schrift (gr.)

I Gegenstand der Schrift ist die gr. Musik bes. des 7.–4. Jh. v. Chr. Während eines Gastmahls im Haus des Onesikratos halten zwei Gäste, Lysias und Soterichos, je einen Vortrag über die Musik. Lysias behandelt die Musik in der mythischen Zeit, den Gesang zur Kithara, den Gesang zum Aulos (Aulodie), das Blasen des Aulos ohne Gesang (Auletik), die Erfindung der Enharmonik, die Rhythmik, neuere Erfindungen in der Musik. – Soterichos spricht über den göttlichen Ursprung der Musik und über die Tatsachen, daß sich die alte Musik durch äußerste Beschränkung der Mittel auszeichnete.

> **A** M. Pohlenz / K. Ziegler. Bd. 6. 3, Leipzig [(3)]1966.
> **L** Th. Georgiades: Musik und Rhythmus bei den Griechen. Zum Ursprung der abendländischen Musik, Hamburg 1958, 125–129. F. Lasserre: Plutarque de la musique, Olten/Lausanne 1954.

Perì neôn →Perì tû tôn neôn katalógu (Apollodoros)

Perì neótetos kaì géros →Parva naturalia (Aristoteles)

Perì nómon
„Über die Gesetze"

An.

Ethisch-politische Schrift gegen einen anarchistischen Individualismus (gr.), nur indirekt (fragmentarisch) überliefert.
Wahrscheinlich um 400 v. Chr.

I Die Gesetze werden als Erzeugnisse der menschlichen Vernunft dargestellt. Die menschliche Natur steht also nicht im Gegensatz zu den Gesetzen, die auf die Verwirklichung des Guten und des Nützlichen zielen. Unter den Bürgern müssen Eintracht (*homónoia*) und gesetzliche Ordnung (*eunomía*) herrschen. Der Staat soll von Menschenliebe getragen sein (*philanthropía*).
W Die gedankliche Nähe zum Text des →*Anonymus Iamblichi* ist sehr deutlich spürbar. Der Autor kennt die sophistischen Ideen, verwirft aber die Radikalisierung der demokratischen Freiheit und die Mechanisierung des Gleichheitsprinzips.
N Die Schrift war die Vorlage für die dem Demosthenes zugeschriebene Rede →*Kat' Aristogeítonos* (Ps. Demosthenes 25,15–35; 85–91; 93–96). Dieser Rede ist die Kenntnis der Schrift zu verdanken.

A S. H. Butcher: Demosthenis Orationes. Bd. 2. 1, Oxford 1907.
L A. Lesky, GL, 407. W. Nestle: VMzL, 433 f. M. Pohlenz: Anonymus *Perì nómon*, in: NGG 1924, 19 ff.

Perì nû
„Über den Geist"

Demokritos aus Abdera, 470/460–380/370 v. Chr.

Verlorene philosophische Schrift (gr.), in der sich der Autor wahrscheinlich mit der Nus-Lehre des Anaxagoras auseinandersetzte. In der Tetralogien-Ordnung des Thrasyllos ist der Titel unter den „Physikalischen Schriften" bezeugt (VS 68 A 33).

A VS 68 A 33.
L A. Lesky, GL, 382.

Periochaí →Ab urbe condita (Livius)

Períodos gês
„Erdbeschreibung"

Eudoxos aus Knidos, etwa 400–347 v. Chr.

Geographisches Werk (gr.) in mindestens acht Büchern, aus denen nur Frg. erhalten sind.

I Eudoxos setzte die Kugelgestalt der Erde voraus; ferner wußte er, daß das Licht des Mondes nicht von diesem selbst stammt. Er kannte Wendekreise, Äquator, Pole und Meridian. – Die Annah-me des Columbus, daß Indien mit Westkurs auf dem Atlantik zu erreichen sei, geht vermutlich über Aristoteles, →*Perì uranû* (2,14,298a9), auf die Geographie des Eudoxos zurück.

A F. Gisinger: Die Erdbeschreibung des Eudoxos von Knidos, 1921 (mit Kommentar).
Ü F. Lasserre, Berlin 1966 (mit Kommentar).
L H. Berger: Geschichte der wissenschaftlichen Geographie bei den Griechen, Leipzig [(2)]1903. M. Hossenfelder: Die Philosophie der Antike. 3, in: W. Röd (Hg.): Geschichte der Philosophie. Bd. 3, München 1985, 188 f.

Períodos gês →Periégesis (Hekataios)

Perì oikonomías
„Über die Wirtschaftlichkeit"

Philodemos aus Gadara, 1. Hälfte de 1. Jh.s v. Chr.

Populär-philosophische Abhandlung (gr.) im Diatriben-Stil, nur in einigen Frg. erhalten.

A C. Jensen, Leipzig 1906.
L A. Lesky, GL, 768 f.

Perì okeanû
„Über den Ozean"

Poseidonios aus Apameia, etwa 135–50 v. Chr.

Verlorene kosmologisch-geographische Schrift (gr.). Das Werk wurde von Strabon (→*Geographiká*) und Plinius d. Älteren (→*Naturalis historiae libri XXXVII*) benutzt.

I Poseidonios hatte in diesem Werke seine Vorstellungen von der Entstehung, der Gestalt und der Einteilung der Erdoberfläche dargelegt. Das Werk war im wesentlichen eine Erdbeschreibung, die teils mit geographischen, teils mit mathematischen Methoden untermauert wurde.

A L. Edelstein / I. G. Kidd. 2 Bde., Cambridge [(2)]1989 und 1988. W. Theiler. 2 Bde., Berlin/New/York 1982.
L M. Pohlenz: Stoa und Stoiker. Die Gründer. Panaitios. Poseidonios, Zürich 1950, 299–312.

Perì okeanû
„Über den Ozean"

Pytheas aus Massilia, um 325 v. Chr.

Verlorener Bericht über eine Seereise (gr.).

I Pytheas behauptete, er habe Europa von Gades bis zum Tanais umsegelt, und zog daraus den Schluß, daß der Ozean die „Fessel" der Welt sei. – Der Autor fuhr an der Westküste Spaniens und Frankreichs entlang und kam bis zu den Shetland- und Orkneyinseln, vielleicht sogar bis nach Island.

– Das Werk enthielt auch Nachrichten über die Küstenvölker und astronomische Messungen. – Seine Beobachtungen über die Mitternachtssonne, über die Gezeiten und die klimatischen Verhältnisse zeichnete er sorgfältig auf. In der Antike hielt man ihn für unglaubwürdig.

A H. J. Mette: Pytheas von Massilia, Berlin 1952 (mit Kommentar).
Ü D. Stichtenoth: Pytheas von Marseille. Über das Weltmeer, Köln/Graz 1959.
L R. Güngerich: Die Küstenbeschreibungen in der griechischen Literatur, Münster 1959. A. Lesky, GL, 649.

Perì onomasías tôn kat' ánthropon moríon
„Über die Benennung der menschlichen Körperteile"

Auch lat. zitiert als *De corporis humani partium appellationibus.*

Rufus aus Ephesos, um 100 n. Chr.

Eine auf Untersuchungen an Affen beruhende Anatomie (gr.).

I Rufus hat u. a. die anatomischen Kenntnisse seiner Vorgänger zusammengefaßt und die Nomenklatur geklärt.

A Ch. Daremberg / E. Ruelle, Paris 1879.
Ü R. v. Töply: Anatomische Werke des Rufus und Galenos, in: Anat. Hefte 1. 6, 1904.
L A. Dihle, GLL, 156–159. J. Ilberg: Rufus von Ephesos. Ein griechischer Arzt in trajanischer Zeit. Abh. Leipzig 41, 1, 1930. G. Kowalski: Rufi Ephesii *De corporis humani partium appellationibus,* Diss. Göttingen 1960.

Perì orchéseos
„Über den Tanz"

Lukianos aus Samosata, etwa 120–180 n. Chr.

Dialogisch eingeleitete Lobrede auf die Kunst des Pantomimen (gr.)

I In der dialogischen Vorrede versucht Lykinos, seinem Gesprächspartner den künstlerischen Wert der Tanzkunst und des Tanztheaters zu erklären. So geht er ausführlich auf die lange Geschichte und die Allgegenwart des Tanzens ein. Bei allen Völkern wird zu jeder Zeit getanzt; man tanzt ebenso aus religiösen wie aus profanen Anlässen. Lykinos belegt seine Aussagen u. a. auch mit Hinweisen auf die Wertschätzung des Tanzens bei den großen Dichtern. Sogar Sokrates, „der weiseste aller Menschen" war ein Liebhaber des Tanzens. – Im Anschluß daran preist Lykinos das hohe Können des pantomimischen Tänzers; er beschreibt seinem Gesprächspartner den Voraussetzungsreichtum dieser Kunst. Der pantomimische Tänzer muß ein Universalgenie sein

und wie Homers Kalchas „alles wissen, was ist, was war, und künftig sein wird" (Kap. 36). Er muß z. B. die gesamte Mythologie (und Geschichte) in allen ihren Verzweigungen im Gedächtnis haben und darstellen können („vom Chaos und der Entstehung der Welt an bis zur ägyptischen Königin Kleopatra", 37). Denn alles kann zum Stoff für seine Kunst werden. Er muß damit rechnen, daß er alles, was gesungen wird, durch Gebärden und Bewegungen sichtbar und sachgerecht darstellen muß. (Daher heißt er mit Recht „Pantomime", denn er ist „einer, der alles darstellt".) Am Schluß ist der Gesprächspartner von der geradezu göttlichen Größe dieser Kunst so beeindruckt, daß er Lykinos bittet, ihm bei der nächsten Theateraufführung einen Platz freizuhalten.

A A. M. Harmon. Bd. 5, London/Cambridge (Mass.) 1936.
Ü Chr. M. Wieland: Lucian von Samosata. Sämtliche Werke 2. 4, Leipzig 1788/1789, 373–446.

Perì orthographías
„Über die Rechtschreibung"

Ioannes Charax, 6. Jh. n. Chr.

Verlorene grammatische Abhandlung (gr.), die der Autor aus einem gleichnamigen Werk des Herodian (2. Jh. n. Chr.) exzerpiert hatte.

A I. Bekker: Anecdota Graeca 3, 1821, 1127.

Perì osmôn →De odoribus (Theophrastos)

Perì oxéon kaì chroníon pathôn →De passionibus celeribus vel acutis / De passionibus tardis vel chronicis (Caelius Aurelianus)

Perì paídon agogês (*De liberis educandis*) →Moralia (Plutarchos)

Perì paradóxon mechanemáton
„Über seltsame Erfindungen"

Anthemios aus Tralleis, gest. nach 534 n. Chr.

Frg. aus einer Schrift über den Brennspiegel (gr.).

A A. Westermann: Paradoxographoi, 1839, 149–158.
L G. L. Huxley: A. of Tralleis. A Study in later Greek Geometry, 1959. W. Sontheimer: Anthemius (Nr. 3), in: DKP 1, 372.

Perì parasítu. Hóti téchne he parasitiké
„Über den Parasiten. Daß Parasitentum eine Kunst ist"

Lukianos aus Samosata, etwa 120–180 n. Chr.

Satirischer Dialog (gr.) nach dem Vorbild platonischer Dialoge.

I Tychiades fragt seinen Gesprächspartner, den Parasiten Simon, nach der Kunst, die er beherrsche. In die Enge getrieben bezeichnet Simon seine Kunst als „Parasitik" und stellt sich als deren Erfinder dar. Die „Parasitik" verfügt über alle Merkmale einer echten Kunst. Simon definiert seine Kunst folgendermaßen: „Die Parasitik ist eine Kunst, die es mit dem Essen und Trinken zu tun hat und mit den Worten und Taten, die deswegen zu sagen und zu tun sind. Ihr höchstes Ziel ist die Lust" (9). Dazu zitiert der Parasit noch Homer, der angeblich im Parasitentum das höchste Glück gesehen habe. Sein Odysseus z. B. habe das Leben eines Parasiten geführt. Der Parasit übertreffe sogar Epikur in der Verwirklichung eines lusterfüllten Lebens. – Nachdem Simon bewiesen hat, daß die „Parasitik" wirklich eine Kunst ist, legt er dar, daß sie die höchste und beste Kunst ist. Dann aber wendet Tychiades ein, ob es nicht unrecht sei, sich auf Kosten anderer ein lustvolles Leben zu machen. Simon hält dagegen, daß sich im Parasitentum wahre Freundschaft realisiere. Denn nur der, mit dem man gemeinsam ißt und trinkt, ist ein wahrer Freund. – Daß die Parasitik sogar der Rhetorik und der Philosophie überlegen ist, ist schon daraus ersichtlich, daß über diese beiden die Meinungen geteilt sind; niemand weiß so recht, was sie eigentlich sind; das ist bei der Parasitik völlig anders. Sie ist überall in der Welt ein und dieselbe. Dann erhebt sich die Frage nach dem Verhältnis der Parasitik zur Philosophie: Noch nie sei ein Parasit ein Liebhaber der Philosophie gewesen, aber viele frühere und heutige Philosophen seien Liebhaber der Parasitik. Das wird durch Beispiele veranschaulicht. Sogar Platon war ein Parasit bei dem Tyrannen von Sizilien. Kurz und gut: Es gab viele Philosophen, die etwas von Parasitik verstanden, aber keinen Parasiten, der etwas von Philosophie verstand. Am Ende ist Tychiades überzeugt; er will bei Simon die Kunst der Parasitik lernen.

A A. M. Harmon. Bd. 3, London/Cambridge (Mass.) 1921.
Ü Chr. M. Wieland: Lucian von Samosata. Sämtliche Werke 1. 1, Leipzig 1788/1789, 238–284.

Perì parrhesías
„Über die Freiheit der Rede"

Philodemos aus Gadara, 1. Hälfte des 1. Jh.s v. Chr.

Weitgehend verlorene populär-philosophische Schrift (gr.), die das offene Wort einer therapeutischen Philosophie propagierte und der Verteidigung der Philosophie gegen die Ansprüche der Rhetorik diente.

A A. Olivieri, Leipzig 1914.

Perì parthenías
„Über die Jungfräulichkeit"

Gregorios aus Nyssa, 4. Jh. n. Chr.

Asketische Abhandlung (gr.).
Zwischen 370 und 378 n. Chr. verfaßt.

I Die Jungfräulichkeit ist nicht nur ein körperliches, sondern vor allem ein geistig-seelisches Ideal des Christen. Jungfräulichkeit bedeutet die Freiheit von Leidenschaften. Sie ist der Weg zum Heil. – Gregorios verwirft die Ehe zwar nicht. Aber er gibt zu bedenken, daß eine durch die Ehe (und Familie) bedingte Verstrickung in die Sorgen des Alltags der Vervollkommnung der Seele nicht förderlich sei.
N Gregorius' Reflexionen über die Jungfräulichkeit wirkten im Mittelalter auf Bernhard von Clairvaux und auf Meister Eckhart.

A M. Aubineau, Paris 1966 (gr.–frz.). W. Jaeger u. a.: Opera. Bd. 8. 1, Berlin/Leiden 1952.
Ü W. Blum, Stuttgart 1977.
L J. Gribomont: Le panégyrique de la virginité, oeuvre de la jeunesse de G. de N., in: Revue d' ascétique et de mystique 43, 1967, 249–266. KNLL 6, 858. H. O. Knackstedt: Die Theologie der Jungfräulichkeit beim hl. Gregor von Nyssa, Diss. Rom 1940.

Perì parthenías
„Über die Jungfräulichkeit"

Ioannes Chrysostomos aus Antiocheia, 2. Hälfte des 4. Jh.s n. Chr.

Theologischer Traktat (gr.).
Verfaßt zwischen 381 und 386 n. Chr.

I Der Apostel Paulus hat in seinem 1. Brief an die Korinther (7,25–38) (→*Novum Testamentum*) seine Meinung über die Ehelosigkeit geäußert: „Über die Jungfrauen habe ich kein Gebot des Herrn; ich sage aber meine Meinung als einer, der durch die Barmherzigkeit des Herrn Vertrauen verdient. So meine ich nun, es sei gut um der kommenden Not willen, es sei gut für den Menschen, ledig zu sein ... Ich möchte aber, daß ihr ohne Sorgen seid. Wer ledig ist, der sorgt sich um die Sache des Herrn, wie er dem Herrn gefalle; wer aber verheiratet ist, der sorgt sich um die Dinge der Welt, wie er der Frau gefalle, und so ist er geteilten Herzens. Und die Frau, die keinen Mann hat, und die Jungfrau sorgen sich um die Sache des Herrn, daß sie heilig seien am Leib und auch am Geist; aber die verheiratete Frau sorgt sich um die Dinge der Welt, wie sie dem Mann gefalle ..." Die Ausführungen des Chrysostomos beruhen auf diesen Worten des Paulus.

Jungfräulichkeit wird aber nicht nur negativ als geschlechtliche Enthaltsamkeit, sondern auch positiv definiert: Jungfräulichkeit ist auch Keuschheit der Seele, die den Menschen besser auf das Himmelreich vorbereite als die praktizierte Ehe, die mit vielfältigen Zwängen und Schwierigkeiten verbunden sei. So wie der Autor die Ehe abwertet, erhebt er die Jungfräulichkeit, indem er sowohl ihre Vorteile im Leben als auch ihren künftigen Lohn veranschaulicht.

W Chrysostomos steht in der gedanklichen Tradition des gr. Eudämonismus, d.h. der Suche nach den Möglichkeiten und Bedingungen des menschlichen Glückes; er fand sie in der Lebensform einer fröhlichen Jungfräulichkeit.

A H. A. Musurillo, Paris 1966 (SC 125).
Ü J. Ch. Mitterrutzner, Kempten 1869.
L E. A. Clark: Sexual Politics in the Writings of J. Chr., in: Anglican Theological Review 59, 1977, 3–20. KNLL 8, 407 f.

Perì páscha
„Über Ostern"

Meliton aus Sardes, gest. vor 190 n. Chr.

Predigt zum Osterfest (gr.).

I Am Anfang steht eine typologische Deutung des jüdischen Passah: Jesus Christus ist das wahre Osterlamm (1–11). Im 1. Hauptteil geht es um das Mysterium des alttestamentlichen Passah, mit dem die Erlösungstat Christi vorweggenommen wird (11–45). Der 2. Hauptteil behandelt das Mysterium des neutestamentlichen Passah, mit dem die Erlösung der gefallenen Menschheit durch Leiden, Tod und Auferstehung Christi möglich ist (46–100). Den Epilog (100–105) bildet der Triumph des auferstandenen Christus.

W „In der Osterhomilie, in der Melito eine christologische Schau der gesamten Heilsgeschichte bietet, sind es allerdings die geheimnisvollen Widersinnigkeiten christlicher Lehre selbst, die immer wieder gegenläufige Gedankenbewegungen provozieren: die Gott-Mensch-Natur des leidenden und triumphierenden Christus, vor allem aber der überall gewärtige Kontrast von jüdischem Urbild und christlicher Erfüllung, der in einem typologischen Verständnis des Alten Testaments begründet ist" (Herzhoff, 43).

A S. G. Hall: The Melito Papyri, in: Journal of Theological Studies 19, 1968, 476–508. B. Herzhoff, Beilage zu AU 25, 1, 1982. F. Kenyon: Chester Beatty Biblical Papyri. Fasc. 8, 1941. B. Lohse: Die Passa-Homilie des Bischofs Melito von Sardes. Textus minores, 1958. O. Perler, SC 123, 1966.
Ü J. Blank, Freiburg 1963 (mit Kommentar).
L B. Herzhoff: Die Osterhomilie des Melito von Sardes. Das frühe Christentum im Zwiespalt von Aneignung und Abgrenzung, in: AU 25, 1, 1982, 42–55. B. Lohse: Das Passafest der Quartadezimaner, Diss. Göttingen 1953. A.

Wifstrand: The Homily of Melito on the Passion, in: VChr 2, 1948, 201–223.

Perì pathôn
„Über die Affekte"

Chrysippos aus Soloi, 3. Jh. v. Chr.

Moralphilosophische Abhandlung über die menschlichen Affekte (gr.), vor allem durch ausführliche Exzerpte bei Galen, →*Perì tôn Hippokrátus kaì Plátonos dogmáton*) teilweise bekannt.

I Nach Chrysippos bestehen die Affekte nicht neben oder außerhalb des Logos, der Vernunft; sie sind also nicht „unvernünftig". Chrysipp läßt die Affekte aus der Vernunft selbst hervorgehen und erklärt sie zu Urteilen, zu Wandlungen des Logos, durch die dieser in einen krankhaften, „unvernünftigen" Zustand gerät. Wer sich seinen Affekten überläßt, „ist dem Logos ungehorsam" und „wendet sich von ihm ab". – Ein Beweis dafür, daß im Affekt ein falsches Urteil vorliege, sieht Chrysipp darin, daß die von einem Affekt Betroffenen davon überzeugt sind, es sei wegen der Größe des Guten oder Bösen, das sie betroffen habe, naturgemäß und angemessen, sich dem Affekt hinzugeben.

A SVF 3, 456–490.
Ü B. Effe, GLTD 4, 203–209 (gr.–dt. in Auswahl). M. Pohlenz: Stoa und Stoiker. Die Gründer. Panaitios. Poseidonios, Zürich 1950, 318- 327.
L J. B. Gould: The Philosophy of Chrysippus, Leiden 1970. M. Pohlenz, Stoa 1, 143–153.

Perì pathôn
„Über die Affekte"

Poseidonios aus Apameia, etwa 135–50 v. Chr.

Philosophische Abhandlung über die menschlichen Affekte (gr.), vor allem durch ausführliche Exzerpte bei Galen, →*Perì tôn Hippokrátus kaì Plátonos dogmáton*, teilweise bekannt.

I Poseidonios widerlegt zunächst Chrysipps ebenso schroffen wie unrealistischen Intellektualismus (unter Aufdeckung der Aporien, in die Chrysipp geraten ist). Dann beweist er (gegen Chrysipp) die Existenz alogischer Seelenkräfte. Neben dem Logos existiere ein selbständiges Triebleben im Zentralorgan der Seele. In dieser Position schließt er sich Pythagoras und vor allem Platon an, der drei Seelenteile unterschieden hatte (einen „begehrenden", einen „mutartigen" und einen „vernünftigen" Seelenteil). Daraus ergibt sich, daß auch die Laster nicht von außen in die Seele eindringen, sondern in dieser verwurzelt sind. Der Mensch trage daher auch vom Laster einen Samen in sich. – Aus der Tatsache eines naturhaften Vorhandenseins eines unvernünftigen Trieblebens in der Seele ergibt sich auch die Möglichkeit einer Einflußnahme der Affekte auf den Logos. Auch mit dem Körper stehen die Affekte in enger Wechselwirkung, die nach Poseidonios auch physiognomische Konsequenzen hat. – Auf diese psychophysischen Zusammenhänge muß auch die Erziehung achten: Ihr Ziel kann es also nicht sein, die Affekte zu unterdrücken oder gar zu beseitigen und damit einen Zustand der „Apathie" herbeizuführen, sondern eine seelische Haltung zu erzeugen, in der Affekte und Logos in einem ausgewogenen Verhältnis zueinander stehen.

A L. Edelstein / I. G. Kidd. 2 Bde., Cambridge [(2)]1989 und 1988. M. Pohlenz: De Posidonii libris *Perì pathôn*, in: Fleckeisens Jahrb. Suppl. 24, 1898, 537–634. W. Theiler. 2 Bde., Berlin/New York 1982.
Ü B. Effe, GLTD 4, 208–215 (gr.–dt. in Auswahl). M. Pohlenz: Stoa und Stoiker. Die Gründer. Panaitios. Poseidonios, Zürich 1950, 318–327.
L M. Pohlenz, Stoa. Bd. 1, bes. 224–229. K. Reinhardt: Poseidonios, München 1921.

Perì pénthus
„Über die Trauer"

Krantor aus Soloi, um 300 v. Chr.

Weitgehend verlorene Trostschrift (gr.).

I Die Rekonstruktion ist problematisch. Cicero nahm sich die Schrift, die an einen Hippokles gerichtet war und diesen über den Tod seiner Kinder trösten sollte, für seine →*Consolatio* zum Vorbild.

A F. Kayser: De Crantore Academico, Diss. Heidelberg 1881.
L H. - Th. Johann: Trauer und Trost. Eine quellen- und strukturanalytische Untersuchung der philosophischen Trostschriften über den Tod, München 1968. R. Kassel: Untersuchungen zur griechisch-römischen Konsolationsliteratur, München 1958. Überweg – Prächter, 101.

Perì pénthus
„Über die Trauer"

Lukianos aus Samosata, etwa 120–180 n. Chr.

Satirische Abhandlung über Verhaltensweisen und Gebräuche im Zusammenhang mit Trauerfällen (gr.).

I Lukian hält es für lohnend, über das Verhalten beim Trauern um die Verstorbenen und über Formeln, mit denen man Trost zu spenden oder sich zu trösten sucht, zu sprechen. – Der Autor sieht einen Zusammenhang zwischen der Trauer und den Vorstellungen vom Tod bzw. der Existenz des Verstorbenen in der Unterwelt. – Das Trauerverhalten erweckt nach Lukian den Anschein, als ob die Überlebenden ein schlimmeres Schicksal hätten als die Verstorbenen. – Der Autor beschreibt dann in allen Einzelheiten, wie die Überlebenden mit den Toten umgehen, nachdem sie sie festlich geschmückt und feierlich aufgebahrt haben. Vor allem

macht er sich über die Worte lustig, die an den Toten gerichtet werden. In einem fiktiven Dialog zwischen einem alten Vater und seinem frisch verstorbenen Sohn wird die Sinn- und Wertlosigkeit alles Irdischen beschworen; der Tote sei glücklicher als die Überlebenden. Er vergißt auch nicht darauf hinzuweisen, daß alles, was die Trauernden tun, für den Toten völlig bedeutungslos ist. All den Unfug treiben sie, weil sie den Tod für das größte Übel halten, obwohl er das Ende aller Übel ist.

W Lukian bringt mit diesem Traktat im Diatribenstil den Nihilismus der kynischen Philosophie zum Ausdruck.

A A. M. Harmon. Bd. 4, London/Cambridge (Mass.) 1925.
Ü Chr. M. Wieland: Lucian von Samosata. Sämtliche Werke 3. 5, Leipzig 1788/1789, 201–214.
L R. Helm: Lucian und Menipp, Leipzig/Berlin 1906.

Perì philadelphías (*De fraterno amore*)
→**Moralia (Plutarchos)**

Perì philías
„Über die Freundschaft"

Theophrastos aus Eresos, um 370–287 v. Chr.

Philosophische Abhandlung über die Freundschaft (gr.), nur aufgrund von Nachrichten und Zitaten bekannt (vgl. Gellius, →*Noctes Atticae* 1,3,10 ff.).

I In diesem Werk ging es u. a. um die Frage (so Gellius), ob man dem Freund auch gegen das herrschende Gesetz helfen dürfe und bis zu welchem Grad und in welchem Fall man dies tun solle. – Cicero befaßte sich in Anlehnung an *Perì philías* im →*Laelius de amicitia* (61) ebenfalls mit diesem Problem.

L G. Heylbut: De Theophrasti libris *Perì philías*, Bonn 1876.

Perì philosophías
„Über die Philosophie"

Aristokles aus Messana, 2. Jh. n. Chr.

Verlorene Philosophiegeschichte (gr.).

I Aristokles, der Lehrer des Alexandros aus Aphrodisias, steht „in echter peripatetischer Tradition. Was wir durch Bruchstücke, die uns vor allem die *Praeparatio evangelica* (→*Euangelikè proparaskeué*) des Eusebios erhalten hat, davon noch fassen, vermittelt den Eindruck eines mit Gelehrsamkeit und wissenschaftlicher Gründlichkeit geschriebenen Werkes, das mit seinem Bestreben, der Entwicklung der einzelnen Lehren nachzugehen, ein gutes Stück über Diogenes Laertius (→*Philosóphon bíon kaì dogmáton synagogé*) stand" (Lesky, 977).

A H. Heiland: Aristoclis Messanii Reliquiae, Diss. Giessen 1925.

L A. Lesky, GL, 977. F. Trabucco: Il problema del *De philosophia* di Aristocle di Messene e la sua dottrina, in: Acme 11, 1958 (1960), 97 ff.

Perì philosophías
„Über die Philosophie"

Aristoteles aus Stageira, 384–322 v. Chr.

Verlorener Dialog (gr.), den der Autor nach seiner endgültigen Trennung von der platonischen Akademie um 355 v. Chr. verfaßte.

I Der Dialog war als Programmschrift in drei Büchern für ein weiteres Publikum bestimmt und stellte dar, was von der Philosophie des Verfassers zu erwarten sei und geleistet werde. – Wahrscheinlich war Aristoteles selbst einer der Dialogpartner, die ansonsten nicht bekannt sind (mit Sicherheit nahm Platon nicht an dem Gespräch teil). – Cicero zitiert z. B. in →*De natura deorum* 1,33 vier Thesen über das Göttliche aus dem aristotelischen Dialog (vgl. auch das Zitat in 2,95). – Die wohl wichtigste Neuerung in der Diskussion über das Göttliche ist die Annahme eines fünften, d. h. eines spezifisch göttlichen, Elements, das jenseits der vier irdischen Elemente Feuer, Wasser, Erde, Luft existiert.
W „In seinem Dialog wollte Aristoteles die Philosophie in seiner eigenen Zeit als Ziel und Ergebnis einer historischen Entwicklung darstellen. Im ersten Buche schilderte er, wie die Menschen sich durch fünf Stadien zu einer beachtlichen Kultur heraufarbeiteten, um sich schließlich, als sie sich Muße gönnen konnten, der Philosophie zu widmen. Im zweiten Buche erörterte er kritisch die Ansichten seines Lehrers und seiner Freunde in der Akademie, besonders Platons Lehre von den Prinzipien, Ideenzahlen und Ideen. Im dritten Buche trug er seine eigene, auf seine Bewegungslehre gegründete Kosmologie vor. Dieses Buch ist, wie Wilpert feststellt, die Grundlage seines Systems der Physik" (Düring, 189).

A M. Untersteiner, Rom 1963 (gr.–it. mit Kommentar).

L I. Düring, Aristoteles, 185–189. M. Untersteiner: Il *Perì philosophías* di Aristotele, in: RFIC 1960, 337–362; 1961, 121–159. P. Wilpert: Die Aristotelische Schrift *Über die Philosophie*, in: Autour d' Aristote. Recueil d' études de philosophie ancienne et médiévale offert à Mgr. A. Mansion, Löwen 1955, 99–116.

Perì philosophías
„Über die Philosophie"

Polystratos, Schüler Epikurs, 4./3. Jh. v. Chr.

Philosophische Abhandlung (gr.)

A W. Crönert: Colotes und Menedemos, Leipzig 1906, 35 f.

Perì philoplutías (*De cupiditate divitiarum*) →Moralia (Plutarchos)

Perì phonês
„Über die Stimme"

Diogenes aus Seleukeia (der „Babylonier"), 2. Jh. v. Chr.

Abhandlung über den sprachlichen Ausdruck (gr.), wie er durch die Stimme geformt wird, nur in Frg. erhalten.

I Diogenes lehrte, daß erst dort, wo die Stimme vom Denken ausgeht und die Artikulation dazu dient, die Gliederung der Gedanken zum Ausdruck zu bringen und die verschiedenen Dinge aufgrund einer bestimmten Erkenntnis zu bezeichnen, (menschliche) Sprache vorhanden ist. Er gibt folgende Definition: „Die Stimme eines Lebewesens ist eine durch inneren Trieb hervorgestoßene Luft, die Stimme eines Menschen aber ist ein artikulierter und vom Denken ausgesandter Laut" (Frg. 17) und „Die Sprache ist eine vom Denken ausgesandte Stimme, die zugleich etwas bezeichnet" (Frg. 20). – Auf diesen Grundannahmen baute Diogenes ein grammatisches System auf, das den durch die Stimme geformten sprachlichen Ausdruck in seinen Einzelheiten und Teilen beschrieb (u. a. Lautlehre, Lehre von den Redeteilen: Einleitung, Erzählung eines Hergangs, Präzisierung des Sachverhalts, positiver/negativer Beweis, Schluß).
N Dionysios Thrax (→*Téchne grammatiké*) übernahm aus dem Handbuch des Diogenes sowohl den Plan und den Aufbau seiner *Téchne* als auch die Terminologie, die Flexionslehre u. v. a.

A SVF 3, 210–243.
L M. Pohlenz, Stoa. Bd. 1, 37–47.

Perì phthónu kaì mísus (*De invidia et odio*) →Moralia (Plutarchos)

Perì phygês
„Über die Verbannung"

Favorinus aus Arelate, etwa 80–150 n. Chr.

Fragment einer Abhandlung (Diatribe) über die Verbannung des Autors auf der Insel Chios (gr.). Favorinus lebte zunächst in der Umgebung des Kaisers Hadrian (reg. 117–138 n. Chr.), fiel aber in Ungnade. Unter Antoninus Pius (reg. 138–161 n. Chr.) kehrte Favorinus aus Chios nach Rom zurück.

A   E. Mensching. 2 Bde., Berlin 1963 ff. M. Norsa / G. Vitelli, Studi e Testi 53, 1931.
L   B. Häsler: Über die Verbannung, Diss. Berlin 1935. A. Lesky, GL, 933.

Perì phygês (De exilio) →Moralia (Plutarchos)

Perì phýseos
„Über die Natur"

Alkmaion aus Kroton, etwa 570–500 v. Chr.

In wenigen Frg. und Nachrichten erhaltene Abhandlung (gr.) über physiologisch-medizinische Grundfragen.

I   Als Begründer der Sinnesphysiologie und der wissenschaftlichen Medizin vertrat Alkmaion u.a. die Auffassung, daß das Gleichgewicht bzw. die Gleichberechtigung entgegengesetzter Qualitäten und Kräfte (isonomía tôn dynámeon) die Grundlage der Gesundheit ist (B 4). Er erkannte im Gehirn den Sitz der seelischen Funktionen und Sinneswahrnehmungen. Vgl. dagegen Aristoteles, →Parva naturalia.

A   VS 24.
L   H. Erhard: Alkmaion, der erste Experimentalbiologe, in: Sudh. Arch. 34, 1941, 77ff. A. Lesky, GL, 253f. L. A. Stella: Importanza di Alcmeone nella storia del pensiero greco, Rom 1939.

Perì phýseos
„Über die Natur"

Anaxagoras aus Klazomenai, um 500–428 v. Chr.

In nur wenigen Bruchstücken erhaltenes philosophisches Werk (gr.)

I   Die Philosophie des Anaxagoras war ein entscheidender Schritt zur „Aufklärung", die sich vor allem in seiner Lehre von den Himmelskörpern artikulierte. So hält der Philosoph die Sonne für eine glühende Gesteinsmasse (vgl. Frg. A 42), und behauptet, der Mond habe sein Licht von der Sonne (A 42; B 18). Folglich wird er in Athen wegen Gotteslästerung angeklagt, angeblich wegen seiner Fest-stellung über die Sonne. – Anaxagoras erklärte zum ersten Mal die Erscheinung der Sonnen – und Mondfinsternis richtig. Auch seine Vorstellungen über die Größe von Sonne und Mond sprechen für eine beachtliche naturwissenschaftliche Beobachtungsgabe. – Wie Empedokles (→Perì phýseos) so geht auch Anaxagoras von der Überzeugung aus, daß nichts aus dem Nichts entstehen und in das Nichts vergehen könne. (vgl. B 17). Die Stoffe, aus denen alles besteht, sind nicht nur quantitativ, sondern auch qualitativ konstant. Wie es angesichts der Konstanz der Stoffe dazu kommen kann, daß z.B. aus dem Wasser des Baches, das die Wurzeln des Baumes einsaugen, Holz, Rinde, Blätter oder Früchte werden, erklärt Anaxagoras mit der Feststellung, daß in dem Wasser, das der Baum einsaugt, schon alle Stoffe enthalten sind, aus dem der Baum besteht bzw. die er hervorbringt. Allerdings sind sie in so kleinen Teilchen enthalten, daß sie nicht sichtbar, sondern nur durch das Denken zu erschließen sind (vgl. B 10). Gleiches wird nur von Gleichem ernährt. „Es muß also zahllose, unsichtbar kleine Teilchen geben, die bei der Schwäche unserer Sinnesorgane vereinzelt für uns unerkennbar sind und erst durch ihr Auftreten in Masse in den Bereich unserer Sinne fallen" (Capelle, 116). Diese Teilchen sind unendlich klein und auch der Zahl nach unendlich. Aber in jedem dieser unendlich kleinen und unendlich vielen verschiedenen Teilchen sind alle Stoffe enthalten (B 6: Alles ist in Allem enthalten). Die Unterschiede der sichtbaren Dinge beruhen darauf, daß in ihnen die Teilchen bestimmter Stoffe überwiegend vorhanden sind. – Die Annahme unendlich vieler qualitativ verschiedener Grundstoffe (Teilchen) ist gegenüber der älteren ionischen Naturphilosophie (Thales, Anaximenes, Anaximander) ein Rückschritt: Anaxagoras hätte aufgrund der Erfahrung schließen dürfen, daß vieles in vielem, nicht aber daß alles in allem enthalten ist; so verließ er mit seiner Lehre von der unendlichen, unbegrenzten Mischung des Seienden den Boden der Empirie. – Da Anaxagoras eine qualitativ und quantitativ zwar unbegrenzte, aber auch unveränderliche Menge an Stoffen annimmt, muß er eine Erklärung für die Entstehung der Vielheit der sichtbaren Dinge und ihrer Bewegung finden: Es gibt für ihn ein von den Stoffen getrenntes Prinzip der Bewegung, das zugleich für die zweckmäßige Einrichtung und Ordnung der Welt verantwortlich ist. Das ist der denkende Geist (Nûs), der im Menschen wie im Kosmos insgesamt seine Wirkung entfaltet (B 12 und 13). Der Geist herrscht über alles, ist aber von allem unabhängig; er ist ewig, allmächtig, allwissend und allgegenwärtig. – Anaxagoras gilt mit seiner Geist-Philosophie und der damit verbundenen scharfen Trennung zwischen geistigem und physisch-materiellem Sein als der Begründer des Dualismus im abendländischen Denken.

Q   Wie Empedokles akzeptiert Anaxagoras den Grundsatz der Ontologie des Parmenides (→Perì phýseos), daß das Seiende nicht entstanden, unvergänglich und qualitativ unveränderlich ist. Von Empedokles, dessen Werk →*Perì phýseos* Anaxagoras kannte, unterscheidet er sich dadurch, daß er anstelle der Prinzipien „Liebe" und „Streit" den Geist zum bewegenden Prinzip erklärt. – Die Atomlehre des Leukippos ist Anaxagoras nicht bekannt. Die ionischen Naturphilosophen (vor allem Anaximenes) haben ihn beeinflußt.

A   VS 59 B 1–22. G. S. Kirk / J. Raven / M. Schofield / K. Hülser: Die vorsokratischen Philosophen, Stuttgart/ Weimar 1994, 386–420: D. Lanza: Anassagora. Testimonianze e frammenti, Florenz 1966 (gr.–it. mit Kommentar). F. Romano, Padua 1965.
Ü   W. Capelle, Vorsokratiker, 250–280. J. Mansfeld, Stuttgart 1986 (gr.–dt.). VS 59 (gr.–dt.).
L   W. Capelle: Geschichte der Philosophie. Bd. 1, Berlin [(2)]1953, 112–126. D. Ciurnelli: La Filosofia di Anassagora, Padua 1947 (Rezension: H. Fränkel, Wege und Formen, 284–293). F. M. Cleve: The Philosophy of Anaxagoras, New York 1949. O. Jöhrens: Die Frg. des Anaxagoras, Diss. Göttingen 1939. A. Lesky, GL, 378–380. W. Nestle, VMzL,182–188. W. Schadewaldt, DAdPh, 453–462. J. Zafiropulo: Anaxagore de Clazomène, Paris 1948.

Perì phýseos
„Über die Natur"

Anaximenes aus Milet, 6. Jh. v. Chr.

Abhandlung (gr.) über den Urstoff der Welt, in sehr wenigen Nachrichten und Frg. überliefert.

I   Anaximenes ersetzt das qualitätslose *ápeiron* (das „Unbegrenzte, Unbestimmte") des Anaximandros als Prinzip der Welt durch die ebenfalls „unbegrenzte" Luft (*aér*) als Urstoff (A 4; B 2). Die Luft ist unendlich (*ápeiros*); aus Luft entsteht alles durch Verdünnung und Verdichtung (A 6); Luft stützt die Erdscheibe und Luft ist auch ein Teil der menschlichen Seele. – Ein Fortschritt gegenüber Anaximandros besteht darin, daß sich Anaximenes Gedanken über die Wandlung des Grundstoffes (A 5) macht und die qualitativen Unterschiede der Dinge auf quantitative zurückführt, d. h. die qualitativen Unterschiede mit einem Mehr oder Weniger an Luft erklärt. Hinter dieser Theorie dürfte die Erfahrung stehen, daß bei Erwärmung Ausdehnung, bei Abkühlung Zusammenziehung der Körper erfolgt (B 1).

A   VS 13 A 1–23; B 1–2.
Ü   W. Capelle, Vorsokratiker, 88–97.
L   K. Alt: Zum Satz des Anaximenes über die Seele, in: Hermes 101, 1973, 129 ff. W. Capelle: Geschichte der Philosophie. Bd. 1, Berlin [(2)]1953, 33–36. O. Gigon: Der Ursprung der griechischen Philosophie von Hesiod bis Parmenides, [(2)]1968. W. Nestle, VMzL, 86. W. Schadewaldt, DAdPh, 258–266. H. Schwabl: Anaximenes und die Gestirne, in: WS 79, 1966, 33 ff. B. Wisniewski: Sur la signification du *aér* d' Anaximène, in: SIFC 35, 1963, 112 ff.

Perì phýseos
„Über die Natur"

Demokritos aus Abdera, 470/460–380/370 v. Chr.

Naturphilosophische Abhandlung (gr.) in zwei Büchern, nur in Frg. und Testimonien überliefert. – Bei Diogenes Laertius (→*Philosóphon bíon kaì dogmáton synagogé* 9,46) werden folgende Titel erwähnt: *Perì phýseos prôton* („Über die Natur, erstes Buch") und *Perì phýseos deúteron è perì anthrópu phýseos* („Über die Natur, zweites Buch oder über die Natur des Menschen").

I   Demokrit entwickelt eine naturphilosophische Theorie über die kleinsten Teile der Materie. Die Welt wird aus zwei Gegebenheiten erklärt: aus den kleinsten und unteilbaren Teilen, den Atomen, und dem leeren Raum, in dem sie sich bewegen. Hiermit tritt Demokrit in einen Gegensatz zu den Theorien des Anaxagoras (→*Perì phýseos*) über die unendliche Teilungsmöglichkeit der Bausteine der Welt. – Es gibt Atome unterschiedlicher Gestalt, die sich in nicht verursachter unendlicher Bewegung befinden. Entstehen und Vergehen werden als Verbindung und Trennung der Atome verstanden. Das gilt nicht nur für die belebten und unbelebten Dinge, sondern auch für die menschliche Seele, die aus besonders feinen Atomen besteht. – Auf dieser Atomtheorie (→*Mégas diákosmos*, →*Mikròs diákosmos*) basieren seine weiteren naturphilosophischen und anthropologischen Reflexionen.

A   VS 68.
Ü   W. Capelle, Vorsokratiker, 392–470.
L   O. Gigon: Platon und Demokrit, in: MH 29, 1972, 153 ff. A. Lesky, GL, 381–387. R. Löbl: Demokrits Atome. Eine Untersuchung zur Überlieferung und zu einigen wichtigen Lehrstücken in Demokrits Physik, Bonn 1976. S. Luria: Heraklit und Demokrit, in: Das Altertum 9, 1963, 195 ff. W. Nestle, VMzL, 193–206. A. Potaga: Zur Philosophie Demokrits. Ein Beitrag zur Analyse grundlegender Begriffe seines Systems, Diss. Innsbruck 1961. H. Steckel: Demokritos, in: RE Suppl. 12, 1970, 191 ff.

Perì phýseos
„Über die Natur"

Dionysios der Große aus Alexandreia, Mitte des 3. Jh.s n. Chr.

Philosophische Abhandlung (gr.), nur fragmentarisch überliefert.

I   Erhalten ist ein größerer Textabschnitt bei Eusebios, →*Euagelikè proparaskeué* 14,23 ff. Dionysios polemisierte offensichtlich gegen den epikureischen Atomismus (→*„Epistula*" an Herodot").

Perì phýseos
„Über die Natur"

Empedokles aus Akragas, 5. Jh. v. Chr.

Philosophische Lehrdichtung (gr.) über Gestalt und Dynamik der Welt in daktylischen Hexametern, dem Schüler des Autors, Pausanias, gewidmet, nur fragmentarisch überliefert.

I Das Werk, das in der Tradition des epischen Lehrgedichts steht, bietet eine umfassende Kosmologie verbunden mit einer Lehre von der Natur: Nach Empedokles besteht der Kosmos aus den vier Elementen Feuer, Wasser, Luft und Erde. Durch die beiden einander entgegengesetzten Grundkräfte „Liebe" und „Haß" werden Verbindung und Trennung der Elemente, d. h. Entstehen und Vergehen, verursacht. Unter dem Einfluß der beiden Grundkräfte zieht sich die als Kugel gedachte Welt abwechselnd zu einem winzigen Punkt, dem Einem, der maximal verdichteten Weltmaterie, zusammen und dehnt sich wieder zu umfassender Größe aus. Der Kosmos entsteht und vergeht in den Phasen der Ausdehnung und Zusammenziehung, in denen sich die materiellen Teilchen der vier Elemente zu Dingen und Lebewesen miteinander verflechten.

W An diesem Weltmodell soll der Hörer/Leser sehen, daß der Mensch nichts weiter als ein „Spezialfall des Universums" (H. Munding) ist, der nur für einen kurzen Augenblick im großen Geschehen des Werdens und Vergehens existiert. „Der ehrwürdige Schauder vor einer riesigen Natur, die in ihren periodischen Kontraktions – und Expandionszyklen gleichsam Würfel spielt und dabei jedesmal in einem letzten und unwahrscheinlichsten Wurf den Anthropos hervorbringt – dieses *thaumázein* ist also das für Empedokles Bezeichnende und die vom Lehrer Empedokles bei seinem Schüler bewußt hervorgerufene Empfindung" (Munding 1984, 71).

N Es sei dahingestellt, ob die moderne Urknalltheorie für die Entstehung des Universums auf Empedokles zurückgeführt werden kann; feststeht, daß faszinierende Analogien bestehen (Munding).

A VS 31 B 1–111. M. R. Wright, New Haven (Conn.) 1981 (Kommentar mit engl. Übersetzung).
Ü W. Capelle, Vorsokratiker, 181–249. W. Kranz: Empedokles. Antike Gestalt und romantische Neuschöpfung, Zürich 1949 (Frg. und Berichte in Übersetzung und Hölderlins „Empedokles"). J. Mansfeld, Stuttgart 1987 (gr.–dt.). G. A. Seeck, Stuttgart 1986 (gr.–dt.).
L G. Böhme / H. Böhme: Feuer, Wasser, Erde, Luft. Eine Kulturgeschichte der Elemente, München 1996. C. J. Classen: Empedokles, in: RE Suppl. 12, 1970, 241 ff. H. Dörrie: Empedokles, in: DKP 2, 258–260. U. Hölscher: Anfängliches Fragen, 173 ff. W. Jaeger: Die Theologie der frühen griechischen Denker, München 1953, 147–176. H. Munding: Empedokles B 17, 1–13 als Beispiel für Vorsokratikerlektüre an der Schule, in: AU 12, 2, 1969, 5–29. H. Munding: Naturwissenschaftliches aus altsprachlicher Sicht, in: AU 27, 5, 1984, 69–77. O. Primavesi: Kosmos und Dämon bei Empedokles. Der Papyrus P. Strasb. Gr.

Inv. 1665–1666 und die indirekte Überlieferung, Göttingen 1998. W. Schadewaldt, DAdPh, 433–453.

Perì phýseos
„Über die Natur"

Epikuros aus Samos, 341–270 v. Chr.

Umfangreiches, aus ursprünglich 37 Buchrollen bestehendes Werk (gr.) über die Naturlehre Epikurs, das in nur wenigen Bruchstücken erhalten ist.

I Das Werk ist eine ausführliche Darstellung der Gedanken, die in Epikurs →„*Epistula* an Herodot" auf engem Raum zusammengefaßt sind. Das größte Fragment aus *Perì phýseos* befindet sich unter den in Herculaneum gefundenen Papyri mit epikureischen Texten und handelt vom Problem des Willens.

A G. Arrighetti: Epicuro. Opere, Turin (2)1973. C. Diano: Epicuri ethica, Florenz 1946. A. Vogliano: Epicuri et Epicureorum scripta in Herculanensibus papyris servata, Berlin 1928.
Ü H. – W. Krautz, Stuttgart 1985 (mit Frg. aus einem der 37 Bücher *Perì phýseos* über die Ursachen menschlichen Handelns, gr.–dt.).
L E. Hossenfelder: Epikur, München 1991. A. Lesky, GL, 769. W. Schmid, RAC 5, 1962, 681–819.

Perì phýseos
„Über die Natur"

Herakleitos aus Ephesos, um 500 v. Chr.

Philosophische Aphorismen (gr.) mit oft scharf polemischem und menschenverachtendem Unterton, nur fragmentarisch erhalten.

I Herakleitos richtet den Blick auf den ewigen Wechsel der Erscheinungen in der sichtbaren Welt. Spätere haben dafür die prägnante Kurzformel *pánta rheî* („Alles fließt") geprägt (Simplikios, Kommentar zu Aristoteles, →*Physikè akróasis* 265a2 ff.: →„Kommentare zu Aristoteles"). „In diesem Fluß aller Dinge aber sieht Heraklit die Koexistenz gegensätzlicher Eigenschaften und Kräfte, die ständig einander ablösen, weil sie unaufhörlich miteinander im Kampfe liegen. Wohin er auch blickt, in der großen Natur wie im Menschenleben, sieht er nur unablässigen Kampf entgegengesetzter Prinzipien. Ja, der Kampf schlechthin erscheint ihm als Weltprinzip alles Geschehens, im Himmel wie auf Erden. Aber in diesem scheinbaren Chaos ... offenbart sich ... eine gewaltige Harmonie, die durch alle diese Gegensätze bedingt ist, ja eine tiefe Vernunft. Und hier konzipiert er eines Tages seine gewaltigste Anschauung, den Zentralbegriff seiner ganzen Philosophie: die Idee vom Logos, der gleichbedeutend ist mit der ewigen, übersinnlichen, alles lenkenden Weltvernunft, die zugleich das Weltgesetz, das Verhängnis, die Allnatur, ja die Gottheit selber ist, während der sichtbare Kosmos nichts ist als ,der Gottheit lebendiges Kleid'. Schon Xenophanes hatte enthusiastisch einen monotheistischen Pantheismus verkündet, aber die anthropomorphe Gottesanschauung wirklich restlos überwunden und abgestreift hat doch erst Heraklit, der zum ersten Male die Gottheit als das ‚Absolute' faßt, als das völlig übersinnliche, übermenschliche, überpersönliche Weltprinzip ..." (Capelle, 127 f.).

Q Heraklit übt schärfste Kritik an seinen Vorgängern, so z. B. an Xenophanes (→Perì phýseos), dessen Denken der unveränderlichen Gottheit zugewandt ist, die alles durch die Kraft des Geistes lenkt, oder an Parmenides (→Perì phýseos), der über das nur dem Denken erfaßbare ewige Sein reflektiert. Seine Polemik gilt aber auch Homer (→Iliás, →Odýsseia, Hesiod (→Theogonía), Pythagoras und der älteren ionischen Naturphilosophie.

W „Während der sich selbst nährende Forschungstrieb der buntschichtigen milesischen ‚Historie' in Hekataios (→Genealogíai, →Períodos gês) und anderen ähnlich gerichteten Zeitgenossen immer neuen Weltstoff mit seiner rationalistischen Kinderklugheit ruhelos und heißhungrig ergreift und sich einverleibt, ... spricht Heraklit das herbe Wort: ‚Vielwisserei lehrt nicht Einsicht haben' und wird zum Schöpfer einer Philosophie, deren ganze umwälzende Bedeutung in dem einen tiefsinnigen Ausspruch beschlossen ist: ‚Ich habe mich selbst erforscht'. Es gibt keinen großartigeren Ausdruck für die Wendung der Philosophie zum Menschen, die in Heraklit vor sich geht ... Die Selbsterforschung, von der er redet, ... bedeutet neben geistig-sinnlicher Anschauung und logischem Denken, den beiden bisher begangenen Wegen der Philosophie, die Erschließung einer neuen Welt der Erkenntnis durch das Zurückgehen der Seele in sich selbst" (Jaeger, Paideia 1, 242 f.). – Heraklits Logos-Philosophie stellt eine produktive Beziehung philosophischen Denkens zum Leben her. Der Logos soll ein neues wissendes Leben geben, d. h. den Menschen die Augen über sich selbst öffnen, ihnen den Urgrund des Lebens entschleiern und sie aus ihrem „Schlaf" aufrütteln.

N Heraklits Einfluß auf das philosophische Denken reicht bis in die Gegenwart. Hegel, Nietzsche und Heidegger haben sich intensiv mit Heraklit auseinandergesetzt. In seinen „Vorlesungen über die Geschichte der Philosophie" (Werke in zwanzig Bänden. Bd. 18: Vorlesungen über die Geschichte der Philosophie. Teil 1. Hg. von E. Moldenhauer und K. M. Michel, Frankfurt 1971, 320) sagt Hegel: „Hier sehen wir Land; es ist kein Satz des Heraklit, den ich nicht in meine Logik aufgenommen". – Auch auf Goethe hat Heraklit stark gewirkt (vgl. E. Grumach: Goethe und die Antike. Bd. 2, Berlin 1949, 743–745). – In der Antike wirkte Heraklit auch auf Platon, der ein Schüler des Heraklit-Anhängers Kratylos gewesen sein soll (vgl. u. a. →Krátylos 402a und →Theaítetos 182c). Die Stoiker (bes. Kleanthes) haben Heraklits Lehre aufgenommen und auf ihre Weise interpretiert. – Auch „der Tragiker Sophokles war Heraklits Fortsetzer und

legitimer Erbe ... Heraklitisch ist die Schroffheit der sophokleischen Tragödie, die keine andere Lösung des Konflikts kennt als die durch die Katastrophe erzwungene Besinnung des Helden auf die längst feststehende Notwendigkeit von Konflikt und Katastrophe" (Fränkel, Dichtung, 452 f.). – Der Grundgedanke der Metamorphosen Ovids (→Metamorphoseon libri), daß nichts Bestand habe und alles im Fluß sei oder daß nichts zugrunde gehe, sondern nur verändert werde (vgl. Metamorphosen 15,165 und 177 f.), dürfte Heraklits Weltanschauung widerspiegeln.

A G. S. Kirk: Heraclitus. The Cosmic Fragments, Cambridge 1970 (mit Kommentar). VS 22 B 1–126.

Ü W. Capelle, Vorsokratiker, 126–157. J. Mansfeld, Stuttgart 1987 (gr.–dt.). B. Snell, München (13)2004 (gr.–dt.).

L Wege und Formen, 237–283. Dichtung, 422–453. O. Gigon: Untersuchungen zu Heraklit, Leipzig 1935. A. Graeser: Hauptwerke der Philosophie der Antike, Stuttgart 1992, 29–54. K. Held: Heraklit, Parmenides und der Anfang von Philosophie und Wissenschaft. Eine phänomenologische Betrachtung, Berlin/New York 1980. M. Heidegger / E. Fink: Heraklit, Frankfurt 1970. W. Jaeger, Paideia 1, 241–248. W. Jaeger: Die Theologie der frühen griechischen Denker, Stuttgart 1953, 127–146. M. Marcovich: Heraklit, in: RE Suppl. 10, 1965, 246 ff. J. E. Pleines: Heraklit. Anfängliches Philosophieren, Darmstadt 2002. K. Reinhardt: Heraclitea (1942), in: H. - G. Gadamer (Hg.): Um die Begriffswelt der Vorsokratiker, Darmstadt 1968, 177–208. W. Schadewaldt, DAdPh, 351–433.

Perì phýseos
„Lehrgedicht über die Natur"

Parmenides aus Elea, um 500 v. Chr.

Lehrgedicht (gr.) in daktylischen Hexametern, vergleichbar mit Hesiods →Theogonía. Rund 160 Hexameter in 18 Frg. sind überliefert.

I Im Proömium (VS 28 B 1) erklärt der Autor, er spreche im Namen einer Göttin, die ihm die Wahrheit offenbart habe. Der Philosoph wird in rasender Fahrt auf dem Sonnenwagen, von Sonnenmädchen begleitet, zu den Göttern entrückt. „Indem die Wahrheit als Verkündigung der Gottheit dargestellt wird, erscheint sie als objektiv gültige Wahrheit, nicht nur als subjektive Überzeugung des Philosophen" (W. Röd, 108). – Im sog. „Wahrheits-Teil" (B 2–8) wird dargelegt und argumentativ abgesichert, was ist. – Im „Meinungs-Teil" (B 8 Ende – B 19) wird ausgeführt, was zu sein nur scheint und mit dem, was ist, verwechselt wurde (z. B. von den philosophischen Vorgängern des Parmenides).

Q Von besonderer Bedeutung ist das Verhältnis des Parmenides zu Heraklit. Was den Weg zur Wahrheit betrifft, so stimmt Parmenides mit Heraklit überein; in der Bestimmung ihres Inhalts ist er jedoch sein Antipode. „Die vielen unterschiedlichen Dinge, die nach Heraklit tatsächlich existieren ..., sind nach Parmenides nur ‚erscheinende' Dinge (dokûnta), hinter deren scheinhafter Vielheit als eine einzige, untrennbare Einheit des Seienden steht" (J. Latacz, 586). – Parmenides will Hesiod (Proömium der →Theogonía) überbieten: Er hat im Vergleich zu Hesiod nicht nur die Wahrheit selbst erfahren, sondern auch das bloß Wahr-Scheinliche. Daß es Parmenides um eine „höhere" Wahrheit geht, zeigt schon der folgende Unterschied zwischen beiden: Hesiod wird auf der Erde von den göttlichen Mächten aufgesucht, Parmenides unternimmt eine Himmelfahrt; er tritt aus dem menschlichen Daseins- und Erfahrungsbereich heraus, er erfährt eine „Ekstase", um zu einer (religiösen) Offenbarung der Wahrheit zu gelangen.

H „Die frühen Ioner gingen von dem aus, was ihre Sinne sie von der Welt erfahren ließen, und fragten für diese Vielfalt nach ihrem Urprinzip ... Nun aber kommt einer, der mit einem einzigen Sprunge über diese Welt des Sichtbaren hinwegsetzt und die Wahrheit jenseits ihrer Grenzen mit der Kraft seines Geistes sucht. Er findet sie in dem einen und einzigen Seienden, das ungeworden und unvergänglich ist. Seine zeitlose Ewigkeit bedingt, daß es weder Vergangenheit noch Zukunft hat, sondern dauernd in reiner Gegenwärtigkeit da ist. Es ist ein unbewegliches, gleichartiges Kontinuum, einer Kugel vergleichbar (B 8,43) und nirgendwo durch das Nichtsein unterbrochen. Daß dieses als Gegenbild des wahren Seins undenkbar und daher nicht existent ist, schärft Parmenides immer aufs neue ein. Wenngleich er sein absolutes Sein über die Sinnenwelt hinweg auf dem Wege des Denkens erreicht, ja Sein und Denken gleichsetzt (B 3), so verflüchtigt sich dieses Seiende doch nicht zum reinen Begriff. Vielmehr ist damit etwas Gegenständliches gemeint, ohne daß wir freilich über seine Beschaffenheit nähere Angaben erhielten" (A. Lesky, 246).

W Parmenides stellt dem *Sein* die Welt des *Scheins* gegenüber, die ein Erzeugnis menschlicher Meinungen ist. Dem Sein stehen viele Meinungen gegenüber. Die Frage, in welchem Verhältnis die Welt des Scheins zum Sein steht, läßt Parmenides offen. Eine Antwort könnte darin bestehen, daß die Lehre des Parmenides vom Sein des Seins und vom Nichtsein des Nichts zu der Erkenntnis führen soll: Es gibt kein Sterben bzw. kein Werden und Vergehen. „Das Problem des Parmenides ... war das Vergehen des Lebens, der Tod. Um dieser Frage willen scheint die ganze Ontologie aufgeboten. Von ihr ist die verhaltene Leidenschaft einer Sprache genährt, die nirgends sieghafter aus der archaischen Form herausspringt, als wo er ... verkündet: ‚So ist Entstehen ausgelöscht und verschollen Vergehen" (U. Hölscher 1968, 129). – Parmenides' Ontologie entsprang also aus der Entdeckung der Unmöglichkeit des endgültigen Todes als der Unmöglichkeit des Nichtseins.

N „Seitdem Parmenides das unscheinbare Wörtchen ‚Sein' zum zentralen philosophischen Begriff erhoben hatte, ist die Frage (sc. nach dem Sein) in der europäischen Philosophie lebendig geblieben" (E. Heitsch 1974, 57). Die platonische Akademie wäre ohne Parmenides' Lehre gar nicht denk-

bar gewesen. – In neuerer Zeit befassen sich u.a. Hegels „Vorlesungen über die Geschichte der Philosophie", Nietzsches Schrift „Die Philosophie im tragischen Zeitalter der Griechen" und Heideggers Heraklit- und Parmenides-Interpretationen mit dem Vorsokratiker aus Elea. – Der Sophist Gorgias aus Leontinoi (→*Perì tû mè óntos è perì physeos*) widerlegte Parmenides und führte seine Lehre ad absurdum.

A A. H. Coxon, Assen 1986 (gr.–engl.). M. Untersteiner: Parmenide. Testimonianze e frammenti, Florenz 1958. VS 28.

Ü W. Capelle: Die Vorsokratiker, Stuttgart 1968, 158–169. E. Heitsch, München/Zürich [3]1995 (gr.–dt. mit ausführlicher Einführung). U. Hölscher: Parmenides. Vom Wesen des Seienden, Frankfurt 1969 (gr.–dt.). J. Latacz, GLTD 1, 584–595 (gr.–dt. in Auswahl). J. Mansfeld, Stuttgart 1987, 284–333 (gr.–dt.). H. v. Steuben, Stuttgart 1981 (gr.–dt.).

L K. Albert: Zum Lehrgedicht des Parmenides, in: AU 12, 2, 1969, 30–50. Th. Ballauff: Die Idee der Paideia. Eine Studie zu Platons Höhlengleichnis und Parmenides' Lehrgedicht, Meisenheim 1952. H. Fränkel: Wege und Formen, 157–197. E. Heitsch: Parmenides und die Anfänge der Erkenntniskritik und Logik, Donauwörth 1979. U. Hölscher: Anfängliches Fragen. Studien zur frühen griechischen Philosophie, Göttingen 1968, 90–129. W. Jaeger: Die Theologie der frühen griechischen Denker, Stuttgart 1953, 107–126. A. Lesky, GL, 245–247. J. Mansfeld: Die Offenbarung des Parmenides und die menschliche Welt, Essen 1964. H. Pfeiffer: Die Stellung des parmenideischen Lehrgedichts in der epischen Tradition, Bonn 1975. K. Reinhardt: Parmenides und die Geschichte der griechischen Philosophie (1916), Frankfurt [4]1985. W. Röd: Die Philosophie der Antike. Bd. 1, München [2]1988, 107–125. W. Schadewaldt, DAdPh, 311–348. H. Schwabl: Sein und Doxa bei Parmenides, in: WS 66, 1953, 50–75, auch in: H. G. Gadamer (Hg.): Um die Begriffswelt der Vorsokratiker, Darmstadt 1962, 391–422. W. J. Verdenius: Parmenides, Amsterdam [2]1964. J. Wiesner: Parmenides. Der Beginn der Aletheia. Untersuchungen zu B 2 – B 3 – B 6, Berlin 1996.

Perì phýseos
„Über die Natur"

Xenophanes aus Kolophon, um 565–470 v. Chr.

Lehrgedicht in Hexametern (gr.) über Erscheinungen der Natur, in nur wenigen Frg. erhalten. Es ist nicht sicher, ob Xenophanes wirklich seine Gedanken über die Natur in einer selbständigen Schrift veröffentlicht hat, zumal auch der Titel von Späteren stammt; er ist z.B. von Pollux (2. Jh. n.Chr.) bezeugt (→*Onomastikón* 6, 46).

I „Da nur spärliche Frg. naturphilosophischen Inhalts erhalten und diese zudem nicht leicht verständlich sind, kann der Eindruck entstehen, Xenophanes habe solche Themen nicht sonderlich wichtig genommen. Das Gegenteil ist ... der Fall ... Was er an physikalischer und kosmologischer Erklärung bot, war alsbald überholt und wurde durch neue Lehren ersetzt ... Und was nicht mehr gelesen wird, dessen Verschwinden ist in einer Zeit ohne Buchdruck vorgezeichnet. Doch das Wenige, was an Kosmologie und etwa auch Erkenntniskritik erhalten ist, zeugt von so differenzierten und grundsätzlichen Überlegungen, daß diese Bruchstücke m. E. nur verständlich werden, wenn man in ihnen die Reste einer umfassenden Darstellung sieht" (Heitsch, 8 f.). – Nach Deichgräber erklärt nur das Vorhandensein eines Lehrgedichts, daß Hermippos das Gedicht des Empedokles (→*Perì phýseos*) auf das Vorbild des Xenophanes zurückführte (VS 21 A 5) und daß Xenophanes in einer Reihe mit Hesiod, Parmenides (→*Perì phýseos*) und Empedokles genannt wird (VS 11 B 1; VS 21 A 18). – Ein wesentlicher Inhalt der Schrift *Perì phýseos* (bes. B 23–26. 34. 38) war vermutlich der Gottesbegriff, den Xenophanes in schärfster Abgrenzung gegen die religiöse Tradition entwickelt hat (→*Sílloi* des Xenophanes). Die „Entgöttlichung" der Welt und die Vorstellung von einer grundsätzlich „anderen" Qualität des Göttlichen hatte in Xenophanes' Werk kein bemerkenswertes naturphilosophisches Gegengewicht. Denn die Frg. B 28–33 spiegeln ein wenig differenziertes, eher ein primitives Naturbild wider. Auch die Naturphänomene betrachtete Xenophanes unter dem Aspekt ihrer Nützlichkeit: So gilt ihm die Sonne als nützlich, der Mond als überflüssig (A 42). Auch die Beziehungen zwischen dem „anderen" Gott und der Welt bleiben ungeklärt. – Das Fragment B 34 mit seinem erkenntniskritischen Inhalt veranschaulicht, daß Xenophanes „ein robuster Empiriker" (Fränkel 1962, 382) war. Er unterscheidet das sinnlich Wahrgenommene von dem bloß Erschlossenen und Vermuteten, das nur „wahrscheinlich" sein kann (so B 35). Er unterscheidet ferner Beobachtung von Spekulation. Sinnliche Erfahrbarkeit bleibt stets Maßstab für Gültigkeit und Gewißheit.

W „Xenophanes hat aus Frömmigkeit, um Gott erdenrein zu machen, ihn aus der Welt herausgedrängt. Dafür hat er auch, aus ebenso entschiedener Weltlichkeit, unsere Welt von jeder Transzendenz frei gemacht, und damit der Empirie die Bahn eröffnet" (Fränkel 1962, 383).

A VS 21 B 23–39.
Ü E. Heitsch, München/Zürich 1983 (gr.–dt. mit Kommentar). J. Mansfeld, Stuttgart 1987, 214–221.
L K. Deichgräber: Xenophanes *Perì phýsios*, in: RhM 87, 1938, 1–31. H. Fränkel, Wege und Formen, 335–349 (bes. zu B 34). H. Fränkel, Dichtung (1962), 371–384. E. Heitsch (s. o.), 7–12. E. Heitsch: Xenophanes und die Anfänge kritischen Denkens, Stuttgart 1994. H. Keulen: Xenophanes von Kolophon und die Emanzipation des Individuums, in: Anregung 18, 1972, 368–385. A. Lumpe: Die Philosophie des Xenophanes von Kolophon, Diss. München 1952. Chr. Schäfer: Xenophanes von Kolophon. Ein Vorsokratiker zwischen Mythos und Philosophie, Stuttgart 1996. P. Steinmetz: Xenophanesstudien, in: RhM 109, 1966, 13 ff. K. Ziegler: Xenophanes von Kolophon, ein Revolutionär des Geistes, in: Gy 72, 1965, 389–302.

Perì phýseos anthrópu
„Über die Natur des Menschen"

Nemesios aus Emesa (Syrien), um 400 n. Chr.

Philosophisch-anthropologische Schrift (gr.) in drei Büchern.

I Die Lehre vom Menschen – so Nemesios – ist die wichtigste Wissenschaft, weil der Mensch die Krönung der Schöpfung ist. Er ist ein vollkommenes Geschöpf, das aus Seele und Körper zusammengesetzt ist. – Die Seele ist (vgl. Platon) eine präexistente Substanz und unvergänglich. Der Körper kann nur in Verbindung mit der Seele existieren. – Die aristotelische Bestimmung der Seele als Entelechie wird von Nemesios verworfen.

A F. Matthaei, Halle 1802 (gr.–lat.). M. Morani, Leipzig 1987. PG 40, 503–818.
Ü E. Orth, Maria-Martental 1925.
L B. Dománski: Die Lehre des Nemesius über das Wesen der Seele, Diss. Münster 1897. KNLL 12, 299 f. W. Jaeger: Nemesios von Emesa, Berlin 1914. F. Lammert: Hellenistische Medizin bei Ptolemaios und Nemesios. Ein Beitrag zur Geschichte der christlichen Anthropologie, in: Ph 94, 1940, 125–141. A. Siclari: L' antropologia di N. E., Padua 1974. F. M. Young: Adam and Anthropos. A Study of the Interaction of Science and the Bible in Two Anthropological Treatises of the Fourth Century, in: VChr 37, 1983, 110–140.

Perì physeos è perì tû mè óntos →Perì tû mè óntos è perì physeos (Gorgias)

Perì phýsios
„Über die Natur"

Anaximandros aus Milet, etwa 610/609–547/546 v. Chr.

Die erste gr. Schrift in Prosa über die Natur, in nur wenigen Berichten und Frg. erhalten.

I Anaximandros entwarf eine rein physikalische, d. h. ausschließlich auf rationale Überlegungen gegründete Entstehungsgeschichte des Kosmos, dessen Urprinzip (*arché*) kein bestimmter Stoff, sondern das jenseits aller qualitativen Bestimmungen liegende „Unbegrenzte" (*ápeiron*) ist. Durch Aussonderung der Gegensätze (Nacht-Licht, Kälte-Wärme, Feuchtes-Trockenes) läßt das „Unbegrenzte" die Dinge aus sich hervorgehen. „Anfang und Ursprung der seienden Dinge ist das Apeiron (das grenzlos-Unbestimmte). Woraus aber das Werden ist den seienden Dingen, in das hinein geschieht auch ihr Vergehen nach der Schuldigkeit; denn sie zahlen einander gerechte Strafe und Buße für ihre Ungerechtigkeit nach der Zeit Anordnung" (B 1: der einzige wörtlich erhaltenen Satz des Anaximandros). Demnach ist die Tatsache, daß das Entstehende die Möglichkeit seiner Entstehung wahrnimmt, ein Unrecht, wofür es gerechterweise mit seinem Untergang bestraft wird. – Den Berichten zufolge soll Anaximander die Sonnenuhr erfunden (Frg. A 1), als erster eine geographische Karte entworfen, die Eratosthenes (→Geographiká) benutzte, und ein Modell der Himmelskugel konstruiert haben (A 1. 2. 6). Anaximander befaßte sich auch mit den Abständen, der Größe und der Bahn der Gestirne (A 11. 18. 19) und sah die Erde als Säulentrommel, d. h. als Zylinder, auf deren oberer Fläche sich die bewohnte Welt befindet. „A.s fruchtbarster Gedanke war die Scheidung zwischen latenter Potentialität und geprägter Aktualität des Seins" (Dörrie, 339).

N Der bedeutendste Schüler Anaximanders war Hekataios aus Milet, der die großen Konturen des anaximandrischen Weltbildes mit zahlreichen Einzelinformationen auffüllte (→Periégesis). Der ionische Naturphilosoph hat über Hekataios den Weg zu einer wissenschaftlichen Historiographie und Geographie gebahnt.

A VS 12.
Ü W. Capelle, Vorsokratiker, 72–88. J. Mansfeld: Die Vorsokratiker, Stuttgart 1987, 56–81 (gr.–dt.).
L C. J. Classen: Anaximander, in: Hermes 90, 1962, 159–172. C. J. Classen: Anaximander, in: RE Suppl. 12, 1970, 30 ff. F. Dirlmeier: Der Satz des Anaximandros von Milet (VS 12 B 1), in: RhM N. F. 87, 1938, 376–382. H. Dörrie: Anaximandros, in: DKP 1, 369. H. Fränkel, Wege und Formen, 186–197. U. Hölscher: Anaximander und die Anfänge der Philosophie, in: Hermes 81, 1953, 257–277 und 385–418. W. Kranz: Das Wesen des Unendlichen bei Anaximander, in: RhM N. F. 93, 1950, 364–379. W. Schadewaldt, DAdPh, 235–258. P. Seligman: The „Apeiron" of Anaximander, London 1962.

Perì physios anthrópu →Corpus Hippocraticum

Perì phýsios kósmo kaì psychâs
„Über die Natur des Kosmos und der Seele"

An., 2. Jh. v. Chr.

Eine dem Timaios aus Lokroi zugeschrieben naturphilosophische Abhandlung (gr.), die im wesentlichen auf Platons →Tímaios beruht.

A C. F. Hermann: Platon. Bd. 4, 1852, 407–421.
L R. Harder, RE 6 A 1, 1936, 1203–1226. A. Lesky, 893.

Perì phytôn
„Über die Pflanzen"

Ps.–Aristoteles

Naturkundliche Abhandlung (gr.) in zwei Büchern.

I Der überlieferte Text ist nach Aussage des Vorwortes eine Rückübersetzung aus dem Lateinischen und dem Arabischen. Aristoteles hatte ein Buch über die Pflanzen geplant, das aber, wenn es überhaupt geschrieben wurde, schon zur Zeit des Alexander aus Aphrodisias (2./3. Jh. n. Chr.) verloren ist. Die erhaltene Schrift könnte von Nikolaos aus Damaskos (1. Jh. v. Chr.) stammen, der auch ein Kompendium der aristotelischen Philosophie verfaßte (Perì Aristotélus philosophías).

A I. Bekker, Berlin 1831, 814- 830

Perì phytôn aitiôn
„Über die Ursprünge der Pflanzen"

Auch zitiert als Phytikaì aitíai.

Theophrastos aus Eresos, um 370–287 v. Chr.

Abhandlung (gr.) über Botanik in sechs Büchern, eine nur fragmentarisch erhaltene Aitiologie der Pflanzen.

I Buch 1, 1–9: Entstehung der Pflanzen. B. 1, 10–22: Jährliches Treiben und Fruchttragen. B. 2: Natürliche Umwelteinflüsse, Probleme von Frucht und Samen. B. 3: Pflanzenkultur (Bäume, Weinrebe, Palme u. a.). B. 4: Samen. B. 5: Gewaltsame Einwirkungen, Krankheiten und Tod. B. 6: Säfte der Pflanzen.

W In beiden botanischen Schriften (→Perì phytôn historías) setzt Theophrast die aristotelische Naturforschung fort (z. B. →Hai perì tôn zóon historíai, →Perì zóon moríon, →Perì zóon genéseos). Aber „seine stärkere Neigung zur Empirie verbindet sich mit Zurückhaltung gegenüber spekulativen Lösungen und konstruktiver Synthese. Statt fester definitorischer Abgrenzungen finden sich häufig gleitende Übergänge. Vor allem aber zeigt sich in ihm der wissenschaftliche Arbeiter stärker als der Philosoph, wenn er ein Problem in allen Dimensionen entwickelt, auf eine sichere Lösung aber verzichtet. Ganze Ketten von Problemfragen, wie sie sich in den Pflanzenschriften, aber auch in den Bruchstücken anderer Werke finden, sind für diese Haltung kennzeichnend" (Lesky, 773). – Es ist bemerkenswert, daß Theophrasts Pflanzenkunde zum ersten Mal in der Geschichte der Botanik keine primär medizinischen Interessen verfolgt.

A F. Wimmer: Theophrasti Eresii opera quae supersunt omnia. 3 Teile in 1 Bd., Leipzig 1854–1862.
Ü K. Sprengel (1822). 2 Bde. Nachdruck Hildesheim 1971 (mit Kommentar).

L   O. Gigon: Theophrast von Eresos, in: dtv-L 1. 4, 272f. A. Lesky, GL, 772–775. O. Regenbogen, RE Suppl. 7, 1940, 1353–1562.

Perì phytôn historías
„Pflanzenkunde"

Auch lat. zitiert als *Historia plantarum.*

Theophrastos aus Eresos, um 370–287 v. Chr.

Botanische Schrift in neun Büchern (gr.).

I   Buch 1–2, 4: Grundbegriffe und allgemeine Probleme. B. 2, 5–8: Kulturbäume. B. 3: Wildwachsende Bäume. B. 4: Pflanzengeographie und Verwandtes. B. 5: Hölzer und ihre Bearbeitung. B. 6: Sträucher. B. 7: Gräser und Leguminosen. B. 8: Cerealien. B. 9, 1–7: Pflanzensäfte und Harze. B. 9, 8–20: Pharmazeutische Pflanzen.

A   A. F. Hort. 2 Bde., London/Cambridge (Mass.) 1916 (gr.–engl.). F. Wimmer: Theophrasti opera quae supersunt omnia. 3 Teile in 1 Bd., Leipzig 1854–1862.
Ü   K. Sprengel (1822). 2 Bde. Nachdruck Hildesheim 1971 (mit Kommentar).
L   O. Gigon: Theophrast von Eresos, in: dtv-L 1. 4, 272f. A. Lesky, GL, 772–775. O. Regenbogen, RE Suppl. 7, 1940, 1353–1562. G. Senn: Die Pflanzenkunde des Theophrast von Eresos, seine Schrift über die Unterscheidungsmerkmale der Planzen und seine Kunstprosa, Basel 1956.

Perì Plotínu bíu kaì tês táxeos tôn biblíon autû →Vita Plotini (Porphyrios)

Períplus
„Umseglung"

Auch zitiert als *Períplus tôn hypèr tàs Herakléus stélas Libykôn tês gês méron* („Bericht von der Umseglung der jenseits der Säulen des Herakles liegenden libyschen Teile der Erde").

Hanno, um 500 v. Chr.

Ein ursprünglich in punischer Sprache abgefaßter, aber in gr. Übersetzung erhaltener Bericht über die Seereise des karthagischen Seefahrers Hanno, der um 500 v. Chr. von Gades aus Afrika zu umfahren versuchte, aber nach der Gründung mehrerer Kolonien an einem unbekannten Punkt der westafrikanischen Küste umkehren mußte.
Die gr. Übersetzung stammt aus dem 5. Jh. oder aus der 1. Hälfte des 4. Jh.s v. Chr.

I   Die Stationen der Fahrt waren die Straße von Gibraltar, Thymiaterion, das Kap Soloeis, ein landeinwärts gelegener See, dann Karikon Teichos, Gytte, Akra, Melitte, Arambys (d. h. fünf der von Hanno gegründeten Kolonien), der Fluß Lixos, das Land der jenseits des Gebiets der Lixiten lebenden

Aithiopen, die Insel Kerne (d. h. die südlichste Kolonie von Karthago), der Fluß Chremetes, ein See mit drei Inseln, ein Fluß mit Krokodilen und Nilpferden, zurück nach Kerne, ein Platz am Fuß hoher und bewaldeter Berge, ein Meerbusen, der Golf „Horn des Westens", ein Platz in einer vulkanischen Gegend, der Berg Theon Ochema, der Golf „Horn des Südens". Die Identifizierung dieser Orte ist umstritten. – Zweck der Reise: 1. Gründung bzw. Wiederbesiedlung phoinikischer Kolonien an der afrikanischen Westküste und 2. Erforschung einer Weiterfahrt über Kerne hinaus zur Erschließung neuer Handelsmöglichkeiten.

A   GGM 1, 1–14. J. Ramin: *Le Périple* d' Hannon. The *Periplus* of Hanno, Oxford 1976.
Ü   O. Seel: Antike Entdeckerfahrten, Zürich 1961. K. Bayer, in: C. Plinius d. Ä., Naturkunde. Bd. 5, Hg. und übers. v. G. Winkler und R. König, Zürich/München 1993, 337–345 (gr.–dt.). J. - G. Dermerliac / J. Meirat: Hanno et l' empire Punique, Paris 1983. R. Güngerich: Die Küstenbeschreibung in der griechischen Literatur, Münster 1950. W. Huß: Das afrikanische Unternehmen des Hanno, in: Geschichte der Karthager, München 1985. W. Huß: Die Karthager, München 1990, 39–44. A. Lesky: GL, 887f. L. del Turco: *Periplus* Hannonis, Florenz 1958.

Períplus
„Umseglung"

Auch zitiert als *Períodos.*

Ktesias aus Knidos, um 400 v. Chr.

In nur wenigen Nachrichten und einem wörtlichen Fragment erhaltene geographische Schrift (gr.) in ursprünglich drei Büchern. Das Werk konnte die →*Periégesis* des Hekataios offensichtlich nicht aus seiner führenden Position in der geographischen Forschung verdrängen.

A   FGrHist 688.
L   F. Jacoby, RE 11, 2, 1922, 2032–2073. O. Lendle, Einführung, 119–128. A. Lesky, GL, 697f.

Períplus
„Umseglung"

Skylax aus Karyanda, um 500 v. Chr.

Reisebericht (gr.) des Seefahrers und Geographen, der in den Jahren 519–512 v. Chr. im Auftrag des persischen Königs Dareios die anscheinend erste Umseglung Arabiens unternahm.

I   Die Fahrt begann auf dem Kabul und dem Indos, führte ins persische Meer und dann an der Küste entlang nach Westen um Arabien herum bis in die Gegend von Suez (vgl. Herodot, →*Histories apódexis* 4,44). Seinen Bericht darüber fügte Skylax in seinen in nur wenigen Frg. überlieferten *Períplus* des Mittelmeeres und des Äußeren Meeres (außerhalb der Säulen des Herakles) ein. – Die wenigen

Frg. zeigen, daß Skylax nicht nur typische Reisenotizen bietet, sondern vor allem in Indien zahlreiche Fabelvölker entdeckt zu haben glaubt (z.B. Korbohrmenschen, Großkopfmenschen, Einäugige). Hier beginnt das Bild Indiens bereits die lange Zeit erhalten gebliebenen märchenhaften Züge zu bekommen, die z.B. auch Herodot aufgreift (z.B. 3, 99–105).

N   Hekataios benutzte für seine Darstellung von Libyen und Indien den *Períplus* des Skylax in seiner →*Periégesis*.

A   FGrHist 709.
L   O. Lendle, Einführung, 121 f. A. Lesky, GL, 256.

Períplus Euxeínu Póntu
„Umseglung des Schwarzen Meeres"

Flavius Arrianus aus Nikomedeia etwa 95–175 n.Chr.

Reisebericht (gr.) in Form eines Briefes an Kaiser Hadrian über eine vollständige Umfahrung der Küste des Schwarzen Meeres.
Das Werk wurde 130/131 n.Chr. mit der Widmung an Hadrian veröffentlicht.

I   Der Autor arbeitete in dieser Schrift einen Bericht über eine Dienstreise von Trapezunt nach Dioskurias im Osten des Pontos mit zwei Partien zusammen, die seine Reisestrecke zu einer vollen Umfahrt um das Schwarze Meer ergänzten.
Q   Als Quelle benutzte Arrian einen *Períplus* des Mittelmeeres und des Schwarzen Meeres von Menippos aus Pergamon aus dem 1. Jh. v.Chr.(→*Períplus tês entòs thalásses*).

A   G. Marenghi: Arriano. *Periplo* del Ponto Eusino, Neapel 1958 (gr.–it.).
L   R. Güngerich: Die Küstenbeschreibung in der griechischen Literatur, Münster 1950. O. Lendle, Einführung, 250 f. A. Lesky, GL, 946–948. E. Schwartz, RE 2, 1896, 1230–1247. P. A. Stadter: Arrian of Nicomedia, Chapel Hill (N. C.) 1980. G. Wirth: Arrianos, in: DKP 1, 605 f.

Períplus maris Erythraei
„Umseglung des Roten Meeres"

An.

Ein Reiseführer (gr.) für die Seefahrt auf dem Indischen Ozean zwischen Äthiopien und der Südspitze von Vorderindien.

A   L. Casson, Princeton 1989 (gr.–engl.). GGM 1, 257–305.
Ü   B. Fabricius, Leipzig 1883 (gr.–dt.).
L   H. Frisk: Le périple de la Mer Erythrée, Göteborg 1927. R. Güngerich: Die Küstenbeschreibung in der griechischen Literatur, Münster 1950. A. Lesky, GL, 888.

Períplus tês entòs thalásses
„Umseglung des Mittelmeeres"

Menippos aus Pergamon, 1. Jh. v.Chr.

Beschreibung (gr.) des Mittelmeeres einschließlich des Schwarzen Meeres in drei Büchern, nur in einem fragmentarischen Auszug erhalten, der von Marcianus aus Herakleia wahrscheinlich zwischen 250 und 450 n.Chr. angefertigt wurde.
Kurz vor 26 v.Chr. verfaßt.

I   Buch 1: Beschreibung des Pontos Euxeinos mit Propontis und Hellespontos. Buch 2: Darstellung des übrigen Europa bis zu den Säulen des Herakles. Buch 3: Libyen und das übrige Afrika. – Der *Períplus* beschränkt sich als Beschreibung einer Landschaft vom Schiff aus auf die Küsten; er beschreibt nie das Innere der Länder. Er nennt jedes Kap, jede Flußmündung und Besonderheiten der Häfen. Er bietet in der Regel auch präzise Entfernungsangaben.
N   Arrian benutzte das Werk für seinen →*Períplus Euxeínu Póntu*.

A   GGM 1, 370–423 und 563–573.
L   A. Diller: The Tradition of the Minor Greek Geographers, 1952, 117–164. F. Gisinger, RE 15, 862–888. R. Güngerich: Die Küstenbeschreibung in der griechischen Literatur, Münster 1950,18–23. F. Lasserre: Menippos (Nr. 6), in: DKP 3, 1217–1219.

Perì pneúmatos
„Über den Atem"

Ps.–Aristoteles

Naturkundliche Schrift (gr.).

I   Inhaltlich entspricht die Schrift weitgehend der Abhandlung *Perì anapnoês* (→*Parva naturalia*).

A   I. Bekker, Berlin 1831, 481–486.

Perì poiemáton
„Über Werke der Dichtkunst"

Philodemos aus Gadara, 1. Hälfte des 1.Jh. s v.Chr.

Dichtungstheoretische Schrift (gr.), nur fragmentarisch erhalten.

I   „Der Verfasser polemisiert in einer ziemlich gut erhaltenen Partie dieser Schrift gegen ältere Theorien" (Fuhrmann, 132). Zu den Angegriffenen zählt Neoptolemos, auf den sich Horaz in der →*Ars poetica* bezieht. „Die von Philodem referierten Thesen des Neoptolemos, die auf diese Weise der Vergessenheit entrissen wurden, kehren wirklich großenteils in der *Ars poetica* wieder ... Zwei Motive lassen die Beziehung besonders deutlich erkennen: einmal die Lehre von den beiden Voraussetzungen des dichterischen Schaffens und zum anderen die Behauptung, daß die Poesie zweierlei Wirkungen bezwecke" (vgl. Philodem, col.11, l. 5–8 und col. 13, l. 8–15 mit Horaz, *Ars poetica* 408–411 und 333–346). „Weiterhin scheint sich Philodem, der Gewährsmann für die Theorie des Neoptolemos, zum Unterhaltungszweck und zur Autonomie dichterischer Erzeugnisse bekannt zu haben. Anders ein Anonymus, gegen den Philodem in der gleichen Schrift zu Felde zieht (vielleicht handelt es sich um den Platonschüler Herakleides Pontikos): er hatte offenbar gelehrt, daß Dichtung den Hörer erfreut und dem Verständigen nützt; er suchte also zu differenzieren und machte die Wirkung nicht nur von dem Werke selbst, sondern auch von der Beschaffenheit oder Haltung des Publikums abhängig" (Fuhrmann,133 f.).

A   T. Gomperz: Philodem und die ästhetischen Schriften der Herkulanensischen Bibliothek. SB Wiener Akad. 123, 1891. A. Hausrath, Jbb. f. Klass. Philol. Suppl. 17, 1889. Chr. Jensen, Berlin 1923.
L   M. Fuhrmann: Einführung in die antike Dichtungstheorie, Darmstadt 1973, 132–134. A. Rostagni: Filodemo contro l' estetica classica, in: Scritti minori 1, Turin 1955, 394–446.

Perì poietikês
„Über die Dichtkunst"

Aristoteles aus Stageira, 384–322 v. Chr.

Eine akroamatische, d. h. eine nur für Hörer von Lehrvorträgen bestimmte, Schrift (gr.), die nicht veröffentlicht werden sollte, über die Theorie der Dichtkunst.
Nach Platons Tod (347 v. Chr.) und nach der Rückkehr des Aristoteles nach Athen (nach 336 v. Chr., als Alexander der Große die Herrschaft in Makedonien antrat) entstanden.

I   Das Werk besteht aus drei Hauptteilen: (1) Allgemeiner Teil (Kap. 1–5), (2) Abschnitt über die Tragödie (Kap. 6–22) und (3) Abschnitt über das Epos (Kap. 23–26). – Man ist davon auszugehen, daß weitere Teile (z. B. über die Komödie und die Iambendichtung) verloren sind. Andere Verluste wurden durch eine wenig sorgfältige handschriftliche Überlieferung verursacht. So fehlt z. B. eine ausführliche Darstellung der für die aristotelische Theorie der Dichtung so wichtigen Katharsis-Lehre. – Zu 1: Der allgemeine Teil enthält Andeutungen einer systematischen Grundlegung der Poetik (Kap. 1–3). Der Autor bestimmt, was er unter Dichtung versteht und nennt Kriterien zur Unterscheidung literarischer Gattungen. Darauf folgen (Kap. 4–5) Elemente einer anthropologisch-entwicklungstheoretischen Grundlegung. Die Existenz der Dichtung wird aus der Natur des Menschen abgeleitet. Die zeitliche Abfolge der verschiedenen Gattungen (Epos, Iambendichtung, Tragödie, Komödie) wird als zielstrebiger Prozeß erläutert. – Zu 2: Zunächst

(Kap. 6) werden die für die Tragödie konstituierenden Elemente beschrieben (Handlungsaufbau, Charaktere, Gedankenführung, sprachliche Form, Melodik, Inszenierung). Diese sechs Elemente liefern ein grobes Dispositionsschema für das Folgende. Allerdings finden sich über die Melodik und die Inszenierung keine weiteren Ausführungen, und der Handlungsaufbau erhält das weitaus größte Gewicht (Kap. 7–14: Handlungsaufbau; Kap. 15: Charaktere; Kap. 16–18: Nachträge zu 7–14; Kap. 19: Gedankenführung; Kap. 19–22: Sprachliche Form). – In diesen äußeren Rahmen der Darstellung hat Aristoteles Kerngedanken der Tragödientheorie eingebettet (Kap. 6–15), indem er sozusagen von außen, dem Handlungsrahmen und seinen Merkmalen, zum Zentrum der Person des tragischen Helden vordringt (vgl. Fuhrmann 1982) und folgende Schritte zurücklegt: 1. Dialog – und Chorpartien (Kap. 12). 2. Allgemeine Merkmale des Handlungsverlaufs (Kap. 8). 3. Bedingungen der tragischen Handlung (Kap. 9). 4. Handlungstypen und Handlungsphasen: Peripetie, Wiedererkennung, Katastrophe (Kap. 18. Abs. 1–2; Kap. 10–11 und 16). 5. Der tragische Held (Charakter, Verhältnis zu anderen Personen, Grundeigenschaften) (Kap. 13–15). – Zu 3: Die Epostheorie umfaßt nur etwa ein Drittel des für die Tragödie beanspruchten Raumes. Nach Aristoteles stimmen Tragödie und Epos in vielen Punkten überein. Die Handlungseinheit, die Ausdehnung und der Wirklichkeitsbezug werden in Kap. 23 und 24 erörtert. Die Geschichtsschreibung und die Tragödie dienen als Kontrastfolie. Gesichtspunkte, unter denen „homerische Probleme" gelöst werden können, stehen in Kap. 25 im Vordergrund. In Kap. 26 werden Epos und Tragödie verglichen und bewertet. Die Tragödie bekommt den Vorrang eingeräumt.

W   Die aristotelische „Poetik" ist „großenteils aus dem Widerspruch gegen Platon hervorgegangen; sie suchte das Verdikt als gegenstandslos zu erweisen, das Platon über die gesamte griechische Dichtung verhängt hatte (→*Politeía* 2/3, 376c-398b; 10, 595a-607a). Sie kehrte hierbei allerdings nicht einfach zur Position der Sophisten zurück, wonach die Dichtung moralisch bessern müsse und auch wirklich bessere. Sie hob vielmehr das dem moralischen Nutzen entgegengesetzte Prinzip hervor, die *hedoné*, die Lust, das Vergnügen. Sie zielte indes hiermit sowie mit der berühmten Katharsis auf ein Vergnügen, das auf ethischen Voraussetzungen beruhte: nicht beliebige Handlungen, sondern Handlungen, die bestimmten Kriterien genügten, sollten die kathartischen Affekte – etwa Furcht und Mitleid in der Tragödie – und mit ihnen das Vergnügen am Dargestellten hervorrufen dürfen. Der tragische Held zum Beispiel soll nur dann einen Umschwung vom Glück ins Unglück erleiden, wenn er sich einen Fehlgriff hat zuschulden kommen lassen: Aristoteles lehnte den Untergang eines makellosen Mannes, also die Schicksalstragödie, sowie den Erfolg des Schurken als mögliche Handlungstypen entschieden ab, offenbar deshalb, weil er der Auffassung war, daß durch derlei Ereignisfolgen der Glaube an eine sinnvolle Weltordnung erschüttert werden könnte. Hier also kommt das moralische, ja erzieherische Moment der aristotelischen Theorie zum Vorschein: daß sie bei den möglichen Inhalten auf strenge Auslese bedacht ist, daß sie nur das sittlich geläuterte Vergnügen zuläßt, das zugleich Erkenntnis verschafft, Einsicht in die condicio humana, in die Grenzen und die Gefährdung menschlicher Existenz. Dann wird auch begreiflich, daß Aristoteles der Dichtung den höchsten Titel zuerkannte, den er zu vergeben hatte: daß sie, da sie das *kathólon*, das Allgemeine – also etwa: das Maßgebliche und Gültige – zum Gegenstand habe, an die Philosophie heranreiche ..." (Fuhrmann 1995, 138 f.).

N   Die Wirkung der „Poetik" war in der Antike und im Mittelalter ausgesprochen gering. Erst seit der italienischen Hochrenaissance beginnt eine intensive Rezeption des Werkes. Es wurden Editionen und Übersetzungen, Kommentare und Abhandlungen zur „Poetik" verfaßt. – Die *Poetik* des Julius Cäsar Scaliger (1561) zieht eine Summe der Poetik-Diskussion. – In der *Hamburgischen Dramaturgie* (1769) bedient sich Lessing der aristotelischen „Poetik", um dem bürgerlichen Trauerspiel der Aufklärung ein theoretisches Fundament zu geben. Er übernimmt die Lehre von „Mitleid und Furcht" als den Zweck der Tragödie. – Im Zuge der Geniebewegung wird das aristotelische Prinzip der Nachahmung verworfen. – Erst Bert Brecht bedient sich der „Poetik" des Aristoteles wieder als Leitfaden zur Anfertigung von Bühnenstücken, zu dem sie sich aus einer ursprünglich beschreibenden Untersuchung entwickelt hatte.

A   J. Hardy, Paris [(2)]1952 (gr.–frz.). R. Kassel, Oxford 1965. A. Rostagni, Turin [(2)]1945.
Ü   M. Fuhrmann, Stuttgart 1982 (gr.–dt.). O. Gigon, Stuttgart 1961.
L   M. Fuhrmann: Einführung in die antike Dichtungstheorie, Darmstadt 1973. M. Fuhrmann: „Wie die jungen Leute die Dichter auffassen sollen". Dichtung als Norm, in: M. F.: Cäsar oder Erasmus? Die alten Sprachen jetzt und morgen, Tübingen 1995, 129–170. S. Halliwell: Aristole's Poetics, London 1986. R. Kannicht: Handlung als Grundbegriff der aristotelischen Theorie des Dramas, in: Poetica 8, 1976, 326–336.

Perì poietikês
„Über die Dichtkunst"

Neoptolemos aus Parion, 3. Jh. v. Chr.

Verlorene, aber bezeugte dichtungstheoretische Schrift (gr.).

I   Nach Pomponius Porphyrio, dem Verfasser eines →„Kommentars zu Horaz", hat Horaz in der →*Ars poetica* „zwar nicht alle, aber die hervorragendsten Vorschriften" des Neoptolemos zusammengefaßt. So stammt von Neoptolemos die Formel, die Dichtkunst solle „erfreuen und nützen". –

Die „Poetik" steht wohl auf dem Boden der peripatetischen Literaturkritik.

A   Collectanea 27.
L   P. Händel: Neoptolemos aus Parion, in: dtv-L 1. 3, 233 f.

Perì poietôn
„Über die Dichter"

Aristoteles aus Stageira, 384–322 v. Chr.

Nur fragmentarisch überlieferter Dialog (gr.). Vor der Schrift →*Perì poietikês* entstanden, in der Aristoteles auf den Dialog hinweist (15,1454b18).

I   Im Gegensatz zur „Poetik", die nicht für die Öffentlichkeit bestimmt war, wendet sich der Dialog an ein größeres Publikum. – Der Titel bezeichnet das Thema: Es geht um die Frage, was einen Dichter als solchen kennzeichnet, welche gesellschaftliche Rolle er spielt oder mit welchen Mitteln er arbeitet. „Das Schlüsselwort in der Poetik ist *téchne*. Aristoteles behandelt verschiedene Arten von *poíesis* und *poíema* und versucht zu klären, worin die Kunst besteht, richtig zu dichten, *eû poieîn*. Im Dialog hingegen analysierte er den Dichter, sein *télos* und sein Werk und untersuchte, inwiefern man von einer *kakía* und einer *areté* des Dichters sprechen kann" (Düring, 125).

A   V. Rose, Leipzig 1886 (Frg. 70–77). W. D. Ross, Oxford 1955, 67–72.
L   I. Düring, Aristoteles, 125. A. Rostagni: Il dialogo aristotelico *Perì poietôn*, in: RFC 1926, 433–470 und 1927, 145–173. F. Sbordone: Il primo libro di Aristotele intorno ai poeti, in: Atti Accad. Pontaniana N. S. 4, 1954, 217–225.

Perì poietôn kaì sophistôn
„Über Dichter und Sophisten (Rhetoren)"

Damastes aus Sigeion, Ende des 5. Jh.s v. Chr.

Verlorenes Werk (gr.) über Dichter und Philosophen, über das einige Nachrichten erhalten sind.

I   In diesem Werk soll der Autor u. a. über die Herkunft Homers diskutiert haben. Es könnte sich um den ersten Versuch einer gr. Literaturgeschichte gehandelt haben.

A   FGrHist 5.
L   A. Lesky, GL 377. W. Nestle, VMzL, 145.

Perì póleon kaì hùs hekáste autôn endóxus énenken
„Über Städte und berühmte Menschen, die jede von ihnen hervorbrachte"

Herennios Philon aus Byblos (Syrien), etwa 60–140 n. Chr.

Verlorenes literarhistorisches Werk (gr.) in 30 Büchern, das eine wichtige Quelle für spätere Grammatiker war, z. B. für Hesychios Illustrios aus Milet, →Onomatólogos è pínax tôn en paideía onomastôn, und für Stephanos aus Byzanz, →Ethniká.

Perì politeías
„Über die Staatsverfassung"

Demetrios aus Phaleron, etwa 350–383 v. Chr.

Rechenschaftsbericht (gr.) über die Regierungszeit des Autors in Athen von 318/317–308/307 v. Chr., in nur wenigen Frg. erhalten.

A F. Wehrli, Schule, 4.
L E. Bayer: Demetrius Phalereus der Athener. Tübinger Beiträge 36, 1942, Nachdr. Darmstadt 1969.

Perì politeías
„Über die Staatsverfassung"

Herodes Atticus, 101–177 n. Chr. (die Autorschaft ist allerdings umstritten)

Fiktive politische Rede oder Flugschrift (gr.), deren Muster die Rede des Thrasymachos →Hypèr Larisaíon war.
Da der alte Stil so gut getroffen ist, hat man die Rede immer wieder in das 5. Jh. v. Chr. datieren wollen. So wurde angenommen, daß Kritias (um 460–403 v. Chr.), der Onkel Platons, der Verfasser der Rede sei.

I Ein Larisäer ruft seine Landsleute zu einem Bündnis mit Sparta gegen Makedonien am Ende des Peloponnesischen Krieges (404 v. Chr.) auf.

A E. Drerup: [Heródu] Perì politeías, Paderborn 1908.
L U. Albini: [Erode Attico] Perì politeías, Florenz 1968. W. Ameling: Herodes Atticus. 2 Bde., Hildesheim 1983. K. Gerth, RE Suppl. 8, 1956, 742. A. Lesky, GL, 934. K. Münscher, RE 8, 1913, 921–954. 1308–1310. W. Schmid: Der Atticismus. Bd. 1, 1887, 192 ff.

Perì politeías
„Über die Staatsverfassung"

Thrasymachos aus Chalkedon, 2. Hälfte des 5. Jh.s v. Chr.

Eine symbuleutische Rede (gr.) mit dem Ziel, auf die aktuelle Politik einzuwirken, nur fragmentarisch erhalten.
Zur Zeit des „Dekeleischen Krieges" (413–404 v. Chr.) verfaßt.

I Der Autor warnt die Athener davor, die Götter oder das Schicksal für das Unglück zur Zeit des Peloponnesischen Krieges verantwortlich zu machen. Die Verantwortung tragen die Regierenden. – Thrasymachos tritt anscheinend für die pátrios politeía („Die Verfassung der Väter"), d. h. für eine gemäßigte Form der Demokratie, und für die politische Eintracht (homónoia) ein (B 1).

A L. Radermacher: Artium scriptores, Wien 1951, 73 f. VS 85 B 1.
L K. Döring: Platons Darstellung der politischen Theorie des Thrasymachos und des Protagoras, in: AU 3/1993, 13–26. H. Gomperz: Sophistik und Rhetorik, Leipzig 1912, 69–57. W. Nestle, VMzL, 346–349. K. Oppenheimer, RE 6 A 1, 1936, 584–592.

Perì politikû
„Über den Politiker"

Aristoteles aus Stageira, 384–322 v. Chr.

Verlorener Dialog (gr.), aus dem nur ein Fragment erhalten ist.

I Das Fragment zeigt, daß Aristoteles sich mit der im platonischen →Politikós dargestellten Lehre vom richtigen Maß auseinandergesetzt hat: „Das Gute ist das exakteste Maß aller Dinge."

A V. Rose, Leipzig 1886.
L I. Düring, Aristoteles, 477.

Perì polyphilías (De amicorum multitudine) →Moralia (Plutarchos)

Perì polypragmosýnes (De curiositate) →Moralia (Plutarchos)

Perì poreías zóon
„Über die Fortbewegung der Lebewesen"

Auch lat. zitiert als *De incessu animalium*.

Aristoteles aus Stageira, 384–322 v. Chr.

Biologische Schrift (gr.) über Bewegungsphysiologie.
Früher verfaßt als →*Perì zóon kinéseos* (*De motu animalium*), wohl zur gleichen Zeit wie →*Perì zóon moríon* (*De partibus animalium*).

I In *De incessu animalium* wird der äußere Bewegungsmechanismus, wie er sich in der Funktion der verschiedenen Bewegungsorgane darstellt, behandelt. In *De motu animalium* wird es demgegenüber um die allen Lebewesen gemeinsamen Prinzipien gehen, von denen die Bewegungsabläufe in den Gliedmaßen gesteuert werden. Die Schrift *De incessu animalium* ist jedoch nicht nur eine Vorstufe zu *De motu animalium*, sondern auch eine Untersuchung der Mechanik der verschiedenen Fortbewegungsarten. – Inhaltsübersicht (nach J. Kollesch): Kap. 1: Einleitung und Disposition der Schrift. 2: Theoretische Grundsätze der Untersuchung. 3: Die für die Selbstbewegung erforderlichen ruhenden Stützpunkte innerhalb und außerhalb des sich bewegenden Lebewesens. 4–5: Die Lehre von den sechs Körperdimensionen und ihre Bedeutung als Ausgangspunkte des Wachstums, der Sinneswahrnehmung und der Ortsbewegung. 6: Sitz und Funktion des zentralen Bewegungsursprungs im Körper der Lebewesen. 7: Die Bewegung blutführender Tiere erfolgt mit maximal vier Bewegungspunkten. 8: Die Ursache für die in der Regel gerade Zahl der Extremitäten. 9: Der Mechanismus des Gehens. – 10: Der Mechanismus der Flugbewegung. 11: Anatomischer Bau und Funktion des Beckengliedmaßen der Vögel. 12–13: Die Beugerichtungen der Extremitäten. 14: Die in einer diagonalen Beinbewegung bestehende Gangart der Vierfüßer. 15: Die Beugerichtungen der Extremitäten bei Vögeln, Fischen und in Höhlen lebenden eierlegenden Vierfüßern. 16: Der Mechanismus des Gehens bei den blutlosen Tieren. 17: Die sich aus der von der Regel abweichenden Fortbewegungsart ergebenden morphologischen Besonderheiten bei Krabben und Schwimmvögeln. 18: Unterschiede und Analogien bei den Extremitäten der Vögel und Fische. – 19: Die Bewegung der Schalentiere.

W Aristoteles nennt seine Absicht am Anfang der Schrift: „Unsere Untersuchung gilt den Teilen, die die Tiere für die Fortbewegung brauchen; den Gründen, warum jedes Teil gerade so gebaut ist; ferner, für welchen Zweck die Tiere es besitzen; auch den Unterschieden der Extremitäten, teils bei ein und demselben Tier, teils beim Vergleich verschiedener Tiergattungen" (Übers. Düring).

A E. S. Forster, London/Cambridge (Mass.) [(3)]1955 (gr.–engl.). W. Jaeger, Leipzig 1913. P. Louis, Paris (gr.–frz.).

Ü J. Kollesch, Berlin 1985 (mit Kommentar). I. Düring, Aristoteles, 510f. A. Platt: On Aristotle *De animalium incessu*, in: Journal of Philology 32, 1912, 37–42.

Perì pronoías
„Über die Vorsehung"

Chrysippos aus Soloi, 3. Jh. v. Chr.

Philosophische Abhandlung (gr.) über einen zentralen Begriff der stoischen Philosophie (vgl. auch →*Perì heimarménes*), nur fragmentarisch überliefert

I Chrysipp versteht Gott als ein vollkommenes Wesen, das für die Welt und für das, was in ihr ist, vorsorgt. Die Welt wird vom Ratschluß der Götter gelenkt. Die Götter verfügen ebenso wie die Menschen über vorsorgende Klugheit – nur in einem viel höheren Maße. – Der Beweis ist die Zweckmäßigkeit der Welt, die als solche nur von einem fürsorglich wirkenden Geist geschaffen sein kann. Alle Geschöpfe außer der Welt selbst sind für andere Geschöpfe da. – Auch das Böse hat seinen Zweck; es dient dazu, das Gute zu erkennen. – Viele scheinbare Übel sind in Wirklichkeit keine Übel (z. B. Krankheit); sie gehören zu den indifferenten Dingen.

A SVF 2, 1106–1186.
L M. Pohlenz: Stoa und Stoiker. Die Gründer. Panaitios. Poseidonios, Zürich 1950, 86–90.

Perì pronoías
„Über die Vorsehung"

Auch lat. zitiert als *De providentia*.

Hierokles aus Alexandreia, 5. Jh. n. Chr.

Verlorenes, aber anhand von Berichten und Exzerpten erkennbares Werk (gr.).

I Die bei Photios, →*Bibliothéke* (Cod. 214 = Zusammenfassung; Cod. 251 = wörtliche Auszüge), faßbaren Reste lassen erkennen, daß die in der Schrift vertretene Grundthese lautet: Die Vorsehung, die Gott, der Demiurg, dem keine präexistente Materie vorlag, durch die Engel ausübt, ist mit dem freien Willen des Menschen vereinbar. – Hierokles' Lehre von der Vorsehung berührt sich trotz eindeutig philosophischer Herkunft – sie läßt sich auf ältere platonische, aristotelische und stoische Motive zurückführen – mit christlichen Vorstellungen. „Die göttliche Vorsehung begründet bei ihm nicht mehr einen starren, unabänderlichen Determinationszusammenhang wie bei den Stoikern, sondern wird, wie es christliche Theologen gerade auch gegen Stoa oder Astrologie immer wieder betonen, zu einer alles erfassenden, aber freien vorsorgenden Tätigkeit der Gottheit, der die Freiheit

der menschlichen Entscheidung gegenübersteht"
(Dihle, 498f.).

A →*Bibliothéke* des Photius.
L A. Dihle, GLL, 498f. H. Langerbeck, in: K. Galling
(Hg.): Die Religion in Geschichte und Gegenwart. Bd. 3,
Tübingen (2)1959, 314f.

Perì pronoías
„Über die Vorsehung"

Philon aus Alexandreia, 1. Hälfte des 1. Jh.s n. Chr.

Philosophische Abhandlung in zwei Büchern (gr.).

I Die Abhandlung ist vollständig nur in armenischer Übersetzung erhalten. Umfangreiche gr. Frg.
des 2. Buches finden sich in der *Praeparatio evangelica* (→*Euangelikè proparaskeué* 7,21 und 8, 14). –
Die in Dialogform abgefaßte Schrift behandelt im
1. Buch die Beweise für die Vorsehung im Anschluß
an stoische Quellen (vielleicht Poseidonios). Epikureische Einwände werden zurückgewiesen. Die aus
dem unschuldigen Leiden des Gerechten und dem
unverdienten Glück des Bösen abgeleiteten Gründe
gegen eine Vorsehung werden ausführlich behandelt. – Auch im 2. Buch werden Einwände gegen
den Vorsehungsglauben behandelt (z.B. die ungerechte Verteilung der irdischen Güter). Philon weist
u. a. diese auf Karneades zurückgehenden Einwände
mit dem Hinweis darauf zurück, daß die Vorstellungen über gut und schlecht falsch seien. Auch die
epikureischen Gründe gegen die Vorsehung (z.B.
die negativen Wirkungen mancher Naturkräfte, der
schädlichen Tiere und Pflanzen) werden mit stoischen Argumenten widerlegt. Auch hier könnte
Philon auf Poseidonios (→*Perì heimarméne*s) zurückgegriffen haben.

A →*Perì aphtharsías kósmu.*
L M. Mühl: Zu Poseidonios und Philon, in: WS 60,
1942, 28–36. M. Pohlenz: Philon von Alexandreia, in:
NGG 1942, 409–487. Schmid-Stählin 2,1, 478–506. P.
Wendland: Philos Schrift über die Vorsehung, Berlin 1892.
E. Zeller, Philosophie 3, 2, 385–467.

Perì pronoías
„Über die Vorsehung"

Theodoretos aus Antiocheia, 1. Hälfte des 5. Jh.s
n. Chr.

Zehn apologetische Reden (gr.) über die Wahrheit
der göttlichen Vorsehung.
Die Reden wurden um 436 n. Chr. in Antiocheia gehalten.

I Theodoretos weist die Existenz einer göttlichen Vorsehung nach, die sich im gestirnten Himmel (1. Rede), in den Elementen der Erde (2. Rede),
im menschlichen Körperbau (3. R.), in den Künsten
des Menschen (4. R.) und in der Herrschaft des

Menschen über die Tiere (5. R.) manifestiert. – Die
folgenden fünf Reden sollen die Einwände gegen
die Annahme einer göttlichen Vorsehung widerlegen: Das Vorhandensein von Armut und Reichtum
sei kein Argument für eine nicht vorhandene Vorsehung (6. Rede); denn Gott habe die Güter der Welt
absichtlich ungleich verteilt; dabei berge die Armut
auch große Vorteile für den Menschen in sich (z.B.
die Möglichkeit zu einem tugendhaften und gesunden Leben). Auch der Gegensatz zwischen Herrschenden und Gehorchenden sei gottgewollt (7.
R.). Die Herren führten kein besseres Leben als die
Diener. Es komme jedoch darauf an, daß ein jeder
seine ihm von Gott angewiesene soziale Stellung
annehme (8. R.). Wenn Tugend sich anscheinend
nicht lohne, so sei zu bedenken, daß sie nur von
Gott und im ewigen Leben belohnt werden könne
(9. R.). Der größte Beweis für die Vorsehung Gottes
sei seine Menschwerdung in der Gestalt Christi (10.
R.).

A Y. Azéma, Paris 1954 (gr.–frz. mit Kommentar).
Ü L. Küpper, BKV, 1878.
L P. Canivet: Theodoretos, in: LThK 10, 33–35. T. P.
Halton: Studies in the *De providentia* of Theodoret of Cy-
rus, Diss. Washington 1963.

Perì psychâs kósmo kaì physios
„Über die Weltseele und die Natur"

Timaios aus Lokroi, Titelfigur in Platons Dialog
→*Tímaios.*

In dorischem Dialekt verfaßtes Exzerpt (gr.) einer
hellenistischen Bearbeitung des platonischen Dialogs. Der durch den Kommentator Proklos
(→„Kommentare zu platonischen Dialogen") erhaltene Text wurde dem Pythagoreer Timaios zugeschrieben und als Quelle Platons ausgegeben.

A C. F. Hermann: Platonis Dialogi. Bd. 4, Leipzig
1853, 407–452.
L R. Harder, RE 6 A 1, 1936, 1203–1226.

Perì psychês
„Über die Seele„

Alexandros aus Aphrodisias, 2.–3. Jh. n. Chr.

Philosophische Schrift (gr.).

I Die Seele „ist nichts anderes als die Natur oder
die Kraft, die aus einer bestimmten Mischung entstanden ist; selbst beim Menschen ist sie untrennbar
vom Leibe und sterblich. Auch die menschliche
Vernunft ist sterblich. Das Intelligible entnimmt
sie den Daten der Sinneswahrnehmung, wird aber
in ihrer Tätigkeit vom wirkenden Geist (dem höchsten Intelligiblen und Urheber jeder Intelligibilität)
befruchtet" (Ph. Merlan, 98).

A I. Bruns: Supplementum Aristotelicum 2. 1, Berlin 1887.
L Ph. Merlan: Alexander (Nr. 6), in: dtv-L 1. 1, 97 f.

Perì psychês
„Über die Seele"

Auch lat. zitiert als *De anima*.

Aristoteles aus Stageira, 384–322 v. Chr.

Psychologische Lehrschrift in drei Büchern (gr.). Die vorliegende Schrift läßt erkennen, daß ihr zwei verschiedene Fassungen zugrunde liegen: eine frühere, stärker physiologisch orientierte und eine spätere, stärker philosophisch argumentierende Fassung.

I Buch 1: Hier werden Bedeutung und Schwierigkeit des Gegenstandes erörtert und frühere philosphische Meinungen darüber diskutiert. Der doxographische Bericht des Aristoteles ist von großem Wert für die Kenntnis der vorsokratischen Seelenlehre (z. B. bei Heraklit, den Pythagoreern, Anaxagoras und Demokrit). Buch 2: Nach Definitionsversuchen (die Seele ist die erste Entelechie eines natürlichen Körpers, der potentiell Leben besitzt und mit Organen versehen ist, 412a28 ff.) wird die Seele als biologisches Phänomen in ihren vegetativen Funktionen untersucht. Hier werden u. a. die fünf Sinne und ihre Objekte besprochen. Aristoteles schließt von sichtbaren Wirkungen auf das Innere, von den Lebensfunktionen des Lebendigen auf die entsprechenden seelischen Vermögen zurück. Buch 3: Das Thema ist das Denkvermögen in seinem Verhältnis zum Willen und zur Wahrnehmung.

W Aristoteles kritisiert seine Vorgänger, die Vorsokratiker und Platon, vor allem in drei Punkten: (1) Die Seele kann nicht als das sich selbst Bewegende definiert werden; denn wenn sie sich selbst bewege, sei sie der Veränderung ausgesetzt und im Raum lokalisierbar. (2) Der Erkenntnisvorgang kann nicht durch das Prinzip, Gleiches erkenne Gleiches, erklärt werden. (3) Die Einheit von Seele und Körper wird nicht in Betracht gezogen. – Für Aristoteles stellt das Verhältnis von Körper und Seele kein Problem dar. Die Seele ist das Lebensprinzip eines Organismus. Daher hat die Seele auch so viele Vermögen/Kräfte/Wirkungen, wie es Lebensvollzüge gibt (z. B. Ernährung, Wahrnehmung, Denken, Bewegung). Was Seele ist, ergibt sich aus ihrer Beziehung zum Körper; denn sie ist die Ursache seines Seins. Sie ist der Bewegungsursprung, aber selbst unbewegt: Die Seele freut sich nicht, sondern der Mensch aufgrund der Seele. Die Einheit der Seele beruht trotz der Verschiedenheit ihrer Wirkungsweisen darauf, daß die jeweils höhere die niedrigere umfaßt. Aristoteles unterscheidet folgende „Kräfte und Wirkungsweisen" (*dynámeis*) der Seele: die vegetative Kraft (*psychè threptiké*), die wahrnehmende Kraft (*psychè aisthetiké*) und die vernunftbestimmte Kraft (*psychè noetiké*). Die

Pflanze besitzt eine *psychè threptiké*, das Tier außerdem eine *psychè aisthetiké* und der Mensch alle drei Seelenkräfte. Der Mensch besitzt darüber hinaus den Geist (*nûs*), der einerseits handelt als *nûs praktikós* und andererseits leidet als *nûs pathetikós*. Er ist unsterblich. – Die Bedeutung der Schrift besteht darin, daß sie eine wissenschaftliche Psychologie begründet, die aus der methodischen Analyse der Äußerungen des Seelischen auf die unsichtbare Ursache zurückschließt und die Identität eines Organismus auf einen vom Stofflichen verschiedenen Bewegungsursprung zurückführt.

A R. D. Hicks, Cambridge 1907, Nachdr. Hildesheim 1990 (gr.–engl. mit Kommentar). A. Jannone / E. Barbotin, Paris 1966 (gr.–frz.). W. D. Ross, Oxford 1961 (mit Kommentar).
Ü O. Gigon, Zürich 1950. E. Rolfes, Bonn 1901 (mit Kommentar). W. Theiler, Darmstadt [7]1986 (mit Kommentar). W. Theiler / H. Seidl, Darmstadt 1995.
L H. Cassirer: Aristoteles' Schrift „Von der Seele" und ihre Stellung innerhalb der aristotelischen Philosophie, Tübingen 1932, Nachdr. Darmstadt 1968. W. Charlton: Aristotle's Definition of Soul, in: Phronesis 25, 1980, 170–186. I. Düring, Aristoteles, 554–585. I. Düring: Aristoteles, in: RE Suppl. 11, 1968, 252–254. HWPh 9, 1995, s. v. Seele. G. E. R. Lloyd / G. E. L. Owen (Hg.): Aristotle and the Senses. Proceedings of the 7th Symposium Aristotelicum, Cambridge 1978. M. C. Nussbaum / A. O. Rorty (Hg.): Essays on Aristotle's De anima, Oxford 1992. F. Nuyens: L' évolution de la psychologie d' Aristote, Löwen 1948. G. Picht: Aristoteles' *De anima*, 1987. C. Shute: The Psychology of Aristotle, New York [2]1964.

Perì psychês
„Über die Seele"

Chrysippos aus Soloi, 3. Jh. v. Chr.

Fragmentarisch erhaltene philosophisch-anthropologische Schrift (gr.).

I Der Ort der Seele ist das Herz; diese Meinung versucht Chrysipp ausführlich zu begründen (u. a. auch mit Hilfe von Dichterzitaten. „Die Seele ist ein uns angeborenes Pneuma, das kontinuierlich den ganzen Leib durchdringt, solange die das Leben tragende Spannkraft im Leibe vorhanden ist. Sie hat Teile, die den einzelnen Körpergliedern zugeordnet sind; und den Teil von ihr, der in die Luftröhre reicht, nennen wir *Stimme*, den nach den Augen gehenden *Gesicht*, den nach den Ohren *Gehör*, den nach der Nase *Geruch*, den nach der Zunge *Geschmack*, den aber, der sich durch das ganze Fleisch verbreitet, *Tastsinn* und den nach den Geschlechtsteilen führenden, der wieder seine besondere Bestimmung hat, *Samenstrang*. Der Teil der Seele aber, in dem alle diese zusammentreffen, befindet sich im Herzen. Wir nennen ihn das führende Organ, das *Hegemonikón*. Die Seele besteht also aus acht Teilen, aus den fünf Sinnesorganen, sechstens aus dem Sprachvermögen, siebtens dem Zeugungsvermögen, und achtens dem Hegmonikon selbst, von dem aus sich die andern alle durch ihre besondern Organe ausdehnen" (SVF 2, 885. 827; übers. v. M. Pohlenz, 77 f.). – „Wie die Spinne in der Mitte des Netzes alle Anfänge der Fäden mit den Füßen festhält, so daß sie es sofort merkt, wenn irgendwo ein Tierchen in das Gewebe hineingerät, so hält das Hegemonikon der Seele, das in der Mitte, im Herzen, seinen Sitz hat, die Anfänge aller Sinnesorgane in der Hand, damit es, wenn diese etwas melden, das unmittelbar erkennt" (SVF 2, 779; zitiert von Chalcidius, →„Kommentar zu Platons Timaios", Kap. 220; übers. v. M. Pohlenz, 78). – Der Tod ist die Trennung der Seele vom Körper (SVF 2, 790, zit. von Nemesios, →Perì phýseos anthrópu, Kap. 2, p. 46). Die Seele ist entstanden und auch vergänglich (SVF 2, 809; zit. von Areios Didymos, →Epitomé, Frg. 39 Diels).

A SVF 2, 773–911.
L M. Pohlenz: Stoa und Stoiker. Die Gründer. Panaitios. Poseidonios, Zürich 1950, 75–80 (mit Übersetzungen).

Perì psychês
„Über die Seele"

Iamblichos aus Chalkis, etwa 275–330 n. Chr.

In Frg. (u. a. bei Stobaios, →Eklogaí) erhaltene Schrift (gr.) über psychologische Fragen.

I Iamblichos räumt der Seele eine mittlere Stellung zwischen der höheren und der niederen Welt ein. Die Seele steht nicht nur in ihrer Tätigkeit, sondern auch in ihrem Wesen in der Mitte zwischen dem Ungeteilten und dem Geteilten und zwischen dem Unvergänglichen und dem Vergänglichen. Die Seele ist keine ausschließlich auf Denktätigkeit ausgerichtete Potenz. Sie verfügt auch über vernunftlose Kräfte. Als vernünftiges wie auch vernunftloses Wesen überdauert die Seele den Tod. Sie kann sich bis zur Ordnung der Engel (vgl. →De mysteriis) erheben, aber auch in einen anderen menschlichen Leib hinabsteigen. Die Betonung eines grundlegenden Unterschieds zwischen menschlicher und tierischer Seele hat für Iamblichos ein besonderes Gewicht. Die Seelenlehre des Aristoteles (→Perì psychês) berücksichtigte Iamblichos ebenso wie die einschlägigen Platon-Dialoge (→Phaídon, →Tímaios).

A Stobaios, →Eklogaí 1, 790 f. 858–926. 1056–1068. 2, 12.
L A. - L. Festugière: Traité de l' âme, Paris 1953. E. Zeller, Philosophie 3. 2, 735–773.

Perì psychês kaì anastáseos
„Über Seele und Auferstehung"

Gregorios aus Nyssa, 4. Jh. n. Chr.

Religionsphilosophische Abhandlung (gr.) in Form eines fiktiven Dialogs mit der verstorbenen Schwester des Autors.
Um 379 n. Chr. entstanden.

I Der Dialog beginnt mit Reflexionen über den Tod. Die Schwester, Makrina, fungiert als „Lehrerin" des Autors. Die weitere Untersuchung soll sich an der Bibel orientieren. So wird die Gottesebenbildlichkeit der Seele zum Grundmotiv des Gesprächs. Alles, was Gott fremd ist, verträgt sich nicht mit dem Wesen der Seele. Demnach sind Platons Lehre von den Seelenteilen (→Phaîdros, →Politeía) und die Seelenlehre des Aristoteles (→Perì psychês) nach Gregorios für die Bestimmung der wahren Natur der Seele nicht brauchbar. – Die Seele weiß von Natur aus von der Existenz Gottes; die Frage nach Gott ist also nur der Versuch, den richtigen Begriff von Gott zu gewinnen. – Der Mensch vereinigt in sich zwei Naturen: die geistig-seelische und die körperlich-materielle. Sein eigentliches Ich ist aber nur die geistig-seelische Natur. Wie die Verbindung von Leib und Seele zu bestimmen ist, bleibt rätselhaft. Die Seele existiert auch ohne den Körper, der Körper aber nicht ohne Seele. Dennoch ist die Wiederauferstehung nur als neue Verbindung von Seele und Körper möglich. Die Seelen der Bösen werden nach dem Tode in einem „Reinigungsfeuer" aufgrund der Liebe Gottes geläutert, bis alles Böse aus der Seele getilgt ist. Dann werden irgendwann in Ewigkeit alle Seelen zur vollendeten Gottähnlichkeit gelangen, d. h. vergöttlicht.

A J. G. Krabinger, Leipzig 1837 (gr.–lat.). PG 46.
Ü H. Schmidt, Halle 1864. K. Weiß, München 1927, BKV[(2)] 56.
L Ch. Apostolopoulos: Phaedo christianus. Studien ... des Verhältnisses zwischen dem platonischen Phaídon und dem Dialog Gregors von Nyssa „Über die Seele" ..., Frankfurt 1986. KNLL 6, 858 f. B. R. Voß: Der Dialog in der frühchristlichen Literatur, München 1970.

Perì rhemáton
„Über Wörter"

Demokritos aus Abdera, 470/460–380/370 v. Chr.

Sprachtheoretische Abhandlung (gr.), in nur wenigen Frg. und Nachrichten überliefert.

I Die Abhandlung stand im Zusammenhang mit mehreren musisch-philologischen Schriften, von denen meist nur wenig mehr als die Titel erhalten sind (VS 58 15c-26): „Über Rhythmen und Harmonie", „Über Poesie", →Perì Homéru è orthoepeías kaì glosséon). – Demokrit vertritt die Auffassung, daß die Wörter nicht von Natur aus (phýsei), sondern aufgrund von Konvention (thései) vorhanden seien. Die Sprache ist zwar eine Eigentümlichkeit des Menschen, aber die Bezeichnung der Dinge sei willkürlich. Dafür gibt es vier Gründe: (1) Manchmal bezeichnet dasselbe Wort verschiedene Dinge (*homonymía*). (2) Für dieselbe Sache gibt es verschiedene Wörter (*polyonymía*). (3) Manche Wörter haben eine übertragene Bedeutung (*metáthesis*). (4) Für bestimmte Vorstellungen gibt es keine passenden Wörter (*élleipsis*) (so B 26 = Proklos, Kommentar zu Platons →*Krátylos*. Vgl. Proklos, →„Kommentare zur platonischen Dialogen"). – Demokrit begründet seine Auffassung mit der Beobachtung unanfechtbarer sprachlicher Tatsachen.

Q Schon Parmenides, →*Perì phýseos* (B 19), ließ die Bezeichnungen der Dinge durch einen Akt der Setzung des Menschen entstehen, und Empedokles, →*Perì phýseos* (B 9) spricht vom Nomos, dem Brauch, nach welchem etwas benannt wird.

A VS 68 B 25 b-26.
L W. Nestle, VMzL, 197 f.

Perì rhetorikôn aphormôn
„Über Prinzipien der Rhetorik"

Alexandros Numeniu (Sohn des Sophisten Numenios), 2. Jh. n. Chr.

Auseinandersetzung (gr.) mit dem Attizisten Apollodoros aus Pergamon und Theodoros aus Gadara, in Auszügen erhalten.

I Alexandros wendet sich gegen den rhetorischen Doktrinarismus und schließt sich weitgehend dem Standpunkt des Theodoros an.

A L. Spengel, RhGr 3.
L J. Brzoska, RE 1, 2, 1894, 1456–1559.

Perì sarkophagías lógoi II
„Zwei Reden über das Essen von Fleisch"

Auch lat. zitiert als *De esu carnium orationes II*.

Plutarchos aus Chaironeia, etwa 46 – etwa 120 n. Chr.

Zwei Abhandlungen (gr.) aus der Sammlung der →*Moralia* über die Notwendigkeit einer vegetarischen Ernährung anstelle von Fleischgenuß, nicht vollständig überliefert. Plutarch argumentiert aus dem Geist der pythagoreischen Nahrungsgebote.

A H. Cherniss / W. C. Helmbold. Bd. 12, London/Cambridge (Mass.) 1957. C. Hubert / H. Drexler: Plutarchi Moralia. Bd. 6. 1, Stuttgart/Leipzig [(3)]1959.

Perì satýron
„Über die Satyrn"

Chamaileon aus Herakleia, etwa 340–270 v. Chr.

Fragmentarisch überlieferte Schrift (gr.) über das Satyrspiel.

I Chamaileon veröffentlichte verschiedene Schriften über gr. Dichter und leistete damit einen beachtlichen Beitrag zur peripatetischen Literaturgeschichte. Neben *Perì satýron* stehen Abhandlungen über Homer, über die lyrischen Dichter Sappho, Stesichoros, Lasos, Pindar, Simonides, Anakreon, über die Tragiker und die Komödiendichter. – Anscheinend legte Chamaileon besonderen Wert auf die Erklärung schwieriger Stellen und auf biographische Informationen.

A F. Wehrli, Schule, 9.
L A. Lesky, GL, 778.

Perì schemáton
„Über die Figuren"

Alexandros Numeniu (Sohn des Sophisten Numenios), 2. Jh. n. Chr.

Rhetorische Figurenlehre (gr.) in zwei Büchern.

I Das Werk war die wichtigste Quelle für spätere Darstellungen der Figurenlehre.

A L. Spengel, RhGr 3.
L J. Brzoska, RE 1, 2, 1894, 1456–1459.

Perì schemáton
„Über die Figuren"

Gorgias der Jüngere aus Athen, 1. Jh. v. Chr.

Verlorene rhetorische Abhandlung (gr.) über die Redefiguren, die zum „Redeschmuck" gehören und einen psychagogischen Zweck haben. Die Abhandlung ist in die lat. Bearbeitung des Rutilius Lupus eingegangen. Vgl. das →*Carmen de figuris*, das teilweise auf Rutilius Lupus zurückgeht.

A RhLatmin 3–21.
L K. Münscher, RE 7, 2, 1912, 1604–1619.

Perì schemáton
„Über die Figuren"

Lesbonax, 1. Jh. n. Chr.

Abhandlung (gr.) über grammatische Figuren, d. h. über Besonderheiten der gr. Syntax.

A R. Müller, Leipzig 1900.
L O. Dreyer: Lesbonax (Nr. 1), in: DKP 3, 584. R.

Müller: De Lesbonacte grammatico, Diss. Greifswald 1890.

Perì semeíon
„Über die Zeichen"

Aristonikos aus Alexandreia, 2. Hälfte des 1. Jh.s v. Chr.

Erläuternde Abhandlung (gr.) über die kritischen Zeichen, die Aristarch aus Samothrake, der bedeutendste alexandrinische Philologe und Grammatiker (etwa 216–144 v. Chr.), an den Rand seiner Homer-Ausgabe gesetzt hatte, fragmentarisch überliefert.

I Unter den Zeichen waren der *Obelós* („Spieß") und die *Diplê* („Doppellinie") besonders häufig. Mit dem *Obelós* wurde ein Vers als unecht gekennzeichnet; mit der *Diplê* wurde darauf hingewiesen, daß die markierte Stelle für die Lösung einer textkritischen Frage oder für die Erkenntnis einer homerischen Eigentümlichkeit von Bedeutung war; die *Diplê* konnte auch angeben, daß es für die Stelle mehrere Lesarten oder Deutungen gab. – Aristonikos befaßte sich mit den kritischen Zeichen sowohl für die →*Odýsseia* als auch für die →*Iliás*. Er versuchte vor allem die Gründe für die von Aristarch gesetzten Zeichen anzugeben.

A O. Carnuth: *Perì semeíon Odysseías*, Leipzig 1869. L. Friedländer: Aristonicus *Perì semeíon Iliádos* reliquiae, Göttingen 1853.
L H. Gärtner: Aristonikos (Nr. 4), in: DKP 1, 573 f. R. Pfeiffer, KlPh, 262.

Perì semeíon kaì semeióseon
„Über die Beweise und die Methoden der Schlußfolgerung"

Auch lat. zitiert als *De signis*.

Philodemos aus Gadara, 1. Jh. v. Chr.

Philosophische Abhandlung (gr.) auf dem Gebiet der Logik, nur in Frg. überliefert.

I In der Auseinandersetzung mit der Stoa versuchte der Epikureer Philodemos offensichtlich, die Induktion als das für alle anderen grundlegende Schlußverfahren zu erweisen. Demnach hätten die Epikureer als erste eine umfassend ausgearbeitete Induktionslogik entwickelt. – Nach Philodemos kann ein Induktions-Schluß (*epilogismós*) oder ein Analogie-Schluß (*homoiótes*) „Wahrscheinlichkeit" oder „Sicherheit" produzieren. „Wahrscheinlich" ist ein Schluß, wenn die Prämissen Gegenbeispiele zulassen, die nicht sonderlich ins Gewicht fallen, „sicher" ist er dagegen, wenn jedes Gegenbeispiel ausgeschlossen ist. Als Kriterium der Sicherheit des Induktions-Schlusses gilt die „Unvorstellbarkeit": Es muß „unvorstellbar" (*adianóetos*) sein, daß sich

etwas anders verhalten könne, als es im gegebenen Erfahrungsbereich möglich erscheint (so ist es z. B. unvorstellbar, daß ein Mensch unsterblich ist; demnach ist es „sicher", daß er sterblich ist). Nach Philodem muß man die Mannigfaltigkeit der Erscheinungen sorgfältig beobachten, um sicher zu sein, daß kein Gegenbeispiel auftritt. Das Aufzeigen einer notwendigen Verbindung zwischen beobachteten und unbeobachteten Objekten ist ein sicherer Induktions-Schluß, da die Natur der Dinge mit den Erscheinungen übereinstimmen muß. Deshalb fordert Philodem auch nicht die Vollständigkeit der Induktion: Es genügt, von vielen gleichartigen und verschiedenen Erscheinungen die untrennbare Eigenschaft einer jeden festzustellen und von dieser auf alle anderen zu schließen.

A Ph. H. und E. A. De Lacy, Philadelphia 1941. Th. Gomperz: Herkulanische Studien 1, Leipzig 1865.
L R. Ruzicka: Induktion, in: HWPh 4, 323–329.

Perì sophistôn →Perì tôn tùs graptùs lógus graphónton è perì sophistôn (Alkidamas)

Perì Sikelías →Sikeliká (Philistos aus Syrakus)

Perì Sóphronos
„Über Sophron"

Apollodoros aus Athen, 2. Jh. v. Athen

Verlorene Monographie (gr.) über den Dichter Sophron (2. Hälfte des 5. Jh.s v. Chr.), aber wohl nicht verbunden mit einer Textausgabe seiner →*Mîmoi*.

A FGrHist 244 (Frg. 214–218).
L R. Pfeiffer, KlPh, 319–321.

Perì sphygmôn
„Über die Pulsschläge"

Herophilos aus Chalkedon, 1. Hälfte des 3. Jh.s v. Chr.

Verlorene empirisch-medizinische Abhandlung (gr.), in der der Autor die Ergebnisse seiner vergleichenden Pulsmessungen bei Gesunden und Kranken mitteilte. Vgl. →*Anatomiká*.

L K. F. H. Marx: Herophilos, ein Beitrag zur Geschichte der Medizin, 1838.

Perì stáseon →Téchne rhetoriké (Hermogenes aus Tarsos)

Perì stelôn →Lógoi (Ioannes Chrysostomos)

Peristephanon →Liber peristephanon (Prudentius)

Perì Stoikôn enantiomáton (*De Stoicorum repugnantiis*) →Moralia (Plutarchos)

Perì sympatheiôn kaì antipatheiôn →Über Sympathie- und Antipathiemittel (Bolos)

Perì syntáxeos
„Über Syntax"

Apollonios Dyskolos, 1. Hälfte des 2. Jh.s n. Chr.

Einzige erhaltene Schrift über Syntax in gr. Sprache, die Priscian seiner Darstellung der lat. Syntax zugrunde legte (→*Institutio de arte grammatica*).

I Buch 1: Die Lehre von den Redeteilen und die Syntax des Artikels. Buch 2: Syntax der Pronomina. Buch 3: Kongruenz und Syntax des Verbums. Buch 4 (unvollständig erhalten): Syntax der Präpositionen. Apollonios geht in seiner Darstellung von theoretischen Überlegungen, weniger von der lebenden Sprache aus. – Aus seiner umfangreichen Produktion über grammatische Themen sind drei weitere Werke erhalten: *Perì antonymías / De pronominibus* (Pronomina), *Perì epirrhemáton / De adverbiis* (Adverbien) und *Perì syndésmon / De coniunctionibus* (Konjunktionen).

A GrGr 2,1–3.
L E. Egger: Apollonius Dyscole. Essai sur l' histoire des théories grammaticales dans l' antiquité, Paris 1854, Nachdr. Hildesheim 1987. F. Kudlien: Apollonios (Nr. 7), in: DKP 1, 453f. A. Lesky, GL, 992. Schmid-Stählin §766. A. Thierfelder: Beiträge zur Kritik und Erklärung des Apollonius Dyscolus, Leipzig 1935.

Perì syntáxeos
„Über die Neuordnung"

Demosthenes aus Athen, 384–322 v. Chr.

Politische Rede (gr.), in der der Redner angesichts der Bedrohung durch den Makedonenkönig Philipp II. finanzielle und administrative Reformen fordert und zu höheren Leistungen für die Stadt auffordert, um 350 v. Chr. in Athen gehalten.

A S. H. Butcher. Bd. 1, Oxford 1903 (Nr. 13).
L F. Focke: Demosthenesstudien, Tübingen 1929, 12 ff. I. Heimer: De Demosthenis or. XIII, Diss. Münster 1912. F. W. Lenz: De Demosthenis *Perì syntáxeos* oratione, Diss. Berlin 1919.

Perì synthéseos onomáton
„Über die Wortfügung"

Dionysios aus Halikarnassos, seit 30 v. Chr. in Rom

Abhandlung (gr.) über ein Problem der Stilistik.

I Dionysios vertritt hier die Auffassung, daß man in der ästhetischen Beurteilung von Texten über das bloße Sprachgefühl hinaus die Gründe klären müsse, warum ein Text schön oder nicht schön sei: Diese liegen vor allem in der Auswahl (*eklogé*) und in der Zusammenfügung (*sýnthesis*) der Wörter. Diese These veranschaulicht der Autor an zahlreichen Beispielen aus der Literatur, wobei er auf die Verbindung der Laute, den rhetorischen Rhythmus, die Stilunterschiede, den Periodenbau und die musikalischen Aspekte eingeht. – Unter anderen Texten ist in dieser Schrift das Sappho-Gedicht (1 Diehl) (→*Carmina*) und das Simonides-Fragment 38 P., das aus einem Chorlied über die Danaësage stammt, überliefert.

A G. Aujac. 5 Bde., Paris 1978–1992 (gr.–frz. alle rhetorischen Werke des Autors). H. Usener / L. Radermacher: Dion. Hal. opuscula. 2 Bde., Leipzig 1899–1929, Nachdr. 1997.
L W. Spoerri: Dionysios (Nr. 15), in: dtv-L 1. 2, 18f.

Perì tagathû
„Über das Gute"

Numenios aus Apameia, 2. Hälfte des 2. Jh.s n. Chr.

Eine nur durch Nachrichten und Frg. faßbare philosophische Schrift (gr.) in sechs Büchern.

I Auf der Suche nach der reinen und unverdorbenen Lehre ging der Autor von Platon aus und stellte dann erst die Forderung auf, man solle diese in Übereinstimmung mit den Worten des Pythagoras und den Lehren der alten Völker sehen (Frg. 1 des Places). – Numenios versucht offensichtlich, die Einheit aller Philosophie zu erweisen, wie sie bis Platon angeblich bestand. Erst nach Platon kam es zu den Unterschieden zwischen den einzelnen Schulen, d. h. zum Abfall von der wahren, allen Menschen gemeinsamen Philosophie. – Im 1. Buch *Perì tagathû* verkündet Numenios ein synkretistischen Programm: „Einen jeden, der sich mit dem Gottesproblem zu befassen hat, verpflichtet Numenios hier, nicht nur seine Darlegungen mit aus Platon gewonnenen Beweismitteln zu stützen, sich noch weiter zurückzuwenden und seine Erklärungen mit der Lehre des Pythagoras zu verbinden, sondern darüber hinaus auch noch, die berühmten Völker einzubeziehen und die mit Platon zutiefst übereinstimmenden Mysterien, Lehrsätze, begrifflichen Vorstellungen (und Institutionen) der Brahmanen, der Juden, der Magier und der Ägypter als Zeugnis anzuführen" (Puech, 452 f.).

A E. des Places: Numénius. Fragments, Paris 1973 (gr.–frz.).

L R. Beutler: Numenius, in: RE Suppl. 7, 1940, 664–678. A. Dihle, GGL, 292 f. E. R. Dodds: Numenios und Ammonios, in: C. Zintzen (Hg.): Der Mittelplatonismus, Darmstadt 1981, 488–517. H. J. Krämer: Der Ursprung der Geistmetaphysik. Untersuchungen zur Geschichte des Platonismus zwischen Platon und Plotin, Amsterdam 1964, 63–92. G. Martano: Numenio d' Apamea, Neapel 1960. H. - C. Puech: Numenios von Apameia und die orientalische Theologie im 2. Jh. n.Chr., in: C. Zintzen (Hg.): Der Mittelplatonismus, Darmstadt 1981, 451–487.

Perì tagathû
"Über das Gute"

Platon aus Athen, 427–347 v. Chr.

Vorträge oder Vorlesungen, vielleicht auch Gespräche, die nicht schriftlich fixiert wurden, "über das Gute" (gr.), auf die es einige ernst zu nehmende Hinweise gibt.

Es handelt sich wohl nicht, wie früher angenommen wurde, um eine einmalige Vorlesung aus Platons letzten Lebensjahren, sondern um eine ganze Reihe einschlägiger Vorträge und Lehrgespräche, die auch schon in Platons Frühzeit gehalten wurden (vgl. Krämer).

I Platon vertritt im →*Phaîdros* (274b-277a) die Auffassung, daß der Wert schriftlich fixierter Ausführungen im Vergleich zu einem lebendigen Gespräch geringer sei. – Im 7. Brief (→*Epistulae*) wird darauf hingewiesen, daß Platons schriftstellerische Produktion nur ein ironisch-spielerisches Abbild des lebendigen Gesprächs sei, das in der platonischen Akademie geführt wurde (341a-344d); über das Eigentliche seiner Lehre habe Platon nie und nirgends etwas geschrieben (341c). Daraus wurde der Schluß gezogen, daß es eine "ungeschriebene", "esoterische" Lehre Platons gegeben habe. Die schriftlich fixiert überlieferten Dialoge sind unter diesem Aspekt nur Dokumente einer "exetorischen" Philosophie. – Schon Aristoteles weist (→*Physikè akróasis* 209b15) auf die *legómena ágrapha dógmata*, die ungeschriebene Lehre Platons, hin. – Die Annahme einer ungeschriebenen Lehre wird auch durch Platons argumentative Ökonomie nahegelegt, die den besonderen Bedingungen des Dialogs entspricht: Der Dialog ist zur Mitteilung dogmatischer Lehrinhalte ungeeignet; er behindert die systematische Betrachtung eines Themas; vieles, was gesagt werden könnte, kommt nicht zur Sprache. – Tatsächlich ist überliefert, daß die Lehre, die Platon in seinen *lógoi perì tû agathû* vertrat, von seinen Schülern schriftlich festgehalten wurde, wie u.a. Simplikios und Ioannes Philoponos in ihren →"Kommentaren zu Aristoteles" mitteilen (Simplikios, Phys. 151,10; de an. 28,7; Philoponos, Phys. 521, 10,14; de an. 75. 34 ff.). Auch in den →*Harmo-*

nikà stoicheîa des Aristoxenos aus Tarent (44,5 M.) findet sich ein Bericht über diese Vorträge Platons *Perì tagathû*. – Nach H. – J. Krämer bezeichnet der Begriff *lógoi perì tû agathû* eine esoterische platonische Philosophie, die neben bzw. hinter den Dialogen stand. Die Mitte dieser Philosophie war "das Eine" oder "das Gute" als absoluter Seinsgrund.

L H. Cherniss: Die ältere Akademie. Ein historisches Rätsel und seine Lösung, Heidelberg 1966. K. Gaiser: Platons ungeschriebene Lehre, Stuttgart (2)1968. K. Gaiser: Plato's enigmatic lecture „on the Good", in: Phronesis 25, 1980, 5–37. A. Graeser: Die Philosophie der Antike 2. Sophistik und Sokratik, Plato und Aristoteles, in: W. Röd (Hg.): Geschichte der Philosophie. Bd. 2, München 1983, 126–128. K. H. Ilting: Platons „Ungeschriebene Lehre". Der Vortrag über das Gute, in: Phronesis 13, 1968. H. – J. Krämer: Arete bei Platon und Aristoteles. Zum Wesen und zur Geschichte der platonischen Ontologie, Amsterdam (2)1967. H. – J. Krämer: Neues zum Streit um Platons Prinzipientheorie, in: Philosophische Rundschau 27, 1980, 1–38. A. Lesky, GL, 568–614, bes. 605 ff. Ph. Merlan: War Platons Vorlesung „Das Gute" einmalig?, in: Hermes 96, 1969, 705 ff. G. Watson: Plato's Unwritten Teaching, Dublin 1973.

Perì téchnes
"Über die Heilkunst"

An.

Im →*Corpus Hippocraticum* überlieferter Vortrag über die Heilkunst (gr.). Der Autor verfügt zwar über medizinische Grundkenntnisse, ist aber kein Mediziner, sondern ein Sophist. Wahrscheinlich im 5. Jh. v. Chr. verfaßt.

I Für den Autor besteht das Wesen der Medizin in der Aitiologie, der Forschung nach den Ursachen der Krankheiten, und der Prognose, der Voraussage über die Wirkung ärztlicher Maßnahmen: Die Heilkunst kennt keine Ursachenlosigkeit (*autómaton*). Sie forscht stets nach den Ursachen (*tò dià tí*) und stellt aufgrund natürlicher Gesetzmäßigkeiten ihre Prognose (*tà pronoúmena*). Nichts wird dem Zufall (*týche*) überlassen; vielmehr versucht die ärztliche Kunst (*téchne*) die Macht des Zufalls zu bannen.

Q In der Anerkennung der sinnlich wahrnehmbaren Wirklichkeit stimmt der Autor mit der Erkenntnistheorie des Protagoras (→*Alétheia è katabállontes*) überein. Allerdings gilt für ihn nicht dessen Subjektivismus, den die auf die Feststellung objektiver Krankheitsursachen zielende Medizin nicht akzeptieren konnte; Normabweichungen werden als Krankheitssymptome, d.h. als objektiv vorhandene Störungen des Organismus, gedeutet.

W Der Autor verteidigt die Medizin gegen den Vorwurf, daß sie im Prinzip überflüssig sei; denn viele Kranke würden auch ohne medizinische Hilfe wieder gesund, viele Heilungen beruhten auf bloßem Zufall, und Kranke stürben trotz medizinischer Behandlung. – Der Autor widerlegt alle Punkte mit rhetorisch geschulter Beredsamkeit.

A W. H. S. Jones / E. T. Withington. Bd. 2, London/ Cambridge (Mass.) 1923–1931.
L Th. Gomperz: Die Apologie der Heilkunst. Eine griechische Sophistenrede des fünften vorchristlichen Jahrhunderts, Leipzig [(2)]1910. W. Nestle, VMzL, 303–305.

Perì teleíu rhétoros
„Über den vollkommenen Redner"

Potamon aus Mytilene, etwa 75 v. – 15 n. Chr.

Verlorene rhetorische Schrift (gr.), die vielleicht als gr. Gegenstück zu Ciceros →Orator gedacht war.

A FGrHist 147.
L W. Stegemann, RE 22, 1, 1953, 1023–1037.

Perì télus
„Über das Ziel"

Epikuros aus Samos, 341–270 v. Chr.

Verlorenes, aber bezeugtes philosophisches Werk (gr.)

I In dem Werk ging es vor allem um die Darstellung des höchsten Gutes, das Epikur mit der Lust gleichsetzt. – In seinen →Tusculanae disputationes (3,41 f.) übersetzte Cicero ein sehr wichtiges Stück aus Perì télus: „Ich weiß nicht, was ich als das Gute begreifen soll, wenn ich jene Genüsse abziehe, die man durch den Geschmack wahrnimmt, jene, die durch den Liebesgenuß entstehen und durch das Hören von Gesängen, oder auch jene, die als angenehme Bewegungen durch die Augen beim Wahrnehmen von Gestalten entstehen und was sonst an Genüssen dem gesamten Menschen durch irgendeines der Sinnesorgane vermittelt wird. Man kann auch nicht sagen, daß bloß die Freude des Geistes ein Gut sei. Denn die Freude des Geistes erkenne ich an der Hoffnung, daß unsere Natur, wenn sie sich all jene Dinge aneignet, die ich oben genannt habe, von Schmerz frei sein werde" (Übers. O. Gigon). – Spuren von Perì télus finden sich u. a. auch bei Diogenes Laertius, →Philosóphon bíon kaì dogmáton synagogé 10,6; Athenaios, →Deipnosophistaí 278F, 280A, 546E.

A H. Usener: Epicurea, Leipzig 1887 (bes. Frg. 67 und 69).

Perì tês Alexándru týches è aretês lógoi B'
(*De Alexandri Magni fortuna aut virtute, libri II*) →**Moralia (Plutarchos)**

Perì tês anametréseos tês gês
„Über die Messung der Erdkugel"

Eratosthenes aus Kyrene, etwa 284–202 v. Chr.

Bericht (gr.) über eine Berechnung des Erdumfangs.

I „Wenn die Sonne in Syene im Zenith steht, bilden ihre Strahlen in Alexandria, das ungefähr auf dem gleichen Meridian liegt, mit der Senkrechten einen Winkel w von 1/50 Kreisumfang. Also ist der Erdumfang 50 mal so groß wie der Abstand Alexandreia-Syene (5000 Stadien), also 250.000 Stadien" (Gericke, 68). Die Genauigkeit der Berechnung ist allerdings nur nachprüfbar, wenn man die Länge eines Stadions kennt.

A FGrHist 241.
L H. Gericke: Eratosthenes, in: dtv-L 1. 2, 67–669. A. Lesky, GL, 879–881. R. Pfeiffer, KlPh, 191–212, bes. 205 f.

Perì tês apò zóon opheleías
„Über den von den Tieren ausgehenden Nutzen"

Xenokrates aus Aphrodisias, 1. Jh. n. Chr.

Pharmakologische Abhandlung (gr.), fragmentarisch überliefert.

I Beschreibung von Medikamenten, die aus menschlichen und tierischen Organen und Ausscheidungen gewonnen werden können. Die Empfehlungen stehen unter dem Einfluß von Magie und Volksmedizin.

A J. L. Ideler: Physici et medici Graeci Minores. Bd. 1, Berlin 1841, 121–133.

Perì tês archaías komodías
„Über die alte Komödie"

Eratosthenes aus Kyrene, etwa 284–202 v. Chr.

Zwölf (oder mehr) Bücher (gr.) mit sprachlich-grammatischen und sachlichen Bemerkungen zu Problemen der alten attischen Komödie, in nur wenigen Frg. überliefert. – Eratosthenes setzte mit diesem Werk die Abhandlung →Perì komodías des Lykophron fort.

A C. Strecker: De Lycophrone, Euphronio, Eratosthene comicorum interpretibus, Diss. Greifswald 1884.
L R. Pfeiffer, KlPh, 200.

Perì tês astrologíes
„Über die Astrologie"

Lukianos aus Samosata, etwa 120–180 n. Chr.

Abhandlung (gr.) über die Weissagung mit Hilfe der Astrologie.

I Der Autor preist die Astrologie (in ionischem Dialekt) als die älteste und anspruchsvollste Wissenschaft. Er gibt zunächst einen geschichtlichen Überblick: Die Erfinder der Astrologie seien die Aithiopier, von denen sie die Ägypter übernahmen. Die Griechen haben ihre astrologischen Kenntnisse allerdings nicht von den alten Völkern übernommen. Es war Orpheus, der ihnen das Wissen offenbarte. Zahlreiche Gestalten den Mythos hatten einen Bezug zur Astrologie. In den Werken Homers und Hesiods findet sich vieles, was mit der Astrologie in Verbindung steht. Die von Homer erzählte Beziehung zwischen Ares und Aphrodite ist nach der Ansicht des Autors ein Hinweis auf die Konjunktion der Planeten Mars und Venus. – Aber während die Alten der Astrologie sehr ergeben waren, hat der Respekt vor dieser Wissenschaft zur Zeit des Autors sehr abgenommen. Man behauptet, die Sterne ständen in keiner Beziehung zu den menschlichen Dinge. Demnach könne man ihnen auch keine Hinweise auf die Zukunft abgewinnen. Der Autor hält dagegen, daß es auch andere Vorgänge in der unbelebten Natur gebe, die nicht um des Menschen willen geschähen, aber dennoch Einfluß auf ihn nähmen; dasselbe gelte auch für die Sterne. Gewiß könne die Astrologie die Zukunft nicht beeinflussen, aber doch wenigstens ein Wissen über Zukünftiges vermitteln.

A A. M. Harmon. Bd. 5, London/Cambridge (Mass.) 1936.
Ü Chr. M. Wieland: Lucian von Samosata. Sämtliche Werke 3. 5, Leipzig 1788/1789, 246–263.

Perì tês ateleías pròs Leptínen →Katà Leptínus (Demosthenes)

Perì tês Athénesin akropóleos
„Über die Akropolis in Athen"

Heliodoros aus Athen, 2. Jh. v. Chr.

Beschreibung (gr.) der Stadt Athen in 15 Büchern, nur fragmentarisch überliefert.

A FGrHist 373.

Perì tês Athénesi nomothesías
„Über die Gestzgebung in Athen"

Demetrios aus Phaleron, etwa 350–283 v. Chr.

Systematische Darstellung (gr.) des athenischen Staatswesens, in nur wenigen Frg. überliefert.

A F. Wehrli, Schule, 4.
L E. Bayer: Demetrius Phalereus der Athener, Tübingen 1942, Nachdr. Darmstadt 1969.

Perì tês demeúseos tû Nikíu adelphû
„Über die Vermögenseinziehung beim Bruders des Nikias"

Lysias, etwa 450 – etwa 380 v. Chr.

Gerichtsrede (gr.), nicht vollständig erhalten.

I Der Sprecher der Rede ist der Neffe des großen Nikias, der 413 v. Chr. bei Syrakus kapituliert und in Syrakus hingerichtet wurde. Seinen Vater Eukrates und seinen Vetter Nikeratos haben die Dreißig Tyrannen ermordet. Nikias, für dessen Bruder der Sprecher eintritt, wird in den höchsten Tönen gepriesen: „Erinnert euch an unseren göttlichen Nikias. Denn wo dieser Mann nach seinen eigenen Plänen (aufgrund eigener Entscheidung) für das Volk tätig war, hat er für eure Stadt überall viel Gutes getan, ihren Feinden aber den größten Schaden zugefügt. Wo er gezwungen war zu handeln, hat er von dem daraus sich ergebenden Unheil nicht den geringsten Teil selbst ertragen, für den Grund des Mißgeschicks sind aber diejenigen verantwortlich, die euch zu jenen Unternehmungen überredet haben (gemeint ist die sizilische Expedition während des Peloponnesischen Krieges im Jahre 415 v. Chr.). Denn sein Wohlwollen für euch und seine eigene Tüchtigkeit hat er ebenso durch glückliche Erfolge, die ihr ihm verdankt, wie durch Niederlagen der Feinde bewiesen. Als Feldherr hat er viele Städte eingenommen und viele Siegeszeichen aufgerichtet, was im einzelnen aufzuzählen mühevoll wäre" (2–3). Darauf werden die Leistung der anderen Familienangehörigen erwähnt, um das Gericht für die ganze Familie einzunehmen und die Vermögenseinziehung zu seinen Gunsten rückgängig machen zu lassen.

A C. Hude, Oxford 1912 (Nr. 18).
Ü K. Brodersen / I. Huber. 2 Bde., Darmstadt 2004–2005 (gr.-dt.).

Perì tês Demosthénus léxeos
„Über den Stil des Demosthenes"

Dionysios aus Halikarnassos, seit 30 v. Chr. in Rom

Darstellung (gr.) des attizistischen Stilideals des Autors am Vorbild des Demosthenes.

I Demosthenes wird als der größte Redner aller Zeiten gesehen. Diese Sicht wird mit der Besprechung einzelner Stellen aus seinem Werk begründet.

A H. Usener / L. Radermacher: Dion. Hal. opuscula. 2 Bde., Leipzig 1899–1929, Nachdr. 1997.
L A. Lesky, GL 929.

Perì tês eirénes
„Über den Frieden"

Demosthenes aus Athen, 384–322 v. Chr.

Politische Rede (gr.).
Verfaßt im Jahre 346 v. Chr.

I Anlaß der Rede war der sogenannte Philokrates-Frieden, den Athen im April 346 v. Chr. mit Philipp II. von Makedonien geschlossen hatten. Demosthenes gehörte zu den zehn attischen Gesandten, die in Pella mit Philipp verhandelt hatten. – In der Rede tritt Demosthenes zur Überraschung der antimakedonischen Partei in Athen dafür ein, den Friedensvertrag nicht zu brechen und auf diese Weise den Krieg aller gegen alle zu riskieren.

A S. H. Butcher. Bd. 1, Oxford 1903 (Nr. 5). L. Canfora. Bd. 1, Turin 1974. C. Fuhr. Bd. 1, Leipzig 1914. A. Westermann / E. Müller /E. Rosenberg. Bd. 1, Berlin (10)1902 (mit Kommentar).
Ü W. Unte, Stuttgart 1985 (gr.–dt.).
L G. L. Cawkwell: Demosthenes' Policy After the Peace of Philokrates, in; CQ N.S. 13, 1962, 120–138. 200–213. KNLL 4, 545 f. M. M. Markle: The Peace of Philokrates. A Study in Athenian Foreign Relations, 348–346 B. C., Ann Arbor (Mich.) 1968.

Perì tês eis tà ékgona philostorgías (*De amore prolis*) →Moralia (Plutarchos)

Perì tês ekklesiastikês hierarchías
„Über die kirchliche Hierarchie"

Ps.–Dionysios Areopagites, 2. Hälfte des 5. Jh.s n. Chr.

Theologischer Traktat (gr.)
Entstanden nach 485 n. Chr.

I Die kirchliche Hierarchie entspricht der himmlischen Hierarchie. Man hat drei Triaden (dreimal drei Stufen) zu unterscheiden: (1) Mysterien oder Sakramente, durch die die göttliche Gnade vermittelt wird: (a) Taufe. (b) Eucharistie. (c) Konfirmation. (2) Vermittler der Gnade: (a) Bischof. (b) Priester. (c) Diakon. (3) Die in die Mysterien Eingeführten: (a) Therapeuten, Mönche, Einsiedler (sie befinden sich auf dem Einigungsweg). (b) Laien (sie befinden sich auf dem Erleuchtungsweg). (c) Katechumenen und Büßer (sie befinden sich noch im Stadium der Reinigung). An der Spitze der Hierarchie steht Christus als der erschienene Gott. – In diesem Zusammenhang fordert der Autor dazu auf, die Symbolik der Sakramente geistig zu verstehen: Deshalb sollen die Sakramente erklärt werden und nicht nur gespendet werden. Besonders ausführlich und eindringlich wird das Ursymbol der Eucharistie geschildert.

Q Der hierarchische Gedanke läßt sich bis zu Platons →*Politeía* zurückverfolgen. Die drei Stufen der kirchlichen Hierarchie entsprechen den drei Ständen, über denen die Idee des Guten steht.

N Die hierarchische Struktur wird von dem Zaren Iwan dem Schrecklichen ins Politische zurückübersetzt. Der Zar führt als Autorität gegen die Kritik an seiner autokratischen Herrschaft Dionysios Areopagites ins Feld (vgl. H. Goltz: Ivan der Schreckliche zitiert Dionysios Areopagites. Ein Baustein zur Theorie der Autokratie, in: Kerygma und Mythos. FS Carl Andresen, Göttingen 1979, 214–225.).

A J. Quasten, Bonn 1937.
Ü R. Storf, Kempten 1877. J. Stiglmayr, Kempten 1911, BKV(2) 2. W. Tritsch, München 1955.
L KLL 8, 7368. D. Rutledge: Cosmic Theology. The Ecclesiastical Hierarchy of Pseudo-Denys. An Introduction, London 1964.

Perì tês ek logíon philosophías
„Über den philosophischen Gewinn aus Orakeln"

Auch lat. zitiert als *De philosophia ex oraculis haurienda librorum reliquiae* („Reste der Bücher über die aus Orakeln zu schöpfende Philosophie").

Porphyrios aus Tyros, etwa 234–300 n. Chr.

In Frg. erhaltene Schrift (gr.) über die Bedeutung der (bes. chaldäischen) Orakel als Quelle philosophischer Einsicht.

I Die Philosophie wird der Religion untergeordnet. Das eigentliche Motiv der Philosophie ist die Sorge des Menschen um sein Seelenheil. Die wissenschaftliche Arbeit ist diesem praktischen Bedürfnis untergeordnet. Dieses Motiv steht in einer langen philosophiegeschichtlichen Tradition. Es ist nachzuweisen bei den späteren Stoikern, den Kynikern, in der neupythagoreischen und in der platonischen Schule. Auf religiösem Gebiet dient das Mysterienwesen dem Seelenheil. Porphyrios folgt also nur einer verbreiteten Zeitströmung.

A A. Smith: Porphyrii fragmenta, Stuttgart/Leipzig 1993. G. Wolff: Porphyrii de philosophia ex oraculis haurienda (1856), Hildesheim 1984,
L R. Beutler: Porphyrios, in: RE 22, 1, 1953, 275–313. J. Bidez: Porphyre, Gent 1913. A. Lesky, GL, 985 f. J. J. O' Meara: Porphyrius' Philosophy from oracles in Augustine, Paris 1959.

Perì tês en archê katastáseos
„Über den Zustand am Anfang"

Protagoras aus Abdera, 5. Jh. v. Chr.

Veröffentlichte Fassung eines Vortrags (*epídeixis*) über die Frage nach der Entstehung der menschlichen Natur (gr.).

I Der Titel der verlorenen, aber in der Antike berühmten Schrift findet sich bei Diogenes (→*Philosóphon bíon kaì dogmáton synagogé* 9,55). Anspielungen auf den Titel finden sich u. a. bei Herodot, →*Historíes apódexis* 2,173 und 8,83, und bei Demokrit, B 278. Auch der Tragiker Moschion (Frg. 6, p. 813 N^{(2)}) bezieht sich am Anfang eines längeren Fragments anscheinend auf diesen Titel. – Platon spielt offensichtlich im →*Protagóras* (320c-322d) auf diese Schrift an. Er scheint sogar deren Anfang zu zitieren (wie Kritias im →*Sísyphos*), und es spricht manches dafür, daß er sie parodierend aufgreift und nachahmt. Platons Nachbildung kann also eine Vorstellung vom Gedankengang der protagoreischen Schrift vermitteln: Die Theorie über die Entstehung der menschlichen Kultur beruht auf der Überzeugung, daß der Mensch kein besonderes Geschöpf, sondern ein Glied der gesamten Natur ist, die die Menschen und die Tiere mit unterschiedlichen Fähigkeiten ausstattete. Da alle Geschöpfe auf ihre Weise erhalten bleiben sollen, sind ihre Fähigkeiten so angelegt, daß bestimmte Schwächen durch bestimmte Stärken, Nachteile durch Vorteile ausgeglichen werden. So wird z. B. auch der Mangel des Menschen an körperlichen Kräften im Vergleich mit manchen Tieren durch die Überlegenheit der Vernunft ausgeglichen, die zur Entwicklung der Sprache, zur Entfaltung der Kultur und zum Aufbau gesellschaftlicher Organisationsformen befähigt.
W Der Grundgedanke der Schrift war offensichtlich die Überzeugung von einem Fortschritt der Menschheit aus primitiven Anfängen zu höheren Stufen der Kultur (im Gegensatz etwa zu der von Hesiod, →*Theogonía*, vertretenen kulturpessimistischen Lehre von der Dekadenz der Weltalter). „Das Wichtigste aber war, daß sich nach Protagoras die aufsteigende Entwicklung der Menschheit ganz aus deren eigener, freilich durch die Natur in sie gelegten Kraft vollzog, nicht mit der Hilfe kulturfördernder Gottheiten ... In Wirklichkeit denkt sich Protagoras, genau wie Xenophanes, den Kulturfortschritt bedingt durch die im Lauf der Zeit gemachten ,Erfindungen' des Menschen selbst" (Nestle, 286).

A Platon, →*Protagóras* 320c-322d.
L W. Nestle, VMzL, 282–289. E. Norden: Agnostos Theos. Untersuchungen zur Formengeschichte religiöser Rede, Stuttgart 1913, Nachdr. Darmstadt 1956, 370–374.

Perì tês en Timaío psychogonías (*De animi procreatione in Timaeo*) →Moralia (Plutarchos)

Perì tês epekdotheíses diorthóseos
„Über die neu herausgegebene kritische Textausgabe (Homers)"

Ammonios aus Alexandreia, 2. Hälfte des 2. Jh.s v. Chr.

Verlorener Nachtrag (gr.) zu den Homer-Kommentaren des Aristarch aus Samothrake (etwa 216–144 v. Chr.) oder Ergänzung der Kommentare in einer zweiten Auflage.

L F. Susemihl, Alexandrinerzeit 2, 153 ff.

Perì tês Erythrâs thalásses
„Über das Rote Meer"

Auch zitiert als *Períplus Maris Erythraei* („Umseglung des Roten Meeres").

Agatharchides aus Knidos, etwa 200–120 v. Chr.

Geographische Beschreibung (gr.) des Persischen Golfes in fünf Büchern, nur fragmentarisch erhalten.

I Auszüge aus diesem Werk sind in der →*Bibliothéke* (Cod. 250) des Photios erhalten. – Das Werk bot keine wissenschaftliche Geographie und enthält viele Berichte über geographische und ethnographische Merkwürdigkeiten im Sinne der paradoxographischen Schriftstellerei.

A GGM 1, 111–195.
Ü D. Woelk: Agatharchides von Knidos *Über das Rote Meer*. Übersetzung und Kommentar, Bamberg 1966.
L H. Gams: Agatharchides, in: DKP 1, 115 f. A. Lesky, GL, 870 f.

Perì tês ethikês aretês (*De virtute morali*) →Moralia (Plutarchos)

Perì tês hagías kaì homousíu triádos
„Über die heilige und wesensgleiche Dreieinigkeit"

Kyrillos aus Alexandreia, gest. 444 n. Chr.

Dogmatische Schrift (gr.).

I Kyrillos versucht nachzuweisen (vielleicht gegen die Auffassung der Arianer), daß der Sohn „gleich ewig" und wesensgleich mit dem Vater ist und kein Mittelwesen zwischen Schöpfer und Geschöpf sein kann, wie die Arianer annehmen. Der Sohn sei aus dem Vater erzeugt und somit wahrer Gott.

A G. M. de Durand. 3 Bde., Paris 1976–1978 (gr.-frz. mit Kommentar).

L KNLL 9, 894. J. Liébaert: La doctrine christologique de saint Cyrille d' Alexandrie, Lille 1951.

Perì tês heautû kathódu
„Über seine eigene Rückkehr"

Andokides aus Athen, geb. um 440 v. Chr.

Politische Rede in eigener Sache (gr.).
Gehalten 407 v. Chr., nach dem Sturz der „Vierhundert".

I Der Redner verließ in der Zeit des Hermokopidenprozesses (415 v. Chr.) Athen. Er hatte seine Freunde nach seiner Verhaftung denunziert, um auf diese Weise für sich selbst Straffreiheit zu erlangen. Die Rede war ein vergeblicher Versuch, seine Rückkehr zu erreichen. Andokides durfte erst im Jahre 402 v. Chr. im Zuge einer allgemeinen Amnestie nach Athen zurückkehren.

A F. Blass / C. Fuhr, Leipzig [(4)]1913. G. Dalmeyda, Paris 1930. K. J. Maidment: Minor Attic Orators. Bd. 1, London/Cambridge (Mass.) 1941 (gr.–engl.).
L W. D. Furley: Andocides and the Herms, London 1996. A. Lesky, GL, 403. A. Missiou: The Subversive Oratory of Andocides, Cambridge 1992.

Perì tês Herodótu kakoetheías
„Über die Boshaftigkeit des Herodot"

Auch lat. zitiert als *De Herodoti malignitate*.

Plutarchos aus Chaironeia, etwa 46 – etwa 120 n. Chr.

Polemische Schrift (gr.) gegen den Historiker Herodot (→*Histories apódexis*), der nach Plutarchs Meinung die Athener einseitig auf Kosten der Boioter und anderer Griechen verherrlicht habe (→*Moralia* 854–874).

A L. Pearson / F. H. Sandbach: Plutarch's *Moralia*. Bd. 11, London/Cambridge (Mass) 1965 (gr.–engl.).
L A. Dihle, GLL, 206–210. Ph. E. Legrand: De la malignité d' Hérodote, in: Mélanges Gustave Glotz. Bd. 2, Paris 1932, 535–547.

Perì tês Iustiniánu basileías
„Über die Herrschaft des Justinian"

Agathias aus Myrina, um 530/532–579/582 n. Chr.

Ein fünf Bücher umfassendes Geschichtswerk (gr.), das im Anschluß an Prokopios, →*Hypèr tôn polémon*, die Jahre 552–558 n. Chr. behandelt.

I Der Autor stützt sich vor allem auf Augenzeugenberichte, die er mit eigenen Erfindungen verknüpft. Prokop ist sein Vorbild, das er aber an Sachkenntnis und kritischem Urteil nicht erreicht. Der Wert des Werkes beruht auf der Tatsache, daß es über Ereignisse berichtet, für die keine anderen Informationsquellen vorhanden sind. – Hauptinhalt sind die Kriege gegen Goten, Franken und Perser. Für die Darstellung der persischen Vorgänge benutzt Agathias auch eine Übersetzung persischer Chroniken. Sprachlich sucht der Autor sich an Thukydides anzuschließen.

A L. Dindorf: Historici Graeci minores 2, Leipzig 1871, 132–432. R. Keydell, Berlin 1967 (Corpus Fontium Historiae Byzantinae 2. Series Berolinensis). PG 88, 1248–1595.
Ü D. Coste, [(3)]1922, 327–371 (Geschichtsschreiber der deutschen Vorzeit 7. Hg. v. G. H. Pertz u.a.). O. Veh, München 1966 (gr.-dt.).
L A. Dihle, GLL, 492 f.

Perì tês katà Moyséa kosmopoiías
„Über die Erschaffung der Welt nach Moses"

Auch lat. zitiert als *De opificio mundi*.

Philon aus Alexandreia, 1. Hälfte des 1. Jh.s. n. Chr.

Einleitungsschrift (gr.) in eine umfassende historisch-exegetische Darstellung der mosaischen Gesetze, die aus mehreren innerlich zusammenhängenden Schriften besteht.

I Das Gesamtwerk besteht aus drei Teilen: aus (1) der Weltschöpfung, (2) den Lebensbeschreibungen der Patriarchen und (3) der Darstellung der mosaischen Gesetzgebung. – Philon will in diesem Werk die universelle Bedeutung der Gesetze veranschaulichen. Er zeigt zunächst (1) an der Schöpfungsgeschichte, daß Welt und Sittengesetz zusammengehören und daß der wahrhaft sittliche Mensch der wahre Weltbürger sei. – Der (2) Patriarchengeschichte ist zu entnehmen, daß das Sittengesetz schon lange vor der Gesetzgebung am Sinai wirksam war. Die Patriarchen sind Personifikationen „ungeschriebener Gesetze". Darauf erst handelt Philon (3) vom Dekalog und den Einzelgesetzen. So wird der gesamte Pentateuch unter dem Gesichtspunkt des Gesetzes interpretiert, so daß die fünf Bücher mit Recht als „Thora" (*nómos*) bezeichnet werden. – Zu 1: *De opificio mundi* ist stark von Platons Lehre von der Weltentstehung (→*Timaios*), von stoischer Philosophie und von pythagoreischer Zahlensymbolik beeinflußt. – Am Schluß der Schrift werden fünf Hauptlehren verkündet: 1. die Lehre von der Existenz Gottes (gegen den Atheismus), 2. die Lehre von dem einen Gott (gegen den Polytheismus), die Lehre von der Erschaffung der Welt (gegen die Auffassung von der Ewigkeit der Welt), 4. die Lehre von der einen Welt (gegen die Annahme vieler Welten), 5. die Lehre von der Vorsehung Gottes (gegen die Lehre von der Untätigkeit Gottes). – Zu 2: Aus der Patriarchengeschichte sind nur die Biographie von Abraham und Joseph erhalten. Die drei Patriarchen Abraham, Isaak und Jacob

sind drei verschiedene Verkörperungen der ungeschriebenen Gesetze (*ágraphoi nómoi*). Sie stellen
verschiedene Wege zur Tugend dar: Abraham verkörpert die *didaskalikè areté* (die „Lehr"-Tugend),
Isaak die *physikè areté* (die physische Höchstform)
und Jacob die *asketikè areté* (die ethische Tugend);
máthesis, *phýsis* und *áskesis* sind die drei Quellen
der Tugend (oder der wahren Frömmigkeit). Zu
den drei Patriarchen kommt Joseph als Typus des
politikós, des weltgewandten und klug Handelnden,
hinzu. – Zu 3: Der Dekalog wird dann in der Schrift
Perì tôn déka logíon („Über die zehn Gebote", *De
decalogo*) behandelt, die sich an die Patriarchenbio-
graphien anschließt. Philon begründet die Bedeutung der Zahl „zehn" und erklärt dann jedoch jedes
einzelne der zehn Gebote, die unmittelbar von Gott
stammen, während die Einzelgesetze, die in der
Schrift *Perì tôn en mérei diatagmáton* („Über die
speziellen Gesetze", *De specialibus legibus*) behandelt werden, von Moses gegeben wurden. Philon erläutert die vielen Einzelgesetze in vier Büchern in
ihrer Beziehung zum Dekalog.

    A L. Cohn: Philonis Alex. libellus de opificio mundi,
Breslau 1889.
    Ü →*Perì aphtharsías kósmu*.
    L R. Arnaldez: *De opificio mundi*, Paris 1955 (mit frz.
Übersetzung und Kommentar). I. Heinemann: Philons
griechische und jüdische Bildung. Kulturvergleichende
Untersuchungen zu Philons Darstellung der jüdischen Ge-
setze, Breslau 1932.

Perì tês katà Plátonos theologías →Eis tèn Plátonos theologían (Proklos)

Perì tês kat' hýpnon mantikês →Parva naturalia (Aristoteles)

Perì tês koinês mathematikês epistémes
„Über die allgemeine mathematische Wissenschaft"

Iamblichos aus Chalkis, etwa 250–325 n. Chr.

Abhandlung (gr.) über die philosophische Bedeutung der Mathematik.

    I Iamblichos bewundert die pythagoreische
Philosophie und hebt vor allem das mathematische
Element dieser Philosophie hervor, dessen Wert er
immer wieder preist. So stellt er fest, daß man der
Mathematik die herrlichsten göttlichen und
menschlichen Güter verdanke. Es gebe keinen
Zweig der Philosophie, der nicht von der Mathematik positiv beeinflußt sei. Sie reinige den Geist, sie
gewöhne ihn an die Betrachtung des Unveränderlichen, sie führe ihn vom Sinnlichen zum Übersinnlichen. Sie gewähre nicht nur der Naturwissenschaft
Sicherheit und Einsicht in die allgemeinen Gesetze.
Auch der Ethiker und Politiker könne ihr Vorbilder

der Tugenden und der sittlichen Ordnung entnehmen. Ihre Bedeutung zeige sich aber nur dann,
wenn sie sich im Rahmen der pythagoreischen Philosophie entfalte, wenn in den mathematischen Formen das Symbol höherer Wahrheiten und Verhältnisse gefunden würden, wenn die Natur der Götter
aus ihnen erkannt, wenn die Beziehung der einzelnen Zahlen zu gewissen Gottheiten und das Wesen
der intelligiblen Zahlen und Figuren erforscht werde. – Die mathematischen Substanzen seien unkörperliche, für sich existierende Wesenheiten, die zwischen dem Begrenzten und dem Unbegrenzten, den
ungeteilten und den an die Körperwelt verteilten
Formen, den Ideen und den *lógoi* in der Mitte ständen; sie unterschieden sich als unbewegt auch von
den Seelen.

    A N. Festa / U. Klein, Stuttgart/Leipzig 1975.
    L J. Dillon: I. of Chalkis, in ANRW 2, 36, 2, 1987,
862–909. E. Zeller, Philosophie 3. 2, 739–760.

Perì tês Nikomáchu arithmetikês eisagogês
„Über die Einführung des Nikomachos in die
Mathematik"

Iamblichos aus Chalkis, etwa 250–325 n. Chr.

Mathematisch-philosophische Abhandlung (gr.).

    I Iamblichos erläutert die →*Arithmetikè eisago-
gé* des Nikomachos.

    A H. Pistelli / U. Klein, Stuttgart/Leipzig 1975.
    L E. Zeller, Philosophie 3. 2, 739–760.

Perì tês parapresbeías
„Über die Untreue als Gesandter"

Aischines aus Athen, 389 – etwa 314 v. Chr.

Verteidigungsrede (gr.) des Aischines gegen den
Vorwurf, die Interessen seiner Heimatstadt Athen
verraten zu haben.
Gehalten in einem Prozeß des Jahres 343 v. Chr. in
Athen.

    I Aischines verteidigt sich in dieser Rede gegen
den Ankläger Demosthenes (→*Perì tês parapresbeías*) und wird mit knapper Mehrheit der Richter
freigesprochen. – Er hatte sich gegen drei konkrete
Anklagepunkte zu verteidigen: (1) Bestechung
durch Philipp von Makedonien und Verrat an den
Interessen Athens, (2) Mitschuld am Untergang eines Bündnispartners (der Phoker) und (3) Preisgabe
der nordgriechischen Gebiete und ihre Auslieferung an Philipp. – Die Kriminalklage war nur der
Anlaß. Das eigentliche Thema des Prozesses war
die promakedonische Politik des Angeklagten. Die
Strategie der Verteidigung bestand vor allem darin,
den erzählenden Bericht mit der Widerlegung der

Anklage so zu mischen, „daß der fortlaufende Bericht gerade das erzählt, was entweder nicht zum Thema der Anklage gehört ... oder was ein unverfängliches Verhalten des Angeschuldigten bekunden kann, während die Widerlegung den Rest des gegnerischen Gebäudes in einzelne zusammenhanglose Argumente auflöst ... Hinzu kommt der durchgängige Tenor der Rede, alle Verantwortung dem inzwischen zum Tode verurteilten Philokrates aufzuladen und den Gegner Demosthenes dadurch zu belasten, daß man ihn immer wieder des Einverständnisses mit Philokrates bezichtigt" (Schmalzriedt, 7369).

H Nachdem Philipp von Makedonien einen großen Teil der athenischen Verbündeten unterworfen hatte, wollte er mit Athen einen Friedensvertrag schließen. An einer ersten Gesandtschaft nach Pella im Jahre 346 v. Chr. nahmen auch Aischines und Demosthenes teil. Alle Gesandten außer Demosthenes ließen sich von Philipp überzeugen und plädierten für die Annahme seiner Friedensvorschläge in Athen. Noch bevor es zur Ratifizierung dieses für Athen wenig ehrenvollen Vertrages kam, eroberte Philipp weitere Teile Nordgriechenlands. Dennoch wurde der Friedensvertrag anerkannt. Kurz darauf strengte Demosthenes, der entschiedene Gegner dieses Vertrages, einen Hochverratsprozeß gegen Aischines, den Hauptbefürworter des sog. Philokrates-Friedens, an. Hinzu kamen Vorwürfe wegen Betrugs, falscher Berichterstattung und passiver Bestechung. Mit seiner als Anklagerede gegen Timarchos (→*Katà Timárchu*) entworfenen Verteidigungsrede wird Aischines 345 v. Chr. von allen Vorwürfen freigesprochen. – Zwei Jahre später wird Aischines erneut wegen „Untreue als Gesandter" angeklagt. Hier führt Demosthenes mit seiner Rede →*Perì tês parapresbeías* die Anklage.

A   C. D. Adams, London/Cambridge (Mass.) 1919 (gr.-engl.). F. Blass / U. Schindel, Leipzig [2]1978. M. R. Dilts, Stuttgart/Leipzig 1997. V. Martin / G. de Budé, Paris [2]1952 (gr.-frz.).
Ü   J. H. Bremi: Aeschines der Redner. Bd. 2, Stuttgart 1829. J. J. Reiske: Demosthenis und Aeschinis Reden. 5 Bde., Lemgo 1764–1768.
L   H. Bengtson: Griechische Geschichte, München [3]1965, 291–293. F. Blass, Beredsamkeit 3. 2. E. M. Harris: Aeschines and Athenian Politics, Oxford 1995. G. Ramming: Die politischen Ziele und Wege des Aischines, Diss. Erlangen 1965. A. Schaefer: Demosthenes und seine Zeit. Bd. 2, Leipzig [2]1886, 382–417. E. Schmalzriedt, KLL 8, 7369f. F. R. Wüst: Philipp II. von Makedonien und Griechenland in den Jahren von 346 bis 338, München 1938.

Perì tês parapresbeías
„Über die Untreue als Gesandter"

Demosthenes aus Athen, 384–322 v. Chr.

Anklagerede (gr.) gegen Aischines, der sich mit einer gleichnamigen Rede (→*Perì tês parapresbeías*) verteidigte und freigesprochen wurde.
Gehalten im Jahre 343 v. Chr.

I Der formelle Anklagepunkt, d. h. die in den Augen der antimakedonischen Partei landesverräterische Mitwirkung des Aischines an den beiden Gesandtschaften zu König Philipp von Makedonien, die zur Annahme des sog. Philokrates-Friedens im Jahre 346 v. Chr. führten, war für Demosthenes nur der äußere Anlaß einer politischen Auseinandersetzung mit dem Gegner Aischines. Denn die wichtigsten Vorwürfe beziehen sich auf politische Vorgänge: Aischines habe die Verantwortung dafür, daß Athen im Philokrates-Frieden seine Bundesgenossen (die Phoker) preisgeben mußte und Philipp praktisch während der Friedensverhandlungen im Sommer 346 weitere Gebiete im Norden Griechenlands erobern konnte.

W Der Hintergrund des Prozesses ist der unversöhnliche Gegensatz zwischen der von Aischines vertretenen promakedonischen und der von Demosthenes vertretenen antimakedonischen Politik in Athen zur Zeit der Eroberung Griechenlands durch Philipp II. von Makedonien (vgl. auch die Reden des Aischines →*Katà Timárchu* und →*Katà Ktesiphôntos*, ferner die Demosthenes-Reden →*Perì tû stephánu*, →*Philippikoì lógoi* und *Perì eirénes*). – Demosthenes hatte nur ein Ziel: die Vernichtung des politischen Gegners.

A   S. H. Butcher, Oxford 1903 (Nr. 19). C. Fuhr, Leipzig 1914, Nachdr. 1994. G. Mathieu, Paris 1945 (gr.-frz.) C. A. und J. H. Vince, London/Cambridge (Mass.) [2]1939 (gr.-engl.).
Ü   G. E. Benseler: Demosthenes. Werke. Bd. 7, Leipzig 1859 (gr.-dt.). J. J. Reiske: Demosthenis und Aeschinis Reden. 5 Bde., Lemgo 1764–1768.
L   F. Blass, Beredsamkeit 3. 1, 350–367. W. Jaeger: Demosthenes, Berlin 1939, 164f. A. Lesky, GL, 669–681. A. Schaefer: Demosthenes und seine Zeit. Bd. 2, Leipzig [2]1886, 382–417.

Perì tês Peregrínu teleutês
„Über das Ende des Peregrinos"

Lukianos aus Samosata, etwa 120–180 n. Chr.

Schilderung (gr.) der Selbstverbrennung des kynischen Philosophen Peregrinos Proteus im Rahmen eines Briefes an Lukians Freund Kronios.

I Peregrinos hat seine Selbstverbrennung vor einem großen Publikum in Olympia im Jahre 165 n. Chr. inszeniert. Er hatte die Leute zu diesem Ereignis mit einer öffentlichen Rede einige Tage zuvor eingeladen. – Bevor Lukian auf das dramatische Er-

eignis eingeht, schildert er das Leben des Peregrinos, der in seiner Jugend ein recht verlotterter Bursche war. Er soll sogar seinen sechzigjährigen Vater
erdrosselt und darauf seine Vaterstadt verlassen haben. Er soll sich eine Zeit lang dem Christentum angeschlossen haben (Kap. 11). Er geriet dann wegen
seines Glaubens ins Gefängnis, wurde dort aber von
seinen Glaubensschwestern und – brüdern gepflegt
und unterstützt. Dann wurde er wieder freigelassen
und kehrte in seine Heimatstadt zurück, obwohl
der Verdacht des Vatermordes noch auf ihm lastete.
Um seinen Verfolgern den Mund zu stopfen, ver-
teilte er sein gesamtes Vermögen mit der Geste eines
echten (bedürfnislosen) Kynikers an die Menge. Er
konnte sich diese Freigebigkeit leisten, weil er immer noch von den Christen unterstützt wurde.
Dann kam es zu einem Zerwürfnis mit den Christen, und Peregrinos begab sich nach Ägypten, um
sich durch auffälliges Verhalten zum kynischen Philosophen zu qualifizieren. Er ging nach Rom, wurde aber wegen übler Unverschämtheiten aus der
Stadt gewiesen. In Griechenland trat er nicht anders
auf. Als er aber im Laufe der Zeit von den Griechen
nicht mehr beachtet wurde, faßte er den Plan zur
Selbstverbrennung. Er nahm sich – wie Lukian erwähnt – die indischen Brahmanen zum Vorbild.
Dann berichtet Lukian, daß Peregrinos vor einer
gewaltigen Menschenmenge seine Rede hielt: Er habe wie Herakles gelebt und wolle jetzt wie Herakles
sterben. Er wolle sich als Wohltäter der Menschen
erweisen, indem er zeige, daß man den Tod verachten müsse. Schließlich vollzog er den Selbstmord im
Feuer. – Lukian bemerkt zum Schluß noch, daß
Peregrinos alles, was er in seinem Leben getan habe,
nur aus Ruhmsucht vollbrachte (einschließlich dieser seiner letzten Tat).

A   A. M. Harmon. Bd. 5, London/Cambridge (Mass.)
1936 (gr.–engl.). J. Schwartz: *Philopseudes* et *De morte
Peregrini*, Paris 1951 (mit Kommentar).
Ü   M. Baumbach u. a., Darmstadt 2004 (gr.–dt.). K.
Mras, München [(2)]1980 (gr.–dt.). Chr. M. Wieland: Lucian
von Samosata. Sämtliche Werke 2. 3, Leipzig 1788/1789,
45- 92.

Perì tês pronoías
„Über die Vorsehung"

Panaitios aus Rhodos, um 185–98 v. Chr.

Verlorene philosophische Abhandlung (gr.), von der
man eine gewisse Vorstellung durch Cicero erhält,
der das Werk von seinem Freund Atticus
(→*Epistulae ad Atticum* 13, 17) schicken ließ, als er
an seiner Schrift →*De natura deorum* arbeitete.

I   Wenn sich die Schrift aus Ciceros *De natura
deorum* (vor allem aus Buch 2) rekonstruieren läßt,
kann u. a. festgehalten werden, daß sich nach Panaitios in allem, was existiert, das Walten einer ver-
nunftbegabten Natur offenbart (*De natura deorum*
2, 120–125), daß die Welt von der göttlichen Welt-

ordnung auf dauernden Bestand hin angelegt ist,
daß für diesen Zweck die günstigsten Bedingungen
geschaffen wurden und daß schließlich die göttliche
Vorsehung am deutlichsten in der Fürsorge für den
Menschen durch die Perfektion seines Körpers und
seines Geistes hervortritt (*De nat. deor.* 2, 145–153).

A   M. van Straaten, Leiden [(2)]1962.
L   M. Pohlenz: Stoa und Stoiker. Die Gründer. Panai-
tios. Poseidonios, Zürich 1950, 196–211. M. Pohlenz, Stoa.
Bd. 1, 191–207.

Perì tês pròs Lakedaimoníus eirénes
„Über den Frieden mit den Lakedaimoniern"

Ps.–Andokides

Politische Rede (gr.).
Im Jahre 391 v. Chr. gehalten.

I   Während des korinthischen Krieges boten die
Spartaner den Athenern den Frieden an. Eine athenische Gesandtschaft, der auch Andokides angehörte, wurde nach Sparta geschickt. Es wurde vereinbart, daß der Frieden innerhalb einer Zeitspanne
von 40 Tagen in Athen geschlossen werden sollte.
Andokides empfahl den Athenern in seiner Rede
die Annahme des Friedensangebots. Er hatte jedoch
keinen Erfolg.

A   F. Blass / C. Fuhr, Leipzig [(4)]1913. K. J. Maidment:
Minor Attic Orators. Bd. 1, London/Cambridge (Mass.)
1941 (gr.–engl.).
L   W. Francke: Die Echtheit der Friedensrede des Andokides, Greifswald 1888.

Perì tês Rhodíon eleutherías →Hypèr tês Rhodíon eleutherías (Demosthenes)

Perì tês Rhomaíon dialéktu
„Über den Dialekt der Römer"

Ammonios aus Alexandreia, 2. Hälfte des 2. Jh.s
v. Chr.

Sprachwissenschaftliche Abhandlung (gr.), bis auf
wenige Frg. verloren.

I   Es handelte sich nicht um eine vergleichende
Betrachtung des Griechischen und des Lateinischen, sondern um eine Beschreibung des Lateinischen als einer Art gr. Dialekts.

A   GrRF 1.
L   R. Pfeiffer, KlPh, 331. F. Susemihl, Alexandrinerzeit
2, 153 ff.

Perì tês Syríes theû
„Über die syrische Göttin"

Lukianos aus Samosata, etwa 120–180 n. Chr.

Religionsgeschichtlicher Trakrat (gr.) in ionischem Dialekt, nach Art des Geschichtsschreibers Herodot erzählt.

I Der Autor beginnt mit einem Hinweis auf seine Absicht: Er will von der assyrischen Stadt Hierapolis, ihren religiösen Bräuchen, ihren Festen und Opfern erzählen. Er berichtet dann über bedeutende Tempel und deren Gottheiten. Die Assyrier haben ihre Gotteslehren von den Ägyptern übernommen. Der Autor weist ausdrücklich darauf hin, daß bestimmte griechische Mythen in Syrien entstanden seien, wie z. B. die Adonis-Sage. Am bedeutendsten aber sei der große Tempel in Hierapolis. Der Autor habe den Tempel selbst besucht und Erkundigungen über ihn eingezogen. Der sagenhafte Deukalion (der gr. Noah) habe ihn erbaut. Denn in der Nähe von Hierapolis habe sich eine große Erdspalte aufgetan und das Wasser, auf dem Deukalion mit seiner Arche schwamm, wieder eingesogen. Daraufhin habe Deukalion den Tempel errichtet. Die Erdspalte habe der Autor selbst noch gesehen. – Er geht aber auch noch auf andere Versionen über die Gründung des Tempels ein, z. B. auf die Babylonierin Semiramis, die ihn allerdings nicht der Hera, sondern ihrer Mutter Derketo, einem Wesen mit Fischschwanz, gebaut habe. – Eine andere Erklärung besage, daß Attis den Tempel für Rhea gebaut habe. – Dann wird auch noch Dionysos ins Spiel gebracht, der den Tempel für Hera errichtet habe. – Allen Erklärungen ist gemeinsam, daß es Anzeichen für ihre Richtigkeit gibt. – Allerdings sei der ursprüngliche Tempel längst abgerissen. Der zur Zeit des Autors vorhandene Tempel sei das Werk der Stratonike, der Gemahlin eines assyrischen Königs, die von ihrem Stiefsohn leidenschaftlich geliebt wurde. Der junge Mann – so erzählt der Autor – sei durch seine geheime Liebe todkrank geworden. Der Arzt habe dies herausgefunden und dem König die Ursache der Krankheit genannt. Dieser überließ dem Sohn seine Frau, damit dieser wieder gesund werden konnte. – Dann erzählt der Autor ausführlich über die Umstände des Tempelbaues durch Stratonike, der der Geschichte von dem liebeskranken Stiefsohn vorausging. – Eingeschaltet wird die Novelle von dem jungen schönen Kombabos, der sich selbst entmannte, um die Treue zu seinem König nicht zu brechen und zu verhindern, diesen mit Stratonike zu betrügen. – Es folgt noch eine ausführliche Schilderung der im Zusammenhang mit diesem Tempel stehenden religiösen Bräuche.

A A. M. Harmon. Bd. 4, London/Cambridge (Mass.) 1925.
Ü Chr. M. Wieland: Lucian von Samosata. Sämtliche Schriften 3. 5, Leipzig 1788/1789, 289–352.

Perì tês tôn Akademaikôn pròs Plátona diastáseos
„Über den Abstand der Akademiker zu Platon"

Numenios aus Apameia, 2. Hälfte des 2. Jh.s n. Chr.

Nur durch Nachrichten und Frg. faßbare theologisch-philosophische Schrift (gr.).

I Numenios' Lehre ist von der Frage nach dem Verhältnis zwischen dem transzendenten höchsten Gott und der aus ihm hervorgegangenen Welt bestimmt. Er setzt eine Hierarchie von drei Göttern voraus, die ihm aus einer genauen Interpretation der sokratischen Lehre deutlich geworden sei: Der „erste Gott" ist ein transzendentes Wesen ohne Verbindung zur Materie. Ihm untergeordnet sind ein „zweiter" und ein „dritter Gott", durch welche die Verbindung zur Materie hergestellt und die Entstehung des Kosmos ermöglicht wird. Sokrates habe diese Lehre von Pythagoras entlehnt, Platon habe sie von Sokrates übernommen, aber nicht deutlich genug dargestellt (Frg. 24). – Wie auch in *Perì tagathû* sucht Numenios eine Philosophie ohne Schulen oder Parteibildung und sogar ohne Geschichte, ohne Wandlung, eine ewige Weisheit, die sich am Bild des transzendenten Gottes orientiert.

W Das Ziel der Abhandlung ist die Darstellung der unverfälschten Lehre Platons, die von aristotelischen und stoischen Elementen befreit und auch von den Interpretationen der Akademie unterschieden wird (vgl. →*Pròs tûs dià tôn Aristotélus tà Plátonos hypischuménus*): Der sich selbst zurückgegebene Platon sei ein Pythagoreer (Frg. 24,70 des Places), ein Schüler des Pythagoras.

A A. E. Leemans: Studie over den Wijsgeer Numenius van Apamea met uitgave der fragmenten, Brüssel 1937. E. des Places: Numénius. Fragments, Paris 1973 (gr.–frz.).
L R. Beutler: Numenius, in: RE Suppl. 7, 1940, 664–678. A. Dihle, GLL 292f. G. Martano: Numenio d' Apamea, Neapel 1960. H. – C. Puech: Numenios von Apameia und die orientalischen Theologie im 2. Jh. n. Chr., in: C. Zintzen (Hg.): Der Mittelplatonismus, Darmstadt 1981, 451–487.

Perì tês tû pantòs usías
„Über das Wesen des Ganzen"

Auch lat. zitiert als *De universo.*

Hippolytos aus Rom, 1. Hälfte des 3. Jh.s n. Chr.

In Frg. erhaltene philosophische Schrift (gr.), die die Widersprüche bei Platon behandelt.
Um 200 n. Chr. verfaßt.

I Das Werk ist von großer Bedeutung für die Geschichte des Mittelplatonismus. Frg. sind u. a. in der →*Bibliothéke* des Photios (Cod. 48) überliefert.

A K. Holl, in: Texte und Untersuchungen zur Geschichte der altchristlichen Literatur 20, 2, 1899, 137–143.

L B. Altaner, Patrologie, 144–150. O. Bardenhewer 2, 550–610. J. Quasten: Patrology. Bd. 2, Utrecht/Brüssel 1953, 167–207.

Perì tês tû pantòs phýseos
„Über die Natur des Alls"

Ps.–Okellos aus Lukanien

Philosophische Schrift (gr.).
Verfaßt im 2. Jh. v. Chr.

I Auf der Grundlage der aristotelischen Schrift *De generatione et corruptione* (→*Perì genéseos kaì phthorâs*) und anderer einschlägiger Schriften verfaßte der Autor einen Traktat über die Ewigkeit des Kosmos.

A R. Harder, Berlin 1926, Dublin/Zürich 1966.

Perì tês uranías hierarchías
„Über die himmlische Hierarchie"

Ps.–Dionysios Areopagites, 2. Hälfte des 5. Jh.s n. Chr.

Theologischer Traktat (gr.).

I Der Autor überträgt die neuplatonische Auffassung von der stufenweisen Aufteilung der Schöpfungstätigkeit auf die „Mächte" (*dynámeis*) oder „Götter" ins Christliche. Aber hier ist Gott der einzige Schöpfer; die „Mächte" können nur – abgestuft – erleuchten. Ihre Fähigkeit zur stufenweisen Erleuchtung begründet ihre Hierarchie. „Aus den Emanationen der Neuplatoniker wird so die gestufte Parusie (Anwesenheit) des Absoluten im Endlichen, in den reinen Geistern und ihrer Hierarchie sowie in deren erleuchtender Einwirkung auf die irdische Hierarchie. Nur die reinen Geister vermögen die unmittelbare Erleuchtung durch die Trinität aufzunehmen, sie wird dann wie auf einer Himmelsleiter weitergegeben an die irdische Hierarchie" (H. L. Heuss, 7372f.).

A P. Hendrix, Leiden 1959.
Ü J. Stiglmayr, Kempten/München 1911, BKV[(2)] 2. W. Tritsch, München-Planegg 1955.
L H. L. Heuss, KLL 7372f. D. Rutledge: Cosmic Theology. The Ecclesiastical Hierarchy of Pseudo-Denys. An Introduction, London 1964.

Perì thaumasíon
„Über Wunderbares"

Polemon aus Ilion, etwa 220–160 v. Chr.

Ein verlorener Beitrag zur Buntschriftstellerei und Paradoxographie (gr.) mit einer Darstellung von Seltsamkeiten und Absonderlichkeiten der empirischen Welt.

A FHG 3, 108–148. L. Preller, Leipzig 1883, Nachdr. 1964.
L A. Lesky, GL, 873f. K. Ziegler: Paradoxographoi, in: RE 18, 3, 1949, 1137–1166.

Perì thaumasíon
„Über merkwürdige Erscheinungen"

Phlegon aus Tralleis, Freigelassener des Kaisers Hadrian (reg. 117–138).

Nur in einer mittelalterlichen Handschrift (Cod. Pal. Gr. 398) erhaltene Schrift (gr.) über Revenants (Wiedergänger), Mißgeburten, Sibyllinen usw.

A A. Giannini: Paradoxogr. graec., 1966.
Ü K. Brodersen, Darmstadt 2002 (gr.-dt.).
L K. Ziegler: Paradoxographoi, in: RE 18, 3, 1949, 1137–1166.

Perì thaumasíon akusmáton
„Über seltsame, unerhörte Dinge"

Auch lat. zitiert als *De mirabilibus auscultationibus* oder *Mirabilia*.

Ps.–Aristoteles

Sammlung von Wundergeschichten (gr.).

I In 178 Kapiteln werden absonderliche Vorgänge knapp geschildert. Dazu gehören seltsames Verhalten von Tieren, ungewöhnliche und ansonsten nicht vorkommende Tiere, abweichendes Verhalten von Menschen, Wunder aus der belebten und unbelebten Natur. Das Wundersame und mitunter Sensationelle wird erwähnt und knapp geschildert, ohne daß nach einer rationalen Begründung gesucht oder gar ein Zweifel daran geäußert würde. Der Autor versucht sogar, die Glaubwürdigkeit dadurch zu erhöhen, daß er scheinbar präzise geographische Angaben macht, die z. T. in seinen Quellen nicht vorhanden sind. Außerdem versucht er, die Nachrichten zu aktualisieren, um ihnen mehr Gewicht zu geben. Er will den Anschein erwecken, daß es sich um nachprüfbare Ereignisse und Fakten handelt.

Q Das Material stammt aus einer Vielzahl von Quellen aus unterschiedlichen Zeiten (Flashar, 40f.). Verschiedene Schriften des Theophrast wurden ebenso exzerpiert wie Ps.–Aristoteles, *Historia animalium* (→*Hai perì tôn zóon historíai*), Ps.–Plutarchos, *De fluviis*, oder Poseidonios u. a.

A   O. Apelt, Leipzig 1888. I. Bekker, Berlin 1831, 830–847. W. S. Hett, London/Cambridge (Mass.) 1936.
Ü   H. Flashar, Darmstadt 1972 (mit Kommentar).
L   K. Ziegler: Paradoxographoi, in: RE 18, 3, 1949, 1137ff.

Perì theôn
„Über die (homerischen) Götter"

Apollodoros aus Athen, 2. Jh. v. Chr.

Verlorenes Werk (gr.) in 24 Büchern über die homerischen Götter.

I   Die Frg. lassen erkennen, daß es sich um eine wissenschaftliche Darstellung religiöser Inhalte (Lebensformen, Glaubensüberzeugungen) handelte, die sich von stoischen Erklärungsmustern weitgehend freihielt, obwohl Apollodoros ein Schüler des Stoikers Diogenes aus Seleukeia (SVF 3, 210–143) war. – Literarische Zeugnisse, vor allem Homer (→*Iliás*, →*Odýsseia*) wurden sorgfältig interpretiert. – In diesem Werk fanden sich zahlreiche Etymologien von Götter- und Ortsnamen (vgl. →*Perì etymologiôn*). Dabei vermied Apollodoros, die Namen von Göttern von Ortsnamen herzuleiten und umgekehrt. So trägt z. B. Apollon den Beinamen „Delios" nicht deswegen, weil er auf der Insel Delos geboren und verehrt wurde, sondern weil er die Dinge „sichtbar" (*delá*) macht (Frg. 95, 32): Die Etymologie des Namens veranschaulicht das Wesen des Gottes. – Anscheinend war die Bedeutung der Götternamen der Ausgangspunkt der Darlegungen in der Schrift *Perì theôn*. – Da das Werk im wesentlichen ein Werk über Homer war, wurden die nicht-griechischen Gottheiten nicht behandelt (vgl. →*Perì tû tôn neôn katalógu*).
Q   „Der Plan zu einer vollständigen Monographie über alle homerischen Götter mit dem Hauptakzent auf der Etymologie ihrer Namen mag Apollodor wohl durch gewisse Schriften stoischer Philosophen über den gleichen Gegenstand nahegelegt worden sein; aber das heißt noch lange nicht, daß er von ihren Theorien beeinflußt war oder mit ihnen übereinstimmte. Die Zitate beweisen im allgemeinen, daß dies nicht der Fall war" (Pfeiffer, 316).

A   FGrHist 244 (T 9–11; F 88–153).
L   H. Dörrie: Apollodoros (Nr. 5), in: DKP 1, 438f. A. Lesky, GL, 881 f. R. Münzel: De Apollodori *Perì theôn* libris, Diss. Bonn 1883. R. Pfeiffer, KlPh, 316–319. K. Reinhardt: De Graecorum theologia capita duo, Berlin 1910, 83ff. E. Schwartz, RE 1, 2, 1894, 2855–2886. F. Zucker: Spuren von Apollodors *Perì theôn* bei christlichen Schriftstellern der ersten 5 Jahrhunderte, Diss. München 1905.

Perì theôn
„Über die Götter"

Philodemos aus Gadara, 1. Jh. v. Chr.

Philosophisch-theologische Schrift (gr.), aus der nur Frg. erhalten sind.

A   H. Diels, in: Abh. Berl. Akad. 1916, 1917.
L   G. Freymuth: Zu Philodem *Perì theôn* III Kol. 8 und 9, in: Ph 102, 1958, 148–153.

Perì theôn
„Über die Götter"

Poseidonios aus Apameia, etwa 135–50 v. Chr.

Verlorenes Werk (gr.) in mindestens fünf Büchern (vgl. Cicero, →*De natura deorum* 1,123) über die Allgottheit.

I   Für Poseidonios ist die Welt ein Gebilde, das von Göttern und Menschen bewohnt ist. Die Gestirne sind ebenso göttlich wie die Seele des Menschen. „Aber alles Einzelne ist nur darum göttlich, weil es teilhat an dem göttlichen Geiste, der das All erfüllt, gestaltet und durchwaltet ... Gott wandelt sich in alles, in das er will, durchdringt die Welt bis in ihre fernsten und niedrigsten Teile, gibt ihnen das Leben und das Gesetz ihres Daseins. Was lebt, lebt nur als Glied dieses lebenerfüllten Organismus" (Pohlenz, 233). Vgl. auch →*Perì heimarménes*.

A   W. Theiler. 2 Bde., Berlin 1982 (mit Kommentar).
Ü   M. Pohlenz: Stoa und Stoiker. Die Gründer. Panaitios. Poseidonios, Zürich 1950, 340–343 mit Übersetzung der Berichte bei Diogenes Laertius, →*Philosóphon bíon kai dogmáton synagogé* 7,138 f.; Cicero, →*De natura deorum* 2, 45–47; Dion aus Prusa, *Olympikós* 27–34 (→*Logoi*); Seneca, →*Epistulae morales ad Lucilium* 95,50 u. a.

Perì theôn kaì kósmu
„Über Götter und Welt"

Salustios, 4. Jh. n. Chr.

Theologische Schrift (gr.).
Zwischen 363 und 394 n. Chr. verfaßt.

I   Der Autor unterschied und rechtfertigte theologische, physikalische, psychische, hylische und gemischte Göttermythen. Er behandelte außerdem aus der Sicht eines von Iamblichos beeinflußten Neuplatonikers das oberste Prinzip, die göttliche Hierarchie, die Natur des Seelischen, die Vorsehung, das Schicksal, die Theodizee u. a.
W   Wahrscheinlich beabsichtigte er, den von Kaiser Iulianus (reg. 361–363 n. Chr.) unternommenen Versuch einer Restauration des alten heidnischen Glaubens zu unterstützen.

A A. D. Nock, 1926 (gr.–engl.). G. Rochefort, Paris 1960 (gr.–frz.).
L H. Dörrie: Salustios (Nr. 2), in: DKP 4, 1523. GL, 986. Ph. Merlan, Sallust (Nr. 3), in: dtv-L 1. 4, 153 f.

Perì theophaneías
„Über die Erscheinung des Göttlichen"

Eusebios aus Kaisareia, um 260–339 n. Chr.

Apologetische Schrift (gr.) in fünf Büchern, fragmentarisch erhalten. (Der vollständige Text ist in einer syrischen Übersetzung erhalten.)
Nach 323 n. Chr. verfaßt.

I Die Bücher 1–3 lehnen sich eng an die →*Euangelikè proparaskeué* und an die *Euangelikè apódeixis* des Eusebios an. Buch 4 befaßt sich mit Weissagungen des Herrn, die in Erfüllung gegangen sind. Buch 5 setzt sich mit Behauptungen der Juden über das Christentum auseinander. – Der →*Basilikós* besteht im wesentlichen aus popularisierten Auszügen aus der Schrift *Perì theophaneías*.

A A. Laminski, Berlin [(2)]1992. PG 24.
L H. Greßmann: Studien zu Eusebs „Theophanie", Leipzig 1903. KNLL 5, 333 f.

Perì thraúmatos ek pronoías
„Über die vorsätzlich zugefügte Verletzung"

Lysias, etwa 450 – etwa 380 v. Chr.

Prozeßrede (gr.).

I Gegenstand des Prozesses und der Rede sind tätliche Auseinandersetzungen eifersüchtiger Liebhaber einer gemeinsam gehaltenen Hetäre. – Es ist nicht bekannt, für wen und gegen wen die Rede gehalten wurde.

A C. Hude, Oxford 1912 (Nr. 4).
Ü K. Brodersen / I. Huber. 2 Bde., Darmstadt 2004–2005 (gr.-dt.).

Perì thysiôn →Teletaì è perì thysiôn (Apollonios aus Tyana)

Perì thysiôn
„Über die Opfer"

Lukianos aus Samosata, etwa 120 – 180 n. Chr.

Abhandlung über das Opfern (gr.).

I Lukian übt Kritik an dem üblichen Opferwesen und an dem damit verbundenen Bild von den Göttern, die angeblich ein rein kommerzielles Verhältnis zu den Menschen haben. Diese bezahlen alles, wovon sie annehmen, daß sie es von den Göttern erhalten, mit irgendeiner Opfergabe. – Der Au-

tor nennt viele Beispiele für einen die Götter entwürdigenden Anthropomorphismus. – Lukian kritisiert aber nicht nur die olympischen Götter der Griechen, sondern auch die ägyptischen Götter, die die Gestalt unterschiedlicher Tiere haben. – Alle diese Auffassungen und Bräuche verdienten einen Demokrit, der über die Torheit der Menschen lache, oder einen Heraklit, der darüber weine.

A A. M. Harmon. Bd. 3, London/Cambridge (Mass.) 1921 (gr.–engl.).
Ü Chr. M. Wieland: Lucian von Samosata. Sämtliche Werke 3. 5, 215–230.

Perì tôn archaíon poietôn kaì musikôn
„Über die alten Dichter und Tonkünstler"

Glaukos aus Rhegion, um 400 v. Chr.

Verlorener Beitrag (gr.) zu einer gr. Literaturgeschichte.

I Das Werk ist der Abhandlung des Damastes aus Sigeion, →*Perì poietôn kaì sophistôn*, vergleichbar. Die Schrift wurde von Herakleides Pontikos (etwa 380–310 v. Chr.) benutzt, auf den sich wiederum Ps.–Plutarch, →*Perì musikês*, stützt.

A FHG 2, 23 f.
L F. Jacoby, RE 7, 1, 1910, 1417–1420.

Perì tôn archaíon rhetóron
„Über die alten Redner"

Auch lat. zitiert als *De oratoribus veteribus*.

Dionysios aus Halikarnassos, seit 30 v. Chr in Rom.

Unvollendete Abhandlung über die klassischen attischen Redner (gr.).

I Die Schrift bietet eine Darstellung der bedeutendsten attischen Redner mit kurzen Biographien. Auf die Reden und deren Stil wird im Detail eingegangen. Laut Einleitung der an Ammaios gerichteten Abhandlung sollten von der älteren Rednergeneration Lysias, Isokrates, Isaios und von der jüngeren Demosthenes, Hypereides und Aischines besprochen werden. Aber nur der erste Teil liegt vor. – Die Schrift steht in engem Zusammenhang mit der Abhandlung →*Perì miméseos*: Lysias wird als stilistisches Vorbild hingestellt und ist das Stilmuster für das attische Griechisch. – Die Einleitung hat programmatische Bedeutung. Sie dokumentiert eine klassizistische Literaturtheorie, die zur Renaissance des attischen Stilideals beitragen soll: Diese sei bereits in der Gegenwart des Autors realisiert, nachdem der mit dem Tode Alexanders d. Gr. einsetzende Stilverfall überwunden sei. Die Ursache des Wandels in der Geschmacksbildung seien Roms führende Männer, die u. a. die Historiographie, die

Redekunst und die Philosophie zu höchster Blüte gebracht hätten. Dionysios wolle diese Entwicklung durch sein Werk nach Kräften fördern.

A H. Usener / L. Radermacher: Dion. Hal. opuscula. 2 Bde., Leipzig 1899–1929 (Bd. 1, 1–7), Nachdr. 1997.
L M. v. Albrecht: Dionysios (Nr. 20), in: DKP 2, 70 f. M. Fuhrmann: Einführung in die antike Dichtungstheorie, Darmstadt 1973, 168–174. Th. Hidber: Das klassizistische Manifest des Dionys von Halikarnass. Die Praefatio zu *De oratoribus veteribus*. Einl., Übers., Komm., Stuttgart/Leipzig 1996. A. Lesky, GL, 929.

Perì tôn areskónton toîs philosóphois
„Über die Lehrmeinungen der Philosophen“

Auch lat. zitiert als *De placitis philosophorum*.

Ps.–Plutarchos

Doxographische Kompilation (gr.) in fünf Büchern aus dem umfangreichen doxographischen Werk des Philosophen Aetios, →*Synagogè tôn areskónton*. Primärquelle sind die →*Physikôn dóxai* des Theophrast.

A J. Mau: Plutarchi moralia. Bd. 5. 2. 1, Stuttgart/Leipzig 1971.

Perì tôn Athénesi politeiôn
„Über die Verfassungen in Athen“

Demetrios aus Phaleron, etwa 350–283 v. Chr.

In wenigen Frg. überlieferte Abhandlung (gr.) über die geschichtlichen Veränderungen der athenischen Verfassung. Die Schrift kann durch Aristoteles, →*Athenaíon politeía*, angeregt worden sein.

A F. Wehrli, Schule 4, Frg. 139–147.
L E. Bayer: Demetrius Phalereus der Athener, Tübingen 1942, Nachdr. Darmstadt 1969. A. Lesky, GL, 775 f.

Perì tôn Athénesi thysiôn
„Über die mit Opfern verbundenen Festlichkeiten in Athen“

Krates aus Athen, 1. Jh. v. Chr.

Fast vollständig verlorene Abhandlung (gr.) über attische Kulte.

A FGrHist 362.
L R. Pfeiffer, KlPh, 296 (Anm. 64).

Perì tôn déka logíon →Perì tês katà Moyséa kosmopoiías (Philon)

Perì tôn déka rhetóron (*Vitae decem oratorum*) →Moralia (Plutarchos)

Perì tôn dipsádon
„Über die Dipsaden (eine Schlangenart)“

Lukianos aus Samosata, etwa 120–180 n. Chr.

Beschreibung der Tierwelt in der libyschen Wüste und vor allem ihrer Schlangen (gr.).

I Der Autor erwähnt einige Tierarten der Wüste und hebt vor allem die Schlangen hervor, unter denen die Dipsaden die gefährlichsten sind. Ihren Namen haben die Dipsaden von dem Durst (*dípsa*), den sie bei demjenigen verursachen, den sie gebissen haben (Dipsaden = Durstmacher). – Am Schluß vergleicht der Autor den Durst des von einer Dipsade Gebissenen mit seiner Sehnsucht nach dem Beifall der Menschen, denen er den Text zugedacht hat.

A K. Kilburn. Bd. 6, London/Cambridge (Mass.)1959 (gr.–engl.).
Ü Chr. M. Wieland: Lucian. Sämtliche Werke 2. 3, Leipzig 1788/1798, 449–456.

Perì tôn ekleloipóton chresteríon (*De defectu oraculorum*) →Moralia (Plutarchos)

Perì tôn en Cherronéso
„Über die Vorgänge auf der Chersones“

Demosthenes aus Athen, 384–322 v. Chr.

Politische Rede (gr.).
Gehalten 341 v. Chr.

I Die Rede befaßt sich mit den Vorgängen, die mit der Ausweitung des Einflusses zu tun hatten, den Philipp II. von Makedonien (reg. 359–336) auf Thrakien ausübte. Dazu gehörte u. a. das Vorgehen des in athenischen Diensten stehenden Söldnerführers Diopeithes. Dieser hatte auf der Chersones Beutezüge unternommen, um seine Soldaten zu finanzieren. Er war sogar in Thrakien eingefallen und hatte damit einen gefährlichen Konflikt mit Philipp riskiert, der in Athen heftig protestierte. Die promakedonische Partei in Athen verlangte die Bestrafung des Diopeithes. – Demosthenes fordert dagegen in seiner Rede, den Söldnerführer massiv zu unterstützen, um dem Feind Einhalt zu gebieten (4–20). Der Redner hält den Athenern vor, daß sie die Gelegenheit nicht nutzten, dem Feind wirksam entgegenzutreten (21–37). Es müsse ein schlagkräftiges Heer gegen Philipp aufgestellt werden (38–51). Die Leute, die Demosthenes und seinen Anhängern der Kriegstreiberei bezichtigten, seien Vaterlandsverräter, gegen die man vorgehen müsse (52–67). Er selbst sei ein wahrer Patriot, der nur die Interessen des Staates im Auge habe (68–75). Nur wenn man das Heer aufbaue, Bundesgenossen sammle und die (von Philipp) bestochenen Beamten verjage, könne man Athen wirklich nützen.

A S. H. Butcher, Oxford 1903 (Nr. 8). L. Canfora. Bd. 1, Turin 1974. C. Fuhr. Bd. 1, Leipzig 1914.
Ü W. Unte, Stuttgart 1985 (gr.–dt.).
L Ch. D. Adams: Speeches VIII and X of the Demosthenian Corpus, in: ClPh 33, 1938, 129–144. S. G. Daitz: The Relationship of the *De chersoneso* and the *Philippica quarta* of Demosthenes, in: ClPh 52, 1957, 145–162. KNLL 4, 548 f.

Perì tôn en Hádu
„Über die Verhältnisse im Hades" oder „Über das Leben nach dem Tode"

Demokritos aus Abdera, 470/460–380/370 v. Chr.

Religionskritische Schrift (gr.), nur in wenigen Frg. und Nachrichten überliefert.

I Es gibt keinen Hades (Unterwelt) im mythischen Sinne. „Die Vorstellungen von Höllenstrafen sind nur der Reflex eines schlechten Gewissens, das die im Leben nicht erfolgte Vergeltung des Bösen in einem eingebildeten Jenseits erwartet. Von allem solchen die Seele beunruhigenden Aberglauben (*deisidaimonía*) muß man sich frei machen" (Nestle, 196).
N Epikur führte diesen Gedanken weiter, der auch von Lukrez, →*De rerum natura* 3,101 ff. aufgegriffen wird.

A VS 68 B 1 und 1a. B 297.
L W. Nestle, VMzL, 195 f.

Perì tôn en Helládi genoménon
„Über die Ereignisse in Griechenland"

Damastes aus Sigeion, Ende des 5. Jh.s v. Chr.

Verlorenes historisches Werk (gr.), das in Frg. 4 als Quelle für die Darstellung der Perserkriege neben Herodot (→*Historíes apódexis*) erwähnt wird.

A FGrHist 5.
L O. Lendle, Einführung, 265.

Perì tôn en tê Iudaía basiléon
„Über die Könige in Judäa"

Demetrios, 3. Jh. v. Chr.

Fragmentarisch erhaltene Königsgeschichte (gr.) auf der Grundlage der →*Septuaginta*, von Alexandros Polyhistor, →*Perì Iudaíon*, überliefert.

A FGrHist 722.
L H. Gärtner: Demetrios (Nr. 21), in: DKP 1, 1467.

Perì tôn en mérei diatagmáton →Perì tês katà Moyséa kosmopoiías (Philon)

Perì tôn en nephroîs kaì kystei pathôn
„Über Nieren- und Blasenleiden"

Rufus aus Ephesos, um 100 n. Chr.

Krankheitsbeschreibung (gr.) auf dem Gebiet der inneren Medizin. Vgl. auch →*Perì onomasías tôn kat' ánthropon morion*, →*Iatrikà erotémata*, →*Sýnopsis perì sphygmôn*.

A C. Daremberg / E. Ruelle, Paris 1879.
L J. Ilberg: Rufus aus Ephesos. Ein griechischer Arzt in trajanischer Zeit. Abh. Leipzig 41, 1, 1930. F. Kudlien: Rufus von Ephesos, in: dtv-L 1. 4, 149 f.

Perì tôn en Sikelía tyránnon
„Über die sizilischen Tyrannen"

Phainias aus Eresos, etwa 375–300 v. Chr.

Weitgehend verlorene Sammlung (gr.) historischer Denkwürdigkeiten.

A F. Wehrli, Schule 9.
L A. Lesky, GL, 778. O. Regenbogen, RE Suppl. 7, 1940.

Perì tôn en tê Helládi póleon
„Über die Städte in Griechenland"

Herakleides Kritikos, etwa 275–200 v. Chr.

Reiseführer (gr.), aus dem drei Auszüge erhalten sind.
Um die Mitte des 3. Jh.s v. Chr. verfaßt.

I Herakleides schildert eine Reise durch das mittlere und nördliche Griechenland einschließlich Thessalien. Die Schilderung Attikas, Boiotiens und Euboias und Partien aus der Schilderung Thessaliens sind erhalten. Der Autor folgt zwar einem festen Beschreibungsschema (Entfernung, Straßen, Landschaft, Stadtbeschreibung, Produkte, Bewohner); er schildert jedoch abwechslungsreich und ansprechend. Zur Auflockerung streut der Autor auch Dichterzitate ein (z. B. aus den Komödien des 4. und 3. Jh.s v. Chr.).

A GGM 1, 97 ff. F. Pfister: Die Reisebilder des Herakleides. SB Österr. Akad.Phil.–Hist. Kl. 227/2, 1951 (mit Kommentar).
Ü H. Hitzig, in: FS H. Blümmer, Zürich 1914.
L H. Gärtner: Herakleides (Nr. 17), in: DKP 2, 1042 f. A. Lesky, GL, 888. G. Pasquali, in: Hermes 48, 1913, 199 ff.

Perì tôn en uranô
„Über die Vorgänge am Himmel"

Herakleides Pontikos, etwa 390–310 v. Chr.

Abhandlung (gr.) über astronomische Fragen, nur in Frg. erhalten.

I Der Autor legte dar, daß sich die Erde täglich um ihre Achse drehe und die Fixsterne sich nicht bewegten. Außerdem soll er die Bewegung der Sonne um die Erde für möglich gehalten haben.

A F. Wehrli, Schule, 7.
L A. Pannekoek: The astronomical System of Herakleides, in: Meded. Nederl. Akad. van Wet. 55, 1952, 33–41. E. de Valckenaere: Herakleides Pontikos, de ontdekker van het heliocentrisme?, in: AC 25,2956,351–385. B. L. van de Waerden: Die Astronomie des Heraklides von Pontos, in: SB Sächs. Akad. d. Wiss. zu Leipzig. Math.–Naturwiss. Kl. 96, 1944, 47–56.

Perì tôn epì misthô synónton
„Über diejenigen, die gegen Lohn (mit den Reichen) zusammen sind"

Lukianos aus Samosata, etwa 120–180 n. Chr.

Abhandlung (gr.) über die in den Familien wohlhabender Römer herrschende Sitte, Gelehrte und Schöngeister zur Unterhaltung einzustellen.

I Die Schrift ist an einen Freund namens Timokles gerichtet, der offensichtlich damit rechnete, eine solche Stelle zu erhalten. Der Autor veranschaulicht seinem Adressaten, daß selbst die größte Armut kein Grund dafür sei, daß man sich so erniedrige und in den Dienst eines reichen römischen Herrn trete. – Der Aufenthalt in den Häusern der reichen Römer wird sehr anschaulich und die unwürdige Knechtschaft der gemieteten Philosophen äußerst drastisch geschildert. – Zunächst geht Lukian ausführlich auf die Beweggründe der Philosophen ein, die Häuser der Reichen zu betreten: Einerseits sei es der Druck der Armut und andererseits die Lust auf ein luxuriöses Leben, die freie Menschen zu Sklaven machten. Darauf schildert er in allen Einzelheiten, was diese Leute sich gefallen lassen müssen. – Der Philosoph wird durch unwürdige Aufgaben und Pflichten erniedrigt; er verliert seine Freiheit und muß wie der gemeinste Sklave arbeiten. Er ist der Willkür seines Herrn ausgeliefert und muß sich die elendsten Beleidigungen gefallen lassen.

A A. M. Harmon. Bd. 3, London/Cambridge (Mass.) 1921.
Ü Chr. M. Wieland: Lucian von Samosata. Sämtliche Werke 3. 5, Leipzig 1788/1789, 105–166.

Perì tôn hairéseon →Perì hairéseon (Hippobotos)

Perì tôn heptà theamáton
„Über die sieben Wunder"

Philon Byzantios, um 500 n. Chr.

Schrift (gr.) aus dem Bereich der Paradoxographie.

A R. Hercher, Paris 1858. Orelli: Philonis Byzantii De septem miraculis, Leipzig 1816.
L H. Schott: De septem oraculis. Progr. Ansbach 1896.

Perì tôn Hippokrátus kaì Plátonos dogmáton
„Über die Lehren des Hippokrates und des Platon"

Galenos aus Pergamon, etwa 130–199 n. Chr.

Auseinandersetzung (gr.) mit der Lehre des Hippokrates und des Platon und Bekenntnis zu einem konsequenten Platonismus und Hippokratismus als Grundlagen medizinischer Theorie und Praxis.

I Die philosophiegeschichtliche Bedeutung der Schrift besteht u. a. darin, daß sie aufgrund zahlreicher Exzerpte aus den gleichnamigen Schriften →Perì pathôn des Chrysippos und des Poseidonios deren unterschiedliche Lehre von den Affekten überliefert, wobei Galenos die von Poseidonios an Chrysipp geübte Kritik weitgehend übernimmt.

A C. G. Kühn. 20 Bde., Leipzig 1821–1833, Nachdr. Hildesheim 1997 (Gesamtausgabe der Werke Galens gr.–lat.). I. Müller, Leipzig 1874.
L A. Lesky, GL, 997–999.

Perì tôn idíon biblíon
„Über die eigenen Bücher"

Galenos aus Pergamon, um 130–199 n. Chr.

Verzeichnis (gr.) der Schriften des Autors.

I Der Autor zählt 153 Werke in 500 Büchern (Bänden) auf. Die Liste ist allerdings noch unvollständig. In einem zweiten Verzeichnis mit dem Titel Perì tês táxeos tôn idíon biblíon („Über die Ordnung der eigenen Bücher") weist er auf die Reihenfolge hin, in der man seine Schriften lesen soll. – Galenos hat eine Einteilung seiner Arbeiten vorgenommen: (1) Philosophische Schriften, in denen er sich als Eklektiker erweist; nur Epikur und die Skeptiker lehnt er ab. Galen legt größten Wert auf die philosophische Bildung des Arztes (vgl. →Hóti ho áristos iatròs kaì philósophos, →Protréptikos ep' iatrikén, →Perì tôn Hippokrátus kaì Plátonos dogmáton). (2) Grammatisch-rhetorische Schriften, die weitestgehend verloren sind. (3) Medizinische Schriften, die alle Gebiete der Medizin seiner Zeit umfassen. – Einige Beispiele: Einführend-propädeutische Schriften sind Perì hairéseon und Perì arístes hairéseos („Über die ärztlichen Schulen und ihre

Methoden" und „Über die beste Schule und Methode"); die meistgelesene systematische Schrift ist die *Téchne iatrikè* („Ärztliche Kunst"), ein kurzer Abriß der therapeutischen Medizin, der im Mittelalter unter dem Namen *Mikrotechni* bekannt war; die *Therapeutikè méthodos* („Therapeutische Methode") in 14 Büchern hieß im Mittelalter *Megalotechni* und befaßt sich mit klinischer Medizin. *Perì chreías moríon* („Über den Nutzen der Körperteile") in 17 Büchern ist ein anatomisch-physiologisches Werk unter Berücksichtigung funktioneller Aspekte. Das Werk →*Anatomikaì encheiréseis* („Anatomische Praktiken") in 15 Büchern befaßt sich mit deskriptiver Anatomie (u. a. mit Anleitungen zur Sektion). Die Schrift *Perì diagnóseos sphygmôn* („Über die Unterscheidung der Pulsarten") hat aufgrund ihrer autobiographischen Mitteilungen einen besonderen Wert. Zu erwähnen ist auch die von Poseidonios, →*Perì pathôn*, stark beeinflußte Schrift *Perì diagnóseos kaì therapeías tôn en hekástu psychê idíon pathôn* („Über Diagnose und Therapie der spezifischen Affekte in der Seele jedes einzelnen"). – Außerdem verfaßte Galen „Kommentare zu Hippokrates".

    L   C. G. Kühn. 20 Bde., Leipzig 1821–1833, Nachdr. Hildesheim 1997 (Gesamtausgabe der Werke Galens gr.-lat.). Einzelne Schriften: A. J. Brock: On the Natural Faculties. *Perì physikôn dynámeon*, London/Cambridge (Mass.) 1952 (gr.–engl.). CMG 5, 4; 5, 9; 5, 10. CMG Suppl. 5. Ü W. Müri: Der Arzt im Altertum, München/Zürich [5]1986 (gr.–dt. aus verschiedenen Schriften). Ch. Singer: Galen. *De anatomicis administrationibus*, London 1956 (engl.). M. Tallmadge: On the usefullness of the parts of the body. 2 Bde., Ithaka 1968 (engl.).
    L   K. Deichgräber: Galen als Erforscher des menschlichen Pulses. SB Deutsche Ak. d. Wiss. Klasse f. Sprachen, Literatur und Kunst 1956. 3. F. Kudlien: Galenos aus Pergamon, in: DKP 2, 674f. J. Mewald, RE 7,1910, 578ff. R. E. Siegel: Galen's System of Physiology and Medicine, Basel/New York 1968. R. E. Siegel: Galen on Sense Perception, Basel/NewYork 1970. J. Wille: Die Schrift Galens *Perì tôn en taîs nósois kairôn* und ihre Überlieferung, Diss. Kiel 1960.

Perì tôn hypò tû theíu bradéos timoruménon *(De sera numinis vindicta)* →Moralia (Plutarchos)

Perì tôn katà mathematikèn chresímon eis tèn Plátonos anágnosin
„Über das für die Platonlektüre Nützliche im Bereich der Mathematik"

Auch lat. zitiert als *Expositio rerum mathematicarum ad legendum Platonem utilium* („Darstellung der mathematischen Themen, die für die Platonlektüre nützlich sind").

Theon aus Smyrna, Mitte des 2. Jh.s n. Chr.

Mathematische Schrift (gr.).

    I   Der Verfasser stellt die aus seiner Sicht – er ist Platoniker – notwendigen Kenntnisse zusammen, die zum Verständnis Platons erforderlich sind. Er gibt eine elementare Einführung in Zahlentheorie, arithmetische (d. h. proportionalistische) Harmonielehre und Astronomie, indem er diese wissenschaftlichen Gebiete zu einer einheitlichen Wissenschaft zusammenfaßt. – Der Schluß der Schrift ist nicht erhalten.

    A   I. Dupuis, Paris 1892 (gr.–frz.). E. Hiller, Leipzig 1878, Nachdr. 1995.

Perì tôn koinôn ennoiôn pròs tùs Stoikús *(De communibus notitiis adversus Stoicos)* →Moralia (Plutarchos)

Perì tôn mechanikôn theoremáton pròs Eratosthénen éphodos
„Über theoretische Grundlagen der Mechanik, eine dem Eratosthenes gewidmete Methodenlehre"

Archimedes aus Syrakus, 287–212 v. Chr.

Mathematische Methodenlehre (gr.), die erst 1907 auf einem Jerusalemer Palimpsest entdeckt wurde.

    I   In dieser Schrift entwickelt Archimedes den Grundgedanken der Integralrechnung. Zum Auffinden von Sätzen (nicht um Beweise zu führen) diente ihm das Verfahren, Flächen und Körper in schmale Streifen bzw. Schichten zu zerlegen und diese an Hebelarmen geeigneter Länge aufgehängt zu denken. Zum strengen Beweis der so gefundenen Ergebnisse benutzte er dann die Exhaustionsmethode (= das Verfahren der antiken Mathematik zur Bestimmung des Inhalts nicht gradlinig begrenzter Flächen und Körper). Die Methode beruht auf dem Satz des Euklid (Elemente 10,1: →*Tà stoicheîa*): Nimmt man von einer Größe mehr als die Hälfte weg, vom jeweiligen Rest wieder mehr als die Hälfte, so ist der Rest nach endlich vielen Schnitten kleiner als eine gegebene gleichartige (beliebig kleine) Größe.

    A   J. L. Heiberg / H. G. Zeuthen, in: Bibliotheca ma-

thematica. 3. Folge 8, Leipzig 1907 (gr.–dt. mit Kommentar).
  L H. Gericke: Archimedes, in: dtv-L 1. 1, 165f. A. Lesky, 885f.

Perì tôn mysteríon
„Über die Mysterien"

Andokides aus Athen, geb. um 440 v. Chr.

Verteidigungsrede (gr.) in eigener Sache.
Gehalten 399 v. Chr.

I Der Demagoge Kephisios erhebt Anklage gegen Andokides wegen unbefugter Teilnahme an den eleusinischen Mysterien. Das Gericht, das nur aus Eingeweihten bestand, sprach Andokides frei. – Die Rede enthält wertvolle Informationen über das Mysterienwesen und über die Einzelheiten des Hermokopidenprozesses (415 v. Chr.).

A F. Blass / C. Fuhr, Leipzig [4]1913. G. Dalmeyda, Paris 1930 (gr.–frz.). D. M. Mac Dowell: Andocides. On the Mysteries, Oxford 1982. K. J. Maidment: Minor Attic Orators. Bd. 1, London/Cambridge (Mass.) 1941 (gr.–engl.).
  L W. D. Furley: Andocides and the Herms, London 1996.

Perì tôn ochuménon
„Über die schwimmenden Körper"

Archimedes aus Syrakus, 287–212 v. Chr.

Physikalische Abhandlung (gr.).

I Die Schrift „handelt über den Gewichtsverlust (archimed. Prinzip, Auftrieb), die Eintauchtiefe (Wasserverdrängung) und Lagestabilität von in Flüssigkeit schwimmenden, in sie herabgedrückten oder versenkten Körpern, besonders von Kugel – und Paraboloidsegmenten leichter als die Flüssigkeit. Die Untersuchung geht von den Postulaten aus: Flüssigkeitspartien unter höherem Druck werden nach Gegenden niedrigeren Drucks verschoben, der Druck ist proportional der darüber stehenden Flüssigkeitssäule, der Auftrieb erfolgt vertikal" (Böker, 511f.).

A J. L. Heiberg / E. S. Stamatis: Opera mathematica. 3 Bde., Leipzig [2]1910–1915, Nachdr. 1972.
  Ü A. Czwalina, Darmstadt [3]1972.
  L R. Böker: Archimedes, in: DKP 1, 510–513. E. J. Dijksterhuis: Archimedes, Kopenhagen 1956. F. Hultsch, RE 2, 507–539. J. G. Landels: Die Technik in der antiken Welt, München 1979, 229–232.

Perì tôn paideía diaprepsánton dúlon
„Über die durch Bildung hervorragenden Sklaven"

Hermippos aus Berytos, 2. Jh. n. Chr.

Mehrbändige Sammlung von Biographien (gr.), verloren, aber von späteren Autoren vielfach benutzt.

A FHG 3, 35.
  L H. Gärtner: Hermippos (Nr. 3), in: DKP 2, 1079f. Schmid-Stählin 2, 2, 868.

Perì tôn parà Plátoni léxeon katà stoicheîon →Lexicon Platonicum (Timaios)

Perì tôn pénte phonôn →Eisagogè eis tàs Aristotélus Kategorías (Porphyrios)

Perì tôn pròs Aléxandron synthekôn
„Über die Verträge mit Alexander"

Ps.–Demosthenes

Politische Rede (gr.).
Gehalten nach dem Tode Philipps II. von Makedonien (336 v. Chr.) und getragen von der Hoffnung, daß sich die Situation Athens durch den Übergang der Herrschaft auf Alexander verbessern würde.

I Der Redner wirft den Makedonen vor, daß sie immer wieder Verträge gebrochen hätten, die sie mit den Athenern und anderen Griechen geschlossen hatten. Er rät dazu, diesen Zustand nicht mehr hinzunehmen.

A S. H. Butcher, Oxford 1903 (Nr. 17).

Perì tôn próton archôn →Aporíai kaì lyseis perì tôn próton archôn (Damaskios)

Perì tôn Pythagoreíon
„Über die Pythagoreer"

Aristoteles aus Stageira. 384–322 v. Chr.

In zahlreichen Frg. überlieferte Schrift (gr.) über die Lehren der Pythagoreer.

I Es handelt sich um eine der vielen Materialsammlungen (*synagogaí*), die Aristoteles als Vorarbeiten für eine vergleichende Analyse der Ansichten seiner Vorgänger herstellte (vgl. u. a. die →*Synagogè technôn*).

A W. D. Ross: Fragmenta selecta, Oxford 1955.
  L W. Burkert: Weisheit und Wissenschaft, Nürnberg

1962. I. Düring, Aristoteles, 253. P. Wilpert: Reste verlorener Aristotelesschriften, in: Hermes 75, 1940, 369–396.

Perì tôn Rhomaíon týches *(De fortuna Romanorum)* →Moralia (Plutarchos)

Perì tôn Sokratikôn
„Über die Sokratiker"

Phainias aus Eresos, etwa 375–300 v. Chr.

Lebensbeschreibungen (gr.) der Sokratiker, in Frg. überliefert.

I Erhalten sind Anekdoten: eine Antisthenes-Anekdote und eine Sokrates-Aristippos-Anekdote.

A F. Wehrli, Schule, 9 (Frg. 30–31).
L K. Döring, Historia, 23 f.

Perì tôn Stoikôn
„Über die Stoiker"

Philodemos aus Gadara, 1. Hälfte des 1. Jh.s v. Chr.

Frg. (gr.) einer Philosophiegeschichte (vgl. Diogenes Laertius, →*Philosóphon bíon kaì dogmáton synagogé* 10,3).

A W. Crönert: Kolotes und Menedemos, Leipzig 1906, 53 ff.

Perì tôn symmoríon
„Über die Steuerabteilungen"

Demosthenes aus Athen, 384–322 v. Chr.

Rede (Demegoria) vor der Volksversammlung (gr.). Gehalten 354/353 v. Chr.

I Die „Steuerabteilungen" *(symmoríai)* waren Zusammenschlüsse von jeweils 60 attischen Bürgern, die gemeinsam die höchste Vermögenssteuer zu entrichten hatten. Den 20 Symmorien stand ein Ausschuß vor, der aus 300 der reichsten Athener gebildet wurde. – Demosthenes versuchte, die aufgrund der Bedrohung durch den Perserkönig geschürte Kriegsbereitschaft der Athener dadurch zu dämpfen, daß er im Blick auf eine bessere Ausrüstung der Flotte verlangte, die Zahl der Bürger zu erhöhen, die zur Übernahme einer Trierarchie verpflichtet waren, d. h. Kriegsschiffe zu finanzieren und zu befehligen hatten. Demosthenes wollte die Symmorien auf Dauer und nicht nur für Notfälle mit dieser Aufgabe belasten. Vermutlich hatte der Redner bei diesem Vorstoß schon die makedonische Bedrohung vor Augen.

A S. H. Butcher, Oxford 1903 (Nr. 14).

Perì tôn theôn onomáton
„Über die göttlichen Namen"

Ps.–Dionysios Areopagites, 2. Hälfte des 5. Jh.s n. Chr.

Philosophischer Traktat (gr.). Entstanden nach 485 n. Chr.

I Der Autor stellt seine theoretische Gotteslehre dar und untersucht, was sich bejahend (kataphatisch) über Gott aussagen läßt. „Gott ist vor allem Können, Seins-Macht, und als solche natürlich seiend; ebenso ist er als Lebens-Macht zu denken: Er ist *hýparsis* (*Können*-Sein), *dýnamis* (Können-*Sein*) und *nóesis* ([Alles] *Sein*können). Diese Trias der Urgründe entspricht weitgehend den Hypostasen der Trinität. Das Sein steht vor den anderen Prinzipien, weil diese erst *sind* und dann Prinzipien sind. Statt der Emanation lehrt also der Areopagite eine absolute Kausalität: Die Gottheit ist über aller Macht, ist die Ursache für das Sein der Macht, sie wohnt im unzugänglichen Licht, ist das undurchdringliche Licht, das auch das Dunkel ist, ist gewissermaßen die ‚Schwäche', die stark macht. Sie ist daher mit keinem Namen adäquat zu benennen. Hier gilt die *docta ignorantia*, die ‚wissende Unwissenheit'" (H. L. Heuss, 7378).

A PG 3. J. Quasten, Bonn 1937. B. R. Suchla: *De divinis nominibus*, Berlin/New York 1990.
Ü E. v. Ivánka, Einsiedeln 1956. J. Stiglmayr, Kempten/München 1933, BKV(2) 2.
L B. Altaner, Patrologie, 501–505. E. Corsini: Il trattato *De divinis nominibus* dello Pseudo Dionigi e i commenti neoplatonici al Parmenide, Turin 1962. H. L. Heuss, KLL 8, 7377 f. E. v. Ivánka: Der Aufbau der Schrift *De divinis nominibus* des Ps.–D., in: Scholastik 15, 1940, 386–399.

Perì tôn tùs graptùs lógus graphónton è perì sophistôn
„Über die Verfasser von Schreibtischreden oder über die Sophisten"

Alkidamas aus Elaia, 1. Hälfte des 4. Jh.s v. Chr.

Auseinandersetzung (gr.) mit der Praxis des Isokrates, seine Reden schriftlich abzufassen und bis ins kleinste auszufeilen.

I Alkidamas, der Schüler des Gorgias und Gegner des Isokrates, legte das Hauptgewicht seiner Arbeit auf die praxisbezogene Ausbildung des Redners, auf seine Schlagfertigkeit und Improvisationskunst (vgl. →*Museíon*). Es kam Alkidamas darauf an, die Redekunst unmittelbar anzuwenden und auf diese Weise Wirkung zu erzielen.

A G. Avezzù, Rom 1982. H. Görgemanns, GLTD 3, 174–180 (gr.–dt. in Auswahl). L. Radermacher: Artium scriptores, Wien 1951, 135–141.
L H. Dörrie: Alkidamas, in: DKP 1, 264 f. S. Frie-

mann: Überlegungen zu Alkidamas' Rede über die Sophisten, in: W. Kullmann / M. Reichel (Hg.): Der Übergang von der Mündlichkeit zur Literatur bei den Griechen, Tübingen 1900, 301–315. A. Lesky, GL, 401. R. Mariß: Alkidamas. Über diejenigen, die schriftliche Reden schreiben oder über die Sophisten, Münster 2002. J. Vahlen: Der Rhetor Alkidamas, in: SB Akad. d. Wiss. Wien 13, 1863, 491–528. G. Walberer: Isokrates und Alkidamas, Diss. Hamburg 1938.

Perì tropês
„Über die Sonnenwende"

Thales aus Milet, um 630–560 v. Chr.

Nicht erhaltene naturwissenschaftliche Schrift (gr.).

I Nach Diogenes Laertius (→*Philosóphon bíon kaì dogmáton synagogé* 1,23) hat Thales nichts Schriftliches hinterlassen. D. L. verschweigt aber nicht, daß „einige" behaupten, er habe zwei Schriften verfaßt: „Über die Sonnenwende" und „Über die Tag- und Nachtgleiche". – Es sind zahlreiche „Berichte" über Thales' Person und Lehre überliefert. So soll er u. a. die Sonnenfinsternis am 28. 5. 585 v. Chr. vorausgesagt (Herodot, →*Historíes apódexis* 1,74), ein Verfahren zur Vermessung der Höhe der Pyramiden entwickelt und dem lydischen König Kroisos die Überquerung eines Flusses ermöglicht haben (Herodot 1,75). – Für Aristoteles (→*Tà metà tà physiká* Alpha 3, 983b20f. = VS 11 A 12) war Thales der Begründer der Philosophie, für die alles Sein einen materiellen Urgrund hat. Thales habe gesagt, das Wasser sei dieser Urgrund (*arché*), auf den die Mannigfaltigkeit der Natur zurückzuführen sei.

A VS 11.
Ü O. Apelt / K. Reich / G. Zekl: Diogenes Laertius, Hamburg [(2)]1967. J. Mansfeld, Stuttgart 1987 (gr.–dt.).
L C. J. Classen: Thales, in: RE Suppl. 10, 1965, 930 f. W. Schadewaldt, DAdPh, 213–235. B. Snell: Die Nachrichten über die Lehren des Thales und die Anfänge der griechischen Philosophie – und Literaturgeschichte, in: Gesammelte Schriften, Göttingen 1966, 119–128.

Perì trophês →Corpus Hippocraticum

Perì tû agathû
„Über das Gute"

Aristoteles aus Stageira, 384–322 v. Chr.

Verlorenes Referat (gr.) der platonischen Vorlesung(en) →*Perì tagathû*, nur in doxographischen Berichten überliefert.

L I. Düring, Aristoteles, 183 f. H. J. Krämer: Arete bei Platon und Aristoteles. Zum Wesen und zur Geschichte der platonischen Ontologie, Heidelberg 1959. P. Wilpert: Neue Frg. aus *Perì tagathû*, in: Hermes 76, 1941, 225–250. P. Wilpert: Zwei aristotelische Frühschriften über die Ideenlehre, Regensburg 1949.

Perì tû akúein (*De recta ratione audiendi*) →Moralia (Plutarchos)

Perì tû Apollodóru kléru
„Über die Erbschaft des Apollodoros"

Isaios aus Chalkis, etwa 420–350 v. Chr.

Rede (gr.) in einem Erbschaftsprozeß.

I Die elf erhaltenen Reden des Isaios, die zwischen 377 und 353 v. Chr. gehalten wurden, befassen sich mit Erbschaftsangelegenheiten und wurden in Erbschaftsprozesses gehalten. Isaios verfaßte diese Reden nicht in eigener Sache, sondern als „Logograph" (Redenschreiber) für seine Mandanten. – Weitere Titel: *Perì tû Aristárchu kléru*, *Perì tû Astyphílu kléru*, *Perì tû Dikaiogénus kléru*, *Perì tû Hagníu kléru*, *Perì tû Kíronos kléru*, *Perì tû Kleonýmu kléru*, *Perì tû Menekléus kléru*, *Perì tû Nikostrátu kléru*, *Perì tû Philoktémonos kléru*, *Perì tû Pýrrhu kléru*.

A E. S. Forster, London/Cambridge (Mass.) 1927 (gr.–engl.). P. P. Roussel, Paris 1922 (gr.–frz.). Th. Thalheim, Leipzig 1903.
Ü K. Münscher, in: Zeitschrift für vergleichende Rechtswissenschaft 37, 32–328.
L F. Blass, Beredsamkeit 1. 2, 486–577. J. M. Lawless: Law, Argument and Equity in the Speeches of Isaeus, Diss. Brown Univ. Providence 1991. R. F. Wevers: Isaeus, Diss. Wisconsin 1962. T. C. W. Wyse: Speeches of Isaeus, 1904 (Kommentar).

Perì tû Astyphílu kléru →Perì tû Apollodóru kléru (Isaios)

Perì tû charaktêros tôn déka rhetóron
„Über den Stil der zehn Redner"

Caecilius (Kaikilios) aus Kalakte, Mitte des 1. Jh.s v. Chr.

Nur fragmentarisch überlieferte stilanalytische Schrift (gr.).

I Daß Caecilius eine derartige Schrift verfaßte, wird nur durch die →*Suda* (s. v. Kaikilios) bezeugt. Man hat sie mit der Entstehung des Kanons der zehn attischen Redner (Antiphon, Andokides, Lysias, Isokrates, Aischines, Isaios, Demosthenes, Hypereides, Lykurgos, Deinarchos) in Verbindung gebracht (vgl. z. B. Plutarch, *Perì tôn déka rhetóron*, →*Moralia*): Caecilius habe den Kanon entweder selbst aufgestellt oder bestätigt und verbreitet. Dieser These wurde in jüngerer Zeit widersprochen. Danach wären die häufiger zitierten Schriften über Antiphon, Demosthenes und Lysias sowie die Synkrisis-Traktate (Demosthenes – Cicero und Demosthenes – Aischines) Monographien und nicht Teile eines Werkes über sämtliche Redner.

A   E. Ofenloch, Leipzig 1907, Nachdr. 1967.
L   J. Brzoska, RE 3, 1899, 1174–1188. M. Fuhrmann: Caecilius (Literarische Persönlichkeiten, Nr. 2), in: DKP 1, 988 f. G. Kennedy: The art of persuasion in Greece, Princeton (N. Y.) 1963. W. Kroll, RE Suppl. 7, 1105 ff.

Perì tû choreutû
„Über den Chortänzer"

Antiphon aus Rhamnus (Attika), um 480–411 v. Chr.

Rede (gr.) in einem Mordprozeß.

I   Die Rede schrieb Antiphon als Logograph für einen Chorführer, der vor Gericht stand, weil ein Knabe aus dem von ihm betreuten Chor ums Leben gekommen war. „A. baut seine Verteidigung zweigleisig auf: einerseits stützt er sich auf die Fakten, andererseits zeigt es sich als Meister des Wahrscheinlichkeitsbeweises (*eikóta*)" (Zimmermann, 55).

A   Th. Thalheim, Leipzig 1914.
L   A. Lesky, GL, 401 f. F. Solmsen: Antiphonstudien, Berlin 1931. B. Zimmermann, MLAA, 54 f.

Perì tû Dikaiogénus kléru →Perì tû Apollodóru kléru (Isaios)

Perì tû dóru
„Über das Geschenk"

Synesios aus Kyrene, etwa 370–412 n. Chr.

Abhandlung (gr.) über einen Himmelsglobus, den der Autor anfertigen ließ, um ihn zu verschenken.

A   N. Terzaghi. 2 Bde., Rom 1944–1949.
L   A. Lesky, GL, 986–988.

Perì tû EI tû en Delphoîs
„Über das E am Eingang des Tempels von Delphi" (EI ist der gr. Name für den Buchstaben E.)

Plutarchos aus Cheironeia, etwa 46 – etwa 120 n. Chr.

Theologische Schrift (gr.) in Dialogform aus der Sammlung der →*Moralia.*

I   „Auf delphischen Münzen mit den Bildern Kaiser Hadrians (117–138) und der älteren Faustina (gestorben 141), auf deren Revers die Fassade des großen Apollontempels dargestellt ist, sieht man zwischen dem mittelsten Säulenpaar ein Gebilde von der Form eines E, wohl vom Gebälk herabhängend zu denken oder auch über der Tür zur Cella angebracht ... Diese Münzen geben uns die Bestätigung, daß das E, über dessen Bedeutung unsere

Schrift handelt, in der Tat an der Front des Tempels angebracht war ... Eine wirkliche Überlieferung über die Bedeutung dieses Zeichens gab es nicht ... Plutarch berichtet über dieses delphische Problem in der Form, daß er verschiedene in Delphi versammelte Personen ihr Wissen oder ihre Meinung darüber austauschen läßt" (Ziegler, 22 f.). – Plutarch stellt sieben mögliche Erklärungen zur Diskussion: (1) E ist der fünfte Buchstabe des Alphabets und das Zeichen für die Zahl fünf. Die echten fünf Weisen (Chilon, Thales, Solon, Bias, Pittakos) hätten das E als Zeichen des Protestes gegen den Versuch der Tyrannen Kleobulos und Periandros, sich in ihren Kreis zu drängen, gestiftet, um für die Fünfzahl zu demonstrieren. – (2) E symbolisiert als zweiter Vokal des Alphabets den zweiten Planeten, d. h. die Sonne, die mit Apollon gleichgesetzt wird. – (3) E ist die Konjunktion EI (= wenn, als ob): Die Leute fragen das Orakel in der Form eines ob/wenn-Satzes: „Ob sie Erfolg haben, wenn ..." oder „Ob sie etwas Bestimmtes tun sollen ..." (4) E (oder EI) wird als Wunschpartikel gebraucht: „Wenn doch ..." (5) EI = wenn ist ein notwendiges Wort im Rahmen des Syllogismus. (6) E = fünf ist die wichtigste Zahl in der Mathematik, der Musik und anderen Wissenschaften: fünf Welten gebe es nach Platon, fünf Elemente nach Aristoteles, fünf regelmäßige Körper, fünf Sinne usw. (7) EI bedeutet „Du bist" und ist die Anrede, mit der der Mensch auf das „Erkenne dich selbst" antworten soll bzw. mit der er den Gott anredet, um seine Ewigkeit zu unterstreichen.

A   F. C. Babbitt: Plutarch's *Moralia.* Bd. 5, London/Cambridge (Mass.) 1936. W. R. Paton / M. Pohlenz / W. Sieveking: Plutarchi Moralia. Bd. 3, Leipzig 1929. W. Sieveking / H. Gärtner, Stuttgart/Leipzig (2)1997.
Ü   K. Ziegler: Plutarch über Gott und Vorsehung, Dämonen und Weissagung, Zürich/Stuttgart 1952, 49–70.
L   K. Comoth: Hestia. Zur Bedeutung des mystischen E, Heidelberg 1997. R. Flacelière: Plutarque. Sur l' E de Delphe, Paris 1941 (gr.–frz. mit wichtiger Einführung).

Perì tû eléktru è tôn kýknon
„Über den Bernstein oder die Schwäne"

Lukianos aus Samosata, etwa 120 – 180 n. Chr.

Mythologisches Märchen (gr.).

I   Lukian trägt eine scherzhaft gemeinte Theorie über die Herkunft der Phaëtonsage vor. Der Bernstein am Eridanos (Po) seien die Tränen der Weidenbäume, die um Phaëton trauerten. Die Bäume waren dessen Schwestern, bevor sie aufgrund ihrer heftigen Trauer in Weiden verwandelt wurden. Da die Schwestern auch in der Gestalt der Weiden weiter weinen, vergießen sie Tränen, die zu Bernstein werden. Am Ufer des Flusses sollte es außerdem viele herrlich singende Schwäne geben, von denen die Bewohner der Gegend allerdings ebenso wenig etwas gehört hatten wie von dem Bernstein.

W   Lukian verwendete die Sage als Beispiel dafür, daß viele erfundene Geschichten ohne einen Wahrheitsgehalt erzählt werden. Er hatte den Text wohl als Einführung zu einer Vorlesung verfaßt, um die hohen Erwartungen seiner Hörer zu dämpfen.

A   A. M. Harmon. Bd. 1, London/Cambridge (Mass.) 1913.
Ü   Chr. M. Wieland: Lucian von Samosata. Sämtliche Schriften 2. 3, Leipzig 1788/1789, 431–436.

Perì tû emphainoménu prosópu tô kýklo tês selénes
„Über das Gesicht, das im Kreis des Mondes erscheint"

Auch lat. zitiert als *De facie in orbe lunae*.

Plutarchos aus Chaironeia, etwa 46 – etwa 120 n. Chr.

Naturwissenschaftliche Abhandlung (gr.) in Form eines Dialogs über ein astronomisches Phänomen.

I   Die Schrift gehört zur Sammlung der →*Moralia* (920–945 in der Zählung der Ausgabe von Stephanus, 1572, nach der bis heute zitiert wird). Sie enthält „neben recht originellen astronomisch-meteorologischen Theorien, welche die merkwürdige Erscheinung an der Mondoberfläche in einem großen kosmologischen Zusammenhang erklären sollen, auch eine Lehre von der Herkunft des immateriellen Teiles der Menschenseele aus einer Region jenseits des Fixsternhimmels und von der Rolle des Mondes als Sammelplatz der Seelen vor ihrer Einkörperung auf der Erde" (Dihle, 208). – Der Dialog wird von Plutarchs Bruder Lamprias erzählt. Außer Lamprias nehmen Plutarchs Freunde an dem Gespräch teil: der Römer Sextius Sulla aus Karthago, Theon, ein Philologe, der Pythagoreer Lucius, der Peripatetiker Aristoteles, der Stoiker Pharnakes und der mathematisch interessierte Apollonides. Damit sind alle für die Erörterung eines astronomischen Themas relevanten Philosophenschulen vertreten. – Der Anfang des Dialogs ist verloren. Die überlieferte Fassung setzt mit der Bemerkung des Autors ein, er wolle mit der Erzählung seines Mythos noch warten, bis die üblichen Meinungen über das Gesicht des Mondes vorgetragen seien. Der Mythos soll also Erklärungen liefern, wenn alle anderen Versuche nichts mehr leisten. – Im naturwissenschaftlichen Teil der Schrift werden alle dem Autor gegenwärtigen und den Mond betreffenden Probleme und Theorien besprochen. U. a. wird die Behauptung abgelehnt, daß die Erscheinung des Gesichts nur eine optische Täuschung oder nur ein Spiegelbild des Meeres sei, das das Festland auf der Erde umgebe. Dann wird über die Substanz des Mondes diskutiert. In Zusammenhang damit werden u. a. folgende Fragen erörtert: Wie kann ein so schwerer Körper wie der Mond frei im Luftraum schweben? Befindet sich die Erde im Mittelpunkt

des Kosmos? Kann der Mond als Gestirn angesehen werden, da er doch nur das Sonnenlicht reflektiert? Dann geht man auf Sonnen – und Mondfinsternisse ein. Eine totale Sonnenfinsternis (vielleicht die vom 20. 3. 71 n. Chr.) wird erwähnt. Schließlich wendet sich das Gespräch den wechselnden Färbungen der verfinsterten Mondscheibe zu, die aus den Unebenheiten der Mondoberfläche erklärt werden, auf welche das Gesicht zurückzuführen sei. Die Frage nach der Bewohnbarkeit des Mondes wird gestellt. Dazu werden verschiedene Theorien geäußert. Lamprias vermutet, daß der Mond bewohnt werden könne, wenn man sich den dortigen Bedingungen anpasse. Jetzt kommt Sulla endlich dazu, seinen Mythos zu erzählen, der auch die Seelenlehre umfaßt: Die auf dem Mond beheimatete Seele verbindet sich mit der von der Sonne stammenden Denkkraft, so daß dann durch Vereinigung mit einem auf der Erde entstandenen Leib ein Mensch entsteht.

A   H. Cherniss / W. C. Helmbold. Bd. 12, London/ Cambridge (Mass.) 1967 (gr.–engl. mit ausführlicher Einleitung). C. Hubert / M. Pohlenz: Plutarchs Moralia. Bd. 5. 3, Leipzig [2]1960. P. Raingeard, Paris 1935 (gr.–frz. mit Kommentar).
Ü   H. Görgemanns: Das Mondgesicht, Zürich 1968. K. Ziegler, Zürich/Stuttgart 1952 (nur 940 F – 945 D).
L   M. Adler: Zwei Beiträge zum plutarchischen Dialog *De facie in orbe Lunae*, Nikolsberg 1910. O. Apelt: Zu Plutarch und Plato, Jena 1905. A. Dihle, GLL, 206–212. J. J. Hartmann: De Plutarcho Scriptore et Philosopho, Leiden 1916, 557–563.

Perì tû enhypníu étoi bíos Lukianû
„Über den Traum oder das Leben des Lukianos"

Lukianos aus Samosata, etwa 120–180 n. Chr.

Rede (gr.) für die Landsleute des Autors.

I   Der Autor berichtet über seine „Berufsentscheidung". Er war von der Familie seines Onkels in die Lehre gegeben worden, um die Bildhauerkunst zu lernen. Schon am ersten Tag versagt er kläglich, wird vom Onkel verprügelt und läuft nach Hause zurück. Nachts träumt er (6–16), nachdem er über sein Mißgeschick nachgedacht hatte und unter Tränen eingeschlafen war, daß ihn zwei Frauen bei den Händen greifen. Beide wollen ihn auf ihre Seite ziehen, so daß sie ihn fast auseinandergerissen hätten. Sie schreien sich gegenseitig an, um ihren Besitzanspruch durchzusetzen. Darauf beschreibt der Autor das Aussehen der Frauen: Die eine gleicht einem Arbeiter, hat ein männliches Aussehen, ihre Haare sind ungepflegt, ihre Hände haben Schwielen, ihr Kleid ist hochgeschürzt, und sie ist ganz und gar mit Kalkstaub bedeckt. Die andere hat ein schönes Gesicht, eine edle Haltung und ist prächtig gekleidet. Die Frauen einigen sich schließlich und wollen Lukian die Entscheidung überlassen. Die derbe mit dem männlichen Aussehen beginnt darauf mit ihrer Rede: Sie sei die *Hermoglyphikè téchne* (die Bildhauerkunst). Sie gehöre schon lange zur Familie. Wenn Lukian ihr folgen wolle, dann werde er ein gutes Auskommen und starke Schultern bekommen. Die Plage des Neides solle ihm unbekannt bleiben, er brauche Heimat und Freunde nie zu verlassen. Er werde ein angesehener Mann sein und solle doch nur auf seine Kollegen, die großen griechischen Bildhauer schauen. – Die gute Frau – so der Autor – habe noch vieles mehr gesagt, allerdings stotternd und in derber Ausdrucksweise. Das meiste habe sich die andere vorgestellt: Sie sei die *Paideía* (Bildung). Zuerst beschreibt sie dem Träumenden das Leben als Steinmetz in den düstersten Farben. Er werde nur körperlich arbeiten, unbedeutend bleiben, schlecht verdienen, beschränkt und unfähig sein, seinen Freunden zu nützen und seinen Feinden zu schaden, sich vor jedem ducken müssen; auch wenn er Erfolg habe, werde er stets ein Banause bleiben. Wenn er aber ihr, der *Paideía*, folge, dann werde sie ihn mit allem Wissenswerten bekannt machen und seine Seele mit Besonnenheit, Gerechtigkeit, Frömmigkeit, Sanftmut, Liebe zum Schönen und mit dem Drang zum Erhabenen schmücken. Sie werde ihn in allen göttlichen und menschlichen Dingen unterrichten. Er werde dann von jedem beneidet, überall geehrt und gepriesen, des höchsten Amtes für würdig gehalten und auch im Ausland geachtet sein. Sie werde ihm eine gewaltige Beredsamkeit erschaffen und ihn schließlich sogar unsterblich machen. Demosthenes, Aischines und Sokrates seien die Zeugen für ihren Erfolg. Bei derartigen Aussichten wolle er ein gemeiner Handwerker werden? So werde er ein Sklavenleben führen, über seine Arbeit gebeugt, am Boden klebend, niemals wie ein freier Mann denken. Seinen Werken werde er zwar ein schönes Aussehen geben; selbst aber bleibe er noch unscheinbarer als die Steine, die er bearbeite. Lukian habe sie gar nicht ausreden lassen, sondern sich gleich in ihre Arme geworfen. Die „Bildhauerkunst" sei darüber so erbost gewesen, daß sie wie Niobe zu Stein erstarrte. – Die „Bildung" fährt Lukian in einem Wagen mit geflügelten Pferden über die Erde. Er träumt, er habe dabei etwas auf die Erde gestreut, worüber sich die Menschen unten gefreut hätten. Dann sei er in herrlichen Kleidern nach Hause zurückgebracht worden.

Q Lukian gibt dem Leser mit aller Deutlichkeit zu erkennen, daß ihm die auf die →*Hôrai* des Prodikos zurückgehende Herakles-Erzählung in Xenophons →*Apomnemoneúmata* als Vorlage für seinen Traum gedient habe. Der Leser soll den Xenophon-Text im Auge behalten und ihn mit Lukians Schilderung vergleichen.

W Lukian verfolgt zunächst mit der Erzählung seines Traumes ebenso wie der xenophontische Sokrates mit der Wiedergabe des prodikeischen „Herakles am Scheideweg" einen protreptischen Zweck: Er fordert seine Leser auf, ihren Lebensweg sorgfältig zu planen. – Er geht wie Prodikos von der äußeren Erscheinung der beiden Frauen aus und schafft damit bereits eine wichtige Voraussetzung für die rechte Wahl. – Indem sich Lukian an die Stel-

le des prodikeischen Herakles setzt, begründet und veranschaulicht er die Wahl seines Berufes. Das autobiographische Element steht bei Lukian im Vordergrund. Denn bei ihm geht es um eine grundlegende Entscheidung, die seinem Leben eine völlig andere Richtung gibt.

A A. M. Harmon. Bd. 3, London/Cambridge (Mass.) 1921 (gr.–engl.). M. D. MacLeod. Bd. 2, Oxford 1974.
Ü K. Mras, München [(2)]1980 (gr.–dt.).
L V. d' Agostino: La favola del bivio in Senofonte, in Luciano e in Silio Italico, in: RSC 2/3, 1954, 1–12. G. Misch: Geschichte der Autobiographie. Bd. 1. 2, Frankfurt 1950, 386–389. F. Riedl: Der Sophist Prodikos und die Wanderung seines „Herakles am Scheidewege" durch die römische und die deutsche Literatur, Programm Laibach 1908.

Perì tû en Odysseía tôn Nymphôn ántru
„Über die Nymphengrotte in der Odyssee"

Porphyrios aus Tyros, um 234–300 n. Chr.

Allegorische Auslegung (gr.) eines Abschnitts aus Homers →*Odýsseia* (13,102–112).

I Im Sinne der Philosophie Platons deutet Porphyrios die Höhle, in der die Nymphen zu Hause sind, als Hinweis auf den Ort, wo die Seelen vor ihrem Eintritt ins Erdenleben ihre Leiber empfangen. – Die allegorische Auslegung dichterischer Texte ließ sich damit rechtfertigen, daß Platon selbst seine philosophischen Lehren mehrfach in Form von Mythen veranschaulicht. Ferner hatte die Lehre des Poseidonios von der Sympathie des Kosmos großen Anklang in der platonischen Schule gefunden: Alles, was in der Welt geschieht, steht in Wechselwirkung zueinander und bildet einen Sinn- und Kausalzusammenhang. Demnach mußte z. B. auch zwischen einer Sage und einem Naturereignis eine reale Beziehung bestanden haben, die eine Auslegung der Sage als verschlüsselte Wiedergabe des Naturereignisses begründete. – Auf diese Weise entzieht Porphyrios Homer der platonischen Kritik.

A A. Smith: Porphyrii fragmenta, Stuttgart/Leipzig 1993.
L R. Beutler, RE 22, 1, 1953, 275–313 (dort auch Hinweise auf Textausgaben). A. Dihle, GLL, 383–387. A. Lesky, GL, 985.

Perì tû Hagníu kléru →Perì tû Apollodóru kléru (Isaios)

Perì tû heautòn epaineîn anepiphthónos
(*De se ipsum citra invidiam laudando*)
→**Moralia (Plutarchos)**

Perì tû Heródu phónu
„Über die Ermordung des Herodes"

Antiphon aus Rhamnus (Attika), um 480–411 v. Chr.

Rede (gr.) in einem Mordprozeß.

I Ein Bürger aus Mytilene auf der Insel Lesbos ist angeklagt, auf hoher See einen gewissen Herodes umgebracht zu haben.

A M. Gagarin, Cambridge 1997. Th. Thalheim, Leipzig 1914.
L D. Ferrante, Neapel 1972 (Kommentar). E. Heitsch: Antiphon aus Rhamnus, Mainz 1984. U. Schindel: Der Mordfall Herodes, Göttingen 1979.

Perì tû hólu è perì tês usías
„Über das Weltall oder über die Substanz"

Zenon aus Kition, 335–262 v. Chr.

Verlorene, aber bezeugte philosophische Schrift (gr.).

I Die Frg. zeigen, daß Zenon in dieser Schrift u. a. Erscheinungen am Himmel zu erklären suchte: z. B. Blitz und Donner, ferner Sonnen – und Mondfinsternis. – Die „Substanz" (usía) sei die erste Materie aller Dinge; sie sei etwas Körperliches.

A SVF 1, 3–72 (Zenon-Fragmente).
L N. Festa: Lo scritto di Zenone Perì tû hólu è perì tês usías, in: Giorn. critic. della filos. ital. 9, 1928, 20–38.

Perì tû hóti málista toîs hegemósi deî tôn philosóphon dialégesthai (*Maxime cum principibus philosopho esse disserendum*) →Moralia (Plutarchos)

Perì tû hóti katà tà tôn állon philosóphon dógmata udè zên éstin →Hóti katà tà tôn állon philosóphon dógmata udè zên éstin (Kolotes)

Perì tû Iudaikû polému →Historía Iudaikû polému pròs Rhomaíus (Iosephos)

Perì tû kathékontos
„Über das Angemessene"

Panaitios aus Rhodos, um 185–98 v. Chr.

Philosophische Abhandlung (gr.), die ansatzweise aus den ersten beiden Büchern von Ciceros Schrift →*De officiis* zu rekonstruieren ist, da sich Cicero nach eigenem Bekunden (2,60) an Panaitios angeschlossen hat (vgl. auch →*Epistulae ad Atticum* 15, 13,6 und bes. 16,11,4).

I Das Werk enthielt eine für das praktische Leben bestimmte Ethik, die sich von dem Rigorismus der älteren Stoa (Chrysipp) weit entfernt hat. Im Gegensatz zum Rationalismus der älteren Stoa sieht Panaitios den Menschen nicht mehr nur als reines Vernunftwesen, sondern als Ganzheit von ursprünglichen Trieben, die von der Vernunft geläutert und gelenkt werden. Panaitios „hat aus den Anlagen des Menschen, den Urtrieben, die er teils mit den Tieren gemeinsam hat und die teils ihm allein eigentümlich sind, die Bereiche des Sittlichen, des *kalón*, entwickelt. Das ist ein objektiver Bereich des Schönen, das an sich Liebe erweckt und den Menschen sittlich adelt. Sittlichkeit und Schönheit sind in dieser Konzeption vereinigt. Cicero gibt diesen Bereich mit dem Wort *honestum* wieder, wobei stärker als in dem Begriff des *kalón* die Abhängigkeit von der Anerkennung der Gemeinschaft mitschwingt. Nach den vier Grundtrieben der Natur des Menschen gliedert sich der Bereich des Sittlichen in vier Teile, die Erforschung der Wahrheit mit ihrer Tugend der *sapientia* bzw. *prudentia*, die Bewahrung der Gemeinschaft mit ihrer Tugend der *iustitia* und *beneficentia*, den Hochsinn und das Überlegensein mit der Tugend der *magnitudo animi* und *fortitudo* und schließlich das Maßhalten mit Tugenden wie *moderatio, temperantia* und *modestia*. Hier erscheint das Angemessene, das *decorum*, nicht nur als Übereinstimmung mit dem Sittlichen, sondern als harmonische Schönheit in der besonderen Form der in sich stimmigen Persönlichkeit. Aus diesen Bereichen leiten sich die entsprechenden Handlungen ab, die den Gesetzen dieser menschlichen Natur antwortenden Bereiche folgen. Nach den Vorschriften, die sich aus dem Sittlich-Schönen ergeben, ist dann Panaitios nach einer langen Erörterung, daß der Mensch dem Menschen am meisten nütze, zu denen übergegangen, die sich ergeben, wenn man im Gedanken an den Nutzen, der aber nie mit dem Wertvollen an sich in Konflikt kommen wird, nun den wichtigsten Nutzen, seine Mitmenschen, zu gewinnen sucht, was dauerhaft allein durch das Sittliche geschieht" (Büchner, 329f.).
N Über die Bedeutung der Abhandlung für Ciceros Werk →*De officiis* und die Abhängigkeit der ersten beiden Bücher von *Perì tû kathékontos* hinaus ist auch die Schrift →*De officiis ministrorum* des Ambrosius mittelbar auf Panaitios zurückzuführen. – Zur weiteren Wirkungsgeschichte vgl. *De officiis* (Cicero).

A M. van Straaten, Leiden [2]1962.
Ü K. Büchner: M. Tullius Cicero. Vom rechten Handeln, München/Zürich [3]1987 (lat.–dt. mit der Einführung). H. Merklin: M. Tullius Cicero. Von den Pflichten, Frankfurt/Leipzig 1991 (lat.–dt.). M. Pohlenz: Stoa und Stoiker. Die Gründer. Panaitios. Poseidonios, Zürich 1950, 191–255.
L H. A. Gärtner: Cicero und Panaitios. Beobachtungen zu Ciceros *De officiis*, Heidelberg 1974. M. Hossenfelder: Die Philosophie der Antike 3. Stoa, Epikureismus und Skepsis, München 1985, 94–97. M. Pohlenz: Antikes Führertum. Cicero de officiis und das Lebensideal des Panaitios, Leipzig 1934. M. Pohlenz, Stoa 1, 191–207. A. Puhle: Persona. Zur Ethik des Panaetius, Frankfurt 1987.

Perì tû kat' Hómeron agathû basiléos
„Über den nach Homer guten König"

Philodemos aus Gadara, 1. Hälfte des 1. Jh.s v. Chr.

Fürstenspiegel (gr.) über das homerische Fürstenideal, nur fragmentarisch erhalten.

A A. Olivieri, Leipzig 1909.

Perì tû Kíronos kléru →Perì tû Apollodóru kléru (Isaios)

Perì tû Kleonýmu kléru →Perì tû Apollodóru kléru (Isaios)

Perì tû mè chrân émmetra nŷn tèn Pythían (*De Pythiae oraculis*) →Moralia (Plutarchos)

Perì tû mè daneízesthai (*De vitando aere alieno*) →Moralia (Plutarchos)

Perì tû mè didósthai tô adynáto argyrion
„Über die Verweigerung der Unterstützung für den Körperbehinderten"

Lysias, etwa 450 – etwa 380 v. Chr.

Prozeßrede (gr.) vor dem Rat von Athen, von Lysias für einen an beiden Beinen Gelähmten geschrieben, der mit Schlauheit und Humor für den Erhalt seiner Rente kämpft.

I Anlaß des Prozesses war die Klage eines Mannes, der vor dem Rat gegen die weitere Unterstützung des Behinderten Einspruch erhoben hatte. – Im Proömium (1–3) werden die Persönlichkeit und die Handlungsweise des Klägers charakterisiert. Die *Argumentatio* (4–20) dient der Widerlegung des Klägers durch den Hinweis auf die Bedürftigkeit, Gebrechlichkeit und Würdigkeit des Behinderten. Der Epilog (21–26) enthält die Bitte an die Richter, dem Behinderten die Unterstützung nicht zu entziehen.

A U. Albini, Florenz 1955 (gr.–it.). L. Gernet / M. Bizos, Paris [4]1967. C. Hude, Oxford 1912 (Nr. 24). Th. Thalheim, Leipzig [2]1913.
Ü K. Brodersen / I. Huber. 2 Bde., Darmstadt 2004–2005 (gr.–dt.). G. Wöhrle, Stuttgart 1995 (gr.–dt.).
L U. Albini: L' Orazione Lisiana per l' Invalido, in: RhM N. F. 25, 1952, 328–338. C. Carey: Structure and Strategy in Lysias XXIV, in: G & R 37, 1990, 44–51. K. J. Dover: Lysias and the Corpus Lysiacum, Berkeley/Los Angeles 1968. F. Ferckel: Lysias und Athen, Würzburg 1937. W. Plöbst: Lysias, in: RE 13, 2, 1927, 2533–2543.

Perì tû mè katalŷsai tèn pátrion politeían Athénesin
„Über die Nichtauflösung der ererbten Staatsform in Athen"

Lysias, etwa 450 – etwa 380 v. Chr.

Rede (gr.) vor der Volksversammlung in Athen (Demegorie), fragmentarisch erhalten.
Verfaßt in der Zeit nach der Vertreibung der Dreißig Tyrannen (403 v. Chr.).

I Der Redner tritt entschieden für die Wiederherstellung der vollen und unbeschränkten Demokratie ein.

A C. Hude, Oxford 1912 (Nr. 34).
Ü K. Brodersen / I. Huber. 2 Bde., Darmstadt 2004–2005 (gr.-dt.).

Perì tû Menekléus kléru →Perì tû Apollodóru kléru (Isaios)

Perì tû mè óntos è perì phýseos
„Über das Nichtseiende oder über die Natur"

Auch zitiert als *Perì phýseos è perì tû mè óntos* („Über die Natur oder über das Nichtseiende")

Gorgias aus Leontinoi, etwa 480–380 v. Chr.

Frg. (gr.) einer rhetorischen Auseinandersetzung mit der Seinslehre des Parmenides und Plädoyer für einen erkenntnistheoretischen Nihilismus. Jugendwerk des Autors, zwischen 480 und 470 v. Chr. verfaßt.

I Der Autor will drei Sätze beweisen: (1) Es existiert nichts. (2) Wenn etwas existiert, wäre es nicht erkennbar. (3) Wenn es erkennbar wäre, wäre es nicht mitteilbar. Die verlorene Schrift ist vor allem durch zwei Berichte rekonstruierbar: Sextus Empiricus, *Adversus mathematicos* 7,65–87 (→*Skeptiká*), und Ps.-Aristoteles, →*De Melisso Xenophane Gorgia* 979a11–980b21. – Der erste Satz („Es existiert nichts") ist gegen die Seinslehre des Parmenides (→*Perì phýseos*) gerichtet. Gorgias versucht zunächst, die Unterscheidung des Parmenides zwischen dem Seienden und dem Nichtseienden zu verwischen. Das Seiende kann weder ungeworden noch geworden sein. Es kann aber auch weder Einheit noch Vielheit sein. Wenn also das Seiende weder seiend noch nicht seiend, weder ewig noch geworden, weder Eines noch Vieles ist, dann existiert es überhaupt nicht. Ferner folgert Gorgias aus der Unmöglichkeit der Bewegung und der Bewegungslosigkeit die Nichtexistenz des Seienden. – Auch den zweiten Satz („Wenn etwas existierte, wäre es nicht erkennbar") leitet Gorgias aus den Erkenntnissen des Parmenides ab, indem er auf das fehlende Kriterium für die Unterscheidung von wahren und falschen Vorstellungen hinweist. – Der dritte Satz („Wenn es erkennbar wäre, wäre es nicht mitteilbar") ist eine Schlußfolgerung aus der scharfen Trennung zwischen sinnlicher Wahrnehmung und Denken bei Parmenides: Man kann zwar Worte (lógoi) mitteilen, aber nicht Dinge (prágmata). Es gibt keine Brücke zwischen dem Seienden und dem Wort.

W Die Schrift könnte als eine Absage des Sophisten Gorgias an die Philosophie betrachtet werden (vgl. Nestle, 249). „Man könnte fast geneigt sein, diese Paradoxien des antiphilosophischen Rhetors für eine groteske Persiflage der eleatischen Dialektik zu halten" (Windelband, Gesch. d. ant. Phil., (3)1912, 93. 6). Aber Gorgias zielt offensichtlich nicht auf die jüngeren Eleaten Melissos und Zenon, sondern auf Parmenides selbst. Vielleicht spielt Platon in seinem →Parmenídes mit dem Hinweis auf „Spötter" der parmenideischen Lehre (128c) auf die Schrift des Gorgias an.

A M. Untersteiner: Sofisti. Fasc. 2, Florenz 1961 (gr.–it.). VS 82 B 1–5.
Ü W. Capelle: Die Vorsokratiker, Stuttgart 1968, 343–353.
L V. di Benedetto: Il *Perì tû mè óntos* di G. e la polemica con Protagora, in: RAL 8. Ser. 10, 1955, 287–307. W. Bröcker: Gorgias contra Parmenides, in: Hermes 86, 1958, 424ff. O. Gigon: Gorgias „Über das Nichtsein", in: Hermes 71, 1936, 186–213. H. Gomperz: Sophistik und Rhetorik, Leipzig/Berlin 1912, 18–35. A. Lesky, GL, 397–401. J. H. M. M. Loenen: Parmenides, Melissus, Gorgias. A Reinterpretation of Eleatic Philosophy, Assen 1959. W. Nestle: Die Schrift des Gorgias „Über die Natur oder Über das Nichtseiende" (1922), in: Griechische Studien, Stuttgart 1948, 240–252. H. J. Newiger: Untersuchungen zu Gorgias' Schrift über das Nicht-Seiende, Berlin 1973.

Perì tû mè radíos pisteúein diabolê
„Darüber, daß man denen, die anderen Böses nachsagen, nicht so ohne weiteres glauben dürfe"

Lukianos aus Samasata, etwa 120–180 n. Chr.

Essay (gr.) über die Verleumdung.

I Die Abhandlung beginnt mit einer Reflexion über die Unwissenheit (ágnoia), die der Autor als die häufigste Ursache des Unglücks ansieht. Angesichts dieser Unwissenheit fällt gerade die Verleumdung (diabolé) auf fruchtbaren Boden. Um gegen dieses Übel anzukämpfen, will der Autor in Worten „wie in einem Gemälde" darstellen, was Verleumdung ist, woher sie kommt und welche Wirkungen sie hat. – Der Maler Apelles aus Ephesos sei einmal von einem Rivalen verleumdet, dann aber rehabilitiert worden; daraufhin habe er ein Bild gemalt, um diese böse Erfahrung auf seine Weise zu verarbeiten. Lukian beschreibt das Bild ausführlich: Es enthält mehrere allegorische Gestalten, die Entstehung und Wirkung der Verleumdung darstellen (Neid, Verleumdung, Arglist, Täuschung, Reue). Anhand dieses Bildes erläutert Lukian das Phänomen der Verleumdung. – Im letzten Teil des Essays zeigt der Autor, wie man der Verleumdung begegnen könne. Hier schließt sich der Kreis: Die Unwissenheit schafft die Möglichkeit der Verleumdung; sie ist es, die vor allem zu beseitigen ist, damit die Verleumdung ins Leere geht.

N Der italienische Maler Alessandro Botticelli (1445–1510) hat die Bildbeschreibung des Lukian in sein Gemälde *La Calunnia* („Die Verleumdung des Apelles", 1495) „zurückübersetzt". Das Werk befindet sich in der Galleria degli Uffizi in Florenz.

A A. M. Harmon. Bd. 1, London/Cambridge (Mass.) 1913 (gr.–engl.).
Ü Chr. M. Wieland: Lucian von Samosata. Sämtliche Werke 3. 6, Leipzig 1788/1789, 97- 122.

Perì tû Nikostrátu kléru →Perì tû Apollodóru kléru (Isaios)

Perì tû oíku
„Über die Halle"

Lukianos aus Samosata, etwa 120–180 n. Chr.

Lobrede (gr.) auf eine schöne Halle bzw. einen schönen Saal.

I Der Saal sei so schön, daß den Redner eine unwiderstehliche Lust befallen müsse, in ihm eine Rede zu halten und ihn mit seiner Stimme auszufüllen, um selbst ein Teil seiner Schönheit zu werden. Lukian spricht dann ausführlich von der Wirkung, die von einem Saal dieser Schönheit auf den Redner ausgehen müsse; sie wirke sich auch auf die Rede aus. Allgemeine Überlegungen über die Bedeutung der äußeren Umgebung, das Ambiente eines Gesprächs (der Schatten es Baumes, eine sprudelnde Quelle usw.) schließen sich an. Lukian verweist u. a. auf den idyllischen Ort, an dem der platonische →Phaîdros spielt. Die Schönheit der Umgebung teile sich den Worten des Sprechers oder der miteinander Sprechenden mit (vgl. 4). – Eine Fülle weiterer kunstästhetischer Beobachtungen schließt sich an.

W Es ist anzunehmen, daß Lukian den Saal, in dem er seine Werke öffentlich vorlesen wollte, auf diese Weise pries, um dem Eigentümer ein Kompliment zu machen.

A   A. M. Harmon. Bd. 1, London/Cambridge (Mass.) 1913 (gr.–engl.).
Ü   Chr. M. Wieland: Lucian von Samosata. Sämtliche Werke 3. 6, Leipzig 1788/1789, 327–352.

Perì tû pánta spudaîon eînai eleútheron
„Über die These, daß jeder Rechtschaffene frei sei"

Auch lat. zitiert als *Quod omnis probus liber sit.*

Philon aus Alexandreia, 1. Hälfte des 1. Jh.s n. Chr.

Zweiter Teil einer philosophischen Abhandlung (gr.).

I   Der verlorene erste Teil der Abhandlung handelte über die These, daß jeder Schlechte ein Sklave ist" (*Perì tû pánta phaúlon eînai dûlon*) (vgl. den Werkkatalog bei Eusebios, →*Historía ekklesiastiké* 2,18). – Philon beweist den stoischen Satz von der Freiheit des Weisen und erläutert diesen mit historischen Beispielen (u. a. werden die Sieben Weisen und Persönlichkeiten wie Herakles, Zenon und Diogenes genannt).
W   Die Schrift soll einerseits das stoische Paradoxon (→*Paradoxa Stoicorum*) von der Freiheit des Weisen als gültig erweisen und andererseits dazu ermuntern, die wahre Weisheit zu erwerben.

A   →*Perì aphtharsías kósmu.*

Perì tû Philoktémonos kléru →Perì tû Apollodóru kléru (Isaios)

Perì tû póteron hýdor è pŷr chresimóteron (*Aquane an ignis sit utilior*) →Moralia (Plutarchos)

Perì tû prótos psychrû (*De primo frigido*) →Moralia (Plutarchos)

Perì tû Pýrrhu kléru →Perì tû Apollodóru kléru (Isaios)

Perì tû Pythagorikû bíu
„Über das Leben des Pythagoras"

Auch lat. zitiert als *De vita Pythagorica.*

Iamblichos aus Chalkis, etwa 275–330 n. Chr.

Es handelt sich weniger um eine Pythagoras-Biographie als vielmehr um eine Darstellung (gr.) der pythagoreischen Lebensform.

I   Die als Pythagoras-Biographie stilisierte Beschreibung pythagoreisch-philosophischer Lebensführung sollte ebenso wie der →*Protreptikós* für eine solche Lebensform werben. In dieser Zielsetzung stimmt die Schrift z. B. auch mit der christlichen Mönchsvita des Athanasios aus Alexandreia (295–373 n. Chr.) überein (→*Vita Sancti Antonii*).

A   L. Deubner / U. Klein, Stuttgart/Leipzig 1975.
Ü   M. v. Albrecht: Iamblichi Chalcidensis ex Coele-Syria. De vita Pythagorica liber, Zürich 1963 (gr.-dt.). M. v. Albrecht u. a.: Pythagoras. Legende-Lehre-Lebensgestaltung, Darmstadt 2002 (gr.-dt.). T. Taylor: Life of Pythagoras, London 1926 (engl.).
L   J. Bidez: Le Philosophe Jamblique et son école, in: REG 32, 1919, 29–40. W. Burkert: Weisheit und Wissenschaft. Studien zu Pythagoras, Philolaos und Platon, Nürnberg 1962. L. Deubner: Bemerkungen zum Text der Vita Pythagorica des Iamblichos, in: SB Preuss. Ak. d. Wiss. Phil.–hist. Kl. 1935, 612–690. J. Dillon: Iamblichus of Chalcis, in: ANRW 2, 36, 2, 1987, 862–909. M. J. Edwards: Two Images of Pythagoras: Iamblichus and Porphyry, in: H. J. Blumenthal / E. G. Clark (Hg.): The Divine Iamblichus. Philosopher and Man of God, Bristol 1993, 159–172. B. Kytzler: Fiktionale Prosa, in: NHbL. Spätantike, 469–494. B. L. van der Waerden: Die Pythagoreer. Religiöse Bruderschaft und Schule der Wissenschaft, Zürich/München 1979.

Perì tû Sokrátus daimoníu (*De genio Socratis*) →Moralia (Plutarchos)

Perì tû stephánu
„Über den Kranz"

Auch zitiert als *Hypèr Ktesiphôntos perì tû stephánu* („Für Ktesiphon über den Kranz").

Demosthenes aus Athen, 384–322 v. Chr.

Verteidigungsrede (gr.) in einem politischen Prozeß, in dem Aischines mit seiner Rede →*Katà Ktesiphôntos* die Anklage vertrat.
Gehalten in Athen im Jahre 330 v. Chr.

I   „Wie die Anklagerede des Aischines die ganze Politik des Demosthenes wieder aufrollt, so wird die Kranzrede des Demosthenes notgedrungen zur Verteidigung seines gesamten Handelns seit dem Eintritt in die politische Laufbahn ... Als nach langer Verzögerung der Prozeß des Aischines gegen Ktesiphon in Athen zur Verhandlung kommt, da horcht ganz Griechenland auf, und aus allen Landschaften strömt das Volk herbei, um dieses große Schauspiel zu erleben, das man die Rednerschlacht genannt hat. Es ist in Wahrheit weit mehr als ein Kampf der Worte. In ihm sehen die Zeitgenossen auf der ideellen Ebene historischer Anklage und Rechtfertigung die ganze Tragödie ihres Schicksals noch einmal mit leidenschaftlicher Anteilnahme vor ihrem geistigen Auge abrollen ... Die große Entscheidungsfrage von einst: Was sollen wir denn tun? ist jetzt in das Präteritum verwandelt: Was hätten wir denn tun sollen? ... Demosthenes schildert die schwierige Lage bei Beginn seines staatsmännischen Wirkens, die sich zusammenziehende Gefahr, die Ahnungslosigkeit der Griechen, die Feilheit oder Feigheit der Führer ... ‚Was sollte unsere Stadt tun, Aischines, da sie sah, wie Philipp sich die Herrschaft und Tyrannis über die Griechen zu verschaffen suchte?‘ ... Diese Übersetzung aus dem Imperativ in das Präteritum, aus der Dimension der sittlichen Forderung in die des unentrinnbar notwendigen Geschehens, ist die erschütternde Transposition, die Demosthenes in der Rede vom Kranz an seinem eigenen Leben und Wirken vollzieht. In dem Drama der philippischen Reden war er handelnde Person; in der Kranzrede wird der Held ... zum nacherlebenden Zuschauer seiner eigenen Tragödie ... Aber nicht die ganze Kranzrede ist auf diesen Ton gestimmt. Sie enthüllt das Bild der ganzen Entwicklung des Demosthenes, seiner Jugend und Schulzeit, seines bürgerlichen Lebens und seiner Opfer für den Staat, seiner glühenden Liebe zu Athen. Sie geißelt die Sitten der Zeit und die Korruption der Politiker, und mit der ins Bizarre gesteigerten Kraft des alten verzehrenden und verzerrenden Hasses treffen ihre Hiebe den Ankläger Aischines ... Aber mochte Athen auch ohnmächtig sein gegen die Kraft des makedonischen Siegers, es behielt sich die Unabhängigkeit des Urteils vor und erklärte Demosthenes als durch keine Geschichte widerlegbar" (Jaeger, 191–194).

H Als Wortführer der promakedonischen Partei in Athen, die einen Ausgleich mit König Philipp anstrebte, war Aischines für die Niederlage von Chaironeia im Jahre 338 v. Chr. mitverantwortlich. Philipps Sieg stärkte einerseits die Machtstellung der Makedonenfreunde und provozierte andererseits den antimakedonischen Widerstand. Der Antrag des Ktesiphon, Demosthenes wegen seiner Verdienste um die Ausbesserung der Stadtmauern und wegen seiner finanziellen Opfer zugunsten des Staates während der Großen Dionysien im Jahre 336 v. Chr. einen goldenen Kranz zu verleihen, war als eine antimakedonische Demonstration gedacht. Aischines versuchte, diese Ehrung durch eine Verfassungsklage gegen den Antragsteller Ktesiphon zu verhindern. Im Jahre 330 v. Chr. kam es zu dem Prozeß, in dem Aischines seine Anklagerede →Katà Ktesiphôntos hielt und Demosthenes mit Perì tû stephánu antwortete.

W Demosthenes ergreift in seiner Verteidigungsrede die Gelegenheit zu einer umfassenden Rückschau auf seine politischen Ziele im Widerstand gegen Philipp von Makedonien und im Kampf für Freiheit und Ehre Athens vor der Katastrophe von Chaironeia (338) und zu einer weitgreifenden Rechtfertigung des damals beschrittenen Weges. – Ein Nebeneffekt sollte die Schlußabrechnung mit seinem innenpolitischen Gegner Aischines sein, der, moralisch geschlagen, Athen verlassen mußte.

A S. H. Butcher, Oxford 1903 (Nr. 18). C. Fuhr, Leipzig 1914, Nachdr. 1994. C. Rehdantz / F. Blass / K. Fuhr. 2 Teile in 1 Bd., Leipzig 1886–1910, Nachdr. Hildesheim 1973.
Ü H. Görgemanns, GLTD 3, 140–149 (gr.–dt. in Auswahl). W. Waldvogel, Stuttgart 1968. W. Zürcher, Darmstadt 1983 (gr.–dt.).
L F. Blass, Beredsamkeit 3. 1. P. Cloché: Démosthène et la fin de la démocratie athénienne, Paris 1937. A. Lesky, GL, 669–681. W. Jaeger: Demosthenes. Der Staatsmann und sein Werden, Berlin 1939. L. Pearson: The Art of Demosthenes, Meisenheim am Glan 1976. A. Schäfer: Demosthenes und seine Zeit. Bd. 3, Leipzig [(2)]1887. H. Strohm: Eine Demosthenes-Interpretation, in: Gy 69, 1962, 326–335. H. Wankel: Demosthenes. Rede für Ktesiphon über den Kranz, Heidelberg 1976 (Kommentar).

Perì tû stephánu tês trierarchías
„Über den trierarchischen Kranz"

Demosthenes aus Athen, 384–322 v. Chr.

Politische Rede (gr.).
Gehalten 359 v. Chr. nach der Niederlage der Athener in der Seeschlacht bei Peparethos für einen Unbekannten, der nach dem Gesetz die Ehrung durch den Kranz beanspruchte, weil er als erster seine Triere fertiggestellt hatte.

A W. Rennie, Oxford 1931 (Nr. 51).
L A. Kirchhoff: Über die Rede vom trierarchischen Kranz. Berl. Ak. Abhandl. 1865, 65–108. C. Rüger: Oratio de corona navali num a Demosthene scripta sit, inquiritur. Progr. Dresden. Wettiner Gymn. 1900.

Perì tû tà áloga lógo chrêsthai (*Bruta animalia ratione uti, sive Gryllus*)
→**Moralia (Plutarchos)**

Perì tû Thukydídu charaktêros
„Über die Eigentümlichkeit des Thukydides"

Dionysios aus Halikarnassos, seit 30 v. Chr. in Rom

Stilkritische Auseinandersetzung (gr.) mit Thukydides (→*Ho pólemos tôn Peloponnesíon kaì Athenaíon*).

I Der Autor erörtert auch in dieser Schrift den Mimesis-Begriff, d.h. das Problem der Nachahmung von Stilmustern. Vgl. →*Perì miméseos*. Der

Autor versucht, die hohe Bewertung des Thukydides zu reduzieren, den er u. a. wegen seiner Stoffverteilung tadelt. – Am Anfang der Schrift steht eine Liste der frühesten gr. Historiker. – Die Schrift ist an Aelius Tubero, den röm. Rechtsgelehrten und Historiker, gerichtet.

A   H. Usener / L. Radermacher: Dion. Hal. opuscula. 2 Bde., Leipzig 1899–1929, Nachdr. 1997.
L   M. v. Albrecht: Dionysios (Nr. 20), in: DKP 2, 70 f. O. Lendle, Einführung, 239–242. A. Lesky, GL, 929.

Perì tû tôn neôn katalógu
„Kommentar zum homerischen Schiffskatalog"

Auch zitiert als *Perì neôn* („Über die Schiffe") oder („Über den Katalog der Schiffe").

Apollodoros aus Athen, 2. Jh. v. Chr.

Ausführlicher Sachkommentar in 12 B. (gr.), aus denen nur Frg. erhalten sind.

I   Das vor allem aus Strabons →*Geographiká* kenntliche Werk war ein materialreicher und gelehrter Kommentar von →*Iliás* 2,484–759. Nach Auffassung des Autors hatte der Dichter des Schiffskatalogs eine Beschreibung des heroischen Griechenlands gegeben, und daraus ergibt sich für den Interpreten die Aufgabe, die große Zahl der Orte, Stämme und Helden dem Leser zu erklären (Frg. 154–204 und T 12–15). „Für Apollodor war der Katalog ein echter, ursprünglicher Teil von Homers Werk, und er zog alle ihm verfügbare Kenntnisse nachhomerischer Geographie heran, um die im Katalog überlieferten Namen zu identifizieren" (Pfeiffer, 313).
Q   Eine Quelle war der →*Troikòs diákosmos* des Demetrios aus Skepsis. Die wichtigste Quelle waren die beschreibenden Teile der →*Geographiká* des Eratosthenes (vgl. T 13).
W   Apollodor wollte ein zusammenhängendes Bild des homerischen Griechenlands und der seitdem eingetretenen Veränderungen entwerfen; sein Ziel war es, die geographischen Anschauungen des Dichters zu bestimmen, ohne ihm lehrhafte Absichten zu unterstellen oder verborgene Bedeutungen entdecken zu wollen.

A   FGrHist 244.
L   H. Dörrie: Apollodoros (Nr. 5), in: DKP 1, 438 f. A. Lesky, GL, 881 f. G. Neumann: Frg. von Apollodors Kommentar zum homerischen Schiffskatalog im Lexikon des Stephanus von Byzanz, Diss. Göttingen 1953. R. Pfeiffer, KlPh, 312–314. E. Schwartz, RE 1, 2, 1894, 2855–2886.

Perì tû zeúgus
„Über das Gespann"

Isokrates aus Athen, 436–338 v. Chr.

Gerichtsrede (gr.).
Wie die fünf anderen Gerichtsreden (→*Trapezitikós*, →*Pròs Kallímachon*, →*Aiginetikòs*, →*Katà Lochítu*, →*Pròs Euthýnun*) zwischen 402 und 393 v. Chr. gehalten bzw. von Isokrates für andere geschrieben.

I   Gegenstand des Prozesses war ein Gespann, mit dem der berühmte Alkibiades (etwa 450–404 v. Chr.) in Olympia gesiegt hatte. Isokrates trat in dieser Rede dem Redner Lysias entgegen, da dieser zu den Gegnern des Alkibiades gehörte und einige Jahre nach diesem Prozeß seine Reden gegen Alkibiades hielt (→*Kat' Alkibiádu astrateías*, →*Kat' Alkibiádu lipotaxíu*). – Im Jahre 399 (oder spätestens 396 v. Chr.) wurde der jüngere Alkibiades von einem gewissen Teisias vor Gericht gebracht, um von dem Sohn Ersatz für einen Schaden zu bekommen, den er vor 16 Jahren erlitten zu haben behauptete. Alkibiades, der Vater, sollte damals mit einem dem Teisias widerrechtlich abgenommenen und nicht zurückgegebenen Gespann seinen Sieg errungen haben. – Ein großer Teil der Rede dient der Verteidigung, der Rechtfertigung und dem Lob des Alkibiades durch seinen Sohn.

A   L. van Hook. Bd. 3, London/Cambridge (Mass.) 1945.
L   I. Bruns: Das literarische Porträt der Griechen im fünften und vierten Jahrhundert vor Christi Geburt, Berlin 1896, 493–505.

Perì týches
„Über das Schicksal"

Favorinus aus Arelate, etwa 80–150 n. Chr.

Rede (gr.), die unter dem Namen des Dion aus Prusa überliefert ist (Nr. 64 der →*Lógoi*).

I   Die Rede ist eine populärphilosophische Erörterung des Schicksalsbegriffes.

A   A. Barigazzi, Florenz 1966. E. Mensching. 2 Bde., Berlin 1963 ff.
L   A. Lesky, 933. G. Schrot: Favorinus, in: DKP 2, 526.

Perì týches (*De fortuna*) →Moralia (Plutarchos)

Perì uranû
„Über den Himmel"

Auch lat. zitiert als *De caelo*.

Aristoteles aus Stageira, 384–322 v. Chr.

Kosmologische Lehrschrift (gr.) in vier Büchern.

I Die Schrift besteht aus drei Einzelvorträgen: (1) Zunächst handelt der Autor über kosmologische Fragen (Buch 1–2); er spricht hier von einem „oberen Ort", dem Ort des „ersten Himmels", d. h. der Fixsternsphäre und der Sphären der Sonne, des Mondes und der damals bekannten fünf Planeten. Den Stoff des „oberen Ortes" nennt Aristoteles *prôton sôma*: Dieser „erste Körper" ist ewig, alterslos und keinerlei Einwirkungen ausgesetzt; er hat eine göttliche Natur. Seine Unsterblichkeit verwirklicht sich in ewiger Kreisbewegung, deren Mittelpunkt die Erde ist. – (2) Darauf geht der Autor auf die Bewegung und die Eigenschaften der irdischen Körper ein (Buch 3). – (3) Eine kurze Abhandlung befaßt sich mit den Begriffen „leicht und schwer" (Buch 4). – Die drei Vorträge sind miteinander verknüpft, zumal sie auch inhaltlich zusammenhängen. In den drei Abhandlungen polemisiert Aristoteles gegen Platon (→*Parmenídes* 135d-e; →*Tímaios*): „Platon spricht geringschätzig über unsere Kenntnis der sichtbaren Dinge; er meint, sie seien gleichzeitig gleich und ungleich, veränderten dauernd ihre Eigenschaften; eine Erkenntnis der Naturdinge sei deshalb unerreichbar. Ich bin anderer Meinung; denn die Naturwissenschaft ist die Wissenschaft von den sich stets bewegenden und wandelnden Dingen. Diese Dinge sind körperlich, und die Natur selbst hat ihnen drei Dimensionen gegeben. Das Gerede von der Einheit und der Vielheit führt den Dingen keine neue Dimension zu, sondern bedeutet, daß man die Erörterung auf einen anderen Wissensbereich überträgt, der nichts mit Naturwissenschaft zu tun hat. Einheit und Vielheit gibt es nämlich in den Dingen selbst. Die Gegenstände der Naturwissenschaft kann man in drei Schichten einteilen: (1) die sichtbaren Körper und Dinge, (2) deren körperliche Bestandteile und (3) die Prinzipien, mit deren Hilfe wir die Struktur der Dinge verstehen können. Die Körper, mit denen wir uns in der Naturwissenschaft befassen, sind dreidimensional und überdies Kontinua; das gilt auch von den kleinsten Elementen. Da alle Teile eines Körpers durch gegenseitigen Kontakt ein Kontinuum bilden, können wir behaupten, daß jedes in sich vollkommene Ganze zugleich eine Vielheit ist. Theoretisch können wir die Dinge in ihre kleinsten Bestandteile zerlegen, aber auch diese Teile sind dreidimensional, und es hat keinen Sinn, sie weiter in Flächen, Linien und Punkte aufzulösen" (freie Wiedergabe der Einleitung zu *Perì tû uranû* von I. Düring, 348).

A D. J. Allan, Oxford 1936. W. K. C. Guthrie, London/Cambridge (Mass.) 1939 (gr.–engl.). O. Longo, Florenz 1962 (gr.–it. mit Kommentar). P. Moraux, Paris 1965 (gr.–frz.).
Ü O. Gigon, Zürich 1950.
L I. Düring, Aristoteles, 346–385. O. Gigon: Aristoteles-Studien I, in: MH 9, 1959, 113–136. P. Moraux: Einige Bemerkungen über den Aufbau von Aristoteles' Schrift *De caelo*, in: MH 6, 1949, 157–165. G. A. Seeck: Über die Elemente in der Kosmologie des Aristoteles, München 1964.

Perì zóon genéseos
„Über die Zeugung der Tiere"

Auch lat. zitiert als *De generatione animalium*.

Aristoteles aus Stageira, 384–322 v. Chr.

Naturwissenschaftliche Schrift (gr.) in fünf Büchern.
Zwischen 347 und 335 v. Chr. entstanden, nach der *Historia animalium* (→*Hai perì tà zôa historíai*), *De partibus animalium* (→*Perì zóon moríon*), *De anima* (→*Perì psychês*) und den meisten →*Parva naturalia*.

I Die Bücher 1–3 bilden eine Einheit; sie handeln von der Zeugung. Buch 1 enthält die Lehre von den vier Ursachen (*aitíai*), Betrachtungen über die Geschlechtsdifferenzierung und die Geschlechtsorgane bei verschiedenen Tiergattungen, die männlichen und weiblichen Geschlechtsorgane bei den Wirbeltieren und den anderen Tieren, Theorien über die Zeugung, Bemerkungen über die Geschlechtsdifferenzierung bei Pflanzen und Tieren. – Buch 2 enthält eine teleologische Erklärung der Geschlechtsdifferenzierung, eine Einteilung der Tiere nach der Art der Zeugung, die Entwicklung des Embryos, die Konfrontation der zwei Theorien: Trägt der Samen in sich Anlagen zu allen Organen und Eigenschaften (Präformationstheorie) oder entwickeln diese sich allmählich (Epigenesistheorie)? Ferner stellt die Schrift Theorien über den Samen dar: Trägt der Samen die Seele (Pneumatheorie)? Dann geht der Autor ein auf die Zeugung beim Menschen und den lebendgebärenden Tieren, auf die Entwicklung des Embryos und die Sterilität. – Buch 3 enthält: Zeugung bei den Vögeln und Fischen, die Cephalopoden, Tintenfische u. a., Insekten, Bienen, Schalentiere, eine Reflexion über den Ursprung des Menschen und der vierfüßigen Tiere. – Im 4. Buch werden unterschiedliche Fragen erörtert: Ursachen der Geschlechtsdifferenzierung, erbliche Eigenschaften, Gründe für die Tatsache, daß einige Lebewesen wenige, andere viele Nachkommen haben, Mißbildung der Jungen, Vielgeburt von mehreren Ovulationen; die sog. Superfoetatio, der Fötus in verschiedenen Entwicklungsstadien, die *Mola uteri*, die Länge der Schwangerschaft bei verschiedenen Tierarten. – Das 5. Buch ist eine Abhandlung über sekundäre Eigenschaften, die eine Folge gesetzmäßigen Naturgeschehens sind und in denen keine Zweckmäßigkeit zu erkennen ist, z. B. die Augenfarbe oder Unterschiede in der Behaarung.

W Die Schrift des Aristoteles „enthält mehr, als der Titel verspricht. Wie in keiner anderen Schrift sind hier die allgemeinen Prinzipien seiner Wissenschaftslehre und Physik, seine Ansichten über Entstehen und Vergehen, über das Verhältnis zwischen dem Physischen und dem Psychischen mit seinen biologischen Kenntnissen zu einer großartigen Gesamtschau verschmolzen. Das bedeutet einerseits, daß diese Schrift in höherem Grad spekulativ ist als die übrigen biologischen und psychologischen Schriften, andererseits, daß er über ein enormes Tatsachenmaterial verfügt ... Sein Hauptanliegen ist es, die Wirkungsweise der Natur zu analysieren und offenzulegen. Die oft sehr genauen Beschreibungen der Tatsachen sind nur Mittel dazu. Die Folge davon ist, daß gute und richtige Beobachtungen in der Regel zur Aufstellung richtiger Theorie führen" (Düring, 512). Allerdings sind Aristoteles auch eine Reihe von Irrtümern nachzuweisen, die nicht nur darauf zurückzuführen sind, daß er keine optischen Hilfsmittel zur Verfügung hatte, sondern daß er vorgefaßte Meinungen hatte, die ihn dazu veranlaßten, zuerst eine Theorie aufzustellen und dann nach Tatsachen zu suchen, die diese Theorie bestätigen sollten (im Sinn einer *petitio principii*).

A H. J. Drossaart Lulofs, Oxford 1965. P. Louis, Paris 1961 (gr.–frz.).
Ü H. Aubert / F. Wimmer, Leipzig 1860.
L H. Balss: Die Zeugungslehre und Embryologie in der Antike, in: Quellen und Studien zur Geschichte der Naturwissenschaften und Medizin 5, 1936, 1–882. I. Düring, Aristoteles, 511–513. E. Lesky: Die Zeugungs- und Vererbungslehren der Antike und ihr Nachwirken. SB Mainz. Abh. d. geistes – und sozialwiss. Kl. 1950. 19.

Perì zóon idiótetos
„Über die Eigenart der Tiere"

Claudius Aelianus aus Praeneste, etwa 170 – um 240 n. Chr.

Tiergeschichte (gr.) in 17 Büchern.

I Ein Leitgedanke in dieser Sammlung zoologischer Kuriositäten ist die in Anlehnung an die stoische Philosophie vertretene Absicht, die Weisheit der Natur zu veranschaulichen. In der „vernunftlosen" Kreatur wohnt Weisheit. Das Leben der Tiere ist in vieler Hinsicht vorbildlich. „Daß Aelian aus einer Art paradoxographischer Vulgata schöpft, zeigen Berührungen mit dem →*Physiólogos*" (Lesky, 953).

A R. Hercher. 2 Bde., Leipzig 1864/1866. A. F. Scholfield. 3 Bde., London/Cambridge (Mass.) 1958 ff. (gr.–engl.).
L K. Gerth, RE Suppl. 8, 1956, 732–734 (s. v. 2. Sophistik). A. Lesky, GL, 953.

Perì zóon kinéseos
„Über die Bewegung der Lebewesen"

Auch lat. zitiert als *De motu animalium*.

Aristoteles aus Stageira, 384–322 v. Chr.

Philosophische Abhandlung (gr.) über die Bewegung als Grundphänomen der Natur.
Aristoteles verweist auffallend häufig auf andere seiner Schriften: Demnach ist *Perì zóon kinéseos* erst nach →*Perì poreías zóon*, Lamba von →*Tà metà tà physiká*, →*Perì genéseos kaì phthorâs*, →*Perì zóon moríon*, →*Perì psychês*, →*Parva naturalia* entstanden.

I Übersicht (nach J. Kollesch): Kap. 1: Struktur der Körpergelenke und ihre Funktion als Ausgangspunkte der Bewegung. – Kap. 2: Der für die Eigenbewegung von Mensch und Tier erforderliche ruhende Stützpunkt außerhalb des sich bewegenden Lebewesens. – Kap. 3–4: Kritik an früheren bzw. rivalisierenden Lehren vom Ursprung der Himmelsbewegung. – Kap. 5: Die im Entstehen, in der Veränderung, im Wachstum und im Vergehen bestehenden Bewegungsformen des Lebewesens und der ihnen zugrunde liegende Bewegungsmechanismus. – Kap. 6: Das Streben nach etwas als Ursprung der Bewegung der Lebewesen. – Kap. 7–8 (bis 702a21): Der durch das Streben ausgelöste Bewegungsablauf im Körper. – Kap. 8 (ab 702a21)-9: Der Sitz der bewegenden Seele. – Kap. 10: Das Pneuma als Werkzeug der Seele. – Kap. 11: Die unwillkürlichen und willkürlichen Körperbewegungen und der ihnen zugrunde liegende Bewegungsmechanismus.

W Die Schrift *Perì zóon kinéseos* (*De motu animalium*) ist als Fortsetzung zu →*Perì poreías zóon* (*De incessu animalium*) konzipiert. „Beide Schriften haben die Eigenbewegung der Lebewesen zum Gegenstand: In *De inc. anim.* ging es Ar. zunächst vor allem darum, den äußeren Bewegungsmechanismus in Abhängigkeit von der Funktion der bei den verschiedenen Arten von Lebewesen unterschiedlichen Bewegungsorgane darzustellen; das erklärte Ziel von *De mot. anim.* ist es dagegen, die allen Lebewesen gemeinsame letzte Ursache der Bewegung zu untersuchen, d. h. eine Antwort auf die Phys. VIII 4, 254b29 f. (→*Physikè akróasis*) gestellte Frage zu finden, wie man bei der Eigenbewegung die Grenze zwischen dem Bewegenden und dem Bewegten zu ziehen hat" (Kollesch, 28). Aristoteles will die animalische Bewegung in ihrer Besonderheit begreiflich machen und letztlich als rein körperliches, auf dem Zusammenwirken physiologischer und psychischer Vorgänge beruhendes Geschehen darstellen. – Aristoteles will beweisen, daß das *pneûma sýmphyton* (die „angeborene Atemluft") das Organ und Werkzeug der Seele ist, durch das der Wille (*órexis*), der Beweger im Lebewesen, den Impuls zur Bewegung gibt und den Körper auf das Ziel hin bewegt, das ihm vorschwebt (vgl. Düring, 295).

A E. S. Forster, London/Cambridge (Mass.) 1937 (gr.–engl.). W. Jaeger, Leipzig 1913. M. C. Nussbaum, Princeton 1978 (gr.–engl. mit Kommentar).
Ü J. Kollesch, Berlin 1985 (mit Kommentar).
L I. Düring, Aristoteles, 295 f. W. Jaeger: Das Pneuma im Lykeion, in: Hermes 48, 1913, 27–74. A. Kenny: Aristotle's theory of the will, New Haven 1979. M. C. Nussbaum: The text of Aristotle's *De motu animalium*, in: HSPh 80, 1976, 111–159. F. Solmsen: The vital heat, the inborn pneuma and the aether, in: JHS 77, 1957, 119–123. L. Torraca: Sull' autenticità del *De motu animalium* di Aristotele, in: Maia 10, 1958, 220–233.

Perì zóon moríon
„Über die Teile der Tiere"

Auch lat. zitiert als *De partibus animalium*.

Aristoteles aus Stageira, 384–322 v. Chr.

Zoologisch-anatomische Schrift (gr.) in vier Büchern.

I Das 1. Buch ist eine Programmschrift, in der Aristoteles die Zoologie als eigenständige Wissenschaft verteidigt und vor allem Methodenfragen diskutiert. In diesem aus verschiedenen Notizen zusammengestellten Buch handelt Aristoteles über folgende Themen: Über die Methode in der Naturwissenschaft, über die relative Bedeutung von Gesetzmäßigkeit und Zweckmäßigkeit im Naturgeschehen, über die Frage, inwieweit die psychischen Funktionen zur Naturwissenschaft gehören (639a1-642b4). Dann geht er auf Klassifikationsmethoden ein (642b5–644b21). Anschließend beschreibt er die animalische Natur (*he zoikè phýsis*) in ihrer Ganzheit als Gegenstand der Forschung (644b22-645a26). Zum Schluß legt er dar, nach welchen Prinzipien man die Organe und Gewebe der Tiere studieren soll. In den Büchern 2 – 4 will Aristoteles die Ursachen der Zusammensetzung der Organismen untersuchen. Alle Teile sind auf das Ganze bezogen, so daß die Untersuchung von den bereits entwickelten Lebewesen ausgehen muß. Es gibt drei Stufen von Zusammensetzung (*sýnthesis*): Sie besteht (1) aus Elementen, (2) aus gleichartigen Teilen (*homoiomerê*) und (3) aus heterogenen Teilen. – Zu 1: Die Elemente und Grundkräfte sind das Warme und das Kalte, das Feste und das Fließende (Buch 2,2-3). Zu 2: Die gleichartigen Teile sind das Gewebe, das Blut, das Fett, ferner Talg, Mark, Knochen, Fleisch, Knochen (Buch 2,4–9). Zu 3: Die heterogenen Teile sind die Organe (Buch 2,10 – Buch 4, 14). In 2,10–4,4 und in 4,10–14 werden die äußeren und die inneren Organe der Bluttiere, in 4,5–9 die der blutlosen Tiere behandelt. – Die Organe (Gehirn, Ohren, Augen, Herz, Lippen, Zunge, Zähne) werden gründlich beschrieben.

A P. Louis, Paris 1956 (gr.–frz.). A. L. Peck, London/Cambridge (Mass.) [3]1955 (gr.–engl.).
L I. Düring: Aristotle's *De partibus animalium*. Critical and literary commentaries, Göteborg 1943. I. Düring,

Aristoteles, 509 f. W. Ogle: Aristotle on the parts of animals, London 1882 (Kommentar).

Persa
„Der Perser"

Titus Maccius Plautus, etwa 250–184 v. Chr.

Intrigenkomödie (lat.), derbe und zotenreiche Farce.

I Das Stück wurde benannt nach dem Sklaven Sagaristio, der als Perser verkleidet den Bodellbesitzer Dordalus betrügen hilft. Im Mittelpunkt der Handlung steht eine Liebesgeschichte unter Sklaven. Der Sklave Toxilus will zusammen mit dem Lustknaben Paegnium, dem Sklaven Sagaristio und dem Schmarotzer Saturio die Sklavin Lemniselenis des Dordalus befreien. Toxilus borgt sich von Sagaristio Geld, das dieser bei seinem Herrn besorgt, und kauft damit Lemniselenis frei. Das Geld bekommt er mit einem Trick zurück: Der angebliche Perser Sagaristio verkauft zum Schein die Tochter des Saturio als Araberin an Dordalus. Dieser muß die Tochter wieder herausgeben, weil sie ja Saturio gehört. Das Geld hat er verloren. Den Schluß bildet ein ausgelassenes Gelage.

Q Die gr. Vorlage ist nicht bekannt.

W In dem Stück agieren ausschließlich Sklaven, die freigeborenen Bürgern sehr ähnlich sind, aber nicht in der Lage zu sein scheinen, ihre Freiheit zu nutzen, endet das Stück doch in einer wilden Orgie. Die dramaturgische Aufwertung der Sklavenrollen steht also nicht etwa im Dienst einer Sklaven-Emanzipation; sie dient eher der Stabilisierung der gesellschaftlichen Verhältnisse. – Ob im *Persa* philosophisch-kynisches Gedankengut oder sogar ein Porträt des Diogenes (Wilamowitz) enthalten ist, sei dahingestellt.

A E. Woytek, Wien 1982.
Ü W. Binder / W. Ludwig: Antike Komödien. Plautus/Terenz. 2 Bde., Darmstadt 1976.
L S. Faller: Studien zu Plautus' *Persa*, Tübingen 2001. D. Hughes: The Character of Paegnium in Plautus's *Persa*, in: RhM 127, 1984, 46–57. KNLL 13, 437 f. M. Meyer: De Plauti *Persa*, Diss. Jena 1907. G. L. Müller: Das Original des plautinischen *Persa*, Diss. Frankfurt 1957. E. Paratore: Plauto, Florenz 1962. W. Schindler: Das komische Spiel der Rollenfiguren in Plautus' *Persa*. Vier Szenen für die Schule interpretiert, in: AU 29, 5, 1986, 44–59.

Pérsai
„Die Perser"

Aischylos aus Eleusis, 525/524–456 v. Chr.

Darstellung (gr.) der Niederlage des Perserkönigs
Xerxes bei Salamis im Jahre 480 v. Chr. in Form ei-
ner Tragödie (1077 Verse).
Erstaufführung im Jahre 472 v. Chr.

I Die Niederlage des Xerxes durch die gr. Flotte
wird aus der Sicht der besiegten Perser dargestellt.
Das Stück spielt am persischen Königshof in Susa.
Es gliedert sich in vier Teile: (1) Der Chor der persischen Ratgeber und Atossa, die Mutter des Königs,
ahnen ein großes Unglück voraus. (2) Ein Bote berichtet vom Untergang der persischen Flotte bei Salamis. (3) Der Schatten des Dareios erscheint und
deutet die persische Vergangenheit, Gegenwart und
Zukunft. (4) Der besiegte Xerxes tritt auf. Das
Stück endet mit dem alles Maß überschreitenden
Klagegeschrei der Besiegten, zu dem der vermutlich
frenetische Jubel der gr. Theaterbesucher in bedenk-
lichem Kontrast steht.

Q Als Teilnehmer an der Schlacht bei Salamis
konnte Aischylos den Botenbericht von dem für
die Perser so katastrophalen Ereignis wie ein Augenzeuge schreiben. – Daß der Dichter die persische
Kultur und Geschichte studiert hatte, zeigt das
Stück. – Ein Vorgänger in der dramatischen Darstellung des Sieges bei Salamis waren die 476 v. Chr. in
Athen uraufgeführten →Phoínissai des Phrynichos,
die bis auf wenige Nachrichten verloren sind.

W Aischylos geht es „nicht um die Fakten, sondern um ihre Deutung. Warum mußte Xerxes scheitern? Nicht nur deshalb, weil die Griechen so unendlich tapfer waren. Von Hurra-Patriotismus und
Chauvinismus ist Aischylos weit entfernt. Im Gegenteil: In der Darstellung des Sieges seiner Landsleute gibt er zugleich eine Warnung vor Überhe-
bung für sie. Nein – Xerxes mußte scheitern, weil
er das Recht überschritt und Hybris übte" (Latacz,
136). Diese Mitteilungsabsicht kommt in den Worten des Dareios, des verstorbenen Vaters des Xerxes,
deutlich zum Ausdruck (807–831). – Die Grenzüberschreitung besteht darin, daß Xerxes den Hellespont überbrückt und d. h. das Meer gefesselt
hatte und zudem die persischen Streitkräfte, die traditionell auf dem Lande operierten, in Seestreit-
kräfte zu verwandeln versuchte. – Trotz der leisen
Warnung vor Hybris kann Aischylos seinen Stolz
auf die Leistungen Athens nicht verhehlen; er zeichnet Athen als eine Siegermacht, der auch ein entsprechender Führungsanspruch zusteht. Damit
trägt der Dichter zur Verstärkung des nationalen
Selbstwertgefühles der Athener erheblich bei: Die
vergleichsweise armen Griechen haben das gewaltige persische Heer besiegt. Das war aber nicht die
Leistung eines einzelnen, sondern das Werk des
ganzen Volkes mit Hilfe seiner Götter.

A D. Page, Oxford 1972. M. L. West, Stuttgart 1990.
Ü D. Ebener, Berlin/Weimar (2)1987. E. Staiger, Stutt-

gart 1970. O. Werner / B. Zimmermann, Düsseldorf/Zü-
rich (6)2005 (gr.-dt.).
L H. Hommel (Hg.): Wege zu Aischylos. 2 Bde.,
Darmstadt 1974. J. Latacz, GT, 135–138.

Pérsai
„Die Perser"

Timotheos aus Milet, etwa 450–360 v. Chr.

Lyrische Schilderung (gr.) der Seeschlacht bei Salamis, fragmentarisch erhalten auf einer Papyrusrolle
(1537 P.) aus dem 4. Jh. v. Chr., die 1902 in Unter-
ägypten gefunden wurde.

I Es handelt sich um einen Nomos (vgl. den
→Nómos des Terpandros), d. h. ein zur Kithara vor-
getragenes Einzellied, über die Schlacht bei Salamis
(480 v. Chr.) im Kult des delphischen Apollon. –
Der erhaltene Teil des Nomos setzt mitten in der
Erzählung von der Niederlage der Perser ein. Vier
Reden sind erhalten: (1) Ein ertrinkender Perser
verflucht das wilde Meer. (2) Eine Gruppe frieren-
der Feinde beklagt die hoffnungslose Lage. (3) Ein
Phryger, der von einem Griechen an den Haaren
weggezerrt wird, fleht diesen um Gnade an; er sei
nicht freiwillig gegen Hellas gezogen und werde
nie wieder zurückkommen. (4) Der Perserkönig
Xerxes verwünscht seinen Kriegsplan und befiehlt
den Rückzug. – Am Schluß, in der Sphragis, dem
persönlichen Siegel des Autors, bekennt sich dieser
trotz aller Neuerungen zu der kitharödischen Tradition, die bis auf Orpheus zurückgehe.

Q Das literarische Vorbild können die →Pérsai
des Aischylos gewesen sein. Timotheos kannte aber
wohl auch die →Phoínissai des Phrynichos; ebenso
wird er die Schilderung der Schlacht bei Salamis bei
Herodot (→Historíes apódexis 8, 83–95) gekannt haben.

A T. H. Janssen, Amsterdam 1984 (mit Kommentar).
D. L. Page, PMG, 399–418. U. v. Wilamowitz-Moellendorff, Leipzig 1903, Nachdr. Osnabrück 1978.
L H. L. Ebeling: The *Persians* of Timotheus, in: AJPh
46, 1925, 317–331. B. Keil: Zu den *Persern* des Timotheos,
in: Hermes 48, 1913, 99–140. KNLL 16, 597 f. A. Lesky,
GL, 469 f.

Persiká
„Persische Geschichte"

Charon aus Lampsakos, 2. Hälfte des 5. Jh.s v. Chr.

Länderkundliche Schrift (gr.) in zwei Büchern, in
wenigen Frg. erhalten.

I Die Schrift steht in der Reihe anderer länderkundlicher Schriften des Autors, von denen nicht
viel mehr als die Titel erhalten sind: *Aithiopiká*, *Libyká*, *Kretiká*, *Helleniká*. Anscheinend verarbeitete
Charon in diesen und ähnlichen Schriften bereits

vorhandenes Material. Vgl. auch die „Chronik von Lampsakos" (→*Hôrai Lampsakenôn*).

A FGrHist 262.
L F. Jacoby: Charon von Lampsakos, in: Abh. zur gr. Geschichtsschreibung, Leiden 1956, 178–206. O. Lendle, Einführung, 71–73. M. Moggi: Autori greci di *Persiká* II. Carone di Lampsaco, in: ASNP 7, 1977, 1–26. L. Piccirilli: Carone di Lampsaco ed Erodoto, in: ASNP 5, 1975, 1239–1254.

Persiká
„Persische Geschichte"

Choirilos aus Samos, 2. Hälfte des 5. Jh.s v. Chr.

Historische Dichtung (gr.) in Hexametern nach dem Vorbild Homers, nur fragmentarisch erhalten.

I Das Werk ist eine epische Verherrlichung der Perserkriege (490–479 v. Chr.). Choirilos erzählte wohl im Anschluß an Herodot (→*Historíes apódexis*) vom Sieg der Athener über Xerxes. Der Dichter wird von späteren Autoren vielfach zitiert. „Die besondere Leistung des Ch. lag darin, daß er als erster über den herkömmlichen Stoffkreis (Götter – und Heldensage) hinaus einen bedeutenden historischen Stoff zum Inhalt eines Epos machte, womit er für die Epik bis ins späte Altertum (Claudian) beispielhaft geworden ist" (Mette, 1153).

A G. Kinkel: Epicorum Graecorum Fragmenta, Leipzig 1877, 265–273.
L A. Lesky, GL, 347. H. – J. Mette: Choirilos, in: DKP 1, 1152f. Schmid-Stählin 1, 2, 542–546.

Persiká →Nómima barbariká (Hellanikos)

Persiká
„Persische Geschichte"

Herakleides aus Kyme, 4. Jh. v. Chr.

Beschreibung (gr.) Persiens in fünf Büchern, aus denen nur Frg. erhalten sind.

I Dem Werk war eine besonders ausführliche ethnographisch-kulturgeschichtliche Einleitung vorausgeschickt. Darauf wurden das Land und seine Menschen beschrieben. Weitere Frg. gewähren Einblicke in das Leben am Hof des Großkönigs.

A FGrHist 689.
L O. Lendle, Einführung, 271. A. Lesky, GL, 702.

Persiká
„Persische Geschichte"

Ktesias aus Knidos, um 400 v. Chr.

In Frg. erhaltenes Geschichtswerk (gr.).
Nach 398/397 v. Chr. verfaßt.

I In 23 Büchern beschrieb Ktesias, der sich fast zwanzig Jahre lang in persischer Kriegsgefangenschaft befand und als Leibarzt der Königin Parysatis und des Königs Artaxerxes II. Mnemon tätig war, nach seiner Heimkehr die Geschichte des Orients, beginnend mit dem sagenhaften König Ninos, dem Gründer des assyrischen Großreiches, und endend mit dem Jahre 398 v. Chr., dem achten Jahr der Herrschaft des persischen Großkönigs Artaxerxes II. Ktesias hatte an der Schlacht von Kunaxa (→*Kýru anábasis*) auf persischer Seite teilgenommen und darüber im Zusammenhang seines Geschichtswerkes berichtet. Bei Photios (→*Bibliothéke*) sind Exzerpte aus diesem Werk erhalten. Nach Photios befaßten sich die Bücher 1–6 mit der assyrischen und der medischen Geschichte, während die Bücher 7–23 der persischen Geschichte von Kyros I. bis Xerxes gewidmet waren. In seinem Werk übte Ktesias heftige Kritik an Herodots Berichten über Persien (→*Historíes apódexis*); er überführte ihn – laut Photios – als Lügner und Märchenerzähler. Seine größere Glaubwürdigkeit unterstrich er mit dem Hinweis auf eigene Forschungsarbeit an Ort und Stelle, wozu er während seines langjährigen Aufenthalts am Hof des Großkönigs Gelegenheit hatte. – Aber Ktesias war keinesfalls der nüchterne Historiker im Sinne des Thukydides (→*Ho pólemos tôn Peloponnesíon kaì Athenaíon*). So besteht seine assyrische Geschichte zum größten Teil aus einer phantastischen, sagenhaften Darstellung des Lebens und der Taten der Königin Semiramis. Ktesias schuf damit für alle Zeiten die Grundlagen eines faszinierenden Semiramis-Romans. Aber auch die eigentliche Persergeschichte (Bücher 7–23) war keine wissenschaftliche Historiographie.
Q Ktesias stützte sich anscheinend weniger auf das Archivmaterial des Großkönigs als vielmehr auf bereits veröffentlichte Schriften über Persien, auf Erzählungen persischer Bekannter und auf seine eigene Phantasie, um eine spannende Darstellung der persischen Geschichte zu produzieren, die mit der Wirklichkeit nur den äußeren Rahmen gemeinsam hatte.
W Der Autor versuchte vor allem Herodot mit der Kunst seiner Erzählung zu übertrumpfen und zu überbieten. „Während Thukydides in der Auseinandersetzung mit dem Historiker Herodot die Historiographie auf die korrekte Darstellung der nüchternen ... Wahrheit festzulegen versuchte, knüpfte Ktesias an den Geschichtenerzähler Herodot an und bemühte sich, ihn mit der Komposition pseudohistorischer, aber dramatisch wirkungsvoll

gestalteter Geschichten an die Wand zu spielen" (Lendle, 128).

N Wie schon Herodot so verband auch Ktesias (und nach ihm wieder Xenophon, der in der →*Kýru paideía* auf Ktesias zurückgriff) eigenes Erleben des Orients mit der Freude an orientalischen Erzählformen und schuf auf diese Weise ein Werk, das als erzählte (nicht wissenschaftlich recherchierte) Geschichte die Menschen über die Zeiten hinweg zu unterhalten vermochte und mit dieser Zielsetzung zahllose Nachfolger fand.

A FGrHist 688.
L F. Jacoby, RE 11, 2, 1922, 2032–2073. O. Lendle, Einführung, 119–128. A. Lesky, GL, 697 f.

Pervigilium Veneris
„Nachtfeier der Venus"

An., vielleicht 3. Jh. n. Chr.

Gedicht (lat.) in 93 katalektischen trochäischen Tetrametern, in der →*Anthologia Latina* (Nr. 200) überliefert.

I Das Gedicht stellt das nächtliche Vorspiel zu einem zum Frühlingsanfang begangenen Geburtsfest der Göttin Venus dar. Die Göttin wird als die Allkraft gefeiert, die die ganze Welt durchwaltet, und als die Ahnherrin Roms gepriesen. Die Darstellung der Erscheinung der Göttin mit ihrem Gefolge und ihren Gästen (Eros, den Nymphen, Ceres, Bacchus, Apollo) ist verbunden mit einer Schilderung des Erwachens der Liebe in der frühlingshaften Natur. – Der Dichter selbst stellt sich als ausgeschlossen von der Festesfreude dar.

A L. Catlow, Brüssel 1980. C. Clementi, Oxford [(3)]1936 (lat.–engl. mit Kommentar). PLM 4. A. Riese: Anthologia Latina. Bd. 1. 1, Leipzig [(2)]1894.
Ü C. Fischer: Antike Lyrik, München 1964, 840–847. HLL 5, § 551.
L K. Büchner, RLG, 490 f. B. Hoenig: G. A. Bürgers „Nachtfeier der Venus" und Schillers „Triumph der Liebe" in ihrem Verhältnisse zu dem lateinischen *Pervigilium Veneris*, in: Fleckeisens Jb. 150, 1894, 177–192; 223–231; 321–331. KNLL 19, 274 f. Schanz-Hosius 3, 73–75.

Pflanzenkunde →Perì phytôn historías (Theophrast)

Phaedra
(Gestalt der gr. Mythologie)

Lucius Annaeus Seneca aus Corduba, etwa 4–65 n. Chr.

Tragödie (lat.) in 1280 Versen.

I Phaedra, die Gattin des athenischen Königs Theseus, verliebt sich in ihren Stiefsohn Hippoly-tus. Sie gesteht ihm ihre Liebe. Hippolytos ist jedoch ein Verächter alles Weiblichen; er weist Phaedra zurück. Als Theseus nach Hause zurückkehrt, behauptet die gekränkte Phaedra, Hippolytos habe ihr Gewalt angetan. Theseus verflucht seinen Sohn und bittet Poseidon, ihn zu vernichten. Ein Bote tritt auf, um von dem grausamen Ende des Hippolytus zu berichten: Er fiel im Kampf mit einem Meerungeheuer von seinem Streitwagen und wurde von diesem erschlagen, zerrissen und zerschmettert. Phaedra begeht Selbstmord; bevor sie stirbt, gesteht sie Theseus, daß sie ihn angelogen hat. Die überall hin verstreuten Körperteile des Hippolytus werden auf die Bühne getragen und zusammengefügt.

Q Vorlage könnte ein Jugendwerk des Euripides gewesen sein: der *Hippólytos kalyptómenos*. Der berühmte →*Hippólytos* des Euripides war wohl nicht die Vorlage; die Unterschiede im Handlungsverlauf und die Motivveränderungen sind zu groß. Vor allem ist die Gestalt der Phaedra bei Seneca eine von unbeherrschbarer Leidenschaft befallene Frau, die ohne jede Selbstkontrolle über ihren Stiefsohn herfällt und diesen vernichtet. Hippolytos ist dagegen ein vernünftiger und tugendhafter Jüngling, der die Ideale stoischer Philosophie in seiner Persönlichkeit verkörpert.

W „Die Bedeutung von Senecas *Phaedra*-Version liegt mehr in ihrem zeitgeschichtlichen Hintergrund, auf den sie in zahlreichen Parallelen und Anspielungen hinweist. Es kann als sicher gelten, daß es die durch und durch korrumpierte Hofwelt der Octavia und der Annalen des Tacitus mit ihren Affären und Skandalen ist, die hier, im Gewand der mythologischen Fabel, zum Gegenstand der Kritik wird" (R. Mellein, 205 f.).

N Die Nachwirkung der Seneca-Tragödie war erheblich größer als die des Euripides-Stückes. Beispiele: Racine, *Phèdre* (1677); D' Annunzio, *Fedra* (1909).

A A. J. Boyle, Liverpool 1987. P. Grimal, Paris 1965 (mit Kommentar). H. Morrica, Turin [(2)]1947. R. Peiper / G. Richter, Leipzig [(2)]1921. O. Zwierlein, Oxford 1986.
Ü Th. Thomann, München/Zürich [(2)]1979 (lat.–dt.).
L A. J. Boyle: In Nature's bonds: A Study of Seneca's *Phaedra*, in: ANRW 2, 32, 2, 1284–1347. J. Brandt: Argumentative Struktur in Senecas Tragödien. Eine Untersuchung anhand der *Phaedra* und des *Agamemnon*, Hildesheim 1986. U. Morrica: Le fonti delle *Fedra* di Seneca, in: SIFC 21, 1915, 158–224. E. Paratore: Sulla *Phaedra* di Seneca, in: Dioniso 15, 1952, 199–234. Schanz-Hosius 2, 462 f. H. Tschiedel: *Phaedra* und *Hippolytos*. Variationen eines tragisches Konflikts, Bonn 1969. O. Zwierlein: Senecas *Phaedra* und ihre Vorbilder, Stuttgart 1987.

Phaenomena
„Erscheinungen (am Himmel)"

Rufius Festus Avienus aus Volsinii, 4. Jh. n. Chr.

Sternenkunde (lat.).

I Es handelt sich um eine Übersetzung der →*Phainómena* des Aratos, die durch Ergänzungen aus Scholien und Kommentaren fast verdoppelt wurde und 1878 Hexameter umfaßt.

A A. Holder, Innsbruck 1887. J. Soubiran, Paris 1981 (lat.–frz.).
L M. Fuhrmann, DKP 1, 788 f. F. Marx, RE 2, 1896, 2386–2391.

Phaenomena →Aratea (Cicero, Germanicus)

Phaídon
(Gesprächspartner des Sokrates)

Platon aus Athen, 427–347 v. Chr.

Sokratischer Dialog (gr.) über die Unsterblichkeit der Seele.
Entstanden zwischen 387 und 367 v. Chr.

I In einer Rahmenpartie sprechen Phaidon und Echekrates über den Tod des Sokrates (57a–59c). Aus dem Rahmengespräch entwickelt sich das Zentralgespräch, in dessen Mittelpunkt der Tod des Sokrates und seine Vorbereitung stehen. Das Thema der letzten Gespräche des Sokrates ist das Verhältnis des Philosophen zum Tode: Der Philosoph fürchtet den Tod nicht, sondern freut sich darauf, weil der Tod die Befreiung der Seele aus dem Gefängnis des Körpers bedeutet. Zur Begründung dieser Behauptung versucht Sokrates seinen Gesprächsteilnehmern zu beweisen, daß die Seele tatsächlich unsterblich ist. Sokrates legt nach einleitenden Erörterungen (59c–69a) mehrere „Unsterblichkeitsbeweise" vor: Die Seele existierte bereits vor der Geburt des Menschen (Präexistenz der Seele) und lebt nach seinem Tod weiter. Zunächst legt Sokrates dar (69e–77b), daß die Seele nach dem Tod eines Menschen weiterbestehen muß, um dann wieder erneut in das Leben zurückzukehren. Das Phänomen der „Wiedererinnerung" (*anámnesis*) legt diese Annahme nahe: der Mensch hat von vornherein ein Wissen von den „Begriffen" und „Gestalten" (*eíde*); dieses Wissen ermöglicht es ihm, die Vielheit der Erscheinungen auf Begriffe zu bringen; der Mensch kann z. B. „Gleichheit" wahrnehmen, weil seine Seele in ihrer Präexistenz den Begriff der „Gleichheit" kennengelernt hat. – Die Gesprächsteilnehmer des Sokrates, Simmias und Kebes, fragen, ob man denn aus der Präexistenz der Seele auf ihr Weiterleben nach dem Tod schließen dürfe. Sokrates bestätigt diese Möglichkeit (77b–84b). Die Seele befasse sich

mit dem Unsichtbaren, Beständigen, Ewigen, der Körper hingegen sei auf die stets sich wandelnde und vergängliche Welt bezogen. Beide seien dem ähnlich, womit sie zu tun hätten, die Seele mit dem Ewig-Göttlichen, der Körper mit dem Vergänglichen; daher hätte beide mit dem Tode auch ein entsprechendes Schicksal: Die Seele gehe in die Ewigkeit ein, der Körper vergehe. Allerdings sei nur die Seele des Philosophen am Ende so rein, daß sie in die Welt des Göttlichen eingehe. Die Seelen derjenigen, die aufgrund ihrer Begierden dem Körperlichen stärker verhaftet waren, gehen bei ihrer Wiedereinkörperung in den Körper von Tieren ein. – Im zweiten Teil des Dialogs geht es um eine noch tiefere Begründung der Unsterblichkeit der Seele. Simmias und Kebes bringen weitere Einwände gegen die Behauptung des Sokrates vor. So könne man sich z. B. die Seele als eine Harmonie des Körpers vorstellen, die der Harmonie einer Leier vergleichbar sei: sobald die Leier zerbricht, hat auch der unkörperliche, göttliche Klang des Instruments ein Ende (84c–91c). Sokrates weist erneut auf die Anamnesis-Theorie und die herrschende Funktion der Seele hin (91c–95a). Dann stellt er fest, daß man die Wahrheit über die Dinge nur im Denken und nicht durch sinnliche Erfahrung erfassen könne. Damit hänge zusammen, daß alle Dinge mit einer bestimmten „Eigenschaft" diese nur aufgrund ihrer „Teilhabe" an der „Idee" dieser Eigenschaft haben. Etwas sei schön, weil es teilhabe an der „Idee" des Schönen (95a–102a). – Schließlich bringt Sokrates einen letzten Beweis für die Unsterblichkeit der Seele (102a–107b): Wie der Schnee niemals mit Feuer oder Wärme eine Verbindung eingehen könne, so sei es ausgeschlossen, daß die Seele, die stets mit dem Leben verbunden sei, mit dem Tod in Verbindung treten könne. Also sei sie unsterblich. – Den Schluß des Dialogs (107c–115a) bildet ein Mythos über das Schicksal der Seelen nach dem natürlichen Tod, das dem Lebenswandel der Verstorbenen entspreche. – Der Dialog schließt mit einem Bericht über die letzten Stunden des Sokrates, bis er das Gift trinkt und stirbt (115b–118a).

Q Platon hat seine philosophischen Auffassungen mit der orphisch-pythagoreischen Seelenwanderungslehre verknüpft und dabei vor allem den Gedanken vom „Körper als Grab (der Seele)" in den Vordergrund gestellt.

W „Was dem *Phaídon* seine zu allen Zeiten unverminderte Wirkung verliehen hat, waren allerdings weniger diese pythagoreisch-mystisierenden Elemente als vielmehr die abgeklärte Rationalität, mit der hier Sokrates (nach der Platonischen Darstellung) sich die darin enthaltenen ethischen Postulate zu eigen gemacht hat. Seine unerschütterliche Ansicht vom absoluten Vorrang des Geistes gegenüber dem Körper ..., die Unbeirrbarkeit, mit der er bis zuletzt und um den Preis seines Lebens daran festhielt, im Recht zu sein und das Rechte zu tun ...: sie hat ihn zu einer der Modellgestalten des Griechentums werden lassen" (E. Schmalzriedt, 396 f.).

A J. Burnet. Bd. 1, Oxford 1900. J. Burnet, Oxford 1911 (mit Kommentar). F. Dirlmeier, München [2]1959 (gr.–dt. mit Kommentar). H. N. Fowler. Bd. 1, London/ Cambridge (Mass.) 1914 (gr.–engl.). O. Gigon, Bern 1943. L. Robin. Bd. 4. 1, Paris [4]1949 (gr.–frz.).
Ü O. Apelt. Bd. 2, Leipzig 1922/1923. Th. Ebert, Göttingen 2004 (mit Komm.). R. Rufener / O. Gigon, Zürich [2]1986. B. Zehnpfennig, Hamburg 1990 (gr.–dt.).
L D. Bostock: Plato's *Phaedo*, Oxford 1996. Th. Ebert: Sokrates als Pythagoreer und die Anamnesis in Platons *Phaídon*, Stuttgart 1994. J. Eckstein: The Deathday of Socrates. Living, Dying, and Immortality – the Theater of Ideas in Plato's *Phaedo*, Frenchtown (N. J.) 1981. D. Frede: Platons *Phaidon*. Der Traum von der Unsterblichkeit der Seele, Darmstadt [2]2005. H. G. Gadamer: Die Unsterblichkeitsbeweise in Platons *Phaidon*, in: FS W. Schulz, Pfullingen 1973, 145–161. R. Guardino: Der Tod des Sokrates, Godesberg [3]1947 und Mainz 1987. E. Schmalzriedt, KNLL 13, 395–397.

Phaîdros
(Gesprächspartner des Sokrates)

Platon aus Athen, 427- 347 v. Chr.

Dialog (gr.) zwischen Sokrates und Phaidros über philosophische Rhetorik.
Der *Phaîdros* gehört zum Spätwerk Platons. Er entstand etwa in der zweiten Hälfte der sechziger oder in den fünfziger Jahren des 4. Jh.s v. Chr.

I Das Eingangsthema des *Phaîdros*, die Macht der Liebe, wird von drei Reden getragen, in denen es um den Eros geht: (1) Phaidros trägt eine Rede des Lysias (→*Erotikós*) vor, die Sokrates (2) durch eine eigene überbietet: Er schildert den Eros als unheilvollen Wahnsinn. In der dritten Rede (3) feiert Sokrates als vom Eros Erfüllter den göttlichen Wahnsinn und veranschaulicht mit Hilfe eines Mythos das Wesen der Seele, um auf diese Weise zum Ausdruck zu bringen, daß die Liebe ein den Menschen von den Göttern geschenkter Wahnsinn ist, der dazu dient, sie die Wahrheit und die verlorene Unsterblichkeit der Seele wiederfinden zu lassen, und daß einem Menschen daher nichts Glücklicheres widerfahren könne als die Begegnung mit einem wahren, d. h. philosophischen, Liebhaber: Die unsterbliche Seele gleicht einem geflügelten Zweigespann, das von einem Wagenlenker gelenkt wird. Das eine der beiden Pferde ist schön und gut und von edler Abstammung, das andere aber von entgegengesetzter Abstammung und Beschaffenheit. Daher ist die Führung des Gespannes schwierig (246a-b). Die Seele als ganze hat die Aufsicht über das Unbeseelte, und wenn sie vollkommen und befiedert ist, dann schwebt sie in den höheren Regionen und durchwaltet die ganze Welt. Die Seele ohne Federn aber schwebt umher, bis sie auf etwas Festes stößt, wo sie wohnhaft wird und einen erdigen Leib annimmt. Die Einheit von Seele und Leib ist dann ein sterbliches Lebewesen (246c). – Das Bild des Kampfes zwischen dem Lenker und den beiden Pferden und den Pferden untereinander ist als Allegorie der

Dreiteilung der Seele zu deuten (→*Politeía*). Der Lenker ist der Geist (*lógos*, *nûs*), das edle Pferd der Eifer und der Mut (*thymós*) und das unedle Pferd die niedere Begierde (*epithymía*). Diese drei Kräfte bedingen die lebendige Einheit der Seele, die sich in den himmlischen Raum aufschwingt, wenn das unedle Pferd das Gespann nicht zur Erde niederzieht. Die Seele hat also einen schweren Kampf zu führen (247b), und nur die reine, göttliche Vernunft ist in der Lage, die höchste Höhe zu erreichen und den überhimmlischen Ort zu sehen, wo das wahrhaft seiende Sein ist. Aber dieses Ziel erreicht die menschliche Seele normalerweise nicht, und wenn sie es erreicht, dann nur für einen kurzen Augenblick. Aber sie hat die Möglichkeit der Erinnerung (*anámnesis*, 249c) an das wahrhaft Seiende, und je mehr sie sich daran erinnert, desto vollkommener ist die menschliche Seele. So wird denn auch die Erinnerung an das wahrhaft Schöne („die Idee des Schönen") dadurch angeregt, daß die Seele das sinnlich wahrnehmbare Schöne erblickt. Die Wiedererinnerung an die Idee des Schönen ist die Ursache für die Liebe zum sinnlich wahrnehmbaren Schönen, in welchem die Idee des Schönen durch die Sinne unmittelbar faßbar wird. Aber ohne die Erinnerung (250e) wird der Mensch von der sinnlichen Schönheit nicht fortgezogen zur übersinnlichen. – Nachdem Platon im ersten Teil des Dialogs in Form der drei Reden rhetorische Beispiele oder Muster aneinandergereiht hatte, widmet er den zweiten Teil ihrer Prüfung anhand einer Theorie der Rhetorik. Aus dieser erhebt sich die Forderung nach einer philosophischen Dialektik (265d-e) als der Kunst, auf der die wahre Redekunst beruht. So erweist sich das philosophische Gespräch als die höchste Form menschlichen Sprechens, in der Liebe und Rede eine Einheit bilden, wie sie der Dialog zwischen Sokrates und Phaidros veranschaulicht. „Denn Philosophie ist die höchste Form des Liebens und die höchste Form des Redens zugleich" (Friedländer, 223).

Q Der *Phaîdros* bietet implizit eine Auseinandersetzung mit dem Logographen (Redenschreiber) Lysias, dessen (fiktive?) Rede (→*Erotikós*) über den nichtverliebten Liebhaber, der willfährig zu sein für einen Geliebten vorteilhafter sei, als sich einem Verliebten zu unterwerfen, von Phaidros am Anfang des Dialogs referiert wird. Dem Referat folgt die Kritik an der Rede des angesehenen und höchst einflußreichen Leiters einer bedeutenden Rhetorenschule in Athen. – In deutlichem Kontrast zu dem Tadel des Lysias (228a und 258d) steht das Lob des Isokrates, mit dem der Dialog endet (279 d): Sokrates setzt große Hoffnungen in den jungen Isokrates, in dessen Seele „etwas Philosophisches" sei, und wenn Platon dies über seinen Altergenossen niederschreibt (s. auch Cicero, →*Orator* 42), dann bedeutet dies, daß er ein neues Verhältnis zur Rhetorik gewonnen hat: Von der ablehnenden Haltung des →*Gorgías* ist im *Phaîdros* nichts mehr zu spüren. Platon schrieb den *Phaîdros*, um zu veranschaulichen, daß der Wert der Rhetorik auf ihrer philoso-

phischen Fundierung beruht. – Die Wahl des Themas „Eros" als Gegenstand der drei praktischen
Beispiele rhetorischer Kunst läßt sich damit erklären, daß „Eros" ein traditioneller Gegenstand rhetorischer Schulübungen war. „Eros" war ein typisches Rhetorenthema. „Es war eine von der athenischen Jugend viel besprochene Frage, ob und unter
welchen Umständen es erlaubt sei, dem Werben eines Liebhabers nachzugeben, wobei vor allem an
die körperliche Hingabe gedacht war ... Lysias übertrumpft diejenigen, die dies für gestattet hielten,
durch die perverse These, daß es für den Geliebten
dann doch besser sei, sich einem Freunde hinzugeben, der gar nicht vom Eros ergriffen ist, sondern
kühles Blut bewahrt" (Jaeger, 260).

W Platon entwickelt im *Phaîdros* einen neuen
Begriff von Rhetorik, der diese Kunst erst eigentlich
zur Kunst werden läßt: „Es ist die Verbindung der
Rhetorik mit der Philosophie, der Form mit dem
geistigen Gehalt, der Ausdrucksfähigkeit mit dem
Wissen der Wahrheit" (Jaeger, 265). Diese Synthese
wird zur Grundlage des Bildungsideals, das Cicero
in seiner Schrift →*De oratore* entwickelt und das
auch in der →*Institutio oratoria* des Quintilian wei-
terwirkt. – Im *Phaîdros* entfaltet Platon die Konzeption einer philosophischen Rednerbildung, zu
der neben technischen Fertigkeiten und der Beherrschung der Begriffszergliederung und -zusammen-
fassung (Dihairesis-Verfahren) vor allem auch die
Fähigkeit zur Beeinflussung der Seele (Psychagogie)
gehört. Daher muß der philosophische Redner die
psychologischen Voraussetzungen und Bedingungen der Einwirkung auf Menschen durch die Sprache beherrschen (vgl. *Phaîdros* 271d-e). Vor diesem
Hintergrund sind auch Platons Vorbehalte gegenüber der Schrift zu verstehen. Der Mythos von der
Erfindung der Buchstabenschrift durch den ägyptischen Gott Theuth (274c ff.) soll verdeutlichen, daß
die Festlegung des philosophischen Gedankens
durch das geschriebene Wort problematisch ist:
Mißverständnisse und Entstellungen des geschriebenen Wortes sind nicht auszuschließen. Hiermit
will Platon auf die Begrenztheit einer Rhetorik hinweisen, die sich mehr und mehr auf die „graphische" Rede verlegt, und die erzieherische Überlegenheit einer philosophischen Dialektik veranschaulichen, die sich im lebendigen Gespräch
verwirklicht. Daß Platon selbst einerseits die
Mündlichkeit und das lebendige Gespräch für die
einzige Form der Wahrheitsfindung erklärt und andererseits sein Leben lang geschriebene Dialoge
produziert, ist paradox. Die Auflösung scheint darin zu liegen, daß Platon am Schluß des *Phaîdros* das
geführte (und niedergeschriebene) Gespräch als
eine Spielerei bezeichnet. Dazu paßt auch eine Stelle
im 7. Brief (341a-344d), wo Platon zum Ausdruck
bringt, daß seine gesamte schriftstellerische Arbeit
nur ein ironisch-spielerisches Abbild des lebendigen
Gesprächs sei, wie es in der Akademie stattzufinden
pflegte (→*Epistulae*).

N Cicero zitiert und übersetzt mehrfach Stellen
aus dem *Phaîdros*, z.B. →*Orator* 15,39 41 f.; →*De re*

publica 6,27 f. In →*De oratore* ist Cicero ganz der im
Phaîdros entwickelten Konzeption einer philosophischen Rhetorik verpflichtet.

A J. Burnet. Bd. 2, Oxford 1901. H. N. Fowler. Bd. 1,
London/Cambridge (Mass.) 1914 (gr.-engl.). C. Moresch-
ni, Rom 1966. L. Robin. Bd. 4. 3, Paris [(5)]1961. C. J. Rowe,
Warminster 1986 (gr.-dt. mit Kommentar).
Ü W. Buchwald, München 1964 (gr.-dt.). R. Hackforth: Plato's *Phaedrus*, Cambridge 1952 (engl. Übersetzung mit Kommentar). E. Heitsch, Göttingen [(2)]1997 (mit
Kommentar). K. Hildebrandt, Kiel 1953. E. Salin, Basel
1952. F. Schleiermacher / D. Kurz, Darmstadt 1983 (gr.-
dt.).
L H. v. Arnim: Platos Jugenddialoge und die Entstehungszeit des *Phaidros*, Leipzig 1914, Nachdr. Amsterdam
1967. W. Bröcker: Platos Gespräche, Frankfurt 1964, 522–
558. M. Erler: Platons Schriftkritik im historischen Kontext, in: AU 28, 4, 1985, 27–41. P. Friedländer: Platon. Bd.
3, Berlin [(2)]1960, 201–223. W. Jaeger, Paideia 3, 255–270. A.
Lesky, GL, 598 f. W. Luther: Die Schwäche des geschriebenen Logos. Ein Beispiel humanistischer Interpretation,
versucht am sogenannten Schriftmythus in Platons *Phaidros* (247b6 ff.), in: Gy 68, 1961, 526–548. O. Regenbogen:
Bemerkungen zur Deutung des Platonischen *Phaidros*, in:
Kleine Schriften, München 1961, 248–269. E. Schmalzriedt: Der Umfahrtsmythos des *Phaidros*, in: AU 9, 5,
1966, 60–99. E. Schmalzriedt, KNLL 13, 397–399. Th. A.
Szelzák: Dialogform und Esoterik. Zur Deutung des platonischen Dialogs *Phaidros*, in: MH 35, 1978, 18–32. D.
Thiel: Platons Hypomnemata. Die Genese des Platonismus aus dem Gedächtnis der Schrift, München 1993.

Phaínetaí moi kênos →Carmina (Sappho)

Phainómena
„Himmelserscheinungen"

Aratos aus Soloi, 1. Hälfte des 3. Jh.s v. Chr.

Darstellung (gr.) der Sternbilder mit einem Anhang
über Wetterzeichen in Form eines Lehrgedichts in
1154 daktylischen Hexametern.
Wahrscheinlich verfaßt am Hofe des Antigonos
Gonatas, des Herrschers von Makedonien seit 276
v. Chr., in Pella, wohl auf dessen Anregung hin.
Durch die Vermittlung des Stoikers Zenon war Aratos 277 v. Chr. an den makedonischen Hof berufen
worden.

I Das Werk besteht aus drei Teilen: Verse 1–450:
Nach dem Proömium an Zeus (vgl. den →„Zeushymnos" des Stoikers Kleanthes) folgt die Beschreibung der nördlichen und südlichen Fixsterne. Sternsagen nehmen allerdings nur einen sehr geringen
Umfang ein (z. B. 96–136 die Geschichte vom Sternbild der Jungfrau). Nach den Sternbildern werden
die Planeten dargestellt. Verse 451–732: Hier werden die Gestirne erwähnt, die zusammen auf – und
untergehen. Verse 733–1154: Darstellung der Wetterzeichen und deren Vorbedeutung.

Q Den *Phainómena* ging keine eigene Forschungsarbeit voraus. Cicero (→*De oratore* 1,69)
bezeichnet Aratos als einen jungen Mann, der von

Sternenkunde nichts wußte, aber schmuckreiche und gute Verse darüber schreibe. – Der Stoff des Werkes stammt zum Teil von Eudoxos von Knidos (etwa 400–347 v. Chr.), der unter dem Titel *Phainómena* eine Beschreibung des Fixsternhimmels veröffentlicht hatte. Das große Vorbild sind die Lehrgedichte des Hesiod (→*Theogonía*, →*Érga kaì hemérai*, wie auch Kallimachos in seiner Huldigung an die *Phainómena* hervorhebt (→*Epigrámmata* 27).

W   Die Erklärung von Himmelserscheinungen ist nur der vordergründige Zweck des Lehrgedichts. Das eigentliche Ziel des Autors ist die Vermittlung seines stoischen Weltbildes, das er sich während seines Studiums bei dem Stoiker Zenon in Athen angeeignet hatte. Vermutlich war Arats Berufung nach Pella auch von der stoischen Gesinnung des Antigonos Gonatas bedingt. – Aratos will seinen Lesern verdeutlichen, daß die Welt durchdrungen ist vom Walten göttlicher Weisheit; das veranschaulicht nicht nur das Proömium, sondern auch andere Partien des Werkes (z. B. 96–136; 758–772). Eine gütige Vorsehung lenke das Geschehen in der Welt und sichere das Wohlergehen der Menschen durch eine Fülle nützlicher Zeichen (wie z. B. auch der Sterne), mit deren Hilfe die Gottheit zu den Menschen spreche.

N   Kallimachos ehrte den Freund mit dem 27. Epigramm (→*Epigrámmata*). Leonidas aus Tarent (→*Epigrámmata*) rühmt den Dichter als zweiten Zeus, dessen Schöpfung durch die *Phainómena* noch größeren Glanz erhielt (→*Anthologia Palatina* 9,25). Cicero und andere (→*Aratea*) übersetzten das Werk ins Lateinische. – Hipparchos aus Nikaia (2. Jh. v. Chr.), der bedeutendste Astronom der Antike, verfaßte einen Kommentar zu den *Phainómena* (→*Tôn Arátu kaì Eudóxu Phainoménon exegéseis*). – Sogar in der „Apostelgeschichte" des →*Novum Testamentum* (17,28) wird aus dem Proömium der *Phainómena* zitiert.

A   E. Maas, Berlin 1893, Nachdr. Berlin 1964. G. R. Mair, London/Cambridge (Mass.) 1921 (gr.–engl.). J. Martin, Florenz 1956.
Ü   B. Effe, GLTD 4, 132–143 (gr.–dt. in knapper Auswahl). M. Erren, München 1971 (gr.–dt.) A. Schott / R. Böker / B. Sticker, München 1958 (gr.–dt.).
L   M. Erren: Die *Phainomena* des Aratos von Soloi. Untersuchungen zum Sach – und Sinnverständnis, Wiesbaden 1967. A. Körte / P. Händel, HD, 272–278. A. Lesky, GL, 840–843. W. Leuthold: Die Übersetzungen der *Phaenomena* durch Cicero und Germanicus, Diss. Zürich 1942. W. Ludwig: Die *Phainomena* Arats als hellenistische Dichtung, in: Hermes 91, 1963, 425–484. W. Ludwig, RE Suppl. 10, 1965, 26 ff.

Phálaris
(Tyrann von Agrigent im 6. Jh. v. Chr.)

Lukianos aus Samosata, etwa 120–180 n. Chr.

Zwei Verteidigungsreden (gr.) für den grausamsten Tyrannen der Antike.

I   In der 1. Rede spricht ein Gesandter des Phalaris zu den Priestern und dem Volk von Delphi. In der 2. Rede unterstützt ein Einwohner von Delphi die Rede der Gesandten des Phalaris. – Es handelt sich wohl um Übungsstücke der Rhetorenschule, in der geübt wurde, in die Rolle einer fremden Person zu schlüpfen und in deren Interesse zu argumentieren. Die Abgesandten des Phalaris wollen dem Tempel von Delphi den ehernen Stier schenken, den Phalaris als Folterinstrument benutzt haben soll. Der Tyrann läßt seine Gesandten sagen, daß er keinesfalls so grausam sei, wie von ihm behauptet wird. Der Tyrann läßt ausführlich seine Stellung und seine Verdienste beschreiben und die Zwänge und Gefahren schildern, unter denen er leidet. Er werde von seinen Feinden, die ihm unablässig nachstellten, zu seinen Grausamkeiten gezwungen. – In der zweiten Rede plädiert der Delphier für die Annahme des Weihgeschenkes.

L   A. M. Harmon. Bd. 1, London/Cambridge (Mass.) 1913.
Ü   Chr. M. Wieland: Lucian von Samosata. Sämtliche Werke 3. 6, Leipzig 1788/1789, 303–326.

Phalakrías enkómion
„Lob der Kahlköpfigkeit"

Synesios aus Kyrene, etwa 370–412 n. Chr.

Ein Stück epideiktischer Rhetorik (gr.), das mit dem „Lob des Haares" (*Kómes enkómion*) von Dion Chrysostomos in Wettbewerb treten sollte. Das Paignion (Scherzschrift) Dions ist im „Lob der Kahlköpfigkeit" enthalten.

A   N. Terzaghi. 2 Bde., Rom 1944–1949.
L   A. Dihle, GLL, 464–466. C. Lacombrade: Synésios de Cyrène, hellène et chrétien, Paris 1951.

Pharmakeías katà tês metryías
„Anklage wegen Giftmordes gegen die Stiefmutter"

Antiphon aus Rhamnus, 480–411 v. Chr.

Rede (gr.) in einem Mordprozeß.

I   Ein junger Mann klagt seine Stiefmutter an, sie habe seinen Vater mit Gift umgebracht.

A   K. J. Maidment: Minor Attic Orators. Bd. 1, London/Cambridge (Mass.) 1941. Th. Thalheim, Leipzig 1914.
Ü   K. Brodersen, Darmstadt 2004 (gr.-dt.).

L   A. Barigazzi, Florenz 1955 (Kommentar). A. Lesky, GL, 402. H. J. Thiel: De Antiphontis oratione prima, in: Mnemosyne N. S. 55, 1927, 321–334; 56, 1928, 81–92.

Pharmakeútria →Eidýllia (Theokritos)

Pharsalia →Bellum civile (Lucanus)

Phásma
„Gespenst"

Menandros aus Athen, 342–291 v. Chr.

Komödie (gr.), in wenigen Frg. erhalten.

I   In seinem →*Commentum Terenti* zum →*Eunuchus* gibt Donat eine Inhaltsangabe des *Phásma*: „*Phásma* ist der Titel einer Komödie des Menandros, in der die Stiefmutter eines Jünglings eine Jungfrau, die sie ehemals durch ein Liebesverhältnis mit einem Nachbarn empfangen hatte, heimlich aufzieht. Sie läßt sie nämlich in tiefer Verborgenheit beim nächsten Nachbarn aufwachsen und fand folgendes Mittel, um sie, ohne daß jemand davon weiß, ständig in ihrer Nähe zu haben: Die Mauer, die zwischen dem Haus ihres Gatten und dem des Nachbarn war, durchbrach sie in der Weise, daß sie an der Durchbruchstelle ein Heiligtum aufbaute und das Loch mit Blumen und Zweigen unkenntlich machte. Oft nun opfert sie am diesem Altar und ruft die Jungfrau, die ihre Tochter ist, zu sich heran. Eines Tages erblickt der Jüngling, ihr Stiefsohn, das junge Mädchen und glaubt, daß ihm ein Geist erscheint; wie angedonnert vom Anblick erschrickt er heftig ... Allmählich kommt er zur Erkenntnis des wahren Sachverhalts und entbrennt in Liebe zu dem Mädchen, derart, daß er kein Hilfsmittel für seine rasende Begierde finden kann als die Ehe. Mit der Hochzeit schließt die Komödie, da die Mutter und die Jungfrau wiedervereinigt werden, der Liebhaber nichts sehnlicher wünscht als die Heirat und der Vater einwilligt" (Übersetzung: G. Goldschmidt).

A   F. G. Allinson, London/Cambridge (Mass.) [2]1930 (gr.–engl.). Ch. Jensen, Berlin 1929. A. Körte / A. Thierfelder. Bd. 1, Leipzig [4]1957. J. van Leeuwen, Leiden [3]1919. G. Paduano, Mailand 1980 (gr.–it.). F. H. Sandbach, Oxford 1972.
Ü   G. Goldschmidt, Zürich 1949. K. und U. Treu, Leipzig 1975.
L   KNLL 11, 523 f. A. Lesky, GL, 718–745. T. B. L. Webster: Studies in Menander, Manchester [2]1960, 101 f.

Phásma
„Gespenst"

Philemon, 361–263 v. Chr.

Verlorene Komödie (gr.), die sich nur aus der →*Mostellaria* des Plautus rekonstruieren läßt (von wenigen Originalfragmenten abgesehen).

A   J. M. Edmonds: The Fragments of Attic Comedy. Bd. 3 A, Leiden 1961 (gr.–engl.). CAF 2. 1.
L   E. Fraenkel: Plautinisches im Plautus, Berlin 1922, 168–178. H. Hommel: Zur Toposfreudigkeit des Philemon, Dichters der Nea, in: Grazer Beiträge 11, 1984. A. Körte: Philemon (Nr. 7), in: RE 19, 2, 1938, 2143 f. A. Lesky, GL, 745 f. T. B. L. Webster: Studies in Later Greek Comedy, Manchester 1953, 125–151.

Philaléthes
„Wahrheitsfreund"

Severos, Patriarch von Antiocheia, 512–538 n. Chr.

Dogmatisch-polemische Abhandlung (gr.), die nur in syrischer Übersetzung erhalten ist. .
Entstanden zwischen 509 und 511 n. Chr.

I   In der Schrift polemisiert der Autor gegen ein anonymes Werk, in dem die Lehre des Konzils von Chalkedon (451 n. Chr.) über die zwei Naturen in Christus verteidigt wurde. Es gibt für Severos nur eine Natur (*mía phýsis*), d.h. die Natur des fleischgewordenen Logos. Für Severos gibt es nur die Einheit, d.h. die vollkommene Göttlichkeit und das vollkommene Menschsein Christi.

L   KNLL 15, 258.

Phílebos
(Gesprächspartner des Sokrates)

Platon aus Athen, 427–347 v. Chr.

Sokratischer Dialog (gr.) über die Lust.
Entstanden nach 360 v. Chr.

I   Ausgangspunkt des Dialogs ist die Frage, ob das Gute in der Lust oder in der Vernunft bestehe. Diese Frage hat eine lange Tradition (vgl. den Mythos vom Parisurteil oder die Geschichte von Herakles am Scheideweg, →*Hôrai* des Prodikos). Philebos scheidet sehr bald aus dem Gespräch aus, und es sprechen dann nur noch Sokrates und der junge Protarchos miteinander, der die Verteidigung der Lust gegenüber Sokrates übernimmt. Im 1. Teil werden Lust (*hedoné*) und Vernunft (*phrónesis*) gegenübergestellt; aber weder die Lust noch die Vernunft ist das gesuchte Gute (*agathón*). Sie besteht anscheinend in einer Mischung aus beidem (11a1–23a5). – Im 2. Teil werden die beiden Elemente, die in die Mischung eingehen sollen, eingehend geprüft (23a6–59e4). – Der 3. Teil veranschaulicht die Mischung und befaßt sich mit dem in ihr gegenwärtigen Guten (59e5–67b13).

W Im Verlaufe des Dialogs stellt sich heraus, daß ein Leben der Lust ohne Erkenntnis die Lust gar nicht wahrnähme und ein Leben der Erkenntnis ohne Lust völlig gefühllos abliefe und menschenunwürdig wäre. „In der endgültigen Mischung des dritten Dialogteils werden dann alle, auch die Erkenntnisse des praktischen Lebens, sowie die ‚reinen‘ Lüste zugelassen – mit der Wahrheit zusammen bilden die ‚Behausung des Guten‘. In ihr steht an erster Stelle das rechte Maß, die rechte Zeit (*métron, kairós*), dann Symmetrie und Schönheit, an dritter Stelle Vernunft und Einsicht (*nûs, phrónesis*), an vierter Fachwissen und Technik (*epistéme, téchne*), die reine Lust, Freiheit von Unlust an fünfter Stelle als Annäherungen an das Gute“ (D. Mannsperger, 401).

A J. Burnet. Bd. 2, Oxford 1901. A. Diès. Bd. 9. 2, Paris [5]1978 (gr.-frz.). H. N. Fowler. Bd. 3, London/Cambridge (Mass.) [2]1939 (gr.-engl.).
Ü O. Apelt. Bd. 4, Leipzig 1922/1923, Nachdr. Hamburg 1988. D. Frede, Göttingen 1997 (mit Kommentar). O. Kiefer, Jena 1910. R. Rufener, Zürich 1969. K. Widdra / H. Müller / F. Schleiermacher. Bd. 7, Darmstadt 1972 (gr.-dt.).
L N. J. Boussoulas: L' être et la composition des mixtes dans le *Philèbe* de Platon, Paris 1952. H. G. Gadamer: Platos dialektische Ethik. Phänomenologische Interpretationen zum *Philebos*, Hamburg 1983. M. W. Isenberg: The Unity of Plato's *Philebus*, in: ClPh 1940, 154–179. H. J. Krämer: Arete bei Platon und Aristoteles, Heidelberg 1959, 178–194. D. Mannsperger, KNLL 13, 399–401. H. – D. Voigtländer: Die Lust und das Gute bei Platon, Würzburg.

Philétairos
„Vademecum“

An.

Kleines, unter dem Namen des Ailios Herodianos (→*Katholikè prosodía*, →*Perì monerûs léxeos*) überliefertes attizistisches Lexikon (gr.) mit Hinweisen zum fehlerfreien Wortgebrauch der vom Stilmuster des Attizismus (Vorbild ist die Prosa der klassischen Zeit) bestimmten gr. Sprache.
Vielleicht im 3. Jh. n. Chr. entstanden.

A A. Dain: Le *Philétaerus* attribué à Hérodien, Paris 1954. H. Erbse: Lexikographie, in: dtv-L 1. 3, 56–59. H. Gärtner: Lexikographie, in: DKP 3, 610–612.

Philippicae orationes →Orationes Philippicae (Cicero)

Philippiká
„Geschichte Philipps“

Anaximenes aus Lampsakos, 2. Hälfte des 4. Jh.s v. Chr.

Zeitgeschichte (gr.) in mindestens acht Büchern, nur fragmentarisch erhalten.

I Soweit erkennbar handelt es sich um ein Werk, das die Politik des Makedonenkönigs unterstützte und die makedonische Hegemonie über Griechenland als historisch notwendig zu erweisen suchte. – Zwei Texte, die in die Sammlung der Reden des Demosthenes eingegangen sind, gehörten ursprünglich wohl in die *Philippiká* des Anaximenes: [1] ein Brief Philipps II. von Makedonien, den der König im Jahre 340 v. Chr. im Zusammenhang mit der Belagerung von Perinthos an die Athener schickte, um sie zur Nichteinmischung zu bewegen (= Nr. 12 in der Sammlung der Reden des Demosthenes: *Philíppu epistolé*), und [2] eine Rede, die Demosthenes gegen den Inhalt des Briefes richtet, um die Athener zum Krieg gegen Philipp aufzufordern (= Nr. 11 in der Sammlung der Reden des Demosthenes: *Pròs tèn epistolèn tèn Philíppu*). Der Brief ist anscheinend eine Bearbeitung des Originalbriefes durch Anaximenes, während die Gegenrede von Anaximenes mit Hilfe von Gedanken des Demosthenes vor allem aus den Reden Nr. 2 (→*Olynthiakoì lógoi*), Nr. 4 und Nr. 9 (→*Philippikoì lógoi*) komponiert wurde.

A FGrHist 72.
L O. Lendle, Einführung, 143–145. A. Lesky, GL, 702. P. Wendland: Anaximenes von Lampsakos, Berlin 1902.

Philippiká
„Geschichte Philipps“

Theopompos aus Chios, 2. Hälfte des 4. Jh.s v. Chr.

Eine Geschichte der gr. Welt (gr.) in der Zeit König Philipps II. (reg. 359–336 v. Chr.). Aus den ursprünglich 58 Büchern sind über 220 Frg. erhalten.

I Die Darstellung der Leistungen König Philipps II. von Makedonien bildet nur den Ausgangspunkt für eine allgemeine Zeitgeschichte. Das Werk enthält zahlreiche Einlagen und Exkurse mit Nachrichten topographischer, ethnographischer und kulturhistorischer Art. Auf diese Weise wurde der eigentlich enge Zeitrahmen von 559–336 v. Chr. weit überschritten. Als später Philipp V. eine Bearbeitung des Werkes vornehmen ließ, die nur Teile enthalten sollte, die Philipp II. unmittelbar betrafen, blieb bezeichnenderweise nur ein Werk von 16 Büchern übrig. – Theopomp hatte offensichtlich die Meinung, auch Mißstände, die er gesehen zu haben glaubte, ohne Rücksicht auf die Betroffenen aufzudecken und anzuprangern. So macht er z. B. auch Philipp den Vorwurf, er habe sich mit unwürdigen

Gefährten umgeben, um mit ihnen ausgelassene Gelage zu feiern.

W Dionys aus Halikarnassos (T 20 a) berichtet, Theopomp habe in seinem Werk nicht nur die Handlungen der Menschen, sondern auch ihre geheimen Gründe und Motive analysiert. Er habe die Seelen der Menschen so gut durchschaut, daß er sich aufgrund seiner Offenheit und Deutlichkeit den Ruf eines Verleumders zugezogen habe. Offensichtlich hatte Theopomp nicht die Absicht, eine Biographie Philipps II. zu schreiben, sondern eine allgemeine Zeitgeschichte. Durch die Einfügung von Erzählungen über fremde Völker und kulturhistorische Besonderheiten wollte er ein literarisches Programm verwirklichen, mit dem er Herodot (→*Historíes apódexis*), Ktesias (→*Indiká*, →*Persiká*), Hellanikos (→*Nómima barbariká*) und anderen den Rang abzulaufen versuchte.

N Theopompos wurde von späteren Autoren ausgesprochen positiv beurteilt. Dion Chrysostomos (→*Lógoi*) räumte ihm als Historiker den zweiten Rang nach Thukydides (→*Ho pólemos tôn Peloponnesíon kaì Athenaíon*) ein (T 45). Eine eingehende Würdigung der Leistungen Theopomps findet sich bei Dionys aus Halikarnassos (→*Rhomaikè archaiología*), der u. a. die große Sorgfalt lobt, mit der Theopompos gearbeitet habe (T 20 a).

A FGrHist 115.
L H. R. Breitenbach, DKP 5, 1975, 727–730. K. v. Fritz: Die politische Tendenz in Theopomps Geschichtsschreibung, in: A & A 4, 1954, 45–64. R. Laqueur, RE 5 A 2, 1934, 2176–2223. O. Lendle, Einführung, 129–136. P. Pédech: Trois historiens méconnus. Théopompe, Duris, Phylarque, Paris 1989. A. Lesky, GL, 698–700. W. Schranz: Theopomps *Philippika*, Diss. Freiburg 1922.

Philippikoì lógoi
„Philippische Reden"

Demosthenes aus Athen, 384–322 v. Chr.

Vier politische Reden gegen König Philipp II. von Makedonien (reg. 359–336). – Außer den vier *Philippikoì lógoi* sind auch noch folgende Reden gegen Philipp gerichtet: →*Olynthiakoì lógoi*, →*Perì tês eirénes*, →*Perì Halonésou*, →*Perì tôn en Cherronéso*, *Pròs tèn epistolèn tèn Philíppu* (→*Philippiká* des Anaximenes aus Lampsakos), →*Perì tês parapresbeías* (Demosthenes), →*Perì tû stephánu*. Die vier mit *Philippikoì lógoi* betitelten Reden gegen Philipp stammen aus verschiedenen Zeiten ab 351 v. Chr.

I Erste Philippische Rede (gehalten 351 v. Chr.): Im Mittelpunkt steht die Gefahr, die Philipps ungehemmte Expansion für Athen bedeutet. Demosthenes vertritt den Standpunkt, daß Philipps Machtausdehnung im Norden Griechenlands auf die Fahrlässigkeit und Sorglosigkeit der Athener zurückzuführen ist. Der Redner fordert eine militärische Konzeption, zu der u. a. eine starke Flotte und die Stationierung von Truppen im Krisengebiet gehört. – Zweite Philippische Rede (344 v. Chr. gehalten): Demosthenes warnt vor dem Verhalten des Makedonenkönigs. Aber anders als zur Zeit der Ersten Philippischen Rede gibt es jetzt in Athen eine starke promakedonische Partei, die den Ausgleich mit Philipp herbeizuführen sucht. Demosthenes tritt offen gegen Philipp auf und versucht neue Verbündete für Athen zu gewinnen. Er weist Philipps Feindseligkeit gegenüber Athen und den anderen gr. Staaten nach, indem er demonstriert, was den freien gr. Staaten durch Philipp zu widerfahren droht. Gegen die Makedonenfreunde geht er mit Schärfe und Entschiedenheit vor. – Dritte Philippische Rede: Im Mittelpunkt steht die Frage, ob Athen mit Philipp Krieg führen oder Frieden schließen solle. Die Position des Demosthenes selbst ist eindeutig. Philipps Verhalten ist eine Herausforderung für alle Griechen. Athen soll nicht mehr auf die promakedonischen Politiker hören, sondern aufrüsten und eine aktive Bündnispolitik betreiben. Nur Athen sei noch in der Lage, Griechenland vor der Bedrohung durch Philipp zu retten. Der Redner breitet eine Fülle von Fakten aus, um seine Zuhörer zum Handeln zu bewegen, d. h. den panhellenischen Krieg gegen den Makedonen zu führen. – Vierte Philippische Rede: Ein wichtiger Gedanke der Rede ist die (vergebliche) Hoffnung auf die Unterstützung durch den persischen Großkönig.

W „Es geht Demosthenes jetzt nicht mehr um Herrschaftsansprüche Athens über seine Nachbarn, sondern um ein gemeinsames Vorgehen aller Griechen – unter Athens Führung – gegen die unübersehbare Bedrohung ihrer Freiheit von außen (W. Jaeger). Diese Wendung zum Postulat der panhellenischen Einheit als des einzig möglichen Schutzes gegen den außenpolitischen Gegner verbindet den leidenschaftlichen Politiker Demosthenes mit dem so ganz anders gearteten Rhetor Isokrates: Auch dieser denkt an ein Großgriechenland mit attischer Gloriole, freilich heißt dessen politischer Führer bei ihm Philipp, und der äußere Feind ist, genau umgekehrt wie bei Demosthenes, der persische Großkönig" (E. Schmalzriedt, 555).

N Cicero nahm sich die demosthenischen *Philippikoì lógoi* für seine →*Orationes Philippicae* zum Vorbild.

A S. H. Butcher, Oxford 1903 (Nr. 4, 6, 9 und 10). M. Croiset. 2 Bde., Paris 1955 C. Rehdantz / F. Blass / C. Fuhr. 2 Teile in 1. Bd., Leipzig 1886–1910, Nachdr. Hildesheim 1973. J. H. Vince. Bd. 1, London/Cambridge (Mass.) [2]1954 (gr.–engl.).
Ü A. G. Becker. 2 Bde., Halle [2]1824–1826. H. A. Pabst. 2 Bde., Stuttgart [4]1874 und 1884. W. Unte, Stuttgart 1985 (gr.–dt.).
L H. Bengtson: Griechische Geschichte, München [3]1965, 290–319. W. Jaeger: Demosthenes, Berlin [2]1963, 115–124; 161–173. M. Opitz: Das Bild Philipps II. v. Makedonien bei den attischen Rednern im ersten Jahrzehnt seiner Herrschaft, Diss. Düsseldorf 1976. A. Puech: Les *Philippiques* de Démosthène, Paris 1929. E. Schmalzriedt, KNLL 4, 552–556.

Philippische Reden →Philippikoì lógoi (Demosthenes)

Phílippos
(Philipp II. von Makedonien)

Isokrates aus Athen, 436–338 v. Chr.

Politisches Sendschreiben (gr.) an König Philipp (reg. 359–336).
Entstanden 346 v. Chr.

I Der Brief ist von zwei Grundgedanken geprägt: (1) Die Einigung der Griechen und (2) der Krieg gegen die Perser (vgl. →*Panegyrikós*). – Philipp wird als „Wohltäter Griechenland" bezeichnet, der die Hellenen in Eintracht vereinigen und in den Kampf mit den Barbaren führen solle. Der König wird auf jede nur erdenkliche Weise gelobt und gepriesen.
N Die Wirkung des Sendschreibens war groß; so bereitete es nicht nur den Boden für die politischen Erfolge Philipps und Alexanders, sondern lieferte auch eine weitgreifende Rechtfertigung der Monarchie als der Regierungsform der (hellenistischen) Zukunft.
N Aristoteles bezieht sich in seiner →*Téchne rhetoriké* mehrfach auf den *Phílippos*.

A G. E. Benseler / F. Blass. Bd. 1, Leipzig [(2)]1898. G. Norlin. Bd. 1, London/Cambridge (Mass.) 1928 (gr.–engl.).
Ü A. H. Christian. Bd. 2, Stuttgart [(3)]1869.
L M. M. Markle: Support of Athenian Intellectuals for Philip. A Study of Isocrates' *Philippus* and Speusippus' Letter to Philip, in: JHS 97, 1976, 80–99. K. Münscher, RE 9, 2, 1916, 2213–2215. S. Perlman: Isocrates' *Philippus*. A Reinterpretation, in: Historia 6, 1956, 306–317. S. Perlman: Isocrates' *Philippus* and Panhellenism, in: Historia 18, 1969, 370–374. E. Schmalzriedt, KNLL 8, 478 f. A. Rostagni: Isocrate e Filipo, in: Entaphia in memoria di E. Pozzi, Turin 1913, 129–156.

Philíppu epistolé →Philippiká (Anaximenes aus Lampsakos)

Philocteta
(Gestalt des troischen Sagenkreises)

Lucius Accius aus Umbrien, etwa 170- um 86 v. Chr.

Römische Tragödie (lat.), in einigen Frg. erhalten.

A J. Dangel, Paris 1995. ROL 2, 1936 (vollständige Sammlung der Fragmente). TRF 136–227 (Frg. aller Tragödien).
L F. Marx: Accius, in: RE 1, 1893, 142–147.

Philógelos
„Der Lachfreund"

An.

Sammlung (gr.) von 265 Witzen und Schwänken aus dem 4. Jh. n. Chr.

I Etwa die Hälfte der Witze hat den „zerstreuten Professor" (*scholastikós*) zum Thema. In anderen werden die Einwohner der Städte Abdra, Sidon und Kyme, in einigen auch Charaktertypen (z. B. Großtuer, Grobiane, Unfähige, Feiglinge) verhöhnt.

A A. Eberhard, Berlin 1869. A. Thierfelder, München 1968 (gr.–dt.).
L B. E. Perry: On the manscripts of the Philogelos, in: Classical Studies in Honour of W. A. Oldfather, 1943, 157–166. K. – W. Weeber, MLAA, 528 f.

Philóktetos
(Gestalt des troischen Sagenkreises)

Sophokles aus Athen, 496–406 v. Chr.

Tragödie (gr.).
Im Jahre 409 v. Chr. aufgeführt.

I Dem Stück liegt folgende Fabel zugrunde: Herakles hatte Philoktetos seinen Bogen mit den vergifteten Pfeilen geschenkt, weil er seinen Scheiterhaufen, auf dem er sterben wollte, angezündet hatte. Ein altes Orakel, von dem die Griechen erst im zehnten Jahr ihrer Belagerung erfuhren, hatte verkündet, daß Troja nur mit den Pfeilen des Herakles erobert werden könne. Aber Philoktet, der ja die Pfeile und den Bogen besaß, hatten Agamemnon und Menalaos vor zehn Jahren durch Odysseus auf der Insel Lemnos aussetzen lassen. Denn er litt aufgrund eines Schlangenbisses an einer Wunde am Fuß, die unerträglich stank. Darüber hinaus konnte niemand die Schmerzensschreie des Philoktetos aushalten. Jetzt aber wird der Ausgesetzte als Retter gebraucht. – In der Sophokles-Tragödie wird Odysseus nach Lemnos geschickt: Er soll mit Philoktet und dessen Bogen nach Troja zurückkehren. – Der Kranke lebt völlig allein auf der Insel; er kann das, was ihm die Atriden durch Odysseus angetan haben, natürlich nicht verzeihen. Odysseus schätzt die Situation selbstverständlich richtig ein und ersinnt eine Intrige. Er nimmt Neoptolemos, den Sohn des Achilleus mit, der das Vertrauen des verbitterten Alten gewinnen und diesen überreden soll, mit nach Troja zu kommen, wozu er in seiner Verbitterung und seinem Haß auf die Griechen normalerweise nicht bereit wäre. Odysseus verlangt und erwartet also, daß Neoptolemos seine moralische Integrität zu einem Betrug verwendet, um der Sache der Griechen zu dienen. Neoptolemos soll Philoktet erzählen, er sei um die Waffen seines Vaters Achilleus betrogen worden und fahre daher zurück nach Griechenland. Philoktetos – so sieht es Odysseus – wird ihn daraufhin bitten, ihn nach Griechenland mitzunehmen. Sobald Philoktet das Schiff bestiegen habe, solle er überwältigt und nach Troja gebracht werden. – Alles geht zunächst nach Plan. Philoktet faßt Vertrauen zu Neoptolemos. Aber dieser ist nicht in der Lage, die Intrige durchzuhalten: „Denn je näher er Philoktet kennenlernt und seine Lage und sein Wesen versteht, desto unmöglicher erscheint ihm die so abgrundtiefe Täuschung und Enttäuschung dieses Menschen. Seine Wahrheitsliebe, die sein Wesen ist, seine *Physis*, drängt sich immer stärker hervor, und diesen Prozeß, wie Neoptolemos an der eigenen Lüge leidet, sie schließlich von sich abschüttelt und endlich zur Wahrheit findet, diesen Prozeß erleben wir von Szene zu Szene gespannter und zerrissener und gequälter mit" (Latacz, 244). – Doch die Intrige ist damit gescheitert. Philoktetos wird auf keinen Fall nach Troja fahren. Da greift Herakles ein. Er erscheint Philoktet und befiehlt ihm, nach Troja zu gehen, und Philoktet gehorcht am Ende.

W „Der *Philóktetos* ... ist ... die radikalste Abrechnung des Dichters mit dem wendigen Intellektualismus seiner Zeit. Wir haben schon im →*Oidípus týrannos* gesehen, wie Sophokles vor hybridem Glauben an die grenzenlose, für den Menschen vermeintlich seelisch folgenlose Macherkraft des Intellektes warnt. Hier im *Philoktet* ist diese Warnung fast zur verächtlichen Verurteilung geworden. In diesem Odysseus ... hat Sophokles die taktischen ‚Macher‘ seiner Zeit vernichtet. Vernichtet hat er damit aber auch eine Gemeinschaft, die sich von Machern dieses Typs repräsentieren läßt, sich dadurch mit ihnen identifiziert und ihre Mitglieder selbst ‚gut anlernt, in schlechten Dingen klug zu sein‘ (V. 1015)" (Latacz, 245).

A A. Anarratone, Mailand 1933 (mit Kommentar). R. D. Dawe, Stuttgart/Leipzig [3]1996. A. Manzoni, Turin 1940 (mit Kommentar). J. C. Kamerbeck, Leiden 1946 (mit Kommentar). H. Lloyd-Jones / N. G. Wilson, Oxford 1990. A. C. Pearson, Oxford [2]1928.
Ü W. Schadewaldt, Stuttgart/Zürich 1968. R. Schottländer, Leipzig 1977. E. Staiger, München 1979. H. Weinstock, Stuttgart [5]1984. W. Willige / K. Bayer / B. Zimmermann, Düsseldorf/Zürich [4]2003 (gr.-dt.). R. Woerner, Leipzig 1937.
L K. Alt: Schicksal und Physis im *Philoktet* des Sophokles, in: Hermes 1961, 141–174. H. Erbse: Neoptolemos und Philoktet bei Sophokles, in: Hermes 94, 1966, 177–201. KNLL 15, 752–754. J. Latacz, GT, 240-246. R. Muth: Gottheit und Mensch im *Philoktet* des Sophokles, in: Studi in onore di Luigi Castiglione. Bd. 2, Florenz 1960, 639–658. P. W. Rose: Sophocles's *Philoctetes* and the Teaching of the Sophists: in: HSPh 80, 1976, 49–105. E. Schlesinger: Die Intrige im Aufbau von Sophokles' *Philoktet*, in: RhM 111, 1968, 97–156. Schmid-Stählin 1. 2, 397–407. J. U. Schmidt: Sophokles' *Philoktet*. Eine Strukturanalyse, Heidelberg 1973.

Philopatrìs è didaskómenos
„Der Patriot oder der Schüler"

Ps.–Lukianos

Satirischer Dialog (gr.) über theologische Fragen. Entstanden in der Regierungszeit des Kaisers Julian (reg. 361–363 n. Chr.) oder auch erst in byzantinischer Zeit (10. Jh.).

I Der Autor gibt zu erkennen, daß er weder an die alten Götter glaubt noch die neue (christliche) Religion akzeptiert, sondern den „unbekannten Gott" der Griechen für den einzig wahren hält. – Der 1. Teil des Dialogs ist anscheinend eine Polemik gegen die Anhänger des klassischen Götterglaubens und der damit verbundenen alten Kultur. Der 2. Teil ist eine Aufforderung an alle Patrioten, den Kaiser bei seinen Kämpfen gegen die Feinde des Reiches zu unterstützen. – Triephon demontiert im Dialog mit Kritias den alten Götterglauben, indem er vor allem die mythologische Überlieferung als unerträglich darstellt. Schließlich will Kritias („der Schüler") wissen, bei wem er denn nun noch schwören könne (Kap. 12). Triephon antwortet ihm: „Bei dem hochthronenden Gott, dem großen, ewigen, himmlischen, bei dem Sohn des Vaters, bei dem Geist, der aus dem Vater hervorgeht, dem einen aus dreien und den dreien aus einem. An diesen Zeus sollst du glauben. Diesen halte für deinen Gott." Kritias erwidert: „Du lehrst mich also zu rechnen; der Schwur ist also arithmetisch ..." Angesichts dieser unangemessen Reaktion des Schülers, versucht Triephon ausführlich zu erklären, wer der Schöpfer aller Dinge war. In ironischer Distanzierung wird die Allmacht des biblischen Gottes beschrieben – allerdings unter ständiger Bezugnahme auf die antike Mythologie (vergleichend und abgrenzend).

A M. D. MacLeod. Bd. 8, London/Cambridge (Mass.) 1967.
Ü Chr. M. Wieland. Lucian. Sämtliche Werke 3. 6, Leipzig 1788/1789, 382–420.

Philopseudès è apistôn
„Der Freund der Lüge oder der Ungläubige"

Lukianos aus Samosata, etwa 120–180 n. Chr.

Satirisches Gespräch (gr.).

I Aus einem dialogischen Rahmen wächst die Erzählung von Wunder – und Schauergeschichten heraus. Als Erzähler fungieren Vertreter der bedeutendsten Philosophenschulen: Stoiker, Peripatetiker, Akademiker, Pythagoreer, ferner Mediziner. Es handelt sich um eine Sammlung kleinerer Novellen. – Ein Gewährsmann für die abenteuerlichsten Lügengeschichte ist der kranke Eukrates, bei dem sich die philosophische Prominenz der Zeit versammelt hatte. Tychiades erzählt seinem Freund Philokles von seinem Besuch bei Eukrates. Situationsgemäß tauschen sich die gelehrten Männer zunächst über Zaubermittel für die Schmerzbekämpfung aus. Als Tychiades skeptisch nachfragt, wird er von den Philosophen ausgelacht, weil er von so offenkundigen Dingen, die jeder vernünftige Mensch wisse, keine Ahnung hatte. Es wird ihm der Vorwurf gemacht, daß er sich nie die Mühe gemacht habe, sich über die Wirkung von Zaubermitteln zu informieren; diese Ignoranz sei unverzeihlich. Vermutlich wisse er dann auch von den anderen Mitteln nichts, mit denen man Krankheiten zuverlässig heilen könne. Um Tychiades von der Macht des Magischen zu überzeugen, werden verschiedene phantastische Exempla dargestellt, die den Bereich der heilkräftigen Magie überschreiten: Im Anschluß an die Schilderung der Heilkraft magischer Zeremonien bei körperlichen Gebrechen (7–10) werden die äußerst wirkungsvolle Beschwörung von Schlangen und Schlangenbissen (11–12) und die Macht eines Liebeszaubers beschrieben (13–15). Geister – und Spukerscheinungen (16–21) werden ebenso ernst genommen wie der Blick in den Hades und die Vision der Hekate (22–24). Auch eine Fahrt in den Hades (25–26), Totenbesuche (27–28), Bannung von Hausgeistern (29–31) und wirkungsvolle Zaubermittel (32–36) fehlen nicht und werden als alltägliche, selbstverständliche, wahre Phänomene geschildert. – Tychiades bleibt auch unter dem Eindruck der vielen phantastischen Geschichten „ungläubig". Er verabschiedet sich mit den unglaublichen Geschichten im Gedächtnis.

Q Ein parodierender Bezug zu Platons →*Phaídon* ist durchgehend zu beobachten: Der kranke Eukrates, der seine okkulten Wahrheiten offenbart, entspricht dem todgeweihten Sokrates. – Die Versammlung, die den vernunftfixierten Materialisten Tychiades (= Lukian) am Krankenlager des Eukrates von der Wirklichkeit des Wunderbaren zu überzeugen versucht, atmet die Atmosphäre der „mittleren" Platondialoge, in denen Sokrates Frömmigkeit besonders hervortritt.

W Gegenstand der Satire ist das Bedürfnis des Menschen nach dem Irrationalen und Unerklärlichen, das aber gerade darum besonders ernst genommen wird. Hinzu kommt der Spott über Philosophen und andere Prominente, die die unglaublichen Geschichten trotz ihres Wahrheitsanspruches produzieren oder vermitteln. Tychiades (= Lukian) erklärt gleich am Anfang, daß es in dem Gespräch nicht um das Lügen gehen solle, das man um eines Vorteils willen zu praktizieren pflege (wie es z.B. der listenreiche Odysseus tat). Er wolle vielmehr von denen reden, die ohne den geringsten Nutzen die Lüge der Wahrheit vorzögen und die Lüge ohne Grund zu ihrer Lebensaufgabe machten. Das Ziel des Gespräches sei es herauszufinden, wozu diese Leute dies täten.

A A. M. Harmon. Bd. 3, London/Cambridge (Mass.) 1921.
Ü M. Ebner u. a., Darmstadt 2001 (gr.-dt.). Chr. M.

Wieland: Lucian von Samosata. Sämtl. Werke 1. 1, Leipzig 1788/1789, 149–197.
L G. Anderson: Studies in Lucian's Comic Fiction, Leiden 1976, 12–23. KNLL10, 693f. O. Schissel v. Fleschenberg: Novellenkränze Lukians. Rhetorische Forschungen. Bd. 1, Halle 1912, 39–49. Schmid-Stählin 2, 2, 732.

Philosophische Schriften

Xenokrates aus Chalkedon, Leiter der platonischen Akademie, 339–314 v. Chr.

Sammlung (gr.) von Abhandlungen zu unterschiedlichen philosophischen Themen (bei Diogenes Laertius, →*Philosóphon bíon kaì dogmáton synagogé* 4,11–14 sind die Titel zahlreicher – verlorener – Schriften aufgeführt).

I Der zweite Nachfolger Platons verfaßte Schriften u. a. „Über die Natur" (*Perì phýseos*), „Über die Weisheit" (*Perì sophías*), „Über den Reichtum" (*Perì plútu*), „Über die Selbstbeherrschung" (*Perì enkrateías*), „Über das Nützliche" (*Perì tû ophelímu*), „Über den Staat" (*Perì politeías*) usw.

A R. Heinze: Xenokrates. Darstellung der Lehre und Sammlung der Frg., Leipzig 1892, Nachdr. Hildesheim 1965.

Philosóphon bíon kaì dogmáton synagogé
„Zusammenstellung von Biographien und Lehrmeinungen berühmter Philosophen"

Diogenes Laertius, 1. Hälfte des 3. Jh.s n. Chr.

Sammlung von Anekdoten, Biographien und Werkbeschreibungen gr. Philosophen bis zu Epikur in zehn B. (gr.).

I Jeder Philosoph ist einer Schule oder einem Lehrer zugeordnet. Die Schulen folgen aufeinander. Diogenes unterscheidet zwei Überlieferungsstränge der Philosophie: die „ionische" und die „italische" Philosophie. Die „ionische" beginnt mit Thales und Anaximander und endet mit der platonischen Akademie und der Stoa. Die „italische" geht auf Pythagoras zurück und führt zu Demokrit und Epikur. Im einzelnen werden folgende Philosophen behandelt: Die Sieben Weisen (B. 1). Anaximander, Anaxagoras, Sokrates und die „kleineren" Sokratiker (B. 2). Platon (B. 3). Platons Schüler (B. 4). Aristoteles und seine Schüler (B. 5). Antisthenes und die Kyniker (B. 6). Zenon, Kleanthes und Chrysipp (B. 7). Pythagoras und Empedokles (B. 8). Heraklit, Xenophanes, Parmenides, Zenon von Elea, Leukipp, Demokrit, Protagoras, Pyrrhon aus Elis, Timon (B. 9). Epikur (B. 10).

Q Diogenes fand sein Material vor allem in Handbüchern der hellenistischen Zeit. Die Vielzahl seiner Zitate stammt wohl nicht aus den zitierten

Werken selbst. Der Autor hat sie in der Regel aus dritter oder vierter Hand. Eine Ausnahme bildet das 10. B. über Epikur: Hier hat Diogenes authentisches Material eingearbeitet.

W Der Autor hatte nicht die Absicht, eine wissenschaftliche Philosophiegeschichte zu schreiben. Er verknüpfte vielmehr novellistische und anekdotische Elemente mit historisch zuverlässiger Information und glaubwürdige Berichterstattung mit erfundenem Stoff. – Diogenes widmet den Anfängen der Philosophie viel Aufmerksamkeit. Denn in seinen Augen bildete die früheste Philosophie eine Einheit von Theorie und Praxis, Weisheit und Lebenskunst, Wissen und Können, kühnem Denken und gesundem Menschenverstand. Daher stehen die sogenannten Sieben Weisen mit ihrer handfesten Lebensklugheit für Diogenes Laertius auch am Anfang seiner Philosophiegeschichte. Neben den Sieben Weisen widmet der Autor auch Platon und Epikur besonders viel Aufmerksamkeit. Diese Akzentuierung verrät eine ausgeprägte Zurückhaltung gegenüber autoritativen Lehrmeinungen, große Achtung vor profaner Lebensweisheit und entschiedene Ablehnung stark religiös geprägter Weltbilder.

A R. D. Hicks, London/Cambridge (Mass.) 1925 (gr.–engl.). H. S. Long. 2 Bde., Oxford 1964. M. Markovich. 2 Bde., Stuttgart/Leipzig 1998.
Ü O. Apelt (hg. von K. Reich / G. Zekl), Hamburg [(2)]1967. F. Jürß, Stuttgart 1998.
L K. Döring, Historia. J. Mejer: Diogenes Laertius and his Hellenistic Background, Wiebaden 1978. J. Mejer: Diogenes and the Transmission of Greek Philosophy, in: ANRW 2, 36, 1992, 3556 bis 3602. P. Moraux: L' eposé de la philosophie d' Aristote chez Diogène Laerce, in: Revue Philosophique de Louvain 47, 1949. E. Schwartz: Griechische Geschichtsschreiber, Leipzig 1959. M. Untersteiner: Posidonio nei placita di Platone secondo Diogene Laerzio III, Brescia 1970.

Philósophos historía →Vita Pythagorae (Porphyrios)

Philosophúmena →Katà pasôn hairéseon élenchos (Hippolytos)

Phlyakenposse

An.

Unteritalisch-griechisches Possenspiel (gr.), das in den →„Komödien" des Epicharmos und durch Rhinthon aus Syrakus (→Hilarotragodía) um 300 v. Chr. literarische Bedeutung erhielt. Die „Phlyakenposse" ist vor allem durch Vasenbilder bekannt.

I Das Possenspiel besteht aus burlesker Mythentravestie und Tragödienparodie. Die Phlyaken, d. h. die Darsteller, trugen ein an Brust, Bauch und Gesäß ausgestopftes Trikot, Masken und einen gro-

ßen Phallos. – In der „Phlyakenposse", die auf Possenspiele des gr. Mutterlandes (z. B. auf die Megarische Posse) zurückgeht, spiegeln sich vielleicht Vorläufer der gr. Komödie.

L M. Bieber: History of Greek and Roman Theater, Princeton 1939. A. Lesky, GL, 274. L. Radermacher: Zur Geschichte der griechischen Komödie, Wien 1924. E. Wüst: Phlyakes, in: RE 20, 1, 1941, 292–306.

Phoenissae
„Die Phönissen"

Lucius Accius aus Umbrien, um 170 – um 86 v. Chr.

Römische Tragödie (lat.) über einen Stoff aus dem thebanischen Sagenkreis, nach dem Vorbild der →Phoínissai des Euripides verfaßt, aber nur in wenigen Frg. erhalten.

I „Soweit wir sehen können, achtet Accius besonders auf das Ethos der Gestalten: ... In den Phoenissen wird Eteocles entlastet: Er hat mit dem Bruder keine Übereinkunft geschlossen und bricht also nicht sein Wort, wenn er sich weigert, Polinices nach einem Jahr zu weichen. So nähert sich Accius der Auffassung des Aischylos, der Polynices ins Unrecht gesetzt hatte. Daher fehlt bei Accius auch die berühmte Stelle aus den „Phoenissen" des Euripides (524), die Schiller folgendermaßen umschreibt: ‚Muß Unrecht sein, so sei's um eine Krone, in allem andern sei man tugendhaft'. Caesar zitiert die Worte im Original, Cicero muß sie, um seinen Tadel zu formulieren, selbst ins Lateinische übersetzen – sie standen bei Accius nicht. Wollte der römische Tragiker den Tyrannen, die er im Alter in Rom erlebte, wenigstens durch Beseitigung dieses Zuges den Freibrief verweigern?" (M. v. Albrecht, 131).

A J. Dangel, Paris 1995. O. Ribbeck, TRF, 136–227.
L M. v. Albrecht, RL, 126–133. H. Cancik: Die republikanische Tragödie, in: E. Lefèvre (Hg.): Das römische Drama, Darmstadt 1978, 308–347. I. Mariotti: Tragédie romaine et tragédie greque: Accius et Euripide, in: MH 22, 1965, 206–216. F. Marx: Accius, in: RE 1, 1893, 142–147.

Phoenissae
„Die Phönissen"

Lucius Annaeus Seneca aus Corduba, etwa 4–65 n. Chr.

Tragödie (lat.) mit einem Stoff aus dem thebanischen Sagenkreis, nur in Frg. bzw. einzelnen Szenen erhalten.

I Oedipus will sich auf den Cithaeron zurückziehen und dort sein Leben beenden. Seine Tochter Antigone tritt seinen Selbstmordgedanken entgegen und bittet ihn, den Streit zwischen seinen Söhnen Eteocles und Polinices zu schlichten. Doch Ödipus will den Cithaeron nicht mehr verlassen. – Die Heere der feindlichen Brüder stehen sich gegenüber. Iocaste, die Mutter, wird von Antigone und einem Diener gebeten, dem Streit ein Ende zu bereiten. Sie tritt zwischen die Kämpfenden.

Q Im weitesten Sinne besteht ein Bezug zum →*Oidípus epì Kolonô* und zu den →*Phoínissai* des Euripides.

W In den überlieferten Szenen wird stoisches Denken erkennbar: Antigones Widerstand gegen die Selbstmordabsichten des Ödipus steht in Verbindung mit einer allgemeinen philosophischen Diskussion des Selbstmordes. – Die Weigerung des Vaters, den Streit der Söhne zu schlichten, wird in einen Zusammenhang mit dem Wert der Seelenruhe aufgrund des Rückzugs aus der Welt gestellt.

A R. Peiper / G. Richter, Leipzig 1902. O. Zwierlein, Oxford 1986.
Ü Th. Thomann. 2 Bde., Zürich 1961–1969 (lat.–dt.)
L M. v. Albrecht, RL, 918–954. Th. Hirschberg, Berlin/New York 1989 (Kommentar). KNLL 15, 206 f. W. – L. Liebermann: Studien zu Senecas Tragödien, Meisenham 1974. I. Opelt: Zu Senecas *Phoenissen* (1969), in: E. Lefèvre (Hg.): Senecas Tragödien, Darmstadt 1972, 272–258. A. Paul: Untersuchungen zur Eigenart von Senecas *Phoenissen* (Diss. Erlangen), Bonn 1953.

Phoenix →Carmina minora (Claudianus)

Phoenix →Carmen de ave Phoenice (Ps.-Lactantius)

Phönizische Geschichte →Phoinikiká (Herennius Philon)

Phönizische Geschichten →Phoinikiká (Lollianos)

Phoinikídes
„Purpurkleider"

Straton, Ende des 4. Jh.s v. Chr.

Komödienfragment (gr.),

I In dem erhaltenen Fragment ist von einem Koch die Rede, der die einfachsten Dinge mit seltenen homerischen Wörtern bezeichnet. Zu ihrer Klärung müssen die →*Átaktoi glôssai* des Philetas zu Rate gezogen werden.

A FAttCom 2, 580–585.

Phoinikiká
„Phönizische Geschichte"

Herennios Philon aus Byblos in Syrien, etwa 60–140 n. Chr.

In größeren Frg. überliefertes Geschichtswerk (gr.).

I Der Autor behauptet, sein Werk sei die Übersetzung eines noch vor dem Trojanischen Krieg verfaßten Originals des Phöniziers Sanchunjaton (14./13. Jh. v. Chr.). Diese Behauptung gewann durch die Entdeckung der altphönizischen Tontafeltexte in Ugarit (Ras Schamra) mit ihren Nachrichten über die damals von den Phöniziern verehrten Gottheiten an Glaubwürdigkeit. Diese Nachrichten berühren sich mit Philons mythologischen Angaben.

A FGrHist 790.
L O. Eißfeld: Ras Schamra und Sanjunchathon, 1939. H. Erbse, dtv-L 1. 3, 312 f.

Phoinikiká
„Phönizische Geschichten"

Lollianos, 2. Jh. n. Chr.

Romanfragment (gr.).

I Ein umfangreiches Papyrus-Frg. enthält die Schilderung einer Szene mit einem Ritualmord und mit Anthropophagie. – Der Aufbau des Romans ist nicht mehr faßbar.

A S. S. Stephens / J. J. Winkler: Ancient Greek Novels. The Fragments. Introduction, Text, Translation and Commentary, Princeton 1994.
L A. Dihle, GLL, 247. T. Hägg: The Novel in Antiquity, Oxford 1983.

Phoínissai
„Die Phönissen"

Euripides, etwa 480–406 v. Chr.

Tragödie (gr.) in 1766 Versen. Aufgeführt 410/409 v. Chr.

I „Die Phönizierinnen, die den Chor bilden, sind auserwählte schöne junge Mädchen aus Tyros, die von ihrer Vaterstadt in Erfüllung eines Gelübdes als Tempeldienerinnen dem Apoll in Delphi geweiht worden sind und nun auf ihrer Reise in Theben, wo die Handlung abläuft, Zwischenhalt gemacht haben" (Latacz, 338). Der Grund dafür, daß der Chor von Phönizierinnen gebildet wird, dürfte wohl darin liegen, daß das Thema der Tragödie der Bürgerkrieg in Theben ist, der keine Neutralität kennt, so daß eine neutrale Instanz nur in Ausländern bestehen konnte. Außerdem war Phönizien die Urheimat der Begründer Thebens. – Iokaste eröffnet den Prolog auf die Geschichte des Hauses von der Gründung Thebens durch Kadmos bis zum Streit ihrer Söhne Eteokles und Polyneikes, deren Kampf um Theben bevorsteht. Iokaste will noch versuchen, die Versöhnung der feindlichen Brüder herbeizuführen. Aber sie ist erfolglos, weil Polyneikes auf seinem „Recht" besteht und Eteokles seine „Macht" behalten will (vgl. 504–506). Wenn auch Polyneikes im Recht zu sein scheint, muß er sich von seiner Mutter vorhalten lassen, daß er mit seinem Angriff auf die Heimatstadt Schuld auf sich lädt. – Man rüstet sich auf beiden Seiten zum Kampf. Eteokles verfügt u. a., daß Polyneikes, falls er fällt, nicht in Theben bestattet wird. Dann soll Kreon den Seher Teiresias um ein Orakel für die Entscheidungsschlacht bitten. Teireseias eröffnet Kreon, daß er mit der Opferung seines Sohnes Menoikeus die Stadt retten könne. Kreon versucht, dies zu verhindern: Er entscheidet sich also gegen die Polismoral für den eigenen Nutzen. Aber er kann Menoikeus nicht daran hindern, sich selbst zu opfern. – Nach der Selbstopferung des Menoikeus können die Thebaner den Angriff der Feinde abwehren. Eteokles und Polyneikes fallen beide im Zweikampf. Antigone erklärt, sie wolle Polyneikes trotz des Verbotes bestatten (vgl. die →*Antígone* des Sophokles). Antigone verläßt am Ende die Stadt zusammen mit ihrem greisen Vater Ödipus.

W Die *Phoínissai* sind durch Ereignisse während des Peloponnesischen Krieges mitveranlaßt. Aus der Betroffenheit über die durch den oligarchischen Putsch der „Vierhundert" im Jahre 411 v. Chr. verursachte tiefe Spaltung des Volkes von Athen zwischen oligarchischen und demokratischen Kräften dürfte das thebanische Bürgerkriegsdrama erwachsen sein (vgl. auch Thukydides, →*Ho pólemos tôn Peloponnesíon kaì Athenaíon*, 8. Buch). Euripides wollte die Gefahren demonstrieren, die durch die Spaltung des Volkes mitten im Krieg gegeben waren. – „Das Stück behandelt das gleiche Thema wie Aischylos' ‚Sieben gegen Theben' (→*Heptà epì Thébas*). Aber inzwischen ist ein halbes Jahrhundert vergangen. Aischylos konnte in Thebens Rettung noch die Größe Athens spiegeln. Euripides kann an Thebens Rettung nur noch den allzu hohen Preis erkennen, der dafür zu zahlen war: Vernichtung von Menschen und menschlichen Beziehungen, Leid ohne Ende, Brudermord, Opfer und Verbannung ... Mit den *Phoinissen* warnt er vor der Machtgier der innerstaatlichen Parteiungen. Aischylos hatte an die einende und stärkende Kraft des Mythos noch geglaubt. Euripides scheint im Mythos nur noch das Abbild menschlicher Vergeblichkeiten sehen zu können: Vernunft (Iokaste!) versagt, und blinde Leidenschaft bereitet sich und allem rings herum, indem sie siegt, den Untergang..." (Latacz, 342).

N Das Stück hat eine starke Wirkung auf spätere Autoren: Accius schreibt eine Tragödie →*Phoenissae*, Seneca eine Tragödie mit demselben Titel. Auch Statius ist in seiner →*Thebais* von Euripides beeinflußt. In Byzanz gehörten die *Phoínissai* zur Schullektüre.

A D. J. Mastronarde, Leipzig 1988. G. Murray. Bd. 3, Oxford [(2)]1913. A. S. Way. Bd. 3, London/Cambridge (Mass.) 1912 (gr.–engl.).
Ü E. Buschor / G. A. Seeck. Bd. 4, München 1972 (gr.–dt.). C. J. Donner / R. Kannicht / B. Hagen. Bd. 2, Stuttgart [(2)]1984. D. Ebener, Berlin [(2)]1979 (gr.–dt.).
L H. Erbse: Beiträge zum Verständnis der euripideischen *Phoinissen*, in: Ph 110, 1966, 1–34. E. Fraenkel: Zu den *Phoenissen* des Euripides, München 1963. KNLL 5, 327f. J. Latacz, GT, 338–342. A. Lesky: Die tragische Dichtung der Hellenen, Göttingen [(3)]1972, 444–457. W. Riemschneider: Held und Staat in Euripides' *Phoenissen*, Würzburg 1940. J. de Romilly: Les *Phéniciennes* d' Euripide ou l' actualité dans la tragédie grecque, in: RBPhH 39, 1965, 28–47.

Phoínissai
„Die Phönissen"

Phrynichos aus Athen, um 500 v. Chr.

Dramatische Darstellung (gr.) des gr. Sieges über die persische Seemacht im Jahre 480 v. Chr. bei Salamis, bis auf wenige Nachrichten verloren.
Im Jahre 476 v. Chr. in Athen uraufgeführt.

I Im Gegensatz zu den →*Pérsai* des Aischylos, denen derselbe Stoff zugrunde liegt, beginnt das Stück nicht mit einer Demonstration der persischen Macht und Größe, sondern mit dem Bericht eines Eunuchos über die Niederlage am persischen Königshof in Susa. Der Titel bezeichnet die Frauen, die den Untergang ihrer in der persischen Flotte dienenden Männer beklagen. – Es ist anzunehmen, daß das Stück überwiegend aus Klagen bestand und daher auch als „Klagetragödie" konzipiert war, in der die Handlung als solche nur die Voraussetzung bzw. der Anlaß des Klagens war. Bei Aischylos steht das Entsetzliche nicht am Anfang; bis zum Eintreffen der schrecklichen Nachricht sind bereits 446 Verse gesprochen.

A TGF 720–725.
L J. Latacz, GT, 83–85.

Phokaís
„Erzählung von den Phokern"

An.

Verlorenes mythologisches Epos (gr.), das in die Nähe des →*Epikòs kýklos* gehört.

I Aus den wenigen Zeugnissen ist nur zu entnehmen, daß in dem Werk u. a. über Hadesfahrten berichtet wird; ferner ist von der Tötung Meleagers durch Apollon die Rede. – Möglicherweise steht das Werk auch in einem Zusammenhang mit der Heraklessage.

A T. W. Allan: Homeri Opera. Bd. 5, Oxford [(2)]1946. A. Bernabé: Poetarum epicorum Graecorum testimonia et fragmenta. Bd. 1, Leipzig 1987, 117. H. G. Evelyn-White:

Hesiod. The Homeric Hymns and Homerica, London/
Cambridge (Mass.) [(3)]1936 (gr.–engl.). G. Kinkel, EGF.
    L P. Friedländer: Kritische Untersuchungen zur Ge-
schichte der Heldensage, in: RhM 69, 1914, 335–341.
KNLL 19, 278. K. Schefold: Drei archaische Dichtungen
von Herakles, in: MH 1962, 130–132. Schmid-Stählin 1, 1,
222. F. G. Welcker: Der epische Cyclus. Bd. 1, Bonn
[(2)]1865, 237–245. Bd. 2, Bonn [(2)]1882, 421–424.

Phormio
(Figur der Komödie)

Publius Terentius Afer, um 195/190–159 v. Chr.

Intrigen-Komödie (lat.) in 1055 Versen.
Aufgeführt bei den Römischen Spielen des Jahres
161 v. Chr.

    I Während der Abwesenheit ihrer Väter Demi-
pho und Chremes verlieben sich die Vettern Antipho und Phaedria in zwei Mädchen: Antipho in die
arme, aber freigeborene Waise Phanium, Phaedria
in eine Sklavin, die als Lautenspielerin auftritt.
Phaedria fehlt das Geld, um die Sklavin freizukaufen; Antiphon befürchtet, daß der Vater die Hochzeit mit Phanium nicht erlaubt. Da hilft der listige
Schmarotzer Phormio, der sich an ein altes Gesetz
erinnert: Eine Waise muß von dem Nächstverwand-
ten geheiratet werden. Er ist bereit zu bezeugen,
daß das Verwandtschaftsverhältnis besteht. Antipho kann Phanium heiraten, hat aber Angst vor dem
Zorn des Vaters Demipho, der zusammen mit seinem Bruder Chremes geplant hatte, daß Antiphon
eine Tochter des Chremes heiraten sollte, die dieser
bisher verheimlicht hatte. Die beiden Väter drängen
nun Phormio, Phanium zu heiraten, damit ihr Plan
realisiert werden kann. Phormio tut so, als ob er
diesem Wunsch nachgeben wolle, aber unter der
Bedingung, eine große Mitgift zu bekommen, die
er Phaedria geben will, damit dieser die Lautenspielerin freikaufen kann. – Dann stellt sich heraus, daß
Phanium die bisher geheimgehaltene Tochter des
Chremes ist, deren Heirat mit Antipho geplant
war. Folglich wollen die Väter das Mädchen samt
der Mitgift von Phormio zurückhaben. Dieser weigert sich natürlich und droht Chremes, seine Gattin
Nausistrata in das Geschehen einzuweihen. Doch
Chremes gibt nicht nach. Nausistrata erfährt von
der Angelegenheit und zwingt ihren Mann, Phormio das Geld im Interesse ihres Sohnes Phaedria
zu überlassen.

    A K. Dziatzko / E. Hauler, Leipzig [(4)]1913. J. Marou-
zeau, Paris 1947 (lat.–frz.). R. H. Martin, London 1959.
    Ü W. Ludwig, München 1966.
    L M. v. Albrecht, RL, 173–194. W. G. Arnott: Phor-
mio parasitus. A Study in Dramatic Methods of Characterization, in: G & R 17, 1970, 32–57. P. Kruschwitz: Terenz,
Darmstadt 2004. W. E. J. Kuiper: Two Comedies by Apollodoros of Carystus, Terence's *Hecyra* and *Phormio*, Leiden 1938. KNLL 16, 443 f. E. Lefèvre: Der *Phormio* des
Terenz und der *Epidikazomenos* des Apollodor von Karystos, München 1978. J. C. B. Lowe: Terentian Originality
in the *Phormio* and *Hecyra*, in: Hermes 111, 1983, 431–452.

Physica Plinii
„Naturheilmittel des Plinius"

An., wahrscheinlich 6./7. Jh. n. Chr.

Auszug (lat.) aus den →*Naturalis historiae libri
XXXVII* des Plinius. Vgl. auch die →*Medicina Plinii.*

    A A. Önnerfors, Hildesheim 1975.

Physik →Physikè akróasis (Aristoteles)

Physiká
„Physik"

Theophrastos aus Eresos, um 370–287 v. Chr.

Weitgehend verlorenes Hauptwerk (gr.) des Aristoteles-Schülers.

    I Thema der Schrift war der Grundbegriff der
aristotelischen Naturlehre, der Begriff der Bewegung. Abweichend von Aristoteles behauptet Theophrast, die Bewegung, die er mit Aristoteles als Entelechie des Potentiellen definierte, komme in allen
Kategorien vor (→*Kategoríai*). Denn Bewegung
wirke nicht nur als eine Veränderung der Substanz,
der Größe, der Beschaffenheit, des Ortes, sondern
auch als Veränderung der Relation, der Lage usw.
Darüber hinaus können sich alle Teile einer Masse
gleichzeitig verändern. – Abweichend von Aristoteles war auch Theophrasts Bestimmung des Raumes,
den er aus der Ordnung und Lage der Körper zueinander zu erklären versuchte. – In Buch 1–2 wurde wahrscheinlich eine allgemeine Bewegungslehre
geboten, in Buch 3 die Himmelsbewegung und in
Buch 4–5 die Seelenlehre behandelt. – Offensichtlich befaßte sich Theophrast mit den noch ungelösten Fragen der aristotelischen Naturlehre.

    A F. Wimmer. 3 Bde., 1854–1862 (Gesamtausgabe).
    L O. Gigon: Theophrast von Eresos, in: dtv-L 1. 4,
272 f. O. Regenbogen, RE Suppl. 7, 1940, 1354–1562. E.
Zeller, Philosophie 2. 2, 829–838.

Physiká →Perì phýseos (Demokritos)

Physikè akróasis
„Vorlesung über die Natur"

Aristoteles aus Stageira, 384–322 v. Chr.

Naturphilosophische Lehrschrift (gr.) in acht Büchern.

    I Die „Physik" ist die Grundlegung der natur-
wissenschaftlichen Schriften des Aristoteles. – Das
Thema des 1. Buches sind die Prinzipien des Naturgeschehens bei der Entstehung (Physik 1,7,191a 3).

Bei Aristoteles ist „das zentrale Problem ... nicht, wie bei den Vorsokratikern, die Frage nach der Entstehung der Elemente, sondern die nach der Entstehung schlechthin, *haplê génesis*. Dadurch, daß er die Frage nach der *haplê génesis* von Platons Ideenlehre befreite und die ‚Abwesenheit der Form‘ als ersten Gegensatz einführte, veränderte er die Fragestellung völlig. Das Nicht-Sein wurde zu einem erkenntnis-theoretischen Begriff reduziert und mit dem Nicht-Wahrnehmbaren identifiziert. Er erkennt durchaus die Durchschlagskraft der neuen Theorie. In seinen Worten (Phys. 1, 5, 188 b 12) hören wir einen triumphierenden Klang: „Alles, was harmonisch zusammengefügt ist, muß aus dem nicht harmonisch Zusammengefügten entstehen, und was nicht harmonisch zusammengefügt ist, aus dem harmonisch Zusammengefügten. Was harmonisch zusammengefügt ist, verwandelt sich, wenn es vergeht, in das nicht harmonisch Zusammengefügte, nicht in ein beliebiges, sondern in das Gegensätzliche" (Düring, 201 f.). – Im 2. Buch geht es um die vier Faktoren, die in einem jeden Naturprozeß vorkommen: Stoff, Form, Ursache der Bewegung und Ziel der Veränderung. – In den Büchern 3–6 ist das Hauptthema die Struktur des Bewegungsprozesses. Die Bewegung setzt das Kontinuum voraus und ist ohne Ort und Zeit nicht möglich (Phys. 3, 1, 200 b 20). Diese physikalischen Relationsbegriffe müssen in ihrer gegenseitigen Verknüpfung untersucht werden, und zwar als gemeinsame und allgemeinste Bestimmungen der Dinge. In Buch 3 geht es um die Bewegung als wesentliches Merkmal der *phýsis*, in Buch 4 werden die Begriffe Ort, Leere und Zeit behandelt, in Buch 5 die Arten der Bewegung und in Buch 6 die Kontinuität der Bewegung. – In Buch 7 behandelt Aristoteles das Verhältnis von Bewegung und Beweger, und Buch 8 befaßt sich mit der Ewigkeit der Bewegung und dem Wesen des „Ersten Bewegers".

W „Die Natur als Schauplatz aller spontanen Bewegung und Veränderung, die Aitiologie dieser Vorgänge und ihr Ziel, dies sind die Gegenstände der weitgespannten Forschungen des Aristoteles, für die dieses Werk die Grundlagen schafft" (Lesky, 627).

A W. D. Ross, Oxford 1936 (mit Kommentar). W. D. Ross, Oxford 1950.

Ü H. Wagner, Berlin [5]1989 (mit Kommentar).

L I. Craemer-Ruegenberg: Die Naturphilosophie des Aristoteles, Freiburg 1980. I. Düring: Aristotle's System of the Physical World, Ithaca (N.Y.) 1962, 69–249. I. Düring, Aristoteles, 201–244; 291–346. I. Düring, RE Suppl. 11, 1968, 231–243. J. Fritsche: Methode und Beweisziel im ersten Buch der „Physikvorlesung" des Aristoteles, Frankfurt 1986. KNLL 1, 705 f. A. Lesky, GL, 627 f. A. Mansion: Introduction à la *Physique* aristotélienne, Löwen/Paris [2]1946. J. Fritsche: Methode und Beweisziel im ersten Buch der „Physikvorlesung" des Aristoteles, Frankfurt 1986. KNLL 1, 705 f. O. Gigon: Die Struktur des ersten Buches der aristotelischen *Physik*, in: MH 23, 1966, 129–154. A. Mansion: Introduction à la *Physique* aristotélienne, Löwen/Paris [2]1946. W. Wieland: Die aristotelische Physik. Untersuchungen über die Grundlegung der Naturwissenschaften und die sprachlichen Bedingungen der Prinzipienforschung bei Aristoteles, Göttingen 1962.

Physikôn dóxai
„Lehrmeinungen der Naturphilosophen"

Theophrastos aus Eresos, um 370–287 v. Chr.

Darstellung (gr.) der Lehrmeinungen der gr. Naturphilosophen bis zu Platon, nur in Frg. erhalten.

I Über Inhalt und Aufbau des Werkes ist wenig bekannt, obwohl alle späteren Werke der Philosophiegeschichtsschreibung in irgendeiner Weise von Theophrast abhängig sind. Dargestellt waren die Lehren der Philosophen von Thales bis Platon. Das Material war nach Sachgebieten bzw. Problemfeldern geordnet, innerhalb derer die Positionen der verschiedenen Philosophen in zeitlicher Reihenfolge beschrieben waren. Es ging Theophrast aber nicht nur um ein Referat der Lehrmeinungen. Er versuchte auch zu erklären, wie die einzelnen Philosophen zu ihren Erkenntnissen gelangt waren und in welchen philosophischen Zusammenhang sie gehörten. – Möglicherweise gehört das Fragment →*Perì aisthéseon kaì aisthetôn* in den Zusammenhang der *Physikôn dóxai*.

W Theophrast schreibt keine objektive Geschichte der Philosophie. Er will veranschaulichen, daß die gesamte ältere Philosophie ihr Ziel und ihre Krönung im System des Peripatos erreicht. Die Richtigkeit der eigenen Lehre soll durch den geschichtlichen Rückblick bewiesen werden.

N Epikur benutzt dieses Material, um seinen Lesern die Fülle naturwissenschaftlicher Erklärungen für natürliche Phänomene zu veranschaulichen (→„*Epistula* an Pythokles"). – Der Skeptiker Timon von Phleius (um 325–235 v. Chr.) gebraucht das Werk, um die Lehren der Naturphilosophen gegeneinander auszuspielen. – Vieles von dem, was man später von den vorsokratischen Naturphilosophen weiß, stammt aus den *Physikôn dóxai*.

A H. Diels: Doxographi Graeci, Berlin 1886, 475–527.

L K. Döring, Historia. O. Regenbogen, RE Suppl. 7, 1940, 1353–1562.

Physikôn scholiôn aporíai kaì lýseis
„Fragen und Lösungen zu naturwissenschaftlichen Problemen"

Alexandros aus Aphrodisias, um 300 v. Chr.

Werk (gr.) der Problemata-Literatur. Vgl. →*Problémata physiká*, →*Iatrikà aporémata kaì physikà problémata*.

I Die Bücher 1 und 2 behandeln ausschließlich naturwissenschaftliche Fragen. – Buch 3 bewegt sich im Themenkreis der →*Parva naturalia* und befaßt sich mit meteorologischen Fragen. – Buch 4 geht auf ethische Fragen ein. – Formal besteht das Werk aus Fragen, die in kleineren Abhandlungen beantwortet werden. Oft wird direkt auf Aristoteles Bezug genommen, was sich bei einem Peripatetiker und Verfasser gelehrter →„Kommentare zu Aristoteles" von selbst versteht.

A J. Bruns: Alexandri Aphrod. scripta minora. Suppl. Aristot. 2. 2, Berlin 1892.
L H. Flashar: Aristoteles. *Problémata physiká*, Berlin 1962, 364–367. W. Sontheimer: Alexandros (Nr. 21), in: DKP 1, 253.

Physiognomoniká
„Abhandlung über die Lehre von den Gesichtszügen (Physiognomik)"

Antonius Polemon aus Laodikeia, etwa 88–144 n. Chr.

Verlorene Abhandlung (gr.) über die Lehre von der Möglichkeit, aus der äußeren Erscheinung des Menschen auf seine inneren Eigenschaften zu schließen. – Die Schrift ist in einer arabischen Übersetzung und in der Paraphrase eines gewissen Adamantios (3./4. Jh. n. Chr.) faßbar. In gr. Sprache sind nur Exzerpte überliefert.

A R. Förster / G. Hoffmann: Scriptores Physiognomici Graeci et Latini, Leipzig 1893.
L A. Armstrong: The Methods of the Greek Physiognomists, in: G&R 5, 1958, 52–56. H. Jüttner: De Polemonis rhetoris vita operibus arte, Breslau 1898. W. Stegemann, RE 21, 2, 1952, 1320–1357.

Physiognomoniká
„Abhandlung über die Lehre von den Gesichtszügen (Physiognomik)"

Ps.–Aristoteles (wahrscheinlich erst 2. Jh. n. Chr.)

Charakterkunde (gr.), die von körperlichen Merkmalen ausgehend auf seelisch-charakterliche Eigenschaften schließt.

A I. Bekker, Berlin 1831, 805–814.
Ü M. Schneidewin, Heidelberg 1929. S. Vogt, Darmstadt 1999 (gr.-dt. mit Kommentar).

Physiólogos
„Der Naturwissenschaftler"

An.

Darstellung wunderbarer Erscheinungen der Naturgeschichte, ursprünglich in gr. Sprache, dann aber auch in lat. Sprache überliefert.
In ihrer ältesten Fassung im 2. Jh. n. Chr. in Alexandreia entstanden.

I In der gr. Fassung handelt es sich um 48 kurze Kapitel, in denen wirkliche oder phantastische Tiere, Pflanzen und Steine (z. B. der Diamant, der Feu-

erstein und der Magnetstein) beschrieben werden. Die Ameise kommt ebenso vor wie der Wal, der Wiedehopf und der Adler, der Panther und das Wiesel. In späteren Fassungen werden die Tiere als Typen für Christus, die Kirche, den Menschen und den Teufel dargestellt. – In seiner lat. Fassung beeinflußte das Werk die Vorstellungswelt des Mittelalters aufgrund seiner christlichen Natursymbolik erheblich. – Als ein mit zahlreichen Bibelzitaten angereichertes Erbauungsbuch wurde das Werk in fast alle Kultursprachen übersetzt. Seine Wirkung nicht nur auf die Literatur, sondern auch auf die bildende Kunst ist nicht zu ermessen, von volkstümlichen und subliterarischen Fernwirkungen ganz abgesehen.

A D. Kaimakis, Meisenheim 1974. F. Sbordone, Mailand 1936.
Ü E. Peters, München 1921. O. Seel, München/Zürich [(7)]1995. O. Schönberger, Stuttgart 2001 (gr.-dt.).
L W. Fauth, Rezension O. Seel, in: Gy 70, 1963, 257–259. M. Goldstaub: Der *Physiologus* und seine Weiterbildung, Leipzig 1899–1901. A. Lesky, GL, 953. D. Offermanns: Der *Physiologus* nach den Handschriften G und M, Meisenheim 1966. B. E. Perry, RE 20, 1, 1941, 1974–1129. E. Peters: Der griechische *Physiologus* und seine orientalischen Übersetzungen, München 1898. F. Sbordone: Ricerche sulle fonti e sulla composizione del *Physiologus* greco, Neapel 1936. O. Seel, KLL, s. v. *Physiologos*. M. Wellmann: Der *Physiologus*. Eine religionsgeschichtlich-naturwissenschaftliche Untersuchung, Leipzig 1930.

Phytikaì aitíai →Perì phytôn aitiôn (Theophrastos)

Pínakes
„Verzeichnisse"

Auch zitiert als *Pínakes tôn en páse paideía dialampsánton kaì hôn synégrapsan* („Verzeichnisse derer, die auf allen Gebieten der Bildung hervorgetreten sind, und dessen, was sie geschrieben haben").

Kallimachos aus Kyrene, etwa 300–340 v. Chr.

Katalog (gr.) der Bibliothek von Alexandreia, an die Kallimachos von Ptolemaios II. Philadelphos berufen wurde. In der →*Suda* wird auf die *Pínakes* hingewiesen als eines unter den zahlreichen Werken des gelehrten Bibliothekars in 120 Bänden bzw. Rollen.
Die *Pínakes* wurden im Auftrag des Königs, der seit 283/282 v. Chr. regierte, angefertigt und dienten dem Zweck, die riesigen Bestände der Bibliothek zugänglich zu machen. Sie entstanden etwa 260 v. Chr.

I Der Katalog (nur wenige Frg. sind erhalten: Frg. 429–453 Pfeiffer) war nach den Hauptgebieten bzw. Gattungen der Literatur (Epik, Lyrik, Dramatik, Rede usw.) geordnet. Innerhalb dieser Hauptgebiete waren die Autoren alphabetisch aufgeführt. Die Werke jedes einzelnen Autors waren wahrscheinlich wieder alphabetisch angeordnet. Da die Werktitel oft nicht eindeutig waren (bis heute ein Problem!), setzte Kallimachos neben den oder die Titel auch die Anfangsworte des jeweiligen Werkes. – Zu jedem Autor wurde eine kurze Biographie verfaßt. – In vielen Fällen mußte Kallimachos auch zu problematischen Fragen Stellung nehmen (z. B. zur Echtheit der Schriften), so daß der Katalog auch ein Stück literarhistorischer Forschung war und lange Zeit blieb.

N Aristophanes aus Byzanz (etwa 257–180 v. Chr.), Schüler des Kallimachos, Leiter der Bibliothek von Alexandreia seit 195 v. Chr. und hervorragender Philologe, veröffentlichte eine Schrift *Pròs tùs Kallimáchu pínakas* („Zu den *Pínakes* des Kallimachos"), in der er den Katalog ergänzt und berichtigt. – Die *Pínakes* waren wohl auch eine wichtige Quelle der →*Suda*, des größten enzyklopädischen Sprach – und Reallexikons aus dem 10. Jh. n. Chr.

A R. Pfeiffer. Bd. 1, Oxford 1949 (Frg. 429–453).
L M. Asper, MLAA, 383–386. E. Howald / E. Staiger: Die Dichtungen des Kallimachos. Gr. und dt., Zürich 1955, 20f. A. Körte / P. Händel, HD, 13–20. A. Lesky, GL, 790. R. Pfeiffer, KlPh, 161–169. O. Regenbogen: Pinax, in: RE 20, 1950, 1420–1426. F. Schmidt: Die *Pinakes* des Kallimachos, Berlin 1923.

Pínax Kébetos
„Bild des Kebes"

Kebes aus Theben, 1. Jh. n. Chr.

Allegorische Darstellung (gr.) des Lebens im Rahmen eines Dialogs.

I Es werden verschiedene Lebenswege nach einem im Vorhof des Kronostempels aufgehängten Bild beschrieben, das eine mit einer Mauer umschlossene Burg darstellt. Innerhalb dieser Burg befinden sich weitere Burgen mit zahlreichen Gestalten wie z. B. den Frauengestalten der *Apáte* (Betrug), der *Týche* (Zufall), der *Paideía* (Bildung) und der *Eudaimonía* (Glück). Ein alter Mann erklärt einem Freund das Gemälde. Der Alte deutet es als Darstellung des Weges zur richtigen und zur falschen Bildung. Er bezeichnet das Kunstwerk als Weihgeschenk eines Pythagoreers. Allerdings trägt die zugrundeliegende Philosophie keine pythagoreischen oder stoischen Züge. – Vielleicht ist der Name des Autors ein Pseudonym. Der Autor benutzt vielleicht den Namen des Kebes aus dem platonischen Dialog →*Phaídon*.
W Kebes vertritt die stoisch-kynische Auffassung, daß alles Wissen der Versittlichung des Menschen zu dienen habe.

A C. Praechter, Leipzig 1893.
Ü R. Hirsch-Luipold u. a., Darmstadt 2004 (gr.-dt.). F. Krauss, Wien [(2)]1890.
L A. Dihle, GLL, 100f. A. Lesky, GL, 978. C. Praech-

ter: Cebetis tabula quanam aetate conscripta esse videatur, Marburg 1885. R. Schleier: Tabula Cebetis oder „Spiegel des menschlichen Lebens darin Tugent und Untugent abgemalet ist". Studien zur Rezeption einer antiken Bildbeschreibung im 16. und 17. Jahrhundert, Berlin 1974.

Plataïkós
„Rede der Platäer"

Isokrates aus Athen, 436–338 v. Chr.

Epideiktische Rede (gr.), die der Autor den Platäern in den Mund legt, die von den Thebanern aus ihrer Heimat vertrieben worden waren und die Athener um Unterstützung anflehen.
Verfaßt 373 v. Chr.

A G. Mathieu / É. Brémond, Paris 1956–1962 (gr.-frz.).
Ü C. Ley-Hutton: Sämtliche Werke. 2 Bde., Stuttgart 1993–1997.

Platonikà zetémata (*Platonicae quaestiones*) →Moralia (Plutarchos)

Platonikós
„Platonische Schrift"

Eratosthenes aus Kyrene, 3. Jh. v. Chr.

Verlorene mathematische Abhandlung (gr.), in der sich der Autor mit Platons Auffassung von der Mathematik auseinandersetzt und sich u. a. mit dem Problem einer Verdoppelung des Würfels befaßt.

L M. Drechsler / L. Meissner, MLAA, 243–245.

Plocium
„Das Halsband"

Caecilius Statius, um 220–168 v. Chr.

Frg. einer Komödie (lat.).

I Nach Gellius (→*Noctes Atticae* 2,23 und 3,16 ff.) hat Caecilius die Komödie *Plókion* des Menander nachgedichtet. Aus den Frg. läßt sich folgender Handlungsverlauf rekonstruieren: „Die Tochter eines armen Mannes, der erst vor zehn Monaten in die Stadt gezogen war, war bei einem nächtlichen Fest von einem unbekannten jungen Mann vergewaltigt worden. Kurze Zeit darauf wurde sie von ihrem Vater mit dem Sohn des reichen Nachbarn verlobt, ohne zu wissen, daß er der Vater ihres Kindes war, das sie empfangen hatte. Zehn Monate später, als die Hochzeitsvorbereitungen schon im vollen Gang sind, bringt das Mädchen, das ihre Vergewaltigung und ihre Schwangerschaft geheimgehalten hat, im verborgenen ihr Kind zur Welt. Ein treuer Sklave hört von außen die Schreie der Gebärenden und ergeht sich in düsteren Vermutungen. Gleichzeitig ist auch ihr künftiger Schwiegervater in Bedrängnis: Seine zänkische Frau zwingt ihn aus Eifersucht, eine Sklavin, die er sehr schätzt, zu verkaufen. Mit dem Klagelied des Mannes darüber – wozu Gellius die griechische Vorlage liefert – dürfte das Stück begonnen haben" (Petersmann, 130 f.).

A O. Ribbeck, CRF. T. Guardi, Palermo 1974.
Ü H. und A. Petersmann, RLTD 1, 130- 136 (lat./gr.–dt.).
L M. v. Albrecht, RL, 167–173. F. Leo, GdrL, 221. 466–469.

Ploîon è euchaí
„Das Schiff oder die Wünsche"

Lukianos aus Samosata, etwa 120–180 n. Chr.

Satire auf die Torheit menschlicher Wünsche (gr.).

I Die vier Dialogteilnehmer sprechen über die menschliche Neigung, großartige Wünsche zu haben, und über absonderliche Auffassungen vom Glück. – Ausgangspunkt des Gesprächs ist ein prächtiges und bewundernswürdiges Schiff aus Ägypten, das gerade im Piräus eingelaufen ist. Auf dem Weg zurück nach Athen beschließen die Gesprächspartner, daß jeder einzelne schildere, was er sich wünschen würde, wenn ihm die Götter die Möglichkeit gäben, Wünsche zu äußern. Jeder solle sich wünschen, was er wolle, und darüber erzählen. – Ein Beispiel (Kap. 41–44): „Ich also wünsche, daß mir Merkur einmal zur glücklichen Stunde in den Weg kommen, und mir einige Ringe geben möchte, welche folgende Kräfte in sich hätten: einen, welcher machte, daß ich immer frisch und gesund und unverwundbar und keinem körperlichen Schmerz unterworfen wäre; einen andern der mich, wenn ich ihn an den Finger steckte, unsichtbar machte, wie der Ring des Gyges war; noch einen, der mir die Stärke von mehr als zehntausend Männern gäbe, so daß ich die Last, die ihrer zehntausend mit vereinigten Kräften kaum von der Stelle brächten, ohne Mühe von einem Orte zum anderen tragen könnte; wieder einen, vermittels dessen ich in beliebiger Höhe über der Erde fliegen könnte, und noch einen womit ich alle Leute nach meinem Gefallen einschläfern könnte, und der mir, Schlössern und Riegeln zum Trotz, alle Türen öffnete. Endlich, und was die Hauptsache ist, wünsche ich mir noch den angenehmsten unter allen, einen Ring, der mich, wenn ich ihn am Finger habe, allen Menschen, Schönen und Häßlichen so angenehm und reizend mache, daß niemand sei, der mich nicht liebe ..." (Übers. Wieland).

A K. Kilburn. Bd. 6, London/Cambridge (Mass.)1959.
Ü Chr. M. Wieland: Lucian von Samosata. Sämtliche Werke 1. 1, Leipzig 1788/1789, 285–322.

Plotinbiographie →Vita Plotini (Porphyrios)

Plûtos
„Der Reichtum"

Aristophanes aus Athen, um 445–386 v. Chr.

Komödie (gr.).
Aufgeführt 388 v. Chr.

I Das sozialkritische Stück über die Neuverteilung des Reichtums gliedert sich in zwei Teile: (1) einen Handlungsteil (1–801) und (2) eine Folge verschiedener Episoden (802–1209). – Der arme Bauer Chremylos und sein Sklave Karion kamen aus Delphi zurück, wo der Bauer das Orakel des Apollon gefragt hatte, ob er seinen Sohn nicht bei einem Gauner in die Lehre geben solle, damit er endlich reich werden könne. Der Gott riet ihm, er solle den ersten Menschen, der ihm beim Verlassen des Tempels begegne, mit nach Hause nehmen. Chremylos und Karion treffen einen Blinden, der in Wirklichkeit Plutos, der Gott des Reichtums, ist. Dieser läßt sich allerdings nicht so ohne weiteres bewegen, mitzukommen. Die Menschen hätten ihn schon zu oft enttäuscht. Er sei immer wieder an die Falschen geraten. Chremylos meint, der Grund dafür liege einfach an seiner Blindheit, von der er eben geheilt werden müsse. – Eine Schlafkur im Tempel des Asklepios erscheint als die beste Möglichkeit zur Heilung. Aber Penia, die Göttin der Armut, wehrt sich dagegen. Ausführlich schildert sie die Gefahren des Reichtums (615–818); nur sie, die Armut, bringe die Menschen dazu, fleißig zu sein und zu arbeiten. Penia kann sich aber nicht durchsetzen, und schon am nächsten Morgen berichtet der Sklave von der wunderbaren Heilung des Plutos. Jetzt kehrt er in die Häuser der rechtschaffenen Armen ein, die reichen Schurken werden plötzlich arm. Sie werden von Plutos abgewiesen: der bisher reiche Denunziant (Sykophant), die alte Vettel, die der von ihr ausgehaltene Jüngling verlassen hat, sogar der Gott Hermes als Bote der Götter, für die man keinen Weihrauch mehr verbrennt, ein arbeitsloser Priester des Zeus, der aber bei Plutos angestellt wird. Schließlich wird der sehend gewordene Gott in einem Festzug zu seinem Tempel, der Schatzkammer der Athene, geleitet.

A F. W. Hall / W. M. Geldart. Bd. 2, Oxford [(2)]1907. R. Kassel / C. Austin. Bd. 3. 2, Berlin New York 1984. J. van Leeuwen, Leiden 1904 (mit Kommentar), Nachdr. 1968. B. B. Rogers, London/Cambridge (Mass.) 1924 (gr.–engl.).
Ü L. Seeger / O. Weinrich, Zürich [(2)]1968. L. Seeger / H. – J. Newiger, München 1974.
L G. Hertel: Die Allegorie von Reichtum und Armut. Ein aristophanisches Motiv und seine Abwandlungen in der abendländischen Literatur, Nürnberg 1969. K. Holzinger: Kritisch-exegetischer Kommentar zu Aristophanes' Plutos, Wien/Leipzig 1940. KNLL 1, 683f. W. Meyer: Laudes inopiae, Diss. Göttingen 1915. H.-J. Newiger: Metapher und Allegorie. Studien zu Aristophanes, München

1957, 155–178. H. – J. Newiger: Zur Eigenart des Aristo-phanischen Spätwerks, in: H. – J. Newiger (Hg.): Aristo-phanes und die alte Komödie, Darmstadt 1975,405–434. Schmid-Stählin 1, 4, 129 f. Y. Urbain: Les idées économi-que d' Aristophane, in: AC 8, 1939, 183–200.

Pneumatiká
„Maschinen, die mit Luft – oder Dampfdruck betrieben werden"

Heron aus Alexandreia, 1. Jh. n. Chr.

Physikalisch-technische Abhandlung (gr.) über mehr oder weniger nützliche Maschinen in zwei Büchern.

I   Das Werk beginnt mit einer theoretischen Auseinandersetzung über die Eigenschaften der Luft, die Unmöglichkeit eines kontinuierlichen Va-kuums und das Verhalten von Flüssigkeiten, die un-ter dem Einfluß der Schwerkraft stehen. – Im Hauptteil der Schrift werden zahlreiche Geräte be-schrieben, die teils für den praktischen Gebrauch bestimmt sind, teils nur zur Unterhaltung dienen. Viele dieser Geräte sollen beim Ausschenken von Wein oder beim Mischen von Wein und Wasser hel-fen. Ein Gefäß z. B. ermöglicht es (1,9), je nach Be-lieben reinen Wein oder eine Mischung von Wein und Wasser oder nur Wasser auszugießen. – Erwäh-nenswert sind hydraulische Orgeln, eine Pumpe zur Feuerbekämpfung, eine druckluftbetriebene Fon-täne, eine nach dem Rückstoßprinzip angetriebene Dampfmaschine und eine windgetriebene Pfeifen-spieluhr (vielleicht ein Vorläufer der Windmühle). – Ferner werden technische Vorrichtungen be-schrieben, die in Tempeln und bei religiösen Hand-lungen benutzt werden. Dazu gehören z. B. Geräte mit Siphon-Systemen (1, 14 und 23), durch die, wenn Wasser in ein Gefäß eingegossen wird, Wein aus einem anderen herausfließt. In 1,17 wird eine Vorrichtung beschrieben, bei der eine Trompete er-schallt, wenn eine Tempeltür geöffnet wird; in 1, 21 geht es um einen Münzautomaten, der nach Ein-wurf eines Geldstückes Wasser für rituelle Wa-schungen spendet.

Q   In der theoretischen Einleitung des Werkes übernimmt Heron zum Problem des Leeren bzw. des Vakuums die Erkenntnisse des Straton aus Lam-psakos (vielleicht aus der Schrift „Über das Leere", deren Titel bei Diogenes Laertius, →*Philosóphon bíon kaì dogmáton synagogé* 5,59 genannt ist), der etwa von 288–268 v. Chr. Leiter der aristotelischen Schule war. Straton hatte zwischen Aristoteles (→*Physikè akróasis*, bes. Buch 4), der die Existenz des Leeren negiert, und Demokrit (→*Mégas diákos-mos*, →*Perì physeos*) und Epikur (→*„Epistula* an Herodot"), die die Existenz des Leeren annehmen, eine vermittelnde Stellung. – Bei seinen Ausführun-gen über die Natur der Flüssigkeiten bezieht sich Heron auf Archimedes.

A   W. Schmidt: Heronis Alexandrini opera. Bd. 1, Leipzig 1899 (gr.–dt.), Nachdr. 1976.
L   A. G. Drachmann: Heron's Windmill, in: Centaurus 7, 1960, 145–151. B. Farrington: Greek Science, London 1953. J. G. Landels: Die Technik in der antiken Welt, Mün-chen 1979, 241–253. A. Lesky, GL, 889. J. Man: Heron, in: DKP 2, 1106–1109. K. Tittel, RE 8, 1912, 992–1080.

Podágra
„Fußgicht"

Lukianos aus Samosata, etwa 120–180 n. Chr.

Tragikomisches Drama (gr.) in 334 Versen.

I   In dem Stück treten folgende Personen auf: Der Podagra-Patient, der Chor, die Krankheit Po-dagra, ein Bote, zwei Ärzte und die Schmerzen. Im Prolog wird das Podagra wie eine Gottheit angere-det und vorgestellt. Der Chor der Podagra-Beglei-ter preist das Podagra. Der Podagrakranke rühmt seinen Stock als sein drittes Bein; er steht auf und erblickt den Chor der Krückenmänner. Man stellt sich gegenseitig vor. Der Kranke erkennt sich als „Eingeweihter" der Göttin Podagra, die jetzt er-scheint und sich als unbezwingbare Herrscherin der Schmerzen darstellt, die sich von niemandem besänftigen läßt. Vom Chor wird sie feierlich be-grüßt als Feindin des Wettlaufs, Kniebrecherin, Fol-ter der Knöchel, Spenderin schlafloser schmerzens-reicher Nächte. Ein Bote tritt mit zwei gefesselten Männern auf. Es sind die beiden Ärzte, die der Göt-tin die Verehrung versagen. Podagra beschimpft die Mediziner wegen ihrer Vermessenheit, den Kampf mit der Krankheit aufzunehmen. Die Göttin er-wähnt dann eine lange Liste von prominenten Po-dagristen aus der heroischen Zeit (Achilleus, Ödi-pus, Odysseus – alle hatten Podagra und starben daran). Die Ärzte behaupten, eine Salbe gegen das Podagra zu besitzen. Die Göttin ruft die Qualen, um die Probe aufs Exempel zu machen. Die Qualen fallen über die Quacksalber her; diese stellen an sich selbst fest, daß ihre Salbe nicht wirkt. Sie bereuen es, daß sie die Göttin herausgefordert haben. – Der Epilog des Chores parodiert euripideische Tragö-dienschlüsse. Zahlreiche Anspielungen auf mytho-logische Inhalte verstärken den Sarkasmus des Stük-kes.

A   M. D. MacLeod. Bd. 8, London/Cambridge (Mass.) 1967.
Ü   Chr. M. Wieland: Lucian von Samosata. Sämtliche Werke 3. 6, Leipzig 1788/1789, 421–444.

Poëma coniugis ad uxorem
„Gedicht des Ehemannes an die Gattin"

Prosper Tiro aus Aquitanien, 1. Hälfte des 5. Jh.s
n. Chr.

Sechzehn anakreontische Verse und 53 Distichen
mit der Aufforderung an die Gattin, dem Autor bei
der Gestaltung seines Lebens zu Gott hin beizustehen (lat.).

    A PL 51 (aus CSEL 30, 341–344 unter den Werken des
Paulinus aus Nola).
    L R. Helm, RE 23, 1, 1957, 880–897. J. Martin: Pros-
per Tiro, in: LThK 8, 811 f.

Poenulus
„Der Punier"

Titus Maccius Plautus, etwa 250–184 v. Chr.

Intrigenkomödie (lat.).
Wahrscheinlich zwischen 195 und 189 v. Chr. verfaßt.

    I Zwei Handlungsstränge durchziehen das
Stück: (1) Die Sklavinnen Adelphasium und Ante-
rastilis, die als Kinder entführten Töchter eines punischen Kaufmannes, sollen am Tag des Venusfestes
gezwungen werden, Hetären zu werden. Ihr Vater,
der Karthager Hanno, rettet sie im letzten Augenblick aus den Händen des Bordellbesitzers Lycus. –
Der junge Agorastocles, der Adelphasium liebt,
kann am Ende die Geliebte heiraten. – (2) Agorastocles will zusammen mit seinem Sklaven Milphio
den Bordellbesitzer Lycus überlisten, um die Geliebte ohne Kosten in seinen Besitz zu bekommen:
Ein anderer Sklave, Collybiscus, soll einen reichen
Soldaten spielen und sich von Lycus beherbergen
lassen. Auf diese Weise würde der Bordellbesitzer
einem flüchtigen Sklaven Unterschlupf gewähren
und sich strafbar machen. Er soll damit so unter
Druck gesetzt werden, daß er Adelphasium auslie-
fert, um der gerichtlichen Verfolgung zu entgehen.
Die Befreiung des Mädchens erfolgt jedoch erst
durch die Wiedererkennung der beiden Mädchen
durch ihren Vater.
    Q Der Autor der gr. Vorlage ist nicht bekannt.
Eine mit *Karchedónios* (= *Poenulus*) betitelte Komödie haben jedoch Menandros (342–291 v. Chr.)
und Alexis (372–270 v. Chr.), ein Vertreter der sog.
„Mittleren Komödie", verfaßt.

    A G. Maurach, Heidelberg [(2)]1988.
    Ü W. Binder / W. Ludwig, Darmstadt 1976.
    L M. v. Albrecht, RL, 133–169. W. G. Arnott: The Au-
thor of the Greek Original of the *Poenulus*, in: RhM 102,
1959, 252–262. P. A. Johnston: *Poenulus* 1, 2 and Roman
Women, in: TAPhA 110, 1980, 143–159. B. Krysiniel: Der
plautinische *Poenulus* und sein attisches Vorbild, in: Eos
34, 1932/1933, 1–70. H. Lucas: Der *Karchedonios* des Alexis als Vorbild des plautinischen *Poenulus*, in RhM 88,
1939, 189 f.

Poetik →Perì poietikês (Aristoteles, Neoptolemos)

Poikíle historía
„Bunte Geschichten"

Claudius Aelianus aus Praeneste, etwa 170 – um
240 n. Chr.

Notizen (gr.) über berühmte Männer und einzelne
Völker in Anekdotenform, nur in Auszügen in der
→*Suda* und bei Stobaios, →*Eklogaí* überliefert.

    I Die Sammlung ist von Prinzipien der stoi-
schen Moral bestimmt. Immer wieder werden röm.
Leistungen erwähnt. Der röm. *mos maiorum* liefert
die Leitbilder.

    A M. R. Dilts, Leipzig 1974. A. Lukinovich / A.-F.
Morand: Élien. Histoire variée, Paris 1991 (mit Kommentar).
    Ü H. Helms: Bunte Geschichten, Leipzig 1990.
    L C. Stamm: Vergangenheitsbezug in der Zweiten So-
phistik? Die *Varia Historia*, 1995.

Poímandres →Corpus Hermeticum

Poimén →Hermae pastor (Hermas)

Poimenikà tà katà Dáphnin kaì Chlóën
„Die Welt der Hirten in Zusammenhang mit
Daphnis und Chloe"

Longos aus Lesbos, 2./3. Jh. n. Chr.

Liebesroman (gr.) in vier B.
Um 200 n. Chr. entstanden.

    I Zwei Hirtenkinder entdecken Schritt für
Schritt gemeinsam die Liebe. Der Roman spielt im
Hirtenmilieu und gilt daher als „bukolischer Roman". – 1. B.: Daphnis und Chloe sind zwei von
ihren Eltern ausgesetzte Kinder, die von den Hirten
Lamon und Dryas aufgezogen werden. Es ist *Frühling*; bei ihren kindlichen Spielen entdecken die beiden eine ihnen unerklärliche Sehnsucht nacheinander. Im Laufe der Zeit – es wird *Sommer* – wächst
ihr Verlangen, zueinander zu kommen. Plötzlich
landen Seeräuber und entführen Daphnis; er wird
jedoch von Chloe und einem Hirten gerettet. 2. B.:
Allmählich wird es *Herbst*. Der Hirt Philetas beginnt, Daphnis und Chloe über ihre „Krankheit"
aufzuklären. Sie erfahren, daß es die Liebe ist, die
sie quält. Der Hirte nennt ihnen auch die Heilmittel, die die Befreiung von den Qualen versprechen.
Die „Kranken" begreifen aber nicht, um was es
geht. Jetzt wird Chloe geraubt, aber mit Hilfe des
Pan wieder gerettet. 3. B.: Mit dem *Winter* beginnt
eine Zeit der Trennung. Als der Frühling kommt,
beginnen wieder die alten Spiele. Lykainion, eine

Nachbarin, unterweist Daphnis in der Kunst der Liebe; er scheut sich jedoch, seine neuen Fertigkeiten bei Chloe anzuwenden. Daphnis entdeckt einen Schatz, mit dem er bei Dryas um Chloe werben kann. Die Hochzeit kann stattfinden, sobald der Herr der Hirten, Dionysophanes, eingewilligt hat. 4. B.: Im *Herbst* besucht Dionysophanes das Landgut der Hirten und entdeckt, daß Daphnis sein eigener Sohn ist. Er stimmt der Hochzeit zu. Bei einem Festmahl findet auch Chloe ihren verlorenen Vater, den reichen Megakles, wieder. Die Hochzeit wird vorbereitet und soll vor der Höhle der Nymphen gefeiert werden. Am Schluß steht die endgültige Vereinigung der Geliebten. – Die Komposition des Werkes ist von Symmetrie und Parallelismus, Polarität und Steigerung bestimmt. Das Geschehen wird als Doppelbiographie dargestellt. Alles, was mit Daphnis geschieht, geschieht auch mit Chloe. Mehrfach wiederholt sich die Abfolge „Daphnis-Handlung – Chloe-Handlung – gemeinsam erlebte Handlung". Dieses Kompositionsprinzip zieht sich durch alle Episoden der B. 1 bis 3. Im 4. B. wechseln die Abenteuer von Daphnis und Chloe nicht mehr in kurzer Folge nacheinander, sondern zuerst konzentriert sich die Handlung bis 4,26 ganz auf Daphnis, dann von 27–36 auf Chloe, um schließlich in die Vermählung der beiden (37–40) einzumünden.

Q Die Verbindung von Bukolik und Erotik war lange vor Longos vollzogen. Schon in der →*Iliás* (5,313) wird berichtet, daß Aphrodite den Hirten Anchises liebt, und der Kyklop Polyphem, der einäugige Riese unter den Hirten, liebt die Nymphe Galatea (vgl. Ovid, →*Metamorphoseon libri* 13,740–884 und das *Kýklops* des Theokritos, →*Eidýllia* 11). Daß Longos von Theokrit angeregt wurde, ist wahrscheinlich. Der unter Theokrits *Eidýllia* überlieferte *Oaristýs* (*Eid.* 27), ein erotischer Dialog zwischen Daphnis und einem Mädchen, dürfte ebenfalls zu den Vorbildern des Longos gehört haben. Die Hirtenwelt Arkadiens weitab von der Härte des realen Lebens fand schon in Vergil (→*Bucolica*) ihren Dichter. – Anregungen gingen wohl auch vom →„Ninos-Roman" aus. – Zu erwähnen ist noch die Jägernovelle im 7. Rede des Dion aus Prusa (→*Lógoi*), wo das Liebesgeschehen in der heilen Welt auf dem Lande im Gegensatz zur bösen Welt der Stadt dargestellt wird.

W Longos schuf den bukolischen Roman, weil ihm die bukolische Idylle die Rückkehr zu den Ursprüngen des wahren und reinen Lebens bedeutete. Landleben und Natur haben etwas Göttliches. Wer in Übereinstimmung mit der Natur lebt, ist auch in Übereinstimmung mit den Göttern und teilt ihre Rechte. „Das Leben von Daphnis und Chloe stellt die letzte Steigerung des Lebens der Natur dar. Die beiden werden göttergleich. Sie sind von der Natur mit Fürsorge umgeben und schwingen im Rhythmus der Jahreszeiten mit. Daphnis und Chloe werden Nachahmer der Natur" (Schönberger 1970, 139 f.). – Die Liebe ist die zentrale Macht bei Longos. Eros beschützt Daphnis und Chloe, die von Anfang an füreinander bestimmt sind; darin zeigt sich beispielhaft das Walten des „Welteros", der Urpotenz, des Schöpfers und Erregers allen Lebens. „Longos will die Macht des Eros zeigen, die Handlung selbst ist ein Mythos des Eros, ist das Mysterium des Eros" (Schönberger 1970, 146). Die Annahme, daß der Liebesroman die Spiegelung eines Mysterienkultes sei (mit der Offenbarung des Gottes Eros in der Handlung und der Einweihung der Handelnden in das Wesen des Eros (vgl. Chalk 1960 und Merkelbach 1962), geht vermutlich zu weit.

A G. Dalmeyda, Paris [2]1960 (gr.–frz.). J. M. Edmonds, London/Cambridge (Mass.) 1916. A. Kairis, Athen 1932. M. D. Reeve, Stuttgart/Leipzig [3]1994.
Ü E. R. Lehmann, Wiesbaden 1959. A. Mauersberger, Leipzig 1959. O. Schönberger, Stuttgart 1970. O. Schönberger, [4]1989 (gr.–dt.). O. Schönberger, Düsseldorf 1998 (gr.–dt.). L. Wolde, Leipzig 1939.
L H. Chalk: Eros and the Lesbian Pastorals of Longos, in: JHS 80, 1960, 32–52. R. Helm: Der antike Roman, Berlin 1948. N. Holzberg: Der antike Roman, München/Zürich 1986. R. Hunter: A Study of Daphnis and Chloe, Cambridge/London 1983. A. Lesky, GL, 969. W. McCulloh: Longus, New York 1970. R. Merkelbach: Roman und Mysterium in der Antike, München 1962. R. Merkelbach: Die Hirten des Dionysos. Die Dionysos-Mysterien der römischen Kaiserzeit und der bukolische Roman des Longus, Stuttgart 1988. M. C. Mittelstadt: Daphnis and Chloe and Roman Narrative Painting, in: Latomus 26, 1967, 752–761. E. Rohde: Der griechische Roman und seine Vorläufer, Leipzig [3]1914, 531–554. Schmid-Stählin 2, 2, 823–825. O. Schissel v. Fleschenberg: Longus, in: RE 13, 2, 1927, 1425–1427. D. Teske: Der Roman des Longos als Werk der Kunst. Untersuchungen zum Verhältnis von *physis* und *techne* in „Daphnis und Chloe", Münster 1991. A. Wouters: Longos' „Daphnis und Chloe" – ein anspruchsvoller Roman für einen anspruchsvollen Leser, in: Anregung 42, 1996, 1–14.

Polemarchikós

„Rede des Polemarchos"

Himerios aus Prusias (Bithynien), 4. Jh. n. Chr.

Prunkrede (gr.), die dem Archon Polemarchos am attischen Epitaphienfest unterlegt wurde.

I Die Rede wurde wie der platonische →*Menéxenos* zu Ehren der für das Vaterland Gefallenen gehalten. Dem Archon Polemarchos fiel diese Aufgabe zu.

A A. Colonna, Rom 1951.
L A. Lesky, GL, 973.

Poliorketiká
„Was mit der Belagerung einer Stadt zu tun hat"

Aineias Taktikos, Mitte des 4. Jh.s v. Chr.

Kriegstechnische Lehrschrift (gr.).
Kurz nach 360 v. Chr. verfaßt.

I Aineias handelt in diesem Traktat fachkundig und anschaulich von der Verteidigung einer belagerten Stadt. Er gibt viele historische Beispiele.

A L. W. Hunter / S. A. Handford, Oxford 1927. W. A. Oldfather, London/Cambridge (Mass.) 1923 (gr.–engl.).
L A. Lesky, GL, 703.

Poliorketiká
„Was mit der Belagerung einer Stadt zu tun hat„

Apollodoros aus Damaskos, 2. Jh. n. Chr.

Kriegstechnische Lehrschrift (gr.), nur in Auszügen, aber mit dazugehörigen Abbildungen überliefert.

A R. Schneider, Abh. Göttinger Ges. d. Wiss. Phil.–hist. Kl, 1908.
L W. H. Groß: Apollodoros (Nr. 9), in: DKP 1, 440.

Politeía
„Der Staat"

Platon aus Athen, 427–347 v. Chr.

Dialog (gr.) über den Idealstaat in zehn Büchern. Die *Politeía* ist in der „mittleren" Schaffensperiode des Philosophen entstanden (um 374 v. Chr.). Möglicherweise ist das 1. Buch „über die Gerechtigkeit" bereits früher verfaßt und war ursprünglich ein selbständiger Dialog mit dem hypothetischen Titel *Thrasýmachos*. Die Ähnlichkeit des 1. Buches mit den aporetischen Frühdialogen Platons ist unverkennbar. Dieser *Thrasýmachos* brauchte kein fertiger Dialog gewesen zu sein. Er konnte auch als ein früher Entwurf den Büchern 2–10 (die Zählung stammt übrigens nicht von Platon selbst) vorgeschaltet worden sein.

I 1. und 2. Buch: Der Dialog über den Staat geht von der Frage nach der Gerechtigkeit als der allgemeinen obersten Norm menschlichen Handelns aus. Sokrates läßt sich im Gespräch Vorschläge zur inhaltlichen Bestimmung der Gerechtigkeit machen. Es gelingt jedoch nicht, den Begriff inhaltlich zu füllen. Da wirft der Sophist Thrasymachos seine Definition in die Debatte: „Gerecht ist, was dem Stärkeren nützt." Dadurch erhält das Gespräch eine neue Richtung: Es geht jetzt um das Verhältnis von Konvention und Natur, Gemeinschaft und Individuum, Ordnung und Freiheit. Angesichts dieser Gegensätze stellt sich die Frage: Wie soll man leben? „Diese Frage enthält zwei Dimensionen ...: 1. Soll der Maßstab unser persönlicher Nutzen sein, oder müssen wir das Recht des anderen berücksichtigen, müssen wir also von der Gemeinschaft ausgehen? Was hat bei den notwendigen Kompromissen den höheren Rang: der Einzelne oder die Gemeinschaft? 2. Geht es allein um das vordergründige materielle und seelische Wohlergehen, oder gibt es für den Menschen höhere Werte, an denen er sich zu orientieren hat? Worin besteht das Glück des Menschen: Genügt es, sich auf Erden wohl zu fühlen, oder gehört zum Leben des Menschen eine übergeordnete absolute Qualität, eben die Gerechtigkeit oder das Gute?" (G. A. Seeck, 99). – Aufgrund ihrer Schwierigkeit soll die Frage nach der Gerechtigkeit in größerem Maßstab erörtert werden, d. h. nicht am Einzelmenschen, sondern am Staat, der für Platon ein Abbild des einzelnen ist, so daß er die Vergleichbarkeit von Einzelmensch und Staat für selbstverständlich hält. Im folgenden geht es um das Gedankenexperiment, einen Staat aus primitiven Anfängen entstehen zu lassen und im Laufe seines Werdens Ort und Rolle der Gerechtigkeit in diesem zu ergründen. – Die Entstehung der Polis wird hergeleitet aus der Notwendigkeit oder Zweckmäßigkeit der Arbeitsteilung (2, 369bff.). Zur Höherentwicklung der Kultur ist die Polis auf Vergrößerung und Ausdehnung angewiesen. Daraus entsteht die Notwendigkeit, Krieg zu führen. Im Sinne der Arbeitsteilung muß zu diesem Zweck ein Heer von Berufssoldaten zur Verfügung stehen, die Platon als „Wächter" bezeichnet; so müssen für diese Aufgabe besonders geeignete Männer gefunden werden. (Hieran erkennt man bereits, worin die Gerechtigkeit der Polis bestehen wird: die richtigen Leute an die richtige Stelle zu setzen.) Um ihre Aufgabe optimal erfüllen zu können, müssen die Wächter eine entsprechende Erziehung (*paideía*) erhalten (2,376c-d). Denn auch die Beantwortung der Frage nach der richtigen Erziehung der Wächter gehört zu der Erörterung der Frage, auf welche Weise Gerechtigkeit und Ungerechtigkeit in der Polis entstehen. Von entscheidender Bedeutung sind auch die Inhalte der Erziehung: Es dürfen keine traditionellen Mythen verwendet werden, die einen Zweifel daran aufkommen lassen, daß Gott gut und die Ursache des Guten ist (vgl. schon die Mythenkritik des Xenophanes, →*Sílloi, Perì phýseos*). Bereits im →*Euthýphron* hatte Platon massive Religionskritik geübt. – 3. Buch: Die Kritik an den Dichtern, die falsche Vorstellungen über die Götter verbreiten, wird fortgesetzt. Wenn die Wächter zur Tapferkeit erzogen werden sollen, dürfen sie den Tod nicht fürchten. Deshalb muß man ihnen auch Schauergeschichten von einer schrecklichen Unterwelt vorenthalten. Ferner dürfen Heroen und Götter nicht als schlechte Vorbilder dargestellt werden. Denn wenn ein künftiger Wächter Besonnenheit und Selbstbeherrschung lernen soll, darf er keine unbeherrschten Götter und Helden vor Augen haben. Auch die Menschen dürfen in der Dichtung nicht falsch dargestellt werden. So darf z. B. nicht erzählt werden, daß schon viele Ungerechte glücklich geworden sind. Nur Gutes dürfe von den nachahmenden Dichtern dargestellt werden. Das gilt für die musische Erziehung der Wächter insgesamt. Alle künstlerischen Betätigungen müssen so sein, daß sie die gewünschte sittliche Wirkung haben (3, 399e ff.). In demselben Sinn ist die körperliche Erziehung zu praktizieren. Sie steht im Dienst der Gesundheit. In allem aber muß das richtige Maß eingehalten werden. Alles dient der Ausbildung der Seele. – Von großer Bedeutung ist die Frage, wer von den so erzogenen Wächtern herrschen soll (3, 412b ff.). Die Kriterien für die Eignung zum Herrschen werden dargestellt. – Die Erklärung der natürlichen Ungleichheit der Menschen, „von denen die einen zum Herrschen, die anderen zum Gehorchen berufen sind", gibt Platon mit Hilfe eines „Mythos", d. h. einer untadeligen und heilsamen Täuschung: „Ihr alle im Staat seid Brüder, so erzählen wir ihnen im Märchen. Gott aber, der Schöpfer, hat euch, die zu Herrschern berufen sind, Gold bei eurer Erschaffung beigemischt, weshalb ihr auch die gelehrtesten seid. Den Helfern gab er Silber bei, Eisen und Kupfer den Bauern und Handwerkern. Weil ihr alle verwandt seid, erzeugt ihr zumeist Kinder aus eurer Art; manchmal nur wird aus einem goldenen Vater ein silberner Sproß entstehen und aus einem silbernen ein goldener und ähnlich bei den anderen" (3, 415a-b). – Die Wächter müssen aber nicht nur richtig erzogen werden, sie müssen auch anders leben als die übrigen Bürger: Kein Privateigentum, keine eigene Wohnung usw. 4. Buch: Die wichtigste Aufgabe der Wächter ist das Glück des Staates, nicht ihr eigenes Wohlergehen. Das rechte Maß z. B. hinsichtlich seiner Macht und Größe vermittelt dem Staat Einheit und Stärke. – Nachdem nun die Gründung des Staates vollendet ist (4, 427c-d), erhebt sich die Frage: Wo ist die Gerechtigkeit, wo die Ungerechtigkeit? Es kommt zur Bestimmung der vier Grundtugenden im Staat: Weisheit (sophía), Tapferkeit (andreía), Besonnenheit (sophrosýne) und Gerechtigkeit (diakaiosýne) sind die Tugenden, deren Verwirklichung den Staat wie den Einzelmenschen gut und glücklich macht. Gesucht ist die Gerechtigkeit: Wenn man die drei anderen Tugenden fände, dann müsse die Gerechtigkeit das sein, was noch fehle, um den Staat „gut" sein zu lassen (427c-432a: Beschreibung der drei anderen Tugenden; 432b ff.: die Gerechtigkeit). Gerechtigkeit besteht darin, „das Seinige zu tun und sich nicht in vielerlei einzumischen" (433a). Damit wird an die weiter oben (370b-c; 374a) aufgestellte Forderung angeknüpft, daß jeder nur das tun dürfe, wozu sich seine Natur, wie sie sich an seiner Zugehörigkeit zu einer der drei Gruppen von Menschen im Staat zeigt (3, 414b ff.), am besten eigne. Die Fähigkeit jedes einzelnen, das Seinige im Staat, d. h. seine Pflicht zu tun, ist die gesuchte Tugend (433d). – Aber von der Gerechtigkeit des einzelnen Menschen wird noch in einem anderen Sinne gesprochen: In Analogie zu den drei Ständen oder Schichten in der Polis besteht auch die Seele des Einzelmenschen aus drei Teilen (435a ff.), aus dem Denkvermögen (logistikón), dem Vermögen, etwas zu begehren (epithymetikón)

und der Fähigkeit zum leidenschaftlichen Engagement (thymoeidés). Die Gerechtigkeit ist dann nichts anderes als die Harmonie dieser drei Seelenvermögen, wobei jedes seine ihm zukommende Pflicht erfüllt (443d-e). 5. Buch: Mit diesem Buch beginnt der zweite Teil des Werkes. Nachdem die Gerechtigkeit im ersten Teil bestimmt und der Wächterstaat beschrieben ist, können jetzt die Bedingungen für die Verwirklichung des gerechten Staates als eines Philosophenstaates dargestellt werden. Schon im 4. Buch (423e-424a) war darauf hingewiesen worden, daß – im Sinne eines alten Sprichwortes – Freunde alles gemeinsam haben. Das gelte nun auch für Frauen und Kinder in der Gemeinschaft des Staates. Unter dem Stichwort der Gemeinsamkeit wird folgerichtig die gemeinsame Erziehung von Frauen und Männern gefordert. Gleiche Aufgaben und gleiche Erziehung sind möglich und für den Staat nützlich (451c-457b). Des weiteren sollen alle Frauen allen Männern gemeinsam sein, so daß ihnen dann auch alle Kinder gemeinsam sind (457b ff.). – Nachdem sichtbar geworden ist, daß diese Regelung „gut" für den Staat ist, wird die Frage nach dem „größten Gut" für den Staat gestellt (462a). Das größte Gut ist die Einheit in jeder Hinsicht (koinonía), wie sie z. B. durch Frauen- und Kindergemeinschaft und durch gemeinsames Eigentum gewährleistet ist. – Später wird die Frage nach der Existenzmöglichkeit des entworfenen Staates gestellt (471c). Im bisherigen Gespräch, so Sokrates, ging es um ein Paradeigma, ein Muster der Gerechtigkeit, das als Maßstab oder ideale Konstruktion zu gelten habe, damit man erkennen könne, wieweit man von diesem Paradeigma noch entfernt sei. In diesem Sinne habe man dann auch das Paradeigma einer idealen Polis konstruiert, und jetzt könne es nicht darum gehen zu zeigen, wie der Idealstaat auch verwirklicht werden könne. Man dürfe vielmehr nur fragen, wie man sich diesem Ideal am besten nähern könne (472c-e). Eine entscheidende Voraussetzung für die Annäherung an den idealen Staat besteht darin, daß die Philosophen im Staat herrschen oder die derzeitigen Machthaber wahrhaftig und hinreichend philosophieren (473c-d). Daran schließt sich eine Bestimmung des Begriffs „Philosoph" an: Die wahren Philosophen sind diejenigen, die die Wahrheit sehen wollen (475e). Was aber ist Wahrheit? Die Wahrheit ist nur durch Erkenntnis (gnóme, epistéme), nicht durch bloße Meinung (dóxa) zugänglich, und Gegenstand der Erkenntnis ist z. B. „die Schönheit selbst", „die Idee des Schönen", nicht die schönen Dinge, die an dieser Idee teilhaben. Nur derjenige, der die „Idee" zum Gegenstand seiner Betrachtung erhebt, der Philosoph nämlich, ist daher in der Lage, auch die „Idee des Staates" als Maßstab seines Handelns zu erkennen und sich auf diese Weise als wahrer Herrscher zu legitimieren. – 6. Buch: Die Eignung des Philosophen zur Herrschaft wird noch weiter herausgearbeitet. Ein Grundzug im Wesen des Philosophen ist die Liebe zum Wissen über das, was immer ist und nicht im Entstehen und Vergehen begriffen

ist. Darüber hinaus verfügt er über sittliche Qualitäten. Das Verhältnis des Philosophen zur Gesellschaft und zum Staat wird reflektiert. Eine wichtige
Frage ist wieder die Bildung und Erziehung des
Philosophen, der sich zum Herrscher eignet (502a
ff.). Sein höchstes Wissen ist die „Idee des Guten"
(505a). Denn das Gute ist das, wodurch das Gerechte und alles, was sonst Gebrauch von ihr macht,
nützlich und heilsam wird. Was aber ist das Gute?
Verschiedene Antworten werden ausprobiert. Statt
einer Antwort wird ein Gleichnis geboten: Wie die
Sonne der Urquell allen Lebens in der sichtbaren
Welt ist, so ist das Gute der Urquell allen Seins und
Erkennens in der erkennbaren Welt (506b-509b:
„Sonnengleichnis"). Das Verhältnis zwischen dem
Sichtbaren und dem Denkbaren wird mit Hilfe des
„Liniengleichnisses" geklärt: Den vier Erscheinungsformen der Welt (Abbilder, Dingwelt, Welt
der mathematischen Formen, Ideen) entsprechen
vier Erkenntnisformen: Vermuten, Meinen, Nachdenken, Erkennen (509c-510e). – 7. Buch: Der Bildungsgang des Philosophen wird mit dem „Höhlengleichnis" veranschaulicht. Der Weg zur Erkenntnis erfolgt in den vier skizzierten
Erkenntnisformen. Das Gleichnis soll verdeutlichen, daß die Erziehung zum Wissen eine Wendung
des ganzen Menschen zum Guten ist. Der Philosoph muß als wahrer Staatsmann an beiden Welten
teilhaben, an der Welt des Vermutens und Meinens
ebenso wie an der Welt des Nachdenkens und Erkennens. Darauf werden der Bildungsstoff und der
Bildungsgang des Philosophen bis zum Ende des 7.
Buches eingehend geschildert. – Der dritte Teil des
Werkes umfaßt die Bücher 8–9: Thema ist die Ungerechtigkeit. Es geht um die Verfallsformen der
vollkommenen Polis, denen die Verfallsformen der
Gerechtigkeit entsprechen. Die Beschreibung der
Verfalls erfolgt in vier Stufen, die sich sowohl in
der Gesellschaft als auch im Einzelmenschen zeigen
lassen. Verfassungsformen und Seelenzustände entsprechen einander. – 10. Buch: Am Schluß des Werkes kommt der Autor nochmals auf die mimetische
Dichtung zu sprechen, die es aus dem Staat auszuweisen gilt. Diese Forderung wird eingehend begründet: Die Distanz der Mimesis zu der Wahrheit
ist zu groß, ihre Wirkung auf die Seele zu negativ.
Die Begründung für den Ausschluß der Dichtkunst
aus dem Staat wird mit einem emphatischen Ausruf
abgeschlossen: „Denn groß ... ist der Kampf darum,
ob man gut werde oder schlecht, so daß, weder
durch Ehre noch Geld noch durch irgendeine Gewalt, ja noch nicht einmal durch die Dichtkunst aufgeregt, jemand die Gerechtigkeit und die übrige Tugend vernachlässigen sollte" (608 b). Damit wird
zum Schluß übergeleitet, wo es um den Lohn der
Gerechtigkeit geht. Das ist die Unsterblichkeit der
Seele, die hier bewiesen wird (608c -612a). Wie
schon im Leben, so wird erst recht nach dem Tode
die Gerechtigkeit belohnt. Hier folgt der Mythos
vom Jenseits nach der Erzählung des Er, der im
Kampf gefallen und nach zwölf Tagen wieder ins
Leben zurückgekehrt war und nun berichten

konnte, was er im Jenseits gesehen hatte. Der entscheidende Gedanke des Mythos ist die Selbstverantwortung des Menschen für sein Lebensschicksal
und die sich daraus für ihn ergebenden Konsequenzen im Jenseits.

Q   Die Auseinandersetzung mit der Dichtkunst
und ihre entschiedene Ablehnung im Rahmen des
paradigmatischen Staatsentwurfs setzt profunde
Kenntnis und Vertrautheit mit der Literatur von
Homer bis in Platons Gegenwart voraus. Hinzu
kommt, daß Platon selbst als Dichter begonnen
hatte und das problematische Verhältnis zwischen
Dichtung und Philosophie selbst erlebte. – Platon
kannte die staatstheoretischen Reflexionen des Solon aus Athen (→Eunomía) und des Herodot in seinen Historien (→Historíes apódexis 3,80–83) und
die Flugschrift →Athenaíon politeía, die Xenophon
als Autor zugeschrieben wurde. Auch Phaleas aus
Chalkedon, der um 400 v. Chr. in seinem Staatsentwurf die Gleichheit des Besitzes und der Erziehung
und die Verstaatlichung des Gewerbes verlangte,
und Aristophanes, der im →Plútos den „Kommunismus" propagierte, waren Vorläufer Platons –
von den Sophisten ganz zu schweigen. – Seine Bewunderung der spartanischen Verfassung mag Platon auch zu manchem Gedanken angeregt haben. –
Inwieweit der Autor von orientalischen Vorstellungen beeinflußt wurde (vgl. z. B. den Er-Mythos), sei
dahingestellt.

H   Im Gegensatz zur Tradition seiner Familie,
die dem höchsten Adel Athens angehörte, war Platon kein aktiver Politiker. Vermutlich haben ihn die
politischen Verhältnisse zur Zeit der Dreißig Tyrannen (404 v. Chr.) und unter dem demokratischen
Regime, dem sein verehrter Lehrer Sokrates zum
Opfer fiel (399 v. Chr.), so abgestoßen (vgl. Platons
7. Brief, →Epistulae), daß er sich ausschließlich der
Philosophie widmete und dem Staat auf diese Weise
zu nützen versuchte. Höhepunkt des platonischen
Schaffens ist die Politeía, in deren Zentrum die Frage nach der Gerechtigkeit steht. Platons Entwurf
des Idealstaates steht einerseits in krassem Gegensatz zum Denken seiner Zeit, andererseits bezieht
er die realen politischen Verhältnisse seiner Entstehungszeit mit ein. Daß Platon auf diese Verhältnisse
reagiert, zeigen z. B. sein Plädoyer für die Einheit
(und Einigkeit) aller Menschen der Polis und seine
Forderung nach einem der jeweiligen Aufgabe entsprechenden Sachverstand. Der Kerngedanke des
Gerechtigkeitsbegriffes, daß jeder das tue, was seiner Natur entspreche, ist vor dem Hintergrund eines allgemeinen Verfalls von Sachkompetenz in allen relevanten Bereichen der Politik zu sehen.

W   Über den Zweck, den Platon mit der Politeía
verfolgte, ist vielfach gestritten worden, obwohl er
selbst eine eindeutige Auskunft gibt: Er wollte das
Paradeigma, das Musterbild einer idealen Politeia
entwerfen (5. Buch: 472e). An ihre Verwirklichung
in der Praxis war nicht zu denken. Es genüge schon,
wenn sich eine Polis diesem Paradeigma annähere,
d. h. ihren Prinzipien gerecht werde. – Im →Gorgías
wollte Platon zum Ausdruck bringen, daß nicht das

geringste Paktieren mit den faktischen Machtverhältnissen zur Diskussion stehe, sondern daß zuerst einmal ein Begriff vom Staat entwickelt werden müsse – in Analogie zur ärztlichen Kunst, die zunächst einen Begriff von der wahren Gesundheit haben müsse. „Der *Gorgias* ist das Programm, die Ausführung ist die *Politeía*" (E. Hoffmann 1961, 116). Aber auch diese „Ausführung" erfolgt nur im „Bereich der Worte" (9, 592a). Sie ist „Rede" (*léxis*), nicht „Aktion" (*prâxis*). Als Produkt philosophischer Denkarbeit ist die *Politeía* Beispiel und Vorbild für den wahrhaft politisch Denkenden und auf keinen Fall Anleitung zum Handeln. Die Unvereinbarkeit einer auf Machterweiterung zielenden Politik mit einer Politik als Gedankenexperiment im Sinne der *Politeía* aufzuzeigen, war Platons Absicht.

N Aristoteles (→*Politiká*) reagiert auf die *Politeía* seines Lehrers Platon mit einem Gegenmodell, das sich auf empirische Forschungsarbeit stützt und keine utopische Funktion hat. Aber auch für Aristoteles ist die Erziehung des Menschen zur Tugend die Hauptaufgabe des Staates. – Im Anschluß an Platon und Aristoteles verfaßt Cicero seine Schrift →*De re publica*. Er hebt hervor, daß der Politiker in allem Handeln das Wohl der Gemeinschaft im Auge haben müsse. Auch bei Cicero ist der Staatslenker der Erzieher des Volkes zur Sittlichkeit. – Augustinus (→*De civitate Dei*) beschreibt einen Staat, der als ein Teil der göttlichen Gnadenordnung ein irdische Gemeinschaft des Friedens und der Gerechtigkeit sein muß und letztlich auf die himmlische Gemeinschaft vorzubereiten hat. – Weitere von Platons *Politeía* beeinflußte Werke: Polybios, →*Historíai*, und Plutarch, →*Perì monarchías kaì demokratías kaì oligarchías*. – Zur „Nachwirkung" der *Politeía* auf neuzeitliches Denken vgl. H. Dempe (1967), der sich u. a. mit der Platonrezeption bei K. R. Popper (Die offene Gesellschaft und ihre Feinde. 2 Bde., Bern 1957) auseinandersetzt. – Bemerkenswert ist auch der Versuch von D. Otto (Das utopische Staatsmodell von Platons *Politeia* aus der Sicht von Orwells Nineteen Eighty-Four. Ein Beitrag zur Bewertung des Totalitarismusvorwurfs gegenüber Platon, Berlin 1994), Poppers Totalitarismusvorwurf zurückzuweisen, indem er darauf hinweist, daß die *Politeía* keinesfalls zur direkten politischen Verwirklichung konzipiert war. Doch bestehe die Gefahr, daß dieser erste große utopische Entwurf immer wieder mißverstanden werde und in ein totalitäres System münde. Denn die *Politeía* habe einen „totalitären Kern".

A J. Adam / D. A. Rees. 2 Bde., Cambridge [2]1963 (mit Kommentar). J. Burnet. Bd. 4, Oxford 1902. É. Chambry. Bd. 6 und 7, Paris [5]1965 und [7]1967 (gr.–frz.).
Ü F. Schleiermacher / D. Kurz. Bd. 4, Darmstadt 1971 (gr.–dt.). R. Rufener / Th. A. Szlezák, Düsseldorf/Zürich 2000 (gr.-dt.). K. Vretzka, Stuttgart 1958.
L J. Annas: An Introduction to Plato's Republic, Oxford 1988. W. Bröcker: Platos Gespräche, Frankfurt 1964, 213–330. F. M. Cornford: The Unwritten Philosophy and Other Essays, Oxford 1950. C. Cross / A. D. Woozley:

Plato's Republic. A Philosophical Commentary, London 1964. H. Dempe: Platon und die moderne Philosophie, in: Gy 74, 1967, 510–528. P. Friedländer: Platon. Bd. 3, Berlin [2]1960, 55–129. A. Graeser: Interpretationen. Hauptwerke der Philosophie. Antike, Stuttgart 1992, 81–100. E. Hoffmann: Platon. Eine Einführung in sein Philosophieren, Reinbek b. Hamburg [2]1967. W. Jaeger, Paideia 2, 270–360; 3, 1–104. W. Kersting: Platons 'Staat', Darmstadt 1999. A. Lesky, GL, 591–597. G. A. Seeck: Platons „Schweinestaat" (*Politeia* 369b5–372d6), in: Gy 101, 1994, 97–111. U. Zimbrich: Bibliographie zu Platons Staat. Die Rezeption der *Politeía* im deutschsprachigen Raum von 1800 bis 1970. Mit einem Vorwort von Ada B. Neschke-Hentschke, Frankfurt 1994.

Politeía
„Der Staat"

Zenon aus Kition, 335–262 v. Chr.

Traktat über den Staat (gr.), in wenigen Frg. erhalten.
Verfaßt vor 300 v. Chr., als Zenon noch Schüler des Kynikers Krates von Theben war.

I Zenon stellte einen Idealstaat dar, in dem es keine Tempel, keine Gerichte, keine Gymnasien, keine Ehe, kein Privateigentum und kein Geld gab. Damit wollte Zenon keinen praktischen Reformvorschlag unterbreiten, sondern eine beispielhafte Utopie. Die Schrift „wollte als Gegenstück zu Diogenes' gleichbetitelter Schrift wirken, behielt die kynische Abneigung gegen menschliche Konvention und die Geringschätzung der Kulturgüter bei, verband aber damit platonische Gedanken, Sympathien für das idealisierte Sparta und Stimmungen, die durch Alexanders Weltreich ausgelöst waren, und aus alledem erwuchs das Bild einer idealen Gesellschaft, die in seliger, unverderbter Vorzeit gelebt haben mag" (Pohlenz, 137).

A SVF 1, 222. 248. 252. 259–270. Weitere Frg. in Philodems Schrift →*Perì tôn Stoikôn* (ed. W. Crönert: Kolotes und Menedemos, Leipzig 1906, 53 ff.
L H. C. Baldry: Zenon's ideal State, in: JHS 79, 159, 3–15. M. Pohlenz, Stoa 1, 137–139. E. Salin: Plato und die griechische Utopie, 1921, 181 ff.

Politeîai
„Staatsverfassungen"

Aristoteles aus Stageira, 384–322 v. Chr.

Weitgehend verlorenes Sammelwerk (gr.) mit einer Beschreibung von 158 griechischen Staatsverfassungen. Etwa 100 Verfassungen lassen sich aus Frg. noch erkennen. Fast vollständig erhalten ist nur die →*Athenaíon politeía*.
Wohl nicht vor 330 v. Chr. fertiggestellt.

I Möglicherweise waren die einzelnen *Politeîai* genauso aufgebaut wie die *Athenaíon politeía*, die aus einem historischen und einem systematischen

Teil besteht. – „Es scheint verlockend zu sagen, Aristoteles hätte in solchem Umfange gesammelt, um auf breitester Empirie den theoretischen Bau des besten Staates errichten zu können" (Lesky, 637). Es ist nicht auszuschließen, daß Aristoteles in den empirischen Teil seiner →*Politiká*, die Bücher 4–6, das Material der Politiensammlung einbezogen hat (W. L. Newman: The Politics of Aristotle. Bd.1, Oxford 1887, 491. U. v. Wilamowitz-Moellendorff: Aristoteles und Athen. Bd. 1, Berlin 1893, 359. W. Jaeger: Aristoteles, Berlin (2)1955, 279).

Q Vermutlich benutzte Aristoteles neben anderen Quellen auch die →*Politeîai* des Kritias.

W „Mit diesem kolossalen Sammelwerk, das aus sorgsamer Einzelarbeit unter Benutzung der lokalgeschichtlichen Quellen erwachsen ist, hat Aristoteles den Punkt der äußersten Entfernung von der platonischen Philosophie erreicht. Das Einzelne ist fast zum Selbstzweck geworden ... Aristoteles wird hier, wo er sich von der platonischen Art des Denkens freier bewegt, zum Archegeten jener Reihe universaler Forscher, die mit der alexandrinischen Philologie des Kallimachos und Aristarch anfängt ..." (Jaeger, 350 f.).

A →*Athenaíon politeía.*
L I. Düring, Aristoteles, 476 f. W. Jaeger: Aristoteles, Berlin (2)1955, 349–351. A. Lesky, GL, 637.

Politeîai
„Staatsverfassungen"

Kritias aus Athen, um 460–403 v. Chr.

Abhandlungen (gr.) in Prosa (vgl. →*Politeîai émmetroi*) über die Staatsverfassungen von Thessalien, Sparta und Athen. Nur in wenigen Frg. erhalten. Verfaßt wohl noch 411 v. Chr., als Kritias aus Athen verbannt worden war.

I Möglicherweise gehörten zu dieser Schriftenreihe noch weitere *Politeîai*, die Kritias in den entsprechenden Staaten in Autopsie studiert hatte. – Kritias rühmte besonders die Verfassung von Sparta. Er pries die Einfachheit der spartanischen Lebensweise, die Erziehung der Spartaner, die zweckmäßige Kleidung, den strengen Umgang mit den Staatssklaven (Heloten).

N Mit den *Politeîai* erweist sich Kritias als ein Vorläufer des Aristoteles (→*Politeîai*). – Die spartanische Verfassung hat Xenophon für seine →*Lakedaimonion politeía* benutzt.

A VS 88 B 30–38; 53–73.
L W. Nestle, VMzL, 404–406. M. Treu: *Politeía Athenaíon*, in: RE 9 A 2, 1966, 1944f. B. Zimmermann, MLAA, 395f.

Politeîai émmetroi
„Staatsverfassungen in elegischem Versmaß"

Kritias aus Athen, um 460–403 v. Chr.

Kulturgeschichte in Versen (gr.). Es handelte sich vermutlich um mehrere verschiedene Elegien, die nur fragmentarisch erhalten sind.

I Die Lehre von der Entwicklung der Menschheit beruht auf der sophistischen Theorie der Kulturentstehung durch technische Erfindungen. Göttliches Walten wird negiert. Die Erfindungen und Entdeckungen stammen nicht von Einzelpersönlichkeiten; sie sind die Leistungen verschiedener Völker. So sind z. B. die Phönizier die Erfinder der Schrift; die Thessalier erfanden den Sessel, die Athener die Keramik. – Ein Aufstieg der Menschheit aus primitiven Anfängen wird nicht angenommen (anders Protagoras, →*Perì tês en archê katastáseos*, der den Gedanken einer zunehmenden Höherentwicklung der Menschheit aus primitiven Anfängen vertrat). Vgl. auch die →*Politeîai* des Kritias in Prosa. Sicher ist, daß in diesen *Politeîai* Athen, Thessalien und Sparta behandelt wurden. Im Vordergrund stand die Darstellung der spezifischen Errungenschaften und des Brauchtums dieser Völker.

A E. Diehl, ALG 1, 96–98. VS 88 A 22; B 2 und B 6.
L A. v. Blumenthal: Der Tyrann Kritias als Dichter und Schriftsteller, 1923. E. Diehl, RE 11, 2, 1922, 1901–1912. A. Lesky, GL, 406f. W. Nestle, VMzL, 408f. K. Thraede, RAC 5, 1200f. M. Treu: *Politeía Athenaíon*, in: RE 9 A 2, 1966, 1944f. B. Zimmermann, MLAA, 395f.

Politiká
„Politische Untersuchungen"

Aristoteles aus Stageira, 384–322 v. Chr.

Abhandlung (gr.) über das Problem einer adäquaten Staatsform in acht Büchern.

I Inhaltsübersicht (nach E. Schütrumpf. Bd. 1, 1991, 37 f.): Buch 1: Entstehung des Staates, der sich aus den kleinsten naturgemäßen Gemeinschaften entwickelte; analytische Untersuchung seiner Zusammensetzung aus seinen kleinsten Teilen, zunächst den Haushalten; von den häuslichen Herrschaftsformen wird nur die despotische über Sklaven erörtert; naturgemäße und naturwidrige Erwerbsformen. Die Behandlung zweier anderer häuslicher Herrschaftsformen wird zurückgestellt. – Buch 2: Kritische Betrachtung staatstheoretischer Entwürfe Platons (→*Politeía* und →*Nómoi*), des Phaleas aus Chalkedon und des Hippodamos aus Milet und historischer Verfassungen (Sparta, Kreta, Karthago), die eine eigene Untersuchung über den besten Staat rechtfertigen können. – Buch 3: Politische Grundbegriffe: Definition des Bürgers, Kontinuität des Staates bei einem Wechsel der Verfassungen; Verhältnis der absoluten ethischen Tugend zur entsprechend der Verfassung relativen Bürgertugend. Zahl der Verfassungen und ihre Rechtsgrundlagen; über das Königtum. – Buch 4: Umfassende Bestimmung der Gegenstände politischer Theorie: Anzahl der Verfassungen und ihrer Unterarten, ihre Begründung aus den „Teilen" des Staates. Überblick über die Unterarten von Demokratie und Oligarchie; die wahre und die sogenannte Aristokratie; Politie; Tyrannis; die beste Verfassung für die meisten Menschen. Elemente politischer Stabilität und entsprechende Maßnahmen zu ihrer Erhaltung. Institutionelle Teile der Verfassung. – Buch 5: Ursachen von Verfassungssturz: Machtwechsel und innenpolitische Unruhen; Lehren, die daraus für den Erhalt der Verfassungen zu ziehen sind. – Buch 6: Institutionelle Teile der Verfassungen; Betrachtung der Verfassungen besonders unter dem Gesichtspunkt, stabile politische Verhältnisse in den Staaten zu begründen. – Buch 7: Der beste Staat. Bestimmung des Glückes als Ziel eines Lebens, das am wünschenswertesten ist; die äußeren Bedingungen dafür: Gruppierungen in der Bevölkerung und ihre politische Einordnung; die Stadtanlage. Begründung der Ehe, Zeugungsalter, Erziehung der künftigen Bürger nach Altersstufen. – Buch 8: Fortsetzung der Behandlung der Erziehung: Auswahl der Kenntnisse und Fähigkeiten. Gymnastik, Musik, Rhythmen und Harmonien. – Wie andere Schriften des Aristoteles (z. B. →*Tà metà tà physiká* oder die →*Physikè akróasis*) so stellt wohl auch die „Politik" die Sammlung einer Gruppe thematisch verwandter Einzelschriften dar, die vielleicht erst in der Schule des Aristoteles vorgenommen wurde. In diesem Sinne unterschied W. Jaeger (Studien zur Entstehungsgeschichte der Metaphysik des Aristoteles, Berlin 1912, 148ff.) unterschiedliche schriftstellerische Einheiten (sog. *Méthodoi*), aus denen die „Politik" bestehen soll. Diese decken sich nicht immer mit der überlieferten Bucheinteilung. Jaeger identifiziert sechs *Méthodoi*: 1. über die Hausverwaltung (Pol. 1); 2. über die früheren Staatstheoretiker (Pol. 2); 3. über die Verfassungen und ihre Entartungen (Pol. 3); 4. über die anderen Verfassungen, ihre Zerstörung oder Erhaltung (Pol. 4 und 5); 5. über die Einrichtung der Verfassungen (Pol. 6); 6. über den besten Staat (Pol. 7 und 8). Demnach gibt es kein einheitliches Werk der „Politik" des Aristoteles, sondern eben nur ein Sammlung von Schriften, die unter einem Sammelnamen zitiert werden (Jaeger 1912, 152). Diesem „analytischen" Prinzip widerspricht allerdings die neuere Aristotelesforschung, die eine stärker „unitarische" Position vertritt und die relative Einheitlichkeit der „Politik" nachzuweisen versucht. – Eine vermittelnde Position vertritt Schütrumpf: „Insgesamt besteht die uns erhaltene *Politik* aus vier ganz verschiedenen Teilen: zwei Torsi, den Büchern I und III, jeweils ausführlichen Anfangsteilen politischer Untersuchungen, die ihr eigenes Programm nicht vollständig ausgeführt enthalten; hinzu kommen zwei Buchgruppen oder Blöcke, die Bücher IV-VI einerseits und VII/VIII anderereits und als Einleitung zu dieser zweiten

Buchgruppe Pol. II (auch dieser Block ist wieder unvollständig). Angesichts der Form, in der die *Pol.* uns überkommen ist, macht dieses Werk nicht den Eindruck, als seien diese Bücher oder Buchgruppen nach einer Endredaktion von Aristoteles selber zu einem einzigen Werk zusammengeschlossen worden. Das Werk, wie wir es besitzen, vereinigt verschiedene Bücher bzw. Buchgruppen, an denen Aristoteles zu verschiedenen Zeiten gearbeitet haben muß. Am umfassendsten und am ehesten abgeschlossen ist uns die Untersuchung über die *pólis* in den Büchern IV-VI erhalten" (Schütrumpf, 64).

W Die Darlegungen des Aristoteles (außer Buch 1) lassen sich dem Oberthema „Verfassung im Sinne von Staatsform" (*Politeía*) zuordnen, wie es der Autor selbst am Ende der →*Ethikà Nikomácheia* (10,10,1181b14) formulierte und in den Eingangskapiteln der Bücher 2–8 der „Politik" wiederholte. Aristoteles befaßt sich mit folgenden Fragen: „Welche Verfassungen im Sinne von Staatsformen gibt es? Wie hat man ihren Wert zu beurteilen? Welches ist die beste Verfassung? Welche ist am stabilsten? Besonders wichtig ist für Aristoteles dabei das Problem, welche bestimmten Verhältnisse unter den freien Bewohnern eine bestimmte Verfassung zulassen oder geradezu fordern. Die aristotelische Verfassungstheorie ist daher nie abstrakte Institutionslehre, die Verfassungen oder Staatsformen sind immer auf besondere Bedingungen unter den freien Mitgliedern der Bevölkerung bezogen" (Schütrumpf, 38). Daher befaßt sich Aristoteles auch mit dem kulturellen Entwicklungsstand der Bürger und ihrer sozialen Bedingungen (z.B. Besitzverteilung und Erwerbstätigkeit). Aristoteles sieht diese immer in ihrer Beziehung zu den politischen Verhältnisse und hier vor allem zur Stabilität der Staatsordnung. „Diese Erkenntnis, daß die Verfassungen durch bestimmte Bedingungen innerhalb der freien Bevölkerung determiniert sind, vermißte Aristoteles in der zeitgenössischen Verfassungstheorie, sie stellt ein wesentliches Element seiner eigenen politischen Philosophie dar. Immer wieder greift er das Thema auf, in welcher Weise vorgegebene Verhältnisse im Staat, hauptsächlich bestimmte Eigenschaften der Freien, die politische Ordnung beeinflussen" (Schütrumpf, 39).

A A. Dreizehnter, München 1970. O. Immisch, Leipzig [2]1929. W. L. Newman. 4 Bde., Oxford 1887–1902 (mit Kommentar), Nachdr. 1973. W. D. Ross, Oxford 1957. F. Susemihl, Leipzig [4]1894.
Ü O. Gigon, München [2]1973. E. Rolfes, Hamburg [3]1958. E. Schütrumpf. 4 Bde., Berlin 1991ff. (mit Kommentar). W. Siegfried, Köln 1967. F. Susemihl. 2 Bde., Leipzig 1879 (gr.-dt.), Nachdr. Aalen 1978.
L H. v. Arnim: Zur Entstehungsgeschichte der aristotelischen *Politik*, Wien 1924. E. Barker: The Political Thought of Plato and Aristotle, London 1906, Nachdr. New York 1959. G. Bien: Die Grundlegung der politischen Philosophie bei Aristoteles, Freiburg [2]1980. I. Düring, Aristoteles, 474–505. I. Düring, RE Suppl. 11, 1968, 289–294. A. Kamp: Die politische Philosophie des Aristoteles und ihre metaphysischen Grundlagen, Freiburg/München 1985. KNLL 1, 706–708. La *Politique* d' Aristote, Entre-

tiens, 1965 (mit mehreren Beiträgen). R. G. Mulgan: Aristotle's Political Theory, Leiden 1978. G. Patzig (Hg.): Aristoteles' *Politik*. Akten des XI. Symposium Aristotelicum Friedrichshafen (Bodensee) 25. 8. – 3. 9. 87, Göttingen 1990. P. Steinmetz (Hg.): Schriften zu den *Politika* des Aristoteles, Hildesheim 1973. J. L. Stocks: The Composition of Aristotle's *Politics*, in: CQ 21, 1927, 177–187. W. Theiler: Bau und Zeit der aristotelischen *Politik*, in: MH 9, 1952, 65–78. B. Trude: Der Begriff der Gerechtigkeit in der aristotelischen Rechts- und Staatsphilosophie, Berlin 1955. R. Weil: Aristote et l' histoire. Essay sur la *Politique*, Paris 1960.

Politikà parangélmata *(Praecepta gerendae rei publicae)* →Moralia (Plutarchos)

Politikós
„Der Staatsmann"

Platon aus Athen, 427–347 v. Chr.

Sokratischer Dialog (gr.) über das Wesen des wahren Staatsmannes.
Der *Politikós* ist ein Spätwerk des Autors.

I Ein wirklicher Staatsmann ist nur derjenige, der das wahrhafte Wissen, d. h. das Wissen vom wahrhaft Schönen, Guten, Gerechten usw. besitzt. Ein solches Wissen ist dem Durchschnittsmenschen nicht erreichbar, so daß er nicht führen, sondern nur geführt werden kann. Der wahre Staatsmann darf ohne Gesetze herrschen, weil er stets vernunftgemäß und gerecht handelt. Aber in der Realität gibt es diesen nicht. Daraus folgt, daß Platon die Notwendigkeit schriftlich fixierter Gesetze anerkennen muß. Die menschliche Schwäche und Unvollkommenheit zwingt zu dieser Konsequenz, die Platon in den →*Nómoi* zieht. – Die Aufgabe des wahren Staatsmannes vergleicht Platon mit der Arbeit eines Webers, der sowohl trennt als auch verbindet: Die zur „Tugend" Unfähigen sondert er aus dem Gemeinwesen aus; seine verbindende Tätigkeit besteht darin, daß er die Grundeigenschaften des Menschen, das „Zahme" und das „Wilde" miteinander verbindet. Der wahre Staatsmann stärkt oder mildert diese beiden Eigenschaften und bringt die einander entgegengesetzten Seelenteile in Harmonie miteinander. Das Mittel dazu ist die sittliche Erziehung des einzelnen; hinzu kommen auch eugenische Maßnahmen, die zur Erzeugung harmonisch ausgeglichener Persönlichkeiten führen. – Der *Politikós* schließt mit seiner Frage nach dem Wesen des wahren Staatsmannes unmittelbar an den →*Sophistés* an, der der Wesensbestimmung des Sophisten gewidmet ist.
W „Der Staatsphilosoph Platon ist im *Politikós* auf dem Weg vom Idealstaat der *Politeía* zum Gesetzesstaat der →*Nómoi*; eine Aufgabe von Grundpositionen ist damit jedoch nicht verbunden. Der Philosophenkönig und die Aufgabe philosophischer Erziehung bleiben die regulativen Prinzipien, nach denen die mehr und mehr in den Vordergrund

tretende ,praktische Philosophie' der Mitte und des Maßes ... ausgerichtet wird... Seinen *Politiker* hat man in der Gestalt des *princeps* in Ciceros →*De re publica* (*Vom Gemeinwesen*) wiedererkennen wollen, jenes *princeps*, der dann seinerseits nicht ohne Einfluß auf den wirklichen Prinzipat des Augustus geblieben ist" (Mannsperger, 406).

A J. Burnet. Bd. 1, Oxford 1900. A. Diès, Paris [(3)]1960 (gr.–frz.).
Ü F. Schleiermacher / P. Staudacher, Darmstadt 1970 (gr.–dt.).
L W. Bröcker: Platos Gespräche, Frankfurt 1964, 473–483. W. Capelle: Die griechische Philosophie. Bd. 2, Berlin [(2)]1953, 120–122. H. Herter: Gott und die Welt bei Platon. Eine Studie zum Mythos des *Politikos*, in: Bonner Jahrbücher 158, 1958, 106–117. J. Klein: Plato's Trilogy, *Theaetetus*, the *Sophist*, and the *Statesman*, London/Chicago 1977. H. J. Krämer: Arete bei Platon und Aristoteles, Heidelberg 1959, 146–177. D. Mannsperger, KNLL, 405–407. C. Natali: Il *Politico* di Platone e la natura del sapere pratico in Aristotele, in: Elenchos 2, 1981, 109–146. H. J. Oesterle: Platons Staatsphilosophie im Dialog *Politikos*, Diss. Gießen 1978. H. R. Scodel: Diaeresis and Myth in Plato's *Statesman*, Göttingen 1987. H. Zeise: Der *Staatsmann*. Ein Beitrag zur Interpretation des platonischen *Politikos*, Leipzig 1938.

Póroi è perì prosódon
„Vorschläge zur Beschaffung von Geldmitteln oder über die Staatseinkünfte"

Xenophon aus Athen, etwa 430–355 v. Chr.

Traktat (gr.) zur Ökonomie des Staates.
Nach der militärischen Niederlage Athens im Bundesgenossenkrieg 355 v. Chr. verfaßt.

I Der Autor untersucht die Frage (gr.), wie Athen unter Verzicht auf seine bisherige Expansions – und Hegemonialpolitik seine wirtschaftliche Versorgung aus eigenen Mitteln sicherstellen kann. Er beschreibt die natürlichen Ressourcen Attikas, weist auf die Nützlichkeit der Metöken (Ausländer) für Athen hin und macht Vorschläge für die Aufhebung ihrer Diskriminierung. Er äußert Überlegungen zur Erweiterung von Schiffahrt und Handel, zur Intensivierung der Silberförderung und zur Verstärkung einer Investitionspolitik in Hochkonjunkturzeiten.
Q Die Schrift stützt sich in ihrer politischen Tendenz auf die Rede →*Perì eirénes* des Isokrates.
W Xenophon plädiert dafür, auf die bisherige imperialistische Kriegspolitik zu verzichten und alle Mittel für die Entfaltung einer wirtschaftlichen und kulturellen Hegemonie Athens einzusetzen und auszunutzen. – Die Schrift ist ein sehr frühes Zeugnis für die Entwicklung des wirtschaftlichen Denkens in der Politik, das erst im Hellenismus an Bedeutung gewann und die politische Praxis beeinflußte.
A E. C. Marchant, London/Cambridge (Mass.) 1925.

F. Ruehl, Leipzig 1912. E. Schütrumpf, Darmstadt 1982 (gr.–dt.).
L   H. R. Breitenbach, RE 9 A 2, 1966, 1753–1761. É. Delebecque: Essai sur la vie de Xénophon, Paris 1957, bes. 470 ff. E. Frolov: Staat und Ökonomie im Lichte schriftlicher Quellen des 4. Jahrhunderts v. u. Z. Zum Traktat des Xenophon „Über die Einkünfte", in: Jb. f. Wirtschaftsgesch. 1973, 4, 175–189. W. Schwahn: Die xenophontischen *Poroi* und die athenische Industrie im vierten Jahrhundert, in: RhM 80, 1931, 253–278.

Pôs Aléxandros échthe
„Wie Alexander geführt/erzogen wurde"

Onesikratos aus Astypalaia, etwa 375–300 v. Chr.

Fast vollständig verlorenes Werk (gr.) über die Erziehung Alexanders des Großen.

I   Nach antiker Überlieferung war dieses Werk von Xenophons →*Kýru paideía* beeinflußt. Als Schüler des kynischen Philosophen Diogenes aus Sinope (etwa 390–323 v. Chr.) kombinierte Onesikratos anscheinend historiographische Berichterstattung mit philosophischer Reflexion. Offensichtlich wollte Onesikratos den König als „Philosophen in Waffen" darstellen.

A   FGrHist 134. T. S. Brown: Onesicritus. A study in hellenistic historiography, Berkeley 1939. O. Lendle, Einführung, 162–164. H. Strasburger, RE 18, 1, 1939, 460–464.

Pôs án tis aísthoito heautû prokóptontos ep' aretê (*Quomodo quis suos in virtute sentiat profectus*) →Moralia (Plutarchos)

Pôs án tis diakríneie tòn kólaka tû phílu (*Quomodo adulator ab amico internoscatur*) →Moralia (Plutarchos)

Pôs án tis hyp' echthrôn opheloîto (*De capienda ex inimicis utilitate*) →Moralia (Plutarchos)

Pôs chrè poliorkuménus antéchein →Tà perì tôn strategikôn hypomnémata (Aineias Taktikos)

Pôs deî historían syngráphein
„Wie man Geschichte schreiben soll"

Auch lat. zitiert als *De historia conscribenda*.

Lukianos aus Samosata, etwa 120–180 n. Chr.

Kritische Auseinandersetzung (gr.) mit der Geschichtsschreibung zur Zeit des zweiten Partherkrieges.
Vor dem Ende des Krieges gegen die Parther (162–165 n. Chr.) verfaßt.

I   Zuerst geht der Autor auf die Fehler ein, die ein Geschichtsschreiber vermeiden müsse (Kap. 6–32), dann zeichnet er ein Idealbild des wahren Historikers (34–63). Dieser besitze vor allem politische Einsicht und literarische Gewandtheit. Er habe nur eine einzige Aufgabe: Zu beschreiben, wie es wirklich war, und dabei wahrhaftig zu bleiben. Daraus ergäben sich entsprechende Anforderungen an die Darstellung. Der echte Historiker müsse sich um klare, knappe und verständliche Ausdrucksweise bemühen. Das Wichtigste sei die richtige Auswahl des Stoffes. Bei der Bewertung der Ereignisse müsse der Geschichtsschreiber sehr zurückhaltend sein.
H   Während des Partherkrieges, in dem die Römer zunächst eine schwere Niederlage erlitten hatten und erst allmählich die Oberhand gewannen, wurden zahlreiche historische Abhandlungen geschrieben. Dieser plötzlich und rasch um sich greifenden Lust auf Geschichtsschreibung hätte sich auch Lukian gern hingegen, aber da er vom Ort des Geschehens weit entfernt war, mußte er sich auf eine methodische Schrift beschränken.
W   Lukians Absicht war keine parodistisch-satirische Auseinandersetzung mit der Historiographie seiner Zeit. Er wollte einen durchaus ernsthaften Beitrag zur Theorie und Methodik der Geschichtsschreibung liefern.

A   K. Kilburn. Bd. 6, London/Cambridge (Mass.) 1959.
Ü   H. Homeyer: Lucianus. Wie man Geschichte schreiben soll, München 1965 (gr.–dt.).
L   G. Avenarius: Lukians Schrift zur Geschichtsschreibung, Meisenheim 1956. R. Helm, RE 13, 2, 1927, 1744. A. Lesky, GL, 941. F. Wehrli: Die Geschichtsschreibung im Lichte der antiken Theorie, in: Eumusia. FS E. Howald, Erlenbach/Zürich 1947, 54–71.

Pôs deî tòn néon poiemáton akúein
„Wie der junge Mann die Dichter hören sollte"

Auch lat. zitiert als *Quomodo adolescens poetas audire debeat.*

Plutarchos aus Chaironeia, etwa 46 – etwa 120 n. Chr.

Pädagogische Anleitung (gr.) zur Dichterlektüre aus der Sammlung der →*Moralia* (14 D – 37 B).

I Plutarch sendet seinem Freund Marcus Sedatius die Niederschrift einiger Gesichtspunkte, unter denen eine Anleitung zur Dichterlektüre für junge Leute stattfinden sollte. – Die Dichtung enthält „viele heilbringende Stoffe und, darunter gemischt, viele verderbliche" (→*Odýsseia* 4,230). Wegen dieser Ambivalenz brauchen die Jugendlichen eine Anleitung. Mit einer Allegorese des Sirenen-Abenteuers in der „Odyssee" (12,37ff.) verdeutlicht Plutarch seine Auffassung: Den Jugendlichen dürfen nicht die Ohren verstopft werden wie den Gefährten des Odysseus; ihr Urteil soll an den Mast vernünftiger Überlegung gebunden werden, so daß sie nicht durch die Verlockung ins Verderben gezogen werden. – Die Dichtung soll eine Vorschule der Philosophie, d. h. für Plutarch der ethischen Bildung, sein (15F-16A). Sie soll moralisch nützlich sein, und das Vergnügen, das sie bereiten kann, muß in den Dienst des moralischen Nutzens treten. Plutarch geht dann auf gefährliche Aspekte der Dichtung ein: Fiktionalität und Nachahmung von Wirklichem. „Die Dichter kümmern sich nicht um Wahrheit: sie erfinden selbst oder geben Erfundenes weiter; sie verbreiten insbesondere falsche Vorstellungen über die Götter, die Heroen und das Jenseits, die Unterwelt. Man darf dergleichen nicht für bare Münze nehmen, wenn man Schaden vermeiden möchte: die Fiktionen sind nur dazu da, zu erfreuen und zu fesseln. Und so wenig man sich durch fiktive Stoffe verleiten lassen darf, so wenig darf man das Artifizielle gelungener Nachahmungen mißverstehen: bei der Darstellung von physisch oder moralisch Häßlichem bewundert man die Ausführung, nicht die Sache selbst, die häßlich bleibt, mag sie noch so meisterlich abgebildet sein. Überdies muß man den jungen Leuten klarmachen, daß die Dichter das Häßliche, das sie nachahmen, nicht eo ipso billigen wollen" (Fuhrmann, 131 f.). Im folgenden befaßt sich Plutarch mit der Notwendigkeit, bei der Lektüre das Gute vom Bösen, das Vorbildliche vom Verwerflichen zu trennen und angemessen zu beurteilen. Dafür gibt es Signale der Dichter selbst (Kap. 4–6), die zu erkennen geben, welche Auffassung sie vertreten. Ist dies nicht der Fall, so gibt es moralische Autoritäten wie Diogenes oder Sokrates. Darüber hinaus muß der Jugendliche dazu angeleitet werden, anhand eigener Kriterien zu urteilen (Kap. 7–13) und nur die guten Charakterzüge der in der Dichtung vorkommenden Personen als vorbildlich zu betrachten. – Plutarch belegt und veranschaulicht seine Thesen mit zahlreichen Beispielen aus der Literatur: Homer, →*Iliás*, →*Odýsseia*, Hesiod, →*Érga kaì hemérai*, Archilochos, →*Élegoi*, →*Íamboi*, Pindar, →„Chorlyrik", →*Epiníkia*, Simonides, →*Epiníkia*, →*Thrênoi*, →*Skólia*, Theognis, →*Élegoi*, Aischylos, →*Heptà epì Thébas*, Sophokles, →*Oidípus týrannos*, Euripides, →*Médeia*, →*Phoínissai*, →*Iphigéneia he en Aulídi*, →*Troiádes*, →*Hippólytos*, →*Eléktra*, Menander usw.

Q Mit seiner Auffassung, daß wahre Dichtung einen moralischen Nutzen habe, indem sie die Menschen bessere, steht Plutarch in einer langen Tradition. Mit dem Titel seiner Schrift bezieht er sich offensichtlich auf das weitgehend verlorene Werk des Stoikers Chrysippos (vgl. Diogenes Laertius, →*Philosóphon bíon kaì dogmáton synagogé* 7,200) *Perì tû pôs deî tôn poiemáton akúein* („Über die Frage, wie man die Dichtung aufnehmen solle"). – Bereits in der Sophistik des 5. Jh.s wurde über diese Frage nachgedacht. Die darüber geführte Debatte spiegelt sich in den →*Bátrachoi* des Aristophanes. Vgl. auch Platon, →*Protagóras* (338e-339a), ferner Platons Ablehnung der traditionellen Dichtung (→*Politeía* 2/3, 376c-398b; 10, 595a-607a) und die Reaktion des Aristoteles in seiner Schrift →*Perì poietikês*. – Die Lehre vom moralischen Nutzen der Dichtung wurde z. B. auch von den Stoikern vertreten, die mit Hilfe einer allegorischen Interpretation aus den homerischen Epen moralische Lehren ableiteten. – Horaz beschreibt in seiner →*Ars poetica* einen doppelten Wirkungszweck der Dichtung: Moralischen Nutzen und Vergnügen. Allerdings besteht Horaz darauf, daß man bei der Dichterlektüre das Gute vom Bösen und das Vorbildliche vom Verwerflichen trennen müsse.

N Die Lehre vom moralischen Nutzen der Dichtung hatte eine erhebliche Wirkung bis weit über die Antike hinaus. So richteten z. B. die mittelalterlichen *Accessus ad auctores* („Einführungen und Kommentare zu den Schriftstellern") ihr Augenmerk vor allem auf die Möglichkeiten des moralischen Nutzens der Lektüre. Später greift Julius Cäsar Scaliger in seinen *Poetices libri VII* (1561) wieder auf Plutarchs Forderung zurück, daß man das Vergnügen bei der Lektüre in den Dienst des Nutzens stelle. – Gottsched (Critische Dichtkunst, 4. Aufl. 1754) setzt sich entschieden für den moralischen Nutzen als Ziel der Dichterlektüre ein.

A F. C. Babbitt. Bd. 1, London/Cambridge (Mass.) 1927 (gr.–engl.). W. R. Paton / J. Wegehaupt / M. Pohlenz / H. Gärtner: Plutarchi Moralia. Bd. 1, Stuttgart/Leipzig (2)1974.
L M. Fuhrmann: „Wie die jungen Leute die Dichter auffassen sollen". Dichtung als Norm, in: M. F.: Cäsar oder Erasmus? Die alten Sprachen jetzt und morgen, Tübingen 1995, 129–170.

Poseidonhymnos →Hýmnoi (Ps.-Arion)

Posthomerica →Tà met' Hómeron (Quintus Smyrnaeus)

Pótera tôn zóon phronimótera tà chersaîa è tà énhydra (*Terrestriane an aquatilia animalia sint callidiora*) →**Moralia** (Plutarchos)

Póteron Athenaîoi katà pólemon è katà sophían endoxóteroi (*Bellone an pace clariores fuerint Athenienses*) →**Moralia** (Plutarchos)

Póteron tà tês psychês è tà tû sómatos páthe cheírona (*Animine an corporis affectiones sint peiores*) →**Moralia** (Plutarchos)

Praefatio Bucolicorum →Vergilkommentar (Donatus)

Praeparatio evangelica →Euangelikè proparaskeué (Eusebios)

Pragmateía Herakleídu Damaskénu
„Abhandlung des Herakleides aus Damaskos"

Nestorios, Patriarch von Kostantinopel 428–431 n. Chr.

Polemische Schrift (gr.); die gr. Fassung ist nur in Frg. überliefert. Eine syrische Übersetzung (um 540 n. Chr.) ist erhalten.

I Der Autor rechtfertigt seine (antiochenische) Christologie mit ihrer Betonung der menschlichen Wesensart Christi und deren Bedeutung für die Erlösung und der scharfen Ablehnung des Titels „Gottesgebärerin" (*theotókos*) für Maria in Form eines Dialogs mit dem Ägypter Sophronios und greift die Lehre des Kyrillos scharf an, der im Gegensatz zu Nestorios die Einheit der menschlichen und göttlichen Natur Christi (*mía phýsis*) vertrat.

A M. Mercator, Paris 1673 (gr. Fragmente).
L A. de Halleux: Die Genealogie des Nestorianismus nach der frühmonophysitischen Theologie, in: Oriens Christianus 66, 1982, 1–14. KNLL 12, 335.

Pragmateîai
„Abhandlungen"

Philodemos aus Gadara, 1. Jh. v. Chr.

Philosophische Schriften (gr.), fragmentarisch überliefert, auf den in Herculaneum gefundenen Buchrollen.

L M. Gigante: Ricerche Filodeme, Neapel 1966. A. Lesky, GL, 768 f. W. Liebich: Aufbau, Absicht und Form der *Pragmateîai* Philodems, Berlin-Steglitz 1960.

Práxeis Paúlu kaì Thékles →Apókryphoi bíbloi

Predigten →Lógoi, Orationes

Presbeía perì christianôn
„Offener Brief über die Christen"

Athenagoras aus Athen, 2. Jh. n. Chr.

Offener Brief (gr.), der an die Kaiser Marc Aurel und Commodus gerichtet war und die gegen die Christen erhobenen Vorwürfe (Atheismus, Kannibalismus, sexuelle Perversion) widerlegen sollte und gerechte Behandlung forderte.
Wahrscheinlich 177 n. Chr. in Rom geschrieben.

I Athenagoras fordert die beiden Kaiser auf, gegen die ungesetzliche Verfolgung der Christen vorzugehen. Er wünscht eine gerichtliche Untersuchung der Vorwürfe. Die bloße Denunziation dürfe nicht zu einem Todesurteil führen. Im Anschluß an die Zurückweisung der Vorwürfe gegen die Christen stellt Athenagoras die christliche Lehre dar und geht u. a. auf den Monotheismus, den Glauben an die Propheten als Werkzeuge des Heiligen Geistes und die Trinitätslehre ein. Die Schrift endet mit der Versicherung, daß die Christen loyale Staatsbürger seien.
Q Eine Vorlage der Schrift war die →*Apología* des Flavius Iustinus.
N Athenagoras wurde von Minucius Felix (→*Octavius*) und Tertullian (→*Apologeticum*) für ihre apologetischen Schriften benutzt.

A E. J. Goodspeed, in: Die ältesten Apologeten, 1914. E. Schwartz, in: Texte und Untersuchungen zur altchristlichen Literatur 4. 2, Leipzig 1891. P. Ubaldi / M. Pellegrino, Turin 1947 (gr.–it.).
Ü A. Eberhard: Bittschrift für die Christen, Kempten 1913, BKV[(2)] 12. B. Widmer: Griechische Apologeten des zweiten Jahrhunderts, Einsiedeln 1958.
L J. Geffken: Zwei christliche Apologeten, Leipzig 1907. P. Keseling, RAC 1, 881–888. H. A. Lucks: The Philosophy of Athenagoras, Diss. Washington 1936. M. Pellegrino: Studi sull' antica apologetica, Rom 1947, 65–79.

Presbeía pròs Gaîon
„Die Gesandtschaft zu Gaius"

Auch lat. zitiert als *Legatio ad Gaium.*

Philon aus Alexandreia, 1. Hälfte des 1. Jh.s n. Chr.

Unvollständig überlieferte historisch-apologetische Schrift (gr.).

I Thema der Schrift in ihrem erhaltenen Teil sind die Greueltaten des röm. Kaisers Caligula (reg. 37–41 n. Chr.) im allgemeinen und die Judenverfolgungen in Alexandreia, die ausgelöst worden waren, weil die Juden sich weigerten, Caligulas Statue in ihren Synagogen aufzustellen. – Philon hatte im Jahre 39 n. Chr. eine jüdische Gesandtschaft nach Rom geführt; am Schluß des Buches schildert Philon den unbefriedigenden Verlauf der Audienz, die der Kaiser den Juden gewährte. Die letzten Worte des Textes weisen auf eine Fortsetzung hin: „Der Grund für die Feindschaft des Gaius gegen das ganze jüdische Volk ist nun ziemlich ausführlich dargelegt worden. Es ist aber noch über die Wendung (des Geschicks der Juden) zu sprechen." Damit ist die durch den Tod des Caligula herbeigeführte Änderung der Judenpolitik gemeint, die in einem zweiten (nicht erhaltenen) Teil der Schrift geschildert wurde.

A E. M. Smallwood, Leiden [(2)]1970 (gr.–engl. mit Kommentar).
L H. Leisegang: Philons Schrift über die Gesandtschaft der Alexandrinischen Juden an den Kaiser Gaius Caligula, in: Journ. of Biblical Literature 57, 1938, 377–405. A. Lesky, GL, 898–900. Schmid-Stählin 2, 1.

Priapea →Carmina Priapea

Principia dialecticae
„Grundlagen der Dialektik"

Aurelius Augustinus aus Thagaste, 354–430 n. Chr.

Philosophisch-rhetorische Schrift (lat.).

I Die Schrift enthält ein ausführliches Referat der stoischen Etymologie (vgl. Chrysippos, *Perì etymologiôn*), die der Autor wahrscheinlich aus Varro, →*Disciplinae*, exzerpiert hat: Die Stoiker meinten, der Sprachschöpfer oder Namengeber habe die „ersten Bezeichnungen" (*prôtai phonaí*) nur auf solche Begriffe angewandt, die zu diesen im Verhältnis der Ähnlichkeit (*similitudo*), Nachbarschaft (*vicinitas*) oder Gegensätzlichkeit (*contrarium*) stehen. Wenn man ein Grundwort (*étymon*) zu ermitteln versucht, muß man diese Entstehungslehre berücksichtigen. Folglich wandten die Stoiker in ihren Etymologien sehr kühne Wortzusammenrückungen an, mit deren Hilfe sie die zu ihrer Zeit geltenden Benennungen erklärten.

A PL 32, 1409–1420. K. Barwick: Probleme der stoischen Sprachlehre und Rhetorik, Berlin 1957, 8–28.
L D. Fehling, Rezension K. Barwick, GGA 212, 1958, 161–173.

Principia rhetorices
„Grundlagen der Rhetorik"

Auch zitiert als *De rhetorica.*

Aurelius Augustinus aus Thagaste 354–430 n. Chr.

Philosophisch-rhetorische Abhandlung (lat.), nur fragmentarisch erhalten.

I Augustinus benutzt und zitiert Hermagoras, →*Téchnai rhetorikaí*

L K. Barwick: Augustins Schrift *de rhetorica* und Hermagoras von Temnos, in: Ph 105, 1961, 97–110. R. Giomini: Aurelius Augustinus *De rhetorica*, in: SIFC 4, 1990, 7–82.

Pro Archia poeta
„Für den Dichter Archias"

Marcus Tullius Cicero aus Arpinum, 106–43 v. Chr.

Plädoyer (lat.) des Verteidigers Cicero in einer *causa publica*, die auf dem Forum von Rom vor einem Geschworenengericht verhandelt wurde.
Die öffentliche Verhandlung gegen den Dichter Archias fand 62 v. Chr. statt.

I Das Bürgerrecht des gr. Dichters Archias aus Antiocheia wird angefochten. Dieser war im Jahre 102 v. Chr. nach Rom gekommen und hatte bald Zugang zu den höchsten gesellschaftlichen Kreisen gefunden. Er wurde mit Hilfe seines Gönners M. Lucullus in die Bürgerschaft von Herakleia in Süditalien aufgenommen. Aufgrund einer *Lex Plautia Papiria* aus dem Jahre 89 v. Chr. wurde allen Einwohnern von Herakleia das röm. Bürgerrecht zuerkannt. Die damit verbundenen Auflagen wurden von Archias erfüllt. Im Jahre 62 v. Chr. wurde Archias von einem ansonsten nicht bekannten Grattius auf der Grundlage der *Lex Papia de peregrinis* aus dem Jahre 65 v. Chr. angeklagt und beschuldigt, er habe sich das röm. Bürgerrecht widerrechtlich angemaßt. – Zu Beginn der Rede stellt Cicero den Archias als eine Verkörperung von Bildung, poetischem Talent und Rechtschaffenheit vor. Cicero stellt sich als dankbarer Schüler des Archias hin und hebt die Bedeutung der Bildung für seinen eigenen Lebensweg hervor. Darauf legt der Redner dar, daß Archias' hohes Ansehen auf seiner Bildung und seinem Können beruhten. In einer *argumentatio ad causam* (Beweisführung zur Sache) versucht Cicero zu beweisen, daß Archias das Bürgerrecht besitze. Eine *argumentatio extra causam* (Beweisführung außerhalb der Sache) geht auf den Wert und die Bedeutung der Poesie für Rom ein. Weil der Dichter den Ruhm von Rom verkünde, habe er einen Anspruch auf das Bürgerrecht.

W Cicero übernahm die Verteidigung, weil er sich u. a. erhoffte, der Dichter werde ihm aus Dankbarkeit ein poetisches Denkmal setzen und seine politische Reputation erhöhen. Cicero erreicht den Freispruch seines Mandanten, weil seine *argumentatio extra causam* ihre Wirkung nicht verfehlte: Cicero mußte sich dieses Schachzuges bedienen, weil die Rechtsposition seines Mandanten auf schwachen Füßen stand. So konzentrierte er sich darauf, den Wert von Poesie und Geistesbildung im allgemeinen hervorzuheben und dadurch zu bewirken, daß sich die Frage nach dem Bürgerrecht des gr. Dichters von selbst erledigte: Wenn Archias das Bürgerrecht noch nicht hätte, müßte man es ihm aufgrund seiner Verdienste um Bildung und Kultur verleihen.

N „Das Plädoyer für Archias, ein Kabinettstück der ciceronischen Beredsamkeit, ist nicht zuletzt von kulturhistorischem Wert: es gewährt lebendige Einblicke in den Literaturbetrieb der Zeit; es illustriert, in welchem Maße die römische Aristokratie damals hellenisiert war und sich der propagandistischen Mittel der hellenistischen Herrscher bediente; es zeigt, wie das spätrepublikanische Rom auch für griechische Literaten und Dichter zum Mittelpunkt geworden war" (M. Fuhrmann 1978, 65).

A K. Halm / G. Laubmann / E. Sternkopf, Leipzig (16)1916 (mit Kommentar). W. Ries, Heidelberg (2)1977. H. und K. Vretzka, Darmstadt 1979 (lat.–dt.).
Ü M. Fuhrmann. Bd. 5, Zürich/München 1978, 61–81. O. Schönberger, Stuttgart 1979 (lat.–dt.).
L M. v. Albrecht: Das Proömium von Ciceros Rede *pro Archia poeta* und das Problem der Zweckmäßigkeit der *argumentatio extra causam*, in: Gy 76, 1969, 419–429. M. v. Albrecht / H. Vester (Hg.): Ciceros Rede *pro Archia*. Deutung und unterrichtliche Behandlung, Heidelberg 1970. V. Buchheit: Ciceros Triumph des Geistes, in: Gy 76, 1969, 232–253. H. Eisenberger: Die Funktion des zweiten Hauptteils von Ciceros Rede für den Dichter Archias, in: WS N.F. 1979, 88–99. KNLL 3, 1022 f. M. Orban: Le *Pro Archia* et le concept cicéronien de la formation intellectuelle, in: LEC 25, 1957, 173–191. W. M. Porter: Ciceros *Pro Archia* and the Responsabilities of Reading, in: Rhetorica 8, 1990, 137–152. E. Römisch: Cicero. *Pro Archia poeta*, in: H. Krefeld (Hg.): Interpretationen lateinischer Schulautoren, Frankfurt (2)1970, 63–65. W. Schulze: Ciceros Archiasrede im Lateinunterricht, in: AU 29, 2, 1986, 40–54. W. Sternkopf: Die Oekonomie der Rede Ciceros für den Dichter Archias, in: Hermes 42, 1907, 337–373.

Pro Augustino responsiones
„Erwiderungen für Augustinus"

Prosper Tiro aus Aquitanien, 1. Hälfte des 5. Jh.s n. Chr.

Prosaschrift (lat.) zur Verteidigung der Gnaden – und Prädestinationslehre des Augustinus. Die Schrift war u. a. gegen Vincentius aus Lerinum (→*Commonitorium*) gerichtet.

A PL 51.
L O. Bardenhewer 4, 533–541. R. Helm, RE 23, 1, 1957, 880–897.

Pro Aulo Caecina
„Für Aulus Caecina"

Marcus Tullius Cicero aus Arpinum, 106–43 v. Chr.

Rede (lat.) in einem Privatrechtsprozeß.
Wohl 69 oder 68 v. Chr. gehalten.

I Gegenstand des Prozesses ist ein Eigentumsanspruch auf ein Grundstück. Cicero spricht für den Kläger. – In der Einleitung (1–10) stellt der Redner die prozessuale Situation dar: Die Richter haben ihre Entscheidung bereits zweimal vertagt. Darauf folgt die Darstellung des Sachverhalts (10–23) mit einer Schilderung der verwickelten Vorgeschichte. Die Beweisführung (23–101) gibt Cicero Gelegenheit, den Standpunkt des Prozeßgegners zu widerlegen, der Caecina mit Hilfe einer bewaffneten Bande daran gehindert hatte, das strittige Grundstück zu betreten. Im Mittelpunkt der Beweisführung steht die Frage nach der rechtlichen Qualität der gewaltsamen Vertreibung des Caecina von dem Grundstück. – Ein kurzer Epilog (103–104) schließt die Rede, deren Wirkung auf das Gericht nicht bekannt ist.

A A. C. Clark / G. Peterson. 6 Bde., Oxford 1901–1911 (alle Reden).
Ü M. Fuhrmann. Bd. 1, Zürich/Stuttgart 1970, 263–321.
L B. W. Frier: The Rise of the Roman Jurists: Studies in Cicero's *Pro Caecina*, Princeton 1985. R. Rau: Zu Ciceros Rede für A. Caecina, in: Silvae. FS E. Zinn, Tübingen 1970, 173–181.

Pro Aulo Cluentio Habito
„Für Aulus Cluentius Habitus"

Marcus Tullius Cicero aus Arpinum, 106–43 v. Chr.

Rede (lat.) in einem öffentlichen Strafverfahren (*causa publica*).
Gehalten 66 v. Chr.

I Cluentius soll seinen Stiefvater Oppianicus mit Gift umgebracht haben. Vor acht Jahren soll er außerdem seinen Stiefvater in einem Strafverfahren bezichtigt haben, er habe ihn, Cluentius, vergiften wollen. Oppianicus wurde damals für schuldig befunden und mußte in die Verbannung gehen. Cluentius wird nun außerdem noch vorgeworfen, er habe in dem älteren Verfahren das Gericht bestochen. – Cicero stellt bereits in der Einleitung (1–9) fest, daß der Hauptvorwurf des Giftmordes gänzlich unbegründet sei. Die Abweisung des Bestechungsvorwurfs sei erheblich schwieriger. – Der erste Abschnitt des ersten Hauptteils (10–48) schildert die schaurigen Familienverhältnisse des Oppianicus, aus denen auch der Giftmordanschlag gegen Cluentius zu erklären sei. – Im zweiten Abschnitt des ersten Hauptteils (49–62) geht es um die Prozesse, die Cluentius gegen die angeblich an dem Mordanschlag Beteiligten führte. – Im dritten Abschnitt des ersten Hauptteils geht Cicero auf die Bestechungsaffäre – das zentrale Problem der Verteidigung – ein (63–160).

A   S. Rizzo, Mailand 1990.
Ü   M. Fuhrmann. Bd. 2, Zürich/Stuttgart 1970, 7- 115.

Próblema boeikón
„Rinderproblem"

Archimedes aus Syrakus, 287–212 v. Chr.

Mathematische Abhandlung (gr.).

I   Das „Rinderproblem" stellt „die Aufgabe der unbestimmten Analysis, die Anzahlen von Stieren und Kühen, unterteilt nach vier Farben unter Hinzutritt von 9 kombinatorischen Bedingungsgleichungen zu ermitteln" (Böker, 513). Die Niederschrift der acht zu findenden Zahlen würde 660 Seiten (einer Logarithmentafel) zu je 2500 Ziffern benötigen.

A   J. L. Heiberg. 3 Bde., Leipzig [(2)]1910–1915, Nachdr. 1972.
L   R. Böker: Archimedes, in: DKP 1, 510–513.

Problémata physiká
„Naturwissenschaftliche Probleme"

Ps.–Aristoteles

Sammlung (gr.) naturwissenschaftlicher und anderer Probleme, die im Wechselspiel von Frage und Antwort bearbeitet werden, in 38 Büchern oder besser: Abschnitten. Die Form legt die Annahme nahe, daß es sich um ein Handbuch für den Gebrauch in der Schule handelte.

I   Folgende Themen werden in den einzelnen Büchern behandelt: (1) Was medizinische Fragen betrifft (u. a. Wesen der Krankheit, Entstehung von Krankheit durch Übermaß z. B. an Wein und Wasser, jahreszeitlich bedingte Witterungseinflüsse als Krankheitsursachen, Ansteckung durch Pest, Sterbefälle bei chronischen Krankheiten vor allem im Winter, Einfluß der Winde auf Krankheiten, Behandlung von Entzündungen usw.). (2) Was den Schweiß betrifft (u. a. das Verhältnis zwischen Schweiß und Atem, Schweiß bei gymnastischen Übungen, unterschiedliche Formen des Schwitzens an den verschiedenen Körperpartien, Schwitzen bei nervöser Erregung usw.). (3) Was das Weintrinken und den Rausch betrifft (u. a. Kälteempfindlichkeit von Betrunkenen, ihr Verhalten, Unfruchtbarkeit der Trunksüchtigen, negative Wirkungen des Wein-

es usw.). (4) Was den Geschlechtsverkehr betrifft (u. a. Stellung der Augen beim Geschlechtsverkehr, Erschöpfung nach dem Koitus, Orgasmus, Lustempfindung, Zusammenhang von Haarausfall und Geschlechtsverkehr usw.). (5) Was die Ermüdung betrifft. (6) Was sich aus einer bestimmten Lage und Haltung, (7) aus der Mitempfindung, (8) aus Frost und Schauer ergibt. (9) Was blutunterlaufene Stellen, Narben und Striemen betrifft. (10) Kompendium naturwissenschaftlicher Probleme. (11) Was die Stimme, (12) wohlriechende und (13) übelriechende Dinge betrifft. (14) Was Mischungen ergibt. (15) Was mit der Wissenschaft der Mathematik zusammenhängt. (16) Was unbeseelte und (17) beseelte Gegenstände betrifft. (18) Was die „Philologie" und (19) die Harmonie betrifft. (20) Was Sträucher und Kräuter, (21) Gerstenmehl, Gerstenbrot und dergleichen, (22) Obst, (23) Salzwasser und Meer, (24) warmes Wasser, (25) die Lust, (26) die Winde, (27) Furcht und Tapferkeit, (28) Besonnenheit und Zügellosigkeit, Beherrschtheit und Unbeherrschtheit, (29) Gerechtigkeit und Ungerechtigkeit, (30) Klugheit, Verstand und Weisheit, (31) die Augen, (32) die Ohren, (33) die Nase, (34) den Mund, (35) die Wirkungen der Berührung, (36) das Gesicht, (37) den ganzen Körper und (38) die Hautfarbe betrifft.

Q   Aristoteles selbst hat *Problémata (physiká)* verfaßt, die aber nicht erhalten sind und auf keinen Fall mit der überlieferten Sammlung identisch sind. Denn diese enthält viel nacharistotelisches Gedankengut, und in den echten Schriften des Aristoteles gibt es eine Reihe von Verweisen auf eine Schrift mit dem Titel *Problémata*, für die es keine genauen inhaltlichen Entsprechungen in den erhaltenen *Problémata* gibt. Das Verhältnis zwischen den beiden Schriften ist bisher ungeklärt, obwohl es einige Stellen in den späteren *Problémata* gibt, die möglicherweise auf die aristotelischen *Problémata* zurückgehen (vgl. Flashar, 303–308. Außerdem ist anzunehmen, daß es Schriften mit dem Titel *Problémata* bereits seit vorsophistischer Zeit gab. Es ist geradezu von einer literarischen Gattung *Problémata* auszugehen, die ihren eigenen Argumentationsstil hatte (vgl. z. B. auch das →*Corpus Hippocraticum*). Im Peripatos gab es eine reiche *Problémata*-Literatur, die oft als „aristotelisch" galt, weil sie als „peripatetisch" gekennzeichnet werden sollte (vgl. das Schriftenverzeichnis des Diogenes Laertius, →*Philosóphon bíon kaì dogmáton synagogé* 5,22–27, bes. 26). – Der Autor der *Problémata* schöpfte im wesentlichen aus drei großen Quellenbereichen: aus Aristoteles, Theophrast (z. B. →*Perì phytôn aitiôn*, →*Perì aisthéseos*, →*Perì phytôn historías*, *Perì hidróton = De sudore*, „Über den Schweiß"; *Perì anémon = De ventis*, „Über die Winde"; *Perì pyrós = De igne*, „Über das Feuer", *Perì leipopsychías = De lassitudine*, „Über die Ohnmacht") und aus medizinischen Schriftstellern des →*Corpus Hippocraticum* (z. B. *Perì diaítes*, *Perì aéron hydáton tópon*) einschließlich Diokles aus Karystos).

W   Der Aufbau des Werkes läßt einen Plan er-

kennen. Am Anfang stehen medizinische Fragen
(1). Dann werden verschiedene Arten von Affektio-
nen aus medizinischer Sicht behandelt (2–9). Mit B.
10 beginnt ein neuer Abschnitt: Es geht um zoologische Probleme und um das Verhältnis zwischen
Mensch und Tier. Nach den Büchern über die Stimme und über Gerüche (11–13) geht es um die „Mischungen": zwischen dem „Klima" und dem „Temperament" des Menschen wird eine Analogie hergestellt (14). Damit ist der Übergang zu den Bereichen
geschaffen, in denen die Fähigkeiten des Menschen
realisiert werden (15 und 18–19). Dazwischen stehen die B. 16 und 17 über „Unbeseeltes und Beseel-
tes". Anschließend beginnt ein neues Thema: Pflanzen (20–22). Wasser, Luft und Winde folgen (23–
26). Dann geht es um die ethischen und intellektuellen Kräfte des Menschen und ihre Grundbegriffe
(27–30). Schließlich folgen körperliche Merkmale
bzw. Funktionen (31–38) verbunden mit überwiegend medizinisch orientierten Fragen. – Hinter
dem Plan des Werkes steht offensichtlich der Versuch, Einzelheiten der hippokratischen Medizin
mit Fragen der aristotelischen Philosophie zu verbinden. Dieses Vorgehen ist damit zu erklären, daß
seit Theophrast die Beziehungen des Peripatos zu
den Ärzteschulen enger geworden sind. So stand
z. B. der Arzt Diokles aus Karystos (um 330
v. Chr.) in enger Beziehung zum Peripatos (→*Hygíeina pròs Pleístarchon*). Anschauungen des Diokles finden sich auch in den *Problémata physiká* wieder. – Es war offensichtlich die Absicht des Autors,
eine umfassende Enzyklopädie des Wissens auf dem
Gebiet der Natur zu bieten. – Die Schrift ist von
bestimmten Tendenzen und Grundgedanken bestimmt: (1) Auffallend viele Phänomene werden
mit Hilfe der hippokratischen Wärmelehre erklärt.
(2) Für die Veränderungen in der Natur und im
Menschen werden stoffliche Ursachen verantwortlich gemacht. (3) Viele Erscheinungen werden aufgrund einer medizinischen Betrachtungsweise unter
dem Gesichtspunkt der praktischen Anwendung
und Verwertbarkeit für den Menschen behandelt.

N Mit Recht hat Gellius (→*Noctes Atticae* 19,4)
darauf hingewiesen, daß die *Problémata physiká*,
die er allerdings zu den Schriften des Aristoteles
zählt, „mit allerhand geistvollen und feinen Bemerkungen" angefüllt sind (Beispiele bei Flashar, 327).

A H. C. Hett. 2 Bde., London/Cambridge (Mass.)
[2]1953–1959 (gr.–engl.). E. C. Ruelle / H. Knoellinger / J.
Klek, Leipzig [2]1922.
Ü H. Flashar, Berlin [4]1991 (mit umfassendem Kom-
mentar). E. S. Forster: The Works of Aristotle, trans. into
English under the editorship of W. D. Ross. Bd. 7, Oxford
1927. P. Gohlke, Paderborn 1961.
L H. Flashar (s. o.).

Pro Gaio Rabirio perduellionis reo
„Für Gaius Rabirius, einen Angeklagen wegen
Hochverrats"

Marcus Tullius Cicero aus Arpinum, 106–43 v. Chr.

Rede (lat.) in einem Strafprozeß.
Gehalten 63 v. Chr.

I Der Volkstribun Titus Labienus, ein Handlan-
ger Caesars, wirft dem Senator Rabirius vor, während eines politischen Aufstandes im Jahre 100
v. Chr. den Tribun Lucius Apuleius Saturninus ermordet zu haben. Cicero erreicht den Freispruch
des Beklagten und vereitelt auf diese Weise die Absicht Caesars, durch die angestrebte Verurteilung
und Bestrafung des Senators Rabirius den Senat davon abzuschrecken, durch die Verhängung des Ausnahmezustandes gegen revolutionäre Bewegungen
vorzugehen.

W Cicero erklärt schon in der Einleitung (1–5),
daß es dem Ankläger nicht um die Person des Rabirius, sondern um die Ausschaltung des Ausnahme-
rechts des Senats gehe. – In der Beweisführung (*argumentatio*, 6–31) weist Cicero die gegen Rabirius
erhobenen Vorwürfe zurück; dann behauptet Cicero, daß er und Labienus im Interesse des Volkes
handelten. Schließlich geht der Redner auf den eigentlichen Schuldvorwurf ein; er habe als verant-
wortungsbewußter Bürger im Sinne der Verhängung des Ausnahmezustandes gehandelt. Wenn
man Rabirius verurteile, dann müsse man alle verurteilen, die damals das Vaterland verteidigt hätten
(18–31). – Im Schlußwort mahnt Cicero das Gericht, für das Wohl des Staates zu handeln und zugleich einen verdienten Mitbürger zu schützen (32–
38).

A M. Fuhrmann: Marcus Tullius Cicero. Die politischen Reden. Bd. 1, München 1993, 346–381 (lat.–dt.). W.
E. Heitland, Cambridge 1882. V. Marek, Leipzig 1983.
Ü M. Fuhrmann. Bd. 2, Zürich 1970, 197–219.
L J. van Ooteghem: Pour une lecture candide *Pro C.
Rabirio*, LEC 32, 1964, 234–246. A. Primmer: Die Über-
redungsstrategie in Ciceros Rede *pro C. Rabirio* (*perduel-
lionis reo*), Wien 1985. W. B. Tyrrell: A Legal and Histori-
cal Commentary to Cicero's Oratio *Pro Rabiriro perduel-
lionis reo*, Amsterdam 1978. W. Wegehaupt: Ciceros Rede
Pro C. Rabirio, perduellionis reo, Programm des Wilhelm-
Gymnasiums zu Hamburg, Hamburg 1912.

Pro Gaio Rabirio Postumo
„Für Gaius Rabirius Postumus"

Marcus Tullius Cicero aus Arpinum, 106–43 v. Chr.

Rede (lat.) in einem Strafprozeß.
Das Verfahren fand 54–53 v. Chr. statt.

I Rabirius Postumus soll sich an den Erpressungen des Aulus Gabinius, des Statthalters von Syrien
57–54 v. Chr., bereichert haben. Der Angeklagte
wird aufgrund des Plädoyers seines Verteidigers Ci-

cero freigesprochen. Cicero erklärt das Verfahren für unrechtmäßig und die Zeugen für unglaubwürdig. Cicero preist Caesar und die enge Beziehung zwischen diesem und dem Angeklagten.

A C. Klodt, Stuttgart 1992. E. Olechowska, Leipzig 1981.
Ü M. Fuhrmann. Bd. 6, Zürich/München 1980, 291–316.
L C. Klodt: Ciceros Rede *Pro Rabirio Postumo*. Beiträge zur Altertumskunde. Bd. 24, 1992 (Kommentar).

Pro Gnaeo Plancio
„Für Gnaeus Plancius"

Marcus Tullius Cicero aus Arpinum, 106–43 v. Chr.

Rede (lat.) in einem Strafprozeß.
Der Strafprozeß fand im Jahre 54 v. Chr. statt.

I Cicero verteidigt Plancius, der wegen unerlaubter Wahlbeeinflussung (*ambitus*) von einem erfolglosen Mitbewerber um das Amt des Aedilen belangt wird. In der Einleitung (1–4) weist Cicero darauf hin, daß Plancius im Jahre 58 v. Chr. den damals verbannten Cicero bei sich aufgenommen hatte. Er geht gründlich auf die Motive ein, die ihn zur Übernahme der Verteidigung veranlaßt hatten. – Darauf prüft Cicero die Umstände, die bei der Wahl zum Ädilen zum Erfolg des Plancius und zum Mißerfolg seines Mitbewerbers geführt haben. Dann befaßt er sich mit einigen äußeren Gründen des für Plancius so positiven Wahlergebnisses (5–35). Im folgenden Abschnitt erklärt Cicero die Vorwürfe gegen Plancius für völlig unbedeutend (36–57). Darauf geht der Redner auf die von den Klägern Cassius (58–71) und Laterensis (72–100) vorgebrachten Überlegungen ein. Schließlich kommt Cicero wieder auf seine Verbannung und Flucht zurück, um die Verdienste des Plancius um seine Person besonders herauszustellen und für Plancius Mitleid zu erwecken (101–104).

A E. Köpke / G. Landgraf, Leipzig [3]1887 (mit Kommentar).
Ü M. Fuhrmann. Bd. 6, München/Zürich 1980, 225–289.
L J. Adamietz: Ciceros Verfahren in den Ambitus-Prozessen gegen Murena und Plancius, in: Gy 93, 1986, 102–117. W. Kroll: Ciceros Rede für Plancius, in: RhM 86, 1937, 127–139. Schanz-Hosius 1, 434.

Progymnásmata
„Vorbereitende Übungen"

Aphthonios aus Antiocheia, 4. Jh. n. Chr.

Lehrbuch mit propädeutischen Übungen (gr.) im Rhetorikunterricht.

I Das Werk umfaßt 14 Definitionen rhetorischer Grundbegriffe, die zur Einführung für Anfän-

ger gedacht sind. Jeder Begriff wird mit Beispielen erläutert. – *Progymnásmata* sind von verschiedenen Autoren überliefert: Ps.–Hermogenes aus Tarsos (Ende des 2. Jh.s n. Chr.), Libanios (4. Jh. n. Chr.), Nikolaos aus Myra 5. Jh. n. Chr.). „Es handelt sich um Aufsatzübungen verschiedener Art, aufsteigend von der Fabelnacherzählung über moralische Exempel (*Chreîai*) und Beschreibungen *(Ekphráseis)* bis zu Beweis oder Widerlegung eines überlieferten Sachverhalts (z. B. ‚Hat Medea ihre Kinder wirklich töten können?') und zur Ausarbeitung theoretischer Erörterung bestimmter Rechtsfälle (*Théseis*) Unsere vom Leichteren zum Schwereren fortschreitenden Schulaufsätze sind das letzte Glied einer mit *P.* beginnenden Tradition. Die erhaltenen Lehrbücher bieten in der Regel jeweils Definitionen der einzelnen Übungen, gefolgt von praktischen Beispielen" (H. Hommel, 30).

A I. Felten, Leipzig 1913 (Nikolaos). RhGr 1, 1, 262–420 (Nikolaos). H. Rabe, Leipzig 1926 (Aphthonios).
L J. Brodska, RE 1, 2, 1894, 2797–2800. H. Gärtner: Aphthonios, in: DKP 1, 431. H. Hommel: Progymnasmata, in: dtv-L 1. 4, 30. K. Orinsky: De Nicolai Myrensis et Libanii quae feruntur Progymnasmatis, Diss. Breslau 1920. W. Stegemann, RE 17, 1, 1936, 424–457.

Progymnásmata
„Vorbereitende Übungen"

Ailios Theon aus Alexandreia, 1./2. Jh. n. Chr.

Lehrbuch mit Anfangsübungen (gr.) im Ausarbeiten von Texten (Fabeln, Erzählungen, Chrien (*Chreîai*), Beschreibungen, Charakteristiken usw.).

I Das Lehrbuch des Ailios Theon verbindet die Übungen mit literarischen Beispielen, die mit Gelehrsamkeit und Geschmack ausgewählt und dargestellt sind. – Das fast vollständig erhaltene Werk ist „angenehm und lehrreich" zu lesen (L. Spengel).

A RhGr 2, 57–130.
L W. Stegemann, RE 5 A 2, 1934, 2037–2054.

Pro instaurandis scholis
„Für den Wiederaufbau der Schulen"

Eumenius, 3. Jh. n. Chr.

Rede (lat.), gehalten 298 n. Chr. in Augustodunum.

I Der Redner bittet um die Erlaubnis, sein Gehalt für den Wiederaufbau der während der Germaneneinfälle zerstörten Schule seiner Heimatstadt Augustodunum (Autun) verwenden zu dürfen.

A W. Baehrens: Panegyrici Latini (Nr. 9), Leipzig [2]1911. E. Galletier: Panégyriques Latins. 3 Bde., 1949–1955. R. A. B. Mynors, Oxford 1964, 230–243.
L B. Saylor Rodgers: Eumenius of Augustodunum, in: AncSoc 20, 1989, 249–266. O. Seeck, RE 6, 1, 1907, 2097–2099. K. Ziegler, RE 18, 3, 1949, 571–581.

Proklos-Biographie →Vita Procli (Marinos)

Pro lege Manilia →De imperio Gnaei Pompei (Cicero)

Prólogos →Eisagogé (Albinos)

Pro Lucio Cornelio Balbo
„Für Lucius Cornelius Balbus"

Marcus Tullius Cicero aus Arpinum, 106–43 v. Chr.

Gerichtsrede (lat.) in einem Verfahren wegen angeblicher Anmaßung des Bürgerrechts.
Das Verfahren fand im Jahre 56 v. Chr. statt.

I   Balbus stammte aus Gades und war ein treuer Gefolgsmann Caesars. Pompeius hatte ihm das röm. Bürgerrecht verliehen. Ein unbekannter Ankläger versucht, ihm und seinen Gönnern Caesar und Pompeius zu schaden, indem er ihn wegen Anmaßung des röm. Bürgerrechtes anklagt. Die Bedeutung des Prozesses zeigt sich auch darin, daß Balbus mehrere Verteidiger aufgebracht hatte, von denen Cicero als letzter sprach. Cicero führt u. a. aus (5–7), daß Balbus nicht deshalb vor Gericht stehe, weil er sich etwas habe zuschulden kommen lassen, sondern weil Pompeius ihn für seine Verdienste um Rom mit dem Bürgerrecht ausgezeichnet habe. Demnach solle eine Amtshandlung eines prominenten röm. Feldherrn abgeurteilt werden. Aber es sei eine Schande (7–15), die Maßnahme eines Mannes wie Pompeius anzuzweifeln. – Cicero setzt sich darauf eingehend mit der Rechtslage auseinander und handelt u. a. von den Grundsätzen des röm. Staatsangehörigkeitsrechtes und von der Praxis der Verleihung des Bürgerrechtes. – Balbus wurde freigesprochen.

A   A. C. Clark / W. Petersen. Bd. 5, Oxford 1911.
Ü   M. Fuhrmann. Bd. 6, Zürich/München 1980, 93–136.
L   H. Braunert: Verfassungsnorm und Verfassungswirklichkeit im spätrepublikanischen Rom. Eine Interpretation zu Ciceros Rede für Balbus, in: AU 9, 1, 1966, 51–73.

Pro Lucio Valerio Flacco
„Für Lucius Flaccus"

Marcus Tullius Cicero aus Arpinum, 106–43 v. Chr.

Rede (lat.) in einem Strafprozeß, nur fragmentarisch erhalten.
Verfaßt 59 v. Chr.

I   Flaccus wurde nach Beendigung seiner Amtszeit als Statthalter der Provinz Asia von seinen ehemaligen Untertanen wegen Erpressung (crimen rerum repetundarum) angeklagt. Zu diesem Delikt gehörten Diebstahl und Raub, Steuervergehen und passive Bestechung. – Flaccus hatte dazu beigetragen, Catilina zu entlarven und zu vernichten. Daher wurde Cicero selbstverständlich zu seinem Verteidiger. Im Hauptteil der Rede geht es um die Widerlegung der Behauptungen der Kläger (27–93). Cicero versucht, die Zeugen unglaubwürdig und lächerlich zu machen, während er die Verdienste des Angeklagten hervorhebt, der am Ende freigesprochen wird.

A   A. du Mesnil, Leipzig 1883 (mit Kommentar). T. B. L. Webster, Oxford [(2)]1933.
Ü   M. Fuhrmann. Bd. 5, 83–149.

Pro Lucio Murena
„Für Lucius Murena"

Marcus Tullius Cicero aus Arpinum, 106–43 v. Chr.

Prozeßrede (lat.).
Das Verfahren fand im Jahre 63 v. Chr. statt.

I   Murena wird wegen unerlaubter Wählerbeeinflussung (ambitus) angeklagt. Der Kläger ist der berühmte Jurist Sulpicius Rufus, ein durchgefallener Mitbewerber um das Consulat des Jahres 62 v. Chr. Der Stoiker Marcus Porcius Cato gehörte ebenfalls der Anklagevertretung an. – In der Einleitung (1–10) spricht Cicero von sich selbst, weil er sich dazu genötigt sieht, die Übernahme der Verteidigung zu rechtfertigen. Im Hauptteil der Rede (11–83) weist Cicero die Kritik an Murenas Lebensführung zurück. Darauf befaßt sich Cicero mit der Behauptung der Ankläger, Murena habe nur geringe Wahlchancen gehabt und seinen Sieg nur seinen unlauteren Mitteln zu verdanken. Murena – so Cicero – habe aufgrund seiner Karriere und seiner Erfolge als Offizier einen erheblichen Vorteil gegenüber dem weltabgewandten Juristen und Rechtsgutachter Sulpicius Rufus besessen. Dieser habe zudem seine Wähler aufgrund seines mangelnden Selbstvertrauens abgeschreckt. – Der Verteidiger weist die Anklagepunkte als gegenstandslos zurück und veranschaulicht, daß das Verhalten der Ankläger ein Zeichen von Weltfremdheit und Starrsinn sei. Er exemplifiziert dies nicht nur an dem Juristen Sulpicius, sondern auch an dem Stoiker Cato, dessen Anklagevertretung aus seinem stoisch-ethischen Rigorismus erklärt wird. – Der Angeklagte wird freigesprochen.

A   J. Adamietz, Darmstadt 1989 (mit Kommentar). K. Halm / G. Laubmann / E. Sternkopf, Berlin [(5)]1893. H. Kasten, Leipzig 1961.
Ü   M. Fuhrmann. Bd. 2, Zürich/Stuttgart 1970, 291–349.
L   J. Adamietz: Ciceros Verfahren in den Ambitus-Prozessen gegen Murena und Plancius, in: Gy 93, 1986, 102–117. A. Boulanger: La Publication du Pro Murena, in: REA 42, 1940, 382–387. A. Bürge: Die Juristenkomik

in Ciceros Rede *Pro Murena*, Diss. Zürich 1974. C. J. Classen: Recht, Rhetorik, Politik. Untersuchungen zu Ciceros rhetorischer Strategie, Darmstadt 1985, 120–179. E. Rosenberg: Studien zur Rede Ciceros für Murena, Hirschberg 1902.

Pro Marco Aemilio Scauro
„Für Marcus Aemilius Scaurus"

Marcus Tullius Cicero aus Arpinum, 106–43 v. Chr.

Verteidigungsrede (lat.) in einem Prozeß wegen Erpressung, nur fragmentarisch erhalten.
Der Prozeß fand 54 v. Chr. statt.

I Scaurus war als Propraetor Statthalter von Sardinien. Er hatte sich in erheblichem Umfang bereichert und wurde deshalb wegen Untertanenerpressung (*crimen rerum repetundarum*) von Publius Valerius Triarius und drei Nebenklägern vor Gericht gebracht. Hinter den Anklägern stand der amtierende Consul Appius Claudius Pulcher, der mit dem Prozeß die Kandidatur des Scaurus um das Consulat des Jahres 53 v. Chr. zunichte machen wollte. Aufgrund einer aufwendigen Verteidigung durch sechs Anwälte wurde der Angeklagte freigesprochen. Kurz darauf wurde er allerdings wegen Amtserschleichung (*ambitus*) verurteilt und ging in die Verbannung. – Der Inhalt und die Voraussetzungen der Cicero-Rede werden von Asconius Pedianus (9 v. Chr. bis 76 n. Chr.), dem gewissenhaften Kommentator von Cicero-Reden, referiert (in der Ausgabe von A. C. Clark, Oxford 1911, unter dem Titel *Asconii argumentum in Scaurianam*). – Im Hauptteil der Rede widerlegt Cicero, der in der zweiten der von der *Lex Iulia repetundarum* vorgeschriebenen zwei Verhandlungen das Wort ergriff, die Anklagepunkte. Scaurus sollte u. a. einen Sardinier ermordet haben und die Frau eines anderen Mannes in den Tod getrieben haben. Da das Gericht für diese Sache gar nicht zuständig war, befaßte sich Cicero mit drei allgemeinen Punkten: der Art der Anklageerhebung, dem Volkscharakter der Sardinier und der Persönlichkeit des Angeklagten. Erst im Anschluß daran wollte er sich mit den angeblichen Erpressungen im Zusammenhang mit Getreidelieferungen befassen (18–22). Im Sinne dieser Absichtserklärung deckte Cicero eine Reihe von Schwächen der Prozeßführung der Ankläger auf (23–37). Bei der Erörterung des zweiten Punktes bricht die zusammenhängende Textüberlieferung ab (38–45 b/c). Der Rest ist nur durch Frg. oder Zitate faßbar, die sich z. T. mit der Persönlichkeit des Scaurus befassen. Die Widerlegung des Hauptvorwurfes ist nicht überliefert. – Ciceros Taktik zielt wieder – soweit anhand der Frg. erkennbar – auf den Nachweis der Unglaubwürdigkeit der Zeugen.

A A. C. Clark. Bd. 6, Oxford 1911. E. Olechowska, Leipzig 1984.
Ü M. Fuhrmann. Bd. 6, Zürich/München 1980, 203–224.
L E. Courtney: The Prosecution of Scaurus in 54 B.

C., in: Ph 105, 1961, 151–156. H. Gaumitz: De M. Aemilii Scauri causa repetundarum et de Ciceronis pro Scauro oratione, in: Leipziger Studien zur classischen Philologie 2, 1879, 249–289. Schanz – Hosius 1, 434 f.

Pro Marco Caelio
„Für Marcus Caelius"

Marcus Tullius Cicero aus Arpinum, 106–43 v. Chr.

Verteidigungsrede (lat.).
Der Prozeß fand im Jahre 56 v. Chr. statt.

I Die Anklage wirft Caelius vor, er habe bei einem Mordanschlag auf den Philosophen Dion aus Alexandreia mitgewirkt. Der Vorwurf hatte keine hinreichende Begründung. Wahrscheinlich sollte der Angeklagte als Ankläger in einem anderen Verfahren kaltgestellt werden, in dem er den Vater seines jetzigen Anklägers wegen Amtserschleichung (*ambitus*) beschuldigt hatte. – Cicero reduziert die Anklage auf den Vorwurf, Caelius habe sich von Clodia, der Geliebten des Dichters Catull (→*Carmina*) und der Hauptzeugin der Anklage, Geld geliehen, um den Mord an Dion durchführen zu können. Anschließend soll er versucht haben, Clodia umzubringen. – Cicero geht folgendermaßen vor: Nach der Einleitung (1) beschreibt er den untadeligen Lebenswandel des Angeklagten (2–22). In diesem Zusammenhang kommt Cicero auch auf Catilina (→*Catilinariae orationes IV*) zu sprechen, dem sich Caelius vorübergehend angeschlossen hatte. Cicero gibt hier ein differenzierteres Charakterbild des Catilina als in seinen Reden gegen Catilina. – Im folgenden Abschnitt versucht Cicero u. a., die Vorwürfe gegen Caelius zu reduzieren und nur die Dinge zu behandeln, die wirklich von Bedeutung sind. So befaßt er sich nur mit den Vorwürfen, daß Caelius sich Gold geliehen und Gift besorgt habe (23–30). Dann bringt er den Namen Clodias ins Spiel, die die Geliebte des Caelius gewesen sei. Das Verhältnis habe ein jähes Ende gefunden. Cicero zerstört die Glaubwürdigkeit der Zeugin mit einer massiven Invektive (31–36): „Clodia, die Kronzeugin der Ankläger, soll diskreditiert werden, soll als die verlassene Geliebte des Caelius dastehen, deren haßerfüllte Aussagen gänzlich unglaubwürdig seien. Ein wahrhaft dialektischer, ja sophistischer Gedankengang: in einem ersten Schritt benutzt Cicero die von den Anklägern erhobenen und von Clodia bezeugten Vorwürfe der Goldleihe und der Giftbeschaffung, eine Liebesaffäre zu konstruieren; dann aber, in einem zweiten Schritt, dient die Liebesaffäre dem gleichsam entgegengesetzten Beweis, daß Clodias Zeugnis wertlos sei" (Fuhrmann, 11). Dann kommt Cicero wieder auf den Lebenswandel des Beschuldigten zu sprechen (37–50), um ihn weiter zu entlasten und die Anklagepunkte zu widerlegen. Dies geschieht vor allem durch schärfste Angriffe gegen Clodia. Andererseits bittet er um Verständnis für den Lebenswandel des Caelius, der nicht an den Idealen einer großen röm. Vergangenheit zu messen sei (bes. 39f.). Die Zeiten hätten sich geändert (*mutatis temporibus*); neue Lehren seien aufgekommen. Die Wertvorstellungen hätten sich gewandelt. Also müsse man Zugeständnisse machen (39–43).

W Cicero erreichte den Freispruch durch die Geschworenen, so daß Caelius die politische Karriere offenstand. Über seinen weiteren Weg unterrichten seine Briefe an Cicero (→*Epistulae ad familiares*, Buch 8). – Der „sittengeschichtliche Gehalt des ciceronischen Verteidigungskonzepts" läßt die Rede zu einem wertvollen Zeugnis für das Treiben der spät-republikanischen Gesellschaft und ihrer moralischen Maßstäbe werden, die Cicero zur Verteidigung des Caelius verwendet.

N „Cicero hat auch die Nachwelt überzeugt: sie nahm die Geschichte von Caelius und Clodia, von der Rache aus enttäuschter Liebe für bare Münze ...", obwohl Cicero sie offensichtlich wenn nicht gänzlich erfunden, so doch mächtig aufgebauscht hat, um seinem unvorsichtigen jungen Freunde aus der Klemme zu helfen" (Fuhrmann, 13).

A R. G. Austin, Oxford [(3)]1960. A. C. Clark. Bd. 1, Oxford 1905. J. van Wageningen, Groningen 1908.
Ü M. Fuhrmann. Bd. 6, Zürich/Stuttgart 1980. M. Giebel, Stuttgart 1994 (lat.–dt.).
L C. J. Classen: Ciceros Rede für Caelius, in: ANRW 1, 3, 1973, 60–94. K. A. Geffcken: Comedy in the *Pro Caelio*, in: Mnemosyne. Suppl. 30, Leiden 1973. R. Heinze: Ciceros Rede *Pro Caelio*, in: Hermes 60, 1925, 193–258. C. Loutsch: Zu Ciceros Rede *Pro Caelio*, in: Liverpool Classical Monthly 9, 1984, 116–118. E. S. Ramage: Clodia in Cicero's *Pro Caelio*, in: D. Bright / E. S. Ramage (Hg.): Classical Texts and Their Traditions, Chicago 1984. J. Schröder: Überredungskünste. Cicero, *Pro Caelio* 31–36, in: AU 39, 1, 1996, 37–45. W. Stroh: Taxis und Taktik. Die advokatische Dispositionskunst in Ciceros Gerichtsreden, Stuttgart 1975, 243–303.

Pro Marco Fonteio
„Für Marcus Fonteius"

Marcus Tullius Cicero aus Arpinum, 106–43 v. Chr.

Fragmentarisch überlieferte Verteidigungsrede (lat.) in einem Strafprozeß.
Der Prozeß fand vermutlich im Jahre 69 v. Chr. statt.

I Fonteius hatte wie Verres (→*Actio prima in C. Verrem*, →*Actio secunda in C. Verrem*) eine Provinz verwaltet und wurde von seinen ehemaligen Untertanen wegen Erpressung (*crimen rerum repetundarum*) angeklagt. Der Angeklagte hatte als Propraetor die Provinz Gallia Narbonensis verwaltet (wahrscheinlich von 76–74 v.Chr.). – Cicero wies in der Einleitung der Rede u.a. darauf hin, daß man den Fall nicht mit Verres vergleichen dürfe. Wahrscheinlich folgte dann eine Darstellung der militärischen und administrativen Verdienste des Fonteius. Im Hauptteil der Beweisführung geht Cicero auf den Vorwurf der Erpressung in Gallien ein. Offensichtlich weist er die Vorwürfe nicht zurück, sondern

spielt die Zeugen gegeneinander aus und betont ihre unzureichende Glaubwürdigkeit. – Wie der Prozeß ausging, ist nicht bekannt.

A A. C. Clark. Bd. 6, Oxford 1911.
Ü M. Fuhrmann. Bd. 1, Zürich/Stuttgart 235–262.
L P. Jouanique: Sur l' interpretation du *Pro Fonteio* 1, 1–2, in: REL 38, 1960, 107–112. A. R. Schneider: Quaestionum in Ciceronis *pro M. Fonteio* orationem capita quattuor, Diss. Leipzig 1876.

Pro Marco Marcello
„Für Marcus Marcellus"

Marcus Tullius Cicero aus Arpinum, 106–43 v. Chr.

Rede (lat.) vor dem röm. Senat.
Die im September 46 v. Chr. gehaltene Rede wurde anschließend zu der uns vorliegenden Fassung ausgearbeitet.

I Nach dem Sieg Caesars über seinen Rivalen Pompeius im Bürgerkrieg der Jahre 49–46 v. Chr. ergreift Cicero im Senat das Wort, um Caesar dafür zu danken, daß er M. Marcellus, einen führenden Kopf der Opposition gegen Caesar, begnadigt hatte. In der Einleitung (1–4) begründet Cicero, warum er sein langes Schweigen im Senat beendet. Darauf (5–20) stellt der Redner fest, daß Caesars Bereitschaft zur Versöhnung alle anderen Leistungen des Diktators in den Schatten stelle. In den Abschnitten 21–32 beschwört Cicero den Diktator, auf seine Sicherheit bedacht zu sein, um seine Aufbauarbeit für den Staat fortsetzen und vollenden zu können. Am Schluß (33–34) dankt Cicero Caesar noch einmal für seine Weisheit und Güte, ohne allerdings darauf zu verzichten, ihn an seine Verantwortung für den Senat, das röm. Volk und die Republik zu erinnern.

H Daß Caesar seine ehemaligen Gegner, zu denen auch Cicero gehörte, begnadigte, war ein wesentlicher Bestandteil seines politischen Programms: Der Zusammenbruch der staatlichen Ordnung in den Wirren des Bürgerkrieges machte eine Koalition aller politischen Kräfte erforderlich. Caesar mußte sich seiner einstigen Gegner bedienen, um den Staat wieder aufbauen zu können. Caesars Versöhnungspolitik eröffnete auch Cicero die Möglichkeit, an der Aufbauarbeit mitzuwirken und den völligen Verlust der römisch-republikanischen Wertordnung wenigstens vorübergehend aufzuhalten.

W Cicero wollte in seiner Rede *Pro Marco Marcello* dem Diktator Caesar nicht nur für einen Gnadenakt danken, sondern ihn auch ermahnen, den „Weg der politischen Tugend" nicht zu verlassen. Bei dieser Zielsetzung erscheint die Rede als der letzte Versuch, durch den Pakt mit Caesar die Aristokratie des Senats und die alte republikanische Staatsordnung vor dem endgültigen Untergang zu bewahren. – Ciceros Appell erhält dadurch eine besondere Würde, daß er Caesar am Vorbild des stoischen Weisen mißt und den Machthaber auf die Verpflichtung hinweist, im Sinne dieses philosophischen Ideals zu handeln. „Ciceros Rede über Marcellus ist kein höfisches Lob der Herrschermilde, sondern der achtbare Versuch des Republikaners, Caesar auf den Dienst an der *res publica* zu verpflichten" (M. v. Albrecht, 398).

N Das politische Programm, das die Rede enthält, wird in seinen Grundzügen von Augustus (reg. 27 v. – 14 n.Chr.) verwirklicht, der die gewaltigen Aufbau – und Erneuerungsleistungen erbringt, die Cicero schon von Caesar erwartete.

A A. C. Clark, Oxford [2]1918. M. Ruch, Paris 1965 (mit Kommentar).
Ü M. Fuhrmann. Bd. 7, Zürich/München 1982.
L M. v. Albrecht: Ciceros Rede für Marcellus. Epideiktische und nicht-epideiktische Elemente, in: P. Neukam (Hg.): Die Antike in literarischen Zeugnissen, München 1988, 7–16. G. Bockisch: Caesar – Gott und Philosophenkönig. Gedanken zu Cicero, *De Marcello*, in: AU 37, 6, 1994, 39–44. K. Bringmann: Untersuchungen zum späten Cicero, Göttingen 1971, 72–89. G. Cipriani: La *Pro Marcello* e il suo significazione come orazione politica, in: Atene e Roma N.S. 22, 1977, 113–125. H. Dahlmann: Cicero, Caesar und der Untergang der *libera res publica*, in: Gy 75, 1968, 337–355. G. Dobesch: Politische Bemerkungen zu Ciceros Rede *Pro Marcello*, in: Römische Geschichte, Altertumskunde und Epigraphik. FS A. Betz, Wien 1985, 153–231. H. C. Gotoff: Cicero's Caesarian Speeches. A stilistic commentary, Chapel Hill 1993. S. Stadler-Rochlitz: Das Bild Caesars in Ciceros caesarianischen Reden, Diss. Heidelberg 1991.

Pro Marco Tullio
„Für Marcus Tullius"

Marcus Tullius Cicero aus Arpinum, 106–43 v. Chr.

Rede (lat.) in einem Privatprozeß.
Entstanden im Jahre 72 oder 71 v. Chr.

I Verhandlungsgegenstand ist der Tatbestand einer Sachbeschädigung durch eine bewaffnete Bande. Cicero vertritt den Kläger M. Tullius gegen P. Fabius. Der Streit bezog sich auf einen Grenzstreifen zwischen zwei Grundstücken. Man hatte sich ursprünglich dahingehend geeinigt, die Sache von einem Gericht entscheiden zu lassen. Aber dann drang eine Bande des Fabius in den Grenzstreifen ein und tötete die Sklaven des Tullius, die dort Wache hielten. Der Beklagte leugnete diesen Vorfall nicht, behauptete aber, in Notwehr und nicht mit böser Absicht, d.h. arglistig, gehandelt zu haben. – Über den Ausgang des Prozesses ist nichts bekannt.

A A. C. Clark. Bd. 6, Oxford 1911.
Ü M. Fuhrmann. Bd. 1, Zürich/Stuttgart 1970, 209–233.
L E. Costa: Le orazioni di diritto privato di M. Tullio Cicerone, Bologna 1899, 53–69.

Prometheùs desmótes
„Der gefesselte Prometheus"

Aischylos aus Eleusis, 525/524–456 v. Chr.

Tragödie (gr.) mit einem Stoff aus dem gr. Mythos in 1093 Versen, erstes Stück einer Trilogie, deren 2. und 3. Stück (→*Prometheùs lyómenos* und →*Prometheùs pýrphoros*) nur fragmentarisch erhalten sind. Die Entstehungszeit ist unbestimmt. Hinzu kommt, daß die Authentizität des Stückes in Frage gestellt wurde (Schmid, 1929). Die Unechtheit wurde zwar bisher nicht bewiesen, der Zweifel an seiner Authentizität bleibt aber bestehen.

I Das Stück beginnt mit einer grausamen Handlung: Prometheus wird auf Befehl des Zeus von *Bía* (Gewalt) und *Krátos* (Macht) vorgeführt, um von Hephaistos an einen Felsen geschmiedet zu werden. Das war die Strafe dafür, daß Prometheus den Menschen gegen das Verbot des Zeus das Feuer verschaffte und ihnen somit ihre Kultur begründen half, durch die sie sich den Göttern, d. h. den Mächtigen der Welt, gegenüber behaupten konnten. Das Zwiegespräch zwischen Hephaistos und Kratos läßt erkennen, daß Hephaistos die Arbeit des Anschmiedens nur widerwillig und voller Mitleid mit dem Gequälten vollzieht, während Kratos das Opfer sogar noch schmäht (1–87). Prometheus bekennt sich zu seiner „Freveltat" mit der er zum Helfer der Menschheit wurde (88–113). – Die Struktur des Stückes wird von vier „Besuchen" gebildet, die dem Gefesselten zuteil werden. 1. Besuch: Die Töchter des Okeanos, die Prometheus bemitleiden und trösten (128–283). 2. Besuch: Okeanos, der sich bei Zeus für Prometheus einsetzen will (284–396). 3. Besuch: Io, die Geliebte des Zeus, die von der eifersüchtigen Hera in eine Kuh verwandelt wird, erfährt ihre Zukunft von Prometheus (561–886). 4. Besuch: Hermes, dem Prometheus ein Geheimnis über Zeus nicht verrät (941–1093). – Zu 1: Der Chor der Töchter des Okeanos beklagt im Zwiegespräch mit Prometheus die Rücksichtslosigkeit und Grausamkeit des Zeus, der doch mit Hilfe des Prometheus die Macht über die Welt gewonnen hatte (128–283). Der Chor begegnet dem gequälten Retter und Helfer der Menschheit mit tief empfundenem Mitleid (bes. 242–245). Unbeugsam erklärt Prometheus dem hilflos ohnmächtigen Chor, er habe willentlich gefehlt, er leugne es nicht, und als Helfer des Menschen seine Qualen selbst zu verantworten (266f.). – Zu 2: In dem sich anschließenden Gespräch mit Okeanos, der genauso wie seine Töchter Mitleid empfindet, weist Prometheus dessen Angebot, ihm zu helfen, als sinn- und zwecklos zurück (284–396). Dann ergreift Prometheus wieder das Wort, um seine Leistungen für die Menschheit und seine guten Absichten hervorzuheben: Er war in jeder Hinsicht der Schöpfer der Kultur, er erfand für die Menschen die Schrift und die Zahlen, lehrte sie die Nutzung der Tiere, verschaffte ihnen den Pflug, den Wagen, das Schiff, die Mittel gegen

Krankheit, die Bodenschätze usw. (436–506). – Zu 3: Etwa in der Mitte des Stückes tritt Io als junge Frau mit Kuhhörnern auf (561). Sie ist ebenfalls eine Leidende, die von Hera, der Gattin des Zeus, über die Erde gehetzt wird. Sie erzählt Prometheus, wie es zu der Verfolgung durch Hera gekommen ist (640–686): Weil Zeus sie liebte, wurde sie von Hera in eine Kuh verwandelt. Zeus nahte der Kuh als Stier. Hera ließ Argos, den Hundertäugigen, die Kuh bewachen. Hermes tötete Argos. Io wurde von einer Stechfliege fortgehetzt. Prometheus verkündet ihr die weiteren Stationen ihres Irrweges (786–886). Darauf weissagt Prometheus den Untergang des Zeus (887–940): „Nicht lange wird er der Herr der Götter sein." Zu 4: Prometheus ist nicht bereit, Hermes, dem Boten des Göttervaters, die Umstände, unter denen Zeus stürzen könne, mitzuteilen; denn er haßt die Götter allesamt, die ihm für seine Wohltaten an den Menschen Böses antun. Auch die Drohungen des Hermes können seinen Sinn nicht ändern. Der Gefolterte bleibt starrsinnig und versinkt am Ende in der Unterwelt (941–1093).

W Das Aufeinanderprallen von Geist (Prometheus) und Macht (Zeus) ist ein zentrales Thema des Stückes. Darauf beruht aber noch nicht die Tragik des Geschehens. Tragisch ist vielmehr, daß sich sowohl Prometheus als auch Zeus bei der Verwirklichung ihrer Ziele (Prometheus: Menschheitskultur, Zeus: Neue Weltordnung) Unrecht tun (Prometheus: Eingriff in die Ordnung und das Recht des Zeus durch den Feuerraub, Zeus: Gewaltanwendung bei der Durchsetzung seiner Ziele). – Zunächst scheint der Geist, die Vernunft der Macht zu unterliegen; denn Prometheus wird brutal bestraft. Am Ende aber schickt Zeus seinen Boten zu Prometheus, um dessen Geheimnis über seine Zukunft zu erfahren: Die Macht braucht also den Geist. – In dem scheinbar handlungslosen Stück hat sich ein Prozeß vollzogen: „Die Macht, die am Anfang unbestritten war, ist am Ende fragwürdig und fraglich geworden. Zeus ist der Herrscher .... Aber im Verlauf der Ausübung dieser Macht hat sich gezeigt, daß Macht allein nicht mächtig genug ist. Bloße Macht – das ist an ihrem Opfer, dem Prometheus, klar geworden – hat einen Gegner, den sie nicht besiegen kann: den Geist. Solange die Macht nicht diesen einen potentiellen Gegner mit in sich hineingenommen hat, und das heißt: solange die Macht das Bündnis mit dem Geist nicht eingegangen ist, ist sie gefährdet" (Latacz 1993, 151). – Am Ende des Stückes wird der Geist und mit ihm die Bedrohung der Macht verstoßen, nicht vernichtet. Das Problem des Verhältnisses zwischen Macht und Geist bleibt also offen. Die Macht bleibt ohne das Bündnis oder die Aussöhnung mit dem Geist unvollendet. Der *Prometheùs desmótes* muß also eine Fortsetzung gehabt haben. Unter diesem Aspekt leuchtet die Annahme einer Dramentrilogie ein: Es folgten der →*Prometheùs lyómenos* und der →*Prometheùs pýrphoros*.

N Die Rezeption des Prometheus-Mythos und seiner Gestaltung durch Aischylos ist überwälti-gend. Das gilt nicht nur für dramatische Bearbeitungen, Dichtungen, Opern, sondern auch für bildliche Gestaltungen (Gemälde, Plastiken). Dramatische Bearbeitungen: Calderon (1679), Goethe, Fragment einer dramatischen Bearbeitung (1773), Herder (1802); Gedichte: Goethe (1785), A. W. Schlegel (1797), Byron (1816), J. R. Becher (1935); Opern: Fauré (1900), Orff (1968).

A M. Griffith, Cambridge 1983 (mit Kommentar). P. Mazon, Paris [7]1958. G. Murray, Oxford [2]1955. H. W. Smyth, London/Cambridge (Mass.) [2]1957 (gr.–engl.). M. L. West, Stuttgart 1990.
Ü E. Buschor, München 1958. J. G. Droysen / F. Stoessl, Zürich 1952. W. Kraus, Stuttgart 1965. W. A. Roth, Berlin 1936. O. Werner / B. Zimmermann, Düsseldorf/Zürich [6]2005 (gr.-dt.). L. Wolde, Leipzig 1936.
L R. Bees: Zur Datierung des *Prometheùs desmótes*. Beiträge zur Altertumskunde. Bd. 38, Stuttgart/Leipzig 1993. D. J. Conacher: Aeschylus' *Prometheus Bound*. A Literary Commentary, Toronto 1980. K. – M. Dietz: Metamorphosen des Geistes. Bd. 1: Prometheus – Vom göttlichen zum menschlichen Wissen, Stuttgart 1989. W. – H. Friedrich: Die Sonderstellung des aischyleischen *Prometheus*, in: H. Hommel (Hg.): Wege zu Aischylos. Bd. 2, Darmstadt 1974, 251–332. M. Griffith: The Authenticity of *Prometheus Bound*, Cambridge 1977. K. Kerényi: Prometheus. Die menschliche Existenz in griechischer Deutung, Reinbek bei Hamburg 1959. W. Kraus: Prometheus, in: RE 32, 1, 1957, 653–702, bes. 666–681. J. Latacz, GT, 147–160. A. Lesky: Die tragische Dichtung der Hellenen, Göttingen [3]1972, 134–143. M. P. Pattoni: L' Autenticità de *Prometeo Incatenato* di Eschilo, PIsa 1987. M. Pohlenz: Die griechische Tragödie, Göttingen [2]1954 (Bd. 1, 64–84; Bd. 2, 30–43). K. Reinhardt: Aischylos als Regisseur und Theologe, Bern 1949, 27–78. K. Reinhardt: Prometheus, in: Tradition und Geist, Göttingen 1960, 191–226. S. Said: Sophiste et Tyran, ou le Problème du *Prométhée* Enchaîné, Paris 1985. W. Schmid: Untersuchungen zum *Gefesselten Prometheus*, Stuttgart 1929. Schmid-Stählin 1, 3, 281–308. F. Solmsen: Hesiod and Aeschylus, New York 1949. F. Stoessl: Der Prometheus des Aischylos als geistesgeschichtliches Phänomen, Stuttgart 1988. W. Storch / B. Damerau: Mythos Prometheus. Texte von Hesiod bis René Char, Leipzig 1995. R. Trousson: Le thème de Prométhée dans la littérature européenne. 2 Bde., Genf 1964.

Prometheùs è Kaúkasos
„Prometheus oder der Kaukasos"

Lukianos aus Samosata, etwa 120–180 n. Chr.

Dialog (gr.) zwischen Hermes, Hephaistos und Prometheus.

I Das Göttergespräch bezieht sich auf das Geschehen im →*Prometheùs desmótes* des Aischylos. Zunächst suchen die beiden Götter die richtige Stelle, wo sie Prometheus an den Felsen schmieden können. Prometheus klagt über sein schweres Schicksal, weil er doch gar nichts Böses getan habe. Hermes hält ihm seine „Verbrechen" vor (Fleischausteilung zu Ungunsten des Zeus, Erschaffung der Menschen, Diebstahl des Feuers zu Gunsten der Menschen) und weist darauf hin, daß er von Zeus noch viel schwerer hätte bestraft werden können. In einer langen Verteidigungsrede stellt Prometheus dar, daß die Vorwürfe gegenstandslos seien. Durch die Erschaffung der Menschen z. B. hätten die Götter nur gewonnen. Die Verteidigungsrede wird auf diese Weise zu einer überzeugenden Anklage gegen Zeus, der die Leistungen des Prometheus nicht zu würdigen weiß. Unter dem Eindruck der Rede des Prometheus bedauern die Götter Hermes und Hephaistos die Strafe und wünschen Prometheus, daß Herakles bald erscheine, um ihn zu befreien.

A   A. M. Harmon. Bd. 2, London/Cambridge (Mass.) 1915.
Ü   Chr. M. Wieland: Lucian von Samosata. Sämtliche Werke 1. 2, Leipzig 1788/1789, 13–30.

Prometheùs lyómenos
„Der befreite Prometheus"

Aischylos aus Eleusis, 525/524–456 v. Chr.

Zweites Sück (gr.) einer Prometheus-Trilogie, in nur wenigen Frg. erhalten.

I   Die auf den →*Prometheùs desmótes* folgende Tragödie stellte dar, daß der am Anfang der Trilogie an den Felsen geschmiedete Prometheus durch Herakles wieder befreit wurde. Doch zuvor mußte Prometheus erdulden, daß ein Adler von seiner Leber fraß. Anscheinend hatte Zeus den in die Unterwelt versunkenen Prometheus – so schloß der *Prometheùs desmótes* – wieder an den Felsen schmieden lassen, so daß die Befreiungstat durch Herakles und letztlich auch die Versöhnung zwischen Zeus und Prometheus (zwischen Macht und Geist) möglich wurde.

A   H. J. Mette: Die Frg. der Tragödien des Aischylos, Berlin 1959. TrGF 3, 1985.
Ü   H. J. Mette: Der verlorene Aischylos, Berlin 1963.
L   J. Latacz, GT, 147–160.

Prometheùs pýrphoros
„Prometheus, der Feuerbringer"

Aischylos aus Eleusis, 525/524–456 v. Chr.

Drittes Stück (gr.) einer Prometheus-Trilogie, in nur wenigen Frg. erhalten.

I   Der im ersten Stück (→*Prometheùs desmótes*) an den Felsen geschmiedete Prometheus wird im zweiten Stück (→*Prometheùs lyómenos*) durch einen Gnadenakt des Zeus von Herakles befreit. Im dritten Stück fand wahrscheinlich die Versöhnung zwischen Zeus und Prometheus statt, durch die dessen Tat, die zunächst zu seiner Bestrafung geführt hatte, nachträglich anerkannt wurde. Damit ist die Versöhnung zwischen Macht und Geist vollzogen. Das wird durch die Stiftung einer Institution demonstriert: des attischen Festes der *Prométheia*;

hier wird der Feuergott Prometheus mit einem Fakkellauf gefeiert. Die Fackeln werden auf dem Altar des Prometheus angezündet und zu den Feuerstellen in der Stadt getragen: eine symbolische Wiederholung der ersten Feuerbringung durch Prometheus. In der Prometheus-Trilogie wurde die Vereinigung von Macht und Geist in der Metaphorik des Mythos nachgezeichnet. Am Anfang ist Zeus der gewalttätige Tyrann, der über den Geist triumphiert, weil er dessen Notwendigkeit noch nicht erkennt. Am Ende der Trilogie wird gezeigt, „wie auch Zeus am Anfang der Welt erst einmal einsehen mußte, daß er eine Hybris, eine ‚Grenzüberschreitung', begangen hatte, als er Prometheus, d. h. den Geist, verstieß und damit, ohne es noch zu wissen, das verschmähte, was er doch unbedingt brauchte, um er selbst, also Zeus, Norm, Harmonie werden zu können. Das war gewissermaßen der ‚Ur-Lernprozeß'. Aus dem Lernen, aus der Einsicht des obersten Gottes erwuchs dann für den Menschen die Möglichkeit und die Verpflichtung einzusehen, zu lernen – und so die Norm, die identisch ist mit Zeus, zu begreifen, zu beachten und zu verwirklichen" (Latacz, 157).

A   H. J. Mette: Die Frg. der Tragödien des Aischylos, Berlin 1959. TrGF 3, 1985.
Ü   H. J. Mette: Der verlorene Aischylos, Berlin 1963.
L   J. Latacz, GT, 147–160.

Prooímia demegoriká
„Einleitungen zu Staatsreden"

Demosthenes aus Athen, 384–322 v. Chr.

Sammlung (gr.) von 56 Prooimien zu Staatsreden, von denen ein großer Teil wirklich auch von Demosthenes selbst stammt, da verschiedene dieser Einleitungen in den erhaltenen Reden wiederkehren. Einige wurden wahrscheinlich von seinen Schülern und Anhängern verfaßt.

A   W. Rennie. Bd. 3, Oxford 1931.
L   A. Lesky, GL, 679.

Proparaskeuè euangeliké →Euangelikè proparaskeué (Eusebios)

Pro Publio Quinctio
„Für Publius Quinctius"

Marcus Tullius Cicero aus Arpinum, 106–43 v. Chr.

Rede (lat.) in einem Privatprozeß, zum Teil verloren.
Der Prozeß fand im Jahre 81 v. Chr. statt.

I   Die älteste erhaltene Rede Ciceros hat ein kompliziertes vermögensrechtliches Problem zum Thema. Cicero vertritt den Kläger Publius Quinctius. Gaius Quinctius, der Bruder des Klägers, hatte zusammen mit Naevius als Gesellschafter in Gallien ein landwirtschaftliches Unternehmen betrieben. Als er starb, setzte Publius Quinctius als sein Erbe die Gesellschaft fort. Aber nach einiger Zeit erhob Naevius Ansprüche gegen die Gesellschaft. Es wurde prozessiert, bis Naevius erklärte, daß seine Forderungen befriedigt seien. Dann aber wurde die Sache wieder aufgerührt, weil Naevius vor dem damaligen Praetor Burrienus u.a. behauptete, C. Quinctius schulde ihm noch Geld; er habe darüber mit P. Quinctius verhandeln wollen; dieser aber sei zu dem vereinbarten Termin nicht erschienen. Burrienus verfügte daraufhin das übliche Zwangsmittel gegen den Schuldner: er übertrug Naevius das gesamte Vermögen des Quinctius. Die Besitzeinweisung wurde öffentlich bekannt gegeben. Damit begann eine dreißigtägige Frist, nach deren Ablauf der Schuldner für bankrott erklärt wurde. – In dem Prozeß geht es nun darum zu klären, ob Naevius tatsächlich dreißig Tage lang rechtlich einwandfrei Besitzer des Vermögens von Quinctius war. Cicero versucht zunächst u.a. nachzuweisen, daß die Verfügung des Burrienus unbegründet war. Außerdem stellt er fest, daß Naevius in Wirklichkeit gar nicht das gesamte Vermögen des Quinctius in Besitz genommen habe, sondern nur ein einzelnes Grundstück. – Cicero „war bestrebt, dem konkreten Streitgegenstand eine Folie allgemeiner Bewertungsmaßstäbe zu verleihen, aus denen sich die Evidenz der prozeßerheblichen Argumente desto zwingender ergeben sollte. Diese Tendenz ... tritt schon in der Einleitung und der Schilderung des Sachverhalts deutlich, ja überdeutlich hervor: Naevius wird mit zunehmender Schärfe als ein ebenso habgieriger wie skrupelloser Mensch gezeichnet ...; in der bis zur Invektive ausgreifenden Klimax geben sich die von Cicero berichteten Tatsachen und die hieraus abgeleiteten Werturteile wechselseitig Relief" (Fuhrmann, 57).

A   A. C. Clark. Bd. 4, Oxford 1909.
Ü   M. Fuhrmann. Bd. 1, Zürich/Stuttgart 1970, 53–102.
L   E. Costa: Le orazioni di diritto privato di M. Tullio Cicerone, Bologna 1899, 1–27. C. P. Craig: The Structure Pedigree of Cicero's Speeches *Pro Archia*, *Pro Milone*, and *Pro Quinctio*, in: ClPh 80, 1985, 136 f. W. Oetling: Philologisch-juristischer Kommentar zu Ciceros Rede für P. Quinctius. FS des Gymnasiums Hamm i. W., Hamm 1907, 20–91.

Pro Publio Sestio
„Für Publius Sestius"

Marcus Tullius Ciceo aus Arpinum, 106–43 v. Chr.

Rede (lat.) in einem politischen Prozeß.
Der Prozeß fand im Jahre 56 v. Chr. statt.

I   Sestius hatte sich im Jahre 57 v. Chr. besonders für die Rückkehr Ciceros aus dem Exil eingesetzt. Clodius will sich dafür rächen und erhebt auf der Grundlage der *Lex Plautia* Anklage *de vi* (wegen Gewaltanwendung) gegen Sestius, weil er während seines Tribunats (57 v.Chr.) mit bewaffneten Banden den inneren Frieden gestört habe. Anlaß für die Gewaltmaßnahmen war der Terror, der von den Banden des Clodius ausgegangen war. Zusammen mit Milo hatte Sestius zur Abwehr dieser Ausschreitungen eine eigene Bande aufgestellt, so daß auf den Terror mit Gegenterror reagiert wurde. – In der Einleitung (1 f.) beklagt Cicero, daß man, wenn man sich wie Sestius für den Staat einsetze, von Staatsfeinden wie Clodius vor Gericht gebracht werde. – Cicero erklärt, was er vorhat (3–5). Er wolle einen großen Überblick über das Geschehen geben: Diesen gliedert er in zwei Abschnitte, in einen historischen (6–93) und in einen systematischen (96–143). Im historischen Teil schildert Cicero u.a. die familiären Verhältnisse und die politische Entwicklung des Sestius; dabei erwähnt der Redner auch dessen Mitwirkung beim Kampf gegen Catilina (6–13). Darauf befaßt sich der Redner mit der durch Clodius und Genossen herbeigeführten Situation des Staates. – Im systematischen Teil beschreibt Cicero die konservativen Kräfte, die Optimaten, und ihr Staatsethos (96–100). Er definiert ihre politischen Ziele. „Die Ausführungen über die Ziele der Optimaten beginnen mit der faszinierenden Formel von dem ‚mit Würde gewahrten Frieden' (*cum dignitate otium*). Cicero deutet warnend an, daß es nicht statthaft sei, eines dieser Ziele einseitig zu verfolgen und ohne Rücksicht auf den Frieden nach Würde oder ohne Rücksicht auf die Würde nach Frieden zu streben; er führt sodann in einer vierzehngliedrigen Reihe die Basis des mit Würde gewahrten Friedens vor: die Institutionen des römischen Staates von der Sakralordnung bis hin zum Heer und zu den Finanzen. Die Betrachtungen über die Schwierigkeiten, denen die optimatische Ordnung ausgesetzt ist, nennen zwei Gefahrenquellen: eine primäre, die von einer zahlreichen Gegnerschaft ausgehe, von revolutionären Elementen und politischen Abenteurern, und eine sekundäre, die aus der Lauheit derer entspringe, die im Falle einer Bedrohung zur Verteidigung berufen wären" (Fuhrmann 1978, 285 f.). Es fehlt selbstverständlich auch nicht der Appell an die aristokratische Jugend (136–143), sich mit Anstrengung und Opferbereitschaft für die überlieferte Staatsordnung einzusetzen.

W   „Die Programmatik der Rede für Sestius knüpft unverkennbar an die Schlagworte an, die Cicero während seines Konsulatsjahres geprägt hatte: die Devise *cum dignitate otium* – ‚mit Würde gewahrter Frieden' oder, wenn man schärfer auf das eigentlich Gemeinte blickt, ‚innerer Frieden auf der Grundlage unangefochtener Geltung der ständischen Gesellschaftsordnung' – spezifiziert, was damals, etwa in den Reden über das Siedlergesetz (→*De lege agraria*) und gegen Catilina (→*Catilinariae orationes IV*), ‚Übereinstimmung aller Rechtschaffenen' oder ‚Eintracht der Stände' geheißen hatte" (Fuhrmann 1978, 287). – Sestius wurde am 11. März 56 v. Chr. einstimmig freigesprochen.

A K. Halm, Berlin [(6)]1886 (mit Kommentar). T. Maslowski, Leipzig 1986.
Ü M. Fuhrmann. Bd. 5, Zürich/München 1978, 281–377. M. Giebel, München 1970, 81–155. G. Krüger, Stuttgart 1980 (lat.–dt.).
L M. Fuhrmann: *Cum dignitate otium*. Politisches Programm und Staatstheorie bei Cicero, in: Gy 67, 1960, 481–500. KNLL 3, 1025 f. Ch. Wirszubski: *Cicero's cum dignitate otium*. A Reconsideration, in: JRS 44. 1954, 1–13.

Pro Publio Sulla
„Für Publius Sulla"

Marcus Tullius Cicero aus Arpinum, 106–43 v. Chr.

Plädoyer (lat.) für Publius Sulla in einem Strafprozeß.
Der Prozeß fand Mitte 62 v. Chr. statt.

I Sulla hatte sich an der Verschwörung des Catilina beteiligt und wurde daher angeklagt. Cicero übernahm die Verteidigung, weil er laut Gellius, →*Noctes Atticae* 12,2,2, in finanziellen Schwierigkeiten steckte. Die Ankläger waren übrigens auch in die Verschwörung verstrickt. Vielleicht war eine persönliche Abrechnung oder die Abwälzung eigener Schuld der Zweck der Anklage. – Schon dadurch daß Cicero die Verteidigung übernahm, demonstrierte er die Unschuld des Sulla. Die Zeugenaussagen gegen den Angeklagten konnten diesen nicht besonders belasten. Er wurde freigesprochen.

A D. H. Berry, Cambridge 1996 (mit Kommentar).
Ü M. Fuhrmann. Bd. 5, München/Zürich 1978, 7–59.

Pro Quinto Ligario
„Für Quintus Ligarius"

Marcus Tullius Cicero aus Arpinum, 106–43 v. Chr.

Rede (lat.) in einem politischen Strafprozeß.
Der Prozeß fand im Herbst 46 v. Chr. statt.

I Die Anklage lautete auf Hochverrat. Sie stützte sich weniger auf die Tatsache, daß Ligarius im Bürgerkrieg auf der Seite des Pompeius gestanden hatte, als vielmehr auf seine Kontakte zu dem Numiderkönig Iuba, der vom röm. Senat zum Staatsfeind erklärt worden war (vgl. Quintilian, →*Institutio oratoria* 11,1,80). – Der Prozeß fand auf dem Forum statt. Caesar fungierte als Richter. Q. Aelius Tubero war der Ankläger. Cicero erwähnt den Vorwurf der Kollaboration mit Iuba nicht; er hebt vor allem auf die Parteinahme für Pompeius ab, die kein Verbrechen sei, sondern ein Irrtum. Schließlich habe auch der Ankläger und sein Vater während des Bürgerkrieges auf der Seite des Pompeius gestanden. – Cicero versucht weniger, den Angeklagten zu rechtfertigen, als Caesar, den Richter, auf seine Versöhnungspolitik festzulegen (bes. 29–38). – Der Angeklagte wurde freigespro-

chen und schloß sich später der Verschwörung gegen Caesar an.

A V. Bolzan, Florenz 1955 (mit Kommentar). K. Halm / G. Laubmann, Berlin (10)1899.
Ü M. Fuhrmann. München/Zürich 1982, 29–51.
L K. Bringmann: Der Diktator Caesar als Richter? Zu Ciceros Reden *Pro Ligario* und *Pro rege Deiotaro*, in: Hermes 114, 1986, 72–88. K. Büchner: Cicero. Bestand und Wandel seiner geistigen Welt, Heidelberg 1964, 350–368. E. Greiner: Historisch-antiquarischer Kommentar zu Ciceros Reden *Pro Ligario* und *Pro rege Deiotaro*, Diss. Wien 1951. K. Kumaniecki: Der Prozeß des Ligarius, in: Hermes 95, 1967, 434–457. W. C. McDermott: In Ligarianam, in: TAPhA 101, 1970, 317–347. Ch. Neumeister: Grundsätze der forensischen Rhetorik, gezeigt an Gerichtsreden Ciceros. München 1964, 46–56. G. Walser: Der Prozeß gegen Q. Ligarius im Jahre 46 v. Chr., in: Hist. 8, 1959, 90–96. N. Zink: Orator perfectus. Ciceroreden (am Beispiel der Ligariana) und die rhetorische Theorie, in: AU 11, 4, 1968, 25–46.

Pro Quinto Roscio comoedo
„Für den Schauspieler Quintus Roscius"

Marcus Tullius Cicero aus Arpinum, 106–43 v. Chr.

Rede (lat.) in einem Zivilprozeß.
Der Prozeß fand vermutlich 76 v. Chr. statt.

I C. Fannius Charea hatte seinen Sklaven Panurgus dem Schauspieler Roscius zur Ausbildung anvertraut. Die Gagen, die der Sklave einbrachte, fielen zu gleichen Teilen auf Fannius und Roscius (27–31). Da tötete ein gewisser Flavius den wertvollen Sklaven (32). Die Schwierigkeiten bei der Abwicklung der Ansprüche der beiden Teilhaber machte den Prozeß erforderlich. Flavius sollte Schadenersatz leisten (wegen Sachbeschädigung). Bevor die Sache abgeschlossen war, einigte sich Roscius auf eigene Faust mit Flavius; er erhielt von diesem ein Grundstück als Abfindung. Damit war Fannius nicht einverstanden; er verlangte die Hälfte dieser Abfindung. Es wurde ein Vergleich geschlossen. Doch Roscius war nicht in der Lage, den vereinbarten Betrag vollständig zu zahlen. Die fehlende Summe versuchte Fannius also einzuklagen. – Cicero weist die Ansprüche des Fannius zurück und verbindet seine rechtlichen Ausführungen mit heftigen Verunglimpfungen des Gegners. – Der Ausgang des Prozesses ist nicht bekannt.

A A. C. Clark. Bd. 4, Oxford 1909.
Ü M. Fuhrmann. Bd. 1, Zürich/Stuttgart 1970, 177–207.
L E. Costa: Le orazioni di diritto privato di M. Tullio Cicerone, Bologna 1899, 29–51. F. Klingner: Ciceros Rede für den Schauspieler Roscius: eine Episode in der Entwicklung seiner Kunstprosa, in: Studien zur griechischen und römischen Literatur, Zürich/Stuttgart 1964, 547–570. H. H. Pflüger: Ciceros Rede *Pro Q. Roscio comoedo*, Leipzig 1904.

Pro rege Deiotaro ad C. Caesarem oratio
„Rede für König Deiotarus vor C. Caesar"

Marcus Tullius Cicero aus Arpinum, 106–43 v. Chr.

Verteidigungsrede (gr.) für Deiotarus, den König der kleinasiatischen Galater, der angeklagt worden war, zwei Attentate auf Caesar geplant zu haben. Der Prozeß fand im November 45 v. Chr. in Caesars Privathaus statt. Deiotarus war selbst nicht anwesend; er ließ sich von vier Gesandten vertreten. Einziger Richter war Caesar selbst. Verteidiger war Cicero. Als Kläger trat Castor, ein Enkel des Deiotarus, auf, der mit seiner Klage den König auszuschalten versuchte.

I   In der Einleitung (1–7) hebt Cicero u. a. die Ungewöhnlichkeit der Anklage, die Verdienste des Angeklagten, die Verworfenheit des Klägers, die Identität des Richters mit dem angeblichen Opfer und die Besonderheit des Gerichtsortes hervor. – Eine *Narratio* gibt es nicht, weil keine Tat zu schildern war. Statt dessen erinnerte Cicero (8–14) u. a. an die guten Beziehungen zwischen Caesar und Deiotarus und dessen enge Beziehungen zu Rom und versucht, die zeitweilige Parteinahme des Königs für Caesars Gegner Pompeius im Bürgerkrieg zu begründen. In der *Argumentatio* (15–34) bemüht sich Cicero, noch weitere Argumente für Deiotarus' positive Einstellung gegenüber Caesar vorzutragen und die Glaubwürdigkeit der Anklage zu entkräftigen. Auf diese Weise soll der Tatvorwurf unwahrscheinlich gemacht werden. – In der *Peroratio* (35–43) geht es Cicero weniger um die Zurückweisung des Hochverratvorwurfes als vielmehr um die Herstellung eines guten Verhältnisses zwischen Caesar und Deiotarus. Darüber hinaus hebt Cicero nicht nur die menschlichen Qualitäten des Deiotarus nochmals hervor, sondern erinnert auch Caesar an seine Nachgiebigkeit, Großzügigkeit und Milde (*clementia*), um ihn zu einem entsprechenden Urteil zu veranlassen.

Q   Die Rede orientiert sich an Ciceros eigener Theorie der Rhetorik, wie er sie u. a. in →*De oratore*, im →*Orator* und in →*De inventione* dargestellt hatte. Ferner greift Cicero Caesars Selbstdarstellung im →*Bellum civile* (bes. 1,1–9; 23 und 32 und 3,10) auf.

W   Indem Cicero an Caesars Selbsteinschätzung und Selbststilisierung appelliert und den in Ciceros politischem Programm so wichtigen *clementia*-Gedanken betont, versucht er – wie z. B. schon in der Rede →*Pro Marco Marcello* auf den Alleinherrscher Einfluß zu nehmen und dessen Politik der „Milde" gegenüber führenden politischen Gegnern zu unterstützen. Unter diesem Aspekt ist die Verteidigungsrede in einem Hochverratsprozeß mit dem Ziel, den Freispruch des Beschuldigten herbeizuführen, zugleich eine politische Rede.

A   A. C. Clark. Bd. 2, Oxford [(2)]1918. M. Lob. Bd. 18, Paris 1952 (lat.–frz.).
Ü   M. Fuhrmann. Bd. 7, Zürich/München 1982.

L   M. v. Albrecht: Ciceron. Théorie rhétorique et pratique oratoire, in: LEC 52, 1984, 19–24. H. – J. Glücklich: Ciceros Rede für König Deiotarus. Interpretationen und Unterrichtsvorschläge, Göttingen 1988. C. Neumeister: Grundsätze der forensischen Rhetorik, aufgezeigt an Gerichtsreden Ciceros, München 1960. E. Olshausen: Die Zielsetzung der Deiotariana, in: Monumentum Chiloniense. FS E. Burck, Amsterdam 1975, 109–123. F. Richter / A. Eberhard: Ciceros Reden für M. Marcellus, für Q. Ligarius und für den König Deiotarus, Leipzig [(4)]1904 (Kommentar). W. Stroh: Taxis und Taktik. Die advokatische Dispositionskunst in Ciceros Gerichtsreden, Stuttgart 1975.

Pro Rhodiensibus →Oratio pro Rhodiensibus (Cato)

Pròs Amýntan
„An Amyntas"

Alkimos, 4. Jh. v. Chr.

Fragmentarisch erhaltene literaturgeschichtliche Abhandlung (gr.) in vier Büchern, in denen der Autor den Einfluß des Komödiendichters Epicharmos (um 550–460 v. Chr.) (→„Komödien") auf Platon nachzuweisen versuchte. So habe Platon sogar seine „Ideenlehre" Epicharmos zu verdanken.

A   FGrHist 3 B, S. 570ff. VS 23 B 1–7 (zu Epicharm, der von Alkimos zitiert wird).
L   J. Werner: Alkimos (Nr. 3), in: DKP 1, 266.

Pròs Apatúrion
„Gegen Apaturios"

Ps.–Demosthenes

Schriftsatz (gr.), mit dem der Beklagte gegen die Gültigkeit der Klage des Apaturios Einspruch erhob.

A   W. Rennie, Oxford 1921 (Nr. 33).

Pròs Áphobon →Kat' Aphóbu (Demosthenes)

Pròs Autólykon
„An Autolykos"

Theophilos aus Mesopotamien, 2. Hälfte des 2. Jh.s n. Chr.

Apologetische Schrift (gr.) in drei Büchern. Entstanden nach 181 n. Chr.

I   Die Schrift ist an den (wahrscheinlich fingierten) heidnischen Freund Autolykos gerichtet, der den unsichtbaren Gott der Christen und die Lehre von der Auferstehung ablehnte. – Theophilos stellt im 1. Buch aus christlicher Sicht das Wesen Gottes dar, der durchaus auch an seiner Weltregierung und aus seinen Werken zu erkennen sei. Aber erst nach seiner Auferstehung werde der Mensch die Vollkommenheit Gottes schauen. – Im 2. Buch thematisiert der Autor die Torheit des heidnischen Götterglaubens. Im Gegensatz zur Einheitlichkeit der Lehre des Alten Testaments (Genesis) sei das Denken der gr. Dichter und Philosophen von Widersprüchen geprägt: Einerseits leugneten sie die Existenz Gottes; andererseits hielten sie durch die Annahme einer ewigen Materie daran fest. – Das 3. Buch weist den Vorwurf von der Neuheit des Christentums zurück. Aufgrund des höheren Alters der Propheten sei das Christentum älter als die gr. Philosophie. Außerdem seien die den Christen vorgeworfenen Laster wie z.B. Promiskuität und Kannibalismus von den gr. Philosophen erfunden worden. **W** „Theophilos deutet zunächst auf die Mängel und Widersprüche der philosophischen Systeme hin und er erwähnt dann die heidnische Sittenlosigkeit ihrer berühmtesten Vertreter. Man muß reine Augen und eine lautere Seele besitzen, um Gott zu schauen. Die sittliche Läuterung scheint ihm den Glauben nach sich zu ziehen. Theophilos appelliert letzten Endes kaum an die Reflexion noch an die Beweiskraft der Argumente. Seine Stärke liegt in der Form, in der Ordnung und in der Klarheit. Um zu überzeugen, nimmt er seine Zuflucht öfter zur Rhetorik als zur Philosophie" (Warkotsch, Urteil, 57).

A   G. Bardy, Paris 1948. R. M. Grant, Oxford 1970.
Ü   J. Leitl, Kempten 1873. W. Widmer: Griechische Apologeten des 2. Jh.s, Einsiedeln 1958.
L   O. Bardenhewer 1, 302–315. O. Graß: Die Weltentstehungslehre des Th., Jena 1895. KNLL 16, 487f. N. Zeegers-Van der Vorst: Les citations poétiques chez Th. d' A. Contrastes entre la culture classique de Th. et celle des apologistes grecs du 2ème siècle, in: Studia Patristica 10, 1970, Nr. 1, 168–174.

Pròs Boiotòn perì proikòs metróas
„Gegen Boiotos über die von der Mutter ererbte Mitgift"

Ps. Demosthenes

Rede (gr.) in einer Erbschaftsangelegenheit.

A   W. Rennie, Oxford 1921 (Nr. 40).

Pròs Boiotòn perì tû onómatos
„Gegen Boiotos über den Namen"

Demosthenes aus Athen, 384–322 v.Chr.

Rede (gr.) in einem Streit über den richtigen Namen.

A   W. Rennie, Oxford 1921 (Nr. 39).

Pròs Demónikon
„An Demonikos"

Isokrates aus Athen, 436–338 v.Chr., möglicherweise aber auch ein Schüler des Isokrates

Abhandlung (gr.) über praktische Ethik.

I   Die Schrift bietet Regeln für das tägliche Leben. Zu unterscheiden sind drei Lebensbereiche, in denen die Regeln anzuwenden sind: (1) Der Mensch in seinem Verhältnis zu den Göttern. (2) Der Mensch in seinen Beziehungen zu anderen Menschen, vor allem zu Eltern und Freunden. (3) Der Mensch im Verhältnis zu sich selbst und die harmonische Entwicklung seines Charakters. – Die Regeln sind nach Art der „gnomischen" Literatur locker aneinander gereiht; sie bilden als solche keine Einheit. Persönliche Ermahnungen des Autors sind mit Regeln aus anderen Quellen vermischt (vgl. Theognis, →*Élegoi*).

A   G. Norlin. Bd. 1, London/Cambridge (Mass.) 1928 (gr.–engl.).

Pròs dogmatikús →Skeptiká (Sextus Empiricus)

Pròs Eratosthénen méthodos →Perì tôn mechanikôn theoremáton pròs Eratosthénen éphodos (Archimedes)

Pròs Eunómion lógoi antirrhetikoí
„Kampfschrift gegen Eunomios"

Gregorios aus Nyssa, 4. Jh. n.Chr.

Dogmatische Schrift (gr.) in vier Büchern. Verfaßt zwischen 381 und 383 n.Chr.

I   Eunomios war ein Schüler des Aetios aus Antiocheia, den den Arianismus erneuerte und die Unähnlichkeit des Vaters mit dem Sohn lehrte. Gregorios vertritt ihm gegenüber die Homousie (Wesensgleichheit) des Sohnes, des Vaters und des heiligen Geistes. Die arianischen Einwände gegen die Gottheit des Sohnes weist Gregorios entschieden zurück.

A   W. Jaeger u.a. Bd. 1, Berlin/Leiden 1921.
L   L. Abramowski: Eunomios, in: RAC 6, 1966, 936–947. D. L. Balás: The Unity of Human Nature in Basil's and Gregory of Nyssa's Polemics against Eunomius, in: Studia Patristica 14, 1976. KNLL 6, 859f.

Pròs Euthýnun
„Gegen Euthynus"

Isokrates aus Athen, 436–338 v. Chr.

Rede (gr.) in einem Prozeß „ohne Zeugen", wie es im überlieferten Untertitel heißt.
Wahrscheinlich 403 v. Chr., nach der Wiederherstellung der Demokratie in Athen.

I Der Prozeß diente dem Zweck, hinterlegtes Geld zurückzuerhalten. Der Sprecher stellt sich als Freund eines gewissen Nikias vor, der in Not sei, weil er der Ungerechtigkeit zum Opfer gefallen und selbst nicht in der Lage sei, vor Gericht zu reden. – Während der Herrschaft der Dreißig Tyrannen (404 v. Chr.) hinterlegte Nikias die Summe von drei Talenten bei Euthynus. Später wollte er das Geld wieder abholen, weil er beabsichtigte, Attika zu verlassen. Euthynus gab ihm aber nur zwei Talente zurück. Nikias war nicht in der Lage, sofort vor Gericht zu gehen. Aber nach der Wiederherstellung der Demokratie begann er seinen Prozeß. – Das Verfahren wurde erschwert, weil Zeugen fehlten.

A L. van Hook. Bd. 3, London/Cambridge (Mass.) 1945 (gr.–engl.).

Pro Sexto Roscio Amerino
„Für Sextus Roscius aus Ameria"

Marcus Tullius Cicero aus Arpinum, 106–43 v. Chr.

Plädoyer (lat.) in einem Strafprozeß (*causa publica*). Entstanden 80 v. Chr.

I Sextus Roscius wurde beschuldigt, seinen Vater ermordet zu haben. Dieser war einige Monate nach dem gesetzlichen Schlußtermin für die Proskriptionen und Vermögenseinziehungen umgebracht worden. Titus Roscius Capito und Titus Roscius Magnus, feindliche Verwandte des Toten, informierten den Freigelassenen Lucius Cornelius Chrysogonus, einen Günstling des Diktators Sulla, über dieses Ereignis. Chrysogonus ließ den Namen des Ermordeten nachträglich auf die Proskriptionsliste setzen, um in den Besitz des großen Vermögens des nachträglich Geächteten zu kommen. Die beiden Roscier wurden reich belohnt. Dann aber fühlten sich Chrysogonus und seine Komplizen nicht mehr sicher und versuchten, dem jungen Sextus Roscius das Verbrechen anzuhängen. Cicero übernahm die Verteidigung. Der Tatvorwurf war leicht zu entkräften. Cicero mußte aber den einflußreichen Chrysogonus von Sulla isolieren, der laut Cicero nichts von dem Komplott seines Günstlings gewußt haben könne. – Die beiden Roscier werden als die eigentlichen Täter entlarvt (83–123) und Chrysogonus als der Schirmherr des Unternehmens dargestellt (124–142). – Sextus Roscius wird natürlich freigesprochen.

A K. Halm / W. Sternkopf, Berlin (12)1910. F. Richter / G. Ammon, Leipzig [4]1906.
Ü M. Fuhrmann. Bd. 1, München 1993, 6–139 (lat.–dt.). M. Giebel, München 1982.
L D. Berger: Cicero als Erzähler. Forensische und literarische Strategien in den Gerichtsreden, Frankfurt/Bern 1978, 33–40. V. Buchheit: Chrysogonus als Tyrann in Ciceros Rede für Roscius aus Ameria, in: Chiron 5, 1975, 193–211. V. Buchheit: Ciceros Kritik an Sulla in der Rede für Roscius aus Ameria, in: Historia 24, 1975, 570–591. T. E. Kinsey: The Case Against Sextus Roscius of Ameria, in: AC 54, 1985, 188–196. KNLL 3, 1027. G. Landgraf: Kommentar zu Ciceros Rede *pro Sex. Roscio Amerino*, Leipzig/Berlin 1914, Nachdr. Hildesheim 1978. W. Stroh: Taxis und Taktik. Die advokatische Dispositionskunst in Ciceros Gerichtsreden, Stuttgart 1975, 55–79.

Pròs hapásas tàs hairéseis
„Gegen alle Häresien"

Auch zitiert als *Sýntagma* („Zusammenstellung").

Hippolytos aus Rom, 1. Hälfte des 3. Jh.s n. Chr.

Ein verlorenes, aber teilweise rekonstruierbares Kompendium (gr.) von Vorträgen des Eirenaios, des Lehrers des Hippolytos. Erhalten ist nur der Schluß: eine Homilie (Predigt) gegen Noëtos.

A P. Nautin, Paris 1949. E. Schwartz, in: SB Bayer. Ak.d. Wiss. Phil.–hist. Kl. 3, 1936, 5–18 (Homilie gegen Noetos).
L B. Altaner, Patrologie, 144–150. O. Bardenhewer 2, 550–610. J. Quasten: Patrology. Bd. 2, Utrecht/Brüssel 1953, 163–207.

Pròs hegemóna apaídeuton (*Ad principem ineruditum*) →Moralia (Plutarchos)

Pròs Héllenas →Lógos pròs Héllenas (Tatianos)

Pròs Kallikléa perì choríu blábes
„Gegen Kallikles wegen einer Schädigung des Grundstücks"

Demosthenes aus Athen 384–322 v. Chr.

Rede (gr.) in einem Zivilprozeß über einen Streit zwischen Nachbarn.

A W. Rennie, Oxford 1931 (Nr. 55).

Pròs Kallímachon
„Gegen Kallimachos"

Isokrates aus Athen, 436–338 v. Chr.

Gerichtsrede (gr.) in einem Schadenersatzprozeß.

I Patroklos, der Archon Basileus von Athen im Jahre 403 v. Chr., klagte Kallimachos wegen des illegalen Besitzes einer Geldsumme an, die einem der im Exil lebenden Mitglieder der demokratischen Partei gehörte. Das Gericht verfügte, daß das Geld konfisziert werden sollte.

    A L. van Hook. Bd. 3, London/Cambridge (Mass.) 1945.
    L F. Blass, Beredsamkeit 2, 213.

Pròs Kálliphon →Paragraphè hypèr Phormíonos (Ps.–Demosthenes)

Pròs Kolóten (*Adversus Colotem*) →Moralia (Plutarchos)

Pròs Lákriton
„Gegen Lakritos"

Ps.–Demosthenes

Rede (gr.) in einem Prozeß wegen einer Vermögenssache.

    A W. Rennie, Oxford 1931 (Nr. 35).

Pròs Leocháren perì tû Archiádu kléru
„Gegen Leochares wegen der Erbschaft des Archiades"

Ps.–Demosthenes

Rede (gr.) in einem Prozeß über eine umstrittene Erbschaft.

    A W. Rennie, Oxford 1931 (Nr. 44).

Pròs Leptínen →Katà Leptínus (Demosthenes)

Pròs Makártaton perì Hagníu kléru
„Gegen Makartatos wegen der Erbschaft des Hagnías"

Ps.–Demosthenes

Rede (gr.) in einem Prozeß über eine umstrittene Erbschaft.

    A W. Rennie, Oxford 1931 (Nr. 43).

Pròs Markéllan
„An Marcella"

Auch lat. zitiert als *Ad Marcellam*.

Porphyrios aus Tyros, etwa 234–300 n. Chr.

Brief (gr.) des Porphyrios an seine Frau.

I Der Autor entwickelt hier die Grundzüge seiner Ethik. Die Rede der Philosophen soll die seelischen Krankheiten heilen; denn der Philosoph ist ein Arzt der Seele (31). – Die Frömmigkeit spielt im Rahmen dieser Anweisungen zur philosophisch geleiteten Lebensweise eine besondere Rolle: Frömmigkeit ist das rechte Verhältnis zur Gottheit in Gottesdienst und Gebet; sie beruht auf vier Fundamenten: Vertrauen, Wahrhaftigkeit, Liebe, Hoffnung. Die Nähe zum 13. Kapitel des Korintherbriefes ist erstaunlich (→*Novum Testamentum*).

    A F. Faggin, Florenz 1954 (gr.–it.). W. Pötscher, Leiden 1969 (mit Kommentar).
    L J. Bidez: Vie de Porphyre, Gent 1913. R. Beutler: Porphyrios, in: RE 22, 1, 1953, 275–313. K. Gaß: Porphyrius in epistula *ad Marcellam* quibus fontibus et quomodo eis usus sit, Diss. Bonn 1927. A. Lesky, GL, 985. W. Pötscher (s. o.). E. Zeller, Philosophie 3. 2, 639–735.

Pròs mathematikús →Skeptiká (Sextus Empiricus)

Pròs Nausímachon kaì Xenopeíthen
„Gegen Nausimachos und Xenopeithes"

Demosthenes aus Athen, 384–322 v. Chr.

Prozeßrede (gr.) in einem Zivilprozeß.

I Nausimachos und Xenopeithes standen unter der Vormundschaft des Aristaichmos. Als sie volljährig geworden waren, brachten sie Aristaichmos wegen seiner Tätigkeit als Vormund vor Gericht. Nachdem sie drei Talente erhalten hatten, zogen sie ihre Anklage zurück. Als er starb, hinterließ er vier Kinder. Nausimachos und Xenopeithes erhoben lange Zeit später Anklage gegen die vier Kinder wegen Vermögensschädigung und verlangten eine Entschädigung für Nachteile aus dem damaligen Vormundschaftsverhältnis. Die Beklagten aber widersprachen der Klage des Gegners, d. h. sie bedienten sich des Rechtsmittels der *paragraphé*. Sie brachten vor, daß das Gesetz es nicht zuließ, eine Angelegenheit, in der eine Klage fallengelassen worden war, erneut vor Gericht zu bringen.

    A W. Rennie, Oxford 1921 (Nr. 38).

Pròs Nigrînon epistolé
„Brief an Nigrinos"

Lukianos aus Samosata, etwa 120–180 v. Chr.

Wahrscheinlich fingierter Brief (gr.) an den Philosophen Nigrinos.

I Lukian widmet in diesem kurzen Brief seine Schrift mit dem Titel →Nigrínos oder Nigrínu philosophía dem verehrten Meister.

A A. M. Harmon. Bd. 1, London/Cambridge (Mass.) 1913 (gr.–engl.).

Pròs Nikokléa
„An Nikokles"

Isokrates aus Athen, 436–338 v. Chr.

Belehrende Rede (gr.), Paränese, an den jungen Monarchen Nikokles, der etwa 374 v. Chr. nach dem Tod seines Vaters Euagoras die Herrschaft über Kypros (Zypern) übernahm und wohl ein Schüler des Isokrates war.
Um 370 v. Chr. verfaßt.

I Offensichtlich hatten die athenischen Demokraten Isokrates zu enge Beziehungen zum kyprischen Fürstenhaus vorgehalten und den Vorwurf erhoben, er habe große Geschenke von Nikokles erhalten und als Gegengabe seine „Rede an Nikokles" verfaßt. Isokrates' Ausführungen im Proömium widerlegen diese Behauptung. Die Rede ist ein gleichsam autonomes Geschenk besonderer Art: Sie soll den jungen König dazu anleiten, Staat und Königsherrschaft so gut wie möglich zu verwalten. In seiner fiktiven Rede formuliert Isokrates Regeln für einen Herrscher, die in kurze imperative Merksätze gekleidet sind. Er beschreibt, wie eine gute Monarchie beschaffen sein soll. So ist die Schrift wohl nicht nur an Nikokles gerichtet, sondern auch für eine weitere Öffentlichkeit bestimmt. Isokrates geht davon aus, daß Fürsten einer Unterweisung bedürfen, weil es für sie bisher keine Verhaltensregeln gebe wie für den einfachen Bürger. Dieser Mangel sei auf das Fehlen freundschaftlicher Ermahnung zurückzuführen, die Isokrates dem jungen Herrn zu geben beabsichtige. Der Autor versteht seine Belehrung als eine „Gesetzgebung für Monarchien" (8). Die Schwierigkeiten (Ängste, Gefahren), in die der „ungelehrte" Tyrann geraten könne, seien auf den schlechten Gebrauch der Macht zurückzuführen. – Eine besondere Bedeutung hat das Motiv der Wahl zwischen dem Leben des Herrschers und dem des Privatmannes (vgl. auch Xenophon, →Hiéron), weil hieran auch sichtbar wird, daß Isokrates sich in der „Rede an Nikokles" mit Platons →Politeía auseinandersetzt. Im Gegensatz zu Platon geht es Isokrates nicht um eine Ablehnung der Tyrannis, sondern um Ratschläge und Hinweise zum richtigen Gebrauch der Alleinherrschaft. Die Möglichkeit ei-

nes ambivalenten Gebrauchs macht die Unterweisung der Fürsten notwendig. Auch im Hauptteil der Rede, der mit einer Bestimmung des Staatszieles beginnt, unterscheidet sich Isokrates bewußt von Platon: Für diesen ist das Ziel die Gerechtigkeit, für jenen das Glück (9). Um dieses Ziel zu erreichen, benötigt der Herrscher vor allem die auf geistiger Überlegenheit beruhende Fähigkeit zur Führung des Staates; er muß sich immer wieder als der Beste erweisen. Durch seine Tugenden muß er sich von allen anderen unterscheiden (11). – Es folgen Anweisungen zur allgemeinen Staatsverwaltung (15–19). Dann geht es um den rechten Götterkult (20), das Verhältnis des Königs zu den Bürgern und Fremden (21–24), zu anderen Staaten (24–26) und zu seinen Freunden (27–29) und um sein Verhalten und seine Bildung (29–39). – Der Epilog ist ausgesprochen umfangreich (40–54). Er enthält u.a. Reflexionen über die Wirksamkeit didaktisch-beratender Literatur.

Q Isokrates schließt sich in der Form an die poetische Hypothekai-Literatur an (Hypothêkai = Mahnsprüche). Als seine Vorläufer nennt er selbst Hesiod (→Érga kaì hemérai), Theognis (→Élegoi) und Phokylides (Gnômai). Inhaltlich gibt es deutliche Anzeichen dafür, daß die Rede auch als Auseinandersetzung mit Platons →Politeía zu verstehen ist. Möglicherweise diente die Schrift auch der bewußten Distanzierung von der „militärisch geprägten Herrschervorstellung des Xenophon" (Eucken, 248) in dessen →Anábasis.

W In →Perì antidóseos (67–70) erklärt Isokrates selbst, er habe in seiner „Rede an Nikokles" die Erziehung der Mächtigen dieser Welt gefordert und ein Beispiel dieser Kunst gegeben. Es kommt dem Autor vor allem darauf an, seinem Adressaten klarzumachen, daß die Bewältigung seiner politischen Aufgaben von der Leistungsfähigkeit seiner Persönlichkeit, nicht von der Macht und der Tradition abhänge. Ein weiterer wichtiger Gedanke ist der Grundsatz, daß die Herrschaft auf dem Konsens der Allgemeinheit beruhen müsse. Hiermit stellt sich Isokrates in einen deutlichen Gegensatz zu Platons Herrschaft der Philosophenkönige, die ihre Legitimation aus ihrem Wissen herleiten. Von großer Bedeutung ist auch die Feststellung, daß sich das Wohlergehen des Herrschers und der Beherrschten wechselseitig bedingen. Der Autor will seinen Adressaten davon überzeugen, daß er durch Berücksichtigung dieser Grundgedanken das Hauptproblem der Herrschaft lösen könne: die Herstellung einer ebenso stabilen wie legitimen Herrschaft.

N Gattungsgeschichtlich ist die „Rede an Nikokles" der erste europäische Fürstenspiegel; „als solcher hat die Schrift seit der Renaissance viel Anklang gefunden" (Görgemanns, 119). In der Antike wurde z.B. Xenophons, →Hiéron und vielleicht auch die →Kýru paideía von der Schrift beeinflußt.

A →Panegyrikós. F. Seck: Untersuchungen zum Isokratestext. Mit einer Ausgabe der Rede an Nikokles, Diss. Hamburg 1965.

Ü H. Görgemanns, GLTD 3, 106–123 (gr.–dt. in Auswahl). C. Ley-Hutton. 2. Bde., Stuttgart 1993–1997.
L Ch. Eucken: Isokrates. Seine Positionen in der Auseinandersetzung mit den zeitgenössischen Philosophen, Berlin/New York 1983, 213–248. W. Jaeger, Paideia 3, 199–225. F. Seck (Hg.): Isokrates, Darmstadt 1976.

Pròs Nikóstraton perì andrapódon apographês Arethusíu →Paragraphè hypèr Phormíonos (Ps.–Demosthenes)

Prosodía →Chorlyrik (Bakchylides)

Pròs Onétora →Kat' Aphóbu (Demosthenes)

Pròs Pantaíneton
„Gegen Pantainetos"

Demosthenes aus Athen, 384–322 v. Chr.

Rede (gr.) in einem Zivilprozeß über vermögensrechtliche Streitigkeiten.

A W. Rennie, Oxford 1921 (Nr. 37).

Pròs Phaínippon perì antidóseos
„Gegen Phainippos in Sachen Vermögenstausch"

Ps.–Demosthenes

I Es war gesetzlich erlaubt, sich der Pflicht zur Ausrüstung einer Triere (eines Kriegschiffes) zu entziehen, wenn man einen anderen reicheren Bürger vorschlug, der diese Aufgabe übernehmen wollte oder dazu bereit war, sein eigenes Vermögen mit dem Vermögen eines anderen Bürgers zu tauschen, der dann die Triere auszurüsten hatte. Im vorliegenden Falle kam die Angelegenheit auf Phainippos zu, der nicht dazu bereit war, Auskunft über sein Vermögen zu geben.

A W. Rennie, Oxford 1931 (Nr. 42).

Pròs Phormíona
„Gegen Phormion"

Ps.–Demosthenes

Rede (gr.) in einem Zivilprozeß wegen eines Darlehens, das der Kaufmann Phormion von einem gewissen Chrysippos erhielt, um ein Handelsgeschäft abzuwickeln.

A W. Rennie, Oxford 1921 (Nr. 34).

Pròs Polykléa perì tû epitrierarchématos →Paragraphè hypèr Phormíonos (Ps.–Demosthenes)

Pròs Símona
„Gegen Simon"

Lysias, etwa 450 – etwa 380 v. Chr.

Verteidigungsrede (gr.) vor Gericht.

I Die Rede befaßt sich mit folgenschweren tätlichen Auseinandersetzungen zwischen eifersüchtigen Liebhabern eines Knaben.

A C. Hude, Oxford 1912 (Nr. 3).
Ü K. Brodersen / I. Huber, 2 Bde., Darmstadt 2004–2005 (gr.-dt.).

Pròs Spudían hypèr proikós
„Gegen Spudias wegen einer Mitgift"

Demosthenes aus Athen, 383–322 v. Chr.

Rede (gr.) in einem Zivilprozeß, in dem es um die Höhe einer Mitgift ging, deren vollständige Auszahlung nach dem Tod des Schwiegervaters ein Streitgrund zwischen zwei Schwiegersöhnen wurde.

A W. Rennie, Oxford 1931 (Nr. 41).

Pròs tàs athetéseis
„Gegen die Athetesen"

Kallistratos aus Alexandreia, 2. Jh. v. Chr.

Philologische Schrift (gr.) gegen die Streichungen, die Aristarchos aus Samothrake (→Hypomnémata) im Homertext vorgenommen hatte, nur fragmentarisch überliefert. – Kallistratos schrieb auch Kommentare zu Hesiod, Pindar, Sophokles, Euripides, Kratinos und Aristophanes.

A FGrHist 348. R. Schmidt: De Callistrato Aristophaneo, in: A. Nauck: Aristophanes von Byzanz, Halle 1948, 309–337, Nachdr. Hildesheim 1963.
L H. Gärtner: Kallistratos (Nr. 3), in: DKP 3, 89. F. Susemihl, Alexandrinerzeit 1, 449 f.

Pròs tàs Manichaíon dóxas
„Gegen die Lehren der Manichäer"

Alexandros aus Lykopolis, 2. Hälfte des 3. Jhs. n. Chr.

Streitschrift (gr.) gegen die manichäische Kosmologie.

I In der für die Kenntnis der manichäischen Lehre wertvollen Schrift wird das Christentum als Philosophie aufgefaßt.

A   A. Brinckmann, Leipzig [(2)]1989.
L   M. Dibelius, RAC 1, 270 f. L. Troje, in: MH 5, 1948, 96–115.

Pròs tèn epistolèn tèn Philíppu →Philippiká (Anaximenes aus Lampsakos)

Pròs tèn Eratosthénus geographían
„Gegen die Geographie des Eratosthenes"

Hipparchos aus Nikaia, 2. Jh. v. Chr.

Auseinandersetzung (gr.) in drei Büchern mit der Geographie des Eratosthenes aus Kyrene (→*Geographiká*), nur in Frg. überliefert.

I   Hipparchos verlangte, daß nicht die Distanzmessung auf der Erdoberfläche, sondern ausschließlich astronomische Messungen zur Ortsbestimmung vorgenommen werden. Insofern schränkte er die auf die Kartographie eingeengte Geographie des Eratosthenes noch weiter ein.
N   Strabon (→*Geographiká*) nimmt für Eratosthenes mehrfach gegen Hipparchos Stellung.

A   E. H. Berger: Geographische Frg. des Hipparchos, Leipzig 1896. D. R. Dicks: The Geographical Fragments of Hipparchus, London 1960 (mit Kommentar).
L   A. Lesky, GL, 887. J. Man: Hipparchos von Nikaia, in: DKP 2, 1154–1156. A. Rehm, RE 8, 2, 1913, 1666–1681.

Pròs Timótheon hypèr chréos →Paragraphè hypèr Phormíonos (Ps.–Demosthenes)

Pròs tòn apaídeuton kaì pollà biblía onúmenon
„An den ungebildeten Käufer vieler Bücher"

Lukianos aus Samosata, etwa 120–180 v. Chr.

Polemische Schrift (gr.) oder Invektive gegen eine unbekannte Person, die zwar viele Bücher besitzt, dadurch aber nicht weiser geworden ist und es auch niemals werden kann. Der Grund für diese scharfe und beleidigende Abrechnung mit dem Büchersammler ist nicht bekannt.

A   A. M. Harmon. Bd. 3, Lindon/Cambridge (Mass.) 1921 (gr.–engl.).
Ü   Chr. M. Wieland: Lucian von Samosata. Sämtliche Werke 3. 2, Leipzig 1788/1789, 33–64.

Pròs tòn eipónta: Prometheùs eî en lógois
„An einen, der sagte: ‚Du bist ein Prometheus mit Worten'"

Lukianos aus Samosata, etwa 120–180 n. Chr.

Kurze Abhandlung (gr.) über Lukians neue literarische Gattung: die Mischung aus Dialog und Komödie.

I   Lukian verteidigt in dieser kurzen Schrift seine Schriftstellerei gegen einen athenischen Redner, der ihn mit Prometheus verglichen hatte (vgl. auch →*Prometheùs è Kaúkasos*). Lukian freut sich über diesen Vergleich, weist ihn aber als nicht zutreffend zurück. Er sei doch kein Menschenschöpfer wie Prometheus, allenfalls ein Künstler, der kleine Tonpuppen herstelle, groteske Figuren ohne Bewegung und ohne eine Spur von Seele, an denen man sich einen Augenblick lang erfreuen solle. Der Vergleich treffe nur insoweit zu, als er wie Prometheus mit Lehm und Feuer arbeite, um seine Figuren herzustellen. Vielleicht aber solle der Vergleich auch nur die Neuheit des literarischen Genres hervorheben, das er, Lukian, geschaffen habe: die Verbindung von Komödie und Dialog.

A   K. Kilburn. Bd. 6, London/Cambridge (Mass.) 1959 (gr.–engl.).
Ü   Chr. M. Wieland: Lucian von Samosata. Sämtliche Werke 3. 6, Leipzig 1788/1789, 223–232.

Pròs Trýphona Iudaîon diálogos →Diálogos mit dem Juden Tryphon (Flavius Iustinus)

Pròs tùs dià tôn Aristotélus tà Plátonos hypischnuménus
„Gegen alle, die die Lehre Platons durch die Lehre des Aristoteles erklären"

Attikos, 2. Jh. n. Chr.

Eine durch umfangreiche Exzerpte im 11. und 15. Buch der *Praeparatio evangelica* des Eusebios (→*Euangelikè proparaskeué*) überlieferte Schrift (gr.) des Platonikers Attikos, der sich gegen alle Versuche wendet, Platon durch Aristoteles zu erklären.

I   Attikos polemisiert u. a. gegen die providenzlose Gotteslehre des Aristoteles; dieser leugne die Unsterblichkeit und entwerte die Arete, da sie ihm für die Eudämonie nicht genüge. – Die Deutung der platonischen Ideen als „Gedanken Gottes" (Frg. 9, 40 dPl) durch Attikos läßt sich von Platon selbst her zwar nicht absichern, gewinnt aber im Mittelplatonismus große Bedeutung. – Die Ethik des Aristoteles ist nach Attikos mit derjenigen Platons völlig unvereinbar. Sie wird als etwas offensichtlich Erbärmliches und Vulgäres abgelehnt. Aber es spricht manches dafür, daß Attikos nicht gegen Aristoteles selbst polemisiert, da Platon und Aristoteles in der Ethik viel mehr Gemeinsames haben, als Attikos zu erkennen gibt, sondern gegen zeitgenössische Aristoteliker oder gegen solche, die Attikos selbst als „Aristoteliker" bezeichnet.

A J. Bandry, Paris 1931. E. Des Places, Paris 1977 (gr.–frz.).
Ü O. Gigon: Arestoteles. Einführungsschriften, Zürich 1961.
L G. Martano: Attico, filosofo platonico del II secolo, in: Riv. crit. storia filos. 2, 1947, 123–134. C. Moreschini: Die Stellung des Apuleius und der Gaios-Schule innerhalb des Mittelplatonismus, in: C. Zintzen (Hg.): Der Mittelplatonismus, Darmstadt 1981, 219–274. K. Praechter, Grundriß, 524–556. A. N. M. Rich: Die platonischen Ideen als die Gedanken Gottes, in: C. Zintzen (Hg.): Der Mittelplatonismus, Darmstadt 1981, 200–211.

Pròs tùs hetaírus
„An die Freunde"

Auch lat. zitiert als *Ad contubernales*.

Philodemos aus Gadara, etwa 110–40/35 v. Chr.

Fragmentarisch erhaltene Schrift (gr.) zur epikureischen Diskussion über den Wert der Bildung.

I Im Gegensatz zu anderen Epikureern seiner Zeit hebt Philodem den Wert der Bildung auch für den epikureischen Weisen hervor und begründet seinen Standpunkt mit dem Hinweis darauf, daß die Leugnung der Bedeutung des Wissens für den epikureischen Weisen eine Fehlinterpretation Epikurs sei. Philodem wendet sich vor allem gegen solche Epikureer, die der Verachtung von Büchern das Wort reden, und hebt demgegenüber den Wert der griechischen Bildung für das Verständnis der Werke Epikurs und der Schriften anderer Schulen hervor. Allerdings ist auch für Philodem die *Paideía* zur Erlangung des wahren Glückes nicht erforderlich.
H Offensichtlich greift die Schrift in eine innerschulische Auseinandersetzung über die richtige Interpretation von Aussagen Epikurs über die Bildung ein.
W Der Autor versucht nachzuweisen, daß die *Paideía* für die Interpretation philosophischer Texte nützlich sei. Auf diese Weise rechtfertigt er zugleich seine eigene sehr umfangreiche schriftstellerische Tätigkeit, verfaßte er doch Schriften zur Logik („Über die Methode des Schließens"), zur Theologie („Über die Götter", „Über die Frömmigkeit"), zur Kunsttheorie („Über die Rhetorik", „Über die Dichtkunst", „Über die Musik"), zur Ethik („Über die Schmeichelei", „Über das offene Wort", „Über den Reichtum" usw.). Diese und weitere Schriften sind fragmentarisch erhalten auf karbonisierten (verkohlten), in Herculaneum gefundenen Papyri.

A A. Angeli: Filodemo. Agli amici di scuola (PHerc, 1005), Neapel 1988 (gr.–it. mit Kommentar).
L A. Angeli (s. o.). E. Asmis: Philodemus' Epicurea-nism, in: ANRW 2, 36, 4, 2369–2406. M. Erler: Cicero und „unorthodoxer" Epikureismus, in: Anregung 38, 1992, 307–322. M. Gigante: Ricerche Filodeme, Neapel [2]1983. M. Gigante: La bibliothèque de Philodème et l' Epicureisme Romain, Paris 1987. W. Liebich: Aufbau, Absicht und Form der *Pragmateîai* Philodems, Diss. Berlin 1956. R. Philippson, RE 19, 2, 1938, 2444–2482. G. Wille: Philodemos von Gadara, in: dtv-L 1. 3, 309 f.

Pròs tùs hypèr Apolloníu tû Tyanéos Hieroklés →Antirrhetikòs pròs tà Hieroklés (Eusebios)

Pròs tùs néus
„Rede an die Jugend (über den nützlichen Gebrauch der heidnischen Literatur")

Basileios aus Kaisareia, um 330–379 n. Chr.

Mahnrede (gr.).

I Die Rede ist eine aus einem Protreptikos erwachsene Anleitung an den Neffen des Autors, der heidnischen Literatur das für die Christen Nützliche zu entnehmen.

A PG 29–32 (Gesamtausgabe).
L F. Boulenger: Aux jeunes gens sur la manière de tirer profit des lettres helléniques, 1952. H. v. Campenhausen, GKV, 86–100. H. Dörrie: Basilius, in: dtv-L 1. 1, 237 f.

Pròs Zenóthemin
„Gegen Zenothemis"

Demosthenes aus Athen, 384–322 v. Chr.

Gerichtsrede (gr.) in einem Prozeß über einen schweren Betrug.

A W. Rennie, Oxford 1921 (Nr. 32).

Protagóras
(Sophist und Gesprächspartner des Sokrates)

Platon aus Athen, 427–347 v. Chr.

Sokratischer Dialog (gr.).
Der Dialog wird gewöhnlich zu den „Frühwerken" des Philosophen gezählt.

I Der äußere Rahmen ist eine Zusammenkunft von bedeutenden Sophisten – Protagoras, Hippias aus Elis und Prodikos – im Haus des reichen Atheners Kallias. – Im sehr ausführlichen Einleitungsgespräch (309a–317e) berichtet Sokrates u. a. darüber, daß ihn sein Freund Hippokrates am Morgen aus dem Bett geholt und ihm mitgeteilt habe, daß der berühmte Sophist Protagoras in der Stadt sei. Daraufhin seien sie sofort zum Haus des Kallias geeilt, um Protagoras zu sehen. Sokrates trägt Protagoras seine und die Bitte des Hippokrates vor, von ihm in der sophistischen Weisheit unterrichtet zu werden. Kallias schlägt vor, der berühmte Sophist solle den beiden Neuankömmlingen ihre Bitte erfüllen. – Als Protagoras behauptet, er verstehe sich darauf, seine Schüler zu politisch fähigen Bürgern zu erziehen und sie die politische *areté* zu lehren, hält ihm Sokrates entgegen, daß die *areté* doch gar nicht lehrbar sei (317e–320a). Daraufhin entwickelt Protagoras eine Kulturentstehungslehre, um zu begründen, daß die *areté* durchaus lehrbar sei (320c–328 d). Sokrates geht dann auf die Frage ein, ob die *areté* eine Einheit sei oder ob die „Einzeltugenden" (Weisheit, Besonnenheit, Gerechtigkeit, Tapferkeit) selbständig existierten. Das bejaht Protagoras. Allerdings stellt sich bald heraus, daß bestimmte Einzeltugenden nun doch identisch seien (Gerechtigkeit und Frömmigkeit, Weisheit und Besonnenheit), also keine selbständigen Einzeltugenden darstellen können (328d–334c). – Dann beginnt eine methodologische Auseinandersetzung (334c–338e), weil Sokrates für das Gespräch auf einem kurzen Frage-Antwort-Disput besteht, während Protagoras die längere zusammenhängende Rede bevorzugt. Sokrates will sich zurückziehen. Da greifen u. a. Prodikos und Hippias ein, die dadurch die Gelegenheit erhalten, sich selbst ausführlich darzustellen. Schließlich einigt man sich auf die Methode des Dialogs. Protagoras soll Fragen stellen, und Sokrates soll antworten. Man kommt in der Frage nach der Einheit der *areté* allerdings nicht weiter, weil Protagoras eine ausführliche Erörterung über ein Gedicht des Simonides auslöst, das die *areté* zum Gegenstand hat (338e–347a). – Protagoras will sich aufgrund der Aggressivität des Sokrates aus dem Gespräch zurückziehen. Doch die anderen Teilnehmer der Runde bewegen ihn zu bleiben (347a–348c). – Man wendet sich wieder der Frage nach der Einheit der *areté* zu (348a–362a). „Sokrates zeigt, daß alles Handeln Lust und Annehmlichkeit (*hedoné*) erstrebt, und zwar auf möglichst lange Sicht, und daß demnach alles verkehrte und schlechte Handeln auf Unverstand und mangelnder Einsicht beruht – woraus sich, positiv gewendet, ergibt, daß alles gute Handeln, d.h. jede Art von *areté*, auf Wissen beruht, daß also die von Protagoras postulierten Einzel*aretaí* jeweils identisch sind mit der einen ‚Tugend' Weisheit" (Schmalzriedt, 408). Jetzt haben sich also die Positionen umgekehrt: Sokrates vertritt die Lehrbarkeit der Tugend, und Protagoras steht im Gegensatz zu seiner früheren These von der Einheit der Tugend. Am besten wäre es, das Gespräch wieder von vorne anzufangen. Doch man verabschiedet sich von einander, weil man keine Lust und keine Zeit dazu hat.

A J. Burnet. Bd. 3, Oxford 1903. A. Croiset / L. Bodin. Bd. 3. 1, Paris [9]1984. F. Dirlmeier / H. Scharold, München 1959 (mit Kommentar). W. R. M. Lamb. Bd. 4, London/ Cambridge (Mass.) [2]1937 (gr.–engl.). W. Nestle, Stuttgart/Leipzig [8]1978 (mit Kommentar).
Ü O. Apelt. Bd. 1, Leipzig 1922/1923, Nachdr. Hamburg 1988. B. Manuwald, Göttingen 1999 (mit Komm.). R. Rufener, Zürich 1960. W. Krantz, Stuttgart 1987 (gr.–dt.).

F. Schleiermacher / H. Hofmann. Bd. 1, Darmstadt [2]1990 (gr.–dt.).
L J. P. Coby: The Education of a Sophist. Aspects of Plato's *Protagoras*, in: Interpretation 10, 1982, 139–158. O. Gigon: Studien zu Platons *Protagoras*, in: Phyllobolia. FS für P. v. d. Mühll, Basel 1946, 91–152. M. Gagarin: The Purpose of Plato's *Protagoras*, in: TAPhA 100, 1969, 133–164. H. Gundert: Die Simonides-Interpretation in Platons *Protagoras*, in: Hermeneia. FS für O. Regenbogen, Heidelberg 1952, 71–93. E. Schmalzriedt, KNLL 13, 407–409.

Pro Tito Annio Milone
„Für Titus Annius Milo"

Marcus Tullius Cicero aus Arpinum, 106–43 v. Chr.

Verteidigungsrede (lat.) für Milo, der Anfang April 52 v. Chr. vor Gericht stand, weil er seinen und Ciceros Erzfeind Publius Clodius Pulcher erschlagen hatte.

I Die im Anschluß an den verlorenen Prozeß ausgearbeitete Rede beginnt mit einer Darstellung der schwierigen äußeren Bedingungen des Prozesses. Dann fordert Cicero, man solle Milos Tat in ihrem politischen Zusammenhang beurteilen. Im übrigen habe der Angeklagte in Notwehr gehandelt (1–6). – Im Hauptteil der Rede geht es um den Begriff der Notwehr, um die Haltung des Senats gegenüber Milo und um das Verhalten des Pompeius und seiner Motive für die Einsetzung des Gerichtshofes gegen Milo (7–23). – Die Schilderung des Falles (24–31) befaßt sich mit den Tatmotiven und dem Tathergang, der Milos Notwehrhandlung erzwang. Cicero legt großen Wert darauf, daß das Gericht die Notwehr als erwiesen ansieht, um im Anschluß daran den Vorgang in seinen politischen Zusammenhang zu stellen. Daß Cicero die Tatsachen zum Teil erheblich mißachtet, ergibt sich aus seiner Zielsetzung als Verteidiger, der belastendes Material in den Hintergrund zu drängen hat. – In der Beweisführung (32–71) geht es u. a. um die Motive der beiden Gegner, die Tatumstände und die Vorgänge nach der Tat. – Anschließend (72–91) stellt Cicero die Tat in einen größeren politischen Rahmen: Milo habe durch die Tötung des Clodius (aus Notwehr) den Staat von einer schweren Belastung befreit und vor weiterem Unglück bewahrt. – Im Schlußteil (92–105) stilisiert Cicero den Angeklagten „zu einem Charakter von unerschütterlicher Seelengröße stoischen Gepräges empor" (Fuhrmann, 326).

H Die Vorgänge, die zu dem Prozeß führten, wurden von Asconius Pedianus, dem Cicero-Kommentator des 1. Jh.s n.Chr., ausführlich und zuverlässig dargestellt (abgedruckt unter dem Titel *Asconius in Milonianam* in der Ausgabe der Cicero-Reden von A. C. Clark, Oxford [2]1918). Nach diesem Bericht kam es zu einem Zusammenstoß der beiden Bandenführer P. Clodius Pulcher und T. Annius Milo. Bei den dadurch entstehenden Auseinandersetzungen verlor Clodius sein Leben. Es kam zu wüsten Ausschreitungen der Anhänger des Clodius in Rom. Der Senat erklärte den Ausnahmezustand und Pompeius erhielt den Auftrag, die Sicherheit des Staates wiederherzustellen und Truppen auszuheben. Pompeius ließ eine *Lex de vi*, „ein Gesetz über Gewaltanwendung", durch die Volksversammlung beschließen, das zur rechtlichen Grundlage der Strafverfolgung des Milo wurde. Cicero fühlte sich Milo verpflichtet, weil dessen Anhänger zu seiner Rückberufung aus dem Exil beigetragen hatten. Die von den Anhängern des Clodius gestörte Verteidigungsrede erreichte ihr Ziel nicht. Milo wurde schuldig gesprochen und ging unverzüglich ins Exil.

A   A. C. Clark, Oxford [(2)]1918. A. C. Clark, Amsterdam 1967 (mit Kommentar). K. Halm / G. Laubmann, Berlin (10)1899 (mit Kommentar). J. Quémener, Paris 1972 (mit Kommentar).
Ü   M. Fuhrmann. Bd. 6, Zürich/München 1980. M. Giebel, Stuttgart 1972.
L   D. Berger: Cicero als Erzähler. Forensische und literarische Strategien in den Gerichtsreden, Frankfurt/Bern/Las Vegas 1978, 41–47. A. W. Lintott: Cicero and Milo, in: JRS 64, 1974, 62–78.

Protogonía →Atthís (Kleidemos)

Protreptikós
„Ermunterungsrede"

Aristoteles aus Stageira, 384–322 v. Chr.

Verteidigungs – und Werbeschrift (gr.) für die Philosophie, die dem kyprischen Fürsten Themison gewidmet war, in Frg. und Exzerpten vor allem bei Iamblichos, →*Lógos protreptikòs eis philosophían* (etwa 320 n. Chr. entstanden) erhalten. Zwischen 353 und 351 v. Chr. verfaßt.

I   Disposition der Schrift (nach Düring, 402–404): (1) Widmung an Themison und Exposition des ersten Hauptthemas: Der Besitz äußerer Güter ohne moralische Prinzipien und Klugheit ist ein Übel (B 1–5). – (2) Philosophieren bedeutet (a) die Frage zu stellen, ob man überhaupt philosophieren soll, und (b) sich der Philosophie zu widmen. Die Notwendigkeit des Philosophierens zu beweisen, ist das zweite Hauptthema der Schrift (B 6). (3) Das dritte Hauptthema besteht darin, den Wert des Philosophierens für das politische und private Leben zu zeigen (B 7–10). (4) Die Argumentation verläuft in mehreren Schüben: (a) Der Mensch hat von Natur aus das Ziel, Klugheit und Weisheit (*phrónesis*) zu erlangen (B 11–21). (b) Es gibt verschiedene Stufen des Denkvermögens. Am höchsten steht das Denken, das um seiner selbst willen betrieben wird (B 22–30). (c) Ein philosophisches Leben ist ein erreichbares Ziel (B 31). (d) Der Mensch ist fähig, das Wissen vom Gerechten (Ethik) und das Wissen von der Natur (Physik) zu erwerben. Philosophische Erkenntnis ist leichter zu gewinnen als etwa medizinische oder gymnastische Fähigkeiten (B 32–37).

(e) Der Besitz von Geisteskraft und Erkenntnis ist das größte Gut (B 38–45). – (5) Theoretische Einsicht ist nützlich für das praktische Leben: (a) Sie ist Vorbedingung für die Lebensklugheit (B 46–51). (b) Erkenntnis allein reicht nicht aus; sie muß in die Tat umgesetzt werden. Philosophie ist die Aneignung und praktische Anwendung der Weisheit (B 52–53). (c) Philosophie bereitet größte Freude (B 55–57). – (6) Was ist Aufgabe der Philosophie und warum ist die Erlangung von Weisheit unser höchstes Ziel? (a) Die Vernunft ist unser eigentliches Selbst (B 58–62). (b) Das Ziel des Denkens ist die Wahrheit (B 63–65). (c) Die Wahrheit wird durch philosophisches Denken gesucht und erreicht (B 66–67). (d) Das philosophische Denken ist theoretisch und hat sein Ziel in sich selbst (B 68–69). (e) Die philosophische Einsicht ist das erstrebenswerteste Ziel (B 70–77). – (7) Das geistige Leben ist reich an Freude (B 78–92). – (8) Das geistige Leben ist eine Vorbedingung für das glückliche Leben (B 93–96). – (9) Die Auffassung des Autors entspricht dem consensus omnium. Beispiele werden zur Bestätigung aufgezählt (B 97–102). – (10) Vergleich zwischen dem geistigen Leben und dem Leben der Menschen, die auf andere Weise durchs Leben kommen wollen (B 103–107). – (11) Über den göttlichen Wert der geistigen Kraft und über die Wertlosigkeit des unphilosophischen Lebens (B 108–110).

Q   In allen Schriften des Aristoteles lassen sich platonische Gedankengänge nachweisen. „Im *Protreptikós*, in dem er die Frage nach dem Sinn der Philosophie und ihrer Bedeutung für das Leben stellt, steht er Platon besonders nahe; das ist natürlich, denn der Begriff und das Ideal eines philosophischen Lebens sind von Platon geschaffen worden ... Im →*Euthýdemos* läßt Platon Sokrates ein Bild des philosophischen Lebens zeichnen, das für die Folgezeit maßgebend wurde" (Düring, 429). Platon entwickelte im *Euthýdemos* Gedanken, die im *Protreptikós* Leitmotive bilden. – Selbstverständlich lassen sich Bezüge auch zu anderen platonischen Dialogen nachweisen: So ist das Bild, das Aristoteles vom philosophischen Menschen zeichnet, von Platon wesentlich geprägt: Im →*Politikós* schildert er den königlichen Staatslenker, der stets die Wahrheit, den spezifischen Gegenstand des philosophischen Denkens, vor Augen hat und entsprechend handelt. Im →*Theaítetos* und im →*Tímaios* beschreibt Platon den Philosophen, der sich als Wahrheitssucher dem philosophischen Leben widmet und durch das Finden der Wahrheit gottähnlich wird.

W   Im Unterschied zu Platon richtet der aristotelische Philosoph den Blick nicht auf die Ideen (wie Platon in der →*Politeía* 6 und 7), sondern auf die Natur (*phýsis*); die Natur ist das Objekt des Philosophen, der in ihr das Seiende erkennt. Für Aristoteles ist die Wahrheit in der Natur, d. h. die Wissenschaft von der *phýsis*, der eigentliche Gegenstand des philosophischen Denkens. Die Erforschung dieser Wahrheit ist Ziel und Zweck des menschlichen Daseins (vgl. z. B. B 17). – Mit dem Wissen von der Natur verknüpft sich die Erkenntnis der ethischen Prinzipien, die sich aus dem Wissen von der in der Natur herrschenden Ordnung und Gesetzmäßigkeit ergibt. – Der Zweck des *Protreptikós* war es, die Philosophie zu preisen (vgl. Platon, →*Epistulae* 7,328e). Sollte der *Protreptikós* nicht als ein Bezugspunkt der Schrift des Isokrates →*Perì antidóseos*, sondern als Antwort auf Isokrates zu verstehen sein, dann diente er dem Zweck, den Angriff auf das Erziehungsprogramm der platonischen Akademie abzuwehren, wobei Aristoteles keinesfalls als Sprachrohr der Akademie wirkte, sondern sein eigenes Ideal menschlicher Vollendung entwarf. Er ist aber keine Abhandlung über Ethik, sondern eine Werbeschrift.

N Mit dem *Protreptikós* hat Aristoteles eine neue literarische Gattung begründet. Längere Frg. der Schrift sind vor allem dadurch erhalten, daß der Neuplatoniker Iamblichos Exzerpte in seinen →*Lógos protreptikòs eis philosophían* (etwa 320 n.Chr.) aufgenommen hat. – Über Ciceros →*Hortensius* hat der aristotelische *Protreptikós* auch auf Augustinus, →*Confessiones*, und Boethius, →*Consolatio philosophiae*, gewirkt. – Isokrates bezog sich vermutlich in seiner Schrift *Perì antidóseos* aus dem Jahre 353 v.Chr. auf den *Protreptikós* des Aristoteles (P. v. d. Mühll); die Werbung für die philosophische Lebensform mußte Isokrates und die Isokrateer mit ihrem rhetorischen Bildungsprogramm beunruhigen (Düring, 405, zeigt jedoch mit guten Argumenten, daß der *Protreptikós* auf die *Antídosis* reagiert und gegen dessen Auffassung von Rhetorik und Philosophie polemisiert). – Der unter dem Namen des Isokrates überlieferte Protreptikos an Demonikos (→*Pròs Demónikon*) ist eine Nachbildung des aristotelischen *Protreptikós*.

A I. Düring: Problems in Aristotle's *Protrepticus*, in: Eranos 52, 1954, 139–171. I. Düring: Aristotle in the *Protrepticus*, in: Autour d' Aristote. Receuil d' études de philosohpie ancienne et médiévale offert à Mgr. A. Mansion, Louvain 1955, 81–97. I. Düring, Frankfurt [(2)]1979 (gr.–dt. mit Kommentar). O. Gigon, Zürich 1961. W. D. Ross, Oxford 1955. R. Walzer, Florenz 1934.
Ü I. Düring, Heidelberg 1966, 406–429. G. Schneeweiß, Darmstadt 2005 (gr.-dt.).
L L. Alfonsi: Traces du jeune Aristote dans la *Cohortatio ad gentiles* faussement attribuée à Justin, in: VChr 2, 1948, 65–88. A. Chroust: Aristotle's *Protrepticus*. A reconstruction, Notre Dame, Ind., UP 1964. B. Einarson: Aristotle's *Protrepticus* and the structure of the *Epinomis*, in: TAPhS 67, 1936, 261–285. I. Düring, Aristoteles, 400–433. H. G. Gadamer: Der aristotelische *Protreptikos* und die entwicklungsgeschichtliche Betrachtung der aristotelischen Ethik, in: Hermes 63, 1928, 138–164. O. Gigon: Cicero und Aristoteles, in: Hermes 87, 1959, 154 ff. W. Jaeger: Aristoteles, Berlin 1923, 53–102. A. Lesky, GL, 622 f. J. D. Monan: La connaissance morale dans le *Protreptique* d' Aristote, in: Revue philosophique de Louvain 58, 1960, 185–219. P. Moraux (Hg.): Frühschriften des Aristoteles, Darmstadt 1975. W. G. Rabinowitz: Aristotle's *Protrepticus* and the sources of its reconstruction, Berkeley 1957 (dazu W. Spoerri, Gnomon 1960, 18–25). L. Richter: Die Beziehung zwischen Theorie und Praxis der Musik im aristotelischen *Protreptikos*, in: Hermes 88, 1960, 177–188. É.

de Strycker: On the first section of fr. 5 a of the *Protrepticus*, in: Aristotle and Plato in the mid-fourth century, 76–104. P. v. d. Mühll: Isokrates und der *Protreptikos* des Aristoteles, in: Ph 94, 1940/1941, 259–265.

Protreptikós →Lógos protreptikòs eis philosophían (Iamblichos)

Protreptikòs ep' iatrikén
„Werbung für das Studium der Medizin"

Galenos aus Pergamon, etwa 130–199 n.Chr.

Werbeschrift (gr.).

I Galens *Protreptikós* ist nicht nur eine Werbeschrift oder Werberede, sondern er enthält auch Elemente der Diatribe (→*Diatribaí*), die seit dem 3. Jh. v.Chr. dazu diente, in Form des Vortrags, aber auch des Dialogs, angereichert durch Zitate, Witze, Apophthegmata oder Anekdoten, den Menschen Verhaltensregeln zu vermitteln bzw. sie zum Umdenken zu bewegen. – Der *Protreptikós* gliedert sich (soweit er erhalten ist) in zwei Teile: Der erste Teil (Kap. 1–8) will den Leser davon überzeugen, daß die berufsmäßige Beherrschung einer *téchne* das Wesen des Menschen ausmache. – Im zweiten Teil (Kap. 9–14) soll bewiesen werden, daß die berufsmäßige Ausbildung des Körpers mit dem Ziel, Leistungssport zu treiben, widernatürlich und gesundheitschädigend sei und weder dem Wesen noch der Würde des Menschen entspreche. – Am Ende des erhaltenen Textes kommt der Autor auf den Anfang zurück, indem er seinen Adressaten zur Erlernung einer wahren *téchne* auffordert, und eine solche ist vor allem die Medizin.

Q Die kynostoische Diatribe hat Galens *Protreptikós* in Form und Inhalt beeinflußt. Mit zahlreichen Zitaten aus der gr. Literatur seit Homer will der Autor die Wirksamkeit seiner Argumente verstärken. Besonders wirkungsvoll ist Euripides (Frg. 282 N.): „Obwohl es unendlich viel Erbärmliches in Griechenland gibt, ist doch nichts Erbärmlicher als die Sippe der Athleten ..." Platons Bewertung der gymnastischen Erziehung (→*Politeía* 3,410b-412b) dürfte für Galen vorbildlich gewesen sein. – Die Diskussion über Bedeutung, Wert und Unwert der Athletik wurde in der gr. Welt lange vor Galen geführt.

W Im zweiten Teil der Schrift polemisiert Galen gegen eine Athletik, die nur dem Zweck dient, den zu physischer Kraftentfaltung fähigen Berufssportler zu produzieren. Der Wert der Leibesübungen sieht Galen dagegen ausschließlich unter medizinisch-diätetischem Aspekt. Diejenige Leibesübung sei die beste, die die Gesundheit des Körpers, die Harmonie der Glieder und die seelische Tüchtigkeit vermittle. Entscheidendes Kriterium sei auch hier das rechte Maß.

A G. Kaibel, Berlin 1894, Nachdr. Berlin 1936.
Ü W. John, Göttingen 1936 (gr.-dt.).

L F. Fetz / L. Fetz: Gymnastik bei Philostratos und Galen. Studien zur Leibeserziehung, Frankfurt 1969.

Protreptikòs pròs tùs Héllenas
„Mahnrede an die Hellenen"

Flavius Clemens Alexandrinus, etwa 150–215 n. Chr.

An gebildete Heiden gerichtete Aufforderung (gr.) zur Abkehr vom heidnischen Götterglauben. Um 195 n. Chr. verfaßt.

I Der Autor wendet sich gegen die Torheit und Immoralität des Götterkultes und seiner Mythen. Er benutzt dabei die Argumente, mit denen schon die antike Philosophie gegen den volkstümlichen Götterglauben polemisiert hatte. In der Philosophie und im mosaischen Gesetz sieht Clemens nur eine Vorstufe der christlichen Offenbarung, die der göttliche Logos in Christus den Heiden gewährt hat. Daher sollen die Heiden die vollkommene Offenbarung der göttlichen Gnade annehmen. – Das Evangelium wird von Clemens in Anspielung an die Gestalt des Orpheus (→Orphiká) als ein „neuer Gesang" bezeichnet: Orpheus habe nur die wilden Tiere mit seiner Musik bezaubert, das Gotteswort hingegen die aufgrund ihrer wilden Triebe noch tierhaften Menschen zu einem neuen tugendhaften Leben geführt und im gesamten Kosmos Ordnung und Harmonie bewirkt. Auf diese Weise wird der Orpheus-Mythos nicht nur umgedeutet, sondern auch noch überboten, indem Christus die Rolle des Orpheus übernimmt und mit neuem Sinn erfüllt.

Q Obwohl Platon für Clemens und für andere Christen der bedeutendste heidnische Philosoph war, hat die Stoa den entscheidenden Einfluß auf ihn ausgeübt.

H Clemens vertritt in der Weltstadt Alexandreia, dem Zentrum der gr. Kultur, der jüdischen Theosophie (Weisheitslehre von Gott, die die Welt als Entwicklung Gottes zu erkennen sucht) und der Gnosis (Denkrichtung mit dem Ziel, religiöse „Erkenntnis" in einer Welt des Schmutzes und der Hinfälligkeit zu gewinnen), das Christentum im Kampf um das wahre Bildungsideal: das Evangelium, nicht Rhetorik und Philosophie erziehe zum vollendeten Menschen.

W Die Herstellung einer fruchtbaren Beziehung zwischen der gr. Philosophie und der christlich-jüdischen Offenbarung ist das Leitmotiv des Autors. Die Lektüre des *Protreptikós* soll „Leser, die bereits Christen sind, veranlassen, die Abwendung vom Heidentum auf der Ebene der Reflexion noch einmal zu vollziehen" (Fuhrmann, 167). Der *Protreptikós* sollte nach dem ursprünglichen Plan des Autors der erste Teil einer Trilogie über sein christliches Lebensideal sein. „In Anlehnung an Poseidonios' Einteilung der praktischen Ethik begann er mit einem *Protreptikós*, durch den der Logos für den neuen Glauben warb und die rechte Gesinnung wecken wollte. Es folgte der →*Paidagogós*, eine Er-

ziehung zum praktischen christlichen Lebenswandel, im Sinne der Stoa verbunden mit einer Therapie der Affekte, die das größte Hemmnis für das sittliche Handeln bildeten. Die Krönung des Ganzen sollte ein theoretisches Werk bilden, ein *„Didaskalikós"*, der durch symbolisierende Deutung der Heiligen Schrift zu ihrem tieferen Verständnis führen und eine wissenschaftlich begründete Erkenntnis von Gott und den letzten Gründen des Seins vermitteln sollte" (Pohlenz, Stoa 1, 415).

A C. Mondésert / A. Plassart, SC 2, [2]1949.
Ü O. Stählin, BKV 2, 1934.
L B. Altaner, Patrologie, 169–175. H. Chadwick: Early Christian Thought and the Classical Tradition, London [2]1971. A. Dihle, GLL, 338–344. M. Fuhrmann, Spätantike, 166–169. KLL 7864. M. Pohlenz, Stoa 1, 481–558.

Psalmenkommentar →Expositiones in Psalmos (Cassiodorus)

Psalmoí
„Psalmen"

Apollinarios aus Laodikeia, um 310–390 v. Chr.

Umdichtung (gr.) der 150 Psalmen in Hexameter (Psalter-Metaphrase).

A A. Ludwich, Leipzig 1912.
L C. Andresen: Apollinarios (Apollinaris) von Laodikeia, in: dtv-L 1. 1, 142f. H. Lietzmann: Apollinaris von Laodicea und seine Schule, Tübingen 1904.

Psalmus contra partem Donati
„Psalm gegen die Partei des Donatus"

Aurelius Augustinus aus Thagaste, 354–430 n. Chr.

Gedicht (lat.) gegen die Donatisten (vgl. →*Ad Donatistas post conlationem*).
Verfaßt im Jahre 394/395 n. Chr.

I Das an ein ungebildetes Publikum gerichtete Gedicht besteht aus einem sogenannten Hypopsalma, einem Proömium, und Strophen in der Zahl der Buchstaben des Alphabets; dessen Reihenfolge bestimmt die Anfangsbuchstaben jeder Strophe. Die Strophen bestehen aus Langversen und sind durch einen Refrain voneinander getrennt. Die Verse sind aus 16–18 Silben gebildet (ohne Rücksicht auf ihre Quantitäten). In der Mitte haben sie eine Zäsur. – Wortwahl und Ausdrucksweise dieses Psalmus, eines Abecedarius, sind ausgesprochen einfach und entsprechen der Aufnahmefähigkeit der Adressaten. Inhaltlich bildet der Psalmus eine Darstellung der Geschichte und der Konzeption der donatistischen Bewegung.

A CSEL 51, 1, 1–15 (Psalmus). M. Petschenig, CSEL

51–53, 1908–1910 (antidonatistische Schriften des Augustinus).

L M. v. Albrecht, RL, 1318–1353. A. Dihle, GLL, 582f.

Psammítes
„Sandrechner"

Auch lat. zitiert als *Arenarius*.

Archimedes aus Syrakus, 287–212 v. Chr.

Mathematische Abhandlung (gr.).

I In dieser Schrift wird die Anzahl der Sandkörner in der Welt berechnet. – In diesem Zusammenhang entwickelt der Autor ein Schema zur Berechnung großer Zahlen. Außerdem beschreibt er ein Instrument zur Berechnung des scheinbaren Durchmessers der Sonne.

A J. L. Heiberg. 3 Bde., Leipzig [2]1910–1915, Nachdr. 1972.
L R. Böker: Archimedes, in: DKP 1, 510–513.

Psephismáton synagogé
„Sammlung der Volksbeschlüsse"

Krateros aus Makedonien, 2. Hälfte des 4. Jh. v. Chr.

Umfangreiche chronologisch geordnete Sammlung (gr.) von Volksbeschlüssen (es handelt sich teilweise auch um Gerichtsurteile in politischen Prozessen) in mindestens neun Büchern, nur fragmentarisch überliefert.

I Die vor allem für die Historiographie wichtige Sammlung ist wohl im Zusammenhang mit der systematischen Urkundenforschung des Peripatos zu sehen. Vgl. Aristoteles, →*Politeîai*. Die Beschlüsse wurden wohl im Wortlaut vorgelegt und erläutert.

A FGrHist 342. FHG 2, 617–622.
L O. Lendle, Einführung, 275. A. Lesky, GL, 753.

Pseudoclementinen
An.

Frühchristlicher Petrus-Roman (gr.).
Entstanden 3./4. Jh. n. Chr.

I Das umfangreiche Werk ist der erste christliche Roman, der von den Reisen des Petrus, seinen Kämpfen mit Simon Magus und der Bekehrung des Clemens von Rom, des Petrusschülers und späteren Bischofs, handelt. – Das Buch besteht aus zwei Teilen, den Predigten (*Homilíai*) des Petrus und den „Wiedererkennungsszenen" (*Recognitiones* oder *Anagnorismoí*), in denen die Familie des Clemens

nach phantastischen Lebensschicksalen durch das Eingreifen des Petrus wieder zueinander findet. – Die *Recognitiones* sind nur in der lat. Übersetzung des Rufinus (etwa 345–410 n. Chr.) erhalten, der auch die Hauptschrift des Origenes, →*Perì archôn* (*De principiis*), übersetzt hat. – Vermutlich hatten beide Teile dieselbe Vorlage, die aber wiederum aus zwei ehemals selbständigen Teilen bestand: den sog. *Kerýgmata Pétru*, den Predigten des Apostels Petrus, die er auf seinen Wanderungen gehalten hat (1. Hälfte des 2. Jh.s n. Chr.), und einem Bericht von den Missionsreisen des Petrus und seinen Auseinandersetzungen mit Simon Magus (→*Apókryphoi bíbloi* mit den apokryphen Apostelgeschichten).

A *Homilíai*: PG 2. B. Rehm, GCS 42, 1953. G. Strekker, Berlin [3]1992. – *Recognitiones:* PG 1. B. Rehm / F. Patschke, GCS 51, 1965. G. Strecker, Berlin [2]1993.
L K. Baus: Klementinen, in: LThK 6, 334f. O. Cullmann: Le problème littéraire et historique du roman Pseudo-Clémentin, Paris 1930. B. Rehm, RAC 3, 188–206. G. Strecker: Das Judenchristentum in den Pseudo-Klementinen. Texte und Untersuchungen zur Geschichte der altchristlichen Literatur, 70, 1958.

Pseudologistès è perì tês apophrádos
„Der Lügner oder über das Wort ‚verboten, unheilverheißend'"

Lukianos aus Samosata, etwa 120–180 n. Chr.

Invektive (gr.) gegen einen Gegner des Autors.

I Anlaß der Invektive war ein Streit über die Bedeutung des Wortes *apophrás* (verboten, unheilverheißend). Lukian hatte seinen Gegner mit einem „unheilverheißenden Tag" verglichen. Jetzt will er ihm erklären, was das Wort bedeutet. Dabei beschimpft er ihn u. a. als dummen Esel. Ein *Apophrás* ist nach Lukian ein „schwarzer, verwünschter, Unglück bringender und zu keinem guten Geschäft tauglicher Tag", kurz: ein Tag der dem Angeredeten ähnlich ist". Es sei also durchaus angebracht, auch einen Menschen so zu bezeichnen, der in jeder Hinsicht ein Unglück ist.

A A. M. Harmon. Bd. 5, London/Cambridge (Mass.) 1936 (gr.–engl.).
Ü Chr. W. Wieland: Lucian von Samosata. Sämtliche Schriften 3. 6, Leipzig 1788/1789, 65–96.

Pseudolus
(„Lügenbold" = Name einer Komödienfigur)

Titus Maccius Plautus, etwa 250–184 v. Chr.

Intrigenstück (lat.).
Zum ersten Mal 191 v. Chr. aufgeführt.

I Einem Kuppler soll ein Mädchen abgeschwatzt werden, das der junge mittellose Herr Calidorus liebt. Zugleich verfolgt auch der Offizier Harpax die Absicht, das Mädchen zu bekommen. Der Verkauf ist bereits vorbereitet. Der Sklave Pseudolus hilft Calidorus, sowohl mit dem habgierigen Bordellbesitzer Ballio als auch mit Simo, dem Vater des Calidorus, fertig zu werden. Pseudolus wettet mit Simo um 20 Minen, daß es ihm gelinge, dem Bordellbesitzer das Mädchen wegzunehmen. Zuerst spielt Pseudolus einen Sklaven des Ballio, als ein Bote des Offiziers kommt, um Ballio das Geld für das Mädchen zu bringen. Dann verkleidet sich ein Sklave eines Freundes des Calidorus als Harpax, um das Mädchen abzuholen. Ballio ist seiner Sache so sicher, daß nun auch er mit Simo um 20 Minen wettet, daß es Pseudolus nicht gelinge, ihn zu betrügen. Da taucht der echte Harpax auf, und der Betrug wird aufgedeckt; Ballio muß Simo die Wette bezahlen und Simo das Geld gleich an Pseudolus weitergeben; schließlich hat dieser seine Wette gewonnen. Der Bordellbesitzer ist der doppelt Geprellte: er hat das Mädchen und die 20 Minen verloren.

A W. M. Lindsay. Bd. 2, Oxford 1901. A. O. F. Lorenz, Berlin [(2)]1876, Nachdr. Dublin/Zürich 1981. P. Nixon. Bd. 4, London/Cambridge (Mass.) 1932 (lat.–engl.). R. Rubino / V. Faggi, Mailand 1985. M. M. Willcock, Bristol 1987. Ü W. Binder / W. Ludwig. Bd. 2, München 1982. L. Gurlitt. Bd. 1, Berlin 1920.
L W. Goerler: Plautinisches im *Pseudolus*, in: WJA N.F. 9, 1983, 89–107. J. N. Hough: The Composition of the *Pseudolus*, Diss. Yale University 1931. E. Lefèvre: Plautus-Studien I: Der doppelte Geldkreislauf im *Pseudolus*, in: Hermes 105, 1977, 441–457. E. Lefèvre: Plautus' *Pseudolus, Tübingen 1997*. A. Önnerfors: Ein paar Probleme im plautinischen *Pseudolus*, in: Eranos 56, 1958, 21–40. E. Paratore: La structure du *Pseudolus*, in: REL 41, 1963, 123–164.

Pseudosophistès è soloikistés
„Der falsche Sophist oder derjenige, der sprachliche Fehler macht"

Lukianos aus Samosata, etwa 120–180 n. Chr.

Dialog (gr.) zwischen Lukian und einem Sophisten über das Phänomen des Solözismus (des groben sprachlichen Fehlers, den man begeht, ohne ihn zu bemerken).

I Das Gespräch beginnt mit der Frage, ob ein Mensch, der sprachliche Schnitzer (grammatische oder stilistische Fehler) in der Rede anderer aufdekken kann, fähig ist, selbst sprachliche Schnitzer zu vermeiden. Die Frage wird bejaht. Darauf fragt Lukian, ob der Mensch, dem es nicht gelingt, sprachliche Schnitzer zu vermeiden, diese auch nicht in der Rede anderer bemerkt. Auch das wird bejaht. Dann läßt sich Lukian bestätigen, daß der Sophist keine sprachlichen Fehler mache und diese bei anderen entdecke. Lukian weist ihm jedoch gleich anschließend nach, daß er schon mehrere (absichtlich gemachte) Fehler nicht bemerkt habe. – Im weiteren

Verlauf des Dialogs weist Lukian noch auf eine Fülle weiterer Solözismen hin.

A M. D. MacLeod. Bd. 8, London/Cambridge (Mass.) 1967.

Psógos gynaikôn →Íamboi (Semonides)

Psychomachia
„Kampf der Seele"

Aurelius Prudentius Clemens, 348 – etwa 405 n. Chr.

Didaktische Dichtung (lat.) in daktylischen Hexametern.

I In diesem epischen Gedicht treten die personifizierten heidnischen Laster und christlichen Tugenden zum Kampf um die menschliche Seele an. Zunächst liefern sich „Glaube" und „Götzendienst" ein grundlegendes Duell. Darauf folgen „Keuschheit" und „Unzucht", „Geduld" und „Zorn" usw. „In der *Psychomachia* findet – als Handlung der Bildebene – eine epische Schlacht statt: sieben Kämpferpaare, je eine Tugend und ein Laster, treten nacheinander auf und messen ihre Kräfte; stets erringt die Tugend den Sieg ... Die Kampfszenen sind dem antiken Heldengedicht verpflichtet, insbesondere der →Aeneis Vergils: die jeweiligen Kämpferinnen gehen aufeinander los, halten Rede und Gegenrede, greifen an und wehren ab, die Laster erliegen den feindlichen Streichen usw. Prudenz hat die kriegerischen Aktionen und ihr Ergebnis, den Tod der Laster, mannigfaltig variiert; hat sich vor allem in zunehmendem Maße darum bemüht, das jeweilige Tun und Leiden dem Wesen der dargestellten Begriffe anzugleichen: der Zorn richtet sich selbst zugrunde, der Hochmut kommt durch mangelnde Vorsicht zu Fall, und Luxuria, die Üppigkeit, kämpft nicht mehr mit Lanze und Schwert, sondern mit Blumen und Wohlgerüchen. Auf diese Weise gibt die *Psychomachia* die Fiktion eines epischen Kampfgeschehens preis: sie geht in eine Paraphrase des eigentlich Gemeinten über. Hiermit verzichtet sie auf eine in sich geschlossene, folgerichtige Handlung: die Bildebene besteht aus disparaten Elementen" (Fuhrmann, 255).
W „Prudenz erklärt zu Beginn und am Schluß, in den beiden Gebeten, die das Epos einrahmen, daß er von dem Kampf handeln wolle, der im Inneren des Menschen ausbrechen könne, sowie von der Schutzwehr, die Christus seiner Gefolgschaft, diesen Kampf zu bestehen, verliehen habe. Er hat sein Programm befolgt. Man kann zwar zweifeln, ob er sowohl die Tugenden als auch die Laster als psychische Kräfte aufgefaßt wissen möchte oder ob er sich die Laster eher als Leib-Dämonen vorstellt. Für beides gibt es Indizien, so daß sich auch die Bedeutung des Titels nicht mit Sicherheit bestimmen läßt: die erstgenannte Möglichkeit würde auf ‚Kampf in der

Seele' führen, die zweite auf ‚Kampf der Seele' (die ebenfalls denkbare Auffassung ‚Kampf um die Seele' kommt wohl am wenigsten in Betracht). Gleichwohl ist evident, daß die *Psychomachia* vornehmlich den Widerstreit innermenschlicher Kräfte abbildet und sie den Sieg der Tugenden auf Christi Erlösertat zurückführt" (Fuhrmann, 256). Daß Prudentius in der *Psychomachia* auch noch andere Kämpfe hat darstellen wollen, ist offensichtlich. Jenseits der Vielfalt des dargestellten Geschehens aber ist Christus die alles umfassende Einheit.

N Die *Psychomachia* hat eine außergewöhnlich große Wirkung auf die Kunst und Literatur des Mittelalters.

A M. Lavarenne, Paris 1933 (lat.–frz. mit Kommentar). E. Rapsidarda, Catania 1962 (lat.–it.).
Ü U. Engelmann, Basel/Freiburg 1959 (lat.–dt.).
L M. v. Albrecht, RL, 1076–1086. R. Argenio: La *Psychomachia* di Prudenzio, in: RSC 8, 1960, 267–280. A. Dihle, GLL, 594. M. Fuhrmann, Spätantike, 255–257. C. Gnilka: Studien zur *Psychomachie* des Prudentius, Wiesbaden 1963. C. Gnilka: Interpretation frühchristlicher Literatur. Dargestellt am Beispiel des Prudentius, in: H. Krefeld (Hg.): Impulse für die lateinische Lektüre. Von Terenz bis Thomas Morus, Frankfurt 1979, 138–180. K. R. Hawforth: Deified Virtues, Demonic Vices and Descriptive Allegory in Prudentius' *Psychomachia*, Amsterdam 1980. H. R. Jauss: Form und Auffassung der Allegorie in der Tradition der *Psychomachia* des Prudentius, in: Medium Aevum Vivum. FS für W. Bulst, Heidelberg 1960, 179–206. A. Katzenellenbogen: Die *Psychomachie* in der Kunst des Mittelalters, Diss. Hamburg 1933. KNLL 13, 686. S. G. Nugent: Allegory and Poetics. The Structure and Imagery of Prudentius' *Psychomachia*, Frankfurt 1985. M. Smith: Prudentius' *Psychomachia*. A Reexamination, Princeton 1976. H. J. Thomson: The *Psychomachia* of Prudentius, in: CR 44, 1930, 109–112.

Punica
„Der punische Krieg"

Tiberius Catius Asconius Silius Italicus, 26–101 n. Chr.

Epos (lat.) vom Zweiten Punischen Krieg (218–202 v. Chr.) in 17 Büchern.

I In über 12.000 Hexametern werden die Ereignisse vom Eid Hannibals bis zu Scipios Sieg und Triumph nach der Schlacht bei Zama ageschildert. – Buch 1: Der Krieg wurde von der Göttin Juno geplant; er hatte seine Ursache aber auch im Charakter Hannibals und seiner Erziehung zum Römerhaß (1–143). – Die Handlung beginnt in Spanien. Hannibal greift Sagunt an. Die Römer werden um Hilfe gebeten; sie schicken eine Gedandtschaft zu Hannibal. Wenn Hannibal den Angriff auf Sagunt nicht abbreche, müsse Rom ihm den Krieg erklären. – Buch 2: Die Römer werden von Hannibal abgewiesen. Sie fahren weiter nach Karthago und erklären den punischen Senatoren den Krieg (270–390). Die Einwohner von Sagunt begehen Selbstmord, als der Abwehrkampf aussichtslos erscheint. Hannibal

zieht in eine menschenleere Stadt ein. – Buch 3: Hannibal überschreitet die Pyrenäen und die Alpen. – Bücher 4–5: Die Römer erleben drei vernichtende Niederlagen: Am Ticinus und an der Trebia, dann am Trasimenischen See. – Bücher 6–7: Silius bietet einen Rückblick auf den Ersten Punischen Krieg und verherrlicht die Taten des Atilius Regulus. Fabius wird zum Dictator gewählt. – Bücher 8–10: Im Mittelpunkt steht die Niederlage der Römer in der Schlacht bei Cannae (im Jahre 216 v. Chr.). – Buch 11: Hannibal zieht an Rom vorbei nach Capua. – Buch 12: Im Kampf bei Nola wird Hannibal ein erstes Mal von Marcellus besiegt. – Buch 13: Hannibal muß Capua aufgeben. In Spanien fallen die Scipionen. – Buch 14–17: Marcellus erobert Syrakus (B. 14). In Spanien haben die Römer Erfolge (B. 15). Es finden Leichenspiele statt (B. 16). Der Sieg Scipios bei Zama und sein Triumph bilden den Inhalt des Buches 17.

Q Die stofflichen Voraussetzungen lieferte Livius (→*Ab urbe condita*, 3. Dekade), formal und strukturell lehnte sich Silius an Vergils →*Aeneis* an. – Seine Vorbilder sind auch Ennius (vgl. 12,387–419) und Homer (13,778–797). Von großer Bedeutung ist auch Lucan (→*Bellum civile*).

W „Der Gesamtaufbau der *Punica* läßt sich letztlich nur aus der ethischen Grundkonzeption erklären. In diesem Epos von der Bewährung römischer Tüchtigkeit (*virtus*) durch Mühsal (*labores*) ist das Römische stoisch verklärt und vergeistigt. Leitbild für viele Helden ist die stoisch verstandene Hercules-Gestalt. Die Allegorie des Prodikos (→*Hôrai*) von Herakles am Scheidewege zwischen Virtus und Voluptas wird am Anfang des 15. Buches auf Scipio übertragen. Der Held ist kein Einzelner, sondern wie bei Naevius und Ennius das ganze römische Volk und seine Qualitäten; verschiedene Seiten römischer *virtus* verkörpern Gestalten wie Fabius, Paullus, Marcellus, und – in besonderem Maße – Scipio. ‚Gegenheld' (vgl. Vergils Turnus, Lucans Caesar) ist Hannibal" (M. v. Albrecht, 766).

A J. Delz, Stuttgart 1987.
Ü H. Rupprecht. 2 Bde., Mitterfels 1991 (lat.–dt.).
L M. v. Albrecht, RL, 759–768. M. v. Albrecht: Silius Italicus, Freiheit und Gebundenheit römischer Epik, Amsterdam 1964. F. Ahl / M. A. Davis / A. Pomeroy: Silius Italicus, in: ANRW 2, 32, 4, 1986, 2492–2561. M. Billerbeck: Stoizismus in der römischen Epik neronischer und flavischer Zeit, in: ANRW 2, 32, 5, 1986, 3116–3151. E. Burck: Die *Punica* des Silius Italicus, in: E. Burck (Hg.): Das römische Epos, Darmstadt 1979, 254–299. E. Burck: Historische und epische Tradition bei Silius Italicus, München 1984. W. Kißel: Das Geschichtsbild des Silius Italicus, Frankfurt 1979. A. Klotz: Silius Italicus, in: RE 2, 5, 1927, 79–91. KNLL 15, 1992. H. G. Nesselrath: Zu den Quellen des Silius Italicus, in: Hermes 114, 1986, 203–230. K. – H. Niemann: Die Darstellung der römischen Niederlagen in den *Punica* des Silius Italicus, Diss. Bonn 1975. C. Santini: Silius Italicus and his View of the Past, Amsterdam 1991. F. Spaltenstein, Genf 1986 (Kommentar zu B. 1–8).

Pyrrhóneiai hypotypóseis
„Grundzüge der Philosophie Pyrrhons"

Sextus Empiricus, Ende des 2. Jh.s v. Chr.

Darstellung (gr.) der Lehre des Pyrrhon (etwa 360–270 v. Chr.) aus Elis, des Begründers der skeptischen Philosophie, in drei Büchern.

I Im 1. Buch erörtert der Autor Wesen und Methoden der pyrrhonischen Skepsis, die darin besteht, daß das Wahrnehmbare dem Wahrnehmbaren und das Denkbare dem Denkbaren auf jede erdenkliche Weise entgegengestellt wird. „Die Gleichwertigkeit der einander entgegengesetzten Aussagen, die sich dabei zeigen soll, führt den Skeptiker zuerst zur Enthaltung vom Urteil und dann zur Ungestörtheit des Gemüts (*ataraxía*). Sein Leben richtet der Skeptiker nach den Belehrungen der Natur, den Notwendigkeiten des Lebens, den Gesetzen und Gewohnheiten und den Verfahren der Technik ein, ohne jedoch alledem objektive Gültigkeit zuzuschreiben" (Soreth, 188 f.). – Einige Kapitelüberschriften (vgl. Barié, 98) aus dem 1. Buch: Der oberste Unterschied der Philosophie. Die Nomenklatur des Skeptizismus. Was Skepsis ist. Die Prinzipien des Skeptizismus. Ob der Skeptiker dogmatisiert. Ob der Skeptiker eine Doktrin hat. Ob die Skeptiker die Erscheinungen aufheben. Das Kriterium der Skepsis. Was das Ziel der Skepsis ist. Die Tropen der Urteilsenthaltung. Die skeptischen *Formulae* (Schlagworte). Über die These, daß jedem Argument ein gleichwertiges entgegensteht. Wodurch sich die skeptische Schule von der demokriteischen Philosophie unterscheidet. – Im 2. Buch greift der Autor die philosophische Logik, im 3. Buch die Naturphilosophie und Ethik an. – Einige Kapitelüberschriften aus dem 2. und 3. Buch: Ob es ein Wahrheitskriterium gibt. Ob es etwas von Natur aus Wahres gibt. Das Zeichen. Der Beweis. Die Syllogismen. Die Induktion. Die Deduktion. Die Definitionen. Die Einteilung eines Wortes in Bedeutungen. Ganzes und Teil. – Gott. Die Ursache. Über die Erkennbarkeit der Körperwelt. Die Bewegung. Der ethische Teil der Philosophie. Ob es natürliche Güter und Übel gibt. Ob die Lebenstechnik lehrbar ist.

W Wertvolle philosophische Sätze (z.B. von Gorgias, Protagoras oder Demokrit) sind dadurch erhalten, daß Sextus sie aus Gründen philosophischer Fairneß ausführlich zitiert. – Der Denkstil der pyrrhonischen Skepsis läßt sich an der Unterscheidung von drei möglichen philosophischen Grundeinstellungen (1,1) konkretisieren: (1) Die Dogmatiker (Peripatetiker, Epikureer, Stoiker) behaupten: Die Wahrheit ist gefunden. – (2) Die Repräsentanten der Neuen (radikal skeptischen) Akademie sagen: Die Wahrheit ist grundsätzlich nicht erkennbar. – (3) Die Skeptiker stellen zwar prinzipiell alles in Frage, befinden sich aber in einem dauernden Zustand des Suchens; für sie gilt die *epimonè zeteseos*, das Verharren im Suchen. Denn alle Ergebnisse menschlichen Forschens und Argumentierens sind vorläufig, nur momentan legitimierbar. – Die Grundlage skeptischer Elenktik bilden die „Tropen". In 1,15 wird eine Gruppe von fünf Tropen (= Ansatzpunkten zur Widerlegung dogmatischer Behauptungen) abgehandelt, die nach Diogenes Laertius (→*Philosóphon bíon kaì dogmáton synagogé* 9,88) auf Agrippa, einen Skeptiker ebenfalls aus der Schule des Pyrrhon, zurückzuführen sind. Danach erfolgt die Widerlegung dogmatischer Positionen durch Nachweis (1) der Diskrepanz, (2) des infinitiven Regresses, (3) der Relativität, (4) der Dogmatisierung und willkürlichen Annahme einer Voraussetzung und (5) des Zirkelschlusses.

A J. Bury. 4 Bde., London/Cambridge (Mass.) 1939–1949 (gr.–engl.). H. Mutschmann / J. Mau. Bd. 1, Leipzig (2)1958.
Ü M. Hossenfelder: Grundriß der Pyrrhonischen Skepsis. Einleitung und Übersetzung, Frankfurt (2)1985. E. Pappenheim, Leipzig 1877.
L P. Barié: La crise pyrrhonienne – über die Bedeutung eines antiken Entwurfs zu einem antidogmatischen und ideologiefreien Leben, in: AU 15, 2, 1972, 95–114. J. Barnes: The Toils of Scepticism, Cambridge 1990. M. Hossenfelder: Die Philosophie der Antike. 3, in: W. Röd (Hg.): Geschichte der Philosophie. Bd. 3, München 1985, 147–182. E. Pappenheim: Erläuterungen zu des Sextus Empiricus Pyrrhoneischen Grundzügen, Leipzig 1881. F. Ricken: Antike Skeptiker, München 1994. M. Soreth: Sextus Empiricus, in: dtv-L 1. 4, 188 f.

Pyrrhóneioi lógoi
„Pyrrhonische Erörterungen"

Ainesidemos aus Knossos, 1. Jh. v. Chr.

Philosophische Abhandlung (gr.) in acht Büchern, aus denen nur ein Auszug in der →*Bibliothéke* (Cod. 212) des Photios erhalten ist.

I Im 1. Buch führt der Autor aus, daß er eine Erneuerung des Pyrrhonismus, d.h. der Philosophie des Skeptizismus (→*Pyrrhóneiai hypotypóseis* des Sextus Empiricus), wegen des Dogmatismus der Akademie (Philon aus Larisa, Antiochos aus Askalon) für unerläßlich hält. Ainesidemos fordert unter Berücksichtigung der skeptizistischen Position des Pyrrhon die skeptische Zurückhaltung auch gegenüber den eigenen skeptischen Prinzipien. – In den folgenden Bücher befaßt sich der Autor mit der Naturphilosophie und der Ethik der Dogmatiker.

A →*Bibliothéke* des Photios (ed. I. Bekker, Berlin 1824, 161–171).
L H. v. Arnim: Quellenstudien zu Philo von Alexandreia, Berlin 1888 (darin 53–100 über Ainesidemos). G. Capone Braga: L' Eraclitismo di Enesidemo, in: Riv. di filosof. 22, 1931, 33–47. H. Krüger: Zur Philosophie des Ainesidemos von Knossos. Ein strukturpsychologischer Versuch, in: Archiv f. d. ges. Psychologie 48, 1924, 147–173.

Pythagorasbiographie →Vita Pythagorae (Porphyrios)

Pythische Oden →Chorlyrik (Pindaros)

Pýthon
„Der Wahrsager"

Timon aus Phleius, etwa 320–230 v. Chr.

Nur fragmentarisch überlieferter Dialog (gr.) mit dem Skeptiker Pyrrhon, in welchem unter verschiedenen Aspekten die innere Unerschütterlichkeit des Meisters geschildert worden war.

   A   H. Diels, PPF, 173–206.

Pytíne
„Die Flasche"

Kratinos aus Athen, 5. Jh. v. Chr.

Fragmentarisch erhaltene Komödie (gr.).

   I   In dem Stück, mit dem Kratinos über die →*Nephélai* des Aristophanes gesiegt hatte, ironisiert der Autor freimütig einige individuelle Schwächen (u. a. die Liebe zum Wein). – Anlaß des Stückes war die Polemik des Aristophanes (→*Hippeîs* 526 ff.) gegen den Konkurrenten; Aristophanes bezeichnete ihn als einen Dichter, der früher mitreißende Kraft besaß und sehr beliebt war. Jetzt sei er ein erledigter Greis und Trinker.

   A   CAF 1, 1880 11–130.
   L   A. Körte, RE 11, 2, 1922, 1647–1654. Schmid-Stählin 1, 4, 67–89.

graphische und astronomische Fragen. – Obwohl
die handschriftliche Überlieferung das Werk in sieben Büchern präsentiert, dürfte es ursprünglich aus
acht Büchern bestanden haben.
Zwischen 62 und 65 n. Chr. verfaßt.

Q

Quaestiones
„Anfragen"

Iulius Paulus, um 200 n. Chr.

Juristische Schrift (lat.) in 26 Büchern, die in den
„Digesten" des →Corpus iuris civilis des Justinian
aufgegangen sind.

A O. Lenel: Palingenesia iuris civilis 1, 1889, 951–
1308.
L A. Berger: Iulius (Nr. 382), in: RE 10, 1, 1918, 690–
752. C. A. Maschi: La conclusione della giurisprudenza
classica all' età dei Severi, Iulius Paulus, in: ANRW 2, 15,
1976, 667–707.

Quaestiones
„Anfragen"

Aemilius Papinianus, um 200 n. Chr.

Juristisch-kasuistische Schrift (lat.) in 37 Büchern,
aus denen nur wenige Auszüge erhalten sind.

A O. Lenel: Palingenesia iuris civilis 1, 1889, 803–946.
L M. v. Albrecht, RL, 1194.

Quaestiones expositae contra paganos
„Offene Fragen, gegen die Heiden"

Aurelius Augustinus aus Thagaste, 354–430 n. Chr.

Dogmatische Schrift (lat.).

A PL 32–47 (Gesamtausgabe).

Quaestiones Hebraicae in Genesin →De nominibus Hebraicis (Hieronymus)

Quaestiones Homericae →Homerikà zetémata (Krates, Porphyrios)

Quaestiones naturales
„Naturwissenschaftliche Fragen"

Lucius Annaeus Seneca aus Corduba, etwa 4–65
n. Chr.

Lehrbuch der Naturwissenschaften (lat.) in sieben
Büchern über physikalische, meteorologische, geo-

I Der Stoff ist nach den vier Elementen angeordnet: Bücher 1 und 2 handeln vom Feuer (feurige
Lichterscheinungen, Nebensonnen; Gewitter). Bücher 3 und 4 (1. Teil) handeln vom Wasser (einschließlich die Sintflut) und vom Nilstrom mit der
Nilschwelle. Bücher 4 (2. Teil) und 5 handeln von
der Luft, vom Hagel, vom Schnee und von den
Winden. In Buch 6 geht es um die Erde; es handelt
vom Erdbeben. Das 7. Buch paßt nicht in das Schema; hier stehen die Kometen im Mittelpunkt (die
aber im Sinne einer Ringkomposition zu den feurigen Lichterscheinungen des 1. Buches passen).
Wenn man die Einteilung in acht Bücher zugrunde
legt, dann ergibt sich folgende Anordnung: B. 4 (2.
Teil): Über die Wolken. B. 5: Über die Winde. B. 6:
Über Erdbeben. B. 7: Über Kometen. B. 1: Über
feurige atmosphärische Erscheinungen. B. 2: Über
Blitz und Donner. B. 3: Über terrestrische Wasser.
Buch 4 (1. Teil): Über den Nil.
Q Eine wichtige Quelle für Seneca ist Poseidonios bzw. dessen Schüler Asklepiodotos (etwa 110–
40 v. Chr.), der Verfasser von Aítia physikaí (Quaestionum naturalium causae). – Seneca nennt aber
auch Aristoteles und Theophrast
W Die Beschäftigung mit den Naturwissenschaften ist für den Römer Seneca nicht nur Selbstzweck; er rechtfertigt sein Werk auch mehrfach mit
dem Hinweis darauf, daß die Auseinandersetzung
mit naturwissenschaftlichen Fragen sittlich förderlich sei (vgl. den Anfang des 6. Buches). Die Kenntnis der Natur befreie von törichter Furcht und er-
öffne den Blick auf das Erhabenste, dessen der
Mensch teilhaftig werden könne. Aufgrund des
stoischen Pantheismus, der dem Werk zugrunde
liegt, erscheint alles Geschehen in der Natur als ein
Werk der göttlichen Vorsehung.

A A. Gerke, Stuttgart 1967.
Ü M. F. A. Brok, Darmstadt 1995 (lat.–dt.). G. H. Mo-
ser, Stuttgart 1830.
L M. v. Albrecht, RL, 918–954. R. Codoner: La physique de Sénèque: Ordonnance et structure des Naturales
quaestiones, in: ANRW 2, 36, 3, 1989, 1779–1822. A. De
Vivo: Le parole della scienza. Sul trattato De terrae motu
di Seneca, Salerno 1962 (zu Buch 6). M. Fuhrmann, Seneca,
290–298. N. Gross: Senecas Naturales quaestiones. Komposition, naturphilosophische Aussagen und ihre Quellen,
Stuttgart 1989. KNLL 15, 207 f. K. W. Ringshausen: Askle-
piodot, Seneca und ihre Anschauungen über Erdbeben und
Vulkane, Diss. München 1929. Schanz-Hosius 2, 698–703.
G. Stahl: Aufbau, Darstellungsform und philosophischer
Gehalt der Naturales quaestiones des L. Annaeus Seneca,
Diss. Kiel 1960. G. Stahl: Die Naturales quaestiones Senecas. Ein Beitrag zum Spiritualisierungsprozeß der römi-
schen Stoa, in: Hermes 92, 1964, 425–454. F. P. Waiblinger:
Senecas Naturales quaestiones. Griechische Wissenschaft
und römische Form, München 1977.

Quaestionum evangeliorum libri II
„Zwei Bücher über Probleme in den Evangelien"

Aurelius Augustinus aus Thagaste, 354–430 n. Chr.

Exegetische Schrift (lat.) zum →*Novum Testamentum*. Behandelt werden Matthäus und Lukas. Verfaßt nach 404 n. Chr.

A PL 32–47 (Gesamtausgabe). A. Mutzenbecher, CCL 44 B, 1–118.

Quaestionum in Heptateuchum libri VII →Locutionum in Heptateuchum libri VII (Augustinus)

Querolus
„Der Nörgler"

An.

Komödie (lat.), die nicht zur Aufführung, sondern zum szenischen Vortrag in geselliger Runde verfaßt wurde.
Entstanden im 4. Jh. n. Chr.

I Ob das Werk eine lockere Bearbeitung der plautinischen →*Aulularia* ist, bleibt umstritten. – Im Mittelpunkt der Handlung steht nicht wie bei Plautus der mißtrauische Alte, sondern der Schwindler Mandrogerus, der den Goldtopf in seine Gewalt bringen will, aber an seiner eigenen Habsucht scheitert. Nur durch die Großzügigkeit seiner Mitmenschen übersteht er seine Entlarvung unversehrt.
N Der *Querolus* wurde von Vitalis von Blois (12. Jh.) für seine *Aulularia* benutzt. Möglicherweise hat er auch Molières *L' avare* (1668) beeinflußt.

A F. Corsaro: Incerti auctoris *Querolus* sive *Aulularia*, Catania 1964 (lat.–it.). W. Emrich, Berlin 1965 (lat.–dt.). L D. Bianchi: Per il *Querolus* di Anonimo e l' *Aulularia* di Vitale di Blois, in: Rendiconti dell' Istituto Lombardo. Classe di Lettere, Scienze Morali e Storiche 89/90, 1956, 63–78. S. Cavallin: Bemerkungen zu *Querolus*, in: Eranos 49, 1951, 137–158. F. Corsaro: *Querolus*. Studio introduttivo e commentario, Bologna 1965. J. Küppers: Die spätantike Prosakomödie *Querolus sive Aulularia* und das Problem ihrer Vorlagen, in: Ph 133, 1989, 82–103. G. Ranstrand: *Querolus*-Studien, Stockholm 1951. M. Schuster: *Querolus*, in: RE 24, 1, 1963, 869–872. W. Süß: Über das Drama *Querolus* sive *Aulularia*, in: RhM 91, 1942, 59–122.

Quia absentem nemo debet iudicare →De non conveniendo haereticis (Lucifer)

Quomodo substantiae ... →Opuscula sacra (Boethius)

Quomodo trinitas unus deus →Opuscula sacra (Boethius)

R

Rätsel

Caelius Firmianus Symphosius, 4.-5. Jh. n. Chr.

Sammlung (lat.) von 100 Rätseln in je drei Hexametern.

A Anthologia Latina 1, 1, Nr. 286. R. Th. Ohl, Diss. Pennsylvania University 1928 (lat.-engl. mit Kommentar).

Ratae sententiae →Kyriai dóxai (Epikuros)

Recognitiones →Pseudoclementinen

Rede an Demonikos →Pròs Demónikon (Isokrates)

Rede an die Hellenen →Lógos pròs Héllenas oder Oratio ad Graecos (Tatianos)

Rede an die Jugend über den nützlichen Gebrauch der heidnischen Literatur →Pròs tùs néus (Basileios)

Rede an die Versammlung der Heiligen →Tô tôn hagíon syllógo (Konstantinos)

Rede auf Cyprian →Lógoi (Gregorios aus Nazianz)

Reden →Dialéxeis, →Diatribaí, →Dictiones (Ennodius), →Lógoi, →Orationes

Reden →Kat' Alkibiádu, →Perì tês heautû kathódu, →Perì tês pròs Lakedaimoníus eirénes, →Perì tôn mysteríon (Andokides)

Reden →Perì tû choreútu, →Perì tû Heródu phónu, →Pharmakeías katà tês metryías, →Tetralogíai (Antiphon)

Reden →Katà Demosthénus, →Kat' Aristogeítonos, →Katà Philokléus (Deinarchos)

Reden gegen die Arianer →Lógoi katà Areianôn (Athanasios aus Alexandreia)

Rede vom Kranz →Perì tû stephánu (Demosthenes)

Rednerlexikon →Léxeis tôn déka rhetóron (Harpokration)

Refutatio →Katà pasôn hairéseon élenchos (Hippolytos)

Registrum epistularum
„Register der Briefe"

Gregorius der Große, etwa 540–604 n. Chr.

Sammlung (lat.) der insgesamt mehr als 850 →*Epistulae* des späteren Papstes.

I Seine während des Pontifikats (590–604 n. Chr.) verfaßten *Epistulae* hat Gregorius selbst gesammelt und in 14 Papyrusbänden chronologisch angeordnet. Dieses Originalregister ist nicht erhalten. Die überwiegende Zahl der erhaltenen Briefe befindet sich in drei unterschiedlich umfangreichen Sammlungen, die als Auszüge aus dem Urregister anzusehen sind.

A P. Ewald / L. M. Hartmann. 3 Bde., Berlin 1887–1899. PL 75–79.
Ü M. Feyerabend. 6 Bde., Kempten 1807–1809. Th. Kranzfelder. 2 Bde., Kempten 1873/1874 (BKV 18 und 27).
L KNLL 6, 853.

Regula monachorum
„Mönchsregel"

Benedictus aus Nursia, um 480 – um 550 n. Chr.

Verhaltenscodex (lat.) für die Mönche des von Benedikt im Jahre 529 auf dem Monte Cassino gegründeten Klosters.

I Mit der „Mönchsregel" wurde Benedikt zum „Vater und Gesetzgeber des abendländischen Mönchtums". Die Regel forderte von einem Mönch auch die regelmäßige körperliche Arbeit. Dadurch begründete sie das europäische Arbeitsethos, das zu einer Wertschätzung der körperlichen Arbeit führte, wie sie der Antike und dem Germanentum fremd war. Benedikt stand damit im Einklang mit der Bibel, in der die Arbeit als Bestimmung und

Verpflichtung des Menschen definiert ist (z. B. Job 5,7; Paulus, Thess. 1,4,11; 2,3,20). – Die Arbeit hatte ihren Platz neben dem Gebet und den guten Werken. Die Regel war Grundlage einer Lebensordnung, die von religiösen und rationalen Gesichtspunkten her bestimmt war. Aufgrund der Annahme dieser Regel durch die meisten Klöster entstand der Benediktinerorden.

A E. Butler, Freiburg [3]1935. R. Hanslik, Wien [2]1977 (CSEL 75). B. Linderbauer, Bonn 1928.
Ü A. L' Huillier, Freiburg 1907. P. E. Pfiffner, Einsiedeln/Zürich 1947. P. B. Steidle, Beuron [3]1978 (lat.-dt.).
L F. Oborski: Die *Regula Benedicti* und ihre Bedeutung im gesamteuropäischen Kontext, in: AU 1/2003, 15–23. E. Prinz: Frühes Mönchtum im Frankenreich, München [2]1988. K. Zelzer, MLAA, 139–141.

Regulae
„Regeln"

Domitius Ulpianus aus Tyros, um 200 n. Chr.

Juristische Lehrschrift (lat.) in sieben Büchern.

A Ph. E. Huschke / B. Kübler / E. Seckel: Iurispr. anteiust. Bd. 1, Leipzig [6]1908, 442–491.
L G. Crifò: Ulpiano. Esperienza e responsabilità del giurista, in: ANRW 2, 15, 1976, 709–789. H. Hübner. Ulpianus, in: dtv-L 1. 4, 314f.: Th. Mayer-Maly, RE 9 A 1, 1961, 567–569.

Regulae Ulpiani
„Regeln des Ulpian"

An.

Juristisches Einführungslehrbuch (lat.).

A F. Schulz: Die *Epitome Ulpiani* des Codex Vaticanus Reginae 1128. Juristische Texte für Vorlesungen und Übungen 3, Bonn 1926.
L D. Liebs: *Ulpiani Regulae* – Zwei Pseudepigrapha, in: Romanitas – Christianitas. FS für J. Straub, Berlin 1982, 282–292. D. Liebs, HLL 5, 67.

Regula monachorum →Opera minora (Isidorus)

Regula pastoralis →Liber regulae pastoralis (Gregorius der Große)

Reisebericht des Iambulos →Iambulos-Exzerpte (Iambulos)

Relationes
„Berichte (des Stadtpraefecten an den röm. Kaiser)"

Quintus Aurelius Symmachus, 2. Hälfte des 4. Jh.s n. Chr. (etwa 345–402)

An den regierenden Kaiser – im vorliegenden Falle an Valentinian II. gerichtete Eingaben und Gesuche (lat.).
Die *Relationes* stammen aus der Zeit der Stadtpraefectur des Symmachus (384/385 n. Chr.).

I Gegenstände der Eingaben sind vor allem Rechtsangelegenheiten, die im Zusammenhang mit der Arbeit des Stadtpraefecten stehen. – Hervorzuheben ist die 3. *Relatio*, die im Zusammenhang des Streites um den Victoria-Altar verfaßt wurde. Vorgeschichte: Der Altar war zusammen mit einem Standbild der Victoria Romana von Augustus 29 v. Chr. nach der Schlacht von Actium in der röm. Curia Iulia geweiht worden. Vor ihren Sitzungen opferten die Senatoren der Göttin Victoria Romana Weihrauch und Wein. Diese Zeremonie wurde auch in der christlichen Zeit beibehalten und wurde von vielen Christen als anstößig empfunden. Daher ließ Constantius II., der Sohn des Kaisers Constantin, die Victoria-Statue im Jahre 357 n. Chr. entfernen. Julian Apostata („der Abtrünnige") ließ sie 361 n. Chr. wieder aufstellen. Unter Gratianus wurde der Altar im Jahre 382 n. Chr. fortgeschafft; das Standbild blieb jedoch stehen. – Symmachus wendet sich nun in seiner 3. *Relatio* (384 n. Chr.) an Kaiser Valentinian II., um zu erreichen, daß der Altar der Victoria in der Curia wieder aufgestellt wird und die Privilegien der heidnischen Priester erneuert werden. – In einer knappen Einleitung (1–2) weist Symmachus darauf hin, daß sich in jüngster Zeit die Verhältnisse gewandelt hätten, die den erneuten Versuch erlaubten, die Dinge nochmals zur Sprache zu bringen. (Eine Gesandtschaft des Senats, die Kaiser Gratianus bitten wollte, die Entfernung des Altars rückgängig zu machen, war 382 n. Chr. nicht vorgelassen worden.) Dann kommt Symmachus zur Sache: *Repetimus igitur religionum statum, qui rei publicae diu profuit* („Wir bitten also um die Wiederherstellung der Religionsausübung, in der Form, die dem Staat lange Zeit nützlich war", Kap. 3). Darauf wendet sich Symmachus den einzelnen Bestimmungen des gratianischen Edikts von 382 n. Chr. zu: der Beseitigung des Victoria-Altars (3–7), der Aufhebung der Priesterprivilegien und den erbrechtlichen Beschränkungen (11–19). In einem pathetischen Schluß beschwört Symmachus den jungen Kaiser, die von Gratian getroffenen Maßnahmen rückgängig zu machen. In den Kap. 8–10 stellt der Autor allgemeine Betrachtungen über die weltanschaulichen Grundlagen der heidnischen Senatspartei an. Diese sind getragen von neuplatonischen und traditionellen nationalrömischen Deutungsmustern.

W Die *Relatio* wird von drei Hauptgedanken

bestimmt (Klein, 1972): (1) Der *res publica*-Gedanke: Symmachus stellt fest, daß der Glaube an die alten Götter und deren Wohlwollen die Größe Roms begründen (Kap. 3). Die Mißachtung der alten Mächte führte im Jahre 384 zu einer Mißernte (Kap. 15 f.). – Auch die *consuetudo* („Gewohnheit") fordere ein Festhalten am Tradierten (Kap. 4; vgl. 8). Daran knüpft auch die röm. Schutzgöttin Roma an, die Symmachus in Form einer Prosopopoiie Kap. 9 auftreten läßt; sie argumentiert nicht mit der *ratio*, sondern mit der *traditio*: Die Formale Beachtung traditioneller religiöser Pflichten steht in einem engen Zusammenhang mit dem Wohl des Staates (vgl. Kap. 19). – (2) Der Toleranz-Gedanke: Symmachus bittet um Gleichberechtigung der heidnischen Götter mit dem christlichen Gott. Denn alle Religionen hätten ihr eigenes Recht: *Suus enim cuique mos, suus cuique ritus est* („Jeder hat nämlich seinen eigenen Brauch, jeder seinen eigenen Kult", Kap. 8). Es sei nur recht und billig, daß das, was alle Menschen verehrten, als Eines angesehen werde. Warum sei es so wichtig, nach welcher Lehre jeder die Wahrheit suche? Man könne nicht nur auf einem einzigen Weg zu einem so erhabenen Geheimnis gelangen (Kap. 10). – Die These von der Gleichberechtigung der Religionen basiert auf Grundannahmen der neuplatonischen Metaphysik (vgl. Plotin, →*Enneádes*); denn Symmachus interpretiert die *varii cultus*, die verschiedenartigen Verehrungsformen des Göttlichen, als Schöpfung der *mens divina*, der denkenden Substanz. Sie sind also gottgewollt und in Analogie zu den vielen aus der Weltseele hervorgehenden Einzelseelen zu sehen (Kap. 8). Neuplatonischer Weltsicht entspricht auch die Feststellung der Einheit in der Vielheit (Kap. 10): „Wir sehen dieselben Sterne; wir haben einen gemeinsamen Himmel; dieselbe Welt umgibt uns." Also ist auch das, was jeder auf seine Weise verehrt, eines, zu dem man aber nicht auf einem Weg gelangen kann. – (3) Die Romidee: Symmachus läßt Roma auftreten (Kap. 9), die gleich zu Beginn verlangt, man möge ihr Alter ehren, in das sie fromme Pflichterfüllung (*pius ritus*) gebracht habe. Daher möchte sie bei den überkommenen Bräuchen bleiben. Diese Form der Gottesverehrung habe sie groß werden lassen. Eine Glaubensänderung sei eine Beleidigung für sie. – Nach dem Verlesen der 3. *Relatio* stimmten alle Mitglieder des kaiserlichen Konsistoriums einschließlich der Christen für die Aufhebung des gratianischen Edikts. Daraufhin schreibt der Mailänder Bischof Ambrosius, ohne den genauen Wortlaut der 3. *Relatio* zu kennen, einen ersten Brief (→*Epistulae*) an Kaiser Valentinian (*Epist.* 17) und anschließend einen weiteren Brief (*Epist.* 18), um zu veranlassen, daß der Antrag des Symmachus kompromißlos zurückgewiesen wird. Vgl. auch Prudentius, *Contra Symmachum*.

A R. H. Barrow, Oxford 1973 (lat.-engl.).
Ü R. Klein, Darmstadt 1972 (s. u.).
L M. v. Albrecht, GL, 1145–1149. A. Dihle: Zum Streit um den Altar der VIctoria, in: Romanitas Christianitas. Studia J. H. Waszink, Amsterdam 1973, 81–97. M.

Fuhrmann, Spätantike, 59–80. F. Hochreiter: Die *Relatio* des Symmachus für die Wiedereinrichtung des Altars der Victoria und die Gegenschriften des Ambrosius und des Prudentius. Eine Untersuchung über das Verhältnis von Antike und Christentum, Diss. Innsbruck 1951. R. Klein: Der Streit um den Victoriaaltar. Die dritte *Relatio* des Symmachus und die Briefe 17, 18 und 57 des Mailänder Bischofs Ambrosius, Darmstadt 1972 (Text, Übersetzung, Kommentar). R. Klein: Symmachus. Eine tragische Gestalt des ausgehenden Heidentums, Darmstadt [(2)]1986. F. Klingner: Vom Geistesleben in Rom des ausgehenden Altertums, in: Geisteswelt, 514–564. F. Paschoud (Hg.): Colloque genevois sur Symmaque à l' occasion du mille-six-centième annversaire du conflit de l' autel de la Victoire, Paris 1986. E. Walter: Die dritte *Relatio* des Symmachus und die Entgegnungen des Bischofs Ambrosius von Mailand und des Prudentius, in: AU 20, 2, 1977, 5–20.

Remedia amoris
„Heilmittel gegen die Liebe"

Publius Ovidius Naso aus Sulmo, 43 v. Chr. – 17 n. Chr.

Lehrgedicht (lat.) in der Nachfolge der →*Ars amatoria*, mit Ratschlägen für die Überwindung der Liebesleidenschaft.
Verfaßt im Jahre 2 n. Chr.

I „Das Werk will kein Widerruf sein, nur Unglück, insbesondere Selbstmord verhindern: Hätten die Heroiden es gelesen, wären sie am Leben geblieben. Bekämpfe die Leidenschaft im Anfangsstadium oder, nachdem sie den Höhepunkt überschritten hat. Meide den Müßiggang, arbeite als Anwalt, Politiker, Soldat, Landmann, Jäger! Halte Abstand! Magie hilft nichts. Stell dir in angestrengter Meditation die Kränkungen vor Augen, die dein Mädchen dir angetan hat. Bedenke ihre körperlichen Mängel und deute auch ihre Vorzüge als Fehler. Laß sie sich von ihren unvorteilhaften Seiten zeigen. Auf einen Ausfall gegen moralisierende Kritiker der *ars* folgen weitere Ratschläge: Stumpfe die Leidenschaft durch physischen Ekel oder durch eine andere Geliebte ab! Zeige dich gefühllos; meide die Eifersucht. Suche das Vergessen, aber hüte dich vor der Einsamkeit. Halte dich von der Geliebten fern. Glaube nicht, daß sie dich liebt; laß dich auf keine Diskussionen ein. Lies ihre Briefe nie wieder; meide die Orte, an denen du mit ihr zusammen warst. Geh nicht ins Theater; lies keine Liebesgedichte (nicht einmal meine). Du bist geheilt, wenn du deinen Rivalen küssen kannst. Halte Diät, trinke keinen Wein" (M. v. Albrecht, 628).

W „Die Unbeschwertheit, mit der hier gegen die Liebe geredet wird, die blitzende Frivolität, mit der diese neue *Ars* ihre ‚Rezepte' vorträgt, sind der ersten Version ebenbürtig, und was sich wie eine Verdammung gibt, ist nur ein neuerlicher Preis der Allmacht Amors ..." (E. Schmalzriedt, 846).

A H. Bornecque, Paris 1930 (lat.-frz.). R. Merkel / R. Ehwald. Bd. 1, Leipzig 1888. A. A. R. Henderson, Edin-

burgh 1979 (mit Kommentar). F. W. Lenz, Berlin [(2)]1969 (lat.-dt. mit Kommentar).
Ü J. Eberle, Zürich/Stuttgart 1959. N. Holzberg, Düsseldorf/Zürich [(4)]1999 (lat.-dt.). F. W. Levy, Darmstadt [(2)]1969.
L M. v. Albrecht, RL, 623–659. D. Korzeniewski: Ovids elegisches Proömium, in: Hermes 1964, 182–213. E. Küppers: Ovis Ars Amatoria und Remedia Amoris als Lehrdichtungen, in: ANRW 2, 31, 4, 1981, 2507–2551. K. Prinz: Untersuchungen zu Ovids Remedia amoris, in: WS 36, 1914, 36–83; 39, 1917, 91–121; 259–290. E. Schmalzriedt, KNLL 12, 845 f. E. Zinn (Hg.): Ovids Ars Amatoria und Remedia Amoris. Untersuchungen zum Aufbau, Stuttgart 1970 (Beiheft 2 zu AU 13).

Rerum gestarum libri XXXI
„Geschichte in 31 Büchern"

Ammianus Marcellinus, 2. Hälfte des 4. Jh.s n. Chr.

Geschichtswerk (lat.) über die röm. Geschichte von 96 n. Chr., dem Jahr von Nervas Regierungsantritt, bis zum Tode des Valens in der Schlacht von Adrianopel (378 n. Chr.). Erhalten sind nur die letzten 18 Bücher (B. 14–31) für die Jahre ab 353 n. Chr. mit der Geschichte Julians.
Zwischen 395 und 400 n. Chr. abgeschlossen.

I Das Werk, das an die →Historiae des Tacitus anschließt, gliederte sich in drei Teile: B. 1–14 für die Jahre 96 bis 354, B. 15–25 für 354 bis 364 und B. 26–31 für 364 bis 378 n. Chr.
Q Für den in den erhaltenen Büchern geschilderten Zeitraum konnte der Autor auf eigene Erfahrungen zurückgreifen; hinzu kommen amtliche Dokumente, Briefe, panegyrische Texte. – Zu seinen literarischen Vorlagen gehören Cicero, Livius, Gellius, Valerius Maximus, Florus, Sallust. Ammianus kennt alle Schriften des Tacitus außer dem →Dialogus de oratoribus. Da er Tacitus fortsetzt, dürfte er auch gedanklich an Tacitus anknüpfen. Dem Christentum steht er neutral gegenüber. Sein Urteil lautet: „Die christliche Religion ist unbedingt und konsequent" (Übers. Fuhrmann, 126: Christiana religio absoluta et simplex, 21,16,18).
W „Ammianus erhebt die römische Geschichtsschreibung, die sich in Anekdotischem und Kompendienschriftstellerei erschöpft hatte, zu ihrer alten, seit Tacitus verlorenen Würde, soweit die gewandelten Zeitverhältnisse und seine andersartige soziale Stellung dies gestatten" (M. v. Albrecht, 1130). Der Autor gliedert seinen Stoff nach inhaltlichen und dramatischen Gesichtspunkten. Er baut zahlreiche Exkurse ein, die z.T. eine gesellschaftskritische und satirische Funktion haben (z.B. die Rom-Exkurse (14,6;28, 4). – Geographische und auch technisch-naturwissenschaftliche Einlagen lockern die Darstellung auf. – Da Ammianus Reichsgeschichte schreiben will und sich diese von der Person des jeweiligen Kaisers nicht trennen läßt, bedient er sich auch der Darstellungsform der Biographie (z.B. bei der Beschreibung der virtutes und vitia des Kaisers Iulian). – Ammianus beschränkt

sich im Sinne der Tradition der röm. Geschichtsschreibung seit Cato auf das Wesentliche; er will die Wahrheit (veritas, 31, 16, 9) darstellen. – Als lateinisch schreibender Grieche legt er besonderen Wert auf die Einheit von gr. und röm. Kultur; hierin ist Cicero sein Vorbild. „Ammian, der die beiden Reichssprachen vollendet beherrschte, hat die Bildung sehr hoch eingeschätzt. Sein Ideal sah er in Julian verkörpert, in dem Mark Aurel seiner Zeit, der Weisheit mit rhetorischer Bildung vereinigte, dessen Herrschertum sich auf die Philosophie gründete; er brachte dies mit Worten zum Ausdruck, die er dem Ciceronischen Bildungsentwurf in der Schrift →De oratore entnommen hatte" (Fuhrmann, 125). Seine Loyalität gegenüber Rom und dem Kaiser ist unumstößlich. Seine Deutung der Geschichte ist darüber hinaus von bestimmten Überzeugungen geprägt: „Die Freiheit des Individuums ist ein zentrales Thema für Ammian. Der Mensch hat sein Schicksal unter Kontrolle; die göttliche Gerechtigkeit bestraft böses Handeln. Die Gründe für Roms Verfall liegen im persönlichen Verhalten von Individuen; sie sind also moralischer Natur. Daher auch das Verweilen auf dem ethischen Kontrast zwischen Gallus und Iulian. Die Tugendhaftigkeit des Kaisers ist ein Heilmittel für den Staat; daraus ergibt sich die exemplarische Bedeutung Iulians für unseren Autor – man sollte hier nicht nur persönliche Vorliebe suchen –, und darum stellt er diese Gestalt vor einen besonders reichen griechisch-römischen Hintergrund ... Rom verdankt, wie unter anderen auch Plutarch und Florus ausgesprochen haben, seine Größe der Verbindung von fortuna und virtus (14,6,3). Auch in Ammians Kritik an der römischen Gesellschaft kommt wohl indirekt sein Glaube an das Imperium zum Ausdruck; doch weiß er sehr wohl, daß die Ewige Stadt – nach dem Geschichtsbild des Florus – inzwischen alle Lebensstadien von der Kindheit bis zum Greisenalter durchlaufen hat. Er wendet das Bild treffend so, daß die greise Metropole nun ihren Söhnen, den Caesaren, die Verwaltung übergeben hat (14,6,4–5). Damit ist das biologistische Schema überwunden und durch ein anthropozentrisches ersetzt" (RL, 1134 f.).
N Das positive Bild von Kaiser Iulian, dem „Apostaten", ist durch Ammianus der Nachwelt überliefert worden; das gilt vor allem für das 19. Jh. (Eichendorff, Felix Dahn, C. F. Meyer, Ibsen).

A W. Seyfarth / L. Jacob-Karau / I. Ullmann. 2 Bde., Leipzig 1978.
Ü W. Seyfartth. 4 Bde., Berlin 1968–1971 (lat.-dt. mit Kommentar). O. Veh / G. Wirth, Zürich 1974.
L M. v. Albrecht, RL, 1127–1138. R. C. Blockley: Ammianus Marcellinus. A Study of his Historiography and Political Thought, Brüssel 1975. K. Bringmann: Ammianus Marcellinus als spätantiker römischer Historiker, in: A & A 19, 1973, 44–60. G. Calboli: Ammian und die Geschichtsschreibung seiner Zeit, in: FS für R. Muth, Innsbruck 1983, 33–53. A. Demandt: Zeitkritik und Geschichtsbild im Werk Ammians, Bonn 1965. H. Drexler: Ammianstudien, Hildesheim 1974. D. Flach: Von Tacitus zu Ammian, in: Historia 21, 1972, 333–350. M. Fuhrmann, Spätantike, 117–126. E. D. Hunt: Christians and Christia-

nity in Ammianus Marcellinus, in: CQ 35, 1985, 186–200. M. Kautt-Bender: Vielfalt und Funktion der Darstellungselemente in den *Res gestae* des Ammianus Marcellinus, Heidelberg 1991. A. Momigliano: The Lonely Historian Ammianus Marcellinus, in: ASNP 4, 1974, 1393–1407. V. Neri: Ammiano e il cristianismo. Religione e politica nelle *Res gestae* di Ammiano Marcellino, Bologna 1985. H. G. Nesselrath: Zur Wiederentdeckung von Julian Apostata in der Renaissance. Lorenzo di Medici und Ammianus Marcellinus, in: A & A 38, 1992, 133–144. K. Rosen: Ammianus Marcellinus, Darmstadt 1982. W. Suerbaum: Ammianus Marcellinus, in: Vom antiken zum mittelalterlichen Staatsbegriff, 159–169. H. Tränkle: Ammianus Marcellinus als römischer Geschichtsschreiber, in: A & A 11, 1962, 21–33. (Kommentare zu den einzelnen Büchern s. M. v. Albrecht, 1136).

Rerum reconditarum libri
„Bücher der verborgenen Dinge"

Serenus Sammonicus, um 200 n. Chr.

Verlorene Sammlung (lat.) von Kuriositäten, die Macrobius, →*Saturnalia* (3,13–18) als Quelle gedient hatte.

L   F. Kind, RE 2 A 2, 1923, 1675. Schanz-Hosius 3, 180.

Rerum rusticarum libri III →De re rustica (Varro)

Res gestae →Rerum gestarum libri XXXI (Ammianus Marcellinus)

Res gestae →Monumentum Ancyranum (Augustus)

Res gestae Alexandri Magni →Historia Alexandri Magni (Ps.-Kallisthenes / Iulius Valerius Polemius)

Responsa
„Antworten"

Zusammenstellungen (lat.) und Protokolle von rechtlichen Anfragen und Bescheiden, mitunter auch verbunden mit Argumenten der Entscheidung, mit Parallelfällen oder Gegenbeispielen. – Die bedeutenden röm. Juristen veröffentlichten Sammlungen derartiger *Responsa*: Iulius Paulus, Aemilius Papinianus, Domitius Ulpianus (um 200 n. Chr.).

L   M. v. Albrecht, RL, 1190–1209 (mit weiterführender Literatur).

Retractationes
„Verbesserungen"

Aurelius Augustinus aus Thagaste, 354–430 n. Chr.

Rechenschaftsablage (lat.) des Autors in zwei Büchern über sein literarisches Werk, das aus 93 Schriften in 232 Büchern (ohne Briefe und Predigten) besteht. Augustinus berichtet über die Entstehung dieses Werkes, berichtigt Irrtümer und verwahrt sich gegen Mißdeutungen.
Im Jahre 427 n. Chr. vollendet.

I   Augustinus nimmt zu seinen Schriften in chronologischer Reihenfolge kritisch Stellung. Er beginnt mit den Büchern →*Contra Academicos*. Seine früheste (verlorene) Schrift *De bono et apto* lag ihm nicht mehr vor. – Von den 93 Schriften in 232 Büchern, die er aufzählt, sind zehn Schriften heute verloren. Er geht auf die Entstehungszeit, den Anlaß der Abfassung, den Inhalt und den Aufbau jeder einzelnen Schrift ein. Er korrigiert, was er für falsch oder überholt hält, verteidigt seine Position, wo er sie noch für richtig hält, und klärt dogmatische Unkorrektheiten.
W   Augustinus will den Leser über die Entwicklung seiner Lehre informieren, soweit sie in seinen Schriften faßbar ist; er legt Wert darauf, daß man seine Lehre von den jeweils späteren Schriften her beurteile.

A   G. Bardy. Bd. 12, Paris 1950. P. Knöll, CSEL 36, 1902.
Ü   C. J. Perl, Paderborn 1976.
L   M. v. Albrecht, RL, 1318–1353. M. F. Eller: The *Retractationes* of St. Augustin, Diss. Boston 1946. M. Fuhrmann, Spätantike, 194–212. KNLL 1, 879. G. Misch: Geschichte der Autobiographie. Bd. 1. 2, Frankfurt 1950, 693–701.

Rhadámanthys →Sísyphos (Kritias)

Rhêsos
(Name des Thrakerkönigs)

Ps.-Euripides (4. Jh. v. Chr.)

Tragödie (gr.) mit einem Stoff aus dem troischen Sagenkreis.

I   Es handelt sich um eine Dramatisierung der Dolonie (→*Iliás* 10). „Die Geschichte, wie Odysseus und Diomedes erst den troischen Gegenspäher Dolon und dann den Thrakerkönig Rhesos töten, der eben mit großen Worten zur Unterstützung der Troer eingetroffen war, ist mit sichtlichem Bemühen um dramatische Wirkung gestaltet. Aber hier eben tut sich der Gegensatz zu Euripides auf: mit allerlei Verdächtigungen und Beschuldigungen werden kleine Teilkonflikte entfacht, die rasch und wirkungslos verlöschen, ohne daß das Stück als

Ganzes dramatisches Leben gewänne oder gar den Aspekt echter Tragik zeigte" (Lesky, 705 f.).

A G. Murray. Bd. 3, Oxford [2]1913. G. Zanetto, Stuttgart/Leipzig 1993.
Ü D. Ebener: *Rhesos*. Tragödie eines unbekannten Dichters, Berlin 1966 (gr.-dt.).
L A. Lesky, GL, 705 f. W. Ritchie: The authenticity of the *Rhesus* of Euripides, Cambridge 1964 (dazu E. Fraenkel, Gnomon 37, 1965, 228 ff.). H. Strohm: Beobachtungen zum *Rhesos*, in: Hermes 87, 1959, 257 ff.

Rhetorica ad Herennium
„Rhetorik an Herennium"

An. (lange Zeit Cicero zugeschrieben): Auctor ad Herennium

Lehrbuch der Rhetorik in vier Büchern (lat.), zusammen mit Ciceros rhetorischen Schriften überliefert.
Etwa 86–82 v. Chr. verfaßt; der Adressat C. Herennius ist nicht weiter bekannt.

I Das Werk ist die älteste erhaltene Darstellung der Rhetorik in lat. Sprache. Es bietet ein in sich geschlossenes System der Rhetorik, das nach den *officia oratoris*, den Arbeitsgängen oder Aufgaben des Redners, abgehandelt wird; das sind (1) die *inventio* (Auffindung der Hauptgesichtspunkte einer Rede), (2) die *dispositio* (Stoffgliederung), (3) die *elocutio* (Darstellung, Formulierung), (4) die *memoria* (Memorieren) und (5) die *pronuntiatio* oder die *actio* (Vortrag). Dabei wird die *inventio* (1,4–3,15) nach den „Teilen der Rede" (*partes orationis*) gegliedert und als einzige getrennt nach den drei „Arten der Rede" (*genera dicendi*) besprochen, dem *genus iudiciale* (Gerichtsrede): Buch 1–2, dem *genus deliberativum* (Staatsrede): B. 3,2–9 und dem *genus demonstrativum* (Gelegenheitsrede/Festrede): B. 3,10–15. – Darauf folgen die übrigen Arbeitsgänge: *dispositio* (3,16–18), *pronuntiatio* (3,19–27), *memoria* (3,28–40) und *elocutio* (4). – Die „Teile" (*partes orationis*), nach denen jede Art der Rede (*genus orationis*) dargestellt wird, sind folgende: *exordium* (Einleitung), *narratio* (Erzählung des Hergangs), *divisio* (Präzisierung des Sachverhalts), *argumentatio* (positiver/negativer Beweis), *peroratio* (Schluß). Bei der *argumentatio* kommt die Status-Lehre ins Spiel (vgl. die →*Téchnai rhetorikaí* des Hermagoras aus Temnos).
Q Der Autor ist durchgehend von gr. Quellen abhängig, zu denen u. a. auch die „Rhetorik" des Hermagoras aus Temnos gehört.
W Der Autor befaßt sich besonders mit der Gerichtsrede (*genus iudiciale*), weniger mit der politischen Rede (*genus deliberativum*) wie Cicero. Er zeigt kein Interesse an den Subtilitäten der gr. Theoretiker. Obwohl er philosophisch gebildet erscheint, hat er nicht die Absicht, die Rhetorik philosophisch zu begründen wie Cicero in →*De oratore* und →*De inventione*. Seine Arbeit sollte offensichtlich der praktischen Redekunst eine theoretische Grundlage geben.

A G. Achard, Paris 1989 (lat.-frz.). G. Calboli, Bologna 1969 (mit Kommentar). H. Caplan, London/Cambridge (Mass.) 1954 (lat.-engl.). F. Marx, Leipzig [2]1923, Nachdr. 1993).
Ü K. Kuchter, München 1911. Th Nüßlein, München/Zürich [2]1998 (lat.-dt.).
L G. Achard: L' auteur de la Rhétorique à Herennius?, in: REL 63, 1985, 56–68. J. Adamietz: Ciceros *De inventione* und die Rhetorik an Herennius, Diss. Marburg 1960. M. v. Albrecht, RL, 470–472. K. Barwick: Die Vorrede zum 2. Buch der rhetorischen Jugendschrift Ciceros und zum 4. Buch des *Auctor ad Herennium*, in: Ph 105, 1961, 307–314. J. Brzoska: Cornificius, in: RE 4, 1, 1900, 1605–1623. M. Fuhrmann, Lehrbuch. M. Fuhrmann: Die antike Rhetorik. Eine Einführung, München 1984, 42–51. H. Hommel: Rhetorik, in: dtv-L 1. 4, 127–143. K. Manitius: Zur Überlieferung des sog. *Auctor ad Herennium*, in: Ph 100, 1956, 62–66.

Rhetorik →Téchne rhetiké (Aristoteles)

Rhetorik →Téchnai rhetorikaí (Hermagoras)

Rhetorikè pròs Aléxandron
„Rhetorik an Alexander"

Anaximenes aus Lampsakos, 2. Hälfte des 4. Jh.s v. Chr.

Lehrbuch (gr.), unter dem Namen des Aristoteles überliefert, aber seit der Renaissance dem Anaximenes zugewiesen.
Um 340 v. Chr. verfaßt.

I Es handelt sich um eine praxisnahe Darstellung der sophistischen Rhetorik und zugleich um das älteste erhaltene Lehrbuch auf diesem Gebiet. Das Lehrbuch berührt sich in vielem mit der →*Téchne rhetiké* des Aristoteles, ist aber vor dieser verfaßt.

A M. Fuhrmann, Leipzig 1966. L. Spengel: Anaximenes. Ars Rhetorica, Leipzig 1847, Nachdruck 1981. L. Spengel / C. Hammer: Rhetores Graeci. Bd. 1, Leipzig [2]1894, 169–242.
L V. Buchheit: Untersuchungen zur Theorie des Genos epideiktikon von Gorgias bis Aristoteles, München 1960, 189 ff. M. Fuhrmann, Lehrbuch, Göttingen 1960. M. Fuhrmann: Untersuchungen zur Textgeschichte der pseudo-aristotelischen Alexander-Rhetorik. Abh. Akad. Mainz 1964/7, 1965. A. Lesky, GL, 663 f. P. Wendland: Anaximenes von Lampsakos, Berlin 1905.

Rhetóron didáskalos
„Lehrer der Redner"

Lukianos aus Samosata, etwa 120–180 n. Chr.

Satirischer Schnellkurs in Rhetorik (gr.).

I Der Autor geht auf die fiktive Bitte eines jungen Freundes ein, der unbedingt ein berühmter Redner und Sophist werden will. Er verspricht ihm, dieses Ziel erreichen zu helfen, zumal schon viele, die zuvor nichts waren, durch ihre Beredsamkeit berühmt geworden sind. – Lukian fordert den Schüler auf, sich die Redekunst als eine schöne Frau vorzustellen, die auf der Spitze eines Berges sitzt; zu ihrer Linken ist der Reichtum, neben ihm sind Ruhm und Stärke zu sehen. Um die Gruppe herum schwirren die Lobsprüche wie kleine Liebesgötter. Mit dieser schönen Frau soll sich der Schüler vermählen und zugleich den Reichtum, den Ruhm usw. in Besitz nehmen. Zum Berggipfel aber führen zwei Wege, ein unbequemer und ein bequemer Weg; jetzt muß er sich für den richtigen Weg entscheiden, um in den Besitz der schönen Frau zu gelangen und ein reicher und berühmter Mann zu werden. Er soll den bequemen und nicht den unbequemen Weg wählen, den die großen Redner der Vergangenheit einst gewählt haben wie z. B. Demosthenes oder Platon. Er soll sich dem Führer auf dem leichten Weg anvertrauen. Darauf läßt Lukian diesen sich selbst vorstellen, der offensichtlich die Parodie eines Sophisten seiner Zeit ist. Anschließend gibt er dem Schüler noch weitere Ratschläge, die die Rhetorik in ein denkbar schlechtes Licht rücken: Er solle sich nur nicht an Isokrates, Demosthenes oder Platon orientieren. Was er vor allem lernen müsse, sei Dreistigkeit: Verwegenheit, Unverschämtheit, Fähigkeit zur Lüge, Tadelsucht, Geschicklichkeit im Verleumden usw., um ein berühmter Mann zu werden.

A A. M. Harmon. Bd. 4, London/Cambridge (Mass.) 1925 (gr.-engl.).
Ü Chr. M. Wieland: Lucian von Samosata, Sämtliche Schriften 3. 6, Leipzig 1788/1789, 3–32.

Rhizotomikón →Perì hýles iatrikês (Dioskurides)

Rhodisches Bettelliedchen

An.

Volkslied (gr.).

I In diesem Lied stellen sich die Kinder als Schwalben vor und für den Fall, daß man ihnen eine Gabe verweigert, drohen sie scherzhaft, die Tür oder die Hausfrau davonzutragen.

A Carm. pop. 32 D.
L A. Lesky, GL, 132.

Rhythmikà stoicheîa →Harmonikà stoicheîa (Aristoxenos aus Tarent)

Ritter →Hippeîs (Aristophanes)

Rhomaiká
„Römische Geschichte"

Appianos aus Alexandreia, 2. Jh. n. Chr.

Ethnographisch angelegte Darstellung (gr.) der römischen Geschichte in 24 Büchern, nur teilweise erhalten.
Um 160 n. Chr. geschrieben.

I Die Darstellung reichte von den Anfängen (Aeneas) bis Trajan (reg. 98–117 n. Chr.). Die einzelnen Völker und Länder werden in der Reihenfolge behandelt, in der sie dem röm. Reich einverleibt worden waren. – Bücher 1–2: Frühgeschichte. B. 3: Samnitische Geschichte. B. 4: *Keltiké* („Gallienbuch"). B. 5: *Sikeliké kaì nesiotiké* („Sizilien – und Inselbuch"). B. 6: *Iberiké* („Spanienbuch"). B. 7: *Annibaiké* („Hannibalbuch"). B. 8: *Libyké* („Karthagobuch"). B. 9: *Makedoniké* („Makedonienbuch"). B. 10: *Helleniké kaì Ioniké* („Griechenland – und Ionienbuch"). B. 11: *Syriaké* („Syrienbuch"). B. 12: *Mithridáteios* („Mithridatesbuch"). B. 13–17: *Emphýlia* („Bürgerkriege"). B. 18–21: *Aigyptiaká* („Ägyptenbücher"). B. 22: *Hekatontaetía* („Jahrhundertbuch" = die Eroberungen der Kaiser bis Trajan). B. 23: *Dakiké* („Dakienbuch"). B. 24: *Arábios* („Arabienbuch"). – Erhalten sind der Anfang von Buch 1 und die Bücher 6–8, Teile von 9 und 11–17 und einzelne Stücke vor allem aus 2–5 und 24. – Aufgrund der ethnographischen Anlage des Werkes kommt es mehrfach zu Überschneidungen oder zur Abhandlung aufeinander folgender Ereignisse an weit voneinander getrennten Stellen.

Q Die Quellenfrage ist schwer zu klären. Obwohl Appianos Livius (→*Ab urbe condita*), Sallust (→*Historiarum libri V*), Poseidonios (→*Historía he metà Polýbion*), Dionysios aus Halikarnassos (→*Rhomaikè archaiología*) oder Diodoros (→*Bibliothéke historiké*) nicht erwähnt, ist die Benutzung dieser Werke nicht auszuschließen. Umgekehrt bedeuten Hinweise auf Polybios (→*Historíai*), Caesar (→*De bello Gallico*) oder Asinius Pollio (→*Historiae*) nicht, daß Appianos diese (und andere) Autoren in größerem Umfang zugrunde legte.

W Appianos wollte eine Geschichte des von ihm bewunderten röm. Volkes schreiben und die Ursachen für die Entstehung des Weltreiches herausarbeiten. „Das römische Volk vermochte seine jetzige glückliche Lage jedoch nur deshalb zu erreichen, weil es (d. h. seine führenden Persönlichkeiten) nach der festen Überzeugung Appians über eine auf der Welt einmalige Klugheit, Tüchtigkeit und Zähigkeit verfügte, die es auch schwierige Situationen durchstehen ließ" (Lendle, 253 f.).

A P. Viereck / A. G. Roos. Bd. 1, Leipzig 1939, Nachdr. mit Add./Corr. von E. Gabba: 1962. L. Mendelssohn / P. Viereck. Bd. 2, Leipzig 1905, Nachdr. 1986. H. White. 4 Bde., London/Cambridge (Mass.) 1912–1913 (gr.-engl.).
Ü K. Brodersen / W. Will / O. Veh. 2 Bde., Stuttgart 1987–1989.
L K. Brodersen: Appian und sein Werk, in: ANRW 2, 34, 1, 1993, 339–363. E. Famerie: Le Latin et le Grec d' Appien. Contribution à l'étude du lexique d' un historien grec de Romes, Genf 1998. E. Gabba: Appiano e la storia delle guerre civili, Florenz 1956. B. Goldmann: Einheitlichkeit und Eigenständigkeit der *Historia Romana* des Appian, Hildesheim 1988. A. Klotz: Appians Darstellung des 2. punischen Krieges, Paderborn 1936. O. Lendle, Einführung, 252–254. A. Lesky, GL, 945 f. P. Meloni: Il valore storico e le fonti del libro macedonico di Appiano, Rom 1955. E. Schwartz, RE 2, 1, 1895, 216–137.

Rhomaikè archaiología
„Römische Urgeschichte"

Dionysios aus Halikarnassos, seit 30 v. Chr. in Rom

Geschichte Roms (gr.) von der Urzeit bis zum Ausbruch des ersten Punischen Krieges im Jahr 264 v. Chr. in 20 Büchern, von denen die Bücher 1–10 vollständig, Buch 11 lückenhaft und die übrigen Bücher nur in Exzerpten und Zitaten erhalten sind. Im Jahre 7 v. Chr. veröffentlicht.

I Dadurch daß das Werk die Zeit von der Gründung Roms bis zum ersten Punischen Krieg umfaßt, ergänzt es die →*Historíai* des Polybios um eine Darstellung des Zeitraumes vor der von Polybios behandelten Epoche.

Q Dionysios distanziert sich von gr. Historikern, die die röm. Geschichte nur unzureichend dargestellt hätten (Proömium zum 1. Buch). Er habe in Rom Latein gelernt, Informationen gesammelt und alle vorhandenen Geschichtswerke der Römer gelesen und ausgewertet (u. a. Cato, →*Origines*, Valerius Antias, →*Annales*, Licinius Macer, →*Annales*). – Es spricht allerdings manches dafür, daß Dionysios sich nicht dem mühsamen Geschäft der wissenschaftlichen Forschung unterzog, „sondern seine Aufgabe darin sah, die dürren Informationen, die er seinen annalistischen Quellen entnahm, in anspruchsvoll stilisierte und effektvoll aufgemachte Literatur umzusetzen" (Lendle, 241). So betrieb Dionysios auch keine gründliche Quellenkritik, sondern übernahm weitgehend kritiklos, was er vorfand.

W Im Proömium (1,1–8) erklärt Dionysios, er wolle den über Rom und die Römer verbreiteten Irrtümern die Wahrheit entgegenstellen und die Behauptung widerlegen, daß die Gründer Roms ihre Macht nicht aufgrund ihrer *virtus*, d. h. ihrer überragenden Fähigkeiten, sondern nur mit Hilfe der *Tyche*, des Zufalls, errungen hätten. Der Autor will über die Geschichte des röm. Aufstiegs berichten, um bei seinen Lesern eine angemessene Einstellung gegenüber Rom zu wecken, damit sie sich auch als Unterworfene der röm. Herrschaft einsichtsvoll

fügten, die von hervorragenden Männern getragen werde. – Diese Zielsetzung kam den rhetorischen Ambitionen des Autors entgegen: Er versuchte, seine Leser unter Einsatz seiner rhetorischen Mittel von seiner Deutung der röm. Geschichte zu überzeugen. Dabei bediente er sich vor allem auch des Kunstmittels der Rede: Er ließ seine Römer bei allen sich bietenden Gelegenheiten Reden halten, die sich an Vorbildern wie Demosthenes, Thukydides und Xenophon orientierten.

A G. Aujac. 5 Bde., Paris 1978–1992 (gr.-frz.). E. Cary. 7 Bde., London/Cambridge (Mass.) 1937–1950 (gr.-engl.). C. Jacoby. 4 Bde. und Suppl., Leipzig 1885–1925, Nachdr. 1967–1985.
Ü G. J. Schaller / A. H. Christian, Stuttgart 1827–1849.
L M. v. Albrecht: Dionysios (Nr. 20), in: DKP 2, 70 f. E. Gabba: Dionys and the History of Archaic Rome, Berkeley 1991. E. Gaida: Die Schlachtenschilderungen in den *Antiquitates Romanae* des Dionysios von Halikarnaß, Diss. Breslau 1934. S. Ek: Herodotismen in der Archäologie des Dionys von Halikarnaß, Lund 1942. H. Hill: Dionys of Halikarnass and the origins of Rome, in: JRS 51, 1961, 68–93. A. Klotz: Zu den Quellen der Arch. d. D. v. H., in: RhM 87, 1938, 32 ff. O. Lendle, Einführung, 239–242. A. Lesky, GL, 945. E. Schwartz, RE 5, 1, 1903, 934–961.

Rhomaikè archaiología
„Römische Geschichte"

Iuba, König von Mauretanien, 25 v. – 23 n. Chr.

Aus historischen und antiquarischen Studien hervorgegangenes Geschichtswerk (gr.) in zwei Büchern, aus denen nur Frg. erhalten sind.

I Da Iuba ein unkriegerischer Gelehrter und Kunstfreund war, interessierte er sich weniger für die kriegerische Geschichte, sondern befaßte sich vor allem mit einem Vergleich der gr. und röm. Sitten und Lebensgewohnheiten und mit der Geschichte des Theaters.

N Iuba schrieb außerdem eine libysche, arabische und assyrische Geschichte. – Die historischen Schriften wurden viel benutzt von Plutarch (vgl. u. a. →*Aítia Rhomaiká*), Appianos (→*Rhomaiká*) und Cassius Dio (→*Historía Rhomaiké*).

A FGrHist 275.
L F. Jacoby, Iuba, in: RE 9, 2, 1916, 2384–2395. A. Lesky, GL, 873. H. Peter: Über den Wert der historischen Schriftstellerei von König Juba II., Meissen 1879.

Rhomaikè historía →Historía Rhomaiké (Cassius Dio)

Römische Geschichte →Historía Rhomaiké (Cassius Dio)

Romrede →Lógoi (Ailios Aristeides)

Romulea

„Zu Romulus Gehörendes, Römisches"

Blossius Aemilius Dracontius aus Karthago, Ende des 5. Jh.s n. Chr.

Sammlung (lat.) kleinerer Gedichte aus der Zeit vor und nach der Gefangenschaft des Autors (zwischen 484–496 n. Chr.).

I Überliefert sind zwei Hochzeitsgedichte (Epithalamien), kurze Nacherzählungen mythischer Epyllien in Hexametern, in Hexameter umgesetzte Übungsreden (rhetorische *Controversiae* und *Suasoriae*) und zwei Widmungen an den Lehrer des Autors, Felicianus, der die (nach der Besetzung durch die Vandalen) aus Afrika verbannten Studien wiederbelebte und für Vandalen und Römer als Lehrer wirkte.

A F. Vollmer, MGH AA 14, 1905. F. Vollmer: Poetae Latini Minores 5, 1914.
L A. Dihle, GLL, 605 f. O. Hiltbrunner: Dracontius (Nr. 4), in: DKP 2, 157 f. F. Vollmer, RE 5, 1635–1544. B. Weber: Der *Hylas* des Dracontius (*Romulea* 2). Kommentar und Untersuchungen. Beiträge zur Altertumskunde 47, 1995.

Romulus

An.

Unter dem Namen eines ansonsten unbekannten Romulus überlieferte Sammlung (lat.) von Fabeln in Prosa.
Die um 400 n. Chr. nach einer damals noch vollständigen Ausgabe der →*Fabulae Aesopiae* des Phaedrus zusammengestellte Sammlung, die auch als *Aesopus Latinus* zitiert wird, war von großer Bedeutung für die spätere Fabeldichtung.

I In einer Vorrede zu seiner Sammlung teilt der Autor mit, er habe die Stücke aus dem Griechischen ins Lateinische übertragen. Vermutlich lag dem Verfasser eine gr. Fabelsammlung vor, aus der auch schon Phaedrus geschöpft hatte. Das erklärt vielfache Berührungen zwischen *Romulus* und Phaedrus und könnte auch die Tatsache begründen, daß *Romulus* über Material verfügt, das nicht im überlieferten Phaedrus-Text zu finden ist.

A G. Thiele: Der lateinische Aesop des Romulus und die Prosa-Fassungen des Phaedrus. Kritischer Text mit Kommentar und einleitenden Untersuchungen, Heidelberg 1910.
Ü L. Mader: Antike Fabeln, Zürich 1951, Nachdr. München 1973, 335–348 (Auswahl).

Rudens

„Der Strick"

Titus Maccius Plautus, etwa 250–184 v. Chr.

Komödie (lat.) in 35 Auftritten.

I Ort der Handlung ist die afrikanische Küste bei Kyrene. Nach einem Seesturm ist das Schiff des Kupplers Labrax auf der Fahrt nach Sizilien untergegangen. Zwei Mädchen, Palaestra und Ampelisca, Labrax und sein Gastfreund Charmides haben sich retten können. Der Schiffbruch war die Strafe der Götter für einen Vertragsbruch des Kupplers: Der Jüngling Pleusidippus aus Athen hatte sich in Palaestra verliebt, die sich im Besitz des Kupplers befand, und den Loskauf des Mädchens mit diesem vertraglich vereinbart. Zufällig kommen die Schiffbrüchigen dort an, wo die Übergabe des Mädchens an Pleusidippus hatte stattfinden sollen: am Tempel der Venus. Die Mädchen flüchten vor dem Kuppler ins Heiligtum. Dieser versucht dennoch, der Mädchen wieder habhaft zu werden. Daemones, ein vornehmer Bürger, der in der Nähe des Tempels wohnt, verhindert diese Freveltat. Pleusidippus klagt Labrax vor Gericht wegen Vertragsbruchs an. Palaestra wird ihm zugesprochen. – Nun hatte Gripus, der Sklave des Daemones, einen Reisekoffer aus dem Meer gefischt, den Trachalio, der Sklave des Pleusidippus, ihm wegnehmen wollte. (In der 3. Szene des 4. Aktes balgen sich die beiden Sklaven um den Koffer: der eine zieht an dem Netz, in dem der Koffer steckt, der andere an einem Seil = *rudens*: Von diesem Seil hat die Komödie ihren Titel.) Daemones soll den Streit entscheiden. Da erfährt er, daß sich in dem Koffer Kinderspielzeug der Palaestra befindet, woran er erkennt, daß das Mädchen seine seit langem verschollene Tochter ist. Mit dieser Wiedererkennung erweist sich Palaestra zugleich als freie Bürgerin von Athen, so daß sie Pleusidippus heiraten kann.

Q Die gr. Vorlage ist eine unbekannte Komödie des Diphilos (2. Hälfte des 4. Jh.s v. Chr.). – „Hinter der Verwendung allegorischer Gestalten im Prolog lassen sich zuweilen philosophische Quellen erkennen, so am Anfang des *Rudens*. Nach Platons →*Epinomís* (981e–985b) sind die Sterne sichtbare und sehende Götter; sie kennen unsere Gedanken, lieben die Guten, hassen die Bösen. Sie verdolmetschen einander und den oberen Göttern alles, weil sie zwischen ihnen und uns eine Mittelstellung einnehmen. In der Tat führt im Stück der durch den Stern bewirkte Seesturm zur Bestrafung der Bösen und zur Belohnung der Guten. Plautus hat den philosophischen Passus in der Einleitung nicht gestrichen, sondern sorgfältig ausgeführt. Es handelt sich (neben pythagoreischen Elementen bei Ennius) um einen der frühesten philosophischen Texte in lateinischer Sprache" (M. v. Albrecht, 161).

W Durch die Handlung wird die im Prolog aufgestellte Behauptung bewiesen, daß gute und böse Taten durch göttliche Fügung ihren gerechten Lohn finden. In diesem Zusammenhang ist auch der stark religiöse Ton des Stückes zu sehen, der schon in dem von einem Gott gesprochenen Prolog anklingt. Daß ein Gott den Gang der Handlung beeinflussen kann, ist eine Botschaft des Stückes: Arcturus ist nicht nur ein Wettergott (er ist der Gott des gleichnamigen Sternbildes), der Sturm bringt; er lenkt auch das Schicksal der Menschen: Im *Rudens* führt er eine Familie wieder zusammen, nachdem er die Bestrafung des Frevlers vollzogen hat. – Ein Grundgedanke des Stückes ist der Respekt vor der göttlichen Gerechtigkeit. Die Priesterin der Venus, Ptolemocratia, verkörpert die röm. *pietas* (Frömmigkeit, Ehrfurcht, Pflichtgefühl).

A   F. Leo. 2 Bde., Berlin 1895–1896, Nachdr. Berlin 1958. W. M. Lindsay. 2 Bde., Oxford 1904. F. Marx, Leipzig 1928, Nachdr. Amsterdam 1959. A. Thierfelder, Heidelberg [2]1962.

Ü   W. Binder / W. Ludwig: Antike Komödien. Plautus/Terenz. 2 Bde., Darmstadt 1976.

L   M. v. Albrecht, RL, 133–167. J. Blänsdorf: Plautus, *Amphitruo* und *Rudens* – oder wieviel literarische Parodie verträgt eine populäre Komödie?, in: W. Ax / F. Glei (Hg.): Literaturparodie in Antike und Mittelalter, Trier 1993, 57–74 H. Drexler: Die Komposition von Terenz' *Adelphen* und Plautus' *Rudens*, in: Ph Suppl. 1934. E. Fraenkel: The Stars in the Prologue of the *Rudens*, in: CQ 36, 1942, 10–14. W. H. Friedrich: Euripides und Diphilos. Zur Dramaturgie der Spätformen, München 1953. E. Lefèvre: Diphilos und Plautus. Der *Rudens* und sein Original, in: AAWM 1984, 10. P. Riemer: Das Spiel im Spiel. Studien zum plautinischen Agon im *Trinummus* und *Rudens*, Stuttgart/Leipzig 1996.

S

Sacramentarium Gregorianum
„Sakramentar des Gregorius"

Gregorius der Große, etwa 540–604 n. Chr.

Liturgischer Leitfaden (lat.)
Das *Sacramentarium Gregorianum* ist wahrscheinlich 592 n. Chr. entstanden.

I   Es handelt sich um ein Werk, in dem u. a. für die Eucharistiefeier, aber auch für andere gottesdienstliche Handlungen wie Taufe oder Ordinationen die amtlichen Gebete des Liturgen aufgezeichnet waren.

A   H. Lietzmann, 1921.
L   B. Kleinheyer: Sakramentar, in: LThK 9, 237–239.

Salamiselegie

Solon aus Athen, um 640–560 v. Chr.

Distichon-Dichtung (gr.).

I   Mit der „Salamiselegie" soll Solon seine politische Laufbahn begonnen haben. Die Elegie hat für Solon denselben Zweck wie eine öffentliche Rede. „Dichtung ist für ihn in erster Linie Ersatz für das direkte Instrument der Prosarede ... Es ist eine Folge dieser Funktionalisierung von Dichtung, daß Solons Verse ... wie (wunderbar gepflegte) Redeprosa klingen" (Latacz, GLTD 1, 187).

A   →„Musenelegie" (Solon).

Salierlied →Carmen Saliorum

Samía è kedeía
„Samia oder die Verschwägerung"

Menandros aus Athen, 342–291 v. Chr.

Komödie (gr.) in fünf Akten, aufgrund von Papyrusfunden fast vollständig erhalten.
Nach 322/321 v. Chr. uraufgeführt.

I   Im Prolog des Moschion wird die Vorgeschichte erzählt: Moschion hat während des Adonisfestes ein Verhältnis mit der Nachbarstochter Plangon begonnen, das nicht ohne Folgen blieb. Er hat ihr die Hochzeit versprochen, sobald sein Vater

Demeas von einer vor neun Monaten zusammen mit Nikeratos, dem Vater von Plangon, begonnenen Geschäftsreise zurückgekehrt ist. Inzwischen hatte Chrysis, die Geliebte des Demeas, ein Kind bekommen. Sie verlor dieses Kind und nahm Moschions und Plangons Kind zu sich. Parmenon, der Sklave des Demeas, rät Moschion, seinem Vater gleich nach dessen Ankunft im Hafen die Wahrheit zu sagen. Chrysis bietet an, das Kind weiter bei sich zu behalten. Nun hatten die Väter während ihrer gemeinsamen Reise beschlossen, ihre Kinder miteinander zu verheiraten, also genau das zu tun, was während ihrer Abwesenheit bereits faktisch vollzogen war. – Beim ersten Zusammentreffen mit Chrysis ist Demeas verstimmt, weil sie das Kind, das er für das eigene hält, behalten habe. – Die Hochzeit wird vorbereitet. Durch einen Zufall erfährt Demeas, daß das Kind Moschions Kind ist, und außerdem beobachtet er Chrysis, wie sie dem Kind die Brust gibt. Ein schrecklicher Verdacht keimt in Demeas auf: Er glaubt, das Kind sei aus einer Verbindung zwischen Moschion und Chrysis hervorgegangen. Er jagt Chrysis aus dem Haus, weil er annehmen muß, sie habe ihn mit seinem Sohn betrogen. – Nikeratos, der Vater von Plangon, nimmt die verstoßene Hetäre gutmütig in sein Haus auf. So kommt das Kind in die Obhut des Großvaters, der aber völlig ahnungslos ist. Doch es gibt in Nikeratos' Haus nur Ärger: Demeas soll Chrysis wieder zu sich nehmen. Inzwischen kommt es zu einer scharfen Auseinandersetzung zwischen Vater und Sohn. Sie gipfelt in der Aufforderung des Vaters, in Gegenwart von Nikeratos die Mutter zu benennen. Moschions Zögern veranlaßt den künftigen Schwiegervater, die Verbindung Moschion-Chrysis für erwiesen zu halten. Es kommt zu einer furchtbaren Beschimpfung Moschions durch Nikeratos, der nun ebenfalls die Hetäre aus dem Haus jagen will. Nun durchschaut Moschion die Kette der Irrtümer und legt ein volles Geständnis ab: Das Kind sei von ihm und Plangon, der Tochter des Nikeratos (528 f.). Dieser sieht nun – ebenso wie vorher Demeas Chrysis – jetzt Plangon das Kind stillen. Während Demeas sich bei seinem Sohn entschuldigt, jagt Nikeratos nun endlich Chrysis mit dem Kind aus dem Haus, weil diese die Wahrheit in einem Komplott mit den anderen Frauen vertuscht habe. Die Hetäre wir von Demeas wieder aufgenommen. Schließlich kommt es zur allgemeinen Versöhnung. Die Hochzeit kann stattfinden. Im letzten Akt spitzen sich die Ereignisse jedoch noch einmal dramatisch zu. Moschion will dem Vater für sein Mißtrauen eine Lehre erteilen und so tun, als wolle er als Söldner in den Osten gehen. Demeas und Nikeratos sind von Moschions scheinbaren Absichten überrascht und bitten ihn zu bleiben. So kommt es schließlich zu einem guten Ende.

Q   Anregungen dürfte Menander bei der Gestaltung seiner Charaktere auch durch die →*Charaktêres* des Peripatetikers Theophrast (um 370–287 v. Chr.) erhalten haben. Die Tragödien des Euripides mit ihrer psychologischen Vertiefung der Handlungsmotive dienten Menander als Vorbild.

H Im Gegensatz zu Aristophanes läßt Menander erstaunlich wenig von den politischen Ereignissen seiner Zeit durchblicken. Die sog. „Neue Komödie" ist keine „politische" Komödie mehr. Es geht ihr mehr um das Private, das Alltägliche mit seinen typischen Situationen (Vater-Sohn-Probleme, Mitgiftjagd, Verführungsgeschichten, Liebesbeziehungen, die zum Happy-End führen). Menander setzt Motive der euripideischen Tragödie (Liebe, Eifersucht, Verführung) ins Private, Komische um.

W Menander entwickelt aus der euripideischen Tragödie die Charakterkomödie, wobei er die Psychologie des Tragödiendichters benutzt und weiterentwickelt. „Menander aber hat Charaktere auf die Bühne gebracht, an denen sich seine positive Einstellung dem Menschen gegenüber, seine aufklärerische und humane Gesinnung beweisen ließ" (Offermann, 108).

N Menanders Komödien leben weiter in den röm. Komödien des Plautus und des Terenz, denen zu verdanken ist, daß er bis in die Neuzeit bekannt blieb, obwohl seine Werke in der Spätantike verloren gingen und erst seit Beginn des 20. Jh.s in größerem Umfang im Original wiederentdeckt wurden.

A C. Austin: *Aspis* et *Samia*. 2 Bde., Berlin 1970. F. H. Sandbach, Oxford 1972.
Ü H. Offermann, Stuttgart 1980 (gr.-dt.).
L H.-D. Blume: Menanders *Samia*. Eine Interpretation, Darmstadt 1974. H. – D. Blume: Menander, Darmstadt 1998. A. Körte: Menandros, in: RE 15, 1931, 707 ff. und RE Suppl. 12, 1970, 854 ff. A. Lesky, GL, 734–736. F. Stoessl: Unkenntnis und Mißverstehen als Prinzip und Quelle der Komik in Menanders *Samia*, in: RhM 116, 1973, 21 ff. M. Treu: Humane Handlungsmotive in der *Samia* Menanders, in: RhM 112, 1969, 230 ff.

Samiaká
„Samische Geschichte"

Choirilos aus Samos, 5. Jh. v. Chr.

Darstellung der Geschichte der Insel Samos (gr.) in daktylischen Hexametern, in nur wenigen Frg. überliefert (vgl. auch die →*Persiká* des Choirilos).

A G. Kinkel, EGF 1, 1877, 265–272.

Samiaká
„Samische Geschichte"

Duris aus Samos, um 340–260 v. Chr.

Lokalchronik (gr.) von Samos, aus der nur wenige Frg. erhalten sind.

I Die Geschichte von Samos bezog u. a. auch Athen mit ein, den Gegner im „Samischen Krieg" (441–439 v. Chr.), den Partner während des Peloponnesischen Krieges (vgl. Thukydides, →*Ho pólemos tôn Peloponnesíon kaì Athenaíon*) und wiederum den Gegner (seit 390 v. Chr.). – Plutarch benutzte das Werk für seine Perikles-Biographie (→*Bíoi parálleloi*). Er bezichtigte Duris der „Übertreibung im Stil der Tragödie" (*Perikles* 28) und behauptete, die von Perikles und den Athenern an den Samiern begangenen Grausamkeiten habe Duris frei erfunden. Vgl. auch die →*Historíai* des Duris.

A FGrHist 76.
L O. Lendle, Einführung, 191–190. E. Schwartz, RE 5, 2, 1905, 1853–1856.

Sáthon
„Pimmel"

Antisthenes aus Athen, um 455–360 v. Chr.

Verlorene polemisch-antiplatonische Schrift (gr.), deren Titel eine obszöne Verballhornung von Platons Namen darstellt (bezeugt in der Titelliste der Schriften des Antisthenes bei Diogenes Laertius, →*Philosóphon bíon kaì dogmáton synagogé* 6,16).

Satiren →Saturae (Lucilius, Persius)

Satisfactio
„Buße"

Blossius Aemilius Dracontius aus Karthago, Ende des 5. Jh.s n. Chr.

Gedicht (lat.) in elegischen Distichen.
Zwischen 484 und 494 n. Chr. verfaßt.

I In diesem Werk bittet der Autor Gott und den König der Vandalen um Gnade und Befreiung aus der Knechtschaft und von einem Los, das schlimmer sei als das Leben eines verwahrlosten Hundes (vgl. zum Anlaß der Haft Dracontius, →*De laudibus Dei libri III*).

Q Der Autor knüpft in Versmaß und Sprachgebrauch deutlich an Ovids Verbannungsdichtung an (→*Tristium libri*, bes. Buch 2), weil er sich anscheinend in einer mit Ovid vergleichbaren Situation befindet.

A S. Genaro, 1961. F. Vollmer, MGH AA 14, 1905. F. Vollmer: Poetae Latini minores 5, 1914.
L A. Dihle, GLL, 605 f. O. Hiltbrunner: Dracontius (Nr. 4), in: DKP 2, 157 f. W. Schetter: Zur *Satisfactio* des Dracontius, in: Hermes 118, 1990, 90–117. F. Vollmer, RE 5, 1635–1644.

Satura
„Sammlung vermischter Texte"

Quintus Ennius aus Rudiae, 239–169 v. Chr.

Eine nach der *lanx satura* („eine Schüssel Vermischtes") benannte Sammlung (lat.) poetischer Texte zu verschiedenartigen Themen, nur fragmentarisch erhalten.

A J. Vahlen: Ennianae poesis reliquiae, Leipzig [(2)]1903. E. H. Warmington, ROL 1, [(2)]1956.
Ü W. Krenkel: Lucilius, Satiren. Bd. 1, Berlin/Leiden 1970, 14–16 (Satirenfragmente des Ennius lat.-dt.). O. Weinreich: Römische Satiren, Zürich 1949, 3–10.
L M. v. Albrecht: Römische Poesie, Heidelberg 1977, 241–246. U. W. Scholz: Die *Satura* des Q. Ennius, in: J. Adamietz (Hg.): Die römische Satire, Darmstadt 1986, 25–53. F. Skutsch: Ennius, RE 5, 1905, 1589–2628.

Saturae →Sermones (Horaz)

Saturae →Saturarum libri V (Iuvenalis)

Saturae
„Satiren"

Auch zitiert als *Sermones* („Gespräche").

Gaius Lucilius aus Suessa Aurunca, gest. 102 v. Chr.

Sammlung (lat.) von Satiren in ursprünglich 30 Büchern, aus denen nur etwa 1350 Verse oder Teile von Versen (Hexametern) erhalten sind.

I „Als Grundzüge ergeben sich Kritik am hohlen Überschwang epischer und tragischer Dichterkollegen, Angriffe gegen Korruption (Persius 1, 114: ‚Er peitschte die Stadt'), auch persönliche, namentlich geführte Attacken... Er behandelte auch Themen wie Reisebilder Buch 3, *Iter Siculum*, , von Horaz mit dem *Iter Brundisinum*, ‚Reise nach Brindisi', →*Sermones* 1,5 beantwortet), Gladiatorenkämpfe (Buch 4), ein Gastmahl (Buch 5). Am bekanntesten sind die 13 Verse über die *Virtus*, die rechte römische männliche Haltung (1342–1354), das längste erhaltene Fragment, das von Laktanz (6, 5, 2) angeführt wird, weil es, wie er meint, den Begriff bestens bestimmt" (B. Kytzler, Lexikon, 209). – Weitere Themen sind Gerichtsverhandlungen in Rom (Buch 2), eine Invektive gegen den Luxus (Buch 6), grammatische Fragen (Buch 9), Literarisches (Buch 10), Anekdoten (Buch 11), Aberglaube (Buch 15), Verse an die Freundin (Buch 16), Epitaphien (Buch 22), Haß auf die Frauen (Buch 27), ein Philosophengastmahl in Athen (Buch 28), Liebeshändel (Buch 29), politische Ereignisse und Selbstverteidigung (Buch 30).
Q Lucilius kennt alle Literaturgattungen. Seine gr. Vorgänger, an denen er sich orientiert, sind Archilochos und Aristophanes, Euripides und Menander. Er berücksichtigt auch die röm. Autoren Plautus, Caecilius und Terenz. Auch Homer und Ennius hat er in seinem Blickfeld. – Das Verhältnis zu Kallimachos ist kompliziert. Er kannte dessen →*Íamboi*. – Auch von der Philosophie war er beeinflußt (Platon, Karneades, Panaitios).
W Lucilius will das „wirkliche Leben" darstellen. Er „sucht das rechte Leben nicht wie Horaz in der Abgeschiedenheit, sondern wie die Jünger Platons und des Aristoteles mitten im praktischen Leben. Im Dialog stellt er gern gegensätzliche Charaktere einander gegenüber ... Lucilius hat ein starkes Gefühl für die Einmaligkeit der Persönlichkeit (671 f. M. = 656 K.), und man darf in ihm trotz der kynischen Narrenmaske den Anfang der römischen Persönlichkeitsdichtung sehen. Für das Lebensgefühl des Lucilius ist die Grundfrage bestimmend, was denn zu seiner Individualität passe und was nicht. Unter diesem Gesichtspunkt wird das Erbe der Vergangenheit assimiliert; er ist Leitstern für sein Handeln und Dichten" (M. v. Albrecht, 212).
N Am stärksten wirkte Lucilius auf Horaz, der sich intensiv mit dem Vorgänger auseinandersetzte und ihn kritisierte. Horaz tadelt die sorglose Eile, in der Lucilius seine Satiren produzierte; er habe sich eher an einem witzigen Einfall gefreut und weniger an seine sprachliche Darstellung gedacht. Seine Dichtung sei in ihrem Plauderton der Prosa näher als der Poesie. – Cicero bewundert Lucilius. Quintilian (→*Institutio oratoria* 10, 1, 93 f.) und Tacitus (→*Dialogus de oratoribus* 23) schätzen ihn sehr. – Auch die späteren Satiriker Persius, Iuvenal und Seneca verdanken Lucilius viel.

A F. Charpin. 3 Bde., Paris 1978–1991 (lat.-frz.). F. Marx, Leipzig [(2)]1963.
Ü W. Krenkel. 2 Bde., Leiden 1970 (lat.-dt.). O. Weinreich, Zürich 1949, 11–34.
L M. v. Albrecht, RL, 202–216. J. Christes: Lucilius, in: J. Adamietz (Hg.): Die römische Satire, Darmstadt 1986, 57–122. J. Christes: Der frühe Lucilius und Horaz. Eine Entgegnung, in: Hermes 117, 1989, 321–326. C. Cichorius: Untersuchungen zu Lucilius, Berlin [(2)]1964. KNLL 10, 651–653. F. H. Mutschler: Individualismus und Gemeinsinn bei Lucilius und Horaz, in: A & A 31, 1985, 46–65. U. W. Scholz: Der frühe Lucilius und Horaz, in: Hermes 114, 1986, 335–365. J. Raschke-Wendy: *Arma pro amico*. Lucilian Satire at the Crisis of the Roman Republic, in: Hermes 115, 1987, 299–318. N. Terzaghi: Lucilio, Turin 1934, Nachdr. Hildesheim/New York 1979.

Saturae
„Satiren"

Aulus Persius Flaccus aus Volaterrae, 34–62 n. Chr.

Sechs Satiren (lat.) in insgesamt 650 Hexametern mit einer kurzen Vorrede in 12 Hinkiamben.

I Die Themen der Satiren, die der Autor als kurze, dialogische Szenen konzipiert hat, sind (1) Polemik gegen den lautstarken Literaturbetrieb und die verweichlichte Modepoesie, (2) Aufdeckung der Scheinheiligkeit, (3) Aufforderung zur Überwindung von Faulheit und Laster zugunsten der Philosophie, die den Weg zur geistigen Gesundheit zeigt, (4) Angriff gegen den Ehrgeiz angehender Politiker, (5) Lob und Dank an den Lehrer Cornutus und die Philosophie, (6) Aufforderung zum rechten Gebrauch des Reichtums.

Q Das gedankliche Fundament der Dichtung ist die stoische Philosophie, wie sie in der Gestalt des Lehrers Cornutus konkretisiert ist, hinter dem Sokrates als der wahre Weise steht. – Der platonische Dialog und die kynisch-stoische Diatribe bestimmten Form und Inhalt. – Die röm. Satire bildet den poetisch-literarischen Hintergrund: Lucilius und vor allem Horaz.

W „Mehr noch als sein großer Vorgänger Horaz sieht P. die zentrale Aufgabe der Satire in der charakterlichen bzw. moralischen Besserung seiner Mitbürger; bei der Verwirklichung dieses Ziels geht er jedoch ganz neue Wege ... Für den rigorosen Idealisten P. steht es außer Frage, daß die marode Gesellschaft seiner Zeit nicht mehr als Korrektiv für moralisches Fehlverhalten fungieren kann. Folgerichtig orientiert er seine Vorstellungen vom rechten Handeln nicht mehr am Faktum gesellschaftlicher Akzeptanz, sondern an den Geboten philosophischer Ethik; sein Ziel ist nicht mehr die soziale Integration des Lesers; vielmehr will er ihn – umgekehrt – von der Gesellschaft und ihrem oberflächlichen Treiben gerade emanzipieren: Hinter der äußeren Fassade etablierter Wohlanständigkeit sollen Heuchelei, Beckmessertum und innere Verwahrlosung aufgedeckt, unter dem schönen Schein die jämmerliche Wirklichkeit entlarvt werden. Richtiges Verhalten soll sich nicht mehr am Beifall der Mitwelt, sondern allein am eigenen guten Gewissen bemessen; so verstanden, kann Satire im selbstkritischen Leser das Bewußtsein für die eigene charakterliche Defizienz schärfen und solchermaßen den Boden für eine substantielle sittliche Selbsterziehung bereiten" (W. Kißel, 516).

A W. V. Clausen, Oxford [2]1992. J. Conington / H. Nettleship, Oxford 1893 (lat.-engl. mit Kommentar). L. Guy / W. Barr, Liverpool 1987 (lat.-engl. mit Kommentar). W. Kißel, Heidelberg 1990 (lat.-dt. mit Kommentar).
Ü O. Seel, München [2]1974 (lat.-dt.). O. Weinreich: Römische Satiren, Zürich 1949, 166–200.
L M. v. Albrecht, RL, 798- 806. L. Alfonsi: Caratteristiche della letteratura giulio-claudia, in: ANRW 2, 32, 2, 1934, 3–39. W. Kißel, MLAA, 515–518. KNLL 13, 138 f. U. Knoche: Die römische Satire, Göttingen [2]1957, 79–87; 119 f. E. Pasoli: Attualità di Persio, in: ANRW 2, 32, 3, 1985, 1813–1843. Schanz-Hosius 2, 477–484. U. W. Scholz: Persius, in: J. Adamietz (Hg.): Die römische Satire, Darmstadt 1986, 179–230. W. Th. Wehrle: The Satiric Voice. Program, Form and Meaning in Persius and Juvenal, Hildesheim 1992.

Saturae Menippeae
„Menippeische Satiren"

Marcus Terentius Varro aus Reate, 116–27 v. Chr.

Bunte Mischung (lat.) aus dramatischen Sketchen, kurzen Szenen, Possen oder Dialogen in unterschiedlichen Metren und auch in Prosa.
Zwischen 81 und 67 v. Chr. entstanden. In dieser Zeit hatte Meleagros aus Gadara (etwa 140–70 v. Chr.) jene Form der Satire, die der Kyniker Menippos (um 280 v. Chr.) zur Kunstform gemacht hatte, neu belebt.

I Von Varros *Saturae Menippeae* sind etwa 100 Titel und 600 Frg. überliefert. Unter reichlicher Verwendung von Zitaten und Sprichwörtern werden Skizzen von ganz unterschiedlichen Situationen gezeichnet. Die Uneinheitlichkeit und die Mannigfaltigkeit der Themen, die Mischung aus Scherz und Ernst sind Merkmale der Gattung der *Satura* und auch für Varros *Saturae Menippeae* typisch, die noch nicht als Satiren im modernen Sinne des Wortes anzusehen sind. – Unter den Frg. befinden sich ebenso Vorschriften für die Durchführung von Gastmählern wie die Charakterisierung bestimmter Verhaltensweisen und Leidenschaften, Spott über abartige religiöse Kulte, Kritik an lebensferner Philosophie, Warnung vor ungesunder, unvernünftiger Lebensführung, Dialoge über den Unterschied zwischen Vergangenheit und Gegenwart, Reflexionen über törichte Wünsche und Sehnsüchte.

Q Stilistisch ist Varro von Lucilius (→*Saturae*) beeinflußt, aber wohl auch durch bodenständige dramatische Formen wie den →*Mimus* angeregt. Inhaltlich greift er vielfach auf kynisches Gedankengut zurück. – Das Verhältnis zu Menippos ist das der Nachfolge oder der Nachahmung, nicht der Übersetzung (vgl. Cicero, →*Academica* 1, 8; Gellius, →*Noctes Atticae* 2, 18, 7).

H „Der Römer Varro fühlt sich in mancher Hinsicht vom Weltbürger Menippos angezogen; er ist ein *cynicus Romanus.* Vor allem reizt ihn die Kritik an der Gegenwart und an den falschen Anschauungen der Menschen, die Predigt vom einfachen Leben ... und der Spott über dogmatische Schulen .... Während bei Menippos der Akzent auf dem Negativen liegt, will Varro seine Standesgenossen erziehen und bessern, um Rom zu einer Wiedergeburt zu verhelfen" (M. v. Albrecht, 483 f.).

W Wie mit seinen antiquarischen Forschungen und seinen Lehrbüchern will Varro auch mit seinen „Satiren" politisch und pädagogisch wirken, indem er Zeitkritik übt und z. B. durch die Gegenüberstellung von Einst und Jetzt auf Mißstände hinweist, die es zu beheben gilt. Er will auf Fehlverhalten aufmerksam machen und zur Korrektur auffordern. „Varro, der auch sonst seine Zeitgenossen rügt, entdeckt die *Satura Menippea* als Instrument der Gesellschaftskritik" (M. v. Albrecht, 483). Die Texte sollen nachdenklich machen, aber auch unterhalten.

N Senecas →*Apocolocyntosis* und Petrons →*Satyrica* stehen in der Nachfolge der varronischen *Saturae Menippeae.*

A R. Astbury, Leipzig 1985. F. Bücheler (Petronausgabe), Berlin [6]1922. J. – P. Cèbe, Paris 1972–1987 (lat.-frz. mit Kommentar).
Ü W. Krenkel: Römische Satiren, Berlin 1970, 67–90. H. und A. Petersmann, RLTD 1, 352–362 (lat.-dt. in Auswahl). A. Riese, Leipzig 1865, Nachdr. 1971.
L M. v. Albrecht, RL, 472–490. L. Alfonsi: Le Menipee di Varrone, in: ANRW 1, 3, 1973, 26–59. R. Astbury: Select Menippean Satires of Varro, Diss. Liverpool 1964. S.

H. Braund (Hg.): Satire and Society in Ancient Rome, Exeter 1989. L. Deschamps: Étude sur la langue de Varron dans les *Satires Ménippées*. 2 Bde., Paris 1976. A. Marzullo: Le *satire Menippee* di M. Terenzio Varrone. La commedia arcaica e i sermones, Modena 1958. P. L. Schmidt: Invektive, Gesellschaftskritik, Diatribe? Typologische und gattungsgeschichtliche Vorüberlegungen zum sozialen Engagement der römischen Satire, in: Lampas 12, 1979, 259–281. E. Woytek: Sprachliche Studien zur *Satura Menippea* Varros, Wien 1970. E. Woytek: Varro, in: J. Adamietz (Hg.): Die römische Satire, Darmstadt 1986, 311–353.

Saturarum libri V
„Fünf Bücher Satiren"

Decimus Iunius Iuvenalis aus Aquinum, etwa 60–140 n. Chr.

Sammlung (lat.) von 16 Satiren in etwa 4.000 Hexametern.
Zwischen 100 und 128 n. Chr. veröffentlicht.

I Inhalt der 16 Satiren (nach M. v. Albrecht, 807 f.): (1) Die Rezitationen der Pseudopoeten fordern zum Schreiben heraus (1–21). Die Verhältnisse zwingen zum Schreiben von Satiren (22–30); es ist angesichts des Sittenverfalls (30–62) und der Unverschämtheit, mit der er sich zur Schau stellt (63–80), schwierig keine Satire zu schreiben. Gegenstand der Satire ist alles, was die Menschen tun; nie stand mehr Stoff zur Verfügung als zu Juvenals Zeiten (81–146). Satiriker leben gefährlich; daher sollen nur Verstorbene mit Namen genannt werden (147–171). – (2) Kinäden tarnen sich als Moralprediger (1–65). Ein gewisser Creticus trägt durchsichtige Kleider (65–83); Männer verehren die Frauengöttin Bona Dea (83–116). Der altadlige Gracchus läßt sich von einem Mann heiraten (117–148). Was sollen die ruhmreichen Vorfahren und die besiegten Barbaren von solchen Sitten denken (149–170)? – (3) Wer Rom verläßt, tut recht daran. Es gibt keine Rechtschaffenheit mehr (1–189). Man wird bedroht durch Feuersbrünste, einstürzende Häuser, auf die Straße entleerte Töpfe, nächtlichen Verkehrslärm und Räuber (190–322). – (4) Eine Kreatur Domitians wird verspottet (1–33), dann der Kaiser selbst (34–154). – (5) Ein Patron läßt seinem Klienten schlechte Speisen vorsetzen, um ihn zu demütigen. – (6) Es gibt keine sittenstrengen Frauen mehr in Rom (1–59). Römerinnen lieben Schauspieler und Gladiatoren (60–113). Die Kaiserin macht den Dirnen Konkurrenz (114–135). Wer seine Gattin in einem guten Licht sieht, ist durch Reichtum oder Schönheit geblendet (136–160). Die wenigen anständigen Frauen haben Fehler, z. B. Hochmut oder Gräkomanie (161–199). Der Ehemann verliert jede Freiheit (200–230). Die Schwiegermutter gibt ihrer Tochter böse Ratschläge (231–241. Frauen arbeiten als Advokaten und Gladiatoren (242–267). Untreue wird mit Unverfrorenheit überspielt (268–285). Wohlstand ist die Wurzel des Sittenverfalls (286–365). Frauen schwärmen für Eunuchen und Musikanten, mischen sich in die Politik ein, prunken mit Gelehr-

samkeit usw. (366–456). Die Frau aus gutem Hause nimmt Rücksicht nur auf den Hausfreund, nicht auf den Ehemann. Sie quält ihr Personal. Priestern und Wahrsagerinnen bringt sie jedes Opfer, Kinder und Mann bringt sie um (457–661). – (7) Über die Mißachtung der geistigen Berufe. – (8) Man kann nicht mit Ahnenbildern prunken und selbst ein unsittliches Leben führen (1–70). Nur eigenes Verdienst sichert den Adel (71–145). Negative Beispiele (146–268). Besser ist es, von bescheidener Herkunft und tüchtig zu sein wie die Stammväter von Rom (269–275). – (9) Gegen die unnatürliche Neigung der Männer zum eigenen Geschlecht. – (10) Der Wunsch nach äußeren Gütern bringt nur Unglück. Die Götter wissen besser, was für den Menschen gut ist. Wir müssen um gesundes Denken und Charakterstärke bitten; wenn wir klug sind, hat das Schicksal keine Macht mehr über uns. – (11) Vom Glück des einfachen Lebens. – (12) Iuvenal kann der Vorwurf der Erbschleicherei nicht treffen. – (13) Vom schlechten Gewissen. Dieses ist eine größere Strafe als Vergeltung der bösen Tat. – (14) Schlechtes Verhalten der Eltern reizt die Jugend zur Nachahmung (1–58). Man muß sich um der Kinder willen zusammennehmen (59–69). Das Kind übernimmt die Handlungsweise der Eltern (70–106). Die Jugend wird zur Habgier erzogen (107–209). Negative Folgen des Wohlstandsdenkens (210–314). Selbstbeschränkung ist notwendig (315–331). – (15) Kannibalismus in Ägypten. – (16) Über die Stellung der Soldaten und die Rechtlosigkeit der Zivilisten (unvollständige Satire).

Q Die Nähe zu Martial ist deutlich (→*Epigrammata*). Innere Verwandtschaft besteht zu Tacitus. Auch mit Seneca ist Iuvenal vertraut. Lukrez (→*De rerum natura*) und Ovid stehen dem Satiriker ebenso vor Augen wie Cicero und Quintilian. Selbstverständlich setzt er die Tradition der röm. Satirendichtung (Lucilius, Persius, Horaz) fort.

W Durch die Verhältnisse in Rom wird Iuvenal zum Schreiben von Satiren herausgefordert (bes. 1, 30). Die Empörung über die Zustände inspiriert ihn (1, 79). Er beklagt den Verfall der röm. Literatur. – Seine ethischen Kategorien sind altrömisch. Er klagt über den ausländischen Einfluß und das Wohlstandsdenken und kritisiert die röm. Plutokratie.

A W. V. Clausen, Oxford 1959. E. Courtney, London 1980 (Kommentar). L. Friedländer, Leipzig 1895 (mit Kommentar). U. Knoche, München 1950. J. E. B. Major. 2 Bde., London 1900–1901 (mit Kommentar). A. Weidner, Leipzig [(2)]1889 (mit Kommentar). J. Willis, Stuttgart/Leipzig 1997.
Ü J. Adamietz, München/Zürich 1993 (lat.-dt.). W. Hertzberg / W. S. Teuffel, Stuttgart [(2)]1986. U. Knoche, München 1949 (lat.-dt.).
L J. Adamietz: Untersuchungen zu Juvenal, Wiesbaden 1972. J. Adamietz: Juvenal, in: J. A. (Hg.): Die römische Satire, Darmstadt 1986, 231–307. M. v. Albrecht, RL, 806–820. J. Baumert: Identifikation und Distanz. Eine Erprobung satirischer Kategorien bei Juvenal, in: ANRW 2, 33, 1, 1989, 734–769. F. Bellandi: Etica diatribica e protesta sociale nelle satire di Giovenale, Bologna 1980. R. E. Colton: Juvenal and Martial, Diss. Columbia Univ. 1959. J.

Gérard: Juvénal e la réalité contemporaine, Paris 1976. U. Knoche: Die römische Satire, Göttingen [4]1989. R. Marache: Juvénal – peintre de la société de son temps, in: ANRW 2, 33, 1, 1989, 592–639. W. T. Wehrle: The Satiric Voice. Program, Form and Meaning in Persius and Juvenal, Hildesheim 1992.

Saturnalia
„Festtage zu Ehren des röm. Gottes Saturn bzw. des gr. Gottes Kronos"

Lukianos aus Samosata, etwa 120–180 n. Chr.

Dreiteilige Schrift über die Saturnalien (gr.).

I (1) Der erste Teil mit dem Titel *Tà pròs Krónon* („Gespräch mit Kronos") ist ein Dialog zwischen dem Gott Kronos und seinem Priester, d. h. ein lockeres Gespräch zwischen dem Herrn und seinem Diener während der Festtage zu Ehren des Kronos (jedes Jahr vom 17.-23. Dezember). Der Diener nutzt diese Tage, um vom einstigen Herrscher des Goldenen Zeitalters (vgl. Hesiod, →*Theogonía*) Gold und Reichtum zu erbitten. – (2) Im zweiten Teil mit dem Titel *Kronosólon* („Kronos und Solon") verkündet der Priester (halb Gott, halb Gesetzgeber) die Regeln des Festes: Arbeitsruhe, Gleichheit von Herren und Sklaven, Ausgelassenheit, gegenseitige Geschenke. – (3) Im dritten Teil mit dem Titel *Epistolaì Kronikaí* („Kronos-Briefe") wird die Wirklichkeit des Festes dargestellt: Die aufgestellten Regeln werden nur unzureichend befolgt. Vor allem kommt es zu Konflikten zwischen Armen und Reichen: Die Armen klagen über den Geiz der Reichen, die Reichen beschweren sich über die Habgier der Armen.

A K. Kilburn. Bd. 6, London/Cambridge (Mass.) 1959 (gr.-engl.).
L R. Helm: L. und Menipp, Leipzig/Berlin 1906, 215–226. KNLL 10, 697f.

Saturnalia
„Festtage zu Ehren des röm. Gottes Saturn"

Ambrosius Macrobius Theodosius, um 400 n. Chr.

Dialog (lat.) über philosophisch-religiöse und literarische Fragen in sieben Büchern.

I Das Werk gehört der Gattung der „Buntschriftstellerei" an (vgl. Gellius, →*Noctes Atticae*, Athenaios, →*Deipnosophistaí*). Es behandelt vermischte Themen röm. Gelehrsamkeit in Form von Gesprächen, die im Rahmen eines Symposiums jeweils am Vorabend und an drei Tagen der Saturnalien geführt wurden. (Die Saturnalien wurden ursprünglich nach Abschluß der Feldarbeit nur am 17. Dezember, später bis zu sieben Tage lang vom 17.-23. Dezember gefeiert.) – Die wichtigsten Gesprächsteilnehmer sind bedeutende Vertreter der senatorischen antichristlich-heidnischen Restaurati-

onsbewegung um den Rhetor Symmachus (→*Relationes*): Außer Symmachus selbst nehmen u. a. Vettius Agorius Praetextatus und Nicomachus Flavianus, ferner der Vergil-Kommentator Servius (→„Vergilkommentar") teil. – Thema der Gespräche sind die Gedichte Vergils, dessen Sprache und Gelehrsamkeit von grundlegender Bedeutung für eine umfassende Bildung erscheinen. Die Inhalte reichen von Astronomie, Rhetorik, Pontifikalrecht, Mantik, Kult, Mythologie, Philosophie bis zu Fragen des Kalenders und der Zeitrechnung. Die Vergil-Exegese ist der rote Faden des Werkes. Darüber hinaus dienen die vielen Details aus der Mythologie und der Kultüberlieferung dazu, diese im Sinne neuplatonischer Theologie als Hinweise auf den einen Weltgott zu begreifen. „Bei aller Pietät gegenüber den Traditionen der alten Religion wird der Polytheismus abgelehnt und die Verehrung eines einzigen Gottes gelehrt, der für den praktizierten Kult mit dem Sonnengott gleichzusetzen ist ... Die Umdeutung der vielen Kulte und Göttergestalten im Sinne dieses Henotheismus mit der Sonne als Empfänger des praktizierten Kultes begegnet auch in dem Versuch Kaiser Iulians, die alte Religion wiederherzustellen. Mit Hilfe allegorischer Interpretation ... sollte der alten Religion mit ihrer bunten Vielfalt von Kulten eine einheitliche Theologie gegeben werden, die sie dem Monotheismus des Christentums gewachsen sein ließ" (Dihle, 454).

Q Zu den wichtigsten Quellen gehören Gellius (→*Noctes Atticae*) und Plutarch. Künstlerisches Vorbild ist Platons →*Sympósion*. Der zentrale Bezugspunkt ist Vergil, den Macrobius als Meister in der Beherrschung literarischer Kunstmittel, als geschickten Nachahmer gr. und lat. Vorbilder und als Fachmann auf allen Gebieten des Wissens rühmt.

W Macrobius beabsichtigt, Wissen zu vermitteln (praefatio 2). Darüber hinaus geht es um das Verständnis des Dichters Vergil (z. B. →*Aeneis*). „Vergil erscheint als Kenner aller Wissensgebiete, ja er wird mit der schaffenden Natur verglichen und erhält somit Eigenschaften, die sonst den Göttern vorbehalten waren. Wichtig an solchen Aussagen ist einerseits der Schritt zum menschlichen Schöpfertum, der auf Neuzeitliches vorausweist, andererseits die hohe Auffassung vom didaktischen Wert literarischer Texte. In allen Details wird dem vom Dichter geprägten Wort die welterschließende Kraft zugebilligt. Damit vollendet Macrobius einen Ansatz, der Varros Schrift →*De lingua Latina* zugrunde lag. Hatte Varro die lateinische Sprache als Instrument zur enzyklopädischen Erfassung der Wirklichkeit dargestellt, so wird bei Macrobius das Vergilstudium zu einer Einführung nicht nur in die griechische und römische Literatur, sondern in alle Wissensgebiete" (M. v. Albrecht, 1181).

A N. Marinone, Turin 1967 (lat.-it.). I. Willis. Bd. 1, Leipzig (2)1970, Nachdr. 1994.
Ü P. V. Davies, New York 1969 (engl.). H. A. Gärtner, RLTD 5, 316–335 (lat.-dt. in Auswahl).
L M. v. Albrecht, RL, 1179–1183. A. Dihle, GLL, 453–455. S. Döpp: Zur Datierung von Macrobius' *Saturna-*

lia, in: Hermes 106, 1978, 619–632. F. Flamant: La technique du banquet dans les *Saturnales* de Macrobe, in: REL
46, 1968, 303–319. M. Fuhrmann: Macrobius und Ambrosius, in: Ph 107, 1963, 301–308. F. Klingner: Vom Geistesleben im Rom des ausgehenden Altertums (1941), in: Geisteswelt, 514–564. B. W. Sinclair: Vergil's *sacrum poema* in
Macrobius' *Saturnalia*, in: Maia NS 34, 1982, 261–263. E.
Syska: Studien zur Theologie im ersten Buch der *Saturnalien* des Ambrosius Theodosius Macrobius. Beiträge zur
Altertumskunde. Bd. 44, 1993. E. Türk: Macrobius und
die Quellen seiner *Saturnalien*, Diss. Freiburg 1961. E.
Türk: Macrobe e les *Nuits Attiques*, in: Latomus 24, 1965,
381–406. P. Wessner, RE 14, 1, 1928, 170–198.

Satyrica
„Satyrische Abenteuer"

Auch zitiert als *Satyricon libri* („Bücher über satyrische Abenteuer").

Petronius Arbiter, 1. Jh. n. Chr.

Fragmentarisch erhaltener Sittenroman (lat.), aus
dem nur wenige Teile erhalten sind, darunter die
Cena Trimalchionis („Das Gastmahl des Trimalchio") fast vollständig.
Die Datierung des Romans ist problematisch.
Wahrscheinlich entstand er in den sechziger Jahren
des 1. Jh.s n. Chr. Das fiktive Datum des Romans
liegt etwa in der Regierungszeit des Kaisers Claudius (41–54 n. Chr.), frühestens nach dem Erscheinen
der ersten drei Bücher von Lucans →*Bellum civile*.
Denn Petron hat in seinem Roman den etwa 300
Verse umfassenden Anfang eines Epos über den
Bürgerkrieg zwischen Caesar und Pompeius eingefügt, das offensichtlich als Korrektur des Lucan gemeint war.

I Die erhaltenen Teile der *Satyrica*, die vermutlich 20 oder 24 Bücher umfaßten, stammen aus dem
14. bis 16. Buch. Die Handlung ist also nicht vollständig zu rekonstruieren: Erzählt wurden die Irrfahrten eines homosexuellen Freundespaares, Encolpius und Giton. Möglicherweise wählte der Autor den Titel seines Werkes im Blick auf diese beiden
Hauptpersonen: diese werden als *Satyrikoí*, d. h. als
Menschen dargestellt, die wie Satyrn, Naturdämo-
nen im Gefolge des Weingottes Dionysos, ein aus-
schweifendes, von Sinnlichkeit bestimmtes Leben
führen. *Satyrica* kann demnach „Abenteuer der beiden *Satyrikoí*" bedeuten. – Die beiden Hauptpersonen werden vom Zorn des Priapus (→*Carmina
Priapea*), eines ländlichen Fruchtbarkeitsgottes, verfolgt wie einst Odysseus vom Zorn des Poseidon
(→*Odýsseia*). Auf seinen Irrfahrten begegnen dem
Freundespaar verschiedene Personen, die zeitweilig
mitreisen und für Eifersucht und Streit sorgen: Dazu gehören der Redelehrer Agamemno, der Dichter
Eumolpus, der Schiffskapitän Lichas, der Lebe-
mann Ascyltus, außerdem Hexen, Priapus-Prieste-
rinnen, Hetären, neureiche Freigelassene usw. Die
Satyrikoí erleben großenteils erotische Abenteuer,
aber auch Schiffbruch und Freßorgien und haben

mit Verhexungen, Handel mit Diebesgut, Erbschleicherei u. a. zu tun. Die Handlung spielt in der Gegenwart des Autors, der den Haupthelden seine
Abenteuer selbst erzählen läßt, in denen sich die soziale Wirklichkeit der 1. Hälfte des 1. Jh.s n. Chr.
widerspiegelt: Denn im Medium dieser Erzählung
werden Geschäftspraktiken und religiöse Vorstellungen ebenso thematisiert wie sexuelle Besonderheiten, das Bildungswesen, literarische Moden, das
Luxusleben reicher Emporkömmlinge, Aberglaube,
Astrologie und die entwürdigende Behandlung von
Sklaven. – Ein Hauptstück des überlieferten Textes
ist die Erzählung, die Encolpius über seine Teilnahme am Gastmahl des neureichen Trimalchio gibt
(26,7–78). Hier wird sichtbar, wie Petronius die auftretenden Personen auch mit Hilfe ihrer Sprache
charakterisiert. Während der Erzähler selbst eine
gebildete Umgangssprache spricht, bedient sich
z. B. der protzige Gastgeber in der Unterhaltung
mit seinen Gästen eines vulgären Sprachstils. – In
den Roman sind zahlreiche Verspartien in verschiedenen Versmaßen eingelegt. So beklagt z. B. der Redelehrer Agamemnon den Niedergang der Rhetorik
in Versen. Der Dichter Eumolpus liefert eine poetische Beschreibung der Einnahme von Troja in iambischen Senaren (83–99). Die Korrektur des →*Bellum civile* des Lucan wird ebenfalls Eumolpus in
den Mund gelegt (119–124). – Ganze in sich geschlossene Erzählungen (Novellen) sind in die
Handlung eingelegt, wie z. B. volkstümliche Märchen von Hexen und Werwölfen und die berühmte
Geschichte von der Witwe von Ephesos (111 f.).

Q Mit seiner Personencharakteristik steht Petron in der Tradition der röm. Satire (vgl. Horaz,
→*Sermones* 2, 5 und 2, 8). Aber „anders als die römischen Satiriker übt Petron an den dargestellten
Zuständen kaum ausdrücklich Kritik; philosophische Protreptik liegt ihm fern" (M. v. Albrecht,
969). – Mit seinen Verseinlagen ist der Roman des
Petron mit der Menippeischen Satire vergleichbar
(→*Saturae Menippeae* des Varro); aber die Menip-
peen waren kein zusammenhängender Großroman.
Außerdem fehlt bei Petron die irreale Phantastik
zum Zwecke der Zeitkritik. Auch die Zurückhaltung im moralischen Urteil scheidet Petron etwa
von Varro, der die Menippeische Satire in Rom heimisch gemacht hatte. Das Werk ist voll von Anspielungen auf ältere und zeitgenössische Literatur von
Homer bis zu den Tragödien Senecas. Ein großes
Vorbild ist Homers →*Odýsseia*, die Petron parodiert, und der gr. Liebesroman (→*Chairéas kaì
Kallirhóe*, →*Tà kat' Antheían kaì Habrokómen
Ephesiaká*), auf den in den *Satyrica* vielfach angespielt wird. – Die →*Milesiaká* des Aristeides aus Milet, die von Cornelius Sisenna (1. Jh. v. Chr.) ins
Lateinische übersetzt (*Milesiae*) und in Rom eingebür-
gert wurden, bestanden aus kleinen erotisch-
frivolen Novellen, wie sie auch in den *Satyrica* vorkommen; allerdings sind diese Geschichten der
Haupthandlung des Romans untergeordnet. – Die
Reste eines gr. „Iolaos-Romans" zeigen, daß Petron
auch auf eine Erzähltradition zurückgreifen konnte,

die vor allem obszöne prosimetrische Texte produzierte. In der *Cena Trimalchionis* wird deutlich, daß sich Petron von der Symposion-Literatur beeinflussen ließ: „Hier ... lebt vieles vom Kontrast zu Platons →*Sympósion* – wiederum, ohne daß an Spott über Platon zu denken wäre. Petrons Gastmahl ist gewissermaßen ein ‚Anti-Symposion'"(M. v. Albrecht, 967).

W Petron ist „für uns der erste Verfasser eines humoristisch-realistischen Gesellschafts- und Sittenromans" (M. v. Albrecht, 968). Der Autor erweist sich als nüchterner Beobachter seiner Zeit, deren typisches Merkmal die Maßlosigkeit ist. Das „Goldene Haus" des Kaisers Nero ist ein Symbol dieser Epoche. Maßlosigkeit wird als Unfähigkeit zum wahren Genuß dargestellt, z.B. auf dem Gebiet der Gaumenfreuden und des Sexuallebens. Aber auch der Gebrauch der Sprache wird vielfach als Produktion von leerem Gewäsch entlarvt (z.B. in der Gestalt des Trimalchio). Die Religion erlebt einen Boom – aber reduziert auf Magie zur Wiederherstellung der Manneskraft. Petron kann und will die Zustände nur diagnostizieren, nicht verändern.

N Auf Petron können sich die im Spanien des 16. Jh.s aufkommenden Schelmenromane berufen wie der *Lazarillo de Tormes* und der *Gil Blas*. Von Leibniz, Voltaire, Lessing, Balzac, Flaubert, T. S. Eliot wird Petron verehrt. Nietzsche liebt den Autor. Der polnische Nobelpreisträger Henryk Sienkiewicz (gest. 1916) macht Petron zu einer Hauptfigur in seinem Roman *Quo vadis* (1896). Der Ulysses von James Joyce ist mit den *Satyrica* strukturell verwandt. Die Verfilmung durch Fellini (1969) verschafft dem Werk eine größere Breitenwirkung. – „Petrons diagnostizierender Blick, seine künstlerische Aufrichtigkeit, sein souveräner Spott über leeres Gerede, Reizüberflutung und ideologisch verbrämte Selbsttäuschung könnten heute, da manche Tabus beseitigt sind, in ihrer intellektuellen Grazie verstanden werden ... Die Wirkungsgeschichte Petrons, dieses in mancher Beziehung ‚modernsten' aller antiken Autoren, steht vielleicht erst in ihren Anfängen" (M. v. Albrecht, 979f.).

A B. Bücheler, Berlin [(7)]1958. K. Müller, Stuttgart/Leipzig [(4)]1995. K. Müller / W. Ehlers, Düsseldorf/Zürich [(5)]2004 (lat.-dt.).
Ü O. Schönberger, Berlin 1992 (lat.-dt.).
L J. Adamietz: Zum literarischen Charakter von Petrons *Satyrica*, in: RhM NF 130, 1987, 329–346. M. v. Albrecht, RL, 960–981. R. Beck: *Eumolpus poeta, Eumolpus fabulator*. A study of Characterization in the *Satyricon*, in: Phoenix 33, 1979, 239–253. M. Coffey: Roman Satire, London 1976, 178–203. A. Dihle, GLL, 141–146. F. M. Fröhlke: Petron. Struktur und Wirklichkeit. Bausteine zu einer Poetik des antiken Romans, Frankfurt/Bern 1970. P. A. George: Petronius and Lucan *de bello civili*, in: CQ 24, 1974, 119–133. T. Hägg: The Novel in Antiquity, Oxford 1983. N. Holzberg: Der griechische Roman, München/Zürich 1986. C. W. Müller: Die Witwe von Ephesus. Petrons Novelle und die *Milesiaká* des Aristeides, in: A & A 26, 1980, 103–121. L. Pepe: Petronio, in: L. Pepe: *Sermo Milesius*, Perugia 1987. H. Petersmann: Petrons *Satyrica*, in: J. Adamietz (Hg.): Die römische Satire, Darmstadt

1986, 383–426. K. F. C. Rose: The Date and Author of the *Satyricon*, Leiden 1971. G. Schmeling: The *Satyricon*. The Sense of an Ending, in: RhM 134, 191, 352–377. N. Slater: Reading Petronius, Baltimore/London 1990. J. P. Sullivan: The Satires of Petronius, London 1968. J. P. Sullivan: Petronius' *Satyricon* and its Neronian Context, in: ANRW 2, 32, 3, 1985, 1666–1686. P. G. Walsh: The Roman Novel. The *Satyricon* of Petronius and the *Metamorphoses* of Apuleius, Cambridge 1970. F. I. Zeitlin: Petronius as Paradox. Anarchy and Artistic Integrity, in: TAPhA 102, 1971, 631–684.

Satyricon libri →Satyrica (Petronius)

Schedía
„Das Floß"

Diphilos aus Sinope, 1. Hälfte des 4. Jh.s v. Chr.

Verlorene gr. Komödie, nur aus der lat. Bearbeitung durch Plautus, →*Vidularia*, bekannt.

A FAttCom 3, 96–155.
L W. H. Friedrich: Euripides und Diphilos, München 1953. A. Lesky, GL, 764f. T. B. L. Webster: Studies in Later Greek Comedy, Manchester 1953.

Schémata léxeos
„Stilfiguren"

Auch zitiert als *De figuris sententiarum et elocutionis libri duo* („Zwei Bücher über Sinn- und Wortfiguren").

Rutilius Lupus, 1. Jh. n. Chr.

Rhetorische Schriften (lat).

I Das Werk ist eine lat. Bearbeitung der Figurenlehre →*Perì schemáton* des Gorgias d. J., des Rhetoriklehrers von Ciceros Sohn Marcus. Rutilius Lupus gehört zu den von Quintilian (→*Institutio oratoria* 9,2, 102f.; 106; 9,3,89) benutzten Rhetoren. Auch das anonyme →*Carmen de figuris* schöpfte aus der Schrift des Rutilius.

A C. Halm: Rhetores latini minores, Leipzig 1863, 3–21, Nachdr. Frankfurt 1964.
L M. v. Albrecht, GL, 985. K. Münscher, RE 7, 2, 1912, 1605–1611 (s. v. Gorgias d. J.) Schanz-Hosius 2, 741–745.

Schild des Herakles →Aspís (Ps.-Hesiodos)

Schiedsgericht →Epitrépontes (Menandros)

Scholia
„Erklärende Bemerkungen"

An.

Antike Erklärungen schwieriger Textstellen (gr./
lat.). Sie sind entweder in besondere Kommentare
zu den Schriften aufgenommen oder stehen am
Rand der Handschriftenseiten.

I Ein Scholion besteht aus einem *Lemma* (= einem aus dem Text entnommenen erklärungsbedürf-
tigen Wort oder Kolon und einer *Erklärung*. – Zu
vielen antiken Autoren sind Scholien überliefert.
Die Philologen der Alexandrinerzeit begründeten
die wissenschaftliche Produktion gelehrter Scholien
zu den Autoren. Von besonderer Bedeutung sind
die Scholien zu Homer.

A Scholien zu Aischylos: W. Dindorf, Oxford 1851,
Nachdr. Hildesheim 1962. O. L. Smith. 2 Teile, Stuttgart
1982-[(2)]1993. – Zu Apollonios Rhodios: K. Wendel, Dub-
lin/Zürich [(3)]1974. – Zu Aratos: J. Martin, Stuttgart/Leip-
zig 1974. – Zu Aristophanes: F. Dübner, Paris 1877,
Nachdr. Hildesheim 1969. J. W. White: The Scholia of the
Aves of Aristophanes, Boston/London 1914. – Zu Cicero,
Reden: P. Hildebrandt, Stuttgart/Leipzig [(2)]1971. – Zu
Homer: H. Erbse: Scholia Graeca in Homeri Iliadem. 7
Bde., Berlin 1969–1988. A. Ludwich: Scholia Homeri
Odysseae A 1–309, Königsberg 1888–1890, Nachdr. Hil-
desheim 1966. – Zu Horaz: O. Keller. 2 Bde., 1902–1904.
– Zu Lucan: H. Usener, Leipzig 1869, Nachdr. Hildesheim
1967. – Zu Pindar: A. B. Drachmann. 3 Bde., Stuttgart/
Leipzig 1903–1927, Nachdr. 1997. A. Tessier, Stuttgart/
Leipzig 1989. – Zu Platon: W. Chr. Greene, Haverford
1938, Nachdr. Hildesheim 1988. – Zu Sophokles: A. Din-
dorf: Scholia in Sophoclis Tragodias Septem, Oxford 1852.
– Zu Theokrit: C. Wendel, Stuttgart/Leipzig [(2)]1967. – Zu
Vergil: H. Hagen: Scholia Bernensia ad Vergilii *Bucolica*
atque *Georgica*, Leipzig 1867, Nachdr. Hildesheim 1967.
L A. Gudeman, RE 2 A 1, 1921, 625–705. D. Fehling:
Scholien, in: dtv-L 1. 4, 161–164.

Scholia Sinaitica
„Erklärende Bemerkungen vom Berg Sinai (dem
Fundort des Textes)"

An.

Fragment (gr.) eines juristischen Kommentars.
Entstanden zwischen 438 und 529 n. Chr.

I Es handelt sich um die Mitschrift eines Schülers im Rechtsunterricht der byzantinischen Schule.
Bei dem kommentierten Werk handelt es sich um
Ulpians *Libri ad Sabinum*. Die Erläuterungen des
Lehrers wurden zu einzelnen Stichworten des lat.
Ulpiantextes gegeben. Es handelte sich also um einen lemmatischen Kommentar, der zwar zum vollständigen Werk des Ulpian verfaßt war, aber nur
ausgewählte Stellen kommentierte. – Die Erläuterungen bestehen im wesentlichen aus Inhaltsangaben des Textes.

A Fontes iuris Romani antejustiniani. Edd. J. Baviera /
J. Furlani. Bd. 3, Florenz [(2)]1968, 635–652.

Scipio
(röm. Feldherr)

Ennius, 239–169 v. Chr.

Fragmentarisch erhaltenes Gedicht (lat.) in unterschiedlichen Metren auf Publius Cornelius Scipio
zu dessen Verherrlichung.

I Ennius feiert Scipios Feldzug in Afrika, der
mit dem röm. Sieg über Hannibal bei Zama (202
v. Chr.) den zweiten Punischen Krieg beendet hatte.
Wahrscheinlich stand die Darstellung des Feldzuges
vor dem Empfang Scipios durch die röm. Bevölkerung.

A E. H. Warmington: Remains of Old Latin. Bd. 1,
London/Cambridge (Mass.) [(2)]1961.
L M. v. Albrecht, RL, 106–119. F. Leo: GdrL, 198.

Scorpiace
„Gegengift gegen den Scorpionenstich"

Quintus Septimius Florens Tertullianus aus Karthago, etwa 150 – etwa 230 n. Chr.

Antignostische Schrift (lat.).

I Der Autor weist die Ausreden von Gnostikern zurück, die das Martyrium (Blutzeugnis) in
dieser Welt zugunsten eines jenseitigen oder innerli-
chen Zeugnisses im Geiste zu entwerten suchen.
Für Tertullian „ist jeder Gnostiker ein potentieller
Verleugner, ein laxer Drückeberger und hochnäsiger
Verächter des kirchlichen Gebots" (H. v. Campenhausen, 26).

A CCL 1 und 2 (Gesamtausgabe).
L M. v. Albrecht, RL, 1211–1231. T. D. Barnes: Tertullian's *Scorpiace*, in: JThS 20, 1969, 105–132. H. v. Campenhausen, LKV, 12–36.

Seikilosliedchen

An.

Lied (gr.) aus hellenistischer Zeit, das inschriftlich
auf dem Grabstein eines Seikilos bei Tralleis (Tür-
kei) überliefert ist (1883 entdeckt).

I Das Lied ist deshalb besonders interessant,
weil über dem Text die Noten der Melodie stehen.
– Der Autor fordert zum Lebensgenuß auf, da die
Lebenszeit so kurz ist.

A C. v. Jan: Musici Scriptores Graeci, Leipzig 1895,
Nachdr. 1995, 425.
L A. Lesky, GL, 852.

Selbstbetrachtungen →Tôn eis heautòn biblía (Marc Aurel)

Senatus consultum de Bacchanalibus
„Beschluß des Senates über die Kultusvereinigungen des mystischen Dionysos und ihre nächtlichen Feiern"

An.

Inschrift (lat.) auf einer (erhaltenen) Bronzetafel.

I Die Bacchanalien nahmen in Unteritalien am Anfang des 2. Jh.s so überhand und führten zu derartigen Ausschweifungen und Ordnungswidrigkeiten, daß der röm. Senat im Jahre 186 v.Chr. die Consuln beauftragte, in einem außerordentlichen Gerichtsverfahren einzuschreiten. Das Verfahren wurde mit größter Strenge durchgeführt; es wurden mehrere tausend Personen hingerichtet. Eine Ausfertigung des Senatsbeschlusses ist erhalten. – Der Vorgang wird von Livius, →Ab urbe condita 39, 8–19 ausführlich erzählt.

    A CIL I$^{(2)}$ 581.
    L A. Bruhl: Liber Pater, 1953, 83–116. M. P. Nilsson: The Dionysiac Mysteries in the Hellenistic and Roman Age, 1957.

Sententiae
„Sinnsprüche"

Appius Claudius Caecus, Censor 312 v.Chr.

Sinnsprüche (lat.) in Saturniern.

I Die Sinnsprüche sind bereits bezeichnend für die praktisch-ethische Mentalität der Römer, den lapidaren Charakter ihrer Sprache, die historisch-geographische Bedingtheit des griechischen Einflusses und die Persönlichkeitsgebundenheit literarischer Leistung in Rom (vgl. M. v. Albrecht, 40).

    L M. v. Albrecht, RL, 39 f. P. Lejay: Appius Claudius Caecus, in: RPh 44, 1920, 92–141. E. Stoessl: Die Sententiae des Appius Claudius Caecus, in: RhM 122, 1979, 18–23.

Sententiae →Opera minora (Isidorus)

Sententiae
„Sinnsprüche"

Sextus, um 200 n.Chr.

Christliche Spruchsammlung (gr./lat.).

    A A. Elter, Bonn 1891–1892.
    L H. Chadwick: The sentences of Sextus, 1959.

Sententiae
„Sinnsprüche"

Publilius Syrus aus Antiocheia, 1. Jh. v.Chr.

Sammlung (lat.) von rund 700 Sprüchen, überwiegend in iambischen Senaren.
Die Sammlung entstand im 1. Jh. n.Chr. Sie wurde als Schulbuch verwendet (vgl. Seneca, →Epistulae morales ad Lucilium 33, 7)

    A O. Friedrich, Berlin 1880. W. Meyer, Leipzig 1880.
    Ü H. Beckby, München 1969 (lat.-dt.). P. Hamblenne: L' opinion romaine en 46–43 et les sentences „politiques" de Publilius Syrus, in: ANRW 1, 3, 1973, 631–702.

Sententiae ad intelligibilia ducentes
„Ausgangspunkte zur Annäherung an die noetische Welt"

Porphyrios aus Tyros, um 234–300 n.Chr.

Katechismusartige Zusammenstellung (gr.) der Lehren Plotins (205–270 n.Chr.), für den Unterrichtsgebrauch bestimmt.

I Porphyrios formuliert seine „Ausgangspunkte zur Annäherung an die noetische Welt" oft in engster Anlehnung an die Texte Plotins. Die Schrift besteht in weiten Teilen aus Paraphrasen und Zitaten aus Plotins →Enneádes. „Das Schwergewicht liegt dabei auf den ethischen Implikationen der plotinischen Ontologie, und das Büchlein soll mit der Beschreibung der aufeinander folgenden Stufen des Aufstiegs zur Vollkommenheit eine wirkliche Lebenshilfe geben. Der Gedanke, daß auf jeder erreichten Stufe dieselben Tugenden in anderer und neuer Weise sich bewähren sollen, stammt unmittelbar aus Plotin" (Dihle, 384). – Das Verfahren, Zusammenfassungen einer bestimmten Philosophie in Form von „Sentenzen" zu veröffentlichen, hat eine lange Tradition (vgl. die →Kýriai dóxai Epikurs und das →Gnomologium Vaticanum Epicureum).

    A E. Lamberz, Leipzig 1975.
    L J. den Boeft: Der Neuplatonismus, in: NHbL. Spätantike, 235–263. A. Dihle, GLL, 383–387. E. Zeller, Philosophie 3. 2, 639–735.

Septuaginta
„Siebzig"

An.

Übersetzung (gr.) des Alten Testaments.
Unter Ptolemaios Philadelphos II. (285–246 v.Chr.) wurde zunächst der Pentateuch (5 Bücher Mose) von einer aus vielen Gelehrten gebildeten Kommission der jüdischen Gemeinde in Alexandreia aus dem Hebräischen ins Griechische übersetzt. (Daß es siebzig oder zweiundsiebzig Gelehrte waren, die

den Text in 72 Tagen übersetzt haben, gehört der Legende an.) Die Übersetzung der übrigen biblischen Bücher erfolgte in kleineren und größeren Abständen bis zur Mitte des 2. Jh.s v. Chr. Vgl. auch →*Hexaplâ* (Origenes).

A   A. Rahlfs. 2 Bde., Göttingen/Stuttgart 1935.
L   KNLL 18, bes. 198 f. LThK 2, 375–379.

Serapis-Aretalogie

Maiistas, 3. Jh. v. Chr.

Inschriftlich erhaltenes Gedicht in Hexametern (gr.) auf Serapis, die ägyptische Gottheit.

I   Das für das Serapis-Heiligtum der Insel Delos verfaßte Gedicht erzählt im Stil der →*Hýmnoi Homerikoí* von den Wundertaten (*aretaí*) des Gottes, dessen Kult von dem Großvater des delischen Serapis-Priesters Apollonios aus dem ägyptischen Memphis nach Delos gebracht worden war.

A   B. Effe, GLTD 4, 150–157 (gr.-dt.).

Sermo ad Caesariensis ecclesiae plebem →Ad Donatistas post conlationem (Augustinus)

Sermo de symbolo ad catechumenos →De symbolo ad catechumenos (Augustinus)

Sermones
„Predigten"

Aurelius Augustinus aus Thagaste, 354–430 n. Chr.

Sammlung (gr.) von 363 sicher von Augustinus stammenden Predigten über Textstellen aus der Bibel, über Zeitereignisse, über Heilige und über Sonstiges.

A   PL 38–39 (Gesamtausgabe). SC 116 (lat.-frz. mit Kommentar).
Ü   C. Haas, Tübingen 1861.
L   E. Mühlenberg: Augustins Predigten, in: E. M. / J. van Oort (Hg.): Predigt in der Alten Kirche, Kampen 1994, 9–24. P. P. Verbaken: Études sur les sermons authentiques de Aurelius Augustinus, Bonn 1960.

Sermones
„Predigten"

Caesarius aus Chalôns, 469/470–542 n. Chr., Bischof von Arles seit 502.

Sammlung (lat.) von 238 volkstümlichen und kulturgeschichtlich wertvollen Predigten, deren Echtheit z. T. umstritten ist.

A   C. Lambot. 2 Bde., Turnhout 1953. G. Morin, Maredsous 1937.

Sermones
„Gespräche im Plauderton"

Quintus Horatius Flaccus, 65–8 v. Chr.

Satiren, d. h. Gedichte vermischten Inhalts (lat.), in zwei Büchern mit Themen aus dem Leben des Dichters und mit Beobachtungen über menschliche Schwächen.
Herausgegeben wahrscheinlich 35/34 (Buch 1) und 30/39 v. Chr. (Buch 2).

I   Buch 1: (1) Thema ist die allgemeine Unzufriedenheit in der Welt. Niemand ist mit seinem Schicksal und dem, was er ist und was er hat, zufrieden. Aber keiner ist im Ernstfall bereit, mit einem anderen zu tauschen. Der Grund für rastlose Tätigkeit ist nicht die Vorsorge für das Alter, sondern Neid und Habgier. Niemand kann Maß halten und das Erworbene genießen. (2) Der Dichter veranschaulicht an mehreren Beispielen die Torheit der Menschen, die zu Extremen neigen und bei Vermeidung eines Fehlers in den entgegengesetzten verfallen. In allen Dingen ist die goldene Mitte anzustreben. Auch in der Liebe gibt es eine Mitte zwischen den Extremen. Erstrebenswert ist die goldene Mitte zwischen Dirnen und fremden Ehefrauen: die selbstbewußten, ungebundenen Frauen. (3) Das Gedicht wendet sich gegen die Selbstgerechtigkeit der Menschen, die fremde Fehler sehr genau erkennen, die eigenen aber leicht übersehen. Man soll zwischen groben und geringeren Fehlern unterscheiden, selbstkritisch sein und Freunden gegenüber nachsichtig sein. (4) Horaz wendet sich gegen eine Mißdeutung der Satirendichtung. Er ist kein Vielschreiber wie z. B. sein Vorgänger Lucilius. Er fühlt sich auch nicht eigentlich als Dichter. Denn die Sprache der Satire ist mit der Sprache des Alltags verwandt. Horaz beobachtet seine Mitmenschen und versucht, sich selbst darüber Rechenschaft zu geben. Man braucht sich vor den Satiren des Horaz nicht zu fürchten, weil sie nicht im Buchhandel zu erwerben sind und nur im kleinen Kreis vorgelesen werden. Zudem verleumdet er niemanden. (5) Horaz berichtet über eine Reise von Rom nach Brundisium, die er mit Maecenas und anderen Freunden unternahm. Die Reise fand im Frühjahr 37 v. Chr. statt. Der Dichter hält seine Eindrücke und Beobachtungen sorgfältig fest. (6) Horaz rechtfertigt seine Beziehung zu Maecenas, der ihn trotz seiner niederen Herkunft nie verachtet hat. Der Dichter ist seinem Vater für eine bestmögliche Erziehung dankbar, der ihm letztlich den Weg zu Maecenas geebnet hat. (7) Horaz erinnert sich an seinen Militärdienst im Heer des Caesarmörders Brutus (43 oder 42 v.Chr.). (8) Der Gartengott Priapus erzählt von seinen Erlebnissen in einem Park des Maecenas. Im Mittelpunkt steht die Darstellung eines Zauberspuks bei Mondschein, dem Priapus auf seine Weise ein Ende bereitet. (9) Horaz wird in Rom auf der Via Sacra von einem Schwätzer belästigt, der auch bei Maecenas eingeführt werden will. (10) Horaz verteidigt seine Kritik an Lucilius, wie er sie 1,4 geübt hatte. Er klärt sein Verhältnis zu Lucilius. – Buch 2: (1) In einem Gespräch mit dem Juristen Trebatius klärt er den Standort seiner eigenen satirischen Dichtung zwischen Polemik und Schmeichelei, Gefährdung und Anerkennung. Er geht auch auf die Gründe ein, die ihn dazu veranlassen, Satiren zu schreiben, und bietet eine souveräne Würdigung des Lucilius. (2) Der Bauer Ofellus preist und empfiehlt das Glück des einfachen, naturgemäßen Lebens, das sich von Üppigkeit ebenso fernhält wie von Geiz. (3) Der gescheiterte Grundstücksmakler Damasippus wurde zur Stoa bekehrt und trägt jetzt Horaz in einer endlos langen Predigt seine neue Weisheit vor. Er ereifert sich über die Torheit der Menschen. Horaz verspottet in dieser Satire die rigorose stoische Moralphilosophie. – (4) In einem Gespräch mit Catius wird Horaz in die höhere Küchenweisheit als Weg zum glückseligen Leben eingeweiht. Horaz verspottet diejenigen, die in der Anleitung zum guten Essen und Trinken die höchste Lebensweisheit sehen. (5) Der Satire ist eine fiktive Fortsetzung des Gesprächs, das Odysseus in der Nekyia der homerischen →Odýsseia (11, 90ff.) mit dem blinden Seher Teiresias führt. Er will wissen, wie er sein verlorenes Vermögen nach seiner Heimkehr wieder zurückgewinnen kann. Teiresias rät ihm, in Rom Erbschleicher zu werden, und gibt ihm eine ausführliche Unterweisung in der Kunst der Erbschleicherei. (6) Horaz dankt dem Gott Merkur für das Sabinum, sein Landgut, das er von Maecenas um 33 v.Chr. geschenkt bekommen hatte. Der Dichter schildert die beschauliche Ruhe und das Glück des Lebens auf dem Lande im Gegensatz zum Stadtleben. Der Kontrast zwischen Stadt – und Landleben wird am Schluß mit der Fabel von der Stadt – und der Landmaus veranschaulicht. (7) Anläßlich des Festes der Saturnalien hält ein Sklave dem Dichter eine Strafpredigt; er bedient sich dabei der Weisheiten eines stoischen Tugendschwätzers. Er hält Horaz seine Fehler vor, bis dieser ihn erbost hinauswirft. (8) Horaz läßt sich von einem verunglückten Gastmahl bei dem neureichen Nasidienus berichten.

Q Horaz folgt Lucilius (→*Saturae*) kritisch und distanziert.

W „Das Thema des Maßes durchzieht alle seine Werke, und er konkretisiert es in allen Daseinsbereichen; dabei ist die Ausprägung jeweils individuell

und erstaunlich vielfältig: In den *Satiren* geht es – in einem durchschaubaren Wortspiel – um das *satis*, in den *Episteln* (→*Epistulae*) um das *recte vivere*" (M. v. Albrecht, 579).

A A. Kiessling / R. Heinze, Berlin [5]1921 (mit Kommentar). F. Klingner, Leipzig [6]1982.
Ü H. Färber / W. Schöne, München [10]1985 (lat.-dt.). R. Helm, Zürich/Stuttgart 1962 (lat.-dt.). G. Hermann / G. Fink, Düsseldorf/Zürich 2000 (lat.-dt.). B. Kytzler, Stuttgart 1992 (lat.-dt.). O. Schönberger, Berlin [2]1991 (lat.-dt.). Chr. M. Wieland / M. Fuhrmann, Frankfurt 1986 (lat.-dt.).
L M. v. Albrecht: Horaz, in: J. Adamietz (Hg.): Die römische Satire, Darmstadt 1986, 123–178. M. v. Albrecht, RL, 565–587. K. Heldmann: Die Wesensbestimmung der horazischen Satire durch die Komödie, in: A & A 33, 1987, 122–139. W. Hering: Die Dialektik von Inhalt und Form bei Horaz. Satiren Buch I und *Epistula ad Pisones*, Berlin 1979. U. Knoche: Horazens Satiren und Episteln, in: U. K.: Die römische Satire, Göttingen [4]1982, 46–62. R. A. Lafleur: Horace and *onomastì komodeîn*. The Law of Satire, in: ANRW 2, 31, 3, 1981, 1790–1826. N. Rudd: The *Satires* of Horace, Cambridge 1966. W. Wimmel: Zur Form der horazischen Diatribensatire, Frankfurt 1962. J. E. G. Zetzel: Horace's *Liber Sermonum*. The Structure of Ambiguity, in: Arethusa 13, 1980, 59–77.

Serviusvita →Vita des Vergilius (Servius)

Sibyllinische Orakel →Oracula Sibyllina

Sieben gegen Theben →Heptà epì Thébas (Aischylos)

Siegeslieder →Chorlyrik (Bakchylides, Pindar)

Sikeliká
„Geschichte Siziliens"

Philistos aus Syrakus, um 430–356/355 v.Chr.

Geschichte Siziliens (gr.) in 13 Büchern, aus denen nur Frg. erhalten sind.

I Das historische Werk bestand ursprünglich aus zwei Teilen, die zu den *Sikeliká* zusammengefaßt wurden: (1) Bücher 1–7 mit dem Titel *Perì Sikelías* über 800 Jahre der sizilischen Geschichte bis zum Jahre 406/405 v.Chr. (2) Bücher 8–10 über Dionysios I. (405–367 v.Chr.) und Bücher 11–13 über die ersten fünf Jahre der Tyrannis des Dionysios II. (bis 362 v.Chr.).

W Philistos gibt seine Gesinnung als überzeugter Anhänger der Tyrannis als Herrschaftsform deutlich zu erkennen, so daß Plutarch (T 23 a) ihn als nicht zu überbietenden Tyrannenverehrer bezeichnet.

N Von der antiken Literaturkritik (Dionysios aus Halikarnassos, Cicero, Quintilian) wird Philistos als Nachahmer des Thukydides angesehen. Ein vernichtendes Urteil über die Persönlichkeit des Historikers fällt Dionysios (T 16): „Philistos ist der Nachahmer des Thukydides mit Ausnahme der Gesinnung. Denn der eine ist ein freier und stolzer Mann, der andere ein Tyrannendiener und Sklave der Gewinnsucht ..."

A FGrHist 556.
L O. Lendle, Einführung, 206–211. A. Lesky, GL, 703.

Sikeliká
„Geschichte Siziliens"

Silenos aus Kalakte

Sizilische Geschichte in mindestens vier Büchern (gr.), nur fragmentarisch überliefert. Diodoros, →*Bibliothéke* 11–16, könnte das Werk benutzt haben.

A FGrHist 175.
L F. Jacoby, RE 3 A 1, 1927, 53–56.

Sikyónios
„Der Mann aus Sikyon"

Menandros aus Athen, 342–291 v. Chr.

Fragmentarisch überlieferte Komödie (gr.).

I „Die Rekonstruktion der Handlung ist in Einzelheiten problematisch, doch ist das nach vielen Fährnissen am Ende glücklich vereinte Paar kenntlich. Stratophanes, der als Söldner in Karien Beute machte, hielt sich von seinem Adoptivvater her für einen Sikyonier, findet aber in Athen in Smikrines seinen leiblichen Vater. Ähnlich sind die Schicksale der Philumene, die er sich im Laufe des Spieles gewinnt. Sie wurde als Kind zusammen mit einem Sklaven aus dem attischen Halai geraubt und in Karien an einen Mann aus Sikyon (den Adoptivvater des Stratophanes?) verkauft. Auch sie findet ihren Vater in Athen in Kichesias. Eine bedenkliche Etappe auf ihrem Wege wird aus dem lebhaften, witzig mit Anklängen an den Botenbericht des euripideischen →*Oréstes* versetzten Bericht eines Blepes (?) kenntlich: Ein Bürschchen, das alle Merkmale des *hapalòs neanískos* an sich trägt, erhob mit Argumenten, die uns nicht mehr kenntlich sind, Anspruch auf das Mädchen, wogegen Stratophanes mit der Behauptung ihrer freien athenischen Herkunft einschritt und erwirkte, daß sie in die Obhut der Demeterpriesterin gegeben wurde. Der Beginn des 4. Aktes brachte eine politische Diskussion zwischen dem oligarchisch gesinnten Smikrines und einem überzeugten Demokraten, der Hichesias sein mag. Diesem war eine drastische Szene vorbehalten: bei der Nachricht, daß seine Tochter lebe und da sei, fällt er in Ohnmacht. Der Ruf nach Wasser, sein ‚Wo bin ich?' beim Erwachen, das alles ist seitdem in fe-

ster Typik hundertfach wiederholt worden. Eine Figur des Stückes war auch der in Malthake (der Name scheint auf eine Hetäre zu deuten) verliebte Parasit Theon. Das zweite Paar vieler Lustspielhandlungen beginnt sich abzuzeichnen. Den zum Teil erhaltenen Prolog sprach eine göttliche Gestalt, was bei einer so verwickelten Handlung von vornherein zu erwarten war" (Lesky, 733).

A C. Gallavotti, Rom 1965. R. Kassel, Berlin 1965.
L H. Lloyd-Jones: Menander's *Sikyonios*, in: Greek, Roman and Byzantine Studies 7, 1966. R. Kassel: Menanders Sikyonier, in: Eranos 63, 1965. A. Lesky, GL, 733.

Sílloi
„Schieler" (= spöttisch-höhnische Worte)

Timon aus Phleius, etwa 320–230 v. Chr.

Parodistisches Werk (gr.) in drei Büchern, in Frg. überliefert.

I Der Autor verspottet in homerischen Hexametern ältere und zeitgenössische Philosophen. Die letzten beiden Bücher haben die Form einer Nekyia (Fahrt in das Totenreich). – Auch Arkesilaos, dem Timon später in seiner Schrift →*Arkesiláu perídeipnon* ein ehrendes Andenken bewahrte, wurde in den *Sílloi* verspottet. Da Timon auf Verse des Xenophanes zurückgriff, wurde der Titel *Sílloi* auf dessen „Parodien" übertragen (VS 21 B 10–22).

A H. Diels, PPF 173–206.

Sílloi
„Schieler" (= spöttisch-höhnische Worte)

Xenophanes aus Kolophon, um 5655–470 v. Chr.

Spöttisch-satirisch-parodistische Hexameter und Iamben (gr.), fragmentarisch erhalten, ursprünglich in mindestens fünf Büchern.

I Der spöttische Ton der Verse sollte der Aufklärung über die Möglichkeiten menschlichen Erkenntnisfortschritts mit Hilfe der Vernunft dienen (VS 21 B 18 = 20 G.-P.). „Mit der Selbstgewißheit des überlegenen Denkers (die von nun an zum Grundzug der europäischen Wissenschaft und Philosophie wird) verkündet Xenophanes ... vor allem eine Einsicht, die sich ihm mit unabweisbarer Evidenz ergeben hatte und die auf die nachfolgenden Denker (Heraklit, Parmenides) einen starken Einfluß ausgeübt hat: die gegenüber allem Menschlichen kategorial andersartige Qualität des Göttlichen" (Latacz, 543). – Das ist die Tendenz der *Sílloi* vor allem in VS 21 B 10, 11, 14–16 (= 14, 15, 17, 19, 18 G.-P.). Das Falsche wird verspottet in VS 21 B 10, 11, 14–16. – Wenn Gott ein Eines und völlig Anderes ist, muß das Bild falsch sein, das Homer und Hesiod von den Göttern zeichnen (VS 21 B 11). –

Das Frg. B 18 ist ein Zeugnis für den Glauben des Xenophanes an den Fortschritt, den zu gewährleisten in der Hand des Menschen liege.

W Xenophanes lehnt die religiöse Tradition ab, weil die bis zum Frevel ungebundenen Götter Homers und die Mythen Hesiods auch nicht den bescheidensten Postulaten der Moral entsprechen (z.B. B 11). Er verwirft den anthropomorphischen Trug des Götterbildes (z.B. B 14–16). Es gibt nur einen einzigen Gott, der in keinerlei Hinsicht dem Menschen gleicht (B 23, →*Perì phýseos*). – Aus seinem Glauben an den Fortschritt (B 18) erklärt sich auch die Polemik des Xenophanes gegen schädliche oder nutzlose Traditionen (→*Élegoi* des Xenophanes).

N Die *Sílloi* mit ihren Angriffen gegen überlebte und falsche Wertungen haben die hellenistische Popularphilosophie (z.B. Timon aus Phleius, →*Sílloi*) und die röm. Satire (→*Sermones*, →*Saturae*) beeinflußt. „Die nüchterne Sprache der erhaltenen Verse zeugt von keinem großen Dichter, auch lag die Bedeutung des Mannes nicht in seiner Philosophie, seine weitreichende Wirkung ist in der Kraft und Tiefe seines theologischen Denkens beschlossen. Man spürt es noch, wie ihm aus der Entrüstung über die stehlenden und hurenden Götter des Epos (B 11), aus dem Lachen über die Torheiten des Anthropomorphismus seine eigene großartige Gottesvorstellung aufging" (Lesky, 244).

A B. Gentili / C. Prato: Poetae elegiaci. Teil 1, Leipzig [2]1988. VS 21 B 10–22 (gr.-dt.).
Ü E. Heitsch, München/Zürich 1983 (gr.-dt.). W. Kranz: Vorsokratische Denker, Berlin [3]1964, 56–64. J. Latacz, GLTD 1, 542–557 (gr.-dt. in Auswahl). J. Mansfeld, Stuttgart 1987, 220–225 (gr.-dt.).
L H. Fränkel, Dichtung, 371–384. W. Jaeger: Die Theologie der frühen griechischen Denker, Stuttgart 1953. H. Keulen: Xenophanes von Kolophon und die Emanzipation des Individuums, in: Anregung 18, 1972, 368–385. A. Lesky, GL, 243–245. G. Rudberg: Xenophanes. Satiriker und Polemiker, in: SO 26, 1948, 126–133. P. Steinmetz: Xenophanesstudien, in: RhM 109, 1966, 13–73. K. Ziegler: Xenophanes. Ein Revolutionär des Geistes, in: Gy 72, 1965, 289–302.

Silvae
„Wälder bzw. vermisches Material"

Publius Papinius Statius aus Neapel, etwa 45–96 n. Chr.

Sammlung (lat.) von 32 Gelegenheitsgedichten in fünf Büchern, größtenteils in Hexametern abgefaßt. Die Bücher 1–3 wurden Anfang der neunziger Jahre des 1. Jh.s n. Chr. herausgegeben, das Buch 4 folgte etwa 95, und das Buch stammt wahrscheinlich erst aus dem Nachlaß des Dichters.

I Jedes der fünf Bücher wird durch einen Widmungsbrief in Prosa eingeleitet. – Die Themen der Gedichte sind besondere Ereignisse bei Freunden: Hochzeiten und Trauerfälle. Außerdem werden Bä-

der und Villen beschrieben. In einem Gedicht wird der Geburtstag des toten Dichters Lukan gefeiert (2,7). Andere Gedichte sind Huldigungen an den Kaiser Domitian (1,1; 4,1–3). Berühmt ist das Gedicht auf den Schlaf (5,4). Bemerkenswert ist auch das Trauerlied auf den Vater (5,3) und ein anderes auf ein geliebtes Kind (5,5).

Q „Die Quelle dieser Gelegenheitsgedichte ist die Wirklichkeit des damaligen Lebens. Wir erfahren nicht wenig über Häuser, Denkmäler, Straßen, Bäder, Leben und Tod, Liebe und Freundschaft, über Menschen jener Tage. Die formalen Muster für die poetischen Impromptus sind trotzdem durch literarische Traditionen geprägt: rhetorisches Enkomion bei Lobgedichten, Prunkrede bei Festgedichten, epische (und rhetorische Ekphrasis) in den Beschreibungen, Consolatio bei Trauergedichten, Catullisches in den Hendekasyllaben und Tier-Epikedien, Horazisches in den seltenen Lyrica, Sakrales in Rettungs- und Weihgedichten, und immer wieder Epigrammatisches und Elegisches…" (M. v. Albrecht, 750).

W „Menschlichkeit ist auch ein Hauptthema der *Silvae*. Sie feiern Mächte, die dem Leben Würde und Anmut schenken und dem von ihrem Licht Berührten zuweilen als Abglanz des Ewigen gelten: Liebe, Freundschaft, Poesie und Kunst … " (M. v. Albrecht, 756).

A E. Courtney, Oxford 1990. A. Marastoni, Leipzig [2]1970. F. Vollmer (1898), Hildesheim 1971.
Ü R. Sebicht, Ulm 1902. H. Wissmüller, Neustadt a. d. Aisch 1990.
L M. v. Albrecht, RL, 747–759. D. F. Bright: Elaborate Disarray. The Nature of Statius' Silvae, Meisenheim 1980. E. Burck: Statius an seine Gattin Claudia (Silvae 3, 5), in: WS 99 NF 20, 1986, 215–227. H. Cancik: Untersuchungen zur lyrischen Kunst des P. Papinius Statius, Hildesheim 1965. H. Cancik: Eine epikureische Villa, Statius, Silv. II 2: Villa Surrentina, in: AU 11,1, 1968, 62–75. H. Cancik-Lindemaier: Ein Mahl vor Hercules. Ein Versuch zu Statius, Silvae IV 6: Hercules Epitrapezios, in: AU 14, 3, 1971, 43–65. H. Cancik: Amphitheater. Zum Problem der „Gesamtinterpretation" am Beispiel von Statius, Silvae II: Leo mansuetus, in: AU 14, 3, 1971, 66–81. A. Hardie: Statius and the *Silvae*, Trowbridge 1983. R. Häusler: Drei Gedichte an den Schlaf: Statius – Balde – Hölderlin, in: Arcadia 13, 1978, 113–145. S. T. Newmyer: The *Silvae* of Statius. Structure and Theme, Leiden 1979. H. Szelest: Rolle und Bedeutung des P. Papinius Statius als Verfasser der *Silvae* in der römischen Dichtung, in: Eos 60, 1972, 87–101. D. W. T. Vessey: Transience Preserved. Style and Theme in Statius' *Silvae*, in: ANRW 2, 32, 1986, 2754–2802.

Símon
(Name eines Dialogpartners)

Phaidon aus Elis, um 400 v. Chr.

Verlorener sokratischer Dialog (gr.).

I Spuren des Werkes finden sich in den →„Briefen des Sokrates und der Sokratiker" (Nr.12 und

13). Vgl. Diogenes Laertius, →*Philosóphon bíon kaì dogmáton synagogé* 2,105.

L   K. v. Fritz: Phaidon von Elis, in: RE 19, 2, 1938, 1539f. A. Lesky, GL, 567. J. Sykutris: Die Briefe des Sokrates und der Sokratiker, Paderborn 1933.

Sísyphos
(Gestalt der gr. Mythologie)

Kritias aus Athen, etwa 460–403 v. Chr.

Fragment (gr.) aus einem Satyrspiel, das zu einer Tragödientrilogie gehörte: Von den Tragödien *Ténnes*, *Rhadámanthys* und *Peiríthoos* sind einige Frg. (VS 88 B 10–24) erhalten (über die Zuweisung dieser drei Tragödien an Kritias – und nicht an Euripides – vgl. U. v. Wilamowitz-Moellendorff, NJbb 11, 1906, 57; Hermes 62, 1927, 291 f.).

I   Der Text bietet eine kurzgefaßte Kulturentstehungslehre: Am Anfang herrschte noch Unordnung; dann wurden die Gesetze aufgestellt, um dem Recht zur Herrschaft zu verhelfen. Da aber trotzdem noch Untaten begangen wurden, „hat zuerst ein gewitzter und gedankenkluger Mann die Götterfurcht den Sterblichen erfunden". Das Göttliche wird eingeführt, um die Menschen vom Unrechttun abzuschrecken bzw. um den Nomos zu stabilisieren.
Q   Es gibt Berührungen mit dem Kulturentstehungsmythos des platonischen →*Protagóras* (320 c 8 ff.), mit Xenophanes (B 11–38), Demokrit (A 75), Lukrez, →*De rerum natura* 5,1186 ff., und Prodikos (B 5 und Cicero, →*De natura deorum* 1,118). Vielleicht war das Werk des Protagoras →*Perì tês en archê katastáseos* die direkte Vorlage des Kritias.
W   Die Reihenfolge der Entwicklungsphasen (Unordnung, Gesetzesordnung, Götterfurcht als Garantin der Ordnung) entspricht nicht dem üblicherweise angenommenen Weg vom Mythos zum Logos, vom Irrationalismus zur Aufklärung. Vielleicht will der Autor auf diese Weise veranschaulichen, daß die rationalen Möglichkeiten der Konfliktbewältigung gescheitert sind und immer wieder scheitern, so daß die Religion als ein unentbehrlicher Ordnungsfaktor neu zu etablieren ist. Möglicherweise will er aber auch andeuten, daß die Religion eine für ein geordnetes Zusammenleben der Menschen unentbehrliche Institution ist.

A   TrGF 43 F 19 Snell. VS 88 B 25.
Ü   P. Barié, AU 27, 5, 1984, 23–25. W. Nestle (s. u.), 413 f.
L   P. Barié: Die Religion – eine Erfindung der Herrschenden? Kritias TrGF 43 F 19 Snell, in: AU 27, 5, 1984, 20–32. A. Dihle: Das Satyrspiel *Sisyphos*, in: Hermes 105, 1977, 28–42. K. Döring: Antike Theorien über die staatspolitische Notwendigkeit der Götterfurcht, in: A & A 24, 1978, 43–56. W. Nestle, VMzL, 400–420.

Sísyphos
(Gesprächspartner des Sokrates)

Ps.-Platon

Dialog (gr.) zwischen Sokrates und Sisyphos.

I   Das Gespräch befaßt sich mit dem Gehorsam gegenüber den Behörden und den Gesetzen, die Sisyphos veranlaßten, seine Funktion als Ratsherr ernst zu nehmen. Da allgemein bekannt ist, daß Sisyphos ein guter Ratsherr (*eúbulos*) ist, will Sokrates wissen, was man eigentlich unter „Ratsherr sein" bzw. „gut beraten oder beratschlagen" zu verstehen habe.

A   J. Burnet. Bd. 5, Oxford 1907.
Ü   E. Loewenthal. Bd. 3, Darmstadt 2003.
L   A. Lesky, GL, 574–576.

Skeptiká
„Darstellung der philosophischen Skepsis"

Sextus Empiricus, Ende des 2. Jh.s n. Chr.

Auseinandersetzung (gr.) mit Fachwissenschaften und philosophischen Disziplinen in 11 Büchern.

I   Die Bücher 1–6 sind gegen die Vertreter der enzyklopädischen Wissenschaften (Grammatik, Rhetorik, Geometrie, Arithmetik, Astrologie, Musiktheorie) gerichtet. Sie werden auch unter dem Titel *Pròs mathematikús* oder (lat.) *Adversus mathematicos* („Gegen die Gelehrten") zitiert. Die Bücher 7–11 setzen sich mit den drei Teilen der dogmatischen Philosophie (Logik, Physik und Ethik) auseinander, d. h. mit den Meinungen der Philosophen, die auf ihrem Arbeitsgebiet mit der Möglichkeit eines sicheren, beweisbaren Wissens rechnen und daher als „Dogmatiker" einzustufen sind. Zitiert werden diese Bücher auch unter dem Titel *Pròs dogmatikús* oder lat. *Adversus dogmaticos* („Gegen die Inhaber des beweisbaren Wissens").
Q   Die wesentlichen Argumente des Skeptizismus gegen die Dogmatiker wurden von Ainesidemos (1. Jh. v. Chr.), einem Skeptiker aus der Schule des Pyrrhon, mit seinen zehn „Tropen" geliefert, d. h. den zehn Arten der Argumentation, mit der der Zweifel an den Forschungsergebnissen der Wissenschaften zu begründen war und die Möglichkeit der Erkenntnis angefochten werden konnte (dazu gehört z. B. der Hinweis auf die Verschiedenheit der Menschen, ihrer Zustände, ihrer Sinnesorgane). Vgl. die →*Hýpotyposis eis tà Pyrrhóneia* des Ainesidemos.
W   Die theoretischen Grundlagen seiner Apologie der Skepsis legt Sextus Empiricus in seinen →*Pyrrhóneioi hypotypóseis*. Das Hauptmerkmal des Skeptizismus ist „die Gegenüberstellung einander widersprechender sinnlicher oder geistiger Eindrücke, die aufgrund ihrer gleichen Stärke oder Gültigkeit zur völligen Urteilsenthaltung (*epoché*)

führen müssen. Im Gegensatz zum Stoiker erkennt der Skeptiker kein Kriterium an, das ihm die theoretische Wahrheitserkenntnis erlaubt; dennoch teilt er auch die Auffassung des (skeptischen) Akademikers nicht, daß in letzter Konsequenz jegliches Handeln im praktischen Leben unmöglich sei... Die skeptische Haltung beruht auf der Hoffnung, daß man mit ihrer Hilfe zur seelischen Unerschüttertheit (*ataraxía*) hinsichtlich der von unserer Einschätzung (*dóxa*) abhängigen Dinge und zum maßvollen Empfinden (*metriopátheia*) gegenüber dem Unausweichlichen gelangen könne" (L. Deitz, 640).

A R. G. Bury. 4 Bde., London/Cambridge (Mass.) 1933–1949 (gr.-engl.). H. Mutschmann / J. Mau: Sexti Empirici opera. Bd. 2 und 3, Leipzig 1914 und 1954, Nachdr. 1984 und 1961.
Ü M. Hossenfelder: Grundriß der pyrrhonischen Skepsis, Frankfurt (2)1985.
L L. Deitz, MLAA, 639–641. A. Dihle, GLL, 333 f. M. Hossenfelder: Die Philosophie der Antike 3, in: W. Röd (Hg.): Geschichte der Philosophie. Bd. 3, München 1985, 147–182. F. Ricken: Antike Skeptiker, München 1994.

Skólia
„Krumme Lieder"

An.

Trinklieder (gr.).

I Seit dem 6. und 5. Jh. v. Chr. sind kleine einstrophige Lieder überliefert, die bei Symposien zur Unterhaltung vorgetragen wurden. Die Lieder heißen „krumme Lieder", weil sie während des Gastmahls nicht in einer geordneten Reihenfolge vorgetragen wurden, sondern „krumme Wege" gingen. – Athenaios (→*Deipnosophistaí*) hat eine Sammlung von 25 attischen *Skólia* erhalten, die unterschiedlichen Themen gewidmet sind: Götterlieder auf Athene, Demeter, Leto und Pan, Sentenzen und Ermahnungen, ein Lob der Tyrannenmörder Harmodios und Aristogeiton, Preis der Güter des Lebens, Reflexionen über Siege und Niederlagen, Gedichte auf Heroen, Erotisches.

A E. Diehl, ALG 2. D. L. Page, PMG. H. W. Smyth: Greek Melic Poets, London 1900, Nachdr. New York 1963.
Ü J. A. Hartung: Die griechischen Lyriker. Bd. 6, Leipzig 1857 (gr.-dt.). F. Hölderlin / K. Preisendanz / B. Snell / C. Fischer: Antike Lyrik, München 1964. J. Mähly: Griechische Lyriker, Leipzig 1880. KNLL 19, 539 f. J. Schultz / J. Geffken: Altgriechische Lyrik in deutschen Reimen, Berlin 1895.
L W. Aly: *Skolion*, in: RE 3 A 1, 1927, 558–566. Cambridge History, Kap. 7. A. Lesky, GL, 198 f. R. Reitzenstein: Epigramm und Skolion, Gießen 1893, 3–44. U. v. Wilamowitz-Moellendorff: Aristoteles und Athen. Bd. 2, Berlin 1893, 316–322.

Skólia
„Krumme Lieder"

Simonides aus Keos, um 556 – etwa 468 v. Chr.

Beim Symposion vorgetragene Lieder (gr.), von denen nur wenige Frg. erhalten sind.

I Es war üblich (vgl. Aristophanes, →*Sphêkes* 1219 ff. und →*Nephélai* 1353 ff.), daß jeder Teilnehmer eines Symposions ein Gedicht vortragen oder ein angefangenes Gedicht fortsetzen mußte. Für diesen Zweck wurden auch literarisch anspruchsvolle Gedichte verfaßt, die sich meist lobend an bestimmte Personen wandten. – Politische Ereignisse und allgemeine Lebensweisheiten sind die Hauptthemen. – Ein *Skólion* des Simonides (Frg. 4 D.) machte Platon zum Gegenstand einer sehr eigenwilligen Interpretation im →*Protagóras* (343 c ff.). Simonides geht von einem Wort des Pittakos von Mytilene aus, es sei schwer, ein wirklich vollkommener Mann zu *sein*; er hält ihm entgegen, es sei wirklich schwer, ein vollkommener Mann zu *werden* (vgl. auch Frg. 542 PMG).

A E. Diehl, ALG 2. 5, 76–143. D. L. Page, PMG. D. L. Page: Supplementum lyricis Graecis, Oxford 1974.
Ü J. Latacz, GLTD 1, 458–481 (gr.-dt. in Auswahl).
L B. Gentili: Simonide, Rom 1959. H. Gundert: Die Simonides-Interpretation in Platons *Protagoras*. FS für O. Regenbogen, Heidelberg 1952, 1952, 71 ff. A. Lesky, GL, 218–225. E. – M. Voigt: *Skolion*, in: dtv-L 1. 4, 197 f.

Skólia
„Krumme Lieder"

Timokreon aus Ialysos auf Rhodos, 1. Hälfte des 5. Jh.s v. Chr.

Gedichte (gr.), in wenigen Frg. erhalten.

I In den erhaltenen Texten greift der Dichter den Staatsmann Themistokles leidenschaftlich an, weil dieser sich nicht für seine Heimkehr aus der Verbannung eingesetzt hatte (er war wegen seiner perserfreundlichen Gesinnung verbannt worden). – Timokreon war allerdings wegen seiner Schmähsucht berühmt. – Simonides hatte ein spöttisches Grabepigramm auf Timokreon verfaßt (Frg. 99 D.).

A E. Diehl, ALG 2. 5, 148–152. PMG 375 ff.
L A. Lesky, GL, 218 f.

Skýrioi
„Die Einwohner von Skyros"

Euripides, etwa 480–406 v. Chr.

I Das Werk handelte u. a. von der Liebesbeziehung zwischen Achilleus und Deidamia, aus der Neoptolemos hervorging. Die Voraussetzung dieser Beziehung war der Aufenthalt des Achilleus bei den

Töchtern des Königs von Skyros. Thetis, die Mutter des Helden, hatte ihn hier verstecken wollen, um ihn vor der Teilnahme am Trojanischen Krieg zu bewahren.

N Statius benutzte die Tragödie für seine →*Achilleís.*

A A. Nauck, TGF Frg. 682–686.
L A. Körte: Euripides' *Skyrier*, in Hermes 69, 1934. A. Lesky, GL. 422.

Skýthes è próxenos
„Der Skythe oder der Fremde"

Lukianos aus Samosata, etwa 120–180 n. Chr.

Dialog (gr.) zwischen den beiden Skythen Anacharsis (→*Anácharsis è perì gymnasíon*) und Toxaris (→*Tóxaris è philía*) über das Schönste vom Schönen in Athen, die Sehenswürdigkeiten im übrigen Griechenland, die besten Gesetze, die tüchtigsten Männer, die Sitten der Griechen u. a. m.
Es handelt sich um eine frühe Schrift des Autors, als er in Griechenland noch nicht heimisch geworden war.

I Der gerade in Athen eingetroffene und völlig orientierungslose Anacharsis trifft Toxaris, der schon länger in der Stadt lebt, und bittet diesen, ihm von den Vorzügen der Griechen zu erzählen. Toxaris will den Landsmann aber nur mit Solon bekannt machen, weil dieser ganz Griechenland verkörpere und man in ihm die Quintessenz all dessen sehe, was in Griechenland gut sei. Wenn der Freund Solon gefunden habe, habe er alles gesehen: „Das ist Athen, das ist Hellas ... Hier hast du die Richtschnur von ganz Griechenland, dies ist das Muster attischer Gelehrsamkeit und Weisheit" (Kap. 7). Im Schlußteil des Dialogs (9 ff.) vergleicht Lukian sein eigenes Schicksal als Fremder – er war Syrer – in Griechenland mit den Erlebnissen des Anacharsis.
W Der Autor verfolgte mit dieser Schrift den Zweck, die Protektion zweier Männer, eines Vaters und eines Sohnes, in Makedonien zu gewinnen, um damit den Beruf des Rhetors in Thessalonike ausüben zu können. Daher war die Schrift wohl auch nur für diese Männer bestimmt und vielleicht als Einladung zu einem öffentlichen Vortrag des Lukian gedacht.

A K. Kilburn. Bd. 6, London/Cambridge (Mass.) 1959 (gr.-engl.). M. D. McLeod. 4 Bde., Oxford 1972–1987. E. Steindl, Stuttgart/Leipzig 1970.
Ü E. Steindl, Beilage zu AU 7, 5, 1966. Chr. M. Wieland: Lucian von Samosata 2. 4, Leipzig 1788/1789, 305–322.
L Ch. Robinson: Lucian and his Influence, London 1979. J. Schwartz: Biographie de Lucien de Samosate, Brüssel 1965. E. Steindl: Die zweite Sophistik und die Skythendialoge des Lukian, in: AU 7, 5, 1964, 39–46.

Skythiká
„Skythische Geschichte"

Dexippos aus Athen, 3. Jh. n. Chr.

Geschichtswerk (gr.), nur in Frg. überliefert.

I Der Autor beschreibt die Einfälle der Germanen in das röm. Reich vom Jahre 238 n. Chr. bis mindestens 270 n. Chr. – Über Cassiodor (→*De origine actibusque Getarum*) gelangte Material aus diesem Werk in die Gotengeschichte des Iordanes (→*De origine actibusque Getarum*). Auch in diesem Werk ist Dexippos (vgl. die →*Chroniká*) von Thukydides beeinflußt.

A FGrHist 100.
L F. Altheim: Literatur und Gesellschaft im ausgehenden Altertum. Bd. 1, Halle 1948, 175. A. Momigliano, in: Enciclopedia Italiana di Scienze, Lettere ed Arti 12, 1931, 686. E. Schwartz, RE 5, 1905, 288–293. E. Schwartz: Griechische Geschichtsschreiber, Leipzig 1957, 290. F. J. Stein: Dexippus et Herodianus quatenus Thukydidem secuti sint, Diss. Bonn 1957.

Skythiká →Nómima barbariká (Hellanikos)

Smyrna
(Frauenname)

Gaius Helvius Cinna, 1. Jh. v. Chr.

Erotisches Epyllion (lat.), fragmentarisch überliefert, von Catull, →*Carmina* 95, gelobt.

I Das Werk handelte von der Liebe einer jungen Frau zu ihrem Vater.

A W. Morel, FPL. A. Traglia: Poetae novi, Rom 1962.
L KNLL 7, 647 f. T. P. Wiseman: Cinna the Poet and other Roman Essays, Leicester 1974.

Smyrneís
„Die Geschichte von Smyrna"

Mimnermos aus Kolophon oder Smyrna, 2. Hälfte des 7. Jh.s v. Chr.

Verlorene Dichtung (gr.) in Distichen.

I Dargestellt wurde der Kampf der Smyrnaier gegen die Lyder unter König Gyges (von Pausanias, →*Periégesis tês Helládos,* bezeugt). Der Titel ist überliefert (Frg. 21 G.-P.). „Nach neueren Arbeiten zu diesen und verwandten Nachrichten sieht es zur Zeit so aus, als habe Mimnermos tatsächlich neben seine kurzen Gedichte ein längeres Werk über die vergangenen und gegenwärtigen Geschicke der Stadt Smyrna gestellt, und zwar ebenfalls in Distichen. Dies wäre dann einer der für uns ersten Belege

für die ‚narrative Elegie' oder ‚elegische Erzählung"
(Latacz, 178 f.). Die *Smyrneís* könnte bei regionalen
Feiern und Festen vorgetragen worden sein.

A B. Gentili / C. Prato: Poetae elegiaci, Leipzig
[2]1988.
L E. Bowie: Early Greek Elegy, Symposium and Pub-
lic Festival, in: JHS 106, 1986, 13–35. J. Latacz, GLTD 1,
176–185.

Soliloquia
„Selbstgespräche"

Aurelius Augustinus aus Thagaste, 354–430 n. Chr.

Philosophische Schrift (lat.) in zwei Büchern.
Verfaßt 386–387 n. Chr.

I In Form eines Dialogs mit seiner Ratio (Vernunft) setzt sich Augustinus mit dem Problem des
Verhältnisses der Seele zu Gott auseinander. Augustinus will die Begriffe „Gott" und „Seele" erkennen: *deum et animam scire cupio* (1,2,7). Nichts weiter interessiere ihn. Schlechterdings nichts. – Der
Neubekehrte unterzieht sich „nach einem feierlichen Gebet zu Gott einer Selbstprüfung über den
erreichten Stand seines Innenlebens. Er bekennt,
daß manche Versuchungen für ihn noch immer gefährliche Macht besitzen, daß sein Herz insbesondere immer noch an bestimmten lieben Menschen
allzusehr hängt. Aber er lebt jetzt asketisch, und
Reichtum und Ehre, die Ehe und die sinnlichen Genüsse sind ihm keine ernsthafte Lockung mehr" (H.
v. Campenhausen, 165).
N Das Gespräch des Augustinus mit der eigenen Ratio deutet auf die Zwiesprache des Boethius
mit der Philosophie voraus (→*Consolatio philosophiae*). „Indem er das erkenntnistheoretisch erste
Gewisse formuliert, nimmt Augustinus in den *Soliloquia* Descartes' *Cogito, ergo sum* vorweg; zugleich liefert er eine Entgegnung auf Gassendis *Am-
bulo, ergo sum*. Der Denkansatz, der vom Subjekt
seinen Ausgang nimmt – zu seinen Ahnherren gehören Protagoras und Sokrates –, macht Augustinus
zu einem der Väter der Neuzeit" (M. v. Albrecht,
1344).

A W. Hörmann, CSEL 89, 1986, 3–98. G. Watson,
Warminster 1990.
Ü H. Fuchs / H. Müller, Düsseldorf/Zürich [3]2002
(lat.-dt.). P. Remark, München 1951 (lat.-dt.).
L M. v. Albrecht, RL, 1318–1353. H. v. Campenhausen, LKV, 151–222. J. Gercken: Inhalt und Augabe der philosophischen Jugendschriften Augustins, Diss. Münster
1939. KNLL 1, 879 f. H. Müller: Augustins *Soliloquien*,
Diss. Basel 1954.

Somnium →Perì tû enhypníu étoi bíos Lukianû (Lukianos)

Sonnenstaat →Iambulos-Exzerpte (Iambulos)

Sophistés
„Der Sophist"

Platon aus Athen, 427–347 n. Chr.

Philosophischer Dialog (gr.).
Wahrscheinlich verfaßt nach Platons Rückkehr von
der zweiten Reise nach Sizilien im Jahre 365 v. Chr.

I Der *Sophistés* bildet zusammen mit dem
→*Theaítetos* und dem *Politikós* ein Gruppe eng zu-
sammengehörender Dialoge. Er steht aber auch in
engerer Beziehung zum →*Parmenídes* und zum
→*Phílebos*. – Im Mittelpunkt steht der „Sophist"
als solcher, keine individuelle Persönlichkeit. Das
Wesen des Sophisten soll bestimmt werden. Diese
Aufgabe haben ein ungenannter Dialektiker aus
der Schule der Eleaten und der Mathematiker
Theaitetos. – Sokrates stellt das Thema: Sind Sophist, Politiker und Philosoph identisch? Oder sind
sie verschieden? Im ersten Teil des Dialogs (218b–
236d) wird versucht, die Kunst der Sophisten zu definieren. Die Methode der Begriffsbestimmung ist
die Dihairesis, d. h. die Bestimmung eines Sachverhaltes durch fortgesetzte „Begriffsspaltung". Die
Dihairesis legt den Ort des Sachverhaltes in einer
„Begriffspyramide" fest. – Der Sophist wird auf diesem Wege schließlich als Verfertiger scheinbarer Erkenntnis definiert. – Im zweiten Teil (236d–264b)
erweist es sich im Anschluß an den letzten Definitionsversuch als notwendig, das Problem des Falschen und des Scheins zu untersuchen. Was ist
Schein bzw. Bild? Was ist Wahrheit im Verhältnis
zu Täuschung? Was ist Sein im Verhältnis zu
Nichtsein? Wenn Nichtsein als seiend bestimmt
wird, verstößt dies gegen die These des Parmenides,
daß ein solches nichtseiendes Sein weder aussagbar
noch denkbar ist. Aber es gibt keine andere Möglichkeit: Im Gegensatz zu Parmenides sieht man
sich gezwungen, das, was nicht ist, als irgendwie seiend zu erweisen bzw. die Existenz des Nichtseins
nachzuweisen. – Im dritten Teil (264b–268d) kann
endlich das Wesen des Sophisten und seiner Kunst
bestimmt werden: Diese ist eine Scheinkunst.
W Der Dialog ist vor allem eine Auseinandersetzung mit Parmenides: „Platon hebt die starre
Entgegensetzung von Eins (= Sein) und Vielheit (=
der nach Parmenides undenkbare Schein eines Zugleich von Sein und Nichtsein) auf, indem er die
Vielheit als ein Ganzes, d. h. als Darstellung des Eins
zu denken versucht. Platons berühmte ‚Gigantomachie' der Philosophie um den Seinsbegriff verdeutlicht die Absicht seines Ansatzes: Er überwindet die
‚materialistische' Weltanschauung, die ‚Sein' gleich
Materie setzt, ebenso wie die ‚idealistische', die in
den ‚Ideen' das Sein abgeschieden für sich sein läßt"
(LphW, 647).

A J. Burnet. Bd. 1, Oxford 1900. A. Diès. Bd. 8. 3, Paris [(2)]1950 (gr.-frz.). H. N. Fowler. Bd. 2, London/Cambridge (Mass.) [(2)]1928.
Ü O. Apelt / R. Wiehl, Hamburg 1985 (gr.-dt.). H. Meinhardt, Stuttgart 1990 (gr.-dt.). R. Rufener, Zürich 1965.
L K. Dürr: Moderne Darstellung der platonischen Logik. Ein Beitrag zur Erklärung des Dialoges *Sophistes*, in: MH 2, 1945, 166–194. F. M. Cornford: Plato's Theory of Knowledge: The *Theaetetus* and the *Sophist* of Plato, London [(2)]1957 (Kommentar). KNLL 13, 409–411. R. Marten: Der Logos der Dialektik: Eine Theorie zu Platons *Sophistes*, Berlin 1965. L. M. Rijk: *Sophist*. A Philosophical Commentary, Amsterdam 1986.

Sophistikè proparaskeué
„Sophistische Vorbereitung"

Auch lat. zitiert als *Praeparatio Sophistica*.

Phrynichos Arabios, 2. Hälfte des 2. Jh.s n. Chr.

Alphabetisch geordnete Erklärungen (gr.) attischer Ausdrücke und Redewendungen, nur in einem Auszug erhalten.

A I. de Borries, 1911.
L H. Erbse: Phrynichos Arabios, in: dtv-L 1. 3, 324 f. D. Strout / R. French, RE 20, 1, 1941, 920–925.

Sophistikoì élenchoi
„Sophistische Widerlegungen"

Aristoteles aus Stageira, 384–322 v. Chr.

Es handelt sich um das neunte Buch der aristotelischen →*Topiká*, die insgesamt „in den Streit in der Akademie um die Frage nach dem Begriff der Dialektik, nach der Bildung richtiger Begriffe und Definitionen und nach den Klassifikationen" (Düring, 69) hineinführen. – Die *Sophistikoì élenchoi* werden zum sog. →*Órganon* gezählt, das noch fünf weitere Einzelschriften umfaßt: →*Kategoríai*, →*Perì hermeneías*, *Analytica priora*, *Analytica posteriora* (→*Analytiká*), →*Topiká*.

I Gegenstand der Schrift ist das sophistische Verfahren bei der Begründung des Für und Wider, d.h. der Elenchos, wie er nicht nur von der Sophistik, sondern auch in Platons Frühdialogen praktiziert wird. Platon hatte vor allem im →*Euthýdemos* gezeigt, wie man diese Methode verwenden kann, um den Gegner durch Trugschlüsse aller Art zu besiegen. Im neunten Buch der *Topiká* (= *Sophistikoì élenchoi*) geht es um eben diese Trugschlüsse, die Aristoteles sehr ausführlich und mit vielen Beispielen beschreibt. So beweisen die Sophisten u. a., daß ein guter Schuster auch ein schlechter Schuster sein kann (weil ein guter Schuster auch moralisch schlecht sein kann), daß die Zahl fünf gerade und ungerade ist (weil sie aus drei und zwei besteht), oder daß derjenige, der im Würfelspiel von zehn Steinen zwei verloren hat, alle verloren hat (weil

man verloren hat, was man hatte und nicht mehr hat, und wenn man zwei von zehn Steinen verloren hat, die Gesamtzahl von zehn Steinen ja nicht mehr besitzt). – Nach einführenden Worten über Zweck und Inhalt der Schrift, über die Sophisten und ihre Geschäftemacherei mit scheinbarer Weisheit (Kap. 1), über die vier Gattungen von Schlüssen bzw. Begründungen (es gibt didaskalische, dialektische, peirastische und eristische Begründungen) und nach dem Hinweis darauf, daß die didaskalischen (oder wissenschaftlich beweisenden, die sich aus den Prinzipien der jeweiligen Wissenschaft ergeben) bereits in den beiden →*Analytiká*, die dialektischen (die sich aus der Annahme eines Wahrscheinlichen ergeben, das durch Frage und Antwort zu prüfen ist) und die peirastischen (die sich aus der probeweisen Annahme der Richtigkeit eines Satzes ergeben) in den acht Büchern der →*Topiká* abgehandelt wurden, erklärt Aristoteles, daß es jetzt um die eristischen Begründungen (die im Streitgespräch benutzten Begründungen, die sich aus dem ergeben, was sich als wahrscheinlich erweist, es aber in Wirklichkeit gar nicht ist) gehe (Kap. 2). Er benennt zunächst die fünf Ziele der Sophisten im Gespräch: (1) Widerlegung durch Nachweis des begrifflichen Widerspruchs, (2) Verleitung zu falschen Behauptungen, (3) Verleitung zu unglaubwürdigen Behauptungen, (4) Verleitung zu Tautologien (leerem Geschwätz) und (5) Verleitung zu sprachlichen Fehlern (Kap. 3). Das erste Ziel, die Widerlegung, wird ausführlich beschrieben. Dabei unterscheidet Aristoteles dreizehn Arten von Widerlegungen: Sechs Arten beruhen auf der Diktion (*fallaciae dictionis*), sieben liegen außerhalb der Diktion (*fallaciae extra dictionem*) (Kap. 4–14). – Im Anschluß daran werden noch viele weitere sophistische Kunstgriffe genannt, die in der Disputation zu einem scheinbaren Sieg führen (Kap. 15). – Nach einem Rückblick auf die sophistischen Widerlegungen, dem Hinweis auf die Nützlichkeit ihrer Kenntnis (Kap. 16), der Unterweisung in der scheinbaren Lösung der Sophismen (Kap. 17) und nach allgemeinen Bemerkungen zur wirklichen Lösung (Kap. 18) wird in Kap. 19–30 die Lösung der dreizehn Arten der Sophismen dagestellt. – In Kap. 31 und 32 geht es um die Frage, wie man mit den anderen Zielen der Sophisten im Gespräch umgehen soll. – Kap. 33–34 bilden den Schluß, indem sie sich mit der Frage auseinandersetzen, wo die Lösung der Sophismen leicht und wo sie schwierig ist. Am Schluß wird ein Rückblick über die Lehre der *Sophistikoì élenchoi* und die *Topiká* insgesamt gegeben.

Q Aristoteles hat die Sophismen des platonischen →*Euthýdemos* in einen systematischen Zusammenhang gestellt.

W Die Schrift soll zeigen, wie man die sophistischen Schlüsse, die Aristoteles als Widerlegungen oder Gegenschlüsse bezeichnet, lösen oder entkräften kann. Denn die sophistischen Schlüsse zielen auf das Gegenteil der Wahrheit, und d.h. daß die Sophisten das Schlußverfahren, das nach Aristoteles' Auffassung das einzige Mittel der Wahrheitsfindung ist, mißbrauchen.

A A. L. Peck, London 1955 (gr.-engl.). W. D. Ross: *Topica*, Oxford 1958. M. Wallies: *Topica* cum libro *De sophisticis elenchis*, Leipzig 1923.
Ü E. Rolfes, Hamburg [(2)]1922. L L. – A. Dorin, Paris 1995 (frz. mit Kommentar). I. Düring, Aristoteles, 69–87. G. Haddad: Trois Versions arabes médites des *réfutations sophistiques* d' Aristote, Paris 1952. G. E. L. Owen: Logic and metaphysics in some earlier works of Aristotle, in: I. Düring / G. E. L. Owen (Hg.): Aristotle and Plato in the mid-fourth century, Göteborg 1960, 163–190.

Sophistische Widerlegungen →Sophistikoì élenchoi (Aristoteles)

Sortes Astrampsychi
„Lose des Astrampsychus"

Astrampsychos, 2. Jh. n. Chr.

Orakelbücher (gr.), unter dem Namen des persischen Magiers A. veröffentlicht.

A G. M. Browne / R. O. Stewart. 2 Bde., Stuttgart/Leipzig 1983 und 1998.
Ü K. Brodersen, Darmstadt 2006 (gr.-dt.).

Sortes Sangallenses
„Lose aus St. Gallen"

An.

Orakelsammlung (lat.), die in einer Handschrift in St. Gallen überliefert ist.
Vermutlich 3. Jh. n. Chr.

I Es handelt sich um gr. Orakel in lat. Übersetzung. Die Orakelantworten waren für Ratsuchende mit geringer Bildung bestimmt. Christlicher Einfluß ist an einigen Stellen spürbar.

A H. Winnefeld: *Sortes Sangallenses* ineditae, Diss. Bonn 1887.

Sosibíu níke
„Sieg des Sosibios"

Kallimachos aus Kyrene, etwa 300–240 v. Chr.

Enkomion (gr.) auf einen unbekannten Sosibios in elegischen Distichen, nur in Frg. erhalten.
Vielleicht eines der frühesten unter Ptolemaios I. (um 367/366–283/282 v. Chr.) in Alexandreia verfaßten Werke des Dichters.

I Sosibios hatte offensichtlich einen Sieg bei den Isthmien, den Leichenspielen zu Ehren des Knaben Melikertes, des Sohnes der Ino, und bei den Nemeen, den Leichenspielen für Archemoros, errungen. Es handelte sich um panhellenische Festspiele. Ursprünglich waren es Turn – und Reiterspiele (auch Wagenrennen). Im 3. Jh. v. Chr. kamen auch musische Wettkämpfe hinzu.

A R. Pfeiffer: Callimachus. Teil 1, Oxford 1949 (Frg. 384).
Ü E. Howald / E. Staiger, Zürich 1955 (gr.-dt.).
L R. Pfeiffer, KlPh, 156–190.

Sôsos
(Personenname)

Antiochos aus Askalon, 1. Jh. v. Chr.

Verlorene philosophische Schrift (gr.), in der sich der Autor mit seinem Lehrer Philon aus Larisa auseinandersetzte. Der Titel *Sôsos* bezeichnet vielleicht eine Dialogperson, wenn es zutrifft, daß es sich bei der Schrift um einen Dialog handelte.

I In dieser Schrift gegen Philon verteidigte Antiochos die erkenntnistheoretische Konzeption der „erfassenden Vorstellung" (*katálepsis*) des Zenon aus Kition. Philon hatte behauptet, es gebe überhaupt keine mit absoluter Gewißheit „erfassenden Vorstellungen", wie die Stoa lehrte, d. h. der Mensch sei unfähig festzustellen, ob seine Vorstellungen wahr oder falsch seien. – Der erste Teil von Ciceros *Lucullus* (11–60) (→*Academica*) stammt wohl aus dem *Sôsos*.

A G. Luck: Der Akademiker Antiochos, in: Noctes Romanae 7, Bern 1953.
L K. Büchner, Bestand und Wandel 33–36. A. Lesky, GL, 772. A. Lueder: Die philosophische Persönlichkeit des Antiochus von Askalon, Diss. Göttingen 1940. M. Pohlenz, Stoa 1, 248–253.

Speculum
„Spiegel"

Aurelius Augustinus aus Thagaste, 354–430 n. Chr.

Moraltheologische Schrift (lat.).
Um 427 n. Chr. verfaßt.

I Der Autor stellt das Sittengesetz des Alten und des Neuen Testaments in 51 Abschnitten auszugsweise dar, damit es der moralischen Selbsterkenntnis und Selbsteinschätzung diente.

A F. Weihrich, CSEL, 12, 1887.

Sphaera Graecanica et barbarica
„Griechischer und nicht-griechischer Sternenhimmel"

Publius Nigidius Figulus, etwa 98–45 v. Chr.

Darstellung (lat.) theologisch-okkulter Themen, in
nur wenigen Frg. überliefert.

I Die Schrift befaßte sich mit dem Götter – und
Auguralwesen, der Opferschau, den Blitzzeichen,
der Astrologie, den geheimen Gesetzen des
menschlichen und tierischen Organismus.

A D. Liuzzi, Lecce 1983 (lat.-it. mit Kommentar). A.
Swoboda, Prag 1889, Nachdr. 1964.
L W. Kroll, RE 17, 1, 1936, 200–212. L. Legrand: P.
Nigidius Figulus. Philosoph néopythagoricien Orphique,
Paris 1931.

Sphairiká
„Probleme der Kugel"

Theodosios aus Tripolis in Lydien, 1. Jh. v. Chr.

Mathematische Schrift in drei Büchern (gr.).

I Die „Sphärik" enthält Sätze über Schnitt und
Berührung von Kugel und Ebene, sowie über Kreise auf der Kugel. Die Sätze sind rein mathematisch
formuliert, aber unmittelbar astronomisch anwend-
bar.

A J. L. Heiberg, 1927.
Ü A. Czwalina, 1931.
L H. Gericke: Theodosios von Tripolis, in: dtv-L 1. 4,
268. G. Sarton, Introduction 1, 211.

Sphêkes
„Wespen"

Aristophanes aus Athen, um 445–386 v. Chr.

Komödie (gr.).
Aufgeführt am Lenäenfest des Jahres 422 v. Chr. in
Athen.

I Im Mittelpunkt des Geschehens steht ein
Streit zwischen Vater und Sohn. Im Gegensatz zu
den →Nephélai hat hier der Sohn seine liebe Not
mit einem mißratenen Vater. Hinzu kommt, daß
Vater und Sohn auch in ihrer politischen Einstellung
stark voneinander abweichen; das zeigen schon die
Namen der beiden: Philokleon (der Vater, der den
Politiker und Demagogen Kleon liebt) und Bdelykleon (der Sohn, der Kleon haßt). Der Vater Philokleon ist einer Leidenschaft verfallen, die damals in
Athen epidemisch war: Er hatte als Kleon-Anhän-
ger eine unbändige Lust am Prozessieren. Diese
Leidenschaft wurde noch dadurch angestachelt,
daß man als Richter tätig werden konnte (es gab
6.000 durch das Los ermittelte Laienrichter) und da-

für seit Perikles auch noch bezahlt wurde. Kleon
hatte den Richtersold sogar noch deutlich erhöht,
um sich die Richter gefügig zu machen. – Den Inhalt des Stückes bildet die maßlose Richterleiden-
schaft des Philokleon. Der Sohn hat den Vater Philokleon im Haus eingesperrt, um ihn von den Gerichten fernzuhalten und von seiner Krankheit zu
kurieren. Seine Ausbruchsversuche sind publikumswirksam gestaltet, von denen einer an den
Ausbruch des Odysseus aus der Höhle des Kyklopen erinnert. – Von der gleichen Leidenschaft wie
Philokleon ist der Chor der alten Richter befallen,
die Philokleon zu einem Prozeß gegen den Feldherrn Laches abholen wollen und als „Wespen"
mit einem langen Stachel ausstaffiert sind. Bdelykleon kann im letzten Augenblick verhindern, daß die
„Wespen" den Vater befreien. In einem großen
Agon (513–728) gelingt es Bdelykleon, den Chor
und auch den Vater davon zu überzeugen, daß ein
Richter kein Herr in der Stadt, sondern ein von
den wahren Herren ausgenutzter Knecht ist. Dennoch kann der Vater nicht ganz auf das Richten verzichten. – Um ihm einen harmlosen Ersatz zu verschaffen, richtet Bdelykleon seinem Vater zu Hause
ein Privatgericht ein, vor dem ein lustiger Hunde-
prozeß (729–1008) stattfindet, in dem ein Hund wegen Käsediebstahls angeklagt ist. Der angeklagte
Hund wird schließlich aufgrund eines Versehens
des Richters Philokleon freigesprochen. – Nach diesem Fehlurteil verzichtet der Vater endlich auf seine
Lust zu richten; er will jetzt sein Alter genießen. Allerdings kann er sich in der feinen Gesellschaft nicht
benehmen. Er entführt eine Flötenspielerin und pö-
belt die Leute an. Statt der Prozessierwut hat ihn
jetzt die Tanzwut gepackt. Am Schluß fordert er
drei berufsmäßige Tänzer dazu heraus, mit ihm um
die Wette zu tanzen.

A F. W. Hall / W. M. Geldart. Bd. 1, Oxford (2)1906. R.
Kassel / C. Austin. Bd. 3. 2, Berlin/New York 1984. D. M.
MacDowell, Oxford 1988 (mit Kommentar). B. B. Rogers.
Bd. 1, London/Cambridge (Mass.) (2)1926 (gr.-engl.).
Ü L. Seeger / H. – J. Newiger / P. Rau, München 1968.
L Th. Gelzer: Der epirrhematische Agon bei Aristo-
phanes, München 1960. KNLL 1, 684–686. A. Lesky, GL,
491 f. C. H. Whitman: Aristophanes and the Comic Hero,
Cambridge (Mass.) 1964, 143–166. U. v. Wilamowitz-
Moellendorff: Über die „Wespen" des Aristophanes, in:
Kleine Schriften. Bd. 1, Berlin 1935, 284–346.

Spiel der Sieben Weisen →Ludus Septem Sapientium (Ausonius)

Sprachwissenschaftliche Forschungen →Grammatiká (Tryphon)

Sprüche →Gnômai (Phokylides)

Sprüche der Sieben Weisen →Leben und Meinungen der Sieben Weisen (An.)

Staat →Politeía (Platon)

Staat der Athener →Athenaíon politeía (Aristoteles)

Staat der Lakedaimonier →Lakedaimoníon politeía (Xenophon)

Stéphanos →Meleágru Stéphanos (Meleagros)

Stereometriká
„Probleme der Raummessung"

Heron aus Alexandreia, 1. Jh. n. Chr.

Abhandlung (gr.) über Raumgeometrie.

I   Der Autor beginnt mit einer Theorie der Messung von Kugeln, Kegeln, Pyramiden usw., aber die später behandelten Probleme haben praktische Bedeutung. So zeigt er u. a., wie man die Zahl der Sitzplätze in einem Theater berechnet, indem man die Länge der höchsten und der niedrigsten Sitzreihe im Theater zugrunde legt. – Heron berechnet auch die Anzahl an Gefäßen (Amphoren), die man im Laderaum eines Schiffes von gegebenem Tiefgang, gegebener Breite und Länge unterbringen kann, oder die Anzahl der Dachziegel, die man benötigt, um ein Gebäude von gegebenen Abmessungen und gegebener Form abzudecken (vgl. Landels, 252).

A   W. Schmidt / L. Nix / H. Schöne / J. L. Heiberg. 5 Bde., Leipzig 1899–1914 (*Stereometriká* in Bd. 5).
L   J. G. Landels: Die Technik in der antiken Welt, München 1979, 241–253.

Stichus
„Der Sklave Stichus"

Titus Maccius Plautus, etwa 250–184 v. Chr.

Komödie (lat.).
Vermutlich um 200 v. Chr. aufgeführt.

I   Stichus ist der Sklave des Atheners Epignomus; er erhält einen Krug Wein und einen freien Tag geschenkt, weil sein Herr gesund von einer Reise zurückgekommen ist. – Zwei Schwestern warten auf die Heimkehr ihrer Ehemänner, die seit drei Jahren nicht zu Hause waren und nie etwas von sich hören ließen. Dennoch lehnen sie den Vorschlag ihres Vaters Antipho ab, sich neue Ehemänner zu suchen. Dann kehren die beiden Ehemänner Epigno-

mus und Pamphilippus mit vielen Handelsgütern plötzlich zurück. Der Schwiegervater versöhnt sich deshalb mit den beiden Schwiegersöhnen. Im Haus des Epignomus findet ein Wiedersehensmahl statt. Aber der Parasit Gelasimus darf nicht mitfeiern, weil er durch seine Gefräßigkeit einmal einen Bankrott mitverschuldet hatte. Auch die Sklaven des Pamphilippus feiern. Stichus und sein Freund, der Sklave Sagarinus, veranstalten mit ihrer gemeinsamen Freundin Stephanium ein ausgelassenes Gelage.

A   H. Petersmann, Heidelberg 1973 (mit Kommentar).
Ü   W. Binder / W. Ludwig, München 1976.
L   M. v. Albrecht, RL, 133–167.

Stoicheîa →Tà stoicheîa (Eukleides)

Stoicheíosis physiké
„Grundriß der Physik"

Auch lat. zitiert als *Institutio physica*.

Proklos aus Konstantinopel, etwa 410–485 n. Chr.

Zusammenfassende Darstellung (gr.) der aristotelischen Lehre von der Bewegung nach den Büchern 3 ff. der „Physik" des Aristoteles. Daher trägt die Schrift auch den Titel *Perì kinéseos* („Über die Bewegung").

A   A. Ritzenfeld, Leipzig 1911 (mit Kommentar).
L   R. Beutler, RE 23, 1957, 185–247. H. Boese: Die mittelalterliche Übersetzung der *Stoicheíosis physiké* des Proklos, Berlin 1958 (mit Textausgabe). A. Lesky, GL, 988.

Stoicheíosis theologiké
„Grundriß der Theologie"

Auch lat. zitiert als *Institutio theologica* („Theologische Unterweisung") und als *Elementatio theologica* („Theologische Elementarlehre").

Proklos aus Konstantinopel, etwa 410–485 n. Chr.

Knapper Abriß (gr.) der Lehre von den höchsten Wesenheiten in 211 Kapiteln, frühe Schrift des Proklos in enger Anlehnung an Plotin und Porphyrios.

I   Eingehend setzt sich Proklos mit dem Verhältnis zwischen Einheit und Vielheit auseinander: Jede Vielheit hat teil an der Einheit und diese zur Voraussetzung (Kap. 1; 5; 11; 21). Jede Einheit bringt eine Vielheit hervor (21). Diese Hervorbringung erfolgt nicht durch Teilung oder Verwandlung, sondern aufgrund der Vollkommenheit des Hervorbringenden (27). Jedes Hervorgebrachte ist von dem Hervorbringenden verschieden, aber mit ihm verbunden und ihm ähnlich (20 f.). Aufgrund des Kausalzusammenhangs bleibt das Hervorbringende zwar in sich, und das Hervorgebrachte tritt aus ihm heraus; aufgrund der Ähnlichkeit bleibt das Hervorbringende aber in dem Hervorgebrachten (30) und das Hervorgebrachte im Hervorbringenden. Jedes höhere Wesen geht durch alle niedrigeren seiner Ordnung hindurch und teilt sich ihnen mit, indem es sich zwar schrittweise vervielfältigt, aber doch seine Eigentümlichkeit bewahrt (125; 154). Sofern nun die Ursache in dem Verursachten wirkt, ist sie überall in diesem, sofern sie von ihm verschieden ist, ist sie nirgends (98). Daraus ergibt sich, daß sich alles seiner Ursache zuwendet und sich mit ihr vereinigen will. Alles bewegt sich demnach in einem Kreislauf des Heraustretens aus seiner Ursache und der Rückkehr zu dieser (33). Proklos führt die Verkettung von Ursachen und Wirkungen auf das Gesetz der triadischen Entwicklung zurück: Für diese gilt (1) das Sein des Verursachten in der Ursache, (2) sein Heraustreten aus der Ursache und (3) seine Rückkehr zur Ursache. – In endloser Wiederholung dieser drei Momente geht immer wieder aus der ursprünglichen Einheit die Vielheit des abgeleiteten Seins hervor.

A   E. R. Dodds: The Elements of Theology, Oxford [2]1963 (gr.-engl. mit Kommentar).
Ü   J. Trouillard, Paris 1965 (frz.).
L   R. Beutler, RE 23, 1957, 185–247. A. Lesky, GL, 988. J. M. P. Lowry: The Logical Principles of Proclus' *Stoicheiosis theologike* as Systematic Ground of the Cosmos, 1980. E. Zeller, Philosophie 3. 2, 834–890.

Strategémata
„Kriegslisten"

Polyainos aus Makedonien, 2. Jh. n. Chr.

Sammlung militärisch-taktischer Ratschläge (gr.) für Kaiser Verus (reg. 161–169 zusammen mit Marc Aurel) für den Partherkrieg (162 n. Chr.), den Verus trotz persönlichen Versagens erfolgreich beendete.

A   J. Melber, Leipzig 1887.
L   F. Lammert, RE 21, 2, 1952, 1432–1436. Schmid-Stählin 2, 2, 754f. O. Seel: Trogus, Caesar und Livius bei Polyainos, in: RhM 103, 1960, 230–271.

Strategematon libri IV
„Vier Bücher Kriegslisten"

Sextus Iulius Frontinus, um 30–104 n. Chr.

Sammlung (lat.) mit Beispielen von Kriegslisten in den ersten drei Büchern und mit einer Darstellung besonderer Leistungen von Feldherren im vierten Buch (= *Strategica*), die nach bestimmten Verhaltensweisen gruppiert sind (z. B. *disciplina, continentia, iustitia, constantia*).

A   G. Bendz, Berlin [3]1987 (lat.-dt. mit Kommentar). G. Gundermann, Leipzig 1888. R. H. Ireland, Leipzig 1990.
L   G. Bendz: Die Echtheit des vierten Buches der

Frontinischen *Strategemata*, Diss. Lund 1938. G. Bendz: Frontinus, in: dtv-L 1. 2, 135f.

Strategikós
„Schrift über den Feldherrn"

Onasandros, 1. Jh. n. Chr.

Traktat (gr.) über die Pflichten eines Feldherrn, Quintus Veranius gewidmet, in der Renaissance sehr beliebt.

A   W. A. Oldfather, London/Cambridge (Mass.) 1923 (gr.-engl.). E. A. Gordon, RE 8 A, 1955, 955–959, s. v. Q. Veranius (Nr. 3). W. A. Oldfather, RE 18, 1, 1939, 403–405.

Stromateîs
„Teppiche"

Flavius Clemens Alexandrinus, etwa 150–215 n. Chr.

Unvollendetes Werk (gr.) der Poikilographie („Buntschriftstellerei") in acht Büchern mit Wissenswertem aus verschiedenen Disziplinen und kurzen Abhandlungen zu vermischten Themen ohne systematische Anordnung.
Entstanden zwischen 208 und 211 n. Chr.: Buch 1–4 vor dem →*Paidagogós*, Buch 5–8 danach.

I   Möglicherweise ist das Werk nur eine Material – und Notizensammlung, die Vorarbeit für den dritten Teil einer Trilogie, die aus dem →*Protreptikós*, dem →*Paidagogós* und einem *Didakalikós* besteht. – Der Autor erörtert zahlreiche Probleme, „die sich der Kirche in den Weg gestellt hatten, und zwar ohne System und Ordnung. Diese Systemlosigkeit ist Absicht" (Fuhrmann, 168): Der Leser soll auf diese Weise nicht ohne eigene Anstrengungen zur Erkenntnis der Wahrheit gelangen, und die Formerschwerungen sollen als Reizmittel der Reflexion wirken. – Clemens trifft eine Auslese der in seinen Augen „richtigen" Erkenntnis aller Philosophenschulen. Die vom Apostel Paulus verdammte „Weisheit dieser Welt" bezieht Clemens nur auf die Lustlehre des Epikur. Alle anderen Philosophen waren vom göttlichen Logos erleuchtet und erwiesen sich als die Propheten unter den Heiden. – Die Philosophie ist das unersetzliche Hilfsmittel für die Vollendung des Christen zum wahren „Gnostiker" (der Begriff „Gnosis" bedeutet hier soviel wie „theoretische Kenntnis"). – Clemens unterscheidet mehrere Stufen auf dem Weg zum „Gnostiker", d. h. zum „Wissenden": *prólepsis* (Vorwegnahme), *epistéme* (Wissenschaft), *pístis* (Glaube) und *gnôsis* (höchste Stufe der Erkenntnis und des christlichen Lebens). Jeder kann durch eigene Entscheidung zur *gnôsis* gelangen. Die *pístis* ist die Grundlage der *gnôsis*, nicht das Ziel christlicher Existenz. Erst der Wissende, der „Gnostiker" ist der vollkommene Gläubige, der Gott schaut, liebt und ergreift.

Q Clemens zitiert in seinen Schriften etwa 360 Autoren. Er besitzt eine umfassende philosophisch-literarische Bildung. So erweisen sich die *Stromateîs* auch als eine reiche Fundgrube für sonst verlorene Texte der gr. Literatur (z. B. Heraklit, Empedokles, Parmenides, Xenophanes, Demokritos).

H Clemens antwortet den einfachen Christen, die die Philosophie für eine Erfindung des Teufels halten und die allein den Glauben als den Weg zum ewigen Heil ansehen, daß die Philosophie von Gott komme (vgl. schon Iustinus Martyr, →*Apología*, →„*Diálogos* mit dem Juden Tryphon": Er versuchte, den christlichen Glauben durch die gr. Philosophie zu erklären) und für die Heiden von heilsgeschichtlicher Bedeutung sei. Durch die Philosophie – so Clemens – hat der göttliche Logos die Heiden auf Christus hin erzogen. Die Philosophen waren gleichsam Christen vor Christus.

W Der Autor beschäftigt sich in den *Stromateîs* vor allem „mit der Beziehung des christlichen Glaubens zu der von der Philosophie bestimmten Kultur seiner Umwelt, zur literarischen Überlieferung der Antike, zum Alten Testament, zu den gnostischen Lehren seiner Zeit und auch zur ‚Philosophie der Barbaren', also den Weisheitslehren exotischer Völker" (Dihle, 339). Das Werk „zielt auf ein christliches Publikum, das in der Lektüre seinen Lebensgang wiederholt: es läßt vom Heidentum ab; es lernt, ein christliches Leben zu führen; es gewinnt Einsicht in die höchsten Ziele. Diese Wiederholung ist Steigerung, Überbietung der schon durchlebten Wirklichkeit, so daß dem diese steigernde Wiederholung ermöglichenden Literaturwerk eine bis dahin im christlichen Bereich unbekannte Dignität zuwächst: die vom Literaturwerk in Gang gesetzte Reflexion führt die Wirklichkeit erst zu Ende" (Fuhrmann, 168). – Der Autor selbst erklärt am Anfang der *Stromateîs*: „Die ‚Teppiche' werden aber die Wahrheit stets mit den Lehren der Philosophie vermischt enthalten, vielmehr in sie verhüllt und in ihnen verborgen, wie in der Schale der eßbare Kern der Nuß steckt ... Ich kenne freilich ganz gut das Gerede mancher Leute, die törichterweise vor jedem Geräusch erschrecken und behaupten, man müsse sich nur mit dem Nötigsten und nur mit dem beschäftigen, was für den Glauben unentbehrlich ist, dagegen müsse man das, was darüber hinausgehe, und alles Überflüssige übergehen, da es unsere Kraft unnütz aufreibe und uns bei dem festhalte, was für das Endziel nichts beitrage ... Ich aber werde in meinen ganzen ‚Teppichen' zeigen, daß das Schlechte von Natur aus schlecht ist und nie irgend etwas Gutes hervorbringen kann; dabei werde ich zugleich andeuten, daß auch die Philosophie in gewisser Hinsicht ein Werk göttlicher Vorsehung ist" (*Strom.* 1,15,2–18,4; Übers. BKV[(2)]).

A P. Th. Camelot / C. Mondésert, SC 38, 1954 (*Strom.* 1 und 2). L. Früchtel / U. Treu, Berlin [(4)]1985 (B. 1–4). O. Stählin. 2 Bde., Berlin [(4)]1985.
Ü F. Overbeck, Basel 1936. O. Stählin, BKV[(2)]. 5 Bd., München 1934–1938 (Gesamtwerk). A. Warkotsch, Urteil, 126–226 (Auswahl).

L B. Altaner, Patrologie,169–175. H. Chadwick: Early Christian Thought and the Classical Tradition, Oxford 1966, 31–65. A. Dihle, GLL, 338–344. G. Lazzati: Introduzione allo studio di C. Aless., Mailand 1939. J. Munck: Untersuchungen über Klemens von Alexandrien, Stuttgart 1933. F. Quatember: Die christliche Lebenshaltung des Klemens von Alexandrien, Würzburg 1947.

Suasoriae
„Beratungsfälle"

Lucius Annaeus Seneca aus Corduba (der Ältere), etwa 55 v. Chr. – etwa 40 n. Chr.

Sieben rhetorische Erörterungen (lat.).

I Die *Suasoriae* sind „beratende Reden", die in der Ausbildung zum Rhetor eingesetzt werden konnten. Es handelt sich um Übungs- und Kunstreden, in denen ein bestimmtes Handeln in einer angenommenen Situation geraten oder abgeraten wird. – Die Themen der *Suasoriae* waren dem Alltag entrückte Fälle aus der Mythologie und der Geschichte. – Beispiele aus Senecas Werk: Alexander überlegt, ob er den Ozean befahren solle (Nr. 1); Agamemnon überlegt, ob er Iphigenie opfern solle (Nr. 3); Cicero überlegt, ob er seine Schriften vernichten soll, nachdem ihm Antonius Schonung zugesichert hat, wenn er dazu bereit sei (Nr. 7). Insgesamt sind sieben „Fälle" erhalten. Anders als in den →*Controversiae* teilt Seneca sein Material in nur zwei Rubriken ein: Er zählt einerseits die möglichen Urteile auf (*sententiae*), die zu dem betreffenden Problem bereits geäußert wurden bzw. werden konnten; andererseits versucht er zu verdeutlichen, wie man den Fall in einzelne Teilfragen zerlegen kann (*divisio*).

A H. Bornecque. 2 Bde., Paris 21932 (lat.-frz.). W. A. Edward, Cambridge 1928 (lat.-engl. mit Kommentar). L. Hakanson, Leipzig 1989. A. Kiessling, Leipzig 1872. M. Winterbottom. 2 Bde., Cambridge (Mass.) 1974 (lat.-engl.).
L M. v. Albrecht, RL, 987–994. J. Fairweather: The Elder Seneca and Declamation, in: ANRW 2, 32, 1, 1984, 514–556. M. Fuhrmann, Seneca, 25–42. O. Rossbach: L. Annaeus Seneca (Annaeus Nr. 16), in: RE 1, 1894, 2237–2240 und Suppl 1, 1903, 84 f. L. A. Sussman: The Elder Seneca, Leiden 1978.

Suda
(Bedeutung des Titels umstritten)

An.

Ein um 1000 n. Chr. in Konstantinopel entstandenes alphabetisch angeordnetes enzyklopädisches Lexikon (gr.).

I Der besondere Wert dieses Lexikons besteht darin, daß es zahlreiche Frg. ansonsten verlorener antiker und byzantinischer Literaturwerke und wertvolle Informationen über antike und spätere Autoren enthält.

Q Quellen des Werkes sind lexikalische und grammatische Werke der Antike, die der Verfasser aber vielleicht gar nicht selbst eingesehen hat, sondern über Exzerptensammlungen enzyklopädischen Inhalts benutzte, wie sie z. B. von Konstantin VII. Porphyrogennetos im 10. Jh. n. Chr. angefertigt wurden. Darüber hinaus stützte sich der Verfasser auf historische und biographische Werke, wie z. B. auf den Auszug aus dem von Hesychios Illustrios im 6. Jh. n. Chr. verfaßten →*Onomatólogos è pínax tôn en paideía onomastôn.* – Auch die Benutzung von →*Scholia* zu antiken Autoren ist anzunehmen. Die Philosophenbiographien von Diogenes Laertius (→*Philosóphon bíon kaì dogmáton synagogé*) standen dem Verfasser der *Suda* zur Verfügung.

A A. Adler. 5 Bde., Leipzig 1928–1938, Nachdr. 1989–1994).
L A. Adler, RE 4 A 1, 1931, 675–717. F. Dölger: Der Titel des sogenannten Suidaslexikons. SB Bayer. Akad. Phil.-hist. Kl. 1936. 6. H. Grégoire: Suidas et son mystère, in: LEC 4, 1937, 346–355. N. G. Wilson: Scholars of Byzantium, London [(2)]1996.

Suetonvita →De viris illustribus (Sueton), →Vergilkommentar (Donatus)

Sulpicia und Cerinth →Corpus Tibullianum (Ps.-Tibullus)

Supplices →Hikétides (Aischylos, Euripides)

Symbolum Apostolorum
„Apostolisches Glaubensbekenntnis"

An.

Westliches Tauf-Credo (lat.).

I Der im 4. Jh. n. Chr. in verschiedenen Fassungen verbreitete Text hat sich aus Vorformen entwickelt, die bis in das 2. Jh. n. Chr. zurückreichen, aber erst im frühen Mittelalter unter fränkischem Einfluß im Westen als Taufbekenntnis rezipiert wurde. Vgl. auch das östliche Credo, das in Erweiterung und Veränderung des Nizänums von 325 n. Chr. auf dem Konzil von Konstantinopel 381 n. Chr. fixiert wurde und von Dionysius Exiguus (1. Hälfte des 6. Jh.s) ins Lat. übersetzt wurde (Nizänischen Glaubensbekenntnis).

A M. Simonetti, CCL 20, 1961 (Rufinus, Commentarius in Symbolum apostolorum).
L W. – D. Hauschild / O. Utermöglen: Christianitas-Latinitas, Stuttgart 1975, 51 f..

Symbolum Athanasium
„Athanasisches Glaubensbekenntnis"

An.

Glaubensbekenntnis (lat.).

I Der Text gehörte im Mittelalter und in der Reformation zusammen mit dem Nizänischen Glaubensbekenntnis und dem →*Symbolum Apostolorum* zu den drei grundlegenden Symbolen. Das Glaubensbekenntnis entstand wahrscheinlich im 6./7. Jh. in Gallien.

A H. Lietzmann: Symbole der Alten Kirche, [(5)]1961.

Sýmmikta sympotiká →Harmonikà stoicheîa (Aristoxenos aus Tarent)

Sýmmikta zetémata
„Vermischte Untersuchungen"

Porphyrios aus Tyros, etwa 234–300 n. Chr.

A H. Dörrie (s. u.) mit einer Rekonstruktion der Schrift aus Nemesios und Priscian.
L H. Dörrie: Porphyrios' *Symmikta Zetemata*, München 1959.

Symposiakôn problemáton biblía
„Problemerörterungen beim Symposion"

Auch lat. zitiert als *Quaestionum convivalium libri.*

Plutarchos aus Chaironeia, etwa 46 – etwa 120 n. Chr.

Abhandlung (gr.) in neun Büchern über zahlreiche Probleme aus unterschiedlichen Wissensgebieten.

I Die Erörterung philosophischer und wissenschaftlicher Fragen im Rahmen von Gesprächen bei einem Gastmahl gehörte seit Platon (→*Sympósion*) zur literarischen Konvention. Vgl. auch Plutarchos, →*Sympósion tôn heptà sophôn.* – In einer wechselnden Runde werden hier zahllose naturwissenschaftliche, literarische und historische Fragen diskutiert. Oft ging es auch nur um Kuriositäten. Die Themen reichten von der Weitsichtigkeit im Alter bis zur Tanzkunst, von den Gründen unterschiedlicher Trinkfestigkeit bei alten und jungen Menschen bis zu der Frage, ob das Ei oder der Vogel früher da war. – Neben Gesprächen über die Bekränzung beim Symposion (3,1) und über die bessere Verdaulichkeit gemischter Nahrung (4,1) stehen solche über den Verzicht der Juden auf Schweinefleisch (4,5), über die Zahl der Musen (9,14), über die Arten des Tanzes (9,6), über das Okulieren von Bäumen (2,6) u. v. a. m. – Die Gesprächsszenen liegen in sehr verschiedenen Zeiten. Daher wechseln auch die Gesprächsorte und die Gesprächspartner, die in ihren individuellen Fähigkeiten und Eigenschaften porträtiert werden.

N Von Macrobius, →*Saturnalia*, werden später viele der Themen übernommen und modifiziert.

A C. Hubert: Plutarchi Moralia. Bd. 4, Leipzig 1938.
L A. Dihle, GLL, 206–210.

Sympósion
„Gastmahl"

Auch zitiert als *Caesares* („Kaiser").

Flavius Claudius Iulianus, röm. Kaiser 361–363 n. Chr.

Satire (gr.) nach dem Vorbild der Menippeischen Satire.
Vermutlich 362/363 n Chr. verfaßt.

I Julian stellt verschiedene „vergöttlichte" röm. Kaiser bei einem olympischen Gelage im Himmel während des Saturnalienfestes dar, zu dem sie von Romulus eingeladen worden waren, nachdem er gemeinsam mit Silen darüber entschieden hatte, wer teilnehmen durfte. Die oberste Stelle in der von Julian festgelegten Rangfolge nimmt der philosophische Kaiser Marc Aurel ein. Julian mißt seine Vorgänger am Herrscherideal seiner eigenen Zeit.

A J. Bidez u. a., Paris 1932–1964 (gr.-frz. Gesamtausgabe).
L K. Bringmann: Kaiser Julian, Darmstadt 2004. H.-G. Nesselrath: Caesar in den *Caesares*. Ein Beitrag zur Text- und Quellenkritik in den Schriften Kaiser Julians, in: RhM 135, 1992, 353–365. H.-G. Nesselrath: Menippeisches in der Spätantike: Von Lukian zu Julians *Caesares* und zu Claudians *In Rufinum*, in: MH 51, 1994, 30–44.

Sympósion
„Gastmahl"

Platon aus Athen, 427–347 v. Chr.

Sokratischer Dialog (gr.).

I Den szenischen Rahmen des Gesprächs bildet eine Abendgesellschaft, die in Athen im Jahre 416 v. Chr. im Haus des Tragödiendichters Agathon stattfand. Platon läßt den jungen Apollodoros den Verlauf des Abends schildern, wie er ihn von Aristodemos, der selbst anwesend war, gehört hatte. – Zu den Teilnehmern des Symposions gehörten neben dem Gastgeber Agathon und Sokrates Phaidros, nach dem Platon den Dialog →*Phaîdros* benannt hat, Pausanias, der Freund des Agathon, der Arzt Eryximachos, der Komödiendichter Aristophanes (vgl. u. a. →*Nephélai*) und Alkibiades. Die Teilnehmer des Symposions vereinbaren, Reden auf den Gott Eros zu halten. Phaidros beginnt mit seinem Enkomion auf Eros (178a), den er als eine Kraft darstellt, die zu tugendhaften Taten antreibt. Darauf folgt die Rede des Pausanias (180c), der zwischen dem himmlischen und dem irdischen Eros unterscheidet. Eryximachos (185c) unterscheidet zwei Formen des Eros, die in der gesamten Natur wirken. Aristophanes (189a) schließt sich an und erzählt von dem ursprünglichen Menschengeschlecht und der Entstehung der Liebe; Eros ist das Verlangen nach der Rückkehr zur ursprünglichen Ganzheit und Einheit der Menschen, die von den Göttern auseinandergeschnitten worden waren und sich aus diesem Grund in Sehnsucht zueinander verzehren. – Agathon (193d) preist die Schönheit und die Tugend des Eros und seine guten Taten. – Dann ist die Reihe an Sokrates (198a). Nach einem kurzen Vorspiel beginnt Sokrates mit seinem Bericht über sein Gespräch mit Diotima (201 d): Eros ist weder schön noch häßlich, weder Gott noch Mensch. Er ist ein großer Dämon, ein Mittleres zwischen Gott und Mensch. Seine Eltern sind Poros und Penia, Reichtum und Armut. Daraus erklären sich auch seine Eigenschaften. Er ist weder arm noch reich; zwischen Weisheit und Unwissenheit hält er die Mitte. Er bedeutet Liebe zur Weisheit und zum Schönen. Er ist ein „Philosoph", ein Weisheitssucher, der in der Mitte zwischen einem Weisen und einem Toren steht (204b). Eros ist das Verlangen nach dem Schönen und Guten und nach der Zeugung im Schönen (206 b – 207 a). Eros ist das Verlangen des Sterblichen nach Unsterblichkeit. Er weist den Weg zur Schau des Schönen (209e- 212c). – Unmittelbar nach dem Höhenflug der Gedanken der Diotima tritt Alkibiades auf (212c), der eine Rede über Sokrates ankündigt und auch hält. Die Rede hat streckenweise hymnischen Charakter. Sie stellt einerseits Wesen und Wirkung des Sokrates dar, andererseits charakterisiert sie sein Verhalten in der realen Welt und seine Bewährung im täglichen Leben. Alkibiades vergleicht Sokrates mit Marsyas, um die innere Ergriffenheit zu veranschaulichen, die Sokrates bei den Menschen hervorruft; dann vergleicht er ihn mit einem Silen, um seine Kunst der Verstellung, der Ironie hervorzuheben. „Der Blick in Sokrates' Inneres, der Alkibiades zuteil geworden ist, hat ihm eine ungeahnte Schönheit enthüllt. Nun erkennen wir auch, was Alkibiades' Rede mit der des Sokrates und dem Erosgedanken verbindet: denn die Schönheit, die bei Agathon noch eine leere Formel gewesen, von Sokrates in seiner Rede mit höchstem Inhalt erfüllt worden war, hier tritt sie in Alkibiades' Rede als zentraler Begriff noch einmal hervor, wenn auch diesmal in der Form, daß einer menschlichen Seele, der höchste *areté* eigen ist, innewohnt, nämlich der des Sokrates ..." (A. Capelle, XVIII).

N Die Wirkung des Werkes war außerordentlich groß. Unabhängig von der Frage, ob Xenophons →*Sympósion* vor oder nach Platons Werk verfaßt wurde, haben spätere Autoren Symposien geschrieben bzw. sich der literarischen Form des Symposions bedient (vgl. Plutarch, →*Sympósion tôn heptá sophôn*; Lukian, →*Sympósion è lapíthai*;

Athenaios, →*Deipnosophistaí*; Macrobius, →*Saturnalia*; Iulianus, →*Sympósion*; Methodios, →*Sympósion è perì hagneías*). – In neuerer Zeit ist zu verweisen auf Giordano Bruni, *Cena della ceneri*; Voltaire, *Diner du comte de Boulainvillers*; Schleiermacher, *Weihnachtsfeier*; Dürrenmatt, *Die Panne*. – Auch Wielands Bildungsroman *Agathon* verweist wie Hölderlins Verkörperung seines Frauenideals *Diotima* auf das platonische *Sympósion*.

A J. Burnet. Bd. 2, Oxford 1901. R. G. Bury, Cambridge [(2)]1932 (mit Kommentar). K. J. Dover, Cambridge 1980 (mit Kommentar). L. Robin. Bd. 4. 2,Paris (11)1981.
Ü O. Apelt / A. Capelle, Hamburg 1960 (gr.-dt.). F. Boll / W. Buchwald, München/Zürich [(8)]1989 (gr.-dt.). R. Rufener / W. Buchwald / Th. A. Slezák, Düsseldorf/Zürich 2002. F. Schleiermacher / D. Kurz. Bd. 3, Darmstadt 1974 (gr.-dt.). U. Schmidt-Berger, Frankfurt 1985.
L F. M. Cornford: The Doctrin of Eros in Plato's *Symposium*, in: The Unwritten Philosophy, Cambridge 1950, 68–80. F. Dupont: Le plaisir et la loi. Du *Banquet* de Platon au *Satiricon*, Paris 1977. E. Hoffmann: Über Platons *Symposion*, Heidelberg 1947. KNLL 13, 411–414. W. Kranz: Diotima, in: Hermes 61, 1926, 437–447. G. Krüger: Einsicht und Leidenschaft. Das Wesen des platonischen Denkens, Frankfurt [(4)]1973. W. Ries: Platon für Anfänger, München 2003. L. Robin: La théorie platonicienne de l' amour, Paris [(2)]1933. S. Rosen: Plato's *Symposium*, New Haven/London [(2)]1969. J. Wippern: Eros und Unsterblichkeit in der Diotima-Rede des *Symposions*, in: Synusia. FS für W. Schadewaldt, Pfullingen 1965, 123–159.

Sympósion
„Gastmahl"

Xenophon aus Athen, etwa 430–355 v. Chr.

Sokratischer Dialog (gr.).

I Zu Ehren des Allkampfsiegers Autolykos veranstaltet der reiche Kallias im Jahre 422 v. Chr. in Athen ein Gastmahl. Zunächst wird das Mahl geschildert (1). Nach dem Essen tritt eine Musikanten – und Artistengruppe aus Syrakus auf. Es folgen kleinere Gespräche über die ideale Tüchtigkeit, über die Tugenden der Frau, über die richtige körperliche Erziehung, über den Rausch und die Mäßigkeit (2). Es beginnt ein bei Gelagen auch sonst übliches Frage – und Antwortspiel: Jeder soll sagen und begründen, worauf er besonders stolz ist (3–4): Kallias auf seine Ausstrahlung, Nikeratos auf seine Homer-Kenntnisse, Kritobulos auf seine Schönheit, Antisthenes auf seinen Reichtum, Charmides auf seine Anmut, Sokrates auf seine Kupplerfähigkeit usw. Dann streiten sich Kritobulos und Sokrates darum, wer der schönere von beiden ist (5). Sokrates verliert natürlich. – Nach einigen kleineren Gesprächen (6–7) wünscht sich Sokrates eine Darstellung der Tanzgruppe. Während diese draußen probt, hält Sokrates ein großes Enkomion auf den Eros (8). – Am Schluß wird die Liebesnacht von Dionysos und Ariadne von der Tanzgruppe pantomimisch dargestellt.

A E. C. Marchant. Bd. 2, Oxford [(2)]1921. F. Ollier, Paris 1961 (gr.-dt.).
Ü G. P. Landmann, Hamburg 1957 (mit Kommentar). E. Stärk, Stuttgart 1986 (gr.-dt.).
L K. v. Fritz: Antisthenes und Sokrates in Xenophons *Symposion*, in: RhM 84, 1935, 19–45. KNLL 17, 898–900. A. Körte: Aufbau und Ziel von Xenophons *Symposium*, Leipzig 1927. K. – H. Stanzel: Xenophontische Dialogkunst. Sokrates als Gesprächsführer im Symposion, in: Gy 104, 1997, 399–412. G. J. Woldinga: Xenophons *Symposion*. 2 Bde., Hilversum 1938/1939 (Kommentar).

Sympósion è Lapíthai
„Das Gastmahl oder die Lapithen"

Lukianos aus Samosata, etwa 120–180 n. Chr.

Satirischer Dialog (gr.).

I Philon trifft seinen Freund Lykinos (= Lukian) und möchte von ihm etwas über das Gastmahl hören, das der reiche Aristainetos am Vorabend veranstaltet hatte. Lykinos weigert sich zunächst, weil es ihm peinlich ist, davon zu erzählen. Dann aber läßt er sich erweichen und berichtet, daß Aristainetos anläßlich der Hochzeit seiner Tochter Kleanthis mit dem Sohn des reichen Geldwechslers Eukritos außer vielen anderen Gästen auch die bedeutendsten Vertreter der Philosophenschulen eingeladen hatte: die Stoiker Zenothemis und Diphilos, den Peripatetiker Kleodemos, den Epikureer Hermon, den Platoniker Ion, außerdem den Grammatiker Histiaios und den Rhetor Dionysodoros; ohne eingeladen zu sein, kommt auch noch der Kyniker Alkidamas hinzu. – Zunächst streiten die Gäste um die richtige Sitzordnung. Dann zieht sich der Kyniker nackt aus, um der jungen Braut seine Männlichkeit zu beweisen. Der Arzt Dionikos trifft verspätet ein, weil er Probleme mit einem verrückten Patienten hatte. Ein fremder Sklave bringt den Brief seines Herrn, der sich darüber beschwert, daß er nicht eingeladen worden war. Es kommt zu Streitigkeiten, die in Handgreiflichkeiten ausarten. Man schüttet sich gegenseitig Wein ins Gesicht und beginnt, sich zu bespucken. Es entsteht eine Rauferei, während der Kyniker vor den Augen der anwesenden Damen zu pinkeln beginnt. Der Gastgeber verhindert eine allgemeine Schlägerei. Es gibt trotz allem auch ernsthaft Verletzte. Dann fällt die Lampe um. Als es wieder hell wird, hat der Kyniker die Flötenspielerin besprungen, und dem Rhetor Dionysodoros fällt ein gestohlener Becher aus dem Gewand. Der Arzt versorgt die Verletzten, so gut es geht. Man geht allmählich nach Hause. Nur der Kyniker ist auf dem Sofa fest eingeschlafen. – Der zweite Titel spielt auf den mythischen Kampf der Lapithen gegen die Kentauren an, der in kleinerem Umfang auch unter den Gästen stattfand.

A A. M. Harmon. Bd. 1, London/Cambridge (Mass.) 1913. M. D. MacLeod. Bd. 1, Oxford 1972.
Ü Chr. M. Wieland: Lucian. Sämtliche Werke 1. 1, Leipzig 1788/1789, 323–362.

L   R. Helm: Lucian und Menipp, Leipzig/Berlin 1906, 254–274. A. Hug: Symposion-Literatur, in: RE 4 A 2, 1932, 1273–1282. KNLL 10, 698 f. J. Martin: Deipnonliteratur, in: RAC 3, 1947, 658–666.

Sympósion è perì hagneías
„Das Gastmahl oder über die Jungfräulichkeit"

Auch zitiert als *Sympósion tôn déka parthénon perì tês angelomimétu parthenías kai hagneías* („Gastmahl der zehn Jungfrauen über die engelsgleiche Keuschheit und die Jungfräulichkeit").

Methodios aus Olympos, gest. 311 n. Chr. als Märtyrer

Nachahmung (gr.) des platon. →*Sympósion*.

I   Methodios behandelt das Thema „Liebe" von einem extremen christlichen Standpunkt aus. Die beim Mahl versammelten Jungfrauen verherrlichen in Prosa und in Versen die Keuschheit und die Jungfräulichkeit. – Das „Gastmahl" endet mit einem Hymnus auf Christus und seine Braut, die Kirche.

A   N. Bonwetsch, GCS 27, 1917. H. Musurillo, SC 95, 1963 (gr.-frz.).
Ü   F. Wolters: Lobgesänge und Psalmen, 1923, 38–44.
L   V. Buchheit: Studien zu Methodios von Olympos (Diss. München 1952), Berlin 1958.

Sympósion tôn heptà sophôn
„Gastmahl der Sieben Weisen"

Auch lat. zitiert als *Septem sapientium convivium*.

Plutarchos aus Chaironeia, etwa 46 – etwa 120 n. Chr.

Bericht (gr.) über ein fiktives Gespräch der „Sieben Weisen" (Thales, Bias, Pittakos, Solon, Chilon, Kleobulos, Anacharsis) während eines Gastmahles.

I   Unter Berücksichtigung des vorliegenden Materials über die „Sieben Weisen", die sozusagen den Anfang der gr. Philosophiegeschichte bilden, verfaßte Plutarch sein *Sympósion*, fügte weitere Personen (u. a. Neiloxenos und Aisopos) hinzu und brachte auch noch zwei weibliche Gesprächspartner (Melissa und Eumetis) ins Spiel, so daß es insgesamt mehr als 14 Personen waren. Schließlich fügte er noch die Erzählung von Areions Rettung durch die Delphine hinzu, die u. a. durch Herodot (→*Historíes apódexis* 1,24) bekannt ist. In der Schrift werden nahezu alle Themen berührt, die Plutarch jemals behandelt hat. – Im Gegensatz zu den →*Symposiakôn problemáton biblía* spielt das *Sympósion* nicht in der Gegenwart des Autors, sondern in einer weit zurückliegenden Vergangenheit. – Plutarch hat zahlreiche Sprüche und Anekdoten, die von den Sieben Weisen in Umlauf waren, in das Tischgespräch eingebaut und dieses durch Einfügung weiterer Geschichten belebt.

Q   Plutarch steht in der Tradition der Symposienliteratur (Platon, →*Sympósion*, Xenophon, →*Sympósion*), die durch Athenaios (→*Deipnosophistaí*) groteske Formen annahm. – Zur Überlieferung des Materials über die Sieben Weisen vgl. →„Leben und Meinungen der Sieben Weisen". Vgl. auch Diogenes Laertius, →*Philosóphon bíon kaì dogmáton synagogé* (bes. Buch 1) und Herodot, →*Historíes apódexis*. – Schon früh gab es eine volkstümliche Darstellung von einem Gastmahl der Sieben Weisen, aus dem Trinklieder (→*Skólia*) erhalten sind (von Diogenes überliefert).

A   F. C. Babbitt. Bd. 2, London/Cambridge (Mass.) 1928 (gr.-engl.). W. R. Paton / J. Wegehaupt / M. Pohlenz / H. Gärtner: Plutarchi moralia. Bd. 1, Leipzig (2)1974, Nachdr. 1993.
Ü   B. Snell: Plutarch. Von der Ruhe des Gemüts und andere philosophische Schriften, Zürich 1948, 248–270.
L   J. Defradas: Plutarque. Le Banquet de Sept Sages, Paris 1954. A. Lesky, GL, 187 f.

Synagogé
„Sammlung"

Hippias aus Elis, 5. Jh. v. Chr.

Anthologie (gr.) von Lesefrüchten aus extensiver Lektüre, nur in wenigen Frg., Hinweisen und Zitaten faßbar.

I   Hippias stellte die gesammelten Zitate und Lehrmeinungen, die er aus den gelesenen Werken referierte, nicht einfach nebeneinander. Er ordnete sie anscheinend so an, daß er Vergleichbares miteinander verknüpfte. „In diesem Sinne brachte er etwa Thales' Auffassung, daß das Wasser der Ursprung aller Dinge sei und die Erde auf dem Wasser ruhe, mit dem bei Homer, Hesiod und in orphischen Texten zu findenden Gedanken zusammen, daß Okeanos und seine Schwester und Gemahlin Tethys die Stammeltern aller Götter und überhaupt aller Dinge seien" (Döring, 9). – Es kann als sicher gelten, daß die *Synagogé* von späteren Philosophen benutzt wurde, wie z. B. von Platon und Aristoteles.

A   VS 86 B 4.
L   K. Döring, Historia, 9 f. G. B. Kerferd: The Sophistic Movement, Cambridge 1981, 48 f. W. Nestle, VMzL, 363 f.

Synagogé
„Zusammenfassung"

Pappos aus Alexandreia, um 300 n. Chr.

Sammlung (gr.) zahlreicher Ergebnisse früherer mathematischer Forschungsergebnisse in acht Büchern (nur die Bücher 3–8 sind vollständig erhalten).

I Es handelt sich um eine selbständige Darstellung mit vielfach eigenen Beweisen. Aus dem Inhalt: Einteilung der geometrischen Probleme in (a) ebene, (b) körperliche, (c) lineare, je nach dem zur Lösung (a) nur Lineal und Zirkel, (b) Kegelschnitte oder (c) höhere Kurven erforderlich sind. Lösungsmethoden für die Probleme der Verdoppelung des Würfels und der Dreiteilung des Winkels (körperliche Probleme) und die Quadratur des Kreises mittels höherer Kurven. Das isoperimetrische und das entsprechende räumliche Problem. Die halbregelmäßigen Polyeder des Archimedes. Die Methode der geometrischen Analyse nach Schriften von Aristaios d. Ä., Euklid und Apollonios v. Perge. Ziel und Einteilung der theoretischen Mechanik, Beschreibung der einfachsten Maschinen nach Heron v. Alexandria. Hilfssätze zur Astronomie. Das ‚Problem des Pappos', das für Descartes ein wichtiges Beispiel für die Tragweite seiner analytischen Geometrie wurde, steht in Buch 7 (nach H. Gericke, 281).

A F. Hultsch, Leipzig 1876–1878 (gr.-lat.), Nachdr. Amsterdam 1966.
Ü P. Ver Eecke, Bruges 1933 (frz.), Nachdr. Paris 1959.
L H. Gericke: Pappos von Alexandria, in: dtv-L 1. 3, 281.

Synagogè historiôn parallélon Hellenikôn kaì Rhomaikôn
„Sammlung griechischer und römischer Parallel-Geschichten"

Auch lat. zitiert als *Parallela Graeca et Romana.*

Ps.-Plutarchos

Die Sammlung (gr.) gehört zu den →*Moralia.*

I In seiner kurzen Vorrede gibt der Autor Auskunft über seine Darstellungsabsicht: „Die meisten Menschen glauben, daß die Geschichten aus alter Zeit freie Erfindungen und Mythen sind, weil sie unglaubliche Vorgänge wiedergeben. Aber ich habe herausgefunden, daß auch in unserer Zeit ähnliche Dinge passiert sind. Daher habe ich Ereignisse der römischen Geschichte ausgewählt und mit jedem Vorgang aus alter Zeit habe ich ein entsprechendes modernes Beispiel verbunden. Dafür habe ich meine Gewährsmänner erwähnt." – Der Autor berichtet von meist unglaublichen Vorkommnissen aus der griechischen Geschichte (bzw. aus der gr. Mythologie) und stellt diesen vergleichbare Vor-

kommnisse aus der röm. Geschichte gegenüber, um ihre Glaubwürdigkeit zu erweisen. In jedem Einzelfall beruft er sich auf seriöse Historiker. So entstand eine Sammlung von 41 kurzen und interessanten Parallel-Episoden. Allerdings kann dieses Verfahren die Glaubwürdigkeit der Geschichten kaum erhöhen, weil in den meisten Fällen Legendäres oder Anekdotisches durch Legendäres und Anekdotisches bewiesen werden soll.

A F. C. Babbitt. Bd. 4, London/Cambridge (Mass.) 1936 (gr.-eng.).
L J. Schlereth: De Plutarchi quae feruntur Parallela Minora, Freiburg 1931.

Synagogè pasôn léxeon katà stoicheîon
„Sammlung aller Wörter in alphabetischer Reihenfolge"

Hesychios aus Alexandreia, 5. oder 6. Jh. n. Chr.

Lexikon (gr.).

I Es handelt sich um eine Sammlung seltener, oft bei den uns bekannten Autoren nicht belegter Wörter vor allem aus der Sprache der Dichter und aus den gr. Dialekten. – Das Material stammt hauptsächlich aus den Lexika des Diogenianos aus Herakleia (*Periergopénetes*) und des Apollonios Sophistes, aus den *Léxeis* von Aristarchos, Apion und Heliodoros und aus Sprichwörtersammlungen.

A M. Schmidt. 4 Bde., Jena 1858–1868, Nachdr. Amsterdam 1966.
L H. Erbse: Lexikographie, in: dtv-L 1. 3, 56–59. H. Gärtner: Lexikographie, in: DKP 3, 610–612. H. Schultz, RE 8, 1913, 1317–1322.

Synagogè technôn
„Materialsammlung zur Rhetorik"

Aristoteles aus Stageira, 384–322 v. Chr.

Kompendium (gr.) der Texte aller Lehrbücher und Abrisse der Rhetorik bis in die Gegenwart des Aristoteles, fast vollständig verloren.

I Das Werk war eine Vorarbeit für die →*Téchne rhetoriké*, das bedeutendste aller existierenden Lehrbücher über den Gegenstand.

A V. Rose, Leipzig 1886 (Frg. 136–141).
L H. Hommel: Rhetorik, in: dtv-L 1. 4, 130.

Synagogè tôn areskónton
„Zusammenfassung der Lehrmeinungen"

Auch lat. zitiert als *De placitis reliquiae.*

Aetios aus Antiocheia, um 100 n. Chr.

Zusammenfassung (gr.) philosophischer Lehrmeinungen, z. T. erhalten in der Schrift *Perì tôn areskónton toîs philosóphois* (*De placitis philosophorum*), die unter Plutarchs Namen überliefert ist. Auch bei Stobaios (→*Eklogaí*) sind Teile dieses doxographischen Werkes erhalten.

I Die Texte „erweisen sich als ein gelehrtes Geschichtswerk, das … die gesamte Naturphilosophie von Thales und Pythagoras an bis in die Zeit des Poseidonios nach Problemen verzettelt darstellt … Eine einheitliche philosophische Haltung des ursprünglichen Verfassers ist nicht erkennbar … Das Werk als solches … ist für die Philosophiegeschichte von größter Bedeutung" (O. Gigon).
Q Wahrscheinlich ist Aetios von einer stoischen Quelle aus dem 1. Jh. v. Chr., den *Vetusta placita*, abhängig, die wiederum auf die →*Physikôn dóxai* des Theophrast zurückgehen.
N Theodoretos (→*Hellenikôn therapeutikè pathemáton*) hat das Werk des Aetios benutzt.

A H. Diels: Doxographi Graeci, Berlin 1879, 273–444. L. Torraca, 1961.
L H. Diels: Doxographi Graeci, Berlin 1879, 45 ff. O. Gigon: Aetios, in: dtv-L 1. 1, 76. A. Lesky, GL, 976 f.

Synagogè tôn Pythagoreíon dogmáton
„Zusammenfassung der pythagoreischen Lehre"

Iamblichos aus Chalkis, etwa 275–330 n. Chr.

Ursprünglich umfassendes Werk (gr.) in 10 Büchern über das pythagoreische Lehrgebäude.

I Die erhaltenen Schriften des Iamblichos waren Teile dieses Werkes: →*Perì tû Pythagorikû bíu*, →*Lógos protreptikòs eis philosophían*, ferner (1) *Perì tês koinês mathematikês epistémes* (*De communi mathematica scientia*), (2) *Perì tês Nikomáchu arithmetikês eisagogês* (*In Nicomachi arithmeticam introductionem liber*), (3) *Tà theologúmena tês arithmetikês* (*Theologumena arithmeticae*).

A N. Festa, Leipzig 1891 (1). H. Pistelli, Leipzig 1894 (2). V. de Falco, Leipzig 1922 (3).
L J. Bidez: Le Philosophe Jamblique et son école, in: REG 32, 1919, 29–40. A. Lesky, GL, 986. E. Zeller, Philosophie 3. 2, 735–783.

Synékdemos
„Reisegefährte"

Hierokles, 1. Hälfte des 6. Jh.s, byzantinischer Grammatiker

Politisch-geographisches Verzeichnis (gr.) der 64 Provinzen und 923 Städte des oström. Reiches.

I Unter Verwendung von amtlichen Material informiert Hierokles den Leser über die Länderorganisation des byzantinischen Reiches vor dem Einfall der Araber.
N Das Werk diente Konstantin VII. als Hauptquelle für seine Schrift „Über die Themen" (*Perì tôn themáton*).

A A. Burckhardt, Leipzig 1893. E. Honigmann: Le synekdèmos d' Hiéroklès, in: Corpus Bruxellense Historiae Byzantinae. Forma imperii Byzantini. 1, 1939. PG 113, 141–156.

Synephebi
„Die Kameraden"

Caecilius Statius, um 220–168 v. Chr.

Komödie (lat.), nur fragmentarisch überliefert.

I Die wenigen Frg. vermitteln folgende Gedanken: Ein junger Mann stellt fest, daß es für einen Verliebten besser sei, einen geizigen Vater zu haben als einen verständnisvollen: So könne man mit gutem Gewissen betrügen, stehlen und sein Vermögen verschleudern. Die Güte und Nachsicht eines verständnisvollen Vaters lasse es dagegen nicht zu, sich so zu verhalten (Frg. 199–210 R.). – Aus derselben Komödie stammen die folgenden Frg. (211–214 R.): Der Sprecher ruft in feierlich-pathetischem Ton die Hilfe der Götter, seiner Mitbürger und aller jungen Leute an und erklärt dann, daß im Staat bedeutende Dinge geschähen: Eine Dirne will kein Geld von ihrem Liebhaber! Dann beschwert sich ein Jüngling allen Ernstes darüber, daß er einen zu milden Vater habe (com. 196–206 Guardì = 199–209 R.).
W „In beiden Fällen liegt eine ‚menandrische‘ Umkehrung konventioneller Vorstellungen vor. Hier befinden wir uns vielleicht schon auf dem Wege zum ethosbezogenen Theater des Terenz, aber Caecilius scheint es doch mehr auf Überraschung als auf individuelle Charakterzeichnung anzukommen" (M. v. Albrecht, 169).
N Cicero schätzt die *Synephebi* besonders. Er überliefert aus dieser Komödie, die sich vor allem mit Generationenproblemen befaßt, 15 Frg. (→*De natura deorum* 3,72).

A T. Guardì, Palermo 1974. O. Ribbeck, CRF.
Ü H. und A. Petersmann, RLTD 1, 124–139 (lat.-dt. in Auswahl).
L M. v. Albrecht, RL, 167–173. H. Oppermann: Caecilius und die Entwicklung der römischen Komödie, in: Forschungen und Fortschritte 15, 1939, 196–197.

Syngéneiai
„Verwandtschaften"

Andron aus Halikarnassos, 4. Jh. v. Chr.

Fast vollständig verlorenes genealogisches Werk (gr.) in acht Büchern über die Frühgeschichte der gr. Stämme und ihrer Beziehungen zueinander.

A FGrHist 10.
L O. Lendle, Einführung, 266. A. Lesky, GL, 702.

Synkríseos Aristophánus kaì Menándru epitomé *(Comparationis Aristophanis et Menandri compendium)* →**Moralia (Plutarchos)**

Synónyma →**Opera minora (Isidorus)**

Sýnopsis →**Iatrikaì synagogaí (Oribasios)**

Sýopsis perì sphygmôn
„Betrachtung über den Pulsschlag"

Rufus aus Ephesos, um 100 n. Chr.

Systematische Darstellung der Pulsschlaglehre (gr.).

A C. Daremberg / E. Ruelle, Paris 1879.
L J. Ilberg: Rufus aus Ephesos. Ein griechischer Arzt aus trajanischer Zeit. Abh. Leipzig 41, 1, 1930.

Sýnopsis tû hóti paradoxótera hoi Stoikoì tôn poietôn légusi *(Compendium argumenti Stoicos absurdiora poetis dicere)* →**Moralia (Plutarchos)**

Syothêrai →**Chorlyrik (Stesichoros)**

Syrakosíai è Adoniazûsai →**Eidýllia (Theokritos)**

Sŷrinx
„Hirtenflöte"

Theokritos aus Syrakus, 1. Hälfte des 3. Jh.s v. Chr.

Figurengedicht (gr.), das in zehn daktylischen Doppelversen, die vom Hexameter bis zum katalektischen Dimeter abnehmen, den Umriß einer Hirtenflöte bilden.

I Inhaltlich handelt es sich um eine Weihung des Musikinstruments an Pan. Man soll sich die Verse auf die einzelnen Röhren der Flöte aufge-

schrieben denken. Der Text gehört zu einer Sammlung von Technopägnien, d. h. von Gedichten, die mit Hilfe der Verslänge bestimmte Figuren bilden, die sich im 15. Buch der →*Anthologia Palatina* (15, 21) befinden.

A H. Beckby: Anthologia Graeca. Bd. 4, München [(2)]1967 (gr.-dt.) A. S. F. Gow: Theocritus. Bd. 1, Cambridge 1952.
L A. Lesky, GL, 813 f. R. Pfeiffer, KlPh, 117.

Ein Beitrag zur Religionsgeschichte der ersten Jahrhunderte nach Christus, Leipzig 1876, Nachdr. Hildesheim 1966. R. Helm: Der antike Roman, Göttingen [(2)]1956, 62 ff. A. Lesky, GL, 936. LThK 1, 718–720. E. Meyer: Kleine Schriften 2, 1924, 131–191. F. Solmsen, RE 20, 1, 1941, 124–177.

T

Tabulae pontificum maximorum
→Annales maximi

Tabula Cebetis →Pínax (Kebes)

Tà eis tòn Tyanéa Apollónion
„Lebensbeschreibung des Apollonios aus Tyana"

Auch lat. zitiert als *Vita Apollonii.*

Philostratos, um 200 n. Chr. (es handelt sich um Flavius, den zweiten der Philostratoi)

Biographie (gr.) des neupythagoreischen Wundertäters Apollonios aus Tyana, der im 1. Jh. n. Chr. ein asketisches Wanderleben führte, in acht Büchern. Nach 217 n. Chr. veröffentlicht, vor den →*Bíoi sophistôn.*

I Der Heilige der Neupythagoreer und Neuplatoniker verwarf blutige Opfer, Wein, Bäder, Sexualität, gab Ratschläge jeder Art, weissagte, heilte Kranke, trieb Dämonen aus und erweckte sogar eine Tote. Von Kaiser Domitian (reg. 81–96 n. Chr.) wurde er verhaftet, kam aber durch ein Wunder wieder frei. Nach seinem Tod wurde er sogar als ein Gott verehrt.
W Die Biographie wurde im Auftrag der Kaiserin Iulia Domna (gest. 217 n. Chr.) verfaßt. „Früh haben sich an die Gestalt Wundererzählungen geheftet, die Apollonios zu einem gewaltigen Zauberer machten. Philostrat aber sucht, ihn über einen Goëten niederer Ordnung zum neupythagoreischen Asketen und Wundermann, zum wahren *theîos anér* zu steigern. Indem er mit solcher Aretalogie Motive des fabulosen Reiseromans verbindet, hat er Gelegenheit, Partien wie den indischen Aufenthalt des weisen Mannes orientalisierend zu tönen und so dem Geschmack seiner hohen Gönnerin entgegenzukommen" (Lesky, 936).
N Hierokles benutzte die Biographie in seiner antichristlichen Schrift →*Lógos philalethés*, um sie zu einer Art Anti-Evangelium hochzustilisieren. – Seit der Renaissance haben u. a. Lord Herbert von Cherbury (1582–1648) und auf Anregung Friedrichs d. Großen Jean de Castillon (1709–1791) die Biographie gegen die christliche Lehre ausgespielt.

A F. C. Conybeare, London/Cambridge (Mass.) 1912 (gr.-engl.). C. A. Kaiser. Bd. 1, Leipzig 1870, 1–344.
Ü V. Mumprecht, München/Zürich 1983 (gr.-dt.).
L F. Chr. Baur: Apollonius von Tyana und Christus.

Tà hypèr Thúlen ápista
„Wunderdinge jenseits von Thule"

Antonius Diogenes, wahrscheinlich 2. Jh. n. Chr.

Fragmentarisch erhaltener Roman (gr.). Ein Auszug ist in der →*Bibliothéke* des Photios (cod. 166) erhalten; Exzerpte finden sich auch in der →*Vita Pythagorae* des Porphyrios.

I Die Handlung spielt in der Zeit des Pythagoras (2. Hälfte des 6. Jh.s v. Chr.). Sie wird fiktiv beglaubigt durch Tafeln in einem Kästchen aus Zypressenholz, das nach der Einnahme von Tyros durch Alexander gefunden wurde. Diese enthielten den Bericht des Deinias über seine abenteuerlichen Fahrten, die ihn über die Grenzen der bewohnten Welt bis zum Mond führten. – Mit den Abenteuern des Deinias verknüpft ist die Geschichte eines Zauberpaares, das vor einem bösen Zauberer flieht. – Eine große Rolle spielt die Magie. Die für den Roman typischen Motive kommen auch hier vor: Trennung und Wiederfinden, Scheintod, Giftanschläge, Erotisches. – Nach religionsgeschichtlicher Deutung stellte die Geschichte die pythagoreische Lehre vom Fall der Seele und ihren Aufstieg zum Mond und zur Sonne, nach Thule und ins Elysium dar.
N Lukian hat den Roman in seinen →*Alethê diegémata* parodiert.

A S. A. Stephens / J. J. Winkler: Ancient Greek Novels. The Fragments. Intoduction, Text, Translation and Commentary, Princeton 1994.
L K. Bürger: Studien zur Geschichte des griechischen Romans. 2. Programm Blankenburg 1903. N. Holzberg: Der antike Roman. Eine Einführung, München/Zürich 1986. A. Lesky, GL, 962.

Tà katà Leukíppen kaì Kleitophônta
„Die Geschichte von Leukippe und Kleitophon"

Achilleus Tatios, um 200 n. Chr.

Liebes – und Abenteuerroman (gr.) in acht Büchern. Entstanden wohl gegen Ende des 2. Jh.s n. Chr.

I Weil Kleitophon und Leukippe die Freuden der Liebe vor der Eheschließung genießen wollen und dabei ertappt werden, müssen sie ihre Heimat verlassen. Sie sühnen ihren Fehler während einer langen Irrfahrt und dürfen schließlich nach vielen Leiden und Versuchungen in ihre Heimat zurückkehren.
W Vermutlich spiegelt sich in diesem Roman der Mythos von Isis und Osiris. In diesem Sinne

handelt es sich bei der Geschichte um eine Verbildlichung des Sturzes der Seele in die Materie, der Irrfahrt durch das Leben und der Aufnahme in die rettende Isisreligion bzw. der Heimkehr in das Jenseits nach dem Tode.

A S. Gaselee, London 1917 (gr.-engl.). E. Vilborg, Stockholm 1955.
Ü F. Ast / G. Guldenapfel, Leipzig 1802. K. Plepelits, 1980.
L F. Altheim: Literatur und Gesellschaft im ausgehenden Altertum. Bd. 1, Halle 1948, 121–124. R. Helm: Der antike Roman, Göttingen [2]1956, 45–47. E. Rohde: Der griechische Roman und seine Vorläufer, Leipzig [3]1914, Nachdr. Darmstadt 1960), 498–517. E. Vilborg: Achilles Tatius, Leucippe and Cleitopho. A Commentary. Studia Graeca et Latina Gotoburgiensia, Stockholm 1962.

Tà kat' Antheían kaì Habrokómen Ephesiaká

„Ephesische Geschichten von Antheia und Habrokomas"

Xenophon aus Ephesos, 2.oder 3. Jh. n. Chr.

Roman (gr.) in fünf Büchern (in der →Suda werden zehn Bücher genannt, die fünf erhaltenen Bücher sind wahrscheinlich nur ein Auszug aus dem umfänglicheren Original).
Vielleicht um 200 n. Chr. nach dem Ende der Regierungszeit Trajans (reg. 98–117 n. Chr.) und vor der Zerstörung des Artemistempels in Ephesos durch die Goten im Jahre 263 n. Chr. verfaßt.

I Das Werk ist eine Mischung aus Abenteuer – und Liebesroman. Gleich nach ihrer Hochzeit werden die Liebenden getrennt und finden sich erst nach vielen Abenteuern wieder: Aufgrund ihrer Sprödigkeit und Enthaltsamkeit fordern sie den Zorn des Eros heraus; daher ist er der Verursacher aller ihrer Leiden und verfolgt sie bis an das gute Ende der Geschichte. – Die Hauptpersonen bestehen alle Bewährungsproben ihrer gegenseitigen Treue und Zuneigung. Sie werden dabei von zahlreichen Göttern unterstützt. – Die Handlung als solche ist dürftig. Das Werk besteht aus einer Fülle von Szenen und Episoden, die den Leser zu unterhalten vermögen. „Vielfalt und Buntheit der Ereignisse, der nach der Trennung der Liebenden (II 7) notwendige häufige Schauplatzwechsel, der nicht versiegende Erfindungsreichtum bzw. der reichlich fließende Quell romanesker Topoi lassen beim Leser keine Langeweile aufkommen" (Ruland, 88). Viele Einzelepisoden werden mehr um ihrer selbst als um der Haupthandlung willen erzählt.
W Der Autor erzählt die Geschichte ohne moralische Wertung, obwohl die Charakter – und Seelenstärke der handelnden Personen immer wieder hervorgehoben werden und den traditionellen Begriff von Arete anschaulich werden lassen. Die Leistung des Autors besteht wahrscheinlich nur in der Verknüpfung, nicht in der Erfindung der Szenen und Episoden.

N Die Ephesiaká nehmen typische Merkmale des neuzeitlichen Abenteuerfilms, der Comicliteratur und des Zeichentrickfilms vorweg. Das Werk beeinflußte den europäischen Liebes- und Abenteuerroman.

A G. Dalmeyda, Paris 1962 (gr.-frz.). A. D. Papanikolaou, Leipzig 1973.
Ü G. A. Bürger, 1775. B. Kytzler: Die Waffen des Eros oder Anthia und Habrokomas, Berlin 1968. F. Stoessl: Antike Erzähler, 1947.
L F. Altheim: Roman und Dekadenz, Tübingen 1951. H. Gärtner: Xenophon von Ephesos, in: RE 9 A 2, 2055 ff. R. Helm: Der antike Roman, Göttingen [2]1956. N. Holzberg: Der antike Roman. Eine Einführung, München/Zürich 1986. K. Kerényi: Die griechisch-orientalische Romanliteratur in religionsgeschichtlicher Beleuchtung, Darmstadt [2]1962. A. Lesky, GL, 964f. R. Merkelbach: Roman und Mysterium in der Antike, München 1962. E. Rohde: Der griechische Roman und seine Vorläufer, Leipzig [3]1914, Nachdr. Darmstadt 1960), 409–435 (mit ausführlicher Inhaltsangabe). H. - J. Ruland: Xenophons Ephesiaká als Erstlektüre, in: AU 28, 6, 1985, 87–92. E. Schwartz: Fünf Vorträge über den griechischen Roman, Berlin [2]1943. J. N. O' Sullivan: Xenophon of Ephesus. His Compositional Technique and the Birth of the Novel, Berlin 1995.

Tà kath' Héro kaì Léandron

„Die Geschichten von Hero und Leander"

Musaios, 5. oder 6. Jh. n. Chr.

Tragische Novelle (gr.) in Form eines Epyllion (Kleinepos) mit 343 Hexametern.

I Das Thema ist die tragische Liebe Leanders zu der schönen Aphroditepriesterin Hero. Das Motiv von der unglücklichen Liebe des durch das Meer getrennten Paares wurde u. a. von Ovid in den →Heroides (18 und 19) verwendet. – Leandros aus Abydos verliebt sich während eines Festes in das Mädchen Hero, das als Priesterin bei Sestos einen einsamen Turm bewohnt. Eine legale Verbindung kommt nicht in Frage. Daher verabreden sie, daß Leander das Mädchen nachts besucht. Zu diesem Zweck muß er den Hellespont durchschwimmen. Den Weg findet er durch ein Licht, das Hero bei Dunkelheit herausstellt. In einer stürmischen Nacht verlischt das Licht. Leander ertrinkt. Sein Körper wird am nächsten Morgen bei Heros Turm angespült. Sie stürzt sich von ihrem Turm hinab zu Tode.
Q Außer dem Liebesroman →Tà katà Leukíppen kaì Kleitophônta des Achilleus Tatios ist der Autor auch Homer und Kallimachos verpflichtet. Ansonsten steht er ganz in der Tradition des Nonnos (→Dionysiaká).
N Das Motiv kehrt in dem Lied „Es waren zwei Königskinder ..." wieder. Aber auch vorher und nachher gab es eine Fülle von Bearbeitungen der Liebestragödie vom Mittelalter bis in die Neuzeit. Lord Byron wiederholte 1810 Leanders Tat und durchschwamm den Hellespont von Setos nach Abydos.

A H. Livrea / P. Eleuteri, Leipzig 1982. A. Ludwich, Bonn 1912. E. Malcovati, Mailand 1947.

Ü H. Färber, München 1961 (gr.-dt.).

L E. Frenzel: Stoffe der Weltliteratur, Stuttgart [7]1988, 266–268. M. H. Jellinek: Die Sage von Hero und Leander in der Dichtung, Berlin 1890. R. Keydell, RE 16, 1, 1933, 767–769. KNLL 12, 100 f. K. H. Kost: Musaios. Hero und Leander, Bonn 1971 (Kommentar). L. Malten: Motivgeschichtliche Untersuchungen zur Sagenforschung III: Hero und Leander, in: RhM 93, 1950, 65–81. I. Musäus, MLAA, 462 f. O. Schönberger: Zum Aufbau von Musaios' Hero und Leander, in: RhM 121, 1978, 255–258. O. Schönberger: Mythologie und Wirklichkeit bei Musaios, in: RhM 130, 1987, 384–397. G. Schott: Hero und Leander bei Musaios und Ovid, Diss. Köln 1957.

Taktiká
„Taktische Regeln"

Asklepiodotos, etwa 110–40 v. Chr.

Knappes militärisches Handbuch (gr.).

I Wahrscheinlich handelt es sich bei der Schrift um eine Nachschrift einer Vorlesung des Poseidonios, dessen Schüler der Autor war. – Das Werk behandelt die Elementartaktik der gr. Hoplitenphalanx der hellenistischen Zeit in 12 Kapiteln.

A H. Köchly / W. Rüstow: Griechische Kriegsschriftsteller. 2. 1, Leipzig 1855. W. A. Oldfather, London/Cambridge (Mass.) 1923 (gr.-engl.).

L F. Lammert: Die römische Taktik zu Beginn der Kaiserzeit und die Geschichtsschreibung, Leipzig 1931.

Taktikè theoría
„Theorie der Taktik"

Ailianos, der Taktiker, um 100 n. Chr.

Militärwissenschaftliche Abhandlung (gr.).

I Es handelt sich um eine Darstellung der gr.-makedonischen Kriegstaktik im Vergleich mit der römischen. Ailianos benutzte für seine unter Kaiser Trajan (reg, 98–117 n. Chr.) verfaßte Schrift ebenso wie Arrianos (→Téchne taktiké) die →Taktiká des Asklepiodotos, ohne diese Quelle zu nennen.

A H. Köchly – W. Rüstow: Griechische Kriegsschriftsteller. 2. 1, Leipzig 1855.

L A. Dain: Histoire du texte d' Elien le tacticien des origines à la fin du moyen age, Paris 1946. K. K. Müller, RE 1, 1894, 482–486.

Tà met' Aléxandron
„Die Geschichte nach Alexandros"

Flavius Arrianus aus Nikomedeia, um 95–175 n. Chr.

Bis auf wenige Frg. und Exzerpte verlorene Geschichte der Zeit nach Alexander d. Gr. (356–323

v. Chr.) in 10 B. (gr.). Das Werk endete mit dem Jahre 321 und ist wohl unvollendet geblieben.

A FGrHist 156.

L O. Lendle, Einführung, 250 f. A. Lesky, GL, 946–948. Ph. A. Stadter: Arrian of Nicomedia, Chapel Hill Univ. of North Carolina 1980.

Tà met' Aléxandron
„Die Geschichte nach Alexandros"

Dexippos aus Athen, 3. Jh. n. Chr.

Geschichte der Diadochen in vier B. (gr.), nur in Frg. erhalten. Das Werk war ein Auszug aus Arrian, →Aléxandru anábasis.

A FGrHist 100.

L →Skythiká (Dexippos).

Tà met' Aléxandron
„Die Geschichte nach Alexandros"

Hieronymos aus Kardia, um 300 v. Chr.

Geschichtswerk (gr.), aus dem nur wenige Frg. erhalten sind.

I Das Werk behandelte die Geschichte der Diadochen bis zu Pyrrhos' Tod, d. h. die Zeit von 323–272 v. Chr. Diodor benutzte das Werk für die B. 18–20 seiner →Bibliothéke historiké. Die wenigen Frg. zeigen, daß Hieronymos auf korrekte Berichterstattung wert legte und auf „tragische" Dramatisierung etwa im Stil eines Duris (→Historiai) bewußt verzichtete.

A FGrHist 154.

L F. Jacoby: Hieronymos (Nr. 10), in: RE 8, 2, 1913, 1540–1560. O. Lendle, Einführung, 190–192. E. Schwartz: Diodoros (Nr. 38), in: RE 5, 1905, 684 f.

Tà metà Polýbion →Historikà hýpomnémata (Strabon)

Tà metà tà physiká
„Die Schriften hinter der Physik"

Aristoteles aus Stageira, 384–322 v. Chr.

Corpus von zwölf Vorlesungsmanuskripten in 14 B. (gr.).
Die einzelnen Teile der „Metaphysik" entstanden in einem Zeitraum von über zwanzig Jahren zwischen 348 – 345 bis zwischen 335 – 322 v. Chr.

I Die vorliegende „Metaphysik" ist das Werk eines Redaktors, wahrscheinlich des Andronikos aus Rhodos (1. Hälfte des 1. Jh.s v. Chr.), der auch den Titel für die disparaten Einzelschriften formu-

lierte: *Tà metà tà physiká*, d. h. die Schriften, die in
der Edition des Andronikos auf die naturwissenschaftlichen Schriften folgten. – Das Werk besteht
aus folgenden Einzelschriften (nach Düring, 592 f.),
die nach gr. Buchstaben gezählt und zitiert werden:
(1) *Alpha* (der „Metaphysik“): Philosophie ist die
Wissenschaft von den ersten, göttlichen Prinzipien.
Nach der Einleitung (Kap. 1–2), die der Frage „Was
ist *sophía*?“ gewidmet ist, wird ein doxographischer
Bericht über die Ansichten der Vorsokratiker gegeben: über Stoff und wirkende Ursache (Kap. 3–4),
über die Ansichten der Pythagoreer und der Eleaten
(Kap. 5), über Platons Ideenlehre (Kap. 6) und über
die Art und Weise, wie die Vorgänger des Aristoteles die vier *aitíai* (Ursachen) des Seienden (= das
Sein als solches bzw. die Form, den Stoff, die Bewe-
gungsursache und die Zweckursache) erfaßt haben
(Kap. 7). Daran schließt sich die systematische Kritik der Vorsokratiker (Kap. 8) und der platonischen
Ideenlehre (Kap. 9) an. (2) *Alpha elatton*: Eine allgemeine Einführung in das Studium der Philosophie. (3) *Beta*: Überblick über die Kernprobleme
der Ersten Philosophie, d. h. der „Philosophie der
ersten Dinge“ bzw. der Wissenschaft von den ersten
Prinzipien, in Form von fünfzehn Aporien (aufgelistet bei Düring, 273–277). Zwei Fragen treten in den
Vordergrund: „Was ist der Gegenstand der Philosophie?“ und „Was ist das Sein bzw. wie soll man sich
das Verhältnis zwischen dem einen Sein, also der
Existenz, und den vielen seienden Dingen vorstellen?“ Während Aristoteles bisher die Erste Philosophie als Erkenntnis der Gründe und Ursachen verstand, beabsichtigt er jetzt, das Schwergewicht auf
die *usía* selbst zu legen und zu fragen, was es bedeutet, daß etwas ist. Danach wäre die Erste Philosophie die Wissenschaft von der *usía* selbst. (4) *Gamma*: Hier geht es um den Begriff „Existenz“ und die
ihm zukommenden Bestimmungen. Die ersten fünf
Aporien aus dem *Beta* der „Metaphysik“ werden
auf der Grundlage einer Diskussion des für Aristoteles evidenten Satzes vom Widerspruch (= etwas
kann nicht von etwas gleichzeitig und unter dem
gleichen Gesichtspunkt behauptet und geleugnet
werden) gelöst. Der Zweck der Schrift ist der Beweis, daß es ein „Seiendes, insofern es ist“ (*òn hê
ón*) gibt, das jedem bestimmten Seienden zukommt.
Daraus ergibt sich, daß man nicht behaupten kann,
daß alles wahr oder alles falsch sei. Folglich ist auch
der Satz des Protagoras (→*Alétheia è katabállontes*)
nicht haltbar. Denn wäre er richtig, dann müßte ein
Identisches zugleich sein und nicht sein, und alle
Ansichten müßten wahr sein. (5) *Delta*: Ein Lexikon der philosophischen Terminologie. (6) *Epsilon*:
Verschiedene Fragen, die mit dem Begriff des „Seienden, insofern es ist“, d. h. mit dem Begriff „Sein“
oder „Existenz“ zusammenhängen. (7) *Zeta / Eta /
Theta*: Wie erklärt man die unveränderliche und un-
vergängliche Existenz der individuell vergänglichen
Sinnesdinge? Inwiefern kann man vom Sinnlichen
wie vom Übersinnlichen, vom Vergänglichen wie
vom Unvergänglichen sagen, daß es „sei“? (8) *Iota*:
Ein Lehrvortrag über die Begriffe „das Seiende und

das Eine“ (*tò òn kaì tò hén*) und die verwandten Begriffe „Identität, Nicht-Identität, Ähnlichkeit und
Gegenteil“. (9) *Kappa*: Die Lehre von den naturphilosophischen Grundbegriffen, wahrscheinlich als
Lehrbuch der Ersten Philosophie gedacht, nicht
von Aristoteles selbst verfaßt. (10) *Lambda*: Das B.
handelt vom „Sein“ (*usía*) und insbesondere von
den Prinzipien des Seins und der Bewegung, den
akínetoi usíai aídioi. (11) *My* 1–9a: Gibt es neben
den sinnlich erfaßbaren Dingen noch ein unver-
gängliches ewiges Sein? Aristoteles kritisiert die platonische Lehre vom *chorismós* („Trennung“) der
Ideen von den Einzeldingen. (12) *My* 9b -*Ny*: Thema sind die Lehren der Akademie von den Prinzipien, besonders Platons Lehre von den Ursachen
des Seienden und den Ideenzahlen. Die Ansichten
der Gegner werden dargestellt und scharf kritisiert.
– Eine relative Chronologie der Einzelschriften ist
nicht zu ermitteln.

Q   Die Schriften der „Metaphysik“ zeigen, daß
„die Philosophie des Aristoteles aus einem unauf-
hörlichen Ringen mit zeitgenössischen Fragestellungen hervorwächst. Durch seine Hinwendung
auf eine Wissenschaft und Philosophie der Natur
trat er von Anfang an in Opposition zum Platonismus. Die natürliche Folge daraus ist, daß er in seinen frühen Schriften an die platonische Philosophie
immer bestimmte Fragen stellt. Er erstarrt nicht in
einem System. Seine Schriften spiegeln eine kontinuierliche Diskussion mit Vorgängern und Zeitgenossen wider“ (Düring, 593 f.).

W   Was der Gegenstand der „Metaphysik“ ist
und wie sich diese zur Theologie verhält, ist nach
wie vor kontrovers. Nach Aubenque hat Aristoteles
seine „Metaphysik“ als eine Philosophie des Schei-
terns, als Ausdruck der prinzipiellen Aporie menschlichen Denkens, verstanden wissen wollen. Das
Werk hätte demnach nur den Zweck der Destruktion der voraristotelischen und der zeitgenössischen
Philosophie. Nach der traditionellen, vor allem von
Thomas von Aquin vertretenen Auffassung ist der
Gegenstand der „Metaphysik“ das Seiende als solches, d. h. insofern ihm die allgemeine Bestimmung
„Sein“ zukommt. Aber da die „Metaphysik“ nicht
nur das Seiende als solches, sondern zugleich auch
die Ursachen des Seienden erforscht und so zu den
ersten Gründen des Seienden hinführt, ist sie zugleich eine Theologie (vgl. z. B. Mansion). – Eine
andere Interpretation geht davon aus, daß mit dem
Seienden als Seiendem die höchste Seinssphäre gemeint sei, die als umfassender Grund alles Seienden
anzusehen ist (vgl. z. B. Ph. Merlan). – Ausgehend
von der programmatischen Aussage: „Wir müssen
die ersten Ursachen des Seienden, insofern es seiend
ist, erfassen“ (*Gamma* 1 der „Metaphysik“,
1003a31) kann man die „Metaphysik“ auch verstehen als „eine Art Universalwissenschaft, die nicht
wie die Einzelwissenschaften einen kleinen Teil des
Seienden unter besonderem Aspekt betrachtet, sondern alles Seiende zum Gegenstand hat, freilich nur
in der Hinsicht, daß es ist. Obwohl ‚seiend‘ in viel-
facher Weise ausgesagt wird, gibt es doch einen Be-

zugspunkt, hinsichtlich dessen alles Seiende ‚seiend‘ genannt wird. Diesen einen Bezugspunkt nennt Aristoteles ‚Wesen‘ (*usía*). Seiend (in diesem analogen Sinne) heißt also etwa, weil es selbst ein Wesen ist oder weil es als Eigenschaft oder sonst irgendwie auf ein Wesen bezogen ist (*Gamma* 2, 1003b5 ff.). Die M. hat damit zum Gegenstand, was von anderen Wissenschaften als gegeben vorausgesetzt wird: das Dasein und Wassein der Dinge" (Kobusch, 1189).

A W. Jaeger, Oxford 1957. W. D. Ross. 2 Bde., Oxford 1924 (mit Kommentar). H. Tredennick. 2 Bde., London/ Cambridge (Mass.) 1933–1935 (gr.-engl.).
Ü F. Bassenge, Berlin 1960. H. Bonitz / H. Seidl, Hamburg 1995. A. Lasson, Jena (2)1924. W. Nestle, Stuttgart 1953 (Auswahl). E. Rolfes. 2 Bde., Leipzig (2)1921. F. F. Schwarz, Stuttgart 1970.
L P. Aubenque: Aristoteles und das Problem der Metaphysik, in: ZPhF 15, 1961, 321–333. P. Aubenque: Le problème de l' être chez Aristote. Essai sur la problématique aristotélicienne, Paris 1962. P. Aubenque (Hg.): Études sur la Métaphysique d' Aristote, Paris 1972. F. L. Beeretz: Die Aufgabe der Metaphysik des Aristoteles, in: Philosophia 4, 1974, 247–258. M. Bordt: Aristoteles' „Metaphysik XII", Darmstadt 2006. W. Bröcker: Aristoteles, Frankfurt (3)1964, 229–238. H. E. Cherniss: Aristotle's Criticism of presocratic Philosophy, Baltimore 1935. H. E. Cherniss: Aristotle's Criticism of Plato and the Academy. Bd. 1, Baltimore (2)1946. I. Düring, Aristoteles, 183–290 und 586–622. L. Elders: Aristotle's Theology. A Commentary on the Book of the Metaphysics, Assen 1972. F. P. Hager (Hg.): Metaphysik und Theologie des Aristoteles, Darmstadt 1969. W. Jaeger: Studien zur Enstehungsgeschichte der „Metaphysik" des Aristoteles, Berlin 1917. Th. Kobusch: Metaphysik, in: HWPh 5, 1980, 1188–1196. A. Mansion: Philosophie première, philos. seconde et M. chez Aristote, in: Rev. philos. Louvain 56, 1956, 165 bis 221. Ph. Merlan: Metaphysik. Name und Gegenstand, in: JHS 77, 1957, 87–92. J. Owens: The doctrine of being in the Aristotelian Metaphysics, Toronto (2)1963. H. Seidl: Einleitung zu Arist. Met., 1978. W. Theiler: Die Entstehung der „Metaphysik" des Aristoteles mit einem Anhang über Theophrasts „Metaphysik", in: MH 15, 1958, 85–105. K. – H. Volkmann-Schluck: Die Metaphysik des Aristoteles, Frankfurt 1979. H. Wagner: Zum Problem des aristotelischen Metaphysik-Begriffs, in: PhR 7, 1959, 137–148. P. Wilpert: Zur Interpretation von Metaphysik Z 15, in: AGPh 42, 1960, 130–158.

Tà metà tà physiká
„Die Schriften hinter der Physik"

Theophrastos aus Eresos, um 370–287 v. Chr.

Philosophische Abhandlung (gr.), nur in Frg. erhalten.

I Das Frg. enthält die Aporien hinsichtlich der obersten Gründe des Seins. Demnach befindet sich der Text auf einer Linie mit dem 2. B. der aristotelischen „Metaphysik". Es ist nicht bekannt, ob Theophrast diese Aporien gelöst hat. Er fragt in diesem Zusammenhang nach dem Verhältnis des Übersinnlichen zum Sinnlichen, des göttlichen unbewegten Bewegers zum sichtbaren Kosmos. Er stellt fest,

daß sie durch ein Band der Gemeinschaft verknüpft seien und daß das Übersinnliche den Grund des Sinnlichen in sich enthalten müsse. Dann fragt er nach dem Wesen des Übersinnlichen; das Mathematische könne es nicht sein, es müsse ein höheres Prinzip (also die Gottheit) sein, das die Bewegung in der Natur hervorbringe, weil alles nach ihm verlange, ohne sich selbst zu bewegen. Doch mit der Annahme des unbewegten Bewegers sind zahlreiche Fragen verbunden, die der Autor in dem vorliegenden Frg. nicht beantwortet. Was ist z. B. das Wesen der Ruhe, des Unbewegtseins im Vergleich mit der Bewegung? Ist die Ruhe nur Aufhören der Bewegung? In welchem Verhältnis stehen Stoff und Form zueinander? Ist der Stoff das Nichtseiende, das aber potentiell vorhanden ist, oder ein Nichtseiendes, dem die Form noch fehlt? Was sind die letzten Gründe des Seins? Was ist der Zweck, das Telos, dessen, was ist?

A A. Laks / G. W. Most, Paris 1993 (gr.-frz.). W. D. Ross / F. H. Fobes, Oxford 1929, Nachdruck Hildesheim 1967 (gr.-engl. mit Kommentar) (Rezension: W. Jaeger, Gnomon 8, 1932, 287–295). J. Tricot, Paris 1948 (gr.-frz.).
L H. J. Krämer: Zum Standort der „Metaphysik" Theophrasts, in: Zetesis. FS E. de Strycker, 1973. G. Reale: Teofrasto e la sua aporetica metafisica, 1964. W. Theiler: Die Entstehung der „Metaphysik" des Aristoteles mit einem Anhang über Theophrasts „Metaphysik", in: MH 15, 1958, 85–105. E. Zeller, Philosophie. 2. 2, 821–829.

Tà met' Hómeron
„Nachhomerisches"

Quintus Smyrnaeus, 4. Jh. n. Chr.

Mythologisches Epos (gr.) in 14 Büchern.

I Gegenstand ist der zwischen →*Iliás* und den *Nóstoi* (→*Epikòs kýklos*) liegende Sagenstoff. Buch 1–4 behandelt die *Aithiopís*, 5–10 die „Kleine Ilias", 11–14 die *Iliupérsis*. Die Ereignisse von Hektors Bestattung bis zur Eroberung Trojas werden ohne besondere Akzentuierung aufgezählt.
Q Der Autor benutzte neben der dichterischen Tradition auch mythographische Handbücher. Umstritten ist die Frage, ob Quintus Smyrnaeus und Vergil (→*Aeneis*) bei stofflichen Übereinstimmungen die gleichen Quellen benutzten. Möglich ist aber auch, daß Quintus von Vergil abhängig ist.

A H. Köchly, Leipzig 1850. F. Vian. 3 Bde., Paris 1963–1969 (gr.-frz.). A. Zimmermann, Leipzig 1891.
Ü C. C. Donner, 1866/1867.
L M. Campell: A Commentary on Quintus Smyrnaeus Posthomerica XII, Leiden 1981. R. Heinze: Vergils epische Technik, Stuttgart (3)1915, 63–81. R. Keydell, in: Hermes 82, 1954, 254–256. R. Keydell, RE 24, 1, 1963, 1271–1296. E. Vogt: Q. Smyrnaeus, in: dtv-L 1. 4, 62.

Tà palaià tôn Lakedaimoníon epitedeúmata *(Instituta Laconica)*
→Moralia (Plutarchos)

Tà perì tôn strategikôn hypomnémata
„Aufzeichnungen über Feldherrnkunst"

Aineias Taktikos, Mitte des 4. Jh.s v. Chr.

Militärtechnische Abhandlung (gr.), fragmentarisch überliefert.

I Polybios (→*Historíai* 10,44) erwähnt die Schrift und kritisiert das Signalsystem des Aineias. Vielleicht war der Traktat über die Verteidigung einer belagerten Stadt (*Pôs chrè poliorkuménus antéchein*) ursprünglich ein Teil des größeren Werkes. In dem Traktat macht der Autor darauf aufmerksam, daß das Hauptproblem einer belagerten Stadt der Verrat sei.

A A. Dain / A. M. Bon, Paris 1967 (gr.-frz.). W. A. Oldfather, London/Cambridge (Mass.) 1923 (gr.-engl.). R. Schoene, Leipzig 1911.
L A. Lesky, GL, 703.

Tà pròs Krónon →Saturnalia (Lukianos)

Tà prò tês anagnóseos tôn Demokrítu biblíon
„Was vor der Lektüre der Schriften des Demokritos (gelesen werden sollte)"

Thrasyllos aus Mendes, gest. 36 n. Chr.

Einleitung (gr.) in die Schriften Demokrits.

I Es handelt sich um eine Einleitung zu einer Gesamtausgabe der Schriften des Philosophen. Der Titel ist bei Diogenes Laertius (→*Philosóphon bíon kaì dogmáton synagogé* 9,41) überliefert. Das Inhaltsverzeichnis dieser Gesamtausgabe ist erhalten: Thrasyllos hatte Demokrits Schriften zu dreizehn Vierergruppen (Tetralogien) geordnet (Diogenes Laertius 9,45–49). Ein wichtiges Detail der „Einleitung" ist die Mitteilung des Geburtsjahres des Demokrit: Seine Geburt falle in das dritte Jahr der 77. Olympiade = 470/469 v. Chr. In den →*Chroniká* des Apollodoros wird Demokrits Geburt jedoch für die 80. Olympiade = 460/457 v. Chr. angesetzt. – Diogenes Laertius berichtet außerdem (9,38), Thrasyllos habe in Demokrit einen „Nachfahren der Pythagoreer" gesehen.

A J. Mansfeld, Stuttgart 1987, 580–587. VS 68 A 33.

Tarentilla
„Die Tarentinerin"

Gnaeus Naevius, Ende des 3. Jh.s v. Chr.

Komödie (lat.), fragmentarisch überliefert.

I „Zwei junge Herren verschwenden in der Fremde ihr Gut, und zwar bei der Tarentinerin, also wohl gerade nicht in Tarent, da dort die Bezeichnung *Tarentilla* keine personenunterscheidende Funktion haben kann. Da kommen die Väter als unerwarteter Besuch. Das begabte Mädchen bringt es fertig, alle vier Herren zu bezaubern. Der Sieg der Moral bleibt ostentativ aus. Eine sittliche Belehrung dürfte zum Schluß entgegen der römischen Konvention nicht an die Jugend, sondern an die Väter gerichtet gewesen sein" (M. v. Albrecht, RL, 103).

A CRF[2] 5–31. CRF[3] 6–35. E. V. Marmorale, Florenz [2]1950.
Ü H. u. A. Petersmann, RLTD 1, 77–86 (lat.-dt.).
L M. v. Albrecht: Zur *Tarentilla* des Naevius, in: MH 32, 1975, 230–239. M. v. Albrecht, RL, 98–106. M. Barchiesi: La *Tarentilla* rivisitata. Studi su Nevio comico, Pisa 1978. J. Wright: Naevius, *Tarentilla* frg. 1, in: RhM 115, 1972, 239–242.

Ta stoicheîa
„Die Elemente"

Eukleides aus Alexandreia, um 300 v. Chr.

Hauptwerk (gr.) des Mathematikers aus Alexandreia in 13 Büchern.

I Das bis in die Neuzeit benutzte Lehrbuch behandelt die Planimetrie, die Arithmetik, die irrationalen Verhältnisse und die Stereometrie. – Die Schrift beginnt mit Definitionen (z. B. eine Linie ist nur der Länge nach ausgedehnt), Postulaten (z. B. zwei Parallelen dürfen sich im Raum nicht schneiden) und Axiomen (z. B. das Ganze ist größer als ein Teil). „Es folgen im 1. Buch Sätze über Geraden und Dreiecke, darunter Kongruenzsätze, Sätze über den Flächeninhalt, darunter die Grundaufgabe der Flächenauslegung (I 44), schließlich der Satz des Pythagoras. – Buch 2 bringt ‚geometrische Algebra' ... Buch 3 enthält die elementare Kreisgeometrie, Buch 4 handelt von regelmäßigen Polygonen, Buch 5 begründet und entwickelt die Proportionenlehre, auch für inkommensurable Größen... In Buch 6 wird die Theorie auf ähnliche Figuren angewandt. In den Sätzen 27–29 ist die geometrische Lösung quadratischer Gleichungen enthalten ... Die Bücher 7–9 enthalten zahlentheoretische und algebraische Sätze. Buch 10 bringt eine wichtige Klassifikation der Irrationalitäten ... Die Bücher 11–13 bringen die Stereometrie ... Das Werk endet mit den regelmäßigen Körpern und dem Satz, daß es nicht mehr als die fünf beschriebenen gibt" (Gericke, 107 f.).

A   I. L. Heiberg / E. S. Stamatis. 5 Bde., Leipzig [2]1969
– 1977.
Ü   C. Thaer, Leipzig 1933–1937, Nachdr. Darmstadt
1962.
L   O. Becker (Hg.): Zur Geschichte der griechischen
Mathematik, Darmstadt 1965. H. Gericke: Euklid, in:
dtv-L 1. 2, 107 f. Th. Heath: A History of Greek Mathematics. 2 Bde., Oxford 1921, Nachdr. 1960. Th. Heath, Cambridge [2]1926, Nachdr. New York 1956 (Kommentar).
KNLL 5, 296–298. A. Lesky, GL, 885. K. Schöpsdau: Euklid als Vermittler pythagoreischer Geometrie. Vorschlag
für eine Lektüresequenz, in: Alte Sprachen in Rheinland-Pfalz und im Saarland 31, 1–2, 1985, 3- 10. A. Szabó: Anfänge der griechischen Mathematik, München/Wien 1969.
H. Wussing: Mathematik in der Antike, Leipzig 1962.

Tà theologúmena tês arithmetikês
→Synagogè tôn Pythagoreíon dogmáton
(Iamblichos)

Téchnai rhetorikaí
„Traktate zur Rhetorik"

Ailios Aristeides (Aelius Aristides) aus Mysien, etwa 129–189 n. Chr.

I   Die Traktate befassen sich mit dem *Politikòs
lógos* und dem *Aphelès lógos*, der „politischen" Rede und der „schlichten" Rede. Die Darstellung ist
mit Demosthenes- und Xenophon-Analysen angereichert.

A   L. Spengel, RhGr 2, 457–554. W. Schmid, Leipzig
1926.
L   H. Gärtner: Aristeides (Nr. 3), in: DKP 1, 558 f. W.
Spoerri: Aristeides (Nr. 1), in: dtv-L 1. 1, 172–174.

Téchnai rhetorikaí
„Rhetorik"

Hermagoras aus Temnos, Mitte des 2. Jh.s v. Chr.

Abhandlung (gr.) über die Rhetorik in sechs Büchern, nur in Frg. erhalten.

I   Hermagoras war der Begründer der Stasis –
oder Status-Lehre, indem er die wichtigsten Fragestellungen (*stáseis* oder *status*), die sich bei jedem
einzelnen Fall im Rahmen einer Rede vor Gericht,
d. h. in einer Rede des *genus iudiciale*, ergaben, in
ein System brachte. Die Stasis – oder Status-Lehre
befaßt sich mit dem juristischen Ansatzpunkt (*stásis*
= Ausgangsstellung) für die Anklage oder die Verteidigung. Hermagoras unterscheidet im wesentlichen vier *Staseis*: (1) die Klärung der Tatfrage (ob
überhaupt etwas getan wurde), (2) die juristische
Definition des Tatbestandes (was getan wurde), (3)
die ethische Beurteilung der Tat (welche Qualität sie
hat) und (4) die Anfechtung der Zuständigkeit des
Gerichts. – Hermagoras baute auch die Lehre von
den Teilen der Rede aus (Einleitung – Erzählung

des Hergangs – Präzisierung des Sachverhalts – positiver/negativer Beweis – Schluß).

N   Die Wirkung des Hermagoras auf die spätere
Rhetoriktheorie war außerordentlich groß (vgl. u. a.
Hermogenes aus Tarsos, →*Téchne rhetoriké*, Cicero, →*De inventione*, Anonymus, →*Rhetorica ad
Herennium*, Quintilian, →*Institutio oratoria*).

A   D. Matthes, Leipzig 1962.
L   K. Barwick: Zur Erklärung und Geschichte der Stasislehre des Hermagoras aus Temnos, in: Ph 108, 1964, 80–
101. H. Gärtner: Hermagoras (Nr. 1), in: DKP 2, 1064. H.
Hommel: Rhetorik, in: dtv-L 1. 4, 127–143. G. Kennedy:
The art of persuasion in Greece, Princeton [2]1964. A. Lesky, GL, 884.

Téchne
„Die Kunst"

Gorgias aus Leontinoi, etwa 480–380 v. Chr.

Verlorenes, nur aus Frg., anderen Schriften des Gorgias und Schriften anderer Autoren in Ansätzen rekonstruierbares Handbuch (gr.) der Rhetorik.

I   Einleitend ging Gorgias auf die Bedeutung der
Künste (*téchnai*) für den kulturellen Fortschritt ein,
ohne deren Erfindungen das Leben der Menschen
dem Zufall unterworfen wäre. Die Rhetorik ist die
edelste aller Künste (vgl. Platon, →*Gorgías* 448c;
→*Phílebos* 58a). Sie wird definiert als „Meisterin
der Überredung" (Platon, →*Gorgías* 453a; 455a).
Sie ist imstande, „die Seelen durch Worte zu lenken" (→*Gorgías* 452 e; 456 b; →*Phaîdros* 261 a).
Der Redner muß daher Psychologe sein, der imstande ist, Lust und Schmerz, Liebe und Haß, Zuversicht und Angst in den Seelen seiner Zuhörern
zu wecken oder zu beseitigen (→*Heléne* 8 f.). Das
einzige Mittel zu diesem Zweck ist das Wort
(→*Gorgías* 463a), das „ein gewaltiger Machthaber"
ist (*Heléne* 8), mit dem außerordentliche Wirkungen zu erzielen sind. – Das Ziel der Redekunst ist
die Beherrschung der Menschen, die sich dem Redner freiwillig unterwerfen (*Gorgías* 452d-e). Dazu
ist die Erzeugung von Glaubwürdigkeit erforderlich (*Heléne* 9). Das Mittel ist die Suggestion (*Heléne* 14), aber auch die bewußte Täuschung und Lüge, deren sich auch die anderen Künste (Dichtkunst,
Schauspielkunst, Malerei, Plastik usw.) bedienen. So
ist denn für Gorgias die Dichtkunst nichts anderes
als eine „Rede in Versen" (*Heléne* 9), die Illusion
erzeugt (vgl. auch →*Dialéxeis* 3,10) und immer nur
ein Abbild der Wirklichkeit produziert. In der *Heléne* (9) sagt Gorgias von der Dichtkunst (und meint
damit die Tragödie): „Wer sie anhört, den ergreift
bald angstvoller Schrecken, bald tränenreiches Mitleid, bald schmerzliche Sehnsucht, und Glück und
Unglück fremder Personen und Verhältnisse bringt
vermittels der Rede eine eigene Empfindung (*páthe-ma*) in der Seele hervor" (Übers. Nestle, 321 f.).
Hier sind bereits die Hauptwirkungen der Tragödie
(Schrecken und Mitleid) benannt, die auch Aristote-

les in seiner Schrift →*Perì poietikês* namhaft macht. – Abgesehen von psychologischen Fähigkeiten muß der Redner auch über Sachkenntnisse verfügen: Er muß (1) die Schriften der vorsokratischen Philosophen und hier vor allem der ionischen „Physiker", (2) die öffentlichen Reden vor Gericht und in der Volksversammlung und (3) die Streitreden kennen (vgl. *Heléne* 13). Die Philosophie hat insgesamt einen nur propädeutischen Wert. Dagegen muß der Rhetor über Kenntnisse auf den verschiedenen Gebieten der politischen Praxis und über historische Kenntnisse verfügen. Schließlich gehören die formal-stilistischen Lehren z. B. über die Redefiguren zum Arsenal des Rhetors.

A L. Radermacher: Artium scriptores, Wien 1951, 42–66. VS 82.
L H. Gomperz: Sophistik und Rhetorik, Leipzig/Berlin 1912. G. Kennedy: The Art of Persuasion in Greece, Princeton 1963. W. Nestle, VMzL, 306–332.

Téchne grammatiké
„Grammatisches Lehrbuch"

Dionysios Thrax, um 170–90 v. Chr.

Älteste erhaltene Elementargrammmatik (gr.) des Griechischen (ohne die Syntax) und Grundlage für die Grammatiken aller indogermanischen Sprachen. Um 100 v. Chr. geschrieben.

I Grammatik ist für Dionysios eine Erfahrungswissenschaft (*grammatiké estin empeiría*). Sie beschreibt die bei den Dichtern und Prosaschriftstellern übliche Redeweise. – Nach der Definition unterscheidet der Autor § 1 sechs Teile bzw. Aufgaben der Grammatik: (1) Das laute Lesen, das mit der Frage nach dem Verhältnis der geschriebenen Buchstaben zu den gesprochenen Wörtern verbunden ist, (2) die Erklärung der dichterischen Tropen, (3) die Erklärung altertümlicher Wörter und des Stoffes, (4) das Herausfinden der Etymologie, (5) die Feststellung von Analogien, (6) die literarische Kritik. – In den §§ 2–4 ist nur der 1. Teil der Grammatik ausgearbeitet (möglicherweise ist ein Teil der Grammatik an dieser Stelle verloren gegangen). In § 5 geht es um die Rhapsodia als Merkmal der homerischen Gedichte (→*Iliás*, →*Odýsseia*). – Die Lehre von den Silben befaßt sich mit den Quantitäten und den Akzenten (§§ 7–10). – Die Formenlehre geht übrigens nicht von der Unterscheidung eines Wortstammes und einer Wortendung aus. Man nimmt eine Form (z. B. Nom. Sing.) als Grundgestalt, aus der man dann alle anderen Formen durch Veränderung hervorgehen läßt. Dadurch erhält man eine große Zahl von Deklinationsmustern. – In der Lehre von den Redeteilen (§ 11) unterscheidet man: 1. Nomen, 2. Verb, 3. Konjunktion, 4. Pronomen, 5. Artikel, 6. Präposition, 7. Adverb, 8. Partizip. – Zu jedem Redeteil gibt es Ausführungen über seine unterschiedlichen Erscheinungsformen nach morpho-

logischen und funktionalen Gesichtspunkten (§§ 12–20).
Q Die Grammatik ist unter dem Einfluß der stoischen Sprachwissenschaft entstanden. Mit dem Werk →*Perì phonês* des Stoikers Diogenes, des „Babyloniers", gewann die stoische Sprachwissenschaft ihren Einfluß auf die Grammatik des Dionysios Thrax.
W Die Grammatik diente dem Ziel der Dichtererklärung (vgl. § 1) und nicht der Untersuchung der Sprache um ihrer selbst willen.

A A. Hilgard: Grammatici Graeci 3, 1901 (Scholien zum Text). G. Uhlig: Grammatici Graeci 1. 1, 1883.
L K. Barwick: Probleme der stoischen Sprachlehre und Rhetorik, Berlin 1957. V. Di Benedetto: Dionisio Trace e la *techne* a lui attribuita, in: ASNP 2, 27, 1958, 169–210 und 28, 1959, 87–118. L. Cohn, RE 5, 1905, 977–983. M. Fuhrmann, Lehrbuch. A. Lesky, GL, 882. R. Pfeiffer, KlPh, 321–329. H. R. Robins: Dionysios Thrax and the Grammatical Tradition, in: TAPhS 9, 1957, 67–107. A. D. Saglione: Ars grammatica, Den Haag 1970.

Téchne rhetoriké
„Lehrbuch der Rhetorik"

Apsines aus Gadara, etwa 190–250 n. Chr.

Vollständig erhaltenes Lehrbuch (gr.) für den Schulbetrieb, der ganz auf die Abfassung von Deklamationen abgestellt ist.

A RhGr 1. 2, 217–329.
L J. Brzoska, RE 2, 1, 1895, 277–283. H. Gärtner: Apsines, in: DKP 1, 467. W. Kroll, RE Suppl. 7, 1940, 1123.

Téchne rhetoriké
„Lehrbuch der Rhetorik"

Aristoteles aus Stageira, 384–322 v. Chr.

Lehrbuch der Rhetorik (gr.) in drei Büchern. Die drei Bücher wurden zu verschiedenen Zeiten verfaßt; einzelne Teile sind auch als Nachträge zu identifizieren (z. B. wurde 2, 23–24 nicht vor 334 v. Chr. geschrieben, während die Bücher 1–2 zwischen 360 und 355 entstanden). Anhaltspunkte der Datierung sind zahlreiche Hinweise auf andere Schriften des Aristoteles, ferner Anspielungen auf datierbare historische Ereignisse. Das 3. Buch war eine ursprünglich selbständige Schrift und wurde von einem Redaktor mit den Büchern 1 und 2 verbunden.

I Die Bücher 1–2 bilden eine in sich geschlossene Schrift über die *Téchne rhetoriké*. Hauptthema sind die drei Mittel der Überzeugung, die durch das Wort zu erreichen ist (*tôn dià tû lógu porizoménon písteon tría eíde*, 1,2,1356a1). Ausgangspunkt der Darstellung ist die Definition der Rhetorik als die Fähigkeit, in jedem Einzelfall ins Auge zu fassen, was Glaubhaftigkeit bewirkt (*tò endechómenon pi-*

thanón 1,2,1355b26 f.). – Die drei Mittel der Überzeugung sind (1) die Persönlichkeit (*tò êthos*) des Redners, (2) die Fähigkeit, den Zuhörer emotional zu beeinflussen (*tò tòn akroatèn diatheînaí pos*) und (3) die Kunst, die Darstellung so zu gestalten (*autòs ho lógos*), daß man etwas als wahr oder wahrscheinlich erweisen kann. – Der Redner muß also (1) durch seinen Charakter wirken können, (2) über psychologische Kenntnisse und Fähigkeiten verfügen und (3) die Technik des logischen Argumentierens beherrschen. – Die Reden lassen sich klassifizieren nach den Erwartungen der Zuhörer: (1) Die Zuhörer wollen Aufklärung über etwas Vergangenes. (2) Die Zuhörer wollen Entscheidungshilfen für die Zukunft. (3) Die Zuhörer wollen sich an der Kunst des Redners in der Gegenwart erfreuen. – Diesen Erwartungen der Zuhörer entsprechen die drei Redegattungen (*géne tôn lógon*): (1) Das *génos dikanikón*, die Gerichtsrede, die die Aufklärung einer Vergangenheit zum Ziel hat und zeigen will, daß etwas gerecht oder ungerecht war. (2) Das *génos symbuleutikón*, die politisch beratende Rede, die Entscheidungshilfen für die Zukunft liefern und zeigen will, daß etwas nützlich oder schädlich sein wird. (3) Das *génos epideiktikón*, die Gelegenheitsrede (z.B. die Festrede), die zur Freude des Zuhörers in der Gegenwart wirken und zeigen soll, daß etwas edel und gut (oder unedel und schlecht) ist. – In allen drei Gattungen befaßt sich die Rede also stets mit den positiven und negativen Komponenten (gerecht-ungerecht, nützlich-schädlich, gutschlecht) des Gegenstandes. – Aristoteles beschreibt dann im einzelnen die drei Gattungen: die beratende Rede in 1,4–8, die Festrede in 1,9 und die Gerichtsrede in 1,10 bis 15 und die im jeweiligen Falle erforderlichen Qualifikationen des Redners. – Das 2. Buch befaßt sich mit dem Vortrag des Redners. Was muß der Redner beachten und tun, wenn er vor seinen Zuhörern steht? Er muß emotional engagiert sein, um die Zuhörer entsprechend beeinflussen zu können. Er muß also vor allem die Bedeutung der Affekte verstehen und mit ihnen umgehen können (2,1). Hier schließt sich eine Lehre von den Affekten an (2,2–11): Ablehnung und Verachtung (2), Milde und Nachsicht (3), Liebe, Freundlichkeit, Haß (4), Furcht, Kühnheit, Selbstvertrauen (5), Schüchternheit, Frechheit (6), Schmeichelei, Wohlwollen und deren Gegenteil (7), Mitleid und dessen Gegenteil, Furcht (8), Entrüstung (9), Neid und dessen Ursachen (10), Rivalität im Vergleich zum Neid (11). – Darauf folgt eine Zuhörerpsychologie (2,12–17). Der Redner muß fähig sein, die Reaktionen seiner Zuhörer aus ihren individuellen und sozialen Voraussetzungen heraus zu berechnen. – Es folgen allgemeine technische Regeln und wiederkehrende Gesichtspunkte (2, 20–26). – Ausführlich befaßt sich Aristoteles in diesem Zusammenhang mit dem *enthýmema*, d.h. dem rhetorischen Mittel der Beeinflussung in Form von logisch unvollkommenen Schlußfolgerungen, suggestiven Bildern, Gleichnissen, Analogien. Ein Beispiel (nach H. Lausberg: Handbuch der literarischen Rhetorik,

München (2)1973, 199 f.): (1) Die Tugend ist ein Gut (= die zu beweisende These). Denn nur das ist ein Gut, was niemand auch zum Schlechten gebrauchen kann. (2) Die Tugend kann niemand zum Schlechten gebrauchen. (3) Also ist die Tugend ein Gut. – Das ist die logisch vollkommene Form des Syllogismus, bestehend aus allen logisch notwendigen Teilgedanken. Dagegen ist das *enthýmema* eine logisch nicht vollkommene (verkürzte) Form des Syllogismus: (1) Die Tugend ist ein Gut. (2) Niemand kann sie zum Schlechten gebrauchen. – Aristoteles selbst gibt zahlreiche Beispiele für das *enthýmema*, mit denen die Zuhörer dazu gebracht werden können, den vom Redner gewünschten Schluß zu ziehen (2, 23–24). – Andere technische Mittel neben dem *enthýmema* sind z.B. das Gleichnis, das Beispiel, die Tierfabel, das Sprichwort. – Den Schluß des 2. Buches bildet die Beschreibung der Widerlegung (2,25–26), die darauf zielt, die Argumentation eines Gegners als unlogisch zu erweisen. – Das 3. Buch befaßt sich mit dem sprachlichen Ausdruck der Gedanken, d.h. der Sprechweise (*léxis*). Es geht Aristoteles um eine Darstellung der literarischen Kunstprosa, d.h. der Sprache der Beredsamkeit (im Gegensatz zur Sprache der Poesie, die Aristoteles in seiner Schrift →*Perì poietikês* behandelt). In 3,1–11 geht es um Fragen des Stiles, in 3,12–19 um die Anordnung der Rede. Die Kapiel 3,1–4 enthalten Bemerkungen über die Elemente der sprachlichen Darstellung; 3,5–11 behandeln die Frage, wie aus diesen Elementen ein Ganzes wird. Aristoteles leitet das 3. Buch mit dem Hinweis auf seine Absicht ein: Im 1. und 2. Buch habe er die drei Mittel der Überzeugung und Beeinflussung dargestellt. Darüber hinaus müsse der Redner aber auch die Kunst beherrschen, seine Gedanken schön, richtig und angemessen auszudrücken, d.h. also über bestimmte Stilqualitäten (*aretaì tês léxeos*) verfügen. Aristoteles bleibt auch in diesem Zusammenhang dem Grundsatz treu, den er in den ersten beiden Büchern der „Rhetorik" verfolgt, daß die Redekunst „eine Kombination ist von ethisch-psychologischer Einsicht und Fähigkeit, logisch zu argumentieren" (Düring, 158).

Q Neben dem platonischen Hintergrund des Werkes ist die Analyse aller verfügbaren Rhetoriklehrbücher (→*Synagogè technôn*) eine wesentliche Voraussetzung des Werkes. Insofern ist die „Rhetorik" den aristotelischen →*Politiká* vergleichbar, die die →*Politeîai*, die Sammlung von Staatsverfassungen, voraussetzen.

H Indem Aristoteles gleich zu Beginn des Werkes Rhetorik und Dialektik zueinander in Beziehung setzt, knüpft er an Platons →*Gorgías* und vor allem an den →*Phaîdros* an, wo die Rhetorik nur unter der Bedingung zu einer Kunst erklärt wird, die nach dem Wahren und Guten strebt, daß sie sich der Methoden der Dialektik bedient und auf die Philosophie gründet (vgl. auch Cicero, →*De oratore* 3,56–143). „Das ist der Hintergrund, den man beim Lesen der *Rhetorik* im Auge haben muß. Die Schrift ist ein theoretischer und ein praktischer Lehrkursus der Rhetorik zugleich, basiert auf Platons Ansichten über die wahre Redekunst im *Phaîdros*" (Düring, 133).

W Obwohl sich Aristoteles im Grundsätzlichen stark an Platon anlehnt, betont er z. B. im Gegensatz zu diesem, es sei das Hauptanliegen der Rhetorik, eine Sache so darzustellen, daß sie sich als wahrscheinlich erweist (1355b26). Die Beherrschung der Kunst ist das Entscheidende. Dazu gehört vor allem die Fähigkeit zu argumentieren, d. h. das Für und Wider einer Behauptung zu beherrschen (vgl. Cicero, →*De oratore* 3,80 und →*De finibus bonorum et malorum* 5,10, wo Cicero das *in utramque partem disserere*, das Argumentieren Pro und Contra, als *Aristotelius mos*, als Verfahren des Aristoteles, bezeichnet). Von entscheidender Bedeutung ist die Beherrschung eines psychologischen Instrumentariums vor allem in Form einer Psychologie des Zuhörers, die auf einer fundamentalen und perspektivenreichen Menschenkenntnis beruht.

N Die in der „Rhetorik" als grundlegend hervorgehobene Beherrschung der Psychologie, die es dem Redner erlaubt, die Reaktion des Hörerpublikums vorauszusehen oder zu beeinflussen, wurde in der Folgezeit nicht beachtet. Die Hauptwirkung des Werkes liegt auf der im 3. Buch entwickelten Stillehre (vgl. z. B. Theophrast, →*Perì léxeos*; Ps.-Demetrios, →*Perì hermeneías*). Nur bei Cicero findet man ein Gegenstück zur Affektenlehre des Aristoteles (→*De oratore* 2,186–216); allerdings ist nicht zu beweisen, daß Cicero die „Rhetorik" direkt benutzt hat. Vgl. auch die →*Téchnai rhetorikaí* des Hermagoras. – Die Wirkung des Werkes auf Quintilian, →*Institutio oratoria*, war dagegen außerordentlich groß, und es bleibt unbestritten, daß die aristotelische „Rhetorik" (nicht die Schrift →*Perì psychês*) eine Grundlegung der abendländischen Psychologie (und Pädagogik) darstellt.

A M. Dufour. 2 Bde., Paris 1932–1938 (gr.-frz.). J. H. Freese; London/Cambridge (Mass.) 1939 (gr.-engl.). R. Kassel, Berlin 1976. W. D. Ross, Oxford 1959. J. E. Sandys / E. M. Cope. 3 Bde., Cambridge 1877 (Nachdruck Hildesheim 1970) (Text mit Kommentar). A. Tovar, Madrid 1953 (gr.-span.).
Ü Ch. Rapp, Darmstadt 2002 (mit Kommentar). F. G. Sieveke, München 1980.
L E. M. Cope: An Introduction to Aristotle's *Rhetoric*, London 1867, Nachdr. Hildesheim/New York 1970. I. Düring, Aristoteles, 118–159. W. Eisenhut: Einführung in die antike Rhetorik und ihre Geschichte, Darmstadt [5]1994, 29–37. A. Hellwig: Untersuchungen zur Theorie der Rhetorik bei Platon und Aristoteles, Göttingen 1973. H. Hommel: Rhetorik, in: dtv-L 1.4, 127–143 (bes. 130f.). KNLL 1, 708. G. Kennedy: The Art of Persuasion in Greece, Princeton [2]1964, 82–114. W. Kroll: Rhetorik, in: RE Suppl. 7, 1940, 1057–1065. F. Solmsen: Die Entwicklung der aristotelischen Logik und Rhetorik, Berlin 1929. J. Sprute: Die Enthymemementheorie der aristotelischen Rhetorik, Göttingen 1982. W. Wieland: Aristoteles als Rhetoriker und die exoterischen Schriften, in: Hermes 86, 1958, 323–346. W. M. A. Grimaldi: Studies in the Philosophy of Aristotle's *Rhetoric*, Wiesbaden 1972.

Téchne rhetoriké
„Lehrbuch der Rhetorik"

Cassius Longinos, etwa 210–273 n. Chr., Leiter der platonischen Akademie von 250–267 n. Chr

In Teilen erhaltenes Lehrbuch (gr.).

I „Dieser Text ist ein wertvolles Zeugnis dafür, daß die von Philon von Larisa (Ciceros Lehrer) geknüpfte Verbindung zwischen Philosophie und Rhetorik nicht wieder abriß" (H. Dörrie, 732). Vgl. Cicero, →*De oratore*.

A RhGr 1, 299–328.
L H. Dörrie: Longinos (Nr. 1), in: DKP 3, 731f.

Téchne rhetoriké
„Lehrbuch der Rhetorik"

Hermogenes aus Tarsos, 2. Hälfte des 2. Jh.s n. Chr.

Sammeltitel der rhetorischen Hauptschriften (gr.) des Autors.

I Die wichtigsten Einzelschriften des Kompendiums, das bis in die Spätantike und die byzantinische Zeit von grundlegender Bedeutung war und vielfach redigiert und kommentiert wurde, sind (1) *Perì stáseon*, (2) *Perì heuréseos* und (3) *Perì ideôn*. – Zu 1: Es handelt sich um eine Fortentwicklung und Neugestaltung der Stasis-Lehre des Hermagoras aus Temnos (→*Téchnai rhetorikai*). – Zu 2: Die „Erfindungslehre" in vier Büchern befaßt sich mit den verschiedenen Arten der motivischen Anlage der Rede. – Zu 3: Die Schrift „Über die Ideen" ist eine Stillehre in zwei Büchern über den sprachlichen und kompositorischen Aufbau der Rede. Die großen gr. Autoren werden einer eingehenden ästhetischen Analyse und Kritik unterzogen.

Q Die Schrift „Über die Ideen" ist eine Weiterentwicklung der Stillehre des Theophrast (*Perì léxeos*) von den „Aretai" und den „Charakteres" der Rede. – Der Begriff der *idéai lógon* ist auf Isokrates zurückzuführen (→*Katà tôn sophistôn* 16). Er versteht darunter alle Formen sprachlicher Darstellung, die der Redner kennen muß, um sie seinen Zielen entsprechend auswählen, mischen und ordnen zu können.

A H. Rabe, Leipzig 1913. Hermogenes Tarsensis Partitionum Rhetoricarum liber unus qui vulgo de Statibus inscribitur, Latinitate donatus, et Scholiis explicata atque illustratus a Johanne Sturmio, Nachdr. Hildesheim 1997.
L D. Hagedorn: Zur Ideenlehre des Hermogenes, Göttingen 1964. W. Kroll: Rhetorik, in: RE Suppl. 7, 1940, 1125–1128; 1135–1137. A. Lesky, GL, 942f. W. Madyda: Über die Voraussetzungen der Hermogenischen Stillehre. Aus der altertumswissenschaftlichen Arbeit Volkspolens. D. Ak. d. Wiss. Berlin. Sekt. f. Altertumswiss. 13, 1959. D. Matthes: Hermogenes, *Perì stáseon*, in: Lustrum 3, 1958, 102–104. L. Radermacher, RE 8, 1, 1912, 865–877.

Téchne taktiké
„Kunst der Taktik"

Flavius Arrianus aus Nikomedeia, etwa 95–175 n. Chr.

Abhandlung (gr.) über militärische Manöver. Arrian veröffentlichte die Schrift während seiner Statthalterschaft in der röm. Provinz Kappadokien im Jahre 136 n. Chr.

I Das Material stammt aus einem amtlichen Bericht über Infanteriemanöver. Ferner wurde einschlägige Literatur eingearbeitet, wie z. B. das militärische Handbuch →*Taktiká* des Asklepiodotos.

A R. Hercher / A. Eberhard: Arriani Scripta Minora, Leipzig 1885.
Ü F. Kiechle, 1964 (gr.-dt.).
L O. Lendle, Einführung, 250. P. A. Stadter: The Tactics of Arrian, in: CPh 73, 1978, 117 ff.

Téchne tû politikû lógu
„Kunst der politischen Rede"

Anonymus Seguerianus, 5. Jh. n. Chr.

Rhetorischer Traktat (gr.).

I Der von N. M. S. Séguier im Jahre 1840 bekanntgemachte Traktat befaßt sich mit den Teilen und Arbeitsgängen der Rede. – Es handelt sich um die Kurzfassung eines antiken Schulbuches, das um 200 n. Chr. aus verschiedenen anderen Werken zusammengestellt wurde und für die Auseinandersetzung von Analogie und Anomalie innerhalb der Rhetorik wichtig war (Analogie und Anomalie waren Schlagwörter für die Forderung bzw. Bestreitung einer allgemeinen Regelmäßigkeit in der Sprache).

A L. Spengel / C. Hammer: Rhetores graeci 1, Leipzig 1894.
L J. Brzoska, RE 1, 2, 1894, 2328–2330. A. Lesky, GL, 943.

Technopaígnia
„Figurengedichte als kunstvolle Spielereien"

Simias aus Rhodos, um 300 v. Chr.

Gedichte (gr.), deren Schriftbild den Umriß eines Gegenstandes darstellt.

I Die erhaltenen *Technopaígnia* des Simias bilden die Umrisse eines Beiles, eines Flügels des Eros und eines Schwalben-Eies. Vgl. auch Theokritos, →*Sŷrinx*. Diese Gedichte befinden sich in der Sammlung der →*Anthologia Palatina* (15, 22; 24; 27).

A E. Diehl, ALG 2. 6, 140–157. I. U. Powell, Collectanea.
Ü H. Beckby: Anthologia Graeca. Bd. 4, München [2]1967 (gr.-dt.).
L H. Fränkel: De Simia Rhodio, Diss. Göttingen 1915. A. Lesky, GL, 814. R. Pfeiffer, KlPh, 117.

Technopaegnion
„Kunstvolles Spiel"

Decimus Magnus Ausonius aus Burdigala, etwa 310–392 n. Chr.

Sammlung hexametrischer Gedichte (lat.), in denen jeder Vers mit einem einsilbigen Wort endet.

I Die Themen der Gedichte stammen aus der Literatur, der Grammatik und der Mythologie; sie sind nach Sachgruppen geordnet.

A R. Peiper, Leipzig 1886. K. Schenkl, Berlin 1883 (MGH AA 5, 2). H. G. E. White. 2 Bde., London/Cambridge (Mass.) 119–1921 (lat.-engl.).
L M. v. Albrecht, RL, 1047–1057. M. Fuhrmann, Spätantike, 101–107.

Te Deum laudamus
„Dich, Gott, loben wir"

Nicetas aus Remesiana, um 400 n. Chr.

Christlicher Lobgesang (lat.).

I Der nicht einheitlich und erst nach und nach zusammengesetzte Text besteht aus 29 Versen unterschiedlichen Umfangs: 1–10: Gotteslob der himmlischen Chöre und der Kirche; 11–13: Lobpreis der Trinität; 14–19: Verherrlichung Christi und seines Erlösungswerkes; 20–29: Bitt- und Lobgebet. – Das *Te deum laudamus* war spätestens seit dem 5. Jh. ein Bestandteil der Liturgie; es wurde dann auch bei Prozessionen, in Andachten und bei Bischofswahlen und -weihen gesungen. – Die Verfasserschaft ist umstritten, obwohl vieles für Nicetas spricht.

L W. Kirsch, LThK 9, 1336 f.

Telaugés
(Sohn des Pythagoras)

Aischines aus Sphettos, etwa 430–360 v. Chr.

Verlorener sokratischer Dialog (gr.).

I Sokrates setzte sich in diesem Dialog mit der pythagoreischen Lehre auseinander.

L H. Dittmar: Aischines von Sphettos. Studien zur Literaturgeschichte der Sokratiker, Berlin 1912, 213 ff. A. Lesky, GL, 566 f.

Telegonía →Epikòs kýklos

Télephos
(König von Mysien)

Euripides, etwa 480–406 v. Chr.

Tragödie (gr.), nur in Frg. erhalten.
Vor der →*Álkestis*, die 438 v. Chr. aufgeführt wurde, entstanden.

I In diesem Stück erzwang der von Achilleus verwundete Myserkönig Telephos seine Heilung, indem er sich als Bettler verkleidet in das Lager der Griechen schlich und den kleinen Orestes als Geisel nahm. Zu der Verwundung war es gekommen, als die Griechen auf ihrer Fahrt gegen Troja irrtümlich in Mysien gelandet waren und in Kämpfe mit Telephos, dem König von Mysien, verwickelt wurden. Da die Wunde nicht heilte und ein Orakelspruch besagte, daß die Wunde nur von dem geheilt werden könne, der sie schlug, mußte sich Telephos zu Achilleus begeben, der sich nach dem vergeblichen Versuch, Troja zu finden, mit den Griechen in Argos aufhielt.
N Der König in Lumpen wurde von Aristophanes in seinen →*Acharnês* parodiert (430 ff.).

A E. W. Handley / J. Rea (s. u.). A. Nauck, TGF 579–589 (= Frg. 696–727). C. Preiser, Hildesheim 2000 (mit Kommentar).
L E. W. Handley / J. Rea: The *Telephus* of Euripides. Univ. of London. Bull. of Inst. of. Class. Stud. Suppl. 5, 1957. A. Lesky, GL, 417.

Teletaì è perì thysiôn
„Religiöse Handlungen oder über Opfer"

Apollonios aus Tyana, 1. Jh. n. Chr.

In einem Fragment (Eusebios, →*Euangelikè praparaskeué* 4, 13) erhaltene theologische Rede (gr.).

I Apollonius kritisiert die üblichen Formen des Kultus und das Ritual des Opferdienstes, weil Gott so gänzlich anders ist, als wir es uns vorstellen können.

A E. Norden: Agnostos Theos. Untersuchungen zur Formengeschichte religiöser Rede, Stuttgart 1913, 39 ff. und 343–346.

Teletis reliquiae →Diatribaí (Teles)

Ténnes →Sísyphos (Kritias)

Terenzkommentar →Commentum Terenti (Donatus)

Tês ekklesiastikês theologías biblía
„Bücher der kirchlichen Theologie"

Eusebios aus Kaisareia, um 260–339 n. Chr.

Dogmatisch-polemische Schrift (gr.).

I In den drei Büchern dieses Werkes gibt Eusebios einerseits eine ausführliche Widerlegung der Lehren des Markellos (vgl. →*Katà Markéllu*) und andererseits eine Darstellung seiner eigenen Gotteslehre: „Der Logos schlägt die Brücke von der Erhabenheit des Vaters zur Nichtigkeit der Geschöpfe, die ohne die Mittlerschaft des Logos im Glanz des Vaters vergehen würden. Daher ist der Logos schon bei der Schöpfung *sotér* (Erhalter, Erretter, Erlöser), indem er den Bestand der Schöpfung, die an sich unwürdig ist (dies ein Überrest des Platonischen Dualismus), gegenüber der absoluten Erhabenheit der Gottheit oder des Vaters sichert" (H. L. Arnold, KNLL 5, 331).

A E. Klostermann / G. Ch. Hansen, Berlin [(3)]1991.
L H. L. Arnold, KNLL 5, 332f.

Tês metà Márkon basileías historíai
„Geschichte des Kaisertums nach Marcus"

Herodianos aus Syrien, 3. Jh. n. Chr.

Geschichtswerk (gr.) in acht Büchern.
Wohl um 250 n. Chr. verfaßt.

I Das Werk umfaßt die sechs Jahrzehnte vom Tod Marc Aurels (180 n. Chr.) bis zum Regierungsantritt Gordians III. (238 n. Chr.). – Herodian geht nur auf die äußeren Ereignisse ein und erweist sich wie Dio Cassius (→*Historía Rhomaiké*) als Verfechter einer vom röm. Senat getragenen Monarchie. – Buch 1: Commodus. B. 2–3: Pertinax, Didius Iulianus, Pescennius Niger, Septimius Severus. B. 4–5: Geta, Caracalla, Macrinus, Elagabal. B. 6: Alexander Severus. B. 7–8: Maximinus Thrax, Gordianus I. und II., Pupienus Maximus, Balbinus bis zur Inthronisierung von Gordianus III. – „Es geht also um die Jahre 180–238, in denen der römische Kaiserthron zeitweilig zum Spielball der Soldaten wurde, die Thronfolge mit Dolch oder Gift oder auch Geld geregelt wurde, manchmal mehrere Kaiser gleichzeitig an der Spitze des Staates zu stehen beanspruchten und die Regierungszeiten gelegentlich in Tagen gezählt werden konnten" (Lendle, 256). – In seine oft moralisierende Darstellung hat Herodianos zahlreiche Reden eingebaut.
N Die Verfasser der →*Historia Augusta* benutzten das Werk. Auch in späterer Zeit wurde Herodian geschätzt, z. B. von Photios, dem Patriarchen von Konstantinopel, 858–867 und 877–886 n. Chr., und Verfasser der sog. →*Bibliothéke*, die über die antike und altchristlich-byzantinische Literatur informiert.

A K. Stavenhagen, Leipzig 1922, Nachdr. 1967. C. R. Whittaker. 2 Bde., London/Cambridge (Mass.) 1969–1970 (gr.-engl.).
Ü F. Müller, Stuttgart 1996 (gr.-dt.). D. Roques, Paris 1990 (frz.). A. Stahr, 1858.
L G. Alföldy: Zeitgeschichte und Krisenempfindung bei Herodian, in: Hermes 99, 1971, 429–449. F. Kolb: Literarische Beziehungen zwischen Cassius Dio, Herodian und der Historia Augusta, Bonn 1972. O. Lendle, Einführung, 256f. W. Spoerri: Herodianos (Nr. 2), in: DKP 2, 1097. W. Widmer: Kaisertum, Rom und Welt in Herodians *Meta Markon Basileias Historia*, Zürich 1967.

Testimoniorum libri III
„Zeugnisse in drei Büchern"

Thascius Caecilius Cyprianus aus Karthago, 1. Hälfte des 3. Jh.s n. Chr.

Schriftstellensammlung (lat.) zu verschiedenen Themen.
Entstanden 249/250 n. Chr.

I In den Büchern 1–2 geht es um dogmatisch-apologetische, in Buch 3 um moralisch-asketische Inhalte. Der Autor sammelte die Bibelstellen für eine Auseinandersetzung mit dem Judentum. – Alttestamentliche Zeugnisse werden als prophetische Hinweise auf Christus gedeutet. Die christliche Gemeinde soll lernen, das Alte Testament im Licht des →*Novum Testamentum* zu lesen.

A W. v. Hartel, CSEL 3, 1–3, 1868–1871.
L M. v. Albrecht, RL, 1242–1252. J. – P. Audet: L' hypothèse des *testimonia*, in: Revue Biblique 70, 1963, 381–405.

Tetrábiblon
„Vier Bücher umfassend"

Aetios aus Amida, 1. Hälfte des 6. Jh.s n. Chr.

Medizinisches Sammelwerk (gr.) in 16 Büchern. Die auch als *Iatriká* („Medizinisches") zitierte Enzyklopädie wird wegen der Einteilung in vier Viererbücher *Tetrábiblon* genannt.

I Aetios befaßt sich u. a. mit der Pharmakologie Galens; er stellt die Pharmaka alphabetisch dar. Unter den von ihm erwähnten Heilmitteln befinden sich auch Substanzen und Rezepte, die der magischen Medizin zuzurechnen sind. – Dann stellt er die Diätetik, die Diagnose und Prognose und diverse Krankheiten („von Kopf bis Fuß") dar. Aetios spricht auch über Gifte und Gegengifte, die Chirurgie, Geburtshilfe und Gynäkologie. – Die Augenheilkunde in Buch 8 gilt als die vollständigste und beste der Antike.
Q Vorbild des Werkes war der gr. Abriß der Heilkunde des Oribasios in 70 Büchern (→*Iatrikaì synagogaí*). Inhaltlich schließt sich Aetios vor allem an Galenos an. Ansonsten hat er verschiedene einschlägige Werke kompiliert (nicht nur Galen und Oribasios, sondern auch Archigenes, Soranos, Rufus und viele andere).
N Ein ausführlicher Auszug findet sich in der →*Bibliothéke* des Photios (Cod. 221).

A A. Olivieri, CMG 8, 1. 2, 1935–1950 (Bücher 1–8). S. Zervos, in: Athena 23, 1911, 265–392 (B. 9). Ch. Dareberg / E. Ruelle: Oeuvre de Rufus d' Ephèse, Paris 1879, 85–126 (B. 11). G. A. Kostomoires, 1892 (B. 12). S. Zervos, in: Athena 18, 1906, 241–301 (B. 13), 21, 1909, 3–144 (B. 15), 13, 1901 (B. 16).
Ü H. Steinhager: Das vierte Buch des *Tetrabiblon* des byzantinischen Arztes Aetios aus Amida aus d. Griech. ins Deutsche übertragen, Diss. Düsseldorf 1938.
L K. – H. Leven, MLAA, 6f. K. Sallmann, NHbL. Spätantike, 218.

Tetrábiblos
„Viererbuch"

Klaudios Ptolemaios, etwa 100–170 n. Chr.

Astrologisches Kompendium (gr.).

I Der Autor geht den Einflüssen der Planeten und Fixsternkonstellationen auf das Menschenleben und auf die Vorgänge auf der Erde im allgemeinen nach. Das Werk ist ein astrologischer Anhang zur →*Megále / Megíste sýntaxis* (Almagest). – Die *Apotelesmatikè sýntaxis tetrábiblos* („Abhandlung über Wahrsagung aus dem Stand der Gestirne, aus vier Büchern bestehend") – so der vollständige Titel der Schrift – enthält das bis heute fast unveränderte Regelwerk der Astrologie (sie gilt daher als die „Astrologenbibel"). Allerdings stellte Ptolemaios seine astrologischen Berechnungen auf die mathematische Grundlage seines „Almagest". Seine philosophische und astronomische Grundlegung der Astrologie hinderte Ptolemaios daran, unseriöse, wenn auch allgemein beliebte prognostische Methoden in sein Werk aufzunehmen. Zudem verknüpfte er die Planetenastrologie der Babylonier mit der Tierkreis – und Dekanastrologie der Ägypter (die „Dekane" sind Konstellationen, die im Abstand von 10 Tagen aufgehen).

A F. Boll / E. Boer / W. Hübner, Stuttgart/Leipzig [4]1997. W. G. Waddell / F. E. Robbins, London/Cambridge (Mass.) [3]1956 (gr.-engl.).
Ü J. W. Pfaff, Astrologisches Taschenbuch, 1822/1823. M. E. Winkel. 2 Bde., 1923.
L E. Boer: Astrologie, in: dtv-L 1. 1, 201–205. A. Lesky, GL, 994. S. Sambursky: Ptolemaios (Nr. 2), in: dtv-L 1. 4, 52–54.

Tetralogíai
„Gruppen von vier Reden"

Antiphon aus Rhamnus (Attika), um 480–411 v. Chr.

Beispielsammlung (gr.) von zwölf Reden, die in Gruppen von je vier Reden („Tetralogien") zusammengefaßt sind.

I Die zwölf Reden sind Muster – bzw. Übungsreden für drei fingierte Rechtsfälle (Mordprozesse). Es geht dabei 1. um nicht erwiesenen Mord, 2. um unfreiwillige Tötung und 3. um Körperverletzung mit Todesfolge. Zu jedem der drei Rechtsfälle gehören vier Reden: eine Anklagerede, eine Verteidigungsrede, eine Replik und eine Gegenreplik. Kläger und Verteidiger sprechen also jeweils zweimal.

A F. Blass / T. Thalheim, Leipzig 1914, Nachd. 1982. L. Gernet, Paris 1923, Nachdr. 1954. L. Radermacher: Artium scriptores, Wien 1951, 81–102.
L M. Fuhrmann: Die antike Rhetorik. Eine Einführung, München/Zürich [(3)]1990, 22 f. A. Lesky, GL, 402 f. F. Solmsen: Antiphonstudien, Berlin 1931. P. v. d. Zur Unechtheit der antiphontischen Tetralogien, in: MH 5, 1948, 1–5. G. Zuntz: Once again the Antiphontean Tetralogies, in: MH 6, 1949, 100–103.

Tháleia
„Das Fest"

Areios, um 260–336 n. Chr.

Darstellung (gr.) der Lehre von der Trinität, deren Kern die Frage nach dem Wesen des Sohnes im Verhältnis zum Vater bildet, nur in Frg. erhalten.

I Nach der Lehre des Areios (Arianismus), die sich seit etwa 315/317 n. Chr. auszubreiten begann und auf dem von Constantin d. Gr. 325 n. Chr. einberufenen Konzil von Nikaia von der Mehrheit der dort versammelten Bischöfe verworfen wurde, ist Gott allein ungeschaffen und ungezeugt, unveränderlich und unmittelbar. Er wird zum Vater, indem er zur Erschaffung der Welt den Sohn hervorbringt. Der Sohn ist dem Vater aber nicht wesensgleich (*homoúsios*); er ist ein anderer und dem Vater unähnlich (*anhómoios*). Er ist ein Geschöpf und hat einen Anfang. Vater, Sohn und Heiliger Geist sind drei verschiedene, unähnliche Hypostasen. – Bekämpft wurde der Arianismus u. a. von Augustinus (→*Contra sermonem Arianum*, →*Contra Maximium haereticum Arianorum episcopum*, →*Adversus haereses*) und Athanasios (→*Lógoi katà Areianôn* und andere Schriften: *Apologia contra Arianos*, „Verteidigung gegen die Arier", *Epistula de decretis Nicaenae Synodi*, „Brief über die Beschlüsse der Synode von Nikaia", *Epistula ad episcopos Aegypti et Libyae*, „Brief an die Bischöfe von Ägypten und Libyen", *Apologia de fuga sua*, „Verteidigungsrede über seine Flucht", *Historia Arianorum ad monachos*, „Geschichte der Arianer für die Mönche").

A G. Bardy, Revue de Philologie 23, 1927, 211–233. P. Maaß, Byzantinische Zeitschrift 18, 1909, 511–515.
L P. -Th. Camelot: Areios, in: LTHK 1, 829 f. P. – Th. Camelot: Athanasios der Große, in: LThK 1, 976–981.

Thaumáton tôn eis hápasan tèn gên katà tópus ónton synagogé
„Seltsamkeiten aus aller Welt nach Orten gesammelt"

Kallimachos aus Kyrene, etwa 300–240 v. Chr.

Weitgehend verlorene Sammlung (gr.) der Paradoxographie.

I Kallimachos schilderte Absonderlichkeiten der empirischen Welt, die in der Geschichtsschreibung und in naturkundlicher, geographischer und ethnographischer Literatur usw. zu finden waren.

A R. Pfeiffer: Callimachus. Teil 1, Oxford 1949 (Frg. 407, I-XLIV, 408–411).
L A. Lesky, GL, 792. R. Pfeiffer, KlPh, 170. W. Spoerri: Buntschriftstellerei, in: dtv-L 1.1, 274 f.

Theáges
(Dialogpartner des Sokrates)

Platon aus Athen, 427–347 v. Chr.

Sokratischer Dialog (gr.).

I Demodokos tritt zusammen mit seinem Sohn Theages auf dem Marktplatz von Athen an Sokrates heran. Der junge Theages hat den leidenschaftlichen Wunsch, „wissend zu werden". Sokrates wird um einen Rat über Erziehung gebeten. Doch er antwortet, Rat geben sei etwa Heiliges, Erziehung etwas Göttliches und der Name Theages bedeutungsvoll. Obwohl Sokrates dem Jungen andere Lehrer empfiehlt (die Politiker, die Sophisten), will Theages nur Sokrates als Lehrer haben. Dieser erklärt sich schließlich bereit, die Erziehung zu übernehmen, obwohl er eigentlich gar kein Erzieher sei (im allgemeinen Verständnis dieser Rolle). Allerdings liege die eigentliche Entscheidung nicht bei ihm, sondern bei seinem „Daimonion"; wenn es dem Gott gefalle, dann werde Theages rasch Fortschritte machen (130e). – Das zentrale Thema des Dialogs ist das Wesen der sokratischen Erziehung. Sokrates' Erziehung ist Menschenbildung. Diese „wird bestimmt dadurch, daß sie liebendes Erziehen ist. ‚Ich verstehe mich nicht auf die schönen Wissensdinge der Sophisten. Ich verfüge nur über ein kleines Wissen: das Liebeswissen (*tà erotiká*)', sagt Sokrates (128b), wie er sich sehr ähnlich im →*Lýsis* (204b) und im →*Sympósion* (177d) vernehmen läßt. Die Wirkung dieses liebenden Lehrens verspürt der Junge selbst in unserem Dialog: sie zieht ihn zu Sokrates, der ihn zu anderen Lehrern weisen möchte. Und sie klingt am Schluß aus dem, was einer dieser Jünglinge zu Sokrates gesagt hat, nach dessen eigenem Bericht. ‚Ich habe von dir niemals etwas gelernt, wie du ja selbst weißt. (Das kehrt fast wörtlich im →*Theaítetos* 150d wieder mit der Ergänzung ins Positive: sie lernen von mir nichts, sondern finden und erzeugen aus sich viel Schönes...) Wohl aber ging es mit mir voran, so oft ich mit dir zusammen war und wenn ich auch nur in demselben Haus war... , Nirgendwo bei Platon wird liebendes Erziehen, Erziehen durch unmittelbare Gegenwart, stärker ausgedrückt als hier" (Friedländer, 139 f.).

A   G. Ampio, Rom 1957. J. Burnet. Bd. 3, Oxford 1903.
Ü   K. Döring, Göttingen 2004 (mit Kommentar). E. Loewenthal. Bd. 2, Darmstadt 2003.
L   P. Friedländer: Platon. Bd. 2, Berlin [(3)]1964, 135–142. Bd. 3, Berlin [(2)]1960, 419. G. Krüger: Der Dialog *Theages*, Greifswald 1935.

Theaítetos
(Dialogpartner des Sokrates)

Platon aus Athen, 427–347 v. Chr.

Sokratischer Dialog (gr.) über das Wesen wissenschaftlicher Erkenntnis (*epistéme*).
Der *Thaítetos* gilt als ein Dialog aus Platons späterer Lebenszeit, obwohl er wie die Frühdialoge mit einer Aporie endet. Während in den frühen Dialogen die Tugend als Wissen definiert wurde (vgl. →*Protagóras* 361b), ist jetzt das Wissen selbst zum Thema geworden.

I   Neben Sokrates beteiligen sich der Mathematiker Theodoros und dessen Schüler Theaitetos am Gespräch. Nachdem die Frage nach dem Wesen der Erkenntnis gestellt worden ist, versucht Theaitetos, eine erste Antwort zu geben, indem er verschiedene Einzelerkenntnisse bzw. – wissenschaften aufzählt. Gesucht aber wird ein einheitlicher und umfassender Begriff wissenschaftlicher Erkenntnis. – Nach einer ausführlichen Darstellung der sokratischen „Hebammenkunst" (148e-151d), der Methode des Erkenntnisgewinns, mit der Sokrates im Gespräch mit Theaitetos eine Antwort auf die Ausgangsfrage zu erzielen versucht, gibt Theaitetos eine zweite Antwort, indem er die wissenschaftliche Erkenntnis als „Wahrnehmung" definiert (151e). Diesen Standpunkt hatte Protagoras vertreten, wie Sokrates 152a feststellt, womit er sich auf den Phänomenalismus des protagoreischen Homomensura-Satzes bezieht (→*Alétheia è katabállontes*). Die Auseinandersetzung mit dem Phänomenalismus des Protagoras nimmt dann einen großen Teil des Dialogs ein (152a-160e). Sokrates verbindet seine ausführliche Darstellung dieser Lehre mit einer gründlichen Kritik (160e-165 e), die die absurden Folgen der Lehre hervortreten läßt. Nachdem die sensualistischen und phänomenalistischen Erkenntnistheorien zurückgewiesen sind (165e-186e), wobei auch die Flußtheorie des Herakleitos (→*Perì phýseos*) und die Seinslehre des Parmenides (→*Perì phýseos*) mit

einbezogen werden, kommt eine dritte Antwort ins Gespräch: Erkenntnis ist die richtige Meinung oder Vorstellung (*alethès dóxa*, 187a). In diesem Zusammenhang wird die Möglichkeit falscher Meinung oder Vorstellung diskutiert (187c-201c). Die vierte Antwort lautet: Erkenntnis ist die mit Erklärung (*lógos*) verbundene Meinung oder Vorstellung (201c-d). Aber auch diese Definition wird abgewiesen, weil es nicht gelingt, den Begriff „Erklärung" (*lógos*) zu fassen (201c-210 b). Am Schluß stellen Sokrates und Theaitetos fest, daß die Untersuchung der Frage nach dem Wesen der Erkenntnis gescheitert ist (210 b -d).

W   Der Dialog hinterläßt den Eindruck, daß Erkenntnis nicht begründbar ist. Vielleicht wollte Platon nur verdeutlichen, daß die Antworten aus dem Grunde nicht gelingen, weil die Erkenntnis auf die falschen Objekte bezogen wird. Möglicherweise besteht die Botschaft des *Theaítetos* darin, daß ein anderer Objektbereich in Betracht gezogen werden muß. „Damit würde Platon ... für jene These plädieren, wonach nur die Ideen als Gegenstände vollgültigen Wissens angesehen werden können und der Bereich Meinung als Meinung auf Gegenstände der raum-zeitlichen Erfahrung definiert sei" (Graeser, 121).

N   Indem Platon die Frage nach dem Wesen des Wissens aufwirft und die Kriterien erörtert, die Wissensansprüche zu setzen sind, prägt er die Diskussion, die seit dem 19. Jh. unter dem Namen „Erkenntnistheorie" zu einer eigenständigen Disziplin geworden ist.

A   J. Burnet. Bd. 1, Oxford 1900. A. Diès, Paris [(3)]1955 (gr.-frz.).
Ü   O. Apelt, Hamburg [(3)]1920. E. Martens, Stuttgart 1981 (gr.-dt.).
L   W. Bröcker: Platos Gespräche, Frankfurt 1964, 344–387. F. M. Cornford: Platos' Theory of Knowledge. The *Theaetetus* and The *Sophist* of Plato, London 1935, Nachdr. New York 1957 (Kommentar). K. v. Fritz: Platon, *Theaetet* und die antike Mathematik, Darmstadt 1969. A. Graeser: Hauptwerke der Philosophie der Antike, Stuttgart 1992, 101–125. J. Hardy: Platons Theorie des Wissens im "Theätet", Göttingen 2000. J. McDowell: Plato. *Theaetetus*, Oxford 1973. W. G. Runciman: Plato's Later Epistemology, Cambridge 1962.

Theatrikè historía
„Theatergeschichte"

Iuba, König von Mauretanien, 25 v. – 23 n. Chr.

Das von Späteren viel benutzte Werk (gr.) in mindestens 17 Büchern ist nur fragmentarisch überliefert.

I   Iuba handelte von den musischen Agonen, von Dichtern, Schauspielern und Musikern.

A   FGrHist 275.
L   F. Jacoby: Iuba, in: RE 9, 2, 1916, 2384–2395.

Thebaiká →Aitoliká (Nikandros)

Thebaís
„Geschichten von Theben"

Antimachos aus Kolophon, 1. Hälfte des 4. Jh.s
v. Chr.

Epos (gr.) in ursprünglich wohl 24 Büchern, von denen fünf aus Zitaten erkennbar sind, nach homeri-
schem Vorbild in Hexametern, in nur wenigen Frg.
überliefert, so daß auch nicht festzustellen ist, ob
das Werk auf die *Thebaís* des →*Epikòs kýklos* Bezug
nimmt.

I Die wenigen Frg. lassen keine Aussagen über
den Aufbau des Werkes zu. Es kann jedoch als sicher gelten, daß das Werk mit der Schilderung der
Liebe des Zeus zu Europa begann und anschließend
die Gründung von Theben schilderte.
W Antimachos wollte zu Homers →*Iliás* in
Konkurrenz treten. Es war aber nicht sein Ziel,
Homer nachzuahmen, sondern die homerischen
Kunstmittel zu erneuern und zu steigern. Der Dichter war Fachmann, zumal er eine Homer-Edition
und andere Studien zu Homer produzierte. Er war
der einzige vorhellenistische Urheber einer Textausgabe der homerischen Epen (vgl. Frg. 131–148).
N Vgl. die →*Lýde*. Die →*Thebaís* des Statius
hängt wohl nicht von Antimachos ab.

A B. Wyss, Berlin 1936.
L A. Lesky, GL, 712–714. R. Pfeiffer, KlPh,121–123.

Thebaís →Chorlyrik (Stesichoros)

Thebaís →Epikòs kýklos

Thebaïs
„Geschichten von Theben"

Publius Papinius Statius aus Neapel, etwa 45–96
n. Chr.

Epos (lat.) von Theben und dem Untergang der
Ödipussöhne Eteokles und Polyneikes in 12 Büchern mit rund 10.000 Versen.

I Das Thema des Epos ist der Zug der „Sieben
gegen Theben" (vgl. Aischylos, →*Heptà epì Thébas*)
und der Zwist der Ödipussöhne Eteocles und Polynices. – Polynices wurde von seinem Bruder widerrechtlich von der Herrschaft über Theben ausgeschlossen. Er gewinnt am Hof seines Schwiegervaters Adrastus in Argos berühmte Helden, die ihm
bei seinem Zug gegen Theben unterstützen wollen
(Buch 1–3). Unter der Führung des Adrastus ziehen
die Heere der Verbündeten gegen Theben, um den
Anspruch des Polynices auf die Herrschaft mit Gewalt durchzusetzen. Die Argiver leiden unter Was-
sermangel und werden in Nemea von Hypsipyle,
die dort als Kindermädchen für den kleinen Arche-
morus zu sorgen hatte, zu der Quelle Langia geführt. Der kleine Junge wird von einer Schlange getötet. Zu Ehren des toten Kindes werden die Nemeischen Spiele gestiftet (Buch 4–6). – Jetzt
beginnt der eigentliche Krieg. Eine Vielzahl von
schaurigen Unglücksfällen bestätigt die Prophezeiung des von Tiresias aus dem Totenreich heraufbe-
schworenen Laius, daß Theben siegen und am Ende
ein Doppelmord stehen werde. Nach dem Opfertod
von Creons Sohn Menoeceus für Theben ziehen
Polynices und Eteocles in den Zweikampf und töten sich gegenseitig. Creon will die Bestattung der
Feinde verbieten. Da eilt Theseus aus Athen herbei
und tötet Creon im Kampf, um auf diese Weise die
Bestattung zu ermöglichen.
Q Das Vorbild des Statius ist Vergils →*Aeneis*:
Im Aufbau seines Epos folgt er Vergil: In den Büchern 1–6 werden die Vorbereitungen der dramatischen Ereignisse und der Anmarsch der Angreifer
geschildert. In den Büchern 7–12 geht es um den
Kampf und die Entscheidung. Die Diktion der
Aeneis wurde aufgenommen; ganze Episoden wurden nachgestaltet. Statius fordert zum Vergleich mit
der *Aeneis* heraus.
W „Es ist kein Zufall, sondern gesetzmäßig, daß
im letzten Buch der *Thebaís* Iuppiter in den Hintergrund tritt. Pietas und Clementia heißen die neuen
Mächte ... und sie müssen von Menschen verwirklicht werden. Darum ist die von manchen beanstan-
dete Gestalt des Theseus unentbehrlich, verhilft sie
doch Werten zu ihrem Recht. Die sittliche
Tat, wie nur der Mensch sie vollziehen kann, durch-
bricht die Kette des *fatum*. Creon muß zur Menschlichkeit (*in hominem* 12,166) gezwungen werden;
als Menschen (wiederholt 12,153 f.) haben die Toten
ein Recht auf Bestattung; hier ist es angebracht, von
Menschenrecht zu sprechen. Ganz anders als die
→*Argonautica*, in denen die Macht und Willkür der
Götter dominieren, ist die *Thebaís* das Epos eines
durch einen Menschen verursachten Verhängnisses
und der Wiederherstellung der Humanität, wiederum durch einen Menschen. Von hier aus wird auch
klar, warum die Erzählung von Hypsipyles *pietas* in
den Büchern vor der Mitte so viel Raum beansprucht. Ihre Doppelstellung zwischen Verdienst
und Schuld präfiguriert das Problem des ganzen
Epos, und nur vor diesem Hintergrund kann das
Kriegsgeschehen vom Leser richtig aufgenommen
werden: Weltordnung erscheint nicht als Gabe, sondern als Aufgabe" (M. v. Albrecht, 755).

A H. W. Garrod, Oxford 1906. D. E. Hill, Leiden
1983. A. Klotz / Th. C. Klinnert, Leipzig 1973.
Ü A. Imhoff, Leipzig 1885–1889. O. Schönberger,
Würzburg 1998.
L F. M. Ahl: Statius' *Thebaid*. A Reconsideration, in:
ANRW 2, 32, 5, 1986, 2803–2912. M. v. Albrecht, RL,
747–759. E. H. Alton: Notes on the *Thebaid* of Statius, in: CQ
17, 1923, 175–186. E. Burck: Die *Thebaís* des Statius, in: E.
B. (Hg.): Das römische Epos, Darmstadt 1979. R. Corti:
Due funzioni della similitudine nella *Tebaide* di Stazio, in:
Maia NS 39, 1987, 3–23. W. J. Dominik: Speech and Rhe-
toric in Statius' Thebais, Hildesheim / Zürich / New York
1994. I. Frings: Gespräch und Handlung in der *Thebaís* des

Statius, Stuttgart/Leipzig 1991. R. Helm: Publius (Nr. 8), in: RE 18, 3, 1949, 991–997. C. Klodt, MALL, 663–666. KNLL 15, 901 f. C. Reitz:Hellenistische Züge in Statius, *Thebais*, in: WJA N.F. 11, 1985, 129–134. W. Schetter: Untersuchungen zur epischen Kunst des Statius, Wiebaden 1960. D. W. T. Vessey: Statius and the *Thebaid*, Cambridge 1973.

Thekla-Akten →Apókryphoi bíbloi

Theodoriciana primum ab Henrico Valesio edita →Excerptum Valesianum I und II

Theogonía
„Entstehung der Götter"

Hesiodos aus Kyme, um 700 v. Chr.

Lehrgedicht (gr.) in 1022 daktylischen Hexametern über die gr. Götterwelt.

I Die „Theogonie" ist eine Götterlehre, die über die Funktionen der Götter und göttlichen Wesen informieren will, indem sie diese aus ihrer Entstehung heraus zu erklären versucht. Dabei sind zwei miteinander verbundene Beschreibungsebenen zu unterscheiden: Die Beschreibung des Ist-Zustandes wird mit der seiner Entstehung verknüpft. Hesiod unterscheidet vier Vorstufen, die der höchsten Stufe, der Herrschaft des Zeus, vorausgehen: (1) die formlose Leere des Chaos, (2) die Existenz von Gaia (Erde) und Eros (Geschlechtstrieb), (3) die Herrschaft des Uranos (Himmel), (4) die Entmachtung des Uranos durch Kronos. – Mit der Geburt des Zeus beginnt die letzte und höchste Entwicklungsstufe. Zeus schafft die Voraussetzungen seiner Herrschaft, er bezwingt Prometheus (535–616), besiegt die Titanen (617–735) und wird von den olympischen Göttern als König eingesetzt. Dann überträgt er den anderen Göttern und göttlichen Mächten ihre Aufgaben.

Q Es darf als sicher gelten, daß Hesiod mit seiner Erzählung von Uranos, Kronos und Zeus in einer Linie uralter Überlieferung steht. Zeugen dieser Überlieferung sind u. a. hethitisch geschriebene Tafeln mit mythologischen Inhalten aus der Zeit zwischen 1400 und 1200 v. Chr. Dahinter stehen ältere hurritische Fassungen aus der Zeit um die Mitte des 2. Jahrtausends v. Chr. Auch hier geht es um einen echten Sukzessionsmythos, in dem wie bei Hesiod der Wechsel der Herrschaft auf gewaltsame Weise erfolgt. Vgl. auch Philon aus Byblos, →*Phoinikiká*, der sich bei seiner kosmogonischen Darstellung auf das Werk eines Sanchuniathon beruft, der in der Zeit vor dem Trojanischen Krieg geschrieben haben soll.

W Der Vergleich mit altorientalischen Sukzessionsmythen zeigt nicht nur Hesiods Traditionsgebundenheit, sondern läßt auch seine eigene Leistung

schärfer hervortreten: „In der *Theogonie* geht es nicht allein um die Abfolge verschiedener Himmelsherrscher, sondern um eine konsequent auf Zeus hin gerichtete Entwicklung. Denn der olympische Wettergott ist nicht ein Regent, wie die anderen es waren; in ihm erfüllt sich eine große, für alle Zeiten festgelegte Ordnung. Daß er von einer solchen, von der Verteilung der Machtbereiche unter die Unsterblichen, wisse, sagt uns der Dichter früh (73) in seinem Werke. Der Sieg des Zeus über Kronos und die Titanen sichert diese Ordnung, und so ist die Titanomachie auch der Höhepunkt des Gedichtes. Dieser Preis der Zeusherrschaft geht über die homerische Zeichnung des Göttervaters ein gutes Stück hinaus ... Bei ihm setzt jene Linie an, die ihre Höhe in dem grandiosen Zeusbild aischyleischer Dichtung erreicht. Das bedeutet für Hesiod aber nicht die Anerkennung dieser Welt als der besten aller denkbaren" (Lesky, 119). – Im Gegensatz zu Homer bleibt Hesiod als Autor seiner Werke nicht im Hintergrund bzw. anonym. Er streut immer wieder Informationen über seine Person in seine Werke ein. Anscheinend benötigt er diese Form der Selbstdarstellung, weil er kein vom Adel gleichsam autorisierter Dichter und Sänger war. Als Bauer, der er war, wurde er von den Musen aufgefordert, Dichter zu werden (22–34). Das ist seine Legitimation.

N Schon im 7. Jh. v. Chr. wurde Hesiod von Dichtern wie Tyrtaios, Semonides und Alkaios rezipiert. Die Naturphilosophen des 6. Jh.s kennen ihn (Xenophanes, Heraklit). Der röm. Dichter Vergil hat ihn in seinen →*Georgica* zitiert und nachgeahmt.

A A. Rzach, Leipzig [3]1913. M. L. West, Oxford 1966 (mit Kommentar).
Ü K. Albert, Kastelaun 1978 (gr.-dt.). L. und K. Hallof, Berlin 1994. J. Latacz, GLTD 1 (gr.-dt. in Auswahl). Th. v. Scheffer / E. G. Schmidt, Leipzig 1965. A. v. Schirnding, München/Zürich 1991 (gr.-dt.).
L F. Dornseiff: Antike und alter Orient, Leipzig 1956. H. Fränkel, Dichtung, 104–146. O. Gigon: Der Ursprung der griechischen Philosophie. Von Hesiod zu Parmenides, Basel[2]1968, 13–40. E. Heitsch (Hg.): Hesiod, Darmstadt 1966. A. Lesky, GL, 113–130. G. Steiner: Der Sukzessionsmythos in Hesiods *Theogonie* und ihre orientalischen Parallelen, Diss. Hamburg 1958. F. Walcot: Hesiod and the Near East. Univ. of Wales Press, Cardiff 1966.

Theología
„Theologie"

Auch zitiert als *Heptámychos* („Sieben-schlucht"), *Theogonía* („Götterentstehung") oder *Theokrásia* („Vermischung mit den Göttern").

Pherekydes aus Syros, Mitte des 6. Jh.s v. Chr.

Die *Theología* galt in der Antike als das älteste attische Buch in Prosa (gr.).

I In dieser nur fragmentarisch erhaltenen Schrift wird die Weltentstehung in Form eines allegorischen Märchens beschrieben: Am Anfang waren Zas (Zeus), Chronos (Zeit) oder Kronos und Chthoníe (Erdentiefe). Sie existierten seit Ewigkeiten. Darin weicht Pherekydes von Hesiod (→*Theogonía*) ab, der sich sogar das Chaos als geworden denkt. Diese „Korrektur des Hesiod" läßt sich mit der Kritik des Xenophanes aus Kolophon (→*Perì phýseos*) vergleichen, der Hesiod tadelt, weil er geglaubt habe, die Götter könnten entstehen (und seien nicht ewig). Auch Epicharm (VS 32 B 1) verspottete die hesiodeische Auffassung vom Gewordensein des Chaos. „Die uralte heilige Hochzeit von Himmel und Erde wird bei Pherekydes zur Verbindung von Zeus und *Chthoníe*, der Erdtiefe. Ihr schenkt Zeus ... ein Kleid, in das er Erde und Okeanos gewirkt hat. So wird die Erde Besitz der Chthoníe, die Tiefe mit der bunten Oberfläche bekleidet. Kronos schafft aus seinem Samen Feuer, bewegt Luft und Wasser, daraus bildet sich wieder in fünf höhlenartigen Räumen (*mychoí*) des Weltalls die Vielheit der Götter. Auch Kämpfe zwischen diesen um die Weltherrschaft waren erzählt, und manches, wie Eros, in den sich Zeus bei der Schöpfung verwandelt (fr. 3), erinnert an Orphisches" (Lesky, 192 f. Vgl. →*Orphiká*).

A VS 7.
L W. Jaeger: Die Theologie der frühen griechischen Denker, Stuttgart 1964, 69–87. A. Lesky, GL, 69–87.

Theologúmena tês arithmetikês
→**Arithmetikà theologúmena**
(Nikomachos aus Gerasa)

Theôn diálogoi
„Göttergespräche"

Lukianos aus Samosata, etwa 120–180 n. Chr.

Prosaszenen (gr.) in Dialogform.

I Die Sammlung von 26 Gesprächen aus allen Bereichen der gr. Mythologie läßt keine kompositorische Ordnung erkennen. Die Zusammenstellung ist vom Prinzip der Variation bestimmt. Die Stücke sind locker aneinandergereiht. Es handelt sich um

„Travestien homerisch-kyklischer und tragischer Göttermythen, vom warmen Licht Menanderscher Bürger- und Spießbürgerlichkeit und alexandrinischer Kleinmeisterei und Idyllik überstrahlt ... Der Ton, den die Götter und Halbgötter untereinander anschlagen, ist betont familiär gehalten – antitragisch und antipathetisch. Wo sich vielleicht, durch die Situation bedingt, Erhabenheit einschleichen will, wird sie sofort ins Harmlos-Lächerliche umgebogen, wie etwa gleich im ersten Gespräch: Der gefesselte und von Zeus aufs bitterste angefeindete Prometheus erwirkt sich ohne Schwierigkeiten die Freilassung, indem er seinem Widersacher ein Liebesabenteuer prophezeit – und verleidet. Im allgemeinen aber sind die Stückchen von vornherein naiv-heiter angelegt" (Schmalzriedt, 699).

A M. D. MacLeod. Bd. 7, London/Cambridge (Mass.) 1961 (gr.-engl.). M. D. MacLeod. Bd. 4, Oxford 1987.
Ü K. Mras, München [(2)]1981 (gr.-dt.). J. Werner, Leipzig [(5)]1970. Chr. M. Wieland / H. M. Enzensberger, Nördlingen 1985. Chr. M. Wieland / O. Seel, Stuttgart 1967.
L R. Helm: Lucian und Menipp, Leipzig/Berlin 1906, 178–181. E. Schmalzriedt, KNLL 10, 699 f.

Theôn ekklesía
„Götterversammlung"

Lukianos aus Samosata, etwa 120–180 n. Chr.

Satirischer Dialog (gr.) zwischen Zeus, Hermes und Momos.

I Zeus hat eine Götterversammlung einberufen, weil eine allgemeine Unzufriedenheit unter den Göttern herrscht. Momos (der Gott des nörgelnden Tadels) meldet sich zu Wort und klagt darüber, daß zu viele neue Götter hinzugekommen sind, weil aus Menschen Götter wurden, die den etablierten Göttern den Rang streitig machen. Zu diesen „neuen" Göttern gehören u. a. Dionysos, Pan, Silenos und die Satyrn, aber auch Asklepios und Herakles. – Mit einem Seitenhieb trifft Lukian auch die (animalische) Götterwelt der Ägypter, die den Himmel mit Tieren vollgestopft haben. – Durch die Vielzahl neuer Götter leidet auch die Moral (der Menschen): Meineide und alle Arten von Gottlosigkeiten nehmen zwangsläufig zu (Kap. 12). Lukian kritisiert auf diese Weise nicht die quasi-religiösen Erscheinungen seiner Zeit wie z. B. Astrologie, Dämonenglauben oder Mystizismus, sondern das traditionelle Bild der Religion.

A A. M. Harmon. Bd. 5, London/Cambridge (Mass.) 1936 (gr.-engl.).
Ü Chr. M. Wieland: Lucian von Samosata. Sämtliche Werke 1. 2, Leipzig 1788/1789, 421–440.

Theôn krísis
„Götterurteil"

Lukianos aus Samosata, etwa 120–180 n. Chr.

Gespräch (gr.) zwischen Zeus, Aphrodite, Hera, Hermes, Athena und schließlich Paris; vgl. Nr. 20 der →*Theôn diálogoi*).

I Lukian bietet eine neue Version des Parisurteils.

A A. M. Harmon. Bd. 3, London/Cambridge (Mass.) 1921 (gr.-engl.).
Ü Chr. M. Wieland: Lucian aus Samosata. Sämtliche Werke 1. 2, Leipzig 1788/1789, 131–146.

Theóphrastos
(Name eines Dialogpartners)

Aineias aus Gaza, um 500 n. Chr.

Dialog (gr.) über Weltschöpfung, Eschatologie, Seele, Auferstehung usw.

I Der Autor versucht, neuplatonische und christliche Lehrinhalte miteinander zu verschmelzen, indem er mit Hilfe vieler Zitate aus älterer Literatur die Präexistenz der Seele und die Ewigkeit der Welt rechtfertigt.

A J. F. Boissonade, Paris 1836. M. E. Colonna, 1958.
L W. Spoerri: Aineias von Gaza, in: dtv-L 1. 1, 80.

Theorien der Naturphilosophen →Physikôn dóxai (Theophrastos)

Theoroì è Isthmiastaí →Isthmiastaí (Aischylos)

Therapeutiká
„Behandlungsformen"

Alexandros aus Tralleis, 6. Jh. n. Chr.

Darstellung (gr.) der Theorien und Praktiken der verschiedenen Ärzteschulen in zwölf Büchern.

I Der Autor befaßt sich eingehend mit Pathologie und Therapie. Er legt besonderes Gewicht auf die Wunderheilmittel (*physiká*) in der Therapie (z. B. Amulette). Er beruft sich dafür auf das Vorbild des Galenos, den er als „göttlich" bezeichnet. Seiner Auffassung nach müsse der Arzt über den Nutzen von Wundermitteln Bescheid wissen. Damit beweist er ein besonderes Interesse für die Persönlichkeit des Patienten. Bei der Behandlung der Epilepsie warnt er vor harten Eingriffen wie Arteriotomie oder Trepanation.

A Th. Puschmann. 2 Bde., Wien 1878/1879, Nachdr. Amsterdam 1963 (gr.-dt.).
Ü F. Brunet: Oeuvres médicales d' Alexandre de Tralles. 4 Bde., Paris 1933–1937 (frz. mit Kommentar).
L F. Kudlien: Alexandros (Nr. 23), in: DKP 1, 253f. Th. Puschmann: Nachträge zu A. Trallianus, in: Berl. Stud. f. class. Philol. 5, 2, 1886.

Therapeutikè méthodos →Perì tôn idíon biblíon (Galenos)

Therapeutikós
„Schrift über die Heilung der Seele"

Chrysippos aus Soloi, 3. Jh. v. Chr.

Verlorene, aber bezeugte Zusammenfassung (gr.) der stoischen Lehre von den Affekten. Vgl. Chrysippos, →*Perì pathôn*. Von Philodemos, *Perì orgês* (→*De ira*), wird der Titel *Ho perì pathôn therapeutikós* genannt.

A SVF 3, Frg. 470. SVF 3, Frg. 377–543 (zur Affektenlehre insgesamt).

Theriaká
„Mittel gegen den Biß wilder Tiere"

Nikandros aus Kolophon, 2. Jh. v. Chr.

Fiktives Lehrgedicht (gr.) in 958 daktylischen Hexametern über Heilmittel gegen den Biß giftiger Tiere.

I Zunächst werden giftige Tiere (Schlangen, Spinnen, Scorpione usw.) und ihre Bisse, dann die entsprechenden Gegenmittel beschrieben. Der Autor benutzt eine Fülle einschlägiger Fachausdrücke.
Q Nikanders Hauptquelle war die Schrift des Arztes Apollodoros Iologos aus Alexandreia (3. Jh. v. Chr.) über giftige Tiere.
W „Der Autor hat sich ein möglichst abseitiges ... Wissenschaftsgebiet herausgesucht, um an einem solchen denkbar poesiefernen Gegenstand sein poetisches Können zu demonstrieren. Es geht ihm um die Bewältigung einer formalen Aufgabe: der Poetisierung des extrem Unpoetischen. Gegenüber diesem artistischen Interesse verliert der Stoff als solcher an Bedeutung" (Effe, 144). – Das Akrostichon mit seinem Namen (*Theriaká* 345–353) ist bezeichnend dafür, daß es dem Autor vornehmlich auf das Artistische ankam.

A A. S. F. Gow / A. F. Schofield, Cambridge 1953 (gr.-engl.).
Ü B. Effe, GLTD 4, 144–149 (gr.-dt. in Auswahl).
L B. Effe: Der Aufbau von Nikanders *Theriaká* und *Alexiphármaka*, in: RhM 117, 174, 53ff. A. Körte / P. Händel, HD, 278f. A. Lesky, GL, 843–845. H. Schneider: Vergleichende Untersuchungen zur sprachlichen Struktur der beiden erhaltenen Lehrgedichte des Nikander von Kolophon, Wiesbaden 1962.

Thesauroí
„Schätze"

Antiochos aus Athen, 1./2. Jh. n. Chr.

Verlorenes Lehrgedicht (gr.) in Hexametern über Astrologie, das auch in einer Prosafassung vorlag. Teile daraus sind bei verschiedenen spätantiken Autoren erhalten.

A CCAG 1, 108–113; 7, 107–128; 8, 2, 104–119.

Thesaurós
„Der Schatz"

Philemon, 361–263 v. Chr.

Nur in der lat. Bearbeitung des Plautus (→*Trinummus*) erhaltene Komödie.

I Es handelte sich um ein Sentenzenstück mit zahlreichen moralisierenden Sprüchen und Lebensweisheiten, in denen der Autor seine Neigung zu breitem Moralisieren demonstrierte.

A J. M. Edmonds: The fragments of Attic Comedy. Bd. 3 A, Leiden 1961.
L E. Fantham: Ph.'s *Thesauros* as a Dramatisation of Peripatetic Ethics, in: Hermes 105, 1977, 406–421. R. Hunter: Ph., Plautus and the *Trinummus*, in: MH 37, 1980, 216–230. G. Jachmann: Plautinisches und Attisches, Berlin 1931, 224–244. G. Jahn: Ein Beitrag zur Kenntnis der Arbeitsweise des Plautus, in: Hermes 60, 1925, 33–49. F. Zukker: Freundschaftsbewährung in der Neuen Attischen Komödie, in: SB Sächs. Akad. d. Wiss. Leipzig. Phil.-hist. Kl. 98, 1950/1.

Theseïs
„Geschichten von Theseus"

An. (wahrscheinlich 6. Jh. v. Chr.)

Verlorenes, aber bezeugtes Epos (gr.) über die Heldentaten des athenischen Königs Theseus. – Plutarchos (→*Bíoi parálleloi*) zitiert aus der *Theseïs*, hat das Werk selbst aber wohl nicht mehr lesen können.

A M. Davies: Epicorum Graecorum fragmenta, Göttingen 1988, 155 f. EGF. Bd. 1 (Testimonien).
L F. Brommer: Theseus, Darmstadt 1982. H. Herter: Theseus, in: RE Suppl. 13, 1973, 1045–1238. KNLL 19, 650. F. G. Welcker: Der epische Cyclus. Bd. 1, Bonn (2)1865, 292–304. Bd. 2, Bonn (2)1882, 424–427.

Thesprotís →Epikòs kýklos

Thesmophoriázusai
„Frauen während des Thesmophorienfestes"

Aristophanes aus Athen, um 445–386 v. Chr.

Komödie (gr.).
Aufgeführt 411 v. Chr. am Lenäenfest.

I Dem Tragödiendichter Euripides war zu Ohren gekommen, daß die Frauen während des Thesmophorienfestes, dem alten Fruchtbarkeitsfest zu Ehren der Göttin Demeter, an dem keine Männer, Jungfrauen und Sklaven teilnehmen durften, über ihn Gericht halten wollten, weil er sie in seinen Tragödien angeblich so negativ darstelle (vgl. 390–394). Der Schwager des Euripides, der Tragödiendichter Agathon (vgl. Platon, →*Sympósion*), soll sich bei den Frauen einschleichen, um dort für Euripides einzutreten. Aber er hat keine Zeit, weil er mit Hilfe der Musen über einen neuen Drama brütet. Sein Schwager Mnesilochos soll für ihn einspringen. Nachdem dieser von Agathon entsprechend eingekleidet worden ist, begibt er sich in die Gerichtsverhandlung der Frauen, in der für Euripides die Todesstrafe für seine Darstellung der Frauen gefordert wird. Mnesilochos ergreift als „Verteidigerin" das Wort und versucht die „Schuld" des Euripides herunterzuspielen; dieser habe doch nur einen winzigen Teil der weiblichen Schandtaten ans Licht gebracht. Die „Verteidigerin" führt zahlreiche Beispiele dafür an. Schließlich wird „sie" entlarvt und verhaftet. Euripides, der die Hilferufe seines Anwaltes vernimmt, versucht ihn zu befreien. Aber er hat zunächst keinen Erfolg. Dann aber schließt er mit den Frauen Frieden, indem er ihnen verspricht, sie in Zukunft besser darzustellen.

Q Der besondere Reiz des Stückes liegt darin, daß Aristophanes mehrere Dramen des Euripides zitiert und parodiert (z. B. den →*Télephos*, die →*Androméda* und die →*Heléne*).

A F. W. Hall / W. M. Geldart. Bd. 2, Oxford (2)1907. R. Kassel / C. Austin. Bd. 3. 2, Berlin/New York 1984. B. B. Rogers. Bd. 3, London/Cambridge (Mass.) 1924 (gr.-engl.).
Ü L. Seeger / O. Weinreich, Zürich (2)1968. L. Seeger / H. – J. Newiger, München 1974.
L P. Händel: Formen und Darstellungsweisen in der aristophanischen Komödie, Heidelberg 1963, 277–288. KNLL 1, 686–688. J. Schmidt: Aristophanes und Euripides. Ein Beitrag zur Frage der Tendenz des Aristophanes, Diss. Greifswald 1940.

Thessaliká →Messeniaká (Rhianos aus Kreta)

Thomas-Akten →Apókryphoi bíbloi

Thráx
„Der Thraker"

Euphorion aus Chalkis, 275- etwa 200 v. Chr.

Nur fragmentarisch erhaltenes Fluch – und Verwünschungsgedicht in Hexametern (gr.) gegen einen Mörder.

I Der Dichter bedient sich hier wie in seinen
→*Chiliádes* mythologischer Beispiele. – Später verfaßt Ovid ein vergleichbares Fluchgedicht, den
→*Îbis*.

A →*Chiliádes*.
L K. Latte: Der *Thrax* des Euphorion, in: Ph 90, 1935,
129–155. A. Körte P. Händel, HD, 263–266.

Thrênoi →Chorlyrik (Simonides)

Thyestes
(Bruder des Atreus, Sohn des Pelops)

Lucius Annaeus Seneca aus Corduba, etwa 4–65
n. Chr.

Tragödie (lat.).

I Tantalos, der Vater des Pelops, berühmt durch
die Greueltaten seiner Nachkommen, erscheint als
Schatten aus dem Totenreich. Von einer Furie getrieben bringt er neues Unheil über das Haus der
Pelopiden: Atreus plant, die Kinder seines Bruders
Thyestes, der ihm Thron und Gattin streitig hatte
machen wollen und dafür von ihm in die Verbannung geschickt worden war, zu ermorden und dem
Vater als Speise vorzusetzen. Er setzt den Plan in die
Tat um. Als Thyestes gegessen hat, zeigt ihm Atreus
Köpfe und Hände der Kinder. Thyestes verflucht
den Bruder und seine Familie (682 ff.).
W Das Thema der Tragödie ist die Schuld der
Mächtigen, die ihrer unbeherrschten Leidenschaft
nachgeben und damit Furcht und Schrecken verbreiten. Seneca will Abscheu erwecken vor den
Auswirkungen unkontrollierter Macht.

A F. Giancotti. 2 Bde., Turin 1988–1989. R. J. Tarrant,
Atlanta 1985 (mit Kommentar).
Ü D. Grünbein / B. Seidensticker, Frankfurt 2002.
L M. v. Albrecht, RL, I. Frings: *Odia fraterna* als manieristisches Motiv. Betrachtungen zu Senecas
Thyest und Statius' *Thebais*, Stuttgart 1992. KNLL 15,
208. A. Lesky: Die griechischen Pelopidendramen und Senecas *Thyestes*, in: WS 43, 1922–1923, 172–198. E. Lefèvre:
Die philosophische Bedeutung der Seneca-Tragödie
am Beispiel des *Thyestes*, in: ANRW 2, 32, 2, 1985, 1263–
1283. G. Maurach: Seneca. Leben und Werk, Darmstadt
[(2)]1996, 193–199. A. La Penna: Fra teatro, poesia e politica
romana, Turin 1979, 127–141. G. Picone: La fabula e il regno. Studi sul *Thyestes* di Seneca, Palermo 1984. B. Seidensticker: *Maius solito*. Senecas *Thyestes* und die *tragoedia
rhetorica*, in: A & A 31, 1985, 116–136. V. Wurnig: Gestaltung und Funktion von Gefühlsdarstellung in den Tragö-

dien Senecas. Interpretationen zu einer Technik der dramatischen Stimmungserzeugung, Frankfurt 1982.

Thyestes
(Bruder des Atreus, Sohn des Pelops)

Lucius Varius Rufus, 1. Jh. v. Chr.

Verlorene, aber bezeugte Tragödie (lat.). Nach dem
Urteil des Quintilian, →*Institutio oratoria* 10, 1,98,
hält Varius mit dem *Thyestes* den Vergleich mit jeder gr. Tragödie aus.
Aufgeführt im Jahre 29 v. Chr. anläßlich der Siegesfeiern von Actium.

A FPL 100. Schanz-Hosius 2, 162–164. W. Wimmel:
Der Augusteer L. Varius Rufus, in: ANRW 2, 30, 3, 1983,
1562–1621.

Tierkunde →Hai perì tôn zóon historíai (Aristoteles)

Timaeus
(Person aus einem platonischen Dialog)

Marcus Tullius Cicero aus Arpinum, 106–43 v. Chr.

Übersetzung (lat.) des platonischen Dialogs →*Tímaios*, in einigen Frg. erhalten. Die Übersetzung
sollte vermutlich in eine naturphilosophische Abhandlung eingebaut werden.
Entstanden nach Juni 45 v. Chr.

A I. Garbarino, Florenz 1984. O. Plasberg, Leipzig
1908.
Ü K. Bayer, Düsseldorf 2006 (lat.-gr.).
L M. v. Albrecht, RL, 426.

Tímaios
(Dialogfigur)

Platon aus Athen, 427–347 v. Chr.

Sokratischer Dialog (gr.) über Naturphilosophie.
Spätwerk des Autors.

I Im Eingangsgespräch zwischen Sokrates, Kritias, Timaios und Hermokrates wird das Gespräch
vom Vortag über den besten Staat (→*Politeía*) rekapituliert (17a-19b). Sokrates äußert den Wunsch zu
erfahren, wie dieser Staat „die Wettkämpfe, die ein
Staat zu bestehen hat, mit anderen Staaten austrägt
und wie er in geziemender Weise in den Krieg eintritt und im Kampf würdige Beweise seiner Erziehung und Ausbildung liefert sowohl im Kampf
durch die Tat als bei Verhandlungen durch das Wort
gegenüber jedem anderen Staat" (19c). Kritias berichtet von Solons Erzählung über Ur-Athen, Atlantis und die Auseinandersetzungen zwischen beiden (21a-27b). Kritias schlägt nun vor (27a-b), daß

Timaios, der Pythagoreer aus Lokroi in Unteritalien, weil es sein Lebensinhalt sei, das Wissen „von der Natur des Alls" (*perì phýseos tû pantós*) zu erwerben, zuerst rede und mit der Entstehung der Welt (*apò tês tû kósmu genéseos*) beginne und mit dem Ursprung der Menschen schließe. Darauf werde er, Kritias, mit seinen eigenen Ausführungen daran anschließe. – In einer zusammenhängenden Darstellung legt Timaios zunächst (1) das Wirken der Vernunft (*nûs*), d. h. des teleologischen Prinzips, dar (27c-47e). Dann geht er (2) auf das Wirken der Notwendigkeit (*anánke*), d. h. des kausalen Prinzips, ein (47e-69a), und schließlich befaßt er sich (3) mit dem Zusammenwirken beider Ursachen (*aitíai*) im Leben des Kosmos (69a-92c). – Zu 1: „Der Demiurg wendet sich zuerst dem Bau des Weltkörpers zu (31b4–34a7), der daraufhin mit der Weltseele zusammengefügt wird (34a8–35a1). Nun ergibt sich die Notwendigkeit, dahinter zurückzugreifen und, wie ausdrücklich betont wird, die genetisch frühere und seinsmäßig überlegene Seele in ihrem Aufbau nachzutragen (35a1–36d7), und schließlich kehrt man wieder zur Zusammenfügung beider, nun unter dem Aspekt der Seele, zurück (36d8–37c 5). Die Darstellungen des Aufbaus von Körper und Seele sind dabei streng parallel gegliedert nach den Programmpunkten Substanz und Zahlenstruktur, Gestalt und Bewegung. Die Erschaffung der Zeit und der Planeten durch den Demiurgen (37c 6bis 39e2), der lebenden Wesen (39e3–41d3), des Menschen und seiner Seele durch die geschaffenen Untergötter (41d4–47e1), gehört noch dem Wirken des *nûs* an" (Mannsperger, 417). – Zu 2: „Von der *anánke* her werden die vier Elemente und ihre gegenseitigen Übergänge (53c4–58c4), die übrigen Grundstoffe (58c5–61c2) und die Sinneswahrnehmungen (61c3–69a5) erklärt. Die Behandlung des Gesichtssinns führt zurück zu der Würdigung des Auges vom teleologischen Standpunkt aus, die am Ende des ersten Hauptteils stand" (M.). – Zu 3: „Nach dieser Anknüpfung erklärt dann der dritte Teil aus der Verbindung beider Prinzipien die Entstehung der sterblichen Seelenteile, des Körpers und der Körperteile (69a6–76e6), der Pflanzen (76e7–77c5), der physiologischen Vorgänge (77c6–81e5), der Krankheiten (81e6–90d7) der Frauen und der übrigen Lebewesen (90e1–92c3)" (M.).

A   J. Burnet. Bd. 4, Oxford 1902. R. G. Bury. Bd. 7, London/Cambridge (Mass.) [2]1942 (gr.-engl.). Th. Martin, Paris 1981 (gr.-frz.). A. Rivaud. Bd. 10, Paris [6]1985 (gr.-frz.).
Ü   O. Apelt, Bd. 6, Leipzig 1922/1923. H. Müller / K. Widdra. Bd. 7, Darmstadt 1972 (gr.-dt.). R. Rufener, Zürich 1969.
L   K. Alt: Die Überredung der Ananke zur Erklärung der sichtbaren Welt in Platons *Timaios*, in: Hermes 106, 1978, 426–466. H. Cherniss: The Relation of the *Timaeus* to Plato's Later Dialogues, in: AJPh 78, 1957, 225–366. F. M. Cornford: Plato's Cosmology. The *Timaeus* of Plato, London [4]1956 (mit Kommentar). K. Gloy: Studien zur platonischen Naturphilosophie im *Timaios*, Würzburg 1986. E. Hoffmann: Platons Lehre von der Weltseele, in: Sokrates 41, 1915, 187–211. D. Mannsperger, KNLL 13,

416–418. E. Maula: Studies in Plato's Theory of Forms in the *Timaeus*, Helsinki 1970. W. Schadewaldt: Das Weltmodell der Griechen, in: Hellas und Hesperien. Bd. 1, Zürich/Stuttgart [2]1970, 601–625. W. Scheffel: Aspekte der platonischen Kosmologie. Untersuchungen zum Dialog *Timaios*, Leiden 1976. A. E. Taylor: A Commentary on Plato's *Timaeus*, Oxford [2]1962.

Timaios-Kommentar →Kommentar zu Platons Timaios (Calcidius, Galenos)

Tímon è misánthropos
„Timon oder der Menschenhasser"

Lukianos aus Samosata, etwa 120–180 n. Chr.

Satirischer Dialog (gr.).

I   Nach einer ausgiebigen, weitgreifenden Anrede des völlig verarmten Menschenfeindes Timon an Zeus beginnt ein Dialog zwischen Zeus und Hermes über den seltsamen schmutzigen Kerl, der so zu den Göttern hinauf schreit. Hermes erklärt seinem Vater, wer der Mann ist, der vor kurzem noch sehr reich war, aber ein Opfer seiner Güte und Menschenliebe wurde, weil er alles, was er besaß, verschenkte. Aber die Menschen, denen er einst Gutes tat, wandten sich ab von ihm, als er nichts mehr besaß. Zeus hat Mitleid mit Timon und will ihn wieder reich werden lassen. Plutos, der Reichtum, soll sich zu Timon begeben, er will aber nicht, weil Timon ihn einst verschleudert habe. Denn der Mensch liebe ihn nicht. Zeus aber besteht darauf, daß Plutos zu Timon geht. Nach langen Erörterungen über das Wesen des Plutos kommt dieser schließlich mit Hermes bei Timon an. Penia, die Armut, muß sich zurückziehen; sie nimmt „Weisheit" (*sophía*) und „Mühe" (*pónos*) mit. Timon empfängt die Ankömmlinge sehr unfreundlich. Mit Plutos will er überhaupt nichts zu tun haben. Dann aber läßt er sich doch dazu überreden, wieder reich zu werden. Allerdings will er seinen Reichtum dazu verwenden, die Menschen von sich fernzuhalten. Er will nur für sich allein reich sein. Bald stellen sich die Schmarotzer wieder ein, die Timon jetzt aber abzuwehren weiß.

A   A. M. Harmon. Bd. 2, London/Cambridge (Mass.) 1915. M. MacLeod. Bd. 1, Oxford 1972.
Ü   Chr. M. Wieland: Lucian von Samosata. Sämtliche Werke 1. 1, Leipzig 1788/1789, 54–104.
L   F. Bertram: Die Timonlegende. Eine Entwicklungsgeschichte des Misanthropentypus in der antiken Literatur, Diss. Heidelberg 1906. R. Helm: L. und Menipp, Leipzig/Berlin, 182–190. KNLL 10, 700f. J. Mesk: Lukians *Timon*, in: RhM 70, 1915, 107–144. K. Sallmann: Misanthropische Techniken in Lucians *Timon*. Mit Ausblicken auf Menanders *Dyskolos* und Sophokles' *Philoktet*, in: WJA 3, 1977, 197–210. W. Schmid: Menanders *Dyskolos* und die Timonlegende, in: RhM 102, 1959, 157–182.

Tironische Noten →Notae Tironianae (Tiro)

Tís ho sozómenos plúsios
„Welcher Reiche wird gerettet?"

Flavius Clemens Alexandrinus, etwa 150–215 n. Chr.

Predigt (gr.) über Markus 10, 17–31.

I In der Predigt über die Geschichte vom reichen Jüngling legt Clemens dar, daß nicht der Besitz, sondern der sündige Gebrauch des Reichtums vom Himmelreich ausschließt.

A O. Stählin. 4 Bde., (2)1936–1939 (Gesamtwerk).

Titanomachía →Epikòs kýklos

Titanomachía
„Titanenkampf"

Eumelos aus Korinth, 8. Jh. v. Chr.

Verlorenes, aber bezeugtes Epos (gr.).

L A. Lesky, GL, 130. Schmid-Stählin 1, 1, 291 f.

Tôn Arátu kaì Eudóxu Phainoménon exegéseis
„Erklärungen der ‚Himmelserscheinungen' des Aratos und des Eudoxos"

Hipparchos aus Nikaia, 2. Jh. v. Chr.

Kritischer Kommentar (gr.) zu den →Phainómena des Aratos und des Eudoxos, fragmentarisch erhalten.

I Hipparchos wollte vor allem veranschaulichen, daß Arat in stofflicher Hinsicht weitestgehend von Eudoxos aus Knidos abhängig ist. Er tat dies mit Nachdruck gegen eine Tradition, die diese Abhängigkeit im Interesse Arats nicht wahrhaben wollte. Er setzt sich vom Standpunkt seines Wissensstandes aus mit den oft unzureichenden Aussagen des Arat und des Eudoxos auseinander.
Q Hipparchos stützt sich auf Ausführungen des Attalos aus Rhodos (Frg. bei E. Maas).

A E. Maas: Commentariorum in Aratum reliquiae, Berlin 1898, Nachdr. 1958. C. Manitius, Leipzig 1894 (gr.-dt.).
Ü B. Effe, GLTD Bd. 4, 332–337 (gr.-dt. in knapper Auswahl).
L A. Lesky, GL, 842–887.

Tôn eis heautòn biblía
„Bücher mit seinen Selbstbetrachtungen"

Marcus Aurelius Antoninus, 121–180 n. Chr.

Sammlung (gr.) von autobiographisch-philosophischen Aphorismen in 12 Büchern.
Zwischen 170 und 178 n. Chr. während des Krieges gegen Markomannen und Quaden verfaßt.

I Der „rote Faden", der die Aphorismen miteinander verbindet, ist die Frage: „Wie soll ich mit meiner tief verwurzelten Angst vor dem Leben und dem Sterben umgehen?" Die Antwort lautet für den röm. Kaiser wie für den gr. Philosophen: Wir stellen uns dieser Angst, wenn wir uns der Philosophie anvertrauen. Denn Philosophieren bedeutet, sterben zu lernen, weil sie den Weg zeigt, wie man zu sich selbst kommt und sich selbst in seinem spezifischen Sein erkennt, begreift und annimmt. Die Besonderheit des Menschen aber offenbart sich einerseits in der Souveränität seines Geistes, andererseits in der Begrenztheit seiner physischen Existenz und der Unausweichlichkeit des Todes. Philosophieren ist demnach nichts anderes als das Aufspüren und Abschreiten der Grenzen der Menschheit. – Die Texte sind keine abgeklärten „Selbstbetrachtungen" oder „Gedanken über sich selbst", sondern Dokumente eines zähen und mitunter leidenschaftlichen Suchens nach dem Sinn individueller Existenz, die der unausweichlichen Vernichtung ausgesetzt bleibt. – Marc Aurel ist fest davon überzeugt, daß alle vernünftigen Wesen verwandt sind, eine natürliche Gemeinschaft bilden und sich von Natur aus lieben, daß man seine Mitmenschen in ihrer jeweiligen Besonderheit ertragen solle, daß man ihnen verzeihen oder sie eines Besseren belehren müsse, wenn sie etwas Böses getan hätten. Dann aber solle man ihre Meinung und ihr Urteil ignorieren, sich ihrer Bedeutungslosigkeit bewußt sein. Diese Widersprüchlichkeit ist aufgehoben in einem festen Glauben an die Vernunft der Natur und des Kosmos und an die Vorsehung des göttlichen Schöpfers, der keine Sinnlosigkeit zuläßt. Es kann kein sinnloses Sein geben, weil die Schöpfung als Ganze sinnvoll ist. Aber – und das ist eine Erkenntnis, die das ganze Werk durchzieht – der Mensch hat keine Einsicht in die Größenordnung des Schöpfungswerkes.
Q Marc Aurel nahm die christliche Lehre, aber auch den Platonismus seiner Zeit und andere philosophisch-weltanschauliche Richtungen nicht zur Kenntnis. Unter diesem Gesichtspunkt wird er als ein „altmodischer Denker" bezeichnet, der sich ganz rückwärtsgewandt nicht nur an der Stoa, sondern auch an Heraklit, an Sokrates und Platons „Dialogen", aber auch am Kynismus eines Diogenes und an Epikur orientierte. Seine weitgreifende Literaturkenntnis kommt u.a. in zahlreichen Zitaten aus Homers Epen und aus den Werken der gr. Tragödien- und Komödiendichter zu Geltung. – Im 1. Buch bringt Marc Aurel seine Dankbarkeit

gegenüber den Menschen seiner nächsten Umgebung zum Ausdruck.

W   Vieles spricht dafür, daß Marc Aurel ausschließlich für sich selbst schrieb. Das ist u. a. daraus ersichtlich, daß er an vielen Stellen nur Stichworte formuliert, Zitate nur andeutet und ganz persönliche Bemerkungen macht, die nicht zur Veröffentlichung bestimmt sein konnten. Da er griechisch schrieb, dachte er sicherlich nicht an ein röm. Durchschnittspublikum. Nirgends spricht er einen Leser direkt an; alles ist Selbstanrede, Selbstermahnung oder Selbstgespräch. Die Aufzeichnungen waren, da sie in vielem der literarischen Form der Paränese, der moralischen Ermahnung und der Diatribe, der philosophischen Auseinandersetzung mit praktischen Lebensfragen entsprechen, für den Autor anscheinend ein Mittel der Selbsterziehung und der Erinnerung an Grundsätze der eigenen Lebensführung und Daseinsbewältigung. – Marc Aurels Verhältnis zu seinen Mitmenschen und zum Menschsein als solchem läßt sich wohl am treffendsten anhand seiner Maxime *anéchu kaì apéchu* (Ertrag deine Mitmenschen, nimm ihr Menschsein hin, wie es ist, und laß deine Mitmenschen nicht zu nahe an dich herankommen. Zieh dich zurück, distanziere dich) charakterisieren.

A   J. Dalfen, Leipzig [2]1987. A. S. Farquharson, Oxford 1944. Th. Gataker, Cambridge 1652.
Ü   W. Capelle, Stuttgart [12]1973. A. Mauersberger, Leipzig [3]1954. R. Nickel, Zürich/München [2]1998 (gr.-dt.). A. Wittstock / H. – J. Diesner, Leipzig [3]1969. W. Theiler, München/Zürich [2]1974.
L   E. Asmis: The Stoicism of Marcus Aurelius, in: ANRW 2, 36, 3, 1989, 2228–2252. A. R. Birley: Marc Aurel, Kaiser und Philosoph, München [2]1979. A. Bonnart: Marc Aurèle, in: Rev. de Théol. et de philos. 1929, 217–236. J. Dalfen: Formgeschichtliche Untersuchungen zu den „Selbstbetrachtungen" Marc Aurels, Diss. München 1967. P. Hadot: La citadelle intérieure. Introduction aux Pensées de Marc Aurèle, Paris 1992. R. Klein (Hg.): Marc Aurel, Darmstadt 1979. G. Misch: Geschichte der Autobiographie. Bd. 1, 2, Frankfurt 1950, 448–493. M. Pohlenz, Stoa 1, 341–353. Stoa 2, 167–172. K. Rosen: Marc Aurel, Hamburg 1997. R. B. Rutherford: The Meditations of Marcus Aurelius. A Study, Oxford 1989. R. Schicker: Strukturvergleichende Interpretationen zum philosophiegeschichtlichen Standort M. Aurels, in: GB 17, 1990, 207–224. E. Schmalzriedt, KNLL 11, 188 f.

Tôn eis tèn Moyséos kosmogonían exegetikôn lógoi →Perì kosmopoiías (Ioannes Philoponos)

Tôn en Genései kaì tôn en Exagogê zetemáton te kaì lýseon biblía
„Bücher mit Fragen und Antworten zu Genesis und Exodus"

Auch lat. zitiert als *Quaestiones et solutiones in Genesim et in Exodum.*

Philon aus Alexandreia, 1. Hälfte des 1. Jh. n. Chr.

Bibelkommentar (vgl. →*Nómon hierôn allegoríai tôn metà tèn hexaémeron*) in sechs Büchern zur Genesis und in fünf Büchern zur Exodus (gr.).

I   Der Kommentar sollte wahrscheinlich den ganzen Pentateuch umfassen (vgl. 4,123) und alle fünf Bücher in Form von Fragen und Antworten erklären. – Die *Quaestiones in Genesim* sind fast vollständig, aber nur in arabischer Übersetzung erhalten und kommentieren Genesis 2,4–28,9. Daneben existiert eine lat. Übersetzung, die dem armenischen Text entspricht und ihn teilweise ergänzt. Die *Quaestiones in Exodum* sind mit zwei Büchern in armenischer Übersetzung erhalten. Erfaßt werden Exodus 12,2–23 und 20,25–28,38. Gr. Frg. aus späterer Zeit sind ebenfalls erhalten (vor allem in dem Florilegium der *Sacra parallela*). – Philon beschränkte sich darauf, die einzelnen Verse des Bibeltextes der Reihe nach zu erklären, indem er die jeweilige Bibelstelle in eine Frage kleidete und dann die Frage beantwortete. Er erklärte zunächst im buchstäblichen Sinne, um anschließend die symbolische Bedeutung mitzuteilen. In dieser Hinsicht bestehen Berührungen mit dem allegorischen Kommentar →*Nómon hierôn allegoríai tôn metà tèn hexaémeron*.

L   Schmid-Stählin 2, 1, 478–506.

Tôn heptà sophôn sympósion (*Septem sapientium convivium*) →Sympósion tôn heptà sophôn (Plutarchos)

Tôn par' Hippokrátei léxeon synagogé
„Zusammenstellung der Wörter bei Hippokrates"

Erotianos, 1. Jh. n. Chr.

Alphabetisches Wörterverzeichnis (gr.) mit Worterklärungen.

A   E. Nachmanson, Göteborg 1918.
L   H. Gärtner: Erotianos, in: DKP 2, 363 f. E. Nachmanson: Erotianstudien, Uppsala 1917.

Tôn Sikelikôn historía
„Sizilische Geschichte"

Antiochos aus Syrakus, Ende des 5. Jh.s v. Chr.

Versuch einer Ergänzung (gr.) der →*Historíes apódexis* des Herodotos für den westlichen Mittelmeerraum in neun Büchern.

I Das Werk, das von dem mythischen König Kókalos bis zum Friedenskongreß von Gela im Jahre 424/423 v. Chr. reichte, als sich die verfeindeten gr. Städte auf Sizilien gegen Athen verbündeten, ist nur in einem Fragment und einigen Testimonien überliefert.
N Möglicherweise beruht der kurze Abschnitt zur sizilischen Siedlungsgeschichte bei Thukydides (→*Ho pólemos tôn Peloponnesíon kaì Athenaíon* 6,1–5) auf dem Werk des Antiochos.

A FGrHist 555.
L O. Lendle, Einführung, 32–35. A. Lesky, GL, 378.

Tò panárion →Panárion (Epiphanios)

Topica →Ad Gaium Trebatium Topica (Cicero)

Topiká
„Topik (Lehre von den Topoi, den allgemein anerkannten Begriffen oder Gesichtspunkten in der rhetorischen Disputation)"

Aristoteles aus Stageira, 384–322 v. Chr.

Abhandlung (gr.) zur Logik in acht Büchern.

I Als Teil des →*Órganon*, der Sammlung der aristotelischen Schriften zur Logik, handeln die *Tópika* von den Grundbegriffen der dialektisch-rhetorischen Argumentation oder Disputation. In Buch 1 werden diese definiert, wie z. B. die vier Prädikationsprobleme einer Disputation: (1) Definition (*hóros*), (2) individuelles Charakteristikum (*ídion*), (3) Gattung (*génos*) und (4) Akzidenz (*symbebekós*). In den folgenden Büchern werden diese vier Begriffe eingehend erörtert: B. 2–3 behandeln das Akzidenz, B. 4 die Gattung, B. 5 das individuelle Charakteristikum und B. 6–7 die Definition. – Das B. 8 geht auf die Technik der dialektischen Diskussion in einem allgemeineren Sinne ein.

A J. Brunschwig, Paris 1967 (gr.-frz.). W. D. Ross, Oxford 1958. H. Stracke / M. Wallies, Leipzig 1923.
Ü E. Rolfes, Leipzig [(2)]1922. H. G. Zekl. 3 Bde., Hamburg/Darmstadt 1997–1998 (*Órganon* gr.-dt.).
L I. Düring, Aristoteles, 69–87. I. Düring, RE Suppl. 11, 1968, 208–215. KNLL 1, 710f. O. Primavesi: Die aristotelische Topik: Ein Interpretationsmodell und seine Erprobung am Beispiel von Topik B, München 1996.

Tò tôn hagíon syllógo
„Rede an die Versammlung der Heiligen"

Konstantinos, Diakon und Chartophylax der Hagia Sophia in Konstantinopel, 6./7. Jh. n. Chr.

Rede (gr.) auf alle Märtyrer, aus der auf der Synode von Nikaia 787 mehrere Stellen zugunsten der Bilderverehrung vorgelesen wurden.

A PG 88, 479–528.

Tóxaris è philía
„Toxaris oder die Freundschaft"

Lukianos aus Samosata, etwa 120–180 n. Chr.

Dialog (gr.) über die Freundschaft zwischen dem Skythen Toxaris und dem Griechen Mnesippos. Die Person des Toxaris ist wohl nicht identisch mit dem Toxaris in dem Dialog →*Skýthes è próxenos*. Verfaßt um 163 n. Chr. in Kleinasien.

I Toxaris erklärt, die Erinnerung an das Freundespaar Orestes und Pylades werde in Skythien hochgehalten, weil man sie dort als Vorbilder für wahre Freundschaft verehre. Dem erstaunten Griechen hält der Skythe entgegen, in Skythien habe die Freundschaft eine höhere Bedeutung als bei den Griechen, die zwar die Freundschaft mit Worten zu preisen verständen, in Wirklichkeit aber zur Freundschaft nicht besonders fähig seien. Um diese Behauptung zu prüfen, schlägt Toxaris vor, beide sollten jeweils fünf Beispiele für wirkliche Freundschaften geben. – Im Hauptteil des Dialogs folgen dann zweimal fünf Geschichten über wahre Freundschaft. Das Motto für alle zehn Geschichten, die man als Meisterwerke der gr. Erzählkunst ansehen kann, findet sich in Xenophons „Memorabilien" (→*Apomnemoneúmata Sokrátus* 2,4,7): „Oft hat ein Freund für den anderen getan, was vor ihm niemand fertig brachte oder sah, hörte oder durchwanderte", d. h. in allen Geschichten werden einmalige und sozusagen übermenschliche Taten für Freunde geleistet.
Q Das Thema „Freundschaft" wurde in der Antike vielfach behandelt, z. B. in der →*Iliás* (bes. 18,22–27), wo Achilleus um den gefallenen Freund Patroklos klagt, in Platons →*Lýsis*, wo dargestellt wird, daß die Freundschaft zweier Menschen auf Gegenseitigkeit beruhe und nur zwischen Edlen möglich sei, die im Besitz des Guten seien und es an anderen zu schätzen wüßten, oder in Ciceros *Laelius de amicitia*, mit dem verschiedene Stellen des *Tóxaris* übereinstimmen.
W Die historische Wahrheit der zehn Geschichten über die Freundschaft läßt sich nicht mehr überprüfen. Es ist jedoch unwahrscheinlich, daß sie völlig frei erfunden wurden; denn Lukian konnte nicht die Absicht gehabt haben, den im Dialog geführten Wettstreit über eine so bedeutende Frage mit frei erfundenen Geschichten zu entscheiden.

A A. M. Harmon. Bd. 5, London/Cambridge (Mass.) 1936 (gr.-engl.). E. Steindel, Stuttgart/Leipzig 1970.

Ü E. Steindl, Zürich/Stuttgart 1962. Chr. M. Wieland: Lucian von Samosata. Sämtliche Werke 2. 4, Leipzig 1788/ 1789, 3–76.

L Ch. Robinson: Lucian and his Influence, London 1979. J. Schwartz: Biographie de Lucien de Samosate, Brüssel 1965. E. Steindl: Die zweite Sophistik und die Skythendialoge des Lukian, in: AU 7, 5, 1964, 39–46.

Trachíniai
„Frauen aus Trachis, einer Stadt in Thessalien"

Sophokles aus Athen, 496–406 v. Chr.

Tragödie (gr.) auf der Grundlage des Herakles-Mythos.

I Im Prolog (1–93) beklagt sich Deianeira, die Frau des Herakles, daß sie wieder einmal seit langer Zeit allein zu Hause in Trachis ist und seit einem Jahr nichts von Herakles gehört hat. Sie schickt ihren Sohn Hyllos los, der etwas über seinen Vater in Erfahrung bringen soll. Dann trifft ein Bote ein, der die Rückkehr des siegreichen Herakles ankündigt (104–204). Deianeira freut sich zunächst, erfährt dann aber, daß unter den erbeuteten Frauen auch die Königstochter Iole ist, die Herakles als seine Nebenfrau betrachtet. (225–496). Um Herakles' Liebe wiederzugewinnen, läßt ihm Deianeira das mit dem Blut des Kentauren Nessos getränkte Gewand durch seinen Herold Lichas überbringen; denn der sterbende Kentaur hatte ihr einst geraten, Blut aus seiner Wunde zu sammeln, um es als Zaubermittel zur Wiedergewinnung verlorener Liebe zu verwenden. Dann aber berichtet ihr der heimkehrende Hyllos, daß das Zaubermittel eine tödliche Wirkung hatte; es zerstörte den Körper des Herakles (531–632 und 663–820). – Deianeira nimmt sich das Leben (871–946). In der Schlußszene (971–1278) wird der sterbende Herakles auf die Bühne getragen. Nach gewaltigem Klagen ergibt er sich in sein Schicksal und wird dann von seinem Sohn Hyllos wieder von der Bühne getragen.

W Das Stück ist ein „Ehedrama", aber nicht in dem vordergründigen Sinne eines Dramas einer bestimmten Ehe, „sondern in dem tieferen Sinne, daß hier die immer vorhandene, unausweichliche Tragik von Ehe überhaupt dargestellt wird. Auf die Bühne gebracht wird Beziehung zwischen ,dem besten aller Männer' (wie seine Frau Deianeira selbst ihn nennt): Herakles, und einer Frau, die wir – so wie Sophokles sie gezeichnet hat – die ,liebendste aller Ehefrauen' nennen können. Das äußerst Männliche – im Sinne eines geradezu animalisch Männlichen – trifft hier mit dem äußerst Weiblichen – im Sinne eines geradezu animalisch Femininen – zusammen. Ehe wird hier also nicht in einer ihrer tausend Mittellagen aufgefaßt und vorgeführt, sondern in ihrer archetypischen Grundgestalt" (Latacz, 214).

N Der mythologische Stoff wurde vor und nach Sophokles immer wieder aufgegriffen: z. B. in Ovids „Metamorphosen" (→*Metamorphoseon libri*, 9. Buch), in Senecas →*Hercules Oetaeus* und in der 60. Rede des Dion Chrysostomos (→*Lógoi*).

A R. D. Dawe. Bd. 2, Stuttgart/Leipzig [3]1996. R. C. Jebb, Cambridge 1892 (gr.-engl. mit Kommentar). H. Lloyd-Jones / N. G. Wilson, Oxford 1990. A. C. Pearson, Oxford [2]1928. F. Storr, London/Cambridge (Mass.) 1913.

Ü W. Kraus, Stuttgart 1989. E. Staiger. Bd. 2, München 1979. H. Weinstock, Stuttgart [5]1984. W. Willige / K. Bayer / B. Zimmermann, Düsseldorf/Zürich [4]2003 (gr.-dt.).

L R. D. Dawe: *Women of Trachis, Antigone, Philoctetes, Oedipus of Colonus*, Leiden 1978. J. C. Kamerbeek, Leiden [2]1959 (Kommentar). KNLL 15, 754–756. J. Latacz, GT, 213–222. Schmid-Stählin 1. 2, 374–385. E. R. Schwinge: Die Stellung der *Trachinierinnen* im Werk des Sophokles, Göttingen 1962.

Tractatus adversus Iudaeos
„Abhandlung gegen die Juden"

Aurelius Augustinus aus Thagaste, 354–430 n. Chr.

Apologetische Predigt (lat.).
Vielleicht 429/430 n. Chr. verfaßt.

A PL 42, 51–66.
Ü P. Blumenkranz: Die Judenpredigt Augustins, Paris [2]1973, 89–110.
L M. v. Albrecht, RL, 1318–1353.

Tractatus de epithalamio
„Predigten über das Brautlied"

Gregorius aus Elvira, 4. Jh. n. Chr.

Homilien über das biblische Hohelied (lat.).

I Die fünf Traktate befassen sich mit den Kap. 1,1–3,4 und geben eine allegorische Auslegung: Der Bräutigam ist Christus, die Braut die Kirche.

Q Dieses allegorische Verständnis des Hoheliedes liegt schon bei Hippolytos (1. Hälfte des 3. Jh.s) vor. Auch Origenes hatte den Text in dieser Weise gedeutet.

A V. Bulhart, Turnhout 1967. A. Wilmart, Toulouse 1906.
L KNLL 6, 864.

Tractatus mysteriorum
„Abhandlung über die Geheimnisse"

Hilarius aus Pictavium, 4. Jh. n. Chr.

Exegetische Schrift (lat.), die der christologischen Auslegung von Stellen aus dem Alten Testament gewidmet ist.

A J. P. Brisson, Paris 1965 (lat.-frz.). A. Feder, CSEL 65, 1916. J. F. Gamurrini, Rom 1887. A. Hamman, PL Suppl. 1, 1958.
L M. v. Albrecht, RL, 1289–1293.

Tractatus super psalmos →In psalmos (Hilarius)

Tragodía perì tû demosíu tû kaluménu chrysargyru

„Tragödie über die dem Staat zustehende sogenannte Gewerbesteuer"

Timotheos aus Gaza, 1. Hälfte des 6. Jh.s

Verlorene und nicht gehaltene Rede (gr.).

L   A. Steier, RE 6, A 2, 1937, 1339–1341.

Tragodúmena
„Stoffe der Tragödie"

Asklepiades aus Tragilos, 4. Jh. v. Chr.

Fragmentarisch überliefertes mythologisches Werk (gr.) in sechs Büchern.

I   Asklepiades bietet eine systematische Darstellung der von den Tragikern behandelten Mythen. Die Versionen der in der Tragödie verarbeiteten Stoffe wurden mit Varianten aus dem Epos und der Lyrik konfrontiert.
N   Vermutlich geht →Apollodori bibliotheca teilweise auf die Tragodúmena zurück.

A   FGrHist 12.
L   A. Lesky, GL, 752. G. Wenzel: Asklepiades (Nr. 26), in: RE 2, 1896, 1628.

Tragödien

Ion aus Chios, 5. Jh. v. Chr.

Frg. (gr.) aus (laut →Suda) 12, 30 oder 50 Tragödien. Erhalten sind zehn Titel und wenige Bruchstücke. – Die alexandrinischen Gelehrten nahmen Ion neben Achaios aus Eretria und den drei großen Tragikern Aischylos, Sophokles und Euripides in ihren Kanon auf, und der Autor Perì hýpsus (33,5) vergleicht Ion mit Sophokles.

L   A. Lesky, GL, 462 f. E. – R. Schwinge: Ion von Chios, in: dtv-L 1. 2, 288.

Trapezitikós
„Die von einem Geldwechsler handelnde Rede"

Isokrates aus Athen, 436–338 v. Chr.

Gerichtsrede (gr.).
Etwa 393 v. Chr. verfaßt.

I   Isokrates schrieb den Trapezitikós für einen jungen Mann, einen Untertanen des Satyros, des Königs von Bosporos (Krim). Der junge Mann hatte Anklage erhoben gegen den prominenten Geldwechsler bzw. Bankier Pasion, weil er sich ein Gelddepot widerrechtlich angeeignet haben sollte, das ihm von dem Ankläger anvertraut worden war. Der Ausgang des Prozesses ist unbekannt. – Die Rede bietet wertvolle Informationen über die wirtschaftlichen Beziehungen zwischen Athen und dem Königreich von Bosporos.

A   L. van Hook. Bd. 3, London/Cambridge (Mass.) 1945 (gr.-engl.).
Ü   C. Ley-Hutton. 2. Bde., Stuttgart 1993–1997.

Trauerreden →Orationes (Ambrosius)

Triagmós
„Dreiheit (Triade)"

Auch zitiert als Kosmologikós.

Ion aus Chios, 5. Jh. v. Chr.

In nur wenigen Frg. überlieferte philosophische Abhandlung (gr.).

I   Die Dreiheit wird als ein allgemeines Strukturprinzip dargestellt: „Alles ist drei und nichts mehr oder weniger als diese drei. Die Vollkommenheit jedes einzelnen ist die Dreiheit: Verstand, Stärke, Glück" (B 1).

A   A. v. Blumenthal: Ion von Chios. Die Reste seiner Werke, Stuttgart 1939. VS 36.
L   A. Lesky, GL, 462–464.

Triginta capita adversus Severum
„Dreißig Kapitel gegen Severus"

Leontios aus Byzanz, 1. Hälfte des 6. Jh.s

Abhandlung (gr.), in der sich der Autor mit Severus, einem Kritiker seines Hauptwerkes, →Libri III adversus Nestorianos et Eutychianos, auseinandersetzt.

A   PG 86, 2, 1901–1916.

Trikáranos
„Der Dreiköpfige"

Anaximenes aus Lampsakos, 2. Hälfte des 4. Jh.s v. Chr.

Schmähschrift (gr.), pseudonym (unter dem Namen des Theopompos) veröffentlicht, fast vollständig verloren.

I   Das Wort trikáranos wurde von Hesiod (→Theogonía) zur Charakterisierung des scheußlichen Ungeheuers Geryoneus verwendet. Anaximenes benutzte das Wort, um die drei gr. Mächte

Athen, Theben und Sparta zu verunglimpfen. Die Schmähschrift sollte nicht nur Theopomp schädigen, sondern auch die Unfähigkeit der drei gr. Hauptmächte zur Herrschaft und die Notwendigkeit der makedonischen Hegemonie nachweisen (→*Philippiká* des Anaximenes).

A FGrHist 72.
L O. Lendle, Einführung, 143–145. A. Lesky, GL, 702. P. Wendland: Anaximenes von Lampsakos, Berlin 1905.

Trinummus
„Dreigroschenstück"

Titus Maccius Plautus aus Sarsina, etwa 250–184 v. Chr.

Komödie (lat.).
Aufgeführt nach 195 v. Chr.

I Lesbonicus hat in der Abwesenheit des Vaters das väterliche Vermögen verpraßt und sogar Haus und Hof verkauft, um sein Lotterleben finanzieren zu können. Callicles, ein Freund des Vaters, hat das Haus gekauft, um den in ihm befindlichen Schatz vor dem Zugriff des Lesbonicus zu bewahren. Lysiteles, der Freund des Lesbonicus, entschließt sich inzwischen, ein neues Leben anzufangen und die Schwester seines Freundes Lesbonicus zu heiraten. Dabei will er sogar auf die Mitgift verzichten. Das rührt Lesbonicus so sehr, daß er ebenfalls sein Leben ändern will. Philto, der Vater des Lysiteles, kann Lesbonicus allerdings nicht dazu bewegen, den Verzicht auf die Mitgift zu akzeptieren. Er glaubt es mit seiner Ehre nicht vereinbaren zu können, seine Schwester ohne Mitgift zu verheiraten. Da entschließt man sich, einen Gauner für „drei Groschen" zu mieten, der Lesbonicus mit einem fingierten Brief eine angeblich von seinem Vater stammende große Summe Geldes aushändigen soll; aber der Plan wird nicht ausgeführt, weil der Vater plötzlich zurückkommt. Der versuchte Betrug fliegt auf. Es wird schließlich alles so geregelt, daß Lysiteles die Mitgift erhält und heiratet. Lesbonicus aber muß ebenfalls heiraten, und zwar die Tochter des Callicles, um zu demonstrieren, daß er sein jugendliches Lotterleben auch wirklich beendet hat.
Q Vorlage des Stückes war der →*Thesaurós* des Philemon.

A W. M. Lindsay. Bd. 2, Oxford 1901. P. Nixon. Bd. 5, London/Cambridge (Mass.) 1938 (lat.-engl.).
Ü W. Binder / W. Ludwig. Bd. 2, Darmstadt 1976. L. Gurlitt. Bd. 4, Berlin 1922.
L W. S. Anderson: Plautus' *Trinummus*. The Absurdity of Officious Morality, in: Traditio 35, 1979, 335–345. R. Hunter: Philemon, Plautus and the *Trinummus*, in: MH 37, 1980, 216–230. KNLL 13, 442f. P. Riemer: Das Spiel im Spiel. Studien zum plautinischen Agon im *Trinummus* und *Rudens*, Stuttgart/Leipzig 1996. E. Segal: The Purpose of the *Trinummus*, in: AJPh 95, 1974, 252–264.

Tripertitum
„Werk in drei Teilen"

Ps.-Pythagoras, um 200 v. Chr.

Drei verlorene Werke des Pythagoras (gr.), die ursprünglich geheimgehalten und erst lange nach dessen Tod veröffentlicht worden sein sollen: ein *Paideutikón* (über die Erziehung), ein *Politikón* (über die Politik) und ein *Physikón* (über die Naturwissenschaft).

L W. Burkert: Hellenistische Pseudopythagorica, in: Ph 105, 1961, 226–246. A. Lesky, GL, 891–894.

Tristien →*Tristium libri (Ovidius)*

Tristium libri
„Bücher der Trauer"

Publius Ovidius Naso, 43 v. Chr. – 17 n. Chr.

Elegische Dichtung in fünf Büchern (lat.).
Etwa 8–12 n. Chr. verfaßt. Die fertigen Bücher wurden jährlich aus dem Verbannungsort nach Rom zur Veröffentlichung geschickt.

I Buch 1 reflektiert u. a. die Seereise nach Tomis (Konstanza), den Ort der Verbannung: Zwei Elegien (2 und 4) zeichnen Bilder von Seestürmen. Eine Elegie (3) beschreibt Ovids Abschied vom Rom. In der Mitte des Buches (6) steht ein Preislied auf die Gattin. – Buch 2 ist eine einzige breit ausgeführte Rechtfertigung des Autors an die Adresse des Augustus. Im ersten Teil (1–206) setzt sich der Dichter mit der (uns unbekannten) Ursache der Verbannung auseinander. – Im zweiten Teil (207–578) befaßt sich Ovid mit zwei Grundgedanken: (1) Die „Liebeskunst" (→*Ars amatoria*) hat niemandem geschadet oder dazu verführt, Böses zu tun (207–360). (2) Ovid ist der einzige Mensch, dem seine Dichtung geschadet hat (361–578). – Im Mittelpunkt von Buch 3 steht die Elegie an die junge Dichterin Perilla (7) mit wichtigen Aussagen über Dichtung und Macht. Andere Stücke gehen auf die persönlichen Verhältnisse des Dichters ein. – Buch 4 enthält wieder Gedichte über die persönlichen Lebensverhältnisse Ovids, aber auch Anreden an den Leser (1) und an die Nachwelt mit wichtigen Nachrichten über das Leben des Dichters (10) oder an einen Freund (5). Ein Gedicht (6) geht auf die zermürbende Wirkung der Zeit ein. – Am Anfang von Buch 5 wird wieder der Leser angeredet (1). An die Gattin sind mehrere Gedichte (bzw. Briefe) gerichtet (2,5,11, und 14). Zwei Elegien haben literarische Inhalte (3 und 12). Einem Brief an seine Frau (2) legt Ovid ein weiteres Sendschreiben an Augustus bei. Darüber hinaus versucht er, einen Kreis von Dichtern für seine Sache zu gewinnen (3).

W „Die Verbannungsgedichte führen die Elegie zu ihren Ursprüngen zurück: Schon bei Solon hatte sie im Dienste persönlicher Zweckpublizistik gestanden. Das Thema der Sehnsucht nach Rom bildet dazu einen poetischen Gegenpol. Es entbehrt nicht einer gewissen tragischen Ironie, daß Ovid das Thema ‚Trennung‘ in den →*Heroides* bereits poetisch durchgespielt hatte, bevor er es in den *Tristia* aus eigener Erfahrung gestalten mußte" (M. v. Albrecht, RLTD 3, 372 f.).

N   Die Elegie über den Abschied von Rom (1,3) verarbeitete Goethe im Schlußkapitel seiner *Italienischen Reise* (1817). – Mit der Elegie 4,10 wurde Ovid zum „Schöpfer der poetischen Autobiographie" (M. v. Albrecht, RLTD 3, 373).

A   J. B. Hall, Stuttgart/Leipzig 1995. G. Luck. 2 Bde., Heidelberg 1967–1977 (lat.-dt. mit Kommentar). S. G. Owen, Oxford 1889.
Ü   M. v. Albrecht, RLTD 3, 372–397 (lat.-dt. in Auswahl). W. Willige / N. Holzberg, Zürich [3]2000 (lat.-dt.).
L   M. v. Albrecht, RL, 623–650. J. M. Classen: Ovid's poems from exile. The creation of a myth and the triumph of poetry, in: A & A 24, 1988, 158–169. R. J. Dickinson: The *Tristia*: Poetry in exile, in: J. W. Binns (Hg.): Ovid, London/Boston 1973, 154–190. E. Doblhofer: Ovids Exilpoesie – Mittel, Frucht und Denkmal dichterischer Selbstbehauptung, in: AU 23, 1, 1980, 59–80. H. Fränkel: Ovid – ein Dichter zwischen zwei Welten, Darmstadt 1970, 128–156. KNLL 12, 846 f. U. Schmitzer: Ovid, Leben und Werk. Eine Einführung anhand der Elegie *trist.* 4, 10, München 1994. W. Stroh: Tröstende Musen. Zur literarhistorischen Stellung und Bedeutung von Ovids Exilgedichten, in: ANRW 2, 31, 4, 1981, 2638–2684.

Tritogéneia
„Die Dreigeborene" oder „Die Kopfgeborene"
(Beiname der Göttin Athene)

Demokritos aus Abdera, 470/460–380/370 v. Chr.

Religionskritische Abhandlung (gr.), in nur wenigen Frg. und Testimonien erhalten.

I   Obwohl Demokrit die mythische Weltdeutung grundsätzlich verwirft (vgl. auch →*Perì tôn en Hádu*), versucht er die überlieferte Religion durch allegorische Interpretation zu erklären. So deutet er z. B. Athene als Personifikation der Besonnenheit (*phrónesis*) und Quelle des richtigen Denkens, Redens und Handelns. In diesem Sinne ist sie dann auch eine „Dreigeborene": Aus dem „Klugsein", d. h. aus der Göttin Athene, entstehen die drei genannten Fähigkeiten für den Menschen. – Vielleicht stammen die Frg. mit Reflexionen über Bildung und Erziehung (B 242, 59, 182, 183, 179) auch aus der *Tritogéneia*.

A   VS 68 B 2.
L   W. Nestle, VMzL, 196.

Troades
„Die Troerinnen"

Lucius Annaeus Seneca, etwa 4–65 n. Chr.

Röm. Tragödie (lat.) in 1179 Versen über einen Stoff aus der Troja-Sage.
Vermutlich nach 62 n. Chr., nach dem Rückzug des Autors vom Hofe des Kaisers Nero, verfaßt.

I   Die Ereignisse nach dem Untergang von Troja bis zum Auslaufen der gr. Flotte bilden den Handlungsrahmen. Hecuba, die Witwe des Königs Priamos, beklagt, unterstützt vom Chor der gefangenen Troerinnen, den Tod ihres Mannes Priamus und ihres Sohnes Hector. Der tote Achilles fordert als Sühne die Opferung von Priamus' Tochter Polyxena. Agamemno weigert sich, aber Pyrrhus, der Sohn des Achilles, besteht auf dem Menschenopfer. Der Seher Calchas fordert außerdem noch den Tod von Hectors Sohn Astyanax, um günstigen Wind für die Griechen zu bekommen. Ulixes gelingt es mit einer List, sich des Astyanax zu bemächtigen. Am Schluß des Stückes (1075–1171) berichtet ein Bote über den heldenhaften Tod der Polyxena und des Astyanax. Die Flotte ist abfahrbereit.

Q   Seneca hatte vier gr. Vorlagen: Die *Polyxéne* (TrGF 479–485) und die *Aichmalotídes* (TrGF 31–56) des Sophokles, sowie die →*Hekábe* und die →*Troiádes* des Euripides.

W   Seneca stellt den Pragmatiker Ulixes, den Fanatiker Pyrrhus und den Opportunisten Agamemno als Sieger dar. Es geht ihm aber weder bei den Siegergestalten noch bei den Besiegten, den Müttern Hecuba und Andromacha mit ihren Kindern Polyxena und Astyanax, um die Entwicklung der Charaktere; Seneca beschreibt menschliche Verhaltensweisen. Die Akteure veranschaulichen einerseits übersteigertes Machtgefühl und andererseits völlige Machtlosigkeit. Schuld und Unschuld werden konfrontiert. Der Autor zeigt in seinem Stück, wie man nicht leben oder wie man sterben sollte. – Wie die anderen Tragödien Senecas stehen auch die *Troades* im Dienst der philosophischen Aufklärung über menschliches Verhalten und seine (zerstörerischen) Möglichkeiten. Für Seneca ist der Krieg ein Produkt menschlicher Dummheit und Grausamkeit. „Die zerstörerischen Auswüchse der Gewalt, die Seneca in den Vordergrund stellt, sollen in uns Abscheu vor der Entartung der Sieger, das bedeutet für den Autor: vor den unphilosophischen Machtmenschen, hervorrufen" (Maier, 241).

N   Im Jahre 1625, während des Dreißigjährigen Krieges, übersetzte Martin Opitz die *Troades* ins Deutsche. In Anlehnung an Euripides, →*Troiádes*, verfaßte Franz Werfel zu Beginn des Ersten Weltkrieges seine *Troerinnen*, und Jean Paul Sartre schrieb 1965 vor dem Hintergrund des Algerienkrieges *Les Troyennes*. Auch diese Stücke handeln vom Elend der Besiegten, ihrer Furcht vor der Zukunft, der Konfrontation mit dem Tod und der Ungerechtigkeit der Sieger.

A A. J. Boyle, Leeds (Cairns) 1994 (lat.-engl. mit Kommentar). F. Caviglia, Rom 1979. E. Fantham, Princeton 1982 (lat.-engl. mit Kommentar). O. Zwierlein, Oxford 1986.

Ü Th. Thomann, München/Zürich [(2)]1979 (lat.-dt.).

L J. Dingel: Senecas Tragödien: Vorbilder und poetische Aspekte, in: ANRW 2, 32, 2, 1985, 1052–1099. E. Fantham: Seneca's *Troades* and *Agamemno*, in: CJ 77, 1981/ 1982, 118–129. KNLL 15, 208–210. L. Mazzoli: Umanità e poesia nelle *Troiane* di Seneca, in: Maia 13, 1961, 51–67. B. Maier: Furcht und Hoffnung der Besiegten (Seneca, *Troades* 371–408), in: Anregung 42, 1996, 283–241. W. Schetter: Zum Aufbau von Senecas *Troerinnen*, in: E. Lefèvre (Hg.): Senecas Tragödien, Darmstadt 1972, 230–271.

Troiádes
„Die Troerinnen"

Euripides, etwa 480–406 v. Chr.

Tragödie (gr.) als drittes Stück einer „Trojanischen Trilogie" mit dem Satyrspiel *Sísyphos*; von den beiden anderen Tragödien und dem Satyrspiel sind nur Frg. erhalten.
Aufgeführt 415 v. Chr.

I Die *Troiádes* spielen am Strand von Troja. Die Männer von Troja sind tot. Die Frauen und Kinder wurden zusammengetrieben und sehen ihrer Deportation und der Sklaverei entgegen. Aber auch der Triumph der Sieger erscheint nur als vorläufig. Denn im Prolog (1–97) treten zuerst Poseidon, der Gott des Meeres und Freund Trojas, und dann Athene, die Gegnerin der besiegten Stadt, auf. Athene und Poseidon wollen die hochmütigen Sieger auf ihrer Heimfahrt vernichten, weil sie ihren Sieg auf frevelhafte Weise mißbraucht haben, als sie Troja zerstörten. – Über dem Triumph der Sieger schwebt also bereits das zu erwartende Unglück, ohne daß ihnen dies schon erkennbar ist. – Das folgende Geschehen ist nicht von Aktionen und Gegenaktionen der Sieger und der Besiegten bestimmt, sondern von einer Reihe von Klageszenen, in denen die sprechenden Personen ihr Schicksal mit der Troja-Katastrophe verknüpfen. Die alte Königin Hekabe beklagt zusammen mit dem Chor der gefangenen Troerinnen die Vergangenheit der vernichteten Stadt und der unglücklichen Zukunft der Überlebenden (98–229). – Der griechische Herold Talthybios weist auf das Schicksal der Kassandra hin, die zur Nebenfrau Agamemnons auserkoren ist, geht auf den Tod der Polyxena aber nur andeutungsweise ein (230–276). – Kassandra prophezeit (277–461) den Siegern den Untergang – mit deutlichen Anspielungen auf Homers →*Odysseia* und die →*Orésteia* des Aischylos. – Eine weitere Klagerede der Hekabe (462–510) schließt sich an. – Andromache tritt auf und berichtet vom Tod der Polyxena, die am Grab des Achilleus als Menschenopfer dargebracht wurde. Dann fordert Talthybios die Auslieferung des Astyanax. Odysseus hatte den Griechen geraten, den Sohn Hektors töten zu lassen. Odysseus wird ebenso wie in der →*Iphigéneia he en Au-*

lídi und im →*Philóktetos* des Sophokles als unmenschliche Bestie dargestellt (568–798). – Vor dem Schiedsgericht des Menelaos prallen Hekabe und Helena aufeinander (860–1060): Hier wird die Kriegsschuldfrage intensiv erörtert. Wer ist schuldig an dem ganzen Unglück? Helena, die Geliebte des troischen Königssohnes, oder Hekabe, dessen Mutter? – In der Schlußszene werden Hekabe, die Odysseus als Sklavin zugedacht ist, und die übrigen Troerinnen zu den griechischen Schiffen geführt.

H Das Stück ist vor dem Hintergrund zweier gravierender Aktionen während des Peloponnesischen Krieges zu sehen: (1) Athen führte eine Strafexpedition gegen die Insel Melos durch, die mit Sparta zwar sympathisierte, aber bisher neutral geblieben war. Im Sommer 416 wurde die Insel von Athen okkupiert, die Männer wurden einige Monate darauf allesamt ermordet, die Frauen und Kinder versklavt (vgl. Thukydides, →*Ho pólemos tôn Peloponnesíon kaì Athenaíon* 5, 84–114). (2) Das Stück steht aber auch mit der bevorstehenden Invasion Siziliens durch Athen in Zusammenhang, die im Winter 416 v. Chr. konkret geplant wurde, weil man hoffte, auf diese Weise die Macht über ganz Griechenland ergreifen und Sparta ausschalten zu können. Es gab eine intensive Debatte zwischen den Angehörigen der Pro-Invasions-Partei und der Anti-Invasions-Partei. Daß Euripides mit Thukydides und dem erfahrenen Feldherrn Nikias zur Anti-Invasions-Partei gehörte, dürfte als sicher gelten. Demnach ist davon auszugehen, daß die *Troiádes* eine Reaktion auf die Kriegsbegeisterung vor der Sizilischen Expedition darstellten, die mit der totalen Katastrophe enden wird.

W „Das Stück besteht ausschließlich aus Klageliedern und Jammerreden sowie aus verzweifelten Versuchen, über eine rationale Diskussion der Kriegsschuldfrage zu einer Erklärung für die Entstehung von Kriegen zu kommen … Die ‚Troerinnen' sind stets als Warnung empfunden worden; das zeigt ihre eindrucksvolle Rezeptionsgeschichte (Seneca, Hans Sachs 1555, Franz Werfel 1915, Jean Paul Sartre 1965 u.a.). Voraussetzung dafür, daß sie als kaum überbietbare exemplarische Abrechnung mit dem Krieg verstanden werden konnten, war aber nicht so sehr die Intensität als die Extensität, mit der hier Krieg als universelles Unheil, das keinen unbeschädigt läßt, erwiesen wird" (Latacz, 334). – Daß die Sizilische Expedition mit ihren für Athen auf Dauer katastrophalen Folgen stattfand, konnte die Tragödie des Euripides nicht verhindern.

A H. W. Biehl, Leipzig 1970. G. Murray. Bd. 2, Oxford [(3)]1913. G. Schiassi, Florenz 1953 (mit Kommentar). A. S. Way, London/Cambridge (Mass.) 1912.

Ü E. Buschor / G. A. Seeck. Bd. 3, München 1972 (gr.-dt.). D. Ebener, Berlin [(2)]1979 (gr.-dt.). U. v. Wilamowitz-Moellendorff: Griechische Tragödien. Bd. 3, Berlin 1906. L. Wolde. Bd. 1, Wiesbaden 1949.

L F. M. Dunn: Beginning at the End in Euripides' *Trojan Women*, in: RhM 136, 1993, 22–35. KNLL 5, 328–330. W. H. Friedrich: Euripides und Diphilos. Zur Dramaturgie der Spätformen, München 1953, 61–75. H. Kuch: Kriegsgefangenschaft und Sklaverei bei Euripides. Untersuchungen zur *Andromache*, *Hekabe* und den *Troerinnen*, Berlin 1974. Latacz, GT, 332–337. A. Lesky: Die tragische Dichtung der Hellenen, Göttingen [3]1972, 382–392. G. Perotta: Le *Troiane* di Euripide, in: Dioniso 15, 1952, 237–250. Schmid-Stählin 1, 3, 474–487. R. Scodel: The Trojan Trilogy of Euripides, Göttingen 1980.

Troica
„Troische Geschichten"

Nero, 37–68 n. Chr., röm. Kaiser (reg. 54–68).

Nicht erhaltenes Epos (lat.) über den Untergang von Troja, das Nero im Jahre 65 n. Chr. bei einem Dichterwettbewerb in Rom vortrug.

I Der Titel ist bei Iuvenal, →*Saturae* 8,221, erwähnt. Das Werk wird in diesem Zusammenhang ironisch als der Höhepunkt der Schandtaten des Kaisers charakterisiert. – Tacitus berichtet in seinen →*Annales* (15,39,3), Nero habe, als Rom brannte, den Untergang von Troja besungen, indem er das gegenwärtige Unheil mit den Katastrophen des Altertums verglich. – Sueton erzählt in seiner Nero-Biographie (38), →*De vita XII Caesarum libri VII*, daß Nero während der Feuersbrunst in seinem Theatergewand die *Hálosis Ilii* („Die Einnahme von Ilion") sang.

Troiká
„Geschichten von Troja"

Hellanikos aus Mytilene, 2. Hälfte des 5. Jh.s v. Chr.

Mythographisches Werk (gr.) in zwei Büchern über Troja und den Trojanischen Krieg, in wenigen Frg. überliefert.

I Das Werk war wie die anderen mythographischen Werke des Autors (*Deukaloneía*, *Phoronís*, *Asopís* und *Atlantís*), in denen die gesamte genealogische Frühgeschichte auf nur vier Urväter (Deukalion, Phoroneus, Asopos, Atlas) zurückgeführt wurde, genealogisch angelegt. Sein Rückgrat bildete der Stammbaum der Dardaniden, der sich von Atlas ableitet. – Die Vorgeschichte und der Ablauf des Krieges sowie die Heimkehr der gr. Helden werden allerdings als historische Ereignisse dargestellt. Der Autor bemüht sich, den Mythos mit Hilfe eines nüchternen Rationalismus in Geschichte zu verwandeln. Ein Vergleich zwischen der Schilderung des Kampfes, den der Flußgott Skamandros gegen Achilleus im 21. Gesang der →*Iliás* besteht, und dem Frg. 28 aus den *Troiká* zeigt, wie Hellanikos „aus einer poetischen Vision von elementarer Kraft und mitreißendem Schwung ... ein Ereignis banaler Alltäglichkeit" machte, „weil er offenbar meinte, so den historischen Kern der Geschichte ... auslösen zu können" (Lendle, 67).

A FGrHist 4.
L O. Lendle, Einführung, 63–71. A. Lesky, GL, 376f.

Troikós
„Der troische Dialog"

Hippias aus Elis, 5. Jh. v. Chr.

Dialog (gr.) zwischen Neoptolemos und Nestor, in wenigen Frg. überliefert.

I Das Gespräch befaßte sich mit der Frage, mit welchen Beschäftigungen ein junger Mann Ruhm gewinnen könne. Da der fiktive Dialog nach dem Ende des Trojanischen Krieges stattfand, dürfte Nestor, der wahrscheinlich den größten Gesprächsanteil hatte, vor allem Ratschläge (*hypothêkai*) für die Taten im Frieden gegeben haben. „Es waren also Lebensregeln wie die dem Isokrates zugeschriebenen ‚An Demonikos' (→*Pròs Demónikon*), nur auf die Verhältnisse und Bedürfnisse eines jungen Fürsten zugeschnitten, eine Art Fürstenspiegel. Selbstverständlich muß der Inhalt dem politischen Denken des 5. Jahrhunderts angepaßt gewesen sein, aber dies geschah in so allgemeiner Weise, daß die Schrift sowohl in dem oligarchischen Sparta als auch in dem demokratischen Athen vorgelesen werden konnte" (Nestle, 361).
Q Möglicherweise waren „Chirons Ratschläge" (→*Chíronos hypothêkai*) das Vorbild für den Dialog des Hippias.
N Das Werk hat in der zeitgenössischen Literatur seine Spuren hinterlassen (vgl. u.a. Platon, →*Hippias maior*). Vielleicht wurde der Dialog auch vom →*Anonymus Iamblichi* benutzt.

A VS 86 A 2 und A 9 (= Platon, *Hippias maior* 286a).
L K. Gaiser: Protreptik und Paränese bei Platon. Untersuchungen zur Form des platonischen Dialogs, Stuttgart 1959, 61–64. A. Lesky, GL, 396f. W. Nestle, VMzL, 360–363.

Troikòs diákosmos
„Troische Schlachtordnung"

Demetrios aus Skepsis, etwa 200–130 v. Chr.

Bis auf umfangreiche Frg. verlorener Kommentar (gr.) in 30 Büchern.

I Der Kommentar erläuterte den Troerkatalog der →*Iliás* (2,816–877) und war mit einer ausführlichen Beschreibung der Landschaft um Troja verbunden. In das Werk waren viele literarische und antiquarische Exkurse eingestreut. Offensichtlich enthielt es eine genaue Aufstellung der troischen Verbündeten in Kleinasien. Alle Informationen über Völker und Orte, Dialekte und literarische Formen waren in der Reihenfolge der homerischen Verse angeordnet. – Demetrios verwarf die Meinung, daß die Stadt Troja seiner eigenen Zeit identisch sei mit dem homerischen Troja. Für ihn war ein Hügel in der Nähe des heutigen Ortes Bunárbaschi das homerische Ilion.

N Strabon benutzte das Werk für seine →*Geographiká*, Apollodoros für seine Schrift →*Perì tû tôn neôn katalógu.*

A R. Gaede: Demetrii Scepsii quae supersunt, Greifswald 1880.
L R. Pfeiffer, KlPh, 303–305. E. Schwartz, RE 4, 1901, 2807 ff.

Trojaromane

Diktys aus Kreta, 2. Jh. n. Chr., und Dares aus Phrygien, 3. Jh. n. Chr.

Mythologische Romane (gr./lat.) über die mit dem Trojanischen Krieg verbundenen Ereignisse.

I Es handelt sich um verschiedene Versuche, die Vorgänge des trojanischen Krieges zu rationalisieren und in historische Realität zu verwandeln. Die Autoren geben vor, Zeitgenossen des Geschehens gewesen zu sein. Erhalten sind die von Lucius Septimius in lat. Sprache übersetzte →*Ephemeris belli Troiani* des Diktys aus Kreta und die *Acta diurna belli Troiani* („Zeitungsberichte vom Trojanischen Krieg") des Dares aus Phrygien, der auf trojanischer Seite am Krieg teilgenommen haben will.

A W. Eisenhut: Dictys Cretensis Ephemeridos belli Troiani libri a Lucio Septimio ex Graeco in Latinum sermonem translati. Accedunt papyri Dictys Graeci in Aegyto inventae, Leipzig (2)1973. F. Meister: Dares Phrygius, Leipzig 1873, Nachdr. 1991.
Ü R. M. Frazer, Bloomington (Indiana) / London 1966 (engl.).
L A. Beschorner: Untersuchungen zu Dares Phrygius, Tübingen 1992 (lat.-dt. mit Kommentar). W. Eisenhut: Spätantike Troja-Erzählungen. Mit einem Ausblick auf die mittelalterliche Troja-Literatur, in: Mittellateinisches Jahrbuch 18, 1983, 1–28. H. Erbse: Trojaroman, in: dtv-L 1. 4, 299. J. Forsdyke: Greece before Homer, 1956, 153. A. Kledt, MLAA, 728 f. B. Kytzler: Fiktionale Prosa, in: NHbL. Spätantike, 469–494. S. Merkle: Die *Ephemeris belli Troiani* des Diktys von Kreta, Frankfurt 1989.

Trost der Philosophie →Consolatio philosophiae (Boethius)

Trostschrift an die Kaiserin Livia →Ad Liviam de consolatione

Trostschrift für Apollonios →Moralia (Plutarchos)

Truculentus
„Der Grobian"

Titus Maccius Plautus aus Sarsina, etwa 250–184 v. Chr.

Komödie (lat.).
Nach Cicero, →*Cato de senectute* 50, ist der *Truculentus* ein Alterswerk.

I Der Autor zeichnet ein negatives Sittenbild, das nach dem Sklaven Truculentus benannt ist, der in zwei Szenen des Stückes die Hetärenmagd Astaphium zunächst beschimpft, später aber begehrt. Die Zentralfigur des Stückes aber ist die Hetäre Phronesium, eine überaus raffinierte und skrupellose Frau, die mit den drei in sie verliebten Männern ihr Spiel treibt: mit dem städtischen Schönling Diniarchus, dem Landmann Strabax und dem babylonischen Offizier Stratophanes. Die Hetäre spielt die drei Männer gegeneinander aus, um jeden einzelnen auszunehmen. Sie beschafft sich ein neugeborenes Kind und behauptet, Stratophanes sei der Vater, um aus ihm noch mehr herauszuholen. Allerdings kommt später durch Zufall heraus, daß Diniarchus der wahre Vater des Kindes ist. Die Mutter ist eine attische Bürgerstochter, die Diniarchus im Rausch mißbraucht hatte. Der Vater der attischen Mädchens kommt dahinter, wer der Vater seines Enkelkindes ist. Dieser muß das Mädchen heiraten und das Kind von der Hetäre zurückfordern. Doch die Hetäre veranlaßt Diniarchus zu dem Versprechen, das Kind noch so lange behalten zu dürfen, bis sie aus dem babylonischen Offizier, dem angeblichen Vater des Kindes, noch mehr herausgepreßt habe.

A P. J. Enk. 2 Bde., Leiden 1953 (mit Kommentar). K. H. Kruse, Diss. Heidelberg 1974 (mit Kommentar).
Ü W. Binder / W. Ludwig. Bd. 2, Darmstadt 1976. W. Hoffmann, Darmstadt 2001 (lat.-dt. mit Kommentar).
L M. v. Albrecht, RL, 133–167. KNLL 13, 443 f. C. F. W. Müller: Zu Plautus' *Truculentus*, in: Hermes 27, 1899, 321–344.

Tusculanae disputationes
„Gespräche in Tusculum"

Marcus Tullius Cicero aus Arpinum, 106–43 v. Chr.

Fünf philosophische Dialoge (lat.).
Entstanden 45 v. Chr. und Marcus Brutus gewidmet.

I Die fünf Dialoge haben ein gemeinsames Oberthema: die Bewältigung des Schmerzes. – Jedes Buch hat ein Proömium, in dem Cicero seine übergreifende Absicht mitteilt: die gr. Philosophie in Rom heimisch zu machen. Folgende Themen werden behandelt: 1. Buch: Verachtung des Todes. Der Tod ist kein Übel. – 2. Buch: Ertragen von Schmerz. Auch der Schmerz ist kein Übel. – 3. Buch: Befreiung des Menschen vom seelischen Schmerz und Kummer mit Hilfe der Vernunft. 4. Buch: Affekte und Leidenschaften. Ihre Beherrschung durch die Vernunft. 5. Buch: Selbstgenügsamkeit der Tugend, die allein zum glücklichen Leben führt. – Cicero läßt jeweils eine bestimmte provozierende These durch einen Schüler aufstellen, zu der dann in einem zusammenhängenden Vortrag von einem Lehrer (Cicero selbst) Stellung genommen wird. – Cicero beschreibt im ganzen gesehen aber nicht nur ein Ideal, sondern gibt auch Anweisungen dafür, wie man sich dem Ideal annähern kann. Ein Beispiel: Die Kapitel 28–59 a des 3. Buches bilden einen ziemlich geschlossenen Lehrkomplex.. Hier geht es um eine psychologische Interpretation des Kummers. Cicero stellt die Erklärungsmuster Epikurs und der Kyrenaiker, der Nachfolger Aristipps aus Kyrene, gegenüber: Epikur vertrete die Auffassung, Kummer sei die „dauernde Erwartung eines (kommenden) Übels" (*opinio mali*). Die Kyrenaiker hingegen ließen den Kummer nicht durch jedes Übel, sondern nur durch ein unerwartetes und plötzliches entstehen. Epikur empfiehlt zur Linderung des sozusagen existentiellen Kummers, das Nachdenken über den Kummer zu vermeiden und sich auf die Betrachtung der Genüsse zu konzentrieren (*ad contemplandas voluptates*, 33): Denn er (Epikur) meint, die Seele könne der Vernunft gehorchen und ihr nachfolgen, wohin diese sie führe. „Die Vernunft aber verbietet, das Unglück zu betrachten, lenkt uns ab von bitteren Gedanken und stumpft unseren Blick ab, wenn er sich auf das Unglück richten will. Wenn sie einmal zum Rückzug vor dem Unglück geblasen hat, treibt sie die Seele wieder an und muntert sie dazu auf, die verschiedenen Genüsse zu betrachten und mit ganzer Seele aufzunehmen, jene Genüsse, die, wie er meint, als vergangene durch die Erinnerung, und als zukünftige durch die Hoffnung das Leben des Weisen erfüllen" (Übers. O. Gigon). Cicero versucht anschließend zu widerlegen (34–46a), daß das Ablenken der Gedanken auf Lustempfindungen den Kummer mildert. Im Gegensatz zu Epikur solle man sich auf mögliches Unheil vorbereiten, um nicht überrascht zu werden. Im übrigen sei die Ablenkung der Gedanken auf die Lust nicht möglich. Ferner sei die Lust kein Objekt, auf das man sich konzentrieren dürfe. Dafür komme allenfalls die Tugend in Frage. An Beispielen wird demonstriert, daß es lächerlich ist, sich im Unglück durch Gedanken an Vergnügungen zu trösten.

Q Cicero folgt im wesentlichen stoischen Quellen.

A A. E. Douglas, Warminster 1985 (lat.-engl.). M. Pohlenz, Leipzig 1918.
Ü O. Gigon, Düsseldorf/Zürich [7]1998 (lat.-dt.). A. Kabza, München 1959.
L E. Gierstorfer: Cicero, *Tusculanae disputationes*. Quellen des ersten Buches, Diss. München 1967. H. Hommel: Ciceros Gebetshymne an die Philosophie, *Tusculanen* 5, 5, Heidelberg 1968. C. Knapp: An Analysis of Cicero's *Tusculan Disputations*, in: PhQ 6, 1927, 39–56. KNLL 3, 1027f. R. Philippson: Das 3. und 4. Buch der *Tusculanen*, in: Hermes 67, 1932, 245–294. M. Valente: L' éthique stoicienne chez Cicéron, Paris/Pôrto Alegre 1956, 31–52.

Tyrannóktonos
„Der Tyrannenmörder"

Lukianos aus Samosata, etwa 120–180 n. Chr.

Redeübung (gr.).

I Der Redner ist ein fiktiver Tyrannenmörder, der vor Gericht auftritt, um eine Belohnung für seine ruhmreiche Tat zu verlangen. Diese war deshalb so bedeutsam, weil er gleich zwei Tyrannen beseitigt hatte: zuerst den Sohn, den er mit eigener Hand erschlug, und dann den Vater, der sich selbst tötete und damit zu seinem eigenen Tyrannenmörder wurde. Dies war möglich, weil der Tyrannenmörder sein Schwert neben dem toten Sohn liegen ließ, das der Vater benutzte, um sich selbst aus Schmerz über den Verlust seines Sohnes zu töten. – Weil er aber den Alten nicht mit eigener Hand getötet hatte, wird ihm die Belohnung verweigert. Es geht dem Tyrannenmörder darum nachzuweisen, daß er es war, der dennoch der Tyrannei ein Ende gemacht habe; denn sein Schwert sei es gewesen, das Sohn und Vater getötet habe.

A A. M. Harmon. Bd. 5, London/Cambridge (Mass.) 1936 (gr.-engl.).
Ü Chr. M. Wieland: Lucian von Samosata. Sämtliche Werke 3. 6, Leipzig 1788/1789, 245–266.

Tyránnon anhaíresis ek timorías
„Die Beseitigung von Tyrannen aus Rache"

Phainias aus Eresos, etwa 375–300 v. Chr.

Nur fragmentarisch erhaltene Sammlung (gr.) von Anekdoten und Berichten über das im Titel bezeichnete Thema.

A F. Wehrli, Schule, 9.
L A. Lesky, GL, 778. O. Regenbogen, RE Suppl. 7, 1940.

U/V/W/X

Über das Gute →Perì tagathû (Platon)

Über den attischen Dialekt →Perì Attikês dialéktu (Krates aus Athen)

Über den heiligen Geist →De spiritu sancto (Didymos)

Über den Himmel →Perì uranû (Aristoteles)

Über den jüdischen Krieg →Historía Iudaikû polému pròs Rhomaíus (Iosephos)

Über den Kranz →Perì tû stephánu (Demosthenes)

Über den Mord an Eratosthenes →Hypèr tû Eratosthénus phónu apología (Lysias)

Über den Ölbaum →Areopagitikòs perì tû séku apología (Lysias)

Über die Gerechtigkeit →De iusto (Karneades)

Über die grundlose Verachtung der Volksmeinung

Polystratos, Schüler Epikurs, 4./3. Jh. v. Chr.

Philosophische Abhandlung (gr.) über den konventionellen Ursprung der sittlichen Begriffe.

A   K. Wilke, Leipzig 1905.

Über die Juden →Perì Iudaíon (Alexander Polyhistor)

Über die Komödie →Perì komodías (An.)

Über die Natur →Perì phýseos (mehrere Autoren)

Über die Nymphengrotte →Perì tû en Odysseía tôn Nymphôn ánthru (Porphyrios)

Über die Pflicht →Perì tû kathékontos (Panaitios)

Über die Philosophie →Perì philosophías (Polystratos)

Über die Philosophie des Aristoteles →Perì Aristotélus philosophías (Nikolaos aus Damaskos)

Über die Reitkunst →Perì hippikês (Xenophon)

Über die Rhetorik →Lógoi (Ailios Aristeides)

Über die Seele →Perì psychês (Aristoteles)

Über die Ursachen der Pflanzen →Phytikaì aitíai (Theophrast)

Über die Vier →Lógoi (Ailios Aristeides)

Über die Welt →Perì kósmu (Ps.-Aristoteles)

Über Götter →Perì theôn (Apollodoros aus Athen)

Über Götter und Welt →Perì theôn kaì kósmu (Salustios)

Über Größe und Entfernung der Sonne und des Mondes →Perì megethôn kaì apostemáton helíu kaì selénes (Aristarch aus Samos)

Über Gymnastik →Gymnastikós (Philostratos)

Über Isis und Osiris →Perì Ísidos kaì Osíridos (Plutarchos)

Über Melissos, Xenophanes und Gorgias →De Melisso, Xenophane, Gorgia (Ps.-Aristoteles)

Über Sympathie- und Antipathiemittel

Bolos aus Mendes, um 200 v. Chr.

Verlorene medizinische Schrift (gr.), die nur in Zitaten anderer Schriftsteller faßbar ist. Das Werk wurde auch Demokritos zugeschrieben.

A   VS 68 B 300.
L   W. Spoerri: Bolos von Mendes, in: dtv-L 1. 1, 255f. K. Ziegler, RE 18, 3, 1949, 1142.

Über Verschiedenheiten und Gemeinsamkeiten des Griechischen und Lateinischen →De differentiis et societatibus Graeci Latinique verbi (Macrobius)

Utrum Pater ... →Opuscula sacra (Boethius)

Variae
„Verschiedene (Schriftstücke)"

Flavius Magnus Aurelius Cassiodorus, Senator aus Bruttium, etwa 490–583 n. Chr.

Sammlung (lat.) der von Cassiodorus in seiner Eigenschaft als röm. Beamter verfaßten Erlasse in zwölf Büchern.
Die Erlasse und amtlichen Briefe stammen aus den Jahren 506–537 n. Chr. und wurden im Jahre 537 n. Chr. veröffentlicht.

I   Die Sammlung sollte Stilmuster für die Abfassung von Erlassen bieten. Die von Cassiodorus redigierten Schriftstücke dienten als Vorbilder für einen der Staatsverwaltung angemessenen Stil.

A   A. Fridh, CC 96. Th. Mommsen, MGH AA 12, 1894, 3–385.
L   M. v. Albrecht, RL, 1186–1190. A. Fridh: Terminologie et formules dans les *Variae* de Cassiodore, Göteborg 1956. A. Fridh: Contribution à la critique et à l' interpretation des *Variae* de Cassiodore, Stockholm 1968. A. Fridh: Cassiodorus' Digression on Music, *var.* 2, 40, in: Eranos 86, 1988, 43–51. S. Krautschick: Cassiodor und die Politik seiner Zeit, Bonn 1983. R. MacPherson: Rome in Involution. Cassiodorus' *Variae* in their Literary and Historical Setting, Posen 1989. J. O' Donnell: Cassiodorus, Berkeley 1979. G. Vidén: The Roman Chancery Tradition. Studies in the Language of *Codex Theodosianus* and Cassiodorus' *Variae*, Göteborg 1984.

Vergil-Cento

Pomponius, 4./5. Jh. n. Chr.

Flickgedicht (lat.), ein aus Versen oder Versteilen Vergils komponiertes bukolisches Gedicht.

I   Die ländliche Szenerie der vergilischen →*Bucolica* bildet den Rahmen für einen Diskurs des Hirten Tityrus über die christliche Lehre. Der Autor verbindet Bukolik und christliche Predigt. Vgl. auch →*De mortibus boum* des Endelechius.

A   →*Anthologia Latina* 1, 2, 719 a. CSEL 16, 1888, 609–615.
L   W. Schetter: Bukolik, in: dtv-L 1. 1, 272–274.

Vergil-Cento

Faltonia Betitia Proba, 4. Jh. n. Chr.

Flickgedicht (lat.), ein aus Versen oder Versteilen Vergils komponiertes Gedicht in 694 Hexametern zur christlichen Schöpfungs- und Heilsgeschichte.

I   Die Autorin stellt vergilisches Versmaterial in den Dienst der christlichen Verkündigung. Sie charakterisiert ihren die ganze Heilsgeschichte umfassenden Cento (Praefatio 3 f.) als *Maro mutatus in melius* („Vergil zum Besseren umgeformt"). Dieses Programm bekundet den christlichen Fortschritts- und Überbietungsehrgeiz. – Proba behandelt in der Form des Cento Schöpfung und Sündenfall, den Tod Abels und die Sintflut. Dann folgt – Proba ist davon überzeugt, daß Vergil Christus besungen habe – eine Auswahl von Szenen aus dem Leben Jesu bis zur Himmelfahrt. Biblische Eigennamen kommen bis auf Moses nicht vor, und die noch so geschickt ausgewählten und arrangierten Vergilverse erlauben nur unbestimmte Andeutungen. Die über den biblischen Zusammenhang hinausweisenden Vergilsegmente werden von Proba zur Erzielung einer erbaulichen Wirkung genutzt.
N   Für Hieronymus war Probas Cento eine Herabwürdigung der Bibel und auch Vergils. „Historisch richtiger ist wohl, von einem durch die Verschmelzung der römischen Kultur und des Christentums geförderten neuen, ,hermeneutischen' Lesen zu sprechen, das den römischen Klassiker als eine Art ,Altes Testament' typologisch auf die jetzt in Christus verwirklichte Wahrheit bezieht" (M. v. Albrecht, 1046).

A   CSEL 16,569–609.
L   M. v. Albrecht, RL, 1046. F. Ermini: Il Cento di Proba e la poesia centonaria latina, 1909. M. Fuhrmann, Spätantike, 219f. R. Herzog, HLL 5, 1889, § 562.

Vergilius orator an poeta
„Ist Vergil ein Redner oder ein Dichter?"

Lucius (oder Publius) Annaeus Florus, 1. Hälfte des 2. Jh. n. Chr.

Dialog (lat.), von dem nur die Einleitung erhalten ist.

I Die Einleitung erzählt von der Person des Autors, der aus Nordafrika stammt und in seiner Jugend durch einen Mißerfolg in einem Dichterwettstreit von Kaiser Domitian gedemütigt worden war. – In seinem Hauptteil handelte der Dialog wahrscheinlich von der Beziehung zwischen Poesie und Redekunst. Unter diesem Gesichtspunkt gehört die Schrift derselben literarischen Gattung an wie Ciceros →De oratore, der Dialogus de oratoribus des Tacitus oder dem →Octavius des Minucius Felix.

A J. G. Deangeli, Turin 1969.
L M. v. Albrecht, RL, 1120–1127.

Vergilkommentar
Aelius Donatus, Mitte des 4. Jh.s n. Chr.
Kommentar (lat.), aus dem nur (1) die Widmung, (2) die Vergilvita und (3) die Praefatio Bucolicorum, d. i. die Einleitung zu den Eclogen (→Bucolica) Vergils, erhalten ist.

I (1) Das Werk ist einem Lucius Munatius gewidmet. Die Widmung hat die Form eines Briefes (Epistula Donati). – (2) Die in schlichter Sprache abgefaßte Lebensbeschreibung des Dichters Vergil geht in ihrem Grundbestand auf Sueton (→De viris illustribus) zurück und ist eine wichtige Informationsquelle für das Leben Vergils. (3) Die Einleitung zu Vergils →Bucolica baut auf zwei Hauptgesichtspunkten auf: Erstens setzt sie sich mit den Fragen ante opus („vor dem Werk") und zweitens mit den Fragen in ipso opere („im Werk als solchem") auseinander. Zu den Fragen ante opus gehören u. a. die Frage nach dem Titel und seiner Berechtigung, Erläuterungen zum Ursprung (origo) des literarischen Genus, zur Veranlassung (voluntas) des Dichters und die Klärung der Absicht (intentio) des Dichters. Die Fragen in ipso genere beziehen sich auf die Interpretation des Textes.

A C. Hardie: Vitae Vergiliani antiquae, Oxford (2)1957. W. Janell, Leipzig 1930 (Vergilvita).
Ü K. Bayer: Vergil-Viten, in: J. u. M. Götte: Vergil: Landleben: Catalepton, Bucolica, Georgica, München/Zürich (5)1987, 214–229 und 229–241 (Vergilvita und Eclogen-Einführung, lat.-dt.).
L K. Bayer: Der suetonische Kern und die späteren Zusätze der Vergilvita, Diss. München 1952. J. Brummer: Vitae Vergilianae, Leipzig 1912. H. Naumann: 125 Jahre Vita Donatiana des Vergil, in: F. Maier / W. Suerbaum (Hg.): Et scholae et vitae. FS für K. Bayer, München 1985, 33–40. U. Schindel: Die lateinischen Figurenlehren des 5. – 7. Jh.s und Donats Vergilkommentar (mit zwei Editionen),

Göttingen 1975. P. Wessner: Donatus (Nr. 6), in: RE 5, 1905, 1545–1547.

Vergilkommentar
Servius, um 370 n. Chr. gest.

Kommentar (lat.) zu den Werken des Dichters Vergil (70–19 v. Chr.).
Entstanden um 400 n. Chr.

I Servius kommentiert die Werke Vergils überwiegend unter grammatischen und rhetorischen Gesichtspunkten. Mitunter gibt er aber auch wertvolle Hinweise zur Interpretation der Texte. Der Autor ist davon überzeugt, daß Vergil über eine umfassende Sach – und Weltkenntnis verfügte. – Die „Serviusvita" (→Vita des Vergilius) Vergils steht am Anfang des „Vergilkommentars". – Es gibt vier Überlieferungsformen des Werkes: (1) Normalfassung, unter dem Namen des Servius überliefert, (2) kürzere Fassung, (3) erweiterte Fassung, die nach ihrem ersten Herausgeber Peter Daniel auch „Servius Danielis" oder „Scholia Danielis" genannt wird (ohne den Namen des Servius überliefert; das zusätzliche Material stammt wohl im wesentlichen aus dem →„Vergilkommentar" des Aelius Donatus), (4) eine durch Interpolationen in der Zeit der Renaissance noch stärker erweiterte Fassung.

A H. Hagen: Appendix Serviana, Leipzig 1902. G. Thilo / H. Hagen. 3 Bde., Leipzig 1881–1887, Nachdr. Hildesheim 1986.
Ü K. Bayer: Vergil-Viten, in: J. und M. Götte: Vergil: Landleben: Catalepton, Bucolica, Georgica, München/ Stuttgart (5)1987, 242–244 (nur die Servius-Vita, lat.-dt.).
L M. v. Albrecht, RL, 1169. J. W. Jones: An Analysis of the Allegorical Interpretations in the Servian Commentaries, Diss. Univ. of North Carolina 1959. L. Lazzarini: Elementi di una poetica serviana. Osservazioni sulla costruzione del racconto nel commentario all' Eneide II, in: SIFC 82, 1989, 241–260. R. B. Lloyd: Republican Authors in Servius and the Scholia Danielis, in: HSPh 65, 1961, 291–341. M. Muehmelt: Griechische Grammatik in der Vergilerklärung, München 1965. A. F. Stocker: A new source for the text of Servius, in: HSPh 52, 1941, 65–97. A. Uhl: Servius als Sprachlehrer. Zur Sprachrichtigkeit in der exegetischen Praxis des spätantiken Grammatikunterrichts, Göttingen 1998.

Vermischte Gedichte →Carmina (Venantius Fortunatus)

Versus de consolatoria castitatis laude
„Verse über das tröstende Lob der Keuschheit"

Alcimus Ecdicius Avitus, um 500 n. Chr.

Hexameterdichtung (lat.) mit einem Preis der Jung-fräulichkeit für die Schwester des Dichters, die Nonne Fuscina.

   A   U. Chevalier, Lyon 1890. R. Peiper, MGH AA 6, 2, 1883.
   L   O. Bardenhewer 5, 337–345.

Vetus Latina →Vulgata

Vidularia
„Kofferstück"

Titus Maccius Plautus aus Sarsina, etwa 250–184 v. Chr.

Frg. (lat.) einer Komödie.

   I   Die rund 100 erhaltenen Verse lassen erken-nen, daß zwischen *Vidularia* und →*Rudens* inhaltli-che Übereinstimmungen bestehen: Ein Schiffbrü-chiger wird von einem alten Fischer gastlich aufge-nommen. Er arbeitet bei dem Nachbarn Dinia als Tagelöhner. Ein anderer Fischer findet den Koffer des Schiffbrüchigen. Dadurch bekommt er sein Geld zurück und wird als lange verschollener Sohn des Dinia wiedererkannt.

   A   A. Ernout. Bd. 7, Paris [2]1961 (lat.-frz.). W. M. Lindsay. Bd. 2, Oxford 1901. P. Nixon. Bd. 5, London/Cambridge (Mass.) 1938 (lat.-engl.).
   L   K. Dér: *Vidularia*. Outlines of a Reconstruction, in: CQ 37, 1987, 432–443. KNLL 13, 444 f.

Viermännerkommentar

Zusammenfassung (gr.) von Schriften der vier ale-xandrinischen Philologen Aristonikos, Didymos, Herodianos und Nikanor zur Homererklärung durch einen anonymen Grammatiker.
Diese Zusammenfassung wurde vom Redaktor der sog. A-Scholien (→*Scholia*), dem Verfasser der Text-redaktion, die im Codex Venetus A, im Etymologi-cum Genuinum und bei Eustathios vorliegt, mit an-deren Stücken vereinigt und in gekürzter Form an den Rand eines Homertextes geschrieben. – Der „Viermännerkommentar" basiert auf den philologi-schen Arbeiten des Aristarchos aus Samothrake (→*Hypomnémata*).

Vita Ambrosii
„Biographie des Ambrosius"

Paulinus aus Mailand, gest. nach 422 n. Chr.

Lebensbeschreibung (lat.) des Bischofs von Mailand und Kirchenvaters Ambrosius (um 339/340–397 n. Chr.).
Das Werk entstand kurz nach dem Tod des Ambro-sius.

   I   Die *Vita* läßt viel Wichtiges unerwähnt, legt aber Wert auf Wunderberichte und Anekdotisches. Paulinus erzählt viele sonst nicht überlieferte Ein-zelheiten.

   A   A. A. R. Bastiaensen / L. Canali / C. Carena / C. Moreschini: Vita di Cipriano, Vita di Ambrogio, Vita di Agostino, Mailand 1975 (lat.-it. mit Kommentar). M. Pel-legrino, Rom 1961 (lat.-it. mit Kommentar). PL 14, 27–46.
   L   M. v. Albrecht, RL, 371–381. W. Berschin: Biogra-phie und Epochenstil im lateinischen Mittelalter. 1: Von der *Passio Perpetuae* zu den *Dialogi* Gregors des Großen, Stuttgart 1986.

Vita Antonii →Vita Sancti Antonii (Athanasios)

Vita Antonii monachi Lerinensis
„Lebensbeschreibung des Mönches Antonius aus Lerinum"

Magnus Felix Ennodius aus Gallien, 473–521 n. Chr.

Biographie (lat.).

   I   Der Mönch Antonius lebte in dem berühmten Kloster Lerinum bei Marseille, das als Zentrum theologischer Gelehrsamkeit galt.

   A   CSEL 6. MGH AA 7.
   L   O. Bardenhewer 5, 236–249. Schanz-Hosius 4. 2, 131–148.

Vita Apollonii →Tà eis Tyanéa Apollónion (Philostratos)

Vita Aristotelis Marciana
„Lebensbeschreibung des Aristoteles in einem Codex Marcianus"

An. (vielleicht der Neuplatoniker Olympiodoros, 1. Hälfte des 6. Jh.s n. Chr., und wohl nicht Am-monios, dessen Lehrer)

Aristoteles-Biographie (gr.), die in einem Codex Marcianus überliefert ist.
Entstanden im 6. Jh. n. Chr.

   A   I. Düring: Aristotle in the ancient biographical tradition, Göteborg 1957, 94–119. O. Gigon: *Vita Aristotelis Marciana*, 1962 (mit Kommentar). I A. Busse: Die neuplatonischen Lebensbeschreibungen des Aristoteles, in: Hermes 28, 1893, 252–276. O. Gigon: Interpretationen zu den antiken Aristoteles-Viten, in: MH 15, 1958, 147–193.

Vita Augustini

„Augustinus-Biographie"

Possidius aus Calama, gest. nach 437 n. Chr.

Lebensbeschreibung (lat.) des Aurelius Augustinus aus Thagaste, 354–430 n. Chr.
Das Werk entstand kurz vor dem Tod des Augustinus (28. 8. 430).

I Die *Vita* berichtet über viele Einzelheiten aus dem Leben des Augustinus. Der Autor stellt ihn vor allem als Mönch und Bischof dar (im Sommer 386 hatte sich Augustinus für das Leben als Mönch entschieden; 396 wurde er Bischof von Hippo). – Possidius verzichtet bewußt auf ein übertreibendes Lob des Augustinus und weicht hierin von seinen literarischen Vorbildern ab (vgl. z. B. die →*Vita et passio Cypriani* des Pontius). Der *Vita* ist ein Schriftenverzeichnis (*Indiculus*) des Augustinus hinzugefügt, das allerdings weder vollständig noch fehlerfrei ist.

A A. A. R. Bastiaensen / L. Canali / C. Carena / C. Moreschini: Vita di Cipriano, Vita di Ambrogio, Vita di Agostino, Mailand 1975 (lat.-it. mit Kommentar). M. Pellegrino, Rom 1955. PL 32, 33–66 (*Vita*) und 46, 5–22 (*Indiculus*).
Ü A. v. Harnack, in: Abh. d. Preuß. Ak. d. Wiss. zu Berlin 1930. 1. K. Romeis, Berlin 1930.
L W. Berschin: Biographie und Epochenstil im lateinischen Mittelalter. 1: Von der *Passio Perpetuae* zu den *Dialogi* Gregors des Großen, Stuttgart 1986. H. J. Diesner: Possidius und Augustinus, in: Texte und Untersuchungen zur Geschichte der altchristlichen Literatur 81, 1962, 350–365.

Vita Constantini →Eis tòn bíon tû makaríu Konstantínu basiléos (Eusebios)

Vita des Augustus

„Leben des Augustus"

Nikolaos aus Damaskos, geb. etwa 64 v. Chr.

Lebensbeschreibung (gr.) des röm. Kaisers Augustus (63 v. – 14 n. Chr.), in einigen Frg. überliefert.

I Die Frg. bieten ein Bild von Augustus' Jugend bis zum Jahr 45 v. Chr., beschreiben sein Leben von seiner Rückkehr aus Apollonia, wo er seine Studien abschloß, bis zur Aufstellung eines Heeres in Kampanien nach Caesars Ermordung (44 v. Chr.).
Q Als Hauptquelle diente die bis zum Jahr 25 v. Chr. reichende (nicht erhaltene) Autobiographie des Augustus.
W Die Biographie rühmt den Herrscher in pan-

egyrischer Weise, um ihn auch einem griechischen Publikum bekannt zu machen.

A FGrHist 90. C. M. Hall, 1923.
Ü J. Malitz, Darmstadt 2003 (gr.-dt.).
L C. Brutscher: Analysen zu Suetons *Divus Iulius* und der Parallelüberlieferung, in: Noctes Romanae 8, 1958, 131–134. R. Laqueur, RE 17, 1936, 326–424. A. Lesky, GL, 872 f. M. Toher: The *Bios Kaisaros* of Nicolaus of Damaskus. An historiographical analysis, Diss. Brown University, Providence 1985.

Vita des Hippokrates →Vita Hippocratis secundum Soranum (Soranos)

Vita des Iosephus

„Leben des Iosephus"

Flavius Iosephus (Iosephos), 37 – um 95 n. Chr.

Autobiographie und politische Rechtfertigungsschrift (gr.).

I Die Autobiographie ist im wesentlichen eine Reaktion auf die Kritik, die von jüdischer Seite gegenüber Iosephus' prorömischer Darstellung in seinem *Bellum Iudaicum* (→*Historía Iudaikû polému pròs Rhomaíus*) geäußert wurde. So schrieb z. B. ein anderer jüdischer Historiker und Zeitgenosse des Iosephus, Justus aus Tiberias, ebenfalls eine heute verschollene „Geschichte des Jüdischen Krieges" aus projüdischer Sicht. Die Vita des Iosephus ist im wesentlichen eine Verteidigung gegen Justus' Vorwürfe. Der Autor wollte seine Feinde und Neider zum Schweigen bringen.

A A. Pelletier, Paris 1959 (gr.-frz.).
Ü F. Siegert u. a., Tübingen 2001.
L P. Bilde: Flavius Josephus between Jerusalem and Rome. His life, his works and their importance, Leiden 1988. S. J. D. Cohen: Josephus in Galilee and Rome. His vita and development as a historian, Leiden 1979. L. H. Feldman: Flavius Josephus revisited. The man, his writings and his significance, in: ANRW 2, 21, 2, 1984, 763–862. G. Hölscher, RE 9, 2, 1916, 1934–2000. A. Lesky, GL, 900 f.

Vita des Thukydides

Markellinos, 5./6. Jh.

Lebensbeschreibung (gr.) des Historikers (→*Ho pólemos tôn Peloponnesíon kaì Athenaíon*).

I Im Codex E (Pal. Heidelb. 252) aus dem 11. Jh. wird die umfangreiche Biographie mit dem Titel *Markellínu ek tôn eis Thukydíden scholíon perì tû bíu autû kaì tês tû lógu idéas* („[Abhandlung] des Markellinos auf der Grundlage der Scholien zu Thukydides über dessen Leben und den Grundgedanken seiner Darstellung"). Die Biographie sollte die Einleitung zu einer Kommentierung des Thukydides-Textes sein. – Die Abhandlung ist eine Kontamination verschiedener biographischer und stilkritischer Darstellungen.

A C. Hude. Bd. 1, Leipzig 1898. O. Luschnat. Bd. 1, Leipzig [2]1960. H. Stuart Jones. Bd. 1, Oxford 1900.
L H. Gärtner: Marcellinus (Nr. 18), in: DKP 3, 991.

Vita des Vergilius

Servius, um 370 n. Chr. geb.

Lebensbeschreibung (lat.) des röm. Dichters Vergil. Der Text steht am Anfang des Servius-Kommentars zu Vergils Werken (→„Vergilkommentar"). Entstanden um 400 n. Chr.

I Der Informationswert dieser Vita ist weitaus geringer, als es bei der Donatvita der Fall ist; so fehlen z. B. alle Angaben, die ein Bild von Vergils Persönlichkeit entstehen lassen könnten.

Q Servius hat die Vita entweder in Auseinandersetzung mit der Vita des Donatus (→„Vergilkommentar") verfaßt und deren Aufbau verändert, oder er hatte noch Zugang zu den gleichen Quellen, die auch Sueton (→De viris illustribus) benutzte.

A C. Hardie: Vitae Vergilianae antiquae, Oxford [2]1957.
Ü K. Bayer: Vergil-Viten, in: Vergil. Landleben: Catalepton, Bucolica, Georgica, ed. J. und M. Götte, München/ Zürich [5]1987, 242–244 (lat.-dt.).
L E. Norden: De vitis Vergilianis, in: RhM 61, 1906, 166–177. P. Wessner: Servius, in: RE.

Vita et passio Cypriani
„Leben und Leiden des Cyprianus"

Pontius aus Karthago, Mitte des 3. Jhs. n. Chr.

Lebensbeschreibung des Caecilius Cyprianus (lat.). Die Vita wurde wenige Monate nach dem Tod des Bischofs im Jahre 258 n. Chr. verfaßt.

I In der vermutlich ersten literarisch ausgeformten christlichen Biographie in lat. Sprache (vgl. auch schon die →Passio Perpetuae et Felicitatis, von der der christliche Wort- und Bilderschatz vorgeprägt wurde) geht es sowohl um eine geschichtliche Darstellung als auch um das Lob des Helden („Menschenlob im Anschluß an unausrottbare römische Denkgewohnheiten", M. v. Albrecht, 1251). Der Autor, der sich als Begleiter Cyprians vorstellt, zeichnet panegyrisch und erbaulich ein Idealbild des Bischofs. – „Während Märtyrerakten und Passionen nur vom Tod der Heiligen erzählen, tritt nun das ganze Leben in den Berichtshorizont des Hagiographen, das mit der Taufe beginnt und im Martyrium oder einem heiligmäßigen Tod seine Krönung findet. Wesentlich ist die spirituelle Geschichte des Bischofs, sein Leben mit Gott, das sich in seinem Amt dokumentiert. Pontius ... zeichnet Cyprians Leben als imitatio Christi" (Hofmann,

451). Cyprians Verbindung mit seiner Gemeinde wird besonders hervorgehoben: die Kirche löst die röm. res publica ab. Die Ecclesia tritt an deren Stelle. Die Pflichten gegenüber der röm. Republik gehen an die christliche Kirche über. In der Nachfolge Christi übertrifft Cyprian sogar alttestamentliche Vorbilder, in denen die röm. Exempla-Traditon weiterlebt.

W „Im Ansatz ist die Darstellung zwar historisch, aber es geht nur um den Weg eines Menschen mit Gott, die Verwandlung eines Einzelnen durch den Heiligen Geist. In diesem Lichte gewinnt das Reale und Individuelle doch einen gewissen Eigenwert, wenn auch gespiegelt im Bewußtsein der Gemeinde. Der römische Realitäts- und Gesellschaftsbezug ist hier zugleich fortgesetzt und spiritualisiert" (M. v. Albrecht, 1252). Der Autor will der Nachwelt die Erinnerung an den Bischof bewahren.

A W. v. Hartel, CSEL 3, 3, 1871.
Ü J. Baer, BKV 34, 1918. A. A. R. Bastiaensen / L. Canali / C. Carena / C. Moreschini: Vita di Cipriano, Vita di Ambrogio, Vita di Agostino, Mailand 1975 (lat.-it. mit Kommentar).
L M. v. Albrecht, RL, 1251 f. W. Berschin: Biographie und Epochenstil im lateinischen Mittelalter. 1: Von der Passio Perpetuae zu den Dialogi Gregors des Großen, Stuttgart 1986, 58–65. A. D'Alès: Le diacre Pontius, in: Recherches de Science Religieuse 8, 1918, 319–378. H. Dessau: Pontius, der Biograph Cyprians, in: Hermes 51, 1916, 65–72. A. v. Harnack: Das Leben Cyprians von Pontius. Die erste christliche Biographie, Leipzig 1913. H. Hoffmann: Die Geschichtsschreibung, in: NHbL. Spätantike, 403–467 (bes. 451).

Vitae
„Lebensbeschreibungen"

Cornelius Nepos, etwa 100–25 v. Chr.

Sammlung (lat.) von Lebensbeschreibungen, die aus der Schrift De viris illustribus stammen, aus der 23 Darstellungen nicht-röm. Feldherrn und Staatsmänner (Liber de excellentibus ducibus exterarum gentium, „Buch über hervorragende Führer ausländischer Völker") und der beiden Römer Cato und Atticus (Liber de historicis Latinis, „Buch über die lateinischen Historiker") erhalten sind.
Die Sammlung wurde wahrscheinlich zwischen 29 und 27 v. Chr. fertiggestellt. Es darf als sicher gelten, daß eine erste Auflage der Duces schon zwischen 35 und 32 v. Chr. veröffentlicht wurde.

I Der Liber de excellentibus ducibus exterarum gentium mit zwanzig gr. Feldherrn und Politikern (1–20) und einer Aufzählung bedeutender Könige (21) besteht aus drei Gruppen von je sieben Viten, die sich jeweils auf eine herausragende Epoche der gr. Geschichte beziehen: (1) Miltiades, Themistokles, Aristeides, Pausanias, Kimon, Lysander, Alkibiades für die Zeit des Sieges über die Perser bei Marathon bis zu den letzten Siegen im Peloponnesischen Krieg. (2) Thrasybulos, Konon, Dion,

Iphikrates, Chabrias, Timotheus, Datames für die Zeit des Peloponnesischen Krieges (431–404 v. Chr.) bis in die Mitte des vierten vorchristlichen Jahrhunderts. (3) Epameinondas, Pelopidas, Agesilaos, Eumenes, Phokion, Timoleon, Könige für die Zeit von der Mitte des 4. Jh.s v. Chr. bis in die Zeit der Diadochen. – Hinzu kommen dann noch als eigene Gruppe die beiden Karthager Hamilkar und Hannibal (22–23)

Q   Nepos ist der erste antike Biograph, der „politische" Viten, d. h. Lebensbeschreibungen von Staatsmännern, verfaßte, während seine gr. Vorgänger sich auf „literarische" Viten, d. h. Lebensbeschreibungen von Dichtern und Denkern, beschränkten. Der Autor griff bei der Darstellung nicht-röm. Feldherrn nicht auf entsprechende gr. Biographien zurück. Er benutzte jeweils mehrere Quellen, u. a. vor allem hellenistische Geschichtswerke, Sammlungen mit dem Titel *Perì endóxon andrôn* („Über berühmte Männer") und Enkomien (vgl. den →*Euagóras* des Isokrates). – Nepos kennt auch die von der peripatetischen Ethik an die Abfassung der Biographie gestellten Forderungen. – Die einschlägigen Werke des Thukydides (→*Ho pólemos tôn Peloponnesíon kaì Athenaíon*), des Xenophon (→*Agesílaos*), des Theopompos (→*Helleniká*; →*Philippiká*), des Timaios (→*Historíai*) u. a. standen Nepos als Quellen zur Verfügung.

H   Die Entstehung der *Vitae* fällt in die Zeit, „in der in Rom Caesars Erben, die Triumvirn Octavian, Antonius und Lepidus, die letzten Versuche der Anhänger der Republik, diese Staatsform zu erhalten, durch Maßnahmen imperatorischer Willkür, die durchaus an Aktionen des Tyrannen Dion erinnern, endgültig zunichte machten. Bedenkt man ferner, daß Nepos seine Feldherrnviten dem engen Freund des erbitterten Antonius-Gegners Cicero widmete (*Prologus* 1) und daß sich in diesen Viten auffallend viele Stellen befinden, an denen die Staatsform der Alleinherrschaft betont abgelehnt wird, dann ergibt sich zwangsläufig, daß der angeblich intellektuell so anspruchslose Autor Nepos mit seinen *Duces* nicht nur einen Beitrag zur Entwicklung der Gattung ‚politische Biographie' leistete, sondern auch kritisch zu den politischen Problemen seiner Zeit Stellung bezog und dementsprechend ernstzunehmen ist" (Holzberg, 23).

W   Der Autor beabsichtigt, den Lesern eine staatsethische Unterweisung zu geben. Diese auf einer bestimmten politischen Zielsetzung beruhende Intention wird mit Hilfe rhetorischer Stilisierung zur Geltung gebracht: Ein wichtiges Anliegen des Nepos ist die Verurteilung der tyrannischen Alleinherrschaft (vgl. bes. die Dion-Vita), bzw. die Warnung vor der Willkürherrschaft eines einzelnen. Besonders aufschlußreich ist die Vita des Thrasybulos (8), der die Stadt Athen von der Willkürherrschaft der Dreißig Tyrannen (404–403 v. Chr.) befreite. Hierin zieht der Autor eine direkte Linie von der Tyrannis der Dreißig in Athen zu den Machtverhältnissen in Rom zur Zeit der Abfassung der Viten. Nepos übt hier Gegenwartskritik an der Senatsari-

stokratie, die nicht entschlossen genug für die Wiederherstellung von Recht und Ordnung eintrat. Er appelliert mit dem Hinweis auf Thrasybulos an die Besonnenheit röm. Machtträger, die sich nur allzu leicht zu Willkürmaßnahmen hinreißen ließen. – Mit der Schilderung des Lebensläufe von Staatsmännern schuf sich Nepos die Möglichkeit, Parallelen zwischen den politischen Problemen der Vergangenheit und seiner eigenen Gegenwart zu ziehen.

N   Ein besonderes Verdienst des Nepos besteht darin, daß er als erster röm. Autor ein Gegenstück zu den hellenistischen Biographiensammlungen schuf. Dabei verknüpfte er „literarische" und „politische" Biographien zu einem einheitlichen Werk. Nepos darf als einer der Väter auch der modernen politischen Biographie gelten. Er ist der wichtigste Vorgänger des Sueton, der seine Viten nachahmt (→*De viris illustribus*). Beeinflußt hat er auch Ps.-Aurelius Victor, →*De viris illustribus urbis Romae*.

A   H. Malcovati, Turin 1944. P. K. Marshall, Leipzig [(3)]1991. K. Nipperdey / K. Witte, Berlin (13)1967. O. Wagner, Leipzig 1922.

Ü   H. Färber, München 1952 (lat.-dt.). A. D. Leemann, RLTD 2, 416–423 (lat.-dt. in Auswahl). P. Krafft / F. Olef-Krafft, Stuttgart 1993. M. Pfeiffer / R. Nickel, Düsseldorf 2006 (lat.-dt.). G. Wirth, Amsterdam 1994 (lat.-dt.).

L   M. v. Albrecht, RL, 381–390. J. R. Bradley: The Sources of Cornelius Nepos: Selected Lives, Diss. Harvard Uiniv. 1967. K. Büchner: Humanitas. Die Atticusvita des Cornelius Nepos, in: Gy 56, 1949, 100–121. A. Dihle: Die Entstehung der historischen Biographie, Heidelberg 1987. A. C. Dionisotti: Nepos and the Generals, in: JRS 78, 1988, 35–49. T. A. Dorey (Hg.): Latin Biography, London 1967. J. Geiger: Cornelius Nepos and Ancient Political Biography, Stuttgart 1985. N. Holzberg: Literarische Tradition und politische Aussage in den Feldherrnviten des Cornelius Nepos, in: Anregung 35, 1989, 14–27. E. M. Jenkinson: Genus scripturae leve: Cornelius Nepos and the Early History of Biography at Rome, in: ANRW 1, 3, 1973, 703–719. F. Leo: Die griechisch-römische Biographie nach ihrer literarischen Form, Leipzig 1901. B. Lupus: Der Sprachgebrauch des Cornelius Nepos, Berlin 1876, Nachdr. Hildesheim 1972. Th. G. McCarthy: Cornelius Nepos. Studies in his Technique of Biography, Diss. University of Michigan 1970. O. Schönberger: Cornelius Nepos. Ein mittelmäßiger Schriftsteller, in: Das Altertum 16, 1970, 153–163. R. Stark: Zur Atticus-Vita des Cornelius Nepos, in: RhM 107, 1964, 175–189. L. Voit: Zur Dion-Vita, in: Historia 3, 1954, 171–192. G. Wissowa, RE 4, 1, 1900, 1408–1471.

Vitae decem oratorum →Moralia (Plutarchos)

Vita Epiphanii episcopi Ticinensis
„Lebensbeschreibung des Bischofs Epiphanius von Ticinum-Pavia"

Magnus Felix Ennodius aus Gallien, 473–521 n. Chr.

Biographie (lat.).
Vor 513 n. Chr. verfaßt.

I Der Autor war der zweite Nachfolger des 438 in Pavia geborenen und 496 dort verstorbenen Bischofs Epiphanius, der sein Amt seit 466 innehatte. Epiphanius war einer der bedeutendsten Bischöfe in der Periode des Untergangs des abendländischen Kaisertums.

A G. Hartel, CSEL, 1883, 331–383. PL 63, 207–240. F. Vogel, MGH AA 7, 84–109.
L G. M. Cook: The Life of St. E. by Ennodius, Washington 1942. J. Fontaine, RAC 5, 398–421.

Vita et hypotheses Demosthenes →Hypothéseis tôn lógon Demosthénus (Libanios)

Vitae Vergilianae →Vergilkommentar (Donatus), →De viris illustribus (Suetonius)

Vita Herodotea
„Lebensbeschreibung, von Herodot verfaßt"

An., 2. Jh. n. Chr.

Eine dem Geschichtsschreiber Herodot zugeschriebene Biographie (gr.) Homers in ionischem Dialekt. Möglicherweise zur Zeit des röm. Kaisers Hadrian (reg. 117–138 n. Chr.), in der archaistische Tendenzen im Sinne einer Neubelebung des ionischen Dialekts erkennbar sind.

A T. W. Allen: Homeri Opera. Bd. 5, Oxford 1912.
Ü W. Schadewaldt: Legende von Homer, dem fahrenden Sänger, Zürich 1959.

Vita Hilarionis
„Das Leben des Hilarion"

Hieronymus aus Stridon, um 350–420 n. Chr.

Mönchsbiographie (lat.).
Verfaßt in den Jahren 390–392 n. Chr.

I Die *Vita Hilarionis* „beruht auf der Dialektik von Askese und Wundertaten: die Askese, das Leben in der Einsamkeit erfüllt Hilarius mit Wunderkraft und macht ihn berühmt, wodurch indes sein Rückzug aus der Welt wieder zunichte wird; er muß abermals entweichen, erringt sodann aufs neue

den Ruhm eines exzellenten Wundertäters usw. Die Hilarionschrift ist vor allem der enkomiastischen, ihren Gegenstand verherrlichenden Biographie verpflichtet. Der Reise-Abschnitt hat Analogie in den Lebensbeschreibungen wandernder Philosophen und geht in letzter Instanz auf die Struktur des Abenteuerromans zurück" (Fuhrmann, 230).

A A. A. R. Bastiaensen u. a., Verona 1975.
Ü M. Fuhrmann, Zürich 1983.
L →*Vita Pauli primi eremiti.*

Vita Hippocratis secundum Soranum
„Das Leben des Hippokrates nach Soranos"

Soranos aus Ephesos, 2. Jh. n. Chr.

Biographie (gr.) des gr. Arztes Hippokrates aus Kos.

I Die Biographie war vielleicht Teil der großen biographisch-doxographischen Medizingeschichte des Soranos. Hippokrates (um 460 – um 370 v. Chr.) wird sehr sachlich als erfolgreicher und sehr angesehener Arzt und Mediziner geschildert. Es wird darauf hingewiesen, daß er als gr. Patriot einen Ruf an den Hof des Perserkönigs ablehnte.

A J. Ilberg, CMG 4, 1927, 175 f.
Ü W. Müri: Der Arzt im Altertum, München/Zürich [5]1986, 44–51 (gr.-dt.).
L A. Lesky, GL, 996 f.

Vita Homeri →De Homero (Ps.-Plutarchos)

Vita Isidori
„Lebensbeschreibung des Isidoros"

Damaskios aus Damakos, geb. um 462 n. Chr.

Biographie (gr.), die teilweise u. a. in der →*Bibliothéke* des Photios (Cod. 181 und 242) erhalten ist.

I Isidoros aus Alexandreia war der Lehrer und Amtsvorgänger des Damaskios, des letzten Oberhauptes der platonischen Akademie in Athen. – Die Biographie ist eine wichtige Informationsquelle über das Leben in der Akademie und bietet viele interessante Einblicke in die philosophischen Aktivitäten in Athen und Alexandreia.

A C. Zintzen, Bibliotheca graeca et latina suppl. 1, Hildesheim 1967.
Ü R. Asmus, 1911.
L R. Beutler, RE 18, 1, 1942, 207–227.

Vita Malchi monachi captivi
„Das Leben des in Gefangenschaft geratenen Mönches Malchus"

Hieronymus aus Stridon, um 350–420 n. Chr.

Mönchslegende (lat.).
Geschrieben 387 n. Chr.

I „Der Held gerät durch eigene Schuld in die Gewalt von Räubern und soll gezwungen werden, durch die Heirat einer Mitsklavin das kostbarste mönchische Gut, die Keuschheit, preiszugeben; es gelingt ihm jedoch, sich selbst und die Mitsklavin durch Verstellung und eine abenteuerliche Flucht vor der Ehe zu bewahren. Die Geschichte unterscheidet sich dadurch von der üblichen Legendenliteratur, daß sie keinerlei Wunder enthält; sie ist andererseits in der Erzähltechnik, in der Zeichnung des Helden und vor allem in der Struktur und den Motiven der Handlung dem zeitgenössischen Roman, paradoxerweise dem Liebesroman verpflichtet" (Fuhrmann, 230).

W Der Autor selbst (*Vita Malchi* 10) nennt sein Werk eine „Geschichte über die Keuschheit" (*historia castitatis*). Er wollte also keine historische Vita des Malchus schreiben, sondern die röm. Gesellschaft mit dem Mönchsideal vertraut machen.

A C. C. Mierow, in: Classical Essays Presented to J. A. Kleist, St. Louis 1946, 31–60 (lat.-engl.).
Ü M. Fuhrmann, Zürich 1983.
L →*Vita Pauli primi eremitae.*

Vita Pauli primi eremitae
„Das Leben des heiligen Paulus, des ersten Eremiten"

Hieronymus aus Stridon, um 350–420 n. Chr.

Mönchslegende (lat.).
Entstanden 376/377 n. Chr.

I Die Legende vom Leben des Paulus aus Theben (um 228 – um 341 n. Chr.) will keine historische Lebensbeschreibung sein. Sie ist ein Enkomion auf das Leben des Einsiedlers und bedient sich vieler Motive der älteren (auch heidnischen) Reise – und Legendenliteratur. – Bislang war das Eremitentum nur durch die berühmte Antonius-Vita des Athanasios aus Alexandreia (295–373 n. Chr.) bekannt geworden (→*Vita Sancti Antonii*). – Hieronymus versucht, die Darstellung des Athanasios noch zu überbieten: Sein heiliger Paulus, der mit 113 Jahren starb, ist noch viel älter und vollkommener als der Antonius des Athanasios. – Da das Buch vor allem erbaulich unterhalten und erzählen will, beschränkt es sich auf die ersten und die letzten Tage des Lebens in der Wüste. So wird berichtet, wie Paulus verfolgt und verraten in der Wüste Zuflucht findet. Er erhält von einer Palme Nahrung und Kleidung; ein Rabe bringt ihm Brot. „Das Ganze ist ein Idyll,

und Hieronymus verzichtet nicht auf die gewohnten klassischen Requisiten: ein freundlicher Kentaur, ein christlich gesinnter Satyr weisen Antonius, der durch einen Traum zu Paulus befohlen wird, den Weg. Beide Männer unterhalten sich dann demütig an der sprudelnden Quelle unter dem Palmenbaum, und zuletzt wird der tote Paulus mit dem Mantel zugedeckt, den Athanasios einst Antonius geschenkt hatte. Die Bestattung besorgen zwei fromme Löwen, die von Antonius dafür den Segen Christi erbitten und auch empfangen" (H. v. Campenhausen, 119).

W „Diese phantasievolle Geschichte, in ihrer Duldsamkeit gegenüber dem heidnischen Mythos ohne Parallele, eine Idylle, in der die perfekte Genügsamkeit des Helden inmitten einer märchenhaften Sphäre von Fabelwesen und Tieren ihr Glück genießt, ist unverkennbar eine Replik auf die Antonius-Vita des Athanasios. Nicht Antonius, wie Athanasios behauptet hatte, sondern Paulus habe sich als erster in die Wüste gewagt: Hieronymus hat sich viel Mühe gegeben, dem Leser diese seine Behauptung plausibel zu machen" (Fuhrmann, Spätantike, 229f.).

A PL 22–30 (Gesamtwerk des Hieronymus).
Ü M. Fuhrmann, Zürich 1983.
L H. v. Campenhausen, LKV, 109–150. M. Fuhrmann: Die Mönchsgeschichten des Hieronymus. Formexperimente in erzählender Literatur, in: Christianisme et formes littéraires de l' antiquité tardive en occident. Entretiens 23, 1977, 41–89. M. Fuhrmann, Spätantike, 221–231. H. Kech: Hagiographie als christliche Unterhaltungsliteratur. Studien zum Phänomen des Erbaulichen anhand der Mönchsviten des Hl. Hieronymus, Göppingen 1977.

Vita Plotini
„Leben Plotins"

Porphyrios aus Tyros, etwa 234–300 n. Chr.

Lebensbeschreibung (gr.) des Plotin (etwa 205–270 n. Chr.), dessen bedeutendster Schüler Porphyrios war.
Im Zusammenhang mit der Edition der Schriften Plotins entstanden, die Porphyrios in dessen Auftrag mit großer philologischer Genauigkeit veranstaltete (→*Enneádes*).

A G. Pugliese Carratelli / V. Celento, Neapel 1946 (gr.-it.). R. Harder: Plotin. Bd. 5 c, Hamburg [(2)]1958 (gr.-dt.).
L M. J. Boyd: The Chronology in Porphyrius' *Vita Plotini*, in: CPh 32, 1937, 241–257.

Vita Procli
„Leben des Proklos"

Marinos aus Sichem, 2. Hälfte des 5. Jh.s n. Chr.

Lebensbeschreibung (gr.) des Neuplatonikers Proklos (etwa 410–485 n. Chr.).

I „Die Vita des Proklos ist ... derart angelegt, daß das Leben des großen Lehrers über genau diejenigen Stufen zur sittlichen Vollkommenheit gelangt, welche die neuplatonische Ethik seit Plotin postulierte. Sittliche Vollkommenheit bedeutete in dieser Zeit Befreiung des Geistes von allen Beschränkungen der leiblichen Existenz in der empirischen Welt. Sie erweist sich in einem intensiven Gebetsleben, in den Erlebnissen mystischer, das diskursive Denken übersteigender Schau und in der Fähigkeit, aufgrund der engen Verbindung zur Welt reiner Geistwesen auch Handlungen zu vollbringen, die nach der Gesetzmäßigkeit der materiellen Welt unmöglich sind. Die Autorität des wahren Philosophen als Lehrer, Helfer und Berater beruht auf dieser Vollkommenheit" (Dihle, 497). Marinos berichtet u. a., daß Proklos im Rahmen eines streng geregelten Arbeitstages darauf bedacht war, die aus seinen Vorträgen und den sich anschließenden Diskussionen hervorgehenden Resultate sofort schriftlich festzuhalten; daraus wird seine literarische Produktivität erklärbar.

A A. Portus: In theologiam Platonis libri 6 una cum Marini vita Procli et Procli *Institutione theologica*, Hamburg 1618, Nachdr. Frankfurt 1960.
L A. Dihle, GLL, 497. A. R. Noé: Die Proklosbiographie des Marinos, Diss. Heidelberg 1938. E. Zeller, Philosophie, 834–890.

Vita Pythagorae →Perì tû Pythagorikû bíu (Iamblichos)

Vita Pythagorae
„Leben des Pythagoras"

Porphyrios aus Tyros, etwa 234–300 n. Chr.

Biographie (gr.) als Teil einer ansonsten fast völlig verlorenen *Philósophos historía*, einer Philosophiegeschichte in vier Büchern, die wohl nur bis Platon reichte.

I Die *Vita Pythagorae* steht in der „Tradition einer an der legendären Biographie des Schulgründers illustrierten Darstellung der Prinzipien pythagoreischer Lebensweise" (Dihle, 385). Vgl. *Perì tû Pythagorikû bíu* von Iamblichos, dem Schüler des Porphyrios.

A L. Deubner: Iamblichi *de vita Pythagorica* liber, Leipzig 1937 (darin auch die *Vita Pythagorae* des Porphyrios).
L R. Beutler: Porphyrios, in: RE 22, 1, 1953, 275–313.

A. Dihle, GLL, 383–387. M. J. Edwards: Two Images of Pythagoras: Iamblichus and Porphyrius, in: H. J. Blumenthal / E. G. Clark (Hg.): The Divine Iamblichus: Philosopher and Man of God, Bristol 1993, 159–172.

Vita Sancti Antonii
„Leben des heiligen Antonius"

Auch gr. zitiert als *Ho bíos kaì he politeía tû hosíu patròs hemôn Antoníu* („Das Leben und öffentliche Wirken unseres heiligen Vaters Antonius").

Athanasios aus Alexandreia, 295–373 n. Chr.

Biographie (gr.) des Eremiten Antonius (gest. 357) in Form eines Briefes, der an die Mönche im Ausland gerichtet war. – Die Schrift wurde 388 von Euagrios aus Antiocheia ins Lateinische übersetzt (PL 73, 125–170).
Um 370 n. Chr. verfaßt.

I Die Biographie stellt das mönchisch-asketische Lebensideal dar. Der Autor kannte den koptischen Einsiedler persönlich, der sich in die Wüste zurückgezogen hatte und schon zu Lebzeiten als „Vater des Mönchtums" galt. Athanasios schildert u. a. die Versuchungen, die den Mönch in Gestalt wilder Tiere heimsuchten. Ausführlich werden die Wundertaten beschrieben, die Antonius an seinen Mitbrüdern vollzog. Die Lebensbeschreibung stellt vor allem den allmählichen Fortschritt des Einsiedlers zu immer größerer mönchischer Vollkommenheit dar. Athanasios schildert in sorgfältiger Disposition des Stoffes, „wie der Asket, ganz auf sich gestellt, in unablässigem Ringen mit den Dämonen zur höchsten Stufe menschlicher Vollkommenheit gelangt, auf der er dann auch im Umgang mit den Menschen, vom einfachen Bauern bis zu Bischöfen und Statthaltern, die überlegene Macht und die aller Gelehrsamkeit spottende Einsicht des Pneumatikers, des Geistbegabten, demonstrieren kann. Besonders eindrucksvoll ist die Beschreibung, wie Antonius mit 55 Jahren gleichsam als Neugeborener aus einem Grab heraustritt, in dem er jahrelang fastend, betend und mit den Dämonen ringend zugebracht hat, ohne jemals mit einem Menschen auch nur zu sprechen" (Dihle, 419).
Q Man muß davon ausgehen, daß die Heiligenlegende auf den heidnisch-antiken Roman und seine Motive zurückverweist: „Ja es scheint, daß man die alten Romane plünderte und geradezu umschrieb und daß unter schlecht verborgener Identität der ursprünglichen Heldinnen und Helden neue Heilige schlichtweg erfunden wurden ... Vor allem die Ausschmückung des Abschnitts zwischen Konversion und Martyrium bzw. Tod des oder der betreffenden Heiligen mit einer Reihe von Abenteuern und Wiedererkennungsszenen verraten deutlich das Vorbild der griechischen Liebesromane" (Kytzler, 486).
W Der Autor sieht in Antonius ein Vorbild, dem es nachzueifern gilt. Er ermahnt die Christen

zur Askese. Die Schrift ist daher weniger eine historische Biographie als ein Protreptikos zu einer extremen Form christlicher Lebensführung. – Die gedankliche Nähe zur Pythagoras-Vita des Iamblichos (→*Perì tû Pythagorikû bíu*) ist auffallend.

N Das Werk regte nicht nur zur Nachahmung
des von Antonius verwirklichten Mönchsideals an.
Es war auch ein Vorbild für viele spätere Lebensbeschreibungen von Heiligen (vgl. z.B. Hieronymus,
→*Vita Hilarionis*, →*Vita Malchi monachi captivi*,
→*Vita Pauli primi eremitae*). – Augustinus erwähnt
in den →*Confessiones* 8,6 die *Vita Antonii*, die – wie
Ponticianus erzählte – das Leben ihrer Leser zu verändern vermochte. – Man kann diese Wirkung auch
negativ sehen: Für Adolf Harnack (Das Leben Cyprians von Pontius. Die erste christliche Biographie,
Leipzig 1913, 81, Anm. 2) ist die Antonius-Vita
„das vielleicht verhängnisvollste Buch, das jemals
geschrieben worden ist"; er meint, „daß kein
Schriftwerk verdummender auf Ägypten, Westasien
und Europa gewirkt hat", und stellt fest, es „hat neben dem Reliquienkult die Hauptschuld an dem
Einzug der Dämonen, der Mirakel und allen Spuks
in die Kirche".

A PG 26, 837–976.
Ü N. Hoverka: Leben und Versuchungen des heiligen
Antonius, Wien/Berlin 1925. H. Mertel, BKV[(2)] 31.
L L. Bouyer: La Vie de S. Antoine, Saint-Wandrille
1950. A. Dihle, GLL, 418–430. H. Dörries: Die *Vita An-
tonii* als Geschichtsquelle. Abh. Göttingen 14, 1949, 359–
410. A. J. Festugière, REG 50, 1937, 470–502. F. Giardini:
Doctrina espiritual en la *Vita Antonii* de S. Atanasio, in:
Teologia Espiritual 4, 1960, 377–412. L. v. Hertling: Anto-
nius der Einsiedler, Innsbruck 1929. B. Kytzler: Fiktionale
Prosa, in: NHbL. Spätantike, 469–494. R. Reitzenstein:
Des Athanasius Werk über das Leben des Antonius, SB
Heidelberger Akad. d. Wiss. Phil.-hist. Kl. 1914. 8.

Vita Sancti Martini
„Leben des Heiligen Martin"

Paulinus aus Petricordium, 5. Jh. n. Chr.

Epos über das Leben des Hl. Martin von Tour in
sechs B. mit 3622 Hexametern (lat.).

I In den B. 1–5 lehnt sich Paulinus eng an die
→*Vita Sancti Martini* des Sulpicius Severus an. Das
B. 6 stützt sich auf einen von Bischof Perpetuus von
Tours zusammengestellten Bericht über Martins-
wunder. – Martin wird von Paulinus ausdrücklich
als Fortsetzer des Werkes Christi dargestellt.

A PL 61, 1009–1076. M. Petschenig, CSEL 16, 1–190.
L O. Bardenhewer 4, 650f. J. – L. Charlet: Die Poesie,
in: NHbL. Spätantike, bes. 512.

Vita Sancti Martini
„Leben des Heiligen Martin"

Sulpicius Severus, um 363 – um 420 n. Chr.

Älteste Lebensbeschreibung (lat.) des 316 n. Chr.
geborenen Sohnes eines röm. Militärtribunen.
Größtenteils vor 397 n. Chr., dem Todesjahr Martins, geschrieben.

I Martin, der als Sohn eines röm. Soldaten zum
Soldatenberuf verpflichtet war, wandelte sich vom
weltlichen Soldaten zum Soldaten Christi (*miles
Christi*). Er lebte zeitweilig als Einsiedler und gründete als erster im lat. Kulturkreis christliche Klöster.
Später wurde er Bischof von Tour. Er starb 397
n. Chr. Hundert Jahre später wurde er Schutzpatron
von Gallien (nach der Taufe König Clodwigs im
Jahre 497). – Die berühmteste Szene aus dem Leben
Martins ist die Mantelteilung am Stadttor von
Amiens, die übrigens ein Motiv des antiken Reiseromans ist (frühester Beleg: Dion aus Prusa (um 40–
120 n. Chr.). – Im Zusammenhang mit der *Vita* stehen drei Briefe: *Ad Arelium diaconum*, *Ad Bassu-
lam parentem* und *Ad Eusebium*, ferner die etwa
404 n. Chr. verfaßten *Dialogi*, die Martin vor allem
als Wundertäter darstellen.

Q Grundlage der Lebensbeschreibung sind neben der mündlichen Überlieferung Augenzeugenberichte. In formaler Hinsicht (Aufbau und Gliederung des Stoffes) schließt sich der Autor an Sueton
an, sprachlich-stilistisch ist er von Sallust (→*Catilinae Coniuratio*) beeinflußt. Als Angehöriger des
gallischen Senatsadels hat er einen antik-heidnischen Bildungshintergrund, von dem er sich aber
entschieden distanziert.

W Sulpicius Severus wollte den Biographien
der Antike, z.B. den Lebensbeschreibungen des
Sueton (→*De viris illustribus*, →*De vita XII Caesarum lbri VIII*) etwas Ebenbürtiges entgegenstellen.
Seine Adressaten waren nicht nur Gleichgesinnte,
die sich bereits einem asketischen Leben verschrieben hatten, sondern auch die gallischen Adligen –
Sulpicius Severus selbst war ein gallischer Aristo-
krat, der der Welt entsagt hatte –, die sich zwar
Christen nannten, aber weiterhin an „heidnischer"
Lebensführung festhielten und sich weniger mit
christlichen Schriften als mit heidnisch-antikem Bildungsgut beschäftigten. Diese Leute „für das Ideal
der vollkommenen Christusnachfolge zu gewinnen,
war die erklärte Absicht des Autors der Martinsschriften" (Klein, 12).

N Zwei lat. Epen über das Leben des Martin
gehen auf Sulpicius Severus zurück: Das Epos in
sechs Büchern des Paulinus von Petricordium (5.
Jh.) ist eine metrische Paraphrase der Martinsschriften des Sulpicius (→*Vita Sancti Martini*); ebenso
verfaßte Venantius Fortunatus (2. Hälfte des 6.
Jh.s) ein Epos in vier Büchern über Martin (→*De
virtutibus S. Martini*), wozu er die *Vita Sancti Martini* und auch das Epos des Paulinus benutzte. Die
Martinsschriften fanden große Verbreitung und bil-

deten die Grundlage späterer Bearbeitungen der Martinslegende.

A J. Fontaine. 3 Bde., Paris 1967–1969. C. Halm, CSEL 1, 1866.
Ü P. Bihlmayer, BKV 20, 1914. K. S. Frank: Frühes Mönchtum im Abendland, Zürich 1975.
L F. Ghizzoni: Sulpicio Severo, Parma 1983. R. Klein: Die Praefatio der Martinsvita des Sulpicius Severus. Form, Inhalt und überzeitliche Bedeutung, in: AU 31, 4, 1988, 5–32. C. Stancliffe: St. Martin and his Hagiographer. History and Miracle in Sulpicius Severus, Oxford 1983. K. F. Stroheker: Der senatorische Adel im spätantiken Gallien, Tübingen [(2)]1963.

Vita Sancti Severini
„Leben des Heiligen Severinus"

Auch zitiert als *Commemoratorium vitae Sancti Severini* („Schrift zur Erinnerung an das Leben des Heiligen Severinus").

Eugippius, um 500 n. Chr.

Biographie (lat.) des Asketen Severinus, ursprünglich nur als Sammlung von Notizen für ein Erinnerungsbuch oder einfach als „Verzeichnis" (*commemoratorium*) gedacht.
Entstanden um 511 n. Chr.

I Der heilige Severin, ein einfacher, volksnaher Asket, war 482 n. Chr. in der röm. Provinz Noricum gestorben. Eugippius, Abt im Castellum Lucullanum (einer ehemaligen Villa des röm. Feldherrn Lucullus), gehörte zu den Anhängern und Verehrern Severins, die dessen Gebeine beim Abzug der Römer aus Noricum nach Italien überführen ließen. – Am Anfang der *Vita* steht Severins Wirken in Noricum. Darauf folgt ein Bericht über seine Prophezeiungen, Visionen und Wunder in den Donauländern. Beim Rückzug der Römer stand er der bedrängten Bevölkerung mit seinen übernatürlichen Kräften bei. – Ein biographischer Rahmen ist nicht vorhanden. Das Werk besteht aus einer losen Folge einzelner Geschichten. – Dem *Commemoratorium* selbst geht ein Brief an den röm. Diakon Paschasius voraus, in dem der Autor diesen bittet, seine Darlegungen in eine publikationswürdige Form zu bringen. Der Diakon lehnt die Bitte mit der Feststellung ab, daß das Werk bereits publikationsreif sei. – Die *Vita* gibt ein umfassendes Bild von den sozialen und politischen Verhältnissen in den Donauländern zu Beginn der Völkerwanderungszeit, so daß sie zugleich eine wertvolle historische Quelle ist. „Alles ereignet sich in einem ausführlich geschilderten, charakteristischen, sehr turbulenten Milieu von Germanenstämmen, Räuberbanden, Gefangenen und Verschleppten, von Überfällen und ihrer Abwehr, von Hunger und anderen Nöten der verstört hin und her ziehenden Bewohner der Städte. Severin hilft allen, Römern wie Germanen, wenn sie die Gebote Gottes achten; er ist durch den ehrwürdigen Nebel der Legende hindurch als

energische, unerschrockene Persönlichkeit erkennbar, als jemand, der allen unverhohlen seine Meinung sagt. Er steht jedem zu Gebote, der ihn um Rat angeht, und die Germanen haben Respekt vor ihm" (Fuhrmann, Spätantike, 297).

Q Das Werk beruht im wesentlichen auf eigenem Erleben in langjährigem Umgang mit dem Heiligen.

W Eugippius wollte keine detaillierte Lebensbeschreibung verfassen, sondern seinen Meister als Auserwählten Gottes, d. h. als Heiligen, darstellen. Aus diesem Grunde bedient er sich einer schlichten Sprache und nüchternen Darstellungsweise.

A P. Becker, Münster [(5)]1982. W. Bulst, Heidelberg 1948. Th. Mommsen, Berlin [(2)]1898, Nachdr. Hannover 1978.
Ü R. Noll, Berlin 1963 (lat.-dt.). Th. Nüsslein, Stuttgart 1986 (lat.-dt.). M. Schuster, Wien 1946 (lat.-dt.).
L Ausstellungskatalog „Severin zwischen Römerzeit und Völkerwanderung", Linz (Donau) 1982. W. Berschin: Livius und Eugippius. Ein Vergleich zweier Schilderungen des Alpenübergangs, in: AU 31, 4, 1988, 37–46. W. Bulst: Eugippius und die Legende des hl. Severin, in: Die Welt als Geschichte 10, 1950, 18–27. J. Gruber, Europäische Literatur, 17–25. KLL 10013. K. Kramert / E. K. Winter: St. Severin. Studien zum Severinproblem, Klosterneuburg 1958. F. Lotter: Severinus von Noricum. Legende und historische Wirklichkeit, Stuttgart 1976.

Vögel →Órnithes (Aristophanes)

Vom Erhabenen →Perì hýpsus (An.)

Vom Heiligen →Lógoi (Aristeides aus Mysien)

Vulgata
„Die allgemein verbreitete Fassung der lateinischen Bibel"

Hieronymus aus Stridon, um 350–420 n. Chr.

Bibelübersetzung (lat.).
Begonnen im Jahre 383 n. Chr. mit einer den gr. Originaltext berücksichtigenden Revision der älteren lat. Übersetzungen des →*Novum Testamentum*. Um 390 n. Chr. begann Hieronymus mit der Übersetzung des Alten Testaments aus dem Hebräischen. Die Arbeit war 402 n. Chr. abgeschlossen.

I Die Neu-Übersetzung, die Hieronymus im Auftrag von Papst Damasus I. (366–384 n. Chr.) angefertigt hatte, stellte von nun an den allgemein verbindlichen Text dar. Hieronymus übersetzte auch die hebräischen bzw. aramäischen Bücher des Alten Testaments völlig neu, die bisher nur nach der gr. Fassung (→*Septuaginta*) ins Lateinische übertragen worden waren.

Q Mit der Ausbreitung des Christentums in

den lateinisch sprechenden Teilen des röm. Reiches entstanden schon in der zweiten Hälfte des 2. Jh.s n. Chr. lat. Übersetzungen der Bibel, die sich z. T. erheblich voneinander unterschieden. Diese lat. Bibeln werden mit dem Sammelbegriff *Vetus Latina* („Alte lateinische Version") bezeichnet. Die Texte sind in Handschriften oder in Zitaten bei kirchlichen Schriftstellern überliefert. Starke Unterschiede im Wortlaut bestanden zwischen den in Nordafrika und den in Europa (Italien) verbreiteten Versionen. Die nordafrikanischen Versionen faßt man unter dem Begriff *Afra* („Afrikanische Bibel"), die europäischen unter dem Begriff *Itala* („Italische Bibel") zusammen. – Für das Alte Testament konnte sich Hieronymus auf die hebräisch-griechischen →*Hexaplâ* (*Tà hexaplâ biblía*), die sechsfache Bibel, beziehen, die Origenes (etwa 185–254 n. Chr.) angefertigt hatte. Von besonderem Wert war die 5. Kolumne der *Hexaplâ* mit dem von Origenes revidierten Text der →*Septuaginta*.

N   Die *Vulgata* konnte sich bis zum 8. Jh. als allgemein anerkannter Text nur langsam durchsetzen. Erst mit dem Ausgang des Mittelalters erhielt die Übersetzung den Namen *Vulgata*. Auf Wunsch Karls d. Großen nahm Alkuin um 800 eine Revision des Vulgata-Textes vor und beseitigte zahlreiche Interpolationen, die im Laufe der Zeit aus der *Vetus Latina* wieder in die Version des Hieronymus eingedrungen waren. Das Konzil von Trient erklärte durch Dekret vom 8. 4. 1546 den *Vulgata*-Text für authentisch, ohne den Rückgriff auf die Urtexte verhindern zu wollen. Denn die *Vulgata* wurde vom Konzil noch nicht als endgültig angesehen (z. B. aufgrund vieler Abweichungen von den Originaltexten). Zwischen 1959 und 1978 wurde von einer päpstlichen Kommission eine neue lat. Übersetzung auf der Grundlage des Hieronymus-Textes erarbeitet. Diese 1979 veröffentlichte Version stützt sich außer auf Hieronymus auch auf ältere Übersetzungen und auf die gr. bzw. hebräisch-aramäischen Originaltexte. Sie wird als *Nova Vulgata* („Neue Vulgata") bezeichnet.

A   K. und B. Aland: Novum Testamentum Graece et Latine. Neuausgabe mit dem Text der *Nova Vulgata*, Stuttgart 1984. H. Quentin u. a.: Biblia Sacra iuxta Latinam vulgatam versionem, Rom 1926 ff. (noch unvollständig). R. Weber u. a.: Biblia Sacra iuxta *Vulgatam* versionem, Stuttgart (3)1984. J. Wordsworth u. a.: Novum Testamentum Domini nostri Jesu Christi Latine secundum editionem S. Hieronymi, Oxford 1889–1954.
L   B. Fischer: Der *Vulgata*-Text des NT, in: Zeitschrift für die neutestamentliche Wissenschaft 46, 1955, 178–196. B. Fischer: Beiträge zur Geschichte der lateinischen Bibeltexte, Freiburg 1986. A. Fritsch: Zur Lektüre der *Vulgata* im Lateinunterricht, in: AU 39, 6, 1996, 7–23. H. Jedin: Geschichte des Konzils von Trient. Bd. 2, Freiburg 1957, 42–82. LThK 2, s.v. Bibelübersetzungen.

Wahre Geschichten →Alethê diegémata (Lukianos)

Weiberiambos →Íamboi (Semonides)

Weinlieder →Carmina (Alkaios)

Weltchronik →Epitoma Chronicon ad annum 455 (Prosper Tiro)

Weltgeschichte →Historíai (Nikolaos aus Damaskos)

Wespen →Sphêkes (Aristophanes)

Wissenschaftsgeschichte

Eudemos aus Rhodos, 4./3. Jh. v. Chr.

Weitgehend verlorene Darstellungen (gr.) der Geschichte der Geometrie, der Arithmetik und der Astronomie, als Ergänzung der Geschichte der Naturphilosophie des Theophrast (→*Physikôn dóxai*).

I   Der Stoff war problemgeschichtlich geordnet. Die Darstellung schloß sich inhaltlich und methodisch eng an Aristoteles an und griff auf Vorarbeiten anderer Wissenschaftshistoriker zurück (z. B. auf das Werk des Hippias aus Elis zur Geometrie und Arithmetik).

A   L. Spengel: Eudemi Rhodii fragmenta, Berlin 1866. F. Wehrli, Schule, 8, 1955.
L   W. Spoerri: Eudemos (Nr. 1), in: DKP 2, 403 f.

Wolken →Nephélai (Aristophanes)

Xenia →Epigrammata (Martialis)

Z

Zauberpapyri

An.

Mustersammlungen (gr.) zur fachgerechten Durchführung „magischer" Handlungen.
Geschrieben in den ersten vier Jahrhunderten n. Chr.

I „Die über 60 erhaltenen und z. T. recht umfangreichen Zauberpapyri umfassen eine sachlich ungeordnete, bunte Masse von Zaubertexten aus unterschiedlichen Zeiten. Sie vermitteln von der antiken Zaubertechnik eine richtige Vorstellung, die noch durch etwa 80 Papyri und einige hundert Bleilamellen mit angewandtem Zauber erweitert wird. Überreich an magischen Anweisungen, liefern sie bequeme Vorlagen für Wortlaut und Verlauf einfacher wie schwierigster Zaubereien zur Befriedigung aller nur denkbaren menschlichen Wünsche und Begierden, zumeist für den eigenen Schutz der eigenen Person und Abwehr feindlicher Mächte, Angriff und Schädigung, Liebes – und Machtverlangen, Offenbarung und Erkenntnis der Zukunft" (dtv-L 2. 2, 316).

A K. Preisendanz: Papyri Graecae magicae. 2 Bde., Leipzig [(2)]1973–1974.
L dtv-L 2. 2, 314–318, s. v. Zauber. E. Heitsch; Zu den Zauberhymnen, in: Ph 103, 1959, 215 ff. A. Lesky, GL, 811.

Zeùs elenchómenos
„Der geprüfte Zeus"

Lukianos aus Samosata, etwa 120–180 n. Chr.

Satirischer Dialog (gr.) zwischen Zeus und einem Anhänger der kynischen Schule.

I Der Kyniker hat keinen besonderen Wunsch, sondern er will nur eine Antwort auf eine kleine Frage: Er will wissen, ob es wahr ist, was Homer und Hesiod über das Schicksal sagen. Der Kyniker problematisiert also Themen wie die Prädestination und den freien Willen und die Abhängigkeit auch der Götter vom Schicksal. Zeus bestätigt die Aussagen der großen Dichter und gibt damit zu, daß er nicht allmächtig ist. Die Bestimmungen der Schicksalsmächte sind für alle unausweichlich. Aber welchen Sinn haben dann Gebete und Opfer?
W Der Dialog ist eine Polemik gegen die Stoa vom Standpunkt des Kynismus aus.

A A. M. Harmon. Bd. 2, London/Cambridge (Mass.) 1915 (gr.-engl.).
Ü Chr. M. Wieland: Lucian von Samosata. Sämtliche Werke 1. 2, Leipzig 1788/1789, 441–464.

Zeushymnos

Kleanthes aus Assos, 304–233 v. Chr.

Gebet (gr.) an Zeus in 39 epischen Hexametern, wahrscheinlich für liturgische Zwecke verfaßt.

I Zeus wird als Weltgott angeredet bzw. angerufen. Er soll gepriesen werden (Vers 1–6). Der Gott wird als Weltprinzip der stoischen Philosophie in seiner ganzen Größe und Macht dargestellt (7–14). In den Versen 14–31 wird die Macht dieses Gottes über Böses und Böse beschrieben; angesichts der einenden und ordnenden Kraft des Gottes bleibt das Böse ohnmächtig. Am Schluß steht die Bitte um das Heil der Menschen um die wahre Einsicht, die dazu führt, die Werke des Zeus und die Gesetzesordnung zu feiern (32–39).
W Kleanthes sucht die verschiedenen Seiten des Göttlichen zu erfassen. Wesentliche Aspekte des Göttlichen sind Ordnung (*nómos*), Recht (*dike*), Vernunft (*lógos*), Einsicht (*gnóme*), Natur (*physis*). Darin zeigt sich die Allmacht Gottes, aber auch die Verwandtschaft zwischen Gott und Mensch.
N Der Apostel Paulus (→*Novum Testamentum*) bezieht sich in der Apostelgeschichte 17,28 auf den „Zeushymnus", um den gebildeten Athenern eine Brücke zum Verständnis der christlichen Botschaft anzubieten. – Seneca greift den Hymnos in der Schlußparänese seines 107. Briefes auf (→*Epistulae morales ad Lucilium*). – Johann Gottfried Herder (Sämtl. Werke, Hg. v. B. Suphan. Bd. 26, Berlin 1882, 162 f.) übersetzt den „Zeushymnos" unter dem Titel „Kleanthes: Dem höchsten Gott".

A U. v. Wilamowitz-Moellendorff: Hellenistische Dichtung. Bd. 2, 1924, 257 f.
Ü H. Quack (s. u.). U. v. Wilamowitz-Moellendorff: Reden und Vorträge. Bd. 1, 1925, 325–327.
L A. Lesky, GL, 759. H. Quack: Der Zeushymnus des Kleanthes als Paralleltext zum Vaterunser, in: AU 39, 6, 1996, 86–97. K. Sier: Zum Zeushymnus des Kleanthes, in: P. Steinmetz (Hg.): Beiträge zur hellenistischen Kultur und ihrer Rezeption in Rom. Palingenesia 28, Stuttgart 1990, 93–108. P. Steinmetz: Die hellenistische Philosophie, in: H. Flashar (Hg.): Philosophie der Antike. Bd. 4, Basel 1994, 566–578. G. Zuntz: Zum Kleanthes-Hymnus, in: HSPh 63, 1958, 281–308.

Zeùs tragodós
„Zeus als Schauspieler"

Lukianos aus Samosata, etwa 120–180 n. Chr.

Götter-Drama in Form einer „Menippeischen Satire" (gr.).

I Zeus macht sich Sorgen um die Zukunft der Götterverehrung durch die Menschen. Er befürchtet, daß die Menschen auf den Gottesdienst verzichten werden, hat er doch einer Diskussion zwischen einem Stoiker und einem Epikureer über die Existenz der Götter zuhören müssen. Gefahr drohe vor allem von den Epikureern, die die Existenz der Götter leugneten bzw. behaupteten, sie hätten nichts mit der Lenkung und Regierung der Welt zu tun. Es wird eine Götterversammlung einberufen, die darüber entscheiden soll, wem zugestanden werden kann, daß er Recht behält: dem Stoiker, der an die Einwirkung der Götter auf die Welt glaubt, oder dem Epikureer, der dies verleugnet. Vor der Versammlung der Götter referiert Zeus über den Streit zwischen dem Stoiker und dem Epikureer. Er fordert die Götter auf, alles zu tun, daß der Stoiker die Wahrheit auf seiner Seite habe. Bevor es zu einer Abstimmung kommt, erhebt Momos, der Gott des nörgelnden Tadels das Wort, um zu behaupten, daß die Götter sich doch eigentlich gar nicht so richtig um die Menschen kümmerten; denn wie wäre es sonst möglich, daß so viel Ungerechtigkeit in der Welt ist? Man könne es den Menschen gar nicht verdenken, wenn sie die Existenz der Götter leugneten. Schließlich schalten sich Zeus und die anderen Olympier in das Streitgespräch der beiden Philosophen über die Existenz und die Wirksamkeit der Götter ein. Am Ende siegt der Epikureer. Aber was soll's? Momos rät, man solle so tun, als sei nichts geschehen, und so weitermachen wie bisher.

A A. M. Harmon. Bd. 2, London/Cambridge (Mass.) 1915 (gr. engl.).
Ü Chr. M. Wieland: Lucian von Samosata. Sämtliche Werke 1. 2, Leipzig 1788/1789, 361–420.

Zeûxis è Antíochos
„Der Maler Zeuxis oder König Antiochos"

Lukianos aus Samosata, etwa 120–180 n- Chr.

Öffentliche Rede (gr.), als Einführung oder Proömium geplant.

I Der Redner beklagt, daß sein großer Erfolg bei seinem letzten Auftritt wohl nur darauf zurückzuführen war, daß er etwas „Neues" geboten bzw. sein Thema auf ungewöhnliche Weise behandelt habe. Andere (wichtige) Qualitäten hielten seine Zuhörer offensichtlich nicht für bemerkenswert. So sei er sich nur als ein geschickter Gaukler vorgekommen. – Darauf beschreibt Lukian ein Gemälde des berühmten Malers Zeuxis (um 400 v. Chr.), der zwar sehr viel Wert darauf legte, stets etwas Neues oder Ungewöhnliches darzustellen, aber auch mit außerordentlicher Kunstfertigkeit zu Werke ging. Als Zeuxis das Gemälde, das eine Kentaurin mit zwei säugenden Jungen darstellte, ausstellte, war das Publikum von der Neuheit des Themas fasziniert, die eigentliche Kunst des Gemäldes aber nahm niemand wahr. Enttäuscht ließ Zeuxis das Bild fortschaffen. – Etwas Vergleichbares passierte auch dem makedonischen Feldherrn Antiochos Soter in der Schlacht gegen die Galater (276 v. Chr.). Durch den überraschenden Einsatz seiner Elefanten brachte er das weit überlegene feindliche Heer so sehr in Verwirrung, daß er den Sieg davontrug. Aber auch hier war es nur die „Neuheit" der Elefanten, die die Feinde in die Flucht schlug. – „Mir liegt also – um wieder auf mich zu kommen – nicht wenig daran, dafür zu sorgen, daß mein Triumph dem des Antiochus nicht ähnlich sei. Auch bei mir kam alles übrige in keine Betrachtung: aber es fanden sich gewisse Elefanten, neue seltsame Popanze und Wundertiere, die den Zuschauern in die Augen stachen; diese trugen den allgemeinen Beifall davon, und das worauf ich am meisten gerechnet hatte, wurde nicht einmal in Anschlag gebracht. Wie? Ist es denn so ein erstaunliches Mirakel, daß Zeuxis eine Zentaurin malen konnte? Und soll darum alle seine übrige Arbeit vergeblich sein? Keineswegs vergeblich! Aber ihr seid Kenner der Malerei und betrachtet alles mit kunstfertigen Augen. Möchte nur auch alles, was ich euch zu zeigen habe, der Ausstellung vor solchen Zuschauern würdig sein!" (Kap. 12. Übers. Chr. M. Wieland).

A K. Kilburn. Bd. 6, London/Cambridge (Mass.) 1959 (gr.-engl.).
Ü Chr. M. Wieland: Lucian von Samosata. Sämtliche Werke 2. 3, Leipzig 1788/1789, 419–430.

Zópyros
(Dialogfigur)

Phaidon aus Elis, um 400 v. Chr.

Verlorener sokratischer Dialog (gr.).

I In dem von Diogenes Lartius (→*Philosóphon bíon kaì dogmáton synagogé* 2,105) erwähnten Dialog war u. a. folgendes zu lesen: „Als der syrische Physiognom Zopyros einst bei einem Zusammentreffen mit Sokrates aus dessen äußerer Erscheinung auf Stumpfsinn, Zügellosigkeit und übermäßige Triebhaftigkeit geschlossen habe, seien die übrigen Anwesenden alle in Lachen ausgebrochen, Sokrates aber habe gesagt, Zopyros habe seine Anlage durchaus zutreffend diagnostiziert, durch Einsicht und Disziplin sei es ihm jedoch gelungen, sie zu bezwingen" (Döring, 21). – Bei Aristoxenos, →*Bíos Sokratikós*, findet sich dieselbe Geschichte; allerdings hat Aristoxenos die positive Wendung am Schluß stark abgeschwächt. – Vielleicht stammt das Zitat, das Seneca (→*Epistulae morales ad Lucilium* 94,41) über-

liefert, auch aus dem Dialog *Zópyros*, der anscheinend sehr geistvoll und witzig war. – Weitere Belegstellen: Platon, →*Alkibiádes prôtos* 122b; Cicero,
→*De fato* 10; →*Tusculanae disputationes* 4,80). –
Die Physiognomik, d. h. die Charakterkunde aufgrund körperlicher Kennzeichen, wurde in der Antike als eine „Spezialwissenschaft" betrieben. In den
„Physiognomischen Frg. zur Beförderung der Menschenkenntnis und der Menschenliebe" (erschienen
1775–1778) von Johann Caspar Lavater findet man
einen vergleichbaren Ansatz.

L   K. Döring, Historia, 21. K. v. Fritz: Phaidon von
Elis, in: RE 19, 2,1938, 1539–1540. W. Nestle, VMzL, 567.

Zwölftafelgesetz →*Leges XII Tabularum*

Deutsche Werktitel (Verzeichnis I)

Werke ohne Angabe eines lat. oder gr. Titels findet man unter dem deutschen Titel.

Acharner →Acharnes (Aristophanes)
Adonis →Epitaphios Adonidos (Bion)
Ägyptische Geschichte →Aigyptiaka (Chairemon)
Äsop-Roman
Agon Homers und Hesiods →Certamen Homeri et Hesiodi (An.)
Akathistos-Hymnos (Romanos)
Akten der Scilitanischen Märtyrer →Passio Sanctorum Scilitanorum (An.)
Alexandergeschichte (Anaximenes aus Lampsakos, Aristobulos, Chares, Kallisthenes, Kleitarchos, Ptolemaios Lagu)
Alexanderroman →Historia Alexandri Magni (Ps.-Kallisthenes)
Almagest →Megale / Megiste syntaxis (Ptolemaios)
Ammonioslexikon →Peri homoion kei diaphoron lexeon (Ammonios)
Amor und Psyche →Metamorphoses (Apuleius)
Anakreonteen
An den Rat und das Volk von Athen (Iulianus)
Annalen →Annales (Claudius Quadrigarius, Cremutius Cordus, Ennius, Fabius Pictor, Licinius Macer, Nicomachus, Tacitus, Valerius Antias, Virius Nicomachus)
An Nikokles →Pros Nikolea (Isokrates)
Anthologie des Stobaios →Eklogai (Stobaios)
Antidosis →Peri antidoseos (Isokrates)
Antoniusvita →Vita Sancti Antonii (Athanasios)
Apokryphen des Neuen Testaments →Apokryphoi bibloi
Apollodors Bibliothek → Apollodori bibliotheca (An.)
Apollonios-Roman →Historia Apollonii regis Tyrii (An.)
Apologie →Apologia Sokratus (Libanios, Platon, Xenophon)
Apostelgeschichte →Novum Testamentum
Apostelgeschichte, apokryphe →Apokryphoi bibloi
Apostolische Väter →Patrum Apostolicorum opera
Arimaspen-Epos (Aristeas)
Aristeas-Brief (An.)
Aristides-Brief (Iulius Africanus)
Aristoteleskommentare →Kommentare zu Aristoteles
Artemishymnus (Telesilla)
Arvallied →Carmen Arvale (An.)
Astrologie →Anthologiai (Vettius Valens)
Astrologisches Gedicht (Dorotheos)
Augustus-Biographie →Vita des Augustus (Nikolaos)
Autobiographie des Iosephus →Vita des Iosephus (Iosephus)

Bakchen →Bakchai (Euripides)
Bekenntnisse →Confessiones (Augustinus)
Biographien →Bioi andron (Aristoxenos), →Bioi

endoxon andron (Satyros), →Bioi paralleloi (Plutarchoi), →Bioi philosophon (Antigonos), →Bioi Sophiston (Eunapios, Philostratos), →Bioi ton en paideia dialampsanton (Hermippos), →**Bios** Pythagorikos (Aristoxenos), →Bios Sokratikos (Aristoxenos), →Ta es ton Tyanea Apollonion (Philostratos), →**De Vita** XII Caesarum libri VIII (Suetonius), →De vita et moribus Iulii Agricolae (Tacitus), De vita Moysis (→Peri biu Moyseos), →De vita patris (Seneca), De vita Pythagorica (→Peri tu Pythagoriku biu), →**Vita** Ambrosii (Paulinus), Vita Antonii (→Vita Sancti Antonii), →Vita Antonii monachi Lerinensis, (Ennodius), Vita Apollonii (→Ta eis Tyanea Apollonion), →Vita Aristotelis Marciana (An.), →Vita Augustini (Possidius), Vita Constantini (→Eis ton bion tu makariu Konstantinu basileos), →Vita des Augustus (Nikolaos), →Vita des Iosephus (Iosephus), →Vita des Thukydides (Markellinos), →Vita des Vergilius (Servius), →Vita Epiphanii episcopi Ticinensis (Ennodius), Vita et hypotheses Demosthenis (→Hypotheseis ton logon Demosthenus), →Vita et passio Cypriani (Pontius), →Vita Herodotea (An.), →Vita Hilarionis (Hieronymus), →Vita Hippocratis secundum Soranum (Soranos), Vita Homeri (→De Homero), →Vita Isidori (Damaskios), →Vita Malchi monachi captivi (Hieronymus), →Vita Pauli primi eremitae (Hieronymus), →Vita Plotini (Porphyrios), →Vita Procli (Marinos), Vita Pythagorae (→Peri tu Pythagoriku biu), →Vita Pythagorae (Porphyrios), →Vita Sancti Antonii (Athanasios), →Vita Sancti Martini (Paulinus, Sulpicius Severus), →Vita Sancti Severini (Eugippius), →**Vitae** (Nepos), Vitae decem oratorum (→Moralia), Vitae Vergilianae (→Praefatio Bucolicorum, →De viris illustribus)
Bittschrift für die Christen →Presbeia peri Christianon (Athenagoras)
Brief →Epistola dogmatica ad Flavium (Leo d. Große), →Epistula ad Demetriadem (Pelagius), →Epistula ad Diognetum (An.), →Epistula ad Octavianum (Ps.-Cicero), Epistula ad Pisones →Ars poetica (Horatius), →Epistula Alexandri Magni ... (An.), →Epistula an Arete (Aristippos), →Epistulae ad Romanos expositio incohata (Augustinus)
Brief an Anebo →Epistula an Anebo (Porphyrios)
Brief an Gaius →Epistula ad Gaium (Cornelia)
Brief an Herodot →Epistula an Herodot (Epikuros)
Brief an Menoikeus →Epistula an Menoikeus (Epikuros)
Brief an Pompeius Geminus →Epistula ad Pompeium Geminum (Dionysios aus Halikarnassos)
Brief an Pythokles: →Epistula an Pythokles (Epikuros)
Briefe →Epistolai (Demosthenes), →Epistolai agroikikai (Claudius Aelianus), →Epistolai pros Ammaion (Dionysios aus Halikarnassos), →Epistulae (Alkiphron, Ambrosius, Aristainetos, Athanasios, Augustinus, Ausonius, Avitus, Basileios, Cicero, Cyprianus, Ennodius, Fronto, Gregorios aus Nazianz, Gregorios aus Nyssa, Gregorius der Große, Hieronymus, Horatius, Iavolenus Priscus, Ignatios, Ioannes Chrysostomos, Isidoros, Isokrates, Iulian-

us, Iulius Caesar, Libanios, Neilos, Paulinus, Pelagius, Platon, Plinius, Prokopios, Sidonius Apollinaris, Symmachus, Synesios), →Epistulae ad Caesarem senem de re publica (Sallustius), → Epistulae ex Ponto (Ovidius), Epistulae Heroidum →Heroides (Ovidius), Epistulae morales ad Lucilium (Seneca), →Patrum apostolicorum opera (Polykarpos)

Briefe Alexanders des Großen (An.)

Briefe der Kyniker (An.)

Briefe der Sieben Weisen (An.)

Briefe des Aischines (An.)

Briefe des Chion (An.)

Briefe des Euripides (An.)

Briefe des Hippokrates (An.)

Briefe des Phalaris (An.)

Briefe des Pythagoras und der Pythagoreer (An.)

Briefe des Sokrates und der Sokratiker (An.)

Briefe des Themistokles (An.)

Briefwechsel mit Paulus (Ps.-Seneca)

Brüder, die →Adelphoe (Terentius)

Bürgerkrieg → Bellum civile (Lucanus), De bello civili (Iulius Caesar)

Chaldäische Orakel →Logia ton Chaldaion (Iulianos)

Charaktere →Charakteres ethikoi (Theophrastos)

Choliamben →Choliamboi (Hipponax, Kerkidas, Phoinix)

Chorlyrik (Alkman, Bakchylides, Ibykos, Pindaros, Simonides, Stesichoros)

Chrestomathie →Chrestomatheiai (Helladios, Proklos)

Chronik →Chronica (Cassiodorus, Nepos, Sulpicius Severus), Chronica Gallica (An.), Chronica maiora, Chronica minora (Isidorus), Chronika (Apollodoros, Dexippos, Kastor, Menandros), Chronike epitome (Eustathios), Chronikoi kanones (Eusebios), Chronikon bibloi (Hippolytos), Continuatio chronicorum Hieronymianorum (Hydatius)

Clemensbriefe →Patrum Apostolicorum opera

Cyprianvita →Vita et passio Cypriani (Pontius)

Danae-Fragment (Simonides)

Daphnis und Chloe →Poimenika ta kata Daphnin kai Chloen (Longos)

Das Leben des Pythagoras →Peri tu Pythagoriku biu (Iamblichos)

Das Schiedsgericht →Epitrepontes (Menandros)

Deklamationen →Declamationes (Lesbonax, Ps.-Quintilian), Declamationum excerpta (Calpurnius Flaccus)

Demosthenes-Kommentar (Didymos)

Der Eunuch →Eunuchus (Terentius)

Der gefesselte Prometheus →Prometheus desmotes (Aischylos)

Der gemarterte Cupido →Cupido cruciatur (Ausonius)

Der goldene Esel →Metamorphoses (Apuleius)

Der Hirt des Hermas →Hermae pastor (Hermas)

Des Mädchens Klage (An.)

Deuterokanonische Bücher (Bücher der →Septuaginta)

Diadochengeschichte →Ta met' Alexandron (Arrianos, Dexippos, Hieronymos, Sosikrates)

Dialog →Dialogos ... (Lukianos), Dialogus ... (Tacitus)

Dialoge →Dialogi (Seneca, Gregorius, Maecenas), →Dialogoi (Herakleides Pontikos)

Dialog mit dem Juden Tryphon →Dialogos mit dem Juden Tryphon (Iustinus)

Diatriben →Diatribai (Bion, Epiktetos, Dion, Musonius, Teles)

Die Brüder →Adelphoe (Terentius)

Die Netzzieher →Diktyulkoi (Aischylos)

Die Schutzflehenden →Hiketides (Aischylos)

Die Spindel →Alakata (Erinna)

Die Trachinierinnen →Trachiniai (Sophokles)

Diognetbrief →Epistula ad Diognetum (An.)

Dithyramben →Dithyramboi (Bakchylides, Melanippides, Pindaros), →Chorlyrik

Dogmatik (Dionysios Areiopagites)

Donatvita →Vergilkommentar (Donatus)

Dramen →Komödien (Epicharmos)

Ediktkommentar →Ad edictum (Iulius Paulus)

Ehoien →Katalogoi oder Ehoiai (Hesiodos)

Eid des Hippokrates →Hippokratischer Eid

Eklogen →Bucolica (Vergilius), Eclogae (Calpurnius, Nemesianus), Eclogarum liber (Ausonius)

Elegien →Corpus Tibullianum, →Elegiae (Cornelius Gallus, Maximianus Etruscus, Sulpicia), →Elegiarum libri IV (Propertius, Tibullus), →Elegoi (Archilochos, Dionysios Chalkus, Euenos, Kallinos, Mimnermos, Philetas, Solon, Theognis, Tyrtaios, Xenophanes)

Elemente →Ta stoicheia (Eukleides)

Enkomien →Chorlyrik (Bakchylides)

Enneaden →Enneades (Plotin)

Ephesische Geschichten →Ta kat' Antheian kai Habrokomen Ephesiaka (Xenophon aus Ephesos)

Epidemien →Corpus Hippocraticum

Epigramme →Epigrammata (Anyte, Asklepiades, Ausonius, Damasus, Dioskurides, Erinna, Gregorios aus Nazianz, Iulia Balbilla, Leonidas, Kallimachos, Lukillios, Lutatius Catulus, Luxurius, Martialis, Meleagros, Naucellius, Nossis, Paulos Silentarios, Philodemos, Poseidippos, Rhianos, Simias, Simonides, Straton)

Epikureische Schriften (Metrodoros)

Epischer Kyklos →Epikos Kyklos

Episteln →Epistulae (Horatius)

Epithalamien →Carmina (Sappho)

Epoden →Epodon liber (Horaz), →Iamboi (Archilochos)

Epyllien →Epyllia (Euphorion)

Erotische Briefe →Epistolai (Aristainetos)

Eudemische Ethik →Ethika Eudemeia (Aristoteles)

Euklid-Kommentar →Eis to proton ton Eukleidu stoicheion (Proklos)

Evangelien →Novum Testamentum

Fabeln →Mythiamboi Aisopeioi (Avianus, Babrios), →Mython synagoge (Aisopos)

Figurengedichte →Carmina figurata (Optatianus Porphyrius)

Frauenkataloge →Katalogoi oder Ehoiai (Hesiodos)

Frieden →Eirene (Aristophanes)

Friedensrede →Peri eirenes (Isokrates)

Frösche →Batrachoi (Aristophanes)

Froschmäusekrieg →Batrachomyomachie (An.)

Für den Behinderten →Peri tu me didosthai to adynato argyrion (Lysias)

Für Euxenippos →Hyper Euxenippu (Hypereides)

Für die Freiheit der Rhodier →Hyper tes Rhodion eleutherias (Demosthenes)

Für die Megalopoliten →Hyper Megalopoliton (Demosthenes)

Für Lykophron →Hyper Lykophronos (Hypereides)

Für Mantitheos →Hyper Mantitheu (Lysias)

Für Phormion →Pros Phormiona (Ps.-Demosthenes)

Gallus-Inschrift (Gallus)

Gastmahl der Sieben Weisen →Symposion ton hepta sophon (Plutarchos)

Gebet an Aphrodite →Carmina (Sappho)

Geburt Epikurs (Menippos)

Gedichte →Carmen adversus Marcionitas (An.), Carmen adversus paganos (An.), Carmen apologeticum (Commodianus), Carmen Arvale (An.), Carmen de ave Phoenice (Ps.-Lactantius), Carmen de figuris (An.), Carmen de bello Actiaco (Rabirius), Carmen de moribus (Cato), Carmen de ponderibus et mensuris (Remmius Flavianus), Carmen Pascale (Sedulius), Carmina (Alkaios, Anakreon, Archilochos, Catullus, Ennodius, Gregorios aus Nazianz, Horatius, Isyllos, Kallimachos, Korinna, Paulinus, Sappho, Sidonius Apollinaris, Terpandros, Tiberianus, Venantius Fortunatus), Carmina domestica (Ausonius), Carmina Einsidlensia (An.), Carmina Marciana (An.), Carmina minora (Claudianus), Carmina Priapea (An.), Carmina Saliorum (An.)

Gegen Androtion →Kat' Androtionos paranomon (Demosthenes)

Gegen Aphobos →Kat' Aphobu (Demosthenes)

Gegen Apion →Contra Apionem (Iosephus)

Gegen Aristogeiton →Kat' Aristogeitonos (Demosthenes)

Gegen Aristokrates →Kat' Aristokratus (Demosthenes)

Gegen Athenogenes →Kat' Athenogenus (Hypereides)

Gegen Demosthenes →Kata Demosthenus (Deinarchos, Hypereides)

Gegen den gottlosen Julian →Hyper tes ton Christianon euagus threskeias pros ta tu en atheiois Iulianu (Kyrillos)

Gegen die Christen →Kata Christianon (Porphyrios)

Gegen die Dogmatiker →Adversus dogmaticos (Sextus Empiricus)

Gegen die Geographie des Eratosthenes →Pros ten Eratosthenus geographian (Hipparchos)

Gegen die Getreidehändler →Kata ton sitopolon (Lysias)

Gegen die Lehren der Manichäer →Pros tas Manichaion doxas (Alexandros)

Gegen die Mathematiker →Skeptika (Sextus Empiricus)

Gegen die Sophisten →Kata ton sophiston (Isokrates)

Gegen Eratosthenes →Kat' Eratosthenus (Lysias)

Gegen Kelsos →Kata Kelsu (Origenes)

Gegen Konon →Kata Kononos aikeias (Demosthenes)

Gegen Ktesiphon →Kata Ktesiphontos (Aischines)

Gegen Leokrates →Kata Leokratus (Lykurgos)

Gegen Leptines →Kata Leptinus (Demosthenes)

Gegen Onetor →Pros Onerora (Demosthenes)

Gegen Philippides →Kata Philippidu (Hypereides)

Gegen Philokles →Kata Philokleus (Deinarchos)

Gegen Stephanos →Kata Stephanu pseudomartyrion (Demosthenes)

Gegen Theokrines →Kata Theokrinu (Demosthenes)

Gegen Timarchos →Kata Timarchu (Aischines)

Gegen Timokrates →Kata Timokratus (Demosthenes)

Geschichte Asiens und Europas →Asiatika / Europiaka (Agatharchides)

Geschichte des Agathokles →Historia Agathokleus (Duris)

Geschichte des griechischen Westens →Historiai (Timaios)

Geschichte des 2. Punischen Krieges →Historiae (Coelius Antipater)

Geschichte Hannibals →Historiai (Sosylos)

Götterhymnen →Hymnoi (Proklos, Telesilla)

Götterreden →Logoi (Aristeides)

Goldene Esel, der →Metamorphoses (Apuleius)

Goldene Worte des Pythagoras →Chrysa epe (Ps.-Pythagoras)

Handbuch →Encheiridion (Epiktetos, Heliodoros, Hephaistion, Nikomachos), →Encheiridium (Sextus Pomponius, Augustinus)

Herakliden →Herakleidai (Euripides)

Hermetische Schriften →Corpus Hermeticum

Hermogenes-Kommentare (An.)

Heroenstammbäume →Genealogiai (Pherekydes)

Hero und Leander →Ta kath' Hero kai Leandron (Musaios)

Hetärenbriefe →Epistulae (Alkiphron)

Hetärengespräche →Hetairikoi dialogoi (Lukianos)

Hinkiamben →Choliamboi (Hipponax, Kerkidas, Phoinix)

Hippokrates-Biographie →Vita des Hippokrates (Soranos)

Hippokratische Schriften →Corpus Hippocraticum

Hippokratischer Eid (An.)

Hirt des Hermas, der →Hermae pastor (Hermas)

Historien →Historiae (Tacitus), Historiai (Polybios), Historiarum libri V (Sallustius), Histories apodexis (Herodotos)

Hochzeitsgedicht auf Achill und Deidameia →Epithalamios Achilleos kai Deidameias (Ps.-Bion)

Hochzeitslieder →Carmina (Sappho)
Homerische Hymnen →Hymnoi Homerikoi (An.)
Homerlexikon →Lexicon Homericum (Apollonios Sophistes)
Homilien →Logoi, Orationes (Eusebios, Maximus, Origines)
Hymnen →Hymni (Ambrosius, Hilarius, Prudentius, Marius Victorinus), →Hymnoi (Alkaios, Ps.-Arion, Kallimachos, Kleanthes, Mesomedes, Proklos, Telesilla, Synesios), →Hymnoi Homerikoi (An.)
Hymnos auf Hestia (Aristonoos)
Hymnos auf Rom (Melinno)

Iamben →Iamboi (Archilochos, Kallimachos, Semonides, Solon)
Iambulos-Exzerpte (Iambulos)
Inschrift des Diogenes (Diogenes aus Oinoanda)
Isis-Aretalogien (An.)
Isthmische Oden →Chorlyrik (Pindaros)

Jüdische Altertumskunde →Iudaike archaiologia (Iosephus)
Jüdischer Krieg →Historia Iudaiku polemu pros Rhomaius (Flavius Iosephus)
Jugurthinischer Krieg →Bellum Iugurthinum (Sallustius)

Kaiserbiographien →De vita XII Caesarum libri VIII (Suetonius)
Kampflieder →Carmina (Alkaios)
Kategorien →Kategoriai (Aristoteles)
Katholische Briefe
Kirchengeschichte →Historia ekklesiastike (Euagrios, Eusebios, Philostorgios, Sokrates, Sozomenos, Theodoretos)
Kleine Ilias →Epikos kyklos
Kölner Epode →Iamboi (Archilochos)
König Ödipus →Oidipus tyrannos (Sophokles)
Kommentare (Boethius, Hesychios, Origenes, Syrianos, Ulpianus)
Kommentare zu Aristoteles (Alexandros, Ammonios Hermeiu, Boethius, Boethos, Dexippos, Philoponos, Porphyrios, Simplikios, Themistios)
Kommentare zu Aristophanes (Platonios)
Kommentare zu Ciceros Reden (Asconius Pedianus)
Kommentare zu den biblischen Büchern (Hieronymus)
Kommentare zu Hippokrates →Peri ton idion biblion (Galenos)
Kommentare zu platonischen Dialogen (Damaskios, Olympiodoros, Proklos)
Kommentare zu Sabinus (Iulius Paulus)
Kommentar zu Ciceros Schrift De inventione (Marius Victorinus)
Kommentar zu Ciceros Somnium Scipionis →Commentarii in Somnium Scipionis (Macrobius)
Kommentar zu den Chemeutika (Olympiodoros)
Kommentar zu den Flexionsparadigmata des Theodosios aus Alexandreia (Georgios Cheiroboskos)

Kommentar zu den Harmonika des Ptolemaios (Porphyrios)
Kommentar zu den Paulusbriefen →Expositiones in Epistulas Pauli (Pelagius)
Kommentar zu den Phainomena des Aratos und des Eudoxos von Knidos →Ton Aratu kai Eudoxu phainomenon exegeseis (Hipparchos)
Kommentar zu den Propheten Osee, Joel und Amos (Iulianus aus Eclanum)
Kommentar zu den pythagoreischen ‚Goldenen Worten' (Hierokles)
Kommentar zu Horaz (Pomponius Porphyrio)
Kommentar zu Job (Iulianus aus Eclanum)
Kommentar zu Klaudios Ptolemaios (Theon)
Kommentar zum Encheiridion des Epiktet (Simplikios)
Kommentar zum ersten Buch der Stoicheia des Euklid →Eis to proton Eukleidu stoicheion (Proklos)
Kommentar zum homerischen Schiffskatalog →Peri tu ton neon katalogu (Apollodoros aus Athen)
Kommentar zu Peri arthron (Apollonios aus Kition)
Kommentar zu Platons Phaidros (Hermeias)
Kommentar zu Platons Theaitetos (An.)
Kommentar zu Platons Timaios (Chalcidius, Galenos aus Pergamon)
Kommentar zur aristotelischen Metaphysik (Asklepios aus Tralleis)
Kommentar zur Nikomachischen Ethik des Aristoteles (Aspasios)
Komödien (Epicharmos, Pherekrates)
Krähenlied →Choliamboi (Phoinix)
Kranz des Meleagros →Meleagru stephanos (Meleagros)
Kranzrede →Peri tu stephanu (Demosthenes)
Kriegskunst →De re militari (Vegetius)
Kynikerbriefe →Briefe der Kyniker
Kyprien →Epikos kyklos

Leben des Heiligen Martin →Vita Sancti Martini (Paulinus, Sulpicius Severus)
Leben des Pythagoras →Bios Pythagorikos (Aristoxenos), →Vita Pythagorae (Porphyrios)
Lebensalterelegie →Elegoi (Solon)
Leben und Meinungen berühmter Philosophen →Philosophon bion kai dogmaton synagoge (Diogenes Laertius)
Leben und Meinungen der Sieben Weisen (An.)
Lehrbrief an seine Tochter Arete →Epistula an Arete (Aristippos)
Lehrbuch der Astrologie (Nechepso)
Lehrbuch der Rhetorik →Technai rhetorikai (Hermagoras)
Lehrgedichte (Aemilius Macer)
Lehrgedicht über die Natur →Peri physeos (Parmenides)
Leichenschmaus für Arkesilaos →Arkesilau perideipnon (Timon)
Lesbisches Lied →Carmina (Alkaios, Sappho)
Leukippe und Kleitophon →Ta kata Leukippen kai Kleitophonta (Achilleus Tatios)

Lied der Salier →Carmina Saliorum (An.)
Lieder →Carmina, →Chorlyrik
Lob der epikureischen Philosophie (Philostratos)
Locke der Berenike →Berenikes plokamos (Kallimachos)

Märtyrerakten →Acta martyrum (An.)
Makkabäerbücher →Deuterokanonische Bücher
Mathematische Schriften (Archimedes)
Memorabilien →Apomnemoneumata Sokratus (Xenophon)
Menippeische Satiren →Saturae Menippeae (Varro)
Metamorphosen →Metamorphoseon synagoge (Antoninus Liberalis, Parthenios), →Metamorphoseon libri (Ovidius), →Metamorphoses (Apuleius)
Metaphysik →Ta meta ta physika (Aristoteles, Theophrastos)
Mimiamben →Mimiamboi (Herodas)
Monodie auf Julian →Logoi (Libanios)
Musenelegie →Elegoi (Solon)

Nemeische Oden →Chorlyrik (Pindaros)
Netzzieher, die →Diktyulkoi (Aischylos)
Neues Testament →Novum Testamentum
Nikomachische Ethik →Ethika Nikomacheia (Aristoteles)
Ninos-Roman (An.)
Oden →Carmina, Chorlyrik (Pindaros)

Odyssee →Odysseia (Homer)
Ökonomik →Oikonomika (Ps.-Aristoteles)
Ödipus →Oidipus tyrannos
Ödipus auf Kolonos →Oidipus epi Kolono
Olympische Oden →Chorlyrik (Pindaros)
Olynthische Reden →Olynthiakoi logoi (Demosthenes)
Orestie →Oresteia (Aischylos)
Origenes-Brief (Iulius Africanus)
Orphische Literatur →Orphika (An.)
Osterhomilie →Peri pascha (Meliton aus Sardes)

Paiane →Chorlyrik
Parodien (Hegemon aus Thasos)
Pastoralbriefe →Epistulae (Sidonius)
Paulus-Akten →Apokryphoi bibloi
Paulusbriefe → Novum Testamentum
Pauluskommentare (Marius Victorinus)
Paulussentenzen →Imperiales sententie in cognitionibus prolatae (Iulius Paulus)
Peloponnesischer Krieg →Ho polemos ton Peloponnesion kai Athenaion (Thukydides)
Perser, die →Persai (Aischylos, Timotheus)
Philippische Reden →Orationes Philippicae (Cicero), Philippikoi logoi (Demosthenes)
Pflanzenkunde →Peri phyton historias (Theophrast)
Philosophische Schriften (Xenokrates)
Phlyakenposse (An.)
Phönizische Geschichte →Phoinikika (Herennius Philon)
Physik →Physika (Theophrast), →Physike akroasis (Aristoteles)

Physiognomik →Physiognomika (Antonius Polemon)
Plotinbiographie →Vita Plotini (Porphyrios)
Poetik →Peri poietikes (Aristoteles, Neoptolemos)
Politik →Politika (Aristoteles)
Poseidonhymnos →Hymnoi (Ps.-Arion)
Predigten →Logoi, →Orationes, →Sermones
Proklosbiographie →Vita Procli (Marinos)
Prometheus →Prometheus desmotes (Aischylos)
Psalmen →Psalmoi (Apollinarios)
Psalmenkommentar →Expositiones in Psalmos (Cassiodorus)
Pseudoclementinen (An.)
Pythagorasbiographie →Vita Pythagorae (Porphyrios)
Pythische Oden →Chorlyrik (Pindar)

Rätsel (Firmianus Symphosius)
Rede →Logos, →Oratio
Rede an Demonikos →Pros Demonikon (Isokrates)
Rede an die Hellenen →Logos pros Hellenas (Tatianos)
Rede an die Versammlung der Heiligen →To ton hagion syllogo (Konstantinos)
Reden →Dialexeis, →Diatribai, → Logoi, →Orationes, →Sermones
Reden gegen die Arianer →Logoi kata Arianon (Athanasios)
Rede vom Kranz →Peri tu stephanu (Demosthenes)
Rednerlexikon →Lexeis ton deka rhetoron (Harpokration)
Reisebericht des Iambulos →Iambulos-Exzerpte (Iambulos)
Rhetorik →Techne rhetorike (Aristoteles, Hermogenes), →Technai rhetorikai (Hermagoras)
Rhodisches Bettelliedchen (An.)
Ritter →Hippeis (Aristophanes)
Römische Geschichte →Historia Rhomaike (Cassius Dio)
Romrede →Logoi (Ailios Aristeides)

Salamiselegie →Elegoi (Solon)
Salierlied →Carmen Saliorum (An.)
Samische Chronik →Samiaka (Duris)
Satiren →Saturae (Lucilius, Persius), Saturae Menippeae (Varro), →Saturarum libri V (Iuvenalis), →Sermones (Horatius)
Schiedsgericht, das →Epitrepontes (Menandros)
Schild des Herakles →Aspis (Ps.-Hesiodos)
Schiedsgericht →Epitrepontes (Menandros)
Scholien →Scholia
Schutzflehenden, die →Hiketides (Aischylos)
Seikilosliedchen (An.)
Selbstbetrachtungen →Ton eis heauton biblia (Marcus Aurelius)
Serapis-Aretalogie (Maiistas)
Serviusvita →Vita des Vergilius (Servius)
Sibyllinische Orakel →Oracula Sibyllina (An.)
Sieben gegen Theben →Hepta epi Thebas (Aischylos)
Siegeslieder →Chorlyrik (Bakchylides, Pindar)

Sonnenstaat →Iambulos-Exzerpte (Exzerpte)
Sophistische Widerlegungen →Sophistikoi elenchoi (Aristoteles)
Spiel der Sieben Weisen →Ludus Septem Sapientium (Ausonius)
Spindel, die →Alakata (Erinna)
Sprachwissenschaftliche Forschungen →Grammatika (Tryphon)
Sprüche →Gnomai (Demokritos, Demophilos, Epicharmos, Menandros, Phokylides)
Sprüche der Sieben Weisen →Leben und Meinungen der Sieben Weisen
Staat →Politeia (Platon)
Staat der Athener →Athenaion politeia (Aristoteles)
Staat der Lakedaimonier →Lakedaimonion politeia (Xenophon)
Suetonvita →De viris illustribus (Sueton)
Sulpicia und Cerinth →Corpus Tibullianum

Terenzkommentar →Commentum Terenti (Donatus)
Thekla-Akten → Apokryphoi bibloi
Theogonie →Theognonia (Hesiodos)
Theorien der Naturphilosophen →Physikon doxai (Theophrastos)
Thomas-Akten →Apokryphoi bibloi
Tierkunde →Hai peri ton zoon historiai (Aristoteles)
Tironische Noten →Notae Tironianae
Titanomachie →Titanomachia (Eumelos), →Epikos kyklos
Topik →Ad Gaium Trebatium Topica (Cicero)
Trachinierinnen, die →Trachiniai (Sophokles)
Tragödien (Ion aus Chios)
Trauerreden →Orationes (Ambrosius)
Tristien →Tristium libri (Ovidius)
Trojaromane (Dares, Diktys)
Trost der Philosophie →Consolatio philosophiae
Trostschrift an die Kaiserin Livia →Ad Liviam de consolatione (Areios Didymos)
Trostschrift für Apollonios →Moralia (Plutarchos)
Tuskulanische Gespräche →Tusculanae disputationes (Cicero)

Über das Gute →Peri tagathu (Platon)
Über den attischen Dialekt →Peri Attikes dialektu (Krates)
Über den heiligen Geist →De spiritu sancto (Didymos)
Über den Himmel →Peri uranu (Aristoteles)
Über den jüdischen Krieg →Historia Iudaiku polemu pros Rhomaius (Iosephus)
Über den Kranz →Peri tu stephanu (Demosthenes)
Über den Mord an Eratosthenes →Hyper tu Eratosthenus phonu apologia (Lysias)
Über den Ölbaum →Areopagitikos peri tu seku apologia (Lysias)
Über die Dreieinigkeit →De trinitate (Didymos)
Über die Gerechtigkeit →De iusto (Karneades)
Über die grundlose Verachtung der Volksmeinung (Polystratos)

Über die Juden →Peri Iudaion (Alexander Polyhistor)
Über die Komödie →Peri komodias (An.)
Über die Natur →Peri physeos
Über die Nymphengrotte →Peri tu en Odysseia ton Nymphon anthru (Porphyrios)
Über die Pflicht →Peri tu kathekontos (Panaitios)
Über die Philosophie des Aristoteles →Peri Aristotelus philosophias (Nikolaos)
Über die Reitkunst →Peri hippikes (Xenophon)
Über die Rhetorik →Logoi (Ailios Aristeides)
Über die Seele →Peri psyches (Aristoteles)
Über die Ursachen der Pflanzen →Phytikai aitiai (Theophrast)
Über die Vier →Logoi (Ailios Aristeides)
Über die Welt →Peri kosmu (Ps.-Aristoteles)
Über Götter →Peri theon (Apollodoros)
Über Götter und Welt →Peri theon kai kosmu (Salustios)
Über Größe und Entfernung der Sonne und des Mondes →Peri megethon kai apostematon heliu kai selenes (Aristarchos)
Über Gymnastik →Gymnastikos (Philostratos)
Über Isis und Osiris →Peri Isidos kai Osiridos (Plutarchos)
Über Melissos, Xenophanes und Gorgias →De Melisso, Xenophane, Gorgia (Ps.-Aristoteles)
Über Sympathie- und Antipathiemittel (Bolos)
Über Verschiedenheiten und Gemeinsamkeiten des griechischen und lateinischen Verbums →De differentiis et societatibus Graeci Latinique verbi (Macrobios)

Vergil-Cento (Pomponius, Proba)
Vergilkommentar (Donatus)
Vergilkommentar (Servius)
Vermischte Gedichte →Carmina (Venantius Fortunatus)
Verrinen →Actio prima in C. Verrem, Actio secunda in C. Verrem (Cicero)
Viermännerkommentar (Aristonikos, Didymos, Herodianos, Nikanor)
Vögel →Ornithes (Aristophanes)
Vom Erhabenen →Peri hypsus (An.)
Vom Heiligen →Logoi (Aristeides)

Wahre Geschichten →Alethe diegemata (Lukianos)
Weiberiambos →Iamboi (Semonides)
Weinlieder →Carmina (Alkaios)
Weltchronik →Epitoma Chronicon ad annum 455 (Prosper Tiro)
Weltgeschichte →Historiai (Nikolaos)
Wespen →Sphekes (Aristophanes)
Wissenschaftsgeschichte (Eudemos)
Wolken →Nephelai (Aristophanes)

Zauberpapyri (An.)
Zeushymnos (Kleanthes)
Zwölftafelgesetz →Leges XII Tabularum

Autoren mit griechischen und lateinischen
Werktiteln (Verzeichnis II)

Accius: **Brutus, Didascalica, Eurysaces, Medea,
Philocteta, Phoenissae**
Achilleus Tatios: **Eisagoge**
Achilleus Tatios: **Ta kata Leukippen kai Kleito-
phonta**
Acilius Severus: **Catastrophe sive Peira**
Adamantios: **Peri anemon**
Aelianus aus Praeneste: **Peri zoon idiotetos, Poikile
historia**
Aelius Paetus: **Ius Aelianum**
Aelius Stilo aus Lanuvium: **Grammatica et philo-
logica Latina**
Aemilius Papinianus →Papinianus
Aetios aus Amida: **Tetrabiblon**
Aetios aus Antiocheia: **Synagoge ton areskonton**
Africanus →Iulius Africanus
Agapetos aus Konstantinopel: **Ekthesis kephaleion
parainetikon**
Agatharchides aus Knidos: **Asiatika / Europiaka,
Peri tes Erythras thalasses**
Agathias aus Myrina: **Daphniaka, Kyklos ton neon
epigrammaton, Peri tes Iustinianu basileias**
Ailia Eudokia →Eudokia aus Athen
Ailianos, der Taktiker: **Taktike theoria**
Ailios Aristeides aus Mysien: **Logoi, Technai rhe-
torikai**
Ailios Dionysios: **Attika onomata**
Ailios Herodianos → Herodianos
Ailios Theon →Theon aus Alexandreia
Aineias aus Gaza: **Theophrastos**
Aineias Taktikos: **Poliorketika, Ta peri ton strate-
gikon hypomnemata**
Ainesidemos aus Knossos: **Hypotyposis eis ta Pyr-
rhoneia, Pyrrhoneioi logoi**
Aischines aus Athen: **Kata Ktesiphontos, Kata Ti-
marchu, Peri tes parapresbeias**
Aischines aus Sphettos: **Alkibiades, Aspasia, Telau-
ges**
Aischylos aus Eleusis: **Diktyulkoi, Hepta epi The-
bas, Hiketides, Isthmiastai, Niobe, Oresteia, Per-
sai, Prometheus desmotes, Prometheus lyomenos,
Prometheus pyrphoros**
Aisopos: **Mython synagoge**
Akusilaos aus Argos: **Genealogiai**
Alarich: **Breviarium Alaricianum**
Albinos: **Didaskalikos, Eisagoge (= Prologos)**
Alexandros aus Aphrodisias: **Peri heimarmenes,
Peri psyches, Physikon scholion aporiai kai lyseis**
Alexandros aus Lykopolis: **Pros tas Manichaion
doxas**
Alexandros Numeniu: **Peri rhetorikon aphormon,
Peri schematon**
Alexandros Polyhistor aus Milet: **Aigyptiaka, Dia-
dochai philosophon, Peri Iudaion**
Alexandros aus Tralleis: **Therapeutika**
Alkaios aus Mytilene: **Carmina, Hymnoi**
Alkidamas aus Elaia: **Museion, Odysseus**
(→Ps.-Alkidamas), **Peri ton tus graptus logus gra-
phonton e peri sophiston**

Alkimos: **Pros Amyntan**
Alkinoos →Albinos
Alkiphron: **Epistulae**
Alkmaion aus Kroton: **Peri physeos**
Ambrosius: **Epistulae, Contra Auxentium de ba-
silicis tradendis, De fide ad Gratianum, De Nabu-
the Iezraelita, De officiis ministrorum libri III, De
sacramentis, De Tobia, De virginibus ad Marcelli-
nam sororem, Explanatio symboli ad initiandos,
Hexaemeron, Hymni, Orationes**
Ammianus Marcellinus: **Rerum gestarum libri
XXXI**
Ammonios, der Lexikograph: **Peri homoion kai
diaphoron lexeon**
Ammonios aus Alexandreia: **Peri tes epekdotheises
diorthoseos, Peri tes Rhomaion dialektu**
Ampelius: **Liber memorialis**
Anakreon aus Teos: **Carmina**
Anaxagoras aus Klazomenai: **Peri physeos**
Anaximandros aus Milet: **Heroologia, Peri physios**
Anaximenes aus Lampsakos: **Hellenika, Philippika,
Rhetorike pros Alexandron, Trikaranos**
Andokides aus Athen: **Peri tes heautu kathodu,
Peri ton mysterion**
Andron aus Halikarnassos: **Syngeneiai**
Androtion: **Atthis**
Anthimos: **De observatione ciborum**
Anonymi:
Acta Alexandrinorum
Acta diurna oder populi
Acta fratrum Arvalium
Acta martyrum
Acta martyrum Scilitanorum →Passio Sancto-
rum Scilitanorum
Acta principis
Acta senatus oder patrum
Aegritudo Perdicae
Alcestis Barcinonensis
Alkmeonis
Annales maximi
Anonymus Iamblichi
Anthologia Latina
Anthologia Palatina
Anthologia Planudea
Antiatticista
Apokryphoi bibloi
Apollodori Bibliotheca
Appendix Vergiliana
Aristippos peri palaias tryphes
Auctor ad Herennium →Rhetorica ad Herenni-
um
Batrachomyomachia
Bellum Africum
Bellum Alexandrinum
Bellum Hispanense
Carmen adversus Marcionitas
Carmen adversos paganos
Carmen Arvale
Carmen de figuris
Carmen de ponderibus et mensuris
Carmina Einsidlensia
Carmina Marciana

Carmina Priapea
Carmina Saliorum
Certamen Homeri et Hesiodi
Chironos hypothekai
Chronica Gallica
Codex Iustinianus →Corpus iuris civilis
Codex Theodosianus
Consolatio ad Liviam
Consultatio veteris cuiusdam iurisconsulti
Corpus Hermeticum
Corpus Tibullianum
Cyrilli Glossarium
De altercatione Ecclesiae et Synagogae
De rebus bellicis
Dialexeis
Dicta Catonis
Didache
Didaskalia
Diegeseis
Edictum Theodorici
Eiresione
Epigramma Paulini
Epikos kyklos
Epinomis
Epistula ad Diognetum
Epistula Alexandri Macedonis ad Aristotelem magistrum suum de itinere suo et de situ Indiae
Epitaphios Bionos
Excerptum Valesianum I und II
Expositio totius mundi et gentium
Fescennina carmina
Fragmenta Vaticana
Fragmentum Censorini
Hellenica Oxyrhynchia
Historia Alexandri Magni →Ps.-Kallisthenes
Historia Apollonii regis Tyrii
Historia Augusta
Hoplon krisis
Hymnoi Homerikoi
Itinerarium Alexandri Magni
Itinerarium Egeriae →Peregrinatio Egeriae oder Aetheriae
Kyranides
Laudatio Turiae
Laus Pisonis
Leges XII Tabularum
Logia Iesu
Logia ton Chaldaion →Iulianos
Margites
Marmor Parium
Martyrologium Hieronymianum
Medicina Plinii
Menandru kai Philistionos synkrisis
Metiochos und Parthenope
Monosticha
Mulomedicina Chironis
Mythographi Vaticani
Notitia dignitatum
Oracula Sibyllina
Orphica
Passio Sanctorum Scilitanorum
Patrum Apostolicorum opera

Pauli sententiae
Peri hires nosu
Peri hypsus
Peri iobolon zoon kai ton en autois boethematon
Peri komodias
Peri nomon
Peri physios kosmu kai psychas
Periplus maris Erythraei
Peri technes
Pervigilium Veneris
Philetairos
Philogelos
Phokais
Physica Plinii
Physiologos
Pseudoclementinen
Querolus
Regulae Ulpiani
Rhetorica ad Herennium
Romulus
Scholia
Scholia Sinaitica
Senatus consultum de Bacchanalibus
Septuaginta
Skolia
Sortes Sangallenses
Suda
Symbolum Apostolorum
Symbolum Athanasium
Techne tu politiku logu
Theseis
Vita Aristotelis Marciana
Vita Herodotea
Anthemios aus Tralleis: **Fragmentum mathematicum Bobiense, Peri paradoxon mechanematon**
Antigonos aus Karystos: **Bioi philosophon, Historion paradoxon synagoge**
Antimachos aus Kolophon: **Lyde, Thebais**
Antiochos aus Askalon: **Sosos**
Antiochos aus Athen: **Thesauroi**
Antiochos aus Syrakus: **Peri Italias, Ton Sikelikon historia**
Antiphanes aus Berge: **Apista**
Antiphon aus Athen: **Aletheia, Peri homonoias**
Antiphon aus Rhamnus: **Peri tu choreutu, Peri tu Herodu phonu, Pharmakeias kata tes metryias, Tetralogiai**
Antisthenes: **Aias e Aiantos logos, Alkibiades, Archelaos e peri basileias, Herakles, Kyros / Kyros e peri basileias, Odysseus e Odysseos logos, Sathon**
Antoninus Liberalis: **Metamorphoseon synagoge**
Antonius Diogenes: **Ta hyper Thulen apista**
Antyllos: **Cheirurgumena, Peri boethematon**
Anyte aus Tegea: **Epigrammata**
Apion aus Oasis: **Aigyptiaka, Glossai Homerikai**
Aphthonios aus Antiocheia: **Progymnasmata**
Apicius →Caelius
Apollinarios (Apollinaris) aus Laodikeia: **He kata meros pistis, Psalmoi**
Apollodoros aus Athen: **Apollodori Bibliotheca, Chronika, Peri Epicharmu, Peri etymologion, Pe-**

ri Sophronos, Peri theon, Peri tu ton neon katalogu

Apollodoros aus Damaskus: **Poliorketika**

Apollonios: **Historiai thaumasiai**

Apollonios aus Damaskos: **Poliorketika**

Apollonios aus Perge: **Konika**

Apollonios aus Tyana: **Teletai e peri thysion**

Apollonios Dyskolos: **Peri syntaxeos**

Apollonios Rhodios aus Alexandreia: **Argonautika, Peri Archilochu**

Apollonios Sophistes: **Lexicon Homericum**

Appianos aus Alexandreia: **Rhomaika**

Appius Claudius Caecus: **Sententiae**

Apsines: **Techne rhetorike**

Apuleius aus Madaura: **Apologia, De deo Socratis, De mundo, De Platone et eius dogmate, Florida, Metamorphoses**

Aquila Romanus: **De figuris sententiarum et elocutionis**

Arator: **De actibus apostolorum**

Aratos aus Sikyon: **Hypomnemata**

Aratos aus Soloi: **Phainomena**

Archestratos aus Gela: **Hedypatheia**

Archidamas aus Elaia: **Messenikos oder Messeniakos**

Archilochos aus Paros: **Carmina, Elegoi, Iamboi**

Archimedes aus Syrakus: **Peri isorropion, Peri ton mechanikon theorematon pros Eratosthenen ephodos, Peri ton ochumenon, Problema boeikon, Psammites**

Archytas aus Tarent: **Harmonikos**

Areios: **Thaleia**

Areios Didymos: **Ad Liviam de consolatione, Epitome**

Aretaios aus Kappadokien: **Peri aition kai semeion chronion pathon, Peri aition kai semeion oxeon pathon**

Aristainetos: **Epistulae**

Aristarchos aus Samos: **Peri megethon kai apostematon heliu kai selenes**

Aristarchos aus Samothrake: **Hypomnemata**

Aristeides →Ailios Aristeides

Aristeides aus Milet: **Milesiaka**

Aristeides Quintilianus: **Peri musikes**

Aristippos aus Kyrene: **Apophthegmata, Chreiai, Epistula an Arete**

Aristokles aus Messana: **Peri philosophias**

Aristonikos aus Alexandreia: **Peri semeion**

Aristonoos aus Korinth: **Hymnos auf Hestia**

Aristophanes aus Athen: **Acharnes, Batrachoi, Eirene, Ekklesiazusai, Hippeis, Lysistrate, Nephelai, Ornithes, Plutos, Sphekes, Thesmophoriazusai**

Aristophanes aus Byzanz: **Hypotheseis, Lexeis oder Glossai**

Aristoteles: **Analytika, Aporemata Homerika, Athenaion politeia, Ethika Eudemeia, Ethika Nikomacheia, Eudemos e peri psyches, Gryllos e peri rhetorikes, Hai peri ton zoon historiai (Historia animalium), Kategoriai, Magna Moralia, Metaphysik** (→**Ta meta ta physika**), **Meteorologika, Organon, Parva naturalia, Peri aistheseos kai aistheton** (→**Parva naturalia**), **Peri anapnoes** (→**Parva naturalia**), **Peri aretes** (Ps.-Aristoteles), **Peri dikaiosynes, Peri enhypnion** (→**Parva naturalia**), **Peri euches, Peri eugeneias, Peri geneseos kai phthoras, Peri hermeneias, Peri hypnu kai egregorseos** (→**Parva naturalia**), **Peri ideon, Peri makrobiotetos kai brachybiotetos** (→**Parva naturalia**), **Peri mnemes kai anamneseos** (→**Parva naturalia**), **Peri neotetos kai geros** (→**Parva naturalia**), **Peri philosophias, Peri poietikes, Peri poieton, Peri politiku, Peri poreias zoon, Peri psyches, Peri tes kat' hypnu mantikes** (→**Parva naturalia**), **Peri ton Pythagoreion, Peri tu agathu, Peri uranu, Peri zoes kai thanatu** (→**Parva naturalia**), **Peri zoon geneseos, Peri zoon kineseos, Peri zoon morion, Physike akroasis, Politeiai, Politika, Protreptikos, Sophistikoi elenchoi, Synagoge technon, Techne rhetorike, Topika**

Aristoxenos aus Tarent: **Bioi andron, Bios Pythagorikos, Bios Sokratikos, Harmonika stoicheia, Rhythmika stoicheia**

Arkadios →Ps.-Arkadios

Arnobius: **Adversus gentes**

Arrianus aus Nikomedeia: **Alanika, Alexandru Anabasis, Bithyniaka, Diatribai (Epiktetos), Indike, Kynegetikos, Parthika, Periplus Euxeinu Pontu, Ta met' Alexandron, Techne taktike**

Artemidoros aus Ephesos: **Geographumena, Oneirokritikon**

Asinius Pollio: **Historiae**

Asklepiades aus Myrleia: **Bithyniaka, Peri grammatikon**

Asklepiades aus Samos: **Epigrammata**

Asklepiades aus Tragilos: **Tragodumena**

Asklepiodotos: **Taktika**

Astrampsychos: **Sortes Astrampsychi**

Ateius Capito: **Coniectanea, De iure ponteficio, De officio senatorio**

Athanasios aus Alexandreia: **Epistulae, Logoi kata Areianon, Logos kata ton Hellenon, Logos peri enanthropeseos tu logu, Vita Sancti Antonii**

Athenagoras aus Athen: **Peri anastaseos nekron, Presbeia peri christianon**

Athenaios aus Naukratis: **Deipnosophistai**

Athenaios, der Mechaniker: **Peri mechanematon**

Attalos aus Rhodos →Hippias aus Nikaia

Attikos: **Pros tus dia ton Aristotelus ta Platonos hypischnumenus**

Augustinus aus Thagaste, **Acta seu disputatio contra Fortunatum Manichaeum, Ad Donatistas post conlationem, Ad inquisitiones Ianuarii, Adnotationum in Iob liber, Ad Orosium contra Priscillianistas et Origenistas, Adversus haereses, Breviculus conlationis cum Donatistis, Confessiones, Contra Academicos, Contra Adimantum Manichaei discipulum, Contra adversarium legis et prophetarum, Contra duas epistulas Pelagianorum, Contra epistulam Parmeniani, Contra Faustum Manichaeum, Contra Hilarum, Contra litteras Petiliani Donatistae, Contra Maximinum haereticum Arianorum episcopum, Contra mendacium, De adulterinis coniugiis libri II, De agone Christiano, De beata vita, De bono coniugali, De**

bono viduitatis, De catechizandis rudibus, De civitate Dei, De consensu evangelistarum libri IV, De continentia, De cura de mortuis gerenda, De diversis quaestionibus ad Simplicianum libri II, De diversis quaestionibus octoginta tribus, De divinatione daemonum, De doctrina Christiana, De fide et operibus, De fide et symbolo, De fide rerum, quae non videntur, De fide, spe et caritate, De genesi ad litteram, De grammatica, De immortalitate animae, De libero arbitrio, De magistro, De musica, De opere monachorum, De ordine, De origine animae et de sententia Iacobi, De patientia, De pulchro et apto, De quantitate animae, De sancta virginitate, De sermone domini in monte libri II, De symbolo ad catechumenos, De trinitate, De utilitate credendi, De vera religione, De videndo Deo, Enarrationes in Psalmos, Epistulae, Epistulae ad Romanos expositio inchohata, Expositio epistulae ad Galatos, Expositio quarundam propositionum ex epistula ad Romanos, In Ioannis epistulam ad Parthos tractatus decem, In Ioannis evangelium tractatus CXXIV, Locutionum in Heptateuchum libri VII, Principia dialecticae, Principia rhetorices, Psalmus contra partem Donati, Quaestiones expositae contra paganos, Quaestionum evangeliorum libri II, Retractationes, Sermones, Soliloquia, Speculum, Tractatus adversus Iudaeos
Augustus: **De vita mea, Monumentum Ancyranum**
Aurelius Victor: **Caesares**
Ausonius aus Burdigala: **Bissula, Carmina domestica, Cento nuptialis, Commemoratio professorum Burdigalensium, Cupido cruciatur, De XII Caesaribus, Eclogarum liber, Ephemeris, Epigrammata de diversis rebus, Epistulae, Epitaphia heroum, qui bello Troico interfuerunt, Gratiarum actio ad Gratianum imperatorem, Griphus ternarii numeri, Liber protrepticus ad nepotem, Ludus Septem Sapientium, Mosella, Ordo urbium nobilium, Parentalia, Technopaegnion**
Avianus: **Mythiamboi Aisopeioi**
Avienus aus Volsinii: **Ora maritima, Orbis terrae, Phaenomena**
Avitus: **Epistulae, Libelli de spiritalis historiae gestis**
Avitus, Alfius: **Excellentes**

Babrios: **Mythiamboi Aisopeioi**
Baebius Italicus: **Ilias Latina**
Bakchylides aus Keos: **Erotika**
Balbus: **Expositio et ratio omnium formarum**
Basileios aus Kaisareia: **Asketika, Epistulae, Hexaemeron, Kat' Eunomiu**
Basileios aus Kaisareia: **Pros tus neus**
Benedictus aus Nursia: **Regula monachorum**
Berossos aus Babylon: **Babyloniaka**
Bion aus Smyrna: **Bukolika, Epitaphios Adonidos**
Bion vom Borysthenes: **Diatribai**
Biton: **Kataskeuai polemikon organon kai katapeltikon**
Boethius aus Rom: **Consolatio Philosophiae, Con-

tra Eutychen et Nestorium: De persona et duabus personis** (→Opuscula sacra), **De categoricis syllogismis, De fide catholica** (→Opuscula sacra), **De hebdomadibus** (→Opuscula sacra), **De musica, Institutio arithmetica, De trinitate** (→Opuscula sacra), **Opuscula sacra, Quomodo substantiae** (→Opuscula sacra), **Quomodo trinitas unus deus** (→Opuscula sacra), **Utrum Pater ...** (→Opuscula sacra)
Boio (oder Boios): **Ornithogonia**
Bolos aus Mendes: **Cheirokmeta**

Caecilius aus Kalakte: **Kata Phrygon, Tini diapherei ho Attikos zelos tu Asianu, Peri hypsus, Peri tu charakteros ton deka rhetoron**
Caecilius Statius: **Pausimachus, Plocium, Synephebi**
Caelius: Apicius: **De re coquinaria**
Caelius Aurelianus: **De passionibus celeribus vel acutis, De passionibus tardis vel chronicis, Gynaecia**
Caesellius Vindex: **Antiquae lectiones**
Caesar: **Anticato, De analogia, De astris, De bello civili, De bello Gallico, Epistulae, Iter**
Calpurnius Flaccus: **Declamationum excerpta**
Calpurnius Siculus: **Eclogae**
Cassianus: **Collationes, De incarnatione Christi contra Nestorium, De institutis monachorum et de octo principalium vitiorum remediis**
Cassiodorus aus Bruttium : **Chronica, De anima, De origine actibusque Getarum, De orthographia, Expositiones in Psalmos, Historia ecclesiastica tripertita, Institutiones divinarum et humanarum litterarum, Ordo generis Cassiodororum, Variae (epistulae)**
Cassius Dio: **Historia Rhomaike**
Cassius Felix aus Cirta: **De medicina**
Cassius Longinus: **Liber iuris civilis**
Cato aus Tusculum: **Ad Marcum filium, Carmen de moribus, De agri cultura, De sumptu suo, Oratio pro Rhodiensibus, Origines**
Catullus aus Verona: **Carmina**
Celsus: **De medicina**
Censorinus: **De die natali**
Chairemon aus Alexandreia: **Aigyptiaka, Hieroglyphika**
Chamaileon aus Herakleia: **Peri satyron**
Charax: **Peri enklinomenon morion, Peri orthographias**
Charisius: **Ars grammatica**
Chariton aus Aphrodisias: **Chaireas kai Kallirrhoe**
Charon aus Lampsakos: **Horoi Lampsakenon, Persika**
Chirius Fortunatianus: **Ars rhetorica**
Chorikios aus Gaza: **Logoi**
Choirilos aus Samos: **Persika, Samiaka**
Christodoros aus Koptos: **Ekphrasis ton agalmaton**
Chrysippos aus Soloi: **Kata tes synetheias, Logika zetemata, Peri etymologion, Peri heimarmenes, Peri pathon, Peri pronoias, Peri psyches, Therapeutikos**

Cicero aus Arpinum: **Academica, Actio prima in C. Verrem, Actio secunda in C. Verrem, Ad Gaium Trebatium Topica, Aratea, Brutus, Catilinariae orationes IV, Cato maior de senectute, Consolatio, De consulatu suo, De divinatione, De domo sua ad pontifices, De fato, De finibus bonorum et malorum, De gloria, De haruspicum responso in Publium Clodium, De imperio Gnaei Pompei, De inventione, De lege agraria, De legibus, De natura deorum, De officiis, De optimo genere oratorum, De oratore, De provinciis consularibus, De re publica, De temporibus meis, Epistulae, Hortensius, In Lucium Calpurnium Pisonem, In Publium Vatinium, In Quintum Caecilium oratio, quae divinatio dicitur, Laelius de amicitia, Marius, Oratio cum populo gratias egit, Oratio cum senatui gratias egit, Orationes Philippicae, Orator, Paradoxa Stoicorum, Partitiones oratoriae, Pro Archia poeta, Pro Aulo Caecina, Pro Aulo Cluentio Habito, Pro Gaio Rabirio perduellionis reo, Pro Gaio Rabirio Postumo, Pro Gnaeo Plancio, Pro Lucio Cornelio Balbo, Pro Lucio Valerio Flacco, Pro Lucio Murena, Pro Marco Aemilio Scauro, Pro Marco Caelio, Pro Marco Fonteio, Pro Marco Marcello, Pro Marco Tullio, Pro Publio Quinctio, Pro Publio Sestio, Pro Publio Sulla, Pro Quinto Ligario, Pro Quinto Roscio comoedo, Pro rege Deiotaro ad C. Caesarem oratio, Pro Sexto Roscio Amerino, Pro Tito Annio Milone, Timaeus, Tusculanae disputationes**

Cicero, Quintus Tullius: **Commentariolum petitionis consulatus**

Cinna, Gaius Helvius: **Smyrna**

Claudianus: **Carmina minora, De bello Getico, De bello Gildonico, De laudibus Stilichonis, De raptu Proserpinae, Epithalamium dictum Honorio Augusto et Mariae, In Eutropium, In Rufinum, Panegyricus dictus Honorio Augusto tertium/quartum/sextum consuli, Panegyricus dictus Manlio Theodoro consuli, Panegyricus dictus Probino et Olybrio**

Claudianus Mamertus: **De statu animae**

Claudius Aelianus: **Epistolai agroikikai**

Claudius Quadrigarius: **Annales**

Clemens Alexandrinus: **Excerpta ex Theodoto, Paidagogos, Protreptikos pros tus Hellenas, Stromateis, Tis ho sozomenos plusios**

Clemens Romanus →**Patrum Apostolicorum opera**

Coelius Antipater: **Historiae**

Columella aus Gades: **De arboribus, De re rustica**

Commodianus: **Carmen apologeticum, Instructiones**

Corippus: **In laudem Iustini minoris, Ioannis oder De bellis Libycis**

Cornelia: **Epistula an Gaius**

Cornutus aus Leptis: **Artis rhetoricae epitome, Epidrome ton kata ten Helleniken theologian paradedomenon**

Cremutius Cordus: **Annales**

Curtius Rufus: **Historiae Alexandri Magni regis Macedonum**

Cyprianus aus Karthago: **Ad Demetrianum, Ad Donatum, Ad Fortunatum de exhortatione martyrii, De bono patientiae, De dominica oratione, De ecclesiae catholicae unitate, De habitu virginum, De lapsis, De mortalitate, De opere et eleemosynis, De zelo et livore, Epistulae, Testimoniorum libri III**

Damaskios aus Damaskus: **Aporiai kai lyseis peri ton proton archon, Eis ton Platonos Parmeniden aporiai kai epilyseis, Paradoxa, Peri arithmu kai topu kai chronu**

Damasos: **Epigrammata Damasiana**

Damastes aus Sigeion: **Peri goneon kai progonon ton eis Ilion strateusamenon, Peri poieton kai sophiston, Peri ton en Helladi genomenon**

Damianos aus Larissa: **Optika**

Damon: **Areopagitikos**

Deinarchos aus Korinth: **Kata Demosthenus, Kata Philokleus, Kat'Aristogeitonos**

Demades: **Demadea, Logoi**

Demetrios: **Peri ton en te Iudaia basileon**

Demetrios aus Kallatis: **Peri Europes kai Asias**

Demetrios aus Magnesia: **Peri homonoias, Peri homonymon poieton te kai syngrapheon, Peri homonymon poleon**

Demetrios aus Phaleron: **Archonton anagraphe, Peri dekaetias, Peri politeias, Peri tes Athenesi nomothesias, Peri ton Athenesi politeion**

Demetrios aus Skepsis: **Troikos diakosmos**

Demetrios Lakon: **Peri meteorismu**

Demokritos aus Abdera: **Demokratus hypothekai, Ethika, Gnomai, Kanones, Megas diakosmos, Mikros diakosmos, Peri euthymies, Peri Homeru e orthoepeias kai glosseon, Peri nu, Peri physeos, Peri rhematon, Peri ton en Hadu, Tritogeneia**

Demophilos →**Plautus (Asinaria)**

Demophilos: **Gnomai**

Demosthenes aus Athen: **Ephesis pros Eubuliden, Epistolai, Hyper Megalopoliton, Hyper tes Rhodion eleutherias, Kata Kononos aikeias, Kata Leptinus, Kata Meidiu peri tu kondylu, Kat'Androtionos paranomon, Kat'Aphobu, Kat'Aristokratus, Kata stephanu pseudomartyrion, Kata Timokraus, Olynthiakoi logoi, Paragraphe hyper Phormionos** (Ps.-Demosthenes), **Peri Hallonesu, Peri syntaxeos, Peri tes eirenes, Peri tes parapresbeias, Peri ton en Cherroneso, Peri ton symmorion, Peri tu stephanu, Peri tu stephanu tes trierarchias, Philippikoi logoi, Prooimia demegorika, Pros Boioton peri tu onomatos, Pros Kalliklea peri choriu blabes, Pros Nausimachon kai Xenopeithen, Pros Pantaineton, Pros Spudian hyper proikos, Pros Zenothemin**

Dexippos aus Athen: **Chronika, Skythika, Ta met' Alexandron**

Diadochos: **Kephalaia praktika gnoseos kai diakriseos pneumatikes**

Didymos, der Blinde: **De spiritu sancto, De trinitate**

Dikaiarchos aus Messene: **Bios Hellados, Ges periodos, Peri bion, Peri Dionysiakon agonon**

Dio Cassius →Cassius Dio

Dio Cocceianus →Cassius Dio

Diodoros aus Agyrion (Diodorus Siculus): **Bibliotheke historike**

Diodotos aus Erythrai: **Ephemerides**

Diodotos aus Tarsos: **Kata heimarmenes**

Diogenes Laertius: **Philosophon bion kai dogmaton synagoge** (Leben und Meinungen berühmter Philosophen)

Diogenes aus Seleukeia: **Peri phones**

Diogenianos aus Herakleia: **Paroimiai demodeis**

Diokles aus Karystos: **Hygieina pros Pleistarchon**

Dion aus Prusa: **Logoi**

Dionysios: **Ixeutika**

Dionysios aus Alexandreia, der Perieget: **Periegesis tes oikumenes**

Dionysios aus Byzanz: **Anaplus Bosporu**

Dionysios aus Halikarnassos: **Epistolai pros Amaion, Epistula ad Pompeium Geminum, Peri Deinarchu, Peri synaptseos onomaton, Peri tes Demosthenes lexeos, Peri ton archaion rhetoron, Peri tu Thukydidu charakteros, Rhomaike archaiologia**

Dionysios aus Halikarnassos, der Musiker: **Musike historia**

Dionysios aus Samos: **Kyklos historikos**

Dionysios Chalkus: **Elegoi**

Dionysios der Bassariker: **Bassarika, Gigantias**

Dionysios der Große aus Alexandreia: **Peri physeos**

Dionysios, der Sohn des Kalliphon: **Anagraphe tes Hellados**

Dionysius Exiguus: **Kanones, Liber de paschale**

Dionysios Thrax: **Techne grammatike**

Diophantos: **Arithmetika**

Dioskurides aus Alexandreia: **Epigrammata**

Dioskurides aus Kilikien: **Peri hyles iatrikes**

Diphilos aus Sinope: **Klerumenoi, Schedia**

Domitius Marsus: **Cicuta**

Donatus: **Ars maior / Ars minor, Commentum Terenti**

Dorotheos aus Gaza: **Didaskaliai psychopheleis diaphoroi**

Dracontius aus Karthago: **De laudibus Dei libri III, Orestis tragoedia, Romulea, Satisfactio**

Duris aus Samos: **Historia Agathokleus, Historiai, Samiaka**

Egeria: **Peregrinatio Egeriae oder Aetheriae**

Eireneios →Irenaeus

Empedokles aus Akragas: **Katharmoi, Peri physeos**

Endelechius: **De mortibus boum**

Ennius: **Annales, Epicharmus, Euhemerus, Hedyphagetica, Iphigenia, Medea exul, Satura, Scipio**

Ennodius: **Carmina, Dictiones, Epistulae, Eucharisticum de vita mea, Panegyricus dictus clementissimo regi Theoderico, Paraenesis didascalica**

Ephoros aus Kyme: **Epochorios logos, Historiai, Peri heurematon, Peri lexeos**

Epicharmos aus Sizilien: **Gnomai**

Epiktetos aus Hierapolis: **Diatribai, Encheiridion**

Epikuros aus Samos: **Epistula an Herodot, Epistula an Menoikeus, Epistula an Pythokles, Gnomologium Vaticanum Epicureum, Kanon, Kyriai doxai, Peri physeos, Peri telus**

Epiphanias aus Iudaea: **Panarion**

Epiphanios aus Salamis: **Ho ankyrotos**

Erasistratos aus Keos: **Peri dihaireseon**

Eratosthenes aus Kyrene: **Chronographiai, Erigone, Geographika, Hermes, Katasterismoi, Olympionikai, Peri tes anametreseos tes ges, Peri tes archaias komodias, Platonikos**

Erinna: **Alakata**

Erotianos: **Ton par' Hippokratei lexeon synagoge**

Euagrios aus Epiphaneia: **Historia ekklesiastike**

Euagrios Pontikos: **Antirrhetikos**

Eucherius aus Lyon: **De contemptu mundi et saecularis philosophiae, De laude eremi, Formulae spiritalis intelligentiae, Passio Agaunensium martyrum**

Eudokia aus Athen: **De sancto Cypriano, Homerokentra**

Eudoxos aus Knidos: **Periodos ges**

Euenos aus Paros: **Elegoi**

Euhemeros aus Messene: **Hiera anagraphe**

Eukleides aus Alexandreia: **Dedomena, Katatome kanonos, Optika, Ta stoicheia**

Eumelos aus Korinth: **Korinthiaka, Titanomachia**

Eumenes aus Kardia: **Ephemerides**

Eumenius: **Pro instaurandis scholis**

Eunapios aus Sardes: **Bioi Sophiston, Hypomnemata historika**

Euphorion aus Chalkis: **Chiliades, Epyllia, Thrax**

Eupolis aus Athen: **Demoi**

Euripides: **Alexandros, Alkestis, Andromache, Andromeda, Antiope, Bacchai, Elektra, Hekabe, Helene, Herakleidai, Herakles, Hiketides, Hippolytos, Ion, Iphigeneia he en Aulidi, Iphigeneia he en Tauris, Kyklops, Medeia, Orestes, Phoinissai, Skyrioi, Telephos, Troiades**

Eusebios aus Kaisareia: **Antirrhetikos pros ta Hierokleus, Basilikos, Chronikoi kanones, Eis Konstantinon ton basilea triakontaeterikos, Eis ton bion tu makariu Konstantinu basileos, Euangelike apodeixis, Euangelike proparaskeue, Historia ekklesiastike, Kata Markellu, Onomastikon, Peri theophaneias, Tes ekklesiastikes theologias biblia**

Eustathios aus Antiocheia: **Kat' Origenus**

Eustathios aus Epiphaneia: **Chronike epitome**

Eutropius: **Breviarium ab urbe condita**

Fabius Pictor: **Annales**

Faventius: **Artis architectonicae privatis usibus liber**

Favorinus aus Arelate: **Apomnemoneumata, Korinthiakos, Pantodape historia, Peri phyges, Peri tyches**

Festus →Pompeius Festus

Festus: **Breviarium rerum gestarum populi Romani**

Firmicus Maternus aus Syrakus: **De errore profanarum religionum, Mathesis**

Flavius Caper: **De dubiis generibus, De Latinitate**

Flavius Iosephus: **Contra Apionem, Historia Iudaiku polemu pros Rhomaius, Iudaike archaiologia, Vita des Josephus**

Florus: **Bellorum Romanorum libri II**

Frontinus: **De aquis urbis Romae, Strategematon libri IV**

Fronto: **Epistulae**

Fulgentius, Bischof von Ruspe : **Contra Arianos, De fide ad Petrum**

Fulgentius →Planciades Fulgentius

Gaius: **Institutiones**

Galenos aus Pergamon: **Anatomikai encheireseis, Hoti ho aristos iatros kai philosophos, Hoti tais tu somatos krasesin hai tes psyches dynameis hepontai, Peri ton Hippokratus kai Platonos dogmaton, Peri ton idion biblion, Protreptikos ep' iatriken**

Gallus: **Elegiae**

Gargilius Martialis: **Curae boum, Medicina ex oleribus et pomis**

Gellius: **Noctes Atticae**

Geminos: **Eisagoge eis ta phainomena**

Gennadius aus Massilia: **De viris illustribus, Liber ecclesiasticorum dogmaton**

Germanicus: **Aratea**

Gildas Sapiens: **De excidio et conquestu Britanniae**

Glaukos aus Rhegion: **Peri ton archaion poieton kai musikon**

Gorgias d. Jüngere aus Athen: **Peri schematon**

Gorgias aus Leontinoi: **Epitaphios, Helene, Olympikos, Palamedes, Peri tu me ontos e peri physeos, Techne**

Grattius: **Cynegetica**

Gregorios aus Nazianz: **Carmina, Epigrammata, Epistulae, Logos peri phyges, Logoi**

Gregorios aus Nyssa: **Epistulae, Logos katechetikos ho megas, Peri biu Moyseos, Peri kataskeues anthropu, Peri parthenias, Peri psyches kai anastaseos, Pros Eunomion logoi antirrhetorikoi**

Gregorios Thaumaturgos: **Eis Origenen prosphonetikos kai panegyrikos logos**

Gregorius der Große: **Dialogi de vita et miraculis patrum Italicorum, Epistulae, Liber regulae pastoralis, Moralia, Registrum epistularum, Sacramentarium Gregorianum**

Gregorius aus Augustonemetum (Bischof von Tours): **Historiae Francorum libri X, Liber miraculorum**

Gregorius aus Elvira: **De fide orthodoxa contra Arianos, Tractatus de epithalamio**

Hadrianos aus Syrien: **Eisagoge eis tas theias graphas**

Hadrianos aus Tyros: **Logoi**

Hadrianus: **Animula**

Hanno: **Periplus**

Harpokration: **Lexeis ton deka rhetoron**

Hegemon aus Thasos: **Parodien**

Hekataios aus Abdera: **Peri Hyperboreon**

Hekataios aus Milet: **Aigyptiaka, Genealogiai, Periegesis**

Heliodoros: **Astronomike didaskalia, In Paulum commentarium**

Heliodoros: **Encheiridion**

Heliodoros aus Athen: **Peri tes Athenesin akropoleos**

Heliodoros aus Emesa: **Aithiopika**

Helladios aus Antinoia: **Chrestomatheiai**

Hellanikos aus Mytilene: **Atthis, Hiereiai tes Heras, Nomima barbarika, Troika**

Hephaistion aus Alexandreia: **Encheiridion peri metron**

Hephaistion aus Theben: **Apotelesmatika**

Herakleides Kritikos: **Peri ton en te Helladi poleon**

Herakleides aus Kyme: **Persika**

Herakleides aus Milet: **Peri katholikes prosodias**

Herakleides Lembos: **Epitome**

Herakleides Pontikos: **Dialogoi, Lyseis Homerikai, Peri ton en urano**

Herakleides Pontikos der Jüngere: **Leschai**

Herakleitos: **Homerikai allegoriai**

Herakleitos aus Ephesos: **Peri physeos**

Herennius Philon aus Byblos →Philon aus Byblos

Hermagoras aus Temnos: **Technai rhetorikai**

Hermas: **Hermae pastor, Patrum apostolicorum opera**

Hermesianax aus Kolophon: **Leontion**

Hermippos aus Berytos: **Peri ton paideia diapreprsanton dulon**

Hermippos aus Smyrna: **Bioi ton en paideia dialampsanton**

Hermogenes aus Tarsos: **Techne rhetorike**

Herodas aus Kos: **Mimiamboi**

Herodes Atticus: **Peri politeias**

Herodianos aus Alexandreia: **Katholike prosodia, Peri monerus lexeos**

Herodianus aus Syrien: **Tes meta Markon basileias historiai**

Herodoros aus Herakleia: **Argonautika, Ho kat' Heraklea logos, Pelopeia**

Herodotos aus Halikarnassos: **Histories apodexis**

Heron aus Alexandreia: **Bellopoiika, Commentatio dioptrica, Definitiones, Geometrika, Katoptrika/Catoptrica, Mechanika, Metrika, Peri automatopoietikes, Pneumatika, Stereometrika**

Herophilos: **Anatomika, Peri sphygmon**

Hesiodos aus Kyme: **Erga kai hemerai, Katalogoi oder Ehoiai, Theogonia**

Hesychios aus Alexandreia: **Synagoge pason lexeon kata stoicheion**

Hesychios Illustrios aus Milet: **Historia Rhomaike te kai pantodape, Onomatologos e pinax ton en paideia onomaston**

Hierokles (Grammatiker): **Synekdemos**

Hierokles (röm. Statthalter): **Logos philalethes**

Hierokles aus Alexandreia (Stoiker): **Ethike stoicheiosis**

Hierokles aus Alexandreia (Neuplatoniker): **Peri pronoias**

Hieronymos aus Kardia: **Ta met' Alexandron**

Hieronymus aus Stridon: **Ad Pammachium de op-**

timo genere interpretandi, Adversus Helvidium de Mariae virginitate perpetua, Adversus Rufinum, Adversus Vigilantium, Contra Ioannem Hierosolymitanum, Contra Iovinianum, Contra Pelagianos, De nominibus Hebraicis, De viris illustribus, Epistulae, Orationes

Hilarius aus Pictavium: Collectanea antiariana, Contra Arianos vel Auxentium, De synodis, De trinitate, Hymni, In Matthaeum, In Psalmos, Liber ad Constantium imperatorem, Tractatus mysteriorum

Himerios aus Prusias: Polemarchikos, Logoi

Hipparchos aus Nikaia: Pros ten Eratosthenes geographian, Ton Aratu kai Eudoxu Phainomenon exegeseis

Hippias aus Elis: Olympionikon anagraphe, Logoi, Synagoge, Troikos

Hippobotes: Peri haireseon

Hippokrates aus Kos: Corpus Hippocraticum

Hippolytos aus Rom: Chronikon bibloi, Kata pason haireseon elenchos, Peri tes tu pantos usias, Pros hapasas tas haireseis (Refutatio omnium haeresium)

Hipponax aus Ephesos: Choliamboi

Homeros: Ilias, Odysseia

Honorius: Geographica

Horapollon: Hieroglyphika

Horatius Flaccus aus Venusia: Ars poetica, Carmina, Epistulae, Epodon liber, Sermones

Hydatius aus Gallaecia: Continuatio chronicorum Hieronymianorum, Fasti Hydatiani

Hyginus Mythographus: Astronomica, Fabulae

Hypatia → Synesios (Epistulae)

Hypereides aus Athen: Epitaphios, Kata Demosthenus, Kata Philippidu, Kat' Athenogenus, Logoi

Hypsikles: Anaphorikos

Iamblichos aus Chalkis: De mysteriis, Logos protreptikos eis philosophian, Peri psyches, Peri tes koines mathematikes epistemes, Peri tes Nikomachu arithmetikes eisagoges, Peri tu Pythagoriku biu, Synagoge ton Pythagoreion dogmaton

Iamblichos aus Syrien: Babyloniaka

Iavolenus Priscus: Epistulae

Ignatios aus Antiocheia: Epistulae

Ioannes Cassianus →Cassianus

Ioannes Charax →Charax

Ioannes aus Gaza: Ekphrasis tu kosmiku pinakos

Ioannes Chrysostomos aus Antiocheia: Epistulae, Logoi, Logoi kata Iudaion, Peri akataleptu, Peri hierosynes, Peri parthenias

Ioannes Lydos →Lydos

Ioannes Malalas: Chronographia

Ioannes Philoponos aus Alexandreia: Kata Proklu peri aidiotetos kosmu, Peri kosmopoiias

Ion aus Chios: Chiu ktisis, Epidemiai, Omphale, Triagmos

Iordanes: De origine actibusque Getarum, De summa temporum vel origine actibusque gentis Romanorum

Iosephus →Flavius Iosephus

Irenaeus (Eirenaios): Adversus haereses, Elenchos kai anatrope tes pseudonymu gnoseos

Isaios aus Chalkis: Logoi, Peri tu Apollodoru kleru

Isidoros aus Pelusion: Epistulae

Isidorus aus Sevilla: Chronica maiora, De fide catholica (→Opera minora), De natura rerum, De officiis ecclesiasticis (→Opera minora), De ordine creaturarum (→Opera minora), De viris illustribus (→Opera minora), Differentiae (→Opera minora), Etymologiae, Historia Gothorum, Vandalorum et Suevorum, Opera minora, Regula monachorum (→Opera minora), Sententiae (→Opera minora), Synonyma (→Opera minora)

Isokrates aus Athen: Aiginetikos, Archidamos, Areopagitikos, Busiris, Epistulae, Euagoras, Helene, Kata Lochitu, Kata ton sophiston, Nikokles e Kyprioi, Panathenaikos, Panegyrikos, Peri antidoseos, Peri eirenes, Peri tu zeugus, Philippos, Plataikos, Pros Demonikon, Pros Euthynun, Pros Kallimachon, Pros Nikoklea, Trapezitikos

Isyllos aus Epidauros: Carmina

Iuba: Homoiotetes, Rhomaike archaiologia, Theatrike historia

Iulia Balbilla: Epigrammata

Iulianos, der Theurg: Logia ton Chaldaion

Iulianus (röm. Kaiser): Antiochikos e misopogon, Eis tus apaideutus kynas, Epistulae, Kata Christianon, Logoi, Symposion (Caesares)

Iulianus aus Konstantinopel: Epitome Iuliani

Iulianus Pomerius: De vita contemplativa

Iulius Africanus: Chronographiai, Kestoi

Iulius Obsequens: Liber prodigiorum

Iulius Paulus: Ad edictum, Imperiales sententiae in cognitionibus prolatae, Quaestiones

Iulius Polydeukes → Pollux

Iulius Valerius Polemius: Res gestae Alexandri Magni

Iunianus Iustinus: Epitoma historiarum Philippicarum

Iustinianus: Corpus iuris civilis

Iustinus Martyr aus Flavia Neapolis: Apologia, Dialogos mit dem Juden Tryphon

Iuvenalis aus Aquinum: Saturarum libri V

Iuvencus: Evangeliorum libri IV

Kaikilios →Caecilius aus Kalakte

Kallimachos aus Kyrene: Aitia, Carmina, Epigrammata, Ethnikai onomasiai, Hekale, Hymnoi, Iamboi, Ibis, Locke der Berenike, Pinakes, Sosibiu nike, Thaumaton ton eis hapasan ten gen kata topus onton synagoge

Kallinos aus Ephesos: Elegoi

Kallisthenes aus Olynth: Hellenika

Kallistratos aus Alexandreia: Pros tas atheteseis

Kallixeinos aus Rhodos: Peri Alexandreias

Karneades aus Kyrene: De iusto

Kassios Iatrosophistes: Iatrikai aporiai kai problemata physika

Kastor aus Rhodos: Chronika

Kebes aus Theben: Pinax Kebetos

Kelsos: Alethes logos

Kephalion: **Musai**

Kerkidas aus Megalopolis: **Choliamboi, Meliamboi**

Klaudios Ptolemaios → Ptolemaios

Kleidemos: **Atthis**

Kleomedes: **Kyklike theoria meteoron**

Kleoneides: **Eisagoge harmonike**

Kolluthos aus Lykopolis: **Harpage Helenes**

Kolotes aus Lampsakos: **Hoti kata ta ton allon philosophon dogmata ude zen estin**

Konon: **Narrationes**

Konstantinos: **To ton hagion syllogo**

Korinna aus Tanagra: **Carmina**

Krantor aus Soloi: **Peri penthus**

Krateros aus Makedonien: **Psephismaton synagoge**

Krates aus Athen: **Peri ton Athenesin thysion**

Krates aus Mallos: **Homerika zetemata**

Krates aus Theben: **Paignia, Peri ton Athenesi thysion**

Krateuas (Rhizotomikon) →Dioskurides (**Peri hyles iatrikes**)

Kratinos aus Athen: **Pythine**

Kritias aus Athen: **Politeiai, Politeiai emmetroi, Sisyphos**

Ktesias aus Knidos: **Indika, Periplus, Persika**

Kyrillos aus Alexandreia: **Anathematismoi, Hyper tes ton Christianon euagus threskeias pros ta tu en atheiois Iulianu, Peri tes hagias kai homousiu triados**

Lactantius **De ira Dei, De mortibus persecutorum, De opificio Dei, Divinarum institutionum libri VII, Epitome divinarum institutionum**

Lactantius Placidus: **In Statii Thebaida commentum**

Laevius: **Erotopaegnia**

Leo der Große: **Epistola dogmatica ad Flavianum**

Leonidas aus Tarent: **Epigrammata**

Leontios aus Byzanz: **Epilysis oder Solutio argumentorum Severi, Libri III adversus Nestorianos et Eutychianos, Triginta capita adversus Severum**

Lesbonax: **Peri schematon**

Lesbonax: **Declamationes**

Libanios aus Antiocheia: **Antiochikos, Apologia Sokratus, Epistulae, Epitaphios auf Julian, Hypotheseis ton logon Demosthenus, Logoi**

Licinius Macer: **Annales**

Livius: **Ab urbe condita**

Livius Andronicus: **Aegisthus, Odusia**

Lollianos: **Phoinikika**

Longinos: **Techne rhetorike**

Longos aus Lesbos: **Poimenika ta kata Daphnin kai Chloen**

Lucanus: **Bellum civile**

Lucifer aus Calaris: **De non conveniendo haereticis**

Lucilius aus Suessa Aurunca: **Saturae**

Lucius Pomponius: **Fabula Atellana**

Lucius Septimius: **Ephemeris belli Troiani**

Lucretius: **De rerum natura**

Lukianos aus Samosata: **Alethe diegemata, Alexandros e pseudomantis, Anacharsis e peri gymnasion, Apokeryttomenos, Apologia, Bion prasis, Charon e episkopuntes, Demonaktos bios, Dialogos pros Hesiodon, Dike symphonon tu sigma pros to tau hypo tois hepta phoneesin, Dionysos, Dis kategorumenos, Drapetai, Eikones, Enhalioi dialogoi, Eunuchos, Halieus e anabiuntes, Harmonides, Herakles, Hermotimos e peri haireseon, Herodotos e Aetion, Hetairikoi dialogoi, Hippias e balaneion, Hyper tu en prosagoreusei ptaismatos, Ikaromenippos e hypernephelos, Kataplus e tyrannos, Lexiphanes, Makrobioi, Menippos e Nekyomanteia, Myias enkomion, Nekrikoi dialogoi, Nigrinos, Oneiros e alektryon, Patridos enkomion, Peri orcheseos, Peri parasitu, Hoti techne he parasitike, Peri penthus, Peri tes astrologies, Peri tes Peregrinu teleutes, Peri tes Syries theu, Peri thysion, Per ton dipsadon, Peri ton epi mistho synonton, Peri tu elektru e ton kyknon, Peri tu enhypniu etoi bios Lukianu, Peri tu me radios pisteuein diabole, Peri tu oiku, Phalaris, Philopseudes e apiston, Ploion e euchai, Podagra, Pos dei historian syngraphein, Prometheus e Kaukasos, Pros Nigrinon epistole, Pros ton apaideuton kai polla biblia onumenon, Pros ton eiponta: Prometheus ei en logois, Pseudologistes e peri tes apophrados, Pseudosophistes e soloikistes, Rhetoron didaskalos, Saturnalia, Skythes e proxenos, Symposion e Lapithai, Theon dialogoi, Theon ekklesia, Theon krisis, Timon e misanthropos, Toxaris e philia, Tyrannoktonos**

Lukillios: **Epigrammata**

Lutatius: **Epigrammata**

Luxurius aus Karthago: **Epigrammata**

Lykophron aus Chalkis: **Alexandra, Kassandreis, Menedemos, Peri komodias**

Lydos: **Peri archon tes Rhomaion politeias, Peri diosemeion, Peri menon**

Lygdamus →Corpus Tibullianum

Lykurgos: **Kata Leokratus**

Lysias: **Apologia dorodokias aparasemos, Areopagitikos peri tu seku apologia, Demosion adikematon, Demu katalyseos apologia, Epitaphios tois Korinthion boethois, Erotikos, Hyper Mantitheu, Hyper Polystratu, Hyper tu Aristophanus chrematon, Hyper tu Eratosthenus phonu apologia, Hyper tu stratiotu, Kata Diogeitonos, Kat' Agoratu, Kat' Alkibiadu astrateias, Kat' Alkibiadu lipotaxiu, Kat'Andokidu asebeias, Kata Nikomachu, Kata Pankleonos, Kata Philokratus, Kata Philonos dokimasias, Kata Theomnestu, Kata ton sitopolon, Kat' Epikratus, Kat' Eratosthenus tu genomenu ton Triakonta, Kat' Ergokleus, Kat' Euandru, Olympiakos, Peri tes demeuseos tu Nikiu adelphu, Peri thraumatos ek pronoias, Peri tu me didosthai to adynato argyrion, Peri tu me katalysai ten patrion politeian Athenesin, Pros Simona**

Macrobius: **Commentarii in Somnium Scipionis, De differentiis et societatibus Graeci Latinique verbi, Saturnalia**

Maecenas: **Dialogi**

Malchos aus Philadelphia: **Byzantiaka**

Manethon: **Aigyptiaka**

Manethon →Ps.-Manethon

Manilius: **Astronomica**

Marcellus Empiricus aus Burdigala: **De medicamentis libri**

Marcellus aus Side: **Iatrika**

Marcus Aurelius (röm. Kaiser): **Ton eis heauton biblia**

Marinos aus Sichem: **Vita Procli**

Marinos aus Tyros: **Diorthosis tabulae geographicae**

Markellinos: **Vita des Thukydides**

Markellinos: **De pulsibus**

Markion: **Antitheseis**

Martialis aus Bilbilis: **Epigrammata**

Marius Victor: **Alethia**

Marius Victorinus: **Ad Candidum Arianum, Adversus Arium, Ars grammatica, De definitionibus, De homousio recipiendo, Hymni**

Markianos Aristeides: **Apologia pros Hadrianon**

Martianus Capella aus Karthago: **De nuptiis Philologiae et Mercurii libri IX**

Martinus aus Braga: **De correctione rusticorum**

Matron aus Pitane: **Deipnon Attikon**

Maximianus Etruscus: **Elegiae**

Maximos: **Peri katarchon**

Maximos aus Tyros: **Dialexeis**

Maximus: **Orationes**

Megasthenes: **Indika**

Melanippides aus Melos: **Dithyramboi**

Meleagros aus Gadara: **Meleagru stephanos**

Melissos: **Ineptiae**

Melinno: **Hymnos auf Rom**

Meliton aus Sardes: **Peri pascha**

Menandros aus Athen: **Aspis, Dis exapaton, Dyskolos, Epitreptontes, Georgos, Gnomai, Heros, Kolax, Misumenos, Perikeiromene, Phasma, Samia e kedeia, Sikyonios**

Menandros aus Ephesos: **Chronika**

Menandros aus Laodikeia: **Peri epideiktikon**

Menippos aus Gadara: **Arkesilaos, Nekyia**

Menippos aus Pergamon: **Periplus tes entos thalasses**

Mesomedes aus Kreta: **Hymnoi**

Messalla Corvinus →**Panegyricus Messallae** (Ps.-Tibullus)

Methodios aus Olympos: **Symposion e peri hagneias**

Mimnernos aus Kolophon: **Elegoi, Nanno, Smyrneis**

Minucius Felix: **Octavius**

Moiris: **Lexeis Attikon kai Hellenon kata stoicheion**

Moschion: **Gnomai**

Moschos aus Syrakus: **Europe**

Mucius Scaevola: **Ius civile, Liber singularis horon**

Musaios: **Ta kath' Hero kai Leandron**

Musonius Rufus: **Diatribai**

Mustio: **Gynaecia**

Naevius: **Bellum Poenicum, Lycurgus, Tarentilla**

Naucellius: **Epigrammata Bobiensia**

Nearchos aus Kreta: **Paraplus von Indien**

Neilos aus Ankyra: **Epistulae**

Nemesianus aus Karthago: **Eclogae**

Nemesios aus Emesa: **Peri physios anthropu**

Neoptolemos aus Parion: **Peri asteismon, Peri poietikes**

Nepos: **Atticus, Cato, Chronica, Exempla, Vitae**

Nero (röm. Kaiser): **Troica**

Nestorios: **Pragmateia Herakleidu Damaskenu**

Nicetas aus Remesiana: **Te Deum laudamus**

Nigidius Figulus: **Sphaera Graecanica et barbarica**

Nikandros aus Kolophon (Epiker): **Aitolika**

Nikandros aus Kolophon: **Alexipharmaka, Georgika, Heteroiumena, Theriaka**

Nikolaos aus Damaskos: **Ethon synagoge, Historiai, Peri Aristotelus philosophias, Vita des Augustus**

Nikolaos aus Myra →Aphthonios (**Progymnasmata**)

Nikomachos aus Gerasa: **Arithmetika theologumena, Arithmetike eisagoge, Encheiridion harmonikes**

Nonius Marcellus: **De compendiosa doctrina**

Nonnos aus Panopolis: **Dionysiaka, Metabole tu kata Ioannen hagiu euangeliu**

Nossis aus Lokroi: **Epigrammata**

Novatianus: **De bono pudicitiae, De cibis Iudaicis, De spectaculis, De trinitate**

Numenios aus Apameia: **Peri tagathu, Peri tes ton Akademaikon pros Platona diastaseos**

Nymphis aus Herakleia: **Peri Herakleias**

Okellos aus Lukanien →Ps.-Okellos

Olympiodoros aus Alexandreia: **Eis ta prolegomena tes logikes**

Olympiodoros aus Theben: **Historikoi logoi**

Onasandros: **Strategikos**

Onesikratos aus Astypalaia: **Pos Alexandros echthe**

Oppianos aus Apameia: **Kynegetika**

Oppianos aus Korykos: **Halieutika**

Optatus: **Contra Parmenianum Donatistam**

Orbilius aus Beneventum: **Peri algus**

Oreibasios aus Pergamon: **Euporista, Iatrikai synagogai**

Origenes: **Hexapla, Kata Kelsu, Peri archon, Peri euches, Logoi**

Orion aus Theben: **Anthologion gnomon**

Orosius aus Bracara: **Commonitorium de errore Priscillianistarum et Origenistarum, Historiae adversus paganos, Liber apologeticus contra Pelagianos**

Ovidius Naso aus Sulmo: **Amores, Ars amatoria, Epistulae ex Ponto, Fasti, Halieutica, Heroides, Ibi, Medea, Metamorphoseon libri, Remedia amoris, Tristium libri**

Pacuvius aus Brundidium: **Antiopa, Medea, Paullus, Pentheus**

Palaiphatos: **Peri apiston**

Palladios: **Lausiakon**

Palladius: **Opus agriculturae**

Pamphila aus Epidauros: **Hypomnemata historika**

Pamphilos: **Apologia pro Origene**

Panaitios aus Rhodos: **De dolore patiendo, Peri euthymias, Peri tes pronoias, Peri tu kathekontos**

Panyassis aus Halikarnassos: **Herakleia, Ionika**

Papias: **Logion kyriakon exegeseis, Patrum Apostolicorum opera**

Papinianus: **Quaestiones**

Pappos aus Alexandreia: **Synagoge**

Parmenides aus Elea: **Peri physeos**

Parthenios aus Nikaia: **Erotika pathemata, Metamorphoseon synagoge**

Paulinus aus Nola: **Carmina, Epistulae, Eucharisticus deo sub ephemeridis meae textu**

Paulinus aus Petricordium: **Vita Sancti Martini**

Paulos aus Alexandreia: **Eisagoge eis ten apotelesmatiken**

Paulos Silentiarios: **Ekphrasis der Hagia Sophia, Epigrammata**

Paulus →Iulius Paulus

Pausanias: **Periegesis Hellados**

Pedianus → Dioskurides

Pelagius: **Epistula ad Demetriadem, Expositiones in Epistulas Pauli**

Pelagonius: **Ars veterinaria**

Perpetua aus Rom: **Passio Perpetuae et Felicitatis**

Persius aus Volaterrae: **Saturae**

Petronius Arbiter: **Satyrica**

Phaedrus: **Fabulae Aesopiae**

Phaidon aus Elis: **Simon**

Phainias aus Eresos: **Peri ton en Sikelia tyrannon, Peri ton Sokratikon, Tyrannon anhairesis ek timorias**

Phanodemos: **Atthis**

Pherekydes aus Athen: **Genealogiai**

Pherekydes aus Syros: **Theologia**

Philemon: **Emporos, Phasma, Thesauros**

Philetas aus Kos: **Ataktoi glossai, Elegoi**

Philistos aus Syrakus: **Sikelika**

Philochoros: **Atthis**

Philodemos aus Gadara: **De ira, De morte, De musica, De pietate, Epigrammata, Peri kakion, Peri oikonomias, Peri parrhesias, Peri poiematon, Peri semeion kai semeioseon, Peri theon, Peri ton Stoikon, Peri tu kat' Homeron agathu basileos, Pragmateiai, Pros tus hetairus**

Philon aus Alexandreia: **Alexandros e peri tu logon echein ta aloga zoa, Apologia hyper Iudaion, Eis Phlakkon, Nomon hieron allegoriai ton meta ten hexaemeron, Peri aphtharsias kosmu, Peri biu Moyseos, Peri biu theoretiku, Peri pronoias, Peri tes kata Moysea kosmopoiias, Peri tu panta spudaion einai eleutheron, Presbeia pros Gaion, Ton en Genesei kai ton en Exagoge zetematon te kai lyseon biblia**

Philon aus Byblos: **Peri kteseos kai ekloges biblion, Peri poleon kai hus hekaste auton enenken, Phoinikika**

Philon aus Byzanz: **Mechanike syntaxis, Peri ton hepta theamaton**

Philonos aus Akragas: **Ho peri Sikelias polemos**

Philostorgios aus Kappadokien: **Historia Ekklesiastike**

Philostratos: **Bioi Sophiston, Eikones, Gymnastikos, Heroikos, Neron, Heroikos, Ta es ton Tyanea Apollonion**

Philoxenos aus Alexandreia: **Etymologica**

Philumenos aus Alexandreia: **Peri iobolon zoon kai ton en autois boethematon**

Phlegon aus Tralleis: **Peri makrobion, Peri thaumasion**

Phokylides aus Milet: **Gnomai**

Photios: **Bibliotheke**

Phrynichos aus Athen (der Tragiker): **Miletu halosis, Phoinissai**

Phrynichos aus Athen (der Komödiendichter): **Monotropos**

Phrynichos Arabios: **Ekloge, Sophistike proparaskeue**

Phylarchos: **Historiai**

Pindaros aus Kynoskephalai bei Theben: **Dithyramboi, Epinikia**

Planciades Fulgentius: **De aetatibus mundi et hominis, Expositio sermonum antiquorum, Expositio Vergilianae continentiae secundum philosophos morales, Mythologiae**

Platon aus Athen: **Alkibiades protos, Apologia Sokratus, Charmides, Epistulae, Euthydemos, Euthyphron, Gorgias, Hippias maior, Hippias minor, Ion, Kratylos, Kritias e Atlantikos, Kriton, Laches, Lysis, Menexenos, Menon, Nomoi, Parmenides, Peri tagathu, Phaidon, Phaidros, Philebos, Politeia, Politikos, Protagoras, Sophistes, Symposion, Theages, Theaitetos, Timaios**

Plautus: **Amphitruo, Asinaria, Aulularia, Bacchides, Captivi, Casina, Cistellaria, Curculio, Epidicus, Menaechmi, Mercator, Miles gloriosus, Mostellaria, Persa, Poenulus, Pseudolus, Rudens, Stichus, Trinummus, Truculentus**

Plinius d. Ä.: **Bella Germaniae, Naturalis historiae libri XXXVII**

Plinius d. J.: **Epistulae, Panegyricus**

Plotinos: **Enneades**

Plotius Gallus: **De gestu**

Plutarchos aus Chaironeia: **Aitia Hellenika, Aitiai physikai, Aitia Rhomaika, Bioi paralleloi, Erotikos, Moralia, Peri euthymias, Peri heimarmenes, Peri Isidos kai Osiridos, Peri sarkophagias logoi II, Peri tes Herodotu kakoetheias, Peri tu EI tu en Delphois, Peri tu emphainomenu prosopu to kyklo tes selenes, Pos dei ton neon poiematon akuein, Symposiakon problematon biblia, Symposion ton hepta sophon**

Polemon aus Ilion: **Periegesis Iliu, Peri thaumasion**

Polemon aus Laodikeia: **Logoi, Physiognomonika**

Pollux aus Naukratis: **Onomastikon**

Polyainos aus Makedonien: **Strategemata**

Polybios aus Megalopolis: **Historiai**

Polykarpos →**Patrum Apostolicorum opera**

Polykrates aus Athen: **Kategoria Sokratus**

Polystratos: **Peri philosophias**

Pompeius Festus: **De significatu verborum**

Pompeius Trogus: **Historiarum Philippicarum libri XLIV**

Pomponios: **Fabula Atellana**

Pomponius Mela: **De chorographia libri III**

Pontius aus Karthago: **Vita et passio Cypriani**

Porphyrios aus Tyros: **Eisagoge eis tas Aristotelus Kategorias, Epistula an Anebo, Homerika zetemata, Kata Christianon, Peri agalmaton, Peri apoches empsychon, Peri tes ek logion philosophias, Peri tu en Odysseia ton Nymphon antru, Pros Markellan, Sententiae ad intelligibilia ducentes, Symmikta zetemata, Vita Plotini, Vita Pythagorae**

Poseidippos aus Pella: **Epigrammata**

Poseidonios aus Apameia: **Historia he meta Polybion, Peri heimarmenes, Peri mantikes, Peri okeanu, Peri pathon, Peri theon**

Potamon aus Mytilene: **Peri teleiu rhetoros**

Priscianus: **Institutio de arte grammatica, Partitiones XII versuum Aeneidos principalium**

Priscianus aus Mauretanien: **Periegesis**

Priscillianus aus Avila: **De fide et de apocryphis**

Priskos aus Panion: **Bynzantiaka**

Probus →Valerius Probus

Prodikos aus Keos: **Horai**

Proklos: **Chrestomatheiai**

Proklos aus Konstantinopel: **De malorum subsistentia, De providentia et fato et eo quod in nobis ad Theodorum mechanicum, Eis ten Platonos theologian, Eis to proton Eukleidu stoicheion, Hymnoi, Hypotyposeis astronomicarum positionum, Stoicheiosis physike, Stoicheiosis theologike**

Prokopios aus Gaza: **Ephraseis, Ekphrasis eikonos, Epistulae**

Prokopios aus Kaisareia: **Anekdota, Hyper ton polemon, Peri ktismaton**

Propertius aus Asisium: **Elegiarum libri IV**

Prosper Tiro aus Aquitanien: **De ingratis, Epitoma Chronicon …, Poema coniugis ad uxorem, Pro Augustino responsiones**

Protagoras aus Abdera: **Aletheia e kataballontes, Peri tes en arche katastaseos**

Prudentius: **Apotheosis, Contra Symmachum, Dittochaeum, Hamartigenia, Hymni, Liber Cathemerinon, Liber Peristephanon, Psychomachia**

Ps.-Aethicus: **Cosmographia**

Ps.-Alexandros aus Aphrodisias: **Iatrika aporemata kai physika problemata**

Ps.-Alkidamas: **Odysseus**

Ps.-Ambrosius: **Ambrosiaster, Mosaicarum et Romanarum legum collatio**

Ps.-Andokides: **Kat' Alkibiadu, Peri tes pros Lakedaimonius eirenes**

Ps.-Apuleius: **Peri hermeniae**

Ps.-Arion: **Hymnoi**

Ps.-Aristoteles: **De Melisso Xenophane Gorgia, Liber de causis, Mechanika, Oikonomika, Peplos, Peri areton kai kakion (Peri aretes), Peri atomon grammon, Peri chromaton, Peri kosmu, Peri phyton, Peri pneumatos, Peri thaumasion akusmaton, Physiognomika, Problemata physika**

Ps.-Arkadios: **Epitome tes katholikes prosodias Herodianu**

Ps.-Aurelius Victor: **Epitome de Caesaribus**

Ps.-Bion: **Epithalamios Achilleos kai Deidameias**

Ps.-Cicero: **Epistula ad Octavianum, In Gaium Sallustium Crispum invectiva**

Ps.-Cyprianus: **Cena Cypriani, De aleatoribus**

Ps.-Demades: **Hyper tes dodekaetias**

Ps.-Demetrios: **Peri hermeneias (De elocutione)**

Ps.-Demosthenes: **Endeixis kata Theokrinu, Erotikos, Kata Dionysodoru blabes, Kata Neairas, Kat' Aristogeitonos, Kata Theokrinu, Kat' Euergu kai Mnesibulu pseudomartyrion, Kat' Olympiodoru blabes, Paragraphe hyper Phormionos, Peri ton pros Alexandron synthekon, Pros Apaturion, Pros Boioton peri proikos metroas, Pros Lakriton, Pros Leocharen peri tu Archiadu kleru, Pros Makartaton peri Hagniu kleru, Pros Phainippon peri antidoseos, Pros Phormiona**

Ps.-Dionysios Areopagites: **Peri tes ekklesiastikes hierarchias, Peri tes uranias hierarchias, Peri ton theon onomaton**

Ps.-Dositheos: **Hermeneumata Einsidlensia (Pseudodositheana)**

Ps.-Euripides: **Rhesos**

Ps.-Hesiodos: **Aspis, Melampodia**

Ps.-Iustinus: **Logos parainetikos pros Hellenas**

Ps.-Kaisarios: **Erotapokriseis**

Ps.-Kallisthenes: **Historia Alexandri Magni**

Ps.-Lactantius: **Phoenix**

Ps.-Longinus: **Peri hypsus**

Ps.-Lukianos: **Charidemos e peri kallus, Demosthenus enkomion, Erotes, Kynikos, Lukios e onos, Okypus, Philopatris e didaskomenos**

Ps.-Lysias: **Kategoria pros tus synusiastas katalogion**

Ps.-Manethon: **Apotelesmatika**

Ps.-Okellos aus Lukanien: **Peri tes tu pantos physeos**

Ps-Ovidius: **Consolatio ad Liviam, Nux**

Ps.-Platon: **Alkibiades deuteros, Alkyon, Anterastai, Axiochos, Demodokos, Eryxias, Hipparchos, Horoi, Kleitophon, Minos, Peri aretes, Peri dikaiu, Sisyphos**

Ps.-Plutarchos: **De Homero, Peri musikes, Peri ton areskonton tois philosophois, Synagoge historion parallelon Hellenikon kai Rhomaikon**

Ps.-Prosper: **De providentia divina**

Ps.-Pythagoras: **Chrysa epe, Hieros logos, Tripertitum**

Ps.-Quintilianus: **Declamationes**

Ps.-Sallustius: **Invectiva in M. Tullium Ciceronem**

Ps.-Seneca: **De spe, Octavia**

Ps.-Skymnos: **Periegesis**

Ps.-Sulpicia: **Conquestio de statu rei publicae et temporibus Domitiani**

Ps.-Tibullus: **Panegyricus Messallae, Sulpicia und Cerinth**

Ps.-Xenophon: **Athenaion politeia, Kynegetikos**

Ptolemaios, Klaudios: **Geographike hyphegesis, Harmonika, Kanon basileion, Karpos, Megale/Megiste syntaxis, Peri kriteriu kai hegemoniku,**

Tetrabiblos (= Apotelesmatike syntaxis tetrabiblos)

Ptolemaios aus Askalon: **Iliakai/Odysseiakai prosodiai**

Ptolemaios Chemnos: **Anthomeros, Kaine historia**

Publilius Optatianus Porphyrius: **Carmina figurata**

Publilius Syrus aus Antiocheia: **Sententiae**

Pytheas aus Massilia: **Peri okeanu**

Quadratus →Patrum Apostolicorum opera

Quintilianus aus Calagurris: **De causis corruptae eloquentiae, Declamationes** →Ps.-Quintilianus, **Institutio oratoria**

Quintus Serenus: **Liber medicinalis**

Quintus Smyrnaeus: **Ta met' Homeron**

Rabirius: **Carmen de bello Actiaco**

Remmius Palaemon: **Ars grammatica**

Rhetorios aus Ägypten: **Diegesis kai epilysis pases tes astronomikes technes**

Rhianos aus Kreta: **Epigrammata, Herakleia, Messeniacka**

Rhinthon aus Syrakus: **Hilarotragodia**

Romanos Melodos: **Kontakia**

Rufinus aus Antiocheia: **De compositione et de metris oratorum**

Rufinus Tyrannius: **Apologia adversus Hieronymum**

Rufus → Curtius Rufus

Rufus aus Ephesos: **Iatrika erotemata (Quaestiones medicinales), Peri onomasias ton kat'anthropon morion, Peri ton en nephrois kai kystei pathon, Synopsis peri sphygmon**

Rutilius Claudius Namatianus: **De reditu suo**

Rutilius Lupus: **Schemata lexeos**

Sallustius, Gnaeus: **Empedoclea**

Sallustius Crispus aus Amiternum: **Bellum Iugurthinum, Catilinae coniuratio, Epistulae ad Caesarem senem de re publica, Historiarum libri V**

Salustios: **Peri theon kai kosmu**

Salvianus aus Massilia: **Ad ecclesiam, De gubernatione Dei**

Salvius Iulianus: **Edictum perpetuum**

Sappho aus Lesbos: **Carmina**

Satyros aus Kallatis: **Bioi endoxon andron**

Scaevola →Mucius Scaevola

Scribonius Largus: **Compositiones**

Sedulius: **Carmen Pascale**

Semonides: **Iamboi**

Sempronius Gracchus: **De legibus promulgatis, Orationes**

Seneca d. Ä. aus Corduba: **Controversiae, Suasoriae**

Seneca d. J. aus Corduba: **Ad Helviam matrem de consolatione, Ad Marciam de consolatione, Ad Polybium de consolatione, Agamemno, Apocolocyntosis, De beneficiis, De brevitate vitae, De clementia, De constantia sapientis, De ira, De motu terrarum, De otio, De providentia, De remediis fortuitorum, De situ et sacris Aegyptiorum, De situ Indiae, De tranquillitate animi, De vita beata, De vita patris, Dialogi, Epistulae morales ad Lucilium, Hercules furens, Hercules Oetaeus, Medea, Oedipus, Phaedra, Phoenissae, Quaestiones naturales, Thyestes, Troades**

Septimius →Lucius Septimius

Serenus →Quintus Serenus

Serenus Sammonicus: **Rerum reconditarum libri**

Servius: **Vita des Vergilius**

Severos: **Philalethes**

Severus →Acilius

Sextus: **Sententiae**

Sextus Empiricus: **Adversus dogmaticos, Adversus mathematicos** →Skeptika, **Pyrrhoneiai hypotyposeis, Skeptika**

Sextus Placitus: **De medicamentis ex animalibus**

Sextus Pomponius: **Enchiridium**

Sextus Turpilius: **Fabula palliata**

Sidonius Apollinaris aus Lugdunum: **Carmina, Epistulae**

Silenos aus Kalakte: **Sikelika**

Silius Italicus: **Punica**

Simias aus Rhodos: **Epigrammata, Technopaignia**

Simon aus Athen: **Peri eidus kai epiloges hippon**

Simonides aus Keos: **Epigrammata, Epinikia, Genealogiai, Skolia**

Sisenna: **Historiae**

Skylax aus Karyanda: **Periplus**

Sokrates aus Konstantinopel: **Historia ekklesiastike**

Solinus: **Collectanea rerum memorabilium**

Solon aus Athen: **Elegoi, Eunomia, Iamboi**

Sophainetos aus Stymphalos: **Kyru anabasis**

Sophokles aus Athen: **Aias, Antigone, Elektra, Ichneutai, Inachos, Oidipus epi Kolono, Oidipus tyrannos, Philoktetos, Trachiniai**

Sophron aus Syrakus: **Mimoi**

Soranos aus Ephesos: **Gynaikeia, Peri epidesmon, Vita Hippocratis secundum Soranum**

Sosibios: **Homoiotetes**

Sosikrates aus Rhodos: **Diadoche ton philosophon**

Sosylos aus Lakedaimon: **Historiai**

Sotion aus Alexandreia: **Diadoche ton philosophon**

Sozomenos aus Gaza: **Historia ekklesiastike**

Speusippos: **Homoia, Perideipnon Platonos**

Statius aus Neapel: **Achilleis, Silvae, Thebais**

Stephanos aus Byzanz: **Ethnika**

Stesichoros aus Himera: **Oresteia**

Stobaios: **Eklogai**

Strabon aus Amaseia: **Geographika, Historika hypomnemata**

Straton: **Phoinikides**

Straton aus Sardeis: **Epigrammata**

Straton aus Lampskos: **Peri akuston**

Suetonius Tranquillus: **De grammaticis et rhetoribus, De viris illustribus, De vita XII Caesarum libri VIII**

Sulpicia: **Elegiae**

Sulpicius Severus: **Chronica**

Symmachus: **Epistulae, Orationes, Relationes**

Synesios aus Kyrene: **Aigyptioi logoi e peri pro-**

noias, Dion e peri tes kat'auton diagoges, Epistulae, Hymnoi, Peri basileias, Peri enhypnion, Peri tu doru, Phalakrias enkomion

Tacitus: **Annales, De origine et situ Germanorum, De vita et moribus Iulii Agricolae, Dialogus de oratoribus, Historiae**
Tatianos: **Diatessaron, Logos pros Hellenas**
Teles: **Diatribai**
Telesilla aus Argos: **Hymnoi**
Terentianus Maurus: **De litteris, syllabis, metris**
Terentius Afer: **Adelphoe, Andria, Eunuchus, Heautontimorumenos, Hecyra, Phormio**
Terentius Scaurus: **De orthographia**
Terpandros aus Lesbos: **Carmina, Nomos**
Tertullianus aus Karthago: **Ad nationes, Ad Scapulam, Ad uxorem, Adversus Hermogenem, Adversus Iudaeos, Adversus Marcionem, Adversus Praxean, Adversus Valentinianos, Apologeticum, De anima, De baptismo, De carne Christi, De carnis resurrectione, De cultu feminarum, De idololatria, De pallio, De patientia, De praescriptione haereticorum, De spectaculis, De testimonio animae, De virginibus velandis, Scorpiace**
Teukros aus Babylon: **Paranatellonta**
Thales aus Milet: **Peri tropes**
Theagenes aus Rhegion: **Peri Homeru**
Themistios aus Paphlagonien: **Logoi**
Theodoretos aus Antiocheia: **Hellenikon therapeutike pathematon, Peri pronoias**
Theodoros Priscianus: **Euporista**
Theodosios aus Alexandreia: **Peri kliseos onomaton kai rhematon**
Theodosios aus Tripolis: **Sphairika**
Theodosius II.: **Codex Theodosianus**
Theognis aus Megara: **Elegoi**
Theokritos aus Syrakus: **Alakata, Eidyllia, Syrinx**
Theon aus Alexandreia: **Progymnasmata**
Theon aus Smyrna: **Peri ton kata mathematiken chresimon eis ten Platonos anagnosin**
Theophilos aus Konstantinopel: **Paraphrasis Institutionum**
Theophilos aus Mesopotamien: **Pros Autolykon**
Theophrastos aus Eresos: **Charakteres ethikoi, De odoribus, De virtutibus dicendi, Liber aureolus de nuptiis, Peri aistheseon kai aistheton, Peri eusebeias, Peri lexeos, Peri lithon, Peri philias, Peri phyton aition, Peri phyton historias, Physika, Physikon doxai, Ta meta ta physika**
Theopompos aus Chios: **Hellenika, Philippika**
Thrasyllos aus Mendes: **Ta pro tes anagnoseos ton Demokritu biblion**
Thrasymachos aus Chalkedon: **Hyperballontes, Hyper Larisaion, Megale techne, Peri politeias**
Thukydides aus Athen: **Ho polemos ton Peloponnesion kai Athenaion**
Tiberianus: **Carmina, Detestatio auri**
Tibullus: **Elegiarum libri IV**
Ticonius: **Liber regularum**
Timachidas: **Anagraphe**
Timaios: **Lexicon Platonicum (Peri ton para Platoni lexeon kata stoicheion)**

Timaios aus Lokroi: **Peri psychas kosmo kai physios**
Timaios aus Tauromenion: **Historiai, Olympionikai**
Timokreon aus Rhodos: **Skolia**
Timon aus Phleius: **Arkesilau perideipnon, Python, Silloi**
Timotheos aus Gaza: **Kanones katholikoi peri syntaxeos, Tragodia peri tu demosiu tu kalumenu chrysargyru**
Timotheos aus Milet: **Persai**
Tiro: **Notae Tironianae**
Triphiodoros aus Ägypten: **Iliu halosis**
Trogus →Pompeius Trogus
Tryphon aus Alexandreia: **Grammatika**
Turpilius: **Fabula palliata**
Tyrtaios aus Sparta: **Elegoi**

Ulpianus aus Tyros: **De officio proconsulis, Disputationes publicae, Institutiones, Regulae**

Valerius Antias: **Annales**
Valerius Flaccus: **Argonautica**
Valerius Maximus: **Factorum et dictorum memorabilium libri IX**
Valerius Probus: **De inaequalitate sermonis**
Varius Rufus: **Thyestes**
Varro aus Reate: **Antiquitates rerum humanarum et divinarum, De gente populi Romana, De lingua Latina, De re rustica, Disciplinae, Hebdomades, Liber de philosophia, Saturae Menippeae**
Vegetius Renatus: **De re militari (Epitoma rei militaris), Digestorum artis mulomedicinae libri**
Venantius Fortunatus: **De virtutibus S. Martini**
Velleius Paterculus: **Historiae Romanae libri II**
Vergilius aus Andes bei Mantua: **Aeneis, Bucolica, Georgica**
Verrius Flaccus: **De significatu verborum**
Vespa: **Iudicium coci et pistoris**
Vettius Valens: **Anthologiae**
Vivius Sequester: **De fluminibus ... libellus**
Victor aus Vita: **Historia persecutionis Africanae provinciae**
Victorinus →Marius Victorinus
Victorinus aus Poetovio: **De fabrica mundi**
Virius Nicomachus: **Annales**
Vincentius aus Lerinum: **Commonitorium**
Vitruvius: **De architectura**
Volusius Maecianus: **Assis distributio**

Xanthos aus Sardes: **Lydiaka**
Xenokrates aus Aphrodisias: **Peri tes apo zoon opheleias**
Xenophanes aus Kolophon: **Elegoi, Peri physeos, Silloi**
Xenophon aus Athen: **Agesilaos, Apologia Sokratus, Apomnemoneumata Sokratus, Hellenika, Hieron, Hipparchikos, Kyru anabasis, Kyru paideia, Lakedaimonion politeia, Oikonomikos, Peri hippikes, Poroi e peri prosodon, Symposion**
Xenophon aus Ephesos: **Ta kat' Antheian kai Habrokomen Ephesiaka**

Zacharias aus Mytilene: **Dialexis**
Zenobios: **Epitome ek ton paroimion Didymu kai Tarrhaiu**
Zenodotos aus Ephesos: **Glossai Homerikai**
Zenon aus Kition: **Peri tu holu e peri tes usias, Politeia**
Zoilos aus Amphipolis: **Kata tes Homeru poieseos**
Zosimos: **Nea historia**
Zosimos aus Panopolis: **Chemeutika**

Autoren mit deutschen Werktiteln (Verzeichnis III)

Aemilius Macer: **Lehrgedichte**
Alexandros aus Aphrodisias: **Kommentare zu Aristoteles**
Alkman aus Sardes: **Chorlyrik**
Ammonios Hermeiu: **Kommentare zu Aristoteles**
Anaximenes aus Lampsakos: **Alexandergeschichte**
Anonymi: **Aesop-Roman, Anakreonteen, Aristeas-Brief, Briefe Alexanders des Großen, Briefe der Kyniker, Briefe der Sieben Weisen, Briefe des Aischines, Briefe des Chion, Briefe des Euripides, Briefe des Hippokrates, Briefe des Phalaris, Briefe des Pythagoras und der Pythagoreer, Briefe des Sokrates und der Sokratiker, Briefe des Themistokles, Des Mädchens Klage, Deuterokanonische Bücher (Bücher der →Septuaginta), Hermogenes-Kommentare, Hippokratischer Eid, Isis-Aretalogien, Kommentar zu Platons Theaitetos, Kynikerbriefe (→Briefe der Kyniker), Ninos-Roman, Phlyakenposse, Seikilosliedchen, Zauberpapyri**
Apollonios aus Kition: **Kommentar zu Peri arthron**
Archimedes aus Syrakus: **Mathematische Schriften**
Aristeas → **Aristeas-Brief** (An.)
Aristeas aus Prokonnesos: **Arimaspen-Epos**
Aristeides aus Athen: **Apologie des Christentums**
Aristobulos: **Alexandergeschichte**
Aristonoos aus Korinth: **Hymnos auf Hestia**
Asconius Pedianus: **Kommentare zu Ciceros Reden**
Asklepios aus Tralleis: **Kommentar zur aristotelischen Metaphysik**
Aspasios: **Kommentar zur Nikomachischen Ethik des Aristoteles**

Bakchylides aus Keos: **Chorlyrik**
Boethius aus Rom: **Kommentare, Kommentare zu Aristoteles**
Boethos aus Sidon: **Kommentare zu Aristoteles**
Bolos aus Mendes: **Über Sympathie- und Antipathiemittel**

Chalcidius (Calcidius): **Kommentar zu Platons Timaios**
Chares: **Alexandergeschichte**

Damaskios aus Damaskos: **Kommentare zu platonischen Dialogen**
Dares aus Phrygien: **Trojaroman**
Dexippos: **Kommentare zu Aristoteles**
Didymos aus Alexandreia: **Demosthenes-Kommentar**
Diktys aus Kreta: **Trojaroman**
Diogenes aus Oinoanda: **Inschrift des Diogenes**
Dionysios Areiopagites: **Dogmatik**
Donatus: **Vergilkommentar**
Dorotheos aus Sidon: **Astrologisches Gedicht**

Epicharmos aus Sizilien: **Komödien**

Eudemos aus Rhodos: **Wissenschaftsgeschichte**

Firmianus Symphosius: **Rätsel**

Gallus: **Gallus-Inschrift**
Galenos: **Kommentar zu Platons Timaios**
Georgios Choiroboskos: **Kommentar zu den Flexionsparadigmata des Theodosios aus Alexandreia**

Hermeias aus Alexandreia: **Kommentar zu Platons Phaidros**
Hesychios aus Jerusalem: **Kommentare**
Hierokles aus Alexandreia (Neuplatoniker): **Kommentar zu den pythagoreischen »Goldenen Worten«**
Hieronymus aus Stridon: **Kommentare zu biblischen Büchern**

Iambulos: **Iambulos-Exzerpte**
Ibykos aus Rhegion: **Chorlyrik**
Ioannes Philoponos: **Kommentare zu Aristoteles**
Ion aus Chios: **Tragödien**
Iulianus: **An den Rat und das Volk von Athen**
Iulianus aus Eclanum: **Kommentar zu den Propheten Osee, Joel und Amos, Kommentar zu Job**
Iulius Africanus: **Aristides-Brief, Origenes-Brief**
Iulius Paulus: **Kommentare zu Sabinus**

Kallisthenes aus Olynth: **Alexandergeschichte**
Kleitarchos: **Alexandergeschichte**
Kleanthes: **Zeushymnos**

Maiistas: **Serapis-Aretalogie**
Marius Victorinus: **Kommentar zu Ciceros Schrift De inventione, Pauluskommentare**
Melinno: **Hymnos auf Rom**
Menippos aus Gadara: **Geburt Epikurs**
Metrodoros aus Lampsakos: **Epikureische Schriften**

Nechepso: **Lehrbuch der Astrologie**

Olympiodoros: **Kommentar zu den Chemeutika**
Olympiodoros aus Alexandreia: **Kommentare zu platonischen Dialogen**
Origenes: **Kommentare**

Pherekrates: **Komödien**
Pindaros: **Chorlyrik**
Platonios: **Kommentar zu Aristophanes**
Polystratos: **Lob der epikureischen Philosophie, Über die grundlose Verachtung der Volksmeinung, Über die Philosophie (→Peri philosophias)**
Pomponius Porphyrio: **Kommentar zu Horaz**
Porphyrios: **Kommentare zu Aristoteles, Kommentar zu den Harmonika des Ptolemaios**
Proklos: **Kommentare zu platonischen Dialogen**
Ps.-Seneca: **Briefwechsel mit Paulus**
Ptolemaios Lagu: **Alexandergeschichte**

Romanos: : **Akathistos-Hymnos**

Simonides aus Keos: **Chorlyrik, Danae-Fragment**
Simplikios: **Kommentare zu Aristoteles, Kommentar zum Encheiridion des Epiktet**
Solon: **Lebensalterelegie, Musenelegie, Salamiselegie →Elegoi**
Syrianos: **Kommentare**

Telesilla: **Artemishymnus**
Themistios: **Kommentare zu Aristoteles**
Theon aus Alexandreia: **Kommentar zu Klaudios Ptolemaios**

Ulpianus: **Kommentare**

Xenokrates aus Chalkedon: **Philosophische Schriften**

Literarische Gattungen (Verzeichnis IV)

Das Verzeichnis stellt die Werke zusammen, die nach **Gattungsbezeichnungen** zitiert werden.

Annales (Annalen, Jahrbücher)

Annales: Claudius Quadrigarius, Cremutius Cordus, Ennius, Fabius Pictor, Licinius Macer, Tacitus, Valerius Antias, Virius Nicomachus
Annales Maximi (An.)

Apologia (Verteidigungs-, Rechtfertigungsschriften, – reden)

Apologeticum (Tertullianus)
Apologia (Apuleius, Iustinus Martyr, Lukianos)
Apologia adversus Hieronymum (Rufinus Tyrannius)
Apologia dorodokias aparasemos (Lysias)
Apologia hyper Iudaion (Philon aus Alexandreia)
Apologia pro Origene (Pamphilos)
Apologia pros Hadrianon (Markianos Aristeides)
Apologia Sokratus (Libanios, Platon, Xenophon)
Apologie des Christentums (Aristeides aus Athen)
Areopagitikos peri tu seku apologia (Lysias)
Carmen apologeticum (Commodianus)
Demu katalyseos apologia (Lysias)
Hyper tu Eratosthenus phonu apologia (Lysias)
Liber apologeticus contra Pelagianos (Orosius)

Ars (Lehrtexte)

Ars amatoria (Ovidius)
Ars grammatica (Charisius, Marius Victorinus, Remmius Palaemon)
Ars maior / Ars minor (Donatus)
Ars poetica (Horatius)
Ars rhetorica (Chirius Fortunatianus)
Ars veterinaria (Pelagonius)
Artis architectonicae privatis usibus liber (Faventius)
Artis rhetoricae epitome (Cornutus aus Leptis)
Digestorum artis mulomedicinae libri (Vegetius Renatus)
Institutio de arte grammatica (Priscianus)

Bioi /Vitae (Biographien)

Bioi andron (Aristoxenos)
Bioi endoxon andron (Satyros)
Bioi paralleloi (Plutarchoi)
Bioi philosophon (Antigonos)
Bioi Sophiston (Eunapios, Philostratos)
Bioi ton en paideia dialampsanton (Hermippos)
Philosophon bion kai dogmaton synagoge (Diogenes Laertius)

Bios Pythagorikos (Aristoxenos)
Bios Sokratikos (Aristoxenos)
Ta es ton Tyanea Apollonion (Philostratos)
De Vita XII Caesarum libri VIII (Suetonius)
De vita et moribus Iulii Agricolae (Tacitus)
De vita Moysis (→Peri biu Moyseos)
De vita patris (Seneca)
De vita Pythagorica (→Peri tu Pythagoriku biu)
Vita Ambrosii (Paulinus)
Vita Antonii (→Vita Sancti Antonii)
Vita Antonii monachi Lerinensis (Ennodius)
Vita Apollonii (→Ta eis Tyanea Apollonion)
Vita Aristotelis Marciana (An.)
Vita Augustini (Possidius)
Vita Constantini (→Eis ton bion tu makariu Konstantinu basileos)
Vita des Augustus (Nikolaos)
Vita des Iosephus (Iosephus)
Vita des Thukydides (Markellinos)
Vita Epiphanii episcopi Ticinensis (Ennodius)
Vita et hypotheses Demosthenis (→Hypotheseis ton logon Demosthenus)
Vita et passio Cypriani (Pontius)
Vita Herodotea (An.)
Vita Hilarionis (Hieronymus)
Vita Hippocratis secundum Soranum (Soranos)
Vita Homeri (→De Homero)
Vita Isidori (Damaskios
Vita Malchi monachi captivi (Hieronymus)
Vita Pauli primi eremitae (Hieronymus)
Vita Plotini (Porphyrios)
Vita Procli (Marinos)
Vita Pythagorae (→Peri tu Pythagoriku biu)
Vita Pythagorae (Porphyrios)
Vita Sancti Antonii (Athanasios)
Vita Sancti Martini (Paulinus, Sulpicius Severus),
Vita Sancti Severini (Eugippius)
Vitae (Nepos)
Vitae decem oratorum (→Moralia)
Vitae Vergilianae (→»Vergilkommentar«, →De viris illustribus)

Carmen / Carmina (Lied /Lieder; Gedicht / Gedichte)

Carmen adversus Marcionitas (An.)
Carmen adversus paganos (An.)
Carmen Arvale (An.)
Carmen apologeticum (Commodianus)
Carmen de bello Actiaco (Rabirius)
Carmen de figuris (An.)
Carmen de moribus (Cato)
Carmen de ponderibus et mensuris (An.)
Carmen Paschale (Sedulius)
Carmina (Alkaios, Anakreon, Archilochos, Catullus, Ennodius, Gregorios aus Nazianz, Horatius, Isyllos, Kallimachos, Korinna, Paulinus, Sappho, Sidonius, Terpandros, Tiberianus, Venantius Fortunatus)
Carmina domestica (Ausonius)
Carmina Einsidlensia (An.)

Carmina figurata (Publilius Optatianus Porphyrius)
Carmina Marciana (An.)
Carmina minora (Claudianus)
Carmina Priapea (An.)
Carmina Saliorum (An.)

Chorlyrik

Chorlyrik (Alkman, Bakchylides, Ibykos, Pindaros, Simonides, Stesichoros)

Chronica / Chronika / Chronographia / Chronographiai (Chronik)

Chronica (Cassiodorus, Nepos, Sulpicius Severus)
Chronica Gallica (An.)
Chronica maiora (Isidorus)
Chronika (Apollodoros, Dexippos, Kastor, Menandros)
Chronike epitome (Eusthatios aus Epiphaneia)
Chronikoi kanones (Eusebios)
Chronikon bibloi (Hippolytos)
Chronographia (Ioannes Malalas)
Chronographiai (Eratosthenes, Iulius Africanus)
Continuatio chronicorum Hieronyminianorum (Hydatius)
Epitoma Chronicon ad annum 455 (Prosper Tiro)

Dialexeis / Dialogi / Dialogoi (Gespräche)

Dialexeis (An.)
Dialexeis (Maximos aus Tyros)
Dialexis (Zacharias aus Mytilene)
Dialogi (Maecenas)
Dialogi (Seneca)
Dialogi de vita et miraculis patrum Italicorum (Gregorios der Große)
Dialogoi (Herakleides Pontikos)
Dialogos mit dem Juden Tryphon (Iustinus)
Dialogos pros Hesiodon (Lukianos)
Dialogus de oratoribus (Tacitus)

Diatribai (Unterhaltungen, Unterredungen)

Diatribai (Arrianos, Bion, Epiktetos, Musonius Rufus, Teles)

Elegiae / Elegoi

Elegiae (Gallus, Maximianus Etruscus, Sulpicia)
Elegiarum libri IV (Propertius, Tibullus)
Elegoi (Archilochos, Dionysios Chalkus, Euenos, Kallinos, Mimnermos, Philetas, Solon, Theognis, Tyrtaios, Xenophanes)

Encheiridion (Handbuch)

Encheiridion (Epiktetos, Heliodoros)
Encheiridion harmonikes (Nikomachos)
Encheiridion peri metron (Hephaistion)
Kommentar zum Encheiridion des Epiktet (Simplikios)

Epigrammata (Epigramme)

Epigramma Paulini (An.)
Epigrammata (Anyte, Asklepiades, Ausonius, Dioskurides, Gregorios aus Nazianz, Iulia Balbilla, Kallimachos, Leonidas, Lukillios, Lutatios, Luxurius, Martialis, Nossis, Paulos Silentarios, Philodemos, Poseidippos, Rhianos, Simias, Simonides, Straton aus Sardeis
Epigrammata Bobiensia (Naucellius)
Epigrammata Damasiana (Damasos)
Kyklos ton neon epigrammaton (Agathias)

Epistole / Epistolai / Epistula / Epistulae (Brief / Briefe)

Briefe (siehe auch »Deutsche Werktitel: Verzeichnis I«)
Contra duas epistulas Pelagiorum (Augustinus)
Contra epistulam Parmeniani (Augustinus)
Epistola dogmatica ad Flavium (Leo d. Große)
Epistolai (Demosthenes)
Epistolai agroikikai (Claudius Aelianus)
Epistolai pros Amaion (Dionysios aus Halikarnassos)
Epistula ad Demetriadem (Pelagius)
Epistula ad Diognetum (An.)
Epistula ad Octavium (Ps.-Cicero)
Epistula ad Pisones →Ars poetica (Horatius)
Epistula Alexandri Macedonis ... (An.)
Epistula an Anebo (Porphyrios)
Epistula an Arete (Aristippos)
Epistula an Gaium (Cornelia)
Epistula an Herodotos, ... Menoikeus, ... Pythokles (Epikuros)
Epistula ad Pompeium Geminum (Dionysios aus Halikarnassos)
Epistulae (Alkiphron, Ambrosius, Aristainetos, Athanasios, Augustinus, Ausonius, Avitus, Basileios, Caesar, Cicero, Cyprianus, Ennodius, Fronto, Gregorios aus Nazianz, Gregorios aus Nyssa, Gregorios d. Große, Hieronymus, Horatius, Iavolenus Priscus, Ignatios, Ioannes Chrysostomos, Isidoros, Isokrates, Iulianus, Libanios, Neilos, Paulinus, Pelagius, Platon, Plinius, Prokopios, Sidonius Apollinaris, Symmachus, Synesios
Epistulae ad Caesarem senem de re publica (Sallustius)
Epistulae ad Romanos expositio inchohata (Augustinus)
Epistulae ex Ponto (Ovidius)
Epistulae morales ad Lucilium (Seneca)
Expositio epistulae ad Galatos (Augustinus)

Expositiones in Epistulas Pauli (Pelagius)

Expositio quarundam propositionum ex epistula ad Romanos (Augustinus)

In Ioannis epistulam ad Parthos tractatus decem (Augustinus)

Katholische Briefe →Novum Testamentum

Pros Nigrinum epistole (Lukian)

Variae (epistulae) (Cassiodorus)

Epitoma / Epitome (Abriß, Auszug)

Artis rhetoricae epitome (Cornutus aus Leptis)

Chronike epitome (Eustathios)

Epitoma historiarum Philippicarum (Iunianus Iustinus)

Epitoma rei militaris →De re militari (Vegetius Renatus)

Epitome (Areios Didymos, Herakleides Lembos)

Epitome de Caesaribus (Ps.-Aurelius Victor)

Epitome divinarum institutionum (Lactantius)

Epitome ek ton paroimion Didymu kai Tarrhaiu (Zenobios)

Epitome Iuliani (Iulianus aus Konstantinopel)

Epitome tes katholikes prosodias Herodianu (Ps.-Arkadios)

Gnomai / Sententiae (Sinnsprüche)

Anthologion gnomon (Orion)

Gnomai (Demokritos, Demophilos, Epicharmos, Menandros, Moschion, Phokylides)

Gnomologium Vaticanum Epicureum (Epikuros)

Sententiae (Appius Claudius Caecus, Publilius Syrus, Sextus)

Historia / Historiae / Historiai (Forschung, Geschichte / Geschichten / Darstellung)

Epitoma historiarum Philippicarum (Iunianus Iustinus)

Hai peri ton zoon historiai (Aristoteles)

Historia Agathokleus (Duris)

Historia Alexandri Magni (Ps.-Kallisthenes)

Historia Apollonii regis Tyrii (An.)

Historia Augusta (An.)

Historiae (Asinius Pollio, Coelius Antipater, Sisenna, Tacitus)

Historiae adversus paganos (Orosius)

Historiae Alexandri Magni regis Macedonum (Curtius Rufus)

Historia ecclesiastica tripertita (Cassiodorus)

Historiae Francorum libri X (Gregorius)

Historia ekklesiastike (Euagrios, Eusebios, Philostorgios, Sokrates, Sozomenos)

Historiae Romanae libri II (Velleius Paterculus)

Historia Gothorum (Isidorus)

Historia he meta Polybion (Poseidonios)

Historiai (Duris, Ephoros, Nikolaos, Phylarchos, Polybios, Sosylos, Timaios)

Historiai thaumasiai (Apollonios)

Historia Iudaiku polemu pros Rhomaius (Flavius Iosephus)

Historia persecutionis Africanae provinciae (Victor)

Historia Rhomaike (Cassius Dio)

Historia Rhomaike te kai pantodape (Hesychios Illustrios)

Historiarum libri V (Sallustius)

Historiarum Philippicarum libri XLIV (Trogus)

Histories apodexis (Herodotos)

Historikoi logoi (Olympiodoros aus Theben)

Hypomnemata historika (Eunapios, Pamphila)

Kaine historia (Ptolemaios Chemnos)

Libelli de spiritalis historiae gestis (Avitus)

Musike historia (Dionysios)

Naturalis historiae libri XXXVII (Plinius d. Ä.)

Nea historia (Zosimos)

Pantodape historia (Favorinus)

Peri phyton historias (Theophrastos)

Poikile historia (Aelianus)

Pos dei historian syngraphein (Lukianos)

Tes meta Markon basileias historiai (Herodianus)

Theatrike historia (Iuba)

Ton Sikelikon historia (Antiochos)

Hymni / Hymnoi (Hymnen / Preislieder auf Gottheiten)

Hymni (Ambrosius, Hilarius, Marius Victorinus, Prudentius)

Hymnoi (Alkaios, Kallimachos, Kleanthes, Mesomedes, Proklos, Ps.-Arion, Synesios, Telesilla)

Hymnoi Homerikoi (An.)

Hymnos auf Hestia (Aristonoos)

Hymnos auf Rom (Melinno)

Iambi / Iamboi

Choliamboi (Hipponax, Kerkidas)

Iamboi (Archilochos, Kallimachos, Semonides, Solon)

Mimiamboi (Herodas)

Mythiamboi Aisopeioi (Avienus, Babrios)

Institutio / Institutiones (Einführungen, Unterweisungen)

Divinarum institutionum libri VII (Lactantius)

Epitome divinarum institutionum (Lactantius)

Institutio arithmetica (Boethius)

Institutio de arte grammatica (Priscianus)

Institutiones →Corpus iuris civilis

Institutiones (Gaius, Ulpianus)

Institutiones divinarum et humanarum litterarum (Cassiodorus)

Institutio oratoria (Quintilianus)

Kommentar / Kommentare (Erläuterungsschriften)

Hermogenes-Kommentare (An.)

Kommentare (Boethius, Hesychios, Origenes, Syrianos, Ulpianus)

Kommentare zu Aristoteles (Alexandros, Ammonios Hermeiu, Boethius, Boethos, Dexippos, Philoponos, Porphyrios, Simplikios, Themistios)

Kommentare zu Aristophanes (Platonios)

Kommentare zu Ciceros Reden (Asconius Pedianus)

Kommentare zu den biblischen Büchern (Hieronymus)

Kommentare zu Hippokrates →Peri ton idion biblion (Galenos)

Kommentare zu platonischen Dialogen (Damaskios, Olympiodoros, Proklos)

Kommentare zu Sabinus (Iulius Paulus)

Kommentar zu Ciceros Schrift De inventione (Marius Victorinus)

Kommentar zu Ciceros Somnium Scipionis →Commentarii in Somnium Scipionis (Macrobius)

Kommentar zu den Chemeutika (Olympiodoros)

Kommentar zu den Flexionsparadigmata des Theodosios aus Alexandreia (Georgios Cheiroboskos)

Kommentar zu den Harmonika des Ptolemaios (Porphyrios)

Kommentar zu den Paulusbriefen →Expositiones in Epistulas Pauli (Pelagius)

Kommentar zu den Phainomena des Aratos und des Eudoxos von Knidos →Ton Aratu kai Eudoxu phainomenon exegeseis (Hipparchos)

Kommentar zu den Propheten Osee, Joel und Amos (Iulianus aus Eclanum)

Kommentar zu den pythagoreischen „Goldenen Worten" (Hierokles)

Kommentar zu Horaz (Pomponius Porphyrio)

Kommentar zu Job (Iulianus aus Eclanum)

Kommentar zu Klaudios Ptolemaios (Theon)

Kommentar zum Encheiridion des Epiktet (Simplikios)

Kommentar zum ersten Buch der Stoicheia des Euklid →Eis to proton Eukleidu stoicheion (Proklos)

Kommentar zum homerischen Schiffskatalog →Peri tu ton neon katalogu (Apollodoros aus Athen)

Kommentar zu Peri arthron (Apollonios aus Kition)

Kommentar zu Platons Phaidros (Hermeias)

Kommentar zu Platons Theaitetos (An.)

Kommentar zu Platons Timaios (Chalcidius, Galenos aus Pergamon)

Kommentar zur aristotelischen Metaphysik (Asklepios aus Tralleis)

Kommentar zur Nikomachischen Ethik des Aristoteles (Aspasios)

Terenzkommentar →Commentum Terenti (Donatus)

Vergilkommentar (Donatus)

Vergilkommentar (Servius)

Viermännerkommentar (Aristonikos, Didymos, Herodianos, Nikanor)

Lehrbücher, -gedichte

Lehrbuch der Astrologie (Nechepso)

Lehrbuch der Rhetorik →Technai rhetorikai (Hermagoras)

Lehrgedichte (Aemilius Macer)

Lehrgedicht über die Natur →Peri physeos (Parmenides)

Logoi / Orationes (Reden)

Aias e Aiantos logos (Antisthenes)

Aigyptioi logoi e peri pronoias (Synesios)

Alethes logos (Kelsos)

Catilinariae orationes (Cicero)

Epichorios logos (Ephoros)

Hieros logos (Ps.-Pythagoras)

Historikoi logoi (Olympiodoros)

Ho kat' Heraklea logos (Herodoros)

In Quintum Caecilium oratio (Cicero)

Logoi (Ailios Aristeides, Andokides, Antiphon, Choirikios aus Gaza, Deinarchos, Demades, Dion aus Prusa, Gregorios aus Nazianz, Hadrianos aus Tyros, Hieronymus, Himerios, Hippias, Hypereides, Isaios, Ioannes Chrysostomos, Iulianus, Libanios, Origenes, Polemon, Themistios)

Logoi kata Areianon (Athanasios)

Logoi kata Iudaion (Ioannes Chrysostomos)

Logoi peri tu agathu →Peri tagathu (Platon)

Logos kata ton Hellenon (Athanasios)

Logos katechetikos ho megas (Gregorios aus Nyssa)

Logos parainetikos pros Hellenas (Ps.-Iustinus)

Logos peri enanthropeseos tu logu (Athanasios)

Logos peri phyges (Gregorios aus Nazianz)

Logos philalethes (Hierokles)

Logos pros Hellenas (Tatianos)

Logos protreptikos eis philosophian (Iamblichos)

Logos protreptikos pros Hellenas →Protreptikos pros tus Hellenas (Clemens Alexandrinus)

Odysseus e Odysseos logos (Antisthenes)

Olynthiakoi logoi (Demosthenes)

Orationes (Ambrosius, Hieronymus, Maximus, Sempronius Gracchus, Symmachus)

Orationes Philippicae (Cicero)

Oratio cum populo gratias egit (Cicero)

Oratio cum senatui gratias egit (Cicero)

Oratio pro Rhodiensibus (Cato)

Oratio prosphonetica ac panegyrica in Origenem (→Eis Origenen prosphonetikos kai panegyrikos logos, Gregorios Thaumaturgos)

Peri sarkophagias logoi II (Plutarchos)

Philippikoi Logoi (Demosthenes)

Pro rege Deiotaro ad C. Caesarem oratio (Cicero)

Pros Eunomion logoi antirrhetorikoi (Gregorios aus Nyssa)

Pyrrhoneioi Logoi (Ainesidemos)

Metamorphoses (Verwandlungsgeschichten)

Metamorphoseon libri (Ovidius)
Metamorphoseon synagoge (Parthenios)
Metamorphoses (Antoninus Liberalis, Apuleius)

Panegyricus / Panegyrikos (Preis- und Festrede)

De laudibus Stilichonis (Claudianus)
In laudem Iustini minoris (Corippus)
Panegyrici Latini (verschiedene Autoren)
Panegyricus (Plinius)
Panegyricus →Carmina (Sidonius)
Panegyricus dictus clementissimo regi Theodorico (Ennodius)
Panegyricus dictus Honorio Augusto tertium/quartum/sextum consuli (Claudianus)
Panegyricus dictus Manlio Theodoro consuli (Claudianus)
Panegyricus dictus Probino et Olybrio (Claudianus)
Panegyricus Messallae (Ps.-Tibullus)
Panegyrikoi →Logoi (Ioannes Chrysostomos)
Panegyrikos (Isokrates)

Periodos – / Periplus-Literatur

Ges periodos (Dikaiarchos)
Periodos ges (Eudoxos)
Periplus (Hanno, Ktesias, Skylax)
Periplus Euxeinu Pontu (Arrianos)
Periplus maris Erythraei (An.)
Periplus tes entos thalasses (Menippos aus Pergamon)

Problemata (Probleme)

Iatrika aporemata kai physika problemata (Ps.-Alexandros)
Problema boeikon (Archimedes)
Problemata physika (Ps.-Aristoteles)

Techne /Technai (Lehrbücher, Handbücher)

Synagoge technon (Aristoteles)
Technai rhetorikai (Ailios Aristeides, Hermagoras)
Techne (Gorgias)
Techne grammatike (Dionysios Thrax)
Techne rhetorike (Apsines aus Gadara, Aristoteles, Hermogenes, Longinos)
Techne taktike (Arrianus)
Techne tu politiku logu (Anonymus Seguerianus)

Abkürzungen und Verzeichnis der benutzten Literatur

A & A	Antike & Abendland. Beiträge zum Verständnis der Griechen und Römer und ihres Nachlebens (Berlin).
AAWM	Abhandlungen der Akademie der Wissenschaften. Mainz. Geistes – und sozialwissenschaftliche Klasse (Wiesbaden).
AC	L' Antiquité Classique (Löwen).
AGM	Sudhoffs Archiv für Geschichte der Medizin und Naturwissenschaften (Wiesbaden).
AGPh	Archiv für Geschichte der Philosophie (Berlin).
AJPh	American Journal of Philology (Baltimore).
Albrecht, M. v.	M. v. Albrecht: Geschichte der römischen Literatur, München [(2)]1994.
Alexandrinerzeit	F. Susemihl: Geschichte der griechischen Literatur in der Alexandrinerzeit. 2 Bde., Leipzig 1891–1892, Nachdr. Hildesheim 1965.
ALG	Anthologia lyrica Graeca, ed. E. Diehl. 2 Bde. In 6 Faszikeln, Leipzig [(2)]1934–1942. [(3)]1949–1952 (nur Fasz. 1 und 2).
An.	Anonymer Autor.
Anregung	Anregung: Zeitschrift für Gymnasialpädagogik (München).
ANRW	H. Temporini / W. Haase (Hg.): Aufstieg und Niedergang der römischen Welt. Geschichte und Kultur Roms im Spiegel der neueren Forschung (Berlin).
AprAW	Abhandlungen der Preussischen Akademie der Wissenschaften (Berlin).
Arctos	Arctos. Acta Philologica Fennica (Helsinki).
Aristoteles	I. Düring: Aristoteles. Darstellung und Interpretation seines Denkens, Heidelberg 1966.
ASNP	Annali della Scuola Normale Superiore di Pisa. Cl. di Lettere e Filosofia (Pisa).
AU	Der altsprachliche Unterricht (Velber).
Aufidus	Aufidus. Rivista di scienza e didattica della cultura classica (Foggia).
Aug.	Augustinianum (Rom).
BAGB	Bulletin de l' Association G. Budé (Paris).
Bardenhewer	O. Bardenhewer: Geschichte der altkirchlichen Literatur. 5 Bde., Freiburg 1913–1932.
Bardon	H. Bardon: La littérature latine inconnue. 2 Bde., Paris 1952–1956.
Beredsamkeit	F. Blass: Die attische Beredsamkeit. 4 Bde., Leipzig [(2)]1887–1898, Nachdr. Hildesheim 1979.
Bestand und Wandel	K. Büchner: Cicero. Bestand und Wandel seiner geistigen Welt, Heidelberg 1964.
BICS	Bulletin of the Institute of Classical Studies of the University of London (London).
BKV	Bibliothek der Kirchenväter. 79 Bände, Kempten 1869–1888.
BKV[(2)]	Bibliothek der Kirchenväter. 2. Reihe. 83 Bände, Kempten 1911 ff.
Blass	F. Blass: Die attische Beredsamkeit. 4 Bde., Leipzig [(2)]1887–1898, Nachdr. Hildesheim 1979.
Büchner	K. Büchner: Cicero. Bestand und Wandel seiner geistigen Welt, Heidelberg 1964.
CAF	T. Kock: Comicorum Atticorum Fragmenta. 3 Bde., Leipzig 1880–1888.
CAG	Commentaria in Aristotelem Graeca. 23 Bde. in 51 Teilen, Berlin 1891–1909, Nachdr. 1955 ff.
Cambridge History 1	P. E. Easterling / B. M. W. Knox (Hg.): The Cambridge History of Classical Literature. Bd. 1: Greek Literature, Cambrige 1985.
Campenhausen, H. v.	Griechische Kirchenväter, Stuttgart [(6)]1986. Lateinische Kirchenväter, Stuttgart [(4)]1978.
CCAG	Catalogus Codicum Astrologorum Graecorum. 1–12, Brüssel 1898–1953.
CCL	Corpus Christianorum. Series Latina, Turnhout 1953 ff.
CeM	Classica et Mediaevalia (Kopenhagen).
CGF	G. Kaibel: Comicorum Graecorum Fragmenta, Berlin 1899 (Nachdr. 1999).
CGL	G. Loewe / G. Goetz: Corpus Glossariorum Latinorum. 7 Bde., Leipzig 1888–1923, Nachdr. Amsterdam 1964.
Cicero	M. Fuhrmann: Cicero und die römische Republik, Düsseldorf [(4)]1997.
CIG	Corpus Inscriptionum Graecarum, Berlin 1828–1877.
CIL	Corpus Inscriptionum Latinarum, Leipzig/Berlin 1862 ff. [(2)]1893 ff.
CJ	The Classical Journal (Athens, University of Georgia).
ClAnt	Classical Antiquity (Berkeley).
ClPh	Classical Philology (Chicago).
ClW	The Classical World (New York).
CMG	Corpus medicorum Graecorum, Leipzig/Berlin 1908 ff.
CML	Corpus Medicorum Latinorum, Leipzig/Berlin 1915 ff.

Cod./cod.	Codex.
Collectanea	U. Powell: Collectanea Alexandrina. Reliquiae minores poetarum Graecorum aetatis Ptolemaicae 323–146 v. Chr. epicorum, elegiacorum, lyricorum, ethicorum, Oxford 1925.
CPG	M. Geerard: Clavis Patrum Graecorum, Steenbrugge [2]1961.
CPL	Clavis Patrum Latinorum, ed. E. Dekkers / A. Gaar.
CQ	Classical Quarterly (Oxford).
CR	Classical Review (Oxford).
CRF	O. Ribbeck: Comicorum Romanorum fragmenta, Leipzig [2]1873. [3]1898.
CSEL	Corpus scriptorum ecclesiasticorum Latinorum, Wien 1866 ff.
DAdPh	W. Schadewaldt: Die Anfänge der Philosophie bei den Griechen. Die Vorsokratiker und ihre Voraussetzungen, Frankfurt 1978.
Dihle	A. Dihle: Die griechische und lateinische Literatur der Kaiserzeit. Von Augustus bis Justinian, München 1989.
DKP	Der Kleine Pauly. 5 Bände.
DNP	Der Neue Pauly. 16 Bde., 1996–2003.
Doxographi Graeci	H. Diels: Doxographi Graeci, Berlin 1879.
DThC	Dictionnaire de théologie catholique. Hg. von A. Vacant / E. Mangenot, fortgesetzt von É. Amann, Paris 1930 ff.
dtv-L	dtv-Lexikon der Antike (C. Andresen / H. Erbse / O. Gigon / K. Schefold / K. F. Stroheker / E. Zinn: Lexikon der Alten Welt, Zürich 1965).
Düring	I. Düring: Aristoteles. Darstellung und Interpretation seines Denkens, Heidelberg 1966.
EGF	G. Kinkel: Epicorum Graecorum Fragmenta, Leipzig 1877.
Einführung	O. Lendle: Einführung in die griechische Geschichtsschreibung. Von Hekataios bis Zosimos, Darmstadt 1992.
Entdeckung	B. Snell: Die Entdeckung des Geistes, Hamburg [3]1955. Göttingen [6]1986.
Entretiens	Entretiens sur l'antiquité classique. Foundation Hardt (Vandoevres/Genf).
Eos	Eos. Commentarii Societatis Philologiae Polonorum (Breslau).
EpistGr	R. Hercher: Epistolographi Graeci, Paris 1873, Nachdr. Amsterdam 1964.
Eranos	Eranos. Acta Philologica Suecana (Uppsala).
Erotici	R. Hercher: Erotici Scriptores Graeci, Leipzig 1858–1859.
Erzählprosa	N. Holzberg: Romanhafte Erzählprosa in der griechischen Literatur, in: Anregung 39, 1993, 243–254 und 302–309.
Euphrosyne	Euphrosyne. Revista de Filologia clássica (Lissabon).
Europäische Literatur	J. Gruber: Europäische Literatur in lateinischer Sprache. Texte und Interpretationen, Bamberg 1987.
FAttCom	J. M. Edmonds: The Fragments of Attic Comedy. 3 Bde., Leiden 1957–1961.
FC 3	Fontes Christiani. 3. Serie. Zweisprachige Neuausgabe christlicher Quellentexte aus Altertum und Mittelalter im Auftrag der Görres-Gesellschaft hg. von S. Döpp u. a., 2002 ff.
FGrHist	F. Jacoby: Die Fragmente der griechischen Historiker. 3 Teile in 15 Bänden, Berlin 1926 – Leiden 1958.
FHG	Fragmenta Historicorum Graecorum. Hg. von C. und Th. Müller. 5 Bde., Paris 1841–1870.
FPG	F. W. A. Mullach: Fragmenta Philosophorum Graecorum. 3 Bde., Paris 1860–1881.
FPL	W. Morel / K. Büchner / J. Blänsdorf: Fragmenta Poetarum Latinorum epicorum et lyricorum praeter Ennium et Lucilium, Leipzig [3]1995.
FPR	E. Baehrens: Fragmenta Poetarum Romanorum, 1886.
Fränkel, Dichtung	H. Fränkel: Dichtung und Philosophie des frühen Griechentums, München [3]1969.
Fränkel, Wege und Formen	H. Fränkel: Wege und Formen frühgriechischen Denkens, München [2]1960.
Frammenti	A. Olivieri: Frammenti della comm. Greca e del mimo nella Sicilia e nella Magna Grecia. 1: Framm. dell comm. Dorica Siciliana, Neapel [2]1946. 2 und 3: Framm. della comm. Fliacica. Framm. del mimo Siciliano, Neapel [2]1947.
FRH	H. Beck / U. Walter: Die Frühen Römischen Historiker. 2 Bde., Darmstadt [2]2005.2004 (lat.-dt.).
Fuhrmann, Cicero	M. Fuhrmann: Cicero und die römische Republik, Düsseldorf [4]1997.
Fuhrmann, Lehrbuch	M. Fuhrmann: Das systematische Lehrbuch. Ein Beitrag zur Geschichte der Wissenschaften in der Antike, Göttingen 1960.
Fuhrmann, Spätantike	M. Fuhrmann: Rom in der Spätantike. Porträt einer Epoche, München/Zürich [2]1995.

GB	Grazer Beiträge. Zeitschrift für die klassische Altertumswissenschaft (Graz).
GCS	Die griechischen christlichen Schriftsteller der ersten drei Jahrhunderte, Leipzig 1897 ff.
GdrL	F. Leo: Geschichte der römischen Literatur. Bd. 1: Die archaische Literatur, Berlin 1913.
Geisteswelt	F. Klingner: Römische Geisteswelt. Essays zur lateinischen Literatur, München [(5)]1965, Nachdr. Stuttgart 1979.
GKV	H. v. Campenhausen: Griechische Kirchenväter, Stuttgart [(6)]1986.
Geschichte	K. Krumbacher: Geschichte der byzantinischen Literatur von Justinian bis zum Ende des oströmischen Reiches (527–1453), München [(2)]1897, Nachdr. New York 1958.
GGM	C. Müller: Geographi Graeci Minores. 3 Bde., Paris 1855–1861, Nachdr. Hildesheim 1990.
GL	A. Lesky: Geschichte der griechischen Literatur, Bern [(3)]1971.
GLL	A. Dihle: Die griechische und lateinische Literatur der Kaiserzeit. Von Augustus bis Justinian, München 1989.
GLTD	H. Görgemanns (Hg.): Die griechische Literatur in Text und Darstellung. 5 Bde., Stuttgart 1985–1991
gr.	Griechisch.
G & R	Greece and Rome (Oxford).
GrLat	H. Keil: Grammatici Latini. 7 Bde. u. 1 Suppl., Leipzig 1855–1880.
GrGr	R. Schneider / G. Uhlig u.a.: Grammatici Graeci. 4 Teile in 11 Bänden, Leipzig 1878–1910, Nachdr. Hildesheim 1979.
GrKr	W. Rüstow: Griechische Kriegsschriftsteller, Leipzig 1855.
GrRF	E. Funaioli: Grammaticae Romanae Fragmenta, Leipzig 1907, Nachdr. 1964 und A. Mazzarino: Grammaticae Romanae fragmenta aetatis Caesarum, Turin 1955.
Grundriß	K. Praechter: Grundriß der Geschichte der Philosophie, Darmstadt (12)1961.
GT	J. Latacz: Einführung in die griechische Tragödie, Göttingen 1994.
Gy	Gymnasium. Zeitschrift für Kultur der Antike und humanistische Bildung (Heidelberg).
Handbuch	W. Totok: Handbuch der Geschichte der Philosophie. 2 Bde., Frankfurt 1964. 1970.
Harnack	A. Harnack: Geschichte der altchristlichen Literatur bis Eusebius. 3 Bde., Leipzig 1893–1904.
HD	A. Körte / P. Händel: Die hellenistische Dichtung, Stuttgart [(2)]1960.
Hermes	Hermes. Zeitschrift für klassische Philologie (Wiesbaden).
H & H	W. Schadewaldt: Hellas und Hesperien. Gesammelte Schriften zur Antike und zur neueren Literatur, Zürich/Stuttgart 1960. [(2)]1970.
Hist.	Historia. Revue d' histoire ancienne (Wiesbaden).
Historia	K. Döring: Historia Philosopha. Grundzüge der antiken Philosophiegeschichtsschreibung, Freiburg/Würzburg 1987.
HLL	R. Herzog / P. L. Schmidt (Hg.): Handbuch der lateinischen Literatur der Antike. Bd. 4: K. Sallmann (Hg.): Die Literatur des Umbruchs. Von der römischen zur christlichen Literatur 117–283 n.Chr., München 1997. Bd. 5: R. Herzog (Hrsg.): Restauration und Erneuerung. Die lateinische Literatur von 284 bis 374 n.Chr., München 1989.
HRR	H. Peter: Historicorum Romanorum Reliquiae. 2 Bde., Leipzig [(2)]1914. 1906, Nachdr. Stuttgart 1967.
HSPh	Harvard Studies in Classical Philology (Cambridge, Mass.).
HWPh	Historisches Wörterbuch der Philosophie, hrsg. von J. Ritter und K. Gründer, Basel 1971 ff.
IEG	M. L. West: Iambi et elegi Graeci ante Alexandrum cantati. 2 Bde., Oxford [(2)]1989 und 1972.
IG	Inscriptiones Graecae. 14 Bde., Berlin 1897–1939.
Introduction	G. Sarton: Introduction to the History of Science. 3 Bde., Washington 1927–1948.
it.	italienisch.
JbAC	Jahrbuch für Antike und Christentum (Münster).
JHS	Journal of Hellenic Studies (London).
JRS	Journal of Roman Studies (London).
JThS	Journal of Theological Studies (Oxford).
Kirk-Raven-Schofield	G. S. Kirk / J. Raven / M. Schofield: Die vorsokratischen Philosophen. Einführung, Texte und Kommentare (übers. von K. Hübner), Stuttgart/Weimar 1994.
Klio	Klio. Beiträge zur alten Geschichte (Berlin).
KlPh	R. Pfeiffer: Geschichte der klassischen Philologie, Reinbek b. Hamburg 1970.

KLL	Kindlers Literatur Lexikon.
KNLL	Kindlers Neues Literatur Lexikon.
Kunstprosa	E. Norden: Die antike Kunstprosa vom VI. Jahrhundert v.Chr. bis in die Zeit der Renaissance. 2 Bde., Damstadt [5]1958.
LACL	S. Döpp / W. Geerlings: Lexikon der antiken christlichen Literatur, Freiburg / Basel / Wien 1998.
Lampas	Lampas. Tijdschrift voor Nederlandse classici (Muiderberg).
Latacz	J. Latacz: Einführung in die griechische Tragödie, Göttingen 1994.
lat.	lateinisch.
lat.-dt.	lateinisch-deutsch.
lat.-engl.	lateinisch-englisch.
lat.-frz.	lateinisch-französisch.
lat.-it.	lateinisch-italienisch.
Latomus	Latomus. Revue d' études latines (Brüssel).
LEC	Les Études Classiques (Namur).
Lehrbuch	M. Fuhrmann: Das systematische Lehrbuch. Ein Beitrag zur Geschichte der Wissenschaften in der Antike, Göttingen 1960.
Lendle	O. Lendle: Einführung in die griechische Geschichtsschreibung. Von Hekataios bis Zosimos, Darmstadt 1992.
Leo	F. Leo: Geschichte der römischen Literatur. Bd. 1: Die archaische Literatur, Berlin 1913.
Lesky	A. Lesky: Geschichte der griechischen Literatur, Bern [3]1971.
Lexikon	B. Kytzler: Reclams Lexikon der griechischen und römischen Autoren, Stuttgart 1997.
LKV	H. v. Campenhausen: Lateinische Kirchenväter, Stuttgart [4]1978.
LMA	W. Abel / R. H. Bautier / A. D' Agostino u. a.: Lexikon des Mittelalters (300–1500 n. Chr.), München 1977 ff.
LphW	F. Volpi / J. Nida-Rümelin: Lexikon der philosophischen Werke, Stuttgart 1988.
LThK	J. Höfer / K. Rahner (Hg.): Lexikon für Theologie und Kirche. 14 Bände, Freiburg [2]1957–1986. [3]1993 ff.
Maia	Maia. Rivista di letterature classiche (Bologna).
MAL	Memorie della Classe di Scienze morali, storiche e filologiche del Àccademia Nazionale dei Lincei (Rom).
MAT	Memorie della Accademia delle Scienze di Torino. II. Classe di Scienze morali, storiche e filologiche (Turin).
MDAV	Mitteilungsblatt des Deutschen Altphilologenverbandes.
MGH, AA	Monumenta Germaniae Historica, Auctores antiquissimi.
MH	Museum Helveticum (Basel).
Mittelalter	M. Manitius: Geschichte der lateinischen Literatur des Mittelalters. 3 Bde., München 1911–1931.
MLAA	Metzlers Lexikon antiker Autoren, hg. von O. Schütze, Stuttgart/Weimar 1997.
MusGr	C. v. Jan: Musici Scriptores Graeci. Leipzig 1895. Suppl. 1899, Nachdr. Hildesheim 1962.
Mnemosyne	Mnemosyne. Bibliotheca Classica Batava (Leiden).
MythGr	R. Wagner / E. Martini / A. Olivieri u. a.: Mythographi Graeci. 3 Bde. (= Bd. 1, Bd. 2. 1 und Suppl. 3. 1–2), Leipzig 1894–1902.
NF	Neue Folge.
NGG	Nachrichten der Gesellschaft der Wissenschaften zu Göttingen. Phil.-Hist. Klasse.
NHbL. Griechische Literatur	E. Vogt (Hg.): Griechische Literatur. Neues Handbuch der Literaturwissenschaft. Bd. 2, Wiesbaden 1981.
NHbL. Römische Literatur	M. Fuhrmann (Hg.): Römische Literatur. Neues Handbuch der Literaturwissenschaft. Bd. 3, Wiesbaden 1974.
NHbL. Spätantike	L. J. Engels / H. Hofmann (Hg.): Spätantike. Neues Handbuch der Literaturwissenschaft. Bd. 4, Wiesbaden 1997.
NJbb	Neue Jahrbücher für Philologie und Pädagogik (Leipzig).
NS	Neue Serie.
OCD	M. Cary / J. D. Denniston u. a.: The Oxford Classical Dictionary, Oxford 1950.
ORF	E. Malcovati: Oratorum Romanorum Fragmenta. 3 Bde., Turin [4]1976–1979.
ORFr	H. Meyer: Oratorum Romanorum CXXV Fragmenta ab Appio inde Caeco et M. Porcio Catone usque ad Aurelium Symmachum, Zürich [2]1842.
Pack	R. A. Pack: The Greek and Latin Literary Texts from Greco-Roman Egypt, Ann Arbor 1952.

Paideia	W. Jaeger: Paideia. Die Formung des griechischen Menschen. 3 Bde., Berlin 1936 (u. weitere Aufl.)
Pan	Pan. Studi dell' Ist. di filologia latina dell' Univ. di Palermo.
PapOxyrhynchus	B. P. Grenfell / A. S. Hunt / E. Lobel u.a.: The Oxyrhynchus Papyri, London 1898 ff.
Paradoxographoi	A. Westermann: Scriptores rerum mirabilium Graeci, Braunschweig 1839, Nachdr. Amsterdam 1963.
Paroemiographi	E. L. Leutsch / F. G. Schneidewin: Corpus Paroemiographorum. 2 Bde., Göttingen 1839–1851, Nachdr. 1958–1961 mit einem Suppl.-Bd.
Patrologie	B. Altaner / A. Stuiber: Patrologie. Leben, Schriften und Lehre der Kirchenväter, Freiburg [9]1980.
Pfeiffer	R. Pfeiffer: Geschichte der klassischen Philologie, Reinbek bei. Hamburg 1970.
PG	Patrologiae cursus completus, ed. J. P. Migne. Series Graeca. 161 Bände, Paris 1857–1866.
Ph	Philologus. Zeitschrift für klassische Philologie (Berlin).
Philosophie	E. Zeller: Die Philosophie der Griechen in ihrer geschichtlichen Entwicklung. Drei Teile, jeder Teil in zwei Abteilungen, Leipzig [6]1919. [6]1922. [4]1921. [5]1923). [5]1923 (Reprint: Darmstadt 1963).
Phoenix	Phoenix. The Journal of the Classical Association of Canada (Toronto).
PhQ	Philological Quarterly (Iowa University Press).
PhR	Philosophische Rundschau.
Phronesis	Phronesis. Rutgers University Studies in Classical Humanities (New Brunswick).
PL	Patrologiae cursus completus, ed. J. P. Migne. Series Latina. 217 Bände, Paris 1844–1855.
Platon ÜK	E. Heitsch / C. W. Müller (Hg.): Platon. Werke. Übersetzung und Kommentar. 9 Bde., Göttingen 1993 ff.
PLesbFrg	E. Lobel / D. Page: Poetarum Lesbiorum Fragmenta, Oxford 1955.
PLG	Th. Bergk: Poetae Lyrici Graeci. 3 Bde., Leipzig [4]1878–1882 (Bd. 1: [5]1900.
PLM	E. Baehrens (Hg.): Poetae Latini Minores. 6 Bde., Leipzig 1879–1886 (F. Vollmer, [2]1910–1923).
PMG	D. L. Page: Poetae Melici Graeci, Oxford 1962.
Porträt	I. Bruns: Das literarische Porträt der Griechen im fünften und vierten Jahrhundert vor Christi Geburt, Berlin 1896.
PP	La Parola del Passato. Rivista di Studi antichi (Neapel).
PPF	H. Diels: Poetarum Philosophorum Fragmenta, Berlin 1901.
RAC	T. Klauser / E. Dassmann (Hg.): Reallexikon für Antike und Christentum. Sachwörterbuch zur Auseinandersetzung des Christentums mit der antiken Welt, Stuttgart 1950 ff.
RAL	Rendiconti delle classe di Scienze morali, storiche e filologiche dell' Accad. dei Lincei (Rom).
RBi	Revue Biblique (Paris).
RBPh	Revue Belge de Philologie et d'Histoire (Mechelen).
RCCM	Rivista di Cultura classica e medioevale (Rom).
RE	Paulys Real-Enzyklopädie der classischen Altertumswissenschaft, hg. von G. Wissowa u. a., Stuttgart 1893–1980.
REA	Revue des Études Anciennes (Bordeaux).
Reden	M. Fuhrmann: Cicero. Sämtliche Reden. 7 Bde., Zürich/München 1970–1982.
REG	Revue des Études Grecques (Paris).
reg.	regierte ...
REL	Revue des Études Latines (Paris).
RFIC	Rivista di Filologia e d' Istruzione Classica (Turin).
RhGr	L. Spengel: Rhetores Graeci. 3 Bde., Leipzig 1853–1856.
RhLatmin	C. Halm: Rhetores Latini minores, Leipzig 1863, Nachdr. Frankfurt 1964.
RhM	Rheinisches Museum (Frankfurt).
RL	M. v. Albrecht: Geschichte der römischen Literatur, München [2]1994.
RL. 1 und 2	L. Bieler: Geschichte der römischen Literatur, Berlin / New York [3]1972.
RLG	K. Büchner: Römische Literaturgeschichte, Stuttgart 1957. [6]1994.
RLTD	M. v. Albrecht (Hg.): Die römische Literatur in Text und Darstellung. 5 Bde., Stuttgart 1985–1991.
ROL	E. H. Warmington: Remains of Old Latin. Bd. 2, London/Cambridge (Mass.) 1936 (lat.-engl.).
RPh	Revue de Philologie (Paris).

RSC	Rivista di Studi Classici (Turin).
RSI	Rivista Storica Italiana (Neapel).
RSF	Rivista critica di Storia della Filosofia (Florenz).
Saeculum	Saeculum. Jahrbuch für Universalgeschichte (Freiburg).
SB	Sitzungsberichte …
Schadewaldt	W. Schadewaldt: Die Anfänge der Philosophie bei den Griechen. Die Vorsokratiker und ihre Voraussetzungen, Frankfurt 1978.
SC	Sources Chrétiennes, Paris 1942–1982.
Schanz-Hosius	M. Schanz / C. Hosius / G. Krüger: Geschichte der römischen Literatur bis zum Gesetzgebungswerk des Kaisers Justinian. 5 Bände, München 1914–1935. [4]1959.
Schmid-Stählin	W. Schmid / O. Stählin: Geschichte der griechischen Literatur. Teil 1 in 5 Bänden und Teil 2 in 2 Bänden, München 1929–1948 und 1920–1924.
Schule	F. Wehrli: Die Schule des Aristoteles. Texte und Kommentare. Hefte 1–10 und Suppl., Basel 1944 ff.
SEJG	Sacris Eruditi. Jaarboek voor Godsdienstwetenschappen (Steenbrugge).
Seneca	M. Fuhrmann: Seneca und Kaiser Nero. Eine Biographie, Berlin 1997.
Seneca	G. Maurach: Seneca. Leben und Werk, Darmstadt [2]1996.
SIFC	Studi Italiani di Filologia Classica (Florenz).
Snell	B. Snell: Die Entdeckung des Geistes, Hamburg [3]1955. Göttingen [6]1986.
SO	Symbolae Osloenses (Oslo).
Spätantike	M. Fuhrmann: Rom in der Spätantike. Porträt einer Epoche, München/Zürich [2] 1995.
SSR	G. Giannantoni: Socratis et Socraticorum reliquiae. 4. Bde., Neapel 1990.
Stoa	M. Pohlenz: Die Stoa. Geschichte einer geistigen Bewegung. 2 Bde., Göttingen [7]1992 und [6]1990.
Stoffe	E. Frenzel: Stoffe der Weltliteratur. Ein Lexikon dichtungsgeschichtlicher Längsschnitte, Stuttgart [3]1970. [9]1998.
Studien	W. Nestle: Griechische Studien. Untersuchungen zur Religion, Dichtung und Philosophie der Griechen, Stuttgart 1948.
Sudh. Arch.	Sudhoffs Archiv für Geschichte der Medizin und der Naturwissenschaften (Wiesbaden).
Suppl.	Ergänzungsband
Susemihl	F. Susemihl: Geschichte der griechischen Literatur in der Alexandrinerzeit. 2 Bde., Leipzig 1891–1892, Nachdr. Hildesheim 1965.
SVF	H. v. Arnim: Stoicorum veterum fragmenta. 4 Bde., Leipzig 1903–1924, Nachdr. Stut-tgart 1978/1979.
TAPhA	Transactions and Proceedings of the American Philological Association (Cleveland, Ohio).
TAPhS	Transactions of the American Philosophical Society (Philadelphia).
TGF	A. Nauck: Tragicorum Graecorum Fragmenta, Leipzig [2]1889, Nachdr. 1964.
Th & Ph	Theologie und Philosophie (Freiburg).
ThZ	Theologische Zeitschrift (Basel).
TKV	A. Heilmann / H. Kraft: Texte der Kirchenväter. 5 Bde., München 1963.
Tragische Dichtung	A. Lesky: Die tragische Dichtung der Hellenen, Göttingen [3]1972.
TRF	O. Ribbeck: Scaenicae Romanorum poesis fragmenta. Bd. 1: Tragicorum Romanorum fragmenta, Leipzig [3]1897, Nachdr. Hildesheim 1962.
TrGF	Tragicorum Graecorum Fragmenta. 4 Bde. Hg. von B. Snell / R. Kannicht / S. Radt, Göttingen [2]1986. 1981. 1985. 1977.
TU	Texte und Untersuchungen zur Geschichte der altchristlichen Literatur (Leipzig/ Berlin).
Tusculum-Lexikon	W. Buchwald / A. Hohlweg / O. Prinz: Tusculum-Lexikon griechischer und lateinischer Autoren des Altertums und des Mittelalters, München/Zürich [3]1982.
Überweg-Prächter	F. Überweg: Grundriß der Geschichte der Philosophie. 1: Die Philosophie des Altertums, hg. von K. Prächter, Berlin [12]1926. Nachdr. Basel 1953.
Urteil	A. Warkotsch: Antike Philosophie im Urteil der Kirchenväter, München/Paderborn/Wien 1973.
VChr	Vigiliae Christianae. A Review of Early Christian Life and Language.
VMzL	W. Nestle: Vom Mythos zum Logos. Die Selbstentfaltung des griechischen Denkens, Stuttgart [2]1975.
Vorsokratiker	W. Capelle: Die Vorsokratiker. Die Fragmente und Quellenberichte, Stuttgart [4]1968.

VPh	G. S. Kirk / J. Raven / M. Schofield: Die vorsokratischen Philosophen. Einführung, Texte und Kommentare. Übers. v. K. Hülser, Stuttgart/Weimar 1994.
VS	H. Diels / W. Kranz: Fragmente der Vorsokratiker. 3 Bde., Zürich/Berlin [8]1956. [6]1952. [6]1952, Nachdr. Hildesheim 1990.
Wege und Formen	H. Fränkel: Wege und Formen frühgriechischen Denkens, München [2]1960.
Werke	Platon. Werke in acht Bänden. Griechisch und deutsch. Hg. von G. Eigler, Darmstadt 1970–1983.
WJA	Würzburger Jahrbücher für die Altertumswissenschaft.
WSW	Wiener Studien. Zeitschrift für klassische Philologie und Patristik.
WZ	Wissenschaftliche Zeitschrift (Halle, Jena, Rostock ...).
YCIS	Yale Classical Studies (New Haven).
ZKG	Zeitschrift für Kirchengeschichte (Stuttgart).
ZKTh	Zeitschrift für katholische Theologie (Wien).
ZNTW	Zeitschrift für die neutestamentliche Wissenschaft und die Kunde der älteren Kirche (Berlin).
ZPhF	Zeitschrift für philosophische Forschung.
ZRG	Zeitschrift für Religions- und Geistesgeschichte (Köln).
ZThK	Zeitschrift für Theologie und Kirche (Tübingen).